형 법 각 론

주 호 노 저

法 文 社

Strafrecht

Besonderer Teil

von

Prof., Ph.D., Dr. jur. Ho-No Joo

2023

Bobmun Sa

Paju Bookcity, Korea

머 리 말

본서는 형법총론의 짝으로 집필되었다. 본서도 총론에서와 같이 처음부터 형법에 대한 이론의 체계화를 목표로 하는 이론서이자 기본서로 계획되었다. 나아가 본서는 이론의 바탕이 되는 판례도 전수조사하여 빠짐없이 수록되도록 노력함으로써 실무지침서로서의 역할도 겸비하도록 의도하였다. 본서는 후학들을 위해 남겨진 빈자리를 찾아 그 자리를 채우려고 노력하였다. 쏜살같이 지나가는 세월을 늦추려고 불철주야 매진하지 않을 수 없었다. 본서의 특징은 다음과 같이 요약될 수 있다.

첫째, 두께가 두껍다. 이는 결코 의도한 바는 아니었다. 변호사시험에 필수적인 이론, 판례 및 관련 특별법의 내용을 일목요연하게 정리하려다 보니 분량적으로 이론서, 판례집 및 특별법해설서라는 3권의 책에 이를 정도로 진행되었고 이를 1권의 본서로 압축하는 과정에서 불가피하게 나타난 결과였다. 그렇지만 이에는 분명 장점과 단점이 있을 것으로 본다.

둘째, 통일된 이론적 근거와 체계의 수립이다. 물론 각론의 체계성은 총론의 그것보다는 덜하다. 각론에서는 범죄유형마다 구체적 타당성을 보장할 수 있는 개별체계가 전체체계에 우선할 수밖에 없기 때문이다. 그럼에도 불구하고 각론에서도 개별 범죄유형에 따른 부분체계를 넘어 각론의 전체를 관통하는 전체체계를 명확히 할 수 있다면 그것은 이론적 체계서에 있어서 최상의 목표라고 하지 않을 수 없다. 본서에서는 총론과 각론을 모두 아우를 수 있는 체계통합을 위해서 총론에서 이미 확립하였던 죄형법정주의, 행위주의 및 책임주의를 형법의 기본원칙으로 유지함과 동시에 이로써 각론에서도 일이관지(一以貫之)함으로써 학문적 깊이를 더하려는 노력을 계속하였다.

셋째, 동일하게 반복되는 해석론의 체계적 구조이다. 각론상 개별범죄의 다양성에도 불구하고 본서의 해석론은 총론의 체계를 그대로 유지하고 있다. 해석론의 체계는 우선 법규정을 출발점으로 하여 범죄와 처벌로 구성되었다. 범죄는 3단계범죄론 체계에 따라 구성요건해당성, 위법성 및 책임의 순으로 구성되었다. 다만, 단계별 범죄성립요건의 충족여부는 원칙적으로 그 판단기준에 따라 구성요건해당성은 적극적으로, 위법성과 책임을 소극적으로 각각 위법성조각사유와 책임조각사유를 우선하여 검토하는 구조로 획일화시켰다. 뿐만 아니라 구성요건해당성에 대한 판단의 구조에 있어서도 객관적 구성요건해당성과 주관적 구성요건해당성으로 양분한 후 전자에서는 주체, 객체, 행위, 결과, 인과관계 및 상황에 관하여 순차적으로 판단하는 구조로 했을 뿐만 아니라 후자에서는 고의, 과실 또는 목적 등에 관하여 검토하는 구조로 고정하였다. 수정된 구성요건인 예비·음모, 미수 및 공범에 있어서는 수정된 부분에 대한 고찰에 집중하도록 하였다. 이러한 구조는 졸저인 형법총론에 있어서의 그것과 일치하게 됨으로써 형법의 전체에 걸쳐 범죄성립요건을 판단하는 하나의 통일적인 구조로 되었다. 다만, 형법각론의 구성요건해당성을 판단함에 있어서 특별히 검토할 내용이 없는 구성요건요소의 항목에 관하여는 이를 표시하지 않았다. 한편 쟁점이 있는 내용에 있어서는 학설과 판례의 대척점을 명확하게 하고, 검토에서는 사견으로서 학문적 근거와 함께 현대 형법학이 나아갈 방향을 제시하고 실무의 필요를 고려하여 그에 특별한 주의를 기울이려고 노력하였다.

넷째, 형사판례에 대한 전수조사와 수록이다. 각론에서는 규범과 사실의 가교라는 점이 특히 중요성을 가지게 된다. 본서는 건국 이후 집적된 판례에 대하여 전수조사를 고집하였다. 이미 존재하는 판례에 대한 부지는 올바른 학문적 태도가 되지 못할 뿐만 아니라 축적된 판례에 대한 몰이해는 새로운 이론 형성의 중요한 계기를 잃어버리는 것이라고 판단하였기 때문이다. 나아가 비록 본서의 무모한 도전이 무의미하다고 할지라도 본서가 후학을 위한 초석이 될 수 있다는 믿음이 있었고 그렇게 되기를 희망하였기 때문이다. 판례는 법고을과 대법원 홈페이지 종합법률정보 및 법제처 홈페이지 국가법령정보센터를 통해서 수집되었다. 판례는 해석론의 내용에 맞춰 해당 위치에 시대의 역순에 따라 소개하려고 노력하였다. 이로써 숲을 한눈에 조망할 수 있게 될 뿐만 아니라 판례의 입장과 그 변천을 일목요연하게 파악할 수 있게 될 것이다. 경우에 따라서 집적된 판례를 통해서 추출된 판례의 원칙은 이론의 형성에도 기여할 수 있을 것으로 보인다. 본서에 수록된 판례를 통하여 확립된 판례법으로 확인되는 내용은 이론에 편입시켜 기술하도록 하였다. 탐구열을 가지고 다량의 판례를 독해함으로써 난해한 법률용어의 묘미와 법문과 사회현상 사이 행간의 의미를 저절로 터득할 수 있게 될 것이다. 본서를 통하여 배우고 익히는 즐거움 속에서 인생의 험난한 파고를 넘을 수 있는 지혜가 생겨나게 된다면 그것은 오로지 독자의 몫이고 본서가 주는 덤이다. 한편, 판례는 가능한 한 원문대로 소개하려고 노력하였고, 경우에 따라서는 사실관계도 열거하여 이해를 돕도록 하였다. 반면 문제가 없거나 시대상의 변천으로 그 중요성이 퇴색되었다고 생각되는 판례에 대하여는 이를 생략하거나 간략하게 소개하기도 하였다.

다섯째, 관련 특별법의 수록이다. 형사법의 분야에서도 특별법의 중요성은 예외가 아니다. 기본법보다 우선하여 적용되는 특별법의 특성상 이에 대한 해석론이 실무에서는 기본법의 그것보다 더 절실한 상황일 수도 있다. 나아가 변호사시험에서 특별법이 빈번하게 출제되고 있는 점 또한 반영하였다. 특별법은 기본법의 연장선상에 있는 법률이기 때문에 특별법의 해석론도 기본법의 그것과 무관하지 않다고 할 수 있다. 이러한 의미에서 특별법의 해석론은 기본법과 관련하여 같은 위치에서 같은 구조로 전개되는 것이 가장 바람직한 방법이라고 판단하였다. 다만, 특별법의 해석론에 있어서는 그 범위를 주요 특별법에 한정하고, 기본법인 형법과 공유되는 부분이 많기 때문에 내용전달에 지장이 없는 한 규정위주로 소개하는 것에 그치고 해설은 가급적 지양하고자 하였다.

여섯째, 본서에서는 문헌에 관한 인용표시를 최소화하려고 노력하였다. 참고문헌란에서 확인될 수 있는 문헌에 대하여는 원칙적으로 각주에서의 인용표시는 생략하도록 하였다. 이 점에 대하여 본서의 밑거름이 되었던 해당문헌의 저자와 본서의 독자께는 대단히 송구하다는 말씀을 올리는 동시에 바다와 같은 혜량이 있으시기를 간곡히 부탁드리는 바이다. 지면을 확보하기 위한 고육책 중의 하나로 양해해 주시기를 바란다.

이제 긴 터널을 지나 항구에서 배를 떠나보내는 심정으로 본서를 출간한다. 최선을 다하였지만 일엽편주에 불과하다는 생각을 지울 수가 없다. 본서의 집필의도가 독자들에게도 어느 정도 전달될 수 있기를 희망한다. 늘 외로움과 고독감(wissenschaftliche Einsamkeit) 속에서도 한 알의 밀알이 되고 나태에 맞서 쉼 없이 계속 노를 저을 수 있도록 채찍과 용기를 주고 미래가 되어 준 것은 바로 무언의 자연과 절친 주유법학(周遊法學)이었다. 형법총론에서와 마찬가지로 아무쪼록 본서가 형법의 길을 가고자 하는 모든 분들께 본격적인 체계적 이론서로서, 믿음직한 기본서로서 그리고 세밀한 실무지침서로서 빈틈없는 길잡이가 되기를 고대한다. 아울러 부분과 전체가 잘 어우러져 오케스트라에서와 같은 멋진 화음이 본서에 가득하길 기대한다. 애정어린 독자분들의 아낌없는 지도편달도 바라마지 않는다.

끝으로 본서가 세상의 빛을 볼 수 있도록 흔쾌히 출판을 허락해주신 법문사 임・직원 여러분께 감사드린다. 아울러 편집에 심혈을 기울여주신 김용석 차장께도 각별한 감사를 드린다. 그리고 본서가 출간되기까지 짧지 않은 기간 동안 음으로 양으로 물적으로 심적으로 변함없는 성원과 격려를 아끼지 않으신 가족, 친지, 동료, 선・후배 및 지인 등 모든 분들께도 거듭하여 뜨거운 감사를 드린다. 여전히 계속되고 있는 코로나바이러스 감염증(COVID-19)의 상황 속에서도 늘 건강하시기를 기원드린다.

2023년 1월
우거에서 저자 씀

대 목 차

제 1 편 서 론

제 2 편 개인적 법익에 대한 죄

세 목 차

제1편 서 론

제2편 개인적 법익에 대한 죄

제 2 장 자유에 대한 죄 (221～361)

제 3 편 사회적 법익에 대한 죄

범　　례

Ⅰ. 법령 약어표

※ 본서에서 형법은 별도의 표기를 하지 않았다.

가정폭력처벌법	가정폭력범죄의 처벌 등에 관한 특례법(가폭법)
감염병예방법	감염병의 예방 및 관리에 관한 법률
고압가스법	고압가스안전관리법
공무원범죄몰수법	공무원범죄에 관한 몰수특례법
교통사고처리법	교통사고처리특례법(교특법)
국제뇌물방지법	국제상거래에 있어서 외국공무원에 대한 뇌물방지법
국회증언감정법	국회에서의 증언감정 등에 관한 법률
금융실명법	금융실명거래 및 비밀보장에 관한 법률
남녀고용평등법	남녀고용평등과 일·가정 양립지원에 관한 법률
노동조합법	노동조합 및 노동관계조정법
마약류관리법	마약류 관리에 관한 법률
보조금법	보조금 관리에 관한 법률
보험사기방지법	보험사기방지특별법
복권법	복권 및 복권기금법
부동산실명법	부동산 실권리자명의 등기에 관한 법률
부정경쟁방지법	부정경쟁방지 및 영업비밀의 보호에 관한 법률
부패방지권익위법	부패방지 및 국민권익위원회의 설치와 운영에 관한 법률
사법경찰직무법	사법경찰관리의 직무를 수행할 자와 그 직무범위에 관한 법률
사행행위규제법	사행행위 등 규제 및 처벌 특례법
산업기술보호법	산업기술의 유출방지 및 보호에 관한 법률
생명윤리법	생명윤리 및 안전에 관한 법률
성매매처벌법	성매매알선 등 행위의 처벌에 관한 법률
성폭력처벌법	성폭력범죄의 처벌 등에 관한 특례법(성폭법)
소방시설법	소방시설 설치 및 관리에 관한 법률
수상구조법	수상에서의 수색·구조 등에 관한 법률
수입인지법	수입인지에 관한 법률
스토킹처벌법	스토킹범죄의 처벌 등에 관한 법률
시체해부법	시체해부 및 보존 등에 관한 법률

아동학대처벌법	아동학대범죄의 처벌 등에 관한 특례법
여성폭력방지법	여성폭력방지기본법
연명의료결정법	호스피스·완화의료 및 임종과정에 있는 환자의 연명의료결정에 관한 법률
에이즈예방법	후천성면역결핍증예방법
원산지표시법	농수산물의 원산지표시에 관한 법률
응급의료법	응급의료에 관한 법률
이해충돌방지법	공직자의 이해충돌방지법
장기이식법	장기 등 이식에 관한 법률
장사법	장사 등에 관한 법률
전자장치부착법	전자장치 부착 등에 관한 법률
정보통신망법	정보통신망 이용촉진 및 정보호보 등에 관한 법률
정부대표법	정부대표 및 특별사절의 임명과 권한에 관한 법률
정신건강복지법	정신건강증진 및 정신질환자 복지서비스 지원에 관한 법률
중대재해처벌법	중대재해 처벌 등에 관한 법률
집시법	집회 및 시위에 관한 법률
철도산업법	철도산업발전기본법
청소년성보호법	아동청소년의 성보호에 관한 법률(아청법)
청탁금지법	부정청탁 및 금품 등 수수의 금지에 관한 법률
테러방지법	국민보호와 공공안전을 위한 테러방지법
특정강력범죄법	특정강력범죄의 처벌에 관한 특례법(특강법)
특정경제범죄법	특정경제범죄 가중처벌 등에 관한 법률(특경법)
특정범죄가중법	특정범죄 가중처벌 등에 관한 법률(특가법)
폭력행위처벌법	폭력행위 등 처벌에 관한 법률(폭처법)
형집행법	형의 집행 및 수용자의 처우에 관한 법률

Ⅱ. 주요 참고문헌

김성돈, 『형법각론』 제8판, 성균관대학교 출판부, 2022.
김성천, 『형법각론』 제7판, 소진, 2021.
김신규, 『형법각론강의』, 박영사, 2020.
김일수/서보학, 『새로쓴 형법각론』 제9판, 박영사, 2018.
김혜정/박미숙/안경옥/원혜욱/이인영, 『형법각론』 제2판, 정독, 2021.
박찬걸, 『형법각론』 제2판, 박영사, 2022.

배종대, 『형법각론』 제13판, 홍문사, 2022.
신동운, 『형법각론』 제2판, 법문사, 2018.
신양균/조기영, 판례교재 『형법각론』 제2판, 박영사, 2022.
오영근, 『형법각론』 제7판, 박영사, 2022.
원형식, 판례중심 『형법각론』 개정판, 동방문화사, 2022.
이규호, 『형법각론』 개정판, 청목출판사, 2022.
이용식, 『형법각론』, 박영사, 2019.
이재상/장영민/강동범, 『형법각론』 제12판, 박영사, 2021.
이정원/류석준, 『형법각론』, 준커뮤니케이션즈, 2020.
이형국/김혜경, 『형법각론』 제2판, 법문사, 2019.
임 웅, 『형법각론』 제12정판, 법문사, 2021.
정성근/박광민, 『형법각론』 전정3판, 성균관대학교 출판부, 2019.
정성근/정준섭, 『형법강의 각론』 제2판, 박영사, 2022.
정신교, 『형법각론』, 청목출판사, 2021.
정웅석/최창호, 『형법각론』, 대명출판사, 2018.
최호진, 『형법각론』, 박영사, 2022.
한정환, 『형법각론』, 법영사, 2018.

제 1 편

서 론

Ⅰ. 형법각론의 의의

형법은 범죄와 형사제재에 관하여 정하는 법률을 말한다. 형법학은 형법을 대상으로 하는 학문분야이지만, 일반적으로 형법총론과 형법각론으로 나누어 논하여진다. 형법각론이란 형법각칙에 대한 이론을 말한다(형법 제2편 참조). 형법총칙에 대한 이론을 형법총론이라고 하는 것과 같다(형법 제1편 참조).

형법각론은 각칙에 규정되어 있는 법문을 기초로 하여 개개의 규정에 고유한 성립요건에 대한 해명을 임무로 한다는 점에서 총칙을 기초로 하여 개개의 규정에 공통되는 일반적인 성립요건에 대한 해명을 임무로 하는 형법총론과 구별된다고 할 수 있다. 범죄의 성부는 행위, 구성요건해당성, 위법성조각, 책임조각 및 처벌조각의 순으로 판단되지만, 형법각론에 있어서는 구성요건해당성의 판단이 그 중심을 이룬다. 구성요건해당성을 판단하기 위해서는 개개의 범죄의 구성요건요소를 정확하게 이해함과 동시에 판례 속에서 어떠한 사실에 어떠한 구성요건요소가 적용되고 있는가를 검토하지 않으면 안 된다. 이와 같이 형법각론에서는 구성요건해당성의 판단이 중심으로 되기 때문에 그 규정에 의하여 보호되는 법익이 무엇인가를 구명할 필요가 있다. 이러한 의미에서 보호법익은 구성요건의 해석에 있어서 지도원리로 된다. 형법각론은 개개의 규정의 내용과 한계를 명확히 하는 것을 그 임무로 하고 있다. 개개의 규정은 보호할 필요가 있는 법익에 대한 침해행위 중에서 처벌할 필요가 있는 침해행위만을 처벌하도록 규정하고 있기 때문이다. 각칙상 개개의 규정은 보호법익에 대한 침해의 결과와 태양을 규정하고 범죄로 되는 행위를 제한하고 있는 것이다. 이와 같이 죄형법정주의의 원칙은 모든 법익을 전면적이고 망라적으로 예외 없이 보호하는 것이 아니라 그 침해의 태양이나 정도를 한정하여 단편적으로 보호하도록 요청하고 있는 것이다.

형법각론은 형법총론과 강학상으로 구별되지만 이는 어디까지나 연구의 편이에 지나지 않는다. 구체적으로 사안을 해결하기 위해서는 형법총론의 지식과 형법각론의 지식이 일체 불가분적으로 요구된다. 따라서 형법각론을 연구하는 경우에도 형법총론과의 이론적 정합성을 항상 고려할 필요가 있다.

Ⅱ. 형법각론의 내용

형법각론의 주요 대상은 형법각칙에 규정되어 있는 범죄이다. 형법각칙은 범죄를 국가적 법익에 대한 죄, 사회적 법익에 대한 죄 및 개인적 법익에 대한 죄라는 3가지의 유형으로 나누어 규정하고 있다. 현행 형법은 1953년 제정된 이후 여러 차례의 개정을 거쳤지만 기본적으로는 여전히 입법 당시의 모습을 그대로 유지하고 있다.[1] 또 시대의 변화와 함께 새로운 시대상황에 대처하기 위하여 다수의 특별형법과 행정형법이 입법되어 오늘에 이르고 있다. 여기서 형법각론은 형법각칙뿐만 아니라 특별형법과 행정형법도 그 대상으로 포함하게 된다. 그럼에도 불구하고 형법전에 규정된 범죄는 현재에도 그 기본적인 중요성을 잃고 있는

1) 형법 1953.9.18. 제정 법률 제293호 1953.10.3. 시행.

것은 아니다. 따라서 본서에서는 형법전에 규정된 범죄를 중심에 두고 고찰하지만, 특별형법과 행정형법에 규정된 그것에 대하여는 필요에 따라 부수적인 것에 그치는 것으로 한다.

형법각칙은 법익을 기준으로 범죄의 유형을 분류하고 있다. 법익은 그 주체에 따라 개인적 법익, 사회적 법익 및 국가적 법익으로 나누어진다. 이와 같이 법익의 분류에 대한 3분설에 따르는 한 범죄도 개인적 법익을 침해하는 죄, 사회적 법익을 침해하는 죄 및 국가적 법익을 침해하는 죄로 구분될 수 있다. 드물게는 개인적 법익과 공공적 법익으로 대별하는 2분설도 있다. 이에 의하면 공공적 법익은 다시 사회적 법익과 국가적 법익으로 분류된다. 그러나 사회의 공동생활상의 이익을 보호하는 것과 국가의 존립과 그 통치기구의 작용을 보호하는 것은 그 의미를 달리한다고 해야 한다. 따라서 3분설이 타당하다고 해석된다.

그런데 1953년 제정된 형법은 각칙에서 범죄를 국가적 법익에 대한 죄로부터 시작하여 사회적 법익에 대한 죄로 이어서 최종적으로는 개인적 법익에 대한 죄의 순으로 배열하고 있다. 현행 형법각칙은 입법당시 국가우월주의사상에 근거하고 있던 1930년대 독일형법의 영향으로 국가적 법익을 보호하는 범죄로부터 규정하게 되었던 것이다. 그러나 1948년 제정된 현행 헌법은 국가주의가 아니라 개인주의로부터 출발하고 있다.[2] 개인주의란 인간사회에 있어서 모든 가치의 근원을 개인에게서 찾는 입장을 말한다. 개인은 최대한 존중되지 않으면 안 된다. 이러한 의미에서 헌법은 최고의 법가치를 인간의 존엄과 가치에 두고 있는 것이다(헌법 제10조 참조). 이와 같이 헌법이 개인주의로부터 출발하게 됨에 따라 국가주의에 근거하여 마련되었던 형법각칙상 범죄의 배열순서를 변경하지 않을 수 없게 되었다. 이러한 관점에서 본서에서는 형법각론의 체계를 개인적 법익에 대한 죄를 최우선적으로 하여 그 다음으로 개인의 집합체인 공중의 이익으로서 사회적 법익에 대한 죄를 배치하고 개인의 행복도 국가의 보호 없이는 불가능하기 때문에 국가적 법익에 대한 죄의 순으로 배열하기로 한다.

Ⅲ. 형법각론의 해석

형법의 해석에 있어서는 죄형법정주의의 요청으로서 유추해석이 금지되고 엄격해석이 중시되고 있다. 형법의 존재형식인 언어의 의미를 가능한한 객관적으로 인식하는 문언해석은 형법해석의 출발점이 된다. 이러한 의미에서 해석의 출발점은 법조문 또는 법문이라고 할 수 있다. 그러나 법조문에서 사용되는 언어는 법익보호를 통한 사회질서유지의 목적에 지향되어진 것이기 때문에 언어 자체의 해석이 아니라 언어가 가지는 법적 의미의 인식이 중요하게 된다. 한편 언어는 법해석에서는 그 자체 독립된 의미를 가질 뿐만 아니라 법조문 및 다른 조항과 관련에 있어서 규범적인 의미도 가지는 것이다. 따라서 문리해석, 논리해석 및 체계해석도 필요하게 된다.

법문은 '~한 행위를 한 자는 ~의 형에 처한다'라는 형식으로 규정되지만 법문의 전반에 해당하는 부분이 법률요건으로서의 범죄이고, 후반에 해당하는 부분이 그 법률효과로서의

2) 헌법 1948.7.17. 제정 헌법 제1호 1948.7.17. 시행.

형사제재이다. 형법각론은 이들의 쌍방에 걸친 각각의 법문이 가지는 의미를 인식해명하는 것을 임무로 하는 학문이다. 법문에서 범죄를 규정하는 부분은 예컨대 살인죄(제250조 제1항)의 '사람을 살해한 자'와 같이 당해 범죄의 일반적인 성립요건을 정하는 것이기 때문에 이를 범죄구성요건 또는 구성요건이라고 한다. 구성요건은 법익침해의 태양정도가 중대하기 때문에 사회질서를 유지하기 위하여 방치될 수 없는 행위, 즉 당벌적 행위를 입법자가 사회통념에 근거하여 법률적으로 추상화하고 유형화하여 범죄로 되는 행위의 형식적인 틀을 표시하여 가벌적 행위로 규정한 것이다. 행위가 범죄로 되지 아니하면 안 되는가는 통상 구성요건에 해당하는가 아닌가에 의하여 결정되기 때문에 형법각론에서는 구성요건의 해석이 가장 중요하게 된다.

형법의 법문은 사회질서의 유지를 도모하기 위하여 입법화된 것이기 때문에 그 해석에 있어서도 사회질서의 유지의 목적에 부합하는 의미를 객관적으로 명확하게 할 필요가 있다. 따라서 형법의 해석에 있어서도 목적론적 해석은 불가결한 것이다. 그러나 법의 목적을 어떻게 인식하는가는 해석자의 가치관에 따라서 달라지는 것이고 목적론적 해석방법은 형법의 엄격해석의 원칙에 반할 위험을 수반한다. 그러므로 무엇보다도 우선 법문의 언어적 의미를 객관적으로 인식하고 형식논리의 법칙을 가능한 한 존중하는 것이 필요하게 된다. 다음으로 논리적인 해석의 결과로서 복수의 결론이 도출되는 때에 비로소 목적론적 해석을 구사하여 하나의 결론을 선택하여야 한다. 그러나 이 경우에도 해석자의 이데올로기나 가치관의 개입을 가능한 한 억제하고 통상의 판단력을 가지는 일반인의 이해, 즉 사회상식이나 사회통념에 따른 결론을 도출하지 않으면 안 된다. 일반 국민이 형법의 법문의 취지를 올바르게 이해하면 당해 행위가 범죄로 되는 것을 이해할 수 있는 정도의 객관성을 가질 필요가 있다. 해석의 객관성은 특히 정치적인 범죄와 같이 가치관이 대립하는 경우에 용이하게 확보될 수 없다. 여기에서 판례, 관습 및 조리를 고려하고 나아가 입법자 의사, 해당 법문의 범죄학적 의미 및 비교법적 고찰 등이 필요하게 된다. 이와 같이 하여 형법각론은 법익보호의 견지에 서서 법문에서 진실로 처벌할 가치가 있는 행위를 객관적으로 도출하고 범죄자의 인권도 보장하면서 적절한 형벌권을 실현하고 사회질서의 유지를 도모한다는 형법의 목적에 봉사하게 되는 것이다.

해석론에는 일정한 한계가 있다는 것도 잊어서는 안 된다. 그것은 법률의 문언을 초과하여 처벌하는 것은 불가능하다는 것이다. 이것이 바로 죄형법정주의의 원칙이다. 이는 국민의 대표인 국회의원이 처벌하지 말아야 한다고 생각하는 것을 재판관이나 행정관이 임의로 처벌하는 것은 허용되지 않는다는 의미이고 근대형법 이래의 철칙이다. 형법각론에 있어서도 죄형법정주의의 한계를 넘는 해석론은 허용될 수 없다. 원래 현행법상 처벌되지 않지만 새로운 법률을 만들어 처벌할 것을 요구하는 것은 별개의 문제이다. 이는 입법론의 영역에 속한다.

Ⅳ. 본서의 서술방법

본서는 다른 교과서에서와 같이 개인적 법익, 사회적 법익 및 국가적 법익의 순으로 서술하고 있다. 이는 국가적 법익, 사회적 법익 및 개인적 법익의 순으로 규정되어 있는 형법의 역순이다. 그 이유로서는 전술한 바와 같이 형법의 모법이라고 할 수 있는 1930년대의 독일형법 당시는 전체주의의 영향을 받아 국가적 법익을 우선시하였지만, 현대사회에 있어서는 헌법이 명시하는 가치체계에 따라 개인적 법익이 중요하다는 점, 개인적 법익에 대한 범죄가 국가적 법익에 대한 범죄보다도 빈도가 높다는 점, 강학상 중요한 기본적 개념들이 개인적 법익에서 먼저 등장하기 때문에 이를 먼저 서술하는 것이 효율적이라는 점 등이 거론될 수 있다.

본서는 형법총론과의 연계속에서 동일한 이론적 체계를 관철하고 있다. 형법총론은 크게 행위규범과 제재규범으로 구성되었고, 형법각론에서는 행위규범에 상응하는 범죄와 제재규범에 상응하는 법정형으로 나누어 이를 각각의 범죄마다 동일하게 적용하여 해석론의 근간으로 삼고 있다. 그리고 각 범죄의 성립요건 중에서 구성요건은 객관적 구성요건과 주관적 구성요건으로 구분하고 각각의 내용을 정확하게 파악할 수 있도록 구성하였다. 객관적 구성요건에는 그 요소로서 주체, 객체, 행위, 결과, 인과관계 및 상황이 기술되고, 주관적 구성요건에는 그 요소로서 고의, 과실 및 목적 등이 서술되고 있다. 미수와 공범이라는 수정된 구성요건은 물론 그에 적용되는 위법성조각사유나 책임조각사유가 있는 경우에는 그에 대하여도 검토하고, 죄수에 대하여도 필요한 범위에서 서술하고 있다.

본서에서는 체계적 일관성을 유지하면서도 논점을 강조하기 위해서 쟁점에 있어서는 학설, 판례 및 검토라는 항목을 구성하여 상세하게 논의함으로써 구체적으로 이해할 수 있도록 하였다. 뿐만 아니라 해당 조문과 관련되는 특별법의 규정도 관련되는 위치에서 함께 고찰하고 있다. 이상과 같은 동일한 구성은 매범죄마다 반복하여 기술되고 있는 점이 본서의 가장 큰 특징이자 장점이라고 할 수 있다. 시각적 효과와 반복적 효과를 부수적으로 얻을 수 있기 때문이다.

제2편

개인적 법익에 대한 죄

개인적 법익에 대한 죄란 개인적 법익을 침해하거나 이를 위험하게 하는 범죄를 말한다. 헌법은 "모든 국민은 인간으로서의 존엄과 가치를 가지며, 행복을 추구할 권리를 가진다. 국가는 개인이 가지는 불가침의 기본적 인권을 확인하고 이를 보장할 의무를 진다"고 규정하고 있다(헌법 제10조). 이는 근대법의 기반인 개인주의의 관점에서 모든 법적 가치의 근원이 개인의 존중에 있다는 것을 선언한 것이고, 이러한 관점에서 형법에 있어서도 개인적 법익을 최우선으로 보호하지 않으면 안 된다는 것이다.

개인적 법익 중 첫 번째는 생명이다. 생명이야말로 개인주의 가치의 근원(根元)이기 때문이다. 두 번째는 신체와 건강의 안전이다. 헌법이 "모든 국민은 보건에 관하여 국가의 보호를 받는다"고 규정하고 있는 것도 간접적으로는 이러한 취지를 명확하게 한 것이다(헌법 제36조 제3항). 세 번째는 자유이다. 헌법도 "모든 국민은 신체의 자유를 가진다"고 하여 자유권을 직접적으로 규정하고 있다(헌법 제12조 제1항 전문). 신체의 자유, 행동의 자유는 자유주의사회의 근간을 이루는 것으로서 중요한 보호법익이 된다(헌법 제12조 이하 참조). 개인주의와 자유주의는 서로 밀접한 관계에 있고, 자유주의에서는 무엇보다도 개인의 자유권이 보장되지 않으면 안 된다. 네 번째는 주거의 안전, 비밀이나 명예 또는 신용의 보호이다. 개인의 행복추구에 불가결한 것들이다. 개인주의는 인격의 존엄에 근거하여 밖으로부터 간섭을 받지 않고 평온한 생활 속에서 자유로운 인격의 발전과 형성을 예정하고 있다. 개인의 자유에는 인격의 자유로운 형성·발전도 포함되어 있는 것이고, 자유롭게 형성·전개된 인격의 존엄은 개인의 비밀이나 명예의 존중을 요청한다. 다섯 번째는 생존의 경제적 기반인 재산도 중요한 보호법익으로 된다. 재산은 사회생활의 기초이자 사회생활·경제생활의 자유를 지지하는 동적 기반이다. 사적 소유를 인정하여 경제생활의 자유를 보장하는 경제체제의 근거가 필요한 이유이다. 이러한 의미에서 헌법의 "모든 국민의 재산권은 보장된다. 그 내용과 한계는 법률로 정한다"고 한 규정을 이해할 수 있다(헌법 제23조 제1항). 결국, 개인적 법익과 관련하여 형법은 중요한 법익의 순, 예컨대 생명, 신체, 자유, 생활의 평온, 명예, 신용 및 재산의 순으로 보호법익을 규정하고, 이에 대한 불법한 침해를 범죄로, 적법한 박탈을 형벌로 하여 형벌법규를 만들고 있다고 할 수 있다.

한편 개인적 법익에 대한 죄는 인격적 법익에 대한 죄와 재산적 법익에 대한 죄로 양분될 수 있다. 인격적 법익에 속한 것으로서는 생명, 신체, 자유, 명예·신용 등이 열거될 수 있다. 또한 재산적 법익의 내용을 이루는 것으로서는 개인의 재산을 거론할 수 있다.

제 1 장 생명과 신체에 대한 죄

제 1 절 총 설

§1. 개 관

생명과 신체는 사람의 존재요건이다. 생명과 신체에 대한 죄는 사람의 생명이나 신체에 대한 침해 또는 그 위험을 내용으로 한다. 생명과 신체에 대한 죄는 생명에 대한 죄와 신체에 대한 죄로 구분될 수 있다. 신체에 대한 죄는 궁극적으로 최고의 법익인 생명권을 보호하기 위한 범죄라고 해도 과언이 아니다. 신체에 대한 죄는 생명에 대한 죄의 위험범적 성격을 가지는 측면도 있기 때문이다. 생명과 신체에 대한 죄에는 살인의 죄, 상해와 폭행의 죄, 과실치사상의 죄, 낙태의 죄 및 유기와 학대의 죄가 포함되어 있다.

§2. 생명의 보호

Ⅰ. 서 설

사람의 생명은 형법이 보호하고 있는 최고의 법익이다. 형법은 궁극적으로 사람의 생명을 보호하기 위하여 생명 · 신체에 대한 죄를 규정하고 있다. 생명 · 신체에 대한 죄는 사람 또는 태아의 생명 · 신체를 침해하거나 위험하게 하는 행위에 대한 처벌을 내용으로 하는 범죄이다. 살인의 죄, 상해와 폭행의 죄, 과실치사상의 죄, 낙태의 죄 및 유기와 학대의 죄가 이에 속한다. 각각의 죄에 있어서 행위의 객체는 낙태의 죄를 제외하고 나머지는 모두 사람이다. 법률상 사람의 개념은 일반적으로 법인도 포함하지만, 생명 · 신체에 대한 죄의 객체로서의 사람은 자연인에 한하고 법인은 이에 포함되지 아니한다. 사람의 생명 · 신체에 대한 죄에 있어서의 객체는 생명이나 신체를 가질 필요가 있기 때문이다.

생물학적인 측면에서 생명의 탄생과 사망은 일련의 과정이다. 사람의 생명은 정자와 난자가 결합한 수정란에 의하여 시작된다. 수정란은 머지않아 자궁에 착상하고 태아로서 성장한 후 출생에 의하여 사람으로 된다. 사람의 생명은 생식세포, 수정, 착상, 배아, 태아, 출생 및 사망이라는 경과를 거치게 되는 것이다. 이러한 의미에서 생물학적으로는 수정란의 탄생으로부터 사람의 사망에 이르기까지 그 사이를 사람의 생명으로 포착하는 것이 가능할 수 있다. 그러나 어느 시점으로부터 어느 시점까지를 사람의 생명으로서 보호하여야 할 것인가는 나라마다 문화마다 다를 수 있다. 형법은 출생으로부터 사망에 이르기까지의 생명만을 사람의 생명으로서 보호하고 있다. 태아가 사람으로 되는 시기, 즉 사람의 시기는 태아를 객체로 하는 낙태죄와 사람을 객체로 하는 살인죄를 구분하는 경계선이 된다.

한편 사람이 사망하면 더 이상 생명 · 신체에 대한 죄의 객체로는 되지 않기 때문에 원칙적으로 살인 · 상해 등의 죄는 성립하지 않게 된다. 사람이 시체로 되는 시기, 즉 사람의 종기는 사람을 객체로 하는 살인죄와 시체를 객체로 하는 시체손괴죄를 구별하는 분수령이 된다. 결국 태아 이전의 생명, 예컨대 생식세포, 수정란 또는 배아에 대하여 형법은 아무런 보호규정을 두고 있지 아니하다. 형법은 아마도 생식세포, 수정란 또는 배아에 대하여는 자연의 보호영역에 맡겨져 있다고 보았기 때문일 것이다.

Ⅱ. 생식세포 · 수정란 · 배아

사람의 생명은 정자와 난자의 결합에 의한 수정란의 탄생으로부터 시작된다. 수정란(受精卵, zygote, fertilized egg)은 자궁에 착상하는 동안 배아(胚芽, embryo)를 거쳐 태아로 성장하며 사람으로의 출생에 이르게 된다. 출생한 사람은 성장하고 사망에 의하여 시체로 된다. 이것이 바로 생물학적인 의미에서 사람의 생명의 일생이라고 할 수 있다. 그러나 형법상 보호되고 있는 생물로서의 생명은 태아의 생명과 사람의 생명뿐이다. 전자에 대하여는 낙태죄에 의하여, 후자에 대하여는 살인죄 등에 의하여 각각 보호되고 있는 것이다. 나머지의 생명은 인공적인 힘이 작용하지 않고 자연의 섭리가 지배하는 자연의 영역에 속한다고 보았기 때문이다.

그러나 일취월장해오고 있는 과학기술의 발달은 자연의 영역을 침범하여 인간의 기술의 영역으로 편입시켜왔다. 생명의 영역에 있어서도 인간의 기술은 수정란뿐만 아니라 정자나 난자와 같은 생식세포에까지 영향력을 미치고 있다. 인공수정, 대리모, 유전자 편집 등 생식보조기술의 오용이나 남용에 대한 대비책을 강구하여야 할 시점에 이르고 있는 것이다.

현행법으로서는 2005년 제정된 생명윤리법이 유일하게 생식세포와 배아 등 태아 이전의 생명에 관하여 규정하고 있다.[1] 다만 생명윤리법에 의한 규율은 형법과는 별개의 차원이라고 할 수 있다.

Ⅲ. 태 아

사람의 생명이 형법의 보호의 대상으로 되는 것은 태아부터이다. 태아(胎兒, fetus)란 일반적으로 수정란이 자궁에 착상한 이후를 말한다. 따라서 형법상 착상 이전의 수정란은 보호의 대상으로 되지 않는다. 헌법재판소도 "태아는 수정란이 자궁에 착상한 때로부터 낙태죄의 객체로 되는데 착상은 통상 수정 후 14일 경에 이루어지므로, 그 이전의 생명에 대해서는 형법상 어떠한 보호도 행하고 있지 않다"고 판시한 바 있다.[2]

태아는 낙태죄에 의하여 보호의 객체로 된다. 다만 낙태죄에 의하여 보호의 대상으로

---

1) 생명윤리 및 안전에 관한 법률(약칭: 생명윤리법) 2004.1.29. 제정 법률 제7150호 2005.1.1. 시행.

2) 헌법재판소 2008.7.31. 선고 2004헌바81 결정.

되는 태아는 모체 내에 존재하는 경우에 한한다. 따라서 태아는 모체 외로 배출되면 사람으로서 보호되지 않는 한 더 이상 낙태죄의 보호대상은 아니게 된다.

한편 형법상 모체 내 태아의 보호는 사람의 그것에 비하면 어느 정도 제한적이라고 할 수 있다. 예컨대 형법상 과실낙태, 태아상해는 처벌되지 아니한다. 형법은 낙태미수에 대한 처벌규정도 두고 있지 아니하다. 또 자기낙태죄와 의사에 의한 업무상 낙태죄는 헌법불합치 결정[3]이후 이에 대한 후속조치로서 마련된 형법 개정안이 국회의 입법부작위에 의하여 2020년 12월 31일까지 국회의 본회의를 통과하지 못함으로써 2021년 1월 1일부터 실효된 바 있다. 태아와 사람의 구별이 중요한 의미를 가지는 이유가 된다고 할 수 있다. 이것이 바로 후술하는 바와 같이 사람의 시기(始期)가 문제되는 근거이다.

Ⅳ. 사 람

형법은 원칙적으로 사람의 생명만을 가장 중요하게 보호하고 있다. 사람의 생명은 태아의 그것에 비하면 매우 포괄적으로 보호되고 있다고 할 수 있다. 고의(살인죄)나 과실에 의한 생명의 침해(과실치사죄)는 물론 고의에 의한 생명에 대한 위험의 야기(유기죄) 및 미수와 예비까지 포괄적으로 처벌하고 있기 때문이다. 나아가 형법은 사람의 생명에 대하여는 촉탁이나 승낙에 의한 경우, 즉 동의살인까지 빠짐없이 처벌의 대상으로 하고 있다.

형법상 사람의 생명에 대한 포괄적 보호는 사람의 사망에 의하여 종료된다. 사람은 사망에 의하여 시체로 되고, 시체는 그 범위 내에서 별도로 보호의 대상이 된다(시체손괴죄). 사람과 시체의 구별이 중요한 의미를 가지는 이유이다. 이것이 바로 후술하는 바와 같이 사람의 종기(終期)가 문제되는 까닭이다.

§3. 사람의 생명

Ⅰ. 사람의 의의

형법상 사람이란 살아 있는 자연인만을 의미한다. 생물학적인 의미에서의 사람이란 자연인에 한정되기 때문이다. 이것은 또한 형법의 기본원칙 중의 하나인 행위주의의 결과이기도 하다. 행위주의에 의하여 형법상 행위의 주체는 처음부터 살아 있는 사람에 제한되었기 때문이다. 바로 이러한 점에서 형법은 자연인(自然人, natürliche Person) 이외에 법인(法人, juristische Person)까지 행위의 주체로 인정하는 민법과 구별된다고 할 수 있다.

출생 전의 태아는 살인죄의 객체인 사람이 아니라 낙태죄의 대상으로 되고, 사망 후의 사람의 신체는 시체로서 시체손괴죄 등의 대상으로 되는 것에 지나지 않는다. 형법이 자살을 범죄로 하지 않는 것으로부터 사람은 타인만을 의미하고, 자신을 포함하지 않는 것으로 해석되고 있다. 원래 사람은 人(인)의 번역어이다. 人은, 첫째 동물이나 물건과 구별하여

---

3) 헌법재판소 2019.4.11. 선고 2017헌바127 결정.

사람을 의미하거나(사람 인), 둘째 나와 구별하여 남(타인)을 의미하기도 한다(남 인, 딴 사람 인). 여기서의 사람은 人의 두 번째 의미인 남을 가리킨다고 해석되어야 한다.

사람이 살아 있다는 것은 출생시부터 사망시까지의 사이를 말한다. 출생전의 태아나 사망후의 시체는 사람의 생명만을 객체로 하는 살인죄의 객체로 될 수 없다. 낙태죄와 살인죄를 구별하고, 살인죄와 시체손괴죄를 구별할 기준이 요구되는 이유이다. 바로 여기서 사람의 출생과 사망의 시점을 법률적으로 명백히 하기 위해서 사람의 시기와 종기가 문제되지 않을 수 없게 된다. 이러한 기준은 최종적으로 생물학적 · 의학적 가능성의 범위 내에서 규범적 관점에서 정하여질 수밖에 없다.

Ⅱ. 사람의 시기

1. 의 의

사람의 시기(始期)는 출생이다. 출생전의 생명체를 태아라고 한다. 태아의 생명은 형법상 낙태의 죄에 의하여만 보호될 뿐이다. 개체로서의 생명의 탄생은 수정으로부터 시작되기 때문에 태아의 시기도 수정에서 인정되는 것이 타당할 수 있다. 그러나 낙태죄의 객체로서 태아의 생명은 착상으로부터 시작되는 것으로 해석되고 있다. 수정란이 착상되기 이전에는 자연유산의 경우를 차치하더라도 수정란에 대한 침해가 피임에 의한 것인지 아니면 낙태에 의한 것인지 그 한계가 모호하여 확정하기 어렵기 때문이다.

태아는 출생한 시점에서 사람으로 된다. 그러나 사람의 출생시점에 대하여는 출생이 모체로부터 독립하는 과정이기 때문에 판단이 일치하지 않고 있다. 생물학적인 의미에서 출생은 수정, 배아, 태아, 진통, 일부노출, 전부노출 및 독립호흡의 순으로 진행되는 일련의 과정(process)으로서 선(線)의 개념이지만, 규범적인 측면에서의 출생은 어느 한 시점을 기준으로 그 전과 후를 구별하는 하나의 사건(event)으로서 점(點)의 개념이기 때문이다. 사람의 출생시를 법률적으로 획정하기 위한 문제가 사람의 시기의 문제이다.

2. 학 설

(1) 종래의 학설

종래부터 사람의 시기(始期)에 대하여는 견해가 대립하여 왔다. 출산의 과정에 따라 다음과 같다고 할 수 있다.

첫째, 진통설(陣痛說)이다. 규칙적인 진통의 개시를 사람의 시기라고 한다. 진통의 개시 후에는 태아가 모체 중에 있어도 사람으로 된다. 진통은 분만 제1기에 있어서 자궁경부가 열릴 때의 개방진통을 의미한다. 분만은 진통으로부터 시작되기 때문에 진통설을 분만개시설(分娩開始說)이라고도 한다. 통설의 입장이라고 알려지고 있다. 진통이 개시된 시점으로부터 사람으로 보호할 필요가 있기 때문이다.

둘째, 일부노출설(一部露出說)이다. 태아의 신체의 일부가 모체로부터 노출된 때라고 한다. 특히 태아의 머리가 노출된 때라고 하는 견해를 두부노출설(頭部露出說)이라고 한다. 낙태죄가 태아와 모체 쌍방의 생명·신체를 보호법익으로 하고 있지만, 살인죄나 상해죄 등에 있어서는 모체로부터 분리된 사람 그 자체의 생명·신체가 보호의 대상으로 되기 때문에 출생의 시기는 태아가 모체와는 별개로 직접 침해의 객체로 될 수 있는 상태에 도달한 시점에서 구하여져야 한다는 점을 이유로 하고 있다. 그러나 일부노출한 영아가 다시 모체 내로 인입(引入)되는 경우가 있기 때문에 기준이 불명확하다는 비판이 가하여질 수 있다. 이에 대하여는 일부노출한 시점에서 공격이 가하여지면 후에 다시 모체 내로 인입된다고 하여도 사람에 대한 공격이라고 해석될 수 있다고 반론될 수 있다.

셋째, 전부노출설(全部露出說)이다. 태아의 신체의 전부가 모체로부터 노출된 때라고 한다. 민법상의 통설이다. 따라서 민법상 권리·의무 능력의 취득시점은 전부노출시가 된다. 사회통념상 자연적인 과정에 근거를 둔 관점이라고 할 수 있다. 그러나 형법에 있어서는 전부노출설에 의하는 경우 사람의 시기가 너무 늦어 효과적인 생명의 보호에 실기할 수 있다고 비판되고 있다. 한편 영미에서는 전부노출설에 의하여 사람의 시기를 결정한다고 한다.

넷째, 독립호흡설(獨立呼吸說)이다. 태아가 자기의 폐에 의하여 호흡을 개시한 때라고 한다. 독립호흡의 유무는 재판상 생산(生産)과 사산(死産)의 기준이 되고 의학적으로 태아와 영아의 분계가 된다는 점, 독립호흡을 출생이라고 하는 것은 사망을 호흡정지로 하는 것과 논리적으로 일맥상통한다는 점 및 독립호흡은 독립생활을 시작하는 기점이기 때문에 이 때부터 독립한 존재로 인정하는 것이 상당하다는 점 등을 근거로 하고 있다. 그러나 사람의 시기를 인정하는 것이 지연되고, 적어도 출산 후 독립호흡까지 낙태죄나 살인죄에 의한 보호에 간극이 발생할 우려가 있다는 점 등에서 비판이 가하여지고 있다. 지지자는 전무하다고 해도 과언이 아니다.

(2) 인공분만과 새로운 학설

인공분만의 경우 사람의 시기에 대하여는 자궁절개설과 일부노출설이 대립하고 있다.

첫째, 자궁절개설(子宮切開說)이다. 자궁절개시를 사람의 시기라고 하는 입장이다. 인공분만의 경우에는 진통이 없기 때문에 자궁의 절개가 진통의 개시와 유사하다는 점을 근거로 하고 있다. 진통설의 입장에서 자연분만과 인공분만 사이의 논리적 일관성을 유지하기 위한 해석이라고 판단된다.

둘째, 일부노출설(一部露出說)이다. 일부노출시를 사람의 시기라고 하는 입장이다. 태아는 일부노출시부터 모체와는 독립하여 직접 외부로부터 침해를 받을 수 있다는 가능성을 근거로 하고 있다. 이는 자연분만에 있어서의 근거를 그대로 차용하고 있기 때문에 자연분만시의 일부노출설과 논리적으로 일관성을 유지할 수 있다는 점이 장점으로 될 수 있다.

3. 판 례

대법원은 진통설, 즉 분만개시설을 취하고 있다. 다만 인공분만시에 대한 판례의 입장은 아직 분명하지 않다. 진통설을 긍정한 판례의 구체적 내용은 다음과 같다. 즉,

> 사람의 생명과 신체의 안전을 보호법익으로 하고 있는 형법의 해석으로는 규칙적인 진통을 동반하면서 분만이 개시된 때(소위 진통설 또는 분만개시설)가 사람의 시기라고 봄이 타당하다.[4)]사람의 생명과 신체의 안전을 보호법익으로 하고 있는 형법상의 해석으로서는 사람의 시기는 규칙적인 진통을 동반하면서 태아가 태반으로부터 이탈하기 시작한 때 다시 말하여 분만이 개시된 때(소위 진통설 또는 분만개시설)라고 봄이 타당하며 이는 형법 제251조(영아살해)에서 분만 중의 태아도 살인죄의 객체가 된다고 규정하고 있는 점을 미루어 보아도 그 근거를 찾을 수 있는 바이니 조산원이 분만 중인 태아를 질식사에 이르게 한 경우에는 업무상 과실치사죄가 성립한다.[5)]

자궁절개설을 부정한 판례의 구체적 내용은 다음과 같다. 즉,

> 제왕절개 수술의 경우 '의학적으로 제왕절개 수술이 가능하였고 규범적으로 수술이 필요하였던 시기'는 판단하는 사람 및 상황에 따라 다를 수 있어, 분만개시 시점 즉, 사람의 시기도 불명확하게 되므로 이 시점을 분만의 시기로 볼 수는 없다.[6)]

4. 검 토

형법은 영아살해죄를 규정하여 다른 살인죄에 비하여 가벼운 형으로 처벌하고 있다(제250조 제1항, 제251조 참조). 영아살해란 직계존속이 치욕을 은폐하기 위하거나 양육할 수 없음을 예상하거나 특히 참작할 만한 동기로 인하여 분만중 또는 분만직후의 영아를 살해한 때에 성립하게 된다. 형법은 분만중의 영아를 살해하는 것을 낙태죄가 아니라 살인죄의 일종으로서 파악하고 있는 것이다. 다시 말해서, 형법은 분만중의 영아를 태아가 아니라 사람으로 취급하고 있는 것이다. 따라서 사람의 시기는 당연히 분만개시(Beginn der Geburt)가 된다고 해석된다. 태아가 사람으로 된다고 하는 것은 태아가 모체로부터 독립된 생명체가 된다는 것이고 모체로부터 분리활동의 개시시점인 진통의 개시시에 사람의 시기를 인정하는 것이 진통설이다.

의학적으로 분만의 과정은 몇 가지의 단계로 구분될 수 있다. 첫째, 분만 제1기이다. 분만이 시작될 때부터 태아가 자궁경부를 열 때까지이다. 개구기(開口期, Eröffnungsphase)라고 한다. 둘째, 분만 제2기이다. 태아가 나오기 시작하여 완전히 나올 때까지를 말한다. 만출기(娩出期, Austreibungsphase)라고 한다. 셋째, 분만 제3기이다. 태아가 완전히 나온 이후부터 태반이 나올 때까지이다. 후산기(後産期, Nachgeburtsphase)라고 한다. 넷째, 분만 제4기이다. 실제로는 분만이 끝났으나 아직 분만중이라는 개념을 가진다. 회복기(回復期)라고 한다. 진통설에서 말하는 진통이란 분만 제1기에서의 산통을 의미한다고 할 수 있다. 종래에는 출산의 개시를 태아를 만출하기 직전에 분만 제2기에서 발생하는 압박진통(Presswehen)의 시점에서 인정하였지만, 현대에는 새로운 의학

---

4) 대법원 2007.6.29. 선고 2005도3832 판결.
5) 대법원 1982.10.12. 선고 81도2621 판결.
6) 대법원 2007.6.29. 선고 2005도3832 판결.

지식에 근거하여 분만 제1기에서 자궁구(子宮口)가 열리는 개방진통(Eröffnungs-wehen)의 시점에서 인정하고 있다. 한편 일부노출과 전부노출은 분만 제2기에 해당한다고 할 수 있다.

생각건대 진통설에 의하면 진통개시 후는 이미 사람으로 되기 때문에 진통 후에 그것을 살해하면 살인죄(영아살해죄)로 되지만 진통 이전에 살해하면 낙태죄로 된다. 또 과실에 의한 낙태죄는 처벌되지 않기 때문에 진통이 오기 전에 과실로 사망에 이르게 한 경우에는 처벌되지 않지만 진통이 시작된 시점에서는 처벌되게 된다. 사람의 시기는 사람이 외부적 공격의 대상으로 될 수 있는 시점을 기준으로 해야 한다. 영아살해죄는 분만중의 영아에 대하여도 성립하기 때문이다. 이러한 의미에서 진통설이 타당하다.

한편 전술한 사람의 시기에 관한 학설은 고전적인 자연분만의 과정을 당연한 전제로 하여 논의되어 온 것이다. 그러나 인공분만이 늘어난 점, 조산에 의한 초미숙아의 생존가능한 시기가 비약적으로 단축되고 있는 점 등이 현실로 된 오늘날 고전적인 자연분만을 전제로 한 사람의 시기에 대한 기준은 재고되어야 할 시기가 되었다. 인공분만의 경우에도 진통설의 취지는 그대로 타당하다고 해석되어야 한다. 따라서 인공분만의 경우에는 인공분만을 위한 제왕절개수술의 개시시를 사람의 시기로 설정하는 것이 지당하다고 해석된다.

Ⅲ. 사람의 종기

1. 의 의

사람의 종기(終期)는 사망이다. 사람은 사망에 의하여 생명을 잃고, 그의 신체도 시체로 되어 시체손괴죄의 객체로 됨에 지나지 않게 된다. 따라서 사망은 살인죄와 시체손괴죄를 구별하는 경계선이 된다. 여기서 사망의 시기의 확정이 중요한 문제로 된다.

사람은 사망한 시점에서 시체로 된다. 그러나 사망의 시점에 대하여는 판단이 일치하지 않고 있다. 생물학적인 의미에서 사망은 자연사의 경우 폐정지, 뇌정지, 심장정지의 순으로 진행되는 일련의 과정(process)으로서 선의 개념이지만, 규범적인 측면에서의 사망은 어느 한 시점을 기준으로 그 전과 후를 구별하는 하나의 사건(event)으로서 점의 개념이기 때문이다. 사람의 사망시를 법률적으로 획정하기 위한 문제가 사람의 종기의 문제이다.

2. 학 설

(1) 종래의 학설

사망의 개념 속에는 다양한 의미가 내재되어 있어 사망은 다의적 개념이 된다. 철학적, 종교적, 문화적, 의학적, 법학적 측면에서의 의미 등 각각의 의미가 다를 수밖에 없다.[7] 이러

7) 우리 문화권에서는 사망을 출생으로 인식하는 듯한 관용어가 존재한다. 우리말에서는 '사망전'을 사전(死前, before death)이라고 해야 맞는 표현일 것 같은데 이를 무의식적으로 '생전'(生前)이라고 말하는 경우가 종종 있기 때문이다. 또 사람이 사망하면 '돌아가셨다'고 한다. 출생에 의하여 세상에 왔지만, 사망에 의하여 다시 떠나왔던 별로 돌아갔다는 의미이다. 나아가 '문 닫고 들어와'라는 관용어는 논리적으로 맞지 않는 어법임에도 불구하고 그렇게 쓰이고 있는 것인지 아니면 안과 밖을 판단하는 기준이 달라서 그렇게 쓰는 것인지 필자로서는 알 수 없다.

한 이유에서 사망에 대한 공통된 정의는 존재하지 않는다. 다만 사망이란 '살아 있다'의 반대 상태로서 '살아 있지 않은 상태'를 의미한다고 하는 점에서는 동서고금이 공통되고 있다. 호흡, 맥박, 체온 및 의식의 활력징후(活力徵候, vital signs)를 가지고 있는 경우에는 살아 있다고 하고, 반대로 이것이 상실되어 있는 경우를 사망이라고 판단해 왔다. 호흡, 맥박 및 의식이라는 활력징후를 각각 담당하고 있는 폐, 심장 및 뇌의 주요 3대 장기를 기준으로 사람의 종기에 대한 학설이 대립되어 온 근거를 이해할 수 있다. 대표적으로는 호흡종지설, 맥박종지설, 호흡·맥박종지설 및 종합판단설이 그것이다.

첫째, 호흡종지설(呼吸終止說)이다. 자발적인 호흡이 불가역적으로 종지한 때를 사람의 종기라고 하는 견해를 말한다. 폐사설(肺死說)이라고도 한다. 둘째, 맥박종지설(脈博終止說)이다. 자발적인 심장의 고동이 불가역적으로 종지한 때를 사람의 종기로 보는 견해를 말한다. 심장사(心臟死)라고도 한다. 셋째, 호흡·맥박종지설(呼吸·脈搏終止說)이다. 자발적인 호흡과 맥박의 불가역적 종지시를 사람의 종기로 보는 견해를 말한다. 심폐사설(心肺死說)이라고도 한다. 넷째, 종합판단설(綜合判斷說)이다. 자발적인 맥박의 불가역적인 종지와 자발적인 호흡의 불가역적 종지 및 동공의 확대·고정을 통하여 확인할 수 있는 뇌기능의 불가역적인 종지라는 3징후를 사람의 종기라고 하는 견해를 말한다. 3징후설(三徵候說)이라고도 한다. 3징후설은 아직까지 의료계에서의 임상적 사망판정기준이었다고 할 수 있다.

(2) 장기이식과 새로운 학설

장기이식술의 발달은 새로운 사망판정기준을 요구하게 되었다. 소생가능성이 전무한 상황에서 일시적인 활력징후의 유지나 연장은 언젠가는 정지될 수밖에 없고, 결과적으로는 무의미하기 때문이다. 오늘날 새로운 사망판정기준으로서 등장한 것이 뇌사설과 새로운 심장사이다.

첫째, 뇌사설(腦死說)이다. 뇌는 의식을 담당하는 대뇌, 운동을 담당하는 소뇌 및 호흡과 맥박을 담당하는 뇌간으로 구성된다. 뇌사설은 뇌의 구조에 따라 대뇌의 불가역적 기능정지를 뇌사라고 하는 대뇌사설(大腦死說)과 뇌간의 불가역적 기능정지를 뇌사라고 하는 뇌간사설(腦幹死說) 및 뇌간과 소뇌를 포함한 뇌 전체의 불가역적 기능정지를 뇌사라고 하는 전뇌사설(全腦死說)로 나누어질 수 있다. 또 뇌사설은 대뇌사설과 뇌간사설은 각각 부분적 뇌사설, 전뇌사설은 전면적 뇌사설에 속한다고 크게 나누어질 수 있다.[8]

뇌간사설은 뇌간이 내장과 감각기관의 기능을 관리하고 사람의 기본적인 생명유지작용을 담보하는 생명의 중추이고, 그 기능이 완전하게 소실되면 자발호흡능력과 자발맥박능력이 상실될 뿐만 아니라 대뇌기능 자체도 뇌간의 기능에 의존하고 있기 때문에 의식까지도 상실된다는 점을 근거로 하고 있다. 뇌간사설이 채택되고 있는 대표적인 나라는 영국과 대만이다. 대뇌사설에 있어서는 식물상태나 무뇌아를 뇌사로 인정하는 점에 대하여 비판이 가하여지고 있다. 그러나 세계적인 주류는 전뇌사설이다. 뇌의 구성부분을 정확히 경계짓는

8) 이에 대하여 자세한 것은 주호노, 『뇌사와 장기이식의 법률학』, 동림, 1997, 69면 이하 참조.

것이 쉽지 않을 뿐만 아니라 부분적으로 대뇌나 뇌간만의 사망을 확실하게 진단해내는 것 또한 불가능에 가깝기 때문이다. 현대의학은 아직 뇌 전체 기능의 소실여부에 대하여만 진단할 수 있는 수준에 머무르고 있기 때문이다.

뇌사의 판정기준에 대하여는 1968년 8월 하버드 특별위원회(Ad Hoc Committee of the Harvard Medical School to examine the definition of brain death)가 뇌사진단기준인 하버드기준을[9] 공표한 이래 각국에서 다양한 뇌사판정기준이 발표되어 왔다. 뇌사판정기준에는 국가마다 차이가 있지만, 공통적으로 몇 가지의 검사기준이 충족된 후 일정한 시간 후에 다시 이들의 요건이 재충족될 것을 요구하고 있다(장기이식법 제18조 제2항 참조). 예컨대 현행 장기이식법상의 뇌사판정기준에 의하면 자발호흡소실을 포함한 선행조건과 심혼수, 동공의 확대·고정, 뇌간반사소실, 무호흡, 평탄뇌파 등으로 구성된 판정기준이 모두 충족된 후 6시간 후에 다시 관찰하여 변화가 없을 것이 요구되고 있다(장기이식법 시행령 제21조 별표1 참조). 뇌사판정기준은 1차 판정이 충족된 후 6시간의 관찰시간 후에 실시되는 재확인검사에서도 모두 연속하여 충족되어야 한다. 다만 1차판정과 2차판정 사이의 관찰시간(觀察時間)은 뇌사판정 대상자가 1세 이상 6세 미만의 경우에는 24시간, 생후 2개월 이상 1세 미만의 경우에는 48시간으로 늘어난다. 어린이의 경우 신축적인 소생가능성에 탄력적으로 대비하기 위한 조치이다. 여기서 사망시각이 문제될 수 있다. 사망진단서에는 시망시각이 기재될 것이 요구되고 있기 때문이다. 뇌사(腦死, Hirntod, brain death)란 뇌기능의 불가역적 정지를 말하고, 관찰시간이란 불가역성이라는 요소까지 충족하기 위한 요건이라고 이해할 때 관찰시간의 경과시, 즉 2차 판정시를 뇌사시로 하는 것이 타당하다고 생각된다. 그러나 장기이식법은 입법에 의하여 '뇌사자의 사망시각은 뇌사판정위원회가 뇌사를 판정한 시각으로 한다'고 명문으로 규정하고 있다(장기이식법 제21조 제2항). 이에 대하여는 뇌사를 의사가 아니라 뇌사판정위원회로 하여금 판정하도록 한 독특한 입법에서 유래되는 규정이라고 평가할 수 있을 것이다.

둘째, 새로운 심장사(心臟死)이다. 심장사를 더 세밀하게 분류하면 전통적인 심장사를 맥박사(脈搏死, cardiac death) 또는 심폐사(心肺死, cardio-respiratory death)라고 한다면 새로운 심장사는 순환사(循環死, circulatory death)를 의미한다고 할 수 있다. 순환사란 단순히 맥박의 종지라는 의미에 그치는 것이 아니라 맥박정지, 순환정지가 뇌사로 이어진다는 구조하에서 맥박정지는 물론 뇌사까지도 포함하고 있는 개념이다. 이러한 순환사의 개념은 특히 장기이식과 관련하여 소위 순환정지후기증(Donation after Circulatory Death, DCD)이라는 용어로 이미 사용되어 오고 있다. 1970년대부터 도입된 뇌사기증이 한계에 이르자 이에 대한 대안으로 1990년대부터 유럽에서 등장하여 사용되기 시작한 개념이다.

순환사는 불가역적 순환정지를 심장사라고 한다. 다만 불가역성의 판단이 순환사의 경우에는 전향적으로 이루어진다는 점에서 후향적으로 이루어져 오는 전통적인 심장사와 구별된다고 할 수 있다. 순환사의 경우에는 일정한 시간 동안만 불가역적으로 순환이 정지하면 순환정지, 즉 사망으로 판정하게 된다. 여기서 순환이 정지하고 있는 일정한 시간 동안을

9) "A definition of irreversible coma: report of the Ad Hoc Committee of the Harvard Medical School to Examine the Definition of Brain Death", JAMA, 205(6): 337-40, 1968.

소위 접촉금지관찰시간(no touch time)이라고 한다. 접촉금지관찰시간은 나라에 따라 다르지만, 보통 짧게는 2분, 5분에서 길게는 30분까지 요구되고 있다. 접촉금지관찰시간에 대한 세계적인 주류는 5분이다.

3. 판 례

사람의 종기에 관한 판례는 아직 존재하지 않는다. 그동안 심장사가 다툼의 여지없이 너무도 명백한 기준으로 당연히 채택되어 왔기 때문이었는지도 모른다. 다만 판례가 사람의 종기에 관한 기준으로서 심장사를 취하고 있다고 해석될 수 있는 경우는 다수 발견되고 있다. 심장사를 긍정한 판례의 구체적 내용은 다음과 같다. 즉,

> 망인은 곧바로 병원으로 이송되었으나 이 사건 다툼이 있은 지 얼마 지나지 아니한 2014.7.17. 00:33경 급성 심장사를 원인으로 사망하였다.[10] 갑 중학교 입학예정자인 을이 축구부 동계훈련에 참가하여 합숙훈련을 받던 중 발생한 급성심장사로 장해를 입은 사안에서, 위 사고는 갑 중학교가 훈련 과정의 일정과 응급구호체계 미비 등으로 훈련에 참가한 학생을 보호, 감독할 의무를 위반하여 발생한 것이다.[11] 경찰관이 경찰서 내 축구동호회가 주최하는 축구시합에 참가하였다가 돌연성 심장사로 사망한 사안에서, 그 축구시합의 전반적인 과정이 소속기관의 지배나 관리를 받는 상태에 있었던 것으로 보아 망인의 사망이 공무상 질병으로 인한 사망에 해당한다.[12] 망인은 돌연사(급성심장사)한 것으로 봄이 상당한데, 망인이 평소 약정 근로시간보다 3~4시간을 초과하여 근무하고 휴일에도 근무하는 경우가 많았으며 사망하기 전날에도 22:25경에 퇴근하는 등 과중한 업무를 하여 왔고, 업무 특성상 세심한 주의가 필요한데다가 자신의 실수로 회사에 손실을 입혀 스트레스를 받아온 점, 과로와 스트레스가 급성심장사 유발의 한 원인으로 알려져 있는 점, 망인은 평소 특별한 질병이나 지병이 없었고 그 밖에 다른 요인이 가공되어 망인이 사망하였다고 볼 만한 자료도 없는 점 등을 종합하여 보면, 망인은 윈테크에서 과중한 업무를 계속한 결과 그로 인한 과로 및 스트레스가 누적되어 심장질환이 유발되어 사망한 것으로 추단되므로 망인의 사망은 업무상 재해에 해당하고, 따라서 원고의 유족급여 및 장의비 지급청구를 거부한 이 사건 처분은 위법하다고 판단하였다.[13] 망인이 사망 당시 현실적으로 작업에 종사중이 아니었고 또 망인이 담당한 업무가 비교적 힘든 일이 아닐 뿐 아니라 사망할 무렵의 작업시간도 보통평균인에게는 과중한 업무가 아니었다고 하더라도, 망인이 하기휴가를 갔다온 후 8일간을 매일 3시간씩 연장근무를 한데다가 그 후 2주일간은 매일 8시간씩 주간근무를 하고 그 후부터 사망시까지 1주일간은 매일 8시간씩 야간근무를 함으로써 이와 같이 주야간이 뒤바뀌는 근무형태로 축적된 피로가 망인의 건강과 신체조건으로 보아 과로원인이 될 수 있다면, 망인에게 근무 외에 과로원인이 될 만한 다른 사유가 인정되지 않는 한 망인의 사인인 급성심장사는 위와 같은 근무 형태로부터 온 과로에 기인한 것이라고 볼 여지가 있다.[14]

---

10) 대법원 2017.4.27. 선고 2016두55919 판결.
11) 대법원 2013.9.13. 선고 2013다37722 판결.
12) 대법원 2009.7.9. 선고 2007두6922 판결.
13) 대법원 2003.12.26. 선고 2003두8449 판결.
14) 대법원 1991.9.10. 선고 91누5433 판결.

4. 검 토

사람의 사망은 1차적으로는 의학적으로 임상상의 개념이다. 현장에서는 의사가 의례적으로 사망을 진단해왔고, 이러한 관행은 이미 관습법으로 전화(轉化)된 것으로 보이기 때문이다. 사망은 또한 종교, 윤리, 철학, 문화, 역사, 정치 등 다양한 측면에서 관심의 대상으로 되어 온 것도 사실이다. 그러나 사람의 사망은 민사, 형사, 기타의 법률관계상 중대한 영향을 가지는 법률상의 사실이기 때문에 법률상으로도 중요한 개념이 아닐 수 없다. 사망의 개념에 대하여는 명문의 규정이 존재하지 않는다. 이는 동서고금이 마찬가지이다. 관점에 따라 사망의 개념이 다양하기 때문이기도 하지만, 처음부터 호흡종지 또는 맥박종지에 의하여 사망을 예외 없이 판정해온 너무도 명백하고 당연한 인류의 경험적 사실을 법률로 굳이 규정할 필요가 없었기 때문이다.

동서고금을 막론하고 사망은 전통적으로 맥박의 종지에 의하여 판정되어 왔다. 인류는 처음부터 마지막 맥박이 멈추면 더 이상 되살아날 수 없다는 사실을 경험적으로 터득하여 왔던 것이다. 이러한 이유에서 맥박종지설이 처음부터 아직까지 공통적인 사망의 판정기준으로서 변함없이 기능하여 오고 있는 것이다. 이러한 의미에서 심장사는 마지막 심박이 정지할 때까지 기다려본 후 심박이 소실되었을 때 비로소 '그것이 마지막 심박이었구나'하는 방식으로 심박의 종지(終止)를 후향적으로 확인할 수 있는 구조라고 할 수 있다. 여기서 심장사는 맥박종지사로서 맥박의 종지라는 사실을 자연적·후향적으로 판단할 수 있는 방법이라고 평가될 수 있다. 또 자연사(自然死)가 활력징후를 담당하는 3장기를 중심으로 폐사, 뇌사 및 심장사의 순으로 발생한다고 볼 때 심장사의 의미 속에는 3장기의 사망과 3장기 중 최후의 사망이라는 의미가 동시에 내재되어 있다고 평가할 수 있다. 이것이 바로 심장사의 함의(含意)라고 할 수 있다. 이러한 의미에서 심장사는 호흡종지설, 맥박종지설, 호흡·맥박종지설 및 종합판단설을 모두 아우르는 개념이라고 할 수 있다. 종래의 호흡이나 심장의 작용에 중심이 두어져 있는 사망의 판정기준을 일괄하여 후술하는 뇌사에 대비하여 심장사라고 해도 무방할 것이다. 결국 심장사는 한점의 오차 없이 명백하게 사망을 판정할 수 있는 확실한 기준일 수밖에 없다고 하겠다. 결론적으로 동서고금을 막론하고 공통적인 사망의 판정기준은 전통적으로 심장사, 특히 맥박종지사라고 정리할 수 있다.

그러나 현대의학의 눈부신 진보는 사람의 종기에 대한 추가적인 기준을 요구하고 있다. 이것이 바로 뇌사와 새로운 심장사로서의 순환사의 문제이다. 현대의학으로 인하여 생명의 중추기관은 심장이 아니라 뇌라는 사실이 밝혀졌다. 뇌사 또한 현대의학의 진보가 밝혀낼 수 있었던 사실이다. 뇌가 손상을 입어 호흡중추가 정지하면 뇌간, 폐, 및 심장도 생명의 고리로 서로 연결되어 의존하고 있기 때문에 호흡이 정지하고 그에 수반하여 심장도 정지하게 된다. 그러나 인공호흡기에 의존하면 뇌가 사망하더라도 곧바로 호흡은 멈추지 않고 심장도 정지하지 않게 된다. 뇌사는 이미 심장사와 함께 사망의 판정기준으로 받아들여지고 있다. 이것이 전 세계적인 추세라는 것을 부인할 수 없다. 우리나라에서도 처음에는 뇌사가 장기이식의 경우에 한하여 인정되어 왔다. 장기이식법은 1999년 제정 당시의 반대의견을 고려하여 뇌사를 사람의 종기로 하는 것을 피하고 장기이식의 경우에 한하는 형태로 규정하였다. 동시에 뇌사판정을 신청에 있는 경우에 한하도록 규정함으로써 뇌사를 유족의 선택권에 맡기는 결과로 되었다(장기이식법 제17조 제3항 참조). 그러나 그 후 20년 이상이 지난 지금 뇌사를 심장사와 함께 또 다른 사망의 판정기준으로 인정하는 것에 사회적 합의도 충분히 이루어졌다고 판단된다. 따라서 이후부터는 사망의 판정기준으로서 심장사에만 머물러 있는 일원론(一元論)에서 벗어나 심장사와 뇌사를 동시에 긍정하는 이원론(二元論)으로 나아가야 할 때라고 본다. 개념적으로 볼 때 뇌사로써 사망을 일원적으로 판단하는 것도 가능하겠지만, 절대적 다수의 사망은 종래와 같이 심장사에 의해서 판정될 것으로 본다. 뇌사의 발생률은 의학 선진국에 있어서도 전사망자의 1%미만이라고 하기 때문이다.

뇌사를 인정하는 경우에도 전뇌사설이 타당하다. 뇌간사설에서는 뇌파의 잔존이 문제되지 않고 있다. 뿐만 아니라 현대의학상 아직 뇌의 구조가 완전하게 해명되었다고 보기 어렵고, 뇌사의 판단에서 고차원적인 정신작용을 영위하는 인간을 상징하고 있는 대뇌의 기능을 제외하는 것은 타당하다고 할 수 없기 때문이다. 대뇌의 기능이 상실되어도 뇌간의 기능이 남아 있으면 자발적인 호흡・맥박 능력과 뇌간반사가 유지된다. 이것이 바로 소위 식물상태(植物狀態, vegetative state)로서 뇌사상태와 구별되지 않으면 안 된다. 현행 장기이식법도 전뇌사설을 채택하고 있다(장기이식법 제2조 제5호 참조). 뇌사의 경우 사망시각은 제2회시의 검사종료시가 타당하다.

한편 새로운 심장사로서의 순환사의 인정여부이다. 순환사는 전술한 바와 같이 장기이식과 관련하여서는 '순환사 후 기증'(DCD, Donation after Circulatory Death)이라는 용어가 일반적으로 사용되고 있다. 또한 순환사를 전제로 한 장기이식의 경우 사망의 확실성을 담보하기 위하여 사망후기증의 원칙(dead donor rule)을 선행요건으로 요구하고 있다. 이는 사망한 자로부터의 장기는 반드시 기증자의 사망이 선언된 후에만 구득이 허용된다는 원칙을 말한다.[15]

제 2 절 살인의 죄

§1. 개 관

I. 서 설

본장의 살인의 죄(Tötungsdelikte)란 고의에 의하여 사람의 생명을 침해하는 범죄를 말한다(형법 제2편 제24장). 형법은 과실에 의한 생명침해에 대하여는 별도의 장에서 규정하여 본죄와는 구별하고 있다(형법 제2편 제26장). 보호법익은 개인의 생명이다. 보호의 정도는 침해범으로서의 보호이다. 사망이라는 결과의 발생으로 기수에 이르는 결과범이다.

생명이란 가장 존귀한 법익이다. 사람의 생명보다 더 중요한 법익은 있을 수 없다. 한

15) J. A. Robertson, "The dead donor rule", Hastings Cent Rep, 1999 Nov-Dec; 29(6): 6-14.

사람의 생명은 지구 전체보다도 더 무겁다는 말이 있다. 살인의 죄는 인간사회에서 가장 기본이 되는 법익을 침해하는 범죄로서 동서고금을 막론하고 이를 범죄로 규정하지 않은 적이 없다. 살인의 죄가 '범죄의 왕'이라고도 말하여져 온 이유이다. 생명에 대한 침해는 비가역적인 것이고, 회복불가능한 것이다. 한편 살인의 죄에 있어서는 상습범에 관한 규정이 존재하지 않는다.

Ⅱ. 입법례

살인의 죄에 대한 입법례는 다양한 기준에 의하여 여러 가지의 유형으로 구별될 수 있다.

1. 객체에 따른 구별

살인의 죄에서 존속살과 영아살을 별도로 규정하는 입법례이다. 첫째, 존속살에 대한 중벌규정이다. 고대 로마법에도 존재하였다고 한다. 1810년 프랑스형법전(Code pénal de 1810, French Penal Code of 1810), 소위 나폴레옹 형법전(Napoleonic Penal Code of 1810)을 원류로 하는 유럽 대륙법계국가들 중에도 규정되었다. 그러나 존속살에 대한 중벌규정은 최근 폐지되거나 완화되는 경향에 있다. 프랑스형법에서도 현재는 폐지되고 있다.

둘째, 영아살에 대한 감경규정이다. 영아살은 중세 카롤리나 형법전(CCC, Die Constitutio Criminalis Carolina oder Carolina von 1532) 등에서는 방어력을 전혀 가지지 않는 영아를 살해한다는 점에서 물론 무겁게 비난되어야 한다고 해석되었다. 그러나 오늘날에는 행위상황, 행위자의 심리상태의 특수성으로부터 통상 살인죄보다도 가볍게 처벌하는 것이 일반적이다. 출산 당시의 정신상태의 이상성을 이유로 하는 점에서 주체를 직계존속에 한정하고 분만중 또는 분만직후에 살해행위가 행하여질 것을 요건으로 한다.

2. 심리에 따른 구별

살인의 죄를 중한 살인죄와 보통의 살인죄로 구별하여 처벌을 달리하는 입법례이다. 심리적 요소나 윤리적 요소를 기준으로 모살(謀殺, Mord, murder)과 고살(故殺, Totschlag, manslaughter)을 구별하여 형벌에 차이를 두는 입법례를 들 수 있다. 독일, 프랑스, 오스트리아, 스위스, 영미 등 많은 국가의 입법례가 이에 속한다.

모살과 고살을 구별하는 대표적인 입법례는 독일형법에서 발견된다. 1871년부터 1941년 형법은 모살과 고살의 구별을 오로지 숙려(熟慮, Überlegung)의 유무에 따랐다. 그러나 현행 독일형법의 경우 모살은 살해욕, 성욕의 만족, 탐욕 그 밖의 비열한 동기에 의하거나, 간악하거나 잔인하거나 공공에 위험한 수단으로 또는 다른 범죄를 가능하게 하거나 은폐할 목적으로 사람을 살해한 경우에 성립되고 이에 대한 법정형은 무기자유형으로 한정되어 있다(독일형법 제211조). 고살은 모살이 아닌 모든 경우의 고의살인인데 그 법정형은 5년 이상의 자유형이되 특히 중한 경우에만 주기자유형에 처하도록 규정되어 있다(독일형법 제212조). 나아가 경한 고살의 경우는

1년 이상 10년 이하의 자유형에 처하도록 그 법정형을 낮게 규정하고 있다(독일형법 제213조).

영미법의 보통법(common law)은 전통적으로 살인(homi- cide)을 사전고의(malice aforethought)의 유무에 따라 모살(謀殺, murder)과 고살(故殺, mans- laughter)로 나누고 있다. 사전고의(事前故意)에는 명시적인 것인 것과 묵시적인 것(implied malice)이 포함된다. 전자는 현실적으로 살해의 고의가 있는 경우를 말하고, 후자에는 중대한 상해의 고의가 있는 경우, 중죄의 실행행위 중에 사람의 사망을 초래한 경우(소위 felony- murder rule), 적법한 체포에 반항하여 체포자를 살해한 경우 등이 포함된다. 고살은 의사가 있는 경우(volun- tary)와 의사가 없는 경우(involun- tary)로 나누어진다. 한편 미국의 다수의 주에서는 모살을 1급살인(first degree murder), 2급살인(second degree murder) 또는 3급살인(third degree murder) 등으로 나누어 전통적인 구분방식에 변형이 발생하고 있다.

3. 현행 형법의 입법태도

형법은 살인의 죄를 유형화하여 구별하지 않고 있다. 피해자의 동의가 있는 경우를 제외하면 모든 유형의 살인행위를 살인죄라는 하나의 조문만으로 규정하고 있다. 살인죄의 구체적 사정은 극히 다양하기 때문에 각각의 사정에 상응하여 타당한 판단을 하고 양형에 반영시키는 것이 합리적이라는 취지에 근거한 것이다. 다만 형법은 존속살에 대하여는 가중규정을, 영아살에 대하여는 감경규정을 두고 있을 뿐이다(제250조 제2항, 제251조). 형법은 모살에 고살을 구별하지 않고 있다. 형법은 또한 구체적인 행위의 위법성과 책임에 상응하여 형을 정하는 것이 가능하도록 살인죄의 법정형의 폭을 매우 넓게 규정하고 있다. 살인죄의 법정형은 사형, 무기 또는 5년 이상의 징역이다(제250조 제1항). 형법은 동의살인죄에 있어서는 위법성에, 자살관여죄에 대하여는 책임에 상응하여 형을 감경하고 있다(제252조).

Ⅲ. 구성요건의 체계

본장의 살인의 죄의 기본적 구성요건은 살인죄(제250조 제1항)이다. 본장의 죄는 기본적 구성요건인 살인죄를 중심으로 가중적 구성요건과 감경적 구성요건으로 구성되어 있다. 가중적 구성요건은 존속살해죄(제250조 제2항)이고, 감경적 구성요건은 영아살해죄(제251조)이다. 전자는 신분관계로 인하여 책임이 가중되는 형태이고, 후자는 신분관계로 인하여 책임이 감경되는 유형이다. 동의살인죄(제252조 제1항)와 자살관여죄(제252조 제2항)도 감경적 구성요건에 속한다. 전자는 피해자의 동의로 인하여, 후자는 교사 또는 방조라는 공범행위로서 위법성이 감경되는 형태라고 해석된다. 독립적 구성요건으로서는 위계 또는 위력에 의한 동의살인죄와 자살관여죄가 거론되고 있다(제253조).

사람의 생명의 중대성으로부터 미수죄는 처벌된다(제254조). 살인죄, 존속살해죄, 위계 또는 위력에 의한 동의살인죄와 자살관여죄에 대한 예비 또는 음모도 처벌된다(제255조). 이 외에 살인죄, 존속살해죄, 동의살인죄와 자살관여죄, 위계 또는 위력에 의한 동의살인죄와 자살관여죄의 경우에 유기징역에 처할 때에는 10년 이하의 자격정지를 병과할 수 있다(제256조).

한편 특별법은 살인죄에 대하여 가중규정을 두는 경우가 있다. 첫째, 특정범죄가중법은 형사사건의 수사 또는 재판과 관련하여 보복 등의 목적으로 살인죄를 범한 자에 대하여 가중처벌하고 있다(특정범죄가중법 제5조의9). 둘째, 특정강력범죄법은 특정강력범죄에 대한 특례를 규정하고 있다(특정강력범죄법 제2조 제1항 제1호, 제3조).

§2. 살인죄

제250조(살인, 존속살해) ① 사람을 살해한 자는 사형, 무기 또는 5년 이상의 징역에 처한다.

제254조(미수범) 전4조의 미수범은 처벌한다.

제255조(예비, 음모) 제250조 ~ 의 죄를 범할 목적으로 예비 또는 음모한 자는 10년 이하의 징역에 처한다.

제256조(자격정지의 병과) 제250조, ~ 의 경우에 유기징역에 처할 때에는 10년 이하의 자격정지를 병과할 수 있다.

Ⅰ. 서 설

본죄는 사람을 살해함으로써 성립한다. 본죄는 살인의 죄의 장에 해당하는 범죄의 일반적 규정으로서 기본적 구성요건이 된다. 사람의 생명이 본죄의 보호법익인 것은 말할 것도 없다. 본죄의 미수와 예비·음모는 처벌된다.

Ⅱ. 범 죄

1. 구성요건

(1) 객관적 구성요건

1) 주 체

본죄의 주체에는 아무런 제한이 없다. 피살자를 제외한 자연인이면 족하다. 법인이 주체로 되지 않는 것은 다른 형법상의 범죄와 같다. 형법의 기본원칙 중의 하나인 행위주의의 지당한 결론이다.

2) 객 체

본죄의 객체는 사람이다. 사람은 타인만을 의미한다. 여기의 사람이 행위자 자신을 포함하지 않는 것은 주체가 피살자 본인을 포함하지 않는 것과 대칭을 이룬다. 본인에 대한 살해는 자살에 해당하지만, 자살에 대하여 형법은 처벌규정을 두지 않고 있다. 사람의 시기와 종기에 대하여는 이미 고찰하였다. 법인은 생명을 가지지 않기 때문에 본죄의 객체는 자연인에 한한다.

사람은 출생 후 사망에 이르기까지의 생명 있는 자연인 모두를 포함한다. 따라서 조산이나 발육불량으로 장래생장의 희망이 없는 영아, 가사상태의 영아, 빈사의 상병자, 여명이 거의 남아 있지 않은 노인, 사형의 선고를 받은 사형수, 기형아 또는 적법한 인공임신중절의 결과 분만된 영아 나아가 실종선고를 받은 자도 모두 포함된다. 대법원도 "무릇 살인죄의 객체는 생명이 있는 이상, 생존기능의 유무는 불문한다"고 판시한 바 있다.[1)]

아직 출생하지 않은 태아는 낙태죄의 객체일 뿐이다. 따라서 태아에 대한 살해는 살인죄에 해당하지 않는다. 문제는 낙태죄의 객체인 태아가 모체 외로 배출된 후에 사망한 경우에 작위 또는 부작위에 의한 살인죄의 객체로 될 수 있는가에 있다. 이에 대하여는 후술한다. 시체는 시체손괴죄의 객체에 지나지 않는다. 다만 자살 도중에 있는 자는 아직 살아 있는 사람에 속한다.[2)] 행위자가 이를 살아 있다고 믿고 공격을 가하고 그 행위에 구체적 위험이 인정되는 경우 살인미수죄가 성립할 수 있는 것은 별개의 문제가 된다.

3) 행 위

본죄의 실행행위는 살해이다. 살해는 자살과 구별하기 위하여 타살이라고도 한다.

① 살 해

살해(殺害)란 자연적 사기 이전에 사람의 생명을 단절시키는 일체의 행위를 말한다. 자연적 사기는 살해의 여부를 판단하기 위한 기준이 된다. 자연적 사기(自然的 死期)란 자연상태에 있어서의 사람의 종기를 말한다. 예컨대 병사(病死)나 자연사의 경우 관념적으로 정하여지는 사망의 시점이 자연적 사기인 것이다. 후술하는 낙태죄에 있어서 낙태의 개념을 자연분만기를 기준으로 판단하는 것과 같은 구조이다.

② 살해의 방법

살해의 방법과 수단은 불문한다. 물리적 · 유형적 방법이든 정신적 · 무형적 방법이든 묻지 않는다. 또 그것이 작위이든 부작위이든 또는 직접적 방법이든 간접적 방법이든 일체 불문한다. 다만 부작위에 의한 살해의 경우에는 부작위범의 요건을 충족해야 하는 것은 당연하다. 흉기를 휴대하고 살해한다고 해도 형법은 특수살인죄를 규정하고 있지 않기 때문에 살인죄만 성립할 뿐이다.

한편 살해의 실행행위성이 인정되기 위해서는 당해 행위가 과학적 측면에서 경험칙상 사람의 생명을 단절시킬 수 있는 성질을 가질 것을 요한다. 실행행위성은 불능범과의 구별 기준이 된다. 따라서 미신범의 행위는 살인죄의 실행행위에 해당하지 아니한다. 현행 형법상 미신행위는 불능범의 영역에 속한다. 그러나 과거에는 저주도 살해의 방법으로서 인정되었던 역사적 사실이 있다. 소위 저주살인은 대명률에서뿐만 아니라 조선왕조실록에도 등장하는 살인죄의 여러 유형 중 하나였던 것이다.[3)]

---

1) 대법원 1980.5.20. 선고 80도306 판결.

2) 대법원 1948.5.14. 선고 4281형상38 판결 참조.

3) 그러나 1905년 4월에 반포 · 시행된 대한제국의 형법전인 형법대전(刑法大全)은 미신행위도 처벌하고 있었다. 예컨대 형법대전 제475조는 "염매(魘魅) 혹은 부서(符書) 내지 저주(詛呪)로서 人을 殺한 자는 絞에 처함이라"고 규정하고 있다. 이는 대명률(大明律) 제312조에서 유래한 규정이다. 大明律 第312條造畜蠱毒殺人 第2項은 "若造魘魅 · 符書呪咀, 欲以殺人者, 各以謀殺論, 因而致死者, 各依本殺法. 欲令人疾苦者, 減二等. 其子孫於祖父母 · 父母, 奴婢 · 雇工人於家長者, 各不減"라고 규정하고 있다. 대명률이 조선의 형률로써 확고한 위치를 차지하게 된 것은 1485년(성종16) 간행된 경국대전 형전 용률(用律)에서 형사 법규의 적용은 "대명률을 쓴다"라고 법제

작위에 의한 살해를 긍정한 판례의 구체적 내용은 다음과 같다. 즉,

피고인이 격분하여 피해자를 살해할 것을 마음먹고 밖으로 나가 낫을 들고 피해자에게 다가서려고 하였으나 제3자 이를 제지하여 그 틈을 타서 피해자가 도망함으로써 살인의 목적을 이루지 못한 경우, 피고인이 낫을 들고 피해자에게 접근함으로써 살인의 실행행위에 착수하였다고 할 것이므로 이는 살인미수에 해당한다.[4] 무릇 살인죄의 객체는 생명이 있는 이상, 생존기능의 유무는 불문한다 할 것이고, 독립행위가 사망의 결과에 원인이 된 것이 분명한 경우에는 각 행위를 모두 기수범으로 처벌한다고 하여 어떤 모순이 있을 수 없으므로 이미 총격을 받은 피해자에 대한 확인사살도 살인죄를 구성한다.[5] 피해자가 자살도중이라도 이에 가공하여 살해의 목적을 달한 경우에는 살인죄가 된다.[6]

부작위에 의한 살해를 긍정한 판례의 구체적 내용은 다음과 같다. 즉,

선박침몰 등과 같은 조난사고로 승객이나 다른 승무원들이 스스로 생명에 대한 위협에 대처할 수 없는 급박한 상황이 발생한 경우에는 선박의 운항을 지배하고 있는 선장이나 갑판 또는 선내에서 구체적인 구조행위를 지배하고 있는 선원들은 적극적인 구호활동을 통해 보호능력이 없는 승객이나 다른 승무원의 사망 결과를 방지하여야 할 작위의무가 있으므로, 법익침해의 태양과 정도 등에 따라 요구되는 개별적 · 구체적인 구호의무를 이행함으로써 사망의 결과를 쉽게 방지할 수 있음에도 그에 이르는 사태의 핵심적 경과를 그대로 방관하여 사망의 결과를 초래하였다면, 부작위는 작위에 의한 살인행위와 동등한 형법적 가치를 가지고, 작위의무를 이행하였다면 결과가 발생하지 않았을 것이라는 관계가 인정될 경우에는 작위를 하지 않은 부작위와 사망의 결과 사이에 인과관계가 있다.[7] 피고인이 조카인 피해자(10세)를 살해할 것을 마음먹고 저수지로 데리고 가서 미끄러지기 쉬운 제방 쪽으로 유인하여 함께 걷다가 피해자가 물에 빠지자 그를 구호하지 아니하여 피해자를 익사하게 한 것이라면 피해자가 스스로 미끄러져서 물에 빠진 것이고, 그 당시는 피고인이 살인죄의 예비 단계에 있었을 뿐 아직 실행의 착수에는 이르지 아니하였다고 하더라도, 피해자의 숙부로서 익사의 위험에 대처할 보호능력이 없는 나이 어린 피해자를 익사의 위험이 있는 저수지로 데리고 갔던 피고인으로서는 피해자가 물에 빠져 익사할 위험을 방지하고 피해자가 물에 빠지는 경우 그를 구호하여 주어야 할 법적인 작위의무가 있다고 보아야 할 것이고, 피해자가 물에 빠진 후에 피고인이 살해의 범의를 가지고 그를 구호하지 아니한 채 그가 익사하는 것을 용인하고 방관한 행위(부작위)는 피고인이 그를 직접 물에 빠뜨려 익사시키는 행위와 다름없다고 형법상 평가될 만한 살인의 실행행위라고 보는 것이 상당하다.[8] 피고인이 미성년자를 유인하여 포박 감금한 후 단지 그 상태를 유지하였을 뿐인데도 피감금자가 사망에 이르게 된 것이라면 피고인의 죄책은 감금치사죄에 해당한다 하겠으나, 나아가서 그 감금상태가 계속된 어느 시점에서 피고인에게 살해의 범의가 생겨 피감금자에 대한 위험발생을 방지함이 없이 포박감금상태에 있던 피감금자를 그대로 방치함으로써 사망케 하였다면 피고인의 부작위는 살인죄의 구성요건적 행위를 충족하는

화되면서부터라고 한다. 이후 대명률은 조선의 전 시기에 걸쳐 1905년(광무9) 형법대전(刑法大全)이 공포 · 시행될 때까지 500여년 동안 형사 사건 처결에서 보통법으로서 사용되었다고 한다.

4) 대법원 1986.2.25. 선고 85도2773 판결.

5) 대법원 1980.5.20. 선고 80도306 판결(다수의견).

6) 대법원 1948.5.14. 선고 4281형상38 판결.

7) 대법원 2015.11.12. 선고 2015도6809 전원합의체 판결.

8) 대법원 1992.2.11. 선고 91도2951 판결.

것이라고 평가하기에 충분하므로 부작위에 의한 살인죄를 구성한다.[9)]

4) 결 과

본죄는 결과범이다. 살해행위에 의하여 피해자의 사망이라는 결과가 발생할 것을 요한다. 실행의 착수 후에 법익침해의 결과가 발생하고, 그것이 실행행위의 위험의 실현이면 기수가 이르게 된다. 이러한 의미에서 본죄는 침해범이 된다. 살해의 결과가 발생하지 않는 경우에는 미수에 그치게 된다.

5) 인과관계

본죄가 성립하기 위해서는 살해행위와 사망이라는 결과 사이에 인과관계가 존재하여야 한다. 결과가 발생하더라도 인과관계가 존재하지 않으면 살인미수죄에 그치게 된다. 인과관계에 관한 판례의 입장은 상당인과관계설이다. 이에 의하면 조건관계가 인정되는 것만으로는 형법상의 인과관계로서 충분하지 않고, 상당한 인과관계가 존재하지 않으면 안 된다고 한다. 인과관계를 긍정한 판례의 구체적 내용은 다음과 같다. 즉,

> 선박침몰 등과 같은 조난사고로 승객이나 다른 승무원들이 스스로 생명에 대한 위협에 대처할 수 없는 급박한 상황이 발생한 경우에는 선박의 운항을 지배하고 있는 선장이나 갑판 또는 선내에서 구체적인 구조행위를 지배하고 있는 선원들은 적극적인 구호활동을 통해 보호능력이 없는 승객이나 다른 승무원의 사망 결과를 방지하여야 할 작위의무가 있으므로, 법익침해의 태양과 정도 등에 따라 요구되는 개별적·구체적인 구호의무를 이행함으로써 사망의 결과를 쉽게 방지할 수 있음에도 그에 이르는 사태의 핵심적 경과를 그대로 방관하여 사망의 결과를 초래하였다면, 부작위는 작위에 의한 살인행위와 동등한 형법적 가치를 가지고, 작위의무를 이행하였다면 결과가 발생하지 않았을 것이라는 관계가 인정될 경우에는 작위를 하지 않은 부작위와 사망의 결과 사이에 인과관계가 있다.[10)] 살인의 실행행위가 피해자의 사망이라는 결과를 발생하게 한 유일한 원인이거나 직접적인 원인이어야만 되는 것은 아니므로, 살인의 실행행위와 피해자의 사망과의 사이에 다른 사실이 개재되어 그 사실이 치사의 직접적인 원인이 되었다고 하더라도 그와 같은 사실이 통상 예견할 수 있는 것에 지나지 않는다면 살인의 실행행위와 피해자의 사망과의 사이에 인과관계가 있는 것으로 보아야 한다.[11)] 살인의 실행행위가 피해자의 사망이라는 결과를 발생하게 한 유일한 원인이거나 직접적인 원인이어야만 되는 것은 아니므로, 살인의 실행행위와 피해자의 사망과의 사이에 다른 사실이 개재되어 그 사실이 치사의 직접적인 원인이 되었다고 하더라도 그와 같은 사실이 통상 예견할 수 있는 것에 지나지 않는다면 살인의 실행행위와 피해자의 사망과의 사이에 인과관계가 있는 것으로 보아야 한다.[12)] 피고인이 원심 상피고인에게 피해자를 살해하라고 하면서 준 원비-디 병에 성인 남자를 죽게 하기에 족한 용량의 농약이 들어 있었고, 또 피고인이 피해자 소유 승용차의 브레이크호스를 잘라 브레이크액을 유출시켜 주된 제동기능을 완전히 상실시킴으로써 그 때문에 피해자가 그 자동차를 몰고 가다가 반대차선의 자동차와의 충돌을 피하기 위하여 브레이크 페달을 밟았으나 전혀 제동이 되지 아니하여 사이드브레이크를 잡아당김과 동시에 인도

9) 대법원 1982.11.23. 선고 82도2024 판결.
10) 대법원 2015.11.12. 선고 2015도6809 전원합의체 판결.
11) 대법원 1994.3.22. 선고 93도3612 판결.
12) 대법원 1994.3.22. 선고 93도3612 판결.

에 부딪치게 함으로써 겨우 위기를 모면하였다면 피고인의 위 행위는 어느 것이나 사망의 결과발생에 대한 위험성을 배제할 수 없다 할 것이므로 각 살인미수죄를 구성한다.[13] 이 사건 농약의 치사추정량이 쥐에 대한 것을 인체에 대하여 추정하는 극히 일반적 추상적인 것이어서 마시는 사람의 연령, 체질, 영양 기타의 신체의 상황여하에 따라 상당한 차이가 있을 수 있는 것이라면 피고인이 요구르트 한병마다 섞은 농약 1.6씨씨가 그 치사량에 약간 미달한다 하더라도 이를 마시는 경우 사망의 결과발생 가능성을 배제할 수는 없다고 할 것이다.[14] 피고인의 자상행위가 피해자를 사망하게 한 직접적 원인은 아니었다 하더라도 이로부터 발생된 다른 간접적 원인이 결합되어 사망의 결과를 발생하게 한 경우라도 그 행위와 사망간에는 인과관계가 있다고 할 것인바, 이 사건 진단서에는 직접사인 심장마비, 호흡부전, 중간선행사인 패혈증, 급성심부전증, 선행사인 자상, 장골정맥파열로 되어 있으며, 피해자가 부상한 후 1개월이 지난 후에 위 패혈증 등으로 사망하였다 하더라도 그 패혈증이 위 자창으로 인한 과다한 출혈과 상처의 감염 등에 연유한 것인 이상 자상행위와 사망과의 사이에 인과관계의 존재를 부정할 수 없다.[15]

(2) 주관적 구성요건

본죄는 고의범이다. 고의란 객관적 구성요건요소에 대한 인식과 그에 대한 실현의사를 말한다. 고의의 인식적 요소로서 객체에 관하여는 단순히 사람이라는 인식이 있으면 족하다. 행위에 관하여는 살해의 수단으로 되는 행위에 의하여 사망의 결과가 발생할 가능성이 있다는 것을 인식하고, 이러한 행위로 나아갈 의사가 있으면 인정된다.

피해자의 사망을 희망하거나 의욕할 필요는 없다. 반드시 살해의 목적이나 계획적인 살해의 의도가 있어야 하는 것도 아니다. 자기의 행위로 인하여 타인의 사망의 결과를 발생시킬만한 가능성이나 위험성을 인식하거나 예견하면 족하다. 따라서 살인의 고의는 반드시 확정적 고의일 것을 요하지 않는다. 소위 미필적 고의로도 충분하다.[16] 인과관계의 인식도 고의의 대상이 된다. 인과관계의 인식은 상세할 필요는 없고, 구성요건적으로 중요한 인과관계의 인식은 필요하다는 견해가 일반적이다. 고의의 존재여부는 범행에 이르게 된 경위, 범행의 동기, 준비된 흉기의 유무 · 종류 · 용법, 공격의 부위와 반복성, 사망의 결과발생가능성 정도, 범행 후에 있어서의 결과회피행동의 유무 등 범행 전후의 객관적인 사정을 종합하여 판단할 수밖에 없다.[17] 고의를 긍정한 판례의 구체적 내용은 다음과 같다. 즉,

건장한 체격의 군인이 왜소한 체격의 피해자를 폭행하고 특히 급소인 목을 설골이 부러질 정도로 세게 졸라 사망케 한 행위에 살인의 범의가 있다.[18] 인체의 급소를 잘 알고 있는 무술교관

---

13) 대법원 1990.7.24. 선고 90도1149 판결.

14) 대법원 1984.2.28. 선고 83도3331 판결.

15) 대법원 1982.12.28. 선고 82도2525 판결.

16) 대법원 2009.2.26. 선고 2008도9867 판결; 대법원 2008.3.27. 선고 2008도507 판결; 대법원 2006.4.14. 선고 2006도734 판결; 대법원 2004.6.24. 선고 2002도995 판결; 대법원 2002.10.25. 선고 2002도4089 판결; 대법원 2001.3.9. 선고 2000도5590 판결; 대법원 2000.8.18. 선고 2000도2231 판결; 대법원 1998.6.9. 선고 98도980 판결; 대법원 1994.12.22. 선고 94도2511 판결; 대법원 1994.3.22. 선고 93도3612 판결; 대법원 1994.12.22. 선고 94도2511 판결; 대법원 1988.2.9. 선고 87도2564 판결; 대법원 1988.6.14. 선고 88도692 판결; 대법원 1987.7.21. 선고 87도1091 판결; 대법원 1986.6.10. 선고 86도783 판결.

17) 대법원 2009.2.26. 선고 2008도9867 판결; 대법원 2006.4.14. 선고 2006도734 판결; 대법원 2002.2.8. 선고 2001도6425 판결; 대법원 2001.3.9. 선고 2000도5590 판결; 대법원 2000.8.18. 선고 2000도2231 판결.

출신의 피고인이 무술의 방법으로 피해자의 울대(聲帶)를 가격하여 사망케 한 행위에 살인의 범의가 있다.[19] 피고인은 건장한 체격의 군인으로서 키 150㎝, 몸무게 42㎏의 왜소한 피해자를 상대로 폭력을 행사하였고 특히 급소인 목을 15초 내지 20초 동안 세게 졸라 피해자의 설골이 부러질 정도였던 사실을 인정한 다음, 이러한 폭력의 태양 및 정도에 비추어 보면 이 사건 범행 당시 피고인에게 최소한 살인의 미필적 고의는 있었다고 판단하여 이 사건 살인의 공소사실을 유죄로 인정하였는바, 앞서 본 법리와 기록에 비추어 살펴보면, 원심의 위와 같은 사실인정과 판단은 정당한 것으로 수긍할 수 있고, 피고인이 폭력을 행사한 후 피해자에게 인공호흡을 실시하였다고 하더라도 달리 볼 것은 아니라 할 것이다.[20] 피고인과 공소외인의 불륜관계 및 이로 인한 가정의 파탄, 피고인의 채무규모와 경제적인 어려움, 피고인이 이 사건 발생 2일 내지 5일 전에 종전에 가입한 보험의 기본계약을 변경하고 실효된 보험을 부활시키는 한편 피해자인 자녀들을 피보험자로 하는 4개의 보험에 가입한 경위, 피고인과 피해자 1 사이의 건물 신축공사를 둘러싼 다툼, 피고인의 이 사건 범행 당일의 행적(피해자인 자녀들과 조카들을 승용차에 태우고 다닌 경위, 이 사건 범행 현장인 저수지 주변의 도로를 수차 왕복하면서 피해자 1을 승용차의 조수석에 동승시킨 경위 등), 이 사건 사고가 발생한 도로와 저수지의 상태, 이 사건 승용차가 저수지로 추락하기 직전의 상황, 위 승용차가 추락한 경위와 흔적, 피고인의 이 사건 사고 직후 및 그 이후의 행적 등에 관한 사실을 인정한 다음, 이러한 사실관계에 비추어 보면, 이 사건 범행은 피고인의 운전 부주의로 승용차가 저수지에 추락하여 발생한 것이 아니라, 피고인이 교통사고를 가장하여 피해자인 자녀들을 살해하고 보험금을 수령하여 자신의 경제적 곤란을 해결하고 신변을 정리하는 한편 그 범행을 은폐할 목적으로 보험의 피보험자인 자녀들 외에 조카들과 피해자 1을 승용차에 태운 후에 고의로 승용차를 저수지에 추락시켜 피해자들을 사망하게 한 것으로서 피해자들에 대한 살인의 범의가 인정된다고 판단하였다.[21] 말다툼을 하던 중 피해자가 피고인에게 욕설을 하고 얼굴에 침을 뱉는 등으로 모욕을 주자 이에 격분하여 그 주변 길바닥에 있던 가로 15㎝, 세로 6㎝, 길이 153㎝(기록에 의하면 무게 7㎏)의 목재를 들고 길바닥에 누워 있던 피해자의 머리를 1회 때려 피해자로 하여금 그 자리에서 외상성뇌지주막하출혈로 사망하게 한 사실을 인정할 수 있고, 이러한 범행의 동기와 수단, 목재로 때린 부위인 머리가 외부로부터의 타격에 취약한 부위인 점, 피해자의 상처의 정도와 사망의 원인 등에 비추어 보면 피고인에게는 미필적으로나마 피고인의 그와 같은 행위가 피해자의 생명을 빼앗게 될지도 모른다는 결과에 대한 인식이 있었다.[22] 총알이 장전되어 있는 엽총의 방아쇠를 잡고 있다가 총알이 발사되어 피해자가 사망한 사안에서, 범행의 도구로 사용된 엽총은 통상 사냥하기 직전에 총알을 장전하는 것인데도 사냥과는 전혀 관계없는 범행 당시 이미 총알이 장전되어 있었고, 실탄의 장전 유무는 탄창에 나타나는 표시에 의해서 쉽게 확인될 수 있어 총기에 실탄이 장전된 것인지 몰랐다고 하기 어려울 뿐 아니라, 안전장치를 하지 않은 상태에서 방아쇠를 잡고 있었던 점 등과 관계 증거에 나타난 전후 사정에 비추어, 피해자를 겁주려고 협박하다가 피해자의 접촉행위로 생겨난 단순한 오발사고가 아니라 살인의 고의가 있는 범죄행위였다고 본 원심판결을 수긍하였다.[23] 피고인이 그 판시와 같은 경위로 남편인 공소외 인의 전처 소생의 딸인 피해자(1984.10.5생, 9세)를 도로에서 약 17미터 떨어진 야산속의 경작하지 않는 밭으로 데리고 들어가

18) 대법원 2001.3.9. 선고 2000도5590 판결.
19) 대법원 2000.8.18. 선고 2000도2231 판결.
20) 대법원 2001.3.9. 선고 2000도5590 판결.
21) 대법원 2001.11.27. 선고 2001도4392 판결.
22) 대법원 1998.6.9. 선고 98도980 판결.
23) 대법원 1997.2.25. 선고 96도3364 판결.

주먹으로 피해자의 얼굴을 수차례 때리고, 이에 피해자가 피고인의 머리채를 잡아뜯고 왼쪽 팔꿈치를 입으로 무는 등 반항을 하자 가지고 있던 스카프로 피해자의 목을 감아 스카프의 양끝을 양손에 나누어 잡고 피해자의 머리를 땅에 비비면서 약 4분 동안 2회에 걸쳐 목을 졸라 그에게 약 4주간의 치료를 요하는 판시 상해를 가하고 피해자를 실신시킨 후 피해자를 버려둔 채 그곳을 떠났던바, 그 이후 피해자가 스스로 깨어나 소생한 사실을 인정하더라도 그와 같은 자신의 가해행위로 인하여 피해자가 사망에 이를 수도 있다는 사실을 인식하지 못하였다고 볼 수 없으므로, 적어도 그 범행 당시에는 피고인에게 살인의 범의가 있었다.[24] 피고인이 소란을 피우는 피해자를 말리다가 피해자가 욕하는 데 격분하여 예리한 칼로 피해자의 왼쪽 가슴부분에 길이 6㎝, 깊이 17㎝의 상처 등이 나도록 찔러 곧바로 좌측심낭까지 절단된 경우에 피고인에게 살인의 고의가 있었다.[25] 피고인이 자신의 허리띠를 잡으며 욕설하는 피해자를 과도를 오른손에 들고 찔러서 피해자가 좌흉부에서 심장을 관통하는 자창에 의한 실혈로 사망하였고, 피고인이 그 직후 과도를 소지한 채 현장을 도망쳐 나왔다면, 상해의 부위, 정도로 볼 때 단순히 피해자를 위협하기 위하여 서로 밀고 당기는 과정에서 발생한 것이 아니고 피고인이 과도로 피해자의 왼쪽 가슴을 힘껏 깊숙이 찌른 것으로 보여지고 그 범행이 우발적이라 할지라도 살인의 결과발생을 인식하고 저지른 소행으로서 미필적 고의가 있었다고 보여진다.[26] 피고인이 그 판시와 같이 시위대원 3명과 같이 시내버스를 탈취한 후, 술이 취한채 탈취한 버스를 운전하여 그때 시위대를 진압하기 위하여 차도를 차단하여 포진하고 있는 충남경찰국 기동대원을 향하여 시속 50킬로미터의 속력으로 돌진하자, 이러한 경우 그들이 버스에 치어 사망할 것이라는 정을 충분히 인식할 수 있음에도 불구하고 계속 같은 속도로 운행하면서 차도에서 인도쪽으로 피하는 대원들을 따라 일부러 핸들을 우측으로 틀면서 돌진하여 위 버스 전면차체부위로 피해자들을 들이받아 쓰러뜨려 대원 중 일경 피해자 1(남, 20세)은 두개골 골절 등으로 사망케 하여 그를 살해하고 상경 피해자 2(남, 22세), 수경 피해자 3(남, 24세)들에게는 그 판시와 같은 상처를 입혔을 뿐 살해의 목적을 이루지 못하고 미수에 그친 사실을 인정하고 있다. 기록에 대조하여 살펴보아도 피고인의 위 범행에 대하여 미필적인 살의가 있었다고 본 제1심 판결과 이를 유지한 원심의 조처는 정당하게 수긍이 가고 거기에 소론과 같이 채증법칙에 위배한 위법이 없고 살인죄의 범의에 관한 법리를 오해한 위법이 있다는 주장은 받아들일 수 없다. 논지는 이유 없다.[27] 피고인이 과도를 소지하고 범행현장에 가게 된 동기가 살상하기 위한 계획적인 의도가 없었다 하더라도 범행현장에서 피해자로부터 폭행을 당하자 소지하고 간 길이 30센티미터의 과도로 피해자를 힘껏 찔러 사망케 한 경우라면 피고인의 범의가 순간적 발생이라 할지라도 살해의 결과가 발생하리라는 인식이 있었다고 봄이 상당하다.[28] 피고인이 피해자의 욕설에 크게 격분하여 흉기인 과도를 들고 피해자에게 달려가서 막바로 피해자의 목(경부)을 위 흉기로 치명상을 입도록 힘껏 내리 찔러 그 자리에서 바로 사망하게 하였다면 위 피고인에게 살해의 의식이 없었다 할 수는 없다.[29] 피고인이 7세, 3세 남짓된 어린자식들에 대하여 함께 죽자고 권유하여 물속에 따라 들어오게 하여 결국 익사하게 하였다면 비록 피해자들을 물속에 직접 밀어서 빠뜨리지는 않았다고 하더라도 자살의 의미를 이해할 능력이 없고 피고인의 말이라면 무엇이나 복종하는 어린 자식들을 권유하여 익사하게 한 이상 살인죄의 범의는 있었음이 분명하다.[30] 길이 70센티미터,

---

24) 대법원 1994.12.22. 선고 94도2511 판결.
25) 대법원 1991.10.22. 선고 91도2174 판결.
26) 대법원 1989.12.26. 선고 89도2087 판결.
27) 대법원 1988.6.14. 선고 88도692 판결.
28) 대법원 1987.12.8. 선고 87도2195 판결.
29) 대법원 1987.7.21. 선고 87도1091 판결.

직경 5센티미터의 아카시아 말목을 양손에 잡고 피해자의 머리 및 좌측팔 부분을 수회 구타하고 말목이 부러지자 주먹만한 돌을 들어 피해자의 머리를 1회 때리고 다시 길이 20센티미터, 폭 10센티미터, 직경 5센티미터 및 길이 16센티미터, 폭 9센티미터, 직경 7센티미터의 큰돌 2개로 머리를 2회 때려 우측두정부 함몰골절등의 상해로 그 자리에서 사망케 하였다면, 위 범행이 우발적이라 할지라도 살인의 결과발생을 인식하고 저지른 소행으로서 살인의 범의가 있었다고 봄이 상당하다.[31] 피해자를 강간한 후 피해자가 울면서 자신의 장래를 책임지라고 이를 추궁하자 피고인이 피해자를 타이르던 중 피해자가 계속 반항하므로 순간적으로 그녀를 살해할 것을 결의하고 양손으로 피해자의 목을 졸라 그 자리에서 질식 사망케 한 것이라면 피고인에게는 당시 살인의 확정적 범의가 있었음이 분명하여 결과적 가중범의 범의를 논할 여지가 없다.[32] 싸움을 하다가 길이 32센티미터, 날 길이 20.5센티미터의 식칼을 들고 나와 피해자의 좌측 옆구리를 찌르고 계속하여 배를 힘껏 1회 찔러서 현장에서 복강내 대정맥파열에 의한 출혈로 사망케 하였다면, 예리한 식칼로 힘껏 찌른 부분이 신체의 중요한 부분이므로 혹시 죽음의 결과를 가져오리라는 인식이 있었다 할 것이므로 살인의 미필적 고의가 있었다고 보아야 한다.[33] 비록 순간적이나마 피해자를 살해할 것을 결심하고 피해자를 밀어서 땅에 넘어뜨리고 손으로 그 목을 졸라 실신시킨 다음 약 5내지 6보 도망가다가 피해자가 신음소리를 내며 그 옆에 있는 군사용 개인호 안으로 굴러떨어지자 되돌아와서 피해자가 가지고 있던 핸드백 끈을 두겹으로 하여 그 목에 1회 감아 양손으로 힘껏 졸라 즉시 그곳에서 질식케 하여 사망에 이르게 하였다면 이는 살인죄를 구성하는 것이고 상해치사 또는 폭행치사가 아님이 명백하다.[34] 과도를 들고 약 2킬로미터나 떨어진 곳까지 가서 그곳에 있던 피해자의 좌측 옆구리를 1회 찌름으로서 피해자로 하여금 병원으로 가던 중 사망에 이르게 한 경우, 살의가 없었다고 할 수 없다.[35] 평소 고분고분하던 피해자가 반항한다고 격분하여 길이 31센티미터나 되는 식칼로 도망가는 피해자를 쫓아가서 흉대동맥, 폐 및 간부위에 자창상이 생길 정도로 가슴부위를 두번이나 세게 찌른 소위는 살인의 범의가 있었다고 볼 것이다.[36] 피해자와 언쟁직후 과도를 숨기고 범행현장에서 피해자를 기다리고 있다가 복부를 찔러 복대동맥좌창으로 인한 실혈로 사망케 하였다면 살의를 인정할 수 있다.[37] 길이 26센티미터 가량의 식칼로 피해자의 복부를 1회 찌르고 다시 도망하다가 배를 움켜쥐고 엎드려 있는 피해자를 20미터 가량 추격하여 오른쪽 옆구리를 1회 찔러 그 자리에서 사망케 한 경우, 살의가 있었다고 판단한 것은 정당하다.[38] 만 6세된 여아의 목을 손목으로 3분 내지 4분간 누르게 되면 질식사할 위험이 있음은 일반적으로 예상할 수 있는 것이므로 살해의 고의가 있었다고 보아야 한다.[39] 브래지어로 강간피해자의 목을 졸랐다면 이로 인하여 사망하리라는 범의가 있었다고 인정된다.[40] 소론 피해자 1인 피고인의 형수의 등에 업혀 있던 피고인의 조카 피해자 2(남1세)에 대하여는 살인의 고의가 없었으니 과실치사죄가 성립할지언정 살인죄가 성립될 수 없다는 주장을 살피건대, 피고인이 먼저 피해자 1을 향하여

30) 대법원 1987.1.20. 선고 86도2395 판결.
31) 대법원 1986.12.9. 선고 86도2044 판결.
32) 대법원 1986.11.11. 선고 86도1989 판결.
33) 대법원 1986.9.9. 선고 86도1313 판결.
34) 대법원 1986.7.22. 선고 86도1070 판결.
35) 대법원 1986.7.8. 선고 86도1046 판결.
36) 대법원 1986.6.10. 선고 86도783 판결.
37) 대법원 1986.5.27. 선고 86도420 판결.
38) 대법원 1986.5.27. 선고 86도367 판결.
39) 대법원 1985.3.12. 선고 85도198 판결.
40) 대법원 1984.4.10. 선고 84도331 판결.

살의를 갖고 소나무 몽둥이(증 제1호, 길이 85센티미터 직경 9센티미터)를 양손에 집어들고 힘껏 후려친 가격으로 피를 흘리며 마당에 고꾸라진 동녀와 동녀의 등에 업힌 피해자 2의 머리부분을 위 몽둥이로 내리쳐 피해자 2를 현장에서 두개골절 및 뇌좌상으로 사망케 한 소위를 살인죄로 의율한 원심조처는 정당하게 긍인되며 소위 타격의 착오가 있는 경우라 할지라도 행위자의 살인의 범의성립에 방해가 되지 아니하니 어느모로 보나 원심판결에 채증법칙 위배로 인한 사실오인의 위법이나 살인죄에 관한 법리오해의 위법이 없어 논지는 이유없다. 소위 타격의 착오가 있는 경우라 할지라도 행위자의 살인의 범의성립에 방해가 되지 아니한다.[41] 피고인이 식도로 피해자의 하복부를 2회 좌측 대퇴부를 1회 힘껏 찔러 자궁벽 파열로 인한 실혈로 피해자를 그 자리에서 사망케 한 피고인의 범행은 살인의 결과발생을 인식하고 저지른 소행으로서 살인의 범의가 있었다고 봄이 상당하다.[42] 피고인이 정교관계를 가졌던 피해자로부터 금품요구와 협박을 받아오다가 위 피해자를 타이르던 중 반항하는 위 피해자를 순간적으로 살해하기로 결의하고 양손으로 피해자의 목을 졸라 질식사망케 한 사실이 인정된다면 피고인에게 살인의 확정적 범의가 있었음이 분명하고 과실이나 결과적 가중범의 범의를 논할 여지가 없다.[43] 피고인이 범행현장에 있던 생선회용 식칼로 피해자의 왼쪽 겨드랑이 부분을 가슴쪽으로 향하여 깊이 찔러 한시간 내에 사망케 한 경우라면 피고인의 범의가 순간적 발생이라 할지라도 그 같은 행위를 감행했다면 살해의 결과가 발생하리란 인식이 있었다고 봄이 상당하다.[44] 과도를 부엌에서 가져와 흉벽과 복부자상 및 장천공이 생길 정도로 피해자의 가슴과 배를 힘껏 찔렀다면 살해의 결과가 발생하리라는 인식이 있었다고 봄이 상당하다.[45] 피고인이 예리한 식도로 피해자의 하복부를 찔러 직경 5센티, 길이 15센티미터 이상의 자상을 입힌 결과 사망하였다면 일반적으로 내장파열 및 다량의 출혈과 자창의 감염으로 사망의 결과를 발생하게 하리라는 점을 경험상 예견할 수 있는 것이므로 피고인에게 살인의 결과에 대한 확정적 고의는 없다 치더라도 미필적 인식은 있었다고 볼 것이다.[46] 피해자를 아파트에 유인하여 양 손목과 발목을 노끈으로 묶고 입에 반창고를 두 겹으로 붙인 다음 양손목을 묶은 노끈은 창틀에 박힌 시멘트 못에, 양발목을 묶은 노끈은 방문손잡이에 각각 잡아매고 얼굴에 모포를 씌워 감금한 후 수차 아파트를 출입하다가 마지막 들어갔을 때 피해자가 이미 탈진 상태에 이르러 박카스를 마시지 못하고 그냥 흘려버릴 정도였고 피고인이 피해자의 얼굴에 모포를 덮어씌워 놓고 그냥 나오면서 피해자를 그대로 두면 죽을 것같다는 생각이 들었다면, 피고인이 위와 같은 결과발생의 가능성을 인정하고 있으면서도 피해자를 병원에 옮기지 않고 사경에 이른 피해자를 그대로 방치한 소위는 피해자가 사망하는 결과에 이르더라도 용인할 수밖에 없다는 내심의 의사 즉 살인의 미필적 고의가 있다고 할 것이다.[47] 당일 피고인의 형인 “갑”과 “무” 사이에 싸움이 벌어졌다가 그것이 일단 제지된 후 피고인은 피해자들의 비행을 따지기 이하여 그들이 술을 마시고 있는 술집으로 “갑”과 함께 찾아가서 그집 문전에서 먼저 “갑”과 “무”사이에 싸움이 시작되자 피해자들이 뛰어나오는 것을 보고 피고인도 “갑”에게 가세하여 그들과 싸우게 되었던 것이고 그 싸움 중에 피해자 “을”이 쥐고 있던 칼을 빼앗아 동인을 찌르고 다른 피해자들이 달려들므로 그들에 대하여도 그 칼을 휘두르며 공격하여 피해자들에게 그 판시와 같은 살상을 입히게 된 것이라면 그 행위와 흉기

41) 대법원 1984.1.24. 선고 83도2813 판결.
42) 대법원 1983.11.22. 선고 83도2481 판결.
43) 대법원 1983.9.13. 선고 83도1817 판결.
44) 대법원 1983.9.13. 선고 83도1594 판결.
45) 대법원 1983.6.28. 선고 83도1269 판결.
46) 대법원 1982.12.28. 선고 82도2525 판결.
47) 대법원 1982.11.23. 선고 82도2024 판결.

의 성질상 피고인의 위와 같은 행위에는 적어도 살인에 관한 미필적인 고의가 있었던 것이라고 하지 않을 수 없고 또 그것이 정당방위나 과잉방위에 해당한다고 할 수도 없다 할 것이다.[48]

고의를 부정한 판례의 구체적 내용은 다음과 같다. 즉,

피고인은 임대차 문제로 오랫동안 분쟁을 겪어 오던 甲을 향해 자동차를 급가속하여 돌진하였으나 甲을 직접 충격하지는 못하고 그 옆에 서 있던 乙을 그대로 들이받아 공중에 몸이 뜬 후 바닥에 떨어지게 하여 상해를 가함과 동시에 그곳에 주차된 丙 주식회사 소유의 차량을 들이받아 손괴하였고, 도망가는 甲을 쇠망치를 들고 쫓아가 甲을 향해 수차례 던지거나 휘두르면서 이를 제지하는 甲과 서로 붙잡고 몸싸움을 하는 과정에서 甲에게 상해를 가하였다고 하여 甲, 乙에 대한 각 살인미수 및 丙 회사에 대한 특수재물손괴의 공소사실로 기소된 사안이다. 피고인이 甲 소유의 건물에서 운영하던 점포가 임대차계약 종료 및 건물명도 소송으로 최종적으로 강제집행이 된 후 서로 감정이 악화된 상태였고, 범행에 사용된 쇠망치는 총길이 약 39㎝, 쇠(머리) 부분 가로 11㎝, 세로 4㎝, 직경 4㎝, 무게 1.46㎏으로 이를 휘둘러 머리나 얼굴 등을 가격할 경우 치명적인 상처를 입힐 수 있는 점 등에 비추어 피고인에게 적어도 甲을 살해하려는 미필적 고의가 있었으리라는 의심은 들지만, 범행 시각과 장소, 甲이 도망가면서 보인 모습과 입은 상처, 피고인의 사망 결과 발생 가능성에 대한 인식 정도, 피고인과 甲이 몸싸움을 할 당시 정황들 및 피고인과 甲의 각 진술 내용, 피고인이 乙을 자동차로 충격할 당시 전후 상황, 피고인이 甲에게 망치를 휘두르고 몸싸움을 할 당시 상황 등 제반 사정을 종합하면 피고인에게 살인의 고의 내지 미필적 고의가 있었다는 점이 합리적 의심 없이 증명되었다고 볼 수 없고, 나아가 제1심은 국민참여재판을 거쳐 배심원이 만장일치의 의견으로 내린 무죄의 평결을 채택하여 각 살인미수의 공소사실을 무죄로 판단하였는데 배심원의 평결이 잘못되었다고 볼 수 없으며, 범행 장면이 촬영된 CCTV 영상 등이 담긴 각 CD를 다시 재생·시청한 결과 등 추가로 조사한 증거에 의하더라도 제1심의 판단에 명백히 반대되는 충분하고도 납득할 만한 현저한 사정이 있지 않다는 등의 이유로, 공소사실 중 각 살인미수의 점을 무죄로 판단하고 甲, 乙에 대한 각 특수상해 및 丙 회사에 대한 특수재물손괴의 점을 유죄로 인정한 사례이다.[49] 피고인이 피해자 갑과 혼인한 후 피보험자를 갑, 수익자를 피고인으로 하는 다수의 생명보험에 가입하였다가, 경제적 상황이 어려워지자 거액의 보험금을 지급받을 목적으로 자신의 승합차 조수석에 갑을 태우고 고속도로를 주행하던 중 갓길 우측에 정차되어 있던 화물차량의 후미 좌측 부분에 피고인 승합차의 전면 우측 부분을 고의로 추돌시키는 방법으로 교통사고를 위장하여 갑을 살해하였다는 내용으로 주위적으로 기소된 사안에서, 졸음운전인지 고의사고인지 단언할 수 있는 객관적 증거가 없으므로, 충분히 가능성이 있는 여러 의문을 떨쳐내고 고의사고라고 확신할 수 있을 만큼 간접증거나 정황증거가 충분하다거나 그러한 증거들만으로 살인의 공소사실을 인정할 수 있을 정도의 종합적 증명력을 가진다고 보기에는 더 세밀하게 심리하고 확인해야 할 부분이 많은데도, 피고인에게 충분히 수긍할 만한 살인의 동기가 존재하였는지, 범행방법의 선택과 관련하여 제기될 수 있는 의문점을 해소할 만한 특별한 사정이 있는지, 사고 당시의 상황이 고의로 유발되었다는 과학적 근거가 충분한지 등에 대한 치밀하고도 철저한 검증 없이, 피고인이 고의로 갑을 살해하였다는 점이 합리적 의심을 배제할 정도로 증명되었다고 보아 유죄를 인정한 원심판결에 형사재판에서 요구되는 증명의 정도에 관한 법리를 오해하여 필요한

48) 대법원 1968.11.12. 선고 68도912 판결.
49) 서울고등법원 2019.3.28. 선고 2018노2557 판결: 확정.

심리를 다하지 아니하거나 논리와 경험의 법칙에 반하여 자유심증주의의 한계를 벗어난 잘못이 있다.[50)]

(3) 예비 · 음모

1) 의 의

본죄의 예비죄 또는 음모죄는 처벌된다. 본죄의 예비 · 음모죄는 본죄를 범할 목적을 요하는 목적범이다. 본죄의 예비 · 음모죄의 실행행위란 본죄의 실행의 착수 이전의 본죄의 실현을 위한 준비행위를 말한다.

2) 구성요건

① 객관적 구성요건

살인예비(殺人豫備)란 살인죄를 범할 목적으로 준비행위를 하였으나 살인죄의 실행의 착수에 이르지 못한 경우를 말한다. 살인음모(殺人陰謀)란 2인 이상이 살인죄를 범할 목적으로 합의하거나 논의하는 것을 말한다. 예컨대 살인예비죄의 준비행위는 물적인 것에 한정되지 아니하며 특별한 정형이 있는 것도 아니지만, 단순히 범행의 의사 또는 계획만으로는 그것이 있다고 할 수 없고 객관적으로 보아서 살인죄의 실현에 실질적으로 기여할 수 있는 외적 행위를 필요로 한다.[51)] 준비행위는 그 자체가 무한정이기 때문에 그 범위를 객관적으로 확정하기가 곤란하다.

본죄는 스스로 살인의 목적으로 예비행위를 행하는 자기예비(自己豫備)의 경우에만 성립하고, 타인에게 살해행위를 하게 할 목적으로 예비행위를 행하는 타인예비(他人豫備)는 본죄의 예비죄에 해당하지 않는다. 타인예비는 살인의 방조에 해당하기 때문이다. 따라서 타인예비는 정범이 실행행위로 나아간 경우에만 처벌된다.

② 주관적 구성요건

ⓘ 고 의 　본죄의 예비 · 음모죄는 고의범이다. 살인의 준비에 관한 고의가 있어야 한다.[52)] 살인의 음모에 있어서도 마찬가지이다.

ⓘⓘ 살인의 목적 　본죄의 예비 · 음모죄는 목적범이다. 준비행위는 살인죄를 범할 목적으로 행하여질 필요가 있다. 목적은 단순히 막연하게 준비행위를 인식하는 것만으로는 족하지 않다. 구체적으로 살인을 수행할 의도를 요한다. 다만 목적은 반드시 확정적일 필요는 없다. 목적은 확정적 목적 외에도 담판이 결렬된 때에는 살해하려는 의도로 흉기를 휴대한 채 상대방의 주거를 방문한 경우와 같이 조건부 목적 또는 미필적 목적으로도 족하다.

살인예비죄를 긍정한 판례의 구체적 내용은 다음과 같다. 즉,

> 甲이 乙을 살해하기 위하여 丙, 丁 등을 고용하면서 그들에게 대가의 지급을 약속한 경우, 甲에게는 살인죄를 범할 목적 및 살인의 준비에 관한 고의뿐만 아니라 살인죄의 실현을 위한 준비행위

---

50) 대법원 2017.5.30. 선고 2017도1549 판결.
51) 대법원 2009.10.29. 선고 2009도7150 판결.
52) 대법원 2009.10.29. 선고 2009도7150 판결.

를 하였음을 인정할 수 있다는 이유로 살인예비죄의 성립을 인정하였다.[53]

살인예비죄를 부정한 판례의 구체적 내용은 다음과 같다. 즉,

피고인은 「간첩에 당하여 불특정 다수인인 경찰관으로 부터 체포 기타 방해를 받을 경우에는 이를 배제하기 위하여 원판시 무기를 휴대한」 것임이 명백한 바, 이 경우에 있어서의 무기 소지는 법령 제5호 위반으로 문책함은 별론이라 할 것이나 살인 대상이 특정되지 아니한 살인예비죄의 성립은 이를 인정할 수 없다고 해석함이 타당하다 할 것이므로 원심은 이 점에서 법령의 해석을 그릇하였다.[54]

3) 처 벌

본죄의 예비·음모죄의 법정형은 10년 이하의 징역이다. 기본범죄인 살인죄의 법정형에 비하면 현저히 가볍다고 할 수 있다.

(4) 미수·기수

본죄의 미수범은 처벌된다. 본죄는 행위자가 살인의 고의로 타인의 생명을 위태롭게 하는 행위를 직접 개시하였을 때 실행의 착수가 인정된다. 실질적 객관설에 의하면 본죄의 실행의 착수시기는 타인의 생명을 침해하는 현실적인 위험이 발생한 때가 된다. 예컨대 권총을 겨누었을 때, 칼을 쳐들었을 때, 독약이 든 주스를 건네주었을 때, 낫을 들고 피해자에게 접근하였을 때에 실행의 착수가 인정된다. 기수로 되기 위해서는 살해할 것, 요컨대 생명이 단절될 것이 필요하다. 살해행위의 결과 피해자의 사망에 의하여 기수에 이른다. 실행에 착수한 후 기수에 이르지 못한 행위는 미수에 그친다.

미수를 인정한 판례의 구체적 내용은 다음과 같다. 즉,

불능범은 범죄행위의 성질상 결과발생 또는 법익침해의 가능성이 절대로 있을 수 없는 경우를 말하는 것이다(대법원 1998.10.23. 선고 98도2313 판결 참조). 기록에 의하면 '초우뿌리'나 '부자'는 만성관절염 등에 효능이 있으나 유독성 물질을 함유하고 있어 과거 사약(死藥)으로 사용된 약초로서 그 독성을 낮추지 않고 다른 약제를 혼합하지 않은 채 달인 물을 복용하면 용량 및 체질에 따라 다르나 부작용으로 사망의 결과가 발생할 가능성을 배제할 수 없는 사실을 알 수 있는바, 원심이 그 설시 증거를 종합하여 피고인이 원심 공동피고인 공소외 1과 공모하여 일정량 이상을 먹으면 사람이 사망에 이를 수도 있는 '초우뿌리' 또는 '부자' 달인 물을 피해자(공소외 1의 남편)에게 마시게 하여 피해자를 살해하려고 하였으나 피해자가 이를 토해버림으로써 미수에 그친 행위를 불능범이 아닌 살인미수죄로 본 제1심의 판단을 유지한 것은 정당하고 거기에 앞서 본 불능범에 관한 법리오해 또는 채증법칙 위배 등의 위법이 없다.[55] 피고인이 원심 상피고인에게 피해자를 살해하라고 하면서 준 원비-디 병에 성인 남자를 죽게 하기에 족한 용량의 농약이 들어 있었고, 또 피고인이 피해자 소유 승용차의 브레이크호스를 잘라 브레이크액을 유출시켜 주된 제동기능을 완전히 상실시킴으로써 그 때문에 피해자가 그 자동차를 몰고 가다가 반대차선의 자동차와의 충돌을 피하기 위하여 브레이크 페달을

53) 대법원 2009.10.29. 선고 2009도7150 판결.
54) 대법원 1959.7.31. 선고 4292형상308 판결.
55) 대법원 2007.7.26. 선고 2007도3687 판결.

밟았으나 전혀 제동이 되지 아니하여 사이드브레이크를 잡아 당김과 동시에 인도에 부딪치게 함으로써 겨우 위기를 모면하였다면 피고인의 위 행위는 어느 것이나 사망의 결과발생에 대한 위험성을 배제할 수 없다 할 것이므로 각 살인미수죄를 구성한다.[56] 이 사건 농약의 치사추정량이 쥐에 대한 것을 인체에 대하여 추정하는 극히 일반적 추상적인 것이어서 마시는 사람의 연령, 체질, 영양 기타의 신체의 상황여하에 따라 상당한 차이가 있을 수 있는 것이라면 피고인이 요구르트 한병마다 섞은 농약 1.6씨씨가 그 치사량에 약간 미달한다 하더라도 이를 마시는 경우 사망의 결과 발생 가능성을 배제할 수는 없다고 할 것이다.[57] 피고인이 피해자를 독살하려 하였으나 동인이 토함으로써 그 목적을 이루지 못한 경우에는 피고인이 사용한 독의 양이 치사량 미달이어서 결과 발생이 불가능한 경우도 있을 것이고, 한편 형법은 장애미수와 불능미수를 구별하여 처벌하고 있으므로 원심으로서는 이 사건 독약의 치사량을 좀더 심리하여 피고인의 소위가 위 미수중 어느 경우에 해당하는지 가렸어야 할 것이다.[58] 피고인이 살의를 가지고 전후 3회에 선하여 계33개의 유독 환약을 피해자의 공복시에 복용케 하여 엄동에 인적이 희소한 산정에 실신혼도케 하고 동인을 동소에 그대로 방치할시는 혹한에 의하여 절명할 것을 인식하면서 동소를 유기 이탈한 경우에 우 독약복용에 의한 살의 있음은 물론 우 방치이탈로 인한 살의도 있다고 볼 것이므로 피해자가 우연히 타인의 구조에 의하여 난을 면하였다 하여 살의가 없다 할 수 없고 따라서 살인미수죄 구성에는 영향이 없다 할 것이다.[59]

(5) 공 범

본죄에 대하여도 공범의 성립은 가능하다. 예컨대 살인죄의 공동정범, 교사범, 방조범, 공범과 신분 및 간접정범의 성립이 그것이다.

공범의 성립을 긍정한 판례의 구체적 내용은 다음과 같다. 즉,

보호자가 의학적 권고에도 불구하고 치료를 요하는 환자의 퇴원을 간청하여 담당 전문의와 주치의가 치료중단 및 퇴원을 허용하는 조치를 취함으로써 환자를 사망에 이르게 한 행위에 대하여 보호자, 담당 전문의 및 주치의가 부작위에 의한 살인죄의 공동정범으로 기소된 사안에서, 담당 전문의와 주치의에게 환자의 사망이라는 결과 발생에 대한 정범의 고의는 인정되나 환자의 사망이라는 결과나 그에 이르는 사태의 핵심적 경과를 계획적으로 조종하거나 저지・촉진하는 등으로 지배하고 있었다고 보기는 어려워 공동정범의 객관적 요건인 이른바 기능적 행위지배가 흠결되어 있다는 이유로 작위에 의한 살인방조죄만 성립한다.[60] 피고인들이 공소외인과 함께 피해자를 밀감 과수원 관리사로 끌고 가 관리사 내부가 피해자의 피로 물들 정도로 피해자를 폭행하였고 피해자가 실신하면 다시 깨워서 재차 폭행하여 결국 피해자로 하여금 완전히 의식을 상실하도록 하였으며, 피해자가 목숨을 잃은 것으로 오인하고 땅속에 매장하려다가 피해자가 깨어나 살려달라고 애원하자 피고인 1이 위 공소외인에게 삽을 건네주어 위 공소외인이 삽날 부분으로 피해자를 여러 차례 내려쳐 피해자를 살해한 사실을 인정한 다음, 비록 피고인들이 처음부터 위 공소외인과 피해자를 살해하기로 공모하지는 아니하였다 하더라도 위 공소외인과 함께 피해자를 폭행할 당시에는 이로 인하여 피해자가 사망할지도 모른다는 점을 인식하고 있었다고 보이므로, 위 공소외인과 암묵

---

56) 대법원 1990.7.24. 선고 90도1149 판결.
57) 대법원 1984.2.28. 선고 83도3331 판결.
58) 대법원 1984.2.14. 선고 83도2967 판결.
59) 대법원 1955.9.23. 선고 4288형상221 판결.
60) 대법원 2004.6.24. 선고 2002도995 판결.

적으로 상통하여 피해자를 살해하기로 공모하였다고 인정되고, 피고인들이 직접 삽으로 피해자를 내려쳐 살해하지 아니하였다는 것만으로는 위 공소외인의 행위에 대하여 공동정범으로서의 책임을 면하지 못한다고 판단하였는바, 위에서 본 법리와 관계 증거들을 기록에 비추어 살펴보면, 원심의 위와 같은 사실인정과 판단은 정당하다.[61] 피고인이 공범들과 공동하여 피해자의 신체를 상해하거나 폭행을 가하는 기회에 공범 중 1인이 고의로 피해자를 살해한 경우, 피고인이 살인행위를 공모하거나 공범의 살인행위에 관여하지 아니하였기 때문에 살인죄의 죄책은 지지 아니한다고 하더라도 상해나 폭행행위에 관하여는 서로 인식이 있었고 예견이 가능한 공범의 가해행위로 사망의 결과가 초래된 이상, 상해치사죄의 죄책은 면할 수 없다.[62]

2. 위법성조각사유

본죄의 구성요건에 해당하는 행위라도 위법성조각사유에 해당하는 한 위법성이 조각되게 된다. 형법은 위법성조각사유로서 정당행위(제20조), 정당방위(제21조), 긴급피난(제22조), 자구행위(제23조) 및 피해자의 승낙(제24조)에 관하여 명문으로 규정하고 있다. 교도관의 사형수에 대한 사형집행이나 전시 군인이 적병을 살해하는 것은 정당행위에 의하여 위법성이 조각된다.

다만 피해자의 승낙은 본죄의 위법성조각사유가 될 수 없다. 사람의 생명은 처분할 수 있는 법익이 아니기 때문이다. 이 경우 승낙살인죄가 성립하게 된다(제252조 제1항). 긴급피난에 의하여도 본죄의 위법성은 조각되지 않는다. 하나의 생명이 다른 생명보다 우월하다고 할 수 없기 때문이다. 결국 본죄는 정당행위나 정당방위에 의해서만 위법성이 조각될 수 있다. 이러한 의미에서 헌법상 보장되고 있는 절대적 생명보호의 원칙은 형법상 규정되어 있는 위법성조각사유의 범위 내에서 상대화되고 있다고 할 수 있다. 한편 위법성조각사유는 객관적 위법성조각사유와 주관적 위법성조각사유로 구성되고, 양자 모두가 충족될 때 비로소 위법성조각사유에 해당하게 된다고 할 수 있다.

위법성조각을 부정한 판례의 구체적 내용은 다음과 같다. 즉,

정당방위는 침해행위에 의해 침해되는 법익의 종류, 정도, 침해방법, 침해행위의 완급과 방위행위에 의해 침해될 법익의 종류, 정도등 일체의 구체적 사정을 참작하여 방위행위가 사회적으로 상당한 것이었다고 인정할 수 있는 것이어야 하는바, 전투경찰대원이 상관의 다소 심한 기합에 격분하여 상관을 사살한 행위는 자신의 신체에 대한 침해를 방위하기 위한 상당한 방법이었다고 볼 수 없다.[63] 피고인이 피해자를 7군데나 식칼로 찔러 사망케 한 행위가 피해자의 구타행위로 말미암아 유발된 범행이었다 하더라도 그와 같은 사정만으로는 위 소위가 정당방위 또는 과잉방위에 해당된다고 볼 수 없다.[64]

3. 책임조각사유

본죄에 있어서 범인의 책임능력이 문제되는 경우가 대단히 많다. 대표적으로 심신미약,

61) 대법원 2004.3.12. 선고 2004도126, 판결.
62) 대법원 1991.5.14. 선고 91도580 판결.
63) 대법원 1984.6.12. 선고 84도683 판결.
64) 대법원 1983.9.27. 선고 83도1906 판결.

심신상실 또는 강요된 행위 등이 그것이다. 이는 범죄의 성질상 인격적으로나 정신의학적으로 문제가 있는 범인에 의하여 야기된 경우가 많을 뿐만 아니라 비일상적인 심리나 정신적 갈등과 같은 범인의 비정상적 동기와 깊이 결부되어 범행이 행하여지는 경우가 많기 때문이다. 이는 결국 살인죄의 책임능력에 관한 특유한 이론에 기인하는 것이 아니라고 할 수 있다.

책임조각을 긍정한 판례의 구체적 내용은 다음과 같다. 즉,

자신의 충동을 억제하지 못하여 범죄를 저지르게 되는 현상은 정상인에게서도 얼마든지 찾아볼 수 있는 일로서, 특단의 사정이 없는 한 위와 같은 성격적 결함을 가진 자에 대하여 자신의 충동을 억제하고 법을 준수하도록 요구하는 것이 기대할 수 없는 행위를 요구하는 것이라고는 할 수 없으므로, 원칙적으로 충동조절장애와 같은 성격적 결함은 형의 감면사유인 심신장애에 해당하지 아니한다고 봄이 상당하지만, 충동조절장애와 같은 성격적 결함이라 할지라도 그것이 매우 심각하여 원래의 의미의 정신병을 가진 사람과 동등하다고 평가할 수 있는 경우에는 그로 인한 범행은 심신장애로 인한 범행으로 보아야 한다.[65] 범행당시 정신분열증으로 심신장애의 상태에 있었던 피고인이 피해자를 살해한다는 명확한 의식이 있었고 범행의 경위를 소상하게 기억하고 있다고 하여 범행당시 사물의 변별능력이나 의사결정능력이 결여된 정도가 아니라 미약한 상태에 있었다고 단정할 수는 없는 것인바, 피고인이 피해자를 살해할 만한 다른 동기가 전혀 없고, 오직 피해자를 "사탄"이라고 생각하고 피해자를 죽여야만 피고인. 자신이 천당에 갈 수 있다고 믿어 살해하기에 이른 것이라면, 피고인은 범행당시 정신분열증에 의한 망상에 지배되어 사물의 선악과 시비를 구별할 만한 판단능력이 결여된 상태에 있었던 것으로 볼 여지가 없지 않다.[66] 피고인이 자신이 거주하는 아파트에 휘발유를 뿌려 불을 지른 다음 2층 비상계단으로 이동하여 위층에 거주하는 甲 등이 대피하기를 기다렸다가 무방비 상태로 대피하는 甲 등을 회칼과 장어칼로 찔러 5명을 살해하는 등 총 22명을 사상에 이르게 하였다고 하여 살인·살인미수 및 현주건조물방화치상죄 등으로 기소된 사안에서, 피고인은 각 범행 당시 조현병의 정신적 장애를 가지고 있었고 정신적 장애에 기인한 피해망상, 관계망상 등으로 말미암아 사물을 변별하거나 의사를 결정할 능력이 미약한 상태에 있었던 것으로 판단되므로, 피고인에 대하여는 형법상 심신미약에 따른 법률상 감경 조항을 적용함이 타당하다는 이유로 사형을 선고한 원심판결을 파기하고 무기징역을 선고한 사례이다.[67]

책임조각을 부정한 판례의 구체적 내용은 다음과 같다. 즉,

피고인은 이 사건 범행의 동기와 방법, 범행후의 정황등과 그 점들에 관하여 하등의 혼란없이 소상하고 일관되게 진술하고 있는 점에 비추어 볼 때 피고인이 어릴적부터의 정신착란증세와 사건 당시의 음주로 인하여 사물을 변별하거나 의사를 결정할 능력이 없거나 미약한 상태에 있었다고 인정되지 아니하므로 같은 취지에서 피고인이 이 사건 범행당시 심신장애 상태에 있지 아니하였다고 본 원심의 판단은 정당하고, 거기에 소론과 같은 심리미진이나 심신장애에 관한 법리오해의 위법이 없다.[68]

---

65) 대법원 2009.2.26. 선고 2008도9867 판결; 대법원 2006.10.13. 선고 2006도5360 판결; 대법원 2002.5.24. 선고 2002도1541 판결.

66) 대법원 1990.8.14. 선고 90도1328 판결.

67) 부산고등법원 2020.6.24. 선고 (창원)2019노344 판결: 상고.

68) 대법원 1987.1.20. 선고 86도2360 판결.

4. 죄 수

(1) 일반기준

개인의 생명은 일신전속적이다. 각 개인의 생명은 각각 독립된 가치를 가진다. 각각의 객체마다 죄수의 평가가 행하여지고, 피해자의 수에 상응하여 죄수가 결정된다. 예컨대 1개의 행위에 의하여 살인을 행한 때에는 피해자의 수에 따라 수개의 살인죄가 성립하고 상상적 경합으로 된다. 1인을 살해할 의사로 행하여진 살인예비죄, 살인미수죄 및 동일기회에 행하여진 동일 객체에 대한 수개의 살해행위는 포괄하여 살인1죄로 된다. 살해행위로 인하여 피해자의 의복을 손상한 경우 재물손괴는 살해행위에 부수하여 발생한 것이기 때문에 살인죄에 흡수되어 1죄로 평가된다. 동일한 기회의 살인미수가 살인기수죄에 흡수되는 것과 같다. 본죄의 일죄를 인정한 판례의 구체적 내용은 다음과 같다. 즉,

살해의 목적으로 동일인에게 일시 장소를 달리하고 수차에 걸쳐 단순한 예비행위를 하거나 또는 공격을 가하였으나 미수에 그치다가 드디어 그 목적을 달성한 경우에 그 예비행위 내지 공격행위가 동일한 의사발동에서 나왔고 그 사이에 범의의 갱신이 없는 한 각 행위가 같은 일시 장소에서 행하여졌거나 또는 다른 장소에서 행하여졌거나를 막론하고 또 그 방법이 동일하거나 여부를 가릴 것 없이 그 살해의 목적을 달성할 때까지의 행위는 모두 실행행위의 일부로서 이를 포괄적으로 보고 단순한 한 개의 살인기수죄로 처단할 것이지 살인예비 내지 미수죄와 동 기수죄의 경합죄로 처단 할 수 없는 것이다.[69]

본죄의 수죄를 인정한 판례의 구체적 내용은 다음과 같다. 즉,

피고인이 단일한 범의로 동일한 장소에서 동일한 방법으로 시간적으로 접착된 상황에서 처와 자식들을 살해하였다고 하더라도 휴대하고 있던 권총에 실탄 6발을 장전하여 처와 자식들의 머리에 각기 1발씩 순차로 발사하여 살해하였다면, 피해자들의 수에 따라 수개의 살인죄를 구성한다.[70]

(2) 시체유기죄와의 관계

사람을 살해한 자가 그 시체를 다른 장소에 옮겨 유기한 경우에는 살인죄와 시체유기죄가 실체적 경합관계에 있다. 이에 관한 판례의 구체적 내용은 다음과 같다. 즉,

사람을 살해한 자가 그 사체를 다른 장소로 옮겨 유기하였을 때에는 별도로 사체유기죄가 성립하고, 이와 같은 사체유기를 불가벌적 사후행위로 볼 수는 없다.[71] 사람을 살해한 다음 그 범죄의 흔적을 은폐하기 위하여 그 시체를 다른 장소로 옮겨 유기하였을 때에는 살인죄와 사체유기죄의 경합범이 성립하고 사체유기를 불가벌적 사후행위라 할 수 없다.[72]

(3) 다른 범죄와의 관계

본죄와 다른 범죄와의 관계에 관한 판례의 구체적 내용은 다음과 같다. 즉,

69) 대법원 1965.9.28. 선고 65도695 판결.
70) 대법원 1991.8.27. 선고 91도1637 판결.
71) 대법원 1997.7.25. 선고 97도1142 판결.
72) 대법원 1984.11.27. 선고 84도2263 판결.

강간범인이 피해자를 사망에 이르게 한 경우에 그 사망의 결과가 간음행위 자체뿐만 아니라 강간의 수단으로 사용한 폭행으로 인하여 초래된 경우에도 강간치사죄가 성립하는 것이나, 다만 범인이 강간의 목적으로 피해자에게 폭행을 가할 때에 살해의 범의가 있었다면 살인죄와 강간치사죄의 상상적 경합범이 성립한다고 할 것이므로, 강간범인이 살해의 미필적 고의를 가지고 피해자의 입을 막고 경부를 눌러 피해자를 질식으로 인한 실신상태에 빠뜨려 강간한 후 그즈음 피해자를 경부압박으로 인한 질식으로 사망케 하였다면 살인죄와 강간치사죄의 상상적 경합범으로 보아 가장 무거운 살인죄에 정한 형으로 처벌한 원심판결은 정당하다.[73] 피해자를 2회 강간하여 2주간 치료를 요하는 질입구파열창을 입힌 자가 피해자에게 용서를 구하였으나 피해자가 이에 불응하면서 위 강간사실을 부모에게 알리겠다고 하자 피해자를 살해하여 위 범행을 은폐시키기로 마음먹고 철사줄과 양손으로 피해자의 목을 졸라 질식 사망케 하였다면, 동인의 위와 같은 소위는 강간치상죄와 살인죄의 경합범이 된다.[74]

Ⅲ. 처 벌

1. 법정형

본죄의 법정형은 '사형, 무기 또는 5년 이상의 징역'이다. 본죄의 경우에 유기징역에 처할 때에는 10년 이하의 자격정지를 병과할 수 있다. 본죄의 미수범은 처벌된다. 본죄의 예비음모죄의 법정형은 10년 이하의 징역이다. 본죄는 법정형으로 사형을 규정하고 있는 범죄 중의 하나이다.

2. 사형의 합헌성

현행법상 우리나라는 평시와 전시를 불문하고 성인에 대하여 사형을 인정하고 있는 사형존치국이다(소년법 제59조 참조). 그럼에도 불구하고 우리나라는 국제적으로 사형폐지국으로 분류되고 있다. 1997년 12월 30일 이후 10년 이상 사형을 집행하지 않았기 때문이다.

본죄에 있어서의 사형은 합헌으로 인정되고 있다. 헌법재판소는 "형법 제250조 제1항이 규정하고 있는 살인의 죄는 인간생명을 부정하는 범죄행위의 전형이고, 이러한 범죄에는 그 행위의 태양이나 결과의 중대성으로 미루어 보아 반인륜적 범죄라고 규정지워질 수 있는 극악한 유형의 것들도 포함되어 있을 수 있는 것이다. 따라서 사형을 형벌의 한 종류로서 합헌이라고 보는 한 그와 같이 타인의 생명을 부정하는 범죄행위에 대하여 행위자의 생명을 부정하는 사형을 그 불법효과의 하나로서 규정한 것은 행위자의 생명과 그 가치가 동일한 하나의 혹은 다수의 생명을 보호하기 위한 불가피한 수단의 선택이라고 볼 수밖에 없으므로 이를 가리켜 비례의 원칙에 반한다고 할 수 없어 헌법에 위반되는 것이 아니다"라고 판시한 바 있다.[75] 또 대법원은 "사형은 인간의 생명 자체를 영원히 박탈하는 냉엄한 궁극의 형벌로서 문명국가의 이성적인 사법제도가 상정할 수 있는 극히 예외적인 형벌이라는 점을 감안할

73) 대법원 1990.5.8. 선고 90도670 판결.
74) 대법원 1987.1.20. 선고 86도2360 판결.
75) 헌법재판소 1996.11.28. 선고 95헌바1 결정.

때, 사형의 선고는 범행에 대한 책임의 정도와 형벌의 목적에 비추어 그것이 정당화될 수 있는 특별한 사정이 있다고 누구라도 인정할 만한 객관적인 사정이 분명히 있는 경우에만 허용되어야 하고, 따라서 사형을 선고함에 있어서는 형법 제51조가 규정한 사항을 중심으로 한 범인의 연령, 직업과 경력, 성행, 지능, 교육정도, 성장과정, 가족관계, 전과의 유무, 피해자와의 관계, 범행의 동기, 사전계획의 유무, 준비의 정도, 수단과 방법, 잔인하고 포악한 정도, 결과의 중대성, 피해자의 수와 피해감정, 범행 후의 심정과 태도, 반성과 가책의 유무, 피해회복의 정도, 재범의 우려 등 양형의 조건이 되는 모든 사항을 철저히 심리하여 위와 같은 특별한 사정이 있음을 명확하게 밝힌 후 비로소 사형의 선택 여부를 결정하여야 할 것이고, 이를 위하여 법원으로서는 마땅히 기록에 나타난 양형조건들을 평면적으로만 참작하는 것에서 더 나아가, 피고인의 주관적인 양형요소인 성행과 환경, 지능, 재범의 위험성, 개선교화 가능성 등을 심사할 수 있는 객관적인 자료를 확보하여 이를 통하여 사형선택 여부를 심사하여야 할 것은 물론이고, 피고인이 범행을 결의하고 준비하며 실행할 당시를 전후한 피고인의 정신상태나 심리상태의 변화 등에 대하여서도 정신의학이나 심리학 등 관련 분야의 전문적인 의견을 들어 보는 등 깊이 있는 심리를 하여 본 다음에 그 결과를 종합하여 양형에 나아가야 한다"고 판시한 바 있다.[76]

사형을 긍정한 판례의 구체적 내용은 다음과 같다. 즉,

군인인 피고인이 소속 부대의 간부나 동료 병사들의 피고인에 대한 태도를 따돌림 내지 괴롭힘이라고 생각하던 중 초소 순찰일지에서 자신의 외모를 희화화하고 모욕하는 표현이 들어 있는 그림과 낙서를 보고 충격을 받아 소초원들을 모두 살해할 의도로 수류탄을 폭발시키거나 소총을 발사하고 도주함으로써 상관 및 동료 병사 5명을 살해하고 7명에게 중상을 가하였으며, 군용물손괴 · 군용물절도 · 군무이탈 행위를 하였다는 내용으로 기소된 사안에서, 범행 동기와 경위, 범행계획의 내용과 대상, 범행의 준비 정도와 수단, 범행의 잔혹성, 피고인이 내보인 극단적인 인명경시 태도, 피해자들과의 관계, 피해자의 수와 피해결과의 중대함, 전방에서 생사고락을 함께하던 부하 혹은 동료 병사였던 피해자들과 유족 및 가족들이 입은 고통과 슬픔, 국토를 방위하고 국민의 생명과 재산을 보호함을 사명으로 하는 군대에서 발생한 범행으로 성실하게 병역의무를 수행하고 있는 장병들과 가족들, 일반 국민이 입은 불안과 충격 등을 종합적으로 고려하면, 비록 피고인에게 일부 참작할 정상이 있고 예외적이고도 신중하게 사형 선고가 이루어져야 한다는 전제에서 보더라도, 범행에 상응하는 책임의 정도, 범죄와 형벌 사이의 균형, 유사한 유형의 범죄 발생을 예방하여 잠재적 피해자를 보호하고 사회를 방위할 필요성 등 제반 견지에서 법정 최고형의 선고가 불가피하므로 피고인에 대한 사형 선고가 정당화될 수 있는 특별한 사정이 있다는 이유로, 피고인에게 사형을 선고한 제1심판결을 유지한 원심의 조치를 수긍한 사례이다.[77] 피고인의 성장과정, 이 사건 각 범행을 전후한 피고인의 정신상태나 심리상태의 변화 등에 대한 전문적인 의견 등 공판과정에서 나타난 각종 양형자료들을 토대로 하여, 그 판시와 같은 양형조건들, 특히 피고인이 사소한 이유로 성인 여성 1명을 때려 숨지게 하고, 몇 해 지나지 않아 다시 자신의 힘으로 스스로를 방어하기 힘든 여자 어린이 2명을 유인하여 강제추행한 다음 살해한 점, 그 후 이를 은폐하기 위하여

76) 대법원 2009.2.26. 선고 2008도9867 판결; 대법원 2003.6.13. 선고 2003도924 판결.
77) 대법원 2016.2.19. 선고 2015도12980 전원합의체 판결(다수의견).

치밀한 계획 아래 사체들을 여러 토막으로 절단하고 이를 야산에 나누어 묻거나 하천에 버리는 등 그 범행수단이 잔혹하고 무자비하여 온 사회를 경악하게 만든 점, 이 사건 각 범행에 이르게 된 동기에 전혀 납득할 만한 사정이 없는 점, 피고인의 수사기관과 법정에서의 진술 태도에 비추어 피고인이 진심으로 그 잘못을 뉘우치고 있는지에 대하여 의심이 가고, 오히려 여성 및 사회를 탓하면서 자신의 행위를 합리화하려는 경향이 있으며 개선교화의 여지도 거의 없고, 또한 동일한 범행을 반복한 점에 비추어 재범의 위험성이 매우 큰 점 등을 종합적으로 고려하여 피고인에게 사형을 선고한 조치는 정당한 것으로 받아들일 수밖에 없고, 그 형의 양정이 심히 부당하다고 인정할 현저한 사유를 찾아볼 수 없다.[78] 사형은 인간존재의 근원이 되는 생명자체를 영원히 박탈해 버리는 극형으로서 그 생명을 존치시킬 수 없는 부득이한 경우에 한하여 적용돼야 할 궁극의 형벌이므로 사형을 선택함에 있어서는 범행의 동기, 태양, 죄질, 살해의 수단, 방법의 집요성, 잔악성, 결과의 중요성, 피해자의 수, 피해감정, 범인의 연령, 전과, 범행후의 정황, 범인의 환경, 교육정도등 제반 사정을 참작하여 죄책이 심히 중대하고 죄형의 균형이나 범죄의 일반적 예방의 견지에서도 극형이 불가피하다고 인정되는 경우에 사형의 선택도 허용된다고 보아야 할 것이다.[79]

3. 소송법상의 문제

사람을 살해한 범죄로서 사형에 해당하는 범죄에 대하여는 공소시효가 폐지되었다(형사소송법 제253조의2). 형사소송법은 2015년 피해자의 인권을 보호하고 중대범죄로부터 국민의 생명을 보호하기 위하여 개정된 바 있다.[80]

§3. 존속살해죄

제250조(살인, 존속살해) ② 자기 또는 배우자의 직계존속을 살해한 자는 사형, 무기 또는 7년 이상의 징역에 처한다.

제254조(미수범) 전4조의 미수범은 처벌한다.

제255조(예비, 음모) 제250조와 ~ 의 죄를 범할 목적으로 예비 또는 음모한 자는 10년 이하의 징역에 처한다.

제256조(자격정지의 병과) 제250조, ~ 의 경우에 유기징역에 처할 때에는 10년 이하의 자격정지를 병과할 수 있다.

구조문

제250조(살인, 존속살해) ② 자기 또는 배우자의 직계존속을 살해한 자는 사형 또는 무기징역에 처한다.

Ⅰ. 서 설

1. 의 의

본죄는 자기 또는 배우자의 직계존속을 살해함으로써 성립하는 범죄이다. 일정한 신분자에게만 성립하는 신분범이다. 신분관계로 인하여 형이 가중되는 가중적 구성요건에 속하는

---

78) 대법원 2009.2.26. 선고 2008도9867 판결.
79) 대법원 1985.6.11. 선고 85도926 판결.
80) 형사소송법 2015.7.31. 일부개정 법률 제13454호 2015.7.31. 시행.

부진정신분범이다.

2. 취 지

본죄의 입법취지는 농경사회를 바탕으로 한 유교문화권에서 충효사상과 조상숭배사상을 기반으로 하는 가족주의에서 유래하였다. 존속에 대한 외경심을 고취시키기 위하여 존속을 특별히 보호하려는 것이었다고 추측된다.

헌법재판소에 의하면 "형법상 존속에 대한 범죄를 가중처벌하는 예로는 존속살해(제250조 제2항), 존속상해(제257조 제2항) 및 존속중상해(제258조 제3항), 존속폭행(제260조 제2항), 존속유기 및 존속중유기(제271조 제2항, 제4항), 존속학대(제273조 제2항)와 동 치사상(제275조 제2항), 존속체포·감금(제276조 제2항) 및 존속중체포·감금(제277조 제2항)과 동 치사상(제281조 제2항), 존속협박(제283조 제2항) 등이 있고 그 입법취지는 모두 동일하다고 할 수 있는바, 범죄의 객체가 자기 또는 배우자의 직계존속이라는 특수한 신분관계에 해당하는 경우 가해자인 비속의 패륜성에 대한 고도의 사회적 비난가능성을 이유로 형을 가중하고자 하는 것이다"라고 한다.[81]

3. 입법례

비교법적으로 당률에서의 존속살은 황제에 대한 반역죄와 마찬가지로 중벌되었다. 대륙법 중에서 독일형법은 1941년, 일본형법은 1995년 개정에 의하여 존속살의 규정을 삭제하였다. 근친살은 존속을 객체로 하는 존속살과 비속이 객체로 되는 비속살로 크게 나누어질 수 있다. 로마법에서는 근친살이 중벌되었다. 로마법의 사상은 프랑스법에 계수되어 존속살의 의미로 전화되었다. 존속살을 가중처벌하는 입법례로는 프랑스형법, 벨기에형법, 대만형법, 포르투갈형법 등이 있다. 나아가 존속살뿐만 아니라 비속살이나 배우자 등을 살해한 근친살의 경우에도 가중처벌하는 입법례로는 이탈리아형법, 스페인형법, 아르헨티나형법, 튀르키예형법, 불가리아형법, 루마니아형법 등이 거론된다.[82] 이에 반하여 영미법에서는 존속살에 대한 중벌규정이 나타나지 않고 있다.

헌법재판소에 의하면 "비교법적으로, 존속관련범죄의 가중처벌에 대하여는 처벌상 차별적 취급이라는 측면에서 헌법상 평등의 원칙 위반 여부와 관련하여 학설은 물론 입법례도 대립되고 있는바, 영국, 미국 등 커먼로(Commom Law)를 중심으로 발달하여 온 영미법계의 국가들에서는 과거부터 존속상해치사죄는 물론 존속살해 등 존속관련범죄를 가중처벌하는 예가 없었고 중화인민공화국을 비롯한 대다수의 국가에서도 마찬가지이나, 다만 존속관련범죄의 대표적 규정인 존속살해죄에 있어서는, 아직 그 규정을 두고 있거나(프랑스, 대만 등), 존속뿐 아니라 비속이나 배우자를 살해한 경우에도 이를 가중처벌하는 경우(이탈리아, 아르헨티나 등), 존속살해에 관한 기존의 규정을 삭제한 경우(독일, 헝가리 등) 등 각국의 역사적 배경이나 사회문화적 차이에 따라 다양한 입법례가 있다"고 한다.[83]

---

81) 헌법재판소 2002.3.28. 선고 2000헌바53 결정.
82) 유남석, 살인의 죄, 박재윤(편집대표), 『주석형법』 각칙(3), 한국사법행정학회, 2006, 198-199면.

또 헌법재판소에 의하면 “우리와 법제가 유사한 일본에서는 형법상 존속관련범죄로서 존속상해치사 외에 존속살, 존속유기, 존속체포・감금 등의 죄가 있었고, 최고재판소 역시 위 각 규정은 일본 헌법 제14조 제1항의 평등원칙에 위반되지 않는 합헌의 규정이라고 판단하여 왔으나, 1973.4.4. 위 존속살 규정이 위헌이라는 최고재판소의 판결 이후 존속상해치사의 규정에 대하여도 합헌론과 위헌론이 계속 대립되어 오다가 1995.5.12. 다른 존속관련 가중처벌 규정들과 함께 모두 삭제되었다”고 한다.[84]

Ⅱ. 범 죄

1. 구성요건

(1) 객관적 구성요건

1) 주 체

본죄의 주체는 직계비속 또는 직계비속의 배우자에 한정된다. 본죄는 객체를 자기 또는 배우자의 직계존속으로 규정하고 있기 때문이다. 본죄는 일정한 신분자만이 범할 수 있는 신분범이다. 기본적 구성요건인 살인죄에 비하여 가중하여 처벌하는 가중적 구성요건이라는 의미에서 부진정신분범이 된다.

2) 객 체

본죄의 객체는 자기 또는 배우자의 직계존속이다. 자기는 행위자 자신을 말한다. 배우자(配偶者)란 부부 사이에서 상대방을 말한다. 직계(直系)란 세대의 직상직하방향으로 이어지는 계통을 말한다. 존속(尊屬)이란 자기보다 윗세대의 혈족을 말하고, 비속(卑屬)이란 자기보다 아랫세대의 혈족을 말한다. 자기와 같은 세대의 혈족은 존속도 아니고 비속도 아니다. 혈족은 혈연관계가 있는 사람을 말한다. 혈연관계는 자연적인 혈연관계(자연혈족)뿐만 아니라 법률상의 혈연관계(법정혈족)도 포함한다. 예컨대 부모, 조부모, 증조부 등 직계조상은 직계존속이다. 배우자와 직계존속은 법률상의 개념이다. 배우자는 법률상의 배우자를 의미하기 때문에 사실상의 배우자는 포함되지 아니한다. 사실상 혈연관계가 있는 부모관계일지라도 법적으로 인지절차를 완료하지 아니하는 한 직계존속이 될 수 없다. 반면 아무 특별한 관계가 없는 타인 사이일지라도 일단 합법한 절차에 의하여 입양관계가 성립한 뒤에는 직계존속이라 할 수 있다.[85] 직계존속을 긍정한 판례의 구체적 내용은 다음과 같다. 즉,

> 피해자는 그의 남편인 공소외인과 공동으로 피고인 겸 피치료감호청구인(이하 '피고인'이라 한다)을 입양할 의사로 1978.3.16. 피고인을 친생자로 출생신고를 하고 피고인을 양육하여 오다가 위 공소외인이 1984년경 사망한 후에도 계속하여 피고인을 양육하여 온 사실을 알 수 있는바, 그렇다면 위 법률규정과 법리에 비추어 피고인을 친생자로 한 출생신고는 피해자와 피고인 사이에서도 입양신고로서

---

83) 헌법재판소 2002.3.28. 선고 2000헌바53 결정.
84) 헌법재판소 2002.3.28. 선고 2000헌바53 결정.
85) 대법원 1981.10.13. 선고 81도2466 판결.

효력이 있으므로 피고인은 피해자의 양자라고 할 것이고, 피고인이 피해자를 살해한 경우 존속살해죄가 성립한다.[86] 혼인 외의 출생자와 생모간에는 생모의 인지나 출생신고를 기다리지 않고 자의 출생으로 당연히 법률상의 친족관계가 생기므로 혼인 외의 출생자가 생모를 살해한 경우에는 존속살해죄가 성립한다.[87]

직계존속을 부정한 판례의 구체적 내용은 다음과 같다. 즉,

> 피살자(여)가 그의 문전에 버려진 영아인 피고인(개구멍받이)을 주어다 기르고 그 부와의 친생자인 것처럼 출생신고를 하였으나 입양요건을 갖추지 아니하였다면 피고인과의 사이에 모자관계가 성립될 리 없으므로, 피고인이 동녀를 살해하였다고 하여도 존속살인죄로 처벌할 수 없다.[88]

3) 행 위

본죄의 실행행위는 살해이다. 살해(殺害)의 의미는 전술한 살인죄에서의 그것과 같다. 따라서 자연적 사기를 앞당기는 일체의 행위는 살해의 범주에 포함될 수 있다. 살해의 수단이나 방법은 묻지 않는다.

4) 결 과

본죄는 결과범이다. 따라서 살해의 결과로서 사망이라는 결과가 발생하여야 기수에 이르게 된다.

5) 인과관계

본죄는 결과범이기 때문에 행위인 살해와 결과인 사망 사이에는 인과관계가 존재하여야 한다. 인과관계가 인정되지 않을 경우에는 미수에 그치게 된다.

(2) 주관적 구성요건

1) 고 의

본죄는 고의범이다. 고의란 객관적 구성요건요소에 대한 인식에 이에 대한 실현의사이다. 따라서 본죄의 고의는 자기 또는 배우자의 직계존속을 살해한다는 인식과 이를 실현하려는 의사를 요한다. 직계존속에 대한 인식을 결한 경우에는 존속살해죄가 아니라 보통 살인죄가 성립하게 된다(제15조 제1항 참조). 고의는 확정적 고의는 물론 미필적 고의로도 족하다.

존속살해죄의 성립을 부정한 판례의 구체적 내용은 다음과 같다. 즉,

> 제분에 이기지 못하여 식도를 휘두르는 피고인을 말리거나 그 식도를 뺏으려고 한 그 밖의 피해자들을 닥치는 대로 찌르는 무차별 횡포를 부리던 중에 그의 부(父)까지 찌르게 된 결과를 빚은 경우 피고인이 칼에 찔려 쓰러진 부를 부축해 데리고 나가지 못하도록 한 일이 있다고 하여 그의 부를 살해할 의사로 식도로 찔러 살해하였다는 사실을 인정하기는 어렵다고 봄이 상당하다.[89]

---

86) 대법원 2007.11.29. 선고 2007도8333 판결.
87) 대법원 1980.9.9. 선고 80도1731 판결.
88) 대법원 1981.10.13. 선고 81도2466 판결.
89) 대법원 1977.1.11. 선고 76도3871 판결.

2) 착 오

존속살해의 고의로 보통 살인죄를 범한 경우에는 다툼이 있다. 보통 살인죄의 기수가 성립한다는 견해와 존속살해죄의 미수와 보통 살인죄의 기수가 상상적으로 경합한다는 견해가 그것이다. 생각건대 착오에 대한 이론이 그대로 적용된다고 보아야 하기 때문에 착오의 일반론에 따라 해결하는 것이 타당하다고 해석된다. 따라서 구체적 부합설이나 법정적 부합설 중 구성요건부합설에 의하면 존속살해죄의 미수와 과실치사죄의 상상적 경합이 되지만, 법정적 부합설 중 죄질부합설에 의하면 보통살인죄의 기수가 성립하게 된다.

(3) 예비 · 음모

본죄의 예비 · 음모죄는 처벌된다. 본죄의 예비 · 음모죄는 존속살해죄라는 기본적 구성요건을 수정한 수정적 구성요건에 속한다. 본죄의 예비 · 음모죄는 존속살해죄를 범할 목적으로 예비 또는 음모함으로써 성립한다. 본죄의 예비 · 음모죄는 존속살해죄를 범할 목적을 요하는 목적범이다. 본죄의 예비 · 음모조의 법정형은 10년 이하의 징역이다.

(4) 미수 · 기수

본죄는 미수범을 처벌한다. 본죄는 실행행위인 살해의 개시에 의하여 실행의 착수가 인정되고, 결과인 사망의 발생에 의하여 기수에 이르게 된다.

미수를 긍정한 판례의 구체적 내용은 다음과 같다. 즉,

> 피고인이 격분하여 피해자를 살해할 것을 마음먹고 밖으로 나가 낫을 들고 피해자에게 다가서려고 하였으나 제3자 이를 제지하여 그틈을 타서 피해자가 도망함으로써 살인의 목적을 이루지 못한 경우, 피고인이 낫을 들고 피해자에게 접근함으로써 살인의 실행행위에 착수하였다고 할 것이므로 이는 살인미수에 해당한다.[90]

(5) 공 범

본죄는 신분범이기 때문에 본죄에 비신분자가 가담한 경우 신분자는 당연히 본죄의 정범이 되지만, 공범인 비신분자에게는 공범과 신분에 관한 규정(제33조)이 적용된다. 다만 본죄는 부진정신분범에 속하기 때문에 형법 제33조의 적용에 대하여는 견해가 일치하지 않고 있다.

첫째, 제33조의 본문은 진정신분범, 단서는 부진정신분범의 성립과 처벌에 대한 규정이라고 해석하는 견해이다. 다수설의 입장이다. 둘째, 제33조의 본문은 신분범, 즉 진정신분범과 부진정신분범에 관한 규정이고, 단서는 부진정신분범의 처벌에 관한 규정이라고 해석하는 견해이다. 판례와 소수설의 입장이다. 따라서 비신분자가 신분자와 함께 존속살해행위에 가담한 경우 비신분자는 다음과 같은 죄책을 지게 된다. 다수설에 의하면 비신분자는 보통 살인죄의 공동정범, 교사범 또는 방조범이 된다. 이에 반하여 판례와 소수설에 의하면 비신분자에게는 존속살해죄의 공동정범, 교사범 또는 방조범이 성립하지만, 비신분자는 보통 살인죄의 공동정범, 교사범 또는 방조범으로 처벌된다.

---

90) 대법원 1986.2.25. 선고 85도2773 판결.

2. 죄 수

본죄와 현주건조물방화치사상죄는 판례에 의하면 상상적 경합관계이다. 대법원은 "형법 제164조 후단이 규정하는 현주건조물방화치사상죄는 그 전단이 규정하는 죄에 대한 일종의 가중처벌 규정으로서 과실이 있는 경우뿐만 아니라, 고의가 있는 경우에도 포함된다고 볼 것이므로 사람을 살해할 목적으로 현주건조물에 방화하여 사망에 이르게 한 경우에는 현주건조물방화치사죄로 의율하여야 하고 이와 더불어 살인죄와의 상상적 경합범으로 의율할 것은 아니며, 다만 존속살인죄와 현주건조물방화치사죄는 상상적경합범 관계에 있으므로, 법정형이 중한 존속살인죄로 의율함이 타당하다"고 판시한 바 있다.[91]

Ⅲ. 처 벌

1. 가중처벌

본죄의 법정형은 사형, 무기 또는 7년 이상의 징역이다. 기본적 구성요건인 살인죄의 그것 사형, 무기 또는 5년 이상의 징역에 비하면 다소 가중되어 있다.

2. 가중처벌의 근거

본죄는 제정 당시 법정형에 사형 또는 무기징역만을 규정하고 있었다.[92] 그러나 형법은 1996년 개정을 통하여 본죄의 법정형에 7년 이상의 징역형을 추가하여 그 하한을 완화하였다.[93] 패륜적인 비속에 의한 범죄가 많았던 과거와는 달리 최근에는 비속에게 오히려 동정의 여지가 많은 범죄가 발생하고 있기 때문이다. 개정이유에 의하면 윤리의식의 변화로 발생한 법규범과 현실의 괴리를 해소하기 위한 것이라고 한다. 이로써 본죄에 감경사유가 존재하는 경우에는 집행유예의 선고도 가능하게 되었다.

헌법재판소에 의하면 "비속의 직계존속에 대한 존경과 사랑은 봉건적 가족제도의 유산이라기보다는 우리 사회윤리의 본질적 구성부분을 이루고 있는 가치질서로서, 특히 유교적 사상을 기반으로 전통적 문화를 계승·발전시켜 온 우리나라의 경우는 더욱 그러한 것이 현실인 이상, '비속'이라는 지위에 의한 가중처벌의 이유와 그 정도의 타당성 등에 비추어 그 차별적 취급에는 합리적 근거가 있다"고 한다.[94]

한편 최근 점증하는 존속범죄는 가족의 해체가 가세한 현상으로 보인다. 가족을 가족으로 인식하는 것이 아니라 타인으로 인식하는 것에 커다란 원인이 있다고 의심되기 때문이다.

---

91) 대법원 1996.4.26. 선고 96도485 판결.
92) 형법 1953.9.18. 제정 법률 제293호 1953.10.3. 시행.
93) 형법 1995.12.29. 일부개정 법률 제5057호 1996.7.1. 시행.
94) 헌법재판소 2002.3.28. 선고 2000헌바53 결정.

3. 가중처벌의 합헌여부

(1) 견해의 대립

본죄에 대하여는 위헌설과 합헌설이 대립하고 있다. 위헌설(違憲說)은 본죄의 법정형이 보통살인죄의 그것보다 가중된 것은 직계비속이라는 신분을 이유로 차별대우를 한 것이기 때문에 헌법상 평등의 원칙(헌법 제11조 제1항)에 반하여 위헌이라고 주장한다. 이에 반하여 헌법재판소는 합헌설(合憲說)을 취하고 있다.

(2) 헌법재판소의 합헌결정

헌법재판소는 2013년 본죄의 규정을 합헌으로 결정한 바 있다. 후술하는 바와 같이 2002년 합헌결정을 받은 존속상해치사죄보다 11년 후의 일이다. 헌법재판소 결정의 구체적 내용은 다음과 같다. 즉, 조선시대 이래 현재에 이르기까지 존속살해죄에 대한 가중처벌은 계속되어 왔고, 그러한 입법의 배경에는 우리 사회의 효를 강조하는 유교적 관념 내지 전통사상이 자리 잡고 있는 점, 존속살해는 그 패륜성에 비추어 일반 살인죄에 비하여 고도의 사회적 비난을 받아야 할 이유가 충분한 점, 이 사건 법률조항의 법정형이 종래의 '사형 또는 무기징역'에서 '사형, 무기 또는 7년 이상의 징역'으로 개정되어 기존에 제기되었던 양형에 있어서의 구체적 불균형의 문제도 해소된 점을 고려할 때 이 사건 법률조항이 형벌체계상 균형을 잃은 자의적 입법으로서 평등원칙에 위반된다고 볼 수 없다.[95]

(3) 일본의 경우

일본 최고재판소는 1973년 존속살인죄의 중벌규정에 대하여 위헌판결을 내렸다.[96] 당시 존속살인죄는 자기 또는 배우자의 직계존속을 살해하는 경우 사형 또는 무기징역으로 처벌하고 있었다(일본 구형법 제200조). 다수의견은 존속살인죄의 규정을 두는 것은 합헌이지만 집행유예를 붙일 수 없는 중벌규정은 헌법상 평등의 원칙(일본 헌법 제14조 제1항)에 위반된다고 판단하였다. 소수의견은 존속살인죄 자체가 위헌이라고 판단하였다.

일본 정부는 다수의견(15명 중 8명)과 소수의견(6명)의 대립을 고려하여 존속살인죄에 관한 규정을 그대로 방치한 채 존속살인죄의 피의자에게도 법정형의 폭이 보다 넓은 보통살인죄에 관한 규정을 적용하기로 결정하였다. 이로 인하여 존속살인죄의 규정은 이후 22년간 적용이 없는 상태에서 형법 조문에 사문화하여 형식적으로 남아 있었다. 그동안 존속가중을 정한 존속상해치사 등에 대하여도 최고재판소는 위헌이라고 할 정도의 중벌규정은 없다고 하여 합헌으로 판결했다.

그러나 존속살인죄의 규정은 1995년 일본형법의 일부개정에 의하여 삭제되었다.[97] 당시의 개정법은 조문의 규정을 문어체에서 구어체로 변경하고, 존속살인죄뿐만 아니라 존속상해치사죄(일본 구형법 제205조 제2항), 존속유기죄(일본 구형법 제218조 제2항), 존속체포・감금죄(일본 구형법 제220조 제2항)를 포함한 존속가중

95) 헌법재판소 2013.7.25. 선고 2011헌바267 결정.
96) 最高裁判所 昭和45年(あ)第1310号 昭和48年4月4日 大法廷 判決.
97) 平成7年5月12日 法律第91号.

규정까지도 동시에 삭제하였던 것이다.

§4. 영아살해죄

제251조(영아살해) 직계존속이 치욕을 은폐하기 위하거나 양육할 수 없음을 예상하거나 특히 참작할 만한 동기로 인하여 분만중 또는 분만직후의 영아를 살해한 때에는 10년 이하의 징역에 처한다.

제254조(미수범) 전4조의 미수범은 처벌한다.

Ⅰ. 서 설

1. 의 의

본죄는 직계존속이 치욕을 은폐하기 위하거나 양육할 수 없음을 예상하거나 특히 참작할 만한 동기로 인하여 분만중 또는 분만직후의 영아를 살해하는 범죄를 말한다.

본죄는 행위자에게 특별한 행위동기가 있는 경우에 한하여 형을 감경하는 감경적 구성요건에 속한다. 본죄의 주관적 구성요건요소로서의 고의에는 행위동기에 대한 인식도 포함된다는 의미에서 본죄는 동기범적 성격을 가진다고 할 수 있다.

흔히 영아살해(infanticide)는 출산 후 24시간 이내의 살해(neonaticide)와 24시간 이후의 살해(filicide)로 구별되기도 한다.[98] 그러나 이와 같은 미국의 정신의학자 레스닉(Phillip J. Resnick, 1938.2.~)에 의한 분류방법은 형법에 있어서는 아무런 의미를 가지지 않는다고 할 수 있다. 왜냐하면 형법은 분만중 또는 분만직후의 영아만을 대상으로 하기 때문이다.

2. 입법취지

본죄는 행위자인 직계존속에게 범행동기에 특히 참작할 만한 사유의 존재를 근거로 그 형을 감경하는 것이다. 후술하는 영아유기죄(제272조)에 있어서의 그것과 같은 근거이다. 따라서 본죄의 감경사유인 행위동기, 특히 참작할 만한 사유의 존재유무는 중요한 의미를 가지지 않을 수 없다고 하겠다. 이는 1953년 형법 제정 당시 6.25전쟁 직후라는 특수한 시대상황을 반영한 것이다.

3. 입법례

영아살해에 관한 입법례는 살인죄와 비교하여 가중규정, 감경규정 및 동벌규정으로 나누어질 수 있다. 과거 카롤리나 형법전(CCC, Die Constitutio Criminalis Carolina oder Carolina von 1532)은 영아살해를 살인죄보다 무겁게 처벌하는 가중규정(加重規定)을 두었다. 저항할 수 없는 영아를 살해하기 때문이었다. 그러나 오늘날에는 기본적 구성요건인 살인죄보다 가볍게 처벌하는 감경규정(減輕規定)의 입법례가 많다. 출산시 산모의 특별한 정신상태에서 범하여진다는 점을 그 근거로 하기 때문이

---

98) Resnick PJ, Infanticide, in Modern Perspectives in Psycho-obstetrics. Edited by Howells JG. Edinburgh: Oliver & Boyd, 1972, pp. 410-431.

다. 프랑스는 1992년, 독일은 1998년 형법 개정을 통해 영아살해죄를 폐지하였고, 일본과 미국은 영아살해죄 규정을 별도로 두고 있지 않다. 특히 일본형법과 같이 영아살해라는 특별규정을 두지 않기 때문에 보통의 살인죄로 처벌되는 입법례는 말하자면 동벌규정(同罰規定)이라고 불릴 수 있다.

한편 영아살해는 모든 시대를 통하여 미개와 문명을 불문하고 존재해왔던 현상이다. 미개사회의 경우에는 그 문화 속에서 영아살해가 허용되었지만, 문명사회에서는 범죄를 구성하는 경우가 대부분이다. 미개사회에서 영아살해의 원인은 다양했다. 습속이나 경제적 · 종교적 이유 등으로 행하여지기도 하였다. 예컨대 식량확보의 어려움 때문에 인구제한을 이유로 행하여지는 경우, 불법한 결혼이나 형태이상의 출산을 이유로 행하여지는 경우 또는 쌍둥이의 출생은 주술적으로 바람직하지 않다고 하여 그 일방이나 쌍방을 살해하는 경우도 있었다. 이 외에도 구약성서에는 초생아(初生兒)를 희생으로 제공하는 기록도 있었다고 한다.

Ⅱ. 범 죄

1. 구성요건

(1) 객관적 구성요건

1) 주 체

본죄의 주체는 직계존속에 한한다. 이러한 의미에서 본죄는 부진정신분범에 속한다. 문제는 직계존속의 의의와 그 범위에 있다. 이에 관하여는 다툼이 있다.

첫째, 직계존속의 의의이다. 직계존속의 의미에 대하여는 사실상의 개념설과 법률상의 개념설이 대립하고 있다. 사실상 개념설(事實上 槪念說)에 의하면 직계존속의 개념에는 사실상의 직계존속도 포함된다고 해석한다. 경하게 처벌하는 입법취지에 부합한다는 점, 피고인에게 유리하다는 점 등을 근거로 한다. 통설의 입장이다. 이에 반하여 법률상 개념설(法律上 槪念說)은 직계존속을 법률상의 직계존속에 국한한다. 판례의 입장이다. 영아의 생명보호에 충실을 기하기 위해서는 행위주체를 제한적으로 해석하여 법률상의 직계존속에만 한정해야 한다는 점을 근거로 한다. 생각건대 직계존속은 법률상의 개념이라고 해야 한다. 존속살해죄에 있어서의 직계존속의 개념이 법률상의 개념이라고 해석한다면 본죄에 있어서의 직계존속도 법률상의 개념이라고 하는 것이 지당하다. 동일한 용어를 조문에 따라 다르게 해석하는 것은 해석의 기본원칙에 어긋날 뿐만 아니라 해석의 통일성을 유지하는 데에도 도움이 되지 않기 때문이다. 본죄의 직계존속은 존속살해죄에 있어서와 같이 법률상의 개념으로서 사실상의 직계존속은 포함되지 않는다고 해석해야 한다. 대법원도 "남녀가 사실상 동거한 관계가 있고 그 사이에 영아가 분만되었다 하여도 그 남자와 영아와의 사이에 법률상 직계존속, 비속의 관계가 있다 할 수 없으므로 그 남자가 영아를 살해한 경우에는 보통살인죄에 해당한다"고 판시한 바 있다.[99]

---

99) 대법원 1970.3.10. 선고 69도2285 제2부판결.

둘째, 직계존속의 범위이다. 직계존속의 범위에 있어서도 모한정설과 직계존속설이 대립하고 있다. 모한정설(母限定說)에 의하면 본죄의 직계존속은 모(母)만을 의미한다고 한정하여 해석한다. 본죄는 출산으로 인한 모(母)의 흥분상태 때문에 그 책임이 감경된다는 점, 독일형법, 오스트리아형법 및 스위스형법에서와 같이 본죄의 주체를 모(母, Mutter)에 제한하는 입법례가 있다는 점 등을 근거로 한다.[100] 직계존속설(直系尊屬說)은 본죄의 직계존속에는 모(母)는 물론 부(父)도 당연히 포함된다고 해석한다. 생각건대 모한정설은 타당할 수 없다고 해야 한다. 형법은 다른 입법례에서와는 달리 명문으로 직계존속이라고 명시하여 규정하고 있는 점, 직계존속을 모로 한정하여 해석하는 것은 지나친 축소해석으로서 모가 아닌 나머지 직계존속에게 불리하게 되어 결국에는 죄형법정주의에 위배될 우려가 있다는 점 등이 그 근거가 될 수 있다. 따라서 본죄의 직계존속에는 모(母), 부(父) 및 나머지 직계존속도 모두 포함된다고 할 수 있다.

2) 객 체

본죄의 객체는 분만중 또는 분만직후의 영아이다. 영아(嬰兒)란 사전적으로 돌 전의 젖먹이를 말한다. 이에 반하여 유아(乳兒)란 생후 1년부터 만7세가 되기까지의 어린이를 말한다. 한편 영유아(嬰乳兒)란 6세 미만의 취학 전의 아동을 말한다(영유아보육법 제2조 제1호). 이러한 개념과는 무관하게 여기서의 영아는 분만중 또는 분만직후의 영아에 한정된다.

분만중이란 진통시부터 전부노출 전까지를 말한다고 해석된다. 전술한 바와 같이, 분만 제1기(개구기)와 분만 제2기(만출기)를 의미한다고 할 수 있다. 분만직후란 전부노출 직후, 즉 분만 제2기직후로서 분만 제3기(후산기)와 분만 제4기(회복기)를 포함한다고 해석된다. 분만중의 영아란 분만중의 아기를 말하고, 분만직후의 영아는 갓난아기를 의미한다고 할 수 있다. 여기서 분만중 또는 분만직후의 시간적 간격을 의학적 관점에서 볼 때에 그것은 그렇게 긴 시간이 아니라는 것을 알 수 있다. 대법원은 "영아살해죄의 객체가 되는 것은 산모의 분만중 또는 분만 직후의 생존아를 말하는 것이고 생후 2개월이 경과한 때에는 형법에 규정된 영아라 할 수 없다"고 판시한 바 있다.[101]

3) 행 위

본죄의 실행행위는 살해이다. 살해는 살인죄에 있어서의 그것과 같다. 수단과 방법은 묻지 않는다. 부작위에 의한 살해도 가능하다.

4) 결 과

본죄는 결과범이기 때문에 영아의 사망에 의하여 기수에 이른다. 결과가 발생하지 않은 경우에는 미수에 그치게 된다.

---

100) 독일형법은 영아살해죄(Kinderstörung)에 관하여 명문의 규정을 두고 있었다(구 독일형법 제217조). 그러나 본 규정은 1998년 4월 1일 제6차 형법개정법에 의하여 폐지되었다. 미혼모에 대한 형의 감경은 시대에 맞지 않는다는 이유였다.

101) 대구고등법원 1968.3.26. 선고 67노317 제1형사부판결.

5) 인과관계

본죄는 결과범이기 때문에 행위와 결과 사이에 인과관계가 존재하여야 한다. 따라서 살해와 사망 사이에는 인과관계가 인정되어야 한다. 인과관계가 인정되지 않을 경우에는 미수에 그치게 된다.

(2) 주관적 구성요건

1) 고 의

본죄는 고의범이다. 본죄의 고의는 인식적 요소로서 영아와 살해에 대한 사실의 인식을 요한다. 전술한 바와 같이 고의란 객관적 구성요건요소에 대한 인식과 이에 대한 실현의사를 의미하기 때문이다.

2) 살해의 동기

① 유 형

본죄가 성립하기 위해서는 일정한 행위동기를 요한다. 즉, 치욕을 은폐하기 위하여거나 양육할 수 없음을 예상하거나 특히 참작할 만한 동기로 인하여 영아를 살해할 것을 요한다. 첫째, 치욕의 은폐란 직계존속의 명예를 보호하기 위하여 영아를 살해하는 경우를 의미한다. 예컨대 강간으로 인한 출산, 과부나 미혼모에 의한 사생아의 출산의 경우 등이 거론되고 있다. 둘째, 양육의 불가능성에 대한 예상은 영아의 양육에 대한 경제적 무능력이 예상되는 경우를 의미한다. 셋째, 특히 참작할 만한 동기란 치욕의 은폐나 양육의 불가능성에 대한 예상에 해당하지는 않지만 그와 같은 정도의 동기를 말한다. 예컨대 조산아, 기형아, 불구아 등의 출산이 예시되고 있다.

② 동기의 착오

본죄의 동기는 초과주관적 구성요건요소로서 고의의 인식대상에 포함되지 않는다. 동기의 착오가 발생한 경우에는 사실의 착오에 관한 규정이 적용되지 않는 이유이다(제15조 제1항 참조). 따라서 직계존속인 부(父)가 적출자를 사생아로 오인하여 살해한 경우 영아살해죄가 성립하지만, 사생아를 적출자로 오인하여 살해한 경우에는 살인죄가 성립한다고 해석된다.

(3) 미수 · 기수

본죄의 미수범은 처벌된다. 그러나 본죄는 본죄의 예비 · 음모를 처벌하지 않는다. 사망의 결과가 발생하지 않거나 살해행위와 사망의 결과 사이에 인과관계가 존재하지 않는 경우에는 본죄의 미수에 그치게 된다.

(4) 공 범

본죄는 부진정신분범에 속한다. 따라서 비신분자가 신분자에 가담한 경우 신분자는 당연히 본죄의 정범이 되지만, 공범인 비신분자에게는 형법 제33조가 적용된다. 다만 존속살해죄에서 살펴본 바와 같이 형법 제33조의 적용에 대하여는 견해가 일치하지 않고 있다.

첫째, 제33조의 본문은 진정신분범, 단서는 부진정신분범의 성립과 처벌에 대한 규정이라고 해석하는 견해이다. 다수설의 입장이다. 둘째, 제33조의 본문은 신분범, 즉 진정신분범과 부진정신분범에 관한 규정이고, 단서는 부진정신분범의 처벌에 관한 규정이라고 해석하는 견해이다. 판례와 소수설의 입장이다. 따라서 비신분자가 신분자와 함께 영아살해행위에 가담한 경우 비신분자는 다음과 같은 죄책을 지게 된다. 다수설에 의하면 비신분자는 영아살해죄의 공동정범, 교사범 또는 방조범이 된다. 이에 반하여 판례와 소수설에 의하면 비신분자에게는 영아살해죄의 공동정범, 교사범 또는 방조범이 성립하지만, 비신분자는 보통살인죄의 공동정범, 교사범 또는 방조범으로 처벌된다.

2. 위법성조각사유

생존가능성이 낮은 신생아에 대하여 구명을 위한 수술을 행하지 않는 부작위에 대하여는 이를 굳이 위법이라고 할 필요는 없을 것으로 해석된다. 그러나 위와 같은 신생아를 적극적으로 작위에 의하여 살해하는 경우에는 위법이라고 평가하지 않을 수 없을 것으로 판단된다.

Ⅲ. 처 벌

1. 법정형

본죄의 법정형은 10년 이하의 징역이다. 법정형이 사형, 무기 또는 5년 이상의 징역인 살인죄에 비하면 현저히 감경되고 있다는 것을 알 수 있다.

2. 감경처벌의 근거

본죄의 감경처벌의 근거에 대하여는 불법감경설과 책임감경설이 대립하고 있다. 첫째, 불법감경설(不法減輕說)은 살해의 불법이 감소하여 감경하여 처벌된다고 한다. 둘째, 책임감경설(責任減輕說)은 책임의 감소로 인하여 감경하여 처벌된다고 한다. 출산으로 인한 행위자의 비정상적인 심리상태를 그 근거로 한다.

한편 본죄의 행위동기가 양형단계에서 작량감경사유(제53조)에 해당할 수 있는가에 대하여는 견해가 일치하지 않고 있다. 양자를 별개로 파악하는 긍정설(肯定說)은 다시 작량감경이 가능하다고 한다. 그러나 양자를 동일한 것으로 파악하는 부정설(否定說)은 동일한 사유가 이중평가될 수 없다고 하여 작량감경이 불가능하다고 한다. 하나의 동기를 다시 작량감경하는 것은 인정하지 않지만 복합적 동기의 경우 다른 동기를 이유로 작량감경하는 것은 가능하다는 절충설(折衷說)도 주장되고 있다.

생각건대 감경처벌의 근거는 출산으로 인한 비정상적 심리상태에 있다고 해석된다. 나아가 비정상적 정신상태가 심신미약이나 기대불가능성과 관련되는 경우 행위동기는 책임감경사유가 될 수 있다고 할 수 있다. 이러한 의미에서 본죄에 대한 감경의 근거는 책임감경설이 타당하다고 생각된다. 한편 동일한 사유를 가지고 2회 감경하는 이중평가는 타당하지 않다고 해야 한다.

3. 양형참작사유

본죄에 있어서의 행위동기는 우선 주관적 구성요건요소의 하나이다. 구성요건요소와 작량감경사유는 별개의 것이라고 파악하는 경우 본죄의 행위동기는 단계에 따라 각각의 기능을 수행하는 것이 가능하다고 판단된다. 이러한 의미에서 본죄의 구성요건요소인 행위동기는 양형의 단계에서는 작량감경사유가 될 수도 있다는 긍정설이 타당하다고 해석된다. 다만 행위동기가 이미 양형의 조건(제51조)이 된 경우에는 이것이 다시 작량감경사유(제53조)로 될 수는 없다고 해야 한다. 이중평가금지의 원칙이 적용되기 때문이다.

§5. 동의살인죄

第252조(촉탁, 승낙에 의한 살인 등) ① 사람의 촉탁이나 승낙을 받아 그를 살해한 자는 1년 이상 10년 이하의 징역에 처한다.

第254조(미수범) 전4조의 미수범은 처벌한다.

第256조(자격정지의 병과) ~, 제252조 ~ 의 경우에 유기징역에 처할 때에는 10년 이하의 자격정지를 병과할 수 있다.

구조문

第252조(촉탁, 승낙에 의한 살인 등) ① 사람의 촉탁 또는 승낙을 받어 그를 살해한 자는 1년 이상 10년 이하의 징역에 처한다.

Ⅰ. 서 설

1. 의 의

본죄는 피살자의 촉탁이나 승낙을 받아 그를 살해함으로써 성립하는 범죄를 말한다. 촉탁과 승낙을 동의라고 총칭할 수 있고, 이러한 의미에서 본죄를 동의살인죄라고도 한다. 본죄는 후술하는 자살관여죄와 함께 기본적 구성요건인 살인죄에 비하여 형을 감경하는 감경적 구성요건에 속한다. 본죄는 피살자 본인이 동의하고 있다는 점에서 살인죄의 위법성을 감경하는 사유로서 유형화된 것이다.

2. 취 지

피살자의 촉탁이나 승낙은 본죄의 공범을 구성할 수 있지만, 후술하는 자살에 있어서와 같은 이유로 이에 대하여는 별도로 처벌하지 아니한다. 본죄는 자살관여죄와 동일한 조문에서 조항만을 달리하여 병렬적으로 규정되어 있다. 본죄는 자살관여죄와는 행위의 태양을 달리하지만, 본인의 의사에 반하지 않는 생명의 침해에 관여한다는 점에서 공통되기 때문이다.

한편 본죄에 의하여 형법에 의한 생명보호의 특수성과 절대성이 더욱 강조되고 있다. 피해자의 동의가 있음에도 불구하고 동의살인은 처벌되고 있기 때문이다. 이와 같이 본죄에 있어서는 다른 경우에 적용되는 소위 '동의자에 대하여는 불법이 발생하지 않는다'(volenti non fit injuria)는 원칙이 적용되지 않고 있다. 그 이유에 대하여는 '살인의 금기'(taboo)가 거론되기도 하지만, 진지하지 않은 요구에 의한 사망은 처벌되지 않으면 안 된다는 관점이 거론되고 있다. 경솔성으로부터 보호(Übereilungs-schutz)의 관점을 포함하는 생명보호의 특수성은 상해죄에까지 확대되고 있는 것으로 보인다. 동의에 의한 상해도 후술하는 바와 같이 사회상규(제20조 참조)의 범위를 넘는 한 위법성이 조각되지 않는다고 해석되기 때문이다.[102)]

Ⅱ. 범 죄

1. 구성요건

(1) 객관적 구성요건

1) 주 체

본죄의 주체는 촉탁이나 승낙을 받은 사람이다. 그러나 본죄는 신분범이 아니다. 촉탁이나 승낙을 받을 사람이 이미 정하여져 있는 것은 아니기 때문이다.

2) 객 체

본죄의 객체는 촉탁능력자이거나 승낙능력자일 것을 요한다. 촉탁이나 승낙이 법률상 유효하기 위해서는 후술하는 바와 같이 그것은 통상의 판단능력을 가지는 의사능력자의 진의에 기한 것이어야 하기 때문이다.

3) 행 위

① 의 의

본죄의 실행행위는 살해이다. 본죄 또한 살인죄의 일종이기 때문이다. 다만 본죄는 피살자의 촉탁이나 승낙을 받아 살해할 것을 요한다는 점에서 살인죄의 그 자체와는 구별되고 있다. 따라서 촉탁이나 승낙을 제외한 다른 요건들은 살인죄의 그것이 그대로 적용된다고 할 수 있다.

② 살해의 계기

본죄의 실행행위는 촉탁이나 승낙에 그 원인을 가지고 있다. 촉탁이나 승낙에 관하여는 편의상 의의, 요건 및 시기로 나누어 검토하기로 한다.

첫째, 촉탁과 승낙의 의의이다. 촉탁(囑託, Verlangen)이란 피살자가 그에 대한 살해를 의뢰하는 것을 말한다. 승낙(承諾, Einwilligung)이란 피살자가 그에 대한 살해의 제의에 동의하는 것을 말한다. 본죄를 동의살인죄라고도 하듯이 촉탁과 승낙을 포괄하여 양자를 넓은 의미에서 동의해도 무방하다고 본다.

둘째, 촉탁과 승낙의 요건이다. 촉탁과 승낙은 피해자의 승낙의 법리에 준하는 것이다. 따라서 촉탁이나 승낙이 법률상 유효하려면 그것은 표의자의 진의에 기한 자발적인 것이어야 한다. 즉, 촉탁이나 승낙의 커다란 유효요건으로서는 진의성과 임의성이라고 할 수 있다.

---

102) 형법의 해석과는 달리 독일형법은 명문으로 규정하고 있다. 즉 제228조는 상해에의 동의가 선량한 풍속에 반하는 경우에 동의의 무효화를 규정하고 있다. 독일형법 제228조의 내용에 관하여는 상해죄에서 후술한다.

먼저 진의에 기한 촉탁이나 승낙이라고 하기 위해서는 그것은 촉탁자나 승낙자가 촉탁이나 승낙의 의미를 완전히 이해한 후 촉탁이나 승낙을 할 것이 요구된다. 촉탁자나 승낙자가 촉탁이나 승낙의 법률적 의미를 완전히 이해할 수 있다고 하려면 이를 판단하고 결정할 수 있는 능력, 즉 의사능력이 전제되어야 한다. 전술한 바와 같이 본죄의 객체가 촉탁능력자이거나 승낙능력자일 것을 요구하는 이유를 이해할 수 있다. 또한 임의에 기한 촉탁이나 승낙이라고 하기 위해서는 그것은 폭행·협박 등의 물리적·심리적 강제에 의한 것이 아니라 표의자의 자유의사에 기한 자발적인 것이어야 한다. 표의자의 의사에 대하여 중대한 하자가 있는 경우 촉탁이나 승낙은 임의성을 결여하여 무효가 된다. 결국, 피살자에게 의사능력이나 자유의사가 결여되어 촉탁이나 승낙에 진의성이나 임의성이 인정되지 않을 경우에는 살인죄가 성립하고 본죄는 성립하지 아니한다. 이 외에도 동의의 요건으로서는 동의는 피살자 본인의 의사에 의한 것일 것, 승낙은 묵시적인 것으로도 족하지만, 촉탁은 명시적인 것일 것 및 동의는 구성요건요소이기 때문에 본죄가 성립하기 위해서는 상대방이 동의하고 있다는 것을 인식하고 있을 것의 요건이 추가될 수 있을 것이다.

셋째, 촉탁과 승낙의 시기이다. 촉탁이나 승낙은 실행행위의 개시시에 존재하지 않으면 안 된다. 따라서 살인미수의 경우에 피해자가 사후에 동의하여도 승낙이 있었다고는 할 수 없다. 촉탁과 승낙은 언제든지 철회가 가능하다.

촉탁이나 승낙을 긍정한 판례의 구체적 내용은 다음과 같다. 즉,

> 형법 제252조 제1항에서 규정하는 촉탁에 의한 살인죄에서 '촉탁'은 자유로운 의사에 기한 명시적이고 진지한 것임을 필요로 하므로, 죽음이 무엇인가를 이해할 수 있는 능력과 자유로이 의사를 결정할 수 있는 능력을 갖춘 자가 진지하게 자신을 살해해 달라고 요구하는 의사표시를 명시적으로 한 때에만 살인의 촉탁이 있었다고 할 것이다.[103)]

4) 결 과

본죄는 결과범이다. 살해행위의 결과로서 사망이라는 결과의 발생을 요한다. 사망의 발생으로 본죄는 기수에 이르게 된다.

5) 인과관계

본죄의 살해행위와 사망의 결과 사이에는 인과관계가 존재하여야 한다. 이 외에도 촉탁이나 승낙의 동의와 살해행위 사이에도 인과관계가 인정되지 않으면 안 된다.

(2) 주관적 구성요건

1) 고 의

본죄는 고의범이다. 본죄의 고의는 인식적 요소로서 실행의 착수 전에 살해의 사실과 촉탁이나 승낙의 존재에 대한 인식을 요한다.

---

103) 대전지방법원 2012.11.13. 선고 2012고합380 판결.

2) 동의의 착오

① 적극적 착오

본죄의 고의에는 촉탁이나 승낙의 존재에 대한 인식이 포함되어 있어야 한다. 동의가 없음에도 불구하고 있다고 오인하고 살해한 경우에는 살인죄와 본죄가 구성요건적으로 중첩되게 된다. 일반적으로 형법 제15조 제1항에 따라서 본죄가 성립한다고 해석하고 있다. 동의의 인식은 실행의 착수시에 존재하면 족하기 때문에 처음에는 살인죄의 고의라도 살해행위시에 인식이 있으면 본죄의 고의로 족하다.

② 소극적 착오

살해행위시에 동의가 있음에도 불구하고 없다고 오인하고 살해한 경우에는 견해가 나누어지고 있다. 첫째, 중한 죄를 범한 의사로 경한 죄를 범한 경우로서 구성요건상 중첩이 인정되고, 중한 죄의 고의에는 경한 죄의 고의가 포함되어 있기 때문에 본죄가 성립한다는 동의살인죄설(同意殺人罪說), 둘째 동의를 얻어 살해한다는 구성요건요소이고 이를 인식할 필요가 있음에도 불구하고 본죄의 고의를 인정할 수 없기 때문에 살인죄의 기수가 성립한다는 살인죄설(殺人罪說) 및 셋째 살인죄의 고의가 실현되지 않았기 때문에 살인죄의 미수가 성립한다는 살인미수죄설(殺人未遂罪說) 등이 그것이다. 생각건대 살인죄설에 대하여는 본죄의 고의를 인정할 수 없어 본죄가 성립하지 않는다면 본죄의 미수를 인정하는 것이 더욱 논리적이라는 점에서, 살인미수죄설에 대하여는 본죄와 살인죄의 구성요건이 중첩되는 한도에서 경한 죄의 고의를 인정하는 것이 타당하다는 점에서 비판이 가능하다고 본다. 결국 동의살인죄설이 타당하다고 아니할 수 없다.

(3) 미수 · 기수

본죄의 미수범은 처벌된다. 본죄의 실행의 착수는 행위자가 피살자에 대한 살해행위를 개시한 때에 인정된다. 살해의 결과 피살자가 사망한 경우에는 기수에 이르게 된다. 사망의 결과가 발생하지 않은 경우에는 미수에 그친다.

2. 위법성조각사유

(1) 서 언

본죄의 위법성조각사유와 관련하여 존엄사와 안락사가 특히 문제될 수 있다. 더욱이 중증의 심신장애자나 치매상태의 노인 등을 간호에 지친 가족 등이 장래를 비관하여 살해하는 사건이 드물지 않게 발생하고 있기 때문이다. 존엄사나 안락사에 있어서 본인의 촉탁이나 승낙이 있다고 하더라도 일단은 본죄의 구성요건에 해당한다고 해석되고 있다.

존엄사란 인간으로서 존엄성을 가지고 사망을 맞이하는 것을 말한다. 존엄사는 자연사를 맞이하게 한다는 점에서 자연적 사기를 앞당기는 안락사와는 처음부터 구별된다고 본다. 다시 말해서 안락사의 경우에는 1950년대부터 등장한 통증을 다스린다는 기술이지만 그 진통술의 부작용으로서 자연적 사기가 앞당겨지게 된다. 그러나 존엄사의 경우에는 1970년 대부터 등장한 생명을 연장하는 기술이기 때문에 자연적 사기의 단축과는 무관하게 된다. 안락사는 자연적 사기를 앞당기기 때문에 그것이 살해에 해당하고, 존엄사는 연명의료를 유보·중단하기 때문에 그것이 부작위에 의한 살해에 해당한다고 해석된다. 문제는 안락사와 존엄사의 허용요건에 있다고 할 수 있다.

안락사에 관하여는 여전히 입법적 공백상태에서 해석에 의하여 인정되는 것으로 평가할 수 있다. 그러나 존엄사와 관련하여서는 소위 연명의료결정법이 2016년 2월 3일 제정되어 2018년 2월 4일부터 본격적으로 시행되고 있기 때문에 그동안의 입법적 공백이 완전히 해소되어 법률에 의하여 인정되고 있다.[104] 한편 존엄사는 부작위에 의한 살해로서, 안락사는 작위에 의한 살해로서 동의살인죄의 구성요건에 해당하지만, 일정한 요건을 충족하는 경우 존엄사는 법령에 의한 행위로서, 안락사는 기타 사회상규에 위배되지 아니하는 행위로서 정당한 행위에 해당되어 위법성이 조각된다고 해석할 수 있게 된다(제20조 참조).

(2) 존엄사

1) 의 의

존엄사(尊嚴死, Sterbehilfe, death with dignity)에 관하여는 연명의료결정법이 그 허용요건과 절차에 대하여 규정하고 있다. 따라서 연명의료결정법에 따라 연명의료 중단 등의 존엄사가 행하여지는 한 본죄의 위법성은 조각된다. 형법상 위법성조각사유 중의 하나인 법령에 의한 행위로서 정당행위에 해당하기 때문이다(제20조).

2) 전제요건

연명의료결정법은 존엄사에 대하여 회생의 가능성이 없고, 치료에도 불구하고 회복되지 아니하며, 급속도로 증상이 악화되어 사망에 임박한 상태의 임종과정에 있는 환자에 대하여 치료효과 없이 임종과정의 기간만을 연장하는 연명의료를 시행하지 아니하거나 중단하기로 하는 연명의료중단등의 결정이라고 규정하고 있다(연명의료결정법 제2조, 제1호, 제2호, 제4호, 제5호 참조). 결국, 존엄사의 중요한 전제조건은 회생불가능성에 있다고 할 수 있다.

3) 허용요건

연명의료중단등의 결정은 ① 연명의료계획서, ② 사전연명의료의향서, ③ 환자가족의 진술을 통하여 환자의 의사로 보는 의사가 연명의료중단등결정을 원하는 것이고, 임종과정에 있는 환자의 의사에도 반하지 아니하는 경우 및 ④ 환자의 의사를 확인할 수 없는 경우 연명의료중단등결정이 있는 것으로 보는 경우에 이행될 수 있다(연명의료결정법 제15조, 제17조, 제18조 참조).

연명의료중단 등의 결정에 있어서는 설명후동의의 원칙(informed consent form)에 입각한 자기결정을 원칙으로 하지만, 의사결정무능력자의 경우에는 예외적으로 타인결정을 가미하고 있다고

---

104) 호스피스·완화의료 및 임종과정에 있는 환자의 연명의료결정에 관한 법률(약칭: 연명의료결정법) 2016. 2.3. 제정 법률 제14013호 2017.8.4. 시행. 연명의료결정법은 공포 후 1년 6개월 후인 2017년 8월 4일부터 원칙적으로 시행되었으나, 연명의료결정과 관련된 규정은 예외적으로 공포 후 2년 후인 2018년 2월 4일부터 시행되었다(동법 부칙 제1조 참조).

할 수 있다. 결국 본인의 의사에 근거한 연명의료계획서와 사전연명의료의향서 및 본인의 추정적 의사에 근거한 가족 2인의 진술에 의한 결정은 자기결정에 의한 것이다(연명의료결정법 제17조). 이에 반하여 가족전원의 합의와 미성년자의 경우 법정대리인에 의한 결정은 타인결정에 의한 것이다(연명의료결정법 제18조). 다만 무연고자에 대하여는 하등의 규정을 두지 않았기 때문에 입법적 공백으로 남아 있다.

4) 용어의 정의

연명의료결정법에서 사용되는 용어의 정의는 다음과 같다. 임종과정이란 회생의 가능성이 없고, 치료에도 불구하고 회복되지 아니하며, 급속도로 증상이 악화되어 사망에 임박한 상태를 말한다(연명의료결정법 제2조 제1호). 임종과정에 있는 환자란 제16조에 따라 담당의사와 해당 분야의 전문의 1명으로부터 임종과정에 있다는 의학적 판단을 받은 자를 말한다(연명의료결정법 제2조 제2호).

말기환자(末期患者)란 적극적인 치료에도 불구하고 근원적인 회복의 가능성이 없고 점차 증상이 악화되어 보건복지부령으로 정하는 절차와 기준에 따라 담당의사와 해당 분야의 전문의 1명으로부터 수개월 이내에 사망할 것으로 예상되는 진단을 받은 환자를 말한다(연명의료결정법 제2조 제3호).

연명의료란 임종과정에 있는 환자에게 하는 심폐소생술, 혈액 투석, 항암제 투여, 인공호흡기 착용 및 그 밖에 대통령령으로 정하는 의학적 시술로서 치료효과 없이 임종과정의 기간만을 연장하는 것을 말한다(연명의료결정법 제2조 제4호). 연명의료중단등결정이란 임종과정에 있는 환자에 대한 연명의료를 시행하지 아니하거나 중단하기로 하는 결정을 말한다(연명의료결정법 제2조 제5호).

연명의료계획서란 말기환자등의 의사에 따라 담당의사가 환자에 대한 연명의료중단등결정 및 호스피스에 관한 사항을 계획하여 문서(전자문서를 포함한다)로 작성한 것을 말한다(연명의료결정법 제2조 제8호). 사전연명의료의향서란 19세 이상인 사람이 자신의 연명의료중단등결정 및 호스피스에 관한 의사를 직접 문서(전자문서를 포함한다)로 작성한 것을 말한다(연명의료결정법 제2조 제9호).

(3) 안락사

1) 의 의

안락사(安樂死, Euthanasie, euthanasia)란 고통을 주지 않고 사망에 이르게 하는 것을 말한다. 전술한 바와 같이 안락사는 통증을 다스리는 치통술(治痛術)을 배경으로 한다는 점에서 생명을 연장하는 연명술(延命術)을 근거로 하는 존엄사와 구별된다. 문제는 안락사는 존엄사와는 달리 진통술의 부작용으로서 자연적 사기가 앞당겨진다는 점에 있다. 자연적 사망의 시점을 앞당기는 것이 형법상 살해의 개념에 해당하기 때문이다. 즉, 안락사는 경우에 따라서 형법상 살인죄(제250조 제1항), 동의살인죄(제252조 제1항) 또는 자살관여죄(제252조 제2항)의 구성요건에 해당하기 때문이다.

2) 허용근거

안락사는 일정한 요건하에 위법성을 조각하는 것으로 해석되어 왔다. 즉, 안락사를 허용하는 하등의 법률이 존재하지 않음에도 불구하고 안락사는 해석에 의하여 허용요건을 충족하는 경우에 한하여 허용되어 왔던 것이다. 생각건대 안락사는 형법상 사회상규에 위배되지 아니하는 행위로서 정당행위에 해당하여 위법성을 조각한다고 하는 것이 타당하다고 해석된다(제20조 참조). 여기서 사회상규는 안락사의 인정근거가 되지만, 안락사의 허용한계로서의 기능도 동시에 가지고 있다고 할 수 있다.

3) 허용요건

안락사의 허용요건에 관하여는 오랜 기간 동안 축적되어 온 판례의 내용을 확인할 필요가 있다. 안락사의 허용요건으로서는 환자의 불치의 질병, 환자의 사기의 임박, 환자의 참을 수 없는 고통, 환자의 촉탁 또는 승낙, 의사에 의한 시행 및 그 방법에 있어서의 의술적 타당성 등이 거론되고 있다. 한편 세계 최초의 안락사판결인 일본의 1962년 나고야(名古屋) 판결은 안락사의 허용요건으로서 불치의 질병으로 사기가 절박할 것, 심한 육체적 고통이 존재할 것, 오로지 고통완화의 목적으로 행하여질 것, 본인의 진지한 촉탁 또는 승낙이 있을 것, 원칙적으로 의사에 의할 것 및 방법이 윤리적으로 타당할 것의 6가지를 요구하고 있었다.[105)]

4) 허용한계

① 안락사의 유형

안락사의 허용한계와 관련하여서는 안락사의 유형을 나누어볼 필요가 있다. 안락사의 유형을 편의상 자연적 사기를 단축하지 않는 진정안락사(眞正安樂死, echte Euthanasie)와 자연적 사기를 앞당기는 부진정안락사(不眞正安樂死, unechte Euthanasie)로 대별한 후, 후자를 다시 소극적 안락사(消極的 安樂死, passive Euthanasie)와 적극적 안락사(積極的 安樂死, active Euthanasie)로 분류한 후, 후자를 또 다시 직접적 안락사(直接的 安樂死, direkte Euthanasie)와 간접적 안락사(間接的 安樂死, indirekte Eutanasie)로 세분할 필요가 있다고 본다.

② 허용되는 안락사

진정안락사는 법률상의 문제를 발생시키지 않는다. 자연적 사기에 아무런 변동이 없기 때문이다. 문제는 자연적 사기를 앞당기는 부진정안락사에 있다고 해야 한다.

적극적 안락사는 형법상 허용될 수 없지만, 그중 간접적 안락사는 피해자의 승낙(제24조)이 있는 경우 정당행위, 즉 사회상규에 위배되지 아니하는 행위에 의하여 위법성이 조각된다고 해석하는 것이 가능하다고 본다. 고통의 제거나 완화의 방법으로 적극적 안락사는 환자를 살해하는 방법을 선택하고 있지만, 간접적 안락사는 진통제의 투여를 선택하고 있고 그 부작용으로 자연적 사기가 앞당겨질 뿐이기 때문이다. 따라서 간접적 안락사는 치료행위의

---

105) 名古屋高裁 昭和37年12月22日. 이러한 선례를 바탕으로 1995년 요코하마 판결(横浜地裁 平成7年3月28日)에서는 안락사의 허용요건으로서 환자가 견디기 어려운 격렬한 육체적 고통이 존재할 것, 환자에게 사망이 피할 수 없고 동시에 사기가 임박하여 있을 것, 환자의 육체적 고통을 제거·완화하기 위해서 방법을 다하는 외에 대체수단이 없을 것, 생명의 단축을 승낙하는 환자의 명시의 의사표시가 있을 것의 4가지의 요건을 제시하고 있다. 이 판결은 동시에 존엄사의 허용요건으로서 환자가 치유불가능한 질병에 걸려 회복가능성이 없고 사망을 회피할 수 없는 말기상태 있을 것, 치료행위의 중지를 요청하는 환자의 의사표시가 존재하고, 이러한 환자의 의사가 치료행위중지시점에서도 존재할 것, 치료행위의 중지대상으로 되는 조치는 일체의 모든 조치를 포함할 것의 3가지 요건을 제시한 판결로서도 유명하다.

일환으로 평가될 수 있는 것이다. 치료는 건강을 회복하거나 유지하는 것 외에도 고통의 제거나 완화도 포함하는 개념이기 때문이다.

소극적 안락사란 치료가 고통만의 연장을 의미하는 경우 더 이상의 치료행위를 행하지 않는 경우를 말한다. 소극적 안락사는 부작위가 문제되지 않는 한 법률적인 문제는 발생하지 않는다고 할 수 있다. 이러한 의미에서 소극적 안락사는 존엄사와 혼동하여 사용되기도 한다. 어떤 의미에서는 소극적 안락사와 존엄사가 개념적으로 어느 정도 중첩되는 부분이 있는 것도 사실이기 때문이다. 그러나 안락사와 존엄사는 그 기술적 배경이 다르다는 점과 용어상의 혼동을 피하는 것이 바람직하다는 점 등에서 양자를 구별하여 사용하는 것이 바람직하다고 본다.

5) 남용의 역사

안락사라는 미명하에 우생학적 관점에서 생존할 가치가 없는 생명의 박탈(Die Vernichtung lebens-unwerten Lebens)을 행하였던 악용의 경험을 잊어서는 안 된다. 제1차 세계대전 직후 독일에서 형법학자 빈딩(Karl Lorenz Binding, 1841~1920)과 정신의학자 호헤(Alfred Erich Hoche, 1865~1943) 등에 의하여 주장되었고,[106] 이러한 견해를 실행에 옮겼던 안락사계획(Aktion T4)의 존재가 부인할 수 없는 역사적 사실이자 안락사의 남용인 것이다.[107]

그럼에도 불구하고 초고령사회의 도래와 함께 이에 수반하여 파생되는 의료적 처치에 대한 수요를 충분히 해소할 수 없는 현실적 상황을 고려할 때 이미 전술한 바와 같이 2016년부터 실현된 존엄사의 입법화를 별론으로 하면 적극적 안락사의 허용이 그 해결방안 중의 하나로 제시되는 경우가 나타나고 있다. 비교법적으로 볼 때 이미 적극적 안락사를 허용하는 입법례가 없는 것도 아닌 만큼 소위 의사조력자살(physician assisted suicide) 등도 포함하여 여러 가지 방안에 대하여 검토할 시기가 무르익고 있는 것으로 보인다. 이에 관하여 자세한 것은 자살관여죄에서 후술하기로 한다.

3. 죄 수

본죄와 살인죄가 경합하는 경우에는 본죄가 우선하여 적용된다. 법조경합의 경우로서 특별법우선의 원칙이 적용된다고 해석되기 때문이다.

---

106) Karl Binding und Alfred Hoche, Die Freigabe der Vernichtung lebensunwerten Lebens, 2. Aufl. Leipzig 1922.

107) T4작전이란 나치 독일에서 정신장애자와 신체장애자에 대하여 행하여진 강제적 안락사정책을 말한다. 1939년 9월 1일 개시되어 1941년 8월 18일 공식적으로 중지되었지만, 안락사 정책 자체는 계속되었다고 한다. 이 작전으로 독일과 오스트리아에서는 20만명, 다른 유럽 국가에서는 10만명의 장애인이 학살당했다고 한다. T4라는 작전명은 당시 본부의 소재지인 베를린의 '동물정원길 4번지'(Tiergartenstraße 4)의 약칭으로서 제2차 세계대전 후에 붙여진 이름이다.

Ⅲ. 처 벌

1. 법정형

본죄의 법정형은 1년 이상 10년 이하의 징역이다. 살인죄의 사형, 무기 또는 5년 이상의 징역에 비하면 감경되어 처벌되고 있는 것이다. 본죄의 미수범은 처벌된다.

2. 감경처벌의 근거

본죄는 법익의 주체인 피살자 본인이 자유의사에 의하여 생명을 포기하고 있다는 점, 법익침해의 정도가 살인죄에서보다는 작다는 점 및 피살자에게 동정의 여지가 많다는 점 등에서 감경적 구성요건으로 규정되었다고 해석된다.

§6. 자살관여죄

제252조(촉탁, 승낙에 의한 살인 등) ② 사람을 교사하거나 방조하여 자살하게 한 자도 제1항의 형에 처한다.

제254조(미수범) 전4조의 미수범은 처벌한다.

제256조(자격정지의 병과) ~, 제252조 ~ 의 경우에 유기징역에 처할 때에는 10년 이하의 자격정지를 병과할 수 있다.

구조문

제252조(촉탁, 승낙에 의한 살인 등) ② 사람을 교사 또는 방조하여 자살하게 한 자도 전항의 형과 같다.

Ⅰ. 서 설

1. 서 언

(1) 의 의

본죄는 의사능력자를 교사하거나 방조하여 자살하게 함으로써 성립하는 범죄를 말한다. 본죄는 동의살인죄와 함께 기본적 구성요건인 살인죄에 비하여 형을 감경하는 감경적 구성요건에 속한다. 교사와 방조를 관여라고 총칭할 수 있고, 이러한 의미에서 본죄를 자살관여죄라고도 한다. 관여나 자살관여죄는 같은 의미의 개입이나 자살개입죄라고 하여도 무방하다고 해석된다.

(2) 자살과의 구별

자살(自殺)이란 스스로 자유의사에 의하여 자기의 생명을 단절하는 것을 말한다. 다만 형법은 자살행위를 범죄로 규정하지 않고 따라서 처벌되지 아니한다. 자살을 처벌하지 않는 이유에 대하여는 크게 자기법익의 처분이기 때문에 위법하지 않다는 위법성조각설(違法性阻却說)과 위법하지만 책임이 조각된다는 책임조각설(責任阻却說)이 대립하고 있다.

생각건대 사람의 생명은 개인적 법익에 속하지만, 사회와 국가의 근본이 되는 법익으로서 최고의 가치를 가지는 법익이다. 여기서 법익의 주체라 하더라도 생명을 멋대로 처분하는 것은 법률상 허용되는 것은 아니라고 할 수 있다. 그러나 생존의 희망을 잃은 자가 멋대로 생명을 단절하는 것에 국가가 형벌을 가지고 간섭하는 것은 개인의 존엄을 침해하는 결과를 초래하게 된다. 형법은 개인의 행복추구권(헌법 제10조)을 보장하기 위하여 생명에 대하여 자기결정을 인정하여 자살을 범죄로 하지 않는 취지로 해석하여야 한다. 이러한 의미에서 구성요건에 해당하지 않는다는 구성요건해당성조각설(構成要件該當性阻却說)이 타당하다고 해석된다.

2. 취 지

형법은 자살 자체는 범죄로 하지 않고 있다. 그러나 자살에 관여하는 교사나 방조의 행위에 대하여는 이를 처벌하고 있다. 이는 타인의 자살에 관여하는 행위는 그 자의 존재를 부정하고 그의 생명을 침해하는 행위이기 때문에 처벌할 필요가 있다는 취지이다. 이러한 의미에서 본죄는 본인만이 생명을 좌우할 수 있다는 자율의 원리를 제한하는 규정이라고 할 수 있다. 따라서 자살 그 자체는 처벌되지 않지만, 자살에 관여하는 교사나 방조는 처벌의 필요성이 있기 때문에 총칙상의 공범이 아니라 각칙상의 독립된 범죄유형으로 규정된 것이라고 이해된다.

Ⅱ. 범 죄

1. 구성요건

(1) 객관적 구성요건

1) 주 체

본죄의 주체에는 제한이 없다. 그러나 피살자 본인은 본죄의 주체로 될 수 없다는 것은 분명하다.

2) 객 체

본죄의 객체는 사람이다. 사람은 자살의 의미를 이해하고 자유로운 의사결정능력을 가진 타인을 의미한다. 자살은 스스로 자유로운 의사결정에 기하여 자기의 생명을 단절하는 것을 의미하기 때문이다. 따라서 의사무능력자인 유아나 심신상실자에 대한 자살의 교사나 방조는 본죄가 아니라 살인죄의 간접정범에 해당한다. 위계나 위력을 사용한 경우에는 본죄가 아니라 위계 등에 의한 동의살인죄가 성립하게 된다(제253조 참조).

3) 행 위

① 의 의

본죄의 실행행위는 교사하거나 방조하여 자살하게 하는 것이다. 의사능력자에게 교사에 의해서 자살의사를 야기하거나 자살의사가 있는 자의 자살을 방조하는 것이다. 한마디로 타인의 자살에 대하여 관여하는 것이다.

② 관여의 유형

본죄의 실행행위로서의 관여행위는 자살에 대한 교사와 방조로 나누어질 수 있다. 교사(敎唆)란 자살의사가 없는 자에게 고의로 자살의사를 야기하는 것을 말한다. 교사의 방법은 불문한다. 방조(幇助)란 자살을 결의한 자에 대하여 그 자살행위를 도와주어 용이하게 하는 것을 말한다. 방조의 방법은 묻지 않는다. 자살방법을 알려주거나 자살도구인 총, 칼 등을 빌려주거나 독약을 만들어 주거나 조언하거나 격려하거나 기타 적극적·소극적·물질적·정신적인 일체의 방법이 모두 포함된다.[108] 자살 후 가족의 생계를 지원하는 것은 정신적 방조에 해당한다.

③ 합의에 의한 공동자살

합의에 의한 공동자살의 경우 살아남은 자에게는 사안에 따라 자살교사 또는 자살방조의 성립이 방해되지 않는다. 관여를 긍정한 판례의 구체적 내용은 다음과 같다. 즉,

분신자살을 하겠다는 생각을 갖고 있음을 알고 그 실행을 용이하게 도와주겠다는 의도로 1991.4.27.경부터 같은 해 5.8.까지의 어느 날에 서울 어느 곳에서 리포트 용지에 검은 색 사인펜으로 유서 2장을 작성하여 줌으로써 유서내용에 의하여 위 망인에게 그의 분신자살이 조국과 민족을 위한 행위로 미화될 것이며 사후의 장례의식을 포함한 모든 문제도 전국민족민주운동연합에서 책임진다는 것을 암시하는 방법으로 분신자살의 실행을 용이하게 도와주어 망인의 자살을 방조하였다는 내용이므로, 이는 결국 적극적, 정신적 방법으로 자살하려는 사람에게 자살의 동인과 명분을 주어 자살을 용이하게 실행하도록 하였다는 것으로서 자살방조죄에 해당되는 공소임이 명백하여 공소장에 자살방조죄가 될 만한 사실이 포함되지 아니하였다고는 볼 수 없다.[109]

관여를 부정한 판례의 구체적 내용은 다음과 같다. 즉,

피고인이 인터넷 사이트 내 자살 관련 카페 게시판에 청산염 등 자살용 유독물의 판매광고를 한 행위가 단지 금원 편취 목적의 사기행각의 일환으로 이루어졌고, 변사자들이 다른 경로로 입수한 청산염을 이용하여 자살한 사정 등에 비추어, 피고인의 행위는 자살방조에 해당하지 않는다.[110]

4) 결 과

본죄는 결과범이다. 본죄는 교사자나 방조자의 자살에 대한 교사 또는 방조에 의하여 피교사자나 피방조자의 사망의 결과가 발생할 것을 요한다. 또 본죄는 결과범으로서 교사자나 방조자의 자살에 대한 교사 또는 방조의 행위와 피교사자나 피방조자의 사망의 결과 사이에는 인과관계가 존재할 것이 요구되는 것은 당연하다.

(2) 주관적 구성요건

본죄는 고의범이다. 본죄의 고의에는 인식적 요소로서 객관적 구성요건요소 중의 하나인

---

108) 대법원 2005.6.10. 선고 2005도1373 판결; 대법원 1992.7.24. 선고 92도1148 판결.
109) 대법원 1992.7.24. 선고 92도1148 판결.
110) 대법원 2005.6.10. 선고 2005도1373 판결.

관여행위에 대한 인식이 포함된다. 대법원도 "자살방조죄가 성립하기 위해서는 그 방조 상대방의 구체적인 자살의 실행을 원조하여 이를 용이하게 하는 행위의 존재와 그 점에 대한 행위자의 인식이 요구된다"고 판시한 바 있다.[111)]

고의를 긍정한 판례의 구체적 내용은 다음과 같다. 즉,

> 피해자가 이 사건 당일 새벽에 피고인과 말다툼을 하다가 죽고 싶다 또는 같이 죽자고 하며 피고인에게 기름을 사오라는 말을 하였고, 이에 따라 피고인이 피해자에게 휘발유 1병을 사다주었는데 그 직후에 피해자가 몸에 휘발유를 뿌리고 불을 붙여 자살한 사실을 인정한 후 위와 같은 피해자의 자살경위에 피해자의 자녀문제와 고부갈등, 경제적 어려움 등으로 인한 피고인과 피해자 사이의 가정불화 등을 보태어 보면, 피고인이 이 사건 당시 피해자에게 휘발유를 사다주면 이를 이용하여 자살할 수도 있다는 것을 충분히 예상할 수 있었음에도 피해자에게 휘발유를 사다주어 피해자가 자살하도록 방조한 것이라고 판단하였는바, 원심이 판시한 제반 사정에 비추어 보면 원심 판단은 위 법리에 따른 것으로서 정당하고, 거기에 자살방조죄의 범의에 관한 법리를 오해한 위법 등이 없다.[112)]

(3) 미수 · 기수

본죄의 미수범은 처벌된다. 본죄의 실행의 착수시기에 관해서는 견해가 나누어진다. 본죄는 독립된 범죄유형이기 때문에 교사나 방조행위의 개시시에 실행의 착수가 인정된다는 관여행위개시시설(關與行爲開始時說), 자살자가 자살행위를 개시한 자살행위개시시설(自殺行爲開始時說)이 그것이다. 생각건대 자살행위개시시설이 타당하다고 본다. 본죄의 실행행위는 관여행위가 아니라 결과발생의 현실적 위험성을 가지고 있는 자살행위라고 해석하여야 하기 때문이다.

본죄가 기수로 되기 위해서는 피교사자나 피방조자의 자살을 요한다. 교사나 방조에 의하여 본인이 자살행위를 했지만 사망하지 않은 경우에는 미수에 그친다. 미수의 원인은 묻지 않는다. 자살에 대한 교사나 방조를 행하였지만 본인이 의사를 변경하여 자살을 하지 않은 경우에는 본죄의 미수를 인정하는 긍정설과 미수를 인정하지 않는 부정설이 대립하고 있다. 긍정설이 타당하다. 본죄의 교사나 방조는 그 자체가 자살의 결과를 발생시킬 현실적 위험을 가지는 행위이기 때문이다. 한편 피살자 본인 스스로의 자살은 범죄로 되지 않기 때문에 본인의 자살미수도 처벌되지 아니한다.

(4) 공 범

본죄는 자살에 관여하는 교사나 방조의 행위로서의 자살에 대한 공범행위를 독립된 구성요건으로 규정한 것이다. 따라서 공동정범이나 간접정범과 같은 자살에 대하여 교사나 방조를 제외한 다른 공범행위는 본죄와는 무관하다. 그러나 본죄의 규정이 총칙상 여러 가지 유형의 공범의 성립을 방해하는 것은 아니라고 해석된다.

---

111) 대법원 2010.4.29. 선고 2010도2328 판결; 대법원 2005.6.10. 선고 2005도1373 판결; 대법원 1992.7.24. 선고 92도1148 판결.

112) 대법원 2010.4.29. 선고 2010도2328 판결.

2. 위법성조각사유

(1) 서 언

고통만이 가득한 무의미한 생을 앞에 두고 더 이상의 치료방법과 여생이 남아 있지 않은 상황에서 최선의 선택지가 고민되지 않을 수 없다. 바로 여기서 본죄와 관련하여 문제될 수 있는 것이 소위 의사조력자살이다.

(2) 의사조력자살

의사조력자살(醫師助力自殺, PAS, physician assisted suicide)이란 의사결정능력을 가지는 환자의 자기결정에 근거하여 의사가 치사약을 처방하고 환자가 스스로 선택한 시간에 복용하거나 점적주사의 정지장치를 개방하여 최후를 맞이하게 하는 방법을 말한다. 조력존엄사라고 하는 경우도 있다. 이는 엄밀하게 말하면 의사에 의한 자살방조라고 할 수 있다. 이는 자율존중의 원칙을 중시하고 의사가 환자를 지원하여 실현하는 자살의 선택이라고 할 수 있다.

(3) 의사조력자살의 허용요건

의사에 의한 자살방조는 자연적 사기를 앞당긴다는 점에서 안락사와 공통되지만, 연명의료를 시행하지 않을 뿐 자연적 사기를 앞당기지 않는 존엄사와는 근본적으로 구별된다. 의사에 의한 자살방조는 일부의 나라에서 합법화되어 있다. 그러나 우리나라에서 의사에 의한 자살방조는 현행법상 적법화될 수 없다. 현행법상 의사에 의한 자살방조는 본죄의 자살방조에 해당할 수밖에 없기 때문이다. 결국의사에 의한 자살방조가 허용되기 위해서는 본죄에 대한 위법성조각사유에 해당하는 별도의 입법이 요구된다고 아니할 수 없다. 이와 관련하여 일명 조력존엄사법이 2022년 6월 연명의료결정법의 일부개정 법률로서 국회에 제출된 바 있다.[113] 그러나 일명 조력존엄사는 자연적 사기를 앞당긴다는 점에서 존엄사가 아니라 안락사에 해당하는 개념이라고 해야 한다. 그럼에도 불구하고 자연적 사기를 앞당기지 않는 존엄사라는 용어를 사용하는 것은 의사조력자살의 내용을 호도할 우려가 있다고 하지 않을 수 없다.

Ⅲ. 처 벌

1. 법정형

본죄의 법정형은 1년 이상 10년 이하의 징역이다. 살인죄의 사형, 무기 또는 5년 이상의 징역에 비하면 감경처벌되고 있는 것이다. 본죄의 경우에 유기징역에 처할 때에는 10년 이하의 자격정지를 병과할 수 있다.

---

113) 호스피스 · 완화의료 및 임종과정에 있는 환자의 연명의료결정에 관한 법률 일부개정법률안, 제안자 안규백 의원 등 12인, 의안번호 제2115986호 2022.6.15. 제안.

2. 감경처벌의 근거

타인의 자살에 대한 관여는 타인에 대한 직접적인 살해보다는 불법이 작을 수 있다는 의미에서 본죄의 법정형이 살인죄의 그것보다는 감경되는 것으로 해석된다.

§7. 위계 등에 의한 촉탁살인 등 죄

제253조(위계 등에 의한 촉탁살인 등) 전조의 경우에 위계 또는 위력으로써 촉탁 또는 승낙하게 하거나 자살을 결의하게 한 때에는 제250조의 예에 의한다.

제254조(미수범) 전4조의 미수범은 처벌한다.

제255조(예비, 음모) ~ 제253조의 죄를 범할 목적으로 예비 또는 음모한 자는 10년 이하의 징역에 처한다.

제256조(자격정지의 병과) ~ 제253조의 경우에 유기징역에 처할 때에는 10년 이하의 자격정지를 병과할 수 있다.

Ⅰ. 서 설

1. 의 의

본죄는 위계 또는 위력으로써 촉탁 또는 승낙하게 하거나 자살을 결의하게 함으로써 성립한다. 본죄는 동의살인죄와 자살관여죄 중 자살교사죄가 위계 또는 위력으로써 범하여진 경우에는 감경하지 않고 다시 살인죄의 형으로 처벌하기 위한 규정이다.

2. 특 징

본죄에 있어서 촉탁이나 승낙 또는 교사에 의한 결의가 위계 또는 위력에 의하여 표시되었다면 그 의사표시는 법적으로 효력을 가질 수 없다. 이러한 의사표시는 표의자의 진의나 임의로 행하여진 것이 아니기 때문에 무효가 되는 것은 당연하다. 따라서 위계 또는 위력에 의한 촉탁, 승낙 또는 교사로 인한 결의는 효력을 가질 수 없고, 이를 빌미로 살해한 경우에는 다시 살인죄로 되는 것은 당연하다. 본죄의 규정은 이러한 내용을 확인한 주의적 규정에 불과할 수도 있다. 이러한 의미에서 일본형법에서는 본죄와 같은 규정을 두지 않았다고 이해되고 있다. 이와 같은 이유에서 입법론적으로 본죄의 삭제를 주장하는 견해도 있다. 그럼에도 불구하고 형법이 본죄를 명문으로 규정한 것은 현장에서의 혼선을 피하기 위한 조치가 아니었나 추측된다.

Ⅱ. 범 죄

1. 객관적 구성요건

(1) 객 체

본죄의 객체는 촉탁 또는 승낙을 하거나 자살을 결의하는 자이다. 본죄는 객체는 정상적인 판단능력이나 의사능력을 가진 사람이다. 동의살인죄나 자살교사죄의 그것과 다르지 않다. 촉탁이나 승낙의 의미를 이해할 수 있을 뿐만 아니라 자살의 교사에 의하여도 결의를 할 수 있어야 하기 때문이다. 사람은 타인을 의미하고 존속을 포함하고 있다.

(2) 행 위

1) 의 의

본죄의 실행행위는 촉탁이나 승낙을 받아 살해하거나 교사하여 자살하게 하는 것이다. 실행행위의 수단은 위계 또는 위력이다.

2) 행위의 수단

본죄는 실행행위의 수단으로서 특히 위계 또는 위력을 요구하고 있다는 점에서 그렇지 않은 동의살인죄나 자살교사죄와 구별되고 있다. 위계(僞計)란 꾀, 계, 속임수와 같은 의미로도 사용되지만, 법률적으로는 상대방의 부지, 오인 또는 착각 등을 유발하여 이를 이용하는 것을 말한다. 위력(威力)이란 사람의 의사를 억압할 수 있는 유·무형의 일체의 힘을 말한다. 폭행·협박은 물론 사회적·경제적 세력을 이용하는 것도 이에 포함된다.

위력은 항거를 불가능하게 하거나 항거를 현저히 곤란하게 하는 정도에 이르러야 한다. 즉, 위력자살결의죄 내지 위력자살결의방조죄에 있어서 위력의 정도는 항거를 불가능하게 하여 그 의사결정 능력을 완전히 상실하거나 항거를 현저히 곤란하게 하여 자살 이외의 방법을 선택하는 것이 극히 곤란한 상황에 처하여 자살에 이를 정도의 것이어야 한다.[114] 또 위력의 정도가 피해자의 의사결정 능력을 완전히 상실하거나 피해자가 자살 이외의 방법을 선택하는 것이 극히 곤란한 상황에 이를 정도의 것이었는지 여부는 위력의 강약 그 자체만으로 판단할 것은 아니며, 위력의 내용과 정도, 위력을 행사하게 된 경위, 피해자와의 관계, 자살 당시의 정황 등 구체적인 제반 사정을 종합하여 판단하여야 한다. 이 경우에 위력이 어느 정도에까지 이르렀는가는 구체적인 상황하에서 피해자의 단순한 주관이나 심리상태만에 의할 것이 아니라 사회통념에 비추어 그 행위의 내용이 일반적으로 피해자의 항거를 현저하게 곤란하게 하여 자살 이외의 방법을 선택하는 것이 극히 곤란한 상황에 처하여 자살에 이를 정도의 것이었는가는 객관적인 판단에 의하여 결정해야 한다.[115]

위력을 부정한 판례의 구체적 내용은 다음과 같다. 즉,

> 피고인 1이 피해자를 대구에서 위 범행 현장까지 위 피해자의 의사에 반하여 강제적으로 승용차에 태워서 데려온 다음 위 피해자에게 남편인 피고인 2와의 불륜관계를 청산하라고 요구하자 위 피해자가 "죽었으면 죽었지 헤어지지는 못하겠다"고 대답하자 피고인 1이 18ℓ들이 석유 2통을 위 피해자의 몸에 뿌리고, 1회용 가스라이터를 위 피해자에게 건네주면서 "죽을 자신이 있으면 죽어라"고 말하여 어느 정도의 위력을 행사하여 위 피해자가 피고인 1로부터 건네받은 라이터로 자신의 몸에 불을 붙여 즉석에서 전신화염화상으로 사망한 사실을 인정할 수 있다. 그러나, 한편

114) 부산고등법원 1996.10.30. 선고 96노502 판결: 상고기각.

115) 부산고등법원 1996.10.30. 선고 96노502 판결: 상고기각.

기록에 의하면 위 피해자는 1995.11.10.부터 같은 해 12.26.까지 피고인들이 경영하는 (상호 생략) 횟집에서 종업원으로 일하였는데, 1995.12. 일자불상경 위 피해자와 피고인 2가 서로 성관계를 맺게 되면서 이로 인하여 피고인들 사이에 불화가 발생하게 되었고, 피고인 1이 위 피해자를 만나서 피고인 2와의 불륜관계를 청산할 것을 다짐받고는 위 피해자를 용서하기로 하여 계속하여 위 횟집에서 일하였으나, 피고인들 사이에 그 문제로 인하여 불화가 계속되자 위 피해자는 더 이상은 위 횟집에서 일하지 못하고 대구에 있는 친구 공소외인의 집으로 가 버린 사실, 그 후 1996.1.3. 위 피해자와 피고인 2가 서로 전화통화를 하다가 피고인 1에게 발각되어 피고인 1이 이를 따지기 위하여 피고인 2와 함께 승용차를 타고 거창에서 대구까지 가서 위 피해자를 만나 그 날 12:00경 위 피해자를 태우고서 다시 거창으로 돌아오면서 피고인 1이 위 피해자에게 피고인 2와의 관계를 단절할 것인지에 관하여 추궁하였으나 위 피해자는 헤어질 수 없다고 대답한 사실, 이에 순간적으로 화가 난 피고인 1이 위 피해자를 죽이던지 살리던지 자신이 알아서 할 것이니 석유를 가져오라고 하여 피고인 2가 피고인들의 집에 있던 석유 2통을 자동차에 싣고 이건 범행 현장으로 가던 중 피고인 1의 지시에 따라 피고인 2가 석유 1통(18ℓ)에 거창읍 대평리 소재 중동주유소에서 석유를 구입한 사실, 피고인들이 위 피해자를 데리고 대구에서 이건 범행 현장까지 오면서 위 피해자를 폭행하지는 않았으나, 피고인 1이 피해자에게 "잘 대해 주었는데도 은혜를 원수로 갚는 자는 죽어야 마땅하다"는 취지로 죽음을 암시하였던 사실, 피고인 1이 위 피해자에게 "죽을려면 죽어라" 등으로 고함을 치면서 석유를 뿌릴 때에도 위 피해자는 고개를 숙인 채 가만히 서서 있었을 뿐 별다른 저항을 하지는 않았던 사실, 위 피해자는 비록 당시 19세의 미성년의 소녀이기는 하지만 피고인 1이 피해자에게 위력을 행사하였다는 범행시간이 14:30경으로 낮시간이었고, 이건 범행의 장소는 경남 거창군 (주소 생략)에서 감악산에 있는 ○○사로 가는 중간지점의 산중턱의 밭으로서 도로에서 약 10m 정도 떨어진 곳으로서 도로에서 시야가 제한되지 아니한 곳이었던 사실 등을 인정할 수 있으므로 이러한 사정과 아울러 피해자가 피고인들로부터 도망하는 데에 별다른 장애가 있었다고 보기 어려운 점 등에 비추어 보면, 피고인들에게는 위 피해자가 피고인 1의 집요한 불륜관계에 대한 추궁으로 육체적, 정신적으로 압박을 받은 나머지 스스로의 죄책감과 이러한 압박을 모면하고자 자살할지도 모른다고 인식하면서도 위에서 인정한 바와 같이 위력을 행사한 것이라 할 것이지만, 피고인들이 위 피해자에게 가한 위력의 정도는 피해자의 의사결정 능력을 완전히 상실하거나, 피해자가 자살 이외의 방법을 선택하는 것이 극히 곤란한 상황에 처하여 자살에 이를 정도의 것이었다고 합리적 의심을 배제할 정도로 단정하기에는 부족하다 할 것이므로 이 점을 지적하는 피고인들의 항소 논지는 이유 있다.[116] 위력자살결의죄는 자살의 의사가 없는 사람으로 하여금 위력을 이용하여 자살하도록 결의하게 함으로써 성립되는 것이고 그 법정형이 살인죄에 준하도록 규정되어 있음에 비추어 살인에 버금갈 정도의 죄책을 질 경우이어야 하므로 자신의 처와 정을 통한 피해자를 수일간에 걸쳐 폭행·협박하고 심하게 책임추궁을 하여 피해자가 죄책감에 괴로워하던 끝에 자살을 결의하게 되었다 하더라도 그러한 사정만으로는 위력자살결의죄가 성립되지 아니한다.[117]

(3) 결 과

본죄는 결과범이다. 본죄는 촉탁 또는 승낙에 의한 살해의 결과로서 사망의 발생을 요한다. 또 본죄는 교사 또는 방조에 의한 자살의 결과로서도 사망의 발생을 요한다고 해석된다.

116) 부산고등법원 1996.10.30. 선고 96노502 판결(상고기각).
117) 서울고등법원 1989.2.24. 선고 88노3543 제1형사부판결(상고기각).

한편 본죄는 결과범이기 때문에 살해나 자살의 행위와 사망의 결과 사이에는 인과관계가 요구되는 것은 당연하다.

2. 주관적 구성요건

본죄는 고의범이다. 본죄의 고의의 인식적 요소에는 위계 또는 위력으로써 촉탁 또는 승낙하게 하거나 자살을 결의하게 한다는 사실에 대한 인식이 포함된다.

3. 예비 · 음모

본죄의 예비 또는 음모는 처벌된다. 본죄를 범할 목적으로 예비 또는 음모한 자에 대하여는 10년 이하의 징역에 처한다.

4. 미수 · 기수

본죄는 미수범을 처벌한다. 본죄는 결과범으로서 사망의 결과가 발생하지 않은 경우에는 미수에 그치게 된다.

Ⅲ. 처 벌

본죄의 법정형은 살인죄와 존속살해죄의 그것과 같다. 따라서 사형, 무기 또는 5년 이상의 징역과 사형, 무기 또는 7년 이상의 징역이다.

위계 또는 위력에 의한 살해의 촉탁이나 승낙 또는 자살에의 결의는 전술한 바와 같이 법률상 무효이고, 동의살인죄나 자살교사죄의 감경적 구성요건에 해당하지 않아 결국 살인죄와 존속살해죄로 회귀하기 때문이다.

§8. 관련 특별법

Ⅰ. 생명윤리안전법

1. 정 의

제2조(정의) 이 법에서 사용하는 용어의 뜻은 다음과 같다.

3. "배아"(胚芽)란 인간의 수정란 및 수정된 때부터 발생학적(發生學的)으로 모든 기관(器官)이 형성되기 전까지의 분열된 세포군(細胞群)을 말한다.
8. "체세포복제배아"(體細胞複製胚芽)란 체세포핵이식행위에 의하여 생성된 세포군을 말한다.
9. "단성생식배아"(單性生殖胚芽)란 단성생식행위에 의하여 생성된 세포군을 말한다.
10. "배아줄기세포주"(Embryonic stem cell lines)란 배아, 체세포복제배아, 단성생식배아 등으로부터 유래한 것으로서, 배양 가능한 조건에서 지속적으로 증식(增殖)할 수 있고 다양한 세포로 분화(分化)할 수 있는 세포주(細胞株)를 말한다.

2. 인간복제

제20조(인간복제의 금지) ① 누구든지 체세포복제배아 및 단성생식배아(이하 "체세포복제배아등"이라 한다)를 인간 또는 동물의 자궁에 착상시켜서는 아니 되며, 착상된 상태를 유지하거나 출산하여서는 아

니 된다.
② 누구든지 제1항에 따른 행위를 유인하거나 알선하여서는 아니 된다.

제64조(벌칙) ① 제20조제1항을 위반하여 체세포복제배아등을 자궁에 착상시키거나 착상된 상태를 유지하거나 출산한 사람은 10년 이하의 징역에 처한다.
② 제1항의 경우 미수범도 처벌한다.

제66조(벌칙) ① 다음 각 호의 어느 하나에 해당하는 사람은 3년 이하의 징역에 처한다.

1. 제20조제2항을 위반하여 체세포복제배아등을 자궁에 착상시키거나 착상된 상태를 유지 또는 출산하도록 유인하거나 알선한 사람

3. 이종간의 착상 등

제21조(이종 간의 착상 등의 금지) ① 누구든지 인간의 배아를 동물의 자궁에 착상시키거나 동물의 배아를 인간의 자궁에 착상시키는 행위를 하여서는 아니 된다.
② 누구든지 다음 각 호의 행위를 하여서는 아니 된다.

1. 인간의 난자를 동물의 정자로 수정시키거나 동물의 난자를 인간의 정자로 수정시키는 행위. 다만, 의학적으로 인간의 정자의 활동성을 시험하기 위한 경우는 제외한다.
2. 핵이 제거된 인간의 난자에 동물의 체세포 핵을 이식하거나 핵이 제거된 동물의 난자에 인간의 체세포 핵을 이식하는 행위
3. 인간의 배아와 동물의 배아를 융합하는 행위
4. 다른 유전정보를 가진 인간의 배아를 융합하는 행위

③ 누구든지 제2항 각 호의 어느 하나에 해당하는 행위로부터 생성된 것을 인간 또는 동물의 자궁에 착상시키는 행위를 하여서는 아니 된다.

제65조(벌칙) ① 제21조제1항을 위반하여 인간의 배아를 동물의 자궁에 착상시키거나 동물의 배아를 인간의 자궁에 착상시킨 사람 또는 같은 조 제3항을 위반하여 같은 조 제2항 각 호의 어느 하나에 해당하는 행위로부터 생성된 것을 인간 또는 동물의 자궁에 착상시킨 사람은 5년 이하의 징역에 처한다.
② 제1항의 경우 미수범도 처벌한다.

제66조(벌칙) ① 다음 각 호의 어느 하나에 해당하는 사람은 3년 이하의 징역에 처한다.

2. 제21조제2항 각 호의 어느 하나에 해당하는 행위를 한 사람

4. 배아의 생성

제23조(배아의 생성에 관한 준수사항) ① 누구든지 임신 외의 목적으로 배아를 생성하여서는 아니 된다.
② 누구든지 배아를 생성할 때 다음 각 호의 어느 하나에 해당하는 행위를 하여서는 아니 된다.

1. 특정의 성을 선택할 목적으로 난자와 정자를 선별하여 수정시키는 행위
2. 사망한 사람의 난자 또는 정자로 수정하는 행위
3. 미성년자의 난자 또는 정자로 수정하는 행위. 다만, 혼인한 미성년자가 그 자녀를 얻기 위하여 수정하는 경우는 제외한다.

③ 누구든지 금전, 재산상의 이익 또는 그 밖의 반대급부(反對給付)를 조건으로 배아나 난자 또는 정자를 제공 또는 이용하거나 이를 유인하거나 알선하여서는 아니 된다.

제66조(벌칙) ① 다음 각 호의 어느 하나에 해당하는 사람은 3년 이하의 징역에 처한다.

3. 제23조제1항을 위반하여 임신 외의 목적으로 배아를 생성한 사람
4. 제23조제3항을 위반하여 금전, 재산상의 이익 또는 그 밖의 반대급부를 조건으로 배아나 난자 또는 정자를 제공 또는 이용하거나 이를 유인하거나 알선한 사람

제67조(벌칙) ① 다음 각 호의 어느 하나에 해당하는 자는 2년 이하의 징역 또는 3천만원 이하의 벌금에 처한다.

1. 배아를 생성할 때 제23조제2항 각 호의 어느 하나에 해당하는 행위를 한 자

Ⅱ. 특정범죄가중법

제5조의9(보복범죄의 가중처벌 등) ① 자기 또는 타인의 형사사건의 수사 또는 재판과 관련하여 고소·고발 등 수사단서의 제공, 진술, 증언 또는 자료제출에 대한 보복의 목적으로 「형법」 제250조제1항의 죄를 범한 사람은 사형, 무기 또는 10년 이상의 징역에 처한다. 고소·고발 등 수사단서의 제공, 진술, 증언 또는 자료제출을 하지 못하게 하거나 고소·고발을 취소하게 하거나 거짓으로 진술·증언·자료제출을 하게 할 목적인 경우에도 또한 같다.

Ⅲ. 아동학대처벌법

제2조(정의) 이 법에서 사용하는 용어의 뜻은 다음과 같다.

4. "아동학대범죄"란 보호자에 의한 아동학대로서 다음 각 목의 어느 하나에 해당하는 죄를 말한다.

가. 「형법」 제2편제25장 상해와 폭행의 죄 중 제257조(상해)제1항·제3항, 제258조의2(특수상해)제1항(제257조제1항의 죄에만 해당한다)·제3항(제1항 중 제257조제1항의 죄에만 해당한다), 제260조(폭행)제1항, 제261조(특수폭행) 및 제262조(폭행치사상)(상해에 이르게 한 때에만 해당한다)의 죄

나. 「형법」 제2편제28장 유기와 학대의 죄 중 제271조(유기)제1항, 제272조(영아유기), 제273조(학대)제1항, 제274조(아동혹사) 및 제275조(유기등 치사상)(상해에 이르게 한 때에만 해당한다)의 죄

다. 「형법」 제2편제29장 체포와 감금의 죄 중 제276조(체포, 감금)제1항, 제277조(중체포, 중감금)제1항, 제278조(특수체포, 특수감금), 제280조(미수범) 및 제281조(체포·감금등의 치사상)(상해에 이르게 한 때에만 해당한다)의 죄

제4조(아동학대살해·치사) ① 제2조제4호가목부터 다목까지의 아동학대범죄를 범한 사람이 아동을 살해한 때에는 사형, 무기 또는 7년 이상의 징역에 처한다.

② 제2조제4호가목부터 다목까지의 아동학대범죄를 범한 사람이 아동을 사망에 이르게 한 때에는 무기 또는 5년 이상의 징역에 처한다.

제 3 절 상해와 폭행의 죄

§1. 개 관

Ⅰ. 서 설

1. 의 의

본장의 상해의 죄와 폭행의 죄는 사람의 신체에 대한 침해에 대응하기 위한 규정이다(형법 제2편 제25장). 사람의 신체는 생명 다음으로 중요한 법익이다. 상해와 폭행은 신체에 대한 침해의 정도에 따라 구별된다고 해석되고 있다.

2. 입법례

상해죄와 폭행죄에 관한 입법례는 통합형과 분리형으로 나누어볼 수 있다. 독일형법은 상해죄와 폭행죄를 구별하지 않고 있다. 폭행죄를 상해죄에 포함시켜 하나의 상해죄의 조문에서 규정하고 있는 것이다.[1] 이에 반하여 일본형법은 상해죄와 폭행죄를 구별하여 각각

규정하고 있다.[2] 또 일본형법은 폭행죄에 상해에 이르지 아니할 것을 요구함으로써 폭행죄의 결과적 가중범의 성격을 가지는 것으로 상해죄를 규정하고 있다. 형법은 일본형법의 영향을 받았지만, 상해죄와 폭행죄를 엄격히 구별하여 각각 별도의 조문으로 규정하고 있다.

Ⅱ. 보호법익

1. 의 의

본장의 죄의 보호법익은 신체의 안전이다. 신체의 안전은 모든 인간활동의 원천으로서 어떠한 위법한 공격으로부터 보호되지 않으면 안 된다. 형법이 사람의 생명과 별도로 특히 신체의 안전을 보호하는 이유이다.

한편 신체적 법익의 중요성에 비추어보면 본장의 죄는 단순히 개인적 법익을 침해하는 죄에 그치지 않고, 평온한 공동체생활을 유지하기 위한 사회적·국가적 법익도 본장의 죄의 보호법익의 연장이라고 하는 측면을 부정할 수 없다. 이러한 측면은 피해자의 승낙에 의한 위법성조각사유의 유무를 검토함에 있어서 중요한 지표가 될 수 있다. 그러나 병역법이 병역기피를 처벌하는 취지에서 보이는 바와 같이 본장의 죄에 있어서는 국가적 법익을 국가에 의한 개인의 신체의 이용가치라는 측면을 과도하게 중시하게 될 경우 이는 개인의 존엄과 자유를 존중하는 민주주의의 기본이념에 어울리지 않는다는 점에도 유의할 필요가 있다.

2. 구별여부

형법은 상해죄와 폭행죄를 구별하여 규정하는 분리방식을 취하고 있다. 이에 따라 상해죄와 폭행죄의 보호법익에 대하여도 견해가 대립하고 있다.

(1) 학 설

상해죄와 폭행죄 양자의 보호법익을 분리하여 구별하는 구별설과 구별하지 않고 동일하게 파악하는 비구별설이 대립하고 있다. 첫째, 구별설(區別說)에 의하면 상해죄의 보호법익은 생리적 기능 또는 신체의 건강이지만, 폭행죄의 그것은 신체의 온전성 또는 신체의 건재라고 한다. 이에 의하면 삭발이나 제모 등은 생리적 기능을 침해하지 않는 한 폭행에 그친다고 해석하게 된다. 둘째, 비구별설(非區別說)은 상해죄와 폭행죄의 보호법익은 동일한 것으로서 신체의 완전성(körperliche Unversehrheit)이나 신체의 불가침성(Körper-integrität)이라고 한다. 다만 보호의 정도에 있어서 상해죄는 침해범이지만, 폭행죄는 추상적 위험범이라고 한다.

---

1) 독일형법 제223조(상해) ① 타인을 신체적으로 학대하거나 건강을 해한 자는 5년 이하의 자유형 또는 벌금형에 처한다. ② 미수범은 처벌한다.

2) 일본형법 (상해) 제204조 사람의 신체를 상해한 자는 15년 이하의 징역 또는 50만엔 이하의 벌금에 처한다. (폭행) 제208조 폭행을 가한 자가 사람을 상해함에 이르지 아니한 때에는 2년 이하의 징역이나 30만엔 이하의 벌금, 구류 또는 과료에 처한다.

(2) 판 례

판례는 구별설의 입장에서 신체의 외모에 변경을 초래하더라도 신체의 생리적 기능에 장애를 초래하지 아니하는 한 상해에 해당하지 않는다는 태도를 유지하고 있다. 이에 관한 판례의 구체적 내용에 관하여는 후술하기로 한다.

(3) 검 토

개인적 법익은 그 중요도에 따라 생명을 중심에 놓고 밖으로 퍼져나가는 동심원처럼 신체, 신체의 자유, 명예, 재산의 순으로 위치하는 구도라고 묘사할 수 있다. 한편 신체는 생명을 핵심으로 하여 장기와 세포들이 신체의 내부에 위치하면서 서로 신체적 기능을 연계하여 최종적으로는 활력징후(vital signs)를 유지하고 있다. 생명의 화신(化神)이라고 할 수 있는 활력징후와 신체적 기능을 외부적 침해로부터 안전하게 보호하기 위하여 내피와 외피로 구성된 피부가 신체의 외부에서 감싸고 있는 구조이다. 여기서 보호의 대상을 그 중요도에 따라 생명, 신체적 기능 및 피부의 순으로 도출될 수 있다고 판단된다.

이러한 의미에서 살인죄는 활력징후를 보호하기 위한 범죄이고, 상해의 죄와 폭행의 죄는 각각 신체적 기능과 신체의 완전성을 보호하기 위한 범죄라고 구성하는 것이 논리적이라고 해석된다. 결론적으로 상해죄와 폭행죄의 보호법익을 분리하여 각각 파악하는 구별설이 타당하다고 본다. 또 상해죄의 폭행죄의 법정형이 각각 '7년 이하의 징역, 10년 이하의 자격정지 또는 1천만원 이하의 벌금'과 '2년 이하의 징역, 500만원 이하의 벌금, 구류 또는 과료'로 현저한 차이가 있기 때문에 양자를 구별하는 것이 타당하다고 본다. 결국 상해의 죄는 신체의 기능적 안전을 보호하기 위한 범죄라는 점에서 신체의 기질적 안전을 보호하기 위한 폭행의 죄와 구별된다는 해석이 가능하다고 본다.

한편 형법이 상해죄와 폭행죄를 구별하여 규정하게 된 근저에는 '몸, 머리털, 피부는 부모에게서 받은 것이니 감히 손상하지 않는 것이 효도의 시작이다'(身體髮膚受之父母 不敢毁傷 孝之始也)라고 하는 유교적 가르침이 깔려 있었던 것은 아닌가 하는 의문이 들기도 한다.[3)]

3. 보호의 정도

구별설에 의하는 경우에도 보호의 정도에 대하여는 견해가 일치하지 않고 있다. 양죄를 모두 침해범으로 파악하는 침해범설(侵害犯說)과 상해죄와 폭행죄의 그것을 각각 침해범과 추상적 위험범으로 파악하는 개별화설(個別化說)이 그것이다. 생각건대 상해죄와 폭행죄를 각각 결과범과 거동범으로 파악하는 한 상해죄는 침해범, 폭행죄는 추상적 위험범으로 파악하는 개별화설이 타당하다고 해석된다.

Ⅲ. 구성요건의 체계

본장의 죄는 상해의 죄와 폭행의 죄로 크게 나누어볼 수 있다. 이 외에도 이와 관련된

3) 孝經 開宗明義章.

특별법을 추가하는 것이 가능하다. 이에 관하여는 각각 상해의 죄와 폭행의 죄에서 후술하기로 한다.

§2. 상해의 죄

Ⅰ. 서 설

1. 의 의

본장의 상해의 죄에는 상해의 죄가 폭행의 죄와 함께 규정되어 있다(형법 제2편 제25장). 상해의 죄는 타인의 신체에 대한 침해를 내용으로 하는 범죄이다. 신체에 대한 죄라고도 한다. 보호법익은 신체의 안전으로서 생리적 기능 또는 신체의 건강이다.

2. 구성요건의 체계

상해의 죄의 기본적 구성요건은 상해죄이다(제257조 제1항). 존속상해죄(제257조 제2항), 중상해죄 · 존속중상해죄(제258조), 특수상해(제258조의2), 상해치사죄(제259조) 및 상습상해죄(제264조)는 가중적 구성요건이다. 존속상해죄는 신분관계로 인하여 책임이 가중되는 경우이고, 특수상해는 행위방법의 위험성으로 인하여 불법이 가중되는 경우이고, 상습상해죄는 상습성으로 인하여 책임이 가중되는 경우이다. 중상해죄와 상해치사죄는 결과적 가중범에 관한 규정으로 결과로 인하여 불법이 가중되는 가중적 구성요건이며, 존속중상해죄는 신분관계로 중상해죄에 대하여 책임이 가중되는 경우이다.

Ⅱ. 상해죄

제257조(상해, 존속상해) ① 사람의 신체를 상해한 자는 7년 이하의 징역, 10년 이하의 자격정지 또는 1천만원 이하의 벌금에 처한다.
③ 전 2항의 미수범은 처벌한다.

제264조(상습범) 상습으로 제257조, ~ 의 죄를 범한 때에는 그 죄에 정한 형의 2분의 1까지 가중한다.

제265조(자격정지의 병과) 제257조제2항, ~ 의 경우에는 10년 이하의 자격정지를 병과할 수 있다.

구조문

제257조(상해, 존속상해) ① 사람의 신체를 상해한 자는 7년 이하의 징역, 10년 이하의 자격정지 또는 2만5천원 이하의 벌금에 처한다.

1. 서 언

본죄는 사람의 신체를 상해함으로써 성립하는 범죄이다. 본죄는 사람의 신체를 보호하기 위한 상해의 죄에 있어서의 기본적 구성요건이다. 보호법익은 신체의 안전이고, 보호의 정도는 침해범으로서의 보호이다.

신체의 안전은 인간의 생활상 가장 기본이 되는 것이고, 위법한 공격으로부터 보호되지 않으면 안 된다. 신체의 안전은 사람의 생명과 함께 특히 보호되지 않으면 안 되는 귀중한 법익이다. 신체의 안전은 1차적으로는 개인적 법익이라고 할 수 있지만, 개인의 안전과 사회나 국가의 존립은 전혀 무관하다고 할 수 없다. 신체의 안전은 사회적 법익이나 국가적 법익과 일정 부분 중첩되고 있다는 점을 간과해서는 안 된다. 이것이 바로 자살과는 달리 자상(自傷)이 처벌되는 이유이다(군형법 제41조 제1항, 병역법 제86조 참조). 본죄의 상습범은 처벌된다.

2. 범 죄

(1) 구성요건

1) 객관적 구성요건

① 객 체

본죄의 객체는 사람의 신체이다. 사람은 타인을 의미한다. 행위자 본인은 본죄의 객체로 되지 않는다. 태아도 본죄의 객체가 될 수 없다. 동물도 또한 같다. 신체란 정신기능을 포함하는 살아 있는 사람의 몸을 말한다. 또 신체(身體)는 신(身)과 체(體)의 결합어로서 각각 몸통과 사지(四肢)를 의미한다. 상해의 개념과 관련하여 신체의 기질적 측면보다는 기능적 측면을 중시하는 입장에서는 모발, 털, 손톱 또는 발톱 등은 본죄에서 말하는 신체에 포함되지 않는다고 해석하고 있다.

ⓘ 자신의 신체 　본죄의 객체로서의 사람은 행위자 이외의 타인을 의미한다. 따라서 자신의 신체를 스스로 상해하는 자상행위(自傷行爲)는 본죄의 구성요건에 해당하지 아니한다. 또 자살에 관여하는 행위는 자살관여죄로 처벌되지만, 자상에 관여하는 행위에 대하여는 그러한 처벌규정이 존재하지 않는다.

다만 자상행위는 병역법과 군형법에 의하여 예외적으로 처벌된다. 이에 의하면 민간인이 병역의무를 기피하거나 감면받을 목적으로 신체를 손상하거나(병역법 제86조), 군인이 근무를 기피할 목적으로 신체를 상해하면 처벌된다(군형법 제41조 제1항). 개인의 신체에 대한 공동체의 이익을 신체에 대한 처분의 자유보다 우선시키는 규정이라고 평가할 수 있다. 대법원도 "피고인이 피해자를 협박하여 그로 하여금 자상케 한 경우에 피고인에게 상해의 결과에 대한 인식이 있고 또 그 협박의 정도가 피해자의 의사결정의 자유를 상실케 함에 족한 것인 이상 피고인에 대하여 상해죄를 구성한다"고 판시한 바 있다.[4]

ⓘⓘ 태아의 신체 　본죄의 객체에는 태아의 신체가 포함되지 않는다. 나아가 태아의 신체에 대한 상해만으로는 낙태죄로도 처벌할 수 없다. 그럼에도 불구하고 약물의 부작용이나 환경오염에 의해 태아에 대한 상해는 발생할 수 있다. 태아의 생명을 침해하는 낙태죄 외에 태아의 신체만을 침해하는 태아상해 또는 태아치상이 문제되지 않을 수 없다.

독일에서는 1950년대부터 1960년대 사이에 판매된 의약품의 부작용으로서 기형아를 출산하게 된 탈리도마이드(Thalido-mide)[5] 사건에서 1970년 아헨지방법원(Landesgericht Aachen)은 모체상해죄는

4) 대법원 1970.9.22. 선고 70도1638 판결.

5) 탈리도마이드는 1953년 서독에서 수면과 진정제(Schlaf-und Beruhigungsmedikament)으로 개발되어

부정하였지만, 출생자에 대한 과실치상죄의 성립을 인정한 바 있다.[6] 일본에서는1956년에 발생한 미나마다병(水俣病)[7] 사건에서 태아를 모체의 일부로 파악한 후 사람인 모체의 신체의 일부에 위해를 가함으로써 태어난 사람을 사망하게 하였다는 이유로 태아가 출생하여 사람으로 되었을 때 그에 대한 업무상 과실치사죄로 처벌한 바 있다.[8] 결국, 위의 독일 판례와 일본 판례는 태아에 대한 상해죄가 아니라 사람에 대한 상해죄를 인정했다는 점에서 공통된다고 평가할 수 있다.

생각건대 태아는 모체의 일부가 아니다. 태아는 모체와는 독립된 고유한 존재이다. 대법원도 "우리 형법은 태아를 임산부 신체의 일부로 보거나, 낙태행위가 임산부의 태아양육, 출산 기능의 침해라는 측면에서 낙태죄와는 별개로 임산부에 대한 상해죄를 구성하는 것으로 보지는 않는다고 해석된다. 따라서 태아를 사망에 이르게 하는 행위가 임산부 신체의 일부를 훼손하는 것이라거나 태아의 사망으로 인하여 그 태아를 양육, 출산하는 임산부의 생리적 기능이 침해되어 임산부에 대한 상해가 된다고 볼 수는 없다"고 판시한 바 있다.[9] 따라서 태아를 모체의 일부로 보고 태아에 대한 침해를 모체에 대한 상해로 파악하는 견해에 대하여는 동의할 수 없다. 또 독일이나 일본에서 위에서와 같은 재판의 결과에 대하여는 어느 정도 공감이 가지만, 그 재판의 과정에 있어서는 완전한 이해가 어렵다고 본다. 결과의 발생을 침해의 행위시를 기준으로 판단한 것이 아니라 객체의 존재시에 판단하였기 때문이다. 예컨대 태아에 대한 손상을 약물이나 환경물질의 섭취로 그것이 발생한 당시를 기준으로 판단하지 않고 태아가 출생하여 사람으로 되었을 때를 기준으로 판단하였기 때문이다. 결국, 태아에 대한 상해의 경우 처벌의 필요성은 높다고 할 수 있다. 그러나 현행 형법의 범위에서 해석에 의하여 해결하는 것은 무리가 아닐 수 없다. 궁극적으로는 입법에 의하여 해결할 수밖에 없다고 해야 한다.

② 행 위

ⓘ 상 해 본죄의 실행행위는 상해이다. 다만 상해의 의의에 관하여는 다툼이 있다.

ⅰ. 학 설 상해의 개념에 관하여는 상해란 사람의 생리적 기능을 침해하는 것이라는 생리기능훼손설(生理機能毁損說), 신체의 완전성을 침해하는 것이라고 하는 신체완전성침해

1956년부터 그뤼넨탈(Günenthal)이 콘테간과 연화제(Contergan und Softenon)라는 브랜드 이름으로 임산부의 입덧방지용으로 판매하기 시작하였다. 임상 1상 동물실험에서 부작용이 드러나지 않았기 때문에 '부작용이 없는 기적의 약'으로 선전되었다. 그러나 팔·다리가 물개처럼 지나치게 짧은 기형아가 전 세계 46개국에서 1만명 이상이 태어났고, 특히 유럽에서만 8천명이 넘었다고 한다.

6) LG Aachen, 18.12.1970.

7) 미나마다병은 중추신경계질환이고, 원인물질은 메틸수은화합물(유기수은)로 밝혀졌다. 신일본 질소 미나마다 공장의 아세트 알비트 초산설비내에서 생성된 수은화합물이 공장 폐수에 섞여 배출되어 미나마다만 내의 어패류를 오염시켰고, 이 오염된 어패류를 장기간 섭취한 주민들에게 집단발병한 것이다. 미나마다병은 1956년(소화 31년) 5월 1일 구마모토현 미나마다시(熊本県水俣市)에서 공식발견되었고, 1957년 발병지 명칭에서 명명되었다고 한다. 미나마다병의 주요 증상은 시야협착, 언어장애, 운동실조, 지각장애, 정신장애, 손발떨림증(振戰) 등이라고 한다. 일종의 공해병이라고 할 수 있다.

8) 最決昭和63年2月29日刑集42巻2号314頁.

9) 대법원 2007.6.29. 선고 2005도3832 판결.

설(身體完全性侵害說) 및 신체기능의 침해 외에 신체외관에 중요한 변형도 포함된다는 절충설(折衷說)이 대립하고 있다. 생리적 기능훼손설에 의하여 신체기능을 훼손하지 않는 한 신체의 변형은 폭행에 지나지 않게 된다. 다수설의 입장이라고 할 수 있다.

ii. 판 례　　판례는 절충설을 취하고 있다. 대법원은 "상해죄에서의 상해는 피해자의 신체의 완전성을 훼손하거나 생리적 기능에 장애를 초래하는 것을 의미한다"고 판시한 바 있다.[10]

iii. 검 토　　상해(傷害)란 생리기능훼손을 의미한다고 해야 한다. 형법은 상해죄와 폭행죄를 분리하여 규정하고 있고, 양자는 보호법익과 보호의 정도를 각각 달리하고 있기 때문이다. 전술한 바와 같이 상해죄와 폭행죄는 각각 신체적 기능과 신체의 완전성을 보호하기 위한 범죄라고 구성하는 것이 논리적이라고 해석되기 때문이다. 정상적인 신체적 생리기능은 몸과 마음의 조화에 의하여 영위되는 것이기 때문에 상해는 반드시 타박상, 염좌, 출혈, 골절 등과 같은 외상(外傷)을 요하는 것만은 아니다. 외상이 없더라도, 예컨대 혼절, 실신, 화병(火病), 수면장애, 식욕감퇴, 외상후 스트레스장애(PTSD, post traumatic stress disorder) 등도 얼마든지 상해에 해당할 수 있다.

ⓘ 상해의 방법　　상해의 통상적인 수단은 폭행일 것이나, 상해의 동기나 방법의 여하는 묻지 않는다. 즉, 유형적 방법에 의하든 무형적 방법에 의하든 불문하며, 작위에 의하든 부작위에 의하든 묻지 않는다. 직접 행위자의 신체적 동작에 의하든 간접적으로 기구, 동물 등을 이용하든 묻지 않는다. 다만 상해의 수단으로서 폭발물을 사용한 경우에는 별죄를 구성한다(제119조). 한편 상해부위를 명시하고 있는 이상 그 치료일수가 미상이라 하여도 상해죄의 성립에 아무런 지장이 없다.[11]

ⓘⓘ 폭행과의 한계　　상해의 개념에 관한 생리기능훼손설을 취하는 한 인체의 생리기능훼손에 이르지 않을 경우에는 폭행에 그치게 된다고 해석된다. 따라서 상해와 폭행의 외형적 경계선은 피부에 있다고 보인다. 생리기능에까지 영향을 미치지 아니하는 타박상이나 멍 등은 상해에 이르지 않고 폭행에 그치게 된다고 해석된다.

상해를 긍정한 판례의 구체적 내용은 다음과 같다. 즉,

> 오랜 시간 동안의 협박과 폭행을 이기지 못하고 실신하여 범인들이 불러온 구급차 안에서야 정신을 차리게 되었다면, 외부적으로 어떤 상처가 발생하지 않았다고 하더라도 생리적 기능에 훼손을 입어 신체에 대한 상해가 있었다.[12] 상해죄의 성립에는 상해의 고의와 신체의 완전성을 해하는 행위 및 이로 인하여 발생하는 인과관계 있는 상해의 결과가 있어야 하므로 상해죄에 있어서는 신체의 완전성을 해하는 행위와 그로 인한 상해의 부위와 정도가 증거에 의하여 명백하게 확정되어야 하고, 상해부위의 판시없는 상해죄의 인정은 위법하다.[13] 타인의 신체에 폭행을 가하여 보행불능 수면장애 식욕감퇴 등 기능의 장해를 일으킨 때에는 형법상 상해를 입힌 경우에 해당한다.[14]

---

10) 대법원 2000.2.25. 선고 99도4305 판결; 대법원 1999.1.26. 선고 98도3732 판결.
11) 대법원 1983.11.8. 선고 83도1667 판결.
12) 대법원 1996.12.10. 선고 96도2529 판결.
13) 대법원 1982.12.28. 선고 82도2588 판결.

상해를 부정한 판례의 구체적 내용은 다음과 같다. 즉,

음모는 성적 성숙함을 나타내거나 치부를 가려주는 등의 시각적·감각적인 기능 이외에 특별한 생리적 기능이 없는 것이므로, 피해자의 음모의 모근 부분을 남기고 모간 부분만을 일부 잘라냄으로써 음모의 전체적인 외관에 변형만이 생겼다면, 이로 인하여 피해자에게 수치심을 야기하기는 하겠지만, 병리적으로 보아 피해자의 신체의 건강상태가 불량하게 변경되거나 생활기능에 장애가 초래되었다고 할 수는 없을 것이므로, 그것이 폭행에 해당할 수 있음은 별론으로 하고 강제추행치상죄의 상해에 해당한다고 할 수는 없다.[15] 피고인이 피해자와 연행문제로 시비하는 과정에서 치료도 필요 없는 가벼운 상처를 입었으나, 그 정도의 상처는 일상생활에서 얼마든지 생길 수 있는 극히 경미한 상처이므로 굳이 따로 치료할 필요도 없는 것이어서 그로 인하여 인체의 완전성을 해하거나 건강상태를 불량하게 변경하였다고 보기 어려우므로, 피해자가 약 1주간의 치료를 요하는 좌측팔 부분의 동전크기의 멍이 든 것이 상해죄에서 말하는 상해에 해당되지 않는다.[16] 상해는 피고인이 피해자와 연행문제로 시비하는 과정에서 치료도 필요 없는 가벼운 상처로서 그 정도의 상처는 일상생활에서 얼마든지 생길 수 있는 극히 경미한 상처이므로 굳이 따로 치료할 필요도 없는 것이어서 그로 인하여 인체의 완전성을 해하거나 건강상태를 불량하게 변경하였다고 보기 어려우므로 피해자가 입은 위 상처를 가지고서 상해죄에서 말하는 상해에 해당된다고 할 수 없다.[17]

③ 결 과

본죄는 결과범이다.[18] 상해의 결과가 발생하지 않으면 본죄를 구성하지 않는다.[19] 생리적 기능훼손이라는 상해의 결과가 발생할 것을 요한다.

④ 인과관계

폭행 기타의 가해행위와 신체의 상해의 사이에는 인과관계의 존재를 요한다. 폭행에 의한 상해에 대하여는 폭행이 통상 상해의 결과를 발생할 위험성을 내포하고 있기 때문에 인과관계가 문제되는 경우는 비교적 적다.

인과관계를 부정한 판례의 구체적 내용은 다음과 같다. 즉,

피고인은 46세의 왜소한 부인이고 피해자는 키 171센티미터, 몸무게 85키로그램의 55세의 건강한 거구를 지닌 남자이고, 서로 얽혀 있는 상태에서 피고인이 피해자의 뺨을 2회 구타하였다 하여 곧바로 치아가 탈구된다는 것은 그 힘의 차이로 보아 쉽사리 수긍이 되지 아니하므로 원래 병약한 상태의 치아이었다는 등 특별한 사정이 없는 한 피해자의 상해가 피고인의 구타로 인한 것이라고 단정하기 어렵다.[20]

---

14) 대법원 1969.3.11. 선고 69도161 판결.
15) 대법원 2000.3.23. 선고 99도3099 판결.
16) 대법원 1996.12.23. 선고 96도2673 판결.
17) 대법원 1996.12.23. 선고 96도2673 판결.
18) 대법원 1983.3.22. 선고 83도231 판결.
19) 대법원 1982.12.28. 선고 82도2588 판결.
20) 대법원 1983.4.12. 선고 82도2081 판결.

2) 주관적 구성요건

본죄는 전형적인 고의범이다. 상해의 고의는 사람의 생리적 기능을 훼손한다는 인식을 포함한다. 미필적 고의로도 족하다. 상해의 고의 없이 폭행의 의사로 상해의 결과를 발생하게 한 때에는 폭행치상죄(제262조)가 성립한다. 이에 반하여 상해의 고의가 있었으나 상해에 이르지 못한 때에는 상해미수죄(제257조 제3항)가 될 뿐 폭행죄가 되는 것은 아니다.

한편 경우에 따라 본죄의 미필적 고의는 폭행의 고의를 의미할 수도 있다.[21] 사실상 판례는 본죄와 폭행치상죄를 반드시 구별하고 있지는 않다고 해도 과언이 아니다. 대법원은 "폭행에 대한 미필적인 고의는 있어도 상해에 대한 고의가 없어 폭행치상죄를 적용해야 함에도 법원이 상해죄를 적용한 것은 법률적용에 있어 위법이 있다고 할 것이나 상해죄나 폭행치상죄는 동일한 장에 규정된 동일죄질의 것이고 또 그 법정형도 동일하므로 위의 잘못은 판결결과에는 아무 영향이 없다"고 판시한 바 있다.[22] 다른 한편 일본형법의 경우 상해를 폭행의 결과적 가중범의 형태로 규정하고 있기 때문에 상해의 고의는 폭행의 고의로 족하다고 해석되고 있다(일본형법 제208조 참조). 고의를 긍정한 판례의 구체적 내용은 다음과 같다. 즉,

> 성명불상자 3명과 싸우다가 힘이 달리자 옆포장마차로 달려가 길이 30센티미터의 식칼을 가지고 나와 이들 3명을 상대로 휘두르다가 이를 말리면서 식칼을 빼앗으려던 피해자의 귀를 찔러 상해를 입힌 피고인에게 상해의 범의가 인정되며 상해를 입은 사람이 목적한 사람이 아닌 다른 사람이라 하여 과실상해죄에 해당한다고 할 수 없고, 싸움의 경위, 범행방법 등 제반사정에 비추어 피고인의 범행이 정당방위나 긴급피난 또는 과잉방위에 해당되는 것으로도 보이지 않으므로 여기에 소론과 같은 사실오인이나 법리오해의 위법이 있다할 수 없다.[23]

고의를 부정한 판례의 구체적 내용은 다음과 같다. 즉,

> 피고인이 비록 공소외 1 등의 손에서 벗어나기 위해서이기는 하나 그들과 몸싸움을 벌인 것은 분명하고, 피고인이 팔꿈치 또는 손으로 경찰관들을 밀어 넘어뜨렸다면 적어도 폭행에 대한 인식은 있었다고 봄이 상당하므로, 피고인에게 폭력에 대한 범의조차 없다고 본 원심의 판단 부분은 수긍하기 어렵다.[24] 상해죄는 결과범이므로 그 성립에는 상해의 원인인 폭행에 관한 인식이 있으면 충분하고 상해를 가할 의사의 존재는 필요하지 않으나, 폭행을 가한다는 인식이 없는 행위의 결과로 피해자가 상해를 입었던 경우에는 상해죄가 성립하지 아니한다.[25]

3) 미수 · 기수

본죄는 미수범을 처벌한다. 본죄는 상해의 결과의 발생으로 기수에 이른다. 상해의 고의로 상해의 실행에 착수하여 상해의 결과의 발생에 이르지 않은 경우에는 본죄의 미수에

---

21) 대법원 1983.3.22. 선고 83도231 판결 참조. 이는 "상해죄는 결과범이므로 그 성립에는 상해의 원인인 폭행에 관한 인식이 있으면 충분하고 상해를 가할 의사의 존재는 필요하지 않으나, 폭행을 가한다는 인식이 없는 행위의 결과로 피해자가 상해를 입었던 경우에는 상해죄가 성립하지 아니한다"고 판시하고 있다.

22) 대법원 1985.1.29. 선고 84도2655 판결.

23) 대법원 1987.10.26. 선고 87도1745 판결.

24) 대법원 2000.7.4. 선고 99도4341 판결.

25) 대법원 1983.3.22. 선고 83도231 판결.

그치게 된다. 상해의 행위와 상해의 결과 발생 사이에 인과관계가 인정되지 않는 경우에도 본죄의 미수가 된다.

한편 폭행의 고의로 폭행에 미치지 않은 경우에는 폭행미수에 그치게 된다고 해석된다. 그러나 형법은 폭행미수에 대하여는 처벌규정을 두지 않고 있다. 이상에서와 같은 근거에서 "상해죄의 성립에는 상해의 원인인 폭행에 대한 인식이 있으면 충분하고 상해를 가할 의사의 존재까지는 필요하지 않다"고 하는 판례의 입장은 재고의 여지가 있다고 해석된다.[26)]

4) 공 범

본죄에도 총칙상의 공범규정이 적용될 수 있다. 대법원은 "교사자가 피교사자에게 피해자를 "정신차릴 정도로 때려주라"고 교사하였다면 이는 상해에 대한 교사로 봄이 상당하다"고 판시한 바 있다.[27)] 한편 폭행으로 자상하게 한 경우에는 간접정범으로 인한 상해에 해당할 수 있다.

(2) 위법성조각사유

본죄에 있어서는 위법성의 조각이 문제로 되는 경우가 많다. 총칙상의 일반적 위법성조각사유에 따라 검토하기로 한다.

1) 정당행위

① 치료행위

치료행위(治療行爲)는 치료를 위해서 행하여지는 의료적 침습을 의미한다. 치료행위는 진료행위 중에서 진단행위를 제외한 부분을 의미하기 때문이다. 치료행위는 주로 약물요법이나 수술요법을 의미하기 때문에 치료행위는 원칙적으로 본죄의 상해에 해당하게 된다. 그러나 치료행위는 상해죄설의 입장에서 일정한 요건을 구비하는 한 본죄의 위법성을 조각한다고 할 수 있다. 치료행위가 법령에 의한 행위에 의하든, 업무로 인한 행위에 의하든, 기타 사회상규에 위배되지 아니하는 행위에 의하든 그것은 모두 정당행위로서 위법성이 조각된다. 예컨대 본죄의 행위에 해당하는 수술행위 자체는 법령에 의한 행위에 해당할 수 있고, 수술행위에 부수하여 발생한 손상은 업무로 인한 행위에 해당할 수 있으며, 세칭 야매(やみ, 暗; 암거래) 등 무자격자의 수술행위는 무면허의료행위(의료법 제27조 참조)를 별론으로 하면 기타 사회상규에 위배되는 아니하는 행위에 해당할 수 있다.

치료행위의 허용요건에 대하여는 의료행위의 허용요건이 그대로 적용된다. 치료행위를 의료행위의 하위개념으로 파악할 수 있기 때문이다. 의료행위의 허용요건으로서는 의학적 적응성, 설명후동의(informed consent) 및 의술적 타당성이 거론되고 있다. 치료행위의 요건으로서 특히 피해자의 승낙(제24조)이 거론되고 있는 것은 환자의 동의가 설명후동의의 내용에 포함되어 있기 때문이다. 설명후동의의 원칙은 환자의 동의를 받지 않은 전단적 의료행위(die eigenmächtige Behandlung)가 위법성을 조각할 수 없는 근거라고 할 수 있다. 한편 정당행위라도 사회상규상의 한계를

26) 대법원 2000.7.4. 선고 99도4341 판결; 대법원 1983.3.22. 선고 83도231 판결.

27) 대법원 1997.6.24. 선고 97도1075 판결.

벗어날 수 없기 때문에 치료행위가 건강이나 생명을 침해하는 경우에는 위법성을 조각할 수 없다고 해석된다(제20조 참조). 정당행위를 긍정한 판례의 구체적 내용은 다음과 같다. 즉,

> 의사가 정상적인 진찰행위의 일환으로서 검사용으로 임부의 태반에서 육편을 떼어 냈다고 하여 이것이 태반 기타 모체에 지장을 주는 것이 아닌 한 상해행위에 속하는 것이라고 볼 수 없다.[28]

정당행위를 부정한 판례의 구체적 내용은 다음과 같다. 즉,

> 종교적 기도행위의 일환으로서 기도자의 기도에 의한 염원 내지 의사가 상대방에게 심리적 또는 영적으로 전달되는 데 도움이 된다고 인정할 수 있는 한도 내에서 상대방의 신체의 일부에 가볍게 손을 얹거나 약간 누르면서 병의 치유를 간절히 기도하는 행위는 그 목적과 수단면에서 정당성이 인정된다고 볼 수 있지만, 그러한 종교적 기도행위를 마치 의료적으로 효과가 있는 치료행위인 양 내세워 환자를 끌어들인 다음, 통상의 일반적인 안수기도의 방식과 정도를 벗어나 환자의 신체에 비정상적이거나 과도한 유형력을 행사하고 신체의 자유를 과도하게 제압하여 환자의 신체에 상해까지 입힌 경우라면, 그러한 유형력의 행사가 비록 안수기도의 명목과 방법으로 이루어졌다 해도 사회상규상 용인되는 정당행위라고 볼 수 없다.[29]

② 징계행위

징계권이 법률에 근거할 때에는 법령에 의한 행위로서 위법성이 조각된다. 친권자의 징계권은 2021년 민법의 개정으로 삭제되었다.[30] 학교의 장은 교육을 위하여 필요한 경우에는 법령과 학칙으로 정하는 바에 따라 학생을 징계하거나 그 밖의 방법으로 지도할 수 있다(초중등교육법 제18조 제1항). 판례는 교육상 불가피한 경우 체벌과 비하하는 말 등이 허용된다고 보고 있다.

대법원은 "교사는 학교장의 위임을 받아 교육상 필요하다고 인정할 때에는 징계를 할 수 있고 징계를 하지 않는 경우에는 그 밖의 방법으로 지도를 할 수 있는데 그 지도에 있어서는 교육상 불가피한 경우에만 신체적 고통을 가하는 방법인 이른바 체벌로 할 수 있고 그 외의 경우에는 훈육, 훈계의 방법만이 허용되어 있는 것이다. 그러하니 교사가 학생을 징계 아닌 방법으로 지도하는 경우에도 징계하는 경우와 마찬가지로 교육상의 필요가 있어야 될 뿐만 아니라 특히 학생에게 신체적, 정신적 고통을 가하는 체벌, 비하하는 말 등의 언행은 교육상 불가피한 때에만 허용되는 것이어서, 학생에 대한 폭행, 욕설에 해당되는 지도행위는 학생의 잘못된 언행을 교정하려는 목적에서 나온 것이었으며 다른 교육적 수단으로는 교정이 불가능하였던 경우로서 그 방법과 정도에서 사회통념상 용인될 수 있을 만한 객관적 타당성을 갖추었던 경우에만 법령에 의한 정당행위로 볼 수 있을 것이다. 따라서 교정의 목적에서 나온 지도행위가 아니어서 학생에게 체벌, 훈계 등의 교육적 의미를 알리

---

28) 대법원 1974.4.23. 선고 74도714 판결.

29) 대법원 2008.8.21. 선고 2008도2695 판결.

30) 민법 2021.1.26. 일부개정 법률 제17905호 2021.1.26. 시행. 친권자의 징계권 규정은 아동학대 가해자인 친권자의 항변사유로 이용되는 등 아동학대를 정당화하는 데 악용될 소지가 있는 바, 징계권 규정을 삭제함으로써 이를 방지하고 아동의 권리와 인권을 보호하려는 것이 개정이유이다. 삭제되기 전의 민법 제915조는 다음과 같이 규정하고 있었다. 즉, 제915조(징계권) 친권자는 그 자를 보호 또는 교양하기 위하여 필요한 징계를 할 수 있고 법원의 허가를 얻어 감화 또는 교정기관에 위탁할 수 있다.

지도 않은 채 지도교사의 성격 또는 감정에서 비롯된 지도행위라든가, 다른 사람이 없는 곳에서 개별적으로 훈계, 훈육의 방법으로 지도·교정될 수 있는 상황이었음에도 낯모르는 사람들이 있는 데서 공개적으로 학생에게 체벌·모욕을 가하는 지도행위라든가, 학생의 신체나 정신건강에 위험한 물건 또는 지도교사의 신체를 이용하여 학생의 신체 중 부상의 위험성이 있는 부위를 때리거나 학생의 성별, 연령, 개인적 사정에서 견디기 어려운 모욕감을 주어 방법·정도가 지나치게 된 지도행위 등은 특별한 사정이 없는 한 사회통념상 객관적 타당성을 갖추었다고 보기 어려운 것이다"고 판시한 바 있다.[31]

문제는 징계권의 한계에 있다고 해야 한다. 위법성조각사유의 일반적 한계규정인 사회상규를 넘는 경우에는 위법성이 조각되지 않는다고 해석된다. 다만 상해에 이른 경우에는 언제나 원인불문하고 사회상규를 넘는 징계권의 행사로서 정당행위가 될 수 없다는 것이 일관된 판례의 입장으로 보인다. 정당행위를 부정한 판례의 구체적 내용은 다음과 같다. 즉,

> 교사가 학생을 엎드러지게 한 후 몽둥이와 당구큐대로 그의 둔부를 때려 3주간의 치료를 요하는 우둔부심부혈종좌이부좌상을 입혔다면 비록 학생주임을 맡고 있는 교사로서 제자를 훈계하기 위한 것이었다 하더라도 이는 징계의 범위를 넘는 것으로서 형법 제20조의 정당행위에는 해당하지 아니한다.[32] 교사가 국민학교 5학년생을 징계하기 위하여 양손으로 교탁을 잡게 하고 길이 50cm, 직경 3cm 가량 되는 나무 지휘봉으로 엉덩이를 두번 때리고, 학생이 아파서 무릎을 굽히며 허리를 옆으로 틀자 다시 허리부분을 때려 6주간의 치료를 받아야 할 상해를 입힌 경우 위 징계행위는 그 방법 및 정도가 교사의 징계권행사의 허용한도를 넘어선 것으로서 정당한 행위로 볼 수 없다.[33] 부하를 훈계하기 위한 것이라 하여도 폭행행위가 훈계권의 범위를 넘었다고 보여지고 그로 인하여 상해를 입은 이상 그 행위를 사회상규에 위배되지 아니한 행위로서 위법성이 조각된다고 할 수 없다.[34]

③ 장기적출행위

장기이식은 수용자에게는 치료행위가 되지만, 기증자의 입장에서는 상해죄의 성부가 문제된다. 장기의 적출행위는 원칙적으로 본죄의 상해에 해당하지만, 장기이식법이 정하는 요건과 절차에 따르는 한 위법성이 조각된다. 법령에 의한 행위로서 정당행위에 해당하기 때문이다.

장기이식법은 적출할 수 있는 장기와 조직, 즉 장기등을 제한하고 있으며(장기이식법 제4조 제1항 참조), 특히 살아 있는 사람과 미성년자로부터 적출할 수 있는 장기등은 더욱 제한되고 있다(장기이식법 제11조 참조). 또 미성년자의 기증시에는 본인 외에 부모의 동의를 추가로 받도록 하고 있다(장기이식법 제22조 제1항 참조). 뇌사자가 기증하기 위해서는 뇌사에 대하여 판정을 받도록 하고 있다(장기이식법 제16조 이하 참조). 나아가 사망한 자로부터의 장기적출을 위해서는 동의권을 유족에게도 확대하지만 유족의 거부시 기증이 불가능하도록 한 소위 한국식이라고 할 수 있는 '확대된 조건부 동의방식'(erweitertes bedingtes

31) 대법원 2004.6.10. 선고 2001도5380 판결.
32) 대법원 1991.5.14. 선고 91도513 판결.
33) 대법원 1990.10.30. 선고 90도1456 판결.
34) 대법원 1984.6.26. 선고 84도603 판결.

Zustimmumgs-modell)에 근거하여 기증자로부터 동의를 받도록 하고 있다.[35] 즉, 뇌사자와 사망한 자로부터의 장기등의 적출은 본인이 뇌사 또는 사망하기 전에 장기등의 적출에 동의하고 그 가족 또는 유족이 장기등의 적출을 명시적으로 거부하지 아니하거나 본인이 뇌사 또는 사망하기 전에 장기등의 적출에 동의하거나 반대한 사실이 확인되지 아니한 경우로서 그 가족 또는 유족이 장기등의 적출에 동의한 경우로 한정되고 있다(장기이식법 제22조 제3항 참조).

④ 사회상규에 위배되지 아니하는 행위

본죄의 행위가 사회상규에 위배되지 아니하는 한 정당행위로서 위법성이 조각된다. 이 경우에도 사회상규의 범위를 넘는 경우에는 정당행위로 인정될 수 없고 위법성도 조각되지 아니한다. 사회상규에 위배되지 아니하는 행위를 긍정한 판례의 구체적 내용은 다음과 같다. 즉,

> 피해자가 양손으로 피고인의 넥타이를 잡고 늘어져 후경부피하출혈상을 입을 정도로 목이 졸리게 된 피고인이 피해자를 떼어놓기 위하여 왼손으로 자신의 목 부근 넥타이를 잡은 상태에서 오른손으로 피해자의 손을 잡아 비틀면서 서로 밀고 당기고 하였다면, 피고인의 그와 같은 행위는 목이 졸린 상태에서 벗어나기 위한 소극적인 저항행위에 불과하여 형법 제20조 소정의 정당행위에 해당하여 죄가 되지 아니한다.[36] 공소외 1 학교법인 의 이사장이었던 피고인은 그 동생이자 피해자의 남편인 공소외 2를 위 학원 부설 중학교의 교장직에서 해임한 바 있었는데, 위 해임 조치에 불만을 품은 위 피해자는 피고인의 집을 수차 찾아가고 이 사건 이전에도 2차례나 친구들과 함께 피고인이 교수로 재직하던 대학교 연구실로 찾아가 그때마다 소란을 피우며 곤란하게 하고 망신을 주었으며, 이 사건 당일 10:00경에도 친구 2명과 함께 피고인의 연구실로 찾아와 또 다시 대책마련을 요구하다가, 피고인이 4층 강의실로 강의하러 올라가자 그 강의실 복도까지 따라 가면서 귀찮게 하였고, 강의가 끝나기까지 강의실 복도에서 기다리고 있다가 같은 날 12:00경 강의를 마치고 나오는 피고인에게 접근하여 또 다시 귀찮게 하였으며, 이를 피해 피고인이 밖으로 나가려 하자 1층에서 밖으로 나가는 계단에서 피고인을 가로 막고 서서 이야기를 계속할 것을 요구하면서 이를 피해가려는 피고인을 손으로 저지하려 하는 순간, 피고인이 위 피해자의 팔을 뿌리쳐서 피해자가 몸의 균형을 잃고 계단 밑으로 굴러 이 사건 상해를 입게 되었다는 것이다. 이러한 사안에 있어서 피고인의 행위는 피해자의 부당한 행패를 저지하기 위한 본능적인 소극적 방어 행위에 지나지 아니하여 사회통념상 허용될 만한 정도의 상당성이 있어 위법성이 없는 정당행위라고 봄이 상당하다.[37] 공소외 1이 위 과정에서 피고인의 어머니 공소외 4(여 53세)가 나가라고 한다는 이유로 동녀를 양손으로 밀어 넘어지게 하고 아랫방에 살던 공소외 5(남 26세)가 이를 말리자 동인의 뺨을 손바닥으로 2회 때리고, 이를 만류하는 공소외 5의 어머니 공소외 6(여 55세)에게도 "너는 뭐냐"하며 밀어 계단에 넘어지게 함으로써 공소외 4에게 전치 2주, 공소외 6에게 전치 2주 정도의 상해를 입힌 사실까지 있었던 점(이 부분에 관한 공소외 1의 범행에 대하여 벌금 70만 원으로 확정된 사실이 기록상 인정됨)등을 함께 모두어 보면 원심이 피고인의 이 사건 행위를 정당행위로 보아 무죄를 선고한 것은 옳다고 보여진다.[38] 피고인이 일부러 피해자를 현관 바닥에 넘어뜨려 상해를 입혔다고 인정할 만한 자료는 없고 오히려 압류표시를 떼어 달라고 매달리는 피해자를 피하기 위하여

35) Vgl. Ho-No Joo, 『Organtransplantation und Strafrecht』, Peter Lang GmbH, 2005, S. 107.
36) 대법원 1996.5.28. 선고 96도979 판결.
37) 대법원 1995.8.22. 선고 95도936 판결.
38) 대법원 1995.2.28. 선고 94도2746 판결.

이를 뿌리치고 나온 것에 불과하다고 인정되므로 그 과정에서 피해자가 다소의 상처를 입었다 하더라도 그러한 사실만으로는 피고인을 상해죄로 문의할 수 없다는 취지로 무죄를 선고한 제1심 판결을 유지하여 검사의 항고를 기각하였는바 기록에 의하여 살피건대, 원심의 그와 같은 조치에 수긍이 갈 뿐만 아니라 피고인의 소위가 폭행치상죄에 해당한다고 인정할 만한 자료도 찾아볼 수 없으므로 논지는 모두 이유없다.[39)]

사회상규에 위배되지 아니하는 행위를 부정한 판례의 구체적 내용은 다음과 같다. 즉,

피해어민인 피고인들이 그들의 피해보상요구에 대한 ○○정유측의 무성의에 대처하기 위하여 이 사건 시위 등에 이른 사정은 수긍이 가나 피고인들이 이를 관철하기 위하여 판시와 같이 집단적인 시위를 하고, 선박의 입·출항 업무를 방해하며 이를 진압하려는 경찰관들을 대나무 사잇대 등을 들고 구타하여 상해를 입히는 등의 행위를 한 이 사건 각 범행의 수단, 방법 및 그 결과 등에 비추어 위 각 범행이 사회통념상 용인될만한 상당성이 있는 정당행위라고는 할 수 없다 할 것이므로(집회및시위에관한법률위반에 관하여는 당원 1989.12.26. 선고 89도1512 판결; 1990.8.14. 선고 90도870 판결 각 참조) 같은 취지의 원심판단은 정당하고 거기에 정당행위에 관한 법리오해의 위법이 있다 할 수 없다. 논지는 이유없다.[40)]

2) 정당방위

본죄의 행위가 정당방위에 해당하는 경우에는 당연히 위법성을 조각하게 된다(제21조 참조). 다만 불법한 체포나 싸움의 경우에는 원칙적으로 이에 해당하지 아니할 수 있다. 한편 본죄를 범한 사람이 흉기나 그 밖의 위험한 물건 등으로 사람에게 위해를 가하거나 가하려 할 때 이를 예방하거나 방위하기 위하여 한 정당방위행위는 벌하지 아니하고, 방위행위가 그 정도를 초과한 과잉방위행위는 그 형을 감경하며, 과잉방위행위가 야간이나 그 밖의 불안한 상태에서 공포·경악·흥분 또는 당황으로 인한 행위인 때에는 책임이 조각되어 벌하지 아니한다(폭력행위처벌법 제8조). 정당방위를 긍정한 판례의 구체적 내용은 다음과 같다. 즉,

경찰관의 현행범 체포행위가 적법한 공무집행을 벗어나 불법하게 체포한 것으로 볼 수밖에 없다면, 현행범이 그 체포를 면하려고 반항하는 과정에서 경찰관에게 상해를 가한 것은 불법 체포로 인한 신체에 대한 현재의 부당한 침해에서 벗어나기 위한 행위로서 정당방위에 해당하여 위법성이 조각된다.[41)] 남자인 피해자가 비좁은 여자 화장실 내에 주저앉아 있는 피고인으로부터 무리하게 쇼핑백을 빼앗으려고 다가오는 것을 저지하기 위하여 피해자의 어깨를 순간적으로 밀친 것은 피해자의 불법적인 공격으로부터 벗어나기 위한 본능적인 소극적 방어행위에 지나지 아니 하므로 이는 사회통념상 허용될 수 있는 행위로서 그 위법성을 인정할 수 없다.[42)] 피해자가 피고인을 따라다니면서 귀찮게 싸움을 걸어오는 것을 막으려고 피고인이 피해자의 멱살을 잡고 밀어 넘어뜨렸다면 이는 사회통념상 용인되는 행위로서 위법성이 없다.[43)]

정당방위를 부정한 판례의 구체적 내용은 다음과 같다. 즉,

---

39) 대법원 1985.5.14. 선고 85도466 판결.

40) 대법원 1991.5.10. 선고 91도346 판결.

41) 대법원 2006.11.23. 선고 2006도2732 판결; 대법원 2000.7.4. 선고 99도4341 판결.

42) 대법원 1992.3.27. 선고 91도2831 판결.

43) 대법원 1983.5.24. 선고 83도942 판결.

가해자의 행위가 피해자의 부당한 공격을 방위하기 위한 것이라기보다는 서로 공격할 의사로 싸우다가 먼저 공격을 받고 이에 대항하여 가해하게 된 것이라고 봄이 상당한 경우, 그 가해행위는 방어행위인 동시에 공격행위의 성격을 가지므로 정당방위라고 볼 수 없다.[44] 싸움의 경위와 그 수단등 제반사정에 비추어 볼때 그 구타행위는 일련의 상호쟁투중에 이루어진 행위로서 서로 상대방의 폭력행위를 유발한 것임을 전제하고 피고인이 주장하는 정당방위 또는 과잉방위는 성립되지 아니한다고 판시하였는바, 이러한 판단은 수긍되고 소론과 같은 법리오해의 위법이 있다 할 수 없다.[45] 언쟁중 흥분끝에 싸우다가 상해를 입힌 행위는 서로 상대방의 상해행위를 유발한 것이어서 정당방위는 성립하지 아니한다.[46] 피고인과 피해자 사이에 상호시비가 벌어져 싸움을 하는 경우에는 그 투쟁행위는 상대방에 대하여 방어행위인 동시에 공격행위를 구성하며, 상대방의 행위를 부당한 침해라고 하고 피고인의 행위만을 방어행위라고는 할 수 없다.[47] 피해자가 칼을 들고 피고인을 찌르자 그 칼을 뺏어 그 칼로 반격을 가한 결과 피해자에게 상해를 입게 하였다 하더라도 그와 같은 사실만으로는 피고인에 대한 현재의 부당한 침해를 방위하기 위한 행위로서 상당한 이유가 있는 경우에 해당한다고 할 수 없다.[48]

3) 피해자의 승낙

본죄의 상해는 피해자의 승낙에 의하여 원칙적으로 위법성을 조각한다. 자신의 신체에 대한 상해는 개인의 처분권한에 속한다고 해야 하기 때문이다. 형법이 소위 동의를 얻어 신체를 침해하는 동의상해에 대하여 아무런 규정을 두지 않고 있는 이상 당연하다. 생명에 대한 침해가 동의살인죄에 해당하여 위법성이 조각되지 않는 것과 대조된다.

독일형법과 같이 선량한 풍속에 반하지 않을 것을 전제로 동의상해에 대한 위법성의 조각을 규정하고 있는 입법례가 없는 것은 아니다.[49] 그러나 이러한 규정이 없는 형법에 있어서도 상해는 당연히 위법성조각사유의 한계규정인 사회상규상의 제한을 받는다고 해석된다(제20조 참조).[50] 따라서 본죄의 상해는 피해자의 승낙에 의하는 경우에도 사회상규를 넘는 경우에는 위법성이 조각되지 않는다고 해야 한다. 따라서 건강이나 생명에 위험을 초래하는 승낙은 허용되지 않고 이에 근거한 행위도 위법성을 조각하지 않는다. 예컨대 신체포기각서 등이 허용될 수 없는 근거이다.

한편 치료행위의 위법성조각을 피해자의 승낙에서보다는 전술한 바와 같이 정당행위에서 그 근거를 찾는 것이 더욱 타당하다고 본다. 정신의료 등 강제의료나 응급의료 등에서와 같이 환자의 의사와 무관하게 행하여지는 치료행위도 존재하기 때문이다. 이 외에도 피해자의 승낙이 유효하기 위한 주요한 요건으로서는 진의성(眞意性)과 임의성(任意性)이 요구된다. 피해자의 승낙을 긍정한 판례의 구체적 내용은 다음과 같다. 즉,

---

44) 대법원 2004.6.25. 선고 2003도4934 판결; 대법원 2000.3.28. 선고 2000도228 판결.

45) 대법원 1986.12.23. 선고 86도1491 판결.

46) 대법원 1984.6.26. 선고 83도3090 판결.

47) 대법원 1984.5.22. 선고 83도3020 판결.

48) 대법원 1984.1.24. 선고 83도1873 판결.

49) 독일형법 제228조(승낙) 피해자의 승낙과 함께 상해를 가한 자는 승낙에도 불구하고 선량한 풍속에 반하는 행위인 경우에는 위법하게 행위한 것이다.

50) 이에 관하여는 주호노, 『형법총론』, 법문사, 2019, 427면 참조.

형법 제24조의 규정에 의하여 위법성이 조각되는 피해자의 승낙은 개인적 법익을 훼손하는 경우에 법률상 이를 처분할 수 있는 사람의 승낙을 말할 뿐만 아니라 그 승낙이 윤리적, 도덕적으로 사회상규에 반하는 것이 아니어야 한다.[51)]

피해자의 승낙을 부정한 판례의 구체적 내용은 다음과 같다. 즉,

피고인이 피해자와 공모하여 교통사고를 가장하여 보험금을 편취할 목적으로 피해자에게 상해를 가하였다면 피해자의 승낙이 있었다고 하더라도 이는 위법한 목적에 이용하기 위한 것이므로 피고인의 행위가 피해자의 승낙에 의하여 위법성이 조각된다고 할 수 없다.[52)] 산부인과 전문의 수련과정 2년차인 의사가 자신의 시진, 촉진결과 등을 과신한 나머지 초음파검사 등 피해자의 병증이 자궁외 임신인지, 자궁근종인지를 판별하기 위한 정밀한 진단방법을 실시하지 아니한 채 피해자의 병명을 자궁근종으로 오진하고 이에 근거하여 의학에 대한 전문지식이 없는 피해자에게 자궁적출술의 불가피성만을 강조하였을 뿐 위와 같은 진단상의 과오가 없었으면 당연히 설명받았을 자궁외 임신에 관한 내용을 설명받지 못한 피해자로부터 수술승낙을 받았다면 위 승낙은 부정확 또는 불충분한 설명을 근거로 이루어진 것으로서 수술의 위법성을 조각할 유효한 승낙이라고 볼 수 없다.[53)]

(3) 책임조각사유

본죄의 상해에 있어서도 책임조각사유에 의한 책임조각, 책임감경사유에 근거한 책임감경이 가능하다. 책임조각을 긍정한 판례의 구체적 내용은 다음과 같다. 즉.

피고인은 이미 10여년 전부터 만성형 정신분열증 질환을 앓아 왔고 그 동안 각종 정신병원 및 정신요양원 등의 치료시설에 장기간 수용되어 치료를 받아 온 사실과 피고인의 현재 지능은 보통수준이고 외면상으로는 정상적인 지적 판단능력을 갖춘 듯이 보이나 내면에는 과대망상이나 피해망상 등 비현실적인 사고로 가득 차 있어 정상적인 사리판단이나 의사결정을 기대할 수 없는 상태로 보이며 이 사건 범행의 경위도 위와 같은 왜곡된 사고와 망상의 지배로 말미암아 아무런 관계도 없는 생면부지의 행인인 피해자들의 머리를 이유없이 도끼로 내리쳐 상해를 가하기에 이른 사실을 인정한 다음, 이와 같은 여러 가지 사정을 종합하여 보면 피고인은 이 사건 범행당시 심한 만성형 정신분열증에 따른 망상에 지배되어 사물의 선악과 시비를 구별할만한 판단능력이 결여된 상태에 있었다고 보여지므로 피고인의 이 사건 범행에 대하여는 형법 제10조 제1항에 따라 벌할 수 없는 것이라고 판시하고 피고인에 대하여 무죄를 선고하였다.[54)]

(4) 죄 수

본죄의 죄수는 침해법익을 기준으로 한다. 신체는 일신전속적 법익에 속하기 때문이다. 그러나 폭행·협박은 상해에 흡수되고, 상해는 살인에 흡수된다.

본죄의 죄수에 관한 판례의 구체적 내용은 다음과 같다. 즉,

상해를 입힌 행위가 동일한 일시, 장소에서 동일한 목적으로 저질러진 것이라 하더라도 피해자

51) 대법원 1985.12.10. 선고 85도1892 판결.
52) 대법원 2008.12.11. 선고 2008도9606 판결.
53) 대법원 1993.7.27. 선고 92도2345 판결.
54) 대법원 1991.5.28. 선고 91도636 판결.

를 달리하고 있으면 피해자별로 각각 별개의 상해죄를 구성한다고 보아야 할 것이고 1개의 행위가 수개의 죄에 해당하는 경우라고 볼 수 없다.[55] 피고인의 협박사실행위가 피고인에게 인정된 상해사실과 같은 시간 같은 장소에서 동일한 피해자에게 가해진 경우에는 특별한 사정이 없는 한 상해의 단일범의 하에서 이루어진 하나의 폭언에 불과하여 위 상해죄에 포함되는 행위라고 봄이 상당하다.[56]

3. 처 벌

본죄의 법정형은 7년 이하의 징역, 10년 이하의 자격정지 또는 1천만원 이하의 벌금이다. 본죄의 경우에는 10년 이하의 자격정지를 병과할 수 있다. 본죄의 미수범은 처벌된다.

4. 상습상해죄

본죄는 상해죄의 상습범이다. 본죄는 상습의 습벽을 가진 자가 상해죄를 범함으로써 성립하는 범죄이다. 상습범은 처벌규정이 있는 경우에만 처벌된다.[57]

본죄는 상해죄와 구성요건을 공유한다. 다만 주체와 법정형만이 상해죄와 다를 뿐이다. 본죄의 주체는 상해의 상습자이다. 상습(常習)이란 같은 행위를 반복하는 습벽, 즉 반복하는 버릇을 말한다. 본죄는 동종의 범죄를 반복하는 버릇으로 인하여 가중하여 처벌되는 것이다.[58] 대법원은 “형법 제264조에서 말하는 ‘상습’이란 위 규정에 열거된 상해 내지 폭행행위의 습벽을 말하는 것이므로, 위 규정에 열거되지 아니한 다른 유형의 범죄까지 고려하여 상습성의 유무를 결정하여서는 아니 된다”고 판시한 바 있다.[59] 본죄의 실행행위는 상해이다. 상해는 상해죄에 있어서의 그것과 같다.

본죄는 상해죄에 정한 형, 즉 7년 이하의 징역, 10년 이하의 자격정지 또는 1천만원 이하의 벌금의 형보다 2분의 1까지 가중하여 처벌된다.

Ⅲ. 존속상해죄

제257조(상해, 존속상해) ② 자기 또는 배우자의 직계존속에 대하여 제1항의 죄를 범한 때에는 10년 이하의 징역 또는 1천500만원 이하의 벌금에 처한다.
③ 전2항의 미수범은 처벌한다.

제264조(상습범) 상습으로 제257조, ~ 의 죄를 범한 때에는 그 죄에 정한 형의 2분의 1까지 가중한다.

제265조(자격정지의 병과) 제257조제2항, ~ 의 경우에는 10년 이하의 자격정지를 병과할 수 있다.

구조문

제257조(상해, 존속상해) ② 자기 또는 배우자의 직계존속에 대하여 전항의 죄를 범한 때에는 1년 이상 10년 이하의 징역에 처한다.
③ 전2항의 미수범은 처벌한다.

---

55) 대법원 1983.4.26. 선고 83도524 판결.

56) 대법원 1976.12.14. 선고 76도3375 판결.

57) 대법원 2018.4.24. 선고 2017도21663 판결 참조.

58) 상습범에 대하여는 상습으로 행하는 범죄에 정한 형의 2분의 1까지 가중한다. 이와 같이 상습범이라는 신분을 이유로 가중처벌하는 것은 운명과 책임을 혼동한 것으로서 책임주의에 반한다고 비판되고 있다.

59) 대법원 2018.4.24. 선고 2017도21663 판결.

1. 서 언

본죄는 자기 또는 배우자의 직계존속의 신체를 상해함으로써 성립하는 범죄이다. 직계존속이라는 신분관계로 인하여 책임을 가중하는 상해죄에 대한 가중적 구성요건이다. 부진정 신분범에 해당한다.

2. 범 죄

본죄의 객체는 자기 또는 배우자의 직계존속의 신체이다. 본죄의 실행행위는 상해이다. 기본적 구성요건과 중첩되는 부분은 이미 상해죄에서 전술한 바 있다. 다만 가중의 근거, 즉 본죄의 객체로서 자기 또는 배우자만이 기본적 구성요건인 상해죄의 그것과 달리하고 있다. 그러나 이에 대하여도 이미 존속살해죄에서 전술하였기 때문에 여기에서는 생략하기로 한다. 해당 판례만을 소개하는 것만으로 본죄에 대한 해설에 갈음하기로 한다. 본죄는 미수범을 처벌한다. 존속상해를 부정한 판례의 구체적 내용은 다음과 같다. 즉,

> 친자관계라는 사실은 호적상의 기재여하에 의하여 좌우되는 것은 아니며 호적상 친권자라고 등재되어 있다 하더라도 사실에 있어서 그렇지 않은 경우에는 법률상 친자관계가 생길 수 없다 할 것인바, 피고인은 호적부상 피해자와 모 사이에 태어난 친생자로 등재되어 있으나 피해자가 집을 떠난 사이 모가 타인과 정교관계를 맺어 피고인을 출산하였다면 피고인과 피해자 사이에는 친자관계가 없으므로 존속상해죄는 성립될 수 없다.[60]

3. 처 벌

본죄의 법정형은 10년 이하의 징역 또는 1천500만원 이하의 벌금이다. 상해죄의 7년 이하의 징역, 10년 이하의 자격정지 또는 1천만원 이하의 벌금에 비하면 가중되어 있다. 본죄의 미수범은 처벌된다.

4. 상습존속상해죄

본죄는 존속상해죄의 상습범이다. 본죄는 존속상해죄와 구성요건을 공유한다. 다만 본죄는 본죄의 주체인 존속상해의 상습범에 대하여 존속상해죄에 정한 형의 2분의 1까지 가중하여 처벌한다.

판례에 의하면 피고인이 2001.11.23.부터 2002.3.22.까지 사이에 직계존속인 피해자를 2회 폭행하고, 4회 상해를 가한 것은 존속에 대한 동일한 폭력습벽의 발현에 의한 것으로 인정되므로 그중 법정형이 더 중한 상습존속상해죄에 나머지 행위들을 포괄시켜 하나의 죄만이 성립한다고 한다.[61]

---

60) 대법원 1983.6.28. 선고 83도996 판결.
61) 대법원 2003.2.28. 선고 2002도7335 판결.

Ⅳ. 중상해죄

제258조(중상해, 존속중상해) ① 사람의 신체를 상해하여 생명에 대한 위험을 발생하게 한 자는 1년 이상 10년 이하의 징역에 처한다.
② 신체의 상해로 인하여 불구 또는 불치나 난치의 질병에 이르게 한 자도 전항의 형과 같다.

제264조(상습범) 상습으로 ~ 제258조, ~ 의 죄를 범한 때에는 그 죄에 정한 형의 2분의 1까지 가중한다.

제265조(자격정지의 병과) ~ 제258조, ~ 의 경우에는 10년 이하의 자격정지를 병과할 수 있다.

1. 서 언

(1) 의 의

본죄는 사람의 신체를 상해하여 생명에 대한 위험을 발생하게 하거나(제258조 제1항), 신체의 상해로 인하여 불구 또는 불치나 난치의 질병에 이르게 함으로써 성립한다(제258조 제2항). 본죄는 결과적 가중범이다. 기본죄인 상해죄보다 중한 결과의 발생으로 인하여 중하게 처벌하는 가중적 구성요건이다. 본죄의 상습범은 처벌된다.

(2) 법적 성질

본죄의 법적 성질에 관하여는 고의범설과 결과적 가중범설이 대립하고 있다. 고의범설(故意犯說)에 의하면 중상해도 상해이기 때문에 상해의 고의만으로 본죄가 성립한다고 한다. 결과적 가중범설(結果的 加重犯說)은 상해의 고의로써 중상해가 발생한 경우이기 때문에 중상해에 대하여는 과실이 있는 경우뿐만 아니라 고의가 있는 경우에도 본죄가 성립하는 부진정 결과적 가중범이라고 한다.

생각건대 본죄의 실행행위는 상해라고 해석된다. 또 생명에 대한 위험, 불구, 불치나 난치의 질병은 모두 상해로 인한 결과로 해석된다. 고의는 행위나 결과도 포함한 모든 객관적 구성요건요소에 대한 인식과 실현의사로서 고의에 대한 기본적 판단기준은 실행행위에 있다고 할 수 있다. 이러한 근거에서 결과적 가중범설이 합당하다고 해석된다. 결국 본죄는 결과적 가중범이라고 해석되어야 한다.

2. 범 죄

(1) 객관적 구성요건

1) 객 체

본죄의 객체는 사람의 신체이다. 사람은 자신을 제외한 타인을 의미한다. 신체란 전술한 상해죄에서와 같이 살아 있는 사람의 몸을 말한다.

2) 행 위

본죄의 실행행위는 상해이다. 상해란 상해죄에서와 같이 생리적 기능훼손설에 의하는 한 생리적 기능의 훼손을 의미한다.

3) 결 과

① 의 의

본죄는 결과범이다. 중한 결과의 발생을 요한다. 중한 결과란 중상해를 의미한다. 결국, 본죄는 상해로 인하여 중상해에 이른 범죄라고 할 수 있다.

② 중한 결과

본죄의 중한 결과는 중상해이다. 중상해는 상해로 인하여 발생한 것이어야 한다. 본죄는 중상해로서 생명에 대한 위험과 이러한 위험이 없는 경우라도 불구 또는 불치나 난치의 질병을 나열하고 있다.62)

ⓘ 생명에 대한 위험 본죄는 사람의 신체를 상해하여 생명에 대한 위험을 발생하게 하여야 한다(제258조 제1항). 생명에 대한 위험이란 생명에 대한 구체적이고 현실적인 위험을 말한다. 치명상이 이에 해당할 수 있다. 이러한 의미에서 본죄는 구체적 위험범이다.

ⓘⓘ 불구 또는 불치나 난치의 질병 본죄는 신체의 상해로 인하여 생명에 대한 위험은 없더라도 불구 또는 불치나 난치의 질병에 이르게 하여야 한다(제258조 제2항). 불구(不具)의 사전적 의미는 온전하지 못한 신체이다. 그러나 본죄에 있어서의 그것은 기능이 온전하지 못할 정도의 상해를 입은 신체를 의미한다고 해석된다. 불구는 요즈음의 장애에 해당하는 용어로서 고어(古語)에 속한다고 할 수 있다. 불치(不治)란 현대의학상 치료의 불가능성을 말하고, 난치(難治)란 치료의 곤란성을 의미한다고 해석된다. 희귀질환이 이에 해당할 수 있는 것으로 보인다(희귀질환관리법 제2조 참조).

한편 불구나 난치는 과거 전통적으로 빈번하게 사용되어 오던 개념으로서 신체가 온전하지 않다는 의미의 불구(不具)나 고칠 수 없는 병이라는 의미의 폐질(廢疾)에서 유래한 개념이라고 해석된다. 중상해를 긍정한 판례의 구체적 내용은 다음과 같다. 즉,

> 피고인은 동거한 사실이 있는 피해자인 공소외인 여인에게 피고인을 탈영병이라고 헌병대에 신고한 이유와 다른 남자와 정을 통한 사실들을 추궁한 바, 이를 부인하자 하숙집 뒷산으로 데리고 가 계속 부정을 추궁하면서 상대 남자를 말하자 대답을 하지 못하고 당황하던 동 여인에게 소지중인 면도칼 1개를 주면서 "네가 네 코를 자르지 않을 때는 돌로서 죽인다"는 등 위협을 가해 자신의 생명에 위험을 느낀 동 여인은 자신의 생명을 보존하기 위하여 위 면도칼로 콧등을 길이 2.5센치, 깊이 0.56센치 절단하므로서 동 여인에게 전치 3개월을 요하는 상처를 입혀 안면부 불구가 되게 하였다는 것으로서 이와 같이 피고인에게 피해자 여인의 상해결과에 대한 인식이 있고 또 그 여인에게 대한 협박정도가 그의 의사결정의 자유를 상실케 함에 족한 것인 이상, 피고인에게 중상해 사실을 인정하고 피해자 여인의 자상행위로 인정하지 아니한 원판결 판단에 소론 위법이 있다는 논지는 이유없다.63)

중상해를 부정한 판례의 구체적 내용은 다음과 같다. 즉,

> 피고인은 공소외 1에게 "피해자의 다리를 부러뜨려 1~2개월간 입원케 하라"고 말하여 교사하

---

62) 대법원 2005.12.9. 선고 2005도7527 판결.

63) 대법원 1970.9.22. 선고 70도1638 판결.

고, 또한 공소외 1로부터 순차 지시를 받은 공소외 2, 공소외 3으로 하여금 칼로 피해자의 우측가슴을 찔러 피해자에게 약 3주간의 치료를 요하는 우측흉부자상 등을 가하였다는 것인데, 1~2개월간 입원할 정도로 다리가 부러지는 상해 또는 3주간의 치료를 요하는 우측흉부자상은 그로 인하여 생명에 대한 위험을 발생하게 한 경우라거나 불구 또는 불치나 난치의 질병에 이르게 한 경우에 해당한다고 보기 어렵고, 달리 피고인이 교사한 상해가 중상해에 해당한다거나 피해자가 입은 상해가 중상해에 해당한다고 단정할 자료도 없어 보인다.[64)]

4) 인과관계

① 의 의

본죄도 결과범으로서 상해와 중상해 사이에는 인과관계가 존재하여야 한다. 특히 기본범죄인 상해에 내재된 전형적인 위험이 실현되어 중한 결과인 중상해가 발생하였다는 의미의 직접성(直接性, Unmittelbarkeit)이 인정되지 않으면 안 된다. 따라서 기본범죄인 상해는 중한 결과인 중상해를 야기할 정도의 것이 아니면 안 된다.

② 결과에 대한 예견가능성

본죄가 진정 결과적 가중범의 형태인 경우 중한 결과에 대한 과실이 요구된다. 중한 결과에 대한 예견가능성이 결여된 경우에는 본죄가 성립하지 않는다고 할 수 있다. 예견가능성은 위의 직접성과 밀접한 관련이 있다고 할 수 있다. 물론 본죄를 부진정 결과적 가중범으로 파악하고 중한 결과에 대한 고의가 존재하는 경우에는 결과에 대한 예견가능성은 이미 고의에 반영된 것으로 해석된다.

(2) 주관적 구성요건

본죄는 결과적 가중범이다. 본죄는 우선 기본행위인 상해에 대하여 고의를 요한다. 나아가 본죄를 부진정결과적 가중범으로 파악하는 한 중상해의 결과에 대하여도 과실이나 고의가 추가적으로 요구된다. 한편 폭행의 고의로 본죄의 결과가 발생한 경우에는 폭행치상죄가 성립할 뿐이다(제262조 참조).

(3) 미수 · 기수

본죄는 미수를 처벌하지 아니한다. 본죄는 결과의 발생을 요하는 결과적 가중범으로서 애초부터 미수가 성립할 수 없기 때문이다. 또 중상해의 고의로 중상해를 실행하였으나 중상해가 발생하지 않은 경우에 대하여 중상해의 미수를 처벌하는 규정이 형법상 존재하지 않기 때문이다. 이러한 경우 상해의 결과가 발생하였다면 상해기수, 상해의 결과도 발생하지 않았다면 상해미수가 된다고 하지 않을 수 없다.

(4) 공 범

판례에 의하면 "교사자가 피교사자에 대하여 상해 또는 중상해를 교사하였는데 피교사자가 이를 넘어 살인을 실행한 경우에, 일반적으로 교사자는 상해죄 또는 중상해죄의 죄책

---

64) 대법원 2005.12.9. 선고 2005도7527 판결.

을 지게 되는 것이지만 이 경우에 교사자에게 피해자의 사망이라는 결과에 대하여 과실 내지 예견가능성이 있는 때에는 상해치사죄의 죄책을 지울 수 있다"고 한다.65)

3. 처 벌

본죄의 법정형은 1년 이상 10년 이하의 징역이다. 기본적 구성요건인 상해죄의 7년 이하의 징역, 10년 이하의 자격정지 또는 1천만원 이하의 벌금에 비하여 가중되어 처벌되고 있다. 본죄의 경우에는 10년 이하의 자격정지를 병과할 수 있다.

4. 상습중상해죄

본죄는 중상해죄와 구성요건을 공유한다. 다만 본죄는 본죄의 주체인 중상해의 상습범에 대하여 중상해죄에 정한 형의 2분의 1까지 가중하여 처벌한다.

Ⅴ. 존속중상해죄

제258조(중상해, 존속중상해) ③ 자기 또는 배우자의 직계존속에 대하여 전2항의 죄를 범한 때에는 2년 이상 15년 이하의 징역에 처한다.

제264조(상습범) 상습으로 ~, 제258조, ~ 의 죄를 범한 때에는 그 죄에 정한 형의 2분의 1까지 가중한다.

제265조(자격정지의 병과) ~, 제258조, ~ 의 경우에는 10년 이하의 자격정지를 병과할 수 있다.

1. 서 언

본죄는 자기 또는 배우자의 직계존속의 신체에 대하여 상해하여 중상해에 이르게 함으로써 성립하는 범죄이다. 본죄는 결과적 가중범이다. 기본죄인 상해죄에 대하여 신분관계로 인하여 책임이 가중되는 가중적 구성요건이다. 뿐만 아니라 중상해죄와 같이 결과적 가중범에 속한다. 본죄의 상습범은 처벌된다.

2. 범 죄

본죄의 객체는 자기 또는 배우자의 직계존속의 신체이다. 본죄의 실행행위는 상해이다. 본죄의 결과는 중상해이다. 중상해란 상해하여 생명에 대한 위험을 발생하게 하거나 이로 인하여 불구 또는 불치나 난치의 질병에 이르게 하는 것을 말한다.

3. 처 벌

본죄의 법정형은 2년 이상 15년 이하의 징역으로서 법정형이 7년 이하의 징역, 10년 이하의 자격정지 또는 1천만원 이하의 벌금인 상해죄보다도, 나아가 법정형이 1년 이상 10년 이하의 징역인 중상해죄보다도 가중되어 있다.

한편 2인 이상이 공동하여 본죄를 범한 경우에는 본죄의 형에 2분의 1까지 가중한다

65) 대법원 2002.10.25. 선고 2002도4089 판결; 대법원 1993.10.8. 선고 93도1873 판결.

(폭력행위처벌법 제2조 제2항 제3호).

4. 상습존속중상해죄

본죄는 존속중상해죄의 상습범이다. 본죄는 존속중상해죄와 구성요건을 공유한다. 다만 본죄는 본죄의 주체인 존속중상해의 상습범에 대하여 존속중상해죄에 정한 형의 2분의 1까지 가중하여 처벌한다.

Ⅵ. 특수상해죄

제258조의2(특수상해) ① 단체 또는 다중의 위력을 보이거나 위험한 물건을 휴대하여 제257조제1항 또는 제2항의 죄를 범한 때에는 1년 이상 10년 이하의 징역에 처한다.
② 단체 또는 다중의 위력을 보이거나 위험한 물건을 휴대하여 제258조의 죄를 범한 때에는 2년 이상 20년 이하의 징역에 처한다.
③ 제1항의 미수범은 처벌한다.

제264조(상습범) 상습으로 ~, 제258조의2, ~ 의 죄를 범한 때에는 그 죄에 정한 형의 2분의 1까지 가중한다.

제265조(자격정지의 병과) ~, 제258조의2, ~ 의 경우에는 10년 이하의 자격정지를 병과할 수 있다.

1. 서 언

(1) 의 의

본죄는 단체 또는 다중의 위력을 보이거나 위험한 물건을 휴대하여 사람의 신체를 상해하거나 자기 또는 배우자의 직계존속의 신체를 상해함으로써 성립한다(제258조의2 제1항). 또 본죄는 단체 또는 다중의 위력을 보이거나 위험한 물건을 휴대하여 사람의 신체를 상해하여 생명에 대한 위험을 발생하게 하거나 신체의 상해로 인하여 불구 또는 불치나 난치의 질병에 이르게 하거나 자기 또는 배우자의 직계존속의 신체를 상해하여 생명에 대한 위험을 발생하게 하거나 신체의 상해로 인하여 불구 또는 불치나 난치의 질병에 이르게 함으로써 성립하게 된다(제258조의2 제2항).

본죄는 행위의 객체에 따라 특수상해와 특수존속상해로 나누어지고, 행위객체에 대한 발생결과에 따라 특수중상해와 특수존속중상해로 나누어질 수 있다. 본죄는 행위방법의 위험성과 발생한 중한 결과로 인하여 불법이 가중되는 가중적 구성요건이다.[66] 본죄는 미수범과 상습범을 처벌한다.

---

66) 죄명 앞에 '특수'라는 관용어가 붙어 가중처벌되는 특수범죄의 실행행위의 방법은 몇 가지의 유형으로 나누어질 수 있다. 제1유형은 본죄와 같이 '단체 또는 다중의 위력을 보이거나 위험한 물건을 휴대'를 요하는 범죄유형이다. 이에는 본죄 외에도 특수공무방해(제144조), 특수폭행(제261조), 특수체포·특수감금(제278조), 특수협박(제284조), 특수주거침입(제320조) 및 특수공갈(제350조의2), 특수손괴(제369조)가 포함된다. 제2유형으로서의 특수도주는 '수용설비 또는 기구를 손괴하거나 사람에게 폭행 또는 협박을 가하거나 2인 이상이 합동하여'를 요한다(제146조). 제3유형으로서의 특수절도는 '야간에 문이나 담 그 밖의 건조물의 일부를 손괴하'거나 '흉기를 휴대하거나 2명 이상이 합동하여'를 요한다(제331조). 제4유형으로서의 특수강도는 '흉기를 휴대하거나 2인 이상이 합동하여'를 요한다(제334조). 한편 '합동하여'를 요하는 합동범은 특수도주, 특수절도 및 특수강도의 오직 3가지 범죄밖에 없다.

(2) 연 혁

본죄는 종래 폭력행위처벌법상의 집단폭행에서 유래한다(구 폭력행위처벌법 제3조 제1항).[67] 집단폭행은 2015년 헌법재판소에 의하여 위헌으로 결정되었다.[68] 이에 따라 집단폭행은 2016년 형법상의 특수폭행으로 이전하여 정비되었다.[69]

2. 특수상해죄

(1) 의 의

본죄는 단체 또는 다중의 위력을 보이거나 위험한 물건을 휴대하여 사람의 신체를 상해함으로써 성립한다(제258조의2 제1항). 본죄를 다른 유형과 구별하여 협의의 특수상해 또는 단순 특수상해라고도 할 수 있다.

(2) 범 죄

1) 객관적 구성요건

① 객 체

본죄의 객체는 사람의 신체이다. 사람이란 타인을 의미하고, 신체란 살아 있는 사람의 몸을 의미한다는 것은 전술한 상해죄에 있어서와 같다.

② 행 위

ⓘ 상 해 　본죄의 실행행위는 상해이다. 다만 본죄는 기본적 구성요건인 상해죄에서보다 행위방법으로 인하여 불법이 가중되고 있다.

ⓘⓘ 상해의 방법 　본죄의 행위방법은 단체 또는 다중의 위력을 보이거나 위험한 물건을 휴대하여 행하는 것이다.

i. 단체 또는 다중의 위력 　본죄는 행위방법 중의 하나는 단체 또는 다중의 위력을 보일 것을 요한다. 단체(團體)란 공동목적을 가진 다수인의 계속적·조직적 결합체를 말한다. 공동목적은 반드시 범죄목적임을 요하지 않는다. 구성원은 언제나 집결되어 있어야 하는 것도 아니다. 다중(多衆)이란 단체에 이르지 않은 다수인의 집합을 말한다. 다수인은 위력이 될 수 있을 정도의 집결을 요한다. 위력(威力)이란 사람의 의사를 제압하기에 충분한 세력을 말한다. '위력을 보인다'는 것은 사람의 의사를 제압할 세력을 상대방에게 표시하는 것을 말한다.

---

67) 당시 폭력행위처벌법 제3조 제1항의 규정은 2016년 일부개정으로 삭제되었다(법률 제13718호 2016.1.6. 일부개정). 이 규정의 내용은 "제3조(집단적 폭행 등) ① 단체나 다중(多衆)의 위력(威力)으로써 또는 단체나 집단을 가장하여 위력을 보임으로써 제2조제1항 각 호에 규정된 죄를 범한 사람 또는 흉기나 그 밖의 위험한 물건을 휴대하여 그 죄를 범한 사람은 제2조제1항 각 호의 예에 따라 처벌한다"이었다.

68) 헌법재판소 2015.9.24. 선고 2014헌바154·398, 2015헌가3·9·14·18·20·21·25(병합) 결정.

69) 형법 2016.1.6. 일부개정 법률 제13719호 2016.1.6. 시행. 개정이유는 다음과 같다. 즉, "헌법재판소는 「폭력행위 등 처벌에 관한 법률」중 특수폭행죄 가중처벌 등 일부 규정이 「형법」과 동일한 구성요건을 규정하면서 법정형만 상향하고 있어 헌법의 기본원리에 위배되고 평등의 원칙에 위반된다는 이유로 각각 위헌 결정을 하였음. 이에 「폭력행위등 처벌에 관한 법률」 일부 규정을 정비하고 동시에 일부 범죄를 「형법」에 편입하여 처벌의 공백을 방지하면서 형벌체계상의 정당성과 균형을 갖추도록 함"이다.

ⅱ. 위험한 물건을 휴대 본죄의 행위방법 중 다른 하나는 위험한 물건을 휴대할 것을 요한다. 위험한 물건(危險한 物件, gefährliche Wergzeug)이란 객관적 성질이나 사용방법에 따라서는 사람을 살상할 수 있는 물건을 말한다. 오로지 흉기용으로 제작된 물건임을 요하지 않는다. 대법원도 "특수공무방해죄에 있어서의 위험한 물건이라 함은 흉기는 아니라고 하더라도 널리 사람의 생명·신체에 해를 가하는데 사용할 수 있는 일체의 물건을 포함한다고 풀이할 것이므로 본래 살상용·파괴용으로 만들어진 것뿐만 아니라 다른 목적으로 만들어진 칼·가위·유리병·각종 공구·자동차 등은 물론, 화학약품 또는 사주된 동물 등도 그것이 사람의 생명·신체에 해를 가하는데 사용되었다면 본조의 위험한 물건이라 할 것이다"라고 판시한 바 있다.[70] 휴대(携帶)란 다닐 때 손에 잡거나 몸에 지니는 것을 말한다. 휴대하여라는 말은 소지뿐만 아니라 널리 이용한다는 뜻도 포함하고 있다.[71] 휴대하여는 사전부터의 휴대가 아니더라도 범행시의 휴대면 그것으로 족하다.

③ 결 과

본죄는 결과범이다. 상해의 결과가 발생하지 않으면 본죄를 구성하지 않는다. 생리적 기능훼손이라는 상해의 결과가 발생할 것을 요한다.

2) 주관적 구성요건

본죄는 고의범이다. 본죄의 고의는 인식적 요소로서 불법이 가중되는 행위방법을 요함에 따라 행위방법에 대한 인식을 추가적으로 요한다.

3) 미수·기수

본죄는 미수범을 처벌한다. 전술한 상해죄에서와 같이 본죄는 상해의 결과의 발생으로 기수에 이른다. 상해의 고의로 상해의 실행에 착수하여 상해의 결과의 발생에 이르지 않은 경우에는 본죄의 미수에 그치게 된다.

(3) 처 벌

본죄의 법정형도 상해죄보다 상향된 1년 이상 10년 이하의 징역으로 된다. 불법이 가중된 행위방법으로 인한 것이다. 본죄의 미수범은 처벌된다. 본죄의 경우에는 10년 이하의 자격정지가 병과될 수 있다.

3. 특수존속상해죄

본죄는 자기 또는 배우자의 직계존속의 신체를 상해함으로써 성립한다(제258조의2 제1항). 본죄는 존속상해죄와 구성요건을 공유한다. 다만 객관적 구성요건의 행위에 행위방법으로서 단체 또는 다중의 위력을 보이거나 위험한 물건을 휴대하여가 추가되고, 이에 따라 주관적 구성요건의 고의에 이러한 행위방법에 대한 인식이 추가된다. 나아가 본죄의 법정형도 존속상해

70) 대법원 1984.10.23. 선고 84도2001,84감도319 판결.
71) 대법원 1984.10.23. 선고 84도2001,84감도319 판결.

죄보다 상향된 1년 이상 10년 이하의 징역으로 특수상해와 같다. 본죄의 미수범은 처벌된다. 본죄의 경우에는 10년 이하의 자격정지가 병과될 수 있다.

4. 특수중상해죄

본죄는 단체 또는 다중의 위력을 보이거나 위험한 물건을 휴대하여 사람의 신체를 상해하여 생명에 대한 위험을 발생하게 하거나 신체의 상해로 인하여 불구 또는 불치나 난치의 질병에 이르게 함으로써 성립한다(제258조의2 제2항).

본죄는 중상해죄와 구성요건을 공유한다. 다만 객관적 구성요건의 행위에 행위방법으로서 단체 또는 다중의 위력을 보이거나 위험한 물건을 휴대하여가 추가되고, 이에 따라 주관적 구성요건의 고의에 이러한 행위방법에 대한 인식이 추가된다. 나아가 본죄의 법정형도 중상해죄보다 상향된 2년 이상 20년 이하의 징역으로 된다. 본죄에 대한 미수범에 대한 처벌규정은 존재하지 않는다. 본죄의 경우에는 10년 이하의 자격정지가 병과될 수 있다.

5. 특수존속중상해죄

단체 또는 다중의 위력을 보이거나 위험한 물건을 휴대하여 자기 또는 배우자의 직계존속의 신체를 상해하여 생명에 대한 위험을 발생하게 하거나 신체의 상해로 인하여 불구 또는 불치나 난치의 질병에 이르게 함으로써 성립한다(제258조의2 제2항).

본죄는 존속중상해죄와 구성요건을 공유한다. 다만 객관적 구성요건의 행위에 행위방법으로서 단체 또는 다중의 위력을 보이거나 위험한 물건을 휴대하여가 추가되고, 이에 따라 주관적 구성요건의 고의에 이러한 행위방법에 대한 인식이 추가된다. 나아가 본죄의 법정형도 존속중상해죄보다 상향된 2년 이상 20년 이하의 징역으로 특수중상해와 같다. 본죄에 대한 미수범에 대한 처벌규정은 존재하지 않는다. 본죄의 경우에는 10년 이하의 자격정지가 병과될 수 있다.

6. 상습특수상해죄

본죄는 상습으로 위의 특수상해, 특수존속상해, 특수중상해 또는 특수존속중상해를 범함으로써 성립한다.

본죄의 법정형은 위의 특수상해, 특수존속상해, 특수중상해 또는 특수존속중상해의 경우 그 죄에 정한 형의 2분의 1까지 가중한다.

Ⅶ. 상해치사죄

제259조(상해치사) ① 사람의 신체를 상해하여 사망에 이르게 한 자는 3년 이상의 유기징역에 처한다.
② 자기 또는 배우자의 직계존속에 대하여 전항의 죄를 범한 때에는 무기 또는 5년 이상의 징역에 처한다.

1. 서 언

본죄는 사람의 신체를 상해하여 사망에 이르게 하거나(제259조 제1항), 자기 또는 배우자의 직계존속의 신체를 상해하여 사망에 이르게 함으로써 성립한다(제259조 제2항). 본죄는 기본범죄의 유형에 따라 상해죄가 기본범죄인 단순 상해치사죄와 존속상해죄가 기본범죄인 존속상해치사죄로 나누어질 수 있다.

본죄는 결과적 가중범이다. 고의에 의한 상해와 과실에 의한 중한 결과의 발생으로 인하여 가중하여 처벌하는 가중적 구성요건이다. 본죄는 치사죄만을 규정하고 있다는 점에서 치상죄와 치사죄를 동시에 규정하고 있는 폭행치사상죄와 구별된다.

2. 상해치사죄

(1) 서 언

본죄는 사람의 신체를 상해하여 사망에 이르게 함으로써 성립한다(제259조 제1항). 본죄는 상해죄의 결과적 가중범이다. 상해의 고의로 사람에게 상해를 입혀 그 결과로서 사망에 이르게 하는 것을 내용으로 하는 범죄이다. 본죄는 상해죄보다 중한 결과로 인하여 가중되는 가중적 구성요건이다. 본죄는 기본죄인 상해죄와 구성요건을 공유한다. 공유되지 않는 부분에 대하여만 간략하게 고찰하기로 한다.

(2) 범 죄

1) 구성요건

① 객관적 구성요건

ⓘ 행 위　　본죄의 기본행위는 상해이다. 본죄의 기본으로 되는 죄가 상해죄이기 때문이다. 폭행에 의한 경우에는 본죄가 아니라 폭행치사죄가 성립된다.

ⓘⓘ 결 과　　본죄는 결과범이다. 결과의 발생을 요할 뿐만 아니라 행위와 결과 사이의 인과관계의 존재도 요한다. 다만 결과는 기본범죄의 실행행위인 상해보다는 중한 것이어야 한다. 본죄의 중한 결과는 사망이다. 상해에 의하여 사망에 이르게 되는 것이기 때문이다.

ⓘⓘⓘ 인과관계　　본죄는 상해와 사망 사이의 인과관계를 요한다. 다만 사망의 결과는 오로지 상해의 직접적인 결과로 발생할 것을 요하는 것은 아니다. 사망의 결과는 상해의 객체에 발생하는 것이 원칙이지만 인과관계가 인정되는 한 그 범위 내에서 이 객체 이외의 자에게 결과가 발생하여도 본죄로 된다. 본죄는 결과적 가중범이기 때문에 중한 결과에 대한 과실이 요구된다. 따라서 중한 결과에 대한 예견가능성(豫見可能性)이 결여된 경우에는 본죄가 성립하지 않는다. 전술한 바와 같이 상해에 내재된 전형적인 위험이 실현되어 중한 결과인 사망이 발생하였다는 의미의 직접성(直接性, Unmittelbarkeit)이 인정되지 않으면 안 되는 이유이다. 인과관계를 긍정한 판례의 구체적 내용은 다음과 같다. 즉,

> 피고인의 행위가 피해자를 사망하게 한 직접적 원인은 아니었다 하더라도 이로부터 발생된 다른 간접적 원인이 결합되어 사망의 결과를 발생하게 한 경우 그 행위와 사망 사이에는 인과관계

가 있다고 할 것이다.[72] 피고인이 갑의 뺨을 1회 때리고 오른손으로 목을 쳐 갑으로 하여금 뒤로 넘어지면서 머리를 땅바닥에 부딪치게 하여 상해를 가하고 그로 인해 사망에 이르게 하였다는 내용으로 기소된 사안에서, 갑이 두부 손상을 입은 후 병원에서 입원치료를 받다가 합병증으로 사망에 이르게 되어 피고인의 범행과 갑의 사망 사이에 인과관계를 부정할 수 없고, 사망 결과에 대한 예견가능성이 있었는데도, 이와 달리 보아 상해치사의 공소사실을 무죄로 판단한 원심판결에 법리오해의 위법이 있다.[73] 상해행위를 피하려고 하다가 차량에 치어 사망한 경우 상해행위와 피해자의 사망 사이에 상당인과관계가 있다.[74] 피고인이 피해자에게 우측 흉골골절 및 늑골골절상과 이로 인한 우측 심장벽좌상과 심낭내출혈 등의 상해를 가함으로써, 피해자가 바닥에 쓰러진 채 정신을 잃고 빈사상태에 빠지자, 피해자가 사망한 것으로 오인하고, 피고인의 행위를 은폐하고 피해자가 자살한 것처럼 가장하기 위하여 피해자를 베란다로 옮긴 후 베란다 밑 약 13m 아래의 바닥으로 떨어뜨려 피해자로 하여금 현장에서 좌측 측두부 분쇄함몰골절에 의한 뇌손상 및 뇌출혈 등으로 사망에 이르게 하였다면, 피고인의 행위는 포괄하여 단일의 상해치사죄에 해당한다.[75] 사람의 얼굴과 가슴에 대한 가격은 신체기능에 중대한 지장을 초래할 수 있고 더구나 두뇌 부위에 대하여 두개골 결손을 가져올 정도로 타격을 가할 경우에 치명적인 결과를 가져올 수 있다는 것은 누구나 예견할 수 있는 일이다.[76] 피고인의 강타로 인하여 임신 7개월의 피해자가 지상에 넘어져서 4일후에 낙태하고 위 낙태로 유발된 심근경색증으로 죽음에 이르게 된 경우 피고인의 구타행위와 피해자의 사망간에는 인과관계가 있다.[77]안면 및 흉부에 대한 구타는 생리적 작용에 중대한 영향을 줄 뿐 아니라 신경에 강대한 자극을 줌으로써 정신의 흥분과 이에 따르는 혈압의 항진을 초래하여 뇌일혈을 야기케 할 수 있고 이는 누구든지 예견할 수 있음으로 구타와 뇌일혈 사이에 인과관계가 있다 할 것이다.[78]

② 주관적 구성요건

본죄는 결과적 가중범이다. 따라서 본죄는 상해에 대한 고의와 사망에 대한 과실을 요한다. 사망에 대하여 인식이 있는 경우에는 살인죄를 구성한다. 본죄는 상해의 고의로 사람에게 상해를 입혀 그 결과로서 사망에 이르게 한 것을 내용으로 하는 진정 결과적 가중범이기 때문이다. 본죄는 치사의 결과에 대한 인식을 결한다는 점에서 살인죄와 다르고, 폭행의 고의 없이 상해의 고의를 요한다는 점에서 폭행치사죄와 구별된다.

③ 공 범

본죄의 공범은 총칙상의 이론에 따라 긍정될 수 있다고 본다. 예컨대 공동정범, 교사범, 방조범 및 신분범의 공범(제33조)의 공통의 성립요건 중의 하나는 주관적 구성요건요소로서 그것은 의사의 연락이다. 따라서 의사의 연락을 내용으로 하는 고의의 범위 내에서 예시된 공범의 성립은 긍정될 수 있다고 본다. 따라서 고의의 인식대상인 상해에 대하여는 예시된

72) 대법원 2012.3.15. 선고 2011도17648 판결; 대법원 1982.12.28. 선고 82도2525 판결.
73) 대법원 2012.3.15. 선고 2011도17648 판결.
74) 대법원 1996.5.10. 선고 96도529 판결.
75) 대법원 1994.11.4. 선고 94도2361 판결.
76) 대법원 1984.12.11. 선고 84도2183 판결.
77) 대법원 1972.3.28. 선고 72도296 판결.
78) 대법원 1955.6.7. 선고 4288형상88 판결.

공범이 모두 성립할 수 있다고 하는 것이 타당한 해석론이라고 본다. 다만 결과에 대하여는 예견가능성이 있을 것을 요한다고 하는 것은 결과적 가중범에 대한 당연한 요건이다.

공범의 성립을 긍정한 판례의 구체적 내용은 다음과 같다. 즉,

결과적 가중범인 상해치사죄의 공동정범은 폭행 기타의 신체침해 행위를 공동으로 할 의사가 있으면 성립되고 결과를 공동으로 할 의사는 필요 없으며, 여러 사람이 상해의 범의로 범행 중 한 사람이 중한 상해를 가하여 피해자가 사망에 이르게 된 경우 나머지 사람들은 사망의 결과를 예견할 수 없는 때가 아닌 한 상해치사의 죄책을 면할 수 없다.79) 교사자가 피교사자에 대하여 상해 또는 중상해를 교사하였는데 피교사자가 이를 넘어 살인을 실행한 경우에, 일반적으로 교사자는 상해죄 또는 중상해죄의 죄책을 지게 되는 것이지만 이 경우에 교사자에게 피해자의 사망이라는 결과에 대하여 과실 내지 예견가능성이 있는 때에는 상해치사죄의 죄책을 지울 수 있는 것이다.80) 여러 사람이 상해의 범의로 범행 중 한 사람이 중한 상해를 가하여 피해자가 사망에 이르게 된 경우 나머지 사람들은 사망의 결과를 예견할 수 없는 때가 아닌 한 상해치사의 죄책을 면할 수 없다고 할 것이다.81) 결과적 가중범인 상해치사의 공동정범은 폭행 기타의 신체침해행위를 공동으로 할 의사가 있으면 성립되고, 결과를 공동으로 할 의사는 필요 없다.82) 피고인 2는 피고인 1 등 여러명과 피해자 1을 상해하기로 공모하고, 피고인 2 등은 피고인 1의 사무실에서 대기하고, 실행행위를 분담한 공모자 일부가 사건현장에 가서 위 피해자를 상해하여 사망케 하였음이 인정되므로 피고인 2를 상해치사범죄의 공동정범으로 인정한 원심의 조치는 정당하다.83) 피고인이 공범들과 공동하여 피해자의 신체를 상해하거나 폭행을 가하는 기회에 공범 중 1인이 고의로 피해자를 살해한 경우, 피고인이 살인행위를 공모하거나 공범의 살인행위에 관여하지 아니하였기 때문에 살인죄의 죄책은 지지 아니한다고 하더라도 상해나 폭행행위에 관하여는 서로 인식이 있었고 예견이 가능한 공범의 가해행위로 사망의 결과가 초래된 이상, 상해치사죄의 죄책은 면할 수 없다.84) 결과적가중범인 상해치사죄의 공동정범은 폭행 기타의 신체침해행위를 공동으로 할 의사가 있으면 성립되고 결과를 공동으로 할 의사는 필요없다 할 것이므로 패싸움중 한사람이 칼로 찔러 상대방을 죽게 한 경우에 다른 공범자가 그 결과 인식이 없다 하여 상해치사죄의 책임이 없다고 할 수 없다.85)

2) 위법성조각사유

본죄에 있어서도 총칙상의 위법성조각사유는 그대로 적용된다. 다만 위법성조각사유에 해당하는 경우에도 모든 위법성조각사유의 한계선인 사회상규의 범위를 벗어날 수는 없다.

위법성의 조각을 부정한 판례의 구체적 내용은 다음과 같다. 즉,

피고인은 피해자(1962년생)와 1987.11.21. 혼인하여 딸(1990년생)과 아들(1994년생)을 둔 사실, 피해자는 평소 노동에 종사하여 돈을 잘 벌지 못하면서도 낭비와 도박의 습벽이 있고, 사소한

79) 대법원 2013.4.26. 선고 2013도1222 판결; 대법원 2000.5.12. 선고 2000도745 판결.

80) 대법원 2002.10.25. 선고 2002도4089 판결; 대법원 1997.6.24. 선고 97도1075 판결; 대법원 1993.10.8. 선고 93도1873 판결.

81) 대법원 2000.5.12. 선고 2000도745 판결; 대법원 1996.12.6. 선고 96도2570 판결.

82) 대법원 1993.8.24. 선고 93도1674 판결.

83) 대법원 1991.10.11. 선고 91도1755 판결.

84) 대법원 1991.5.14. 선고 91도580 판결.

85) 대법원 1978.1.17. 선고 77도2193 판결.

이유로 평소 피고인에게 자주 폭행·협박을 하였으며, 변태적인 성행위를 강요하는 등의 사유로 결혼생활이 파탄되어 1999년 11월경부터 별거하기에 이르고, 2000.1.10.경 피고인이 서울가정법원에 이혼소송을 제기하여 그 소송 계속중이던 같은 해 4월 23일 10:40경 피해자가 피고인의 월세방으로 찾아온 사실, 문밖에 찾아온 사람이 피해자라는 것을 안 피고인은 피해자가 칼로 행패를 부릴 것을 염려하여 부엌에 있던 부엌칼 두 자루를 방의 침대 밑에 숨긴 사실, 피고인이 문을 열어 주어 방에 들어온 피해자는 피고인에게 이혼소송을 취하하고 재결합하자고 요구하였으나 피고인이 이를 거절하면서 밖으로 도망가려 하자, 피해자는 도망가는 피고인을 붙잡아 방안으로 데려온 후 부엌에 있던 가위를 가지고 와 피고인의 오른쪽 무릎 아래 부분을 긋고 피고인의 목에 겨누면서 이혼하면 죽여버리겠다고 협박하고, 계속하여 피고인의 옷을 강제로 벗기고 자신도 옷을 벗은 다음 피고인에게 자신의 성기를 빨게 하는 등의 행위를 하게 한 후, 침대에 누워 피고인에게 성교를 요구하였으나 피고인이 이에 응하지 않자 손바닥으로 뺨을 2~3회 때리고, 재차 피고인에게 침대 위로 올라와 성교할 것을 요구하며 "너 말을 듣지 않으면 죽여버린다"고 소리치면서 침대 위에서 상체를 일으키는 순간, 계속되는 피해자의 요구와 폭력에 격분한 피고인이 그 상황에서 벗어나고 싶은 생각에서 침대 밑에 숨겨두었던 칼(증 제1호, 길이 34㎝, 칼날길이 21㎝) 한 자루를 꺼내 들고 피해자의 복부 명치 부분을 1회 힘껏 찔러 복부자창을 가하고, 이로 인하여 피해자로 하여금 장간막 및 복대동맥 관통에 의한 실혈로 인하여 그 자리에서 사망에 이르게 한 사실을 인정할 수 있다. 피고인이 이와 같이 피해자로부터 먼저 폭행·협박을 당하다가 이를 피하기 위하여 피해자를 칼로 찔렀다고 하더라도, 피해자의 폭행·협박의 정도에 비추어 피고인이 칼로 피해자를 찔러 즉사하게 한 행위는 피해자의 폭력으로부터 자신을 보호하기 위한 방위행위로서의 한도를 넘어선 것이라고 하지 않을 수 없고, 따라서 이러한 방위행위는 사회통념상 용인될 수 없는 것이므로, 자기의 법익에 대한 현재의 부당한 침해를 방어하기 위한 행위로서 상당한 이유가 있는 경우라거나, 방위행위가 그 정도를 초과한 경우에 해당한다고 할 수 없다. 따라서 피고인의 이 사건 범행은 정당방위 또는 과잉방위에 해당하지 아니하므로, 항소를 제기하지 아니한 피고인의 정당방위 주장에 대하여 원심이 직권으로 판단하지 아니하였음을 탓하는 상고이유는 받아들일 수 없다.[86]

3) 죄 수

포괄일죄를 인정한 사례이다. 판례에 의하면 피고인이 피해자에게 우측 흉골골절 및 늑골골절상과 이로 인한 우측 심장벽좌상과 심낭내출혈 등의 상해를 가함으로써, 피해자가 바닥에 쓰러진 채 정신을 잃고 빈사상태에 빠지자, 피해자가 사망한 것으로 오인하고, 피고인의 행위를 은폐하고 피해자가 자살한 것처럼 가장하기 위하여 피해자를 베란다로 옮긴 후 베란다 밑 약 13m 아래의 바닥으로 떨어뜨려 피해자로 하여금 현장에서 좌측 측두부 분쇄함몰골절에 의한 뇌손상 및 뇌출혈 등으로 사망에 이르게 하였다면, 피고인의 행위는 포괄하여 단일의 상해치사죄에 해당한다고 한다.[87]

(3) 처 벌

본죄의 법정형은 3년 이상의 유기징역이다. 본죄의 법정형은 7년 이하의 징역, 10년 이하의 자격정지 또는 1천만원 이하의 벌금인 상해죄보다 상당히 높다. 이는 사람의 사망의

86) 대법원 2001.5.15. 선고 2001도1089 판결.
87) 대법원 1994.11.4. 선고 94도2361 판결.

결과에 대하여 책임을 지는 것이라고 생각하면 당연하다고 할 수 있지만 역으로 상해죄의 법정형의 하한이 극히 낮은 것은 극히 경미한 상해까지를 예상하고 있는 것을 나타낸다고 할 수도 있다.

3. 존속상해치사죄

(1) 의 의

본죄는 배우자의 직계존속의 신체를 상해하여 사망에 이르게 함으로써 성립한다(제259조 제2항). 본죄는 존속상해죄의 결과적 가중범이다. 본죄는 존속상해죄보다 중한 결과로 인하여 가중되는 가중적 구성요건이다.

(2) 범 죄

상해의 고의로 자기 또는 배우자의 직계존속의 신체에 대하여 상해를 입혀 그 결과로서 사망에 이르게 하는 것을 내용으로 하는 범죄이다. 본죄는 본죄의 기본죄인 존속상해죄와 구성요건을 공유한다. 본죄는 결과적 가중범으로서 위의 상해치사죄와 동일한 구조로 되어 있다.

(3) 처 벌

1) 법정형

본죄의 법정형은 무기 또는 5년 이상의 징역으로서 3년 이상의 유기징역인 상해치사죄보다 무겁다. 본죄가 존속범죄에 속하기 때문이다.

2) 합헌결정

본죄의 존속상해치죄에 있어서 가중처벌규정은 합헌이라고 한다. 헌법재판소는 2002년 본죄의 규정을 합헌으로 결정한 바 있다. 전술한 바와 같이 2013년 합헌결정을 받은 존속살해죄보다 11년 전의 일이다. 즉, 헌법재판소는 "비속의 직계존속에 대한 존경과 사랑은 봉건적 가족제도의 유산이라기보다는 우리 사회윤리의 본질적 구성부분을 이루고 있는 가치질서로서, 특히 유교적 사상을 기반으로 전통적 문화를 계승·발전시켜 온 우리나라의 경우는 더욱 그러한 것이 현실인 이상, '비속'이라는 지위에 의한 가중처벌의 이유와 그 정도의 타당성 등에 비추어 그 차별적 취급에는 합리적 근거가 있으므로, 이 사건 법률조항은 헌법 제11조 제1항의 평등원칙에 반한다고 할 수 없다"고 결정한 바 있다.[88]

88) 헌법재판소 2002.3.28. 선고 2000헌바53 결정.

§3. 폭행의 죄

Ⅰ. 서 설

1. 의 의

본장의 폭행의 죄는 상해의 죄와 함께 같은 장에 규정되어 있다(형법 제2편 제25장). 폭행의 죄는 타인의 신체에 대한 침해를 내용으로 하는 범죄이다. 신체에 대한 죄라고도 한다. 보호법익은 신체의 안전으로서 신체의 불가침성 또는 신체의 완전성이다. 보호의 정도는 추상적 위험범으로서의 보호이다.

2. 구성요건의 체계

폭행의 죄에 있어서 기본적 구성요건은 폭행죄이다(제260조 제1항). 신분관계로 인하여 책임이 가중되는 존속폭행죄(제260조 제2항), 상습성으로 인하여 책임이 가중되는 상습폭행죄(제264조) 및 행위방법의 위험성으로 인하여 불법이 가중되는 특수폭행죄(제261조)와 결과적 가중범으로서 불법이 가중되는 폭행치사상죄(제262조)는 모두 폭행죄를 기본적 구성요건으로 하는 가중적 구성요건에 속한다.

Ⅱ. 폭행죄

제260조(폭행, 존속폭행) ① 사람의 신체에 대하여 폭행을 가한 자는 2년 이하의 징역, 500만원 이하의 벌금, 구류 또는 과료에 처한다.
③ 제1항 및 제2항의 죄는 피해자의 명시한 의사에 반하여 공소를 제기할 수 없다.

제264조(상습범) 상습으로 ~, 제260조 ~ 의 죄를 범한 때에는 그 죄에 정한 형의 2분의 1까지 가중한다.

관련조문

제125조(폭행, 가혹행위) 재판, 검찰, 경찰 그 밖에 인신구속에 관한 직무를 수행하는 자 또는 이를 보조하는 자가 그 직무를 수행하면서 형사피의자나 그 밖의 사람에 대하여 폭행 또는 가혹행위를 한 경우에는 5년 이하의 징역과 10년 이하의 자격정지에 처한다.

1. 서 언

본죄는 사람의 신체에 대하여 폭행을 가함으로써 성립한다. 본죄는 사람의 신체를 보호하기 위한 폭행의 죄에 있어서의 기본적 구성요건이다. 보호법익은 신체의 안전이고, 보호의 정도는 추상적 위험범으로서의 보호이다.

신체의 안전은 인간의 생활상 가장 기본이 되는 것이고, 위법한 공격으로부터 보호되지 않으면 안 된다. 신체의 안전은 사람의 생명과 함께 특히 보호되지 않으면 안 되는 귀중한 법익이다. 신체의 안전을 보호하기 위해 본죄는 신체의 기질적 안전, 즉 신체의 불가침성 또는 신체의 완전성을 그 내용을 한다는 점에서 신체의 기능적 안전, 즉 신체의 생리적 기능을 그 내용으로 하는 상해죄와 구별할 수 있다고 해석된다. 이러한 의미에서 본죄는 사람의 신체에 대하여 유형력을 가지고 공격하는 범죄의 기본형태를 정한 것이라고 해석된다.

2. 범 죄

(1) 구성요건

1) 객관적 구성요건

① 객 체

본죄의 객체는 사람의 신체이다. 사람은 자연인인 타인을 의미한다. 다만 외국원수나 외국사절에 대하여는 외국원수에 대한 폭행죄(제107조 제1항) 또는 외국사절에 대한 폭행죄(제108조 제1항)가 성립한다.

② 행 위

ⓘ 폭 행 본죄의 실행행위는 폭행이다. 형법상 폭행(暴行, Gewalt, assault)이란 불법한 일체의 유형력의 행사를 말한다. 그러나 본죄에 있어서의 폭행은 사람의 신체에 대한 불법한 유형력의 행사에 제한된다. 사람의 신체에 대한 유형력의 행사로 제한한 것은 폭행죄의 보호법익이 상해죄에서와 같이 인체의 안전, 세부적으로 신체의 불가침성이기 때문이다. 또 불법한 유형력의 행사로 제한한 것은 일상생활에서 빈번하게 행하여지는 신체에 대한 적법한 유형력의 행사와 구별하기 위함이다. 결국 본죄에 있어서의 폭행은 후술하는 바와 같이 협의의 폭행(狹義의 暴行)을 의미한다.

i. 학 설 일반적으로 사용되는 폭행의 개념은 다의적이다. 폭행의 형법상 개념은 대략 4가지의 유형으로 분류되고 있다. 폭행은 형법상 여러 유형의 범죄에서 사용되고 있지만, 범죄의 죄질이나 보호법익에 따라 달리 사용되고 있기 때문이다.

첫째, 최광의의 폭행이다. 일체의 유형력의 행사를 말한다. 사람이든 물건이든 대상을 불문한다. 내란죄(제87조), 소요죄(제115조) 및 다중불해산죄(제116조)에서의 폭행이다. 둘째, 광의의 폭행이다. 사람에 대한 직·간접적인 유형력의 행사를 말한다. 공무집행방해죄(제136조), 특수도주죄(제146조), 강요죄(제324조) 및 공갈죄(제350조)에 있어서의 폭행이다. 셋째, 협의의 폭행이다. 사람의 신체에 대한 직접적인 유형력의 행사를 말한다. 폭행죄(제260조)와 특수공무원폭행죄(제125조)에 있어서의 폭행이 이에 해당한다. 넷째, 최협의의 폭행이다. 반항을 억압하거나 또는 저항을 현저히 곤란하게 하는 성도의 일체의 유형력의 행사를 말한다. 강도죄(제333조), 강간죄(제297조) 및 강제추행죄(제298조)에 있어서의 폭행을 의미한다.

ii. 판 례 판례는 협의의 폭행의 개념에 따르고 있다. 이에 의하면 폭행죄에 있어서의 폭행이란 사람의 신체에 대한 불법한 유형력의 행사를 말한다고 한다.

폭행을 긍정한 판례의 구체적 내용은 다음과 같다. 즉,

> 피고인이 피해자들을 교장실로 불러놓고 위 중학교재단이사장 이 피고인의 처인 피고인 2로부터 돈을 차용할 때 위 피해자들이 피고인 2로부터 돈을 받아 위 재단이사장에게 전달한 사실이 있으니 피고인이 작성한 인수보관증에 지장을 찍으라고 강요하고, 피해자들이 이에 불응하면서

교장실을 나가려 하자 문을 가로막고 나가지 못하게 하고, 손으로 피해자들의 등을 밀어 부쳐서, 쇼파에 앉게 하였다는 것이므로 피고인의 위 소위는 비록 인수보관증에 도장을 찍게 하려는 목적에서 한 것이라 하더라도 그 자체가 강제성을 띤 불법한 유형력을 행사한 것이라고 할 것이므로 이러한 뜻에서 폭행죄가 성립된다고 판단한 원심판결은 정당하고 이와 반대되는 견해하에 원심판결을 비난하는 논지는 받아들일 수 없다.[89] 폭행이라 함은 사람의 신체에 대한 불법한 일체의 공격방법이므로, 피고인이 피해자의 안부를 1차 밀쳐 때린 이상 폭행죄가 성립된다.[90] 전답의 점유를 침탈당한 자라도 이를 실력으로 회수할 수 없는 것이니 그 전답의 점유를 실력으로 회수하려는 자에게 폭행을 가하였다면 이는 단순폭행죄에 해당한다 할 것이고 권리행사를 방해하였다고는 논할 수 없다.[91]

폭행을 부정한 판례의 구체적 내용은 다음과 같다. 즉,

피해자의 신체에 공간적으로 근접하여 고성으로 폭언이나 욕설을 하거나 동시에 손발이나 물건을 휘두르거나 던지는 행위는 직접 피해자의 신체에 접촉하지 아니하였다 하더라도 피해자에 대한 불법한 유형력의 행사로서 폭행에 해당될 수 있는 것이지만, 거리상 멀리 떨어져 있는 사람에게 전화기를 이용하여 전화하면서 고성을 내거나 그 전화 대화를 녹음 후 듣게 하는 경우에는 특수한 방법으로 수화자의 청각기관을 자극하여 그 수화자로 하여금 고통스럽게 느끼게 할 정도의 음향을 이용하였다는 등의 특별한 사정이 없는 한 신체에 대한 유형력의 행사를 한 것으로 보기 어렵다.[92] 피해자에게 욕설을 한 것만을 가지고 당연히 폭행을 한 것이라고 할 수는 없을 것이고, 피해자 집의 대문을 발로 찬 것이 막바로 또는 당연히 피해자의 신체에 대하여 유형력을 행사한 경우에 해당한다고 할 수도 없다.[93] 피해자에게 근접하여 욕설을 하면서 때릴 듯이 손발이나 물건을 휘두르거나 던지는 행위는 직접 피해자의 신체에 접촉하지 않았다고 하여도 피해자에 대한 불법한 유형력의 행사로서 폭행에 해당하나, 공소사실 중에 때릴 듯이 위세 또는 위력을 보인 구체적인 행위내용이 적시되어 있지 않다면 결국 욕설을 함으로써 위세 또는 위력을 보였다는 취지로 해석할 수밖에 없고 이와 같이 욕설을 한 것 외에 별다른 행위를 한 적이 없다면 이는 유형력의 행사라고 보기 어려울 것이다.[94]

iii. 검 토　　본죄의 폭행은 사람의 신체의 안전을 해할 성질을 가진 불법한 유형력의 행사일 것을 요한다. 본죄의 보호법익이 사람의 신체의 안전이기 때문이다. 따라서 본죄의 폭행은 전술한 4가지 유형의 폭행 중에서 사람의 신체에 대한 불법한 유형력의 행사를 의미하는 협의의 폭행이 합당하다고 해석된다.

ⓘ **폭행의 방법**　　폭행은 유형력이 사람의 신체에 대하여 직접적으로 행사되어야 한다. 상해의 현실적 위험을 가지는 유형력의 행사도 포함된다. 유형력의 행사는 물리력의 작용을 의미한다. 정신적으로 불안이나 불쾌를 주는 무형력의 행사는 폭행에 해당하지 아니한다. 물리력의 작용은 그 범위를 넓혀 역학적 작용은 물론 화학적 작용, 생리적 작용 및 에너지의

89) 대법원 1985.2.26. 선고 84도1109 판결.
90) 대법원 1968.2.6. 선고 67도1520 판결.
91) 대법원 1961.11.9. 선고 4294형상357 판결.
92) 대법원 2003.1.10. 선고 2000도5716 판결.
93) 대법원 1991.1.29. 선고 90도2153 판결.
94) 대법원 1990.2.13. 선고 89도1406 판결.

작용 등도 포함되는 것으로 해석되고 있다. 신체의 청각기관을 직접적으로 자극하는 음향도 경우에 따라서는 유형력에 포함될 수 있다.[95] 또 폭행은 상대방에게 상해의 결과를 발생시킬 현실적 위험을 야기하는 이상 상대방에 대한 접촉을 요하지 않는다고 해석되고 있다. 대법원도 "폭행이란 사람의 신체에 대하여 육체적·정신적으로 고통을 주는 유형력을 행사함을 뜻하는 것으로서 반드시 피해자의 신체에 접촉함을 필요로 하는 것은 아니고, 그 불법성은 행위의 목적과 의도, 행위 당시의 정황, 행위의 태양과 종류, 피해자에게 주는 고통의 유무와 정도 등을 종합하여 판단하여야 한다"고 판시한 바 있다.[96]

폭행을 긍정한 판례의 구체적 내용은 다음과 같다. 즉,

> 자신의 차를 가로막는 피해자를 부딪친 것은 아니라고 하더라도, 피해자를 부딪칠 듯이 차를 조금씩 전진시키는 것을 반복하는 행위 역시 피해자에 대해 위법한 유형력을 행사한 것이라고 보아야 한다.[97] 피해자의 신체에 공간적으로 근접하여 고성으로 폭언이나 욕설을 하거나 동시에 손발이나 물건을 휘두르거나 던지는 행위는 직접 피해자의 신체에 접촉하지 아니하였다 하더라도 피해자에 대한 불법한 유형력의 행사로서 폭행에 해당될 수 있는 것이지만, 거리상 멀리 떨어져 있는 사람에게 전화기를 이용하여 전화하면서 고성을 내거나 그 전화 대화를 녹음 후 듣게 하는 경우에는 특수한 방법으로 수화자의 청각기관을 자극하여 그 수화자로 하여금 고통스럽게 느끼게 할 정도의 음향을 이용하였다는 등의 특별한 사정이 없는 한 신체에 대한 유형력의 행사를 한 것으로 보기 어렵다.[98]

폭행을 부정한 판례의 구체적 내용은 다음과 같다. 즉,

> 피해자에게 근접하여 욕설을 하면서 때릴듯이 손발이나 물건을 휘두르거나 던지는 행위는 직접 피해자의 신체에 접촉하지 않았다고 하여도 피해자에 대한 불법한 유형력의 행사로서 폭행에 해당하나, 공소사실 중에 때릴듯이 위세 또는 위력을 보인 구체적인 행위내용이 적시되어 있지 않다면 결국 욕설을 함으로써 위세 또는 위력을 보였다는 취지로 해석할 수밖에 없고 이와 같이 욕설을 한 것외에 별다른 행위를 한 적이 없다면 이는 유형력의 행사라고 보기 어려울 것이다.[99] 피고인이 피해자에게 욕설을 한 것만을 가지고 당연히 폭행을 한 것이라고 할 수는 없을 것이고, 피해자 집의 대문을 발로 찬 것이 막바로 또는 당연히 피해자의 신체에 대하여 유형력을 행사한 경우에 해당한다고 할 수도 없다.[100] 상대방의 시비를 만류하면서 조용히 얘기나 하자며 그의 팔을 2, 3회 끌은 사실만 가지고는 사람의 신체에 대한 불법한 공격이라고 볼 수 없어 형법 제260조 제1항 소정의 폭행죄에 해당한다고 볼 수 없다.[101] 상대방의 시비를 만류하면서 조용히 얘기나 하자며 그의 팔을 2, 3회 끌은 사실만 가지고는 사람의 신체에 대한 불법한 공격이라고 볼 수 없어 형법 제260조 제1항 소정의 폭행죄에 해당한다고 볼 수 없다.[102] 공소외인이 피고인을 만나주지 않는다

---

95) 대법원 2003.1.10. 선고 2000도5716 판결.
96) 대법원 2016.10.27. 선고 2016도9302 판결; 대법원 2009.9.24. 선고 2009도6800 판결; 대법원 2008.7.24. 선고 2008도4126 판결; 대법원 2003.1.10. 선고 2000도5716 판결.
97) 대법원 2016.10.27. 선고 2016도9302 판결.
98) 대법원 2003.1.10. 선고 2000도5716 판결.
99) 대법원 1990.2.13. 선고 89도1406 판결.
100) 대법원 1991.1.29. 선고 90도2153 판결.
101) 대법원 1986.10.14. 선고 86도1796 판결.
102) 대법원 1986.10.14. 선고 86도1796 판결.

는 이유로 시정된 탁구장문과 주방문을 부수고 주방으로 들어가 방문을 열어주지 않으면 모두 죽여버린다고 폭언하면서 시정된 방문을 수회 발로 찬 피고인의 행위는 재물손괴죄 또는 숙소안의 자에게 해악을 고지하여 외포케 하는 단순 협박죄에 해당함은 별론으로 하고, 단순히 방문을 발로 몇번 찼다고 하여 그것이 피해자들의 신체에 대한 유형력의 행사로는 볼 수 없어 폭행죄에 해당한다 할 수 없다.[103] "갑"이 먼저 "을"에게 덤벼들고, 뺨을 꼬집고, 주먹으로 쥐어 박았기 때문에 피고인이 상대방을 부등켜 안은 행위를 유형력의 행사인 폭행으로 볼 수 없다.[104]

ⅲ 상해와의 구별 본죄와 상해죄는 인체의 안전을 보호법익으로 한다는 점에서 공통되지만, 세부적으로 본죄가 신체의 불가침성이나 신체의 완전성을 보호법익으로 한다는 점에서 생리적 기능을 보호법익으로 하는 상해죄와 구별된다. 따라서 생리적 기능훼손에 이르지 않은 신체에 대한 유형력의 행사는 본죄의 폭행에 해당한다고 할 수 있다. 생리적 기능훼손의 존재여부가 구별한계가 되는 셈이다.

③ 결 과

본죄는 거동범으로서 추상적 위험범에 속한다. 따라서 폭행으로 인한 결과의 발생을 요하지 않는다. 뿐만 아니라 결과범이 아니기 때문에 결과가 불요할 뿐만 아니라 인과관계의 존재도 요하지 않는다.

2) 주관적 구성요건

본죄는 전형적인 고의범이다. 본죄의 고의는 폭행의 고의이다. 미필적 고의로도 족하다. 상해의 고의로 폭행하였지만 상해가 미수에 그친 경우를 포함한다. 폭행의 고의로 상해의 결과가 발생한 경우에는 폭행치상죄가 성립하게 된다. 형법이 본죄와 상해죄를 분명히 구별하고 있기 때문이다.

3) 미수 · 기수

본죄는 미수범을 처벌하지 않는다. 본죄는 폭행의 실행행위만으로 기수에 이르는 거동범이기 때문에 거동범에 대한 처벌규정은 존재의 이유가 없기 때문이다.

4) 공 범

본죄에도 총칙상의 공범규정이 적용될 수 있다. 한편 2명 이상이 공동하여 본죄를 범한 사람에 대하여는 본죄에서 정한 형의 2분의 1까지 가중한다(폭력행위처벌법 제2조 제2항 제1호).

(2) 위법성조각사유

본죄에도 총칙상의 위법성조각사유는 그대로 적용된다. 다만 위법성조각사유에 해당하는 경우에도 모든 위법성조각사유의 한계선인 사회상규의 범위를 넘을 수는 없다.

위법성조각을 긍정한 판례의 구체적 내용은 다음과 같다. 즉,

피해자가 갑자기 달려나와 정당한 이유없이 피고인의 멱살을 잡고 파출소로 가자면서 계속하여

103) 대법원 1984.2.14. 선고 83도3186,83감도535 판결.

104) 대법원 1977.2.8. 선고 76도3758 판결.

끌어당기므로 피고인이 그와 같은 피해자의 행위를 제지하기 위하여 그의 양팔부분의 옷자락을 잡고 밀친 것이라면 이러한 피고인의 행위는 멱살을 잡힌데서 벗어나기 위한 소극적인 저항행위에 불과하고 그 행위에 이른 경위 등에 비추어 볼 때 사회통념상 허용될만한 정도의 상당성이 있는 행위로서 형법 제20조 소정의 정당행위에 해당한다.[105] 피해자가 피고인의 동생을 구타하여 지면에 넘어뜨린 후 도주하므로 피고인이 그를 뒤따라가 그의 허리띠를 잡고 파출소로 동행할 것을 요구하자 오히려 위 피해자가 피고인의 멱살을 잡고 늘어지면서 반항한 것이라면 그와 같은 사정에서 설사 피고인의 행위가 폭행에 해당된다고 하여도 이는 위 피해자의 불법한 공격으로부터 자신을 보호하고 그를 파출소로 데려가기 위하여 취한 필요한 최소한도의 조치로서 사회상규에 어긋나지 아니하여 위법성이 없다.[106] 피해자가 술에 취하여 자정이 가까운 시각에 피고인 경영의 술집에 와서 종업원을 불러내어 시비를 걸면서 피고인에게 심한 욕설을 하고 종업원들에게 폭행을 하기 때문에 피고인이 피해자의 팔을 잡고 밀고 당겼거나, 멱살을 잡고 흔든 것에 불과하다면 피고인의 행위는 사회통념상 허용될만한 상당성이 있는 정도의 행위로서 위법성이 조각된다.[107] 피해자가 시비를 걸려고 양팔을 잡는 것을 피하고자 몸을 틀어 뿌리친 것뿐인 행위는 이를 폭행에 해당한다고 할 수 없을 뿐만 아니라 설사 폭행에 해당한다고 하더라도 위 행위는 피해자의 불법한 공격으로부터 자신을 보호하고 이를 벗어나기 위하여 필요한 최소한도의 방어를 한 것으로서 사회상규에 어긋나지 아니하여 위법성이 없다.[108] 피해자가 피고인에게 다가와 폭언을 하면서 피고인의 오른손 둘째 손가락을 물어 뜯으므로 피고인이 이를 피하려고 손을 뿌리치면서 두 손으로 피해자의 양어깨를 누르게 되었다면, 피고인의 소위는 피해자의 부당한 공격에서 벗어나려고 한 행위로서 그 행위에 이르게 된 경위, 목적, 수단, 의사 등 제반사정에 비추어 사회통념상 허용될 만한 정도의 상당성 있는 것으로 위법성이 결여되어 폭행죄를 구성하지 아니한다.[109] 피해자가 과부로 홀로 살고있는 피고인의 집터를 자기소유라 주장하면서 출입문과 변소문을 폐쇄하고 피고인의 집으로 들어오는 전기선을 짤라버리는 등의 행패를 부리고 그 가족과 합세하여 피고인의 머리카락을 쥐어 잡고 발버둥침에도 불구하고 자기집 안으로 끌고 들어가서는 안에서 문을 잠가 감금시킨 상태에서 피고인의 목을 조르는 등 폭행을 가함에 피고인이 이를 뿌리치기 위한 소극적인 저항방법으로 부득이 피해자의 멱살을 잡고 밀고 당기게 되었다면 이 폭력행위는 그에 이르게 된 과정과 목적, 수단 및 피고인의 의사등 여러 사정에 비추어 볼 때 사회통념상 허용될 상당성이 있는 위법성이 결여된 행위이다.[110] 군대내의 질서를 지키려는 목적에서 지휘관이 부하에게 가한 경미한 폭행은 지키려는 법익이 피해법익에 비하여 월등이 크다고 할 것이므로 그 위법성을 결여한다.[111] "갑"이 먼저 "을"에게 덤벼들고, 뺨을 꼬집고, 주먹으로 쥐어 박았기 때문에 피고인이 상대방을 부둥켜 안은 행위를 유형력의 행사인 폭행으로 볼 수 없다.[112] 피고인이 소속학생들을 장작으로 구타하거나 발로 찼다는 공소사실에 부합되는 증거들을 배척하고 다만 피고인이 교칙위반학생들을 훈계하면서 뺨을 몇차례 때린 사실을 인정하고 이는 교장으로서의 징계권의 범위에 속하는 정당한 행위라고 보아 처벌할 수 없다고 단정하였는 바 기록에 의하면 동 판시 사실을 수긍할 수 있고 소론

105) 대법원 1990.1.23. 선고 89도1328 판결.
106) 대법원 1987.1.20. 선고 86도2492 판결.
107) 대법원 1986.6.24. 선고 86도794 판결.
108) 대법원 1985.10.8. 선고 85도1915 판결.
109) 대법원 1984.4.24. 선고 84도242 판결.
110) 대법원 1982.7.26. 선고 83도1418 판결.
111) 대법원 1978.4.11. 선고 77도3149 판결.
112) 대법원 1977.2.8. 선고 76도3758 판결.

증거들을 믿지 아니한 점에 채증법칙위배 있다고 할 수 없으며 교육법 제76조에 의하면 각 학교의 장은 교육상 필요할 때는 학생에게 징계 또는 처벌을 할 수 있도록 규정하고 있으므로 피고인이 훈계의 목적으로 교칙위반 학생에게 빰을 몇차례 때린 정도는 감호교육상의 견지에서 볼 때 징계의 방법으로서 사회관념상 비난의 대상이 될 만큼 사회상규를 벗어난 것으로는 볼 수 없다 할 것이니 이러한 귀지에서 교장의 징계로서 정당행위라 하여 처벌의 대상으로 보지 아니한 원심의 조치 또한 정당하고 반대의 견해로 나온 소론 논지 이유없다.113) 통금시간이 가까운 23:30경 설계도 작성의 야간작업을 하고 있는 설계사무실에서 느닷없이 생면부지의 일행3명이 사무실 유리문 1개 싯가 6000원 상당을 발로차서 손괴하고는 그냥 가려고 하므로 동인들에게 피해변상을 받고자 그 중 1인의 가죽잠바를 잡아 사무실에 들어오게 하여 멱살을 잡고 흔든 행위는 그 목적 수단 행위자의 의사등 제반사정에 비추어 보건대 사회통념상 용인될 상당성이 있고 위법성이 결여되는 사회상규에 위배되지 않는 행위라고 할 것이다.114)

위법성조각을 부정한 판례의 구체적 내용은 다음과 같다. 즉,

속칭 '생일빵'을 한다는 명목 하에 피해자를 가격하였다면 폭행죄가 성립하고, 가격행위의 동기, 방법, 횟수 등 제반 사정에 비추어 사회상규에 위배되지 아니하는 정당행위에 해당하지 않는다.115) 피고인이 피해자들의 각 언행을 교정하기 위하여는 위에서 본 학생지도시의 준수요건을 지켜 개별적 지도로서 훈계하는 등의 방법을 사용할 수 있었던 상황이었으며 달리 특별한 사정은 인정될 수 없었음에도 스스로의 감정을 자제하지 못한 나머지 많은 낯모르는 학생들이 있는 교실 밖에서 피해자 학생들의 행동을 본 즉시 피고인 자신의 손이나 주먹으로 피해자 공소외 1의 머리 부분을 때렸고 피고인이 신고 있던 슬리퍼로 피해자 공소외의 양손을 때렸으며 감수성이 예민한 여학생인 피해자들에게 모욕감을 느낄 지나친 욕설을 하였던 것은 사회관념상 객관적 타당성을 잃은 지도행위이어서 정당행위로 볼 수 없을 터인바, 같은 전제에서 나온 원심의 판단은 올바른 것으로 수긍할 수 있다.116)

(3) 죄 수

폭행을 고지한 후 폭행한 경우 협박이 폭행을 내용으로 하고 있는 한 폭행죄만 성립된다. 협박행위는 불가벌적 수반행위로서 폭행행위에 흡수되기 때문이다. 마찬가지의 이유로 폭행이 상해의 수단이 된 경우에도 폭행은 상해죄에 흡수된다.

그러나 판례에 의하면 "업무방해죄와 폭행죄는 구성요건과 보호법익을 달리하고 있고, 업무방해죄의 성립에 일반적 · 전형적으로 사람에 대한 폭행행위를 수반하는 것은 아니며, 폭행행위가 업무방해죄에 비하여 별도로 고려되지 않을 만큼 경미한 것이라고 할 수도 없으므로, 설령 피해자에 대한 폭행행위가 동일한 피해자에 대한 업무방해죄의 수단이 되었다고 하더라도 그러한 폭행행위가 이른바 '불가벌적 수반행위'에 해당하여 업무방해죄에 대하여 흡수관계에 있다고 볼 수는 없다"고 한다.117)

---

113) 대법원 1976.4.27. 선고 75도115 판결.
114) 대법원 1975.5.27. 선고 75도990 판결.
115) 대법원 2010.5.27. 선고 2010도2680 판결.
116) 대법원 2004.6.10. 선고 2001도5380 판결.
117) 대법원 2012.10.11. 선고 2012도1895 판결.

3. 처 벌

(1) 법정형

본죄의 법정형은 2년 이하의 징역, 500만원 이하의 벌금, 구류 또는 과료이다. 법정형이 7년 이하의 징역, 10년 이하의 자격정지 또는 1천만원 이하의 벌금인 상해죄와 구별되고 있다.

(2) 반의사불벌죄

본죄는 피해자의 명시한 의사에 반하여 공소를 제기할 수 없다. 본죄는 반의사불벌죄(反意思不罰罪)에 속하기 때문이다. 공소를 제기한 때에는 공소기각의 판결을 선고하여야 한다(형사소송법 제327조 제6호). 이러한 의미에서 반의사불벌죄를 해제조건부 범죄라고도 한다. 구법에서는 본죄를 친고죄로 규정하였던 것을 반의사불벌죄로 한 것은 피해자가 후환이 두려워 고소를 주저하는 사정을 고려한 것이다. 반의사불벌죄에서 처벌을 희망하는 의사표시의 철회 또는 처벌을 희망하지 않는 의사표시는 제1심 판결선고 전까지 할 수 있다(형사소송법 제232조 제1항, 제3항).

폭행죄는 피해자의 명시한 의사에 반하여 공소를 제기할 수 없는 반의사불벌죄로서 처벌불원의 의사표시는 의사능력이 있는 피해자가 단독으로 할 수 있다.[118] 따라서 피해자가 사망한 후 그 상속인이 피해자를 대신하여 처벌불원의 의사표시를 할 수는 없다.[119] 피해자가 처벌을 희망하지 아니하는 의사표시를 하였다거나 처벌을 희망하는 의사표시의 철회를 하였다고 인정하기 위해서는 피해자의 진실한 의사가 명백하고 믿을 수 있는 방법으로 표현되어야 한다.[120] 피해자의 명의로 작성된 '피해자는 가해자측과 합의를 하였기에 차후 민·형사상의 이의를 제기하지 않겠다'는 취지의 합의서에 피해자 자신의 처벌불원의사가 포함되어 있다고 볼 여지가 있다.[121] 처벌을 희망하지 않는 의사표시의 부존재는 소극적 소송조건으로서 직권조사사항에 해당하므로 당사자가 항소이유로 주장하지 않았더라도 원심은 이를 직권으로 조사·판단해야 한다.[122]

4. 상습폭행죄

본죄는 상습으로 폭행죄를 범함으로써 성립한다. 본죄를 범한 때에는 그 죄에 정한 형의 2분의 1까지 가중한다.

대법원에 의하면 "폭행죄의 상습성은 폭행 범행을 반복하여 저지르는 습벽을 말하는 것으로서, 동종 전과의 유무와 그 사건 범행의 횟수, 기간, 동기 및 수단과 방법 등을 종합적으로 고려하여 상습성 유무를 결정하여야 하고, 단순폭행, 존속폭행의 범행이 동일한 폭행

---

118) 대법원 2010.5.27. 선고 2010도2680 판결; 대법원 2009.11.19. 선고 2009도6058 전원합의체 판결.

119) 대법원 2010.5.27. 선고 2010도2680 판결.

120) 대법원 2021.10.28. 선고 2021도10010 판결; 대법원 2004.6.25. 선고 2003도4934 판결; 대법원 2001.6.15. 선고 2001도1809 판결.

121) 대법원 2009.12.24. 선고 2009도11859 판결.

122) 대법원 2021.10.28. 선고 2021도10010 판결; 대법원 2002.3.15. 선고 2002도158 판결; 대법원 2001.4.24. 선고 2000도3172 판결.

습벽의 발현에 의한 것으로 인정되는 경우, 그중 법정형이 더 중한 상습존속폭행죄에 나머지 행위를 포괄하여 하나의 죄만이 성립한다고 봄이 타당하다"고 한다.[123)]

Ⅲ. 존속폭행죄

제260조(폭행, 존속폭행) ② 자기 또는 배우자의 직계존속에 대하여 제1항의 죄를 범한 때에는 5년 이하의 징역 또는 700만원 이하의 벌금에 처한다.
③ 제1항 및 제2항의 죄는 피해자의 명시한 의사에 반하여 공소를 제기할 수 없다.

제264조(상습범) 상습으로 ~, 제260조 ~ 의 죄를 범한 때에는 그 죄에 정한 형의 2분의 1까지 가중한다.

제265조(자격정지의 병과) ~, 제260조제2항, ~ 의 경우에는 10년 이하의 자격정지를 병과할 수 있다.

1. 서 언

본죄는 자기 또는 배우자의 직계존속의 신체에 대하여 폭행함으로써 성립한다. 본죄는 기본적 구성요건인 폭행죄에 대하여 신분관계로 인하여 책임이 가중되는 가중적 구성요건이다.

2. 범 죄

본죄의 객체는 자기 또는 배우자의 직계존속의 신체이다. 본죄의 실행행위는 폭행이다. 폭행의 의의는 전술한 폭행죄에서와 같이 사람의 신체에 대한 불법한 유형력의 행사를 의미하는 협의의 폭행을 말한다.

3. 처 벌

본죄의 법정형은 5년 이하의 징역 또는 700만원 이하의 벌금이다. 폭행죄의 2년 이하의 징역, 500만원 이하의 벌금, 구류 또는 과료보다는 가중되어 있다. 본죄의 경우에는 10년 이하의 자격정지를 병과할 수 있다.

본죄도 반의사불벌죄로 규정되어 있다. 2인 이상이 공동하여 본죄를 범한 경우에는 본죄의 형에 2분의 1까지 가중된다(폭력행위처벌법 제2조 제2항 제2호).

4. 상습존속폭행죄

본죄는 상습으로 존속폭행죄를 범함으로써 성립한다. 본죄를 범한 때에는 그 죄에 정한 형의 2분의 1까지 가중한다. 대법원에 의하면 "상습존속폭행죄로 처벌되는 경우에는 형법 제260조 제3항이 적용되지 않으므로, 피해자의 명시한 의사에 반하여도 공소를 제기할 수 있다"고 한다.[124)]

---

123) 대법원 2018.4.24. 선고 2017도10956 판결.
124) 대법원 2018.4.24. 선고 2017도10956 판결.

Ⅳ. 특수폭행죄

제261조(특수폭행) 단체 또는 다중의 위력을 보이거나 위험한 물건을 휴대하여 제260조제1항 또는 제2항의 죄를 범한 때에는 5년 이하의 징역 또는 1천만원 이하의 벌금에 처한다.

제264조(상습범) 상습으로 ~ 제261조의 죄를 범한 때에는 그 죄에 정한 형의 2분의 1까지 가중한다.

제265조(자격정지의 병과) ~, 제261조 ~ 의 경우에는 10년 이하의 자격정지를 병과할 수 있다.

1. 서 언

본죄는 단체 또는 다중의 위력을 보이거나 위험한 물건을 휴대하여 사람의 신체에 대하여 폭행을 가하거나 자기 또는 배우자의 직계존속의 신체에 대하여 폭행을 가함으로써 성립한다. 본죄는 행위의 객체에 따라 특수폭행과 존속특수폭행으로 나누어질 수 있다.

본죄는 행위방법의 위험성으로 인하여 불법이 가중되는 가중적 구성요건이다. 위험성을 가지는 행위방법은 단체 또는 다중의 위력을 보이거나 위험한 물건을 휴대하여이다. 본죄는 상습범을 처벌한다.

2. 특수폭행죄

본죄는 단체 또는 다중의 위력을 보이거나 위험한 물건을 휴대하여 사람의 신체에 대하여 폭행을 가함으로써 성립한다. 본죄는 폭행죄와 구성요건을 부분적으로 공유한다.

본죄의 객체는 사람의 신체이다. 본죄의 실행행위는 폭행이다. 폭행의 수단은 단체 또는 다중의 위력을 보이거나 위험한 물건을 휴대하는 것이다. 폭행의 수단에 관하여 자세한 것은 이미 특수상해죄에서 전술한 바 있다.

다중이라 함은 단체를 이루지 못한 다수인의 집합을 말하는 것으로, 이는 결국 집단적 위력을 보일 정도의 다수 혹은 그에 의해 압력을 느끼게 해 불안을 줄 정도의 다수를 의미한다.[125] 위력이라 함은 다중의 형태로 집결한 다수 인원으로 사람의 의사를 제압하기에 족한 세력을 지칭하는 것으로서 그 인원수가 다수에 해당하는가는 행위 당시의 여러 사정을 참작하여 결정하여야 할 것이며, 이 경우 상대방의 의사가 현실적으로 제압될 것을 요하지는 않는다고 할 것이지만 상대방의 의사를 제압할 만한 세력을 인식시킬 정도는 되어야 한다.[126] 위험한 물건이라 함은 흉기는 아니라고 하더라도 널리 사람의 생명, 신체에 해를 가하는 데 사용할 수 있는 일체의 물건을 포함한다.[127] 본래 살상용·파괴용으로 만들어진 것뿐만 아니라 다른 목적으로 만들어진 칼, 가위, 유리병, 각종 공구, 자동차 등은 물론 화학약품 또는 사주된 동물 등도 그것이 사람의 생명·신체에 해를 가하는 데 사용되었다면 본조의 위험한 물건이라 할 것이다.[128] 흉기 기타 위험한 물건이라 함은 타인을 해함에 족한

---

125) 대법원 2008.7.10. 선고 2007도9885 판결; 대법원 2006.2.10. 선고 2005도174 판결.

126) 대법원 2008.7.10. 선고 2007도9885 판결; 대법원 2006.2.10. 선고 2005도174 판결.

127) 대법원 2002.11.26. 선고 2002도4586 판결; 대법원 2002.9.6. 선고 2002도2812 판결; 대법원 1997.5.30. 선고 97도597 판결.

128) 대법원 2003.1.24. 선고 2002도5783 판결; 대법원 2002.9.6. 선고 2002도2812 판결; 대법원 1997.5.30. 선고 97도597 판결.

물건이면 충분하며 식기나 폭발물 등 강력한 파괴력을 지닌 물건만을 뜻하지 아니한다.[129] 위험한 물건의 위험성 여부는 구체적인 사안에 따라서 사회통념에 비추어 그 물건을 사용하면 상대방이나 제3자가 곧 살상의 위험을 느낄 수 있으리라고 인정되는 물건인가에 따라 이를 판단하여야 한다.[130] 휴대하여란 소지뿐만 아니라 널리 이용한다는 뜻도 포함한다.[131] 범행현장에서 사용할 의도 아래 위험한 물건을 몸 또는 몸 가까이에 소지하는 것을 말한다.[132] 범행 이전부터 흉기를 몸에 지니고 있어야 할 필요는 없다.[133]

본죄는 고의범이다. 본죄의 고의는 인식적 요소로서 실행행위에 행위방법이 추가됨에 따라 이러한 행위방법에 대한 인식이 추가된다. 본죄의 법정형도 폭행죄보다 상향된 5년 이하의 징역 또는 1천만원 이하의 벌금이다.

다중의 위력을 긍정한 판례의 구체적 내용은 다음과 같다. 즉,

> 피고인들과 함께 교육장과의 면담을 요구하며 예산군 교육청을 항의 방문하고 교육장 부속실에 들어간 사람들은 모두 15명 정도에 불과하였고, 자유스러운 분위기에서 다소 느슨하게 집회를 가졌던 것으로 보이는 점, 이 과정에서 교육청 관계자들과 별다른 물리적 충돌은 없었던 점, 약 1시간 30분가량 지나도 교육장이 돌아오지 않자 조용히 해산한 점 등을 종합하여 보면, 위 피고인들의 행위는 폭력행위 등 처벌에 관한 법률 제3조 제1항에서의 '다중의 위력'을 행사한 경우에 해당하지 아니한다고 판단하였다.[134]

위험한 물건을 긍정한 판례의 구체적 내용은 다음과 같다. 즉,

> 피고인이 길이 140cm, 지름 4cm인 대나무를 휴대하여 피해자 갑, 을에게 상해를 입혔다는 내용으로 기소된 사안에서, 피고인이 위 대나무로 갑의 머리를 여러 차례 때려 대나무가 부러졌고, 갑은 두피에 표재성 손상을 입어 사건 당일 병원에서 봉합술을 받은 점 등에 비추어 피고인이 사용한 위 대나무가 '위험한 물건'에 해당한다고 본 원심판단이 정당하다고 한 사례이다.[135] 피고인이 위험한 물건인 회칼을 피해자 공소외 4를 향해 집어 던졌고, 상해의 결과 발생을 용인한 채 위 회칼을 피해자 공소외 5의 몸 쪽으로 삿대질하듯 휘둘러 이를 막으려던 피해자 공소외 5에게 좌측 단무지 외전근 손상 등의 상해를 가하였다는 이유로 피고인이 특수폭행죄와 특수상해죄를 저질렀다고 판단하였다.[136] 자동차를 이용하여 다른 사람의 자동차 2대를 손괴한 경우, 그 자동차의 소유자 등이 실제로 해를 입거나 해를 입을 만한 위치에 있지 아니하였다고 하더라도 폭력행위등처벌에관한법률 제3조 제1항 위반죄가 성립한다.[137] 피고인이 공기총에 실탄을 장전하지 아니하

---

129) 대법원 1978.10.31. 선고 78도2332 제4부판결.

130) 대법원 2003.1.24. 선고 2002도5783 판결; 대법원 2002.11.26. 선고 2002도4586 판결; 대법원 1999.11.9. 선고 99도4146 판결; 대법원 1998.2.27. 선고 97도3421 판결; 대법원 1997.2.25. 선고 96도3411 판결; 대법원 1991.12.27. 선고 91도2527 판결; 대법원 1989.12.22. 선고 89도1570 판결; 대법원 1981.7.28. 선고 81도1046 판결.

131) 대법원 2002.9.6. 선고 2002도2812 판결; 대법원 1997.5.30. 선고 97도597 판결; 대법원 1984.10.23. 선고 84도2001, 84감도319 판결.

132) 대법원 1991.4.9. 선고 91도427 판결; 대법원 1990.11.13. 선고 90도2170 판결.

133) 대법원 1984.1.31. 선고 83도2959 판결.

134) 대법원 2008.7.10. 선고 2007도9885 판결.

135) 대법원 2017.12.28. 선고 2015도5854 판결.

136) 대법원 2017.3.30. 선고 2017도771 판결.

였다고 하더라도 범행 현장에서 공기총과 함께 실탄을 소지하고 있었고 피고인으로서는 언제든지 실탄을 장전하여 발사할 수도 있으므로 공기총이 '위험한 물건'에 해당한다.[138] 삽날 길이 21㎝ 가량의 야전삽이 폭력행위등처벌에관한법률 제3조 제1항 소정의 '흉기 기타 위험한 물건'에 해당한다.[139] 삽날 길이 21㎝ 가량의 야전삽이 폭력행위등처벌에관한법률 제3조 제1항 소정의 '흉기 기타 위험한 물건'에 해당한다.[140] 새벽에 인적이 없는 야산에서 폭력조직의 선배가 나이 어린 후배들을 집합시켜 엎드리게 한 다음 길이 150㎝, 지름 7㎝의 쇠파이프와 길이 100㎝, 굵기 4㎝ 내지 5㎝의 각목으로 엉덩이와 허벅지 부분을 1인당 70대씩 때려 피멍이 들게 한 경우, 그 쇠파이프와 각목은 폭력행위등처벌에관한법률 제3조 제1항 소정의 '위험한 물건'에 해당한다.[141] 견인료납부를 요구하면서 피고인의 승용차의 앞을 가로막고 있는 교통관리직원을 승용차 앞범퍼 부분으로 들이받고 약 1m 정도 진행하여 동인을 땅바닥에 넘어뜨려 폭행한 사안에서, 승용차가 폭력행위등처벌에관한법률 제3조 제1항소정의 '위험한 물건'에 해당한다.[142] 피고인이 의자와 당구 큐대를 사용하여 피해자를 폭행한 방법에 비추어 볼 때 의자와 당구 큐대를 폭력행위등처벌에관한법률 제3조 제1항소정의 '위험한 물건'에 해당한다.[143] 빈 양주병으로 머리를 내리쳐 타박상을 가한 경우, 그 빈 양주병은 폭력행위등처벌에관한법률 제3조 제1항소정의 '위험한 물건'에 해당한다.[144] 직경 10cm 가량의 돌이 폭력행위등처벌에관한법률 제3조 제1항소정의 '위험한 물건'에 해당한다.[145] 깨어지지 아니한 상태의 맥주병 역시 위의 위험한 물건에 해당한다고 하여야 할 것이다.[146] 깨진 맥주병, 항아리조각, 부러뜨린 걸레자루 등은 폭력행위등처벌에관한법률 제3조 제1항의 "위험한 물건"에 해당한다.[147] 피고인이 이 사건 범행에 사용한 곡괭이자루를 폭력행위등처벌에관한법률 제3조 제1항에서 규정한 위험한 물건이라고 본 원심의 조치에 법리오해의 위법이 없다.[148] 피고인이 피해자를 땅바닥에 넘어 뜨리고 세멘벽돌을 집어들고 머리부분을 1회 때렸다면 위 세멘벽돌은 폭력행위등처벌에관한법률 제3조 제1항 소정의 흉기 기타 위험한 물건에 해당한다고 볼 것이다.[149] 마이오네즈병은 이로써 사람을 구타하거나 깨어진 부분으로 찌른다면 생명신체에 해를 끼칠 수 있어 사람을 해할 목적으로 이를 들고 대하면 그 상대방이나 일반 제3자가 위험성을 느낄 수 있음은 경험칙에 속한다 할 것이므로 마이오네즈병을 들고 구타하는 행위는 폭력행위등처벌에관한법률 제3조 제1항 소정의 "위험한 물건"을 휴대한 경우에 해당한다 할 것이다.[150] 피고인이 이 사건 폭력행위당시 판시 과도를 범행현장에서 호주머니 속에 지니고 있었던 이상 이는 위험한 물건을 휴대한 경우로서 폭력행위등처벌에 관한 법률 제3조 제1항 소정의 죄에 해당한다.[151] 피고인이 옷소매속에 숨겨 휴대하고 있었던 길이 30센치미터의 공구(드라이버)는 폭력행위등처벌에관

137) 대법원 2003.1.24. 선고 2002도5783 판결.
138) 대법원 2002.11.26. 선고 2002도4586 판결.
139) 대법원 2001.11.30. 선고 2001도5268 판결.
140) 대법원 2001.11.30. 선고 2001도5268 판결.
141) 대법원 1999.11.9. 선고 99도4146 판결.
142) 대법원 1997.5.30. 선고 97도597 판결.
143) 대법원 1997.2.25. 선고 96도3346 판결.
144) 대법원 1997.2.25. 선고 96도3411 판결.
145) 대법원 1995.11.24. 선고 95도2282 판결.
146) 대법원 1991.12.27. 선고 91도2527 판결.
147) 대법원 1990.6.12. 선고 90도859 판결.
148) 대법원 1990.1.25. 선고 89도2245 판결.
149) 대법원 1990.1.23. 선고 89도2273 판결.
150) 대법원 1984.6.12. 선고 84도647 판결.
151) 대법원 1984.4.10. 선고 84도353 판결.

한법률 제7조 소정의 위험한 물건에 해당한다.[152] 피고인이 쪽가위로 피해자의 등을 2회 찔러 천공상을 입힌 행위에 대하여 폭행행위등처벌에 관한 법률 제3조 제2항, 제1항을 적용한 조치는 정당하며, 피고인이 사용한 쪽가위는 흉기라고 볼 수 없어 위험한 물건을 휴대한 범행에 해당하지 않는다는 상고논지는 이유없다.[153] 안전면도용 칼날도 그 용법에 따라서는 위험한 물건에 해당한다.[154]

위험한 물건을 부정한 판례의 구체적 내용은 다음과 같다. 즉,

피해자가 먼저 식칼을 들고 나와 피고인을 찌르려다가 피고인이 이를 저지하기 위하여 그 칼을 뺏은 다음 피해자를 훈계하면서 위 칼의 칼자루 부분으로 피해자의 머리를 가볍게 쳤을 뿐이라면 피해자가 위험성을 느꼈으리라고는 할 수 없다.[155] 쇠파이프(길이 2미터, 직경 5센치미터)로 머리를 구타당하면서 이에 대항하여 그곳에 있던 각목(길이 1미터, 직경 5센치미터)으로 상대방의 허리를 구타한 경우에는 위 각목은 위 법조 소정의 위험한 물건이라고 할 수 없다.[156]

휴대를 긍정한 판례의 구체적 내용은 다음과 같다. 즉,

피고인이 이 사건 폭력행위당시 판시 과도를 범행현장에서 호주머니 속에 지니고 있었던 이상 이는 위험한 물건을 휴대한 경우로서 폭력행위등처벌에 관한 법률 제3조 제1항 소정의 죄에 해당한다.[157] 폭력행위등 처벌에 관한 법률 제3조 제1항에서 말하는 위험한 물건의 휴대라 함은 반드시 몸에 지니고 다니는 것만을 뜻한다고는 할 수 없고 범행현장에서 범행에 사용할 의도 아래 이를 소지하거나 몸에 지니는 경우도 포함한다.[158]

휴대를 부정한 판례의 구체적 내용은 다음과 같다. 즉,

장검 1개를 피고인의 집에 보관하였다는 것만으로는 위 법조에서 말하는 위험한 물건의 휴대라고 할 수 없다.[159] 장칼 2개 등의 위험한 물건들을 피고인의 아파트에 보관하였다는 것만으로는 위 법조에서 말하는 위험한 물건의 휴대라고 할 수는 없다.[160] 폭력행위등처벌에관한법률의 목적과 그 제3조 제1항의 규정취지에 비추어 보면 같은 법 제3조 제1항 소정의 "흉기 기타 위험한 물건을 휴대하여 그 죄를 범한 자"란 범행현장에서 그 범행에 사용하려는 의도아래 흉기를 소지하거나 몸에 지니는 경우를 가리키는 것이지 그 범행과는 전혀 무관하게 우연히 이를 소지하게 된 경우까지를 포함하는 것은 아니다.[161]

3. 특수존속폭행죄

본죄는 단체 또는 다중의 위력을 보이거나 위험한 물건을 휴대하여 자기 또는 배우자의 직계존속의 신체에 대하여 폭행을 가함으로써 성립한다. 본죄는 존속폭행죄와 구성요건을

152) 대법원 1984.2.14. 선고 83도3165,83감도526 판결.
153) 대법원 1984.1.17. 선고 83도2900 판결.
154) 대법원 1971.4.30. 선고 71도430 판결.
155) 대법원 1989.12.22. 선고 89도1570 판결.
156) 대법원 1981.7.28. 선고 81도1046 판결.
157) 대법원 1984.4.10. 선고 84도353 판결.
158) 대법원 1982.2.23. 선고 81도3074 판결.
159) 대법원 1991.4.9. 선고 91도427 판결.
160) 대법원 1990.11.13. 선고 90도2170 판결.
161) 대법원 1990.4.24. 선고 90도401 판결.

부분적으로 공유한다. 다만 객관적 구성요건의 행위에 행위방법으로서 단체 또는 다중의 위력을 보이거나 위험한 물건을 휴대하여가 추가되고, 이에 따라 주관적 구성요건의 고의에 이러한 행위방법에 대한 인식이 추가될 뿐이다. 나아가 본죄의 법정형도 5년 이하의 징역 또는 1천만원 이하의 벌금으로 존속폭행죄보다 벌금형에 있어서나마 약간 상향되고 있다.

4. 상습특수폭행죄

본죄는 상습으로 특수폭행죄와 특수존속폭행죄를 범함으로써 성립한다. 본죄를 범한 때에는 그 죄에 정한 형의 2분의 1까지 가중한다.

Ⅴ. 폭행치사상죄

제262조(폭행치사상) 제260조와 제261조의 죄를 지어 사람을 사망이나 상해에 이르게 한 경우에는 제257조부터 제259조까지의 예에 따른다.

제263조(동시범) 독립행위가 경합하여 상해의 결과를 발생하게 한 경우에 있어서 원인된 행위가 판명되지 아니한 때에는 공동정범의 예에 의한다.

구조문

제262조(폭행치사상) 전2조의 죄를 범하여 사람을 사상에 이르게 한때에는 제257조 내지 제259조의 예에 의한다.

1. 서 언

본죄는 폭행죄, 존속폭행죄 또는 특수폭행죄를 지어 사람을 사망이나 상해에 이르게 함으로써 성립한다. 본죄는 기본범죄의 유형에 따라 폭행죄가 기본범죄인 단순 폭행치사상죄와 존속폭행죄가 기본범죄인 존속폭행치사상죄 및 특수폭행이 기본범죄인 특수폭행치사상죄로 나누어질 수 있다.

본죄는 결과적 가중범이다. 고의에 의한 폭행과 과실에 의한 중한 결과의 발생으로 인하여 가중하여 처벌하는 가중적 구성요건이다. 본죄는 치상죄와 치사죄를 동시에 규정하고 있다는 점에서 치사죄만을 규정하고 있는 상해치사죄와는 구별된다. 본죄 중에서 폭행치상죄는 전형적인 고의범인 상해죄와 폭행죄의 중간형태로서 폭행에 대한 고의는 인정되지만 상해에 대한 고의를 인정할 수 없는 경우에 성립한다.

2. 폭행치사상죄

(1) 의 의

본죄는 사람의 신체에 대하여 폭행을 가하여 사망이나 상해에 이르게 함으로써 성립한다. 본죄는 폭행죄의 결과적 가중범이다. 폭행의 고의로 사람에게 폭행하여 그 결과로서 사상에 이르게 하는 것을 내용으로 하는 범죄이다. 본죄는 폭행죄보다 중한 결과로 인하여 가중되는 가중적 구성요건이다. 본죄는 기본범죄인 폭행죄와 구성요건을 부분적으로 공유한다. 아래에서는 공유되지 않는 부분을 중심으로 간략하게 고찰하기로 한다.

(2) 범 죄

1) 구성요건

① 객관적 구성요건

ⓘ 행 위 본죄의 실행행위는 폭행이다. 본죄에 있어서 고의에 의한 기본범죄의 실행행위는 폭행이 되는 것이다.

ⓘⓘ 결 과 본죄는 결과범이다. 결과의 발생을 요할 뿐만 아니라 행위와 결과 사이의 인과관계의 존재도 요한다. 다만 결과는 기본범죄의 실행행위인 폭행보다는 중한 것이어야 한다. 본죄의 중한 결과는 사상이다. 폭행에 의하여 사상에 이르게 되는 것이기 때문이다.

ⓘⓘⓘ 인과관계 본죄는 우선 폭행과 사상의 결과 사이에 인과관계의 존재를 요한다. 다만 사상의 결과는 오로지 폭행의 직접적인 결과로 발생할 것을 요하는 것은 아니다. 사상의 결과는 폭행의 객체에 발생하는 것이 원칙이지만 인과관계가 인정되는 한 그 범위 내에서 이 객체 이외의 자에게 결과가 발생하여도 본죄로 된다.

본죄는 결과적 가중범이기 때문에 폭행과 사상의 결과 사이에 인과관계가 있는 외에 사상의 결과에 대한 예견가능성, 즉 과실이 있어야 한다. 따라서 중한 결과에 대한 예견가능성(豫見可能性)이 결여된 경우에는 본죄가 성립하지 않는다. 예견가능성의 유무는 폭행의 정도와 피해자의 대응상태 등 구체적 상황을 살펴서 엄격하게 가려야 한다.[162] 전술한 바와 같이 폭행에 내재된 전형적인 위험이 실현되어 중한 결과인 사상이 발생하였다는 의미의 직접성(直接性, Unmittelbarkeit)이 인정되지 않으면 안 되는 이유이다.

인과관계를 긍정한 판례의 구체적 내용은 다음과 같다. 즉,

피고인이 피해자의 멱살을 잡아 흔들고 주먹으로 가슴과 얼굴을 1회씩 구타하고 멱살을 붙들고 넘어뜨리는 등 신체 여러 부위에 표피박탈, 피하출혈 등의 외상이 생길 정도로 심하게 폭행을 가함으로써 평소에 오른쪽 관상동맥폐쇄 및 심실의 허혈성심근섬유화증세 등의 심장질환을 앓고 있던 피해자의 심장에 더욱 부담을 주어 나쁜 영향을 초래하도록 하였다면, 비록 피해자가 관상동맥부전과 허혈성심근경색 등으로 사망하였더라도, 피고인의 폭행의 방법, 부위나 정도 등에 비추어 피고인의 폭행과 피해자의 사망과 간에 상당인과관계가 있었다고 볼 수 있다.[163] 피고인이 1981.4.8 피해자의 뺨을 2회 때리고 두손으로 어깨를 잡아 땅바닥에 넘어뜨리고 머리를 세멘트벽에 부딪치게 하여서, 피해자가 그 다음날부터 머리에 통증이 있었고 같은 달 16 의사 3인에게 차례로 진료를 받을 때에 혈압이 매우 높았고 몹시 머리가 아프다고 호소하였으며 그 후 병세가 계속 악화되어 결국 같은해 4.30 뇌손상(뇌좌상)으로 사망하였다면, 피해자가 평소 고혈압과 선천성혈관기형인 좌측전고동맥류의 증세가 있었고 피고인의 폭행으로 피해자가 사망함에 있어 위와 같은 지병이 사망결과에 영향을 주었다고 해서 피고인의 폭행과 피해자의 사망간에 상당인과관계가 없다고 할 수 없으며, 피고인이 피해자를 폭행할 당시에 이미 폭행과 그 결과에 대한 예견가능성이 있었다 할 것이고 그로 인하여 치사의 결과가 발생하였다면 이른바 결과적 가중범의 죄책을 면할 수 없다.[164] 피해자를 2회에 걸쳐 두 손으로 힘껏 밀어 땅바닥에 넘어뜨리는 폭행을 가함으로써 그 충격

162) 대법원 1990.9.25. 선고 90도1596 판결.
163) 대법원 1989.10.13. 선고 89도556 판결.
164) 대법원 1983.1.18. 선고 82도697 판결.

으로 인한 쇼크성 심장마비로 사망케 하였다면 비록 위 피해자에게 그 당시 심관성동맥경화 및 심근섬유화 증세등의 심장질환의 지병이 있었고 음주로 만취된 상태였으며 그것이 피해자가 사망함에 있어 영향을 주었다고 해서 피고인의 폭행과 피해자의 사망간에 상당인과 관계가 없다고 할 수 없다.[165] 어린애를 업은 사람을 밀어 넘어뜨려 그 결과 어린애가 사망하였다면 폭행치사죄가 성립된다.[166] 피고인이 주먹으로 피해자의 복부를 1회 강타하여 장파열로 인한 복막염으로 사망케 하였다면, 비록 의사의 수술지연 등 과실이 피해자의 사망의 공동원인이 되었다 하더라도 피고인의 행위가 사망의 결과에 대한 유력한 원인이 된 이상 그 폭력행위와 치사의 결과간에는 인과관계가 있다 할 것이어서 피고인은 피해자의 사망의 결과에 대해 폭행치사의 죄책을 면할 수 없다.[167]

인과관계를 부정한 판례의 구체적 내용은 다음과 같다. 즉,

피고인이 피해자에게 상당한 힘을 가하여 넘어뜨린 것이 아니라 단지 공장에서 동료 사이에 말다툼을 하던 중 피고인이 삿대질하는 것을 피하고자 피해자 자신이 두어걸음 뒷걸음치다가 회전 중이던 십자형 스빙기계 철받침대에 걸려 넘어진 정도라면, 당시 바닥에 위와 같은 장애물이 있어서 뒷걸음치면 장애물에 걸려 넘어질 수 있다는 것까지는 예견할 수 있었다고 하더라도 그 정도로 넘어지면서 머리를 바닥에 부딪쳐 두개골절로 사망한다는 것은 이례적인 일이어서 통상적으로 일반인이 예견하기 어려운 결과라고 하지 않을 수 없으므로 피고인에게 폭행치사죄의 책임을 물을 수 없다.[168] 피고인의 폭행정도가 서로 시비하다가 피해자를 떠밀어 땅에 엉덩방아를 찧고 주저앉게 한 정도에 지나지 않은 것이었고 또 피해자는 외관상 건강하여 전혀 병약한 흔적이 없는 자인데 사실은 관상동맥경화 및 협착증세를 가진 특수체질자이었기 때문에 위와 같은 정도의 폭행에 의한 충격에도 심장마비를 일으켜 사망하게 된 것이라면 피고인에게 사망의 결과에 대한 예견가능성이 있었다고 보기 어려워 결과적 가중범인 폭행치사죄로 의율할 수는 없다.[169] 피고인은 자전거를 타고 가다가 피해자가 길가에 쌓아둔 모래더미에 걸려 넘어지자 화가 난 나머지 피해자에게 교통을 방해한다고 소리를 질러 상호 욕설을 하며 시비를 하던 끝에 법으로 해결하자고 하면서 피해자의 왼쪽 어깨쭉지를 잡고 약 7미터 정도 걸어가다가 피해자를 놓아주는 등 폭행을 하자 피해자가 그곳에 있는 평상에 앉아 있다가 쓰러져 약 2주일간의 안정가료를 요하는 뇌실질내 혈종의 상해를 입었는데 피해자는 60세의 노인으로서 외견상 건강해 보이지만 평소 고혈압증세가 있어 약 5년전부터 술도 조심하여 마시는 등 외부로부터의 정신적, 물리적 충격에 쉽게 흥분되어 급성 뇌출혈에 이르기 쉬운 체질이었다는 것이다. 그렇다면 가사 피해자가 위에서 본 바와 같은 피고인의 욕설과 폭행으로 충격을 받은 나머지 위와 같은 상해를 입게 된 것이라 하더라도 일반 경험칙상 위와 같이 욕설을 하고 피해자의 어깨쭉지를 잡고 조금 걸어가다가 놓아준 데 불과한 정도의 폭행으로 인하여 피해자가 위와 같은 상해를 입을 것이라고 예견할 수는 없다고 할 것이고, 또 기록을 살펴보아도 피해자가 평소 위와 같이 고혈압증세로 뇌출혈에 이르기 쉬운 체질이어서 위에서 본 바와 같은 정도의 욕설과 폭행으로 그와 같은 상해의 결과가 발생한 것임을 피고인이 이 사건 당시 실제로 예견하였거나 또는 예견할 수 있었다고 볼 만한 자료는 없으니 피고인에게 상해의 결과에 대한 책임을 물어 폭행치상죄로 처벌할 수는 없다고 할 것이다.[170] 고등학교 교사가 제자의 잘못을

165) 대법원 1986.9.9. 선고 85도2433 판결.
166) 대법원 1972.11.28. 선고 72도2201 판결.
167) 대법원 1984.6.26. 선고 84도831,84감도129 판결.
168) 대법원 1990.9.25. 선고 90도1596 판결.
169) 대법원 1985.4.3. 선고 85도303 판결.

징계코자 왼쪽뺨을 때려 뒤로 넘어지면서 사망에 이르게 한 경우 위 피해자는 두께0.5미리밖에 안되는 비정상적인 얇은 두개골이었고 또 뇌수송을 가진 심신허약자로서 좌측뺨을 때리자 급성뇌성압상승으로 넘어지게 된 것이라면 위 소위와 피해자의 사망간에는 이른바 인과관계가 없는 경우에 해당한다.[171] 피고인이 피해자를 전도시켰는데 그 자리에서 사망한 사건에서 그 사인을 인정하는 증거로 든 감정서중에는 신체에 대한 소견으로 신체상에 외상은 발견되지 않고 내부의 각 장기에도 아무런 이상이 없으며 그 사인은 타살의 의심이 없고 감정의 격동으로 인한 쇽크사로 사료된다는 취지가 기재되어 있고 동 감정인의 증언으로서는 몸이 비대하거나 신경질적인 사람이 쇽크사를 잘 일으키는 데 피해자는 몸이 비대한 편이었다는 점과 쇼크사의 현상은 말초신경에 혈액순환장애를 이르키며 심장을 싸고 있는 혈액이 순환되지 않아 심장의 정지를 초래하게 되는 것이며 그 원인은 주사로, 감정의 격동으로, 술의 과음으로 인한 각 쇽크등이 있다는 점이 기재되어 있을 뿐이니 그것만으로는 피해자의 사인을 위전도로 인한 외력적인 쇽크에 있은 것이라고는 단정되지 않는다.[172]

② 주관적 구성요건

본죄는 폭행에 대한 고의와 사상에 대한 과실을 요한다. 사상에 대하여 인식이 있는 경우에는 살인죄 또는 상해죄를 구성한다. 본죄는 폭행의 고의로 사람에게 폭행을 하여 그 결과로서 사상에 이르게 한 것을 내용으로 하는 결과적 가중범이기 때문이다. 본죄는 치사상의 결과에 대한 인식을 결한다는 점에서 살인죄나 상해죄와 다르고, 상해의 고의 없이 폭행의 고의를 요한다는 점에서 상해치사죄와 구별된다.

고의를 긍정한 판례의 구체적 내용은 다음과 같다. 즉,

안수기도는 환자의 환부나 머리에 손을 얹고 또는 약간 누르면서 환자를 위해 병을 낫게 하여 달라고 하나님께 간절히 기도함으로써 병의 치유함을 받는다는 일종의 종교적 행위이고 그 목적 또한 정당하겠으나, 기도행위에 수반하는 신체적 행위가 단순히 손을 얹거나 약간 누르는 정도가 아니라 그것이 지나쳐서 가슴과 배를 반복하여 누르거나 때려 그로 인하여 사망에 이른 것과 같은 정도의 것이라면 이는 사람의 신체에 대한 유형력의 행사로서 폭행의 개념에 속하는 행위이고, 비록 안수기도의 방법으로 행하여졌다고 하더라도 신체에 대하여 유형력을 행사한다는 인식과 의사가 있으면 폭행에 대한 인식과 의사 즉 고의가 있는 것이며, 이를 적법한 행위라고 오인했다고 하더라도 그 오인에 정당성을 발견할 수 없다.[173] 폭행에 대한 미필적인 고의는 있어도 상해에 대한 고의가 없어 폭행치상죄를 적용해야 함에도 법원이 상해죄를 적용한 것은 법률적용에 있어 위법이 있다고 할 것이나 상해죄나 폭행치상죄는 동일한 장에 규정된 동일죄질의 것이고 또 그 법정형도 동일하므로 위의 잘못은 판결결과에는 아무 영향이 없다.[174]

③ 공 범

본죄의 공범은 총칙상의 이론에 따라 긍정될 수 있다고 본다. 예컨대 공동정범, 교사범, 방조범 및 신분범의 공범(제33조)의 공통의 성립요건 중의 하나는 주관적 구성요건요소로서

170) 대법원 1982.1.12. 선고 81도1811 판결.
171) 대법원 1978.11.28. 선고 78도1961 판결.
172) 대법원 1965.4.6. 선고 65도151 판결.
173) 대법원 1994.8.23. 선고 94도1484 판결.
174) 대법원 1985.1.29. 선고 84도2655 판결.

그것은 의사의 연락이다. 따라서 의사의 연락을 내용으로 하는 고의의 범위 내에서 예시된 공범의 성립은 긍정될 수 있다고 본다. 따라서 고의의 인식대상인 폭행에 대하여는 예시된 공범이 모두 성립할 수 있다고 하는 것이 타당한 해석론이라고 본다. 다만 결과에 대하여는 예견가능성이 있을 것을 요한다고 하는 것은 결과적 가중범에 대한 당연한 요건이다.

공범의 성립을 긍정한 판례의 구체적 내용은 다음과 같다. 즉,

피고인들이 공동하여 피해자를 폭행하여 당구장 3층에 있는 화장실에 숨어 있던 피해자를 다시 폭행하려고 피고인 갑은 화장실을 지키고, 피고인 을은 당구치는 기구로 문을 내려쳐 부수자 위협을 느낀 피해자가 화장실 창문 밖으로 숨으려다가 실족하여 떨어짐으로써 사망한 경우에는 피고인들의 위 폭행행위와 피해자의 사망 사이에는 인과관계가 있다고 할 것이므로 폭행치사죄의 공동정범이 성립된다.[175]

2) 위법성조각사유

본죄에 있어서도 총칙상의 위법성조각사유는 그대로 적용된다. 본죄는 특히 정당행위, 정당방위 및 피해자의 승낙에 의하여 위법성이 조각될 수 있다. 결과적 가중범의 특성상 기본범위의 위법성이 조각되면 중한 결과가 발생하더라도 본죄의 성립은 부정된다. 다만 이와는 별개로 경우에 따라 과실치사상죄의 문제는 여전히 남아 있는 상태가 된다.

위법성의 조각을 긍정한 판례의 구체적 내용은 다음과 같다. 즉,

피해자(남, 57세)가 술에 만취하여 아무런 연고도 없는 가정주부인 피고인의 집에 들어가 유리창을 깨고 아무데나 소변을 보는 등 행패를 부리고 나가자, 피고인이 유리창 값을 받으러 피해자를 뒤따라 가며 그 어깨를 붙잡았으나, 상스러운 욕설을 계속하므로 더 이상 참지 못하고 잡고 있던 손으로 피해자의 어깨부분을 밀치자 술에 취하여 비틀거리던 피해자가 몸을 제대로 가누지 못하고 앞으로 넘어져 시멘트 바닥에 이마를 부딪쳐 1차성 쇼크로 사망한 경우, 피고인의 위와 같은 행위는 피해자의 부당한 행패를 저지하기 위한 본능적인 소극적 방어행위에 지나지 아니하여 사회통념상 용인될 수 있는 정도의 상당성이 있어 형법 제20조에 정한 정당행위에 해당한다.[176] 피해자가 술에 취한 상태에서 별다른 이유 없이 함께 술을 마시던 피고인의 뒤통수를 때리므로 피고인도 순간적으로 이에 대항하여 손으로 피해자의 얼굴을 1회 때리고 피해자가 주먹으로 피고인의 눈을 강하게 때리므로 더 이상 때리는 것을 제지하려고 피해자를 붙잡은 정도의 행위의 결과로 인하여 피해자가 원발성쇼크로 사망하였다 하더라도 피고인의 위 폭행행위는 소극적 방어행위에 지나지 않아 사회통념상 허용될 수 있는 상당성이 있어 위법성이 없다.[177] 피고인이 자기의 앞가슴을 잡고 있는 피해자의 손을 떼어 내기 위하여 피해자의 손을 뿌리친 것에 불과하다면 그와 같은 행위는 피해자의 불법적인 공격으로부터 벗어나기 위한 본능적인 소극적 방어행위에 지나지 아니하여 사회통념상 허용될 상당성이 있는 위법성이 결여된 행위라고 볼 여지가 있다 할 것이고 위 행위가 사회상규에 위배되지 않는 행위로서 위법성이 결여된 행위로 인정된다면 그 행위의 결과로 피해자가 사망하게 되었다 하더라도 폭행치사죄로 처벌할 수는 없다.[178] 압류표시를 떼어 달라고 매달리

175) 대법원 1990.10.16. 선고 90도1786 판결.
176) 대법원 1992.3.10. 선고 92도37 판결.
177) 대법원 1991.1.15. 선고 89도2239 판결
178) 대법원 1987.10.26. 선고 87도464 판결.

는 피해자를 피하기 위하여 이를 뿌리치고 나온 것에 불과하다면 그 과정에서 피해자가 다소의 상처를 입었다고 하더라도 그 사실만으로는 피고인을 상해죄 또는 폭행치상죄로 문의할 수 없다.[179] 강제연행을 모면하기 의하여 팔꿈치로 뿌리치면서 가슴을 잡고 벽에 밀어 부친 행위는 소극적인 저항으로 사회상규에 위반되지 아니한다.[180] 피고인이 술이 취해서 시비하려는 피해자를 피해서 문밖으로 나오려는 순간 피해자가 뒤따라 나오며 피고인의 오른팔을 잡자 피고인이 잡힌 팔을 빼기 위하여 뿌리친 행위는 불법적으로 붙잡힌 팔을 빼기 위한 본능적 방어행위로서 사회상규에 어긋나는 행위가 아니므로 이로 인하여 피해자가 사망하였다고 하더라도 피고인에게 폭행치사죄의 책임을 지울 수 없다.[181]

위법성의 조각을 부정한 판례의 구체적 내용은 다음과 같다. 즉,

피고인은 실내 어린이 놀이터 벽에 기대어 앉아 자신의 딸(4세)이 노는 모습을 보고 있었는데, 피해자가 다가와 딸이 가지고 놀고 있는 블록을 발로 차고 손으로 집어 들면서 쌓아놓은 블록을 무너뜨리고, 이에 딸이 울자 피고인이 피해자에게 '하지 마, 그러면 안 되는 거야'라고 말하면서 몇 차례 피해자를 제지한 사실, 그러자 피해자는 피고인의 딸을 한참 쳐다보고 있다가 갑자기 딸의 눈 쪽을 향해 오른손을 뻗었고 이를 본 피고인이 왼손을 내밀어 피해자의 행동을 제지하였는데, 이로 인해 피해자가 바닥에 넘어져 엉덩방아를 찧은 사실, 그 어린이 놀이터는 실내에 설치되어 있는 것으로서, 바닥에는 충격방지용 고무매트가 깔려 있었던 사실, 한편 피고인의 딸은 그 전에도 또래 아이들과 놀다가 다쳐서 당시에는 얼굴에 손톱 자국의 흉터가 몇 군데 남아 있는 상태였던 사실 등을 알 수 있다. 이러한 사실관계에서 알 수 있는 피고인의 이 사건 행위의 동기와 수단 및 그로 인한 피해의 정도 등의 사정을 앞서 본 법리에 비추어 살펴보면, 피고인의 이러한 행위는 피해자의 갑작스런 행동에 놀라서 자신의 어린 딸이 다시 얼굴에 상처를 입지 않도록 보호하기 위한 것으로 딸에 대한 피해자의 돌발적인 공격을 막기 위한 본능적이고 소극적인 방어행위라고 평가할 수 있고, 따라서 이를 사회상규에 위배되는 행위라고 보기는 어렵다고 할 것이다.[182] 교사가 국민학교 5학년생을 징계하기 위하여 양손으로 교탁을 잡게하고 길이 50cm, 직경 3cm 가량되는 나무 지휘봉으로 엉덩이를 두번 때리고, 학생이 아파서 무릎을 굽히며 허리를 옆으로 틀자 다시 허리부분을 때려 6주간의 치료를 받아야 할 상해를 입힌 경우 위 징계행위는 그 방법 및 정도가 교사의 징계권행사의 허용한도를 넘어선 것으로서 정당한 행위로 볼 수 없다.[183] 각종의 장기와 신경이 밀집되어 있어 인체의 가장 중요한 부위를 점하고 있는 흉부에 대한 강도의 타격은 생리적으로 중대한 영향을 줄 뿐만 아니라 신경에 자극을 줌으로써 이에 따른 쇼크로 인해 피해자를 사망에 이르게 할 수 있고, 더우기 그 가격으로 급소를 맞을 때에는 더욱 그러할 것인데, 피할만한 여유도 없는 좁은 장소와 상급자인 피고인이 하급자인 피해자로부터 아프게 반격을 받을 정도의 상황에서 신체가 보다 더 건강한 피고인이 피해자에게 약 1분 이상 가슴과 배를 때렸다면 사망의 결과에 대한 예견가능성을 부정할 수도 없을 것이며 위와 같은 상황에서 이루어진 폭행이 장난권투로서 피해자의 승낙에 의한 사회상규에 어긋나지 않는 것이라고도 볼 수 없다.[184] 부하를 훈계

179) 대법원 1985.5.14. 선고 85도466 판결.
180) 대법원 1982.2.23. 선고 81도2958 판결.
181) 대법원 1980.9.24. 선고 80도1898 판결.
182) 대법원 2014.3.27. 선고 2012도11204 판결.
183) 대법원 1990.10.30. 선고 90도1456 판결.
184) 대법원 1989.11.28. 선고 89도201 판결.

하기 위한 것이라 하여도 폭행행위가 훈계권의 범위를 넘었다고 보여지고 그로 인하여 상해를 입은 이상 그 행위를 사회상규에 위배되지 아니한 행위로서 위법성이 조각된다고 할 수 없다.[185] 피고인이 생활지도 주임교사로 근무하던 고등학교 2학년 학생 피해자 가 피고인에게 욕설을 한 것으로 오인하고 격분하여 좌우 주먹으로 위 피해자의 얼굴 양측두부를 각 1회씩 구타하여 동인을 실신시키고 동인에게 전치 10일을 요하는 쇼크 및 양측측두부 타박상의 상해를 입힌 사실을 인정하고 있는 바, 원심은 위 인정사실을 폭행치상죄로 의율한 후 위 피고인의 행위는 교육적 목적에서 훈계의 뜻으로 한 것이니 형법 20조 소정의 정당행위에 해당한다는 피고인의 논지에 대하여 피고인은 피해자가 욕설을 하였는지 확인도 하지 않을 정도로 침착성과 냉정성을 잃고 있었고 욕설을 하지 아니한 위 피해자는 징계의 대상학생이 아닐 것인데도 위 피해자를 판시와 같이 구타하여 판시와 같은 상해를 입혔으니 교사로서 교육상 학생을 훈계하기 위하여 한 일이라고 하더라도 이는 징계권의 범위를 일탈한 위법한 폭력행위가 된다.[186]

3) 죄 수

판례에 의하면 "폭행에 대한 미필적인 고의는 있어도 상해에 대한 고의가 없어 폭행치상죄를 적용해야 함에도 법원이 상해죄를 적용한 것은 법률적용에 있어 위법이 있다고 할 것이나 상해죄나 폭행치상죄는 동일한 장에 규정된 동일죄질의 것이고 또 그 법정형도 동일하므로 위의 잘못은 판결결과에는 아무 영향이 없다"고 한다.[187] 또 "특수폭행에 의하여 치상케 한 경우에는 폭행치상의 단순일죄로 처벌할 것이다"라고 한다.[188]

(3) 처 벌

1) 법정형

본죄에 있어서 폭행치상죄의 법정형은 상해죄의 그것과 같고, 폭행치사죄의 법정형은 상해치사죄의 그것과 일치한다고 해석된다. 또 폭행의 결과 중상해가 발생한 경우에는 중상해죄의 법정형으로 처벌된다고 해석된다.

2) 예에 따른다의 의미

본죄는 결과적 가중범이다. 정확하게는 진정결과적 가중범이다. 결과인 상해에 고의가 있는 경우에는 본죄가 성립하지 않고 상해죄가 성립하게 된다. 따라서 본죄에 있어서 사상의 결과는 당연히 과실에 의하여 발생한 것이어야 한다. 그러나 본죄에 있어서는 사상의 결과에 고의가 있는 고의범처럼 처벌하겠다는 것이 입법자의 의사라고 해석된다. 다시 말해서, 본죄는 진정결과적 가중범이지만, 부진정결과적 가중범의 성립구조를 처벌구조에 적용하여 결과에 대한 고의범의 형으로 처벌한다는 의미로 해석된다. 결국, '예에 따른다'는 의미는 본죄는 기본행위인 폭행의 고의로 성립하지만, 처벌은 결과인 사상의 고의범의 형으로 처벌한다는 의미로 새겨야 한다.

대법원도 "제257조 내지 제259조의 예에 의한다의 의미는형법 제260조(폭행, 존속폭행)

185) 대법원 1984.6.26. 선고 84도603 판결.
186) 대법원 1980.9.9. 선고 80도762 판결.
187) 대법원 1985.1.29. 선고 84도2655 판결.
188) 대법원 1959.7.7. 선고 4292형상202 판결.

또는 제261조(특수폭행)의 죄를 범하여 상해, 중상해, 사망의 결과가 발생한 경우, 그 결과에 따라 상해의 경우에는 형법 제257조, 중상해의 경우에는 형법 제258조, 사망의 경우에는 형법 제259조의 예에 준하여 처벌하는 것으로 해석·적용되어 왔고, 형법 제258조의2의 신설에도 불구하고 종전과 같이 형법 제257조 제1항의 예에 의하여 처벌하는 것으로 해석함이 타당하다"고 판시한 바 있다.[189]

3. 존속폭행치사상죄

본죄는 자기 또는 배우자의 직계존속의 신체에 대하여 폭행을 하여 사망이나 상해에 이르게 함으로써 성립한다. 본죄는 존속폭행죄의 결과적 가중범이다. 본죄는 존속폭행죄보다 중한 결과로 인하여 가중되는 가중적 구성요건이다.

본죄의 객체는 자기 또는 배우자의 직계존속의 신체이다. 본죄의 실행행위는 폭행이다. 본죄의 결과는 사상이다. 본죄는 폭행에 대한 고의와 사상에 대한 과실을 요한다. 진정결과적 가중범이기 때문이다.

본죄에 있어서 존속폭행치상죄의 법정형은 존속상해죄의 그것과 같고, 존속폭행치사죄의 법정형은 존속상해치사죄의 그것과 일치한다. 폭행으로 인하여 중상해가 발생한 경우에는 경우에 따라 각각 중상해죄와 존속중상해죄의 법정형으로 처벌된다고 해석된다.

4. 특수폭행치사상죄

본죄는 단체 또는 다중의 위력을 보이거나 위험한 물건을 휴대하여 폭행죄를 범함으로써 성립한다.

본죄에 있어서 특수폭행치상죄의 법정형은 특수상해죄의 그것과 같다. 특수폭행치사죄의 법정형은 모두 상해치사죄의 그것과 일치한다. 폭행으로 인하여 중상해가 발생한 경우에는 특수중상해죄의 법정형으로 처벌된다고 해석된다.

5. 특수존속폭행치사상죄

본죄는 단체 또는 다중의 위력을 보이거나 위험한 물건을 휴대하여 폭행죄나 존속폭행죄를 범함으로써 성립한다.

본죄에 있어서 특수존속폭행치상죄의 법정형은 특수존속상해죄의 그것과 같다. 특수존속폭행치사죄의 법정형은 상해치사죄의 그것과 일치한다. 폭행으로 인하여 중상해가 발생한 경우에는 특수존속중상해죄의 법정형으로 처벌된다고 해석된다.

§4. 동시상해의 특례

제263조(동시범) 독립행위가 경합하여 상해의 결과를 발생하게 한 경우에 있어서 원인된 행위가 판명되지 아니한 때에는 공동정범의 예에 의한다.

189) 대법원 2018.7.24. 선고 2018도3443 판결.

관련규정
제19조(독립행위의 경합) 동시 또는 이시의 독립행위가 경합한 경우에 그 결과발생의 원인된 행위가 판명되지 아니한 때에는 각 행위를 미수범으로 처벌한다.

Ⅰ. 서 설

1. 의 의

본죄는 독립행위가 경합하여 상해의 결과를 발생하게 한 경우에 있어서 원인된 행위가 판명되지 아니함으로써 성립한다. 본죄는 경합된 2개 이상의 행위가 상해의 결과를 발생시킴으로써 성립하는 범죄로서 행위와 상해의 결과 사이에 인과관계가 판명되지 않은 경우 각자를 공동정범의 예에 의하여 처벌하는 범죄를 말한다. 한편 관점에 따라서는 본죄를 동시상해범 또는 동시상해죄라고 하는 것이 가능하다고 본다.

2. 특 징

본죄의 특징은 각각의 행위자를 공동정범으로 의제한다는 점에 있다. 공동정범이 아님에도 불구하고 공동정범의 예에 의하여 처벌한다는 점이 그 특징이다. 공동정범은 '공동하여' 라는 요건, 즉 객관적으로 공동실행의 사실과 주관적으로 공동실행의 의사를 요한다. 그러나 본죄는 기능적 행위지배에 의한 공동실행의 사실이나 상호 공모에 의한 공동가공의 의사 중 그 어느 하나의 요건도 충족하지 못하고 있다. 본죄는 행위만이 단순경합함에 불과할 뿐 행위자 상호간의 의사의 연락이 전혀 존재하지 않기 때문이다. 결국 본죄는 동시범에 불과한 것일 뿐이다.

동시범(同時犯)이란 2인 이상이 의사의 연락 없이 동시에 동종의 죄를 범하는 경우를 말한다. 동시범은 원칙적으로 단독범에 지나지 않기 때문에 각자의 행위에 의하여 발생한 결과에 대하여만 책임을 지면 그것으로 족하다. 따라서 결과에 대하여 인과관계를 가지는 원인행위가 판명되지 않은 경우에는 각자를 미수범으로 처벌하는 것이 원칙이다(제19조). 그럼에도 불구하고 본죄는 이에 대한 예외를 인정하여 각자를 공동정범의 예에 의하여 처벌한다는 점에서 본죄의 커다란 특징이 있다고 아니할 수 없다(제263조).

Ⅱ. 범 죄

1. 객관적 구성요건

본조의 구성요건은 문언에 따라 2개 이상의 행위의 경합, 상해의 결과의 발생 및 결과발생에 대하여 인과관계를 가지는 원인행위의 불판명으로 구분될 수 있다.

(1) 주 체

본죄의 주체는 2인 이상의 자이다. 공모관계가 없는 2인 이상의 독립행위자이다. 따라서 독립행위와 무관한 자는 제외되지 않을 수 없다.

대법원도 “상해죄에 있어서의 동시범은 두 사람 이상이 가해행위를 하여 상해의 결과를 가져올 경우에 그 상해가 어느 사람의 가해행위로 인한 것인지가 분명치 않다면 가해자 모두를 공동정범으로 본다는 것이므로 가해행위를 한 것 자체가 분명치 않은 사람에 대하여는 동시범으로 다스릴 수 없다”고 판시한 바 있다.[190]

독립행위자를 부정한 판례의 구체적 내용은 다음과 같다. 즉,

> 피고인들이 주먹이나 이마로 피해자를 구타한 것이 피해자 주장과 같이 인정된다면 이 점에 대한 죄책을 면할 수 없겠지만, 만일 흉기로 피해자의 얼굴을 찍은 것이 피고인들 중 어느 한 사람의 소행일 가능성이 없는 상황이라면 피고인들 및 제 3 자 상호간에 의사의 연락이 있었다고 볼 수 없는 이 사건에 있어서 피고인들에 대하여 흉기에 의한 상해행위 부분까지 그 죄책을 물을 수는 없을 것이다.[191]

(2) 행 위

1) 의 의

본죄의 실행행위는 원인행위이다. 본죄는 원인행위가 무엇인지는 밝히고 있지 않다. 다만 원인행위는 그 결과로서 상해를 야기할 수 있는 행위여야 한다는 것은 분명하다고 해석된다. 여기서 원인행위의 범위는 본죄의 적용범위와 직결된다고 이해된다. 원인행위는 경합되고 있어야 한다.

2) 독립행위의 경합

독립행위의 경합이란 2개 이상의 원인행위가 의사의 연락 없이 같은 객체에 대하여 행하여지는 것을 말한다. 견해에 따라서 경합은 독립행위의 장소적 · 시간적 근접성 또는 동일기회성을 요건으로 한다고 하기도 한다. 본죄가 실체법적으로도 공동정범을 의제하고 있는 이상 공동정범의 요건 중의 하나인 공동실행과 등가적으로 평가하기 위한 상황을 요한다는 것이 그 근거이다.

생각건대 독립행위의 장소적 · 시간적 근접성이나 동일기회성은 경합에 반드시 필요한 필수요건은 아니라고 해석된다. 2개 이상의 행위가 시간과 장소를 각각 달리하는 경우와 같이 장소적 · 시간적 근접성이나 동일기회성이 결여된 경우에도 얼마든지 원인행위성을 인정할 수 있기 때문이다. 또 본죄의 원칙규정인 독립행위의 경합은 그것이 동시든 이시든 이를 묻지 않고 있기 때문이다(제19조 참조). 따라서 시간적 차이가 있는 독립된 상해행위와 폭행행위가 경합하여 사망의 결과가 일어나고 그 사망의 원인된 행위가 판명되지 않은 경우에도 공동정범의 예에 의하여 처벌할 수 있다고 해야 한다.[192]

독립행위의 경합을 긍정한 판례의 구체적 내용은 다음과 같다. 즉,

> 2시간 남짓한 시간적 간격을 두고 피고인이 두 번째의 가해행위인 이 사건 범행을 한 후, 피해

190) 대법원 1984.5.15. 선고 84도488 판결.
191) 대법원 1984.5.15. 선고 84도488 판결.
192) 대법원 2000.7.28. 선고 2000도2466 판결; 대법원 1985.5.14. 선고 84도2118 판결.

자가 사망하였고 그 사망의 원인을 알 수 없다고 보아 피고인을 폭행치사죄의 동시범으로 처벌한 원심판단은 옳고 거기에 동시범의 법리나 상당인과 관계에 관한 법리를 오해한 위법도 없다.[193)] 이시의 독립된 상해행위가 경합하여 사망의 결과가 일어난 경우에 그 원인된 행위가 판명되지 아니한 때에는 공동정범의 예에 의하여야 한다.[194)]

(3) 결 과

본죄의 결과는 상해이다. 상해의 결과가 발생하지 아니한 경우에는 본죄에 해당하지 않는다. 결과가 상해이기 때문에 행위는 반드시 상해와 같거나 상해보다 작아야 한다는 것은 분명하다. 상해를 부정한 판례의 구체적 내용은 다음과 같다. 즉,

> 피고인들이 주먹이나 이마로 피해자를 구타한 것이 피해자 주장과 같이 인정된다면 이 점에 대한 죄책을 면할 수 없겠지만, 만일 흉기로 피해자의 얼굴을 찍은 것이 피고인들 중 어느 한 사람의 소행일 가능성이 없는 상황이라면 피고인들 및 제3자 상호간에 의사의 연락이 있었다고 볼 수 없는 이 사건에 있어서 피고인들에 대하여 흉기에 의한 상해행위 부분까지 그 죄책을 물을 수는 없을 것이다.[195)]

(4) 인과관계

1) 의 의

인과관계란 행위와 결과 사이에 존재하는 원인과 결과의 관계를 말한다. 따라서 경합된 독립행위와 상해의 결과 사이의 인과관계를 말한다. 결국 독립행위와 원인행위는 같은 행위에 대한 다른 표현일 뿐이다.

2) 원인행위의 불판명

원인행위는 판명되지 않아야 한다. 원인행위가 판명되지 않았다는 것은 독립행위와 상해 사이에 인과관계의 존부가 명확하지 않다는 것을 의미한다. 원인행위가 판명된 경우에는 각자가 자기의 독립된 행위로부터 발생한 상해의 결과에 대하여 각각 책임을 지게 될 것이기 때문이다.

2. 주관적 구성요건

(1) 고 의

본죄는 고의범이다. 독립행위인 자기의 행위와 상해의 결과 및 인과관계까지 모두가 고의의 인식대상이라고 해야 한다. 다만 행위가 상해보다 커서는 안 되듯이 고의에 있어서도 상해의 고의보다 커서는 안 된다고 해석된다. 미수범으로서 상해의 고의를 요하는 범죄는 존재하지 않기 때문이다.

---

193) 대법원 2000.7.28. 선고 2000도2466 판결.
194) 대법원 1981.3.10. 선고 80도3321 판결.
195) 대법원 1984.5.15. 선고 84도488 판결.

(2) 의사연락의 부존재

본죄는 공동정범을 요하는 것이 아니다. 다만 공동정범을 의제할 뿐이다. 바로 이 점에서 본죄는 공동정범과 구별되고 있는 것이다. 따라서 공동정범의 성립요건인 공동하여, 즉 의사의 연락이 존재하지 않을 것을 요한다. 행위자 상호간에 공모관계, 즉 공동실행의 의사가 존재하는 경우에는 이미 공동정범이 성립할 것이기 때문이다.

동시상해를 부정한 판례의 구체적 내용은 다음과 같다. 즉,

> 2인 이상이 상호의사의 연락이 없이 동시에 범죄구성요건에 해당하는 행위를 하였을 때에는 원칙적으로 각인에 대하여 그 죄를 논하여야 하나, 그 결과발생의 원인이 된 행위가 분명하지 아니한 때에는 각 행위자를 미수범으로 처벌하고(독립행위의 경합), 이 독립행위가 경합하여 특히 상해의 경우에는 공동정범의 예에 따라 처단(동시범)하는 것이므로, 상호의사의 연락이 있어 공동정범이 성립한다면, 독립행위경합 등의 문제는 아예 제기될 여지가 없다.[196] 2인 이상이 상호의사의 연락없이 동시에 범죄구성요건에 해당하는 행위를 하였을 때에는 원칙적으로 각인에 대하여 그 죄를 논하여야 하나 그 결과 발생의 원인이 된 행위가 분명하지 아니한 때에는 각 행위자를 미수범으로 처벌하고(독립행위의 경합), 이 독립행위가 경합하여 특히 상해의 결과를 발생하게 하고 그 결과발생의 원인이 된 행위가 밝혀지지 아니한 경우에는 공동정범의 예에 따라 처단(동시범)하는 것이므로 공범관계에 있어 공동가공의 의사가 있었다면 이에는 도시 동시범등의 문제는 제기될 여지가 없다.[197] 공동정범은 행위자 상호간에 범죄행위를 공동으로 한다는 공동가공의 의사를 가지고 범죄를 공동실행하는 경우에 성립하는 것으로서, 여기에서의 공동가공의 의사는 공동행위자 상호간에 있어야 하며 행위자 일방의 가공의사만으로는 공동정범관계가 성립할 수 없다.[198]

Ⅲ. 처 벌

1. 법정형

본죄의 법정형은 공동정범의 예에 의하는 것이다. 따라서 행위자들은 공동정범의 예에 의하여 각각 해당 상해의 죄의 정범으로 처벌된다(제30조 참조).

2. 법적 성질

본죄의 '공동정범의 예에 의한다'는 규정의 의미에 대하여는 다툼이 있다. 거증책임전환설, 법률상 추정설 및 이원설이 그것이다.

(1) 학 설

거증책임전환설(擧證責任轉換說)은 원칙적으로 검사가 져야 할 거증책임을 피고인에게 자기의 행위로 상해의 결과가 발생하지 않았음을 증명할 거증책임을 지운 것이라고 한다. 법률상 추정설(法律上 推定說)은 입증의 곤란을 구제하기 위하여 공동정범에 관한 법률상의

---

196) 대법원 1997.11.28. 선고 97도1740 판결.
197) 대법원 1985.12.10. 선고 85도1892 판결.
198) 대법원 1985.5.14. 선고 84도2118 판결.

책임의 추정을 규정한 것이라고 한다. 이원설(二元說)은 소송법상으로는 거증책임의 전환으로서의 성질을 가지며, 실체법상으로는 공동정범의 범위를 확장시키는 의제를 한 것이라고 한다.

(2) 판 례

판례의 입장은 아직 확인되지 않고 있다.

(3) 검 토

각각의 행위자는 자기의 행위의 결과에 대하여 그것이 상해의 원인으로 되고 있지 않은 것을 증명하여 본죄의 책임을 면하는 것이 불가능하기 때문에 법률상의 추정이라는 것은 정확하지 않다. 따라서 본죄는 입증상의 곤란을 구제하기 위한 소송법상의 규정일 뿐만 아니라 실체법적으로도 인과관계의 존부가 명확하지 않은 경우에 공동정범을 의제하기 위한 규정이기 때문에 이원설이 타당하다고 해석된다. 따라서 폭행으로 인하여 상해가 발생한 경우라면 검사에게는 해당 상해를 야기하기에 족한 폭행의 존재에 대한 입증이 요구되고, 이에 대하여 피고인이 반증할 수 없을 때에만 본죄가 적용된다고 해석할 수 있다.

3. 적용의 범위

본죄가 상해죄와 폭행치상죄에 적용된다는 점에 대하여는 이론이 없다. 그러나 그 이외의 범죄에 대하여도 본죄가 적용되는가에 대하여는 견해가 일치하지 않고 있다.

(1) 학 설

본죄가 상해치사죄와 폭행치사죄에도 적용되는지에 대하여는 긍정설과 부정설로 나누어지고 있다. 다만 본죄는 강간치사상죄나 강도치사상죄에 대하여는 본죄가 적용되지 않는다는 점에 대하여는 견해가 일치하고 있다. 본죄는 상해죄와 폭행죄에 대한 특례규정으로서 보호법익을 달리하고 있다는 점이 그 근거라고 한다.

(2) 판 례

판례는 상해치사죄와 폭행치사죄에까지 본죄의 적용을 인정하고 있다. 대법원은 "동시범의 특례를 규정한 형법 제263조는 상해치사죄에도 적용된다"고 판시한 바 있다.[199] 다만 판례도 학설과 같은 이유에서 강간치사상죄나 강도치사상죄에 대하여는 본죄의 적용을 부정하고 있다. 이에 관한 판례의 구체적 내용은 다음과 같다. 즉,

> 2시간 남짓한 시간적 간격을 두고 피고인이 두 번째의 가해행위인 이 사건 범행을 한 후, 피해자가 사망하였고 그 사망의 원인을 알 수 없다고 보아 피고인을 폭행치사죄의 동시범으로 처벌한 원심판단은 옳고 거기에 동시범의 법리나 상당인과 관계에 관한 법리를 오해한 위법도 없다.[200]
> 형법 제263조의 동시범은 상해와 폭행죄에 관한 특별규정으로서 동 규정은 그 보호법익을 달리하

199) 대법원 1985.5.14. 선고 84도2118 판결.
200) 대법원 2000.7.28. 선고 2000도2466 판결.

는 강간치상죄에는 적용할 수 없다.[201] 피고인이 공소외 갑 및 그로부터 강간당한 피해인 을과 함께 이야기하던 중 을과 단 둘이 있게 되자 갑으로부터 당한 강간으로 항거불능의 상태에 있던 을을 다시 강간함으로써 을이 회음부 찰과상을 입게 되었다 하더라도 피고인과 갑이 강간을 공모하였음을 인정할 만한 증거가 없고 위 상처가 누구의 강간행위로 인하여 생긴 것인지를 인정할 자료가 없다면 치상의 공소사실에 대하여는 그 증명이 없는 때에 해당하고 강간치상죄에 대하여는 상해죄의 동시범 처벌에 관한 특례를 인정한 형법 제263조가 적용되지 아니하는 것이므로 피고인은 단지 강간죄로 밖에 처벌할 수 없다.[202]

(3) 검 토

본죄는 상해의 결과에 대하여만 적용된다. 따라서 본죄는 상해의 죄와 폭행치상죄에 적용될 수 있다. 그러나 역으로 말해면 결과가 상해가 아닌 죄에까지 본죄를 적용해서는 안 된다는 의미가 된다. 본죄를 결과가 상해가 아닌 죄에까지 확대하여 적용하는 것은 곧 유추해석으로서 죄형법정주의에 위배될 우려가 있기 때문이다. 실제로 치사의 결과를 초래할 정도의 중대한 상해는 폭행에 의한 상해와 비교하면 입증이 용이하기 때문에 형법과 형사소송법상의 기본원리를 수정해서까지 입증의 곤란을 구제할 필요는 존재하지 않는다고 해석된다. 따라서 치사에 대하여 증명이 곤란한 경우에는 상해죄의 한도에서 공범의 예에 의하여야 할 것이다. 같은 이유에서 외형상 상해와 유사한 강간치사상죄, 강도치사상죄 등에도 본죄가 적용되지 않는다고 해야 한다. 살인죄에도 적용되지 않는다고 하는 것은 당연하다.

§5. 관련 특별법

Ⅰ. 폭력행위처벌법

1. 공동폭행 등

제2조(폭행 등) ① 삭제 〈2016.1.6.〉

② 2명 이상이 공동하여 다음 각 호의 죄를 범한 사람은 「형법」 각 해당 조항에서 정한 형의 2분의 1까지 가중한다.

1. 「형법」 제260조제1항(폭행), 제283조제1항(협박), 제319조(주거침입, 퇴거불응) 또는 제366조(재물손괴 등)의 죄
2. 「형법」 제260조제2항(존속폭행), 제276조제1항(체포, 감금), 제283조제2항(존속협박) 또는 제324조제1항(강요)의 죄
3. 「형법」 제257조제1항(상해)·제2항(존속상해), 제276조제2항(존속체포, 존속감금) 또는 제350조(공갈)의 죄

③ 이 법(「형법」 각 해당 조항 및 각 해당 조항의 상습범, 특수범, 상습특수범, 각 해당 조항의 상습범의 미수범, 특수범의 미수범, 상습특수범의 미수범을 포함한다)을 위반하여 2회 이상 징역형을 받은 사람이 다시 제2항 각 호에 규정된 죄를 범하여 누범(累犯)으로 처벌할 경우에는 다음 각 호의 구분에 따라 가중처벌한다.

1. 제2항제1호에 규정된 죄를 범한 사람: 7년 이하의 징역
2. 제2항제2호에 규정된 죄를 범한 사람: 1년 이상 12년 이하의 징역
3. 제2항제3호에 규정된 죄를 범한 사람: 2년 이상 20년 이하의 징역

201) 대법원 1984.4.24. 선고 84도372 판결.

202) 서울고등법원 1990.12.6. 선고 90노3345 제5형사부판결: 확정.

④ 제2항과 제3항의 경우에는 「형법」 제260조제3항 및 제283조제3항을 적용하지 아니한다.

2. 집단폭행 등

제3조(집단적 폭행 등) ① 삭제 〈2016.1.6.〉
② 삭제 〈2006.3.24.〉
③ 삭제 〈2016.1.6.〉
④ 이 법(「형법」 각 해당 조항 및 각 해당 조항의 상습범, 특수범, 상습특수범, 각 해당 조항의 상습범의 미수범, 특수범의 미수범, 상습특수범의 미수범을 포함한다)을 위반하여 2회 이상 징역형을 받은 사람이 다시 다음 각 호의 죄를 범하여 누범으로 처벌할 경우에는 다음 각 호의 구분에 따라 가중처벌한다.

1. 「형법」 제261조(특수폭행)(제260조제1항의 죄를 범한 경우에 한정한다), 제284조(특수협박)(제283조제1항의 죄를 범한 경우에 한정한다), 제320조(특수주거침입) 또는 제369조제1항(특수손괴)의 죄: 1년 이상 12년 이하의 징역
2. 「형법」 제261조(특수폭행)(제260조제2항의 죄를 범한 경우에 한정한다), 제278조(특수체포, 특수감금)(제276조제1항의 죄를 범한 경우에 한정한다), 제284조(특수협박)(제283조제2항의 죄를 범한 경우에 한정한다) 또는 제324조제2항(강요)의 죄: 2년 이상 20년 이하의 징역
3. 「형법」 제258조의2제1항(특수상해), 제278조(특수체포, 특수감금)(제276조제2항의 죄를 범한 경우에 한정한다) 또는 제350조의2(특수공갈)의 죄: 3년 이상 25년 이하의 징역

Ⅱ. 특정범죄가중법

1. 보복범죄

제5조의9(보복범죄의 가중처벌 등) ① 자기 또는 타인의 형사사건의 수사 또는 재판과 관련하여 고소·고발 등 수사단서의 제공, 진술, 증언 또는 자료제출에 대한 보복의 목적으로 「형법」 제250조제1항의 죄를 범한 사람은 사형, 무기 또는 10년 이상의 징역에 처한다. 고소·고발 등 수사단서의 제공, 진술, 증언 또는 자료제출을 하지 못하게 하거나 고소·고발을 취소하게 하거나 거짓으로 진술·증언·자료제출을 하게 할 목적인 경우에도 또한 같다.
② 제1항과 같은 목적으로 「형법」 제257조제1항·제260조제1항·제276조제1항 또는 제283조제1항의 죄를 범한 사람은 1년 이상의 유기징역에 처한다.
③ 제2항의 죄 중 「형법」 제257조제1항·제260조제1항 또는 제276조제1항의 죄를 범하여 사람을 사망에 이르게 한 경우에는 무기 또는 3년 이상의 징역에 처한다.
④ 자기 또는 타인의 형사사건의 수사 또는 재판과 관련하여 필요한 사실을 알고 있는 사람 또는 그 친족에게 정당한 사유 없이 면담을 강요하거나 위력(威力)을 행사한 사람은 3년 이하의 징역 또는 300만원 이하의 벌금에 처한다.

2. 운행중의 운전자 폭행

제5조의10(운행 중인 자동차 운전자에 대한 폭행 등의 가중처벌) ① 운행 중(「여객자동차 운수사업법」 제2조제3호에 따른 여객자동차운송사업을 위하여 사용되는 자동차를 운행하는 중 운전자가 여객의 승차·하차 등을 위하여 일시 정차한 경우를 포함한다)인 자동차의 운전자를 폭행하거나 협박한 사람은 5년 이하의 징역 또는 2천만원 이하의 벌금에 처한다.
② 제1항의 죄를 범하여 사람을 상해에 이르게 한 경우에는 3년 이상의 유기징역에 처하고, 사망에 이르게 한 경우에는 무기 또는 5년 이상의 징역에 처한다.

Ⅲ. 아동학대처벌법

제2조(정의) 이 법에서 사용하는 용어의 뜻은 다음과 같다.

4. "아동학대범죄"란 보호자에 의한 아동학대로서 다음 각 목의 어느 하나에 해당하는 죄를 말한다.
   가. 「형법」 제2편제25장 상해와 폭행의 죄 중 제257조(상해)제1항·제3항, 제258조의2(특수상

해)제1항(제257조제1항의 죄에만 해당한다) · 제3항(제1항 중 제257조제1항의 죄에만 해당한다), 제260조(폭행)제1항, 제261조(특수폭행) 및 제262조(폭행치사상)(상해에 이르게 한 때에만 해당한다)의 죄

나. 「형법」 제2편제28장 유기와 학대의 죄 중 제271조(유기)제1항, 제272조(영아유기), 제273조(학대)제1항, 제274조(아동혹사) 및 제275조(유기등 치사상)(상해에 이르게 한 때에만 해당한다)의 죄

다. 「형법」 제2편제29장 체포와 감금의 죄 중 제276조(체포, 감금)제1항, 제277조(중체포, 중감금)제1항, 제278조(특수체포, 특수감금), 제280조(미수범) 및 제281조(체포 · 감금등의 치사상)(상해에 이르게 한 때에만 해당한다)의 죄

제5조(아동학대중상해) 제2조제4호가목부터 다목까지의 아동학대범죄를 범한 사람이 아동의 생명에 대한 위험을 발생하게 하거나 불구 또는 난치의 질병에 이르게 한 때에는 3년 이상의 징역에 처한다.

제6조(상습범) 상습적으로 제2조제4호가목부터 파목까지의 아동학대범죄를 범한 자는 그 죄에 정한 형의 2분의 1까지 가중한다. 다만, 다른 법률에 따라 상습범으로 가중처벌되는 경우에는 그러하지 아니하다.

Ⅳ. 에이즈예방법

제2조(정의) 이 법에서 사용하는 용어의 뜻은 다음과 같다.

1. "감염인"이란 인체면역결핍바이러스에 감염된 사람을 말한다.

제19조(전파매개행위의 금지) 감염인은 혈액 또는 체액을 통하여 다른 사람에게 전파매개행위를 하여서는 아니 된다.

제25조(벌칙) 다음 각 호의 어느 하나에 해당하는 사람은 3년 이하의 징역에 처한다.

2. 제19조를 위반하여 전파매개행위를 한 사람

제 4 절 과실치사상의 죄

§1. 개 관

Ⅰ. 서 설

1. 의 의

본장의 과실치사상의 죄(過失致死傷의 罪, fahrlässige Tötung und Körperverletzung, homocide and injury by negligence)란 과실로 인하여 사람을 사망에 이르게 하거나 사람의 신체를 상해에 이르게 하는 것을 내용으로 하는 범죄를 말한다(형법 제2편 제26장). 과실치사죄는 사람의 생명을, 과실치상죄는 사람의 신체를 보호법익으로 하는 침해범이다.

2. 취 지

고의범만을 원칙적으로 처벌하는 형법이 과실범에까지 예외적 처벌규정을 두는 이유는 생명과 신체라는 법익의 중대성 때문이다. 형법이 과실치사상의 죄를 규정한 것은 과실에 의한 침해행위에 대해서까지도 생명과 신체를 보호하겠다는 형법의 의지라고 이해된다. 과실범은 처벌에 있어서는 예외적이지만 발생빈도에 있어서는 그 반대라고 할 수 있다. 과실치사상의 죄를 범한 범인의 수는 범죄통계상 전체 범죄의 과반수 이상을 차지하고 있기

때문이다.

3. 입법례

대부분의 입법례는 과실치사죄와 과실치상죄만을 규정하고 있다. 예컨대 독일형법(제222조, 제229조), 스위스형법(제117조, 제125조) 또는 프랑스형법(제222조의 19, 20) 등이다. 다만 일본형법(제211조)은 형법과 같이 업무상 과실 · 중과실치사상죄를 가중하여 처벌하고 있다.

Ⅱ. 과실범의 개념

1. 의 의

본장의 과실치사상의 죄는 과실범에 대응하기 위한 규정이다(형법 제2편 제26장). 과실범(過失犯, Fahrlässigkeitsdelikte)이란 과실에 의하여 성립하는 범죄를 말한다. 과실범은 고의범과 대칭되는 개념이다.

2. 예외적 처벌

형법상 과실범은 예외적으로 처벌된다(제14조 참조). 고의범만을 원칙적으로 처벌하는 근대형법이 확립한 주관적 책임의 결과이다. 그러나 사람의 생명 · 신체는 고의보다는 과실에 의하여 침해되는 경우가 더 많다. 특히 기술의 발달에 수반하여 각종의 교통사고, 산업재해, 식품사고, 의약품사고, 의료과오 및 환경오염 등에 의하여 과실범이 다수 발생하고 있다. 여기서 형법은 과실범에 관한 처벌규정을 두고 대응책을 강구하고 있는 것이다.

Ⅲ. 과실범의 구조

1. 과실의 체계적 지위

과실범에 있어서의 과실은 객관적 구성요건요소의 하나인 행위로서의 과실행위, 주관적 구성요건요소로서의 과실 및 책임요소로서의 과실이라는 체계적 지위를 가진다.

첫째, 객관적 구성요건요소로서의 과실행위란 주의의무에 위반하여 일정한 작위 또는 부작위를 실현하는 경우를 말한다. 주의의무는 일반인을 기준으로 판단한다는 의미에서 객관적 주의의무가 된다. 또 과실범은 과실행위의 유형에 따라 과실에 의한 작위범과 과실에 의한 부작위범으로 구분하는 것이 가능하게 된다. 다만 과실범의 실행행위는 과실범의 유형과 상관없이 언제나 객관적 주의의무의 위반이라는 점에서 공통된다. 실행행위로서 살인죄에서는 살해, 절도죄에서는 절취와 같이 각각의 범죄마다 그에 해당하는 동사의 형태로 규정되어 있는 고의범과는 달리 과실범은 과실로 인하여 상해 또는 사망에 이른다는 방식으로 결과만을 규정하고 있기 때문에 과실범의 실행행위는 과실범의 유형의 여하를 묻지 않고 동일하게 과실행위, 즉 객관적 주의의무위반이라는 동사로 수렴된다고 해석되기 때문이다. 객관적 주의의무위반으로서의 과실은 공동생활을 위해 객관적으로 요구되는 주의의무의 정도에 따라 과실, 중과실 및 업무상 과실로 나누어진다.

둘째, 주관적 구성요건요소로서의 과실이란 주의의무에 위반한 심리상태를 말한다. 주의의무는 외부의 행위가 아니라 내심의 심리상태를 말한다는 의미에서 주관적 주의의무가 된다. 고의가 인정되면 과실은 배척되기 때문에 고의와 과실의 관계는 배척관계라고 할 수 있다. 따라서 과실은 고의가 존재하지 않는 경우에만 문제로 된다. 주관적 주의의무위반으로서의 과실은 행위자의 객관적 구성요건요소에 대한 인식여부에 따라 인식 있는 과실과 인식 없는 과실로 나누어진다.

셋째, 책임요소로서의 과실이란 행위의 위법성에 대한 인식이 가능하였음에도 불구하고 위법성을 인식하지 못한 행위자에 대한 비난가능성을 말한다. 주의의무는 일반인 아니라 행위자를 기준으로 판단한다는 의미에서 주관적 주의의무가 된다.

2. 과실의 내용과 판단기준

과실이란 일반적으로 주의의무위반이라고 해석되고 있다. 주의의무위반이란 주의하면 결과를 인식할 수 있고 결과를 회피할 수 있음에도 불구하고 부주의에 의하여 인식을 못하고 결과를 회피하지 못한 것을 말한다. 이와 같이 주의의무의 내용은 결과예견의무와 결과회피의무로 구성되는 것으로 해석되고 있다. 물론, 결과예견의무와 결과회피의무는 각각 결과예견가능성과 결과회피가능성을 전제로 하고 있다. 의무를 과하기 위해서는 의무를 이행할 수 있을 것이라는 가능성이 전제되어야 하기 때문이다. 다만 과실의 유무에 대한 판단기준은 과실의 체계적 지위에 따라 달라질 수 있다. 즉, 전술한 바와 같이 객관적 구성요건요소로서의 과실행위의 그것은 일반인이다. 주관적 구성요건요소로서의 과실과 책임요소로서의 과실의 그것은 행위자가 되지만, 전자는 행위자의 내심의 심리상태를 의미한다는 점에서 위법성을 인식할 수 있었음에도 불구하고 이를 인식하지 못하고 행위한 행위자에 대한 비난가능성을 후자와 구별되고 있다.

과실의 판단은 주의주의의 위반에 대한 판단이다. 구성요건적 행위로서의 과실행위, 즉 주의의무위반은 사회 일반인이나 직역 평균인을 기준으로 판단한다는 의미에서 객관적 주의의무가 된다.

3. 과실에 대한 판단기준의 감면

과실에 있어서 주의의무는 경우에 따라 감면될 수 있다. 바로 허용된 위험의 이론과 신뢰의 원칙이 이에 해당한다고 할 수 있다. 구성요건요소로서의 과실이 주의의무를 감경하거나 면제하는 기능을 가지고 있는 한 허용된 위험이나 신뢰의 원칙은 구성요건해당성조각사유 또는 구성요건해당성감경사유의 의미를 가질 수 있다.

(1) 허용된 위험

주의의무는 회피조치를 취하는 한 허용된 위험의 이론이 적용된다. 허용된 위험의 이론은 예견의무위반이 인정되는 경우라도 회피조치를 취하는 한 회피의무위반을 허용하는 이론을 말한다. 이러한 의미에서 허용된 위험의 이론은 주의의무의 내용 중에서 회피의무를 회피조치로 대체하여 회피의무를 면제하는 이론이라고 할 수 있다.

(2) 신뢰의 원칙

주의의무는 신뢰의 원칙이 적용되는 한 그 주의의 정도가 감면된다. 신뢰의 원칙이란 상대방의 적절한 행동을 신뢰할 수 있는 경우 발생한 결과에 대하여 행위자에게 요구되는 주의의무의 정도를 감면한다는 원칙을 말한다. 이러한 의미에서 신뢰의 원칙은 신뢰할 수 있는 만큼 예견의무가 감면되고 회피의무가 감면되는 원칙이라고 할 수 있다.

신뢰의 원칙은 신과실론에 의하여 등장하여 교통영역에서 적용되기 시작하여 의료영역, 산업영역 등으로 그 범위를 확대하여 오고 있다. 특히 분업적 활동이 요구되는 영역에서는 신뢰의 원칙에 대한 적용을 피할 수 없다. 바로 수평적 분업의 경우가 그렇다. 상하관계로서 신뢰의 원칙의 적용이 배제되는 수직적 분업의 경우와 구별된다. 과실행위, 즉 주의의무의 내용이나 판단기준은 교통사고에 있어서는 도로교통법, 약해에 있어서는 약사법, 식품사고에 있어서는 식품위생법, 재해에 있어서는 중대재해처벌법 등과 같이 사고를 미연에 방지하기 위한 각종의 단속법규에 의하여 명확하게 된다. 이 외에도 주의의무의 내용은 관습이나 조리 등에 의해서도 도출될 수도 있다. 이와 같이 과실범의 주의의무가 부진정부작위범에 있어서의 작위의무와 그 발생근거에 대하여 유사한 구조를 가진다는 점에서 과실행위자와 작위의무자가 비견되기도 한다.

Ⅳ. 구성요건의 체계

본장의 죄의 기본적 구성요건은 과실치상죄(제266조)와 과실치사죄(제267조)이다. 가중적 구성요건으로서는 신분관계로 인하여 불법이 가중되는 업무상 과실치사상죄(제268조)와 중대성으로 인하여 불법이 가중되는 중과실치사상죄(제268조)가 규정되어 있다.

§2. 과실치상죄

제266조(과실치상) ① 과실로 인하여 사람의 신체를 상해에 이르게 한 자는 500만원 이하의 벌금, 구류 또는 과료에 처한다.
② 제1항의 죄는 피해자의 명시한 의사에 반하여 공소를 제기할 수 없다.

Ⅰ. 서 설

본죄는 과실로 인하여 사람의 신체를 상해에 이르게 함으로써 성립한다. 사람의 신체는 고의행위보다도 과실에 의한 침해가 훨씬 많다. 본죄는 반의사불벌죄이다.

Ⅱ. 범 죄

1. 구성요건

(1) 객관적 구성요건

1) 객 체

본죄의 객체는 사람의 신체이다. 사람이란 타인을 말하고, 신체에 대하여는 이미 전술한 바 있다.

2) 행 위

본죄의 실행행위는 과실행위이다. 과실행위란 객관적 주의의무에 대한 위반을 말한다. 여기에서의 주의의무는 일반인 또는 평균인을 기준으로 판단한다는 의미에서 객관적 주의의무가 된다.

한편 과실의 판단과 관련하여서는 전통적으로 결과에 향하여진 수개의 과실을 모두 과실행위로서 이해하여야 한다는 과실병존설이 주장되어 왔지만, 최근에는 결과와 가장 가까이에 있는 직근의 과실만을 과실행위로 보아야 한다는 직근과실론도 주장되고 있다.

과실행위를 긍정한 판례의 구체적 내용은 다음과 같다. 즉,

> 골프와 같은 개인 운동경기에 참가하는 자는 자신의 행동으로 인해 다른 사람이 다칠 수도 있으므로, 경기 규칙을 준수하고 주위를 살펴 상해의 결과가 발생하는 것을 미연에 방지해야 할 주의의무가 있고, 이러한 주의의무는 경기보조원에 대하여도 마찬가지이다. 다만 운동경기에 참가하는 자가 경기규칙을 준수하는 중에 또는 그 경기의 성격상 당연히 예상되는 정도의 경미한 규칙위반 속에 상해의 결과를 발생시킨 것으로서 사회적 상당성의 범위를 벗어나지 아니하는 행위라면 과실치상죄가 성립하지 않는다고 할 것이지만, 골프경기를 하던 중 골프공을 쳐서 아무도 예상하지 못한 자신의 등 뒤편으로 보내어 등 뒤에 있던 경기보조원(캐디)에게 상해를 입힌 경우에는 주의의무를 현저히 위반한 사회적 상당성의 범위를 벗어난 행위로서 과실치상죄가 성립한다.[1)]

3) 결 과

본죄의 결과는 상해이다. 상해에 이르지 못한 경우에는 상해미수가 될 것이나, 본죄는 미수범에 대한 처벌규정을 두지 않고 있다.

4) 인과관계

본죄는 결과범이기 때문에 과실행위와 상해의 결과 사이에는 인과관계가 존재하여야 한다. 인과관계가 인정되지 않으면 미수에 그칠 것이나, 본죄는 미수를 처벌하지 않고 있다.

(2) 주관적 구성요건

본죄는 과실범이다. 주관적 구성요건요소가 과실이라는 점에서 고의를 요하는 상해죄와 구별된다. 여기에서의 과실이란 객관적 구성요건요소에 대한 인식이 결여되어 있거나 인식은 있지만 실현의사가 없는 심리상태라는 의미에서 주관적 주의의무에 대한 위반을 말한다.

---

1) 대법원 2008.10.23. 선고 2008도6940 판결.

주관적 구성요건요소로서의 과실은 심리상태로서 주관적 주의의무에 대한 위반을 의미한다는 점에서 객관적 주의의무에 대한 위반을 의미하는 위에서 본 바와 같이 객관적 구성요건요소로서의 과실행위와 구별된다. 인식 있는 과실과 인식 없는 과실의 차이는 양형에 영향을 줄 뿐 본죄의 성립여하와는 무관하다.

2. 죄 수

본죄의 죄수는 피해자의 수에 따른다. 생명과 신체는 모두 일신전속적 법익에 속하기 때문이다.

Ⅲ. 처 벌

1. 법정형

본죄의 법정형은 500만원 이하의 벌금, 구류 또는 과료이다. 고의범인 상해죄의 법정형 7년 이하의 징역, 10년 이하의 자격정지 또는 1천만원 이하의 벌금에 비하면 현저하게 가볍다고 할 수 있다.

2. 반의사불벌죄

본죄는 반의사불벌죄이다. 일상생활에서 과실에 의한 상해는 얼마든지 발생할 수 있고, 이에 대하여는 민사상 손해배상(민법 제750조)이 가능하며 실제로 이에 의한 피해구제가 이루어진 경우까지 형사처벌하는 것에 대하여는 다소 의문이 생길 수 있다. 우선 처벌과 관련하여서는 피해자측의 의사를 존중하는 것으로 하고, 다음으로 처벌에 있어서는 벌금이나 과료에 그치게 한 것이 반의사불벌죄로 규정한 근거이다.

§3. 과실치사죄

제267조(과실치사) 과실로 인하여 사람을 사망에 이르게 한 자는 2년 이하의 금고 또는 700만원 이하의 벌금에 처한다.

Ⅰ. 서 설

본죄는 과실로 인하여 사람을 사망에 이르게 함으로써 성립한다. 본죄는 과실에 의한 범죄라는 점에서 고의에 의한 살인죄보다는 훨씬 가볍게 처벌하고 있다. 본죄는 과실치상죄와는 달리 반의사불벌죄가 아니다.

Ⅱ. 범 죄

1. 구성요건

(1) 객관적 구성요건

1) 객 체

본죄의 객체는 사람의 생명이다. 사람이란 타인을 말하고, 생명에 대하여는 이미 전술한 바 있다.

2) 행 위

본죄의 실행행위는 과실행위이다. 과실행위란 일반인 또는 평균인에게 요구되는 주의의무로서의 객관적 주의의무에 대한 위반을 말한다. 객관적 주의의무는 객관적 예견의무와 객관적 회피의무를 내용으로 하고 있는 것은 당연하다.

과실을 긍정한 판례의 구체적 내용은 다음과 같다. 즉,

> 중앙선에 서서 도로횡단을 중단한 피해자의 팔을 갑자기 잡아끌고 피해자로 하여금 도로를 횡단하게 만든 피고인으로서는 위와 같이 무단횡단을 하는 도중에 지나가는 차량에 충격당하여 피해자가 사망하는 교통사고가 발생할 가능성이 있으므로, 이러한 경우에는 피고인이 피해자의 안전을 위하여 차량의 통행 여부 및 횡단 가능 여부를 확인하여야 할 주의의무가 있다 할 것이므로, 피고인으로서는 위와 같은 주의의무를 다하지 않은 이상 교통사고와 그로 인한 피해자의 사망에 대하여 과실책임을 면할 수 없다.[2] 피고인이 관리하던 이 사건 가옥의 작은방에 세들어 사는 공소외 C의 어머니와 딸이 아궁이에 연탄불을 피워 놓고 자던 중 방바닥의 틈 사이로 스며든 연탄가스에 중독되어 각 일산화탄소 중독으로 사망한 사실, 위 가옥은 재개발지역의 달동네에 속하여 있고 무허가로 건립된 지 약 30년이 지난 흙벽돌 및 블럭, 기와 및 슬레이트로 된 낡은 한옥이며, 위 작은방에는 재래식 아궁이가 설치되어 있고 작은방의 마루쪽 출입문 앞 방바닥에는 폭 약 3㎜, 길이 약 30㎝의 여러 갈래의 틈이, 아랫목을 기준으로 왼쪽 방바닥에 폭 약 2㎜, 길이 약 20㎝의 틈이, 오른쪽 방바닥에 폭 약 1㎜, 길이 약 20㎝의 틈이 나 있어 아궁이에서 올라온 연탄가스가 위 방바닥의 틈으로 스며 올라 올 염려가 있는 사실, 피고인은 이 사건 발생 전 임차인인 위 C로부터 위 작은방에서 연탄가스 냄새가 많이 나고 사람들이 두 차례나 연탄가스를 마셔 죽을 뻔하기까지 했으니 방을 고쳐달라는 요구를 받고도 아무런 조치를 취하지 아니한 사실을 알 수 있는바, 앞서의 하자 상태가 이 사건 가옥의 전반적인 노후화 정도에 비추어 과연 대수선을 요하는 정도인지가 불분명한 이 사건에서, 피고인이 임차인으로부터 이러한 요구를 받고도 연탄가스 냄새가 나는 원인을 조사하고 그에 대한 대책을 강구하는 등의 조처를 취하지 아니한 점에 비추어 보면 이 사건 사고는 임대인인 피고인의 과실로 인하여 발생하였다고 봄이 상당하다고 할 것이다.[3] 피고인들이 자신들과 함께 술을 마시고 만취되어 의식이 없는 피해자를 부축하여 학교선배인 장은석의 자취집에 함께 가서 촛불을 가져 오라고 하여 장은석이 가져온 촛불이 켜져 있는 방안에 이불을 덮고 자고 있는 피해자를 혼자 두고 나옴에 있어 그 촛불이 피해자의 발로부터 불과 약 70 내지 80cm 밖에 떨어져 있지 않은 곳에 마분지로 된 양초갑 위에 놓여져 있음을 잘 알고 있었던 피고인

---

2) 대법원 2002.8.23. 선고 2002도2800 판결.

3) 대법원 1993.9.10. 선고 93도196 판결.

들로서는 당시 촛불을 켜놓아야 할 별다른 사정이 엿보이지 아니하고 더욱이 피고인들 외에는 달리 피해자를 돌보아 줄 사람도 없었던 터이므로 술에 취한 피해자가 정신없이 몸부림을 치다가 발이나 이불자락으로 촛불을 건드리는 경우 그것이 넘어져 불이 이불이나 비닐장판 또는 벽지 등에 옮겨붙어 화재가 발생할 가능성이 있고, 또한 화재가 발생하는 경우 화재에 대처할 능력이 없는 피해자가 사망할 가능성이 있음을 예견할 수 있으므로 이러한 경우 피해자를 혼자 방에 두고 나오는 피고인들로서는 촛불을 끄거나 양초가 쉽게 넘어지지 않도록 적절하고 안전한 조치를 취하여야 할 주의 의무가 있다 할 것인바, 비록 피고인들이 직접 촛불을 켜지 않았다 할지라도 위와 같은 주의 의무를 다하지 않은 이상 피고인들로서는 이 사건 화재발생과 그로 인한 피해자의 사망에 대하여 과실책임을 면할 수는 없다 할 것이다.[4]

과실을 부정한 판례의 구체적 내용은 다음과 같다. 즉,

임차목적물인 방에 약간의 실금형태로 균열이 있고 외벽에 금이 가 있을 정도라면 그 방을 사용할 수 없을 정도의 파손상태라고 할 수 없고, 반드시 임대인에게 수선의무가 있는 대규모의 것이라고도 할 수 없어 임차인의 통상의 수선 및 관리의무에 속하므로, 위 균열로 스며든 연탄가스에 피해자자 중독되어 사망한 사고는 임대인의 과실로 인한 것이라고 볼 수 없다.[5] 담임교사가 학교방침에 따라 학생들에게 교실청소를 시켜왔고 유리창을 청소할 때는 교실안쪽에서 닦을 수 있는 유리창만을 닦도록 지시하였는데도 유독 피해자만이 수업시간이 끝나자마자 베란다로 넘어갔다가 밑으로 떨어져 사망하였다면 담임교사에게 그 사고에 대한 어떤 형사상의 과실책임을 물을 수 없다.[6] 부엌과 창고홀로 통하는 방문이 상단부의 문틈과 벽 사이에 약 1.2센티미터 내지 2센티미터나 벌어져 있고 그 문틈과 문 자체 사이도 두 군데나 0.5센티미터의 틈이 있는 정도의 하자는 임차목적물을 사용할 수 없을 정도의 것이거나 임대인에게 수선의무가 있는 대규모의 것이 아니고 임차인의 통상의 수선 및 관리의무의 범위에 속하는 것이어서 비록 임차인이 위 문틈으로 새어든 연탄가스에 중독되어 사망하였다 하더라도 임대인에게 그 책임을 물을 수 없다.[7] 임대인이 연탄아궁이의 외부 굴뚝보수공사를 마친 뒤에도 임차인이 약 1개월 동안 아무런 이상없이 위 방실을 점유사용해 오다가 사고당일에 부엌에서 출입문과 환기창을 모두 닫아놓고 연탄아궁이에 연탄불을 피워 놓은채 목욕을 하다가 그 연탄아궁이에서 새어나온 연탄가스의 일산화탄소에 중독되어 사망한 것이라면 비록 임대인이 위 외부 굴뚝보수공사를 함에 있어 연통이음새로 시멘트가 내부로 흘러 들어가게 하여 연통내부의 하단부분을 메우게 한 과실이 있었다 하더라도 임차인의 사망이 위와 같은 임대인의 과실에 기인된 것이라고 보기 어렵다.[8] 임대한 방실의 부엌으로 통하는 문과 벽 사이에 0.4센티미터 정도의 틈이 있다면 이는 문 전체를 다시 제작하여 붙이지 않더라도 다른 목재로 부착보수하는 정도로서 그 틈을 막을 수 있는 것이어서 그 하자가 방실을 사용할 수 없을 정도의 파손상태이거나 임대인에게 수선의무가 있는 대규모의 것이라고는 할 수 없고 임차인의 통상의 수선관리의무에 속한 것이라 못할바 아니므로 위 문틈으로 스며든 연탄가스에 중독되는 사고가 발생했다 하더라도 위 사고는 임대인의 과실로 인한 것이라고 볼 수 없다.[9] 피고인이 피해

4) 대법원 1994.8.26. 선고 94도1291 판결.
5) 대법원 1989.9.26. 선고 89도703 판결.
6) 대법원 1989.3.28. 선고 89도108 판결.
7) 대법원 1986.7.8. 선고 86도383 판결.
8) 대법원 1985.3.26. 선고 84도3085 판결.
9) 대법원 1985.3.12. 선고 84도2034 판결.

자에게 임대한 방의 바닥에 있는 균열(중앙에 97센치미터, 아궁이 쪽으로 30센치미터의 실금형태)은 위 방을 사용할 수 없을 정도의 파손상태라 할 수 없고, 반드시 임대인에게 수선의무가 있는 대규모의 것이라고도 할 수 없어, 이는 임차인의 통상의 수선 및 권리의무에 속하므로 위 균열로 인해 까스중독사고가 발생한 경우 임대인에게 과실이 없다.[10]

3) 결 과

본죄의 결과는 사람의 사망이다. 사망의 결과가 발생하지 않으면 본죄의 미수에 그칠 것이나, 본죄는 미수에 대한 처벌규정을 두지 않고 있다.

4) 인과관계

본죄는 결과범이기 때문에 과실행위와 사망의 결과 사이에 인과관계가 존재하여야 한다. 인과관계가 인정되지 않으면 미수에 그칠 것이나. 본죄는 미수를 처벌하지 않고 있다.

인과관계를 긍정한 판례의 구체적 내용은 다음과 같다. 즉,

> 바다에 면한 수직경사가 암반 위로 이끼가 많이 끼어 매우 미끄러운 곳에서 당시 폭풍주의보가 발효 중이어서 평소보다 높은 파도가 치고있던 상황하에 피해자와 같은 내무반원인 피고인 등 여러 사람이 곧 전역할 병사 갑을 손발을 붙잡아 헹가래를 쳐서 장난삼아 바다에 빠뜨리려고 하다가 그가 발버둥치자 동인의 발을 붙잡고 있던 피해자가 몸의 중심을 잃고 미끄러지면서 바다에 빠져 사망한 경우 갑을 헹가래쳐서 바다에 빠뜨리려고 한 행위와 피해자가 바다에 빠져 사망한 결과와의 사이에는 인과관계가 있다고 할 것이고, 또 위와 같은 경우 결과발생에 관한 예견가능성도 있다고 할 것이므로 갑을 붙들고 헹가래치려고 한 피고인들로서는 비록 피해자가 위와 같이 헹가래치려고 한 일행중의 한 사람이었다고 하여도 동인의 사망에 대하여 과실책임을 면할 수 없다.[11]

(2) 주관적 구성요건

본죄는 과실범이다. 주관적 구성요건요소가 과실이라는 점에서 고의를 요하는 살인죄와 구별된다. 전술한 바와 같이 여기에서의 과실이란 객관적 구성요건요소에 대한 인식이 결여되어 있거나 인식은 있지만 실현의사가 없는 심리상태라는 의미에서 주관적 주의의무에 대한 위반을 말한다. 주관적 구성요건요소로서의 과실은 심리상태로서 주관적 주의의무에 대한 위반을 의미한다는 점에서 객관적 주의의무에 대한 위반을 의미하는 위에서 본 바와 같이 객관적 구성요건요소로서의 과실행위와 구별된다. 인식 있는 과실과 인식 없는 과실의 차이는 양형에 영향을 줄 뿐 본죄의 성립여하와는 무관하다.

2. 죄 수

본죄의 죄수는 피해자의 수가 기준이 된다. 생명과 신체는 모두 일신전속적 법익이기 때문이다.

---

10) 대법원 1983.9.27. 선고 83도2096 판결.
11) 대법원 1990.11.13. 선고 90도2106 판결.

Ⅲ. 처 벌

본죄의 법정형은 2년 이하의 금고 또는 700만원 이하의 벌금이다. 사형, 무기 또는 5년 이상의 징역인 살인죄에 비하면 월등히 가볍다고 할 수 있다. 사망이라는 결과에 있어서는 같지만 과실에 의한 사망은 고의에 의한 살인과는 크게 다른 것이기 때문에 금고형과 벌금형에 그치게 하고 있는 것이다.

§4. 업무상 과실 · 중과실 치사상죄

> 第268條(업무상과실 · 중과실 치사상) 업무상과실 또는 중대한 과실로 사람을 사망이나 상해에 이르게 한 자는 5년 이하의 금고 또는 2천만원 이하의 벌금에 처한다.
>
> 구조문
> 第268條(업무상 과실 · 중과실 치사상) 업무상과실 또는 중대한 과실로 인하여 사람을 사상에 이르게 한 자는 5년 이하의 금고 또는 2천만원 이하의 벌금에 처한다.

Ⅰ. 서 설

본죄는 과실치상죄와 과실치사죄의 가중유형이다. 본죄는 사람의 사상(死傷)를 초래할 위험이 있는 업무에 종사하는 사람의 과실에 의한 사상과 이와 같은 업무에 종사하고 있지 않은 사람이더라도 중대한 과실에 의하여 사상을 야기한 경우에 대하여 가중하여 처벌하도록 한 것이다. 타인의 생명을 침해하는 행위가 과실이면, 과실치사죄, 업무상 과실이면 업무상 과실 치사죄 및 중과실이면 중과실치사죄가 성립하게 된다. 다만 업무상 과실과 중과실은 법정형이 같기 때문에 굳이 구별할 실익은 없다고 할 수 있다.

Ⅱ. 업무상 과실 치사상죄

1. 의 의

본죄는 업무상의 과실로 인하여 사람을 사망이나 상해에 이르게 함으로써 성립하는 범죄를 말한다. 본죄는 과실치상죄와 과실치사죄의 가중적 구성요건이다.

2. 범 죄

(1) 구성요건

1) 객관적 구성요건

① 주 체

본죄의 주체는 업무자에 한한다. 업무자에게만 성립하는 신분범이다. 과실치상죄나 과실치사죄의 가중적 구성요건이기 때문에 부진정신분범에 속한다. 이 점에서 주체에 아무런 제한이 없는 중과실치사상죄와 구별된다.

② 객 체

본죄의 객체는 사람이다. 사람은 타인을 의미한다. 구체적으로는 타인의 생명과 신체이다. 생명과 신체에 대하여는 이미 전술한 바 있다.

③ 행 위

ⓘ 업무상 과실　본죄의 실행행위는 업무상 과실에 의한 행위이다. 업무를 행하기 위하여 객관적으로 요구되는 주의의무에 위반하는 것이다. 주의의무는 업무자 또는 평균업무자를 기준으로 판단한다는 의미에서 객관적 주의의무가 된다.

ⅰ. 업무의 의의　업무(業務)란 사람의 사회생활상의 지위에 기하여 계속·반복적으로 행하는 사무를 말한다. 사회생활이란 개인의 단독생활이 아니라는 의미이다. 업무는 사회생활상의 지위에 기한 활동, 즉 직무, 직업, 영업 등을 의미한다. 예컨대 운전자는 운전을 영업으로 하든 오락으로 하든 묻지 않고, 운전이 본업이든 부업이든 역시 묻지 않는다. 따라서 본죄에 있어서의 업무는 자연적 활동이나 개인적인 활동을 제외한 나머지 사무를 총칭하는 개념이다.

ⅱ. 업무의 요건　본죄의 업무는 계속·반복성과 생명·신체에 대한 위험성을 그 요건으로 한다. 생명·신체에 대한 위험을 수반하는 사회생활상의 활동은 계속·반복의 의사가 존재하는 한 본죄의 업무에 해당하기 때문이다.

첫째, 계속·반복성이다. 업무자에게 고도의 주의의무를 요하는 이유는 사람의 사상(死傷)의 원인으로 될 수 있는 위험한 사무를 실제 계속적으로 행하거나 반복적으로 행하는 자는 보통사람보다 사상의 결과를 야기할 가능성이 크기 때문에 이들에게 높은 긴장, 즉 주의능력을 유지하도록 경고하는 일종의 심리적 강제에 있다고 할 수 있다. 한편 계속·반복하여 사무에 종사할 의사가 있는 이상 1회의 행위만으로도 업무가 될 수 있다. 계속·반복의 의사나 사실이 있는 한 그 사무에 대한 각별한 경험이나 법규상의 면허를 필요로 하지 아니한다.[12] 무자격자가 최초로 진료를 하거나 운전연습 중에 사람을 사망하게 하는 경우에도 본죄가 성립한다. 계속·반복하여 사무를 행할 의사가 존재하는 한 업무상 필요한 주의의무를 다하여야 할 주의능력이 요구되는 것은 당연하기 때문이다.

둘째, 생명·신체에 대한 위험성이다. 업무는 그 자체적으로 사람의 생명·신체에 대한 유형적 위험을 포함하고 있거나 위험이 발생하기 쉬운 생활관계에서 사람의 생명·신체에 대한 위험방지를 업무의 내용으로 하는 사무도 포함한다. 대법원도 "업무에는 수행하는 직무 자체가 위험성을 가지기 때문에 안전배려를 의무의 내용으로 하는 경우는 물론 사람의 생명·신체의 위험을 방지하는 것을 의무의 내용으로 하는 업무도 포함된다"고 하고 있다.[13] 예컨대 보호자 또는 건조물 등의 관리자의 지위에 근거한 보호사무나 관리사무도 업무에 해당한다. 경우에 따라 면허나 자격이 요구되는 이유를 알 수 있다. 또한 업무는 반드

12) 대법원 1961.3.22. 선고 4294형상5 판결.

13) 대법원 2017.12.5. 선고 2016도16738 판결; 대법원 2009.5.28. 선고 2009도1040 판결; 대법원 2002.5.31. 선고 2002도1342 판결; 대법원 2007.5.31. 선고 2006도3493 판결; 대법원 1988.10.11. 선고 88도1273 판결.

시 적법한 사무일 것을 요하지 않는다. 무면허자의 운전이나 의료행위 등도 부인할 수 없는 업무에 속한다. 결국, 본죄의 업무는 사회생활상의 사무로서 계속·반복하여 행하든가 계속·반복하여 행할 의사를 가지고 행하는 행위로서 사람의 생명·신체에 위해를 가할 우려가 있는 사무 또는 사람의 생명·신체의 위험을 방지할 것을 업무의 내용으로 하는 사무를 말한다고 할 수 있다. 한편 업무상 필요한 객관적 주의의무는 객관적 예견의무와 객관적 회피의무로 구성된다. 업무를 긍정한 판례의 구체적 내용은 다음과 같다. 즉,

> 골재채취허가여부는 골재채취업무가 업무상 과실치사상죄에 있어서의 업무에 해당하는 사실에 아무런 소장이 없다.[14] 피고인이 사업당시 공사현장감독인인 이상 그 공사의 원래의 발주자의 직원이 아니고 또 동 발주자에 의하여 현장감독에 임명된 것도 아니며, 건설업법상 요구되는 현장건설기술자의 자격도 없다는 등의 사유는 업무상 과실책임을 물음에 아무런 영향도 미칠 수 없다.[15] 정전이 될 때마다 피고인이 자가발전기의 발동작업을 하여온 경우 동 발전기의 작동은 피고인의 업무에 해당되며 피고인에게 전기공작물에 관한 기술자면허 내지 자격이 있는지 여부는 위 업무의 인정에 아무런 소장이 없다.[16] 피고인이 완구상 점원으로서 완구배달을 하기 위하여 자전거를 타고 소매상을 돌아다니는 일을 하고 있었다고 한다면 그 자전거를 운전하는 업무에 종사하고 있다고 보아야 한다.[17]

업무를 부정한 판례의 구체적 내용은 다음과 같다. 즉,

> 건물 소유자가 안전배려나 안전관리 사무에 계속적으로 종사하거나 그러한 계속적 사무를 담당하는 지위를 가지지 않은 채 단지 건물을 비정기적으로 수리하거나 건물의 일부분을 임대하였다는 사정만으로는 건물 소유자의 위와 같은 행위가 업무상과실치상죄의 '업무'에 해당한다고 보기 어렵다.[18] 안전배려 내지 안전관리 사무에 계속적으로 종사하여 위와 같은 지위로서의 계속성을 가지지 아니한 채 단지 건물의 소유자로서 건물을 비정기적으로 수리하거나 건물의 일부분을 임대하였다는 사정만으로는 업무상과실치상죄에 있어서의 '업무'로 인정될 수 없다.[19]

ⅱ **업무상 과실의 감면** 본죄의 업무상 과실은 허용된 위험과 신뢰의 원칙에 의하여 주의의무의 내용이 감경되거나 면제될 수 있다. 구성요건요소로서의 업무상 과실이 업무상 주의의무의 내용을 감경하거나 면제하는 기능을 가지고 있는 한 허용된 위험이나 신뢰의 원칙은 구성요건해당성조각사유 또는 구성요건해당성감경사유의 의미를 가질 수 있다.

ⅰ. 허용된 위험 허용된 위험이란 전술한 바와 같이 사회생활상 불가피하게 존재하는 법익침해의 위험을 수반하는 행위에 대하여 법익침해의 결과가 발생한 경우에도 이에 대한 회피조치를 강구하고 있는 한 그 행위의 사회적 유용성을 근거로 허용된다는 이론을 말한다. 허용된 위험의 이론은 업무상 과실의 내용 중에서 업무상 예견의무는 그대로 인정하면서도 업무상 회피의무는 회피조치로 대체할 수 있는 범위에서 면제하는 구조로 분석할 수

14) 대법원 1985.6.11. 선고 84도2527 판결.
15) 대법원 1983.6.14. 선고 82도2713 판결.
16) 대법원 1979.9.11. 선고 79도1250 판결.
17) 대법원 1972.5.9. 선고 72도701 판결.
18) 대법원 2017.12.5. 선고 2016도16738 판결; 대법원 2009.5.28. 선고 2009도1040 판결.
19) 대법원 2009.5.28. 선고 2009도1040 판결.

있다.

한편 허용된 위험의 이론에 대하여는 사회적으로 유용한 행위라는 이유로 발생한 일체의 법익침해가 정당화되는 것은 아니라고 비판되고 있다. 사회적 유용성을 강조하게 되면 그 만큼 개인의 생명이나 신체에 대한 보호는 약하게 될 수밖에 없기 때문이다. 이것이 바로 구체적인 사건에서 허용된 위험의 한계를 개별적이고 구체적으로 검토하지 않으면 안 되는 이유라고 할 수 있다.

ii. 신뢰의 원칙　　신뢰의 원칙이란 전술한 바와 같이 상대방의 적절한 행동을 신뢰할 수 있는 경우 발생한 결과에 대하여 행위자에게 요구되는 주의의무의 정도를 감경한다는 원칙을 말한다. 신뢰의 원칙은 신뢰할 수 있는 만큼 예견의무가 감경되고 회피의무도 감경되는 구조로 분석될 수 있다. 신뢰의 원칙은 업무상 과실에 있어서 잘 조화를 이루는 것으로 보인다. 다만 신뢰의 원칙은 상대방을 신뢰할 수 없는 특별한 사정이 있는 경우에는 그 적용이 배제된다.[20] 예컨대 신뢰의 원칙은 어린이보호구역, 수직적 분업관계 등에서는 그 적용이 배제된다.

ⅲ 업무상 과실의 구체적 유형　　판례에 전형적으로 나타난 업무상 과실에 관하여 살펴보고자 한다. 운전자의 업무상 과실과 의료종사자의 업무상 과실에 관하여 먼저 보기로 한다. 그 다음 감독자의 업무상 과실에 관하여도 추가적으로 고찰하기로 한다.

i. 운전자의 업무상 과실　　본죄의 대표적인 업무는 운전이다. 운자자의 주의의무는 사고예견의무와 사고회피의무로 나누어질 수 있다. 신뢰의 원칙이 적용되는 것은 당연하다. 운전자의 업무상 과실에 관하여는 운행전과 운행중으로 크게 나누어 살펴보기로 한다.

첫째, 운행전의 운전자의 업무상 과실이다. 자동차를 운행하는 자는 매일 그 운행개시전에 일상점검의 하나로 제동장치중 제동파이프에 기름 누설이 없고 고정이 확실한 여부를 점검하여야 할 업무상 주의의무가 있다.[21] 둘째, 운행중의 운전자의 업무상 과실이다. 대다수의 판례가 집중되어 있는 운행중은, 예컨대 신호위반, 자동차전용도로, 중앙선침범 등 다양한 기준으로 다시 세분될 수 있으나, 굳이 구분하지 않고 시대의 역순으로만 단순 나열하기로 한다. 지루함을 줄 수도 있지만, 판례의 변천이 있는 경우 시대상을 파악할 수 있는 장점도 부수적으로 제공할 수 있기 때문이다.

운전자의 과실을 긍정한 판례의 구체적 내용은 다음과 같다. 즉,

> 교차로 진입 전 정지선과 횡단보도가 설치되어 있지 않았다 하더라도 피고인이 황색의 등화를 보고서도 교차로 직전에 정지하지 않았다면 신호를 위반하였다고 봄이 타당하다.[22] 도로교통법 제5조, 도로교통법 시행규칙 제6조 제2항 [별표 2], 제8조 제2항 [별표 6]의 각 규정을 종합하여 보면, 교차로에 녹색, 황색 및 적색의 삼색등화만이 나오는 신호기와 유턴을 금지하는 안전표지가 설치되어 있는 교차로에서의 유턴은 허용되지 아니하므로, 이와 같은 교차로에서 직진 및 우회전만이 가능한 녹색등화에 유턴하여 진행하였다면 특별한 사정이 없는 한 도로교통법 제5조의 규정에

20) 대법원 1984.4.10. 선고 84도79 판결.
21) 대법원 1985.12.24. 선고 85도1755 판결.
22) 대법원 2018.12.27. 선고 2018도14262 판결.

의한 신호기가 표시하는 신호에 위반하여 운전한 경우에 해당한다고 할 것이다.[23] 교차로의 차량 신호등이 적색이고 교차로에 연접한 횡단보도 보행등이 녹색인 경우에 차량 운전자가 위 횡단보도 앞에서 정지하지 아니하고 횡단보도를 지나 우회전하던 중 업무상 과실치상의 결과가 발생하면 교통사고처리특례법 제3조 제1항, 제2항 단서 제1호의 신호위반에 해당하고, 이때 위 신호위반행위가 교통사고 발생의 직접적인 원인이 된 이상 그 사고장소가 횡단보도를 벗어난 곳이라 하여도 위 신호위반으로 인한 업무상 과실치상죄가 성립함에는 지장이 없다.[24] 택시 운전자인 피고인이 심야에 밀집된 주택 사이의 좁은 골목길이자 직각으로 구부러져 가파른 비탈길의 내리막에 누워 있던 피해자의 몸통 부위를 택시 바퀴로 역과하여 그 자리에서 사망에 이르게 하고 도주한 사안에서, 위 사고 당시 시각과 사고 당시 도로상황 등에 비추어 자동차 운전업무에 종사하는 피고인으로서는 평소보다 더욱 속도를 줄이고 전방 좌우를 면밀히 주시하여 안전하게 운전함으로써 사고를 미연에 방지할 주의의무가 있었는데도, 이를 게을리한 채 그다지 속도를 줄이지 아니한 상태로 만연히 진행하던 중 전방 도로에 누워 있던 피해자를 발견하지 못하여 위 사고를 일으켰으므로, 사고 당시 피고인에게는 이러한 업무상 주의의무를 위반한 잘못이 있었는데도, 이와 달리 판단하여 피고인에게 무죄를 선고한 원심판결에 업무상과실치사죄의 구성요건에 관한 법리오해의 위법이 있다.[25] 피고인이 자동차를 운전하다 횡단보도를 걷던 보행자 갑을 들이받아 그 충격으로 횡단보도 밖에서 갑과 동행하던 피해자 을이 밀려 넘어져 상해를 입은 사안에서, 위 사고는, 피고인이 횡단보도 보행자 갑에 대하여 구 도로교통법(2009.12.29. 법률 제9845호로 개정되기 전의 것) 제27조 제1항에 따른 주의의무를 위반하여 운전한 업무상 과실로 야기되었고, 을의 상해는 이를 직접적인 원인으로 하여 발생하였다는 이유로, 피고인의 행위가 구 교통사고처리 특례법(2010.1.25. 법률 제9941호로 개정되기 전의 것) 제3조 제2항 단서 제6호에서 정한 횡단보도 보행자 보호의무의 위반행위에 해당한다.[26] 도로교통법 시행규칙 제6조 제2항 [별표 2]는 “황색의 등화”의 뜻을 ‘1. 차마는 정지선이 있거나 횡단보도가 있을 때에는 그 직전이나 교차로의 직전에 정지하여야 하며, 이미 교차로에 차마의 일부라도 진입한 경우에는 신속히 교차로 밖으로 진행하여야 한다’라고 규정하고 있다. 위 규정에 의하면 차량이 교차로에 진입하기 전에 황색의 등화로 바뀐 경우에는 차량은 정지선이나 ‘교차로의 직전’에 정지하여야 하며, 차량의 운전자가 정지할 것인지 또는 진행할 것인지 여부를 선택할 수 없다.[27] 사고 당시는 01:10경으로서 야간인데다가 비까지 내려 시계가 불량하고 내린 비로 인하여 노면이 다소 젖어있는 상태였으며, 이 사건 사고지점은 비탈길의 고개마루를 지나 내리막길이 시작되는 곳으로부터 가까운 지점인 사실, 피고인은 이 사건 사고차량을 운전하고 편도 2차선 도로 중 2차로를 시속 약 60km의 속도로 선행 차량과 약 30m가량의 간격을 유지한 채 진행하다가 선행차량에 역과된 채 진행 도로상에 누워있는 피해자를 뒤늦게 발견하고 급제동을 할 겨를도 없이 이를 그대로 역과한 사실을 인정할 수 있는바, 이러한 경우 피고인이 사전에 사람이 도로에 누워있을 것까지를 예상하여 이에 대비하면서 운전하여야 할 주의의무는 없다고 하더라도, 사고 당시의 도로상황에 맞추어 속도를 줄이고 (위 사고지점은 비탈길의 고개마루를 막 지난 지점이므로 피고인으로서는 미리 법정 제한속도보다도 더 감속하여 서행하였어야 할 것이다) 전방시계의 확보를 위하여 선행차량과의 적절한 안전거

---

23) 대법원 2014.8.28. 선고 2014도3235 판결.
24) 대법원 2011.7.28. 선고 2009도8222 판결; 대법원 2011.4.28. 선고 2009도12671 판결; 대법원 1998.7.28. 선고 98도832 판결.
25) 대법원 2011.5.26. 선고 2010도17506 판결.
26) 대법원 2011.4.28. 선고 2009도12671 판결.
27) 대법원 2006.7.27. 선고 2006도3657 판결.

리를 유지한 채 전방 좌우를 잘 살펴 진로의 안전을 확인하면서 운전하는 등 자동차 운전자에게 요구되는 통상의 주의의무를 다하였더라면, 진행 전방 도로에 누워있는 피해자를 상당한 거리에서 미리 발견하고 좌측의 1차로로 피양하는 등 사고를 미연에 방지할 수 있었음에도 불구하고 위와 같은 주의를 게을리 한 탓으로 피해자를 미리 발견하지 못하고 역과한 것이라고 할 것이므로, 이 사건 사고에 관하여 피고인에게 업무상 과실이 없다고 할 수는 없을 것이다.[28) 야간에 고속도로에서 차량을 운전하는 자는 주간에 정상적인 날씨 아래에서 고속도로를 운행하는 것과는 달리 노면상태 및 가시거리상태 등에 따라 고속도로상의 제한최고속도 이하의 속도로 감속·서행할 주의의무가 있다.[29) 음주운전을 단속하는 경찰관이 약 10미터 전방에서 음주운전자가 운행하는 것으로 의심되는 차량이 동료 경찰관의 정지신호를 무시하고 계속 진행하여 오는 것을 보고 그 차량에 대하여 다시 정지신호를 하여도 이에 계속 불응하면서 도주하려 하는 경우 그 차량의 진로를 가로막고 서거나 차량의 차체 일부를 붙잡아 정차하도록 하거나 정차를 강력히 요구하는 표시로 차체를 두드려 주의를 환기시키거나 경각심을 일으키는 등 차량에 접근하는 행동을 하는 경우가 있을 수 있음은 충분히 예상할 수 있으므로, 정지신호를 보내오고 있는 경찰관을 발견한 운전자로서는 마땅히 차량을 정차시켜야 하고, 만일 계속 진행하더라도 속도를 줄이고 경찰관의 동태를 잘 살펴 안전하게 진행하여야 할 업무상 주의의무가 있다고 할 것인데, 그럼에도 불구하고 이에 위배하여 상당한 속도로 계속 진행함으로써 정차를 시키기 위하여 차체를 치는 경찰관으로 하여금 상해를 입게 한 운전자에게는 업무상 주의의무를 다하지 못한 과실이 있다.[30) 피고인 C에게는 이 사건 사고열차의 기관사로서 운전개시 전 차장으로부터 차장실의 공기압력계 점검결과 등을 무전으로 수신하는 등으로 위 열차의 제동장치 이상유무를 확인하여야 할 업무상 주의의무가 있음에도 불구하고 이를 게을리 한 업무상 과실이 있다.[31) 부득이한 사정으로 할 수 없이 중앙선을 침범한 경우에는 교통사고처리특례법 제3조 제2항 제2호의 중앙선침범에는 해당하지 아니한다 할 것이나 피고인이 고속도로의 주행선을 진행함에 있어서 비가 내려 노면이 미끄러웠고 추월선상에 다른 차가 진행하고 있었으므로 속도를 더 줄이고 추월선상의 차량의 동태를 살피면서 급히 제동할 수 있는 조치를 취하여야 할 주의의무를 게을리하여 추월선상의 차량이 피고인의 차선으로 갑자기 들어오는 것을 피하다가 빗길에 미끄러져 중앙분리대를 넘어가 반대편 추월선상의 자동차와 충돌한 경우에는 업무상 과실치사상죄 및 도로교통법 제108조 위반의 범죄를 구성한다.[32) 사고지점 노면이 결빙된 데다가 짙은 안개로 시계가 20m 정도 이내였다면 고속도로의 제한시속에 관계없이 장애물 발견 즉시 제동정지할 수 있을 정도로 속도를 줄이는 등의 조치를 취하였어야 할 것이므로 단순히 제한속도를 준수하였다는 사실만으로는 주의의무를 다하였다 할 수 없다 할 것이며 피고인의 주의의무태만으로 인하여 정지중인 차량을 추돌한 사고가 발생된 사실이 인정되는 이상 피해차량 후방에 사고발생표지를 설치하지 아니하였고 피해자들이 다른 승객들처럼 대피하지 않고 피해차량 뒤 고속도로 노면에 들어와 있었다 하더라도 판시 피고인의 범행성립에는 영향이 없다 할 것이므로 원심판단에는 자동차운전자의 주의의무에 관한 법리를 오해하였거나 심리를 다하지 아니한 위법이 있다 할 수 없다.[33) 피고인이 빗물로 노면이 미끄러운 고속도로상에서는 앞서 진행하는 차량이

28) 대법원 2001.12.11. 선고 2001도5005 판결.
29) 대법원 1999.1.15. 선고 98도2605 판결; 대법원 1981.12.8. 선고 81도1808 판결; 대법원 1975.9.23. 선고 74도231 판결.
30) 대법원 1994.10.14. 선고 94도2165 판결.
31) 대법원 1991.11.12. 선고 91도1278 판결.
32) 대법원 1991.1.15. 선고 90도1918 판결.
33) 대법원 1990.12.26. 선고 89도2589 판결.

불의의 사고로 그 자리에서 정지하거나 전복되더라도 충돌하지 아니하고 그 후방에 정지할 수 있도록 속도를 줄이고 안전거리를 충분히 확보하여야 하는데도 시속 80킬로미터로 주행하면서 앞차와의 거리를 70미터 밖에 유지하지 아니하였고 앞서 진행하던 승용차가 빗길에 미끄러져 중앙선을 넘어가는 것을 발견하고도 정거조치를 취하지 않고 그대로 진행한 과실로 인하여 이 사건 사고가 발생한 사실을 유죄로 인정한 제1심판결을 유지하였는 바, 원심 및 제1심 채용증거들을 기록에 대조 검토하여 볼때 원심의 위 인정과 판단은 이를 수긍할 수 있으며 진행전방의 차량의 빗길에 미끄러져 비정상적으로 움직이고 있다면 앞으로의 진로를 예상할 수 없는 것이므로 그 차가 일시 중앙선을 넘어 반대차선으로 진입되었더라도 노면의 상태나 다른 차량등 장애물과의 충돌에 의하여 원래의 차선으로 다시 미끄러져 들어올 수 있으므로 원심이 그 후방에서 진행하고 있던 차량 운전자인 피고인이 이러한 사태에 대비하였어야 한다고 판단한 것은 정당하며 또 기록에 의하면, 피고인이 속도를 줄이고 안전거리를 확보하였더라도 사고를 막을 수 없었다고는 보여지지는 아니하므로 결국 원심판단에는 소론이 주장하는 채증법칙위반의 위법 또는 교통사고처리특례법에 의한 자동차운전자의 주의의무나 인과관계에 관한 법리오해의 위법이 있다할 수 없으므로 논지는 이를 채용할 수가 없다.[34] 버스운전사에게 전날밤에 주차해둔 버스를 그 다음날 아침에 출발하기에 앞서 차체 밑에 장애물이 있는지 여부를 확인하여야 할 주의의무가 있다. 즉, 피해자의 머리부분이 위 버스의 차체 밖으로 나와 있었다면 전날 밤에 위 버스를 주차해 두었다가 이 사건 사고무렵에 시동을 걸어 출발하였고 그 출발에 앞서 위 버스의 앞을 돌아 오른쪽 출입문으로 승차한 피고인으로서는 그 무렵의 어둡기로 보아 조금만 주의를 기울여 살폈더라면 피해자의 머리부문을 쉽게 발견할 수 있었을 것인데도 그 주의의무를 게을리하여 피해자를 발견하지 못한채 그대로 출발하였기 때문에 이 사건 사고가 발생하였다고 보아야 할 것이다.[35] 가시거리가 약 5~6미터 정도 밖에 되지 않는 야간에 가로등이 설치되어 있지 않고 차량통행이 빈번한 편도 2차선의 도로상에 적재한 원목 끝부분이 적재함으로부터 약 3~6미터 돌출되어 있는 트럭을 정차할 경우, 운전사로서는 비상등을 켜고 차량후방에 위험표지판을 설치한 후 뒤따라 오는 차량에게 위험신호를 하여 주는 등으로 사고발생을 사전에 방지하여야 할 업무상 주의의무가 있다고 할 것임에도 단지 비상등만 켜놓은 채 그대로 정차하여 두었다면 업무상의 주의의무를 게을리하였다고 볼 것이다.[36] 신뢰의 원칙은 상대방 교통관여자가 도로교통의 제반법규를 지켜 도로교통에 임하리라고 신뢰할 수 없는 특별한 사정이 있는 경우에는 그 적용이 배제된다고 할 것인 바 본사건의 사고지점이 노폭 약 10미터의 편도 1차선 직선도로이며 진행방향 좌측으로 부락으로 들어가는 소로가 정(J)자형으로 이어져 있는 곳이고 당시 피해자는 자전거 짐받이에 생선상자를 적재하고 앞서서 진행하고 있었다면 피해자를 추월하고자 하는 자동차운전사는 자전거와 간격을 넓힌 것만으로는 부족하고 경적을 울려서 자전거를 탄 피해자의 주의를 환기시키거나 속도를 줄이고 그의 동태를 주시하면서 추월하였어야 할 주의의무가 있다고 할 것이고 그 같은 경우 피해자가 도로를 좌회전하거나 횡단하고자 할 때에는 도로교통법의 규정에 따른 조치를 취하리라고 신뢰하여도 좋다고 하여 위 사고발생에 대하여 운전사에게 아무런 잘못이 없다고 함은 신뢰의 원칙을 오해한 위법이 있다.[37] 자동차의 대향운전시 상호충돌을 피하기 위하여 교통법규를 준수하여 운전할 것이라고 신뢰할 수 있으므로 통상의 경우 상대방이 도로의 중앙선을 침범하여 운전할 경우까지 예상하여 이에 대비할

---

34) 대법원 1990.2.27. 선고 89도777 판결.
35) 대법원 1988.9.27. 선고 88도833 판결.
36) 대법원 1987.2.10. 선고 86도2514 판결.
37) 대법원 1984.4.10. 선고 84도79 판결.

업무상 주의의무는 없으나, 상대방이 도로중앙선을 넘어 자기의 진로에 따라 자동차를 운행하고 있거나 이와 같은 사정이 예상되는 객관적 사정이 있는 때에는 그와 같은 신뢰는 기대할 수 없기 때문에 그 대향운전자로서도 경적을 울린다거나 감속서행, 일단정지, 또는 가능한 한 도로의 우측으로 피하여 자동차를 운행하는 등의 적절한 조치를 취함으로써 상호간의 충돌을 방지할 업무상 주의의무가 있다고 할 것이다.[38] 만원열차에 승무한 차장은 마땅히 객차의 승강구 출입문이 열려 있지나 아니한 가를 확인점검하여 출입문이 열려있으면 그것을 닫고 열차를 운행토록 하는 조치를 강구함으로써 열려진 승강구에서의 추락사고를 방지하여야 할 것이다.[39] 열차의 기관사는 선행열차의 운행상황 등을 확인하거나 선행열차와의 교신 등을 시도하여 거리관계 등을 확인할 업무상 주의의무가 있고 더우기 선행열차가 정해진 대피역에서 정차하지 아니하고 계속하여 운행하고 있음을 알고 있었다면 더욱 전방을 예의 주시하여야 할 의무가 있다. 열차의 운행과 대피 등을 조정, 지령하는 직무를 수행하는 운전사령은 선행하는 완행열차가 정차역에서 1, 2분씩 초과 정차할 사정이 엿보이고 위 완행열차와 후행하는 사고열차인 특급열차의 운행시간보고가 1, 2분씩 증감하고 있었다면 이러한 사정 등을 감안해서 두 열차가 추돌사고가 없도록 시간조정을 하여 중간역에서 대피 교차할 수 있도록 열차의 진행을 조정 지령해야 할 업무상의 주의의무가 있다.[40] 사고당시의 시간이 통행금지시간이 임박한 23:45경이라면 일반적으로 차량의 통행이 적어 통금에 쫓긴 통행인들이 도로를 횡단하는 것이 예사이고, 이 사건 사고 당시와 같이 사고지점의 3차선 상에 버스들이 정차하고 있었다면 버스에서 내려 버스 사이로 뛰어나와 도로를 횡단하려고 하는 사람이 있으리라는 것은 우리의 경험상 능히 예측할 수 있는 일이다.[41] 기술이 없는 차주로부터 기술면에 대한 전적인 책임을 지고 운행하기로 하고 자동차를 인도받아 운전하는 자는, 도로운송차량법 제43조의 일상 점검 의무와는 별도로, 의당 그 차를 운전하기에 앞서 우선 그 차의 안전도에 관해서 철저한 조사를 하고, 차의 정비에 만전을 기할 조처를 취할 책임이 있다.[42] 선장은 선박이 항구를 출입할 때, 선박이 협소한 수로를 통과할 때, 기타위험성이 있을 때에는 갑판상에서 직접 선박을 지휘하여 사고를 미연에 방지할 업무상의 주의의무가 있다 할 것이다.[43] 경운기운전자는 비록 소음이 크게 나고 또 후사경이 없다 할지라도 특히 인가가 있는 길을 통과할 때는 어린아이들이 뒤에 매달리는 것을 쉽게 예상할 수 있으므로 항상 주의하여 경운기의 후방에 있는 적재함을 살펴보는 등 만반의 경계를 함으로써 사고를 미연에 방지해야 할 의무가 있다.[44] 농무로 인한 암야에 태풍으로 풍랑이 심한 해상을 항해하는 선박의 선장은 완전한 항로를 유지하기 위하여 선장 자신이 항시 조타운항하여야 하고 부득이한 사정으로 인하여 조타실을 이거하려 할 때에는 항로에 경험이 있고 또 조타술이 능숙한 자로 하여금 대신 조타운항케 하는 조치를 강구하여야 하고 이러한 조치가 불가능할 때에는 일시항해를 정지하는 등 적절한 조치를 취하여 선박으로 하여금 암초에 충돌하여 침몰케 하는 사고가 발생하지 아니하도록 미연에 이를 방지할 것을 업무상 주의의무가 있다 할 것이다.[45] 야간에 기관차의 전조등으로 전등대신 유등사용이 허용되어 동 유등의 전조한계내에서 전방주시의무를 여행한 것만으로 기관사의 업무상 주의의무를 다하였다 할 수 없다.[46] 관용선로상을 진행

---

38) 대법원 1984.3.13. 선고 83도1859 판결.
39) 대법원 1983.9.27. 선고 82도267 판결.
40) 대법원 1980.9.9. 선고 78도1876 판결.
41) 대법원 1980.5.27. 선고 80도842 판결.
42) 대법원 1979.2.27. 선고 76도2979 판결.
43) 대법원 1973.9.29. 선고 73도2037 판결.
44) 대법원 1970.11.3. 선고 70도1910 판결.
45) 대법원 1960.2.29. 선고 4292형상894 판결.

하는 기차일지라도 횡단하는 자를 발견한 경우에는 운전사로서는 구체적 사정에 따라 정차 경적취명등 횡단인에 대한 사고미연방지책을 강구할 업무상 의무있다 할 것이요 피해자의 열차진행의 지부지는 우 의무태만에 하등 소장이 없다.[47]

운전자의 과실을 부정한 판례의 구체적 내용은 다음과 같다. 즉,

고속도로를 운행하는 자동차의 운전자로서는 일반적인 경우에 고속도로를 횡단하는 보행자가 있을 것까지 예견하여 보행자와의 충돌사고를 예방하기 위하여 급정차 등의 조치를 취할 수 있도록 대비하면서 운전할 주의의무가 없고, 다만 고속도로를 무단횡단하는 보행자를 충격하여 사고를 발생시킨 경우라도 운전자가 상당한 거리에서 보행자의 무단횡단을 미리 예상할 수 있는 사정이 있었고, 그에 따라 즉시 감속하거나 급제동하는 등의 조치를 취하였다면 보행자와의 충돌을 피할 수 있었다는 등의 특별한 사정이 인정되는 경우에만 자동차 운전자의 과실이 인정될 수 있다.[48] 두 줄의 황색중앙선 표시가 있는 직선도로상을 운행하는 차량의 운전자로서는 특별한 사정이 없는 한 상대방향에서 운행하여 오는 차량이 도로중앙선을 넘어 자기가 진행하는 차선에 진입하지 않으리라고 믿는 것이 우리의 경험법칙에 합당하고, 또 반대차선에 연결된 소로에서 주도로로 진입하는 차량이 있다고 하더라도 그 차량이 법률상 금지된 중앙선을 침범하여 자기가 진행하는 차선에 진입하는 범법행위까지를 예상하여 자기가 운전하는 차량을 서행하거나 일일이 그 차량의 동태를 예의주시할 의무가 있다고 할 수 없다.[49] 차량의 운전자로서는 횡단보도의 신호가 적색인 상태에서 반대차선상에 정지하여 있는 차량의 뒤로 보행자가 건너오지 않을 것이라고 신뢰하는 것이 당연하고 그렇지 아니할 사태까지 예상하여 그에 대한 주의의무를 다하여야 한다고는 할 수 없다.[50] 운전자가 교차로를 사고 없이 통과할 수 있는 상황에서 그렇게 인식하고 교차로에 일단 먼저 진입하였다면 특별한 사정이 없는 한 그에게 과실이 있다고 할 수 없고, 교차로에 먼저 진입한 운전자로서는 이와 교차하는 좁은 도로를 통행하는 피해자가 교통법규에 따라 적절한 행동을 취하리라고 신뢰하고 운전한다고 할 것이므로 특별한 사정이 없는 한 피해자가 자신의 진행속도보다 빠른 속도로 무모하게 교차로에 진입하여 자신이 운전하는 차량과 충격할지 모른다는 것까지 예상하고 대비하여 운전하여야 할 주의의무는 없다고 할 것이다. 자동차는 통행의 우선 순위와는 관계없이 교통정리가 행하여지고 있지 아니하며 좌우를 확인할 수 없는 교차로에 있어서는 서행하여야 하고, 교통정리가 행하여지고 있지 아니하는 교통이 빈번한 교차로에서는 일시 정지하여(도로교통법 제27조), 전방과 좌우를 잘 살펴 안전하게 교차로를 진입하고 통과하여야 할 주의의무가 있다고 할 것이지만, 교차로에 진입함에 있어 일단 전방 좌우를 살펴 안전하다는 판단하에 먼저 교차로에 진입한 이상 통행의 후순위 차량의 통행법규위반 가능성까지 예상하여 운전하여야 할 주의의무까지 있다고 할 수는 없을 것이다.[51] 중앙선이 표시되어 있지 아니한 비포장도로라고 하더라도 승용차가 넉넉히 서로 마주보고 진행할 수 있는 정도의 너비가 되는 도로를 정상적으로 진행하고 있는 자동차의 운전자로서는, 특별한 사정이 없는 한 마주 오는 차도 교통법규(도로교통법 제12조 제3항 등)를 지켜 도로의 중앙으로부터 우측부분을 통행할 것으로 신뢰하는 것이 보통이므로, 마주 오는 차가 도로의 중앙이

46) 대법원 1958.2.28. 선고 4291형상16 판결.
47) 대법원 1955.4.8. 선고 4286형상155 판결.
48) 대법원 2000.9.5. 선고 2000도2671 판결; 대법원 1998.4.28. 선고 98다5135 판결.
49) 대법원 1995.7.11. 선고 95도382 판결.
50) 대법원 1993.2.23. 선고 92도2077 판결; 대법원 1987.9.8. 선고 87도1332 판결.
51) 대법원 1992.8.18. 선고 92도934 판결.

나 좌측부분으로 진행하여 올 것까지 예상하여 특별한 조치를 강구하여야 할 업무상 주의의무는 없는 것이 원칙이고, 다만 마주 오는 차가 이미 비정상적으로 도로의 중앙이나 좌측부분으로 진행하여 오고 있는 것을 목격한 경우에는, 그 차가 그대로 도로의 중앙이나 좌측부분으로 진행하여 옴으로써 진로를 방해할 것에 대비하여 그 차의 동태에 충분한 주의를 기울여 경음기를 울리고 속도를 줄이면서 도로의 우측 가장자리로 진행하거나 일단 정지하여 마주 오는 차가 통과한 다음에 진행하는 등, 자기의 차와 마주 오는 차와의 접촉충돌에 의한 위험의 발생을 미연에 방지할 수 있는 적절한 조치를 취하여야 할 업무상 주의의무가 있다고 할 것이지만, 그와 같은 경우에도 자동차의 운전자가 업무상 요구되는 적절한 조치를 취하였음에도 불구하고 마주 오는 차의 운전자의 중대한 과실로 인하여 충돌사고의 발생을 방지할 수 없었던 것으로 인정되는 때에는 자동차의 운전자에게 과실이 있다고 할 수 없다.[52] 기관사가 열차 운행중 사고지점 부근이 좌우 진동이 심하다는 다른 열차로부터의 연락이 있으니 주의운전을 바란다는 무전만 받고 시속 약 85Km로 운행하던 중 사고지점 약 50m 앞에서 궤도가 장출되어 있는 것을 발견하고 비상제동을 걸었으나 미치지 못하여 열차가 일부 탈선한 경우, 열차는 미리 지정된 속도로 진행하고 특별한 사정이 없는 한 마음대로 속력을 가감할 수 없는데, 육안으로 궤도장출을 발견하려면 상당히 가까이 가야만 가능하며 그 지점에 이르기 전에 시속 약 20 내지 30Km로 감속하여야만 열차를 정지시킬수 있었던 점 및 위 사고는 기온의 급상승으로 인한 철로장출이 그 직접적인 원인이 된 점 등에 비추어 보면 이와 같은 상황에서 기관사에게 위 사고를 예상하고 충분히 감속하여 즉시 정차해야 할 주의의무가 있다고 할 수 없다.[53] 방향지시등을 켜지 않은 채 2차선 도로의 1차선상에서 우회전하는 화물차와 같은 방향의 2차선상을 운행하는 승용차가 충돌하여 발생한 교통사고처리특례법위반사건에 있어서 승용차 운전자의 과실을 인정하기 어렵다.[54] 피고인이 봉고트럭을 운전하여 황색중앙선이 표시된 편도 1차선을 주행하던 중 반대차선으로 오던 피해자 운전의 오토바이가 약 15미터 앞에서 갑자기 중앙선을 넘어오는 바람에 미처 피하지 못하여 사고가 발생하였다면 피고인에게 위 오토바이가 갑자기 중앙선을 넘어 들어올 것을 예상하여 어떤 조치를 취할 것을 기대할 수는 없다 할 것이므로 업무상 과실책임을 물을 수 없다.[55] 신호등에 의하여 교통정리가 행하여지고 있는 사거리 교차로를 녹색등화에 따라 직진하는 차량의 운전자는 특별한 사정이 없는 한 다른 차량들도 교통법규를 준수하고 충돌을 피하기 위하여 적절한 조치를 취할 것으로 믿고 운전하면 족하고, 다른 차량이 신호를 위반하고 직진하는 차량의 앞을 가로질러 직진할 경우까지 예상하여 그에 따른 사고발생을 미연에 방지할 특별한 조치까지 강구할 업무상의 주의의무는 없다고 할 것이므로, 피고인이 녹색등화에 따라 사거리 교차로를 통과할 무렵 제한속도를 초과하였더라도, 신호를 무시한 채 왼쪽도로에서 사거리 교차로로 가로 질러 진행한 피해자에 대한 업무상 과실치사의 책임이 없다.[56] 자동차전용도로를 운행중인 자동차운전사들에게 반대차선에서 진행차량 사이를 뚫고 횡단하는 보행자들이 있을 것까지 예상하여 전방주시를 할 의무가 있다고 보기는 어려운 것이므로, 피해자들이 반대차선을 횡단해온 거리가 14.9미터가 된다는 것만으로 피고인의 과실을 인정할 수는 없다.[57] 도로교통법상 자동차 전용도로는 자동차만이 다닐 수 있도록 설치된 도로로서 보행자 또는 자동차 외의 차마는 자동차 전용도로로 통행하거나 횡단할 수 없도록 되어 있으므로 자동차

52) 대법원 1992.7.28. 선고 92도1137 판결.
53) 대법원 1991.12.10. 선고 91도2044 판결.
54) 대법원 1991.9.10. 선고 91도1746 판결.
55) 대법원 1990.4.24. 선고 89도2547 판결.
56) 대법원 1990.2.9. 선고 89도1774 판결.
57) 대법원 1990.1.23. 선고 89도1395 판결.

전용도로를 운행하는 자동차의 운전자로서는 특별한 사정이 없는 한 무단횡단하는 보행자가 나타날 경우를 미리 예상하여 급정차할 수 있도록 운전해야 할 주의의무는 없다.58) 피해자가 오토바이 뒤에 다른 피해자를 태우고 술에 취한 나머지 흔들거리면서 중앙선을 50센티미터쯤 침범하여 방향표시 깜박등도 켜지 않은 채 진행해 오는 것을 그 반대방향에서 차선을 따라 자동차를 운행하던 운전자가 35미터 내지 40미터 앞에서 보았다면 자동차운전자로서는 그 오토바이의 진행방향을 가늠할 수 없어 급정차하는 외에는 다른 방어조치를 취할 수 없다 할 것이므로 이와 같은 상황에서 급정차한 자동차를 위 오토바이가 충격하여 일어난 사고에 관하여는 자동차 운전자에게 어떤 과실책임을 물을 수 없다.59) 도로교통법상 자동차전용도로는 자동차만이 다닐 수 있도록 설치된 도로로서 보행자 또는 자동차 외의 차마는 통행하거나 횡단하여서는 안되도록 되어 있으므로 자동차전용도로를 운행하는 자동차의 운전자로서는 특별한 사정이 없는 한 무단횡단하는 보행자가 나타날 경우를 미리 예상하여 감속서행할 주의의무는 없다.60) 사고일시가 한 가을의 심야이고 그 장소가 도로교통이 빈번한 대도시 육교밑의 편도 4차선의 넓은 길 가운데 2차선 지점인 경우라면 이러한 교통상황 아래에서의 자동차 운전자는 무단횡단자가 없을 것으로 믿고 운전해가면 되는 것이고 도로교통법규에 위반하여 그 자동차의 앞을 횡단하려고 하는 사람이 있을 것까지 예상하여 그 안전까지를 확인해가면서 운전하여야 할 의무는 없다.61) 갑이 택시를 운전하여 시속 40키로미터 속도로 편도 3차선 도로의 1차선을 따라 운행하던 중 차도를 무단횡단하기 위하여 중앙선상에 서있던 피해자가 뒷걸음질을 치다가 반대방향에서 달려오는 을운전의 차량에 충격되면서 중앙선을 넘어 갑이 운전하던 위 차량의 전면 바로 앞에 떨어지는 바람에 이를 피하지 못하고 위 피해자를 충격하여 사고가 발생한 경우라면 갑에게 위 피해자가 자기 운행차선으로 튕겨져 나오는 것까지 예상하면서 이에 대비하여야 할 주의의무가 있다고는 할 수 없다.62) 직진 및 좌회전신호에 의하여 좌회전하는 2대의 차량뒤를 따라 직진하는 차량의 운전사로서는 횡단보도의 신호가 적색인 상태에서 반대차선상에 정지하여 있는 차량의 뒤로 보행자가 횡단보도를 건너오지 않을 것이라고 신뢰하는 것이 당연하고 그렇지 아니할 사태까지 예상하여 그에 대한 주의의무를 다하여야 한다고는 할 수 없으며, 또 운전사가 무면허인 상태에서 제한속도를 초과하여 진행한 잘못이 있다 하더라도 그러한 잘못이 사고의 원인이 되었다고는 볼 수 없다.63) 택시 운전수가 횡단보도가 아닌 차도를 무단횡단하는 피해자를 뒤늦게 발견하고 급정차 조치를 취하여 위 피해자와의 충돌을 사전에 예방하였다면 비록 피해자가 갑자기 급정차하는 위 택시를 보고 당황한 끝에 도로위에 넘어져 상해를 입었다고 하더라도 다른 특별한 사정이 없는 한 위 택시 운전수에게 형사상의 책임을 귀속시킬 업무상 과실이 있다고 단정할 수 없다.64) 일방통행방법에 위반하여 과속으로 주행하던 오토바이를 충격한 버스운전자에게 주의의무 위반이 없다.65) 횡단보도의 보행자 신호가 녹색신호에서 적색신호로 바뀌는 예비신호 점멸중에도 그 횡단보도를 건너가는 보행자가 흔히 있고 또 횡단도중에 녹색신호가 적색신호로 바뀐 경우에도 그 교통신호에 따라 정지함이 없이 나머지 횡단보도를 그대로 횡단하는 보행자도 있으므로 보행자 신호가 녹색신호에서 정지신호로 바뀔 무렵 전후에 횡단보

58) 대법원 1989.3.28. 선고 88도1484 판결.
59) 대법원 1989.3.14. 선고 88도2527 판결.
60) 대법원 1989.2.28. 선고 88도1689 판결.
61) 대법원 1988.10.11. 선고 88도1320 판결.
62) 대법원 1987.9.22. 선고 87도516 판결.
63) 대법원 1987.9.8. 선고 87도1332 판결.
64) 대법원 1987.5.26. 선고 86도2707 판결.
65) 대법원 1986.7.8. 선고 86도583 판결.

도를 통과하는 자동차 운전자는 보행자가 교통신호를 철저히 준수할 것이라는 신뢰만으로 자동차를 운전할 것이 아니라 좌우에서 이미 횡단보도에 진입한 보행자가 있는지 여부를 살펴보고 또한 그의 동태를 두루 살피면서 서행하는 등 하여 그와 같은 상황에 있는 보행자의 안전을 위해 어느 때라도 정지할 수 있는 태세를 갖추고 자동차를 운전하여야 할 업무상의 주의의무가 있다.[66] 각종 차량의 내왕이 번잡하고 보행자의 횡단이 금지되어 있는 육교밑 차도를 주행하는 자동차운전자가 전방 보도위에 서있는 피해자를 발견했다 하더라도 육교를 눈앞에 둔 동인이 특히 차도로 뛰어들 거동이나 기색을 보이지 않는 한 일반적으로 동인이 차도로 뛰어들어 오리라고 예견하기 어려운 것이므로 이러한 경우 운전자로서는 일반보행자들이 교통관계법규를 지켜 차도를 횡단하지 아니하고 육교를 이용하여 횡단할 것을 신뢰하여 운행하면 족하다 할 것이고 불의에 뛰어드는 보행자를 예상하여 이를 사전에 방지해야 할 조치를 취할 업무상 주의의무는 없다.[67] 자동차의 운전자는 통상 예견되는 사태에 대비하여 그 결과를 회피할 수 있는 정도의 주의의무를 다함으로써 족하고 통상 예견하기 어려운 이례적인 사태의 발생을 예견하여 이에 대비하여야 할 주의의무까지 있다 할 수 없다.[68] 자동차운전자가 자기차선을 시속 50킬로미터의 속도로 운행하고 있을 때 약 100미터 앞에서 오토바이가 황색중앙선을 넘어 동 자동차의 차선을 따라 진행해 오는 것을 발견하고 시속 30킬로미터 정도로 서행하다가 위 오토바이가 자기차선으로 되돌아가는 것을 보고 다시 가속하는 순간 약 10미터 앞에서 위 오토바이가 다시 중앙선을 넘어 위 차량쪽으로 달려들어 피하지 못하고 충돌하게 된 경우, 위 운전자로서는 자기차선으로 되돌아간 오토바이가 다시 중앙선을 침범하여 달려들 경우까지 예상하여 이에 대비할 주의의무는 없다.[69] 편도 2차선의 경사진 오르막길에서 1차선에는 택시등 다른 차량들이 계속하여 진행중에 있어 2차선을 따라 시속 약 30키로미터의 속도로 주행중인 트럭 운전자가 동 트럭과 인도 사이의 1미터 정도의 좁은 틈으로 추월하려고 하는 오토바이를 발견한 경우 위 트럭 운전자에게 동 오토바이를 추월시키기 위하여 트럭을 일시 정차하거나 위 오토바이보다 속력을 더 내어 자기차선도 아니고 더우기 택시등 다른 차량이 계속하여 진행해오는 1차선 쪽으로 그 진로를 양보할 주의의무까지 있다고 보기 어렵다.[70] 덤프트럭의 운전석과 적재함 사이에 유리가 있어 후방 주시가 가능하다 하더라도 사고장소인 쓰레기하치장에 다른 주울만한 쓰레기도 없었고 사고지점이 95센티미터 높이의 차체위로서 고의로 뛰어 오르기 전에는 위 차량과 관계없이 쓰레기를 줍는 사람들이 접근할 이유와 필요성이 없는 곳이었다면 피해자가 위 차체와 적재함 사이에 끼어들어 사고가 발생하리라고 예견하기 어렵다 할 것이므로 그와 같은 적재함 사이의 차체를 확인하지 않고 덤프기어를 내렸다 하여 그 운전사에게 업무상 주의의무를 태만히 한 과실이 있다고 할 수는 없다.[71] 운전자에게 야간에 무등화인 자전거를 타고 차도를 무단횡단하는 경우까지를 예상하여 제한속력을 감속하고 잘 보이지 않는 반대차선상의 동태까지 살피면서 서행운행할 주의의무가 있다고 할 수 없다.[72] 피고인의 진행차선의 반대차선에서 피해자가 오토바이 뒤에 공소외 (갑)을 태우고 시속 약 70킬로미터로 도로 우측변을 따라 진행해 오다가 사고지점 전방 약 15미터 지점에서 도로변을 걸어가던 공소외 (을)을 충격하여 넘어 뜨리고 계속 도로변을 따라 약 14미터쯤 진행하다가 도로변 땅에 박힌 돌을 오토바이 앞바퀴로 충돌하면

66) 대법원 1986.5.27. 선고 86도549 판결.
67) 대법원 1985.9.10. 선고 84도1572 판결.
68) 대법원 1985.7.9. 선고 85도833 판결.
69) 대법원 1985.3.12. 선고 84도3031 판결.
70) 대법원 1985.3.12. 선고 84도864 판결.
71) 대법원 1984.10.10. 선고 84도1868 판결.
72) 대법원 1984.9.25. 선고 84도1695 판결.

서 그 충격으로 오토바이 뒤에 탔던 (갑)을 중앙선 부근에 떨어뜨리고 피해자가 반대차선에서 운행 중인 피고인 차량 전방 1 내지 2미터 지점까지 튀어 들어와 넘어짐으로써 피고인이 자동차 앞바퀴 부분으로 피해자를 역과하여 사망케 한 경우 피고인에게는 반대방향 차선 도로변으로 오토바이를 운행해 오던 피해자가 갑자기 도로변의 돌에 부딪쳐 넘어지면서 그 충격으로 피고인 운행차선까지 튀어 들어올 것을 미리 예견하여 운전하여야 할 업무상 주의의무를 인정할 수 없다.[73] 버스운전사로서는 출발하기에 앞서 버스의 전후좌우를 살펴 버스주변에 장애물이 있는 지를 확인하고 출발할 의무가 있으되, 버스를 발차하려는 순간에 운전사가 버스가 진행할 전방과 진입할 차도의 좌측을 주시하고 동시에 우측 후사경을 통하여 버스우측 뒷바퀴 밑부분까지 주시한다는 것은 사실상 불가능한 일이므로, 피해자가 발차순간에 바퀴밑으로 들어간 것이라면 운전사가 미처 이를 발견하지 못한 점에 과실이 있다고는 할 수 없을 것이어서, 피해자가 발차순간 바퀴 밑으로 들어간 것인지 아니면 좀더 일찍 들어간 것인지가 밝혀지지 않는 한 운전사의 과실유무를 가려낼 수 없다고 할 것이다.[74] 고속도로상에서 운행 중인 피고인에게 반대차선에서 진행해 오던 차량이 갑자기 중앙선을 침범하여 피고인 운행차선으로 들어올 것까지 예상하고 이에 대비하여 운전을 해야 할 주의의무가 있다고 할 수 없다.[75] 피고인(갑)이 봉고트럭을 운전하고 도로 2차선상으로, 피고인(을)이 버스를 운전하고 도로 3차선상으로 거의 병행운행하고 있을 즈음 도로 3차선에서 피고인(을)의 버스뒤를 따라 운행하여 오던 피해자 운전의 오토바이가 버스를 앞지르기 위해 도로 2차선으로 진입하여 무모하게 위 트럭과 버스 사이에 끼어 들어 이 사이를 빠져나가려 한 경우에 있어서는 선행차량이 속도를 낮추어 앞지르려는 피해자의 오토바이를 선행하도록 하여 줄 업무상 주의의무가 있다고 할 수 없다.[76] 교통정리가 행하여지지 않는 십자 교차로를 피고인 (트럭운전사)이 먼저 진입하여 교차로의 중앙부분을 상당부분 넘어섰다면, 피고인은 그보다 늦게 오른쪽 도로로부터 교차로에 진입, 교행하여 오는 택시보다 도로교통법 제21조 제3항에 의거하여 우선통행권이 인정된다 할 것이고 이같은 우선권은 트럭이 통행하는 도로의 노폭이 택시가 통행한 도로의 노폭보다 다소 좁았다 하더라도 위와 같이 서행하며 먼저 진입한 트럭의 우선권에는 변동이 없다 할 것이므로 위 택시가 통행의 우선순위를 무시하고 과속으로 교차로에 진입교행하여 올 것을 예상하여 사고발생을 미리 막을 주의의무가 있다 할 수 없으니 그 같은 상황하에서 일어난 차량충돌의 경우에 있어서 피고인에게 운전사로서의 주의의무를 다하지 못한 과실이 있다 할 수 없다.[77] 피고인이 오토바이를 운전하고 자기차선을 진행하다가 근접한 거리에서 대향차선상에서 자전거를 타고 비탈길을 내려오는 피해자를 발견하였는데(피해자의 진행방향 앞에서 버스 1대가 먼저 통과한 때문에 근접한 거리에서 발견된 것임) 피해자가 방향조작을 잘못하여 피고인의 차선으로 침범하여 들어왔다면 그러한 상황하에서는 피고인에게 자전거가 피고인의 운행차선 전방으로 진입해 들어올 것까지를 예견해서 감속하는 등 충돌을 방지할 주의의무를 위반하였다고 탓할 수 없다 할 것이다.[78] 차선이 확실히 구분되어 있을 뿐만 아니라 고저가 있는 지형이기 때문에 상대방을 주시할 수 없는 지점을 운전하는 운전자는 특단의 사정이 없는 한 반대차선을 운전중인 대향차량이 중앙선을 침범하여 운행할 경우까지 예상하여 이에 대비하는 조치를 취하여야 할 업무상 주의의무는 없다.[79] 피고인이 버스를 운전하여 시속 50킬로미터의 속도로 10도 정도의 좌곡각 길을 돌아 나오

73) 대법원 1984.7.10. 선고 84도813 판결.
74) 대법원 1984.7.10. 선고 84도687 판결.
75) 대법원 1984.5.29. 선고 84도520 판결.
76) 대법원 1984.5.29. 선고 84도483 판결.
77) 대법원 1984.4.24. 선고 84도185 판결.
78) 대법원 1984.4.24. 선고 84도240 판결.

면서 비로소 전방 100미터 거리에서 두 버스가 약간의 간격을 두고 중앙선을 조금 침범한 채 과속으로 경쟁하면서 마주오는 것을 보았는데 곧 뒤에 오던 버스(1628호)가 추월을 포기하고 자기차선으로 들어가자 별일 없으리라 생각하고 계속 같은 속도로 운행하였다면, 피고인으로서는 추월을 포기하고 자기 차선으로 들어가던 뒤의 버스가 앞차(2006호)의 갑작스러운 급제동조치로 앞차를 충격한 반동으로 반대차선을 완전히 가로 막을 것임을 예견할 수 있었다고 인정하기 어렵고 또 이러한 거리와 속도 그리고 도로사정하에서 피고인이 사고를 회피할 수 있었다는 사실이 인정되지 아니하는 한 피고인에게 과실이 있다고 인정하기 어렵다.[80] 중앙선 표시가 있는 직선도로에 있어서 특별한 사정이 없는 한 그 대향차선상의 차량은 그 차선을 유지운행하고 도로중앙선을 넘어 반대차선에 진입하지 않으리라고 믿는 것이 우리의 경험칙에 합당하다고 할 것이므로 대향차선상을 달려오는 차량을 발견하였다 하여 자기가 운전하는 차를 정지 또는 서행하거나 일일이 그 차량의 동태를 예의주시할 의무가 있다고 할 수 없다.[81] 도로교통법 제44조 제3호에 규정된 운전자의 보행자 보호의무는 횡단보도를 통행중인 보행자를 보호하기 위하여 운전자에게 부과된 의무인 바, 이 사건의 경우와 같이 위 피해자가 신호기의 보행신호에 따라 횡단보도를 통행하던중 보행정지및 차량진행 신호로 바뀌자 도로중앙선 부분에서 횡단보도통행을 중단하고 차량의 통과를 기다리며 멈춰 서있던 상황이라면 위 피해자를 횡단보도를 통행중인 보행자라고 보기는 어렵다고 할 것이다. 그러므로 피고인에게 운전자로서 사고발생방지에 관한 업무상 주의의무위반의 과실이 있음은 별론으로 하고 위 도로교통법 제44조 제3호 소정의 보행자보호의무를 위반한 잘못이 있다고는 할 수 없다.[82] 인도경계와 약 1미터 간격을 두고 서행으로 정류장에 진입한 시내버스 운전자에게, 5미터 후방에서 볼 때만 하여도 가로수에 구부리고 기대어 있던 성년남자인 피해자가 버스통과 순간에 인도상에서 갑자기 차도쪽으로 쓰러지거나 또는 버스쪽으로 달려 들어올 것까지 예상하여 인도경계와 그 이상의 간격을 두고 진입하거나 또는 피해자가 기대어 선 가로수의 후방에 버스를 정차시킬 주의의무를 기대할 수 없다.[83] 사고지점은 피고인이 진행하고 있던 폭이 좁은 도로인 진입로로부터 소외인이 진행하고 있던 폭이 넓은 도로인 국도에 연결되는 것으로서 도로교통법상의 우선통행권은 일응 소외인에게 있다고 할 것이나, 피고인이 국도에 좌회전하여 진입하기 전에 일단 정지하며 좌측을 살피고 진행하여 오는 차량이 시계에 나타나지 않음을 확인한 연후에 좌회전하면서 국도에 진입하고 있는 상태에서는 이미 도로교통법상의 우선통행권은 오히려 피고인에게 있다 할 것인 즉 피고인이 이에 따라 위 국도에 좌회전하여 진입한 이상, 피고인에게 소외인의 차량과 충돌사고 발생에 있어서 더 이상의 주의의무를 요구할 수 없다.[84] 피해자의 하차요청에 따라 피고인이 운전중인 딸딸이차를 정차하려는 순간 피해자가 갑자기 뛰어 내리다가 지면에 부딛치게 되었다면, 운전자에게 그러한 결과발생까지 예상하여 승차자의 동정을 주의깊게 살펴야 할 업무상 주의의무를 지울 수는 없는 것이다.[85] 육교를 지나 15미터의 편도 4차선의 1차선상의 교통이 복잡하고 대향교차차량이 많은 곳에서 반대차선에서 비추는 전조등을 교차하여 진행하던 운전사로서는 횡단로가 아닌 그 곳을 횡단하는 사람이 있을 것으로 예상함은 특별한 사정이 없는 한 이례에 속한다 할 것이며 또한 교차차량의 전조등 빛에 상당한 거리에서 전방의 장애물을 발견하

---

79) 대법원 1984.4.10. 선고 84도223 판결.
80) 대법원 1984.3.13. 선고 83도3006 판결.
81) 대법원 1984.2.14. 선고 83도3086 판결.
82) 대법원 1983.12.13. 선고 83도2676 판결.
83) 대법원 1983.9.13. 선고 83도1537 판결.
84) 대법원 1983.8.23. 선고 83도1288 판결.
85) 대법원 1983.6.14. 선고 82도1925 판결.

기란 좀처럼 어렵다 함은 경험칙상 시인되므로 이와 같은 상황에서 술에 취해 뛰어든 피해자를 5미터 전방에서 발견하고 급정차하였으나 앞밤바로 접촉전도케 한 경우에는 안전운전의무 위반이라고 단정하기 미흡하다.[86] 오토바이가 앞서 가는 택시를 추월하기 위하여 제한속도를 크게 넘는 과속으로 중앙선을 침범하여 피고인이 운전하는 화물자동차의 진행방향으로 진행하여 충돌한 경우, 그 사고는 피해자인 오토바이 운전사 자신의 과실에 기인하는 것으로 이러한 상황아래서 화물자동차 운전사의 잘못은 사고발생의 원인이 될 수 없다.[87] 교차로에 이르러 신호대기선에서 대기하다가 진행신호에 따라 이미 교차로의 상당 부분(신호대기선에서 이 사건 사고지점까지의 거리는 45미터이고 이의 3/4정도 되는 지점에서 피해차량이 진입)을 직진하여 통과한 운전자에게 뒤늦게 교통신호를 무시하고 좌측에서 교차로에 진입, 좌회전하여 진행할 차량이 있을 것을 예상하여 사고발생을 미연에 방지할 주의의무가 있다고 할 수는 없다.[88] 교차로 앞 정지선에서 일단 정지하였다가 교행차량이 없음을 확인한 후 진입하여 교차로 중앙부분을 진행하는 차량운전자로서는, 통행우선순위를 무시하고 교차로 왼쪽(피고인의 진행방향에서 보아 왼쪽)에서 과속으로 교행하여 오는 차량이 있을 것을 예상하여 이에 대한 조치를 취할 주의의무가 없다.[89] 사고지점의 도로는 노폭이 14미터로서 중앙선표시가 없고 이중 포장부분의 폭은 8미터이며 제한시속은 30킬로미터인데 피고인은 제한시속으로 도로 우측 포장부분을 진행하다가 맞은 편에서 도로포장 좌측변을 따라 자전차를 타고 오던 피해자가 피고인의 차량과 불과 5, 6미터 정도로 근접하는 순간 갑자기 도로를 횡단하려고 자전차의 핸들을 꺾다가 눈이내린 노면 중앙부분에서 넘어진 것을 발견하고 급정거조치를 취하였으나 차량이 미끄러지면서 충돌하였는바, 위와 같은 사실관계 아래서는, 피고인에게 자전차를 탄 피해자가 5, 6미터 정도의 근접한 거리에서 갑자기 도로를 횡단하여 피고인 차량이 진행하던 도로 좌측부분으로 진입할 것을 예상하고 더욱 감속하거나 일단 정지를 하는등 사고발생을 미연에 방지할 주의의무가 있다고 보기 어렵다.[90] 도로공사관계로 우측 노변에 자갈을 깔아 일방통행 도로의 노폭이 약 3미터 정도로서 자동차 1대가 겨우 통행할 수 있는 협소한 곳이라면 뒤에 따라오는 다른 자동차나 오토바이가 피고인이 운행하는 화물자동차를 추월하리라고는 일반적으로 예견할 수 없다 할 것이니 이러한 경우를 예상하여 후사경으로 후방을 주시할 의무가 있다 할 수 없다.[91] 안전지대의 표시에도 불구하고 차량의 안전지대횡단이 특별히 허용되고 있었던 사정이 없는 한, 안전지대 옆을 통과하는 차량의 운전자로서는 그 부근을 운행하는 다른 차량이 안전지대를 횡단하여 자기차량의 진로앞에 달려드는 일은 없으리라고 신뢰하는 것이 당연한 것이니, 안전지대를 횡단하려는 차량을 상당한 거리에서 미리 발견하였다든가 하는 특단의 사정이 없는 한 그 같은 차량이 있을 것을 미리 예상하고 운전해야 할 업무상 주의의무를 기대할 수는 없다.[92] 고속도로상에서 자동차는 원칙으로 우측차선으로 통행하여야 하므로 자동차운전자는 반대방향에서 운행하여 오는 차량이 앞지르기를 하거나 도로의 상황 기타 사정으로 부득이 중앙선을 침범하게 되는 경우를 제외하고는 그 차량이 중앙선을 침범하는 일은 없으리라고 믿고 운전하면 족한 것이므로 상대방 차량이 중앙선을 침범하여 진입할 것까지를 예견하고 감속하는 등 조치를 강구하여야 할 주의의무는 없다.[93] 일반적으로 고속도로를 운전하는 자동차운전자에게 도로상에 장애물이 나타날 것을

86) 대법원 1983.5.10. 선고 83도606 판결.
87) 대법원 1983.4.26. 선고 83도629 판결.
88) 대법원 1983.2.22. 선고 82도3071 판결.
89) 대법원 1983.2.8. 선고 82도3070 판결.
90) 대법원 1983.2.8. 선고 82도2617 판결.
91) 대법원 1982.9.28. 선고 82도1853 판결.
92) 대법원 1982.7.27. 선고 82도1018 판결.

예견하여 제한속도 이하로 감속 서행할 주의의무가 없다는 이유로 고속도로상에서 도로를 횡단하는 피해자(5세)를 피고인이 운전하는 화물자동차로 충격하여 사망케 한 공소사실에 대하여 무죄를 선고한 조처를 긍인한 예이다.[94] 서울시 소재 잠수교 노상은 자전거의 출입이 금지된 곳이므로 자동차의 운전수로서는 거기에 자전거를 탄 피해자가 갑자기 차도상에 나타나리라고는 예견할 수 없다고 할 것이다.[95] 피고인이 자기 차선을 따라 운행중 반대방향에서 오던 차량이 좌회전 금지구역인데도 갑자기 피고인의 차량 앞을 가로질러 좌회전 진입함으로 인하여 사고가 발생한 경우에는 피고인이 제한속도를 약간 넘어서 운행하였다고 하여도, 위 사고의 책임을 물을 수 없다.[96] 사고발생 당시 제한시속 60키로미터의 도로를 40 내지 50키로미터로 감속하는 한편 차량을 도로우측편에 붙여 운행하였는데도 반대방향에서 질주하여 오던 버스가 추월할 수 없는 황색표시의 도로 중앙선을 넘어 충돌하였다면 달리 위 버스가 도로중앙선을 침범하여 올 가능성을 예견할 수 있는 자료가 없는 한 자동차의 운전업무에 종사하는 자로서는 취하여야 할 업무상의 주의의무를 다하였다고 볼 것이다.[97] 차량의 전용도로이기 때문에 그 도로상을 운행하는 자동차 운전자에게는 일반적으로 도로안으로 사람이 들어오리라는 것을 예견하여 그에 대비한 감속등 조치를 취하여 운행할 것을 요구할 수는 없다고 하더라도 이 사건에 있어서와 같이 20미터 전방에 사람이 있는 것을 발견하였고 시속 50키로미터의 속력으로 운행한 것이였다면 자동차를 운전하는 자로서 통상의 주의 의무만 다하였더라면, 사고는 미연에 방지할 수 있었을 것으로 보지 못할 바도 아니며, 또한 위와 같은 경우라면 자동차를 운전하는 자로서는 그 사람의 동정을 주의 깊게 살펴 불의에 야기될지도 모르는 사고를 미연에 방지하여야 할 업무상의 주의 의무가 있다고 보아야 할 것임에도 불구하고 원심판결이 피고인이 도로를 횡단하는 피해자를 사전에 여유있게 발견치 못하고, 충돌직전에 비로소 발견하였다고 하여도 피고인에게 과실이 있다고 할 수 없다고 판단하였음은 필경 심리를 다하지 아니하므로써 사실을 그릇 인정하였거나 업무상 과실에 관한 법리를 오해한 위법이 있어 판결에 영향을 미친 위법을 범하였다는 비난을 면하기 어렵다고 할 것이다. 이점을 지적 논난하는 취지의 논지는 이유있고, 원심판결은 이 점에서 파기되어 마땅하다 할 것이다.[98] 피고인은 구미물산주식회사 여공들의 통근버스를 운행하는 사람으로 공소사실 적시의 천주교회 앞 노상에서 여공 2명을 승차시킬 때 회사원이 아닌 이○○외 1명이 승차하기에 하차할 것을 종용하였으나 편승시켜 줄 것을 사정하여 차에 탄체로 있기에 실어다 줄 양으로 버스 승강문을 닫고 발차하였는데 출발후 얼마되지 아니하여 동 이○○가 갑자기 문을 열고 하차하려다가 차밖으로 나가 떨어져 이 사건 사고가 발생하였으며 차내의 승강구 근처에는 출근하는 여공들이 엉기정기 서서 있었고 당시는 등교와 출근시어서 도로상의 교통이 혼잡을 이루고 있었음을 알수 있다. 이런 사정아래 버스 운전자인 피고인이 차내의 승차자가 차의 진행중에 개문하차 하리라고 예상하여 승차자의 동정을 주의 깊게 살펴야 할 주의의무가 있다고는 볼 수 없을뿐 아니라 갑자기 하차하려는 사람을 모르고 차를 운행한데 무슨 과실이 있다고도 할 수 없다고 할 것이다.[99] 도로교통법 제47조의 2 제2항 및 고속국도법 제9조 제1항에 규정한 바에 따르면 고속국도에서는 보행으로 통행횡단하거나 출입하는 것이 금지되어 있으므로 고속국도를 주행하는 차량의 운전자는 동 도로상에 보행자가 있을 것을

93) 대법원 1982.4.13. 선고 81도2720 판결.
94) 대법원 1981.12.8. 선고 81도1808 판결.
95) 대법원 1980.8.12. 선고 80도1446 판결.
96) 대법원 1980.2.12. 선고 79도3004 판결.
97) 대법원 1979.1.23. 선고 78도2747 판결.
98) 대법원 1977.9.28. 선고 77도2559 판결.
99) 대법원 1977.6.28. 선고 77도523 판결.

예상하여 감속등 조치를 할 주의의무가 있다할 수 없고 도로 양측에 휴게소가 있다하여 이 이치를 달리할 바 아니므로 이런 견해 아래 경부고속도로 주행선상에서 보행하는 피해자 이○○을 충격한 이건 사고에 있어 차량운전자로서의 피고인에게 과실이 없다하여 무죄를 선고한 제1심판결을 유지한 원심판결의 판단은 정당하고 반대의 견해로 피고인에게 과실이 있다는 소론의 논지 이유없다.[100] 싸이드브레이크는 비상시에 사용하는 것이라 하더라도 원래 주차용으로서 차량 주행중에는 이를 사용할 수 없을 뿐더러 더우기 경사진 곳에서 내려가는 경우에는 이를 사용하더라도 제동의 효과를 얻을 수 없으므로 차량운행도중 버스의 브레이크 마스타 롯트핀이 빠져 페달브레이크 장치가 작동하지 아니하게 된 경우에 싸이드 브레이크를 조작하지 아니하였다 하여 운전수에게 과실이 있다 할 수 없다.[101] 일반적으로 넓은 도로를 운행하여 통행의 우선 순위를 가진 차량의 운전사는 교차로에서는 좁은 도로의 차량들이 교통법규에 따라 적절한 행동을 취할 것을 신뢰하여 운전한다고 할 것이므로 좁은 도로에서 진행하는 차량이 일단정지를 하지 아니하고 계속 진행하여 큰 도로로 진입할 것을 사전에 예견하고 이에 대한 정지조치를 강구할 것을 기대할 수 없다.[102] 운전수가 불의의 발병으로 자동차를 운전할 수 없게 되자 동승한 운전경험이 있는 차주가 운전하다가 사고를 일으킨 경우에 차주의 운전상의 과실행위에 운전수와의 상호간의 의사연락이 있었다고 보거나 운전행위를 저지하지 않은 원인행위가 차주의 운전상의 부주의로 인한 결과발생에까지 미친다고 볼 수 없다.[103] 정차한 택시의 운전사가 인도변쪽의 오른쪽 문의 개폐장치만을 풀고 그 쪽으로 손님을 내리게 하고 왼쪽문으로는 손님이 내리지 못하게 하였음에도 차삯 거스름돈을 셈하는 사이에 손님이 멋대로 왼쪽문의 개폐장치를 풀고 하차하다가 그 여는 문에 부딪혀 본건 사고가 발생한 이상 운전사에게 과실이 있다고 보기 어렵다.[104] 상대방 차량이 신호 대기선을 넘어 피고인 차량의 전면을 가로질러 네거리를 횡단하려는 의도아래 계속 진행하여 올 것을 사전에 예견하고 이에 대한 사전조치를 강구할 것을 기대할 수 없다 할 것이다.[105] 자동차 운전업무에 종사하는 자는 자동차 충돌로 인한 사고발생을 미리 방지하여야 할 의무가 있다고 하는 것은 몰라도, 일반적으로 그 자동차 운전중 충돌로 인한 기름탱크의 파열로 발생할지 모를 화재를 미리 방지하여야 할 업무상의 주의의무는 없다고 할 것이다.[106] 영내에서 차량정비병인 피해자와 같이 그 덤프트럭(골재만재)의 파손된 타이어를 수리한 후 이를 운전하고 10미터 속력으로 약 22미터가량 전진할 무렵에 피해자가 그 타이어 수리소에서 쓰던 작기래브를 찾으려고 위 차의 좌측 뒤편에서 스톱 스톱하고 소리를 지르며 따라오다가 그 엉덩이를 그 차 좌측 발판부분에 부딪쳐 넘어져서 그 뒷바퀴에 깔려 즉사하였더라도 운전자는 피해자가 위와 같이 따라 오리라고는 전연 생각조차 한 바 없고 그 점에 과실이 있다 할 수도 없으므로 동 사고는 운전부주의에서 생긴 것이라 할 수 없다.[107] 피고인은 피고인이 운전하던 이 사건 화물자동차의 적재함에 이 사건 피해자 공소외인이 올라 탄 것을 주의를 태만히 하여 인식하지 못하고 계속 운전 진행하다가 위 피해자를 추락 사망하게 한 과실이 있다는 이 사건 공소사실에 대하여 화물차의 운행도중에 사람이 그 적재함에 뛰어 올라타는 것은 통상 있을 수 없는 일이므로 이를 예견할 수 있는 특별한 사정이 없는 한 그 차를 운전한 사람에게

---

100) 대법원 1977.6.28. 선고 77도403 판결.
101) 대법원 1977.3.8. 선고 76도4174 판결.
102) 대법원 1977.3.8. 선고 77도409 판결.
103) 대법원 1974.7.23. 선고 74도778 판결.
104) 대법원 1972.11.14. 선고 72도2038 판결.
105) 대법원 1972.2.22. 선고 71도2354 판결.
106) 대법원 1972.2.22. 선고 71도2231 판결.
107) 대법원 1971.5.24. 선고 71도533 판결.

이를 방지하여야 할 업무상의 주의의무가 있다고 할 수 없다.[108] 같은 방향으로 달려오는 후방차량이 교통법규를 준수하여 진행할 것이라고 신뢰하며 우측전방에 진행 중인 손수레를 피하여 자동차를 진행하는 운전수로서는 위 손수레를 피하기 위하여 중앙선을 약간 침범하였다 하더라도 구 도로교통법(61.12.31. 법률 제941호) 제11조 소정의 규정을 위반한 점에 관한 책임이 있음은 별론으로 하고 후방에서 오는 차량의 동정을 살펴 그 차량이 무모하게 추월함으로써 야기될지도 모르는 사고를 이연에 방지하여야 할 주의의무까지 있다고는 볼 수 없다.[109] 운행중인 트럭에 뒤 또는 옆에서 쫓아와 발판에 뛰어 오르려다 실족 추락하여 뒷바퀴에 치어 사망한 경우 운전사에게 과실 없다고 인정한 것은 정당하다.[110] 지뢰지대의 표시가 없고, 다른 차량이 회전한 흔적이 있으며 또 지뢰가 많이 매몰되어 있는 지역이 아닌 곳에서 차량운행중 지뢰의 뇌관에 충격하여 사고가 발생한 경우에 운전병에게 업무상 과실이 있었다고 할 수 없다.[111] 9.2미터 넓이의 고갯길에서 시발택시를 운전하고 진행중 반대방향에서 올라오는 이 귀모가 운전하는 화물자동차를 15미터 전방에서 발견하고 정차조치를 취하였으나 길에 쌓인 눈이 얼어서 미끄러운 관계와 차륜에 "첸"을 감지 않은 관계로 5,6미터 가량 미끄러 내려가다가 가는 방향 도로좌측에 정차가 되었는데 위 화물자동차는 만연히 도로중앙부에서 좌측에 치우쳐서 진행하다가 앞에서 오는 위 택시를 발견하고 일단 정지조치를 취하였으나 밧데리가 약한 탓으로 발동이 꺼지려하자 다시 시동을 걸어 전진시키는 순간 정차하고 있는 위 택시 정면을 들이받아 사고를 일으켰다면 이는 위 화물자동차 운전사의 업무상 과실로 인한 사고라 할 것이고 위 택시 운전사의 과실에 기인한 것이 아니라 할 것이다.[112]

ii. 의료인의 업무상 과실 의료인의 업무상 과실은 의료행위를 행하기 위하여 객관적으로 요구되는 주의의무에 위반하는 것이다. 주의의무의 근거나 범위는 업무의 성질에 따라 법령, 관습, 조리 등에 의하여 구체적으로 정하여진다.

의사가 진찰 · 치료 등의 의료행위를 할 때는 사람의 생명 · 신체 · 건강을 관리하는 업무의 성질에 비추어 환자의 구체적 증상이나 상황에 따라 위험을 방지하기 위하여 요구되는 최선의 조치를 해야 한다. 의사에게 진단상 과실이 있는지 여부를 판단할 때는 의사가 비록 완전무결하게 임상진단을 할 수는 없을지라도 적어도 임상의학 분야에서 실천되고 있는 진단 수준의 범위에서 전문직업인으로서 요구되는 의료상의 윤리, 의학지식과 경험에 기초하여 신중히 환자를 진찰하고 정확히 진단함으로써 위험한 결과 발생을 예견하고 이를 회피하는 데에 필요한 최선의 주의의무를 다하였는지를 따져 보아야 한다.[113]

의료사고에 있어서 의사의 과실을 인정하기 위해서는 의사가 결과발생을 예견할 수 있었음에도 불구하고 그 결과발생을 예견하지 못하였고 그 결과발생을 회피할 수 있었음에도 불구하고 그 결과발생을 회피하지 못한 과실이 검토되어야 한다.[114] 과실의 유무를 판단함

---

108) 대법원 1970.12.29. 선고 70도2535 판결.

109) 대법원 1970.2.24. 선고 70도176 판결.

110) 대법원 1969.1.21. 선고 68도1661 판결.

111) 대법원 1967.9.5. 선고 67도764 판결.

112) 대법원 1965.7.27. 선고 65도490 판결.

113) 대법원 2018.5.11. 선고 2018도2844 판결; 대법원 2010.7.8. 선고 2007다55866 판결.

114) 대법원 2018.5.11. 선고 2018도2844 판결; 대법원 2015.6.24. 선고 2014도11315 판결; 대법원 2014.5.29. 선고 2013도14079 판결; 대법원 2011.9.8. 선고 2009도13959 판결; 대법원 2009.12.24. 선고 2005도8980 판결; 대법원 2003.1.10. 선고 2001도3292 판결; 대법원 1999.12.10. 선고 99도3711 판결; 대법원 1997.10.10. 선고 97

에는 같은 업무와 직무에 종사하는 일반적 보통인의 주의정도를 표준으로 하여야 하며, 이에는 사고 당시의 일반적인 의학의 수준과 의료환경 및 조건, 의료행위의 특수성 등이 고려되어야 한다.[115] 의료사고에서 의사에게 과실이 있다고 하기 위하여는 의사가 결과 발생을 예견할 수 있고 또 회피할 수 있었는데도 이를 예견하지 못하거나 회피하지 못하였음이 인정되어야 하며, 과실의 유무를 판단할 때에는 같은 업무와 직종에 종사하는 일반적 보통인의 주의정도를 표준으로 하고, 사고 당시의 일반적인 의학의 수준과 의료환경 및 조건, 의료행위의 특수성 등을 고려하여야 한다. 이러한 법리는 한의사의 경우에도 마찬가지라고 할 것이다.[116] 의사에게는 환자의 상황, 당시의 의료수준, 자신의 지식 · 경험 등에 따라 적절하다고 판단되는 진료방법을 선택할 폭넓은 재량권이 있으므로, 의사가 특정 진료방법을 선택하여 진료를 하였다면 해당 진료방법 선택과정에 합리성이 결여되어 있다고 볼 만한 사정이 없는 이상 진료의 결과만을 근거로 하여 그중 어느 진료방법만이 적절하고 다른 진료방법을 선택한 것은 과실에 해당한다고 말할 수 없다.[117]

의료인의 과실을 긍정한 판례의 구체적 내용은 다음과 같다. 즉,

> 의사는 환자에게 적절한 치료를 하거나 그러한 조치를 하기 어려운 사정이 있다면 신속히 전문적인 치료를 할 수 있는 다른 병원으로 전원시키는 등의 조치를 하여야 한다.[118] 특히 의사는 수술과정 등에서 발생되는 출혈로 인하여 환자의 생명이 위험에 빠지지 않도록 하기 위하여 환자에게 수혈하는 것이 통상적인 진료방법이고 또한 수혈을 통하여 출혈로 인한 사망의 위험을 상당한 정도로 낮출 수 있음에도 환자의 의사결정에 따라 수혈을 포기하고 이를 대체할 수 있는 수술방법을 택하는 것인데, 그 대체 수술 방법이 수혈을 완전히 대체할 수 있을 정도의 출혈 방지 효과를 가지지 못한다면 그만큼 수술과정에서 환자가 과다출혈로 인한 사망에 이를 위험이 증가할 수 있으므로, 그럼에도 불구하고 수술을 할 필요성이 있는지에 관하여 통상적인 경우보다 더욱 세심하게 주의를 기울임으로써, 과연 수술을 하는 것이 환자를 위한 최선의 진료방법인지 신중히 판단할 주의의무가 있다. 그리고 수술을 하는 경우라 하더라도 수혈 대체 의료 방법과 함께 당시의 의료 수준에 따라 출혈로 인한 위험을 최대한 줄일 수 있는 사전준비나 시술방법을 시행함으로써 위와 같은 위험 발생 가능성을 줄이도록 노력하여야 하며, 또한 수술 과정에서 예상과 달리 다량의 출혈이 발생될 수 있는 사정이 드러남으로써 위와 같은 위험 발생 가능성이 현실화되었다면 과연 위험을 무릅쓰고 수술을 계속하는 것이 환자를 위한 최선의 진료방법인지 다시 판단하여야 한다. 환자가 수혈 대체 의료 방법을 선택하였다고 하더라도 이는 생명에 대한 위험이 현실화되지 아니할 것이라는 전제 내지 기대 아래에서의 결정일 가능성이 크므로, 위험 발생 가능성이 현실화된 상태에서 위험을 무릅쓰고 수술을 계속하는 것이 환자의 자기결정권에 기초한 진료라고 쉽게 단정

도1678 판결; 대법원 1996.11.8. 선고 95도2710 판결; 대법원 1984.6.12. 선고 82도3199 판결.

115) 대법원 2018.5.11. 선고 2018도2844 판결; 대법원 2015.6.24. 선고 2014도11315 판결; 대법원 2014.5.29. 선고 2013도14079 판결; 대법원 2011.9.8. 선고 2009도13959 판결; 대법원 2009.12.24. 선고 2005도8980 판결; 대법원 2003.1.10. 선고 2001도3292 판결; 대법원 1999.12.10. 선고 99도3711 판결; 대법원 1997.10.10. 선고 97도1678 판결; 대법원 1996.11.8. 선고 95도2710 판결.

116) 대법원 2014.7.24. 선고 2013도16101 판결; 대법원 2011.4.14. 선고 2010도10104 판결.

117) 대법원 2015.6.24. 선고 2014도11315 판결; 대법원 2008.8.11. 선고 2008도3090 판결; 대법원 1984.6.12. 선고 82도3199 판결.

118) 대법원 2018.5.11. 선고 2018도2844 판결; 대법원 2007.5.31. 선고 2007도1977 판결.

하여서는 아니 된다.[119] 의사들의 주의의무 위반과 처방체계상의 문제점으로 인하여 수술 후 회복과정에 있는 환자에게 인공호흡 준비를 갖추지 않은 상태에서는 사용할 수 없는 약제가 잘못 처방되었고, 종합병원의 간호사로서 환자에 대한 투약 과정 및 그 이후의 경과 관찰 등의 직무 수행을 위하여 처방 약제의 기본적인 약효나 부작용 및 주사 투약에 따르는 주의사항 등을 미리 확인·숙지하였다면 과실로 처방된 것임을 알 수 있었음에도 그대로 주사하여 환자가 의식불명 상태에 이르게 된 사안에서, 간호사에게 업무상과실치상의 형사책임을 인정한 사례이다.[120] 산부인과 의사가 산모의 태반조기박리에 대한 대응조치로서 응급 제왕절개 수술을 시행하기로 결정하였다면 이러한 경우에는 적어도 제왕절개 수술 시행 결정과 아울러 산모에게 수혈을 할 필요가 있을 것이라고 예상되는 특별한 사정이 있어 미리 혈액을 준비하여야 할 업무상 주의의무가 있다고 보아야 한다.[121] 피고인이 근무하는 병원에서는 인턴의 수가 부족하여 수혈의 경우 두 번째 이후의 혈액봉지는 인턴 대신 간호사가 교체하는 관행이 있었다고 하더라도, 위와 같이 혈액봉지가 바뀔 위험이 있는 상황에서 피고인이 그에 대한 아무런 조치도 취함이 없이 간호사에게 혈액봉지의 교체를 일임한 것이 관행에 따른 것이라는 이유만으로 정당화될 수는 없다. 즉, 수혈은 종종 그 과정에서 부작용을 수반하는 의료행위이므로, 수혈을 담당하는 의사는 혈액형의 일치 여부는 물론 수혈의 완성 여부를 확인하고, 수혈 도중에도 세심하게 환자의 반응을 주시하여 부작용이 있을 경우 필요한 조치를 취할 준비를 갖추는 등의 주의의무가 있다. 그리고 의사는 전문적 지식과 기능을 가지고 환자의 전적인 신뢰하에서 환자의 생명과 건강을 보호하는 것을 업으로 하는 자로서, 그 의료행위를 시술하는 기회에 환자에게 위해가 미치는 것을 방지하기 위하여 최선의 조치를 취할 의무를 지고 있고, 간호사로 하여금 의료행위에 관여하게 하는 경우에도 그 의료행위는 의사의 책임하에 이루어지는 것이고 간호사는 그 보조자에 불과하므로, 의사는 당해 의료행위가 환자에게 위해가 미칠 위험이 있는 이상 간호사가 과오를 범하지 않도록 충분히 지도·감독을 하여 사고의 발생을 미연에 방지하여야 할 주의의무가 있고, 이를 소홀히 한 채 만연히 간호사를 신뢰하여 간호사에게 당해 의료행위를 일임함으로써 간호사의 과오로 환자에게 위해가 발생하였다면 의사는 그에 대한 과실책임을 면할 수 없다.[122] 일반외과 전문의인 피고인이 피해자의 후복막 전체에 형성된 혈종을 발견한 지 14일이 지나도록 전산화단층촬영 등 후복막 내의 장기 손상이나 농양 형성 여부를 확인하기에 적절한 진단방법을 시행하지 않은 채, 피해자가 보인 염증 증상의 원인을 단순히 장간막봉합수술에 따른 후유증 정도로만 생각하고 필요한 적절한 진단 및 치료조치를 취하지 아니한 것은 진단 및 치료상의 주의의무를 다하지 아니한 것으로서 과실이 있다.[123] 갑상선아전절제술 및 전경부임파절청소술을 받은 환자가 기도부종으로 인한호흡장애로 뇌기능 부분손상상태(식물인간상태)에 이르게 된 경우, 환자의 호흡 곤란을 알고도 00:30경부터 09:00경까지 환자의 상태를 확인하지 아니한 주치의 겸 당직의사와 그의 활력체크지시를 제대로 이행하지 아니하고 의사를 불러달라는 환자 보호자의 요청을 듣지 아니한 담당간호사들을 업무상 과실치상죄로 처단한 사례이다.[124] 정신과질환인 조증으로 입원한 환자의 주치의사는 환자의 건강상태를 사전에 면밀히 살펴서 그 상태에 맞도록 조증치료제인 클로르포르마진을 가감하면서 투여하여야 하고, 클로르포르마진의 과다투여로 인하여 환자에게 기립성저혈압이 발생하게 되었고 당시 환자의 건강상태가 갑

119) 대법원 2014.6.26. 선고 2009도14407 판결.
120) 대법원 2009.12.24. 선고 2005도8980 판결.
121) 대법원 2000.1.14. 선고 99도3621 판결.
122) 대법원 1998.2.27. 선고 97도2812 판결.
123) 대법원 1996.9.24. 선고 95도245 판결.
124) 대법원 1994.12.22. 선고 93도3030 판결.

자기 나빠지기 시작하였다면 좀 더 정확한 진찰과 치료를 위하여 내과전문병원 등으로 전원조치를 하여야 할 것이고, 그러지 못하고 환자의 혈압상승을 위하여 포도당액을 주사하게 되었으면 그 과정에서 환자의 전해질이상 유무를 확인하고 투여하여야 함에도 의사에게 요구되는 이러한 일련의 조치를 취하지 아니한 과실이 있다면, 그러한 과실로 환자가 전해질이상 · 빈혈 · 저알부민증 등으로 인한 쇼크로 사망하였음을 인정할 수 있고, 그 치료 과정에서 야간당직의사의 과실이 일부 개입하였다고 하더라도 그의 주치의사 및 환자와의 관계에 비추어 볼 때 환자의 주치의사는 업무상 과실치사죄의 책임을 면할 수는 없다.[125] 마취환자의 마취회복업무를 담당한 의사로서는 마취환자가 수술 도중특별한 이상이 있었는지를 확인하여 특별한 이상이 있었던 경우에는 보통 환자보다 더욱 감시를 철저히 하고, 또한 마취환자가 의식이 회복되기 전에는 호흡이 정지될 가능성이 적지 않으므로 피해자의 의식이 완전히 회복될 때까지 주위에서 관찰하거나 적어도 환자를 떠날 때는 피해자를 담당하는 간호사를 특정하여 그로 하여금 환자의 상태를 계속 주시하도록 하여 만일 이상이 발생한 경우에는 즉시 응급조치가 가능하도록 할 의무가 있다.[126] 난소의 제거로 이미 임신불능 상태에 있는 피해자의 자궁을 적출했다 하더라도 그 경우 자궁을 제거한 것이 신체의 완전성을 해한 것이 아니라거나 생활기능에 아무런 장애를 주는 것이 아니라거나 건강상태를 불량하게 변경한 것이 아니라고 할 수 없고 이는 업무상 과실치상죄에 있어서의 상해에 해당한다.[127] 전신마취에 의한 개복수술은 간부전을 일으키고 간성혼수에 빠지게 하기도 하는데 특히 급만성간염이나 간경변 등 간기능에 이상이 있는 경우에는 90% 이상이 간기능이 중악화하고 심한 경우에는 사망에 이르게 하는 것으로 알려져 있어 개복수술 전에 간의 이상 유무를 검사하는 것은 필수적이고, 피해자의 수술시에 사용된 마취제 할로테인은 드물게는 간에 해독을 끼치고 특히 이미 간장애가 있는 경우에는 간장애를 격화시킬 위험이 있으므로 이러한 환자에 대하여는 그 사용을 주의 또는 회피하여야 한다고 의료계에 주지되어 있으며 이 사건 사고당시 의료계에서는 개복수술 환자의 경우 긴급한 상황이 아닌 때에는 혈청의 생화학적 반응에 의한 간기능검사를 하는 것이 보편적이었다면, 응급환자가 아닌 난소종양환자의 경우에 있어서 수술주관의사 또는 마취담당의사인 피고인들로서는 난소종양절제수술에 앞서 혈청의 생화학적 반응에 의한 검사 등으로 종합적인 간기능검사를 철저히 하여 피해자가 간손상 상태에 있는지의 여부를 확인한 후에 마취 및 수술을 시행하였어야 할 터인데 피고인들은 시진, 문진 등의 검사결과와 정확성이 떨어지는 소변에 의한 간검사 결과만을 믿고 피해자의 간상태를 정확히 파악하지 아니한 채 할로테인으로 전신마취를 실시한 다음 이 사건 개복수술을 감행한 결과 수술 후 22일만에 환자가 급성전격성간염으로 인하여 사망한 경우에는 피고인들에게 업무상 과실이 있다 할 것이다.[128] 주사약인 에폰톨을 3, 4분 정도의 단시간형 마취에 흔히 이용되는 마취제로서 점액성이 강한 유액성분이어서 반드시 정맥에 주사하여야 하며, 정맥에 투여하다가 근육에 새면 유액성분으로 인하여 조직괴사, 일시적인 혈관수축등의 부작용을 일으킬 수 있으므로 위와 같은 마취제를 정맥주사할 경우 의사로서는 스스로 주사를 놓든가 부득이 간호사나 간호조무사에게 주사케 하는 경우에도 주사할 위치와 방법 등에 관한 적절하고 상세한 지시를 함과 함께 스스로 그 장소에 입회하여 주사시행과정에서의 환자의 징후 등을 계속 주시하면서 주사가 잘못없이 끝나도록 조치하여야 할 주의의무가 있고, 또는 위와 같은 마취제의 정맥주사방법으로서는 수액세트에 주사침을 연결하여 정맥내에 위치하게 하고 수액을

125) 대법원 1994.12.9. 선고 93도2524 판결.
126) 대법원 1994.4.26. 선고 92도3283 판결.
127) 대법원 1993.7.27. 선고 92도2345 판결.
128) 대법원 1990.12.11. 선고 90도694 판결.

공급하면서 주사제를 기존의 수액세트를 통하여 주사하는 이른바 사이드 인젝션(Side Injection)방법이 직접 주사방법 보다 안전하고 일반적인 것이라 할 것인 바, 산부인과 의사인 피고인이 피해자에 대한 임신중절수술을 시행하기 위하여 마취주사를 시주함에 있어 피고인이 직접 주사하지 아니하고, 만연히 간호조무사로 하여금 직접방법에 의하여 에폰톨 500밀리그램이 함유된 마취주사를 피해자의 우측 팔에 놓게 하여 피해자에게 상해를 입혔다면 이에는 의사로서의 주의의무를 다하지 아니한 과실이 있다고 할 것이다.[129] 갑상선비대증이나 심장병환자에 대하여는 편도선 절제수술이 금기사항으로 되어 있으므로 의사로서는 환자를 진찰한 결과 환자의 갑성선과 심장이 보통사람의 그것에 비하여 많이 비대해져 있음을 발견하였으면 마땅히 정밀검사를 통하여 그 발병원인을 밝혀보고 나아가 그 질환의 정도가 편도선 절제수술을 감내할 수 있는지의 여부를 확인한 연후에 편도선 절제수술을 시행하였어야 할 터임에도 사전에 이에 대한 정밀검사를 실시하지 아니한 과실로 환자가 갑상선수양암 및 관상동맥경화증 환자임을 알지 못한채 동인의 편도선절제수술을 감행함으로써 동인으로 하여금 수술을 마친 후 약 40분후에 심장마비로 사망케 하였다면 업무상과실치사의 책임이 있다.[130] 사람의 생명과 신체의 안전을 보호법익으로 하고 있는 형법상의 해석으로서는 사람의 시기는 규칙적인 진통을 동반하면서 태아가 태반으로부터 이탈하기 시작한 때 다시 말하여 분만이 개시된 때(소위 진통설 또는 분만개시설)라고 봄이 타당하며 이는 형법 제251조(영아살해)에서 분만 중의 태아도 살인죄의 객체가 된다고 규정하고 있는 점을 미루어 보아도 그 근거를 찾을 수 있는 바이니 조산원이 분만 중인 태아를 질식사에 이르게 한 경우에는 업무상 과실치사죄가 성립한다.[131] 초일 페니시린반응 검사후에 호스타마이신 40만 단위(페니실린 40만 단위, 스트렙트마이신 0.5그람으로 구성된 항생제)를 환자에게 시주하는 의사가 환자의 부(父)로부터 전날 페니실린주사를 맞고 가렵고 발진이 있어서 부작용을 일으킨 것 같다는 말을 들은 경우에는 전날 페니실린 시주후의 환자의 증세가 어떠하였는가에 대하여 더 엄밀히 문진 기타 가능한 방법에 의하여 조사를 하고 전날 주사후 있었다는 발진과 가려움증이 페니실린의 부작용이 아니였다는 확실한 진단이 있기 전에는 함부로 동 약재를 시주하는 행위는 이를 삼가하여야 하고 위 주사를 시주할 시에는 시주후 부작용이 있을 것을 상정하고 사전 조치를 준비함은 물론 시주한 후에는 의학적으로 기대되는 적절한 사후치료조치를 다할 주의의무가 있다고 할 것인데 단지 쇼크에 처치시설이 갖추어진 도립병원에서 초일 반응 검사후에 항생제를 시주함에 있어서 다시 사전반응검사를 하여야 할 주의의무가 요구된다 할 수 없다는 이유만으로 곧 의사로서 요구되는 업무상 주의의무를 다하였다고 논단할 수 없다.[132] 임신중절을 위한 소파수술을 하였으나 자궁내에서 아무 내용물이 나오지 않았다면 산부인과 전문의인 피고인으로서는 자궁임신이 아닌가 하는 판단을 내려 자궁외 임신여부를 세밀히 진찰하던가 피고인으로서 그 진찰에 자신이 없다면 의료시설이 완비된 종합병원의 진찰을 권유할 업무상 주의의무가 있다고 할 것이다.[133]

의료인의 과실을 부정한 판례의 구체적 내용은 다음과 같다. 즉,

병원 인턴인 피고인이, 응급실로 이송되어 온 익수환자 갑을 담당의사 을의 지시에 따라 구급차에 태워 다른 병원으로 이송하던 중 산소통의 산소잔량을 체크하지 않은 과실로 산소 공급이 중단

129) 대법원 1990.5.22. 선고 90도579 판결.
130) 대법원 1986.10.14. 선고 85도1789 판결.
131) 대법원 1982.10.12. 선고 81도2621 판결.
132) 대법원 1976.12.28. 선고 74도816 판결.
133) 대법원 1967.8.29. 선고 66도1197 판결.

된 결과 갑을 폐부종 등으로 사망에 이르게 하였다는 내용으로 기소된 사안에서, 을에게서 이송 도중 갑에 대한 앰부 배깅(ambu bagging)과 진정제 투여 업무만을 지시받은 피고인에게 일반적으로 구급차 탑승 전 또는 이송 도중 구급차에 비치되어 있는 산소통의 산소잔량을 확인할 주의의무가 있다고 보기는 어렵고, 다만 피고인이 갑에 대한 앰부 배깅 도중 산소 공급 이상을 발견하고도 구급차에 동승한 의료인에게 기대되는 적절한 조치를 취하지 아니하였다면 업무상 과실이 있다고 할 것이나, 피고인이 산소부족 상태를 안 후 취한 조치에 어떠한 업무상 주의의무 위반이 있었다고 볼 수 없는데도, 피고인에게 산소잔량을 확인할 주의의무가 있음을 전제로 업무상과실치사죄를 인정한 원심판단에 응급의료행위에서 인턴의 주의의무 범위에 관한 법리오해 또는 심리미진의 위법이 있다.[134] 소아외과 의사가 5세의 급성 림프구성 백혈병 환자의 항암치료를 위하여 쇄골하 정맥에 중심정맥도관을 삽입하는 수술을 하는 과정에서 환자의 우측 쇄골하 부위를 주사바늘로 10여 차례 찔러 환자가 우측 쇄골하 혈관 및 흉막 관통상에 기인한 외상성 혈흉으로 인한 순환혈액량 감소성 쇼크로 사망한 사안에서, 담당 소아외과 의사에게 형법 제268조의 업무상 과실이 없다고 본 사례이다.[135] 야간 당직간호사가 담당 환자의 심근경색 증상을 당직의사에게 제대로 보고하지 않음으로써 당직의사가 필요한 조치를 취하지 못한 채 환자가 사망한 경우, 병원의 야간당직 운영체계상 당직간호사에게 환자의 사망을 예견하거나 회피하지 못한 업무상 과실이 있고, 당직의사에게는 업무상 과실을 인정하기 어렵다.[136] 산모의 태아가 역위로 조기분만 되면서 태아가 난산으로 인하여 분만 후 사망한 사안에서, 비록 조산 위험이 있기는 하였으나 산모에게 분만진통이 있었다고 단정하기 어려워 그와 같은 상황에서 내진이나 초음파검사 없이 경과를 관찰하기로 한 산부인과 의사의 행위를 진료행위에 있어서 합리적인 재량의 범위를 벗어난 것이라고 보기 어려울 뿐만 아니라 일반적으로 산부인과 의사에게 요구되는 주의의무를 위반한 것이라고 보기는 어렵다.[137] 30대 중반의 산모가 제왕절개 수술 후 폐색전증으로 사망한 사안에서, 담당 산부인과 의사에게 형법 제268조의 업무상 과실이 없다.[138] 내과의사가 신경과 전문의에 대한 협의진료 결과 피해자의 증세와 관련하여 신경과 영역에서 이상이 없다는 회신을 받았고, 그 회신 전후의 진료 경과에 비추어 그 회신 내용에 의문을 품을 만한 사정이 있다고 보이지 않자 그 회신을 신뢰하여 뇌혈관계통 질환의 가능성을 염두에 두지 않고 내과 영역의 진료 행위를 계속하다가 피해자의 증세가 호전되기에 이르자 퇴원하도록 조치한 경우, 내과의사인 피고인들이 피해자를 진료함에 있어서 지주막하출혈을 발견하지 못한 데 대하여 업무상 과실이 있었다고 단정하기는 어렵다고 할 것이다.[139] 요추 척추후궁절제 수술도중에 수술용 메스가 부러지자 담당의사가 부러진 메스조각(3×5㎜)을 찾아 제거하기 위한 최선의 노력을 다하였으나 찾지 못하여 부러진 메스조각을 그대로 둔 채 수술부위를 봉합한 경우, 같은 수술과정에서 메스 끝이 부러지는 일이 흔히 있고, 부러진 메스가 쉽게 발견되지 않을 경우 수술과정에서 무리하게 제거하려고 하면 부가적인 손상을 줄 우려가 있어 일단 봉합한 후에 재수술을 통하여 제거하거나 그대로 두는 경우가 있는 점에 비추어 담당의사의 과실을 인정할 수 없다.[140] 출산 후 이완성 자궁출혈로 저혈량성 쇼크상태에 빠진 산모에게 진료담당 의사가 필요한 수액과 혈액을 투여한 후 폐부종이 발병하여 산모가 사망한 사안에서, 진료담당

134) 대법원 2011.9.8. 선고 2009도13959 판결.
135) 대법원 2008.8.11. 선고 2008도3090 판결.
136) 대법원 2007.9.20. 선고 2006도294 판결.
137) 대법원 2006.12.7. 선고 2006도1790 판결.
138) 대법원 2006.10.26. 선고 2004도486 판결.
139) 대법원 2003.1.10. 선고 2001도3292 판결.
140) 대법원 1999.12.10. 선고 99도3711 판결.

의사의 과실을 인정하지 않은 원심판결을 수긍한 사례이다.[141] 산부인과 개업의들이 매 분만마다 수혈용 혈액을 준비한다 하더라도 이를 사용하지 아니한 경우(대부분의 분만에서 사용하지 아니한다)에는 혈액원에 반납할 수 없고, 산부인과 의원에서는 이를 보관하였다가 다른 산모에게 사용할 수도 없기 때문에 결국 사용하지 못한 혈액은 폐기하여야 하고, 헌혈 부족으로 충분한 혈액을 확보하지 못하고 있는 당시 우리 나라의 실정상 만약 산부인과 개업의들이 매 분만마다 수혈용 혈액을 미리 준비하고, 이를 폐기한다면 혈액 부족이 심화될 우려가 있음을 알 수 있는 바, 제왕절개분만을 함에 있어서 산모에게 수혈을 할 필요가 있을 것이라고 예상할 수 있었다는 사정이 보이지 않는 한, 산후과다출혈에 대비하여 제왕절개수술을 시행하기 전에 미리 혈액을 준비할 업무상 주의의무가 있다고 보기 어렵다.[142] 침투태반에 의한 출혈이라 하여도 개업한 산부인과 전문의로서는 우선은 보존적인 요법을 시행하여 지혈이 되기를 기대하면서 관찰을 하여 보고, 그로써 지혈이 될 수 없다는 판단이 서게 되면 그 때에 지체 없이 자궁적출술을 시행하여야 할 것이지, 침투태반에 의한 출혈이라 하여 보존적인 요법을 거치지도 않고 우선 자궁적출술부터 시행할 주의의무가 있다고 보기는 어렵다.[143] 신생아의 출산과정에서 의사인 피고인의 과실로 신생아가 양수를 과다 흡입함으로 인하여 기흉이 발생되어 사망하였다거나, 피고인이 출산 이후 호흡곤란을 일으킨 신생아에 대한 적절한 진료를 행하지 아니한 과실 때문에 신생아가 사망하였다고 단정하기에는 증거가 부족함에도 불구하고, 피고인에 대하여 업무상 과실치사죄를 적용한 원심판결을 채증법칙 위배 등을 이유로 파기한 사례이다.[144] 피고인이 패혈증에 관한 최신 정의를 알지 못하여 이미 진행 중인 패혈증을 아직 진행하지 않고 있는 것으로 잘못 판단하고 적절한 치료방침을 정하지 못한 것이라 하더라도, 그 판단이 현재 우리 나라의 일반적 기준으로서의 의학수준과 함께 피고인의 경력・전문분야 등 개인적인 조건이나 진료지・진료환경 등을 고려할 때, 통상의 의사의 정상적인 지식에 기한 것이 아니고 따라서 그것이 과실이라고 단정하기는 어렵고, 단순한 대진의뢰 등 소극적 협진 마저도 그 시기가 적절치 않았는지 여부와 이에 그치지 않고 내과로 전과하는 등 적극적 협진을 하였다면 그 치료방법이 어떻게 달라져서 피해자의 생명을 구할 수 있었는지 여부가 심리되어야 한다.[145] 피해자의 과거 병력에 대한 문진에서 나아가 피해자의 임신 여부 등에 대하여도 검진하지 않은 것이 피고인의 과실이라고 하려면, 봉와직염에 감염된 여자환자라면 19세로서 미혼이라고 하여도 그 임신 여부 검사를 하는 것이 보편적임에도 불구하고 피고인이 그 검사를 하지 않았다거나 그와 같은 여자환자가 증세가 호전되지 않는 경우 임신에 의한 면역기능 저하를 당연히 의심하여 대처하여야 함에도 불구하고 피고인이 그러한 통상적인 예견과 판단도 하지 못한 것이라는 점이 밝혀져야 한다.[146] 피해자를 감시하도록 업무를 인계받지 않은 간호사가 자기 환자의 회복처치에 전념하고 있었다면 회복실에 다른 간호사가 남아있지 않은 경우에도 다른 환자의 이상증세가 인식될 수 있는 상황에서라야 이에 대한 조치를 할 의무가 있다고 보일 뿐 회복실 내의 모든 환자에 대하여 적극적, 계속적으로 주시, 점검을 할 의무가 있다고 할 수 없다.[147] 일반외과전문의인 피고인이 피해자의 증상을 통상의 혈행장애로 판단하고 그에 상응한 치료를 한 것에 잘못이 없는 경우에는 즉시환자를 종합병원에 넘기지 않았다 하여 그것만으로 의료상의 처치과정에 잘못이 있다고

141) 대법원 1997.10.10. 선고 97도1678 판결.
142) 대법원 1997.4.8. 선고 96도3082 판결.
143) 대법원 1997.4.8. 선고 96도3082 판결.
144) 대법원 1996.12.23. 선고 95도2012 판결.
145) 대법원 1996.11.8. 선고 95도2710 판결.
146) 대법원 1996.11.8. 선고 95도2710 판결.
147) 대법원 1994.4.26. 선고 92도3283 판결.

할 수 없다.[148] 내과전문의가 기관지폐렴환자로 진단한 환자에 대하여 그 요법으로 일반적으로 통용되고 있는 "엠피시린"주사액을 피부반응검사를 거쳐 음성인 경우에 한하여 그 주사액을 시주케 한 행위에는 내과전문의로서의 과실이 있다고 보기 어렵다.[149] 외상성 장파열과 장폐색증은 조기감별이 어려울 뿐 아니라 복부통증을 호소하는 피해자에 대한 조기진단에 나타난 모든 자료 특히 엑스선 촬영결과에 특기할 만한 점이 없으며 복벽강직증상과 반사통을 호소하지 아니하므로 피해자를 일단 급성위확장 및 마비성 장폐색증으로 진단하고 이에 대한 대증요법을 시행하면서 확진을 위하여 계속 외과적 관찰을 하여 온 피고인의 소위는 통상 의사에게 요구되는 진단방법과 그 증상에 대한 통상의 치료방법을 사용하였다 할 것이어서 피고인에게 과실이 있다고 단정하기 어렵다.[150] 피해자가 1979.5.7 타병원에서 절개수술까지 권유받았으나 경제적인 이유로 이에 불응하고 퇴원하여 민간요법치료를 하다가 같은 달 10 피고인의 진찰을 받고 일단 종합병원에 가서 진단과 치료를 받을 것을 권고받았으나 경제적 사정을 호소하면서 피고인의 치료를 요구하여 피고인이 피해자의 병상에 비추어 봉과직염으로 진단하고 우측슬하부 절개수술을 하였으나 밤톨만한 응고된 혈괴만 이 검출되어 혈관질환에 의한 증상으로 판단하고 세균감염에 대비한 조치를 취하고 아울러 즉시 혈관촬영이 가능하고 수술시설이 갖추어진 종합병원으로 갈 것을 강력히 제시하고 괴사의 위험성이 있음을 경고하였으나 피해자는 이에 불응하고 민간요법으로 치료를 계속하다가 같은 달 21 타병원에서 괴사로 진행되고 있는 우측하지를 절단받기에 이른 경우라면 피고인에 있어서 치료시술상 요구되는 주의의무를 해태하였다고 볼 수 없다.[151] 자간증환자에게 의학상 반드시 수혈을 하여야만 하는 것인지를 확인하지 아니한 채 다만 수혈을 할 수도 있다는 일반적인 사실만 들어 그 구체적인 사정하에서 필요여부를 심리판단하지 않은 채 수혈을 하지 않은 것에 업무상 주의의무를 해태한 과실있다고 판단한 것은 잘못이다.[152] 정신병 전문의사가 평소 상당한 주의를 하였었고 망상형 정신분열환자의 자상 내지 자살과 같은 자해행위는 의학상 이례에 속한 예측을 기대하지 못하는 것인데 피해자가 감시 소홀한 틈을 타서 자살하였다면 그에게 사고발생의 원인이 된 과실이 있었다고 할 수 없다.[153]

iii. 감독자의 업무상 과실 본죄의 업무에는 수행하는 직무 자체가 위험성을 가지기 때문에 안전배려를 의무의 내용으로 하는 경우는 물론 사람의 생명·신체의 위험을 방지하는 것을 의무의 내용으로 하는 업무도 포함된다.

감독자의 과실을 긍정한 판례의 구체적 내용은 다음과 같다. 즉,

하도급 공사현장에서 작업을 하던 피해자가 옥상 개구부를 통해 추락하여 상해를 입은 사안에서, 하도급인으로부터 위 공사현장의 소장 및 현장대리인으로서 안전보건총괄책임자로 지정된 피고인의 업무상 과실을 인정한 원심판단을 수긍한 사례이다.[154] 골프 카트는 안전벨트나 골프 카트 좌우에 문 등이 없고 개방되어 있어 승객이 떨어져 사고를 당할 위험이 커, 골프 카트 운전업무에 종사하는 자로서는 골프 카트 출발 전에는 승객들에게 안전 손잡이를 잡도록 고지하고 승객이

148) 대법원 1989.11.14. 선고 89도1568 판결.
149) 대법원 1984.6.12. 선고 82도3199 판결.
150) 대법원 1984.4.24. 선고 82도1882 판결.
151) 대법원 1983.5.24. 선고 82도289 판결.
152) 대법원 1970.12.22. 선고 70도1787 판결.
153) 대법원 1970.12.22. 선고 70도2304 판결.
154) 대법원 2010.12.23. 선고 2010도1448 판결.

안전 손잡이를 잡은 것을 확인하고 출발하여야 하고, 우회전이나 좌회전을 하는 경우에도 골프카트의 좌우가 개방되어 있어 승객들이 떨어져서 다칠 우려가 있으므로 충분히 서행하면서 안전하게 좌회전이나 우회전을 하여야 할 업무상 주의의무가 있다. 골프장의 경기보조원인 피고인이 골프카트에 피해자 등 승객들을 태우고 진행하기 전에 안전 손잡이를 잡도록 고지하지도 않고, 또한 승객들이 안전 손잡이를 잡았는지 확인하지도 않은 상태에서 만연히 출발하였으며, 각도 70°가 넘는 우로 굽은 길을 속도를 충분히 줄이지 않고 급하게 우회전한 업무상 과실로, 피해자를 골프카트에서 떨어지게 하여 두개골골절, 지주막하출혈 등의 상해를 입게 하였다.[155] 산후조리원의 주된 업무는 입소한 산모들에게 적절한 음식과 운동방법 등을 제공하여 몸을 회복할 수 있도록 하고, 산모가 대동한 신생아를 대신 관리하여 줌으로써 산모가 산후조리에 집중할 수 있도록 도와주는 것이고, 산모와 신생아의 집단관리는 산후조리서비스 제공에 필연적으로 부수되는 업무로서 그 자체가 치료행위는 아니다. 하지만, 면역력이 취약하여 다른 사람과 접촉이 바람직하지 아니한 신생아를 집단으로 수용하여 관리함으로써 질병의 감염으로 인한 생명·신체에 대한 위해가능성이 높아지는 특성상 보건분야 업무로서의 성격을 갖고 있으므로, 일반인에 의해 제공되는 산후조리 업무와는 달리 신생아의 집단관리 업무를 책임지는 사람으로서는 신생아의 건강관리나 이상증상에 관하여 일반인보다 높은 수준의 지식을 갖추어 신생아를 위생적으로 관리하고 건강상태를 면밀히 살펴 이상증세가 보이면 의사나 한의사 등 전문가에게 진료를 받도록 하는 등 적절한 조치를 취하여야 할 업무상 주의의무가 있다. 산후조리원에 입소한 신생아가 출생 후 10일 이상이 경과하도록 계속하여 수유량 및 체중이 지나치게 감소하고 잦은 설사 등의 이상증세를 보임에도 불구하고, 산후조리원의 신생아 집단관리를 맡은 책임자가 의사나 한의사 등의 진찰을 받도록 하지 않아 신생아가 탈수 내지 괴사성 장염으로 사망한 사안에서, 위 집단관리 책임자가 산모에게 신생아의 이상증세를 즉시 알리고 적절한 조치를 구하여 산모의 지시를 따른 것만으로는 업무상 주의의무를 다하였다고 볼 수 없다며 신생아 사망에 대한 업무상 과실치사의 죄책을 인정한 사례이다.[156] 행형법 및 교도관직무규칙의 규정과 구치소라는 수용시설의 특성에 비추어 보면, 공휴일 또는 야간에는 소장을 대리하는 당직간부에게는 구치소에 수용된 수용자들의 생명·신체에 대한 위험을 방지할 법령상 내지 조리상의 의무가 있다고 할 것이고, 이와 같은 의무를 직무로서 수행하는 교도관들의 업무는 업무상과실치사죄에서 말하는 업무에 해당한다고 판단하고, 나아가 사동 2관구 관구감독자로 근무한 피고인 2도 당직간부임을 전제로 하여 위와 같은 의무가 있다고 판단하였는바, 기록과 대조하여 살펴보면 이러한 원심의 사실인정과 판단은 정당하다.[157] 액화석유가스 판매사업자인 피고인이 수요자의 소비설비의 철거를 요청받고도 이에 응하지 아니하고 직접 철거하라고 이야기하여 이사를 가는 자로 하여금 별다른 안전조치도 취하지 아니한 채 휴즈콕크(속칭 중간밸브)까지 떼어가게 하여 그 부분으로 새어 나온 가스로 폭발사고가 발생한 경우, 구 액화석유가스의 안전 및 사업관리법 제9조 제1항이 정한 안전점검의무를 위반한 것이다.[158] 피고인이 건물옥상에 고정수소 2,850기압을 주입한 애드벌룬을 50미터 높이를 공중에 띄움에 있어서 당시에 강풍이 불고 있었고 그곳 부근에 22,900볼트에 고압전선이 설치되어 있었으므로 그 안전여부를 확인하면서 주민들에게 위험을 알려주어 주의를 환기시키는 한편 위 애드벌룬이 고압선에 감겼을 때에도 안전하게 이를 제거할 방법을 강구할 업무상의 주의의무가 있다 할 것인데도 이와 같은 주의의무를 제대

155) 대법원 2010.7.22. 선고 2010도1911 판결.
156) 대법원 2007.11.16. 선고 2005도1796 판결.
157) 대법원 2007.5.31. 선고 2006도3493 판결.
158) 대법원 2006.5.12. 선고 2006도819 판결.

로 하지 아니하여 이 사건 사고가 발생한 사실을 인정할 수 있으므로 원심이 이에 대하여 업무상 과실치사상죄로 다스린 것은 정당하고 거기에 지적하는 바와 같은 법리의 오해나 채증법칙을 어긴 위법이 없고 설사 이 사건 사고에 즈음하여 한전직원이나 피해자들에게 주장하는 바와 같은 잘못이 있다하더라도 이 사건 범죄의 성립에는 영향이 없다.[159] 도시가스공급사업은 도시가스의 가연성, 폭발성으로 말미암아 사소한 잘못으로도 광범위한 지역에 걸쳐서 많은 사람의 신체 및 재산에 큰 위해를 가할 우려가 있는 사업이니만치 그와 같은 사업의 안전업무를 책임지고 있는 피고인들(피고인 1 제외, 이와 같다)로서는 배관의 안전과 가스압력의 적정유지등 안전사고의 방지를 위한 기본적 사항의 준수에 총력을 기울여야 할 것이고, 특히 이 사건에서는 원심이 적법히 확정한 바와 같이 애당초 이 사건 가스공급관의 시설공사를 전문가가 아닌 서울시의 수도국 직원들이 수도관시설공사에 준하여 날림으로 하였고, 배관망도는 부정확하여 믿을 수가 없으며, 배관도 10년 이상 경과되어 노후되어 있은데다가 누기사고가 빈발하는 등 배관의 안전성을 심히 의심할만한 여러 사정들이 있었고, 또 그와 같은 사정들은 사업을 인계한 서울시의 관계자들이 서울도시가스(주)의 관계자들에게 누누이 고지하여 주어 피고인들도 잘 알고 있었다는 것이므로 서울도시가스(주)의 안전업무를 책임지고 있는 피고인들로서는 원심이 지적하는 모든 방법을 동원하여 배관망도, 배관시설의 안전성 등을 전면적으로 재점검하여 배관의 결함을 찾아내어 그 대책을 세웠어야 할 것이며, 뿐만 아니라 압송기 가동에 있어서는 배관의 취약상태를 고려하여 원심설시의 조치를 취함으로써 송출압력이 급격히 상승하는 일이 없도록 해야 할 업무상의 주의의무가 있었다고 할 것이다.[160] 현장건축물 시공업무, 임시동력선 배선공사 및 그와 관련된 안전관리를 총괄하는 지위에 있는 현장소장으로서는 그 현장이 직원 6명 정도의 비교적 소규모의 것이었다면 비록 현장소장 아래 담당기사가 있었다고 하더라도 공사전반에 걸친 일반적 관리책임은 물론 구체적인 전선설치 작업에 있어서도 전선의 상태를 점검하여 피복이 벗겨진 부분이 발견되면 이를 교체하는등 필요한 조치를 취하여 감전사고를 미연에 방지하여야 할 주의의무가 있다.[161] 사고 승강기가 제작시부터 승강기와 승강기 통로의 벽사이가 벌어져 있었고 위 승강기에는 정전이 될 때에 자체발전의 전원이 바로 연결되는 자동배선시스템이 설치되어 있지 아니하여 정전이 되고 자력발전으로 전기를 다시 공급하기까지 약 2, 3분의 시간이 소요되는등 구조상의 잘못이 있었다면 승강기관리책임자로서는 주민들의 반발이 있다 하더라도 정전예고시간부터 최소한 5분전에는 승강기를 1층에 정지시켜 두었다가 전기가 들어오면 다시 가동운행하게 하는 등으로 사고를 미연에 방지할 주의의무가 있다.[162] 호텔의 사장 또는 영선과장인 피고인들이 오보가 잦다는 이유로 자동화재조기탐지 및 경보시설인 수신기의 지구경종스위치를 내려 끈 채 봉하고, 영업상 미관을 해친다는 이유로 각층에 설치된 갑종방화문을 열어두게 하고 옥외피난계단으로 통하는 을종방화문은 도난방지등의 이유로 고리를 끼워 피난구로서의 역할을 다하지 못하게 하였다면, 이와 같은 피고인들의 주의의무 해태는 결과적으로 건물의 화재발생시에 있어서 숙박객 등에게 신속하게 화재를 알릴 수 없게 되고 발화지점에서의 상하층에의 연소방지를 미흡하게 하고 또 숙박객 등을 비상구를 통해 신속하게 옥외로 대피시키지 못하게 하는 것임은 경험상 명백하다 할 것이므로, 이 사건 화재로 인한 숙박객 등의 사상이라는 결과는 충분히 예견가능한 것이라고 할 것이다.[163] 아파트의 건축자인 대한주택공사의 현장

---

159) 대법원 1990.11.13. 선고 90도1987 판결.
160) 대법원 1989.9.26. 선고 88도1411 판결.
161) 대법원 1986.7.22. 선고 85도2223 판결.
162) 대법원 1986.3.11. 선고 85도2833 판결.
163) 대법원 1984.2.28. 선고 83도3007 판결.

책임자는 가스설비공사를 수급한 자에 대한 관계에서는 가스설비공사를 직접 지휘 감독하는 것이 아니더라도 입주한 아파트 주민들에 대한 관계에서는 가스시설을 안전하게 완비하고 관계법이 요구하는 제반 안전검사까지 마쳐서 인도하게끔 할 업무상의 의무가 있다.164) 허술하게 쌓아올린 전주더미를 인수하고 다시 손본 바 없이 그 상태대로 놓고 관리하던 중 불완전하게 쌓아올린 위 더미에서 맨윗전주가 굴러 떨어져 해를 입었다면 처음 잘못 쌓아올린 자와 이를 인수한 자가 모두 책임이 있다.165) 원심 공동 피고인 B가 피고인이 운전하는 자동차의 제동장치를 정비한 정비공으로서 시운전한다는 것을 제지할 수 없었다면 피고인은 응당 면허없는 정비공이 시운전함에 있어서 옆에 앉아서 감시하고 사고발생을 미연에 방지할 업무상 주의의무가 있다고 판시한 제1심 판결이유를 유지한 원심조처에 위법이 없으며 사고발생시는 새벽이어서 피해자가 넘어졌다고 일어나기에 사고가 나지 않을 줄 알고 그저 간 것이지 도망간 것이 아니라는 논지는 사실오인을 주장하는 것으로서 이 사건에 있어서는 적법한 상고이유가 될 수 없다.166) 철도 건널목 간수가 상ㆍ하열차의 순차통과를 맞이하여 반수동식 차단기를 내리고 일반인의 횡단을 잠시 제지함에 있어 당일은 그곳 장날이어서 건널목 양편에 60여명의 사람이 기다리고 있고 위 차단기는 양쪽 어느 쪽에서나 누구라도 올릴 수 있으며 간수가 올리기 전에 차단기를 올려 횡단하려는 전례가 있었음에 비추어 상행열차 직후 하행열차 통과를 모르고 일반인이 차단기를 올려 통행을 위험을 예상할 수 있으므로 사전에 통행인들에게 하행열차가 곧이어 통과함을 경고하고 함부로 차단기를 올리지 못하게 하여 통행코자 하는 사람을 제지하는 등의 주의의무가 있다.167) 열차운전정리업무수행중인 운전사령이 역간에 2개의 열차를 동시에 운행시킨 경우에는 역구간내에서의 위 두 열차의 충돌사고에 대하여 운전사령에게도 과실이 있다 할 것이다.168) 화약류를 취급하는데 필요한 소정의 면허를 받지 못한 자를 화약류취급책임자로 선임하여 발파작업에 종사케 함으로써 그 발파작업중 그 책임자의 과실로 인하여 사상의 사고가 발생한 경우에는 위 사상과 그 선임자의 과실 사이에는 상당인과관계가 있어 그 책임을 면하지 못한다.169) 화약발파작업을 직접 하던가 직접 감독하여야 할 발파감독자가 화약류 사용허가를 받지 아니한 자에게 발파작업을 하게 하므로서 사람을 치상케 한 경우에는 업무상 과실치상죄가 성립한다.170) 발전소에 시설된 벌전기계의 운용에 있어서는 그 기계의 운용책임자는 항시 기계의 분해 점검 보수 등에 세심의 주의를 다하여 기계고장으로 인한 타인의 생명 신체 및 건조물에 대한 위험발생을 미연에 방지할 업무상 주의의무 있음은 물론이요 특히 소위 내용연한을 경과한 노쇠한 기계를 신기계로 대치하지 아니하고 그대로 사용하는 경우에는 일층 더 사고발생에 대한 제반조치를 강구하여 사고를 미연에 방지할 의무가 있다 할 것이요 기계의 노쇠를 빙자하여 그 책임을 면탈할 수 없다 할 것이다.171)

감독자의 과실을 부정한 판례의 구체적 내용은 다음과 같다. 즉,

법령에 의하여 도급인에게 수급인의 업무에 관하여 구체적인 관리ㆍ감독의무가 부여되어 있거나 도급인이 공사의 시공이나 개별 작업에 관하여 구체적으로 지시ㆍ감독하였다는 등의 특별한

164) 대법원 1979.10.30. 선고 79도2075 판결.
165) 대법원 1979.1.23. 선고 78도1903 판결.
166) 대법원 1970.7.28. 선고 70도1287 판결.
167) 대법원 1970.7.28. 선고 70도1236 판결.
168) 대법원 1970.3.24. 선고 70도101 판결.
169) 대법원 1966.6.28. 선고 66도758 판결.
170) 대법원 1965.3.9. 선고 65도74 판결.
171) 대법원 1955.7.5. 선고 4287형상184 판결.

사정이 없는 한, 도급인에게는 수급인의 업무와 관련하여 사고방지에 필요한 안전조치를 할 주의의무가 없다.[172] 술을 마시고 찜질방에 들어온 갑이 찜질방 직원 몰래 후문으로 나가 술을 더 마신 다음 후문으로 다시 들어와 발한실에서 잠을 자다가 사망한 사안에서, 갑이 처음 찜질방에 들어갈 당시 술에 만취하여 목욕장의 정상적 이용이 곤란한 상태였다고 단정하기 어렵고, 찜질방 직원 및 영업주에게 손님이 몰래 후문으로 나가 술을 더 마시고 들어올 경우까지 예상하여 직원을 추가로 배치하거나 후문으로 출입하는 모든 자를 통제 · 관리하여야 할 업무상 주의의무가 있다고 보기 어렵다는 이유로, 위 찜질방 직원 및 영업주가 공중위생영업자로서의 업무상 주의의무를 위반하였다고 본 원심판단에 법리오해 및 심리미진의 위법이 있다.[173] 피고인의 처방과 지시에 따라 수술 직후부터 계속하여 항생제, 진통소염제 등의 주사액이 간호사들에 의하여 피해자의 대퇴부 정맥에 연결된 튜브를 통하여 투여되어 왔으므로 사고 당일 주사행위 자체에 특별한 위험성이 있었다고 볼 수 없고 피고인이 입회하지 않더라도 간호사가 주사의 부위 및 방법에 관하여 착오를 일으킬 만한 사정도 없었던 점, 신체에 직접 주사하여 주사액을 주입하는 것이 아니라 대퇴부정맥에 연결된 튜브를 통하여 주사액을 주입하는 행위는 투약행위에 가깝다는 점, 원심 공동피고인 1의 경력과 그가 취한 행동에 비추어 볼 때 피해자에 대한 주사의 부위 및 방법에 관하여 정확히 이해하고 있었고 그의 자질에 문제가 없었던 것으로 보이는 점, 피해자는 주사로 인한 부작용 발생 여부에 대한 검사가 끝난 상태이고 수술 뒤 상태가 다소 호전되었을 뿐만 아니라 이 사건 사고 전까지 주사로 인한 부작용이 발생하지 아니하였던 점, 피고인으로서는 자신의 지시를 받은 간호사가 자신의 기대와는 달리 간호실습생에게 단독으로 주사하게 하리라는 사정을 예견할 수도 없었다는 점 등을 종합하여 보면, 피고인으로 하여금 그 스스로 직접 주사를 하거나 또는 직접 주사하지 않더라도 현장에 입회하여 간호사의 주사행위를 직접 감독할 업무상 주의의무가 있다고 보기 어렵다.[174] 주택수리공사에 관하여 전문적인 지식이 없는 도급인이 주택수리공사 전문업자에게 주택수리를 의뢰하면서 공사에 관한 관리 감독 업무 또는 공사의 시공에 있어서 분야별 공사업자나 인부들에 대한 구체적인 작업지시 및 감독 업무를 주택수리업자에게 일임한 경우, 도급인이 공사를 관리하고 감독할 지위에 있다거나 주택수리업자 또는 분야별 공사업자나 인부들에 대하여 공사의 시공이나 개별 작업에 관하여 구체적으로 지시하고 감독할 지위에 있다고 볼 수 없으므로 도급인에게 공사상 필요한 안전조치를 취할 업무상 주의의무가 있다고 할 수 없다.[175] 일반적으로 대학병원의 진료체계상 과장은 병원행정상의 직급으로서 다른 교수나 전문의가 진료하고 있는 환자의 진료까지 책임지는 것은 아니고, 소속 교수 등이 진료시간을 요일별 또는 오전, 오후 등 시간별로 구분하여 각자 외래 및 입원 환자를 관리하고 진료에 대한 책임을 맡게 된다. 그러한 사정을 감안하면, 피고인에게 피해자를 담당한 의사가 아니어서 그 치료에 관한 것이 아님에도 불구하고 구강악안면외과 과장이라는 이유만으로 외래담당의사 및 담당 수련의들의 처치와 치료결과를 주시하고 적절한 수술방법을 지시하거나 담당의사 대신 직접 수술을 하고, 농배양을 지시 · 감독할 주의의무가 있다고 단정할 수 없다.[176] 사고 당시 미끄럼틀에 배치되어 있던 제1심 공동피고인이 유아풀로 내려가는 미끄럼틀을 지키지 아니하고 성인풀 쪽을 지키고 있는 사이에, 피해자 이○○(9세)이 미끄럼틀을 타고 내려가 끝부분에 다다랐을 때 갑자기 미끄럼틀 오른쪽에서 어린아기가 서서 다가오므로 피해

172) 대법원 2015.10.29. 선고 2015도5545 판결; 대법원 2009.5.28. 선고 2008도7030 판결.
173) 대법원 2010.2.11. 선고 2009도9807 판결.
174) 대법원 2003.8.19. 선고 2001도3667 판결.
175) 대법원 2002.4.12. 선고 2000도3295 판결.
176) 대법원 1996.11.8. 선고 95도2710 판결.

자가 그 아이에게 부딪치지 않으려고 몸을 왼쪽으로 틀다가 미끄럼틀 왼쪽 손잡이에 입부분을 부딪쳐 4주간의 치료를 요하는 상악우측중절치탈락상을 입게 된 사실을 인정할 수 있는 바, 사정이 이와 같다면 피고인이 배치한 안전요원이 사고방지조치의무를 제대로 이행하지 않을 것에 대비하여 피고인이 안전조치지시 외에 판시와 같은 감독상의 조치를 취하여야 할 구체적이고 직접적인 업무상 주의의무가 있다고 할 수 없을 것이다. 따라서 수영장의 경영자인 피고인에게 이 사건 사고에 대한 형사상의 과실이 있다고 하기는 어려운 것이다.[177] 안내원이 없는 시내버스의 운전사인 피고인으로서는 버스정류장에서 일단의 승객을 하차시킨 후 다른 움직임이 없으면 차를 출발시키는 것이 통례이고 특별한 사정이 없는 한 착석한 승객 중 더 내릴 손님이 있는지, 출발도중 넘어질 우려가 있는 승객은 있는지 등의 여부를 일일이 확인하여야 할 주의의무는 없다.[178] 시공회사의 상무이사인 현장소장이 현장에서의 공사감독을 전담하였고 사장은 그와 같은 감독을 하게 되어 있지 않았다면 사장으로서는 그 공사의 진행에 관하여 직접적인 지휘·감독을 받지 않는 회사직원 혹은 고용한 노무자들이 공사시행상의 안전수칙을 위반하여 사고를 저지를지 모른다고 하여 이에 대비하여 각개의 개별작업에 대하여 일일이 세부적인 안전대책을 강구하여야 하는 구체적이고 직접적인 주의의무가 있다고 하기 어렵다.[179] 회사관리담당상무의 지휘 감독을 받는 소속직원들의 작업중 일어난 안전사고로서 그에 관한 안전관리책임은 안전관리과장이 부담하고 있다면 공장장이 공장의 모든 일을 통괄하고 있다고 하더라도 직접적인 지휘 감독을 받지 않는 위 직원들이 안전수칙을 위반할지도 모른다고 하여 이에 대비하여 개별작업에 일일이 세부적인 안전대책을 강구하여야만 할 구체적이고 직접적인 주의의무는 없다.[180] 작업현장에 경고표시판 및 안전망의 설치 등 충돌사고에 대비한 안전조치가 취해져 있었을 뿐만 아니라 굴삭기에의 접근을 예방하기 위하여 굴삭기의 전후에 신호수까지 배치해 두었다면 후사경이 붙어 있지 아니한 굴삭기를 운전하여 작업에 열중하고 있는 운전자에게 굴삭기의 후면에서 접근해오는 사람이 있는지의 여부까지 스스로 확인해 가면서 작업에 임해야할 주의의무가 있다고는 볼 수 없다.[181] 피해자가 추락하여 상처를 입은 장소는 빌딩내에 자동차승강기를 설치하는 공사를 하면서 깊이 5미터가량 파놓았던 곳으로서 그 설치장소로부터 노폭 5미터 가량의 뒷골목까지는 21.6미터 정도 떨어져 있고 그 도로와 승강기 설치장소 사이에 있는 공터에는 승강기설치를 위한 건축자재와 쓰레기가 사람의 왕래를 못하게 할 정도로 쌓여 있었으며 승강기 설치장소의 입구 중앙의 상단에는 추락주의라는 표지판을 부착해 놓았을 뿐 아니라 사람의 출입을 막기 위하여 각목과 쇠파이프로 입구를 막아 놓았었기 때문에 그 위나 아래로 지나야만 승강기 설치장소에 들어갈 수 있다면 21.6미터나 떨어진 도로를 지나가던 술 취한 피해자가 쉬어 가기 위해 건물 내로 들어가려다 위 승강기 설치공사를 위해 파놓은 곳에 빠져 다친 결과는 공사 시공회사 직원의 주의의무 태만으로 인하여 발생한 것으로 볼 수 없다.[182] 열차운전취급규정의 각 규정에 의하면 특급열차의 기관사는 정위치에서의 예고된 진행수신호가 없는 한 역 장내신호기의 정지신호에 따라 반드시 동 열차를 정지시키도록 되어 있고, 나아가 특급열차에는 자동제어장치가 설치되어 상치신호기의 정지신호에 따라 자동으로 열차가 정지되도록 장치되어 있다면 역무원으로서는 특급열차가 장내신호기의 정지신호를 무시한 채 역구내로 계속 진입하여 올 것을 예견하여 동 특급열차를 향하여 정지수신호를 현시할 업무상

177) 대법원 1992.11.13. 선고 92도610 판결.
178) 대법원 1992.4.28. 선고 92도56 판결.
179) 대법원 1989.11.24. 선고 89도1618 판결.
180) 대법원 1989.1.31. 선고 88도1683 판결.
181) 대법원 1987.9.22. 선고 87도1254 판결.
182) 대법원 1986.12.9. 선고 86도1933 판결.

주의의무가 있다고 할 수 없다.[183] 포크레인은 작업당시 요란한 소리를 내면서 거대한 몸체가 움직이고 있어 일반인으로서는 누구나 그 작업반경내에 들어가면 충격사고의 위험을 예견할 수 있는 것이므로 중기운전자로서는 작업시작전에 그 작업반경내에 장애물이 있는지 여부를 살피고 작업도중 앞과 양옆을 면밀히 살핀 이상 통상의 주의의무를 다하였다고 할 것이고 그밖에 중기운전자가 살필 수 없는 몸체 뒷부분에 사람이 접근할 것을 예견하여 별도로 사람을 배치하여 그 접근을 막을 주의의무까지는 없다.[184] 교사가 징계의 목적으로 회초리로 학생들의 손바닥을 때리기 위해 회초리를 들어올리는 순간 이를 구경하기 위해 옆으로 고개를 돌려 일어나는 다른 학생의 눈을 찔러 그로 하여금 우안실명의 상해를 입게 한 경우, 직접 징계당하는 학생의 옆에 있는 다른 학생이 징계 당하는 것을 구경하기 위하여 고개를 돌려 뒤에서 다가선다던가 옆자리에서 일어나는 것까지 예견할 수는 없다고 할 것이고 교사가 교육의 목적으로 학생을 징계하기 위하여 매질하는 경우에 반드시 한 사람씩 불러내어서 해야 할 주의의무가 있다고도 할 수 없어 위 교사의 행위를 업무상 과실치상죄에 문의할 수는 없다.[185] 설치된 기계의 수리 · 작업과정에 대한 공원의 훈련 및 감독, 신규 공원의 채용등 공장운영 전반에 대한 실무적인 감독자가 따로 있는 경우에는 공장을 임차경영하고 있다 하여 그에게 피해자인 공원에 대한 사전안전교육과 기계조작 및 작업방법 등에 관한 구체적이고 직접적인 감독책임이 있다고 할 수 없다.[186] 덤프트럭의 운전석과 적재함 사이에 유리가 있어 후방 주시가 가능하다 하더라도 사고장소인 쓰레기하치장에 다른 주울만한 쓰레기도 없었고 사고지점이 95센티미터 높이의 차체위로서 고의로 뛰어 오르기 전에는 위 차량과 관계없이 쓰레기를 줍는 사람들이 접근할 이유와 필요성이 없는 곳이었다면 피해자가 위 차체와 적재함 사이에 끼어들어 사고가 발생하리라고 예견하기 어렵다 할 것이므로 그와 같은 적재함 사이의 차체를 확인하지 않고 덤프기어를 내렸다 하여 그 운전사에게 업무상 주의의무를 태만히 한 과실이 있다고 할 수는 없다.[187] 배관공사 작업공정의 일부인 터파기작업을 함에 있어 현장소장인 피고인이 구덩이의 흙벽이 마사이고 전날밤의 비로 붕괴의 위험이 있음을 엿보고 현장기사를 시켜 작업반장에게 구덩이 안의 작업을 중단할 것을 지시까지 하였으나 작업반장이 피고인의 지시를 무시하고 피해자 등에게 작업을 지시한 결과, 작업하던 피해자가 흙벽이 붕괴되어 흙에 묻히는 사고가 발생하였다면 일반인부는 위 작업반장이 지시, 감독하게 되어 있으므로 피고인으로서는 현장소장으로서 사고발생을 방지하기 위해 필요한 지시를 다하였다 할 것이므로 위 붕괴사고는 피고인의 과실에 인한 것이라고 볼 수 없다.[188] 회사대표자에게는 공장전체의 안전관리책임자인 공장장이나 보이라실과 유류저장탱크의 운용과 보관보존에 대한 책임자인 보이라실 기관장을 임명 지휘감독함에 필요한 일반적 주의의무가 있을 뿐, 유류저장탱크의 불순물청소작업등 구체적인 작업방법 및 작업상 요구되는 안전대책을 강구할 구체적이고도 직접적인 주의의무는 없다.[189] 이 사건 공장지붕스레트 교체작업은 회사가 공소외인에게 도급주어 공사케 한 것이고 피고인은 위 회사의 관리과장으로서 그 공사의 시공업자의 선정, 공사계약의 체결, 공사의 지정 및 공사금의 지급 등만을 담당하였을 뿐이라면 피고인에게 위 작업중의 사고를 방지하는데 필요한 안전조치를 취할 주의의무가 있다고 보기 어렵다.[190] 계속 송전상태에 있는 200볼트 양수장용 동력선이 절단

183) 대법원 1986.11.25. 선고 85도597 판결.
184) 대법원 1985.11.12. 선고 85도1831 판결.
185) 대법원 1985.7.9. 선고 84도822 판결.
186) 대법원 1984.11.27. 선고 84도2025 판결.
187) 대법원 1984.10.10. 선고 84도1868 판결.
188) 대법원 1984.4.10. 선고 83도3365 판결.
189) 대법원 1983.10.11. 선고 83도2108 판결.

되어 도로 옆 땅에 늘어져 있는 것을 맨손으로 잡고 돌로 절단하려다가 감전되어 즉사케 된 것이 그 전선의 선로보선주임의 직책을 맡아 보고 있는 한국전력주식회사 경북지점 동부영업소 보선주임의 업무상 과실로 인하여 발생하였다고 할 수 없다.[191] 피해자가 과거 역원으로 육년간 기관조수견습으로 일년간 근무한자로서 본건 사고발생당일도 기관조수견습으로서 기관사인 피고인과 같이 기관차의 체환(입환)작업에 종사중이였음으로 여사한 경우에 있어서는 피해자 자신이 기관차의 속력, 도승(비승)의 여부를 감안하야 안전히 도승할 수 있는 시기와 장소를 정할것이요 그 하차, 승차에 일일히 기관차를 정차 또는 서행치 아니하였다하야 피고인이 업무상 필요한 주의의무를 다하지 아니하였다 할 수 없고 특히 기록에 의하야 인정되는 피해자가 기관차 좌측으로부터 도승한 관계로 기관차우측에 좌정한 피고인이 피해자를 목견할 수 없었던 당시의 사정을 종합하면 본건 사고는 피해자의 과실에 기인하여 발생된 것이며 피고인의 업무상 과실에 기인한 것이라 할 수 없다.[192]

④ 결 과

본죄의 결과는 사람의 사망 또는 상해이다. 사람은 타인을 의미한다. 사망과 상해는 각각 타인의 생명에 대한 침해와 신체에 대한 침해를 의미한다. 대법원에 의하면 "난소의 제거로 이미 임신불능 상태에 있는 피해자의 자궁을 적출했다 하더라도 그 경우 자궁을 제거한 것이 신체의 완전성을 해한 것이 아니라거나 생활기능에 아무런 장애를 주는 것이 아니라거나 건강상태를 불량하게 변경한 것이 아니라고 할 수 없고 이는 업무상 과실치상죄에 있어서의 상해에 해당한다"고 한다.[193]

⑤ 인과관계

본죄는 인과관계를 요한다. 행위와 결과, 즉 업무상 과실의 행위와 사망이나 상해의 결과 사이에는 인과관계가 존재하여야 한다. 인과관계가 인정되지 않을 경우에는 미수에 그치나, 과실범의 미수는 처벌되지 아니한다. 판례는 상당인과관계설의 입장이다.

대법원은 "의사가 설명의무를 위반한 채 의료행위를 하였다가 환자에게 상해 또는 사망의 결과가 발생한 경우 의사에게 업무상 과실로 인한 형사책임을 지우기 위해서는 의사의 설명의무 위반과 환자의 상해 또는 사망 사이에 상당인과관계가 존재하여야 한다"고 판시한 바 있다.[194] 인과관계를 긍정한 판례의 구체적 내용은 다음과 같다. 즉,

담당 의사가 췌장 종양 제거수술 직후의 환자에 대하여 1시간 간격으로 4회 활력징후를 측정하라고 지시를 하였는데, 일반병실에 근무하는 간호사 갑이 중환자실이 아닌 일반병실에서는 그러할 필요가 없다고 생각하여 2회만 측정한 채 3회차 이후 활력징후를 측정하지 않았고, 갑과 근무교대한 간호사 을 역시 자신의 근무시간 내 4회차 측정시각까지 활력징후를 측정하지 아니하였으며, 위 환자는 그 시각으로부터 약 10분 후 심폐정지상태에 빠졌다가 이후 약 3시간이 지나 과다출혈로 사망한 사안에서, 1시간 간격으로 활력징후를 측정하였더라면 출혈을 조기에 발견하여 수혈, 수술

190) 대법원 1983.9.27. 선고 83도1610 판결.
191) 대법원 1971.7.20. 선고 71도1049 판결.
192) 대법원 1957.2.22. 선고 4289형상330 판결.
193) 대법원 1993.7.27. 선고 92도2345 판결.
194) 대법원 2015.6.24. 선고 2014도11315 판결; 대법원 2011.4.14. 선고 2010도10104 판결.

등 치료를 받고 환자가 사망하지 않았을 가능성이 충분하다고 보일 뿐 아니라, 갑과 을은 의사의 위 지시를 수행할 의무가 있음에도 3회차 측정시각 이후 4회차 측정시각까지 활력징후를 측정하지 아니한 업무상과실이 있다고 보아야 함에도, 갑, 을에게 업무상과실이 있거나 위 활력징후 측정 미이행 행위와 환자의 사망 사이에 인과관계가 있다고 단정하기 어렵다고 본 원심판단에 법리오해의 위법이 있다.[195] 피해자가 다른 병원으로 전원할 당시 이미 후복막에 농양이 광범위하게 형성되어 있었고 췌장이나 십이지장과 같은 후복막 내 장기 등 조직의 괴사가 진행되어 이미 회복하기 어려운 상태에 빠져 있었다면, 피해자가 다른 병원으로 전원하여 진료를 받던 중 사망하였다는 사실 때문에 피고인의 진료상의 과실과 피해자의 사망과의 사이의 인과관계가 단절된다고 볼 수는 없다.[196] 자기집 안방에서 취침하다가 일산화탄소(연탄가스) 중독으로 병원 응급실에 후송되어 온 환자를 진단하여 일산화탄소 중독으로 판명하고 치료한 담당의사에게 회복된 환자가 이튿날 퇴원할 당시 자신의 병명을 문의하였는데도 의사가 아무런 요양방법을 지도하여 주지 아니하여, 환자가 일산화탄소에 중독되였던 사실을 모르고 퇴원 즉시 사고 난 자기 집 안방에서 다시 취침하다 전신피부파열 등 일산화탄소 중독을 입은 것이라면, 위 의사에게는 그 원인 사실을 모르고 병명을 문의하는 환자에게 그 병명을 알려주고 이에 대한 주의사항인 피해장소인 방의 수선이나 환자에 대한 요양의 방법 기타 건강관리에 필요한 사항을 지도하여 줄 요양방법의 지도의무가 있는 것이므로 이를 태만한 것으로서 의사로서의 업무상과실이 있고, 이 과실과 재차의 일산화탄소 중독과의 사이에 인과관계가 있다고 보아야 한다.[197] 무게가 무겁거나, 날카로운 형상을 가지고 있는 등 상·하차 과정이나 운반 과정에 위험을 초래할 우려가 있는 물품을 출고하여 운반을 의뢰함에 있어서는 그 물품의 특성에 맞게 적절한 단위로 서로 단단히 묶거나 포장하여 운반 과정 등에 장애를 발생시키지 않도록 할 주의의무가 있다 할 것이고, 그러한 주의의무를 게을리함으로써 물품의 묶음이나 포장이 쉽게 풀어지거나 파손되게 하여 물품의 상·하차 과정에서 당해 물품이 추락하는 사고가 발생하였다면, 그 사고와 위 주의의무 위반과 사이에는 상당인과관계가 있다 할 것이다.[198] 건설업자가 토공사 및 흙막이공사의 감리업무까지 수행하기로 약정하였음에도 이에 위반하여 실질적인 감리업무를 수행할 수 있는 사람을 감리자로 파견하지 않은 상태에서, 건설업법 제33조, 건설업법시행령 제36조 제2항 제2호 소정의 건설기술자를 현장에 배치할 의무를 위반하여 건설기술자조차 현장에 배치하지 아니한 과실은 공사현장 인접 소방도로의 지반침하 방지를 위한 그라우팅공사 과정에서 발생한 가스폭발사고와 상당한 인과관계가 있다.[199] 피해자가 다른 병원으로 전원할 당시 이미 후복막에 농양이 광범위하게 형성되어 있었고 췌장이나 십이지장과 같은 후복막 내 장기 등 조직의 괴사가 진행되어 이미 회복하기 어려운 상태에 빠져 있었다면, 피해자가 다른 병원으로 전원하여 진료를 받던 중 사망하였다는 사실 때문에 피고인의 진료상의 과실과 피해자의 사망과의 사이의 인과관계가 단절된다고 볼 수는 없다.[200] 피고인이 야간에 오토바이를 운전하다가 도로를 무단횡단하던 피해자를 충격하여 피해자로 하여금 위 도로상에 전도케 하고, 그로부터 약 40초 내지 60초 후에 다른 사람이 운전하던 타이탄트럭이 도로위에 전도되어 있던 피해자를 역과하여 사망케 한 경우, 피고인이 전방좌우의 주시를 게을리한 과실로 피해자를 충격하였고 나아가 이 사건 사고지점 부근 도로의 상황에 비추어 야간에 피해자를 충격하여 위 도로에

195) 대법원 2010.10.28. 선고 2008도8606 판결.
196) 대법원 1996.9.24. 선고 95도245 판결.
197) 대법원 1991.2.12. 선고 90도2547 판결.
198) 대법원 2009.7.23. 선고 2009도3219 판결.
199) 대법원 1997.1.24. 선고 96도776 판결.
200) 대법원 1996.9.24. 선고 95도245 판결.

넘어지게 한 후 40초 내지 60초 동안 그대로 있게 한다면 후속차량의 운전사들이 조금만 전방주시를 태만히 하여도 피해자를 역과할 수 있음이 당연히 예상되었던 경우라면 피고인의 과실행위는 피해자의 사망에 대한 직접적 원인을 이루는 것이어서 양자간에는 상당인과관계가 있다.[201] 자동차의 운전자가 그 운전상의 주의의무를 게을리하여 열차건널목을 그대로 건너는 바람에 그 자동차가 열차좌측 모서리와 충돌하여 20여미터쯤 열차 진행방향으로 끌려가면서 튕겨나갔고 피해자는 타고가던 자전거에서 내려 위 자동차 왼쪽에서 열차가 지나가기를 기다리고 있다가 위 충돌사고로 놀라 넘어져 상처를 입었다면 비록 위 자동차와 피해자가 직접 충돌하지는 아니하였더라도 자동차 운전자의 위 과실과 피해자가 입은 상처 사이에는 상당한 인과관계가 있다.[202] 피고인이 운행하던 자동차로 도로를 횡단하던 피해자를 충격하여 피해자로 하여금 반대차선의 1차선상에 넘어지게 하여 피해자가 반대차선을 운행하던 자동차에 역과되어 사망하게 하였다면 피고인은 그와 같은 사고를 충분히 예견할 수 있었고 또한 피고인의 과실과 피해자의 사망 사이에는 인과관계가 있다고 할 것이므로 피고인은 업무상과실치사죄의 죄책을 면할 수 없다.[203] 운전자가 차를 세워 시동을 끄고 1단 기어가 들어가 있는 상태에서 시동열쇠를 끼워놓은 채 11세 남짓한 어린이를 조수석에 남겨두고 차에서 내려온 동안 동인이 시동열쇠를 돌리며 악셀러레이터 페달을 밟아 차량이 진행하여 사고가 발생한 경우, 비록 동인의 행위가 사고의 직접적인 원인이었다 할지라도 그 경우 운전자로서는 위 어린이를 먼저 하차시키던가 운전기기를 만지지 않도록 주의를 주거나 손브레이크를 채운 뒤 시동열쇠를 빼는 등 사고를 미리 막을 수 있는 제반조치를 취할 업무상 주의의무가 있다 할 것이어서 이를 게을리 한 과실은 사고결과와 법률상의 인과관계가 있다고 봄이 상당하다.[204]

인과관계를 부정한 판례의 구체적 내용은 다음과 같다. 즉,

한의사인 피고인이 피해자에게 문진하여 과거 봉침을 맞고도 별다른 이상반응이 없었다는 답변을 듣고 알레르기 반응검사(skin test)를 생략한 채 환부인 목 부위에 봉침시술을 하였는데, 피해자가 위 시술 직후 아나필락시 쇼크반응을 나타내는 등 상해를 입은 사안에서, 피고인에게 과거 알레르기 반응검사 및 약 12일 전 봉침시술에서도 이상반응이 없었던 피해자를 상대로 다시 알레르기 반응검사를 실시할 의무가 있다고 보기는 어렵고, 설령 그러한 의무가 있다고 하더라도 제반 사정에 비추어 알레르기 반응검사를 하지 않은 과실과 피해자의 상해 사이에 상당인과관계를 인정하기 어렵다.[205] 고속도로를 운행하는 자동차의 운전자로서는 일반적인 경우에 고속도로를 횡단하는 보행자가 있을 것까지 예견하여 보행자와의 충돌사고를 예방하기 위하여 급정차 등의 조치를 취할 수 있도록 대비하면서 운전할 주의의무가 없고, 다만 고속도로를 무단횡단하는 보행자를 충격하여 사고를 발생시킨 경우라도 운전자가 상당한 거리에서 보행자의 무단횡단을 미리 예상할 수 있는 사정이 있었고, 그에 따라 즉시 감속하거나 급제동하는 등의 조치를 취하였다면 보행자와의 충돌을 피할 수 있었다는 등의 특별한 사정이 인정되는 경우에만 자동차 운전자의 과실이 인정될 수 있다. 야간에 고속도로를 무단횡단하는 보행자를 충격하여 사망에 이르게 한 운전자의 과실과 사고 사이의 상당인과관계를 인정한 원심을 파기한 사례이다.[206] 피고인이 농배양을 하지 않은 과실이 피해

201) 대법원 1990.5.22. 선고 90도580 판결.
202) 대법원 1989.9.12. 선고 89도866 판결.
203) 대법원 1988.11.8. 선고 88도928 판결.
204) 대법원 1986.7.8. 선고 86도1048 판결.
205) 대법원 2011.4.14. 선고 2010도10104 판결.
206) 대법원 2000.9.5. 선고 2000도2671 판결.

자의 사망에 기여한 인과관계 있는 과실이 된다고 하려면, 농배양을 하였더라면 피고인이 투약해 온 항생제와 다른 어떤 항생제를 사용하게 되었을 것이라거나 어떤 다른 조치를 취할 수 있었을 것이고, 따라서 피해자가 사망하지 않았을 것이라는 점을 심리·판단하여야 한다.[207] 신호등에 의하여 교통정리가 행하여지고 있는 ㅏ자형 삼거리의 교차로를 녹색등화에 따라 직진하는 차량의 운전자는 특별한 사정이 없는 한 다른 차량들도 교통법규를 준수하고 충돌을 피하기 위하여 적절한 조치를 취할 것으로 믿고 운전하면 족하고, 대향차선 위의 다른 차량이 신호를 위반하고 직진하는 자기 차량의 앞을 가로질러 좌회전할 경우까지 예상하여 그에 따른 사고발생을 미리 방지하기 위한 특별한 조치까지 강구하여야 할 업무상의 주의의무는 없고, 위 직진차량 운전자가 사고지점을 통과할 무렵 제한속도를 위반하여 과속운전한 잘못이 있었다 하더라도 그러한 잘못과 교통사고의 발생과의 사이에 상당인과관계가 있다고 볼 수 없다.[208] 피고인 운전의 차가 이미 정차하였음에도 뒤쫓아오던 차의 충돌로 인하여 앞차를 충격하여 사고가 발생한 경우, 설사 피고인에게 안전거리를 준수치 않은 위법이 있었다 할지라도 그것이 이 사건 피해결과에 대하여 인과관계가 있다고 단정할 수 없다.[209] 탄광덕대인 피고인이 화약류취급책임자 면허가 없는 갑에게 화약고 열쇠를 맡기었던 바 갑이 경찰관의 화약고 검열에 대비하여 임의로 화약고에서 뇌관, 폭약 등을 꺼내어 이를 노무자 숙소 아궁이에 감추었고, 이 사실을 모르는 자가 위 아궁이에 불을 때다 위 폭발물에 인화되어 폭발위력으로 사람을 사상에 이르게 한 경우에는 피고인으로서는 위와 같은 사고를 예견할 수 있었다고 보기 어려울뿐 아니라 피고인이 갑에게 위 열쇠를 보관 시키고 화약류를 취급하도록 한 행위와 위 사고발생 간에는 인과관계가 있다고 할 수 없다.[210] 이 사건 사고가 있기 전 운전수인 피고인이 갑자기 머리가 아프고 오한이 들어 자동차를 운전할 수 없게 되자 이 차량의 차주이며 평소에 운전경험이 있는 공소외인이 자진하여 자기가 운전하겠다고 하므로 피고인이 그대로 이를 방치하게 되었고 위 공소외인은 피고인이 오한으로 앓고 있는 사이에 이를 운전하다가 이 사건 사고를 발생케 한 사실을 인정한 다음, 이러한 경우이므로 피고인이 차주인 위 공소외인의 무면허 운전을 방치한 행위와 이 사건 사고로 인한 상해의 결과발생과의 사이에는 다른 특별한 사정이 없는 한 인과관계가 있다고 볼 수 없다고 판단하고 있다.[211] 완전한 제동장치를 아니하고 화물(3톤)을 적재한 채 단지 양쪽 뒷바퀴에 받침돌만 괴어 경사진 포장도로상에 세워 둔 삼륜차의 한쪽 뒷바퀴를 구두발로 찬 행위와 그 삼륜차의 후진으로 인한 사고발생간에는 특별한 사정이 없는 한 인과관계를 인정할 수 없다.[212]

2) 주관적 구성요건

본죄는 과실범이다. 주관적 구성요건요소가 과실이라는 점에서 고의를 요하는 살인죄나 상해죄와 구별된다. 전술한 바와 같이 여기에서의 과실이란 객관적 구성요건요소에 대한 인식이 결여되어 있거나 인식은 있지만 실현의사가 없는 심리상태라는 의미에서 주관적 주의의무에 대한 위반을 말한다. 주관적 구성요건요소로서의 과실은 심리상태로서 주관적 주의의무에 대한 위반을 의미한다는 점에서 객관적 주의의무에 대한 위반을 의미하는 위에

207) 대법원 1996.11.8. 선고 95도2710 판결.
208) 대법원 1993.1.15. 선고 92도2579 판결.
209) 대법원 1983.8.23. 선고 82도3222 판결.
210) 대법원 1981.9.8. 선고 81도53 판결.
211) 대법원 1974.7.23. 선고 74도778 판결.
212) 대법원 1970.9.22. 선고 70도1526 판결.

서 본 바와 같이 객관적 구성요건요소로서의 과실행위와 구별된다. 인식 있는 과실과 인식 없는 과실의 차이는 양형에 영향을 줄 뿐 본죄의 성립여하와는 무관하다.

3) 공 범

본죄의 공범은 논리적 모순이다. 총칙상의 공범은 그 주관적 성립요건으로서 행위자 상호간의 의사의 연락을 요하지만, 본죄는 과실범으로서 의사의 연락이 존재할 수 없기 때문이다. 다만 공동정범의 경우에는 과실범의 성립이 전혀 불가능한 것은 아니라고 해석될 수 있다. 예컨대 교량붕괴를 방지하기 위하여 평상시에 고의의 형태로 존재하던 공동의 관리의사가 과실범에 있어서는 공동으로 공동의 관리의사를 결여하여 공동으로 주의의무에 위반하는 과실의 형태로 나타난다고 해석될 수 있기 때문이다. 대법원도 "형법 제30조 소정의 "2인 이상이 공동하여 죄를 범한 때"의 "죄"에는 고의범뿐만 아니라 과실범도 포함된다"고 판시한 바 있다.[213] 공동정범을 긍정한 판례의 구체적 내용은 다음과 같다. 즉,

성수대교와 같은 교량이 그 수명을 유지하기 위하여는 건설업자의 완벽한 시공, 감독공무원들의 철저한 제작시공상의 감독 및 유지·관리를 담당하고 있는 공무원들의 철저한 유지·관리라는 조건이 합치되어야 하는 것이므로, 위 각 단계에서의 과실 그것만으로 붕괴원인이 되지 못한다고 하더라도, 그것이 합쳐지면 교량이 붕괴될 수 있다는 점은 쉽게 예상할 수 있고, 따라서 위 각 단계에 관여한 자는 전혀 과실이 없다거나 과실이 있다고 하여도 교량붕괴의 원인이 되지 않았다는 등의 특별한 사정이 있는 경우를 제외하고는 붕괴에 대한 공동책임을 면할 수 없다.[214] 건물(삼풍백화점) 붕괴의 원인이 건축계획의 수립, 건축설계, 건축공사공정, 건물 완공 후의 유지관리 등에 있어서의 과실이 복합적으로 작용한 데에 있다.[215]

공동정범을 부정한 판례의 구체적 내용은 다음과 같다. 즉,

피고인이 운전자의 부탁으로 차량의 조수석에 동승한 후, 운전자의 차량운전행위를 살펴보고 잘못된 점이 있으면 이를 지적하여 교정해 주려 했던 것에 그치고 전문적인 운전교습자가 피교습자에 대하여 차량운행에 관해 모든 지시를 하는 경우와 같이 주도적 지위에서 동 차량을 운행할 의도가 있었다거나 실제로 그같은 운행을 하였다고 보기 어렵다면 그같은 운행중에 야기된 사고에 대하여 과실범의 공동정범의 책임을 물을 수 없다.[216]

(2) 위법성조각사유

본죄에 있어서도 총칙상의 위법성조각사유는 유효하다. 특히 사회상규에 위배되지 않는 행위로서 정당행위, 긴급피난 또는 피해자의 승낙 등의 요건이 충족되는 한 그 성립이 긍정될 수 있다고 해석된다. 위법성의 조각을 긍정한 판례의 구체적 내용은 다음과 같다. 즉,

피고인이 최초의 소파수술을 받은 피해자가 8일후에 다시 복통을 호소하면서 찾아오자 그 복통

213) 대법원 1994.3.22. 선고 94도35 판결; 대법원 1982.6.8. 선고 82도781 판결; 대법원 1979.8.21. 선고 79도1249 판결; 대법원 1978.9.26. 선고 78도2082 판결.

214) 대법원 1997.11.28. 선고 97도1740 판결.

215) 대법원 1996.8.23. 선고 96도1231 판결.

216) 대법원 1984.3.13. 선고 82도3136 판결.

이 최초수술로 인한 후유증(최초수술시에 태아조직이 완전히 제거되지 아니한 채 자궁내에 잔류함으로 인한 후유증)으로 판단하고 두번째의 소파수술을 시행하였으나, 이는 피해자에 대한 최초의 소파수술시에 태아조직으로 볼 수 있는 내용물이 나왔던 점에 근거한 판단으로, 그와 같은 판단이 현재의 의학이론에 크게 벗어나지 않는 것이라는 점, 피해자를 자궁외임신으로 의심하는 경우에도 진단목적으로 소파수술을 시행할 수도 있다는 점, 2차 소파수술로 인한 상처가 지극히 경미한 정도의 것이라는 점에 비추어 보면 비록 위 제2차 소파수술이 피해자의 자궁외임신을 오진한 피고인의 과실에 기인된 것이라 하더라도 이는 사회적 상당성이 인정되는 의사의 통상적인 진료행위에 지나지 않는 것이므로 피고인의 소위를 과실로 상해를 입힌 행위로는 볼 수 없다고 판단하였다.[217)]

위법성의 조각을 부정한 판례의 구체적 내용은 다음과 같다. 즉,

산부인과 전문의 수련과정 2년차인 의사가 자신의 시진, 촉진결과 등을 과신한 나머지 초음파 검사 등 피해자의 병증이 자궁외 임신인지, 자궁근종인지를 판별하기 위한 정밀한 진단방법을 실시하지 아니한 채 피해자의 병명을 자궁근종으로 오진하고 이에 근거하여 의학에 대한 전문지식이 없는 피해자에게 자궁적출술의 불가피성만을 강조하였을 뿐 위와 같은 진단상의 과오가 없었으면 당연히 설명받았을 자궁외 임신에 관한 내용을 설명받지 못한 피해자로부터 수술승낙을 받았다면 위 승낙은 부정확 또는 불충분한 설명을 근거로 이루어진 것으로서 수술의 위법성을 조각할 유효한 승낙이라고 볼 수 없다.[218)]

(3) 죄 수

본죄의 죄수는 원칙적으로 생명이나 신체를 기준으로 결정한다. 생명이나 신체는 각각 일신전속적 법익에 속하기 때문이다.

3. 처 벌

(1) 법정형

본죄의 법정형은 5년 이하의 금고 또는 2천만원 이하의 벌금이다. 기본적 구성요건인 500만원 이하의 벌금, 구류 또는 과료인 과실치상죄나 2년 이하의 금고 또는 700만원 이하의 벌금인 과실치사죄보다 가중되어 있다. 그러나 본죄의 법정형은 중과실치사상죄의 그것과 차이가 없다.

(2) 가중근거

본죄의 업무자에 대한 가중처벌의 근거에 대하여는 특별주의능력설과 특별주의의무설이 대립하고 있다. 특별주의능력설(特別注意能力說)은 업무자의 주의능력이 통상인에 비하여 높기 때문에 위법성과 책임에 있어서도 높아야 한다고 한다. 특별주의의무설(特別注意義務說)은 행위주체는 업무자이기 때문에 통상인과는 달리 특히 중한 주의의무가 과하여져 있고, 이 주의의무의 위반에 대하여 중한 책임이 과하여진다고 한다.

생각건대 업무자라고 해서 반드시 일반인보다 주의능력이 높다고 할 수 없다. 사람의

217) 대법원 1986.6.10. 선고 85도2133 판결.
218) 대법원 1993.7.27. 선고 92도2345 판결.

생명이나 신체에 대하여 위해를 가할 위험한 업무에 종사하는 사람은 부주의에 의한 사상의 결과를 방지하기 위하여는 특별히 고도의 주의의무가 과하여져야 하고 그 결과로서 고도의 주의능력도 요구된다고 해야 한다. 따라서 업무자가 중하게 처벌되는 것은 정책적 견지에서 업무자라는 신분 때문에 통상인에 비하여 특히 중한 주의의무가 과하여지고 이의 위반에 중한 책임이 과하여진다고 해석된다. 결국, 업무자인 이상 개인적인 주의능력이나 구체적인 주의의무위반의 정도와 상관없이 본죄가 적용되게 된다.

Ⅲ. 중과실치사상죄

1. 의 의

본죄는 중과실로 인하여 사람을 사망 또는 상해에 이르게 함으로써 성립하는 범죄를 말한다. 본죄는 과실치상죄와 과실치사죄의 가중적 구성요건이라는 점에서 업무상 과실과 공통된다. 본죄는 단순 과실 중에서 특히 위법성이 크거나 책임이 중한 경우를 유형화하여 법정형을 높인 것이다.

2. 범 죄

본죄는 업무상 과실치사상죄와 구성요건을 부분적으로 공유한다. 다만 양죄는 실행행위가 각각 중과실과 업무상 과실이라는 점에서만 구별되고 있다.

본죄의 실행행위는 중과실행위이다. 즉, 정상적인 사회생활을 위하여 요구되는 주의의무에 현저히 위반하는 것이다. 중과실(重過失)이란 약간의 주의, 즉 극히 가벼운 주의만 기울여도 결과가 예견가능하거나 결과의 발생을 용이하게 회피가능한 경우를 말한다. 예컨대 사냥꾼이 물체를 인식하는 동시에 사람여부를 확인하지 않고 곧바로 발사하는 경우, 계속·반복의 의사 없이 자동차를 무면허운전하여 대인사고를 내는 경우 등이 이에 해당한다. 본죄의 주관적 구성요건요소는 과실로서 주관적 주의의무위반이다. 과실은 인식 있는 과실과 인식 없는 과실로 구별할 수 있다. 주관적 주의의무위반으로서의 과실은 위의 객관적 구성요건요소로서 과실행위인 객관적 주의의무위반으로서의 중과실과는 구별된다.

중과실을 긍정한 판례의 구체적 사례는 다음과 같다. 즉,

> 피고인은 84세 여자 노인과 11세의 여자 아이를 상대로 안수기도를 함에 있어서 피해자를 바닥에 반드시 눕혀 놓고 기도를 한 후 "마귀야 물러가라", "왜 안 나가느냐"는 등 큰 소리를 치면서 한 손 또는 두 손으로 피해자의 배와 가슴 부분을 세게 때리고 누르는 등의 행위를, 여자 노인에게는 약 20분간, 여자아이에게는 약 30분간 반복했다는 것이니 사실이 그러하다면 판시와 같은 고령의 여자 노인이나 나이 어린 연약한 여자아이들은 약간의 물리력을 가하더라도 골절이나 타박상을 당하기 쉽고, 더욱이 배나 가슴 등에 그와 같은 상처가 생기면 치명적 결과가 올 수 있다는 것은 피고인 정도의 연령이나 경험 지식을 가진 사람으로서는 약간의 주의만 하더라도 쉽게 예견할 수 있을 것임에도 불구하고, 그와 같은 예견될 수 있는 결과에 대해서 주의를 다하지 않아 사람을 죽음으로까지 가게 한 행위는 중대한 과실이라고 하지 않을 수 없다.[219] 성냥불이 꺼진 것을 확인

하지 아니한 채 플라스틱 휴지통에 던진 것이 중대한 과실에 해당한다.[220] 피고인이 관리하던 주차장 출입구 문주의 하단부분에 금이 가 있어 도괴될 위험성이 있었다면 피고인으로서는 소유자에게 그 보수를 요청하는 외에 그 보수가 있을 때까지 임시적으로라도 받침대를 세우는 등 도괴를 방지하거나 그 근처에 사람이나 자동차 등의 근접을 막는 등 도괴로 인한 인명의 피해를 막도록 조치를 하여야 할 주의의무가 있다 할 것이며 동 주차장에는 사람이나 자동차의 출입이 빈번하고 근처 거주의 어린아이들이 문주근방에서 놀이를 하는 사례가 많은데도 불구하고 소유자에게 그 보수를 요구하는데 그쳤다면 그 주의의무를 심히 게을리한 중대한 과실이 있다고 할 것이다.[221]

중과실을 부정한 판례의 구체적 사례는 다음과 같다. 즉,

이 사건 화재는 피고인이 모텔 방에 투숙하여 담배를 피운 후 재떨이에 담배를 끄게 되었으나 담뱃불이 완전히 꺼졌는지 여부를 확인하지 않은 채 불이 붙기 쉬운 휴지를 재떨이에 버리고 잠을 잔 과실로 담뱃불이 휴지와 옆에 있던 침대시트에 옮겨 붙게 함으로써 발생하였고, 이러한 피고인의 과실은 중대한 과실에 해당한다.[222] 경찰관인 피고인들은 동료 경찰관인 갑 및 피해자 을과 함께 술을 많이 마셔 취하여 있던 중 갑자기 위 갑이 총을 꺼내 을과 같이 총을 번갈아 자기의 머리에 대고 쏘는 소위 "러시안 룰렛" 게임을 하다가 을이 자신이 쏜 총에 맞아 사망한 경우 피고인들은 위 갑과 을이 "러시안 룰렛"게임을 함에 있어 갑과 어떠한 의사의 연락이 있었다거나 어떠한 원인행위를 공동으로 한 바가 없고, 다만 위 게임을 제지하지 못하였을 뿐인데 보통사람의 상식으로서는 함께 수차에 걸쳐서 흥겹게 술을 마시고 놀았던 일행이 갑자기 자살행위와 다름없는 위 게임을 하리라고는 쉽게 예상할 수 없는 것이고 (신뢰의 원칙), 게다가 이 사건 사고는 피고인들이 "장난치지 말라"며 말로 위 갑을 만류하던 중에 순식간에 일어난 사고여서 음주만취하여 주의능력이 상당히 저하된 상태에 있던 피고인들로서는 미처 물리력으로 이를 제지할 여유도 없었던 것이므로, 경찰관이라는 신분상의 조건을 고려하더라도 위와 같은 상황에서 피고인들이 이 사건 "러시안 룰렛"게임을 즉시 물리력으로 제지하지 못하였다 한들 그것만으로는 위 갑의 과실과 더불어 중과실치사죄의 형사상 책임을 지울 만한 위법한 주의의무위반이 있었다고 평가할 수 없다.[223] 호텔오락실의 경영자가 그 오락실 천정에 형광등을 설치하는 공사를 하면서 그 호텔의 전기보안담당자에게 아무런 통고를 하지 아니한 채 무자격전기기술자로 하여금 전기공사를 하게 하였더라도, 전기에 관한 전문지식이 없는 오락실경영자로서는, 시공자가 조인터박스를 설치하지 아니하고 형광등을 천정에 바짝 붙여 부착시키는 등 부실하게 공사를 하였거나 또는 전기보안담당자가 전기공사사실을 통고받지 못하여 전기설비에 이상이 있는지 여부를 점검하지 못함으로써 위와 같은 부실공사가 그대로 방치되고 그로 인하여 전선의 합선에 의한 방화가 발생할 것등을 쉽게 예견할 수 있었다고 보기는 어려우므로 위 오락실경영자에게 위와 같은 과실이 있었더라도 사회통념상 이를 화재발생에 관한 중대한 과실이라고 평가하기는 어렵다.[224] 임차인이 사용하던 방문에 약간의 틈이 있다거나 연통 등 까스배출시설에 결함이 있는 정도의 하자는 임대차 목적물인 위 방을 사용할 수 없을 정도의 파손상태라고 볼 수 없고 이는 임차인의 통상의 수선 및 관리의무에 속하는 것이므

219) 대법원 1997.4.22. 선고 97도538 판결.
220) 대법원 1993.7.27. 선고 93도135 판결.
221) 대법원 1982.11.23. 선고 82도2346 판결.
222) 대법원 2010.1.14. 선고 2009도12109, 2009감도38 판결.
223) 대법원 1992.3.10. 선고 91도3172 판결.
224) 대법원 1989.10.13. 선고 89도204 판결.

로 임차인이 그 방에서 연탄까스에 중독되어 사망하였더라도 위 사고는 임차인이 그 의무를 게을리함으로써 발생한 것으로서 임대인에게 중과실치사의 죄책을 물을 수 없다.[225)]

3. 처 벌

본죄의 법정형은 5년 이하의 금고 또는 2천만원 이하의 벌금이다. 기본적 구성요건인 500만원 이하의 벌금, 구류 또는 과료인 과실치상죄나 2년 이하의 금고 또는 700만원 이하의 벌금인 과실치사죄보다 가중되어 있다. 그러나 본죄의 법정형은 업무상 과실 치사상죄의 그것과 차이가 없다. 한편 본죄의 중과실에 대하여는 위반의 정도가 크기 때문에 보통의 과실보다 가중하여 처벌하는 것은 당연하다.

§5. 관련 특별법

Ⅰ. 도로교통법

1. 무면허운전

제43조(무면허운전 등의 금지) 누구든지 제80조에 따라 시·도경찰청장으로부터 운전면허를 받지 아니하거나 운전면허의 효력이 정지된 경우에는 자동차등을 운전하여서는 아니 된다.

제152조(벌칙) 다음 각 호의 어느 하나에 해당하는 사람은 1년 이하의 징역이나 300만원 이하의 벌금에 처한다.

1. 제43조를 위반하여 제80조에 따른 운전면허(원동기장치자전거면허는 제외한다. 이하 이 조에서 같다)를 받지 아니하거나(운전면허의 효력이 정지된 경우를 포함한다) 또는 제96조에 따른 국제운전면허증 또는 상호인정외국면허증을 받지 아니하고(운전이 금지된 경우와 유효기간이 지난 경우를 포함한다) 자동차를 운전한 사람

제154조(벌칙) 다음 각 호의 어느 하나에 해당하는 사람은 30만원 이하의 벌금이나 구류에 처한다.

2. 제43조를 위반하여 제80조에 따른 원동기장치자전거를 운전할 수 있는 운전면허를 받지 아니하거나(원동기장치자전거를 운전할 수 있는 운전면허의 효력이 정지된 경우를 포함한다) 국제운전면허증 또는 상호인정외국면허증 중 원동기장치자전거를 운전할 수 있는 것으로 기재된 국제운전면허증 또는 상호인정외국면허증을 발급받지 아니하고(운전이 금지된 경우와 유효기간이 지난 경우를 포함한다) 원동기장치자전거를 운전한 사람(다만, 개인형 이동장치를 운전하는 경우는 제외한다)

제156조(벌칙) 다음 각 호의 어느 하나에 해당하는 사람은 20만원 이하의 벌금이나 구류 또는 과료(科料)에 처한다.

13. 제43조를 위반하여 제80조에 따른 원동기장치자전거를 운전할 수 있는 운전면허를 받지 아니하거나(원동기장치자전거를 운전할 수 있는 운전면허의 효력이 정지된 경우를 포함한다) 국제운전면허증 또는 상호인정외국면허증 중 원동기장치자전거를 운전할 수 있는 것으로 기재된 국제운전면허증 또는 상호인정외국면허증을 발급받지 아니하고(운전이 금지된 경우와 유효기간이 지난 경우를 포함한다) 개인형 이동장치를 운전한 사람

2. 음주운전·음주측정불응

제44조(술에 취한 상태에서의 운전 금지) ① 누구든지 술에 취한 상태에서 자동차등(「건설기계관리법」 제26조제1항 단서에 따른 건설기계 외의 건설기계를 포함한다. 이하 이 조, 제45조, 제47조, 제93조제1항제1호부터 제4호까지 및 제148조의2에서 같다), 노면전차 또는 자전거를 운전하여서는 아니 된다.
② 경찰공무원은 교통의 안전과 위험방지를 위하여 필요하다고 인정하거나 제1항을 위반하여 술에 취

225) 대법원 1986.6.24. 선고 85도2070 판결.

한 상태에서 자동차등, 노면전차 또는 자전거를 운전하였다고 인정할 만한 상당한 이유가 있는 경우에는 운전자가 술에 취하였는지를 호흡조사로 측정할 수 있다. 이 경우 운전자는 경찰공무원의 측정에 응하여야 한다.

③ 제2항에 따른 측정 결과에 불복하는 운전자에 대하여는 그 운전자의 동의를 받아 혈액 채취 등의 방법으로 다시 측정할 수 있다.

④ 제1항에 따라 운전이 금지되는 술에 취한 상태의 기준은 운전자의 혈중알코올농도가 0.03퍼센트 이상인 경우로 한다.

제93조(운전면허의 취소 · 정지) ① 시 · 도경찰청장은 운전면허(연습운전면허는 제외한다. 이하 이 조에서 같다)를 받은 사람이 다음 각 호의 어느 하나에 해당하면 행정안전부령으로 정하는 기준에 따라 운전면허(운전자가 받은 모든 범위의 운전면허를 포함한다. 이하 이 조에서 같다)를 취소하거나 1년 이내의 범위에서 운전면허의 효력을 정지시킬 수 있다. 다만, 제2호, 제3호, 제7호, 제8호, 제8호의2, 제9호(정기 적성검사 기간이 지난 경우는 제외한다), 제14호, 제16호, 제17호, 제20호의 규정에 해당하는 경우에는 운전면허를 취소하여야 하고(제8호의2에 해당하는 경우 취소하여야 하는 운전면허의 범위는 운전자가 거짓이나 그 밖의 부정한 수단으로 받은 그 운전면허로 한정한다), 제18호의 규정에 해당하는 경우에는 정당한 사유가 없으면 관계 행정기관의 장의 요청에 따라 운전면허를 취소하거나 1년 이내의 범위에서 정지하여야 한다.

1. 제44조제1항을 위반하여 술에 취한 상태에서 자동차등을 운전한 경우
2. 제44조제1항 또는 제2항 후단을 위반(자동차등을 운전한 경우로 한정한다. 이하 이 호 및 제3호에서 같다)한 사람이 다시 같은 조 제1항을 위반하여 운전면허 정지 사유에 해당된 경우
3. 제44조제2항 후단을 위반하여 술에 취한 상태에 있다고 인정할 만한 상당한 이유가 있음에도 불구하고 경찰공무원의 측정에 응하지 아니한 경우

제148조의2(벌칙) ① 제44조제1항 또는 제2항을 2회 이상 위반한 사람(자동차등 또는 노면전차를 운전한 사람으로 한정한다. 다만, 개인형 이동장치를 운전하는 경우는 제외한다. 이하 이 조에서 같다)은 2년 이상 5년 이하의 징역이나 1천만원 이상 2천만원 이하의 벌금에 처한다.

② 술에 취한 상태에 있다고 인정할 만한 상당한 이유가 있는 사람으로서 제44조제2항에 따른 경찰공무원의 측정에 응하지 아니하는 사람(자동차등 또는 노면전차를 운전하는 사람으로 한정한다)은 1년 이상 5년 이하의 징역이나 500만원 이상 2천만원 이하의 벌금에 처한다.

③ 제44조제1항을 위반하여 술에 취한 상태에서 자동차등 또는 노면전차를 운전한 사람은 다음 각 호의 구분에 따라 처벌한다.

1. 혈중알코올농도가 0.2퍼센트 이상인 사람은 2년 이상 5년 이하의 징역이나 1천만원 이상 2천만원 이하의 벌금
2. 혈중알코올농도가 0.08퍼센트 이상 0.2퍼센트 미만인 사람은 1년 이상 2년 이하의 징역이나 500만원 이상 1천만원 이하의 벌금
3. 혈중알코올농도가 0.03퍼센트 이상 0.08퍼센트 미만인 사람은 1년 이하의 징역이나 500만원 이하의 벌금

④ 제45조를 위반하여 약물로 인하여 정상적으로 운전하지 못할 우려가 있는 상태에서 자동차등 또는 노면전차를 운전한 사람은 3년 이하의 징역이나 1천만원 이하의 벌금에 처한다.

제156조(벌칙) 다음 각 호의 어느 하나에 해당하는 사람은 20만원 이하의 벌금이나 구류 또는 과료(科料)에 처한다.

11. 제44조제1항을 위반하여 술에 취한 상태에서 자전거등을 운전한 사람
12. 술에 취한 상태에 있다고 인정할 만한 상당한 이유가 있는 사람으로서 제44조제2항에 따른 경찰공무원의 측정에 응하지 아니한 사람(자전거등을 운전한 사람으로 한정한다)

3. 과로 · 질병 · 약물 운전

제45조(과로한 때 등의 운전 금지) 자동차등(개인형 이동장치는 제외한다) 또는 노면전차의 운전자는 제44조에 따른 술에 취한 상태 외에 과로, 질병 또는 약물(마약, 대마 및 향정신성의약품과 그 밖에 행정안전부령으로 정하는 것을 말한다. 이하 같다)의 영향과 그 밖의 사유로 정상적으로 운전하지 못할

우려가 있는 상태에서 자동차등 또는 노면전차를 운전하여서는 아니 된다.

제93조(운전면허의 취소 · 정지) ① 생략 (위의 음주운전에서와 같음)

4. 제45조를 위반하여 약물의 영향으로 인하여 정상적으로 운전하지 못할 우려가 있는 상태에서 자동차등을 운전한 경우

제148조의2(벌칙) ④ 제45조를 위반하여 약물로 인하여 정상적으로 운전하지 못할 우려가 있는 상태에서 자동차등 또는 노면전차를 운전한 사람은 3년 이하의 징역이나 1천만원 이하의 벌금에 처한다.

제154조(벌칙) 다음 각 호의 어느 하나에 해당하는 사람은 30만원 이하의 벌금이나 구류에 처한다.

3. 제45조를 위반하여 과로 · 질병으로 인하여 정상적으로 운전하지 못할 우려가 있는 상태에서 자동차등 또는 노면전차를 운전한 사람(다만, 개인형 이동장치를 운전하는 경우는 제외한다)

4. 공동위험행위

제46조(공동 위험행위의 금지) ① 자동차등(개인형 이동장치는 제외한다. 이하 이 조에서 같다)의 운전자는 도로에서 2명 이상이 공동으로 2대 이상의 자동차등을 정당한 사유 없이 앞뒤로 또는 좌우로 줄지어 통행하면서 다른 사람에게 위해(危害)를 끼치거나 교통상의 위험을 발생하게 하여서는 아니 된다.
② 자동차등의 동승자는 제1항에 따른 공동 위험행위를 주도하여서는 아니 된다.

제93조(운전면허의 취소 · 정지) ① 생략 (위의 음주운전에서와 같음)

5. 제46조제1항을 위반하여 공동 위험행위를 한 경우

제150조(벌칙) 다음 각 호의 어느 하나에 해당하는 사람은 2년 이하의 징역이나 500만원 이하의 벌금에 처한다.

1. 제46조제1항 또는 제2항을 위반하여 공동 위험행위를 하거나 주도한 사람

5. 교통단속용 장비의 기능방해

제46조의2(교통단속용 장비의 기능방해 금지) 누구든지 교통단속을 회피할 목적으로 교통단속용 장비의 기능을 방해하는 장치를 제작 · 수입 · 판매 또는 장착하여서는 아니 된다.

제153조(벌칙) ①다음 각 호의 어느 하나에 해당하는 사람은 6개월 이하의 징역이나 200만원 이하의 벌금 또는 구류에 처한다.

3. 제46조의2를 위반하여 교통단속을 회피할 목적으로 교통단속용 장비의 기능을 방해하는 장치를 제작 · 수입 · 판매 또는 장착한 사람

6. 난폭운전

제46조의3(난폭운전 금지) 자동차등(개인형 이동장치는 제외한다)의 운전자는 다음 각 호 중 둘 이상의 행위를 연달아 하거나, 하나의 행위를 지속 또는 반복하여 다른 사람에게 위협 또는 위해를 가하거나 교통상의 위험을 발생하게 하여서는 아니 된다.

1. 제5조에 따른 신호 또는 지시 위반
2. 제13조제3항에 따른 중앙선 침범
3. 제17조제3항에 따른 속도의 위반
4. 제18조제1항에 따른 횡단 · 유턴 · 후진 금지 위반
5. 제19조에 따른 안전거리 미확보, 진로변경 금지 위반, 급제동 금지 위반
6. 제21조제1항 · 제3항 및 제4항에 따른 앞지르기 방법 또는 앞지르기의 방해금지 위반
7. 제49조제1항제8호에 따른 정당한 사유 없는 소음 발생
8. 제60조제2항에 따른 고속도로에서의 앞지르기 방법 위반
9. 제62조에 따른 고속도로등에서의 횡단 · 유턴 · 후진 금지 위반

제93조(운전면허의 취소 · 정지) ① 생략 (위의 음주운전에서와 같음)

5의2. 제46조의3을 위반하여 난폭운전을 한 경우

제151조의2(벌칙) 다음 각 호의 어느 하나에 해당하는 사람은 1년 이하의 징역이나 500만원 이하의 벌금에 처한다.

1. 제46조의3을 위반하여 자동차등을 난폭운전한 사람

7. 위험방지조치

제47조(위험방지를 위한 조치) ① 경찰공무원은 자동차등 또는 노면전차의 운전자가 제43조부터 제45조까지의 규정을 위반하여 자동차등 또는 노면전차를 운전하고 있다고 인정되는 경우에는 자동차등 또는 노면전차를 일시정지시키고 그 운전자에게 자동차 운전면허증(이하 "운전면허증"이라 한다)을 제시할 것을 요구할 수 있다.

② 경찰공무원은 제44조 및 제45조를 위반하여 자동차등 또는 노면전차를 운전하는 사람이나 제44조를 위반하여 자전거등을 운전하는 사람에 대하여는 정상적으로 운전할 수 있는 상태가 될 때까지 운전의 금지를 명하고 차를 이동시키는 등 필요한 조치를 할 수 있다.

③ 제2항에 따른 차의 이동조치에 대해서는 제35조제3항부터 제7항까지 및 제36조의 규정을 준용한다.

제153조(벌칙) ① 다음 각 호의 어느 하나에 해당하는 사람은 6개월 이하의 징역이나 200만원 이하의 벌금 또는 구류에 처한다.

2. ~, 제47조 ~ 에 따른 경찰공무원의 요구・조치 또는 명령에 따르지 아니하거나 이를 거부 또는 방해한 사람

8. 안전운전 및 친환경경제운전

제48조(안전운전 및 친환경 경제운전의 의무) ① 모든 차 또는 노면전차의 운전자는 차 또는 노면전차의 조향장치와 제동장치, 그 밖의 장치를 정확하게 조작하여야 하며, 도로의 교통상황과 차 또는 노면전차의 구조 및 성능에 따라 다른 사람에게 위험과 장해를 주는 속도나 방법으로 운전하여서는 아니 된다.

② 모든 차의 운전자는 차를 친환경적이고 경제적인 방법으로 운전하여 연료소모와 탄소배출을 줄이도록 노력하여야 한다.

제156조(벌칙) 다음 각 호의 어느 하나에 해당하는 사람은 20만원 이하의 벌금이나 구류 또는 과료(科料)에 처한다.

1. ~, 제48조제1항, ~ 을 위반한 차마 또는 노면전차의 운전자

9. 사고발생시 조치

제54조(사고발생 시의 조치) ① 차 또는 노면전차의 운전 등 교통으로 인하여 사람을 사상하거나 물건을 손괴(이하 "교통사고"라 한다)한 경우에는 그 차 또는 노면전차의 운전자나 그 밖의 승무원(이하 "운전자등"이라 한다)은 즉시 정차하여 다음 각 호의 조치를 하여야 한다.

1. 사상자를 구호하는 등 필요한 조치
2. 피해자에게 인적 사항(성명・전화번호・주소 등을 말한다. 이하 제148조 및 제156조제10호에서 같다) 제공

② 제1항의 경우 그 차 또는 노면전차의 운전자등은 경찰공무원이 현장에 있을 때에는 그 경찰공무원에게, 경찰공무원이 현장에 없을 때에는 가장 가까운 국가경찰관서(지구대, 파출소 및 출장소를 포함한다. 이하 같다)에 다음 각 호의 사항을 지체 없이 신고하여야 한다. 다만, 차 또는 노면전차만 손괴된 것이 분명하고 도로에서의 위험방지와 원활한 소통을 위하여 필요한 조치를 한 경우에는 그러하지 아니하다.

1. 사고가 일어난 곳
2. 사상자 수 및 부상 정도
3. 손괴한 물건 및 손괴 정도
4. 그 밖의 조치사항 등

③ 제2항에 따라 신고를 받은 국가경찰관서의 경찰공무원은 부상자의 구호와 그 밖의 교통위험 방지를 위하여 필요하다고 인정하면 경찰공무원(자치경찰공무원은 제외한다)이 현장에 도착할 때까지 신고한 운전자등에게 현장에서 대기할 것을 명할 수 있다.

④ 경찰공무원은 교통사고를 낸 차 또는 노면전차의 운전자등에 대하여 그 현장에서 부상자의 구호와

교통안전을 위하여 필요한 지시를 명할 수 있다.

⑤ 긴급자동차, 부상자를 운반 중인 차, 우편물자동차 및 노면전차 등의 운전자는 긴급한 경우에는 동승자 등으로 하여금 제1항에 따른 조치나 제2항에 따른 신고를 하게 하고 운전을 계속할 수 있다.

⑥ 경찰공무원(자치경찰공무원은 제외한다)은 교통사고가 발생한 경우에는 대통령령으로 정하는 바에 따라 필요한 조사를 하여야 한다.

제93조(운전면허의 취소·정지) ① 생략 (위의 음주운전에서와 같음)

6. 교통사고로 사람을 사상한 후 제54조제1항 또는 제2항에 따른 필요한 조치 또는 신고를 하지 아니한 경우

제148조(벌칙) 제54조제1항에 따른 교통사고 발생 시의 조치를 하지 아니한 사람(주·정차된 차만 손괴한 것이 분명한 경우에 제54조제1항제2호에 따라 피해자에게 인적 사항을 제공하지 아니한 사람은 제외한다)은 5년 이하의 징역이나 1천500만원 이하의 벌금에 처한다.

제154조(벌칙) 다음 각 호의 어느 하나에 해당하는 사람은 30만원 이하의 벌금이나 구류에 처한다.

4. 제54조제2항에 따른 사고발생 시 조치상황 등의 신고를 하지 아니한 사람

제156조(벌칙) 다음 각 호의 어느 하나에 해당하는 사람은 20만원 이하의 벌금이나 구류 또는 과료(科料)에 처한다.

10. 주·정차된 차만 손괴한 것이 분명한 경우에 제54조제1항제2호에 따라 피해자에게 인적 사항을 제공하지 아니한 사람

10. 사고발생시조치에 대한 방해

제55조(사고발생 시 조치에 대한 방해의 금지) 교통사고가 일어난 경우에는 누구든지 제54조제1항 및 제2항에 따른 운전자등의 조치 또는 신고행위를 방해하여서는 아니 된다.

제153조(벌칙) ① 다음 각 호의 어느 하나에 해당하는 사람은 6개월 이하의 징역이나 200만원 이하의 벌금 또는 구류에 처한다.

5. 제55조를 위반하여 교통사고 발생 시의 조치 또는 신고 행위를 방해한 사람

본법에서는 특히 무면허운전(도로교통법 제43조, 제152조, 제154조), 음주운전(도로교통법 제44조 제1항, 제148조의 2), 음주측정불응(도로교통법 제44조 제2항, 제148조의 2), 업무상 과실중과실 재물손괴(도로교통법 제151조), 교통사고 발생시 조치의무 불이행 또는 미조치(도로교통법 제54조 제1항, 제148조), 교통사고 발생시 신고의무 불이행 또는 미신고(도로교통법 제54조 제2항, 제154조 제4호), 공동위험행위(도로교통법 제46조, 제150조 제1호) 및 안전운전의무위반(도로교통법 제48조 제1항, 제156조 제1호) 등에 대하여 규정하고 있다.

Ⅱ. 교통사고처리법

1. 업무상 과실·중과실 치사상

제3조(처벌의 특례) ① 차의 운전자가 교통사고로 인하여 「형법」 제268조의 죄를 범한 경우에는 5년 이하의 금고 또는 2천만원 이하의 벌금에 처한다.

2. 반의사불벌죄

제3조(처벌의 특례) ② 차의 교통으로 제1항의 죄 중 업무상과실치상죄(業務上過失致傷罪) 또는 중과실치상죄(重過失致傷罪)와 「도로교통법」 제151조의 죄를 범한 운전자에 대하여는 피해자의 명시적인 의사에 반하여 공소(公訴)를 제기할 수 없다. 다만, 차의 운전자가 제1항의 죄 중 업무상과실치상죄 또는 중과실치상죄를 범하고도 피해자를 구호(救護)하는 등 「도로교통법」 제54조제1항에 따른 조치를 하지 아니하고 도주하거나 피해자를 사고 장소로부터 옮겨 유기(遺棄)하고 도주한 경우, 같은 죄를 범하고 「도로교통법」 제44조제2항을 위반하여 음주측정 요구에 따르지 아니한 경우(운전자가 채혈 측정을 요청하거나 동의한 경우는 제외한다)와 다음 각 호의 어느 하나에 해당하는 행위로 인하여 같은 죄를 범한 경우에는 그러하지 아니하다.

1. 「도로교통법」 제5조에 따른 신호기가 표시하는 신호 또는 교통정리를 하는 경찰공무원등의 신호를

위반하거나 통행금지 또는 일시정지를 내용으로 하는 안전표지가 표시하는 지시를 위반하여 운전한 경우

2. 「도로교통법」 제13조제3항을 위반하여 중앙선을 침범하거나 같은 법 제62조를 위반하여 횡단, 유턴 또는 후진한 경우
3. 「도로교통법」 제17조제1항 또는 제2항에 따른 제한속도를 시속 20킬로미터 초과하여 운전한 경우
4. 「도로교통법」 제21조제1항, 제22조, 제23조에 따른 앞지르기의 방법·금지시기·금지장소 또는 끼어들기의 금지를 위반하거나 같은 법 제60조제2항에 따른 고속도로에서의 앞지르기 방법을 위반하여 운전한 경우
5. 「도로교통법」 제24조에 따른 철길건널목 통과방법을 위반하여 운전한 경우
6. 「도로교통법」 제27조제1항에 따른 횡단보도에서의 보행자 보호의무를 위반하여 운전한 경우
7. 「도로교통법」 제43조, 「건설기계관리법」 제26조 또는 「도로교통법」 제96조를 위반하여 운전면허 또는 건설기계조종사면허를 받지 아니하거나 국제운전면허증을 소지하지 아니하고 운전한 경우. 이 경우 운전면허 또는 건설기계조종사면허의 효력이 정지 중이거나 운전의 금지 중인 때에는 운전면허 또는 건설기계조종사면허를 받지 아니하거나 국제운전면허증을 소지하지 아니한 것으로 본다.
8. 「도로교통법」 제44조제1항을 위반하여 술에 취한 상태에서 운전을 하거나 같은 법 제45조를 위반하여 약물의 영향으로 정상적으로 운전하지 못할 우려가 있는 상태에서 운전한 경우
9. 「도로교통법」 제13조제1항을 위반하여 보도(步道)가 설치된 도로의 보도를 침범하거나 같은 법 제13조제2항에 따른 보도 횡단방법을 위반하여 운전한 경우
10. 「도로교통법」 제39조제3항에 따른 승객의 추락 방지의무를 위반하여 운전한 경우
11. 「도로교통법」 제12조제3항에 따른 어린이 보호구역에서 같은 조 제1항에 따른 조치를 준수하고 어린이의 안전에 유의하면서 운전하여야 할 의무를 위반하여 어린이의 신체를 상해(傷害)에 이르게 한 경우
12. 「도로교통법」 제39조제4항을 위반하여 자동차의 화물이 떨어지지 아니하도록 필요한 조치를 하지 아니하고 운전한 경우

제4조(보험 등에 가입된 경우의 특례) ① 교통사고를 일으킨 차가 「보험업법」 제4조, 제126조, 제127조 및 제128조, 「여객자동차 운수사업법」 제60조, 제61조 또는 「화물자동차 운수사업법」 제51조에 따른 보험 또는 공제에 가입된 경우에는 제3조제2항 본문에 규정된 죄를 범한 차의 운전자에 대하여 공소를 제기할 수 없다. 다만, 다음 각 호의 어느 하나에 해당하는 경우에는 그러하지 아니하다.

1. 제3조제2항 단서에 해당하는 경우
2. 피해자가 신체의 상해로 인하여 생명에 대한 위험이 발생하거나 불구(不具)가 되거나 불치(不治) 또는 난치(難治)의 질병이 생긴 경우
3. 보험계약 또는 공제계약이 무효로 되거나 해지되거나 계약상의 면책 규정 등으로 인하여 보험회사, 공제조합 또는 공제사업자의 보험금 또는 공제금 지급의무가 없어진 경우

② 제1항에서 "보험 또는 공제"란 교통사고의 경우 「보험업법」에 따른 보험회사나 「여객자동차 운수사업법」 또는 「화물자동차 운수사업법」에 따른 공제조합 또는 공제사업자가 인가된 보험약관 또는 승인된 공제약관에 따라 피보험자와 피해자 간 또는 공제조합원과 피해자 간의 손해배상에 관한 합의 여부와 상관없이 피보험자나 공제조합원을 갈음하여 피해자의 치료비에 관하여는 통상비용의 전액을, 그 밖의 손해에 관하여는 보험약관이나 공제약관으로 정한 지급기준금액을 대통령령으로 정하는 바에 따라 우선 지급하되, 종국적으로는 확정판결이나 그 밖에 이에 준하는 집행권원(執行權原)상 피보험자 또는 공제조합원의 교통사고로 인한 손해배상금 전액을 보상하는 보험 또는 공제를 말한다.

③ 제1항의 보험 또는 공제에 가입된 사실은 보험회사, 공제조합 또는 공제사업자가 제2항의 취지를 적은 서면에 의하여 증명되어야 한다.

죄수에 관한 판례의 구체적 내용은 다음과 같다. 즉,

교통사고로 인하여 업무상과실치상죄 또는 중과실치상죄를 범한 운전자에 대하여 피해자의 명시한 의사에 반하여 공소를 제기할 수 있는 교통사고처리특례법 제3조 제2항 단서 각 호의 사유는

같은 법 제3조 제1항 위반죄의 구성요건 요소가 아니라 그 공소제기의 조건에 관한 사유이다. 따라서 위 단서 각 호의 사유가 경합한다 하더라도 하나의 교통사고처리특례법 위반죄가 성립할 뿐, 그 각 호마다 별개의 죄가 성립하는 것은 아니다.[226]

Ⅲ. 특정범죄가중법

1. 도주차량

제5조의3(도주차량 운전자의 가중처벌) ① 「도로교통법」 제2조에 규정된 자동차・원동기장치자전거의 교통으로 인하여 「형법」 제268조의 죄를 범한 해당 차량의 운전자(이하 "사고운전자"라 한다)가 피해자를 구호(救護)하는 등 「도로교통법」 제54조제1항에 따른 조치를 하지 아니하고 도주한 경우에는 다음 각 호의 구분에 따라 가중처벌한다.

1. 피해자를 사망에 이르게 하고 도주하거나, 도주 후에 피해자가 사망한 경우에는 무기 또는 5년 이상의 징역에 처한다.
2. 피해자를 상해에 이르게 한 경우에는 1년 이상의 유기징역 또는 500만원 이상 3천만원 이하의 벌금에 처한다.

② 사고운전자가 피해자를 사고 장소로부터 옮겨 유기하고 도주한 경우에는 다음 각 호의 구분에 따라 가중처벌한다.

1. 피해자를 사망에 이르게 하고 도주하거나, 도주 후에 피해자가 사망한 경우에는 사형, 무기 또는 5년 이상의 징역에 처한다.
2. 피해자를 상해에 이르게 한 경우에는 3년 이상의 유기징역에 처한다.

2. 위험운전치사상

제5조의11(위험운전 등 치사상) ① 음주 또는 약물의 영향으로 정상적인 운전이 곤란한 상태에서 자동차(원동기장치자전거를 포함한다)를 운전하여 사람을 상해에 이르게 한 사람은 1년 이상 15년 이하의 징역 또는 1천만원 이상 3천만원 이하의 벌금에 처하고, 사망에 이르게 한 사람은 무기 또는 3년 이상의 징역에 처한다.

② 음주 또는 약물의 영향으로 정상적인 운항이 곤란한 상태에서 운항의 목적으로 「해사안전법」 제41조제1항에 따른 선박의 조타기를 조작, 조작 지시 또는 도선하여 사람을 상해에 이르게 한 사람은 1년 이상 15년 이하의 징역 또는 1천만원 이상 3천만원 이하의 벌금에 처하고, 사망에 이르게 한 사람은 무기 또는 3년 이상의 징역에 처한다.

죄수관계에 관한 판례의 구체적 내용은 다음과 같다. 즉,

음주로 인한 특정범죄가중처벌 등에 관한 법률 위반(위험운전치사상)죄는 그 입법 취지와 문언에 비추어 볼 때, 주취상태의 자동차 운전으로 인한 교통사고가 빈발하고 그로 인한 피해자의 생명・신체에 대한 피해가 중대할 뿐만 아니라, 사고발생 전 상태로의 회복이 불가능하거나 쉽지 않은 점 등의 사정을 고려하여, 형법 제268조에서 규정하고 있는 업무상과실치사상죄의 특례를 규정하여 가중처벌함으로써 피해자의 생명・신체의 안전이라는 개인적 법익을 보호하기 위한 것이다. 따라서 그 죄가 성립하는 때에는 차의 운전자가 형법 제268조의 죄를 범한 것을 내용으로 하는 교통사고처리특례법 위반죄는 그 죄에 흡수되어 별죄를 구성하지 아니한다.[227] 음주로 인한 특정범죄가중처벌 등에 관한 법률 위반(위험운전치사상)죄와 도로교통법 위반(음주운전)죄는 입법 취지와 보호법익 및 적용 영역을 달리하는 별개의 범죄로서 양 죄가 모두 성립하는 경우 두 죄는 실체적 경합관계에 있는 것으로 보아야 할 것이다.[228]

---

226) 대법원 2008.12.11. 선고 2008도9182 판결.
227) 대법원 2008.12.11. 선고 2008도9182 판결.

3. 도주선박

제5조의12(도주선박의 선장 또는 승무원에 대한 가중처벌) 「해사안전법」 제2조에 따른 선박의 교통으로 인하여 「형법」 제268조의 죄를 범한 해당 선박의 선장 또는 승무원이 피해자를 구호하는 등 「수상에서의 수색·구조 등에 관한 법률」 제18조제1항 단서에 따른 조치를 하지 아니하고 도주한 경우에는 다음 각 호의 구분에 따라 가중 처벌한다.
1. 피해자를 사망에 이르게 하고 도주하거나, 도주 후에 피해자가 사망한 경우에는 무기 또는 5년 이상의 징역에 처한다.
2. 피해자를 상해에 이르게 한 경우에는 1년 이상의 유기징역 또는 1천만원 이상 1억원 이하의 벌금에 처한다.

4. 어린이보호구역에서 어린이 치사상

제5조의13(어린이 보호구역에서 어린이 치사상의 가중처벌) 자동차(원동기장치자전거를 포함한다)의 운전자가 「도로교통법」 제12조제3항에 따른 어린이 보호구역에서 같은 조 제1항에 따른 조치를 준수하고 어린이의 안전에 유의하면서 운전하여야 할 의무를 위반하여 어린이(13세 미만인 사람을 말한다. 이하 같다)에게 「교통사고처리 특례법」 제3조제1항의 죄를 범한 경우에는 다음 각 호의 구분에 따라 가중처벌한다.
1. 어린이를 사망에 이르게 한 경우에는 무기 또는 3년 이상의 징역에 처한다.
2. 어린이를 상해에 이르게 한 경우에는 1년 이상 15년 이하의 징역 또는 500만원 이상 3천만원 이하의 벌금에 처한다.

Ⅳ. 중대재해처벌법

1. 정 의

제2조(정의) 이 법에서 사용하는 용어의 뜻은 다음과 같다.
1. "중대재해"란 "중대산업재해"와 "중대시민재해"를 말한다.
2. "중대산업재해"란 「산업안전보건법」 제2조제1호에 따른 산업재해 중 다음 각 목의 어느 하나에 해당하는 결과를 야기한 재해를 말한다.
   가. 사망자가 1명 이상 발생
   나. 동일한 사고로 6개월 이상 치료가 필요한 부상자가 2명 이상 발생
   다. 동일한 유해요인으로 급성중독 등 대통령령으로 정하는 직업성 질병자가 1년 이내에 3명 이상 발생
3. "중대시민재해"란 특정 원료 또는 제조물, 공중이용시설 또는 공중교통수단의 설계, 제조, 설치, 관리상의 결함을 원인으로 하여 발생한 재해로서 다음 각 목의 어느 하나에 해당하는 결과를 야기한 재해를 말한다. 다만, 중대산업재해에 해당하는 재해는 제외한다.
   가. 사망자가 1명 이상 발생
   나. 동일한 사고로 2개월 이상 치료가 필요한 부상자가 10명 이상 발생
   다. 동일한 원인으로 3개월 이상 치료가 필요한 질병자가 10명 이상 발생

2. 중대산업재해

제6조(중대산업재해 사업주와 경영책임자등의 처벌) ① 제4조 또는 제5조를 위반하여 제2조제2호가목의 중대산업재해에 이르게 한 사업주 또는 경영책임자등은 1년 이상의 징역 또는 10억원 이하의 벌금에 처한다. 이 경우 징역과 벌금을 병과할 수 있다.
② 제4조 또는 제5조를 위반하여 제2조제2호나목 또는 다목의 중대산업재해에 이르게 한 사업주 또는 경영책임자등은 7년 이하의 징역 또는 1억원 이하의 벌금에 처한다.
③ 제1항 또는 제2항의 죄로 형을 선고받고 그 형이 확정된 후 5년 이내에 다시 제1항 또는 제2항의 죄를 저지른 자는 각 항에서 정한 형의 2분의 1까지 가중한다.

---

228) 대법원 2008.11.13. 선고 2008도7143 판결.

제7조(중대산업재해의 양벌규정) 법인 또는 기관의 경영책임자등이 그 법인 또는 기관의 업무에 관하여 제6조에 해당하는 위반행위를 하면 그 행위자를 벌하는 외에 그 법인 또는 기관에 다음 각 호의 구분에 따른 벌금형을 과(科)한다. 다만, 법인 또는 기관이 그 위반행위를 방지하기 위하여 해당 업무에 관하여 상당한 주의와 감독을 게을리하지 아니한 경우에는 그러하지 아니하다.
1. 제6조제1항의 경우: 50억원 이하의 벌금
2. 제6조제2항의 경우: 10억원 이하의 벌금

3. 중대시민재해

제10조(중대시민재해 사업주와 경영책임자등의 처벌) ① 제9조를 위반하여 제2조제3호가목의 중대시민재해에 이르게 한 사업주 또는 경영책임자등은 1년 이상의 징역 또는 10억원 이하의 벌금에 처한다. 이 경우 징역과 벌금을 병과할 수 있다.
② 제9조를 위반하여 제2조제3호나목 또는 다목의 중대시민재해에 이르게 한 사업주 또는 경영책임자등은 7년 이하의 징역 또는 1억원 이하의 벌금에 처한다.

제11조(중대시민재해의 양벌규정) 법인 또는 기관의 경영책임자등이 그 법인 또는 기관의 업무에 관하여 제10조에 해당하는 위반행위를 하면 그 행위자를 벌하는 외에 그 법인 또는 기관에게 다음 각 호의 구분에 따른 벌금형을 과(科)한다. 다만, 법인 또는 기관이 그 위반행위를 방지하기 위하여 해당 업무에 관하여 상당한 주의와 감독을 게을리하지 아니한 경우에는 그러하지 아니하다.
1. 제10조제1항의 경우: 50억원 이하의 벌금
2. 제10조제2항의 경우: 10억원 이하의 벌금

제5절 낙태의 죄

§1. 개 관

I. 서 설

1. 의 의

본장의 낙태의 죄란 생명·신체의 보호에 있어서 낙태행위 또는 이로 인하여 발생한 부녀의 상해 또는 사망을 내용으로 하는 범죄를 말한다(형법 제2편 제27장).

2. 보호법익

본장의 죄의 보호법익과 이에 대한 보호의 정도에 관하여는 견해가 일치하지 않고 있다.

(1) 의 의

1) 학 설

본장의 죄의 보호법익에 관하여는 견해가 대립하고 있다. 첫째, 태아의 생명과 신체의 안전을 주된 보호법익으로 하지만 부차적으로는 부녀의 생명과 신체의 안전도 보호법익으로 한다는 견해이다. 본장의 죄가 결과적 가중범으로서 부녀에게 치사상의 결과가 발생한 경우 무겁게 처벌하고 있다는 점을 근거로 하고 있다. 둘째, 태아의 생명과 신체의 안전만이 보호법익이라는 견해이다. 부녀의 생명이나 신체의 안전은 보호법익이 아니라 반사적 이익에 불과하다고 한다. 부녀에 대하여는 별도로 살인죄나 상해죄를 적용하면 족하다는 점을 근거로 한다.

2) 검 토

본장의 죄의 보호법익은 제1차적으로 태아의 생명과 신체의 안전이지만, 제2차적으로는 부녀의 생명과 신체의 안전이라고 해석된다. 본장의 죄는 태아의 신체의 생명과 신체의 안전을 보호하기 위하여 동의낙태죄(제269조 제2항), 업무상 낙태죄(제270조 제1항) 및 부동의낙태죄(제270조 제2항)를 처벌하고 있고, 또 부녀의 생명과 신체의 안전과 관련하여 동의낙태치사상죄(제269조 제3항), 업무상 낙태치사상죄(제270조 제3항) 및 부동의낙태치사상죄(제270조 제3항)을 처벌하고 있기 때문이다.

(2) 보호의 정도

1) 학 설

보호의 정도에 대하여도 견해가 일치하지 않고 있다. 침해범설, 추상적 위험범설 및 구체적 위험범설이 그것이다. 첫째, 침해범설은 태아의 생명이 침해된 경우에만 본장의 죄의 성립을 인정한다. 사람의 생명을 보호법익으로 하는 살인죄가 침해범에 해당하듯이 태아의 생명을 보호법익으로 하는 본장의 죄도 침해범이라고 하는 것이 논리일관적이라는 점을 근거로 한다. 둘째, 추상적 위험범설은 태아를 모체 밖으로 배출하는 자체로 본장의 죄의 성립을 인정하게 된다. 본장의 죄는 미수범을 처벌하지 않는다는 점, 낙태에 대한 형사정책적 고려가 필요하다는 점 등을 근거로 한다. 셋째, 구체적 위험범설은 태아나 부녀의 생명이나 신체의 안전에 구체적 위험이 발생한 경우에 본장의 죄의 성립을 인정한다. 본장의 죄가 태아나 부녀에게 현실적으로 사상의 결과가 발생할 것을 요하지 않는다는 점을 근거로 하고 있다.

한편 침해범설은 독일에서 유래한 것으로 보인다. 독일형법에 있어서 낙태죄에 관한 규정에는 변천이 있었다. 1871년 형법전에 있어서의 낙태죄(제218조 제1항)는 낙태하거나 또는 태아를 모체 내에서 살해한(abtreiben oder im Mutterleib töten)이라고 규정하고 있었고 전단을 위험범, 후단을 침해범으로 파악하는 것도 불가능한 것은 아니었다. 그러나 1926년의 개정에 의하여 태아를 모체 내에서 또는 낙태에 의하여 살해한(im Mutterleib oder durch Abtreibung töten)으로 개정되었고 나아가 1943년에는 태아를 살해한(Leibesfrucht abtöten)으로 되었고 낙태죄가 침해범인 것이 명확하게 되었다. 현행법은 1974년의 제5차 형법개정법에서 사용된 문언을 계승하여 임신을 중절한(Schwangerschaft abbrechen)으로 되어 있고, 여기에서는 침해범이라는 것이 반드시 명확한 것은 아니지만 낙태죄의 성립에는 태아의 사망이 그 요건인 것으로 해석되고 있다.

2) 판 례

판례의 입장은 추상적 위험범설의 입장으로 해석된다. 대법원이 "낙태죄는 태아를 자연분만기에 앞서서 인위적으로 모체 밖으로 배출하거나 모체 안에서 살해함으로써 성립하고, 그 결과 태아가 사망하였는지 여부는 낙태죄의 성립에 영향이 없다"고 판시한 바 있기 때문

이다.[1)]

3) 검 토

본장의 죄에 있어서 보호법익에 대한 보호의 정도는 생명・신체에 대한 위험범이라고 할 수 있다. 낙태죄 자체는 태아나 모체의 생명이나 신체에 대한 침해의 발생을 요건으로 하지 않기 때문이다. 다만 태아의 생명이나 신체에 하등의 영향을 주지 않는 경우까지 처벌의 대상으로 할 필요는 없다고 해석된다. 본장의 죄의 성립에는 태아의 생명이나 신체에 대한 구체적 위험의 발생이 필요하다고 해야 한다. 따라서 본장의 죄의 보호의 정도는 구체적 위험범으로 해석되어야 한다. 구체적 위험범으로 해석되는 한에서만 자연분만에서와 같이 아무런 문제없이 태아가 생존하여 출생하는 인공출산의 경우에도 태아나 부녀의 생명이나 신체의 안전에 하등의 침해의 위험을 발생하게 하지 않기 때문에 낙태의 개념에서 자유로워질 수 있기 때문이다.

3. 위법성조각사유

본장의 죄는 모자보건법에 의하여 위법성이 조각된다. 모자보건법에 의하여 일정한 사유가 있는 경우 인공임신중절수술이 허용되고 있기 때문이다(모자보건법 제14조 참조). 모자보건법에서 인공임신중절수술이란 태아가 모체 밖에서는 생명을 유지할 수 없는 시기에 태아와 그 부속물을 인공적으로 모체 밖으로 배출시키는 수술을 말한다(모자보건법 제2조 제7호).

4. 사실상의 사문화

과거 춥고 배고팠던 시절이 있었다. 당시에는 경제성장만이 지상과제였을 정도였다. 국민총생산을 산출하는 공식에서 분모를 줄이는 것이 가장 확실하고 효과적인 경제성장의 방법으로 간주되기도 하였다. 분모를 줄이기 위한 노력은 아들 딸 구별 말고 둘만 낳아 잘 기르자라는 구호 등에서 엿볼 수 있다.

물론 낙태행위가 가족계획의 국가 시책에 순응한 행위라고 믿었다 하더라도 국가시책에 의한 가족계획은 어디까지나 임신을 사전에 방지하는 피임 방법에 의한 것이고 임신 후의 낙태행위를 용인함이 아니라 함은 자명한 바이다.[2)]

그럼에도 불구하고 당시의 산아제한정책은 낙태죄의 사문화에 공식적으로 커다란 역할을 한 것으로 짐작된다. 이는 또 낙태에 대한 사법기관의 묵인 등이 가세하여 낙태죄가 사문화의 지름길로 가도록 인도한 것이 아닌가 의심되고 있다. 그동안 수십만건으로 추정되는 연간 낙태건수에도 불구하고 처벌된 건수가 거의 희박하다는 사실이 사문화의 증거라고 할 수 있다.

---

1) 대법원 2005.4.15. 선고 2003도2780 판결.
2) 대법원 1965.11.23. 선고 65도876 판결.

Ⅱ. 객체론

1. 태 아

본장의 죄의 객체는 태아이다. 태아(胎兒, fetus)란 수정란의 착상시부터 사람으로서의 출생시 이전까지 사이의 생명체를 말한다. 따라서 착상 전의 수정란과 출생 후의 사람은 본장의 죄의 객체인 태아가 아니다. 태아에 대한 수태의 원인은 불문한다. 임신기간의 장단도 묻지 않는다. 기형이나 염색체의 이상유무 등도 일체 묻지 않는다. 다만 본장의 죄에 의하여 보호의 대상으로 되는 태아는 모체 내에 생존하고 있는 경우에 한한다. 형법이 보호를 예정하고 있는 태아는 모체(자궁) 내에서 생육하고 있는 태아에 한정할 필요가 있기 때문이다. 따라서 태아는 모체 외로 배출되면 사람으로서 보호되지 않는 한 더 이상 본장의 죄의 객체로는 되지 않는다.

2. 독립된 객체

태아는 모체의 일부가 아니다. 모체와는 별개의 독자적인 또 하나의 생명체이다. 머지않은 날에 사람으로 태어날 것이 분명한 독립된 생명체이다.

대법원도 "우리 형법은 태아를 임산부 신체의 일부로 보거나, 낙태행위가 임산부의 태아양육, 출산 기능의 침해라는 측면에서 낙태죄와는 별개로 임산부에 대한 상해죄를 구성하는 것으로 보지는 않는다고 해석된다. 따라서 태아를 사망에 이르게 하는 행위가 임산부 신체의 일부를 훼손하는 것이라거나 태아의 사망으로 인하여 그 태아를 양육, 출산하는 임산부의 생리적 기능이 침해되어 임산부에 대한 상해가 된다고 볼 수는 없다"고 판시한 바 있다.[3]

독립된 객체를 긍정한 판례의 구체적인 내용은 다음과 같다. 즉,

> 비록 피고인들의 과실로 인하여 태아가 사망에 이르렀다고 하더라도, 그러한 사정만으로는 산모인 피해자에 대한 상해가 된다고 할 수 없다.[4] 인간의 생명은 잉태된 때부터 시작되는 것이고 회임된 태아는 새로운 존재와 인격의 근원으로서 존엄과 가치를 지니므로 그 자신이 이를 인식하고 있던지 또 스스로를 방어할 수 있는지에 관계없이 침해되지 않도록 보호되어야 한다 함이 헌법 아래에서 국민일반이 지니는 건전한 도의적 감정과 합치되는 바이므로 비록 모자보건법이 특별한 의학적, 우생학적 또는 윤리적 적응이 인정되는 경우에 임산부와 배우자의 동의 아래 인공임신중절수술을 허용하고 있다 하더라도 이로써 의사가 부녀의 촉탁 또는 승낙을 받으면 일체의 낙태행위가 정상적인 행위이고 형법 제270조 제1항 소정의 업무상촉탁낙태죄에 의한 처벌을 무가치하게 되었다고 할 수는 없으며 임산부의 촉탁이 있으면 의사로서 낙태를 거절하는 것이 보통의 경우 도저히 기대할 수 없게 되었다고 할 수도 없다.[5]

---

3) 대법원 2009.7.9. 선고 2009도1025 판결; 대법원 2007.6.29. 선고 2005도3832 판결.
4) 대법원 2009.7.9. 선고 2009도1025 판결.
5) 대법원 1985.6.11. 선고 84도1958 판결.

Ⅲ. 행위론

낙태의 의의에 관하여는 견해가 일치하지 않고 있다. 문제는 특히 인공분만에 의한 경우에 있다.

1. 낙태의 의의

(1) 학 설

낙태의 개념에 대하여는 견해가 일치하지 않고 있다. 첫째, 광의의 낙태이다. 낙태란 자연분만기에 앞서 태아를 모체 밖으로 배출하거나 태아를 모체 내에서 살해하는 행위를 말한다고 한다. 낙태에 관한 전통적인 견해로서 다수설이라고 할 수 있다. 낙태를 위한 수단이나 방법은 묻지 않는다. 약물을 사용하는 외에 수술 등의 기계적 방법 등이 거론될 수 있다. 임부를 살해하는 행위나 임부의 자살행위도 낙태행위로 될 수 있다 이에 의하면 낙태는 태아가 모체 외로 배출된 때에 기수로 된다. 그 시점에서 태아의 생사는 묻지 않는다. 태아를 모체 내에서 살해한 경우에는 그 시점에서 낙태의 기수로 된다. 둘째, 협의의 낙태이다. 낙태란 태아를 모체 내에서 살해하는 행위만을 의미한다고 한다. 소수설의 입장이다. 낙태의 개념에 태아를 모체 밖으로 배출하는 행위까지 포함시키면 인공분만행위도 낙태죄의 구성요건에 해당되어 부당하다는 점을 근거로 한다.

(2) 판 례

판례의 입장은 전통적인 견해와 같다. 낙태란 태아를 자연분만기에 앞서서 인위적으로 모체 밖으로 배출하거나 모체 안에서 살해하는 것이라고 한다.[6] 또 판례에 의하면 낙태의 결과 태아가 사망하였는지 여부는 낙태죄의 성립에 영향이 없다는 입장이다.[7]

(3) 검 토

과거에는 낙태의 여부를 판단함에 있어서는 자연분만기가 유용한 기준이 될 수 있었다. 자연분만기보다 앞서 배출된 태아의 생명은 모체 밖에서는 그 생존이 보장될 수 없었고 배출은 곧 사망을 의미했기 때문이다. 자연분만기는 10개월 40주 280일이다. 가임기 여성의 평균적 생리주기인 28일을 1개월로 계산하기 때문에 10개월은 300일이 아니라 280일이 되는 것이다. 흔히 38주 이전의 출산을 조산, 38주부터 42주까지의 출산을 정상분만, 42주 이후의 출산을 지산이라고 하기도 한다.

오늘날 신생아의료의 눈부신 발달은 자연분만기에 앞서 출산된 신생아의 생존성을 현저히 개선하고 있다. 이는 낙태의 개념을 정의함에 있어서 자연분만기는 더 이상 유용한 기준이 될 수 없다는 것을 의미할 수도 있다. 자연분만기를 채우지 아니한 태아도 모체 밖에서 얼마든지 생존을 유지할 수 있게 되었기 때문이다. 여기서 낙태란 태아를 자연분만기에 앞

6) 대법원 2005.4.15. 선고 2003도2780 판결.
7) 대법원 2005.4.15. 선고 2003도2780 판결.

서 모체 밖으로 배출하거나 모체 안에서 살해하는 것이라고 정의하는 전통적인 견해는 더 이상 보편적 타당성을 유지하기 어렵게 되었다고 하지 않을 수 없다. 이러한 전통적인 견해에 의하여는 특히 인공분만의 경우에 있어서 합당한 낙태의 개념을 제시하는 것이 어렵기 때문이다. 따라서 낙태는 자연분만의 경우나 인공분만의 경우에 있어서도 보편적으로 타당한 개념이 되지 않으면 안 된다.

생각건대 신생아의료의 발달은 자연분만기보다는 결정가능기간이라는 용어에 더 큰 의미를 가지게 하고 있다. 결정가능기간이란 착상시부터 태아가 모체를 떠난 상태에서 독자적으로 생존할 수 있는 시점인 임신 22주 내외에 도달하기 전이면서 동시에 임신 유지와 출산 여부에 관한 자기결정권을 행사하기에 충분한 시간이 보장되는 시기까지를 말한다.[8] 헌법재판소에 의하면 결정가능기간 동안에는 낙태에 관하여 국가가 생명보호의 수단 및 정도를 달리 정할 수 있다고 보고 있다.[9] 또 자연분만기 이전이라 하더라도 결정가능기간 이후의 태아에 대하여는 낙태의 방법으로서 분만 이외의 다른 선택지가 존재하지 않는다. 유도분만의 방법에 의한 낙태행위에 있어서는 인공적이긴 하지만 자연분만에서와 같이 진통의 과정을 거치기 때문에 진통설의 적용이 가능하게 된다. 진통설에 의하는 한 진통시부터 태아는 사람으로 의제되고 태아의 생명에 대한 침해는 사람의 생명에 대한 침해로서 살인죄의 적용이 가능하게 된다. 위의 사항은 제왕절개수술의 경우에도 마찬가지라고 해석된다. 따라서 낙태의 개념에 의하여 보호될 수 있는 태아의 생명은 결정가능기간 이전의 태아의 생명에 국한해도 그것으로 충분하다. 그런데 자연적 의미에서 탯줄의 제거를 의미하는 낙태의 개념 속에는 이미 태아의 사망이 내포되어 있다고 해석되어야 한다. 이러한 의미에서 낙태란 결정가능기간에 앞서 인위적으로 탯줄을 제거하는 행위 또는 결정가능기간에 앞서 인위적으로 탯줄을 제거하여 모체 내 또는 모체 외에서 태아를 사망에 이르게 하는 행위라고 정의되어야 한다.

2. 낙태의 한계

형법상 최대의 법가치는 생명의 보호에 있다. 이것이 바로 형법이 태아의 생명을 보호하기 위하여 낙태죄를 규정하고, 사람의 생명을 보호하기 위하여 살인죄를 규정한 이유이다. 문제는 태아에 대한 범죄로서의 낙태죄와 사람에 대한 범죄로서의 살인죄에 대한 구별기준으로서 낙태의 한계에 있다.

(1) 학 설

낙태의 결과 아직 살아 있는 영아를 살해하는 경우 낙태죄 또는 살인죄의 어느 일방의 죄만을 인정하여야 하는가 아니면 낙태죄와 살인죄의 양방 모두를 인정하여야 하는가 하는 낙태죄와 살인죄의 죄수관계가 문제된다. 이에 관하여는 낙태죄만 성립한다는 낙태죄설, 살인죄가 성립한다는 살인죄설 및 낙태죄와 살인죄가 경합한다는 경합범설이 대립하고 있다.

---

8) 헌법재판소 2019.4.11. 선고 2017헌바127 결정.
9) 헌법재판소 2019.4.11. 선고 2017헌바127 결정.

(2) 판 례

판례는 경합범설의 입장이라고 해석된다. 대법원은 "산부인과 의사인 피고인이 약물에 의한 유도분만의 방법으로 낙태시술을 하였으나 태아가 살아서 미숙아 상태로 출생하자 그 미숙아에게 염화칼륨을 주입하여 사망하게 한 사안에서, 염화칼륨 주입행위를 낙태를 완성하기 위한 행위에 불과한 것으로 볼 수 없고, 살아서 출생한 미숙아가 정상적으로 생존할 확률이 적다고 하더라도 그 상태에 대한 확인이나 최소한의 의료행위도 없이 적극적으로 염화칼륨을 주입하여 미숙아를 사망에 이르게 하였다면 피고인에게는 미숙아를 살해하려는 범의가 인정된다"고 판시한 바 있기 때문이다.[10]

(3) 검 토

태아의 생명을 보호하기 위한 낙태는 결정가능기간까지만 적용되어야 하는 개념이라고 해석된다. 전술한 바와 같이 비록 자연분만기 이전이지만 결정가능기간 이후인 경우에는 진통설의 적용이 가능하기 때문에 굳이 낙태의 개념을 적용할 필요가 없기 때문이다. 따라서 결정가능기간까지의 기간에 있어서 태아의 생명에 대한 침해는 낙태죄가 성립하지만, 결정가능기간 이후에 있어서 태아의 생명에 대한 침해는 낙태죄와 살인죄가 성립하고 양자는 상상적 경합관계에 있다고 해석될 수 있다.

Ⅳ. 입법적 공백

1. 서 언

(1) 공백의 원인

본장의 죄는 부분적으로 2021년 1월 1일부터 입법적 공백상태에 있다. 본장의 죄의 일부규정이 2019년 4월 11일 헌법불합치 결정을 계기로 2021년 1월 1일부터 실효된 후 이에 대한 후속입법이 아직 마련되고 있지 않기 때문이다.

(2) 헌법불합치 결정

본장의 죄의 일부규정에 대하여 헌법재판소는 2019년 4월 11일 위헌 의견 3, 헌법불합치 의견 4, 합헌 의견 2로 헌법불합치 결정을 내렸다. 이는 2012년 8월 23일 합헌 의견 4, 위헌 의견 4로 합헌 결정을 하였던 것과 대조를 이룬다고 할 수 있다.[11] 이러한 결과는 헌법재판소가 낙태죄의 성부를 태아의 생명권과 임부의 자기결정권의 대립구도 속에서 2012년에는 태아의 생명권에 우선권을 부여하였지만, 2019년에는 임부의 자기결정권에 보다 큰 비중을 둔 결과라고 해석된다.

헌법재판소는 2019년 4월 11일 "자기낙태죄 조항과 의사낙태죄 조항이 헌법에 위반된다는 단순위헌의견이 3인이고, 헌법에 합치되지 아니한다는 헌법불합치의견이 4인이므로, 단

10) 대법원 2005.4.15. 선고 2003도2780 판결.
11) 헌법재판소 2012.8.23. 선고 2010헌바402 결정.

순위헌의견에 헌법불합치의견을 합산하면 법률의 위헌결정을 함에 필요한 심판정족수에 이르게 된다. 따라서 위 조항들에 대하여 헌법에 합치되지 아니한다고 선언하고, 입법자가 2020.12.31. 이전에 개선입법을 할 때까지 위 조항들을 계속 적용하되, 만일 위 일자까지 개선입법이 이루어지지 않는 경우 위 조항들은 2021.1.1.부터 그 효력을 상실한다. 종전에 헌법재판소가 이와 견해를 달리하여 자기낙태죄 조항과 형법 제270조 제1항 중 '조산사'에 관한 부분이 헌법에 위반되지 아니한다고 판시한 헌재 2012.8.23. 2010헌바402 결정은 이 결정과 저촉되는 범위 내에서 변경하기로 한다"고 판시한 바 있다.[12)]

2. 낙태의 죄의 개정작업

(1) 개정작업의 경위

헌법재판소의 헌법불합치 결정으로 낙태죄에 대한 형법과 모자보건법의 개정작업이 촉발되었다. 법무부는 '낙태죄 개선방안 관련 간담회'와 '낙태죄 관련 형법 개정위원회' 등의 의견수렴을 거쳐 2020년 10월 7일 형법 개정안을 입법예고하였고, 형법 일부개정안은 2020년 11월 25일 국회에 제출하였다. 이와 동시에 모자보건법 일부개정안도 형법 개정안과 유사한 과정을 거쳐 보건복지부에 의하여 2020년 10월 7일 입법예고 되었고, 2020년 11월 17일 국회에 제출되었다.[13)]

(2) 낙태죄 개정안의 내용

낙태죄법의 개정안은 형법의 개정안과 모자모건법의 개정안으로 나누어질 수 있다.[14)] 다만 여기에서는 형법의 개정안에 관하여만 간략하게 소개하기로 한다. 형법 개정안의 가장 큰 특징은 금지규정으로서 현행 제269조와 제270조를 그대로 유지한 채 허용규정으로서 제270조의 2만을 신설하여 모자보건법이 규정하고 있던 위법성조각사유를 도입한 점에 있다고 할 수 있다. 형법 개정안의 위법성조각사유는 기한방식, 적응방식 및 상담방식의 3가지의 유형을 모두 도입하고 있다는 점, 기한방식은 임신 14주까지 인정된다는 점, 임신 24주까지는 적응방식을 적용한다는 점, 적응방식에 포함되지 않은 사유도 상담은 거치면 적응방식의 사유로 전환된다는 점, 24시간의 숙려기간을 규정하고 있다는 점 등을 그 내용으로 하고 있었다. 이와 같이 형법 개정안은 기한방식을 도입함으로써 낙태원인의 90% 이상을 차지하고 있는 경제적 사유를 위법성조각사유에 포함시킨 점이 가장 큰 특징으로 거론될 수 있었다.

(3) 국회의 입법적 부작위

본장의 낙태죄법의 개정안으로서 형법 일부개정안과 모자보건법 일부개정안은 위에서 본 바와 같이 각각 2020년 11월 25일과 같은 해 같은 달 17일에 국회에 제출되었다. 그러나

12) 헌법재판소 2019.4.11. 선고 2017헌바127 결정(헌법불합치).

13) 주호노, "개정 낙태죄법의 내용과 특징 및 과제", 『의생명과학과 법』 제24권, 원광대학교 법학연구소 의생명과학센터, 2020.12, 184면.

14) 이에 관하여 자세한 것은 주호노, "개정 낙태죄법의 내용과 특징 및 과제", 『의생명과학과 법』 제24권, 원광대학교 법학연구소 의생명과학센터, 2020.12, 188면 이하 참조.

이들의 법률 개정안은 20대(2016~2020) 국회 마지막 본회의에 상정되지 못한 채 회기만료로 인하여 자동으로 폐기되었다. 이는 명백한 국회의 입법부작위에 해당한다고 아니할 수 없다.

3. 실효된 낙태의 죄의 내용

(1) 자기낙태죄

제269조(낙태) ① 실효

구조문

제269조(낙태) ① 부녀가 약물 기타 방법으로 낙태한 때에는 1년 이하의 징역 또는 200만원 이하의 벌금에 처한다.

1) 의 의

본죄는 부녀가 약물 기타 방법으로 낙태함으로써 성립하는 범죄였다. 본죄는 부녀 자신이 행하는 낙태행위에 대한 처벌을 규정한 것이었다. 본죄는 2021년 1월 1일부터 실효되었다. 본죄가 실효됨으로써 자기낙태죄는 자유화된 셈이다.

2) 범 죄

본죄의 실행행위는 낙태였다. 낙태행위는 임신하고 있는 여자 자신이 행위는 것 외에 타인을 사용하여 행하여져도 무방하였다. 따라서 임부가 타인에게 촉탁 또는 승낙하여 자기에 대한 낙태행위를 행하게 하여도 무방하였다. 다만 이러한 경우 임부 자신에게는 본죄가 성립하게 됨에 반하여 타인에게는 동의낙태죄 또는 업무상 낙태죄가 성립하게 되었다.

대법원에 의하면 "피고인이 결혼을 전제로 교제하던 여성 갑의 임신 사실을 알고 수회에 걸쳐 낙태를 권유하였다가 거부당하자, 갑에게 출산 여부는 알아서 하되 더 이상 결혼을 진행하지 않겠다고 통보하고, 이후에도 아이에 대한 친권을 행사할 의사가 없다고 하면서 낙태할 병원을 물색해 주기도 하였는데, 그 후 갑이 피고인에게 알리지 아니한 채 자신이 알아본 병원에서 낙태시술을 받은 사안에서, 피고인은 갑에게 직접 낙태를 권유할 당시뿐만 아니라 출산 여부는 알아서 하라고 통보한 이후에도 계속 낙태를 교사하였고, 갑은 이로 인하여 낙태를 결의·실행하게 되었다고 보는 것이 타당하며, 갑이 당초 아이를 낳을 것처럼 말한 사실이 있다는 사정만으로 피고인의 낙태교사행위와 갑의 낙태결의 사이에 인과관계가 단절되는 것은 아니라는 이유로, 피고인에게 낙태교사죄를 인정한 원심판단을 정당하다"고 한 바 있다.[15)]

(2) 의사에 의한 업무상 낙태죄

제270조(의사 등의 낙태, 부동의낙태) ① 의사(실효), 한의사, 조산사, 약제사 또는 약종상이 부녀의 촉탁 또는 승낙을 받어 낙태하게 한 때에는 2년 이하의 징역에 처한다.

구조문

제270조(의사 등의 낙태, 부동의낙태) ① 의사, 한의사, 조산사, 약제사 또는 약종상이 부녀의 촉탁 또

15) 대법원 2013.9.12. 선고 2012도2744 판결.

는 승낙을 받어 낙태하게 한 때에는 2년 이하의 징역에 처한다.

1) 의 의

본죄는 의사가 부녀의 촉탁 또는 승낙을 받어 낙태하게 함으로써 성립하는 범죄였다. 본죄는 2021년 1월 1일부터 실효되었다. 신분범인 본죄가 실효됨으로써 의사에 의한 업무상 낙태죄는 자유화된 셈이다.

자기낙태죄의 자유화가 실효성을 가지기 위한 요건은 의사에 의한 업무상 낙태죄의 자유화라고 할 수 있다. 낙태를 위해서는 병원을 찾을 수밖에 없기 때문이다. 결국 업무상 낙태죄 중에서 의사에 의한 업무상 낙태죄는 자유화되었지만, 나머지 한의사, 조산사, 약제사(약사) 또는 약종상(한약업사)에 의한 업무상 낙태죄는 여전히 자유화되지 않은 채 남아 있다고 할 수 있다.

2) 범 죄

본죄의 주체는 의사, 한의사, 조산사, 약제사 또는 약종상이었다. 진정신분범이었다. 다만 주체 중에서 의사에 관한 규정만이 실효되었기 때문에 나머지에 해당하는 주체는 그대로 남아 있다. 업무상 낙태죄의 실행행위는 낙태하는 것이다. 낙태는 부녀의 촉탁 또는 승낙을 받을 것을 그 요건으로 하고 있었다.

대법원에 의하면 "산부인과 의사인 피고인이 임신 28주 상태인 공소외 1에 대하여 약물에 의한 유도분만의 방법으로 낙태시술을 하였으나, 태아가 살아서 미숙아 상태로 출생하자 그 미숙아에게 염화칼륨을 주입하여 사망하게 한 사실을 인정한 후, 낙태죄는 태아를 자연분만기에 앞서서 인위적으로 모체 밖으로 배출하거나 모체 안에서 살해함으로써 성립하고, 그 결과 태아가 사망하였는지 여부는 낙태죄의 성립에 영향이 없는 것이다"라고 한 바 있다.[16)]

4. 향후의 입법적 과제

자기낙태죄와 의사에 의한 업무상 낙태죄가 실효된 2021년 1월 1일부터 잔존하고 있는 본장의 죄와 이와 연관된 모자보건법상의 위법성조각사유에 대한 후속입법의 부재로 혼란이 가중되고 있다. 법률상의 공백과 제도상의 불비가 가져온 당연한 결과라고 하지 않을 수 없다. 형법상 실효된 자기낙태죄와 의사에 의한 업무상 낙태죄를 제외한 나머지 낙태죄와 모자보건법상의 위법성조각사유 및 양법의 관계에 관하여 입법적 재정비가 불가피하고 시급하다고 하겠다.

Ⅴ. 구성요건의 체계

본장의 죄로서는 동의낙태죄(제269조 제2항), 업무상 낙태죄(제270조 제1항), 부동의낙태죄(제270조 제2항) 및 결과적 가중범으로서 동의낙태치사상죄(제269조 제3항)와 업무상 낙태·부동의낙태 치사상죄(제270조 제3항)가 규정

16) 대법원 2005.4.15. 선고 2003도2780 판결.

되어 있다. 본장의 죄는 미수범에 대한 처벌규정을 두지 않고 있다.

다만 본장의 죄 중에서 헌법재판소에 의해서 헌법불합치의 대상이 된 것은 전술한 바와 같이 자기낙태죄(제269조 제1항)와 의사에 의한 업무상 낙태죄(제270조 제1항 일부)의 2가지 유형이다.

§2. 낙태죄

제269조(낙태) ① (실효)
② 부녀의 촉탁 또는 승낙을 받어 낙태하게 한 자도 제1항의 형과 같다.
③ 제2항의 죄를 범하여 부녀를 상해에 이르게 한때에는 3년 이하의 징역에 처한다. 사망에 이르게 한 때에는 7년 이하의 징역에 처한다.

구조문
제269조(낙태) ① 부녀가 약물 기타 방법으로 낙태한 때에는 1년 이하의 징역 또는 200만원 이하의 벌금에 처한다.

Ⅰ. 서 설

본죄는 부녀의 촉탁 또는 승낙을 받아 낙태하게 하거나 이를 범하여 부녀를 상해나 사망에 이르게 함으로써 성립한다.

본죄는 부녀의 촉탁 또는 승낙을 받아 낙태하게 함으로써 성립하는 동의낙태죄와 이를 범하여 부녀를 상해나 사망에 이르게 함으로써 성립하는 동의낙태치사상죄로 나누어질 수 있다. 동의낙태치사상죄는 결과적 가중범에 속한다.

한편 본죄 중에서부녀가 약물 기타 방법으로 낙태한 때에 성립하는 자기낙태죄는 2021년 1월 1일부터 실효되었다(형법 구조문 제269조 제1항). 이에 대하여는 이미 전술한 바 있다.

Ⅱ. 동의낙태죄

1. 서 언

본죄는 부녀의 촉탁 또는 승낙을 받아 낙태하게 함으로써 성립한다(제269조 제2항). 본죄는 다시 촉탁낙태죄와 승낙낙태죄로 나누어질 수 있다. 역으로 양자를 총칭하여 동의낙태죄라고도 한다.

2. 범 죄

본죄의 주체에는 제한이 없다. 다만 부녀와 의사는 본죄의 주체에서 제외된다. 자기낙태죄와 의사에 의한 업무상 낙태죄는 이미 실효되었기 때문이다. 또 업무상 낙태죄의 주체는 본죄의 주체에서 제외되지 않을 수 없다. 이들에 대하여는 특별법우선의 원칙에 따라 업무상 낙태죄가 본죄보다 우선하여 적용되기 때문이다.

본죄의 실행행위는 낙태하게 하는 것이다. 낙태의 계기는 부녀의 촉탁 또는 승낙을 받는 것이다. 촉탁(囑託)이란 부녀로부터의 적극적인 의뢰를 말하고, 승낙(承諾)이란 촉탁을 제외한 부녀의 동의를 말한다. 다만 양자를 구별할 실익은 없다. 부녀란 임산부를 말한다. 촉탁 또는 승낙은 부녀의 진의와 임의에 근거한 것이 아니면 안 된다. '낙태하게 하는'이란 행위자 자신이 부녀에 대하여 낙태행위를 행하여 부녀에게 낙태의 결과를 발생시키는 것을 말한다.

3. 처 벌

본죄의 법정형은 1년 이하의 징역 또는 200만원 이하의 벌금이다. 본죄의 미수범에 대하여는 다른 모든 낙태죄에 있어서와 마찬가지로 처벌규정이 존재하지 않는다.

Ⅲ. 동의낙태치사상죄

1. 서 언

본죄는 동의낙태죄를 범하여 부녀를 상해 또는 사망에 이르게 함으로써 성립한다(제269조 제3항). 본죄는 동의낙태죄의 결과적 가중범이다.

2. 범 죄

본죄의 기본범죄는 동의낙태죄이다. 본죄는 결과적 가중범으로서 중한 결과의 발생을 요한다. 본죄의 중한 결과는 과실에 의한 부녀의 상해 또는 사망이다. 본죄는 낙태행위에 의하여 임부의 상해 또는 사망이라는 결과를 발생시킨 것이 가중의 원인이기 때문에 낙태와 그 부속물의 배출에 수반하여 통상 발생하는 임부의 신체의 이상은 본죄의 상해에 해당하지 않는다고 해석된다. 본죄는 주관적 구성요건요소로서 기본범죄의 낙태행위에 대한 고의와 중한 결과의 상해 또는 사망에 대한 과실을 요한다.

한편 태아에 대한 상해나 사망은 본죄의 부녀에 대한 상해나 사망과는 전혀 별개의 것이다. 대법원도 "현행 형법이 사람에 대한 상해 및 과실치사상의 죄에 관한 규정과는 별도로 태아를 독립된 행위객체로 하는 낙태죄, 부동의 낙태죄, 낙태치상 및 낙태치사의 죄 등에 관한 규정을 두어 포태한 부녀의 자기낙태행위 및 제3자의 부동의 낙태행위, 낙태로 인하여 위 부녀에게 상해 또는 사망에 이르게 한 행위 등에 대하여 처벌하도록 한 점, 과실낙태행위 및 낙태미수행위에 대하여 따로 처벌규정을 두지 아니한 점 등에 비추어 보면, 우리 형법은 태아를 임산부 신체의 일부로 보거나, 낙태행위가 임산부의 태아양육, 출산 기능의 침해라는 측면에서 낙태죄와는 별개로 임산부에 대한 상해죄를 구성하는 것으로 보지는 않는다고 해석된다. 따라서 태아를 사망에 이르게 하는 행위가 임산부 신체의 일부를 훼손하는 것이라거나 태아의 사망으로 인하여 그 태아를 양육, 출산하는 임산부의 생리적 기능이 침해되어 임산부에 대한 상해가 된다고 볼 수는 없다"고 판시한 바 있다.[17]

17) 대법원 2007.6.29. 선고 2005도3832 판결.

3. 처 벌

본죄의 법정형은 상해에 이르게 한 경우 3년 이하의 징역, 사망에 이르게 한 경우에는 7년 이하의 징역이다.

§3. 업무상 낙태죄 · 부동의낙태죄

제270조(의사 등의 낙태, 부동의낙태) ① 한의사, 조산사, 약제사 또는 약종상이 부녀의 촉탁 또는 승낙을 받어 낙태하게 한 때에는 2년 이하의 징역에 처한다.
② 부녀의 촉탁 또는 승낙없이 낙태하게 한 자는 3년 이하의 징역에 처한다.
③ 제1항 또는 제2항의 죄를 범하여 부녀를 상해에 이르게 한때에는 5년 이하의 징역에 처한다. 사망에 이르게 한때에는 10년 이하의 징역에 처한다.
④ 전 3항의 경우에는 7년 이하의 자격정지를 병과한다.

구조문
제270조(의사 등의 낙태, 부동의낙태) ① 의사, 한의사, 조산사, 약제사 또는 약종상이 부녀의 촉탁 또는 승낙을 받어 낙태하게 한 때에는 2년 이하의 징역에 처한다.

Ⅰ. 서 설

본죄는 한의사, 조산사, 약제사 또는 약종상이 부녀의 촉탁 또는 승낙을 받아 낙태하게 하거나(제270조 제1항), 부녀의 촉탁 또는 승낙없이 낙태하게 하거나(제270조 제2항) 또는 위의 죄를 범하여 부녀를 상해 또는 사망에 이르게 함으로써 성립한다(제270조 제3항).

본죄는 한의사, 조산사, 약제사 또는 약종상이 부녀의 촉탁 또는 승낙을 받아 낙태하게 하는 업무상 낙태죄, 부녀의 촉탁 또는 승낙없이 낙태하게 하는 부동의낙태죄 및 업무상 낙태죄 · 부동의낙태죄를 범하여 부녀를 상해 또는 사망에 이르게 하는 업무상 낙태 · 부동의낙태 치사상죄로 나누어질 수 있다.

한편 업무상 낙태죄 중에서 의사가 부녀의 촉탁 또는 승낙을 받아 낙태하게 함으로써 성립하는 의사에 의한 업무상 낙태죄는 2021년 1월 1일부터 실효되었다(형법 구조문 제270조 제1항 참조). 이에 대하여는 이미 전술한 바 있다.

Ⅱ. 업무상 낙태죄

1. 의 의

본죄는 한의사, 조산사, 약제사 또는 약종상이 부녀의 촉탁 또는 승낙을 받아 낙태하게 함으로써 성립한다(제270조 제1항).

2. 범 죄

본죄의 주체는 한의사, 조산사, 약제사 및 약종상에 한한다. 의사에 의한 업무상 낙태죄가 2021년 1월 1일부터 실효되었기 때문에 의사는 본죄의 주체에서 제외된다. 조문에 열거된 업무자만이 본죄의 주체가 될 수 있는 신분범이다. 본죄는 업무자라는 신분에 의하여 형을 가중하기 때문에 동의낙태죄를 기본범으로 하는 가중적 구성요건으로서 부진정신분범에 속한다고 할 수 있다. 약제사(藥劑師)는 1953년 약사법이 제정되기 이전에 사용되던 약사에 대한 일본식 명칭이다.[18] 약종상(藥種商)이란 의약품판매업자의 한 사람으로서 한약종상 및 매약청매상과 함께 1971년 약사법 개정시 한약업사로 그 명칭이 통합되었다(약사법 제44조, 제46조 참조).[19] 한약업사는 환자가 요구하면 기존 한약서에 실린 처방 또는 한의사의 처방전에 따라 한약을 혼합 판매할 수 있도록 허용되고 있다(약사법 제45조 제4항). 혼합판매행위란 환자의 요구가 있을 때에 기존 한약서에 수재된 처방 또는 한의사의 처방전에 의하여 한약을 혼합판매하는 행위를 말한다.[20]

본죄의 실행행위는 낙태하게 하는 것이다. 낙태하게 하는 계기는 부녀의 촉탁 또는 승낙을 받는 것이다. 본죄의 실행행위는 동의낙태죄의 그것과 같다.

3. 처 벌

본죄의 법정형은 2년 이하의 징역이다. 동의낙태죄보다 중하게 처벌되고 있다. 본죄의 경우 7년 이하의 자격정지를 병과한다.

본죄가 한의사 등의 신분자를 통상인보다도 무겁게 처벌하는 이유는 이들이 낙태에 관한 전문적인 지식과 기술을 가지고 이를 남용하여 영리행위를 할 우려가 있어 이를 예방할 필요가 있기 때문이다. 또 본죄는 일정한 자격을 가지고 그 직무상 소위 태아의 생명을 보호해야 할 입장에 있는 사람이 낙태로 나아간 경우에는 통상인의 경우보다는 한층 무거운 책임을 지는 것이 합당하다고 해석되기 때문이다.

Ⅲ. 부동의낙태죄

1. 의 의

본죄는 부녀의 촉탁 또는 승낙없이 낙태하게 함으로써 성립한다. 촉탁과 승낙을 동의라고 총칭할 수 있기 때문에 본죄를 부동의낙태죄라고 할 수도 있다. 본죄는 태아와 부녀의 생명 또는 신체에 대한 일방적 공격으로서 위법성이 높은 유형이다.

2. 범 죄

본죄의 주체에는 제한이 없다. 업무상 낙태죄의 주체도 본죄의 주체가 될 수 있다. 본죄

18) 약사법 1953.12.18. 제정 법률 제300호 1954.1.28. 시행.
19) 약사법 제37조 참조(약사법 1971.1.13. 일부개정 법률 제2279호 1971.1.13. 시행).
20) 대법원 1993.8.27. 선고 93도153 판결.

의 실행행위는 부녀의 촉탁 또는 승낙없이 낙태하게 하는 것이다. 촉탁 또는 승낙 없이란 촉탁도 승낙도 없이의 의미이다. 부녀의 촉탁 또는 승낙은 부녀의 진의와 임의에 근거한 것이 아니면 안 된다. 이미 동의낙태죄에서 전술한 바와 같다. 부녀의 촉탁 또는 승낙이 없음에도 불구하고 낙태를 행하면 본죄가 성립하고 부녀의 반대의 의사가 표명되어 있을 필요는 없다. 또한 사후승낙도 본죄의 성립을 방해하지 않는다. 낙태행위는 범인 자신이 행하는 외에 정을 모르는 부녀 자신을 포함하여 타인을 사용하여 행하여도 무방하다.

3. 처 벌

본죄의 법정형은 3년 이하의 징역이다. 낙태죄 중에서 결과적 가중범을 제외하면 법정형이 가장 높다고 할 수 있다. 본죄의 경우 7년 이하의 자격정지를 병과한다.

Ⅳ. 업무상 낙태·부동의낙태 치사상죄

1. 서 언

본죄는 업무상 낙태죄 또는 부동의낙태죄를 범하여 부녀를 상해 또는 사망에 이르게 함으로써 성립한다(제270조 제3항). 본죄는 업무상 낙태죄 또는 부동의낙태죄의 결과적 가중범이다.

2. 범 죄

본죄의 기본범죄는 업무상 낙태죄 또는 부동의낙태죄이다. 본죄는 결과적 가중범으로서 중한 결과의 발생을 요한다. 본죄의 중한 결과는 과실에 의한 부녀의 상해 또는 사망이다. 본죄는 주관적 구성요건요소로서 기본범죄의 낙태행위에 대한 고의와 중한 결과의 상해 또는 사망에 대한 과실을 요한다.

문제는 기본범죄가 미수에 그치고 중한 결과만 발생한 경우에 있다. 본죄의 성립을 인정하는 긍정설은 본죄는 부녀를 사상에 이르게 함으로써 기수에 이르며 낙태행위의 미·기수를 묻지 않는다고 한다. 부정설은 본죄는 낙태죄를 범하여 부녀를 사살에 이르게 함으로써 성립하고 낙태미수는 처벌되지 않으므로 낙태행위는 기수에 이를 것을 요한다고 한다. 생각건대 조문상 '~죄를 범하여'라는 규정은 기수를 의미하고 낙태미수가 처벌되지 아니하는 취지를 감안할 때 부정설이 타당하다고 해석된다. 따라서 기본범죄의 낙태행위가 미수에 그치고 사상의 중한 결과만 발생한 경우에는 업무상 과실 치사상죄만이 성립한다고 해야 한다. 이는 전술한 동의낙태 치사상죄에 있어서도 마찬가지이다.

3. 처 벌

본죄의 법정형은 부녀를 상해에 이르게 한때에는 5년 이하의 징역이고, 사망에 이르게 한때에는 10년 이하의 징역이다. 본죄의 경우 7년 이하의 자격정지를 병과한다.

§4. 관련 특별법

형법상 자기낙태죄(제269조 제1항)와 의사에 의한 업무상 낙태죄(제270조 제1항 참조)가 실효되고, 이에 따른 후속 입법조치가 마련되지 않은 상황에서 모자보건법도 정비되지 않은 채로 남아 있다. 해석상 실효된 부분과 유효한 부분을 가리기 어려워 기존의 법조문을 그대로 소개하기로 한다. 한편, 모자보건법은 그동안 형법상 의사에 의한 업무상 낙태죄의 위법성조각사유에 해당하는 것으로 해석되어 왔었다.

Ⅰ. 모자보건법

제14조(인공임신중절수술의 허용한계) ① 의사는 다음 각 호의 어느 하나에 해당되는 경우에만 본인과 배우자(사실상의 혼인관계에 있는 사람을 포함한다. 이하 같다)의 동의를 받아 인공임신중절수술을 할 수 있다.

1. 본인이나 배우자가 대통령령으로 정하는 우생학적(優生學的) 또는 유전학적 정신장애나 신체질환이 있는 경우
2. 본인이나 배우자가 대통령령으로 정하는 전염성 질환이 있는 경우
3. 강간 또는 준강간(準强姦)에 의하여 임신된 경우
4. 법률상 혼인할 수 없는 혈족 또는 인척 간에 임신된 경우
5. 임신의 지속이 보건의학적 이유로 모체의 건강을 심각하게 해치고 있거나 해칠 우려가 있는 경우

② 제1항의 경우에 배우자의 사망·실종·행방불명, 그 밖에 부득이한 사유로 동의를 받을 수 없으면 본인의 동의만으로 그 수술을 할 수 있다.

③ 제1항의 경우 본인이나 배우자가 심신장애로 의사표시를 할 수 없을 때에는 그 친권자나 후견인의 동의로, 친권자나 후견인이 없을 때에는 부양의무자의 동의로 각각 그 동의를 갈음할 수 있다.

Ⅱ. 모자보건법 시행령

제15조(인공임신중절수술의 허용한계) ① 법 제14조에 따른 인공임신중절수술은 임신 24주일 이내인 사람만 할 수 있다.

② 법 제14조제1항제1호에 따라 인공임신중절수술을 할 수 있는 우생학적 또는 유전학적 정신장애나 신체질환은 연골무형성증, 낭성섬유증 및 그 밖의 유전성 질환으로서 그 질환이 태아에 미치는 위험성이 높은 질환으로 한다.

③ 법 제14조제1항제2호에 따라 인공임신중절수술을 할 수 있는 전염성 질환은 풍진, 톡소플라즈마증 및 그 밖에 의학적으로 태아에 미치는 위험성이 높은 전염성 질환으로 한다.

제 6 절 유기와 학대의 죄

§1. 개 관

Ⅰ. 의 의

본장의 유기와 학대의 죄는 생명·신체의 보호에 있어서 유기행위나 학대행위 또는 그로 인한 상해 또는 사망을 내용을 하는 범죄이다(형법 제2편 제28장). 본장의 죄는 유기의 죄와 학대의 죄로 대별될 수 있다. 이외에도 본장의 죄는 아동혹사죄를 포함하고 있다.

유기의 죄는 타인의 보호나 감독이 필요한 피보호자나 피감독자를 보호자나 감독자가 유기하는 것을 내용으로 한다. 학대의 죄는 타인의 보호나 감독이 필요한 피보호자나 피감

독자를 보호자나 감독자가 학대하는 것을 내용으로 한다. 유기의 죄는 요구되는 부작위가 문제된다는 점에서 금지되는 작위가 문제되고 있는 학대의 죄와 대조를 이룬다고 할 수 있다.

Ⅱ. 취 지

입법자는 유기죄, 학대죄 및 아동혹사죄의 법정형을 각각 3년 이하, 2년 이하 및 5년 이하의 징역으로 규정하고 있다. 이는 입법자가 생명・신체에 대한 위험도를 아동혹사, 유기 및 학대의 순으로 파악한 것으로 이해된다. 입법자는 도덕적 차원에서 비난가능성이 아동혹사가 단순 유기보다 더 크지만, 학대는 단순 유기보다 더 작은 것으로 파악한 것이다.

§2. 유기의 죄

Ⅰ. 서 설

1. 의 의

유기의 죄란 유기행위 또는 그로 인한 생명에 대한 위험, 상해 또는 사망을 내용으로 하는 범죄를 말한다. 유기의 죄는 타인의 보호가 필요한 피보호자를 보호자가 유기하는 것을 내용으로 한다. 유기의 죄는 보호의 의무 있는 자의 유기만을 처벌대상으로 하고 있다. 유기의 죄는 요구행위를 하지 않는 부작위가 문제된다는 점에서 학대행위와 같이 금지행위를 하는 작위가 문제되고 있는 학대의 죄와 구별된다.

2. 입법례

유기의 죄와 관련하여서는 미국에 있어서의 이른바 '선한 사마리안법'(good samaeitan law)이 회자되곤 한다. 그러나 여기에서는 형법의 해석에 시사점을 줄 수 있는 독일형법과 일본형법에 관하여 약술하기로 한다. 독일형법은 불구조죄를 명문으로 규정하고 있다. 동규정은 일반인에 대하여도 구조의무를 인정하는 일반적 구조의무라는 점에서 보호의무자에게만 인정하고 있는 본죄와 구별된다(독일형법 제323조의 c 참조).[1] 독일형법은 형벌로써 위하하여 구조를 강제하는 길을 선택한 것이다. 동규정은 나치시절인 1935년 개정을 거쳐 제2차 세계대전 후인 1953년 재개정시 탈나치화에도 불구하고 잔존한 독일 구형법의 규정에서 유래한다(독일 구형법 제360조 제1항 제10호 참조). 동규정은 연대(Solidari-tät)에서 그 근거가 구해지기도 하지만, 다른 한편에서는 여전히 도덕적 의무를 법적 의무화한 것은 아닌가 하는 의문이 잔존하고 있다.

일본형법은 단순 유기죄(일본형법 제217조)와 보호책임자의 유기죄(일본형법 제218조)를 나란히 규정하고, 후자

---

1) 독일형법 제323조의 c (구조불이행) 사고, 공공위험 또는 긴급상황 발생시 필요하고 제반사정에 비추어 기대가능한 구조, 특히 자신에 대한 현저한 위험 및 기타 중요한 의무의 위반 없이도 가능한 구조를 제공하지 않은 자는 1년 이하의 자유형 또는 벌금형에 처한다.

의 경우에는 가중하여 처벌하고 있다.[2] 특히 후자에서 보호책임의 발생근거에 있어서는 부진정부작위범에 있어서 작위의무의 그것과 동일하게 해석되고 있다. 보호책임은 법령, 계약, 사무관리, 관습 · 조리에 근거하여 발생하는 것으로 해석되고 있는 것이다.

한편 형법이 제정되기 이전의 구형법은 의용되었던 일본형법과 내용적으로는 일치한다고 할 수 있다. 그러나 본죄의 규정은 형법의 제정 당시부터 일본형법과는 달리 보호책임자의 유기죄만을 수용하고 부조의 원인, 즉 도움이 필요한 원인에 '기타의 사정'을 추가하고, 보호의무자를 '법률상 또한 계약상 의무 있는 자'로 한정하였던 것이다.

3. 보호법익

(1) 의 의

유기의 죄의 보호법익은 피유기자의 생명 · 신체의 안전이다. 다만 보호의 정도에 관하여는 견해가 일치하지 않고 있다.

(2) 보호의 정도

보호의 정도와 관련하여서는 구체적 위험범설과 추상적 위험범설이 대립하고 있다. 추상적 위험범설은 구체적으로 위험을 가져오지 않는 행위는 대체로 벌할 근거가 없다는 점, 유기의 결과로 사람의 생명에 대한 구체적 위험을 발생케 한 경우에는 특히 그 형을 가중하고 있는 점 등을 근거로 한다. 구체적 위험범설은 유기죄는 요부조자를 보호 없는 상태에 두어 생명 · 신체의 위험에 빠지게 하는 데 본질이 있다는 점을 근거로 한다. 그러나 범죄의 유형에 따라 개별적으로 파악하는 것이 타당하다고 해석된다. 즉, 유기죄와 존속유기죄는 추상적 위험범, 중유기죄와 존속중유기죄는 구체적 위험범 및 유기치사상죄는 침해범으로 해석하는 것이 문언해석의 결과라고 이해된다.

4. 구성요건의 체계

유기의 죄의 기본적 구성요건은 유기죄이다(제271조 제1항). 존속유기죄(제271조 제2항), 중유기죄(제271조 제3항), 존속중유기죄(제271조 제4항) 및 유기치사상죄(제275조)는 가중적 구성요건이다. 존속유기죄는 신분관계로 인하여 책임이 가중되는 유형이고, 중유기죄와 유기치사상죄는 결과적 가중범으로서 결과로 인하여 불법이 가중되는 유형이며, 존속중유기죄는 신분관계로 중유기죄에 비하여 책임이 가중되는 유형이다. 이에 반하여 영아유기죄는 특수한 행위동기로 인하여 책임이 감경되는 감경적 구성요건에 속한다.

---

2) 일본형법 (유기) 제217조 노년, 유년, 신체장애 또는 질병으로 인하여 부조를 필요로 하는 자를 유기한 자는 1년 이하의 징역에 처한다.

(보호책임자유기 등) 제218조 노년자, 유년자, 신체장애자 또는 병자를 보호할 책임이 있는 자가 이들을 유기하거나 그 생존에 필요한 보호를 하지 아니한 때에는 3월 이상 5년 이하의 징역에 처한다.

Ⅱ. 유기죄

제271조(유기, 존속유기) ① 나이가 많거나 어림, 질병 그 밖의 사정으로 도움이 필요한 사람을 법률상 또는 계약상 보호할 의무가 있는 자가 유기한 경우에는 3년 이하의 징역 또는 500만원 이하의 벌금에 처한다.

구조문
제271조(유기, 존속유기) ① 노유, 질병 기타 사정으로 인하여 부조를 요하는 자를 보호할 법률상 또는 계약상의무 있는 자가 유기한 때에는 3년 이하의 징역 또는 500만원 이하의 벌금에 처한다.

1. 의 의

본죄는 나이가 많거나 어림, 질병 그 밖의 사정으로 도움이 필요한 사람을 법률상 또는 계약상 보호할 의무가 있는 자가 유기함으로써 성립하는 범죄이다.

2. 범 죄

(1) 구성요건

1) 객관적 구성요건

① 주 체

ⅰ 신분범 본죄의 주체는 법률상 또는 계약상 보호할 의무가 있는 자에 한정된다. 진정신분범이라고 할 수 있다.

ⅱ 규정상의 보호의무 본죄는 보호의무의 발생근거는 법률상의 보호의무와 계약상의 의무로 한정하여 규정하고 있다. 첫째 법률상의 보호의무이다. 친권자의 보호의무(민법 제913조), 부부간의 부양의무(민법 제826조), 친족간의 부양의무(민법 제974조) 등은 사법상의 보호의무에 속한다. 이에 반하여 경찰관의 보호의무(경찰관직무집행법 제4조), 사고운전자의 구호의무(도로교통법 제54조) 등은 공법상의 보호의무에 해당한다. 보호책임은 도움을 필요로 하는 사람의 생명·신체를 그 위험으로부터 보호하여야 할 현실적인 의무를 말하기 때문에 법령상의 의무가 곧바로 보호책임의 근거로 되는 것은 아니다.

둘째, 계약상의 보호의무이다. 부양, 간병, 교육 등 그 내용이 무엇이든 보호의무에 관한 계약이라면 그 명칭이나 유형은 문제되지 않는다. 계약당사자가 반드시 피유기자일 것을 요하는 것도 아니다. 유기자와 제3자 사이에 체결된 계약이라도 무방하다. 보호의무가 주된 급부이거나 명시될 것도 요하지 않는다. 다만 민사상의 계약위반이 손해배상에 그치지 않고, 본죄에 해당하기 위해서는 계약위반이 유기에 해당할 정도에 이르지 않으면 안 된다고 해석된다. 대법원도 "계약상의 보호의무는 간호사나 보모와 같이 계약에 기한 주된 급부의무가 부조를 제공하는 것인 경우에 반드시 한정되지 아니하며, 계약의 해석상 계약관계의 목적이 달성될 수 있도록 상대방의 신체 또는 생명에 대하여 주의와 배려를 한다는 부수적 의무의 한 내용으로 상대방을 부조하여야 하는 경우를 배제하는 것은 아니라고 할 것이다. 그러나 그 의무 위반의 효과로서 주로 손해배상책임이 문제되는 민사영역에서와는 달리 유기죄의 경우에는 당사자의 인적 책임에 대한 형사적 제재가 문제된다는 점 등을 고려하여 보면, 단지 위와 같은 부수의무로서의 민사적 부조의무 또는 보호의무가 인정된다고 해서 형법 제271조 소정의 '계약상 의무'가 당연히 긍정된다고는 말할 수 없고, 당해 계약관계의 성질과 내용, 계약당사자 기타 관련자들 사이의 관계 및 그 전개양상, 그들의 경제적·사회적 지위, 부조가 필요하기에 이른 전후의 경위, 필요로 하는 부조의 대체가능성을 포함하여 그 부조의 종류와 내용, 달리 부조를 제공할 사람 또는 설비가 있는지 여부 기타 제반 사정을 고려하여 위 '계약상의 부조의무'의 유무를 신중하게 판단하여야 한다"고 판시한 바 있다.[3)]

ⅲ **규정 외의 보호의무** 본죄는 보호의무의 발생근거를 전술한 바와 같이 법률상의 보호의무와 계약상의 보호의무로 한정하여 규정하고 있다. 문제는 본죄의 규정 외에 사무관리, 관습 또는 조리에 근거한 보호의무를 인정할 수 있는가에 있다. 이에 관하여는 이를 인정하는 긍정설과 인정하지 않는 부정설 외에도 법률상의 보호의무에 부작위범의 보증의무(제18조 참조)를 포함시켜 해석하는 포함설이 대립하고 있다. 생각건대 본죄는 보호의무의 발생근거를 법률과 계약에 한정하여 규정하고 있다. 이것이 입법취지라고 해석되기 때문에 이 외의 발생근거를 인정하는 것은 죄형법정주의에 위배된다고 해석된다.

보호의무를 긍정한 판례의 구체적 내용은 다음과 같다. 즉,

유기죄를 범하여 사람을 사망에 이르게 하는 유기치사죄가 성립하기 위해서는 먼저 유기죄가 성립하여야 하므로, 행위자가 유기죄에 관한 형법 제271조 제1항이 정하고 있는 것처럼 "노유, 질병 기타 사정으로 인하여 부조를 요하는 자를 보호할 법률상 또는 계약상 의무 있는 자"에 해당하여야 한다. 여기에서 말하는 법률상 보호의무에는 민법 제826조 제1항에 근거한 부부간의 부양의무도 포함된다.[4)] 피고인이 자신이 운영하는 주점에 손님으로 와서 수일 동안 식사는 한 끼도 하지 않은 채 계속하여 술을 마시고 만취한 피해자를 주점 내에 그대로 방치하여 저체온증 등으로 사망에 이르게 하였다는 내용으로 예비적으로 기소된 사안에서, 피해자가 피고인의 지배 아래 있는 주점에서 3일 동안 과도하게 술을 마시고 추운 날씨에 난방이 제대로 되지 아니한 주점 내 소파에서 잠을 자면서 정신을 잃은 상태에 있었다면, 피고인은 주점의 운영자로서 피해자의 생명 또는 신체에 대한 위해가 발생하지 아니하도록 피해자를 주점 내실로 옮기거나 인근에 있는 여관에 데려다 주어 쉬게 하거나 피해자의 지인 또는 경찰에 연락하는 등 필요한 조치를 강구하여야 할 계약상의 부조의무를 부담한다고 판단하여 유기치사죄를 인정한 원심판결을 수긍한 사례이다.[5)] 원심은 피고인 1이 전격성간염에 걸려 장내출혈의 증세까지 생긴 만11세 남짓한 그 딸 을 원판시와 같이 병원으로 데리고 다니면서 치료를 받게 함에 있어 의사들이 당시의 의료기술상 최선의 치료방법이라고 하면서 권유하는 수혈을 자신이 믿는 종교인 여호와의 증인의 교리에 어긋난다는 이유로 시종일관 완강히 거부하는 원판시와 같은 언동을 하여 그 딸로 하여금 의학상의 적정한 치료를 받지 못하도록 하여 동인을 유기하고 그로인해 동인으로 하여금 장내출혈 때문에 실혈사하게 한 것이라는 취지의 범죄사실을 인정하여 유기치사죄로 처단하고 있는 바, 동 피고인이 질병으로 인하

3) 대법원 2011.11.24. 선고 2011도12302 판결.
4) 대법원 2018.5.11. 선고 2018도4018 판결.
5) 대법원 2011.11.24. 선고 2011도12302 판결.

여 이와 같이 보호를 요하는 딸을 병원에 입원시켜 놓고 의사가 그 당시 국내의 의료기술상 최선의 치료방법이라는 수혈을 하려 하여도 이를 완강하게 거부하고 방해하였다면 이는 결과적으로 요부조자를 위험한 장소에 두고 떠난 것이나 다름이 없다고 할 것이어서 그 행위의 성질로 보면 논지가 지적하는 치거에 해당된다고 할 것이고 비록 그 환자의 증세로 보아 회복의 가망성이 희박한 상태(그렇다고 하여 처음부터 회복의 전망이 전혀 없다고 단정하기에 족한 증거자료도 없다)이어서 의사가 권하는 최선의 치료방법인 수혈이라도 하지 않으면 그 환자가 사망할 것이라는 위험이 예견가능한 경우에 아무리 생모라고 할지라도 자신의 종교적 신념이나 후유증 발생의 염려만을 이유로 환자에 대하여 의사가 하고자 하는 위의 수혈을 거부하여 결과적으로 그 환자로 하여금 의학상 필요한 치료도 제대로 받지 못한 채 사망에 이르게 할 수 있는 정당한 권리가 있다고는 할 수 없는 것이며 그때에 사리를 변식할 지능이 없다고 보아야 마땅할 11세 남짓의 환자 본인이 가사 그 생모와 마찬가지로 위의 수혈을 거부한 일이 있다고 하여도 이것이 피고인의 위와 같은 수혈거부 행위가 위법한 것이라고 판단하는데 어떠한 영향을 미칠만한 사유가 된다고 볼 수는 없으므로 같은 취지에서 피고인의 판시 소위가 유기치사죄에 해당한다고 판단한 원심의 조치에 논지가 지적한 바와 같은 심리 미진, 판단유탈 및 유기치사죄에 대한 법리오해, 치료방법을 선택할 수 있는 자유권의 행사인 정당행위에 관한 법리오해와 종교의 자유를 보장한 헌법위반 등의 위법사유가 있다고 할 수 없으므로 논지는 모두 이유없음에 돌아간다고 할 것이다.[6]

보호의무를 부정한 판례의 구체적 내용은 다음과 같다. 즉,

현행 형법은 유기죄에 있어서 구법과는 달리 보호법익의 범위를 넓힌 반면에 보호책임없는 자의 유기죄는 없애고 법률상 또는 계약상의 의무있는 자만을 유기죄의 주체로 규정하고 있어 명문상 사회상규상의 보호책임을 관념할 수 없다고 하겠으니 유기죄의 죄책을 인정하려면 보호책임이 있게 된 경위 사정관계등을 설시하여 구성요건이 요구하는 법률상 또는 계약상 보호의무를 밝혀야 하고 설혹 동행자가 구조를 요하게 되었다 하여도 일정거리를 동행한 사실만으로서는 피고인에게 법률상 계약상의 보호의무가 있다고 할 수 없으니 유기죄의 주체가 될 수 없다.[7] 현행 형법은 유기죄에 있어서 구법과는 달리 보호법익의 범위를 넓힌 반면에 보호책임없는 자의 유기죄는 없애고 법률상 또는 계약상의 의무있는 자만을 유기죄의 주체로 규정하고 있어 명문상 사회상규상의 보호책임을 관념할 수 없다고 하겠으니 유기죄의 죄책을 인정하려면 보호책임이 있게 된 경위 사정관계등을 설시하여 구성요건이 요구하는 법률상 또는 계약상 보호의무를 밝혀야 하고 설혹 동행자가 구조를 요하게 되었다 하여도 일정거리를 동행한 사실만으로서는 피고인에게 법률상 계약상의 보호의무가 있다고 할 수 없으니 유기죄의 주체가 될 수 없다.[8] 법률상 보호의무 가운데는 민법 제826조 제1항에 근거한 부부간의 부양의무도 포함되며, 나아가 법률상 부부는 아니지만 사실혼 관계에 있는 경우에도 위 민법 규정의 취지 및 유기죄의 보호법익에 비추어 위와 같은 법률상 보호의무의 존재를 긍정하여야 하지만, 이러한 사실혼에 해당되어 법률혼에 준하는 보호를 받기 위하여는 단순한 동거 또는 간헐적인 정교관계를 맺고 있다는 사정만으로는 부족하고, 그 당사자 사이에 주관적으로 혼인의 의사가 있고 객관적으로도 사회관념상 가족질서적인 면에서 부부공동생활을 인정할 만한 혼인생활의 실체가 존재하여야 한다.[9]

---

6) 대법원 1980.9.24. 선고 79도1387 판결.
7) 대법원 1977.1.11. 선고 76도3419 판결.
8) 대법원 1977.1.11. 선고 76도3419 판결.
9) 대법원 2008.2.14. 선고 2007도3952 판결; 대법원 2001.4.13. 선고 2000다52943 판결; 대법원 2001.1.30.

② 객 체

본죄의 객체는 도움이 필요한 사람이다. 도움이 필요한 사람이란 타인의 보호에 의하지 아니하면 스스로 일상생활을 영위하는 동작을 하는 것이 불가능하거나 현저히 곤란하기 때문에 자기의 생명에 발생하는 위험을 회피할 수 없는 사람이라고 해석되고 있다.

도움이 필요한 원인은 나이가 많거나 어림, 질병 그 밖의 사정이다. 나이가 많거나 어림, 질병 그 밖의 사정이 있더라도 도움이 필요하지 않으면 본죄의 객체로 되지 않는다. 역으로 도움이 필요한 사람이더라도 나이가 많거나 어림, 질병 그 밖의 사정이 없으면 본죄의 객체로 되지 않는다. 그 밖의 사유로는 부상이나 신체장애가 대표적으로 예시될 수 있을 것이다.

③ 행 위

본죄의 실행행위는 유기이다. 유기(遺棄, Aussetzung, abandon)란 생명·신체의 안전에 필요한 보호를 하지 않는 것이라고 해석된다. 유기의 방법에는 제한이 없다. 유기는 작위든 부작위든 묻지 않는다. 즉, 장소적 이전과 같은 작위를 의미하는 협의의 유기(Aussetzung)뿐만 아니라 장소적 이전을 요하지 않고 보호의무의 불이행과 같은 부작위를 의미하는 광의의 유기(Verlassen)까지 모두 포함하는 개념이다. 대법원도 "유기행위는 부조를 요하는 자를 보호 없는 상태로 둠으로써 생명·신체를 위태롭게 하는 것이므로 작위뿐만 아니라 부작위에 의하여도 성립하며, 유기를 당한 사람의 생명·신체에 위험을 발생하게 할 가능성이 있으면 유기행위의 요건은 충족되고 반드시 보호의 가능성이 전혀 없을 것을 요하는 것은 아니다"라고 판시한 바 있다.[10] 따라서 타인의 구조를 기대할 수 있거나, 타인의 구조가 없으면 스스로 구조할 의사로 근처에 머물러 있는 경우에도 본죄는 성립한다.

유기를 긍정한 판례의 구체적 내용은 다음과 같다. 즉,

> 피고인이 질병으로 인하여 이와 같이 보호를 요하는 딸을 병원에 입원시켜 놓고 의사가 그 당시 국내의 의료기술상 최선의 치료방법이라는 수혈을 하려 하여도 이를 완강하게 거부하고 방해하였다면 이는 결과적으로 요부조자를 위험한 장소에 두고 떠난 것이나 다름이 없다고 할 것이어서 그 행위의 성질로 보면 논지가 지적하는 치거에 해당된다고 할 것이다.[11]

2) 주관적 구성요건

본죄는 고의범이다. 본죄의 고의는 본인이 보호의무자이며 도움이 필요한 사람을 유기한다는 인식과 이에 대한 실현의사를 요한다. 유기에 대한 고의 이외에 상해나 사망에 대한 미필적 고의가 있을 때에는 본죄가 아니라 상해죄나 살인죄가 성립한다.

판례에 의하면 "주관적 요소인 고의나 공동 가공의 의사를 부인하는 경우에는, 사물의 성질상 범의와 상당한 관련성이 있는 간접사실 또는 정황사실을 증명하는 방법에 의하여 이를 입증할 수밖에 없고, 무엇이 상당한 관련성이 있는 간접사실에 해당할 것인가는 정상

선고 2000도4942 판결.

10) 대법원 2015.11.12. 선고 2015도6809 전원합의체 판결; 대법원 2008.9.11. 선고 2007도6706 판결; 대법원 2006.2.23. 선고 2005도8645 판결.

11) 대법원 1980.9.24. 선고 79도1387 판결. 치거(置去)란 사람을 남겨놓고 가버린다는 의미이다.

적인 경험칙에 바탕을 두고 치밀한 관찰력이나 분석력에 의하여 사실의 연결 상태를 합리적으로 판단하는 방법에 의하여야 한다"고 한다.[12]

한편 보호의무자에 관한 착오는 사실의 착오가 되나, 보호의무에 대한 사실은 인식했으나 보호의무가 없다고 오인한 경우에는 법률의 착오가 된다. 예컨대 주말산악회 인솔대장이 회원에 동반하여 참석한 비회원에 대하여는 계약상 보호의무가 없다고 생각한 경우에는 사실의 착오가 될 수 있지만, 휴식시간에 서로 권하여 마신 음주로 인하여 발생한 낙상사고에 대하여는 보호의무가 없다고 판단한 경우에는 법률의 착오에 해당할 수 있다.

고의를 긍정한 판례의 구체적 내용은 다음과 같다. 즉,

> 단순유기죄를 범하여 사람을 사망에 이르게 하는 유기치사죄가 성립하기 위하여는 먼저 단순유기죄가 성립하여야 하므로, 행위자가 단순유기죄에 관한 형법 제271조 제1항이 정한 바에 따라 "노유, 질병 기타 사정으로 인하여 부조를 요하는 자를 보호할 법률상 또는 계약상 의무 있는 자"에 해당하여야 할 뿐만 아니라, 요부조자에 대한 보호책임의 발생원인이 된 사실이 존재한다는 것을 인식하고 이에 기한 부조의무를 해태한다는 의식이 있음을 요한다.[13] 국민의 생명과 신체의 안전을 보호하기 위한 응급의 조치를 강구하여야 할 직무를 가진 경찰관인 피고인으로서는 술에 만취된 피해자가 향토예비군 4명에게 떼메어 운반되어 지서 나무의자 위에 눕혀 놓았을 때 숨이 가쁘게 쿨쿨 내뿜고 자신의 수족과 의사도 자제할 수 없는 상태에 있음에도 불구하고 근 3시간 동안이나 아무런 구호조치를 취하지 아니한 것은 유기죄에 대한 범의를 인정할 수 있다.[14]

고의를 부정한 판례의 구체적 내용은 다음과 같다. 즉,

> 유기죄에 있어서는 행위자가 요부조자에 대한 보호책임의 발생원인이 된 사실이 존재한다는 것을 인식하고 이에 기한 부조의무를 해태한다는 의식이 있음을 요하는 것이다. 피고인이 **파크호텔 7층 1713호실에서 피해자에게 성관계를 요구하다가 같은 피해자가 그 순간을 모면하기 위하여 7층 창문으로 뛰어내린 것을 알았다면 즉시 적절한 구호조치를 하여 피해자를 보호해야 할 법률상 의무가 있음에도 불구하고 그 사실을 숨기고 그대로 방치하여 유기함으로써 그녀의 생명에 대한 위험을 발생케 한 것이라고 함에 있는바, 우선 위 피해자가 위 1713호실에서 뛰어내린 여부를 피고인이 전혀 알지 못하였다면 피고인의 범의를 인정할 수 없음은 더 말할 필요도 없을 것이다.[15]

3) 미수 · 기수

본죄는 거동범이다. 결과의 발생과 인과관계의 존재를 요하지 않는다. 유기행위 그 자체로 기수에 이르게 된다. 추상적 위험범이기 때문에 유기행위로 인하여 생명 · 신체에 대한 추상적 위험의 발생만으로도 곧 기수에 이르게 된다.

4) 위법성조각사유

본죄는 피해자의 승낙에 의한 경우라 하더라도 위법성조각사유의 한계인 사회상규의 범

---

12) 대법원 2015.11.12. 선고 2015도6809 전원합의체 판결; 대법원 2008.9.11. 선고 2007도6706 판결; 대법원 2006.2.23. 선고 2005도8645 판결.

13) 대법원 2008.2.14. 선고 2007도3952 판결; 대법원 1988.8.9. 선고 86도225 판결.

14) 대법원 1972.6.27. 선고 72도863 판결.

15) 대법원 1988.8.9. 선고 86도225 판결.

위를 넘는 경우에는 위법성이 조각되지 아니한다.

(2) 죄 수

본죄는 상해죄나 살인죄와 보충관계에 있다. 따라서 상해죄나 살인죄가 성립하는 경우에는 본죄가 성립하지 아니한다. 판례에 따르면 강간치상의 범행을 저지른 자가 그 범행으로 인하여 실신상태에 있는 피해자를 구호하지 아니하고 방치하였다고 하더라도 그 행위는 포괄적으로 단일의 강간치상죄만을 구성한다.[16]

3. 처 벌

본죄의 법정형은 3년 이하의 징역 또는 500만원 이하의 벌금이다. 본죄의 미수범은 처벌되지 아니한다.

Ⅲ. 중유기죄

제271조(유기, 존속유기) ③ 제1항의 죄를 지어 사람의 생명에 위험을 발생하게 한 경우에는 7년 이하의 징역에 처한다.

구조문

제271조(유기, 존속유기) ③ 제1항의 죄를 범하여 사람의 생명에 대한 위험을 발생하게 한 때에는 7년 이하의 징역에 처한다.

1. 의 의

본죄는 나이가 많거나 어림, 질병 그 밖의 사정으로 도움이 필요한 사람을 법률상 또는 계약상 보호할 의무가 있는 자가 유기하여 사람의 생명에 위험을 발생하게 함으로써 성립한다. 본죄는 유기죄의 가중적 구성요건이다. 사람의 생명의 위험이라는 중한 결과가 발생하였기 때문이다.

2. 범 죄

본죄의 주체는 법률상 또는 계약상 보호할 의무가 있는 자에 한정된다. 진정신분범이다. 본죄의 객체는 나이가 많거나 어림, 질병 그 밖의 사정으로 도움이 필요한 사람이다. 본죄의 실행행위는 유기이다. 따라서 본죄의 기본범죄는 유기죄이고, 중한 결과는 사람의 생명에 대한 위험이다. 본죄는 중한 결과로서 생명에 대한 위험이 발생해야 기수에 이르는 구체적 위험범이다. 본죄는 중상해죄와 같이 중한 결과가 과실로 야기된 경우뿐만 아니라 고의로 초래된 경우에도 성립하는 부진정 결과적 가중범이다. 중한 결과 이외의 나머지 구성요건의 내용은 유기죄의 그것과 동일하다.

---

16) 대법원 1980.6.24. 선고 80도726 판결.

3. 처 벌

본죄의 법정형은 7년 이하의 징역이다. 유기죄의 3년 이하의 징역 또는 500만원 이하의 벌금에 비하여 가중된 것이라고 할 수 있다.

Ⅳ. 존속유기죄

제271조(유기, 존속유기) ② 자기 또는 배우자의 직계존속에 대하여 제1항의 죄를 지은 경우에는 10년 이하의 징역 또는 1천500만원 이하의 벌금에 처한다.

구조문

제271조(유기, 존속유기) ② 자기 또는 배우자의 직계존속에 대하여 제1항의 죄를 범한 때에는 10년 이하의 징역 또는 1천500만원 이하의 벌금에 처한다.

1. 의 의

본죄는 나이가 많거나 질병 그 밖의 사정으로 도움이 필요한 자기 또는 배우자의 직계존속을 유기함으로써 성립하는 범죄이다. 신분관계로 인하여 형이 유기죄보다 가중되는 가중적 구성요건이다.

2. 범 죄

본죄의 주체는 해석상 직계비속에 제한된다. 직계비속은 법률상 보호할 의무가 있는 자에 해당하기 때문이다. 신분관계로 인하여 형이 가중되는 부진정 신분범이다. 본죄의 객체는 나이가 많거나 질병 그 밖의 사정으로 도움이 필요한 자기 또는 배우자의 직계존속이다. 본죄의 실행행위는 유기이다. 유기는 전술한 유기죄에 있어서의 그것과 같다.

3. 처 벌

본죄의 법정형은 10년 이하의 징역 또는 1천500만원 이하의 벌금로서 유기죄의 그것인 3년 이하의 징역 또는 500만원 이하의 벌금보다 가중되어 있다.

Ⅴ. 존속중유기죄

제271조(유기, 존속유기) ④ 제2항의 죄를 지어 사람의 생명에 위험을 발생하게 한 경우에는 2년 이상의 유기징역에 처한다.

구조문

제271조(유기, 존속유기) ④ 제2항의 죄를 범하여 사람의 생명에 대하여 위험을 발생한 때에는 2년 이상의 유기징역에 처한다.

1. 의 의

본죄는 나이가 많거나 질병 그 밖의 사정으로 도움이 필요한 자기 또는 배우자의 직계존속을 유기하여 생명에 위험을 발생하게 함으로써 성립한다. 본죄는 존속유기죄의 결과적 가중범이다. 사람의 생명의 위험이라는 중한 결과로 인하여 가중하여 처벌하는 가중적 구성요건이다.

2. 범 죄

본죄의 주체는 해석상 직계비속에 제한된다. 신분관계로 인하여 형이 가중되는 부진정신분범이다. 본죄의 객체는 나이가 많거나 질병 그 밖의 사정으로 도움이 필요한 자기 또는 배우자의 직계존속이다. 본죄의 실행행위는 유기이다. 따라서 본죄의 기본범죄는 존속유기죄이고, 중한 결과는 사람의 생명에 대한 위험이다. 본죄는 중한 결과로서 생명에 대한 위험이 발생해야 기수에 이르는 구체적 위험범이다. 본죄는 존속중상해죄와 같이 중한 결과가 과실로 야기된 경우뿐만 아니라 고의로 초래된 경우에도 성립하는 부진정 결과적 가중범이다.

3. 처 벌

본죄의 법정형은 2년 이상의 유기징역로서 존속유기죄의 10년 이하의 징역 또는 1천500만원 이하의 벌금보다 가중되고 있다.

Ⅵ. 영아유기죄

제272조(영아유기) 직계존속이 치욕을 은폐하기 위하거나 양육할 수 없음을 예상하거나 특히 참작할 만한 동기로 인하여 영아를 유기한 때에는 2년 이하의 징역 또는 300만원 이하의 벌금에 처한다.

1. 의 의

본죄는 직계존속이 치욕을 은폐하기 위하거나 양육할 수 없음을 예상하거나 특히 참작할 만한 동기로 인하여 영아를 유기함으로써 성립하는 범죄이다. 본죄는 유기죄보다 책임이 감경되는 감경적 구성요건이다.

2. 범 죄

본죄는 직계존속만을 주체로 하는 신분범이다. 유기죄보다 감경하여 처벌하기 때문에 부진정신분범에 속한다. 본죄의 객체는 영아이다. 바로 이 점에서 본죄는 '분만중 또는 분만직후의 영아'만을 객체로 하는 영아살해죄와 구별되고 있다. 따라서 본죄의 영아는 분만으로 인한 흥분상태가 종료된 이후의 영아라도 무방하다. 영아(嬰兒)란 전술한 바와 같이 돌 전의 젖먹이를 말한다. 생후 1년부터 만7세 미만의 유아(乳兒)는 유기죄의 객체가 된다. 본죄의 실행행위는 유기이다. 유기는 유기죄의 그것과 같다.

본죄는 주관적 구성요건으로서 고의 외에 유기의 동기를 요한다. 유기의 동기란 치욕을 은폐하기 위하거나 양육할 수 없음을 예상하거나 특히 참작할 만한 동기를 말한다. 이는 전술한 영아살해죄에 있어서의 살해의 동기와 일치하는 것이다.

3. 처 벌

본죄의 법정형은 2년 이하의 징역 또는 300만원 이하의 벌금으로서 유기죄의 3년 이하의 징역 또는 500만원 이하의 벌금보다 감경되어 있다.

Ⅶ. 유기 등 치사상죄

제275조(유기등 치사상) ① 제271조 내지 제273조의 죄를 범하여 사람을 상해에 이르게 한 때에는 7년 이하의 징역에 처한다. 사망에 이르게 한 때에는 3년 이상의 유기징역에 처한다.
② 자기 또는 배우자의 직계존속에 대하여 제271조 또는 제273조의 죄를 범하여 상해에 이르게 한 때에는 3년 이상의 유기징역에 처한다. 사망에 이르게 한 때에는 무기 또는 5년 이상의 징역에 처한다.

1. 서 언

본죄는 결과적 가중범이다. 본죄는 실행행위로서 기본범죄의 행위와 중한 결과가 발생함으로써 성립한다. 본죄의 기본범죄는 유기죄, 중유기죄, 존속유기죄, 존속중유기죄 또는 영아유기죄이고, 중한 결과는 상해 또는 사망이다.

2. 범 죄

(1) 유기치사상죄

본죄는 유기죄를 범하여 사상에 이르게 함으로써 성립한다. 본죄는 나이가 많거나 어림, 질병 그 밖의 사정으로 도움이 필요한 사람을 법률상 또는 계약상 보호할 의무가 있는 자가 유기하여 상해 또는 사망에 이르게 함으로써 성립한다.

유기치사를 부정한 판례의 구체적 내용은 다음과 같다. 즉,

> 청산가리의 치사량은 0.1 내지 0.3그램의 극소량으로서 이것을 음독했을 경우 미처 인체에 흡수되기 전에 지체없이 병원에서 위 세척을 하는 등 응급 치료를 받으면 혹 소생할 가능은 있을지 모르나 이미 이것이 혈관에 흡수되어 피고인이 피해자를 변소에서 발견했을 때의 피해자의 증상처럼 환자의 안색이 변하고 의식을 잃었을 때는 우리의 의학기술과 의료시설로서는 그 치료가 불가능하여 결국 사망하게 되는 것이고 또 일반적으로 병원에서 음독환자에게 위세척 호흡촉진제 강심제주사 등으로 응급가료를 하나 이것이 청산가리 음독인 경우에는 아무런 도움도 되지 못하는 것이므로 피고인의 유기행위와 피해자의 사망간에는 상당인과 관계가 없다 할 것이다.[17]

(2) 중유기치사상죄

본죄는 중유기죄를 범하여 사상에 이르게 함으로써 성립한다. 본죄는 나이가 많거나 어림, 질병 그 밖의 사정으로 도움이 필요한 사람을 법률상 또는 계약상 보호할 의무가 있는 자가 유기하여 상해 또는 사망에 이르게 함으로써 성립한다.

(3) 존속유기치사상죄

본죄는 존속유기죄를 범하여 사상에 이르게 함으로써 성립한다. 본죄는 나이가 많거나

17) 대법원 1967.10.31. 선고 67도1151 판결.

질병 그 밖의 사정으로 도움이 필요한 자기 또는 배우자의 직계존속을 유기하여 상해 또는 사망에 이르게 함으로써 성립한다.

(4) 존속중유기치사상죄

본죄는 존속중유기죄를 범하여 사상에 이르게 함으로써 성립한다. 본죄는 나이가 많거나 질병 그 밖의 사정으로 도움이 필요한 자기 또는 배우자의 직계존속을 유기하여 상해 또는 사망에 이르게 함으로써 성립한다.

(5) 영아유기치사상죄

본죄는 영아유기죄를 범하여 사상에 이르게 함으로써 성립한다. 본죄는 직계존속이 치욕을 은폐하기 위하거나 양육할 수 없음을 예상하거나 특히 참작할 만한 동기로 인하여 영아를 유기하여 상해 또는 사망에 이르게 함으로써 성립한다.

3. 처 벌

본죄 중 유기 치사상죄, 중유기 치사상죄 및 영아유기 치사상죄의 법정형은 상해에 이르게 한 경우에는 7년 이하의 징역, 사망에 이르게 한 경우에는 3년 이상의 유기징역이다.

본죄 중 존속유기 치사상죄와 존속중유기 치사상죄의 법정형은 상해에 이르게 한 경우에는 3년 이상의 유기징역, 사망에 이르게 한 경우에는 무기 또는 5년 이상의 징역이다.

§3. 학대의 죄

Ⅰ. 서 언

1. 의 의

본장의 학대의 죄란 학대행위 또는 그로 인한 상해 또는 사망을 내용으로 하는 범죄를 말한다(형법 제2편 제28장). 학대의 죄는 피보호자나 피감독자를 학대하거나, 자기나 배우자의 직계존속을 학대함으로써 성립한다. 학대의 죄는 금지행위를 하는 작위가 문제된다는 점에서 요구행위를 하지 않는 부작위가 문제되고 있는 유기의 죄와 구별되고 있다.

2. 보호법익

학대의 죄의 보호법익은 생명 · 신체의 안전이다. 이 외에 인격권의 포함여부에 대하여는 견해가 대립하고 있다. 학대를 육체적 고통을 가하는 행위에 제한하는 경우에는 부정설을 취하게 되지만, 정신적 고통까지 포함하는 개념으로 이해하는 한 긍정설이 타당하다. 판례도 긍정설을 취하고 있다. 대법원은 “학대라 함은 육체적으로 고통을 주거나 정신적으로 차별대우를 하는 행위를 가리키고, 이러한 학대행위는 형법의 규정체제상 학대와 유기의 죄가 같은 장에 위치하고 있는 점 등에 비추어 단순히 상대방의 인격에 대한 반인륜적 침해만으로는 부족하고 적어도 유기에 준할 정도에 이르러야 한다"고 판시한 바 있다.[18] 학대란 유기의 정도에 이르지 아니한 침해행위를 말한다. 학대의 죄의 보호법익에 대한 보호의 정도는 추상적 위험범으로서의 보호이다.

3. 구성요건의 체계

학대의 죄의 기본적 구성요건은 학대죄이다(제273조 제1항). 존속학대죄(제273조 제2항)와 학대치사상죄(제275조)는 가중적 구성요건이다. 존속학대죄는 신분관계로 인하여 책임이 가중되는 경우이고, 학대치사상죄는 결과적 가중범으로서 결과로 인하여 불법이 가중되는 경우이다. 한편 아동혹사죄(제274조)는 독립적 구성요건에 속한다.

Ⅱ. 학대죄

제273조(학대, 존속학대) ① 자기의 보호 또는 감독을 받는 사람을 학대한 자는 2년 이하의 징역 또는 500만원 이하의 벌금에 처한다.

1. 의 의

본죄는 자기의 보호 또는 감독을 받는 사람을 학대함으로써 성립한다. 본죄의 보호법익은 생명·신체의 안전과 인격권이다. 보호의 정도는 추상적 위험범으로서의 보호이다. 본죄는 경향범에 속한다.

2. 범 죄

(1) 구성요건

1) 객관적 구성요건

① 주 체

본죄의 주체는 보호 또는 감독하는 사람에 한한다. 진정신분범이다. 본죄의 객체가 자기의 보호 또는 감독을 받는 사람이기 때문이다. 보호 또는 감독의 근거는 법률상 또는 계약상의 의무 있는 자와 같은 제약이 없다는 점에서 유기죄와 구별된다. 따라서 법률, 계약, 사무관리, 관습 또는 조리 등은 모두 본죄의 보호 또는 감독의 근거가 될 수 있다.

② 객 체

본죄의 객체는 자기의 보호 또는 감독을 받는 사람이다. 보호나 감독을 받는 사람이면 아동, 여자, 외국인 등을 묻지 않는다. 다만 18세 미만의 사람은 아동으로서 아동복지법의 적용대상이 된다(아동복지법 제3조, 제17조 참조).

③ 행 위

본죄의 실행행위는 학대이다. 다만 학대의 개념에 대하여는 견해가 나누어진다. 학대란

18) 대법원 2000.4.25. 선고 2000도223 판결.

육체적 고통을 가하는 행위를 말한다는 견해와 육체적 고통 외에도 정신적 고통을 가하는 행위도 포함한다는 견해가 대립하고 있다.

판례는 후자의 입장이다. 대법원은 "학대라 함은 육체적으로 고통을 주거나 정신적으로 차별대우를 하는 행위를 가리키고, 이러한 학대행위는 형법의 규정체제상 학대와 유기의 죄가 같은 장에 위치하고 있는 점 등에 비추어 단순히 상대방의 인격에 대한 반인륜적 침해만으로는 부족하고 적어도 유기에 준할 정도에 이르러야 한다"고 판시한 바 있다.[19]

생각건대 학대(虐待)란 생명이나 신체를 위태롭게 하는 행위라고 해석된다. 본죄의 보호법익은 생명・신체의 안전과 인격권이고, 보호의 정도는 추상적 위험범으로서의 보호이기 때문이다. 이러한 이유에서 학대의 개념에서 정신적 고통을 가하는 행위를 배제할 이유가 없다. 또 고통을 가하는 행위는 생명이나 신체를 위태롭게 할 정도에 이른 경우에 비로소 학대가 될 수 있다.

④ 결 과

본죄는 추상적 위험범이다. 학대 그 자체로 기수에 이르고, 그 외에 결과의 발생이나 인과관계를 요하지 아니한다.

2) 주관적 구성요건

본죄는 고의범이다. 본죄의 고의는 보호 또는 감독하는 사람이라는 것을 인식하고 보호 또는 감독을 받는 사람에 대하여 학대한다는 인식과 이에 대한 실현의사이다.

본죄는 또 경향범에 속한다고 해석된다. 따라서 본죄는 고의 외에 초과주관적 구성요건요소로서 학대의 경향을 요한다고 해석되고 있다. 학대란 폭언, 괴롭힘 등의 반복적이거나 습관적인 사용을 의미하기 때문이다.

(2) 위법성조각사유

본죄는 정당행위에 의하여 위법성이 조각될 수 있다. 다만 민법의 개정으로 전술한 바와 같이 2021년 1월 26일 친권자의 징계권은 삭제되었다.[20] 따라서 징계권의 행사로서의 학대는 위법성을 조각하지 아니한다. 한편 피해자의 승낙이 사회상규의 범위를 넘지 아니하는 한 위법성이 조각될 수 있다. 징계권을 긍정한 과거 판례의 구체적 내용은 다음과 같다. 즉,

> 학대죄는 자기의 보호 또는 감독을 받는 사람에게 육체적으로 고통을 주거나 정신적으로 차별대우를 하는 행위가 있음과 동시에 범죄가 완성되는 상태범 또는 즉시범이라 할 것이고 비록 수십회에 걸쳐서 계속되는 일련의 폭행행위가 있었다 하더라도 그중 친권자로서의 징계권의 범위에 속하여 위 위법성이 조각되는 부분이 있다면 그 부분을 따로 떼어 무죄의 판결을 할 수 있다.[21] 피고인이 4세밖에 되지 아니하는 그 아들 유한수를 대소변을 가리지 못한다고 닭장에 가두고, 전신

19) 대법원 2000.4.25. 선고 2000도223 판결; 대법원 1986.7.8. 선고 84도2922 판결.

20) 민법 2021.1.26. 일부개정 법률 제17905호 2021.1.26. 시행. 개정이유서에 의하면 친권자의 징계권 규정은 아동학대 가해자인 친권자의 항변사유로 이용되는 등 아동학대를 정당화하는 데 악용될 소지가 있는 바, 징계권 규정을 삭제함으로써 이를 방지하고 아동의 권리와 인권을 보호하려는 것이라고 한다.

21) 대법원 1986.7.8. 선고 84도2922 판결.

을 구타한 것은 민법 915조에서 말하는 친권자가 그 아들을 보호 또는 교양하기 위하여 필요한 징계행위에 해당한다고는 볼 수 없으며, 원판결이 인용한 1심판결이 열거한 증거에 의하면 피고인에게 관한 1심판시 학대 및 유기치사의 범죄사실을 충분히 인정할 수 있으므로 원판결이 이와 같은 취지로 판단한 것은 정당하고, 이에 대한 상고논지는 채용할 수 없다.[22]

3. 처 벌

본죄의 법정형은 2년 이하의 징역 또는 500만원 이하의 벌금이다. 유기죄의 3년 이하의 징역 또는 500만원 이하의 벌금보다는 다소 가벼운 편이다.

Ⅲ. 존속학대죄

제273조(학대, 존속학대) ② 자기 또는 배우자의 직계존속에 대하여 전항의 죄를 범한 때에는 5년 이하의 징역 또는 700만원 이하의 벌금에 처한다.

1. 의 의

본죄는 자기 또는 배우자의 직계존속을 학대함으로써 성립한다. 신분관계로 인하여 형이 가중되는 가중적 구성요건이다.

2. 범 죄

본죄의 주체는 일정한 신분자로 제한되고 있다. 신분관계로 인하여 형이 가중되는 부진정 신분범이다. 본죄의 객체는 자기 또는 배우자의 직계존속이다. 본죄의 실행행위는 유기라는 점에서 살해인 존속살해죄와 구별된다. 유기에 관하여는 본죄의 기본죄인 유기죄에서 이미 살펴본 바와 같다.

3. 처 벌

본죄의 법정형은 5년 이하의 징역 또는 700만원 이하의 벌금이다. 학대죄의 2년 이하의 징역 또는 500만원 이하의 벌금보다 가중되어 있다.

Ⅳ. 학대 등 치사상죄

제275조(유기등 치사상) ① 제271조 내지 제273조의 죄를 범하여 사람을 상해에 이르게 한 때에는 7년 이하의 징역에 처한다. 사망에 이르게 한 때에는 3년 이상의 유기징역에 처한다.
② 자기 또는 배우자의 직계존속에 대하여 제271조 또는 제273조의 죄를 범하여 상해에 이르게 한 때에는 3년 이상의 유기징역에 처한다. 사망에 이르게 한 때에는 무기 또는 5년 이상의 징역에 처한다.

1. 서 언

본죄는 결과적 가중범이다. 본죄는 실행행위로서 기본범죄의 행위와 중한 결과가 발생함

---

22) 대법원 1969.2.4. 선고 68도17 판결.

으로써 성립한다. 본죄의 기본범죄는 학대죄 또는 존속학대죄이고, 중한 결과는 상해 또는 사망이다.

2. 범 죄

(1) 학대치사상죄

본죄는 학대죄를 범하여 사람을 사상에 이르게 함으로써 성립한다. 본죄는 자기의 보호 또는 감독을 받는 사람을 학대하여 상해 또는 사망에 이르게 함으로써 성립한다.

(2) 존속학대치사상죄

본죄는 존속학대죄를 범하여 사람을 사상에 이르게 함으로써 성립한다. 본죄는 자기 또는 배우자의 직계존속을 학대하여 상해 또는 사망에 이르게 함으로써 성립한다.

3. 처 벌

본죄 중 학대 치사상죄의 법정형은 상해에 이르게 한 경우에는 7년 이하의 징역, 사망에 이르게 한 경우에는 3년 이상의 유기징역이다.

본죄 중 존속학대 치사상죄의 법정형은 상해에 이르게 한 경우에는 3년 이상의 유기징역, 사망에 이르게 한 경우에는 무기 또는 5년 이상의 징역이다.

V. 아동혹사죄

제274조(아동혹사) 자기의 보호 또는 감독을 받는 16세 미만의 자를 그 생명 또는 신체에 위험한 업무에 사용할 영업자 또는 그 종업자에게 인도한 자는 5년 이하의 징역에 처한다. 그 인도를 받은 자도 같다.

1. 의 의

본죄는 자기의 보호 또는 감독을 받는 16세 미만의 자를 그 생명 또는 신체에 위험한 업무에 사용할 영업자 또는 그 종업자에게 인도하고 인도를 받음으로써 성립한다.

본죄의 보호법익은 아동의 생명·신체의 안전이지만, 아동의 복지권도 포함한다고 해석된다. 아동복지란 아동이 행복한 삶을 누릴 수 있는 기본적인 여건을 조성하고 조화롭게 성장·발달할 수 있도록 하기 위한 경제적·사회적·정서적 지원을 말하기 때문이다(아동복지법 제3조 제2호). 보호의 정도는 추상적 위험범으로서의 보호이다. 본죄는 필요적 공범으로서 인도한 자와 인도받은 자를 동일하게 처벌하는 대향범에 속한다. 본죄는 또 독립적 구성요건에 속한다.

2. 범 죄

(1) 구성요건

1) 객관적 구성요건

① 주 체

본죄의 주체는 아동혹사자에 제한된다. 진정신분범이다. 아동혹사자란 자기의 보호 또는 감독을 받는 16세 미만의 자를 그 생명 또는 신체에 위험한 업무에 사용할 영업자 또는 그 종업자에게 인도한 자와 그 인도를 받은 자를 말한다.

② 객 체

본죄의 객체는 자기의 보호 또는 감독을 받는 16세 미만의 자이다. 16세 미만의 아동이면 족하고, 아동의 성별이나 발육정도 등은 묻지 않는다. 한편 아동복지법상의 아동이란 18세 미만의 사람을 말한다(아동복지법 제3조 제1항).

③ 행 위

본죄의 실행행위는 혹사이다. 혹사(酷使)란 자기의 보호 또는 감독을 받는 16세 미만의 자를 그 생명 또는 신체에 위험한 업무에 사용할 영업자 또는 그 종업자에게 인도하는 행위와 그 인도를 받는 행위를 말한다. 본죄는 거동범이다. 인도와 인수가 현실적으로 행하여지면 기수에 이른다. 반드시 계약의 체결을 요하지 않으며, 계약의 유효성도 묻지 않는다.

한편 근로기준법은 원칙적으로 15세 미만의 사람을 근로자로 사용하지 못하도록 하고 있고(근로기준법 제64조 제1항), 18세 미만자를 도덕상 또는 보건상 유해·위험한 사업에 사용하지 못하도록 규정하고 있다(근로기준법 제65조 제1항).

④ 결 과

본죄는 거동범이고, 추상적 위험범이다. 아동을 인도하거나 인수받으면 기수에 이른다. 현실적으로 아동이 생명 또는 신체에 위험한 업무에 종사할 것을 요하지 않는다.

2) 주관적 구성요건

본죄는 고의범이다. 본죄의 고의에는 아동이 16세 미만이라는 점과 그 아동을 생명 또는 신체에 위험한 업무에 사용할 영업자 또는 그 종업자에게 인도한다는 점에 대한 인식이 포함되어 있어야 한다.

(2) 위법성조각사유

본죄의 객체인 16세 미만 아동의 동의나 승낙은 위법성을 조각하지 아니한다. 입법자가 16세 미만의 자를 아직 신체적으로나 정신적으로 미성숙한 절대적 보호대상으로 규정하고 있기 때문이다.

3. 처 벌

본죄의 법정형은 5년 이하의 징역이다. 본죄의 대향범인 인도를 받은 자도 같다. 본죄는 공범도 정범과 동일하게 처벌하는 쌍벌죄에 속한다.

§4. 관련 특별법

Ⅰ. 근로기준법

제64조(최저 연령과 취직인허증) ① 15세 미만인 사람(「초·중등교육법」에 따른 중학교에 재학 중인 18세 미만인 사람을 포함한다)은 근로자로 사용하지 못한다. 다만, 대통령령으로 정하는 기준에 따라 고용노동부장관이 발급한 취직인허증(就職認許證)을 지닌 사람은 근로자로 사용할 수 있다.

제65조(사용 금지) ① 사용자는 임신 중이거나 산후 1년이 지나지 아니한 여성(이하 "임산부"라 한다)과 18세 미만자를 도덕상 또는 보건상 유해·위험한 사업에 사용하지 못한다.

② 사용자는 임산부가 아닌 18세 이상의 여성을 제1항에 따른 보건상 유해·위험한 사업 중 임신 또는 출산에 관한 기능에 유해·위험한 사업에 사용하지 못한다.

제110조(벌칙) 다음 각 호의 어느 하나에 해당하는 자는 2년 이하의 징역 또는 2천만원 이하의 벌금에 처한다.

1. ~ 제64조제1항, ~ 을 위반한 자

제109조(벌칙) ① ~ 제65조, ~ 을 위반한 자는 3년 이하의 징역 또는 3천만원 이하의 벌금에 처한다.

Ⅱ. 아동복지법

제3조(정의) 이 법에서 사용하는 용어의 뜻은 다음과 같다.

1. "아동"이란 18세 미만인 사람을 말한다.
7. "아동학대"란 보호자를 포함한 성인이 아동의 건강 또는 복지를 해치거나 정상적 발달을 저해할 수 있는 신체적·정신적·성적 폭력이나 가혹행위를 하는 것과 아동의 보호자가 아동을 유기하거나 방임하는 것을 말한다.

7의2. "아동학대관련범죄"란 다음 각 목의 어느 하나에 해당하는 죄를 말한다.
  가. 「아동학대범죄의 처벌 등에 관한 특례법」 제2조제4호에 따른 아동학대범죄
  나. 아동에 대한 「형법」 제2편제24장 살인의 죄 중 제250조부터 제255조까지의 죄

제17조(금지행위) 누구든지 다음 각 호의 어느 하나에 해당하는 행위를 하여서는 아니 된다.

3. 아동의 신체에 손상을 주거나 신체의 건강 및 발달을 해치는 신체적 학대행위
4. 삭제 〈2014.1.28.〉
5. 아동의 정신건강 및 발달에 해를 끼치는 정서적 학대행위 (「가정폭력범죄의 처벌 등에 관한 특례법」 제2조제1호에 따른 가정폭력에 아동을 노출시키는 행위로 인한 경우를 포함한다)
6. 자신의 보호·감독을 받는 아동을 유기하거나 의식주를 포함한 기본적 보호·양육·치료 및 교육을 소홀히 하는 방임행위

제71조(벌칙) ① 제17조를 위반한 자는 다음 각 호의 구분에 따라 처벌한다.

2. 제3호부터 제8호까지의 규정에 해당하는 행위를 한 자는 5년 이하의 징역 또는 5천만원 이하의 벌금에 처한다.

Ⅲ. 장애인복지법

제59조의9(금지행위) 누구든지 다음 각 호의 어느 하나에 해당하는 행위를 하여서는 아니 된다.

2. 장애인의 신체에 폭행을 가하거나 상해를 입히는 행위

2의2. 장애인을 폭행, 협박, 감금, 그 밖에 정신상 또는 신체상의 자유를 부당하게 구속하는 수단으로써 장애인의 자유의사에 어긋나는 노동을 강요하는 행위

3. 자신의 보호·감독을 받는 장애인을 유기하거나 의식주를 포함한 기본적 보호 및 치료를 소홀히 하는 방임행위

5. 장애인을 체포 또는 감금하는 행위
6. 장애인의 정신건강 및 발달에 해를 끼치는 정서적 학대행위
8. 공중의 오락 또는 흥행을 목적으로 장애인의 건강 또는 안전에 유해한 곡예를 시키는 행위

제86조(벌칙)

② 다음 각 호의 어느 하나에 해당하는 사람은 7년 이하의 징역 또는 7천만원 이하의 벌금에 처한다.
1. 제59조의9제2호(상해에 한정한다)의 행위를 한 사람
2. 제59조의9제2호의2의 행위를 한 사람

③ 다음 각 호의 어느 하나에 해당하는 사람은 5년 이하의 징역 또는 5천만원 이하의 벌금에 처한다.
3. 제59조의9제2호(폭행에 한정한다)부터 제6호까지에 해당하는 행위를 한 사람

⑤ 제59조의9제8호의 행위를 한 사람은 1년 이하의 징역 또는 1천만원 이하의 벌금에 처한다.

Ⅳ. 노인복지법

제39조의9(금지행위) 누구든지 65세 이상의 사람(이하 이 조에서 "노인"이라 한다)에 대하여 다음 각 호의 어느 하나에 해당하는 행위를 하여서는 아니된다.
1. 노인의 신체에 폭행을 가하거나 상해를 입히는 행위
2. 노인에게 성적 수치심을 주는 성폭행·성희롱 등의 행위
3. 자신의 보호·감독을 받는 노인을 유기하거나 의식주를 포함한 기본적 보호 및 치료를 소홀히 하는 방임행위
6. 폭언, 협박, 위협 등으로 노인의 정신건강에 해를 끼치는 정서적 학대행위

제55조의2(벌칙) 제39조의9제1호(상해에 한한다)의 행위를 한 자는 7년 이하의 징역 또는 7천만원 이하의 벌금에 처한다.

제55조의3(벌칙) ① 다음 각 호의 어느 하나에 해당하는 자는 5년 이하의 징역 또는 5천만원 이하의 벌금에 처한다.
2. 제39조의9제1호(폭행에 한정한다)부터 제4호까지 또는 같은 조 제6호에 해당하는 행위를 한 자

제 2 장 자유에 대한 죄

제 1 절 총 설

생명과 신체가 사람의 존재요건이라면 자유는 인간의 존엄과 가치를 위한 전제요건이라고 할 수 있다(헌법 제10조 참조). 자유의 보호가 생명과 신체의 안전에 이어 그 다음으로 보호되어야 하는 이유이다.

자유에 대한 죄는 의사결정의 자유를 보장하기 위한 협박의 죄(형법 제2편 제30장), 신체활동의 자유를 보호하기 위한 체포와 감금의 죄(형법 제2편 제29장) · 약취와 유인 및 인신매매의 죄(형법 제2편 제31장), 의사결정의 자유와 신체활동의 자유를 보호하기 위한 강요와 인질강요의 죄(형법 제2편 제37장의 일부) 및 성적 자기결정의 자유를 보호하기 위한 강간과 추행의 죄(형법 제2편 제32장)로 구성된다.

제 2 절 협박의 죄

§1. 개 관

Ⅰ. 의 의

본장의 협박의 죄는 협박을 수단으로 하여 개인의 의사결정의 자유를 침해하는 것을 내용으로 한다(형법 제2편 제30장).

Ⅱ. 보호법익

1. 의 의

본장의 죄의 보호법익은 개인의 의사결정의 자유이다. 본장의 죄는 개인의 의사가 부당한 외부적 영향을 받아서는 안 된다는 상태를 보호하는 범죄로서 개인의 의사의 자유 또는 의사결정의 자유를 그 보호법익으로 하고 있는 것이다. 바로 이 점에서 본장의 죄는 의사결정의 자유뿐만 아니라 그 실현의 자유도 보호법익으로 하는 강요죄와 구별되고 있다.

2. 보호의 정도

(1) 학 설

보호의 정도에 있어서는 침해범설과 위험범설이 대립하고 있다. 첫째, 침해범설에 의하면 형법은 협박죄의 미수범을 처벌하고 있으므로, 강요죄뿐만 아니라 협박죄도 의사의 자유가 침해되었음을 요하는 침해범이라고 한다. 둘째, 위험범설에 의하면 강요죄는 침해범이지만 협박죄는 위험범이라고 한다. 독일형법은 협박죄는 추상적 위험범으로 해석하고 있다고 한다.

(2) 판 례

판례는 위험범설의 입장이다. 대법원은 "협박죄는 사람의 의사결정의 자유를 보호법익으로 하는 위험범이라 봄이 상당하다"고 판시한 바 있다.[1)]

(3) 검 토

협박이 상대방으로 하여금 공포심을 일으킬 수 있는 정도의 해악을 고지하는 것을 말한다. 협박은 해악의 고지에 의하여 그 기능을 다하는 것으로 해석되는 것이다. 또 협박은 상대방에 따른 심약도의 차이에도 불구하고 획일적으로 판단될 필요가 있다. 이러한 의미에서 협박은 해악의 고지만으로도 기수에 이른다고 하는 위험범설이 합당하다. 따라서 협박은 현실적으로 공포심을 일으킬 것을 요하지 않는다고 해석될 필요가 있다.

Ⅲ. 구성요건의 체계

본장의 죄의 기본적 구성요건은 협박죄이다(제283조 제1항). 신분으로 인하여 책임이 가중되는 존속협박죄(제283조 제2항), 행위방법으로 인하여 불법이 가중되는 특수협박죄(제284조) 및 상습성으로 인하여 책임이 가중되는 상습협박죄(제285조)는 가중적 구성요건이다. 본장의 죄의 미수범은 처벌된다(제286조).

§2. 협박죄

제283조(협박, 존속협박) ① 사람을 협박한 자는 3년 이하의 징역, 500만원 이하의 벌금, 구류 또는 과료에 처한다.
③ 제1항 ~ 의 죄는 피해자의 명시한 의사에 반하여 공소를 제기할 수 없다.
제285조(상습범) 상습으로 제283조제1항, ~ 의 죄를 범한 때에는 그 죄에 정한 형의 2분의 1까지 가중한다.
제286조(미수범) 전3조의 미수범은 처벌한다.

Ⅰ. 서 설

본죄는 사람을 협박함으로써 성립한다. 본죄는 사람의 의사결정의 자유를 보호법익으로 한다.[2)]

---

1) 대법원 2007.9.28. 선고 2007도606 전원합의체 판결.
2) 대법원 2010.7.15. 선고 2010도1017 판결; 대법원 2007.9.28. 선고 2007도606 전원합의체 판결.

Ⅱ. 범 죄

1. 구성요건

(1) 객관적 구성요건

1) 객 체

본죄의 객체는 사람이다. 사람이란 자연인인 타인만을 의미한다. 본죄는 자연인만을 그 대상으로 예정하고 있을 뿐 법인은 본죄의 객체가 될 수 없다.[3] 법인에게는 안심이라는 것과 같은 감정이 없기 때문이다. 다만 법인의 대표자나 대리인 등에 대한 협박의 경우 자연인에 관한 한 본죄의 성립이 긍정될 수 있다.

본죄는 의사결정의 자유를 침해하는 범죄이므로 협박에 의하여 의사결정에 영향을 받을 수 있을 만한 정신능력의 소유자여야 한다. 따라서 영아(嬰兒), 명정자(酩酊者), 심신상실자 또는 수면자 등은 본죄의 객체가 될 수 없다.

객체를 긍정한 판례의 구체적 내용은 다음과 같다. 즉

> 채권추심 회사의 지사장이 회사로부터 자신의 횡령행위에 대한 민·형사상 책임을 추궁당할 지경에 이르자 이를 모면하기 위하여 회사 본사에 '회사의 내부비리 등을 금융감독원 등 관계 기관에 고발하겠다'는 취지의 서면을 보내는 한편 위 회사 경영지원본부장이자 상무이사에게 전화를 걸어 자신의 횡령행위를 문제삼지 말라고 요구하면서 위 서면의 내용과 같은 취지로 발언한 사안에서, 위 상무이사에 대한 협박죄를 인정한 원심의 판단을 수긍한 사례이다.[4]

2) 행 위

① 협 박

본죄의 실행행위는 협박이다. 협박(脅迫, Drohung)이란 공포심을 일으킬 목적으로 해악을 고지하는 것을 말한다. 해악(害惡)이란 법익을 침해하는 것을 가리킨다.[5] 단순한 폭언이나 경고는 본죄의 협박에 해당하지 않는다. 난폭하게 말을 하는 폭언(暴言)이나 단순히 길흉화복이나 천재지변의 자연발생적 도래를 알리는 경고(警告, Warnung, warning)에는 해악의 고지가 포함되어 있지 않기 때문이다.

ⓘ **형법상의 협박**　　협박은 형법상 다양한 의미로 사용되고 있다. 개개의 범죄유형이 보호하는 법익의 차이에 따라 협박의 내용도 달라지기 때문이다. 첫째, 광의의 협박이다. 사람에게 공포심을 일으킬 만한 해악의 고지를 말한다. 공무집행방해죄(제136조), 소요죄(제115조), 특수도주죄(제146조), 직무강요죄(제136조 제2항) 또는 다중불해산죄(제116조) 등에 있어서의 협박이 이에 해당한다. 둘째, 협의의 협박이다. 상대방이 현실적으로 공포감을 느낄 수 있는 정도의 해악의 고지를 말한다. 협박죄(제283조), 공갈죄(제350조) 또는 강요죄(제324조)에 있어서의 협박이 이에 해당한다. 셋째, 최협의의 협박이다. 상대방의 반항을 불가능하게 하거나 현저히 곤란하게 하는

---

3) 대법원 2010.7.15. 선고 2010도1017 판결.
4) 대법원 2010.7.15. 선고 2010도1017 판결.
5) 대법원 2012.8.17. 선고 2011도10451 판결; 대법원 2010.7.15. 선고 2010도1017 판결.

정도의 해악의 고지를 말한다. 강간죄(제297조), 강제추행죄(제298조), 강도죄(제333조), 준강도죄(제335조) 또는 점유강취죄(제325조) 등에 있어서의 협박이 이에 해당한다.

ⓘ 협박죄상의 협박 본죄에 있어서의 협박은 협의의 협박의 개념으로 이해되고 있다. 본죄에 있어서의 협박이라 함은 일반적으로 보아 그 상대방이 된 사람으로 하여금 공포심을 일으킬 수 있는 정도의 해악을 고지하는 것을 의미한다.[6] 해악의 고지에 해당하는지 여부는 행위자와 상대방의 성향, 고지 당시의 주변 상황, 행위자와 상대방 사이의 관계·지위, 그 친숙의 정도 등 행위 전후의 여러 사정을 종합하여 판단되어야 한다.[7]

② 협박의 내용

고지된 해악의 내용에는 제한이 없다. 모든 법익에 대한 일체의 해악이 포함된다. 그 고지되는 해악의 내용, 즉 침해하겠다는 법익의 종류나 법익의 향유 주체 등에는 아무런 제한이 없다.[8] 따라서 피해자 본인이나 그 친족뿐만 아니라 그 밖의 제3자에 대한 법익 침해를 내용으로 하는 해악을 고지하는 것이라고 하더라도 피해자 본인과 제3자가 밀접한 관계에 있어 그 해악의 내용이 피해자 본인에게 공포심을 일으킬 만한 정도의 것이라면 본죄가 성립할 수 있다.[9] 이 때 제3자에는 자연인뿐만 아니라 법인도 포함된다.[10] 피해자 본인에게 법인에 대한 법익을 침해하겠다는 내용의 해악을 고지한 것이 피해자 본인에 대하여 공포심을 일으킬 만한 정도가 되는지 여부는 고지된 해악의 구체적 내용 및 그 표현방법, 피해자와 법인의 관계, 법인 내에서의 피해자의 지위와 역할, 해악의 고지에 이르게 된 경위, 당시 법인의 활동 및 경제적 상황 등 여러 사정을 종합하여 판단하여야 한다.[11]

③ 협박의 방법

해악의 고지방법에도 제한이 없다. 해악을 고지하는 행위는 통상 언어에 의하는 것이나 경우에 따라서는 거동으로 해악을 고지할 수도 있다.[12] 행위자가 직접 해악을 가하겠다고 고지하는 것은 물론 제3자로 하여금 해악을 가하도록 하겠다는 방식으로도 해악의 고지는 가능하다.[13] 이 경우 고지자가 제3자의 행위를 사실상 지배하거나 제3자에게 영향을 미칠 수 있는 지위에 있는 것으로 믿게 하는 명시적·묵시적 언동을 하였거나 제3자의 행위가

---

6) 대법원 2017.3.30. 선고 2017도771 판결; 대법원 2015.8.19. 선고 2015도7852 판결; 대법원 2012.8.17. 선고 2011도10451 판결; 대법원 2012.8.17. 선고 2011도10451 판결; 대법원 2011.5.26. 선고 2011도2412 판결; 대법원 2010.7.15. 선고 2010도1017 판결; 대법원 2008.5.29. 선고 2006도6347 판결; 대법원 2007.6.1. 선고 2006도1125 판결; 대법원 2006.8.25. 선고 2006도546 판결; 대법원 2005.3.25. 선고 2005도329 판결; 대법원 1998.3.10. 선고 98도70 판결; 대법원 1995.9.29. 선고 94도2187 판결; 대법원 1991.5.10. 선고 90도2102 판결; 대법원 1986.7.22. 선고 86도1140 판결.

7) 대법원 2012.8.17. 선고 2011도10451 판결; 대법원 2007.9.28. 선고 2007도606 전원합의체 판결.

8) 대법원 2010.7.15. 선고 2010도1017 판결.

9) 대법원 2012.8.17. 선고 2011도10451 판결; 대법원 2010.7.15. 선고 2010도1017 판결.

10) 대법원 2010.7.15. 선고 2010도1017 판결.

11) 대법원 2010.7.15. 선고 2010도1017 판결.

12) 대법원 2011.1.27. 선고 2010도14316 판결; 대법원 2009.9.10. 선고 2009도5146 판결; 대법원 1975.10.7. 선고 74도2727 판결.

13) 대법원 2007.6.1. 선고 2006도1125 판결; 대법원 2006.12.8. 선고 2006도6155 판결.

고지자의 의사에 의하여 좌우될 수 있는 것으로 상대방이 인식한 경우에 한하여 비로소 고지자가 직접 해악을 가하겠다고 고지한 것과 마찬가지의 행위로 평가할 수 있다.14)

만약 고지자가 위와 같은 명시적·묵시적 언동을 하거나 상대방이 위와 같이 인식을 한 적이 없다면 비록 상대방이 현실적으로 외포심을 느꼈다고 하더라도 이러한 고지자의 행위가 본죄를 구성한다고 볼 수는 없다.15)

④ 협박의 정도

협박은 범죄의 유형에 따라 그 요구되는 정도가 일정하지 않다. 이는 전술한 바와 같이 폭행도 그랬다. 폭행과 협박은 범죄의 수단으로 사용되는 것으로서 범죄의 특수성이나 보호법익과의 관계에서 범죄마다 요구되는 폭행이나 협박의 정도가 다르기 때문이다. 본죄가 성립하기 위하여는 적어도 발생 가능한 것으로 생각될 수 있는 정도의 구체적인 해악의 고지가 있어야 한다.16)

본죄에 있어서의 협박은 상대방이 현실적으로 공포감을 느낄 수 있는 정도의 해악의 고지로 족하다. 따라서 상대방의 반항을 불가능하게 하거나 현저히 곤란하게 하는 정도의 해악의 고지를 요하지 않는다. 대법원도 "이러한 법리는 상관협박죄에도 마찬가지로 적용된다고 할 것인바, 이와 달리 상관협박죄에 있어서 협박이란 상대방에게 공포심을 느끼게 할 만한 해악을 고지하고, 그로 인하여 상대방이 공포심을 느낀 경우만을 의미한다고 본 원심의 앞서 본 판단에는 상관협박죄에 있어 협박의 의미에 관한 법리를 오해한 잘못이 있다"고 판시한 바 있다.17)

본죄가 성립하려면 고지된 해악의 내용이 행위자와 상대방의 성향, 고지 당시의 주변 상황, 행위자와 상대방 사이의 친숙의 정도 및 지위 등의 상호관계, 제3자에 의한 해악을 고지한 경우에는 그에 포함되거나 암시된 제3자와 행위자 사이의 관계 등 행위 전후의 여러 사정을 종합하여 볼 때에 일반적으로 사람으로 하여금 공포심을 일으키게 하기에 충분한 것이어야 한다.18)

협박을 긍정한 판례의 구체적 내용은 다음과 같다. 즉,

> 피고인은 피해자와 횟집에서 술을 마시던 중 피해자가 모래 채취에 관하여 항의하는 데에 화가 나서, 횟집 주방에 있던 회칼 2자루를 들고 나와 죽어버리겠다며 자해하려고 하였다는 것이다. 이를 앞서 본 법리에 비추어 보면, 피고인의 행위는 단순한 자해행위 시늉에 불과한 것이 아니라 피고인의 요구에 응하지 않으면 피해자에게 어떠한 해악을 가할 듯한 위세를 보인 행위로서 협박에 해당한다고도 볼 수 있다. 그럼에도 원심은 판시와 같은 사정을 들어 협박 사실을 인정하지 않고 자세한 심리를 하지 않은 채 이 부분에 대하여 무죄를 선고하였으니, 이 부분 원심판결에는

---

14) 대법원 2007.6.1. 선고 2006도1125 판결; 대법원 2006.12.8. 선고 2006도6155 판결.

15) 대법원 2006.12.8. 선고 2006도6155 판결.

16) 대법원 2011.5.26. 선고 2011도2412 판결; 대법원 1998.3.10. 선고 98도70 판결; 대법원 1995.9.29. 선고 94도2187 판결.

17) 대법원 2008.5.29. 선고 2006도6347 판결.

18) 대법원 2011.1.27. 선고 2010도14316 판결; 대법원 2008.5.29. 선고 2006도6347 판결; 대법원 2007.9.28. 선고 2007도606 전원합의체 판결.

협박에 관한 법리를 오해하거나 필요한 심리를 다하지 아니한 위법이 있다. 이 점을 지적하는 상고이유의 주장은 이유 있다.[19] 피고인이 피해자의 장모가 있는 자리에서 서류를 보이면서 "피고인의 요구를 들어주지 않으면 서류를 세무서로 보내 세무조사를 받게 하여 피해자를 망하게 하겠다"라고 말하여 피해자의 장모로 하여금 피해자에게 위와 같은 사실을 전하게 하고, 그 다음날 피해자의 처에게 전화를 하여 "며칠 있으면 국세청에서 조사가 나올 것이니 그렇게 아시오"라고 말한 경우, 위 각 행위는 협박죄에 있어서 해악의 고지에 해당한다.[20] 피고인이 피해자인 누나의 집에서 갑자기 온 몸에 연소성이 높은 고무놀을 바르고 라이타 불을 켜는 동작을 하면서 이를 말리려는 피해자 등에게 가위, 송곳을 휘두르면서 "방에 불을 지르겠다" "가족 전부를 죽여버리겠다"고 소리쳤고 피해자가 피고인의 행위를 약 1시간 가량 말렸으나 듣지 아니하여 무섭고 두려워서 신고를 하였다면, 피고인의 행위는 피해자 등에게 공포심을 일으키기에 충분할 정도의 해악을 고지한 것이고, 나아가 피고인에게 실제로 피해자 등의 신체에 위해를 가할 의사나 불을 놓을 의사가 없었다고 할지라도 위와 같은 해악을 고지한다는 점에 대한 인식, 인용은 있었다고 봄이 상당하고, 피해자가 그 이상의 행동에 이르지 못하도록 막은 바 있다 해도 피고인의 행위가 단순한 감정적 언동에 불과하거나 가해의 의사가 없음이 객관적으로 명백한 경우에 해당한다고는 볼 수 없다.[21] 피고인은 1972.10.5. 21:00경 칠곡군 (번지 생략) 소재 피고인의 집 앞에서 피해자 (갑)과 사소한 문제로 시비하다가 동인이 자기 집으로 돌아가자 피고인은 동인을 따라서 그 집 마당까지 가서 그곳에서 소지중이던 위험한 물건인 가위를 동인의 목에 겨누면서 찌를 것처럼 하여 동인을 협박한 사실을 인정하였다.[22]

협박을 부정한 판례의 구체적 내용은 다음과 같다. 즉,

피고인이 혼자 술을 마시던 중 갑 정당이 국회에서 예산안을 강행처리하였다는 것에 화가 나서 공중전화를 이용하여 경찰서에 여러 차례 전화를 걸어 전화를 받은 각 경찰관에게 경찰서 관할구역 내에 있는 갑 정당의 당사를 폭파하겠다는 말을 한 사안에서, 피고인은 갑 정당에 관한 해악을 고지한 것이므로 각 경찰관 개인에 관한 해악을 고지하였다고 할 수 없고, 다른 특별한 사정이 없는 한 일반적으로 갑 정당에 대한 해악의 고지가 각 경찰관 개인에게 공포심을 일으킬 만큼 서로 밀접한 관계에 있다고 보기 어려운데도, 이와 달리 피고인의 행위가 각 경찰관에 대한 협박죄를 구성한다고 본 원심판결에 협박죄에 관한 법리오해의 위법이 있다고 한 사례이다.[23] 피고인이 공소사실 기재 일시, 장소에서 자신의 동거남과 성관계를 가진 바 있던 피해자에게 "사람을 사서 쥐도 새도 모르게 파묻어버리겠다. 너까지 것 쉽게 죽일 수 있다"라고 한 말에 관하여 이는 언성을 높이면서 말다툼으로 흥분한 나머지 단순히 감정적인 욕설 내지 일시적 분노의 표시를 한 것에 불과하고 해악을 고지한다는 인식을 갖고 한 것이라고 보기 어렵다고 판단한 것은 수긍이 가고, 거기에 채증법칙을 위반하여 사실을 오인하거나 협박죄에 관한 법리를 오해하여 판결에 영향을 미친 위법이 있다고 할 수 없다.[24] 피해자와 언쟁중 "입을 찢어 버릴라"라고 한 말은 당시의 주위사정등에 비추어 단순한 감정적인 욕설에 불과하고 피해자에게 해악을 가할 것을 고지한 행위라고

19) 대법원 2011.1.27. 선고 2010도14316 판결.
20) 대법원 2007.6.1. 선고 2006도1125 판결.
21) 대법원 1991.5.10. 선고 90도2102 판결.
22) 대법원 1975.10.7. 선고 74도2727 판결.
23) 대법원 2012.8.17. 선고 2011도10451 판결.
24) 대법원 2006.8.25. 선고 2006도546 판결.

볼 수 없어 협박에 해당하지 않는다.[25] 같은 동리에 사는 동년배간에 동장직을 못하게 하였다는 불만의 표시로서 "두고 보자"는 말을 하였다 하더라도 그 정도의 폭언을 본조 소정의 협박에 해당한다고 하기 어렵다.[26] 피고인은 순경들에 의하여 지서에 연행된 뒤 경찰관들이 피고인에게 대한 반공법위반의 혐의 사실을 추궁하자 피고인이 이것에 반항한다 하여 지서장이 피고인의 뺨을 때리게 되었다 한다. 그러자 피고인은 술김에 흥분하여 항의조로 "내가 너희들의 목을 자른다, 내동생을 시켜서라도 자른다"라는 취지의 말을 하였다 한다. 그렇다면 위와 같은 상황하에서는 피고인에게는 협박죄를 구성할만한 해악을 고지할 의사가 있었다고는 볼 수 없다 할 것이요, 따라서 피고인의 행위가 협박죄가 안된다는 취지로 판시한 원심판단은 정당하다.[27]

3) 결 과

본죄는 추상적 위험범이다.[28] 협박에 의하여 상대방으로 하여금 현실적으로 공포심을 일으킬 것까지 요하는 것은 아니다.[29]

(2) 주관적 구성요건

본죄는 고의범이다. 판례에 의하면 본죄의 고의는 행위자가 그러한 정도의 해악을 고지한다는 것을 인식, 인용하는 것을 그 내용으로 하고 고지한 해악을 실제로 실현할 의도나 욕구는 필요로 하지 아니한다.[30]

협박행위 내지 협박의 고의가 있었는지 여부는 행위의 외형뿐 아니라 그러한 행위에 이르게 된 경위, 피해자와의 관계 등 전후 상황을 종합하여 판단해야 할 것이다.[31] 다만 행위자의 언동이 단순한 감정적인 욕설 내지 일시적 분노의 표시에 불과하여 주위 사정에 비추어 가해의 의사가 없음이 객관적으로 명백한 때에는 협박행위 내지 협박의 의사를 인정할 수 없다.[32]

(3) 미수 · 기수

본죄는 미수범을 처벌한다. 침해범설에 의하면 본죄는 해악의 고지로 상대방에게 공포심이 현실적으로 발생하였을 때 기수로 된다. 그러나 위험범설에 의하면 사람으로 하여금 공포심을 일으키게 하기에 충분한 정도의 해악을 고지함으로써 상대방이 그 의미를 인식한 이상 상대방이 현실적으로 공포심을 일으켰는지 여부와 관계없이 그로써 구성요건은 충족되어 협박죄의 기수에 이르는 것으로 해석되어야 한다.[33] 따라서 본죄의 미수범 처벌조항은

---

25) 대법원 1986.7.22. 선고 86도1140 판결.

26) 대법원 1974.10.8. 선고 74도1892 판결.

27) 대법원 1972.8.29. 선고 72도1565 판결.

28) 대법원 2007.9.28. 선고 2007도606 전원합의체 판결.

29) 대법원 2011.1.27. 선고 2010도14316 판결; 대법원 2008.5.29. 선고 2006도6347 판결; 대법원 2007.9.28. 선고 2007도606 전원합의체 판결.

30) 대법원 2008.5.29. 선고 2006도6347 판결; 대법원 2006.8.25. 선고 2006도546 판결; 대법원 2005.3.25. 선고 2005도329 판결; 대법원 1991.5.10. 선고 90도2102 판결; 대법원 1986.7.22. 선고 86도1140 판결.

31) 대법원 2011.5.26. 선고 2011도2412 판결; 대법원 2006.8.25. 선고 2006도546 판결; 대법원 2005.3.25. 선고 2005도329 판결; 대법원 1991.5.10. 선고 90도2102 판결; 대법원 1986.7.22. 선고 86도1140 판결.

32) 대법원 2006.8.25. 선고 2006도546 판결; 대법원 2005.3.25. 선고 2005도329 판결; 대법원 1991.5.10. 선고 90도2102 판결; 대법원 1986.7.22. 선고 86도1140 판결.

해악의 고지가 현실적으로 상대방에게 도달하지 아니한 경우나, 도달은 하였으나 상대방이 이를 지각하지 못하였거나 고지된 해악의 의미를 인식하지 못한 경우 등에 적용될 뿐이다.[34] 기수를 긍정한 판례의 구체적 내용은 다음과 같다. 즉,

정보보안과 소속 경찰관이 자신의 지위를 내세우면서 타인의 민사분쟁에 개입하여 빨리 채무를 변제하지 않으면 상부에 보고하여 문제를 삼겠다고 말한 사안에서, 객관적으로 상대방이 공포심을 일으키기에 충분한 정도의 해악의 고지에 해당하므로 현실적으로 피해자가 공포심을 일으키지 않았다 하더라도 협박죄의 기수에 이르렀다고 본 사례이다.[35]

2. 위법성조각사유

협박이 사회상규에 위배되지 아니하는 한 위법성은 조각된다. 정당한 권리의 행사로서의 협박은 사회상규에 위배되지 아니하는 것으로 해석된다. 그러나 권리행사를 빙자한 권리의 남용으로 인정되는 한 사회상규에 위배되는 것으로 해석된다. 판례에 의하면 해악의 고지가 있다 하더라도 그것이 사회의 관습이나 윤리관념 등에 비추어 볼 때에 사회통념상 용인할 수 있을 정도의 것이라면 협박죄는 성립하지 아니한다.[36]

정당행위를 긍정한 판례의 구체적 내용은 다음과 같다. 즉,

신문기자인 피고인이 고소인에게 2회에 걸쳐 증여세 포탈에 대한 취재를 요구하면서 이에 응하지 않으면 자신이 취재한 내용대로 보도하겠다고 말하여 협박하였다는 취지로 기소된 사안에서, 피고인이 취재와 보도를 빙자하여 고소인에게 부당한 요구를 하기 위한 취지는 아니었던 점, 당시 피고인이 고소인에게 취재를 요구하였다가 거절당하자 인터뷰 협조요청서와 서면질의 내용을 그 자리에 두고 나왔을 뿐 폭언을 하거나 보도하지 않는 데 대한 대가를 요구하지 않은 점, 관할 세무서가 피고인의 제보에 따라 탈세 여부를 조사한 후 증여세를 추징하였다고 피고인에게 통지한 점, 고소인에게 불리한 사실을 보도하는 경우 기자로서 보도에 앞서 정확한 사실 확인과 보도 여부 등을 결정하기 위해 취재 요청이 필요했으리라고 보이는 점 등 제반 사정에 비추어, 위 행위가 설령 협박죄에서 말하는 해악의 고지에 해당하더라도 특별한 사정이 없는 한 기사 작성을 위한 자료를 수집하고 보도하기 위한 것으로서 신문기자의 일상적 업무 범위에 속하여 사회상규에 반하지 아니하는 행위라고 보는 것이 타당한데도, 이와 달리 본 원심판단에 정당행위에 관한 법리오해의 위법이 있다.[37] "앞으로 수박이 없어지면 네 책임으로 한다"고 말하였다고 하더라도 그것만으로는 구체적으로 어떠한 법익에 어떠한 해악을 가하겠다는 것인지를 알 수 없어 이를 해악의 고지라고 보기 어렵고, 가사 위와 같이 말한 것이 다소간의 해악의 고지에 해당한다고 가정하더라도, 피고인이 전에도 여러 차례 수박을 절취당하여 그 범인을 붙잡기 위해 수박밭을 지키고 있던 중 마침 같은 마을에 거주하며 피고인과 먼 친척간이기도 한 피해자가 피고인의 수박밭에 들어와 두리번거리는 것을 발견하자 피해자가 수박을 훔치려던 것으로 믿은 나머지 피해자를 훈계하려고

---

33) 대법원 2011.1.27. 선고 2010도14316 판결; 대법원 2008.5.29. 선고 2006도6347 판결; 대법원 2007.9.28. 선고 2007도606 전원합의체 판결.

34) 대법원 2007.9.28. 선고 2007도606 전원합의체 판결.

35) 대법원 2007.9.28. 선고 2007도606 전원합의체 판결.

36) 대법원 2011.5.26. 선고 2011도2412 판결; 대법원 1998.3.10. 선고 98도70 판결; 대법원 1998.3.10. 선고 98도70 판결.

37) 대법원 2011.7.14. 선고 2011도639 판결.

위와 같이 말하였으며 그 과정에서 폭행을 가하거나 달리 유형력을 행사한 바는 없었다면, 가사 피고인이 위와 같이 말한 것으로 인하여 피해자가 어떤 공포심을 느꼈다고 하더라도 피고인이 위와 같은 말을 하게 된 경위, 피고인과 피해자의 나이 및 신분관계 등에 비추어 볼 때 이는 정당한 훈계의 범위를 벗어나는 것이 아니어서 사회상규에 위배되지 아니하므로 위법성이 없다고 봄이 상당하고, 그 후 피해자가 스스로 음독 자살하기에 이르렀다 하더라도 이는 피해자가 자신의 결백을 밝히려는 데 그 동기가 있었던 것으로 보일 뿐 그것이 피고인의 협박으로 인한 결과라고 보기도 어려우므로 그와 같은 결과의 발생만을 들어 이를 달리 볼 것은 아니라고 할 것이다.[38] 피해자가 공소외 (갑)을 대리하여 동인 소유의 여관을 피고인에게 매도하고 피고인으로부터 계약금과 잔대금 일부를 수령하였는데 그 후 위 (갑)이 많은 부채로 도피해 버리고 동인의 채권자들이 채무변제를 요구하면서 위 여관을 점거하여 피고인에게 여관을 명도하기가 어렵게 되자 피고인은 피해자에게 여관을 명도해 주던가 명도소송비용을 내놓지 않으면 고소하여 구속시키겠다고 말한 경우 피고인이 매도인의 대리인인 위 피해자에게 위 여관의 명도 또는 명도소송비용을 요구한 것은 매수인으로서 정당한 권리행사라 할 것이며 위와 같이 다소 위협적인 말을 하였다고 하여도 이는 사회통념상 용인될 정도의 것으로서 협박으로 볼 수 없다.[39]

정당행위를 부정한 판례의 구체적 내용은 다음과 같다. 즉,

사채업자인 피고인은 피해자에게, 채무를 변제하지 않으면 피해자가 숨기고 싶어하는 과거의 행적과 사채를 쓴 사실 등을 남편과 시댁에 알리겠다는 등의 문자메시지를 발송하였다는 것인바, 이는 피해자에게 공포심을 일으키기에 충분하다고 보아야 할 것이고, 그 밖에 피고인이 고지한 해악의 구체적인 내용과 표현방법, 피고인이 피해자에게 위와 같은 해악을 고지하게 된 경위와 동기 등 제반 사정 등을 종합하면, 피고인에게 협박의 고의가 있었음을 충분히 인정할 수 있으며, 피고인이 정당한 절차와 방법을 통해 그 권리를 행사하지 아니하고 피해자에게 위와 같이 해악을 고지한 것이 사회의 관습이나 윤리관념 등 사회통념에 비추어 용인할 수 있는 정도의 것이라고 볼 수는 없다.[40] 친권자는 자를 보호하고 교양할 권리의무가 있고(민법 제913조) 그 자를 보호 또는 교양하기 위하여 필요한 징계를 할 수 있기는 하지만(민법 제915조) 인격의 건전한 육성을 위하여 필요한 범위 안에서 상당한 방법으로 행사되어야만 할 것인데, 스스로의 감정을 이기지 못하고 야구방망이로 때릴 듯이 피해자에게 "죽여 버린다"고 말하여 협박하는 것은 그 자체로 피해자의 인격 성장에 장해를 가져올 우려가 커서 이를 교양권의 행사라고 보기도 어렵다.[41] 정보보안과 소속 경찰관이 자신의 지위를 내세우면서 타인의 민사분쟁에 개입하여 빨리 채무를 변제하지 않으면 상부에 보고하여 문제를 삼겠다고 말한 사안에서, 상대방이 채무를 변제하고 피해 변상을 하는지 여부에 따라 직무집행 여부를 결정하겠다는 취지이더라도 정당한 직무집행이라거나 목적 달성을 위한 상당한 수단으로 인정할 수 없어 정당행위에 해당하지 않는다고 한 사례이다.[42]

3. 죄 수

본죄의 죄수는 피해자의 수를 기준으로 한다. 자유권은 일신전속적 법익이기 때문이다.

38) 대법원 1995.9.29. 선고 94도2187 판결.
39) 대법원 1984.6.26. 선고 84도648 판결.
40) 대법원 2011.5.26. 선고 2011도2412 판결.
41) 대법원 2002.2.8. 선고 2001도6468 판결.
42) 대법원 2007.9.28. 선고 2007도606 전원합의체 판결.

수인에 대한 동시의 협박은 상상적 경합이 된다.

판례에 의하면 피고인이 슈퍼마켓사무실에서 식칼을 들고 피해자를 협박한 행위와 식칼을 들고 매장을 돌아다니며 손님을 내쫓아 그의 영업을 방해한 행위는 별개의 행위이다.[43)] 감금을 하기 위한 수단으로서 행사된 단순한 협박행위는 감금죄에 흡수되어 따로 협박죄를 구성하는 것이 아니라고 할 것이다.[44)]

Ⅲ. 처 벌

1. 법정형

본죄의 법정형은 3년 이하의 징역, 500만원 이하의 벌금, 구류 또는 과료이다. 본죄의 미수범은 처벌된다.

2. 반의사불벌죄

본죄는 피해자의 명시한 의사에 반하여 공소를 제기할 수 없는 반의사불벌죄로 규정되어 있다.

Ⅳ. 상습협박죄

본죄는 상습으로 협박죄를 범함으로써 성립한다. 본죄를 범한 때에는 그 죄에 정한 형의 2분의 1까지 가중한다.

§3. 존속협박죄

제283조(협박, 존속협박) ② 자기 또는 배우자의 직계존속에 대하여 제1항의 죄를 범한 때에는 5년 이하의 징역 또는 700만원 이하의 벌금에 처한다.
③ ～ 제2항의 죄는 피해자의 명시한 의사에 반하여 공소를 제기할 수 없다.

제285조(상습범) 상습으로 제283조 ～, 제2항 ～ 의 죄를 범한 때에는 그 죄에 정한 형의 2분의 1까지 가중한다.

제286조(미수범) 전3조의 미수범은 처벌한다.

Ⅰ. 서 설

본죄는 자기 또는 배우자의 직계존속에 대하여 협박함으로써 성립한다. 협박죄의 가중적 구성요건이다.

43) 대법원 1991.1.29. 선고 90도2445 판결.
44) 대법원 1982.6.22. 선고 82도705 판결.

Ⅱ. 범 죄

본죄의 객체는 자기 또는 배우자의 직계존속이다. 본죄의 실행행위는 협박이다. 협박은 협박죄에 있어서의 그것과 같다.

Ⅲ. 처 벌

본죄의 법정형은 5년 이하의 징역 또는 700만원 이하의 벌금이다. 본죄의 미수범은 처벌된다. 본죄는 반의사불벌죄이다.

Ⅳ. 상습존속협박죄

본죄는 상습으로 존속협박죄를 범함으로써 성립한다. 본죄를 범한 때에는 그 죄에 정한 형의 2분의 1까지 가중한다.

§4. 특수협박죄

제284조(특수협박) 단체 또는 다중의 위력을 보이거나 위험한 물건을 휴대하여 전조제1항, 제2항의 죄를 범한 때에는 7년 이하의 징역 또는 1천만원 이하의 벌금에 처한다.

제285조(상습범) 상습으로 ~ 전조의 죄를 범한 때에는 그 죄에 정한 형의 2분의 1까지 가중한다.

제286조(미수범) 전3조의 미수범은 처벌한다.

Ⅰ. 서 설

본죄는 단체 또는 다중의 위력을 보이거나 위험한 물건을 휴대하여 협박죄나 존속협박죄를 범함으로써 성립한다. 본죄는 특수협박죄와 특수존속협박죄로 나누어질 수 있다.

Ⅱ. 범 죄

1. 특수협박죄

본죄는 단체 또는 다중의 위력을 보이거나 위험한 물건을 휴대하여 협박함으로써 성립한다. 휴대하여란 범행현장에서 사용하려는 의도 아래 위험한 물건을 소지하거나 몸에 지니는 경우를 가리킨다.[45] 협박은 전술한 바와 같이 일반적으로 그 상대방이 된 사람으로 하여금 공포심을 일으키기에 충분한 정도의 해악을 고지하는 것을 말한다.[46] 대법원은 "피고인이 미리 준비해 간 위험한 물건인 회칼을 책상 위에 수회 내리치면서 피해자 공소외 1, 공소외

45) 대법원 2017.3.30. 선고 2017도771 판결; 대법원 2015.8.19. 선고 2015도7852 판결; 대법원 2012.8.17. 선고 2011도10451 판결.

46) 대법원 2017.3.30. 선고 2017도771 판결; 대법원 2015.8.19. 선고 2015도7852 판결; 대법원 2012.8.17. 선고 2011도10451 판결.

2에게 해악을 고지하였고, 그것이 일반적으로 사람으로 하여금 공포심을 느끼게 하기에 충분한 행위에 해당한다"고 판시한 바 있다.[47)]

2. 특수존속협박죄

본죄는 단체 또는 다중의 위력을 보이거나 위험한 물건을 휴대하여 자기 또는 배우자의 직계존속에 대하여 협박함으로써 성립한다.

Ⅲ. 처 벌

본죄의 법정형은7년 이하의 징역 또는 1천만원 이하의 벌금이다. 본죄의 미수범은 처벌된다. 본죄는 반의사불벌죄가 아니다.

Ⅳ. 상습특수협박죄

본죄는 상습으로 특수협박죄 또는 특수존속협박죄를 범함으로써 성립한다. 본죄를 범한 때에는 그 죄에 정한 형의 2분의 1까지 가중한다.

§5. 관련 특별법

Ⅰ. 폭력행위처벌법

2명 이상이 공동하여 행하는 공동협박 등을 포함하여 이에 관하여는 상해와 폭행의 죄의 관련 특별법에서 이미 전술한 바 있다.

Ⅱ. 성폭력처벌법

제14조의3(촬영물 등을 이용한 협박·강요) ① 성적 욕망 또는 수치심을 유발할 수 있는 촬영물 또는 복제물(복제물의 복제물을 포함한다)을 이용하여 사람을 협박한 자는 1년 이상의 유기징역에 처한다.
② 제1항에 따른 협박으로 사람의 권리행사를 방해하거나 의무 없는 일을 하게 한 자는 3년 이상의 유기징역에 처한다.
③ 상습으로 제1항 및 제2항의 죄를 범한 경우에는 그 죄에 정한 형의 2분의 1까지 가중한다.

제15조(미수범) ~ 제14조의3의 미수범은 처벌한다.

Ⅲ. 스토킹처벌법

1. 정 의

제2조(정의) 이 법에서 사용하는 용어의 뜻은 다음과 같다.

1. "스토킹행위"란 상대방의 의사에 반(反)하여 정당한 이유 없이 상대방 또는 그의 동거인, 가족에 대하여 다음 각 목의 어느 하나에 해당하는 행위를 하여 상대방에게 불안감 또는 공포심을 일으키는 것을 말한다.
   가. 접근하거나 따라다니거나 진로를 막아서는 행위
   나. 주거, 직장, 학교, 그 밖에 일상적으로 생활하는 장소(이하 "주거등"이라 한다) 또는 그 부근에서

47) 대법원 2017.3.30. 선고 2017도771 판결.

기다리거나 지켜보는 행위

다. 우편·전화·팩스 또는 「정보통신망 이용촉진 및 정보보호 등에 관한 법률」 제2조제1항제1호의 정보통신망을 이용하여 물건이나 글·말·부호·음향·그림·영상·화상(이하 "물건등"이라 한다)을 도달하게 하는 행위

라. 직접 또는 제3자를 통하여 물건등을 도달하게 하거나 주거등 또는 그 부근에 물건등을 두는 행위

마. 주거등 또는 그 부근에 놓여져 있는 물건등을 훼손하는 행위

2. "스토킹범죄"란 지속적 또는 반복적으로 스토킹행위를 하는 것을 말한다.
3. "피해자"란 스토킹범죄로 직접적인 피해를 입은 사람을 말한다.
4. "피해자등"이란 피해자 및 스토킹행위의 상대방을 말한다.

2. 스토킹범죄

제18조(스토킹범죄) ① 스토킹범죄를 저지른 사람은 3년 이하의 징역 또는 3천만원 이하의 벌금에 처한다.

② 흉기 또는 그 밖의 위험한 물건을 휴대하거나 이용하여 스토킹범죄를 저지른 사람은 5년 이하의 징역 또는 5천만원 이하의 벌금에 처한다.

③ 제1항의 죄는 피해자가 구체적으로 밝힌 의사에 반하여 공소를 제기할 수 없다.

3. 잠정조치 불이행

제9조(스토킹행위자에 대한 잠정조치) ① 법원은 스토킹범죄의 원활한 조사·심리 또는 피해자 보호를 위하여 필요하다고 인정하는 경우에는 결정으로 스토킹행위자에게 다음 각 호의 어느 하나에 해당하는 조치(이하 "잠정조치"라 한다)를 할 수 있다.

1. 피해자에 대한 스토킹범죄 중단에 관한 서면 경고
2. 피해자나 그 주거등으로부터 100미터 이내의 접근 금지
3. 피해자에 대한 「전기통신기본법」 제2조제1호의 전기통신을 이용한 접근 금지
4. 국가경찰관서의 유치장 또는 구치소에의 유치

② 제1항 각 호의 잠정조치는 병과(併科)할 수 있다.

③ 법원은 잠정조치를 결정한 경우에는 검사와 피해자 및 그 법정대리인에게 통지하여야 한다.

④ 법원은 제1항제4호에 따른 잠정조치를 한 경우에는 스토킹행위자에게 변호인을 선임할 수 있다는 것과 제12조에 따라 항고할 수 있다는 것을 고지하고, 다음 각 호의 구분에 따른 사람에게 해당 잠정조치를 한 사실을 통지하여야 한다.

1. 스토킹행위자에게 변호인이 있는 경우: 변호인
2. 스토킹행위자에게 변호인이 없는 경우: 법정대리인 또는 스토킹행위자가 지정하는 사람

⑤ 제1항제2호 및 제3호에 따른 잠정조치기간은 2개월, 같은 항 제4호에 따른 잠정조치기간은 1개월을 초과할 수 없다. 다만, 법원은 피해자의 보호를 위하여 그 기간을 연장할 필요가 있다고 인정하는 경우에는 결정으로 제1항제2호 및 제3호에 따른 잠정조치에 대하여 두 차례에 한정하여 각 2개월의 범위에서 연장할 수 있다.

제20조(잠정조치의 불이행죄) 제9조제1항제2호 또는 제3호의 잠정조치를 이행하지 아니한 사람은 2년 이하의 징역 또는 2천만원 이하의 벌금에 처한다.

Ⅳ. 경범죄처벌법

제3조(경범죄의 종류) ① 다음 각 호의 어느 하나에 해당하는 사람은 10만원 이하의 벌금, 구류 또는 과료(科料)의 형으로 처벌한다.

1. (빈집 등에의 침입) 다른 사람이 살지 아니하고 관리하지 아니하는 집 또는 그 울타리·건조물(建造物)·배·자동차 안에 정당한 이유 없이 들어간 사람

18. (구걸행위 등) 다른 사람에게 구걸하도록 시켜 올바르지 아니한 이익을 얻은 사람 또는 공공장소에서 구걸을 하여 다른 사람의 통행을 방해하거나 귀찮게 한 사람

19. (불안감조성) 정당한 이유 없이 길을 막거나 시비를 걸거나 주위에 모여들거나 뒤따르거나 몹시 거

칠게 겁을 주는 말이나 행동으로 다른 사람을 불안하게 하거나 귀찮고 불쾌하게 한 사람 또는 여러 사람이 이용하거나 다니는 도로·공원 등 공공장소에서 고의로 험악한 문신(文身)을 드러내어 다른 사람에게 혐오감을 준 사람

40. (장난전화 등) 정당한 이유 없이 다른 사람에게 전화·문자메시지·편지·전자우편·전자문서 등을 여러 차례 되풀이하여 괴롭힌 사람
41. (지속적 괴롭힘) 상대방의 명시적 의사에 반하여 지속적으로 접근을 시도하여 면회 또는 교제를 요구하거나 지켜보기, 따라다니기, 잠복하여 기다리기 등의 행위를 반복하여 하는 사람

제3절 체포와 감금의 죄

§1. 개 관

Ⅰ. 의 의

본장의 체포와 감금의 죄는 사람을 불법하게 체포 또는 감금하는 행위와 이로 인하여 발생하는 상해 또는 사망을 내용으로 한다(형법 제2편 제29장). 다소의 시간적 계속을 요하는 계속범이다. 순간적으로 체포 또는 감금하는 행위는 폭행죄를 구성할 뿐이다.

Ⅱ. 보호법익

본장의 죄의 보호법익은 사람의 신체적 활동의 자유이다. 특히 장소이전의 자유를 그 내용으로 한다. 장소이전의 자유는 현실적 자유뿐만 아니라 일정한 장소를 떠날 수 있는 잠재적 자유(potentielle persönliche Fortbewegungsfreiheit)를 포함한다.

보호법익에 대한 보호의 정도에 대하여는 다툼이 있다. 장소이전의 자유의 침해를 요한다는 침해범설과 장소이전의 자유에 대한 현실적 침해를 요하지 않는다는 추상적 위험범설이 대립하고 있다. 생각건대 본장의 죄는 장소이전의 가능성이 침해되면 성립한다고 이해되므로 추상적 위험범설이 타당하다고 해석된다.

Ⅲ. 구성요건의 체계

본장의 죄의 기본적 구성요건은 체포·감금죄이다(제276조 제1항). 신분으로 인하여 책임이 가중되는 존속체포·감금죄(제276조 제2항), 가혹행위로 인하여 불법이 가중되는 중체포·감금죄(제277조), 행위방법으로 인하여 불법이 가중되는 특수체포·감금죄(제278조) 및 상습성으로 인하여 책임이 가중되는 상습체포·감금죄(제279조)는 가중적 구성요건이다. 체포·감금치사상죄(제281조)는 불법이 가중되는 결과적 가중범이다.

§2. 체포 · 감금죄

제276조(체포, 감금, 존속체포, 존속감금) ① 사람을 체포 또는 감금한 자는 5년 이하의 징역 또는 700만원 이하의 벌금에 처한다.

제279조(상습범) 상습으로 제276조 ~ 의 죄를 범한 때에는 전조의 예에 의한다.

제280조(미수범) 전4조의 미수범은 처벌한다.

제282조(자격정지의 병과) 본장의 죄에는 10년 이하의 자격정지를 병과할 수 있다.

관련조문

제124조(불법체포, 불법감금) ① 재판, 검찰, 경찰 기타 인신구속에 관한 직무를 행하는 자 또는 이를 보조하는 자가 그 직권을 남용하여 사람을 체포 또는 감금한 때에는 7년 이하의 징역과 10년 이하의 자격정지에 처한다.

② 전항의 미수범은 처벌한다.

Ⅰ. 서 설

1. 서 언

본죄는 사람을 체포 또는 감금함으로써 성립한다. 체포죄는 사람의 신체에 대하여 직접적이고 현실적인 구속을 가하여 신체활동의 자유를 박탈하는 범죄이다.[1] 감금죄는 사람이 특정한 구역에서 벗어나는 것을 불가능하게 하거나 또는 매우 곤란하게 하여 사람의 행동의 자유를 구속하는 범죄이다.[2] 체포죄와 감금죄는 행위의 태양을 달리하지만 동일한 조문에 규정되어 있고 법정형도 동일하다는 점에서 체포 · 감금죄로서 일괄하여 이해할 필요가 있다.

2. 보호법익

본죄의 체포죄는 신체활동의 자유를,[3] 감금죄는 사람의 행동의 자유를 그 보호법익으로 하고 있다.[4]

Ⅱ. 범 죄

1. 구성요건

(1) 객관적 구성요건

1) 주 체

본죄의 주체에는 제한이 없다. 자연인이면 족하다. 피해자 이외의 모든 자연인이다.

---

1) 대법원 2020.3.27. 선고 2016도18713 판결.

2) 대법원 1998.5.26. 선고 98도1036 판결; 대법원 1994.3.16. 자 94모2 결정; 대법원 1991.12.30. 자 91모5 결정; 대법원 1984.5.15. 선고 84도655 판결.

3) 대법원 2020.3.27. 선고 2016도18713 판결.

4) 대법원 2011.9.29. 선고 2010도5962 판결; 대법원 2000.3.24. 선고 2000도102 판결; 대법원 2000.2.11. 선고 99도5286 판결; 대법원 1998.5.26. 선고 98도1036 판결; 대법원 1994.3.16. 자 94모2 결정; 대법원 1991.12.30. 자 91모5 결정; 대법원 1985.10.8. 선고 84도2424 판결; 대법원 1984.5.15. 선고 84도655 판결.

2) 객 체

① 의 의

본죄의 객체는 사람이다. 사람이란 자연인에 한하고 타인을 의미한다. 문제는 객체의 범위에 있다.

② 객체의 범위

본죄는 사람의 신체활동의 자유에 대한 침해라는 점으로부터 본죄의 객체로 될 수 있는 자는 의사능력이나 행동능력을 가지는 자에 한정되느냐가 문제되고 있다.

ⓘ 학 설 　본죄의 객체의 범위에 관하여는 다툼이 있다. 첫째, 최광의설이다. 명정자, 수면자, 정신병자, 불구자 또는 유아를 포함하여 모든 자연인은 본죄의 객체로 된다는 견해이다. 둘째, 광의설이다. 명정자, 수면자, 정신병자, 불구자 또는 유아를 제외하고 자연적·잠재적 의미에서 행동의 의사를 가질 수 있는 자연인만이 본죄의 객체로 된다는 견해이다. 잠재적 자유설이라고도 불린다. 본죄의 객체에게 체포·감금에 대한 인식은 불요하다고 한다. 통설의 입장이라고 할 수 있다. 셋째, 최협의설이다. 명정자, 수면자, 정신병자, 불구자 또는 유아를 제외하고 현실적으로 행동의 의사를 가지는 자연인만이 본죄의 객체로 된다는 견해이다. 현실적 자유설이라고도 불린다. 본죄의 객체에게 체포·감금에 대한 인식이 필요하다고 한다.

ⓘⓘ 판 례 　판례는 최광의설의 입장으로 해석된다. 대법원은 "정신병자라고 해서 감금죄의 객체가 될 수 없다고 볼 수도 없다"고 판시하거나[5] "정신병자도 감금죄의 객체가 될 수 있다"고 판시한 바 있기 때문이다.[6]

ⓘⓘⓘ 검 토 　본죄는 사람의 신체적 자유를 보장하기 위한 범죄이다. 신체적 자유는 현실적 자유뿐만 아니라 잠재적 자유를 포함하는 개념이라고 해석된다. 신체의 자유는 현실적인 활동뿐만 아니라 활동의 가능성까지 담보될 때 비로소 보장될 수 있기 때문이다. 따라서 현실적 활동은 당연히 보호되어야 하겠지만 활동의사도 보호될 필요가 있다고 해석된다. 신체적 활동에 대한 의사능력을 가지는 한 본죄의 객체로 될 수 있다고 해석되기 때문이다. 이러한 의미에서 광의설 또는 잠재적 자유설이 합당하다고 할 수 있다.

3) 행 위

본죄의 실행행위는 체포 또는 감금이다. 체포와 감금은 별개의 행위태양이지만, 양자를 구별할 실익은 없다.

① 체 포

ⓘ 의 의 　체포(逮捕, Festnahme, arrest)란 사람의 신체에 대하여 직접적이고 현실적 구속을 가하여 행동의 자유를 박탈하는 것을 말한다.[7]

---

5) 대법원 2002.10.11. 선고 2002도4315 판결.
6) 대법원 2002.10.11. 선고 2002도4315 판결.
7) 대법원 2018.2.28. 선고 2017도21249 판결.

ⓘ **체포의 방법** 구속을 가하는 방법은 수족의 포박 등 유형적 방법에 의하여 행하여지는 것이 보통이지만 그것에만 한하지 않는다. 그 수단과 방법은 묻지 않기 때문이다.[8] 협박하거나 속이거나 하는 무형적 방법에 의하여도 가능하다. 다만 체포에는 자유의 구속이 다소 시간적 계속을 요한다고 해야 한다. 순간의 구속은 폭행죄를 구성하는 것에 그친다고 해야 하기 때문이다. 그러나 어느 정도 자유의 구속이 계속되는 한 그 시간의 장단을 묻지 않는다.

② 감 금

ⓘ 의 의 감금(監禁, Einsperrung)이란 사람으로 하여금 일정한 장소 밖으로 나가지 못하도록 신체의 자유를 제한하는 행위를 가리킨다.[9] 일정한 구역이란 반드시 방실과 같이 구획된 장소가 아니라도 족하고 일정한 장소면 충분하다. 장소적으로 제한한다는 점에서 체포와 구별된다.

감금죄가 성립하기 위하여 반드시 사람의 행동의 자유를 전면적으로 박탈할 필요는 없다.[10] 감금죄란 사람이 특정한 구역에서 나가는 것을 불가능하게 하거나 또는 심히 곤란하게 하는 죄이기 때문이다.[11] 따라서 감금된 특정한 구역 범위 안에서 일정한 생활의 자유가 허용되어 있었다고 하더라도 유형적이거나 무형적인 수단과 방법에 의하여 사람이 특정한 구역에서 벗어나는 것을 불가능하게 하거나 매우 곤란하게 한 이상 감금죄의 성립에는 아무런 지장이 없다.[12]

ⓘ **감금의 방법** 행동의 자유를 구속하는 수단이나 방법에는 아무런 제한이 없다.[13] 그 방법은 반드시 물리적, 유형적 장애를 사용하는 경우뿐만 아니라 심리적, 무형적 장애에 의하는 경우도 포함한다.[14] 사람이 특정한 구역에서 벗어나는 것을 불가능하게 하거나 매우 곤란하게 하는 장애는 물리적 · 유형적 장애뿐만 아니라 심리적 · 무형적 장애에 의하여서도 가능하기 때문이다. 피해자의 공포심 · 수치심을 이용하거나 위계에 의하여 피해자를 착오

---

8) 대법원 2018.2.28. 선고 2017도21249 판결.

9) 대법원 1997.6.13. 선고 97도877 판결; 대법원 1994.3.16. 자 94모2 결정; 대법원 1991.12.30. 자 91모5 결정; 대법원 1985.10.8. 선고 84도2424 판결; 대법원 1985.6.25. 선고 84도2083 판결.

10) 대법원 2011.9.29. 선고 2010도5962 판결; 대법원 2000.3.24. 선고 2000도102 판결; 대법원 2000.2.11. 선고 99도5286 판결; 대법원 1998.5.26. 선고 98도1036 판결; 대법원 1994.3.16. 자 94모2 결정; 대법원 1991.12.30. 자 91모5 결정; 대법원 1985.10.8. 선고 84도2424 판결; 대법원 1984.5.15. 선고 84노655 판결.

11) 대법원 2011.9.29. 선고 2010도5962 판결; 대법원 2000.3.24. 선고 2000도102 판결; 대법원 2000.2.11. 선고 99도5286 판결; 대법원 1998.5.26. 선고 98도1036 판결; 대법원 1985.10.8. 선고 84도2424 판결; 대법원 1984.5.15. 선고 84도655 판결.

12) 대법원 2011.9.29. 선고 2010도5962 판결; 대법원 2000.3.24. 선고 2000도102 판결; 대법원 2000.2.11. 선고 99도5286 판결; 대법원 1998.5.26. 선고 98도1036 판결; 대법원 1994.3.16. 자 94모2 결정; 대법원 1991.12.30. 자 91모5 결정; 대법원 1985.10.8. 선고 84도2424 판결; 대법원 1984.5.15. 선고 84도655 판결.

13) 대법원 1998.5.26. 선고 98도1036 판결; 대법원 1994.3.16. 자 94모2 결정; 대법원 1991.12.30. 자 91모5 결정; 대법원 1984.5.15. 선고 84도655 판결.

14) 대법원 2011.9.29. 선고 2010도5962 판결; 대법원 2000.3.24. 선고 2000도102 판결; 대법원 2000.2.11. 선고 99도5286 판결; 대법원 1998.5.26. 선고 98도1036 판결; 대법원 1997.6.13. 선고 97도877 판결; 대법원 1994.3.16. 자 94모2 결정; 대법원 1991.12.30. 자 91모5 결정; 대법원 1985.10.8. 선고 84도2424 판결; 대법원 1985.6.25. 선고 84도2083 판결; 대법원 1984.5.15. 선고 84도655 판결.

에 빠뜨려 이를 이용하는 등은 심리적 · 무형적인 방법에 속한다. 선녀의 옷을 감춘 나무꾼은 수치심을 이용한 경우에 해당한다.

③ 체포와 감금의 구별

체포와 감금이란 사람의 신체 대한 직접적인 구속인가 간접적인 구속인가에 의하여 개념적으로는 구별되지만 실제의 사례에서는 그 한계를 명확하게 획하는 것은 극히 곤란하다. 양자는 동일한 구성요건내의 행위태양의 차이에 불과하기 때문에 굳이 구분할 필요는 없다.

감금을 긍정한 판례의 구체적 내용은 다음과 같다. 즉,

피해자 1이 감금되었다는 기간 중에 동성로파 사람들과 술집에서 술을 마시고, 아는 사람들이나 검찰청에 전화를 걸고, 새벽에 한증막에 갔다가 잠을 자고 돌아오기도 하였지만, 피해자 1은 위 피고인들이나 그 하수인들과 같은 장소에 있거나 감시되어 행동의 자유가 구속된 상태였음을 인정할 수 있으므로, 원심의 사실인정과 판단에 사실오인이나 감금죄에 관한 법리오해의 위법이 없다. 논지는 이유가 없다.[15] 피고인은 1996.12.10.경 피해자 (갑) (당시 만 10세)의 집에서 피해자로 하여금 부모에게 말하지 말고 인천 (주소 생략)에 있는 **아파트 앞으로 나오도록 유인한 다음 피고인이 운전하는 화물차에 태우고 데리고 다니면서 피해자에게 "네가 집에 돌아가면 경찰이 붙잡아 소년원에 보낸다"라고 위협하여 피해자를 집에 가지 못하도록 하는 등 그 무렵부터 1997.6.8. 08:00경까지 서울 (주소 생략) 소재 피고인의 셋방 등지에서 피해자를 감금하였다는 것인 바, 원심이 그대로 유지한 제1심판결이 채택한 증거들을 종합하여 보면, 피고인이 피해자를 유인한 후 혼자서는 생활할 능력이 없는 어린이인 피해자에게 위와 같은 말을 함으로써 피해자가 겁을 먹은 나머지 부모에게 돌아갈 생각을 하지 못하고 어쩔 수 없이 위 기간 동안 전국특송화물차 운전기사인 피고인이 화물차를 운전하여 강원도, 대구, 부산 등지로 운행할 때에는 피고인을 따라 화물차에 타고 다니고, 피고인이 판시 피고인의 셋방에 돌아와 있을 때에는 피고인과 함께 그 곳에 기거하였음을 알 수 있으며, 또한 위 증거에 의하면 피고인은 피해자를 감시하기도 하였다는 것인 바, 사실관계가 이러하다면 피고인은 판시 기간 동안 피해자를 위 화물차와 피고인의 셋방에 감금한 것이라고 할 수 있고, 원심의 위와 같은 판시는 다소 미흡한 느낌은 있으나 1996.12.10.경부터 1997.6.8.까지 피해자를 위 화물차와 피고인의 셋방에 감금하였다고 인정한 것이라 할 수 있고, 그와 같은 조치에 논하는 바와 같은 감금죄에 대한 법리오해와 그로 인한 심리미진 혹은 채증법칙 위반 등의 위법이 있다고 할 수 없다. 논지는 모두 이유가 없다.[16] 설사 그 장소가 경찰서 내 대기실로서 일반인과 면회인 및 경찰관이 수시로 출입하는 곳이고 여닫이 문만 열면 나갈 수 있도록 된 구조라 하여도 경찰서 밖으로 나가지 못하도록 그 신체의 자유를 제한하는 유형, 무형의 억압이 있었다면 이는 감금에 해당한다.[17] 형사소송법이나 경찰관직무집행법 등의 법률에 정하여진 구금 또는 보호유치 요건에 의하지 아니하고는 즉결심판 피의자라는 사유만으로 피의자를 구금, 유치할 수 있는 아무런 법률상 근거가 없고, 경찰 업무상 그러한 관행이나 지침이 있었다 하더라도 이로써 원칙적으로 금지되어 있는 인신구속을 행할 수 있는 근거로 할 수 없으므로, 즉결심판 피의자의 정당한 귀가요청을 거절한 채 다음날 즉결심판법정이 열릴 때까지 피의자를 경찰서 보호실에 강제 유치시키려고 함으로써 피의자를 경찰서 내 즉결피의자 대기실에 1020분 동안 있게 한 행위는

15) 대법원 2000.3.24. 선고 2000도102 판결.
16) 대법원 1998.5.26. 선고 98도1036 판결.
17) 대법원 1997.6.13. 선고 97도877 판결.

형법 제124조 제1항의 불법감금죄에 해당하고, 이로 인하여 피의자를 보호실에 밀어넣으려는 과정에서 상해를 입게 하였다면 특정범죄가중처벌등에관한법률 제4조의2 제1항위반죄에 해당한다.[18] 설사 피해자가 경찰서 안에서 자유스럽게 활동하였다 하여도 피해자를 경찰서 밖으로 나가지 못하도록 그 신체의 자유를 제한하는 유형, 무형의 억압이 있었다면, 이는 바로 감금행위에 해당할 수 있다.[19] 설사 피해자가 경찰서 안에서 직장동료인 피의자들과 같이 식사도 하고 사무실 안팎을 내왕하였다 하여도 피해자를 경찰서 밖으로 나가지 못하도록 그 신체의 자유를 제한하는 유형, 무형의 억압이 있었다면 이는 감금행위에 해당한다.[20] 피해자가 만약 도피하는 경우에는 생명 신체에 심한 해를 당할지도 모른다는 공포감에서 도피하기를 단념하고 있는 상태하에서 그를 호텔로 데리고 가서 함께 유숙한 후 그와 함께 항공기로 국외에 나간 행위는 감금죄를 구성한다.[21] 피해자가 여관 등에서 8일간 있는 동안 그의 처와 만났으며 피고인 등과 같이 술을 마신 일이 있는 등 특정지역 내에서 일정한 생활의 자유가 허용되었고, 피고인이 피해자에게 폭행을 가한 것은 감금을 위한 것이라기보다는 피해자의 채무불이행에 대한 분노에서 행하여진 것으로 보인다든지 또는 피해자가 피고인 등과 민·형사간문제를 삼지 않겠다는 합의서를 경찰에 제출한 사실 또는 피해자나 그의 가족이 감금사실에 대하여 고소, 고발을 하지 않았다는 사정 등이 있다 하더라도 피고인 일행이 밤마다 폭행하고 괴롭히고 있으니 경찰에 신고하라고 피해자가 전화한 사실이 있을 뿐 아니라 감금에서 풀려난 것이 피해자의 얼굴 등이 많이 상해 있는 것을 본 공소외 (갑)이 경찰에 신고하여 경찰관이 와서 피고인 등을 연행해 감으로써 풀려난 것임에 비추어 볼 때, 피해자가 그의 행동의 자유에 아무런 제약도 받지 아니하고 그의 자유로운 의사에 의하여 8일간을 여관 등에서 보내게 된 것이라고 볼 수 없다.[22] 폭력행위등처벌에관한법률 제3조 제1항 소정의 감금죄는 단체나 다중의 위력으로 사람의 행동의 자유를 장소적으로 구속하는 경우를 처벌하는 규정임이 명백하므로 피고인들이 대한상이군경회원 80여명과 공동으로 호텔 출입문을 봉쇄하며 피해자들의 출입을 방해하였다면 위의 감금죄에 해당한다.[23]

감금을 부정한 판례의 구체적 내용은 다음과 같다. 즉,

보호의무자의 동의를 제대로 얻지 못한 상태에서 정신의료기관의 장의 결정에 의하여 정신질환자에 대한 입원이 이루어졌다 하더라도, 정신건강의학과 전문의가 사실과 다르게 입원 진단을 하였다거나 또는 정신의료기관의 장 등과 공동하거나 공모하여 정신질환자를 강제입원시켰다는 등의 특별한 사정이 없는 이상, 정신의료기관의 장의 입원 결정과 구별되는 정신건강의학과 전문의의 입원 진단 내지 입원권고서 작성행위만을 가지고 부적법한 입원행위라고 보아 감금죄로 처벌할 수 없다.[24] 정신건강의학과 전문의인 피고인 갑, 을이 각각 피해자의 아들 피고인 병 등과 공동하여 피해자를 응급이송차량에 강제로 태워 병원으로 데려가 입원시켰다고 하여 폭력행위 등 처벌에 관한 법률 위반(공동감금)으로 기소된 사안에서, 망상장애와 같은 정신질환의 경우 진단적 조사 또는 정확한 진단을 위해 지속적인 관찰이나 특수한 검사가 필요한 때에도 환자의 입원이 고려될 수 있고, 피고인 갑, 을은 보호의무자인 피고인 병의 진술뿐만 아니라 피해자를 직접 대면하여

18) 대법원 1997.6.13. 선고 97도877 판결.
19) 대법원 1994.3.16. 자 94모2 결정.
20) 대법원 1991.12.30. 자 91모5 결정.
21) 대법원 1991.8.27. 선고 91도1604 판결.
22) 대법원 1984.5.15. 선고 84도655 판결.
23) 대법원 1983.9.13. 선고 80도277 판결.
24) 대법원 2017.4.28. 선고 2013도13569 판결.

진찰한 결과를 토대로 피해자에게 피해사고나 망상장애의 의심이 있다고 판단하여 입원이 필요하다는 진단을 한 것이므로, 진단 과정에 정신건강의학과 전문의로서 최선의 주의를 다하지 아니하거나 신중하지 못했던 점이 일부 있었더라도 피해자를 정확히 진단하여 치료할 의사로 입원시켰다고 볼 여지 또한 충분하여 피고인 갑, 을에게 감금죄의 고의가 있었다거나 이들의 행위가 형법상 감금행위에 해당한다고 단정하기 어려움에도 피고인 갑, 을이 피해자를 입원시킨 행위가 감금죄에 해당한다고 판단한 원심판결에 법리오해의 잘못이 있다고 한 사례이다.[25)]

4) 결 과

본죄는 계속범이다. 체포의 행위에 확실히 사람의 신체의 자유를 구속한다고 인정할 수 있을 정도의 시간적 계속을 요한다.[26)] 나아가 본죄는 기수에 달한 후에도 피해자의 신체활동의 자유가 회복되지 않는 한 종료되지 않는다. 본죄는 종료시까지 공범의 성립이 가능하게 되고, 공소시효도 기산되지 않는다. 한편 본죄는 추상적 위험범이다. 현실적으로 자유가 침해될 것을 요하지 않는다.

(2) 주관적 구성요건

본죄는 고의범이다. 본죄의 고의는 인식적 요소로서 체포 또는 감금의 행위에 의하여 신체활동의 자유를 박탈하거나 제한한다는 인식을 포함한다.

(3) 미수 · 기수

체포죄의 실행의 착수 시기는 체포의 고의로 타인의 신체적 활동의 자유를 현실적으로 침해하는 행위를 개시한 때이다.[27)] 침해범설은 본죄는 사람의 행동의 자유를 보호하기 위한 것이므로 행동의 자유가 침해된 때, 즉 피해자의 의식이 침해된 때에 비로소 기수로 된다고 한다. 그러나 대법원은 "체포죄는 계속범으로서 체포의 행위에 확실히 사람의 신체의 자유를 구속한다고 인정할 수 있을 정도의 시간적 계속이 있어야 기수에 이르고, 신체의 자유에 대한 구속이 그와 같은 정도에 이르지 못하고 일시적인 것으로 그친 경우에는 체포죄의 미수범이 성립할 뿐이다"라고 판시한 바 있다.[28)]

실행의 착수를 긍정한 판례의 구체적 내용은 다음과 같다. 즉,

피고인이 피해자가 자동차에서 내릴 수 없는 상태에 있음을 이용하여 강간하려고 결의하고, 주행중인 자동차에서 탈출불가능하게 하여 외포케 하고 50킬로미터를 운행하여 여관 앞까지 강제연행한 후 강간하려다 미수에 그친 경우 위 협박은 감금죄의 실행의 착수임과 동시에 강간미수죄의 실행의 착수라고 할 것이다.[29)]

(4) 공 범

본죄에 대하여도 총칙상의 공범규정은 그대로 적용된다. 대법원도 "피해자가 피고인에

---

25) 대법원 2015.10.29. 선고 2015도8429 판결.
26) 대법원 2018.2.28. 선고 2017도21249 판결.
27) 대법원 2020.3.27. 선고 2016도18713 판결; 대법원 2018.2.28. 선고 2017도21249 판결.
28) 대법원 2020.3.27. 선고 2016도18713 판결.
29) 대법원 1983.4.26. 선고 83도323 판결.

의하여 강제로 자동차에 태워지고 피해자의 하차요청을 묵살한 채 하차할 수 없는 상태로 운행이 강행되었다면 그 운행자가 피고인 아닌 피고인의 친구이었다 하더라도 그 감금행위에는 피고인이 그 운행자와 암묵적으로 의사연락하여 범행에 공동가공한 것으로 못 볼 바 아니다"라고 판시한 바 있다.[30]

2. 위법성조각사유

본죄에 있어서도 총칙상의 위법성조각사유는 그대로 타당하다. 특히, 영장에 의한 적법한 체포·감금행위는 법령에 의한 행위로서 위법성을 조각하는 것은 당연하다. 또 정신질환자에 대한 입원도 정신건강복지법의 요건에 따르는 한 법령에 의한 행위로서 위법성이 조각된다. 다만 위법성조각사유의 한례로서의 사회상규를 벗어나는 경우에는 위법성이 조각되지 아니한다고 해석된다. 위법성조각을 긍정한 판례의 구체적 내용은 다음과 같다. 즉,

정신보건법(2016.5.29. 법률 제14224호 정신건강증진 및 정신질환자 복지서비스 지원에 관한 법률로 전부 개정되기 전의 것, 이하 같다) 제24조 제1항은 정신의료기관 등의 장은 정신질환자의 보호의무자 2인의 동의가 있고 정신건강의학과 전문의가 입원이 필요하다고 판단한 경우에 한하여 해당 정신질환자를 입원시킬 수 있으며, 입원을 할 때 해당 보호의무자로부터 보건복지부령으로 정하는 입원동의서 및 보호의무자임을 확인할 수 있는 서류를 받아야 한다고 규정하고 있고, 제2항은 정신건강의학과 전문의는 정신질환자의 입원이 필요하다고 진단한 때에는 제1항에 따른 입원동의서에 '환자가 정신의료기관 등에서 입원치료나 요양을 받을 만한 정도 또는 성질의 정신질환에 걸려 있는 경우' 또는 '환자 자신의 건강 또는 안전이나 타인의 안전을 위하여 입원할 필요가 있는 경우' 중 어느 하나에 해당된다고 판단한다는 의견을 기재한 입원권고서를 첨부하여야 한다고 규정하고 있다. 이러한 규정들과 정신질환자의 보호의무자는 정신건강의학과 전문의의 진단에 의하지 아니하고 정신질환자를 입원시켜서는 아니 된다고 규정하고 있는 정신보건법 제22조 제1항의 취지 및 모든 정신질환자는 인간으로서의 존엄과 가치를 보장받으며 입원치료가 필요한 정신질환자에 대하여는 항상 자발적 입원이 권장되어야 한다는 제2조 제1항, 제5항이 정한 기본이념 등에 비추어 보면, 제24조에서 정한 보호의무자에 의한 입원의 경우에는 보호의무자 2인이 동의하고 또한 정신건강의학과 전문의가 정신질환자를 직접 대면하여 진찰하고 입원이 필요하다고 진단한 다음 이에 기하여 정신의료기관의 장이 입원을 결정한다.[31] 형제복지원의 시설장 및 총무직에 있는 피고인들이 수용시설에 수용중인 부랑인들의 야간도주를 방지하기 위하여 그 취침시간중 출입문을 안에서 시정조치한 행위가 형법 제20조의 정당행위에 해당되어 위법성이 조각된다.[32] 감금의 점에 있어서는 원심판시와 같은 정신병 환자의 모의 의뢰 및 승낙하에서 그 감호를 위하여 그 보호실 출입문을 야간에 한해서 3일간 시정하여 출입을 못하게 하였다는 사실에 미루어 이 사건 정신병자에 대한 위 감금의 행위는 그 경위사정 및 방법등에 비추어 보아 그 병자의 신체의 안전과 보호 등을 위하여 한 것으로써 사회통념상 부득이 한 조처로서 수긍될 수 있는 정도의 것이라 할 것이니 위법성이 있다고는 할 수 없고, 따라서 감금의 죄가 성립될 수 없는 경우라 하겠으므로 원심의 판시 표현에 있어 적절하지 못하는 바는 있으나 위법성이 없다는 취지의 판단 결론

30) 대법원 1984.8.21. 선고 84도1550 판결.

31) 대법원 2017.4.28. 선고 2013도13569 판결; 대법원 2015.10.29. 선고 2015도8429 판결; 대법원 2001.2.23. 선고 2000도4415 판결.

32) 대법원 1988.11.8. 선고 88도1580 판결.

에서 죄가 되지 아니한다고 본 조처는 시인된다 할 것이고, 거기에 소론과 같은 채증법칙 위배가 있다거나 법리를 오해한 위법이 있다 할 수 없으므로 이와 배치되는 견해에 선 논지는 모두 이유없음에 귀착된다.[33]

위법성조각을 부정한 판례의 구체적 내용은 다음과 같다. 즉,

구 정신보건법(2015.1.28. 법률 제13110호로 개정되기 전의 것, 이하 같다) 제23조 제2항은 '정신의료기관의 장은 자의(自意)로 입원 등을 한 환자로부터 퇴원 신청이 있는 경우에는 지체 없이 퇴원을 시켜야 한다'고 정하고 있다(2016.5.29. 법률 제14224호로 전부 개정된 정신건강증진 및 정신질환자 복지서비스 지원에 관한 법률 제41조 제2항은 '정신의료기관 등의 장은 자의입원 등을 한 사람이 퇴원 등을 신청한 경우에는 지체 없이 퇴원 등을 시켜야 한다'고 정하고 있다). 환자로부터 퇴원 요구가 있는데도 구 정신보건법에 정해진 절차를 밟지 않은 채 방치한 경우에는 위법한 감금행위가 있다.[34]

3. 죄 수

(1) 판단기준

본죄의 죄수는 원칙적으로 행위를 기준으로 한다. 신체활동의 자유는 일신전속적 법익에 속하기 때문이다. 체포 후 감금한 경우에는 포괄하여 1개의 감금죄가 된다.

(2) 다른 죄와의 관계

판례에 의하면 감금을 하기 위한 수단으로서 행사된 단순한 협박행위는 감금죄에 흡수되어 따로 협박죄를 구성하지 아니한다.[35] 감금행위가 단순히 강도상해 범행의 수단이 되는데 그치지 아니하고 강도상해의 범행이 끝난 뒤에도 계속된 경우에는 1개의 행위가 감금죄와 강도상해죄에 해당하는 경우라고 볼 수 없고, 이 경우 감금죄와 강도상해죄는 형법 제37조의 경합범 관계에 있다.[36] 감금행위가 강간죄나 강도죄의 수단이 된 경우에도 감금죄는 강간죄나 강도죄에 흡수되지 아니하고 별죄를 구성한다.[37] 미성년자를 유인한 자가 계속하여 이를 불법하게 감금하였을 때에는 미성년자유인죄 이외에 감금죄가 성립한다.[38] 강간죄의 성립에 언제나 직접적으로 또 필요한 수단으로서 감금행위를 수반하는 것은 아니므로 감금행위가 강간미수죄의 수단이 되었다 하여 감금행위는 강간미수죄에 흡수되어 범죄를 구성하지 않는다고 할 수는 없는 것이고, 그때에는 감금죄와 강간미수죄는 일개의 행위에 의하여 실현된 경우로서 형법 제40조의 상상적 경합관계에 있다.[39]

---

33) 대법원 1980.2.12. 선고 79도1349 판결.
34) 대법원 2017.8.18. 선고 2017도7134 판결.
35) 대법원 1982.6.22. 선고 82도705 판결.
36) 대법원 2003.1.10. 선고 2002도4380 판결.
37) 대법원 1997.1.21. 선고 96도2715 판결; 대법원 1984.8.21. 선고 84도1550 판결; 대법원 1983.4.26. 선고 83도323 판결.
38) 대법원 1998.5.26. 선고 98도1036 판결; 대법원 1961.9.21. 선고 4294형상455 판결.
39) 대법원 1983.4.26. 선고 83도323 판결.

Ⅲ. 처 벌

본죄의 법정형은 5년 이하의 징역 또는 700만원 이하의 벌금이다. 본죄의 미수범은 처벌된다. 본죄에는 10년 이하의 자격정지를 병과할 수 있다.

Ⅳ. 상습 체포·감금죄

본죄는 상습범을 처벌한다. 본죄는 상습으로 체포·감금죄를 범함으로써 성립한다. 본죄를 범한 때에는 그 죄에 정한 형의 2분의 1까지 가중한다. 본죄의 미수범은 처벌된다.

§3. 존속 체포·감금죄

제276조(체포, 감금, 존속체포, 존속감금) ② 자기 또는 배우자의 직계존속에 대하여 제1항의 죄를 범한 때에는 10년 이하의 징역 또는 1천500만원 이하의 벌금에 처한다.

제279조(상습범) 상습으로 제276조 ~ 의 죄를 범한 때에는 전조의 예에 의한다.

제280조(미수범) 전4조의 미수범은 처벌한다.

제282조(자격정지의 병과) 본장의 죄에는 10년 이하의 자격정지를 병과할 수 있다.

Ⅰ. 서 설

본죄는 자기 또는 배우자의 직계존속을 체포 또는 감금함으로써 성립한다. 본죄는 체포·감금죄의 가중적 구성요건이다. 부진정신분범이다.

Ⅱ. 범 죄

본죄의 객체는 자기 또는 배우자의 직계존속이다. 이는 전술한 존속살해죄에 있어서의 그것과 같다. 본죄의 실행행위는 체포 또는 감금이다. 이는 전술한 체포·감금죄에 있어서의 그것과 일치한다.

Ⅲ. 처 벌

본죄의 법정형은 10년 이하의 징역 또는 1천500만원 이하의 벌금이다. 본죄에는 10년 이하의 자격정지를 병과할 수 있다. 본죄의 미수범은 처벌된다.

Ⅳ. 상습 존속체포·감금죄

본죄는 상습범을 처벌한다. 본죄는 상습으로 존속체포·감금죄를 범함으로써 성립한다. 본죄를 범한 때에는 그 죄에 정한 형의 2분의 1까지 가중한다. 본죄의 미수범은 처벌된다.

§4. 중체포·감금죄

第277条(중체포, 중감금, 존속중체포, 존속중감금) ① 사람을 체포 또는 감금하여 가혹한 행위를 가한 자는 7년 이하의 징역에 처한다.

第279条(상습범) 상습으로 ~ 第277条의 죄를 범한 때에는 전조의 예에 의한다.

第280条(미수범) 전4조의 미수범은 처벌한다.

第282条(자격정지의 병과) 본장의 죄에는 10년 이하의 자격정지를 병과할 수 있다.

Ⅰ. 서 설

본죄는 사람을 체포 또는 감금하여 가혹한 행위를 가함으로써 성립한다. 본죄는 체포·감금의 행위와 가혹한 행위가 결합된 결합범이다.

Ⅱ. 범 죄

본죄의 객체는 사람이다. 본죄의 실행행위는 가혹한 행위를 가하는 것이다. 가혹한 행위를 가하는 수단은 체포 또는 감금이다. 가혹한 행위란 정신적·육체적 고통을 주는 일체의 행위를 말한다. 반드시 생명이나 신체에 위험을 줄 정도임을 요하지 않으며 학대보다는 광의로 해석된다. 가혹한 행위는 폭행, 추행 기타 고문 등과 같은 유형적 방법은 물론 협박, 밥 안주기, 옷 안입히기, 잠 안재우기 등과 같은 무형적 방법도 포함한다. 다만 가혹한 행위는 체포나 감금 후에 행하여질 것을 요한다. 따라서 체포 또는 감금의 수단으로서 행하여진 폭행 또는 협박은 가혹한 행위에 해당하지 않는다.

본죄는 체포·감금의 행위와 가혹한 행위가 모두 행하여져야 기수에 이른다. 본죄는 체포·감금 행위와 가혹한 행위의 결합범에 속하기 때문이다. 따라서 체포·감금이 행하여지지 않은 때, 가혹행위가 행하여지지 않은 때 또는 가혹행위가 미수에 그친 때에는 본죄의 미수가 된다.

Ⅲ. 처 벌

본죄의 법정형은 7년 이하의 징역이다. 본죄의 미수범은 처벌된다. 본죄에는 10년 이하의 자격정지를 병과할 수 있다.

Ⅳ. 상습 중체포·감금죄

본죄는 상습으로 중체포·감금죄를 범함으로써 성립한다. 본죄를 범한 때에는 그 죄에 정한 형의 2분의 1까지 가중한다. 본죄의 미수범은 처벌된다.

§5. 존속 중체포 · 감금죄

제277조(중체포, 중감금, 존속중체포, 존속중감금) ② 자기 또는 배우자의 직계존속에 대하여 전항의 죄를 범한 때에는 2년 이상의 유기징역에 처한다.

제279조(상습범) 상습으로 ~ 제277조의 죄를 범한 때에는 전조의 예에 의한다.

제280조(미수범) 전4조의 미수범은 처벌한다.

제282조(자격정지의 병과) 본장의 죄에는 10년 이하의 자격정지를 병과할 수 있다.

Ⅰ. 서 설

본죄는 자기 또는 배우자의 직계존속을 체포 또는 감금하여 가혹한 행위를 가함으로써 성립한다. 본죄는 체포 · 감금의 행위와 가혹한 행위가 결합된 결합범이다.

Ⅱ. 범 죄

본죄의 객체는 자기 또는 배우자의 직계존속이다. 본죄의 실행행위는 가혹한 행위를 가하는 것이다. 가혹한 행위를 가하는 수단은 체포 또는 감금이다.

Ⅲ. 처 벌

본죄의 법정형은 2년 이상의 유기징역이다. 본죄의 미수범은 처벌된다. 본죄에는 10년 이하의 자격정지를 병과할 수 있다.

Ⅳ. 상습 존속 중체포 · 감금죄

본죄는 상습으로 존속 중체포 · 감금죄를 범함으로써 성립한다. 본죄를 범한 때에는 그 죄에 정한 형의 2분의 1까지 가중한다. 본죄의 미수범은 처벌된다.

§6. 특수체포 · 감금죄

제278조(특수체포, 특수감금) 단체 또는 다중의 위력을 보이거나 위험한 물건을 휴대하여 전 2조의 죄를 범한 때에는 그 죄에 정한 형의 2분의 1까지 가중한다.

제280조(미수범) 전4조의 미수범은 처벌한다.

제282조(자격정지의 병과) 본장의 죄에는 10년 이하의 자격정지를 병과할 수 있다.

Ⅰ. 서 설

본죄는 단체 또는 다중의 위력을 보이거나 위험한 물건을 휴대하여 체포 · 감금죄, 존속체포 · 감금죄, 중체포 · 감금죄 및 존속 중체포 · 감금죄를 범함으로써 성립한다. 본죄는 미수범을 처벌한다.

Ⅱ. 범 죄

1. 특수 체포 · 감금죄

본죄는 단체 또는 다중의 위력을 보이거나 위험한 물건을 휴대하여 사람을 체포 또는 감금함으로써 성립한다.

대법원은 "수용시설에 수용중인 부랑인들의 야간도주를 방지하기 위하여 그 취침시간중 출입문을 안에서 시정조치한 행위가 형법 제20조의 정당행위에 해당되어 위법성이 조각된다"고 판시한 바 있다.[40)]

2. 특수 존속 체포 · 감금죄

본죄는 단체 또는 다중의 위력을 보이거나 위험한 물건을 휴대하여 자기 또는 배우자의 직계존속을 체포 또는 감금함으로써 성립한다.

3. 특수 중체포 · 감금죄

본죄는 단체 또는 다중의 위력을 보이거나 위험한 물건을 휴대하여 사람을 체포 또는 감금하여 가혹한 행위를 가함으로써 성립한다.

4. 특수 존속 중체포 · 감금죄

본죄는 단체 또는 다중의 위력을 보이거나 위험한 물건을 휴대하여 자기 또는 배우자의 직계존속을 체포 또는 감금하여 가혹한 행위를 가함으로써 성립한다.

Ⅲ. 처 벌

본죄의 법정형은 그 죄에 정한 형의 2분의 1까지 가중하는 것이다. 본죄의 미수범은 처벌된다. 본죄에는 10년 이하의 자격정지를 병과할 수 있다.

§7. 체포 · 감금 등의 치사상죄

제281조(체포 · 감금등의 치사상) ① 제276조 내지 제280조의 죄를 범하여 사람을 상해에 이르게 한 때에는 1년 이상의 유기징역에 처한다. 사망에 이르게 한 때에는 3년 이상의 유기징역에 처한다.
② 자기 또는 배우자의 직계존속에 대하여 제276조 내지 제280조의 죄를 범하여 상해에 이르게 한 때에는 2년 이상의 유기징역에 처한다. 사망에 이르게 한 때에는 무기 또는 5년 이상의 징역에 처한다.
제282조(자격정지의 병과) 본장의 죄에는 10년 이하의 자격정지를 병과할 수 있다.

Ⅰ. 서 설

본죄는 체포 · 감금죄 등의 결과적 가중범이다. 본죄의 기본범죄는 체포 · 감금죄 등과

---

40) 대법원 1988.11.8. 선고 88도1580 판결.

존속 체포·감금죄 등이고, 중한 결과는 상해 또는 사망이다. 본죄는 체포·감금 등의 치사상죄(제281조 제1항)와 존속 체포·감금 등의 치사상죄(제281조 제2항)로 나누어질 수 있다. 진정결과적 가중범에 속하므로 중한 결과에 대한 고의를 요하지 아니한다.

Ⅱ. 범 죄

1. 체포·감금 등의 치사상죄

본죄는 기본범죄로서 체포·감금죄, 상습 체포·감금죄, 중체포·감금죄, 상습 중체포·감금죄, 특수 체포·감금죄, 특수 중체포·감금죄 및 그 미수범을 범하여 중한 결과로서 상해 또는 사망에 이르게 함으로써 성립한다. 상해는 피해자 신체의 건강상태가 불량하게 변경되고 생활기능에 장애가 초래되는 것을 말한다.[41)]

사상을 긍정한 판례의 구체적 내용은 다음과 같다. 즉,

4일 가량 물조차 제대로 마시지 못하고 잠도 자지 아니하여 거의 탈진 상태에 이른 피해자의 손과 발을 17시간 이상 묶어 두고 좁은 차량 속에서 움직이지 못하게 감금한 행위와 묶인 부위의 혈액 순환에 장애가 발생하여 혈전이 형성되고 그 혈전이 폐동맥을 막아 사망에 이르게 된 결과 사이에는 상당인과관계가 있다.[42)] 승용차로 피해자를 가로막아 승차하게 한 후 피해자의 하차 요구를 무시한 채 당초 목적지가 아닌 다른 장소를 향하여 시속 약 60km 내지 70km의 속도로 진행하여 피해자를 차량에서 내리지 못하게 한 행위는 감금죄에 해당하고, 피해자가 그와 같은 감금상태를 벗어날 목적으로 차량을 빠져 나오려다가 길바닥에 떨어져 상해를 입고 그 결과 사망에 이르렀다면 감금행위와 피해자의 사망 사이에는 상당인과관계가 있다고 할 것이므로 감금치사죄에 해당한다.[43)] 피고인이 아파트 안방에서 안방문에 못질을 하여 동거하던 피해자가 술집에 나갈 수 없게 감금하고, 피해자를 때리고 옷을 벗기는 등 가혹한 행위를 하여 피해자가 이를 피하기 위하여 창문을 통해 밖으로 뛰어내리려 하자 피고인이 이를 제지한 후, 피고인이 거실로 나오는 사이에 갑자기 안방 창문을 통하여 알몸으로 아파트 아래 잔디밭에 뛰어내리다가 다발성 실질장기파열상 등을 입고 사망한 경우, 피고인의 중감금행위와 피해자의 사망 사이에는 인과관계가 있어 피고인은 중감금치사죄의 죄책을 진다.[44)]

사상을 부정한 판례의 구체적 내용은 다음과 같다. 즉,

피해자가 입은 상처가 극히 경미하여 굳이 치료할 필요가 없고 치료를 받지 않더라도 일상생활을 하는 데 아무런 지장이 없으며 시일이 경과함에 따라 자연적으로 치유될 수 있는 정도라면, 그로 인하여 피해자의 신체의 건강상태가 불량하게 변경되었다거나 생활기능에 장애가 초래된 것으로 보기 어려워 체포치상죄의 상해에 해당한다고 할 수 없다.[45)]

41) 대법원 2020.3.27. 선고 2016도18713 판결.
42) 대법원 2002.10.11. 선고 2002도4315 판결.
43) 대법원 2000.2.11. 선고 99도5286 판결.
44) 대법원 1991.10.25. 선고 91도2085 판결.
45) 대법원 2020.3.27. 선고 2016도18713 판결.

2. 존속 체포 · 감금 등의 치사상죄

본죄는 기본범죄로서 존속 체포 · 감금죄, 상습 존속체포 · 감금죄, 존속 중체포 · 감금죄, 상습 존속 중체포 · 감금죄, 특수 존속 체포 · 감금죄, 특수 존속 중체포 · 감금죄 및 그 미수범을 범하여 중한 결과로서 상해 또는 사망에 이르게 함으로써 성립한다.

Ⅲ. 처 벌

본죄의 체포 · 감금 등의 치사상죄의 법정형은 상해에 이르게 한 때에는 1년 이상의 유기징역이고, 사망에 이르게 한 때에는 3년 이상의 유기징역이다. 본죄에는 10년 이하의 자격정지를 병과할 수 있다.

본죄의 존속 체포 · 감금 등의 치사상죄의 법정형은 상해에 이르게 한 때에는 2년 이상의 유기징역이고, 사망에 이르게 한 때에는 무기 또는 5년 이상의 징역이다. 본죄에는 10년 이하의 자격정지를 병과할 수 있다.

§8. 관련 특별법

Ⅰ. 폭력행위처벌법

상습체포 · 감금, 야간 또는 2인 이상의 공동체포 · 감금, 단체 · 다중의 위력으로써 또는 단체 · 집단을 가장하여 위력을 보임으로써 또는 흉기 기타 위험한 물건을 휴대하고 범한 체포 · 감금 등의 경우에는 가중하여 처벌한다. 이의 법조문에 관하여는 상해와 폭행의 죄의 관련 특별법에서 이미 전술한 바 있다.

Ⅱ. 특정범죄가중법

제4조의2(체포 · 감금 등의 가중처벌) ① 「형법」 제124조 · 제125조에 규정된 죄를 범하여 사람을 상해(傷害)에 이르게 한 경우에는 1년 이상의 유기징역에 처한다.
② 「형법」 제124조 · 제125조에 규정된 죄를 범하여 사람을 사망에 이르게 한 경우에는 무기 또는 3년 이상의 징역에 처한다.

제4절 약취와 유인 및 인신매매의 죄

§1. 개 관

Ⅰ. 의 의

본장의 약취와 유인 및 인신매매의 죄는 약취, 유인 또는 인신매매의 행위와 그로 인하여 발생하는 상해 또는 사망을 내용으로 한다(형법 제2편 제31장).

본장의 죄는 사람을 종래의 생활환경으로부터 이탈시켜 자기 또는 제3자의 사실적 지배에 두고 신체의 자유를 침해하는 행위를 내용으로 하는 범죄이다. 본장의 죄는 사람의 신체적 활동의 자유를 보호하기 위한 범죄라는 점에서 체포 · 감금죄와 그 성질을 같이한다. 그러나 체포 · 감금죄는 신체의 활동이 일정한 장소에 한정됨에 반하여, 본장의 죄는 장소의 제한을 필요로 하지 않는다는 점에서 양자는 구별된다.

Ⅱ. 특 징

1. 해방감경

본장의 죄에 있어서는 해방감경규정이 적용된다. 본장의 죄를 범한 사람이 약취, 유인, 매매 또는 이송된 사람을 안전한 장소로 풀어준 때에는 그 형을 감경할 수 있다. 다만 피해자가 살해당하거나 사망한 경우에는 적용되지 아니한다. 피해자의 안전과 석방을 유도하기 위한 형사정책적인 규정이라고 할 수 있다. 이미 기수가 된 행위에 대하여 그의 중지를 유도한다는 의미에서 특별한 중지규정이라고 하는 경우도 있다.

2. 세계주의

본장의 죄에 대하여는 후술하는 바와 같이 2013년 개정형법부터 세계주의가 도입되었다. 따라서 본장의 죄는 대한민국 영역 밖에서 죄를 범한 외국인에게도 적용한다.

Ⅲ. 보호법익

본장의 죄의 보호법익은 개인의 신체의 자유이다. 문제는 본장의 죄가 미성년자도 객체로 하고 있다는 점과 인신매매의 죄가 신설되었다는 점을 고려한 보호법익에 있다. 이에 관하여는 피인취자의 신체의 자유라는 견해와 피인취자의 신체의 자유와 그 보호 · 감독자의 감호권이라는 견해가 크게 대립하고 있다. 판례는 미성년자의 자유 외에 보호감독자의 감호권도 그 보호법익으로 하고 있다는 입장이다.[1)]

생각건대 본장의 죄는 피인취자의 종래의 생활환경으로부터 이탈시켜 자기 또는 제3자의 사실적 지배하에 두는 것을 본질로 하는 범죄이기 때문에 그 보호법익이 개인의 신체의 자유에 있다는 점은 분명하다. 다른 한편 본장의 죄는 감호를 요하는 미성년자를 객체로 포함하고 있다는 점과 인신매매에 의하여 감호되고 있는 본래의 상태를 불량하게 변경하여 생활의 안전과 인격을 침해하는 성질도 부수적으로 가지고 있다는 점을 특징으로 하고 있다. 이러한 점을 감안하여 볼 때 본장의 죄는 부차적인 보호법익으로서 감호권과 인격권을 포함한다고 해석된다.

한편 본장의 죄의 보호법익에 대한 보호의 정도는 침해범으로 해석되고 있다. 따라서 피인취자를 자기 또는 제3자의 사실적 지배하에 두는 때에 기수로 된다.

---

1) 대법원 2003.2.11. 선고 2002도7115 판결.

Ⅳ. 개정의 경위와 내용

1. 2012년의 개정

본장의 죄는 변화된 시대상황을 반영하기 위하여 2012년 12월 일부 개정되었다.[2] 첫째, 부녀매매죄의 객체가 부녀에서 사람으로 변경되었다(2012년 개정전의 형법 제288조 제2항 참조). 둘째, 친고죄의 규정이 삭제되었다(2012년 개정전의 형법 제296조 참조).

2. 2013년의 개정

(1) 계 기

우리나라가 2000년 12월 13일 서명한 '국제연합국제조직범죄방지협약'(United Nations Convention against Transnational Organized Crime) 및 '인신매매방지의정서'의 국내적 이행을 위한 입법으로서, 협약 및 의정서상의 입법의무 사항을 반영하여 범죄단체 및 범죄집단의 존속과 유지를 위한 행위의 처벌규정을 마련하는 한편 범죄단체나 집단의 수입원으로 흔히 사용되는 도박장소의 개설이나 복표발매에 대한 처벌규정의 법정형을 상향하고, 각종 착취 목적의 인신매매죄를 신설하여 인신매매의 처벌범위를 확대함으로써 국제조직범죄를 효율적으로 방지 · 척결하는 동시에 국제협력을 강화하려는 것이었다.[3]

(2) 내 용

본장의 죄는 '인신매매방지의정서'의 이행입법으로 장(章)명을 '약취와 유인의 죄'에서 '약취, 유인 및 인신매매의 죄'로 변경하고 인신매매 관련 처벌조항을 신설하는 한편 목적범 형태의 약취, 유인 등의 죄에 '추행, 간음, 결혼, 영리, 국외이송 목적' 외에도 '노동력 착취, 성매매와 성적 착취, 장기적출' 등 신종범죄를 목적으로 하는 경우를 추가하였다. 또 결과적 가중범을 신설하되 상해와 치상, 살인과 치사 등의 법정형을 구분하여 책임주의에 부합하도록 하고, 종래 방조범 형태로 인정되던 약취, 유인, 인신매매 등을 위하여 사람을 모집, 운송, 전달하는 행위를 독자적인 구성요건으로 처벌하도록 하며, 인류에 대한 공통적인 범죄인 약취, 유인과 인신매매죄의 규정이 대한민국 영역 밖에서 죄를 범한 외국인에게도 적용될 수 있도록 세계주의 규정을 도입하였다.[4] 또 상습범에 관한 규정이 삭제되었다(2013년 개정전의 형법 제293조 참조).[5] 개정이유서에는 명확하게 나타나 있지 않지만 책임주의의 관점에서 삭제된 것은 아닌가 추정된다. 동시에 예비 · 음모에 관한 규정이 신설되었다.[6]

---

2) 형법 2012.12.18. 일부개정 법률 제11574호 2013.6.19. 시행.
3) 형법 2013.4.5. 일부개정 법률 제11731호 2013.4.5. 시행.
4) 형법 2013.4.5. 일부개정 법률 제11731호 2013.4.5. 시행.
5) 형법 2013.4.5. 일부개정 법률 제11731호 2013.4.5. 시행.
6) 형법 2013.4.5. 일부개정 법률 제11731호 2013.4.5. 시행.

Ⅴ. 구성요건의 체계

본장의 죄에 있어서 약취와 유인의 죄는 미성년자약취・유인죄(제287조)를 기본적 구성요건으로 하고, 인신매매의 죄는 인신매매죄(제289조)를 기본적 구성요건으로 한다. 추행 등 목적 약취・유인 등 죄(제288조)는 목적으로 인해 불법이 가중되는 가중적 구성요건에 속한다. 또 결합범죄 결과적 가중범의 형태로서 약취・유인・매매・이송 등 상해치상죄(제290조)와 약취・유인・매매・이송 등 살인치사죄(제291조)의 구성요건이 있다. 그리고 약취・유인・매매・이송된 사람의 수수・은닉 등 죄(제292조)는 방조행위를 독립범죄로 규정한 독립적 구성요건에 해당한다.

본장의 죄는 경우에 따라 미수범(제287조부터 제289조까지, 제290조 제1항, 제291조 제1항, 제292조 제1항)과 예비・음모(제287조부터 제289조까지, 제290조 제1항, 제291조 제1항, 제292조 제1항)를 처벌한다. 또 일정한 경우(제287조부터 제292조까지, 제294조)에는 세계주의에 근거하여 대한민국 영역 밖에서 죄를 범한 외국인에게도 적용된다.

§2. 미성년자의 약취・유인죄

제287조(미성년자의 약취, 유인) 미성년자를 약취 또는 유인한 사람은 10년 이하의 징역에 처한다.

제294조(미수범) 제287조부터 ~ 의 미수범은 처벌한다.

제295조의2(형의 감경) 제287조부터 ~ 의 죄를 범한 사람이 약취, 유인, 매매 또는 이송된 사람을 안전한 장소로 풀어준 때에는 그 형을 감경할 수 있다.

제296조(예비, 음모) 제287조부터 ~ 의 죄를 범할 목적으로 예비 또는 음모한 사람은 3년 이하의 징역에 처한다.

제296조의2(세계주의) 제287조부터 ~ 는 대한민국 영역 밖에서 죄를 범한 외국인에게도 적용한다.

Ⅰ. 서 설

본죄는 미성년자를 약취 또는 유인함으로써 성립한다. 본죄의 입법취지는 심신의 발육이 불충분하고 지려와 경험이 풍부하지 못한 미성년자를 특별히 보호하기 위하여 그를 약취하는 행위를 처벌하려는 데에 있다.[7)]

Ⅱ. 범 죄

1. 구성요건

(1) 객관적 구성요건

1) 주 체

본죄의 주체에는 제한이 없다. 자연인이면 족하다. 보호・감독자도 예외는 아니다. 미성년자를 보호・감독하는 사람이라고 하더라도 다른 보호감독자의 보호・양육권을 침해하거

7) 대법원 2003.2.11. 선고 2002도7115 판결.

나 자신의 보호·양육권을 남용하여 미성년자 본인의 이익을 침해하는 때에는 미성년자에 대한 약취죄의 주체가 될 수 있다.[8] 주체를 긍정한 판례의 구체적 내용은 다음과 같다. 즉,

부모가 이혼하였거나 별거하는 상황에서 미성년의 자녀를 부모의 일방이 평온하게 보호·양육하고 있는데, 상대방 부모가 폭행, 협박 또는 불법적인 사실상의 힘을 행사하여 그 보호·양육 상태를 깨뜨리고 자녀를 탈취하여 자기 또는 제3자의 사실상 지배하에 옮긴 경우, 그와 같은 행위는 특별한 사정이 없는 한 미성년자에 대한 약취죄를 구성한다.[9] 원심은 피해자의 아버지인 피고인 2가 피해자의 어머니이자 피고인의 처인 공소외 1이 교통사고로 사망하자 피해자의 외조부인 공소외 2에게 피해자의 양육을 맡겨 왔으나, 교통사고 배상금 등을 둘러싸고 공소외 2 등과 사이에 분쟁이 발생하자 자신이 직접 피해자를 양육하기로 마음먹고, 피고인 1과 공모하여 학교에서 귀가하는 피해자를 본인의 의사에 반하여 강제로 차에 태우고 할아버지에게 간다는 등의 거짓말로 속인 후 고아원에 데려가 피해자의 수용문제를 상담하고, 개사육장에서 잠을 재운 후 나른 아동복지상담소에 데리고 가는 등으로 사실상 지배함으로써 미성년자인 피해자를 약취하였다고 인정하였는 바, 이러한 원심의 사실인정 및 법리판단은 앞서 본 법리 및 기록에 비추어 정당하여 수긍할 수 있고, 거기에 채증법칙을 위반하거나 미성년자 약취·유인죄에 관한 법리를 오해한 위법이 없다.[10]

2) 객 체

본죄의 객체는 미성년자이다. 민법상의 개념으로서 19세 미만의 자를 말한다(민법 제4조). 미성년자인 이상 성별이나 의사능력의 유무 등은 불문한다. 본죄의 취지상 기혼자도 만 19세에 이르지 아니하였다면 미성년자이다(민법 제826조의2 참조). 미성년자는 심신(心身)의 발육이 불완전하고, 지식과 경험이 부족하기 때문에 본죄에 의하여 행동의 자유 또는 정상적인 보호상태를 보호하려는 것이다.

3) 행 위

본죄의 실행행위는 약취 또는 유인이다. 약취와 유인을 합하여 인취행위(引取行爲)라고도 한다. 다만 약취는 폭행 또는 협박을 수단으로 함에 반하여, 유인은 기망 또는 유혹을 수단으로 한다는 점에서 양자는 구별된다. 약취·유인의 수단인 폭행·협박·기망·유혹은 반드시 피인취자 본인에게 행하여질 것을 요하는 것은 아니다. 제3자인 보호자에 대한 것이라도 족하다.

① 약 취

약취(略取)란 폭행, 협박 또는 불법적인 사실상의 힘을 수단으로 사용하여 피해자를 그 의사에 반하여 자유로운 생활관계 또는 보호관계로부터 이탈시켜 자기 또는 제3자의 사실상 지배하에 옮기는 행위를 말한다.[11] 약취에는 폭행 또는 협박 이외의 사실상의 힘에 의한

8) 대법원 2017.12.13. 선고 2015도10032 판결; 대법원 2013.6.20. 선고 2010도14328 전원합의체 판결; 대법원 2008.1.31. 선고 2007도8011 판결.

9) 대법원 2017.12.13. 선고 2015도10032 판결; 대법원 2013.6.20. 선고 2010도14328 전원합의체 판결.

10) 대법원 2008.1.31. 선고 2007도8011 판결.

11) 대법원 2021.9.9. 선고 2019도16421 판결; 대법원 2017.12.13. 선고 2015도10032 판결; 대법원 2013.6.20.

경우도 포함된다.[12)]

폭행 또는 협박을 수단으로 사용하는 경우에 그 폭행 또는 협박의 정도는 상대방을 실력적 지배하에 둘 수 있을 정도이면 족하고 반드시 상대방의 반항을 억압할 정도의 것임을 요하지는 아니한다.[13)] 구체적 사건에서 어떤 행위가 약취에 해당하는지 여부는 행위의 목적과 의도, 행위 당시의 정황, 행위의 태양과 종류, 수단과 방법, 피해자의 상태 등 관련 사정을 종합하여 판단하여야 한다.[14)] 판례에 의하면 "미성년자 혼자 머무는 주거에 침입하여 강도범행을 하는 과정에서 미성년자와 그 부모에게 폭행·협박을 가하여 일시적으로 부모와의 보호관계가 사실상 침해·배제되었더라도, 미성년자가 기존의 생활관계로부터 완전히 이탈되었다거나 새로운 생활관계가 형성되었다고 볼 수 없고 범인의 의도도 위와 같은 생활관계의 이탈이 아니라 단지 금품 강취를 위한 반항 억압에 있었으므로, 형법 제287조의 미성년자약취죄가 성립하지 않는다"고 한다.[15)]

약취를 긍정한 판례의 구체적 내용은 다음과 같다. 즉,

미성년자를 보호·감독하는 사람이라고 하더라도 다른 보호감독자의 보호·양육권을 침해하거나 자신의 보호·양육권을 남용하여 미성년자 본인의 이익을 침해하는 때에는 미성년자에 대한 약취죄의 주체가 될 수 있으므로, 부모가 이혼하였거나 별거하는 상황에서 미성년의 자녀를 부모의 일방이 평온하게 보호·양육하고 있는데, 상대방 부모가 폭행, 협박 또는 불법적인 사실상의 힘을 행사하여 그 보호·양육 상태를 깨뜨리고 자녀를 자기 또는 제3자의 사실상 지배하에 옮긴 경우 그와 같은 행위는 특별한 사정이 없는 한 미성년자에 대한 약취죄를 구성한다.[16)] 피고인과 甲은 각각 한국과 프랑스에서 따로 살며 이혼소송 중인 부부로서 자녀인 피해아동 乙(만 5세)은 프랑스에서 甲과 함께 생활하였는데, 피고인이 乙을 면접교섭하기 위하여 그를 보호·양육하던 甲으로부터 乙을 인계받아 국내로 데려온 후 면접교섭 기간이 종료하였음에도 乙을 데려다주지 아니한 채 甲과 연락을 두절한 후 법원의 유아인도명령 등에도 불응한 사안에서, 피고인은 乙을 향후 계속하여 보호·양육함으로써 기존의 자유로운 생활 및 보호관계로부터 이탈시켜 자신의 사실상 지배하에 두기 위한 목적으로 乙의 반환을 거부한 것으로 보이는 점, 乙은 당시 만 5세에 불과한 유아였고 乙이 돌아가야 하는 곳은 외국인 프랑스였으므로, 피고인이 작위의무를 이행하여 乙을 데려다주지 않으면 乙 스스로는 자유로운 생활 및 보호관계로부터의 이탈이라는 위협에 대처할 수 있는 능력이 없는 상태였던 점, 피고인은 장기간 프랑스 법원의 양육자 지정 결정뿐 아니라 국내 법원의 양육자 지정 및 유아인도 심판, 그 이행명령, 면접교섭 사전처분 등 각종 결정을 지속적으로 위반한 점 등의 여러 사정을 종합하면, 피고인의 행위는 불법적인 사실상의 힘을 수단으로 乙을 그 의사와

선고 2010도14328 전원합의체 판결; 대법원 2009. 7. 9. 선고 2009도3816 판결; 대법원 2008.1.17. 선고 2007도8485 판결; 대법원 2004.10.28. 선고 2004도4437 판결; 대법원 2004.5.14. 선고 2003도8019 판결; 대법원 1991.8.13. 선고 91도1184 판결; 대법원 1990.2.13. 선고 89도2558 판결.

12) 대법원 2009.7.9. 선고 2009도3816 판결.

13) 대법원 2009.7.9. 선고 2009도3816 판결; 대법원 1991.8.13. 선고 91도1184 판결; 대법원 1990.2.13. 선고 89도2558 판결.

14) 대법원 2021.9.9. 선고 2019도16421 판결; 대법원 2017.12.13. 선고 2015도10032 판결; 대법원 2013.6.20. 선고 2010도14328 전원합의체 판결; 대법원 2009.7.9. 선고 2009도3816 판결.

15) 대법원 2008.1.17. 선고 2007도8485 판결.

16) 대법원 2021.9.9. 선고 2019도16421 판결.

복리에 반하여 자유로운 생활 및 보호관계로부터 이탈시켜 자기의 사실상 지배하에 옮긴 적극적 행위와 형법적으로 같은 정도의 행위로 평가할 수 있으므로 형법 제287조 미성년자약취죄의 약취 행위에 해당한다.[17] 원심은, ① 피고인의 배우자였던 공소외인은 피고인을 상대로 미합중국 오레곤주의 벤튼 카운티 순회법원(Benton County Circuit Court)에 공소외인과 자녀들에 대한 접근금지를 신청하여, 위 법원은 접근금지명령과 함께 자녀들에 대한 Temporary custody(임시 보호)를 공소외인에게 부여하는 결정을 하였는데, 피고인은 2009.11.7. 그에게 주어진 Parenting time(면접교섭 시간)을 이용하여 자녀들을 인계받은 후, 공소외인의 동의 없이 곧바로 미국을 떠나 대한민국으로 입국한 점, ② Temporary custody(임시 보호)에는 미성년자에 대한 일방 보호감독자의 책임의 의미도 있다고 할 것인데, 피고인은 위와 같이 자녀들과 함께 대한민국으로 입국함으로써 공소외인의 자녀들에 대한 보호·양육 책임을 일방적으로 부인하였을 뿐만 아니라, 현재까지 공소외인이 자녀들과 만나지 못하도록 하는 등 공소외인의 자녀들에 대한 보호·양육권을 현저히 침해하고 있는 점 등 그 판시와 같은 사정을 종합하여 보면, 피고인의 행위는 불법적인 사실상의 힘을 수단으로 사용하여 당시 6세, 4세인 자녀들의 의사에 반하여 그들을 자유로운 생활관계 또는 공소외인의 보호관계로부터 이탈시켜 피고인의 사실상 지배하에 옮기는 행위라고 평가할 수 있다는 이유로 이 사건 공소사실을 유죄로 판단하였다. 원심판결 이유를 적법하게 채택된 증거들에 비추어 살펴보면, 원심의 위와 같은 판단은 정당하고, 거기에 상고이유 주장과 같이 논리와 경험의 법칙을 위반하여 자유심증주의의 한계를 벗어나거나 미성년자약취죄에 관한 법리를 오해하는 등의 위법이 없다.[18] 부모가 이혼하였거나 별거하는 상황에서 미성년의 자녀를 부모의 일방이 평온하게 보호·양육하고 있는데, 상대방 부모가 폭행, 협박 또는 불법적인 사실상의 힘을 행사하여 그 보호·양육 상태를 깨뜨리고 자녀를 탈취하여 자기 또는 제3자의 사실상 지배하에 옮긴 경우, 그와 같은 행위는 특별한 사정이 없는 한 미성년자에 대한 약취죄를 구성한다고 볼 수 있다.[19] 피고인은 이 사건 당일인 2008.12.20. 06:00경 부산 범일동 소재 인력시장에 일을 구하러 나갔는데, 일감이 없어 평소 알고 지내던 인부들과 함께 막걸리와 소주 등을 마셔 상당히 취한 상태에서 집(주소 생략)으로 가기 위하여 버스를 탄 후 **교회 앞에서 하차한 사실, 같은 날 08:12경 **교회 횡단보도 앞에서 **초등학교 5학년생인 피해자는 같이 등교할 친구 공소외 1을 기다리고 있었는데, 피고인이 갑자기 다가가 피해자의 오른쪽 점퍼 소매를 잡으며 '가자'고 하자 피해자가 그 팔을 뿌리치고 옆으로 비켜서니 피고인이 피해자의 뒤편 바닥에 앉아 피해자에게 '학교가기 싫으냐. 집에 가기 싫으냐. 우리 집에 같이 자러가자'고 말을 한 사실, 이에 피해자는 불안한 마음으로 피고인을 피하여 비켜 서 있다가 08:23경 친구 공소외 1과 공소외 2를 만나 휴대폰을 빌려 경찰에 신고한 사실 등을 알 수 있다. 이러한 사실관계를 위 법리에 비추어 보면, 피고인이 위와 같이 위험에 대한 대처능력이 미약한 초등학교 5학년 여학생인 피해자의 소매를 잡아끌면서 '우리 집에 같이 자러가자'라고 한 행위는 그 행위의 목적과 의도, 행위 당시의 정황, 행위의 태양과 종류, 피해자의 의사 등을 종합하여 볼 때, 피고인이 피해자를 그 의사에 반하여 자유로운 생활관계 또는 보호관계로부터 피고인의 사실상 지배하에 옮기기 위한 약취행위의 수단으로서 폭행에 충분히 해당한다고 할 것이고, 또한 약취의 의사도 인정된다고 할 것이므로, 피고인에게 약취행위에 해당하는 실행행위가 있다고 보아야 할 것이고, 당시 피고인이 술에 많이 취한 상태였다고 하더라도 버스에서 내려 집으로 가는 중이었다는 점 등의 사정에 비추어 심신상실의 상태에까지 이르렀다고는 보기 어려운 이상 이를

---

17) 대법원 2021.9.9. 선고 2019도16421 판결.
18) 대법원 2017.12.13. 선고 2015도10032 판결.
19) 대법원 2013.6.20. 선고 2010도14328 전원합의체 판결.

이유로 약취행위의 실행행위를 부정할 수는 없다. 그럼에도 불구하고 이와 달리 판단한 원심판결에는 약취행위의 실행행위에 대한 법리를 오해하고 채증법칙을 위반하여 판결 결과에 영향을 미친 위법이 있다. 이 점을 지적하는 상고이유의 주장은 이유 있다. 그러므로 원심판결을 파기하고, 사건을 다시 심리·판단하게 하기 위하여 원심법원에 환송하기로 하여 관여 대법관의 일치된 의견으로 주문과 같이 판결한다.[20] 피고인과 공범들이 미성년자를 보호·감독하고 있던 그 아버지의 감호권을 침해하여 그녀를 자신들의 사실상 지배하로 옮긴 이상 미성년자약취죄가 성립한다 할 것이고, 약취행위에 미성년자의 동의가 있었다 하더라도 본죄의 성립에는 변함이 없다.[21]

약취를 부정한 판례의 구체적 내용은 다음과 같다. 즉,

미성년의 자녀를 부모가 함께 동거하면서 보호·양육하여 오던 중 부모의 일방이 상대방 부모나 그 자녀에게 어떠한 폭행, 협박이나 불법적인 사실상의 힘을 행사함이 없이 그 자녀를 데리고 종전의 거소를 벗어나 다른 곳으로 옮겨 자녀에 대한 보호·양육을 계속하였다면, 그 행위가 보호·양육권의 남용에 해당한다는 등 특별한 사정이 없는 한 설령 이에 관하여 법원의 결정이나 상대방 부모의 동의를 얻지 아니하였다고 하더라도 그러한 행위에 대하여 곧바로 형법상 미성년자에 대한 약취죄의 성립을 인정할 수는 없다.[22] 피고인은 범행 당일 14:30경 아파트 현관문을 열고 집안으로 들어서는 피해자 공소외인을 발견하고 위 피해자에게 달려들어 옆구리에 칼을 들이대고 뒤따라 집안으로 침입한 후 집안을 뒤져 물품을 강취하고(이 사건 범죄사실 제3항), 현금이 발견되지 않자 더 나아가 위 피해자를 인질로 삼아 그의 부모로부터 현금을 취득하기로 마음먹고 위 피해자를 결박시킨 다음 두 시간 남짓 부모의 귀가를 기다린 사실, 그 후 19:00경 피해자의 모가 위 아파트 안으로 들어오자, 거실에서 앉아 포박된 위 피해자의 옆구리에 부엌칼을 들이대면서 "아들을 살리려면 이리와서 앉아"라고 위협하여 이에 놀란 피해자의 모가 황급히 밖으로 도망치자, 수회 전화를 걸어 "아들을 살리려면 돈 300만 원을 지금 마련해서 올라와라, 경찰에는 절대 알리지 마라, 만약 신고하면 아들을 죽이겠다"고 하는 등 수차례 협박하여 19:58경 피해자의 부모로부터 아파트 현관 입구에서 금품 50만 원을 전달받았으나(이 사건 범죄사실 제4항) 그 무렵 문밖에서 대기중이던 경찰관에게 체포된 사실을 인정할 수 있다. 이에 의할 때, 원심 판시 범죄사실 제4항의 범행에 있어 피고인의 의사는 위 주거지에서 친권자인 피해자의 모를 퇴거시키거나 보호관계를 단념시켜 기존의 생활관계를 배제하고 독자적인 생활관계를 형성하고자 하는 데에 있었던 것이라기보다는, 피해자의 신체에 위해를 가할 것처럼 협박하여 피해자의 모로부터 금품을 강취하는 데에 있었다고 봄이 상당하고, 현장을 목격한 피해자의 모가 즉시 위 주거지로부터 이탈한 것은 오히려 피고인의 범행계획에 비추어 볼 때 그의 의도에 반하는 결과로서 초래된 것임을 알 수 있다. 그리고 그 뒤에 전화를 통해 협박이 이어지기는 하였으나, 그로부터 피해자 모의 신고를 받고 즉시 출동한 경찰관에 의하여 제압될 때까지의 시간적 간격이 불과 한 시간 남짓에 불과한 점에 비추어 볼 때, 피해자가 위 아파트를 그 장소적 근거로 삼고 있는 기존의 생활관계로부터 완전히 이탈되었다거나 새로운 생활관계가 형성되었다고 평가하기도 어렵다 할 것이다. 따라서 특별한 사정이 없는 한, 피고인의 원심 판시 제4항의 범행을 형법 제336조(인질강도)로 의율하는 것은 별론으로 하고, 특가법 제5조의2 제2항 제1호, 형법 제287조에 의율할 수는 없다 할 것인데도, 형법 제287조의 미성년자약취죄의 성립에 장소적 이전을 필요로 하지 아니한다는 이유만으로 특가법 위반죄의 죄

20) 대법원 2009.7.9. 선고 2009도3816 판결.
21) 대법원 2003.2.11. 선고 2002도7115 판결.
22) 대법원 2013.6.20. 선고 2010도14328 전원합의체 판결.

책을 인정한 원심의 판단에는 미성년자약취죄의 성립요건에 관한 법리 오해의 위법이 있다.[23] 피고인 등은 이건 미성년자 등의 아버지인 공소외인의 부탁으로 위 두 아이들을 각 보호하고 있고, 위 공소외인은 자기 처이며 아이들의 어머니와의 사이에 내부적인 이유가 있어 아이들을 그 어머니로부터 격리시킬 필요가 있다 하여 위와 같은 조치를 취한 본건과 같은 경우에 위 아이들의 어머니의 아이들 인도요구를 거부한 행위가 형사법상의 미성년자약취죄를 구성한다고 볼 수는 없을 것이며, 이 건의 경우 아이들의 아버지가 미국으로 갔으므로 그 어머니가 민법상 친권을 행사할 권한이 있다는 이유만으로 위 사실이 미성년자약취죄를 구성한다고 할 수 없을 것이니 논지는 이유없어 관여법관의 일치된 의견으로 주문과 같이 판결한다.[24]

② 유 인

유인(誘引)란 기망 또는 유혹을 수단으로 하여 미성년자를 꾀어 그 하자 있는 의사에 따라 미성년자를 자유로운 생활관계 또는 보호관계로부터 이탈하게 하여 자기 또는 제3자의 사실적 지배하에 옮기는 행위를 말한다.[25] 기망(欺罔)이란 허위의 사실로 상대방을 착오에 빠뜨리는 것을 말한다. 유혹(誘惑)이라 함은 기망의 정도에는 이르지 아니하나 감언이설로써 상대방을 현혹시켜 판단의 적정(適正)을 그르치게 하는 것이므로 반드시 그 유혹의 내용이 허위일 것을 요하지는 않는다 할 것이다.[26] 사실적 지배라고 함은 미성년자에 대한 물리적 · 실력적인 지배관계를 의미한다.[27]

유인을 긍정한 판례의 구체적 내용은 다음과 같다. 즉,

피해자는 사고능력이 현저하게 떨어지는 미성년의 저능아로서 자신의 4촌 매형인 공소외 (갑)이 경영하는 청소대행업체에서 일하면서 숙식을 해결하는 등 위 공소외인의 보호하에 있었는데, 피고인들은 피해자의 위와 같은 사정을 알면서도 그로부터 약 8개월 후 피해자가 다시 서울로 돌아올 때까지도 위 공소외인에게 피고인들이 피해자를 제주도로 데려간 사실을 한번도 이야기하지 아니한 채 숨긴 사실을 인정할 수 있는 바, 위에서 본 법리에 비추어 보면 피고인들이 피해자를 제주도로 데려간 행위는 미성년자를 유인한 행위에 해당됨이 명백하다.[28] 피해자가 스스로 가출하여 피고인 등의 한국**전도회 부산 및 마산 지관에 입관할 것을 호소하였다고 하더라도 피고인들의 독자적인 교리설교에 의하여 하자 있는 의사로 가출하게 된 것이고, 동 피해자의 보호 감독권자의 보호관계로부터 이탈시키고 피고인들의 지배하에서 그들 교리에서 말하는 소위 "주의 일"(껌팔이 등 행상)을 하도록 도모한 이상 미성년자 유인죄의 성립에 소장이 없다.[29]

4) 결 과

본죄는 결과범으로 해석된다. 약취 · 유인이 있다고 하기 위하여는 폭행 · 협박 · 기망 · 유혹에 의해서 피인취자를 자기 또는 제3자의 사실적 지배상태에 두어야 하기 때문이다.

---

23) 대법원 2008.1.17. 선고 2007도8485 판결.

24) 대법원 1974.5.28. 선고 74도840 판결.

25) 대법원 1998.5.15. 선고 98도690 판결; 대법원 1996.2.27. 선고 95도2980 판결; 대법원 1976.9.14. 선고 76도2072 판결.

26) 대법원 1996.2.27. 선고 95도2980 판결.

27) 대법원 1998.5.15. 선고 98도690 판결.

28) 대법원 1996.2.27. 선고 95도2980 판결.

29) 대법원 1982.4.27. 선고 82도186 판결; 대법원 1976.9.14. 선고 76도2072 판결.

사실적 지배라 함은 사람에 대한 물리적·실력적 지배관계를 의미한다.[30)]

다만 사실적 지배상태를 인정하기 위한 요건으로 피인취자의 장소적 이전을 요하는가에 관하여는 필요설과 불요설이 대립하고 있다. 첫째, 필요설(必要說)은 피인취자의 장소적 이전에 의하여 피인취자의 귀환을 불가능하게 하거나 곤란하게 하고 보호자의 감독권의 행사를 방해하는 데에 본질이 있으므로 본죄는 장소적 이전을 본질적 요소로 한다고 한다. 둘째, 불요설(不要說)은 피인취자에 대한 장소적 이전 없이 보호자의 실력적 지배를 제거함으로써 자기 또는 제3자의 실력적 지배하에 둘 수도 있으므로 장소적 이전을 요건으로 하지 않는다고 한다. 판례는 불요설의 입장이다. 대법원은 "미성년자를 장소적으로 이전시키는 경우뿐만 아니라 장소적 이전 없이 기존의 자유로운 생활관계 또는 부모와의 보호관계로부터 이탈시켜 범인이나 제3자의 사실상 지배하에 두는 경우도 포함된다"고 판시한 바 있다.[31)] 생각건대 사실적 지배는 반드시 장소적 이전을 요건으로 하는 것은 아니라고 해야 하기 때문에 불요설이 타당하다고 해석된다.

5) 인과관계

본죄는 결과범으로서 실행행위인 약취·유인과 결과인 사실적 지배상태 사이의 인관관계를 요한다.

(2) 주관적 구성요건

본죄는 고의범이다. 본죄의 고의는 인식적 요소로서 피해자인 미성년자에 대한 폭행·협박 또는 기망·유인에 의하여 미성년자를 자기 또는 제3자의 사실적 지배에 둔다는 사실에 대한 인식을 요한다. 미필적 고의로도 족하다. 다만 피해자의 의사에 반한다는 인식은 불요하다. 고의를 부정한 판례의 구체적 내용은 다음과 같다. 즉,

> 미성년자가 혼자 머무는 주거에 침입하여 그를 감금한 뒤 폭행 또는 협박에 의하여 부모의 출입을 봉쇄하거나, 미성년자와 부모가 거주하는 주거에 침입하여 부모만을 강제로 퇴거시키고 독자적인 생활관계를 형성하기에 이르렀다면 비록 장소적 이전이 없었다 할지라도 형법 제287조의 미성년자약취죄에 해당함이 명백하지만, 강도 범행을 하는 과정에서 혼자 주거에 머무르고 있는 미성년자를 체포·감금하거나 혹은 미성년자와 그의 부모를 함께 체포·감금, 또는 폭행·협박을 가하는 경우, 나아가 주거지에 침입하여 미성년자의 신체에 위해를 가할 것처럼 협박하여 부모로부터 금품을 강취하는 경우와 같이, 일시적으로 부모와의 보호관계가 사실상 침해·배제되었다 할지라도, 그 의도가 미성년자를 기존의 생활관계 및 보호관계로부터 이탈시키는 데 있었던 것이 아니라 단지 금품 강취를 위하여 반항을 제압하는 데 있었다거나 금품 강취를 위하여 고지한 해악의 대상이 그곳에 거주하는 미성년자였던 것에 불과하다면, 특별한 사정이 없는 한 미성년자를 약취한다는 범의를 인정하기 곤란할 뿐 아니라, 보통의 경우 시간적 간격이 짧아 그 주거지를 중심으로 영위되었던 기존의 생활관계로부터 완전히 이탈되었다고 평가하기도 곤란하다.[32)]

---

30) 대법원 2004.10.28. 선고 2004도4437 판결; 대법원 2004.5.14. 선고 2003도8019 판결; 대법원 1991.8.13. 선고 91도1184 판결.

31) 대법원 2008.1.17. 선고 2007도8485 판결.

32) 대법원 2008.1.17. 선고 2007도8485 판결.

(3) 예비 · 음모

본죄는 예비 · 음모를 처벌한다. 본죄를 범할 목적으로 예비 또는 음모함으로써 성립한다. 본죄를 범할 목적을 요하는 목적범이다.

(4) 미수 · 기수

본죄는 미수범을 처벌한다. 본죄는 약취 · 유인의 수단인 폭행 · 협박 · 기망 · 유혹을 개시한 때 실행의 착수가 인정된다. 다만 본죄의 기수시기와 관련하여서는 상태범설과 계속범설이 대립하고 있다. 첫째, 상태범설(狀態犯說)에 의하면 본죄는 사람을 자기 또는 제3자의 사실적 지배하에 옮기면 기수가 된다고 한다. 기수에 이른 후에는 위법상태가 계속되는 데 불과하다고 한다. 본죄를 피인취자에 대한 감호권을 침해하는 범죄라고 해석하는 입장에서 주장된다. 둘째, 계속범설(繼續犯說)은 본죄의 완성에는 어느 정도의 시간적 계속을 필요로 할 뿐만 아니라 본죄가 기수가 된 이후에도 구성요건에 해당하는 행위에 의하여 그 상태가 유지된다고 한다. 본죄를 피인취자의 자유를 침해하는 범죄라고 해석하는 입장에서 주장된다. 생각건대 본죄는 피인취자를 실력적 지배하에 두고 어느 정도 시간적 계속성이 인정된 때에 기수가 된다고 해석된다. 이러한 의미에서 계속범설이 타당하다고 해석된다. 따라서 본죄는 피인취자의 자유가 회복되었을 때에 종료하며, 이 때에 공소시효가 진행되고 그 때까지는 공범의 성립이 가능하다. 다만 약취 · 유인한 자가 계속하여 피인취자를 감금한 때에는 본죄 이외에 감금죄를 구성하게 되지만, 이 경우에는 특정범죄가중법이 적용된다(특정범죄가중법 제5조의2 제2항 제3호 참조).

한편 판례에 의하면 "미성년자와 보호자의 일상생활의 장소적 중심인 주거에서 장소적 이전을 전제로 하지 아니한 채 폭행 또는 협박이 이루어진 경우에는, 그로 인하여 미성년자와 부모의 보호관계가 제한 혹은 박탈되는 모든 경우에 형법 제287조의 미성년자약취죄가 성립하는 것으로 볼 수는 없고, 무엇보다 미성년자를 기존의 생활관계 및 보호관계로부터 이탈시킬 의도가 없는 경우에는 실행의 착수조차 인정하기 어려우며, 범행의 목적과 수단, 시간적 간격 등을 고려할 때 사회통념상 실제로 기존의 생활관계 및 보호관계로부터 이탈시킨 것으로 인정되어야만 기수가 성립한다"고 한다.[33)]

(5) 공 범

본죄를 계속범으로 해석하는 한 본죄는 기수에 달한 후에도 공범의 성립이 가능하다. 따라서 약취 · 유인에는 가담하지 않았지만, 사실적 지배에만 가담한 경우에도 공범은 성립될 수 있다. 공범을 긍정한 판례의 구체적 내용은 다음과 같다. 즉,

> 피고인이 공소외 1과 공모하여 2009.5.12. 피해자 공소외 2(여, 16세)에게 낙태수술비를 벌도록 해 주겠다고 말하여 성매수 행위의 상대방이 되게 하였고, 홍보용 명함을 제작하기 위하여 공소외 1로 하여금 위 피해자의 나체사진을 찍도록 하면서 자세를 가르쳐 주기도 한 사실, 피고인은 위 피해자가 중도에 도망갈 것을 염려하여 위 피해자로 하여금 3개월간 공소외 1의 관리를 받으면서

33) 대법원 2008.1.17. 선고 2007도8485 판결.

성매매를 하게 했으며 약속을 지키지 않을 경우에는 민형사상 책임을 진다는 내용의 각서를 작성하도록 한 사실, 피고인이 별건으로 2009.5.13. 체포되어 수원구치소에 수감되었다가 2009.5.28. 석방되었는데, 그 수감기간 동안 피해자 공소외 2는 공소외 1의 관리 아래 2009.5.14.부터 2009.5.20.까지 사이에 12회에 걸쳐 불특정 다수 남성의 성매수 행위의 상대방이 되었고 그 대가로 받은 금원은 피해자 공소외 2, 공소외 1, 피고인의 처인 공소외 3 등이 나누어 사용한 사실 등을 인정한 다음, 그 판시와 같은 이유로 피해자 공소외 2가 19세 미만의 청소년인지 알지 못하였다는 피고인의 주장을 배척하고, 비록 위 피해자가 성매매를 하는 기간 동안 피고인이 수감되어 있었다고 하더라도 피고인은 공소외 1과 함께 이 사건 미성년자유인죄, 구 청소년의 성보호에 관한 법률 위반죄의 책임을 진다고 판단한 조치는 정당하고, 거기에 논리와 경험의 법칙에 위배하고 자유심증주의의 한계를 벗어나 사실을 인정하거나 청소년의 성보호에 관한 법률 및 공모공동정범 등에 관한 법리를 오해한 위법이 없다.[34]

2. 위법성조각사유

(1) 의 의

본죄는 정당방위나 긴급피난에 의하여 위법성이 조각될 수 있다. 다만 피해자의 승낙이 있는 경우에는 다툼이 있다.

(2) 피인취자의 동의

피해자의 승낙이 있는 경우에는 구성요건해당성조각설과 위법성조각설이 대립하고 있다. 여기서 피해자의 승낙은 미성년자 본인의 승낙뿐만 아니라 보호자의 승낙까지 포함하여 양자 모두의 승낙이 있는 경우에 한한다. 본죄는 미성년자의 자유권뿐만 아니라 보호자의 감독권도 보호법익으로 하고 있기 때문이다. 생각건대 약취·유인의 행위가 존재하는 한 본죄의 구성요건해당성은 이미 충족되었다고 할 수 있기 때문에 피해자의 승낙은 위법성을 조각할 뿐이라고 해석된다. 위법성조각을 부정한 판례의 구체적 내용은 다음과 같다. 즉,

피고인과 공범들이 미성년자를 보호·감독하고 있던 그 아버지의 감호권을 침해하여 그녀를 자신들의 사실상 지배하로 옮긴 이상 미성년자약취죄가 성립한다 할 것이고, 약취행위에 미성년자의 동의가 있었다 하더라도 본죄의 성립에는 변함이 없다.[35] 피해자가 스스로 가출하여 피고인 등의 한국**전도회 부산 및 마산 지관에 입관할 것을 호소하였다고 하더라도 피고인들의 독자적인 교리설교에 의하여 하자 있는 의사로 가출하게 된 것이고, 동 피해자의 보호 감독권자의 보호관계로부터 이탈시키고 피고인들의 지배하에서 그들 교리에서 말하는 소위 "주의 일"(껌팔이 등 행상)을 하도록 도모한 이상 미성년자 유인죄의 성립에 소장이 없다.[36]

3. 죄 수

약취와 유인이 병행하여 사용되는 경우는 약취·유인의 1죄가 된다. 약취의 수단으로 행하여진 폭행·협박은 약취죄에 흡수되지만, 체포·감금이 행하여진 경우에는 체포·감

34) 대법원 2010.9.9. 선고 2010도6924 판결.
35) 대법원 2003.2.11. 선고 2002도7115 판결.
36) 대법원 1982.4.27. 선고 82도186 판결; 대법원 1976.9.14. 선고 76도2072 판결.

금죄가 성립하고 상상적 경합으로 된다. 그러나 약취한 후에 피약취자를 감금하면 새로운 행위에 의하여 감금죄가 성립하는 것으로 되고, 약취죄와 감금죄는 실체적 경합으로 된다. 대법원도 "미성년자를 유인한 자가 계속하여 이를 불법하게 감금하였을 때에는 미성년자유인죄 이외에 감금죄가 성립한다"고 판시한 바 있다.[37]

Ⅲ. 처 벌

1. 법정형

본죄의 법정형은 10년 이하의 징역이다. 본죄의 미수범은 처벌된다. 본죄의 예비・음모도 처벌된다. 본죄의 예비・음모죄의 법정형은 3년 이하의 징역이다. 본죄는 대한민국 영역 밖에서 본죄를 범한 외국인에게도 적용한다.

2. 해방감경

본죄를 범한 사람이 약취, 유인, 매매 또는 이송된 사람을 안전한 장소로 풀어준 때에는 그 형을 감경할 수 있다. 안전한 장소란 피인취자가 안전하게 구출되었다고 인정되는 장소를 말한다. 안전이란 피인취자가 구출될 때까지 생명이나 신체에 구체적 위험이 발생하지 않는 정도를 의미한다. 본 규정의 취지상 적어도 안전한 장소로 해방하는 것을 촉진할 필요가 있기 때문에 추상적 위험이 막연히 존재한다 하더라도 안전성을 부정해서는 안 될 것이다.

이미 기수에 달하여 돌이킬 수 없는 상황에 있는 행위자에게도 중지의 유혹을 줌으로써 피인취자를 보호하고자 하는 형사정책적 목적을 가진 규정이라고 할 수 있다. 따라서 사실상 지배로부터 해방하는 것만으로는 족하지 않고 피인취자를 안전한 장소로 해방하지 않으면 안 된다. 해방행위에 자의성(自意性)을 요하지 않고, 기수가 된 이후에 중지한 경우에도 적용되며 임의적 감경을 내용으로 한다는 점에서 중지미수와 구별된다. 해방에 임의적 감경이 부여되지 않는 시점에 대하여는 명문의 규정이 없다.

§3. 추행 등 목적 약취・유인 등 죄

제288조(추행 등 목적 약취, 유인 등) ① 추행, 간음, 결혼 또는 영리의 목적으로 사람을 약취 또는 유인한 사람은 1년 이상 10년 이하의 징역에 처한다.
② 노동력 착취, 성매매와 성적 착취, 장기적출을 목적으로 사람을 약취 또는 유인한 사람은 2년 이상 15년 이하의 징역에 처한다.
③ 국외에 이송할 목적으로 사람을 약취 또는 유인하거나 약취 또는 유인된 사람을 국외에 이송한 사람도 제2항과 동일한 형으로 처벌한다.

제294조(미수범) 제287조부터 제289조까지, ~ 의 미수범은 처벌한다.

제295조(벌금의 병과) 제288조부터 제291조까지, ~ 의 죄와 그 미수범에 대하여는 5천만원 이하의 벌금을 병과할 수 있다.

제295조의2(형의 감경) 제287조부터 제290조까지, ~ 의 죄를 범한 사람이 약취, 유인, 매매 또는 이

37) 대법원 1998.5.26. 선고 98도1036 판결; 대법원 1961.9.21. 선고 4294형상455 판결.

송된 사람을 안전한 장소로 풀어준 때에는 그 형을 감경할 수 있다.

제296조(예비, 음모) 제287조부터 제289조까지, ～ 의 죄를 범할 목적으로 예비 또는 음모한 사람은 3년 이하의 징역에 처한다.

제296조의2(세계주의) 제287조부터 제292조까지 ～ 는 대한민국 영역 밖에서 죄를 범한 외국인에게도 적용한다.

구조문

제288조(영리 등을 위한 약취, 유인, 매매 등) ① 추행, 간음 또는 영리의 목적으로 사람을 약취 또는 유인한 자는 1년 이상의 유기징역에 처한다.

제291조(결혼을 위한 약취, 유인) 결혼할 목적으로 사람을 약취 또는 유인한 자는 5년 이하의 징역에 처한다.

Ⅰ. 서 설

본죄는 추행, 간음, 결혼 또는 영리의 목적으로 사람을 약취 또는 유인하거나(제288조 제1항), 노동력 착취, 성매매와 성적 착취, 장기적출을 목적으로 사람을 약취 또는 유인하거나(제288조 제2항) 또는 국외에 이송할 목적으로 사람을 약취 또는 유인하거나 약취 또는 유인된 사람을 국외에 이송함으로써 성립한다(제288조 제3항).

본죄는 목적범이다. 목적으로 인하여 불법이 가중되는 가중적 구성요건이다. 다른 동기에 의하는 경우보다도 자유에 대한 침해의 정도가 크기 때문이다. 본죄의 예비·음모와 미수는 처벌된다. 해방감경과 세계주의가 적용된다.

Ⅱ. 범 죄

1. 추행·간음·결혼·영리 목적의 약취·유인죄

본죄는 추행, 간음, 결혼 또는 영리의 목적으로 사람을 약취 또는 유인함으로써 성립하게 된다(제288조 제1항).

본죄의 객체는 사람이다. 사람에는 미성년자나 부녀도 포함된다. 본죄의 실행행위는 약취 또는 유인이다. 본죄는 목적범이다. 본죄는 주관적 구성요건요소로서 고의 외에 추행, 간음, 결혼 또는 영리의 목적을 요한다. 추행의 목적이란 약취·유인된 피인취자를 추행행위의 주체로 하거나 객체로 하려는 목적을 말한다. 간음의 목적이란 결혼 외의 성행위를 할 목적을 말한다. 피인취자가 스스로 간음의 당사자가 될 것을 요하지 않는다. 결혼의 목적이란 행위자 또는 제3자와 결혼시킬 목적을 말한다. 결혼에 관하여는 법률혼설, 사실혼설 및 법률혼·사실혼설이 다투어지고 있다. 그러나 법률혼이든 사실혼이든 묻지 않는다고 해석되어야 한다. 문제는 내연관계에 있다. 내연도 동기에 있어서는 법률상 결혼의 목적과 다르지 않고, 여기의 결혼은 민법상 혼인(민법 제5편 제3장 참조)과는 달리 내연도 포함한다고 해석될 수 있다. 다만 부부생활의 실질을 수반하지 않는 내연관계의 유지의 목적은 간음의 목적에 해당할 뿐이다. 한편 과거 약탈혼의 일종으로서 조선시대에 있었다고 하는 속칭 과부보쌈은 현행법상 결혼목적약취죄에 해당할 수 있는 것으로 보인다. 영리의 목적이란 자기 또는 제3자에게 재물이나 재산상의 이익을 얻게 할 목적을 말한다. 적극적 취득이든 소극적 채무면제이든 묻지 않는다. 일시적이든 계속적이든 불문한다.

간음목적약취를 긍정한 판례의 구체적 내용은 다음과 같다. 즉,

> 피고인이 간음할 목적으로 미성년자인 피해자를 범행 당일 02:30경 주차장으로 끌고 간 다음 같은 날 02:40경 다시 부근의 빌딩 2층으로 끌고 가 약취하였다는 내용으로 기소된 사안에서, 당시 피해자는 11세 남짓한 초등학교 6학년생으로서 피해입은 사실을 이해하고 고소에 따른 사회생활상의 이해관계를 알아차릴 수 있는 사실상의 의사능력이 있었던 것으로 보이고, 경찰에서 일죄의 관계에 있는 범죄사실 중 범행 당일 02:30경의 약취 범행 등을 이유로 피고인을 처벌하여 달라는 의사표시를 분명히 하여 그 의사표시가 피해자 진술조서에 기재되었으므로, 고소능력 있는 피해자 본인이 고소를 하였다고 보아야 하며, 피고인 제출의 합의서에 피해자 성명이 기재되어 있으나 피해자의 날인은 없고, 피해자의 법정대리인인 부(父)의 무인 및 인감증명서가 첨부되어 있을 뿐이어서 피해자 본인의 고소 취소의 의사표시가 여기에 당연히 포함되어 있다고 볼 수 없으므로, 설령 피해자 법정대리인의 고소는 취소되었다고 하더라도 본인의 고소가 취소되지 아니한 이상 친고죄의 공소제기 요건은 여전히 충족된다는 이유로 같은 취지에서 피고인에 대한 간음 목적 약취의 공소사실을 유죄로 인정한 원심판단을 정당하다.[38)]

2. 노동력 착취 · 성매매와 성적 착취 · 장기적출 목적의 약취 · 유인죄

본죄는 노동력 착취, 성매매와 성적 착취, 장기적출을 목적으로 사람을 약취 또는 유인함으로써 성립한다(제288조 제2항).

본죄의 객체는 사람이다. 사람에는 미성년자나 부녀도 포함된다. 본죄의 실행행위는 약취 또는 유인이다. 본죄는 목적범이다. 본죄는 주관적 구성요건요소로서 고의 외에 노동력 착취, 성매매와 성적 착취, 장기적출의 목적을 요한다. 노동력 착취의 목적이란 강제로 부려먹거나 노동에 대한 정당한 대가를 지불하지 아니하고 부려먹을 목적을 말한다. 성매매의 목적이란 성을 매매할 목적을 말한다. 성매매란 성매매처벌법에 의하면 불특정인을 상대로 금품이나 그 밖의 재산상의 이익을 수수(收受)하거나 수수하기로 약속하고 성교행위를 하거나 구강, 항문 등 신체의 일부 또는 도구를 이용한 유사 성교행위를 하거나 그 상대방이 되는 것을 말한다(성매매처벌법 제2조 제1호). 성적 착취의 목적이란 성적으로 부려먹을 목적을 말한다고 해석된다. 위의 노동력의 착취와는 달리 강제력의 유무나 정당한 대가의 유무는 묻지 않는다.

장기적출의 목적이란 다른 사람에게 이식하기 위한 장기를 적출할 목적을 말한다. 여기에서의 장기는 이식용으로서 장기뿐만 아니라 조직도 포함하는 장기등의 개념으로 해석되어야 한다. 현행법상 장기등이란 사람의 내장이나 그 밖에 손상되거나 정지된 기능을 회복하기 위하여 이식이 필요한 조직으로서 ① 신장 · 간장 · 췌장 · 심장 · 폐, ② 말초혈(조혈모세포를 이식할 목적으로 채취하는 경우에 한정한다) · 골수 · 안구, ③ 뼈 · 피부 · 근육 · 신경 · 혈관 등으로 구성된 복합조직으로서의 손 · 팔 또는 발 · 다리, ④ 장기등이식윤리위원회의 심의를 거쳐 보건복지부장관이 결

38) 대법원 2011.6.24. 선고 2011도4451,2011전도76 판결.

정 · 고시한 것 및 ⑤ 그 밖에 사람의 내장 또는 조직 중 기능회복을 위하여 적출 · 이식할 수 있는 것으로서 대통령령으로 정하는 것을 말한다(장기이식법 제4조 제1호).

3. 국외이송목적의 약취 · 유인죄와 약취 · 유인된 사람의 국외이송죄

본죄는 국외에 이송할 목적으로 사람을 약취 또는 유인하거나 약취 또는 유인된 사람을 국외에 이송함으로써 성립한다(제288조 제3항). 본죄는 국외이송목적의 약취 · 유인죄와 약취 · 유인된 사람의 국외이송죄로 구성된다. 양죄는 서로 대향범의 관계에 있다. 다만 전자의 국외이송목적의 약취 · 유인죄는 목적범이다.

국외이송목적의 약취 · 유인죄의 객체는 사람이다. 사람에는 미성년자나 부녀도 포함된다. 내국인이든 외국인이든 불문한다. 국외이송목적의 약취 · 유인죄의 실행행위는 약취 또는 유인이다. 국외이송목적의 약취 · 유인죄는 목적범이다. 국외이송목적의 약취 · 유인죄는 주관적 구성요건요소로서 고의 외에 국외에 이송할 목적을 요한다. 국외이송목적이 인정되는 한 현실적으로 피인취자를 국외로 이송할 것을 요하지 않는다.

약취 · 유인된 사람의 국외이송죄의 객체는 약취 · 유인된 사람이다. 약취 · 유인된 사람의 국외이송죄의 실행행위는 국외에 이송하는 것이다. 국외란 대한민국의 영역 밖이란 의미이다. 따라서 공해도 국외에 해당한다. 약취 · 유인된 사람의 국외이송죄는 목적범이 아니다. 국외이송목적약취를 부정한 판례의 구체적 내용은 다음과 같다. 즉,

> 베트남 국적 여성인 피고인이 남편 갑의 의사에 반하여 생후 약 13개월 된 아들 을을 주거지에서 데리고 나와 약취하고 이어서 베트남에 함께 입국함으로써 을을 국외에 이송하였다고 하여 국외이송약취 및 피약취자국외이송으로 기소된 사안에서, 제반 사정을 종합할 때 피고인이 을을 데리고 베트남으로 떠난 행위는 어떠한 실력을 행사하여 을을 평온하던 종전의 보호 · 양육 상태로부터 이탈시킨 것이라기보다 친권자인 모(母)로서 출생 이후 줄곧 맡아왔던 을에 대한 보호 · 양육을 계속 유지한 행위에 해당하여, 이를 폭행, 협박 또는 불법적인 사실상의 힘을 사용하여 을을 자기 또는 제3자의 지배하에 옮긴 약취행위로 볼 수는 없다는 이유로, 피고인에게 무죄를 인정한 원심판단을 정당하다고 한 사례이다.[39]

4. 예비 · 음모 · 미수

본죄는 예비 · 음모죄를 처벌한다. 예비 · 음모죄는 본죄를 범할 목적으로 예비 또는 음모함으로써 성립한다. 본죄를 범할 목적을 요하는 목적범이다. 본죄는 또 미수범도 처벌한다. 본죄는 피인취자를 자기 또는 제3자의 사실적 지배하에 두었을 때 기수에 이른다. 목적의 달성여부는 기수의 성부와는 아무런 관련이 없다.

Ⅲ. 처 벌

본죄 중 추행 · 간음 · 결혼 · 영리 목적의 약취 · 유인죄의 법정형은 1년 이상 10년 이하

39) 대법원 2013.6.20. 선고 2010도14328 전원합의체 판결.

의 징역이다. 노동력 착취·성매매와 성적 착취·장기적출 목적의 약취·유인죄의 법정형은 2년 이상 15년 이하의 징역이다. 국외이송목적의 약취·유인죄와 약취·유인된 사람의 국외이송죄의 법정형도 2년 이상 15년 이하의 징역이다.

본죄의 예비·음모죄의 법정형은 3년 이하의 징역이다. 본죄의 미수범은 처벌된다. 해방감경과 세계주의의 적용이 있다.

§4. 인신매매죄

제289조(인신매매) ① 사람을 매매한 사람은 7년 이하의 징역에 처한다.
② 추행, 간음, 결혼 또는 영리의 목적으로 사람을 매매한 사람은 1년 이상 10년 이하의 징역에 처한다.
③ 노동력 착취, 성매매와 성적 착취, 장기적출을 목적으로 사람을 매매한 사람은 2년 이상 15년 이하의 징역에 처한다.
④ 국외에 이송할 목적으로 사람을 매매하거나 매매된 사람을 국외로 이송한 사람도 제3항과 동일한 형으로 처벌한다.

제294조(미수범) ~ 제289조까지, ~ 의 미수범은 처벌한다.

제295조(벌금의 병과) 제288조부터 제291조까지, ~ 의 죄와 그 미수범에 대하여는 5천만원 이하의 벌금을 병과할 수 있다.

제295조의2(형의 감경) 제287조부터 제290조까지, ~ 의 죄를 범한 사람이 약취, 유인, 매매 또는 이송된 사람을 안전한 장소로 풀어준 때에는 그 형을 감경할 수 있다.

제296조(예비, 음모) ~ 제289조까지, ~ 의 죄를 범할 목적으로 예비 또는 음모한 사람은 3년 이하의 징역에 처한다.

제296조의2(세계주의) 제287조부터 제292조까지 ~ 는 대한민국 영역 밖에서 죄를 범한 외국인에게도 적용한다.

구조문
제288조(영리 등을 위한 약취, 유인, 매매 등) ② 추업에 사용할 목적으로 부녀를 매매한 자도 전항의 형과 같다.
제289조(국외이송을 위한 약취, 유인, 매매) ① 국외에 이송할 목적으로 사람을 약취, 유인 또는 매매한 자는 3년 이상의 유기징역에 처한다.
② 약취, 유인 또는 매매된 자를 국외에 이송한 자도 전항의 형과 같다.

Ⅰ. 서 설

본죄는 사람을 매매하거나(제289조 제1항), 추행, 간음, 결혼 또는 영리의 목적으로 사람을 매매하거나(제289조 제2항), 노동력 착취, 성매매와 성적 착취, 장기적출을 목적으로 사람을 매매하거나(제289조 제3항) 또는 국외에 이송할 목적으로 사람을 매매하거나 매매된 사람을 국외로 이송함으로써 성립한다(제289조 제4항).

본죄는 사람매매죄를 제외한 나머지 범죄는 목적범이다. 목적범은 기본적 구성요건인 사람매매죄보다 목적으로 인하여 불법이 가중된 가중적 구성요건이다. 본죄의 예비·음모는 처벌된다. 미수도 처벌된다. 해방감경과 세계주의가 적용된다.

Ⅱ. 범 죄

1. 사람매매죄

본죄는 사람을 매매함으로써 성립한다(제289조 제1항). 본죄는 매도죄와 매수죄를 따로 분리하지 않고 양자를 하나의 범죄로 규정한 점을 그 특징으로 한다. 따라서 매도자와 매수자는 필요적 공범이 된다. 본죄는 2012년 개정형법에 의하여 개정되기 전의 부녀매매죄에서 유래한다.[40] 당시의 부녀매매죄는 추업에 사용할 목적을 요하는 목적범으로 규정되어 있었다(2012년 개정전의 형법 제288조 제2항 참조). 추업에 사용할 목적이란 창기(娼妓)·작부(酌婦)·매음(賣淫) 등의 업무에 종사하게 할 목적을 말하였다.

본죄의 주체에는 제한이 없다. 친권자나 배우자도 본죄의 주체에 해당할 수 있다. 본죄의 객체는 사람이다. 사람으로 족하고 나이, 성별, 혼인여부 등은 불문한다. 본죄의 실행행위는 매매이다. 매매(賣買)란 대가를 지불하고 사람에 대한 불법한 사실적 지배를 상대방에게 인도하고 상대방으로부터 인도받는 것을 말한다. 인도하는 사람과 인도받는 사람 쌍방에게 성립하는 필요적 공범이다. 반드시 민법상 매매의 개념과 일치할 것을 요하지 않는다. 본죄는 사람에 대한 사실적 지배의 이전으로 기수에 이른다. 따라서 매매계약을 체결한 후 인신에 대한 인도에 이르지 않은 경우에는 미수에 그치게 된다. 본죄는 목적범이 아니다. 따라서 주관적 구성요건요소로서 고의 외에 목적을 요하지 않는다.

본죄의 위법성조각사유와 관련하여 매매 대상자의 동의가 문제될 수 있다. 매매 대상자의 동의가 진의성과 임의성을 충족하는 한 위법성은 조각될 수 있다고 해석된다. 다만 진의성과 임의성은 엄격하게 판단되어야 하며 금전의 수수 등 그 순수성이 의심되는 한 그 동의는 무효라고 해석되어야 한다. 매매를 긍정한 판례의 구체적 내용은 다음과 같다. 즉,

> 부녀매매죄는 부녀자의 신체의 자유를 그 일차적인 보호법익으로 하는 죄로서 그 행위의 객체는 부녀이고, 여자인 이상 그 나이나 성년, 미성년, 기혼 여부 등을 불문한다고 보아야 하고, 행위의 주체에는 제한이 없으니 반드시 친권자등의 보호자만이 본 죄의 주체가 될 수 있다는 것도 근거 없는 해석이라 할 것이며, 요컨대 본죄의 성립 여부는 그 주체 및 객체에 중점을 두고 볼 것이 아니라 매매의 일방이 어떤 경위로 취득한 부녀자에 대한 실력적 지배를 대가를 받고 그 상대방에게 넘긴다고 하는 행위에 중점을 두고 판단하여야 하므로 매도인이 매매 당시 부녀자를 실력으로 지배하고 있었는가 여부 즉 계속된 협박이나 명시적 혹은 묵시적인 폭행의 위협 등의 험악한 분위기로 인하여 보통의 부녀자라면 법질서에 보호를 호소하기를 단념할 정도의 상태에서 그 신체에 대한 인계인수가 이루어졌는가의 여부에 달려 있다고 하여야 할 것이다.[41]

2. 추행·간음·결혼·영리 목적의 사람매매죄

본죄는 추행, 간음, 결혼 또는 영리의 목적으로 사람을 매매함으로써 성립한다(제289조 제2항). 본죄의 객체는 사람이다. 본죄의 실행행위는 매매이다. 본죄는 주관적 구성요건요소로서

40) 형법 2012.12.18. 일부개정 법률 제11574호 2013.6.19. 시행.
41) 대법원 1992.1.21. 선고 91도1402 전원합의체 판결.

고의 외에 목적을 요한다. 추행 · 간음 · 결혼 · 영리의 목적은 전술한 추행 · 간음 · 결혼 · 영리 목적의 약취 · 유인죄에 있어서의 그것과 같다.

3. 노동력 착취 · 성매매와 성적 착취 · 장기적출 목적의 사람매매죄

본죄는 노동력 착취, 성매매와 성적 착취, 장기적출을 목적으로 사람을 매매함으로써 성립한다(제289조 제3항).

본죄의 객체는 사람이다. 본죄의 실행행위는 매매이다. 본죄는 주관적 구성요건요소로서 고의 외에 목적을 요한다. 노동력 착취 · 성매매와 성적 착취 · 장기적출의 목적은 전술한 노동력 착취 · 성매매와 성적 착취 · 장기적출 목적의 약취 · 유인죄에 있어서의 그것과 같다.

다만 본죄에 있어서 성매매 목적의 인신매매란 성매매처벌법에 의하는 한 ① 성을 파는 행위 또는 공연히 음란행위(제245조)를 하게 하거나, 성교행위 등 음란한 내용을 표현하는 사진 · 영상물 등의 촬영 대상으로 삼을 목적으로 위계(僞計), 위력(威力), 그 밖에 이에 준하는 방법으로 대상자를 지배 · 관리하면서 제3자에게 인계하는 행위, ② ①과 같은 목적으로 청소년보호법상의 청소년(청소년보호법 제2조 제1호), 사물을 변별하거나 의사를 결정할 능력이 없거나 미약한 사람 또는 대통령령으로 정하는 중대한 장애가 있는 사람이나 그를 보호 · 감독하는 사람에게 선불금 등 금품이나 그 밖의 재산상의 이익을 제공하거나 제공하기로 약속하고 대상자를 지배 · 관리하면서 제3자에게 인계하는 행위, ③ ①과 ②의 행위가 행하여지는 것을 알면서 가목과 같은 목적이나 전매를 위하여 대상자를 인계받는 행위 또는 ④ ①부터 ③까지의 행위를 위하여 대상자를 모집 · 이동 · 은닉하는 행위를 하는 것을 말한다(성매매처벌법 제2조 제3호).

4. 국외이송목적의 사람매매죄와 매매된 사람의 국외이송죄

본죄는 국외에 이송할 목적으로 사람을 매매하거나 매매된 사람을 국외로 이송함으로써 성립한다(제289조 제4항). 본죄는 국외이송목적의 사람매매죄와 매매된 사람의 국외이송죄로 구성된다. 양죄는 서로 대향범의 관계에 있다. 다만 전자의 국외이송목적의 사람매매죄는 목적범이다.

국외이송목적의 사람 매매죄의 객체는 사람이다. 국외이송목적의 사람매매죄의 실행행위는 매매이다. 현실적인 국외이송의 여부는 본죄의 성부와는 무관하다. 국외이송목적의 사람매매죄는 목적범이다. 주관적 구성요건요소로서 고의 외에 국외에 이송할 목적을 요한다.

매매된 사람의 국외이송죄의 객체는 매매된 사람이다. 매매된 사람이란 매매행위에 의하여 수수(授受)된 사람을 말한다. 사람의 국외이송죄의 실행행위는 국외로 이송하는 것이다. 이송이란 다른 장소로 이전하는 것을 말한다. 매매된 사람의 국외이송죄는 목적범이 아니다.

5. 예비 · 음모 · 미수

본죄는 예비 · 음모죄를 처벌한다. 예비 · 음모죄는 본죄를 범할 목적으로 예비 또는 음모함으로써 성립한다. 본죄를 범할 목적을 요하는 목적범이다. 본죄는 또 미수범도 처벌한다.

Ⅲ. 처 벌

사람매매죄의 법정형은 7년 이하의 징역이다. 추행·간음·결혼·영리 목적의 사람매매죄의 법정형은 1년 이상 10년 이하의 징역이다. 노동력 착취·성매매와 성적 착취·장기적출 목적의 사람매매죄의 법정형은 2년 이상 15년 이하의 징역이다. 국외이송목적의 사람매매죄와 매매된 사람의 국외이송죄의 법정형도 2년 이상 15년 이하의 징역이다.

본죄의 예비·음모죄의 법정형은 3년 이하의 징역이다. 본죄의 미수범은 처벌된다. 본죄에 있어서는 해방감경과 세계주의의 적용이 있다.

§5. 약취·유인·매매·이송 등 상해·치상죄

제290조(약취, 유인, 매매, 이송 등 상해·치상) ① 제287조부터 제289조까지의 죄를 범하여 약취, 유인, 매매 또는 이송된 사람을 상해한 때에는 3년 이상 25년 이하의 징역에 처한다.
② 제287조부터 제289조까지의 죄를 범하여 약취, 유인, 매매 또는 이송된 사람을 상해에 이르게 한 때에는 2년 이상 20년 이하의 징역에 처한다.

제294조(미수범) ~, 제290조제1항, ~ 의 미수범은 처벌한다.

제295조(벌금의 병과) 제288조부터 제291조까지, ~ 의 죄와 그 미수범에 대하여는 5천만원 이하의 벌금을 병과할 수 있다.

제295조의2(형의 감경) 제287조부터 제290조까지, ~ 의 죄를 범한 사람이 약취, 유인, 매매 또는 이송된 사람을 안전한 장소로 풀어준 때에는 그 형을 감경할 수 있다.

제296조(예비, 음모) ~, 제290조제1항, ~ 의 죄를 범할 목적으로 예비 또는 음모한 사람은 3년 이하의 징역에 처한다.

제296조의2(세계주의) 제287조부터 제292조까지 ~ 는 대한민국 영역 밖에서 죄를 범한 외국인에게도 적용한다.

Ⅰ. 서 설

본죄는 미성년자의 약취·유인죄(제287조), 추행 등 목적 약취·유인 등 죄(제288조) 및 인신매매죄(제289조)의 죄를 범하여 약취, 유인, 매매 또는 이송된 사람을 상해하거나 상해에 이르게 함으로써 성립한다.

본죄는 결합범으로서 약취·유인·매매·이송 등 상해죄(제290조 제1항)와 결과적 가중범으로서 약취·유인·매매·이송 등 치상죄(제290조 제2항)로 나누어질 수 있다. 본죄는 2013년 개정형법에 의하여 책임주의에 부합되도록 상해의 결과를 고의로 범한 경우와 과실로 치상의 결과를 야기한 경우로 구분하여 법정형에 차등을 두어 규정한 것이다.[42]

---

42) 형법 2013.4.5. 일부개정 법률 제11731호 2013.4.5. 시행.

Ⅱ. 범 죄

1. 약취 · 유인 · 매매 · 이송 등 상해죄

(1) 의 의

본죄는 미성년자의 약취 · 유인죄(제287조), 추행 등 목적 약취 · 유인 등 죄(제288조) 및 인신매매죄(제289조)의 죄를 범하여 약취, 유인, 매매 또는 이송된 사람을 상해함으로써 성립한다(제290조 제1항).

(2) 예비 · 음모와 미수

본죄는 예비 · 음모죄를 처벌한다. 예비 · 음모죄는 본죄를 범할 목적으로 예비 또는 음모함으로써 성립한다. 본죄를 범할 목적을 요하는 목적범이다. 본죄의 예비 · 음모죄의 법정형은 3년 이하의 징역이다. 본죄는 또 미수범도 처벌한다.

2. 약취 · 유인 · 매매 · 이송 등 치상죄

본죄는 미성년자의 약취 · 유인죄(제287조), 추행 등 목적 약취 · 유인 등 죄(제288조) 및 인신매매죄(제289조)의 죄를 범하여 약취, 유인, 매매 또는 이송된 사람을 상해에 이르게 함으로써 성립한다(제290조 제2항). 진정 결과적 가중범이다. 본죄에 있어서는 예비 · 음모 · 미수에 대한 처벌규정이 없다.

Ⅲ. 처 벌

약취 · 유인 · 매매 · 이송 등 상해죄의 법정형은 3년 이상 25년 이하의 징역이다. 이에 반하여 약취 · 유인 · 매매 · 이송 등 치상죄의 법정형은 2년 이상 20년 이하의 징역이다. 양죄에 대하여는 해방감경과 세계주의의 적용이 있다.

§6. 약취 · 유인 · 매매 · 이송 등 살인 · 치사죄

제291조(약취, 유인, 매매, 이송 등 살인 · 치사) ① 제287조부터 제289조까지의 죄를 범하여 약취, 유인, 매매 또는 이송된 사람을 살해한 때에는 사형, 무기 또는 7년 이상의 징역에 처한다.
② 제287조부터 제289조까지의 죄를 범하여 약취, 유인, 매매 또는 이송된 사람을 사망에 이르게 한 때에는 무기 또는 5년 이상의 징역에 처한다.

제294조(미수범) ~, ~제291조제1항과 ~ 의 미수범은 처벌한다.

제295조(벌금의 병과) 제288조부터 제291조까지, ~ 의 죄와 그 미수범에 대하여는 5천만원 이하의 벌금을 병과할 수 있다.

제296조(예비, 음모) ~, 제291조제1항과 ~ 의 죄를 범할 목적으로 예비 또는 음모한 사람은 3년 이하의 징역에 처한다.

제296조의2(세계주의) 제287조부터 제292조까지 및 ~ 는 대한민국 영역 밖에서 죄를 범한 외국인에게도 적용한다.

Ⅰ. 서 설

본죄는 미성년자의 약취·유인죄(제287조), 추행 등 목적 약취·유인 등 죄(제288조) 및 인신매매죄(제289조)의 죄를 범하여 약취, 유인, 매매 또는 이송된 사람을 살해하거나 사망에 이르게 함으로써 성립한다.

본죄는 결합범으로서 약취·유인·매매·이송 등 살인죄(제291조 제1항)와 결과적 가중범으로서 약취·유인·매매·이송 등 치사죄(제291조 제2항)로 나누어질 수 있다. 본죄는 2013년 개정형법에 의하여 책임주의에 부합되도록 살해의 결과를 고의로 범한 경우와 과실로 사망의 결과를 야기한 경우로 구별하여 법정형에 차등을 두어 규정한 것이다.[43]

Ⅱ. 범 죄

1. 약취·유인·매매·이송 등 살인죄

(1) 의 의

본죄는 미성년자의 약취·유인죄(제287조), 추행 등 목적 약취·유인 등 죄(제288조) 및 인신매매죄(제289조)의 죄를 범하여 약취, 유인, 매매 또는 이송된 사람을 살해함으로써 성립한다(제291조 제1항).

살해를 긍정한 판례의 구체적 내용은 다음과 같다. 즉,

> 피고인은 1980.11.13. 17:30경 피해자 E를 제1심 판시 아파트에 유인하여 양 손목과 발목을 노끈으로 묶고 입에는 반창고를 두겹으로 붙인 다음, 양 손목을 묶은 노끈은 창틀에 박힌 씨멘트못에, 양 발목을 묶은 노끈은 방문손잡이에 각각 잡아매고 얼굴에는 모포를 씌워 포박 감금한 후 수차 그 방을 출입하던중 같은달 15일 07:30경에 피고인이 그 아파트에 들어갔을 때에는 이미 피해자가 탈진상태에 있어 박카스를 먹여보려 해도 입에서 흘려버릴 뿐 마시지 못하기에 얼굴에 모포를 다시 덮어씌워놓고 그대로 위 아파트에서 나와버렸는데 그때 피고인은 피해자를 그대로 두면 죽을 것 같은 생각이 들어 병원에 옮기고 자수할 것인가, 그대로 두어 피해자가 죽으면 시체를 처리하고 범행을 계속할 것인가 아니면 스스로 자살할 것인가 등 두루 고민하다가 결국 병원에 옮기고 자수할 용기가 생기지 않아 그대로 나와 학교에 갔다가 같은 날 14:00경에 돌아와 보니 이미 피해자가 죽어 있었다는 것이니 이와 같은 사실관계로 미루어 보면, 피고인이 1980.11.15. 07:30경 포박 감금된 피해자의 얼굴에 모포를 덮어 씌워놓고 아파트에서 나올 때에는 그 상태로 보아 피해자를 방치하면 사망할 가능성이 있다는 것을 내심으로 인정하고 있었음이 분명하고, 여기에 피고인이 피해자와는 물론 그 부모와도 면식이 있는 사이였었다는 사정을 보태어 보면, 피고인이 위와 같은 결과발생의 가능성을 인정하고 있었으면서도 피해자를 병원에 옮기고 자수할 용기가 생기지 않았다는 이유로 사경에 이른 피해자를 그대로 방치한 소위에는 그로 인하여 피해자가 사망하는 결과가 발생하더라도 용인할 수밖에 없다는 내심의 의사 즉 살인의 미필적 고의가 있었다고 볼 수 있다. 그렇다면 자기행위로 인하여 위험발생의 원인을 야기하였음에도 그 위험발생을 방지하지 아니한 피고인의 위와 같은 소위는 살인죄의 구성요건적 행위를 충족하는 부작위였었다고 평가하기에 충분하다 하겠으므로 같은 취지의 판단아래 소론판시 피고인의 소위를 특정범죄가

---

43) 형법 2013.4.5. 일부개정 법률 제11731호 2013.4.5. 시행.

중처벌등에 관한 법률 제5조의2 제2항 제2호에 해당하는 살인죄로 의률한 제1심 판결을 유지한 원심판결은 정당하고, 거기에 논지가 지적하는 바와 같은 살인죄의 법리를 오해하여 법률적용을 그르친 위법이 있다 할 수 없다.[44]

(2) 예비 · 음모와 미수

본죄는 예비 · 음모죄를 처벌한다. 예비 · 음모죄는 본죄를 범할 목적으로 예비 또는 음모함으로써 성립한다. 본죄를 범할 목적을 요하는 목적범이다. 본죄의 예비 · 음모죄의 법정형은 3년 이하의 징역이다. 본죄는 또 미수범도 처벌한다. 본죄는 또 미수범도 처벌한다.

2. 약취 · 유인 · 매매 · 이송 등 치사죄

본죄는 미성년자의 약취 · 유인죄(제287조), 추행 등 목적 약취 · 유인 등 죄(제288조) 및 인신매매죄(제289조)의 죄를 범하여 약취, 유인, 매매 또는 이송된 사람을 사망에 이르게 함으로써 성립한다(제291조 제2항). 진정 결과적 가중범이다. 본죄의 예비 · 음모 · 미수는 처벌되지 아니한다.

Ⅲ. 처 벌

약취 · 유인 · 매매 · 이송 등 살인죄의 법정형은 사형, 무기 또는 7년 이상의 징역이다. 이에 반하여 약취 · 유인 · 매매 · 이송 등 치사죄의 법정형은 무기 또는 5년 이상의 징역이다.

본죄에 대하여는 세계주의만이 적용된다. 해방감경의 규정은 적용되지 않는다. 이미 사망이라는 결과가 발생한 이상 해방감경의 적용은 하등의 의미가 없기 때문이다.

§7. 약취 · 유인 · 매매 · 이송된 사람의 수수 · 은닉 등 죄

제292조(약취, 유인, 매매, 이송된 사람의 수수 · 은닉 등) ① 제287조부터 제289조까지의 죄로 약취, 유인, 매매 또는 이송된 사람을 수수(授受) 또는 은닉한 사람은 7년 이하의 징역에 처한다.
② 제287조부터 제289조까지의 죄를 범할 목적으로 사람을 모집, 운송, 전달한 사람도 제1항과 동일한 형으로 처벌한다.

제294조(미수범) ~ 과 제292조제1항의 미수범은 처벌한다.

제295조(벌금의 병과) ~, 제292조제1항의 죄와 그 미수범에 대하여는 5천만원 이하의 벌금을 병과할 수 있다.

제295조의2(형의 감경) ~, 제292조와 ~ 의 죄를 범한 사람이 약취, 유인, 매매 또는 이송된 사람을 안전한 장소로 풀어준 때에는 그 형을 감경할 수 있다.

제296조(예비, 음모) ~ 과 제292조제1항의 죄를 범할 목적으로 예비 또는 음모한 사람은 3년 이하의 징역에 처한다.

제296조의2(세계주의) 제287조부터 제292조까지 및 ~ 는 대한민국 영역 밖에서 죄를 범한 외국인에게도 적용한다.

구조문

제292조(약취, 유인, 매매된 자의 수수 또는 은닉) ① 제288조 또는 제289조의 약취, 유인이나 매매된 자 또는 이송된 자를 수수 또는 은닉한 자는 7년 이하의 징역에 처한다.

---

44) 대법원 1982.11.23. 선고 82도2024 판결.

② 제287조 또는 제291조의 약취 또는 유인된 자를 수수 또는 은닉한 자는 5년 이하의 징역에 처한다.

Ⅰ. 서 설

본죄는 미성년자의 약취 · 유인죄(제287조), 추행 등 목적 약취 · 유인 등 죄(제288조) 및 인신매매죄(제289조)의 죄로 약취, 유인, 매매 또는 이송된 사람을 수수(授受) 또는 은닉하거나, 또는 미성년자의 약취 · 유인죄(제287조), 추행 등 목적 약취 · 유인 등 죄(제288조) 및 인신매매죄(제289조)의 죄를 범할 목적으로 사람을 모집, 운송, 전달함으로써 성립한다.

본죄는 약취 · 유인 · 매매 · 이송된 사람의 수수 · 은닉죄(제292조 제1항)와 약취 · 유인 · 매매 · 이송 목적으로 사람의 모집 · 운송 · 전달죄(제292조 제2항)로 나누어질 수 있다. 후자는 전자와는 달리 목적범이다.

Ⅱ. 범 죄

1. 약취 · 유인 · 매매 · 이송된 사람의 수수 · 은닉죄

(1) 의 의

본죄는 미성년자의 약취 · 유인죄(제287조), 추행 등 목적 약취 · 유인 등 죄(제288조) 및 인신매매죄(제289조)의 죄로 약취, 유인, 매매 또는 이송된 사람을 수수(授受) 또는 은닉함으로써 성립한다(제292조 제1항).

본죄의 실행행위는 수수 또는 은닉이다. 수수(授受)란 객체에 대한 사실적 지배관계를 주는 행위와 받는 행위를 말한다. 은닉(隱匿)이란 객체의 발견을 곤란하게 하는 행위를 말한다.

(2) 예비 · 음모 · 미수

본죄는 예비 · 음모죄를 처벌한다. 예비 · 음모죄는 본죄를 범할 목적으로 예비 또는 음모함으로써 성립한다. 본죄를 범할 목적을 요하는 목적범이다. 본죄의 예비 · 음모죄의 법정형은 3년 이하의 징역이다. 본죄는 또 미수범도 처벌한다.

2. 약취 · 유인 · 매매 · 이송 목적으로 사람의 모집 · 운송 · 전달죄

본죄는 미성년자의 약취 · 유인죄(제287조), 추행 등 목적 약취 · 유인 등 죄(제288조) 및 인신매매죄(제289조)의 죄를 범할 목적으로 사람을 모집, 운송, 전달함으로써 성립한다(제292조 제2항). 본죄는 목적범이다. 미성년자의 약취 · 유인죄(제287조), 추행 등 목적 약취 · 유인 등 죄(제288조) 및 인신매매죄(제289조)의 죄를 범할 목적을 요한다.

본죄의 실행행위는 모집, 운송 또는 전달하는 것이다. 모집, 운송 또는 전달하는 행위는 인취행위 또는 매매행위에 대한 방조행위로서의 성격을 가진다. 모집(募集)이란 객체를 모으는 행위를 말한다. 운송(運送)이란 객체를 특정한 장소로 이동하는 행위는 말한다. 전달(傳達)이란 객체를 다른 사람에게 이전하는 행위를 말한다. 본죄의 예비 · 음모 · 미수는 처벌되지 않는다.

Ⅲ. 처 벌

약취·유인·매매·이송된 사람의 수수·은닉죄의 법정형은 7년 이하의 징역이다. 약취·유인·매매·이송 목적으로 사람의 모집·운송·전달죄의 법정형도 이와 동일한 7년 이하의 징역이다.

양죄에 있어서는 해방감경과 세계주의의 적용이 있다. 다만 후자의 약취·유인·매매·이송 목적으로 사람의 모집·운송·전달죄에 있어서는 예비·음모·미수에 대한 처벌규정이 없다.

§8. 관련 특별법

Ⅰ. 특정범죄가중법

제5조의2(약취유인죄의 가중처벌) ① 13세 미만의 미성년자에 대하여「형법」제287조의 죄를 범한 사람은 그 약취(略取) 또는 유인(誘引)의 목적에 따라 다음 각 호와 같이 가중처벌한다.

1. 약취 또는 유인한 미성년자의 부모나 그 밖에 그 미성년자의 안전을 염려하는 사람의 우려를 이용하여 재물이나 재산상의 이익을 취득할 목적인 경우에는 무기 또는 5년 이상의 징역에 처한다.
2. 약취 또는 유인한 미성년자를 살해할 목적인 경우에는 사형, 무기 또는 7년 이상의 징역에 처한다.

② 13세 미만의 미성년자에 대하여「형법」제287조의 죄를 범한 사람이 다음 각 호의 어느 하나에 해당하는 행위를 한 경우에는 다음 각 호와 같이 가중처벌한다.

1. 약취 또는 유인한 미성년자의 부모나 그 밖에 그 미성년자의 안전을 염려하는 사람의 우려를 이용하여 재물이나 재산상의 이익을 취득하거나 이를 요구한 경우에는 무기 또는 10년 이상의 징역에 처한다.
2. 약취 또는 유인한 미성년자를 살해한 경우에는 사형 또는 무기징역에 처한다.
3. 약취 또는 유인한 미성년자를 폭행상해감금 또는 유기(遺棄)하거나 그 미성년자에게 가혹한 행위를 한 경우에는 무기 또는 5년 이상의 징역에 처한다.
4. 제3호의 죄를 범하여 미성년자를 사망에 이르게 한 경우에는 사형, 무기 또는 7년 이상의 징역에 처한다.

③ 제1항 또는 제2항의 죄를 범한 사람을 방조(幇助)하여 약취 또는 유인된 미성년자를 은닉하거나 그 밖의 방법으로 귀가하지 못하게 한 사람은 5년 이상의 유기징역에 처한다.

④ 삭제 〈2013.4.5.〉

⑤ 삭제 〈2013.4.5.〉

⑥ 제1항 및 제2항(제2항제4호는 제외한다)에 규정된 죄의 미수범은 처벌한다.

⑦ 제1항부터 제3항까지 및 제6항의 죄를 범한 사람을 은닉하거나 도피하게 한 사람은 3년 이상 25년 이하의 징역에 처한다.

⑧ 제1항 또는 제2항제1호제2호의 죄를 범할 목적으로 예비하거나 음모한 사람은 1년 이상 10년 이하의 징역에 처한다.

Ⅱ. 청소년성보호법

제12조(아동·청소년 매매행위) ① 아동·청소년의 성을 사는 행위 또는 아동·청소년성착취물을 제작하는 행위의 대상이 될 것을 알면서 아동·청소년을 매매 또는 국외에 이송하거나 국외에 거주하는 아동·청소년을 국내에 이송한 자는 무기징역 또는 5년 이상의 징역에 처한다.

② 제1항의 미수범은 처벌한다.

제 5 절 강요와 인질강요의 죄

§1. 개 관

Ⅰ. 서 설

본장의 강요와 인질강요의 죄는 권리행사를 방해하는 죄의 장에 규정된 내용으로서 강요의 죄와 인질강요의 죄로 나누어질 수 있다(형법 제2편 제37장 참조).

강요의 죄는 강요행위와 그로 인하여 사람의 생명에 대한 위험의 발생을 내용으로 한다. 인질강요의 죄는 인질강요행위와 그로 인하여 발생하는 상해 또는 사망을 그 내용으로 한다.

Ⅱ. 보호법익

본장의 죄의 보호법익은 의사결정의 근거한 행동의 자유이다. 본장의 죄는 일정한 결의를 한 자에 대하여 그 결의의 내용과 다른 행위를 강제하는 경우뿐만 아니라 아직 의사결정을 하고 있지 않은 자에 대하여 결의를 강제하거나 일정한 결의를 불가능하게 하는 행위를 포함한다. 따라서 본장의 죄의 보호법익은 의사결정의 자유와 의사실현의 자유의 2가지이다. 다만 중강요죄, 인질 상해 · 치상죄 및 인질 살해 · 치사죄은 사람의 생명과 신체의 안전도 보호법익으로 포함하고 있다.

본장의 죄는 의사결정의 자유 또는 의사실현의 자유가 침해되었을 때에 성립하게 되므로 그 성질은 침해범에 속한다. 다만 중강요죄는 사람의 생명에 대한 위험을 발생함으로써 성립하므로 위험범에 해당한다고 해석된다.

Ⅲ. 개정의 경위와 내용

본장의 강요와 인질강요의 죄는 독립된 장을 구성하고 있지 않다. 권리행사를 방해하는 죄의 장 중에서 일부의 내용으로 규정되어 있다(형법 제2편 제37장 참조).

이는 1995년 개정형법이 민생치안관련범죄를 정비하기 위하여 제324조의 제목을 '폭력에 의한 권리행사방해'를 '강요'로 변경하고, 동조 중 '방해한'을 '방해하거나 의무없는 일을 하게 한'으로 변경하였을 뿐만 아니라 제324조의2(인질강요), 제324조의3(인질상해 · 치상), 제324조의4(인질살해 · 치사), 제324조의 5(미수범) 및 제324조의6(형의 감경)을 신설하면서 현재의 모습을 갖추게 된 것이다.[1]

1) 형법 1995.12.29. 일부개정 법률 제5057호 1996.7.1. 시행.

Ⅳ. 구성요건의 체계

본장에 있어서 강요의 죄의 기본적 구성요건은 강요죄이다(제324조 제1항). 특수강요죄(제324조 제2항)는 행위방법으로 인하여, 중강요죄(제326조)는 결과적 가중범으로서 형이 가중되는 가중적 구성요건에 속한다. 특수강요죄는 2016년 1월 개정형법에 의하여 신설되었다.[2)]

인질강요의 죄의 기본적 구성요건은 인질강요죄이다(제324조의2). 인질상해죄(제324조의3)와 인질살해죄(제324조의4)는 결합범으로서 불법이 가중되는 가중적 구성요건에 속한다. 또 인질치상죄(제324조의3)와 인질치사죄(제324조의4)는 결과적 가중범으로서 가중적 구성요건에 해당한다.

본장의 죄에 있어서 미수범은 예외 없이 처벌되고 있다(제324조의5).

§2. 강요의 죄

Ⅰ. 서 설

본죄는 강요행위와 그로 인하여 사람의 생명에 대한 위험의 발생을 내용으로 한다. 강요행위는 폭행 또는 협박으로 사람의 권리행사를 방해하거나 의무없는 일을 하게 하는 단순강요행위와 단체 또는 다중의 위력을 보이거나 위험한 물건을 휴대하여 행하는 특수강요행위로 나누어질 수 있다. 강요행위로 인하여 사람의 생명에 대한 위험을 발생하게 하면 중강요에 해당하게 된다.

Ⅱ. 강요죄

제324조(강요) ① 폭행 또는 협박으로 사람의 권리행사를 방해하거나 의무없는 일을 하게 한 자는 5년 이하의 징역 또는 3천만원 이하의 벌금에 처한다.

제324조의5(미수범) 제324조 ~ 의 미수범은 처벌한다.

구조문

제324조(폭력에 의한 권리행사방해) 폭행 또는 협박으로 사람의 권리행사를 방해한 자는 5년 이하의 징역에 처한다.

관련조문

제123조(직권남용) 공무원이 직권을 남용하여 사람으로 하여금 의무없는 일을 하게 하거나 사람의 권리행사를 방해한 때에는 5년 이하의 징역, 10년 이하의 자격정지 또는 1천만원 이하의 벌금에 처한다.

1. 의 의

본죄는 폭행 또는 협박으로 사람의 권리행사를 방해하거나 의무없는 일을 하게 함으로써 성립한다. 본죄의 보호법익은 의사활동의 자유이다. 본죄의 죄명은 폭력에 의한 권리행사방해죄였던 것을 1995년 개정형법이 현재의 강요죄로 변경한 것이다.[3)]

---

2) 형법 2016.1.6. 일부개정 법률 제13719호 2016.1.6. 시행.

3) 형법 1995.12.29. 일부개정 법률 제5057호 1996.7.1. 시행.

본죄는 강요의 수단이 폭행 또는 협박이라는 점에서 공무원이 직권을 남용하여 행하는 직권남용죄와 구별된다(제123조 참조).

2. 범 죄

(1) 구성요건

1) 객관적 구성요건

① 객 체

본죄의 객체는 사람이다. 사람은 자연인을 의미한다. 의사의 자유를 가지는 사람에 제한된다.

② 행 위

본죄의 실행행위는 강요이다. 강요(强要)란 사람의 권리행사를 방해하거나 의무 없는 일을 하게 하는 것을 말한다.[4] 강요의 수단은 폭행 또는 협박이다.

ⓘ 강 요　　본죄의 실행행위로서 강요란 전술한 바와 같이 폭행 또는 협박으로 사람의 권리행사를 방해하거나 의무 없는 일을 하게 하는 것을 말한다.

ⅰ. 권리행사의 방해　　권리행사의 방해란 행사할 수 있는 권리를 행사하지 못하게 방해하는 것을 말한다. 행사할 수 있는 권리란 그 행사의 여부가 피강요자 또는 피해자의 자유에 속하는 권리를 말한다.

ⅱ. 의무 없는 일을 하게 함　　의무 없는 일이란 법령, 계약 등에 기하여 발생하는 법률상 의무 없는 일을 말한다.[5] 의무 없는 일은 개방적 구성요건에 속한다 할 수 있다. 따라서 그 유무나 범위를 판단함에 있어서는 행위자측이 상대측에 일정한 의무의 이행을 요구할 수 있는 이유의 존부, 정도 혹은 상대의 권리의 행사를 방해할 수 있는 이유의 존부, 정도, 결과로서의 상대의 자유의 상실의 중대성의 정도 그로 인하여 사용되는 수단의 태양, 일탈의 정도 등을 고려하고 사회생활상의 수인의 범위를 넘는가의 여부를 고려할 필요가 있다.

한편 법률상 의무 있는 일을 하게 한 경우에는 강요죄가 성립할 여지가 없다.[6] 따라서 폭행 또는 협박으로 법률상 의무 있는 일을 하게 한 경우에는 폭행 또는 협박죄만 성립할 뿐 강요죄는 성립하지 아니한다.[7]

의무 없는 일을 부정한 판례의 구체적 내용은 다음과 같다. 즉,

> 군인사법 제47조의2의 위임에 따른 군인복무규율 제7조 제1항, 제8조, 제22조 제1항, 제2항, 제23조 제1항의 내용 및 취지 등에 비추어 보면, 상관이 직무수행을 태만히 하거나 지시사항을

---

4) 대법원 2020.2.13. 선고 2019도5186 판결; 대법원 2017.10.26. 선고 2015도16696 판결; 대법원 2012.11.29. 선고 2010도1233 판결; 대법원 2008.11.27. 선고 2008도7018 판결; 대법원 2008.5.15. 선고 2008도1097 판결; 대법원 2003.9.26. 선고 2003도763 판결.

5) 대법원 2012.11.29. 선고 2010도1233 판결; 대법원 2008.5.15. 선고 2008도1097 판결.

6) 대법원 2012.11.29. 선고 2010도1233 판결.

7) 대법원 2008.5.15. 선고 2008도1097 판결.

불이행하고 허위보고 등을 한 부하에게 근무태도를 교정하고 직무수행을 감독하기 위하여 직무수행의 내역을 일지 형식으로 기재하여 보고하도록 명령하는 행위는 직무권한 범위 내에서 내린 정당한 명령이므로 부하는 명령을 실행할 법률상 의무가 있고, 명령을 실행하지 아니하는 경우 군인사법 제57조 제2항에서 정한 징계처분이 내려진다거나 그에 갈음하여 얼차려의 제재가 부과된다고 하여 그와 같은 명령이 형법 제324조의 강요죄를 구성한다고 볼 수 없다.[8]

ⓘ 강요의 수단

ⅰ. 폭행 · 협박　　강요의 수단은 폭행 또는 협박이다. 폭행(暴行)이란 사람에 대한 직 · 간접적인 유형력의 행사로서 광의의 폭행을 의미한다. 본죄에서의 폭행은 의사활동의 자유를 침해하는 수단이므로 반드시 사람의 신체에 한정하여 행하여질 것을 요하지 않기 때문이다. 대법원도 "폭행은 사람에 대한 직접적인 유형력의 행사뿐만 아니라 간접적인 유형력의 행사도 포함하며, 반드시 사람의 신체에 대한 것에 한정되지 않는다. 사람에 대한 간접적인 유형력의 행사를 강요죄의 폭행으로 평가하기 위해서는 피고인이 유형력을 행사한 의도와 방법, 피고인의 행위와 피해자의 근접성, 유형력이 행사된 객체와 피해자의 관계 등을 종합적으로 고려해야 한다"고 판시한 바 있다.[9]

협박(脅迫)이란 상대방이 현실적으로 공포감을 느낄 수 있는 정도의 해악의 고지로서 협의의 협박을 그 내용으로 한다. 본죄에서의 협박은 강요의 수단으로서 의사활동의 자유에 영향을 미칠 정도의 것을 요한다는 것은 위의 폭행에서와 같다. 협박의 행위가 있었는지는 행위의 외형뿐 아니라 그 행위에 이르게 된 경위, 피해자와의 관계 등 주위상황을 종합적으로 고려하여 판단해야 한다.[10]

ⅱ. 폭행 · 협박의 정도　　폭행 · 협박은 의사활동의 자유를 침해하는 정도에 이르러야 한다. 협박은 객관적으로 사람의 의사결정의 자유를 제한하거나 의사실행의 자유를 방해할 정도로 겁을 먹게 할 만한 해악을 고지하는 것을 말한다.[11] 일반적으로 사람으로 하여금 공포심을 일으키게 하는 정도의 해악을 고지를 말한다.[12] 협박이 인정되기 위해서는 발생 가능한 것으로 생각할 수 있는 정도의 구체적인 해악의 고지가 있어야 한다.[13]

해악의 고지는 반드시 명시적인 방법이 아니더라도 말이나 행동을 통해서 상대방으로 하여금 어떠한 해악에 이르게 할 것이라는 인식을 갖게 하는 것이면 족하다.[14] 그 방법은 통상 언어에 의하는 것이나 경우에 따라서는 한마디 말도 없이 거동에 의하여서도 할 수 있다.[15] 협박당하는 사람으로 하여금 공포심을 일으키게 하는 정도의 해악의 고지인지는

8) 대법원 2012.11.29. 선고 2010도1233 판결.
9) 대법원 2021.11.25. 선고 2018도1346 판결.
10) 대법원 2010.4.29. 선고 2007도7064 판결; 대법원 2004.1.15. 선고 2003도5394 판결.
11) 대법원 2020.2.13. 선고 2019도5186 판결; 대법원 2019.8.29. 선고 2018도13792 전원합의체 판결; 대법원 2017.10.26. 선고 2015도16696 판결; 대법원 2013.4.11. 선고 2010도13774 판결; 대법원 2008.11.27. 선고 2008도7018 판결; 대법원 2003.9.26. 선고 2003도763 판결; 대법원 2002.11.22. 선고 2002도3501 판결.
12) 대법원 2010.4.29. 선고 2007도7064 판결; 대법원 2004.1.15. 선고 2003도5394 판결.
13) 대법원 2020.2.13. 선고 2019도5186 판결; 대법원 2019.8.29. 선고 2018도13792 전원합의체 판결.
14) 대법원 2017.10.26. 선고 2015도16696 판결; 대법원 2013.4.11. 선고 2010도13774 판결.
15) 대법원 2010.4.29. 선고 2007도7064 판결; 대법원 2004.1.15. 선고 2003도5394 판결.

그 행위 당사자 쌍방의 직무, 사회적 지위, 강요된 권리, 의무에 관련된 상호관계 등 관련 사정을 고려하여 판단되어야 할 것이다.[16] 제3자를 통해서 간접적으로 할 수도 있으며, 행위자가 그의 직업, 지위 등에 기하여 불법한 위세를 이용하여 재물의 교부나 재산상 이익을 요구하고 상대방으로 하여금 그 요구에 응하지 않을 때에는 부당한 불이익을 당할 위험이 있다는 위구심을 일으키게 하는 경우에도 해악의 고지가 된다.[17]

한편 행위자가 직업이나 지위에 기초하여 상대방에게 어떠한 이익 등의 제공을 요구하였을 때 그 요구 행위가 강요죄의 수단으로서 해악의 고지에 해당하는지 여부는 행위자의 지위뿐만 아니라 그 언동의 내용과 경위, 요구 당시의 상황, 행위자와 상대방의 성행 · 경력 · 상호관계 등에 비추어 볼 때 상대방으로 하여금 그 요구에 불응하면 어떠한 해악에 이를 것이라는 인식을 갖게 하였다고 볼 수 있는지, 행위자와 상대방이 행위자의 지위에서 상대방에게 줄 수 있는 해악을 인식하거나 합리적으로 예상할 수 있었는지 등을 종합하여 판단해야 한다.[18] 따라서 공무원인 행위자가 상대방에게 어떠한 이익 등의 제공을 요구한 경우 위와 같은 해악의 고지로 인정될 수 없다면 직권남용이나 뇌물 요구 등이 될 수는 있어도 협박을 요건으로 하는 강요죄가 성립하기는 어렵다.[19]

폭행 · 협박을 긍정한 판례의 구체적 내용은 다음과 같다. 즉,

민주노총 전국건설노조 건설기계지부 소속 노조원인 피고인들이, 현장소장인 피해자 갑이 노조원이 아닌 피해자 을의 건설장비를 투입하여 수해상습지 개선사업 공사를 진행하자 '민주노총이 어떤 곳인지 아느냐, 현장에서 장비를 빼라'는 취지로 말하거나 공사 발주처에 부실공사가 진행되고 있다는 취지의 진정을 제기하는 방법으로 공사현장에서 사용하던 장비를 철수하게 하고 '현장에서 사용하는 모든 건설장비는 노조와 합의하여 결정한다'는 협약서를 작성하게 함으로써 피해자들에게 의무 없는 일을 하게 하였다고 하여 폭력행위 등 처벌에 관한 법률 위반(공동강요)으로 기소된 사안에서, 피고인들은 공사현장에서 장비를 뺄 것을 요구하면서 그렇지 않을 경우 발주처에 민원을 넣어 공사를 못하게 하겠다고 말하고, 실제로 요구가 받아들여지지 않자 발주처에 부실시공 여부를 철저하게 조사하여 처벌하여 달라는 취지의 진정을 제기한 다음 이를 이용하여 피해자들로 하여금 장비를 철수하게 하고, 공사현장의 모든 건설장비를 피고인들 쪽에서 배차하는 장비만을 사용하도록 하는 취지의 협약서를 작성하도록 하였는데, 이와 같은 피고인들의 행위는 피해자들의 정당한 영업활동을 방해함으로써 피해자들로 하여금 장비를 철수시키고 자신들이 속한 노조 지회의 장비만을 사용하도록 하기 위하여 발주처에 대한 진정이라는 수단을 동원한 것으로 그 의도나 목적이 정당하다고 보기 어렵고, 나아가 피해자들의 정당한 영업활동의 자유를 침해하는 것이며, 피고인들이 피해자들에게 위와 같은 내용의 언사를 사용하고 부실공사가 아님에도 공사 발주처에 부실공사를 조사해 달라는 진정을 하였다면 이는 사회통념상 허용되는 정도나 범위를 넘는 것으로서 강요죄의 수단인 협박에 해당함에도, 이와 달리 보아 공소사실을 무죄로 판단한 원심판결에 심리미진 또는 강요죄의 수단인 협박에 관한 법리오해의 잘못이 있다고 한 사례이다.[20] 피고인이,

16) 대법원 2010.4.29. 선고 2007도7064 판결; 대법원 2004.1.15. 선고 2003도5394 판결.
17) 대법원 2013.4.11. 선고 2010도13774 판결.
18) 대법원 2020.2.13. 선고 2019도5186 판결; 대법원 2019.8.29. 선고 2018도13792 전원합의체 판결.
19) 대법원 2020.2.13. 선고 2019도5186 판결; 대법원 2019.8.29. 선고 2018도13792 전원합의체 판결.
20) 대법원 2017.10.26. 선고 2015도16696 판결.

갑 주식회사가 특정 신문들에 광고를 편중했다는 이유로 기자회견을 열어 갑 회사에 대하여 불매운동을 하겠다고 하면서 특정 신문들에 대한 광고를 중단할 것과 다른 신문들에 대해서도 특정 신문들과 동등하게 광고를 집행할 것을 요구하고 갑 회사 인터넷 홈페이지에 '갑 회사는 앞으로 특정 언론사에 편중하지 않고 동등한 광고 집행을 하겠다'는 내용의 팝업창을 띄우게 한 사안에서, 불매운동의 목적, 그 조직과정 및 규모, 대상 기업으로 갑 회사 하나만을 선정한 경위, 기자회견을 통해 공표한 불매운동의 방법 및 대상 제품, 갑 회사 직원에게 고지한 요구사항의 구체적인 내용, 위 공표나 고지행위 당시의 상황, 그에 대한 갑 회사 경영진의 반응, 위 요구사항에 응하지 않을 경우 갑 회사에 예상되는 피해의 심각성 등 제반 사정을 고려할 때, 피고인의 행위는 갑 회사의 의사결정권자로 하여금 그 요구를 수용하지 아니할 경우 불매운동이 지속되어 영업에 타격을 입게 될 것이라는 겁을 먹게 하여 의사결정 및 의사실행의 자유를 침해한 것으로 강요죄나 공갈죄의 수단으로서의 협박에 해당한다고 본 원심판단을 수긍한 사례이다.[21] 피고인들은 환경단체인 '전국환경감시협회 부여지부' 소속 회원들로 이 부분 공소사실 별지 [범죄일람표(II)] 기재의 일시, 장소에서 축산 농가들의 폐수 배출 단속활동을 벌인 사실, 그 과정에서 피고인들은 '환경감시단'이라고 기재된 신분증을 휴대하고, '환경감시단'의 마크가 부착된 모자, 점퍼 등을 착용하고 있었으며, 축사 운영자들에게 자신의 소속이나 신분, 감시활동의 의미 등에 관한 정확한 정보를 제공하지 아니한 채 폐수 배출현장을 사진촬영하거나 지적하면서 폐수 배출사실을 확인하는 내용의 사실확인서에 서명할 것을 요구한 사실, 일부 피해자들은 수사기관 및 제1심법정에서 피고인들에게 단속권한이 있는 것으로 생각하여 어쩔 수 없이 서명할 수밖에 없었다고 진술하였고, 특히 피해자 공소외인은 위 피해자가 서명을 주저하자 피고인들이 서명하지 아니할 경우 법에 저촉된다고 겁을 주었다는 취지로 진술한 사실, 한편 위 단체의 대표인 피고인 1은 폐수 배출사실이 확인된 축사 운영자라도 위 단체에 금품을 제공한 경우에는 기왕에 작성하였던 사실확인서를 폐기하고 사건을 무마한 사실을 알 수 있는 바, 피고인들과 피해자들의 지위, 피고인들이 서명을 요구하게 된 경위나 당시의 상황, 그 이후의 정황 등을 종합하면, 피고인들이 사실확인서를 징구하는 과정에서 취한 일련의 행위는 피고인들에게 단속권한이 있는 것으로 오인한 피해자들로 하여금 피고인들의 요구에 불응할 경우 고발조치 등의 불이익을 받을 위험이 있다는 인식을 갖게 하는 것으로서, 적어도 수사기관 및 제1심에서 피해사실을 진술한 피해자들에 대한 관계에서는 협박에 의한 강요행위에 해당한다고 보기에 부족함이 없다 할 것이다.[22] 골프시설의 운영자가 골프회원에게 불리하게 변경된 내용의 회칙에 대하여 동의한다는 내용의 등록신청서를 제출하지 아니하면 회원으로 대우하지 아니하겠다고 통지한 것이 강요죄에 해당한다고 한 사례이다.[23] 피고인이 피해자를 협박하여 동인으로 하여금 법률상 의무없는 진술서를 작성케한 행위는 사람의 자유권행사를 방해한 것으므로형법 제324조의 폭력에 의한 권리행사방해죄를 구성한다.[24]

폭행 · 협박을 부정한 판례의 구체적 내용은 다음과 같다. 즉,

피고인이 甲과 공모하여 甲 소유의 차량을 乙 소유 주택 대문 바로 앞부분에 주차하는 방법으로 乙이 차량을 주택 내부의 주차장에 출입시키지 못하게 함으로써 乙의 차량 운행에 관한 권리행사를 방해하였다는 내용으로 기소된 사안에서, 피고인은 乙로 하여금 주차장을 이용하지 못하게 할

21) 대법원 2013.4.11. 선고 2010도13774 판결.
22) 대법원 2010.4.29. 선고 2007도7064 판결.
23) 대법원 2003.9.26. 선고 2003도763 판결.
24) 대법원 1974.5.14. 선고 73도2578 판결.

의도로 甲 차량을 乙 주택 대문 앞에 주차하였으나, 주차 당시 피고인과 乙 사이에 물리적 접촉이 있거나 피고인이 乙에게 어떠한 유형력을 행사했다고 볼만한 사정이 없는 점, 피고인의 행위로 乙에게 주택 외부에 있던 乙 차량을 주택 내부의 주차장에 출입시키지 못하는 불편이 발생하였으나, 乙은 차량을 용법에 따라 정상적으로 사용할 수 있었던 점을 종합하면, 피고인이 乙을 폭행하여 차량 운행에 관한 권리행사를 방해하였다고 평가하기 어렵다는 이유로, 이와 달리 본 원심판단에 강요죄에서 폭행과 권리행사방해에 관한 법리오해의 잘못이 있다.[25] 대통령비서실장 및 정무수석비서관실 소속 공무원들인 피고인들이, 2014~2016년도의 3년 동안 각 연도별로 전국경제인연합회(이하 '전경련'이라 한다)에 특정 정치성향 시민단체들에 대한 자금지원을 요구하고 그로 인하여 전경련 부회장 갑으로 하여금 해당 단체들에 자금지원을 하도록 하였다고 하여 직권남용권리행사방해 및 강요의 공소사실로 기소된 사안에서, 피고인들이 위와 같이 자금지원을 요구한 행위는 대통령비서실장과 정무수석비서관실의 일반적 직무권한에 속하는 사항으로서 직권을 남용한 경우에 해당하고, 갑은 위 직권남용 행위로 인하여 전경련의 해당 보수 시민단체에 대한 자금지원 결정이라는 의무 없는 일을 하였다는 등의 이유로 직권남용권리행사방해죄가 성립한다고 본 원심판단을 수긍하고, 한편 대통령비서실 소속 공무원이 그 지위에 기초하여 어떠한 이익 등의 제공을 요구하였다고 해서 곧바로 그 요구를 해악의 고지라고 평가할 수 없는 점, 요구 당시 상대방에게 그 요구에 따르지 않으면 해악에 이를 것이라는 인식을 갖게 하였다고 평가할 만한 언동의 내용과 경위, 요구 당시의 상황, 행위자와 상대방의 성행·경력·상호관계 등에 관한 사정이 나타나 있지 않은 점, 전경련 관계자들이 대통령비서실의 요구를 받고도 그에 따르지 않으면 정책 건의 무산, 전경련 회원사에 대한 인허가 지연 등의 불이익을 받는다고 예상하는 것이 합리적이라고 볼 만한 사정도 제시되지 않은 점 등 여러 사정을 종합하면 피고인들의 위와 같은 자금지원 요구를 강요죄의 성립 요건인 협박, 즉 해악의 고지에 해당한다고 단정할 수 없다는 이유로, 이와 달리 본 원심판단에 강요죄의 협박에 관한 법리를 오해한 잘못이 있다고 한 사례이다.[26] 직장에서 상사가 범죄행위를 저지른 부하직원에게 징계절차에 앞서 자진하여 사직할 것을 단순히 권유하였다고 하여 이를 강요죄에서의 협박에 해당한다고 볼 수는 없다.[27] 전답의 점유를 침탈당한 자라도 이를 실력으로 회수할 수 없는 것이니 그 전답의 점유를 실력으로 회수하려는 자에게 폭행을 가하였다면 이는 단순폭행죄에 해당한다 할 것이고 권리행사를 방해하였다고는 논할 수 없다.[28]

③ 결 과

본죄는 침해범이다. 폭행 또는 협박으로 사람의 권리행사를 방해하거나 의무 없는 일을 하게 하는 것이다. 대법원도 "폭력에 의한 권리행사방해죄는 폭행 또는 협박에 의하여 권리행사가 현실적으로 방해되어야 할 것이다"라고 판시한 바 있다.[29]

2) 주관적 구성요건

본죄는 고의범이다. 고의의 인식적 요소로서는 폭행 또는 협박에 의하여 권리행사를 방해하거나 의무 없는 일을 하게 한다는 사실에 대한 인식을 요한다.

---

25) 대법원 2021.11.25. 선고 2018도1346 판결.
26) 대법원 2020.2.13. 선고 2019도5186 판결.
27) 대법원 2008.11.27. 선고 2008도7018 판결.
28) 대법원 1961.11.9. 선고 4294형상357 판결.
29) 대법원 1993.7.27. 선고 93도901 판결.

고의를 부정한 판례의 구체적 내용은 다음과 같다. 즉,

폭력조직 전력이 있는 피고인이 특정 연예인에게 팬미팅 공연을 하도록 강요하면서 만날 것을 요구하고, 팬미팅 공연이 이행되지 않으면 안 좋은 일을 당할 것이라고 협박한 사안에서, 위 연예인에게 공연을 할 의무가 없다는 점에 대한 미필적 인식 즉, 강요죄의 고의가 피고인에게 있었다고 단정하기 어렵다고 판단한 원심을 수긍한 사례이다.[30]

3) 미수 · 기수

본죄는 미수범을 처벌한다. 폭행 또는 협박에 의하여 권리행사가 현실적으로 방해되거나 의무 없는 일을 현실적으로 했을 때 기수가 된다. 폭행 또는 협박을 하였으나 권리행사를 방해하지 못한 경우 및 폭행 또는 협박 그 자체가 미수에 그친 경우에는 본죄의 미수범이 된다. 기수를 긍정한 판례의 구체적 내용은 다음과 같다. 즉,

피해자의 해외도피를 방지하기 위하여 피해자를 협박하고 이에 피해자가 겁을 먹고 있는 상태를 이용하여 동인 소유의 여권을 교부하게 하여 피해자가 그의 여권을 강제 회수당하였다면 피해자가 해외여행을 할 권리는 사실상 침해되었다고 볼 것이므로 권리행사방해죄의 기수로 보아야 한다.[31]

(2) 위법성조각사유

본죄도 위법성조각사유에 의하여 위법성이 조각될 수 있다. 강요행위가 위법성조각사유의 한계인 사회상규에 위배되지 아니하는 한 위법성은 조각된다. 대법원도 "해악의 고지가 비록 정당한 권리의 실현 수단으로 사용된 경우라고 하여도 권리실현의 수단 방법이 사회통념상 허용되는 정도나 범위를 넘는다면 강요죄가 성립한다"고 판시한 바 있다.[32] 어떠한 행위가 구체적으로 사회통념상 허용되는 정도나 범위를 넘는 것인지는 그 행위의 주관적인 측면과 객관적인 측면, 즉 추구된 목적과 선택된 수단을 전체적으로 종합하여 판단하여야 한다.[33]

한편 피해자의 승낙에 의한 강요행위는 구성요건해당성을 조각한다는 견해가 있다. 그러나 피해자의 승낙에 의한 행위라도 사회상규에 위배되는 한 위법성이 조각되지 않는다고 해석되어야 한다. 위법성조각을 부정한 판례의 구체적 내용은 다음과 같다. 즉,

원심은, 이 사건 공소사실 중 상사 계급의 피고인이 폭행 또는 협박으로 ① 2001.11.30. 02:00경 소속대 연병장에서 별다른 이유 없이 취침 중이던 피해자 공소외 1을 비롯한 전 부대원을 집합시킨 후 속옷 차림으로 약 2시간 가량 서 있도록 하고, ② 2001.12. 일자불상 10:00경 소속대 내무실 및 연병장에서 피해자 공소외 2가 청소상태도 불량하고 업무협조도 못한다는 이유로 물기가 있는 약 30m 거리의 내무실 바닥을 포복으로 10여 회 왕복하게 한 후, 이어 50m 거리의 연병장을 오리걸음으로 15여 회 왕복하게 하고, ③ 2002.3.10. 17:00경 소속대 행정반에서 위 공소외 2가

30) 대법원 2008.5.15. 선고 2008도1097 판결.
31) 대법원 1993.7.27. 선고 93도901 판결.
32) 대법원 2017.10.26. 선고 2015도16696 판결.
33) 대법원 2017.10.26. 선고 2015도16696 판결; 대법원 2013.4.11. 선고 2010도13774 판결; 대법원 1995.3.10. 선고 94도2422 판결.

서류작성상태가 불량하고 자신의 업무를 해주지 않았다는 이유로 양손을 모아 깍지를 낀 상태에서 팔굽혀펴기를 30여회 하게 하고, ④ 2002.4.30. 15:00경 소속대 취사장에서 피해자 공소외 3의 청소상태가 불량하다는 이유로 양손을 모아 깍지를 낀 상태에서 약 5분간 엎드려뻗쳐를 하도록 하여 피해자들로 하여금 의무 없는 일을 하게 하였다는 이 사건 공소사실에 대하여, 그 채택 증거들을 종합하여, 위 ①의 점에 관하여는, 피고인이 일직사관의 임무를 수행하던 중에 발생한 것으로 경계병들이 졸고 있는데다가 총기 현황 파악도 제대로 되어 있지 않았기 때문이었고, 그 시간도 약 10분 내지 15분 정도였으며, 이후 반성문을 쓰게 하느라 2시간 정도가 걸린 것으로 밤잠을 설친 것에 대하여 다음날 기상 시간을 1시간 늦게 일어나도록 배려하였으며, 다음날 아침간부회의에서 포대장에게 이를 보고한 사실을, 위 ②의 점에 관하여는, 당시 준비태세 훈련기간 중이었음에도 피해자가 업무를 태만히 한 것이 본 건의 동기이고, 훈련기간 동안에는 내무실 바닥이 늘 더러워져 있어서 피고인이 위 피해자에 대해서만 특별히 가혹하게 조치한 것으로 볼 수 없으며, 연병장을 돌린 것은 훈련 강평 다음날 포대장 임석하에 실시한 것이라는 사실을, 위 ③의 점에 관하여는 근무자 명령서에 기재하는 후번 근무자 명령서가 반복하여 누락되어 있는 것을 발견하고 얼차려를 준 것으로 전 간부들이 보는 앞에서 양손을 깍지 낀 상태에서 팔굽혀 펴기를 10여 회씩 3회로 나누어 하도록 한 사실을, 그리고 위 ④의 점에 관하여는 도마에서 지렁이가 발견되는 등 취사장의 청소상태가 불량하여 실시된 것으로 피해자도 부당한 지시라고 생각한 적이 없다고 증언하였음을 각 인정한 다음, 위 인정 사실에서 나타난 피고인과 피해자들의 지위, 피고인이 위와 같은 행위를 하게 된 동기, 그 수단 및 결과 등을 종합하여 보면, 피고인의 위와 같은 행위는 형법 제20조에서 정한 사회상규에 위배되지 아니하는 행위에 해당하여 범죄가 되지 않는다고 판단하였다. 그러나 피고인이 소속된 부대의 얼차려 지침에서는, 교육훈련간에는 제대별 지휘관 또는 지휘관으로부터 위임을 받은 중사급 이상의 지휘자(관)가, 일과중에는 제대별 지휘관이, 일과후에는 제대별 지휘관 혹은 일직사령만이 각각 얼차려의 결정권자가 되며, 얼차려의 종류도 교육훈련간에는 반성(참선)/반성문 작성, 구령조정/군가제창, 제식훈련/총검술, 보행/구보, 유격체조 등 교육훈련에 필요한 동작만을, 그 외의 경우에는 반성(참선)/반성문 작성, 구령조정/군가제창, 보행/구보, 유격체조 등만을 각 실시할 수 있고, 결정권자나 집행자는 피얼차려자의 육체적, 정신적 능력을 고려하여 무리한 반복동작의 실시나 폭언, 폭설 등 인격모독행위를 금지한다고 규정하고 있다. 위와 같은 법규정 및 인정 사실에 원심이 확정한 사실관계를 종합하여 보면, 위 ①의 점의 경우를 제외하고는 피고인은 각 얼차려 당시 얼차려의 결정권자도 아니었고 그 얼차려들이 얼차려 지침상 허용되는 얼차려도 아니어서 위와 같은 얼차려들은 모두 군인복무규율에서 금지하고 있는 사적 제재에 해당됨을 인정할 수 있고, 위 ①의 점의 경우에도 당시 피고인이 일직사관으로서 얼차려를 결정할 수 있는 지위에 있었기는 하나, 피고인이 지시한 얼차려는 얼차려 지침이 허용하는 얼차려도 아닐 뿐만 아니라 근무를 태만히 한 경계병만이 아니라 취침 중인 전 부대원을 깨워 그들 모두로 하여금 동절기에 속옷 차림으로 연병장에 서 있게 한 것으로서, 원심이 내세운 사정을 감안하더라도 피해자들의 법익침해를 정당화할 만한 사유가 있었다고 볼 수 없으며, 위와 같은 얼차려들로 인하여 당시 피해자들이 받았을 육체적 · 정신적 고통을 고려하여 보면, 위 얼차려들이 훈계의 차원에서 이루어진 것이었다 하더라도 그 정도를 넘어선 것으로서 수단과 방법에 상당성이 인정된다고 보기 어렵고, 나아가 당시 그와 같은 얼차려가 긴급하고도 불가피한 수단이었다고 볼 수도 없다. 그렇다면 피고인의 위와 같은 행위는 형법 제20조의 정당행위로 볼 수 없다고 할 것인데, 원심이 이와 견해를 달리하여 사회상규에 위배되지 않는 행위로서 정당행위에 해당한다고 보고 이에 대하여 무죄를 선고하였으니, 이러한 원심판결에는 형법 제20조의 정당행위에 관한 법리를 오해한 위법이

있다고 할 것이고, 이는 판결에 영향을 미친 것이 명백하다 할 것이다.[34]

(3) 죄 수

1) 일반원칙

본죄에 있어서 1개의 강요행위로 수인을 강요한 경우에는 피해자의 수만큼 본죄가 성립하고 각죄는 상상적 경합이 된다. 자유는 일신전속적 법익에 해당하기 때문이다.

본죄는 자유에 대한 죄에 있어서 일반범죄이므로 체포·감금의 죄, 약취·유인의 죄 및 강간과 추행의 죄가 성립하는 경우에는 본죄는 성립하지 아니한다. 법조경합에 있어서 특별관계에 해당하기 때문이다. 또 폭행죄와 협박죄는 본죄와 보충관계에 있기 때문에 본죄가 성립하면 폭행죄나 협박죄는 성립하지 아니한다.

2) 다른 죄와의 관계

타인에게 구체적인 범죄를 강요한 경우에는 본죄와 강요된 범죄의 교사범 또는 간접정범은 상상적 경합이 된다.

3. 처 벌

본죄의 법정형은 5년 이하의 징역 또는 3천만원 이하의 벌금이다. 본죄의 미수범은 처벌된다. 3천만원 이하의 벌금은 법정형을 정비하기 위하여 2016년 개정형법에 의하여 추가된 내용이다.[35]

Ⅲ. 특수강요죄

제324조(강요) ② 단체 또는 다중의 위력을 보이거나 위험한 물건을 휴대하여 제1항의 죄를 범한 자는 10년 이하의 징역 또는 5천만원 이하의 벌금에 처한다.

제324조의5(미수범) 제324조 ~ 의 미수범은 처벌한다.

1. 의 의

본죄는 단체 또는 다중의 위력을 보이거나 위험한 물건을 휴대하여 강요죄를 범함으로써 성립한다. 본죄는 헌법재판소에 의하여 위헌으로 결정된 폭력행위처벌법상의 일부 규정을 형법에 편입하기 위하여 2016년 1월 개정형법에 의하여 도입되었다.[36] 행위수단으로 인하여 불법이 가중되는 가중적 구성요건이다.

2. 범 죄

본죄의 객체와 실행행위는 위의 강요죄의 그것과 같이 각각 사람이고, 강요이다. 다만 본죄에 있어서는 행위의 수단이 단체 또는 다중의 위력을 보이거나 위험한 물건을 휴대하여

---

34) 대법원 2006.4.27. 선고 2003도4151 판결.
35) 형법 2016.1.6. 일부개정 법률 제13719호 2016.1.6. 시행.
36) 형법 2016.1.6. 일부개정 법률 제13719호 2016.1.6. 시행.

라는 점에서 위의 강요죄와 구별된다. 이는 전술한 특수폭행죄에 있어서의 그것과 같다.

3. 처 벌

본죄의 법정형은 10년 이하의 징역 또는 5천만원 이하의 벌금이다. 본죄의 미수범은 처벌된다.

Ⅳ. 중강요죄

제326조(중권리행사방해) 제324조 ~ 의 죄를 범하여 사람의 생명에 대한 위험을 발생하게 한 자는 10년 이하의 징역에 처한다.

관련조문

제324조(강요) ① 폭행 또는 협박으로 사람의 권리행사를 방해하거나 의무없는 일을 하게 한 자는 5년 이하의 징역 또는 3천만원 이하의 벌금에 처한다.

② 단체 또는 다중의 위력을 보이거나 위험한 물건을 휴대하여 제1항의 죄를 범한 자는 10년 이하의 징역 또는 5천만원 이하의 벌금에 처한다.

1. 의 의

본죄는 강요죄 또는 특수강요죄를 범하여 사람의 생명에 대한 위험을 발생하게 함으로써 성립한다. 본죄는 부진정 결과적 가중범으로 해석되고 있다. 따라서 본죄는 기본범죄의 유형에 따라 중강요죄와 중특수강요죄로 나누어질 수 있다. 본죄는 미수범의 처벌규정이 없다.

2. 범 죄

(1) 중강요죄

본죄는 기본범죄로서 강요죄를 범하여 중한 결과로서 사람의 생명에 대한 위험을 발생하게 함으로써 성립한다. 사람의 생명에 대한 위험이란 생명에 대한 구체적 위험을 말한다.

(2) 중특수강요죄

본죄는 기본범죄로서 특수강요죄를 범하여 중한 결과로서 사람의 생명에 대한 위험을 발생하게 함으로써 성립한다. 사람의 생명에 대한 위험은 위의 중강요죄에서와 같이 생명에 대한 구체적 위험을 의미한다.

3. 처 벌

본죄의 법정형은 10년 이하의 징역이다. 중강요죄의 그것과 중특수강요죄의 그것은 동일하게 규정되어 있다. 중한 결과로 인하여 무겁게 처벌되고 있는 것이라고 해석된다. 그런데 본죄의 법정형은 5년 이하의 징역 또는 3천만원 이하의 벌금인 강요죄의 그것보다는 당연히 무겁다. 그러나 본죄의 법정형은 10년 이하의 징역 또는 5천만원 이하의 벌금인 중강요죄의 그것보다는 가볍게 규정되어 있다. 바로 이 점에서 법정형에 대한 재정비가 필요하다고 하지 않을 수 없다.

§3. 인질강요의 죄

I. 서 설

본죄는 인질강요행위와 그로 인하여 발생하는 상해 또는 사망을 그 내용으로 한다. 인질강요행위란 사람을 체포·감금·약취 또는 유인하여 이를 인질로 삼아 제3자에 대하여 권리행사를 방해하거나 의무없는 일을 하게 하는 행위를 말한다.

본죄는 체포·감금죄 또는 약취·유인죄와 강요죄의 결합범이다. 본죄는 민생치안관련 범죄로서 1995년 개정형법에 의하여 신설되었다.[37] 첫째, 약취강도죄의 죄명을 인질강도로 하고, 체포·감금도 행위유형에 포함시켰다(제336조). 둘째, 사람을 인질로 삼은 권리행사방해를 가중처벌하기 위하여 인질강요죄 등을 신설하였다(제324조의2부터 제324조의6까지). 셋째, 피약취유인자나 인질을 안전하게 풀어준 경우에 형을 감경하도록 하는 해방감경을 도입하였다(제324조의6).

Ⅱ. 인질강요죄

제324조의2(인질강요) 사람을 체포·감금·약취 또는 유인하여 이를 인질로 삼아 제3자에 대하여 권리행사를 방해하거나 의무없는 일을 하게 한 자는 3년 이상의 유기징역에 처한다.

제324조의5(미수범) ~ 제324조의4의 미수범은 처벌한다.

제324조의6(형의 감경) 제324조의2 ~ 의 죄를 범한 자 및 그 죄의 미수범이 인질을 안전한 장소로 풀어준 때에는 그 형을 감경할 수 있다.

1. 의 의

본죄는 사람을 체포·감금·약취 또는 유인하여 이를 인질로 삼아 제3자에 대하여 권리행사를 방해하거나 의무없는 일을 하게 함으로써 성립한다. 본죄는 체포·감금죄 또는 약취·유인죄와 강요죄의 결합범의 형태로 되어 있다.

2. 범 죄

(1) 구성요건

1) 객관적 구성요건

① 객 체

본죄의 객체는 제3자이다. 제3자는 자연인에 한하지 않는다. 법인, 법인격 없는 단체, 국가기관 또는 외국의 정부도 제3자에 포함된다. 다만 자연인은 강요죄에서와 같이 의사결정능력과 의사활동능력이 있는 사람에 국한된다.

② 행 위

본죄의 실행행위는 강요이다. 강요행위란 제3자에 대하여 권리행사를 방해하거나 의무없는 일을 하게 하는 행위를 말한다. 사람을 체포·감금·약취 또는 유인하여 이를 인질로

37) 형법 1995.12.29. 일부개정 법률 제5057호 1996.7.1. 시행.

삼는 인질행위는 강요행위의 수단으로서의 행위에 지나지 않는다.

인질로 삼아란 체포·감금, 약취 또는 유인된 자의 생명·신체의 안전에 관한 제3자의 우려를 이용하여 석방이나 생명·신체에 대한 안전을 보장하는 대상으로 제3자를 강요하기 위하여 자유를 구속하는 것을 말한다.

③ 결 과

본죄는 침해범이다. 본죄는 제3자에 대하여 권리행사가 방해되거나 의무 없는 일을 하게 되는 결과의 발생을 요한다.

④ 인과관계

본죄에 있어서 강요행위와 강요행위의 결과 사이에 인과관계가 존재하지 않는 한 본죄는 미수에 그치게 된다.

2) 주관적 구성요건

본죄는 고의범이다. 고의의 인식적 요소로서 사람을 체포·감금·약취 또는 유인하여 이를 인질로 삼는다는 사실과 제3자에 대하여 권리행사를 방해하거나 의무없는 일을 하게 한다는 사실에 대한 인식을 요한다. 고의는 미필적 고의로도 족하다.

3) 미수·기수

본죄는 미수범을 처벌한다. 본죄의 실행의 착수시기에 대하여는 다툼이 있다. 첫째, 인질행위 개시시설이다. 사람을 체포·감금·약취 또는 유인하는 행위를 개시한 때라고 한다. 둘째, 강요행위 개시시설이다. 제3자에 대하여 권리행사를 방해하거나 의무없는 일을 하게 하는 행위를 개시한 때라고 한다. 셋째, 인질행위 개시시설 또는 강요행위 개시시설이다. 인질행위 후 강요행위시에 비로소 강요행위의 의사가 발생한 경우에는 강요행위를 개시한 때라고 한다. 생각건대 본죄에 있어서 실행의 착수는 인질행위를 개시한 때에 인정되는 것이 원칙이지만, 인질행위 후 강요행위시에 비로소 강요행위의 의사가 발생한 경우에는 강요행위를 개시한 때라고 하는 인질행위 개시시설 또는 강요행위 개시시설이 타당하다고 해석된다.

본죄는 강요행위로 인하여 현실적으로 권리행사가 방해되거나 의무 없는 일이 행하여지는 때에 기수에 달한다. 본죄는 침해범에 속하기 때문이다. 강요행위와 그 결과 사이에 인과관계가 존재하지 않으면 본죄는 미수에 그치게 된다.

(2) 죄 수

본죄는 원칙적으로 피인질강요자의 수를 기준으로 죄수를 결정한다. 1개의 인질강요행위로 수인의 권리행사를 방해한 경우에는 피인질강요자의 수만큼 범죄가 성립하고 각각의 범죄는 상상적 경합이 된다. 수인을 납치하여 인질로 삼고 1인에게 강요행위를 한 경우에는 1개의 인질강요죄만 성립한다.

본죄가 성립하게 되면 체포·감금죄, 약취·유인죄 또는 공갈죄 등은 별도로 성립하지 않는다. 양자의 죄는 법조경합의 특별관계에 있게 되기 때문이다. 체포・감금 또는 약취・유인한 자를 인질로 삼아 재물 또는 재산상의 이익을 취득한 경우에는 인질강도죄만 성립하게 된다(제336조 참조).

3. 처 벌

(1) 법정형

본죄의 법정형은 3년 이상의 유기징역이다. 5년 이하의 징역 또는 3천만원 이하의 벌금인 강요죄의 그것보다 무겁다. 본죄의 미수범은 처벌된다.

(2) 해방감경

본죄에 대하여는 해방감경이 적용된다. 본죄를 범한 자나 그 죄의 미수범이 인질을 안전한 장소로 풀어준 때에는 그 형이 감경될 수 있다. 임의적 감경이다. 해방감경은 이미 기수에 달하여 돌이킬 수 없는 상황에 있는 행위자에게 중지의 유혹을 줌으로써 인질을 보호하고자 하는 형사정책적 목적을 가진 규정이다.

Ⅲ. 인질 상해・치상죄

제324조의3(인질상해・치상) 제324조의2의 죄를 범한 자가 인질을 상해하거나 상해에 이르게 한 때에는 무기 또는 5년 이상의 징역에 처한다.

제324조의5(미수범) 제324조 내지 제324조의4의 미수범은 처벌한다.

제324조의6(형의 감경) ~ 제324조의3의 죄를 범한 자 및 그 죄의 미수범이 인질을 안전한 장소로 풀어준 때에는 그 형을 감경할 수 있다.

1. 의 의

본죄는 인질강요죄를 범한 자가 인질을 상해하거나 상해에 이르게 함으로써 성립한다. 본죄는 고의범으로서의 인질강요상해죄와 결과적 가중범으로서의 인질강요치상죄로 나누어질 수 있다.

2. 범 죄

(1) 인질강요상해죄

본죄는 사람을 체포・감금・약취 또는 유인하여 이를 인질로 삼아 제3자에 대하여 권리행사를 방해하거나 의무없는 일을 하게 한 자가 인질을 상해함으로써 성립한다. 인질강요죄와 상해죄의 결합범이다.

(2) 인질강요치상죄

본죄는 사람을 체포・감금・약취 또는 유인하여 이를 인질로 삼아 제3자에 대하여 권리행사를 방해하거나 의무없는 일을 하게 한 자가 인질을 상해에 이르게 함으로써 성립한다. 인질강요죄의 진정 결과적 가중범이다.

3. 처 벌

본죄의 법정형은 무기 또는 5년 이상의 징역이다. 인질강요 상해죄와 인질강요 치상죄의 사이에 차이가 없다. 본죄의 미수범은 처벌된다. 다만 결과적 가중범에 대한 미수를 인정하지 않는 견해에 의하는 한 본죄의 미수범 처벌규정은 인질강요 상해죄에만 적용된다. 해방감경의 규정도 적용된다.

Ⅳ. 인질 살해 · 치사죄

제324조의4(인질살해 · 치사) 제324조의2의 죄를 범한 자가 인질을 살해한 때에는 사형 또는 무기징역에 처한다. 사망에 이르게 한 때에는 무기 또는 10년 이상의 징역에 처한다.

제324조의5(미수범) ~ 제324조의4의 미수범은 처벌한다.

1. 의 의

본죄는 인질강요죄를 범한 자가 인질을 살해하거나 사망에 이르게 함으로써 성립한다. 본죄는 고의범으로서의 인질강요살해죄와 결과적 가중범으로서의 인질강요치사죄로 나누어질 수 있다.

2. 범 죄

(1) 인질강요살해죄

본죄는 사람을 체포 · 감금 · 약취 또는 유인하여 이를 인질로 삼아 제3자에 대하여 권리행사를 방해하거나 의무없는 일을 하게 한 자가 인질을 살해함으로써 성립한다. 인질강요죄와 살인죄의 결합범이다.

(2) 인질강요치사죄

본죄는 사람을 체포 · 감금 · 약취 또는 유인하여 이를 인질로 삼아 제3자에 대하여 권리행사를 방해하거나 의무없는 일을 하게 한 자가 인질을 사망에 이르게 함으로써 성립한다. 인질강요죄의 진정 결과적 가중범이다.

3. 처 벌

인질강요살해죄의 법정형은 사형 또는 무기징역이고, 인질강요 치사죄의 그것은 무기 또는 10년 이상의 징역이다. 본죄의 미수범도 처벌된다. 다만 결과적 가중범에 대한 미수를 인정하지 않는 견해에 의하는 한 본죄의 미수범 처벌규정은 인질강요 살해죄에만 적용된다. 한편 해방감경의 규정은 적용되지 않는다.

§4. 관련 특별법

Ⅰ. 정보통신망법

제44조의7(불법정보의 유통금지 등) ① 누구든지 정보통신망을 통하여 다음 각 호의 어느 하나에 해당하는 정보를 유통하여서는 아니 된다.

3. 공포심이나 불안감을 유발하는 부호·문언·음향·화상 또는 영상을 반복적으로 상대방에게 도달하도록 하는 내용의 정보

제74조(벌칙) ① 다음 각 호의 어느 하나에 해당하는 자는 1년 이하의 징역 또는 1천만원 이하의 벌금에 처한다.

3. 제44조의7제1항제3호를 위반하여 공포심이나 불안감을 유발하는 부호·문언·음향·화상 또는 영상을 반복적으로 상대방에게 도달하게 한 자

Ⅱ. 청소년성보호법

제14조(아동·청소년에 대한 강요행위 등) ① 다음 각 호의 어느 하나에 해당하는 자는 5년 이상의 유기징역에 처한다.

1. 폭행이나 협박으로 아동·청소년으로 하여금 아동·청소년의 성을 사는 행위의 상대방이 되게 한 자
2. 선불금(先拂金), 그 밖의 채무를 이용하는 등의 방법으로 아동·청소년을 곤경에 빠뜨리거나 위계 또는 위력으로 아동·청소년으로 하여금 아동·청소년의 성을 사는 행위의 상대방이 되게 한 자
3. 업무·고용이나 그 밖의 관계로 자신의 보호 또는 감독을 받는 것을 이용하여 아동·청소년으로 하여금 아동·청소년의 성을 사는 행위의 상대방이 되게 한 자
4. 영업으로 아동·청소년을 아동·청소년의 성을 사는 행위의 상대방이 되도록 유인·권유한 자

② 제1항제1호부터 제3호까지의 죄를 범한 자가 그 대가의 전부 또는 일부를 받거나 이를 요구 또는 약속한 때에는 7년 이상의 유기징역에 처한다.

③ 아동·청소년의 성을 사는 행위의 상대방이 되도록 유인·권유한 자는 7년 이하의 징역 또는 5천만원 이하의 벌금에 처한다.

④ 제1항과 제2항의 미수범은 처벌한다.

제16조(피해자 등에 대한 강요행위) 폭행이나 협박으로 아동·청소년대상 성범죄의 피해자 또는 「아동복지법」 제3조제3호에 따른 보호자를 상대로 합의를 강요한 자는 7년 이하의 유기징역에 처한다.

제 6 절 강간과 추행의 죄

§1. 개 관

Ⅰ. 서 설

1. 의 의

본장의 강간과 추행의 죄는 개인의 성적 자기결정권에 대한 침해행위와 그로 인하여 발생하는 상해 또는 사망을 그 내용으로 한다(형법 제2편 제32장).

2. 광범위한 법의 개입

현행법상 성범죄에 대하여는 다방면에서 법의 개입이 이루어지고 있다. 우선 형법은 개인적 법익에 대한 죄와 사회적 법익에 대한 죄에서 각각 독립된 장으로 강간과 추행의 죄(형법 제2편 제32장)와 성풍속에 관한 죄(형법 제2편 제22장)를 규정하고 있다. 이 외에도 후술하는 관련특별법에서 보는 바와 같이 특별법에 의한 개입이 다양하고 폭넓게 이루어지고 있다.

Ⅱ. 보호법익

1. 의 의

본장의 죄의 보호법익은 개인적 법익으로서 개인의 성적 자유 또는 성적 자기결정권(性的自己決定權, sexuelles Selbstbestimmungsrecht)이다.[1] 형법은 본장의 죄를 사회적 법익에 대한 죄에 규정되어 있는 풍속에 관한 죄와 구별하여 개인적 법익에 대한 죄에 규정하고 있기 때문이다.

성적 자유는 적극적으로 성행위를 할 수 있는 자유가 아니라 소극적으로 원치 않는 성행위를 하지 않을 자유를 말한다.[2] 성적 자기결정권은 성행위를 할 것인가 여부, 성행위를 할 때 상대방을 누구로 할 것인가 여부, 성행위의 방법 등을 스스로 결정할 수 있는 권리를 의미한다.[3] 성적 자기결정권은 스스로 선택한 인생관 등을 바탕으로 사회공동체 안에서 각자가 독자적으로 성적 관념을 확립하고 이에 따라 사생활의 영역에서 자기 스스로 내린 성적 결정에 따라 자기책임하에 상대방을 선택하고 성관계를 가질 권리로 이해된다.[4] 여기에는 자신이 하고자 하는 성행위를 결정할 권리라는 적극적 측면과 함께 원치 않는 성행위를 거부할 권리라는 소극적 측면이 존재하는데, 위계에 의한 간음죄를 비롯한 강간과 추행의 죄는 소극적 성적 자기결정권을 침해하는 것을 내용으로 한다.[5]

2. 보호의 정도

본장의 죄에 있어서 보호법익에 대한 보호의 정도는 침해범으로 해석되고 있다. 이에 대하여는 이설이 없다.

Ⅲ. 개정의 경위와 내용

1. 서 언

본장의 죄에 있어서는 대략 3회의 개정이 있었다. 첫째, 1995년의 개정에서는 정조에 관한 죄에서 강간과 추행의 죄로 장명이 변경되었다. 1953년 형법의 제정이래 정치 · 경

---

1) 대법원 2019.6.13. 선고 2019도3341 판결.
2) 대법원 2019.6.13. 선고 2019도3341 판결.
3) 대법원 2019.6.13. 선고 2019도3341 판결.
4) 대법원 2020.10.29. 선고 2018도16466 판결.
5) 대법원 2020.10.29. 선고 2018도16466 판결.

제·사회 등 모든 영역의 발전과 윤리의식의 변화로 발생한 법규범과 현실과의 괴리를 해소하기 위한 것이었다.[6] 둘째, 2012년의 개정에서는 유사강간죄가 신설되었고, 성범죄의 객체가 부녀에서 사람으로 확대되었으며, 친고죄 및 혼인빙자간음죄가 폐지되었다. 변화된 시대상황을 반영하여 다양화된 성범죄에 효과적으로 대처하기 위한 것이라는 것이 개정이유였다.[7] 셋째, 2020년의 개정에서는 미성년자 의제강간 연령기준이 13세에서 16세로 상향되었고, 예비·음모죄가 신설되었다. 텔레그램을 이용한 성착취 사건 등 사이버 성범죄로 인한 피해 발생을 미연에 방지하여 국민의 성적 자기결정권 등 기본권을 보호하고 범죄로부터 안전한 사회를 조성하려는 것이 그 이유였다.[8]

2. 1995년의 개정

형법 제2편 제32장의 제목은 '정조에 관한 죄'에서 '강간과 추행의 죄'로 변경되었다.[9] 이러한 장명의 변경은 강간죄의 보호법익이 현재 또는 장래의 배우자인 남성을 전제로 한 관념으로 인식될 수 있는 여성의 정조 또는 성적 순결이 아니라, 자유롭고 독립된 개인으로서 여성이 가지는 성적 자기결정권이라는 사회 일반의 보편적 인식과 법감정을 반영한 것으로 볼 수 있다.[10]

3. 2012년의 개정

(1) 성범죄객체의 확대

성폭력 범죄의 객체는 '사람'으로 변경되었다. 즉, 음행매개는 '미성년 또는 음행의 상습없는 부녀'에서 '사람'으로 개정되었고(제242조), 추행 등 목적 약취·유인 등은 '자'를 '사람'으로 변경된 바 있다(제288조 제2항). 특히 강간, 미성년자에 대한 간음·추행, 강도강간 및 해상강도강간은 그 객체를 '부녀'에서 '사람'으로 변경한 바 있다(제297조, 제305조, 제339조, 제340조 제3항).

(2) 유사강간죄의 신설

유사강간죄가 신설되었다. 즉, 폭행 또는 협박으로 사람에 대하여 구강, 항문 등 신체의 내부에 성기를 넣거나 성기, 항문에 신체의 일부 또는 도구를 넣는 유사강간행위를 한 사람에 대하여는 2년 이상의 유기징역에 처하도록 하는 유사강간죄가 신설되었고, 관련 조문이 정비되었다(제297조의2 신설, 제299조부터 제301조까지, 제301조의2, 제305조 및 제305조의2 정비).

(3) 혼인빙자간음죄의 삭제

제304조 삭제

6) 형법 1995.12.29. 일부개정 법률 제5057호 1996.7.1. 시행.
7) 형법 2012.12.18. 일부개정 법률 제11574호 2013.6.19. 시행.
8) 형법 2020.5.19. 일부개정 법률 제17265호 2020.5.19. 시행.
9) 형법 1995.12.29. 일부개정 법률 제5057호 1996.7.1. 시행.
10) 대법원 2013.5.16. 선고 2012도14788,2012전도252 전원합의체 판결.

구조문
제304조(혼인빙자 등에 의한 간음) 혼인을 빙자하거나 기타 위계로써 음행의 상습 없는 부녀를 기망하여 간음한 자는 2년 이하의 징역 또는 500만원 이하의 벌금에 처한다.

형법의 제정시부터 규정되었던 혼인빙자간음죄는 2009년 헌법재판소의 위헌결정에 따라 2012년 폐지되었다. 형법의 구조문은 "혼인을 빙자하거나 기타 위계로써 음행의 상습없는 부녀를 기망하여 간음한 자는 2년 이하의 징역 또는 500만원 이하의 벌금에 처한다"고 하여 '혼인빙자 등에 의한 간음'을 규정하고 있었다(형법 구조문 제304조). 그러나 헌법재판소는 2009년 '혼인을 빙자하여 음행의 상습 없는 부녀를 기망하여 간음한 자' 부분이 남성의 성적 자기결정권 및 사생활의 비밀과 자유를 과잉제한하여 헌법의 과잉금지원칙(헌법 제37조 제2항)에 위반된다고 판시한 바 있다.[11] 특히 혼인빙자간음죄는 보호의 대상을 음행의 상습 있는 부녀를 제외하고 음행의 상습 없는 부녀로 한정함으로써 남녀평등의 원칙(헌법 제36조 제1항)에 위반될 뿐만 아니라 여성을 유아시(幼兒視)함으로써 여성을 보호한다는 미명 아래 국가 스스로가 여성의 성적 자기결정권을 부인하는 결과를 사실상 초래했기 때문이라고 하였다. 이에 따라 개정형법은 2012년 본조문을 삭제함으로써 혼인빙자간음죄를 폐지하였던 것이다. 실효성이 미약하고, 여성의 성적 주체성을 훼손하는 혼인빙자간음죄를 폐지하였다는 것이 당시 제정・개정이유서의 내용이었다.[12]

그러나 구조문(제304조)의 전부를 삭제한 것은 입법적 과오라고 생각된다. 한마디로 말해서, 위헌결정이 난 부분은 구조문 전체가 아니라 그중의 일부분, 즉 '혼인을 빙자하여 음행의 상습없는 부녀를 기망하여 간음한 자'에 한정되어 있었기 때문이다. 따라서 개정형법은 위헌부분만을 개정하고 나머지 부분은 잔존시켰어야 했다는 아쉬움이 남지 않을 수 없다. 구조문은 실질적으로는 위계에 의한 간음에 관하여 규정하고 있었기 때문이다. 다만 구조문은 위계 중에서 대표적인 예시인 혼인빙자를 그 조문의 제목으로 뽑아 쓰고 있었기 때문에 혼인빙자간음이 구조문 내용의 전부인 것처럼 외형적으로 오인될 수 있었다는 점은 부인할 수 없다. 그리고 위헌결정이 내려진 부분은 혼인을 빙자하여 기망하는 부분과 음행의 상습 없는 부녀라는 부분으로 압축될 수 있다. 역으로 이 부분을 제외한 나머지 부분, 예컨대 혼인의 빙자를 제외한 나머지의 위계로써 기망하는 부분과 음행의 상습 없는 부녀를 포함한 사람은 여전히 합헌이었다고 추정될 수 있다. 결론적으로 조문 제목을 '위계에 의한 간음'으로 변경하고 그 내용에 있어서도 '위계로써 사람을 기망하여 간음한 사람'으로 개정하였다면 성범죄 객체의 확대 경향에 상응하는 동시에 위헌의 문제를 충분히 해결할 수 있었을 것이라고 판단된다. 위계에 의한 간음에 대하여 여전히 형사처벌의 필요성이 긍정되는 한 위계의 의한 간음은 음행의 습벽 없는 부녀를 사람으로 대체하여 위와 같은 내용으로 개정되어 부활되어야 한다고 생각되기 때문이다. 한편 위계로써 사람을 추행한 사람에 대하여도 그

11) 헌법재판소 2009.11.26. 선고 2008헌바58, 2009헌바191(병합) 결정. 이에 반하여 합헌결정에 관하여는 헌법재판소 2002.10.31. 선고 99헌바40, 2002헌바50(병합) 결정 참조.
12) 형법 2012.12.18. 일부개정 법률 제11574호 2013.6.19. 시행.

처벌의 필요성이 인정되는 한 이것 또한 위계에 의한 간음에 추가될 수 있는 내용인 것은 당연하다고 하겠다.

(4) 친고죄의 폐지

형법상 성범죄에 관한 친고죄는 폐지되었다. 즉 추행·간음 목적의 약취·유인·수수·은닉죄(제292조) 및 강간죄(제297조) 등 성범죄에 관하여 고소가 있어야 공소를 제기할 수 있도록 한 규정은 삭제되었다(제293조, 제306조 삭제).

4. 2020년의 개정

본장의 죄는 2020년 5월 일부 개정되었다.[13] 텔레그램을 이용한 성착취 사건 등 사이버 성범죄로 인한 피해가 날로 증가하고 있었다. 미성년자 의제강간 연령기준을 높이고 강간 등의 예비·음모에 대한 처벌규정을 신설하는 등 관련 규정을 정비함으로써 성범죄로 인한 피해 발생을 미연에 방지하여 국민의 성적 자기결정권 등 기본권을 보호하고 범죄로부터 안전한 사회를 조성하려고 했던 것이 그 이유였다.

(1) 미성년자 의제강간 연령기준의 상향

미성년자 의제강간 연령기준을 13세에서 16세로 상향하되, 피해 미성년자가 13세 이상 16세 미만인 경우 19세 이상의 자에 대해서만 처벌하도록 신설하였다(제305조 제2항). 16세 미만의 미성년자는 13세 이상의 경우 성적 자기결정능력자이지만, 여전히 정신적 미성숙으로 인하여 소위 그루밍(Grooming) 성범죄의 대상이 되어 왔다는 점, 연령기준을 외국의 입법례와 상응하게 맞춘다는 점 등이 그 근거이다.

(2) 예비·음모죄의 신설

강간, 유사강간 등의 죄를 범할 목적으로 예비·음모한 사람은 3년 이하의 징역에 처하도록 신설되었다(제305조의3).

Ⅳ. 구성요건의 체계

본장의 죄에 있어서 기본적 구성요건은 강간죄(제297조)와 강제추행죄(제298조)이다.[14] 강간 등 상해·치상죄(제301조)와 강간 등 살인·치사죄(제301조의2)는 가중적 구성요건에 속한다. 유사강간죄(제297조의2), 미성년자 등에 대한 간음죄(제302조) 및 업무상 위력 등에 의한 간음죄(제303조)는 감경적 구성요건에 해당한다. 준강간·준강제추행죄(제299조)와 미성년자에 대한 간음·추행죄(제305조)는 독립적 구성요건이다.

본장의 죄 중에서 강간죄(제297조), 유사강간죄(제297조의2), 강제추행죄(제298조) 및 준강간·준강제추행죄(제299조)의 미수범은 처벌된다(제300조). 또 강간죄(제297조), 유사강간죄(제297조의2), 강제추행죄(제298조),

13) 형법 2020.5.19. 일부개정 법률 제17265호 2020.5.19. 시행.

14) 대법원 2019.6.13. 선고 2019도3341 판결 참조.

준강간 · 준강제추행죄(제299조), 미수범(제300조), 미성년자 등에 대한 간음죄(제302조), 업무상 위력 등에 의한 간음죄(제303조) 또는 미성년자에 대한 간음 · 추행죄(제305조)의 상습범은 처벌된다(제305조의2). 그리고 강간죄(제297조), 유사강간죄(제297조의2), 준강간죄(제299조), 강간 등 상해죄(제301조) 및 미성년자에 대한 간음 · 추행죄(제305조)의 예비 · 음모죄도 처벌된다(제305조의3).

Ⅴ. 증거의 증명력과 증거판단

본장의 죄를 비롯하여 성범죄 전반에 걸쳐 소송법적으로 증거의 증명력과 증거의 판단이 문제될 수 있다. 새로운 개념으로서 등장한 성인지감수성과 피해자의 관점 등에 있어서 관점의 차이가 있을 수 있기 때문이다.

1. 자유심증주의의 원칙

판례에 의하면 증거의 증명력은 법관의 자유판단에 맡겨져 있으나 그 판단은 논리와 경험칙에 합치하여야 하고, 형사재판에 있어서 유죄로 인정하기 위한 심증형성의 정도는 합리적인 의심을 할 여지가 없을 정도여야 하나, 이는 모든 가능한 의심을 배제할 정도에 이를 것까지 요구하는 것은 아니며, 증명력이 있는 것으로 인정되는 증거를 합리적인 근거가 없는 의심을 일으켜 이를 배척하는 것은 자유심증주의의 한계를 벗어나는 것으로 허용될 수 없다고 한다.[15]

또 피해자 등의 진술은 그 진술 내용의 주요한 부분이 일관되며, 경험칙에 비추어 비합리적이거나 진술 자체로 모순되는 부분이 없고, 또한 허위로 피고인에게 불리한 진술을 할 만한 동기나 이유가 분명하게 드러나지 않는 이상, 그 진술의 신빙성을 특별한 이유 없이 함부로 배척해서는 아니 된다고 한다.[16]

2. 성인지감수성과 피해자관점의 등장

최근의 판례는 성범죄와 관련하여 성인지감수성에 근거하여 피해자의 관점을 고려하려는 경향을 보이고 있다. 그에 의하면 법원이 성폭행이나 성희롱 사건의 심리를 할 때에는 그 사건이 발생한 맥락에서 성차별 문제를 이해하고 양성평등을 실현할 수 있도록 '성인지감수성'을 잃지 않도록 유의하여야 한다고 한다(양성평등기본법 제5조 제1항 참조).[17]

우리 사회의 가해자 중심의 문화와 인식, 구조 등으로 인하여 성폭행이나 성희롱 피해자가 피해사실을 알리고 문제를 삼는 과정에서 오히려 피해자가 부정적인 여론이나 불이익한 처우 및 신분 노출의 피해 등을 입기도 하여 온 점 등에 비추어 보면, 성폭행 피해자의 대처 양상은 피해자의 성정이나 가해자와의 관계 및 구체적인 상황에 따라 다르게 나타날 수밖에 없다. 따라서 개별적, 구체적인 사건에서 성폭행 등의 피해자가 처하여 있는 특별한

15) 대법원 2018.10.25. 선고 2018도7709 판결
16) 대법원 2018.10.25. 선고 2018도7709 판결.
17) 대법원 2018.10.25. 선고 2018도7709 판결.

사정을 충분히 고려하지 않은 채 피해자 진술의 증명력을 가볍게 배척하는 것은 정의와 형평의 이념에 입각하여 논리와 경험의 법칙에 따른 증거판단이라고 볼 수 없다고 한다.[18)]

강간죄에서 공소사실을 인정할 증거로 사실상 피해자의 진술이 유일한 경우에 피고인의 진술이 경험칙상 합리성이 없고 그 자체로 모순되어 믿을 수 없다고 하여 그것이 공소사실을 인정하는 직접증거가 되는 것은 아니지만, 이러한 사정은 법관의 자유판단에 따라 피해자 진술의 신빙성을 뒷받침하거나 직접증거인 피해자 진술과 결합하여 공소사실을 뒷받침하는 간접정황이 될 수 있다고 한다.[19)]

3. 의사형법에로의 회귀 경향

형법의 역사는 진화의 연속이었다. 형법의 뿌리라고 할 수 있는 근대 유럽형법은 의사주의를 극복하고 행위주의를 확립한 바 있다. 근대이전의 형법은 의사주의에 근거하고 있었기 때문에 의사형법이라고도 불리어졌다. 의사주의란 당시 최대의 범죄였던 신성모독죄를 처벌하기 위하여 법과 종교 및 도덕이 미분리된 상태에서 법률이 개인의 내면의 의사에까지 깊숙이 간섭하고 있었던 것을 의미한다. 그러나 내심의 생각을 확인하고 처벌하는 것은 불가능하였기 때문에 근대법은 내심의 자유를 인정하지 않을 수 없었고 그것을 절대적 자유인 헌법상 양심의 자유로서 보장하지 않을 수 없었다. 나아가 형법은 처벌의 대상을 개인의 의사에서 행위로 변경하지 않을 수 없었다. 이와 같은 연유로 형법의 역사는 의사형법에서 행위형법으로 진화할 수밖에 없었다.

생각건대 성인지감수성과 피해자의 관점의 도입으로 성범죄의 영역은 행위형법과 의사형법이 교차하는 회색지대가 되었다고 진단될 수 있다. 성인지감수성과 피해자의 관점을 강조하면 할수록 피해자의 주관적인 면이 판단기준의 전면에 등장하지 않을 수 없게 되기 때문이다. 경우에 따라 피해자의 주관 속에 불순한 동기가 포함되어 있는 경우 성인지감수성과 피해자의 관점으로 말미암아 주관적인 측면과 객관적인 측면이 균형을 잃게 되면 자칫 과거의 의사형법으로 회귀하는 단초가 제공될 우려가 있다. 이러한 의미에서 성인지감수성과 피해자의 관점은 형법의 진화방향에 맞추어 행위형법의 원칙을 고수할 것인지 아니면 예외적으로 과거의 의사형법으로 회귀할 것인지 고민이 필요한 지점이라고 할 수 있다. 다만, 성인지감수성은 피해자의 의사에 지향되어 있다면 의사형법은 가해자의 의사에 지향되어 있다는 점에서 양자는 구별된다고 할 수 있다.

§2. 강간죄

제297조(강간) 폭행 또는 협박으로 사람을 강간한 자는 3년 이상의 유기징역에 처한다.

제300조(미수범) 제297조, ~ 의 미수범은 처벌한다.

제305조의2(상습범) 상습으로 제297조, ~ 의 죄를 범한 자는 그 죄에 정한 형의 2분의 1까지 가중

18) 대법원 2018.10.25. 선고 2018도7709 판결.
19) 대법원 2018.10.25. 선고 2018도7709 판결.

한다.

제305조의3(예비, 음모) 제297조, ~의 죄를 범할 목적으로 예비 또는 음모한 사람은 3년 이하의 징역에 처한다.

구조문

제297조(강간) 폭행 또는 협박으로 부녀를 강간한 자는 3년 이상의 유기징역에 처한다.

제306조(고소) 제297조 내지 제300조와 제302조 내지 제305조의 죄는 고소가 있어야 공소를 제기할 수 있다.

Ⅰ. 서 설

본죄는 폭행 또는 협박으로 사람을 강간함으로써 성립한다. 본죄의 보호법익은 개인의 성적 자기결정권이고, 보호의 정도는 침해범으로서의 보호이다. 본죄는 예비·음모, 미수 및 상습범을 처벌한다.

Ⅱ. 범 죄

1. 구성요건

(1) 객관적 구성요건

1) 주 체

본죄의 주체에는 제한이 없다. 남성에 한하지 않는다. 본죄의 객체가 부녀에서 사람으로 확대되었기 때문이다. 본죄의 객체가 부녀에 한정되어 있었던 2012년 개정전의 형법하에서는 여성은 원칙적으로 본죄의 주체가 될 수 없었다.

2) 객 체

① 의 의

본죄의 객체는 사람이다. 2012년 개정 형법은 본죄의 객체를 부녀에서 사람으로 변경하였다. 이로써 본죄의 객체는 부녀 이외에 남자도 포함하는 개념으로서의 사람으로 확대된 것이다.

② 사람의 범위

본죄의 객체는 사람이다. 사람이라는 점에서 강제추행죄의 그것과 차이가 없다. 사람은 생존하고 있을 것을 요한다. 시체는 시체오욕죄(제159조)의 객체로 될 수 있을 뿐이기 때문이다. 문제는 부녀, 배우자 및 성전환자의 경우에 있었으나, 이들의 경우에도 모두 현행법상 본죄의 객체에 해당하는 것으로 해석되고 있다.

ⓘ **부 녀** 본죄의 객체는 2012년 개정형법에 의하여 사람으로 확대되기 직전까지 부녀에 한정되어 있었다. 부녀는 당연히 사람에 포함된다. 부녀(婦女)라 함은 성년이든 미성년이든, 기혼이든 미혼이든 불문하며 곧 여자를 가리킨다고 해석되었다.[20]

---

20) 대법원 2013.5.16. 선고 2012도14788,2012전도252 전원합의체 판결; 대법원 2009.9.10. 선고 2009도3580

대법원은 처음부터 형법이 본죄의 객체를 부녀에 한정한 것을 합헌이라고 하였다. 대법원은 "구 헌법(72.12.27. 개정) 제9조의 규정은 모든 국민은 인간으로서의 존엄성과 인격적 가치에 있어서 평등하고 성별 종교 또는 사회적 신분 등의 차이로 인하여 특권을 가지거나 불이익한 대우를 받아서는 안 된다는 대원칙을 표시한 것이라고 할 것이고 구체적 인간으로서의 개개의 국민은 경제적 사회적 기타 여러 가지 조건에 따른 차이가 있으므로 그 구체적인 차이로 인한 일반사회관념상 합리적인 근거있는 차등까지를 금하는 것은 아니라고 할 것이다. 그리고 형법 제297조 강간죄에 있어서 그 객체를 부녀로 한 것은 남녀의 생리적, 육체적 차이에 의하여 강간이 남성에 의하여 감행됨을 보통으로 하는 실정에 비추어 사회적, 도덕적 견지에서 피고자인 부녀를 보호하려는 것이고 이로 인하여 일반 사회관념상 합리적인 근거없는 특권을 부녀에게만 부여하고 남성에게 불이익을 주었다고는 할 수 없다 할 것이고 이는 병역법에서 남자에게만 병역의 의무를 인정하고 여자에게는 인정하지 아니함이 헌법에 위반된다고 할 수 없음과 같다"고 판시한 바 있다.[21]

그러나 본죄의 객체는 변화된 시대상황을 반영하기 위하여 2012년 개정형법의 의하여 부녀에서 사람으로 확대된 바 있다.[22]

ⓘ 배우자 본죄의 객체가 사람으로 확대되기 전에는 법률상의 처가 본죄의 객체로 될 수 있는가에 대하여는 다툼이 있었다. 처(妻)란 부부의 쌍방 중 남편이 아닌 타방, 즉 아내를 말한다. 종래에는 동거의무를 포함하는 부부관계의 특수성을 근거로 법률상의 처는 본죄의 객체가 될 수 없다는 부정설이 지배적이었다. 그러나 혼인계약의 내용에 강요된 동침까지 포함된다고 해석할 수는 없으므로 부부관계가 해소되어 가는 경우는 물론 그렇지 않은 때에도 처에 대한 강간죄의 성립을 인정해야 한다고 하여 법률상의 처도 본죄의 객체가 될 수 있다는 긍정설이 지배적으로 되었다. 판례도 2013년 태도를 변경하여 긍정설을 취하고 있다.

대법원은 2013년 "형법(2012.12.18. 법률 제11574호로 개정되기 전의 것, 이하 같다) 제297조는 부녀를 강간한 자를 처벌한다고 규정하고 있는데, 형법이 강간죄의 객체로 규정하고 있는 '부녀'란 성년이든 미성년이든, 기혼이든 미혼이든 불문하며 곧 여자를 가리킨다. 이와 같이 형법은 법률상 처를 강간죄의 객체에서 제외하는 명문의 규정을 두고 있지 않으므로, 문언 해석상으로도 법률상 처가 강간죄의 객체에 포함된다고 새기는 것에 아무런 제한이 없다. 한편 1953.9.18. 법률 제293호로 제정된 형법은 강간죄를 규정한 제297조를 담고 있는 제2편 제32장의 제목을 '정조에 관한 죄'라고 정하고 있었는데, 1995.12.29. 법률 제5057호로 형법이 개정되면서 그 제목이 '강간과 추행의 죄'로 바뀌게 되었다. 이러한 형법의 개정은 강간죄의 보호법익이 현재 또는 장래의 배우자인 남성을 전제로 한 관념으로 인식될 수 있는 '여성의 정조' 또는 '성적 순결'이 아니라, 자유롭고 독립된 개인으로서 여성이 가지는 성적 자기결정권이라는 사회 일반의

판결; 대법원 1996.6.11. 선고 96도791 판결.

21) 대법원 1967.2.28. 선고 67도1 판결.

22) 형법 2012.12.18. 일부개정 법률 제11574호 2013.6.19. 시행.

보편적 인식과 법감정을 반영한 것으로 볼 수 있다. 부부 사이에 민법상의 동거의무가 인정된다고 하더라도 거기에 폭행, 협박에 의하여 강요된 성관계를 감내할 의무가 내포되어 있다고 할 수 없다. 혼인이 개인의 성적 자기결정권에 대한 포기를 의미한다고 할 수 없고, 성적으로 억압된 삶을 인내하는 과정일 수도 없기 때문이다. 결론적으로 헌법이 보장하는 혼인과 가족생활의 내용, 가정에서의 성폭력에 대한 인식의 변화, 형법의 체계와 그 개정 경과, 강간죄의 보호법익과 부부의 동거의무의 내용 등에 비추어 보면, 형법 제297조가 정한 강간죄의 객체인 '부녀'에는 법률상 처가 포함되고, 혼인관계가 파탄된 경우뿐만 아니라 혼인관계가 실질적으로 유지되고 있는 경우에도 남편이 반항을 불가능하게 하거나 현저히 곤란하게 할 정도의 폭행이나 협박을 가하여 아내를 간음한 경우에는 강간죄가 성립한다고 보아야 한다. 다만 남편의 아내에 대한 폭행 또는 협박이 피해자의 반항을 불가능하게 하거나 현저히 곤란하게 할 정도에 이른 것인지 여부는, 부부 사이의 성생활에 대한 국가의 개입은 가정의 유지라는 관점에서 최대한 자제하여야 한다는 전제에서, 그 폭행 또는 협박의 내용과 정도가 아내의 성적 자기결정권을 본질적으로 침해하는 정도에 이른 것인지 여부, 남편이 유형력을 행사하게 된 경위, 혼인생활의 형태와 부부의 평소 성행, 성교 당시와 그 후의 상황 등 모든 사정을 종합하여 신중하게 판단하여야 한다"고 판시한 바 있다.[23)]

처의 객체성을 긍정한 판례의 구체적 내용은 다음과 같다. 즉,

> 혼인관계가 존속하는 상태에서 남편이 처의 의사에 반하여 폭행 또는 협박으로 성교행위를 한 경우 강간죄가 성립하는지 여부는 별론으로 하더라도, 적어도 당사자 사이에 혼인관계가 파탄되었을 뿐만 아니라 더 이상 혼인관계를 지속할 의사가 없고 이혼의사의 합치가 있어 실질적인 부부관계가 인정될 수 없는 상태에 이르렀다면, 법률상의 배우자인 처도 강간죄의 객체가 된다.[24)]

처의 객체성을 부정한 판례의 구체적 내용은 다음과 같다. 즉,

> 처가 다른 여자와 동거하고 있는 남편을 상대로 간통죄고소와 이혼소송을 제기하였으나 그 후 부부간에 다시 새 출발을 하기로 약정하고 간통죄고소를 취하하였다면 그들 사이에 실질적인 부부관계가 없다고 단정할 수 없으므로 설사 남편이 강제로 처를 간음하였다 하여도 강간죄는 성립되지 아니한다.[25)]

ⅲ **성전환자** 본죄의 객체가 부녀로 한정되고 있던 시절에는 여성으로의 성전환자가 본죄의 객체인 부녀에 해당할 수 있는가에 대하여 다툼이 있었다. 판례는 처음에는 성전환을 인정하지 않았으나 그 후 태도를 변경하여 성전환을 긍정하고 있다. 즉, 대법원은 아래에서와 같이 1996년에는 법률상의 성(性)을 생물학적 요소를 기준으로 결정하였으나, 2006년에 이르러 생물학적 요소뿐만 아니라 정신적·사회적 요소를 포함하여 종합적으로 결정해야 한다고 판시하였고, 2009년 본죄와 관련하여 대법원은 2006년의 태도를 그대로 유지하였다. 판례의 변천에 관한 구체적 내용은 다음과 같다.

---

23) 대법원 2013.5.16. 선고 2012도14788,2012전도252 전원합의체 판결.
24) 대법원 2009.2.12. 선고 2008도8601 판결.
25) 대법원 1970.3.10. 선고 70도29 판결.

먼저 1996년 대법원은 다음과 같이 판시한 바 있다. 즉, 형법 제297조는 '폭행 또는 협박으로 부녀를 강간한 자'라고 하여 객체를 부녀에 한정하고 있다. 위 규정에서 부녀라 함은 성년이든 미성년이든, 기혼이든 미혼이든 불문하며 곧 여자를 가리키는 것이라 할 것이다. 무릇 사람에 있어서 남자, 여자라는 성(性)의 분화는 정자와 난자가 수정된 후 태아의 형성 초기에 성염색체의 구성(정상적인 경우 남성은 xy, 여성은 xx)에 의하여 이루어지고, 발생과정이 진행됨에 따라 각 성염색체의 구성에 맞추어 내부생식기인 고환 또는 난소 등의 해당 성선(性腺)이 형성되고, 이어서 호르몬의 분비와 함께 음경 또는 질, 음순 등의 외부성기가 발달하며, 출생 후에는 타고난 성선과 외부성기 및 교육 등에 의하여 심리적, 정신적인 성이 형성되는 것이다. 그러므로 형법 제297조에서 말하는 부녀, 즉 여자에 해당하는지의 여부도 위 발생학적인 성인 성염색체의 구성을 기본적인 요소로 하여 성선, 외부성기를 비롯한 신체의 외관은 물론이고 심리적, 정신적인 성, 그리고 사회생활에서 수행하는 주관적, 개인적인 성역할(성전환의 경우에는 그 전후를 포함하여) 및 이에 대한 일반인의 평가나 태도 등 모든 요소를 종합적으로 고려하여 사회통념에 따라 결정하여야 할 것이다.[26)]

다음으로 2006년 대법원은 다음과 같이 태도를 변경하였다. 즉, 종래에는 사람의 성을 성염색체와 이에 따른 생식기 · 성기 등 생물학적인 요소에 따라 결정하여 왔으나 근래에 와서는 생물학적인 요소뿐 아니라 개인이 스스로 인식하는 남성 또는 여성으로의 귀속감 및 개인이 남성 또는 여성으로서 적합하다고 사회적으로 승인된 행동 · 태도 · 성격적 특징 등의 성 역할을 수행하는 측면, 즉 정신적 · 사회적 요소들 역시 사람의 성을 결정하는 요소 중의 하나로 인정받게 되었으므로, 성의 결정에 있어 생물학적 요소와 정신적 · 사회적 요소를 종합적으로 고려하여야 한다. 성전환증을 가진 사람의 경우에도, 남성 또는 여성 중 어느 한쪽의 성염색체를 보유하고 있고 그 염색체와 일치하는 생식기와 성기가 형성 · 발달되어 출생하지만 출생 당시에는 아직 그 사람의 정신적 · 사회적인 의미에서의 성을 인지할 수 없으므로, 사회통념상 그 출생 당시에는 생물학적인 신체적 성징에 따라 법률적인 성이 평가될 것이다. 그러나 출생 후의 성장에 따라 일관되게 출생 당시의 생물학적인 성에 대한 불일치감 및 위화감 · 혐오감을 갖고 반대의 성에 귀속감을 느끼면서 반대의 성으로서의 역할을 수행하며 성기를 포함한 신체 외관 역시 반대의 성으로서 형성하기를 강력히 원하여, 정신과적으로 성전환증의 진단을 받고 상당기간 정신과적 치료나 호르몬 치료 등을 실시하여도 여전히 위 증세가 치유되지 않고 반대의 성에 대한 정신적 · 사회적 적응이 이루어짐에 따라 일반적인 의학적 기준에 의하여 성전환수술을 받고 반대 성으로서의 외부 성기를 비롯한 신체를 갖추고, 나아가 전환된 신체에 따른 성을 가진 사람으로서 만족감을 느끼고 공고한 성정체성의 인식 아래 그 성에 맞춘 의복, 두발 등의 외관을 하고 성관계 등 개인적인 영역 및 직업 등 사회적인 영역에서 모두 전환된 성으로서의 역할을 수행함으로써 주위 사람들로부터도 그 성으로서 인식되고 있으며, 전환된 성을 그 사람의 성이라고 보더라도 다른 사람들과의 신분관계에 중대한 변동을 초래하거나 사회에 부정적인 영향을 주지 아니

---

26) 대법원 1996.6.11. 선고 96도791 판결.

하여 사회적으로 허용된다고 볼 수 있다면, 이러한 여러 사정을 종합적으로 고려하여 사람의 성에 대한 평가 기준에 비추어 사회통념상 신체적으로 전환된 성을 갖추고 있다고 인정될 수 있는 경우가 있다 할 것이며, 이와 같은 성전환자는 출생시와는 달리 전환된 성이 법률적으로도 그 성전환자의 성이라고 평가받을 수 있을 것이다.[27)]

끝으로 2009년 본죄와 관련하여 대법원은 2006년의 태도를 유지하였다. 즉, 강간죄의 객체는 부녀로서 여자를 가리키는 것이므로, 강간죄의 성립을 인정하기 위하여는 피해자를 법률상 여자로 인정할 수 있어야 한다. 종래에는 사람의 성을 성염색체와 이에 따른 생식기 · 성기 등 생물학적인 요소에 따라 결정하여 왔으나, 근래에 와서는 생물학적인 요소뿐 아니라 개인이 스스로 인식하는 남성 또는 여성으로의 귀속감 및 개인이 남성 또는 여성으로서 적합하다고 사회적으로 승인된 행동 · 태도 · 성격적 특징 등의 성역할을 수행하는 측면, 즉 정신적 · 사회적 요소들 역시 사람의 성을 결정하는 요소 중의 하나로 인정받게 되었으므로, 성의 결정에 있어 생물학적 요소와 정신적 · 사회적 요소를 종합적으로 고려하여야 한다. 성전환증을 가진 사람의 경우에도 남성 또는 여성 중 어느 한쪽의 성염색체를 보유하고 있고 그 염색체와 일치하는 생식기와 성기가 형성 · 발달되어 출생하지만, 출생 당시에는 아직 그 사람의 정신적 · 사회적인 의미에서의 성을 인지할 수 없으므로, 사회통념상 그 출생 당시에는 생물학적인 신체적 성징에 따라 법률적인 성이 평가된다. 그러나 출생 후의 성장에 따라 일관되게 출생 당시의 생물학적인 성에 대한 불일치감 및 위화감 · 혐오감을 갖고 반대의 성에 귀속감을 느끼면서 반대의 성으로서의 역할을 수행하며 성기를 포함한 신체 외관 역시 반대의 성으로서 형성하기를 강력히 원하여, 정신과적으로 성전환증의 진단을 받고 상당기간 정신과적 치료나 호르몬치료 등을 실시하여도 여전히 위 증세가 치유되지 않고 반대의 성에 대한 정신적 · 사회적 적응이 이루어짐에 따라, 일반적인 의학적 기준에 의하여 성전환수술을 받고 반대 성으로서의 외부 성기를 비롯한 신체를 갖추고, 나아가 전환된 신체에 따른 성을 가진 사람으로서 만족감을 느끼며 공고한 성정체성의 인식 아래 그 성에 맞춘 의복, 두발 등의 외관을 하고 성관계 등 개인적인 영역 및 직업 등 사회적인 영역에서 모두 전환된 성으로서의 역할을 수행함으로써 주위 사람들로부터도 그 성으로서 인식되고 있으며, 전환된 성을 그 사람의 성이라고 보더라도 다른 사람들과의 신분관계에 중대한 변동을 초래하거나 사회에 부정적인 영향을 주지 아니하여 사회적으로 허용된다고 볼 수 있다면, 이러한 여러 사정을 종합적으로 고려하여 사람의 성에 대한 평가 기준에 비추어 사회통념상 신체적으로 전환된 성을 갖추고 있다고 인정될 수 있는 경우가 있다. 이와 같은 성전환자는 출생시와는 달리 전환된 성이 법률적으로도 그 성전환자의 성이라고 평가받을 수 있다.[28)]

한편 대법원은 성전환자가 혼인 중에 있거나 미성년자인 자녀가 있는 경우 성별정정을 허가하지 않았다. 다수의견은 "성전환수술에 의하여 출생 시의 성과 다른 반대의 성으로

27) 대법원 2006.6.22. 자 2004스42 전원합의체 결정.
28) 대법원 2009.9.10. 선고 2009도3580 판결; 대법원 2006.6.22. 자 2004스42 전원합의체 결정.

성전환이 이미 이루어졌고, 정신과 등 의학적 측면에서도 이미 전환된 성으로 인식되고 있다면, 전환된 성으로 개인적 행동과 사회적 활동을 하는 데에까지 법이 관여할 방법은 없다. 그러나 성전환자가 혼인 중에 있거나 미성년자인 자녀가 있는 경우에는, 가족관계등록부에 기재된 성별을 정정하여, 배우자나 미성년자인 자녀의 법적 지위와 그에 대한 사회적 인식에 곤란을 초래하는 것까지 허용할 수는 없으므로, 현재 혼인 중에 있거나 미성년자인 자녀를 둔 성전환자의 성별정정은 허용되지 않는다"고 판시한 바 있다.[29]

성전환자의 객체성을 긍정한 판례의 구체적 내용은 다음과 같다. 즉,

남성으로 태어난 피해자는 성장기부터 남성에 대한 불일치감과 여성으로서의 귀속감을 나타내면서 따돌림을 당하였고, 사춘기에 이르러 여성으로서의 분명한 성정체성이 형성되기 시작하면서 이를 감당하지 못하여 집을 떠나게 된 사실, 피해자는 24세이던 1974년경 성전환수술을 결심하고 정신과 병원에서 정밀진단과 심리치료, 관찰을 거쳐 성전환증이라는 확진을 받은 다음, 성형외과에서 남성의 성기와 음낭을 제거하고 여성의 질 등 외부성기를 형성하는 수술을 받고 이후 상당기간 호르몬 요법의 시술을 받았으며, 2차로 일본 오사카현 이마사토에 있는 한 성형외과병원에서 가슴형성수술을 받은 바 있고, 3차로는 1998.2. 부산에 있는 (명칭 생략) 성형외과에서, 2000년경에 이르러 태국의 한 병원에서 각 가슴보강수술과 질확장술을 받은 사실, 피해자는 남성 또는 여성으로서 자녀를 출산한 경험이 없고 생식기능 또한 존재하지 아니하나, 성전환수술 후 여성으로서의 성생활에 전혀 지장이 없으며, 특히 피해자의 사정을 이해하는 남성과 과거 10여 년간 동거하며 지속적으로 성관계를 영위함에 아무런 문제가 없었고, 성적 만족도 또한 이상이 없는 사실, 피해자는 여성으로서의 신체와 외관을 갖추고 있을 뿐만 아니라 여성으로서의 성적 정체성도 확고하고 자신이 여성임에 만족하고 있으며, 피해자의 가족들과도 가출 후 10년이 지나면서부터 소식을 주고받으며 관계가 유지되어 왔고, 현재 살아 있는 가족들이 피해자의 처지와 사정을 잘 이해하여 관계가 개선된 사실, 피해자는 성전환수술 후 30여 년간 여성 무용수로서 국내와 국외를 오가며 활동하여 왔는데, 피해자가 국내에 거주할 때는 주로 부산시 소재 일정 지역에 30년 가까이 주거를 정하여 살면서 주민들과는 여성으로서 오랜 세월 동안 친분을 유지하여 온 사실을 각 알 수 있는바, 위와 같은 사정을 종합하여 보면, 피해자는 성장기부터 남성에 대한 불일치감과 여성으로의 귀속감을 나타내었고, 성인이 된 후 의사의 진단 아래 성전환수술을 받아 여성의 외부 성기와 신체 외관을 갖추었고, 수술 이후 30여 년간 여성으로 살아오면서 현재도 여성으로서의 성정체성이 확고하여 남성으로 재전환할 가능성이 현저히 낮고, 개인생활이나 사회생활에서도 여성으로 인식되어, 결국 사회통념상 여성으로 평가되는 성전환자에 해당한다고 봄이 상당하고, 이 사건 피고인도 피해자를 여성으로 인식하여 강간범행을 저질렀다. 따라서, 위와 같은 제반사정을 고려하여 성전환자인 이 사건 피해자를 법률상 여성으로 보고 강간죄의 객체가 된다고 한 제1심판결을 유지한 원심의 판단은 적법하고, 거기에 강간죄의 객체인 부녀의 해석에 관한 법리오해의 위법이 없다.[30]

성전환자의 객체성을 부정한 판례의 구체적 내용은 다음과 같다. 즉,

피해자는 1958.8.3.생이고 남성으로서의 성기구조를 갖춘 남자로 태어나 남자 중학교까지 졸업하였으나 어릴 때부터 여자옷을 즐겨 입거나 고무줄 놀이와 같이 여자가 주로 하는 놀이를 즐겨하

29) 대법원 2011.9.2. 자 2009스117 전원합의체 결정.
30) 대법원 2009.9.10. 선고 2009도3580 판결.

는 등 여성으로서의 생활을 동경하고 여성으로서의 성에 귀속감을 느낀 나머지 1989년경부터 수년간 여장남자로서의 행세를 하여 오다가 1991년과 1992년 일본에 있는 병원에서 자신의 음경과 고환을 제거하고 그 곳에 질(膣)을 만들어 넣는 방법으로 여성으로의 성전환 수술을 받음으로써 여성으로서의 질 구조를 갖추고 있고 유방이 발달하는 등 외관상으로는 여성적인 신체구조를 갖추게 되어 보통의 여자와 같이 남자와 성생활을 할 수 있으며 성적쾌감까지 느끼고 있으나 여성의 내부성기인 난소와 자궁이 없기 때문에 임신 및 출산은 불가능한 상태라는 것이다. 그리고 위 피해자는 본래 남성으로서, 달리 여성의 성염색체 구조를 갖추고 있다거나, 성염색체는 남자이면서 생식선의 분화가 비정상적으로 되어 고환과 난소를 겸비한 진성반음양, 또는 고환이나 난소의 발육이 불완전한 가성반음양이라고는 인정되지 아니한다. 그렇다면 위 피해자이 비록 어릴 때부터 정신적으로 여성에의 성귀속감을 느껴 왔고 위의 성전환 수술로 인하여 남성으로서의 내·외부성기의 특징을 더 이상 보이지 않게 되었으며 남성으로서의 성격도 대부분 상실하여 외견상 여성으로서의 체형을 갖추고 성격도 여성화되어 개인적으로 여성으로서의 생활을 영위해 가고 있다 할지라도, 기본적인 요소인 성염색체의 구성이나 본래의 내·외부성기의 구조, 정상적인 남자로서 생활한 기간, 성전환 수술을 한 경위, 시기 및 수술 후에도 여성으로서의 생식능력은 없는 점, 그리고 이에 대한 사회 일반인의 평가와 태도 등 여러 요소를 종합적으로 고려하여 보면 위 피해자를 사회통념상 여자로 볼 수는 없다 할 것이다.[31)]

3) 행 위

① 강 간

본죄의 실행행위는 폭행 또는 협박으로 강간하는 것이다. 강간(强姦, Notzucht)이란 폭행 또는 협박으로 사람을 강제로 간음하는 것을 말한다. 성폭행(性暴行)이라고도 한다. 간음(姦淫)에 대하여는 그동안 성교행위로서 남자의 성기를 여자의 성기에 삽입하는 행위라고 해석되어 왔다. 그러나 본죄의 객체가 부녀에서 사람으로 변경되었고 새로운 형태로서 유사강간죄가 도입된 이상 간음이란 성기와 성기를 결합시키는 행위라고 해석되어야 한다.

② 강간의 수단

ⓘ **폭행·협박** 강간의 수단은 폭행 또는 협박이다. 폭행(暴行)은 최협의의 폭행으로서 반항을 억압하거나 또는 저항을 현저히 곤란하게 하는 정도의 일체의 유형력의 행사를 의미한다. 협박(脅迫)이란 최협의의 협박으로서 상대방의 반항을 불가능하게 하거나 현저히 곤란하게 하는 정도의 해악의 고지를 말한다. 제3자에 대한 폭행은 상대방에 대하여는 협박으로 된다.

ⓘⓘ **폭행·협박의 정도** 가해자의 폭행·협박은 피해자의 항거를 불가능하게 하거나 현저히 곤란하게 할 정도의 것이어야 한다.[32)] 따라서 폭행에는 마취제, 수면제, 최면술 등을

---

31) 대법원 1996.6.11. 선고 96도791 판결.

32) 대법원 2017.10.12. 선고 2016도16948, 2016전도156 판결; 대법원 2010.11.11. 선고 2010도9633 판결; 대법원 2007.1.25. 선고 2006도5979 판결; 대법원 2004.6.25. 선고 2004도2611 판결; 대법원 2001.10.30. 선고 2001도4462 판결; 대법원 2001.4.27. 선고 2001도230 판결; 대법원 2001.2.23. 선고 2000도5395 판결; 대법원 2000.8.18. 선고 2000도1914 판결; 대법원 2000.6.9. 선고 2000도1253 판결; 대법원 1999.9.21. 선고 99도2608 판결; 대법원 1999.5.28. 선고 99도1118 판결; 대법원 1999.4.9. 선고 99도519 판결; 대법원 1992.4.14. 선고 92도259 판결; 대법원 1988.11.8. 선고 88도1628 판결; 대법원 1979.2.13. 선고 78도1792 판결.

사용하는 경우와 같이 상대방의 반항을 불가능하게 하는 절대적 폭력(vis absoluta)뿐만 아니라 반항을 포기하게 하는 상대적 폭력(vis compulsiva)도 포함된다. 가해자가 폭행을 수반함이 없이 오직 협박만을 수단으로 피해자를 간음한 경우에도 그 협박의 정도가 위와 같은 정도의 것이었다면 본죄가 성립한다.[33)]

ⅲ **폭행·협박의 판단기준** 가해자의 폭행·협박이 있었는지 여부는 그 폭행·협박의 내용과 정도는 물론 유형력을 행사하게 된 경위, 피해자와의 관계, 성교 당시와 그 후의 정황 등 모든 사정을 종합하여 피해자가 성교 당시 처하였던 구체적인 상황을 기준으로 판단하여야 한다.[34)]

폭행·협박이 피해자의 항거를 불가능하게 하거나 현저히 곤란하게 할 정도의 것이었는지 여부는 그 폭행·협박의 내용과 정도는 물론, 유형력을 행사하게 된 경위, 피해자와의 관계, 성교 당시와 그 후의 정황 등 모든 사정을 종합하여 판단하여야 한다.[35)] 사후적으로 보아 피해자가 성교 이전에 범행 현장을 벗어날 수 있었다거나 피해자가 사력을 다하여 반항하지 않았다는 사정만으로 가해자의 폭행·협박이 피해자의 항거를 현저히 곤란하게 할 정도에 이르지 않았다고 섣불리 단정하여서는 아니 된다.[36)] 유부녀인 피해자에 대하여 혼인 외 성관계 사실을 폭로하겠다는 등의 내용으로 협박을 행사하여 피해자를 간음 또는 추행한 경우에 있어서 그 협박이 위와 같은 정도의 것이었는지 여부에 관하여는, 일반적으로 혼인한 여성에 대하여 정조의 가치를 특히 중시하는 우리 사회의 현실이나 형법상 간통죄로 처벌하는 조항이 있는 사정 등을 감안할 때 혼인 외 성관계 사실의 폭로 자체가 여성의 명예손상, 가족관계의 파탄, 경제적 생활기반의 상실 등 생활상의 이익에 막대한 영향을 미칠 수 있고 경우에 따라서는 간통죄로 처벌받는 신체상의 불이익이 초래될 수도 있으며, 나아가 폭로의 상대방이나 범위 및 방법(예를 들면 인터넷 공개, 가족들에 대한 공개, 자녀들의 학교에 대한 공개 등)에 따라서는 그 심리적 압박의 정도가 심각할 수 있으므로, 단순히 협박의 내용만으로 그 정도를 단정할 수는 없고, 그 밖에도 협박의 경위, 가해자 및 피해자의 신분이나 사회적 지위, 피해자와의 관계, 간음 또는 추행 당시와 그 후의 정황, 그 협박이 피해자에게 미칠 수 있는 심리적 압박의 내용과 정도 등 모든 사정을 종합하여 신중하게 판단하여야 한다.[37)]

---

33) 대법원 2007.1.25. 선고 2006도5979 판결.

34) 대법원 2018.10.25. 선고 2018도7709 판결; 대법원 2018.2.28. 선고 2017도21249 판결; 대법원 2012.7.12. 선고 2012도4031 판결; 대법원 2005.7.28. 선고 2005도3071 판결.

35) 대법원 2017.10.12. 선고 2016도16948, 2016전도156 판결; 대법원 2010.11.11. 선고 2010도9633 판결; 대법원 2007.1.25. 선고 2006도5979 판결; 대법원 2004.6.25. 선고 2004도2611 판결; 대법원 2001.10.30. 선고 2001도4462 판결; 대법원 2001.4.27. 선고 2001도230 판결; 대법원 2001.2.23. 선고 2000도5395 판결; 대법원 2000.8.18. 선고 2000도1914 판결; 대법원 2000.6.9. 선고 2000도1253 판결; 대법원 1999.9.21. 선고 99도2608 판결; 대법원 1999.5.28. 선고 99도1118 판결; 대법원 1999.4.9. 선고 99도519 판결; 대법원 1992.4.14. 선고 92도259 판결.

36) 대법원 2018.10.25. 선고 2018도7709 판결; 대법원 2018.2.28. 선고 2017도21249 판결; 대법원 2012.7.12. 선고 2012도4031 판결; 대법원 2005.7.28. 선고 2005도3071 판결.

37) 대법원 2007.1.25. 선고 2006도5979 판결.

강간을 긍정한 판례의 구체적 내용은 다음과 같다. 즉,

피고인은 2016.2.7. 17:00경 동거하던 피해자의 집에서 피해자에게 성관계를 요구하였는데, 피해자가 생리 중이라는 등의 이유로 이를 거부하자, 피해자에게 성기삽입을 하지 않기로 약속하고 엎드리게 한 후 피해자의 뒤에서 자위행위를 하다가 피해자의 팔과 함께 몸을 세게 끌어안은 채 가슴으로 피해자의 등을 세게 눌러 움직이지 못하도록 피해자의 반항을 억압한 다음 자신의 성기를 피해자의 성기에 삽입하여 1회 강간하였다'라는 것이다. 이에 대하여 원심은, 그 판시와 같은 사정을 인정한 다음, 피해자가 피고인에게 성기삽입에 대하여는 명시적으로 거부의사를 밝혔고, 피고인도 성기를 삽입하지 않기로 약속하였음에도 피고인이 피해자의 성기에 자신의 성기를 삽입함으로써 피해자의 의사에 반하여 피해자를 간음한 사실은 인정되지만, 피고인이 피해자를 간음할 당시 피해자의 항거를 불가능하게 하거나 현저히 곤란하게 할 정도의 유형력을 행사하였다는 점이 합리적인 의심의 여지가 없이 증명되었다고 보기는 어렵다는 이유로, 이 사건 주위적 공소사실을 무죄로 판단한 제1심의 판단을 그대로 유지하였다. 그러나 피고인은 피해자의 의사에 반하여 기습적으로 자신의 성기를 피해자의 성기에 삽입하고, 피해자가 움직이지 못하도록 반항을 억압한 다음 간음행위를 계속한 사실을 알 수 있다. 이와 같은 피고인의 행위는, 비록 간음행위를 시작할 때 폭행・협박이 없었다고 하더라도 간음행위와 거의 동시 또는 그 직후에 피해자를 폭행하여 간음한 것으로 볼 수 있고, 이는 강간죄를 구성한다. 그럼에도 원심은 이와 달리 그 판시와 같은 이유만을 들어 피고인이 피해자를 간음할 당시에 피해자의 항거를 불가능하게 하거나 현저히 곤란하게 할 정도의 유형력을 행사하였다고 보기 어렵다고 보아 이 사건 주위적 공소사실을 무죄로 판단하였다. 이러한 원심의 판단에는 논리와 경험의 법칙을 위반하여 자유심증주의의 한계를 벗어나 사실을 잘못 인정하거나 강간죄의 성립에 관한 법리를 오해함으로써 판결 결과에 영향을 미친 위법이 있다. 이 점을 지적하는 취지의 상고이유 주장은 이유 있다.[38] 피고인이 피해자 갑(여)을 비롯한 동호회 회원들과 연말 회식을 한 후 귀가하려는 갑에게 대리기사를 불러 데려다 주겠다면서 자신의 승용차 뒷좌석에 태운 다음 갑의 의사에 반하여 그를 강간하였다는 내용으로 기소된 사안에서, 피해자를 피고인의 차량 뒷좌석에 태운 후 간음을 하게 된 경위, 피고인과 피해자의 체격, 피해자가 처해 있던 상황, 피해시간, 피고인과 피해자와의 관계, 성교 당시의 상황, 성교 이후의 피해자의 피고인에 대한 행동 등 제반 사정을 종합하여 보면, 피고인은 피해자의 의사에 반하여 피해자의 반항을 억압하거나 현저하게 곤란하게 할 정도의 유형력을 행사하여 피해자를 강간하기에 이르렀다고 보기에 충분하다. 그럼에도 불구하고 이와 달리 보아 무죄를 선고한 원심판결에 심리미진 등 위법이 있다고 한 사례이다.[39] 피고인의 협박 내용이 혼인 외 성관계 사실을 폭로하겠다는 취지의 것 이외에도 마치 '사진 찍은 자'가 수명의 부하를 거느리고 있다거나 그 성질을 건드리지 마라는 등 여러 내용을 포함하고 있는 점, 피고인은 실제로 피해자의 가족이 출근이나 등교한 직후 아침시간대에 피해자와 3살짜리 아들만 있는 피해자의 집까지 찾아가 수회에 걸쳐 피해자를 간음하였으며 때로는 피해자의 아들에게 피해자 남편의 휴대전화번호를 물어보거나 새벽에 피해자의 집에 전화하기까지 한 점, 피고인은 수회에 걸쳐 피해자와 통화하거나 피해자를 간음하는 과정에서 피고인의 1인 2역 행동에 쉽게 속아 넘어가 심한 압박감에 시달리고 있는 피해자의 심리상태를 교묘하게 간파하여, 상황과 필요에 따라 "때로는 '사진 찍은 자'로, 때로는 옛 애인으로" 행세하면서, 피해자가 성관계에 불응할 경우 성관계 사실을 폭로하거나 '사진 찍은 자'가 마치 자신의 폭력

38) 대법원 2017.10.12. 선고 2016도16948, 2016전도156 판결.
39) 대법원 2012.7.12. 선고 2012도4031 판결.

조직 부하들을 동원하여 피해자의 신체 등에 위해를 가할 수도 있다는 것을 암시하는 등의 방법으로 피해자를 협박하고 '사진 찍은 자'로 행세하면서 수회에 걸쳐 피해자를 간음 또는 추행하기에 이른 점, 한편 피해자로서는, 자신을 협박하고 있는 '사진 찍은 자'가 폭력조직을 거느리고 있는 것으로 오인하고 있는 데다가 그 정확한 신원을 전혀 모르고 있는 관계에 있어 '사진 찍은 자'는 성관계를 폭로하더라도 아무런 피해를 입지 않은 채 피해자만이 심각한 불이익을 당하게 될 상황에 처해 있고, 따라서 '사진 찍은 자'의 계속되는 협박에 피해자가 불응할 경우 언제든지 협박의 내용과 같은 성관계 폭로가 현실화될 수 있을 것이라는 위협을 더욱 크게 느꼈을 것으로 예상되는 점 등, 이 사건 협박의 내용과 정도, 협박의 경위, 이 사건 '사진 찍은 자'와 피해자의 신분이나 사회적 지위, 피해자와의 관계, 피해자의 가족상황, 간음 또는 추행 당시와 그 후의 정황, 이 사건 협박이 피해자에게 미칠 수 있는 심리적 압박의 내용과 정도를 비롯하여 기록에 나타난 모든 사정을 종합하여 볼 때, 피고인의 위와 같은 협박은 피해자를 단순히 외포시킨 정도를 넘어 적어도 피해자의 항거를 현저히 곤란하게 할 정도의 것이었다고 보기에 충분하다고 할 것이므로, 강간죄 및 강제추행죄가 성립된다고 봄이 상당하다.[40] 피해자는 이른바 노래방 도우미로서, "피고인 운영의 노래방에 와서 피고인 및 그 일행들의 유흥을 돋우는 일을 하다가 피고인의 일행들이 먼저 귀가한 후 1시간 더 연장하자는 피고인의 요청에 따라 피고인과 단둘이 노래방에 있던 중, 피해자가 울면서 하지 말라고 하고 '사람 살려'라고 소리를 지르는 등 반항하였음에도, 피고인이 피해자를 소파에 밀어붙이고 양쪽 어깨를 눌러 일어나지 못하게 하는 등으로 피해자의 반항을 억압하고는 피고인의 성기를 피해자의 음부에 삽입하였다"고 일관되게 진술하고 있는 바, 위와 같은 피해자의 진술은 피고인이 강간범의를 확정적으로 드러내기 이전에 피해자가 노래방에서 벗어날 기회가 있었다거나 옷이 벗겨진 구체적인 경위를 기억하지 못한다는 것만으로 쉽사리 배척할 수 있는 내용이 아닐 뿐만 아니라, 공소외 1, 공소외 2, 공소외 3은 "이 사건 후 노래방에 갔더니 피해자가 울면서 옷을 입고 있었고, 그 후 피고인은 '술 한 잔 먹고 실수를 하였다, 미안하다'고 하면서 피해자에게 그녀가 요구하는 금원의 일부를 지급할 의사를 표시하기도 하였다"고 진술하여 피해자 진술의 신빙성을 뒷받침하고 있다. 그렇다면 이 사건 공소사실에 부합하는 피해자의 진술은 신빙성이 있고, 그에 의하여 인정되는 사실을 위의 법리에 비추어 살펴보면 피해자가 당시 피고인과 단둘이 노래방 안에 있었던 점을 고려할 때 피고인의 폭행으로 인하여 피해자는 항거하기 현저히 곤란한 상태에 이르렀던 것으로 봄이 상당하다.[41] 피고인이 피해자를 원심 판시 여관방으로 유인한 다음 방문을 걸어 잠근 후 피해자에게 성교할 것을 요구하였으나 피해자가 이를 거부하자 "옆방에 내 친구들이 많이 있다. 소리지르면 다 들을 것이다. 조용히 해라. 한 명하고 할 것이냐? 여러 명하고 할 것이냐?"라고 말하면서 성행위를 요구한 사실이 인정되는 바, 이러한 사실과 피해자의 연령이 어린 점, 다른 사람의 출입이 곤란한 심야의 여관방에 피고인과 피해자 단둘이 있는 상황인 점 등 기록에 나타난 모든 사정을 종합하면 피고인이 피해자의 항거를 현저히 곤란하게 할 정도의 유형력을 행사한 사실은 충분히 인정된다.[42]

강간을 부정한 판례의 구체적 내용은 다음과 같다. 즉,

피고인은 1997.6.경 친구의 소개로 피해자(여, 19세)를 만나 사귀면서 같은 달 24. 01:00경 같이 술을 마신 뒤 여관에 들어가 한 방에서 같이 잠을 자다가 성교를 시도하였으나 피해자가

40) 대법원 2007.1.25. 선고 2006도5979 판결.
41) 대법원 2005.7.28. 선고 2005도3071 판결.
42) 대법원 2000.8.18. 선고 2000도1914 판결.

적극적으로 거부하므로 성교를 포기하고 잠만 같이 잔 일이 있었고, 그 후 같은 해 7.2. 18:00경 피해자로부터 호출기에 의한 연락을 받고 만나 호프집에서 같이 술을 마신 뒤 여관에서 같이 잠을 자기로 하여 그 날 23:30경 피해자가 여관비를 계산하여 여관에 들어갔는데, 피고인은 피해자의 어깨를 감싸고 침대에 앉아 텔레비전을 보다가 피곤하여 먼저 침대에 누워 잠을 잤고, 피해자는 피고인이 잠든 뒤에 그 옆에 엎드려 잠을 잔 사실, 피고인은 아침에 깨어 보니 피해자가 옆에서 잠을 자고 있어서 순간적으로 욕정을 느껴 피해자의 옷을 벗기고 성교하려고 하자 피해자는 잠에서 깨어나 하지 말라고 하면서 몸을 좌·우로 흔드는 등 거부하였으나 몸을 일으켜 그 장소에서 탈출하려고 하거나 소리를 질러 구조를 요청하는 등 적극적인 반항은 하지 않은 사실, 피고인은 피해자의 몸을 누른 채 한 번만 하게 해달라고 애원하듯이 말하면서 피해자의 반항이 덜해지자 피해자의 다리를 벌려 성교를 시도하였으나 잘 되지 않자 피해자의 다리를 올려 성교하던 도중 호출기가 여러 번 울리자 더 이상 계속하지 않았고, 이로 인하여 피해자에게 약 2주간의 치료를 요하는 질 열상을 입힌 사실, 그 후 피고인은 피해자에게 연락할 때까지 잘 지내라고 하면서 피해자와 같이 여관에서 나온 사실 등을 인정한 다음, 피고인이 피해자를 간음하게 된 경위와 피해자와의 관계, 당시의 정황 등 모든 사정을 종합할 때 피고인은 피해자의 의사에 반하는 정도의 유형력을 행사하여 피해자를 간음한 것에 불과하고, 그 유형력의 행사가 피해자의 반항을 현저히 곤란하게 할 정도에 이른 것은 아니므로 피고인의 행위는 강간치상죄에 해당하지 않는다고 판단한 것은 옳고, 거기에 상고이유의 주장과 같은 채증법칙 위반이나 법리오해의 잘못이 없다. 따라서 상고이유는 받아들이지 아니한다. 그러므로 주문과 같이 상고를 기각하기로 판결한다.[43] 피고인과 피해자가 전화로 사귀어 오면서 음담패설을 주고 받을 정도까지 되었고 당초 간음을 시도한 방에서 피해자가 "여기는 죽은 시어머니를 위한 제청방이니 이런 곳에서 이런 짓을 하면 벌 받는다"고 말하여 안방으로 장소를 옮기게 된 사정 등으로 미루어 본다면 강간피고사건의 피해자에게 가한 폭행 또는 협박이 그 반항을 현저히 곤란하게 할 정도에 까지 이른 것이라고 보기는 어렵다 하여 이와 달리 유죄로 판시한 원심판결을 강간죄에 관한 법리오해 등의 위법을 이유로 파기한 사례이다.[44] 이 사건 피해자는 사건 당일 근무처 기숙사로 가던 중 위 판시 일시, 장소에서 동료공원인 피고인과 우연히 만나 별다른 강압이나 저항 없이 부근 다방에서 커피를 마시며 40여분 정도 이야기를 나누고, 다시 그길 건너 생맥주집으로 자리를 옮겨 21:00경까지 그곳에서 머물다가 같이 나왔고, 피고인이 그 친구인 공소외 박재현이 피해자에게 사과할 것이 있다 하여 같이 갈 것을 제의하자 그를 따라 그 바로 옆 판시 기숙사에 이르러, 전등이 고장나 텔레비전 불빛만으로 어두운 방안에 함께 들어갔고, 그 방 주인인 공소외인 또한 같이 앉아 피고인과 피해자의 남녀관계를 허위로 발설한 것에 대하여 사과를 하였으며, 공소외인이 그 방에서 나간 후 피고인이 갑자기 피해자를 방바닥에 눕히고 몸으로 짓누르며 내의를 벗기어 간음하려 할 때에도 몸부림을 치고 저항하는 것만으로 피고인으로부터 벗어날 수 있었고, 판시 범행장소 또한 다수의 사람이 기숙하는 곳으로서 피해자가 얼마간의 반항을 하여도 주위에서 곧 알아차릴 수 있는 상황이었는데도 그 방 밖에서 연탄불을 갈고 있던 공소외인도 피해자의 거부의 의사표시나 다투는 소리 이외에는 별다른 저항이나 고함을 알아차리지 못하였다는 것이고, 그 즉시 위 공소외인이 다시 방에 들어와 옆방 동료와 함께 술을 마시는데도 피해자는 피고인이나 그들의 별다른 감시나 방해 없이 밤늦은 23:00경까지 약 2시간 가까이 그곳에서 머물다가, 기숙사방에서 술을 마신다는 이유로 그곳 사장으로부터 꾸지람을 듣고 다같이 그곳을 나왔으며, 그곳에서 나온 이후에도 피해자 자신의 기숙사나 집으로 돌아가지 아니한

43) 대법원 1999.9.21. 선고 99도2608 판결.
44) 대법원 1991.5.28. 선고 91도546 판결.

채 뚜렷한 이유나 별다른 저항 없이 도보로 이, 삼십분 정도의 거리에 있는 피고인의 자취방으로 또다시 따라 갔고, 안집과 1미터의 마루를 사이에 두고 있는 그 자취방에서 같이 밤을 보내면서 피고인이 여러차례 피해자를 간음하려 하였으나 그때마다 피해자의 거부로 그뜻을 이루지 못하였다는 것이다. 피고인이 피해자를 간음하려 한 때의 상황이나 전후의 사정이 그와 같다면 피고인은 다만 피해자의 의사에 반하는 정도의 유형력을 행사하여 피해자를 간음하려 하였음에도 불과하고, 그 유형력의 행사가 피해자의 반항을 현저히 곤란케 할 정도에까지 이른 것은 아니라고 봄이 상당하다 할 것이다. 원심이 위와 같은 사정을 살피지 아니한 채, 피고인의 행위에 대한 피해의식으로 과장되거나 다분히 주관적 평가나 감정에 치우칠 우려가 있는 피해자의 진술에 치중하여, 피고인이 피해자의 반항을 억압하여 강간하려 하였다고 인정한 제1심판결을 유지하였음은 채증법칙위배나 강간치상죄에 있어서의 폭행에 관한 법리오해의 위법이 있다할 것이므로, 이를 지적하는 논지는 이유있다.[45]

4) 결 과

본죄는 침해범이자 결과범이다. 성적 자기결정권에 대한 침해의 결과로서 현실적으로 간음에 이를 것을 요한다.

5) 인과관계

폭행 또는 협박과 간음 사이에는 인과관계의 존재를 요한다. 폭행·협박과 간음 사이에는 인과관계가 있어야 하나, 폭행·협박이 반드시 간음행위보다 선행되어야 하는 것은 아니다.[46] 협박과 간음 또는 추행 사이에 시간적 간격이 있더라도 협박에 의하여 간음 또는 추행이 이루어진 것으로 인정될 수 있다면 달리 볼 것은 아니다.[47]

(2) 주관적 구성요건

본죄는 고의범이다. 본죄의 고의는 인식적 요소로서 폭행 또는 협박에 의하여 사람을 강간한다는 사실에 대한 인식을 요한다. 피해자의 동의가 없음에도 불구하고 있는 것으로 오인하고 오인에 정당한 이유가 있는 경우에는 강간의 고의가 조각된다.

본죄에 있어서 피해자의 승낙은 구성요건해당성조각사유로 해석되는 한 이론적으로 오인에 대하여 정당한 이유를 반드시 요하는 것은 아니라고 할 수 있다. 그러나 본죄의 성립에는 항거를 불가능하게 하거나 현저히 곤란하게 할 정도의 폭행·협박을 요하는 만큼 진의와 임의에 기한 승낙의 존재를 인정함에 있어서는 어느 정도의 신중성이 요구된다고 하지 않을 수 없다.

(3) 예비·음모

본죄는 예비·음모를 처벌한다. 본죄의 예비·음모죄는 본죄를 범할 목적으로 예비 또는 음모함으로써 성립한다. 본죄를 범할 목적을 요하는 목적범이다.

---

45) 대법원 1990.12.11. 선고 90도2224 판결.
46) 대법원 2017.10.12. 선고 2016도16948, 2016전도156 판결.
47) 대법원 2007.1.25. 선고 2006도5979 판결.

(4) 미수 · 기수

1) 착수시기

본죄는 미수범을 처벌한다. 본죄의 실행의 착수는 폭행 또는 협박을 개시한 때에 인정된다. 본죄는 폭행행위 · 협박행위와 강간행위의 결합범의 형태이기 때문에 강간행위 그 자체에 착수하지 않아도 폭행행위 · 협박행위가 있으면 실행에 착수한 것으로 되는 것은 당연하다.

대법원도 "강간죄는 사람을 강간하기 위하여 피해자의 항거를 불능하게 하거나 현저히 곤란하게 할 정도의 폭행 또는 협박을 개시한 때에 그 실행의 착수가 있다고 보아야 할 것이지, 실제 간음행위가 시작되어야만 그 실행의 착수가 있다고 볼 것은 아니다. 유사강간죄의 경우도 이와 같다"고 판시한 바 있다.[48] 또 대법원은 "강간죄는 부녀를 간음하기 위하여 피해자의 항거를 불능하게 하거나 현저히 곤란하게 할 정도의 폭행 또는 협박을 개시한 때에 그 실행의 착수가 있다고 보아야 할 것이고, 실제로 그와 같은 폭행 또는 협박에 의하여 피해자의 항거가 불능하게 되거나 현저히 곤란하게 되어야만 실행의 착수가 있다고 볼 것은 아니다"라고 판시한 바 있다.[49]

실행의 착수를 긍정한 판례의 구체적 내용은 다음과 같다. 즉,

> 피고인이 간음할 목적으로 새벽 4시에 여자 혼자 있는 방문 앞에 가서 피해자가 방문을 열어 주지 않으면 부수고 들어갈 듯한 기세로 방문을 두드리고 피해자가 위험을 느끼고 창문에 걸터앉아 가까이 오면 뛰어내리겠다고 하는데도 베란다를 통하여 창문으로 침입하려고 하였다면 강간의 수단으로서의 폭행에 착수하였다고 할 수 있으므로 강간의 착수가 있었다고 할 것이다.[50] 피고인이 피해자가 자동차에서 내릴 수 없는 상태에 있음을 이용하여 강간하려고 결의하고, 주행중인 자동차에서 탈출불가능하게 하여 외포케 하고 50킬로미터를 운행하여 여관 앞까지 강제연행한 후 강간하려다 미수에 그친 경우 위 협박은 감금죄의 실행의 착수임과 동시에 강간미수죄의 실행의 착수라고 할 것이다.[51]

실행의 착수를 부정한 판례의 구체적 내용은 다음과 같다. 즉,

> 강간죄의 실행의 착수가 있었다고 하려면 강간의 수단으로서 폭행이나 협박을 한 사실이 있어야 할 터인데 피고인이 강간할 목적으로 피해자의 집에 침입하였다 하더라도 안방에 들어가 누워 자고 있는 피해자의 가슴과 엉덩이를 만지면서 간음을 기도하였다는 사실만으로는 강간의 수단으로 피해자에게 폭행이나 협박을 개시하였다고 하기는 어렵다.[52]

2) 기수시기

본죄는 간음에 의하여 기수에 이른다. 따라서 성기에 삽입되기 시작하는 순간부터 본죄는 기수에 달한다. 간음은 성기의 일부 삽입으로 족하고, 완전 삽입, 사정(射精), 성적 만족, 임신 등을 요하지 않는다. 간음은 또 폭행 · 협박의 결과로서 행하여진 것일 것을 요한다.

---

48) 대법원 2021.8.12. 선고 2020도17796 판결.
49) 대법원 2000.6.9. 선고 2000도1253 판결; 대법원 1991.4.9. 선고 91도288 판결.
50) 대법원 1991.4.9. 선고 91도288 판결.
51) 대법원 1983.4.26. 선고 83도323 판결.
52) 대법원 1990.5.25. 선고 90도607 판결.

따라서 폭행 · 협박이 있어도 그 때문이 아니라 동정심 등에 의하여 혹은 진의에 나아간 승낙에 근거하여 성교가 행하여진 바와 같은 경우에는 미수죄의 성립은 별론으로 하고 기수로는 되지 않는다. 기수를 부정한 판례의 구체적 내용은 다음과 같다. 즉,

> 피고인이 피해자를 강간하려다가 피해자의 다음 번에 만나 친해지면 응해 주겠다는 취지의 간곡한 부탁으로 인하여 그 목적을 이루지 못한 후 피해자를 자신의 차에 태워 집에까지 데려다 주었다면 피고인은 자의로 피해자에 대한 강간행위를 중지한 것이고 피해자의 다음에 만나 친해지면 응해 주겠다는 취지의 간곡한 부탁은 사회통념상 범죄실행에 대한 장애라고 여겨지지는 아니하므로 피고인의 행위는 중지미수에 해당한다.53)

(5) 공 범

본죄에 있어서 공범의 성립은 가능하다. 예컨대 스스로 폭행 · 협박을 행하지 않아도 공모자가 가한 폭행 · 협박을 이용하여 강간한 때는 본죄의 공동정범으로 된다. 그러나 공모관계에 없는 제3자가 가한 폭행 · 협박을 이용하여 간음한 경우에는 준강간죄로 된다.

선행자가 가한 폭행 · 협박의 결과를 이용하여 강간한 후행자에 대하여도 그 사이에 승계적 공동정범의 관계가 인정되는 때에는 본죄가 성립한다. 2인 이상의 자가 의사를 상통하여 각각 다른 피해자에 대하여 다른 장소에서 강간한 경우에도 공모공동정범의 성립이 인정되는 것은 물론이다. 그러나 서로 다른 자의 행위를 자기의 의사의 표현으로서 이용하였다고 인정되는 상황이 없는 경우에는 공동정범으로는 되지 않는다. 강간의 공모를 한 자는 자신이 강간을 단념하더라도 공범자를 번의시켜 강간을 중지하게 하지 않는 한 공모관계는 소멸하지 않는다. 공범을 긍정한 판례의 구체적 내용은 다음과 같다. 즉,

> 피고인과 공소외(갑)이 공모하여 (갑)이 피해자를 강간하고 있는 동안 동 피해자가 반항하지 못하도록 그의 입을 손으로 틀어 막고 주먹으로 얼굴을 2회 때렸다면 피고인은 강간죄의 공동정범의 죄책을 면할 수 없다.54)

공범을 부정한 판례의 구체적 내용은 다음과 같다. 즉,

> 피해자 일행을 한 사람씩 나누어 강간하자는 피고인 일행의 제의에 아무런 대답도 하지 않고 따라 다니다가 자신의 강간 상대방으로 남겨진 공소외인에게 일체의 신체적 접촉도 시도하지 않은 채 다른 일행이 인근 숲 속에서 강간을 마칠 때까지 공소외인과 함께 이야기만 나눈 경우, 피고인에게 다른 일행의 강간 범행에 공동으로 가공할 의사가 있었다고 볼 수 없다.55)

2. 위법성조각사유

본죄의 성질상 피해자의 승낙이 있는 경우에는 본죄의 성립은 부정된다. 폭행 · 협박이 있어도 승낙이 있는 경우에는 폭행 · 협박에 의하여 간음하였다고 할 수 없어 위법성이 조각된다고 하기보다는 구성요건해당성이 조각된다고 해석되기 때문이다. 위법성이 조각되는

---

53) 대법원 1993.10.12. 선고 93도1851 판결; 대법원 1985.11.12. 선고 85도2002 판결.
54) 대법원 1984.6.12. 선고 84도780 판결.
55) 대법원 2003.3.28. 선고 2002도7477 판결.

경우라도 사회상규에 위배되는 경우에는 위법성이 조각되지 아니한다고 해석된다.

다만 피해자의 승낙은 자유로운 의사결정에 근거한 진의의 승낙이 아니면 안 된다. 승낙은 명시적이든 묵시적이든 묻지 않는다. 승낙은 폭행·협박의 개시시에 존재하지 않으면 안 된다. 폭행·협박의 개시 후에 자유로운 의사결정에 근거한 진의의 승낙이 행하여진 경우에는 본죄의 기수로는 되지 않지만 미수의 성립은 면하지 못한다. 일단 승낙을 하였지만, 후에 이를 번의한 경우에는 이미 승낙이 있었다고는 할 수 없다.

한편 가해자의 폭행 또는 협박에 의한 강간행위에 대하여 피해자가 정당하게 행하는 방위행위는 위법성을 조각한다. 대법원도 "(갑)과 (을)이 공동으로 인적이 드문 심야에 혼자 귀가중인 (병)여에게 뒤에서 느닷없이 달려들어 양팔을 붙잡고 어두운 골목길로 약 10m 정도 더끌고 들어가 담벽에 쓰러뜨린 후 (갑)이 음부를 만지며 반항하는 (병)여의 옆구리를 무릎으로 차고 억지로 키스를 함으로 (병)여가 정조와 신체를 지키려는 일념에서 엉겁결에 (갑)의 혀를 깨물어 설절단상을 입혔다면 (병)여의 범행은 자기의 신체에 대한 현재의 부당한 침해에서 벗어나려고 한 행위로서 그 행위에 이르게 된 경위와 그 목적 및 수단, 행위자의 의사 등 제반사정에 비추어 위법성이 결여된 행위이다"라고 판시하여 정당방위를 긍정한 바 있다.[56]

3. 죄 수

(1) 일반원칙

동일한 피해자에 대한 동일한 기회에 행하여진 일련의 행위는 1죄이다. 기회를 달리하는 경우에는 병합죄이다. 공범자가 순차적으로 동일한 피해자를 강간한 경우에도 마찬가지이고, 1죄의 공동정범으로 된다.

(2) 다른 죄와의 관계

판례에 의하면 폭행 또는 협박으로 부녀를 강간한 경우에는 강간죄만 성립하고, 그것과 별도로 강간의 수단으로 사용된 폭행·협박이 형법상의 폭행죄나 협박죄 또는 폭력행위등처벌에관한법률위반의 죄를 구성한다고는 볼 수 없으며, 강간죄와 이들 각 죄는 이른바 법조경합의 관계일 뿐이다.[57] 폭행과 강간행위가 불과 1시간 전후에 이루어진 것이기는 하나 강간의 범의를 일으킨 것이 폭행 후의 다른 상해범행의 실행 중이었음이 인정되는 이상 폭행사실은 별개의 독립한 죄를 구성한다.[58] 강간죄의 성립에 언제나 직접적으로 또 필요한 수단으로서 감금행위를 수반하는 것은 아니므로 감금행위가 강간미수죄의 수단이 되었다 하여 감금행위는 강간미수죄에 흡수되어 범죄를 구성하지 않는다고 할 수는 없는 것이고, 그때에는 감금죄와 강간미수죄는 일개의 행위에 의하여 실현된 경우로서 상상적 경합관계에 있다.[59]

---

56) 대법원 1989.8.8. 선고 89도358 판결.
57) 대법원 2002.5.16. 선고 2002도51 전원합의체 판결.
58) 대법원 1983.4.12. 선고 83도304,83감도66 판결.

야간에 흉기를 들고 사람의 주거에 침입하여 강간을 한 경우에는 폭력행위등처벌에관한 법률위반(주거침입)죄와 강간죄가 성립하고 이 경우 두 죄는 실체적 경합관계에 있다.[60] 강간의 피해자가 배우자 있는 자인 경우 그 성관계는 피해자의 자의에 의한 것이라고 볼 수 없으므로 그 강간 피해자에게 따로 간통죄가 성립할 수는 없다. 이 경우 가해자도 강간죄의 죄책을 지는 외에 강간 피해자의 배우자가 상간자라고 하여 고소한 데 따른 간통죄의 죄책을 지지는 아니한다고 할 것이다.[61]

Ⅲ. 처 벌

본죄의 법정형은 3년 이상의 유기징역이다. 본죄의 예비·음모죄의 법정형은 3년 이하의 징역이다. 본죄의 미수범은 처벌된다. 피해자의 명예를 보호하기 위하여 규정되었던 친고죄는 2012년 개정형법에 의하여 폐지되었다.

Ⅳ. 상습강간죄

본죄는 상습범을 처벌한다. 상습으로 본죄를 범한 자에 대하여는 그 죄에 정한 형의 2분의 1까지 가중한다.

§3. 유사강간죄

제297조의2(유사강간) 폭행 또는 협박으로 사람에 대하여 구강, 항문 등 신체(성기는 제외한다)의 내부에 성기를 넣거나 성기, 항문에 손가락 등 신체(성기는 제외한다)의 일부 또는 도구를 넣는 행위를 한 사람은 2년 이상의 유기징역에 처한다.

제300조(미수범) ~, 제297조의2, ~ 의 미수범은 처벌한다.

제305조의2(상습범) 상습으로 ~, 제297조의2, ~ 의 죄를 범한 자는 그 죄에 정한 형의 2분의 1까지 가중한다.

제305조의3(예비, 음모) ~ 제297조의2, ~ 의 죄를 범할 목적으로 예비 또는 음모한 사람은 3년 이하의 징역에 처한다.

Ⅰ. 서 설

본죄는 폭행 또는 협박으로 사람에 대하여 성기를 제외한 구강, 항문 등 신체의 내부에 성기를 넣거나 성기, 항문에 성기를 제외한 손가락 등 신체의 일부 또는 도구를 넣는 행위를 함으로써 성립한다.

본죄는 변화된 시대 상황을 반영하여 다양화된 성범죄에 효과적으로 대처하기 위하여 2012년 12월 개정형법에 의하여 신설되었다.[62]

---

59) 대법원 1983.4.26. 선고 83도323 판결.

60) 대법원 1988.12.13. 선고 88도1807,88감도130 판결.

61) 대법원 2013.9.12. 선고 2013도5893 판결.

Ⅱ. 범 죄

본죄의 주체에는 제한이 없다. 본죄의 객체는 사람이다. 본죄의 실행행위는 폭행 또는 협박으로 유사간음행위를 하는 것이다. 유사간음행위(類似姦淫行爲)란 간음 이외의 행위로서 사람에 대하여 성기를 제외한 구강, 항문 등 신체의 내부에 성기를 넣거나 성기, 항문에 성기를 제외한 손가락 등 신체의 일부 또는 도구를 넣는 행위를 말한다.

유사간음행위는 사람에 대하여 성기를 제외한 구강이나 항문 등 신체의 내부에 성기를 삽입하는 행위로서 성기가 아닌 소위 비성기에 성기를 넣는 경우와 사람에 대하여 성기나 항문에 성기를 제외한 손가락 등 신체의 일부 또는 도구를 삽입하는 행위로서 성기나 비성기인 항문에 성기가 아닌 이른바 비성기를 넣는 경우로 나누어질 수 있다. 전자의 대표적인 예시로서는 구강성교(oral sex)나 항문성교(anal sex) 등이 거론될 수 있다. 군형법은 형법상 유사강간죄의 신설 등 개정된 형법의 내용을 반영하기 위한 2013년 개정 군형법에 의하여 유사강간죄 등을 신설하는 한편 동성 간의 성행위를 비하하는 계간(鷄姦)이라는 용어를 항문성교라는 용어로 변경하는 등 추행죄의 규정을 정비한 바 있다(군형법 제92조의6, 개정전의 군형법 제92조의5 참조).[63] 결국 간음행위가 성기와 성기의 결합을 말한다면 유사간음행위는 성기와 비성기의 결합 및 비성기와 비성기의 결합을 의미한다고 할 수 있다.

본죄는 예비·음모를 처벌한다. 본죄는 미수범도 처벌한다. 대법원은 "강간죄는 사람을 강간하기 위하여 피해자의 항거를 불능하게 하거나 현저히 곤란하게 할 정도의 폭행 또는 협박을 개시한 때에 그 실행의 착수가 있다고 보아야 할 것이지, 실제 간음행위가 시작되어야만 그 실행의 착수가 있다고 볼 것은 아니다. 유사강간죄의 경우도 이와 같다"고 판시한 바 있다.[64]

Ⅲ. 처 벌

본죄의 법정형은 2년 이상의 유기징역이다. 본죄의 예비·음모죄의 법정형은 3년 이하의 징역이다. 본죄의 미수범은 처벌된다.

Ⅳ. 상습유사강간죄

본죄는 상습범을 처벌한다. 상습으로 본죄를 범한 자에 대하여는 그 죄에 정한 형의 2분의 1까지 가중한다.

---

62) 형법 2012.12.18. 일부개정 법률 제11574호 2013.6.19. 시행.
63) 군형법 2013.4.5. 일부개정 법률 제11734호 2013.6.19. 시행.
64) 대법원 2021.8.12. 선고 2020도17796 판결.

§4. 강제추행죄

제298조(강제추행) 폭행 또는 협박으로 사람에 대하여 추행을 한 자는 10년 이하의 징역 또는 1천500만원 이하의 벌금에 처한다.

제300조(미수범) ~, 제298조 ~ 의 미수범은 처벌한다.

제305조의2(상습범) 상습으로 ~, 제298조부터 ~ 의 죄를 범한 자는 그 죄에 정한 형의 2분의 1까지 가중한다.

구조문

제306조(고소) 제297조 내지 제300조와 제302조 내지 제305조의 죄는 고소가 있어야 공소를 제기할 수 있다.

Ⅰ. 서 설

본죄는 폭행 또는 협박으로 사람에 대하여 추행을 함으로써 성립한다. 본죄는 개인의 성적 자유라는 개인적 법익을 침해하는 죄이다.[65] 본죄는 사람의 성적 자유 내지 성적 자기결정의 자유를 보호하기 위한 죄이기 때문이다.[66] 본죄는 미수범과 상습범을 처벌한다. 다만 본죄는 전술한 강간죄와는 달리 예비·음모에 대한 처벌규정을 두지 않고 있다.

Ⅱ. 범 죄

1. 구성요건

(1) 객관적 구성요건

1) 주 체

본죄의 주체에는 아무런 제한이 없다. 남자뿐만 아니라 여자도 본죄의 주체가 될 수 있다.

2) 객 체

본죄의 객체는 사람이다. 사람은 전술한 강간죄에서와 같다. 남녀를 불문한다. 결혼여부나 연령의 고하 등도 묻지 않는다.

3) 행 위

① 추 행

본죄의 실행행위는 추행이다. 본죄는 폭행 또는 협박을 가하여 사람을 추행함으로써 성립하는 범죄이기 때문이다.[67] 다만 추행의 의의에 대하여는 다투어지고 있다.

ⓘ 학 설 　추행의 의의에 관하여는 견해가 대립하고 있다. 첫째, 주관설이다. 추행이란 성욕의 흥분, 자극 또는 만족을 목적으로 하는 행위로서 건전한 상식 있는 일반인의 성적 수치나 혐오의 감정을 느끼게 하는 일체의 행위라고 한다. 그러나 이에 대하여는 추행이

---

65) 대법원 2012.7.26. 선고 2011도8805 판결.
66) 대법원 2018.2.8. 선고 2016도17733 판결.
67) 대법원 2012.7.26. 선고 2011도8805 판결.

되기 위하여 성욕의 자극 또는 만족이라는 목적을 필요로 할 때에는 복수·혐오 또는 호기심과 같은 동기에서 행한 음란행위는 추행에 해당하지 않는다는 점, 성적 자유의 보호가 행위자의 경향이나 목적에 의하여 좌우된다는 것은 합리적이라고 할 수 없고, 이를 추행의 요소로 요구할 때에는 구성요건의 명확성을 해하는 결과가 된다는 점 등에서 비판이 가하여지고 있다. 둘째, 객관설이다. 추행이란 객관적으로 일반인에게 성적 수치나 혐오의 감정을 일으키게 하는 일체의 행위라고 한다.

ⓘⓘ **판 례** 판례는 객관설의 입장이라고 해석된다. 대법원에 의하면 "추행이라 함은 일반인에게 성적 수치심이나 혐오감을 일으키게 하고 선량한 성적 도덕관념에 반하는 행위로서 피해자의 성적 자유를 침해하는 행위를 말한다"고 한다.[68] 나아가 "일반인에게 성적 수치심이나 혐오감을 일으키고 선량한 성적 도덕관념에 반하는 행위인 것만으로는 부족하고 그 행위의 상대방인 피해자의 성적 자기결정의 자유를 침해하는 것이어야 한다"고 한다.[69] 추행에 해당하는지 여부는 피해자의 의사, 성별, 연령, 행위자와 피해자의 이전부터의 관계, 그 행위에 이르게 된 경위, 구체적 행위 태양, 주위의 객관적 상황과 그 시대의 성적 도덕관념 등을 종합적으로 고려하여 신중히 결정하여야 한다.[70] 성적 자유를 침해당했을 때 느끼는 성적 수치심은 부끄럽고 창피한 감정만으로 나타나는 것이 아니라 다양한 형태로 나타날 수 있다.[71]

ⓘⓘⓘ **검 토** 타인에게 피해는 주는 행위는 범죄가 될 가능성이 높다. 물리적으로 불편을 주는 경우는 물론 심리적으로 불편감을 주는 경우에도 마찬가지이다. 당연히 성적인 영역에 있어서도 심리적으로 불편감을 주는 경우에도 예외가 될 수 없다. 문제는 성적인 수치심이나 혐오감에 대한 느낌은 개인마다 차이가 있다는 점에 있다. 나아가 더 큰 문제는 그것이 아직 행위로서 표시되지 않고 의사의 영역에 남아 있어 확인이 불가능하다는 점에 있다. 그럼에도 불구하고 확인할 수 없는 사실을 근거로 형사처벌을 한다는 것은 어불성설이 아니라고 할 수 없다. 행위가 아니라 의사에 근거한 형사처벌은 다름 아닌 과거의 의사형법에서나 볼 수 있었던 처사였기 때문이다.

---

68) 대법원 2021.10.28 선고 2021도7538 판결; 대법원 2020.7.23. 선고 2019도15421 판결; 대법원 2020.3.26. 선고 2019도15994, 판결; 대법원 2018.2.8. 선고 2016도17733 판결; 대법원 2017.10.31. 선고 2016도21231 판결; 대법원 2015.9.10. 선고 2015도6980,2015모2524 판결; 대법원 2014.12.24. 선고 2014도6416 판결; 대법원 2013.9.26. 선고 2013도5856 판결; 대법원 2012.6.14. 선고 2012도3893,2012감도14,2012전도83 판결; 대법원 2010.2.25. 선고 2009도13716 판결; 대법원 2008.3.13. 선고 2007도10050 판결; 대법원 2007.1.25. 선고 2006도5979 판결; 대법원 2004.4.16. 선고 2004도52 판결; 대법원 2002.8.23. 선고 2002도2860 판결; 대법원 2002.4.26. 선고 2001도2417 판결; 대법원 1998.1.23. 선고 97도2506 판결.

69) 대법원 2012.7.26. 선고 2011도8805 판결.

70) 대법원 2021.10.28 선고 2021도7538 판결; 대법원 2020.7.23. 선고 2019도15421 판결; 대법원 2020.3.26. 선고 2019도15994 판결; 대법원 2018.2.8. 선고 2016도17733 판결; 대법원 2017.10.31. 선고 2016도21231 판결; 대법원 2015.9.10. 선고 2015도6980,2015모2524 판결; 대법원 2014.12.24. 선고 2014도6416 판결; 대법원 2013.9.26. 선고 2013도5856 판결; 대법원 2012.7.26. 선고 2011도8805 판결; 대법원 2012.6.14. 선고 2012도3893,2012감도14,2012전도83 판결; 대법원 2010.2.25. 선고 2009도13716 판결; 대법원 2008.3.13. 선고 2007도10050 판결; 대법원 2007.1.25. 선고 2006도5979 판결; 대법원 2004.4.16. 선고 2004도52 판결; 대법원 2002.8.23. 선고 2002도2860 판결; 대법원 2002.4.26. 선고 2001도2417 판결; 대법원 1998.1.23. 선고 97도2506 판결.

71) 대법원 2021.10.28 선고 2021도7538 판결; 대법원 2020.12.24. 선고 2019도16258 판결.

천차만별의 차이를 가지고 있는 개인의 성적인 수치심이나 혐오감을 보호하면서 타인에게도 불측의 형사처벌을 받지 않도록 할 묘안이 필요한 지점이다. 성적인 자기결정권에 있어서도 전적으로 개인의 차원이 아니라 공동체로부터 보편적으로 받아들여질 수 있는 어떤 객관적인 기준에 의하여 보호되지 않으면 안 된다고 해야 한다. 개인이 느끼는 성적 수치심이나 혐오감이 타인이 느끼는 그것과 일치한다면 그것은 누구에게나 그 준수가 요구될 수 있고 요구되어도 문제가 일어날 소지가 적다. 특정 개인만이 느낄 수 있는 성적 수치심이나 혐오감이 기준이 되는 형법을 의사형법이라고 한다면 누구나 느끼는 성적 수치심이나 혐오감을 기준으로 판단하는 형법은 어느 의미에서는 행위형법의 범주에 속한다고 할 수 있을 것이다. 따라서 추행의 개념에 있어서도 행위형법의 관점에서 일반인을 기준으로 성적 수치심과 혐오감을 판단하는 객관설이 타당하다고 아니할 수 없다.

② 추행의 수단

ⓘ **폭행 · 협박** 본죄의 추행은 폭행 또는 협박에 의한 것이어야 한다. 전술한 강간죄에서와 같다. 폭행(暴行)은 최협의의 폭행으로서 반항을 억압하거나 또는 저항을 현저히 곤란하게 하는 정도의 일체의 유형력의 행사를 의미한다. 폭행에는 폭행행위 자체가 추행행위라고 인정되는 이른바 기습추행(奇襲醜行)의 경우도 포함된다.[72] 대법원은 피해자의 옷 위로 엉덩이나 가슴을 쓰다듬는 행위,[73] 피해자의 의사에 반하여 그 어깨를 주무르는 행위,[74] 교사가 여중생의 얼굴에 자신의 얼굴을 들이밀면서 비비는 행위나 여중생의 귀를 쓸어 만지는 행위[75] 등에 대하여 피해자의 의사에 반하는 유형력의 행사가 이루어져 기습추행에 해당한다고 판단한 바 있다.[76]

협박(脅迫)이란 최협의의 협박으로서 상대방의 반항을 불가능하게 하거나 현저히 곤란하게 하는 정도의 해악의 고지를 말한다. 제3자에 대한 폭행은 상대방에 대하여는 협박으로 된다.

ⓘⓘ **폭행 · 협박의 정도** 폭행 · 협박의 정도에 관하여도 다툼이 있다. 강간죄에서와 같이 상대방의 반항을 불가능하게 하거나 현저히 곤란하게 할 정도에 이를 것을 요한다는 견해와 본죄와 강간죄의 중간정도의 폭행 또는 협박으로서 일반인으로 하여금 반항에 곤란을 느끼게 할 정도이거나 상대방의 의사의 임의성을 잃게 하는 정도이면 족하다는 견해가 그것이다. 판례는 원칙적으로 전자의 입장으로서 상대방의 반항을 불가능하게 하거나 현저히 곤란하게 할 정도에 이를 것을 요한다고 한다.[77] 다만 판례는 기습추행의 경우 추행행위

72) 대법원 2020.7.23. 선고 2019도15421 판결; 대법원 2020.3.26. 선고 2019도15994 판결; 대법원 2019.7.11. 선고 2018도2614 판결; 대법원 2012.6.14. 선고 2012도3893,2012감도14,2012전도83 판결; 대법원 2002.4.26. 선고 2001도2417 판결; 대법원 1994.8.23. 선고 94도630 판결; 대법원 1992.2.28. 선고 91도3182 판결; 대법원 1983.6.28. 선고 83도399 판결.

73) 대법원 2002.8.23. 선고 2002도2860 판결.

74) 대법원 2004.4.16. 선고 2004도52 판결.

75) 대법원 2015.11.12. 선고 2012도8767 판결.

76) 대법원 2020.3.26. 선고 2019도15994 판결.

77) 대법원 2020.7.23. 선고 2019도15421 판결; 대법원 2020.3.26. 선고 2019도15994 판결; 대법원 2019.7.11.

와 동시에 저질러지는 폭행행위는 반드시 상대방의 의사를 억압할 정도의 것임을 요하지 않고 상대방의 의사에 반하는 유형력의 행사가 있기만 하면 그 힘의 대소강약을 불문한다고 하여 일관된 입장을 유지하고 있다.[78)]

ⅲ **폭행 · 협박의 판단기준** 폭행 · 협박이 피해자의 항거를 곤란하게 할 정도의 것이었는지 여부 역시 그 폭행 · 협박의 내용과 정도는 물론 유형력을 행사하게 된 경위, 피해자와의 관계, 추행 당시와 그 후의 정황 등 모든 사정을 종합하여 판단하여야 한다.[79)]

구체적 예시로서 판례에 의하면 "유부녀인 피해자에 대하여 혼인 외 성관계 사실을 폭로하겠다는 등의 내용으로 협박을 행사하여 피해자를 간음 또는 추행한 경우에 있어서 그 협박이 위와 같은 정도의 것이었는지 여부에 관하여는, 일반적으로 혼인한 여성에 대하여 정조의 가치를 특히 중시하는 우리 사회의 현실이나 형법상 간통죄로 처벌하는 조항이 있는 사정 등을 감안할 때 혼인 외 성관계 사실의 폭로 자체가 여성의 명예손상, 가족관계의 파탄, 경제적 생활기반의 상실 등 생활상의 이익에 막대한 영향을 미칠 수 있고 경우에 따라서는 간통죄로 처벌받는 신체상의 불이익이 초래될 수도 있으며, 나아가 폭로의 상대방이나 범위 및 방법(예를 들면 인터넷 공개, 가족들에 대한 공개, 자녀들의 학교에 대한 공개 등)에 따라서는 그 심리적 압박의 정도가 심각할 수 있으므로, 단순히 협박의 내용만으로 그 정도를 단정할 수는 없고, 그 밖에도 협박의 경위, 가해자 및 피해자의 신분이나 사회적 지위, 피해자와의 관계, 간음 또는 추행 당시와 그 후의 정황, 그 협박이 피해자에게 미칠 수 있는 심리적 압박의 내용과 정도 등 모든 사정을 종합하여 신중하게 판단하여야 한다"고 한다.[80)]

추행을 긍정한 판례의 구체적 내용은 다음과 같다. 즉,

> 피고인은 피해자와 단둘이 남게 되자 모텔에 같이 가자고 하였고 피해자가 이를 거절하였음에도 "모텔에 함께 가고 싶다, 모텔에 같이 안 갈 이유가 뭐가 있냐?"라는 등의 말을 하며 강제로 피해자의 손목을 잡아끌은 사실이 인정된다. 위와 같이 피고인이 모텔에 가자고 하면서 피해자의 손목을 잡아끈 행위에는 이미 성적인 동기가 내포되어 있어 추행의 고의가 인정되고, 더 나아가 피해자를 쓰다듬거나 피해자를 안으려고 하는 등의 행위가 있어야만 성적으로 의미가 있는 행동이라고 볼 수 없다. 피고인이 접촉한 피해자의 특정 신체부위만을 기준으로 성적 수치심이나 혐오감을 일으키는지 여부가 구별되는 것은 아니다. 피해자는 회사에 입사한 지 약 3개월 된 신입사원(1990년생)이고, 피고인은 피해자와 같은 부서에 근무하는 직장 상사(1978년생)인 점, 피고인은 피해자를 포함한 동료 직원들과 함께 밤늦게 회식을 마친 후 피해자와 단둘이 남게 되자 모텔에

선고 2018도2614 판결; 대법원 2012.7.26. 선고 2011도8805 판결; 대법원 2012.6.14. 선고 2012도3893,2012감도14,2012전도83 판결; 대법원 2008.3.13. 선고 2007도10050 판결; 대법원 2007.1.25. 선고 2006도5979 판결; 대법원 2006.2.23. 선고 2005도9422 판결; 대법원 2007.1.25. 선고 2006도5979 판결; 대법원 2006.2.23. 선고 2005도9422 판결; 대법원 2002.4.26. 선고 2001도2417 판결; 대법원 1994.8.23. 선고 94도630 판결; 대법원 1992.2.28. 선고 91도3182 판결; 대법원 1983.6.28. 선고 83도399 판결.

78) 대법원 2020.7.23. 선고 2019도15421 판결; 대법원 2020.3.26. 선고 2019도15994, 판결; 대법원 2019.7.11. 선고 2018도2614 판결; 대법원 2015.9.10. 선고 2015도6980,2015모2524 판결; 대법원 2012.6.14. 선고 2012도3893,2012감도14,2012전도83 판결; 대법원 2002.4.26. 선고 2001도2417 판결; 대법원 1994.8.23. 선고 94도630 판결; 대법원 1992.2.28. 선고 91도3182 판결; 대법원 1983.6.28. 선고 83도399 판결.

79) 대법원 2012.7.26. 선고 2011도8805 판결; 대법원 2007.1.25. 선고 2006도5979 판결.

80) 대법원 2007.1.25. 선고 2006도5979 판결.

가고 싶다면서 피해자의 손목을 잡아끄는 행위를 한 점 등을 고려하면, 피고인의 행위는 피해자의 의사에 반하여 이루어진 것일 뿐만 아니라 피해자의 성적 자유를 침해하는 유형력의 행사에 해당하고, 일반인에게도 성적 수치심이나 혐오감을 일으키게 할 수 있는 추행행위로 볼 수 있다. 추행행위와 동시에 저질러지는 폭행행위는 반드시 상대방의 의사를 억압할 정도의 것임을 요하지 않으므로, 비록 피해자가 이후에 피고인을 설득하여 택시에 태워서 보냈다고 하더라도 강제추행죄의 성립에는 영향이 없다.[81] 미용업체인 甲 주식회사를 운영하는 피고인이 甲 회사의 가맹점에서 근무하는 乙(여, 27세)을 비롯한 직원들과 노래방에서 회식을 하던 중 乙을 자신의 옆자리에 앉힌 후 귓속말로 '일하는 것 어렵지 않냐. 힘든 것 있으면 말하라'고 하면서 갑자기 乙의 볼에 입을 맞추고, 이에 乙이 '하지 마세요'라고 하였음에도 계속하여 '괜찮다. 힘든 것 있으면 말해라. 무슨 일이든 해결해 줄 수 있다'고 하면서 오른손으로 乙의 오른쪽 허벅지를 쓰다듬어 강제로 추행하였다는 내용으로 기소되었는데, 원심이 공소사실 전부를 무죄로 판단한 사안에서, 공소사실 중 피고인이 乙의 허벅지를 쓰다듬은 행위로 인한 강제추행 부분에 대하여는, 乙은 본인의 의사에 반하여 피고인이 자신의 허벅지를 쓰다듬었다는 취지로 일관되게 진술하였고, 당시 현장에 있었던 증인들의 진술 역시 피고인이 乙의 허벅지를 쓰다듬는 장면을 목격하였다는 취지로서 乙의 진술에 부합하는 점, 여성인 乙이 성적 수치심이나 혐오감을 느낄 수 있는 부위인 허벅지를 쓰다듬은 행위는 乙의 의사에 반하여 이루어진 것인 한 乙의 성적 자유를 침해하는 유형력의 행사에 해당할 뿐 아니라 일반인에게도 성적 수치심이나 혐오감을 일으키게 하는 추행행위라고 보아야 하는 점, 원심은 무죄의 근거로서 피고인이 乙의 허벅지를 쓰다듬던 당시 乙이 즉시 피고인에게 항의하거나 반발하는 등의 거부의사를 밝히는 대신 그 자리에 가만히 있었다는 점을 중시한 것으로 보이나, 성범죄 피해자의 대처 양상은 피해자의 성정이나 가해자와의 관계 및 구체적인 상황에 따라 다르게 나타날 수밖에 없다는 점(대법원 2018.10.25. 선고 2018도7709 판결, 대법원 2019.7.11. 선고 2018도2614 판결 등 참조)에서 위 사정만으로는 강제추행죄의 성립이 부정된다고 보기 어려운 점 등을 종합할 때 기습추행으로 인한 강제추행죄의 성립을 부정적으로 볼 수 없을 뿐 아니라, 피고인이 저지른 행위가 자신의 의사에 반하였다는 乙 진술의 신빙성에 대하여 합리적인 의심을 가질 만한 사정도 없다는 이유로, 이와 달리 보아 이 부분에 대하여도 범죄의 증명이 없다고 본 원심의 판단에 기습추행 내지 강제추행죄의 성립에 관한 법리를 오해한 잘못이 있다고 한 사례이다.[82] 피고인이, 알고 지내던 여성인 피해자 갑이 자신의 머리채를 잡아 폭행을 가하자 보복의 의미에서 갑의 입술, 귀, 유두, 가슴 등을 입으로 깨무는 등의 행위를 한 사안에서, 객관적으로 여성인 피해자의 입술, 귀, 유두, 가슴을 입으로 깨무는 행위는 일반적이고 평균적인 사람으로 하여금 성적 수치심이나 혐오감을 일으키게 하고 선량한 성적 도덕관념에 반하는 행위로서, 갑의 성적 자유를 침해하였다고 보는 것이 타당하다는 이유로, 피고인의 행위가 강제추행죄의 '추행'에 해당한다고 한 사례이다.[83] 피고인이 엘리베이터라는 폐쇄된 공간에서 피해자들을 칼로 위협하는 등으로 꼼짝하지 못하도록 자신의 실력적인 지배하에 둔 다음 피해자들에게 성적 수치심과 혐오감을 일으키는 자신의 자위행위 모습을 보여주고 피해자들로 하여금 이를 외면하거나 피할 수 없게 한 행위는 강제추행죄의 추행에 해당한다[84] 유부녀인 피해자에 대하여 혼인 외 성관계 사실을 폭로하겠다는 등의 내용으로 협박하여 피해자를 간음 또는 추행한 사안에서 위와 같은 협박이 피해자를 단순히 외포시킨 정도를 넘어 적어도 피해자의 항거를 현저히 곤란하게 할 정도

81) 대법원 2020.7.23. 선고 2019도15421 판결.
82) 대법원 2020.3.26. 선고 2019도15994 판결.
83) 대법원 2013.9.26. 선고 2013도5856 판결.
84) 대법원 2010.2.25. 선고 2009도13716 판결.

의 것이었다고 보기에 충분하다는 이유로, 강간죄 및 강제추행죄가 성립한다고 한 사례이다.[85)] 피고인이 그 판시 일시에 피해자의 집 방안에서 갑자기 피해자의 상의를 걷어올려서 유방을 만지고, 하의를 끄집어 내리는 등 하여 강제추행하였다는 원심의 사실인정은 충분히 수긍이 가고, 거기에 소론과 같이 채증법칙을 어겨 적법한 증거없이 사실을 오인한 위법이 있다고 할 수 없다.[86)] 피고인이 피해자를 팔로 힘껏 껴안고 강제로 두차례 입을 맞추어 그녀를 강제추행한 것이라는 강제추행 공소사실에 관하여 위 피고인이 그 판시와 같이 피해자 피해자의 입을 맞춘 사실은 인정되지만 강제추행죄에 있어서의 폭행, 협박은 상대방의 의사를 억압할 정도의 것이어야만 되는데 이와 같은 폭행, 협박이 있었다는 점에 부합되는 그 판시 각 증거는 그 판시와 같이 이를 믿을 수 없고 달리 그러한 폭행, 협박이 있었다고 인정할 만한 증거가 없으니 위 공소사실은 결국 그 범죄의 증명이 없는 때에 귀착된다는 취지로 판단하고 위 피고인에 대하여 무죄의 선고를 하고 있다. 그러나 강제추행죄에 있어서 폭행 또는 협박으로 사람에 대하여 추행을 한다는 것은 먼저 상대방에 대하여 폭행 또는 협박을 가하여 그 항거를 곤란하게 한 뒤에 추행행위를 하는 경우만을 말하는 것이 아니고 폭행행위 자체가 추행행위라고 인정되는 경우도 포함되는 것이라 할 것이고 뒤의 경우에 있어서의 폭행은 반드시 상대방의 의사를 억압할 정도의 것임을 요하지 않고 다만 상대방의 의사에 반하는 유형력의 행사가 있는 이상 그 힘의 대소 강약을 불문한다고 보아야 할 것이다.[87)]

추행을 부정한 판례의 구체적 내용은 다음과 같다. 즉,

형법 제245조의 공연음란죄에서 정하는 '음란한 행위'(또는 이른바 과다노출에 관한 경범죄처벌법 제1조 제41호에서 정하는 행위)가 특정한 사람을 상대로 행하여졌다고 해서 반드시 그 사람에 대하여 '추행'이 된다고 말할 수 없고, 무엇보다도 문제의 행위가 피해자의 성적 자유를 침해하는 것으로 평가될 수 있어야 한다.[88)] 피고인이 피해자 갑(여, 48세)에게 욕설을 하면서 자신의 바지를 벗어 성기를 보여주는 방법으로 강제추행하였다는 내용으로 기소된 사안에서, 갑의 성별·연령, 행위에 이르게 된 경위, 갑에 대하여 어떠한 신체 접촉도 없었던 점, 행위장소가 사람 및 차량의 왕래가 빈번한 도로로서 공중에게 공개된 곳인 점, 피고인이 한 욕설은 성적인 성질을 가지지 아니하는 것으로서 '추행'과 관련이 없는 점, 갑이 자신의 성적 결정의 자유를 침해당하였다고 볼 만한 사정이 없는 점 등 제반 사정을 고려할 때, 단순히 피고인이 바지를 벗어 자신의 성기를 보여준 것만으로는 그것이 비록 객관적으로 일반인에게 성적 수치심이나 혐오감을 일으키게 하는 행위라고 할 수 있을지 몰라도 피고인이 폭행 또는 협박으로 '추행'을 하였다고 볼 수 없다.[89)] 군형법 제92조의 추행죄는 군 내부의 건전한 공적생활을 영위하고, 이른바 군대가정의 성적 건강을 유지하기 위하여 제정된 것으로서, 주된 보호법익은 '개인의 성적 자유'가 아니라 '군이라는 공동사회의 건전한 생활과 군기'라는 사회적 법익이다. 형법이나 성폭력범죄의 처벌 및 피해자보호 등에 관한 법률(이하 '형법 등'이라 한다)에서 규정하고 있는 추행 관련 범죄와 달리 군형법 제92조의 추행죄는 구성요건적 수단이나 정황 등에 대한 제한이 없고 대표적 구성요건인 '계간'을 판단지침으로 예시하고 있을 뿐이며, 법정형도 일괄적으로 1년 이하의 징역형으로 처벌하도록 규정하고 있다. 따라서 개인적 성적 자유를 주된 보호법익으로 하는 형법 등에서 말하

85) 대법원 2007.1.25. 선고 2006도5979 판결.
86) 대법원 1994.8.23. 선고 94도630 판결.
87) 대법원 1983.6.28. 선고 83도399 판결.
88) 대법원 2012.7.26. 선고 2011도8805 판결.
89) 대법원 2012.7.26. 선고 2011도8805 판결.

는 '추행'의 개념과 달리 군형법 제92조에서 말하는 '추행'이라 함은 계간(항문 성교)에 이르지 아니한 동성애 성행위 등 객관적으로 일반인에게 혐오감을 일으키게 하고 선량한 성적 도덕관념에 반하는 성적 만족 행위로서 군이라는 공동사회의 건전한 생활과 군기를 침해하는 것을 의미하고, 이에 해당하는지 여부는 행위자의 의사, 구체적 행위태양, 행위자들 사이의 관계, 그 행위가 공동생활이나 군기에 미치는 영향과 그 시대의 성적 도덕관념 등을 종합적으로 고려하여 신중히 결정하여야 한다. 육군 중대장이 소속 중대원들의 젖꼭지 등 특정 신체부위를 비틀거나 때린 사안에서, 장소의 공개성, 범행시각, 피해자들이 불특정 다수인 점 등에 비추어 군이라는 공동사회의 건전한 생활과 군기를 침해하는 비정상적인 성적 만족 행위라고 보기 어려우므로, 군형법 제92조의 추행죄에 해당하지 않는다고 한 사례이다.[90]

4) 결 과

본죄는 침해범으로서 결과의 발생을 요한다. 본죄의 결과는 성적 자기결정권에 대한 침해이다. 다만 추행 행위에 해당하기 위해서는 객관적으로 일반인에게 성적 수치심이나 혐오감을 일으키게 할 만한 행위로서 선량한 성적 도덕관념에 반하는 행위를 행위자가 대상자를 상대로 실행하는 것으로 충분하고, 그 행위로 말미암아 대상자가 성적 수치심이나 혐오감을 반드시 실제로 느껴야 하는 것은 아니다.[91]

5) 인과관계

폭행 또는 협박과 추행 사이에는 인과관계의 존재를 요한다. 예컨대 협박과 간음 또는 추행 사이에 시간적 간격이 있더라도 협박에 의하여 간음 또는 추행이 이루어진 것으로 인정될 수 있다면 달리 볼 것은 아니다.[92]

(2) 주관적 구성요건

본죄는 고의범이다. 본죄의 고의는 인식적 요소로서 폭행 또는 협박에 의하여 사람을 추행한다는 인식을 요한다. 성욕을 자극·흥분·만족시키려는 주관적 동기나 목적이 있어야 하는 것은 아니다.[93]

(3) 미수·기수

본죄는 미수범을 처벌한다. 본죄의 실행의 착수는 폭행·협박 또는 추행의 개시에 의하여 인정된다. 추행의 결과 개인의 성적 자기결정권이 침해되는 때에 기수에 달한다고 해석된다. 대법원도 "추행의 고의로 상대방의 의사에 반하는 유형력의 행사, 즉 폭행행위를 하여 실행행위에 착수하였으나 추행의 결과에 이르지 못한 때에는 강제추행미수죄가 성립하며, 이러한 법리는 폭행행위 자체가 추행행위라고 인정되는 이른바 '기습추행'의 경우에도 마찬가지로 적용된다"고 판시한 바 있다.[94]

---

90) 대법원 2008.5.29. 선고 2008도2222 판결.
91) 대법원 2021.10.28 선고 2021도7538 판결; 대법원 2020.6.25. 선고 2015도7102 판결.
92) 대법원 2007.1.25. 선고 2006도5979 판결.
93) 대법원 2013.9.26. 선고 2013도5856 판결; 대법원 2006.1.13. 선고 2005도6791 판결.
94) 대법원 2015.9.10. 선고 2015도6980,2015모2524 판결.

(4) 공 범

본죄는 사람의 성적 자유 내지 성적 자기결정의 자유를 보호하기 위한 죄로서 정범 자신이 직접 범죄를 실행하여야 성립하는 자수범이라고 볼 수 없으므로, 처벌되지 아니하는 타인을 도구로 삼아 피해자를 강제로 추행하는 간접정범의 형태로도 범할 수 있다.[95] 여기서 강제추행에 관한 간접정범의 의사를 실현하는 도구로서의 타인에는 피해자도 포함될 수 있다고 봄이 타당하므로, 피해자를 도구로 삼아 피해자의 신체를 이용하여 추행행위를 한 경우에도 본죄의 간접정범에 해당할 수 있다.[96]

공범을 긍정한 판례의 구체적 내용은 다음과 같다. 즉,

> 피고인이 피해자들을 협박하여 겁을 먹은 피해자들로 하여금 어쩔 수 없이 나체나 속옷만 입은 상태가 되게 하여 스스로를 촬영하게 하거나, 성기에 이물질을 삽입하거나 자위를 하는 등의 행위를 하게 하였다면, 이러한 행위는 피해자들을 도구로 삼아 피해자들의 신체를 이용하여 그 성적 자유를 침해한 행위로서, 그 행위의 내용과 경위에 비추어 일반적이고도 평균적인 사람으로 하여금 성적 수치심이나 혐오감을 일으키게 하고 선량한 성적 도덕관념에 반하는 행위라고 볼 여지가 충분하다. 따라서 원심이 확정한 사실관계에 의하더라도, 피고인의 행위 중 위와 같은 행위들은 피해자들을 이용하여 강제추행의 범죄를 실현한 것으로 평가할 수 있고, 피고인이 직접 위와 같은 행위들을 하지 않았다거나 피해자들의 신체에 대한 직접적인 접촉이 없었다고 하더라도 달리 볼 것은 아니다.[97]

2. 위법성조각사유

본죄의 성질상 피해자의 승낙이 있는 경우에는 본죄의 성립은 부정된다. 전술한 강간죄에서와 같다. 폭행・협박이 있어도 승낙이 있는 경우에는 폭행・협박에 의하여 간음하였다고 할 수 없어 위법성이 조각된다고 하기보다는 구성요건해당성이 조각된다고 해석되기 때문이다. 위법성이 조각되는 경우라도 사회상규에 위배되는 경우에는 위법성이 조각되지 아니한다고 해석된다.

다만 피해자의 승낙은 자유로운 의사결정에 근거한 진의의 승낙이 아니면 안 된다. 승낙은 명시적이든 묵시적이든 묻지 않는다. 승낙은 폭행・협박의 개시시에 존재하지 않으면 안 된다. 폭행・협박의 개시 후에 자유로운 의사결정에 근거한 진의의 승낙이 행하여진 경우에는 본죄의 기수로는 되지 않지만 미수의 성립은 면하지 못한다. 일단 승낙을 하였지만, 후에 이를 번의한 경우에는 이미 승낙이 있었다고는 할 수 없다.

위법성조각을 부정한 판례의 구체적 내용은 다음과 같다. 즉,

> 피고인은 공터에서 피해자들이 놀고 있는 것을 발견하고 다가가 피해자들을 끌어안고 손으로 피해자들의 음부 부위를 갑자기 1회 만졌다는 것이고, 이와 더불어 적법하게 채택된 증거들에 의하여 인정되는 피고인과 피해자들의 관계, 피해자들의 연령과 의사, 위 행위에 이르게 된 경위와

---

95) 대법원 2018.2.8. 선고 2016도17733 판결.
96) 대법원 2018.2.8. 선고 2016도17733 판결.
97) 대법원 2018.2.8. 선고 2016도17733 판결.

당시의 상황, 위 행위 후의 피해자들의 반응 및 위 행위가 피해자들에게 미친 영향 등을 고려하여 보면, 피고인이 사탕과 호루라기를 매개로 피해자들에게 접근하면서 피해자들을 끌어안는 것에 대하여 피해자들이 별다른 저항을 하지 않았다고 하더라도 음부를 만지는 행위에 대해서까지 용인하였다고 보기는 어려우며, 결국 피고인의 위 행위는 순간적인 행위이지만 피해자들의 의사에 반하여 행하여진 유형력의 행사로서, 객관적으로 일반인에게 성적 수치심이나 혐오감을 불러일으키고 선량한 성적 도덕관념에 반하는 행위에 해당하고, 그로 인하여 정신적·육체적으로 미숙한 피해자들의 심리적 성장 및 성적 정체성의 형성에 부정적 영향을 미쳤다고 할 것이므로, 앞서 본 법리에 비추어 볼 때 강제추행행위에 해당한다.[98] 피고인이 이 사건 당일 (상호 생략) 컨트리클럽 회장 공소외인 등과 골프를 친 후 위 컨트리클럽 내 식당에서 식사를 하면서 그곳에서 근무 중인 여종업원인 피해자들에게 함께 술을 마실 것을 요구하였다가 피해자들로부터 거절당하였음에도 불구하고, 위 컨트리클럽의 회장인 위 공소외인과의 친분관계를 내세워 피해자들에게 어떠한 신분상의 불이익을 가할 것처럼 협박하여 피해자들로 하여금 목 뒤로 팔을 감아 돌림으로써 얼굴이나 상체가 밀착되어 서로 포옹하는 것과 같은 신체접촉이 있게 되는 이른바 러브샷의 방법으로 술을 마시게 한 사실을 인정한 다음, 피고인과 피해자들의 관계, 성별, 연령 및 위 러브샷에 이르게 된 경위나 그 과정에서 나타난 피해자들의 의사 등에 비추어 볼 때 강제추행죄의 구성요건인 '강제추행'에 해당하고, 이 때 피해자들의 유효한 승낙이 있었다고 볼 수 없다고 판단하였다.[99] 직장 상사가 등 뒤에서 피해자의 의사에 명백히 반하여 어깨를 주무른 경우, 여성에 대한 추행에 있어 신체부위에 따라 본질적인 차이가 있다고 볼 수는 없다 할 것인데, 위에서 본 사실관계에 의하면 피고인의 어깨를 주무르는 것에 대하여 평소 수치스럽게 생각하여 오던 피해자에 대하여 그 의사에 명백히 반하여 그의 어깨를 주무르고 이로 인하여 피해자로 하여금 소름이 끼치도록 혐오감을 느끼게 하였고, 이어 나중에는 피해자를 껴안기까지 한 일련의 행위에서 드러난 피고인의 추행 성행을 앞서 본 추행에 관한 법리에 비추어 볼 때 이는 20대 초반의 미혼 여성인 피해자의 성적 자유를 침해할 뿐만 아니라 일반인의 입장에서도 도덕적 비난을 넘어 추행행위라고 평가할 만한 것이라 할 것이고, 나아가 추행행위의 행태와 당시의 경위 등에 비추어 볼 때 피고인의 범의나 업무상 위력이 행사된 점 또한 넉넉히 인정할 수 있다.[100] 피고인은 피고인의 처가 경영하는 식당의 지하실에서 종업원들인 피해자(35세의 유부녀이다.) 및 (갑)과 노래를 부르며 놀던 중 (갑)이 노래를 부르는 동안 피해자를 뒤에서 껴안고 부루스를 추면서 피해자의 유방을 만졌다는 것인 바, 위 인정사실과 더불어 기록상 인정되는 피고인과 피해자의 관계, 위 행위에 이르게 된 경위와 당시의 상황 등을 고려하여 보면, 피고인의 위 행위가 순간적인 행위에 불과하더라도 피해자의 의사에 반하여 행하여진 유형력의 행사에 해당하고 피해자의 성적 자유를 침해할 뿐만 아니라 일반인의 입장에서도 추행행위라고 평가될 수 있는 것으로서, 앞서 설시한 법리에 따르면 폭행행위 자체가 추행행위라고 인정되어 강제추행죄가 성립될 수 있는 경우이며, 나아가 추행행위의 행태와 당시의 정황 등에 비추어 볼 때 피고인의 범의도 넉넉히 인정할 수 있다.[101]

3. 죄 수

본죄를 범한 후 강간죄를 범하는 경우 본죄는 강간죄에 흡수된다. 본죄와 공연음란죄는

98) 대법원 2012.6.14. 선고 2012도3893,2012감도14,2012전도83 판결.
99) 대법원 2008.3.13. 선고 2007도10050 판결.
100) 대법원 2004.4.16. 선고 2004도52 판결.
101) 대법원 2002.4.26. 선고 2001도2417 판결.

아무런 관계가 없는 전혀 다른 별개의 죄라고 해석된다. 따라서 공연히 강제추행한 경우에는 본죄만이 성립한다고 해석된다.

Ⅲ. 처 벌

본죄의 법정형은 10년 이하의 징역 또는 1천500만원 이하의 벌금이다. 3년 이상의 유기징역인 강간죄의 그것보다는 가볍다. 본죄의 예비·음모죄의 법정형은 3년 이하의 징역이다. 본죄의 미수범은 처벌된다.

Ⅳ. 상습 강제추행죄

본죄는 상습범을 처벌한다. 상습으로 본죄를 범한 자에 대하여는 그 죄에 정한 형의 2분의 1까지 가중한다.

§5. 준강간·준강제추행죄

제299조(준강간, 준강제추행) 사람의 심신상실 또는 항거불능의 상태를 이용하여 간음 또는 추행을 한 자는 제297조, 제297조의2 및 제298조의 예에 의한다.

제300조(미수범) ~ 제299조의 미수범은 처벌한다.

제305조의2(상습범) 상습으로 ~ 제298조부터 제300조까지, ~ 의 죄를 범한 자는 그 죄에 정한 형의 2분의 1까지 가중한다.

제305조의3(예비, 음모) ~ 제299조(준강간죄에 한정한다), ~ 의 죄를 범할 목적으로 예비 또는 음모한 사람은 3년 이하의 징역에 처한다.

구조문

제306조(고소) 제297조 내지 제300조와 제302조 내지 제305조의 죄는 고소가 있어야 공소를 제기할 수 있다. 〈개정 1995. 12. 29.〉

Ⅰ. 서 설

본죄는 사람의 심신상실 또는 항거불능의 상태를 이용하여 간음 또는 추행을 함으로써 성립한다. 본죄는 정신적·신체적 사정으로 인하여 성적인 자기방어를 할 수 없는 사람의 성적 자기결정권을 보호법익으로 한다.[102] 본죄는 폭행 또는 협박의 방법이 아닌 심신상실 또는 항거불능의 상태를 이용하여 간음 또는 추행한 행위를 강간죄, 유사강간죄 또는 강제추행죄와 동일하게 처벌하려는 취지이다.[103]

---

102) 대법원 2019.3.28. 선고 2018도16002 전원합의체 판결.
103) 대법원 2019.3.28. 선고 2018도16002 전원합의체 판결.

Ⅱ. 범 죄

1. 객관적 구성요건

(1) 객 체

1) 사 람

본죄의 객체는 사람이다. 심신상실 또는 항거불능의 상태는 피해자인 사람에게 존재하여야 하므로 준강간죄에서 행위의 대상은 심신상실 또는 항거불능의 상태에 있는 사람이다.[104] 따라서 간음 또는 추행하기 위하여 행위자가 이러한 상태를 야기한 때에는 본죄가 아니라 강간죄 또는 강제추행죄가 성립하게 된다.

① 심신상실

심신상실(心神喪失)이란 정신 또는 의식의 장애로 성적 행위에 대하여 정상적인 판단을 할 수 없는 상태, 즉 자기에 대하여 간음, 유사간음 또는 추행이 행하여지고 있다는 것에 대한 인식이 없는 상태를 말한다. 총칙상 책임무능력상태로서의 심신상실보다는 넓은 개념이다(제10조 제1항 참조). 예시로서는 숙면(熟眠), 명정(酩酊), 고도의 정신병 · 정신박약 등이 거론되지만, 경우에 따라 수면 중의 경우, 치매의 경우는 항거불능이라고 할 수 있다.

② 항거불능

항거불능(抗拒不能)이란 강간죄, 유사강간죄 또는 강제추행죄와의 균형상 심신상실 이외의 원인 때문에 심리적 또는 물리적으로 반항이 절대적으로 불가능하거나 현저히 곤란한 경우를 의미한다.[105] 항거불능은 심신상실과의 구별이 반드시 명확한 것은 아니다. 양자를 엄격하게 구별할 실익은 없다.

2) 심신상실 · 항거불능의 정도

심신상실 · 항거불능의 정도에 대하여는 다툼이 있다. 심심상실 또는 항거불능이 저항하는 것이 불가능한 상태에 이르러야 한다는 견해와 반항이 현저히 곤란한 상태로 족하다는 견해가 그것이다. 생각건대 후자의 견해가 타당하다고 해석된다. 전술한 강간죄, 유사강간죄 또는 강제추행죄와 균형을 맞출 필요가 있다는 점, 본죄의 본질이 피해자의 의사를 무시하고 그 성적 자유를 침해하는 것에 있다는 점 등이 그 근거로 거론될 수 있을 것이다.

심신상실 또는 항거불능을 긍정한 판례의 구체적 내용은 다음과 같다. 즉,

> 피해자가 피고인에 대하여 갖고 있던 믿음과 경외감, 추행 당시의 피고인 및 피해자의 행위 내용과 태도, 그 당시 피해자를 둘러싼 제반 환경과 피해자의 심리상태, 연령, 지적능력 등에 비추어 보면, 피고인에 대한 종교적 믿음이 무너지는 정신적 충격을 받으면서 피고인의 행위가 종교적으로 필요한 행위로서 이를 용인해야 하는지에 관해 판단과 결정을 하지 못한 채 곤혹과 당황,

---

104) 대법원 2019.3.28. 선고 2018도16002 전원합의체 판결.

105) 대법원 2012.6.28. 선고 2012도2631 판결; 대법원 2009.4.23. 선고 2009도2001 판결; 대법원 2000.5.26. 선고 98도3257 판결.

경악 등 정신적 혼란을 겪어 피고인의 행위를 거부하지 못하는 한편 피고인의 행위를 그대로 용인하는 다른 신도들이 주위에 있는 상태에서 위와 같은 정신적 혼란이 더욱 가중된 나머지, 피고인의 행위가 성적 행위임을 알면서도 이에 대한 반항이 현저하게 곤란한 상태에 있었다고 판단하고, 피고인의 위 피해자에 대한 이 사건 준강제추행의 공소사실에 대하여 무죄를 선고한 제1심 판결을 파기하고 유죄를 인정하였다.[106)]

심신상실 또는 항거불능을 부정한 판례의 구체적 내용은 다음과 같다. 즉,

교회 노회장이 교회 여신도들을 간음 · 추행한 사안에서, 피고인이 술에 취하여 심신상실의 상태에 있는 피해자를 1회 강간하고 이로 인하여 피해자에게 약 1주간의 치료를 요하는 처녀막 열상 등의 상해를 입게 하였다는 이 사건 공소사실에 대하여, 피고인이 술에 취하여 안방에서 잠을 자고 있던 피해자를 발견하고 갑자기 욕정을 일으켜 피해자의 옆에 누워 피해자의 몸을 더듬다가 피해자의 바지를 벗기려는 순간 피해자가 어렴풋이 잠에서 깨어났으나 피해자는 잠결에 자신의 바지를 벗기려는 피고인을 자신의 애인으로 착각하여 반항하지 않고 응함에 따라 피해자를 1회 간음한 사실을 인정한 다음, 이와 같이 피해자가 잠결에 피고인을 자신의 애인으로 잘못 알았다고 하더라도 피해자의 위와 같은 의식상태를 심신상실의 상태에 이르렀다고 보기 어렵고 달리 피해자가 심신상실의 상태에 이르렀다고 인정할 증거가 없다는 이유로 피고인에 대하여 무죄를 선고한 제1심판결을 유지하고 검사의 항소를 기각하였다. 기록에 의하면 원심이 인정한 사실 이외에도 피해자는 안방에서 잠을 자고 있던 중 피고인이 안방에 들어오자 피고인을 자신의 애인으로 잘못 알고 불을 끄라고 말하였고, 피고인이 자신을 애무할 때 누구냐고 물었으며, 피고인이 여관으로 가자고 제의하자 그냥 빨리 하라고 말한 사실을 알 수 있으므로, 피고인의 이 사건 간음행위 당시 피해자가 심신상실상태에 있었다고 볼 수 없다고 본 원심의 사실인정과 판단은 정당한 것으로 수긍이 되고, 거기에 검사가 상고이유로 주장하는 바와 같은 법리오해, 채증법칙 위배의 위법이 있다고 할 수 없다.[107)] 피해자는 탁주 3잔을 마셨다는 것이고 그것도 강제로 먹인 것이 아니고 피고인 등 3인이 한잔씩 권하기에 마셨다는 것인 바 위 피해자는 주점을 경영하는 여자로써 자신의 주량을 알았을 것이고 자신의 주량이 탁주 3잔에 항거불능의 상태에 빠진다는 것을 알았다면 아무리 손님의 강권이라고 3잔을 마실리는 없다 할 것이니 동녀가 이 사건 당시 탁주 3잔에 간음당하여도 항거를 할 수 없는 정도로 인사불성이 된 사실을 인정하려면 동 사실을 인정하기에 족한 증거가 있어야 할 것이요, 다만 동녀가 3인의 남자와 간음한 점으로 미루어 보아 동녀가 항거불능상태가 아니고서는 3인과 간음할리가 없으니 항거불능상태이었던 사실이 인정된다거나 유부녀로서 음주 끝에 타남자와 간음한 여자에게 항거불능 상태하에서 간음하였는지의 여부를 물어보아 그 대답에 의하여 항거불능상태였던 사실을 인정할 수 있는 것으로 속단하기도 어렵다 할 것인데 기록에 나타난 증거자료에 의하면 피해자가 이 사건 당시 의식불명의 인사불성 상태였다거나 의식은 있었어도 항거불능 상태였다고 보기 어려운 다음과 같은 자료가 있다. 즉 피고인들의 검찰에서의 진술에 의하면 피고인 등 및 공소외인과 위 피해자간에 이건 간음행위가 이루어진 전후의 사정에 관하여 피고인 양인의 진술이 일치하고 있는 점을 알 수 있는 바 피고인 양인은 당시 구속중에 검찰신문을 받었으므로 공모의 여지가 없는데 진실에 반하는 날조된 사실을 진술한 것이라면 피고인 양인의 진술이 그와 같이 일치될 수는 없다 할 것이요, 피고인 등의 검찰에서의 진술이 사실이라면 피해자

106) 대법원 2009.4.23. 선고 2009도2001 판결.
107) 대법원 2000.2.25. 선고 98도4355 판결.

가 인사불성상태이거나 항거불능상태였다고는 볼 수 없다 할 것이요, 더구나 기록에 편첨된 피해자의 그 남편에 대한 편지의 내용과 이건 행위가 있었던 이틀날 아침식사까지 피해자가 피고인 등에게 제공하였던 점 등으로 보아 동녀가 항거불능상태에서 간음당하였다고 보기에는 이를 인정할 증거자료가 미흡하다고 할 것임도 불구하고 원심이 위와 같이 이건 범죄사실을 인정한 조치는 경험칙에 반하는 증거판단을 한 위법사유가 있다 하겠으니 논지는 이유있어 관여법관의 일치된 의견으로 원심판결을 파기환송하기로 하여 주문과 같이 판결한다.[108]

(2) 행 위

본죄의 실행행위는 간음 또는 추행하는 것이다. 간음 또는 추행의 개념은 강간죄에서의 간음 또는 강제추행죄에서의 추행과 같다. 다만 본죄에서의 간음은 강간죄에서의 간음뿐만 아니라 유사간강죄에서의 유사간음을 포함하는 개념이라고 해석된다.

간음 또는 추행은 심실상실 또는 항거불능의 상태를 이용하여 행하여질 것이 요구된다. 심신상실 또는 항거불능의 상태를 이용한다 함은 행위자가 이러한 상태를 인식하였을 뿐만 아니라 그 상태 때문에 간음 또는 추행이 가능하였거나 용이하게 되었음을 의미한다. 이용(利用)이란 심신상실 또는 항거불능의 상태를 이용하는 것을 말한다. 그 상태에 이르게 된 원인은 묻지 않는다. 따라서 제3자의 폭행, 협박에 의하여 항거불능의 상태에 빠진 경우를 이용한 경우, 피해자가 사용하는 음료수에 수면제를 투입하거나, 감언을 농하여 마취제나 각성제를 주사하거나 최면술을 이용하여 심신상실 또는 항거불능에 빠뜨리는 경우 등도 이에 해당한다.

2. 주관적 구성요건

본죄는 고의범이다. 본죄의 고의는 인식적 요소로서 상대방이 심신상실 또는 항거불능의 상태에 있다는 사실에 대한 인식을 요한다. 대법원도 "준강간의 고의는 피해자가 심신상실 또는 항거불능의 상태에 있다는 것과 그러한 상태를 이용하여 간음한다는 구성요건적 결과 발생의 가능성을 인식하고 그러한 위험을 용인하는 내심의 의사를 말한다"고 판시한 바 있다.[109]

심신상실 또는 항거불능의 상태에 있다고 인식하고 그러한 상태를 이용하여 간음할 의사로 간음하였으나 실제로는 심신상실 또는 항거불능의 상태에 있지 않은 경우에는 실행의 수단 또는 대상의 착오로 본죄의 기수에 이를 가능성이 처음부터 없다고 볼 수 있다. 이 경우 행위 당시에 인식한 사정을 놓고 일반인이 객관적으로 판단하여 보았을 때 정신적 · 신체적 사정으로 인하여 성적인 자기방어를 할 수 없는 사람의 성적 자기결정권을 침해하여 본죄의 결과가 발생할 위험성이 있었다면 불능미수가 성립한다.[110]

한편 상대방의 진의로 한 자유로운 승낙이 있다고 오신한 경우에는 본죄가 성립하지 않는다. 그러나 이 경우 유효한 승낙의 유무의 판단에 있어서는 극히 신중을 요한다고 해야

108) 대법원 1978.1.10. 선고 77도3678 판결.
109) 대법원 2019.3.28. 선고 2018도16002 전원합의체 판결.
110) 대법원 2019.3.28. 선고 2018도16002 전원합의체 판결.

한다.

3. 예비 · 음모

본죄 중 준강간죄는 예비 · 음모를 처벌한다. 준강간죄의 예비 · 음모죄는 준강간죄를 범할 목적으로 예비 또는 음모함으로써 성립한다. 준강간죄를 범할 목적을 요하는 목적범이다.

4. 미수 · 기수

본죄는 미수범을 처벌한다. 본죄의 실행의 착수는 간음 또는 추행의 행위를 개시한 때에 인정된다고 해석된다. 대법원도 "준강간죄에서 실행의 착수 시기는 피해자의 심신상실 또는 항거불능의 상태를 이용하여 간음을 할 의도를 가지고 간음의 수단이라고 할 수 있는 행동을 시작한 때로 보아야 한다"고 판시한 바 있다.[111] 또 대법원은 "심신상실 또는 항거불능의 상태에 있는 사람에 대하여 그 사람의 그러한 상태를 이용하여 간음행위를 하면 구성요건이 충족되어 준강간죄가 기수에 이른다"고 판시한 바 있다.[112]

실행의 착수를 긍정한 판례의 구체적 내용은 다음과 같다. 즉,

> 피고인은 피해자가 잠을 자는 사이에 피해자의 바지와 팬티를 발목까지 벗기고 웃옷을 가슴 위까지 올린 다음, 피고인의 바지를 아래로 내린 상태에서 피해자의 가슴, 엉덩이, 음부 등을 만지고 피고인이 성기를 피해자의 음부에 삽입하려고 하였으나 피해자가 몸을 뒤척이고 비트는 등 잠에서 깨어 거부하는 듯한 기색을 보이자 더 이상 간음행위에 나아가는 것을 포기한 사실을 알아볼 수 있는바, 사실관계가 그와 같다면 피고인의 행위를 전체적으로 관찰할 때, 피고인은 잠을 자고 있는 피해자의 옷을 벗기고 자신의 바지를 내린 상태에서 피해자의 음부 등을 만지는 행위를 한 시점에서 피해자의 항거불능의 상태를 이용하여 간음을 할 의도를 가지고 간음의 수단이라고 할 수 있는 행동을 시작한 것으로서 준강간죄의 실행에 착수하였다고 보아야 할 것이고, 그 후 피고인이 위와 같은 행위를 하는 바람에 피해자가 잠에서 깨어나 피고인이 성기를 삽입하려고 할 때에는 객관적으로 항거불능의 상태에 있지 아니하였다고 하더라도 준강간미수죄의 성립에 지장이 없다고 할 것이므로, 이와 달리 피고인은 피해자가 잠을 자고 있는 사이에는 추행을 할 의도가 있었을 뿐 간음을 할 의도는 없었음을 전제로 하여 원심판결에 준강간에 관한 법리를 오해한 위법이 있다고 비난하는 상고이유의 주장은 받아들일 수 없다.[113] 피고인이 피해자와 성관계를 할 의사로 술에 취하여 모텔 침대에 잠들어 있는 피해자의 속바지를 벗기다가 피해자가 깨어나자 중단한 사실을 알 수 있다. 그렇다면 피고인이 피해자의 속바지를 벗기려던 행위는 간음의 의도를 가지고 간음의 수단이라고 할 수 있는 행동을 시작한 것으로서 준강간죄의 실행에 착수한 것으로 보아야 한다. 따라서 이와 다른 전제의 이 부분 상고이유 주장은 받아들이지 아니한다.[114]

---

111) 대법원 2019.2.14. 선고 2018도19295 판결; 대법원 2000.1.14. 선고 99도5187 판결.
112) 대법원 2019.3.28. 선고 2018도16002 전원합의체 판결.
113) 대법원 2000.1.14. 선고 99도5187 판결.
114) 대법원 2019.2.14. 선고 2018도19295 판결.

Ⅲ. 처 벌

본죄의 법정형은 간음, 유사간음 또는 추행에 따라 각각 강간죄(제297조), 유사강간죄(제297조의2) 및 강제추행죄(제298조)의 법정형과 같다. 이러한 의미에서 본죄는 강간죄(제297조), 유사강간죄(제297조의2) 및 강제추행죄(제298조)의 보충규정이라고 할 수 있다.

Ⅳ. 상습 준강간·준강제추행죄

본죄는 상습범을 처벌한다. 상습으로 본죄를 범한 자에 대하여는 그 죄에 정한 형의 2분의 1까지 가중한다.

§6. 강간 등 상해·치상죄

제301조(강간 등 상해·치상) 제297조, 제297조의2 및 제298조부터 제300조까지의 죄를 범한 자가 사람을 상해하거나 상해에 이르게 한 때에는 무기 또는 5년 이상의 징역에 처한다.

제305조의3(예비, 음모) ∼, 제301조(강간 등 상해죄에 한정한다) ∼ 의 죄를 범할 목적으로 예비 또는 음모한 사람은 3년 이하의 징역에 처한다.

Ⅰ. 서 설

본죄는 강간 등의 죄, 즉 강간죄(제297조), 유사강간죄(제297조의2), 강제추행죄(제298조), 준강간강제추행죄(제299조) 및 위의 죄의 미수범(제300조)의 죄를 범한 자가 사람을 상해하거나 상해에 이르게 함으로써 성립한다. 본죄는 고의범으로서의 강간 등 상해죄와 결과적 가중범으로서의 강간 등 치상죄로 나누어질 수 있다.

본죄는 미수범에 대한 처벌규정을 두지 않고 있다. 다만 본죄의 미수범은 성폭력처벌법에 의하여 처벌된다(성폭력처벌법 제8조, 제15조).

Ⅱ. 범 죄

1. 강간 등 상해죄

(1) 의 의

본죄는 강간 등의 죄, 즉 강간죄(제297조), 유사강간죄(제297조의2), 강제추행죄(제298조), 준강간강제추행죄(제299조) 및 위의 죄의 미수범(제300조)의 죄를 범한 자가 사람을 상해함으로서 성립한다. 본죄는 강간 등의 죄와 상해죄가 결합된 고의범이다. 본죄의 예비·음모는 처벌된다.

(2) 객관적 구성요건

1) 주 체

본죄의 주체는 강간 등의 죄, 즉 강간죄(제297조), 유사강간죄(제297조의2), 강제추행죄(제298조), 준강간강제추행죄(제299조) 및 위의 죄의 미수범(제300조)의 죄를 범한 자이다. 다만 본죄의 선행범죄로서 강간 등의 죄의 주체에는 제한이 없다.

2) 객 체

본죄의 객체는 사람이다. 또한 본죄의 선행범죄로서 강간 등의 죄의 객체도 사람이라고 할 수 있다.

3) 행 위

본죄의 실행행위는 상해이다. 다만 본죄는 결합범으로서 본죄의 실행행위와는 별개로 강간 등의 죄, 즉 강간죄(제297조), 유사강간죄(제297조의2), 강제추행죄(제298조), 준강간강제추행죄(제299조) 및 위의 죄의 미수범(제300조)의 죄에 있어서도 실행행위가 요구된다. 이에 관하여는 각각의 범죄에서 이미 전술한 바와 같다.

4) 결 과

본죄는 결과범이다. 강간의 기회에 사람을 상해하여 상해의 결과가 발생함으로써 기수에 이른다. 반드시 강간 등의 목적을 달성할 것을 요하는 것은 아니다.

(3) 주관적 구성요건

본죄는 고의범이다. 본죄의 고의는 인식적 요소로서 강간 등의 죄를 범한 자가 사람을 상해한다는 사실에 대한 인식을 요한다.

이 외에 강간 등의 죄, 즉 강간죄(제297조), 유사강간죄(제297조의2), 강제추행죄(제298조), 준강간강제추행죄(제299조) 및 위의 죄의 미수범(제300조)의 죄에 있어서의 고의도 별개로 요구된다.

(4) 예비 · 음모

본죄는 예비 · 음모죄를 처벌한다. 예비 · 음모죄는 본죄를 범할 목적으로 예비 또는 음모함으로써 성립한다. 본죄를 범할 목적을 요하는 목적범이다. 본죄의 예비 · 음모죄의 법정형은 3년 이하의 징역이다.

2. 강간 등 치상죄

(1) 의 의

본죄는 강간 등의 죄, 즉 강간죄(제297조), 유사강간죄(제297조의2), 강제추행죄(제298조), 준강간강제추행죄(제299조) 및 위의 죄의 미수범(제300조)의 죄를 범한 자가 사람을 상해에 이르게 함으로써 성립한다. 본죄는 강간 등의 죄를 범하고 그 결과 사람을 상해에 이르게 한 자를 무겁게 처벌하려는 취지의 결과적 가중범이다.

(2) 구성요건

1) 객관적 구성요건

① 주 체

본죄의 주체는 강간 등의 죄, 즉 강간죄(제297조), 유사강간죄(제297조의2), 강제추행죄(제298조), 준강간강제추행죄(제299조) 및 위의 죄의 미수범(제300조)의 죄를 범한 자이다. 다만 본죄의 선행범죄로서 강간 등의 죄의 주체에는 제한이 없다.

② 객 체

본죄의 객체는 사람이다. 또한 본죄의 선행범죄로서 강간 등의 죄의 객체도 사람이라고 할 수 있다.

③ 행 위

본죄의 실행행위는 과실행위이다. 과실행위란 객관적 구성요건요소로서 객관적 주의의무에 대한 위반이다. 다만 본죄는 선행범죄의 실행행위로서 고의에 의한 강간 등의 죄, 즉 강간죄(제297조), 유사강간죄(제297조의2), 강제추행죄(제298조), 준강간강제추행죄(제299조) 및 위의 죄의 미수범(제300조)에 해당하는 실행행위를 요한다.

④ 결 과

ⓘ 의 의　본죄의 중한 결과는 과실행위에 의한 상해이다. 상해는 전술한 상해죄에 있어서의 상해와 같다. 상해는 피해자의 신체의 완전성을 훼손하거나 생리적 기능에 장애를 초래하는 것, 즉 피해자의 건강상태가 불량하게 변경되고 생활기능에 장애가 초래되는 것을 말하는 것으로, 여기서의 생리적 기능에는 육체적 기능뿐만 아니라 정신적 기능도 포함된다.[115]

ⓘⓘ 상해의 정도　신체의 외모에 변화가 생겼다고 하더라도 신체의 생리적 기능에 장애를 초래하지 아니하는 이상 상해에 해당한다고 할 수 없다.[116] 상처가 극히 경미하여 굳이 치료할 필요가 없고 치료를 받지 않더라도 일상생활을 하는 데 아무런 지장이 없으며 시일이 경과함에 따라 자연적으로 치유될 수 있을 정도라면, 그로 인하여 신체의 건강상태가 불량하게 변경되었다거나 생활기능에 장애가 초래된 것으로 보기 어려워 상해에 해당한다고 할 수 없다.[117] 이러한 논거는 피해자의 반항을 억압할 만한 폭행 또는 협박이 없어도 일상생활 중 발생할 수 있는 것이거나 합의에 따른 성교행위에서도 통상 발생할 수 있는

---

115) 대법원 2017.7.11. 선고 2015도3939 판결; 대법원 2017.6.29. 선고 2017도3196 판결; 대법원 2017.4.7. 선고 2017도1286 판결; 대법원 2011.12.8. 선고 2011도7928 판결; 대법원 2009.7.23. 선고 2009도1934 판결; 대법원 2008.5.29. 선고 2007도3936 판결; 대법원 2004.3.11. 선고 2004도483 판결; 대법원 2003.9.26. 선고 2003도4606 판결; 대법원 2003.7.11. 선고 2003도2313 판결; 대법원 2000.3.23. 선고 99도3099 판결; 대법원 1997.9.5. 선고 97도1725 판결; 대법원 1996.11.22. 선고 96도1395 판결; 대법원 1994.11.4. 선고 94도1311 판결.

116) 대법원 2000.3.23. 선고 99도3099 판결.

117) 대법원 2017.4.7. 선고 2017도1286 판결; 대법원 2009.7.23. 선고 2009도1934 판결; 대법원 2004.3.11. 선고 2004도483 판결; 대법원 2003.9.26. 선고 2003도4606 판결; 대법원 2003.7.11. 선고 2003도2313 판결; 대법원 1994.11.4. 선고 94도1311 판결.

상해와 같은 정도임을 전제로 하는 것이므로 그러한 정도를 넘는 상해가 그 폭행 또는 협박에 의하여 생긴 경우라면 상해에 해당된다고 할 것이다.[118]

ⓘⓘⓘ 상해의 원인 상해의 결과는 간음행위 그 자체로부터 발생한 경우나 강간의 수단으로 사용한 폭행으로부터 발생한 경우는 물론 강간에 수반하는 행위에서 발생한 경우도 포함한다.[119]

수면제 등 약물을 투약하여 피해자를 일시적으로 수면 또는 의식불명 상태에 이르게 한 경우에 약물로 인하여 피해자의 건강상태가 나쁘게 변경되고 생활기능에 장애가 초래되었다면 이는 상해에 해당한다.[120] 피해자가 자연적으로 의식을 회복하거나 후유증이나 외부적으로 드러난 상처가 없더라도 마찬가지이다.[121]

ⅳ 상해의 판단기준 건강상태가 나쁘게 변경되고 생활기능에 장애가 초래된 것인지는 객관적, 일률적으로 판단할 것이 아니라 피해자의 연령, 성별, 체격 등 신체·정신상의 구체적 상태를 기준으로 판단하여야 한다.[122]

수면제 등 약물을 투약하여 피해자를 일시적으로 수면 또는 의식불명 상태에 이르게 한 경우에도 상해가 발생하였는지는 객관적, 일률적으로 판단할 것이 아니라 피해자의 연령, 성별, 체격 등 신체·정신상의 구체적인 상태, 약물의 종류와 용량, 투약방법, 음주 여부 등 약물의 작용에 미칠 수 있는 여러 요소를 기초로 하여 약물 투약으로 인하여 피해자에게 발생한 의식장애나 기억장애 등 신체, 정신상의 변화와 내용 및 정도를 종합적으로 고려하여 판단하여야 한다.[123]

한편 형사사건에서 상해진단서는 피해자의 진술과 함께 피고인의 범죄사실을 증명하는 유력한 증거가 될 수 있다.[124] 그러나 상해 사실의 존재 및 인과관계 역시 합리적인 의심이 없는 정도의 증명에 이르러야 인정할 수 있으므로, 상해진단서의 객관성과 신빙성을 의심할 만한 사정이 있는 때에는 그 증명력을 판단하는 데 매우 신중하여야 한다.[125] 특히 상해진단서가 주로 통증이 있다는 피해자의 주관적인 호소 등에 의존하여 의학적인 가능성만으로 발급된 때에는 그 진단 일자 및 진단서 작성일자가 상해 발생 시점과 시간상으로 근접하고 상해진단서 발급 경위에 특별히 신빙성을 의심할 만한 사정은 없는지, 상해진단서에 기재된 상해 부위 및 정도가 피해자가 주장하는 상해의 원인 내지 경위와 일치하는지, 피해자가 호소하는 불편이 기왕에 존재하던 신체 이상과 무관한 새로운 원인으로 생겼다고 단정할 수 있는지, 의사가 그 상해진단서를 발급한 근거 등을 두루 살피는 외에도 피해자가 상해

118) 대법원 2003.9.26. 선고 2003도4606 판결.

119) 대법원 2008.2.29. 선고 2007도10120 판결; 대법원 2003.5.30. 선고 2003도1256 판결; 대법원 1999.4.9. 선고 99도519 판결; 대법원 1995.1.12. 선고 94도2781 판결.

120) 대법원 2017.7.11. 선고 2015도3939 판결; 대법원 2017.6.29. 선고 2017도3196 판결.

121) 대법원 2017.7.11. 선고 2015도3939 판결; 대법원 2017.6.29. 선고 2017도3196 판결.

122) 대법원 2017.7.11. 선고 2015도3939 판결; 대법원 2011.12.8. 선고 2011도7928 판결; 대법원 2003.9.26. 선고 2003도4606 판결.

123) 대법원 2017.7.11. 선고 2015도3939 판결; 대법원 2017.6.29. 선고 2017도3196 판결.

124) 대법원 2017.4.7. 선고 2017도1286 판결; 대법원 2011.1.27. 선고 2010도12728 판결.

125) 대법원 2017.4.7. 선고 2017도1286 판결.

사건 이후 진료를 받은 시점, 진료를 받게 된 동기와 경위, 그 이후의 진료 경과 등을 면밀히 살펴 논리와 경험법칙에 따라 그 증명력을 판단하여야 한다.[126]

상해를 긍정한 판례의 구체적 내용은 다음과 같다. 즉,

졸피뎀(Zolpidem)과 트리아졸람(Triazolam)은 중추신경계를 억제하여 깊은 수면을 유도하는 약물로서 환각, 우울증 악화, 기억상실 등의 부작용을 일으킬 수 있어 이를 오용하거나 남용할 경우 인체에 위해를 초래할 수 있는 향정신성의약품으로 지정되어 있다. 피해자(여, 26세)는 인터넷 채팅사이트를 통해 성매매를 하려고 만난 피고인으로부터 졸피뎀과 트리아졸람이 섞인 커피를 받아 마신 후 정신을 잃고 깊이 잠들었다가 약 3시간 뒤에 깨어났다. 피고인은 피해자를 항거불능 상태에 빠뜨린 후 강간하려고 시도하였으나 피고인의 성기가 발기되지 않아 미수에 그쳤다. 피해자는 커피를 마신 다음에 샤워를 하고 피고인과 잠깐 대화를 나눈 것 외에는 자신이 잠들기 전까지 무슨 행동을 하였는지 기억하지 못했다. 피해자의 휴대전화내역에는 피해자가 어머니와 약 30초간 통화한 사실이 확인되는데, 피해자는 통화사실이나 내용을 기억하지 못했다. 피해자는 의식을 회복한 다음에는 일상생활에 특별한 지장이 없었고 치료를 받지 않았다. 위와 같은 사실관계에 따르면, 피해자는 당시에 약물 투약으로 정보나 경험을 기억하는 신체의 기능에 일시적으로 장애가 생긴 것으로 보이고, 여기에 의식이 저하된 정도나 수면시간 등을 종합하여 피해자의 상태를 살펴보면, 약물의 투약으로 피해자의 항거가 불가능하거나 현저히 곤란해진 데에서 나아가 피해자의 건강상태가 나쁘게 변경되고 생활기능에 장애가 초래되는 결과가 발생하였다고 할 것이므로 이는 강간치상죄에서 말하는 상해에 해당한다. 피해자가 의식을 회복한 후에 일상생활에 지장이 없거나 치료를 받지 않았다고 하여 달리 볼 것은 아니다.[127] 졸피뎀은 중추신경계를 억제하여 깊은 단계의 수면을 유도하는 약물로서 환각, 우울증 악화, 자살충동, 기억상실 등의 부작용을 일으킬 수 있어 이를 오용하거나 남용할 경우 인체에 위해를 초래할 수 있는 향정신성의약품으로 지정되어 있다. 피해자(여, 40세)는 평소 건강에 별다른 이상이 없었던 사람으로 피고인으로부터 졸피뎀 성분의 수면제가 섞인 커피를 받아 마신 다음 곧바로 정신을 잃고 깊이 잠들었다가 약 4시간 뒤에 깨어났는데, 피고인이 피해자에게 투약한 수면제는 성인 권장용량의 1.5배 내지 2배 정도에 해당하는 양이었다. 피해자는 그때마다 잠이 든 이후의 상황에 대해서 제대로 기억하지 못하였고, 가끔 정신이 희미하게 든 경우도 있었으나 자신의 의지대로 생각하거나 행동하지 못한 채 곧바로 기절하다시피 다시 깊은 잠에 빠졌다. 피고인은 13회에 걸쳐 이처럼 피해자를 항거불능 상태에 빠뜨린 후 피해자를 강간하거나 강제로 추행하였다. 피해자가 의식을 회복한 다음 그때마다 특별한 치료를 받지는 않았으나, 결국 피고인의 반복된 약물 투약과 그에 따른 강간 또는 강제추행 범행으로 외상 후 스트레스 장애까지 입은 것으로 보인다. 위와 같은 사실관계를 앞서 본 법리에 비추어 살펴보면, 피고인의 약물 투약으로 정보나 경험을 기억하는 피해자의 생리적 기능에는 일시적으로 장애가 발생하였고, 여기에 피해자의 신체·정신상의 구체적 상태, 사용된 수면제의 종류와 용량, 투약방법, 피해자에게 발생한 의식장애나 기억상실의 정도 등을 종합해 볼 때, 피해자는 약물 투약으로 항거가 불가능하거나 현저히 곤란해진 데에서 더 나아가 건강상태가 나쁘게 변경되고 생활기능에 장애가 초래되는 피해를 입었다고 할 것이므로, 이는 강간치상죄나 강제추행치상죄에서 말하는 상해에 해당한다. 이는 피해자가 당시 자연적으로 의식을 회복하거나 특별한 치료를 받지 않았다고 하더라도 달리 볼 것은 아니다. 따라서 원심이 이 사건 공소사실 중 각 강간치상 및 강제추행치상의 점을 모두

126) 대법원 2017.4.7. 선고 2017도1286 판결; 대법원 2016.11.25. 선고 2016도15018 판결.

127) 대법원 2017.7.11. 선고 2015도3939 판결.

유죄로 판단한 것은 위와 같은 법리에 따른 것으로서 정당하고, 거기에 상고이유 주장과 같이 강간치상죄나 강제추행치상죄의 상해에 관한 법리를 오해한 잘못이 없다.128) 피해자는 이 사건 범행을 당한 후 상처부위에 출혈이 있었으며 아파서 잘 걸어다니지도 못하고 소변시 통증을 느끼다가 범행 7일 후에야 병원을 찾아간 사실, 나아가 병원에 대한 지식이 없어 산부인과 아닌 정형외과를 찾아 치료를 받고 3일 후 병명이 요도염 의증으로 된 진료소견서를 발부받은 사실, 이어 범행 16일 후에 산부인과를 찾아갔으나 그 산부인과에서는 2차진료기관으로의 진료의뢰서를 작성하여 준 사실을 알 수 있는 바, 원심이 인정한 사실들에 이러한 사실들을 보태어 위의 법리에 비추어 보니, 비록 정식의 상해진단서는 제출되어 있지 아니하나 피해자가 입은 상처의 부위와 내용도 특정이 된다고 할 것이고 그 상해의 정도나 치유기간도 일응 알 수 있다고 보이며, 또한 그 상해의 정도를 일상생활에 지장이 없고 단기간 내에 자연치유가 가능한 극히 경미한 상처라고도 할 수 없으므로, 다른 사정이 드러나지 않는 한 그러한 정도의 상처로 인하여 피해자의 신체의 건강상태가 불량하게 변경되고 생활기능에 장애가 초래된 것이 아니라고 단정하기는 어렵다. 원심으로서는 피해자의 그 범행피해 전의 신체상태, 각 병원 방문 경위, 치료내역, 구체적인 증상과 원인, 진료의뢰서의 작성 경위, 치유결과 등에 관하여 더욱 자세히 심리한 후 판단하였어야 옳았다.129) 피해자가 강제추행 과정에서 가해자로부터 왼쪽 젖가슴을 꽉 움켜잡힘으로 인하여 왼쪽 젖가슴에 약 10일간의 치료를 요하는 좌상을 입고, 심한 압통과 약간의 종창이 있어 그 치료를 위하여 병원에서 주사를 맞고 3일간 투약을 한 경우, 피해자는 위와 같은 상처로 인하여 신체의 건강상태가 불량하게 변경되고 생활기능에 장애가 초래되었다 할 것이어서 이는 강제추행치상죄에 있어서의 상해의 개념에 해당한다.130) 가사 피고인이 성기의 삽입을 시도하였으나 성공하지 못하였다던가 또는 사정을 하지 못하였다고 하더라도 피고인의 강간행위에 수반된 추행이나 간음행위 자체로 인하여 피해자가 약 2주간의 치료를 요하는 외음부좌상을 입은 사실이 인정되는 이상 강간치상죄의 성립에는 지장이 없다. 이 점에 관한 각 상고이유의 주장도 모두 받아들일 수 없다.131) 피고인이 공소사실 기재와 같이 13세 미만의 부녀인 피해자 피해자를 간음하여 그로 인하여 그녀에게 치료 기간 미상의 처녀막 파열상을 입게 하였음을 인정하기에 넉넉하므로 위 공소사실을 유죄로 인정한 원심의 조치는 정당하고, 여기에 논하는 바와 같은 채증법칙 위반의 위법이 있다고 할 수 없다.132) 피해자는 범행 3일 후 상해진단서를 발급받으면서 목부위와 우측 팔꿈치의 동통을 호소하여 그 부분의 엑스선 촬영을 한 다음 약 2주일간의 치료를 요한다는 위와 같은 내용의 상해진단을 받고 병원에서 약물가료를 받았다는 것이며, 피해자는 군사법경찰에서 피고인이 범행 당시 양쪽 손으로 피해자의 팔을 붙잡아 내리누르고 비틀었으며, 엄지와 검지 손가락으로 약 10초간 피해자의 목을 내리눌러 위와 같은 상처를 입었다는 취지로 진술하였음을 알 수 있는 바, 피해자의 상처가 위와 같은 정도의 것이라면 이로 인하여 피해자의 신체의 건강상태가 불량하게 변경되고 생활기능에 장애가 초래된 것이 아니라고 볼 수 없으므로, 이는 강간치상죄를 구성하는 상해에 해당한다고 하여야 할 것이다.133) 미성년자에 대한 추행행위로 인하여 그 피해자의 외음부 부위에 염증이 발생한 것이라면, 그 증상이 약간의 발적과 경도의 염증이 수반된 정도에 불과하다고 하더라도 그로 인하여 피해자 신체의 건강상태가 불량하게 변경되고 생활기능에 장애가 초래된 것이 아니라고 볼 수 없으니,

128) 대법원 2017.6.29. 선고 2017도3196 판결.
129) 대법원 2003.9.26. 선고 2003도4606 판결.
130) 대법원 2000.2.11. 선고 99도4794 판결.
131) 대법원 1999.4.9. 선고 99도519 판결.
132) 대법원 1998.5.26. 선고 98도1036 판결.
133) 대법원 1997.9.5. 선고 97도1725 판결.

이러한 상해는 미성년자의제강제추행치상죄의 상해의 개념에 해당한다고 할 것이다.[134] 처녀막은 부녀자의 신체에 있어서 생리조직의 일부를 구성하는 것으로서, 그것이 파열되면 정도의 차이는 있어도 생활기능에 장애가 오는 것이라고 보아야 하고, 처녀막 파열이 그와 같은 성질의 것인 한 비록 피해자가 성경험을 가진 여자로서 특이체질로 인해 새로 형성된 처녀막이 파열되었다 하더라도 강간치상죄를 구성하는 상처에 해당된다.[135] 피고인이 피해자의 반항을 억압하는 과정에서 주먹으로 피해자의 얼굴과 머리를 때려 피해자가 코피를 흘리고(기록에 의하면 흘린 코피가 이불에 손바닥만큼의 넓이로 묻었음을 알수 있다) 콧등이 부었다면 비록 병원에서 치료를 받지 않더라도 일상생활에 지장이 없고 또 자연적으로 치료될 수 있는 것이라 하더라도 강간치상죄에 있어서의 상해에 해당한다고 보아야 할 것이다.[136] 처녀막은 부녀자의 신체에 있어서 생리조직의 일부를 구성하는 것으로서, 그것이 파열되면 정도의 차이는 있어도 생활기능에 장애가 오는 것이라고 보아야 하고, 처녀막 파열이 그와 같은 성질의 것인 한 비록 피해자가 성경험을 가진 여자로서 특이체질로 인해 새로 형성된 처녀막이 파열되었다 하더라도 강간치상죄를 구성하는 상처에 해당된다.[137] 피고인과 공소외인이 공동하여 14세 6개월로서 국민학교 6학년에 재학중인 성교의 경험도 없는 피해자를 차례로 강간하여 피해자로 하여금 음부가 찢어져 피가 나고 약 1주일 동안 통증을 느끼게 함으로써 사람의 신체를 상해한 사실을 충분히 인정할 수 있을 뿐만 아니라, 상처의 정확한 명칭과 치료에 소요되는 기간이 명시되지 아니한 채 "음부의 질에 출혈케 하여 치료기간 미상의 상해를 입힌 것"이라고 기재된 것만으로도 형법제301조 소정의 "사람을 사상에 이르게 한" 구성요건을 특정한 것이라고 볼 수 있으므로, 원심판결에 범죄사실을 특정하지 아니한 채 증거도 없이 사실을 인정한 위법이 있다는 논지는 받아들일 것이 못된다.[138] 원심은 피고인은 1984.8.30. 18:00경 의정부시 (지번 생략)에 있는 **전자 의정부대리점에서 피고인과 같은 미군부대에 근무하고 피고인이 일방적으로 알고 있는 피해자를 만나 그 곳 부근에 있는 ***생맥주집 국제나이트클럽 다모토리 스탠드바 등에서 맥주를 마셔 술에 굉장히 취하여 몸을 제대로 가누지 못하는 피해자를 같은달 31. 02:00경 같은 동 (지번 생략)에 있는 **여관 (호 생략)실로 강제로 데리고 들어간 후 피고인이 화장실에 가 있던중 정신을 차려 출입문을 열고 동 여관 1층 복도까지 도망간 동녀를 끌고 다시 동 호실로 돌아와 술에 취하여 제대로 반항을 하지 못하는 동녀 1회 간음하고, 같은날 03:30경 발가벗은 피고인의 몸으로 동녀의 몸을 누르고 손으로 동녀의 상체를 껴안아 동녀의 반항을 억압하고 동녀를 간음하려 하자 동녀가 이를 모면하기 위하여 피고인을 밀어내면서 피고인에게 마실물을 떠달라고 말하여 피고인이 화장실에 물을 뜨려간 사이에 동녀가 그 방 출입문을 안에서 잠그고 구내전화를 통하여 사람 살려달라고 구조를 요청하였는바 그 때 피고인이 출입문을 세게 밀어대며 출입문을 부수고 들어올 기세를 보이자 피고인이 그 방에 들어오면 강간당할 것을 두려워한 동녀가 급히 그 방 창문을 넘어 난간을 따라 도망하여 동 여관 벽에 걸려있는 텔레비젼 안테나선을 타고 1층으로 내려가던중 그 줄을 놓쳐 땅바닥으로 떨어지게 하여 강간의 목적은 이루지 못하였으나 이로 인하여 동녀로 하여금 완치불가능의 경추 제7번 이하의 완전사지마비 상태등의 상해를 입게 한 것이라는 사실을 인정하고 이를 강간치상죄로 의율처단하고 있다. 그러나 결과로 인하여 형이 중한 죄에 있어서 그 결과의 발생을 예견할 수 없었을 때에는 중한 죄로 벌할 수 없는 것인바

134) 대법원 1996.11.22. 선고 96도1395 판결; 대법원 1990.4.13. 선고 90도154 판결.
135) 대법원 1995.7.25. 선고 94도1351 판결.
136) 대법원 1991.10.22. 선고 91도1832 판결.
137) 대법원 1995.7.25. 선고 94도1351 판결.
138) 대법원 1989.12.22. 선고 89도1079 판결.

(제15조 제2항) 이 건에 있어서 원판시 피해자가 3층에 있는 원판시 여관방의 창문을 넘어 탈출하다가 상해를 입기전까지의 상황이 원심이 판시한 바와 같이 피고인과 피해자가 원심판시와 같은 경위로 그 판시 여관방에 투숙하여 별다른 저항이나 마찰없이 성행위를 한후 그 판시와 같은 경위로 피고인이 방밖으로 나간 사이에 피해자가 방문을 안에서 잠그고 구내전화를 통하여 여관종업원에게 구조요청까지 한후라면 (여관종업원 갑이 전화통화 후 즉시 위 방문앞까지 온 사실은 기록상 명백하다) 일반경험칙상 이러한 상황아래에서 피해자가 피고인의 방문 흔드는 소리에 겁을 먹고 강간을 모면하기 위하여 3층에서 창문을 넘어 탈출하다가 상해를 입을 것이라고 예견할 수는 없다 할 것이고 기록을 살펴보아도 피고인이 이 사건 당시 피해자가 피고인의 행위에 겁을 먹고 강간을 모면하기 위하여 창문을 통하여 탈출하다가 상해를 입을 것이라는 것을 예견하였거나 예견할 수 있었다고 볼 자료를 발견할 수 없다. 원심이 그 판시 증거만에 의하여 피고인이 이 사건 당시 피해자의 원판시 상해를 예견하였거나 예견할 수 있었다고 인정하여 강간치상죄로 처단한 것은 결과적 가중범에 관한 법리를 오해하였거나 채증법칙을 위배한 위법이 있다 할 것이고 이 점을 지적하는 논지는 이유있다.[139] 설령 피고인의 생식기가 피해자의 성기에 합입되지 아니하였다 하여도 피해자를 협박하여 억지로 성교하려 하고 그로 인하여 피해자에게 요치 1주일 간의 좌둔부 찰과상을 입게 한 피고인의 행위는 강간치상죄에 해당한다.[140] 피고인들이 피해자를 강간하여 피해자에게 요치 10일의 회음부찰과상을 입혔다면 상해의 정도가 0.1cm 정도의 찰과상에 불과하더라도 이것도 형법상 상해의 개념에 해당하므로 강간치상죄의 성립에 영향이 없다.[141] 강간이 미수에 그쳤다 하여도 이로 인해 10일간의 가료를 요하는 전환반응(히스테리)증을 야기시켰다면 이를 강간치상죄로 의률함은 정당하다.[142] 타인의 신체에 폭행을 가하여 보행불능 수면장애 식욕감퇴 등 기능의 장해를 일으킨 때에는 형법상 상해를 입힌 경우에 해당한다.[143]

상해를 부정한 판례의 구체적 내용은 다음과 같다. 즉,

피해자가 입은 나머지 상처들인 '우측 서혜부 타박상 및 찰과상, 가슴부 좌상 및 찰과상과 열상' (이하 '이 사건 가슴부 찰과상 등'이라 한다)에 관하여 보건대, 원심판결 및 원심이 적법한 증거조사를 거쳐 채택한 증거 등에 의하면, 이 사건 가슴부 찰과상 등은 피고인이 피해자의 가슴과 허벅지를 만지는 과정에서 발생한 것으로서, 피해자는 이 사건 비골 골절 등과 이 사건 가슴부 찰과상 등에 대하여 21일간의 치료를 요한다는 상해진단을 받았으나 이와 같은 진단은 이 사건 비골 골절 등이 포함되었기 때문이고, 피해자는 이 사건 가슴부 찰과상 등에 대하여는 별도로 치료받은 바 없이 일상생활에도 지장이 없어 시일이 경과함에 따라 자연적으로 치유된 사실을 알 수 있는 바, 이러한 상처 발생 경위, 정도 및 그 치유 경과와 가슴 부위의 피부가 외부에 드러난 다른 부분보다 약하여 상처가 쉽게 생기거나 두드러져 보일 가능성도 배제할 수 없는 점 등에 비추어 보면, 이 사건 가슴부 찰과상 등은 강제추행치상죄에 있어서의 상해에 해당하지 않을 여지가 있다 할 것이다.[144] 이 사건 직후 촬영한 사진에 의하면 피해자의 다리에 푸르거나 붉은 약간의 멍이 든 상처가 나타난 사실을 인정하면서도, 그 판시와 같은 사정에 비추어 볼 때 피고인의 판시 강간행위 자체 내지 그 수반된 행위

139) 대법원 1985.10.8. 선고 85도1537 판결.
140) 대법원 1984.7.24. 선고 84도1209 판결.
141) 대법원 1983.7.12. 선고 83도1258 판결.
142) 대법원 1970.2.10. 선고 69도2213 제2부 판결.
143) 대법원 1969.3.11. 선고 69도161 판결.
144) 대법원 2009.7.23. 선고 2009도1934 판결.

에서 위 상처가 생겼다고 인정하기 어렵고, 설사 위 상처가 피고인의 강간행위 자체 내지 그 수반된 행위로 인한 것이라고 하더라도, 그 상처가 허벅지 안쪽과 다리 부위에 멍이 들었다는 것뿐이어서 이러한 정도의 상처는 경미하여 따로 치료를 받지 않아도 자연적으로 치유될 수 있고, 일상생활을 하는 데 아무런 지장이 없는 경우에 해당하여 강간치상죄에 있어서의 상해에 해당하지 아니한다고 판단하였는 바, 기록에 비추어 관계 증거들을 살펴보면, 원심의 위와 같은 사실인정과 판단은 모두 정당한 것으로 수긍되고, 거기에 채증법칙을 위배하여 사실을 잘못 인정하거나, 강간치상죄에 있어서의 상해에 관한 법리를 오해한 위법이 있다고 할 수 없다.[145] 음모는 성적 성숙함을 나타내거나 치부를 가려주는 등의 시각적·감각적인 기능 이외에 특별한 생리적 기능이 없는 것이므로, 피해자의 음모의 모근(毛根) 부분을 남기고 모간(毛幹) 부분만을 일부 잘라냄으로써 음모의 전체적인 외관에 변형만이 생겼다면, 이로 인하여 피해자에게 수치심을 야기하기는 하겠지만, 병리적으로 보아 피해자의 신체의 건강상태가 불량하게 변경되거나 생활기능에 장애가 초래되었다고 할 수는 없을 것이므로, 그것이 폭행에 해당할 수 있음은 별론으로 하고 강제추행치상죄의 상해에 해당한다고 할 수는 없다.[146] 피해자를 강간하려다가 미수에 그치고 그 과정에서 피해자에게 경부 및 전흉부 피하출혈, 통증으로 약 7일 간의 가료를 요하는 상처가 발생하였으나 그 상처가 굳이 치료를 받지 않더라도 일상생활을 하는 데 아무런 지장이 없고 시일이 경과함에 따라 자연적으로 치유될 수 있는 정도라면 그로 인하여 신체의 완전성이 손상되고 생활기능에 장애가 왔다거나 건강상태가 불량하게 변경되었다고 보기는 어려워 강간치상죄의 상해에 해당하지 않는다.[147] 피해자는 1991.8.10. 22:00경 판시 캬바레에 혼자 들어갔다가 피고인과 만나 함께 춤을 추고 난 후 피고인은 피해자를 자신의 자리로 데리고 가서 그 일행 2인(남자 1인, 여자 1인)과 합석하여 음료수를 마시게 하고, 이어 23:00경 피해자는 피고인 및 위 일행들과 같이 부근 스탠드바에 들어가 피고인 일행은 술을 마시고 피해자는 쥬스를 마신 뒤 피고인이 피해자에게 여관에 가서 위 일행과 함께 화투를 치자고 한 사실, 피해자는 이를 거절하였으나 피고인이 피해자의 손을 끌고 부근에 있는 위 여관으로 들어갔는데, 피해자는 위 여관에서도 남편에게 혼난다고 하면서 방에 들어가지 않으려 하였으나 피고인은 피해자의 손을 붙잡고 위 4층 방으로 끌고 들어갔으며, 피고인은 위 4층 방에 들어가자마자 위 방의 문을 잠근 후 피해자에게 위 방에서 나가면 죽인다고 하면서 피해자를 그 곳 소파에 밀어 넘어뜨리고 유방을 만지면서 피해자를 강간하려 한 사실, 이 때 피해자는 남편이 있는 몸이라고 살려달라고 하였으나 피고인은 내가 육사출신인데 너하나 못 이기겠느냐고 하면서 겁을 주고 계속 강간하려 하다가 피해자의 핸드백을 빼앗아 자신의 목에 걸고 화장실문을 열어 놓고 소변을 보면서 피해자에게 나가면 죽인다고 말한 사실, 그러자 피해자는 그곳에 있으면 강간을 당한다는 생각이 들어 그 위급한 상황을 모면하기 위하여 위 방을 빠져 나가려 하였던바, 화장실이 위 방의 출입문 쪽으로 있어 출입문으로 나가려다가는 피고인에게 잡힐 것 같다는 생각이 들자 다급한 나머지 위 여관방의 유리창문을 통하여 아래로 뛰어내려 이로 인해 공소사실과 같은 상해를 입은 사실이 인정되는 바, 위 인정사실에 의하여 나타난 피해자가 위 여관방까지 끌려 들어가게 된 경위, 위 방에서의 피고인의 피해자에 대한 협박 및 강간하려 한 행위의 경위 및 정도, 피해자가 시종일관 남편이 있는 몸이라면서 거절 및 반항하였던 점, 피고인이 비록 위 강간을 하려다가 일시 그 행위를 멈추고 소변을 보러 갔으나 그때에도 피고인은 피해자가 도망하지 못하도록 피해자의 핸드백을 자신의 목에 걸고 가면서 피해자에게 나가면 죽인다고 말한 점, 위 여관방의 구조로 보아 피해자가

---

145) 대법원 2004.3.11. 선고 2004도483 판결.
146) 대법원 2000.3.23. 선고 99도3099 판결.
147) 대법원 1994.11.4. 선고 94도1311 판결.

출입문으로는 탈출하기가 불가능하였던 점 등 모든 상황을 종합하여 보면, 피고인은 피해자가 강간을 당하지 않기 위하여 반항하면서 경우에 따라서는 위 방의 유리창문을 통하여 아래로 뛰어내리는 등 탈출을 시도할 가능성이 있고 그러한 경우 피해자가 다칠 수도 있다는 예견이 가능하다고 봄이 상당하다는 것이다. 그러나 원심의 위와 같은 판단은 납득하기 어렵다. 결과로 인하여 형이 중한 죄에 있어서 그 결과의 발생을 예견할 수 없었을 때에는 중한 죄로 벌할 수 없는 것인 바(제15조 제2항), 이 사건에 있어서 원심이 판시한 바에 의하더라도, 피해자가 피고인과 만나 함께 놀다가 큰 저항 없이 여관방에 함께 들어갔으며, 피고인이 강간을 시도하면서 한 폭행 또는 협박의 정도가 강간의 수단으로는 비교적 경미하였고, 피해자가 여관방 창문을 통하여 아래로 뛰어내릴 당시에는 피고인이 소변을 보기 위하여 화장실에 가 있는 때이어서 피해자가 일단 급박한 위해상태에서 벗어나 있었을 뿐 아니라, 무엇보다도 4층에 위치한 위 방에서 밖으로 뛰어내리는 경우에는 크게 다치거나 심지어는 생명을 잃는 수도 있는 것인 점을 아울러 본다면, 이러한 상황 아래에서 피해자가 강간을 모면하기 위하여 4층에서 창문을 넘어 뛰어내리거나 또는 이로 인하여 상해를 입기까지 되리라고는 예견할 수 없다고 봄이 경험칙에 부합한다 할 것이다.[148] 피해자가 입은 좌전경부흡입상은 인체의 생활기능에 장애를 주고 건강상태를 불량하게 변경하였다고도 보기 어려워 강간치상죄의 상해에 해당한다 할 수 없다.[149] 피해자가 이미 성행위의 경험이 있는 자로서 그가 입은 상처가 3, 4일간의 가료를 요하는 외음부 충혈과 양 상박부 근육통으로서 위 피해자가 병원에 가서 치료를 받지 않더라도 일상생활을 하는데 아무런 지장이 없고 자연적으로 치유가 될 수 있는 정도이며 실제 아무런 치유를 받은 일이 없다면 이로 인하여 신체의 완전성이 손상되고 생활기능에 장애가 왔다거나 건강상태가 불량하게 변경되었다고 보기는 어려우므로 위 상처가 강간치상죄의 상해에 해당된다고는 할 수 없다.[150] 피고인이 피해자를 강간하려다가 미수에 그치고 그 과정에서 위 피해자의 왼쪽 손바닥에 약 2센티미터 정도의 긁힌 가벼운 상처가 발생하기는 하였으나 그 정도의 상처는 일상생활에서 얼마든지 생길 수 있는 극히 경미한 상처로서 굳이 치료할 필요도 없고 그 때문에 치료를 받기 위하여 병원에 오는 사람도 거의 없으며, 그대로 두어도 2, 3일 정도 지나면 원상회복되는 매우 일상적인 상처인 사실 및 위 피해자가 위의 상처를 입은 직후에는 그 상처에 약간 피가 비쳤고 쓰라림이 있었으나 그날 오후에 병원에 갈 때만 해도 피도 비치지 않았고, 통증도 없었으며, 동인이 병원에 가게 된 것은 위 상처의 치료를 받으러 자진하여 간 것이 아니라 경찰관이 증거수집을 위하여 진단서가 필요하다고 강조하여 부득이 가게 된 사실을 인정한 후 위와 같은 상해의 정도 및 내용에 비추어 피해자가 입은 소상은 그 정도가 워낙 경미하고 일상적이어서 인체의 완전성을 해하거나 건강상태를 불량하게 변경하였다고 보기 어려워 강간치상죄의 상해에 해당된다고 볼 수 없다고 판단하고 있는 바, 기록을 검토하여 보면 원심의 위와 같은 사실인정과 판단조처는 모두 정당한 것으로 수긍되고 거기에 채증법칙을 위배하여 사실을 오인한 위법이 있다거나 강간치상죄에 있어서의 상해의 법리를 오해한 위법이있다 할 수 없다. 논지는 이유없다.[151] 피해자가 입은 좌측 어깨 반상출혈상은 피고인 1이 피해자와 성교하는 도중에 흥분끝에 왼쪽 어깨를 입으로 빨아서 생긴 것으로서 동전크기 정도로 빨갛게 멍이 들어 있는 상태이고 별다른 통증이나 자각증상도 없어 피해자는 그 상처를 알아차릴 수도 없었는데 의사가 진찰을 하던 과정에서 우연히 발견한 것이고 성행위시 입으로 빨아서 생긴 반상출혈상은 의학상 치료를 받지

148) 대법원 1993.4.27. 선고 92도3229 판결.
149) 대법원 1991.11.8. 선고 91도2188 판결; 대법원 1986.7.8. 선고 85도2042 판결.
150) 대법원 1989.1.31. 선고 88도831 판결.
151) 대법원 1987.10.26. 선고 87도1880 판결.

아니하더라도 자연흡수되어 보통 1주 정도가 지나면 자연치유되는데 특히 피해자가 입은 위 반상출혈은 자연치유기간이 1주까지도 소요되지 아니하였다면 치상의 경위, 상해의 정도, 내용등에 비추어 피해자가 입은 반상출혈상은 인체의 생활기능에 장해를 주고 건강상태를 불량하게 변경하였다고도 보기 어려워 강간치상죄의 상해에 해당한다 할 수 없다고 할 것이다.152)

⑤ 인과관계

치상의 결과와 강간 등의 수단인 폭행 또는 협박 및 강간 등의 기회에 행하여진 강간 등의 행위와 밀접한 관련성을 가지는 행위 사이에는 인과관계가 존재하지 않으면 안 된다.

강간미수의 경우에도 그 행위와 치상의 결과간에 인과관계가 인정되면 강간치상죄가 성립한다고 할 것이다.153) 폭행이나 협박을 가하여 간음을 하려는 행위와 이에 극도의 흥분을 느끼고 공포심에 사로잡혀 이를 피하려다 사상에 이르게 된 사실과는 이른바 상당인과관계가 있어 강간치사상죄로 다스릴 수 있는 것이다.154)

인과관계를 긍정한 판례의 구체적 내용은 다음과 같다. 즉,

> 피고인과 공소외인이 피해자(17세 여자)를 간음하려고 피임약인 '산루푸' 한개를 강제로 먹인 다음 제1심 판결 적시 옥상까지 끌고가서 그 판시와 같은 협박을 하여 이에 겁을 먹은 피해자가 그 옥상끝까지 도망을 하고 이를 추격하는 피고인과 공소외인을 피하여 강간을 모면하려고 다급해진 나머지 그 옥상에서 뛰어내림으로써 상해를 입게 한 소위에 대하여 원심이 피고인을 강간치상죄로 다스렸음은 정당하고, 위 피해자의 상해가 간음행위 자체로 인한 것이 아니었다는 사실에서 원심판결이 법률적용을 잘못한 것이라고 공격될 수는 없다.155)

인과관계를 부정한 판례의 구체적 내용은 다음과 같다. 즉,

> 강간을 당한 피해자가 집에 돌아가 음독자살하기에 이르른 원인이 강간을 당함으로 인하여 생긴 수치심과 장래에 대한 절망감 등에 있었다 하더라도 그 자살행위가 바로 강간행위로 인하여 생긴 당연의 결과라고 볼 수는 없으므로 강간행위와 피해자의 자살행위 사이에 인과관계를 인정할 수는 없다.156)

2) 주관적 구성요건

본죄는 강간 등의 죄의 기본범죄와 중한 상해의 결과에 의하여 성립하는 결과적 가중범이기 때문에 기본범죄의 행위에 대한 고의와 상해의 중한 결과에 대한 행위로서 과실행위에 대한 과실을 요한다.

3) 미수 · 기수

본죄의 기본적 행위에는 기본범죄인 강간 등의 죄 외에 이들의 죄의 미수죄도 포함되고 있다. 따라서 본죄의 성립에는 강간 등의 행위 그 자체가 기수에 달하고 있을 필요는 없고

---

152) 대법원 1986.7.8. 선고 85도2042 판결.
153) 대법원 1984.7.24. 선고 84도1209 판결.
154) 대법원 1978.7.11. 선고 78도1331 판결; 대법원 1968.5.21. 선고 68도419호 판결.
155) 대법원 1978.7.11. 선고 78도1331 판결.
156) 대법원 1982.11.23. 선고 82도1446 판결.

이들의 행위의 착수가 있으면 결과의 발생과 함께 본죄가 성립한다. 대법원도 "강간이 미수에 그치거나 간음의 결과 사정을 하지 않은 경우라도 그로 인하여 피해자가 상해를 입었으면 강간치상죄가 성립하는 것이다"라고 판시한 바 있다.[157] 또 강간 등의 미수가 중지미수이든 장애미수이든 그것은 정상의 문제에 그치고 그것이 본죄의 성부를 좌우하는 것은 아니다. 대법원도 "그 미수에 그치게 된 것이 피고인이 자의로 실행에 착수한 행위를 중지한 경우이든 실행에 착수하여 행위를 종료하지 못한 경우이든 가릴 바 못된다"고 판시한 바 있다.[158] 기수를 긍정한 판례의 구체적 내용은 다음과 같다. 즉,

> 피고인이 이 사건 강간치상의 범행이 계획적인 것이 아니었고 피해자의 유발에 의하여 이루어진 것이라는 주장, 피고인이 피해자를 간음에까지 이르지 아니하였다는 주장 등은 판결에 영향도 없는 사실에 관한 것이며 강간치상죄의 경우 강간이 미수에 그쳤다고 가정해도 강간치상죄의 성립에는 영향이 없는 것이다.[159]

4) 공 범

기본행위를 공동으로 범한 이상 그 중에서 누구의 행위로 치상의 결과가 발생하였는가를 묻지 않고 공범자 전원이 본죄의 책임을 지게 된다.

공동정범의 경우에 공모자 전원이 일정한 일시, 장소에 집합하여 모의하지 아니하고 공범자중 수인을 통하여 범의의 연락이 있고 그 범의내용에 대하여 포괄적 또는 개별적인 의사연락이나 그 인식이 있었다면 그들 전원이 공모관계에 있다 할 것이고, 이와 같이 공모한 후 공범자중의 1인이 설사 범죄실행에 직접 가담하지 아니하였다 하더라도 다른 공모자가 분담실행한 공모자가 실행한 행위에 대하여 공동정범의 책임이 있다 할 것이며, 공범자중 수인이 강간의 기회에 상해의 결과를 야기하였다면 다른 공범자가 그 결과의 인식이 없었더라도 강간치상죄의 책임이 없다고 할 수 없다.[160]

공범을 긍정한 판례의 구체적 내용은 다음과 같다. 즉,

> 공소외 1, 2가 피해자들을 데려가 두 사람을 각 별로 강간하자는 제의를 하여 피고인이 피해자들을 범행장소로 유인하여 피해자 공소외 3을 강간하였고, 공범자들이 피해자 공소외 4를 판시와 같이 윤간한 사실을 인정하기에 넉넉하므로 설사 피고인이 공소외 4를 직접 강간하지 않았다 하더라도(피고인이 검찰에서의 진술에 의하면 공소외 3을 간음한 다음 공소외 4를 다시 간음하려고 눕혀놓고 입을 맞추자 술김에 구역질이 나서 중단하였다는 것이다) 강간치상의 결과에 대한 책임을 면할 수 없다.[161]

공범을 부정한 판례의 구체적 내용은 다음과 같다. 즉,

---

157) 대법원 2003.5.30. 선고 2003도1256 판결; 대법원 1999.4.9. 선고 99도519 판결; 대법원 1988.11.8. 선고 88도1628 판결; 대법원 1986.6.10. 선고 86도887 판결; 대법원 1972.7.25. 선고 72도1294 판결.

158) 대법원 1988.11.8. 선고 88도1628 판결.

159) 대법원 1988.8.23. 선고 88도1212 판결.

160) 대법원 1984.2.14. 선고 83도3120 판결; 대법원 1981.7.28. 선고 81도1590 판결; 대법원 1981.7.7. 선고 80도2544 판결.

161) 대법원 1984.2.14. 선고 83도3120 판결.

> 피고인이 1심 상피고인과 함께 술집에서 같이 자다가 깨어 옆에서 잠든 접대부를 강간하려다가 피해자의 반항으로 목적을 이루지 못하고 포기한 뒤, 뒤이어 잠을 깬 1심 상피고인이 피해자를 강간코자 하였으나 역시 피해자의 반항으로 목적을 이루지 못하고 피해자를 구타하는 것을 적극 만류한 사실이 인정된다면, 피고인에 대하여는 1심 상피고인의 강간치상행위에 대한 공모 공동정범의 죄책을 물을 수 없다.[162)]

(3) 위법성조각사유

판례는 피고인이 스스로 야기한 강간범행의 와중에서 피해자가 피고인의 손가락을 깨물며 반항하자 물린 손가락을 비틀며 잡아 뽑다가 피해자에게 치아결손의 상해를 입힌 행위에 대하여 긴급피난을 부정한 바 있다.[163)]

위법성조각을 부정한 판례의 구체적 내용은 다음과 같다. 즉,

> 피고인이 판시 일시경 피해자의 집에 침입하여 잠을 자고 있는 피해자를 강제로 간음할 목적으로 동인을 향해 손을 뻗는 순간 놀라 소리치는 동인의 입을 왼손으로 막고 오른손으로 음부 부위를 더듬던 중 동인이 피고인의 손가락을 깨물며 반항하자 물린 손가락을 비틀며 잡아 뽑아 동인으로 하여금 우측하악측절치치아결손의 상해를 입게 하였다면, 피해자가 입은 위 상해는 결국 피고인이 저지르려던 강간에 수반하여 일어난 행위에서 비롯된 것이라 할 것이고, 기록상 나타난 피해자의 반항을 뿌리친 형태 등에 비추어 보면 그 결과 또한 능히 예견할 수 있었던 것임을 부인할 수는 없다 하겠으니, 위와 같은 소위에 대하여 피고인을 강간치상죄로 처단한 제1심판결을 유지한 원심의 조처는 옳게 수긍이 되고, 거기에 소론과 같이 강간치상죄의 법리를 오해한 위법이 없다. 또 피고인이 스스로 야기한 범행의 와중에서 피해자에게 위와 같은 상해를 입힌 소위를 가리켜 법에 의하여 용인되는 피난행위라 할 수도 없고, 위와 같이 소리치며 반항하는 피해자의 입을 손으로 막고 음부까지 만진 소위에 대하여 주장과 같이 강간의 수단인 폭행이나 협박이 개시되지 않았다고 할 수도 없다. 논지가 들고 있는 당원판결은 이 사건과 사안을 달리 하는 것이어서 적절한 선례가 되지 못한다.[164)]

(4) 죄 수

판례에 의하면 피해자를 2회 강간하여 2주간 치료를 요하는 질입구파열창을 입힌 자가 피해자에게 용서를 구하였으나 피해자가 이에 불응하면서 위 강간사실을 부모에게 알리겠다고 하자 피해자를 살해하여 위 범행을 은폐시키기로 마음먹고 철사줄과 양손으로 피해자의 목을 졸라 질식 사망케 하였다면, 동인의 위와 같은 소위는 강간치상죄와 살인죄의 경합범이 된다.[165)] 동시범(제263조)은 상해와 폭행죄에 관한 특별규정으로서 동 규정은 그 보호법익을 달리하는 강간치상죄에는 적용할 수 없다.[166)]

---

162) 대법원 1983.9.27. 선고 83도1787 판결.
163) 대법원 1995.1.12. 선고 94도2781 판결.
164) 대법원 1995.1.12. 선고 94도2781 판결.
165) 대법원 1987.1.20. 선고 86도2360 판결.
166) 대법원 1984.4.24. 선고 84도372 판결.

Ⅲ. 처 벌

본죄의 법정형은 무기 또는 5년 이상의 징역이다. 강간 등 상해죄와 강간 등 치상죄 사이에 법정형의 차이는 없다.

§7. 강간 등 살인 · 치사죄

제301조의2(강간등 살인 · 치사) 제297조, 제297조의2 및 제298조부터 제300조까지의 죄를 범한 자가 사람을 살해한 때에는 사형 또는 무기징역에 처한다. 사망에 이르게 한 때에는 무기 또는 10년 이상의 징역에 처한다.

Ⅰ. 서 설

본죄는 강간 등의 죄, 즉 강간죄(제297조), 유사강간죄(제297조의2), 강제추행죄(제298조), 준강간강제추행죄(제299조) 및 위의 죄의 미수범(제300조)의 죄를 범한 자가 사람을 살해하거나 사망에 이르게 함으로써 성립한다. 본죄는 강간 등의 죄와 살인죄가 결합된 고의범으로서의 강간 등 살인죄와 결과적 가중범으로서의 강간 등 치사죄로 나누어질 수 있다.

본죄는 미수범에 대한 처벌규정을 두고 있지 않다. 다만 본죄의 미수범은 성폭력처벌법에 의하여 처벌된다(성폭력처벌법 제9조, 제15조).

Ⅱ. 범 죄

1. 강간 등 살인죄

(1) 의 의

본죄는 강간 등의 죄, 즉 강간죄(제297조), 유사강간죄(제297조의2), 강제추행죄(제298조), 준강간강제추행죄(제299조) 및 위의 죄의 미수범(제300조)의 죄를 범한 자가 사람을 살해함으로써 성립한다.

(2) 구성요건

1) 주 체

본죄의 주체는 강간 등의 죄, 즉 강간죄(제297조), 유사강간죄(제297조의2), 강제추행죄(제298조), 준강간강제추행죄(제299조) 및 위의 죄의 미수범(제300조)의 죄를 범한 자이다. 다만 본죄의 선행범죄로서 강간 등의 죄의 주체에는 제한이 없다.

2) 객 체

본죄의 객체는 사람이다. 또한 본죄의 선행범죄로서 강간 등의 죄의 객체도 사람이라고 할 수 있다.

3) 행 위

본죄의 실행행위는 살해이다. 다만 본죄는 결합범으로서 본죄의 실행행위와는 별개로 강간 등의 죄, 즉 강간죄(제297조), 유사강간죄(제297조의2), 강제추행죄(제298조), 준강간강제추행죄(제299조) 및 위의 죄의 미수범(제300조)의 죄에 있어서도 실행행위가 요구된다. 이에 관하여는 각각의 범죄에서 이미 전술한 바와 같다.

4) 결 과

본죄는 결과범이다. 강간의 기회에 사람을 살해하여 사망의 결과가 발생함으로써 기수에 이른다. 반드시 강간 등의 목적을 달성할 것을 요하는 것은 아니다.

(3) 예비 · 음모

본죄는 예비 · 음모를 처벌하는 규정을 두지 않고 있다. 전술한 강간 등 상해죄의 예비 · 음모가 처벌되는 것과 대조된다.

2. 강간 등 치사죄

(1) 의 의

본죄는 강간 등의 죄, 즉 강간죄(제297조), 유사강간죄(제297조의2), 강제추행죄(제298조), 준강간강제추행죄(제299조) 및 위의 죄의 미수범(제300조)의 죄를 범한 자가 사람을 사망에 이르게 함으로써 성립한다.

본죄는 강간 등의 죄를 범하고 그 결과 사람을 사망에 이르게 한 자를 무겁게 처벌하려는 결과적 가중범이다. 강간 등의 죄가 미수에 그친 경우에도 마찬가지이다.

(2) 구성요건

1) 객관적 구성요건

① 주 체

본죄의 주체는 강간 등의 죄, 즉 강간죄(제297조), 유사강간죄(제297조의2), 강제추행죄(제298조), 준강간강제추행죄(제299조) 및 위의 죄의 미수범(제300조)의 죄를 범한 자이다. 다만 본죄의 선행범죄로서 강간 등의 죄의 주체에는 제한이 없다.

② 객 체

본죄의 객체는 사람이다. 또한 본죄의 선행범죄로서 강간 등의 죄의 객체도 사람이라고 할 수 있다.

③ 행 위

본죄의 실행행위는 과실행위이다. 과실행위란 객관적 구성요건요소로서 객관적 주의의무에 대한 위반이다. 다만 본죄는 선행범죄의 실행행위로서 고의에 의한 강간 등의 죄, 즉 강간죄(제297조), 유사강간죄(제297조의2), 강제추행죄(제298조), 준강간강제추행죄(제299조) 및 위의 죄의 미수범(제300조)에 해당하는 실행행위를 요한다.

④ 결 과

본죄의 중한 결과는 과실행위에 의한 사망이다. 사망의 결과는 간음행위 그 자체로부터 발생한 경우나 강간의 수단으로 사용한 폭행으로부터 발생한 경우는 물론 강간에 수반하는 행위에서 발생한 경우도 포함한다.[167]

사망을 긍정한 판례의 구체적 내용은 다음과 같다. 즉,

피고인들이 의도적으로 피해자를 술에 취하도록 유도하고 수차례 강간한 후 의식불명 상태에 빠진 피해자를 비닐창고로 옮겨 놓아 피해자가 저체온증으로 사망한 사안에서, 위 피해자의 사망과 피고인들의 강간 및 그 수반행위와의 인과관계 그리고 피해자의 사망에 대한 피고인들의 예견가능성이 인정되므로, 위 비닐창고에서 피해자를 재차 강제추행, 강간하고 하의를 벗겨 놓은 채 귀가한 피고인이 있다 하더라도 피고인들은 피해자의 사망에 대한 책임을 면한다고 볼 수 없어 강간치사죄가 인정된다.[168]

⑤ 인과관계

치사의 결과와 강간 등의 수단인 폭행 또는 협박 및 강간 등의 기회에 행하여진 강간 등의 행위와 밀접한 관련성을 가지는 행위 사이에는 인과관계가 존재하지 않으면 안 된다.

폭행이나 협박을 가하여 간음을 하려는 행위와 이에 극도의 흥분을 느끼고 공포심에 사로잡혀 이를 피하려다 사상에 이르게 된 사실과는 이른바 상당인과관계가 있어 강간치사상죄로 다스릴 수 있다.[169] 인과관계를 긍정한 판례의 구체적 내용은 다음과 같다. 즉,

피고인이 자신이 경영하는 속셈학원의 강사로 이 사건 범행 사흘전에 채용된 피해자 (여, 20세)를 위 학원으로 불러내어 함께 인천 남동구 소재 관광호텔 9층 일식당에 가서 술을 곁들여 점심식사를 한 다음 위 피해자 몰래 미리 예약해 놓은 같은 호텔 703호 객실 앞까지 위 피해자를 유인하여 들어가지 않으려는 위 피해자를 붙잡아 떠미는 등 강제로 객실 안으로 끌고 들어간 후 객실에서 나가려는 피해자를 붙잡거나 객실방문을 가로막아 못나가게 하고 여러 차례에 걸쳐 집요하게 위 피해자를 강제로 끌어안아 침대에 넘어뜨리고 키스하려고 하는 등 위 피해자의 반항을 억압한 후 강간하려 한 사실, 피고인은 위 피해자가 자신은 처녀이기 때문에 피고인의 요구에 응할 수 없다고 하였음에도 이를 묵살하고 2시간 정도에 걸쳐 계속적으로 위와 같은 방법으로 위 피해자를 강간하려고 하여 위 피해자가 피고인의 얼굴을 할퀴고 비명을 지르며 완강히 반항하던 중 위 객실의 예약된 대실시간이 끝나가자 시간을 연장하기 위하여 피고인이 호텔 프런트에 전화를 하는 사이에 위 피해사가 더 이상 위 객실안에 있다가는 자신의 순결을 지키기 어렵겠다는 생각이 들어 위 객실을 빠져나가려 하였으나 출입문 쪽에서 피고인이 전화를 하고 있어 위 출입문 쪽으로 나가려다가는 피고인에게 잡힐 것 같은 생각이 들자 다급한 나머지 위 객실 창문을 열고 뛰어내리다가 28m 아래 지상으로 추락하여 두개골골절상등을 입고 사망한 사실 등을 각 인정한 후, 위 인정사실에 의하면 위 피해자가 위 호텔 객실까지 끌려들어가게 된 경위, 위 객실 내에서 피고인이 위 피해자를 강간하려고 유형력을 행사한 정도 및 그 시간, 위 피해자가 피고인에게 자신이 처녀라고 말하

167) 대법원 2008.2.29. 선고 2007도10120 판결; 대법원 1999.4.9. 선고 99도519 판결; 대법원 1995.1.12. 선고 94도2781 판결.

168) 대법원 2008.2.29. 선고 2007도10120 판결.

169) 대법원 1995.5.12. 선고 95도425 판결.

며 피고인의 요구를 거절하고 완강히 반항하였던 점, 피고인이 위 피해자를 강간하려다 일시 그 행위를 멈추고 전화를 걸기는 하였으나 위 객실의 구조상 피고인이 출입문을 막고 있어 위 피해자가 출입문을 통하여는 위 객실을 탈출하기가 어려웠던 점 등 모든 상황을 종합하여 보면, 피고인으로서는 위 피해자가 피고인으로부터 강간을 당하지 않기 위하여 반항하면서 경우에 따라서는 위 객실의 창문을 통하여 아래로 뛰어내리는 등 탈출을 시도할 가능성이 있고 그러한 경우 위 피해자가 사망할 수도 있다는 예견도 가능하였다고 봄이 상당하므로, 피고인의 행위와 위 피해자의 사망과의 사이에 상당인과관계가 있었다고 하여 피고인을 강간치사죄로 처단한 제1심의 유죄판단을 유지하고 있는바, 원심이 들고 있는 위와 같은 제반 상황과 그 밖에 원심이 인용한 제1심이 적법하게 조사, 채택한 각 증거에 의하여 인정되는 다음과 같은 여러 사정, 즉 위 피해자는 전문대학 졸업 후 취업을 위해 노력하다가 구인광고를 보고 찾아 간 피고인 경영의 속셈학원에 강사로 채용되어 아직 첫 출근도 하지 아니한 상태에서 학습교재를 설명하겠다는 피고인에게 유인되어 위와 같이 정조를 유린당할 상황에까지 이르게 된 것이고, 위 피해자의 당시 나이가 20세로서 겨우 성년에 이른데다가 아직 아무런 성경험이 없는 처녀의 몸이었던 점, 피해자가 탈출하기 전에 피고인에 의하여 이미 2시간 이상이나 감금되어 있었으므로 위 피해자로서는 위와 같은 상황에서 벗어나기 위하여 어떤 방법으로든지 탈출을 시도할 가능성이 높았던 점, 당시 피고인이 프런트에 전화를 거느라고 위 피해자에 대한 폭행을 잠시 멈추고 있었다고는 하나, 피고인의 감시하에 같은 방내에 계속 감금된 상태에 있었고, 그 전화의 내용도 대실시간을 연장하여서라도 피해자를 객실내에 계속 감금한 채 결국 강간의 목적을 이루고야 말겠다는 피고인의 의도를 드러내는 것이었던 점, 피해자가 탈출한 창문은 한쪽이 가로 85cm, 세로 33cm 크기의 옆으로 밀어 여는 형태의 알미늄 새시문이어서 사람이 그 창틀 위로 올라가 뛰어내릴 수는 없고 창틀 위에 몸을 엎드려 옆으로 빠져나갈 수밖에 없는데, 피고인의 진술에 의하더라도 당시 피해자가 왼쪽, 오른쪽의 순서로 발과 다리부분부터 차례로 창틀을 넘어간 후 머리부분이 맨 마지막으로 밖으로 빠져나가는 형태로(이는 사체부검 결과 밝혀진 추락시의 각 상해부위와도 일치한다) 탈출하였다는 점에 비추어 볼 때, 피해자가 극도의 흥분을 느끼고 몹시 당황한 상태에서 자신이 끌려들어간 위 객실이 고층에 위치하고 있다거나 밖에 베란다가 없다는 사실 등을 순간적으로 의식하지 못한 채 미리 밖을 내다보지도 않고서 그대로 위 창문을 통하여 탈출하다가 지상으로 추락하여 사망에 이른 것으로 보이는 점 등의 여러 사정을 종합하여 보면, 위와 같은 상황하에서라면 일반 경험칙상 위 피해자가 강간을 모면하기 위하여 창문을 통하여서라도 탈출하려다가 지상에 추락하여 사망에 이르게 될 수도 있음을 충분히 예견할 수 있었다고 볼 것이므로, 피고인의 이 사건 강간미수행위와 위 피해자의 사망과의 사이에는 상당인과관계가 있다고 할 것이니, 원심이 피고인을 강간치사죄로 처단하였음은 결국 앞서 본 당원의 견해에 따른 것으로서 정당하다 할 것이고, 거기에 소론과 같이 강간치사죄에 관한 법리를 오해한 위법이 있다고 할 수 없다. 논지도 이유 없다.[170)]

2) 주관적 구성요건

본죄는 강간 등의 기본범과 사망의 결과에 의하여 성립하는 결과적 가중범이기 때문에 기본범의 행위에 대한 고의와 사망의 중한 결과에 대한 행위로서 과실행위에 대한 과실을 요한다. 과실을 부정한 판례의 구체적 내용은 다음과 같다. 즉,

피고인이 이 사건 피해자 1(여, 18세)의 반항을 억압한 후 그녀를 1회 강간하자, 피해자 1이

170) 대법원 1995.5.12. 선고 95도425 판결.

그 자리에서 울면서 피고인에게 반항하며 자신의 장래를 책임지라고 하면서 이를 추궁하자, 피고인이 피해자 1을 타이르던 중 계속 반항을 하므로 순간적으로 그녀를 살해할 것을 결의하고 피고인의 양손으로 피해자 1의 목을 힘껏 졸라(약 5분 내지 6분간) 그녀를 그 자리에서 질식 사망케 한 사실이 인정되는 바, 그렇다면 그 당시 피고인에게 살인의 확정적 범의가 있었음이 분명하고 결과적 가중범의 범의를 논할 여지가 없다 할 것이므로 소론이 피고인은 이 사건 범행당시 위 피해자를 살해할 고의가 없었으므로 폭행치사 내지 상해치사죄로 의율하여야 한다는 주장은 이를 채용할 바 못된다. 결국 이를 탓하는 논지는 이유없다.[171)]

3) 공 범

기본행위를 공동으로 범한 이상 그중에서 누구의 행위로 사망의 결과가 발생하였는가를 묻지 않고 공범자 전원이 본죄의 책임을 지게 된다.

공범을 긍정한 판례의 구체적 내용은 다음과 같다. 즉,

피고인들 및 제1심 공동피고인 1, 2가 피해자 공소외인을 강간하기로 공모하여 2007.2.27. 18:00경 남양주시 진접읍 내각리 **초등학교 부근 야산에서 의도적으로 게임을 통하여 13세에 불과한 피해자로 하여금 술을 마셔 취하도록 유도한 다음, 피고인 3, 2, 1의 순서로 만취한 피해자를 강간한 사실, 위와 같은 강간 과정에서 피고인 3과 제1심 공동피고인 2가 먼저, 피고인 4와 제1심 공동피고인 1이 다음으로 각 범행현장을 떠났는데, 강간을 마친 피고인 1,2는 의식을 잃은 피해자를 인적이 드문 비닐창고(한쪽 면이 개방되어 있다)에 옮겨 놓은 사실, 피고인 1, 2는 21:20경 그곳에서 피씨방에 있는 피고인 4와 제1심 공동피고인 1을 데리러 가 위 비닐창고로 오던 도중에 피고인 2는 먼저 귀가하고 피고인 1, 4 및 제1심 공동피고인 1이 22:00경 위 비닐창고로 왔는데, 피고인 1, 4는 피해자의 가슴을 만지는 등 강제추행을 하고 귀가한 사실, 피고인 1은 귀가 도중 다시 위 비닐창고로 가 23:00경 의식을 잃은 피해자를 재차 강간하고는 하의를 벗겨둔 채 귀가한 사실, 피해자는 다음날인 2007.2.28. 02:00경부터 04:00경 사이에 저체온증으로 사망한 사실 등을 인정한 다음, 피고인들이 의도적으로 피해자를 술에 취하도록 유도하고 피고인들로부터 수차례 강간당하였기 때문에 피해자가 의식불명 상태에 빠진 것으로서, 피해자가 의식을 찾지 못하여 저체온증으로 사망한 것이 피고인들의 강간 및 그 수반행위와 인과관계가 없다고 할 수 없고, 피해자의 사망에 대한 피고인 1, 2, 4의 예견가능성 또한 넉넉히 인정되며, 또한 당시의 기온 등을 감안하여 보면 이미 피고인들의 강간 및 그에 수반한 행위로 인하여 피해자가 의식불명 상태에 빠진 이상, 비록 피고인 1이 비닐창고에서 피해자를 재차 강간하고 하의를 벗겨 놓은 채 그대로 귀가하였다고 하더라도 피고인 2, 4가 저체온증으로 인한 피해자의 사망에 대한 책임을 면한다고 볼 수 없다고 하여 피고인 1, 2, 4에 대한 판시 강간치사죄를 유죄로 인정한 제1심판결을 그대로 유지한 조치는 정당하고, 거기에 상고이유로 주장하는 바와 같은 채증법칙 위반 또는 심리미진으로 인한 사실오인이나 강간치사죄에 있어서의 인과관계에 관한 법리오해 등의 위법이 있다고 할 수 없다. 또한, 기록에 비추어 살펴보면 피고인 3의 합동강간 범행을 유죄로 인정한 제1심판결을 유지한 원심의 조치는 정당하고, 거기에 상고이유로 주장하는 바와 같은 채증법칙 위반으로 인한 사실오인 등의 위법이 없다.[172)]

---

171) 대법원 1986.11.11. 선고 86도1989 판결.

172) 대법원 2008.2.29. 선고 2007도10120 판결.

(3) 죄 수

강간치상의 범행을 저지른 자가 그 범행으로 인하여 실신상태에 있는 피해자를 구호하지 아니하고 방치하였다고 하더라도 그 행위는 포괄적으로 단일의 강간치상죄만을 구성한다.[173)]

강간범인이 피해자를 사망에 이르게 한 경우에 그 사망의 결과가 간음행위 자체뿐만 아니라 강간의 수단으로 사용한 폭행으로 인하여 초래된 경우에도 강간치사죄가 성립하는 것이나, 다만 범인이 강간의 목적으로 피해자에게 폭행을 가할 때에 살해의 범의가 있었다면 살인죄와 강간치사죄의 상상적 경합범이 성립한다고 할 것이므로, 강간범인이 살해의 미필적 고의를 가지고 피해자의 입을 막고 경부를 눌러 피해자를 질식으로 인한 실신상태에 빠뜨려 강간한 후 그 즈음 피해자를 경부압박으로 인한 질식으로 사망케 하였다면 살인죄와 강간치사죄의 상상적 경합범으로 보아 가장 무거운 살인죄에 정한 형으로 처벌한 원심판결은 정당하다.[174)]

Ⅲ. 처 벌

강간 등 살인죄의 법정형은 사형 또는 무기징역이다. 강간 등 치사죄의 법정형은 무기 또는 10년 이상의 징역이다.

§8. 미성년자 등에 대한 간음죄

제302조(미성년자 등에 대한 간음) 미성년자 또는 심신미약자에 대하여 위계 또는 위력으로써 간음 또는 추행을 한 자는 5년 이하의 징역에 처한다.

제305조의2(상습범) 상습으로 ~, 제302조, ~ 의 죄를 범한 자는 그 죄에 정한 형의 2분의 1까지 가중한다.

구조문

제306조(고소) 제297조 내지 제300조와 제302조 내지 제305조의 죄는 고소가 있어야 공소를 제기할 수 있다.

Ⅰ. 서 설

본죄는 미성년자 또는 심신미약자에 대하여 위계 또는 위력으로써 간음 또는 추행을 함으로써 성립한다. 본죄는 용어의 조합에 따라 미성년자의 경우 미성년자 위계간음죄, 미성년자 위계추행죄 또는 미성년자 위력간음죄, 미성년자 위력추행죄로 나누어질 수 있다. 이는 심신미약자의 경우에도 마찬가지이다.

본죄는 미성년자나 심신미약자와 같이 판단능력이나 대처능력이 일반인에 비하여 낮은 사람은 낮은 정도의 유·무형력의 행사에 의해서도 저항을 제대로 하지 못하고 피해를 입을

173) 대법원 1980.6.24. 선고 80도726 판결.

174) 대법원 1990.5.8. 선고 90도670 판결.

가능성이 있기 때문에 범죄의 성립요건을 보다 완화된 형태로 규정한 것이다.[175)]

Ⅱ. 범 죄

1. 객관적 구성요건

(1) 객 체

본죄의 객체는 미성년자 또는 심신미약자이다. 미성년자는 원칙적으로 민법상의 개념으로서 19세 미만의 사람을 말한다(민법 제4조 참조).

1) 미성년자

본죄의 미성년자(未成年者)는 전통적으로 13세 이상 19세 미만의 사람을 말한다고 해석되어 왔다. 대법원도 "이 죄에서 '미성년자'는 형법 제305조및 성폭력범죄의 처벌 등에 관한 특례법 제7조 제5항의 관계를 살펴볼 때 '13세 이상 19세 미만의 사람'을 가리키는 것으로 보아야 한다"고 판시한 바 있다.[176)]

그러나 본죄의 미성년자는 가해자의 연령에 따라 다르게 파악할 수밖에 없는 상대적인 개념으로 변경되었다고 하지 않을 수 없다. 13세 미만의 사람에 대하여는 후술하는 바와 같이 처음부터 미성년자에 대한 간음·추행죄가 성립하는 것으로 해석되어 왔지만(제305조 제1항), 2020년 5월 개정형법에 의하여 13세 이상 16세 미만의 미성년자에 대하여는 가해자가 19세 이상의 사람에 한하는 경우에만 미성년자에 대한 간음·추행죄가 성립하는 것으로 하는 규정이 신설되었기 때문이다(제305조 제2항).[177)]

따라서 본죄의 미성년자는 16세 이상 19세 마만의 사람을 의미하는 것이 원칙이지만, 가해자가 19세 미만의 사람에 해당하는 한 예외적으로 13세 이상 16세 미만의 사람에 대하여는 미성년자에 대한 간음·추행죄가 성립하기 않게 되어 본죄의 미성년자는 비로소 다시 13세 이상 19세 미만의 사람을 의미하는 것으로 해석되지 않을 수 없다.

2) 심신미약자

본죄의 심신미약자는 심신미약자(心身微弱者)를 의미한다. 총칙상의 심신미약자(心神微弱者)와 구별되지 않으면 안 된다(제10조 제2항 참조). 본죄의 심신미약자(心身微弱者)는 정신장애인에 상응하는 심미약자(心微弱者)와 신체장애인에 상응하는 신미약자(身微弱者)의 결합어로서 해석되지 않으면 안 된다. 이러한 의미에서 "심신미약자란 정신기능의 장애로 인하여 사물을 변별하거나 의사를 결정할 능력이 미약한 사람을 말한다"고 판시한 판례의 내용은 절반만 타당하다고 해야 한다.[178)]

---

175) 대법원 2019.6.13. 선고 2019도3341 판결.
176) 대법원 2019.6.13. 선고 2019도3341 판결.
177) 형법 2020.5.19. 일부개정 법률 제17265호 2020.5.19. 시행.
178) 대법원 2019.6.13. 선고 2019도3341 판결 참조.

(2) 행 위

1) 간음 · 추행

본죄의 실행행위는 간음 또는 추행이다. 간음과 추행에 관하여는 이미 전술한 바 있다. 판례에 의하면 추행(醜行)이란 객관적으로 피해자와 같은 처지에 있는 일반적 · 평균적인 사람으로 하여금 성적 수치심이나 혐오감을 일으키게 하고 선량한 성적 도덕관념에 반하는 행위로서 구체적인 피해자를 대상으로 하여 피해자의 성적 자유를 침해하는 것을 의미한다.[179] 추행에 해당하는지 여부는 피해자의 의사, 성별, 연령, 행위자와 피해자의 관계, 행위에 이르게 된 경위, 피해자에 대하여 이루어진 구체적 행위태양, 주위의 객관적 상황과 그 시대의 성적 도덕관념 등을 종합적으로 고려하여 판단하여야 한다.[180]

2) 행위의 수단

본죄의 실행행위인 간음 또는 추행의 수단은 위계 또는 위력이다.

① 위 계

ⓘ 의 의 　위계(僞計)란 상대방을 착오에 빠지게 하여 정당한 판단을 못하게 하는 것을 말한다. 기망이나 유혹의 수단을 사용하는 것뿐만 아니라 상대방의 부지를 이용하는 것도 포함된다. 판례에 의하면 위계라 함은 행위자의 행위목적을 달성하기 위하여 피해자에게 오인, 착각, 부지를 일으키게 하여 이를 이용하는 것을 말한다.[181]

이로써 종래의 "위계라 함은 행위자가 간음의 목적으로 상대방에게 오인 · 착각 · 부지를 일으키고는 상대방의 그러한 심적 상태를 이용하여 간음의 목적을 달성하는 것을 말한다. 여기에서 오인 · 착각 · 부지란 간음행위 자체에 대한 오인 · 착각 · 부지를 말하는 것이지, 간음행위와 불가분적 관련성이 인정되지 않는 다른 조건에 관한 오인 · 착각 · 부지를 가리키는 것은 아니다"라고 해왔던 판례의 입장은 변경되었다.[182] 피해자가 오인, 착각, 부지에 빠지게 되는 대상은 간음행위 자체일 수도 있고, 간음행위에 이르게 된 동기이거나 간음행위와 결부된 금전적 · 비금전적 대가와 같은 요소일 수도 있기 때문이다.[183]

ⓘⓘ 위계의 판단기준 　행위자의 위계적 언동이 존재하였다는 사정만으로 위계에 의한 간음죄가 성립하는 것은 아니므로 위계적 언동의 내용 중에 피해자가 성행위를 결심하게 된 중요한 동기를 이룰 만한 사정이 포함되어 있어 피해자의 자발적인 성적 자기결정권의 행사가 없었다고 평가할 수 있어야 한다. 이와 같은 인과관계를 판단함에 있어서는 피해자의 연령 및 행위자와의 관계, 범행에 이르게 된 경위, 범행 당시와 전후의 상황 등 여러

179) 대법원 2019.6.13. 선고 2019도3341 판결.

180) 대법원 2019.6.13. 선고 2019도3341 판결; 대법원 2010.2.25. 선고 2009도13716 판결.

181) 대법원 2020.8.27. 선고 2015도9436 전원합의체 판결.

182) 대법원 2020.8.27. 선고 2015도9436 전원합의체 판결에 의하여 종전의 대법원 2014.9.4. 선고 2014도8423, 2014전도151 판결; 대법원 2012.9.27. 선고 2012도9119 판결; 대법원 2007.9.21. 선고 2007도6190 판결; 대법원 2002.7.12. 선고 2002도2029 판결; 대법원 2001.12.24. 선고 2001도5074 판결; 대법원 1997.2.28. 선고 96도2825 판결 등의 취지는 이 판결과 배치되는 부분의 범위에서 변경되었다.

183) 대법원 2020.8.27. 선고 2015도9436 전원합의체 판결.

사정을 종합적으로 고려하여야 한다.[184]

한편 위계에 의한 간음죄가 보호대상으로 삼는 아동·청소년, 미성년자, 심신미약자, 피보호자·피감독자, 장애인 등의 성적 자기결정 능력은 그 나이, 성장과정, 환경, 지능 내지 정신기능 장애의 정도 등에 따라 개인별로 차이가 있으므로 간음행위와 인과관계가 있는 위계에 해당하는지 여부를 판단함에 있어서는 구체적인 범행 상황에 놓인 피해자의 입장과 관점이 충분히 고려되어야 하고, 일반적·평균적 판단능력을 갖춘 성인 또는 충분한 보호와 교육을 받은 또래의 시각에서 인과관계를 쉽사리 부정하여서는 안 된다.[185]

② 위 력

ⓘ 의 의 위력(威力)이란 사람의 의사를 제압할 수 있는 일체의 힘을 말한다. 폭행·협박은 물론 지위·권세를 이용하여 상대방의 의사를 제압하는 일체의 행위를 포함한다. 판례에 의하면 위력이란 피해자의 성적 자유의사를 제압하기에 충분한 세력으로서 유형적이든 무형적이든 묻지 않으며, 폭행·협박뿐 아니라 행위자의 사회적·경제적·정치적인 지위나 권세를 이용하는 것도 가능하다.[186]

다만 폭행·협박이 강간죄나 강제추행죄의 그것의 정도에 이르는 경우에는 본죄가 아니라 강간죄나 강제추행죄가 성립하게 된다. 본죄의 법정형이 강간죄나 강제추행죄의 그것보다는 가볍기 때문이다.

ⓘⓘ 위력의 판단기준 위력으로써 추행한 것인지 여부는 피해자에 대하여 이루어진 구체적인 행위의 경위 및 태양, 행사한 세력의 내용과 정도, 이용한 행위자의 지위나 권세의 종류, 피해자의 연령, 행위자와 피해자의 이전부터의 관계, 피해자에게 주는 위압감 및 성적 자유의사에 대한 침해의 정도, 범행 당시의 정황 등 여러 사정을 종합적으로 고려하여 판단하여야 한다.[187] 위계·위력을 긍정한 판례의 구체적 내용은 다음과 같다. 즉,

> 36세 남성인 피고인은 고등학교 2학년 ***의 행세를 하며 채팅 애플리케이션을 통하여 14세의 피해자를 사귀게 되었다. 그 과정에서 피고인은 ***을 스토킹하는 여성의 행세를 하며 피해자에게 자신도 ***을 좋아하는데 ***을 좋아하면 무엇이든 해야 한다고 도발하는 한편 ***의 행세도 하며 피해자에게 자신을 스토킹하는 여성 때문에 너무 힘들고 만약 자신과 헤어지기 싫다면 그 여성의 요청대로 자신의 선배와 성관계 해 달라고 부탁하였다. 이러한 도발과 부탁은 여러 차례 반복되었다. 결국 ***과 헤어질 것이 두려웠던 피해자는 ***의 선배를 만나 성관계하는 데에 동의하였고, 이를 위해 새벽에 고속버스를 타고 피고인이 지정한 장소로 이동하였다. 피고인은 ***의 선배 행세를 하며 피해자를 간음하였다. 피해자는 이러한 사실을 부모가 알게 될 것이 두려워 사건 발생 후 12일이 지나서야 상담센터의 도움을 받아 경찰에 신고하였고, 그 후 부모와 떨어져 다른 도시의 청소년보호시설에서 생활하였다. 위와 같은 사실을 앞서 본 법리에 비추어 살펴본다. 14세에 불과

184) 대법원 2020.8.27. 선고 2015도9436 전원합의체 판결.

185) 대법원 2020.8.27. 선고 2015도9436 전원합의체 판결.

186) 대법원 2019.6.13. 선고 2019도3341 판결; 대법원 2013.1.16. 선고 2011도7164, 2011전도124 판결; 대법원 2008.7.24. 선고 2008도4069 판결.

187) 대법원 2019.6.13. 선고 2019도3341 판결; 대법원 2013.1.16. 선고 2011도7164, 2011전도124 판결; 대법원 2008.7.24. 선고 2008도4069 판결.

한 아동 · 청소년인 피해자는 36세 피고인이 허구로 설정한 상황 속에서 상당기간 자극적인 내용의 도발과 부탁에 시달렸다. 아울러 이 사건 전후 피해자의 태도 및 행적을 종합하면 피해자가 부모로부터 충분한 보호, 양육을 받지 못하였다고 볼 여지도 있다. 이러한 사정들은 당시 피해자가 온전하게 의사결정을 하기 어려웠음을 나타낸다. 이러한 상황에서 피해자는 피고인에게 속아 자신이 ***의 선배와 성관계를 하는 것만이 ***을 스토킹하는 여성을 떼어내고 ***과 연인관계를 지속할 수 있는 방법이라고 오인하여 ***의 선배로 가장한 피고인과 성관계를 하였다. 피해자가 위와 같은 오인에 빠지지 않았다면 피고인과의 성행위에 응하지 않았을 것이다. 피해자가 오인한 상황은 피해자가 피고인과의 성행위를 결심하게 된 중요한 동기가 된 것으로 보이고, 이를 자발적이고 진지한 성적 자기결정권의 행사에 따른 것이라고 보기 어렵다. 따라서 피고인은 간음의 목적으로 피해자에게 오인, 착각, 부지를 일으키고 피해자의 그러한 심적 상태를 이용하여 피해자를 간음한 것이므로 이러한 피고인의 간음행위는 위계에 의한 것이라고 평가할 수 있다. 그럼에도 원심은 이와 달리 앞서 본 바와 같은 이유로 이 사건 공소사실을 무죄로 판단하였다. 이러한 원심판결에는 위계에 의한 간음죄에 관한 법리를 오해하여 판결에 영향을 미친 위법이 있다. 이를 지적하는 검사의 상고이유 주장은 이유 있다. 그러므로 원심판결을 파기하고, 사건을 다시 심리 · 판단하도록 원심법원에 환송하기로 하여, 관여 법관의 일치된 의견으로 주문과 같이 판결한다.[188]

위계 · 위력을 부정한 판례의 구체적 내용은 다음과 같다. 즉,

피고인이 피해자를 여관으로 유인하기 위하여 남자를 소개시켜 주겠다고 거짓말을 하고 피해자가 이에 속아 여관으로 오게 되었고 거기에서 성관계를 하게 되었다 할지라도, 그녀가 여관으로 온 행위와 성교행위 사이에는 불가분의 관련성이 인정되지 아니하는 만큼 이로 인하여 피해자가 간음행위 자체에 대한 착오에 빠졌다거나 이를 알지 못하였다고 할 수는 없다 할 것이어서, 피고인의 위 행위는 형법 제302조 소정의 위계에 의한 심신미약자간음죄에 있어서 위계에 해당하지 아니한다.[189] 피해자가 이 사건 당시 16세 남짓된 상업고등학교 1학년 여학생으로 종전에 성경험이 있었고, 이 사건 당일 컴퓨터 채팅을 통하여 피고인으로부터 성관계를 가지면 50만 원을 주겠다는 제의를 받자 이를 승낙한 뒤 자신의 집이 비어 있다면서 피고인으로 하여금 같은 날 23:00경 자신의 집으로 찾아오도록 하여 피고인과 성교행위를 한 사실을 인정하고, 그렇다면 피해자는 성교에 대한 사리판단력이 있는 사람으로서 피고인으로부터 성교의 대가를 받기로 하고 스스로 성교행위에 나아간 것이므로 공소사실 기재와 같이 피고인이 피해자에게 성교의 대가로 50만 원을 줄 의사나 능력이 없으면서도 위 돈을 주겠다고 거짓말을 하고 피해자가 이 말에 속아 피고인과 성교행위를 하였다고 하더라도, 사리판단력이 있는 피해자에 관하여는 그러한 금품의 제공과 성교행위 사이에 불가분의 관련성이 인정되지 아니하는 만큼 이로 인하여 피해자가 간음행위 자체에 대한 착오에 빠졌다거나 이를 알지 못하였다고 할 수 없다는 이유로 피고인의 행위가 특별법 제10조 제4항의 '위계'로 청소년인 피해자를 간음한 것에 해당하지 아니한다고 판단하였다. 원심의 판단은 위와 같은 법리에 따른 것으로 정당하고, 원심판결에 상고이유로 주장하는 바와 같이 특별법 제10조 제4항의 '위계'에 관한 법리를 오해한 위법이 있다고 할 수 없다. 다만 피고인이 청소년에게 금품의 제공을 약속하고 성교행위를 한 것인 이상 그것이 특별법 제2조 제2호에 규정된 '청소년의 성을 사는 행위'에 해당하여 특별법 제5조에 따른 처벌 대상이 되는 것은 별도의 문제일 것이다.[190]

188) 대법원 2020.8.27. 선고 2015도9436 전원합의체 판결.
189) 대법원 2002.7.12. 선고 2002도2029 판결.
190) 대법원 2001.12.24. 선고 2001도5074 판결.

(3) 결 과

본죄는 침해범이자 결과범이다. 성적 자기결정권에 대한 침해의 결과로서 현실적으로 간음 또는 추행에 이를 것을 요한다.

2. 주관적 구성요건

본죄는 고의범이다. 본죄의 고의는 인식적 요소로서 미성년자 또는 심신미약자를 간음 또는 추행한다는 사실에 대한 인식을 요한다.

Ⅲ. 처 벌

본죄의 법정형은 5년 이하의 징역이다. 3년 이상의 유기징역인 강간죄나 10년 이하의 징역 또는 1천500만원 이하의 벌금인 강제추행죄의 그것보다는 가볍다. 본죄의 미수범은 처벌되지 않는다.

Ⅳ. 상습 미성년자 등에 대한 간음죄

본죄는 상습범을 처벌한다. 상습으로 본죄를 범한 자에 대하여는 그 죄에 정한 형의 2분의 1까지 가중한다.

§9. 업무상 위력 등에 의한 간음죄

제303조(업무상위력 등에 의한 간음) ① 업무, 고용 기타 관계로 인하여 자기의 보호 또는 감독을 받는 사람에 대하여 위계 또는 위력으로써 간음한 자는 7년 이하의 징역 또는 3천만원 이하의 벌금에 처한다.
② 법률에 의하여 구금된 사람을 감호하는 자가 그 사람을 간음한 때에는 10년 이하의 징역에 처한다.

제305조의2(상습범) 상습으로 ~, 제303조 ~ 의 죄를 범한 자는 그 죄에 정한 형의 2분의 1까지 가중한다.

구조문
제303조(업무상위력 등에 의한 간음) ① 업무, 고용 기타 관계로 인하여 자기의 보호 또는 감독을 받는 부녀에 대하여 위계 또는 위력으로써 간음한 자는 5년 이하의 징역 또는 1천500만원 이하의 벌금에 처한다.
② 법률에 의하여 구금된 부녀를 감호하는 자가 그 부녀를 간음한 때에는 7년 이하의 징역에 처한다.

Ⅰ. 서 설

본죄는 업무, 고용 기타 관계로 인하여 자기의 보호 또는 감독을 받는 사람에 대하여 위계 또는 위력으로써 간음하거나, 법률에 의하여 구금된 사람을 감호하는 자가 그 사람을 간음함으로써 성립한다.

본죄는 피보호・감독자 간음죄(제303조 제1항)와 피구금자 간음죄(제303조 제2항)로 나누어질 수 있다. 전자는 행위의 수단으로서 위계 또는 위력을 요하지만, 후자는 이를 요하지 않는다는 점에서 양자는 구별되고 있다.

Ⅱ. 범 죄

1. 피보호 · 감독자 간음죄

본죄는 업무, 고용 기타 관계로 인하여 자기의 보호 또는 감독을 받는 사람에 대하여 위계 또는 위력으로써 간음함으로써 성립한다(제303조 제1항). 본죄의 보호법익은 피보호자 또는 피감독자의 성적 자기결정권이다.

본죄의 주체는 업무, 고용 기타 관계로 인하여 사람을 보호 또는 감독하는 자이다. 진정신분범이라고 할 수 있다.

본죄의 객체는 업무, 고용 기타 관계로 인하여 자기의 보호 또는 감독을 받는 사람이다. 본죄의 객체로서의 피보호자 또는 피감독자는 2012년 개정형법에 의하여 부녀에서 사람으로 변경되었다.[191] 업무는 사적 업무이든 공적 업무이든 묻지 않는다. 고용이란 사용자와 피용자의 관계를 말한다. 기타 관계란 법률상의 보호 · 감독 관계뿐만 아니라 사실상의 보호 · 감독 관계도 포함한다.

본죄의 실행행위는 간음이다. 간음행위의 수단은 위계 또는 위력이다. 간음은 전술한 강간죄에서의 그것과 같고, 위계 또는 위력은 전술한 미성년자 등에 대한 간음죄에서의 그것과 같다. 피보호 · 감독자를 부정한 판례의 구체적 내용은 다음과 같다. 즉,

> 자기의 피용자인 부녀를 간음하면서 불응하는 경우 해고할 것을 위협하였다 하더라도 이는 피해자가 피고인 경영의 회사의 경리직을 그만둔 후 독자적 생활을 한지 5개월이 경과된 후의 일이므로 피고인의 보호나 감독을 받는 부녀자라고 할 수 없다.[192]

2. 피구금자 간음죄

본죄는 법률에 의하여 구금된 사람을 감호하는 자가 그 사람을 간음함으로써 성립한다(제303조 제2항). 본죄의 보호법익은 피구금자의 성적 자기결정권뿐만 아니라 피구금자에 대한 인격적 처우와 감호자의 청렴성에 대한 일반인의 신뢰이다.

본죄의 주체는 감호하는 자이다. 진정신분범이다. 감호자란 검찰 · 경찰 공무원, 교정직 공무원 등과 같이 법률에 의하여 구금된 자를 감호하는 자이다.

본죄의 객체는 법률에 의하여 구금된 사람이다. 법률에 의하여 구금된 사람은 수형자 · 미결수용자 · 사형확정자 등 법률과 적법한 절차에 따라 교도소 · 구치소 및 그 지소에 수용된 수용자를 포함한다(형집행법 제2조 제1호). 수형자란 징역형 · 금고형 또는 구류형의 선고를 받아 그 형이 확정되어 교정시설에 수용된 사람과 벌금 또는 과료를 완납하지 아니하여 노역장 유치명령을 받아 교정시설에 수용된 사람을 말한다(형집행법 제2조 제2호). 미결수용자란 형사피의자 또는 형

191) 형법 2012.12.18. 일부개정 법률 제11574호 2013.6.19. 시행.
192) 대법원 1985.9.10. 선고 85도1273 판결.

사피고인으로서 체포되거나 구속영장의 집행을 받아 교정시설에 수용된 사람을 말한다(형집행법 제2조 제3호). 사형확정자란 사형의 선고를 받아 그 형이 확정되어 교정시설에 수용된 사람을 말한다(형집행법 제2조 제4호).

본죄의 실행행위는 간음이다. 본죄의 행위는 폭행, 협박, 위계 또는 위력 등의 수단을 요하지 않는다. 수단에 의하지 않더라도 이미 두려움, 심리적 위축 등으로 인하여 성적 자기결정권의 행사에 우려가 있다는 점을 고려한 것이다. 위의 수단을 사용한 경우 수단에 해당하는 죄가 성립하게 된다. 피구금자의 동의는 본죄의 위법성을 조각하지 못한다. 본죄는 감호자의 청렴성도 부차적인 보호법익으로 하고 있기 때문이다.

Ⅲ. 처 벌

피보호·감독자 간음죄의 법정형은 7년 이하의 징역 또는 3천만원 이하의 벌금이고, 피구금자 간음죄의 그것은 10년 이하의 징역이다. 양죄의 미수범은 처벌되지 않는다. 예비·음모에 대한 처벌규정도 존재하지 않는다.

Ⅳ. 상습 업무상 위력 등에 의한 간음죄

본죄는 상습범을 처벌한다. 상습으로 본죄를 범한 자에 대하여는 그 죄에 정한 형의 2분의 1까지 가중한다.

§10. 미성년자에 대한 간음·추행죄

제305조(미성년자에 대한 간음, 추행) ① 13세 미만의 사람에 대하여 간음 또는 추행을 한 자는 제297조, 제297조의2, 제298조, 제301조 또는 제301조의2의 예에 의한다.
② 13세 이상 16세 미만의 사람에 대하여 간음 또는 추행을 한 19세 이상의 자는 제297조, 제297조의2, 제298조, 제301조 또는 제301조의2의 예에 의한다.

제305조의2(상습범) 상습으로 ~ 제305조의 죄를 범한 자는 그 죄에 정한 형의 2분의 1까지 가중한다.

제305조의3(예비, 음모) ~ 제305조의 죄를 범할 목적으로 예비 또는 음모한 사람은 3년 이하의 징역에 처한다.

구조문

제305조(미성년자에 대한 간음, 추행) 13세 미만의 사람에 대하여 간음 또는 추행을 한 자는 제297조, 제297조의2, 제298조, 제301조 또는 제301조의2의 예에 의한다.

제306조(고소) 제297조 내지 제300조와 제302조 내지 제305조의 죄는 고소가 있어야 공소를 제기할 수 있다.

Ⅰ. 서 설

1. 서 언

본죄는 13세 미만의 사람에 대하여 간음 또는 추행을 하거나 13세 이상 16세 미만의 사람에 대하여 19세 이상의 자가 간음 또는 추행을 함으로써 성립한다. 본죄는 미성년자의 제강간죄 또는 미성년자의제강제추행죄라고도 불리어진다.

본죄는 13세 미만의 사람에 대한 간음 · 추행죄(제305조 제1항)와 13세 이상 16세 미만의 사람에 대한 간음 · 추행죄(제305조 제2항)로 나누어질 수 있다. 미성년자 의제강간 연령기준을 13세에서 16세로 상향하되, 피해 미성년자가 13세 이상 16세 미만인 경우 19세 이상의 자에 대해서만 처벌하도록 하는 13세 이상 16세 미만의 사람에 대한 간음 · 추행죄는 2020년 5월 개정형법의 의하여 신설된 바 있다.[193)]

전자의 13세 미만의 사람에 대한 간음 · 추행죄는 주체에 제한이 없으나, 후자의 13세 이상 16세 미만의 사람에 대한 간음 · 추행죄는 그 주체를 19세 이상의 자로 한정하고 있다는 점에서는 양자는 구별된다.

2. 보호법익

본죄의 보호법익에 있어서 13세 미만의 사람에 대한 간음 · 추행죄는 '13세 미만의 아동이 외부로부터의 부적절한 성적 자극이나 물리력의 행사가 없는 상태에서 심리적 장애 없이 성적 정체성 및 가치관을 형성할 권익'을 보호법익으로 하는 것으로 해석되고 있다.[194)] 이에 반하여 13세 이상 16세 미만의 사람에 대한 간음 · 추행죄는 상대적으로 성인으로부터의 부적절한 성적 자극이나 물리력의 행사가 없는 상태에서 심리적 장애 없이 성적 정체성 및 가치관을 형성할 권익'을 보호법익으로 한다고 해석될 수 있다.

Ⅱ. 범 죄

1. 13세 미만의 사람에 대한 간음 · 추행죄

(1) 의 의

본죄는 13세 미만의 사람에 대하여 간음 또는 추행을 함으로써 성립한다(제305조 제1항).

(2) 객관적 구성요건

본죄의 주체에는 제한이 없다. 본죄는 신분범이 아니다. 따라서 주체와 객체가 모두 13세 미만인 경우에도 본죄의 성립을 방해하지 않는다. 다만 주체가 14세 미만자의 경우에는 형사미성년자에 해당하기 때문에 형사처벌을 할 수 없는 것뿐이다.

본죄의 객체는 13세 미만의 사람이다. 13세 미만의 사람은 성적 자기결정권에 있어서 절대적 결정무능력자에 해당하기 때문이다. 따라서 13세 미만의 사람의 동의는 법적으로 아무런 효력을 가질 수 없다. 대법원도 "13세미만 부녀에 대한 의제강간, 추행죄는 그 성립에 있어 위계 또는 위력이나 폭행 또는 협박의 방법에 의함을 요하지 아니하며 피해자의 동의가 있었다고 하여도 성립하는 것이다"라고 판시한 바 있다.[195)] 이러한 의미에서 13세

---

193) 형법 2020.5.19. 일부개정 법률 제17265호 2020.5.19. 시행.
194) 대법원 2006.1.13. 선고 2005도6791 판결.

미만의 사람은 성적 자기결정권에 있어서 절대적 결정무능력자(絕對的 決定無能力者)가 된다고 할 수 있다.

본죄의 실행행위는 간음 또는 추행이다. 폭행이나 협박을 요하지 않는다. 대법원도 "13세미만의 부녀라는 사실을 알고 간음을 하면 성립되는 것이고 간음을 함에 있어서 피해자에게 폭행, 협박을 가하거나 피해자의 의사에 반하여야 하는 것은 아니다"라고 판시한 바 있다.[196] 추행은 객관적으로 일반인에게 성적 수치심이나 혐오감을 일으키게 하고 선량한 성적 도덕관념에 반하는 일체의 행위로서, 간음, 유사성행위를 제외한 행위이다.[197] 치상의 결과가 발생한 경우에는 전술한 강간 등의 치상죄(제301조)가 성립한다.[198]

추행을 긍정한 판례의 구체적 내용은 다음과 같다. 즉,

> 초등학교 4학년 담임교사(남자)인 피고인이 교실에서 자신이 담당하는 반의 남학생인 피해자의 성기를 4회에 걸쳐 만진 사실을 인정한 다음, 그와 같은 피고인의 각 행위는 비록 교육적인 의도에서 비롯된 것이라 하여도 교육방법으로서는 적정성을 갖추고 있다고 볼 수 없고, 그로 인하여 정신적·육체적으로 미숙한 피해자의 심리적 성장 및 성적 정체성의 형성에 부정적 영향을 미쳤으며, 현재의 사회환경과 성적 가치기준·도덕관념에 부합되지 아니하므로, 형법 제305조에서 말하는 '추행'에 해당한다고 판단하였는바, 이러한 원심의 사실인정과 판단은 위의 법리나 이 사건 기록에 비추어 정당한 것으로 수긍되고, 거기에 피고인이 상고이유로 내세운 것처럼 채증법칙 위배로 사실을 오인하거나 미성년자의제강제추행죄의 성립요건에 관한 법리를 오해하는 등으로 판결 결과에 영향을 미친 위법이 없다. 따라서 상고를 기각하기로 하여 주문과 같이 판결한다.[199]

(3) 주관적 구성요건

본죄는 고의범이다. 본죄의 고의는 인식적 요소로서 13세 미만의 사람이라는 사실과 이 사람에 대하여 간음·추행을 한다는 사실에 대한 인식을 요한다. 고의는 미필적 고의로도 족한다. 본죄는 목적범이 아니다. 따라서 본죄는 고의만으로 충분하고, 그 외에 성욕을 자극·흥분·만족시키려는 주관적 동기나 목적까지 있어야 하는 것은 아니다.[200]

13세 이상의 사람으로 알았으나 13세 미만인 경우에는 사실의 착오로서 고의를 조각한다. 이에 반하여 13세 미만의 사람으로 알았으나 13세 이상인 경우에는 후술하는 13세 이상 16세 미만의 사람에 대한 간음·추행죄 또는 불능범에 해당할 수 있다.

고의를 부정한 판례의 구체적 내용은 다음과 같다. 즉,

> 피고인이 13세 미만 미성년자인 피해자(여, 12세)를 강간하였다고 하여 구 성폭력범죄의 처벌 및 피해자보호 등에 관한 법률(2010.4.15. 법률 제10258호 성폭력범죄의 피해자보호 등에 관한 법률로 개정되기 전의 것) 위반으로 기소된 사안에서, 13세 미만의 여자에 대한 강간죄에서 피해자가 13세 미만이라고 하더라도 피고인이 피해자가 13세 미만인 사실을 몰랐다고 범의를 부인하는 경우에는 다른 범죄와 마찬가지로 상당한 관련성이 있는 간접사

195) 대법원 1982.10.12. 선고 82도2183 판결.
196) 대법원 1998.5.26. 선고 98도1036 판결; 대법원 1975.5.13. 선고 75도855 판결.
197) 헌법재판소 2017.12.28. 선고 2016헌바368 결정.
198) 대법원 1990.4.10. 선고 90도335 판결; 대법원 1977.4.12. 선고 76도3719 전원합의체 판결.
199) 대법원 2006.1.13. 선고 2005도6791 판결.
200) 대법원 2006.1.13. 선고 2005도6791 판결.

실 또는 정황사실에 의하여 증명 여부가 판단되어야 하는데, 제반 사정에 비추어 피고인이 범행 당시 이를 미필적으로라도 인식하고 있었다는 것이 합리적 의심의 여지 없이 증명되었다고 단정할 수 없는데도, "피해자가 13세 미만의 여자인 이상 그 당시의 객관적인 정황에 비추어 피고인이 피해자가 13세 미만의 여자라는 사실을 인식하였더라면 강간행위로 나아가지 아니하였으리라고 인정할 만한 합리적인 근거를 찾을 수 없다면" 같은 법 제8조의2 제1항에서 정하는 강간죄에 관한 미필적 고의가 인정될 수 있다는 법리에 따라 유죄를 인정한 원심판결에 형사재판의 증명책임에 관한 법리를 오해하는 등의 위법이 있다.[201]

(4) 죄 수

본죄의 죄수는 원칙적으로 행위를 기준으로 판단한다. 미성년자의제강간죄 또는 미성년자의제강제추행죄는 행위시마다 1개의 범죄가 성립한다.[202]

2. 13세 이상 16세 미만의 사람에 대한 간음·추행죄

본죄는 13세 이상 16세 미만의 사람에 대하여 19세 이상의 자가 간음 또는 추행을 함으로써 성립한다(제305조 제2항).

본죄의 주체는 19세 이상의 자에 한정된다. 일종의 신분범이라고 할 수 있다. 따라서 19세 미만의 미성년자 상호간의 간음·추행은 본죄를 구성하지 않게 된다.

본죄의 객체는 13세 이상 16세 미만의 사람이다. 2020년 5월 개정형법은 13세 이상 16세 미만의 사람을 일단은 성적 자기결정능력이 있는 사람으로 파악하지만, 아직 그 능력이 미숙한 사람으로 보고 있다고 해석된다. 이것이 바로 본죄의 주체를 성년자인 19세 이상의 자로 한정한 이유라고 해석된다. 이러한 의미에서 13세 이상 16세 미만의 사람은 성적 자기결정권에 있어서 상대적 결정무능력자(相對的 決定無能力者)가 된다고 할 수 있다.

기수를 긍정한 판례의 구체적 내용은 다음과 같다. 즉,

피고인이 카카오톡 오픈채팅방을 통해 미성년자 甲(여, 11세)을 알게 된 후 당시 13세 이상 16세 미만으로 알고 있던 甲을 룸카페에서 만나 1회 간음하여 미성년자의제강간의 공소사실로 기소된 사안이다. 甲은 일관되게 '피고인에게 자신의 나이를 18세로 소개하였다.'는 취지로 진술하고, 피고인 또한 甲으로부터 그렇게 들었다는 취지로 진술한 점, 피고인과 甲은 채팅방을 통해 알게 되어 온라인상으로 연락을 주고받다가 당시에 처음으로 만났던 점, 甲의 카카오톡 프로필에 게시된 사진을 볼 때 甲이 나이가 어려 보이기는 하나 얼굴에 필터가 적용되면서 실제 甲의 얼굴이 일부 가려지거나 변형되기도 하는 등 외관상 초등학생이라는 점이 분명하게 드러난다고 단정하기 어려운 점 등을 종합하면, 검사가 제출한 증거만으로는 피고인이 당시 甲이 13세 미만인 사실을 미필적으로라도 인식하고 있었음이 합리적인 의심의 여지 없이 증명되었다고 볼 수 없어 형법 제305조 제1항의 미성년자의제강간죄는 인정되지 아니하고, 한편 형법 제305조 제1항 및 제2항의 문언, 형법 제305조의 개정 취지와 목적, 개정 연혁, 형법 제305조 제1항과 제2항의 관계 등을 종합하면, 미성년자의제강간죄의 행위자가 19세 이상의 자로서 피해자를 13세 이상 16세 미만의 미성년자로 인식하였으나 실제로는 피해자의 나이가 13세 미만인 경우에는 형법 제305조 제2항의

201) 대법원 2012.8.30. 선고 2012도7377 판결.
202) 대법원 1982.12.14. 선고 82도2442 판결.

미성년자의제강간죄의 기수로 인정함이 타당한데, 피고인은 甲의 나이를 13세 이상 16세 미만으로 인식하였으나 실제 甲의 나이가 11세인 경우이므로 피고인에게 형법 제305조 제2항 미성년자의제강간죄의 기수가 성립한다는 이유로, 이와 달리 보아 형법 제305조 제2항의 불능미수로 판단한 제1심판결에 법리오해의 위법이 있다고 한 사례이다.[203)]

3. 예비 · 음모

본죄는 명문으로 예비 · 음모를 처벌한다. 따라서 13세 미만의 사람에 대한 간음 · 추행죄와 13세 이상 16세 미만의 사람에 대한 간음 · 추행죄의 예비 · 음모는 처벌된다. 본죄의 예비 · 음모죄는 본죄를 범할 목적으로 예비 또는 음모함으로써 성립한다. 본죄를 범할 목적을 요하는 목적범이다.

4. 미 수

본죄는 미수범에 대한 명문의 처벌규정을 두지 않고 있다. 그럼에도 불구하고 판례는 미수범에 대한 처벌이 가능한 것으로 해석하고 있다.[204)]

대법원은 "형법 제305조의 입법 취지는 성적으로 미성숙한 13세 미만의 미성년자를 특별히 보호하기 위한 것으로 보이는 바 이러한 입법 취지에 비추어 보면 동조에서 규정한 형법 제297조와 제298조의 '예에 의한다'는 의미는 미성년자 의제강간 · 강제추행죄의 처벌에 있어 그 법정형뿐만 아니라 미수범에 관하여도 강간죄와 강제추행죄의 예에 따른다는 취지로 해석되고, 이러한 해석이 형벌법규의 명확성의 원칙에 반하는 것이거나 죄형법정주의에 의하여 금지되는 확장해석이나 유추해석에 해당하는 것으로 볼 수 없다"고 판시한 바 있다.[205)]

Ⅲ. 처 벌

본죄의 법정형은 강간죄(제297조), 유사강간죄(제297조의2), 강제추행죄(제298조), 강간 등 상해 · 치상죄(제301조) 또는 강간 등 살인 · 치사죄(제301조의2)의 예에 의한다. 13세 이상 16세 미만의 사람에 대한 간음 · 추행죄의 법정형도 이와 같다. 본죄의 예비 · 음모죄의 법정형은 3년 이하의 징역이다.

Ⅳ. 상습 미성년자에 대한 간음·추행죄

본죄는 상습범을 처벌한다. 상습으로 본죄를 범한 자에 대하여는 그 죄에 정한 형의 2분의 1까지 가중한다.

---

203) 수원고법 2022.4.15. 선고 2021노824 판결: 확정.
204) 대법원 2007.3.15. 선고 2006도9453 판결.
205) 대법원 2007.3.15. 선고 2006도9453 판결.

§11. 관련 특별법

Ⅰ. 성폭력처벌법

1. 특수강도강간 등

제3조(특수강도강간 등) ①「형법」 제319조제1항(주거침입), 제330조(야간주거침입절도), 제331조(특수절도) 또는 제342조(미수범. 다만, 제330조 및 제331조의 미수범으로 한정한다)의 죄를 범한 사람이 같은 법 제297조(강간), 제297조의2(유사강간), 제298조(강제추행) 및 제299조(준강간, 준강제추행)의 죄를 범한 경우에는 무기징역 또는 5년 이상의 징역에 처한다.
②「형법」 제334조(특수강도) 또는 제342조(미수범. 다만, 제334조의 미수범으로 한정한다)의 죄를 범한 사람이 같은 법 제297조(강간), 제297조의2(유사강간), 제298조(강제추행) 및 제299조(준강간, 준강제추행)의 죄를 범한 경우에는 사형, 무기징역 또는 10년 이상의 징역에 처한다.

제15조(미수범) 제3조부터 제9조까지 및 제14조의 미수범은 처벌한다.

2. 특수강간 등

제4조(특수강간 등) ① 흉기나 그 밖의 위험한 물건을 지닌 채 또는 2명 이상이 합동하여「형법」 제297조(강간)의 죄를 범한 사람은 무기징역 또는 5년 이상의 징역에 처한다.
② 제1항의 방법으로「형법」 제298조(강제추행)의 죄를 범한 사람은 3년 이상의 유기징역에 처한다.
③ 제1항의 방법으로「형법」 제299조(준강간, 준강제추행)의 죄를 범한 사람은 제1항 또는 제2항의 예에 따라 처벌한다.

제15조(미수범) 제3조부터 제9조까지 및 제14조의 미수범은 처벌한다.

3. 친족관계에 의한 강간 등

제5조(친족관계에 의한 강간 등) ① 친족관계인 사람이 폭행 또는 협박으로 사람을 강간한 경우에는 7년 이상의 유기징역에 처한다.
② 친족관계인 사람이 폭행 또는 협박으로 사람을 강제추행한 경우에는 5년 이상의 유기징역에 처한다.
③ 친족관계인 사람이 사람에 대하여「형법」 제299조(준강간, 준강제추행)의 죄를 범한 경우에는 제1항 또는 제2항의 예에 따라 처벌한다.
④ 제1항부터 제3항까지의 친족의 범위는 4촌 이내의 혈족·인척과 동거하는 친족으로 한다.
⑤ 제1항부터 제3항까지의 친족은 사실상의 관계에 의한 친족을 포함한다.

제15조(미수범) 제3조부터 제9조까지 및 제14조의 미수범은 처벌한다.

4. 장애인에 대한 강간·강제추행 등

제6조(장애인에 대한 강간·강제추행 등) ① 신체적인 또는 정신적인 장애가 있는 사람에 대하여「형법」 제297조(강간)의 죄를 범한 사람은 무기징역 또는 7년 이상의 징역에 처한다.
② 신체적인 또는 정신적인 장애가 있는 사람에 대하여 폭행이나 협박으로 다음 각 호의 어느 하나에 해당하는 행위를 한 사람은 5년 이상의 유기징역에 처한다.
1. 구강·항문 등 신체(성기는 제외한다)의 내부에 성기를 넣는 행위
2. 성기·항문에 손가락 등 신체(성기는 제외한다)의 일부나 도구를 넣는 행위
③ 신체적인 또는 정신적인 장애가 있는 사람에 대하여「형법」 제298조(강제추행)의 죄를 범한 사람은 3년 이상의 유기징역 또는 2천만원 이상 5천만원 이하의 벌금에 처한다.
④ 신체적인 또는 정신적인 장애로 항거불능 또는 항거곤란 상태에 있음을 이용하여 사람을 간음하거나 추행한 사람은 제1항부터 제3항까지의 예에 따라 처벌한다.
⑤ 위계(僞計) 또는 위력(威力)으로써 신체적인 또는 정신적인 장애가 있는 사람을 간음한 사람은 5년 이상의 유기징역에 처한다.
⑥ 위계 또는 위력으로써 신체적인 또는 정신적인 장애가 있는 사람을 추행한 사람은 1년 이상의 유기징역 또는 1천만원 이상 3천만원 이하의 벌금에 처한다.

⑦ 장애인의 보호, 교육 등을 목적으로 하는 시설의 장 또는 종사자가 보호, 감독의 대상인 장애인에 대하여 제1항부터 제6항까지의 죄를 범한 경우에는 그 죄에 정한 형의 2분의 1까지 가중한다.

제15조(미수범) 제3조부터 제9조까지 및 제14조의 미수범은 처벌한다.

5. 13세 미만의 미성년자에 대한 강간·강제추행 등

제7조(13세 미만의 미성년자에 대한 강간, 강제추행 등) ① 13세 미만의 사람에 대하여 「형법」 제297조(강간)의 죄를 범한 사람은 무기징역 또는 10년 이상의 징역에 처한다.
② 13세 미만의 사람에 대하여 폭행이나 협박으로 다음 각 호의 어느 하나에 해당하는 행위를 한 사람은 7년 이상의 유기징역에 처한다.
1. 구강·항문 등 신체(성기는 제외한다)의 내부에 성기를 넣는 행위
2. 성기·항문에 손가락 등 신체(성기는 제외한다)의 일부나 도구를 넣는 행위
③ 13세 미만의 사람에 대하여 「형법」 제298조(강제추행)의 죄를 범한 사람은 5년 이상의 유기징역 또는 3천만원 이상 5천만원 이하의 벌금에 처한다.
④ 13세 미만의 사람에 대하여 「형법」 제299조(준강간, 준강제추행)의 죄를 범한 사람은 제1항부터 제3항까지의 예에 따라 처벌한다.
⑤ 위계 또는 위력으로써 13세 미만의 사람을 간음하거나 추행한 사람은 제1항부터 제3항까지의 예에 따라 처벌한다.

제15조(미수범) 제3조부터 제9조까지 및 제14조의 미수범은 처벌한다.

6. 강간 등 상해·치상

제8조(강간 등 상해·치상) ① 제3조제1항, 제4조, 제6조, 제7조 또는 제15조(제3조제1항, 제4조, 제6조 또는 제7조의 미수범으로 한정한다)의 죄를 범한 사람이 다른 사람을 상해하거나 상해에 이르게 한 때에는 무기징역 또는 10년 이상의 징역에 처한다.
② 제5조 또는 제15조(제5조의 미수범으로 한정한다)의 죄를 범한 사람이 다른 사람을 상해하거나 상해에 이르게 한 때에는 무기징역 또는 7년 이상의 징역에 처한다.

제15조(미수범) 제3조부터 제9조까지 및 제14조의 미수범은 처벌한다.

7. 강간 등 살인·치사

제9조(강간 등 살인·치사) ① 제3조부터 제7조까지, 제15조(제3조부터 제7조까지의 미수범으로 한정한다)의 죄 또는 「형법」 제297조(강간), 제297조의2(유사강간) 및 제298조(강제추행)부터 제300조(미수범)까지의 죄를 범한 사람이 다른 사람을 살해한 때에는 사형 또는 무기징역에 처한다.
② 제4조, 제5조 또는 제15조(제4조 또는 제5조의 미수범으로 한정한다)의 죄를 범한 사람이 다른 사람을 사망에 이르게 한 때에는 무기징역 또는 10년 이상의 징역에 처한다.
③ 제6조, 제7조 또는 제15조(제6조 또는 제7조의 미수범으로 한정한다)의 죄를 범한 사람이 다른 사람을 사망에 이르게 한 때에는 사형, 무기징역 또는 10년 이상의 징역에 처한다.

제15조(미수범) 제3조부터 제9조까지 및 제14조의 미수범은 처벌한다.

8. 업무상 위력 등에 의한 추행

제10조(업무상 위력 등에 의한 추행) ① 업무, 고용이나 그 밖의 관계로 인하여 자기의 보호, 감독을 받는 사람에 대하여 위계 또는 위력으로 추행한 사람은 3년 이하의 징역 또는 1천500만원 이하의 벌금에 처한다.
② 법률에 따라 구금된 사람을 감호하는 사람이 그 사람을 추행한 때에는 5년 이하의 징역 또는 2천만원 이하의 벌금에 처한다.

9. 공중밀집장소에서의 추행

제11조(공중 밀집 장소에서의 추행) 대중교통수단, 공연·집회 장소, 그 밖에 공중(公衆)이 밀집하는 장소에서 사람을 추행한 사람은 1년 이하의 징역 또는 300만원 이하의 벌금에 처한다.

10. 통신매체를 이용한 음란행위

제13조(통신매체를 이용한 음란행위) 자기 또는 다른 사람의 성적 욕망을 유발하거나 만족시킬 목적으로 전화, 우편, 컴퓨터, 그 밖의 통신매체를 통하여 성적 수치심이나 혐오감을 일으키는 말, 음향, 글, 그림, 영상 또는 물건을 상대방에게 도달하게 한 사람은 2년 이하의 징역 또는 500만원 이하의 벌금에 처한다.

11. 카메라 등을 이용한 촬영

제14조(카메라 등을 이용한 촬영) ① 카메라나 그 밖에 이와 유사한 기능을 갖춘 기계장치를 이용하여 성적 욕망 또는 수치심을 유발할 수 있는 사람의 신체를 촬영대상자의 의사에 반하여 촬영한 자는 5년 이하의 징역 또는 3천만원 이하의 벌금에 처한다.
② 제1항에 따른 촬영물 또는 복제물(복제물의 복제물을 포함한다. 이하 이 항에서 같다)을 반포·판매·임대·제공 또는 공공연하게 전시·상영(이하 "반포등"이라 한다)한 자 또는 제1항의 촬영이 촬영 당시에는 촬영대상자의 의사에 반하지 아니한 경우에도 사후에 그 촬영물 또는 복제물을 촬영대상자의 의사에 반하여 반포등을 한 자는 5년 이하의 징역 또는 3천만원 이하의 벌금에 처한다.
③ 영리를 목적으로 촬영대상자의 의사에 반하여 「정보통신망 이용촉진 및 정보보호 등에 관한 법률」 제2조제1항제1호의 정보통신망(이하 "정보통신망"이라 한다)을 이용하여 제2항의 죄를 범한 자는 7년 이하의 징역에 처한다.

제15조(미수범) 제3조부터 제9조까지 및 제14조의 미수범은 처벌한다.

12. 기타의 규정

제18조(고소 제한에 대한 예외) 성폭력범죄에 대하여는 「형사소송법」 제224조(고소의 제한) 및 「군사법원법」 제266조에도 불구하고 자기 또는 배우자의 직계존속을 고소할 수 있다.

제20조(「형법」상 감경규정에 관한 특례) 음주 또는 약물로 인한 심신장애 상태에서 성폭력범죄(제2조제1항제1호의 죄는 제외한다)를 범한 때에는 「형법」 제10조제1항·제2항 및 제11조를 적용하지 아니할 수 있다.

제25조(피의자의 얼굴 등 공개) ① 검사와 사법경찰관은 성폭력범죄의 피의자가 죄를 범하였다고 믿을 만한 충분한 증거가 있고, 국민의 알권리 보장, 피의자의 재범 방지 및 범죄예방 등 오로지 공공의 이익을 위하여 필요할 때에는 얼굴, 성명 및 나이 등 피의자의 신상에 관한 정보를 공개할 수 있다. 다만, 피의자가 「청소년 보호법」 제2조제1호의 청소년에 해당하는 경우에는 공개하지 아니한다.
② 제1항에 따라 공개를 할 때에는 피의자의 인권을 고려하여 신중하게 결정하고 이를 남용하여서는 아니 된다.

Ⅱ. 청소년성보호법

1. 아동·청소년에 대한 강간·강제추행 등

제7조(아동·청소년에 대한 강간·강제추행 등) ① 폭행 또는 협박으로 아동·청소년을 강간한 사람은 무기징역 또는 5년 이상의 유기징역에 처한다.
② 아동·청소년에 대하여 폭행이나 협박으로 다음 각 호의 어느 하나에 해당하는 행위를 한 자는 5년 이상의 유기징역에 처한다.
1. 구강·항문 등 신체(성기는 제외한다)의 내부에 성기를 넣는 행위
2. 성기·항문에 손가락 등 신체(성기는 제외한다)의 일부나 도구를 넣는 행위
③ 아동·청소년에 대하여 「형법」 제298조의 죄를 범한 자는 2년 이상의 유기징역 또는 1천만원 이상 3천만원 이하의 벌금에 처한다.
④ 아동·청소년에 대하여 「형법」 제299조의 죄를 범한 자는 제1항부터 제3항까지의 예에 따른다.
⑤ 위계(僞計) 또는 위력으로써 아동·청소년을 간음하거나 아동·청소년을 추행한 자는 제1항부터 제3항까지의 예에 따른다.
⑥ 제1항부터 제5항까지의 미수범은 처벌한다.

제7조의2(예비, 음모) 제7조의 죄를 범할 목적으로 예비 또는 음모한 사람은 3년 이하의 징역에 처한다.

2. 장애인인 아동·청소년에 대한 간음 등

제8조(장애인인 아동·청소년에 대한 간음 등) ① 19세 이상의 사람이 13세 이상의 장애 아동·청소년(「장애인복지법」 제2조제1항에 따른 장애인으로서 신체적인 또는 정신적인 장애로 사물을 변별하거나 의사를 결정할 능력이 미약한 아동·청소년을 말한다. 이하 같다)을 간음하거나 13세 이상의 장애 아동·청소년으로 하여금 다른 사람을 간음하게 하는 경우에는 3년 이상의 유기징역에 처한다.
② 19세 이상의 사람이 13세 이상의 장애 아동·청소년을 추행한 경우 또는 13세 이상의 장애 아동·청소년으로 하여금 다른 사람을 추행하게 하는 경우에는 10년 이하의 징역 또는 5천만원 이하의 벌금에 처한다.

3. 13세 이상 16세 미만 아동·청소년에 대한 간음 등

제8조의2(13세 이상 16세 미만 아동·청소년에 대한 간음 등) ① 19세 이상의 사람이 13세 이상 16세 미만인 아동·청소년(제8조에 따른 장애 아동·청소년으로서 16세 미만인 자는 제외한다. 이하 이 조에서 같다)의 궁박(窮迫)한 상태를 이용하여 해당 아동·청소년을 간음하거나 해당 아동·청소년으로 하여금 다른 사람을 간음하게 하는 경우에는 3년 이상의 유기징역에 처한다.
② 19세 이상의 사람이 13세 이상 16세 미만인 아동·청소년의 궁박한 상태를 이용하여 해당 아동·청소년을 추행한 경우 또는 해당 아동·청소년으로 하여금 다른 사람을 추행하게 하는 경우에는 10년 이하의 징역 또는 5천만원 이하의 벌금에 처한다.

4. 강간 등 상해·치상 및 강간 등 살인·치사

제9조(강간 등 상해·치상) 제7조의 죄를 범한 사람이 다른 사람을 상해하거나 상해에 이르게 한 때에는 무기징역 또는 7년 이상의 징역에 처한다.

제10조(강간 등 살인·치사) ① 제7조의 죄를 범한 사람이 다른 사람을 살해한 때에는 사형 또는 무기징역에 처한다.
② 제7조의 죄를 범한 사람이 다른 사람을 사망에 이르게 한 때에는 사형, 무기징역 또는 10년 이상의 징역에 처한다.

5. 아동·청소년성착취물의 제작·배포 등

제11조(아동·청소년성착취물의 제작·배포 등) ① 아동·청소년성착취물을 제작·수입 또는 수출한 자는 무기징역 또는 5년 이상의 유기징역에 처한다.
② 영리를 목적으로 아동·청소년성착취물을 판매·대여·배포·제공하거나 이를 목적으로 소지·운반·광고·소개하거나 공연히 전시 또는 상영한 자는 5년 이상의 징역에 처한다.
③ 아동·청소년성착취물을 배포·제공하거나 이를 목적으로 광고·소개하거나 공연히 전시 또는 상영한 자는 3년 이상의 징역에 처한다.
④ 아동·청소년성착취물을 제작할 것이라는 정황을 알면서 아동·청소년을 아동·청소년성착취물의 제작자에게 알선한 자는 3년 이상의 징역에 처한다.
⑤ 아동·청소년성착취물을 구입하거나 아동·청소년성착취물임을 알면서 이를 소지·시청한 자는 1년 이상의 징역에 처한다.
⑥ 제1항의 미수범은 처벌한다
⑦ 상습적으로 제1항의 죄를 범한 자는 그 죄에 대하여 정하는 형의 2분의 1까지 가중한다.

6. 아동·청소년에 대한 성착취 목적 대화 등

제15조의2(아동·청소년에 대한 성착취 목적 대화 등) ① 19세 이상의 사람이 성적 착취를 목적으로 정보통신망을 통하여 아동·청소년에게 다음 각 호의 어느 하나에 해당하는 행위를 한 경우에는 3년 이하의 징역 또는 3천만원 이하의 벌금에 처한다.
1. 성적 욕망이나 수치심 또는 혐오감을 유발할 수 있는 대화를 지속적 또는 반복적으로 하거나 그러한 대화에 지속적 또는 반복적으로 참여시키는 행위

2. 제2조제4호 각 목의 어느 하나에 해당하는 행위를 하도록 유인·권유하는 행위
② 19세 이상의 사람이 정보통신망을 통하여 16세 미만인 아동·청소년에게 제1항 각 호의 어느 하나에 해당하는 행위를 한 경우 제1항과 동일한 형으로 처벌한다.

7. 신고의무자의 성범죄에 대한 가중처벌

제18조(신고의무자의 성범죄에 대한 가중처벌) 제34조제2항 각 호의 기관·시설 또는 단체의 장과 그 종사자가 자기의 보호·감독 또는 진료를 받는 아동·청소년을 대상으로 성범죄를 범한 경우에는 그 죄에 정한 형의 2분의 1까지 가중처벌한다.

8. 기타의 규정

제19조(「형법」상 감경규정에 관한 특례) 음주 또는 약물로 인한 심신장애 상태에서 아동·청소년대상 성폭력범죄를 범한 때에는 「형법」 제10조제1항·제2항 및 제11조를 적용하지 아니할 수 있다.

제49조(등록정보의 공개) 내용 생략

제56조(아동·청소년 관련기관등에의 취업제한 등) 내용 생략

Ⅲ. 남녀고용평등법

1. 정 의

제2조(정의) 이 법에서 사용하는 용어의 뜻은 다음과 같다.

2. "직장 내 성희롱"이란 사업주·상급자 또는 근로자가 직장 내의 지위를 이용하거나 업무와 관련하여 다른 근로자에게 성적 언동 등으로 성적 굴욕감 또는 혐오감을 느끼게 하거나 성적 언동 또는 그 밖의 요구 등에 따르지 아니하였다는 이유로 근로조건 및 고용에서 불이익을 주는 것을 말한다.

2. 직장내 성희롱의 금지

제12조(직장 내 성희롱의 금지) 사업주, 상급자 또는 근로자는 직장 내 성희롱을 하여서는 아니 된다.

제39조(과태료)

② 사업주가 제12조를 위반하여 직장 내 성희롱을 한 경우에는 1천만원 이하의 과태료를 부과한다.

3. 고객 등에 의한 성희롱 방지

제14조의2(고객 등에 의한 성희롱 방지) ① 사업주는 고객 등 업무와 밀접한 관련이 있는 사람이 업무수행 과정에서 성적인 언동 등을 통하여 근로자에게 성적 굴욕감 또는 혐오감 등을 느끼게 하여 해당 근로자가 그로 인한 고충 해소를 요청할 경우 근무 장소 변경, 배치전환, 유급휴가의 명령 등 적절한 조치를 하여야 한다.
② 사업주는 근로자가 제1항에 따른 피해를 주장하거나 고객 등으로부터의 성적 요구 등에 따르지 아니하였다는 것을 이유로 해고나 그 밖의 불이익한 조치를 하여서는 아니 된다.

제39조(과태료)

③ 사업주가 다음 각 호의 어느 하나에 해당하는 위반행위를 한 경우에는 500만원 이하의 과태료를 부과한다.

2. 제14조의2제2항을 위반하여 근로자가 고객 등에 의한 성희롱 피해를 주장하거나 고객 등으로부터의 성적 요구 등에 따르지 아니하였다는 이유로 해고나 그 밖의 불이익한 조치를 한 경우

Ⅳ. 여성폭력방지법

제3조(정의) 이 법에서 사용하는 용어의 뜻은 다음과 같다.

1. "여성폭력"이란 성별에 기반한 여성에 대한 폭력으로 신체적·정신적 안녕과 안전할 수 있는 권리 등을 침해하는 행위로서 관계 법률에서 정하는 바에 따른 가정폭력, 성폭력, 성매매, 성희롱, 지속적 괴롭힘 행위와 그 밖에 친밀한 관계에 의한 폭력, 정보통신망을 이용한 폭력 등을 말한다.
2. "여성폭력 피해자"란 여성폭력 피해를 입은 사람과 그 배우자(사실상의 혼인관계를 포함한다), 직계친

족 및 형제자매를 말한다.

3. "2차 피해"란 여성폭력 피해자(이하 "피해자"라 한다)가 다음 각 목의 어느 하나에 해당하는 피해를 입는 것을 말한다.
   가. 수사 · 재판 · 보호 · 진료 · 언론보도 등 여성폭력 사건처리 및 회복의 전 과정에서 입는 정신적 · 신체적 · 경제적 피해
   나. 집단 따돌림, 폭행 또는 폭언, 그 밖에 정신적 · 신체적 손상을 가져오는 행위로 인한 피해(정보통신망을 이용한 행위로 인한 피해를 포함한다)
   다. 사용자(사업주 또는 사업경영담당자, 그 밖에 사업주를 위하여 근로자에 관한 사항에 대한 업무를 수행하는 자를 말한다)로부터 폭력 피해 신고 등을 이유로 입은 다음 어느 하나에 해당하는 불이익조치
      1) 파면, 해임, 해고, 그 밖에 신분상실에 해당하는 신분상의 불이익조치
      2) 징계, 정직, 감봉, 강등, 승진 제한, 그 밖에 부당한 인사조치
      3) 전보, 전근, 직무 미부여, 직무 재배치, 그 밖에 본인의 의사에 반하는 인사조치
      4) 성과평가 또는 동료평가 등에서의 차별과 그에 따른 임금 또는 상여금 등의 차별 지급
      5) 교육 또는 훈련 등 자기계발 기회의 취소, 예산 또는 인력 등 가용자원의 제한 또는 제거, 보안정보 또는 비밀정보 사용의 정지 또는 취급 자격의 취소, 그 밖에 근무조건 등에 부정적 영향을 미치는 차별 또는 조치
      6) 주의 대상자 명단 작성 또는 그 명단의 공개, 집단 따돌림, 폭행 또는 폭언, 그 밖에 정신적 · 신체적 손상을 가져오는 행위
      7) 직무에 대한 부당한 감사 또는 조사나 그 결과의 공개
      8) 인허가 등의 취소, 그 밖에 행정적 불이익을 주는 행위
      9) 물품계약 또는 용역계약의 해지, 그 밖에 경제적 불이익을 주는 조치

본법은 2018년 12월 제정되어 2019년 12월부터 시행되고 있다.[206] 본법의 특징은 아직 처벌규정이 마련되어 있지 않다는 점에 있다.

206) 여성폭력방지법 2018.12.24. 제정 법률 제16086호 2019.12.25. 시행.

제 3 장 명예와 신용 · 업무 · 경매에 대한 죄

제 1 절 총 설

형법은 제33장에서는 명예에 관한 죄를 규정하고, 제34장에서는 신용 · 업무와 경매에 관한 죄를 규정하고 있다. 양장의 죄는 모두 사람에 대한 사회적 평가를 보호법익으로 하는 범죄이다. 타인에 대한 욕설을 퍼뜨리지 말하는 도덕적 요청을 법적으로 책임의 추급이 가능하도록 법제화한 것이라고 이해되고 있다.

사람은 사회적 동물이다. 사회적 동물로서 사회생활을 영위하기 위해서는 일정한 지위와 역할이 전제되어야 한다. '사회적 지위와 역할' 및 '사회적 평가와 가치'의 양자는 상호 영향을 주기도 하고 받기도 하면서 순기능과 역기능을 번갈아 하기도 한다. 특히 개인의 명예나 신용은 사회생활에 있어서 중요한 권익이 되지 않을 수 없다. 이에 관한 호평이나 악평은 사회적 성공이나 사회적 매장으로 직결될 수 있다. 뿐만 아니라 한 번 실추된 사회적 평가는 원상회복이 거의 불가능하다. 여기서 명예에 관한 죄와 신용 · 업무와 경매에 관한 죄는 사람에 있어서 사회활동의 기초가 되는 적극적인 사회적 평가를 보호하려는 것이다. 다만 명예에 관한 죄는 사람의 인격에 대한 사회적 평가를 보호하려는 범죄임에 반하여, 신용 · 업무와 경매에 관한 죄는 사람의 경제적 측면에 대한 사회적 신용을 보호하려는 범죄이다. 이러한 측면에서 후자는 재산죄에 근접한 범죄라고 해석되고 있다.

제 2 절 명예에 관한 죄

§1. 개 관

Ⅰ. 서 설

본장의 명예에 관한 죄는 사람의 명예를 보호하기 위하여 공연히 타인의 명예를 훼손하거나 모욕하는 행위를 내용으로 하고 있다(형법 제2편 제33장). 사람은 정상적인 사회생활관계를 영위함으로써 명예를 유지하고, 명예를 침해당함으로써 개인적 생활관계는 물론 사회적 생활관계가 파괴될 수 있다. 예컨대 숨겨진 개인사나 가정사를 들추는 것은 경우에 따라 어느 한 개인이나 가정을 파멸에 이르게 할 수도 있는 것이다. 정보의 디지털화는 명예의 침해를 더욱 심각하게 하고 있고, 프라이버시에 대한 보호의 필요성을 증대하고 있다.

명예는 헌법상 보장된 인간의 존엄과 가치에 있어서 인격권으로 보장되고 있다(헌법 제10조 참조).

동시에 형법은 사람의 명예를 보호하기 위하여 그것이 침해된 경우 사실의 유무를 묻지 않고 범죄로서 처벌하고 있다. 형법은 명예에 관한 죄로서 명예훼손죄, 사자의 명예훼손죄, 출판물 등에 의한 명예훼손죄 및 모욕죄에 관하여 규정하고 있다. 한편 헌법상 보장된 표현의 자유는 국민의 알권리와 함께 충분히 보장되지 않으면 안 된다(헌법 제21조 제1항 참조). 사람의 명예에 대하여도 있는 그대로의 사회적 평가를 표현할 자유는 적극적으로 보장되지 않으면 안 되기 때문이다. 명예의 보호와 표현의 자유 및 알권리의 조화를 위하여 위법성조각사유가 규정되어 있다(제310조).

Ⅱ. 보호법익

1. 명 예

본장의 죄의 보호법익은 사람의 명예이다. 명예의 문언적 의미는 이름값 또는 이름에 대한 과분한 칭찬이다. 그러나 사람의 명예(名譽)는 우선 주관적 명예와 객관적 명예로 나누어질 수 있다. 첫째, 주관적 명예는 게르만법상의 명예라고도 한다. 자존심과 같이 자기 자신에 대하여 가지는 주관적 가치의식으로서 명예감정(名譽感情, Ehrgefühl)을 의미한다.

둘째, 객관적 명예는 로마법상의 명예라고도 한다. 객관적 명예는 다시 내적 명예와 외적 명예로 나누어진다. 내적 명예(內的 名譽, innere Ehre)란 진가(眞價)와 같이 자기 또는 타인이 내리는 평가와는 독립하여 객관적으로 존재하는 그 사람의 인격적 가치 그 자체를 말한다. 외적 명예(外的 名譽, äußere Ehre)란 평판이나 세평과 같이 사회가 그 사람에게 주는 평가를 말한다. 본죄의 보호법익으로서의 명예에 관하여는 견해가 일치하지 않고 있다.

(1) 학 설

본장의 죄의 보호법익에 관하여는 외적 명예설, 이분설 및 종합설이 대립하고 있다. 첫째, 외적 명예설(外的 名譽說)은 명예를 보호하기 위한 명예훼손죄와 모욕죄는 모두 외적 명예를 보호법익으로 한다고 한다. 둘째, 이분설(二分說)은 명예훼손죄와 모욕죄는 각각 외적 명예와 주관적 명예를 보호법익으로 한다고 한다. 셋째, 종합설(綜合說)은 외적 명예와 내적 명예 모두를 보호법익으로 한다고 주장한다.

(2) 판 례

판례는 외적 명예설의 입장이다. 대법원은 "명예훼손죄는 사람의 명예에 대한 사회적 가치 판단을 저하케 하는 행위로서 사람의 사회적 가치를 침해하는 죄"라고 판시한 바 있다.[1]

(3) 검 토

사람은 사회적 동물이다. 원활한 사회생활을 위해서는 일정한 사회적 구조 속에서 개인의 지위와 역할이 중요하게 된다. 과거 신분사회에서는 주로 가문에 대한 명예로 나타났겠

1) 대법원 1970.5.26. 선고 70도704 판결.

지만 오늘날 개인의 능력을 중요시하는 시민적 분업사회에서는 개인에 대한 명예로 나타나지 않을 수 없다. 사회의 존립과 기능을 효율적으로 담보하기 위한 개인의 역할과 기능이 반영되어 명예로 나타난다고 하지 않을 수 없다.

내적 명예는 선천적인 부분이 있지만, 외적 명예는 후천적인 측면이 강하게 보인다. 내적 명예는 객관적으로 그 사람에게 구비되어 있는 것이고 다른 사람으로부터 침해될 수 있는 성질의 것이 아니기 때문에 법적 보호의 범위밖에 위치한다. 형법은 명예훼손죄와 모욕죄의 성립요건으로서 공통적으로 '공연히'라는 요건을 요하고 있다. 이는 명예에 대한 죄가 사람의 사회적 평가를 저하시킨다는 점에 착안하고 있기 때문이다. 만일 내적 명예나 개인의 명예감정을 보호법익으로 한다면 모욕죄에서 '공연히'의 요건은 불필요하게 될 것이다. 따라서 본죄의 보호법익은 개인의 외적 명예, 즉 개인의 가치에 대하여 사회가 주는 평가라고 해야 한다.

2. 보호의 정도

본장의 죄의 보호법익을 외적 명예라고 하는 경우에도 보호의 정도에 관하여는 다툼이 있다. 구체적 위험범이라는 견해가 있으나, 추상적 위험범설이 타당하다. 명예훼손죄와 모욕죄는 모두 미수범에 대한 처벌규정을 두지 않고 있다는 점, 사회적 평가의 저하를 입증하기가 어렵다는 점 등이 그 근거로 제시되고 있다. 따라서 명예훼손죄나 모욕죄는 공연히 사실을 적시하거나 사람을 모욕하면 기수에 이르며, 외부적 명예가 현실적으로 침해될 것을 요하지 않는다.

Ⅲ. 표현의 자유와의 관계

민주주의 국가에서는 여론의 자유로운 형성과 전달을 통하여 다수의견을 집약시켜 민주적 정치질서를 생성·유지시켜 나가야 하므로 표현의 자유, 특히 공적 관심사에 대한 표현의 자유는 중요한 헌법상 권리로서 최대한 보장되어야 한다(헌법 제21조 제1항, 제2항, 제22조 참조). 다만 표현의 자유는 타인의 명예나 권리 또는 공중도덕이나 사회윤리를 침해하여서는 아니된다(헌법 제21조 제3항 참조). 따라서 개인의 사적 법익도 보호되어야 하므로, 표현의 자유 보장과 인격권 보호라는 두 법익이 충돌할 때에는 구체적인 경우에 표현의 자유로 얻어지는 가치와 인격권의 보호로 달성되는 가치를 비교형량하여 그 규제의 폭과 방법을 정해야 한다.[2)]

Ⅳ. 구성요건의 체계

본장의 죄의 기본적 구성요건은 사실적시에 의한 명예훼손죄이다(제307조 제1항). 허위사실적시에 의한 명예훼손죄(제307조 제2항)는 행위방법으로 인하여, 출판물에 의한 명예훼손죄(제309조)는 목적과 행위방법으로 인하여 불법이 가중되는 가중적 구성요건이다. 사자의 명예훼손죄(제308조)와

2) 대법원 2021.3.25. 선고 2016도14995 판결; 대법원 2018.10.30. 선고 2014다61654 전원합의체 판결.

모욕죄(제311조)는 독립적 구성요건이다. 이 외에도 사실적시에 의한 명예훼손죄에 대하여는 위법성조각사유가 규정되어 있다(제310조).

§2. 명예훼손죄

I. 서 설

본죄는 사람의 명예를 보호하기 위하여 공연히 사실을 적시하여 사람의 명예를 훼손하거나(제307조 제1항), 공연히 허위의 사실을 적시하여 사람의 명예를 훼손하는 것을 내용을 하는 범죄이다(제307조 제2항). 다만 언론의 자유와 알권리를 보장하기 위하여 공연히 사실을 적시하여 사람의 명예를 훼손한 행위가 진실한 사실로서 오로지 공공의 이익에 관한 때에는 위법성이 조각된다(제307조 제1항, 제310조).

명예와 수치심은 인간의 가장 근원적인 감성에 속하는 것으로서 시대와 사회를 불문하고 누구에게나 중시되었다. 현대사회에 있어서 명예는 중요한 인권중의 하나이다. 기업에 있어서도 명예는 기업가치와 직결될 수 있다.

Ⅱ. 사실의 적시에 의한 명예훼손죄

제307조(명예훼손) ① 공연히 사실을 적시하여 사람의 명예를 훼손한 자는 2년 이하의 징역이나 금고 또는 500만원 이하의 벌금에 처한다.

제310조(위법성의 조각) 제307조제1항의 행위가 진실한 사실로서 오로지 공공의 이익에 관한 때에는 처벌하지 아니한다.

제312조(고소와 피해자의 의사) ② 제307조 ~ 의 죄는 피해자의 명시한 의사에 반하여 공소를 제기할 수 없다.

1. 의 의

본죄는 공연히 사실을 적시하여 사람의 명예를 훼손함으로써 성립한다(제307조 제1항). 본죄는 후술하는 허위사실의 적시에 의한 명예훼손죄와 구별하기 위하여 단순명예훼손죄라고도 불리어진다. 다만 본죄의 행위가 진실한 사실로서 오로지 공공의 이익에 관한 때에는 위법성이 조각된다(제310조).

2. 범 죄

(1) 구성요건

1) **객관적 구성요건**

① 주 체

본죄의 주체에는 아무런 제한이 없다. 따라서 자연인이라면 누구든지 본죄의 주체가 될 수 있다.

② 객 체

본죄의 객체는 사람의 명예이다. 명예는 본죄의 객체에 해당하고, 사람은 명예의 주체에 지나지 않는다.

ⓘ **명 예** 명예(名譽)란 사람의 외적 명예를 말한다. 외적 명예란 사람의 사회생활의 기초를 이루고 사람에 대한 적극적 평가이고 현실로 사람이 받고 있는 사실적 평가를 말한다. 적극적 평가인 이상 사람의 행위 또는 인격에 대한 윤리적 가치에 한하지 않고 정치적 · 사교적 · 학문적 · 예술적 능력은 물론 신체적 · 정신적인 자질, 직업, 신분, 혈통 등 널리 사회생활상 인정되는 가치를 포함한다. 다만 신용은 사람의 경제적 의무이행에 대한 신뢰는 신용훼손죄의 대상이기 때문에 본죄의 명예에는 포함되지 않는다.

그러나 법적으로 보호할 가치가 있는 평가가 아니면 안 되기 때문에 악명과 같은 소극적 평가는 포함되지 아니한다. 또 명예를 이루는 적극적인 평가는 과거, 현재, 장래의 가치를 포함한다는 견해가 있다. 그러나 사람에 대한 현재의 사실적 평가가 명예이고 과거 및 장래의 가치는 현재의 그 사람에 대한 평가를 초래하고 있는 것이 아니면 안 되기 때문에 위와 같이 말하는 것은 오해를 가져올 수 있다. 명예는 사실로서 존재하는 평가이기 때문에 진가(眞價)와 일치하지 않는 허명(虛名)과 같은 가상의 명예도 보호의 대상이 된다. 허명이라도 보호되는 이유는 현실로 성립하고 있는 사회적 생활관계의 유지라는 점에 있다.

ⓘⓘ **사람의 범위**

i. 자연인 사람은 명예의 주체이다. 명예의 주체로서의 사람은 자연인으로서의 타인을 의미한다. 특정인의 실명이 표시될 것을 요하지 않는다. 문제는 자연인 외의 법인이나 법인격 없는 단체 등도 명예의 주체가 될 수 있는가에 있다. 그런데 명예의 주체는 행위의 주체, 즉 범죄행위의 주체와 구별되지 않으면 안 된다. 행위의 주체는 행위주의의 원칙상 자연인만을 의미하지만, 명예의 주체는 명예를 향유할 수 있는 사회활동의 주체를 의미한다고 해야 하기 때문이다.

ii. 법인 · 법인격 없는 단체 등 명예의 주체는 자연인 외에 법인이나 법인격 없는 단체도 포함될 수 있는 것은 당연하다. 거듭 말하자면 명예의 주체는 명예를 향유할 수 있는 사회활동의 주체를 의미한다고 해야 하기 때문이다. 따라서 통일적인 의사를 가지고 그에 따라 행동하며 사회적으로 독립성을 유지하는 집단이라면 명예를 향유하는 주체가 될 수 있다. 예컨대 가족의 명예는 구성원마다 고려되는 것이기 때문에 부인의 명예를 훼손하는 행위가 남편에 대한 명예훼손죄를 구성하는 것은 아니다. 다만 본죄에 있어서 명예의 주체가 되기 위해서는 명예가 훼손당한 피해자가 구체적으로 특정될 수 있어야 한다. 피해자가 특정될 수 없다면 명예에 대한 훼손의 실체가 존재하지 않는 것이 되기 때문이다. 피해자는 자연인이든 법인이든 집단의 전체이든 일부이든 묻지 않는다. 집합적 명칭을 사용한 경우에는 그 범위에 속하는 복수인에 대한 명예훼손행위로 될 수 있다.

iii. 국가 · 지방자치단체 본죄의 피해자가 될 수 없는 국가나 지방자치단체는 본죄에 있어서 명예의 주체가 될 수 없다.[3] 국가나 지방자치단체는 기본권의 수범자일 뿐 기본권의

주체가 아니기 때문이다. 명예를 긍정한 판례의 구체적 내용은 다음과 같다. 즉,

명예훼손죄가 성립하려면 반드시 사람의 성명을 명시하여 허위의 사실을 적시하여야만 하는 것은 아니므로 사람의 성명을 명시하지 않은 허위사실의 적시행위도 그 표현의 내용을 주위사정과 종합 판단하여 그것이 어느 특정인을 지목하는 것인가를 알아차릴 수 있는 경우에는 그 특정인에 대한 명예훼손죄를 구성한다.[4] 이른바 집단표시에 의한 명예훼손은 그러한 방송 등이 그 집단에 속한 특정인에 대한 것이라고는 해석되기 힘들고 집단표시에 의한 비난이 개별구성원에 이르러서는 비난의 정도가 희석되어 구성원의 사회적 평가에 영향을 미칠 정도에 이르지 않으므로 구성원 개개인에 대한 명예훼손은 성립되지 않는다고 봄이 원칙이지만, 다만 예외적으로 구성원 개개인에 대하여 방송하는 것으로 여겨질 정도로 구성원 수가 적거나 방송 등 당시의 주위 정황 등으로 보아 집단 내 개별구성원을 지칭하는 것으로 여겨질 수 있는 때에는 집단 내 개별구성원이 피해자로서 특정된다고 보아야 하고, 그 구체적 기준으로는 집단의 크기, 집단의 성격과 집단 내에서의 피해자의 지위 등을 들 수 있다. '대전 지역 검사들'이라는 표시에 의한 명예훼손은 그 구성원 개개인에 대하여 방송하는 것으로 여겨질 정도로 구성원의 수가 적고, 한 달 여에 걸친 집중적인 관련 방송 보도 등 당시의 주위 정황 등으로 보아 집단 내 개별구성원을 지칭하는 것으로 여겨질 수 있다.[5] 명예훼손죄는 어떤 특정한 사람 또는 인격을 보유하는 단체에 대하여 그 명예를 훼손함으로써 성립하는 것이므로 그 피해자는 특정한 것임을 요하고, 다만 서울시민 또는 경기도민이라 함과 같은 막연한 표시에 의해서는 명예훼손죄를 구성하지 아니한다 할 것이지만, 집합적 명사를 쓴 경우에도 그것에 의하여 그 범위에 속하는 특정인을 가리키는 것이 명백하면, 이를 각자의 명예를 훼손하는 행위라고 볼 수 있다고 할 것이다. 피고인이 작성하여 배포한 보도자료에는 피해자의 이름을 직접적으로 적시하고 있지는 않으나, 3.19 동지회 소속 교사들이 학생들을 선동하여 무단하교를 하게 하였다고 적시하고 있는 사실, 이 사건 고등학교의 교사는 총 66명으로서 그 중 약 37명이 3.19 동지회 소속 교사들인 사실, 위 학교의 학생이나 학부모, 교육청 관계자들은 3.19 동지회 소속 교사들이 누구인지 알고 있는 사실을 인정한 다음, 그렇다면 3.19 동지회는 그 집단의 규모가 비교적 작고 그 구성원이 특정되어 있으므로 피고인이 3.19 동지회 소속 교사들에 대한 허위의 사실을 적시함으로써 3.19 동지회 소속 교사들 모두에 대한 명예가 훼손되었다고 할 것이고, 따라서 3.19 동지회 소속 교사인 피해자의 명예 역시 훼손되었다고 보아야 할 것이라고 판단하였는바, 이를 기록 및 앞서 본 법리에 비추어 살펴보면 수긍이 가고, 거기에 명예훼손죄에 있어서 피해자의 특정성에 관한 법리를 오해한 위법이 있다고 할 수 없다.[6]

명예를 부정한 판례의 구체적 내용은 다음과 같다. 즉,

피고인이 고흥군청 인터넷 홈페이지에 고흥군을 비방할 목적으로 허위 내용의 글을 게시하거나 고흥군에 대한 경멸적인 표현의 글을 게재한 사안에 대하여, 형법이 명예훼손죄 또는 모욕죄를 처벌함으로써 보호하고자 하는 사람의 가치에 대한 평가인 외부적 명예는 개인적 법익으로서, 국민의 기본권을 보호 내지 실현해야 할 책임과 의무를 지고 있는 공권력의 행사자인 국가나 지방자치단체는 기본권의 수범자일 뿐 기본권의 주체가 아니고, 그 정책결정이나 업무수행과 관련된 사항은

3) 대법원 2021.3.25. 선고 2016도14995 판결; 대법원 2011.9.2. 선고 2010도17237 판결; 대법원 2006.5.12. 선고 2004다35199 판결; 대법원 2003.7.22. 선고 2002다62494 판결.
4) 대법원 2014.3.27. 선고 2011도11226 판결; 대법원 1982.11.9. 선고 82도1256 판결.
5) 대법원 2003.9.2. 선고 2002다63558 판결.
6) 대법원 2000.10.10. 선고 99도5407 판결.

항상 국민의 광범위한 감시와 비판의 대상이 되어야 하며 이러한 감시와 비판은 그에 대한 표현의 자유가 충분히 보장될 때에 비로소 정상적으로 수행될 수 있으므로, 국가나 지방자치단체는 국민에 대한 관계에서 형벌의 수단을 통해 보호되는 외부적 명예의 주체가 될 수는 없고, 따라서 명예훼손죄나 모욕죄의 피해자가 될 수 없다.[7)]

③ 행 위

ⓘ **훼 손** 본죄의 실행행위는 훼손이다. 훼손(毁損)이란 명예훼손의 의미로서 사람에 대한 사회적 평가를 해할 우려가 있는 상황을 발생시키는 것을 말한다. 현실적으로 사회적 평가를 저하시킬 것을 요하지 않는다. 훼손의 방법은 사실의 적시이다.

ⓘⓘ **사실의 적시** 명예에 대한 훼손행위는 사실의 적시에 의하여 행하여져야 한다. 본죄는 피해자의 사회적 평가를 해하기에 족한 사실이 구체적으로 적시된 경우에만 성립하기 때문이다.

ⅰ. 의 의 사실이란 현실적으로 발생하고 증명할 수 있는 실제로 일어났던 과거의 일이나 일어나고 있는 현재의 일을 말한다. 사실은 반드시 확정적인 진실일 것을 요하지 않는다. 일반적으로 적시를 받은 자가 그와 같은 사실의 존재를 믿을 가능성이 있는 것이면 족하다. 장래의 일을 적시하더라도 그것이 과거 또는 현재의 사실을 기초로 하거나 이에 대한 주장을 포함하는 경우에는 사실에 포함될 수 있다. 장래의 일을 적시하는 것이 과거 또는 현재의 사실을 기초로 하거나 이에 대한 주장을 포함하는지 여부는 그 적시된 표현 자체는 물론 전체적인 취지나 내용, 적시에 이르게 된 경위 및 전후 상황, 기타 제반 사정을 종합적으로 참작하여 판단하여야 한다.[8)]

사실의 적시(事實의 摘示)란 사람의 사회적 가치 또는 평가를 저하시키는 데 충분한 사실을 지적하거나 표시하는 것을 말한다. 다만 경제적 가치를 저하시키는 것은 별도로 신용훼손죄를 구성하므로 여기의 가치에는 포함되지 아니한다(제313조). 판례에 의하면 사실의 적시란 가치판단이나 평가를 내용으로 하는 '의견표현'에 대치되는 개념으로서 시간적으로나 공간적으로 구체적인 과거 또는 현재의 사실관계에 관한 보고나 진술을 뜻하고, 표현 내용을 증거로 증명할 수 있는 것을 말한다.[9)] 보고나 진술이 사실인지 의견인지를 구별할 때에는 언어의 통상적 의미와 용법, 증명가능성, 문제된 표현이 사용된 문맥, 표현이 이루어진 사회적 상황 등 전체적 정황을 고려하여 판단하여야 한다.[10)] 어느 표현이 주체와 행위를 지적하

---

7) 대법원 2016.12.27. 선고 2014도15290 판결.

8) 대법원 2003.5.13. 선고 2002도7420 판결.

9) 대법원 2022.5.13. 선고 2020도15642 판결; 대법원 2021.9.16. 선고 2020도12861 판결; 대법원 2021.3.25. 선고 2016도14995 판결; 대법원 2017.12.5. 선고 2017도15628 판결; 대법원 2017.5.11. 선고 2016도19255 판결; 대법원 2017.4.26. 선고 2016도18024 판결; 대법원 2011.9.2. 선고 2010도17237 판결; 대법원 2008.10.9. 선고 2007도1220 판결; 대법원 2007.12.14. 선고 2006도2074 판결; 대법원 2007.10.26. 선고 2006도5924 판결; 대법원 2007.9.21. 선고 2007도2824 판결; 대법원 2006.9.28. 선고 2004도6371 판결; 대법원 2000.2.25. 선고 98도2188 판결; 대법원 1998.3.24. 선고 97도2956 판결; 대법원 1997.4.25. 선고 96도2910 판결; 대법원 1996.11.22. 선고 96도1741 판결.

10) 대법원 2022.5.13. 선고 2020도15642 판결; 대법원 2021.3.25. 선고 2016도14995 판결; 대법원 2017.12.5. 선고 2017도15628 판결; 대법원 2017.5.11. 선고 2016도19255 판결; 대법원 2017.4.26. 선고 2016도18024 판결;

여 일견 의견 또는 논평을 표명함과 동시에 그의 전제가 되는 사실을 적시한 것으로 보이는 경우라도 그 표현의 전후 문맥과 그 표현이 이루어진 당시의 상황을 종합하여 볼 때, 그 표현이 비유적, 상상적이어서 다의적이고 구체적 내용, 일시, 장소, 목적, 방법 등이 불특정되어 일반적으로 수용될 핵심적 의미를 파악하기 어려우며 독자에 따라 달리 볼 여지가 있는 등으로 입장표명이라는 요소가 결정적이라면 그 표현은 사실의 적시라고 볼 수는 없고 의견 또는 평가의 표명이라 할 것이다.[11]

ii. 적시의 방법 적시의 수단이나 방법도 묻지 아니한다. 보통은 구두, 문서, 도화에 의하지만, 태도, 몸짓 등에 의한 적시도 가능하다. 다만 신문, 잡지, 라디오 또는 기타 출판물에 의하는 경우에는 출판물에 의한 명예훼손죄가 성립한다(제309조). 직접적인 견문형태의 직접화법으로 적시하든 간접적인 전문형태의 간접화법으로 적시하든 묻지 않는다. 적시시에 사실이 진실이라는 것을 특히 주장할 것도 요하지 않는다. 객관적으로 피해자의 사회적 평가를 저하시키는 사실에 관한 발언이 보도, 소문이나 제3자의 말을 인용하는 방법으로 단정적인 표현이 아닌 전문 또는 추측의 형태로 표현되었더라도, 표현 전체의 취지로 보아 사실이 존재할 수 있다는 것을 암시하는 방식으로 이루어진 경우에는 사실을 적시한 것으로 보아야 한다.[12]

iii. 적시의 구체성 사실의 적시는 특정인의 사회적 가치나 평가를 저하시키기에 충분할 정도로 구체적이어야 한다.[13] 비록 사실을 적시하였더라도 그 사실이 특정인의 사회적 가치 내지 평가를 침해할 수 있는 내용이 아니라면 본죄의 성립은 부정된다.[14]

표현의 전체 또는 행위 당시의 상황으로부터 누구를 지칭하는지 특정할 수 있으면 족하다. 대법원도 "간접적이고 우회적인 표현에 의하더라도 그 표현의 전취지에 비추어 그와 같은 사실의 존재를 암시하고, 또 이로써 특정인의 사회적 가치 내지 평가가 침해될 가능성이 있을 정도의 구체성이 있으면 족하다"고 판시한 바 있다.[15] 구체적인 사실의 적시가 있다고 하기 위해서는, 반드시 그러한 구체적인 사실이 직접적으로 명시되어 있을 것을 요구하는 것은 아니지만, 적어도 적시된 내용 중의 특정 문구에 의하여 그러한 사실이 곧바로 유추

대법원 2011.9.2. 선고 2010도17237 판결; 대법원 2008.10.9. 선고 2007도1220 판결; 대법원 2007.12.14. 선고 2006도2074 판결; 대법원 2007.10.26. 선고 2006도5924 판결; 대법원 2007.9.21. 선고 2007도2824 판결; 대법원 2006.9.28. 선고 2004도6371 판결; 대법원 2000.2.25. 선고 98도2188 판결; 대법원 1998.3.24. 선고 97도2956 판결; 대법원 1997.4.25. 선고 96도2910 판결; 대법원 1996.11.22. 선고 96도1741 판결.

11) 대법원 2021.9.16. 선고 2020도12861 판결; 대법원 2004.2.26. 선고 99도5190 판결.

12) 대법원 2021.3.25. 선고 2016도14995 판결; 대법원 2008.11.27. 선고 2007도5312 판결.

13) 대법원 2022.5.13. 선고 2020도15642 판결; 대법원 2017.12.5. 선고 2017도15628 판결; 대법원 2011.8.18. 선고 2011도6904 판결; 대법원 2009.9.24. 선고 2009도6687 판결; 대법원 2008.11.27. 선고 2008도6728 판결; 대법원 2007.10.26. 선고 2006도5924 판결; 대법원 2007.6.15. 선고 2004도4573 판결; 대법원 2007.5.10. 선고 2007도1307 판결; 대법원 2003.6.24. 선고 2003도1868 판결; 대법원 2000.2.25. 선고 98도2188 판결; 대법원 1994.10.25. 선고 94도1770 판결; 대법원 1994.6.28. 선고 93도696 판결; 대법원 1993.4.13. 선고 92도3035 판결.

14) 대법원 2007.10.26. 선고 2006도5924 판결; 대법원 2007.6.15. 선고 2004도4573 판결; 대법원 2003.6.24. 선고 2003도1868 판결.

15) 대법원 2004.2.27. 선고 2001다53387 판결; 대법원 2003.8.19. 선고 2001다3214 판결; 대법원 2003.1.24. 선고 2000다37647 판결; 대법원 2002.1.22. 선고 2000다37524, 37531 판결; 대법원 2000.7.28. 선고 99다6203 판결; 대법원 1991.5.14. 선고 91도420 판결.

될 수 있을 정도는 되어야 한다.[16)]

iv. 사실의 공지불문 적시된 사실은 그 공지의 여하를 묻지 않는다. 반드시 숨겨진 사실을 적발하는 행위만에 한하지 아니하고 이미 사회의 일부에 잘 알려진 사실이라고 하더라도 이를 적시하여 사람의 사회적 평가를 저하시킬 만한 행위를 한 때에는 본죄를 구성하기 때문이다.[17)]

ⅲ **허위사실의 적시와의 구별** 적시된 사실의 진위는 묻지 않는다. 다만 허위의 사실을 적시한 경우에는 불법이 가중된다. 형법은 적시된 사실이 사실이냐 아니면 허위사실이냐에 따라 구성요건을 달리하여 규정하고 있기 때문이다(제307조 제1항, 제2항).

그러나 대법원은 "규정의 체계와 문언 및 내용에 의하면, 제307조 제1항의 '사실'은 제2항의 '허위의 사실'과 반대되는 '진실한 사실'을 말하는 것이 아니라 가치판단이나 평가를 내용으로 하는 '의견'에 대치되는 개념이라고 보아야 한다. 따라서 제307조 제1항의 명예훼손죄는 적시된 사실이 진실한 사실인 경우이든 허위의 사실인 경우이든 모두 성립될 수 있고, 특히 적시된 사실이 허위의 사실이라고 하더라도 행위자에게 허위성에 대한 인식이 없는 경우에는 제307조 제2항의 명예훼손죄가 아니라 제307조 제1항의 명예훼손죄가 성립될 수 있다. 제307조 제1항의 법정형이 2년 이하의 징역 등으로 되어 있는 반면 제307조 제2항의 법정형은 5년 이하의 징역 등으로 되어 있는 것은 적시된 사실이 객관적으로 허위일 뿐 아니라 행위자가 그 사실의 허위성에 대한 주관적 인식을 하면서 명예훼손행위를 하였다는 점에서 가벌성이 높다고 본 것이다"라고 판시한 바 있다.[18)]

적시된 사실이 허위의 사실인지 여부를 판단함에 있어서는 적시된 사실의 내용 전체의 취지를 살펴볼 때 중요한 부분이 객관적 사실과 합치되는 경우에는 세부에 있어서 진실과 약간 차이가 나거나 다소 과장된 표현이 있다 하더라도 이를 허위의 사실이라고 볼 수는 없다.[19)]

ⅳ **의견 · 논평의 표명과의 구별** 추상적 사실이나 가치판단의 표시는 후술하는 모욕죄를 구성할 뿐이다(제311조). 판례에 의하면 어떠한 표현이 사실을 적시하는 것인가, 아니면 단순히 의견 또는 논평을 표명하는 것인가, 또는 의견 또는 논평을 표명하는 것이라면 그와 동시에 묵시적으로라도 그 전제가 되는 사실을 적시하고 있는 것인가 그렇지 아니한가의 구별은, 당해 표현의 객관적인 내용과 아울러 일반의 독자가 보통의 주의로 표현을 접하는 방법을 전제로 표현에 사용된 어휘의 통상적인 의미, 표현의 전체적인 흐름, 문구의 연결 방법 등을 기준으로 판단하여야 하고, 여기에다가 당해 표현이 게재된 보다 넓은 문맥이나 배경이 되는 사회적 흐름 등도 함께 고려하여야 한다.[20)]

---

16) 대법원 2011.8.18. 선고 2011도6904 판결; 대법원 2007.6.15. 선고 2004도4573 판결.
17) 대법원 1994.4.12. 선고 93도3535 판결.
18) 대법원 2017.4.26. 선고 2016도18024 판결.
19) 대법원 2004.2.13. 선고 2003도6675 판결; 대법원 2000.2.25. 선고 99도4757 판결.
20) 대법원 2007.7.13. 선고 2006도6322 판결; 대법원 2006.8.25. 선고 2006도648 판결; 대법원 2003.6.24. 선고 2003도1868 판결; 대법원 2000.2.25. 선고 98도2188 판결; 대법원 1999.2.9. 선고 98다31356 판결.

훼손을 긍정한 판례의 구체적 내용은 다음과 같다. 즉,

피고인이 경찰관을 상대로 진정한 사건이 혐의인정되지 않아 내사종결 처리되었음에도 불구하고 공연히 “사건을 조사한 경찰관이 내일부로 검찰청에서 구속영장이 떨어진다”고 말한 것은 현재의 사실을 기초로 하거나 이에 대한 주장을 포함하여 장래의 일을 적시한 것으로 볼 수 있어 명예훼손죄에 있어서의 사실의 적시에 해당한다.[21] 누구든지 범죄가 있다고 생각하는 때에는 고발할 수 있는 것이므로 어떤 사람이 범죄를 고발하였다는 사실이 주위에 알려졌다고 하여 그 고발사실 자체만으로 고발인의 사회적 가치나 평가가 침해될 가능성이 있다고 볼 수는 없고, 다만 그 고발의 동기나 경위가 불순하다거나 온당하지 못하다는 등의 사정이 함께 알려진 경우에 고발인의 명예가 침해될 가능성이 있다고 할 것이다.[22] 피고인의 시 중 ‘민생법안이 널려 있어도 / 국회에 앉아 있으면 하품만 하는 년이지 / 아니지 국회 출석율 꼴지이지’라는 내용은 일반 독자에게 그 표현 자체로서 사실의 적시라고 이해될 여지가 충분하고, 그 내용은 피해자의 의정활동에 관한 것으로서 명예에 관련된 사실이라고 판단하였는바, 앞서 본 법리와 기록에 비추어 살펴보면, 이와 같은 원심의 판단은 옳은 것으로 수긍이 가고, 거기에 상고이유의 주장과 같은 명예훼손죄의 구성요건에 관한 법리오해의 위법이 있다고 할 수 없다.[23] 이 사건 인터뷰의 내용은 소외 1이 검사에게 동일한 범죄사실로 이미 재판을 받아 그 판결문이 있다고 말하였음에도 검사나 참여계장이 이를 묵살하였다는 취지로서 소외 1이 수사받는 과정에서 이미 처벌받은 사실을 전혀 진술하지 아니한 채 피의사실을 자백하면서 합의할 시간을 달라고만 호소하는 바람에 업무착오를 일으켰다는 원고의 해명과는 그 내용이 크게 다른 것이고, 검사로서의 직무를 고의로 유기하였다는 비난을 받을 수 있을 정도로 원고의 명예를 훼손하는 내용을 담고 있는 것임을 알 수 있는바, 여기에다가 방송보도의 제목을 ‘한심한 검찰’로 정하고, 방송보도의 중간과 마지막에 ‘불법적으로 구금하였다’거나 ‘사법사상 처음’이라는 설명을 덧붙인 점과 일반의 시청자가 보통의 주의로 방송보도를 접하는 방법까지 감안하여 이 사건 방송보도의 전체적인 문맥과 취지에 비추어 살펴보면, 이 사건 인터뷰의 방영은 소외 1이 그와 같은 발언을 하였다는 사실 자체를 전달한 것이라기보다는 재판받은 판결문이 있다는 소외 1의 말을 원고가 고의로 묵살하였다는 사실의 존재를 암시하거나 이를 간접적으로 표현한 것이라고 봄이 상당하고, 따라서 이 사건 인터뷰의 방영은 검사로서 수사 및 기소 업무를 공정하고도 사려깊게 처리하여야 할 원고에 대한 사회적인 평가를 저하시킬 만한 구체적인 사실의 적시에 해당한다고 보아야 한다.[24] 명예훼손죄에 있어서의 사실의 적시는 그 사실의 적시자가 스스로 실험한 것으로 적시하던 타인으로부터 전문한 것으로 적시하던 불문하는 것이므로 피해자가 처자식이 있는 남자와 살고 있다는데 아느냐고 한 피고인의 언동은 사실의 적시에 해당한다 할 것이고, 또 그 내용도 피해자의 사회적 평가를 저하시킬 가능성이 있는 불륜관계를 유포한 것이어서 구체성 있는 사실적시에 해당한다고 보기에 넉넉하므로 피고의 행위가 사실적시에 해당하지 않는다거나 그 사실적시가 구체성이 없다는 논지는 받아들일 수 없다.[25]

훼손을 부정한 판례의 구체적 내용은 다음과 같다. 즉,

동장인 피고인이 동 주민자치위원에게 전화를 걸어 ‘어제 열린 당산제(마을제사) 행사에 남편과

21) 대법원 2003.5.13. 선고 2002도7420 판결.
22) 대법원 2009.9.24. 선고 2009도6687 판결; 대법원 1994.6.28. 선고 93도696 판결.
23) 대법원 2007.5.10. 선고 2007도1307 판결.
24) 대법원 2004.2.27. 선고 2001다53387 판결.
25) 대법원 1985.4.23. 선고 85도431 판결.

이혼한 甲도 참석을 하여, 이에 대해 행사에 참여한 사람들 사이에 안 좋게 평가하는 말이 많았다'는 취지로 말하고, 동 주민들과 함께한 저녁식사 모임에서 '甲은 이혼했다는 사람이 왜 당산제에 왔는지 모르겠다.'는 취지로 말하여 甲의 명예를 훼손하였다는 내용으로 기소된 사안에서, 피고인이 위 발언을 통해 甲에 관하여 적시하고 있는 사실은 '甲이 이혼하였다'는 사실과 '甲이 당산제에 참여하였다'는 것으로, 이혼에 대한 부정적인 인식과 평가가 점차 사라지고 있음을 감안하면 피고인이 甲의 이혼 경위나 사유, 혼인관계 파탄의 책임 유무를 언급하지 않고 이혼 사실 자체만을 언급한 것은 甲의 사회적 가치나 평가를 떨어뜨린다고 볼 수 없고, 또한 '甲이 당산제에 참여하였다'는 것도 그 자체로는 가치중립적인 사실로서 甲의 사회적 가치나 평가를 침해한다고 보기 어려운 점, 피고인은 주민 사이에 '이혼한 사람이 당산제에 참여하면 부정을 탄다'는 인식이 있음을 전제로 하여 발언을 한 것으로서, 발언 배경과 내용 등에 비추어 이는 甲에 관한 과거의 구체적인 사실을 진술하기 위한 것이 아니라 당산제 참석과 관련하여 甲이 이혼한 사람이기 때문에 '부정적 영향'을 미칠 수 있음을 언급한 것으로서 甲의 당산제 참석에 대한 부정적인 가치판단이나 평가를 표현하고 있을 뿐이라고 보아야 하는 점을 종합하면, 피고인의 위 발언은 甲의 사회적 가치나 평가를 침해하는 구체적인 사실의 적시에 해당하지 않고 甲의 당산제 참여에 관한 의견표현에 지나지 않는다는 이유로, 이와 달리 보아 공소사실을 유죄로 인정한 원심판결에 명예훼손죄에서 사실의 적시와 의견표현의 구별에 관한 법리오해의 잘못이 있다.[26] 작업장의 책임자인 피고인이 甲으로부터 작업장에서 발생한 성추행 사건에 대해 보고받은 사실이 있음에도, 직원 5명이 있는 회의 자리에서 상급자로부터 경과보고를 요구받으면서 과태료 처분에 관한 책임을 추궁받자 이에 대답하는 과정에서 '甲은 성추행 사건에 대해 애초에 보고한 사실이 없다. 그런데도 이를 수사기관 등에 신고하지 않았다고 과태료 처분을 받는 것은 억울하다.'는 취지로 발언함으로써 허위사실을 적시하여 甲의 명예를 훼손하였다는 내용으로 기소된 사안에서, 위와 같이 회의 자리에서 상급자로부터 책임을 추궁당하며 질문을 받게 되자 이에 대답하는 과정에서 타인의 명예를 훼손하는 듯한 사실을 발설하게 된 것이라면 그 발설 내용과 경위 · 동기 및 상황 등에 비추어 명예훼손의 고의를 인정하기 어렵고, 또한 질문에 대하여 단순한 확인 취지의 답변을 소극적으로 한 것에 불과하다면 이를 명예훼손에서 말하는 사실의 적시라고 단정할 수도 없다는 이유로, 이와 달리 보아 피고인에게 유죄를 인정한 원심판결에 명예훼손죄의 고의와 사실의 적시에 관한 법리오해의 잘못이 있다.[27] 피고인이 '야당 대통령후보였던 甲은 일명 부림사건의 변호인으로서 체제전복을 위한 활동을 한 국가보안법 위반 사범들을 변호하면서 그들과 동조하여 그들과 동일하게 체제전복과 헌법적 기본질서를 부정하는 활동인 공산주의 활동 내지 공산주의 운동을 해 왔다.'는 취지의 발언을 하여 허위사실 적시 명예훼손으로 기소된 사안에서, 제반 사정을 종합할 때 피고인의 위 '공산주의자 발언'은 자신의 경험을 통한 甲의 사상 또는 이념에 대한 피고인의 의견 내지 입장표명에 해당하여 이를 甲의 명예를 훼손할 만한 구체적인 사실의 적시라고 보기 어렵고, 나아가 표현의 자유의 한계를 일탈한 위법한 행위라고 볼 수 없다는 이유로, 이와 달리 보아 공소사실을 유죄로 인정한 원심판단에 법리오해의 잘못이 있다.[28] 피고인이 세월호 참사 국민대책회의 공동위원장이자 '4월 16일의 약속 국민연대'(이하 '4 · 16 연대'라 한다) 상임운영위원으로서 언론사 기자와 시민 등을 상대로 기자회견을 하던 중 '세월호 참사 당일 7시간 동안 대통령 甲이 마약이나 보톡스를 했다는 의혹이

26) 대법원 2022.5.13. 선고 2020도15642 판결.

27) 대법원 2022.4.14. 선고 2021도17744 판결; 대법원 2010.10.28. 선고 2010도2877 판결; 대법원 2008.10.23. 선고 2008도6515 판결; 대법원 1983.8.23. 선고 83도1017 판결.

28) 대법원 2021.9.16. 선고 2020도12861 판결.

사실인지 청와대를 압수·수색해서 확인했으면 좋겠다.'는 취지로 발언함으로써 마치 甲이 세월호 사건 발생 당일 마약을 하거나 피부미용, 성형수술을 위한 보톡스 주사를 맞고 있어 직무수행을 하지 않았던 것처럼 허위사실을 적시하여 甲의 명예를 훼손하였다는 내용으로 기소된 사안에서, 제반 사실에 비추어 위 발언은 피고인과 4·16 연대 사무실에 대한 압수·수색의 부당성과 甲의 행적을 밝힐 필요성에 관한 의견을 표명하는 과정에서 세간에 널리 퍼져 있는 의혹을 제시한 것으로 '甲이 마약을 하거나 보톡스 주사를 맞고 있어 직무수행을 하지 않았다.'는 구체적인 사실을 적시하였다고 단정하기 어렵고, 피고인이 공적 인물과 관련된 공적 관심사항에 대한 의혹 제기 방식으로 표현행위를 한 것으로서 대통령인 甲 개인에 대한 악의적이거나 심히 경솔한 공격으로서 현저히 상당성을 잃은 것으로 평가할 수 없어 명예훼손죄로 처벌할 수 없다는 이유로, 이와 달리 본 원심판단에 형법 제307조 제2항에서 정한 명예훼손죄의 사실 적시, 전면적 공적 인물에 대한 명예훼손죄의 위법성 판단에 관한 법리오해의 잘못이 있다고 한 사례이다.[29] 다른 사람의 말이나 글을 비평하면서 사용한 표현이 겉으로 보기에 증거에 의해 입증 가능한 구체적인 사실관계를 서술하는 형태를 취하고 있다고 하더라도, 글의 집필의도, 논리적 흐름, 서술체계 및 전개방식, 해당 글과 비평의 대상이 된 말 또는 글의 전체적인 내용 등을 종합하여 볼 때, 평균적인 독자의 관점에서 문제된 부분이 실제로는 비평자의 주관적 의견에 해당하고, 다만 비평자가 자신의 의견을 강조하기 위한 수단으로 그와 같은 표현을 사용한 것이라고 이해된다면 명예훼손죄에서 말하는 사실의 적시에 해당한다고 볼 수 없다. 이러한 법리는 어떠한 의견을 주장하기 위해 다른 사람의 견해나 그 근거를 비판하면서 사용한 표현의 경우에도 다를 바 없다.[30] 우리 헌법이 종교의 자유를 보장함으로써 보호하고자 하는 것은 종교 그 자체나 종교가 신봉하는 신앙의 대상이 아니라, 종교를 신봉하는 국민, 즉 신앙인이고, 종교에 대한 비판은 그 성질상 어느 정도의 편견과 자극적인 표현을 수반하게 되는 경우가 많으므로, 타 종교의 신앙의 대상에 대한 모욕이 곧바로 그 신앙의 대상을 신봉하는 종교단체나 신도들에 대한 명예훼손이 되는 것은 아니고, 종교적 목적을 위한 언론·출판의 자유를 행사하는 과정에서 타 종교의 신앙의 대상을 우스꽝스럽게 묘사하거나 다소 모욕적이고 불쾌하게 느껴지는 표현을 사용하였더라도 그것이 그 종교를 신봉하는 신도들에 대한 증오의 감정을 드러내는 것이거나 그 자체로 폭행·협박 등을 유발할 우려가 있는 정도가 아닌 이상 허용된다고 보아야 한다.[31] 방송국 프로듀서 등 피고인들이 특정 프로그램 방송보도를 통하여 '미국산 쇠고기 수입을 위한 제2차 한미 전문가 기술협의'(이른바 '한미 쇠고기 수입 협상')의 협상단 대표와 주무부처 장관이 미국산 쇠고기 실태를 제대로 파악하지 못하였다는 취지의 허위사실을 적시하여 이들의 명예를 훼손하였다는 내용으로 기소된 사안에서, 명예훼손죄의 사실적시에 관한 법리 및 대법원 2011.9.2. 선고 2009다52649 전원합의체 판결에서 정부 협상단의 미국산 쇠고기 실태 파악 관련 방송보도에 관하여, 정부가 미국 도축시스템의 실태 중 아무 것도 본 적이 없다는 구체적 사실을 적시한 것이 아니라, 미국산 쇠고기 수입위생조건 협상에 필요한 만큼 미국 도축시스템의 실태를 제대로 알지 못하였다는 주관적 평가를 내린 것이라고 판시한 점 등에 비추어, 이 부분 보도내용을 비판 내지 의견 제시로 보아 명예훼손죄에서 말하는 '사실의 적시'에 해당하지 않는다고 본 원심판단을 수긍한 사례이다.[32] 피고인이 제5회 전국동시지방선거에서 군수로 당선된 갑 후보의 운전기사 을이 공직선거법 위반으로 구속되었다는 소문을 듣고, 마치 관할 지방

29) 대법원 2021.3.25. 선고 2016도14995 판결.
30) 대법원 2017.12.5. 선고 2017도15628 판결; 대법원 2017.5.11. 선고 2016도19255 판결.
31) 대법원 2014.9.4. 선고 2012도13718 판결.
32) 대법원 2011.9.2. 선고 2010도17237 판결.

검찰청 지청에서 을에 대한 수사상황이나 피의사실을 공표하는 것처럼 갑을 비방하는 내용의 문자메시지를 기자들에게 발송하여 해당 지청장 또는 지청 구성원의 명예를 훼손하였다는 내용으로 기소된 사안에서, 공소사실 기재 문자메시지는 '관할 지청에서 을을 구속하고 갑 군수를 조사하고 있다'는 취지의 내용으로 보일 뿐이고, 피고인이 지청장실 전화번호 끝자리를 생략한 허위 발신번호를 게재한 사정까지 함께 고려하더라도 문자메시지 내용에서 '지청장 또는 지청 구성원이 그와 같은 내용을 알린다'는 사실이 곧바로 유추될 수 있다고 보이지 않으므로, 위 문자메시지에 의하여 지청장 또는 지청 구성원의 사회적 가치나 평가를 저하시키기에 충분한 구체적인 사실의 적시가 있다고 볼 수 없는데도, 이와 달리 본 원심판단에 명예훼손죄에서 사실의 적시에 관한 법리 등을 오해한 위법이 있다.[33] 원심이 피고인의 판시 발언 중 사실을 적시한 부분인 '(주)진로가 일본 아사히 맥주에 지분이 50% 넘어가 일본 기업이 됐다'는 부분은 가치중립적인 표현으로서, 우리나라와 일본의 특수한 역사적 배경과 소주라는 상품의 특수성 때문에 '참이슬' 소주를 생산하는 공소사실 기재 피해자 회사의 대주주 내지 지배주주가 일본 회사라고 적시하는 경우 일부 소비자들이 '참이슬' 소주의 구매에 소극적이 될 여지가 있다 하더라도 이를 사회통념상 공소사실 기재 피해자 회사의 사회적 가치 내지 평가가 침해될 가능성이 있는 명예훼손적 표현이라고 볼 수 없을 뿐만 아니라, 한편 판시 증거들만으로는 피고인의 판시 발언이 공연히 이루어졌다거나, 피고인이 판시 발언이 허위라고 인식하였다고 인정하기에 부족하고 달리 이를 인정할 증거가 없다는 등의 이유로, 이 부분 공소사실을 무죄로 인정한 제1심판결을 그대로 유지하였는바, 위 법리 및 기록에 의하여 살펴보면, 원심의 조치는 정당하고, 상고이유의 주장과 같이 채증법칙을 위반하거나, 명예훼손죄에 관한 법리를 오해한 위법 등이 없다.[34] 목사가 예배중 특정인을 가리켜 "이단 중에 이단이다"라고 설교한 부분이 명예훼손죄에서 말하는 '사실의 적시'에 해당하지 않는다.[35] 이 사건 유인물의 내용 중에서 "공소외인(대한예수교침례회)는 구원파 계열의 이단이다", "공소외인은 체계적으로 신학을 공부한 적이 없다"라는 기재부분은 그 의견의 기초가 되는 사실을 함께 기술하면서 의견을 표명한 것으로서 피고인들의 주관적인 종교적 · 교리적 분석에 기초한 순수한 의견 또는 논평에 해당하는 것이고, "공소외인이 기성교회를 공격하고 폄하하며 자기들을 드러내기만을 고집하려고 시도하였다" 또는 "공소외인의 시도를 막아 우리 고장 대전이 이단들이 발호하는 도시라는 불명예를 씻어내고 우리 고장 대전과 우리 가정 및 자녀를 지켜내자"라는 등의 기재부분이나 "성경 위에 활동하는 마귀나 벌레 등을 젓가락으로 집어내는 형상"을 희화한 그림부분 역시 전체적인 맥락에서 피고인들의 의견을 표명하고 있는 것일 뿐 이를 사실의 적시에 해당한다고 보기 어려우며, "구원파는 '성경세미나'라는 모임을 통하여 대전시민에게 다가간다"라는 기재부분 등은 공소외인의 사회적 가치 내지 평가를 침해할 수 있는 명예훼손적 표현에 해당하지 않으므로, 피고인들이 이 사건 유인물을 배포한 행위를 명예훼손죄로 의율할 수 없다고 할 것인바, 원심이 같은 취지에서 이 사건 공소사실에 대하여 피고인들에게 무죄판결을 선고한 조치는 정당하고, 거기에 상고이유의 주장과 같은 채증법칙 위반, 심리미진, 명예훼손죄에 관한 법리오해 등의 위법이 있다고 할 수 없다.[36] 피고인이 하였다는 "애꾸눈, 병신"이라는 발언 내용은 피고인이 피해자를 모욕하기 위하여 경멸적인 언사를 사용하면서 욕설을 한 것에 지나지 아니하고, 피해자의 사회적 가치나 평가를 저하시키기에 충분한 구체적 사실을 적시한 것이라고 보기는 어렵다 할 것이다.[37] 피고인 1이실제로 당국의

33) 대법원 2011.8.18. 선고 2011도6904 판결.
34) 대법원 2008.11.27. 선고 2008도6728 판결.
35) 대법원 2008.10.9. 선고 2007도1220 판결.
36) 대법원 2007.10.26. 선고 2006도5924 판결.

허가를 얻지 아니하고 직업소개를 하였음은 분명한 사실로 인정되고, 또한 피해자가 피고인 1과같은 친목회의 회원이면서도 같은 피고인의 무허가 직업소개라는 범죄를 고발할 만한 필요나 부득이한 사정이 있는 경우도 능히 상정할 수 있으므로, 피고인이 다만 원심판시와 같이 피해자가 같은 피고인의 범죄를 고발하였다는 내용의 언사만을 하고 그 고발의 동기나 경위에 관하여는 전혀 언급을 하지 아니하였다면, 그와 같은 언사만으로는 피해자의 사회적 가치나 평가를 침해하기에 충분한 구체적인 사실이 적시되었다고 보기는 어렵다하겠다.[38] "아무것도 아닌 똥꼬다리 같은 놈"이라는 구절은 모욕적인 언사일 뿐 구체적인 사실의 적시라고 할 수 없고 "잘 운영되어 가는 어촌계를 파괴하려 한다"는 구절도 구체적인 사실의 적시라고 할 수 없으므로 명예훼손죄에 있어서의 사실의 적시에 해당한다고 볼 수 없다.[39] 피고인이 "E도 군에서 옷벗고 나와 장기집권하다 망했다 군정은 몸서리친다 우리도 F 대통령 때부터 현재까지 군정의 연속이다"라고 말했다고 하더라도 그것은 피고인이 우리 정부의 성격을 민간주도의 정부라기보다는 군인주도의 정부라는 주관적 판단을 표시한 것이라고 볼 것이고 G 대통령의 불명예가 될 만한 구체적인 사실의 적시가 있었다고 하기 어렵다. 그리고 피고인이 "H회사 주인은 현정부 고위층에 있는 I 것이다. 지금 국민들은 상당히 말이 많다 대통령 마누라 I는 사치가 심하여 옷이 상당히 많다"고 말하였다고 하더라도 그 말이 G 대통령의 불명예가 될 만한 구체적인 사실의 적시라고 하기 어렵다.[40] "늙은 화냥년의 간나, 너가 화냥질을 했잖아"라고 한 피고인의 발언내용은 그 자체가 피해자의 사회적 평가를 저하시킬 만한 구체적 사실의 적시라기보다는 피고인이 피해자의 도덕성에 관하여 경멸적인 감정표현을 과장되게 강조한 욕설에 불과한 것으로서 이를 막바로 명예훼손죄로 의률할 수는 없다.[41] 피해자에 대하여 "야 이 개같은 잡년아, 시집을 열두번을 간 년아, 자식도 못 낳는 창녀같은 년"이라고 큰소리 친 경우, 위 발언내용은 그 자체가 피해자의 사회적 평가를 저하시킬 만한 구체적 사실이라기보다는 피해자의 도덕성에 관하여 가지고 있는 추상적 판단이나 경멸적인 감정표현을 과장되게 강조한 욕설에 지나지 아니하여 형법 제311조의 모욕에는 해당할지언정, 형법 제307조 제1항의 명예훼손에 해당한다고 보기 어렵다.[42] 명예훼손내용의 사실을 발설하게 된 경위가 그 사실에 대한 확인요구에 대답하는 과정에서 나오게 된 것이라면 그 발설내용과 동기에 비추어 명예훼손의 범의를 인정할 수 없고 또 질문에 대한 단순한 확인대답이 명예훼손의 사실적시라고 할 수 없다.[43] 피고인이 피해자 1에게는 "빨갱이 계집년", 피해자 2에게는 "만신(무당)", 피해자 3에게는 "첩년"이라고 각 말하였다는 것이 그 설시의 명예훼손 범죄사실의 전부이다. 그렇다면 피고인의 위 소위는 피해자들을 모욕하기 위하여 경멸적인 언사를 쓴 것에 지나지 아니하고 그들의 명예를 훼손하기에 충분한 구체적인 사실을 적시한 것이라고는 단정할 수 없다 할 것이다.[44]

④ 결 과

본죄는 거동범이다. 법문상 '명예를 훼손한'으로 규정되어 결과범 같지만, 본죄는 사실의 적시에 의하여 사람의 사회적 평가가 실제로 저하되었다는 결과를 요하지 않는다. 이러한

37) 대법원 1994.10.25. 선고 94도1770 판결.
38) 대법원 1994.6.28. 선고 93도696 판결.
39) 대법원 1989.3.14. 선고 88도1397 판결.
40) 대법원 1988.9.20. 선고 86도2683 판결.
41) 대법원 1987.5.12. 선고 87도739 판결.
42) 대법원 1985.10.22. 선고 85도1629 판결.
43) 대법원 1983.8.23. 선고 83도1017 판결.
44) 대법원 1981.11.24. 선고 81도2280 판결.

의미에서 본죄는 추상적 위험범이 된다. 결론적으로 본죄는 명예가 현실적으로 훼손될 것을 요하지 않는다. 인과관계도 요하지 않는다. 대법원도 "명예훼손죄는 추상적 위험범으로 불특정 또는 다수인이 적시된 사실을 실제 인식하지 못하였다고 하더라도 인식할 수 있는 상태에 놓인 것으로도 명예가 훼손된 것으로 보아야 한다"고 판시한 바 있다.[45]

⑤ 상 황

본죄의 행위상황은 '공연히'이다. 명예의 훼손은 사회를 향하여 행하여질 것, 즉 공연히 행하여질 것이 요구되기 때문이다. 따라서 명예는 사회적 평가이고 본죄는 사회적 평가를 해할 현실적 위험을 가지고 행하여질 것을 요구한다고 할 수 있다.

ⓘ 공연히 　공연(公然)이란 불특정인 또는 다수인이 인식할 수 있는 상태를 말한다. '공연히' 또는 '공공연하게'는 사전적으로 '세상에서 다 알 만큼 떳떳하게', '숨김이나 거리낌이 없이 그대로 드러나게'라는 뜻이다.[46] 공연성을 행위 태양으로 요구하는 것은 사회에 유포되어 사회적으로 유해한 명예훼손 행위만을 처벌함으로써 개인의 표현의 자유가 지나치게 제한되지 않도록 하기 위함이다.[47]

불특정인(不特定人)은 수(數)의 다소를 묻지 않고, 다수인(多數人)은 특정(特定)의 여부를 가리지 않는다. 불특정인 또는 다수인의 의미 속에는 누구라도 인식할 수 있다는 위험성이 내재되어 있다고 할 수 있기 때문이다. 문제는 불특정인 또는 다수인의 인식을 기대하면서 특정인 또는 소수인에게 적시한 경우에 있다. 이것이 바로 공연성, 특히 전파가능성의 이론의 문제이다.

ⓘⓘ 공연성의 판단기준

i. 학 설 　공연성(公然性)의 의미에 관한 학설은 나누어진다. 첫째, 직접인식설(直接認識說)은 상대방이 직접 인식할 수 있어야 한다고 한다. 다만 상대방에 관하여 과거에는 불특정한 다수인이 인식할 수 있는 상태라는 견해와 특정·불특정을 불문하고 다수인이 인식할 수 있는 상태를 의미한다는 견해가 유력했었다. 그러나 현재의 다수설은 공연성이란 불특정인 또는 다수인이 인식할 수 있는 상태를 의미한다고 하고 있다. 불특정인 또는 다수인이 인식할 수 있는 상태라면 누구라도 인식할 수 있는 상태가 된다고 보기 때문이다. 이에 의하면 특정인 또는 소수인에게 적시한 경우에는 공연성과 전파가능성이론을 부정되게 된다. 둘째, 전파가능성설(傳播可能性說)은 후술하는 판례의 입장을 지지하는 견해이다. 언제까지 판례와 평행선을 갈 수는 없다는 근거에서 판례의 전파가능성이론을 수용하는 견해가 나타나고 있는 것이다.

ii. 판 례 　판례에 의하면 공연성이란 불특정인 또는 다수인이 인식할 수 있는 상태를 말한다.[48] 따라서 특정의 개인이나 소수인에게 개인적 또는 사적으로 정보를 전달하는 것과

45) 대법원 2020.12.30. 선고 2015도15619 판결; 대법원 2020.11.19. 선고 2020도5813 전원합의체 판결.
46) 대법원 2020.11.19. 선고 2020도5813 전원합의체 판결.
47) 대법원 2020.11.19. 선고 2020도5813 전원합의체 판결.
48) 대법원 1984.2.28. 선고 83도3124 판결.

같은 행위는 공연하다고 할 수 없게 된다.[49] 다만 판례는 특정인 또는 소수인에게 사실을 적시한 경우에도 불특정인 또는 다수인에게 전파가 가능한 경우에는 예외적으로 공연성을 인정해오고 있다. 이것이 바로 판례상 확립되어 인정되어 오고 있는 소위 '전파가능성의 이론'이다.

전파가능성의 이론(傳播可能性의 理論)이란 특정한 1인에게 사실을 적시한 경우라도 이로부터 불특정인 또는 다수인에게 전파될 가능성이 있는 경우에는 공연성을 인정할 수 있지만, 전파될 가능성이 없는 경우에는 공연성을 결한다는 이론을 말한다. 이에 의하면 기자에게 사실을 적시한 경우라도 기사화될 가능성의 존재를 근거로 공연성을 긍정할 수 있게 된다. 대법원은 "공연성은 불특정 또는 다수인이 인식할 수 있는 상태를 말하므로 비록 개별적으로 한 사람에 대하여 사실을 유포하였다고 하더라도 그로부터 불특정 또는 다수인에게 전파될 가능성이 있다면 공연성의 요건을 충족한다"고 판시한 바 있다.[50]

다만 개별적인 소수에 대한 발언을 불특정 또는 다수인에게 전파될 가능성을 이유로 공연성을 인정하기 위해서는 막연히 전파될 가능성이 있다는 것만으로 부족하고, 고도의 가능성 내지 개연성이 필요하며, 이에 대한 검사의 엄격한 증명을 요한다.[51] 특히 발언 상대방이 직무상 비밀유지의무 또는 이를 처리해야 할 공무원이나 이와 유사한 지위에 있는 경우에는 그러한 관계나 신분으로 인하여 비밀의 보장이 상당히 높은 정도로 기대되는 경우로서 공연성이 부정되고, 공연성을 인정하기 위해서는 그러한 관계나 신분에도 불구하고 불특정 또는 다수인에게 전파될 수 있다고 볼 만한 특별한 사정이 존재하여야 한다.[52]

한편 판례는 전파가능성의 이론에 대하여 이를 여전히 고수할 뜻을 분명하게 밝히고 있다. 대법원은 "공연성에 관한 전파가능성 법리는 대법원이 오랜 시간에 걸쳐 발전시켜 온 것으로서 현재에도 여전히 법리적으로나 현실적인 측면에 비추어 타당하므로 유지되어야 한다. 대법원 판례와 재판 실무는 전파가능성 법리를 제한 없이 적용할 경우 공연성 요건이 무의미하게 되고 처벌이 확대되게 되어 표현의 자유가 위축될 우려가 있다는 점을 고려하여, 전파가능성의 구체적·객관적인 적용 기준을 세우고, 피고인의 범의를 엄격히 보거나

---

49) 대법원 1989.7.11. 선고 89도886 판결.

50) 대법원 2020.12.30. 선고 2015도15619 판결; 대법원 2020.11.19. 선고 2020도5813 전원합의체 판결; 대법원 2018.6.15. 선고 2018도4200 판결; 대법원 2017.9.7. 선고 2016도15819 판결; 대법원 2011.9.8. 선고 2010도7497 판결; 대법원 2010.11.11. 선고 2010도8265 판결; 대법원 2008.10.23. 선고 2008도6515 판결; 대법원 2008.2.14. 선고 2007도8155 판결; 대법원 2006.9.22. 선고 2006도4407 판결; 대법원 2006.5.25. 선고 2005도2049 판결; 대법원 2005.12.9. 선고 2004도2880 판결; 대법원 2004.6.25. 선고 2003도4934 판결; 대법원 2004.4.9. 선고 2004도340 판결; 대법원 2000.5.16. 선고 99도5622 판결; 대법원 2000.2.11. 선고 99도4579 판결; 대법원 1998.9.8. 선고 98도1949 판결; 대법원 1996.7.12. 선고 96도1007 판결; 대법원 1994.9.30. 선고 94도1880 판결; 대법원 1992.5.26. 선고 92도445 판결; 대법원 1991.6.25. 선고 91도347 판결; 대법원 1990.7.24. 선고 90도1167 판결; 대법원 1990.4.27. 선고 89도1467 판결; 대법원 1986.9.23. 선고 86도556 판결; 대법원 1985.12.10. 선고 84도2380 판결; 대법원 1985.11.26. 선고 85도2037 판결; 대법원 1985.4.23. 선고 85도431 판결; 대법원 1984.4.10. 선고 83도49 판결; 대법원 1984.2.28. 선고 83도891 판결; 대법원 1981.10.27. 선고 81도1023 판결; 대법원 1968.12.24. 선고 68도1569 판결.

51) 대법원 2020.12.30. 선고 2015도15619 판결.

52) 대법원 2020.12.30. 선고 2015도15619 판결; 대법원 2020.11.19. 선고 2020도5813 전원합의체 판결.

적시의 상대방과 피고인 또는 피해자의 관계에 따라 전파가능성을 부정하는 등 판단 기준을 사례별로 유형화하면서 전파가능성에 대한 인식이 필요함을 전제로 전파가능성 법리를 적용함으로써 공연성을 엄격하게 인정하여 왔다"고 판시한 바 있다.[53)]

공연성을 긍정한 판례의 구체적 내용은 다음과 같다. 즉,

발언 상대방이 이미 알고 있는 사실을 적시하였더라도 공연성 즉 전파될 가능성이 없다고 볼 수 없다.[54)] 피고인이 갑의 집 뒷길에서 피고인의 남편 을 및 갑의 친척인 병이 듣는 가운데 갑에게 '저것이 징역 살다온 전과자다' 등으로 큰 소리로 말함으로써 공연히 사실을 적시하여 갑의 명예를 훼손하였다는 내용으로 기소된 사안에서, 피고인과 갑은 이웃 주민으로 여러 가지 문제로 갈등관계에 있었고, 당일에도 피고인은 갑과 말다툼을 하는 과정에서 위와 같은 발언을 하게 된 점, 을과 갑의 처인 정은 피고인과 갑이 큰 소리로 다투는 소리를 듣고 각자의 집에서 나오게 되었는데, 갑과 정은 '피고인이 전과자라고 크게 소리쳤고, 이를 병 외에도 마을 사람들이 들었다'는 취지로 일관되게 진술한 점, 피고인은 신고를 받고 출동한 경찰관 앞에서도 '갑은 아주 질이 나쁜 전과자'라고 큰 소리로 수회 소리치기도 한 점, 갑이 사는 곳은 갑, 병과 같은 성씨를 가진 집성촌으로 갑에게 전과가 있음에도 병은 '피고인으로부터 갑이 전과자라는 사실을 처음 들었다'고 진술하여 갑과 가까운 사이가 아니었던 것으로 보이는 점을 종합하면, 갑과 병의 친분 정도나 적시된 사실이 갑의 공개하기 꺼려지는 개인사에 관한 것으로 주변에 회자될 가능성이 큰 내용이라는 점을 고려할 때 병이 갑과 친척관계에 있다는 이유만으로 전파가능성이 부정된다고 볼 수 없고(갑과 병 사이의 촌수나 구체적 친밀관계가 밝혀진 바도 없다), 오히려 피고인은 갑과의 싸움 과정에서 단지 갑을 모욕 내지 비방하기 위하여 공개된 장소에서 큰 소리로 말하여 다른 마을 사람들이 들을 수 있을 정도였던 것으로 불특정 또는 다수인이 인식할 수 있는 상태였다고 봄이 타당하므로 피고인의 위 발언은 공연성이 인정된다는 이유로, 같은 취지에서 공소사실을 유죄로 인정한 원심판단이 정당하다.[55)] 개인 블로그의 비공개 대화방에서 상대방으로부터 비밀을 지키겠다는 말을 듣고 일대일로 대화하였다고 하더라도, 그 사정만으로 대화 상대방이 대화내용을 불특정 또는 다수에게 전파할 가능성이 없다고 할 수 없으므로, 명예훼손죄의 요건인 공연성을 인정할 여지가 있다.[56)] 피고인이 판시 각 범행 당시 피고인의 말을 들은 사람은 한 사람씩에 불과하였으나 그들은 피고인과 특별한 친분관계가 있는 자가 아니며, 그 범행의 내용도 지방의회 의원선거를 앞둔 시점에 현역 시의회 의원이면서 다시 그 후보자가 되고자 하는 자를 비방한 것이어서 피고인이 적시한 사실이 전파될 가능성이 많을 뿐만 아니라, 결과적으로 그 사실이 피해자에게 전파되어 피해자가 고소를 제기하기에 이른 사정 등을 참작하여 볼 때, 피고인의 판시 범행은 행위 당시에 이미 공연성을 갖추었다고 할 것이므로, 이와 같은 취지로 한 원심의 판단은 정당하고, 이 점을 다투는 상고이유는 받아들일 수 없다.[57)] 피고인은 비록 2명 또는 3명이 있는 자리에서 허위사실을 유포하였으나 그 장소가 거리 또는 식당 등 공공연한 장소일 뿐만 아니라 그 이야기를 들은 사람들과 피해자의 친분관계를 고려하여 볼 때 이러한 피고인의 이야기를 전파하지 아니하고 비밀로 지켜줄 사정이 전혀 엿보이지 아니하며, 결과적으로 피해자에 대한 이와 같은 허위사실이 동네 여러 사람들에게

53) 대법원 2020.11.19. 선고 2020도5813 전원합의체 판결.
54) 대법원 2020.12.30. 선고 2015도15619 판결; 대법원 1993.3.23. 선고 92도455 판결.
55) 대법원 2020.11.19. 선고 2020도5813 전원합의체 판결.
56) 대법원 2008.2.14. 선고 2007도8155 판결.
57) 대법원 1996.7.12. 선고 96도1007 판결.

유포되어 피해자가 이 사실을 듣고 피고인을 고소하기에 이르른 사정을 참작하여 볼 때, 피고인의 판시범행은 그 행위 당시에 이미 명예훼손죄에 있어서 공연성의 요건을 충분히 갖추었다고 할 것이므로 이러한 취지에서 한 원심의 판단은 정당하다. 상고이유 중 이 점을 지적하는 부분도 이유 없다.[58] 명예훼손의 발언(피해자들이 전과가 많다는 내용)을 들은 사람들이 피해자들과는 일면식이 없다거나 이미 피해자들의 전과사실을 알고 있었다고 하더라도 공연성 즉 발언이 전파될 가능성이 없다고 볼 수 없다.[59] 피고인이 판시와 같은 진정서와 고소장을 특정사람들에게 개별적으로 우송한 것이라고 하여도 다수인(19명, 193명)에게 배포하였고, 또 그 내용이 다른 사람들에게 전파될 가능성도 있는 것이므로 공연성의 요건은 충족된 것이라고 보아야 한다.[60] 공소외 사단법인의 이사장이 이사회 또는 임시총회를 진행하다가 회원 10여명 또는 30여명이 있는 자리에서 허위사실을 말하였다면 그 공연성이 있다 할 것이다.[61] 비록 피고인이 세 사람이 있는 자리에서 또는 한 사람에게 전화로 허위사실을 유표하였다 하여도 그 사람들에 의하여 외부에 전파될 가능성이 있는 이상 범죄의 성립에는 영향이 없는 것이다.[62] 피해자 (여 25세) 와 정교관계를 맺은 사실이 있음에도 공소외 K의 집에서 그와 그의 처 및 공소외 P 등 여러 사람이 있는 자리에서 피고인과 같은 직장의 승강기 승무원으로 근무하던 피해자가 피고인과는 하등 성관계를 한 사실이 없을 뿐만 아니라 밖에서 만난 사실조차 없음에도 집에까지 찾아와 성관계를 하여 임신까지 하였으니 보상하라고 했다는 등의 말을 한 것은 위 K는 피고인 및 피해자 등과 같은 근무처인 증권거래소의 노조위원장이고, 위 P는 같은 직장의 관리과장으로 재직하고 있어 피고인 및 위 피해자와의 관계 등에 비추어볼 때 피고인이 유포한 위 허위사실이 외부에 전파될 가능성이 있어 공연성이 인정되고, 당시 피고인이 피해자로부터 자신의 신상문제를 책임지라고 위협을 당하고 있는 상황에서 직장동료 등과 이를 모면키 위해 의논하는 자리에서 이루어진 것이라 하더라도(사실은 당시 직장 동료가 아닌 K의 처도 그 자리에 있었음) 그 사유만으로 피고인에 대하여 명예훼손죄가 성립하는데 장애가 된다고 할 수 없다.[63] 피고인이 공소외 K, W, J, S 등에게 유포하였다는 소론 (가), (다), (라), (마), (바)의 사실은 비록 개별적으로 한 사람씩에 대하여 순차 유포한 것이긴 하나 각 그들로부터 불특정 또는 다수인에게 충분히 전파될 가능성이 있던 경우라고 보기에 넉넉하므로 원심이 피고인의 소위를 명예훼손죄로 처단한 조처는 정당하고, 거기에 소론과 같이 공연성의 법리를 오해한 위법이 없다.[64] 피고인이 사실을 적시한 장소가 행정서사의 사무실내이었기는 하나 그의 사무원인 Y와 동인의 처 O가 함께 있는 자리였었고, 그들은 모두 피해자와 같은 교회에 다니는 교인들일 뿐 피해자에 관한 소문을 비밀로 지켜줄 만한 특별한 신분관계는 없었던 사정을 규지할 수 있어 피고인이 그들에게 적시한 사실은 그들을 통하여 불특정 또는 다수인에게 전파될 가능성이 충분히 있었다고 보기에 넉넉하므로 원심판결에 공연성에 관한 법리오해가 있다는 논지도 받아들일 수 없다.[65] 피고인은 그가 부목사로 근무하는 제 1 교회의 예배를 보는 다수 교인이 모인 자리에서 '본 교회소유 대지에 관한 사실을 밝힘'이란 제목의 유인물을 배포하고 그를 낭독한 그 문서의 내용은 이 사건 토지들은 본시 귀속재산으로 위 교회가 교회대표자 B, K, 공소외 1 또는 B의 명의

58) 대법원 1994.9.30. 선고 94도1880 판결.
59) 대법원 1993.3.23. 선고 92도455 판결.
60) 대법원 1991.6.25. 선고 91도347 판결; 대법원 1984.2.28. 선고 83도3124 판결.
61) 대법원 1990.12.26. 선고 90도2473 판결.
62) 대법원 1990.7.24. 선고 90도1167 판결.
63) 대법원 1986.9.23. 선고 86도556 판결.
64) 대법원 1985.12.10. 선고 84도2380 판결.
65) 대법원 1985.4.23. 선고 85도431 판결.

로 불하받은 것인데 교회가 처분한 일이 없음에도 제 2 학원에 소유권이전등기가 되어 있음은 개인의 사리를 좇아 증여한 것처럼 날조한 일종의 사기행각으로 밖에 볼 수 없다는 것이라고 하고 재석하였던 공소외 1을 단상으로 불러 그 경위의 해명을 요구한 소위는 사실을 적시하여 공소외 1 및 제 2 학원의 명예를 훼손한 것임이 분명하다고 할 것이다.[66] 피고인들이 이 사건 출판물 15부를 피고인들이 소속된 교회의 교인 15인에게 배부한 이상 공연성의 요건은 충족된 것이라고 보겠으며 배부받은 사람중 일부가 소론과 같이 위 출판물작성에 가담한 사람들이라고 하여도 결론에 아무런 소장이 없으니, 명예훼손죄의 성립을 인정한 원심조치에 소론과 같이 공연성에 관한 법리를 오해한 위법이 없다.[67] 피고인이 공소외 (갑)의 집앞에서 공소외 (을) 및 피해자의 시어머니(병)이 있는 자리에서 "시커멓게 생긴 놈하고 매일같이 붙어 다닌다. 점방 마치면 여관에 가서 누워자고 아침에 들어온다"고 말하여 피해자의 명예를 훼손하는 말을 한 사실이 인정된다면, 말의 전파가능성이 없어서 공연성이 결여되었다는 주장은 허용될 수 없다.[68] 명예훼손죄에 있어서의 공연성은, 불특정 다수인이 인식할 수 있는 상태를 뜻하므로 비밀이 보장되고 전파될 우려가 없는 경우가 아니라면 비록 개별적으로 한 사람에 대하여 사실을 유포하였다고 하여도 그 사람이 외부에 유포하여 그것이 전파된 개연성이 있다면 공연성이 있다.[69] 피고인이 타인의 명예를 훼손할 만한 사실을 기재한 유인물을 71명의 회원에게 우송으로 배포한 소위는 비록 위 유인물을 배포받은 자의 범위에 다소의 제한이 있고, 또 수취인이 특정되어 있다 하더라도 공연성이 있다 할 것이므로 명예훼손죄가 성립한다.[70] 명예훼손죄에 있어서 편지의 수신인이 편지내용을 타인에게 유포할 가능성이 있으면 공연성이 인정된다.[71] 비밀이 잘 보장되어 외부에 전파될 염려가 없는 경우가 아니면 비록 개별적으로 한사람에 대하여 사실을 유포하였더라도 연속하여 수인에게 사실을 유포하여 그 유포한 사실이 외부에 전파될 가능성이 있는 이상 공연성이 있다 할 것이다.[72]

공연성을 부정한 판례의 구체적 내용은 다음과 같다. 즉,

빌라를 관리하고 있는 피고인들이 빌라 아랫집에 거주하는 갑으로부터 누수 문제로 공사 요청을 받게 되자, 갑과 전화통화를 하면서 빌라를 임차하여 거주하고 있는 피해자들에 대하여 누수 공사 협조의 대가로 과도하고 부당한 요구를 하거나 막말과 욕설을 하였다는 취지로 발언하고, '무식한 것들', '이중인격자' 등으로 말하여 명예훼손죄와 모욕죄로 기소된 사안에서, 위 발언들은 신속한 누수 공사 진행을 요청하는 갑에게 임차인인 피해자들의 협조 문제로 공사가 지연되는 상황을 설명하는 과정에서 나온 것으로서, 이에 관한 피고인들의 진술내용을 종합해 보더라도 피고인들이 전파가능성에 대한 인식과 위험을 용인하는 내심의 의사에 기하여 위 발언들을 하였다고 단정하기 어려운 점, 위 발언들이 불특정인 또는 다수인에게 전파되지 않은 것은 비록 위 발언들 이후의 사정이기는 하지만 공연성 여부를 판단할 때 소극적 사정으로 고려될 수 있는 점, 위 발언들이 피해자 본인에게 전달될 가능성이 높다거나 실제 전달되었다는 사정만으로는 불특정인 또는 다수인에게 전파될 가능성이 있었다고 볼 수 없는 점 등을 종합하면, 피고인들이 갑에게 한 위 발언들이 불특정인 또는 다수인에게 전파될 가능성이 있었고 피고인들에게 이에 대한 인식과 위험

---

66) 대법원 1984.7.10. 선고 84도1197 판결.
67) 대법원 1984.2.28. 선고 83도3124 판결.
68) 대법원 1983.10.11. 선고 83도2222 판결.
69) 대법원 1982.3.23. 선고 81도2491 판결.
70) 대법원 1981.8.25. 선고 81도149 판결.
71) 대법원 1979.8.14. 선고 79도1517 판결.
72) 대법원 1968.12.24. 선고 68도1569 판결.

을 용인하는 내심의 의사가 있었다고 본 원심판단에 법리오해의 잘못이 있다.[73] 피고인들과 피해자는 골프장의 경기도우미(캐디)인데 경기도우미들은 자율규정을 위반한 경기도우미에 대한 징계를 스스로 결정한 후 골프장 운영 회사의 접수 직원인 공소외인에게 전달하고, 위 회사 내부의 검토 · 보고를 거쳐 시행하는 점, 이 부분 공소사실에서 문제 된 요청서는 허위사실에 기초한 것이기는 하나 피해자가 자율규정을 위반하여 징계하였으니 골프장에 출입금지를 시켜 달라는 내용으로 절차에 따라 공소외인에게 전달되어 위 회사에 의해 피해자에 대한 출입금지조치가 있었던 점을 인정한 다음, 피고인들이 피해자에 대한 허위사실을 적시하여 공소외인을 통하여 위 회사에 전달한 사실이 인정된다 하더라도, 이는 피해자에 대한 출입금지처분을 요청하기 위하여 그 담당자에게 요청서를 제출한 것이므로, 피고인들이 적시한 허위사실이 담당자인 공소외인을 통하여 불특정 또는 다수인에게 전파될 가능성이 있다고 보이지 않는다는 이유를 들어 공연성을 부정하고 무죄로 판단하였다. 앞서 본 법리에 원심이 확정한 사실관계를 비추어 살펴보면, 위와 같은 원심의 판단에 상고이유 주장과 같이 명예훼손죄의 공연성에 관한 법리를 오해한 잘못이 없다.[74] 피고인이 자신의 아들 등에게 폭행을 당하여 입원한 피해자의 병실로 찾아가 그의 모 갑과 대화하던 중 갑의 이웃 을 및 피고인의 일행 병 등이 있는 자리에서 "학교에 알아보니 피해자에게 원래 정신병이 있었다고 하더라"라고 허위사실을 말하여 피해자의 명예를 훼손하였다는 내용으로 기소된 사안에서, 피고인이 병과 함께 피해자의 병문안을 가서 피고인 · 갑 · 을 · 병 4명이 있는 자리에서 피해자에 대한 폭행사건에 관하여 대화를 나누던 중 위 발언을 한 것이라면 불특정 또는 다수인이 인식할 수 있는 상태라고 할 수 없고, 또 그 자리에 있던 사람들의 관계 등 여러 사정에 비추어 피고인의 발언이 불특정 또는 다수인에게 전파될 가능성이 있다고 보기도 어려워 공연성이 없다는 이유로, 이와 달리 보아 피고인에게 유죄를 인정한 원심판단에 법리오해 및 심리미진의 위법이 있다.[75] 피고인이 평소 을이 자신의 일에 간섭하는 것에 기분이 나쁘다는 이유로 갑으로부터 취득한 을의 범죄경력기록을 같은 아파트에 거주하는 병에게 보여주면서 "전과자이고 나쁜 년"이라고 사실을 적시하여 을의 명예를 훼손하였다는 공소사실에 대하여, 위 유포 사실이 불특정 또는 다수인에게 전파될 가능성이 없다 는 이유로 무죄를 선고한 원심판결을 수긍한 사례이다.[76] 어느 사람에게 귀엣말 등 그 사람만 들을 수 있는 방법으로 그 사람 본인의 사회적 가치 내지 평가를 떨어뜨릴 만한 사실을 이야기하였다면, 위와 같은 이야기가 불특정 또는 다수인에게 전파될 가능성이 있다고 볼 수 없어 명예훼손의 구성요건인 공연성을 충족하지 못하는 것이며, 그 사람이 들은 말을 스스로 다른 사람들에게 전파하였더라도 위와 같은 결론에는 영향이 없다.[77] 통상 기자가 아닌 보통 사람에게 사실을 적시할 경우에는 그 자체로서 적시된 사실이 외부에 공표되는 것이므로 그 때부터 곧 전파가능성을 따져 공연성 여부를 판단하여야 할 것이지만, 그와는 달리 기자를 통해 사실을 적시하는 경우에는 기사화되어 보도되어야만 적시된 사실이 외부에 공표된다고 보아야 할 것이므로 기자가 취재를 한 상태에서 아직 기사화하여 보도하지 아니한 경우에는 전파가능성이 없다고 할 것이어서 공연성이 없다고 봄이 상당하다.[78] 이혼소송 계속중인 처가 남편의 친구에게 서신을 보내면서 남편의 명예를 훼손하는 문구가 기재된 서신을 동봉한 경우, 공연성이 결여되었다고 본 사례이다.[79] 조합장으로 취임한 피고인이 조합의 원만한 운영을 위하여 피해자의 측근이며

73) 대법원 2022.7.28. 선고 2020도8336 판결.
74) 대법원 2020.12.30. 선고 2015도15619 판결.
75) 대법원 2011.9.8. 선고 2010도7497 판결.
76) 대법원 2010.11.11. 선고 2010도8265 판결.
77) 대법원 2005.12.9. 선고 2004도2880 판결.
78) 대법원 2000.5.16. 선고 99도5622 판결.

피해자의 불신임을 적극 반대하였던 갑에게 조합운영에 대한 협조를 구하기 위하여 동인과 단둘이 있는 자리에서 이사회가 피해자를 불신임하게 된 사유를 설명하는 과정에서 피해자에 대한 여자관계의 소문이 돌고 있다는 취지의 말을 한 것이라면 그것은 전파될 가능성이 있다고 할 수 없다.[80] 피고인이 자기 집에서 피고인에게 따지러 온 피해자에게 "피고인 혼자 자는 방에 들어와 포옹을 하며 성교를 요구한 더러운 놈"이라고 말한 욕설을 피고인의 남편외에 들은 사람이 없다고 한다면 그 욕설을 불특정 또는 다수인이 인식할 수 있는 상태였다고 할 수는 없으므로 공연성을 인정하기 어렵다.[81] 피고인이 각 피해자에게 "사이비 기자 운운" 또는 "너 이 썅년 왔구나"라고 말한 장소가 여관방안이고 그곳에는 피고인과 그의 처, 피해자들과 그들의 딸, 사위, 매형 밖에 없었고 피고인이 피고인의 딸과 피해자들의 아들간의 파탄된 혼인관계를 수습하기 위하여 만나 얘기하던 중 감정이 격화되어 위와 같은 발설을 한 사실이 인정된다면, 위 발언은 불특정 또는 다수인이 인식할 수 있는 상태, 또는 불특정다수인에게 전파될 가능성이 있는 상태에서 이루어진 것이라 보기 어려우므로 이는 공연성이 없다 할 것이다.[82] 피고인이 집에서 피고인의 처로부터 전날 피고인이 외박한 사실에 대하여 추궁당하자 이를 모면하기 위하여 처에게 피해자와 여관방에서 동침한 사실이 있다고 말한 사실만으로써는 명예훼손죄의 구성요건인 공연성이 있다 할 수 없다.[83] 피고인이 공소외 1의 명예를 훼손한 장소가 옥호미상의 다방이라 하더라도 동 다방안에는 몇사람의 손님이 피고인과 자리를 멀리하여 떨어져 있었으며 피고인과 공소외 K 단둘이가 대화하는 과정에서 공소장기재 사실을 말하게 되었는데 공소외 1과 위 K는 사업관계로 친한 사이이고 그 말을 들은 위 K는 피고인에게 왜 그러한 말을 하느냐고 힐책까지 한 사실을 인정할 수 있고 또 실지 위 K가 위 사실을 전파한 사실도 엿볼수 없는바 이와 같은 사정하에서는 특히 이 말을 들은 위 K와 공소외 1과의 신분관계로 보아 그와 같은 말이 전파될 가능성이 있다고 볼 수 없으므로 이와 같은 취지에서 원심이 피고인의 소위에 공연성이 없다고 판시한 조치는 정당하고 거기에 공연성에 관한 법리오해의 위법이 없으므로 논지 이유없다.[84] 중학교 교사에 대해 "전과범으로서 교사직을 팔아가며 이웃을 해치고 고발을 일삼는 악덕 교사"라는 취지의 진정서를 그가 근무하는 학교법인 이사장 앞으로 제출한 행위 자체는 위 진정서의 내용과 진정서의 수취인인 학교법인 이사장과 위 교사의 관계등에 비추어 볼 때 위 이사장이 위 진정서 내용을 타에 전파할 가능성이 있다고 보기 어려우므로 명예훼손죄의 구성요건인 공연성이 있다고 보기 어렵다.[85] 명예훼손죄의 구성요건인 "공연성"은 불특정다수인이 인식할 수 있는 상태를 뜻하는 것으로 사실을 적시하는 행위가 불특정다수인에 대하여 행하여지거나 또는 이와 같은 사실이 불특정 다수인에게 전파될 가능성이 있어야 하므로 타인을 비방하는 내용의 진정서를 우송한 행위는 공연성이 없다.[86] 사실적시행위가 피해자와 모두 집안간인 관계에 있는 사람들 앞에서 이루어졌고 그 이외의 타인들에게는 알려지지 않도록 감추려는 것이었다면 불특정 다수인에게 전파될 가능성이 없어 공연성을 갖춘 것이라고 할 수 없다.[87] 피고인이 공소내용과 같이 공소외 인에게 피해자 가 부정한 여자인 것처럼 허위의 사실을 적시하

79) 대법원 2000.2.11. 선고 99도4579 판결.
80) 대법원 1990.4.27. 선고 89도1467 판결.
81) 대법원 1985.11.26. 선고 85도2037 판결.
82) 대법원 1984.4.10. 선고 83도49 판결.
83) 대법원 1984.3.27. 선고 84도86 판결.
84) 대법원 1984.2.28. 선고 83도891 판결.
85) 대법원 1983.10.25. 선고 83도2190 판결.
86) 대법원 1983.9.27. 선고 83도2040 판결.
87) 대법원 1982.4.27. 선고 82도371 판결.

여 발설한 장소는 마을입구 노상으로서 당시는 밤이고 공소외인 혼자만 있었으며, 또 위와 같은 허위사실을 발설하게 된 것은 피고인이 평소 유혹하려던 과부인 공소외인과 단둘이 마주치게 되자 남편있는 여자도 서방질을 하는데 과부가 서방을 두는 것이 무슨 잘못이냐 운운하면서 공소외인을 설득하는 과정에서 발설케 되었다는 것이다. 위와 같은 사실관계에 비추어 보면, 원심이 피고인에게 공연히 피해자의 명예를 훼손할 범의가 있었던 것으로 단정키 어렵다고 판시한 조치에 수긍이 가고, 소론과 같이 명예훼손의 범의에 관한 법리를 오해한 위법이 없으며, 또 객관적으로 위와 같은 발설내용의 전파가능성, 즉 공연성도 인정하기 어려우므로 무죄를 선고한 원심 조치는 정당하고, 논지는 이유없다.[88] 비록 개별적으로 한 사람에 대하여 사실을 유포하였다고 하여도 이로부터 불특정 또는 다수인에게 전파될 가능성이 있다면 공연성의 요건을 충족하는 것이나, 이와 달리 전파될 가능성이 없는 경우라면 특정한 한 사람에 대한 사실의 유포는 공연성을 결여한 것이라고 아니할 수 없다.[89] 타인의 명예를 훼손하였다는 장소가 국민학교 교장관사로서 그 곳에는 동 교장부인 혼자만이 있었다면 특별한 사정이 없는 한 그 발언이 전파될 염려 즉 공연성이 없다 할 것이다.[90]

iii. 검 토 　사실의 적시는 공연한 사실의 적시와 단순한 사실의 적시로 나누어질 수 있다. 공연한 적시가 불특정인 또는 다수인이 인식할 수 있는 사실의 적시를 의미한다면 단순한 사실의 적시란 특정인 또는 소수인만이 알 수 있는 사실의 적시를 의미한다고 할 수 있다. 그런데 '공연히'란 불특정인 또는 다수인이 인식할 수 있는 상태를 말한다는 것에 대하여는 견해가 일치하고 있다. 따라서 공연한 사실의 적시는 본죄의 성립이 긍정되게 되지만, 단순히 사실을 적시하는 경우에는 당연히 본죄의 성립이 부정되게 된다. 따라서 특정 소수에게 한 경우 공연성이 부정되는 유력한 사정이 될 수 있는 것이다.[91] 문제는 전파가능성이 있는 단순한 사실의 적시의 경우 본죄의 성립여부에 있다고 할 수 있다.

생각건대 본죄는 타인의 명예를 훼손함으로써 성립하는 추상적 위험범이다. 전술한 바와 같이 훼손이란 공연히 사실을 적시하는 것을 말한다. 이러한 의미에서 본죄의 행위자는 단순히 사실을 적시하는 자가 아니라 공연히 사실을 적시하는 자, 즉 훼손자가 된다고 할 수 있다. 따라서 본죄에 있어서 행위자는 공연히 사실을 적시하는 자, 즉 훼손자 또는 전파자를 의미하게 된다. 전파가능성의 이론은 전파가능성의 존재를 전제요건으로 하여 훼손자의 범위를 공연한 사실적시자(전파자)에 머물지 않고 전파가 확실히 예상되는 전파가능자에 대한 단순한 사실적시자까지 포함시키는 이론이라고 해석될 수 있다. 결론부터 말하면, 전파가능성의 이론은 무리한 이론이 아니라고 할 수 있다. 전파가능성이 존재한다는 전제요건하에서는 공연히 사실을 적시하는 자와 전파가능자에 대하여 단순히 사실을 적시하는 자를 규범적으로 동일시하는 것이 불가능한 것만은 아니라고 할 수 있기 때문이다. 또 경우에 따라서는 전파가능성이 존재한다는 전제요건하에서의 전파가능자는 단순한 사실적시자의 도구에 불과한 경우도 있을 수 있기 때문이다. 또 다른 한편에서는 무분별한 명예훼손을 억제한다는

88) 대법원 1982.2.9. 선고 81도2152 판결.
89) 대법원 1981.10.27. 선고 81도1023 판결; 대법원 1967.5.16. 선고 66도787 판결.
90) 대법원 1967.5.16. 선고 66도787 판결.
91) 대법원 2022.7.28. 선고 2020도8336 판결.

정책적 요청도 고려될 필요도 있다고 보이기 때문이다. 결국, 공연성이란 공연한 사실의 적시뿐만 아니라 전파가능한 단순한 사실의 적시까지 양자를 모두 포함하는 개념이라고 결론지을 수 있다고 본다.

2) 주관적 구성요건

① 고 의

본죄는 고의범이다. 본죄의 고의는 인식적 요소로서 사람의 사회적 평가를 저하시키기에 충분한 사실을 공연히 적시한다는 사실에 대한 인식을 요한다. 미필적 고의로도 족하다. 고의만 있으면 족하고 그 이상으로 명예훼손에 대한 의도나 목적 또는 비방의 목적을 요하는 것은 아니다.

공연성에 대하여 전파가능성설을 취하는 경우에는 전파가능성에 대한 인식도 고의에 포함된다. 대법원도 "전파가능성을 이유로 명예훼손죄의 공연성을 인정하는 경우에는 적어도 범죄구성요건의 주관적 요소로서 미필적 고의가 필요하므로 전파가능성에 대한 인식이 있음은 물론, 나아가 그 위험을 용인하는 내심의 의사가 있어야 한다"고 판시한 바 있다.[92] 그 행위자가 전파가능성을 용인하고 있었는지의 여부는 외부에 나타난 행위의 형태와 행위의 상황 등 구체적인 사정을 기초로 하여 일반인이라면 그 전파가능성을 어떻게 평가할 것인가를 고려하면서 행위자의 입장에서 그 심리상태를 추인하여야 할 것이다."[93] 또 친밀하고 사적인 관계뿐만 아니라 공적인 관계에서도 조직 등의 업무와 관련하여 사실의 확인 또는 규명 과정에서 발언하게 된 것이거나, 상대방의 가해에 대하여 대응하는 과정에서 발언하게 된 경우와 수사 · 소송 등 공적인 절차에서 당사자 사이에 공방을 하던 중 발언하게 된 경우 등이라면 발언자의 전파가능성에 대한 인식과 위험을 용인하는 내심의 의사를 인정하는 것은 신중하여야 한다. 공연성의 존부는 발언자와 상대방 또는 피해자 사이의 관계나 지위, 대화를 하게 된 경위와 상황, 사실적시의 내용, 적시의 방법과 장소 등 행위 당시의 객관적 사정에 관하여 심리한 다음, 그로부터 상대방이 불특정인 또는 다수인에게 전파할 가능성이 있는지를 검토하여 종합적으로 판단해야 한다.[94]

② 착 오

문제는 사실의 착오의 경우에 있다. 첫째, 진실한 사실을 허위의 사실로 오인하고 적시한 경우에는 허위사실적시에 의한 명예훼손죄(제307조 제2항)의 고의지만 사실적시에 의한 명예훼손죄(제307조 제1항)의 결과가 발생한 경우로서 사실적시에 의한 명예훼손죄가 성립하게 된다. 허위사실적시에 의한 명예훼손죄의 큰 고의에는 사실적시에 의한 명예훼손죄의 작은 고의가 포함되

92) 대법원 2022.7.28. 선고 2020도8336 판결.

93) 대법원 2018.6.15. 선고 2018도4200 판결; 대법원 2017.9.7. 선고 2016도15819 판결; 대법원 2013.7.25. 선고 2013도6465 판결; 대법원 2008.10.23. 선고 2008도6515 판결; 대법원 2007.12.13. 선고 2007도6014 판결; 대법원 2005.5.27. 선고 2004도8914 판결; 대법원 2004.4.9. 선고 2004도340 판결; 대법원 2010.10.28. 선고 2010도2877 판결.

94) 대법원 2022.7.28. 선고 2020도8336 판결.

어 있다고 보기 때문이다. 둘째, 허위의 사실을 진실한 사실로 오인하고 적시한 경우에는 사실적시에 의한 명예훼손죄(제307조 제1항)의 고의로 허위사실적시에 의한 명예훼손죄(제307조 제2항)의 결과가 발생한 경우이지만, 사실의 착오에 관한 규정(제15조 제1항)이 적용되어 사실적시에 의한 명예훼손죄가 성립하게 된다. 고의를 긍정한 판례의 구체적 내용은 다음과 같다. 즉,

갑 대학교 사무처장인 피고인이 인터넷신문 기자에게 총장의 성추행 사건 등으로 복잡한 학교 측 입장을 이야기하면서 총장을 성추행 혐의로 고소한 갑 대학교 소속 교수인 피해자들에 대하여 '피해자들이 이상한 남녀관계인데, 치정 행각을 가리기 위해 개명을 하였고, 이를 확인해 보면 알 것이다'라는 취지의 말을 하여 공연히 허위의 사실을 적시하여 피해자들의 명예를 훼손하였다는 이유로 기소된 사안에서, 피고인에게 위와 같은 발언의 전파가능성에 관한 인식 및 용인의 의사가 없었다고 본 원심판단에 사실오인 또는 법리오해의 위법이 있다고 한 사례이다.[95] 형법 제309조 제2항의 출판물 등에 의한 명예훼손죄가 성립하려면 그 적시하는 사실이 허위이어야 할 뿐 아니라 범인이 그와 같은 사실이 허위라고 인식을 하여야만 된다 할 것이고, 만일 범인이 그와 같은 사실이 허위라는 인식을 하지 못하였다면 형법 제309조 제1항의 죄로서 벌하는 것은 별론으로 하고 형법 제309조 제2항의 죄로서는 벌할 수 없다.[96]

고의를 부정한 판례의 구체적 내용은 다음과 같다. 즉,

불미스러운 소문의 진위를 확인하고자 질문을 하는 과정에서 타인의 명예를 훼손하는 발언을 하였다면 이러한 경우에는 그 동기에 비추어 명예훼손의 고의를 인정하기 어렵다. 즉, 마트의 운영자인 피고인이 마트에 아이스크림을 납품하는 업체 직원인 갑을 불러 '다른 업체에서는 마트에 입점하기 위하여 입점비를 준다고 하던데, 입점비를 얼마나 줬냐? 점장 을이 여러 군데 업체에서 입점비를 돈으로 받아 해먹었고, 지금 뒷조사 중이다'라고 말하여 공연히 허위 사실을 적시하여 을의 명예를 훼손하였다는 내용으로 기소된 사안에서, 피고인은 마트 영업을 시작하면서 을을 점장으로 고용하여 관리를 맡겼는데, 재고조사 후 일부 품목과 금액의 손실이 발견되자 그때부터 을을 의심하여 마트 관계자들을 상대로 을의 비리 여부를 확인하고 다니던 중 을이 납품업자들로부터 현금으로 입점비를 받았다는 이야기를 듣고 갑을 불러 을에게 입점비를 얼마 주었느냐고 질문하였던 점 등 제반 사정을 종합하면, 피고인은 을이 납품업체들로부터 입점비를 받아 개인적으로 착복하였다는 소문을 듣고 갑을 불러 소문의 진위를 확인하면서 갑도 입점비를 을에게 주었는지 질문하는 과정에서 위와 같은 말을 한 것으로 보이므로, 을의 사회적 평가를 저하시킬 의도를 가지거나 그러한 결과가 발생할 것을 인식한 상태에서 위와 같은 말을 한 것이 아니어서 피고인에게 명예훼손의 고의를 인정하기 어렵고, 한편 피고인이 아무도 없는 사무실로 갑을 불러 단둘이 이야기를 하였고, 갑에게 그와 같은 사실을 을에게 말하지 말고 혼자만 알고 있으라고 당부하였으며, 갑이 그 후 을에게는 이야기하였으나 을 외의 다른 사람들에게 이야기한 정황은 없는 점 등을 고려하면 피고인에게 전파가능성에 대한 인식과 그 위험을 용인하는 내심의 의사가 있었다고 보기도 어려운데도, 이와 달리 보아 유죄를 인정한 원심판단에 명예훼손죄에서의 고의와 공연성 또는 전파가능성에 관한 법리오해의 잘못이 있다고 한 사례이다.[97] 방송국 프로듀서 등 피고인들이 특정 프로그램 방송보도를 통하여 '미국산 쇠고기 수입을 위한 제2차 한미 전문가 기술협의'(이른바 '한미 쇠고기

95) 대법원 2017.9.7. 선고 2016도15819 판결.
96) 대법원 1994.10.28. 선고 94도2186 판결.
97) 대법원 2018.6.15. 선고 2018도4200 판결; 대법원 1985.5.28. 선고 85도588 판결.

수입 협상')의 협상단 대표와 주무부처 장관이 협상을 졸속으로 체결하여 국민을 인간광우병(vCJD) 위험에 빠뜨리게 하였다는 취지로 표현하는 등 그 자질 및 공직수행 자세를 비하하여 이들의 명예를 훼손하였다는 내용으로 기소된 사안에서, 보도내용 중 일부가 객관적 사실과 다른 허위사실 적시에 해당한다고 하면서도, 위 방송보도가 국민의 먹을거리와 이에 대한 정부 정책에 관한 여론형성이나 공개토론에 이바지할 수 있는 공공성 및 사회성을 지닌 사안을 대상으로 하고 있는 점, 허위사실의 적시로 인정되는 방송보도 내용은 미국산 쇠고기의 광우병 위험성에 관한 것으로 공직자인 피해자들의 명예와 직접적인 연관을 갖는 것이 아닐 뿐만 아니라 피해자들에 대한 악의적이거나 현저히 상당성을 잃은 공격으로 볼 수 없는 점 등의 사정에 비추어, 피고인들에게 명예훼손의 고의를 인정하기 어렵고 달리 이를 인정할 증거가 없다고 본 원심판단을 수긍한 사례이다.[98] 명예훼손사실을 발설한 것이 사실이냐는 질문에 대답하는 과정에서 "피해자가 전과 13범인 것이 확실하다", "경찰서에 가서 확인해 보자"라고 말을 하여 타인의 명예를 훼손하는 사실을 발설하게 된 것이라면, 그 발설내용과 동기에 비추어 명예훼손의 범의를 인정할 수 없고, 질문에 대한 단순한 확인대답이 명예훼손에서 말하는 사실적시라고도 할 수 없다.[99] 피고인을 명예훼손죄로 고소할 수 있도록 그 증거자료를 미리 은밀하게 수집, 확보하기 위하여 피고인의 발언을 유도하였다고 의심되는 사람들에게 한 피해자의 여자 문제 등 사생활에 관한 피고인의 발언은 이들이 수사기관 이외의 다른 사람들에게 전파할 가능성이 있다고 단정하기는 어렵다고 보아 공연성에 대한 인식을 부정한 사례이다.[100] 명예훼손죄의 주관적 구성요건으로서의 범의는 행위자가 피해자의 명예가 훼손되는 결과를 발생케 하는 사실을 인식하므로 족하다 할 것이나 새로 목사로서 부임한 피고인이 전임목사에 관한 교회내의 불미스러운 소문의 진위를 확인하기 위하여 이를 교회집사들에게 물어보았다면 이는 경험칙상 충분히 있을 수 있는 일로서 명예훼손의 고의없는 단순한 확인에 지나지 아니하여 사실의 적시라고 할 수 없다 할 것이므로 이 점에서 피고인에게 명예훼손의 고의 또는 미필적 고의가 있을 수 없다고 할 수 밖에 없다.[101]

3) 미수 · 기수

본죄는 미수범을 처벌하지 않는다. 본죄는 공연히 사람의 사회적 평가를 저하시킬 만한 사실을 적시함으로써 실행의 착수에 이른다. 또 불특정인 또는 다수인이 이를 인식할 수 있는 상태가 되면 기수에 달한다. 따라서 본죄는 실행의 착수와 동시에 기수에 달하는 추상적 위험범에 속한다고 할 수 있다.

(2) 위법성조각사유

1) 총칙상의 위법성조각사유

본죄에 있어서도 이론적으로는 정당방위, 긴급피난 등의 긴급행위로서의 정당화가 고려될 수 있지만 그것이 인정된 실례는 알 수 없다. 본죄의 정당화에 있어서는 정당행위와 피해자의 승낙이 중심이 될 수박에 없다.

---

98) 대법원 2011.9.2. 선고 2010도17237 판결.
99) 대법원 2008.10.23. 선고 2008도6515 판결; 대법원 1983.8.23. 선고 83도1017 판결.
100) 대법원 1996.4.12. 선고 94도3309 판결.
101) 대법원 1985.5.28. 선고 85도588 판결.

① 정당행위

국회의원의 의정활동으로서 행하여진 명예훼손행위와 같은 법령에 의한 행위, 변호사의 변론행위로서 행하여진 명예침해행위와 같은 업무로 인한 행위 또는 기타 사회상규에 위배되지 아니하는 범위 내에서 행하여진 명예침해행위는 모두 정당행위로서 위법성을 조각한다(제20조 참조). 한편 헌법상 보장된 국회의원의 면책특권은, 형법상 법령에 의한 행위로서 위법성 조각사유인 것과는 별개로서, 인적 처벌조각사유에 대하여 규정한 것이라고 해석되고 있다(헌법 제45조 참조). 정당행위를 긍정한 판례의 구체적 내용은 다음과 같다. 즉,

조합의 긴급이사회에서 불신임을 받아 조합장직을 사임한 피해자가 그 후 개최된 대의원총회에서 피고인 등의 음모로 조합장직을 박탈당한 것이라고 대의원들을 선동하여 회의 진행이 어렵게 되자 새조합장이 되어 사회를 보던 피고인이 그 회의진행의 질서유지를 위한 필요조처로서 이사회의 불신임결의 과정에 대한 진상보고를 하면서 피해자는 긴급 이사회에서 불신임을 받고 쫓겨나간 사람이라고 발언한 것이라면, 피고인에게 명예훼손의 범의가 있다고 볼 수 없을 뿐만 아니라 그러한 발언은 업무로 인한 행위이고 사회상규에 위배되지 아니한 행위라고 한 원심의 판단은 수긍된다.[102] 과수원을 경영하는 피고인이 사과를 절취당한 피해자의 입장에서 앞으로 이와 같은 일이 재발되지 않도록 예방하기 위하여 과수원의 관리자와 같은 동네 새마을 지도자에게 각각 그들만이 있는 자리에서 개별적으로 피해자가 피고인 소유의 과수원에서 사과를 훔쳐간 사실을 말하였다 하더라도 통상적인 사회생활면으로 보나 사회통념상 위와 같은 피고인의 소위를 위법하다고는 말하기 어렵다.[103]

정당행위를 부정한 판례의 구체적 내용은 다음과 같다. 즉,

공소외 사단법인의 이사장이 이사회 또는 임시총회의 의장으로서 의안에 관하여 발언하다가 타인의 명예를 훼손하는 내용의 말을 하였다면 사회상규에 반하지 아니한다고 할 수 없으므로 위법성이 조각되지 아니한다.[104]

② 피해자의 승낙

명예훼손에 대하여 피해자의 동의가 있는 경우에는 견해가 나누어진다. 위법성을 조각한다는 위법성조각사유설과 구성요건해당성이 조각된다는 구성요건해당성조각사유설이 그것이다. 피해자의 동의를 전자는 피해자의 승낙으로, 후자는 피해자의 양해로 해석한 결과라고 이해된다. 명예는 그 주체가 처분할 수 있는 개인적 법익에 속한다. 위법성조각사유설이 보다 합당하다고 생각된다. 명예훼손에 대한 원칙적 금지는 피해자의 승낙에 의하여 비로소 해제된다고 구성할 수 있기 때문이다.

2) 각칙상의 위법성조각사유

제310조(위법성의 조각) 제307조제1항의 행위가 진실한 사실로서 오로지 공공의 이익에 관한 때에는 처벌하지 아니한다.

---

102) 대법원 1990.4.27. 선고 89도1467 판결.
103) 대법원 1986.10.14. 선고 86도1341 판결.
104) 대법원 1990.12.26. 선고 90도2473 판결.

① 서 언

ⓘ 의 의 본조는 사실적시에 의한 명예훼손죄의 위법성조각을 위한 특별규정이다. 본조는 사실적시에 의한 명예훼손행위가 진실한 사실로서 오로지 공공의 이익에 관한 때에는 처벌하지 아니한다고 규정하고 있다.

ⓘⓘ **입법례** 일본형법상 명예훼손행위가 위법성을 조각하기 위해서는 적시된 사실이 공공의 이익에 관한 것일 것(사실의 공공성), 적시의 목적이 오로지 공익을 도모하기 위한 것일 것(목적의 공익성) 및 사실의 진실성이 증명될 수 있을 것(사실의 진실성의 증명)의 3가지 요건에 대한 충족이 요구되고 있다.[105)]

ⓘⓘⓘ **입법취지** 본죄는 특정인의 명예가 과대평가되어 있는 경우에도 사실을 적시하면 성립하게 되기 때문에 사회질서에 혼란을 초래할 수 있다. 진실을 말하는 것이 예외 없이 처벌의 대상으로 된다면 정당한 비판은 불가능하게 되고, 사회의 건전한 발전은 저해되게 되고, 헌법상 보장된 언론의 자유나 표현의 자유 또한 무용지물이 될 수도 있을 것이다. 본조는 일정한 요건하에 사실을 말한 것에 의하여 타인의 명예가 훼손되더라도 그에 대한 처벌을 면제함으로써 형법상 명예의 보호범위를 정당한 명예의 한도로 제한하여 헌법상 명예보호적 성질의 인격권과 명예침해적 성격의 언론의 자유의 조화를 도모하려는 데에 그 취지가 있다고 할 수 있다. 결국, 본조는 인격권과 언론의 자유의 조화, 즉 사익과 공익의 균형을 통해서 국민의 알권리를 보장하기 위한 규정이라고 할 수 있다.

대법원도 "형법이 개인의 명예를 보호하기 위한 처벌조항을 두면서 형법 제310조와 같은 특별한 면책조항을 둔 이유는 국민의 알권리와 다양한 사상, 의견의 교환을 보장하는 언론의 자유가 민주주의의 근간이 되는 핵심적인 기본권임에 비추어 개인의 명예 보호와 언론의 자유 보장이라는 두 가지의 기본적 권리를 비교 · 형량하여 개인에 대한 공정한 비판의 여지를 열어두기 위한 것이다"라고 판시한 바 있다.[106)] 헌법상 종교의 자유가 보장되는 점에 비추어 다른 종교 또는 종교집단을 비판할 자유 역시 최대한 보장되어야 한다.[107)]

ⓘⓥ **적용범위** 본조는 사실의 적시에 의한 생존자의 명예훼손죄에 대하여만 적용되도록 규정되어 있다. 따라서 본조의 규정상 생존자의 경우에도 허위사실의 적시에 의한 명예훼손죄나 생존자가 아닌 사자의 명예훼손죄에 대하여는 처음부터 적용이 배제되고 있다. 따라서 생존자나 사자를 불문하고 허위사실의 적시에 의한 명예훼손죄에 해당하는 경우에는 위법성조각에 관한 형법 제310조가 적용될 여지가 없다. 나아가 비방의 목적이 있는 출판물에

105) 일본형법은 다음과 같이 규정하고 있다. 즉, (공공의 이해에 관한 경우의 특례)제230조의2 ① 전조 제1항의 행위가 공공의 이해에 관한 사실에 관계되고 또한 그 목적이 오로지 공익을 위함에 있었다고 인정되는 경우에는 사실의 진실 여부를 판단하여 진실이라는 증명이 있는 때에는 이를 벌하지 아니한다. ② 전항의 규정의 적용에 관하여는 아직 공소가 제기되지 아니한 사람의 범죄행위에 관한 사실은 공공의 이해에 관한 사실로 간주한다. ③ 전조 제1항의 행위가 공무원 또는 공선(公選)에 의한 공무원의 후보자에 관한 사실에 관계되는 경우에는 사실의 진실 여부를 판단하여 진실하다는 증명이 있을 때에는 이를 벌하지 아니한다.

106) 대법원 2005.4.29. 선고 2003도2137 판결; 대법원 2003.11.13. 선고 2003도3606 판결; 대법원 1998.10.9. 선고 97도158 판결; 헌법재판소 1999.6.24. 선고 97헌마265 결정.

107) 대법원 2007.10.26. 선고 2006도5924 판결; 대법원 1996.9.6. 선고 96다19246, 19253 판결.

의한 명예훼손죄에도 적용되지 않는다. 한편 모욕죄는 구체적 사실의 적시가 없는 경우이기 때문에 동일하게 본조의 적용이 문제로 되지 않는다.

적용범위에 관한 판례의 구체적 내용은 다음과 같다. 즉,

형법 제310조는 "제307조 제1항의 행위가 진실한 사실로서 오로지 공공의 이익에 관한 때에는 처벌하지 아니한다"라고 하여 제307조 제2항의 '허위사실의 적시'에 의한 명예훼손을 그 적용대상에서 제외하면서 제307조 제1항의 '사실의 적시'에 의한 명예훼손, 그중에서도 적시한 사실이 '진실한 사실'인 때에 한하여 위법성이 조각될 수 있도록 정하고 있다.[108] 허위사실 적시에 의한 명예훼손죄에 해당하는 행위에 대하여는 위법성조각에 관한 형법 제310조는 적용될 여지가 없다.[109] 구 정보통신망이용촉진 및 정보보호 등에 관한 법률(2007.12.21. 법률 제8778호로 개정되기 전의 것) 제61조 제2항 소정의 '사람을 비방할 목적'이란 가해의 의사 내지 목적을 요하는 것으로서, 공공의 이익을 위한 것과는 행위자의 주관적 의도의 방향에 있어 서로 상반되는 관계에 있다고 할 것이므로, 형법 제310조의 공공의 이익에 관한 때에는 처벌하지 아니한다는 규정은 사람을 비방할 목적이 있어야 하는 구 정보통신망이용촉진 및 정보보호 등에 관한 법률 제61조 제2항 소정의 행위에 대하여는 적용되지 아니한다고 할 것인바, 앞서 본 바와 같이 피고인에게 피해자를 비방하고자 하는 목적이 있었다는 원심의 판단이 정당한 이상, 이 부분에 관한 상고이유의 주장은 받아들일 수 없다.[110] 형법 제310조에 의하여 위법성이 조각되는 경우는 형법 제307조 제1항의 행위가 진실한 사실로서 오로지 공공의 이익에 관한 때에 한하며, 사람을 비방할 목적으로 출판물에 의하여 허위의 사실을 적시하여 사람의 명예를 훼손한 형법 제309조 제2항 위반죄에는 위법성조각에 관한 형법 제310조는 적용될 여지가 없다.[111] 형법 제310조의 공공의 이익에 관한 때에는 처벌하지 아니한다는 규정은 비방할 목적이 있어야 하는 형법 제309조 제1항소정의 행위에 대하여는 적용되지 아니하고, 그 목적을 필요로 하지 않는 형법 제307조 제1항의 행위에 한하여 적용되는 것이다.[112] 형법 제310조는 형법 제307조 제1항의 행위가 진실한 사실로서 오로지 공공의 이익에 관한 때에는 처벌하지 아니한다고 규정하고 있는바, 형법 제307조 제2항이 정하는 허위사실 적시에 의한 명예훼손죄가 성립하기 위하여는 적시한 사실이 허위이고, 범인이 그와 같은 사실이 허위라고 인식하였어야 하는 것이므로 형법 제307조 제2항에 해당하는 행위에 대하여는 위법성조각에 관한 형법 제310조를 적용할 여지가 없다.[113] 형법 제310조에 의하여 위법성이 조각되는 경우는 형법 제307조 제1항의 행위가 진실한 사실로서 오로지 공공의 이익에 관한 때에 한하며, 사람을 비방할 목적으로 출판물에 의하여 허위의 사실을 적시하여 사람의 명예를 훼손한 형법 제309조 제2항 위반죄에는 위법성조각에 관한 형법 제310조는 적용될 여지가 없다.[114] 형법 제310조의 공공의 이익에 관한 때에는 처벌하지 아니한다는 규정은 사람을 비방할 목적이 있어야 하는 형법 제309조 제1항 소정의 행위에 대하여는 적용되지 아니하고 그 목적을 필요로 하지 않는 형법 제307조 제1항의 행위에 한하여 적용되는

108) 대법원 2017.4.26. 선고 2016도18024 판결.

109) 대법원 2015.7.9. 선고 2013도4786 판결; 대법원 2012.5.9. 선고 2010도2690 판결; 대법원 1993.4.13. 선고 92도234 판결.

110) 대법원 2008.10.23. 선고 2008도6999 판결.

111) 대법원 2005.6.10. 선고 2005도2316 판결; 대법원 1998.10.9. 선고 97도158 판결; 대법원 1986.10.14. 선고 86도1603 판결.

112) 대법원 2004.5.14. 선고 2003도5370 판결; 대법원 1998.10.9. 선고 97도158 판결.

113) 대법원 1999.10.22. 선고 99도3213 판결; 대법원 1993.4.13. 선고 92도234 판결.

114) 대법원 1999.4.23. 선고 99도636 판결; 대법원 1993.4.13. 선고 92도234 판결.

것이다.[115] 형법 제307조 제1항의 명예훼손행위가 진실한 사실로서 오로지 공공의 이익에 관한 때에는 위법성이 조각되나 형법 제309조 제1항의 출판물 등에 의한 명예훼손행위는 그것이 오로지 공공의 이익을 위한 행위였다고 하더라도 위법성이 조각되지 않음은 형법 제310조의 규정에 비추어 명백하다.[116] 형법 제310조에 의하여 위법성이 조각되는 경우는 형법 제307조 제1항의 행위가 진실한 사실로서 오로지 공공의 이익에 관한 때에 한하며, 형법 제307조 제2항에 해당하는 행위에 대하여는 위법성조각에 관한 형법 제310조는 적용될 여지가 없다.[117] 제310조의 진실한 사실로서 공공의 이익에 관한 때에는 처벌하지 아니한다는 규정은 이 사건과 같은 사람을 비방할 목적이 있는 경우인 같은법 제309조 제1항 소정의 행위에 대하여는 적용하지 아니하고 위 목적을 필요로 하지 않는 같은법 제307조 제1항의 행위에 한하여 적용한다고 해석할 것이다.[118] 형법 제310조는 동법 제307조 제1항의 행위가 진실한 사실로서 오로지 공공의 이익에 관한 것일 때에만 적용되는 것이다.[119]

ⓥ 언론 · 출판의 자유와의 한계 언론 · 출판의 자유와 명예보호 시이의 한계를 설정할 때에는 표현된 내용이 사적 관계에 관한 것인가 공적 관계에 관한 것인가에 따라 차이가 있다는 점도 유의하여야 한다. 즉 당해 표현으로 인한 피해자가 공적인 존재인지 사적인 존재인지, 그 표현이 공적인 관심사안에 관한 것인지 순수한 사적인 영역에 속하는 사안에 관한 것인지, 그 표현이 객관적으로 국민이 알아야 할 공공성, 사회성을 갖춘 사안에 관한 것으로 여론형성이나 공개토론에 기여하는 것인지 아닌지 등을 따져보아 공적 존재에 대한 공적 관심사안과 사적인 영역에 속하는 사안 간에는 심사기준에 차이를 두어야 한다.[120]

표현이 사적인 영역에 속하는 사안에 관한 것인 경우에는 언론의 자유보다 명예의 보호라는 인격권이 우선할 수 있으나, 공공적 · 사회적인 의미를 가진 사안에 관한 것인 경우에는 그 평가를 달리하여야 하고 언론의 자유에 대한 제한이 완화되어야 한다.[121] 특히 공직자의 도덕성 · 청렴성이나 그 업무처리가 정당하게 이루어지고 있는지 여부는 항상 국민의 감시와 비판의 대상이 되어야 한다는 점을 감안하면, 이러한 감시와 비판 기능은 그것이 악의적이거나 현저히 상당성을 잃은 공격이 아닌 한 쉽게 제한되어서는 아니 된다.[122] 다만 신문에 비하여 신속성의 요청이 덜한 잡지에 인신공격을 하는 표현으로 비난하는 내용의

115) 대법원 1998.10.9. 선고 97도158 판결; 대법원 1984.9.11. 선고 84도1547 판결; 대법원 1960.10.26. 선고 4293형상823 판결.

116) 대법원 1995.6.30. 선고 95도1010 판결; 대법원 1986.10.14. 선고 86도1603 판결; 대법원 1986.5.27. 선고 85도785 판결; 대법원 1984.9.11. 선고 84도1547 판결.

117) 대법원 1993.4.13. 선고 92도234 판결.

118) 대법원 1984.9.11. 선고 84도1547 판결; 대법원 1960.10.26. 선고 4293형상823호 판결.

119) 대법원 1970.7.21. 선고 70도1266 판결.

120) 대법원 2016.5.24. 선고 2013다34013 판결.

121) 대법원 2016.5.24. 선고 2013다34013 판결; 대법원 2013.2.14. 선고 2010다108579 판결; 대법원 2008.5.8. 선고 2006다45275 판결; 대법원 2006.3.23. 선고 2003다52142 판결; 대법원 2004.2.27. 선고 2001다53387 판결; 대법원 2003.9.2. 선고 2002다63558 판결; 대법원 2003.7.22. 선고 2002다62494 판결; 대법원 2003.7.8. 선고 2002다64384 판결; 대법원 2002.1.22. 선고 2000다37524, 37531 판결.

122) 대법원 2013.2.14. 선고 2010다108579 판결; 대법원 2004.2.7. 선고 2001다53387 판결; 대법원 2003.9.2. 선고 2002다63558 판결; 대법원 2003.9.2. 선고 2002다63558 판결; 대법원 2003.7.22. 선고 2002다62494 판결; 대법원 2003.7.8. 선고 2002다64384 판결; 대법원 2003.1.24. 선고 2000다37647 판결.

기고문을 게재함에 있어서는 그 기사 내용의 진실 여부에 대하여 미리 충분한 조사활동을 거쳐야 한다.[123] 뿐만 아니라 잡지에 기고한 기고문의 내용이나 표현방식, 의혹사항의 내용이나 공익성, 공직자 또는 공직 사회의 사회적 평가를 저하시키는 정도, 기고문을 게재하기까지의 사실확인을 위한 노력의 정도, 기타 주위의 여러 사정 등을 종합하여 판단할 때, 그 기고문의 게재가 공직자 또는 공직 사회에 대한 감시·비판·견제라는 정당한 언론활동의 범위를 벗어나 악의적이거나 심히 경솔한 공격으로서 현저히 상당성을 잃은 것으로 평가되는 경우에는, 비록 공직자 또는 공직 사회에 대한 감시·비판·견제의 의도에서 비롯된 것이라고 하더라도 공직자 등의 수인의 범위를 넘어 명예훼손이 되는 것으로 보지 않을 수 없다.[124]

표현이 국가기관에 대한 감시·비판을 벗어나 공직자 개인에 대한 악의적이거나 심히 경솔한 공격으로서 현저히 상당성을 잃은 것인지는 표현의 내용이나 방식, 의혹사항의 내용이나 공익성의 정도, 공직자의 사회적 평가를 저하하는 정도, 사실 확인을 위한 노력의 정도, 그 밖의 주위 여러 사정 등을 종합하여 판단해야 한다.[125]

② 위법성조각의 요건

형법의 법문상 명예훼손행위가 진실한 사실로서 오로지 공공의 이익에 관한 때에는 위법성이 조각된다. 명예훼손행위가 위법성을 조각하기 위해서는 다음의 요건이 충족되어야 한다. 첫째, 객관적 위법성조각사유로서 적시된 사실이 진실일 것과 사실의 적시는 공공의 이익에 관한 것이어야 한다. 둘째, 주관적 위법성조각사유로서의 정당화의사는 객관적 위법성조각사유에 대한 인식과 그에 실현의사를 의미한다고 해석될 수 있다.

ⓘ 객관적 위법성조각사유 　사실을 적시함으로써 타인의 명예를 훼손하는 경우에도 그것이 진실한 사실로서 오로지 공공의 이익에 관한 때에는 그 행위의 위법성은 조각된다.

ⅰ. 사실의 진실성

㉠ 의 의 　적시된 사실은 진실한 사실이어야 한다. 진실한 사실이란 그 내용 전체의 취지를 살펴볼 때 중요한 부분이 객관적 사실과 합치되는 사실이라는 것을 의미하므로 세부(細部)에 있어 진실과 약간 차이가 나거나 다소 과장된 표현이 있더라도 무방하다.[126]

㉡ 진실의 증명 없는 사실의 적시 　판례는 적시된 사실이 진실한 사실이 아닌 경우에는 그 사실을 진실한 것으로 믿었고 그러한 믿음에 대하여 상당한 이유가 있을 것을 요구하고 있다. 대법원은 "공연히 사실을 적시하여 사람의 명예를 훼손한 행위가 처벌되지 않기 위하여는 적시된 사실이 객관적으로 볼 때 공공의 이익에 관한 것이고, 행위자도 공공의

123) 대법원 2013.2.14. 선고 2010다108579 판결; 대법원 1988.10.11. 선고 85다카29 판결.

124) 대법원 2013.2.14. 선고 2010다108579 판결; 대법원 2007.12.27. 선고 2007다29379 판결.

125) 대법원 2021.3.25. 선고 2016도14995 판결; 대법원 2013.6.28. 선고 2011다40397 판결.

126) 대법원 2020.8.13. 선고 2019도13404 판결; 대법원 2017.4.26. 선고 2016도18024 판결; 대법원 2008.5.8. 선고 2006다45275 판결; 대법원 2007.12.14. 선고 2006도2074 판결; 대법원 2006.3.23. 선고 2003다52142 판결; 대법원 2005.7.15. 선고 2004도1388 판결; 대법원 2003.11.13. 선고 2003도3606 판결; 대법원 2002.9.24. 선고 2002도3570 판결; 대법원 2001.10.9. 선고 2001도3594 판결; 대법원 2000.2.25. 선고 98도2188 판결; 대법원 2000.2.11. 선고 99도3048 판결; 대법원 1998.10.9. 선고 97도158 판결; 대법원 1997.4.11. 선고 97도88 판결.

이익을 위하여 행위하였어야 할 뿐 아니라, 그 적시된 사실이 진실한 것이거나 진실이라는 증명이 없어 허위의 사실이라고 하더라도 적어도 행위자가 그 사실을 진실한 것으로 믿었고, 또 그렇게 믿을 만한 상당한 이유가 있어야 한다"고 판시한 바 있다.[127] 왜냐하면 본조의 규정(제310조)은 인격권으로서의 개인의 명예의 보호와 헌법상 정당한 표현의 자유의 보장(헌법 제21조)이라는 상충되는 두 법익의 조화를 꾀한 것이므로, 두 법익 간의 조화와 균형을 고려한다면 적시된 사실이 진실한 것이라는 증명이 없더라도 행위자가 진실한 것으로 믿었고 또 그렇게 믿을 만한 상당한 이유가 있는 경우에는 위법성이 없다고 보아야 하기 때문이라고 한다.[128]

진실성을 긍정한 판례의 구체적 내용은 다음과 같다. 즉,

피고인이 1995.6.15.경 실시된 서울특별시 개인택시운송사업조합(이하 이 사건 조합이라고 한다) 이사장 선거에 출마하여 경쟁 후보자였던 피해자과 당선 경쟁을 하면서 선거운동을 하던 중 조합원들에게 배포한 이 사건 인쇄물에서 적시한 사실은 '이 사건 조합의 전(전) 이사장이 대의원 총회에서 불신임당하고 업무상의 비리로 인하여 구속된 사실', '피해자가 조합을 상대로 소송을 제기한 사실', '피해자가 전 이사장과 같은 친목회에 소속하여 있는 등 친밀한 관계를 유지하고 있었던 사실', '피고인이 합동유세를 공개 제의하였는데 피해자가 반응을 보이지 않다가 선거일에 임박해서야 반박한 사실' 등 그 중요한 부분이 객관적 사실과 합치하고, 그 문맥 중에 "탄생시킨 주역", "추종", "저의", "조합원을 기만하고 우롱하는 행위" 등의 다소 감정적이고 과격한 표현방법이 사용되었다 하여 그 적시한 사실이 전체적으로 보아 허위라고 보기 어렵다.[129] 14개 교육 · 시민단체가 시교육청 기자실에서 학교급식제도 개선촉구를 위한 공동기자회견을 열어 배포한 기자회견문 중 제11항의 '공산품 관련 모 업체는 학교 급식업체 선정 과정에서 5%의 리베이트를 주는 조건을 제시하여 6개 학교에서 선정되었으며, 그 중 1개 학교에서는 그 리베이트로 간식을 넣어주고 있다'라는 사실이 진실한 것이 아님에도 불구하고, 언론기관 소속 보도기자인 피고인이 위 교육 · 시민단체의 담당자 또는 위 '공산품 관련 모 업체'로 지목된 (상호 생략)유통을 상대로 진위 확인을 위한 조사를 제대로 하지 아니한 채 기자회견문 및 그 질의응답과정에서 알려진 추가적 사실만을 기초로 하여 마치 독자적인 취재에 의하여 (상호 생략)유통이 6개 학교에 리베이트를 제공한 대가로 급식 납품업체로 선정된 것을 확인한 것처럼 단정적인 기사를 작성 · 보도하였는바, 이 사건에서 신속한 보도가 요구되거나 취재원의 신빙성이 담보되는 등의 특단의 사정이 없는 한 피고인이 교육 · 시민단체가 제공한 기자회견문의 내용이 진실하다고 믿은 데에 상당한 이유가 있다고 보기는 어렵다고 할 것이다.[130] 교회담임목사를 출교처분한다는 취지의 교단산하 재판위원회의 판결문은 성질상 교회나 교단 소속신자들 사이에서는 당연히 전파, 고지될 수 있는 것이므로 위 판결문을 복사하여 예배를 보러온 신도들에게 배포한 행위에 의하여 그 목사의 개인적인 명예

127) 대법원 2017.4.26. 선고 2016도18024 판결; 대법원 2008.5.8. 선고 2006다45275 판결; 대법원 2007.5.10. 선고 2006도8544 판결; 대법원 2003.11.13. 선고 2003도3606 판결; 대법원 2002.9.24. 선고 2002도3570 판결; 대법원 2000.6.13. 선고 99도5207 판결; 대법원 2000.2.25. 선고 98도2188 판결; 대법원 2000.2.11. 선고 99도3048 판결; 대법원 1997.9.30. 선고 97다24207 판결; 대법원 1997.4.11. 선고 97도88 판결; 대법원 1996.8.23. 선고 94도3191 판결; 대법원 1996.5.28. 선고 94다33828 판결; 대법원 1994.8.26. 선고 94도237 판결; 대법원 1993.6.22. 선고 92도3160 판결; 대법원 1993.6.22. 선고 93도1035 판결; 대법원 1988.10.11. 선고 85다카29 판결; 대법원 1962.5.17. 선고 4294형상12 판결.

128) 대법원 2020.8.13. 선고 2019도13404 판결; 대법원 2007.12.14. 선고 2006도2074 판결.

129) 대법원 1998.10.9. 선고 97도158 판결.

130) 대법원 2007.5.10. 선고 2006도8544 판결.

가 훼손된다 하여도 그것은 진실한 사실로서 오로지 교단 또는 그 산하교회 소속신자들의 이익에 관한 때에 해당하거나 적어도 사회상규에 위배되지 아니하는 행위에 해당하여 위법성이 없다.[131)]

ii. 적시의 공익성

㉠ 의 의 사실의 적시는 오로지 공공의 이익에 관한 때여야 한다. '오로지 공공의 이익에 관한 때'라 함은 적시된 사실이 객관적으로 볼 때 공공의 이익에 관한 것으로서 행위자도 주관적으로 공공의 이익을 위하여 그 사실을 적시한 것이어야 한다.[132)] 공공의 이익에 관한 때라 함은 반드시 공공의 이익이 사적 이익보다 우월한 동기가 된 것이 아니더라도 양자가 동시에 존재하고 거기에 상당성이 인정된다면 이에 해당한다.[133)] '공공의 이익'이란 널리 국가·사회 기타 일반 다수인의 이익에 관한 것뿐만 아니라 특정한 사회집단이나 그 구성원 전체의 관심과 이익에 관한 것도 포함한다.[134)]

㉡ 판단방법 적시된 사실이 공공의 이익에 관한 것인지 여부는 당해 적시 사실의 내용과 성질, 당해 사실의 공표가 이루어진 상대방의 범위, 그 표현의 방법 등 그 표현 자체에 관한 제반 사정을 감안함과 동시에 그 표현에 의하여 훼손되거나 훼손될 수 있는 명예의 침해 정도 등을 비교·고려하여 결정하여야 한다.[135)]

---

131) 대법원 1989.2.14. 선고 88도899 판결.

132) 대법원 2020.8.13. 선고 2019도13404 판결; 대법원 2017.6.15. 선고 2016도8557 판결; 대법원 2008.11.13. 선고 2008도6342 판결; 대법원 2008.5.8. 선고 2006다45275 판결; 대법원 2008.3.14. 선고 2006도6049 판결; 대법원 2007.12.14. 선고 2006도2074 판결; 대법원 2007.6.14. 선고 2004도4826 판결; 대법원 2005.4.29. 선고 2003도2137 판결; 대법원 2004.10.15. 선고 2004도3912 판결; 대법원 2003.11.13. 선고 2003도3606 판결; 대법원 2001.6.12. 선고 2001도1012 판결; 대법원 2000.5.12. 선고 99도5734 판결; 대법원 2000.2.11. 선고 99도3048 판결; 대법원 1999.6.8. 99도1543 판결; 대법원 1998.10.9. 선고 97도158 판결; 대법원 1997.4.11. 선고 97도88 판결; 대법원 1996.10.25. 선고 95도1473 판결; 대법원 1996.4.12. 선고 94도3309 판결; 대법원 1995.11.10. 선고 94도1942 판결; 대법원 1994.8.26. 선고 94도237 판결; 대법원 1989.2.14. 선고 88도899 판결.

133) 대법원 2003.11.13. 선고 2003도3606 판결.

134) 대법원 2020.8.13. 선고 2019도13404 판결; 대법원 2017.6.15. 선고 2016도8557 판결; 대법원 2017.4.26. 선고 2016도18024 판결; 대법원 2008.11.13. 선고 2008도6342 판결; 대법원 2008.7.10. 선고 2007도9885 판결; 대법원 2008.3.14. 선고 2006도6049 판결; 대법원 2007.12.14. 선고 2006도2074 판결; 대법원 2007.6.14. 선고 2004도4826 판결; 대법원 2007.2.8. 선고 2006도4486 판결; 대법원 2007.1.26. 선고 2004도1632 판결; 대법원 2006.8.25. 선고 2006도648 판결; 대법원 2006.5.25. 선고 2005도2049 판결; 대법원 2006.3.23. 선고 2003다52142 판결; 대법원 2005.7.15. 선고 2004도1388 판결; 대법원 2005.4.29. 선고 2003도2137 판결; 대법원 2004.10.15. 선고 2004도3912 판결; 대법원 2004.5.28. 선고 2004도1497 판결; 대법원 2003. 12. 26. 선고 2003도6036 판결; 대법원 2003. 11. 13. 선고 2003도3606, 판결; 대법원 2002. 9. 24. 선고 2002도3570 판결; 대법원 2002.6.28. 선고 2000도3045 판결; 대법원 2001.10.9. 선고 2001도3594 판결; 대법원 2000.6.13. 선고 99도5207 판결; 대법원 2000.2.25. 선고 98도2188 판결; 대법원 2000.2.11. 선고 99도3048 판결; 대법원 1999.6.8. 99도1543 판결; 대법원 1998.10.9. 선고 97도158 판결; 대법원 1997.4.11. 선고 97도88 판결; 대법원 1996.10.25. 선고 95도1473 판결; 대법원 1995.11.10. 선고 94도1942 판결; 대법원 1993.6.22. 선고 93도1035 판결; 대법원 1989.2.14. 선고 88도899 판결.

135) 대법원 2020.8.13. 선고 2019도13404 판결; 대법원 2001.10.9. 선고 2001도3594 판결; 대법원 2017.6.15. 선고 2016도8557 판결; 대법원 2017.4.26. 선고 2016도18024 판결; 대법원 2016.5.27. 선고 2015다33489 판결; 대법원 2008.11.13. 선고 2008도6342 판결; 대법원 2008.7.10. 선고 2007도9885 판결; 대법원 2008.5.8. 선고 2006다45275 판결; 대법원 2008.3.14. 선고 2006도6049 판결; 대법원 2007.12.14. 선고 2006도2074 판결; 대법원 2007.2.8. 선고 2006도4486 판결; 대법원 2006.12.22. 선고 2006다15922 판결; 대법원 2006.5.25. 선고 2005도2049 판결; 대법원 2005.7.15. 선고 2004도1388 판결; 대법원 2004.10.15. 선고 2004도3912 판결; 대법원 2004.5.28. 선고 2004도1497 판결; 대법원 2003.11.13. 선고 2003도3606 판결; 대법원 2002.9.24. 선고 2002도

행위자의 주요한 동기 내지 목적이 공공의 이익을 위한 것이라면 부수적으로 다른 개인적인 목적 또는 동기가 내포되어 있거나 그 표현에 있어서 다소 모욕적인 표현이 들어 있더라도 무방하고[136] 비방의 목적이 있다고 하기 어렵다.[137] 개인의 사적인 신상에 관한 사실이라고 하더라도 그가 관계하는 사회적 활동의 성질이나 이를 통하여 사회에 미치는 영향력의 정도 등의 여하에 따라서는 그 사회적 활동에 대한 비판 내지 평가의 한 자료가 될 수 있는 것이므로 개인의 사적인 신상에 관하여 적시된 사실도 그 적시의 주요한 동기가 공공의 이익을 위한 것이라면 위와 같은 의미에서 공공의 이익에 관한 것으로 볼 수 있는 경우가 있다.[138]

㉢ 공인·공적 관심사안 공적 관심사안에 관하여 진실하거나 진실이라고 봄에 상당한 사실을 공표한 경우에는 그것이 악의적이거나 현저히 상당성을 잃은 공격에 해당하지 않는 한 원칙적으로 공공의 이익에 관한 것이라는 증명이 있는 것으로 보아야 한다.[139] 다만 적시한 사실이 공공의 이익에 관한 것인지 여부는 당해 명예훼손적 표현으로 인한 피해자가 공무원 내지 공적 인물과 같은 공인(公人)인지 아니면 사인(私人)에 불과한지, 그 표현이 객관적으로 국민이 알아야 할 공공성·사회성을 갖춘 공적 관심사안에 관한 것으로 사회의 여론형성 내지 공개토론에 기여하는 것인지 아니면 순수한 사적인 영역에 속하는 것인지, 피해자가 그와 같은 명예훼손적 표현의 위험을 자초한 것인지, 그리고 그 표현에 의하여 훼손되는 명예의 성격과 침해의 정도, 그 표현의 방법과 동기 등의 여러 사정에 비추어 판단하여야 할 것이다.[140]

3570 판결; 대법원 2000.6.13. 선고 99도5207 판결; 대법원 2000.5.12. 선고 99도5734 판결; 대법원 2000.2.25. 선고 98도2188 판결; 대법원 2000.2.11. 선고 99도3048 판결; 대법원 1999.6.8. 99도1543 판결; 대법원 1998.10.9. 선고 97도158 판결; 대법원 1997.4.11. 선고 97도88 판결; 대법원 1996.10.25. 선고 95도1473 판결; 대법원 1996.4.12. 선고 94도3309 판결; 대법원 1995.11.10. 선고 94도1942 판결; 대법원 1994.8. 6. 선고 94도237 판결; 대법원 1989.2.14. 선고 88도899 판결.

136) 헌법재판소 1999.6.24. 선고 97헌마265 결정; 대법원 2020.8.13. 선고 2019도13404 판결; 대법원 2017.4.26. 선고 2016도18024 판결; 대법원 2008.11.13. 선고 2008도6342 판결; 대법원 2008.7.10. 선고 2007도9885 판결; 대법원 2008.5.8. 선고 2006다45275 판결; 대법원 2007.12.14. 선고 2006도2074 판결; 대법원 2007.12.13. 선고 2006도1239 판결; 대법원 2007.2.8. 선고 2006도4486 판결; 대법원 2006.5.25. 선고 2005도2049 판결; 대법원 2005.7.15. 선고 2004도1388 판결; 대법원 2004.10.15. 선고 2004도3912 판결; 대법원 2001.10.9. 선고 2001도3594 판결; 대법원 2000.6.13. 선고 99도5207 판결; 대법원 2000.2.25. 선고 98도2188 판결; 대법원 2000.2.11. 선고 99도3048 판결; 대법원 1999.6.8. 99도1543 판결; 대법원 1997.4.11. 선고 97도88 판결; 대법원 1996.10.25. 선고 95도1473 판결; 대법원 1995.11.10. 선고 94도1942 판결; 대법원 1993.6.22. 선고 92도3160 판결; 대법원 1993.6.22. 선고 93도1035 판결; 대법원 1989.2.14. 선고 88도899 판결.

137) 대법원 2007.1.26. 선고 2004도1632 판결; 대법원 2006.8.25. 선고 2006도648 판결; 대법원 2006.3.23. 선고 2003다52142 판결; 대법원 2005.4.29. 선고 2003도2137 판결; 대법원 2003.12.26. 선고 2003도6036 판결; 대법원 2003.11.13. 선고 2003도3606 판결; 대법원 2002.6.28. 선고 2000도3045 판결; 대법원 1998.10.9. 선고 97도158 판결.

138) 대법원 1996.4.12. 선고 94도3309 판결.

139) 헌법재판소 1999.6.24. 선고 97헌마265 결정; 대법원 2007.1.26. 선고 2004도1632 판결; 대법원 2005.4.29. 선고 2003도2137 판결; 대법원 2003.11.13. 선고 2003도3606 판결; 대법원 2002.6.28. 선고 2000도3045 판결; 대법원 2000.2.11. 선고 99도3048 판결; 대법원 1998.10.9. 선고 97도158 판결; 대법원 1997.4.11. 선고 97도88 판결.

140) 헌법재판소 1999.6.24. 선고 97헌마265 결정; 대법원 2008.11.13. 선고 2006도7915 판결; 대법원 2007.6.14. 선고 2004도4826 판결; 대법원 2005.4.29. 선고 2003도2137 판결; 대법원 2003.11.13. 선고 2003도3606 판결;

나아가 공인이나 공적 기관의 공적 활동 혹은 정책에 대하여는 국민의 알 권리와 다양한 사상, 의견의 교환을 보장하는 언론의 자유의 측면에서 그에 대한 감시와 비판기능이 보장되어야 하므로 명예를 훼손당한 자가 공인인지, 그 표현이 객관적으로 국민이 알아야 할 공공성, 사회성을 갖춘 공적 관심사안에 관한 것으로 사회의 여론형성 내지 공개토론에 기여하는 것인지, 피해자가 그와 같은 명예훼손적 표현의 위험을 자초한 것인지 여부 등의 사정도 적극 고려되어야 한다.[141] 나아가 명예훼손을 당한 피해자가 공적 인물인지 일반 사인인지, 공적 인물 중에서도 공직자나 정치인 등과 같이 광범위하게 국민의 관심과 감시의 대상이 되는 인물인지, 단지 특정 시기에 한정된 범위에서 관심을 끌게 된 데 지나지 않는 인물인지, 적시된 사실이 피해자의 공적 활동 분야와 관련된 것이거나 공공성·사회성이 있어 공적 관심사에 해당하고 그와 관련한 공론의 필요성이 있는지, 그리고 공적 관심을 불러일으키게 된 데에 피해자 스스로 어떤 관여가 된 바 있는지 등을 종합적으로 살펴서 결정하여야 한다.[142] 공익성을 긍정한 판례의 구체적 내용은 다음과 같다. 즉,

공론의 장에 나선 전면적 공적 인물의 경우에는 비판과 의혹의 제기를 감수해야 하고 그러한 비판과 의혹에 대해서는 해명과 재반박을 통해서 이를 극복해야 하며 공적 관심사에 대한 표현의 자유는 중요한 헌법상 권리로서 최대한 보장되어야 한다.[143] 따라서 공적 인물과 관련된 공적 관심사에 관하여 의혹을 제기하는 형태의 표현행위에 대해서는 일반인에 대한 경우와 달리 암시에 의한 사실의 적시로 평가하는 데 신중해야 한다. 기자회견 등 공개적인 발언으로 인한 명예훼손죄 성립 여부가 문제되는 경우 발언으로 인한 피해자가 공적 인물인지 사적 인물인지, 발언이 공적인 관심사안에 관한 것인지 순수한 사적인 영역에 속하는 사안에 관한 것인지, 발언이 객관적으로 국민이 알아야 할 공공성이나 사회성을 갖춘 사안에 관한 것으로 여론형성이나 공개토론에 기여하는 것인지 아닌지 등을 따져보아 공적 인물에 대한 공적 관심사안과 사적인 영역에 속하는 사안 사이에 심사기준의 차이를 두어야 한다. 문제된 표현이 사적인 영역에 속하는 경우에는 표현의 자유보다 명예의 보호라는 인격권이 우선할 수 있으나, 공공적·사회적인 의미를 가진 경우에는 이와 달리 표현의 자유에 대한 제한이 완화되어야 한다. 특히 정부 또는 국가기관의 정책결정이나 업무수행과 관련된 사항은 항상 국민의 감시와 비판의 대상이 되어야 하고, 이러한 감시와 비판은 표현의 자유가 충분히 보장될 때 비로소 정상적으로 이루어질 수 있으며, 정부 또는 국가기관은 형법상 명예훼손죄의 피해자가 될 수 없다. 그러므로 정부 또는 국가기관의 정책결정 또는 업무수행과 관련된 사항을 주된 내용으로 하는 발언으로 정책결정이나 업무수행에 관여한 공직자에 대한 사회적 평가가 다소 저하될 수 있더라도, 발언 내용이 공직자 개인에 대한 악의적이거나 심히 경솔한 공격으로서 현저히 상당성을 잃은 것으로 평가되지 않는 한, 그 발언은 여전히 공공의 이익에 관한 것으로서 공직자 개인에 대한 명예훼손이 된다고 할 수 없다.[144] 재단법인 이사장 갑이 전임

대법원 1998.10.9. 선고 97도158 판결.

141) 대법원 2007.1.26. 선고 2004도1632 판결; 대법원 2005.4.29. 선고 2003도2137 판결; 대법원 2003.11.13. 선고 2003도3606 판결; 대법원 2002.6.28. 선고 2000도3045 판결; 대법원 2000.2.11. 선고 99도3048 판결; 대법원 1998.10.9. 선고 97도158 판결; 대법원 1997.4.11. 선고 97도88 판결.

142) 대법원 2016.5.27. 선고 2015다33489 판결; 대법원 2002.9.24. 선고 2002도3570 판결.

143) 대법원 2021.3.25. 선고 2016도14995 판결; 대법원 2018.10.30. 선고 2014다61654 전원합의체 판결.

144) 대법원 2021.3.25. 선고 2016도14995 판결; 대법원 2011.9.2. 선고 2010도17237 판결; 대법원 2006.10.13. 선고 2005도3112 판결.

이사장 을에 대하여 재임 기간 중 재단법인의 재산을 횡령하였다고 고소하였다가 무고죄로 유죄판결을 받자, 피고인들이 갑의 퇴진을 요구하는 시위를 하면서 갑이 유죄판결을 받은 사실 등을 적시하여 명예훼손으로 기소된 사안에서, 피고인들이 갑의 범행전력을 적시함으로써 사회적 평가를 저하시키는 행위를 하였지만, 적시된 주된 사실이 진실에 부합하고 오로지 공공의 이익에 관한 것으로 위법성이 조각된다고 볼 여지가 충분하다고 한 사례이다.[145] 특정 상가건물관리회의 회장이 위 관리회의 결산보고를 하면서 전 관리회장이 체납관리비 등을 둘러싼 분쟁으로 자신을 폭행하여 유죄판결을 받은 사실을 알린 사안에서, 건물관리회원 전체의 관심과 이익에 관한 것으로서 형법 제310조에 의하여 위법성이 조각된다.[146] 교장 甲이 여성기간제교사 乙에게 차 접대 요구와 부당한 대우를 하였다는 인상을 주는 내용의 글을 게재한 교사 丙의 명예훼손행위가 공공의 이익에 관한 것으로서 위법성이 조각된다.[147] 개인택시운송조합 전임 이사장이 새로 취임한 이사장의 비리에 관한 사실을 적시하여 조합원들에게 유인물을 배포한 행위가 진실한 사실로서 공공의 이익에 관한 것이므로 위법성이 조각된다고 한 사례이다.[148] 아파트 동대표인 피고인이 자신에 대한 부정비리 의혹을 해명하기 위하여 그 의혹제기자가 명예훼손죄로 입건된 사실 등을 기재한 문서를 아파트 입주민들에게 배포한 행위가 형법 제310조의 위법성조각사유에 해당한다.[149] 피고인은 시의원들이 학교에서 교사들에게 무례한 행동을 한 것을 알리고 이에 대하여 항의함으로써 교사의 권익을 지킨다는 취지에서 위와 같이 보도자료를 만들어 배포하였고, 그 보도자료에서 적시하고 있는 중요한 사실은 ① 시의원이 여교사를 아가씨라고 부르며 차를 달라고 한 것, ② 교감 책상에 앉아 있는 시의원에게 항의한 교사에게 일부 시의원이 고함을 지르는 등 무례한 행동을 한 것, ③ 해운대교육구청이 시의원의 추궁을 받고 교사들에게 경위서를 제출하도록 한 것 등인데, 이러한 사실은 모두 객관적 사실과 일치하며, 교감 책상에 앉아 있던 시의원이 누구였는가 하는 점은 그 기재 내용의 전체적인 취지에 비추어 볼 때 당시 상황을 설명하기 위한 세부 묘사에 불과할 뿐 중요한 부분이라고 보기 어렵다. 특히 보도자료의 내용과 같이 교사들에게 무례한 행동을 하고 해운대교육청에 그 교사들이 불친절하다고 항의하는 등 이 사건의 발단을 제공한 사람이 공소외 1이었으므로, 보도자료에 그의 이름만이 기재됨으로써 그의 명예가 크게 훼손되었다고 하더라도, 그러한 사정만으로 피고인이 배포한 보도자료가 전체적으로 허위사실에 해당한다고 보기 어렵다. 그렇다면 피고인이 작성한 보도자료의 기재 내용은 '진실한 사실'이고, 피고인이 이를 배포한 것은 공공의 이익을 위한 것이다.[150] 피고인이 이 사건 유인물에서 피해자를 지칭하면서 언급한 사실들이 비록 세부에 있어 진실과 약간 차이가 나거나 다소 과장된 표현이 있다 하더라도 피해자에 관하여 언급된 나머지 부분과 마찬가지로 내용 전체의 취지를 살펴볼 때 중요한 부분이 객관적 사실과 합치되고 있어서 이를 허위의 사실이라고 볼 수 없다고 하고, 또한 그 판시와 같은 피고인의 이 사건 유인물 작성경위와 배포의 상대방, 내용 등에 비추어 볼 때 피고인의 행위는 학칙을 위반하며 진행되는 미술사학과 신임교수 임용절차의 부당함을 지적하고 관계자에게 이를 알려 그 시정을 구하기 위한 것으로서 공공의 이익을 위한 것이었다고 봄이 타당하다고 판단한 것은 모두 정당한 것으로 수긍이 되고, 거기에 상고이유로 주장하는 바와 같은 명예훼손죄에 있어서 위법성조각사유에 관한 법리오해의 위법이 있다고 할 수 없다.[151] 특정 기독교 교단의 목사들이 교단 내 목회자들

145) 대법원 2017.6.15. 선고 2016도8557 판결.
146) 대법원 2008.11.13. 선고 2008도6342 판결.
147) 대법원 2008.7.10. 선고 2007도9885 판결.
148) 대법원 2007.12.14. 선고 2006도2074 판결.
149) 대법원 2005.7.15. 선고 2004도1388 판결.
150) 대법원 2001.10.9. 선고 2001도3594 판결.

에게 보낸 유인물에서 다른 목사의 목사안수를 비난한 것이 형법 제310조 소정의 '오로지 공공의 이익에 관한 때'에 해당한다.[152] 한국국악협회 이사장 선거 전후에 걸쳐 이사장으로 입후보하여 당선된 자에 관한 사실을 적시한 행위가, 개인적인 동기가 다소 개재되었다고 하더라도 공공의 이익을 위한 것으로서 위법성이 조각된다.[153] 피고인들을 포함한 아파트 재건축 주택조합의 대의원들이 대의원회의를 개최하여 위 조합의 재건축사업 추진을 방해하여 온 피해자 공소외인의 판시와 같은 행위에 대하여 논의한 끝에 위 공소외인의 이와 같은 방해행위로 인하여 아파트 지역이 소란스럽게 되고, 관할구청에 대하여서도 조합인가와 관련하여 조합원간에 마치 내분이라도 있는 것처럼 보여질 위험이 있으므로, 이를 주민들에게 사실대로 홍보하여 재건축사업에 적극 협조를 구할 필요가 있다는 결의를 하였고, 이에 따라 위 조합의 조합장 또는 이사인 피고인들이 그들 명의로 공소사실 기재 내용과 같은 유인물을 작성하여 주민들에게 배포하게 된 사실을 적법하게 확정한 다음, 이 사건에 있어서 피고인들이 위와 같은 유인물을 제작·반포하게 된 주요한 동기는 위 공소외인의 방해행위를 조합원들에게 통지하여 조합원들의 동요를 막기 위한 것으로 보이므로, 이는 위 조합 또는 조합원들 모두의 이익을 위한 것으로서 '오로지 공공의 이익에 관한 때'에 해당한다고 판단하였는바, 원심의 판단은 당원의 위와 같은 견해에 따른 것으로 볼 수 있어 정당하다고 여겨지고, 위 유인물에서 "강탈 도용", "악의에 찬", "행패", "협박과 공포조성에 혈안이다" 등 다소 감정적이고 과격한 표현방법을 사용하였다고 하여 피고인들이 위 유인물을 제작·배포한 주요한 목적이나 동기가 위 공소외인을 비방하려는 데에 있다고 단정할 수는 없다고 할 것이다.[154] 신학대학교의 교수가 출판물 등을 통하여 종교단체인 구원파를 이단으로 비판하는 과정에서 특정인을 그 실질적 지도자로 지목하여 명예를 훼손하는 사실을 적시하였으나 비방의 목적에서라기보다는 공공의 이익을 위하여 한 행위라고 판단한 사례이다.[155]

공익성을 부정한 판례의 구체적 내용은 다음과 같다. 즉,

피고인들이 적시한 사실이 피해자들이 거주하는 아파트 주민들과 관련이 있다고 볼 수 없고, 달리 피고인들이 피해자들의 주소까지 명시하여야 할 사정이 보이지 아니하는 점 등에 비추어, 피고인들이 피해자들이 거주하는 아파트 앞에서 피해자들의 주소까지 명시하여 피해자들의 명예를 훼손한 것을 두고 오로지 공공의 이익에 관한 것이라고 보기는 어렵다고 할 것이다.[156] 피고인 1이 자신과 관련된 선거범죄 사건의 제보자를 전파가능성이 있는 같은 당 당원들에게 알리는 행위는 공소외 1의 제보로 인하여 수사를 받거나 처벌을 받게 될 피고인들 및 그들과 이해를 같이하는 자들의 개인적인 이해관계에 부합하는 행위일 뿐 선거범죄의 처벌을 통하여 공명 정대한 선거문화를 정착하려는 공공의 이익에 반하는 행위이다.[157] 회사의 대표이사에게 압력을 가하여 단체협상에서 양보를 얻어내기 위한 방법의 하나로 현수막과 피켓을 들고 확성기를 사용하여 반복해서 불특정다수의 행인을 상대로 소리치면서 거리행진을 함으로써 위 대표이사의 명예를 훼손한 행위가 공공의 이익을 위하여 사실을 적시한 것으로 볼 수 없어 위법성이 조각되지 아니한다.[158] 피고

---

151) 대법원 2000.2.11. 선고 99도3048 판결.
152) 대법원 1999.6.8. 선고 99도1543 판결.
153) 대법원 1997.4.11. 선고 97도88 판결.
154) 대법원 1996.10.25. 선고 95도1473 판결.
155) 대법원 1996.4.12. 선고 94도3309 판결.
156) 대법원 2008.3.14. 선고 2006도6049 판결.
157) 대법원 2006.5.25. 선고 2005도2049 판결.
158) 대법원 2004.10.15. 선고 2004도3912 판결.

인이 적시한 사실의 요지는 '피고인은 공소외 주식회사과 상품공급계약을 체결하고 공소외 주식회사으로부터 제품을 공급받아 판매하여 왔는데 공소외 주식회사가 거래 대리점들과 충분한 상의 없이 제일제당에 그 제품의 판매권을 넘기고 불공정한 약관을 들어 피고인과의 계약을 일방적으로 해지하였고, 피고인이 이에 항의하면서 민원을 제기하자 공소외 주식회사에서 피고인을 회유하려고 하였으나 피고인이 이에 응하지 아니하자, 다른 대리점들을 상대로 그들의 약점을 이용하여 굴복시킨 후, 피고인에게는 괘씸죄를 씌워 피고인이 담보로 제공한 재산에 강제경매를 신청하는 등 공소외 주식회사는 밀실정책의 대표 회사이고, 인간의 최소한의 양심과 도덕성은 하수구에 처박아 넣은 지 오래되었으며, 지켜야 할 법도 저버리면서까지 같이 살아가야 하는 공생의 법칙도 어기고 공소외 주식회사만의 이익을 위해서 상대방을 배려하는 모습은 어디에도 찾을 수 없다'라는 것이고, 한편 피고인은 위와 같은 내용의 글을 국회의원이나 언론사, 다른 제약회사 등 11곳의 홈페이지에 게재하였다는 것으로서, 피고인이 작성하여 게재한 글의 내용이 진실한 사실로서 공소외 주식회사의 시정되어야 할 부분이 일부 포함되어 있기는 하나, 공소외 주식회사를 비방하는 취지가 그 내용의 주조를 이루고 있는 점, 위 사건과 관련되어 있는 자들뿐만 아니라 불특정 다수인들이 볼 수 있는 정치인이나 언론사 또는 위 공소외 주식회사와 경쟁관계에 있는 다른 제약회사의 홈페이지에 게재한 점 등에 비추어 볼 때, 피고인이 위와 같은 내용의 글을 게재한 것이 형법 제310조 소정의 오로지 공공의 이익에 관한 때에 해당한다고 할 수는 없다.[159] 피해자는 공소외 주식회사의 대주주이기는 하나 1994. 1. 22. 회사 대표이사직을 사임하고 1996. 3. 22. 이사직도 사임한 후 국회의원으로 활동하며 공소외 주식회사의 경영에는 직접 관여하지 아니하였음에도 불구하고, 피고인들이 공소외 주식회사 사용자측에 압력을 가하여 단체협상에서 양보를 얻어내기 위한 방법의 하나로 피해자의 지역구나 소속 정당의 중앙당사 앞에서 그가 노동조합을 탄압하는 악덕 기업주라고 비방하는 집회를 개최하고 피해자를 모욕하거나 명예를 훼손하는 발언 등을 하였음이 인정되는 바, 이와 같은 피고인들의 이 사건 행위의 동기 및 목적 등에 비추어 볼 때 원심 판시 내용과 같은 사실의 적시가 공공의 이익을 위한 것이라고 볼 수 없다.[160] 피고인이 작성 · 발송한 청원서의 내용이 진실한 사실로서 시정되어야 할 연구소의 사정이 포함되어 있기는 하나 상대방을 비방하는 취지가 그 내용의 주조를 이루고 있는 점 등 그 표현의 방법 외에도 피고인이 위 청원서를 그의 주장을 심사할 수 있는 권한을 가진 사람들에게 발송하여 그 시정을 구하였음에도 불구하고 그러한 조치가 제대로 이루어지지 않았다면 모르되 감독관청인 과기처장관에게 보냄과 더불어 막바로 그러한 권한과는 무관한 정치인에게 발송하는 것을 시발로 하여 약간의 시차를 두고 정치인, 언론인, 언론기관 등에게 광범위하게 발송한 사정에 비추어 볼 때, 피고인의 범행이 오로지 공공의 이익에 관한 것이라고는 할 수 없다.[161]

ⓘ 주관적 위법성조각사유

ⅰ. 정당화의사　　주관적 정당화의사는 객관적 위법성조각사유에 대한 인식과 그에 대한 실현의사, 즉 사실의 진실성과 적시의 공익성에 대한 인식과 그에 대한 실현의사가 요구된다. 다만 공공의 이익을 위한다는 목적의 공익성까지 요구되는 것은 아니다.

ⅱ. 정당화의사의 착오

㉠ 학 설　　사실의 진실성이나 적시의 공익성에 착오가 있는 경우 제310조의 적용여부

159) 대법원 2004.5.28. 선고 2004도1497 판결.
160) 대법원 2001.6.12. 선고 2001도1012 판결.
161) 대법원 1995.11.10. 선고 94도1942 판결.

에 대하여는 견해가 나누어지고 있다. 사실의 착오설과 법률의 착오설로 대별될 수 있다. 첫째, 사실의 착오설(事實의 錯誤說)에 의하면 정당화의사의 착오는 위법성조각사유의 전체사살에 대한 착오가 된다고 한다. 이와 관련하여서는 위법성의 인식을 결하여 책임이 조각된다는 엄격책임설, 구성요건적 고의를 결하여 구성요건해당성을 조각한다는 소극적 구성요건요소이론 및 사실의 착오와 같이 과실범의 문제로 해결하려는 제한책임설이 대립하고 있다. 둘째, 법률의 착오설(法律의 錯誤說)에 의하면 정당화의사의 착오는 위법성조각사유에 대한 착오에 해당하게 된다고 한다. 이에 의하면 오인에 정당한 이유가 있는 경우에는 책임이 조각되게 된다(제16조 참조).

㉡ 판 례 　판례는 위법성조각설(違法性阻却說)의 입장이라고 해석된다. 대법원은 "적시된 사실이 공공의 이익에 관한 것이면 진실한 것이라는 증명이 없다 할지라도 행위자가 진실한 것으로 믿었고 또 그렇게 믿을 만한 상당한 이유가 있는 경우에는 위법성이 없다"라고 판시한 바 있다.[162)]

㉢ 검 토 　사실의 진실성이나 적시의 공익성은 주관적 위법성조각사유에 속하는 정당화의사의 인식대상인 객관적 위법성조각사유에 해당하게 된다. 사실의 진실성이나 적시의 공익성에 대한 착오는 위법성조각사유의 전제사실에 대한 착오가 된다고 하는 것이 논리적 귀결로 보인다. 이에 의하면 과실범의 성립여지가 남게 된다. 그러나 형법은 명예훼손죄의 과실범에 대한 처벌규정을 두지 않고 있다.

생각건대 사실의 진실성이나 적시의 공익성에 관하여는 행위자가 입증하여야 한다(거증책임전환설). 우선 행위자가 사실의 진실성을 입증하지 못하는 경우에는 위법성이 조각되지 않고, 본죄의 고의로 허위사실의 적시에 의한 명예훼손행위를 한 착오에 해당하여 결국 본죄가 성립하게 된다(제15조 제1항 참조). 다음으로 적시의 공익성을 입증하는 못하는 경우에는 위법성이 조각되지 않고 본죄가 성립하게 된다. 결국 착오의 문제에는 공익성에 관한 착오만이 남게 된다. 한편 진실성과 공익성에 대하여 행위자가 입증해야 하는 구조라면 이에 대한 착오의 문제는 현실적으로 거의 발생하지 않을 것으로 보인다. 만일 착오의 발생이 인정되는 경우에는 위법성조각사유의 전제사실에 대한 착오에 해당하게 되어 과실범의 성부가 문제될 수 있다고 본다. 과실범의 성부는 결국에는 회피가능성의 문제로 귀결될 것으로 보인다.

③ 위법성조각의 효과

명예훼손행위가 진실한 사실로서 오로지 공공의 이익에 관한 때에는 본조를 충족하게 되어 처벌하지 아니하게 된다.

ⓘ 실체법적 효과 　본조의 '처벌하지 아니한다'의 의미는 위법성조각사유로 해석되고 있다. 조문의 제목도 '위법성의 조각'이라고 되어 있기 때문에 더 이상의 논의는 불요하다고 보인다.

---

162) 대법원 2004.2.27. 선고 2001다53387 판결; 대법원 2003.9.2. 선고 2002다63558 판결; 대법원 2002.5.10. 선고 2000다68306 판결; 대법원 2000.2.25. 선고 98도2188 판결; 대법원 1998.2.27. 선고 97다19038 판결; 대법원 1998.5.8. 선고 97다34563 판결; 대법원 1996.8.23. 94도3191 판결.

ⓘ 절차법적 효과

i. 학 설 사실의 진실성과 적시의 공익성에 대한 입증책임에 관하여는 견해가 대립하고 있다. 거증책임의 전환에 관한 긍정설과 부정설이 그것이다. 첫째, 거증책임전환 긍정설(擧證責任轉換肯定說)이다. 거증책임의 원칙에 대한 예외로서 진실성과 공익성의 존재에 관하여 행위자가 입증하여야 한다고 한다. 둘째, 거증책임전환 부정설(擧證責任轉換否定說)이다. 거증책임의 원칙에 따라서 진실성과 공익성의 부존재에 관하여 검사가 입증하여야 한다고 한다.

ii. 판 례 판례는 거증책임전환 긍정설의 입장이다. 대법원은 공연히 사실을 적시하여 사람의 명예를 훼손한 행위가 "진실한 사실로서 오로지 공공의 이익에 관한 때에 해당된다는 점을 행위자가 증명하여야 하는 것이다"라고 판시한 바 있다.[163] 다만 그 증명은 유죄의 인정에 있어 요구되는 것과 같이 법관으로 하여금 의심할 여지가 없을 정도의 확신을 가지게 하는 증명력을 가진 엄격한 증거에 의하여야 하는 것은 아니라고 하고 있다.[164]

거증책임의 전환을 긍정한 판례의 구체적 내용은 다음과 같다. 즉,

> 입증책임은 어디까지나 명예훼손 행위를 한 방송 등 언론매체에 있고 피해자가 공적인 인물이라 하여 방송 등 언론매체의 명예훼손 행위가 현실적인 악의에 기한 것임을 그 피해자측에서 입증하여야 하는 것은 아니다.[165] 명예훼손의 피해자가 공직자라고 하여 위 진실성이나 상당한 이유의 입증책임을 피해자가 부담하여야 한다고 볼 수는 없다.[166]

iii. 검 토 거증책임전환 긍정설이 타당하다고 생각된다. 본조 제310조가 제307조 제1항에 대한 예외규정이듯이, 입증책임에 있어서도 검사의 입증원칙에 대한 예외로서 입증책임의 전환을 인정하는 것이 논리적인 구조라고 할 수 있기 때문이다. 나아가 '아니면 말고'라는 식이나 '카더라'는 식의 행동을 자제하게 하기 위해서는 입증책임의 전환이 현실적으로 필요하다고 하겠다. 개인의 인생을 송두리 채 앗아갈 수도 있는 무책임하고 무절제한 언론의 자유에 대하여는 반드시 책임이 뒤따라야 한다고 해야 하기 때문이다. 한편 전술한 바와 같이 일본형법은 명문으로 입증책임을 전환시키고 있다.

(3) 죄 수

1) 일반원칙

본죄의 죄수는 원칙적으로 피해자의 수를 기준으로 판단한다. 명예는 사람의 사회적 활동의 기초로서 개인의 인격적 법익에 속하기 때문이다. 명예훼손죄와 모욕죄는 법조경합의

---

163) 대법원 2007.5.10. 선고 2006도8544 판결; 대법원 2004.5.28. 선고 2004도1497 판결; 대법원 1999.6.8. 99도1543 판결; 대법원 1998.10.9. 선고 97도158 판결; 대법원 1997.4.11. 선고 97도88 판결; 대법원 1996.10.25. 선고 95도1473 판결; 대법원 1996.5.28. 선고 94다33828 판결; 대법원 1993.6.22. 선고 92도3160 판결; 대법원 1988.10.11. 선고 85다카29 판결.

164) 대법원 1996.10.25. 선고 95도1473 판결.

165) 대법원 2004.2.27. 선고 2001다53387 판결; 대법원 2003.9.2. 선고 2002다63558 판결; 대법원 1998.5.8. 선고 97다34563 판결.

166) 대법원 2003.9.2. 선고 2002다63558 판결; 대법원 1997.9.30. 선고 97다24207 판결.

관계에 있고 명예훼손죄가 성립하는 경우에는 모욕죄는 흡수된다.

2) 다른 죄와의 관계

신용은 경제적 측면에서의 사람에 대한 사회적 평가이고 본래 명예의 일부일 수 있지만 현행법은 신용훼손죄를 별도로 두고 신용을 명예의 범위에서 제외하고 있다. 따라서 순연한 신용훼손은 명예훼손죄를 성립하게 하지 않는다. 일개의 행위가 신용과 그것 이외의 명예의 쌍방을 동시에 침해하는 경우에는 어느 죄도 단독으로는 그 행위를 평가하는 것이 불가능하기 때문에 양죄가 관념적 경합의 관계로 성립한다고 해석된다.

판례에 의하면 **작가협회 회원이 타인의 명의를 도용하여 협회 교육원장을 비방하는 내용의 호소문을 작성한 후 이를 협회 회원들에게 우편으로 송달한 경우, 사문서위조죄와 명예훼손죄가 각 성립하고, 이는 실체적 경합관계라고 한다.[167]

3. 처 벌

(1) 법정형

본죄의 법정형은 2년 이하의 징역이나 금고 또는 500만원 이하의 벌금이다. 본죄의 미수범에 대한 처벌규정은 존재하지 않는다.

(2) 반의사불벌죄

본죄는 반의사불벌죄로 규정되어 있다. 따라서 피해자의 명시한 의사에 반하여 공소를 제기할 수 없다(제312조 제2항).

Ⅲ. 허위사실의 적시에 의한 명예훼손죄

제307조(명예훼손) ② 공연히 허위의 사실을 적시하여 사람의 명예를 훼손한 자는 5년 이하의 징역, 10년 이하의 자격정지 또는 1천만원 이하의 벌금에 처한다.

제312조(고소와 피해자의 의사) ② 제307조~ 의 죄는 피해자의 명시한 의사에 반하여 공소를 제기할 수 없다.

1. 의 의

본죄는 공연히 허위의 사실을 적시하여 사람의 명예를 훼손함으로써 성립한다(제307조 제2항). 본죄는 허위사실의 적시라는 점을 제외하면 전술한 사실의 적시에 의한 명예훼손죄와 구별되는 점이 없다. 허위사실의 적시로 인하여 형이 가중되는 가중적 구성요건에 속한다. 본죄나 사자의 명예훼손죄는 허위사실의 적시를 요건으로 하고 있기 때문에 사실에 관한 증명의 문제는 발생하지 않는다.

---

167) 대법원 2009.4.23. 선고 2008도8527 판결.

2. 범 죄

(1) 구성요건

본죄가 성립하기 위해서는, 범인이 공연히 사실의 적시를 하여야 하고, 그 적시한 사실이 사람의 사회적 평가를 저하시키는 것으로서 허위이어야 하며, 범인이 그와 같은 사실이 허위라고 인식하였어야 한다.[168]

1) 객관적 구성요건

① 객 체

본죄의 객체는 명예이다. 사람은 명예의 주체이다. 이에 관하여는 이미 사실의 적시에 의한 명예훼손죄에서 전술한 바 있다.

사람을 긍정한 판례의 구체적 내용은 다음과 같다. 즉,

> 형법 제307조 제2항의 명예훼손죄가 성립하려면 피해자가 특정된 허위사실의 적시행위가 있어야 함은 소론과 같으나, 반드시 사람의 성명을 명시하여 허위의 사실을 적시하여야만 하는 것은 아니므로 사람의 성명을 명시한 바 없는 허위사실의 적시행위도 그 표현의 내용을 주위사정과 종합 판단하여 그것이 특정인을 지목하는 것인가를 알아차릴 수 있는 경우에는 그 특정인에 대한 명예훼손죄를 구성한다 할 것이다.[169] *씨종중의 재산관리위원장이던 공소외 인과 피고인 사이에 종중재산의 관리에 관한 다툼이 있어 왔고 부락민 80세대중 50세대가 *씨종중원이었다면 "어떤 분자가 종중재산을 횡령 착복하였다"는 피고인의 허위사실 방송을 청취한 부락민중 적어도 *씨종중원들로서는 그 어떤 분자라는 것이 바로 공소외인을 지목하는 것이라는 것쯤은 알아차릴 수 있는 상황이었다고 보기에 충분하므로 피고인의 행위를 공소외인에 대한 명예훼손이라고 본 원심의 조치에 소론과 같은 위법이 있다고 할 수 없으며, 피고인의 원판시 허위사실 유포행위가 사회통념상 용인될 수 있는 정도의 것이었다고 볼 수도 없으므로 논지는 모두 이유없다.[170]

② 행 위

ⓘ 훼 손　　본죄의 실행행위는 훼손이다. 본죄는 훼손의 방법이 허위사실의 적시라는 점에서 사실의 적시인 사실의 적시에 의한 명예훼손죄와 구별된다.

ⓘⓘ 허위사실의 적시　　허위의 사실이란 객관적으로 진실에 부합하지 아니하는 사실을 말한다. 중요한 부분이 객관적 사실과 합치되는 경우에는 세부적으로 진실과 약간 차이가 나거나 다소 과장된 표현이 있다 하더라도 이를 허위의 사실이라고 볼 수는 없다.[171] 따라서

---

168) 대법원 2020.8.13. 선고 2019도13404 판결; 대법원 2007.7.13. 선고 2006도6322 판결; 대법원 2005.4.29. 선고 2003도2137 판결; 대법원 2000.2.25. 선고 99도4757 판결; 대법원 1999.10.22. 선고 99도3213 판결; 대법원 1994.10.28. 선고 94도2186 판결; 대법원 1988.9.27. 선고 88도1008 판결.

169) 대법원 1982.11.9. 선고 82도1256 판결.

170) 대법원 1982.11.9. 선고 82도1256 판결.

171) 대법원 2020.8.13. 선고 2019도13404 판결; 대법원 2017.4.7. 선고 2016도11215 판결; 대법원 2014.9.4. 선고 2012도13718 판결; 대법원 2014.3.13. 선고 2013도12430 판결; 대법원 2012.11.15. 선고 2010도6343 판결; 대법원 2012.5.9. 선고 2010도2690 판결; 대법원 2008.10.9. 선고 2007도1220 판결; 대법원 2008.6.12. 선고 2008도1421 판결; 대법원 2007.7.13. 선고 2006도6322 판결; 대법원 2006.9.8. 선고 2006도1580 판결; 대법원 2006.4.14. 선고 2004도207 판결; 대법원 2005.4.29. 선고 2003도2137 판결; 대법원 2000.2.25. 선고 99도4757 판결; 대법원 1999.10.22. 선고 99도3213 판결; 대법원 1998.10.9. 선고 97도158 판결; 대법원 1996.8.23. 선고

중요한 부분이 객관적 사실과 합치하지 않는다면 이를 허위라고 보아야 한다.[172)]

허위의 사실인지 여부를 판단함에 있어서는 그 적시된 사실의 내용 전체의 취지를 살펴 객관적 사실과 합치하지 않는 부분이 중요한 부분인지 여부를 결정하여야 한다.[173)] 또 본죄가 성립하기 위해서는 피해자의 사회적 가치 내지 평가가 침해될 가능성이 있는 구체적 사실을 적시하여야 하는 바, 어떤 표현이 명예훼손적인지 여부는 그 표현에 대한 사회통념에 따른 객관적 평가에 의하여 판단하여야 한다.[174)]

ⅲ 의견 · 논평의 표명과의 구별 언론매체의 기사가 일정한 의견을 표명하면서 그 의견의 기초가 되는 사실을 따로 밝히고 있는 경우 적시된 기초 사실만으로 타인의 사회적 평가가 침해될 수 있는 때에는 명예훼손이 성립할 수 있다.[175)]

그 기사가 허위사실 적시에 의한 명예훼손이 되려면 적시된 사실이 특정인의 사회적 평가를 저하시키는 것으로서 허위이어야 할 것인데, 그 허위 여부를 판단함에 있어서는 일반 독자가 기사를 접하는 통상의 방법을 전제로 그 기사의 전체적인 취지와의 연관 아래에서 기사의 객관적 내용, 사용된 어휘의 통상적인 의미, 문구의 연결방법 등을 종합적으로 고려하여 독자들에게 주는 전체적인 인상을 그 판단기준으로 삼아야 하고, 여기에다가 당해 기사의 배경이 된 사회적 흐름 속에서 당해 표현이 가지는 의미를 함께 고려하여야 한다.[176)]

훼손을 긍정한 판례의 구체적 내용은 다음과 같다. 즉,

> 공소외 1의 처는 1958년 혼인신고를 마친 공소외 4인 점, 공소외 3이 나타나기 전 공소외 1과의 관계에서 자신이 영의 어머니라고 주장했던 공소외 5라는 여성이 있었던 점, 공소외 1은 공소외 3과 결혼사진을 남기기도 한 점 등에 비추어 보면, 피고인이 자신의 종교적인 관점에서 공소외 1과 공소외 3의 관계에 관하여 비판하고 의문을 제기할 여지가 전혀 없다고는 할 수 없다. 그러나 넷째부인이나 첩이라는 표현은 우리 사회의 일반 관념상 부도덕한 성적 관계를 암시하는 단어이므로, 공소외 1과 공소외 3이 위와 같은 부첩관계에 해당한다고 볼 만한 직접적인 증거가 없는 상황에서 피고인이 위와 같은 발언을 반복하는 것은, 그 발언의 경위나 횟수, 표현의 구체적 방식과 정도 및 맥락, 피고인의 의사를 전달하기 위하여 반드시 위와 같은 어휘를 선택할 필요성이 없는 점 등을 고려해 볼 때, 정당한 비판의 범위를 벗어나 공소외 1과 공소외 3의 부정한 성적 관계를 암시함으로써 그들의 사회적 가치 내지 평가를 저하시키는 허위사실의 적시라고 할 것이다. 그리고 일반적으로 신앙의 대상에 대한 윤리적 평가는 그 신앙의 대상을 신봉하는 종교단체의 사회적 평가에도 결부되어 있다는 점에서, 이는 그 발언으로 인해 직접적으로 사회적 가치가 침해된다고

94도3191 판결.

172) 대법원 2014.3.13. 선고 2013도12430 판결; 대법원 2012.11.15. 선고 2010도6343 판결.

173) 대법원 2017.4.7. 선고 2016도11215 판결; 대법원 2014.9.4. 선고 2012도13718 판결; 대법원 2012.5.9. 선고 2010도2690 판결; 대법원 2008.6.12. 선고 2008도1421 판결; 대법원 2007.7.13. 선고 2006도6322 판결; 대법원 2006.9.8. 선고 2006도1580 판결; 대법원 2005.4.29. 선고 2003도2137 판결; 대법원 2000.2.25. 선고 99도4757 판결; 대법원 1999.10.22. 선고 99도3213 판결; 대법원 1998.10.9. 선고 97도158 판결; 대법원 1996.8.23. 선고 94도3191 판결.

174) 대법원 2014.3.27. 선고 2011도11226 판결; 대법원 2008.11.27. 선고 2008도6728 판결.

175) 대법원 2012.11.15. 선고 2011다86782 판결; 대법원 2009.4.9. 선고 2005다65494 판결.

176) 대법원 2012.11.15. 선고 2011다86782 판결; 대법원 2008.5.8. 선고 2006다45275 판결; 대법원 2007.12.27. 선고 2007다29379 판결.

볼 수 있는 공소외 3은 물론, 현존하는 인물인 공소외 3을 신앙의 대상으로 신봉하고 있는 이 사건 종교단체의 명예도 훼손하는 행위라고 할 것이고, 피고인이 명백히 확인되지 아니한 위와 같은 사항에 관하여 그 진위 여부를 확인하여 보려는 진지한 노력 없이 마치 그것이 진실인 것처럼 단정적이고 반복적으로 강연하였다는 점에서 피고인에게는 위 사실이 허위인 점에 대한 인식이 있었다고 할 것이고, 그와 같이 믿는 데에 정당한 이유가 있었다고 보기도 어렵다. 같은 취지에서 공소외 3에 대한 허위사실 적시로 인한 명예훼손의 점에 관한 이 부분 공소사실에 대하여 유죄를 선고한 원심의 판단은 정당하고, 거기에 형법 제307조 제2항의 허위사실 적시에 의한 명예훼손죄에 관한 법리를 오해한 위법이 없다.[177]

훼손을 부정한 판례의 구체적 내용은 다음과 같다. 즉,

민사재판에서 법원은 당사자 사이에 다툼이 있는 사실관계에 대하여 처분권주의와 변론주의, 그리고 자유심증주의의 원칙에 따라 신빙성이 있다고 보이는 당사자의 주장과 증거를 받아들여 사실을 인정하는 것이어서, 민사판결의 사실인정이 항상 진실한 사실에 해당한다고 단정할 수는 없다. 따라서 다른 특별한 사정이 없는 한, 그 진실이 무엇인지 확인할 수 없는 과거의 역사적 사실관계 등에 대하여 민사판결을 통하여 어떠한 사실인정이 있었다는 이유만으로, 이후 그와 반대되는 사실의 주장이나 견해의 개진 등을 형법상 명예훼손죄 등에 있어서 '허위의 사실 적시'라는 구성요건에 해당한다고 쉽게 단정하여서는 아니 된다. 판결에 대한 자유로운 견해 개진과 비판, 토론 등 헌법이 보장한 표현의 자유를 침해하는 위헌적인 법률해석이 되어 허용될 수 없기 때문이다.[178] 「피고인이 2008.6.29. 20:44경 군포시 (주소 생략)아파트(동호수 생략)에서 노트북 컴퓨터를 이용하여 인터넷 라디오21&TV 사이트에 접속한 다음, 촛불아 모여라!! 2008년 6월 촛불의 역사 생방송 게시판에 글쓴이를 '지쳤습니다'로 하여 '서울특별시 제2기동대 전경대원입니다'라는 제하에 "저희 전경들은 지칠대로 지쳤습니다. 이젠 더 이상 공소외 1의 개노릇 하고 싶지 않습니다. 상부에서는 계속 시민놈들을 개 패듯이 패라는 명령만 귀따갑게 명령이 내려오고 있습니다. … 우리가 누구를 위해서 이 짓을 하고 있어야 하는지 모르겠습니다. 저희 전경도 광우병 쇠고기 절대 먹고 싶지 않습니다. 그러나 급식으로 나오면 무조건 쳐먹어야 합니다. 저희들 전경은 제대하여 광우병 걸리고 싶지 않습니다. … 저희 전경은 완전 지쳤습니다. 하여 오늘 자정을 기하여 저희 서울특별시 경찰청 소속 제2기동대 전경 일동은 시민진압 명령을 거부하기로 결정하였습니다. 오늘 자정부터 서울특별시 경찰청 소속 제2기동대 전경 일동은 상부의 명령을 무조건 거부할 것입니다"라는 내용의 이 사건 글을 게시하고, 이 사건 글의 내용이 라디오21 사회자로 하여금 생방송 멘트로 소개되도록 함으로써 공연히 허위의 사실을 적시하여 공소외 2, 3 등 서울경찰청 제2기동대(이하 '이 사건 기동대'라고 한다) 소속 전경들의 명예를 훼손하였다」는 사안에 대하여 원심은 이 사건 글에서 적시한 사실은 허위로서 그로 인하여 이 사건 기동대 소속 전경들의 사회적 가치 내지 평가가 침해되었다고 판단하여 이 부분 공소사실을 유죄로 인정하였다. 그러나 대법원은 다음과 같은 이유에서 원심을 파기하였다. 즉, 이 사건 글은 허위의 사실을 근거로 삼아 마치 이 사건 기동대 소속 어느 누군가가 작성한 것처럼 되어 있지만, 그 전체적인 내용은 경찰 상부에서 내린 진압명령이 불법적이어서 이에 불복하기로 결정하였다는 취지로서, 이러한 진압명령에 집단적으로 거부행위를 하겠다는 것이 이 사건 기동대 소속 전경들의 사회적 가치나 평가를 객관적으로 저하시키는 표현에 해당한다

---

177) 대법원 2014.9.4. 선고 2012도13718 판결.
178) 대법원 2017.12.5. 선고 2017도15628 판결.

고 보기 어렵다. 그리고 피고인이 이 사건 글을 게시한 목적은 집회를 진압하려는 전경들의 명예를 훼손하려는 데 있다기보다는 일반인들의 집회 참여를 독려하기 위하여 진압 전경들도 동요하고 있다는 뜻을 나타내기 위한 것으로 보인다. 한편 이 사건 글을 접하게 된 일반인들의 인식이나 사회통념 등에 비추어 보더라도 위 글로 인하여 이 사건 기동대 소속 전경 개개인에 대한 기존의 사회적 가치나 평가가 근본적으로 변동될 것으로 보이지 아니한다. 위와 같은 글의 내용과 취지, 게시 목적 및 일반인의 인식 등 여러 가지 사정을 고려할 때 이 사건 글이 비록 허위사실을 적시한 것이기는 하나 이 사건 기동대 소속 전경들의 사회적 가치나 평가를 침해하는 형법 제307조의 명예훼손적 표현에 해당한다고 보기 어렵다.[179]

③ 상 황

본죄도 행위상황으로서 공연성을 요한다. 판례에 의하면 본죄에 있어서의 공연성은 불특정 또는 다수인이 인식할 수 있는 상태를 의미하므로 비록 개별적으로 한 사람에 대하여 사실을 유포하더라도 이로부터 불특정 또는 다수인에게 전파될 가능성이 있으면 공연성이 있고, 반면에 그와 같은 가능성이 없으면 공연성이 없다 할 것이라고 한다.[180]

공연성을 부정한 판례의 구체적 내용은 다음과 같다. 즉,

피고인 1이 공소사실 기재와 같은 사실을 적시한 장소는 다방이기는 하지만 피고인 1의 말을 들은 사람은 (갑) 단 한 사람뿐이었고, (갑)은 **군 농촌지도소에서 피해자인 공소외 3과 함께 근무하는 동료로서 공소외 3의 명예가 훼손될 것을 염려하여 피고인 1이 발설한 내용을 함부로 소문내지 않을 것을 기대할 수 있는 사람이고, 피고인 1이 그와 같은 발언을 한 이유는 공소외 3에게 그 사실을 전달하여 합의를 하고 싶었기 때문이었다는 것이고, 실제로 (갑)은 오직 공소외 3에게만 그와 같은 말을 전하였고, 다른 사람에게는 그와 같은 말을 전파하지 아니하였음을 알 수 있는 바, 이에 의하면 피고인 1이 개별적으로 (갑) 한 사람에 대하여 사실을 유포한 것으로부터 불특정 또는 다수인에게 전파될 가능성이 없기 때문에 공연성이 없다고 판단하여 위 공소사실에 대하여 무죄를 선고한 원심의 조치는 정당하고, 여기에 논하는 바와 같은 공연성에 대한 법리오해나 채증법칙 위반으로 인한 사실오인의 위법이 있다고 할 수 없다. 검사가 들고 있는 판결들은 모두 이 사건과는 그 사안을 달리하는 것들이다. 논지는 이유가 없다.[181]

2) 주관적 구성요건

본죄는 고의범이다. 인식적 요소로서 본죄의 고의는 구성요건사실, 즉 적시한 사실이 허위인 점과 그 사실이 사람의 사회적 평가를 저하시킬 만한 것이라는 점을 인식하는 것을 말한다.[182] 특히 비방의 목적이 있음을 요하지 않는다.[183] 고의는 확정적 고의뿐만 아니라 결과 발생에 대한 인식이 있고 그를 용인하는 의사인 이른바 미필적 고의도 포함하므로 허위사실 적시에 의한 명예훼손죄 역시 미필적 고의에 의하여도 성립한다.[184]

---

179) 대법원 2014.3.27. 선고 2011도11226 판결.

180) 대법원 1998.9.8. 선고 98도1949 판결; 대법원 1996.7.12. 선고 96도1007 판결; 대법원 1994.9.30. 선고 94도1880 판결; 대법원 1992.5.26. 선고 92도445 판결.

181) 대법원 1998.9.8. 선고 98도1949 판결.

182) 대법원 2001.10.9. 선고 2001도3594 판결; 대법원 2000.2.25. 선고 99도4757 판결; 대법원 1991.3.27. 선고 91도156 판결; 대법원 1988.9.27. 선고 88도1008 판결.

183) 대법원 1991.3.27. 선고 91도156 판결.

행위자가 그 사항이 허위라는 것을 인식하였는지 여부는 성질상 외부에서 이를 알거나 증명하기 어려우므로, 공표된 사실의 내용과 구체성, 소명자료의 존재 및 내용, 피고인이 밝히는 사실의 출처 및 인지 경위 등을 토대로 피고인의 학력, 경력, 사회적 지위, 공표 경위, 시점 및 그로 말미암아 예상되는 파급효과 등의 여러 객관적 사정을 종합하여 판단할 수밖에 없다.[185] 고의를 부정한 판례의 구체적 내용은 다음과 같다. 즉,

> (갑)이 공소외 2와 (을)로부터 확인한 내용을 기초로 (병)과 함께 보도자료를 작성하는 과정에서 교감 책상에 앉아 있던 시의원이 공소외 1인 것으로 착각하여 잘못 기재하였고, 피고인은 (갑)과 (병)이 작성한 성명서의 자구를 일부 수정한 뒤 언론사에 배포하도록 하였음이 인정될 뿐, 피고인이 그 보도자료의 기재 내용 중 공소외 1이 교감 책상에 앉아 있었다는 부분이 허위라고 인식하였다고 인정하기 어렵다.[186]

(2) 위법성조각사유

본죄에 대하여는 위법성조각사유(제310조)가 적용되지 아니한다.[187] 형법이 '사실의 적시'에 의한 명예훼손(제307조 제1항), 그중에서도 적시한 사실이 '진실한 사실'인 때에 한하여 위법성이 조각될 수 있도록 규정하고 있기 때문이다.[188]

위법성조각을 부정한 판례의 구체적 내용은 다음과 같다. 즉,

> 2004.11.20. 자 관리처분총회에서 결의한 조합원 분담금의 금액은 일반분양아파트 14채의 수입금을 조합의 총분양수입에 포함하여 산출한 것이기에 일반분양아파트의 수입금을 나중에 조합이 취득한다 하더라도 당초 결의된 분담금 금액을 더 인하하는 것이 불가능함을 피고인들이 미필적으로라도 인식하고 있었음에도, 피고인들이 '일반분양아파트 14채의 분양수입금을 찾아내어 그 수입금으로 조합원들의 분담금을 더 인하할 수 있다'라는 내용의 각 안내문을 작성, 조합원들에게 배포한 행위는 허위의 사실을 적시, 유포하여 조합과 조합장 직무대행 공소외 1의 업무를 방해함과 동시에 피해자 공소외 2의 명예를 훼손한 것이고, 피고인들이 안내문의 내용이 진실이라고 믿을만한 상당한 이유도 없어서 형법 제310조에 의해 위법성이 조각되지도 않는다고 판단하였다. 앞서 본 법리 및 기록에 비추어 살펴보면, 원심의 위와 같은 사실인정과 판단은 정당한 것으로 수긍할 수 있고, 거기에 상고이유로 주장하는 바와 같은 논리와 경험의 법칙을 위반하고 자유심증주의의 한계를 벗어나거나, 명예훼손죄의 성립이나 위법성조각사유에 관한 법리를 오해한 위법이 없다.[189]

(3) 죄 수

판례에 의하면 허위사실을 유포한 1개의 행위가 형법 제314조 제1항의 허위사실 유포에

---

184) 대법원 2014.3.13. 선고 2013도12430 판결; 대법원 2005.4.29. 선고 2003도2137 판결; 대법원 2004.2.26. 선고 99도5190 판결.

185) 대법원 2014.3.13. 선고 2013도12430 판결; 대법원 2005.7.22. 선고 2005도2627 판결.

186) 대법원 2001.10.9. 선고 2001도3594 판결.

187) 대법원 2012.5.9. 선고 2010도2690 판결; 대법원 1999.10.22. 선고 99도3213 판결; 대법원 1993.4.13. 선고 92도234 판결.

188) 대법원 2017.4.26. 선고 2016도18024 판결.

189) 대법원 2012.5.9. 선고 2010도2690 판결.

의한 업무방해죄뿐 아니라 형법 제307조 제2항의 허위사실적시에 의한 명예훼손죄에도 해당하는 경우 그 2개의 죄는 상상적 경합관계에 있다.[190)]

3. 처 벌

(1) 법정형

본죄의 법정형은 5년 이하의 징역, 10년 이하의 자격정지 또는 1천만원 이하의 벌금이다. 2년 이하의 징역이나 금고 또는 500만원 이하의 벌금인 사실적시에 의한 명예훼손죄보다 무겁다.

(2) 반의사불벌죄

본죄는 반의사불벌죄로 규정되어 있다. 따라서 피해자의 명시한 의사에 반하여 공소를 제기할 수 없다.

§3. 사자의 명예훼손죄

제308조(사자의 명예훼손) 공연히 허위의 사실을 적시하여 사자의 명예를 훼손한 자는 2년 이하의 징역이나 금고 또는 500만원 이하의 벌금에 처한다.

제312조(고소와 피해자의 의사) ① 제308조 ~ 의 죄는 고소가 있어야 공소를 제기할 수 있다.

Ⅰ. 서 설

1. 의 의

본죄는 공연히 허위의 사실을 적시하여 사자의 명예를 훼손함으로써 성립한다. 명예의 주체가 사자라는 점과 그에 대한 훼손의 수단이 허위사실의 적시라는 점에서 독립된 구성요건이라고 할 수 있다.

2. 보호법익

본죄의 보호법익에 대하여는 유족의 명예라는 유족명예설, 사자에 대한 유족의 추모감정이라는 추모감정설 및 역사적 가치로서의 사자의 명예라는 사자명예설이 대표적으로 거론되고 있다. 판례에 의하면 본죄는 사자에 대한 사회적·역사적 평가를 보호법익으로 한다.[191)]

---

190) 대법원 2007.11.15. 선고 2007도7140 판결; 대법원 2007.2.23. 선고 2005도10233 판결.

191) 대법원 2010.4.29. 선고 2007도8411 판결 참조; 대법원 1983.10.25. 선고 83도1520 판결.

Ⅱ. 범 죄

1. 구성요건

(1) 객관적 구성요건

1) 객 체

본죄의 객체는 명예이다. 사자는 명예의 주체가 된다. 사자는 자연인에 한한다. 해산된 법인 등은 이에 포함되지 않는다.

2) 행 위

본죄의 실행행위는 훼손이다. 명예훼손의 방법은 허위사실의 적시이다. 본죄의 그 구성요건으로서의 사실의 적시는 허위의 사실일 것을 요한다.[192)]

훼손을 긍정한 판례의 구체적 내용은 다음과 같다. 즉,

> 이미 망인이 된 역사적 인물을 모델로 한 드라마(이하 '역사드라마'라고 한다)에 있어 허위사실을 적시하여 역사적 사실을 왜곡하는 등의 방법으로 그 모델이 된 인물의 명예를 훼손하는 경우에는 비록 그것이 예술작품의 창작과 표현 활동의 영역에서 발생한 일이라 하더라도 위 규정에 의한 처벌의 대상이 된다 할 것이다.[193)] 피고인이 사망자의 사망사실을 알면서 위 망인은 사망한 것이 아니고 빚 때문에 도망다니며 죽은 척 하는 나쁜 놈이라고 함은 공연히 허위의 사실을 적시한 행위로서 사자의 명예를 훼손하였다고 볼 것이다.[194)]

훼손을 부정한 판례의 구체적 내용은 다음과 같다. 즉,

> 원심은, 피고인들이 1945년 해방공간과 한국전쟁이라는 한국 현대사를 모델로 삼아 창작, 연출한 이 사건 드라마('서울 1945')의 제34, 35, 38회 방영분 중 그 판시 각 장면이 마치 '장택상, 이승만이 친일파로서 친일경찰인 박**을 통해 정판사 사건을 해결하고, 이승만이 여운형의 암살을 암시적으로 지시하고, 박**이 이에 부응하여 여운형을 암살하려고 하는 것처럼 묘사'함으로써 공연히 허위사실을 적시하여 위 이승만 등의 명예를 훼손하였다고 하는 이 사건 공소사실에 대하여, 다음과 같은 이유를 들어 그 범죄사실에 대한 증명이 없다고 보아 피고인들에게 각 무죄를 선고한 제1심판결을 유지하였다. 즉, 이 사건 드라마는 일제시대 및 해방전후기를 시대적 배경으로 하여 허구의 가상인물들을 중심인물로 설정하여 그들 간의 사랑과 우정, 이념적 대립과 가족애 등을 그린 드라마이고, 이 사건 드라마에 등장하는 실존인물로는 이승만, 장택상, 여운형, 김구, 김일성, 박헌영 등이 있는데, 총 71회분(1회당 50분)에 이르는 드라마의 전체 방영분 중 이승만, 장택상은 제29회분에 이르러서야 처음 등장하고, 실존인물들이 등장하는 장면의 횟수도 중심인물들에 비하여 현저히 적다고 할 수 있으며, 이들은 중심인물들 간의 이야기를 연결하는 배경인물로 등장하는 것으로 보일 뿐이라는 것이다. 나아가 공소사실 제1항 중 드라마 34회의 공소사실 기재와 같은 장면에 대하여는 위 장면은 이승만의 배역이 직접 하는 대사나 행동이 아니라 이승만 및 그가 속한 한민당과 대립적 입장에 있는 조선공산당 간부의 대사를 통한 이승만에 대한 묘사의 형식으

---

192) 대법원 1983.10.25. 선고 83도1520 판결.
193) 대법원 2010.4.29. 선고 2007도8411 판결.
194) 대법원 1983.10.25. 선고 83도1520 판결.

로 이루어져 이승만에 대한 추측 또는 평가에 불과한 것으로 보이고, 그 정도만으로 이승만이 친일파적인 행위를 하였다고 하는 구체적인 허위사실의 적시가 있었다고 보기 어렵고, 또한 공소사실 제1항 중 드라마 35회의 공소사실 기재와 같은 장면에 대하여는 그 판시와 같이 특정 장면의 일부에 불과하여 그것만으로 이승만과 장택상이 친일파로서 친일경찰인 박**을 통해 정판사 사건을 해결하는 것으로 묘사하는 등 어떤 구체적인 허위사실의 적시가 있었다고 보기 어렵다는 것이다. 한편 공소사실 제2항에 대하여는 그 판시 사정을 종합하면 위 장면만으로는 이승만과 장택상이 여운형 암살의 배후자이고, 정판사 사건도 이승만과 장택상이 친일파로서 자신들이 데리고 있는 친일경찰 박**을 시켜 해결한 것처럼 묘사하는 등 어떤 구체적인 허위사실의 적시가 있었다고 보기 어렵다는 것이다. 원심판결의 이유를 앞서 본 법리와 원심 및 제1심이 그 채택 증거들을 종합하여 적법하게 확정한 사실관계 및 기록에 비추어 살펴보면, 위와 같은 원심의 판단은 정당하다.[195] 원판결이 유지한 제1심판결의 범죄사실중 "사람백정"이라 함은 살인자라는 의미이고 백정이라는 계급을 말하는 것이 아님이 명백하고 범죄자라 하더라도 명예훼손죄의 피해자가 될 수 있는 것이고, 다음 사람의 명예를 훼손할 목적으로 그 자손의 비행을 공연히 적시하므로써 그 사람의 명예를 훼손한때에는 그 사람에 대한 명예훼손죄가 성립한다 할 것으로서, 제1심판결을 기록에 대조하여 검토하면, 같은 상고이유중 제5 및 제7의 사자의 명예훼손죄에 관한 부분을 살피건대, 원판결이 유지한 제1심 판결은 피고인은 1970.2.19 이천군 장호원읍 풍계리 거주 초계 *씨의 후손인 망 소외 1의 5남인 소외 2가 피고인의 3남 망 소외 3을 칼로 찔러 죽게 한 것을 원망하여 1970.3.일자 미상경 위 정씨 가문의 명예를 훼손할 것을 결의하고, 비석에 "용봉초계 *가 소외 4의 7대손 소외 1의 자식과 방 7대손 소외 5의 자식 두 놈의 사람 백정은… 소외 3군을 살해하였다. *가문중에서 사람백정 두번째 나왔는데 셋째 백정은 몇대 손에서 언제 나오려나" "호조참판 소외 4는 8대손에 사람백정 낳을줄 어찌 알았으랴 사람 죽인 *가들 아무 회계없으니 또다시 어느 놈이 백정질 할거냐"하는 요지의 비문을 조각하여 그 비석을 불특정 다수인이 왕래하며 볼 수 있는 이천군 장호원읍 풍계리 소재 도로옆 노상에 세워둠으로써 공연히 초계 *씨의 팔대선조인 사망한 * 소외 4등의 명예를 훼손한 것이라고 인정하여 사자의 명예훼손에 관한 형법 제308조를 적용하였다. 그러나 사자의 명예훼손죄는 공연히 "허위의 사실"을 적시하여 사자의 명예를 훼손하므로써 성립하는 바, 소외 2가 소외 3을 살해하였음은 위 판결이 인정하였음에도 불구하고 위 적시 사실이 허위인가 여부를 판시함이 없이 형법 제308조를 적용하였음은 이유불비 또는 법리오해의 위법이있다 할 것이고, 이는 판결에 영향을 미쳤다 할 것이므로 논지는 이유있다.[196]

3) 상 황

본죄는 행위상황으로서 공연성을 요한다. 따라서 허위사실의 적시는 불특정인 또는 다수인이 인식할 수 있는 상태에서 이루어질 것이 필요하다.

(2) 주관적 구성요건

본죄는 고의범이다. 본죄의 고의는 확정적 고의뿐만 아니라 결과 발생에 대한 인식이 있고 그를 용인하는 의사인 이른바 미필적 고의도 포함하므로 허위사실 적시에 의한 명예훼손죄 역시 미필적 고의에 의하여도 성립한다.[197]

---

195) 대법원 2010.4.29. 선고 2007도8411 판결.
196) 대법원 1972.9.26. 선고 72도1798 판결.
197) 대법원 2014.3.13. 선고 2013도12430 판결.

2. 위법성조각사유

본죄에 대하여는 명예훼손에 관한 위법성조각사유(제310조)가 적용되지 아니한다. 이는 사실적시에 의한 명예훼손의 경우에만 적용되기 때문이다.

3. 죄 수

1개의 행위로 사자의 명예를 해하는 동시에 유족의 명예도 해한 경우에는 본죄와 유족에 대한 명예훼손죄가 성립되어 양죄가 상상적 경합으로 된다.

Ⅲ. 처 벌

1. 법정형

본죄의 법정형은 2년 이하의 징역이나 금고 또는 500만원 이하의 벌금이다. 본죄의 미수범은 처벌되지 아니한다.

2. 친고죄

본죄는 친고죄이다. 따라서 고소가 없으면 공소를 제기할 수 없다. 고소권자는 사자의 친족 또는 그 자손이다(형사소송법 제227조). 고소할 자가 없는 경우에 이해관계인의 신청이 있으면 검사는 10일 이내에 고소할 수 있는 자를 지정하여야 한다(형사소송법 제228조).

§4. 출판물에 의한 명예훼손죄

제309조(출판물 등에 의한 명예훼손) ① 사람을 비방할 목적으로 신문, 잡지 또는 라디오 기타 출판물에 의하여 제307조제1항의 죄를 범한 자는 3년 이하의 징역이나 금고 또는 700만원 이하의 벌금에 처한다.
② 제1항의 방법으로 제307조제2항의 죄를 범한 자는 7년 이하의 징역, 10년 이하의 자격정지 또는 1천500만원 이하의 벌금에 처한다.

제312조(고소와 피해자의 의사) ② ~ 제309조의 죄는 피해자의 명시한 의사에 반하여 공소를 제기할 수 없다.

Ⅰ. 서 설

1. 의 의

본죄는 사람을 비방할 목적으로 신문, 잡지 또는 라디오 기타 출판물에 의하여 사실을 적시하여 사람의 명예를 훼손하거나(제309조 제1항), 사람을 비방할 목적으로 신문, 잡지 또는 라디오 기타 출판물에 의하여 허위사실을 적시하여 사람의 명예를 훼손함으로써 성립한다(제309조 제2항). 출판물이라는 행위수단의 특수성과 비방의 목적이라는 목적성으로 인하여 불법이 가중되는 가중적 구성요건이다.

본죄는 사실적시 출판물에 의한 명예훼손죄와 허위사실적시 출판물에 의한 명예훼손죄로 나누어질 수 있다. 본죄는 비방의 목적을 요하는 목적범이다. 출판물은 위법성이 조각되는 경우가 있기 때문에 본죄가 비방의 목적을 요하는 것이다. 그러나 출판물은 공연성보다도 더 높은 전파성을 가지고 있기 때문에 본죄는 공연성을 요하지 않는다.

2. 중벌이유

본죄를 일반 명예훼손죄보다 중벌하는 이유는 사실적시의 방법으로서의 출판물 등의 이용이 그 성질상 다수인이 견문할 수 있는 높은 전파성과 신뢰성 및 장기간의 보존가능성 등 피해자에 대한 법익침해의 정도가 더욱 크다는 데에 있다.[198]

3. 위법성조각사유의 배제

본죄에는 명예훼손에 관한 위법성조각사유(제310조)가 적용되지 아니한다.[199] 이 규정은 명예훼손행위가 진실한 사실로서 오로지 공공의 이익에 관한 때에 한하여만 적용되기 때문이다.

Ⅱ. 범 죄

1. 사실적시 출판물에 의한 명예훼손죄

(1) 의 의

본죄는 사람을 비방할 목적으로 신문, 잡지 또는 라디오 기타 출판물에 의하여 사실을 적시하여 사람의 명예를 훼손함으로써 성립한다(제309조 제1항).

본죄는 타인을 비방할 목적으로 신문, 잡지 또는 라디오 기타 출판물에 의하여 사실을 적시하여 타인의 명예를 훼손할 경우에 성립되는 범죄이다.[200]

(2) 구성요건

본죄의 구성요건에 해당하기 위하여는 주관적 요건으로서 비방 목적 및 객관적 요건으로서 출판물 등의 방법에 의할 것을 모두 구비하여야 하고 그중 하나라도 결한 때에는 위 죄는 성립하지 않는 것이다.[201]

1) 객관적 구성요건

① 객 체

본죄의 객체는 명예이다. 사람은 명예의 주체이다. 이에 관하여는 이미 사실의 적시에

---

198) 대법원 2000.2.11. 선고 99도3048 판결; 대법원 1998.10.9. 선고 97도158 판결; 대법원 1997.8.26. 선고 97도133 판결.

199) 대법원 2005.6.10. 선고 2005도2316 판결; 대법원 1998.10.9. 선고 97도158 판결; 대법원 1986.10.14. 선고 86도1603 판결; 대법원 1984.9.11. 선고 84도1547 판결; 대법원 1960.10.26. 선고 4293형상823 판결.

200) 대법원 2005.4.29. 선고 2003도2137 판결; 대법원 2003.12.26. 선고 2003도6036 판결; 대법원 1998.10.9. 선고 97도158 판결.

201) 대법원 1998.10.9. 선고 97도158 판결.

의한 명예훼손죄에서 전술한 바 있다.

② 행 위

ⓘ 훼 손　　본죄의 실행행위는 훼손이다. 본죄는 훼손행위의 수단이 사실의 적시라는 점에서 그것이 허위사실의 적시인 후술하는 허위사실적시 출판물에 의한 명예훼손죄와 구별된다.

ⓘⓘ 사실의 적시　　사실의 적시는 명예훼손행위의 수단이다. 본죄가 성립하기 위하여는 사실의 적시가 있어야 하고 적시된 사실은 이로써 특정인의 사회적 가치 내지 평가가 침해될 가능성이 있을 정도로 구체성을 띠어야 한다.[202] 사실의 적시란 가치판단이나 평가를 내용으로 하는 의견표현에 대치되는 개념으로서 시간과 공간적으로 구체적인 과거 또는 현재의 사실관계에 관한 보고 내지 진술을 의미하는 것이며, 그 표현내용이 증거에 의한 입증이 가능한 것을 말한다.[203]

적시된 사실이 허위의 사실인지 여부를 판단함에 있어서는 적시된 사실의 내용 전체의 취지를 살펴볼 때 중요한 부분이 객관적 사실과 합치되는 경우에는 세부에 있어서 진실과 약간 차이가 나거나 다소 과장된 표현이 있다 하더라도 이를 허위의 사실이라고 볼 수는 없다.[204] 또 판단할 진술이 사실인가 또는 의견인가를 구별함에 있어서는 언어의 통상적 의미와 용법, 입증가능성, 문제된 말이 사용된 문맥, 그 표현이 행하여진 사회적 상황 등 전체적 정황을 고려하여 판단하여야 한다.[205]

사실의 적시를 긍정한 판례의 구체적 내용은 다음과 같다. 즉,

> 피고인 1의 판시 2003.5.1. 자 글에는 비록 풍자, 비유 등의 표현방법이 사용되어 사실의 적시인지, 의견의 표명인지 모호한 문장이 있기는 하나, 언어의 통상적 의미와 용법, 입증가능성, 문제된 말이 사용된 문맥, 그 표현이 행하여진 사회적 상황 등 전체적인 정황을 고려하여 그 의미를 되새겨 보면 사실의 적시에 해당하는 표현을 사용하였음이 분명하고, 이러한 사실적시는 피고인 2 및 공소외 1의 사회적 가치 또는 평가를 침해하는 내용이라고 보아야 할 것인 바, 원심이 같은 취지에서 피고인 1의 위 글에는 피고인 2, 공소외 1의 사회적 가치 또는 평가를 침해하는 사실의 적시가 있다고 판단한 것은 정당하고, 거기에 상고이유에서 주장하는 바와 같은 출판물에 의한 명예훼손죄의 사실적시에 관한 법리오해 및 채증법칙 위반의 위법이 없다.[206] 월간지 기사의 중요한 부분이 객관적 사실과 합치되고 다만 기사의 제목이 다소간의 과장 내지는 비유적인 표현에 불과하다고 보아 전체적으로 허위의 사실을 적시한 것이라고 볼 수 없다.[207] 피고인이 피해자를 비방할 목적으로 교회주보에 판시내용을 게재하여 배포함으로서 공연히 사실을 적시하여 피해자의 명예를 훼손

202) 대법원 2000.2.25. 선고 98도2188 판결; 대법원 1994.10.25. 선고 94도1770 판결; 대법원 1993.4.13. 선고 92도3035 판결.

203) 대법원 2017.5.11. 선고 2016도19255 판결; 대법원 2006.9.28. 선고 2004도6371 판결; 대법원 1998.3.24. 선고 97도2956 판결.

204) 대법원 2004.2.13. 선고 2003도6675 판결; 대법원 2000.2.25. 선고 99도4757 판결.

205) 대법원 2017.5.11. 선고 2016도19255 판결; 대법원 2006.9.28. 선고 2004도6371 판결; 대법원 1998.3.24. 선고 97도2956 판결.

206) 대법원 2006.9.28. 선고 2004도6371 판결.

207) 대법원 2004.2.13. 선고 2003도6675 판결.

한 사실을 인정하고 피고인의 위 소위를 형법 제309조 제1항에 의율하여 처단한 조치는 정당한 것으로 보여지고, 거기에 소론의 위법이 있다고는 할 수 없다.[208]

사실의 적시를 부정한 판례의 구체적 내용은 다음과 같다. 즉,

다른 사람의 말이나 글을 비평하면서 사용한 표현이 겉으로 보기에 증거에 의해 입증 가능한 구체적인 사실관계를 서술하는 형태를 취하고 있다고 하더라도, 글의 집필의도, 논리적 흐름, 서술체계 및 전개방식, 해당 글과 비평의 대상이 된 말 또는 글의 전체적인 내용 등을 종합하여 볼 때, 평균적인 독자의 관점에서 문제된 부분이 실제로는 비평자의 주관적 의견에 해당하고, 다만 비평자가 자신의 의견을 강조하기 위한 수단으로 그와 같은 표현을 사용한 것이라고 이해된다면 명예훼손죄에서 말하는 사실의 적시에 해당한다고 볼 수 없다.[209]

ⅲ 사실의 적시의 수단　사실의 적시의 수단은 신문, 잡지 또는 라디오 기타 출판물이다. 전술한 바와 같이 출판물은 공연성보다도 더 높은 전파성을 가지고 있기 때문에 본죄에서는 공연성을 요하지 않는다.

신문이나 월간지 등 언론매체의 어떠한 표현행위가 특정인의 명예를 훼손하는 내용인지 여부는 당해 기사의 객관적인 내용과 아울러 일반의 독자가 보통의 주의로 기사를 접하는 방법을 전제로 기사에 사용된 어휘의 통상적인 의미, 기사의 전체적인 흐름, 문구의 연결 방법 등을 기준으로 판단하여야 하고, 여기에다가 당해 기사가 게재된 보다 넓은 문맥이나 배경이 되는 사회적 흐름 등도 함께 고려하여야 할 것이다.[210]

텔레비전 방송보도의 내용이 특정인의 명예를 훼손하는 내용을 담고 있는지의 여부는 당해 방송보도의 객관적인 내용과 아울러 일반의 시청자가 보통의 주의로 방송보도를 접하는 방법을 전제로, 보도 내용의 전체적인 흐름, 화면의 구성방식, 사용된 어휘의 통상적인 의미와 문구의 연결 방법 등을 종합적으로 고려하여 그 보도 내용이 시청자에게 주는 전체적인 인상도 그 판단 기준으로 삼아야 한다.[211]

2) 주관적 구성요건

본죄는 고의범이다. 뿐만 아니라 본죄는 비방의 목적을 요하는 목적범이기도 하다.

① 고 의

본죄의 고의는 인식적 요소로서 적시된 사실이 사실이라는 점에 대한 인식을 포함한다. 판례에 의하면 "피고인이 범의를 부인하고 있는 경우에는 사물의 성질상 고의와 상당한 관련성이 있는 간접사실을 증명하는 방법에 의하여 입증할 수밖에 없고, 무엇이 상당한 관련성이 있는 간접사실에 해당할 것인가는 정상적인 경험칙에 바탕을 두고 치밀한 관찰력이

---

208) 대법원 1984.9.11. 선고 84도1547 판결.

209) 대법원 2017.5.11. 선고 2016도19255 판결.

210) 대법원 2007.6.15. 선고 2004도4573 판결; 대법원 2000.2.25. 선고 98도2188 판결; 대법원 1999.2.9. 선고 98다31356 판결.

211) 대법원 2004.2.27. 선고 2001다53387 판결; 대법원 2003.8.19. 선고 2001다3214 판결; 대법원 2000.5.12. 선고 2000다5510 판결; 대법원 1999.10.8. 선고 98다40077 판결.

나 분석력에 의하여 사실의 연결상태를 합리적으로 판단하는 방법에 의하여야 한다"고 한다.[212] 고의를 긍정한 판례의 구체적 내용은 다음과 같다. 즉,

> 특정 의료기기 회사에 대하여 권력비호와 특혜금융 및 의료기기의 성능이 좋지 않다고 제보한 의사에게 위 제보 내용에 관하여 허위의 인식이 있었다고 본 사례이다.[213]

고의를 부정한 판례의 구체적 내용은 다음과 같다. 즉,

> 피고인 1은 공소외 (갑)이 이 사건 금원이 정치자금으로 교부되었다고 한 말을 진실한 것으로 확신하였고 이러한 확신은 1994. 2. 4. 변호사 (을)과 (갑)의 추궁만으로 쉽사리 깨어지지 아니한 것이라고 보여지므로 위 피고인으로서는 자신의 발언내용이 허위임을 인식하지 못하였다고 할 것이다.[214]

② 비방의 목적

본죄는 목적범으로서 비방의 목적을 요한다. 비방(誹謗)의 목적이란 사람의 인격적 평가를 저하시키려는 의도를 말한다. 판례에 의하면 비방의 목적은 가해의 의사 내지 목적을 의미하고,[215] 공공의 이익(제310조)과는 상반관계에 있으므로 적시사실이 공공의 이익에 관한 것인 때에는 특별한 사정이 없는 한 비방의 목적은 부인된다고 한다.[216]

사람을 비방할 목적이 있는지 여부는 당해 적시 사실의 내용과 성질, 당해 사실의 공표가 이루어진 상대방의 범위, 그 표현의 방법 등 그 표현 자체에 관한 제반 사정을 감안함과 동시에 그 표현에 의하여 훼손되거나 훼손될 수 있는 명예의 침해 정도 등을 비교·형량하여 판단하여야 할 것이다.[217] 또 그 적시사실이 주로 공공의 이익에 관한 것인지 그렇지 않으면 비방의 목적에 기한 것인지 여부는 적시사실의 내용과 성질, 당해 사실의 공표가

---

212) 대법원 2002.12.10. 선고 2001도7095 판결; 대법원 2002.8.23. 선고 2000도329 판결; 대법원 2002.6.28. 선고 2000도3045 판결; 대법원 2001.9.14. 선고 2001도2372 판결.

213) 대법원 2002.6.28. 선고 2000도3045 판결.

214) 대법원 1997.2.14. 선고 96도2234 판결.

215) 대법원 2008.11.13. 선고 2006도7915 판결; 대법원 2007.7.13. 선고 2006도6322 판결; 대법원 2007.1.26. 선고 2004도1632 판결; 대법원 2006.9.28. 선고 2004도6371 판결; 대법원 2006.8.25. 선고 2006도648 판결; 대법원 2006.4.14. 선고 2004도207 판결; 대법원 2006.3.23. 선고 2003다52142 판결; 대법원 2004.5.14. 선고 2003도5370 판결; 대법원 2005.4.29. 선고 2003도2137 판결; 대법원 2003.12.26. 선고 2003도6036 판결; 대법원 2003.11.13. 선고 2003도3606 판결; 대법원 2002.12.10. 선고 2001도7095 판결; 대법원 2002.8.23. 선고 2000도329 판결; 대법원 2002.6.28. 선고 2000도3045 판결; 대법원 2001.9.14. 선고 2001도2372 판결; 대법원 2000.6.28. 선고 2000도3045 판결; 대법원 2000.2.25. 선고 98도2188 판결; 대법원 1998.10.9. 선고 97도158 판결.

216) 대법원 2008.11.13. 선고 2006도7915 판결; 대법원 1998.10.9. 선고 97도158 판결; 대법원 2007.1.26. 선고 2004도1632 판결; 대법원 2006.9.28. 선고 2004도6371 판결; 대법원 2006.8.25. 선고 2006도648 판결; 대법원 2006.3.23. 선고 2003다52142 판결; 대법원 2005.4.29. 선고 2003도2137 판결; 대법원 2003.12.26. 선고 2003도6036 판결; 대법원 2003.11.13. 선고 2003도3606 판결; 대법원 2002.6.28. 선고 2000도3045 판결; 대법원 2000.2.25. 선고 98도2188 판결; 대법원 1998.10.9. 선고 97도158 판결.

217) 대법원 2007.7.13. 선고 2006도6322 판결; 대법원 2006.8.25. 선고 2006도648 판결; 대법원 2006.4.14. 선고 2004도207 판결; 대법원 2005.10.14. 선고 2005도5068 판결; 대법원 2003.12.26. 선고 2003도6036 판결; 대법원 2002.12.10. 선고 2001도7095 판결; 대법원 2002.8.23. 선고 2000도329 판결; 대법원 2002.6.28. 선고 2000도3045 판결; 대법원 2000.6.28. 선고 2000도3045 판결; 대법원 2001.9.14. 선고 2001도2372 판결; 대법원 1998.10.9. 선고 97도158 판결.

이루어진 상대방의 범위, 그 표현의 방법 등 그 표현 자체에 관한 제반 사정을 감안함과 동시에 그 표현에 의하여 훼손되거나 훼손될 수 있는 명예의 침해 정도 등을 비교, 교량하여 판단하여야 한다.[218] 비방의 목적을 긍정한 판례의 구체적 내용은 다음과 같다. 즉,

피고인이 (이름 생략)대학교 정상화추진위원회 공동대표 겸 위 대학교 전직 총장의 자격으로 2004.10.5. 자 일간신문에 그 판시와 기재와 같은 신문광고를 게재한 사실, 위 신문광고 중에는 관계 법령에서 학교 기본재산의 매각을 금지하고 있고 더욱이 위 대학교의 기본재산은 설립자가 각고의 노력으로 마련하여 유지해 온 것임에도 불구하고, 학교법인 (이름 생략)대학교 이사장인 피해자가 위 대학교의 기본재산을 탈법적으로 매각하고 지방자치단체에 기부한 사실을 숨기면서 오히려 주상복합아파트(스타시티)의 건설을 통하여 개발을 하고 있다고 홍보함으로써 해교행위를 하고 있다는 등 객관적으로 피해자의 사회적 평가를 저하시키는 기재 내용이 포함되어 있는 사실 등을 인정한 다음, 이러한 신문광고의 기재 내용은 단순한 의견의 표명이 아니라 구체적으로 사실을 적시한 것에 해당하며, 그 적시된 사실은 객관적 사실에 배치되는 것으로서 허위이고, 피고인에게는 피해자를 비방할 목적이 있었다고 판단하여 이 사건 범죄사실에 대하여 피고인을 유죄로 인정한 조치는 정당한 것으로 수긍이 가고, 거기에 상고이유의 주장과 같이 재판에 영향을 미친 채증법칙 위반으로 인한 사실오인, 출판물에 의한 명예훼손죄의 성립에 관한 법리오해 등의 위법이 있다고 할 수 없다.[219] 감사원에 근무하는 감사주사가, 감사사항에 대한 감사가 종료된 후 감사반원들의 토론을 거쳐 감사지적사항으로 선정하지 않기로 하여 감사가 종결된 것임에도, 일일감사상황보고서의 일부를 변조하여 제시하면서 자신의 상사인 감사원 국장이 고위층의 압력을 받고 감사기간 중 자신이 감사를 진행중인 사항에 대한 감사활동을 중단시켰다고 기자회견을 한 경우, 그 적시사실의 허위성에 대한 인식은 물론 상사에 대한 비방의 목적도 있었다고 본 사례이다.[220] 대간첩작전시의 기념촬영사진을 광주민주화운동 관련화보로 제공하여 월간잡지에 게재케 한 경우 비방의 목적이 있었다고 본 사례이다.[221] 판시 구암서원터의 유래나 보존현항과 관계없는 피고인과 공소외인 사이의 판시사실과 같은 개인적 명예손상의 내용이 되는 사항을 광주이씨 선조들의 업적을 기리고 후손들의 귀감으로 하려는 판시 광리세적에 적어넣어 그 종원들에게 배포한 피고인에게 공소외인을 비방할 목적이 있다고 판단한 조치는 정당하게 수긍이 가고 원심판결에 논지가 지적하는 바와 같은 증거없이 사실을 인정한 위법은 없다.[222]

비방의 목적을 부정한 판례의 구체적 내용은 다음과 같다. 즉,

감사원 소속 공무원이 재벌그룹의 콘도미니엄 사업승인과 관련한 특혜의혹사건에 관하여 기자들에게 "양심선언"이란 제목 아래 감사원 국장이 외부의 압력을 받아 감사를 이유 없이 중단시켰다는 내용의 유인물을 배포한 사안에서, 비방의 목적이나 허위라는 인식이 없으므로 출판물에 의한 명예훼손죄가 성립하지 않는다고 한 사례이다.[223] 축산업협동조합중앙회장이 농림부장관이 공식 채택한 수입쇠고기 유통 및 판매의 권장정책 및 농축협 통합정책의 정당성 여부를 문제삼는 내용

218) 대법원 2007.1.26. 선고 2004도1632 판결; 대법원 2005.4.29. 선고 2003도2137 판결; 대법원 2003.11.13. 선고 2003도3606 판결; 대법원 2002.6.28. 선고 2000도3045 판결; 대법원 2001.9.14. 선고 2001도2372 판결.
219) 대법원 2007.7.13. 선고 2006도6322 판결.
220) 대법원 2002.8.23. 선고 2000도329 판결.
221) 대법원 1989.11.14. 선고 89도1744 판결.
222) 대법원 1983.6.14. 선고 82도744 판결.
223) 대법원 2008.11.13. 선고 2006도7915 판결.

의 광고를 게재한 사안에서, 농림부장관 개인에 대한 비방의 목적이 있다고 단정한 원심의 조치를 위법하다고 한 사례이다.[224] 피고인은 조아세의 무차별적인 공격에 대항하여 독자들에게 조아세의 정체와 활동상황에 대해 알려줌으로써 건전한 언론비판의 한계를 일탈한 조아세 활동의 부당성을 지적하고, **일보 독자들의 동요를 막기 위하여 이 사건 기사를 게재한 것으로서, 그 기사의 내용이 객관적 사실에 부합할 뿐만 아니라 그 표현방식도 비교적 절제되어 있는 점 등에 비추어 보면 피고인에게 조아세 회원들을 비방할 목적이 있었다고 보기는 어렵다.[225] 국립대학교 교수가 자신의 연구실 내에서 제자인 여학생을 성추행하였다는 내용의 글을 지역 여성단체가 자신의 인터넷 홈페이지 또는 소식지에 게재한 사안에서, 국립대학교 교수인 피해자의 지위, 적시사실의 내용 및 성격, 표현의 방법, 동기 및 경위 등 제반 사정을 종합하여 볼 때, 비록 성범죄에 관한 내용이어서 명예의 훼손정도가 심각하다는 점까지를 감안한다 할지라도 인터넷 홈페이지 또는 소식지에 위와 같은 내용을 게재한 행위는 학내 성폭력 사건의 철저한 진상조사와 처벌 그리고 학내 성폭력의 근절을 위한 대책마련을 촉구하기 위한 목적으로 공공의 이익을 위한 것으로서 달리 비방의 목적이 있다고 단정할 수 없다.[226] 위 공소외인은 1988년부터 시문화원의 사무국장으로 일하면서 시 향토사를 오랜 동안 연구하고 1992년부터는 국사편찬위원회 위원으로 활동한 경력의 소유자로서, 백년회가 주관하는 기념사업에 대한 반대입장을 각종 세미나 등에서 지속적으로 표명하였고, 위 피해자가 백년회의 회장직에 있는 상태에서 시장에 출마하자 정책토론회에서 백년회 활동의 문제점을 지적함으로써 피해자 후보에게 불리한 발언을 하였으며, 1995년 6월경 피해자가 시장으로 당선된 이후에도 100주년 기념사업 추진 등에 반대입장을 밝혀온 사실, 그런데 1995년 12월경 공소외인이 숙소를 옮겨 시지역 향토사 등을 집필 중이던 시문화원 건물에 시장인 피해자의 명을 받은 시청 공무원들이 세 차례나 찾아와 공소외인에게 사무국장 자리를 그만두기 바란다는 취지의 시장의 뜻을 전달하자, 공소외인은 주위 사람들과 자신의 진퇴문제를 상의한 후 곧바로 사의를 표명하였고, 그 즈음 외부적으로도 공소외인이 별다른 이유 없이 사무국장직을 그만둔 것이 시장과의 관계 때문이 아닌가 하는 의혹이 제기되었던 사실, 시문화원 사무국장의 임면권은 시문화원 이사회가 가지고 있지만, 다른 한편 시문화원은 시로부터 예산을 지원받는 관계에 있고, 당시 이사회 간부 중에는 백년회 임원이 상당수 있었던 사실, 피고인들은 개항 백주년 기념행사와 관련하여 자주 공소외인 및 그와 친분이 있는 사람들을 만나고 있던 중, 지역 향토사를 집필하느라 열심이고 문화원 내에 숙소를 마련하기까지 한 공소외인이 갑자기 그만두게 되자 그 이유를 취재하게 되었는데, 공소외인은 현재의 시장 밑에서는 아무 말도 하고 싶지 않다고 말하였고, 주위의 사람들도 백년회와 입장 차이 때문에 공소외인이 그만두었고 시청 공무원이 공소외인을 찾아가 그만두기를 바란다는 시장의 뜻을 전하기도 하였다는 말을 하였을 뿐만 아니라, 피고인들도 그 이전부터 공소외인과 백년회와의 관계를 잘 알고 있었으므로, 공소외인이 피해자인 시장의 직간접적인 압력에 의하여 타의로 물러나게 된 것으로 믿고 피해자의 기념사업 추진에 반대하는 여론을 환기시키기 위하여 이 사건 기사를 작성하게 된 사실 등을 인정한 다음, 이 사건 기사에 적시된 '향토사학자 해직' 등의 사실은 허위라고 볼 수 없을 뿐만 아니라, 위와 같은 제반 사정에 비추어공소외인이 피해자에 의하여 사실상 해직된 것으로 피고인들이 믿을 만한 상당한 이유도 있으며, 나아가 이 사건 기사는 시 개항 100주년 기념행사 및 시민의 날 개정 등의 지역사회 현안 문제와 관련하여 시정의 책임자인 시장의 정책방향에 대하여 비판을 한다는 공익적 차원에서 작성된 것으로서 비방

224) 대법원 2007.1.26. 선고 2004도1632 판결.
225) 대법원 2006.8.25. 선고 2006도648 판결.
226) 대법원 2005.4.29. 선고 2003도2137 판결.

의 목적이 있다고 보기도 어렵다.[227]

3) 공 범

본죄는 간접정범에 의하여도 범하여질 수 있다. 타인을 비방할 목적으로 허위의 기사재료를 그 정을 모르는 기자에게 제공하여 신문 등에 보도되게 한 경우에도 성립할 수 있다. 그러나 제보자가 기사의 취재·작성과 직접적인 연관이 없는 자에게 허위의 사실을 알렸을 뿐인 경우에는, 제보자가 피제보자에게 그 알리는 사실이 기사화되도록 특별히 부탁하였다거나 피제보자가 이를 기사화할 것이 고도로 예상되는 등의 특별한 사정이 없는 한, 피제보자가 언론에 공개하거나 기자들에게 취재됨으로써 그 사실이 신문에 게재되어 일반 공중에게 배포되더라도 제보자에게 출판·배포된 기사에 관하여 출판물에 의한 명예훼손죄의 책임을 물을 수는 없다.[228] 공범을 부정한 판례의 구체적 내용은 다음과 같다. 즉,

> 의사가 의료기기 회사와의 분쟁을 정치적으로 해결하기 위하여 국회의원에게 허위의 사실을 제보하였을 뿐인데, 위 국회의원의 발표로 그 사실이 일간신문에 게재된 경우 출판물에 의한 명예훼손이 성립하지 아니한다.[229]

(3) 위법성조각사유

판례에 의하면 "공직선거 후보자 합동연설회장에서 후보자 (갑)이 적시한 연설 내용이 다른 후보자 (을)에 대한 명예훼손 또는 후보자비방의 요건에 해당되나 그 위법성이 조각되는 경우, (갑)의 연설 도중에 (을)이 마이크를 빼앗고 욕설을 하는 등 물리적으로 (갑)의 연설을 방해한 행위가 (갑)의 '위법하지 않은 정당한 침해'에 대하여 이루어진 것일 뿐만 아니라 '상당성'을 결여하여 정당방위의 요건을 갖추지 못하였다"고 한다.[230]

(4) 죄 수

판례에 의하면 "한국소비자보호원을 비방할 목적으로 18회에 걸쳐서 출판물에 의하여 공연히 허위의 사실을 적시·유포함으로써 한국소비자보호원의 명예를 훼손하고 업무를 방해하였다는 각죄는 1개의 행위가 2개의 죄에 해당하는 형법 제40조 소정의 상상적경합의 관계에 있다"고 한다.[231]

2. 허위사실적시 출판물에 의한 명예훼손죄

(1) 의 의

본죄는 사람을 비방할 목적으로 신문, 잡지 또는 라디오 기타 출판물에 의하여 허위사실을 적시하여 사람의 명예를 훼손함으로써 성립한다(제309조 제2항).

본죄는 타인을 비방할 목적으로 신문, 잡지 또는 라디오 기타 출판물에 의하여 허위의

227) 대법원 2000.2.25. 선고 98도2188 판결.
228) 대법원 2002.6.28. 선고 2000도3045 판결.
229) 대법원 2002.6.28. 선고 2000도3045 판결.
230) 대법원 2003.11.13. 선고 2003도3606 판결.
231) 대법원 1993.4.13. 선고 92도3035 판결.

사실을 적시하여 타인의 명예를 훼손할 경우에 성립되는 범죄이다.[232)]

(2) 객관적 구성요건

1) 객 체

본죄의 객체는 명예이다. 사람은 명예의 주체이다. 이에 관하여는 이미 사실의 적시에 의한 명예훼손죄에서 전술한 바와 같다.

2) 행 위

① 훼 손

본죄의 실행행위는 훼손이다. 본죄는 훼손행위의 수단이 허위사실의 적시라는 점에서 그것이 사실의 적시인 전술한 사실적시 출판물에 의한 명예훼손죄와 구별된다.

다만 본죄가 성립하기 위해서는 적시된 허위사실에 의하여 명예를 훼손당하게 될 피해자가 특정되어야 한다.[233)] 사람의 성명 등이 명시되지 아니하여 게재된 기사나 영상 자체만으로는 피해자를 인식하기 어렵게 되어 있더라도 그 표현의 내용을 주위사정과 종합해 보면 기사나 영상이 나타내는 피해자가 누구인지를 알 수 있고 또 그 사실을 아는 사람이 다수인 경우에는 피해자가 특정되었다고 할 것이다.[234)]

② 허위사실의 적시

행위자가 적시한 사실은 사람의 사회적 평가를 저하시키는 것으로서 허위이어야 한다.[235)] 적시된 사실이 허위의 사실인지 여부를 판단함에 있어서는 적시된 사실의 내용 전체의 취지를 살펴보아 중요한 부분이 객관적 사실과 합치되는 경우에는 그 세부에 있어서 진실과 약간 차이가 나거나 다소 과장된 표현이 있다고 하더라도 이를 허위의 사실이라고 볼 수는 없다.[236)]

신문 등 언론매체의 어떠한 표현행위가 명예훼손과 관련하여 문제가 되는 경우 그 표현이 사실을 적시하는 것인가, 아니면 단순히 의견 또는 논평을 표명하는 것인가, 또는 의견 또는 논평을 표명하는 것이라면 그와 동시에 묵시적으로라도 그 전제가 되는 사실을 적시하고 있는 것인가 그렇지 아니한가의 구별은, 당해 기사의 객관적인 내용과 아울러 일반의 독자가 보통의 주의로 기사를 접하는 방법을 전제로 기사에 사용된 어휘의 통상적인 의미, 기사의 전체적인 흐름, 문구의 연결 방법 등을 기준으로 판단하여야 하고, 여기에다가 당해 기사가 게재된 보다 넓은 문맥이나 배경이 되는 사회적 흐름 등도 함께 고려하여야 한다.[237)]

허위사실의 적시를 긍정한 판례의 구체적 내용은 다음과 같다. 즉,

---

232) 대법원 2002.12.10. 선고 2001도7095 판결; 대법원 2002.8.23. 선고 2000도329 판결; 대법원 2002.6.28. 선고 2000도3045 판결; 대법원 2001.9.14. 선고 2001도2372 판결.

233) 대법원 2005.6.10. 선고 2005도2316 판결; 대법원 1989.11.14. 선고 89도1744 판결.

234) 대법원 2005.6.10. 선고 2005도2316 판결; 대법원 1989.11.14. 선고 89도1744 판결.

235) 대법원 2007.1.26. 선고 2004도1632 판결; 대법원 2000.2.25. 선고 99도4757 판결.

236) 대법원 2007.1.26. 선고 2004도1632 판결; 대법원 2006.4.14. 선고 2004도207 판결; 대법원 2000.2.25. 선고 99도4757 판결; 대법원 1997.2.14. 선고 96도2234 판결.

237) 대법원 2000.2.25. 선고 98도2188 판결; 대법원 1999.2.9. 선고 98다31356 판결.

피고인 등이 '조선일보 없는 아름다운 세상을 만드는 시민모임(약칭 조아세, 이하 '조아세'라고 한다)' 홈페이지나 유인물 등에 게재한 게시물의 내용은 단순한 의견이나 논평에 불과한 것이 아니라 구체적 사실의 적시에 해당하고, 피해자인 조선일보를 비방할 목적도 인정된다.[238] 이 사건 기사에는 피해자의 성명 등이 명시되지 않았으나 '10년의 세월이 지나', '**교육감 선거', '교육감 출마예상자', '전직 교육 고위 간부', '군 지역 고교 교장', '모 상업계 교장'이라고 기재된 사실을 포함한 판시사실을 인정하고, 그 판시와 같은 이유를 들어 이 사건 기사 내용의 당사자는 피해자임을 특정할 수 있고, 또한 경상남도 교육계에 종사하는 많은 사람들이 이 사건 기사 내용의 당사자가 피해자임을 알 수 있는 경우에 해당한다고 판단한 것은 정당하여 수긍이 가고, 거기에 채증법칙 위배, 심리미진 또는 명예훼손・피해자의 특정 등에 관한 법리오해의 위법이 없다.[239] 한국소비자보호원이 C우유를 포함한 시판우유를 수거하여 우유의 살균방법에 따른 영양가 등에 대한 시험검사를 실시하고 언론매체를 통하여 시험대상우유 전제품이 전반적으로 우수하며 시험항목별로 약간의 차이는 있으나 영양가 등 전체적으로 큰 차이가 없는 것으로 분석되었다는 검사결과를 발표하자, 피고인은 이에 불만을 가지고 소비자보호원의 직원인 D가 취미삼아 연습삼아 시험을 하고 과학술어조차도 자기의 형편대로 해석・사용하였다거나, 사과도 삶아 먹어야 비타민C가 5배로 증가한다는 식의 분석결과나 장난 같은 무기분석데이타를 마치 영양과 직결되는 양 발표하고, 소비자보호원의 직원이 경제기획원이나 기타 이해관계인의 비위에 맞춰 출세를 꿈꾸어 국민보건에 해를 준다는 취지를 광고의 형식으로 일간신문에 게재한 것은, 피고인이 자사의 제품인 C우유의 장점을 선전하기 위하여 소비자보호원의 발표내용을 임의로 과장・왜곡하고 발표에 들어 있지 아니한 내용을 삽입하는 등의 방법으로 그 광고를 보는 불특정다수인에게 소비자보호원의 발표내용을 본래의 의미나 내용과 전혀 다른 의미나 내용으로 이해되도록 한 것으로서, 피고인이 한국소비자보호원을 비방할 목적으로 출판물에 의하여 공연히 허위의 사실을 적시・유포하여 한국소비자보호원의 명예를 훼손하고 업무를 방해한 것이라고 본 원심의 판단도 정당한 것으로 수긍이 되고, 원심판결에 소론과 같이 이유를 제대로 갖추지 못하거나 이유가 모순되는 위법이 있다고 볼 수도 없으므로, 논지는 모두 이유가 없다.[240]

허위사실의 적시를 부정한 판례의 구체적 내용은 다음과 같다. 즉,

타인의 발언을 비판할 의도로 출판물에 그 타인의 발언을 그대로 소개한 후 그 중 일부분을 부각, 적시하면서 이에 대한 다소 과장되거나 편파적인 내용의 비판을 덧붙인 경우라 해도 위 소개된 타인의 발언과의 전체적, 객관적 해석에도 불구하고 위 비판적 내용의 사실적시가 허위라고 읽혀지지 않는 한 위 일부 사실적시 부분만을 따로 떼어 허위사실이라고 단정하여서는 안 될 것이다.[241] 피고인이 위 각 광고에 농림부장관의 해당 공문 사본을 그대로 전재하였을 뿐만 아니라 그 공문 중 일부를 발췌, 게재한 사실의 적시가 허위의 내용이 아님은 물론, 그에 덧붙인 모욕적인 표현으로 말미암아 위 공문의 전체적, 객관적 의미에 대한 해석을 그르칠 정도에까지는 이르지 아니함을 알 수 있다. 따라서 위 각 광고에 다소 과장되거나 비방적인 표현이 들어 있기는 하지만 기재된 사실 전체의 내용은 진실한 것이어서 허위사실 적시로 인한 출판물 명예훼손죄가 성립하지 아니한다고 본 원심의 판단은 정당하다고 수긍되고, 거기에 검사가 상고이유에서 주장하는 바와

238) 대법원 2006.8.25. 선고 2006도648 판결.
239) 대법원 2005.6.10. 선고 2005도2316 판결.
240) 대법원 1993.4.13. 선고 92도3035 판결.
241) 대법원 2007.1.26. 선고 2004도1632 판결.

같은 위법이 없다.[242] 월간지 기사의 중요한 부분이 객관적 사실과 합치되고 다만 기사의 제목이 다소간의 과장 내지는 비유적인 표현에 불과하다고 보아 전체적으로 허위의 사실을 적시한 것이라고 볼 수 없다고 한 사례이다.[243]

③ 허위사실의 적시의 수단

사실의 적시의 수단은 신문, 잡지 또는 라디오 기타 출판물이다. 기타 출판물에 해당한다고 하기 위하여는 그것이 등록 · 출판된 제본인쇄물이나 제작물은 아니라고 할지라도 적어도 그와 같은 정도의 효용과 기능을 가지고 사실상 출판물로 유통 · 통용될 수 있는 외관을 가진 인쇄물로 볼 수 있어야 한다.[244] 전술한 바와 같이 출판물은 공연성보다도 더 높은 전파성을 가지고 있기 때문에 본죄에서는 공연성을 요하지 않는다.

출판물을 긍정한 판례의 구체적 내용은 다음과 같다. 즉,

피고인이 피해자를 비방할 목적으로 신문기자에게 허위사실을 설명하고 보도자료를 교부하여, 그 내용을 진실한 것으로 오신한 신문기자로 하여금 신문에 허위기사를 게재하도록 하였다면, 이는 출판물에 의한 명예훼손죄의 구성요건을 충족하므로, 피고인에 대하여 같은 죄가 성립하는 것으로 본 원심판단은 옳고, 거기에 소론과 같은 법리오해의 위법이 있다고 할 수 없다.[245] 타인을 비방할 목적으로 허위사실인 기사의 재료를 신문기자에게 제공한 경우에 기사를 신문지상에 게재하느냐의 여부는 신문 편집인의 권한에 속한다고 할 것이나, 이를 편집인이 신문지상에 게재한 이상 기사의 게재는 기사 재료를 제공한 자의 행위에 기인한 것이므로 기사 재료의 제공행위는 형법 제309조 제2항 소정의 출판물에 의한 명예훼손죄의 죄책을 면할 수 없다.[246] 피고인이 피해자를 비방할 목적으로 **일보 기자에게 피고인이 동대표 선거에서 당선되고도 선거가 무효로 된 경위에 관하여 허위사실을 설명하고 자료를 제공하여, 그 내용을 진실한 것으로 오신한 기자로 하여금 **일보에 허위기사를 게재하도록 하였다면 이는 출판물에의한명예훼손죄의 구성요건을 충족하므로, 피고인에 대하여 같은 죄가 성립하는 것으로 본 원심의 판단은 옳고, 거기에 출판물에의한명예훼손죄의 구성요건에 관한 법리를 오해한 위법이 있다고 할 수 없다.[247] 명예훼손죄의 요건인 공연성은 불특정 또는 다수인이 인식할 수 있는 상태를 말하므로, 피고인들이 이 사건 출판물 15부를 피고인들이 소속된 교회의 교인 15인에게 배부한 이상 공연성의 요건은 충족된 것이라고 보겠으며, 배부받은 사람중 일부가 위 출판물작성에 가담한 사람들이라고 하여도 결론에는 아무런 소장이 없다.[248]

출판물을 부정한 판례의 구체적 내용은 다음과 같다. 즉,

피고인이 작성하여 우송 또는 교부한 이 사건 유인물은 컴퓨터 워드프로세서로 작성되고 프린트된 A4용지 7쪽 분량의 인쇄물로서 보통편지봉투에 넣어 우송될 수 있을 정도에 불과한 것으로,

---

242) 대법원 2007.1.26. 선고 2004도1632 판결.

243) 대법원 2004.2.13. 선고 2003도6675 판결.

244) 대법원 2000.2.11. 선고 99도3048 판결; 대법원 1998.10.9. 선고 97도158 판결; 대법원 1997.8.26. 선고 97도133 판결.

245) 대법원 1994.4.12. 선고 93도3535 판결.

246) 대법원 2004.5.14. 선고 2003도5370 판결; 대법원 1994.4.12. 선고 93도3535 판결; 대법원 1960.6.8. 선고 4292형상715 판결.

247) 대법원 2004.5.14. 선고 2003도5370 판결.

248) 대법원 1984.2.28. 선고 83도3124 판결.

그 외관이나 형식 및 그 작성경위 등에 비추어 볼 때, 그것이 등록된 간행물과 동일한 정도의 높은 전파성, 신뢰성, 보존가능성 등을 가지고 사실상 유통·통용될 수 있는 출판물이라고 보기 어렵다.[249] 피고인이 배포한 이 사건 인쇄물은 가로 25㎝ 세로 35㎝ 정도 되는 일정한 제호가 표시되었다고 볼 수 없는 낱장의 종이에 단지 단편적으로 피고인의 주장을 광고하는 문안이 인쇄되어 있는 것에 불과한 것인 바, 이와 같은 이 사건 인쇄물의 외관이나 형식에 비추어 볼 때 이 사건 인쇄물이 등록된 간행물과 동일한 정도의 높은 전파성, 신뢰성, 보존가능성 등을 가지고 사실상 유통·통용될 수 있는 출판물이라고는 보기 어렵다 할 것이다.[250] 장수가 2장에 불과하며 제본방법도 조잡한 것으로 보이는 최고서 사본이 출판물이라고 할 수 있을 정도의 외관과 기능을 가진 인쇄물에 해당한다고 보기는 어렵다.[251]

(3) 주관적 구성요건

본죄도 고의범일 뿐만 아니라 비방의 목적을 요하는 목적범이기도 하다. 본죄의 고의는 인식적 요소로서 적시사실이 허위라는 것에 대한 인식을 포함한다.[252]

Ⅲ. 처 벌

1. 법정형

사실적시 출판물에 의한 명예훼손죄의 법정형은 3년 이하의 징역이나 금고 또는 700만원 이하의 벌금이다. 이에 반하여 허위사실적시 출판물에 의한 명예훼손죄의 법정형은 7년 이하의 징역, 10년 이하의 자격정지 또는 1천500만원 이하의 벌금이다.

2. 반의사불벌죄

본죄는 반의사불벌죄로 규정되어 있다. 따라서 피해자의 명시한 의사에 반하여 공소를 제기할 수 없다.

§5. 모욕죄

제311조(모욕) 공연히 사람을 모욕한 자는 1년 이하의 징역이나 금고 또는 200만원 이하의 벌금에 처한다.

제312조(고소와 피해자의 의사) ① ~ 제311조의 죄는 고소가 있어야 공소를 제기할 수 있다.

Ⅰ. 서 설

본죄는 공연히 사람을 모욕함으로써 성립한다.[253] 본죄는 전술한 명예훼손죄와 보호법익이 외적 명예라는 점, 보호의 정도는 추상적 위험범으로서의 보호라는 점 및 공연성을 요한

249) 대법원 2000.2.11. 선고 99도3048 판결.
250) 대법원 1998.10.9. 선고 97도158 판결.
251) 대법원 1997.8.26. 선고 97도133 판결.
252) 대법원 1997.2.14. 선고 96도2234 판결; 대법원 1994.10.28. 선고 94도2186 판결.
253) 대법원 2017.4.13. 선고 2016도15264 판결; 대법원 2016.10.13. 선고 2016도9674 판결.

다는 점에서는 공통되고 있지만, 사실의 적시를 요하지 않는다는 점에서는 구별되고 있다. 대법원도 "모욕죄는 사람의 가치에 대한 사회적 평가를 의미하는 외부적 명예를 보호법익으로 하는 범죄이다"라고 판시한 바 있다.[254)]

Ⅱ. 범 죄

1. 구성요건

(1) 객관적 구성요건

1) 객 체

① 의 의

본죄의 객체는 사람이다. 명예의 주체로서의 사람은 자연인으로서의 타인을 의미한다는 것은 명예훼손죄에서 전술한 바 있다. 사자는 사람에 포함되지 아니한다. 법문상의 사람에는 통상 사자는 포함되지 않고 사자에 대한 명예훼손죄가 성립하는 것은 형법에 특별규정이 있기 때문이다.

② 사람의 범위

명예의 주체로 될 수 있는 자는 모두 모욕죄의 피해자로 될 수 있다. 자연인 외의 법인이나 법인격 없는 단체 등도 명예의 주체가 될 수 있다고 해석되고 있다. 명예의 주체는 명예를 향유할 수 있는 사회활동의 주체를 의미한다고 해야 하기 때문이다. 다만 국가나 지방자치단체는 본죄의 객체가 될 수 없다고 한다.

본죄는 특정한 사람 또는 인격을 보유하는 단체에 대하여 사회적 평가를 저하시킬 만한 경멸적 감정을 표현함으로써 성립하는 것이므로 그 피해자는 특정되어야 한다.[255)] 이른바 집단표시에 의한 모욕은, 모욕의 내용이 그 집단에 속한 특정인에 대한 것이라고는 해석되기 힘들고, 집단표시에 의한 비난이 개별구성원에 이르러서는 비난의 정도가 희석되어 구성원 개개인의 사회적 평가에 영향을 미칠 정도에 이르지 아니한 경우에는 구성원 개개인에 대한 모욕이 성립되지 않는다고 봄이 원칙이고, 그 비난의 정도가 희석되지 않아 구성원 개개인의 사회적 평가를 저하시킬 만한 것으로 평가될 경우에는 예외적으로 구성원 개개인에 대한 모욕이 성립할 수 있다.[256)] 한편 구성원 개개인에 대한 것으로 여겨질 정도로 구성원 수가 적거나 당시의 주위 정황 등으로 보아 집단 내 개별구성원을 지칭하는 것으로 여겨질 수 있는 때에는 집단 내 개별구성원이 피해자로서 특정된다고 보아야 할 것인데, 그 구체적인 기준으로는 집단의 크기, 집단의 성격과 집단 내에서의 피해자의 지위 등을 들 수 있

254) 대법원 2018.11.29. 선고 2017도2661 판결; 대법원 2018.5.30. 선고 2016도20890 판결; 대법원 2017.4.13. 선고 2016도15264 판결; 대법원 2016.12.27. 선고 2014도15290 판결; 대법원 2016.10.13. 선고 2016도9674 판결; 대법원 2015.12.24. 선고 2015도6622 판결; 대법원 2015.9.10. 선고 2015도2229 판결; 대법원 2003.11.28. 선고 2003도3972 판결; 대법원 1987.5.12. 선고 87도739 판결.

255) 대법원 2014.3.27. 선고 2011도15631 판결.

256) 대법원 2014.3.27. 선고 2011도15631 판결; 대법원 2013.1.10. 선고 2012도13189 판결; 대법원 2003.9.2. 선고 2002다63558 판결.

다.[257] 사람을 부정한 판례의 구체적 내용은 다음과 같다. 즉,

형법이 명예훼손죄 또는 모욕죄를 처벌함으로써 보호하고자 하는 사람의 가치에 대한 평가인 외부적 명예는 개인적 법익으로서, 국민의 기본권을 보호 내지 실현해야 할 책임과 의무를 지고 있는 공권력의 행사자인 국가나 지방자치단체는 기본권의 수범자일 뿐 기본권의 주체가 아니고, 정책결정이나 업무수행과 관련된 사항은 항상 국민의 광범위한 감시와 비판의 대상이 되어야 하며 이러한 감시와 비판은 그에 대한 표현의 자유가 충분히 보장될 때에 비로소 정상적으로 수행될 수 있으므로, 국가나 지방자치단체는 국민에 대한 관계에서 형벌의 수단을 통해 보호되는 외부적 명예의 주체가 될 수는 없고, 따라서 명예훼손죄나 모욕죄의 피해자가 될 수 없다.[258] 원심은, 국회의원이었던 피고인이 국회의장배 전국 대학생 토론대회에 참여했던 학생들과 저녁회식을 하는 자리에서, 장래의 희망이 아나운서라고 한 여학생들에게 (아나운서 지위를 유지하거나 승진하기 위하여) "다 줄 생각을 해야 하는데, 그래도 아나운서 할 수 있겠느냐. **여대 이상은 자존심 때문에 그렇게 못하더라"라는 등의 말을 함으로써 공연히 8개 공중파 방송 아나운서들로 구성된 △△△△△△연합회 회원인 여성 아나운서 154명을 각 모욕하였다는 이 부분 공소사실에 대하여, 피고인이 위와 같은 발언을 한 사실이 있음을 인정한 다음 피고인의 이 사건 발언이 여성 아나운서들이라는 집단으로 표시되었고 △△△△△△연합회에 등록된 여성 아나운서의 수가 295명에 이르지만, 피고인의 지위와 이 사건 발언을 하게 된 경위, 표현 내용, 여성 아나운서 집단과 피해자들의 업무의 특수성, 피해자들에 대한 일반의 관심 그리고 피해자들이 생활하는 범위 내의 사람들이 이 사건 발언의 표현 내용과 피해자들을 연결시킬 가능성 등을 종합하여 볼 때, 피고인의 위 발언은 여성 아나운서들 집단의 개별구성원, 적어도 △△△△△△연합회에 등록되어 있는 회원들인 이 사건 피해자들에 대한 사회적 평가를 저하시킬 위험성이 있는 경멸적 표현에 해당한다는 등 그 판시와 같은 이유로 이 부분 공소사실을 유죄로 인정한 제1심판결을 그대로 유지하였다. 그러나 원심의 위와 같은 판단은 다음과 같은 이유에서 그대로 수긍할 수 없다. 원심판결 이유를 앞서 본 법리와 적법하게 채택한 증거에 비추어 살펴보면, 우선 피고인의 이 사건 발언이 여성 아나운서에 대하여 수치심과 분노의 감정을 불러일으키기에 충분한 경멸적인 표현에 해당한다고 본 원심의 판단은 수긍할 수 있다. 그러나 이 부분 공소사실은 여성 아나운서 집단에 속한 개개의 여성 아나운서가 피해자임을 전제로 하고 있으므로 무엇보다도 그 비난의 정도가 여성 아나운서 개개인의 사회적 평가를 저하시킬 정도여야 할 것인데, 기록에 의하여 알 수 있는 다음과 같은 사정 즉, ① 피고인을 수사기관에 고소한 여성 아나운서는 154명이고, △△△△△△연합회에 등록된 여성 아나운서의 수는 295명에 이르며, 피고인의 발언 대상인 '여성 아나운서'라는 집단은 직업과 성별로만 분류된 집단의 명칭으로서 그 중에는 이 사건 고소인들이 속한 공중파 방송 아나운서들로 구성된 △△△△△△연합회에 등록된 사람뿐만 아니라 유선방송에 소속되어 있거나 그 밖의 다양한 형태로 활동하는 여성 아나운서들이 존재하므로 '여성 아나운서'라는 집단 자체의 경계가 불분명하고 그 조직화 및 결속력의 정도 또한 견고하다고 볼 수 없는 점, ② 피고인의 발언 대상이 그 중 피고인을 고소한 여성 아나운서들이 속한 △△△△△△연합회만을 구체적으로 지칭한다고 보기도 어려운 점, ③ 피고인의 이 사건 발언은, 비록 그 발언 내용이 매우 부적절하고 저속하기는 하지만, 앞서 본 여성 아나운서 집단의 규모와 조직 체계, 대외적으로 구성원의 개성이 부각되는

257) 대법원 2014.3.27. 선고 2011도15631 판결; 대법원 2013.1.10. 선고 2012도13189 판결; 대법원 2003.9.2. 선고 2002다63558 판결.

258) 대법원 2016.12.27. 선고 2014도15290 판결.

정도에 더하여 그 발언의 경위와 상대방, 발언 당시의 상황, 그 표현의 구체적 방식과 정도 및 맥락 등을 고려해 보면 위 발언으로 인하여 곧바로 피해자들을 비롯한 여성 아나운서들에 대한 기존의 사회적 평가를 근본적으로 변동시킬 것으로 보이지는 아니하는 점, ④ 피해자들을 비롯한 여성 아나운서들은 방송을 통해 대중에게 널리 알려진 사람들이어서 그 생활 범위 내에 있는 사람들이 문제된 발언과 피해자들을 연결시킬 가능성이 있다는 이유만으로 곧바로 그 집단 구성원 개개인에 대한 모욕이 된다고 평가하게 되면 모욕죄의 성립 범위를 지나치게 확대시킬 우려가 있는 점 등을 종합해 보면, 피고인의 이 사건 발언은 여성 아나운서 일반을 대상으로 한 것으로서 그 개별구성원인 피해자들에 이르러서는 비난의 정도가 희석되어 피해자 개개인의 사회적 평가에 영향을 미칠 정도에까지는 이르지 아니하므로 형법상 모욕죄에 해당한다고 보기는 어렵다고 볼 여지가 충분하다.[259] '****'는 불법 과격 폭력시위에 반대하는 사람들이 인터넷 포털사이트 네이버에 개설한 카페로서 누구나 카페에서 제시하는 간단한 질문에 답변하는 절차를 거쳐 비교적 손쉽게 회원으로 가입할 수 있는데 이 사건 당시 회원수가 3만 6천여 명에 달하였던 사실, 회원들은 주로 카페 게시판을 통하여 자유로이 의견을 나누는 방식으로 활동하며 그 과정에서 아이디나 닉네임만을 사용할 뿐 개인의 인적 사항이 드러나지 아니하는 사실, 피해자는 이 사건 당시 '****'의 평회원이었다가 그 후 운영자가 되었는데 이 사건 각 글에 피해자를 비롯한 '****'의 특정 회원을 지칭하는 것으로 볼 수 있는 표현은 포함되어 있지 아니한 사실을 알 수 있다. 사정이 이러하다면, 피고인들이 게재한 이 사건 각 글은 '****'라는 인터넷 카페의 회원 일반을 대상으로 한 것으로서 그 개별구성원에 불과한 피해자에 이르러서는 비난의 정도가 희석되어 피해자 개인의 사회적 평가에 영향을 미칠 정도에 이르지 않았다고 볼 여지가 충분하고, 한편 피고인들에게 '****'의 회원 중 1인에 불과한 피해자를 모욕한다는 고의가 있었다고 보기도 어렵다.[260]

2) 행 위

① 모 욕

본죄의 실행행위는 모욕이다. 모욕(侮辱)이란 사실을 적시하지 아니하고 사람의 사회적 평가를 저하시킬 만한 추상적 판단이나 경멸적 감정을 표현하는 것을 말한다.[261] 따라서 어떠한 표현이 상대방의 인격적 가치에 대한 사회적 평가를 저하시킬 만한 것이 아니라면 설령 그 표현이 다소 무례한 방법으로 표시되었다 하더라도 이를 두고 모욕죄의 구성요건에 해당한다고 볼 수 없다.[262] 언어는 인간의 가장 기본적인 표현수단이고 사람마다 언어습관이 다를 수 있으므로 그 표현이 다소 무례하고 저속하다는 이유로 모두 형법상 모욕죄로 처벌할 수는 없다.[263]

---

259) 대법원 2014.3.27. 선고 2011도15631 판결.

260) 대법원 2013.1.10. 선고 2012도13189 판결.

261) 대법원 2021.3.25. 선고 2017도17643 판결; 대법원 2018.11.29. 선고 2017도2661 판결; 대법원 2018.5.30. 선고 2016도20890 판결; 대법원 2017.4.13. 선고 2016도15264 판결; 대법원 2016.10.13. 선고 2016도9674 판결; 대법원 2015.12.24. 선고 2015도6622 판결; 대법원 2015.9.10. 선고 2015도2229 판결; 대법원 2008.12.11. 선고 2008도8917 판결; 대법원 2008.7.10. 선고 2008도1433 판결; 대법원 2005.12.23. 선고 2005도1453 판결; 대법원 2003.11.28. 선고 2003도3972 판결; 대법원 1987.5.12. 선고 87도739 판결.

262) 대법원 2018.11.29. 선고 2017도2661 판결; 대법원 2018.5.30. 선고 2016도20890 판결; 대법원 2015.12.24. 선고 2015도6622 판결; 대법원 2015.9.10. 선고 2015도2229 판결; 대법원 1987.5.12. 선고 87도739 판결.

263) 대법원 2015.12.24. 선고 2015도6622 판결; 대법원 2015.9.10. 선고 2015도2229 판결.

② 모욕의 방법

경멸의 표시는 그 방법을 묻지 않는다. 언어, 도화, 동작 등에 의할 수 있다. 부작위가 모욕일 수 있는가에 대하여는 존경하지 않음에도 불구하고 존경의 표현을 강요하는 것은 양심의 자유의 침해라고 하여 부정적인 견해도 있지만 경우에 따라서 모욕이 될 수 있다고도 해석된다.

모욕을 긍정한 판례의 구체적 내용은 다음과 같다. 즉,

피고인이 택시를 타고 목적지까지 갔음에도 택시기사에게 택시요금을 주지 않자 택시기사가 경찰서 지구대 앞까지 운전하여 간 다음 112 신고를 하였고, 위 지구대 앞길에서 피해자를 포함한 경찰관들이 위 택시에 다가가 피고인에게 택시요금을 지불하라고 요청하자 피고인이 "야! 뭐야!"라고 소리를 쳐서 피고인을 택시에서 내리게 한 후, 피해자가 피고인에게 "손님, 요금을 지불하고 귀가하세요"라고 말하자 피고인이 피해자를 향해 "뭐야. 개새끼야", "뭐 하는 거야. 새끼들아", "씨팔놈들아. 개새끼야"라고 큰소리로 욕설을 한 사실을 알 수 있다. 위와 같은 피고인의 발언 내용과 그 당시의 주변 상황, 경찰관이 현장에서 피고인에게 위와 같은 권유를 하게 된 경위 등을 종합해 보면, 당시 피고인에게 정당한 요금을 지불하게 하고 안전하게 귀가하게 하기 위하여 법집행을 하려는 경찰관 개인을 향하여 경멸적 표현을 담은 욕설을 함으로써 경찰관 개인의 인격적 가치에 대한 평가를 저하시킬 위험이 있는 모욕행위를 하였다고 볼 것이고, 이를 단순히 당시 상황에 대한 분노의 감정을 표출하거나 무례한 언동을 한 정도에 그친 것으로 평가하기는 어렵다. 그리고 설령 그 장소에 있던 사람들이 전후 경과를 지켜보았기 때문에 피고인이 근거 없이 터무니없는 욕설을 한다는 사정을 인식할 수 있었다고 하더라도 공연성 및 전파가능성도 있었다고 보이는 이상, 피해자인 경찰관 개인의 외부적 명예를 저하시킬 만한 추상적 위험을 부정할 수는 없다고 할 것이다.[264] 피고인이 원심판시 식당에서 영업 업무를 방해하고 식당 주인을 폭행하던 중 식당 주인 부부, 손님, 인근 상인들이 있는 공개된 위 식당 앞 노상에서 112 신고를 받고 출동한 경찰관인 피해자를 향해 "젊은 놈의 새끼야, 순경새끼, 개새끼야", "씨발 개새끼야, 좆도 아닌 젊은 새끼는 꺼져 새끼야"라는 욕설을 한 사실을 알 수 있다. 위와 같은 피고인의 발언 내용과 그 당시의 주변 상황, 경찰관이 현장에 가게 된 경위 등을 종합해 보면, 당시 피고인은 업무방해와 폭행의 범법행위를 한 자로서 이를 제지하는 등 법집행을 하려는 경찰관 개인을 향하여 경멸적 표현을 담은 욕설을 함으로써 경찰관 개인의 인격적 가치에 대한 평가를 저하시킬 위험이 있는 모욕행위를 하였다고 볼 것이고, 이를 단순히 당면 상황에 대한 분노의 감정을 표출하거나 무례한 언동을 한 정도에 그친 것으로 평가하기는 어렵다. 그리고 설사 그 장소에 있던 사람들이 전후 경과를 지켜보았기 때문에 피고인이 근거 없이 터무니없는 욕설을 한다는 사정을 인식할 수 있었다고 하더라도, 그 현장에 식당 손님이나 인근 상인 등 여러 사람이 있어 공연성 및 전파가능성도 있었다고 보이는 이상, 피해자인 경찰관 개인의 외부적 명예를 저하시킬 만한 추상적 위험을 부정할 수는 없다고 할 것이다.[265] 아무리 종교적 목적을 위한 언론・출판의 자유가 고도로 보장되고, 종교적 의미의 검증을 위한 문제의 제기가 널리 허용되어야 한다고 하더라도 구체적 정황의 뒷받침도 없이 악의적으로 모함하는 일이 허용되지 않도록 경계해야 함은 물론, 구체적 정황에 근거한 것이라 하더라도 그 표현방법에 있어서는 상대방의 인격을 존중하는 바탕 위에서 어휘를 선택하여야 하고, 아무

264) 대법원 2017.4.13. 선고 2016도15264 판결.
265) 대법원 2016.10.13. 선고 2016도9674 판결.

리 비판을 받아야 할 사항이 있다고 하더라도 모멸적인 표현으로 모욕을 가하는 일은 허용될 수 없다.266) "애꾸눈, 병신"이라는 발언 내용은 피고인이 피해자를 모욕하기 위하여 경멸적인 언사를 사용하면서 욕설을 한 것에 지나지 아니하고, 피해자의 사회적 가치나 평가를 저하시키기에 충분한 구체적 사실을 적시한 것이라고 보기는 어렵다.267) 동네사람 4명과 구청직원 2명 등이 있는 자리에서 피해자가 듣는 가운데 구청직원에게 피해자를 가리키면서 '저 망할년 저기 오네'라고 피해자를 경멸하는 욕설 섞인 표현을 하였다면 피해자를 모욕하였다고 볼 수 있다.268) 「도둑놈」「죽일놈」 등등이라고 한 언설은 동 표시 언설만으로는 구체적으로 사실을 적시한 것으로 볼 수 없는 것임으로 이를 가리켜 명예훼손이라 할 수 없고 단지 모욕일 따름임에 불구하고 원심은 이를 간과하고 동 사실을 그릇 인정한 위법이 있다할 것이다.269)

모욕을 부정한 판례의 구체적 내용은 다음과 같다. 즉,

갑 주식회사 해고자 신분으로 노동조합 사무장직을 맡아 노조활동을 하는 피고인이 노사 관계자 140여 명이 있는 가운데 큰 소리로 피고인보다 15세 연장자로서 갑 회사 부사장인 을을 향해 "야 **아, **이 여기 있네, 니 이름이 **이잖아, **아 나오니까 좋지?" 등으로 여러 차례 을의 이름을 불러 을을 모욕하였다는 내용으로 기소된 사안에서, 갑 회사는 노사분규로 노조와 사용자가 극심한 대립을 겪고 있고, 그러한 과정에서 사용자 측의 부당노동행위가 사실로 확인되는 등 노사 간 갈등이 격화된 점, 을은 사용자 측 교섭위원들과 노사교섭을 하였다가 노조 간부 병이 을에게 욕설을 하여 교섭이 결렬되었고, 그 후 노사 양측이 교섭을 이어나갔으나 피고인과 병이 을에게 다시 욕설을 하여 노사교섭이 파행된 점, 을 등을 비롯한 관리자 40여 명이 시설관리권 행사 명목으로 노조가 설치한 미승인 게시물을 철거하기 위하여 모이자, 이를 제지하기 위해 노조 조합원 100여 명이 모여 서로 대치하였는데, 피고인은 사용자 측의 게시물 철거행위가 노조활동을 방해하고 노동운동에 대해 간섭하는 것으로 여겨 화가 나 위와 같이 말하였던 점 및 피고인과 을의 관계, 피고인이 이러한 발언을 하게 된 경위, 발언의 의미와 전체적인 맥락, 발언을 한 장소와 발언 전후의 정황을 종합하면, 피고인의 위 발언은 상대방을 불쾌하게 할 수 있는 무례하고 예의에 벗어난 표현이기는 하지만 객관적으로 을의 인격적 가치에 대한 사회적 평가를 저하시킬 만한 모욕적 언사에 해당한다고 보기 어렵다는 이유로, 이와 달리 본 원심판단에 형법상 모욕의 의미에 관한 법리를 오해한 잘못이 있다고 한 사례이다.270) 피고인이 공소외인이 인터넷 포털 사이트 '**'의 다른 카페에서 다른 회원을 강제탈퇴시킨 후 보여준 태도에 대하여 불만을 가지고 댓글을 게시하게 된 사실, 피고인이 게시한 댓글 내용은 '선무당이 사람 잡는다, 자승자박, 아전인수, 사필귀정, 자업자득, 자중지란, 공황장애 ㅋ'라고 되어 있는 사실을 알 수 있다. 위 사실관계에 나타난 피고인의 댓글 게시 경위, 댓글의 전체 내용과 표현 방식, 공황장애의 의미(뚜렷한 근거나 이유 없이 갑자기 심한 불안과 공포를 느끼는 공황 발작이 되풀이해서 일어나는 병) 등을 종합하면, 피고인이 댓글로 게시한 '공황장애 ㅋ'라는 표현이 상대방을 불쾌하게 할 수 있는 무례한 표현이기는 하나, 상대방의 인격적 가치에 대한 사회적 평가를 저하시킬 만한 표현에 해당한다고 보기는 어렵다.271)

---

266) 대법원 2014.9.4. 선고 2012도13718 판결; 대법원 2002.1.22. 선고 2000다37524, 37531 판결.
267) 대법원 1994.10.25. 선고 94도1770 판결.
268) 대법원 1990.9.25. 선고 90도873 판결.
269) 대법원 1961.2.24. 선고 4293형상864 판결.
270) 대법원 2018.11.29. 선고 2017도2661 판결.
271) 대법원 2018.5.30. 선고 2016도20890 판결.

피고인은 2014.6.10. 02:20경 서울 동작구 (주소 생략) 앞 도로에서 자신이 타고 온 택시의 택시기사와 요금 문제로 시비가 벌어져 같은 날 02:38경 112 신고를 한 사실, 신고를 받고 출동한 서울동작경찰서 소속 경찰관인 피해자 공소외인이 같은 날 02:55경 위 장소에 도착한 사실, 피고인은 피해자에게 112 신고 당시 피고인의 위치를 구체적으로 알려 주었는데도 피해자가 위 장소를 빨리 찾지 못하고 늦게 도착한 데에 항의한 사실, 이에 피해자가 피고인에게 도착이 지연된 경위에 대하여 설명을 하려고 하는데, 피고인이 위 택시기사가 지켜보는 가운데 피해자에게 "아이 씨발!"이라고 말한 사실을 알 수 있다. 이러한 사실관계와 함께 기록에 의하여 인정되는 피고인과 피해자의 관계, 피고인이 이러한 발언을 하게 된 경위와 발언의 횟수, 발언의 의미와 전체적인 맥락, 발언을 한 장소와 발언 전후의 정황 등을 앞서 본 법리에 따라 살펴보면, 피고인의 위 "아이 씨발!"이라는 발언은 구체적으로 상대방을 지칭하지 않은 채 단순히 발언자 자신의 불만이나 분노한 감정을 표출하기 위하여 흔히 쓰는 말로서 상대방을 불쾌하게 할 수 있는 무례하고 저속한 표현이기는 하지만 위와 같은 사정에 비추어 직접적으로 피해자를 특정하여 그의 인격적 가치에 대한 사회적 평가를 저하시킬 만한 경멸적 감정을 표현한 모욕적 언사에 해당한다고 단정하기는 어렵다.[272] 입주자대표회의 감사인 피고인은 아파트 관리소장인 공소외인의 외부특별감사에 관한 업무처리에 항의하기 위해 아파트 관리소장실을 방문한 사실, 그 자리에서 피고인과 공소외인은 업무처리 방식을 두고 언쟁을 하게 되었는데, 그 과정에서 피고인이 공소외인에게 "야, 이따위로 일할래"라고 말하자 공소외인이 "나이가 몇 살인데 반말을 하느냐"고 말하였고, 이에 피고인이 "나이 처먹은 게 무슨 자랑이냐"라고 말한 사실, 당시 관리소장실 안에는 피고인과 공소외인만 있었으나 관리소장실의 문이 열려 있었고, 관리소장실 밖의 관리사무소에는 직원 4~5명이 업무를 하고 있었던 사실을 알 수 있다. 이러한 사실관계와 함께 기록에 의하여 인정되는 피고인과 공소외인의 관계, 피고인이 이러한 발언을 하게 된 경위와 발언의 횟수, 발언의 의미와 전체적인 맥락, 발언을 한 장소와 발언 전후의 정황 등에 비추어 보면, 피고인의 위 발언은 상대방을 불쾌하게 할 수 있는 무례하고 저속한 표현이기는 하지만 객관적으로 공소외인의 인격적 가치에 대한 사회적 평가를 저하시킬 만한 모욕적 언사에 해당한다고 보기는 어렵다.[273] 이 사건 공소사실에 적시된 "전 회장의 개인적인 의사에 의하여 주택공사의 일방적인 견해에 놀아나고 있기 때문에"의 표현을 포함하는 홍보문안의 관련내용은 다음과 같다. "4월 25일 오늘 주민여러분께서는 본 아파트 분양전환에 대해서 주택공사로부터 우편물을 받은 것으로 알고 있습니다. 이는 지금까지 우리들 임차인을 전적으로 무시하고 일방적으로 분양에 들어가겠다는 의사를 표시하고 있습니다. 그래서 지금까지 주민대표자 회의에서 이를 저지하지 못하고 전 회장의 개인적인 의사에 의해서 주택공사의 일방적인 견해에 놀아나고 있기 때문에 저희들은 지난 22일 주민총회에서 공지하듯이 처음 임차인 대표회의를 해체하고 새로운 대표자 회의를 구성하게 된 내용과 새로운 대표자 회의에서 나갈 길을 밝히고자 하오니 이점 널리 양해 해주시고 다음사항을 주지해 주시기 바랍니다" 위 홍보문안에 나타난 전후문맥을 고려하면, 이 사건 공소사실이 모욕적 표현으로 적시한 "전 회장의 개인적인 의사에 의하여 주택공사의 일방적인 견해에 놀아나고 있기 때문에"의 중심적 의미는, 임차인대표회의의 회장이었던 공소외 2가 개인적 판단에만 기울어서 주택공사와의 관계에서 주민들의 의견을 관철시키지 못하고 주택공사의 견해에만 일방적으로 끌려 다닌다는 취지로 해석함이 상당하다. 원심이 공소외 2가 주택공사와 유착되어 주민들의 이익을 외면한 채 부당한 개인적 이익을 취하고 있는 것처럼 오인받을 수 있는 내용이라고 판단한 것은 원심판시의 전후 사정을 고려하더라도 그 문언

272) 대법원 2015.12.24. 선고 2015도6622 판결.
273) 대법원 2015.9.10. 선고 2015도2229 판결.

의 객관적 의미를 넘어서는 것으로서 받아들이기 어렵다. 다만 그 부분 홍보문안에서 회장이었던 공소외 2가 주민들의 의견을 반영 · 관철하지 못한 데 대한 부당성을 지적하고 있으나, 이는 새로운 임차인대표회의를 구성하게 된 일반적 배경과 그 당위성을 강조하기 위하여 사회적으로 용납할 수 있는 비판을 가한 것으로서, 직접적으로 공소외 2를 겨냥하여 그의 사회적 평가를 저하시킬 만한 추상적 판단이나 그에 대한 경멸적 감정을 표현한 것으로 보기 어렵다.[274) "부모가 그런 식이니 자식도 그런 것이다"와 같은 표현으로 인하여 상대방의 기분이 다소 상할 수 있다고 하더라도 그 내용이 너무나 막연하여 그것만으로 곧 상대방의 명예감정을 해하여 형법상 모욕죄를 구성한다고 보기는 어렵다 할 것이다.[275)

3) 결 과

본죄를 추상적 위험범으로 해석하는 한 본죄는 모욕행위로 인하여 피해자의 외적 명예가 현실적으로 침해될 것을 요하지 않는다. 대법원도 "모욕죄는 피해자의 외부적 명예를 저하시킬 만한 추상적 판단이나 경멸적 감정을 공연히 표시함으로써 성립하는 것이므로 피해자의 외부적 명예가 현실적으로 침해되거나 구체적 · 현실적으로 침해될 위험이 발생하여야 하는 것도 아니다"라고 판시한 바 있다.[276)

4) 상 황

본죄는 행위상황으로서 공연성을 요한다. 따라서 모욕행위는 명예훼손행위와 같이 공연히 행하여지지 않으면 안 된다. 공연이란 불특정인 또는 다수인이 인식할 수 있는 상태를 말한다. 공연성을 긍정한 판례의 구체적 내용은 다음과 같다. 즉,

> 형법 제311조의 소위 공연히 사람을 모욕한 자라 함은 다수인 혹은 불특정인이 견문할 수 있는 상황에서 사람의 사회적 지위를 경멸하는 행위를 한 자를 말하고 그 다수인의 자격에 일정한 제한이 있는 경우에도 그 행위는 공연성이 있다고 할 것이다. 피고인들이 인쇄물을 우송한 200여명이 주식회사반도조선아케이드의 주주들에 한정되어 있었고 피고인들과 이해관계를 같이 하는 자들이라 하여도 거기에 공연성이 없다고는 할 수 없을 것이다.[277)

(2) 주관적 구성요건

1) 고 의

본죄는 고의범이다. 본죄의 고의는 인식적 요소로서 공연히 사람을 모욕한다는 사실에 대한 인식을 요한다. 미필적 고의로도 족하다.

2) 경멸의 의사

본죄를 표현범으로 해석하는 한 본죄는 고의 외에도 초과주관적 구성요건요소로서 경멸의 의사를 요한다. 이에 의하면 경멸의 표시를 하더라도 경멸의 의사가 없으면 본죄를 구성하지 않는다.

---

274) 대법원 2008.12.11. 선고 2008도8917 판결.
275) 대법원 2007.2.22. 선고 2006도8915 판결.
276) 대법원 2017.4.13. 선고 2016도15264 판결; 대법원 2016.10.13. 선고 2016도9674 판결.
277) 대법원 1984.2.28. 선고 83도3292 판결.

(3) 미수 · 기수

본죄를 추상적 위험범으로 해석하는 한 본죄는 제3자가 모욕행위를 인식할 수 있는 상태에 이르면 기수에 달한다고 할 수 있다. 피해자나 제3자가 이를 인식할 것을 요하는 것은 아니다. 기수를 긍정한 판례의 구체적 내용은 다음과 같다. 즉,

모욕죄는 사람의 외부적 명예를 저하시킬 만한 추상적 판단을 공연히 표시하는 것으로 족하므로, 표시 당시에 제3자가 이를 인식할 수 있는 상태에 있으면 되고 반드시 제3자가 인식함을 요하지 않으며, 피해자가 그 장소에 있을 것을 요하지도 않고 피해자가 이를 인식하였음을 요하지도 않으므로, 행위자가 피해자를 대면할 때만 모욕죄가 성립한다는 상고이유 주장은 받아들일 수 없다.[278)]

2. 위법성조각사유

본죄에 대하여는 명예훼손죄에 적용되는 위법성조각사유가 적용되지 않는다(제310조 참조). 그러나 본죄에 있어서도 정당행위, 피해자의 승낙 등 총칙상의 위법성조각사유가 적용될 수 있다. 위법성조각을 긍정한 판례의 구체적 내용은 다음과 같다. 즉,

어떤 글이 모욕적 표현을 담고 있는 경우에도 그 글이 객관적으로 타당성이 있는 사실을 전제로 하여 그 사실관계나 이를 둘러싼 문제에 관한 자신의 판단과 피해자의 태도 등이 합당한가 하는 데 대한 자신의 의견을 밝히고, 자신의 판단과 의견이 타당함을 강조하는 과정에서 부분적으로 모욕적인 표현이 사용된 것에 불과하다면 사회상규에 위배되지 않는 행위로서 형법 제20조에 의하여 위법성이 조각될 수 있다.[279)] 특정 사안에 대한 의견을 공유하는 인터넷 게시판 등의 공간에서 작성된 단문의 글에 모욕적 표현이 포함되어 있더라도, 그 글이 동조하는 다른 의견들과 연속적 · 전체적인 측면에서 볼 때, 그 내용이 객관적으로 타당성이 있는 사정에 기초하여 관련 사안에 대한 자신의 판단 내지 피해자의 태도 등이 합당한가 하는 데 대한 자신의 의견을 강조하거나 압축하여 표현한 것이라고 평가할 수 있고, 그 표현도 주로 피해자의 행위에 대한 것으로서 지나치게 악의적이지 않다면, 다른 특별한 사정이 없는 한 그 글을 작성한 행위는 사회상규에 위배되지 않는 행위로서 위법성이 조각된다고 보아야 한다.[280)] 자동차 정보 관련 인터넷 신문사 소속 기자 甲이 작성한 기사가 인터넷 포털 사이트의 자동차 뉴스 '핫이슈' 난에 게재되자, 피고인이 "이런걸 기레기라고 하죠?"라는 댓글을 게시함으로써 공연히 甲을 모욕하였다는 내용으로 기소된 사안에서, '기레기'는 '기자'와 '쓰레기'의 합성어로서 기자인 甲의 사회적 평가를 저하시킬 만한 추상적 판단이나 경멸적 감정을 표현한, 모욕적 표현에 해당하나, 피고인은 기사를 본 독자들이 자신의 의견을 자유롭게 펼칠 수 있도록 마련된 '네티즌 댓글' 난에 위 댓글을 게시한 점, 위 기사는 특정 제조사 자동차 부품의 안전성에 대한 논란이 많은 가운데 이를 옹호하는 제목으로 게시되었는데, 위 기사가 게재되기 직전 다른 언론사에서 이와 관련한 부정적인 내용을 방송하였고, 위 기사를 읽은 상당수의 독자들은 위와 같은 방송 내용 등을 근거로 위 기사의 제목과 내용, 이를 작성한 甲의 행위나 태도를 비판하는 의견이 담긴 댓글을 게시하였으므로 이러한 의견은 어느 정도 객관적으로 타당성

278) 대법원 2004.6.25. 선고 2003도4934 판결.
279) 대법원 2021.3.25. 선고 2017도17643 판결; 대법원 2005.12.23. 선고 2005도1453 판결; 대법원 2003.11.28. 선고 2003도3972 판결.
280) 대법원 2021.3.25. 선고 2017도17643 판결.

있는 사정에 기초한 것으로 볼 수 있는 점, 위 댓글의 내용, 작성 시기와 위치, 위 댓글 전후로 게시된 다른 댓글의 내용과 흐름 등에 비추어 볼 때, 위 댓글은 그 전후에 게시된 다른 댓글들과 같은 견지에서 방송 내용 등을 근거로 위 기사의 제목과 내용, 이를 작성한 甲의 행위나 태도를 비판하는 의견을 강조하거나 압축하여 표현한 것이라고 평가할 수 있고, '기레기'는 기사 및 기자의 행태를 비판하는 글에서 비교적 폭넓게 사용되는 단어이며, 위 기사에 대한 다른 댓글들의 논조 및 내용과 비교할 때 댓글의 표현이 지나치게 악의적이라고 하기도 어려운 점을 종합하면, 위 댓글을 작성한 행위는 사회상규에 위배되지 않는 행위로서 형법 제20조에 의하여 위법성이 조각된다고 한 사례이다.[281] 어떤 글이 특히 모욕적인 표현을 포함하는 판단 또는 의견의 표현을 담고 있는 경우에도 그 시대의 건전한 사회통념에 비추어 그 표현이 사회상규에 위배되지 않는 행위로 볼 수 있는 때에는 형법 제20조에 의하여 예외적으로 위법성이 조각된다.[282] 피고인이 게시한 글 중 특히, 피해자를 지칭하는 위 골프클럽 조장이 한심하고 불쌍한 인간이라고 표현한 부분은 그 게시글 전체를 두고 보더라도 피해자의 인격적 가치에 대한 사회적 평가를 훼손할 만한 모욕적 언사라고 볼 수는 있지만, 다른 한편 기록에 나타나는 피고인이 위 게시판에 글을 올리게 된 동기나 경위 및 배경을 살펴보면, 위 글은 전체적으로는 피고인이 근무하였던 골프클럽에서 운영된 징벌적 근무제도의 불합리성 및 불공정성에 대한 불만을 토로하는 취지에서 작성된 것으로, 글의 전제가 되는 위 징벌적 근무제도가 실제 운영되어 왔고, 그 내용 또한 상당한 정도의 업무강도를 수반하는 것으로 보이므로, 위 제도에 대한 피고인의 의견이나 판단 자체가 합리적인 것인지 여부는 차치하고 전혀 터무니없는 것은 아니라는 점, 위 글에서는 피해자를 '조장' 또는 '조장들'이라고만 표현하고 구체적으로 누구라고 지칭하지는 아니하면서, 그 중 모욕적 표현은 한심하고 불쌍하다는 내용의 1회의 표현에 그쳤고 그 부분이 글 전체에서 차지하는 비중도 크지 아니하며, 그 표현이 내포하는 모욕의 정도 또한, 비공개적인 상황에서는 일상적으로 사용되는 경미한 수준의 것으로서 위 글의 전체적인 내용에서도 크게 벗어난 표현이라고는 보기 어려운 점, 위 글의 게시장소도 골프클럽 경기보조원들 사이에서 각 골프클럽에 대한 정보교환을 통해 구직의 편의 등의 도모를 주된 목적으로 하는 사이트 내 회원 게시판으로, 위 글에 대한 댓글을 보아도 위 글이 골프클럽 자체에 대한 불만의 표출 내지 비난으로 받아들여진 것으로 보이는 점 등의 사정에 비추어 볼 때, 이 사건 피고인의 표현은 골프클럽 경기보조원인 회원들 사이의 각 골프클럽에 대한 평가 내지 의견교환의 장소에서, 피고인이 개인적으로 실제 경험하였던 특정 골프클럽 제도운영의 불합리성을 비난하고 이를 강조하는 과정에서 그 비난의 대상인 제도의 담당자인 피해자에 대하여도 같은 맥락에서 일부 부적절한 표현을 사용하게 된 것으로, 이러한 행위는 사회상규에 위배되지 않는다고 봄이 상당하다.[283] 피고인은 2002.2.21. 23:47경 강릉시 (지번 생략)에 있는 *** 호프집에서, 같은 날 MBC 방송 '우리시대'라는 프로그램에서 피해자(교사)를 대상으로 하여 방영한 '엄마의 외로운 싸움'을 시청한 직후 위 프로그램이 위 피해자의 입장에서 편파적으로 방송하였다는 이유로 그 곳에 설치된 컴퓨터를 이용하여 MBC 홈페이지에 접속하여 위 '우리시대' 프로그램 시청자 의견란에 불특정 다수인이 볼 수 있도록 "오선생님 대단하십니다", "학교 선생님이 불법주차에 그렇게 소중한 자식을 두고 내리시다니⋯⋯ 그렇게 소중한 자식을 범법행위의 변명의 방패로 쓰시다니 정말 대단하십니다. 한가지 더 견인을 우려해 아이를 두고 내리신 건 아닌지⋯⋯"라는 글을 작성 · 게시

281) 대법원 2021.3.25. 선고 2017도17643 판결.

282) 대법원 2008.7.10. 선고 2008도1433 판결; 대법원 2005.12.23. 선고 2005도1453 판결; 대법원 2003.11.28. 선고 2003도3972 판결.

283) 대법원 2008.7.10. 선고 2008도1433 판결.

함으로써 공연히 피해자를 모욕하였다는 것이다. 이에 대하여 원심은, 피고인이 게시판에 올린 글을 전체적인 맥락에서 파악하면, '엄마의 외로운 싸움'이라는 프로그램을 시청한 후 그에 대한 느낌과 방송사 및 피해자와의 가치관이나 판단의 차이에 따른 자신의 의견을 개진하고 피해자에게 자신의 의견에 대한 반박이나 반론을 구하는 것으로, 그 의견의 표현에 있어 부분적으로 부적절하고 과도한 표현을 사용한 것에 불과하다 할 것이고(글의 내용은 전체적인 문맥과 맥락 속에서 파악해야 하는 것이지 그 중 문제되는 일부만을 발췌하여 그 부분만으로 판단할 것은 아니다), 이로써 곧 사회통념상 피해자의 사회적 평가를 저하시키는 내용의 경멸적 판단을 표시한 것으로 인정하기 어렵다는 이유로, 무죄를 선고한 제1심판결을 유지하였다.[284)]

위법성조각을 부정한 판례의 구체적 내용은 다음과 같다. 즉,

피고인들이 소속 노동조합 위원장 甲을 '어용', '앞잡이' 등으로 지칭하여 표현한 현수막, 피켓 등을 장기간 반복하여 일반인의 왕래가 잦은 도로변 등에 게시한 사안에서, '어용'이란 자신의 이익을 위하여 권력자나 권력 기관에 영합하여 줏대 없이 행동하는 것을 낮잡아 이르는 말, '앞잡이'란 남의 사주를 받고 끄나풀 노릇을 하는 사람을 뜻하는 말로서 언제나 위 표현들이 지칭된 상대방에 대한 모욕에 해당한다거나 사회상규에 비추어 허용되지 않는 것은 아니지만, 제반 사정에 비추어 피고인들의 위 행위는 甲에 대한 모욕적 표현으로서 사회상규에 위배되지 않는 행위로 보기 어렵다.[285)]

3. 죄 수

경멸을 표시하는 동작이 폭행일 경우의 취급에 대하여는 모욕죄와 폭행죄의 관념적 경합으로 하는 견해가 많지만 폭행은 통상 상대방의 인격에 대한 경멸을 포함하는 것이기 때문에 폭행죄만의 성립을 인정하는 족하다고 해석된다.

Ⅲ. 처 벌

1. 법정형

본죄의 법정형은 1년 이하의 징역이나 금고 또는 200만원 이하의 벌금이다. 본죄의 미수범은 처벌되지 아니한다.

2. 친고죄

본죄는 친고죄이다. 따라서 고소가 없으면 공소를 제기할 수 없다. 전술한 바와 같이 고소권자는 사자의 친족 또는 그 자손이다(형사소송법 제227조). 고소할 자가 없는 경우에 이해관계인의 신청이 있으면 검사는 10일 이내에 고소할 수 있는 자를 지정하여야 한다(형사소송법 제228조).

284) 대법원 2003.11.28. 선고 2003도3972 판결.
285) 대법원 2021.9.9. 선고 2016도88 판결.

§6. 관련 특별법

Ⅰ. 정보통신망법

1. 사이버 명예훼손죄

제2조(정의) ① 이 법에서 사용하는 용어의 뜻은 다음과 같다.

1. "정보통신망"이란 「전기통신사업법」 제2조제2호에 따른 전기통신설비를 이용하거나 전기통신설비와 컴퓨터 및 컴퓨터의 이용기술을 활용하여 정보를 수집·가공·저장·검색·송신 또는 수신하는 정보통신체제를 말한다.

제70조(벌칙) ① 사람을 비방할 목적으로 정보통신망을 통하여 공공연하게 사실을 드러내어 다른 사람의 명예를 훼손한 자는 3년 이하의 징역 또는 3천만원 이하의 벌금에 처한다.
② 사람을 비방할 목적으로 정보통신망을 통하여 공공연하게 거짓의 사실을 드러내어 다른 사람의 명예를 훼손한 자는 7년 이하의 징역, 10년 이하의 자격정지 또는 5천만원 이하의 벌금에 처한다.
③ 제1항과 제2항의 죄는 피해자가 구체적으로 밝힌 의사에 반하여 공소를 제기할 수 없다.

2. 불법정보의 유통죄 등

제44조의7(불법정보의 유통금지 등) ① 누구든지 정보통신망을 통하여 다음 각 호의 어느 하나에 해당하는 정보를 유통하여서는 아니 된다.

2. 사람을 비방할 목적으로 공공연하게 사실이나 거짓의 사실을 드러내어 타인의 명예를 훼손하는 내용의 정보

Ⅱ. 공직선거법

1. 허위사실공표죄

제250조(허위사실공표죄) ① 당선되거나 되게 할 목적으로 연설·방송·신문·통신·잡지·벽보·선전문서 기타의 방법으로 후보자(候補者가 되고자 하는 者를 포함한다. 이하 이 條에서 같다)에게 유리하도록 후보자, 후보자의 배우자 또는 직계존비속이나 형제자매의 출생지·가족관계·신분·직업·경력등·재산·행위·소속단체, 특정인 또는 특정단체로부터의 지지여부 등에 관하여 허위의 사실[학력을 게재하는 경우 제64조제1항의 규정에 의한 방법으로 게재하지 아니한 경우를 포함한다]을 공표하거나 공표하게 한 자와 허위의 사실을 게재한 선전문서를 배포할 목적으로 소지한 자는 5년이하의 징역 또는 3천만원이하의 벌금에 처한다.
② 당선되지 못하게 할 목적으로 연설·방송·신문·통신·잡지·벽보·선전문서 기타의 방법으로 후보자에게 불리하도록 후보자, 그의 배우자 또는 직계존·비속이나 형제자매에 관하여 허위의 사실을 공표하거나 공표하게 한 자와 허위의 사실을 게재한 선전문서를 배포할 목적으로 소지한 자는 7년 이하의 징역 또는 500만원 이상 3천만원 이하의 벌금에 처한다.
③ 당내경선과 관련하여 제1항(제64조제1항의 규정에 따른 방법으로 학력을 게재하지 아니한 경우를 제외한다)에 규정된 행위를 한 자는 3년 이하의 징역 또는 6백만원 이하의 벌금에, 제2항에 규정된 행위를 한 자는 5년 이하의 징역 또는 1천만원 이하의 벌금에 처한다. 이 경우 "후보자" 또는 "후보자(후보자가 되고자 하는 자를 포함한다)"는 "경선후보자"로 본다.

2. 후보자비방죄

제251조(후보자비방죄) 당선되거나 되게 하거나 되지 못하게 할 목적으로 연설·방송·신문·통신·잡지·벽보·선전문서 기타의 방법으로 공연히 사실을 적시하여 후보자(候補者가 되고자 하는 者를 포함한다), 그의 배우자 또는 직계존·비속이나 형제자매를 비방한 자는 3년 이하의 징역 또는 500만원 이하의 벌금에 처한다. 다만, 진실한 사실로서 공공의 이익에 관한 때에는 처벌하지 아니한다.

3. 성명 등의 허위표시죄

제253조(성명 등의 허위표시죄) 당선되거나 되게 하거나 되지 못하게 할 목적으로 진실에 반하는 성명 · 명칭 또는 신분의 표시를 하여 우편이나 전보 또는 전화 기타 전기통신의 방법에 의한 통신을 한 자는 3년 이하의 징역 또는 600만원 이하의 벌금에 처한다.

4. 허위 논평보도 등 금지

제96조(허위논평 · 보도 등 금지) ① 누구든지 선거에 관한 여론조사결과를 왜곡하여 공표 또는 보도할 수 없다.

② 방송 · 신문 · 통신 · 잡지, 그 밖의 간행물을 경영 · 관리하는 자 또는 편집 · 취재 · 집필 · 보도하는 자는 다음 각 호의 어느 하나에 해당하는 행위를 할 수 없다.

1. 특정 후보자를 당선되게 하거나 되지 못하게 할 목적으로 선거에 관하여 허위의 사실을 보도하거나 사실을 왜곡하여 보도 또는 논평을 하는 행위
2. 여론조사결과 등과 같은 객관적 자료를 제시하지 아니하고 선거결과를 예측하는 보도를 하는 행위

제252조(방송 · 신문 등 부정이용죄) ① 제96조제2항을 위반한 자는 7년 이하의 징역 또는 500만원 이상 3천만원 이하의 벌금에 처한다.

② 제96조제1항을 위반한 자는 5년 이하의 징역 또는 300만원 이상 2천만원 이하의 벌금에 처한다.

Ⅲ. 성폭력범처벌법

제14조의2(허위영상물 등의 반포등) ① 반포등을 할 목적으로 사람의 얼굴 · 신체 또는 음성을 대상으로 한 촬영물 · 영상물 또는 음성물(이하 이 조에서 "영상물등"이라 한다)을 영상물등의 대상자의 의사에 반하여 성적 욕망 또는 수치심을 유발할 수 있는 형태로 편집 · 합성 또는 가공(이하 이 조에서 "편집등"이라 한다)한 자는 5년 이하의 징역 또는 5천만원 이하의 벌금에 처한다.

② 제1항에 따른 편집물 · 합성물 · 가공물(이하 이 항에서 "편집물등"이라 한다) 또는 복제물(복제물의 복제물을 포함한다. 이하 이 항에서 같다)을 반포등을 한 자 또는 제1항의 편집등을 할 당시에는 영상물등의 대상자의 의사에 반하지 아니한 경우에도 사후에 그 편집물등 또는 복제물을 영상물등의 대상자의 의사에 반하여 반포등을 한 자는 5년 이하의 징역 또는 5천만원 이하의 벌금에 처한다.

③ 영리를 목적으로 영상물등의 대상자의 의사에 반하여 정보통신망을 이용하여 제2항의 죄를 범한 자는 7년 이하의 징역에 처한다.

④ 상습으로 제1항부터 제3항까지의 죄를 범한 때에는 그 죄에 정한 형의 2분의 1까지 가중한다.

제15조(미수범) 제3조부터 제9조까지, 제14조, 제14조의2 및 제14조의3의 미수범은 처벌한다.

제 3 절 신용 · 업무와 경매에 관한 죄

§1. 개 관

Ⅰ. 서 설

1. 의 의

본장의 신용 · 업무와 경매에 관한 죄는 사람의 신용을 훼손하거나, 업무를 방해하거나 또는 경매 · 입찰의 공정성을 침해하는 것을 내용으로 하는 범죄를 말한다(형법 제2편 제34장).

2. 법적 성질

(1) 학 설

본장의 죄의 본질에 관하여는 다툼이 있다. 첫째, 명예죄설이다. 본장의 죄는 명예에 관한 죄의 일종이라고 한다. 신용도 사람에 대한 사회적 평가라는 점에서 명예와 같은 성질을 가지고 있다는 점과 경제생활에 있어서의 자유라는 인격적 법익을 보호하기 위한 범죄라는 점을 그 근거로 한다. 둘째, 재산죄설이다. 본장의 죄는 광의에 있어서 재산죄라고 한다. 재산 자체를 보호하지는 않지만 그와 관련된 법익, 즉 재산보호수단으로서의 신용, 업무 및 경매 · 입찰의 공정성을 보호하고 있다는 점과 명예훼손죄와 관련시켜 인격적 법익에 관한 죄로 규정한 것은 부당하다는 점을 근거로 하고 있다. 셋째, 양면설이다. 또는 독립범죄설이라고도 한다. 본장의 죄는 자유에 대한 죄로서의 성격과 재산죄로서의 성격을 모두 가지고 있다고 한다. 신용이 훼손되었다고 하여 바로 재산권이 침해되는 것은 아니므로 신용과 재산은 구별되어야 한다는 점과 경제생활에 있어서의 신용도 넓은 의미에서는 명예라고 해야 한다는 점을 근거로 하고 있다.

(2) 검 토

본장의 죄의 법적 성질에 대한 다툼은 본장의 죄의 규정위치와 무관하지 않다. 본장의 죄는 명예에 관한 죄의 다음에 규정되어 있지만, 재산에 대한 죄의 앞에 규정되어 있기 때문이다. 본장의 죄에 대하여 개별적으로 검토하면 다음과 같이 할 수 있다고 해석된다.

첫째, 신용훼손죄는 사람의 경제적 측면에서의 사회적 평가를 해하는 죄이고, 명예와 함께 사회적 평가를 해하는 죄로서 통일적으로 인식하여야 한다. 그러나 인격적으로 낮은 평가를 받는 사람일지라도 경제적으로 신용을 가지는 사람이 있고 이를 독립된 법익으로서 보호할 필요가 있기 때문에 형법은 신용훼손죄를 명예에 관한 죄로부터 독립한 범죄유형으로서 규정하고 있다. 또한 피해자의 경제적 이익을 보호한다는 점에서 재산범과 근사성이 있지만 신용의 훼손이 항상 재산의 침해를 수반한다고는 할 수 없기 때문에 재산범으로부터도 일단 독립된 범죄로 하고 있다.

둘째, 업무방해죄의 업무에 대하여는 사람이 그의 사회적 지위에 근거하여 계속 · 반복적으로 행하는 사무를 말한다고 해석되고 있다. 그 업무의 성격을 어떻게 파악하는가에 의하여 동죄의 죄질과 보호법익에 대하여는 다음의 3설로 나누어진다. 제1설은 재산죄설이다. 업무방해죄를 신용훼손죄와 같이 그 죄질을 오로지 재산적인 것으로 이해하는 견해이다. 이에 의하면 업무도 경제적 활동의 중심을 두고 이해하는 것으로 된다. 제2설은 양면설이다. 이에 의하면 업무방해죄는 기본적으로 인격적 활동의 자유를 보호하는 것을 목적으로 하면서 이를 경제적 측면에서 보호하려는 것이기 때문에 인격적 법익의 보호를 기본으로 하고 재산적 법익을 보호하려는 성질을 병행하여 가진다는 견해이다. 제3설은 명예죄설이다. 이에 의하면 업무방해죄는 사람이 그 사회적 지위에 근거하여 행하는 활동, 즉 사회적 활동의 자유, 안전을 해하는 점에 본질이 있기 때문에 기본적으로 자유에 대한 죄라고 해석하는 견해이다.

셋째, 경매·입찰방해죄가 재산죄로서의 성질을 가지는 것은 부정할 수 없지만, 동시에 경매와 입찰이 공정한 자유경쟁하에서 행하여지는 데 부당한 영향을 주는 것을 방지하는 데에 본질이 있다는 점에서 자유에 대한 죄로서의 성질도 가진다고 한다.

Ⅱ. 보호법익

본장의 죄는 경제생활에 있어서의 자유를 보호하는 범죄라는 점에서 공통되지만, 구체적으로는 그 보호법익을 각각 달리하는 독립된 구성요건이라고 할 수 있다. 신용훼손죄, 업무방해죄 및 경매·입찰의 방해죄는 명예와 재산의 중간에 위치하는 죄로서 각각 경제적 신용, 업무활동 및 경매·입찰의 공정성을 그 보호법익으로 한다고 해석된다. 보호의 정도는 추상적 위험범으로서의 보호이다.

Ⅲ. 구성요건의 체계

본장의 죄에 있어서 신용훼손죄(제313조), 업무방해죄(제314조) 및 경매·입찰방해죄(제315조)는 모두 경제생활에 있어서의 자유를 보호하는 범죄라는 점에서 공통되지만, 각각 보호법익을 달리하는 독립된 구성요건이다.

§2. 신용훼손죄

제313조(신용훼손) 허위의 사실을 유포하거나 기타 위계로써 사람의 신용을 훼손한 자는 5년 이하의 징역 또는 1천500만원 이하의 벌금에 처한다.

Ⅰ. 서 설

본죄는 허위의 사실을 유포하거나 기타 위계로써 사람의 신용을 훼손함으로써 성립한다. 본죄와 명예훼손죄는 사람의 사회적 평가를 침해하는 죄라는 점에서 공통되지만, 본죄는 경제적 측면에서의 사회적 평가를 대상으로 한다는 점에서 인격적 측면에서의 사회적 평가를 대상으로 하는 명예훼손죄와 구별된다.

경제적 가치와 인격적 가치는 반드시 일치하는 것이 아니므로 형법은 양죄를 독립적으로 규정하고 있는 것이다. 본죄의 보호법익은 경제적 신용이다. 거동범으로서 추상적 위험범에 속한다.

Ⅱ. 범 죄

1. 구성요건

(1) 객관적 구성요건

1) 객 체

본죄의 객체는 신용이다. 본죄에 있어서의 신용은 보호법익으로서 보호의 객체이자 행위 대상으로서 행위의 객체가 되고 있다. 사람은 신용의 주체에 해당한다.

① 신 용

신용(信用)이란 경제적 신용, 즉 사람의 지급능력 또는 지급의사에 대한 사회적 신뢰를 말한다.[1] 지불의사를 포함하는 것은 예컨대 지불능력이 있어도 지불의사가 없으면 신용이 없다고 할 수 있기 때문이다.

② 사람의 범위

경제적 생활측면에서의 신용의 주체는 자연인뿐만 아니라 경제생활에 있어서 거래의 주체로 되는 자로서 법인, 법인격 없는 단체 등도 포함된다. 신용을 부정한 판례의 구체적 내용은 다음과 같다. 즉,

> 건축공사의 시공사 대표이사가 비용을 줄이려는 시도에서 건축설계자에게 제품변경을 요청하는 문서를 송부한 사안에서, 위 문서의 내용은 위 제품을 판매하는 회사의 지불능력이나 지불의사에 대한 사회적 신뢰를 저해한 것이 아니라고 보아 신용훼손죄의 객체인 신용에 해당하지 않는다.[2]

2) 행 위

본죄의 실행행위는 훼손이다. 신용에 대한 훼손행위의 수단은 허위의 사실을 유포하거나 기타 위계이다. 허위사실의 유포는 위계의 대표적인 예시이다.

① 훼 손

훼손(毁損)이란 신용훼손(Kreditgefährdung)의 의미로서 경제적 측면에서 사람의 사회적 신용을 저하시킬 우려가 있는 상태를 초래하는 것을 말한다. 신용의 훼손은 허위의 사실을 유포하거나 기타 위계로써 이루어져야 한다. 명예훼손죄와는 달리 구체적으로 사실을 적시할 것은 요건으로 되어 있지 않다.

② 훼손의 수단

ⓘ 허위사실의 유포　　허위의 사실을 유포한다고 함은 실제의 객관적인 사실과 다른 과거 또는 현재의 사실을 불특정인 또는 다수인에게 전파시키는 것을 말한다.[3] 허위(虛僞)란 객관적 진실에 반하는 것을 말한다. 이 점에서 진실이라도 성립하는 명예훼손죄와 구별된다.

---

1) 대법원 2011.5.13. 선고 2009도5549 판결; 대법원 2008.7.10. 선고 2006도6264 판결; 대법원 1969.1.21. 선고 68도1660 판결.

2) 대법원 2006.5.25. 선고 2004도1313 판결.

3) 대법원 2006.5.25. 선고 2004도1313 판결; 대법원 1994.1.28. 선고 93도1278 판결.

허위사실(虛僞事實)이란 객관적으로 진실과 부합하지 않는 과거 또는 현재의 사실을 말한다.[4] 미래의 사실도 증거에 의한 입증이 가능할 때에는 여기의 사실에 포함된다.[5] 본죄는 허위의 사실을 유포할 것을 요하므로 유포한 사실이 허위가 아니거나 또는 단순히 의견이나 가치판단을 표시하는 것은 여기에 해당되지 않는다.[6] 유포(流布)란 불특정인 또는 다수인에게 전파하는 행위를 말한다. 공연성을 요하지 않으므로 순차로 불특정인 또는 다수인에게 전파될 것을 예상하고 특정인 또는 소수인에게 발설한 경우에도 이에 해당한다.

ⓘ 기타 위계 위계(僞計)라 함은 행위자의 행위목적을 달성하기 위하여 상대방에게 오인 · 착각 또는 부지를 일으키게 하여 이를 이용하는 일체의 행위를 말한다.[7] 비밀로 행하여지든 공공연히 행하여지든 묻지 않는다.

훼손을 긍정한 판례의 구체적 내용은 다음과 같다. 즉,

피고인은 조흥은행 본점 앞으로 '피해자 공소외 1이 대출금 이자를 연체하여 위 은행의 수락지점장인 공소외 2가 3,000만 원의 연체이자를 대납하였다'는 등의 내용을 기재한 편지를 보낸 사실, 그러나 실제로는 공소외 2가 위 연체이자를 대납한 적이 없는 사실을 인정할 수 있고, 피고인은 위 내용이 허위라는 점에 대하여 미필적으로나마 인식하고 있었던 것으로 보이는바, 위 인정 사실에 의하면 피고인이 위 편지를 조흥은행 본점에 송부한 행위가 그 내용을 불특정 또는 다수인에게 전파시킨 경우에 해당한다고 보기는 어려우나, 그로써 조흥은행의 오인 또는 착각 등을 일으켜 위계로써 피해자의 신용을 훼손한 경우에는 해당한다 할 것이다. 또한, 위 편지의 내용 중 기본적인 사실이 진실이라 하더라도, 위와 같이 상당부분의 허위내용을 부가시킴으로써 신용훼손의 정도가 증가된 이상 신용훼손죄의 성립에 영향이 생기는 것도 아니다.[8]

훼손을 부정한 판례의 구체적 내용은 다음과 같다. 즉,

퀵서비스 운영자인 피고인이 배달업무를 하면서, 손님의 불만이 예상되는 경우에는 평소 경쟁관계에 있는 피해자 운영의 퀵서비스 명의로 된 영수증을 작성 · 교부함으로써 손님들로 하여금 불친절하고 배달을 지연시킨 사업체가 피해자 운영의 퀵서비스인 것처럼 인식하게 한 사안에서, 퀵서비스의 주된 계약내용이 신속하고 친절한 배달이라 하더라도, 그와 같은 사정만으로 위 행위가 피해자의 경제적 신용, 즉 지급능력이나 지급의사에 대한 사회적 신뢰를 저해하는 행위에 해당한다고 보기는 어렵다.[9] 공소외 (갑)은 8년전부터 남편없이 3자녀를 데리고 생계를 꾸려왔을 뿐 아니라 피고인에 대한 다액의 채무를 담보하기 위해 동녀의 아파트와 가재도구까지를 피고인에게 제공한 사실이 인정되니 위 공소외 (갑)이 집도 남편도 없는 과부라고 말한 것이 허위사실이 될 수 없고 또 공소외 (갑)이 계주로서 계불입금을 모아서 도망가더라도 책임지고 도와줄 사람이 없다는 취지의 피고인의 말은 피고인의 위 공소외 (갑)에 대한 개인적 의견이나 평가를 진술한 것에 불과하여 허위사실의 유포라고 볼 수 없다.[10] 신용훼손죄는 허위의 사실을 유포하거나 기타 위계로써 사람

4) 대법원 1983.2.8. 선고 82도2486 판결.
5) 대법원 1983.2.8. 선고 82도2486 판결.
6) 대법원 1983.2.8. 선고 82도2486 판결.
7) 대법원 2006.12.7. 선고 2006도3400 판결.
8) 대법원 2006.12.7. 선고 2006도3400 판결.
9) 대법원 2011.5.13. 선고 2009도5549 판결.
10) 대법원 1983.2.8. 선고 82도2486 판결.

의 지불능력 또는 지불의사에 대한 타인의 신뢰에 위해를 가하는 것을 말하는 것이므로, 어느 사람의 점포의 물건 값이 유달리 비싸다고 말한 것은 그 사람의 지불의사에 대한 사회적 신뢰를 훼손하는 것이라고 볼 수 없다.[11)]

3) 결 과

본죄는 추상적 위험범이다. 신용을 현실적으로 저하시킬 것을 요하지 않는다. 사람의 신용을 훼손할 만한 허위사실의 유포 또는 기타 위계의 행사가 있으면 곧 기수로 된다. 대법원도 "신용훼손죄는 허위의 사실을 유포하거나 기타 위계로써 사람의 신용을 저하시킬 염려가 있는 상태를 발생시킴으로써 성립한다"고 판시한 바 있다.[12)]

(2) 주관적 구성요건

본죄는 고의범이다. 본죄의 고의는 인식적 요소로서 행위자에게 행위 당시 자신이 유포한 사실이 허위라는 점,[13)] 허위사실을 유포하거나 기타 위계를 사용한다는 점과 그 결과 다른 사람의 신용을 저하시킬 염려가 있는 상태가 발생한다는 점에 대한 인식을 요한다.[14)] 인식은 미필적 인식으로도 족하다.[15)] 적극적으로 사람의 신용을 훼손하려는 목적을 요하는 것은 아니다.

전파가능성을 이유로 허위사실의 유포를 인정하는 경우에는 적어도 범죄구성요건의 주관적 요소로서 미필적 고의가 필요하므로 전파가능성에 대한 인식이 있음은 물론 나아가 그 위험을 용인하는 내심의 의사가 있어야 하고, 그 행위자가 전파가능성을 용인하고 있었는지의 여부는 외부에 나타난 행위의 형태와 행위의 상황 등 구체적인 사정을 기초로 하여 일반인이라면 그 전파가능성을 어떻게 평가할 것인가를 고려하면서 행위자의 입장에서 그 심리상태를 추인하여야 할 것이다.[16)]

2. 죄 수

공연히 사실을 적시하여 타인의 명예와 신용을 훼손한 경우에는 다툼이 있다. 명예훼손죄와 신용훼손죄의 상상적 경합이 된다는 견해와 특별관계로서 법조경합이 되어 신용훼손죄만 성립한다는 견해가 그것이다. 생각건대 신용훼손죄는 사람의 사회적 가치 가운데 경제적 가치만을 특별히 보호하는 인격적 법익에 관한 죄이므로 신용훼손죄가 성립할 때에는 명예훼손죄는 성립하지 않는다고 해석된다.

---

11) 대법원 1969.1.21. 선고 68도1660 판결.
12) 대법원 2006.12.7. 선고 2006도3400 판결 참조.
13) 대법원 2006.5.25. 선고 2004도1313 판결; 대법원 1994.1.28. 선고 93도1278 판결.
14) 대법원 2006.12.7. 선고 2006도3400 판결.
15) 대법원 2006.12.7. 선고 2006도3400 판결.
16) 대법원 2006.5.25. 선고 2004도1313 판결; 대법원 2004.4.9. 선고 2004도340 판결.

Ⅲ. 처 벌

본죄의 법정형은 5년 이하의 징역 또는 1천500만원 이하의 벌금이다. 본죄는 미수범을 처벌하지 아니한다.

§3. 업무방해죄

第314條(업무방해) ① 제313조의 방법 또는 위력으로써 사람의 업무를 방해한 자는 5년 이하의 징역 또는 1천500만원 이하의 벌금에 처한다.
② 컴퓨터등 정보처리장치 또는 전자기록등 특수매체기록을 손괴하거나 정보처리장치에 허위의 정보 또는 부정한 명령을 입력하거나 기타 방법으로 정보처리에 장애를 발생하게 하여 사람의 업무를 방해한 자도 제1항의 형과 같다.

관련조문

第136條(공무집행방해) ① 직무를 집행하는 공무원에 대하여 폭행 또는 협박한 자는 5년 이하의 징역 또는 1천만원 이하의 벌금에 처한다.

第137條(위계에 의한 공무집행방해) 위계로써 공무원의 직무집행을 방해한 자는 5년 이하의 징역 또는 1천만원 이하의 벌금에 처한다.

Ⅰ. 서 설

본죄는 허위의 사실을 유포하거나 기타 위계 또는 위력으로써 사람의 업무를 방해하거나(제314조 제1항), 컴퓨터 등 정보처리장치 또는 전자기록등 특수매체기록을 손괴하거나 정보처리장치에 허위의 정보 또는 부정한 명령을 입력하거나 기타 방법으로 정보처리에 장애를 발생하게 하여 사람의 업무를 방해함으로써 성립한다(제314조 제2항).

본죄는 본래의 업무방해죄와 컴퓨터 등 장애에 의한 업무방해죄로 나누어질 수 있다. 본죄의 보호법익은 업무를 통한 사람의 사회적·경제적 활동을 보호하려는 데에 있다.[17]

Ⅱ. 범 죄

1. 업무방해죄

(1) 의 의

본죄는 허위의 사실을 유포하거나 기타 위계 또는 위력으로써 사람의 업무를 방해함으로써 성립한다(제314조 제1항). 허위사실의 유포를 위계의 유형으로 보는 한 본죄는 위계 또는 위력으로써 사람의 업무를 방해한 경우에 성립한다고도 할 수 있다.[18] 단순 업무방해죄 또는 협의의 업무방해죄(業務妨害罪, Betriebsgefährdung)라고 할 수도 있을 것이다.

17) 대법원 2009.11.19. 선고 2009도4166 전원합의체 판결.

18) 대법원 2013.1.24. 선고 2012도10629 판결; 대법원 2012.5.24. 선고 2011도7943 판결; 대법원 2012.5.24. 선고 2009도4141 판결; 대법원 2011.10.27. 선고 2010도7733 판결; 대법원 2011.3.17. 선고 2007도482 전원합의체 판결; 대법원 2010.4.8. 선고 2007도6754 판결; 대법원 2009.4.23. 선고 2007도9924 판결; 대법원 2007.6.14. 선고 2007도2178 판결; 대법원 2005.4.15. 선고 2004도8701 판결; 대법원 2005.3.25. 선고 2003도5004 판결.

(2) 구성요건

1) 객관적 구성요건

① 객 체

본죄의 객체는 업무이다. 사람은 업무의 주체이다.

ⓘ 업 무

i. 의 의 업무(業務)란 직업 또는 사회생활상의 지위에 기하여 계속적으로 종사하는 사무나 사업의 일체를 말한다.[19] 업무는 주된 것이든 부수적인 것이든 가리지 않는다.[20] 본래의 업무에 대한 준비행위 등을 포함하고, 현실적으로 집행하고 있는 업무뿐만 아니라 수행하여야 할 업무를 포함한다고 해석되어야 한다. 이러한 의미에서 업무로서 행해져 온 회사의 경영행위에는 그 목적 사업의 직접적인 수행뿐만 아니라 그 확장, 축소, 전환, 폐지 등의 행위도 정당한 경영권 행사의 일환으로서 이에 포함된다고 할 수 있다.[21]

ii. 구별개념 형법상 업무라는 용어는 본죄 외에도 정당행위, 업무상 과실치사상죄, 업무상 비밀누설죄, 업무상 위력 등에 의한 간음, 업무상 과실실화죄, 업무상 횡령죄 또는 업무상 배임죄 등에서 널리 사용되고 있다. 본죄의 업무도 기본적으로는 본죄 외에 있어서의 업무와 통일적으로 해석될 필요가 있다.

그러나 전자의 업무는 보호의 대상이라는 점에서 무거운 책임을 근거지우기 위한 후자의 업무와 구별되지 않을 수 없다. 예컨대 후자에 있어서 오락을 위한 자동차운전자의 지위는 타인의 신체 등에 대한 안전이라는 관점에서는 하나의 사회적 지위이지만 형법상의 보호의 대상으로서의 사회적 지위라고는 평가하기 어렵다. 따라서 양자 사이에는 목적론적 해석상

---

19) 대법원 2020.11.12. 선고 2016도8627 판결; 대법원 2015.4.23. 선고 2013도9828 판결; 대법원 2013.11.28. 선고 2013도4430 판결; 대법원 2009.11.19. 선고 2009도4166 전원합의체 판결; 대법원 2017.11.9. 선고 2014도3270 판결; 대법원 2013.11.28. 선고 2013도4430 판결; 대법원 2013.6.14. 선고 2013도3829 판결; 대법원 2012.5.24. 선고 2009도4141 판결; 대법원 2011.10.13. 선고 2011도7081 판결; 대법원 2010.6.10. 선고 2010도935 판결; 대법원 2010.4.8. 선고 2007도6754 판결; 대법원 2009.11.19. 선고 2009도4166 전원합의체 판결; 대법원 2008.5.29. 선고 2007도5037 판결; 대법원 2008.3.14. 선고 2007도11181 판결; 대법원 2007.8.23. 선고 2006도3687 판결; 대법원 2007.7.26. 선고 2007도3218 판결; 대법원 2007.6.14. 선고 2007도2178 판결; 대법원 2007.1.12. 선고 2006도6599 판결; 대법원 2006.3.9. 선고 2006도382 판결; 대법원 2005.4.15. 선고 2004도8701 판결; 대법원 2004.10.28. 선고 2004도1256 판결; 대법원 2003.4.11. 선고 2002도1747 판결; 대법원 2002.8.23. 선고 2001도5592 판결; 대법원 2001.11.30. 선고 2001도2015 판결; 대법원 2001.9.14. 선고 2001도3587 판결; 대법원 1996.11.12. 선고 96도2214 판결; 대법원 1995.10.12. 선고 95도1589 판결; 대법원 1995.6.30. 선고 94도3136 판결; 대법원 1993.2.9. 선고 92도2929 판결; 대법원 1991.6.28. 선고 91도944 판결; 대법원 1989.9.12. 선고 88도1752 판결; 대법원 1989.3.28. 선고 89도110 판결; 대법원 1989.3.14. 선고 87도3674 판결; 대법원 1986.12.23. 선고 86도1372 판결; 대법원 1985.4.9 선고 84도300 판결; 대법원 1970.8.31. 선고 70도1384 판결; 대법원 1980.9.9. 선고 79도249 판결; 대법원 1977.3.22. 선고 76도2918 판결; 대법원 1967.10.31. 선고 67도1086 판결; 대법원 1961.4.12. 선고 4292형상769 판결.

20) 대법원 2012.5.24. 선고 2009도4141 판결; 대법원 2010.4.8. 선고 2007도6754 판결; 대법원 2008.5.29. 선고 2007도5037 판결; 대법원 2007.6.14. 선고 2007도2178 판결; 대법원 2005.4.15. 선고 2004도8701 판결; 대법원 1993.2.9. 선고 92도2929 판결; 대법원 1989.9.12. 선고 88도1752 판결; 대법원 1985.4.9. 선고 84도300 판결; 대법원 1977.3.22. 선고 76도2918 판결; 대법원 1961.4.12. 선고 4292형상769 판결.

21) 대법원 2005.4.15. 선고 2004도8701 판결; 대법원 2003.11.13. 선고 2003도687 판결; 대법원 1999.5.14. 선고 98도3767 판결; 대법원 1995.10.12. 선고 95도1589 판결; 대법원 1992.2.11. 선고 91도1834 판결.

다음의 3가지 점에서 차이를 가진다고 할 수 있다. 첫째, 본죄의 업무는 오락, 취미로서의 자동차운전, 수렵 등에 있어서의 업무를 포함하지 않는다. 둘째, 본죄의 업무는 사람의 생명, 신체에 위험한 업무에 한정되지 않는다. 셋째, 본죄의 업무에는 법질서에 반하여 사회생활상 시인되지 않는 등 형법적 보호의 가치가 없는 위법한 업무는 처음부터 보호의 대상에서 배제된다.

iii. 요보호성　본죄의 업무는 보호법익으로서의 업무를 의미하기 때문에 형법상 보호할 가치를 요한다. 그러나 본죄의 업무의 적법성은 공무집행방해죄에 있어서 공무의 적법성의 정도와 같은 엄격성은 요구되지 않는다고 해석되어야 한다. 본죄는 사실상 평온하게 행하여지고 있는 사람의 사회적 활동의 자유를 보호하려고 하는 것이기 때문이다. 예컨대 지하실에서의 마약제조업무 등 그 활동 자체가 범죄에 해당하거나 사회생활상 도저히 시인할 수 없는 것은 본죄의 보호의 대상으로 되지 않는다.

본죄의 업무는 타인의 위법한 행위에 의한 침해로부터 보호할 가치가 있으면 족하다.[22] 반드시 그 업무가 적법하거나 유효할 것을 요하는 것은 아니다.[23] 업무의 요보호성은 업무개시의 원인이 된 계약의 민법상 유·무효나 업무에 대하여 필요한 행정상 허가의 유무 등에 의하여 반드시 좌우되는 것은 아니다. 따라서 업무의 기초가 된 계약이나 행정행위 등이 반드시 적법하여야 하는 것은 아니다.[24] 정당한 업무집행이라고 할 수 없는 행위에 대하여는 이를 위력으로 배제하였다고 하더라도 업무방해죄가 성립되지 아니한다고 할 것이다.[25]

법률상 보호할 가치가 있는 업무인지 여부는 그 사무가 사실상 평온하게 이루어져 사회적 활동의 기반이 되고 있느냐에 따라 결정된다.[26] 업무의 개시나 수행과정에 실체상 또는

22) 대법원 2020.11.12. 선고 2016도8627 판결; 대법원 2015.4.23. 선고 2013도9828 판결; 대법원 2013.11.28. 선고 2013도4430 판결; 대법원 2011.10.13. 선고 2011도7081 판결; 대법원 2010.6.10. 선고 2010도935 판결; 대법원 2008.3.14. 선고 2007도11181 판결; 대법원 2007.8.23. 선고 2006도3687 판결; 대법원 2007.7.26. 선고 2007도3218 판결; 대법원 2007.1.12. 선고 2006도6599 판결; 대법원 2006.3.9. 선고 2006도382 판결; 대법원 2003.4.11. 선고 2002도1747 판결; 대법원 2002.8.23. 선고 2001도5592 판결; 대법원 2001.11.30. 선고 2001도2015 판결; 대법원 2001.9.14. 선고 2001도3587 판결; 대법원 1996.11.12. 선고 96도2214 판결; 대법원 1995.6.30. 선고 94도3136 판결; 대법원 1991.6.28. 선고 91도944 판결; 대법원 1989.3.14. 선고 87도3674 판결; 대법원 1986.12.23. 선고 86도1372 판결; 대법원 1980.9.9. 선고 79도249 판결; 대법원 1970.8.31. 선고 70도1384 판결; 대법원 1967.10.31. 선고 67도1086 판결.

23) 대법원 2015.4.23. 선고 2013도9828 판결; 대법원 2013.11.28. 선고 2013도4430 판결; 대법원 2007.7.26. 선고 2007도3218 판결; 대법원 2006.3.9. 선고 2006도382 판결; 대법원 2003.4.11. 선고 2002도1747 판결; 대법원 2001.9.14. 선고 2001도3587 판결; 대법원 1996.11.12. 선고 96도2214 판결.

24) 대법원 2010.6.10. 선고 2010도935 판결; 대법원 2008.3.14. 선고 2007도11181 판결; 대법원 2007.8.23. 선고 2006도3687 판결; 대법원 2002.8.23. 선고 2001도5592 판결; 대법원 2001.11.30. 선고 2001도2015 판결; 대법원 1996.11.12. 선고 96도2214 판결; 대법원 1995.6.30. 선고 94도3136 판결; 대법원 1991.6.28. 선고 91도944 판결; 대법원 1989.3.14. 선고 87도3674 판결; 대법원 1986.12.23. 선고 86도1372 판결; 대법원 1980.9.9. 선고 79도249 판결; 대법원 1970.8.31. 선고 70도1384 판결; 대법원 1967.10.31. 선고 67도1086 판결.

25) 대법원 2010.6.10. 선고 2010도935 판결; 대법원 1980.9.9. 선고 79도249 판결; 대법원 1970.8.31. 선고 70도1384 판결; 대법원 1967.10.31. 선고 67도1086 판결.

26) 대법원 2020.11.12. 선고 2016도8627 판결; 대법원 2015.4.23. 선고 2013도9828 판결; 대법원 2013.11.28. 선고 2013도4430 판결; 대법원 2007.7.26. 선고 2007도3218 판결; 대법원 2006.3.9. 선고 2006도382 판결; 대법원 2001.9.14. 선고 2001도3587 판결; 대법원 1996.11.12. 선고 96도2214 판결.

절차상의 하자가 있다 하더라도 그 정도가 사회생활상 도저히 용인할 수 없는 정도로 반사회성을 띠는 데까지 이르지 아니한 이상 본죄의 보호대상이 된다.[27] 따라서 어떤 사무나 활동 자체가 위법의 정도가 중하여 사회생활상 도저히 용인될 수 없는 정도로 반사회성을 띠는 경우에는 본죄 보호대상이 되는 업무에 해당한다고 볼 수 없다.[28]

iv. 업무의 내용　　업무의 내용을 구성하는 중요한 요건을 사회생활상의 지위, 계속성 및 사무로 나누어 상세히 다시 검토하기로 한다.

㉠ 사 무　　본죄는 사람의 사회적 활동의 자유를 보호하는 것이다. 사무 또는 사업은 그것이 사회생활적인 지위에 기한 것이면 족하고 경제적인 것이어야 할 필요는 없다.[29] 경제적 · 영리적인 사무에 한정되지 아니하고 정신적 · 문화적인 사무도 이에 포함된다.[30]

㉡ 사회생활상의 지위　　본죄의 업무라고 하기 위해서는 직업 기타 사회생활상의 지위에 근거한 것일 것을 요한다. 따라서 개인생활상의 지위에 근거한 행위는 반복 · 계속된다고 하더라도 이에 해당하지 않는다. 따라서 직업이나 사회생활상의 지위에 기한 것이라고 보기 어려운 단순한 개인적인 일상생활의 일환으로 행하여지는 사무는 업무에 해당한다고 볼 수 없다.[31]

사회생활상의 지위에 근거한 활동의 대표적인 것이 직업이다. 직업이 업무로서 보호되는 것은 그것이 생계를 유지하기 위한 중요한 경제활동일 뿐만 아니라 사람은 직업을 통하여 사회활동의 일부를 분담하는 역할을 수행하고 있는 것에 의한 것이다. 따라서 직업에 해당하는가의 여부도 이와 같은 관점에서 판단되어야 하고, 보수의 유무는 반드시 직접적인 관계는 없고 보수를 받지 않아도 직업으로 평가되어야 하는 것도 있을 수 있다.

법인이나 단체는 원래 특정한 사회생활을 행하는 것을 목적으로 하여 조직된 것이고 그 목적수행을 위한 활동은 대체로 사회생활상의 지위에 근거한 것으로 인정될 수 있다. 영리법인인 회사의 기업활동, 특수법인의 사업활동은 처음부터 업무성이 인정된다. 또 정당, 노동조합, 자선단체가 행하는 사무, 학교의 교육사업도 업무성이 긍정된다. 이에 반하여 자연인에 대하여는 사회생활과 개인생활이 그다지 명확하지 않고 무엇이 사회생활상의 지위에 근거한 활동인가가 판단에 곤란이 수반되는 경우가 많다. 일반적으로 가정에서의 일상생활활동, 취미오락으로서의 활동은 반복되는 것이어도 업무에는 포함되지 않을 것이다. 학생의 강의청강, 사인이 행하는 관혼상제 등도 마찬가지이다.

㉢ 계속성　　본죄에서 말하는 업무는 어느 정도 계속성을 가질 것을 요한다. 계속성이란 일정 기간 사실상 평온하게 이루어져 사회적 활동의 기반이 되는 것을 말한다.[32] 계속적

---

27) 대법원 2015.4.23. 선고 2013도9828 판결; 대법원 2013.11.28. 선고 2013도4430 판결; 대법원 2007.7.26. 선고 2007도3218 판결; 대법원 2006.3.9. 선고 2006도382 판결; 대법원 2001.9.14. 선고 2001도3587 판결; 대법원 1996.11.12. 선고 96도2214 판결.

28) 대법원 2011.10.13. 선고 2011도7081 판결; 대법원 2007.1.12. 선고 2006도6599 판결; 대법원 2002.8.23. 선고 2001도5592 판결; 대법원 2001.11.30. 선고 2001도2015 판결; 대법원 1996.11.12. 선고 96도2214 판결.

29) 대법원 2009.11.19. 선고 2009도4166 전원합의체 판결; 대법원 1995.10.12. 선고 95도1589 판결.

30) 대법원 2008.5.29. 선고 2007도5037 판결.

31) 대법원 2017.11.9. 선고 2014도3270 판결.

이 아닌 1회적인 사무는 업무에 해당하지 않는다.[33] 따라서 단체의 결성과 같은 1회적 행사는 업무에 포함되지 않는다. 그러나 본래 계속하여 행하여져야 하는 것이라면 거듭 계속되고 있지 않아도 업무라고 할 수 있다. 따라서 일회적인 사무라 하더라도 그 자체가 어느 정도 계속하여 행해지는 것이거나 혹은 그것이 직업 또는 사회생활상의 지위에서 계속적으로 행하여져 온 본래의 업무수행과 밀접불가분의 관계에서 이루어진 것이라면 업무에 해당한다.[34] 예컨대 1회에 한하여 개최되지만 어느 정도의 기간 동안 계속되는 박람회의 행사를 방해한 경우에는 업무방해죄의 성립이 긍정될 수 있다. 계속성이 요구되는 것은 보호의 대상으로 되는 본래의 업무이다. 따라서 본죄에 있어서 업무의 계속성은 방해의 대상으로 되는 개개의 구체적 업무가 반복 또는 계속되는 것과는 무관하다고 해석된다.

업무를 긍정한 판례의 구체적 내용은 다음과 같다. 즉,

> 구체적이고 개개의 현실로서 집행되고 있는 직접적인 업무뿐만 아니라 정당한 경영권 행사의 일환으로서 그 목적 사업에 수반되는 것 등 피해자의 당해 업무에 있어서의 지위에 비추어 널리 그 임무로서 수행하여야 할 업무도 포함된다 할 것이고, 이와 같은 업무를 방해한다고 함은 그 업무수행을 저해하는 일체의 행위를 말하는 것으로, 업무수행 그 자체를 방해하는 것에 한하지 않고 널리 업무의 경영이나 적정성과 공정성을 저해하는 경우까지 포함한다 할 것이다.[35] 이 사건 주차장은 원래의 소유자이었던 공소외 1로부터 공소외 2, 3, 4에게로 순차 임대 또는 전대되어 공소외 4가 운영해 오고 있었던 것임을 알 수 있으므로, 설령 피고인이 정당한 소유자로부터 위 주차장을 새로 임대받았다고 하더라도, 피고인이 적법절차에 따라 권리를 확보하고 보호받는 것은 별론으로 하고, 피고인이 다른 특별한 사정없이 공소외 4의 주차장 영업을 방해한 행위는 업무방해죄에 해당한다고 할 것이다.[36] 아파트관리사무실의 경리가 관리단 총회에서 새로이 선임된 관리인에 의하여 재임명되어 경리업무를 수행하여 온 경우, 위 관리인 선임에 무효사유가 있다고 하더라도 위 경리의 아파트관리업무가 업무방해죄의 보호대상에서 제외된다고 보기는 어렵다.[37] 회사가 사업장의 이전을 계획하고 그 이전을 전후하여 사업을 중단 없이 영위할 목적으로 이전에 따른 사업의 지속적인 수행방안, 새 사업장의 신축 및 가동개시와 구 사업장의 폐쇄 및 가동중단 등에 관한 일련의 경영상 계획의 일환으로서 시간적·절차적으로 일정기간의 소요가 예상되는 사업장 이전을 추진, 실시하는 행위는 그 자체로서 일정기간 계속성을 지닌 업무의 성격을 지니고 있을 뿐만 아니라 회사의 본래 업무인 목적 사업의 경영과 밀접불가분의 관계에서 그에 수반하여 이루어지는 것으로 볼 수 있으므로 이 점에서도 업무방해죄에 의한 보호의 대상이 되는 업무에 해당한다 할 것이다.[38] 대학원 입학전형 업무를 방해함에 있어서 피고인들이 공모하여 방조한 이상 대학원 입학전형 업무가 업무방해죄의 객체인 '업무'에 해당된다.[39] 종중 정기총회를 주재하는 종중

---

32) 대법원 2007.8.23. 선고 2006도3687 판결; 대법원 2002.8.23. 선고 2001도5592 판결; 대법원 1989.3.14. 선고 87도3674 판결.

33) 대법원 1993.2.9. 선고 92도2929 판결; 대법원 1989.9.12. 선고 88도1752 판결.

34) 대법원 2012.5.24. 선고 2009도4141 판결; 대법원 2010.4.8. 선고 2007도6754 판결; 대법원 2007.6.14. 선고 2007도2178 판결; 대법원 2005.4.15. 선고 2004도8701 판결; 대법원 1995.10.12. 선고 95도1589 판결.

35) 대법원 2008.5.29. 선고 2007도5037 판결; 대법원 2005.4.15. 선고 2004도8701 판결; 대법원 2002.10.25. 선고 2000도5669 판결.

36) 대법원 2008.3.14. 선고 2007도11181 판결.

37) 대법원 2006.3.9. 선고 2006도382 판결.

38) 대법원 2005.4.15. 선고 2004도8701 판결.

회장의 의사진행업무 자체는 1회성을 갖는 것이라고 하더라도 그것이 종중 회장으로서의 사회적인 지위에서 계속적으로 행하여 온 종중 업무수행의 일환으로 행하여진 것이라면, 그와 같은 의사진행 업무도 형법 제314조 소정의 업무방해죄에 의하여 보호되는 업무에 해당된다고 할 것이고, 또 종중 회장의 위와 같은 업무는 종중원들에 대한 관계에서는 타인의 업무라고 할 것이다.[40] 주간에 있어서의 공장 조업이 끝났다고 하더라도 공장을 가동하여 섬유제품을 생산, 가공, 판매하는 회사 본래의 주된 영업활동을 원활하게 수행하기 위하여 위 회사는 공장건물 및 기자재 관리나 당직근무자 등을 통한 공장출입자에 대한 통제를 야간에도 계속해야 함은 물론 전체 회사 직원들의 출퇴근이 제대로 이루어질 수 있도록 공장 정문의 정상적인 개폐 등에도 만전을 기하여야 하는 것이며, 이러한 업무는 위 회사의 주된 업무와 밀접불가분의 관계에 있으면서 계속적으로 수행되어지는 회사의 부수적 업무라 할 것이므로 이는 업무방해죄에서 보호의 대상으로 삼고 있는 업무에 해당된다.[41] 건물의 전차인이 임대인의 승낙없이 전차하였다고 하더라도 전차인이 불법침탈 등의 방법에 의하여 위 건물의 점유를 개시한 것이 아니고 그동안 평온하게 음식점 등 영업을 하면서 점유를 계속하여 온 이상 위 전차인의 업무를 업무방해죄에 의하여 보호받지 못하는 권리라고 단정할 수 없다.[42] 농지의 임대차는 농지개혁법 제17조, 제25조에 비추어 무효라 할 것이나, 그러한 무효의 임대차 계약에 기하여 농지를 점유, 경작하는 자의 경작행위도 형법 제314조에서 말하는 업무에 해당된다고 봄이 상당하니 농지를 임차하여 경작하는 사람의 경작행위를 방해하는 행위가 업무방해죄를 구성하지 않는다는 논지는 이유없다.[43] 경비원은 상사의 명령에 의하여 주로 경비업무 등 노무를 제공하는 직분을 가지고 있는 것이므로 상사의 명에 의하여 그 직장의 업무를 수행한다면 설사 그 업무가 본조의 계속적인 직무권한에 속하지 아니한 일시적인 것이라 할지라도 본죄의 업무에 해당한다.[44]

업무를 부정한 판례의 구체적 내용은 다음과 같다. 즉,

공소외 1은 주부로서 개인적 용무로 서울행 고속버스를 타기 위해 대전 유성구에 있는 고속버스터미널까지 위 차량을 운행한 후 근처에 있던 위 건물 주차장에 주차하였다. 공소외 1이 운행한 위 차량은 공소외 1의 할머니인 공소외 2의 명의로 등록이 마쳐진 자가용 차량으로서, 기록을 살펴보아도 위 차량이 영업과 관련되었다거나 공소외 1이 자신의 영업을 위하여 위 차량을 운전하였다고 볼 자료는 찾을 수 없다. 피고인은 운전자나 탑승자의 신원, 위 건물 내 점포에 대한 용무 여부를 확인할 수 없는 상태로 주차되어 있던 위 차량을 발견하자 이를 무단주차 차량으로 여기고 차량 앞 범퍼와 손수레 사이를 쇠사슬로 묶어 두었다. 위와 같은 사실관계를 앞에서 본 법리에 따라 살펴보면, 공소외 1이 피고인의 위 행위 당시에 직업이나 사회생활상의 지위에 기한 계속적 사무 또는 사업 활동의 일환으로 위 차량을 건물에 주차해 두었다거나 그 후 위 차량을 운행하려고 한 것으로 단정하기는 어렵고, 오히려 단순한 개인생활상의 행위로 차량을 운전한 것에 지나지 않는다고 볼 여지가 많다. 따라서 위 차량에 대한 공소외 1의 운전이 업무방해죄의 보호대상이 되는 업무에 해당한다고 보기 어렵고, 피고인의 행위로 인하여 피해자의 업무가 방해되었다고 볼

39) 대법원 1995.12.5. 선고 94도1520 판결.
40) 대법원 1995.10.12. 선고 95도1589 판결.
41) 대법원 1992.2.11. 선고 91도1834 판결.
42) 대법원 1986.12.23. 선고 86도1372 판결.
43) 대법원 1980.11.25. 선고 79도1956 판결.
44) 대법원 1971.5.24. 선고 71도399 판결.

수 없다.[45] 초등학생들이 학교에 등교하여 교실에서 수업을 듣는 것은 헌법 제31조가 정하고 있는 무상으로 초등교육을 받을 권리 및 초 · 중등교육법 제12, 13조가 정하고 있는 국가의 의무교육 실시의무와 부모들의 취학의무 등에 기하여 학생들 본인의 권리를 행사하는 것이거나 국가 내지 부모들의 의무를 이행하는 것에 불과할 뿐 그것이 '직업 기타 사회생활상의 지위에 기하여 계속적으로 종사하는 사무 또는 사업'에 해당한다고 할 수 없다.[46] 성매매알선 등 행위는 법에 의하여 원천적으로 금지된 행위로서 형사처벌의 대상이 되는 중대한 범죄행위일 뿐 아니라 정의관념상 용인될 수 없는 정도로 반사회성을 띠는 경우에 해당하므로, 업무방해죄의 보호대상이 되는 업무라고 볼 수 없다.[47] 폭력조직 간부인 피고인이 조직원들과 공모하여 갑이 운영하는 성매매업소 앞에 속칭 '병풍'을 치거나 차량을 주차해 놓는 등 위력으로써 업무를 방해하였다는 내용으로 기소된 사안에서, 갑은 사창가 골목에서 윤락녀를 고용하여 성매매업소를 운영하여 왔는데, 성매매업소 운영에는 성매매를 알선 · 권유하거나 성매매장소를 제공하는 행위 등이 필연적으로 수반되고 따라서 업소 운영자는 구 성매매알선 등 행위의 처벌에 관한 법률(2010.4.15. 법률 제10261호로 개정되기 전의 것) 제19조 제1항 제1호의 '성매매알선 등 행위를 한 자' 또는 같은 법 제19조 제2항 제1호의 '영업으로 성매매알선 등 행위를 한 자'에 해당하므로, 갑의 성매매업소 운영업무는 업무방해죄의 보호대상이 되는 업무라고 볼 수 없는데도, 이와 달리 보아 피고인에게 유죄를 인정한 원심판결에 법리오해의 위법이 있다고 한 사례이다.[48] 어떠한 업무의 양도 · 양수 여부를 둘러싸고 분쟁이 발생한 경우에 양수인의 업무에 대한 양도인의 업무방해죄가 인정되려면, 당해 업무에 관한 양도 · 양수합의의 존재가 인정되어야 함은 물론이고, 더 나아가 그 합의에 따라 당해 업무가 실제로 양수인에게 양도된 후 사실상 평온하게 이루어져 양수인의 사회적 활동의 기반이 됨으로써 타인, 특히 양도인의 위법한 행위에 의한 침해로부터 보호할 가치가 있는 업무라고 볼 수 있을 정도에 이르러야 할 것이다.[49] 회사 운영권의 양도 · 양수 합의의 존부 및 효력에 관한 다툼이 있는 상황에서 양수인이 비정상적으로 위 회사의 임원변경등기를 마친 것만으로는 회사 대표이사로서 정상적인 업무에 종사하기 시작하였다거나 그 업무가 양도인에 대한 관계에서 보호할 가치가 있는 정도에 이르렀다고 보기 어려워, 양도인의 침해행위가 양수인의 '업무'에 대한 업무방해죄를 구성하는 것으로 볼 수 없다고 한 사례이다.[50] 피해자는 공인중개사가 아닌 사람으로서 공인중개사인 피고인에게 공인중개사 자격증을 대여해 달라고 요청하였으나 피고인이 이를 거절하여, 결국 피해자가 자본을 투입하고 피고인은 자격증을 제공하는 한편 이 사건 중개사무소에 직접 출근하여 부동산계약에 관한 최종서류를 검토하는 방법으로 동업하기로 약정한 후 피고인 명의로 중개사무소의 개설등록을 마친 사실, 그 후 피해자는 위 약정과는 달리 피고인에게 부동산 서류를 최종확인하지 말고 피고인의 인감도장을 자신에게 맡길 것을 요청함에 따라 분쟁이 발생하여 피고인이 이 사건 중개사무소의 폐업신고를 하게 된 사실을 알 수 있는 바, 그렇다면 이 사건 중개사무소의 운영에 관한 피고인과 피해자 사이의 동업관계는 피해자의 귀책사유로 종료되었다고 볼 수 있고, 공인중개사인 피고인이 동업관계의 종료로 이 사건 부동산중개업을 그만두기로 한 이상 공인중개사가 아닌 피해자의 중개업은 법에 의하여 금지된 행위로서 형사처벌의 대상이 되는 범죄행위에 해당하는 것으로서 사회통념상 도저

45) 대법원 2017.11.9. 선고 2014도3270 판결.
46) 대법원 2013.6.14. 선고 2013도3829 판결.
47) 대법원 2011.10.13. 선고 2011도7081 판결.
48) 대법원 2011.10.13. 선고 2011도7081 판결.
49) 대법원 2007.8.23. 선고 2006도3687 판결.
50) 대법원 2007.8.23. 선고 2006도3687 판결.

히 용인될 수 없는 정도로 반사회성을 띠는 경우에 해당하여 업무방해죄의 보호대상이 되는 업무라고 볼 수 없다. 그런데도 피해자가 공인중개사무소를 독단적으로 운영하려는 의도가 있었다고 하더라도 그 사정만으로는 그 위법의 정도가 중하여 사회생활상 도저히 용인할 수 없는 정도의 반사회성을 띠는 경우에 해당한다고 보기 어렵다는 이유로 피고인이 자신의 명의로 등록되어 있는 지위를 이용하여 임의로 폐업신고를 함으로써 피해자의 업무를 위력으로 방해하였다고 본 원심판결에는 업무상방해죄의 보호대상이 되는 업무에 관한 법리를 오해한 위법이 있고, 이러한 위법은 판결 결과에 영향을 미쳤다고 할 것이어서, 이 점을 지적하는 상고이유의 주장은 이유 있다.[51] 주주로서 주주총회에서 의결권 등을 행사하는 것은 주식의 보유자로서 그 자격에서 권리를 행사하는 것에 불과할 뿐 그것이 '직업 기타 사회생활상의 지위에 기하여 계속적으로 종사하는 사무 또는 사업'에 해당한다고 할 수 없다.[52] 법원의 직무집행정지 가처분결정에 의하여 그 직무집행이 정지된 자가 법원의 결정에 반하여 직무를 수행함으로써 업무를 계속 행하는 경우 그 업무는 국법질서와 재판의 존엄성을 무시하는 것으로서 사실상 평온하게 이루어지는 사회적 활동의 기반이 되는 것이라 할 수 없고, 비록 그 업무가 반사회성을 띠는 경우라고까지는 할 수 없다고 하더라도 법적 보호라는 측면에서는 그와 동등한 평가를 받을 수밖에 없으므로, 그 업무자체는 법의 보호를 받을 가치를 상실하였다고 하지 않을 수 없어 업무방해죄에서 말하는 업무에 해당하지 않는다.[53] 의료인이나 의료법인이 아닌 자가 의료기관을 개설하여 운영하는 행위는 그 위법의 정도가 중하여 사회생활상 도저히 용인될 수 없는 정도로 반사회성을 띠고 있으므로 업무방해죄의 보호대상이 되는 '업무'에 해당하지 않는다.[54] 피고인과 피해자들은 위와 같이 대금일부를 수수한 상태에서 쌍방의 합의로 위 양식장 운영을 목적으로 하는 공소외 주식회사를 설립하는 한편 공소사실과 같이 피해자들이 위 양식장 운영을 해왔는데 양식장 양도잔대금의 지급관계 등을 둘러싸고 분규가 끊임없이 계속되자, 피고인은 같은 해 9.경 이후 적극적으로 위 양식장 운영에 관여하여 자신의 돈으로 관리인에게 급료를 지급하고 사료를 투입하는 등 대하 사육을 계속하였던 사정을 엿볼 수 있고, 나아가 위 증인 ***와 원심 증인 △△△의 각 증언을 종합하여 보면, 피고인이 피해자들의 대하포획업무를 방해하였다는 위 무렵에는 위 양식장에 대하여는 피고인이 자기측 관리인인 ***를 시켜 수문을 철사로 묶어 자물쇠를 채워두고 있었는데, 피해자들이 위 관리인이 없는 틈을 타 절단기로 자물쇠를 절단한 후 대하를 포획하였고, 피고인이 이를 경찰에 신고하여 경찰관이 함께 나와서 경찰관이 지시하는 바에 따라 더 이상의 포획행위를 중지시키기 위하여 수문을 잠그고 또 수문 여닫이용 손잡이를 위 회사 창고에 보관하였던 사실을 인정할 수 있는 바, 사정이 이와 같다면 위 양식대하에 대한 소유권이 피고인에게 귀속되는지의 여부에 관계없이, 위 양식대하에 대한 현재의 관리상태를 유지하려 한 피고인의 위와 같은 행위를 형법상의 업무방해죄에 해당한다고 할 수는 없는 것이다.[55] 피고인들이 방해하였다는 피해자의 조경공사업무를 피해자의 직업 또는 사회생활상의 지위에 기하여 계속적으로 종사하는 사무나 사업이라거나 주된 업무인 건물임대업무와 밀접불가분의 관계에 있는 계속적인 부수적 업무라고 볼 수 없고, 단순한 1회적인 사무에 지나지 않는다고 할 것이다.[56] 계속하여 행하는 사무가 아닌 공장의 이전과 같은 일회적인 사무는

51) 대법원 2007.1.12. 선고 2006도6599 판결.

52) 대법원 2004.10.28. 선고 2004도1256 판결.

53) 대법원 2002.8.23. 선고 2001도5592 판결.

54) 대법원 2001.11.30. 선고 2001도2015 판결.

55) 대법원 1994.4.12. 선고 93도2690 판결; 대법원 1989.3.14. 선고 87도3674 판결; 대법원 1986.12.23. 선고 86도1372 판결; 대법원 1980.9.9. 선고 79도249 판결.

56) 대법원 1993.2.9. 선고 92도2929 판결.

업무방해죄의 객체가 되는 "업무"에 해당되지 않는다고 보아야 할 것이다.[57] 피해자가 피고인과의 사이에 이 사건 토지에 관하여 2년여에 걸친 재판끝에 그 토지가 피해자의 소유로 확정되었다 하여 위 담장공사 자체가 "업무" 또는 그와 밀접한 부수적인 업무가 되는 것이 아니다.[58] 비닐가공 공장을 경영하는 자가 공장을 이전하는 업무는 성질상 새로운 비닐가공업무를 준비하기 위한 일시적인 사무는 될지언정 이를 비닐가공업무에 부수한 계속성을 지닌 업무라고는 말할 수 없어 위 이전업무를 방해한 행위는 업무방해죄에 해당하지 아니한다.[59] 건물의 점유관리자가 개인적으로 점유관리하는 위 건물에 출입하는 행위 자체는 형법 314조에서 말하는 업무에 해당한다고 볼 수는 없다.[60]

v. 공무와의 구별　　본죄의 업무란 사람이 그 사회생활상의 지위에 근거하여 계속하여 행하는 사무를 말하기 때문에 그 글자의 뜻대로 해석하자면 공무가 이에 포함되는 것은 당연하다. 그러나 형법은 공무에 대한 방해에 대하여는 별도로 공무집행방해죄를 규정하고 있기 때문에 공무집행방해죄가 성립하는 경우 본죄의 성립여부와 관련하여 공무와 업무의 구별의 문제가 제기되는 경우가 있다.

㉠ 학 설　　본죄의 업무에 공무가 포함되는가에 대하여는 다툼이 있다. 첫째, 적극설이다. 업무에는 공무가 포함된다고 한다. 본죄는 사람의 사회적 활동의 자유를 보호하는 죄이므로 그 활동에서 공무를 제외할 이유가 없다는 점, 공무가 포함되지 않을 때에는 허위사실의 유포에 의한 공무집행방해의 경우에는 어느 범죄도 성립하지 않는 부당한 결과를 초래된다는 점 등을 근거로 한다. 다만 공무집행방해죄가 성립하는 경우에는 본죄와 법조경합의 관계에 놓이게 되어 별도로 본죄는 성립하지 않는다고 한다.

둘째, 소극설이다. 업무에는 공무가 포함되지 않는다고 한다. 형법은 공무집행방해죄를 별도로 규정하고 있다는 점, 공무집행방해죄에 있어서의 행위의 태양이 본죄에 비하여 제한된 것은 공무원의 성질에 비추어 그 이외의 행위는 처벌하지 않는다는 취지로 이해해야 한다는 점, 본죄는 개인의 경제활동의 자유를 보호하기 위한 범죄이므로 공무는 본죄의 업무에서 제외된다는 점을 근거로 한다.

셋째, 절충설이다. 비공무원에 의한 공무수행, 비권력적 공무수행 또는 공무원의 권력적 공무집행에 있어서도 폭행 · 협박 · 위계 이외의 수단, 즉 위력으로써 공무집행을 방해한 경우에는 공무집해방해죄의 규율대상이 아니므로 공무일지라고 본죄의 업무에 포함시켜야 한다고 한다.

㉡ 판 례　　판례는 소극설의 입장이다. 공무원이 직무상 수행하는 공무를 방해하는 행위에 대해서는 업무방해죄로 의율할 수는 없다.[61]

---

57) 대법원 1989.9.12. 선고 88도1752 판결; 대법원 1985.4.9. 선고 84도300 판결; 대법원 1977.3.22. 선고 76도2918 판결; 대법원 1961.4.12. 선고 4292형상769 판결.

58) 대법원 1989.3.28. 선고 89도110 판결; 대법원 1985.4.9 선고 84도300 판결.

59) 대법원 1985.4.9. 선고 84도300 판결.

60) 대법원 1977.3.22. 선고 76도2918 판결.

61) 대법원 2011.7.28. 선고 2009도11104 판결; 대법원 2010.2.25. 선고 2008도9049 판결; 대법원 2009.11.19. 선고 2009도4166 전원합의체 판결.

대법원은 "형법상 업무방해죄와 별도로 규정한 공무집행방해죄에서 '직무의 집행'이란 널리 공무원이 직무상 취급할 수 있는 사무를 행하는 것을 의미하는데, 이 죄의 보호법익이 공무원에 의하여 구체적으로 행하여지는 국가 또는 공공기관의 기능을 보호하고자 하는 데 있는 점을 감안할 때, 공무원의 직무집행이 적법한 경우에 한하여 공무집행방해죄가 성립하고, 여기에서 적법한 공무집행이란 그 행위가 공무원의 추상적 권한에 속할 뿐 아니라 구체적 직무집행에 관한 법률상 요건과 방식을 갖춘 경우를 가리키는 것으로 보아야 한다. 이와 같이 업무방해죄와 공무집행방해죄는 그 보호법익과 보호대상이 상이할 뿐만 아니라 업무방해죄의 행위유형에 비하여 공무집행방해죄의 행위유형은 보다 제한되어 있다. 즉 공무집행방해죄는 폭행, 협박에 이른 경우를 구성요건으로 삼고 있을 뿐 이에 이르지 아니하는 위력 등에 의한 경우는 그 구성요건의 대상으로 삼고 있지 않다. 또한, 형법은 공무집행방해죄 외에도 여러 가지 유형의 공무방해행위를 처벌하는 규정을 개별적 · 구체적으로 마련하여 두고 있으므로, 이러한 처벌조항 이외에 공무의 집행을 업무방해죄에 의하여 보호받도록 하여야 할 현실적 필요가 적다는 측면도 있다. 그러므로 형법이 업무방해죄와는 별도로 공무집행방해죄를 규정하고 있는 것은 사적 업무와 공무를 구별하여 공무에 관해서는 공무원에 대한 폭행, 협박 또는 위계의 방법으로 그 집행을 방해하는 경우에 한하여 처벌하겠다는 취지라고 보아야 한다. 따라서 공무원이 직무상 수행하는 공무를 방해하는 행위에 대해서는 업무방해죄로 의율할 수는 없다고 해석함이 상당하다"고 판시한 바 있다.[62]

구별을 긍정한 판례의 구체적 내용은 다음과 같다. 즉,

> 경찰청 민원실에서 말똥을 책상 및 민원실 바닥에 뿌리고 소리를 지르는 등 난동을 부린 행위가 위력으로 경찰관의 민원접수 업무를 방해한 것이라는 이유로 판시 업무방해의 공소사실을 유죄로 인정한 제1심판결을 그대로 유지하였으나, 앞에서 본 법리에 비추어 볼 때 원심의 판단은 업무방해죄의 성립범위에 관한 법리를 오해한 것이고, 이는 판결 결과에 영향을 미쳤음이 분명하다. 이 점이 포함된 상고이유의 주장은 이유 있다.[63] 지방경찰청 민원실에서 민원인들이 진정사건의 처리와 관련하여 지방경찰청장과의 면담 등을 요구하면서 이를 제지하는 경찰관들에게 큰소리로 욕설을 하고 행패를 부린 행위에 대하여, 경찰관들의 수사 관련 업무를 방해한 것이라는 이유로 업무방해죄의 성립을 인정한 원심판결에, 업무방해죄의 성립범위에 관한 법리를 오해한 위법이 있다고 한 사례이다.[64]

㉢ 검 토 본죄와 공무집행방해죄는 그 보호법익과 보호대상이 상이할 뿐만 아니라 업무방해죄의 행위유형에 비하여 공무집행방해죄의 행위유형은 보다 제한되어 있는 점 등에 비추어 보면, 형법이 업무방해죄와는 별도로 공무집행방해죄를 규정하고 있는 것은 사적 업무와 공무를 구별하여 공무에 관해서는 공무원에 대한 폭행, 협박 또는 위계의 방법으로 그 집행을 방해하는 경우에 한하여 처벌하겠다는 취지라고 보아야 한다.[65]

62) 대법원 2009.11.19. 선고 2009도4166 전원합의체 판결.
63) 대법원 2010.2.25. 선고 2008도9049 판결.
64) 대법원 2009.11.19. 선고 2009도4166 전원합의체 판결.
65) 대법원 2011.7.28. 선고 2009도11104 판결; 대법원 2010.2.25. 선고 2008도9049 판결; 대법원 2009.11.19.

ⅱ 사람의 범위 사람이란 범인 이외의 자를 말한다. 자연인이든 법인이든 묻지 않는다. 또한 법인격 없는 단체로 포함하는 것은 신용훼손죄와 같다. 대법원도 "업무방해죄에 있어서의 행위의 객체는 타인의 업무이고, 여기서 타인이라 함은 범인 이외의 자연인과 법인 및 법인격 없는 단체를 가리킨다"고 판시한 바 있다.66)

본죄의 객체로서의 단체는 단순한 사람의 집합체로는 족하지 않고 특정의 공동목적을 달성하기 위한 업무주체로서 사회적으로 인정되는 정도의 조직성과 계속성을 가질 것을 요한다고 해석되어야 한다. 회사, 정당 기타의 정치단체, 종교단체, 노동조합, 각종 학회가 이에 해당한다. 사교나 운동 등을 목적으로 하는 것에 대하여는 학교의 동창회, 클럽 등은 일반적으로 본죄의 객체로 될 수 있지만 통상 그 자체 독립의 활동을 행하고 있다고는 인정하기 어렵고 본죄의 객체로 보는 것은 곤란한 경우가 많을 것이다.

타인을 긍정한 판례의 구체적 내용은 다음과 같다. 즉,

여객선의 출항 전 안전점검이 기본적으로 해운법 등 관련 법령에 의하여 운항관리자의 직무로 규정된 것이라고 볼 수 있으나, 한국해운조합으로 하여금 운항관리자를 선임하고 각 지부에 설치된 운항관리실에 배치하여 구체적으로 업무를 수행하도록 하고 있는 점, 한국해운조합법 등 관련 규정에 의하면 한국해운조합의 사업 중 하나로 규정된 '여객선 안전운항관리에 관한 사업'에는 적어도 운항관리자 및 운항관리실의 운영과 관련한 사업이 포함되는 점 등을 고려하면, 한국해운조합 역시 관련 법령에 의하여 운항관리자의 출항 전 안전점검 등 그 직무 수행과 관련된 업무를 담당하고 있다고 보이고, 그에 따라 한국해운조합은 그 자신의 업무로 출항 전 안전점검에 관한 운항관리자의 적절한 업무 수행과 이를 감독하기 위한 범위 내에서 내부 규정을 마련하거나 업무에 필요한 지시를 할 수 있다고 보아야 한다. 이러한 취지에 따라 한국해운조합이 그 내부 규정인 여객선운항관리실운영기준과 운항관리실업무처리요령을 마련하여 운항관리자로 하여금 적절하게 확인한 여객선 안전점검 보고서를 보관하게 하고 여객선 방문결과 서류를 기록하고 유지하도록 하고, 한국해운조합 이사장이 현대설봉호 화재 사건을 계기로 운항관리자에게 안전점검 보고서 서면확인 시 공란 여부를 정확히 확인하도록 업무에 관한 지시를 한 것은 모두 운항관리자와의 관계에서 한국해운조합의 업무라고 봄이 타당하다. 따라서 출항 전 안전점검을 충실히 하고 그 결과를 기재한 서류를 작성 또는 보관하여야 할 운항관리자의 업무는 한국해운조합에 대한 관계에서 타인의 업무에 해당한다.67) 지방공사 사장이 신규직원 채용권한을 행사하는 것은 공사의 기관으로서 공사의 업무를 집행하는 것이므로, 위 권한의 귀속주체인 사장 본인에 대한 관계에서도 업무방해죄의 객체인 타인의 업무에 해당한다.68)

타인을 부정한 판례의 구체적 내용은 다음과 같다. 즉,

법적 성질이 영조물에 불과한 대학교 자체는 업무방해죄에 있어서의 업무의 주체가 될 수 없다.69) 피고인이 수년 전부터 그 일부지상에 건물을 건립한 후 인접부분에 소채를 심으면서 관리하

선고 2009도4166 전원합의체 판결.

66) 대법원 2018.5.15. 선고 2017도19499 판결; 대법원 2017.5.30. 선고 2016도18858 판결; 대법원 2007.12.27. 선고 2005도6404 판결; 대법원 1999.1.15. 선고 98도663 판결.

67) 대법원 2016.7.27. 선고 2015도17290 판결; 대법원 2015.10.29. 선고 2015도7703 판결.

68) 대법원 2007.12.27. 선고 2005도6404 판결.

69) 대법원 1999.1.15. 선고 98도663 판결.

고 있던 귀속농지에 대하여 그 농지를 수분배한 자로부터 매수하여 소유권이전등기를 종료한 고소인이 위 토지의 경계를 측량하고 그 경계선상에 철조망을 치려고 하는 작업을 방해한 피고인의 소위는 본조에서 말하는 타인의 업무에 대한 방해행위라고는 할 수 없다.[70)]

② 행 위

본죄의 실행행위는 방해이다. 즉, 허위사실의 유포, 위계 또는 위력을 수단으로 하여 업무를 방해하는 것이다. 허위사실의 유포는 위계의 예시에 지나지 않는다.

ⓘ 방 해 방해(妨害)란 업무를 방해하는 경우뿐만 아니라 업무를 방해할 우려가 있는 상태를 초래하는 경우도 포함한다. 업무수행 자체가 아니라 업무의 적정성 내지 공정성이 방해된 경우에도 본죄를 구성한다.[71)] 업무의 집행 자체를 방해하는 것뿐만 아니라 널리 업무수행의 원활한 진행을 저해하는 것도 포함한다.[72)]

방해의 방법은 허위의 사실을 유포하거나 위계 또는 위력을 사용하는 것이다. 부작위에 의하여 범하는 부진정부작위범이 성립하기 위해서는 부작위를 실행행위로서의 작위와 동일시할 수 있어야 한다.[73)] 방해를 긍정한 판례의 구체적 내용은 다음과 같다. 즉,

피해자가 대표이사인 회사의 소방사업부장이 소속 직원들에게 허위의 사실을 유포하는 등의 방법을 사용하여 직원들로부터 사표를 제출받은 경우, 직원들이 집단적으로 사표를 제출함으로써 일시적으로나마 소방사업부의 업무에서 이탈하거나 업무를 중단할 위험이 생겼고 그로 인하여 피해자의 소방사업부 업무의 경영을 저해할 위험성이 발생하였다고 볼 것이므로, 업무방해죄가 성립된다.[74)] 피고인이 서류배달업 회사가 고객으로부터 배달을 의뢰받은 서류의 포장 안에 특정종교를 비방하는 내용의 전단을 집어넣어 함께 배달되게 한 경우, 위 회사의 서류배달업무를 방해한 것으로 업무방해죄가 성립한다.[75)]

ⓘⓘ 방해의 방법 본죄는 방해의 수단에 위력이 추가되고 있다는 점에서 허위사실의 유포와 위계만을 그 방법으로 하고 있는 신용훼손죄와 구별되고 있다. 허위의 사실의 유포와 위계는 신용훼손죄에 있어서의 그것과 동일하다.

ⅰ. 허위사실의 유포 허위사실(虛僞事實)이란 객관적으로 진실과 부합하지 않는 사실을 말한다.[76)] 허위사실은 기본적 사실이 허위여야만 하는 것은 아니고, 기본적 사실은 허위

70) 대법원 1970.8.31. 선고 70도1384 판결.

71) 대법원 2020.4.9. 선고 2017도9459 판결; 대법원 2018.7.24. 선고 2015도12094 판결; 대법원 2018.5.15. 선고 2017도19499 판결; 대법원 2013.11.28. 선고 2013도5814 판결; 대법원 2013.11.28. 선고 2013도5117 판결; 대법원 2013.11.28. 선고 2013도4178 판결; 대법원 2010.3.25. 선고 2009도8506 판결; 대법원 2009.9.10. 선고 2009도4772 판결; 대법원 2008.1.17. 선고 2006도1721 판결; 대법원 2006.12.21. 선고 2006도4487 판결; 대법원 2002.10.25. 선고 2000도5669 판결.

72) 대법원 2013.1.31. 선고 2012도3475 판결; 대법원 2012.5.24. 선고 2009도4141 판결; 대법원 2010.4.8. 선고 2007도6754 판결; 대법원 2007.6.14. 선고 2007도2178 판결; 대법원 2005.4.15. 선고 2004도8701 판결; 대법원 2003.11.13. 선고 2003도687 판결; 대법원 2002.3.29. 선고 2000도3231 판결; 대법원 1999.5.14. 선고 98도3767 판결; 대법원 1995.10.12. 선고 95도1589 판결; 대법원 1992.2.11. 선고 91도1834 판결.

73) 대법원 2017.12.22. 선고 2017도13211 판결; 대법원 2006.4.28. 선고 2003도80 판결.

74) 대법원 2002.3.29. 선고 2000도3231 판결.

75) 대법원 1999.5.14. 선고 98도3767 판결.

76) 대법원 2017.4.13. 선고 2016도19159 판결; 대법원 2011.9.2. 선고 2010도17237 판결; 대법원 2008.11.27.

가 아니라도 이에 허위사실을 상당 정도 부가시킴으로써 타인의 업무를 방해할 위험이 있는 경우도 포함된다.[77] 그러나 그 내용의 전체 취지를 살펴볼 때 중요한 부분은 객관적 사실과 합치되는데 단지 세부적인 사실에 약간 차이가 있거나 다소 과장된 정도에 불과하여 타인의 업무를 방해할 위험이 없는 경우는 이에 해당하지 않는다.[78] 단순한 의견이나 가치판단을 표시하는 것은 이에 해당하지 아니한다.[79]

유포(流布)란 불특정 다수인에게 전파시키는 것을 말한다.[80] 유포한 대상이 사실인지 또는 의견인지를 구별할 때는 언어의 통상적 의미와 용법, 증명가능성, 문제된 말이 사용된 문맥, 당시의 사회적 상황 등 전체적 정황을 고려하여 판단하여야 한다.[81] 유포한 대상이 사실과 의견 가운데 어느 것에 속하는지 판단할 때는 언어의 통상적 의미와 용법, 증명가능성, 문제된 말이 사용된 문맥, 당시의 사회적 상황 등 전체적 정황을 고려해서 판단해야 한다.[82] 의견표현과 사실 적시가 혼재되어 있는 경우에는 이를 전체적으로 보아 허위사실을 유포하여 업무를 방해한 것인지 등을 판단해야지, 의견표현과 사실 적시 부분을 분리하여 별개로 범죄의 성립 여부를 판단해서는 안 된다.[83] 반드시 기본적 사실이 거짓이어야 하는 것은 아니고 비록 기본적 사실은 진실이더라도 이에 거짓이 덧붙여져 타인의 업무를 방해할 위험이 있는 경우도 업무방해에 해당한다.[84] 그러나 그 내용 전체의 취지를 살펴볼 때 중요한 부분이 객관적 사실과 합치되고 단지 세부적으로 약간의 차이가 있거나 다소 과장된 표현이 있는 정도에 지나지 않아 타인의 업무를 방해할 위험이 없는 경우는 이에 해당하지 않는다.[85] 허위사실의 유포를 긍정한 판례의 구체적 내용은 다음과 같다. 즉,

> 소비자보호원의 발표내용을 임의로 과장 · 왜곡하고 발표에 들어 있지 아니한 내용을 삽입하는 등의 방법으로 그 광고를 보는 불특정다수인에게 소비자보호원의 발표내용을 본래의 의미나 내용과 전혀 다른 의미나 내용으로 이해되도록 한 것으로서, 피고인이 한국소비자보호원을 비방할 목적으로 출판물에 의하여 공연히 허위의 사실을 적시 · 유포하여 한국소비자보호원의 명예를 훼손하고 업무를 방해한 것이라고 본 원심의 판단도 정당한 것으로 수긍이 되고, 원심판결에 소론과 같이 이유를 제대로 갖추지 못하거나 이유가 모순되는 위법이 있다고 볼 수도 없으므로, 논지는 모두 이유가 없다.[86] 피고인의 구속 형사사건의 변호인으로 선임된 변호사가 피고인에게 무죄판결을 받아주겠다고 약속한 일이 없고 피고인이 범죄사실을 자백하여 유죄의 선고를 받고 확정되었는데

선고 2008도6728 판결; 대법원 1998.3.24. 선고 97도2956 판결; 대법원 1994.1.28. 선고 93도1278 판결.

77) 대법원 2017.4.13. 선고 2016도19159 판결; 대법원 2006.9.8. 선고 2006도1580 판결.

78) 대법원 2017.4.13. 선고 2016도19159 판결; 대법원 2006.9.8. 선고 2006도1580 판결.

79) 대법원 2021.9.30. 선고 2021도6634 판결; 대법원 2017.4.13. 선고 2016도19159 판결; 대법원 2011.9.2. 선고 2010도17237 판결; 대법원 1998.3.24. 선고 97도2956 판결.

80) 대법원 2008.11.27. 선고 2008도6728 판결; 대법원 1994.1.28. 선고 93도1278 판결.

81) 대법원 2017.4.13. 선고 2016도19159 판결; 대법원 2011.9.2. 선고 2010도17237 판결; 대법원 1998.3.24. 선고 97도2956 판결.

82) 대법원 2021.9.30. 선고 2021도6634 판결; 대법원 2017.4.13. 선고 2016도19159 판결; 대법원 1998.3.24. 선고 97도2956 판결.

83) 대법원 2021.9.30. 선고 2021도6634 판결; 대법원 2005.6.10. 선고 2005도89 판결.

84) 대법원 2021.9.30. 선고 2021도6634 판결; 대법원 2006.9.8. 선고 2006도1580 판결.

85) 대법원 2021.9.30. 선고 2021도6634 판결; 대법원 2006.9.8. 선고 2006도1580 판결.

86) 대법원 1993.4.13. 선고 92도3035 판결.

도, 피고인이 사람의 통행이 빈번한 변호사 사무실 앞에서 등에 붉은색 페인트로 "무죄라고 약속하고 이백만원에 선임했다. 사건담당변호사"라는 등을 기재한 흰까운을 입고 주변을 배회하는 등 하였다면 이는 공연히 허위의 사실을 적시하여 유포함으로써 변호사로서의 업무의 경영을 저해하는 경우에 해당하므로 업무방해죄를 구성한다.[87)]

허위사실의 유포를 긍정한 판례의 구체적 내용은 다음과 같다. 즉,

이 사건 서비스표의 서비스표권자인 **랜드의 대표이사 공소외 1이 이 사건 서비스표의 전용사용권자가 아니므로 비록 피고인이 그 각 유인물을 배포할 당시에는 공소외 1과 공소외 2 사이에서 아직 상고심 소송계속중이었다고 하더라도 피고인이 이 사건 서비스표의 전용사용권이 공소외 1에게 없다고 한 것을 두고 객관적으로 허위인 사실을 유포한 것이라고 볼 수 없다. 다만 공소외 2에게 전용사용권이 설정되어 있는 상황에서 피고인이 그 전용사용권이 공소외 1에게 없다는 사실만 유포한 데서 더 나아가 그 전용사용권이 "공소외 2로부터 공소외 5에게 위임·귀속되었다"거나 "공소외 1이 자칭 본사라며 행한 행위(**랜드점계약, 로얄티수령, 내용증명발송 등)는 법에 규정된 권한이 부여되지 않은 무효의 행위이자 범법행위일 뿐이다"는 등의 사실을 유포하기는 하였으나, 우선 그 표현을 두고 보면 공소외 2에게 서비스표전용사용권이 있는 것을 전제로 공소외 5에게 그 권리 행사가 위임되었다는 취지이거나 공소외 1에게 상표전용권이 없다는 점을 부연하는 취지에 불과하여, 설령 공소외 2가 공소외 5에게 그 권리 행사를 위임하는 등의 사실이 없었는데도 피고인이 위와 같은 사실을 유포하였다고 하여 이로써 전용사용권이 없는 공소외 1이 대표이사로 있는 **랜드의 이 사건 서비스표권 행사 등에 관한 업무를 방해할 위험이 있었다거나 허위의 사실을 유포한 것으로는 볼 수 없다. 그 밖에 그 공소사실에 기재된 다른 사실 유포 부분에 피고인이 허위 사실을 유포하여 **랜드의 업무를 방해하였다고 볼 만한 내용도 없다.[88)]

ii. 위 계 위계(僞計)라 함은 행위자가 행위의 목적을 달성하기 위하여 상대방에게 오인·착각 또는 부지를 일으키게 하여 이를 이용하는 것을 말한다.[89)] 위계를 사용하는 상대방과 업무를 방해하는 자는 반드시 동일인일 것을 요하지 않는다. 이 점에서 처분행위자와 착오에 빠진 자가 동일인일 것을 요하는 사기죄와 구별된다. 허위사실의 유포도 위계의 일종이라는 관점에서 보는 한 당연하다. 컴퓨터 등 정보처리장치에 정보를 입력하는 등의 행위가 그 입력된 정보 등을 바탕으로 업무를 담당하는 사람의 오인, 착각 또는 부지를 일으킬 목적으로 행해진 경우에는 그 행위가 업무를 담당하는 사람을 직접적인 대상으로 이루어

87) 대법원 1991.8.27. 선고 91도1344 판결.

88) 대법원 2006.9.8. 선고 2006도1580 판결.

89) 대법원 2021.3.11. 선고 2016도14415 판결; 대법원 2020.11.12. 선고 2017도7236 판결; 대법원 2020.4.9. 선고 2017도9459 판결; 대법원 2018.7.24. 선고 2015도12094 판결; 대법원 2018.5.15. 선고 2017도19499 판결; 대법원 2017.5.30. 선고 2016도18858 판결; 대법원 2017.2.21. 선고 2016도15144 판결; 대법원 2014.12.24. 선고 2013도8734 판결; 대법원 2013.11.28. 선고 2013도5814 판결; 대법원 2013.11.28. 선고 2013도5117 판결; 대법원 2013.11.28. 선고 2013도4178 판결; 대법원 2013.1.24. 선고 2012도10629 판결; 대법원 2010.3.25. 선고 2009도8506 판결; 대법원 2009.9.10. 선고 2009도4772 판결; 대법원 2009.4.23. 선고 2007도9924 판결; 대법원 2008.6.26. 선고 2008도2537 판결; 대법원 2008.5.29. 선고 2007도5037 판결; 대법원 2008.1.17. 선고 2006도1721 판결; 대법원 2007.12.27. 선고 2005도6404 판결; 대법원 2007.6.29. 선고 2006도3839 판결; 대법원 2007.6.14. 선고 2007도2178 판결; 대법원 2006.12.21. 선고 2006도4487 판결; 대법원 2005.3.25. 선고 2003도5004 판결; 대법원 2002.10.25. 선고 2000도5669 판결; 대법원 1992.6.9. 선고 91도2221 판결.

진 것이 아니라고 하여 위계가 아니라고 할 수는 없다.[90]

상대방으로부터 신청을 받아 상대방이 일정한 자격요건 등을 갖춘 경우에 한하여 그에 대한 수용 여부를 결정하는 업무에 있어서는 신청서에 기재된 사유가 사실과 부합하지 않을 수 있음을 전제로 그 자격요건 등을 심사 · 판단하는 것이므로, 그 업무담당자가 사실을 충분히 확인하지 아니한 채 신청인이 제출한 허위의 신청사유나 허위의 소명자료를 가볍게 믿고 이를 수용하였다면, 이는 업무담당자의 불충분한 심사에 기인한 것으로서 신청인의 위계가 업무방해의 위험성을 발생시켰다고 할 수 없어 위계에 의한 업무방해죄를 구성하지 않는다.[91] 그러나 신청인이 업무담당자에게 허위의 주장을 하면서 이에 부합하는 허위의 소명자료를 첨부하여 제출한 경우 그 수리 여부를 결정하는 업무담당자가 관계 규정이 정한 바에 따라 그 요건의 존부에 관하여 나름대로 충분히 심사를 하였음에도 신청사유 및 소명자료가 허위임을 발견하지 못하여 그 신청을 수리하게 될 정도에 이르렀다면, 이는 업무담당자의 불충분한 심사가 아니라 신청인의 위계행위에 의하여 업무방해의 위험성이 발생한 것이어서 위계에 의한 업무방해죄가 성립한다.[92]

위계를 긍정한 판례의 구체적 내용은 다음과 같다. 즉,

> 피고인 甲, 乙이 공모하여, 피고인 甲은 丙 고등학교의 학생 丁이 약 10개월 동안 총 84시간의 봉사활동을 한 것처럼 허위로 기재된 봉사활동확인서를 발급받아 피고인 乙에게 교부하고, 피고인 乙은 이를 丁의 담임교사를 통하여 丙 학교에 제출하여 丁으로 하여금 2010년도 학교장 명의의 봉사상을 수상하도록 하는 방법으로 위계로써 학교장의 봉사상 심사 및 선정 업무를 방해하였다는 내용으로 기소된 사안에서, 관련 법령에 의하면 학교의 장은 학생지도 및 상급학교의 학생 선발에 활용할 수 있는 인적사항, 학적사항, 출결사항 등 학교생활기록을 작성 · 관리하도록 규정하고 있는데, 봉사활동 및 봉사상 수상경력은 이러한 학교생활기록 사항에 포함되는 점, 丙 학교는 학생들이 제출하는 봉사활동확인서에 따라 학교생활기록부에 봉사활동내역 및 시간 등을 기재한 후 학년도 말에 학교생활기록부의 연간 봉사실적 누계시간이 80시간 이상인 학생을 특별활동부에 추천하고, 특별활동부에서 이를 취합한 후 공적심사위원회를 통하여 봉사활동시간의 적정성에 관한 자료를 검토 · 심의하고 학교장의 결재를 거쳐 봉사상 수상자를 선정하도록 정하고 있는 점, 피고인 乙이 제출한 봉사활동확인서는 교내가 아닌 학교 외에서 이루어진 봉사활동에 관한 것이고, 주관기관이 그 명의로 발급하였으며, 위 확인서 자체로 명백한 모순 · 오류가 있다거나 丙 학교 담당교사들 또는 학교장 등이 위 확인서에서 그 내용이 허위임을 인식하였거나 인식할 수 있었다고 볼 사정도 발견되지 않는 점, 학교장은 피고인 乙이 제출한 봉사활동확인서에 기재된 대로 丁이 봉사활동을 한 것으로 오인 · 착각하여 丁을 봉사상 수상자로 선정하였으므로, 피고인들의 허위 봉사활동확인서 제출로써 학교장의 봉사상 심사 및 선정 업무 방해의 결과를 초래할 위험이 발생한 점,

---

90) 대법원 2013.11.28. 선고 2013도5814 판결; 대법원 2013.11.28. 선고 2013도5117 판결; 대법원 2013.11.28. 선고 2013도4178 판결.

91) 대법원 2020.9.24. 선고 2017도19283 판결; 대법원 2010.3.25. 선고 2008도4228 판결; 대법원 2008.6.26. 선고 2008도2537 판결; 대법원 2007.12.27. 선고 2007도5030 판결; 대법원 2004.3.26. 선고 2003도7927 판결; 대법원 2002. 9. 10. 선고 2002도2131 판결.

92) 대법원 2020.9.24. 선고 2017도19283 판결; 대법원 2010.3.25. 선고 2008도4228 판결; 대법원 2007.12.27. 선고 2007도5030 판결; 대법원 2004.3.26. 선고 2003도7927 판결; 대법원 2002.9.10. 선고 2002도2131 판결.

丙 학교의 봉사상 심사 및 선정 업무는 봉사활동확인서의 내용이 사실과 부합하지 않을 수 있음을 전제로 봉사상 수상의 자격요건 등을 심사 · 판단하는 업무라고 볼 수 없는 점 등의 사정을 종합하면, 이와 다른 전제에서 丁의 봉사상 수상자 선정은 丙 학교 업무담당자의 불충분한 심사에 기인한 것으로서 피고인들의 위계가 업무방해의 위험성을 발생시켰다고 할 수 없다고 보아 피고인들에게 무죄를 선고한 원심의 판단에 업무방해죄의 성립에 관한 법리오해의 위법이 있다고 한 사례이다.[93] 비록 피고인들이 성별이나 연령을 허위로 입력한 상대방은 ACS시스템인 사실을 인정할 수 있지만, 한편 위 피고인들이 단순히 ACS시스템에 허위의 응답을 입력한 행위만 한 것이 아니라, **을 선거구 지역에 거주하지 아니하여 여론조사에 응답할 자격이 없거나 중복응답이 되어 여론조사를 왜곡할 위험이 있다는 사정을 알면서도 여론조사에 참여하기 위하여 미리 자신의 휴대전화를 착신전환해 둔 사실, ACS 전화가 걸려오자 고의로 허위의 응답을 입력함으로써 공소외 1 후보의 지지율을 높이는 방법으로 경선관리위원회와 공소외 2 주식회사의 공정한 여론조사를 통한 후보자 경선관리업무에 위험을 초래한 사실도 인정할 수 있으므로, 피고인들의 위와 같은 일련의 행위는 단순히 정보처리장치를 부정 조작한 수준을 넘어 사람에 의하여 이루어지는 여론조사를 통한 경선관리업무를 위계로 방해하였다고 평가할 여지가 충분하여(ACS시스템에 대한 허위 입력은 전체적인 위계의 행위태양 중 일부분일 뿐만 아니라 경선을 통한 후보자 확정과정에서 부분적 도구에 불과함) 형법 제314조 제1항에 규정된 업무방해죄에 해당한다고 판단하였다.[94] 갑 정당의 제19대 국회의원 비례대표 후보자 추천을 위한 당내 경선과정에서 피고인들이 선거권자들로부터 인증번호만을 전달받은 뒤 그들 명의로 특정 후보자에게 전자투표를 함으로써 위계로써 갑 정당의 경선관리 업무를 방해하였다는 내용으로 기소된 사안에서, 국회의원 비례대표 후보자 명단을 확정하기 위한 당내 경선은 정당의 대표자나 대의원을 선출하는 절차와 달리 국회의원 당선으로 연결될 수 있는 중요한 절차로서 직접투표의 원칙이 그러한 경선절차의 민주성을 확보하기 위한 최소한의 기준이 된다고 할 수 있는 점 등 제반 사정을 종합할 때, 당내 경선에도 직접 · 평등 · 비밀투표 등 일반적인 선거원칙이 그대로 적용되고 대리투표는 허용되지 않는다는 이유로 피고인들에게 유죄를 인정한 사례이다.[95] 공소외 1 저축은행의 영업정지가 임박해 있던 상황에서 피고인 5가 공소외 1 저축은행 3층 사무실에서 근무하고 있던 금융감독원 파견감독관에게 알리지 아니한 채 영업마감 후에 전화로 특정 고액 예금채권자들에게 영업정지 예정사실을 알려주어 이들로 하여금 공소외 1 저축은행을 방문하여 예금을 인출하도록 한 사실을 인정한 다음, 피고인 5가 위 영업정지 예정사실 통지에 관한 파견감독관의 부지를 이용하여 위 예금채권자들로 하여금 예금을 인출하도록 한 것은 업무방해죄에 있어서의 위계에 해당한다.[96] 피고인 1이 **주식회사로부터 △△지역에 대한 농기계 위탁판매권한을 취득한 피해자로부터 2007.4.경 △△시 ▽▽면 지역에 한하여 **의 농기계를 판매하도록 승낙을 받았다가 적어도 2008.6.경 이전에는 다시 피해자로부터 △△지역에서 **의 농기계를 판매하지 말도록 요구받았음에도, 피고인 2와 공모하여 '**농산물(고추) 전기건조기, 공장직영-◁◁, △△, ▷▷ 판매담당'이라고 기재된 스티커 광고를 전봇대 등지에 붙이는 등 마치 △△지역에서 **의 농기계를 판매할 수 있는 권한이 있는 것처럼 광고하여 2008.7.경 △△지역에서 **의 농기계 약 10대를 판매함으로써 위계로써 피해자의 업무를 방해하고, 피해자의 영업임을 표시하는 표시와 동일하거나 유사한 것을 사용하여 피해자의 영업상의 시설 또는

93) 대법원 2020.9.24. 선고 2017도19283 판결.
94) 대법원 2013.11.28. 선고 2013도5814 판결.
95) 대법원 2013.11.28. 선고 2013도5117 판결.
96) 대법원 2013.1.24. 선고 2012도10629 판결.

활동과 혼동하게 하는 부정경쟁행위를 하였다고 판단하였다.[97] 수산업협동조합의 신규직원 채용에 응시한 갑과 을이 필기시험에서 합격선에 못 미치는 점수를 받게 되자, 채점업무 담당자들이 조합장인 피고인의 지시에 따라 점수조작행위를 통하여 이들을 필기시험에 합격시킴으로써 필기시험 합격자를 대상으로 하는 면접시험에 응시할 수 있도록 한 사안에서, 위 점수조작행위에 공모 또는 양해하였다고 볼 수 없는 일부 면접위원들이 조합의 신규직원 채용업무로서 수행한 면접업무는 위 점수조작행위에 의하여 방해되었다고 보아야 함에도, 이와 달리 무죄로 판단한 원심판결에 위계에 의한 업무방해죄의 법리를 오해한 위법이 있다고 한 사례이다.[98] 특정 회사가 제공하는 게임사이트에서 정상적인 포커게임을 하고 있는 것처럼 가장하면서 통상적인 업무처리 과정에서 적발해 내기 어려운 사설 프로그램 ('한도우미 프로그램')을 이용하여 약관상 양도가 금지되는 포커머니를 약속된 상대방에게 이전해 준 사안에서, 이는 구 정보통신망 이용촉진 및 정보보호 등에 관한 법률(2008.6.13. 법률 제9119호로 개정되기 전의 것) 제48조 제2항에서 정한 '악성프로그램'이나 형법 제314조 제2항에 정한 '부정한 명령의 입력'에 해당하지는 않지만, 회사의 정상적인 게임사이트 운영 업무를 방해한 것이므로 위계에 의한 업무방해죄를 구성한다.[99] 다른 사람이 작성한 논문을 피고인 단독 혹은 공동으로 작성한 논문인 것처럼 학술지에 제출하여 발표한 논문연구실적을 부교수 승진심사 서류에 포함하여 제출한 사안에서, 당해 논문을 제외한 다른 논문만으로도 부교수 승진 요건을 월등히 충족하고 있었다는 등의 사정만으로는 승진심사 업무의 적정성이나 공정성을 해할 위험성이 없었다고 단정할 수 없으므로, 위계에 의한 업무방해죄를 구성한다.[100] 한국자산관리공사가 공적자금을 회수하기 위하여 공적자금 투입업체의 출자전환주식을 매각하기로 하고 그 매각업무의 주간사를 선정하는 과정에서 우선 공사 내부구성원들이 1차 선정위원회를 구성하여 후보기관을 심사 · 선정하면서, 위 선정위원회가 준수해야 하는 매각심사소위원회의 평가표에 따를 경우 갑업체의 제안서 심사결과가 경쟁상대인 을업체보다 불리하다고 판단되자, 위 평가표의 평가항목별 배점을 갑업체에 유리하게 수정하여 갑업체를 1순위로, 을업체를 2순위로 선정한 다음, 이러한 사실을 고지하지 않은 채 별도의 민간전문가가 참여한 2차 선정위원회에 위 심사결과와 수정된 평가표를 제출하여 평가절차를 진행하게 한 경우, 위 평가표의 임의 수정 및 제출행위는 위계에 해당하고 이로 인하여 위 2차 선정위원회의 민간전문가가 매각 주간사를 선정하는 업무의 적정성 내지 공정성을 해할 위험이 발생하였으므로 위계에 의한 업무방해죄가 성립한다고 한 사례이다.[101] 대한주택공사가 시행하는 택지개발사업의 공동택지용지 수의공급업무와 관련하여 택지개발예정지구 지정공고일 이후에 대상토지를 매수하여 관련 규정상 신청자격이 없는 자가, 계약일자를 위 공고일 이전으로 허위기재한 매매계약서를 기초로 소유권이전등기를 마친 후 그 등기부등본과 계약일자를 허위로 기재한 소유토지조서를 첨부하여 수의공급신청을 한 경우, 위 공사의 택지공급업무의 적정성과 공정성을 해할 위험을 초래한 것에 해당하여 위계에 의한 업무방해죄를 구성한다고 한 사례이다.[102] 이 사건에서 하도급업체 또는 납품업체의 선정 업무, 감리원 채용의 업무, 그리고 인사관리의 업무는 모두 부수적이고 일회적인 것이라고 해도 본래의 업무수행의 일환으로 행하여지는 사무로서 형법 제314조 제1항이 규정하는 업무에 해당되고, 한편 피고인 1이 벽돌납품업체를 선정함에

97) 대법원 2011.7.14. 선고 2011도3782 판결.
98) 대법원 2010.3.25. 선고 2009도8506 판결.
99) 대법원 2009.10.15. 선고 2007도9334 판결.
100) 대법원 2009.9.10. 선고 2009도4772 판결.
101) 대법원 2008.1.17. 선고 2006도1721 판결.
102) 대법원 2007.12.27. 선고 2007도5030 판결.

있어 미리 공소외 1이 운영하는 (상호 일부 생략)연와의 조적번호를 전달받았음에도 공평하게 평가하는 척하면서 (상호 일부 생략)연와의 적벽돌을 지목하여 추천한 행위는 발주처의 단순한 의견제시가 아닌 위계에 의한 업무방해에 해당되며, 또한 피고인 1이 공사감독자로서의 사회적 지위와 권세에 의한 압박을 통하여 자신이 추천하는 하도급업체, 납품업체 또는 감리원을 선정하게 하거나 현장소장을 교체하도록 한 것은 위력에 의한 업무방해에 해당한다고 할 것이다.[103] 일반적으로 석사학위논문 정도의 학술적 저작물을 작성함에 있어서는 논문작성 과정에서 타인으로부터 외국서적의 번역이나 자료의 통계처리 등 단순하고 기술적인 조력을 받는 것은 허용된다고 보아야 할 것이나, 그 작성자로서는 학위논문의 작성을 통하여 논문의 체제나 분류방법 등 논문 작성방법을 배우고, 지도교수가 중점적으로 지도하여 정립한 논문의 틀에 따라 필요한 문헌이나 자료를 수집하여 분석, 정리한 다음 이를 논문의 내용으로 완성하는 것이 가장 중요한 일이라 할 것이므로, 비록 논문작성자가 지도교수의 지도에 따라 논문의 제목, 주제, 목차 등을 직접 작성하였다고 하더라도 자료를 분석, 정리하여 논문의 내용을 완성하는 일의 대부분을 타인에게 의존하였다면 그 논문은 논문작성자가 주체적으로 작성한 논문이 아니라 타인에 의하여 대작된 것이라고 보아야 할 것이다. 그런데 피고인 2와 피고인 3은 위에서 본 바와 같이, 단순히 통계처리와 분석, 또는 외국자료의 번역과 타자만을 타인에게 의뢰하였다는 원심 인정사실과는 달리 전체 논문의 초안작성을 의뢰하고, 그에 따라 작성된 논문의 내용에 약간의 수정만을 가하여 제출하였음이 인정되므로 이 사건 학위논문의 작성자는 위 피고인들이 아니라 오히려 피고인 1 및 위 1심 공동피고인 2라고 보아야 할 것이다.[104] 한국도로공사가 공소외 금성산전주식회사의 고속도로 통행요금징수 기계화 시스템의 성능에 대한 2차현장평가를 하게 되었는데, 위 금성산전주식회사와는 반대의 이해관계를 가진 공소외 삼성전자주식회사의 직원들인 피고인들이 위 설비가 차량판별시 타이어의 접지면을 고려하고 있어 타이어의 접지면이 통상 예정했던 경우와 달라지면 그 차량판별에 오차가 발생하는 등의 문제점이 있음을 알아내어, 위 설비의 차량판별에 있어서의 문제점을 부각시키기 위하여, 한국도로공사에 알리지 아니한 채, 인위적으로 각종 소형화물차 16대의 타이어 공기압을 낮추어 접지면을 증가시킨 후 위 설비가 설치되어 있는 동서울톨게이트 하행선 우측 2번 라인을 통과하도록 하였다면, 이와 같은 피고인들의 행위는 위계를 사용하여 한국도로공사의 현장시험업무에 지장을 줄 위험을 발생케 한 것으로서, 이에 의하여 실지로 업무방해의 결과가 발생하였는지 여부에 상관없이 업무방해죄를 구성함에 충분하다.[105] 학부모들이 대학교 교무처장 등에게 자녀들의 부정입학을 청탁하면서 그 대가로 대학교측에 기부금명목의 금품을 제공하고 이에 따라 교무처장 등이 그들의 실제 입학시험성적을 임의로 고쳐 그 석차가 모집정원의 범위 내에 들도록 사정부를 허위로 작성한 다음 이를 그 정을 모르는 입학사정위원들에게 제출하여 그들로 하여금 그 사정부에 따라 입학사정을 하게 함으로써 자녀들을 합격자로 사정처리 하게 한 것은 위계로써 입학사정위원들의 사정업무를 방해한 것이다.[106] 채점절차가 실질적으로 완료되어 채점위원이라고 하더라도 채점상의 착오를 바로잡기 위한 것이 아닌 한 더 이상 채점결과를 변경할 수 없는 단계에서 일부 응시생들을 합격시킬 목적만으로 채점결과를 변경한 행위는 채점행위의 범위를 벗어난 것으로 채점을 담당한 교수의 권한에 속하는 것이 아님이 분명하고, 따라서 위와 같은 행위는 결국 아무 권한도 없이 이미 확정된 채점결과를 임의로 변경하여 대학원위원회의 합격자사정업무를 위계로

---

103) 대법원 2007.6.14. 선고 2007도2178 판결.

104) 대법원 1996.7.30. 선고 94도2708 판결.

105) 대법원 1994.6.14. 선고 93도288 판결; 대법원 1992.11.10. 선고 92도1315 판결.

106) 대법원 1994.3.11. 선고 93도2305 판결; 대법원 1993.5.11. 선고 92도255 판결.

써 방해한 것에 해당한다.[107] 대학교 총장이 신입생을 추가로 모집함에 있어 기부금을 낸 학부모나 교직원 자녀들의 성적 또는 지망학과를 고쳐 석차가 추가로 모집하는 인원의 범위 내에 들도록 사정부를 허위로 작성한 다음 그 정을 모르는 입학사정위원들에게 제출하여 허위로 작성된 사정부에 따라 입학사정을 하게 함으로써 위 자녀들을 합격자로 사정하게 하였다면 이는 위계로써 입학사정업무를 방해하였다고 할 것이다.[108] 회사가 공원모집을 함에 있어 학력, 경력을 기재한 이력서와 주민등록등본, 생활기록부 및 각서 등 서류를 교부받고, 응모자를 상대로 문제를 출제하여 시험을 보게 한 것은 단순히 응모자의 노동력을 평가하기 위한 것만이 아니라 노사간의 신뢰 형성 및 기업질서 유지를 위한 응모자의 지능과 경험, 교육 정도, 정직성 및 직장에 대한 적응도 등을 감안하여 위 회사의 근로자로서 고용할 만한 적격자인지 여부를 결정하기 위한 자료를 얻기 위함인 것으로 인정되는데 피고인이 노동운동을 하기 위하여 노동현장에 취업하고자 하나, 자신이 대학교에 입학한 학력과 국가보안법위반죄의 처벌 전력 때문에 쉽사리 입사할 수 없음을 알고, 타인 명의로 허위의 학력과 경력을 기재한 이력서를 작성하고, 동인의 고등학교 생활기록부 등 서류를 작성 제출하여 시험에 합격하였다면, 피고인은 위계에 의하여 위 회사의 근로자로서의 적격자를 채용하는 업무를 방해하였음이 분명하다고 할 것이다.[109] 여러 곳에 공장을 둔 회사의 노동조합 중앙집행위원회에서 회사 사정상 이전에 예정되었던 공장별 체육대회를 취소하되, 당일을 유급휴일로 할 것인지의 여부는 단체협약에 관한 사항으로서 노사협의를 거쳐 최종 결정하기로 하였는데, 그 후 당일을 유급 휴일로 할 것인지에 관하여 노사협의가 없었고, 오히려 위 회사와 위 회사 노동조합에서는 위 당일에 정상 근무를 하도록 통보하였음에도 불구하고, 위 회사 인천공장 근로자들로서 위 회사 노동조합 인천지부 지부장, 부지부장, 사무장, 또는 대의원들이 공동하여 체육대회 전날 위 회사 인천공장에서 위 회사 노동조합 인천지부 대의원회를 개최하여 일방적으로 체육대회 날을 휴무로 결정한 후, 같은 취지의 유인물을 참석 대의원들에게 배포하여 위 회사 인천공장 소속 근로자들로 하여금 당일을 유급휴일로 오인하여 출근하지 않도록 함으로써 위 회사 인천공장의 정상 가동을 불능케 하였다면, 이는 위계에 의한 업무방해죄를 구성한다고 보아야 할 것이다.[110] 교수인 피고인 갑이 출제교수들로부터 대학원신입생전형시험문제를 제출받아 피고인 을, 병에게 그 시험문제를 알려주자 그들이 답안쪽지를 작성한 다음 이를 답안지에 그대로 베껴써서 그 정을 모르는 시험감독관에게 제출한 경우, 위계로써 입시감독업무를 방해한 것이므로 업무방해죄에 해당한다.[111]

위계를 부정한 판례의 구체적 내용은 다음과 같다. 즉,

피고인은 2011.2.28.경부터 2013. 8. 6.경까지 피해 회사의 대표이사 또는 사내이사로 재직하였다. 피해 회사는 피고인이 사내이사 자리에서 물러난 이후인 2013.11.경 (상호 생략)라는 상호로 영업하는 공소외 1에게 의뢰하여 피해 회사의 기업 이미지 통합화 작업 및 브랜드 이미지 통합화 작업을 진행하였다. 피고인은 2014.7.4.경부터 2014.10.29.경까지 특허청에 이 사건 서비스표를 출원하였는데, 당시 피고인과 피해 회사 및 피해 회사의 전 대표이사인 공소외 2 사이에 민사소송이 진행 중이었다. 위 인정 사실과 사정을 앞서 본 법리에 비추어 살펴보면, 피고인이 피해 회사가

---

107) 대법원 1993.12.28. 선고 93도2669 판결.
108) 대법원 1993.5.11. 선고 92도255 판결.
109) 대법원 1992.6.9. 선고 91도2221 판결.
110) 대법원 1992.3.31. 선고 92도58 판결.
111) 대법원 1991.11.12. 선고 91도2211 판결.

사용 중인 서비스표를 피해 회사보다 시간적으로 먼저 등록출원을 하였다거나 피해 회사가 사용 중인 서비스표의 제작에 실제로는 관여하지 않았으면서도 서비스표 등록출원을 하였다는 등의 사정만으로는 피해 회사에 대한 위계에 해당한다고 단정하기 어렵다. 나아가 피고인의 경력, 이 사건 서비스표의 지정서비스업의 내용 등에 비추어 보면, 피고인이 국내에서 사용하려는 의사 없이 이 사건 서비스표를 출원하였다고 단정하기 어렵고, 피고인이 특허청 심사관의 거절이유통지나 제3자의 이의신청에 대한 답변을 하는 과정에서 허위의 서류를 제출하는 등 적극적인 기망행위를 하였다는 등의 사정이 인정되지 않는 한 특허청 심사관에게 오인 · 착각 또는 부지를 일으킨 뒤 이를 이용하였다고 볼 수도 없다. 그런데도 원심은 그 판시와 같은 이유만으로 이 부분 공소사실을 유죄로 인정하였다. 이러한 원심판결에는 업무방해죄에서의 '위계'에 관한 법리를 오해한 잘못이 있다.[112] 공소외 1 회사의 직원 채용 업무는 그 대표이사인 원심공동피고인 1에게 귀속되고 원심이 이 사건 업무방해죄의 피해자로 특정한 공소외 2는 공소외 1 회사의 직원 채용에 면접위원으로 참가하였을 뿐이므로, 공소외 2의 업무는 원심이 판시한 '공정하고 객관적인 직원 채용에 관한 업무'가 아니라 공소외 1 회사의 직원 채용을 위한 '면접업무'에 불과하다. 공소외 2는 응시자들에 대한 면접을 마치고 공소외 5에게 채점표를 작성하여 제출한 뒤 면접장소를 이탈함으로써 공소외 2의 면접업무는 종료되었다. 그 후 피고인은 영어로 면접한 응시생 중에서 영어 구사능력이 우수하다고 판단한 사람을 합격시키면 좋겠다는 취지로 남아 있던 다른 면접위원들을 설득한 것으로 보이고 남은 면접위원들이 피고인의 제안을 수용하여 최종합격자를 결정하였다. 이처럼 피고인이 최종합격자를 선정하는 데 영향력을 행사하였더라도 그러한 행위가 면접업무를 이미 마친 공소외 2에게 오인 · 착각 또는 부지를 일으켰다고 할 수 없다. 한편 직원 채용권한을 갖고 있는 공소외 1 회사의 대표이사 원심공동피고인 1은 이 사건 채용계획에 정해진 최종합격자 결정 방법과는 다르게 피고인이 적합하다고 판단한 응시자를 최종합격자로 채용하는 것을 양해하였던 것으로 보이므로, 피고인이 최종합격자를 선정하는 과정에서 원심공동피고인 1을 오인 또는 착각에 빠트렸다거나 원심공동피고인 1의 부지를 이용하였다고 보기 어렵다.[113] 피고인이 피해자 게임회사들이 제작한 모바일게임의 이용자들의 게임머니나 능력치를 높게 할 수 있는 변조된 게임프로그램을 해외 인터넷 사이트에서 다운로드받은 다음, 위와 같은 게임프로그램을 제공한다는 것을 나타내는 문구가 게임프로그램 실행 시 화면에 나올 수 있도록 게임프로그램을 변조한 후 자신이 직접 개설한 모바일 어플리케이션 공유사이트 게시판에 위와 같이 변조한 게임프로그램들을 게시 · 유포하여 위계로써 피해자 게임회사들의 정상적인 영업업무를 방해하였다는 내용으로 기소된 사안에서, 피고인이 어떠한 방법으로 변조된 게임프로그램을 실행하여 게임서버에 접속하였는지에 관하여 전혀 특정하지 아니한 채 변조된 게임프로그램을 게시 · 유포하였다는 사실만으로는 위계에 의한 업무방해죄가 성립하지 않는다고 한 사례이다.[114] 대학교 시간강사 임용과 관련하여 허위의 학력이 기재된 이력서만을 제출한 사안에서, 임용심사업무 담당자가 불충분한 심사로 인하여 허위 학력이 기재된 이력서를 믿은 것이므로 위계에 의한 업무방해죄를 구성하지 않는다고 한 사례이다.[115] 이 사건 공사의 신규직원 채용시험업무 담당자들인 공소외 1 등 공소외인들이 일반행정 6급시험 응시자인 공소외 2의 필기시험성적을 조작한 것과 전문계약직인 사서직 응시자 공소외 3을 면접대상자에 포함시킬 수 있도록 응시자격 요건을 변경한 것은 피고인의 부정한 지시에 따른 결과일

---

112) 대법원 2020.11.12. 선고 2017도7236 판결.

113) 대법원 2017.5.30. 선고 2016도18858 판결.

114) 대법원 2017.2.21. 선고 2016도15144 판결.

115) 대법원 2009.1.30. 선고 2008도6950 판결.

뿐이지 피고인의 행위에 의해 위 시험업무 담당자들이 오인·착각 또는 부지를 일으킨 결과가 아니고, 이와 같이 신규직원 채용권한을 갖고 있는 피고인 및 위 시험업무 담당자들이 모두 공모 내지 양해하에 위와 같은 부정한 행위를 하였다면 법인인 이 사건 공사에게 위 신규직원 채용업무와 관련하여 오인·착각 또는 부지를 일으키게 하였다고 볼 수는 없다.[116] 인터넷 자유게시판 등에 실제의 객관적인 사실을 게시하는 행위는, 설령 그로 인하여 피해자의 업무가 방해된다고 하더라도, 위 법조항 소정의 '위계'에 해당하지 않는다.[117] 시험의 출제위원이 객관적으로 보아 당해 출제교사가 출제할 것이라고 예측되는 순수한 예상문제를 선정하여 시험실시자에게 제출하기 전에 이를 수험생이나 그 교습자에게 유출하였다고 하더라도 이러한 행위 자체는 위계를 사용하여 시험실시자의 업무를 방해하는 행위가 아니라 그 준비단계에 불과한 것이고, 그 후 그와 같이 유출된 문제가 시험실시자에게 제출되지도 아니하였다면 그러한 문제유출로 인하여 시험실시 업무가 방해될 추상적인 위험조차도 있다고 할 수 없으므로 업무방해죄가 성립한다고 할 수 없다.[118] 소외 어장의 대표자였던 피고인이 어장측에 대한 허위의 채권을 주장하면서 후임대표자에게 그 인장을 인도하기를 거절함으로써 후임대표자가 만기도래한 어장소유의 수산업협동조합 예탁금을 인출하지 못하였고 어장소유 선박의 검사를 받지 못한 결과를 초래하였다 하여, 피고인의 위 허위주장을 가리켜 허위사실을 유포하거나 기타 위계로써 타인의 업무를 방해한 경우에 해당한다고는 할 수 없다.[119] 피고인이 그가 경영하던 공장을 공소외 (갑)에게 양도하면서 미수 외상대금 채권의 수금권을 포기하기로 약정하고도 이를 외상채무자들에게 고지하지 아니하고 외상대금을 수령하였다 하여 이로써 위계로 위 공소외인의 공장경영의무를 방해한 것이라 할 수 없다.[120]

iii. 위 력 위력(威力)이란 사람의 자유의사를 제압·혼란케 할 만한 일체의 세력을 말한다.[121] 신용훼손죄에는 규정되어 있지 않은 수단이다. 위력은 유형적이든 무형적이든 묻지 않는다.[122] 위력에는 폭력·협박은 물론 사회적·경제적·정치적 지위와 권세에 의한

---

116) 대법원 2007.12.27. 선고 2005도6404 판결.

117) 대법원 2007.6.29. 선고 2006도3839 판결.

118) 대법원 1999.12.10. 선고 99도3487 판결.

119) 대법원 1984.7.10. 선고 84도638 판결.

120) 대법원 1984.5.9. 선고 83도2270 판결.

121) 대법원 2021.10.28. 선고 2016도3986 판결; 대법원 2020.11.12. 선고 2016도8627 판결; 대법원 2018.5.15. 선고 2017도19499 판결; 대법원 2017.11.9. 선고 2017도12541 판결; 대법원 2016.10.27. 선고 2016도10956 판결; 대법원 2013.11.28. 선고 2013도4430 판결; 대법원 2013.5.23. 선고 2011도12440 판결; 대법원 2013.2.28. 선고 2011도16718 판결; 대법원 2012.5.24. 선고 2011도7943 판결; 대법원 2012.5.24. 선고 2009도4141 판결; 대법원 2011.10.27. 선고 2010도7733 판결; 대법원 2011.10.13. 선고 2009도5698 판결; 대법원 2011.3.17. 선고 2007도482 전원합의체 판결; 대법원 2010.11.25. 선고 2010도9186 판결; 대법원 2010.4.8. 선고 2007도6754 판결; 대법원 2009.9.10. 선고 2009도5732 판결; 대법원 2009.4.23. 선고 2007도9924 판결; 대법원 2009.1.30. 선고 2008도7124 판결; 대법원 2007.6.14. 선고 2007도2178 판결; 대법원 2005.5.27. 선고 2004도8447 판결; 대법원 2005.3.25. 선고 2003도5004 판결; 대법원 2005.3.25. 선고 2003도5004 판결; 대법원 2003.12.26. 선고 2001도1863 판결; 대법원 1999.5.28. 선고 99도495 판결; 대법원 1995.10.12. 선고 95도1589 판결; 대법원 1991.11.8. 선고 91도326 판결; 대법원 1990.7.10. 선고 90도755 판결; 대법원 1961.2.24. 선고 4293형상864 판결.

122) 대법원 2021.10.28. 선고 2016도3986 판결; 대법원 2020.11.12. 선고 2016도8627 판결; 대법원 2018.5.15. 선고 2017도19499 판결; 대법원 2017.11.9. 선고 2017도12541 판결; 대법원 2016.10.27. 선고 2016도10956 판결; 대법원 2013.11.28. 선고 2013도4430 판결; 대법원 2013.5.23. 선고 2011도12440 판결; 대법원 2012.5.24. 선고 2011도7943 판결; 대법원 2012.5.24. 선고 2009도4141 판결; 대법원 2011.10.13. 선고 2009도5698 판결; 대법원 2010.11.25. 선고 2010도9186 판결; 대법원 2010.4.8. 선고 2007도6754 판결; 대법원 2009.9.10. 선고 2009도5732 판결; 대법원 2009.4.23. 선고 2007도9924 판결; 대법원 2009.1.30. 선고 2008도

압박 등도 이에 포함된다.[123] 위력이라 함은 범인의 위세, 사람수 및 주위의 상황에 비추어 피해자의 자유의사를 제압하기에 족한 충분한 일체의 세력을 말한다.[124] 위력은 제3자를 통하여 간접적으로 행사하는 것도 포함될 수 있다.[125] 현실적으로 피해자의 자유의사가 제압되는 것을 필요로 하는 것은 아니지만, 범인의 위세, 사람 수, 주위의 상황 등에 비추어 피해자의 자유의사를 제압하기 족한 세력을 의미한다.[126]

위력은 반드시 직접 현실적으로 업무에 종사하고 있는 타인에 대하여 행사될 것을 요하지 않는다. 위력은 반드시 업무에 종사 중인 사람에게 직접 가해지는 세력만을 의미하는 것은 아니고, 사람의 자유의사를 제압하기에 족한 일정한 물적 상태를 만들어 그 사람으로 하여금 자유롭고 정상적인 업무수행활동을 불가능하게 하거나 현저히 곤란하게 하는 행위도 이에 포함될 수 있다.[127] 그러나 위력은 원칙적으로 피해자에게 행사되어야 하므로, 그 위력 행사의 상대방이 피해자가 아닌 제3자인 경우 그로 인하여 피해자의 자유의사가 제압될 가능성이 직접적으로 발생함으로써 이를 실질적으로 피해자에 대한 위력의 행사와 동일시할 수 있는 특별한 사정이 있는 경우가 아니라면 피해자에 대한 업무방해죄가 성립한다고 볼 수 없다. 이때 제3자에 대한 위력의 행사로 피해자의 자유의사가 직접 제압될 가능성이 있는지는 위력 행사의 의도나 목적, 위력 행사의 상대방인 제3자와 피해자의 관계, 위력의 행사 장소나 방법 등 태양, 제3자에 대한 위력의 행사에 관한 피해자의 인식 여부, 제3자에 대한 위력의 행사로 피해자가 입게 되는 불이익이나 피해의 정도, 피해자에 의한 위력의 배제나 제3자에 대한 보호의 가능성 등을 종합적으로 고려하여 판단하여야 한다.[128]

위력에 해당하는지의 여부는 범행의 일시 · 장소, 범행의 동기와 목적, 인원수, 세력의

7124 판결; 대법원 2007.6.14. 선고 2007도2178 판결; 대법원 2005.5.27. 선고 2004도8447 판결; 대법원 2005.3.25. 선고 2003도5004 판결; 대법원 1999. 5. 28. 선고 99도495 판결; 대법원 1995.10.12. 선고 95도1589 판결.

123) 대법원 2021.10.28. 선고 2016도3986 판결; 대법원 2020.11.12. 선고 2016도8627 판결; 대법원 2018.5.15. 선고 2017도19499 판결; 대법원 2017.11.9. 선고 2017도12541 판결; 대법원 2016.10.27. 선고 2016도10956 판결; 대법원 2013.11.28. 선고 2013도4430 판결; 대법원 2013.5.23. 선고 2011도12440 판결; 대법원 2012.5.24. 선고 2011도7943 판결; 대법원 2012.5.24. 선고 2009도4141 판결; 대법원 2011.10.13. 선고 2009도5698 판결; 대법원 2010.11.25. 선고 2010도9186 판결; 대법원 2010.4.8. 선고 2007도6754 판결; 대법원 2009.9.10. 선고 2009도5732 판결; 대법원 2009.4.23. 선고 2007도9924 판결; 대법원 2009.1.30. 선고 2008도7124 판결; 대법원 2007.6.14. 선고 2007도2178 판결; 대법원 2005.5.27. 선고 2004도8447 판결; 대법원 2005.3.25. 선고 2003도5004 판결; 대법원 2005.3.25. 선고 2003도5004 판결; 대법원 1999.5.28. 선고 99도495 판결; 대법원 1995.10.12. 선고 95도1589 판결.

124) 대법원 2018.5.15. 선고 2017도19499 판결; 대법원 2017.11.9. 선고 2017도12541 판결; 대법원 2016.10.27. 선고 2016도10956 판결; 대법원 2013.11.28. 선고 2013도4430 판결; 대법원 2013.5.23. 선고 2011도12440 판결; 대법원 2013.1.31. 선고 2012도3475 판결; 대법원 2011.10.13. 선고 2009도5698 판결; 대법원 2010.11.25. 선고 2010도9186 판결; 대법원 2009.9.10. 선고 2009도5732 판결; 대법원 1995.10.12. 선고 95도1589 판결; 대법원 1987.4.28. 선고 87도453,87감도41 판결.

125) 대법원 2013.2.28. 선고 2011도16718 판결.

126) 대법원 2021.10.28. 선고 2016도3986 판결; 대법원 2013.11.28. 선고 2013도4430 판결; 대법원 2009.9.10. 선고 2009도5732 판결.

127) 대법원 2018.5.15. 선고 2017도19499 판결; 대법원 2013.1.31. 선고 2012도3475 판결; 대법원 2012.5.24. 선고 2009도4141 판결; 대법원 2011.10.13. 선고 2009도5698 판결; 대법원 2009.9.10. 선고 2009도5732 판결.

128) 대법원 2013.3.14. 선고 2010도410 판결.

태양, 업무의 종류 및 피해자의 지위 등 제반 사정을 고려하여 객관적으로 판단하여야 한다.[129] 한편 위력과 위계의 구별에 있어서 위력은 사람의 의사를 제압하기에 충분한 세력을 사용하는 것을 말하지만, 위계는 상대방의 착오를 유발하는 행위를 말한다. 따라서 공연히 상대방에게 장애의 존재를 과시하는 태양의 경우는 위력, 그렇지 않은 경우는 위계로 된다. 예컨대 열차의 좌석에 침을 박아 놓은 행위는 눈에 보이도록 하여 그 존재를 과시하는 것에 의하여 승객에게 불안감을 발생시켜 수송업무를 방해하는 때에는 위력에 의한 업무방해죄이지만, 눈에 보이지 않도록 침을 박아 놓으면 위계에 의한 업무방해죄가 된다.

위력을 긍정한 판례의 구체적 내용은 다음과 같다. 즉,

토지 소유자 甲은 乙 주식회사와 토지의 지상건물을 철거하고 그곳에 오피스텔을 신축하기로 하였고, 乙 회사는 丙에게 건물철거 부분을 도급하였는데, 甲과 乙 회사 사이에 공사 진행 관련 합의가 이루어지지 않자 乙 회사와 丙, 피고인 등은 철거공사 관련 공사대금을 지급받지 못하였다는 이유로 유치권을 주장하면서 토지를 점유한 채 신축공사 현장에 컨테이너를 설치하고 공사현장을 둘러싼 울타리에 빨간색 스프레이 페인트로 '유치권 행사 중'이라고 표시하며 승용차를 출입구에 세워 두는 등의 방법으로 위력으로써 甲의 업무를 방해하였다는 내용으로 기소된 사안에서, 丙은 乙 회사와 건물철거 공사계약을 체결하고 지상건물을 철거한 뒤 그에 따른 공사대금채권을 취득한 자로서, 丙이 유치권의 피담보채권으로 내세우는 위 공사대금채권은 토지 자체에 관하여 생긴 것이 아니어서 이를 피담보채권으로 하여 토지에 대한 유치권을 주장할 수는 없으므로 토지에 대한 정당한 유치권자라고 보기 어렵다는 이유로, 이와 달리 보아 피고인에게 무죄를 선고한 원심판결에 법리오해의 위법이 있다고 한 사례이다.[130] 갑 주식회사 임원인 피고인이 자동차 판매수수료율과 관련하여 대리점 사업자들과 갑 회사 사이에 의견대립이 고조되자, 대리점 사업자 을이 일정액의 사용료를 지급하고 판매정보 교환 등에 이용해 오던 갑 회사의 내부전산망 전체 및 고객관리시스템 중 자유게시판에 대한 접속권한을 차단한 사안에서, 피고인의 접속차단으로써 피해자의 자동차판매와 관련된 부수적 업무가 방해받은 이상 주된 업무인 자동차판매업무의 경영도 어느 정도 방해되었거나 방해받을 위험이 발생하였다고 충분히 인정할 수 있다는 이유로 피고인이 위력으로 을의 업무를 방해하였다고 본 원심판단을 정당하다고 한 사례이다.[131] 쟁의행위로서 파업(노동조합 및 노동관계조정법 제2조 제6호)도, 단순히 근로계약에 따른 노무의 제공을 거부하는 부작위에 그치지 아니하고 이를 넘어서 사용자에게 압력을 가하여 근로자의 주장을 관철하고자 집단적으로 노무제공을 중단하는 실력행사이므로, 업무방해죄에서 말하는 위력에 해당하는 요소를 포함하고 있다.[132] 조종사노조의 집행부를 구성하는 피고인들의 지시에 따라 파업참가 조합원들이 집단적으로 공소외 주식회사의 지시를 어기고 개별적인 업무복귀의 확인신고를 지체한 행위에 대하여 보건대, 원심판결의 이유에 의하여 인정되는 다음과 같은 사정, 즉 피고인들은 소종사노조의 임원들로서 공소외 주식회

---

129) 대법원 2021.10.28. 선고 2016도3986 판결; 대법원 2018.5.15. 선고 2017도19499 판결; 대법원 2017.11.9. 선고 2017도12541 판결; 대법원 2016.10.27. 선고 2016도10956 판결; 대법원 2013.11.28. 선고 2013도4430 판결; 대법원 2013.5.23. 선고 2011도12440 판결; 대법원 2011.10.13. 선고 2009도5698 판결; 대법원 2010.11.25. 선고 2010도9186 판결; 대법원 2009.9.10. 선고 2009도5732 판결; 대법원 2009.1.30. 선고 2008도7124 판결; 대법원 1999.5.28. 선고 99도495 판결.

130) 대법원 2020.5.28. 선고 2020도3170 판결.

131) 대법원 2012.5.24. 선고 2009도4141 판결.

132) 대법원 2011.3.17. 선고 2007도482 전원합의체 판결.

사의 파업참가 조합원들에 대한 개별적 업무복귀의 확인신고 지시가 조종사노조를 와해하려는 의도라고 보고, 개별적으로 복귀의사를 표시하지 않도록 지시하였을 뿐만 아니라, 그에 따라 대부분의 파업참가 조합원들로 하여금 2005. 8. 12. 15:30경 조종사노조의 방침 변경에 따라 2005. 8. 13. 오후 무렵 개별적으로 업무복귀의 확인신고를 마칠 때까지 사이에 노동조합 차원에서 공소외 주식회사의 개별적 업무복귀 확인신고에 관한 지시를 이행하지 않도록 한 점, 그로 인하여 공소외 주식회사가 개별적으로 업무복귀의 확인신고를 한 조합원을 대상으로 준비된 운항정상화 프로그램에 따라 2005.8.12.부터 순차적으로 교육대상자를 선정하여 이들에 대하여 이틀간의 신체검사, 모의비행훈련 등의 교육을 실시한 후 이들을 항공기 조종업무에 투입하는 등으로 항공기 운항의 정상화를 진행하려던 일정이 순연되었고, 결과적으로 항공기 운항이 늦어지는 등 그 정상화에 차질이 발생하게 한 점 등을 종합하여 보면, 개별적 업무복귀의 확인신고와 관련한 피고인들 및 조합원들의 위와 같은 지체 행위는, 앞서 본 바와 같이 비록 쟁의행위를 계속한 것으로는 볼 수 없다고 하더라도, 다중의 위력에 의하여 공소외 주식회사의 경영업무를 방해한 것으로서 업무방해죄를 구성한다고 할 것이다.[133] 피고인이 피해자들이 경작 중이던 농작물을 트랙터를 이용하여 갈아엎은 다음 그곳에 이랑을 만들고 새로운 농작물을 심어 피해자의 자유로운 논밭 경작 행위를 불가능하게 하거나 현저히 곤란하게 한 경우, 위력에 의한 업무방해죄에 해당한다.[134] 자신의 명의로 사업자등록이 되어 있고 자신이 상주하여 지게차 판매 등을 하고 있는 지위를 이용하여, 피해자가 피고인에게 피고인 명의의 **전동지게차 사업을 정리하고 새로운 상호로 지게차 판매 등을 직영하겠다고 하자, 피고인이 실질적으로 피해자가 사업을 단독으로 운영하여 오고 피해자의 단독소유의 재산이라고 할 수 있는 사업장을 자신의 소유라고 주장하면서 피해자에게 "사업장에는 얼씬도 하지 말고 일절 관여하지 말라"고 말하면서 피해자의 사업장 출입을 금지하기 위하여 출입문에 설치된 자물쇠의 비밀번호를 변경한 행위는 위계를 이용하여 피해자의 업무를 방해한 것으로 보기는 어렵고, 오히려 위력으로 방해하였다고 봄이 상당하다고 할 것이다.[135] 대부업체 직원이 대출금을 회수하기 위하여 소액의 지연이자를 문제삼아 법적 조치를 거론하면서 소규모 간판업자인 채무자의 휴대전화로 수백 회에 이르는 전화공세를 한 것이 사회통념상 허용한도를 벗어난 채권추심행위로서 채무자의 간판업 업무가 방해되는 결과를 초래할 위험이 있었다고 보아 업무방해죄를 구성한다.[136] 피고인이 피해자의 승낙을 받지 아니하고 미술학원에 대한 폐원신고를 하였다고 하더라도 피해자에게 사전에 통고를 한 뒤 폐원신고를 한 이상 피해자에게 오인 · 착각 또는 부지를 일으켜 이를 이용하여 피해자의 업무를 방해한 것으로 보기는 어렵고, 오히려 피해자가 운영하고 있는 학원이 자신의 명의로 등록되어 있는 지위를 이용하여 임의로 폐원신고를 함으로써 피해자의 업무를 위력으로써 방해하였다고 봄이 상당하다고 할 것이다.[137] 노동쟁의행위는 근로자들이 단결하여 사용자에게 압박을 가하는 것이므로 본질적으로 위력에 의한 업무방해의 요소를 포함하고 있는 것이고, 따라서 근로자들이 근무시간에 집단적으로 근무에 임하지 아니한 것은 다른 위법의 요소가 없는 한 근로제공의무의 불이행에 지나지 않는다고 할 것이지만, 단순한 노무제공의 거부라고 하더라도 그것이 정당한 쟁의행위가 아니면서 위력으로 업무의 정상적인 운영을 방해할 정도에 이르면 형법상 업무방해죄가 성립될 수 있다.[138] 이 사건 범행의 동기와 목적, 피고인들측에 동조한 종중

133) 대법원 2010.4.8. 선고 2007도6754 판결.
134) 대법원 2009.9.10. 선고 2009도5732 판결.
135) 대법원 2009.4.23. 선고 2007도9924 판결.
136) 대법원 2005.5.27. 선고 2004도8447 판결.
137) 대법원 2005.3.25. 선고 2003도5004 판결.
138) 대법원 2003.12.26. 선고 2001도1863 판결.

원들의 숫자, 그 세력의 태양, 업무의 종류, 피해자의 지위 등 제반사정을 고려하여 보면, 피고인들의 행위가 업무방해죄를 구성하는 위력에 해당한다.139) 10여명의 공장 종업원들이 회사의 공장 정문을 봉쇄하고 출입자를 통제하여 규찰을 보며 공장 관리직 사원들과 함께 밖으로 나가려는 이사를 밖으로 나가지 못하게 하였다면 위와 같은 일련의 행위과정에 나타난 위세는 위 회사를 위한 업무종사자들의 자유의사를 제압하거나 혼란케 할만한 정도의 세력이어서 업무방해죄에 있어서의 행위수단인 위력에 해당된다.140) 근로자들이 작업시간에 집단적으로 작업에 임하지 아니한 것은 다른 위법의 요소가 없는 한 근로제공의무의 불이행에 지나지 않는다고 할 것이지만, 단순한 노무제공의 거부라고 하더라도 그것이 정당한 쟁의행위가 아니면서 위력으로 업무의 정상적인 운영을 방해할 정도에 이르면 형법상 업무방해죄가 성립될 수 있다.141) 비록 피고인이 주식회사 **레이온으로부터 해고를 당한 후 법원에 해고처분무효확인소송을 제기하여 그 효력을 다툼으로써 노동조합의 조합원인 근로자의 지위를 그대로 갖고 있다 하더라도 사용자로서는 근로자의 정상적인 업무수행을 방해할 수 없는 등의 특별한 경우를 제외하고는 그 사업장 내의 질서유지 등을 위하여 근로자의 개별적인 행위를 규제하지 못하는 것은 아니고 또 건조물침입죄는 사실상의 주거의 평온을 그 보호법익으로 하여 관리권자의 의사에 반하여 건조물에 침입함으로써 성립하는 것이므로 회사가 조합의 대의원이 아닌 피고인에게 회사내의 조합대의원회의에 참석하는 것을 허락하지 아니하였는데도 그 의사에 반하여 함부로 거기에 들어가고 회사경비원들의 출입통제업무를 방해한 것은 건조물침입죄와 업무방해죄에 해당한다고 보아야 할 것이다.142) 회사에서 휴업공고를 하였다 하더라도 비상대책위원회 의장인 피고인 등이 근로자들로 하여금 작업을 거부하게 함과 아울러 회사로 통하는 모든 출입문에 바리케이트 등을 설치하고 다수의 근로자들로 하여금 위 회사의 관리직사원을 포함한 모든 출입자의 출입을 통제하였다면 위력으로 회사의 업무를 방해한 것이며 그 위법성이 조각되지 아니한다.143) 다수의 근로자들이 상호 의사연락하에 집단적으로 작업장을 이탈하거나 결근하는 등 근로의 제공을 거부함으로써 사용자의 생산 · 판매 등 업무의 정상적인 운영을 저해하여 손해를 발생하게 하였다면, 그와 같은 행위가 노동관계법령에 따른 정당한 쟁의행위로서 위법성이 조각되는 경우가 아닌 한, 다중의 위력으로써 타인의 업무를 방해하는 행위에 해당하여 업무방해죄를 구성한다.144) 이 사건 업무방해의 주체가 피고인들을 포함하여 9 내지 10명 정도였다고 하더라도 그들이 철제옷장으로 광업소 출입구를 봉쇄하고 바리케이트를 설치한 후 출근한 근로자 300여명 또는 600여명이 탈의실에 들어가지 못하도록 하고 근로자들에게 입갱을 하지 말도록 선동하면서 탈의실을 점거농성하여 광업소의 조업을 방해하였다면 이는 위력으로 사람의 업무를 방해한 경우로서 업무방해죄에 해당한다.145) 휴식과 담화의 장소로서 정온을 필요로 하는 다방내에서 불의의 침입자에 의하여 상당시간 고성으로 악담을 반복하고 혹은 격외의 기물을 반입하는 등 사로 취합중의 내객에게 혐오와 염정을 일게 하므로서 불가불이산을 촉구함이 될 것인즉 이는 십분 다방 업무의 방해라고 아니할 수 없다.146)

139) 대법원 1995.10.12. 선고 95도1589 판결.
140) 대법원 1992.2.11. 선고 91도1834 판결.
141) 대법원 1991.11.8. 선고 91도326 판결.
142) 대법원 1991.9.10. 선고 91도1666 판결.
143) 대법원 1991.6.11. 선고 91도753 판결.
144) 대법원 1991.4.23. 선고 90도2771 판결.
145) 대법원 1990.7.10. 선고 90도755 판결.
146) 대법원 1961.2.24. 선고 4293형상864 판결.

위력을 부정한 판례의 구체적 내용은 다음과 같다. 즉,

비록 피고인이 공사대금을 받을 목적으로 위와 같이 건축자재를 치우지 않았다고 하더라도, 피고인이 자신의 공사를 위하여 쌓아 두었던 건축자재를 공사 완료 후에 단순히 치우지 않은 행위가 위력으로써 피해자의 추가 공사 업무를 방해하는 업무방해죄의 실행행위로서 피해자의 업무에 대하여 하는 적극적인 방해행위와 동등한 형법적 가치를 가진다고 볼 수는 없다.[147] 갑 주식회사가 운영하는 사우나에서 시설 및 보일러, 전기 등을 관리하던 피고인이, 갑 회사가 을에게 사우나를 인계하는 과정에서 자신을 부당하게 해고하였다는 이유로 화가 나 그곳 전기배전반의 위치와 각 스위치의 작동방법 등을 알려주지 않는 등으로 갑 회사의 사우나 경영 업무를 방해하였다는 내용으로 기소된 사안에서, 제반 사정을 종합하면, 피고인의 위 행위가 갑 회사나 을이 사우나를 운영하려는 자유의사 또는 갑 회사가 을에게 사우나의 운영에 관한 업무 인수인계를 정상적으로 해 주려는 자유의사를 제압하기에 족한 위력에 해당한다고 단정하기 어렵다고 한 사례이다.[148] 인터넷카페의 운영진인 피고인들이 카페 회원들과 공모하여, 특정 신문들에 광고를 게재하는 광고주들에게 불매운동의 일환으로 지속적 · 집단적으로 항의전화를 하거나 광고주들의 홈페이지에 항의글을 게시하는 등의 방법으로 광고중단을 압박함으로써 위력으로 광고주들 및 신문사들의 업무를 방해하였다는 내용으로 기소된 사안에서, 원심이 피고인들이 벌인 불매운동의 목적, 그 조직과정, 대상 기업의 선정경위, 불매운동의 규모 및 영향력, 불매운동의 실행 형태, 불매운동의 기간, 대상 기업인 광고주들이 입은 불이익이나 피해의 정도 등에 비추어 피고인들의 위 행위가 광고주들의 자유의사를 제압할 만한 세력으로서 위력에 해당한다고 본 것은 정당하나, 나아가 피고인들의 행위로 신문사들이 실제 입은 불이익이나 피해의 정도, 그로 인하여 신문사들의 영업활동이나 보도에 관한 자유의사가 제압될 만한 상황에 이르렀는지 등을 구체적으로 심리하여 살펴보지 아니한 채, 신문사들에 대한 직접적인 위력의 행사가 있었다고 보아 유죄를 인정한 원심판결에 업무방해죄의 구성요건인 위력의 대상 등에 관한 법리를 오해하여 심리를 다하지 아니한 잘못이 있다고 한 사례이다.[149] 임대인 갑으로부터 건물을 임차하여 학원을 운영하던 피고인이 건물을 인도한 이후에도 자신 명의로 된 학원설립등록을 말소하지 않고 휴원신고를 연장함으로써 새로운 임차인 을이 그 건물에서 학원설립등록을 하지 못하도록 하여 위력에 의한 업무방해로 기소된 사안에서, 피고인의 휴원연장신고와 을이 학원설립등록을 하지 못한 점 사이에 인과관계가 있다고 단정하기 어렵고, 피고인의 행위가 을의 자유의사를 제압 · 혼란케 할 정도의 위력에 해당한다고 보기 어렵다는 이유로, 피고인의 행위가 위력에 의한 업무방해죄를 구성한다고 본 원심판결에 법리를 오해한 위법이 있다고 한 사례이다.[150] 도로관리청 또는 그로부터 권한을 위임받아 과적차량 단속을 위한 적재량 측정의 업무를 수행하는 자라고 하더라도, 적재량 측정을 강제할 수 있는 법령상의 근거가 없는 한, 측정에 불응하는 자를 고발하는 것은 별론으로 하고, 측정을 강제하기 위한 조치를 취할 권한은 없으므로, 이를 위한 조치가 정당한 업무집행이라고 볼 수는 없다. 고속도로에서의 과적단속 업무를 담당하는 피해자로부터 축조작을 의심받고 적재량 재측정을 요구받은 피고인이 이를 거부하고 고속도로를 빠져나가려 하자, 재측정을 시킬 목적으로 차량에 올라탄 피해자를 그대로 둔 채 차량을 진행한 행위에 대하여 업무방해의 결과가 발생할 위험이 없다고 판단한 조치는 위와 같은 법리에 따른 것으로 정당하고, 거기에 업무방해죄의 업무방해행위에 대한 법리를 오해한 위법이 없

147) 대법원 2017.12.22. 선고 2017도13211 판결.
148) 대법원 2017.11.9. 선고 2017도12541 판결.
149) 대법원 2013.3.14. 선고 2010도410 판결.
150) 대법원 2010.11.25. 선고 2010도9186 판결.

다.[151] 피고인들 및 파업참가 조합원들이 위 규탄대회에 참가한 행위는 앞서 본 바와 같이 공소외 주식회사의 지시를 어긴 것이기는 하나 위와 같이 업무복귀확인서 제출시한이 연장 · 변경된 상태에서 업무시간이 아닌 자택에 복귀하던 도중에 이루어진 것일 뿐이므로 이로써 공소외 주식회사의 업무가 방해되었다고 볼 수는 없을 것이다.[152] 대검찰청 공안부장인 피고인이 직장폐쇄를 철회하고, 인력감축을 하지 않으려는 경영방침을 포기한 후 조폐창을 조기에 통합하기로 결정한 고등학교 후배인 한국조폐공사 사장에게 위 공사의 쟁의행위 및 구조조정에 관하여 전화통화를 한 것이 위의 결정에 영향을 미치지 않았고, 피고인의 위 전화행위로 인하여 위의 사장의 경영업무가 방해될 위험이 발생하였다고 볼 수 없다는 이유로 직권남용죄와 업무방해죄에 해당하지 않는다고 한 사례이다.[153] 피고인이 피해자들에게 대하양식장에 관한 권리 일체를 양도하고 그 대금일부를 지급받은 상태에서 피고인과 피해자들이 쌍방의 합의로 양식장 운영을 목적으로 하는 주식회사를 설립하는 한편 피해자들이 양식장 운영을 해 왔는데, 양식장 양도잔대금의 지급관계 등을 둘러싸고 분규가 끊임없이 계속되자 피고인이 적극적으로 양식장 운영에 관여하여 자신의 돈으로 관리인에게 급료를 지급하고 사료를 투입하는 등 대하 사육을 계속하였으며, 피고인이 자기측 관리인을 시켜 수문을 철사로 묶어 자물쇠를 채워두고 있었는데, 피해자들이 관리인이 없는 틈을 타 절단기로 자물쇠를 절단한 후 대하를 포획하였고, 피고인이 경찰관이 지시하는 바에 따라 더 이상의 포획행위를 중지시키기 위하여 수문을 잠그고 또 수문여닫이용 손잡이를 회사 창고에 보관하였다면, 양식대하에 대한 소유권이 피고인에게 귀속되는지의 여부에 관계없이 양식대하에 대한 현재의 관리상태를 유지하려 한 피고인의 위와 같은 행위를 형법상의 업무방해죄에 해당한다고 할 수 없다.[154] 형법 제314조에서 규정하는 위력이란 폭행이나 협박에 한정되는 것은 아니지만 사람의 자유의사를 제압할 만한 세력을 말하는 것이므로 전체 근로자 50명 중 29명이 노동조합에 가입하였고, 생산직 근로자는 28~29명인 회사의 노동조합 위원장이 다른 2명과 함께 조합원 1명을 대동하고 노동관계집회에 참석하기 위하여 3시간 정도 조기 퇴근한 것만 가지고 막바로 위력에 해당한다거나 위력으로 업무를 방해한 경우에 해당한다고 하기는 어렵다.[155] 계약갱신 및 체납임 · 관리비 상당액을 독려차 나온 사원에게 "너희들이 무엇인데 상인협의회에서 하는 일을 방해하며 협의회에서 돌리는 유인물을 압수하느냐 당장 해임시키겠다"고 한 정도의 욕설을 한 행위만으로는 업무방해죄의 위력을 행사한 것으로 보기 어렵다.[156]

③ 결 과

본죄는 추상적 위험범이다. 본죄는 업무방해의 결과가 실제로 발생함을 요하지 않고 업무방해의 결과를 초래할 위험이 발생하면 족하다.[157] 그 위험의 발생은 위계 또는 위력으로

151) 대법원 2010.6.10. 선고 2010도935 판결.

152) 대법원 2010.4.8. 선고 2007도6754 판결.

153) 대법원 2005.4.15. 선고 2002도3453 판결.

154) 대법원 1994.4.12. 선고 93도2690 판결; 대법원 1989.3.14. 선고 87도3674 판결; 대법원 1986.12.23. 선고 86도1372 판결; 대법원 1980.9.9. 선고 79도249 판결.

155) 대법원 1991.4.23. 선고 90도2961 판결.

156) 대법원 1983.10.11. 선고 82도2584 판결.

157) 대법원 2021.10.28. 선고 2016도3986 판결; 대법원 2021.3.11. 선고 2016도14415 판결; 대법원 2020.11.12. 선고 2016도8627 판결; 대법원 2020.9.24. 선고 2017도19283 판결; 대법원 2020.4.9. 선고 2017도9459 판결; 대법원 2018.7.24. 선고 2015도12094 판결; 대법원 2018.5.15. 선고 2017도19499 판결; 대법원 2013.11.28. 선고 2013도5814 판결; 대법원 2013.11.28. 선고 2013도5117 판결; 대법원 2013.11.28. 선고 2013도4178 판결; 대법원 2013.1.31. 선고 2012도3475 판결; 대법원 2012.5.24. 선고 2009도4141 판결; 대법원

인한 것이어야 한다.158) 따라서 결과발생의 염려가 없는 경우에는 본죄가 성립하지 않는다.159) 예컨대 위력에 의하여 현실적으로 피해자의 자유의사가 제압될 것을 요하는 것은 아니다.160) 업무수행 자체가 아니라 업무의 적정성 내지 공정성이 방해된 경우에도 본죄가 성립한다.161) 결과발생의 위험을 긍정한 판례의 구체적 내용은 다음과 같다. 즉,

도로 가운데 앉거나 선 채로 이 사건 공사현장에 출입하는 차량의 앞을 가로막은 피고인의 행위는 위 차량이 그대로 진행할 경우 인명 피해의 가능성이 큰 상황을 조성한 것으로서, 공사현장 출입이 가로막힌 차량의 운전자들과 공사현장에서 실제 공사를 수행하던 피해자들의 자유의사를 제압하기에 충분한 세력에 해당한다. 따라서 피고인의 위와 같은 행위는 업무방해죄에서 말하는 '위력'의 행사에 해당한다. 그 당시 피해자들의 공사업무를 위한 차량의 출입이 필요한 상황이었고, 피고인의 행위로 공사 차량의 출입에 장애가 생긴 이상, 피해자들이 수행하던 공사업무가 방해될 위험은 이미 발생하였다고 봄이 타당하다. 당시 여러 명의 경찰관들이 피고인 등의 공사 방해행위를 제지하기 위해 그 주변에 머무르다가 위 공사 방해행위가 일정 기간 지속될 경우 이를 제지하는 조치를 즉각적으로 취하였다고 하여, 피고인의 위력 행사나 그로 인한 업무방해의 위험 발생을 부정할 수 없다.162) 공소외 1 주식회사의 1991.2.27. 자 임시주주총회 결과 대표이사로 선임된 공소외 1 주식회사 공소외 1 주식회사이 업무집행을 위하여 위 회사 사무실에 들어가려고 하자 피고인들이 같은 해 3.4.부터 같은 해 4.30.까지 이를 제지한 행위는 공소외 1 주식회사의 업무방해의 결과를 초래할 위험을 야기하였다고 인정하기에 충분하다.163) 업무시간 중의 시위행위는 적어도 업무방해의 결과를 초래할 위험성이 있으며, 업무방해죄는 업무방해의 결과가 실제로 발생함을 요하지 아니하고 업무방해의 결과를 초래할 위험이 발생하는 것이면 족하다.164) 피고인 등의 행위로 인하여 해고예고통지서와 대기발령통지서의 전달 업무가 방해받았음이 명백하므로 사후에 위 통지서가 전달되었는가의 여부는 업무방해죄의 성립에 영향을 미치는 것은 아니다.165) 위 회사가

2010.3.25. 선고 2009도8506 판결; 대법원 2010.3.25. 선고 2008도4228 판결; 대법원 2009.9.10. 선고 2009도4772 판결; 대법원 2009.1.30. 선고 2008도10560 판결; 대법원 2008.1.17. 선고 2006도1721 판결; 대법원 2007.4.27. 선고 2006도9028 판결; 대법원 2006.12.21. 선고 2006도4487 판결; 대법원 2005.10.27. 선고 2005도5432 판결; 대법원 2005.5.27. 선고 2004도8447 판결; 대법원 2005.4.15. 선고 2002도3453 판결; 대법원 2004.3.26. 선고 2003도7927 판결; 대법원 2002.10.25. 선고 2000도5669 판결; 대법원 2002.3.29. 선고 2000도3231 판결; 대법원 1997.3.11. 선고 96도2801 판결; 대법원 1992.4.10. 선고 91도3044 판결; 대법원 1992.3.31. 선고 92도58 판결; 대법원 1991.6.28. 선고 91도944 판결; 대법원 1960.8.3. 선고 4293형상397 판결.

158) 대법원 2005.4.15. 선고 2002도3453 판결; 대법원 2004.3.26. 선고 2003도7927 판결.

159) 대법원 2009.1.30. 선고 2008도10560 판결; 대법원 2007.4.27. 선고 2006도9028 판결; 대법원 2005.10.27. 선고 2005도5432 판결.

160) 대법원 2020.11.12. 선고 2016도8627 판결; 대법원 2018.5.15. 선고 2017도19499 판결; 대법원 2017.11.9. 선고 2017도12541 판결; 대법원 2016.10.27. 선고 2016도10956 판결; 대법원 2013.11.28. 선고 2013도4430 판결; 대법원 2013.5.23. 선고 2011도12440 판결; 대법원 2011.10.13. 선고 2009도5698 판결; 대법원 2010.11.25. 선고 2010도9186 판결; 대법원 2009.9.10. 선고 2009도5732 판결; 대법원 2009.1.30. 선고 2008도7124 판결; 대법원 2007.6.14. 선고 2007도2178 판결; 대법원 2005.5.27. 선고 2004도8447 판결; 대법원 1999.5.28. 선고 99도495 판결; 대법원 1995.10.12. 선고 95도1589 판결; 대법원 1987.4.28. 선고 87도453,87감도41 판결.

161) 대법원 2021.3.11. 선고 2016도14415 판결; 대법원 2013.11.28. 선고 2013도5117 판결; 대법원 2010.3.25. 선고 2009도8506 판결.

162) 대법원 2021.10.28. 선고 2016도3986 판결.

163) 대법원 1997.3.11. 선고 96도2801 판결.

164) 대법원 1992.12.8. 선고 92도1645 판결.

165) 대법원 1992.4.10. 선고 91도3044 판결.

위 같은 해 11.3. 결근한 근로자들에 대하여 전원 무급처리를 하는 한편 피고인들을 상대로 형사 고소와 민사상의 손해배상청구를 하자, 피고인들이 이의 철회를 요구하면서 판시와 같이 위 회사 인천공장 식당 앞 광장에서 위 공장소속 근로자 250명과 함께 구호를 외치며 위 회사 노동조합 인천지부 집행부임원 10명의 삭발식을 거행하였고, 판시와 같이 위 공장소속 근로자 1,200명으로 하여금 위 공장 작업장 내 생산라인 및 기계시설 등에 각종 구호가 적힌 고무풍선을 부착케 하여 정상적인 작업을 저해하였으며, 판시와 같이 위 공장 정문 앞에서 각종 구호와 노동가 등을 부르고 풍물패들에게 징, 꽹과리, 장고, 북 등을 두드리게 하면서 위 공장에 출근하는 근로자들 500여명을 집결하게 한 후 출근시간 정시에 풍물요원과 만장기 등을 앞세우고 정문을 통과하여 공장 내 의무실까지 행진함으로써 생산라인의 가동 개시시간을 지연케 하였고, 판시와 같이 위 공장식당 앞 광장에서 각종 플래카드와 만장기 등을 두드리게 하면서 근로자 200여명을 규합하여 위 식당 앞 광장을 점거한 후, 판시 공소외인들 60여명으로 하여금 위 공장 정문을 경비중이던 청원경찰들을 밀어붙이고 통과하게 한 다음 위 근로자 200여명과 위 공소외인들 60여명과 함께 각종 구호와 노동가 등을 부르고 각종 연설을 한데 이어 판시와 같은 화형식을 거행함으로써위 회사의 정상적인 관리업무를 저해하였다면, 이는 다중의 위력에 의한 업무방해죄를 구성한다고 할 것이다.[166] 피고인이 단기 1958년 2월 19일 재미국「레이놀드」냉동식품회사사장「레이놀드」에게 원판결 판시와 같은 내용의 서신을 발송한 사실을 충분히 인정할 수 있고 동 서신내용을 검토하면 피고인이 동 서신을 발송하므로 인하여 고소인 **냉동수산주식회사의 '냉동새우' 수출업무에 불리한 영향을 미칠 염려가 있음을 인정할 수 있으며 일건기록과 서신내용을 종합하면 피고인 역시 이를 인식하였을 것이 충분히 간취된다.[167]

결과발생의 위험을 부정한 판례의 구체적 내용은 다음과 같다. 즉,

피고인이 피해자가 조경수 운반을 위하여 사용하던 피고인 소유 토지 위의 현황도로에 축대를 쌓아 그 통행을 막은 사안에서, 그 도로폐쇄에도 불구하고 대체도로를 이용하여 종전과 같이 조경수 운반차량 등을 운행할 수 있어 피해자의 조경수 운반업무가 방해되는 결과발생의 염려가 없었다는 이유로 피고인을 업무방해죄로 의율한 원심판결을 파기한 사례이다.[168] 피해자들은 작업도로 개설 이전에는 기존도로를 이용하여 경작을 하였던 사실, 피고인이 이 사건 철제울타리를 설치할 무렵 기존도로를 측량한 결과 그 폭이 약 2m 정도에 이르는 사실, 피해자들은 작업도로를 1년 중 농번기에만 10차례 정도 농기구 운반통로로 사용하였을 뿐 그 이외의 기간에는 사용하지 않은 사실을 인정할 수 있으므로, 기존도로의 복구가 손쉽게 이루어지고 피해자들이 이를 이용하여 종전과 같은 경작을 할 수 있다면 경작업무 방해라는 결과가 발생할 염려가 없다고 볼 여지가 있고, 한편 피고인은 이 사건 임야 내에 인접농지의 경작을 위한 불법 건축물이 건축되기도 하고, 인접농지 소유자들이 이 사건 임야 일부를 침범하여 농작물을 경작하면서 관상수가 무단 벌목되거나 훼손되었으며, 인접농지 경작과정에서 발생한 불씨가 이 사건 임야로 날아들어 관상수가 소실되는 등의 피해를 입고 있었기 때문에 이러한 피해를 방지하기 위하여 이 사건 철제울타리를 설치한 것이고, 기존도로를 이용하는 경우 인접농지의 경작이 가능한 것으로 생각하였다고 변소하고 있으므로, 피고인에게 피해자들의 경작업무를 방해한다는 고의가 없었다고 볼 여지도 있다. 그렇다면 원심으로서는, 피고인이 이 사건 철제울타리를 설치할 당시나 그 후에 피해자들이 종전에 이용하던

166) 대법원 1992.3.31. 선고 92도58 판결.
167) 대법원 1960.8.3. 선고 4293형상397 판결.
168) 대법원 2007.4.27. 선고 2006도9028 판결.

기존도로를 복구할 수 있는지, 복구할 수 있다면 피해자들이 기존도로를 이용하여 종전과 같은 경작을 할 수 있는지 등을 자세히 심리한 다음, 이 사건 철제울타리 설치로 피해자들의 경작업무가 방해되는 결과를 초래할 위험이 발생하였는지 여부 및 피고인에게 피해자들의 경작업무를 방해한다는 고의가 있었는지 여부를 판단하였어야 함에도 불구하고, 원심이 이에 이르지 아니한 채 그 판시와 같은 이유만으로 이 사건 공소사실을 유죄로 인정한 제1심판결을 유지한 것은 업무방해죄에 관한 법리를 오해하거나 심리를 다하지 않음으로써 판결 결과에 영향을 미친 위법을 범한 것이라고 할 것이다.[169]

2) 주관적 구성요건

본죄는 고의범이다. 본죄의 고의는 인식적 요소로서 구성요건에 정하여진 수단을 사용한다는 사실에 대한 인식과 그 결과 사람의 업무를 방해할 우려가 있는 상태가 생긴다는 사실에 대한 인식을 요한다. 고의는 반드시 업무방해의 목적이나 계획적인 업무방해의 의도가 있어야만 하는 것이 아니다.[170] 자신의 행위로 인하여 타인의 업무가 방해될 가능성 또는 위험에 대한 인식이나 예견으로 충분하며, 그 인식이나 예견은 확정적인 것은 물론 불확정적인 것이라도 이른바 미필적 고의로도 인정된다.[171]

허위사실을 유포하는 방법에 의하여 타인의 업무를 방해함으로써 성립하는 업무방해죄에 있어서는 그 행위자에게 행위 당시 자신이 유포한 사실이 허위라는 점을 적극적으로 인식하였을 것을 요한다.[172] 전술한 신용훼손죄에서와 마찬가지로 전파가능성을 이유로 허위사실의 유포를 인정하는 경우에는 적어도 범죄구성요건의 주관적 요소로서 미필적 고의가 필요하므로 전파가능성에 대한 인식이 있음은 물론 나아가 그 위험을 용인하는 내심의 의사가 있어야 하고, 그 행위자가 전파가능성을 용인하고 있었는지의 여부는 외부에 나타난 행위의 형태와 행위의 상황 등 구체적인 사정을 기초로 하여 일반인이라면 그 전파가능성을 어떻게 평가할 것인가를 고려하면서 행위자의 입장에서 그 심리상태를 추인하여야 할 것이다.[173] 고의를 부정한 판례의 구체적 내용은 다음과 같다. 즉,

방송국 프로듀서 등 피고인들이 특정 프로그램 방송보도를 통하여 미국산 쇠고기는 광우병 위험성이 매우 높은 위험한 식품이고 우리나라 사람들이 유전적으로 광우병에 몹시 취약하다는 취지의 허위사실을 유포하여 미국산 쇠고기 수입·판매업자들의 업무를 방해하였다는 내용으로 기소된 사안에서, 방송보도의 전체적인 취지와 내용이 미국산 쇠고기의 식품 안전성 문제 및 쇠고기 수입 협상의 문제점을 지적하고 협상체결과 관련한 정부 태도를 비판한 것이라는 전제에서, 피고인들에게 업무방해의 고의가 있었다고 볼 수 없고 달리 이를 인정할 증거가 없다고 본 원심판

---

169) 대법원 2005.10.27. 선고 2005도5432 판결.

170) 대법원 2021.3.11. 선고 2016도14415 판결; 대법원 2018.7.24. 선고 2015도12094 판결; 대법원 2013.1.31. 선고 2012도3475 판결; 대법원 2012.5.24. 선고 2011도7943 판결; 대법원 2012.5.24. 선고 2009도4141 판결; 대법원 2009.1.15. 선고 2008도9410 판결.

171) 대법원 2021.3.11. 선고 2016도14415 판결; 대법원 2018.7.24. 선고 2015도12094 판결; 대법원 2013.1.31. 선고 2012도3475 판결; 대법원 2012.5.24. 선고 2011도7943 판결; 대법원 2012.5.24. 선고 2009도4141 판결; 대법원 2009.1.15. 선고 2008도9410 판결.

172) 대법원 2008.11.27. 선고 2008도6728 판결; 대법원 1994.1.28. 선고 93도1278 판결.

173) 대법원 2006.5.25. 선고 2004도1313 판결; 대법원 2004.4.9. 선고 2004도340 판결.

단을 수긍한 사례이다.[174]

3) 미수 · 기수

본죄는 업무를 방해할 우려가 있는 상태가 되면 기수에 달한다. 방해의 결과가 현실적으로 발생할 것으로 요하지 않는 추상적 위험범이기 때문이다.

기수를 긍정한 판례의 구체적 내용은 다음과 같다. 즉,

피고인들이 마이크를 빼앗으며 유림총회의 회의를 진행하지 못하게 하고 피해자를 비방하면서 걸려 있는 현수막을 제거하고 회의장에 들어가려는 대의원들을 회의에 참석하지 못하게 하였다면 위력으로 피해자의 유림총회 개최업무를 방해한 것이라고 보아야 할 것이고, 피해자가 유림대표 선출에 관한 규정에 위배하여 위 회의를 개최하였고, 결국 총회의 무기연기가 선언되었다고 하여도 업무방해죄의 성립에 영향이 없다.[175] 피해자가 시장번영회를 상대로 잦은 진정을 하고 협조를 하지 않는다는 이유로 시장번영회 총회결의에 의하여 피해자 소유점포에 대하여 정당한 권한없이 단전조치를 한 것이라면 이 경우에는 그 결의에 참가한 회원의 위력에 의한 업무방해 행위가 성립하고 피해자에게 사전통고를 한 여부나 피고인이 회장의 자격으로 단전조치를 한 여부는 위 죄의 성립에 영향이 없다.[176] 동대문종합시장주식회사측의 임차보증금과 임료의 일방적 인상과 증평수 문제 등 불합리한 문제에 대하여 피해상인들이 이에 대항키 위해 자발적으로 결성한 단체인 동대문종합상가상인협의회의 임원들이 가입상인들로부터 임관리비 상당액을 징수하여 은행에 예치한 것이 위 상인협의회구성원들의 총의에 따른 사무를 집행한 것에 불과한 이상, 피고인들의 의도는 계약조건의 절충에 있다고 보여지고 이로써 위 회사의 임관리비를 징수할 업무를 방해할 범의가 있었다거나 업무를 방해할만한 위력을 행사한 것으로 보기 어렵다.[177]

4) 공 범

본죄에 있어서 공범의 성립은 방해받지 아니한다. 요건을 충족하는 한 총칙상의 공범은 그 유형을 가리지 않고 성립할 수 있다.

공범을 긍정한 판례의 구체적 내용은 다음과 같다. 즉,

쟁의행위가 업무방해죄에 해당하는 경우 제3자가 그러한 정을 알면서 쟁의행위의 실행을 용이하게 한 경우에는 업무방해방조죄가 성립할 수 있다. 다만 헌법 제33조 제1항이 규정하고 있는 노동3권을 실질적으로 보장하기 위해서는 근로자나 노동조합이 노동3권을 행사할 때 제3자의 조력을 폭넓게 받을 수 있도록 할 필요가 있고, 나아가 근로자나 노동조합에 조력하는 제3자도 헌법 제21조에 따른 표현의 자유나 헌법 제10조에 내재된 일반적 행동의 자유를 가지고 있으므로, 위법한 쟁의행위에 대한 조력행위가 업무방해방조에 해당하는지 판단할 때는 헌법이 보장하는 위와 같은 기본권이 위축되지 않도록 업무방해방조죄의 성립 범위를 신중하게 판단하여야 한다.[178] 노동조합의 기획실장이 노동조합 대의원간담회의 결의를 거쳐 1일 1개분과별로 조합원인 근로자 약 1000명 또는 약 1500명으로 하여금 그 일과시간에 집단적으로 작업에 임하지 아니하고 집회

---

174) 대법원 2011.9.2. 선고 2010도17237 판결.
175) 대법원 1991.2.12. 선고 90도2501 판결.
176) 대법원 1983.11.8. 선고 83도1798 판결.
177) 대법원 1983.10.11. 선고 82도2584 판결.
178) 대법원 2021.9.16. 선고 2015도12632 판결.

및 시위에 참가하게 함으로써 회사의 조업에 차질을 가져오게 하였다면, 그와 같은 집단행동이 노동관계법령에 따른 정당한 쟁의행위에 해당하지 아니하는 한, 집단행동을 통한 위력으로써 회사의 업무를 방해한 공동정범으로서의 책임을 면할 수 없고, 근로자들에게 위계 또는 위력을 행사한 결과로 근로자들이 회사의 업무를 방해한 경우에만 업무방해죄의 책임을 진다고 볼 것은 아니다.[179)]

공범을 부정한 판례의 구체적 내용은 다음과 같다. 즉,

대학교 입시에서 수험생의 학부모들로부터 합격시켜 달라는 청탁을 받은 갑교수가 그 수험생으로 하여금 답안지에 비밀표시를 하도록 해 놓고 채점위원이 될 것으로 예상되는 을 교수에게 비밀표시된 답안지 채점을 부정하게 높게 하는 등 위계의 방법으로 부정합격시키도록 하자고 부탁하여 을이 이를 승낙하는 방법으로 갑과 공모하였는데 그 후 을이 채점위원이 되지 아니하자 채점위원이 된 병 교수에게 그와 같은 부정채점을 청탁한 경우, 병이 을의 부정채점 제의를 거절하고 즉시 그 대학교 교무처장에게 신고함으로써 더 이상 입시부정행위를 할 수 없게 되었고 달리 그 이후 을이 갑이나 수험생들 및 그 대학교 총장으로 하여금 부정한 행위나 처분을 하게 할 만한 행위를 한 바 없다면, 을의 범행 가담 이후 그 대학교 총장의 입시관리업무가 방해될 만한 행위가 없다 할 것이니 업무방해죄의 기수로 논할 수 없음이 명백하므로 병에게 부정청탁을 하였으나 뜻을 못 이룬 을의 행위를 형법 제314조를 적용하여 업무방해죄의 죄책을 지울 수 없다고 할 것이다.[180)]

(3) 위법성조각사유

1) 일반원칙

본죄에 있어서 업무방해에 해당하는 행위라고 하더라도 정당행위나 피해자의 승낙 등에 의한 행위는 위법성이 조각된다. 권리의 행사라 할지라도 그것이 권리의 남용이 되거나 사회상규에 위배되는 등 정당성의 한계를 벗어나는 경우에는 위법성이 조각되지 않는다. 이와 관련하여 특히 정당한 권리의 행사나 노동쟁의행위 등이 문제될 수 있다.

첫째 정당한 권리의 행사이다. 어떤 행위의 결과 상대방의 업무에 지장이 초래되었다 하더라도 행위자가 가지는 정당한 권한을 행사한 것으로 볼 수 있는 경우에는, 행위의 내용이나 수단 등이 사회통념상 허용될 수 없는 등 특별한 사정이 없는 한 업무방해죄를 구성하는 위력을 행사한 것이라고 할 수 없다. 따라서 제3자로 하여금 상대방에게 어떤 조치를 취하게 하는 등으로 상대방의 업무에 곤란을 야기하거나 그러한 위험이 초래되게 하였다 하더라도, 행위자가 제3자의 의사결정에 관여할 수 있는 권한을 가지고 있거나 그에 대하여 업무상 지시를 할 수 있는 지위에 있는 경우에는 특별한 사정이 없는 한 업무방해죄를 구성하지 아니한다.[181)]

둘째, 노동쟁의행위이다. 노동쟁의행위는 근로자들이 단결하여 사용자에게 압박을 가하는 것이므로 본질적으로 위력에 의한 업무방해의 요소를 포함하고 있는데, 다만 근로자의 단체행동권은 단결권, 단체교섭권과 함께 헌법에 의하여 보장된 권리이므로 단체행동권에

179) 대법원 1991.4.23. 선고 90도2771 판결.
180) 대법원 1994.12.2. 선고 94도2510 판결.
181) 대법원 2013.2.28. 선고 2011도16718 판결.

속하는 노동쟁위행위가 형식적으로는 업무방해죄의 구성요건에 해당하는 경우에도 그것이 근로자의 근로조건의 유지, 개선 기타 근로자의 정당한 이익을 주장하기 위한 상당한 수단인 경우에는 정당행위로서 위법성이 조각된다.[182] 다만 근로자의 쟁의행위가 형법상 정당행위가 되기 위하여는, 첫째 그 주체가 단체교섭의 주체로 될 수 있는 자이어야 하고, 둘째 그 목적이 근로조건의 향상을 위한 노사간의 자치적 교섭을 조성하는 데에 있어야 하며, 셋째 사용자가 근로자의 근로조건 개선에 관한 구체적인 요구에 대하여 단체교섭을 거부하였을 때 개시하되 특별한 사정이 없는 한 조합원의 찬성결정 및 노동쟁의 발생신고 등 절차를 거쳐야 하는 한편 넷째 그 수단과 방법이 사용자의 재산권과 조화를 이루어야 함은 물론 폭력의 행사에 해당되지 아니하여야 한다는 여러 조건을 모두 구비하여야 한다.[183] 쟁의행위에서 추구되는 목적이 여러 가지이고 그 중 일부가 정당하지 못한 경우에는 주된 목적 내지 진정한 목적의 당부에 의하여 그 쟁의목적의 당부를 판단하여야 할 것이고, 만일 부당한 요구사항을 뺐더라면 쟁의행위를 하지 않았을 것이라고 인정되는 경우에는 그 쟁의행위 전체가 정당성을 갖지 못한다고 보아야 한다.[184]

2) 쟁의행위에 관한 2011년 판례의 변경

쟁의행위에 대한 판례의 입장은 그동안의 무제한적 범죄화로부터 2011년 제한적 범죄화로 20여년 만에 변경되었다.

대법원은 "근로자는 원칙적으로 헌법상 보장된 기본권으로서 근로조건 향상을 위한 자주적인 단결권 · 단체교섭권 및 단체행동권을 가지므로(헌법 제33조 제1항), 쟁의행위로서 파업이 언제나 업무방해죄에 해당하는 것으로 볼 것은 아니고, 전후 사정과 경위 등에 비추어 사용자가 예측할 수 없는 시기에 전격적으로 이루어져 사용자의 사업운영에 심대한 혼란 내지 막대한 손해를 초래하는 등으로 사용자의 사업계속에 관한 자유의사가 제압 · 혼란될 수 있다고 평가할 수 있는 경우에 비로소 집단적 노무제공의 거부가 위력에 해당하여 업무방해죄가 성립한다고 보는 것이 타당하다"고 판시한 바 있다.[185]

이로써 '근로자들이 집단적으로 근로의 제공을 거부하여 사용자의 정상적인 업무운영을 저해하고 손해를 발생하게 한 행위가 당연히 위력에 해당하는 것을 전제로 노동관계 법령에 따른 정당한 쟁의행위로서 위법성이 조각되는 경우가 아닌 한 업무방해죄를 구성한다'는 취지의 판결은 모두 변경되었다.[186]

위법성조각을 긍정한 판례의 구체적 내용은 다음과 같다. 즉,

---

182) 대법원 2003.12.26. 선고 2001도1863 판결; 대법원 1991.11.8. 선고 91도326 판결.

183) 대법원 2007.12.28. 선고 2007도5204 판결; 대법원 2006.5.25. 선고 2002도5577 판결; 대법원 1998.1.20. 선고 97도588 판결.

184) 대법원 2003.12.26. 선고 2001도1863 판결.

185) 대법원 2011.3.17. 선고 2007도482 전원합의체 판결.

186) 이로써 대법원 2006.5.25. 선고 2002도5577 판결; 대법원 2006.5.12. 선고 2002도3450 판결; 대법원 2004.5.27. 선고 2004도689 판결; 대법원 1991.11.8. 선고 91도326 판결; 대법원 1991.4.23. 선고 90도2771 판결 등은 2011년 판결의 견해에 배치되는 범위 내에서 변경되었다.

철도노동조합과 산하 지방본부 간부인 피고인들이 '구내식당 외주화 반대' 등 한국철도공사의 경영권에 속하는 사항을 주장하면서 업무 관련 규정을 지나치게 철저히 준수하는 등의 방법으로 안전운행투쟁을 전개하여 열차가 지연 운행되도록 함으로써 한국철도공사의 업무를 방해하였다는 내용으로 기소된 사안에서, 열차 지연 운행 횟수나 정도 등에 비추어 안전운행투쟁으로 말미암아 한국철도공사의 사업운영에 심대한 혼란 내지 막대한 손해가 초래될 위험이 있었다고 하기 어렵고, 그 결과 한국철도공사의 사업계속에 관한 자유의사가 제압 · 혼란될 수 있다고 평가할 수 있는 경우에 해당하지 않는다고 볼 여지가 충분한데도, 이와 달리 안전운행투쟁의 주된 목적이 정당하지 않다는 이유만으로 업무방해죄가 성립한다고 단정한 원심판단에 업무방해죄의 위력에 관한 법리오해 및 심리미진의 위법이 있다고 한 사례이다.[187] 제3자로 하여금 상대방에게 어떤 조치를 취하게 하는 등으로 상대방의 업무에 곤란을 야기하거나 그러한 위험이 초래되게 하였다 하더라도, 행위자가 제3자의 의사결정에 관여할 수 있는 권한을 가지고 있거나 그에 대하여 업무상 지시를 할 수 있는 지위에 있는 경우에는 특별한 사정이 없는 한 업무방해죄를 구성하지 아니한다.[188] 근로자가 그 주장을 관철할 목적으로 근로의 제공을 거부하여 업무의 정상적인 운영을 저해하는 쟁의행위로서의 파업도, 단순히 근로계약에 따른 노무의 제공을 거부하는 부작위에 그치지 아니하고 이를 넘어서 사용자에게 압력을 가하여 근로자의 주장을 관철하고자 집단적으로 노무제공을 중단하는 실력행사이므로, 업무방해죄에서 말하는 위력에 해당하는 요소를 포함하고 있다. 그런데 근로자는, 헌법 제37조 제2항에 의하여 국가안전보장 · 질서유지 또는 공공복리 등의 공익상의 이유로 제한될 수 있고 그 권리의 행사가 정당한 것이어야 한다는 내재적 한계가 있어 절대적인 권리는 아니지만, 원칙적으로는 헌법상 보장된 기본권으로서 근로조건 향상을 위한 자주적인 단결권 · 단체교섭권 및 단체행동권을 가진다(헌법 제33조 제1항). 그러므로 쟁의행위로서의 파업이 언제나 업무방해죄에 해당하는 것으로 볼 것은 아니고, 전후 사정과 경위 등에 비추어 사용자가 예측할 수 없는 시기에 전격적으로 이루어져 사용자의 사업운영에 심대한 혼란 내지 막대한 손해를 초래하는 등으로 사용자의 사업계속에 관한 자유의사가 제압 · 혼란될 수 있다고 평가할 수 있는 경우에 비로소 그 집단적 노무제공의 거부가 위력에 해당하여 업무방해죄가 성립한다고 봄이 상당하다.[189] 노동조합 및 노동관계조정법 시행령 제17조에서 규정하고 있는 쟁의행위의 일시 · 장소 · 참가인원 및 그 방법에 관한 서면신고의무는 쟁의행위를 함에 있어 그 세부적 · 형식적 절차를 규정한 것으로서 쟁의행위에 적법성을 부여하기 위하여 필요한 본질적인 요소는 아니므로, 신고절차의 미준수만을 이유로 쟁의행위의 정당성을 부정할 수는 없다.[190] 노동조합의 조합원들이 쟁의행위로 사용자인 서울특별시건축사회의 사무실 일부를 점거한 사안에서, 점거한 곳의 범위와 평소의 사용형태, 사용자측에서 이를 사용하지 못하게 됨으로써 입은 피해의 내용과 정도 등에 비추어 이는 폭력의 행사에 해당하지 않는 사업장시설의 부분적 · 병존적인 점거로서 사용자의 재산권과 조화를 이루고 있고, 사용자의 업무가 실제로 방해되었거나 업무방해의 결과를 초래할 위험성이 발생하였다고 보기 어려우므로, 위 점거행위는 노동관계 법령에 따른 정당한 행위로서 위법성이 조각되어 업무방해죄의 책임을 물을 수 없다고 한 사례이다.[191] 시장번영회 회장이 이사회의 결의와 시장번영회의

---

187) 대법원 2014.8.20. 선고 2011도468 판결.

188) 대법원 2013.2.28. 선고 2011도16718 판결.

189) 대법원 2011.10.27. 선고 2010도7733 판결; 대법원 2011.10.27. 선고 2009도3390 판결; 대법원 2011.3.17. 선고 2007도482 전원합의체 판결.

190) 대법원 2007.12.28. 선고 2007도5204 판결.

191) 대법원 2007.12.28. 선고 2007도5204 판결.

관리규정에 따라서 관리비 체납자의 점포에 대하여 실시한 단전조치는 정당행위로서 업무방해죄를 구성하지 아니한다.[192] 노동쟁의는 특별한 사정이 없는 한 그 절차에 있어 조정절차를 거쳐야 하는 것이지만, 이는 반드시 노동위원회가 조정결정을 한 뒤에 쟁의행위를 하여야만 그 절차가 정당한 것은 아니라고 할 것이고, 노동조합이 노동위원회에 노동쟁의 조정신청을 하여 조정절차가 마쳐지거나 조정이 종료되지 아니한 채 조정기간이 끝나면 조정절차를 거친 것으로서 쟁의행위를 할 수 있다.[193] 피고인이 이 사건 시장번영회의 회장으로서 시장번영회에서 제정하여 시행중인 관리규정을 위반하여 칸막이를 천장에까지 설치한 일부 점포주들에 대하여 단전조치를 하여 위력으로써 그들의 업무를 방해하였다는 공소사실에 대하여, 피고인이 이러한 행위에 이르게 된 경위가 단전 그 자체를 궁극적인 목적으로 한 것이 아니라 위 관리규정에 따라 상품진열 및 시설물 높이를 규제하므로써 시장기능을 확립하기 위하여 적법한 절차를 거쳐 시행한 것이고 그 수단이나 방법에 있어서도 비록 전기의 공급이 현대생활의 기본조건이기는 하나 위 번영회를 운영하기 위한 효과적인 규제수단으로서 회원들의 동의를 얻어 시행되고 있는 관리규정에 따라 전기공급자의 지위에서 그 공급을 거절한 것이므로 정당한 사유가 있다고 볼 것이고, 나아가 제반사정에 비추어 보면 피고인의 행위는 법익균형성, 긴급성, 보충성을 갖춘 행위로서 사회통념상 허용될 만한 정도의 상당성이 있는 것이므로 피고인의 각 행위는 형법 제20조 소정의 정당행위에 해당한다고 판단하였는바, 이를 기록과 대조하여 살펴보면 원심의 이러한 판단은 정당하고 거기에 정당행위에 관한 법리를 오해한 위법이 있다고 할 수 없다. 논지는 이유가 없다.[194] 쟁의행위의 목적이 위법하지 아니하고 시위행위가 병원의 업무개시 전이거나 점심시간을 이용하여 현관로비에서 이루어졌고 쟁의행위의 방법이 폭력행위를 수반하지 아니한 점에 비추어 업무방해죄의 성립을 인정하기 어렵다고 한 사례이다.[195] 갑회사가, 건축공사를 시공하던 을에 대한 채권자단 대표로부터 공사시공권을 인수하였다 하더라도 적법한 절차를 거쳐 공사현장을 인수받지 아니하고 실력으로 공사현장을 인수받아 공사를 시행(계속)하려 한다면 을이 공사현장에 들어오려는 갑회사의 사람들을 제지하였다고 하여 갑회사의 정당한 업무를 방해한 것이라고 할 수 없다.[196] 갑회사가 을이 점유하던 공사현장에 실력을 행사하여 들어와 현수막 및 간판을 설치하고 담장에 글씨를 쓴 행위는 을의 시공 및 공사현장의 점유를 방해하는 것으로서 을의 법익에 대한 현재의 부당한 침해라고 할 수 있으므로 을이 그 현수막을 찢고 간판 및 담장에 씌어진 글씨를 지운 것은 그 침해를 방어하기 위한 행위로서 상당한 이유가 있다.[197] 자기소유의 토지에다 타인이 가옥을 신축하려고 기초를 판 것을 메워버린 행위는 자기소유, 점유에 대한 부당한 침탈 또는 방해행위를 배제하기 위한 것이고 이를 타인의 업무를 방해한 것이라고 보기는 어렵다.[198] 정당한 업무수행이라고 할 수 없는 행위에 대하여 피고인들이 위력으로 방해하였다 하더라도 이는 오히려 피고인들의 업무에 대한 부당한 침탈 또는 방해행위의 배제를 위한 것이어서 업무방해죄가 성립하지 않는다.[199] 피고인이 계원들로 하여금 공소외 (갑)대신 피고인을 계주로 믿게 하여 계금을 지급하고 불입금을 지급받아 위계를 사용하여 공소외 (갑)의 계운영업무를 방해하였다고 하여도 피고인에 대하여 다액의 채무를 부담하고

192) 대법원 2004.8.20. 선고 2003도4732 판결.
193) 대법원 2003.12.26. 선고 2001도1863 판결.
194) 대법원 1994.4.15. 선고 93도2899 판결.
195) 대법원 1992.12.8. 선고 92도1645 판결.
196) 대법원 1989.3.14. 선고 87도3674 판결.
197) 대법원 1989.3.14. 선고 87도3674 판결.
198) 대법원 1985.10.22. 선고 85도1597 판결.
199) 대법원 1983.10.11. 선고 82도2584 판결.

있던 공소외 (갑)으로서는 채권확보를 위한 피고인의 요구를 거절할 수 없었기 때문에 피고인이 계주의 업무를 대행하는데 대하여 이를 승인 내지 묵인한 사실이 인정된다면 피고인의 소위는 이른바 위 공소외 (갑)의 승락이 있었던 것으로서 위법성이 저각되어 업무방해죄가 성립되지 않는다.[200] 피고인이 점유 경작하고 있는 논에 공소외인이 그 논의 소유권을 취득하였다는 이유로 적법한 절차에 의한 인도를 받지 아니한 채 묘판을 설치하려고 하자 피고인이 그 묘판을 허물어뜨린 행위는 피고인의 점유에 대한 부당한 침탈 또는 방해행위의 배제를 위한 행위이므로 이를 업무방해라고 할 수 없다.[201] 국유토지가 공개입찰에 의하여 매매되고 그 인도집행이 완료되었다 하더라도 그 토지의 종전 경작자인 피고인이 파종한 보리가 30센치 이상 성장하였다면 그 보리는 피고인의 소유로서 그가 수확할 권한이 있으므로 토지매수자가 토지를 경작하기 위하여 소를 이용하여 쟁기질을 하고 성장한 보리를 갈아 뭉게는 행위는 피고인의 재산에 대한 현재의 부당한 침해라 할 것이므로 이를 막기 위하여 그 경작을 못 하도록 소 앞을 가로막고 쟁기를 잡아당기는 등의 피고인의 행위는 정당방위에 해당된다.[202] 토지의 인도집행이 있은 후에도 피고인이 다시 토지를 점유 경작하고 있었다면 그 점유가 비록 불법이라 하여도 새로운 점유상태가 형성되었다 할 것이므로 매수인이 다시 적법한 인도절차를 밟지 않고 한 경작행위는 정당한 업무수행이라 할 수 없으므로 이를 저지한 피고인의 행위는 업무방해죄에 해당되지 않는다.[203]

위법성조각을 부정한 판례의 구체적 내용은 다음과 같다. 즉,

직장 또는 사업장시설의 점거가 적극적인 쟁의행위의 한 형태로서 이루어지는 경우 그 점거의 범위가 직장 또는 사업장시설의 일부분이고 사용자 측의 출입이나 관리지배를 배제하지 않는 병존적인 점거에 지나지 않을 때에는 정당한 쟁의행위로 볼 수 있으나, 이와 달리 직장 또는 사업장시설을 전면적, 배타적으로 점거하여 조합원 이외의 자의 출입을 저지하거나 사용자 측의 관리지배를 배제하여 업무의 중단 또는 혼란을 야기케 하는 것과 같은 행위는 이미 정당성의 한계를 벗어나 업무방해죄를 구성한다.[204] 인천국제공항은 이용객인 내 · 외국인들의 안전과 질서가 무엇보다 중시되는 장소인 점, 구 항공법(2016.3.29. 법률 제14116호 항공안전법 부칙 제2조로 폐지되기 전의 것, 이하 같다)에 의하여 공항시설의 무단점유 등이 금지되어 있고(제106조의2), 인천국제공항을 관리하는 인천국제공항공사는 공항시설의 보안과 안전에 관한 사항에 관하여 국토교통부장관의 지도 · 감독을 받는 점(인천국제공항공사법 제16조), 이 사건 공소사실 기재 행위의 방법 · 규모 · 피고인 등이 들고 있던 피켓에 적힌 문구의 내용 등에 비추어 인천국제공항의 이용객들에게 위압감과 불안감을 주었을 것으로 보이는 점 및 인천국제공항공사는 피고인 등과 직접적인 근로계약관계나 근로자파견관계에 있다고 보기 어려워 원칙적으로 제3자의 지위에 있다는 점 등 그 판시와 같은 사정을 들어 이 사건 노동조합의 조합활동으로 이루어진 피고인 등의 이 사건 피켓시위 및 인천국제공항공사의 시위 중단 · 퇴거 요구에 불응한 채 계속해서 시위를 지속한 것은 도급인인 인천국제공항공사에 대한 관계에서 위법한 행위라고 판단하였다. 원심판결 이유를 관련 법리와 기록에 비추어 살펴보면, 원심의 이유 설시에 일부 부적절한 점이 있으나, 원심의 위와 같은 판단은 결론적으로 정당하다.[205] 쟁의행위로서의 파업은 근로자가 사용자에게 압력을 가하여

200) 대법원 1983.2.8. 선고 82도2486 판결.
201) 대법원 1980.9.9. 선고 79도249 판결.
202) 대법원 1977.5.24. 선고 76도3460 판결.
203) 대법원 1977.5.24. 선고 76도3460 판결.
204) 대법원 2021.9.16. 선고 2015도12632 판결; 대법원 2001.11.27. 선고 99도4779 판결; 대법원 1991.6.11. 선고 91도383 판결.

그 주장을 관철하고자 집단적으로 노무제공을 중단하는 실력행사여서 업무방해죄에서의 위력으로 볼 만한 요소를 포함하고 있지만, 근로자에게는 원칙적으로 헌법상 보장된 기본권으로서 근로조건 향상을 위한 자주적인 단결권·단체교섭권 및 단체행동권이 있으므로, 이러한 파업이 언제나 업무방해죄의 구성요건을 충족한다고 할 것은 아니며, 전후 사정과 경위 등에 비추어 전격적으로 이루어져 사용자의 사업운영에 심대한 혼란 내지 막대한 손해를 초래할 위험이 있는 등의 사정으로 사용자의 사업계속에 관한 자유의사가 제압·혼란될 수 있다고 평가할 수 있는 경우 비로소 그러한 집단적 노무제공의 거부도 위력에 해당하여 업무방해죄를 구성한다고 보는 것이 타당하다.[206) 전국민주노동조합총연맹 부위원장인 피고인이 위원장 등과 공모하여 연맹 산하의 전국 사업장에서 '미국산 쇠고기 수입 반대' 등을 주된 목적으로 총파업을 실시하여 위력으로 사용자의 업무를 방해하였다는 내용으로 기소된 사안에서, 사용자의 사업계속에 관한 자유의사가 제압·혼란될 수 있는 경우로 평가할 여지가 없는 일부 사업장을 포함하여 공소사실 전부를 유죄로 인정한 원심판결에 법리오해의 위법이 있다고 한 사례이다.[207) 피고인을 비롯한 전국철도노동조합 집행부가 중앙노동위원회 위원장의 직권중재회부결정에도 불구하고 파업에 돌입할 것을 지시하여, 조합원들이 전국 사업장에 출근하지 아니한 채 업무를 거부하여 철도 운행이 중단되도록 함으로써 한국철도공사에 영업수익 손실과 대체인력 보상금 등 막대한 손해를 입힌 사안에서, 중앙노동위원회 위원장의 중재회부보류결정의 경위 및 내용, 노동조합의 총파업 결의 이후에도 노사 간에 단체교섭이 계속 진행되다가 최종적으로 결렬된 직후 위 직권중재회부결정이 내려진 점을 감안할 때, 한국철도공사로서는 노동조합이 필수공익사업장으로 파업이 허용되지 않는 사업장에서 구 노동조합 및 노동관계조정법(2006.12.30. 법률 제8158호로 개정되기 전의 것)상 직권중재회부 시 쟁의행위 금지규정 등을 위반하면서까지 파업을 강행하리라고는 예측할 수 없었다 할 것이고, 나아가 파업의 결과 수백 회에 이르는 열차 운행이 중단되어 한국철도공사의 사업운영에 예기치 않은 중대한 손해를 끼친 사정들에 비추어, 위 파업은 사용자의 자유의사를 제압·혼란케 할 만한 세력으로서 형법 제314조 제1항에서 정한 '위력'에 해당한다고 보기에 충분하다는 이유로, 같은 취지에서 피고인에 대한 업무방해의 공소사실을 유죄로 인정한 원심판결을 수긍한 사례이다.[208) 직장 또는 사업장시설의 점거는 적극적인 쟁의행위의 한 형태로서 그 점거의 범위가 직장 또는 사업장시설의 일부분이고 사용자측의 출입이나 관리지배를 배제하지 않는 병존적인 점거에 지나지 않을 때에는 정당한 쟁의행위로 볼 수 있으나, 이와 달리 직장 또는 사업장시설을 전면적, 배타적으로 점거하여 조합원 이외의 자의 출입을 저지하거나 사용자측의 관리지배를 배제하여 업무의 중단 또는 혼란을 야기케 하는 것과 같은 행위는 이미 정당성의 한계를 벗어난 것이라고 볼 수밖에 없다.[209) 호텔 내 주점의 임대인이 임차인의 차임연체를 이유로 계약서상 규정에 따라 위 주점에 대하여 단전·단수조치를 취한 경우, 약정 기간이 만료되었고 임대차보증금도 차임연체 등으로 공제되어 이미 남아있지 않은 상태에서 미리 예고한 후 단전·단수조치를 하였다면 형법 제20조의 정당행위에 해당하지만, 약정 기간이 만료되지 않았고 임대차보증금도 상당한 액수가 남아있는 상태에서 계약해지의 의사표시와 경고만을 한 후 단전·단수조치를 하였다면 정당행위로 볼 수 없다.[210) 사무실 임차인이 임대차계약 종료 후 갱신계

205) 대법원 2020.11.12. 선고 2016도8627 판결.

206) 대법원 2014.11.13. 선고 2011도393 판결; 대법원 2014.8.20. 선고 2011도468 판결; 대법원 2011.3.17. 선고 2007도482 전원합의체 판결.

207) 대법원 2011.10.27. 선고 2009도3390 판결.

208) 대법원 2011.3.17. 선고 2007도482 전원합의체 판결(다수의견).

209) 대법원 2007.12.28. 선고 2007도5204 판결; 대법원 1991.6.11. 선고 91도383 판결.

210) 대법원 2007.9.20. 선고 2006도9157 판결.

약 여부에 관한 의사표시나 명도의무를 지체하고 있다는 이유로 임대인이 단전조치를 취하여 업무방해죄로 기소된 사안에서, 임대차계약서 제16조 제2항은 "제16조 제1항의 경우 임대인이 임차인에게 단전조치 등을 요구할 수 있다"는 취지로 규정되어 있으나, 피해자는 임대차계약의 종료 후 '갱신계약에 관한 의사표시 혹은 명도의무를 지체'하였을 뿐 차임, 관리비의 연체 등과 같은 위 제16조 제1항 각 호의 위반행위를 한 적이 없기 때문에 이 사건의 경우 단전조치에 관한 계약상의 근거가 없고(가사 계약상의 근거가 있다 하여도 피해자의 승낙은 언제든지 철회할 수 있는 것이므로 이 사건에 있어서와 같이 피해자측이 단전조치에 대해 즉각 항의하였다면 그 승낙은 이미 철회된 것으로 보아야 할 것이다), 피해자가 이 사건 단전조치와 같은 이유로 2003. 12.경에도 피고인에 의한 단전조치를 당한 경험이 있다거나 이 사건 단전조치 전 수십 차례에 걸쳐 피고인으로부터 단전조치를 통지받았다거나, 혹은 피고인에게 기한유예 요청을 하였다는 사정만으로는 이 사건 단전조치를 묵시적으로 승낙하였던 것으로 볼 수도 없으므로, 이 사건 단전조치는 피해자의 승낙에 의한 행위로서 무죄라고 볼 수 없다.[211] 차임이나 관리비를 단 1회도 연체한 적이 없는 피해자가 임대차계약의 종료 후 임대료와 관리비를 인상하는 내용의 갱신계약 여부에 관한 의사표시나 명도의무를 지체하고 있다는 이유만으로 그 종료일로부터 16일 만에 피해자의 사무실에 대하여 단전조치를 취한 피고인의 행위는 그 권리를 확보하기 위하여 다른 적법한 절차를 취하는 것이 매우 곤란하였던 것으로 보이지 않아 그 동기와 목적이 정당하다거나 수단이나 방법이 상당하다고 할 수 없고, 또한 그에 관한 피고인의 이익과 피해자가 침해받은 이익 사이에 균형이 있는 것으로도 보이지 않으므로, 같은 취지의 원심 판단은 정당하고, 이 사건 단전조치가 사회상규에 위배되지 아니하는 정당행위로서 무죄라는 상고이유의 주장도 받아들일 수 없다.[212] 피고인이 인접한 점포의 전 주인을 위하여 설치하여 준 전기배선과 상하수도 배관시설은 영구적인 것이 아니라 임시로 설치된 것으로 상가관리규약에 따라 인접 점포의 현 소유자인 피해자가 자신의 책임하에 설치하여야 하는 것이나 이전부터 피고인의 점포를 통하여 사용하던 시설을 피고인의 양해하에 그대로 사용하였던 것인 바, 피고인 소유의 점포를 통하여 피해자에게 전기를 공급하거나 상 · 하수도 시설을 연결하여 주어야 할 의무가 없는 피고인이 상당한 기간을 두고 철거통지를 하고 피해자로 하여금 대책을 강구하도록 하였으면 피해자로서는 피고인과 협의를 하여 이를 계속 사용할 방법을 강구하거나 협의가 되지 아니하면 자신의 비용과 책임하에 적절한 대체수단을 강구하였어야 하는 것임에도 이에 이르지 아니하였고, 피해자가 피고인 소유 점포를 통하지 아니하면 전기나 상하수도를 사용할 수 없는 것도 아니며, 피해자가 전기와 상하수도를 복구하는 데 소요된 시간이 10시간 정도였다면, 피고인의 위 전기 및 상하수도 시설 철거행위를 권리남용이라 할 수 없고, 그 대책을 강구하도록 부여한 10일의 기간이 부당하게 짧다고 볼 수도 없으므로 피고인의 철거행위는 적절한 절차를 거쳐 자신의 권리를 행사한 것으로 위법성이 없다 할 것이어서 업무방해죄를 구성하지 아니한다.[213] 백화점 입주상인들이 영업을 하지 않고 매장 내에서 점거 농성만을 하면서 매장 내의 기존의 전기시설에 임의로 전선을 연결하여 각종 전열기구를 사용함으로써 화재위험이 높아 백화점 경영 회사의 대표이사인 피고인이 부득이 단전조치를 취하였다면, 그 단전조치 당시 보호받을 업무가 존재하지 않았을 뿐만 아니라 화재예방 등 건물의 안전한 유지 관리를 위한 정당한 권한 행사의 범위 내의 행위에 해당하므로 피고인의 단전조치가 업무방해죄를 구성한다고 볼 수 없다.[214] 이 사건 각 범죄사실은 피고인들이 다른 노조원들과 함께 또는 공모하여 인천지역 의료보험

211) 대법원 2006.4.27. 선고 2005도8074 판결.
212) 대법원 2006.4.27. 선고 2005도8074 판결.
213) 인천지방법원 2004.7.19. 선고 2004노890 판결.

조합의 각 지부사무실 등을 근무시간 중이나 이와 아주 근접한 시간에 무단으로 점거하고, 또 쟁의행위로서 행하였다고는 하나 적게는 16명, 많게는 160명 정도의 노조원들을 동원하여 구호와 노동가 등을 제창하고 위 조합의 대표이사에게 욕설을 하거나 멱살을 잡고 사무원들을 밀치거나 쫓아내는 등의 방법으로 위력을 행사하여 위 조합의 각종 업무를 방해한 사실이 인정되는 바, 피고인들의 위와 같은 행위는 이를 쟁의행위로서 한 것이라고 하더라도 법률상 허용될 수 없는 전면적, 배타적 시설점거와 같은 재산권 침해행위나, 폭력행위로서 위 조합의 각종 업무를 방해한 것이 되어, 이는 형법 제314조 소정의 위력으로써 사람의 업무를 방해한 경우에 해당한다고 보아야 할 것이다. 그리고 이 경우 실제로 업무방해의 결과가 발생하지 아니하였더라도 업무방해의 결과를 초래할 위험성은 충분한 것이어서 사회상규상 허용될 수 없는 것이므로 정당한 노조활동이라고 볼 수 없어 위법성이 조각되지 아니한다고 할 것이고, 쟁의행위 자체에 성질상 집단성과 단체성이 내포되어 있는 것이라는 점을 고려에 넣는다고 하여도 마찬가지이다.[215] 보험회사의 노조 쟁의대책위원회의 총무가 쟁의대책위원 등과 공모공동하여, 일요일을 제외한 1주일 동안 매일 약 1,500명 내지 약 2,000명의 노조원들을 동원하여 18:00경에 회사 건물 1층 로비에서 정기적으로 당일 참가노조원의 총회를 갖고, 나머지 시간에는 쟁의대책위원회에서 지정한 대로 위 건물 1층 로비, 5층 계약부 영업장 등의 사무실 앞 복도 등에 플래카드를 걸고 대자보를 붙이고 각 농성장에서 다수의 인원으로 농성장을 점거하여 고객 및 근무사원들의 통행을 방해하고, 구호, 노래 등의 제창과 앰프와 꽹과리 등의 사용 등으로 각종 소음을 발생시키고, 영업대 등을 점거하거나 사무실 진입을 시도하면서 관리직사원들과 몸싸움과 욕설 등을 하고, 복도를 점거하고 출입문을 다중의 힘으로 봉쇄하여 감금하는 등의 방법으로 점거농성을 하였다면, 위의 쟁의행위는 직장 또는 사업장 시설의 전면적 또는 배타적인 점거에 해당할 뿐 아니라 폭력에 의한 업무저해행위까지도 수반한 것이어서 쟁의행위의 정당성의 한계를 벗어난 것이므로 업무방해죄를 구성한다.[216] 피해어민인 피고인들이 그들의 피해보상요구에 대한 **정유측의 무성의에 대처하기 위하여 이 사건 시위 등에 이른 사정은 수긍이 가나 피고인들이 이를 관철하기 위하여 판시와 같이 집단적인 시위를 하고, 선박의 입·출항 업무를 방해하며 이를 진압하려는 경찰관들을 대나무 사잇대 등을 들고 구타하여 상해를 입히는 등의 행위를 한 이 사건 각 범행의 수단, 방법 및 그 결과 등에 비추어 위 각 범행이 사회통념상 용인될만한 상당성이 있는 정당행위라고는 할 수 없다 할 것이다.[217] 근로조건의 유지 또는 향상 등의 쟁의행위의 목적이 아닌 다른 목적을 위하여 다수 근로자들이 상호의사 연락하에 집단적으로 일시에 조퇴하거나 결근하는 등 노무제공을 거부함으로써 업무의 정상적인 운영을 저해하였다면 이는 다중의 위력에 의한 업무방해 행위에 해당한다고 보아야 할 것이다. 이는 다수 근로자들의 집단적 행위가 형법 제314조에 규정하는 위력, 즉 사람의 자유의사를 제압할 만한 세력이 되기 때문이다.[218] 피고인이 판시 슈퍼마켓사무실에서 식칼을 들고 피해자를 협박한 행위와 식칼을 들고 매장을 돌아다니며 손님을 내쫓고 영업을 방해한 행위는 별개의 행위라 할 것이고 피고인이 판시 슈퍼마켓의 점장으로 근무한 일이 있었다 하여도 판시와 같이 그 점포의 영업을 방해하였다면 그것은 점장인 피고인의 업무가 아니라 경영주의 업무를 방해하였다 할 것이며 피고인의 판시 업무방해행위는 정당한 노동쟁의행위라고는 보여지지 아니한다.[219] 근로기준법상 월차유급

214) 대법원 1995.6.30. 선고 94도3136 판결.
215) 대법원 1992.11.10. 선고 92도1315 판결.
216) 대법원 1991.6.11. 선고 91도383 판결.
217) 대법원 1991.5.10. 선고 91도346 판결; 대법원 1990.8.14. 선고 90도870 판결; 대법원 1989.12.26. 선고 89도1512 판결.
218) 대법원 1991.4.23. 선고 90도2961 판결; 대법원 1991.1.23. 선고 90도2852 판결.

휴가의 사용은 근로자의 자유의사에 맡겨진 것으로서 연차유급휴가와는 달리 사용자에게 그 시기를 변경할 수 있는 권한조차 없는 것이지만, 정당한 쟁의행위의 목적이 없이 오직 업무방해의 수단으로 이용하기 위하여 다수의 근로자가 집단적으로 일시에 월차유급휴가를 신청하여 일제히 결근함으로써 회사 업무의 정상적인 운영을 저해한 경우에는 업무방해행위를 구성한다고 볼 수밖에 없다.[220] 피고인들이 한 통근버스 운행방해, 탈의실 농성점거, 농성행위 등의 행위가 적법한 절차를 거치지 않고 이루어진 것이어서 업무방해죄, 일반교통방해죄의 구성요건에 해당하는 것이라면 정당한 노동조합 활동이라고 볼 수 없어 법령에 의한 행위 또는 업무로 인한 행위라고 할 수 없고, 설사 피고인들이 노동조건의 개선이나 임금인상 등의 목적을 관철하기 위하여 그와 같은 행위를 하였다고 하여도 이와 같이 그 절차가 위법이고, 또 그 방법이 위와 같은 것이어서 사회상규상 허용될 수 없는 것인 이상은 마찬가지이므로 위법성이 조각되지 아니한다.[221] 해고되어 회사의 근로자도 아닌 피고인이 시위근로자 570명과 함께 회사건물 본관 앞까지 이동한 다음 무단점거를 저지하려는 관리직사원 등 400여명을 힘으로 밀어붙이고 동 건물을 점거하였는데 이러한 집단행위가 적법한 쟁의행위도 아니었으며, 또한 쟁의행위에 당연히 수반되는 범위에 든다고 할 수 없는 관리직 사원 600여명의 업무영역에 관하여 방해를 한 경우에 있어서 원심이 위 피고인의 행위를 건조물침입죄 및 업무방해죄로 각 의율처단한 것은 옳다.[222] 피고인이 계원들로 하여금 공소외 (갑)대신 피고인을 계주로 믿게 하여 계금을 지급하고 불입금을 지급받아 위계를 사용하여 공소외 (갑)의 계운영업무를 방해하였다고 하여도 피고인에 대하여 다액의 채무를 부담하고 있던 공소외 (갑)으로서는 채권확보를 위한 피고인의 요구를 거절할 수 없었기 때문에 피고인이 계주의 업무를 대행하는데 대하여 이를 승인 내지 묵인한 사실이 인정된다면 피고인의 소위는 이른바 위 공소외 (갑)의 승락이 있었던 것으로서 위법성이 저각되어 업무방해죄가 성립되지 않는다.[223] 토지의 실제 소유권자가 적법한 절차에 의하여 점유이전을 받지 못한 상태에서 본건 밭을 자경하겠다는 내용의 내용 증명 우편을 현재의 점유자들에게 발송한 후 경작하였다 하더라도 이를 정당한 업무수행 행위로 볼 수 없다.[224] 전용실시권 없이 의장권만을 경락에 의하여 취득한 자가 전용실시권에 기하여 그 권리범위에 속하는 물품을 제조판매하는 거래에 관하여 자기에게만 실시권이 있는 양 주장하면서 물품의 제조판매의 중지와 불응시 제재하겠다는 통고문을 내용증명우편으로 발송하였다면 이는 업무방해죄의 구성요건을 충족할 수 있다.[225] 토지소유자로부터 토지를 매수하여 중도금까지 지급하고 토지에 대한 사용권한을 받아 공사에 착수하였다 하더라도 토지점유자인 피고인에 대하여 적법한 절차를 걸쳐 공사에 착수하였다는 점에 관한 사실을 입증하지 못하는 한 위 공사시행은 업무방해죄에서 말하는 정당한 업무라고 할 수 없다.[226]

(4) 책임조각사유

본죄도 책임조각사유에 의하여 책임이 조각될 수 있다. 법률의 착오가 있거나 기대가능성이 없는 경우 등이다. 책임을 긍정한 판례의 구체적 내용은 다음과 같다. 즉,

---

219) 대법원 1991.1.29. 선고 90도2445 판결.
220) 대법원 1991.1.23. 선고 90도2852 판결.
221) 대법원 1990.7.10. 선고 90도755 판결.
222) 대법원 1990.6.12. 선고 90도672 판결.
223) 대법원 1983.2.8. 선고 82도2486 판결.
224) 대법원 1977.10.11. 선고 77도2502 판결.
225) 대법원 1977.4.26. 선고 76도2446 판결.
226) 대법원 1972.5.9. 선고 72도710 판결.

임대를 업으로 하는 자가 임차인으로 하여금 계약상의 의무이행을 강요하기 위한 수단으로 계약서의 조항을 근거로 임차물에 대하여 일방적으로 단전 · 단수조치를 함에 있어 자신의 행위가 죄가 되지 않는다고 오인하더라도, 특별한 사정이 없는 한 그 오인에는 정당한 이유가 있다고 볼 수는 없다.[227] 사무실 임차인이 임대차계약 종료 후 갱신계약 여부에 관한 의사표시나 명도의무를 지체하고 있다는 이유로 임대인이 단전조치를 취하여 업무방해죄로 기소된 사안에서, 사무실 임대를 업으로 하는 피고인이 위와 같은 사정에서 일방적으로 취한 단전조치가 죄가 되지 않는다고 오인한 것에는 정당한 이유가 있다고 볼 수 없으므로, 같은 취지의 원심 판단은 정당하고, 이 사건 단전조치가 정당한 이유가 있는 법률의 착오로서 무죄라는 상고이유의 주장 또한 받아들일 수 없다.[228]

책임을 부정한 판례의 구체적 내용은 다음과 같다. 즉,

피고인이 본건 "1965년도 서울시내 사립 및 공립고등학교 전기 입학 고사 연합출제 채점 기준표"를 절취하였거나 그 절취에 공모 가담한바 없을 뿐 아니라, 피고인이 위의 채점 기준표를 매수하여 입수한바 없고 다만 피고인의 누이인 원심 공동피고인으로부터 받아 그 답을 암기한 후 그 암기에 따라 고등학교 입학시험 답안을 작성하여 제출하였다는 것이다. 입학시험에 응시한 수험생으로서, 자기 자신이 부정한 방법으로 탐지한 것이 아니고 우연한 기회에 미리 출제될 시험문제를 알게 되어 그에 대한 답을 암기하였을 경우, 그 암기한 답에 해당된 문제가 출제되었다 하여도 위와 같은 경위로서 암기한 답을 그 입학시험 답안지에 기재하여서는 아니된다는 것을 그 일반 수험자에게 기대한다는 것은 보통의 경우 도저히 불가능하다 할것인 바, 본건에 있어서 위에서 말한 바와 같이 피고인은 자기 누이로부터 어떠한 경위로 입수되었는지 모르는 채점기준표를 받았고 그에 기재 된 답을 암기하였으며 그 암기한 답에 해당된 문제가 출제되었으므로 미리 암기한 기억에 따라 답안을 작성제출하였다는 것이므로 위와 같은 경우에 피고인으로 하여금 미리 암기한 답에 해당된 문제가 출제되었다 하여도 그 답안지에 미리 암기한 답을 기입하여서는 않된다고 기대하는 것은 수험생들의 일반적 심리상태로 보아 도저히 불가능하다 할 것이다.[229]

(5) 죄 수

허위사실을 유포한 1개의 행위가 허위사실 유포에 의한 업무방해죄뿐 아니라 허위사실 적시에 의한 명예훼손죄에도 해당하는 경우 그 2개의 죄는 상상적 경합관계에 있다.[230]

업무방해죄와 폭행죄는 구성요건과 보호법익을 달리하고 있고, 업무방해죄의 성립에 일반적 · 전형적으로 사람에 대한 폭행행위를 수반하는 것은 아니며, 폭행행위가 업무방해죄에 비하여 별도로 고려되지 않을 만큼 경미한 것이라고 할 수도 없으므로, 설령 피해자에 대한 폭행행위가 동일한 피해자에 대한 업무방해죄의 수단이 되었다고 하더라도 그러한 폭행행위가 이른바 '불가벌적 수반행위'에 해당하여 업무방해죄에 대하여 흡수관계에 있다고 볼 수는 없다.[231]

227) 대법원 2007.9.20. 선고 2006도9157 판결; 대법원 2006.4.27. 선고 2005도8074 판결.
228) 대법원 2006.4.27. 선고 2005도8074 판결.
229) 대법원 1966.3.22. 선고 65도1164 판결.
230) 대법원 2007.11.15. 선고 2007도7140 판결; 대법원 2007.2.23. 선고 2005도10233 판결.
231) 대법원 2012.10.11. 선고 2012도1895 판결.

2. 컴퓨터 등 장애 업무방해죄

(1) 서 언

본죄는 컴퓨터 등 정보처리장치 또는 전자기록등 특수매체기록을 손괴하거나 정보처리장치에 허위의 정보 또는 부정한 명령을 입력하거나 기타 방법으로 정보처리에 장애를 발생하게 하여 사람의 업무를 방해함으로써 성립한다(제314조 제2항).

종래의 업무방해죄는 수단으로서의 위계 · 위력 등이 사람에게 향하여져 있다는 것을 전제로 하고 있다. 그러나 여기에서는 컴퓨터를 구사하는 현대의 업무를 보호하기 위하여 신설된 규정이다. 또 컴퓨터에 대한 가해는 중대한 피해를 발생시킬 우려가 있기 때문에 형법에 의해 보호하려는 것이다.

보호법익은 사람의 경제적 활동으로서의 업무수행의 안전이고 개인적 법익에 대한 죄의 범위에 속하는 것이다.

(2) 구성요건

1) 객관적 구성요건

① 객 체

본죄의 객체는 업무이다. 사람은 업무의 주체이다. 사람은 범인 이외의 자연인, 법인 또는 법인격 없는 단체 등이다. 보호의 객체는 피해자의 업무이다.[232]

업무를 긍정한 판례의 구체적 내용은 다음과 같다. 즉,

> 한국도로공사가 고속도로 통행료 자동징수시스템을 도입하기로 결정하고 제조구매 입찰을 실시하면서 업체 선정을 위한 현장성능시험을 시행한 사안에서, 당시 입찰에 참가한 회사의 하이패스 시스템이 시험에 관한 기본가정 내지 도로공사의 제안요청서상 요구되는 기술적 조건을 충족하지 못하였고 입찰참여조건을 위반하여 성능시험 자체가 부적합한 것으로 드러났다고 하더라도, 위 시험의 개시나 수행과정에서의 하자 정도가 반사회성을 띠는 데까지 이르렀다고 볼 수 없다는 이유로, 도로공사의 위 성능시험 업무는 업무방해죄의 보호대상이 된다.[233]

② 행 위

ⓘ 방 해　　본죄의 실행행위는 방해이다. 방해행위는 가해행위, 장애의 발생 및 업무의 방해라는 3가지의 요소에 의하여 구성되고 있다.

ⓘⓘ 방해의 요소

ⅰ. 가해행위　　가해의 수단에는 컴퓨터 등 정보처리장치나 전자기록 등 특수매체기록을 손괴하거나, 정보처리장치에 허위의 정보 또는 부정한 명령을 입력하거나 또는 기타 방법이라는 3가지의 유형이 있다.

㉠ 컴퓨터 등 정보처리장치나 전자기록 등 특수매체기록의 손괴　　컴퓨터 등 정보처리장치란 자동적으로 계산이나 데이터처리를 할 수 있는 전자장치로서 하드웨어와 소프트

---

232) 대법원 2009.3.12. 선고 2008도11187 판결.
233) 대법원 2010.5.27. 선고 2008도2344 판결.

웨어를 모두 포함한다.[234] 본죄의 객체인 컴퓨터는 그 자체로서 정보처리능력을 가져야 한다. 따라서 정보처리능력이 없고 다른 기기에 조립되어 그 부품을 이루고 있는 경우에는 이에 해당되지 않는다.

특수매체기록이란 사람의 지각으로 인식할 수 없는 방식에 의하여 만들어진 기록으로서 정보처리장치에 의해 정보처리에 사용되는 것을 말한다. 전자기록 이외에도 전기적 기록이나 광학적 기록도 포함한다. 기록이란 일정한 기록매체에 정보 내지 데이터가 보존되어 있는 상태를 말한다. 기록은 어느 정도 영속성이 있어야 하므로 통신중 또는 중앙처리장치에 의하여 처리중인 데이터는 본죄의 객체가 아니다.

'손괴'란 유형력을 행사하여 물리적으로 파괴 · 멸실시키는 것뿐 아니라 전자기록의 소거나 자력에 의한 교란도 포함한다.[235]

㉡ 정보처리장치에 허위의 정보 또는 부정한 명령의 입력 　허위의 정보 또는 부정한 명령의 입력이란 객관적으로 진실에 반하는 내용의 정보를 입력하거나 정보처리장치를 운영하는 본래의 목적과 상이한 명령을 입력하는 것을 말한다.[236] 바이러스 감염, 해킹 등이 이에 속한다.

정보처리장치를 관리, 운영할 권한이 없는 자가 그 정보처리장치에 입력되어 있던 관리자의 아이디와 비밀번호를 무단으로 변경하는 행위는 정보처리장치에 부정한 명령을 입력하여 정당한 아이디와 비밀번호를 정보처리장치에 접속할 수 없게 만드는 행위로서 정보처리장치에 장애를 현실적으로 발생시킬 뿐 아니라 이로 인하여 업무방해의 위험을 초래할 수 있으므로 이 죄를 구성한다.[237]

㉢ 기타 방법 　기타 방법이란 컴퓨터의 정보처리에 장애를 초래하는 가해수단으로서 컴퓨터의 작동에 직접 · 간접으로 영향을 미치는 일체의 행위를 말한다.[238] 전원의 차단, 온도 · 습도 등의 동작환경의 파괴, 통신회선의 절단, 입출력장치 등의 부속설비의 손괴, 처리불능데이터의 입력 등이 그것이다.

ii. 장애의 발생 　가해행위의 결과 정보처리장치가 그 사용목적에 부합하는 기능을 하지 못하거나 사용목적과 다른 기능을 하는 등 정보처리의 장애가 현실적으로 발생하였을 것을 요한다.[239]

정보처리장치의 장애란 컴퓨터의 정상적인 기능을 저해하는 것을 말한다. 사용목적에

---

234) 대법원 2012.5.24. 선고 2011도7943 판결; 대법원 2004.7.9. 선고 2002도631 판결.

235) 대법원 2012.5.24. 선고 2011도7943 판결.

236) 대법원 2022.5.12. 선고 2021도1533 판결; 대법원 2020.2.13. 선고 2019도12194 판결; 대법원 2013.3.28. 선고 2010도14607 판결; 대법원 2012.5.24. 선고 2011도7943 판결.

237) 대법원 2007.3.16. 선고 2006도6663 판결; 대법원 2006.3.10. 선고 2005도382 판결.

238) 대법원 2022.5.12. 선고 2021도1533 판결; 대법원 2020.2.13. 선고 2019도12194 판결; 대법원 2013.3.28. 선고 2010도14607 판결; 대법원 2012.5.24. 선고 2011도7943 판결; 대법원 2010.9.30. 선고 2009도12238 판결; 대법원 2009.4.9. 선고 2008도11978 판결; 대법원 2004.7.9. 선고 2002도631 판결.

239) 대법원 2022.5.12. 선고 2021도1533 판결; 대법원 2020.2.13. 선고 2019도12194 판결; 대법원 2013.3.28. 선고 2010도14607 판결; 대법원 2012.5.24. 선고 2011도7943 판결; 대법원 2010.9.30. 선고 2009도12238 판결; 대법원 2004.7.9. 선고 2002도631 판결.

부합하는 동작을 못하게 하는 경우뿐만 아니라 사용목적에 어긋나는 동작을 하게 하는 경우를 포함한다. 따라서 전자적 기록 자체를 손괴하거나, 기사를 구속하여 정보처리장치의 동작을 정지시켜도 본죄에는 해당하지 않는다.

장애의 발생을 긍정한 판례의 구체적 내용은 다음과 같다. 즉,

포털사이트 운영회사의 통계집계시스템 서버에 허위의 클릭정보를 전송하여 검색순위 결정 과정에서 위와 같이 전송된 허위의 클릭정보가 실제로 통계에 반영됨으로써 정보처리에 장애가 현실적으로 발생하였다면, 그로 인하여 실제로 검색순위의 변동을 초래하지는 않았다 하더라도 '컴퓨터 등 장애 업무방해죄'가 성립한다.[240] 대학의 컴퓨터시스템 서버를 관리하던 피고인이 전보발령을 받아 더 이상 웹서버를 관리 운영할 권한이 없는 상태에서, 웹서버에 접속하여 홈페이지 관리자의 아이디와 비밀번호를 무단으로 변경한 행위는, 피고인이 웹서버를 관리 운영할 정당한 권한이 있는 동안 입력하여 두었던 홈페이지 관리자의 아이디와 비밀번호를 단지 후임자 등에게 알려 주지 아니한 행위와는 달리, 정보처리장치에 부정한 명령을 입력하여 정보처리에 현실적 장애를 발생시킴으로써 피해 대학에 업무방해의 위험을 초래하는 행위에 해당하여 컴퓨터 등 장애 업무방해죄를 구성한다.[241]

장애의 발생을 부정한 판례의 구체적 내용은 다음과 같다. 즉,

이 사건 프로그램은 피해자 회사의 네이버 포털사이트 서버가 이용자의 컴퓨터에 HTML (Hypertext Markup Language, 인터넷 홈페이지의 하이퍼텍스트 문서를 만들기 위해 사용되는 기본 언어) 파일 등 네이버 홈페이지의 정보를 전송하는 데에는 아무런 영향을 주지 않고, 다만 이용자의 동의에 따라 이 사건 프로그램이 설치된 해당 이용자의 컴퓨터 화면에서만 네이버 화면이 전송받은 원래 모습과는 달리 피고인들의 광고가 대체 혹은 삽입된 형태로 나타나도록 하는 것에 불과하므로, 이것만으로는 정보처리장치의 작동에 직접 · 간접으로 영향을 주어 그 사용목적에 부합하는 기능을 하지 못하게 하거나 사용목적과 다른 기능을 하게 하였다고 볼 수 없어 형법 제314조 제2항에 의한 컴퓨터 등 장애 업무방해죄로 의율할 수 없다 할 것이다.[242] 피고인들이 불특정 다수의 인터넷 이용자들에게 배포한 '업링크솔루션'이라는 프로그램은, 갑 회사의 네이버 포털사이트 서버가 이용자의 컴퓨터에 정보를 전송하는 데에는 아무런 영향을 주지 않고, 다만 이용자의 동의에 따라 위 프로그램이 설치된 컴퓨터 화면에서만 네이버 화면이 전송받은 원래 모습과는 달리 피고인들의 광고가 대체 혹은 삽입된 형태로 나타나도록 하는 것에 불과하므로, 이것만으로는 정보처리장치의 작동에 직접 · 간접으로 영향을 주어 그 사용목적에 부합하는 기능을 하지 못하게 하거나 사용목적과 다른 기능을 하게 하였다고 볼 수 없어 컴퓨터 등 장애 업무방해죄로 의율할 수 없다.[243] 메인 컴퓨터의 비밀번호는 시스템관리자가 시스템에 접근하기 위하여 사용하는 보안 수단에 불과하므로, 단순히 메인 컴퓨터의 비밀번호를 알려주지 아니한 것만으로는 정보처리장치의 작동에 직접 영향을 주어 그 사용목적에 부합하는 기능을 하지 못하게 하거나 사용목적과 다른 기능을 하게 하였다고 볼 수 없어 형법 제314조 제2항에 의한 컴퓨터등장애업무방해죄로 의율할 수 없다 할 것이다.[244]

240) 대법원 2009.4.9. 선고 2008도11978 판결.
241) 대법원 2006.3.10. 선고 2005도382 판결.
242) 대법원 2010.9.30. 선고 2009도12238 판결.
243) 대법원 2010.9.30. 선고 2009도12238 판결.
244) 대법원 2004.7.9. 선고 2002도631 판결.

iii. 업무의 방해 본죄는 정보처리에 장애를 발생하게 하여 업무방해의 결과를 초래할 위험이 발생한 이상 나아가 업무방해의 결과가 실제로 발생하지 않더라도 위 죄가 성립한다.[245)]

③ 결 과

본죄는 추상적 위험범이다. 방해의 결과가 실제로 발생하여야만 하는 것은 아니고 업무방해의 결과를 초래할 위험이 있으면 충분하다.[246)]

2) 주관적 구성요건

본죄는 고의범이다. 본죄의 고의는 인식적 요소로서 가해행위, 장애의 발생 및 업무방해의 위험의 발생이라는 사실에 대한 인식을 요한다. 미필적 고의로도 족하다. 본죄는 목적범이 아니다.

대법원도 "반드시 업무방해의 목적이나 계획적인 업무방해의 의도가 있어야만 하는 것은 아니고 자기의 행위로 인하여 타인의 업무가 방해될 가능성 또는 위험에 대한 인식이나 예견으로 충분하며, 그 인식이나 예견은 확정적인 것은 물론 불확정적인 것이라도 이른바 미필적 고의로 인정된다"고 판시한 바 있다.[247)]

(3) 죄 수

본죄와 전술한 업무방해죄는 특별법과 일반법의 관계에 있다. 따라서 본죄가 성립하는 경우에는 별도로 위의 업무방해죄는 성립하지 않는다.

Ⅲ. 처 벌

본죄의 법정형은 5년 이하의 징역 또는 1천500만원 이하의 벌금이다. 법정형이 공히 5년 이하의 징역 또는 1천만원 이하의 벌금인 공무집행방해죄나 위계에 의한 공무집행방해죄보다 무겁다. 본죄의 미수범은 처벌되지 아니한다.

§4. 경매·입찰방해죄

제315조(경매, 입찰의 방해) 위계 또는 위력 기타 방법으로 경매 또는 입찰의 공정을 해한 자는 2년 이하의 징역 또는 700만원 이하의 벌금에 처한다.

Ⅰ. 서 설

본죄는 위계 또는 위력 기타 방법으로 경매 또는 입찰의 공정을 해함으로써 성립한다. 본죄의 보호법익은 경매 또는 입찰의 공정이다. 보호의 정도는 추상적 위험범으로서의 보호

---

245) 대법원 2009.4.9. 선고 2008도11978 판결.

246) 대법원 2012.5.24. 선고 2011도7943 판결; 대법원 1992.4.10. 선고 91도3044 판결.

247) 대법원 2012.5.24. 선고 2011도7943 판결; 대법원 2009.1.15. 선고 2008도9410 판결.

이다.

Ⅱ. 범 죄

1. 구성요건

(1) 객관적 구성요건

1) 객 체

① 공 정

본죄의 객체는 경매 또는 입찰의 공정이다. 공정(公正)을 해하는 것이란 적정한 가격을 형성하는 공정한 자유경쟁이 방해될 우려가 있는 상태를 발생시키는 것을 말한다. 적정한 가격이란 객관적인 공정가격이 아니라 경매 또는 입찰의 구체적인 진행과정에서 얻어지는 가격을 의미한다.

대법원은 "입찰의 공정을 해하는 행위란 공정한 자유경쟁을 방해할 염려가 있는 상태를 발생시키는 것, 즉 공정한 자유경쟁을 통한 적정한 가격형성에 부당한 영향을 주는 상태를 발생시키는 것으로, 그 행위에는 가격결정뿐 아니라 적법하고 공정한 경쟁방법을 해하는 행위도 포함된다"고 판시한 바 있다.[248] 이러한 입찰방해 행위가 있다고 하기 위해서는 그 방해의 대상이 되는 입찰절차가 존재하여야 한다.[249] 따라서 이러한 입찰절차가 존재하지 않는 경우 공정을 해한 것으로 될 수 없다. 대법원도 "공정한 자유경쟁을 통한 적정한 가격형성을 목적으로 하는 입찰절차가 아니라 공적 · 사적 경제주체의 임의의 선택에 따른 계약체결의 과정에 공정한 경쟁을 해하는 행위가 개재되었다 하여 입찰방해죄로 처벌할 수는 없다"고 판시한 바 있다.[250]

② 경매 · 입찰

경매(競賣)란 매도인이 다수의 매수인으로부터 구두로 청약을 받고 그중에 최고가격의 청약자에게 승낙을 함으로써 성립하는 매매를 말한다.

입찰(入札)이란 경쟁계약에 있어서 다수인으로 하여금 문서로 계약내용을 표시하게 하고 그중 가장 유리한 청약자와 계약을 체결하는 것을 말한다. 경매 · 입찰의 종류는 묻지 않는다. 국가 또는 공공단체가 하는 경매 · 입찰뿐만 아니라 사인이 행하는 것도 포함된다. 대법원도 "입찰시행자가 입찰을 실시할 법적 의무에 기하여 시행한 입찰이라야만 입찰방해죄의

---

248) 대법원 2001.6.29. 선고 99도4525 판결; 대법원 2010.10.14. 선고 2010도4940 판결; 대법원 2009.5.14. 선고 2008도11361 판결; 대법원 2008.12.24. 선고 2007도9287 판결; 대법원 2008.5.29. 선고 2007도5037 판결; 대법원 2007.5.31. 선고 2006도8070 판결; 대법원 2006.12.22. 선고 2004도2581 판결; 대법원 2006.6.9. 선고 2005도8498 판결; 대법원 2005.3.25. 선고 2004도5731 판결; 대법원 2003.9.26. 선고 2002도3924 판결; 대법원 1994.11.8. 선고 94도2142 판결; 대법원 1994.5.24. 선고 94도600 판결; 대법원 1988.3.8. 선고 87도2646 판결; 대법원 1976.7.13 선고 74도717 판결; 대법원 1971.4.30 선고 71도519 판결.

249) 대법원 2008.12.24. 선고 2007도9287 판결; 대법원 2008.5.29. 선고 2007도5037 판결; 대법원 2007.5.31. 선고 2006도8070 판결; 대법원 2005.3.25. 선고 2004도5731 판결.

250) 대법원 2008.12.24. 선고 2007도9287 판결; 대법원 2008.5.29. 선고 2007도5037 판결.

객체가 되는 것은 아니다"라고 판시한 바 있다.[251]

공정의 침해를 긍정한 판례의 구체적 내용은 다음과 같다. 즉,

지명경쟁입찰의 시행자인 법인의 대표자가 특정인과 공모하여 그 특정인이 낙찰자로 선정될 수 있도록 예정가격을 알려 주고 그 특정인은 나머지 입찰참가인들과 담합하여 입찰에 응하였다면 입찰의 실시 없이 서류상으로만 입찰의 근거를 조작한 경우와는 달리 현실로 실시된 입찰의 공정을 해하는 것으로 평가되어 입찰방해죄가 성립한다.[252] 학교법인의 이사장인 피고인 4와 직원인 피고인 3이 나머지 피고인들과 공모하여 예정가격을 미리 알려 줌으로써 특정 업체가 공정한 자유경쟁 없이 공사를 낙찰받을 수 있도록 한 행위에 대하여 피고인들을 모두 유죄로 인정한 조치는 정당하여 수긍할 수 있고, 거기에 상고이유에서 주장하는 바와 같은 입찰방해죄의 요건에 관한 법리오해 등의 위법이 있다고 할 수 없다.[253] 설사 동종(同種)업자 사이의 무모한 출혈경쟁을 방지하기 위한 수단에 불과하여 입찰가격에 있어 입찰실시자의 이익을 해하거나 입찰자에게 부당한 이익을 얻게 하는 것이 아니었다 하더라도 실질적으로는 단독입찰을 하면서 경쟁입찰인 것같이 가장하였다면 그 입찰가격으로써 낙찰하게 한 점에서 경쟁입찰의 방법을 해한 것이 되어 입찰의 공정을 해한 것으로 되었다 할 것이다.[254] 설사 유찰방지를 위한 수단에 불과하여 입찰가격에 있어 입찰실시자의 이익을 해하거나 입찰자에게 부당한 이익을 얻게 하는 것이 아니었다 하더라도 실질적으로는 단독입찰을 하면서 경쟁입찰인것 같이 가장하였다면 그 입찰가격으로서 낙찰하게 한 점에서 경쟁입찰의 방법을 해한 것이 되어 입찰의 공정을 해한 것이 되었다 할 것이다.[255] 가장경쟁자를 조작하거나 입찰의 경쟁에 참가하는 자가 서로 통모하여 그 중의 특정한 자를 낙찰자로 하기 위하여 기타의 자는 일정한 가격이하 또는 이상으로 입찰하지 않을 것을 협정하는 소위 담합행위는 입찰가격에 있어서 실시자의 이익을 해하는 것이 아니라도 실질적인 단독입찰을 경쟁입찰인 것처럼 가장하여 그 입찰가격으로 낙찰되게 한 경우에는 담합자간에 금품의 수수에 관계없이 일응 입찰의 공정을 해할 위험성이 있다 하겠다.[256]

공정의 침해를 부정한 판례의 구체적 내용은 다음과 같다. 즉,

한국토지공사 지역본부가 중고자동차매매단지를 분양하기 위하여 유자격 신청자들을 대상으로 무작위 공개추첨하여 1인의 수분양자를 선정하는 절차를 진행하는데, 신청자격이 없는 피고인이 총 12인의 신청자 중 9인의 신청자의 자격과 명의를 빌려 그 당첨확률을 약 75%까지 인위적으로 높여 분양을 신청한 사안에서, 위 분양절차는 공정한 자유경쟁을 통한 적정한 가격형성을 목적으로 하는 입찰절차에 해당하지 않고, 피고인이 분양절차에 참가한 것은 9인의 신청자와 맺은 합작투자의 약정에 따른 것으로서 위 분양업무의 주체인 한국토지공사가 예정하고 있던 범위 내의 행위이므로, 위 추첨방식의 분양업무의 적정성과 공정성 등을 방해하는 행위라고 볼 수 없어 입찰방해죄나 업무방해죄가 성립하지 않는다.[257] 입찰에 있어서 주문자의 예정가격내에서 무모한 경쟁을 방

251) 대법원 2007.5.31. 선고 2006도8070 판결.

252) 대법원 2007.5.31. 선고 2006도8070 판결; 대법원 2006.12.22. 선고 2004도2581 판결; 대법원 2001.2.9. 선고 2000도4700 판결.

253) 대법원 2007.5.31. 선고 2006도8070 판결.

254) 대법원 2003.9.26. 선고 2002도3924 판결.

255) 대법원 1988.3.8. 선고 87도2646 판결; 대법원 1976.7.13 선고 74도717 판결; 대법원 1971.4.30 선고 71도519 판결.

256) 대법원 1983.1.18. 선고 81도824 판결.

지하고자 담합한 경우에는 담합자끼리 금품의 수수가 있었다 하더라도 입찰자체의 공정을 해하였다고는 볼 수 없다.[258] 공사주문자가 미리 공사 예정가격을 내정하여 놓고 경쟁입찰의 방법에 의하여 그 예정가격내에서 최저가격으로 입찰한 자를 낙찰자로 하여 동인으로 하여금 공사를 도급케 하는 경우에 경쟁자 등이 입찰전에 미리 가격과 낙찰자를 협정하였다 할지라도 그 담합의 목적이 공사가격을 격상시켜 주문자의 이익을 해하고 부정한 이익을 얻으려 함에 있는 것이 아니고 주문자의 예정가격내에서 무모한 경쟁을 방지하려 함에 있는 경우에는 가사 금원을 수수한 경우라도 공정을 해하였다고는 볼 수 없다[259]

2) 행 위

① 방 해

본죄의 실행행위는 방해이다. 방해의 수단은 위계, 위력 또는 기타의 방법이다. 위계나 위력은 기본적으로 신용훼손죄와 업무방해죄에서의 그것과 같다.

② 방해의 수단

ⓘ 위 계

ⅰ. 의 의 위계(僞計)란 행위자가 행위목적을 달성하기 위하여 상대방에게 오인 · 착각 또는 부지를 일으키게 하여 이를 이용하는 것을 말한다.

ⅱ. 위계의 유형

㉠ 담합행위 담합(談合)이란 경매 또는 입찰의 경쟁에 참가하는 자가 상호 통모하여 특정한 자를 낙찰자(落札者) 내지 경락자(競落者)로 하기 위하여 기타의 자는 일정한 가격 이상 또는 그 이하로 입찰 또는 호가하지 않을 것을 협정하는 것을 말한다.

담합행위가 공정한 가격을 해하거나 부정한 이익을 얻을 목적으로 행하여진 이상 위계에 해당한다고 하지 않을 수 없다. 대법원도 "입찰참가자들 사이의 담합행위가 입찰방해죄로 되기 위하여는 반드시 입찰참가자 전원 사이에 담합이 이루어져야 하는 것은 아니고, 입찰참가자들 중 일부 사이에만 담합이 이루어진 경우라고 하더라도 그것이 입찰의 공정을 해하는 것으로 평가되는 이상 입찰방해죄는 성립한다"고 판시한 바 있다.[260]

다만 판례에 의하면 담합행위는 후술하는 바와 같이 일정한 경우 위법성이 조각되는 것으로 해석되고 있다.

㉡ 가장단독입찰 동업자들이 무모한 출혈경쟁을 방지하기 위한 수단으로 실질적으로 단독입찰을 하면서 경쟁입찰인 것같이 가장한 소위 가장단독입찰의 경우 이는 위계에 해당될 수 있다.

대법원도 "설사 동종업자 사이의 무모한 출혈경쟁을 방지하기 위한 수단에 불과하여 입찰가격에 있어 입찰실시자의 이익을 해하거나 입찰자에게 부당한 이익을 얻게 하는 것이 아니었다 하더라도 실질적으로는 단독입찰을 하면서 경쟁입찰인 것같이 가장하였다면 그

257) 대법원 2008.5.29. 선고 2007도5037 판결.
258) 대법원 1971.4.20. 선고 70도2241 판결; 대법원 1969.7.22. 선고 65도1166 판결.
259) 대법원 1960.8.4. 선고 4292형상96 판결.
260) 대법원 2009.5.14. 선고 2008도11361 판결.

입찰가격으로서 낙찰하게 한 점에서 경쟁입찰의 방법을 해한 것이 되어 입찰의 공정을 해한 것으로 되었다 할 것이다"라고 판시한 바 있다.[261)]

㉢ 신탁입찰 신탁입찰(信託入札)이란 각자가 일부씩 입찰에 참가하면서 1인을 대표자로 하여 단독으로 입찰하게 하는 것으로 담합행위와는 구별된다.[262)] 신탁입찰은 경쟁입찰의 일종이기 때문에 입찰방해죄를 구성하지 않는 것으로 해석되고 있다.

위계를 긍정한 판례의 구체적 내용은 다음과 같다. 즉,

한국전력공사 지사에서 발주하는 배전공사 특수단가계약의 입찰에 참가한 피고인들이 공모하여 실질적으로 단독입찰을 경쟁입찰인 것처럼 가장한 사안에서, 위 담합행위는 적법하고 공정한 경쟁방법을 해치고 적정한 가격형성을 방해한 것으로서 입찰방해죄를 구성한다.[263)] 피고인이 서울특별시도시철도공사가 발주한 시각장애인용 음성유도기 제작설치 입찰에 관한 담합에 가담하기로 하였다가 자신이 낙찰받기 위하여 당초의 합의에 따르지 아니한 채 원래 낙찰받기로 한 특정업체보다 저가로 입찰한 사안에서, 이러한 피고인의 행위는 입찰방해죄에 해당하므로, 같은 취지에서 위계로써 입찰의 공정을 해하였다.[264)] 입찰자들 상호간에 특정업체가 낙찰받기로 하는 담합이 이루어진 상태에서 그 특정업체를 포함한 다른 입찰자들은 당초의 합의에 따라 입찰에 참가하였으나 일부 입찰자는 자신이 낙찰받기 위하여 당초의 합의에 따르지 아니한 채 오히려 낙찰받기로 한 특정업체보다 저가로 입찰하였다면, 이러한 일부 입찰자의 행위는 위와 같은 담합을 이용하여 낙찰을 받은 것이라는 점에서 적법하고 공정한 경쟁방법을 해한 것이 되고, 따라서 이러한 일부 입찰자의 행위 역시 입찰방해죄에 해당한다.[265)] 일부 입찰참가자들이 가격을 합의하고, 낙찰이 되면 특정업체가 모든 공사를 하기로 합의하는 등 담합하여 투찰행위를 한 사안에서, 이는 '적법하고 공정한 경쟁방법'을 해하는 행위로서 입찰의 공정을 해하는 경우에 해당하며, 결과적으로 위 투찰에 참여한 업체의 수가 많아서 실제로 가격형성에 부당한 영향을 주지 않았다고 하더라도 입찰방해죄가 성립한다.[266)] 입찰참가자들 사이의 담합행위가 입찰방해죄로 되기 위하여는 반드시 입찰참가자 전원 사이에 담합이 이루어져야 하는 것은 아니고, 입찰참가자들 중 일부 사이에만 담합이 이루어진 경우라고 하더라도 그것이 입찰의 공정을 해하는 것으로 평가되는 이상 입찰방해죄는 성립한다.[267)] 고속도로 휴게소 운영권 입찰에서 여러 회사가 각자 입찰에 참가하되 누구라도 낙찰될 경우 동업하여 새로운 회사를 설립하고 그 회사로 하여금 휴게소를 운영하기로 합의한 후 입찰에 참가한 경우 입찰방해죄가 성립한다.[268)] 가장경쟁자를 조작하거나 입찰의 경쟁에 참가하는 자가 서로 통모하여 그 중의 특정한 자를 낙찰자로 하기 위하여 일정한 가격 이하 또는 이상으로 입찰하지 않을 것을 협정하거나 입찰을 포기하게 하는 등의 소위 담합행위가 입찰방해죄로 되기 위하여는 반드시 입찰참가자 전원과의 사이에 담합이 이루어져야 하는 것은 아니고, 입찰참가자들 중 일부와

---

261) 대법원 2003.9.26. 선고 2002도3924 판결; 대법원 2001.6.29. 선고 99도4525 판결; 대법원 1994.11.8. 선고 94도2142 판결; 대법원 1988.3.8. 선고 87도2646 판결; 대법원 1983.1.18. 선고 81도824 판결; 대법원 1976.7.13 선고 74도717 판결; 대법원 1971.4.30 선고 71도519 판결.

262) 대법원 1957.10.21. 선고 4290민상368 판결 참조.

263) 대법원 2001.6.29. 선고 99도4525 판결.

264) 대법원 2010.10.14. 선고 2010도4940 판결.

265) 대법원 2010.10.14. 선고 2010도4940 판결.

266) 대법원 2009.5.14. 선고 2008도11361 판결.

267) 대법원 2006.12.22. 선고 2004도2581 판결; 대법원 2006.6.9. 선고 2005도8498 판결.

268) 대법원 2006.12.22. 선고 2004도2581 판결.

의 사이에만 담합이 이루어진 경우라고 하더라도 그것이 입찰의 공정을 해하는 것으로 평가되는 이상 입찰방해죄는 성립한다.[269] 피고인들이 한국전기공사협회 부산지부 소속 일부 회원으로 구성된 협력회의 회장과 총무로서 공모하여, 위 지부회원들만이 수주할 수 있는 한국전력공사에서 발주하는 일정 공사금액 이하의 부산시내 전기공사를 자유경쟁에 기하여 입찰할 경우 예정가에 훨씬 못미치는 가격으로 수주를 하게 되는 결과를 방지하고 이를 개개 회사의 이익으로 돌리고자, 각 회원사들의 동의를 얻어 회원사들이 추첨에 기하여 순번제로 단독응찰하고 나머지 일부 회원사는 이에 들러리를 서는 방식으로 사실상 단독으로 입찰하는 한편 낙찰한 회사는 도급액의 10%를 협력회기금으로 납부하여 연말에 분배하는 방법으로 떡값을 주어 각 회원사들이 순번에 기하여 사실상 단독낙찰하게 하였다면, 피고인들의 행위는 위계로써 입찰의 공정을 해한 경우에 해당한다.[270] 가장경쟁자를 조작하거나 입찰의 경쟁에 참가하는 자가 서로 통모하여 그 중의 특정한 자를 낙찰자로 하기 위하여 기타의 자는 일정한 가격이하 또는 이상으로 입찰하지 않을 것을 협정하는 소위 담합행위는 입찰가격에 있어서 실시자의 이익을 해하는 것이 아니라도 실질적인 단독입찰을 경쟁입찰인 것처럼 가장하여 그 입찰가격으로 낙찰되게 한 경우에는 담합자간에 금품의 수수에 관계없이 일응 입찰의 공정을 해할 위험성이 있다 하겠다.[271] 설사 유찰방지를 위한 수단에 불과하여 입찰가격에 있어서 국가의 이익을 해하거나 입찰자에게 부당한 이익을 얻게 하는 것이 아니었고 그 낙찰가격도 사정가격보다 높은 것이었다 하여도 실질적으로는 단독입찰을 경쟁입찰인 것 같이 가장하여 그 입찰가격으로서 낙찰되게 한 점에서 경쟁입찰의 방법을 해한 것이어서 입찰의 공정을 해하였다 할 것이다.[272]

위계를 부정한 판례의 구체적 내용은 다음과 같다. 즉,

건설업법 제59조 제1호에 의하면 "건설업자로서 경쟁입찰에 있어서 입찰자간에 공모하여 미리 조작한 가격으로 입찰한 자"를 처벌하도록 규정하고 있는바, 이는 공정한 자유경쟁을 통하여 건설공사의 적정시공과 건설업의 건전한 발전을 도모하기 위하여 건설공사 수주를 둘러싸고 일어나는 이른바 담합행위를 근절하고자 하는 데에 그 입법 취지가 있으므로, 일부 입찰자가 단순히 정보를 교환하여 응찰가격을 조정하는 행위는 건설업법 제59조 제1호에서 규정하고 있는 담합행위에 포함되지 않는다.[273] 담합이 있고 그에 따른 담합금이 수수되었다 하더라도 입찰시행자의 이익을 해함이 없이 자유로운 경쟁을 한 것과 동일한 결과로 되는 경우에는 입찰의 공정을 해할 위험성이 없다고 할 것인바, 이 사건 입찰에 참가한 (갑), (을), (병), (정), (무)의 5개 회사 중에서 (갑)회사의 전무인 피고인이 담합한 것은 (을)회사가 들러리로 세운 (병)회사 뿐이며 (을), (무)회사와는 담합이 이루어지지 아니하여 그들의 투찰가격은 모두 입찰예정가격을 넘고 있으며, 피고인 역시 (을)회사 등으로부터 확답을 못얻어 불안한 나머지 당초 예정한 것보다 훨씬 높은 가격으로 응찰하였고, (병)회사 등이 (을)회사의 들러리로 입찰에 참가하게 된 사정을 몰랐다면 비록 피고인이 담합을 제의하였으나 실질적인 입찰참가자인 (을), (무)회사 등이 이를 받아들이지 않은 이상 그들을 형식적으로 입찰에 참가하게 하여 피고인의 실질적인 단독입찰을 경쟁입찰로 가장한 것이라고 볼 수 없고 결국은 자유경쟁을 한 것과 동일한 결과로 되어 위 (병)회사가 부정한 이익을 받았다

---

269) 대법원 2006.6.9. 선고 2005도8498 판결.
270) 대법원 1991.10.22. 선고 91도1961 판결.
271) 대법원 1983.1.18. 선고 81도824 판결.
272) 대법원 1971.4.30. 선고 71도519 판결.
273) 대법원 1997.3.28. 선고 95도1199 판결.

하더라도 그것만으로는 입찰방해죄가 성립한다고 볼 수 없다.[274] 피고가 이 사건 국유임산물 연기매각계약을 해제한 근거로 내세우고 있는 입찰자 및 낙찰자 유의사항 제17항에 유찰을 방지하고 특정입찰자에게 유리하게 할 목적의 담합이라 함은 입찰자가 입찰을 함에 즈음하여 실질적으로는 단독입찰인 것을 그로 인한 유찰을 방지하기 위하여 경쟁자가 있는 것처럼 제3자를 시켜 형식상 입찰하게 하는 소위 들러리를 세운다거나, 입찰자들끼리 특정한 입찰자로 하여금 낙찰받게 하거나 당해 입찰에 있어서 입찰자들 상호간에 가격경쟁을 하는 경우 당연히 예상되는 적정한 가격을 저지하고 특정입찰자에게 부당한 이익을 주고 입찰실시자에게 그 상당의 손해를 입히는 결과를 가져올 정도로 싼값으로 낙찰되도록 하기 위한 사전협정으로서 그 어느 경우이건 매수인이 된 입찰자에게 책임을 돌릴 수 있는 경우를 말한다고 풀이한 다음, 원고가 이 사건 입찰을 함에 있어서 입찰자들과 접촉한 원판시 행위는 실질적으로 단독 입찰인 것을 형식상 경쟁입찰인 것처럼 꾸미기 위한 것이었다거나 낙찰가격을 부당하게 저렴하게 하여 피고의 이익을 해하고 원고의 이익을 도모하려고 함으로써 입찰의 공정과 본질을 해한 것이라 할 수 없고, 단지 기업이윤을 고려한 적정선에서 무모한 출혈경쟁을 방지하기 위하여 일반거래통념상 인정되는 범위내에서 입찰자 상호간에 의사의 타진과 절충을 한 것에 지나지 않는 것이라고 판단하여 위 입찰자 및 낙찰자 유의사항 제17항 소정의 담합행위가 있었음을 이유로 한 피고의 계약해제 주장을 배척하였는바, 원심의 그와 같은 판단은 수긍되고 거기에 소론과 같은 담합에 관한 법리오해가 있다할 수 없으므로 논지 이유없다.[275]

ⓘ 위 력 위력(威力)이란 사람의 자유의사를 제압, 혼란케 할 만한 일체의 유형적 또는 무형적 세력을 말하는 것으로서 폭행, 협박은 물론 사회적, 경제적, 정치적 지위와 권세에 의한 압력 등을 포함하는 것이다.[276] 위력의 사용은 반드시 폭행 · 협박의 정도에 이를 것을 요하지 않는다.[277] 위력을 긍정한 판례의 구체적 내용은 다음과 같다. 즉,

이 사건 오렌지 수입에 관한 입찰절차는 위 조합과 제주교역간에 체결된 수입대행계약에 따라 제주교역이 시행하는 것이고, 위 수입대행계약의 내용을 살펴보면 제주교역은 입찰, 오퍼제시, 가격조사, 구매방법과 조건에 따른 제반절차이행, 계약, 수입항에서 통관 완료하여 위 조합에게 물품을 인도할 때까지의 모든 절차를 대행하도록 되어 있을 뿐만 아니라 수입물품의 검사, 검역 등 부적합판정으로 인한 재선별, 재포장, 폐기 등의 절차이행과 그로 인한 손해 및 물품하자로 인한 일정 범위의 손해를 부담하도록 되어 있는 점에 비추어 위 수입대행계약은 단순히 수입을 대행하는 계약이 아니므로 제주교역이 위 조합의 대리인의 지위에서 이 사건 입찰절차를 시행하는 것이라고 볼 수 없는바, 비록 입찰절차에 있어 최종적인 공급자의 선정 및 가격의 결정을 위 조합과 제주교역이 상호 협의하여 결정하도록 되어 있고, 피고인이 위 조합의 조합장이라 하더라도 피고인이 판시와 같은 언행으로 이미 쌍방 협의에 의하여 이루어진 기존의 낙찰자 선정결정을 무시하고 다른 업체로 낙찰자를 변경하도록 하여 위 입찰절차의 공정을 해한 이상 그 죄책을 면할 수 없다할 것이다.[278] 피고인들이 공동하여 입찰장소의 주변을 에워싸고 사람들의 출입을 막는 등 위력을 사용하여 입찰에 참가하려는 공소외 C 등을 입찰에 참석하지 못하도록 하고 공소외 D와 E만 참여

274) 대법원 1983.1.18. 선고 81도824 판결.
275) 대법원 1982.11.9. 선고 81다537 판결.
276) 대법원 2000.7.6. 선고 99도4079 판결.
277) 대법원 1993.2.23. 선고 92도3395 판결.
278) 대법원 2000.7.6. 선고 99도4079 판결.

하여 입찰이 실시되도록 하였다면 입찰방해죄가 성립된다.[279)]

ⅲ 기타 방법 기타 방법이란 경매 또는 입찰의 공정을 해할 수 있는 일체의 방법을 의미한다. 유형의 방법이든 무형의 방법이든 불문한다. 경쟁자간의 금품의 수수, 담합 등을 포함한다.

3) 결 과

본죄는 추상적 위험범이다. 방해행위를 하면 그것으로 족하고 경매 · 입찰의 불공정이 현실적으로 발생할 것을 요하지 않는다. 대법원도 "입찰방해죄는 위태범으로서 결과의 불공정이 현실적으로 나타나는 것을 필요로 하지 않는다"고 판시한 바 있다.[280)]

(2) 주관적 구성요건

본죄는 고의범이다. 본죄의 고의는 인식적 요소로서 위계 또는 위력 기타 방법으로 경매 또는 입찰의 공정을 해한다는 사실에 대한 인식을 요한다.

(3) 미수 · 기수

본죄는 추상적 위험범이므로 경매 또는 입찰의 공정을 해하는 행위가 있으면 족하다. 현실적으로 경매 또는 입찰의 공정이 해하여진 결과가 발생하여야 하는 것은 아니다. 대법원도 "입찰방해죄는 입찰의 공정을 해할 행위를 하면 그것으로 족한 것인지 현실적으로 입찰의 공정을 해한 결과가 발생할 필요는 없다"고 판시한 바 있다.[281)]

기수를 긍정한 판례의 구체적 내용은 다음과 같다. 즉,

> 가장경쟁자를 조작하거나 입찰의 경쟁에 참가하는 자가 서로 통모하여 그 중의 특정한 자를 낙찰자로 하기 위하여 기타의 자는 일정한 가격 이하 또는 이상으로 입찰하지 않을 것을 협정하는 소위 담합행위를 한 경우에는 담합자 상호간에 금품의 수수와 상관없이 입찰의 공정을 해할 위험성이 있다 할 것이고, 담합자 상호간에 담합의 대가에 관한 다툼이 있었고, 실제의 낙찰단가가 낙찰예정단가보다 낮아 입찰시행자에게 유리하게 결정되었다고 하여 그러한 위험성이 없었다거나 입찰방해죄가 미수에 그친 것이라고 할 수는 없다.[282)]

기수를 부정한 판례의 구체적 내용은 다음과 같다. 즉,

> 입찰자들의 전부 또는 일부 사이에서 담합을 시도하는 행위가 있었을 뿐 실제로 담합이 이루어지지 못하였고, 또 위계 또는 위력 기타의 방법으로 담합이 이루어진 것과 같은 결과를 얻어내거나

---

279) 대법원 1993.2.23. 선고 92도3395 판결; 대법원 1990.10.30. 선고 90도2022 판결.

280) 대법원 2010.10.14. 선고 2010도4940 판결; 대법원 2007.5.31. 선고 2006도8070 판결; 대법원 2006.12.22. 선고 2004도2581 판결; 대법원 2006.6.9. 선고 2005도8498 판결; 대법원 2003.9.26. 선고 2002도3924 판결; 대법원 2001.6.29. 선고 99도4525 판결; 대법원 1994.11.8. 선고 94도2142 판결; 대법원 1994.5.24. 선고 94도600 판결; 대법원 1988.3.8. 선고 87도2646 판결; 대법원 1976.7.13 선고 74도717 판결; 대법원 1971.4.30 선고 71도519 판결.

281) 대법원 1994.5.24. 선고 94도600 판결; 대법원 1993.2.23. 선고 92도3395 판결; 대법원 1988.3.8. 선고 87도2646 판결.

282) 대법원 1994.5.24. 선고 94도600 판결.

다른 입찰자들의 응찰 내지 투찰행위를 저지하려는 시도가 있었지만 역시 그 위계 또는 위력 등의 정도가 담합이 이루어진 것과 같은 결과를 얻어내거나 그들의 응찰 내지 투찰행위를 저지할 정도에 이르지 못하였고 또 실제로 방해된 바도 없다면, 이로써 공정한 자유경쟁을 방해할 염려가 있는 상태 즉, 공정한 자유경쟁을 통한 적정한 가격형성에 부당한 영향을 주는 상태를 발생시켜 그 입찰의 공정을 해하였다고 볼 수 없어, 이는 입찰방해미수행위에 불과하고 입찰방해죄의 기수에 이르렀다고 할 수는 없다.[283]

2. 위법성조각사유

판례에 의하면 담합행위는 일정한 경우 사회상규에 위배되지 아니하는 행위(제20조)로서 위법성이 조각되는 것으로 해석되고 있다. 예컨대 대법원은 "입찰에 있어서 주문자의 예정가격내에서 무모한 경쟁을 방지하기 위하여 담합한 경우 담합자끼리 금품의 수수가 있었다 하더라도 입찰자체의 공정을 해하였다고는 볼 수 없다"고 판시한 바 있다.[284]

3. 죄 수

범죄행위가 법원경매업무를 담당하는 집행관의 구체적인 직무집행을 저지하거나 현실적으로 곤란하게 하는 데까지는 이르지 않고 입찰의 공정을 해하는 정도의 행위라면 형법 제315조의 경매 · 입찰방해죄에만 해당될 뿐, 형법 제137조의 위계에 의한 공무집행방해죄에는 해당되지 않는다.[285]

건설산업기본법상의 입찰방해죄(건설산업기본법 제95조)는 건설공사의 입찰에 있어 입찰의 공정을 해치는 행위를 하는 건설업자들을 특별히 가중 처벌하기 위한 것으로서 본죄의 특별규정이다.[286]

Ⅲ. 처 벌

본죄의 법정형은 2년 이하의 징역 또는 700만원 이하의 벌금이다. 본죄의 미수범은 처벌규정이 없어 처벌되지 아니한다.

§5. 관련 특별법

Ⅰ. 폭력행위처벌법

제4조(단체 등의 구성 · 활동) ① 이 법에 규정된 범죄를 목적으로 하는 단체 또는 집단을 구성하거나 그러한 단체 또는 집단에 가입하거나 그 구성원으로 활동한 사람은 다음 각 호의 구분에 따라 처벌한다.
1. 수괴(首魁): 사형, 무기 또는 10년 이상의 징역

---

283) 대법원 2003.9.26. 선고 2002도3924 판결.

284) 대법원 1969.7.22. 선고 65도1166 판결.

285) 대법원 2000.3.24. 선고 2000도102 판결.

286) 대법원 2007.7.26. 선고 2007도2032 판결; 대법원 2001.11.30. 선고 2001도2423 판결; 대법원 2001.2.9. 선고 2000도4700 판결.

2. 간부: 무기 또는 7년 이상의 징역
3. 수괴 · 간부 외의 사람: 2년 이상의 유기징역
② 제1항의 단체 또는 집단을 구성하거나 그러한 단체 또는 집단에 가입한 사람이 단체 또는 집단의 위력을 과시하거나 단체 또는 집단의 존속 · 유지를 위하여 다음 각 호의 어느 하나에 해당하는 죄를 범하였을 때에는 그 죄에 대한 형의 장기(長期) 및 단기(短期)의 2분의 1까지 가중한다.
1. 「형법」에 따른 죄 중 다음 각 목의 죄
   다. 「형법」 제34장 신용, 업무와 경매에 관한 죄 중 제314조(업무방해), 제315조(경매, 입찰의 방해)의 죄

Ⅱ. 정보통신망법

1. 정보통신망 침입

제48조(정보통신망 침해행위 등의 금지) ① 누구든지 정당한 접근권한 없이 또는 허용된 접근권한을 넘어 정보통신망에 침입하여서는 아니 된다.

제71조(벌칙) ① 다음 각 호의 어느 하나에 해당하는 자는 5년 이하의 징역 또는 5천만원 이하의 벌금에 처한다.

9. 제48조제1항을 위반하여 정보통신망에 침입한 자

2. 악성프로그램 전달 · 유포

제48조(정보통신망 침해행위 등의 금지) ② 누구든지 정당한 사유 없이 정보통신시스템, 데이터 또는 프로그램 등을 훼손 · 멸실 · 변경 · 위조하거나 그 운용을 방해할 수 있는 프로그램(이하 "악성프로그램"이라 한다)을 전달 또는 유포하여서는 아니 된다.

제70조의2(벌칙) 제48조제2항을 위반하여 악성프로그램을 전달 또는 유포하는 자는 7년 이하의 징역 또는 7천만원 이하의 벌금에 처한다.

3. 정보통신망 장애발생

제48조(정보통신망 침해행위 등의 금지) ③ 누구든지 정보통신망의 안정적 운영을 방해할 목적으로 대량의 신호 또는 데이터를 보내거나 부정한 명령을 처리하도록 하는 등의 방법으로 정보통신망에 장애가 발생하게 하여서는 아니 된다.

제71조(벌칙) ① 다음 각 호의 어느 하나에 해당하는 자는 5년 이하의 징역 또는 5천만원 이하의 벌금에 처한다

10. 제48조제3항을 위반하여 정보통신망에 장애가 발생하게 한 자

Ⅲ. 건설산업기본법

제95조(벌칙) 건설공사의 입찰에서 다음 각 호의 어느 하나에 해당하는 행위를 한 자는 5년 이하의 징역 또는 2억원 이하의 벌금에 처한다.

1. 부당한 이익을 취득하거나 공정한 가격 결정을 방해할 목적으로 입찰자가 서로 공모하여 미리 조작한 가격으로 입찰한 자
2. 다른 건설사업자의 견적을 제출한 자
3. 위계 또는 위력, 그 밖의 방법으로 다른 건설사업자의 입찰행위를 방해한 자

제 4 장 사생활의 평온에 관한 죄

제 1 절 총 설

인간은 사회적 동물이다. 인간에게 사회적 삶도 중요하지만 개인적 삶도 보장되지 않으면 안 된다. 개인적 생활은 사회적 생활의 바탕이 되기 때문이다. 개인적 생활은 자아형성과 자아실현을 위하여 필수적이다. 인간은 자신만의 고유한 영역에서 인격을 실현하고 인간의 존엄과 가치(헌법 제10조)를 확보하기 위해 사생활의 영역에서 누구로부터 간섭을 받지 아니하고 자기만이 누릴 수 있는 정신적 평온과 장소적 평온을 필요로 한다. 사생활의 평온을 보호법익으로 하는 것은 동시에 프라이버시의 권리를 보호하는 측면도 가지고 있다. 이러한 의미에서 형법은 헌법이 보장하고 있는 주거의 자유(헌법 제16조)와 사생활의 비밀과 자유(헌법 제17조) 및 통신의 비밀(헌법 제18조)을 구체화하여 주거의 침입의 죄와 비밀침해의 죄를 규정하고 있다. 사생활에 있어서 비밀침해의 죄(형법 제2편 제35장)는 개인의 정신적 평온을 보호하기 위한 범죄이고, 주거 침입의 죄(형법 제2편 제36장)는 개인의 장소적 평온을 보호하기 위한 범죄이다.

제 2 절 비밀침해의 죄

§1. 개 관

Ⅰ. 서 설

본장의 비밀침해의 죄(Geheimnis-bruch)는 개인의 비밀에 대한 보호와 그 침해를 내용을 하는 범죄를 말한다(형법 제2편 제35장).

비밀은 국가비밀, 기업비밀 및 개인의 비밀로 나누어질 수 있다. 각각의 비밀에 대하여 보호가 필요하지만, 형법은 개인의 비밀에 대한 침해만을 범죄로 규정하고 있다. 또 개인의 비밀은 탐지, 누설 및 도용 등에 의하여 침해될 수 있지만, 형법은 탐지와 누설의 일부만을 처벌함에 그치고 있다.

개인은 일신상의 비밀은 물론 가정생활상의 비밀과 기타 사회생활상의 비밀을 가지고 삶을 영위하고 있다. 개인의 비밀이 타인에게 함부로 누설된다면 사생활의 평온이 침해될 우려가 있는 것은 당연하다. 이것이 바로 형법이 개인의 비밀을 보호하지 않을 수 없는 이유이다.

Ⅱ. 보호법익

1. 의 의

본장의 죄의 보호법익은 개인의 비밀이다. 본장의 죄는 개인의 비밀을 침해하는 것을 내용으로 하는 범죄이기 때문이다. 그러므로 국가나 공공단체의 비밀은 보호의 대상에 포함되지 않지만, 법인 외에도 법인격 없는 단체의 비밀도 보호의 대상으로 된다.

다만 업무상 비밀누설죄의 경우에는 개인의 비밀 이외에도 업무자의 비밀유지에 대한 일반인의 신뢰 내지 이익도 부차적으로 보호법익이 된다. 사회의 주요 직업에 종사하는 업무자가 업무로 인해 알게 된 비밀을 누설하지 않는다는 데에 대한 일반인의 신뢰가 있을 때 개인의 프라이버시권도 보장될 수 있기 때문이다.

한편 본장의 죄는 개인의 비밀을 보호한다는 점에서 국가의 기밀침해를 내용으로 하는 간첩죄(제98조), 외교상 기밀누설죄(제113조) 및 공무상 비밀누설죄(제127조)와 구별될 수 있다. 이 외에도 본죄와 관련된 특별법상의 규정에 대하여는 후술하는 바와 같이 본죄가 적용되지 아니한다.

2. 보호의 정도

기술적 수단을 이용한 비밀침해죄가 침해범이라는 점에 대하여는 다툼이 없다. 다만 개봉에 의한 비밀침죄와 업무상 비밀누설죄에 대하여는 추상적 위험범설과 구체적 위험범설이 대립하고 있다. 생각건대 양죄는 각각 '개봉한 자'와 '누설한 때'라고 규정되어 있으므로 개봉행위 또는 누설행위가 있으면 그것으로 기수가 된다는 의미에서 추상적 위험범이 타당하다고 해석된다.

Ⅲ. 구성요건의 체계

본장의 죄는 개인의 비밀을 보호하기 위하여 비밀침해죄(제316조)와 업무상 비밀누설죄(제317조)를 각각 독립된 구성요건으로 규정되어 있다. 모두 친고죄로 규정되어 있다. 다만 업무상 비밀누설죄의 경우에는 법문에 열거된 자만이 그 죄의 주체가 될 수 있는 신분범으로 규정되어 있다.

§2. 비밀침해죄

제316조(비밀침해) ① 봉함 기타 비밀장치한 사람의 편지, 문서 또는 도화를 개봉한 자는 3년 이하의 징역이나 금고 또는 500만원 이하의 벌금에 처한다.
② 봉함 기타 비밀장치한 사람의 편지, 문서, 도화 또는 전자기록등 특수매체기록을 기술적 수단을 이용하여 그 내용을 알아낸 자도 제1항의 형과 같다.

제318조(고소) 본장의 죄는 고소가 있어야 공소를 제기할 수 있다.

Ⅰ. 서 설

본죄는 봉함 기타 비밀장치한 사람의 편지, 문서 또는 도화를 개봉하거나(제316조 제1항), 봉함 기타 비밀장치한 사람의 편지, 문서, 도화 또는 전자기록등 특수매체기록을 기술적 수단을 이용하여 그 내용을 알아냄으로써 성립한다(제316조 제2항).

사생활에 있어서 개인의 비밀에 대한 방어는 오로지 개인에게 맡겨져 있다. 다만 형법은 타인의 의한 탐지만을 금지할 뿐이다. 본죄는 개봉에 의한 비밀침해죄와 기술적 수단을 이용한 비밀침해죄로 나누어질 수 있다. 전자는 추상적 위험범이고 후자는 침해범이지만, 양자 모두는 친고죄로 규정되어 있다.

Ⅱ. 범 죄

1. 개봉에 의한 비밀침해죄

(1) 의 의

본죄는 봉함 기타 비밀장치한 사람의 편지, 문서 또는 도화를 개봉함으로써 성립한다(제316조 제1항).

(2) 구성요건

1) 객관적 구성요건

① 주 체

본죄의 주체에는 제한이 없다. 그러나 해석상 발신인과 수령후의 수신인은 제외될 수밖에 없다.

② 객 체

본죄의 객체는 봉함 기타 비밀장치한 사람의 편지, 문서 또는 도화이다. 편지, 문서 또는 도화는 객체이고, 사람은 비밀의 주체이다.

ⅰ 종 류 본죄의 객체는 편지, 문서 및 도화이다. 편지(便紙, Brief)란 특정인으로부터 다른 특정인에게 의사를 전달하는 문서를 말한다. 반드시 우편물일 것을 요하지 않는다. 발송전후를 불문한다. 전달수단을 묻지 않는다. 특정인이란 자연인이든 법인이든 법인격을 가지지 않는 단체이든 묻지 않는다. 발신인은 익명, 허명을 사용한 경우에도 본죄의 보호를 받는다고 해석된다. 문서(文書, Schriftstück)란 문자 기타 발음부호에 의하여 특정인의 의사를 표시한 것으로서 편지 이외의 것을 말한다. 원고, 일기장, 유언서, 계산서 등을 말한다. 공문서이든 사문서이든 불문한다. 도화(圖畵, Abbildung)란 그림에 의하여 사람의 의사가 표시된 것을 말한다. 사진, 도표 등을 말한다. 다만 사람의 의사가 표시된 것이 아니면 본죄의 객체가 될 수 없다.

ⅱ 요 건 본죄의 객체는 봉함 기타 비밀장치한 것일 것을 요한다. 봉함(封緘)이란 그 외표를 파훼하지 않고는 내용을 알 수 없도록 하거나 곤란하도록 행하여진 편지 등과

일체를 이루는 외포장치를 말한다. 봉함은 내용인지를 위한 외포파괴의 측면보다는 제3자에 의한 개봉을 금지한다는 작성자의 의사가 표명된 장치라는 측면이 우세하다고 해석된다. 이러한 의미에서 봉함은 자기정보통제권이 발현된 형태의 하나라고 할 수 있다. 작성자가 봉함에 의하여 제3자에 의한 정보의 취득을 금지하는 동시에 개봉하면 처벌된다는 점을 제3자에게 분명히 하고 있다고 볼 수 있다. 따라서 봉함의 방법은 묻지 않지만, 작성자가 아닌 자에 의한 봉함은 본죄의 보호대상이 아니라고 할 수 있다.

비밀장치(秘密裝置)란 봉함 이외의 방법으로 외포를 만들어 그 내용을 알 수 없도록 하는 일체의 장치를 말한다. 봉함 기타 비밀장치가 되어 있는 문서에 대하여 대법원은 "반드시 문서 자체에 비밀장치가 되어 있는 것만을 의미하는 것은 아니고, 봉함 이외의 방법으로 외부 포장을 만들어서 그 안의 내용을 알 수 없게 만드는 일체의 장치를 가리키는 것으로, 잠금장치 있는 용기나 서랍 등도 포함한다"고 판시한 바 있다.[1)]

비밀장치를 긍정한 판례의 구체적 내용은 다음과 같다. 즉,

> 서랍이 2단으로 되어 있어 그 중 아랫칸의 윗부분이 막혀 있지 않아 윗칸을 밖으로 빼내면 아랫칸의 내용물을 쉽게 볼 수 있는 구조로 되어 있는 서랍이라고 하더라도, 피해자가 아랫칸에 잠금장치를 하였고 통상적으로 서랍의 윗칸을 빼어 잠금장치 된 아랫칸 내용물을 볼 수 있는 구조라거나 그와 같은 방법으로 볼 수 있다는 것을 예상할 수 없어 객관적으로 그 내용물을 쉽게 볼 수 없도록 외부에 의사를 표시하였다면, 형법 제316조 제1항의 규정 취지에 비추어 아랫칸은 윗칸에 잠금장치가 되어 있는지 여부에 관계없이 그 자체로서 형법 제316조 제1항에 규정하고 있는 비밀장치에 해당한다고 할 것이다.[2)]

ⅲ 비밀의 주체 비밀의 주체는 사람이다. 사람은 자연인으로서 타인을 의미한다. 다만 국가나 공공단체의 비밀은 보호의 대상에 포함되지 않지만, 법인이나 법인격 없는 단체 등의 비밀도 보호의 대상으로 될 수 있는가에 대하는 다툼이 있다. 본죄는 개인의 비밀을 침해하는 것을 내용으로 하는 범죄이기 때문이다. 이러한 의미에서 비밀의 주체는 자연인이든 법인이든 법인격 없는 단체든 불문한다는 견해가 합당하다고 해석된다.

③ 행 위

본죄의 실행행위는 개봉이다. 개봉(開封)이란 봉함 기타 비밀장치를 해제하여 그 내용을 알 수 있는 상태에 두는 것을 말한다. 개봉의 방법은 불문한다. 따라서 개봉 이외의 방법으로 내용을 파악하고 있는 경우 예컨대 작성자가 행한 봉함이 자연적으로 열린 경우 편지의 내용을 알아도 본죄는 성립하지 않는다. 광선 등에 투시하여 편지의 내용을 알아내도 본죄를 구성하지 않는다.

④ 결 과

본죄는 내용을 알 수 있는 상태에 두면 족하고 반드시 그 내용을 인식하였을 것을 요하지

1) 대법원 2008.11.27. 선고 2008도9071 판결.
2) 대법원 2008.11.27. 선고 2008도9071 판결.

않는다. 따라서 편지를 개봉한 이상 그 내용을 읽지 못하였다고 하여도 본죄의 기수에 이른다. 이러한 의미에서 본죄는 추상적 위험범에 속한다.

2) 주관적 구성요건

본죄는 고의범이다. 본죄의 고의는 인식적 요소로서 봉함 기타 비밀장치한 사람의 편지, 문서 또는 도화를 개봉한다는 사실에 대한 인식을 요한다. 고의 외에 목적은 요하지 않는다. 고의는 미필적 고의로도 족한다.

타인에게 온 편지를 자기에게 온 것으로 잘못 알고 개봉한 경우에는 구성요건적 사실의 착오이므로 고의가 조각된다. 그러나 타인에게 온 편지인 것을 알면서 자기가 뜯어볼 권한이 있다고 믿고 개봉한 경우, 예컨대 남편이 처에게 온 편지를 뜯어볼 권한이 있다고 믿고 뜯은 때에는 법률의 착오에 해당한다.

고의를 긍정한 판례의 구체적 내용은 다음과 같다. 즉,

> 피고인이 대체집행사건의 채무자의 승계인 (갑)앞으로 우송된 결정정본을 평소 동명으로 호명되고 있는 자기의 장남앞으로 온 신서인 줄 알고서 개피하였다고 주장하나, 피고인이 당초 건물철거 등의 대체집행신청을 하면서 채무자의 승계인 (갑)의 주소로 표기한 장소에서는 피고인의 장남이 이미 10여년 전에 살다가 타처로 이주하여 버렸고, 위 봉함우편물이 바로 피고인신청의 대체집행사건을 처리한 법원의 소송서류였다는 점, 그 수신인 또한 피고인이 대체집행신청을 한 사건의 상대방주소와 성명으로 표시되어 발송된 문서라는 점을 고려해 볼때 피고인은 위 서류가 바로 대체집행사건의 채무자의 승계인 (갑)에게 송달되는 소송서류라는 사실을 능히 알고 있었다고 봄이 경험칙에 합치된다고 할 것이니 피고인에게 신서개피의 고의가 있었음을 부정할 수 없다.[3]

(3) 위법성조각사유

본죄의 개봉에 대하여 위법성조각사유가 있는 경우에는 본죄는 성립하지 않는다. 위법성조각사유로서는 특히 정당행위, 긴급피난 및 피해자의 승낙이 거론될 수 있다.

1) 정당행위

편지에 대한 검열(형집행법 제43조), 우체물의 압수(형사소송법 제107조), 집행과 필요한 처분(형사소송법 제120조), 법규위반우편물의 개피(우편법 제28조) 및 환부불능우편물의 개피(우편법 제35조) 등은 법령에 의한 행위로서 위법성이 조각된다(제20조).

2) 긴급피난

편지를 개봉하는 것이 자기 또는 타인에게 절박한 위난을 피하기 위하여 부득이하게 행위한 경우는 긴급피난으로서 위법성이 조각된다고 해석된다(제22조). 제반의 사정에서 판단하여 위험물이 봉입되어 있는 개연성이 높은 유괴범인이라고 생각되는 자로부터의 편지일 가능성이 있는 경우 등이 고려될 수 있다.

---

3) 대법원 1984.6.12. 선고 84도620 판결.

3) 피해자의 승낙

피해자의 승낙이 있는 경우에도 개봉의 위법성은 조각된다(제24조). 승낙은 개별적·구체적으로 주어지든 개괄적으로 주어지든 묻지 않는다. 예컨대 비서에게 자신의 편지를 전부 개봉할 것을 의뢰하는 것은 후자의 예이다. 승낙은 명시적이든 묵시적이든 불문한다. 또 개봉에 대하여 추정적 승낙이 있는 경우에도 위법성을 결한다고 해석되어야 한다. 한편 경우에 따라 피해자의 승낙이 양해에 해당되어 구성요건해당성조각사유로 해석되는 것이 불가능한 것은 아니다.

2. 기술적 수단을 이용한 비밀침해죄

(1) 의 의

본죄는 봉함 기타 비밀장치한 사람의 편지, 문서, 도화 또는 전자기록 등 특수매체기록을 기술적 수단을 이용하여 그 내용을 알아냄으로써 성립한다(제316조 제2항).

(2) 구성요건

1) 객관적 구성요건

① 객 체

본죄의 객체는 봉함 기타 비밀장치한 사람의 편지, 문서, 도화 또는 전자기록 등 특수매체기록이다. 사람은 비밀의 주체이다.

전자기록 등 특수매체기록이란 전자적 기록 이외에 전기적 기록이나 광기술을 이용하여 저장되어 있는 것을 말한다. 사람의 지각으로 인식할 수 없는 방식에 의하여 만들어진 기록이다. 디스켓, CD, 녹음테이프, 녹화테이프, 마이크로필름 등이다.

② 행 위

본죄는 실행행위는 기술적 수단을 이용하여 그 내용을 알아내는 것이다. 기술적 수단을 이용한 내용탐지란 개봉하지 않고 원형 그대로 둔 채 기술적 수단을 이용하여 그 내용을 알아내는 것을 의미한다. 기술적인 수단을 이용한 것이어야 하므로 단순히 불빛에 투시하는 것만으로는 족하지 않다. 고서(古書)에 쓰인 각필(角筆)을 촛불에 비추어보는 것이 이에 해당한다고 할 수 있다.

③ 결 과

본죄는 내용을 알아내야 성립하는 침해범이다. 따라서 내용을 지득하지 못한 경우에는 본죄의 기수에 달하지 않는다.

2) 주관적 구성요건

본죄는 고의범이다. 본죄의 고의는 인식적 요소로서 봉함 기타 비밀장치한 사람의 편지, 문서, 도화 또는 전자기록 등 특수매체기록을 기술적 수단을 이용하여 그 내용을 알아낸다는 사실에 대한 인식을 요한다.

(3) 위법성조각사유

본죄도 전술한 개봉에 의한 비밀침해죄에서와 같이 위법성조각사유로서 특히 정당행위, 긴급피난 및 피해자의 승낙이 거론될 수 있다.

위법성조각을 긍정한 판례의 구체적 내용은 다음과 같다. 즉,

회사의 직원이 회사의 이익을 빼돌린다는 소문을 확인할 목적으로, 비밀번호를 설정함으로써 비밀장치를 한 전자기록인 피해자가 사용하던 '개인용 컴퓨터의 하드디스크'를 떼어내어 다른 컴퓨터에 연결한 다음 의심이 드는 단어로 파일을 검색하여 메신저 대화 내용, 이메일 등을 출력하여 비밀장치한 전자기록 등 특수매체기록을 기술적 수단을 이용하여 그 내용을 알아냈다는 사안에서, 피해자의 범죄 혐의를 구체적이고 합리적으로 의심할 수 있는 상황에서 피고인이 긴급히 확인하고 대처할 필요가 있었고, 그 열람의 범위를 범죄 혐의와 관련된 범위로 제한하였으며, 피해자가 입사 시 회사 소유의 컴퓨터를 무단 사용하지 않고 업무 관련 결과물을 모두 회사에 귀속시키겠다고 약정하였고, 검색 결과 범죄행위를 확인할 수 있는 여러 자료가 발견된 사정 등에 비추어, 피고인의 그러한 행위는 사회통념상 허용될 수 있는 상당성이 있는 행위로서 형법 제20조의 정당행위로서 위법성이 조각된다.[4)]

Ⅲ. 처 벌

1. 법정형

본죄의 법정형은3년 이하의 징역이나 금고 또는 500만원 이하의 벌금이다. 개봉에 의한 비밀침해죄나 기술적 수단을 이용한 비밀침해죄의 법정형에 있어서는 차이가 없다.

2. 친고죄

본죄는 친고죄이다. 따라서 고소가 없으면 공소를 제기할 수 없다. 고소권자는 사자의 친족 또는 그 자손이다(형사소송법 제227조). 고소할 자가 없는 경우에 이해관계인의 신청이 있으면 검사는 10일 이내에 고소할 수 있는 자를 지정하여야 한다(형사소송법 제228조).

§3. 업무상 비밀누설죄

제317조(업무상비밀누설) ① 의사, 한의사, 치과의사, 약제사, 약종상, 조산사, 변호사, 변리사, 공인회계사, 공증인, 대서업자나 그 직무상 보조자 또는 차등의 직에 있던 자가 그 직무처리중 지득한 타인의 비밀을 누설한 때에는 3년 이하의 징역이나 금고, 10년 이하의 자격정지 또는 700만원 이하의 벌금에 처한다.

② 종교의 직에 있는 자 또는 있던 자가 그 직무상 지득한 사람의 비밀을 누설한 때에도 전항의 형과 같다.

제318조(고소) 본장의 죄는 고소가 있어야 공소를 제기할 수 있다.

관련조문

제113조(외교상기밀의 누설) ① 외교상의 기밀을 누설한 자는 5년 이하의 징역 또는 1천만원 이하의

4) 대법원 2009.12.24. 선고 2007도6243 판결.

벌금에 처한다. 〈개정 1995. 12. 29.〉
② 누설할 목적으로 외교상의 기밀을 탐지 또는 수집한 자도 전항의 형과 같다.

제127조(공무상 비밀의 누설) 공무원 또는 공무원이었던 자가 법령에 의한 직무상 비밀을 누설한 때에는 2년 이하의 징역이나 금고 또는 5년 이하의 자격정지에 처한다.

Ⅰ. 서 설

1. 의 의

본죄는 의사, 한의사, 치과의사, 약제사, 약종상, 조산사, 변호사, 변리사, 공인회계사, 공증인, 대서업자나 그 직무상 보조자 또는 차등의 직에 있던 자가 그 직무처리중 지득한 타인의 비밀을 누설하거나(제317조 제1항), 종교의 직에 있는 자 또는 있던 자가 그 직무상 지득한 사람의 비밀을 누설함으로써 성립한다(제317조 제2항). 본죄는 전문직 업무상 비밀누설죄와 종교직 업무상 비밀누설죄로 나누어질 수 있다.

2. 취 지

본죄는 법문에 열거된 업무자에게만 비밀유지의무를 요구하는 진정신분범이다. 업무자의 적정한 업무수행은 경우에 따라 개인의 비밀에 대한 지득이 없이는 불가능할 수 있다. 업무수행의 적정성을 위해서는 개인에게 비밀고지의무가 요구될 수밖에 없는 구조이다. 예컨대 변호사가 의뢰인의 이혼이나 상속 등에 관한 소송을 적정하게 진행하기 위해서는 의뢰인의 개인의 비밀이나 가정의 비밀이 변호사에게 정확하게 고지될 필요가 있다. 의료인 대 환자의 관계에서도 마찬가지라고 할 수 있다. 그런데 개인의 입장에서 개인이 비밀을 고지할 수 있는 여건이 되기 위해서는 그 요건으로서 고지된 비밀이 고지받은 자 이외의 자에게 알려지지 않는다는 보장이 필요하게 된다. 이것이 바로 업무자에게 요구되는 비밀유지의무의 근거라고 할 수 있다. 따라서 본죄는 업무상 요구되는 비밀유지의무에 대하여 그 위반을 처벌하기 위한 규정이라고 할 수 있다.

Ⅱ. 범 죄

1. 전문직 업무상 비밀누설죄

(1) 의 의

본죄는 의사, 한의사, 치과의사, 약제사, 약종상, 조산사, 변호사, 변리사, 공인회계사, 공증인, 대서업자나 그 직무상 보조자 또는 차등의 직에 있던 자가 그 직무처리중 지득한 타인의 비밀을 누설함으로써 성립한다(제317조 제1항).

(2) 구성요건

1) 객관적 구성요건

① 주 체

ⓘ 의 의 본죄는 법문에 열거된 자에 한한다. 진정신분범이다. 법문에 열거된 자는 의사, 한의사, 치과의사, 약제사, 약종상, 조산사, 변호사, 변리사, 공인회계사, 공증인, 대서업자나 그 직무상 보조자 또는 차등의 직에 있던 자이다.

문제는 본죄의 자수범성에 있다. 이에 관하여는 본죄가 자수범이라는 자수범설과 자수범이 아니라는 비자수범설이 대립하고 있다. 본죄는 비신분자가 신분자를 이용하여 범하는 간접정범의 성립이 가능하기 때문에 비자수범설이 타당하다고 해석된다.

ⓘⓘ 신분자의 종류 본죄의 신분자는 해설의 편의상 소위 전문직 종사자, 그 직무상 보조자 및 차등의 직에 있던 자로 구분될 수 있다.

i. 전문직 종사자 법문은 전문직 종사자로서 의사, 한의사, 치과의사, 약제사, 약종상, 조산사, 변호사, 변리사, 공인회계사, 공증인, 대서업자를 열거하고 있다. 의사, 한의사, 치과의사란 의사 국가시험, 한의사국가시험, 치과의사 국가시험 합격하고 보건복지부장관으로부터 면허를 받은 자를 말한다(의료법 제5조). 약제사, 약종상은 업무상 낙태죄에서 전술한 바와 같다. 즉, 약제사(藥劑師)는 1953년 약사법이 제정되기 이전에 사용되던 약사에 대한 일본식 명칭이다.[5] 약종상(藥種商)이란 의약품판매업자의 한 사람으로서 한약종상 및 매약청매상과 함께 1971년 약사법 개정시 한약업사로 그 명칭이 통합되었다(약사법 제44조, 제46조 참조).[6] 한약업사는 환자가 요구하면 기존 한약서에 실린 처방 또는 한의사의 처방전에 따라 한약을 혼합 판매할 수 있도록 허용되고 있다(약사법 제45조 제4항). 혼합판매행위란 환자의 요구가 있을 때에 기존 한약서에 수재된 처방 또는 한의사의 처방전에 의하여 한약을 혼합판매하는 행위를 말한다.[7] 약사란 보건복지부령이 정하는 바에 따라 보건복지부장관의 면허를 받은 자를 말한다(약사법 제3조). 한약업사란 보건복지부령이 정하는 바에 따라 시장·군수·구청장의 허가를 받은 자를 말한다(약사법 제45조). 조산사란 조산사 국가시험에 합격한 후 보건복지부장관으로부터 면허를 받은 자를 말한다(의료법 제6조).

변호사란 변호사 자격을 가지고 있는 자, 즉 사법시험에 합격하여 사법연수원의 과정을 마친 자, 판사나 검사의 자격이 있는 자 또는 변호사시험에 합격한 자를 말한다(변호사법 제4조). 변리사란 변리사의 자격이 있는 자, 즉 변리사시험에 합격한 사람 또는 변호사 자격을 가진 사람이 대통령령으로 정하는 실무수습을 마친 사람을 말한다(변리사법 제3조). 공인회계사란 공인회계사시험에 합격한 자를 말한다(공인회계사법 제3조). 공증인이란 공증(公證)에 관한 직무를 수행할 수 있도록 법무부장관으로부터 임명을 받은 임명공증인과 공증인가를 받은 인가공증인을 말한다(공증인법 제1조의2 제1호). 대서업자란 대신 쓰거나 대신 작성하는 사람을 말하는 명칭으로서 대서사(代書士)라

5) 약사법 1953.12.18. 제정 법률 제300호 1954.1.28. 시행.

6) 약사법 제37조 참조(약사법 1971.1.13. 일부개정 법률 제2279호 1971.1.13. 시행).

7) 대법원 1993.8.27. 선고 93도153 판결.

고도 했었다. 대서업자가 근무하는 장소를 속칭 대서방 또는 대서소라고 하는 경우도 있었다. 그러나 대서업자는 현행법상 존재하지 않는 자격이지만, 과거의 사법서사와 행정서사를 포괄하는 개념으로 이해된다. 사법서사란 현행법상 법무사를 말한다. 과거의 사법서사제도는 1990년 법무사법의 전부개정에 의하여 현행 법무사 제도로 변경된 바 있다. 법무사법개정법은 사법서사가 수행하는 직분에 비추어 불합리한 점이 있으므로 사법서사의 권익신장과 국민의 편익에 기여하기 위하여 사법서사의 명칭을 법무사로 개칭하였다고 그 개정이유를 밝히고 있다.[8] 법무사란 법무사 시험에 합격한 자를 말한다(법무사법 제4조). 행정서사란 현행법상 행정사를 말한다. 1961년 제정되었던 행정서사법은[9] 1995년 전부개정에 의하여 행정사법으로 제명이 변경되었다.[10] 국민들의 전문화되고 다원화된 행정수요를 충족시킬 수 있도록 행정서사를 행정사로 변경하고, 행정사의 업무를 다양화하며, 합동행정사사무소제도를 도입하고 대한행정사회의 기능과 역할을 보완하여 민주화된 사회의 행정 서어비스를 자율적으로 뒷받침할 수 있도록 하려는 것이 그 개정이유였다. 행정사란 행정사 자격시험에 합격한 자를 말한다(행정사법 제5조).

ii. 그 직무상 보조자 그 직무상 보조자란 소위 전문직 종사자의 직무를 보조하는 자를 말한다. 간호사, 의료기관의 사무장, 법률사무소의 사무장 등이 이에 해당한다.

iii. 차등의 직에 있던 자 차등(此等)의 직에 있던 자란 이들(此等)의 직에 있던 자의 의미로서 전문직 종사자와 그 직무상 보조자의 직에 있던 자를 말한다. 현직자를 제외한 전직자를 의미하는 것이다.

② 객 체

본죄의 객체는 직무처리중 지득한 타인의 비밀이다. 정확하게 말하면 본죄의 객체는 비밀이고, 비밀은 직무처리중 지득한 비밀에 한정된다. 타인은 비밀의 주체일 뿐이다.

ⓘ 타 인 타인(他人)이란 본죄의 행위의 주체가 아니라 행위의 객체인 비밀의 주체를 말하는 것이다. 타인은 자연인뿐만 아니라 법인 또는 법인격 없는 단체도 포함한다. 다만 본죄는 개인의 비밀을 보호하기 위한 죄이기 때문에 국가 또는 공공단체 등은 여기의 비밀의 주체에 포함되지 않는다. 타인은 현존할 것을 요한다. 사자의 비밀을 누설하여도 본죄를 구성하지 않는다. 해산한 단체의 비밀도 같다.

ⓘⓘ 비 밀 본죄의 객체는 비밀이다. 비밀(秘密)에 대하여는 본인이 비밀로 하기를 원하는 사실이라는 주관설, 객관적으로 보호할 이익이 있는 사실이 이어야 한다는 객관설 및 본인이 비밀로 할 것을 원할 뿐만 아니라 객관적으로도 비밀로 할 이익이 있어야 한다는 절충설이 다투어지고 있다. 생각건대 본인의 자의적인 비밀유지의사는 객관적인 비밀유지이익에 의해서 제한되어야 하고, 본인의 비밀유지의사가 없는 비밀은 법률상 보호의 필요성이 없다는 의미에서 절충설이 지당하다고 해석된다.

---

8) 법무사법 1990.1.13. 전부개정 법률 제4200호 1990. 3. 1. 시행.
9) 행정서사법 1961.9.23. 제정 법률 제727호 1961.9.23. 시행.
10) 행정사법 1995.1.5. 전부개정 법률 제4874호 1995.2.5. 시행.

비밀은 일반적으로 알려지지 않은 사실이어야 한다. 비밀의 비공개성이다. 소위 공지의 사실은 비밀이라고 할 수 없다. 일반적으로 알려지지 않은 사실이라면 이미 소수의 자에게 알려져 있는 사실이라도 이를 알지 않은 자에 대하여는 비밀이 될 수 있다. 이러한 의미에서 비밀은 상대적이라고 할 수 있다. 공지의 사실은 이를 알지 못하는 자에 대하여도 비밀이라고 할 수 없지만, 단순히 수군거리는 정도에 지나지 않는 경우에는 비밀에 해당한다.

ⅲ 비밀의 요건 본죄의 비밀은 업무처리중 지득한 것이어야 한다. 따라서 업무처리와 무관하게 알게 된 비밀은 본죄의 보호대상으로 되지 않는다. 지득의 방법은 묻지 않는다. 본인이 모르는 사이에 자기의 실험이나 판단에 의해서 알게 된 것이더라도 상관없다.

③ 행 위

ⅰ 누 설 본죄의 실행행위는 누설이다. 누설(漏泄)이란 비밀을 아직 알지 못하는 사람에게 고지하는 것을 말한다. 이미 그 비밀을 알고 있는 자에게 고지하는 것은 누설로는 되지 않는다. 누설은 공연성을 요하지 않는다. 누설의 상대방이 본인 이외의 타인인 이상 그 상대방이 1인이든 다수인이든 묻지 않는다.

ⅱ 누설의 방법 누설은 그 방법을 묻지 않는다. 구두로 고하든 서면으로 고하든 사람의 비밀을 기재한 서면을 방치한 채로 타인의 열람에 맡기는 등 부작위에 의하든 불문한다. 다만 법원에 대하여 증거로 제출하는 것은 누설에 해당하지 않는다. 대법원은 "분실된 진료기록의 일부라고 할지라도 그러한 사실만으로 위 서면을 증거로 제출하는 것이 형법 제317조 제1항 소정의 업무상 비밀누설죄에 해당된다고 볼 수 없다"고 판시한 바 있다.[11)]

④ 결 과

본죄의 누설행위는 비밀의 고지가 상대방에게 도달하면 그것으로써 완성되고 기수에 달한다. 상대방이 현실적으로 비밀을 알 것을 요하지 않는다. 이러한 의미에서 본죄는 추상적 위험범이 된다.

2) 주관적 구성요건

본죄는 고의범이다. 본죄의 고의는 인식적 요소로서 의사, 한의사, 치과의사, 약제사, 약종상, 조산사, 변호사, 변리사, 공인회계사, 공증인, 대서업자나 그 직무상 보조자 또는 차등의 직에 있던 자가 그 직무처리중 지득한 타인의 비밀을 누설한다는 사실에 대한 인식을 요한다.

3) 미수 · 기수

본죄는 미수범을 처벌하지 않는다. 전술한 바와 같이 본죄는 비밀의 고지가 상대방에 도달함으로써 기수에 이른다. 상대방에게 도달한 이상 상대방은 그 내용인 비밀을 인식할 가능성을 가지고 비밀의 침해되는 위험성이 존재하기 때문이다.

---

11) 대법원 1992.5.22. 선고 91다39320 판결.

(3) 위법성조각사유

본죄의 누설행위에 대한 위법성조각사유로는 정당행위, 긴급피난 및 피해자의 승낙이 거론될 수 있다.

1) 정당행위

① 의 의

정당행위는 법령에 의한 행위, 업무로 인한 행위 및 기타 사회상규에 위배되지 아니하는 행위로 구성된다(제20조 참조).

첫째, 비밀의 누설이 법령에 의하여 비밀에 대한 신고의무로 규정되어 있는 경우이다. 예컨대 의료법, 감염병예방법, 결핵예방법, 에이즈예방법, 민사소송법, 형사소송법 등의 경우가 그것이다. 이러한 경우에는 법조경합(法條競合)이 되어 비밀유지의무보다 신고 등의 의무가 우선하게 된다. 뿐만 아니라 비밀의 누설행위는 법령에 의한 행위로서 정당행위가 되어 위법성을 조각하게 된다.

둘째, 비밀의 누설이 업무로 인한 행위에 해당하거나 사회상규에 위배되지 아니하는 경우이다. 예컨대 비밀을 고지하는 것이 환자 본인의 이익으로 되는 경우가 거론될 수 있다. 근친자에 대한 고지가 환자 본인의 이익으로 되는 경우는 정당한 이유가 있다고 해석된다. 한편 이러한 경우에는 환자의 추정적 승낙 내지 묵시의 승낙이 있다고 할 수도 있다. 또 팀의료에 있어서 의료팀을 구성하는 의사나 간호사 등의 의료보조자에게 환자의 정보를 알게 하는 것은 당해 정보를 공유하는 것이 조직의료를 행하는 것에 필요한 한에 있어서는 업무로 인한 행위라고 해석된다. 이 외에도 환자의 진료를 위하여 담당의사로부터 그동안의 진료경과를 청취하는 경우, 의료과오소송에서 의료인이 방어권을 행사하는 경우, 진지한 정보의 이익이 존재하고 국민의 알권리를 충족시키는 범위 내에서 환자의 비밀을 언론기관에 공개하는 경우 등은 정당행위로서 위법성이 조각될 수 있다. 그러나 정당행위라 하더라도, 예컨대 허위의 진술을 하는 등 권리의 남용으로 인정되는 경우에는 위법성이 조각되지 아니한다.

한편 환자가 범죄인이라 하더라도 경찰에 신고할 의무는 발생하지 않는다. 오히려 비밀을 유지하여야 하는 것이 법의 취지라고 생각된다. 다만 범인이 자수의사를 밝히고 이를 대신하여 연락하는 경우는 별개의 문제이다.

② 증언거부권자의 증언

증언거부권자의 증언이 문제된다. 법원(法院)은 특별한 규정이 없으면 누구든지 증인으로 심문할 수 있다(민사소송법 제303조, 형사소송법 제146조). 따라서 누구든지 증인이 되는 것을 거부할 수 없는 것이 원칙이다. 다만 타인의 비밀을 직업적으로 취급할 수밖에 없는 자에 대하여는 증언거부권만을 인정하고 있을 뿐이다. 민사소송법은 "의료인·약사, 그 밖의 법령에 따라 비밀을 지킬 의무가 있는 직책 또는 종교의 직책에 있거나 이러한 직책에 있었던 사람이 직무상 비밀에 속하는 사항에 대하여 신문을 받을 때"에는 증언을 거부할 수 있다고 규정하고 있다(민사소송법 제315조 제1항).

형사소송법도 "의사, 한의사, 치과의사, 약사, 약종상, 조산사, 간호사, 종교의 직에 있는 자 또는 이러한 직에 있던 자가 그 업무상 위탁을 받은 관계로 알게 된 사실로서 타인의 비밀에 관한 것은 증언을 거부할 수 있다. 단, 본인의 승낙이 있거나 중대한 공익상 필요있는 때에는 예외로 한다"고 규정하고 있다(형사소송법 제149조).

전문직 종사자에게는 증언거부권은 인정되나 증인거부권은 인정되지 않는다. 따라서 증인이 되는 것 자체를 거부할 수는 없기 때문에 소환을 받은 때에는 일단 출두하지 않으면 안 된다. 그러나 비밀유지의무를 이유로 공판정에서 증언을 거부하여도 증인에 관한 각종의 제재는 받지 않는다. 비밀유지의무를 증언의무보다 우선시켜 의사 등의 비밀유지에 대한 신뢰를 절차법상으로 담보하고 있는 것이다. 문제는 전문직 종사자가 증언거부권을 행사하지 않고 비밀에 관한 사항을 증언한 경우에 있다. 증언거부권을 보장하고 있는 이상, 증언행위에 대하여는 위법성이 조각되지 않는다는 견해도 있지만, 이러한 경우에도 위법성이 조각된다는 것이 일반적인 견해이다. 일반적으로 국가의 사법작용에 협력하는 행위는 사회상규에 위배되지 아니하는 행위로 해석될 수 있기 때문이다.

2) 긴급피난

비밀을 준수하는 것이 제3자의 이익과 충돌하는 경우이다. 예컨대 종업원이 감염의 위험이 높은 매독에 걸려 있는 경우 사용자, 다른 종업원이나 가족에게 그 사실을 알리는 것이 정당한 이유에 해당하는가가 문제된다.

이 경우 비밀보호에 의한 환자의 이익과 사용자 등에 대한 감염의 위험을 비교하여 감염의 방지라는 이익이 보다 크기 때문에 정당한 이유가 된다는 견해도 있으나, 사용자 등에게 곧바로 알려지지 않으면 감염을 방지할 수 없을 정도로 긴급성이 인정되는 경우에는 긴급피난(제22조)으로서 정당한 이유에 해당한다고 할 수 있다. 따라서 에이즈 감염을 진단한 의사가 감염을 막기 위하여 환자의 배우자에게 남편의 감염사실을 이야기하거나, 운전자의 간질병을 치료하고 사고를 피하기 위하여 관계관청에 신고하는 경우에는 긴급피난에 의하여 위법성이 조각될 수 있다.

한편 의료인에게 비밀유지의무를 면제하고 법률의 규정에 의하여 오히려 신고의무를 요구하고 있는 경우라면 감염의 가능성은 1차적으로는 환자 본인과 신고를 받은 당국의 책임하에 처리되어야 할 성질의 것이다. 따라서 법적 절차에 따라 신고를 한 후 다른 사람에게 누설한 경우에는 위법성이 조각되지 아니한다.

3) 피해자의 승낙

피해자의 승낙이 있는 경우에는 구성요건해당성조각설과 위법성조각설로 나누어진다. 피해자의 승낙을 받은 경우에는 구성요건해당성이 조각된다는 전자는 본인의 의사에 반해야 누설이 된다는 점을, 위법성이 조각된다는 후자는 위법성을 조각하는 점을 근거로 하고 있다.

2. 종교직 업무상 비밀누설죄

(1) 의 의

본죄는 종교의 직에 있는 자 또는 있던 자가 그 직무상 지득한 사람의 비밀을 누설함으로서 성립한다(제317조 제2항). 해설의 편의상 본죄를 종교직 업무상 비밀누설죄라고 하기로 한다.

(2) 구성요건

본죄의 주체는 종교의 직에 있는 자 또는 있던 자이다. 본죄의 주체에는 전술한 전문직 업무상 비밀누설죄에 규정되어 있는 그 직무상 보조자가 제외되어 있다. 종교의 직에 있는 자란 승려, 신부, 목사 등 종교단체에서 사제의 직무를 수행하는 자를 말한다.

본죄의 객체는 그 직무상 지득한 사람의 비밀이다. 비밀은 직무상 지득한 것에 한한다. 다만 본죄의 직무상 지득과 전술한 전문직 업무상 비밀누설죄에 있어서의 직무처리상 지득 사이의 정확한 차이에 대하여는 알 수 없다. 사람의 비밀의 주체에 해당한다. 또 본죄의 사람과 전술한 전문직 업무상 비밀누설죄에 있어서의 타인에 있어서 양자의 차이점이 무엇인지 분명하지 않다.

본죄의 실행행위는 누설이다. 누설에 대하여는 이미 전문직 업무상 비밀누설죄에서 전술한 바 있다.

본죄는 주관적 구성요건요소로서 고의를 요한다. 본죄의 고의는 인식적 요소로서 종교의 직에 있는 자 또는 있던 자가 그 직무상 지득한 사람의 비밀을 누설한다는 사실에 대한 인식을 요한다.

(3) 위법성조각사유

본죄에 있어서의 위법성조각사유는 전문직 업무상 비밀누설죄에 있어서의 그것과 달라야 할 이유를 찾을 수 없다.

Ⅲ. 처 벌

1. 법정형

본죄의 법정형은 3년 이하의 징역이나 금고, 10년 이하의 자격정지 또는 700만원 이하의 벌금이다. 전문직 업무상 비밀누설죄와 종교직 업무상 비밀누설죄는 법정형에 있어서 차이가 없다.

2. 친고죄

본죄는 친고죄로 규정되어 있다. 따라서 고소가 없으면 공소를 제기할 수 없다. 비교적 경미한 개인적 법익을 침해한 경우 피해자 본인의 의사에 반하여까지 소추할 필요가 없다는 점, 소추결과 그 비밀이 한층 공개적으로 되고 피해자의 불이익을 초래할 경우가 있다는 점 등을 고려하여 소추를 피해자의 의사에 맡긴 것이다.

고소권자는 사자의 친족 또는 그 자손이다(형사소송법 제227조). 고소할 자가 없는 경우에 이해관계인의 신청이 있으면 검사는 10일 이내에 고소할 수 있는 자를 지정하여야 한다(형사소송법 제228조).

§4. 관련 특별법

Ⅰ. 우편법

제1조의2(정의) 이 법에서 사용하는 용어의 뜻은 다음과 같다.

1. "우편물"이란 통상우편물과 소포우편물을 말한다.
2. "통상우편물"이란 서신(書信) 등 의사전달물, 통화(송금통지서를 포함한다) 및 소형포장우편물을 말한다.
3. "소포우편물"이란 통상우편물 외의 물건을 포장한 우편물을 말한다.

제3조(우편물 등의 비밀 보장) 우편업무 또는 제45조의2에 따른 서신송달업에 종사하는 자나 종사하였던 자는 재직 중에 우편 또는 서신에 관하여 알게 된 타인의 비밀을 누설하여서는 아니 된다.

제48조(우편물 등 개봉 훼손의 죄) ① 우편관서 및 서신송달업자가 취급 중인 우편물 또는 서신을 정당한 사유 없이 개봉, 훼손, 은닉 또는 방기(放棄)하거나 고의로 수취인이 아닌 자에게 내준 자는 3년 이하의 징역 또는 3천만원 이하의 벌금에 처한다.
② 우편업무 또는 서신송달업무에 종사하는 자가 제1항의 행위를 하였을 때에는 5년 이하의 징역 또는 5천만원 이하의 벌금에 처한다.

제51조(서신의 비밀침해의 죄) ① 우편관서 및 서신송달업자가 취급 중인 서신의 비밀을 침해한 자는 3년 이하의 징역 또는 3천만원 이하의 벌금에 처한다.
② 우편업무 및 서신송달업무에 종사하는 자가 제1항의 행위를 하였을 경우에는 5년 이하의 징역 또는 5천만원 이하의 벌금에 처한다.

제51조의2(비밀 누설의 죄) 제3조를 위반하여 비밀을 누설한 자는 5년 이하의 징역 또는 5천만원 이하의 벌금에 처한다.

Ⅱ. 정보통신망법

제49조(비밀 등의 보호) 누구든지 정보통신망에 의하여 처리·보관 또는 전송되는 타인의 정보를 훼손하거나 타인의 비밀을 침해·도용 또는 누설하여서는 아니 된다.

제71조(벌칙) ① 다음 각 호의 어느 하나에 해당하는 자는 5년 이하의 징역 또는 5천만원 이하의 벌금에 처한다.

11. 제49조를 위반하여 타인의 정보를 훼손하거나 타인의 비밀을 침해·도용 또는 누설한 자

Ⅲ. 통신비밀보호법

1. 통신 및 대화의 비밀

제3조(통신 및 대화비밀의 보호) ① 누구든지 이 법과 형사소송법 또는 군사법원법의 규정에 의하지 아니하고는 우편물의 검열·전기통신의 감청 또는 통신사실확인자료의 제공을 하거나 공개되지 아니한 타인간의 대화를 녹음 또는 청취하지 못한다. 다만, 다음 각호의 경우에는 당해 법률이 정하는 바에 의한다.

1. 환부우편물등의 처리: 우편법 제28조·제32조·제35조·제36조등의 규정에 의하여 폭발물등 우편금제품이 들어 있다고 의심되는 소포우편물(이와 유사한 郵便物을 포함한다) 을 개피하는 경우, 수취인에게 배달할 수 없거나 수취인이 수령을 거부한 우편물을 발송인에게 환부하는 경우, 발송인의 주소·성명이 누락된 우편물로서 수취인이 수취를 거부하여 환부하는 때에 그 주소·성명을 알기 위하여 개피하는 경우 또는 유가물이 든 환부불능우편물을 처리하는 경우
2. 수출입우편물에 대한 검사: 관세법 제256조·제257조 등의 규정에 의한 신서외의 우편물에 대한

통관검사절차

3. 구속 또는 복역중인 사람에 대한 통신: 형사소송법 제91조, 군사법원법 제131조, 「형의 집행 및 수용자의 처우에 관한 법률」 제41조·제43조·제44조 및 「군에서의 형의 집행 및 군수용자의 처우에 관한 법률」 제42조·제44조 및 제45조에 따른 구속 또는 복역중인 사람에 대한 통신의 관리
4. 파산선고를 받은 자에 대한 통신: 「채무자 회생 및 파산에 관한 법률」 제484조의 규정에 의하여 파산선고를 받은 자에게 보내온 통신을 파산관재인이 수령하는 경우
5. 혼신제거등을 위한 전파감시: 전파법 제49조 내지 제51조의 규정에 의한 혼신제거등 전파질서유지를 위한 전파감시의 경우

제16조(벌칙) ① 다음 각 호의 어느 하나에 해당하는 자는 1년 이상 10년 이하의 징역과 5년 이하의 자격정지에 처한다.

1. 제3조의 규정에 위반하여 우편물의 검열 또는 전기통신의 감청을 하거나 공개되지 아니한 타인간의 대화를 녹음 또는 청취한 자
2. 제1호에 따라 알게 된 통신 또는 대화의 내용을 공개하거나 누설한 자

2. 타인의 대화비밀의 침해

제14조(타인의 대화비밀 침해금지) ① 누구든지 공개되지 아니한 타인간의 대화를 녹음하거나 전자장치 또는 기계적 수단을 이용하여 청취할 수 없다.

② 제4조 내지 제8조, 제9조제1항 전단 및 제3항, 제9조의2, 제11조제1항·제3항·제4항 및 제12조의 규정은 제1항의 규정에 의한 녹음 또는 청취에 관하여 이를 적용한다.

제16조(벌칙) ①다음 각 호의 어느 하나에 해당하는 자는 1년 이상 10년 이하의 징역과 5년 이하의 자격정지에 처한다.

1. 제3조의 규정에 위반하여 우편물의 검열 또는 전기통신의 감청을 하거나 공개되지 아니한 타인간의 대화를 녹음 또는 청취한 자

처벌에 관한 판례의 구체적 내용은 다음과 같다. 즉,

구 통신비밀보호법(2014.1.14. 법률 제12229호로 개정되기 전의 것, 이하 같다)은 제3조 제1항에서 누구든지 이 법과 형사소송법 또는 군사법원법의 규정에 의하지 아니하고는 공개되지 아니한 타인간의 대화를 녹음 또는 청취하지 못하도록 규정하고, 제14조 제1항에서 위와 같이 금지하는 청취행위를 전자장치 또는 기계적 수단을 이용한 경우로 제한하는 한편, 제16조 제1항에서 위 제3조의 규정에 위반하여 공개되지 아니한 타인간의 대화를 녹음 또는 청취한 자(제1호)와 제1호에 의하여 지득한 대화의 내용을 공개하거나 누설한 자(제2호)를 처벌하고 있다. 위와 같은 구 통신비밀보호법의 내용 및 형식, 구 통신비밀보호법이 공개되지 아니한 타인간의 대화에 관한 녹음 또는 청취에 대하여 제3조 제1항에서 일반적으로 이를 금지하고 있음에도 제14조 제1항에서 구체화하여 금지되는 행위를 제한하고 있는 입법 취지와 체계 등에 비추어 보면, 구 통신비밀보호법 제14조 제1항의 금지를 위반하는 행위는, 구 통신비밀보호법과 형사소송법 또는 군사법원법의 규정에 의한 것이라는 등의 특별한 사정이 없는 한, 같은 법 제3조 제1항 위반행위에 해당하여 같은 법 제16조 제1항 제1호의 처벌대상이 된다고 해석하여야 한다.[12] 통신비밀보호법 제14조 제1항을 위반하는 행위가 제2항이 정하는 예외적인 상황과 절차를 지키지 않고 이루어진 것이라면, 제14조 제1항보다 더 포괄적인 제3조 제1항에도 해당되어 통신비밀보호법 제16조에 따라 처벌되는 것이지, 제14조 제1항 위반 행위를 처벌하는 규정이 없다는 이유로 제14조 제1항 위반행위는 일반적인 금지일 뿐 처벌대상이 아니라는 피고인의 주장은 이유 없다.[13]

12) 대법원 2016.5.12. 선고 2013도15616 판결.
13) 서울중앙지방법원 2013.11.28. 선고 2013노2841 판결.

Ⅳ. 부정경쟁방지법

제2조(정의) 이 법에서 사용하는 용어의 뜻은 다음과 같다.

2. "영업비밀"이란 공공연히 알려져 있지 아니하고 독립된 경제적 가치를 가지는 것으로서, 비밀로 관리된 생산방법, 판매방법, 그 밖에 영업활동에 유용한 기술상 또는 경영상의 정보를 말한다.
3. "영업비밀 침해행위"란 다음 각 목의 어느 하나에 해당하는 행위를 말한다.
   가. 절취(竊取), 기망(欺罔), 협박, 그 밖의 부정한 수단으로 영업비밀을 취득하는 행위(이하 "부정취득행위" 라 한다) 또는 그 취득한 영업비밀을 사용하거나 공개(비밀을 유지하면서 특정인에게 알리는 것을 포함한다. 이하 같다)하는 행위
   나. 영업비밀에 대하여 부정취득행위가 개입된 사실을 알거나 중대한 과실로 알지 못하고 그 영업비밀을 취득하는 행위 또는 그 취득한 영업비밀을 사용하거나 공개하는 행위
   다. 영업비밀을 취득한 후에 그 영업비밀에 대하여 부정취득행위가 개입된 사실을 알거나 중대한 과실로 알지 못하고 그 영업비밀을 사용하거나 공개하는 행위
   라. 계약관계 등에 따라 영업비밀을 비밀로서 유지하여야 할 의무가 있는 자가 부정한 이익을 얻거나 그 영업비밀의 보유자에게 손해를 입힐 목적으로 그 영업비밀을 사용하거나 공개하는 행위
   마. 영업비밀이 라목에 따라 공개된 사실 또는 그러한 공개행위가 개입된 사실을 알거나 중대한 과실로 알지 못하고 그 영업비밀을 취득하는 행위 또는 그 취득한 영업비밀을 사용하거나 공개하는 행위
   바. 영업비밀을 취득한 후에 그 영업비밀이 라목에 따라 공개된 사실 또는 그러한 공개행위가 개입된 사실을 알거나 중대한 과실로 알지 못하고 그 영업비밀을 사용하거나 공개하는 행위

제18조(벌칙) ① 영업비밀을 외국에서 사용하거나 외국에서 사용될 것임을 알면서도 다음 각 호의 어느 하나에 해당하는 행위를 한 자는 15년 이하의 징역 또는 15억원 이하의 벌금에 처한다. 다만, 벌금형에 처하는 경우 위반행위로 인한 재산상 이득액의 10배에 해당하는 금액이 15억원을 초과하면 그 재산상 이득액의 2배 이상 10배 이하의 벌금에 처한다.

1. 부정한 이익을 얻거나 영업비밀 보유자에 손해를 입힐 목적으로 한 다음 각 목의 어느 하나에 해당하는 행위
   가. 영업비밀을 취득・사용하거나 제3자에게 누설하는 행위
   나. 영업비밀을 지정된 장소 밖으로 무단으로 유출하는 행위
   다. 영업비밀 보유자로부터 영업비밀을 삭제하거나 반환할 것을 요구받고도 이를 계속 보유하는 행위
2. 절취・기망・협박, 그 밖의 부정한 수단으로 영업비밀을 취득하는 행위
3. 제1호 또는 제2호에 해당하는 행위가 개입된 사실을 알면서도 그 영업비밀을 취득하거나 사용(제13조제1항에 따라 허용된 범위에서의 사용은 제외한다)하는 행위

② 제1항 각 호의 어느 하나에 해당하는 행위를 한 자는 10년 이하의 징역 또는 5억원 이하의 벌금에 처한다. 다만, 벌금형에 처하는 경우 위반행위로 인한 재산상 이득액의 10배에 해당하는 금액이 5억원을 초과하면 그 재산상 이득액의 2배 이상 10배 이하의 벌금에 처한다.

제18조의2(미수) 제18조제1항 및 제2항의 미수범은 처벌한다.

제18조의3(예비・음모) ① 제18조제1항의 죄를 범할 목적으로 예비 또는 음모한 자는 3년 이하의 징역 또는 3천만원 이하의 벌금에 처한다.

② 제18조제2항의 죄를 범할 목적으로 예비 또는 음모한 자는 2년 이하의 징역 또는 2천만원 이하의 벌금에 처한다.

제3절 주거침입의 죄

§1. 개 관

I. 서 설

1. 의 의

본장의 주거침입의 죄(Hausfriedens-bruch)란 사람의 주거 또는 관리하는 장소의 평온과 안전을 침해하는 것을 내용으로 하는 범죄를 말한다(형법 제2편 제36장).

2. 주거의 기능

주거는 개인의 사생활의 본거이다. 주거(住居)는 사는 곳(住)과 머무는 곳(居)이라는 의미를 가지고 있다. 주거는 하루를 단위로 반복되는 귀소본능을 충족하기 위한 곳이다. 주거는 공간적으로 생자와 사자, 어린이와 노인, 남과 여 등이 서로 공존하는 장소이다. 주거의 기능은 관점이나 기준에 따라서 다양하게 분류될 수 있겠지만, 다음과 같은 이유에서 외부인의 침입에 친하지 않은 장소라고 할 수 있다.

첫째, 안전성이다. 주거는 자연환경이나 적으로부터 피난할 수 있는 장소이자 후세대를 양육할 수 있는 장소이기도 하다. 물리적·사회적 위험으로부터 벗어나 쾌적하고 안정적인 주거환경에서 인간다운 주거생활을 할 주거권이 보장되고 있는 근거이다(주거기본법 제2조). 둘째, 보건성이다. 주거는 질병을 예방하고 이의 회복을 통하여 육체적으로나 정신적으로 건강상태를 유지할 수 있는 장소이자 휴식을 통한 재충전의 장소이기도 하다. 또 주거는 오로지 사적인 영역으로서 개인의 생명, 신체, 자유, 명예, 비밀 등 기본적인 법익이 무방비로 노출된 장소이면서 무장이 해제된 상태로 유지되는 안식처이다.

한편 주거는 종교적 의미, 문화적 의미, 의학적 의미 및 정치적 의미 등의 다양한 의미를 가지는 영역으로 구성되어 있다. 특히 주거는 역사적으로 '개인의 주거는 그의 성(城)이다. 비나 바람은 들어갈 수 있으나 국왕은 들어갈 수 없다'는 정치적 의미를 가지고 있다. 이는 공권력으로부터 주거의 불가침을 나타낸 것이다. '법은 가정에 들어가지 않는다'는 말은 주거의 정치적 의미와 무관하지 않다고 생각된다. 주거의 불가침은 자유권의 하나로서 세계 각국의 인권선언에서 일찍부터 규정되어 왔다. 현행헌법도 '모든 국민은 주거의 자유를 침해받지 아니한다. 주거에 대한 압수나 수색을 할 때에는 검사의 신청에 의하여 법관이 발부한 영장을 제시하여야 한다"(헌법 제16조)고 하여 주거의 자유를 규정하고 있다. 나아가 주거의 불가침은 프라이버시의 권리와도 밀접한 관련을 가지고 있다. 프라이버시의 권리는 20세기에 와서 인정된 새로운 인권의 하나이다. 타인이나 외부로부터 개인의 사사(私事), 사생활이 함부로 간섭받거나 공개되거나 하는 것을 허용하지 않는 권리로 이해되고 있다. 이러한 의미에서 주거에의 침입을 배제하는 것은 개인의 자유를 확보함에 있어서 필수적인 요소라고 아니할 수 없다.

Ⅱ. 보호법익

1. 의 의

본죄의 보호법익에 대한 다툼은 주거권설, 사실상의 평온설 및 신주거권설의 순으로 변천하여왔다. 이 외에도 일각에서는 관리권설이 주장되고 있다.

(1) 학 설

1) 주거권설

본죄의 보호법익을 주거권자의 주거권이라고 하는 견해이다. 주거권은 과거 가장이나 호주만이 가지는 권리로서 주거에 대한 출입허락권을 의미한다고 한다. 그러나 이에 대하여는 주거권의 내용이 명확하지 않다는 점, 주거권은 범죄를 권리침해로 파악하던 과거 사상의 잔재라는 점, 주거권자를 가장(家長)이라고 하는 불합리한 결론에 이르고 헌법이념에도 반한다는 점 등에서 비판이 가하여지고 있다.

2) 사실상의 평온설

본죄의 보호법익을 주거의 사실상의 평온이라고 하는 견해이다. 주거권설을 비판하면서 등장한 견해이다. 평온의 개념을 법률상으로 파악하지 않고 사실상으로 파악한다는 점에 특징이 있다. 그러나 이에 대하여는 주거의 평온이라는 개념이 모호하다는 점, 평온은 사회의 평온과 결부되기 쉽다는 점 등에서 비판이 가하여진다.

3) 신주거권설

본죄의 보호법익을 주거권자의 주거권이라고 하는 견해이다. 다만 이 견해는 주거권을 가부장권이 아니라 모든 구성원의 권리로 파악한다는 점에서 과거의 주거권설과 구별된다. 사실상 평온설을 비판하면서 등장한 견해이다. 제2차 세계대전 이후 나타난 프라이버시권과 개인의 자유에 대한 자기결정권을 중시하는 입장의 영향받았다고 할 수 있다. 독일의 통설이라고 한다. 주거뿐만 아니라 건조물 등의 출입에 관한 관리권과 유사하다는 점에 특징이 있다. 그러나 이에 대하여는 사실상 평온설 측으로부터 법적 권리로서의 성격이 반드시 명료하지 않다는 점, 단순히 건조물 등에의 출입여부를 형식적 관점만으로 인정하고 있다는 점, 공공의 건조물에 대하여는 여전히 타당하지 않다는 점 등에서 비판이 가하여지고 있다.

4) 관리권설

본죄의 보호법익을 관리자의 관리권이라고 하는 견해이다. 현실적으로 주거 등을 평온하게 관리하고 지배하는 사실상의 상태를 권리로서 보호한다는 점에서 법적인 개념으로서의 주거권을 근거로 하는 주거권설과 구별된다. 관리자의 의사를 존중하기 위한 견해라고 할 수 있다.

(2) 판 례

판례는 전통적으로 사실상의 평온설의 입장인 것으로 해석된다. 다만 신주거권설로 추정되는 입장도 섞여 있는 것으로도 보인다.

대법원은 "주거침입죄는 사실상 주거의 평온을 보호법익으로 한다"고 판시한 바 있다.[1] 다만 예외적으로 "건조물침입죄는 사실상의 주거의 평온을 그 보호법익으로 하는 것이므로 관리권자의 의사에 반하여 건조물에 침입함으로써 성립한다"고 판시한 바도 있다.[2]

보호법익에 관한 판례의 구체적 내용은 다음과 같다. 즉,

> 주거침입죄의 보호법익은 사적 생활관계에 있어서 사실상 누리고 있는 주거의 평온, 즉 '사실상 주거의 평온'으로서, 주거를 점유할 법적 권한이 없더라도 사실상의 권한이 있는 거주자가 주거에서 누리는 사실적 지배 · 관리관계가 평온하게 유지되는 상태를 말한다. 외부인이 무단으로 주거에 출입하게 되면 이러한 사실상 주거의 평온이 깨어지는 것이다. 이러한 보호법익은 주거를 점유하는 사실상태를 바탕으로 발생하는 것으로서 사실적 성질을 가진다. 한편 공동주거의 경우에는 여러 사람이 하나의 생활공간에서 거주하는 성질에 비추어 공동거주자 각자는 다른 거주자와의 관계로 인하여 주거에서 누리는 사실상 주거의 평온이라는 법익이 일정 부분 제약될 수밖에 없고, 공동거주자는 공동주거관계를 형성하면서 이러한 사정을 서로 용인하였다고 보아야 한다. 부재중인 일부 공동거주자에 대하여 주거침입죄가 성립하는지를 판단할 때에도 이러한 주거침입죄의 보호법익의 내용과 성질, 공동주거관계의 특성을 고려하여야 한다. 공동거주자 개개인은 각자 사실상 주거의 평온을 누릴 수 있으므로 어느 거주자가 부재중이라고 하더라도 사실상의 평온상태를 해치는 행위태양으로 들어가거나 그 거주자가 독자적으로 사용하는 공간에 들어간 경우에는 그 거주자의 사실상 주거의 평온을 침해하는 결과를 가져올 수 있다. 그러나 공동거주자 중 주거 내에 현재하는 거주자의 현실적인 승낙을 받아 통상적인 출입방법에 따라 들어갔다면, 설령 그것이 부재중인 다른 거주자의 의사에 반하는 것으로 추정된다고 하더라도 주거침입죄의 보호법익인 사실상 주거의 평온을 깨트렸다고 볼 수는 없다. 만일 외부인의 출입에 대하여 공동거주자 중 주거 내에 현재하는 거주자의 승낙을 받아 통상적인 출입방법에 따라 들어갔음에도 불구하고 그것이 부재중인 다른 거주자의 의사에 반하는 것으로 추정된다는 사정만으로 주거침입죄의 성립을 인정하게 되면, 주거침입죄를 의사의 자유를 침해하는 범죄의 일종으로 보는 것이 되어 주거침입죄가 보호하고자 하는 법익의 범위를 넘어서게 되고, '평온의 침해' 내용이 주관화 · 관념화되며, 출입 당시 현실적으로 존재하지 않는, 부재중인 거주자의 추정적 의사에 따라 주거침입죄의 성립 여부가 좌우되어 범죄 성립 여부가 명확하지 않고 가벌성의 범위가 지나치게 넓어지게 되어 부당한 결과를 가져오게 된다.[3] 주거침입죄는 사실상의 주거의 평온을 보호법익으로 하는 것이므로 그 거주자 또는 관리자

1) 대법원 2022.3.24. 선고 2017도18272 전원합의체 판결; 대법원 2022.1.27. 선고 2021도15507 판결; 대법원 2021.9.9. 선고 2020도12630 전원합의체 판결; 대법원 2021.1.14. 선고 2017도21323 판결; 대법원 2017.12.22. 선고 2017도690 판결; 대법원 2012.5.24. 선고 2010도9963 판결; 대법원 2010.4.29. 선고 2009도14643 판결; 대법원 2008.11.13. 선고 2006도755 판결; 대법원 2008.5.8. 선고 2007도11322 판결; 대법원 2007.8.23. 선고 2007도2595 판결; 대법원 2007.7.27. 선고 2006도3137 판결; 대법원 2007.3.15. 선고 2006도7044 판결; 대법원 2001.4.24. 선고 2001도1092 판결; 대법원 1996.5.10. 선고 96도419 판결; 대법원 1995.9.15. 선고 94도2561 판결; 대법원 1987.11.10. 선고 87도1760 판결; 대법원 1987.5.12. 선고 87도3 판결; 대법원 1985.3.26. 선고 85도122 판결; 대법원 1984.6.26. 선고 83도685, 판결; 대법원 1984.4.24. 선고 83도1429 판결; 대법원 1983.3.8. 선고 82도1363 판결.

2) 대법원 1996.5.10. 선고 96도419 판결; 대법원 1991.9.10. 선고 91도1666 판결.

가 건조물 등에 거주 또는 관리할 권한을 가지고 있는가 여부는 범죄의 성립을 좌우하는 것이 아니다.[4] 형법상 주거침입죄의 보호법익은 주거권이라는 법적 개념이 아니고 사적 생활관계에 있어서의 사실상 주거의 자유와 평온으로서 그 주거에서 공동생활을 하고 있는 전원이 평온을 누릴 권리가 있다 할 것이나 복수의 주거권자가 있는 경우 한 사람의 승낙이 다른 거주자의 의사에 직접 · 간접으로 반하는 경우에는 그에 의한 주거에의 출입은 그 의사에 반한 사람의 주거의 평온 즉 주거의 지배 · 관리의 평온을 해치는 결과가 되므로 주거침입죄가 성립한다.[5]

(3) 검 토

보호법익은 범죄의 성부의 판단에 있어서 해석에 관한 기본적 기준이 된다. 특히 본죄의 보호법익은 본죄의 실행행위인 침입의 해석과도 밀접한 연관을 가지고 있어 구성요건의 해석에도 영향을 주고 있다. 구체적으로 보면 침입의 의의에 관하여 주거권설과 신주거권설은 주거권자의 의사에 반하는 출입이라고 하여 의사침해설을 취하고 있다. 이에 반하여 사실상의 평온설은 평온을 해하는 태양의 출입이라고 하여 평온침해설의 입장이다. 그러나 주거권자의 의사에 반하는가의 여부를 주거의 평온을 해하는가의 여부에 대한 중요한 판단자료로 삼는 한 의사침해설과 평온침해설의 실제상의 차이는 거의 없을 수도 있다. 다만 사실상의 평온설은 평온을 거주자 전원의 것으로 파악하는 경향인 반면 주거권설은 법익주체의 자유권에 대한 침해로 파악하는 방향에 있다고 할 수 있다.

생각건대 주거의 기능과 관련하여 볼 때 의식주든 주식의든 주거의 안정과 평온은 인간의 삶에서 불가결한 요소가 된다. 또 주거의 안정과 평온이 보장되기 위해서는 관리권자 전원에 대하여 현재하든 부재하든 개인의 관리권이 보장될 필요가 있다는 점, 빈 집에 들어가도 사실상 주거의 평온은 침해되지 않지만 주거권자의 주거권이 침해되었다고 하여야 한다는 점 등이 고려할 때 사실상 평온설이나 신주거권설은 각각 필요조건을 충족하고 있다고 해석된다. 여기서 관리권자 전원에 대한 사실상의 평온을 보장하기 위한 충분조건이 무엇인가에 대하여 더 많은 고민이 필요한 것은 아닌가 의심된다.

2. 보호의 정도

보호법익에 대한 보호의 정도에 있어서도 침해범설과 추상적 위험범설이 대립하고 있다. 침해범설은 침입가 있으면 주거의 평온이 침해되지 않을 수 없다는 점을 근거로 하고 있다. 그러나 본죄는 그 규정의 형식상 거동범으로서 추상적 위험범에 속한다고 하는 것이 타당하다고 해석된다.

---

3) 대법원 2021.9.9. 선고 2020도12630 전원합의체 판결.

4) 대법원 2008.5.8. 선고 2007도11322 판결; 대법원 2007.8.23. 선고 2007도2595 판결; 대법원 2007.7.27. 선고 2006도3137 판결; 대법원 2007.3.15. 선고 2006도7044 판결; 대법원 1995.9.15. 선고 94도3336 판결; 대법원 1987.11.10. 선고 87도1760 판결; 대법원 1985.3.26. 선고 85도122 판결; 대법원 1984.4.24. 선고 83도1429 판결; 대법원 1983.3.8. 선고 82도1363 판결; 대법원 1969.12.23. 선고 69도2089 판결.

5) 대법원 1984.6.26. 선고 83도685 판결.

Ⅲ. 구성요건의 체계

본장의 죄의 기본적 구성요건은 주거침입죄이다(제319조). 특수주거침입죄는 행위방법으로 인하여 불법이 가중되는 가중적 구성요건이다(제320조). 이 외에 독립적 구성요건으로서 신체·주거수색죄가 규정되어 있다(제321조). 본장의 죄는 미수범도 예외없이 처벌한다(제322조).

§2. 주거침입죄

제319조(주거침입, 퇴거불응) ① 사람의 주거, 관리하는 건조물, 선박이나 항공기 또는 점유하는 방실에 침입한 자는 3년 이하의 징역 또는 500만원 이하의 벌금에 처한다.

제322조(미수범) 본장의 미수범은 처벌한다.

Ⅰ. 서 설

본죄는 사람의 주거, 관리하는 건조물, 선박이나 항공기 또는 점유하는 방실에 침입함으로써 성립한다. 본죄의 미수범은 처벌된다.

Ⅱ. 범 죄

1. 구성요건

(1) 객관적 구성요건

1) 객 체

본죄의 객체는 사람의 주거, 관리하는 건조물, 선박이나 항공기 또는 점유하는 방실이다. 그러나 자동차나 열차 등은 법문에 열거되어 있지 않니하다.

① 사람의 주거

ⓘ 사 람　　사람이란 타인을 의미한다. 따라서 사람의 주거란 타인의 주거를 말한다. 본인 단독의 주거나 타인과의 공동의 주거는 자기의 주거에 속한다. 타인과의 공동의 주거지만 그로부터 이탈한 경우에는 타인의 주거로서 사람의 주거로 된다.

대법원도 "주거침입죄의 객체는 행위자 이외의 사람, 즉 '타인'이 거주하는 주거 등이라고 할 것이므로 행위자 자신이 단독으로 또는 다른 사람과 공동으로 거주하거나 관리 또는 점유하는 주거 등에 임의로 출입하더라도 주거침입죄를 구성하지 않는다. 다만 다른 사람과 공동으로 주거에 거주하거나 건조물을 관리하던 사람이 공동생활관계에서 이탈하거나 주거 등에 대한 사실상의 지배·관리를 상실한 경우 등 특별한 사정이 있는 경우에 주거침입죄가 성립할 수 있을 뿐이다"고 판시한 바 있다.[6)]

---

6) 대법원 2021.9.9. 선고 2020도6085 전원합의체 판결.

ⓘ 주 거

ⅰ. 의 의 주거(住居)란 일어나고 눕고 잠자고 먹는 기와침식(起臥寢食)에 사용되는 장소이다. 일상생활을 영위하기 위하여 점거하는 장소이면 족하고 반드시 기와침식의 장소일 것을 요하지 않는다는 견해가 있으나 이는 관리하는 건조물이나 점유하는 방실이라고 해야 한다. 실험실, 연구실, 사무실, 점포 등은 주거에는 해당하지 않는다.

기와침식에 사용되는 한 그 이용시간은 묻지 않는다. 거주자가 현재하고 있을 필요는 없다. 일시 부재중의 장소도 주거이다. 그러나 빈집은 물론 별장도 전혀 사용되지 않을 때는 주거가 아니라 건조물에 해당한다. 주거는 반드시 건물일 것을 요하지 않는다. 텐트, 자동차 등이라도 어느 정도 설비와 구조를 갖추면 기와침식에 사용되는 것인 한 주거에 해당한다. 건물의 경우 그 일부라도 주거가 될 수 있다. 주거부분이 독립된 구획을 이루고 있는 한 그 부분만 주거로 될 수 있다. 주거는 반드시 적법한 점거일 것을 요하지 않는다.[7] 사실상의 평온설에서는 당연하지만, 신주거권설에서도 현실적으로 주거를 평온하게 관리・지배하고 있는 한 가능하다.

ⅱ. 위요지 주거는 가옥 자체만을 말하는 것이 아니라 위요지를 포함한다.[8] 위요지는 거주자에게 통상 이용되고 주거와 불가분의 것이기 때문에 주거의 일부로 해석되고 있기 때문이다. 참고로 주택법상 주택이란 세대(世帶)의 구성원이 장기간 독립된 주거생활을 할 수 있는 구조로 된 건축물의 전부 또는 일부 및 그 부속토지를 말한다(주택법 제2조 제1호).

위요지(圍繞地)란 건조물에 인접한 그 주변의 토지로서 외부와의 경계에 담 등이 설치되어 그 토지가 건조물의 이용에 제공되고 또 외부인이 함부로 출입할 수 없다는 점이 객관적으로 명확하게 드러나야 한다.[9]

ⅲ. 공용부분 다가구용 단독주택이나 다세대주택・연립주택・아파트 등 공동주택 안에서 공용으로 사용하는 엘리베이터, 계단과 복도는 주거로 사용하는 각 가구 또는 세대의 전용 부분에 필수적으로 부속하는 부분으로서 그 거주자들에 의하여 일상생활에서 감시・관리가 예정되어 있고 사실상의 주거의 평온을 보호할 필요성이 있는 부분이므로, 다가구용 단독주택이나 다세대주택・연립주택・아파트 등 공동주택의 내부에 있는 엘리베이터, 공용 계단과 복도는 특별한 사정이 없는 한 주거침입죄의 객체인 '사람의 주거'에 해당한다.[10] 주거를 긍정한 판례의 구체적 내용은 다음과 같다. 즉,

피고인들이 골프장 부지에 설치된 사드(THAAD: 고고도 미사일 방어 체계)기지 외곽 철조망을

---

7) 대법원 2008.5.8. 선고 2007도11322 판결; 대법원 2007.7.27. 선고 2006도3137 판결; 대법원 1983.3.8. 선고 82도1363 판결.

8) 대법원 2020.3.12. 선고 2019도16484 판결; 대법원 2017.12.22. 선고 2017도690 판결; 대법원 2010.4.29. 선고 2009도14643 판결; 대법원 2009.9.10. 선고 2009도4335 판결; 대법원 2009.8.20. 선고 2009도3452 판결; 대법원 2001.4.24. 선고 2001도1092 판결; 대법원 1983.3.8. 선고 82도1363 판결.

9) 대법원 2020.3.12. 선고 2019도16484 판결; 대법원 2017.12.22. 선고 2017도690 판결; 대법원 2010.4.29. 선고 2009도14643 판결; 대법원 2004.6.10. 선고 2003도6133 판결.

10) 대법원 2022.1.27. 선고 2021도15507 판결; 대법원 2009.9.10. 선고 2009도4335 판결; 대법원 2009.8.20. 선고 2009도3452 판결.

미리 준비한 각목과 장갑을 이용해 통과하여 300m 정도 진행하다가 내곽 철조망에 도착하자 미리 준비한 모포와 장갑을 이용해 통과하여 사드기지 내부 1km 지점까지 진입함으로써 대한민국 육군과 주한미군이 관리하는 건조물에 침입하였다고 하여 폭력행위 등 처벌에 관한 법률 위반(공동주거침입)으로 기소된 사안에서, 위 사드기지는 더 이상 골프장으로 사용되고 있지 않을 뿐만 아니라 이미 사드발사대 2대가 반입되어 이를 운용하기 위한 병력이 골프장으로 이용될 당시의 클럽하우스, 골프텔 등의 건축물에 주둔하고 있었고, 군 당국은 외부인 출입을 엄격히 금지하기 위하여 사드기지의 경계에 외곽 철조망과 내곽 철조망을 2중으로 설치하여 외부인의 접근을 철저하게 통제하고 있었으므로, 위 사드기지의 부지는 기지 내 건물의 위요지에 해당한다.[11] 피고인 甲은 처(妻) 乙과의 불화로 인해 乙과 공동생활을 영위하던 아파트에서 짐 일부를 챙겨 나왔는데, 그 후 자신의 부모인 피고인 丙, 丁과 함께 아파트에 찾아가 출입문을 열 것을 요구하였으나 乙은 외출한 상태로 乙의 동생인 戊가 출입문에 설치된 체인형 걸쇠를 걸어 문을 열어·주지 않자 공동하여 걸쇠를 손괴한 후 아파트에 침입하였다고 하여 폭력행위 등 처벌에 관한 법률 위반(공동주거침입)으로 기소된 사안에서, 아파트에 대한 공동거주자의 지위를 계속 유지하고 있던 피고인 甲에게 주거침입죄가 성립한다고 볼 수 없고, 피고인 丙, 丁에 대하여도 같은 법 위반(공동주거침입)죄가 성립하지 않는다.[12] 이미 수일 전에 2차례에 걸쳐 피해자를 강간하였던 피고인이 대문을 몰래 열고 들어와 담장과 피해자가 거주하던 방 사이의 좁은 통로에서 창문을 통하여 방안을 엿본 경우, 주거침입죄에 해당한다.[13] 피고인이 강간할 목적으로 피해자를 따라 피해자가 거주하는 아파트 내부의 엘리베이터에 탄 다음 그 안에서 폭행을 가하여 반항을 억압한 후 계단으로 끌고 가 피해자를 강간하고 상해를 입힌 사안에서, 피고인이 성폭력범죄의 처벌 및 피해자보호 등에 관한 법률 제5조 제1항에 정한 주거침입범의 신분을 가지게 되었다는 이유로, 주거침입을 인정하지 않고 강간상해죄만을 선고한 원심판결을 파기한 사례이다.[14] 다가구용 단독주택인 빌라의 잠기지 않은 대문을 열고 들어가 공용 계단으로 빌라 3층까지 올라갔다가 1층으로 내려온 사안에서, 주거인 공용 계단에 들어간 행위가 거주자의 의사에 반한 것이라면 주거에 침입한 것이라고 보아야 한다는 이유로, 주거침입죄를 구성하지 않는다고 본 원심판결을 파기한 사례이다.[15] 주거침입죄는 사실상의 주거의 평온을 보호법익으로 하는 것이므로, 그 주거자 또는 간수자가 건조물 등에 거주 또는 간수할 권리를 가지고 있는가의 여부는 범죄의 성립을 좌우하는 것이 아니며, 점유할 권리 없는 자의 점유라 하더라도 그 주거의 평온은 보호되어야 할 것이므로, 권리자가 그 권리를 실행함에 있어 법에 정하여진 절차에 의하지 아니하고 그 건조물 등에 침입한 경우에는 주거침입죄가 성립한다 할 것이다.[16] 주거침입죄는 사실상의 주거의 평온을 보호법익으로 하는 것이므로 그 거주자 또는 간수자가 건조물 등에 거주 또는 간수할 권리를 가지고 있는가의 여부는 범죄의 성립을 좌우하는 것이 아니며, 점유할 권리 없는 자의 점유라고 하더라도 그 주거의 평온은 보호되어야 할 것이므로, 권리자가 그 권리실행으로서 자력구제의 수단으로 건조물에 침입한 경우에도 주거침입죄가 성립한다 할 것이다.[17]

---

11) 대법원 2020.3.12. 선고 2019도16484 판결.
12) 대법원 2021.9.9. 선고 2020도6085 전원합의체 판결.
13) 대법원 2001.4.24. 선고 2001도1092 판결.
14) 대법원 2009.9.10. 선고 2009도4335 판결.
15) 대법원 2009.8.20. 선고 2009도3452 판결.
16) 대법원 2008.5.8. 선고 2007도11322 판결; 대법원 2007.7.27. 선고 2006도3137 판결; 대법원 1983.3.8. 선고 82도1363 판결.
17) 대법원 2007.3.15. 선고 2006도7044 판결; 대법원 1985.3.26. 선고 85도122 판결.

주거를 부정한 판례의 구체적 내용은 다음과 같다. 즉,

관리자가 일정한 토지와 외부의 경계에 인적 또는 물적 설비를 갖추고 외부인의 출입을 제한하고 있더라도 그 토지에 인접하여 건조물로서의 요건을 갖춘 구조물이 존재하지 않는다면 이러한 토지는 건조물침입죄의 객체인 위요지에 해당하지 않는다고 봄이 타당하다.[18] 건조물의 이용에 기여하는 인접의 부속 토지라고 하더라도 인적 또는 물적 설비 등에 의한 구획 내지 통제가 없어 통상의 보행으로 그 경계를 쉽사리 넘을 수 있는 정도라고 한다면 일반적으로 외부인의 출입이 제한된다는 사정이 객관적으로 명확하게 드러났다고 보기 어려우므로, 이는 다른 특별한 사정이 없는 한 주거침입죄의 객체에 속하지 아니한다고 봄이 상당하다.[19] 차량 통행이 빈번한 도로에 바로 접하여 있고, 도로에서 주거용 건물, 축사 4동 및 비닐하우스 2동으로 이루어진 시설로 들어가는 입구 등에 그 출입을 통제하는 문이나 담 기타 인적·물적 설비가 전혀 없고 노폭 5m 정도의 통로를 통하여 누구나 축사 앞 공터에 이르기까지 자유롭게 드나들 수 있는 사실 등을 이유로, 차를 몰고 위 통로로 진입하여 축사 앞 공터까지 들어간 행위가 주거침입에 해당한다고 본 원심판단에 법리오해 등의 위법이 있다.[20]

② 관리하는 건조물·선박·항공기

ⓘ 관 리　　관리(管理)란 사람이 사실상 관리·지배하고 있는 것을 말한다. 타인의 침입을 방지하는데 족한 인적·물적 설비를 갖출 것을 요한다. 반드시 사람이 존재할 것을 요하지 않는다. 건물에 시정을 하고 그 시정을 보관하는 것 등도 관리에 해당한다.

ⓘⓘ 관리의 대상

ⅰ. 건조물　　건조물(建造物)이란 일반적으로 옥개를 가지고 벽이나 기둥으로 지지되고 토지에 정착하고 사람의 기거출입(起居出入)에 적합한 구조를 가진 공작물을 말한다. 여기서의 건조물이란 주거용을 제외한 일체의 건물을 말한다. 예컨대 관공서의 청사, 학교, 사무실, 공장 및 창고 등이 이에 해당한다. 주거와 마찬가지로 이에 부속하는 위요지도 포함한다. 참고로 건축기본법상 건축물이란 토지에 정착하는 공작물 중 지붕과 기둥 또는 벽이 있는 것과 이에 부수되는 시설물을 말한다(건축기본법 제3조 제1호).

판례에 의하면 건조물은 주위벽 또는 기둥과 지붕 또는 천정으로 구성된 구조물로서 사람이 기거하거나 출입할 수 있는 장소를 말한다.[21] 물탱크시설은 이에 해당하지 않는다.[22] 건조물은 주거침입죄가 사실상 주거의 평온을 보호법익으로 하는 점에 비추어 엄격한 의미에서의 건조물 그 자체뿐만이 아니라 그에 부속하는 위요지를 포함한다.[23] 위요지라고 함은 건조물에 인접한 그 주변의 토지로서 외부와의 경계에 담 등이 설치되어 그 토지가 건조물

18) 대법원 2017.12.22. 선고 2017도690 판결.

19) 대법원 2010.4.29. 선고 2009도14643 판결.

20) 대법원 2010.4.29. 선고 2009도14643 판결.

21) 대법원 2007.12.13. 선고 2007도7247 판결; 대법원 2005.10.7. 선고 2005도5351 판결; 대법원 1989.2.28. 선고 88도2430, 88감도194 판결.

22) 대법원 2007.12.13. 선고 2007도7247 판결.

23) 대법원 2017.12.22. 선고 2017도690 판결; 대법원 2010.4.29. 선고 2009도14643 판결; 대법원 2005.10.7. 선고 2005도5351 판결; 대법원 2004.6.10. 선고 2003도6133 판결; 대법원 1996.5.10. 선고 96도419 판결; 대법원 1983.3.8. 선고 82도1363 판결.

의 이용에 제공되고 또 외부인이 함부로 출입할 수 없다는 점이 객관적으로 명확하게 드러나야 한다.[24] 건조물을 긍정한 판례의 구체적 내용은 다음과 같다. 즉,

> 피고인은 건식 손세차 서비스 영업을 하는 사람으로서 2009년경부터 이 사건 아파트의 입주자대표회의로부터 이 사건 아파트의 지하주차장에서 입주자 등을 위한 세차영업을 할 수 있도록 허락받은 다음, 이 사건 아파트의 관리사무소와 방문세차계약을 체결하고 관리사무소에 보증금과 월 사용료를 지급하고, 이 사건 아파트의 일부 입주자 등과는 별도로 세차용역계약을 체결한 다음 세차영업을 하여 왔다. 피고인과 관리사무소 사이의 방문세차계약이 종료된 후 이 사건 아파트의 입주자대표회의는 이 사건 아파트의 지하주차장에서 입주자 등을 위하여 세차영업을 할 업체에 대하여 공개입찰을 하였으나 2회 유찰되었고, 이에 이 사건 아파트의 관리사무소는 2015.11.17. 수의계약으로 공소외 1(상호 1 생략) 및 공소외 2(상호 2 생략)와 보증금을 1,000만 원, 월 사용료를 80만 원으로 하여 방문세차계약을 체결하였다. 그런데 피고인은 그 후에도 일부 입주자 등과 체결한 세차용역계약의 이행을 위하여 이 사건 아파트의 지하주차장에서 세차영업을 계속하여 왔다. 이에 이 사건 아파트의 입주자대표회의는 피고인이 세차영업을 위하여 지하주차장에 출입하는 것을 금지하는 결의를 한 다음 서울동부지방법원 2016카합10109호로 피고인의 이 사건 아파트 지하주차장에 대한 출입금지 가처분을 신청하였고, 위 법원은 2016.8.8. “피고인이 이 사건 아파트 지하주차장에 세차영업을 위하여 출입하여서는 안 된다”라는 내용의 출입금지 가처분 인용결정(이하 ‘이 사건 가처분결정’이라 한다)을 하였다. 피고인은 이 사건 가처분결정문을 송달받은 후에도 2016. 9. 22. 22:57경 이 사건 아파트의 지하주차장에 들어가 피고인과 세차용역계약을 체결한 일부 입주자 등의 차량을 세차하였다. 한편 서울 **에 소재하는 이 사건 아파트의 관리규약은 구 주택법 제44조 제2항 및 구 주택법 시행령 제57조 제1항에 따라 ‘서울특별시 공동주택 관리규약 준칙’을 참고하여 제정·개정되었다. 이 사건 아파트의 관리규약에 의하면, 입주자 등은 공동생활의 질서유지와 주거생활의 향상 및 제반 시설의 유지·관리를 위하여 관리규약에서 위임한 사항과 그 시행에 필요하여 입주자대표회의에서 제정·개정한 제 규정을 준수할 의무와 공용부분을 해당 용도에 적합하게 사용할 의무가 있다(제7조 제1항, 제13조 제1항). 이 사건 아파트의 관리규약 제27조 제1항 제3호에 따라 입주자대표회의가 제정한 이 사건 아파트의 주차장 관리규정에 의하면, 입주자대표회의는 단지 내를 통행하는 차량으로부터 재산상의 피해나 각종 사고를 예방하기 위하여 일부 차량의 통행을 제한하거나 주차비를 징수할 수 있고(제4조), 관리주체는 단지 내 도난 사고와 안전 사고 등을 예방하기 위하여 시간을 정하여 차량의 통행을 제한할 수 있으며, 이때 입주자 등은 관리주체의 통제에 협조할 의무가 있다(제6조). 위 사실관계를 앞서 본 법리에 비추어 살펴보면, 이 사건 아파트 지하주차장의 관리권자는 입주자대표회의이고, 피고인은 이 사건 아파트의 입주자대표회의의 결의 및 이 사건 가처분결정에 반하여 이 사건 아파트의 지하주차장 안까지 들어갔으므로, 비록 피고인이 일부 입주자 등과 체결한 세차용역계약에 따라 이 사건 아파트의 지하주차장에 들어가면서 관리자로부터 구체적인 제지를 받지 않았다고 하더라도 건조물침입죄가 성립한다. 한편 이 사건 아파트의 입주자대표회의는 입주자 등의 재산상의 피해나 각종 사고 등을 예방하기 위하여 이 사건 아파트 단지 내를 통행하는 차량의 통행을 제한할 수 있고, 입주자 등은 입주자대표회의의 이러한 결정에 따를 의무가 있다. 따라서 입주자대표회의가 일부 입주자 등과 세차용역계약을 체결한 피고인에 대하여 세차영업을

24) 대법원 2017.12.22. 선고 2017도690 판결; 대법원 2010.4.29. 선고 2009도14643 판결; 대법원 2005.10.7. 선고 2005도5351, 판결; 대법원 2004.6.10. 선고 2003도6133 판결; 대법원 1996.5.10. 선고 96도419 판결; 대법원 1983.3.8. 선고 82도1363 판결.

위하여 이 사건 아파트의 지하주차장으로 출입하는 것을 금지하였다고 하더라도 그것이 일부 입주자 등의 지하주차장에 대한 본질적인 권리를 침해한 것이라고 볼 수 없으므로, 피고인이 피고인과 세차용역계약을 체결한 일부 입주자 등의 승낙을 받고 이 사건 아파트의 지하주차장에 출입하였다고 하여도 건조물침입죄의 성립에 영향이 없다.[25] 일반적으로 개방되어 있는 장소라도 필요가 있을 때는 관리자가 그 출입을 금지 내지 제한할 수 있는 것이므로 그 출입금지 내지 제한하는 의사에 반하여 무리하게 다중이 건조물 구내에 들어가 구호를 외치고 노동가를 부르는 것은 건조물의 사실상의 평온을 해하는 것으로서 건조물침입죄가 성립한다고 보아야 한다.[26] 골리앗크레인은 선박건조자재운반용으로 위 회사 제1도크에 고정 설치되어 82미터 높이에 있는 폭 8미터, 길이 140미터 되는 상판과 상판하부의 기계실, 상판에서 기계실로 통하는 넓이 10평 정도되는 방실 및 기계실 하부의 운전실 등으로 구성되어 있고 평소 그 운전을 위해 1, 2명의 직원이 그 곳에 근무하며 인가자 이외의 출입을 금지하는 특별통제구역으로 설정되어 있고 이 사건 당시 위와 같은 출입통제를 위해 승강기의 전원을 차단하고 비상계단의 출입문을 열 수 없도록 하여 두었다는 것이므로 위 골리앗크레인은 간수하는 건조물로서 이에 함부로 들어간 판시행위는 침입행위에 해당한다 할 것이다.[27] 형법 제319조 제1항의 주거침입죄를 구성함에는 타인의 주거간수하는 저택건조물 선박 또는 점유하는 방실을 침해함이 필요한 바 본건 가옥은 피고인 등의 입주당시 공가로서 우 조건에 해당할 가옥이 아님이 일건기록상 명백하므로 피고인 등의 입주는 주거침입죄를 구성치 않는다 (하략) 라고 하였다 그러나 우 319조의 소위 주거는 반드시 주거자가 현주함을 필요치 않으며 일시부재의 장소도 주거가 된다. 또 소위 간수라 함은 사실상의 관리를 말하며 반드시 저택건조물 선박에 밀접하여 행하여야 하는 것이 아니며 또 계속적인 것도 필요치 않다는 것은 오늘날 정설이다 일건 기록을 검하면 본건 가옥은 원래 귀속재산으로서 4281년 8월 1일 공소외 1(본건 고소인)이가 관재당국으로부터 차를 임차하여 입주하든중 6.25동란으로 부득이 일시피난 남하하였다가 4286년 11월경 정부수복에 따라서 귀가입 바 없다 할 것임으로」라고 판시하였음. 그러나 을 제2호증의 2에 의하면 원고는 서울특별시 동대문구 용두동 (지번 생략) 지상에 점포1동을 소유하고 있으면서 본건 귀속점포를 매수한 사실을 인정할 수 있는 즉 귀재법상 점포소유자가 귀속점포를 매수함은 불법임으로 차에 착복하여 행한 피고의 행정처분은 적법임에도 불구하고 원심에서 차를 위법이라는 것은 사실 인정에 오인이 있고 또한 법률해석을 그릇한 위법이 있는 바 응당 파기하여야 할 것이다라고 함에 있다.[28]

건조물을 부정한 판례의 구체적 내용은 다음과 같다. 즉,

관리자가 일정한 토지와 외부의 경계에 인적 또는 물적 설비를 갖추고 외부인의 출입을 제한하고 있더라도 그 토지에 인접하여 건조물로서의 요건을 갖춘 구조물이 존재하지 않는다면 이러한 토지는 건조물침입죄의 객체인 위요지에 해당하지 않는다고 봄이 타당하다.[29] 건조물의 이용에 기여하는 인접의 부속 토지라고 하더라도 인적 또는 물적 설비 등에 의한 구획 내지 통제가 없어 통상의 보행으로 그 경계를 쉽사리 넘을 수 있는 정도라고 한다면 일반적으로 외부인의 출입이

25) 대법원 2021.1.14. 선고 2017도21323 판결.
26) 대법원 2004.6.10. 선고 2003도6133 판결; 대법원 1996.5.10. 선고 96도419 판결; 대법원 1983.3.8. 선고 82도1363 판결.
27) 대법원 1991.6.11. 선고 91도753 판결.
28) 대법원 1957.4.12. 4289형상350 판결.
29) 대법원 2017.12.22. 선고 2017도690 판결.

제한된다는 사정이 객관적으로 명확하게 드러났다고 보기 어려우므로, 이는 다른 특별한 사정이 없는 한 주거침입죄의 객체에 속하지 아니한다고 봄이 상당하다.[30] 차량 통행이 빈번한 도로에 바로 접하여 있고, 도로에서 주거용 건물, 축사 4동 및 비닐하우스 2동으로 이루어진 시설로 들어가는 입구 등에 그 출입을 통제하는 문이나 담 기타 인적 · 물적 설비가 전혀 없고 노폭 5m 정도의 통로를 통하여 누구나 축사 앞 공터에 이르기까지 자유롭게 드나들 수 있는 사실 등을 이유로, 차를 몰고 위 통로로 진입하여 축사 앞 공터까지 들어간 행위가 주거침입에 해당한다고 본 원심판단에 법리오해 등의 위법이 있다고 한 사례이다.[31] 피고인들이 건물신축 공사현장에 무단으로 들어간 뒤 타워크레인에 올라가 이를 점거한 사안에서, 타워크레인은 건설기계의 일종으로서 작업을 위하여 토지에 고정되었을 뿐이고 운전실은 기계를 운전하기 위한 작업공간 그 자체이지 건조물침입죄의 객체인 건조물에 해당하지 아니하고, 피고인들이 위 공사현장에 컨테이너 박스 등으로 가설된 현장사무실 또는 경비실 자체에 들어가지 아니하였다면, 피고인들이 위 공사현장의 구내에 들어간 행위를 위 공사현장 구내에 있는 건조물인 위 각 현장사무실 또는 경비실에 침입한 행위로 보거나, 위 공사현장 구내에 있는 건축 중인 건물에 침입한 행위로 볼 수 없다고 한 원심의 판단을 수긍한 사례이다.[32]

ⅱ. 선 박 선박(船舶)이란 군함 기타의 선박을 말한다. 대소는 묻지 않지만, 건조물과의 균형을 맞추기 위하여 기거출입에 적합한 만큼의 크기일 것을 요한다.

참고로 선박법상 선박이란 수상 또는 수중에서 항행용으로 사용하거나 사용할 수 있는 배 종류를 말한다(선박법 제1조의2 제1항). 선박안전법상 선박이란 수상(水上) 또는 수중(水中)에서 항해용으로 사용하거나 사용될 수 있는 것(선외기를 장착한 것을 포함한다)과 이동식 시추선 · 수상호텔 등 해양수산부령이 정하는 부유식 해상구조물을 말한다(선박안전법 제2조 제1호).

ⅲ. 항공기 선박 내지 항공기는 수상교통 내지 항공교통의 수단으로 사용되는 제조물을 말한다. 다만 적어도 주거에 사용될 수 있을 정도의 크기일 것을 요한다.

참고로 항공안전법상 항공기란 공기의 반작용(지표면 또는 수면에 대한 공기의 반작용은 제외한다. 이하 같다)으로 뜰 수 있는 기기로서 최대이륙중량, 좌석 수 등 국토교통부령으로 정하는 기준에 해당하는 비행기, 헬리콥터, 비행선 및 활공기(滑空機)와 그 밖에 대통령령으로 정하는 기기를 말한다(항공안전법 제2조 제1호, 항공사업법 제2조 제2호).

③ 점유하는 방실

건조물 · 선박 · 항공기 내에서 사실상 지배 · 관리하는 일구획을 말한다. 빌딩 내 점포 · 사무실 · 작업실 · 연구실, 호텔 · 여관의 객실, 후술하는 선박 · 항공기의 객실 등이 이에 해당한다.

2) 행 위

① 침 입

본죄의 실행행위는 침입이다. 다만 침입(侵入, Eindringen)의 의의 또는 방법에 관하여는 다툼이 있다.

---

30) 대법원 2010.4.29. 선고 2009도14643 판결.
31) 대법원 2010.4.29. 선고 2009도14643 판결.
32) 대법원 2005.10.7. 선고 2005도5351 판결.

ⓘ **학 설** 침입의 의의에 대하여는 보호법익에 대한 견해에 따라 의사침해설과 평온침해설의 대립이 있다.

ⅰ. 의사침해설 침입이란 주거자 또는 관리자의 의사에 반하여 들어가는 것을 말한다고 해석한다. 주로 보호법익에 관한 주거권설, 신주거권설 및 관리권설에서 주장된다. 이외에도 사실상의 평온설의 입장에서도 주장된다.

ⅱ. 평온침해설 침입이란 주거 등의 사실상의 평온을 해하는 태양으로 들어가는 것을 말한다고 해석한다. 주로 보호법익에 관한 사실상의 평온설에서 주장된다.

ⓘⓘ **판 례** 침입의 의의 또는 방법에 관한 판례의 입장은 종래의 의사침해설로부터 후술하는 2021년 9월 9일 전원합의체 판결에 의하여 평온침해설로 변경된 바 있다.

ⅰ. 변경된 입장

㉠ 제1차 변경 제1차로 변경된 판례의 입장은 평온침해설이라고 해석된다. 침입에 관한 판례의 입장이 2021년 9월 9일 의사침해설로부터 평온침해설로 변경된 것이다.[33] 이와 같이 판례는 침입의 의의 또는 방법을 변경하는 방법에 의하여 남편의 일시 부재중 간통의 목적으로 그의 처의 승낙하에 그의 주거에 들어간 경우 주거침입죄가 성립된다는 종전의 입장[34]을 37년 만에 바꿔서 주거침입죄의 성립을 부정하게 되었던 것이다.

대법원은 "침입이란 '거주자가 주거에서 누리는 사실상의 평온상태를 해치는 행위태양으로 주거에 들어가는 것'을 의미하고, 침입에 해당하는지 여부는 출입 당시 객관적·외형적으로 드러난 행위태양을 기준으로 판단함이 원칙이다. 사실상의 평온상태를 해치는 행위태양으로 주거에 들어가는 것이라면 대체로 거주자의 의사에 반하는 것이겠지만, 단순히 주거에 들어가는 행위 자체가 거주자의 의사에 반한다는 거주자의 주관적 사정만으로 바로 침입에 해당한다고 볼 수는 없다"고 판시한 바 있다.[35] 또 대법원은 "외부인이 공동거주자 중 주거 내에 현재하는 거주자로부터 현실적인 승낙을 받아 통상적인 출입방법에 따라 주거에 들어간 경우라면, 특별한 사정이 없는 한 사실상의 평온상태를 해치는 행위태양으로 주거에 들어간 것이라고 볼 수 없으므로 주거침입죄에서 규정하고 있는 침입행위에 해당하지 않는다"고 판시한 바 있다.[36]

한편 대법원은 공동거주자 중 한 사람의 승낙에 따라 주거에 출입한 것이 다른 거주자의 의사에 반한다는 사정만으로 다른 거주자의 사실상 주거의 평온을 해치는 결과가 된다는 전제에서, 공동거주자 중 주거 내에 현재하는 거주자의 현실적인 승낙을 받아 통상적인 출입방법에 따라 주거에 출입하였는데도 부재중인 다른 거주자의 추정적 의사에 반한다는 사정만으로 주거침입죄가 성립한다는 취지로 판단한 기존의 대법원 판결들은 이 사건 쟁점에 관한 이 판결의 견해에 배치되는 범위 내에서 모두 변경하기로 한다고 밝힌 바 있다.[37]

---

33) 대법원 2021.9.9. 선고 2020도12630 전원합의체 판결.

34) 대법원 1984.6.26. 선고 83도685 판결.

35) 대법원 2022.3.24. 선고 2017도18272 전원합의체 판결; 대법원 2021.9.9. 선고 2020도12630 전원합의체 판결.

36) 대법원 2021.9.9. 선고 2020도12630 전원합의체 판결.

㉡ 제2차 변경 제2차로 변경된 판례의 입장은 제1차로 변경된 판례의 입장인 평온침해설을 그대로 계승하고 있다. 다만 주거침입의 장소만 다를 뿐이다. 제2차로 변경된 2022년 3월 24일 판례에 의하면 일반인의 출입이 허용된 음식점에 영업주의 승낙을 받아 통상적인 출입방법으로 들어간 경우 본죄에 해당하지 않는다. 행위자가 범죄 등을 목적으로 음식점에 출입하였거나 영업주가 행위자의 실제 출입 목적을 알았더라면 출입을 승낙하지 않았을 것이라는 사정이 인정되더라도 마찬가지로 본죄가 성립하지 않는다고 한다.[38)]

이에 의하면 "거주자의 의사에 반하는지는 사실상의 평온상태를 해치는 행위태양인지를 평가할 때 고려할 요소 중 하나이지만 주된 평가 요소가 될 수는 없다. 따라서 침입행위에 해당하는지는 거주자의 의사에 반하는지가 아니라 사실상의 평온상태를 해치는 행위태양인지에 따라 판단되어야 한다"고 한다.[39)] 또 "일반인의 출입이 허용된 음식점에 영업주의 승낙을 받아 통상적인 출입방법으로 들어갔다면 특별한 사정이 없는 한 주거침입죄에서 규정하는 침입행위에 해당하지 않는다. 설령 행위자가 범죄 등을 목적으로 음식점에 출입하였거나 영업주가 행위자의 실제 출입 목적을 알았더라면 출입을 승낙하지 않았을 것이라는 사정이 인정되더라도 그러한 사정만으로는 출입 당시 객관적 · 외형적으로 드러난 행위태양에 비추어 사실상의 평온상태를 해치는 방법으로 음식점에 들어갔다고 평가할 수 없으므로 침입행위에 해당하지 않는다"고 한다.[40)] 따라서 이와 달리 일반인의 출입이 허용된 음식점이더라도 음식점의 방실에 도청용 송신기를 설치할 목적으로 들어간 것은 영업주의 명시적 또는 추정적 의사에 반한다고 보아 주거침입죄가 성립한다고 인정한 대법원 판결들은 이 판결의 견해에 배치되는 범위 안에서 변경되었다.[41)]

침입을 부정한 판례의 구체적 내용은 다음과 같다. 즉,

> 관리자에 의해 출입이 통제되는 건조물에 관리자의 승낙을 받아 건조물에 통상적인 출입방법으로 들어갔다면, 이러한 승낙의 의사표시에 기망이나 착오 등의 하자가 있더라도 특별한 사정이 없는 한 형법 제319조 제1항에서 정한 건조물침입죄가 성립하지 않는다. 이러한 경우 관리자의 현실적인 승낙이 있었으므로 가정적 · 추정적 의사는 고려할 필요가 없다. 단순히 승낙의 동기에 착오가 있다고 해서 승낙의 유효성에 영향을 미치지 않으므로, 관리자가 행위자의 실제 출입 목적을 알았더라면 출입을 승낙하지 않았을 사정이 있더라도 건조물침입죄가 성립한다고 볼 수 없다. 나아가 관리자의 현실적인 승낙을 받아 통상적인 출입방법에 따라 건조물에 들어간 경우에는 출입 당시 객관적 · 외형적으로 드러난 행위태양에 비추어 사실상의 평온상태를 해치는 모습으로 건조물에 들어간 것이라고 평가할 수도 없다.[42)]

---

37) 대법원 2021.9.9. 선고 2020도12630 전원합의체 판결. 이 판결에 의하여 변경된 판례는 대법원 1984.6.26. 선고 83도685 판결 등이다.

38) 대법원 2022.3.24. 선고 2017도18272 전원합의체 판결.

39) 대법원 2022.3.24. 선고 2017도18272 전원합의체 판결.

40) 대법원 2022.3.24. 선고 2017도18272 전원합의체 판결.

41) 대법원 2022.3.24. 선고 2017도18272 전원합의체 판결. 이 판결에 의하여 변경된 판결은 대법원 1997.3.28. 선고 95도2674 판결 등이다.

42) 대법원 2022.3.31. 선고 2018도15213 판결.

ⅱ. 종래의 입장 판례는 전통적으로 의사침해설의 입장이었다고 해석된다. 이에 의하면 침입이란 주거자 등의 의사에 반하는 들어가는 것을 말한다. 침입행위가 은밀하게 행하여지든 공연하게 행하여지든 묻지 않는다. 평온을 해하는 태양인가의 여부도 묻지 않는다. 침입을 금지하는 취지가 외부적으로 표시되어 있는가 아닌가도 묻지 않는다. 그 취지에 대한 외부적 표시가 없는 경우에는 포괄적 승낙의 범위내인가의 여부, 추정적 승낙의 인정 여부가 문제될 수 있다. 이에 근거한 판례의 구체적 내용은 다음과 같다. 즉,

건조물침입죄는 건조물의 사실상 평온을 보호법익으로 하고 있으므로 건조물 관리자의 의사에 반하여 건조물에 침입함으로써 성립한다.[43] 건조물의 거주자나 관리자와의 관계 등으로 평소 그 건조물에 출입이 허용된 사람이라 하더라도 건조물에 들어간 행위가 거주자나 관리자의 명시적 또는 추정적 의사에 반함에도 불구하고 감행된 것이라면 건조물침입죄가 성립한다.[44] 사람이 관리하는 건조물에 그 관리자의 명시적·묵시적 의사에 반하여 들어가는 경우에는 건조물침입죄가 성립한다.[45] 공동주택 안에서 공용으로 사용하는 장소에 거주자의 명시적, 묵시적 의사에 반하여 침입하는 행위는 주거침입죄를 구성한다.[46] 사람이 관리하는 건조물에 그 관리자의 명시적인 또는 묵시적인 의사에 반하여 들어가는 경우에는 건조물침입죄가 성립한다.[47] 권리자가 그 권리를 실행함에 있어 법에 정하여진 절차에 의하지 아니하고 그 건조물 등에 침입한 경우에는 주거침입죄가 성립한다 할 것이다.[48] 그 거주자나 관리자와의 관계 등으로 평소 그 건조물에 출입이 허용된 사람이라 하더라도 주거에 들어간 행위가 거주자나 관리자의 명시적 또는 추정적 의사에 반함에도 불구하고 감행된 것이라면 주거침입죄는 성립한다.[49] 권리자가 그 권리실행으로서 자력구제의 수단으로 건조물에 침입한 경우에도 주거침입죄가 성립한다 할 것이다.[50] 일반인의 출입이 허용된 건조물이라고 하더라도 관리자의 명시적 또는 추정적 의사에 반하여 그 곳에 들어간 것이라면 건조물침입죄가 성립하는 것이이다.[51] 타인의 주거에 거주자의 의사에 반하여 들어가는 경우에는 주거침입죄가 성립하며, 이 때 거주자의 의사라 함은 명시적인 경우뿐만 아니라 묵시적인 경우도 포함되고 주변사정에 따라서는 거주자의 반대의사가 추정될 수도 있다.[52] 일반인의 출입이 허용된 음식점이라 하더라도, 영업주의 명시적 또는 추정적 의사에 반하여 들어간 것이라면 주거침입죄가 성립된다.[53] 점유할 권리없는 자의 점유라 하더라도 그 주거의 평온은 보호되어야 할 것이므로 권리자가 그 권리를 실현함에 있어 법에 정하여진 절차에 의하지 아니하고 그 주거 또는 건조물에 침입하는 경우에는 주거침입죄가 성립한다.[54] 피고인이 소외인의 동리부녀자에 대한 욕설을 따지

---

43) 대법원 2021.1.14. 선고 2017도21323 판결.

44) 대법원 2021.1.14. 선고 2017도21323 판결; 대법원 2012.4.12. 선고 2012도976 판결.

45) 대법원 2012.5.24. 선고 2010도9963 판결; 대법원 2008.11.13. 선고 2006도755 판결; 대법원 1996.5.10. 선고 96도419 판결.

46) 대법원 2009.9.10. 선고 2009도4335 판결.

47) 대법원 2008.11.13. 선고 2006도755 판결.

48) 대법원 2008.5.8. 선고 2007도11322 판결; 대법원 2007.7.27. 선고 2006도3137 판결; 대법원 1987.11.10. 선고 87도1760 판결; 대법원 1983.3.8. 선고 82도1363 판결.

49) 대법원 2007.8.23. 선고 2007도2595 판결; 대법원 1995.9.15. 선고 94도3336 판결; 대법원 1955.12.23. 선고 4288형상25 판결.

50) 대법원 2007.3.15. 선고 2006도7044 판결; 대법원 1985.3.26. 선고 85도122 판결.

51) 대법원 2007.3.15. 선고 2006도7079 판결; 대법원 1997.3.28. 선고 95도2674 판결.

52) 대법원 2003.5.30. 선고 2003도1256 판결; 대법원 1993.3.23. 선고 92도455 판결.

53) 대법원 1997.3.28. 선고 95도2674 판결.

기 위하여 동리부녀자 10여명과 작당하여 야간(밤 9시경)에 소외인의 집에 몰려들어갔다면, 이는 주거자의 의사에 반한다는 인식 아래 한 것으로 위법하다.[55] 피고인이 피해자와 이웃 사이어서 평소 그 주거에 무상출입하던 관계에 있었다 하더라도 범죄의 목적으로 피해자의 승락없이 그 주거에 들어간 경우에는 주거침입죄가 성립된다.[56] 일단 적법하게 거주 또는 간수를 개시한 후에 그 권한을 상실하여 사법상 불법점유가 되더라도 권리자가 이를 배제하기 위하여 정당한 절차에 의하지 아니하고 그 주거 또는 건조물을 침입한 경우에는 주거침입죄가 성립한다.[57] 침입이라 함은 거주자 또는 간수자의 의사에 반하여 들어가면 족한 것이고 어떤 저항을 받는 것을 요하지 않는다.[58] 주거침입죄는 관리자의 의사에 반하여 타인의 주거에 침입함으로써 성립하는 것이다.[59]

침입을 긍정한 판례의 구체적 내용은 다음과 같다. 즉,

아파트 등 공동주택의 공동현관에 출입하는 경우에도, 그것이 주거로 사용하는 각 세대의 전용부분에 필수적으로 부속하는 부분으로 거주자와 관리자에게만 부여된 비밀번호를 출입문에 입력하여야만 출입할 수 있거나, 외부인의 출입을 통제 · 관리하기 위한 취지의 표시나 경비원이 존재하는 등 외형적으로 외부인의 무단출입을 통제 · 관리하고 있는 사정이 존재하고, 외부인이 이를 인식하고서도 그 출입에 관한 거주자나 관리자의 승낙이 없음은 물론, 거주자와의 관계 기타 출입의 필요 등에 비추어 보더라도 정당한 이유 없이 비밀번호를 임의로 입력하거나 조작하는 등의 방법으로 거주자나 관리자 모르게 공동현관에 출입한 경우와 같이, 그 출입 목적 및 경위, 출입의 태양과 출입한 시간 등을 종합적으로 고려할 때 공동주택 거주자의 사실상 주거의 평온상태를 해치는 행위태양으로 볼 수 있는 경우라면 공동주택 거주자들에 대한 주거침입에 해당할 것이다.[60] 아파트의 지하주차장에서 피해자의 집에 이르기 위해서는 이 사건 출입구에 설치된 공동출입문에 거주자나 관리자에게 부여된 비밀번호를 입력하여 들어간 다음 엘리베이터 등을 이용하여야 한다. 피고인은 이 사건 범행 당시 피해자와 약 2개월 정도 교제하면서 알고 있던 위 공동출입문의 비밀번호를 입력하여 피해자의 집이 속한 아파트의 동에 들어갔다. 그런데 피고인은 피해자와 잠시 교제하다가 다투어 헤어진 지 약 7개월이 경과한 데다가 피해자가 피고인과의 만남을 거부하는 상황에서 피해자에게 아무런 사전 연락조차 없이 피해자와 자녀가 잠을 자고 있던 심야 시간에 위와 같은 방법으로 이 사건 출입구를 통하여 피해자의 집이 속해 있는 동으로 들어가 엘리베이터를 이용하여 피해자의 집 앞에 이르러 약 1분간 피해자의 집 현관문의 비밀번호를 수차례 눌러 피해자의 집 안에 들어가려고 시도하였다. 이에 피해자가 '누구세요?'라고 말하자 피고인은 놀라 피해자와 대면도 하지 않은 채 도주하였다. 피해자의 진술에 의하면, 당시 피해자는 '피고인이 아무런 연락 없이 불쑥 집으로 찾아온 것에 겁을 먹었고, 만약 현관문이 열렸다면 자녀가 보는 앞에서 성범죄를 당했을 것 같다.'고 진술할 정도로 피고인을 두려워하고 피고인과의 만남을 거부하는 상황이었다. 이러한 사실관계를 앞서 본 관련 법리에 비추어 살펴보면, 피고인이 이 사건 공소사실과 같이 심야 시간에 이 사건 아파트의 출입구와 피해자의 현관문 앞까지 무단으로 출입한 행위는 피해자와 같은 동에 거주하는 입주자들의 사실상 주거의 평온상태를 해치는 행위라고 봄이 타당하

---

54) 대법원 1984.4.24. 선고 83도1429 판결.
55) 대법원 1983.10.11. 선고 83도2230 판결.
56) 대법원 1983.7.12. 선고 83도1394 판결.
57) 대법원 1983.3.8. 선고 82도1363 판결.
58) 대법원 1983.3.8. 선고 82도1363 판결.
59) 대법원 1955.12.23. 4288형상25 판결.
60) 대법원 2022.1.27. 선고 2021도15507 판결.

다.[61] 전국노동조합대표자회의(전노대)가 1994.11.경 **대학교 총장에게 '94년 전국노동자대회를 위 대학교에서 개최하겠으니 그 장소사용을 허가해 달라고 요청하였으나 위 대학교측으로부터 명시적으로 불허통보를 받았고, 민노준이 1995.10.경 △△대학교 총장에게 민주노총 창립 대의원대회를 위 대학교에서 개최하겠으니 그 장소사용을 허가해 달라고 요청하였으나 위 대학교측으로부터 명시적으로 불허통보를 받았음에도, 피고인이 전노대 또는 민노준의 각 공동대표들과 공동하여, 원심이 인용한 제1심판결의 범죄사실 3의 가, 나항 기재와 같이 **대학교와 △△대학교에 들어간 사실을 알 수 있다. 그렇다면 피고인이 위 각 대학교측의 명시적인 의사에 반하여 위 각 대학교에 들어간 행위는 건조물침입죄에 해당한다. 설령 피고인의 주장과 같이 피고인이 위 각 대학교에 들어갈 당시 **대학교나 △△대학교측에서 위 각 행사를 저지하기 위한 조치를 취하지 않았다거나, 강의실과 강당을 일부 개방하고 전기와 수도의 공급을 중단하지 않았다고 하더라도 이는 위 각 대학교측에서 위 각 행사의 진행을 저지할 능력이 되지 않았거나 또는 이를 저지하려고 하였을 경우에 발생할 수 있는 불상사를 피하기 위함으로 보이므로, 위와 같은 사정만으로 위 각 대학교측이 전노대 또는 민노준에 대하여 한 위 명시적인 장소사용 불허통보가 형식적인 것으로서 전노대나 민노준에게 장소사용을 허락하였다고 볼 수는 없다. 나아가 기록에 의하면, 피고인도 전노대 또는 민노준의 공동대표로서 위와 같은 사실을 알고 있었던 것으로 보이므로 각 건조물침입의 고의가 없었다고 볼 수도 없다. 원심이 같은 취지에서 이 사건 각 건조물침입의 범행을 유죄로 인정한 것은 정당하고, 거기에 상고이유에서 주장하는 바와 같은 채증법칙 위배 등의 위법이 없다.[62] 다른 사람의 주택에 무단 침입한 범죄사실로 이미 유죄판결을 받은 사람이 그 판결이 확정된 후에도 퇴거하지 않은 채 계속하여 당해 주택에 거주한 사안에서, 위 판결 확정 이후의 행위는 별도의 주거침입죄를 구성한다고 한 사례이다.[63] 출입문을 통한 정상적인 출입이 아닌 경우 특별한 사정이 없는 한 그 침입 방법 자체에 의하여 위와 같은 의사에 반하는 것으로 보아야 한다.[64] 일반인의 출입이 허용된 건조물에 그 시설을 손괴하는 등 범죄의 목적으로 들어간 경우에는 건조물침입죄가 성립된다.[65] 원심이 피고인들이 촉석루 내 의기사에 보관 중이던 공용물건인 논개영정을 적법한 권한 없이 강제로 철거할 목적으로 위 의기사에 들어간 사실을 건조물침입죄로 인정한 것은 정당하고, 거기에 건조물침입죄에 관한 법리오해 등의 위법이 없다.[66] 원심이, 설령 이 사건 비닐하우스의 소유권이 피고인에게 있다 하더라도, 피해자가 공소외인으로부터 이 사건 비닐하우스를 인도받아 점유하고 있는 이상 피고인이 함부로 이 사건 비닐하우스의 열쇠를 손괴하고 그 안에 들어간 행위는 재물손괴죄 및 주거침입죄에 해당한다고 하여 피고인을 유죄로 인정한 제1심 판결을 유지한 조치는 정당하고, 거기에 상고이유로 주장하는 바와 같은 정당행위 내지 자력구제에 관한 법리를 오해하는 등으로 판결 결과에 영향을 미친 위법이 있다고 볼 수 없다.[67] 대학교가 교내에서의 집회를 허용하지 아니하고 집회와 관련된 외부인의 출입을 금지하였는 데도 집회를 위하여 그 내학교에 들어간 것이라면 비록 대학교에 들어갈 때 구체적으로 제지를 받지 아니하였다고 하더라도 대학교 관리자의 의사에 반하여 건조물에 들어간 것으로서 건조물침입죄가 성립한

61) 대법원 2022.1.27. 선고 2021도15507 판결.
62) 대법원 2008.11.13. 선고 2006도755 판결.
63) 대법원 2008.5.8. 선고 2007도11322 판결.
64) 대법원 2007.8.23. 선고 2007도2595 판결; 대법원 1995.9.15. 선고 94도3336 판결; 대법원 1990.3.13. 선고 90도173 판결.
65) 대법원 2007.3.15. 선고 2006도7079 판결.
66) 대법원 2007.3.15. 선고 2006도7079 판결.
67) 대법원 2007.3.15. 선고 2006도7044 판결.

다.[68] 피해자는 이 사건 공중화장실의 용변칸에서 하의를 내리고 좌변기에 앉아 있던 중, 노크소리가 나서 남편인 줄 알고 "아빠야"라고 하면서 밖이 보일 정도로 용변칸 문을 열었는데, 피고인이 문을 열고 들어와 문을 잠그면서 앞을 가로막았고, 이에 피해자가 놀라서 소리치면서 하의를 입고 밖으로 나가려고 일어서려고 하자 피고인은 얼굴색 하나 변하지 않고, 손으로 피해자의 입을 막고 피해자가 반항하지 못하도록 피해자의 손이나 몸을 붙잡고, 이어서 피해자를 벽에 밀어붙여 움직이지 못하게 한 후 손으로 피해자의 가슴을 만졌으며, 피고인이 용변칸으로 들어올 때 비틀거리지도 않았고 겉으로 보기에는 멀쩡하였다고 진술하고 있고, 또한 당시 이 사건 화장실은 조명시설로 인하여 환하였고, 용변칸 문은 오른쪽이 고정되어 있고 밖으로 열리며, 문을 열면 바로 앞에 좌변기가 옆으로 놓여 있어 좌변기에 사람이 앉아 있는 경우 바로 사람을 볼 수 있는 구조로 되어 있음을 알 수 있는바, 사정이 이러하다면, 피고인은 용변칸 문이 열리는 순간 무심코 몸이 쏠리며 자신도 모르게 용변칸 안으로 들어가게 된 것이 아니라, 용변칸 문이 열려 피해자가 하의를 벗고 좌변기에 앉아 있는 것을 발견하고서도 용변칸 안으로 들어간 것이라고 보는 것이 사리에 부합한다 할 것이다. 그렇다면 피고인이 용변칸으로 들어오는 것을 피해자가 명시적 또는 묵시적으로 승낙하였다고는 볼 수 없다 할 것이다. 그러함에도 원심이 판시와 같은 이유로 피고인이 피해자가 사용하고 있던 용변칸에 들어간 행위가 주거침입죄에 해당하지 않는다고 판단한 것은 채증법칙을 위반하여 사실을 오인하고, 주거침입죄의 침입에 관한 법리를 오해함으로써 판결 결과에 영향을 미친 위법을 저지른 것이라고 할 것이다.[69] 대학교가 한국대학총학생회연합의 행사개최를 불허하고 외부인의 출입을 금지하는 한편 경찰에 시설물 보호를 위한 경비지원을 요청하였음에도 피고인이 다른 많은 학생들과 함께 위 행사에 참여하거나 주최하기 위하여 대학교에 들어간 것이라면, 들어갈 당시 경찰공무원 또는 대학교의 교직원들로부터 구체적으로 출입을 제지당하지 아니하였다고 하더라도 대학교 관리자의 의사에 반하여 다중의 위력으로써 건조물인 대학교에 침입한 것이라고 본 사례이다.[70] 기관장들의 조찬모임에서의 대화내용을 도청하기 위한 도청장치를 설치할 목적으로 손님을 가장하여 그 조찬모임 장소인 음식점에 들어간 경우에는 영업주가 그 출입을 허용하지 않았을 것으로 보는 것이 경험칙에 부합하므로, 그와 같은 행위는 주거침입죄가 성립한다.[71] 이 사건 음식점에는 1992.12.11. 08:00경 평소 이 음식점을 종종 이용하여 오던 **시장 등 기관장들의 조찬모임이 예약되어 있었던 사실, 피고인들은 같은 달 10. 12:00경 그 조찬모임에서의 대화내용을 도청하기 위한 도청용 송신기를 설치할 목적으로 손님을 가장하여 이 음식점에 들어간 사실을 알 수 있는 바, 사정이 이와 같다면 영업자인 피해자가 출입을 허용하지 않았을 것으로 보는 것이 경험칙에 부합한다 할 것이므로, 피고인들은 모두 주거침입죄의 죄책을 면할 수 없다.[72] 일반적으로 개방되어 있는 장소라 하더라도 관리자가 필요에 따라 그 출입을 제한할 수 있는 것이므로 관리자의 출입제지에도 불구하고 다중이 고함이나 소란을 피우면서 건조물에 출입하는 것은 사실상의 주거의 평온을 해하는 것으로서 건조물침입죄를 구성한다.[73] 선박건조자재운반용으로 도크에 고정되어 82m 높이에 설치되어 있으며 약 10평 정도되는 방실 등이 있고 평소 그 운전을 위해 1, 2명의 직원이 근무하며 인가자 이외의 출입이 금지되는 "골리앗크레인"에 출입통제를 위해 출입문이 잠긴 채 간수인이 없었다 하여도 피고인 등 70명 정도의 근로자가 함께 위 "골리앗크레인"에 들어가

68) 대법원 2003.9.23. 선고 2001도4328 판결.
69) 대법원 2003.5.30. 선고 2003도1256 판결.
70) 대법원 2003.5.13. 선고 2003도604 판결.
71) 대법원 1997.3.28. 선고 95도2674 판결.
72) 대법원 1997.3.28. 선고 95도2674 판결; 대법원 1978.10.10. 선고 75도2665 판결.
73) 대법원 1996.5.10. 선고 96도419 판결.

서 농성을 하였다면, 피고인 등이 다중의 위력을 보여 간수하는 건조물에 침입한 것이라고 본 사례이다.[74] 일반적으로 출입이 허가된 건물이라 하여도 피고인이 출입이 금지된 시간에 그 건물담벽에 있던 드럼통을 딛고 담벽을 넘어 들어간 후 그 곳 마당에 있던 아이스박스통과 삽을 같은 건물 화장실 유리창문 아래에 놓고 올라가 위 창문을 연 후 이를 통해 들어간 것이라면 그 침입방법 자체가 일반적인 허가에 해당되지 않는 것이 분명하게 나타난 것이므로 건조물침입죄가 성립되는 것이다.[75] 형법상 주거침입죄의 보호법익은 주거권이라는 법적 개념이 아니고 사적 생활관계에 있어서의 사실상 주거의 자유와 평온으로서 그 주거에서 공동생활을 하고 있는 전원이 평온을 누릴 권리가 있다 할 것이나 복수의 주거권자가 있는 경우 한 사람의 승낙이 다른 거주자의 의사에 직접·간접으로 반하는 경우에는 그에 의한 주거에의 출입은 그 의사에 반한 사람의 주거의 평온 즉 주거의 지배·관리의 평온을 해치는 결과가 되므로 주거침입죄가 성립한다.[76] 동거자중의 1인이 부재중인 경우라도 주거의 지배관리관계가 외관상 존재하는 상태로 인정되는 한 위 법리에는 영향이 없다고 볼 것이니 남편이 일시 부재중 간통의 목적하에 그 처의 승낙을 얻어 주거에 들어간 경우라도 남편의 주거에 대한 지배관리관계는 여전히 존속한다고 봄이 옳고 사회통념상 간통의 목적으로 주거에 들어오는 것은 남편의 의사에 반한다고 보여지므로 처의 승낙이 있었다 하더라도 남편의 주거의 사실상의 평온은 깨어졌다 할 것이므로 이러한 경우에는 주거침입죄가 성립한다고 할 것이다.[77] 근저당권설정등기가 되어 있지 아니한 별개 독립의 이 사건 건물이 근저당권의 목적으로 된 대지 및 건물과 일괄하여 경매된 경우 이 사건 건물에 대한 경락허가결정이 당연무효라고 하더라도 이에 기한 인도명령에 의한 집행으로서 일단 이 사건 건물의 점유가 경락인에게 이전된 이상 이 사건 건물의 소유자인 피고인이 위 무효인 인도집행에 반하여 위 건물에 들어간 경우에도 주거침입죄는 성립한다.[78] 약 270명의 승려 및 신도들이 피고인의 주지취임을 반대하면서 사찰경내를 굳게 지키고 있는 상황을 알면서, 피고인이 약 37명 가량의 일반승려들을 규합하여 이들과 함께 날이 채 새기도 전에 잠겨진 뒷문을 넘어 들어가거나 정문에 설치된 철조망을 걷어 내고 정문을 통과하는 방법으로 사찰 경내로 난입했다면, 그러한 피고인 등의 행위는 종법에 따른 검수절차를 통한 주지직 취임의 한계를 일탈한 것이고, 전임 주지측의 사찰경내에 대한 사실상 점유의 평온을 침해한 것으로 주거침입죄가 성립한다.[79] 일반적으로 개방되어 있는 장소라도 필요한 때는 관리자가 그 출입을 금지 내지 제한할 수 있는 것이므로 그 출입금지 내지 제한하는 의사에 반하여 무리하게 주거 또는 건조물 구내에 들어간다면 주거침입죄를 구성한다.[80] 피고인이 피해자인 **여객자동차주식회사에서 버스차장으로 근무하는 관계로 그 회사의 차고나 사무실에 출입할 수 있다 하더라도 절취의 목적으로 들어간 것이라면 이는 주거권자의 의사에 반한 것으로서 주거침입죄가 성립된다.[81] 설령 피고인이 소론과 같이 작업계약의 관계로 수시 소론 지점장실에 출입하여 왔으며 또 출입할 수 있는 지위에 있었다 하더라도 피고인이 원판시와 여히 폭행의 목적으로 동 지점장실에 들어간 것인 경우에는 당연히 관리자인 지점장의 의사는 해 침입의 소위를 인용치 않음에 있다고 추측되는 것이므로 피고인의 원판시 소위는 주거침입의 죄를 구성함에 과불급이 없을 것이

74) 대법원 1991.6.11. 선고 91도753 판결.
75) 대법원 1990.3.13. 선고 90도173 판결.
76) 대법원 1984.6.26. 선고 83도685 판결.
77) 대법원 1984.6.26. 선고 83도685 판결.
78) 대법원 1984.4.24. 선고 83도1429 판결.
79) 대법원 1983.3.8. 선고 82도1363 판결.
80) 대법원 1983.3.8. 선고 82도1363 판결.
81) 대법원 1979.10.30. 선고 79도1882 판결.

며 또 타인의 주거에 무상출입하는 권한의 유무가 전 설시와 여히 주거침입죄의 성립에 관련이 없는 사항인 이상 설령 소론 증명서에 대한 조사를 하지 아니하였다 하여 심리부진이라 할 수 없으므로 논지는 이유없다.[82)]

침입을 부정한 판례의 구체적 내용은 다음과 같다. 즉,

피고인들이 공모하여, 甲, 乙이 운영하는 각 음식점에서 인터넷 언론사 기자 丙을 만나 식사를 대접하면서 丙이 부적절한 요구를 하는 장면 등을 확보할 목적으로 녹음·녹화장치를 설치하거나 장치의 작동 여부 확인 및 이를 제거하기 위하여 각 음식점의 방실에 들어감으로써 甲, 乙의 주거에 침입하였다는 내용으로 기소된 사안에서, 피고인들이 각 음식점 영업주로부터 승낙을 받아 통상적인 출입방법에 따라 각 음식점의 방실에 들어간 것은 주거침입죄에서 규정하는 침입행위에 해당하지 아니하고, 설령 다른 손님인 丙과의 대화 내용과 장면을 녹음·녹화하기 위한 장치를 설치하거나 장치의 작동 여부 확인 및 이를 제거할 목적으로 각 음식점의 방실에 들어갔더라도, 그러한 사정만으로는 피고인들에게 주거침입죄가 성립하지 않는다.[83)] 피고인이 피해자의 부재중에 피해자의 처로부터 현실적인 승낙을 받아 통상적인 출입방법에 따라 주거에 들어갔으므로 주거의 사실상 평온상태를 해치는 행위태양으로 주거에 들어간 것이 아니어서 주거에 침입한 것으로 볼 수 없고, 설령 피고인의 주거 출입이 부재중인 피해자의 의사에 반하는 것으로 추정되더라도 그것이 사실상 주거의 평온을 보호법익으로 하는 주거침입죄의 성립 여부에 영향을 미치지 않는다고 할 것이다.[84)] 피고인 등과 피해자 등이 위 아파트의 매매계약 당사자로서 법률관계를 맺어 온 점을 고려한다면, 가령 피해자와의 매매계약의 해제 문제를 해결하기 위하여 피고인 등이 위 주거에 들어간 이후 문제 해결이 여의치 아니하여 소란을 피우는 등의 사태가 발생하였다 하더라도, 피고인 등이 당초부터 피해자 등의 반대를 무릅쓰고 주거에 들어갔다거나 또는 주거에 들어갈 당초부터 내심으로 그와 같이 재물을 손괴하는 등 소란을 피울 목적이 있었다는 등 피고인 등이 위 주거에 들어가는 행위가 피해자 등의 명시적, 묵시적 의사에 반함을 객관적으로 인정할 만한 사정이 인정되지 아니한다면 이를 주거침입죄로 의율할 수는 없다 할 것이다.[85)] 다방, 당구장, 독서실 등의 영업소가 들어서 있는 건물중 공용으로 사용되는 계단과 복도는 주야간을 막론하고 관리자의 명시적 승낙이 없어도 누구나 자유롭게 통행할 수 있는 곳이라 할 것이므로 관리자가 1층 출입문을 특별히 시정하지 않는 한 범죄의 목적으로 위 건물에 들어가는 경우 이외에는 그 출입에 관하여 관리자나 소유자의 묵시적 승낙이 있다고 봄이 상당하여 그 출입행위는 주거침입죄를 구성하지 않는다.[86)] 피고인이 인근동리에 사는 고모의 아들인 피해자의 집에 잠시 들어가 있는 동안에 동 피해자에게 돈을 갚기 위하여 찾아온 동 피해자의 이질의 돈을 절취하였다면 피고인이 당초부터 불법목적을 가지고 위 피해자의 집에 들어갔거나 그의 의사에 반하여 그의 집에 들어간 것이 아니어서 주거침입죄 부분의 공소사실은 범죄의 증명이 없는 때에 해당한다.[87)]

ⅲ 검 토 주거는 전술한 바와 같이 종교적 의미, 문화적 의미, 의학적 의미 및 정치적 의미 등 복합적인 의미를 가지는 역사적 개념이고 장소이다. 시대에 따른 변화, 상황에 따른

82) 대법원 1955.12.23. 4288형상25 판결.
83) 대법원 2022.3.24. 선고 2017도18272 전원합의체 판결.
84) 대법원 2021.9.9. 선고 2020도12630 판결.
85) 대법원 1993.3.23. 선고 92도455 판결.
86) 대법원 1985.2.8. 선고 84도2917 판결.
87) 대법원 1984.2.14. 선고 83도2897 판결.

변화 등를 수용하는 것은 당연하다. 신분제도는 이미 타파되었으며 가족제도에 있어서도 대가족제도로부터 핵가족제도 등으로 변천을 거듭하면서 아직 끝을 모르고 진화중이다. 가족 구성원의 생활에 있어서도 헌법상 최고의 법가치인 인간의 존엄과 가치가 보장되는 방향으로 변천해온 것도 사실이다. 간통죄도 성적 자기결정권과 사생활의 비밀 및 자유를 침해한다는 이유로 2015년 헌법재판소에 의하여 위헌으로 결정된 바 있고,[88] 이를 반영하여 형법은 2016년 1월 개정시에 간통죄에 관한 처벌규정을 삭제한 바 있다.[89] 사고의 중심도 우리중심에서 자기중심으로 빠르게 바뀌어가고 있다.

생각건대 의사침해설과 평온침해설의 적용에 있어서 양설의 차이가 나타나는 사례로서 주거자의 의사에 반하지만 평온한 태양으로 들어가는 경우와 거주자의 의사에는 반하지 않지만 평온을 해하는 태양으로 들어가는 경우에 있어서는 의사침해설이 상대적으로 평온침해설보다 정서에 더 부합한다고 해석된다. 그럼에도 불구하고 판례가 평온침해설로 선회한 것은 시대의 흐름에 앞장선 것은 아닌가 의심되기도 한다. 그러나 변경된 판례의 정확한 입장은 의사침해와 평온침해의 양자를 모두 고려하지만 양자가 충돌하는 경우에는 양자를 형량하여 평온침해를 우선하여 침입여부를 판단하는 소위 절충적 입장이라고 해석될 수도 있다. 대법원이 "침입이란 거주자가 주거에서 누리는 사실상의 평온상태를 해치는 행위태양으로 주거에 들어가는 것을 의미하고, 침입에 해당하는지 여부는 출입 당시 객관적 · 외형적으로 드러난 행위태양을 기준으로 판단함이 원칙이다. 사실상의 평온을 해치는 행위태양으로 주거에 들어가는 것이라면 특별한 사정이 없는 한 거주자의 의사에 반하는 것이겠지만, 단순히 주거에 들어가는 행위 자체가 거주자의 의사에 반한다는 거주자의 주관적 사정만으로 바로 침입에 해당한다고 볼 수 없다. 따라서 침입에 해당한다고 인정하기 위해서는 거주자의 의사에 반한다는 사정만으로는 부족하고, 주거의 형태와 용도 · 성질, 외부인의 출입에 대한 통제 · 관리 상태, 출입의 경위와 태양 등을 종합적으로 고려하여 객관적 · 외형적으로 판단할 때 주거의 사실상의 평온상태를 해치는 경우에 이르러야 한다"고 판시한 바 있기 때문이다.[90]

② 침입의 구체적인 예

ⓘ 부작위에 의한 침입 부작위에 의한 침입도 침입자에게 침입이 인정되고 퇴거의무가 존재하는 한 부진정부작위범이 성립할 수 있다고 해석된다. 다만 부작위에 의한 침입은 퇴거요구를 요건으로 하지 않는다는 점에서 후술하는 퇴거불응죄와 구별된다.

ⓘⓘ 공공장소에의 출입 일반적으로 출입이 허용된 장소에 범죄목적을 숨기고 들어간 경우 본죄의 성립여하에 대하여는 본죄가 성립한다는 긍정설과 본죄가 성립하지 않는다는 부정설이 대립하고 있다. 일반적으로 학설은 사실상의 평온이 침해되지 않는다는 점을 근거

88) 헌법재판소 2015.2.26. 선고 2009헌바17·205,2010헌바194, 2011헌바4,2012헌바57·255·411, 2013헌바139·161·267·276·342·365, 2014헌바53·464, 2011헌가31, 2014헌가4(병합) 결정.

89) 형법 2016.1.6, 일부개정 법률 제13719호 2016.1.6. 시행.

90) 대법원 2022.1.27. 선고 2021도15507 판결.

로 부정설의 입장인 반면, 종래의 판례는 동의권자가 진의를 알았다면 동의하지 않았을 것이라는 점을 근거로 긍정설을 취하고 있었다. 생각건대 의사침해설에 의하는 경우 의사에 반하지 않는 침입인 한, 평온침해설에 의하는 경우에도 평온을 해하지 않는 침입인 이상 본죄의 성립을 부정하는 부정설의 입장이 논리적이라고 해석된다. 대법원의 입장도 위에서와 같이 2022년 3월 제2차 변경에 의하여 부정설로 변경된 바 있다.

3) 결 과

본죄를 추상적 위험범으로 해석하는 한 본죄는 침입에 의하여 기수에 달한다. 현실적으로 주거의 평온이 침해될 것을 요하지 않는다. 판례는 침해범설의 입장으로 해석된다. 대법원은 "신체의 극히 일부분이 주거 안으로 들어갔지만 사실상 주거의 평온을 해하는 정도에 이르지 아니하였다면 주거침입죄의 미수에 그친다"고 판시한 바 있다.[91)]

(2) 주관적 구성요건

본죄는 고의범이다. 본죄의 고의는 인식적 요소로서 사람의 주거, 관리하는 건조물, 선박이나 항공기 또는 점유하는 방실에 침입한다는 사실에 대한 인식을 요한다.

판례에 의하면 본죄의 고의는 "반드시 신체의 전부가 타인의 주거 안으로 들어간다는 인식이 있어야만 하는 것이 아니라 신체의 일부라도 타인의 주거 안으로 들어간다는 인식이 있으면 족하다"고 한다.[92)] 고의를 긍정한 판례의 구체적 내용은 다음과 같다. 즉,

> 야간에타인의 집의 창문을 열고 집 안으로 얼굴을 들이미는 등의 행위를 하였다면 피고인이 자신의 신체의 일부가 집 안으로 들어간다는 인식하에 하였더라도 주거침입죄의 범의는 인정된다.[93)]

고의를 부정한 판례의 구체적 내용은 다음과 같다. 즉,

> 피고인이 피해자의 집안을 엿보기 위하여 창문을 조금 열었다고 하더라도, 당시 피고인이 창문에 설치된 창살을 제거하거나 훼손하기 위한 아무런 도구도 소지하고 있지 않았기 때문에 집안으로 침입하는 것이 현실적으로 불가능하였고, 또 피고인이 창살을 제거하기 위한 아무런 시도를 한 바도 없었다면, 피고인이 창문을 열어 집안을 엿보려고 하였던 것만을 들어 당시 피고인에게 주거침입의 인식이 있었다고 보기 어렵다.[94)]

(3) 미수 · 기수

본죄는 미수범을 처벌한다. 문제는 신체의 일부만이 주거에 들어간 경우에 있다. 이와 관련하여 특히 기수시기에 대하여는 다툼이 있다.

1) 착수시기

본죄의 실행의 착수는 침입행위의 개시에 의하여 인정된다. 실행의 착수는 주거자, 관리

---

91) 대법원 1995.9.15. 선고 94도2561 판결.
92) 대법원 1995.9.15. 선고 94도2561 판결.
93) 대법원 1995.9.15. 선고 94도2561 판결.
94) 대전고등법원 2002.5.31. 선고 2002노114 판결: 상고기각.

자, 점유자 등의 의사에 반하여 주거나 관리하는 건조물 등에 들어가는 행위, 즉 구성요건의 일부를 실현하는 행위까지 요구하는 것은 아니고 범죄구성요건의 실현에 이르는 현실적 위험성을 포함하는 행위를 개시하는 것으로 족하다.[95] 주거로 들어가는 문의 시정장치를 부수거나 문을 여는 등 침입을 위한 구체적 행위를 시작함으로써 범죄구성요건의 실현에 이르는 현실적 위험성을 포함하는 행위를 개시할 것을 요한다.[96] 예컨대 주거로 들어가는 문의 시정장치를 부수거나 문을 여는 등 침입을 위한 구체적 행위를 시작함으로써 범죄구성요건의 실현에 이르는 현실적 위험성을 포함하는 행위를 개시할 것을 요한다.[97] 본죄는 신체가 주거에 침입한 때에 기수가 되고 구성요건이 충족되지만, 실행의 착수와 결과의 발생까지의 사이에 미수가 존재할 수 있다.

실행의 착수를 긍정한 판례의 구체적 내용은 다음과 같다. 즉,

출입문이 열려 있으면 안으로 들어가겠다는 의사 아래 출입문을 당겨보는 행위는 바로 주거의 사실상의 평온을 침해할 객관적인 위험성을 포함하는 행위를 한 것으로 볼 수 있어 그것으로 주거침입의 실행에 착수가 있었고, 단지 그 출입문이 잠겨 있었다는 외부적 장애요소로 인하여 뜻을 이루지 못한 데 불과하다 할 것이다.[98] 주거침입의 범의로써 예컨대 주거로 들어가는 문의 시정장치를 부수거나 문을 여는 등 침입을 위한 구체적 행위를 시작하였다면 주거침입죄의 실행의 착수는 있었다고 보아야 한다.[99] 야간에 아파트에 침입하여 물건을 훔칠 의도하에 아파트의 베란다 철제난간까지 올라가 유리창문을 열려고 시도하였다면 야간주거침입절도죄의 실행에 착수한 것으로 보아야 한다.[100] 주거로 들어가는 문의 시정장치를 부수거나 문을 여는 등 침입을 위한 구체적 행위를 시작하였다면 주거침입죄의 실행의 착수는 있었다고 보아야 한다.[101]

실행의 착수를 부정한 판례의 구체적 내용은 다음과 같다. 즉,

아파트의 초인종을 누르다가 사람이 없으면 만능키 등을 이용하여 문을 열고 안으로 들어가 물건을 훔치기로 모의한 피고인들이 함께 다니다가 피고인 A는 C의 집 초인종을 누르면서 "자장면 시키지 않았느냐"라고 말하였으나 집 안에 있던 C가 "시킨 적 없다"고 대답하자 계단을 이용하여 아래층으로 이동한 이 사건 사안에 대하여, 피고인들이 주거침입의 실행의 착수에 해당하는 행위를 하였다고 볼 수 없다.[102] 피고인이 이 사건 다세대주택 2층의 불이 꺼져있는 것을 보고 물건을 절취하기 위하여 가스배관을 타고 올라가다가, 발은 1층 방범창을 딛고 두 손은 1층과 2층 사이에 있는 가스배관을 잡고 있던 상태에서 순찰 중이던 경찰관에게 발각되자 그대로 뛰어내린 사실을 인정한 후, 이러한 피고인의 행위만으로는 주거의 사실상의 평온을 침해할 현실적 위험성이 있는 행위를 개시한 때에 해당한다고 보기 어렵다.[103]

---

95) 대법원 2008.4.10. 선고 2008도1464 판결; 대법원 2006.9.14. 선고 2006도2824 판결; 대법원 2003.10.24. 선고 2003도4417 판결.

96) 대법원 2008.3.27. 선고 2008도917 판결.

97) 대법원 2008.3.27. 선고 2008도917 판결; 대법원 2003.10.24. 선고 2003도4417 판결.

98) 대법원 2006.9.14. 선고 2006도2824 판결.

99) 대법원 2003.10.24. 선고 2003도4417 판결.

100) 대법원 2003.10.24. 선고 2003도4417 판결.

101) 대법원 1995.9.15. 선고 94도2561 판결.

102) 대법원 2008.4.10. 선고 2008도1464 판결.

103) 대법원 2008.3.27. 선고 2008도917 판결.

2) 기수시기

본죄의 기수시기에 있어서는 신체의 일부의 침입만으로도 기수에 이른다는 일부침입설과 신체의 전부의 침입이 있어야 기수에 이른다는 전부침입설이 대립하고 있다. 이 외에도 신체의 대부분의 침입을 요한다는 견해도 있을 수 있다. 다수설은 일부침입설을 취하고 있고, 판례는 독일의 통설과 같이 일부침입설의 입장에 서 있다. 생각건대 본죄를 침해범이라고 하든 추상적 위험범이라고 하든 일부침입설이 논리적이라고 해석된다. 신체의 일부의 침입만으로도 이미 사실상의 평온은 침해되었다고 해석되어야 하기 때문이다. 이에 의하면 침입행위 개시 후 신체의 일부라도 침입이 없는 경우에만 미수에 그치게 된다.

본죄를 상태범이라고 해석하는 견해도 있지만, 본죄는 침입 후 주거자의 승낙이 있거나 퇴거할 때까지 침입행위가 계속되는 계속범이다.

기수를 긍정한 판례의 구체적 내용은 다음과 같다. 즉,

> 주거침입죄는사실상의 주거의 평온을 보호법익으로 하는 것으로 거주자가 누리는 사실상의 주거의 평온을 해할 수 있는 정도에 이르렀다면 범죄구성요건을 충족하는 것이라고 보아야 한다.[104) 주거침입죄는 사실상의 주거의 평온을 보호법익으로 하는 것이므로, 반드시 행위자의 신체의 전부가 범행의 목적인 타인의 주거 안으로 들어가야만 성립하는 것이 아니라 신체의 일부만 타인의 주거 안으로 들어갔다고 하더라도 거주자가 누리는 사실상의 주거의 평온을 해할 수 있는 정도에 이르렀다면 범죄구성요건을 충족하는 것이라고 보아야 한다.[105) 야간에 타인의 집의 창문을 열고 집 안으로 얼굴을 들이미는 등의 행위를 하였다면 피고인이 자신의 신체의 일부가 집 안으로 들어간다는 인식 하에 하였더라도 주거침입죄의 범의는 인정되고, 또한 비록 신체의 일부만이 집 안으로 들어 갔다고 하더라도 사실상 주거의 평온을 해하였다면 주거침입죄는 기수에 이르렀다고 할 것이다.[106)]

(4) 공 범

본죄를 2인 이상이 공동하여 범한 경우에는 공동주거침입죄로서 폭력행위처벌법 위반죄에 해당된다(폭력행위처벌법 제2조 제1항 제1호).

2. 구성요건해당성조각사유

본죄에 있어서 주거자의 양해(Einverständnis)는 구성요건해당성을 조각한다고 해석된다. 다만 주거자 등의 승낙은 의사침해설에 의하면 이의 유무는 침입의 성부와 본죄의 성부에 직접 연관되는 것으로 되지만, 평온침해설에 서게 되면 이의 유무는 침입의 성부에 대한 판단자료에 지나지 않을 뿐으로 본죄의 성부에는 직접 관련되는 것이 아니라고 하게 된다.

3. 위법성조각사유

주거자의 의사에 반하거나 평온을 해하더라도 일정한 사유가 있는 경우에는 위법성이

---

104) 대법원 2001.4.24. 선고 2001도1092 판결; 대법원 1995.9.15. 선고 94도2561 판결.
105) 대법원 1995.9.15. 선고 94도2561 판결.
106) 대법원 1995.9.15. 선고 94도2561 판결.

조각된다. 예컨대 정당행위, 긴급피난 및 피해자의 승낙의 경우가 거론될 수 있을 것이다.

(1) 정당행위

법령에 의한 행위, 업무로 인한 행위 및 기타 사회상규에 위배되지 아니하는 행위는 위법성이 조각된다. 사용자의 직장폐쇄가 정당한 쟁의행위로 인정되지 아니하는 때에는 다른 특별한 사정이 없는 한 근로자가 평소 출입이 허용되는 사업장 안에 들어가는 행위가 주거침입죄를 구성하지 아니한다.[107)]

(2) 긴급피난

자기 또는 타인의 법익에 대한 현재의 위난을 피하기 위한 주거침입행위는 상당한 이유가 있는 때에는 위법성을 조각한다.

(3) 자력구제

비닐하우스의 소유권이 피고인에게 있다 하더라도, 피해자가 공소외인으로부터 이 사건 비닐하우스를 인도받아 점유하고 있는 이상 피고인이 함부로 이 사건 비닐하우스의 열쇠를 손괴하고 그 안에 들어간 행위는 재물손괴죄 및 주거침입죄에 해당한다고 하여 피고인을 유죄로 인정한 제1심판결을 유지한 조치는 정당하고, 거기에 상고이유로 주장하는 바와 같은 정당행위 내지 자력구제에 관한 법리를 오해하는 등으로 판결 결과에 영향을 미친 위법이 있다고 볼 수 없다.[108)]

(4) 피해자의 승낙

주거자의 승낙을 얻어 주거에 들어간 행위는 경우에 따라 전술한 바와 같이 양해로서 구성요건해당성을 조각하거나 위법성을 조각하는 경우로 나누어질 수 있다. 침입 후 사후승낙을 얻은 경우에도 위법성이 조각될 수 있다.

위법성조각을 긍정한 판례의 구체적 내용은 다음과 같다. 즉,

전국노동조합대표자회의 등이 특정 대학교 총장에게 전국노동자대회 등 개최를 위한 장소사용허가를 요청하였다가 명시적으로 불허통보를 받았음에도 대회 개최를 위하여 각 대학교에 들어간 행위는 건조물침입죄에 해당한다.[109)] ***대학교의 사무직 근로자로서 ***대학교노동조합의 조합원인 피고인들이 쟁의행위를 하게 된 경위와 그 목적 및 방법, 그리고 쟁의행위에 참여한 조합원의 수가 소수이고 쟁의행위로 인하여 ***대학교의 업무 수행에 특별한 지장이 초래될 만한 상황이 아니었던 점 등에 비추어 볼 때, ***대학교의 직장폐쇄는 피고인들의 쟁의행위에 대한 방어수단으로서 정당성이 있다고 볼 수 없으므로, 피고인들이 ***대학교 구내로서 특별히 일반 교직원들의 출입이 통제되지 아니한 주차장과 식당 또는 노동조합 사무실 등지에 출입한 행위가 주거침입죄에 해당하지 아니한다고 판단한 것은 옳고, 거기에 상고이유의 주장과 같은 채증법칙 위배나 법리오해 등의 잘못이 없다. 따라서 상고이유는 모두 받아들일 수 없다.[110)] 주택의 매수인이 계약금과 중도

---

107) 대법원 2002.9.24. 선고 2002도2243 판결.
108) 대법원 2007.3.15. 선고 2006도7044 판결.
109) 대법원 2008.11.13. 선고 2006도755 판결.
110) 대법원 2002.9.24. 선고 2002도2243 판결.

금을 지급하고서 그 주택을 명도받아 점유하고 있던 중 위 매매계약을 해제하고 중도금반환청구소송을 제기하여 얻은 그 승소판결에 기하여 강제집행에 착수한 이후에, 매도인이 매수인이 잠그어 놓은 위 주택의 출입문을 열고 들어간 경우라면 매도인으로서는 매수인이 그 주택에 대한 모든 권리를 포기한 것으로 알고 그 주택에 들어간 것이라고 할 수 있을 뿐만 아니라 또한 그 주택에 대하여 보호받아야 할 피해자의 주거에 대한 평온상태는 소멸되었다고 볼 수 있으므로 매도인의 위 소위는 주거침입죄를 구성하지 아니한다.[111] 피고인과 "갑" "을"의 세 사람이 함께 술을 마시고 그들이 사는 동리의 "갑" 집 앞길에 이르렀을 때 "갑"이 사소한 일로 피고인에게 폭행을 가함으로써 상호 시비중 "갑"이 그의 집으로 들어가기에 피고인도 술에 취하여 동인에게 얻어 맞아 가면서 동인의 집까지 따라 들어가서 때리는 이유를 따지었던 경우에 피고인이 "갑"의 집에 따라 들어간 소위를 위법성 있는 주거침입이라고 논단하기 어렵다고 할 것이다.[112]

위법성조각을 부정한 판례의 구체적 내용은 다음과 같다. 즉,

전국금속노조 **자동차 지부의 노동조합원들이 **공장을 전면적으로 점거하여 회사 측의 시설관리권을 배제한 채 점거파업이 진행되었고 그 점거의 목적이 회사의 구조조정 추진을 저지하는 데 있어 이는 정당한 쟁의행위로 볼 수 없다는 등의 이유로 이 사건 공소사실을 유죄로 인정한 제1심판결을 유지하면서, 회사 측이 행정관청에 직장폐쇄를 신고하고 위 공장을 점거 중인 위 노동조합원들에게 퇴거를 요구하는 등으로 회사 측 관리자 외의 출입을 금지하는 의사를 표시하였으며, 피고인들은 그와 같은 사정을 알고 있었음에도 불구하고 회사 측의 의사에 반하여 **공장에 들어간 이상 이러한 행위는 건조물침입죄에 해당하고, 피고인들이 위 노동조합원들의 승낙을 얻어 전국공무원노동조합 교육활동의 일환으로 평화적인 방법에 의해 위 공장에 들어갔다는 사정만으로는 정당한 행위에 해당한다고 볼 수 없다고 판단하였다. 앞서 본 법리에 비추어 살펴보면, 원심의 위와 같은 판단에 상고이유에서 주장하는 바와 같이 건조물침입죄 및 정당행위에 관한 법리를 오해하는 등의 위법이 있다고 할 수 없다.[113] 2인 이상이 하나의 공간에서 공동생활을 하고 있는 경우에는 각자 주거의 평온을 누릴 권리가 있으므로, 사용자가 제3자와 공동으로 관리 · 사용하는 공간을 사용자에 대한 쟁의행위를 이유로 관리자의 의사에 반하여 침입 · 점거한 경우, 비록 그 공간의 점거가 사용자에 대한 관계에서 정당한 쟁의행위로 평가될 여지가 있다 하여도 이를 공동으로 관리 · 사용하는 제3자의 명시적 또는 추정적인 승낙이 없는 이상 위 제3자에 대하여서까지 이를 정당행위라고 하여 주거침입의 위법성이 조각된다고 볼 수는 없다.[114] 근로자들이 사용자인 (주)**콤 이외에도 (주)****선물거래소가 병존적으로 관리 · 사용하는 빌딩 로비에 쟁의행위를 이유로 침입하여, 그 중 일부를 점거하며 10여 일간 숙식하면서 선전전, 강연, 토론 등의 방법으로 농성한 사안에서, 위 행위가 제3자인 (주)****선물거래소에 대한 관계에서도 정당하다고 하여 무죄로 인정한 원심판결에 쟁의행위의 위법성 조각 등에 관한 법리오해 또는 심리미진의 위법이 있다는 이유로 파기한 사례이다.[115] 간통 현장을 직접 목격하고 그 사진을 촬영하기 위하여 상간자의 주거에 침입한 행위가 정당행위에 해당하지 않는다고 한 사례이다.[116] 타인의 주거에 침입한

111) 대법원 1987.5.12. 선고 87도3 판결.
112) 대법원 1967.9.26. 선고 67도1089 판결.
113) 대법원 2012.5.24. 선고 2010도9963 판결.
114) 대법원 2010.3.11. 선고 2009도5008 판결.
115) 대법원 2010.3.11. 선고 2009도5008 판결.
116) 대법원 2003.9.26. 선고 2003도3000 판결.

행위가 비록 불법선거운동을 적발하려는 목적으로 이루어진 것이라고 하더라도, 타인의 주거에 도청장치를 설치하는 행위는 그 수단과 방법의 상당성을 결하는 것으로서 정당행위에 해당하지 않는다.[117] 해고되어 회사의 근로자도 아닌 피고인이 시위근로자 570명과 함께 회사건물 본관 앞까지 이동한 다음 무단점거를 저지하려는 관리직사원등 400여명을 힘으로 밀어붙이고 동 건물을 점거하였는데 이러한 집단행위가 적법한 쟁의행위도 아니었으며, 또한 쟁의행위에 당연히 수반되는 범위에 든다고 할 수 없는 관리직 사원 600여명의 업무영역에 관하여 방해를 한 경우에 있어서 원심이 위 피고인의 행위를 건조물침입죄 및 업무방해죄로 각 의율처단한 것은 옳다.[118] 건물의 소유자라고 주장하는 피고인과 그것을 점유관리하고 있는 피해자 사이에 건물의 소유권에 대한 분쟁이 계속되고 있는 상황이라면 피고인이 그 건물에 침입하는 것에 대한 피해자의 추정적 승낙이 있었다거나 피고인의 이 사건 범행이 사회상규에 위배되지 않는다고 볼 수 없다고 한 원심의 조치는 수긍이 간다.[119] 방에 대한 명도집행이 위법한 소송의 판결에 기인한 것이라 하더라도 일단 동 집행에 의하여 적법히 동 방에 대한 점유를 취득한 이상 그의 점유중인 전기 방에 침입한 소위는 위법임을 면할 수 없다.[120]

4. 죄 수

(1) 일반원칙

본죄는 다른 범죄의 수단으로 행하여지는 경우가 많다. 이 경우 수단인 본죄와 목적이 되는 주된 범죄는 원칙적으로 실체적 경합관계가 된다. 남의 집에 들어가서 물건을 몰래 훔쳐나오면 본죄와 절도죄의 실체적 경합이 되는 것이다. 다만 야간주거침입절도죄와 같이 본죄와 다른 죄가 결합된 형태의 범죄에 있어서는 그러하지 아니하다.

이에 관한 판례의 구체적 내용은 다음과 같다. 즉,

형법 제330조에 규정된 야간주거침입절도죄 및 같은 법 제331조 제1항에 규정된 손괴특수절도죄를 제외하고 일반적으로 주거침입은 절도죄의 구성요건이 아니므로 절도범인이 그 범행수단으로 주거침입을 한 경우에 그 주거침입행위는 절도죄에 흡수되지 아니하고 별개로 주거침입죄를 구성하여 절도죄와는 실체적 경합의 관계에 서는 것이 원칙이다.[121] 형법 제332조는 단순절도, 야간주거침입절도와 특수절도 및 자동차 등 불법사용의 죄에 정한 각 형의 2분의 1을 가중하여 처벌하도록 규정하고 있으므로, 위 규정은 주거침입을 구성요건으로 하지 않는 상습단순절도와 주거침입을 구성요건으로 하고 있는 상습야간주거침입절도 또는 상습손괴특수절도에 대한 취급을 달리하여, 주거침입을 구성요건으로 하고 있는 상습야간주거침입절도 또는 상습손괴특수절도를 더 무거운 법정형을 기준으로 가중처벌하고 있다. 따라서 상습으로 단순절도를 범한 범인이 상습적인 절도범행의 수단으로 주간에 주거침입을 한 경우에 그 주간 주거침입행위의 위법성에 대한 평가가 형법 제332조, 제329조의 구성요건적 평가에 포함되어 있다고 볼 수 없다. 그러므로 형법 제332조에 규정된 상습절도죄를 범한 범인이 그 범행의 수단으로 주간에 주거침입을 한 경우 그

117) 대법원 1997.3.28. 선고 95도2674 판결.
118) 대법원 1990.6.12. 선고 90도672 판결.
119) 대법원 1989.9.12. 선고 89도889 판결.
120) 대법원 1958.12.12. 4291형상454 판결.
121) 대법원 2015.10.15. 선고 2015도9049 판결; 대법원 2015.10.15. 선고 2015도8169 판결; 대법원 1984.12.26. 선고 84도1573 전원합의체 판결.

주간 주거침입행위는 상습절도죄와 별개로 주거침입죄를 구성한다. 또 형법 제332조에 규정된 상습절도죄를 범한 범인이 그 범행 외에 상습적인 절도의 목적으로 주간에 주거침입을 하였다가 절도에 이르지 아니하고 주거침입에 그친 경우에도 그 주간 주거침입행위는 상습절도죄와 별개로 주거침입죄를 구성한다.[122] 주거침입죄는 상습특수절도죄에 흡수되는 것이 아니므로 양죄는 포괄일죄가 아닌 경합범관계에 있다.[123]

(2) 다른 죄와의 관계

본죄와 다른 죄와의 관계에 있어서는 본죄가 다른 범죄에 이미 포함되어 있는 경우가 많다. 이러한 경우에 본죄는 별도로 성립하지 아니한다.

이에 관한 판례의 구체적 내용은 다음과 같다. 즉,

특정범죄 가중처벌 등에 관한 법률 제5조의4 제6항에 규정된 상습절도 등 죄를 범한 범인이 그 범행의 수단으로 주거침입을 한 경우에 주거침입행위는 상습절도 등 죄에 흡수되어 위 조문에 규정된 상습절도 등 죄의 1죄만이 성립하고 별개로 주거침입죄를 구성하지 않으며, 또 위 상습절도 등 죄를 범한 범인이 그 범행 외에 상습적인 절도의 목적으로 주거침입을 하였다가 절도에 이르지 아니하고 주거침입에 그친 경우에도 그것이 절도상습성의 발현이라고 보이는 이상 주거침입행위는 다른 상습절도 등 죄에 흡수되어 위 조문에 규정된 상습절도 등 죄의 1죄만을 구성하고 상습절도 등 죄와 별개로 주거침입죄를 구성하지 않는다.[124] 형법 제334조 제1항은 "야간에 사람의 주거, 관리하는 건조물, 선박이나 항공기 또는 점유하는 방실에 침입하여 제333조(강도)의 죄를 범한 자는 무기 또는 5년 이상의 징역에 처한다"고 규정하고 있고, 형법 제337조는 "강도가 사람을 상해하거나 상해에 이르게 한 때에는 무기 또는 7년 이상의 징역에 처한다"고 규정하고 있는데, 강도상해죄에 있어서의 강도는 형법 제334조 제1항 특수강도도 포함된다고 보아야 한다. 그런데 형법 제334조 제1항 특수강도죄는 '주거침입'이라는 요건을 포함하고 있으므로 형법 제334조 제1항 특수강도죄가 성립할 경우 '주거침입죄'는 별도로 처벌할 수 없고, 형법 제334조 제1항 특수강도에 의한 강도상해가 성립할 경우에도 별도로 '주거침입죄'를 처벌할 수 없다고 보아야 할 것이다.[125] 특정범죄 가중처벌 등에 관한 법률(이하 '특가법'이라고만 한다) 제5조의4 제1항에 규정된 상습절도 등 죄를 범한 범인이 그 범행의 수단으로 주거침입을 한 경우에 주거침입행위는 상습절도 등 죄에 흡수되어 위 법조에 규정된 상습절도 등 죄의 1죄만이 성립하고 별개로 주거침입죄를 구성하지 않으며, 또 위 상습절도 등 죄를 범한 범인이 그 범행 외에 상습적인 절도의 목적으로 주거침입을 하였다가 절도에 이르지 아니하고 주거침입에 그친 경우에도 그것이 절도 상습성의 발현이라고 보이는 이상 주거침입행위는 다른 상습절도 등 죄에 흡수되어 위 법조에 규정된 상습절도 등의 1죄만을 구성하고 이 상습절도 등 죄와 별개로 주거침입죄를 구성하지 않는다.[126] 특정범죄가중처벌 등에 관한 법률 제5조의4 제5항은 범죄경력과 누범가중에 해당함을 요건으로 하는 반면, 같은 조 제1항은 상습성을 요건으로 하고 있어 그 요건이 서로 다르다. 또한, 형법 제330조의 야간주거침입절도죄 및 제331조 제1항의 손괴특수절도죄를 제외하고 일반적으로 주거침입은 절도죄의 구성요건이 아

---

122) 대법원 2015.10.15. 선고 2015도9049 판결; 대법원 2015.10.15. 선고 2015도8169 판결.

123) 대법원 1983.4.12. 선고 83도422 판결.

124) 대법원 2017.7.11. 선고 2017도4044 판결.

125) 대법원 2012.12.27. 선고 2012도12777 판결.

126) 대법원 2012.9.27. 선고 2012도9386 판결; 대법원 2007.1.11. 선고 2006도6745 판결; 대법원 1984.12.26. 선고 84도1573 전원합의체 판결.

니므로, 절도범인이 그 범행수단으로 주거침입을 한 경우에 그 주거침입행위는 절도죄에 흡수되지 아니하고 별개로 주거침입죄를 구성하여 절도죄와는 실체적 경합의 관계에 서는 것이 원칙이다. 따라서 주간에 주거에 침입하여 절도함으로써 특정범죄가중처벌 등에 관한 법률 제5조의4 제5항 위반죄가 성립하는 경우, 별도로 형법 제319조의 주거침입죄를 구성한다.[127)]

Ⅲ. 처 벌

본죄의 법정형은 3년 이하의 징역 또는 500만원 이하의 벌금이다. 본죄의 미수범은 처벌된다.

§3. 퇴거불응죄

제319조(주거침입, 퇴거불응) ② 전항의 장소에서 퇴거요구를 받고 응하지 아니한 자도 전항의 형과 같다.

제322조(미수범) 본장의 미수범은 처벌한다.

Ⅰ. 서 설

본죄는 사람의 주거, 관리하는 건조물, 선박이나 항공기 또는 점유하는 방실에서 퇴거요구를 받고 응하지 아니함으로써 성립한다.

본죄는 주거침입죄와 같이 사실상의 주거의 평온을 그 보호법익으로 한다.[128)] 대표적인 진정부작위범이다. 계속범에 속한다. 본죄의 미수범은 처벌된다.

Ⅱ. 범 죄

1. 구성요건

(1) 객관적 구성요건

1) 주 체

본죄의 주체는 적법 또는 과실로 타인의 주거 등에 들어간 자가 퇴거요구권자의 퇴거요구를 받고도 그 장소에서 퇴거하지 않은 자이다. 이러한 의미에서 진정신분범에 속한다.

2) 객 체

주거침입죄의 그것과 본죄의 객체는 사람의 주거, 관리하는 건조물, 선박이나 항공기 또는 점유하는 방실이다.

건조물이라 함은 단순히 건조물 그 자체만을 말하는 것이 아니고 위요지를 포함하고, '위요지'가 되기 위하여는 건조물에 인접한 그 주변 토지로서 관리자가 외부와의 경계에

127) 대법원 2008.11.27. 선고 2008도7820 판결.
128) 대법원 2007.11.15. 선고 2007도6990 판결.

문과 담 등을 설치하여 그 토지가 건조물의 이용을 위하여 제공되었다는 것이 명확히 드러나야 할 것인데, 화단의 설치, 수목의 식재 등으로 담장의 설치를 대체하는 경우에도 건조물에 인접한 그 주변 토지가 건물, 화단, 수목 등으로 둘러싸여 건조물의 이용에 제공되었다는 것이 명확히 드러난다면 위요지가 될 수 있다.[129)]

3) 행 위

① 퇴거불응

본죄의 실행행위는 퇴거불응이다. 퇴거불응(退去不應)이란 퇴거의 요구를 받고 그 장소에서 퇴거하지 아니하는 것이다. 이러한 의미에서 본죄는 진정부작위범이다.

판례에 의하면 주거침입죄에서의 침입이 신체적 침해로서 행위자의 신체가 주거에 들어가야 함을 의미하는 것과 마찬가지로 퇴거불응죄의 퇴거 역시 행위자의 신체가 주거에서 나감을 의미한다.[130)] 따라서 건물에서 나가면서 가재도구 등을 남겨두었더라도 본죄는 성립하지 아니한다.[131)]

② 퇴거요구

본죄는 퇴거요구가 없는 한 성립하지 않는다. 예컨대 들어간 자의 체류가 주거권자의 의사에 반하는 상태로 되었음에도 불구하고 퇴거요구가 없는 한 본죄는 성립하지 않는다.

ⓘ **퇴거요구권자** 퇴거를 요구할 수 있는 자는 본죄에 있어서 출입에 유효한 승낙을 할 수 있는 자이다. 따라서 주거에 있어서는 주거자이고, 건조물 등에 있어서는 관리자이다. 주거자인 한 주거에 대하여 법률상의 권한을 가지고 있든 없든 묻지 않는다. 또 이들의 자로부터 퇴거요구의 권한행사를 위임받은 자도 그 범위 내에서 퇴거를 요구할 수 있다.

ⓘⓘ **퇴거요구의 방법** 퇴거의 요구는 언어 또는 동작에 의하여 상대방에게 인식되지 않으면 안 된다. 명시적일 필요는 없고 반복할 필요도 없다.

ⓘⓘⓘ **퇴거요구의 정당성** 퇴거의 요구는 정당할 것을 요한다. 퇴거요구가 부당한 한 이에 불응하여도 본죄는 성립하지 않는다.

4) 결 과

본죄는 거동범이다. 퇴거불응이라는 거동만으로 기수가 된다. 현실적으로 사실상의 평온에 대한 침해라는 별도의 결과발생을 요하지 않는다.

(2) 주관적 구성요건

본죄는 고의범이다. 본죄의 고의는 인식적 요소로서 사람의 주거, 관리하는 건조물, 선박이나 항공기 또는 점유하는 방실에서 퇴거요구를 받고 응하지 아니한다는 사실에 대한 인식을 요한다.

---

129) 대법원 2010.3.11. 선고 2009도12609 판결.
130) 대법원 2007.11.15. 선고 2007도6990 판결.
131) 대법원 2007.11.15. 선고 2007도6990 판결.

(3) 미수 · 기수

1) 의 의

본죄는 미수범에 대한 처벌규정을 명문으로 규정하고 있다. 본죄는 퇴거할 때까지 범죄가 계속하는 계속범이다. 또 본죄는 진정부작위범으로서 퇴거불응의 거동 즉시 기수에 달하는 거동범이다. 문제는 본죄의 미수범의 성부에 있다.

2) 미수범의 성부

본죄의 미수범의 성립여부에 대하여는 긍정설과 부정설이 대립하고 있다. 첫째, 긍정설이다. 본죄는 침해범이므로 주거의 사실상의 평온이 침해되기 이전에 축출당한 경우에는 본죄의 미수범이 성립한다고 한다. 둘째, 부정설이다. 본죄는 거동범이라는 점, 진정부작위범이라는 점, 퇴거요구에 응하지 않으면 즉시 기수가 된다는 점에서 본죄의 미수는 성립할 여지가 없다고 한다.

생각건대 본죄는 퇴거요구 즉시 기수가 되는 것이 아니라 퇴거에 필요한 시간이 경과하였음에도 불구하고 퇴거하지 않았을 때 비로소 기수가 된다고 해야 한다. 따라서 5분이면 퇴거가 충분한 경우에 10분이내에 퇴거하라고 요구하고 10분이 경과하였음에도 불구하고 아직 퇴거중이라면 퇴거를 완료하지 못했기 때문에 미수가 성립한다고 해야 할 것이다. 이는 거동범으로서 후술하는 다중불해산죄가 해산명령을 받은 후 해산에 필요한 상당한 시간이 경과한 시점에서 기수에 이르게 된다는 점과 같은 논리이다(제116조). 한편 퇴거요구에 응하지 않음으로써 기수가 된다고 하면 퇴거요구에 응하기만 하면 범죄의 성립이 부정되기 때문에 퇴거에 응하면서 퇴거를 완료하지 않는 느림보 퇴거는 퇴거불응이 아니라는 역설도 가능하다고 추정된다.

2. 위법성조각사유

본죄에 있어서도 주거침입죄에서와 마찬가지로 위법성의 조각이 문제되는 사례는 다수 존재한다. 위법성조각을 긍정한 판례의 구체적 내용은 다음과 같다. 즉,

사용자측의 노사간 교섭에 소극적인 태도, 노동조합의 파업이 노사간 교섭력의 균형과 사용자측 업무수행에 미치는 영향 등에 비추어 노동조합이 파업을 시작한 지 불과 4시간 만에 사용자가 바로 직장폐쇄 조치를 취한 것은 정당한 쟁의행위로 인정되지 아니하므로, 사용자측 시설을 정당하게 점거한 조합원들이 사용자로부터 퇴거요구를 받고 이에 불응하였너라도 퇴거불응죄가 성립하지 아니한다고 한 사례이다.[132] 사용자의 직장폐쇄는 노사간의 교섭태도, 경과, 근로자측 쟁의행위의 태양, 그로 인하여 사용자측이 받는 타격의 정도 등에 관한 구체적 사정에 비추어 형평상 근로자측의 쟁의행위에 대한 대항 · 방위 수단으로서 상당성이 인정되는 경우에 한하여 정당한 쟁의행위로 평가받을 수 있는 것이고, 사용자의 직장폐쇄가 정당한 쟁의행위로 인정되지 아니하는 때에는 적법한 쟁의행위로서 사업장을 점거 중인 근로자들이 직장폐쇄를 단행한 사용자로부터 퇴거 요구를 받고 이에 불응한 채 직장점거를 계속하더라도 퇴거불응죄가 성립하지 아니한다.[133] 사용자의

132) 대법원 2007.12.28. 선고 2007도5204 판결.

직장폐쇄가 정당한 쟁의행위로 인정되지 아니하는 때에는 적법한 쟁의행위로서 사업장을 점거 중인 근로자들이 직장폐쇄를 단행한 사용자로부터 퇴거 요구를 받고 이에 불응한 채 직장점거를 계속하더라도 퇴거불응죄가 성립하지 아니한다.[134]

위법성조각을 부정한 판례의 구체적 내용은 다음과 같다. 즉,

공소외 4 주식회사 노동조합의 쟁의행위의 목적, 시기, 절차, 수단과 방법, 그로 인한 위 회사의 매출액 감소의 정도, 위 회사의 임금 협상에 임한 태도 등 제반 사정에 비추어 보면, 위 회사가 이 사건 당시 단행한 직장폐쇄는 근로자 측의 쟁의행위에 의해 노사간에 힘의 균형이 깨지고 오히려 사용자 측에게 현저히 불리한 압력이 가해지는 상황에서 회사를 보호하기 위하여 수동적·방어적인 수단으로서 부득이하게 개시된 것이라고 보기는 어려우므로 그 정당성을 결여하였다고 봄이 상당하고, 따라서 피고인들이 쟁의행위의 일환으로 자신들의 근무처인 위 회사 구내의 장소로서 평소 출입이 통제되지 아니한 로비를 점거하던 중 위와 같은 직장폐쇄를 내세운 위 회사 측의 퇴거 요구에 불응하였다고 하더라도 퇴거불응죄가 성립한다고 할 수 없다고 판단하여, 이 부분 공소사실을 유죄로 인정한 제1심판결을 파기하고 이에 대하여 무죄를 선고하였는바, 앞의 법리와 기록에 비추어 살펴보면, 원심의 이러한 사실인정과 판단은 옳은 것으로 수긍이 가고, 거기에 채증법칙 위배로 인한 사실오인이나 직장폐쇄의 정당성에 관한 법리오해 등의 위법이 있다고 할 수 없다.[135] 근로자들의 직장점거가 개시 당시 적법한 것이었다 하더라도 사용자가 이에 대응하여 적법하게 직장폐쇄를 하게 되면, 사용자의 사업장에 대한 물권적 지배권이 전면적으로 회복되는 결과 사용자는 점거중인 근로자들에 대하여 정당하게 사업장으로부터의 퇴거를 요구할 수 있고 퇴거를 요구받은 이후의 직장점거는 위법하게 되므로, 적법히 직장폐쇄를 단행한 사용자로부터 퇴거요구를 받고도 불응한 채 직장점거를 계속한 행위는 퇴거불응죄를 구성한다.[136]

Ⅲ. 처 벌

본죄의 법정형은 주거침입죄의 그것과 같아서 3년 이하의 징역 또는 500만원 이하의 벌금이다. 본죄의 미수범은 처벌된다.

§4. 특수주거침입죄

제320조(특수주거침입) 단체 또는 다중의 위력을 보이거나 위험한 물건을 휴대하여 전조의 죄를 범한 때에는 5년 이하의 징역에 처한다.
제322조(미수범) 본장의 미수범은 처벌한다.

Ⅰ. 서 설

본죄는 단체 또는 다중의 위력을 보이거나 위험한 물건을 휴대하여 사람의 주거, 관리하

133) 대법원 2007.12.28. 선고 2007도5204 판결.
134) 대법원 2007.3.29. 선고 2006도9307 판결; 대법원 2005.6.9. 선고 2004도7218 판결; 대법원 2002.9.24. 선고 2002도2243 판결.
135) 대법원 2007.3.29. 선고 2006도9307 판결.
136) 대법원 1991.8.13. 선고 91도1324 판결.

는 건조물, 선박이나 항공기 또는 점유하는 방실에 침입하거나 침입한 장소에서 퇴거요구를 받고 응하지 아니함으로써 성립한다.

Ⅱ. 범 죄

1. 특수주거침입죄

본죄는 단체 또는 다중의 위력을 보이거나 위험한 물건을 휴대하여 사람의 주거, 관리하는 건조물, 선박이나 항공기 또는 점유하는 방실에 침입함으로써 성립한다.

2. 특수퇴거불응죄

본죄는 단체 또는 다중의 위력을 보이거나 위험한 물건을 휴대하여 사람의 주거, 관리하는 건조물, 선박이나 항공기 또는 점유하는 방실에서 퇴거요구를 받고 응하지 아니함으로써 성립한다.

Ⅲ. 처 벌

본죄의 법정형은 5년 이하의 징역이다. 본죄의 미수범은 처벌된다.

§5. 주거 · 신체수색죄

제321조(주거 · 신체 수색) 사람의 신체, 주거, 관리하는 건조물, 자동차, 선박이나 항공기 또는 점유하는 방실을 수색한 자는 3년 이하의 징역에 처한다.

제322조(미수범) 본장의 미수범은 처벌한다.

Ⅰ. 서 설

본죄는 사람의 신체, 주거, 관리하는 건조물, 자동차, 선박이나 항공기 또는 점유하는 방실을 수색함으로써 성립한다.

Ⅱ. 범 죄

본죄의 객체는 사람의 신체, 주거, 관리하는 건조물, 자동차, 선박이나 항공기 또는 점유하는 방실이다.

본죄의 실행행위는 수색이다. 수색(搜索)이란 사람 또는 물건을 발견하기 위하여 사람의 신체 또는 일정한 장소를 조사하는 것을 말한다.

본죄의 행위는 형사소송법이 정하는 절차와 요건에 따라 행하여지는 한 위법성이 조각된다(형사소송법 제109조, 제137조 등 참조). 그러나 주주총회에 참석한 의결권 대리인이 통상적인 권리행사 범위를 넘어서서 강제로 회사 사무실을 뒤져 원하는 장부를 찾아낸 경우에는 정당행위(제20조)라고 볼

수 없어 방실수색죄가 성립한다.[137]

Ⅲ. 처 벌

본죄의 법정형은 3년 이하의 징역이다. 본죄의 미수범은 처벌된다.

§6. 관련 특별법

Ⅰ. 폭력행위처벌법

제2조(폭행 등) ② 2명 이상이 공동하여 다음 각 호의 죄를 범한 사람은 「형법」 각 해당 조항에서 정한 형의 2분의 1까지 가중한다.
1. 「형법」 ~, 제319조(주거침입, 퇴거불응) ~ 의 죄

Ⅱ. 성폭력처벌법

1. 주거침입 등 강간 등

제3조(특수강도강간 등) ① 「형법」 제319조제1항(주거침입), 제330조(야간주거침입절도), 제331조(특수절도) 또는 제342조(미수범. 다만, 제330조 및 제331조의 미수범으로 한정한다)의 죄를 범한 사람이 같은 법 제297조(강간), 제297조의2(유사강간), 제298조(강제추행) 및 제299조(준강간, 준강제추행)의 죄를 범한 경우에는 무기징역 또는 7년 이상의 징역에 처한다.

2. 성적 목적을 위한 다중이용장소 침입행위

제12조(성적 목적을 위한 다중이용장소 침입행위) 자기의 성적 욕망을 만족시킬 목적으로 화장실, 목욕장·목욕실 또는 발한실(發汗室), 모유수유시설, 탈의실 등 불특정 다수가 이용하는 다중이용장소에 침입하거나 같은 장소에서 퇴거의 요구를 받고 응하지 아니하는 사람은 1년 이하의 징역 또는 1천만원 이하의 벌금에 처한다.

137) 대법원 2001.9.7. 선고 2001도2917 판결.

제 5 장 재산에 대한 죄

제 1 절 총 설

§1. 개 관

Ⅰ. 재산죄의 개념

1. 재산죄의 의의

재산죄(財産罪)란 재산에 관한 죄, 즉 타인의 재산을 침해하는 범죄를 말한다. 즉 재산죄란 개인의 재산적 법익에 대한 범죄, 즉 개인의 재산을 보호법익으로 하는 범죄를 말한다. 재산죄는 통상 형법 제2편 제38장에서부터 제42장까지에 규정되어 있는 범죄, 즉 절도와 강도의 죄(제38장, 제329조~제326조), 사기와 공갈의 죄(제39장, 제347조~제354조), 횡령과 배임의 죄(제40장, 제355조~제321조), 장물에 관한 죄(제41장, 제362조~제365조) 및 손괴죄(제42장, 제366조~제372조)를 말하고, 권리행사방해죄(제37장, 제323조)를 포함한다.

법정형은 절도죄를 기준으로 볼 때 이보다 더 무거운 범죄와 더 가벼운 범죄로 나누어 볼 수 있다. 예컨대 법정형은 강도가 3년 이상의 유기징역, 사기 · 공갈은 10년 이하의 징역 또는 2천만원 이하의 벌금, 장물은 7년 이하의 징역 또는 1천500만원 이하의 벌금, 절도는 6년 이하의 징역 또는 1천만원 이하의 벌금, 횡령 · 배임은 5년 이하의 징역 또는 1천500만원 이하의 벌금, 손괴가 3년 이하의 징역 또는 700만원 이하의 벌금 및 점유이탈물횡령은 1년 이하의 징역 또는 300만원 이하의 벌금의 순으로 되어 있다.

재산범은 형법전의 말미에 규정된 범죄이지만, 현실적 중요성은 매우 높다. 형사범 중 차지하는 비율이 높을 뿐만 아니라 해석론상 논점도 가장 많기 때문이다. 재산범 중에서는 절도범의 점유비율이 압도적이고, 사기, 공갈, 횡령의 순으로 발생빈도가 높다.

한편 형법 이외에도 특별법에서도 개인의 재산을 보호법익으로 하는 범죄가 규정되어 있다. 예컨대 무형적(무체)재산권의 보호로서 특허법, 실용신안법, 디자인보호법, 상표법, 저작권법 등이 규정하고 있다. 현행형법은 재산범의 가장 기본적인 범죄형태인 절도죄에서 재산상의 이익을 보호하고 있지 않기 때문에 소위 무체재산권의 도용을 특별형법에 의하여 억제할 필요가 있는 것이다. 나아가 기업비밀의 누설을 범죄로서 신설하고 무체재산권보호를 강화할 필요가 제기되고 있다.

2. 재산권과 형법적 보호

형법상의 개인재산보호는 헌법규정에 근거하고 있는 것이다. 헌법은 "모든 국민의 재산권은 보장된다. 그 내용과 한계는 법률로 정한다"고 규정하여 사유재산에 대한 법적 보호의 중요성을 천명하고 있다(헌법 제23조 제1항). 사유재산제도하에서 재산은 개인의 생존과 사회적 활동의 기초가 되기 때문에 개인재산을 타인의 부당한 침해로부터 보호할 필요가 있다. 이러한 침해를 방지하기 위한 것이 개인재산에 대한 형법적 보호이다.

재산권에 대한 불가침의 사상은 자본주의경제제도의 소산이라고 할 수 있다. 재산권에 대한 형법적 보호의 정도와 범위도 자본주의의 역사적 발전단계에 상응하여 변화되어 온 것은 당연하다. 자본주의가 발달되지 않은 단계에서는 토지는 정치적 지배와 결부되어 사적 소유의 대상에서 제외되어 있었다. 당시에 형법적 보호의 대상은 동산에 한정되어 있었다. 또 당시에는 시장경제가 발달되어 있지 않았기 때문에 교환, 대여, 위탁 등을 전제로 하는 사기, 횡령, 배임 등은 처벌의 대상이 아니었고, 절도, 강도 등의 탈취죄가 재산적 보호의 중심을 이루고 있었다.

현행 형법에서 재산죄로서 처벌하고 있는 행위는 재산에 대한 불법한 침해 또는 침해의 위험의 일부에 지나지 않는다. 재산에 대한 침해 또는 위험이라고 하더라도 대부분은 사법적 규제나 구제에 맡겨져 있고, 형벌에 의하여 금압되는 것은 겸억적 법익보호의 원칙에 따라 극히 중대한 불법에 한정되어 있는 것이 사실이다. 이익절도나 단순한 채무불이행은 민사법의 문제이고 처벌되지 않는 것이다. 또 그에 대한 처벌에 있어서도 단편적이라고 할 수밖에 없다. 재산죄의 구체적 해석론의 전개에 있어서 이러한 사법질서에 맡겨져야 하는 문제와 당벌성을 가지고 형사법에 의하여 대처하여야 할 문제를 식별하지 않으면 안 된다.

한편 자본주의의 발달에 따라 재산의 이용형태가 변화되었다. 재물에 대한 이용권, 채권, 담보권 등의 보호가 필요하게 되었고, 재물뿐만 아니라 재산적 이익에 대하여도 보호의 필요성이 생겨나게 되었다. 근대 이후 자본주의 고도의 발달은 한편으로는 지식재산권뿐만 아니라 재산적 가치를 가지는 정보, 영업비밀 등에 대한 보호의 필요성을 야기하였고, 다른 한편으로는 사회국가 또는 복지국가의 관점에서 개인의 경제적 자유에 대한 국가적 개입의 필요성도 초래하였다. 이와 같은 측면에서 경제법, 소비자보호법 등의 발달이 시장경제 또는 소비자를 보호하기 위한 특별형법의 형태로서 경제형법을 발달시켰다.

3. 형법의 민법에의 종속성과 독립성

재산죄의 보호법익은 개인의 재산이다. 헌법은 "모든 국민의 재산권은 보장된다. 그 내용과 한계를 법률로 정한다"고 규정하여 사유재산제도를 원칙적으로 채용하고 있다(헌법 제23조 제1항). 그 다음 이러한 사유재산제도는 민법, 행정법 및 형법에 의하여 그 보장이 담보되고 있다. 이러한 법들은 개인의 재산이 부당하게 침해되는 것을 방지하기 위하여 손배배상, 국가배상 및 형사처벌에 관하여 규정하고 있다. 그런데 형법에 의한 개인의 재산에 대한 보호는 소위 최후수단성(ultima ratio)이 고려되어야 하는 것은 당연하다. 재산적 질서에 대한 제1차적 규제규범은 민법이나 행정법이기 때문이다. 형법은 재산적 질서에 관한 한 제2차적 규범이 지나지 않게 된다. 이것이 바로 재산죄의 성부를 검토하는 경우 민사상의 재산적 질서를 확정한 다음 형법상의 죄책을 결정하여야 하는 이유이다.

Ⅱ. 재산죄의 분류

재산죄는 여러 가지의 기준에 따라 다양하게 분류될 수 있지만, 보다 중요한 의미를 가지는 것은 객체의 유형이나 행위의 태양에 따라 분류하는 방법이라고 생각된다.

1. 객체에 따른 분류

(1) 재물죄와 이득죄

재물죄(財物罪)란 재물을 객체로 하는 범죄를 말한다. 재물인 이상 동산이든 부동산이든 묻지 않는다. 다만 절도죄와 점유이탈물횡령죄는 동산만을 객체로 하는 반면, 건조물손괴죄는 부동산만을 객체로 한다. 이득죄(利得罪)란 재산상의 이득을 객체로 하는 범죄를 말한다. 재산상의 이득은 재물 이외의 재산상의 이득의 일체를 말하고, 적극적 재산의 증가이든 소극적 재산의 감소이든 묻지 않는다. 일시적 이득이더라도 문제되지 않는다. 절도죄, 횡령죄, 장물죄 및 손괴죄는 재물만을 객체로 하는 재물죄임에 반하여 배임죄는 재산상의 이득만을 객체로 하는 이득죄에 속한다. 이에 반하여 강도죄, 사기죄 및 공갈죄는 재물뿐만 아니라 재산상의 이득까지도 모두 객체로 한다는 의미에서 재물죄임과 동시에 이득죄의 쌍방 모두에 해당하게 된다.

(2) 개별재산에 대한 죄와 전체재산에 대한 죄

개별재산에 대한 죄란 개인의 개별재산에 대한 죄를 말하고, 전체재산에 대한 죄란 피해자의 전체재산에 대한 죄를 말한다. 개별재산(個別財産)이란 개개의 재물 및 재산상의 이득을 말한다. 전체재산(全體財産)이란 개인 재산상태의 전체를 말한다. 재물죄는 예외 없이 개별재산에 죄에 속함에 반하여, 이득죄는 개별재산에 대한 죄와 전체재산에 대한 죄의 쌍방을 포함하고 있다. 이득죄의 측면에서 강도죄, 사기죄 및 공갈죄에 대하여는 개별재산에 대한 죄라고 하는 것이 일반적인 견해이지만, 전체재산에 대한 범죄로서의 성질도 가지고 있다는 견해도 있다.

2. 행위에 따른 분류

(1) 영득죄와 손괴죄

영득죄(領得罪)란 타인에게 귀속(소유 또는 점유)하고 있는 재물을 자기 또는 제3자에게 귀속시키려고 하는 범죄를 말한다. 손괴죄(損壞罪)란 재물 자체를 멸실하거나 감소시키는 범죄를 말한다. 손괴죄 이외의 나머지 재산죄는 모두 영득죄에 속한다고 할 수 있다. 영득죄는 주관적 구성요건요소로서 불법영득의 의사를 요하지만, 손괴죄는 이를 요하지 않는다는 점에서 양자는 구별된다. 이는 영득죄의 성립에 있어서 주관적 구성요건요소로서 불법영득의 의사가 필요하다는 학설과 판례에 따른 결론이다.

한편 영득죄의 객체를 재물에 한정하는 한 배임죄는 영득죄에서 제외되게 된다. 영득죄에서 배임죄를 제외하게 되면 영득죄의 주관적 구성요건요소로서의 불법영득의 의사에는 불법이득의 의사를 제외한 (협의의) 불법영득의 의사만이 남게 된다. 또 다른 한편 본범을 1차범죄로서 직접 영득죄라고 하고, 장물죄를 2차범죄로서 간접 영득죄라고 하는 경우 장물죄는 불법영득의 의사를 직접적으로 요하는 것은 아니라는 견해도 주장되고 있다.

(2) 탈취죄와 편취죄

영득죄는 일반적으로 탈취죄와 편취죄로 다시 나누어진다. 탈취죄(奪取罪)란 피해자의 점유를 배제하여 재물을 자기 또는 제3자의 점유로 이전하려는 소위 재물에 대한 탈취행위가 피해자의 의사에 반하여 행하여지는 경우의 범죄를 말한다. 절도죄, 강도죄 및 횡령죄가 이에 속한다. 편취죄(騙取罪)란 피해자의 하자 있는 의사표시(민법 제110조 참조)에 의하여 재물에 대한 처분행위가 행하여지는 경우의 범죄를 말한다. 사기죄와 공갈죄가 이에 해당한다. 탈취죄의 경우에는 탈취행위자에게 재물에 대한 점유는 이전하나 소유는 이전되지 않는다. 그러나 편취죄에 있어서는 처분행위에 의하여 재물에 대한 점유와 소유가 모두 편취행위자에게 이전된다는 점에서 탈취죄와 커다란 차이점을 가진다고 할 수 있다. 다만 횡령죄에 있어서의 점유는 위탁행위시에 이미 이전되어 있기 때문에 횡령행위시에 추가적으로 이전될 점유는 존재하지 않는다고 하겠다. 한편 장물죄를 탈취죄로 분류하는 경우가 있으나, 장물에 대한 취득, 양도, 운반, 보관 또는 알선의 행위가 반드시 의사에 반하여 행하여졌다고 단언할 수는 없다고 해석된다.

3. 기타의 분류

재산죄는 보호법익을 기준으로 분류되기도 한다. 재물죄는 소유권, 이득죄는 재산권 및 권리행사방해죄는 소유권 이외의 물권이나 채권을 각각 그 보호법익으로 한다고 한다.

형법은 재산죄를 그 침해방법에 따라 분류하고 있다. 형법은 상대방의 의사에 의하지 않고 재산을 취득함으로써 성립하는 범죄로서 절도와 강도의 죄(형법 제38장), 상대방의 하자 있는 의사에 기하여 재물을 교부받거나 재산상의 이익을 취득함으로써 성립하는 범죄로서 사기와 공갈의 죄(형법 제39장), 신임관계에 위배하여 재물을 영득하거나 재산상의 이익을 취득함으로써 성립하는 범죄로서 횡령과 배임의 죄(형법 제40장), 재산죄를 유발시킬 수 있는 장물에 관한 범죄로서 장물에 관한 죄(형법 제41장), 재물의 효용을 해하는 것을 내용으로 하는 범죄로서 손괴의 죄(형법 제42장) 및 재산권의 행사를 방해하는 범죄로서 권리행사를 방해하는 죄(형법 제37장)로 분류하여 규정하고 있다.

§2. 보호법익론

Ⅰ. 서 설

재산죄의 보호법익은 개인의 재산이다. 다만 재산죄는 그 대상에 따라 재물죄와 이득죄로 나누어질 수 있기 때문에 이에 상응하여 각각의 죄에 대하여 보호법익을 검토할 필요가 있다.

Ⅱ. 재물죄의 보호법익

법률·경제재산설에 의하면 재물죄의 보호법익은 소유권 기타의 본권이지만 반드시 민사법상의 권리·의무에 기할 것을 요하지 않고 사회생활상 특정한 사람의 점유 내지 소유에 속하는 물건이라고 보이는 객관적 상황으로부터 현실상의 소유 내지 점유로 되어 있는 이상 그 소유 내지 점유는 일응 적법한 것으로서 형법상 보호되어야 한다. 법률재산설에 의하면 민사법상 정당한 소유물 내지 점유물만이 재물죄에 있어서의 재산으로 된다. 경제재산설에 의하면 사실상 사람이 소유 내지 점유하고 있는 재물이라면 모두 재산으로서 취급되는 것으로 된다.

Ⅲ. 이득죄의 보호법익

법률·경제 재산설에 입각하면 이득죄의 보호법익은 채권, 저당권과 같이 법률상의 권리·의무 관계에 기한 경제적 가치 또는 이익뿐만 아니라 민사법상 일응 적법하다고 인정되는 경제적 이익도 포함한다. 법률재산설은 민사법상 권리로서 인정되는 경제적 이익만을 이득죄의 보호법익이라고 한다. 경제재산설은 대략 경제적 가치가 인정되는 이상 위법한 경제적 이익도 재산상의 이익으로 된다고 할 것이다.

§3. 객체론

재산죄의 객체에는 재물과 재산상의 이득이라는 2종류가 있다. 재산죄가 재물을 객체로 하면 재물죄, 재산상의 이득을 객체로 하면 이득죄로 분류한다는 것에 대하여는 이미 전술한 바 있다.

Ⅰ. 재 물

1. 의 의

(1) 학 설

재물의 의의(財物의 意義)와 관련하여서는 종래부터 재물을 유체물에 한정하는 유체성설과 관리가능한 한 동력도 포함한다는 관리가능성설이 대립하여 왔다.

첫째, 유체성설(有體性說, Körperlichkeitslehre)이란 유체물만을 재물이라고 하는 견해를 말한다. 이에 의하면 유체물이란 고체에 한정되지 않고, 액체나 기체도 포함되기 때문에 가스, 증기, 냉공기, 열공기 또한 압축공기도 재물에 포함되게 된다. 그러나 동력 기타 에너지는 무체물이기 때문에 유체성설에 의하는 한 재물에 포함되지 않게 된다. 따라서 유체성설은 '관리할 수 있는 동력은 재물로 간주한다'는 규정(제346조)을 제한적인 예외규정 또는 특별규정이라고 해석하게 된다.

둘째, 관리가능성설(管理可能性說, Beherrschbarkeitslehre)이란 유체물 이외에 무체물도 관리가능한 동력에 한하여 재물로 본다는 견해를 말한다. 여기서 '관리가능'이란 사무적 관리가능을 포함하는 것이 아니라 물리적 관리가능만을 의미한다고 한다. 사무적 관리까지 포함하게 되면 재물과 재산적 이익을 구별할 수 없게 된다는 점을 그 근거로 하고 있다. 이에 의하면 권리는 물리적 관리가 아니라 사무적 관리를 요하기 때문에 재물이 될 수 없다. 또한 자기장이나 방송전파 등은 에너지의 일종이지만 물리적 관리가능성이 없어 재물에 속하지 않는다. 뿐만 아니라 기업비밀 등도 재산적 가치는 높지만, 물리적 관리가능성이 없기 때문에 재물에 포함되지 않게 된다고 한다. 따라서 관리가능성설은 '관리할 수 있는 동력은 재물로 간주한다'는 규정(제346조)을 비제한적인 주의규정, 당연규정 또는 예시규정이라고 해석하게 된다. 우리나라에서 다수설의 입장이다.

(2) 판 례

판례는 태도는 분명하지 않다. 다만 다수설에 의하면 판례는 관리가능성설에 근거하고 있다고 해석되고 있다. 그러나 판례가 관리가능한 동력도 모두 재물에 포함시켜 포괄적으로 표현하고 있는 것은 형법상 동력규정(제346조)이 적용되거나 준용되는 범죄에 있어서는 양자를 반드시 구별할 필요가 없다는 점에 근거하고 있다고 해야 한다. 따라서 판례가 관리가능성이라는 용어를 사용한다는 점만을 근거로 하여 판례의 입장을 관리가능성설에 해당한다고 단언할 수는 없다고 해야 한다. 오히려 유체성설에 입각하고 있다고 해석될 여지도 충분하다고 해석된다. 그럼에도 불구하고 결과에 있어서는 차이가 없기 때문에 양설을 구별할 실익은 없다고 하겠다. 한편 판례도 학설상의 관리가능성설에 있어서와 마찬가지로 관리할 수 있는 동력에 있어서의 관리란 사무적 관리를 의미하는 것이 아니라 물리적 관리 또는 물질적 관리를 의미한다고 해석하고 있다.

재물성을 긍정한 판례의 구체적 내용은 다음과 같다. 즉,

> 절도죄의 객체는 관리가능한 동력을 포함한 '재물'에 한한다 할 것이고, 또 절도죄가 성립하기 위해서는 그 재물의 소유자 기타 점유자의 점유 내지 이용가능성을 배제하고 이를 자신의 점유하에 배타적으로 이전하는 행위가 있어야만 할 것이다.[1] 타인의 전화기를 무단으로 사용하여 전화통화를 하는 행위는 전기통신사업자가 그가 갖추고 있는 통신선로, 전화교환기 등 전기통신설비를

---

1) 대법원 2002.7.12. 선고 2002도745 판결.

이용하고 전기의 성질을 과학적으로 응용한 기술을 사용하여 전화가입자에게 음향의 송수신이 가능하도록 하여 줌으로써 상대방과의 통신을 매개하여 주는 역무, 즉 전기통신사업자에 의하여 가능하게 된 전화기의 음향송수신기능을 부당하게 이용하는 것으로, 이러한 내용의 역무는 무형적인 이익에 불과하고 물리적 관리의 대상이 될 수 없어 재물이 아니라고 할 것이므로 절도죄의 객체가 되지 아니한다.[2] 횡령죄에 있어서의 재물은 동산, 부동산의 유체물에 한정되지 아니하고 관리할 수 있는 동력도 재물로 간주되지만, 여기에서 말하는 관리란 물리적 또는 물질적 관리를 가리킨다고 볼 것이고, 재물과 재산상 이익을 구별하고 횡령과 배임을 별개의 죄로 규정한 현행 형법의 규정에 비추어 볼 때 사무적으로 관리가 가능한 채권이나 그 밖의 권리 등은 재물에 포함된다고 해석할 수 없다. 광업권은 재물인 광물을 취득할 수 있는 권리에 불과하지 재물 그 자체는 아니므로 횡령죄의 객체가 된다고 할 수 없고, 광업법 제12조가 광업권을 물권으로 하고 광업법에서 따로 정한 경우를 제외하고는 부동산에 관한 민법 기타 법령의 규정을 준용하도록 규정하고 있다 하여 광업권이 부동산과 마찬가지로 횡령죄의 객체가 된다고 할 수는 없다.[3]

재물성을 부정한 판례의 구체적 내용은 다음과 같다. 즉,

자기 논에 물을 품어 넣기 위하여 토지개량조합의 배수로에 토지개량조합규칙에 위배되는 행위로서 특수한 공작물을 설치하여 자기 논에 물을 저수하였다 하여도 그 물이 물을 막은 사람의 사실상이나 법률상 지배하는 것이 되지 못한다고 인정되므로 그 물은 절도죄의 객체가 되지 못한다.[4]

(3) 검 토

형법의 역사에 비추어 보면 다음과 같은 추론이 가능하다. 형법의 제정 이전에는 유체성설이 유력하였다. 그러나 기술의 발달과 사회현상의 변화로 인하여 유체성설만으로는 해결하기 어려운 문제들이 초래되었다. 예컨대 전기나 에너지의 도용 등을 처벌할 수 없는 경우가 사회문제로 되었던 것이다. 유체성설을 바탕으로 하고 있던 당시의 상황에서 형법은 제정에 즈음하여 재물에 대한 정의규정을 새로 마련하지 아니한 채 관리가능성설의 입장을 반영하여 "관리할 수 있는 동력은 재물로 간주한다"는 규정을 별도로 두어 대처하게 되었던 것이다(제346조).[5] 형법은 절도와 강도의 죄(형법 제38장)에서 '관리할 수 있는 동력은 재물로 간주한다'라고 규정하고 있다(제346조). 나아가 형법은 이 규정을 재산죄 중에서 장물에 관한 죄(형법 제41장)와 권리행사방해죄(제323조)를 제외한 범죄, 즉 사기와 공갈의 죄(형법 제39장), 횡령과 배임의 죄(형법 제40장) 및 손괴의 죄(형법 제42장)에서 준용하고 있는 것이다. 바로 이 점에서 "본법에서 물건이라 함은 유체물 및 전기 기타 관리할 수 있는 자연력을 말한다"고 하여 관리가능성설을 처음부터 입법화한 민법의 태도와 구별된다고 하겠다(민법 제98조 참조).[6] 한편 형법상의 재물과 민법상의 물건에 대한 규정은 구조적으로나 내용적으로 상이하기 때문에 양자가 반드시 동일한 개념이라고는 할

---

2) 대법원 1998.6.23. 선고 98도700 판결.
3) 대법원 1994.3.8. 선고 93도2272 판결.
4) 대법원 1964.6.23. 선고 64도209 판결.
5) 형법 1953.9.18. 제정 법률 제293호 1953.10.3. 시행.
6) 민법 1958.2.22. 제정 법률 제471호 1960.1.1. 시행.

수 없다고 해석된다. 물건이란 원래 사람을 제외한 동물이나 식물 또는 사물을 의미하는 용어로 사용되어 왔다.

생각건대 형법이 간주한다고 규정하고 있는 것은 원래 재물이 아닌 것을 형법상 보호의 필요성이나 처벌의 타당성의 관점에서 재물로 의제한다는 의미라고 해야 한다. 따라서 동 규정의 취지는 재물을 원칙적으로 유체물에 한정하는 것이고, 다만 예외적으로 동력을 재물로서 간주하는 것에 지나지 않는다고 해석하는 것이 타당하다. 확실히 보호의 필요성이나 처벌의 타당성의 측면에서 보면 동력 이외의 물리적으로 관리가능한 에너지도 재물로 하여야 할 것이지만, 죄형법정주의를 유지하기 위해서는 엄격한 해석이 필요하고 이러한 관점에서 본다면 동력과 같이 물리적으로 관리가능하더라도 열기나 냉기 등과 같은 에너지는 동력에 해당하지 않는 한 재물에 포함될 수 없게 된다. 동 규정은 장물의 죄와 권리행사방해죄에는 준용되지 않기 때문에 이들 각죄에 대하여 동력은 그 객체로 되지 않는다고 해석되어야 할 것이다. 여기서 준용규정이 없음에도 불구하고 장물의 죄와 권리행사방해죄의 경우에도 관리할 수 있는 동력도 당연히 재물의 개념 속에 포함하고 있다고 해석하는 관리가능성설과 커다란 차이점을 발견할 수 있다. 결국, 형법상 재물은 원칙적으로 유체물만을 의미하지만, 동력규정이 적용 또는 준용되는 한 그 범위 내에서 예외적으로 관리할 수 있는 동력도 포함하고 있다고 할 수 있다. 아래에서는 재물의 구성요소인 유체물과 관리할 수 있는 동력의 순으로 검토하고자 한다. 이 외에도 재물의 개념을 확정하기 위하여 재물의 가치성과 소유물의 대상물에 관하여도 추가적으로 검토하고자 한다.

2. 유체물

유체물(有體物)이란 형체를 가지고 일정한 공간을 차지하는 물건을 말한다. 고체이든 액체이든 또는 기체이든 그 형체는 불문한다. 이에 의하면 무체물은 원칙적으로 재물이 될 수 없다. 한편 후술하는 바와 같이 재물과 물건의 관계에 대하여는 양자 사이에 차이가 없다는 동일개념설(同一概念說)도 주장되고 있지만, 가치를 가지는 물건만을 재물이라고 하는 구별개념설(區別概念說)이 타당하다고 해석된다. 어느 설에 의하든 재물은 크게 동산과 부동산으로 나누어질 수 있다(민법 제99조 참조).

(1) 동 산

동산은 재산죄의 객체인 재물이 된다. 동산(動産)이란 부동산 이외의 물건을 말한다(민법 제99조 제2항). 물건이란 유체물 및 전기 기타 관리할 수 있는 자연력을 말한다(민법 제98조)

(2) 부동산

부동산(不動産)이란 토지 및 그 정착물을 말한다(민법 제99조 제1항). 정착물이란 그 자연의 상태를 훼손하지 않으면 분리가 불가능하거나 분리에 의하여 그 고유의 사용이 불가능하게 되는 물건을 말한다. 토지에 계속하여 부착되어 있거나 고착되어 있는 건물, 수목, 교량, 우물 등이 이에 속한다. 민사법상 부동산은 당연히 물건에 포함되어 있지만, 형사법에서는 민사법상의 취급과 언제나 동일한 것은 아니다. 즉 형사법상으로 부동산은 각 범죄마다 다르게 취급되고 있기 때문에 재산죄의 각범죄행위유형마다 별도로 검토할 필요가 있다.

생각건대 유체물에는 동산뿐만 아니라 부동산도 포함된다. 그러나 재물죄는 유체물 중에서 동산만을 객체로 하는 범죄와 부동산도 객체로 포함하는 범죄로 분류될 수 있다. 우선 점유를 침해하여 가져가는 것을 행위태양으로 하는 절도죄에 있어서는 그 객체는 성질상 가동적일 것을 요한다.[7] 이러한 점에서 소재나 장소의 변경이 없는 부동산은, 예컨대 점유를 탈취당하였다고 하여도 동산에 비하면 피해회복이 용이하고 절도죄의 객체로 되는 것은 아니다. 그러나 부동산에 대한 강취에 대하여는 해석에 맡겨져 있지만, 다수설은 부동산을 재산상의 이익으로 파악한다. 절도죄에서와 같이 그 객체는 가동적일 것을 요하지만, 부동산은 그 점유가 침해되어도 그 위치에는 변함이 없고 피해회복의 점에서도 동산과는 현저히 다르기 때문이다. 절도죄와 강도죄를 제외한 나머지의 재산죄, 즉 사기죄, 공갈죄, 횡령죄, 장물죄 또는 손괴죄에 있어서의 부동산은 재물에 해당된다는 점에 다툼이 없다.

3. 관리할 수 있는 동력

재물은 유체물만을 의미한다. 따라서 무체물은 원칙적으로 재물이 될 수 없다. 다만 재물의 개념에 대한 관리가능성설의 입장과 형법의 규정에 의하면 무체물 중에서 관리할 수 있는 동력은 예외적으로 재물에 포함된다. 형법은 "관리할 수 있는 동력은 재물로 간주한다"고 하여 무체물 중에서 관리할 수 있는 동력을 재물로 간주하고 있다(제346조 참조). 동력(動力)이란 자연력을 이용하는 에너지에 한한다고 해석되고 있다. 사람 또는 동물의 근력을 이용하는 경우에는 재물이 아니라 재산상의 이익에 포함될 수 있기 때문이다.

(1) 전 기

전기(電氣)는 당연히 재물에 속한다. 전기는 대표적으로 관리할 수 있는 동력에 속하기 때문이다. 관리가능성설의 입장에서나 형법의 규정(제346조)에 따르더라도 같은 결론에 이르게 된다.

(2) 전 파

전파(電波)는 재물에 해당하지 않는다. 물리적으로나 물질적으로 관리할 수 있는 것이 아니기 때문이다.

(3) 권 리

권리(權利)는 재물이 될 수 없다. 권리는 물리적으로나 물질적으로 관리하는 것이 불가능하기 때문이다.

(4) 정 보

정보(情報) 그 자체는 재물이 될 수 없다. 정보는 유체성을 가지는 재물도 아니고 관리가

7) 광주고등법원 4292.9.16. 선고 4292형공544 형사제2부판결.

능한 동력도 아니기 때문이다. 그러나 정보가 유체물인 매체에 기록된 경우 매체는 재물이 된다. 정보매체에 대하여는 재물성이 긍정될 수 있기 때문에 산업 스파이 사건 등에서 그 매체에 대한 절도죄나 횡령죄가 성립할 수 있다. 이와 같이 정보는 매체에 화체되어 있는 범위에서 매체에 대한 범죄를 통하여 간접적으로 보호되는 것에 그치고 있다. 또 유체물에 정보가 화체되어 있지 않은 경우에는 유형의 정보인 한 재산상의 이익으로서 배임죄가 성립할 수 있음에 그친다. 재물성을 부정한 판례의 구체적 내용은 다음과 같다. 즉,

> 컴퓨터에 저장되어 있는 '정보' 그 자체는 유체물이라고 볼 수도 없고, 물질성을 가진 동력도 아니므로 재물이 될 수 없다 할 것이며, 또 이를 복사하거나 출력하였다 할지라도 그 정보 자체가 감소하거나 피해자의 점유 및 이용가능성을 감소시키는 것이 아니므로 그 복사나 출력 행위를 가지고 절도죄를 구성한다고 볼 수도 없다. 피고인이 컴퓨터에 저장된 정보를 출력하여 생성한 문서는 피해 회사의 업무를 위하여 생성되어 피해 회사에 의하여 보관되고 있던 문서가 아니라, 피고인이 가지고 갈 목적으로 피해 회사의 업무와 관계없이 새로이 생성시킨 문서라 할 것이므로, 이는 피해 회사 소유의 문서라고 볼 수는 없다 할 것이어서, 이를 가지고 간 행위를 들어 피해 회사 소유의 문서를 절취한 것으로 볼 수는 없다.[8] 타인의 전화기를 무단으로 사용하여 전화통화를 하는 행위는 전기통신사업자가 그가 갖추고 있는 통신선로, 전화교환기 등 전기통신설비를 이용하고 전기의 성질을 과학적으로 응용한 기술을 사용하여 전화가입자에게 음향의 송수신이 가능하도록 하여 줌으로써 상대방과의 통신을 매개하여 주는 역무, 즉 전기통신사업자에 의하여 가능하게 된 전화기의 음향송수신기능을 부당하게 이용하는 것으로, 이러한 내용의 역무는 무형적인 이익에 불과하고 물리적 관리의 대상이 될 수 없어 재물이 아니라고 할 것이므로 절도죄의 객체가 되지 아니한다.[9] 피고인이 이를 보고 위 서류들을 그 옆의 총무과 사무실에 가지고 가서 복사기를 사용하여 복사를 한 후 원본은 제자리에 갖다 놓고 그 사본만을 가지고 갔다는 것인 바, 사실관계가 위와 같다면, 피고인이 위 회사 소유의 문서의 사본을 절취한 것으로 볼 수는 없다.[10]

4. 재산적 가치의 요부

형법은 재물의 개념에 관하여 독자적인 정의규정을 두고 있지 않다. 형법상 재물의 개념은 민법상 물건의 개념을 차용하여 사용되고 있다. 민법은 '물건이란 유체물 및 전기 기타 관리할 수 있는 자연력을 말한다'고 규정하고 있다(민법 제98조). 문제는 재물과 물건의 개념상 차이에 있다. 재산죄의 객체로서의 재물은 재산적 가치를 가져야 하는가가 문제되고 있기 때문이다.

(1) 학 설

재물성을 판단함에 있어서는 가치를 요한다는 필요설과 아무런 가치를 요하지 않는다는 불요설로 대별될 수 있다. 필요설은 다시 재산적 가치 또는 경제적 가치를 요한다는 긍정설과 주관적 가치 또는 소극적 가치만으로 충분하다는 부정설로 세분될 수 있다.

---

8) 대법원 2002.7.12. 선고 2002도745 판결.
9) 대법원 1998.6.23. 선고 98도700 판결.
10) 대법원 1996.8.23. 선고 95도192 판결.

첫째, 긍정설의 입장에서는 형법상 재물은 재산적 가치나 경제적 가치를 요하기 때문에 주관적 가치 또는 소극적 가치만을 가지는 물건에 대하여는 재물성을 부인하게 된다.

둘째, 부정설에 의하면 형법상 재물은 경제적 교환가치만을 요하지 않고, 소유자의 주관적 가치 또는 소극적 가치만으로도 족하다고 한다. 재물은 소유자가 소유권의 대상으로 할 수 있는 주관적 가치 내지 소극적 가치로 충분하기 때문이라고 한다. 이에 의하면 재물은 경제적 가치나 교환가치까지 요하는 것은 아니기 때문에 경제적 가치가 없다고 하더라도, 예컨대 부모의 사진이나 애인의 편지와 같이 주관적 가치만을 가지고 있는 물건이라고 하더라도 재물이 된다. 한편 해, 달, 별 등과 같이 유체물이라 하더라도 관리할 수 없는 유체물은 형법상의 재물에서 제외된다.

셋째, 불요설에 의하면 재물은 경제적 가치는 물론 주관적 가치도 요하지 않는다고 한다. 이에 의하면 물건과 재물은 개념상 차이가 없게 되기 때문에 물건은 곧 재물을 의미하게 된다. 주관적 가치나 소극적 가치가 없는 물건도 재물에 해당하게 된다. 이 견해는 이득죄와 재물죄는 구별되어야 한다는 점, 소유권범죄는 물권법적 권리의 유무에 따라 결정되므로 경제적 가치를 논할 필요가 없다는 점 등을 근거로 하고 있다.

(2) 판 례

판례는 부정설의 입장인 것으로 해석된다. 대법원은 절도죄의 객체인 "재물은 반드시 객관적인 금전적 교환가치를 가질 필요는 없고 소유자·점유자가 주관적인 가치를 가지고 있는 것으로 족하고, 이 경우 주관적·경제적 가치의 유무를 판별함에 있어서는 그것이 타인에 의하여 이용되지 않는다고 하는 소극적 관계에 있어서 그 가치가 성립하더라도 관계없다"고 판시해오고 있다.[11] 재물성을 긍정한 판례의 구체적 내용은 다음과 같다. 즉,

> 인감증명서는 인감과 함께 소지함으로써 인감 자체의 동일성을 증명함과 동시에 거래행위자의 동일성과 거래행위가 행위자의 의사에 의한 것임을 확인하는 자료로서 개인의 권리의무에 관계되는 일에 사용되는 등 일반인의 거래상 극히 중요한 기능을 가진다. 따라서 그 문서는 다른 특별한 사정이 없는 한 재산적 가치를 가지는 것이어서 형법상의 '재물'에 해당한다고 할 것이다. 이는 그 내용 중에 재물이나 재산상 이익의 처분에 관한 사항이 포함되어 있지 아니하다고 하여 달리 볼 것이 아니다. 따라서 위 용도로 발급되어 그 소지인에게 재산적 가치가 있는 것으로 인정되는 인감증명서를 그 소지인을 기망하여 편취하는 것은 그 소지인에 대한 관계에서 사기죄가 성립한다고 할 것이다.[12] 피해자가 본범의 기망행위에 속아 현금을 피고인 명의의 은행 예금계좌로 송금하였다면, 이는 재물에 해당하는 현금을 교부하는 방법이 예금계좌로 송금하는 형식으로 이루어진 것에 불과하여, 피해자의 은행에 대한 예금채권은 당초 발생하지 않는다.[13] 예금통장은 예금채권을 표창하는 유가증권이 아니고 그 자체에 예금액 상당의 경제적 가치가 화체되어 있는 것도 아니지만, 이를 소지함으로써 예금채권의 행사자격을 증명할 수 있는 자격증권으로서 예금계약사실뿐

---

11) 대법원 2007.8.23. 선고 2007도2595 판결; 대법원 2004.10.28. 선고 2004도5183 판결; 대법원 1996.5.10. 선고 95도3057 판결; 대법원 1976.1.27. 선고 74도3442 판결.

12) 대법원 2011.11.10. 선고 2011도9919 판결.

13) 대법원 2010.12.9. 선고 2010도6256 판결.

아니라 예금액에 대한 증명기능이 있고 이러한 증명기능은 예금통장 자체가 가지는 경제적 가치라고 보아야 하므로, 예금통장을 사용하여 예금을 인출하게 되면 그 인출된 예금액에 대하여는 예금통장 자체의 예금액 증명기능이 상실되고 이에 따라 그 상실된 기능에 상응한 경제적 가치도 소모된다. 그렇다면 타인의 예금통장을 무단사용하여 예금을 인출한 후 바로 예금통장을 반환하였다 하더라도 그 사용으로 인한 위와 같은 경제적 가치의 소모가 무시할 수 있을 정도로 경미한 경우가 아닌 이상, 예금통장 자체가 가지는 예금액 증명기능의 경제적 가치에 대한 불법영득의 의사를 인정할 수 있으므로 절도죄가 성립한다.[14] 사실상 퇴사하면서 회사의 승낙 없이 가지고 간 부동산 매매계약서 사본들이 절도죄의 객체인 재물에 해당한다.[15] 피고인이 절취한 주주명부가 기재된 용지 70장은 피해자 회사에 비치되어 있던 그 소유의 복사용지를 이용하여 전산출력된 사실, 설령 피고인이 가지고 나왔다는 위 서류들이 비록 원주주명부를 복사하여 놓은 복사본이었다 하더라도, 위 서류들은 피해자 회사의 주주명단을 기재하여 놓은 문서들로서 주주명단을 정리할 당시 위 서류들에 기재된 인적사항 등이 외부에 유출되는 것을 방지하기 위하여 피해자 회사에서는 회의실 밖에 위치해 있던 분쇄기를 이용하여 명단을 폐기해 온 사실을 인정할 수 있는바, 그렇다면 위 서류들은 피해자 회사에 있어서는 소유권의 대상으로 할 수 있는 주관적 가치뿐만 아니라 그 경제적 가치도 있다 할 것이어서, 절도죄의 객체가 되는 재물에 해당한다.[16] 법원으로부터 송달된 심문기일소환장은 재산적 가치가 있는 물건으로서 형법상 재물에 해당한다.[17] 주권포기각서는 주권을 포기한다는 의사표시가 담긴 처분문서로서 그 경제적 가치가 있어 재물성이 있다.[18] 피고인이 절취한 백지의 자동차출고의뢰서 용지도 그것이 어떠한 권리도 표창하고 있지 않다 하더라도 경제적 가치가 없다고는 할 수 없어 이는 절도죄의 객체가 되는 재물에 해당한다.[19] 약속어음공정증서에 증서를 무효로 하는 사유가 존재한다고 하더라도 그 증서 자체에 이를 무효로 하는 사유의 기재가 없고 외형상 권리의무를 증명함에 족한 체제를 구비하고 있는 한 그 증서는 형법상의 재물로서 사기죄의 객체가 됨에 아무런 지장이 없다.[20] 등기공무원이 경매법에 의한 경락허가결정의 등본에 소유권이전등기를 완료하였다는 등기필의 취지를 기재하고 등기소인을 압날한 문서는 사기죄의 객체가 되는 재물이다.[21] 인감증명서는 재물로서 절도죄의 객체가 된다.[22] 약속어음은 그 자체가 재산적 가치를 지닌 유가증권으로서 재물성이 있고 이 사건 어음은 단일하여 불가분이므로 설사 피고인이 피해자에 대하여 편취어음금의 일부에 해당하는 채권을 가진다 하더라도 이 사건의 어음을 기망에 의하여 교부받은 경우에는 그 어음금 전부에 대하여 사기죄가 성립한다.[23] 피고인이 절취한 '도시계획구조변경계획서'가 폐지로서 소각할 것이라고 하더라도 그 내용을 알아볼 수 있고 그 내용이 경제생활상 가치가 있는 이상 재물에 해당된다.[24] 발행자가 회수하여 세 조각으로 찢어 버림으로서 폐지로 되어 쓸모없는 것처럼 보이는 약속어음의 소지를 침해하여 가져갔다면 절도죄가 성립한다.[25] 불상은 불교신도들의 예배 대상물로서 제작되는 것이었다 할지라도 그 재료가 오

14) 대법원 2010.5.27. 선고 2009도9008 판결.
15) 대법원 2007.8.23. 선고 2007도2595 판결.
16) 대법원 2004.10.28. 선고 2004도5183 판결.
17) 대법원 2000.2.25. 선고 99도5775 판결.
18) 대법원 1996.9.10. 선고 95도2747 판결.
19) 대법원 1996.5.10. 선고 95도3057 판결.
20) 대법원 1995.12.22. 선고 94도3013 판결.
21) 대법원 1989.3.14. 선고 88도975 판결.
22) 대법원 1986.9.23. 선고 85도1775 판결.
23) 대법원 1982.9.14. 선고 82도1679 판결.
24) 대법원 1981.3.24. 선고 80도2902 판결.

인의 경제적 수요를 충족할 수 있는 것이었거나 그 불상 자체에 예술적인 가치가 있는 것이었다면 그것들에 상응한 재산적 가치는 인정하여야 하는 것이었다고 할 것이니 만큼 국선 변호인의 소론 중 본건피해물이 불상이었으니 그것은 절도죄에서 말하는 재물은 아니었다고 주장하는 부분의 논지 이유 없다.[26] 주민등록증은 국민각자의 성명 본적 주소 년령 기타 신분에 관한 사항을 증명하는 문서로서 국민 각자가 사회적 경제적 행위를 함에 있어서 항시 이를 소지함을 필요로 하는 경제적 가치있는 재물이라 할 것이다.[27]

(3) 검 토

형법은 물건과 재물을 구별하여 사용하고 있다. 형법 전반에 걸쳐서는 물건이라는 용어가 사용되고 있지만, 재산죄에 있어서만 재물이라는 용어가 사용되고 있다. 다만 재산죄에서는 권리행사방해죄와 점유강취죄에서는 물건이라는 용어가 사용되고 있다. 국어사전적으로 재물은 돈과 값나가는 물건의 의미로 사용되고 있다. 가치성은 재물을 민법상의 물건과 구별하는 기준이 된다. 재물의 가치는 우선 객관적 가치와 주관적 가치로 나누어질 수 있다. 객관적 가치란 경제적 가치를 의미하지만 그것은 사용가치와 교환가치(금전적 가치)로 나누어진다. 주관적 가치란 주관적·감정적 가치를 말한다. 한편 재물은 악용의 위험이라는 소극적 가치를 가지는 경우도 있다.

생각건대 재물은 일반적으로 객관적인 경제적 가치, 즉 금전적 교환가치를 가지는 것이 보통이다. 재물의 가치는 당연히 재산죄에 있어서 보호의 대상으로 된다. 또 소유자나 소지자가 주관적으로 감정적 가치를 가지는 것에 지나지 않는 것이더라도 그에게 정신적 욕망을 만족시킬 수 있는 가치를 가지는 한 불법한 침해로부터 보호될 필요가 있고 여전히 재물이라고 해야 한다. 나아가 물건이 소유자나 소지자에게는 적극적인 가치는 없어도 타인의 손에 넘어가 악용될 우려가 있는 물건은 타인의 손에 넘어가 악용되는 것을 방지하기 위한 소극적인 가치가 인정되는 한 재물로 인정된다고 할 수 있다. 예컨대 한국은행이 소각하기 위하여 회수한 파손한국은행권은 한국은행 자체에 있어서는 적극적 가치는 없지만 사용될 가능성이 있는 한 타인의 손에 넘어가 악용되지 않는 것에 대하여 소극적 가치가 있다고 해석되기 때문이다.

Ⅱ. 재산상의 이익

1. 의 의

재산상의 이익(財産上의 利益)이란 재물 이외에 재산상의 가치를 가지는 일체의 이익을 말한다. 재산상의 이익은 무체물을 의미한다는 점에서 관리할 수 있는 동력과 공통점을 가진다고 할 수 있다. 적극적 재산의 증가이든 소극적 재산의 감소이든 묻지 않는다. 일시적 이익이라도 문제되지 않는다.

---

25) 대법원 1976.1.27. 선고 74도3442 판결.
26) 대법원 1972.1.31. 선고 71도2239 판결.
27) 대법원 1969.12.9. 선고 69도1627 판결.

2. 인정범위

형법상 행위객체로서의 재산상의 이익은 재산의 개념에 대한 견해에 따라 그 범위가 달라질 수 있다.

(1) 학 설

형법상 재산의 개념에 대하여는 법률적 재산설, 경제적 재산설 및 절충설이 크게 대립하고 있다.

첫째, 법률적 재산설(法律的 財産說)이란 경제적 가치를 불문하고 법률상 보호되는 이익, 즉 민사법상의 재산을 그대로 형사법상의 재산으로 인정하는 견해를 말한다. 민법상 재산적 권리·의무의 총화가 형법상으로도 재산이 된다. 탈취죄의 보호법익에 있어서 본권설, 이득죄의 재산상의 이득에 대하여 민사법상의 적법한 이익에 한정하는 견해와 결부되고 있다. 그러나 이에 대하여는 민사법상의 권리·의무관계에 기한 이익만이 형법상의 재산이라고 하기 때문에 이에 의하면 범인이 경제적 이익을 현실로 취득하고 피해자가 그것을 잃었다고 하더라도 민사법상의 정당한 권리가 아니면 재산은 침해되고 있지 않다고 하는 불합리한 결과를 초래한다고 비판되고 있다.

둘째, 경제적 재산설(經濟的 財産說)이란 경제적 이익 그 자체를 형법상의 재산이라고 하는 견해를 말한다. 개인에게 속하는 경제적 가치 또는 경제적 재산의 총화, 즉 사실상의 소유물, 점유물 또는 재산상의 이익까지도 형법상의 재산이 된다고 한다. 탈취죄의 보호법익에 대하여 소지설, 이득죄의 재산상의 이익에 대하여 적법한 경제적 이익도 포함한다고 해석하는 견해와 결부된다고 할 수 있다. 그러나 경제적 재산설에 대하여는 현실로 존재하고 있는 경제적 이익까지도 보호한다는 점에서는 철저하다고 할 수 있지만, 명확하게 위법한 이익까지도 형법상 보호한다고 하는 점에서 사회질서의 유지라는 형법의 기본적인 기능과 모순된다는 비판이 가능하게 된다.

셋째, 절충설(折衷說) 이란 경제적 재산 중에서 특히 위법한 경제적 가치를 제외하는 견해를 말한다. 법질서에 의해 승인된 범위 내에서 개인이 가지고 있는 경제적 가치 있는 재화만을 재산상의 이익으로 본다. 다른 법질서에 의하여 부정되는 금전적 가치 있는 지위라면 형법은 그것을 보호할 수 없다는 것을 근거로 한다. 일응 민사법상 적법한 외관을 가지는 소유물, 점유물 또는 경제적 이익에 대하여만 형법상의 재산이라고 하게 된다. 탈취죄의 보호법익에 대하여 중간설(평온점유설), 이득죄에 있어서 재산상의 이익에 대하여 일응 민사법상 정당하다고 인정되는 경제적 이익을 포함한다고 해석하는 견해와 결부되고 있다.

(2) 판 례

판례의 입장은 절충설로 해석된다. 대법원은 “형법 제347조에서 말하는 재산상 이익 취득은 그 재산상의 이익을 법률상 유효하게 취득함을 필요로 하지 아니하고 그 이익 취득이 법률상 무효라 하여도 외형상 취득한 것이면 족한 것이다”라고 판시한 바 있다.[28]

재산상의 이익을 긍정한 판례의 구체적 내용은 다음과 같다. 즉,

상가건물 임대차보호법 제6조에 의한 임차권등기명령이 임대인에게 고지되어 효력이 발생하면 법원사무관 등은 지체 없이 촉탁서에 재판서 등본을 첨부하여 등기관에게 임차권등기의 기입을 촉탁하도록 되어 있고(임차권등기명령 절차에 관한 규칙 제5조), 상가건물 임대차보호법 제6조 제5항에 의하면, 위와 같이 임차권등기명령의 집행에 의한 임차권등기가 경료되면 임차인은 제3조 제1항의 규정에 의한 대항력 및 제5조 제2항의 규정에 의한 우선변제권을 취득하고(임차인이 임차권등기 이전에 이미 대항력 또는 우선변제권을 취득한 경우에는 그 대항력 또는 우선변제권이 그대로 유지된다), 임차권등기 이후에는 제3조 제1항의 대항요건을 상실하더라도 이미 취득한 대항력 또는 우선변제권을 상실하지 아니하는 효력이 있으므로, 그 임차권등기의 기초가 되는 임대차계약이 통정허위표시로서 무효라 하더라도, 장차 피신청인의 이의신청 또는 취소신청에 의한 법원의 재판을 거쳐 그 임차권등기가 말소될 때까지는 신청인은 외형상으로 우선변제권 있는 임차인으로서 부동산 담보권에 유사한 권리를 취득하게 된다 할 것이니, 이러한 이익은 재산적 가치가 있는 구체적 이익으로서 사기죄의 객체인 재산상 이익에 해당한다고 봄이 상당하다.[29] 피고인들이 폭행·협박으로 피해자로 하여금 매출전표에 서명을 하게 한 다음 이를 교부받아 소지함으로써 이미 외관상 각 매출전표를 제출하여 신용카드회사들로부터 그 금액을 지급받을 수 있는 상태가 되었는바, 피해자가 각 매출전표에 허위 서명한 탓으로 피고인들이 신용카드회사들에게 각 매출전표를 제출하여도 신용카드회사들이 신용카드 가맹점 규약 또는 약관의 규정을 들어 그 금액의 지급을 거절할 가능성이 있다 하더라도, 그로 인하여 피고인들이 각 매출전표 상의 금액을 지급받을 가능성이 완전히 없어져 버린 것이 아니고 외견상 여전히 그 금액을 지급받을 가능성이 있는 상태이므로, 결국 피고인들이 '재산상 이익'을 취득하였다고 볼 수 있다.[30]

(3) 검 토

재산상의 이익은 강도죄, 사기죄, 공갈죄 및 배임죄에 한하여 재산죄의 객체로 된다는 점에서 배임죄를 제외한 모든 재산죄의 객체로 되는 재물과 구별된다. 재산산의 이익에 대한 행위태양은 재권자를 기망하여 채무를 면제받거나 채무의 기한을 연기받는 경우와 같이 상대방에게 일정한 재산상의 처분을 하게 하는 경우, 택시나 열차에 승차하여 운행시키는 경우와 같이 상대방에게 일정한 노무를 제공하게 하는 경우 및 폭행, 협박을 가하여 토지소유권이전의 의사표시를 시키든가 피해자에게 채무의 부담을 약속받는 경우와 같이 상대방에게 일정한 의사표시를 하게 하는 경우의 3가지 유형으로 분류할 수 있다.

생각건대 형법의 목적이 법익보호를 통하여 사회질서를 유지하는 것에도 있는 이상 법질서에 의하여 승인되는 이익, 즉 민사법상 보호되는 이익만을 보호하여야 한다고 하는 법률적 재산설이 기본적으로 옳다고 해석된다. 그러나 거래관계가 복잡화한 사회에서는 권리관계나 의무관계의 확정은 반드시 용이하다고 할 수 없다. 만일 형법이 민사법상 보호되는 이익만을 보호한다고 하면 민사법상 정당한 이익을 보호할 수 없는 사태가 초래될 수 있다. 따라서 사실상 적법한 경제적 이익이 존재한다고 인정되는 한 그 이익도 보호할 필요가 있다고 해야 한다. 민법상의 재산권의 존부가 명확하지 않아도 재산상의 이익을 인정하여야

28) 대법원 2012.5.24. 선고 2010도12732 판결; 대법원 1975.5.27. 선고 75도760 판결.
29) 대법원 2012.5.24. 선고 2010도12732 판결.
30) 대법원 1997.2.25. 선고 96도3411 판결.

하는 경우가 있기 때문이다. 결론적으로 절충설이 합당하다고 해석된다.

Ⅲ. 재물과 재상상의 이익의 관계

1. 의 의

재물을 취득한 경우 재산상의 이익만을 객체로 하고 있는 컴퓨터등사용사기죄(제347조의2), 부당이득죄(제348조) 및 배임죄(제355조 제2항)와 같은 순수한 이득죄가 성립할 수 있는가가 문제된다. 해법은 재물과 재산상의 이익의 관계에서 찾을 수 있다.

2. 양자의 관계

(1) 학 설

재물과 재산상의 이익 사이의 관계에 대하여는 견해가 대립하고 있다. 첫째, 택일관계(擇一關係)로 이해하는 견해는 재물과 재산상의 이익은 서로 별개의 것이라고 한다. 이에 의하면 재물을 취득해도 재산상의 이익을 취득한 것으로는 되지 않는다. 둘째, 특별과 일반관계(特別과 一般關係)로 보는 견해는 재물과 재산상의 관계를 특별과 일반의 관계로 이해한다. 이에 의하면 재물을 취득하게 되면 재산상의 이익도 취득한 것으로 본다.

(2) 판 례

판례는 택일관계의 입장이라고 해석된다. 택일관계를 긍정한 판례의 구체적 내용은 다음과 같다. 즉,

> 우리 형법은 재산범죄의 객체가 재물인지 재산상의 이익인지에 따라 이를 재물죄와 이득죄로 명시하여 규정하고 있는데, 형법 제347조가 일반 사기죄를 재물죄 겸 이득죄로 규정한 것과 달리 형법 제347조의2는 컴퓨터등사용사기죄의 객체를 재물이 아닌 재산상의 이익으로만 한정하여 규정하고 있으므로, 절취한 타인의 신용카드로 현금자동지급기에서 현금을 인출하는 행위가 재물에 관한 범죄임이 분명한 이상 이를 위 컴퓨터등사용사기죄로 처벌할 수는 없다고 할 것이고, 입법자의 의도가 이와 달리 이를 위 죄로 처벌하고자 하는 데 있었다거나 유사한 사례와 비교하여 처벌상의 불균형이 발생할 우려가 있다는 이유만으로 그와 달리 볼 수는 없다.[31]

(3) 검 토

재물과 재산상의 이익은 개념상으로 특별과 일반의 관계로 파악될 수 있다. 그러나 형법이 재물죄와 이득죄를 구별하여 규정하고 있는 이상 재산죄의 성부에 관한 한 재물과 재산상의 이익을 구별하여 택일관계로 파악하는 것이 합당하다고 해석된다.

---

31) 대법원 2003.5.13. 선고 2003도1178 판결.

§4. 점유론

Ⅰ. 점유의 개념

탈취죄는 재물에 대한 점유의 침해를 공통적 요소로 하고 있다. 여기서 점유의 개념을 명확히 할 필요가 있다.

1. 의 의

점유(占有)란 재물에 대한 지배를 말한다. 형법상의 점유는 재물에 대한 사실상의 지배(tatsächliche Sachherrschaft)만을 의미한다. 또 절도죄(제329조)에 있어서의 점유는 행위객체의 요소라는 점에서 보호객체의 요소인 권리행사방해죄(제323조)나 행위주체의 요소인 횡령죄(제355조 제1항)에 있어서의 그것과 구별된다고 할 수 있다. 절도죄에 있어서의 재물은 타인의 점유일 것을 요하지만, 권리행사방해죄에 있어서의 점유는 적법한 권한에 의한 것일 것을 요하고, 횡령죄의 주체가 되려면 타인의 재물을 보관하는 자, 즉 점유하는 자일 것이 요구된다.

2. 민법상 점유와의 구별

형법상의 점유는 순수한 사실상의 개념이라는 점에서 규범적인 개념인 민법상의 점유와 구별된다. 따라서 민법상 인정되는 간접점유, 점유개정, 상속에 의한 점유의 승계 및 법인의 점유는 형법상으로는 인정되지 아니한다. 그러나 민법상으로는 인정되지 않는 점유보조자의 점유는 형법상의 점유로 인정된다. 민법상 소유권 없이 형법상 점유만 하더라도 그 사실상의 점유자는 형법상 절도죄에 있어서의 타인에 포함되기 때문에 절도가 훔친 물건을 다시 절취한 경우에도 절도죄의 성립이 긍정되게 된다. 다만 횡령죄에 있어서의 점유는 법률상의 지배를 포함하고 있다는 점에서 민법상의 점유와 유사하다고 할 수 있다. 한편 민법상의 점유는 소유의 의사를 가지는 자주점유와 소유의 의사가 없는 타주점유로 구별되고 있다.[32]

점유를 긍정한 판례의 구체적 내용은 다음과 같다. 즉,

> 절도죄란 재물에 대한 타인의 점유를 침해함으로써 성립하는 것이다. 여기서의 '점유'라고 함은 현실적으로 어떠한 재물을 지배하는 순수한 사실상의 관계를 말하는 것으로서, 민법상의 점유와 반드시 일치하는 것이 아니다. 물론 이러한 현실적 지배라고 하여도 점유자가 반드시 직접 소지하거나 항상 감수하여야 하는 것은 아니고, 재물을 위와 같은 의미에서 사실상으로 지배하는지 여부는 재물의 크기·형상, 그 개성의 유무, 점유자와 재물과의 시간적·장소적 관계 등을 종합하여 사회통념에 비추어 결정되어야 한다. 그렇게 보면 종전 점유자의 점유가 그의 사망으로 인한 상속에 의하여 당연히 그 상속인에게 이전된다는 민법 제193조는 절도죄의 요건으로서의 '타인의 점유'와 관련하여서는 적용의 여지가 없고, 재물을 점유하는 소유자로부터 이를 상속받아 그 소유권을 취득하였다고 하더라도 상속인이 그 재물에 관하여 위에서 본 의미에서의 사실상의 지배를 가지게 되어야만 이를 점유하는 것으로서 그때부터 비로소 상속인에 대한 절도죄가 성립할 수 있다.[33]

---

32) 대법원 1997.8.21. 선고 95다28625 전원합의체 판결.

33) 대법원 2012.4.26. 선고 2010도6334 판결.

점유를 부정한 판례의 구체적 내용은 다음과 같다. 즉,

피고인이 내연관계에 있는 갑과 아파트에서 동거하다가, 갑의 사망으로 갑의 상속인인 을 및 병 소유에 속하게 된 부동산 등기권리증 등 서류들이 들어 있는 가방을 위 아파트에서 가지고 가 절취하였다는 내용으로 기소된 사안에서, 피고인이 갑의 사망 전부터 아파트에서 갑과 함께 거주하였고, 갑의 자식인 을 및 병은 위 아파트에서 전혀 거주한 일이 없이 다른 곳에서 거주 · 생활하다가 갑의 사망으로 아파트 등의 소유권을 상속하였으나, 을 및 병이 갑 사망 후 피고인이 가방을 가지고 가기까지 그들의 소유권 등에 기하여 아파트 또는 그곳에 있던 가방의 인도 등을 요구한 일이 전혀 없는 사정 등에 비추어, 피고인이 가방을 들고 나온 시점에 을 및 병이 아파트에 있던 가방을 사실상 지배하여 점유하고 있었다고 볼 수 없어 피고인의 행위가 을 등의 가방에 대한 점유를 침해하여 절도죄를 구성한다고 할 수 없는데도, 이와 달리 보아 절도죄를 인정한 원심 판결에 절도죄의 점유에 관한 법리오해 등의 위법이 있다고 한 사례이다.[34]

Ⅱ. 점유의 판단

1. 점유의 요건

재물에 대한 사실상의 지배는 점유의 객관적 요건과 주관적 요건으로 구성된다. 객관적으로는 점유의 사실, 즉 재물에 대한 지배의 사실을 요하고, 주관적으로는 점유의 의사, 즉 재물에 대한 지배의 의사를 요한다.

(1) 점유의 사실

재물에 대한 사실상의 지배는 우선 재물에 대한 물리적 지배의 사실을 요한다. 재물에 대한 물리적 지배는 반드시 재물이 점유자가 배타적으로 관리지배하고 있는 장소에 존재할 것을 요하지 않고, 사회통념상 그 재물에 대한 지배자를 미루어 알 수 있는 상태에 놓여져 있는 경우를 포함한다. 반드시 재물에 대하여 현실적으로 잡고 있거나 감시할 것까지 요하지 않는다. 일정한 숙식장소로 복귀하는 습성을 가진 가축 등은 멀리 떨어져 있어도 소유자나 관리자의 사실상의 지배가 여전히 미치고 있다고 할 수 있는 경우가 있다. 한편 사실상의 재물지배는 적법한 권원에 의한 지배가 아니라 사실상의 처분가능성을 의미한다. 이것이 바로 전술한 바와 같이 절도범도 절취한 장물에 대하여 점유를 가지게 되는 이유이다.

(2) 점유의 의사

재물에 대한 사실상의 지배는 재물에 대한 물리적 지배의 사실 외에도 정신적으로 관리지배할 의사를 요한다. 점유의 의사는 법률상의 효과를 발생시키는 의사는 아니기 때문에 유아나 심신상실자에게도 이러한 의사는 인정될 수 있다. 반드시 개개의 재물에 대한 개별적 · 구체적 지배의사임을 요하지 않고 포괄적 · 추상적인 의사로 족하다. 따라서 집안에 있는 재물에 대하여는 일반적으로 점유의 의사가 인정되고, 외출중 우편함에 배달된 우편물 등에 대하여도 점유의 의사는 인정된다.

---

34) 대법원 2012.4.26. 선고 2010도6334 판결.

점유의 의사는 지속적 의식을 요하지 않고 잠재적 점유의사로 족하기 때문에 수면중이거나 임종시에도 점유의 의사는 인정된다. 점유의 의사가 재물에 대한 지배를 적극적으로 포기하는 의사로 변한 경우에는 객관적으로 점유가 인정될 수 있는 상황이어도 점유는 부정된다. 적극적인 점유의 의사가 의미를 가지는 것은 사실상의 지배가 희박하거나 명확하지 않은 경우이다. 이러한 의미에서 점유의 의사는 사실상의 지배를 보충하고 그 유무를 판단함에 있어서 보조적 역할을 수행함에 지나지 않는다는 의미를 이해할 수 있다. 한편 지배의사란 재물을 자기의 의사에 따라 처리하려는 의사를 말하며, 소유의 의사나 영득의 의사를 요하는 것은 아니다.

2. 점유의 인정범위

점유란 점유의 의사에 기하여 점유자가 재물을 사실상 지배하고 있는 상태를 말한다. 점유의 존부는 점유의 의사와 점유의 사실이라는 양자의 상관관계에서 판단되는 것이 원칙이다. 다만 사실상의 재물지배는 사람과 재물 사이에 밀접한 장소적 연관성 또는 재물에 대한 시간적·장소적 지배가능성을 요한다. 이것이 지배가능성의 범위와 한계가 사회적·규범적 요소에 의하여 수정되지 않으면 안 되는 이유이다. 따라서 재물에 대한 사실상의 지배관계는 사회적으로 규범적 요소에 의하여 확대되거나 축소되는 것이 가능하다고 하겠다.

첫째, 배타적 지배장소이다. 자기의 배타적으로 지배하는 장소 내에서는 목적물을 분실하여도 그 존재를 잊고 있어도 그 점유는 그 장소의 지배자에 있다. 자택의 가옥 내에서 재물을 분실한 경우에도 또 창고의 보관책임자가 그 창고 소장품의 존재를 알지 못하는 경우에도 그 물건의 점유는 그 자에게 있다.

둘째, 지배력이 객관적으로 연장가능한 범위이다. 공공의 장소에 방치한 경우라도 일정한 객관적 상황을 근거로 점유자의 지배가 장소적·시간적으로 연장되어 미치는 것이 추지할 수 있는 범위 내에 놓여진 물건은 그 물건에 대한 지배력이 객관적으로 연장되고 그 물건에 대하여도 영향가능하기 때문에 점유된 물건이다. 예컨대 외출중 우편함에 넣여진 우편물은 집주인의 점유에 속한다.

셋째, 사람의 지배범위 내에 있는 것이 추지할 수 있는 상황이다. 양식자가 양식장에 방치하고 있는 그물은 양식자의 점유에 속한다. 자전거 주차장에 몇 시간 동안 방치된 자전거도 방치자에게 점유가 인정된다.

넷째, 배타적 지배자인 시설의 관리자에 대한 이행이다. 숙박객이 여관의 화장실에서 분실한 반지는 여관주의 점유에 귀속하고, 욕실에 두고 잊은 시계는 욕실이 있는 여관주에게 귀속하고, 은행 사무실의 책상 위에 떨어져 있는 금전은 은행의 관리자의 점유에 속한다.

Ⅲ. 점유의 주체

1. 서 언

점유의 사실과 점유의 의사로 구성되는 형법상 점유에 있어서 점유의 의사는 살아 있는 사람만이 가질 수 있다고 하는 것이 원칙이다. 이는 총론에서 고찰한 바와 같이 행위주의의 원칙상 당연한 귀결이기 때문이다. 문제는 살아 있는사람, 자연인이 아닌 법인이나 사망한 자의 점유의 의사에 있다.

2. 자연인

점유의 주체로서 자연인은 의사능력이 없는 자도 책임무능력자도 점유의 주체로 될 수 있다. 따라서 유아・정신병자・명정에 의한 심신상실자도 재물을 점유할 수 있다.

3. 법 인

법인의 점유주체성여부에 대하여는 다툼이 있다. 법인은 점유의 주체로는 될 수 없다는 입장에 의하면 법인은 기관의 대표자가 법인을 위하여 점유할 뿐이라고 한다. 법인의 점유를 긍정하는 입장에서조 법인은 그 기관인 대표자를 통하여 점유할 수 있다고 한다. 형법상의 점유에 대하여 대리점유・점유개정을 부정한다면 기관에 의한 법인의 점유는 부정되어야 할 것이라고 한다.

점유의 주체는 자연인이든 법인이든 묻지 않는다고 하는 것이 타당하다. 법인도 그 대표자를 통하여 재물에 대한 사실상의 지배를 할 수 있기 때문이다.

§5. 불법영득의사론

Ⅰ. 서 언

영득죄의 주관적 구성요건요소로서 불법영득의 의사가 여전히 논의되고 있다. 형법이 불법영득의 의사(不法領得의 意思, Absicht rechtswidriger Zueignung, rechtswidrige Zueignungsabsicht)에 관하여는 하등의 규정을 두지 있지 않기 때문이다. 이에 반하여 독일형법은 절도죄(독일형법 제242조)와 강도죄(독일형법 제249조)에서 'in der Absicht, rechtswidrig zuzueignen'이라고 하여 '불법영득의 의사로' 행할 것은 명문으로 규정하고 있다.[35)]독일형법에서 유래한 것으로 보이는 형법상의 불법영득의 의사에 있어서는 그 필요성의

35) StGB § 242 Diebstahl (1) Wer eine fremde bewegliche Sache einem anderen in der Absicht wegnimmt, die Sache sich oder einem Dritten rechtswidrig zuzueignen, wird mit Freiheitsstrafe bis zu fünf Jahren oder mit Geldstrafe bestraft. (2) Der Versuch ist strafbar.

StGB § 249 Raub (1) Wer mit Gewalt gegen eine Person oder unter Anwendung von Drohungen mit gegenwärtiger Gefahr für Leib oder Leben eine fremde bewegliche Sache einem anderen in der Absicht wegnimmt, die Sache sich oder einem Dritten rechtswidrig zuzueignen, wird mit Freiheitsstrafe nicht unter einem Jahr bestraft. (2) In minder schweren Fällen ist die Strafe Freiheitsstrafe von sechs Monaten bis zu fünf Jahren.

요부, 기능, 내용 및 체계적 지위 등과 관련하여 풀어야 할 과제가 여전히 남아 있다고 할 수 있다. 한편 불법영득의 의사에 있어서 불법은 적법의 반대어로서 소유를 취득하여 자기 것으로 하려는 영득이 소유권의 변동에 관한 법질서에 위배된다는 의미라고 이해된다. 한편 재물죄에 있어서의 불법영득의 의사는 이득죄에 있어서는 불법이득의 의사로 표현되기도 한다.

Ⅱ. 불법영득의사의 필요성

재산죄는 원칙적으로 고의범이다. 따라서 재산죄의 주관적 구성요건요소로서 고의가 요구되는 것은 당연하다. 그러나 재산죄의 성립을 위하여는 고의를 넘는 이와는 별개의 주관적 구성요건요소로서 불법영득의 의사가 필요한가에 대하여는 견해가 완전히 일치하고 있는 것은 아니다.

1. 학 설

(1) 필요설

필요설(必要說)이란 절도죄를 비롯하여 영득죄의 주관적 요소로서 고의 이외에 초과주관적 구성요건요소로서의 불법영득의 의사가 필요하다는 견해를 말한다. 절도죄의 보호법익을 소유권으로 파악하는 경우 점유 침탈의사로서의 고의 이외에 소유권 침탈의사로서의 불법영득의 의사가 필요하다는 점, 불법영득의 의사의 유무에 의하여 그것이 필요한 절도죄와 그것을 필요로 하지 않는 사용절도나 손괴죄의 구별이 가능하다는 점, 독일형법은 절도죄의 성립을 위하여 불법영득의 의사(in der Absicht, sich rechtswidrig zuzueignen)를 요한다(독일형법 제242조)는 점 등을 근거로 한다.

(2) 불요설

불요설(不要說)이란 영득죄의 주관적 요소로서는 고의만으로 충분하기 때문에 그 이외의 초과주관적 구성요건요소로서의 불법영득의 의사는 필요하지 않다는 견해를 말한다. 불법영득의 의사 그 자체를 부정하는 것이 아니라 고의와 불법영득의 의사를 동일시하는 견해라고 할 수 있다. 형법은 불법영득의 의사를 요하는 명문의 규정을 두고 있지 않은 점, 불법영득의 의사를 요구하지 않아도 해석상 문제가 없다는 점, 절도죄의 보호법익은 점유이므로 점유침해의 의사 외에 다시 불법영득의 의사는 필요하지 않다는 점, 불법영득의 의사가 없는 사용절도도 재물의 사용으로 피해자에게 중대한 가치의 감소를 초래한 경우에는 절도죄의 성립을 인정해야 한다는 점, 손괴의 의사로 타인의 점유를 침해한 경우나 타인의 점유를 침해한 후에 이를 경제적 용법에 따라 사용·처분한 때에도 절도죄의 성립을 인정할 필요가 있다는 점 등을 근거로 한다.

2. 판 례

처음에는 불요설도 섞여 있었지만,[36] 판례는 일관되게 필요설의 입장을 고수해오고 있다.[37] 대법원은 "절도죄의 성립에 필요한 불법영득의 의사라 함은 권리자를 배제하고 타인의 물건을 자기의 소유물과 같이 그 경제적 용법에 따라 이용・처분할 의사를 말하는 것으로 영구적으로 그 물건의 경제적 이익을 보유할 의사가 필요한 것은 아니지만 단순한 점유의 침해만으로서는 절도죄를 구성할 수 없고 소유권 또는 이에 준하는 본권을 침해하는 의사 즉 목적물의 물질을 영득할 의사이거나 또는 그 물질의 가치만을 영득할 의사이든 적어도 그 재물에 대한 영득의 의사가 있어야 한다"고 판시한 바 있고,[38] 또 "횡령죄가 성립하려면 보관하고 있는 타인의 재물을 자기 또는 제3자의 이익을 꾀할 목적으로 임무에 위배하여 자기의 소유인 것과 같이 사실상 또는 법률상 처분하는 의사를 의미하는 불법영득의 의사가 있어야 한다"고 판시한 바 있다.[39]

3. 검 토

불법영득의 의사의 요부는 일반적으로 영득죄의 보호법익에 대한 견해에 따른다고 해석되어 왔다. 영득죄의 보호법익에 관한 본권설은 본권설은 탈취죄의 주관적 요건은 단순한 점유침해의 인식을 내용으로 하는 고의 외에 본권의 침해도 인식하는 불법영득의 의사를 필요로 한다는 필요설의 입장에 선다고 한다. 점유설은 단순히 재물의 점유를 인식하고 행위하면 족하다고 해석하기 때문에 점유침해의 인식만으로 족하다는 불요설의 태도를 취한다고 한다. 또 영득죄는 불법영득의 의사의 유무에 따라 절도죄와 손괴죄, 절도죄와 사용절도를 각각 구별하여 왔다. 종래부터의 해석론에 의하면 불법영득의 의사가 인정되는 경우에는 절도죄를 긍정하였지만, 그것이 인정되지 않는 경우에는 사안에 따라 각각 손괴죄 또는 사용절도죄를 인정하여 왔다.

생각건대 판례는 절도죄의 보호법익에 관한 견해와는 무관하게 필요설을 취하여 온 것으로 해석된다. 이로써 '본권설과 필요설' 및 '점유설과 불요설'의 관련성은 반드시 이론적 근거를 가지는 논리필연적인 관계는 아니라고 할 수 있다. 그럼에도 불구하고 불법영득의 의사가 인정되는 경우에는 절도죄를 긍정하게 되지만, 반대의 경우에는 손괴죄나 사용절도를 인정하게 되기 때문에 필요설이 타당하다고 하지 않을 수 없다. 불법영득의사의 필요설에 의하는 한 불법영득의사의 결여는 재산죄의 주관적 구성요건해당성을 조각하게 된다.

---

36) 대법원 1955.2.25. 선고 4286형상110 판결.

37) 대법원 1955.6.21. 선고 4288형상34 판결.

38) 대법원 2000.10.13. 선고 2000도3655 판결; 대법원 1992.9.8. 선고 91도3149 판결; 대법원 1989.11.28. 선고 89도1679 판결; 대법원 1984.12.26. 선고 82감도392 판결; 대법원 1981.12.8. 선고 81도1761 판결; 대법원 1981.10.13. 선고 81도2394 판결; 대법원 1977.6.7. 선고 77도1038 판결; 대법원 1973.2.26. 선고 73도51 판결; 대법원 1965.2.24. 선고 64도795 판결; 대법원 1961.6.28. 선고 4294형상179 판결.

39) 대법원 2017.5.30. 선고 2016도9027 판결; 대법원 2006.6.27. 선고 2005도2626 판결.

Ⅲ. 불법영득의사의 내용

1. 구성내용

불법영득의 의사에 대한 필요설에 의하는 경우에도 그 내용에 있어서는 다툼이 있다. 배제의사와 이용·처분의사의 조합유형에 따라 필요설은 다시 배제의사 일방만을 요한다는 견해, 이용·처분의사 일방만을 요한다는 견해 및 배제의사와 이용·처분의사의 쌍방 모두를 요한다는 견해로 나누어지고 있다.

(1) 학 설

불법영득의 의사의 의의에 관하여 학설의 입장을 한 마디로 말하기는 쉽지 않다. 이는 형법상의 법문에는 존재하지 않는 개념이기 때문이다. 그럼에도 불구하고 학설은 대체로 불법영득의 의사를 소극적 요소와 적극적 요소의 양자로 나누어 배제의사와 이용·처분의사를 모두 요하는 입장이라고 할 수 있다. 이에 의하면 불법영득의 의사는 소극적 요소로서 권리자를 배제하려는 배제의사와 적극적 요소로서 자기의 소유물과 같이 이용·처분하려는 이용·처분의사로 구성된다고 한다.

(2) 판 례

판례는 불법영득의 의사의 개념을 일관되게 고수해왔다. 판례는 불법영득의 의사를 배제의사와 이용·처분의사의 결합으로 파악하고 있다. 다만 이용·처분의사는 절도죄에 있어서는 사실상의 이용처분의사, 횡령죄에 있어서는 사실상 또는 법률상의 이용·처분의사로 파악하고 있는 것으로 보인다.

대법원은 절도죄에 있어서 불법영득의 의사란 "권리자를 배제하고 타인의 물건을 자기의 소유물과 같이 그 경제적 용법에 따라 이용·처분할 의사를 말한다"고 판시해왔다.[40] 또 횡령죄에 있어서 불법영득의 의사란 "타인의 재물을 보관하는 자가 위탁의 취지에 반하여 자기 또는 제3자의 이익을 위하여 권한 없이 재물을 자기의 소유인 것처럼 사실상 또는 법률상 처분하는 의사를 의미한다"고 판시한 바 있다.[41] 한편 대법원은 "영득이라 함은 소유권자의 불이익을 생케 하거나 또는 소유권자를 배제하는 관념임으로 재물의 소유권자를 위하여 또는 소유권자를 배제하지 않은 재물의 처분은 횡령죄를 구성하지 않는다"고 판시한 바 있다.[42]

(3) 검 토

재산죄에 있어서 점유에는 반드시 타인성이 요구되는 것이 아니지만, 소유에는 언제나 타인성이 요구된다는 점에서 공통되고 있다. 또 점유의 타인성에 대한 불법한 침해의사는

---

40) 대법원 2014.2.21. 선고 2013도14139 판결; 대법원 2012.7.12. 선고 2012도1132 판결; 대법원 2000.10.13. 선고 2000도3655 판결; 대법원 1999.4.9. 선고 99도519 판결; 대법원 1992.9.8. 선고 91도3149 판결.

41) 대법원 2017.2.15. 선고 2013도14777 판결.

42) 대법원 1954.6.28. 선고 4287형상151 판결.

고의의 내용이 되는 것이 원칙이지만, 소유의 타인성에 대한 불법한 침해의사로서의 불법영득의 의사는 고의의 내용과는 별개라고 할 수 있다.

생각건대 불법영득의 의사는 사용, 수익 및 처분의 권능으로 구성되는 소유권의 내용을 소유자로부터 행위자나 제3자에게 불법하게 이전시키려는 의사로 해석될 수 있다. 여기서 불법영득의 의사는 소극적 요소로서 소유자의 소유권의 내용을 배제하려는 소유배제의사와 적극적 요소로서 행위자가 그 소유권의 내용을 취득하려는 소유취득의사로 구성된다고 하는 것이 합당하다. 한편 경제적 용법에 따른 처분의사는 소유취득의사에 포함시킬 수 있는 한 독자적인 의미는 가지지 않는다고 할 수 있다. 또 경제적 가치를 가지지 않는다고 해서 반드시 주관적 가치 또는 소극적 가치까지 부정되어야 하는 것은 아닐 뿐만 아니라 이러한 가치만을 가진 물건도 충분히 형법상 재물에 해당한다고 해야 하기 때문이다. 문제는 소유권의 내용을 배제하려는 소유배제의사와 소유권의 내용을 취득하려는 소유취득의사의 구성요소에 있다고 할 수 있다.

2. 구성요소

(1) 소유배제의사

1) 의 의

불법영득의 의사의 소극적 요소로서 소유배제의사란 소유자의 소유권의 내용을 배제하려는 의사를 말한다. 권리자를 배제(Enteignung)하려는 의사는 권리자를 완전히 종국적으로 배제하려는 의사이기 때문에 영구적인 것이어야 한다.[43)]

2) 사용절도와의 구별

소유배제의사는 불법영득의사의 소극적 요소로서 절도죄와 사용절도를 구별하는 기준이 된다. 소유배제의사를 기준으로 사용절도(使用窃盜, furtum usus)는 일시적으로 배제하려는 의사만을 가진다는 점에서 영구적으로 배제하려는 의사를 가지는 절도죄와 구별될 수 있다. 일시사용이란 타인의 재물을 일시 무단으로 사용한 후에 반환할 의사로 그 점유를 침해하는 것을 말한다. 반환할 의사로 타인의 물건을 무단으로 사용한 후에 반환하는 경우가 이에 해당한다. 다만 일시적 사용목적에 의한 점유의 취득이라 하더라도 그것이 소유권 기타의 본권의 침해를 수반하는 방법으로 행하여진 경우에는 단순한 일시적 사용을 넘어 불법영득의 의사를 인정해야 하는 경우가 있을 수 있다. 본권의 침해를 수반하는 방법으로 행하여진 재물의 일시적 사용목적에 의한 점유침해에는 권리자를 배제하고 자기의 소유물로서 점유를 취득할 의사, 즉 불법영득의 의사를 인정할 수 있는 경우가 있을 수 있기 때문이다. 다만 자동차·선박·항공기·원동기장치자전거에 대한 사용절도의 경우에는 자동차등불법사용죄가 성립할 뿐이다(제331조 의2).

---

43) 대법원 1981.10.13. 선고 81도2394 판결.

(2) 소유취득의사

1) 의 의

불법영득의 의사의 적극적 요소는 타인의 재물에 대하여 소유자와 유사한 지위를 취득하려는 의사를 말한다. 소극적 요소와는 달리 일시적 의사로도 족하다. 영득의 의사는 적극적 요소를 통하여 손괴의 의사와 구별된다. 즉, 손괴의 의사로 재물을 취거한 때에는 손괴죄가 성립할 따름이며 절도죄는 성립되지 않는다.

2) 손괴죄와의 구별

소유취득의사는 불법영득의 의사의 적극적 요소로서 영득죄와 손괴죄를 구별하는 기준이 된다. 자기의 소유물과 같이 소유권의 내용을 취득하려는 의사는 소유자처럼 사용, 수익 또는 처분하려는 의사, 즉 소유자의 지위 또는 소유권의 내용을 획득(aneignung)하려는 의사를 의미하기 때문에 일시적인 의사로도 족하다. 또 영득의사의 동기는 소비하기 위한 것이든, 선물하기 위한 것이든, 보관하기 위한 것이든 아니면 판매하기 위한 것이든 묻지 않는다. 소유취득의사를 기준으로 손괴죄는 손괴의사만을 가지고 있다는 점에서 사용, 수익, 또는 처분의 의사를 가지는 영득죄와 구별되고 있다.

3. 영득의 대상

불법영득의 의사의 객체에 대하여는 다툼이 있다. 예컨대 예금통장을 절취하여 예금을 인출하고 통장 자체를 반환한 경우 불법영득의 의사의 성부에 관하여는 견해가 나누어지고 있다.

(1) 학 설

1) 물체설

물체설(物體說, Substanztheorie)이란 영득의사의 대상은 물체, 즉 재물 그 자체라고 하는 견해를 말한다. 과거의 전통적인 견해이다. 이에 의하면 물건 자체는 소유자에게 남겨두고 가치만을 취거하거나, 일시 사용한 후에 물건 자체를 반환한 경우에는 영득의사를 인정할 수 없게 된다. 예컨대 예금통장을 절취하여 예금을 인출하고 통장 자체를 반환한 경우이다. 한편 물체설 중에는 영득의사의 대상을 물체 그 자체가 아니라 물체에 대한 소유권 또는 물체의 기능(Sachfunktion)이라고 파악하는 견해가 있다. 소위 수정된 물체설(修正된 物體說)이라고 할 수 있다. 이에 의하면 후술하는 결합설과 같은 결과에 이르게 된다.

2) 가치설

가치설(價値說, Sachwerttheorie)이란 영득의사의 대상은 재물 그 자체에 화체되어 있는 경제적 가치라고 하는 견해를 말한다. 절도범은 영득에 의해서 소유권을 취득할 수는 없기 때문에 영득의 대상이 되는 것은 물체 그 자체가 아니라 물체에 화체되어 있는 경제적 가치가 된다는 것이다. 이에 의하면 예금통장을 절취하여 예금을 인출한 이상 그 통장의 가치를 영득한 것이

되어 예금통장에 대한 불법영득의 의사를 긍정할 수 있게 된다. 그러나 이에 대하여는 몇 가지의 점에서 비판이 가하여지고 있다. 즉, 경제적 가치가 없는 재물을 절취한 경우에는 불법영득의 의사를 인정할 수 없게 된다는 점, 순수한 가치설에 의하면 절도죄는 소유권범죄에서 이득죄로 변질되고 불법영득의 의사도 불법이득의 의사와 동일하게 된다는 점 등이 그것이다.

3) 결합설

결합설(結合說, Vereinigungstheorie)이란 영득의사의 대상은 재물 그 자체뿐만 아니라 재물 그 자체에 화체되어 있는 경제적 가치도 포함한다고 하는 견해를 말한다. 물체와 가치는 재물이 가지고 있는 동일한 속성의 양측면이기 때문이라고 한다. 다수설의 입장이라고 할 수 있다.

(2) 판 례

판례는 결합설의 입장을 취하고 있다. 대법원은 "그것이 물건 그 자체를 영득할 의사인지 물건의 가치만을 영득할 의사인지를 불문한다"고 판시한 바 있다.[44)]

불법영득의사를 긍정한 판례의 구체적 내용은 다음과 같다. 즉,

> 예금통장은 예금채권을 표창하는 유가증권이 아니고 그 자체에 예금액 상당의 경제적 가치가 화체되어 있는 것도 아니지만, 이를 소지함으로써 예금채권의 행사자격을 증명할 수 있는 자격증권으로서 예금계약사실 뿐 아니라 예금액에 대한 증명기능이 있고 이러한 증명기능은 예금통장 자체가 가지는 경제적 가치라고 보아야 하므로, 예금통장을 사용하여 예금을 인출하게 되면 그 인출된 예금액에 대하여는 예금통장 자체의 예금액 증명기능이 상실되고 이에 따라 그 상실된 기능에 상응한 경제적 가치도 소모된다. 그렇다면 타인의 예금통장을 무단사용하여 예금을 인출한 후 바로 예금통장을 반환하였다 하더라도 그 사용으로 인한 위와 같은 경제적 가치의 소모가 무시할 수 있을 정도로 경미한 경우가 아닌 이상, 예금통장 자체가 가지는 예금액 증명기능의 경제적 가치에 대한 불법영득의 의사를 인정할 수 있으므로 절도죄가 성립한다.[45)]

불법영득의사를 부정한 판례의 구체적 내용은 다음과 같다. 즉,

> 타인의 재물을 점유자의 승낙 없이 무단 사용하는 경우에 있어서 그 사용으로 인하여 물건 자체가 가지는 경제적 가치가 상당한 정도로 소모되거나 또는 사용 후 그 재물을 본래 있었던 장소가 아닌 다른 장소에 버리거나 곧 반환하지 아니하고 장시간 점유하고 있는 것과 같은 때에는 그 소유권 또는 본권을 침해할 의사가 있다고 보아 불법영득의 의사를 인정할 수 있을 것이나, 그렇지 않고 그 사용으로 인한 가치의 소모가 무시할 수 있을 정도로 경미하고, 또한 사용 후 곧 반환한 것과 같은 때에는 그 소유권 또는 본권을 침해할 의사가 있다고 할 수 없어 불법영득의 의사가 있다고 인정할 수 없다.[46)] 은행이 발급한 직불카드를 사용하여 타인의 예금계좌에서 자기

---

44) 대법원 2014.2.21. 선고 2013도14139 판결; 대법원 2012.4.26. 선고 2010도11771 판결; 대법원 2006.3.24. 선고 2005도8081 판결; 대법원 1992.9.8. 선고 91도3149 판결; 대법원 1986.7.22. 선고 86도230 판결; 대법원 1981.10.13. 선고 81도2394 판결; 대법원 1977.6.7. 선고 77도1038 판결; 대법원 1973.2.26. 선고 73도51 판결; 대법원 1965.2.24. 선고 64도795 판결; 대법원 1961.6.28. 선고 4294형상179 판결.

45) 대법원 2010.5.27. 선고 2009도9008 판결.

46) 대법원 2006.3.9. 선고 2005도7819 판결; 대법원 1999.7.9. 선고 99도857 판결; 대법원 1992.4.24. 선고

의 예금계좌로 돈을 이체시켰다 하더라도 직불카드 자체가 가지는 경제적 가치가 계좌이체된 금액만큼 소모되었다고 할 수는 없으므로 이를 일시 사용하고 곧 반환한 경우에는 그 직불카드에 대한 불법영득의 의사는 없다고 보아야 한다.[47)]

(3) 검 토

불법영득의 의사의 객체는 결합설에서와 같이 재물의 물체 그 자체와 그 물체가 가지고 있는 경제적 가치를 모두 대상으로 한다고 해야 한다. 물체와 가치는 재물이 가지고 있는 동일한 속성의 양측면이라고 해야 하기 때문이다.

다만 가치의 개념을 가치설과 같이 무제한하게 확대할 때에는 절도죄의 본질이 변질될 우려가 있기 때문에 이를 제한할 필요가 있다. 단순한 재물의 사용가치는 영득의사의 객체가 될 수 없다. 가치란 재물의 종류와 기능에 따라 개념적으로 결합되어 있는 가치, 즉 재물의 특수한 가치 또는 그 특수한 기능가치만을 의미한다고 해야 하기 때문이다. 특수한 기능가치가 침해된 경우 물체 자체를 반환했을지라도 영득의사가 인정된다고 할 수 있다. 예컨대 타인의 신분증을 사용한 후 반환한 경우, 절취한 현금카드로 현금을 인출한 후 그 카드를 반환한 경우에 현금카드는 현금인출의 도구에 불과할 뿐이고 카드 자체의 기능가치가 감소된 것은 아니므로 절도죄가 성립하지 않는다. 그러나 절취한 예금통장으로 현금을 인출한 후 그 통장을 반환한 경우에 예금청구권이 화체된 통장의 고유한 기능가치를 침해하였으므로 예금통장에 대해서는 절도죄가 성립한다.

Ⅳ. 불법영득의사의 체계적 지위

불법영득의 의사의 필요성을 인정하는 경우에도 불법영득의 의사의 체계적 지위에 관하여는 다툼이 있다.

1. 학 설

(1) 고의요소설

고의요소설(故意要素說)이란 불법영득의사를 고의와 동일한 것으로 파악하는 견해를 말한다. 절도죄의 실행행위인 절취는 점유의 취득행위뿐만 아니라 소유권에 대한 취득행위인 영득행위도 포함하고 있는 개념이므로 영득행위에 대한 인식과 실현의사도 당연히 고의의 내용에 포함되어 있는 것으로 보아야 한다고 한다. 독일형법상 절도죄의 실행행위는 취거(wegnehmen)로서 점유의 취득행위만을 의미하기 때문에 주관적 구성요건요소로서는 고의 외에 이와는 별도로 불법영득의 의사가 요구되지만(독일형법 제242조 참조), 형법상의 그것은 절취로서 점유의 취득행위와 소유의 영득행위를 모두 포괄하는 개념이기 때문에 주관적 구성요건요소로서는 고의만으로 충분하고 그 외에 별도의 불법영득의 의사와 같은 주관적 요소를 필요하지 않다

92도118 판결; 대법원 1987.12.8. 선고 87도1959 판결.

47) 대법원 2006.3.9. 선고 2005도7819 판결; 대법원 1998.11.10. 선고 98도2642 판결.

는 점을 근거로 하고 있다.

(2) 책임요소설

책임요소설(責任要素說)이란 불법영득의 의사를 책임의 요소로 파악하는 견해를 말한다. 불법영득의 의사는 고의의 내용의 일부가 되겠지만 고의와 동일한 내용으로 파악할 수는 없다고 한다. 영득행위에 대한 인식 그 자체는 고의의 내용이 되겠지만, 영득행위의 위법성에 대한 인식은 일반적인 위법성의 인식에 대한 문제로서 고의설의 입장에서는 고의의 내용으로 이해되겠지만 책임설을 취하는 경우에는 책임요소가 된다고 한다.

(3) 초과주관적 구성요건요소설

초과주관적 구성요건요소설(超過主觀的 構成要件要素說)은 불법영득의사를 고의와는 독립된 별도의 초과주관적 구성요건요소로 파악한다. 예컨대 절도죄에서 불법영득의 의사는 절취의 의사인 고의와는 달리 이를 초과하는 주관적 구성요건요소이고 객관적 구성요건요소인 절취행위를 초과하기에 초과주관적 구성요건요소로 파악된다는 것이다. 다수설의 입장이라고 할 수 있다.

2. 판 례

판례는 초과주관적 구성요건요소설의 입장을 취하고 있다고 해석된다. 즉, 판례에 의하면 점유침해의 의사를 초과하는 고의로서 고의의 정도를 초과하는 소유권에 대한 침해의사로서 불법영득의 의사가 필요하다고 판시하고 있다. 초과주관적 구성요건요소설의 입장이라고 해석되는 판례의 구체적 내용은 다음과 같다. 즉,

> 절도죄의 성립에 필요한 불법영득의 의사란 타인의 물건을 그 권리자를 배제하고 자기의 소유물과 같이 그 경제적 용법에 따라 이용・처분하고자 하는 의사를 말하는 것으로서, 단순히 타인의 점유만을 침해하였다고 하여 그로써 곧 절도죄가 성립하는 것은 아니나, 재물의 소유권 또는 이에 준하는 본권을 침해하는 의사가 있으면 되고 반드시 영구적으로 보유할 의사가 필요한 것은 아니며, 그것이 물건 그 자체를 영득할 의사인지 물건의 가치만을 영득할 의사인지를 불문한다. 따라서 어떠한 물건을 점유자의 의사에 반하여 취거하는 행위가 결과적으로 소유자의 이익으로 된다는 사정 또는 소유자의 추정적 승낙이 있다고 볼 만한 사정이 있다고 하더라도, 다른 특별한 사정이 없는 한 그러한 사유만으로 불법영득의 의사가 없다고 할 수는 없다.[48] 형법상 절취란 타인이 점유하고 있는 자기 이외의 자의 소유물을 점유자의 의사에 반하여 그 점유를 배제하고 자기 또는 제3자의 점유로 옮기는 것을 말하고, 절도죄의 성립에 필요한 불법영득의 의사라 함은 권리자를 배제하고 타인의 물건을 자기의 소유물과 같이 그 경제적 용법에 따라 이용・처분할 의사를 말하는 것으로, 단순한 점유의 침해만으로는 절도죄를 구성할 수 없으나 영구적으로 그 물건의 경제적 이익을 보유할 의사가 필요한 것은 아니고, 소유권 또는 이에 준하는 본권을 침해하는 의사 즉 목적물의 물질을 영득할 의사이든 그 물질의 가치만을 영득할 의사이든을 불문하고 그 재물에 대한 영득의 의사가 있으면 족하다.[49] 절도죄의 성립에 필요한 불법영득의 의사라 함은 권리자를

48) 대법원 2014.2.21. 선고 2013도14139 판결; 대법원 2003.1.24. 선고 2001도991 판결.
49) 대법원 2006.3.24. 선고 2005도8081 판결.

배제하고 타인의 물건을 자기의 소유물과 같이 그 경제적 용법에 따라 이용·처분할 의사를 말하는 것으로 영구적으로 그 물건의 경제적 이익을 보유할 의사가 필요한 것은 아니지만 단순한 점유의 침해만으로서는 절도죄를 구성할 수 없고 소유권 또는 이에 준하는 본권을 침해하는 의사 즉 목적물의 물질을 영득할 의사이거나 또는 그 물질의 가치만을 영득할 의사이든 적어도 그 재물에 대한 영득의 의사가 있어야 한다.[50)]

3. 검 토

불법영득의 의사의 체제적 지위에 관하여는 위에서 검토한 바와 같이 초과주관적 구성요건요소설이 다수설과 판례의 입장을 점하고 있다. 그러나 불법영득의 의사의 정확한 체계적 지위 또는 그의 법적 성질을 명확히 정립하기 위해서는 다음의 점에서 보다 면밀한 검토가 필요하다고 하겠다.

첫째, 불법영득의 의사의 주관적 위법요소로서의 성질이다. 재물죄의 본질이 궁극에 있어서 소유권 기타의 본권의 침해에 있다고 해석하는 이상 그 주관적 요건으로서는 단순한 점유침해의 의사만로는 족하지 않다고 해야 한다. 이에 추가하여 소유권자(본권자)로서 배제의사가 기술되지 않은 구성요건요소로서 더 필요하게 되고 이와 같은 영득의 의사를 결하는 점유침해, 즉 사용절도는 절도죄로 되지 않는다고 해석되어야 한다. 배제의사는 소유권 기타의 본권에 대한 침해 또는 위험성을 기초지우는 주관적 요건, 즉 초과적 내심경향으로서 영득죄의 구성요건요소로 된다. 뿐만 아니라 이러한 의사가 없으면 일시적인 점유침해는 본권에 대한 침해의 위험성을 발생시키지 않는다는 의미에서 그 법적 성질은 주관적 위법요소가 된다고 해석되어야 한다. 이러한 해석은 당연히 불법영득행위가 객관적 위법요소에 속한다는 것을 전제로 하는 것이라고 할 수 있다.

둘째, 불법영득의 의사의 책임요소로서의 성질이다. 절도죄와 손괴죄는 재물에 대한 점유 내지 소유권의 침해라는 점에서는 양자가 동일하거나 후자가 더 큼에도 불구하고 현행법이 절도죄를 더 중하게 벌하고 있는 것은 손괴의 의사로 점유를 침해하는 경우보다도 재물을 이용·처분할 의사로 침해하는 경우가 유형적으로 책임이 중하다고 하는 근거에 기초하고 있다고 해야 한다. 이용·처분할 의사는 영득죄의 이욕범적 성질 때문에 유형적으로 책임을 중하게 하는 사유로서 구성요건에 들어간 것이라고 해석되는 것이 가능하고 그 법적 성질은 책임요소로서의 성질도 가진다고 할 수 있다.

생각건대 불법영득의 의사는 후술하는 바와 같이 권리자를 배제하여 타인의 물건을 자기의 소유물로서 이를 이용 또는 처분하려는 의사, 즉 배제의사와 취득의사로 그 내용이 구성된다고 분석될 수 있다. 반대로 배제의사나 취득의사 중 어느 일방이 결여된 경우에는 불법영득의 의사를 인정할 수 없게 된다. 여기서 배제의사의 측면에서는 법익침해의 양에 관련

---

50) 대법원 1992.9.8. 선고 91도3149 판결; 대법원 1989.11.28. 선고 89도1679 판결; 대법원 1984.12.26. 선고 82감도392 판결; 대법원 1981.12.8. 선고 81도1761 판결; 대법원 1981.10.13. 선고 81도2394 판결; 대법원 1977.6.7. 선고 77도1038 판결; 대법원 1973.2.26. 선고 73도51 판결; 대법원 1965.2.24. 선고 64도795 판결; 대법원 1961.6.28. 선고 4294형상179 판결.

되기 때문에 주관적 위법요소가 되지만, 취득의사의 측면에서는 이용가능성을 얻도록 하는 이욕적 동기를 의미한다고 하는 한에 있어서는 주관적 책임요소가 된다고 해석될 수 있다. 그러나 영득죄와 손괴죄의 차이가 이욕적 동기의 유무만에 있다고는 할 수 없다. 본래 손괴죄는 재물의 물질적 손괴를 중심으로 하는 효용의 상실이라는 형태에서의 권리자배제를 전형적인 예로 한다. 이에 반하여 영득죄는 점유의 배제라는 형태로 권리자를 배제하고 나아가 그 재물로 자기 또는 타인의 점유를 설정할 것을 필요로 한다. 그 점유설정은 자기 또는 제3자의 물건의 이용·처분의 가능성의 확보를 의미한다. 이와 같은 행위의 질의 객관적 차이가 양죄의 처벌의 경중의 차이를 초래하는 것이다. 양죄의 법정형의 차는 책임의 차이에 지나지 않는 것이다. 이것은 이미 행위의 객관적 측면에 있어서 전형적인 의미에 있어서의 행위의 유형에 차이가 있고 행위유형으로서도 그 위법성에 있어서도 차이가 있다는 것을 의미한다고 할 수 있다. 결국, 불법영득의 의사는 구성요건요소로서의 성질뿐만 아니라 위법요소로서의 성질과 책임요소로서의 성질까지도 가지고 있다고 해석된다. 여기서 다시 구성요건과 위법성이 불법을 구성한다고 하는 경우 불법영득의 의사는 불법요소로서의 성질과 책임요소로서의 성질을 가진다고 압축하여 표현될 수 있다. 다만 불법영득의사는 구성요건에 기술되지 않은 주관적 요소라는 의미에서 초과주관적 구성요건요소라고 할 수 있다. 결국, 불법영득의 의사는 범죄 3단계론의 입장에서 위법요소와 책임요소로서의 성질을 제외하면 초과주관적 구성요건요소로 파악하는 것이 가능하다고 해석된다.

§6. 친족상도례론

Ⅰ. 서 설

제328조(친족간의 범행과 고소) ① 직계혈족, 배우자, 동거친족, 동거가족 또는 그 배우자간의 제323조의 죄는 그 형을 면제한다.
② 제1항이외의 친족간에 제323조의 죄를 범한 때에는 고소가 있어야 공소를 제기할 수 있다.
③ 전 2항의 신분관계가 없는 공범에 대하여는 전 이항을 적용하지 아니한다.

제344조(친족간의 범행), 제354조(친족간의 범행, 동력), 제361조(친족간의 범행, 동력)

구조문

제328조(친족간의 범행과 고소) ① 직계혈족, 배우자, 동거친족, 동거가족 또는 그 배우자간의 제323조의 죄는 그 형을 면제한다.

관련규정

제365조(친족간의 범행) ① 전3조의 죄를 범한 자와 피해자간에 제328조제1항, 제2항의 신분관계가 있는 때에는 동조의 규정을 준용한다.
② 전3조의 죄를 범한 자와 본범간에 제328조제1항의 신분관계가 있는 때에는 그 형을 감경 또는 면제한다. 단, 신분관계가 없는 공범에 대하여는 예외로 한다.

제151조(범인은닉과 친족간의 특례) ① 벌금 이상의 형에 해당하는 죄를 범한 자를 은닉 또는 도피하게 한 자는 3년 이하의 징역 또는 500만원 이하의 벌금에 처한다.
② 친족 또는 동거의 가족이 본인을 위하여 전항의 죄를 범한 때에는 처벌하지 아니한다.

제155조(증거인멸 등과 친족간의 특례) ① 타인의 형사사건 또는 징계사건에 관한 증거를 인멸, 은닉,

위조 또는 변조하거나 위조 또는 변조한 증거를 사용한 자는 5년 이하의 징역 또는 700만원 이하의 벌금에 처한다.
② 타인의 형사사건 또는 징계사건에 관한 증인을 은닉 또는 도피하게 한 자도 제1항의 형과 같다.
③ 피고인, 피의자 또는 징계혐의자를 모해할 목적으로 전2항의 죄를 범한 자는 10년 이하의 징역에 처한다.
④ 친족 또는 동거의 가족이 본인을 위하여 본조의 죄를 범한 때에는 처벌하지 아니한다.

1. 의 의

친족상도례(親族相盜例)란 친족간의 재산범죄에 대하여 처벌을 면제하거나 처벌을 위해서는 피해자의 고소를 요하도록 하는 형사상의 특례를 말한다(제328조, 형법 제344조).

다만 친족상도례와 다소의 차이를 가지고 있는 친족간의 범행에 대하여는 장물의 죄에서 후술하기로 한다(제365조).

2. 취 지

친족상도례는 '법은 가족간의 문제에는 개입하지 않는다'는 유교적 가족관과 '법은 가정에 들어가지 않는다'는 로마법 이후의 법언에서 유래된 제도라고 해석된다. 아울러 오늘날에는 친족간의 정서와 가정의 평화에 대한 정책적인 배려도 함께 고려되고 있는 것으로 보인다.

3. 법적 성질

친족상도례의 법적 성질에 대하여는 친족간의 행위는 위법성을 조각한다는 위법성조각사유설, 책임조각의 대상으로서 범죄행위의 성립 자체가 있을 수 없다는 책임조각사유설 및 친족간의 행위도 범죄행위는 성립하지만 상호간의 특수한 신분관계에 의하여 처벌만 조각된다는 인적 처벌조각사유설이 대립하고 있다. 한편 인적 처벌조각사유설에 의하는 한 친족관계는 고의의 인식대상이 아니다.

4. 현대적 과제

친족상도례가 오늘날에도 그대로 타당한가에 관하여는 의문이 제기될 수 있다. 친족상도례가 생성되었던 당시의 시대상황과 오늘날의 그것과는 상당한 차이가 있는 것이 사실이기 때문이다. 당시의 가부장적 친족공동체는 재산을 공유하면서 함께 거주하는 소위 경제공동체의 형태를 취하면서도 재산은 모두 가장이 단독으로 소유하는 형태로 있었기 때문에 다른 가족 구성원들에게는 독자적으로 재산을 보유할 가능성이 전무했다고 해도 과언이 아니었다. 따라서 친족공동체 내에서 범죄행위의 대상으로 되었던 재산은 가장의 소유였고 가장의 징계권에 의하여 해결하면 그것으로 충분하였는지도 모른다.

그러나 오늘날에는 과거와 같은 가부장적 대가족제도는 이미 붕괴되어 더 이상 존재하지 않게 되었다. 뿐만 아니라 가족관계의 다양성으로 인하여 가족 구성원 사이에서도 재산을 소유하는 형태가 다양하게 되었다. 뿐만 아니라 친족간부양의무(민법 제974조 참조)는 퇴색해가고 있는 반면 공적 부양제도가 그 중요성을 더해가고 있다. 여기서 과거와 같은 친족간 경제공동체가 오늘날에도 여전히 타당한지에 대하여는 의문의 여지가 생기는 것은 당연하다고 하겠다. 다만, 헌법재판소는 친족상도례에 관하여 2012년 절도죄의 친족관계원근에 따른 차별 관련 헌법소원사건에서 합헌과 위헌이 4 대 4로 의견이 양분되어 위헌정족수인 6명에 이르지 못하자 합헌으로 결정한 바 있다.[51]

5. 친족간의 특례규정과의 구별

형법은 친족간 재산죄에 대하는 친족상도례가 적용되도록 규정하고 있다. 다만 장물죄(제365조)와 재산죄 이외의 범죄에 대하여는 친족간 특례가 적용되도록 규정하고 있다. 범인은닉죄(제151조)와 증거인멸죄(제155조)에 있어서의 친족간의 특례가 그것이다.

Ⅱ. 친족상도례의 적용요건

1. 범죄적 요건

형법은 친족상도례에 관한 기본규정을 권리방해죄(제328조)에서 규정하여 근친간에는 형을 면제하고(제1항), 원친간에는 친고죄(제2항)로 하고 있다. 또 형법은 친족상도례에 관한 기본규정을 절도죄, 공갈죄, 사기죄, 횡령죄 및 배임죄에는 준용하고 장물죄에는 수정하여 적용하고 있다. 그러나 형법은 재산죄 중 강도죄와 손괴죄에는 그 준용을 제외하고 있다.

한편 친족상도례는 특별법상의 재산죄에도 그대로 적용될 수 있다. 대법원도 "특별법인 특정경제범죄가중처벌등에관한법률에 친족상도례에 관한 형법 제354조, 제328조의 적용을 배제한다는 명시적인 규정이 없으므로, 형법 제354조는 특정경제범죄가중처벌등에관한법률 제3조 제1항 위반죄에도 그대로 적용된다"고 판시한 바 있다.[52] 또 "삼림령 제20조 소정의 절도죄는 그 목적물이 삼림에서의 산물에 한정되었을 뿐으로 그 죄질이 형법 제329조 소정의 절도죄와 동일하여 동 죄의 특별규정에 해당하는 것이므로 형법 제344조에 의하여 전기 형법 제329조의 죄에 적용되는 형법 제328조의 규정은 삼림령 제20조 소정의 죄에도 적용되는 것이라고 해석된다"고 판시한 바 있다.[53]

2. 친족적 요건

(1) 친족의 범위

친족상도례가 적용되는 친족은 직계혈족, 배우자, 동거친족, 동거가족 또는 그 배우자간에 한한다. 형법은 민법상 호주제의 폐지에 따라 '호주, 가족'을 '동거가족'으로 개정한 바 있다.[54] 친족상도례가 적용되는 친족의 범위는 원칙적으로 민법의 규정에 따른다.[55]

---

51) 헌법재판소 2012.3.29. 선고 2010헌바89 전원재판부 결정.
52) 대법원 2000.10.13. 선고 99오1 판결; 대법원 1989.6.13. 선고 89도582 판결.
53) 대법원 1959.9.18. 선고 4292형상290 판결.
54) 형법 2005.3.31. 타법개정 법률 제7427호 2008.1.1. 시행.
55) 대법원 2011.4.28. 선고 2011도2170 판결.

(2) 친족관계의 적용범위

1) 시간적 적용범위

친족상도례가 적용되기 위한 친족관계는 원칙적으로 범행 당시에 존재하여야 한다.[56] 따라서 부(父)가 혼인 외의 출생자를 인지하는 경우에 있어서는 민법 제860조에 의하여 그 자의 출생시에 소급하여 인지의 효력이 생기는 것이며(민법 제860조), 이와 같은 인지의 소급효는 친족상도례에 관한 규정의 적용에도 미친다고 보아야 할 것이므로, 인지가 범행 후에 이루어진 경우라고 하더라도 그 소급효에 따라 형성되는 친족관계를 기초로 하여 친족상도례의 규정이 적용된다.[57]

2) 인적 적용범위

친족상도례가 적용되기 위해서는 당연히 가해자와 피해자 사이에 친족관계가 전제되어야 한다. 문제는 재물의 소유자와 점유자가 다른 경우 누구를 피해자라고 할 것인가에 있다.

① 학 설

친족상도례의 인적 적용범위에 관하여는 다툼이 있다. 첫째, 소유자설이다. 친족관계는 가해자인 범인과 피해자인 소유자 사이에 존재하여야 한다고 한다. 재산죄의 보호법익은 소유권이기 때문이라고 한다. 둘째, 점유자설이다. 친족관계는 가해자인 범인과 피해자인 점유자 사이에 존재하여야 한다고 한다. 재산죄의 보호법익은 점유이기 때문이라고 한다. 셋째, 소유자 · 점유자설이다. 친족관계는 가해자인 범인과 피해자인 재물의 소유자와 점유자 모두에게 존재하여야 한다고 한다. 재산죄의 보호법익은 소유권과 점유이기 때문이라고 한다.

② 판 례

판례의 입장은 소유자 · 점유자설과 같다. 따라서 친족이 친족 아닌 자의 재물을 점유하고 있는 경우는 물론 친족 아닌 자가 친족 소유의 재물을 점유하고 있는 때에도 친족상도례는 적용될 수 없다고 한다. 대법원도 "친족상도례에 관한 규정은 범인과 피해물건의 소유자 및 점유자 모두 사이에 친족관계가 있는 경우에만 적용되는 것이고 절도범인이 피해물건의 소유자나 점유자의 어느 일방과 사이에서만 친족관계가 있는 경우에는 그 적용이 없다"고 판시한 바 있다.[58]

③ 검 토

친족관계는 목적물의 소유자, 점유자 쌍방과 행위자 사이에 존재하여야 한다. 친족상도례가 적용되기 위한 전제요건은 친족관계의 존재이고, 또 그 친족관계는 누구에게나 존재할 때에만이 존재한다고 할 수 있기 때문이다. 이러한 의미에서 소유자 · 점유자 관계설이 지당하다고 해석된다.

---

56) 대법원 1997.1.24. 선고 96도1731 판결.
57) 대법원 1997.1.24. 선고 96도1731 판결.
58) 대법원 1980.11.11. 선고 80도131 판결.

(3) 친족관계의 착오

친족상도례가 적용되기 위하여는 친족관계가 객관적으로 존재하는 것으로 족하고 행위자가 이를 인식할 것을 요하지 않는다. 고의는 객관적 구성요건요소만을 그 인식대상으로 하고 인적 처벌조각사유는 여기에 포함되지 않기 때문이다. 따라서 친족관계에 대한 착오는 고의에 영향을 미치지 않으며, 범죄의 성립에 지장을 주지 않는다.

Ⅲ. 친족상도례의 적용효과

1. 근친자에 대한 형의 면제

직계혈족, 배우자, 동거친족, 동거가족 또는 그 배우자간의 재산죄에 관하여는 그 형을 면제한다(제328조 제1항, 제344조).

2. 원친자에 대한 친고죄의 규정

직계혈족, 배우자, 동거친족, 동거가족 또는 그 배우자 이외의 친족간의 재산죄에 관하여는 고소가 있어야 공소를 제기할 수 있다(제328조 제2항, 제344조).

3. 비친족의 공범에 대한 친족상도례의 배제

직계혈족, 배우자, 동거친족, 동거가족 또는 그 배우자 또는 그 이외의 친족관계가 없는 공범에 대하여는 고소가 없어도 공소를 제기할 수 있다(제328조 제3항, 제344조).

4. 장물죄에 있어서의 특칙

장물범과 피해자 사이에 위의 근친자 관계가 존재하는 경우에는 형을 면제하고(제328조 제1항, 제365조 제1항), 위의 원친자 관계가 있을 때에는 고소가 있어야 공소를 제기할 수 있는 친고죄로 한다(제328조 제2항, 제365조 제1항).

장물범과 본범 사이에 위의 근친자의 신분관계가 있는 때에는 그 형을 감경 또는 면제한다(제328조 제1항, 제365조 제2항 본문). 다만 위의 근친자의 신분관계가 없는 공범에 관하여는 예외로 한다(제328조 제1항, 제365조 제2항 단서).

제 2 절 절도와 강도의 죄

§1. 개 관

본장의 절도와 강도의 죄는 개인의 재산에 대한 침해행위와 그로 인하여 발생하는 상해 또는 사망을 그 내용으로 한다(형법 제2편 제38장). 본장의 죄는 크게 절도의 죄와 강도의 죄로 나누어질 수 있다. 이는 절도와 강도가 타인의 재물을 점유자의 의사에 반하여 취득하는 탈취죄라는 점에서는 동일하지만, 그 수단을 달리 하여 구별되고 있다는 점에 근거하고 있다.

§2. 절도의 죄

Ⅰ. 서 설

1. 의 의

절도의 죄란 타인의 재물을 절취하는 것을 내용으로 하는 범죄를 말한다. 절도의 죄는 역사적으로 볼 때 인류 초기의 사회로부터 존재해 왔기 때문에 전통적인 범죄라고 할 수 있다. 뿐만 아니라 절도의 죄는 소유의 개념을 인정하는 사회에서는 살인죄나 강간죄 등과 함께 전형적인 범죄의 유형이 되어 왔다고 할 수 있다.

절도의 죄는 원칙적으로 재물만을 행위의 객체로 한다는 점에서 순수한 재물죄(財物罪)에 속하지만, 강도죄, 사기죄 또는 공갈죄와 같이 재물과 함께 재산상의 이익도 객체로 포함하고 있는 재물죄인 동시에 이득죄와 구별될 뿐만 아니라 배임죄와 같이 재산상의 이익만을 행위의 객체로 하는 순수한 이득죄와도 구별된다. 또 절도의 죄는 권리자의 의사에 반하여 재물을 취득한다는 점에서 강도죄와 함께 탈취죄(奪取罪)에 속하지만, 사기죄나 공갈죄에서와 같이 상대방의 하자 있는 의사에 기하여 재물을 취득하는 편취죄와 구별된다. 한편 절도의 죄는 굶주림으로부터 생존을 위한 곤궁범(困窮犯)이라는 점에서 사기의 죄와 같이 생존을 넘어 탐욕을 위한 이욕범(利慾犯)과 구별되기도 한다.

2. 보호법익

(1) 의 의

1) 학 설

① 점유설

점유설(占有說)이란 절도죄의 보호법익을 점유라고 하는 견해를 말한다. 이 견해는 법문상 타인의 재물이란 타인이 점유하는 재물을 의미한다는 점, 사회의 재산적 질서는 소유권의 존부 그 자체보다는 오히려 점유가 가지고 있는 소유권추정기능에 대한 신뢰에 더 많은 기초를 가지고 있다는 점 또는 탈취죄의 본질은 타인이 점유하는 재물을 그의 의사에 반하여 자기의 지배로 옮김으로써 타인의 점유를 침해하는 데에 있다는 점 등을 그 근거로 하고 있다.

② 소유권설

소유권설(所有權說)이란 절도죄의 보호법익을 소유권이라고 하는 견해를 말한다. 이 견해는 법문의 타인의 재물이란 타인이 소유하는 재물을 의미한다는 점, 소유권 이외의 물권은 권리행사방해죄(제323조)에 의하여 보호된다는 점, 소유권 이외의 점유도 절도죄의 보호법익이라고 하는 견해는 보호법익과 행위의 객체를 혼동한 결과라는 점 또는 절도죄에 있어서의 점유는 사실상의 재물지배를 뜻하는 순수한 사실상의 개념이므로 보호할 가치 있는 점유임을 요하지 않는다는 점 등을 그 근거로 하고 있다.

③ 이원설

이원설(二元說)이란 절도죄의 주된 보호법익은 소유권과 그에 준하는 권리, 즉 본권이지만, 부차적으로 평온한 점유도 보호법익이라는 견해를 말한다. 이 견해는 권리행사방해죄의 보호법익은 점유이고 횡령죄의 보호법익은 소유권인데, 절도죄의 법정형이 이들보다 높기 때문에 절도죄의 보호법익을 소유권과 점유라고 해야 한다는 점, 절도죄의 실행행위인 절취는 점유의 침해를 내포하고 있기 때문에 점유도 보호법익이 된다고 보아야 한다는 점, 형법의 체계상 타인소유의 재물에 설정된 용익물권이나 담보물권 등도 소유권에 준하여 보호할 필요가 있다는 점 또는 점유를 상실한 소유권은 대부분 그 의미를 상실하게 된다는 점 등을 그 근거로 하고 있다.

2) 판 례

절도의 죄의 보호법익에 관하여 직접 언급한 판례는 없지만, 판례는 이원설의 입장으로 해석된다. 이에 관한 판례의 구체적 내용은 다음과 같다. 즉,

> 단순히 타인의 점유만을 침해하였다고 하여 그로써 곧 절도죄가 성립하는 것은 아니나, 재물의 소유권 또는 이에 준하는 본권을 침해하는 의사가 있으면 되고 반드시 영구적으로 보유할 의사가 필요한 것은 아니다.[1] 절도죄는 재물의 점유를 침탈하므로 인하여 성립하는 범죄이므로 재물의 점유자가 절도죄의 피해자가 되는 것이나 절도죄는 점유자의 점유를 침탈하므로 인하여 그 재물의 소유자를 해하게 되는 것이므로 재물의 소유자도 절도죄의 피해자로 보아야 할 것이다.[2]

3) 검 토

절도죄는 우선 점유에 대한 권원의 유무와는 무관하게 현재의 재물에 대한 점유상태를 있는 그대로 보호하기 위한 범죄라고 생각된다. 절도죄의 실행행위인 절취에 의하여 재물에 대한 점유는 침해될 수 있지만, 재물에 대한 소유권은 상실될 수 없기 때문이다. 다만 절도죄는 소유권을 침해하려는 의도, 즉 불법영득의 의사를 가지고 점유를 침해하려는 의도를 가진 경우에만 성립한다고 해야 한다. 왜냐하면 소유의 의도, 즉 불법영득의 의사 없이 점유만을 침해하는 경우, 예컨대 사용절도 또는 절도범으로부터 자기의 소유물을 탈환하는 경우에는 절도죄가 성립할 수 없다고 해야 하기 때문이다. 따라서 피해자가 절도범이 점유하고 있는 자기의 소유물을 취거하는 경우에는 절도죄의 성립을 부정해야 하지만, 그 이외의 경우에는 점유에 대한 권원의 유무와는 상관 없이 점유가 평온한 것인 한 그러한 점유에 대한 침해는 절도죄를 구성한다고 해야 한다. 결국, 절도죄는 본권에 대한 추정기능을 가지는 평온한 점유 그 자체를 보호함은 물론 이와 같은 점유를 보호함으로써 더 나아가 궁극적으

---

1) 대법원 2014.2.21. 선고 2013도14139 판결.
2) 대법원 1980.11.11. 선고 80도131 판결.

로는 소유권과 그에 준하는 권리, 즉 본권을 보호하기 위한 범죄라고 하는 것이 합당하다고 생각된다. 통상 점유의 보호는 그 배후에 있는 소유권의 보호도 포함하고 있기 때문이다.

(2) 보호의 정도

절도의 죄에 있어서 보호의 정도는 보호법익의 연장선상에서 논의되고 있다. 양자는 밀접하게 연관되어 있기 때문이다.

1) 학 설

① 침해범설

침해범설(侵害犯說)은 주로 보호법익에 관한 점유설의 입장에서 주장되고 있다. 점유가 침해되었을 때에 절도의 죄는 기수에 이른다는 것이다. 그러나 보호법익에 관한 소유권설의 일부는 소유권이 침해되었을 때에 절도의 죄는 기수에 이른다고 한다. 피해자가 소유권을 상실하지 않아도 소유권이 침해될 수 있다는 점이 그 근거로 제시되고 있다.

② 위험범설

위험범설(危險犯說)은 절도의 죄의 보호법익에 관한 소유권설의 나머지에 의하여 주장되고 있다. 피해자는 절도에 의해서 소유권을 상실하는 것이 아니기 때문에 추상적 위험범으로 해석해야 한다고 한다.

2) 검 토

점유설에 의하면 절취는 점유에 대한 침해를 내용으로 하고 있기 때문에 절도죄는 당연히 침해범이 된다. 소유권설에 의하는 경우에는 절도죄를 침해범으로 파악하는 견해와 위험범으로 파악하는 견해가 대립하고 있다. 전자에 의하면 소유권의 침해란 반드시 소유권의 상실만을 의미하는 것은 아니고, 점유의 침탈에 의하여 소유권의 내용인 사용·수익·처분이 방해되면 소유권은 사실상 침해되는 것이라고 한다. 후자에 의하면 행위자가 외관상 소유자의 지위는 취득할 수 있지만 이로 인하여 피해자가 소유권을 상실하는 것은 아니고, 절도죄는 절취만 있으면 완성되는 것이며 소유권의 내용이 침해되어야 기수에 이르는 것은 아니라고 한다. 이원설에 의하면 소유권의 측면에서는 추상적 위험범이 되지만, 점유의 측면에서는 침해범이 된다고 한다.

생각건대 형사상 소유권에 대한 침해는 민사상 소유권의 상실과 반드시 일치하는 것은 아니라고 할 수 있다. 점유의 침해로 인하여 소유권의 내용인 사용, 수익, 처분의 권능이 방해받아도 소유권은 침해되었다고 할 수 있기 때문이다. 이러한 의미에서 절도의 죄의 보호법익을 점유와 소유권의 양자로 이해하는 경우에도 점유와 소유권 양자도 모두 침해된다고 할 수 있기 때문에 절도의 죄를 침해범으로 해석하는 것이 가능하게 된다.

3. 구성요건의 체계

기본적 구성요건은 절도죄이다(제329조). 행위방법으로 인하여 불법이 가중되는 야간주거침입절도죄(제330조), 특수절도죄(제331조) 및 상습성으로 인하여 책임이 가중되는 상습절도죄(제332조)는 가중적 구성요건이 된다. 자동차등불법사용죄는 독립된 구성요건이다(제331조의2).

이 외에도 절도죄에 대하여는 미수범을 처벌하며(제342조), 자격정지를 병과할 수 있고(제345조) 나아가 친족상도례가 적용된다(제344조).

Ⅱ. 절도죄

제329조(절도) 타인의 재물을 절취한 자는 6년 이하의 징역 또는 1천만원 이하의 벌금에 처한다.

제332조(상습범) 상습으로 제329조 ~ 의 죄를 범한 자는 그 죄에 정한 형의 2분의 1까지 가중한다.

제342조(미수범) 제329조 ~ 의 미수범은 처벌한다.

제344조(친족간의 범행) 제328조의 규정은 제329조 ~ 의 죄 또는 미수범에 준용한다.

제345조(자격정지의 병과) 본장의 죄를 범하여 유기징역에 처할 경우에는 10년 이하의 자격정지를 병과할 수 있다.

제346조(동력) 본장의 죄에 있어서 관리할 수 있는 동력은 재물로 간주한다.

1. 서 언

(1) 의 의

절도죄(窃盜罪, Diebstahl, larceny)란 타인의 재물을 절취함으로써 성립하는 범죄를 말한다. 타인의 재물이란 타인이 점유하고 타인이 소유하는 재물을 말한다.

(2) 특 징

절도죄는 자연범 중의 하나이고 생존을 위해 불가피하게 행하는 곤궁범이라는 점, 처음부터 존재해온 가장 오래된 범죄라는 점, 오늘날에도 발생빈도가 가장 높은 범죄라는 점, 재산죄의 중심에 위치하는 범죄로서 재산범의 기본형태라는 점 등의 특징을 가진다고 할 수 있다. 흔히 먹고 사는 일이 곧 포도청에 갈 일로 직결된다는 소위 '목구멍이 포도청'이라는 말은 이러한 점들을 잘 웅변하고 있다고 이해된다.

(3) 구별개념

절도죄는 여러 측면에서 다른 재산죄와 공통점을 가지거나 구별점을 가지고 있다. 첫째, 객체를 기준으로 절도죄는 재물만을 객체로 하는 순수한 재물죄라는 점에서 재물과 재산상의 이익을 동시에 객체로 하고 있는 강도죄, 사기죄 또는 공갈죄와 같은 재물죄인 동시에 이득죄와 구별되며, 재산상의 이익만을 객체로 하고 있는 배임죄와 같은 순수한 이득죄와도 구별된다. 절도죄는 또한 타인이 점유하는 재물을 객체로 한다는 점에서 자신이 점유하는 재물을 객체로 하는 횡령죄와도 구별된다. 둘째, 행위의 방법으로 기준으로 절도죄는 상대방의 의사에 반하여 재물을 취득한다는 점에서 강도죄와 함께 탈취죄에 속하지만, 절도죄는 폭행 또는 협박을 요하지 않는다는 점에서 이를 수단으로 하여 상대방의 의사를 억압하는 강도죄와 구별된다. 뿐만 아니라 절도죄는 의사에 반하여 재물을 취득한다는 점에서 사기죄나 공갈죄와 같이 상대방의 하자 있는 의사에 기하여 재물을 취득하는 편취죄와 구별된다. 셋째, 불법영득의 의사를 기준으로 절도죄는 이를 요한다는 점에서 이를 요하지 않는 손괴죄와 구별되고 있다.

2. 범 죄

(1) 구성요건

1) 객관적 구성요건

① 주 체

본죄의 주체에는 특별한 제한이 없다. 다만 타인의 점유를 탈취한다는 본죄의 구성요건상 본죄의 객체에 해당하는 재물의 점유자나 소유자는 본죄의 주체로는 될 수 없다고 해석된다. 그러나 공유물에 대한 공동점유자의 경우 다른 공유자의 점유를 배제하고 자기의 단독점유로 이전한 이상 그 행위자는 본죄의 주체가 된다.

② 객 체

본죄의 객체는 '타인의 재물'이다. '타인의 재물'이란 소유와 점유가 타인에 의하여 이루어지고 있는 타인소유·타인점유의 재물을 말한다.

ⓘ 재 물 　재물의 일반적 의의에 관하여는 이미 재산죄 총론의 객체론에서 전술한 바와 같다. 형법상 재물의 개념은 일반적으로 민법상의 물건의 개념을 기초로 한다. 민법은 '물건이라 함은 유체물 및 전기 기타 관리할 수 있는 자연력을 말한다'고 규정하고 있다 (민법 제98조 참조). 이에 상응하여 형법상의 개념에 있어서도 재물이란 유체물과 관리가능한 동력을 말한다고 해석되고 있다. 이러한 결론은 전술한 바와 같이 재물의 개념에 관한 유체설설이나 관리가능성설의 입장에서도 동일하다.

ⓘⓘ 유체물

i. 의 의 　재물은 우선 유체물이어야 한다. 유체물이란 일정한 공간을 차지하는 물체를 의미한다. 고체든 액체든 또는 기체든 그 형체는 묻지 않는다. 현금도 유체물에 해당한다. 그러나 채권 기타의 권리는 유체물이 아니다. 다만 권리가 화체된 문서, 예컨대 어음, 수표, 상품권, 예금통장 등은 유체물이 된다.

유체물을 긍정한 판례의 구체적 내용은 다음과 같다. 즉.

> 인감증명서는 재물로서 절도죄의 객체가 된다.[3] 형법상 유가증권이라 함은 증권상에 표시된 재산상의 권리의 행사와 처분에 그 증권의 점유를 필요로 하는 것을 총칭하는 것이므로,[4] 이 사건 회원용 리프트탑승권은 그와 같은 의미에서 유가증권의 일종이고, 유가증권도 그것이 정상적으로 발행된 것은 물론 비록 작성권한 없는 자에 의하여 위조된 것이라고 하더라도 절차에 따라 몰수되기까지는 그 소지자의 점유를 보호하여야 한다는 점에서 형법상 재물로서 절도죄의 객체가 된다.[5]

---

3) 대법원 1986.9.23. 선고 85도1775 판결.
4) 대법원 1998.2.27. 선고 97도2483 판결; 대법원 1995.3.14. 선고 95도20 판결 등 참조.
5) 대법원 1998.11.24. 선고 98도2967 판결.

피고인이 근무하던 회사를 퇴사하면서 가져간 서류가 이미 공개된 기술내용에 관한 것이고 외국회사에서 선전용으로 무료로 배부해 주는 것이며 동 회사연구실 직원들이 사본하여 사물처럼 사용하던 것이라도 위 서류들이 회사의 목적업무중 기술분야에 관한 문서들로서 국내에서 쉽게 구할 수 있는 것도 아니며 연구실 직원들의 업무수행을 위하여 필요한 경우에만 사용이 허용된 것이라면 위 서류들은 위 회사에 있어서는 소유권의 대상으로 할 수 있는 주관적 가치뿐만 아니라 그 경제적 가치도 있는 것으로 재물에 해당한다 할 것이어서 이를 취거하는 행위는 절도에 해당하고 비록 그것이 문서의 사본에 불과하고 또 인수인계 품목에 포함되지 아니 하였다 하여 그 위법성이 조각된다 할 수 없다.[6]

ⅱ. 부동산 부동산도 유체물이므로 당연히 재물에 포함된다. 부동산이란 토지와 그 정착물을 말한다(민법 제99조 제1항). 문제는 재물죄인 절도죄의 객체에 부동산도 포함되느냐에 있다. 왜냐하면 강도죄, 사기죄, 공갈죄 또는 횡령죄 등에 있어서는 행위의 객체에 부동산도 포함되고 있지만, 절도죄의 객체인 재물에는 부동산이 포함되고 있는가에 대하여는 견해가 일치하지 않고 있기 때문이다.

㉠ 학 설 학설은 크게 적극설과 소극설이 대립하고 있다. 첫째, 부동산도 절도죄의 재물에 포함된다는 적극설이다. 적극설(積極說)은 절도죄의 객체를 동산에 한정하여 규정하고 있는 독일형법과는[7] 달리 형법은 절도죄의 객체를 재물이라고만 규정하고 있을 뿐 동산에 한정한다는 규정을 두지 않고 있다는 점, 절취는 재물에 대한 지배의 이전을 요하지만 반드시 장소적 이전까지 요건으로 하는 것은 아니므로 부동산도 재물에 포함된다는 점 등을 근거로 들고 있다.

둘째, 부동산은 절도죄의 재물에 포함되지 않는다는 소극설이다. 소극설(消極說)은 절취의 개념에는 재물의 장소적 이전이 포함되므로 장소적 이전이 불가능한 부동산은 절도죄의 객체가 될 수 없다는 점, 부동산은 그 점유가 침해된 경우에도 그 소재지 자체가 변경된 것은 아니므로 피해자의 점유가 침해되었다고 보기 어렵다는 점, 토지의 경계를 침범한 경우에는 경계침범죄(제370조)가 별도로 마련되어 있으며, 불법으로 점거한 경우에는 주거침입죄(제319조)가 성립되어 이러한 죄로 처벌이 가능하다는 점 등을 이유로 하고 있다. 다만 민사법상으로 부동산에 속한다고 하더라도 그 전부 또는 일부를 동산화하여 탈취한 경우에는 동산화된 부분에 대하여 형사법상으로 절도죄가 성립할 수 있다고 한다. 예컨대 토지의 정착물인 입목(立木)을 벌채하여 영득한 경우에는 입목에 대한 절도죄의 성립을 인정할 수 있게 된다고 한다.

㉡ 판 례 판례는 처음부터 절도죄에 있어서 부동산의 재물성을 부정해왔다. 대법원은 "피고인 소유토지 135평과 높은 언덕으로 인접한 국유지 89평과의 경계선을 표시하는 위 언덕 위의 10년생 내지 18년생의 포플러 및 아카시아나무 약 30본을 뽑아 버리고 위 국유대지 1평 7합을 깍아 내려 약 1미터 높이의 석축을 쌓은 소위는 경계침범죄를 구성한

6) 대법원 1986.9.23. 선고 86도1205 판결.

7) 독일형법 제242조 (절도) ① 타인의 동산을 불법하게 영득할 의사로써 취거(取去)한 자는 5년 이하의 자유형 또는 벌금형에 처한다. ② 미수는 벌한다.

다"고 판시한 바 있다.[8)]

㉢ 검 토 절도죄의 역사는 인류의 그것과 궤를 같이 할 정도로 고전적이고 전통적인 범죄라고 할 수 있다. 이러한 점에서 절도죄를 포함하는 탈취죄는 근대 산업사회 이후에 등장하여 당시로서는 신종범죄에 속하고 있었던 편취죄와는 구별될 수 있다. 또 절도죄는 처음부터 동산만을 그 객체로 하고 있었다는 점에서 그 역사의 줄기를 찾을 수 있다. 과거의 제도상으로 토지는 개인의 소유가 인정될 수 없었기 때문이다. 따라서 재물에 관한 법제는 역사적으로 동산을 객체로 하는 절도죄의 부류와 부동산을 객체로 하는 경계침범죄의 부류로 분화하여 발달해왔다고 추정할 수 있다.

생각건대 현행법제는 과거의 전통법제와 그 줄기를 같이하고 있다고 보이고, 그럼에도 불구하고 부동산의 절도에 관한 법적 공백이 현재까지 발생하고 있지 않다면 굳이 법제를 변경할 필요성은 존재하지 않는다고 본다. 부동산의 절도에 대하여는 이미 과거로부터 경계침범죄 등과 같은 제도가 마련되어 있기 때문이라고 이해된다. 따라서 전통법제를 계승하여 절도죄의 객체를 동산에 한정된다고 해도 무방하다고 해석된다.

ⅲ 관리할 수 있는 동력

ⅰ. 의 의 관리할 수 있는 동력은 본죄의 재물로 간주된다(제346조). 전술한 바와 같이 유체성설에 의하든 관리가능성설에 의하든 결론에 있어서는 동일하다. 따라서 전기와 같은 에너지는 무체물이지만 재물이 된다. 관리란 물리적 관리만을 의미한다. 학설과 판례의 입장이기도 하다. 사무적 관리까지 포함한다고 해석할 때에는 재물과 재산상의 이익을 구별하는 것이 모호해지기 때문이다. 따라서 권리와 같이 사무적으로 관리할 수는 있어도 물리적으로 관리할 수 없는 것은 관리할 수 있는 동력이 되지 않는다. 이러한 의미에서 권리절도(權利窃盜, Rechtsdiebstahl)는 성립할 수 없다. 전파나 전화통화도 물리적으로 관리가 불가능하다.

다만 동력의 범위와 관련하여서는 자연적 에너지에 제한된다는 견해와 자연적 에너지 이외에 인간의 노동력이나 우마의 견인력 등도 포함된다는 견해가 대립하고 있다. 그러나 동력을 자연력에 한정할 이유는 존재하지 않는다고 하는 것이 타당하다고 이해된다. 형법은 단순히 '관리할 수 있는 동력'이라고만 규정하고 있기 때문이다(제346조). 따라서 관리가 가능한 한 전기, 수력, 압력, 인공냉기, 인공온기, 견인력 등도 모두 절도죄의 객체인 동력에 해당한다고 할 수 있다. 문제는 정보에 있다. 정보는 관리할 수 있는 동력에 해당하지 않는다고 보기 때문이다. 이에 관하여는 후술한다.

한편 재물도 아니고 관리할 수 있는 동력도 아닌 역무를 절취하는 경우에는 관념적으로 소위 이익절도(利益竊盜)를 상정할 수 있다. 그러나 형법은 재물과 관리할 수 있는 동력을 제외한 나머지, 예컨대 재산상의 이익에 해당하는 서비스를 절취하는 이익절도에 관하여는 아무런 규정을 두지 않고 있다. 당연히 형법상 절도죄의 객체의 범위를 벗어나는 부분이라고 해석된다. 다만 별개의 문제로서 기망이 개재되면 사기죄, 폭행이나 협박이 있다면 강도죄의 성립을 방해하지 않는다고 할 수 있다. 한편 이익절도가 문제로 되는 경우는 대개 민사

8) 대법원 1980.10.27. 선고 80도225 판결.

상 채무불이행의 문제로 귀착될 수 있다.

관리할 수 없는 동력의 재물성을 부정한 판례의 구체적 내용은 다음과 같다. 즉,

타인의 전화기를 무단으로 사용하여 전화통화를 하는 행위는 전기통신사업자가 그가 갖추고 있는 통신선로, 전화교환기 등 전기통신설비를 이용하고 전기의 성질을 과학적으로 응용한 기술을 사용하여 전화가입자에게 음향의 송수신이 가능하도록 하여 줌으로써 상대방과의 통신을 매개하여 주는 역무, 즉 전기통신사업자에 의하여 가능하게 된 전화기의 음향송수신기능을 부당하게 이용하는 것으로, 이러한 내용의 역무는 무형적인 이익에 불과하고 물리적 관리의 대상이 될 수 없어 재물이 아니라고 할 것이므로 절도죄의 객체가 되지 아니한다.[9] 수산업법에 의한 소위 양식어업권은 행정관청의 면허를 받아 해상의 일정구역내에서 그 소유의 수산 동·식물을 양식할 수 있는 권리를 가리키는 것으로서 그 면허를 받았다는 사실만으로써 곧 당해구역내에 자연적으로 번식하는 수산 동·식물에 관하여 당연히 소유권이나 점유권을 취득한다고 할 수는 없으므로, 공소외인이 굴 양식면허를 받은 위 구역내에서 피고인들이 사언서식의 반지락을 채취하였다고 하더라도 수산업법위반이 됨은 별론으로 하고 절도죄를 구성한다고는 할 수 없다.[10]

ⅱ. 정 보　　정보는 그 자체로서는 재물이 될 수 없다. 정보는 유체물에도 해당되지 않고, 관리할 수 있는 동력에도 포함되지 않기 때문이다. 정보(情報)란 특정 목적을 위하여 광(光) 또는 전자적 방식으로 처리되어 부호, 문자, 음성, 음향 및 영상 등으로 표현된 모든 종류의 자료 또는 지식을 말한다(국가정보화기본법 제3조 제1호). 정보는 정보화를 통하여 지식과 정보가 행정, 경제, 문화, 산업 등 모든 분야에서 가치를 창출하고 발전을 이끌어가는 지식정보사회(국가정보화기본법 제3조 제4호)에서 아직까지 재물의 상징이었던 금은보화보다도 그 중요성이 더 할 수도 있다. 이러한 의미에서 속칭 간첩행위(spy)에 속하는 정보절도(情報窃盜)를 형법에 신설하여 처벌할 필요성이 있다는 일각의 주장은 설득력이 없다고 할 수 없다. 그럼에도 불구하고 정보의 재물성에 대한 현행법상의 근거는 존재하지 않는다고 해석되기 때문에 정보 자체를 절취하는 행위를 현행 형법상 절도죄로 처벌하는 것은 불가능하다. 다만 현행 형법상으로도 정보가 화체된 정보매체 그 자체는 재물성이 긍정될 수 있기 때문에, 예컨대 산업스파이사건에서 파일, 마이크로 필름, 플로피 디스크 등에 대한 절도죄 또는 횡령죄는 성립할 수 있다. 뿐만 아니라 유체물에 정보가 화체되어 있지 않은 경우에는 배임죄가 성립할 할 수도 있다. 한편 특별법상의 처벌규정으로서 영업비밀에 속하는 정보에 대한 침해행위는 그 자체로서 부정경쟁방지법에 의하여 처벌될 수 있다(부정경쟁방지법 제18조 이하 참조).

정보화일의 재물성을 부정한 판례의 구체적 내용은 다음과 같다. 즉,

절도죄의 객체는 관리가능한 동력을 포함한 '재물'에 한한다 할 것이고, 또 절도죄가 성립하기 위해서는 그 재물의 소유자 기타 점유자의 점유 내지 이용가능성을 배제하고 이를 자신의 점유하에 배타적으로 이전하는 행위가 있어야만 할 것인 바, 컴퓨터에 저장되어 있는 '정보' 그 자체는 유체물이라고 볼 수도 없고, 물질성을 가진 동력도 아니므로 재물이 될 수 없다 할 것이며, 또 이를 복사하거나 출력하였다 할지라도 그 정보 자체가 감소하거나 피해자의 점유 및 이용가능성을

---

9) 대법원 1998. 6. 23. 선고 98도700 판결.

10) 대법원 1983.2.8. 선고 82도696 판결.

감소시키는 것이 아니므로 그 복사나 출력 행위를 가지고 절도죄를 구성한다고 볼 수도 없다. 피고인이 컴퓨터에 저장된 정보를 출력하여 생성한 문서는 피해 회사의 업무를 위하여 생성되어 피해 회사에 의하여 보관되고 있던 문서가 아니라, 피고인이 가지고 갈 목적으로 피해 회사의 업무와 관계없이 새로이 생성시킨 문서라 할 것이므로, 이는 피해 회사 소유의 문서라고 볼 수는 없다 할 것이어서, 이를 가지고 간 행위를 들어 피해 회사 소유의 문서를 절취한 것으로 볼 수는 없다.[11) 회사 직원이 업무와 관련하여 다른 사람이 작성한 회사의 문서를 복사기를 이용하여 복사를 한 후 원본은 제자리에 갖다 놓고 그 사본만 가져간 경우, 그 회사 소유의 문서의 사본을 절취한 것으로 볼 수는 없다.[12)]

정보매체의 재물성을 긍정한 판례의 구체적 내용은 다음과 같다. 즉,

사원이 회사를 퇴사하면서 부품과 원료의 배합비율과 제조공정을 기술한 자료와 회사가 시제품의 품질을 확인하거나 제조기술 향상을 위한 각종 실험을 통하여 나타난 결과를 기재한 자료를 가져간 경우 이는 절도에 해당하고, 위 자료는 구 부정경쟁방지 및 영업비밀보호에 관한 법률(2004.1.20. 법률 제7095호로 개정되기 전의 것)에 정한 영업비밀에 해당한다.[13)]

ⓘⓥ 타인의 재물　본죄의 객체로 되기 위한 재물은 타인의 재물이어야 한다. 타인은 재물의 주체이다. 타인의 재물이란 타인 소유의 재물일 것과 동시에 타인 점유의 재물일 것을 의미한다고 해석된다. 따라서 절도죄의 객체로 되기 위한 재물은 소유의 타인성과 점유의 타인성을 모두 충족하지 않으면 안 된다.

ⅰ. 소유의 타인성

㉠ 의 의　본죄의 재물은 타인이 소유하는 재물이어야 한다. 절취란 타인이 점유하고 있는 자기 이외의 자의 소유물을 점유자의 의사에 반하여 그 점유를 배제하고 자기 또는 제3자의 점유로 옮기는 것을 말하기 때문이다.[14)]

타인의 소유(他人의 所有)란 재물의 소유권이 행위자 이외의 타인에게 속하여야 한다. 행위자가 단독으로 소유하는 재물, 즉 행위자의 소유물은 타인의 재물이 아니다. 타인의 단독소유 또는 타인과의 공동소유의 경우에는 타인의 재물이 되어 소유의 타인성이 인정된다. 재물의 소유자와 점유자가 일치할 필요는 없다. 재물에 대한 소유관계는 민법, 기타의 법령 및 관습에 의하여 정하여지는 것이 원칙이다. 그럼에도 불구하고 소유의 타인성은 민법과는 별개로 형법이 독자적으로 결정하여야 할 성질의 개념에 속한다. 예컨대 명의신탁이나 불법원인급여 등에서와 같이 소유의 타인성이 민법상의 소유관계와는 별개로 형법상 독자적으로 결정되어야 하는 경우가 있기 때문이다. 타인이란 행위자 이외의 자를 말한다. 타인은 권리능력자여야 하지만, 그에게 의사능력이나 행위능력까지 요하는 것은 아니다.

판례에 의하면 당사자 사이에 자동차의 소유권을 등록명의자 아닌 자가 보유하기로 약정한 경우, 약정 당사자 사이의 내부관계에서는 등록명의자 아닌 자가 소유권을 보유하게 된

11) 대법원 2002.7.12. 선고 2002도745 판결.
12) 대법원 1996.8.23. 선고 95도192 판결.
13) 대법원 2008.2.15. 선고 2005도6223 판결.
14) 대법원 2006.9.28. 선고 2006도2963 판결; 대법원 2001.10.26. 선고 2001도4546 판결.

다고 하더라도 제3자에 대한 관계에서는 어디까지나 등록명의자가 자동차의 소유자라고 할 것이다.[15] 소유의 타인성을 긍정한 판례의 구체적 내용은 다음과 같다. 즉,

피고인이 자신의 모(母) 갑 명의로 구입·등록하여 갑에게 명의신탁한 자동차를 을에게 담보로 제공한 후 을 몰래 가져가 절취하였다는 내용으로 기소된 사안에서, 을에 대한 관계에서 자동차의 소유자는 갑이고 피고인은 소유자가 아니므로 을이 점유하고 있는 자동차를 임의로 가져간 이상 절도죄가 성립한다고 본 원심판단을 정당하다.[16] 식품접객업 영업허가가 행정관청의 허가이고 그 영업 자체가 국민의 보건과 관계가 있으며, 나아가 부가가치세법에 의한 사업자등록이 납세의무와 관련되어 있다 하더라도, 당사자 사이에서 그 허가명의 및 등록명의를 대여하는 것이 허용되지 않는다고 볼 것은 아니다. 명의대여 약정에 따른 신청에 의하여 발급된 영업허가증과 사업자등록증은 피해자가 인도받음으로써 피해자의 소유가 되었다고 할 것이므로, 이를 명의대여자가 가지고 간 행위가 절도죄에 해당한다.[17]

㉡ 무주물 무주물은 타인의 재물이 아니다. 무주물(無主物)이란 어느 누구의 소유에도 속하지 않는 재물을 말한다. 아직 어느 누구에게도 소유권이 귀속되지 아니한 재물이거나 소유자가 유효하게 소유권을 포기한 재물은 무주물이다. 소유권은 유효하게 포기되어야 하므로 잃어버린 재물이나 잘못 두고 온 재물은 무주물이라고 할 수 없다. 아직 포획되지 아니한 야생동물이나 물고기도 자유로운 상태에 있는 한 무주물이 된다. 무주물은 소유권의 대상으로 되지 않기 때문에 재물에 해당하지 않고, 타인소유의 재물이 아니기 때문에 절도죄의 객체로 되지 않는다. 무주물은 소유의 의사를 가지고 선점한 자가 소유권을 취득할 뿐이다(민법 제252조). 따라서 무주물의 선점자(先占者)에 대하여는 절도죄가 성립할 여지가 없다. 다만 무주물의 점유에 관하여 규제가 가하여지고 있는 경우도 있지만, 그러한 경우에도 그 규제에 위반한 자가 해당 법률위반의 죄에 의하여 처벌을 받는 경우는 있어도 절도죄가 성립하는 것은 아니다. 한편 소유자가 불명이지만 소유자가 존재하는 재물인 경우에 그것이 누구의 소유에 속한다는 것이 증거상 인정되는 한 그 재물은 무주물이 아니고 절도죄의 객체로 된다. 소유의 타인성을 부정한 판례의 구체적 내용은 다음과 같다. 즉,

말벌집은 신고인이 거주하는 건물의 2층 처마 밑에 자연히 생겨났고, 건물에서 위 말벌집을 비교적 용이하게 분리할 수 있는 만큼 말벌집이 위 건물 자체에 부합되었다고 보기는 어려운 점, 장수말벌집의 특성상 사람이 이를 사양하거나 관리할 수 없고, 사람의 관리를 필요로 하지도 아니하는 점, 신고인은 이 사건이 발생하기 8개월 이상 전부터 자신의 집에 장수말벌들이 집을 짓고 그곳에서 군집생활을 하고 있다는 것을 인지하였음에도 아무런 조치를 취하지 아니한 채 방치하였고, 이후 말벌들이 떠나 이 사건 당시 말벌집이 빈 상태였음에도 별다른 조치를 하지 아니한 점, 신고인은 당심에서 증인으로 출석하여 '말벌집을 소유한다는 생각은 없었고, 말벌집을 제거하려고 한 적도 있으나 사람들에게 피해를 주지 않으니 그냥 놔두었다'는 취지로 진술하였고, 위와 같은 내용이 포함된 진술서도 제출한 점, 이와 같은 신고인의 증언이나 사건발생 당시 상황 등에 비추어

15) 대법원 2014.9.25. 선고 2014도8984 판결; 대법원 2012.4.26. 선고 2010도11771 판결; 대법원 2007.1.11. 선고 2006도4498 판결; 대법원 2003.5.30. 선고 2000도5767 판결.

16) 대법원 2012.4.26. 선고 2010도11771 판결.

17) 대법원 2004.3.12. 선고 2002도5090 판결.

볼 때 이 사건 말벌집은 일반적인 방법으로 행인의 접근이 불가능한 위치에 붙어 있었는바 신고인은 말벌집이 없어진 것을 발견한 후 누군가 자신의 집에 들어왔다는 사실 때문에 신고를 하게 된 것으로 보이고, 수사기관에서도 말벌집이 없어진 부분에 대하여 당초부터 처벌의사도 없었던 점 등을 종합하여 볼 때, 신고인이 이 사건 말벌집을 소유의 의사로 점유함으로써 민법 제252조 제1항에 따라 그 소유권을 취득하였다고 보기 어렵다. 또한 이 사건 말벌집에 말벌들이 살고 있지 않아 비워진 상태였던 점이나, 피고인들이 수사과정에서부터 '이 사건 말벌집이 소유의 대상이 되는 줄 알지 못하였다'고 변소하였던 점을 고려할 때, 피고인들에게 타인 소유의 물건을 절취한다는 고의가 있었다고 보기도 어렵다.[18] 수산업법에 의한 소위 양식어업권은 행정관청의 면허를 받아 해상의 일정구역내에서 그 소유의 수산 동·식물을 양식할 수 있는 권리를 가리키는 것으로서 그 면허를 받았다는 사실만으로써 곧 당해구역내에 자연적으로 번식하는 수산 동·식물에 관하여 당연히 소유권이나 점유권을 취득한다고 할 수는 없으므로, 공소외인이 굴 양식면허를 받은 위 구역내에서 피고인들이 자연서식의 반지락을 채취하였다고 하더라도 수산업법위반이 됨은 별론으로 하고 절도죄를 구성한다고는 할 수 없다.[19] 자기 논에 물을 품어 넣기 위하여 토지개량조합의 배수로에 토지개량조합규칙에 위배되는 행위로서 특수한 공작물을 설치하여 자기 논에 물을 저수하였다 하여도 그 물이 물을 막은 사람의 사실상이나 법률상 지배하는 것이 되지 못한다고 인정되므로 그 물은 절도죄의 객체가 되지 못한다.[20]

㉢ 금제품 금제품(禁制品, contraband)이란 소유나 점유가 금지되어 있는 물건을 말한다. 밀수품, 무기, 마약, 장물 등이 대표적인 예이다. 금제품의 재물성에 관하여는 견해가 일치하지 않고 있다. 첫째, 소극설(消極說)은 형법이 사실상의 점유를 보호법익으로 하는 것은 재물의 경제적 이용가능성을 보호하기 위한 것이므로 금제품에 대하여는 절도죄가 성립할 수 없다고 한다. 이에 대하여는 절도죄는 소유권을 보호법익으로 하는 범죄이며 그 경제적 가치를 보호하는 것은 아니라고 비판되고 있다. 둘째, 적극설(積極說)은 금제품이라 할지라도 절차에 따라 몰수되기 전까지는 사실상의 점유를 보호해야 한다고 한다. 그럼에도 불구하고 금제품은 사인에 의한 소유는 금지되지만 국가의 소유는 인정된다고 한다. 이에 대하여는 절도죄의 보호법익은 점유가 아니라 소유권이며, 소유가 금지된 물건에 절도죄가 성립할 수는 없을 뿐만 아니라 사인에 대한 관계에서 소유권이 금지되어 있다고 하여 바로 국가의 소유권을 인정하는 것도 옳다고 할 수 없다는 비판이 가하여지고 있다. 셋째, 절충설(折衷說)에 의하면 절도죄의 보호법익은 소유권이므로 소유권의 객체가 될 수 없는 위조통화, 아편흡식기 등과 같은 절대적 금제품(絕對的 禁制品)은 재산죄의 객체가 아니지만, 단순히 점유가 금지되어 있는 권총 등 불법하게 소지하고 있는 무기와 같은 상대적 금제품(相對的 禁制品)은 재산죄의 객체가 된다고 한다.

판례의 입장은 적극설로 해석된다. 대법원은 "유가증권(스키장의 리프트탑승권)도 그것이 정상적으로 발행된 것은 물론 비록 작성권한 없는 자에 의하여 위조된 것이라고 하더라도 절차에 따라 몰수되기까지는 그 소지자의 점유를 보호하여야 한다는 점에서 형법상 재물로

18) 춘천지방법원 2021.4.2 선고 2020노131 판결.
19) 대법원 1983.2.8. 선고 82도696 판결.
20) 대법원 1964.6.23. 선고 64도209 판결.

서 절도죄의 객체가 된다"고 판시한 바 있다.[21)]

생각건대 금제품이란 법률상의 개념이다. 그러나 절도죄에 있어서 점유는 사실상의 개념이다. 따라서 금제품이라 하더라도 사실상 점유가 인정되는 이상 그 점유는 보호되지 않을 수 없다. 금제품에 대한 몰수라 하더라도 몰수에는 일정한 절차를 필요로 하기 때문에 법률상의 몰수절차에 의하지 않으면 몰수되지 않는다는 한도에서 재물성은 인정되는 것은 당연하다.

㉣ 공유물　　공유물은 타인의 재물에 속한다. 공유물(共有物)이란 타인과 공동으로 소유하는 물건을 말한다. 타인과 공유관계에 있는 물건도 절도죄의 객체가 되는 타인의 재물에 속한다.[22)] 소유의 타인성을 긍정한 판례의 구체적 내용은 다음과 같다. 즉,

> 피고인이 피고인과 피해자의 동업자금으로 구입하여 피해자가 관리하고 있던 다이야포크레인 1대를 그의 허락 없이 공소외인으로 하여금 운전하여 가도록 한 행위는 절도죄를 구성한다.[23)] 피고인이 지원소대장으로서 상황장갑차의 탑승원중 가장 상급자라 하더라도 그 장갑차내에 적재된 군용물이 피고인의 단독점유하에 있다고는 볼 수 없으므로 피고인이 이를 불법영득하였다면 절도죄에 해당한다.[24)] 인장이 들은 돈궤짝을 사실상 별개 가옥에 별거 중인 남편이 그 거주가옥에 보관중이었다면 처가 그 돈궤짝의 열쇠를 소지하고 있었다고 하더라도 그안에 들은 인장은 처의 단독보관하에 있은 것이 아니라 남편과 공동보관하에 있다고 보아야 할 것이므로, 공동보관자중의 1인인 처가 다른 보관자인 남편의 동의없이 불법영득의 의사로 위 인장을 취거한 이상 절도죄를 구성한다고 보아야 할 것이다.[25)]

㉤ 합유물　　합유물은 당연히 타인의 재물이 된다. 합유물(合有物)이란 수인이 조합체로서 소유하는 물건을 말한다(민법 제271조 참조).

소유의 타인성을 긍정한 판례의 구체적 내용은 다음과 같다. 즉,

> 하나의 교회가 두 개 이상으로 분열된 경우 그 재산의 처분에 관하여 교회 장정 등에 규정이 없는 한 분열 당시 교인들의 총의에 따라 그 귀속을 정하여야 하고 그와 같은 절차 없이 위 재산에 대하여 다른 교파의 점유를 배제하고 자기 교파만의 지배에 옮긴다는 인식 아래 이를 가지고 갔다면 절도죄를 구성한다.[26)] 동업체에 제공된 물품은 동업관계가 청산되지 않는 한 동업자들의 공동점유에 속하므로, 그 물품이 원래 피고인의 소유라거나 피고인이 다른 곳에서 빌려서 제공하였다는 사유만으로는 절도죄의 객체가 됨에 지장이 없다.[27)] 산지기로서 종중 소유의 분묘를 간수하고 있는 자는 그 분묘에 설치된 석등이나 문관석 등을 점유하고 있다고는 할 수 없으므로 이러한 물건 등을 반출하여 가는 행위는 횡령죄가 아니고 절도죄를 구성한다.[28)] 기독교단체인 교회에 있어서 그 재산은 특별한 사정이 없는 한 그 교회소속 교인들의 총유에 속한다 할 것이고 하나의 교회가

21) 대법원 1998.11.24. 선고 98도2967 판결.
22) 대법원 1994.11.25. 선고 94도2432 판결.
23) 대법원 1990.9.11. 선고 90도1021 판결.
24) 대법원 1984.2.28. 선고 83도3271 판결.
25) 대법원 1984.1.31. 선고 83도3027 판결.
26) 대법원 1998.7.10. 선고 98도126 판결.
27) 대법원 1995.10.12. 선고 94도2076 판결.
28) 대법원 1985.3.26. 선고 84도3024,84감도474 판결.

두개 이상으로 분열된 경우 그 재산의 처분은 일반적으로 승인된 규정이 있으면 그에 의할 것이나 그와 같은 규정이 없는 때에는 분열당시의 그 교회 교인 전원의 총의에 따라 그 귀속을 정해야 되며 이와 같은 절차를 거침이 없이 교회재산에 대한 다른 교파 교인의 점유를 배제하고 자기교파만의 지배하에 옮긴다는 인식 아래 이를 취거하였다면 이는 절도죄를 구성한다.[29)]

소유의 타인성을 부정한 판례의 구체적 내용은 다음과 같다. 즉,

두 사람으로 된 생강농사 동업관계에 불화가 생겨 그 중 1인이 나오지 않자, 남은 동업인이 혼자 생강 밭을 경작하여 생강을 반출한 행위가 절도죄를 구성하지 않는다.[30)] 종중재산은 특별한 사정이 없는 한 총유에 해당하므로 종중소유재산인 임산물의 처분을 하기 위하여 종중결의를 함에 있어 규약상 종중원 전원의 동의가 필요한 것인지의 여부에 대한 심리판단없이 종중원 전원의 승낙이 없었다는 이유만으로 종중소유의 임산물매도행위가 절도죄에 해당된다고 단정할 수 없다.[31)]

㉥ 경작물 경작물은 토지의 정착물이다. 경착물(耕作物)의 소유권은 토지소유자에게 귀속하는 것이 원칙이다. 소유의 타인성을 긍정한 판례의 구체적 내용은 다음과 같다. 즉,

타인의 토지상에 권원 없이 식재한 수목의 소유권은 토지소유자에게 귀속하고 권원에 의하여 식재한 경우에는 그 소유권이 식재한 자에게 있으므로, 권원 없이 식재한 감나무에서 감을 수확한 것은 절도죄에 해당한다.[32)] 타인의 토지상에 권원없이 식재한 수목의 소유권은 토지소유자에게 귀속되고 권원에 의하여 식재한 경우에는 그 소유권이 식재한 자에게 있다.[33)]

소유의 타인성을 부정한 판례의 구체적 내용은 다음과 같다. 즉,

피고인과 갑 간에 '갑이 임야의 입목을 벌채하는 등의 공사를 완료하면 피고인은 갑에게 그 벌채한 원목을 인도한다'는 계약이 성립되고 갑이 위 계약상 의무를 모두 이행하였더라도 그것만으로 위 원목의 소유권이 바로 갑에게 귀속되는 것이 아니라 별도로 그 소유자인 피고인이 갑에게 위 원목에 관한 소유권이전의 의사표시를 하고 이를 인도함으로써 비로소 그 소유권이전의 효력이 생기는 것이므로, 아직 피고인이 갑에게 위 원목에 관한 소유권이전의 의사표시를 하고 이를 인도하지 아니한 채 이를 타인에게 매도한 행위는 자기 소유 물건의 처분행위에 불과하여 절도죄를 구성하지 아니한다.[34)] 갑이 본건 답을 매수하여 그 소유권이전등기를 경료하였다 할지라도 본건 답을 계속 점유경작하여 온 제3자에 대하여는 그 점유의 인도를 받아야만 이를 경작할 수 있다 할 것이고 그 인도를 받음이 없이 경작에 착수하였다면 그 제3자의 점유를 침해한 결과가 될 것이며, 갑이 그 제3자의 점유를 침해하여 못자리에 파종을 하였다 하더라도 점유권 없이 파종한 그 모의 소유권을 취득한다고 볼 수는 없으므로 그 제3자가 갑이 파종한 모를 타인에게 이양하였다 하여 이를 절취한 것이라고 단정할 수 없다.[35)]

---

29) 대법원 1984.8.21. 선고 83도2981 판결.
30) 대법원 2009.2.12. 선고 2008도11804 판결.
31) 대법원 1975.9.23. 선고 74도1804 판결.
32) 대법원 1998.4.24. 선고 97도3425 판결.
33) 대법원 1980.9.30. 선고 80도1874 판결.
34) 대법원 1991.4.26. 선고 90도1958 판결.
35) 대법원 1972.12.26. 선고 72도2465 판결.

㉦ 장제대상물 장제대상물으로서의 시체, 유발, 유골 또는 관내수납물(납관물)은 객관적으로 재산적 가치를 가지고 있는 물건이라도 재산죄의 객체로 되지 않는다고 해석된다. 사용, 수익, 처분할 수 있는 소유권의 객체가 아니기 때문이다. 장제대상물을 절취한 경우에는 본죄와 시체등의 영득죄(제161조)의 상상적 경합이 된다는 주장이 있을 수 있다. 그러나 장제대상물도 재물임에는 틀림이 없으나 처음부터 시체 등의 영득죄의 객체로 규정된 것은 실질적으로 소유권이 포기되었다는 취지 때문이라고 해석된다. 따라서 장제대상물에 대하여는 본죄가 아니라 시체 등의 영득죄만이 성립한다고 해석하는 것이 타당하다. 다만 문화재, 학술표본 또는 미라 등으로서 장제의 대상으로서의 성질을 상실하고 누군가의 소유에 이른 경우에는 재물로 될 수 있다.

㉧ 법인의 소유 재물의 소유는 추상적 법적 개념이기 때문에 법인에 의하여도 행하여질 수 있다. 법인에는 사법인(私法人)뿐만 아니라 공법인(公法人)도 포함된다. 따라서 국가도 재물의 소유권의 주체로 될 수 있다. 다만 법인은 소유는 가능하나, 점유는 불가능하다고 해야 한다. 형법상의 점유는 민법상의 점유와는 달리 사실상의 지배관계를 말하기 때문이다.

㉨ 사자의 소유 소유자가 사망한 경우 그의 소유에 속하던 재물은 원칙적으로 상속인의 소유로 귀속하게 된다. 다만 강도가 소유자를 살해하고 그의 재물을 강취하는 경우에는 사자의 소유를 예외적으로 인정하는 견해도 있다. 이 견해는 소유자를 살해한 자가 그 후에 재물영득의 범의가 발생하여 재물을 영득한 경우에 있어서는 상속인의 소유재물을 범하였다고 하는 것보다는 피상속인인 사자의 소유재물을 범하였다고 하는 것이 사회통념에 합치할 것이라는 점을 근거로 하고 있다. 그러나 이러한 문제는 흔히 소유권의 귀속의 문제로서보다는 사자의 점유의 존부의 문제로서 논하여지고 있는 것이 일반적이다.

㉩ 인체와 장기 재물은 민법상 권리의 객체에 한한다. 따라서 사람의 신체는 재물이 될 수 없다. 사람은 민법상 권리의 주체이지 소유권의 객체가 아니기 때문이다. 인체의 일부나 의치, 의족, 가발 등과 같이 인체에 부착되어 인체의 일부를 구성하는 치료보조장치도 재물이 될 수 없다. 그러나 신체로부터 분리되어 그와는 독립된 별개의 물건으로서 인정되는 경우에는 재물로 될 수 있다. 예컨대 살아 있는 사람의 신체로부터 분리된 모발, 의치, 의족, 채혈된 혈액, 시험관에 보존된 정자나 수정란 또는 이식을 위하여 적출된 장기나 조직 등이 누군가의 소유에 귀속한 이상 재물이 될 수 있다.

㉪ 명의신탁물 명의신탁(名義信託)이란 소유관계를 공시하도록 되어 있는 재산에 있어서 소유자를 실소유자가 아닌 다른 사람의 명의로 해놓는 것을 말한다. 흔히 실소유자를 신탁자, 명의상 소유자를 수탁자라고 한다. 명의신탁된 재산의 소유관계는 신탁자와 수탁자 사이에서 소유권이 신탁자에게 그대로 남아 있지만, 대외관계나 제3자에 대한 관계에서는 소유권이 수탁자에게 이전・귀속하게 된다. 따라서 수탁자가 신탁자의 승낙 없이 신탁재산을 처분할 때에는 제3취득자는 선의・악의를 불문하고 적법하게 소유권을 취득하게 된다. 문제는 대내관계에서의 법률관계에 있다. 이와 관련해서는 부동산의 경우와 동산의

경우로 나누어 볼 필요가 있다.

첫째, 부동산의 경우이다. 취득세나 양도소득세 등의 조세부과를 회피하거나 토지거래허가제 등 각종 규제를 회피하기 위한 수단으로 악용되어 왔던 부동산 명의신탁은 1995년 부동산실명법이 제정으로 인하여 원칙적으로 무효로 된다(부동산실명법 제4조 제1항).[36] 따라서 부동산 명의신탁의 경우 수탁자는 신탁자에 대하여도 소유자가 되기 때문에 신탁부동산은 타인의 재물이 아니라 자기의 재물이 된다. 다만 예외적으로 종중이 보유한 부동산에 관한 물권을 종중 외의 자의 명의로 등기한 경우와 배우자 명의로 부동산에 관한 물권을 등기한 경우에 이것이 조세포탈이나 강제집행의 명탈 또는 법령상 제한의 회피를 목적으로 한 것이 아닌 한 명의신탁을 인정하고 있다(부동산실명법 제8조 참조).

둘째, 동산의 경우이다. 동산의 경우에는 명의신탁을 규제하는 하등의 법률이 존재하지 않는다. 따라서 동산 명의신탁의 경우 명의신탁된 동산은 신탁자의 소유로 남아 있기 때문에 수탁자에게는 여전히 타인의 재물에 해당하게 된다. 대법원도 "자동차에 대한 소유권의 득실변경은 등록을 함으로써 그 효력이 생기고 등록이 없는 한 대외적 관계에서는 물론 당사자의 대내적 관계에서도 소유권을 취득할 수 없는 것이 원칙이지만, 당사자 사이에 소유권을 등록명의자 아닌 자가 보유하기로 약정하였다는 등의 특별한 사정이 있는 경우에는 그 내부관계에 있어서는 등록명의자 아닌 자가 소유권을 보유하게 된다고 할 것이다"라고 판시한 바 있다.[37]

소유의 타인성을 긍정한 판례의 구체적 내용은 다음과 같다. 즉,

> 피고인이 자신의 명의로 등록된 자동차를 사실혼 관계에 있던 갑에게 증여하여 갑만이 이를 운행·관리하여 오다가 서로 별거하면서 재산분할 내지 위자료 명목으로 갑이 소유하기로 하였는데, 피고인이 이를 임의로 운전해 간 사안에서, 자동차 등록명의와 관계없이 피고인과 갑 사이에서는 갑을 소유자로 보아야 한다는 이유로 절도죄를 인정한 원심판단을 정당하다고 하였다.[38] 자동차나 중기(또는 건설기계)의 소유권의 득실변경은 등록을 함으로써 그 효력이 생기고 그와 같은 등록이 없는 한 대외적 관계에서는 물론 당사자의 대내적 관계에 있어서도 그 소유권을 취득할 수 없는 것이 원칙이지만, 당사자 사이에 그 소유권을 그 등록 명의자 아닌 자가 보유하기로 약정하였다는 등의 특별한 사정이 있는 경우에는 그 내부관계에 있어서는 그 등록 명의자 아닌 자가 소유권을 보유하게 된다.[39] 식품접객업 영업허가가 행정관청의 허가이고 그 영업 자체가 국민의 보건과 관계가 있으며, 나아가 부가가치세법에 의한 사업자등록이 납세의무와 관련되어 있다 하더라도, 당사자 사이에서 그 허가명의 및 등록명의를 대여하는 것이 허용되지 않는다고 볼 것은 아니다. 명의대여 약정에 따른 신청에 의하여 발급된 영업허가증과 사업자등록증은 피해자가 인도받음으로써 피해자의 소유가 되었다고 할 것이므로, 이를 명의대여자가 가지고 간 행위가 절도죄에 해당한다.[40]

36) 부동산 실권리자명의 등기에 관한 법률 1995.3.30. 제정 법률 제4944호 1995.7.1. 시행.
37) 대법원 1989.9.12. 선고 88다카18641 판결, 대법원 2003.5.30. 선고 2000도5767 판결 등 참조.
38) 대법원 2013.2.28. 선고 2012도15303 판결.
39) 대법원 2007.1.11. 선고 2006도4498 판결.
40) 대법원 2004.3.12. 선고 2002도5090 판결.

ⓔ 기타 타인소유의 재물　　판례에 의하면 금전채무를 담보하기 위하여 채무자가 그 소유의 동산을 채권자에게 양도하되 점유개정에 의하여 채무자가 이를 계속 점유하기로 한 경우, 특별한 사정이 없는 한 동산의 소유권은 신탁적으로 이전되고, 채권자와 채무자 사이의 대내적 관계에서 채무자는 의연히 소유권을 보유하나 대외적인 관계에 있어서 채무자는 동산의 소유권을 이미 채권자에게 양도한 무권리자가 된다. 따라서 동산에 관하여 양도담보계약이 이루어지고 채권자가 점유개정의 방법으로 인도를 받았다면, 그 정산절차를 마치기 전이라도 양도담보권자인 채권자는 제3자에 대한 관계에 있어서는 담보목적물의 소유자로서 그 권리를 행사할 수 있다.[41)]

타인소유를 긍정한 판례의 구체적 내용은 다음과 같다. 즉,

이 사건 공소사실 2항 기재 물건들은 피고인이 매각받은 이 사건 부동산 중 축사 내부에 설치되어 있던 물건들이 아니라 이 사건 부동산 중 토지 위 또는 임의경매 목적물에 포함되지 않은 피해자 소유의 인접 토지 위에 방치되어 있던 것으로 이 사건 부동산 중 축사 건물 또는 토지 등에 부합되거나 주물인 축사 건물의 종물이라고 보기 어렵고, 그 중 텐타보드 40개, 콘스랏 500개, 적벽돌 2,000장은 이 사건 임의경매 목적물에 포함되지 않은 물건들로서 사용되지 않았던 것이므로, 위 물건들을 피고인이 임의로 가져가 사용한 것은 절도죄를 구성한다고 판단하였는바, 기록에 의하여 살펴보면, 이러한 원심의 사실인정과 판단은 옳고, 거기에 채증법칙 위배나 절도죄 성립에 관한 법리오해 등의 위법이 있다고 할 수 없다.[42)] (갑)회사가 공소외 (을)에게 철재를 외상 판매하고 그 대금지급을 위하여 받은 약속어음이 부도되어 동 물품의 반환청구권을 가지고 있다 하여도, (갑)회사의 사원인 피고인이 위 (을)로부터 피해자 (병)이 위 철재를 매수하여 점유하고 있는 사실을 알고서도 이를 운반하여 갔다면 절도죄의 성립에 영향이 없다.[43)] 피고인이 물품대금의 변제청구에 응하지 않는 채무자 ***에게 대금을 갚지 않으니 물건을 도로 찾아 가겠다고 한 것은 바로 채무 불이행을 이유로 채무자인 ***과의 외상 매매계약을 해제한 것이라 볼 수 있다고 한 후 피고인이 외상 매매계약을 해제한 이상 동 외상 매매물품들의 반환 청구권을 당연히 피고인에게 돌아오는 것이므로 피고인이 위 ***의 승낙을 받지 않고 동 물품들을 가져갔다 하여도 이는 자기가 가져갈 수 있는 물건을 가져간 것이므로 그 행위가 경우에 따라 다른 죄(예컨대 권리행사 방해죄 등)를 구성한 여지가 있는 것을 별론으로 하고 절도죄를 구성할 여지는 없다고 판단하였다. 그러나 원판결 판단과 같이 외상 매매계약의 해제가 있고 동 외상 매매물품의 반환 청구권이 피고인에게 있다고 하여도 절도라 함은 타인이 점유하는 재물을 도취하는 행위 즉 점유자의 의사에 의하지 아니하고 그 점유를 취득하는 행위로서 절도행위의 객체는 점유라 할 것이므로 피고인이 위 ***의 승낙을 받지 않고 위 물품들을 가져 갔다면 그 물품에 대한 반환 청구권이 피고인에게 있었다 하여도 피고인의 그 행위는 절도행위에 해당되는 법리라 할 것임에도 불구하고 원판결이 위와같이 반환 청구권이 있다는 이유만으로 절도죄를 구성할 여지없다고 판단한 것은 절도행위의 객체에 관한 법리를 오해한 것이라 할 것이므로 상고 논지는 결국 이유 있음에 귀착되어 원판결은 파기를 면치 못할 것이다.[44)]

---

41) 대법원 2008.11.27. 선고 2006도4263 판결 절도.
42) 대법원 2007.12.13. 선고 2007도7247 판결.
43) 대법원 1983.11.22. 선고 83도2539 판결.
44) 대법원 1973.2.28. 선고 72도2538 판결.

타인소유를 부정한 판례의 구체적 내용은 다음과 같다. 즉,

양도담보권자인 채권자가 제3자에게 담보목적물인 동산을 매각한 경우, 제3자는 채권자와 채무자 사이의 정산절차 종결 여부와 관계없이 양도담보 목적물을 인도받음으로써 소유권을 취득하게 되고, 양도담보의 설정자가 담보목적물을 점유하고 있는 경우에는 그 목적물의 인도는 채권자로부터 목적물반환청구권을 양도받는 방법으로도 가능하다. 채권자가 양도담보 목적물을 위와 같은 방법으로 제3자에게 처분하여 그 목적물의 소유권을 취득하게 한 다음 그 제3자로 하여금 그 목적물을 취거하게 한 경우, 그 제3자로서는 자기의 소유물을 취거한 것에 불과하므로, 채권자의 이 같은 행위는 절도죄를 구성하지 않는다.[45]

ⅱ. 점유의 타인성

㉠ 의 의 　본죄의 객체는 타인이 점유하는 재물이어야 한다. 절취란 타인이 점유하고 있는 자기 이외의 자의 소유물을 점유자의 의사에 반하여 그 점유를 배제하고 자기 또는 제3자의 점유로 옮기는 것을 말하기 때문이다.[46]

타인의 점유(他人의 占有)란 그 재물이 행위자의 단독점유에 속하지 않는 경우를 말한다. 타인의 단독점유는 물론 행위자와의 공동점유의 경우에는 점유의 타인성(他人性)이 인정된다. 한편 절도죄는 타인이 점유하는 재물에 대하여만 성립하기 때문에 자기가 점유하는 재물에 대하여는 횡령죄가 성립할 뿐이다(제355조 제1항). 또 어느 누구의 점유에도 속하지 않아 점유를 이탈한 재물에 대하여는 점유이탈물횡령죄가 성립하게 된다(제360조 제1항).

점유의 타인성을 긍정한 판례의 구체적 내용은 다음과 같다. 즉,

피해자가 가지고 있는 책을 잠깐 보겠다고 하며 동인이 있는 자리에서 보는 척 하다가 가져갔다면 위 책은 아직 피해자의 점유하에 있었다고 할 것이므로 절도죄가 성립한다.[47] 외상 매매계약의 해제가 있고 동 외상 매매물품의 반환 청구권이 피고인에게 있다고 하여도 절도라 함은 타인이 점유하는 재물을 도취하는 행위 즉 점유자의 의사에 의하지 아니하고 그 점유를 취득하는 행위로서 절도행위의 객체는 점유라 할 것이므로 피고인이 위 (갑)의 승낙을 받지 않고 위 물품들을 가져갔다면 그 물품에 대한 반환 청구권이 피고인에게 있었다 하여도 피고인의 그 행위는 절도행위에 해당되는 법리라 할 것임에도 불구하고 원판결이 위와 같이 반환 청구권이 있다는 이유만으로 절도죄를 구성할 여지없다고 판단한 것은 절도행위의 객체에 관한 법리를 오해한 것이라 할 것이므로 상고 논지는 결국 이유 있음에 귀착되어 원판결은 파기를 면치 못할 것이다.[48]

점유의 타인성을 부정한 판례의 구체적 내용은 다음과 같다. 즉,

산림절도죄는 그 목적물이 산림에서의 산물에 한정되어 있을 뿐 그 죄질은 형법 소정의 절도죄와 동일하므로 자기가 소지하는 타인소유의 임목에 대하여는 산림절도죄가 성립할 수 없다.[49]

㉡ 분실물 　분실물(紛失物)이란 자기도 모르게 잃어버린 물건을 말한다. 분실물의

45) 대법원 2008.11.27. 선고 2006도4263 판결 절도.
46) 대법원 2006.9.28. 선고 2006도2963 판결; 대법원 2001.10.26. 선고 2001도4546 판결.
47) 대법원 1983.2.22. 선고 82도3115 판결.
48) 대법원 1973.2.28. 선고 72도2538 판결.
49) 대법원 1965.12.10. 선고 65도826 전원합의체 판결.

경우 원점유자가 그 물건의 소재를 분명히 알고 있고 다시 찾을 가능성이 있는 경우에는 원점유자의 점유가 인정된다. 다만 목욕탕이나 당구장 등과 같이 다른 사람의 배타적 지배범위 내에 두고 온 경우에는 관리자인 타인의 새로운 점유가 개시된다. 그러나 원점유자가 물건의 소재를 모르고 있는 경우에 그 물건은 원칙적으로 점유이탈물이 된다.

한편 대중교통기관에서 분실한 물건에 대하여는 견해가 일치하지 않고 있다. 첫째, 긍정설은 운전자의 점유를 인정한다. 대중교통 역시 운자자의 지배범위에 속하고 운전자에게는 통상 그 공간에 존재하는 모든 물건에 대하여 사실적으로 지배하려는 의사가 있으므로 운전자의 새로운 점유가 개시되어 절도죄가 성립한다고 한다. 둘째, 부정설은 운전자의 점유를 부정한다. 대중교통 운전자가 수시로 바뀌기 때문에 운전자를 유실물의 관리자로 볼 수 없기 때문에 점유이탈물횡령죄에 해당한다고 한다. 다수설과 판례의 입장이다. 셋째, 절충설은 좌석이 정해진 기차, 고속버스 또는 개인택시 등의 경우에는 운전자의 점유하에 있지만, 좌석이 정해지지 않은 지하철, 시내버스 등의 경우에는 점유이탈물이 된다고 한다. 생각건대 분실물은 일단 점유이탈물이 되지만, 운행종료후 분실물 수거 절차 등에 의하여 새로운 점유가 개시되는 경우에는 새로운 점유자와의 관계에서 절도죄가 성립하게 된다고 해석하는 것이 합당하다고 해석된다.

점유를 긍정한 판례의 구체적 내용은 다음과 같다. 즉,

> 어떤 물건을 잃어버린 장소가 당구장과 같이 타인의 관리 아래 있을 때에는 그 물건은 일응 그 관리자의 점유에 속한다 할 것이고, 이를 그 관리자 아닌 제3자가 취거하는 것은 유실물횡령이 아니라 절도죄에 해당한다.[50)]

점유를 부정한 판례의 구체적 내용은 다음과 같다. 즉,

> 승객이 놓고 내린 지하철의 전동차 바닥이나 선반 위에 있던 물건을 가지고 간 경우, 지하철의 승무원은 유실물법상 전동차의 관수자로서 승객이 잊고 내린 유실물을 교부받을 권능을 가질 뿐 전동차 안에 있는 승객의 물건을 점유한다고 할 수 없고, 그 유실물을 현실적으로 발견하지 않는 한 이에 대한 점유를 개시하였다고 할 수도 없으므로, 그 사이에 위와 같은 유실물을 발견하고 가져간 행위는 점유이탈물횡령죄에 해당함은 별론으로 하고 절도죄에 해당하지는 않는다.[51)] 고속버스 운전사는 고속버스의 관수자로서 차내에 있는 승객의 물건을 점유하는 것이 아니고 승객이 잊고 내린 유실물을 교부받을 권능을 가질 뿐이므로 유실물을 현실적으로 발견하지 않는 한 이에 대한 점유를 개시하였다고 할 수 없고, 그 사이에 다른 승객이 유실물을 발견하고 이를 가져 갔다면 절도에 해당하지 아니하고 점유이탈물횡령에 해당한다.[52)]

㉢ 방치물　　방치물(放置物)이란 방치되어 있는 물건을 말한다고 할 수 있다. 방치란 그냥 내버려둔다는 의미이다. 방치물에 관하여는 소유 또는 점유 관계가 문제될 수 있다. 점유를 부정한 판례의 구체적 내용은 다음과 같다. 즉,

---

50) 대법원 1988.4.25. 선고 88도409 판결.

51) 대법원 1999.11.26. 선고 99도3963 판결.

52) 대법원 1993.3.16. 선고 92도3170 판결.

육지로부터 멀리 떨어진 섬에서 광산을 개발하기 위하여 발전기, 경운기 엔진을 섬으로 반입하였다가 광업권 설정이 취소됨으로써 광산개발이 불가능하게 되자 육지로 그 물건들을 반출하는 것을 포기하고 그대로 유기하여 둔채 섬을 떠난 후 10년 동안 그 물건들을 관리하지 않고 있었다면, 그 섬에 거주하는 피고인이 그 소유자가 섬을 떠난지 7년이 경과한 뒤 노후된 물건들을 피고인 집 가까이에 옮겨 놓았다 하더라도, 그 물건들의 반입 경위, 그 소유자가 섬을 떠나게 된 경위, 그 물건들을 옮긴 시점과 그 간의 관리상황 등에 비추어 볼 때 피고인이 그 물건들을 옮겨 갈 당시 원소유자나 그 상속인이 그물건들을 점유할 의사로 사실상 지배하고 있었다고는 볼 수 없으므로, 그 물건들을 절도죄의 객체인 타인이 점유하는 물건으로 볼 수 없다.[53] 망부석이 묘의 장구로서 묘주의 소유에 속하였는데 묘는 이장하고 망부석만이 30여년간 방치된 상태에 있어 외형상 그 소유자가 방기한 것으로 되어 그 물건은 산주의 추상적, 포괄적 소지에 속하게 되었어도 그 산주가 망부석을 사실상 지배할 의사가 없음을 표시한 경우에는 그의 소지하에 있다고 볼 수 없고, 이는 임야의 관리인으로서 사실상 점유하여 온 자의 소지하에 있다고 볼 것이므로 동 관리인이나 그와 함께 위 망부석을 처분한 자를 절도죄로 의율할 수 없다.[54]

㉣ 공동점유 공동점유(共同占有)는 행위자의 단독점유가 아니다. 공동점유에 속하는 재물은 타인의 재물에 해당한다. 따라서 공동점유자 중의 1인이 다른 공동점유자의 승낙 없이 점유를 이전한 경우에는 절도죄가 성립하게 된다. 다만 상하관계에서의 점유관계와 대등관계에서의 점유관계가 특히 문제될 수 있다.

첫째, 대등관계에서의 점유이다. 부부, 동업자, 조합원 등의 사이에서와 같이 복수의 사람이 대등하게 재물을 점유하는 공유물, 합유물 또는 총유물의 경우에는 점유자 상호간에는 점유의 타인성이 인정된다. 따라서 그중 1인이 다른 점유자의 점유를 배제하고 단독점유로 이전한 경우에는 절도죄가 성립하게 된다. 공동점유자 상호간에는 점유의 타인성이 인정되고 있고, 단독점유로 이전한 행위는 다른 점유자의 점유를 침해한 것이 되기 때문이다. 이때에 목적물은 공동소유관계의 여부와는 무관하다. 여기에서는 공동점유관계가 문제되고 있기 때문이다.

둘째, 상하관계에서의 점유이다. 고용주와 피용인 등의 사이에서와 같이 상위자와 하위자의 사이에 동일한 재물에 대하여 점유가 경합하고 있는 상태에 있는 경우를 말한다. 우선, 상위자에게만 점유가 인정되는 경우이다. 하위자의 점유가 상위자의 점유의사에 예종하여야 하는 관계에 있는 경우에는 하위자의 점유는 점유의사에 근거하는 것이 아니라 단순한 점유보조자 또는 감시자에 지나지 않는다. 따라서 하위자가 상위자의 점유를 침해하면 절도죄가 성립하게 된다. 다음으로, 하위자에게만 점유가 인정되는 경우이다. 예컨대 상점의 관리를 위임받고 있는 지배인이나 독자적인 책임 아래 상위자의 협조 없이 금전출납이 가능한 금전출납직원에게는 단독점유가 인정된다고 해석되어야 한다. 따라서 하위자가 영득하면 횡령이 되고, 상위자가 하위자에게 무단으로 점유를 침해하면 절도죄를 구성하게 된다.

점유의 타인성을 긍정한 판례의 구체적 내용은 다음과 같다. 즉,

---

53) 대법원 1994.10.11. 선고 94도1481 판결.
54) 대법원 1981.8.25. 선고 80도509 판결.

동업체에 제공된 물품은 동업관계가 청산되지 않는 한 동업자들의 공동점유에 속하므로, 그 물품이 원래 피고인의 소유라거나 피고인이 다른 곳에서 빌려서 제공하였다는 사유만으로는 절도죄의 객체가 됨에 지장이 없다.[55] 피고인이 피고인과 피해자의 동업자금으로 구입하여 피해자가 관리하고 있던 다이야포크레인 1대를 그의 허락 없이 공소외인으로 하여금 운전하여 가도록 한 행위는 절도죄를 구성한다.[56] 동업자의 공동점유에 속하는 동업재산을 다른 동업자의 승낙없이 그 점유를 배제하고 단독으로 자기의 지배로 옮겼다면 절도죄가 성립된다.[57] 인장이 들은 돈궤짝을 사실상 별개 가옥에 별거 중인 남편이 그 거주가옥에 보관중이었다면 처가 그 돈궤짝의 열쇠를 소지하고 있었다고 하더라도 그안에 들은 인장은 처의 단독보관하에 있은 것이 아니라 남편과 공동보관하에 있다고 보아야 할 것이므로, 공동보관자중의 1인인 처가 다른 보관자인 남편의 동의 없이 불법영득의 의사로 위 인장을 취거한 이상 절도죄를 구성한다고 보아야 할 것이다.[58] 조합원의 1인이 조합원의 공동점유에 속하는 합유물을 다른 조합원의 승낙없이 단독으로 취거한 경우에는 절도죄가 성립한다.[59]

㉤ 사자의 점유 사자의 점유(死者의 占有)에 관하여는 다툼이 있다. 첫째, 사자의 점유를 인정하지 않는 부정설은 사람이 사망하면 점유의사를 가질 수 없다는 점을 근거로 하고 있다. 사람을 살해한 후에 재물을 탈취한 경우 살인죄와 점유이탈물횡령죄의 경합범을 인정하게 된다. 둘째, 사자에게도 점유가 계속된다고 하는 긍정설은 피해자의 사망과 시간적·장소적으로 근접한 경우에 한하여 사자에게 생전의 점유가 계속되고 있다는 점을 근거로 하고 있다. 사람을 살해한 후에 재물을 탈취한 경우 사자의 생전의 점유를 침해하였기 때문에 절도죄가 성립한다고 하게 된다. 판례에 의하면 피해자가 생전에 가지고 있던 점유는 그의 사망한 후에도 일정시간 동안 계속된다고 한다.

사자의 점유를 긍정한 판례의 구체적 내용은 다음과 같다. 즉,

피해자를 살해한 방에서 사망한 피해자 곁에 4시간 30분쯤 있다가 그 곳 피해자의 자취방 벽에 걸려 있던 피해자가 소지하는 물건들을 영득의 의사로 가지고 나온 경우 피해자가 생전에 가진 점유는 사망 후에도 여전히 계속되는 것으로 보아야 한다.[60]

사자의 점유를 부정한 판례의 구체적 내용은 다음과 같다. 즉,

피고인이 피해자의 주거에 침입할 당시 피해자는 이미 사망한 상태였고 피고인은 그 사망과는 관련이 없으며 정확한 사망시기도 밝혀지지 않아 피고인이 위 주거에 있던 재물을 가지고 나올 때까지 사망 이후 얼마나 시간이 경과되었는지도 분명하지가 않다. 이러한 사정으로 볼 때, 원심이 사자의 점유를 인정한 종전 판례들은 이 사건에 적용될 수 없다고 하여 주거침입절도 후 준강제추행 미수의 점을 무죄라고 판단한 것은 정당한 것으로 수긍이 된다.[61]

---

55) 대법원 1995.10.12. 선고 94도2076 판결.
56) 대법원 1990.9.11. 선고 90도1021 판결.
57) 대법원 1987.12.8. 선고 87도1831 판결.
58) 대법원 1984.1.31. 선고 83도3027 판결.
59) 대법원 1982.4.27. 선고 81도2956 판결.
60) 대법원 1993.9.28. 선고 93도2143 판결.
61) 대법원 2013.7.11. 선고 2013도5355 판결.

ⓑ 피해자의 점유 피해자의 점유가 문제된다. 피해자의 점유를 긍정한 판례의 구체적 내용은 다음과 같다. 즉,

> 피해자가 피씨방에 두고 간 핸드폰은 피씨방 관리자의 점유하에 있어서 제3자가 이를 취한 행위는 절도죄를 구성한다.[62] 강간을 당한 피해자가 도피하면서 현장에 놓아두고 간 손가방은 점유이탈물이 아니라 사회통념상 피해자의 지배하에 있는 물건이라고 보아야 할 것이므로 피고인이 그 손가방안에 들어 있는 피해자 소유의 돈을 꺼낸 소위는 절도죄에 해당한다.[63] 피해자가 가지고 있는 책을 잠깐 보겠다고 하며 동인이 있는 자리에서 보는 척 하다가 가져갔다면 위 책은 아직 피해자의 점유하에 있었다고 할 것이므로 절도죄가 성립한다.[64] 설사 피해자가 졸도하여 의식을 상실한 경우에도 현장에 일실된 피해자의 물건은 자연히 그 지배하에 있는 것으로 보아야 할 것이다.[65]

ⓢ 봉함된 위탁물의 점유 재물을 포장, 봉인 또는 시정(施錠) 등에 의하여 봉함하여 위탁한 경우 재물의 점유가 문제된다. 예컨대 우편배달원이 배달 중의 현금봉투에서 현금을 취득하는 경우나 시정한 트렁크를 위탁받은 자가 시정을 열지 않은 채 그대로 영득하는 행위가 문제된다. 점유의 귀속여하에 따라 절도죄나 횡령죄 등 성립하는 범죄의 유형이 달라질 수 있기 때문이다.

학설에 있어서는 위탁자점유설, 수탁자점유설 및 이분설이 주장되고 있다. 내용물과 포장물 모두가 위탁자의 점유에 속한다고 하는 견해가 위탁자점유설(委託者占有說)이고, 수탁자의 점유에 속한다고 보면 수탁자점유설(受託者占有說)이 된다. 내용물 또는 포장물 중 어느 하나를 영득한 경우 위탁자점유설은 절도죄만이 성립한다고 하는 반면, 수탁자점유설에 의하면 횡령죄만이 성립하게 된다고 한다. 이에 반하여 이분설(二分說)이란 내용물에 대한 점유는 위탁자에게 유보되어 있지만, 포장물에 대한 점유는 수탁자에게 속한다고 하는 견해를 말한다. 따라서 내용물만 영득하면 절도죄, 포장물을 영득하면 횡령죄가 성립하게 된다고 한다. 판례는 이분설의 입장에 있다. 따라서 내용물의 점유는 위탁자에게 속하고, 포장물의 점유는 수탁자에게 귀속한다고 한다. 또 내용물을 영득하면 절도죄, 포장물을 영득한 경우에는 횡령죄가 성립하게 된다고 한다.

생각건대 위탁의 취지에 따라 판단하여야 한다고 해석되지만 전체가 위탁자의 점유라고 하는 경우가 많을 것이다. 봉함에 의하여 내용을 피견하는 것이 금지되어 있는 이상 내용에 대한 사실상의 지배는 수탁자를 수단으로서 위탁자에게 유보되어 있다고 보아야 한다. 봉함에 의하여 위탁자의 점유의사와 함께 점유지배는 충분하게 인정된다. 그러나 포장물 전체를 그대로 영득하면 횡령죄로 되어 5년 이하의 징역에 지나지 않기 때문에 내용물을 취하면 절도죄로 되고 6년 이하의 징역으로 되는 것은 기묘하다. 다만 포장물 전체를 영득하는 경우의 대부분은 10년 이하의 징역인 업무상 횡령에 해당할 것이기 때문에 형의 불균형은 해소

---

62) 대법원 2007.3.15. 선고 2006도9338 판결; 대법원 1988.4.25. 선고 88도409 판결.
63) 대법원 1984.2.28. 선고 84도38 판결.
64) 대법원 1983.2.22. 선고 82도3115 판결.
65) 대법원 1956.8.17. 선고 4289형상170 판결.

될 수 있을 것으로 해석된다.

ⓞ 운반자와 위탁자의 점유　　판례에 의하면 절도죄는 재물에 대한 타인의 사실상의 지배를 침해함으로써 성립하는 것으로, 침해행위 당시 그 재물에 대하여 타인의 사실상의 지배가 있었는지 여부는 재물의 종류와 형상 등 객관적 상태와 더불어 소유자 등 지배주체와의 연계 관계 등을 종합하여 사회통념에 비추어 결정할 것이라고 한다.[66] 이에 따라 운반자에 대한 위탁자의 현실적인 감독·통제가능성이 있는 경우에 위탁자와 운반자의 공동점유가 인정되어 운반자가 재물을 처분하면 절도죄가 성립하고, 운반자에 대한 위탁자의 현실적인 감독·통제가능성이 없는 경우에는 운반자에게 단독점유가 인정되므로 운반자가 재물을 처분하면 횡령죄가 성립한다고 해석될 수 있을 것이다.

위탁자의 점유를 긍정한 판례의 구체적 내용은 다음과 같다. 즉,

> 은행에서 찾은 현금을 운반하기 위하여 소지하게 된 자가 그 금원중 일부금을 꺼내어 이를 영득한 경우에는 피고인의 운반을 위한 소지는 피고인의 독립적인 점유에 속하는 것이 아니고 피해자의 점유에 종속하는 점유의 기관으로서 소지함에 지나지 않으므로 이를 영득한 행위는 피해자의 점유를 침탈함에 돌아가기 때문에 절도죄가 성립한다고 해석함이 정당하다.[67] 철도운송 승무원들이 그 운송중의 화물을 탈취한 때에는 업무상 횡령이 아니고 특수절도가 된다.[68]

위탁자의 점유를 부정한 판례의 구체적 내용은 다음과 같다. 즉,

> 피해자가 시장 점포에서 물건을 매수하여 묶어서 그곳에 맡겨 놓은 후 그곳에서 약 50미터 떨어져 동 점포를 살펴볼 수 없는 딴 가게로 가서 지게 짐꾼인 피고인을 불러 피고인 단독으로 위 점포에 가서 맡긴 물건을 운반해 줄 것을 의뢰하였더니 피고인이 동 점포에 가서 맡긴 물건을 찾아 피해자에게 운반해 주지 않고 용달차에 싣고 가서 처분한 것이라면 피고인의 위 운반을 위한 소지 관계는 피해자의 위탁에 의한 보관관계에 있다고 할 것이므로 이를 영득한 행위는 절도죄가 아니라 횡령죄를 구성한다.[69]

ⓩ 기타 타인점유의 재물　　기타의 재물에 있어서 타인의 점유를 긍정한 판례의 구체적 내용은 다음과 같다. 즉,

> 하나의 교회가 두 개 이상으로 분열된 경우 그 재산의 처분에 관하여 교회 장정 등에 규정이 없는 한 분열 당시 교인들의 총의에 따라 그 귀속을 정하여야 하고 그와 같은 절차 없이 위 재산에 대하여 다른 교파의 점유를 배제하고 자기 교파만의 지배에 옮긴다는 인식 아래 이를 가지고 갔다면 절도죄를 구성한다.[70]

③ 행 위

ⓘ 절 취　　본죄의 실행행위는 절취이다.[71] 절취(窃取, Wegnahme)란 타인이 점유하고 있는 자기

66) 대법원 2013.7.11. 선고 2013도5355 판결.
67) 대법원 1966.1.31. 선고 65도1178 판결.
68) 대법원 1969.7.8. 선고 69도798 판결.
69) 대법원 1982.11.23. 선고 82도2394 판결.
70) 대법원 1998.7.10. 선고 98도126 판결.
71) 원래 절도(窃盜)란 절(窃)의 어의로부터 알 수 있듯이 얼굴을 가리고 몸을 숨기면서 몰래 또는 은밀하게

이외의 자의 소유물을 점유자의 의사에 반하여 그 점유를 배제하고 자기 또는 제3자의 점유로 이전하는 것을 말한다.[72] 예컨대 취거 당시에 점유 이전에 관한 점유자의 명시적・묵시적인 동의가 있었던 것으로 인정되지 않는 한, 점유자의 의사에 반하여 점유를 배제하는 행위를 함으로써 절도죄는 성립하는 것이다.[73] 어떤 물건이 타인의 점유하에 있다고 할 것인지의 여부는, 객관적인 요소로서의 관리범위 내지 사실적 관리가능성 외에 주관적 요소로서의 지배의사를 참작하여 결정하되 궁극적으로는 당해 물건의 형상과 그 밖의 구체적인 사정에 따라 사회통념에 비추어 규범적 관점에서 판단하여야 한다.[74] 한편 절취는 점유의 이전을 내용으로 하는 행위라는 점에서 불법하게 소유권의 내용을 이전하려고 하는 의사인 불법영득의 의사와 구별되지 않으면 안 된다.

ⓘ 절취의 내용 　절취의 내용은 타인의 점유의 배제와 새로운 점유의 취득이라는 두 가지의 요소로 구성된다. 따라서 절취는 기존의 점유로부터 새로운 점유로 이전됨으로써 완성된다.

점유의 이전은 목적물에 대한 장소의 이동을 수반하는 것이 통상이다. 그러나 점유의 이전은 반드시 장소적 이전을 요하지 않는다. 따라서 장소적 이전을 수반하지 않는 경우에도 점유의 이전의 성립을 방해하지 않는다. 한편 절취는 점유의 이전을 수반한다는 점에서 이를 요하지 않는 횡령과 구별된다. 또한 절취는 강취와 의사에 반하여 점유가 이전된다는 점에서 공통되나, 폭행・협박에 기인하지 않는다는 점에서 구별된다. 또 다른 한편 절도죄는 의사에 반한다는 점에서 의사에 기인하는 사기죄나 공갈죄에 있어서의 점유의 이전과 그 방법을 달리한다.

절취의 의미를 분명히 하기 위해 그 구성요소를 타인의 점유배제행위와 새로운 점유취득행위로 나누어 구체적으로 검토하기로 한다.

i. 점유의 배제 　점유의 배제(占有의 排除, Bruch fremdes Gewahrsams)란 점유자의 의사에 반하여 재물에 대한 사실상의 지배를 제거하는 것을 말한다. 점유의 배제는 점유자의 의사에 반할 것을 요하므로 점유배제에 대한 점유자의 동의는 양해로서 절도죄의 구성요건해당성을 조각한다. 절취는 점유의 배제가 점유자의 의사에 반하여 이루어진다는 점에서 강취와 공통되지만, 상대방의 하자 있는 의사에 의하여 이루어지는 사기나 공갈과 구별된다.

한편 날치기란 남의 물건을 재빨리 채 가는 짓 또는 그렇게 하는 사람을 말한다. 날치기

도(盜)한다는 의미를 가지지만, 공공연하게 행하여지는 경우라도 절취가 성립하지 않는 것은 아니다. 과거 중국법제하의 재산죄에 있어서는 도취(盜取), 걸취(乞取), 사취(詐取) 및 갈취(喝取)가 처벌되었지만, 도취는 몸을 숨기고 훔치는 절취(竊取)와 드러내놓고 훔치는 공취(公取)를 모두 포함하는 상위개념이었다. 여기서 공공연하게 취하는 공취는 오늘날의 강취와 같은 개념이라고 할 수 있다.

72) 대법원 2016.12.15. 선고 2016도15492 판결; 대법원 2014.9.25. 선고 2014도8984 판결; 대법원 2014.2.21. 선고 2013도14139 판결; 대법원 2010.2.25. 선고 2009도5064 판결; 대법원 2008.7.10. 선고 2008도3252 판결; 대법원 2006.9.28. 선고 2006도2963 판결; 대법원 2001.10.26. 선고 2001도4546 판결; 대법원 1999.11.12. 선고 99도3801 판결; 대법원 1989.6.13. 선고 89도28 판결.

73) 대법원 2010.2.25. 선고 2009도5064 판결; 대법원 2001.10.26. 선고 2001도4546 판결.

74) 대법원 2016.12.15. 선고 2016도15492 판결; 대법원 2014.2.21. 선고 2013도14139 판결; 대법원 2008.7.10. 선고 2008도3252 판결; 대법원 1999.11.12. 선고 99도3801 판결.

는 폭행의 유무에 따라 폭행이 없으면 절도죄, 폭행이 인정되면 강도죄로 평가될 수 있다. 또 책략절도(策略竊盜)는 교묘하게 꾸미고 처리하는 방법에 의하여 행하는 절도를 의미한다. 예컨대 물건을 구입할 것처럼 가장하여 기망한 후 물건을 가지고 도주하는 경우이다. 책략절도는 처분행위의 유무에 따라 기망으로 인한 처분행위가 없으면 절도죄, 기망으로 인한 처분행위가 인정되면 사기죄로 평가될 수 있다.

ii. 점유의 취득　　점유의 취득(占有의 取得, Begründung neues Gewahrsams)이란 행위자 또는 제3자가 재물에 대하여 방해받지 않는 사실상의 지배를 가지는 것을 말한다. 따라서 새장 속의 새를 날아가게 하는 것처럼 새로운 점유를 취득하지 않고 단순히 타인의 점유를 배제하는 것만으로는 절취라고 할 수 없다. 다만 종국적이고 확실한 점유를 가질 것까지 요하는 것은 아니다.

부동산물권의 공시방법은 등기이다. 등기란 등기부라고 하는 법정의 공부에 일정한 사항을 기재하는 것이나 또는 기재 그 자체를 말한다. 등기는 부동산물권변동의 효력발생요건이다(민법 제186조). 동산에 관한 물권의 양도는 그 동산을 인도하여야 효력이 생긴다(민법 제188조 제1항). 동산물권의 변동에 관하여 형식주의의 원칙을 채용하고 있다. 즉, 부동산 물권의 변동의 경우의 등기와 마찬가지로 동산물권변동에 있어서는 물권적 합의와 공시방법으로서의 인도를 그 요건으로 하고 있다. 그러나 현대에 있어서는 인도가 관념화됨으로써 인도의 공시적 기능은 등기에 비하여 매우 미약하다. 그래서 거래의 안전을 보호하기 위하여 동산물권변동에 관하여는 공신의 원칙을 인정하고 있다. 인도란 점유의 이전을 말하고 점유란 물건을 사실상 기배하는 것(민법 제192조 제1항)을 말한다. 인도는 본래는 현실의 점유이전, 즉 현실의 인도만을 의미하지만 거래의 편의상 공시방법으로서의 인도에는 관념적인 인도, 즉 간이인도, 점유개정, 목적물 반환청구권의 양도를 표함하게 된다. 따라서 절도죄는 타인의 점유를 침해함으로써 소유권을 취득하려는 영득죄에 해당한다.

절취를 긍정한 판례의 구체적 내용은 다음과 같다. 즉,

> 피고인이 할부매매 덤프트럭을 가져가기 전에 공소외 1 주식회사에 "여신거래기본약관상의 기한이익 상실조항에 의거하여 리스료의 일시상환 청구를 하게 되었으며 또한 귀하의 재산에 대한 법적조치 및 연체자 정보제공 준비에 있습니다"라는 내용의 통보서를 보냈고, 공소외 3 주식회사와 공소외 1 주식회사 간에 "공소외 1 주식회사가 채무를 이행하지 아니하는 경우에 공소외 3 주식회사가 이를 관리하고 그 처분 혹은 임대수익으로써 채무의 변제에 충당할 수 있다"는 취지의 서면약정이 있었다고 하더라도, 피고인이 할부매매 덤프트럭을 가져간 행위는 공소외 1 주식회사의 의사에 반하는 절취행위에 해당한다고 본 것은 위와 같은 법리에 따른 것으로서 정당하다.[75] 날치기와 같이 강력적으로 재물을 절취하는 행위는 때로는 피해자를 전도시키거나 부상케 하는 경우가 있고, 구체적인 상황에 따라서는 이를 강도로 인정하여야 할 때가 있다 할 것이나, 그와 같은 결과가 피해자의 반항억압을 목적으로 함이 없이 점유탈취의 과정에서 우연히 가해진 경우라면 이는 절도에 불과한 것으로 보아야 한다.[76] 굴삭기 매수인이 약정된 기일에 대금채무를 이행하지 아니하면 굴삭기를 회수하여 가도 좋다는 약정을 하고 각서와 매매계약서 및 양도증명서 등을 작성하여

75) 대법원 2010.2.25. 선고 2009도5064 판결.
76) 대법원 2003.7.25. 선고 2003도2316 판결.

판매회사 담당자에게 교부한 후 그 채무를 불이행하자 그 담당자가 굴삭기를 취거하여 매도한 경우, 굴삭기에 대한 소유권 등록 없이 매수인의 위와 같은 약정 및 각서 등의 작성, 교부만으로 굴삭기에 대한 소유권이 판매회사로 이전될 수는 없으므로 굴삭기 취거 당시 그 소유권은 여전히 매수인에게 남아 있고, 매수인의 의사표시 중에 자신의 동의나 승낙 없이 현실적으로 자신의 점유를 배제하고 굴삭기를 가져가도 좋다는 의사까지 포함되어 있었던 것으로 보기는 어렵다는 이유로, 그 굴삭기 취거행위는 절도죄에 해당하고 불법영득의 의사도 인정된다.[77] 피해자가 결혼예식장에서 신부측 축의금 접수인인 것처럼 행세하는 피고인에게 축의금을 내어 놓자 이를 교부받아 가로챈 사안에서, 피해자의 교부행위의 취지는 신부측에 전달하는 것일 뿐 피고인에게 그 처분권을 주는 것이 아니므로, 이를 피고인에게 교부한 것이라고 볼 수 없고 단지 신부측 접수대에 교부하는 취지에 불과하므로 피고인이 그 돈을 가져간 것은 신부측 접수처의 점유를 침탈하여 범한 절취행위라고 보는 것이 정당하다.[78] 피고인이 피해자 경영의 금방에서 마치 귀금속을 구입할 것처럼 가장하여 피해자로부터 순금목걸이 등을 건네받은 다음 화장실에 갔다 오겠다는 핑계를 대고 도주한 것이라면 위 순금목걸이 등은 도주하기 전까지는 아직 피해자의 점유하에 있었다고 할 것이므로 이를 절도죄로 의율 처단한 것은 정당하다.[79]

절취를 부정한 판례의 구체적 내용은 다음과 같다. 즉,

갑은 강제경매 절차에서 피고인 소유이던 토지 및 그 지상 건물을 매수한 후 법원으로부터 인도명령을 받아 인도집행을 하였는데, 피고인이 인도집행 전에 건물 외벽에 설치된 전기코드에 선을 연결하여 피고인이 점유하며 창고로 사용 중인 컨테이너로 전기를 공급받아 사용하였다고 하여 절도로 기소된 사안에서, 피고인은 인도명령의 집행이 이루어지기 전까지는 당초부터 피고인이 점유·관리하던 전기를 사용한 것에 불과할 뿐 타인이 점유·관리하던 전기를 사용한 것이라고 할 수 없고, 피고인에게 절도의 범의도 인정할 수 없다.[80] 임차인이 임대계약 종료 후 식당건물에서 퇴거하면서 종전부터 사용하던 냉장고의 전원을 켜 둔 채 그대로 두었다가 약 1개월 후 철거해 가는 바람에 그 기간 동안 전기가 소비된 사안에서, 임차인이 퇴거 후에도 냉장고에 관한 점유·관리를 그대로 보유하고 있었다고 보아야 하므로, 냉장고를 통하여 전기를 계속 사용하였다고 하더라도 이는 당초부터 자기의 점유·관리하에 있던 전기를 사용한 것일 뿐 타인의 점유·관리하에 있던 전기가 아니어서 절도죄가 성립하지 않는다.[81]

ⅲ 현금자동지급기에서 인출한 현금 현금자동지급기에서 현금을 인출하는 경우 절취의 성부가 문제된다.

절취를 긍정한 판례의 구체적 내용은 다음과 같다. 즉,

강도죄는 공갈죄와는 달리 피해자의 반항을 억압할 정도로 강력한 정도의 폭행·협박을 수단으로 재물을 탈취하여야 성립하므로, 피해자로부터 현금카드를 강취하였다고 인정되는 경우에는 피해자로부터 현금카드의 사용에 관한 승낙의 의사표시가 있었다고 볼 여지가 없다. 따라서 강취한 현금카드를 사용하여 현금자동지급기에서 예금을 인출한 행위는 피해자의 승낙에 기한 것이라고

77) 대법원 2001.10.26. 선고 2001도4546 판결.
78) 대법원 1996.10.15. 선고 96도2227,96감도94 판결.
79) 대법원 1994.8.12. 선고 94도1487 판결.
80) 대법원 2016.12.15. 선고 2016도15492 판결.
81) 대법원 2008.7.10. 선고 2008도3252 판결.

할 수 없으므로, 현금자동지급기 관리자의 의사에 반하여 그의 지배를 배제하고 그 현금을 자기의 지배하에 옮겨 놓는 것이 되어서 강도죄와는 별도로 절도죄를 구성한다.[82] 범인이 피해자로부터 직불카드 등을 강취한 경우에는, 이를 갈취 또는 편취한 경우와는 달리, 피해자가 그 직불카드 등의 사용권한을 범인에게 부여하였다고 할 수 없고, 따라서 그와 같이 강취한 직불카드를 사용하여 현금자동인출기에서 현금을 인출하여 가진 경우에는 그 현금자동인출기 관리자의 의사에 반하여 그의 지배를 배제하고 그 현금을 자기의 지배하에 옮겨 놓는 것이 되므로 절도죄가 별도로 성립한다고 할 것이다.[83] 피고인이 타인의 명의를 모용하여 신용카드를 발급받은 경우, 비록 카드회사가 피고인으로부터 기망을 당한 나머지 피고인에게 피모용자 명의로 발급된 신용카드를 교부하고, 사실상 피고인이 지정한 비밀번호를 입력하여 현금자동지급기에 의한 현금대출(현금서비스)을 받을 수 있도록 하였다 할지라도, 카드회사의 내심의 의사는 물론 표시된 의사도 어디까지나 카드명의인인 피모용자에게 이를 허용하는 데 있을 뿐, 피고인에게 이를 허용한 것은 아니라는 짐에서 피고인이 타인의 명의를 모용하여 발급받은 신용카드를 사용하여 현금자동지급기에서 현금대출을 받는 행위는 카드회사에 의하여 미리 포괄적으로 허용된 행위가 아니라, 현금자동지급기의 관리자의 의사에 반하여 그의 지배를 배제한 채 그 현금을 자기의 지배하에 옮겨 놓는 행위로서 절도죄에 해당한다 할 것이다.[84] 피고인이 타인의 명의를 모용하여 신용카드를 발급받은 경우, 비록 카드회사가 피고인으로부터 기망을 당한 나머지 피고인에게 피모용자 명의로 발급된 신용카드를 교부하고, 사실상 피고인이 지정한 비밀번호를 입력하여 현금자동지급기에 의한 현금대출(현금서비스)을 받을 수 있도록 하였다 할지라도, 카드회사의 내심의 의사는 물론 표시된 의사도 어디까지나 카드명의인인 피모용자에게 이를 허용하는 데 있을 뿐, 피고인에게 이를 허용한 것은 아니라는 점에서 피고인이 타인의 명의를 모용하여 발급받은 신용카드를 사용하여 현금자동지급기에서 현금대출을 받는 행위는 카드회사에 의하여 미리 포괄적으로 허용된 행위가 아니라, 현금자동지급기의 관리자의 의사에 반하여 그의 지배를 배제한 채 그 현금을 자기의 지배하에 옮겨 놓는 행위로서 절도죄에 해당한다고 봄이 상당하다.[85]

절취를 부정한 판례의 구체적 내용은 다음과 같다. 즉,

절취한 타인의 신용카드를 이용하여 현금지급기에서 계좌이체를 한 행위는 컴퓨터등사용사기죄에서 컴퓨터 등 정보처리장치에 권한 없이 정보를 입력하여 정보처리를 하게 한 행위에 해당함은 별론으로 하고 이를 절취행위라고 볼 수는 없고, 한편 위 계좌이체 후 현금지급기에서 현금을 인출한 행위는 자신의 신용카드나 현금카드를 이용한 것이어서 이러한 현금인출이 현금지급기 관리자의 의사에 반한다고 볼 수 없어 절취행위에 해당하지 않으므로 절도죄를 구성하지 않는다.[86] 예금주인 현금카드 소유자를 협박하여 그 카드를 갈취한 다음 피해자의 승낙에 의하여 현금카드를 사용할 권한을 부여받아 이를 이용하여 현금자동지급기에서 현금을 인출한 행위는 모두 피해자의 예금을 갈취하고자 하는 피고인의 단일하고 계속된 범의 아래에서 이루어진 일련의 행위로서 포괄하여 하나의 공갈죄를 구성하므로, 현금자동지급기에서 피해자의 예금을 인출한 행위를 현금카드 갈취행위와 분리하여 따로 절도죄로 처단할 수는 없다. 왜냐하면 위 예금 인출 행위는 하자 있는

82) 대법원 2007.5.10. 선고 2007도1375 판결.
83) 대법원 2007.4.13. 선고 2007도1377 판결; 대법원 1995.7.28. 선고 95도997 판결.
84) 대법원 2006.7.27. 선고 2006도3126 판결; 대법원 2002.7.12. 선고 2002도2134 판결.
85) 대법원 2002.7.12. 선고 2002도2134 판결.
86) 대법원 2008.6.12. 선고 2008도2440 판결.

의사표시이기는 하지만 피해자의 승낙에 기한 것이고, 피해자가 그 승낙의 의사표시를 취소하기까지는 현금카드를 적법, 유효하게 사용할 수 있으므로, 은행으로서도 피해자의 지급정지 신청이 없는 한 그의 의사에 따라 그의 계산으로 적법하게 예금을 지급할 수밖에 없기 때문이다.[87]

④ 결 과

본죄는 결과범이다. 결과범은 실행행위 외에도 결과의 발생을 요한다. 침해범과 구체적 위험범은 결과범에 속한다. 본죄를 침해범으로 파악하는 한 절취의 결과는 점유가 이전된 때에 발생한다고 할 수 있다. 결국 본죄는 결과범으로서 기존의 점유를 배제하고 새로운 점유가 취득되어 결과가 발생한 때, 즉 점유가 이전된 때에 기수가 된다고 할 수 있다.

⑤ 인과관계

본죄를 결과범으로 파악하는 한 본죄에 있어서는 결과의 발생 외에도 실행행위와 결과의 발생 사이에 인과관계가 추가적으로 요구된다.

2) 주관적 구성요건

본죄는 주관적 구성요건요소로서 고의를 요하는 것은 당연하다. 문제는 고의 외에 불법영득의 의사가 추가적으로 요구되느냐에 있다.

① 고 의

ⓘ 의 의 　　본죄의 고의란 타인의 재물을 절취한다는 점에 대한 인식과 이에 대한 실현의사를 말한다고 할 수 있다. 미필적 고의로도 족한다.

고의를 부인하는 경우, 그 고의 자체를 객관적으로 증명할 수는 없으므로 사물의 성질상 고의와 관련성이 있는 간접사실 또는 정황사실을 증명하는 방법으로 이를 증명할 수밖에 없다. 이때 무엇이 관련성이 있는 간접사실 또는 정황사실에 해당하는지는 정상적인 경험칙에 바탕을 두고 치밀한 관찰력이나 분석력으로 사실의 연결상태를 합리적으로 판단하는 방법에 의하여 판단하여야 한다.[88]

고의의 일종인 미필적 고의는 중대한 과실과는 달리 범죄사실의 발생 가능성에 대한 인식이 있고 나아가 범죄사실이 발생할 위험을 용인하는 내심의 의사가 있어야 한다. 행위자가 범죄사실이 발생할 가능성을 용인하고 있었는지 여부는 행위자의 진술에 의존하지 않고 외부에 나타난 행위의 형태와 행위의 상황 등 구체적인 사정을 기초로 일반인이라면 해당 범죄사실이 발생할 가능성을 어떻게 평가할 것인지를 고려하면서 행위자의 입장에서 그 심리상태를 추인하여야 한다.[89]

한편 본죄의 고의에는 특히 재물에 대한 타인성, 즉 점유의 타인성과 소유의 타인성에 대한 인식이 이미 포함되어 있다고 할 수 있다. 그러나 소유에 대한 침해의사는 고의 속에 포함되어 있다고 하기 어렵다. 여기서 소유에 대한 침해의사로서 불법영득의 의사가 고의와

87) 대법원 2007.5.10. 선고 2007도1375 판결.
88) 대법원 2017.1.12. 선고 2016도15470 판결; 대법원 2006.2.23. 선고 2005도8645 판결.
89) 대법원 2017.1.12. 선고 2016도15470 판결; 대법원 2004.5.14. 선고 2004도74 판결.

는 별개로 요구되는 이유를 이해할 수 있다.

고의를 긍정한 판례의 구체적 내용은 다음과 같다. 즉,

위 컴퓨터의 점유의 타인성이 인정되지 않는다거나 공소외 주식회사의 경영상의 비리를 고발하기 위하여 하드디스크를 가지고 나온 것이므로 절도의 고의가 없다는 것이나, 공소외 주식회사의 소유로서 공소외 주식회사 사무실에 설치된 컴퓨터가 피고인이 재직 중 사용하였던 것이라고 하여 피고인의 단독 점유에 속하는 물건이라고 할 수 없고, 피고인이 위와 같이 불법영득의사로 공소외 주식회사의 관리하에 있는 공소외 주식회사 소유의 물건을 가지고 나온 이상 절도죄의 고의가 없다고도 할 수 없다.90)

고의를 부정한 판례의 구체적 내용은 다음과 같다. 즉,

상대방이 계약의 이행에 착수한 이후에는 계약당사자 일방은 계약금의 포기 또는 배액상환으로써 계약을 해제할 수 없는 것이므로 매수인이 묘목매매계약의 잔대금 지급전에라도 매수묘목을 이식 인도받을 수 있도록 한 특약에 따라 묘목의 이식작업에 착수하였다면 그 이후 매도인의 계약해제는 효력이 없고 따라서 매수인이 위 계약통고후 묘목을 이식한 행위에는 타인의 재물을 절취한다는 의사가 있다고 볼 수 없다.91)

ⓘⓘ **타인성에 대한 착오** 본죄의 고의는 점유의 타인성과 소유의 타인성에 대한 인식을 요하므로 점유든 소유든 타인성에 대한 착오는 고의를 조각할 수 있다. 타인성에 대한 착오를 긍정한 판례의 구체적 내용은 다음과 같다. 즉,

절도의 범의는 타인의 점유하에 있는 타인소유물을 그 의사에 반하여 자기 또는 제3자의 점유하에 이전하는 데에 대한 인식을 말하므로, 타인이 그 소유권을 포기하고 버린 물건으로 오인하여 이를 취득하였다면 이와 같이 오인하는 데에 정당한 이유가 인정되는 한 절도의 범의를 인정할 수 없다.92) 자정 가까운 시간에 점포를 폐점하면서 제조 년월일이 오래된 빵을 별다른 감수조치를 취함이 없이 점포 밖에 방치하였다면 외관상 피해자가 그 소유를 포기한 물품으로 오인될 수도 있고, 이러한 경우에 그 빵을 가져간 행위는 절도의 범위를 인정하기 어려운 경우가 있을 것이므로 원심으로서는 위 빵이 쌓여있던 위치와 감수조치의 유무 및 종전에도 피해자가 부패된 빵을 점포 앞에 방치해 둔 사례가 있었는지 여부등을 더 심리해 보아 부패하여 버린 빵으로 오인했다는 피고인 주장의 당부를 가렸어야 할 것이다.93) 절도죄에 있어서 재물의 타인성을 오신하여 그 재물이 자기에게 취득(빌린 것)할 것이 허용된 동일한 물건으로 오인하고 가져온 경우에는 범죄사실에 대한 인식이 있다고 할 수 없으므로 범의가 조각되어 절도죄가 성립하지 아니한다.94)

② 불법영득의 의사

ⓘ 의 의

ⅰ. 불 법 불법의 의의에 관하여는 다툼이 있다. 첫째, 영득의 불법설이다. 영득은

90) 대법원 2011.8.18. 선고 2010도9570 판결.
91) 대법원 1983.6.28. 선고 83도1132 판결.
92) 대법원 1989.1.17. 선고 88도971 판결.
93) 대법원 1984.12.11. 선고 84도2002 판결.
94) 대법원 1983.9.13. 선고 83도1762, 83감도315 판결.

실질적으로 소유권에 일치하는 상태를 야기했느냐에 따라 결정해야 한다고 한다. 따라서 절취자가 절취한 재물에 대한 반환청구권이 없으면 영득은 위법하고 반환청구권이 있으면 영득은 위법하지 않다고 한다. 따라서 영득의 불법은 절취의 불법과 구별하여 영득이 적법한 이상 그 수단이 불법하다고 하여 절도죄로 벌할 수 없다고 한다. 다만 종류채권(種類債權)에 있어서는 채무자에게 특정권이 있으므로 아직 특정되기 전에 이루어진 채권자의 절취행위는 불법영득의사가 인정된다고 한다. 둘째, 절취의 불법설이다. 판례의 입장이다. 불법이란 영득의 불법을 의미하는 것이 아니라 절취의 불법을 의미하므로 절취가 적법하지 아니하면 불법영득의 의사를 인정해야 한다고 한다. 이에 따르면 절취에대한 위법성조각사유가 없으면 영득도 위법하게 된다고 한다. 따라서 비록 약정에 기한 인도 등의 청구권이 인정된다고 하더라도, 취거 당시에 점유 이전에 관한 점유자의 명시적・묵시적인 동의가 있었던 것으로 인정되지 않는 한 점유자의 의사에 반하여 점유를 배제하는 행위를 함으로써 절도죄는 성립하는 것이고, 그러한 경우에 특별한 사정이 없는 한 불법영득의 의사가 인정된다고 한다.

ii. 영 득　　영득(領得)이란 자기 또는 제3자의 소유로 할 목적으로 타인의 재물을 취득하는 것을 말한다. 영득이라는 개념은 일상적으로 사용되는 용어는 아님에도 불구하고 형사법의 영역에서는 빈번하게 보이고 있다. 그러나 영득이라는 용어를 정의하는 법문은 보이지 않고, 판례나 학설에서도 영득에 대한 정의 그 자체는 보이지 않는다.

iii. 불법영득의 의사　　불법영득의 의사(不法領得의 意思)란 소유의 타인성에 대한 불법한 침해의사를 말한다. 이러한 점에서 점유의 타인성에 대한 침해의사를 의미하는 고의와는 구별된다고 할 수 있다. 본죄의 보호법익을 점유와 소유권이라고 이해하는 한 본죄의 주관적 구성요건요소에는 점유에 대한 침해의사와 함께 소유권에 대한 침해의사도 이미 포함되어 있다고 해석해야 한다. 다만 점유에 대한 침해의사는 고의의 인식대상인 절취에 포함되어 있지만, 소유권에 대한 침해의사는 고의에 포함되어 있다고 보기 어렵기 때문에 별도로 불법영득의 의사가 필요하다고 해석되고 있다. 이러한 의미에서 불법영득의 의사는 기술되지 않은 주관적 구성요건요소가 된다고 할 수 있다. 불법영득의사의 필요설에 의하는 한 불법영득의사의 결여는 본죄의 주관적 구성요건해당성을 조각하게 된다.

ⓘ 불법영득의 의사의 내용　　불법영득의 의사는 소극적 요소로서 권리자를 배제하려는 소유배제의사와 적극적 요소로서 자기의 소유물과 같이 이용・처분하려는 소유취득의사로 나누어지는 것으로 해석되고 있다. 대법원도 불법영득의 의사라 함은 "권리자를 배제하고 타인의 물건을 자기의 소유물과 같이 이용하고 처분할 의사를 말한다"고 하거나[95] "권리자

95) 대법원 2012.7.12. 선고 2012도1132 판결; 대법원 2006.3.24. 선고 2005도8081 판결; 대법원 2002.9.6. 선고 2002도3465 판결; 대법원 2000.10.13. 선고 2000도3655 판결; 대법원 1999.4.9. 선고 99도519 판결; 대법원 1996.5.10. 선고 95도3057 판결; 대법원 1992.9.8. 선고 91도3149 판결; 대법원 1989.11.28. 선고 89도1679 판결; 대법원 1988.9.13. 선고 88도917 판결; 대법원 1986.7.22. 선고 86도230 판결; 대법원 1984.12.26. 선고 84감도392 판결; 대법원 1981.12.8. 선고 81도1761 판결; 대법원 1981.10.13. 선고 81도2394 판결; 대법원 1973.2.26. 선고 73도51 판결; 대법원 1961.6.28. 선고 4294형상179 판결.

를 배제하고 타인의 물건을 자기의 소유물과 같이 그 경제적 용법에 따라 이용하고 처분할 의사를 말한다"고 하고 있다.[96] 또 불법영득의 의사는 물건 자체를 영득할 의사인지 물건의 가치만을 영득할 의사인지를 불문한다.[97] 따라서 소유권 또는 이에 준하는 본권을 침해하는 의사, 즉 목적물의 물질을 영득할 의사나 물질의 가치만을 영득할 의사라도 영득의 의사가 있다고 할 것이다.[98]

ⅰ. 소유배제의사 소유배제의사란 전술한 바와 같이 소유자의 소유권의 내용을 배제하려는 의사를 말한다. 권리자를 배제하려는 의사는 권리자를 완전히 종국적으로 배제하려는 의사이기 때문에 영구적인 것이어야 한다. 따라서 일시사용을 위한 경우에는 소위 사용절도로서 본죄를 구성하지 않는다. 그러나 사용절도라 하더라도 1995년에 신설된 후술하는 자동차 등 불법사용죄에 해당할 수 있음에 유의하지 않으면 안 된다.

한편 타인의 재물을 점유자의 승낙 없이 일시 무단 사용하는 경우라도 그 사용으로 인하여 재물 자체가 가지는 경제적 가치가 상당한 정도로 소모되거나 또는 사용 후 그 재물을 본래의 장소가 아닌 다른 곳에 버리거나 곧 반환하지 아니하고 장시간 점유하고 있는 것과 같은 때에는 그 소유권 또는 본권을 침해할 의사가 있다고 보아 불법영득의 의사를 인정할 수 있다.[99]

그러나 그 사용으로 인한 가치의 소모가 무시할 수 있을 정도로 경미하고 또 사용 후 곧 반환한 것과 같은 때에는 그 소유권 또는 본권을 침해할 의사가 있다고 할 수 없어 불법영득의 의사를 인정할 수 없다.[100] 예컨대 불법영득의 의사 없이 타인의 자동차를 일시 사용하는 경우 휘발유가 소비되는 것은 필연적이므로 자동차의 사용방법, 사용시간, 주행거리 그 밖의 구체적인 상황으로 보아 자동차 그 자체의 일시사용이 그 주목적이고 소비된 휘발유의 양이 매우 적은 것임이 명백한 경우에는 그 휘발유의 소비는 자동차의 일시사용 가운데 포함되는 것으로서 이에 대하여는 별도의 절도죄가 성립되지 아니한다.[101]

ⅱ. 소유취득의사 소유취득의사는 일시적인 것으로도 족하다.[102] 대법원도 "절도죄에 있어서의 불법영득의 의사는 영구적으로 그 물건의 경제적 이익을 보유할 의사가 필요한 것은 아니다"라고 하고 있다.[103]

---

96) 대법원 2014.2.21. 선고 2013도14139 판결; 대법원 1999.4.9. 선고 99도519 판결; 대법원 1996.5.10. 선고 95도3057 판결; 대법원 1992.9.8. 선고 91도3149 판결; 대법원 1986.7.22. 선고 86도230 판결.

97) 대법원 2014.2.21. 선고 2013도14139 판결.

98) 대법원 2011.8.18. 선고 2010도9570 판결; 대법원 1981.10.13. 선고 81도2394 판결.

99) 대법원 2012.7.12. 선고 2012도1132 판결; 대법원 2011.8.18. 선고 2010도9570 판결; 대법원 2006.3.9. 선고 2005도7819 판결; 대법원 2002.9.6. 선고 2002도3465 판결; 대법원 2000.3.28. 선고 2000도493 판결; 대법원 1999.7.9. 선고 99도857 판결; 대법원 1992.4.24. 선고 92도118 판결; 대법원 1988.9.13. 선고 88도917 판결; 대법원 1987.12.8. 선고 87도1959 판결; 대법원 1984.12.26. 선고 84감도392 판결.

100) 대법원 2000.3.28. 선고 2000도493 판결; 대법원 1999.7.9. 선고 99도857 판결; 대법원 1992.4.24. 선고 92도118 판결; 대법원 1987.12.8. 선고 87도1959 판결.

101) 대법원 1985.3.26. 선고 84도1613 판결; 대법원 1984.4.24. 선고 84도311 판결.

102) 대법원 2014.2.21. 선고 2013도14139 판결.

103) 대법원 2012.7.12. 선고 2012도1132 판결; 대법원 2002.9.6. 선고 2002도3465 판결; 대법원 1992.9.8. 선고 91도3149 판결; 대법원 1988.9.13. 선고 88도917 판결; 대법원 1986.7.22. 선고 86도230 판결; 대법원

불법영득의사를 긍정한 판례의 구체적 내용은 다음과 같다. 즉,

어떠한 물건을 점유자의 의사에 반하여 취거하는 행위가 결과적으로 소유자의 이익으로 된다는 사정 또는 소유자의 추정적 승낙이 있다고 볼 만한 사정이 있다고 하더라도, 다른 특별한 사정이 없는 한 그러한 사유만으로 불법영득의 의사가 없다고 할 수는 없다.[104] 피고인이 갑의 영업점 내에 있는 갑 소유의 휴대전화를 허락 없이 가지고 나와 이를 이용하여 통화를 하고 문자메시지를 주고받은 다음 약 1~2시간 후 갑에게 아무런 말을 하지 않고 위 영업점 정문 옆 화분에 놓아두고 감으로써 이를 절취하였다는 내용으로 기소된 사안에서, 피고인이 갑의 휴대전화를 자신의 소유물과 같이 경제적 용법에 따라 이용하다가 본래의 장소와 다른 곳에 유기한 것이므로 피고인에게 불법영득의사가 있었다고 할 것인데도, 이와 달리 보아 무죄를 선고한 원심판결에 절도죄의 불법영득의사에 관한 법리오해의 위법이 있다.[105] 소유자의 승낙 없이 오토바이를 타고 가서 다른 장소에 버린 경우, 자동차등불법사용죄가 아닌 절도죄가 성립한다.[106] 굴삭기 매수인이 약정된 기일에 대금채무를 이행하지 아니하면 굴삭기를 회수하여 가도 좋다는 약정을 하고 각서와 매매계약서 및 양도증명서 등을 작성하여 판매회사 담당자에게 교부한 후 그 채무를 불이행하자 그 담당자가 굴삭기를 취거하여 매도한 경우, 굴삭기에 대한 소유권 등록 없이 매수인의 위와 같은 약정 및 각서 등의 작성, 교부만으로 굴삭기에 대한 소유권이 판매회사로 이전될 수는 없으므로 굴삭기 취거 당시 그 소유권은 여전히 매수인에게 남아 있고, 매수인의 의사표시 중에 자신의 동의나 승낙 없이 현실적으로 자신의 점유를 배제하고 굴삭기를 가져가도 좋다는 의사까지 포함되어 있었던 것으로 보기는 어렵다는 이유로, 그 굴삭기 취거행위는 절도죄에 해당하고 불법영득의 의사도 인정된다.[107] 피고인이 현금 등이 들어 있는 피해자의 지갑을 가져갈 당시에 피해자의 승낙을 받지 않았다면 가사 피고인이 후일 변제할 의사가 있었다고 하더라도 불법영득의사가 있었다고 할 것이다.[108] 피고인이 길가에 시동을 걸어 놓은 채 세워 둔 모르는 사람의 자동차를 함부로 운전하고 약 200미터 가량 갔다면 불법영득의 의사가 있었다 할 것이다.[109] 동네 선배로부터 차량을 빌렸다가 반환하지 아니한 보조열쇠를 이용하여 그 후 3차례에 걸쳐 위 차량을 2~3시간 정도 운행한 후 원래 주차된 곳에 갖다 놓아 반환한 경우 피해자와의 친분관계, 차량의 운행경위, 운행시간, 운행 후의 정황 등에 비추어 불법령득의 의사가 있었다고 볼 수 없다.[110] 피고인이 피해자의 전화번호를 알아두기 위하여 피해자가 떨어뜨린 전화요금영수증을 습득한 후 돌려주지 않은 경우에 그에게 불법영득의 의사가 있다고 인정하기 어렵다.[111] 피해자가 경영하는 주점의 잠겨 있는 샷타문을 열고 그곳 주방안에 있던 맥주 등을 꺼내어 마셨다면 타인의 재물에 대한 불법영득의 의사가 있었다고 할 것이고 주점까지 가게 된 동기가 주점점원의 초청에 의한 것이었다 하더라도 피해자의 승낙없이 재물을 지거하는 행위는 절도죄를 구성한다.[112] 피고인이 중대장에게 항의를 하고 만약 관철되지 않는 경우에 동인을 살해하고 자기도 자살을 하는데 사용할 의도로 이 사건 수류탄

1984.12.26. 선고 84감도392 판결; 대법원 1981.10.13. 선고 81도2394 판결.

104) 대법원 2014.2.21. 선고 2013도14139 판결; 대법원 2003.1.24. 선고 2001도991 판결.

105) 대법원 2012.7.12. 선고 2012도1132 판결.

106) 대법원 2002.9.6. 선고 2002도3465 판결.

107) 대법원 2001.10.26. 선고 2001도4546 판결.

108) 대법원 1999.4.9. 선고 99도519 판결.

109) 대법원 1992.9.22. 선고 92도1949 판결.

110) 대법원 1992.4.24. 선고 92도118 판결.

111) 대법원 1989.11.28. 선고 89도1679 판결.

112) 대법원 1986.9.9. 선고 86도1439 판결.

등을 가져갔다면 피고인에게 이에 대한 불법영득의 의사가 있다고 할 수 있다.[113] 조합원의 1인이 조합원의 공동점유에 속하는 합유의 물건을 다른 조합원의 승락없이 조합원의 점유를 배제하고 단독으로 자신의 지배하에 옮긴다는 인식이 있었다면 절도죄에 있어서의 불법영득의 의사가 있었다고 볼 것이다.[114] 피고인은 소유자 공소외 B가 길가에 세워 둔 오토바이를 그 승낙 없이 타고가서 용무를 마친 약 1시간 30분 후 본래 있던 곳에서 약 7, 8미터 되는 장소에 방치하였다는 것이니 여기에 불법영득의 의사가 있었다고 할 것이다.[115] 피고인은 자신이 잃어버린 총을 보충하기 위하여 같은 소속대 3회기중대 공소외 갑 소지 군용 칼빙소총 1정을 무단히 가지고 나온데 불과하고 영득의 의사가 없었다는 것이며 이는 피고인의 소위가 자기의 물건과 동양으로 그 경제적 용법에 따라 이를 이용 또는 처분하여 권리자(국가)를 배제할 의사를 가지고 한 것이 아니므로 피고인에게 영득의 의사가 있었다고 볼 수 없다는 취지로 판단한 원판결에 법령위반이 없다.[116]

불법영득의사를 부정한 판례의 구체적 내용은 다음과 같다. 즉,

피고인이 살해된 피해자의 주머니에서 꺼낸 지갑을 살해도구로 이용한 골프채와 옷 등 다른 증거품들과 함께 자신의 차량에 싣고 가다가 쓰레기 소각장에서 태워버린 경우, 살인 범행의 증거를 인멸하기 위한 행위로서 불법영득의 의사가 있었다고 보기 어렵다.[117] 피해자의 승낙 없이 혼인신고서를 작성하기 위하여 피해자의 도장을 몰래 꺼내어 사용한 후 곧바로 제자리에 갖다 놓은 경우, 도장에 대한 불법영득의 의사가 있었다고 볼 수 없다.[118] 타인의 재물을 점유자의 승낙 없이 무단사용하는 경우에 있어서 그 사용으로 인하여 물건 자체가 가지는 경제적 가치가 상당한 정도로 소모되거나 또는 사용 후 그 재물을 본래 있었던 장소가 아닌 다른 장소에 버리거나 곧 반환하지 아니하고 장시간 점유하고 있는 것과 같은 때에는 그 소유권 또는 본권을 침해할 의사가 있다고 보아 불법영득의 의사를 인정할 수 있을 것이나, 그렇지 않고 그 사용으로 인한 가치의 소모가 무시할 수 있을 정도로 경미하고, 또한 사용 후 곧 반환한 것과 같은 때에는 그 소유권 또는 본권을 침해할 의사가 있다고 할 수 없어 불법영득의 의사가 있다고 인정할 수 없다.[119] 신용카드업자가 발행한 신용카드는 이를 소지함으로써 신용구매가 가능하고 금융의 편의를 받을 수 있다는 점에서 경제적 가치가 있다 하더라도, 그 자체에 경제적 가치가 화체되어 있거나 특정의 재산권을 표창하는 유가증권이라고 볼 수 없고, 단지 신용카드회원이 그 제시를 통하여 신용카드회원이라는 사실을 증명하거나 현금자동지급기 등에 주입하는 등의 방법으로 신용카드업자로부터 서비스를 받을 수 있는 증표로서의 가치를 갖는 것이어서, 이를 사용하여 현금자동지급기에서 현금을 인출하였다 하더라도 신용카드 자체가 가지는 경제적 가치가 인출된 예금액만큼 소모되었다고 할 수 없으므로, 이를 일시 사용하고 곧 반환한 경우에는 불법영득의 의사가 없다.[120] 타인의 재물을 점유자의 승낙 없이 무단사용하는 경우에 있어서 그 사용으로 인하여 물건 자체가 가지는 경제적 가치가 상당한 정도로 소모되거나 또는 사용 후 그 재물을 본래 있었던 장소가 아닌 다른 곳에 버리거나 곧 반환하

113) 대법원 1984.2.28. 선고 83도3271 판결.

114) 대법원 1982.12.28. 선고 82도2058 판결.

115) 대법원 1981.10.13. 선고 81도2394 판결.

116) 대법원 1965.2.24. 선고 64도795 판결.

117) 대법원 2000.10.13. 선고 2000도3655 판결.

118) 대법원 2000.3.28. 선고 2000도493 판결; 대법원 1999.7.9. 선고 99도857 판결; 대법원 1987.12.8. 선고 87도1959 판결.

119) 대법원 1999.7.9. 선고 99도857 판결.

120) 대법원 1999.7.9. 선고 99도857 판결.

지 아니하고 장시간 점유하고 있는 것과 같은 때에는 그 소유권 또는 본권을 침해할 의사가 있다고 보아 불법영득의 의사를 인정할 수 있을 것이나 그렇지 아니하고 그 사용으로 인한 가치의 소모가 무시할 수 있을 정도로 경미하고 또한 사용 후 곧 반환한 것과 같은 때에는 그 소유권 또는 본권을 침해할 의사가 있다고 할 수 없어 불법영득의 의사를 인정할 수 없다. 피해자로부터 지갑을 잠시 건네받아 임의로 지갑에서 현금카드를 꺼내어 현금자동인출기에서 현금을 인출하고 곧바로 피해자에게 현금카드를 반환한 경우, 현금카드에 대한 불법영득의사가 없다.[121] 사촌형제인 피해자와의 분규로 재단법인 이사장직을 사임한 뒤 피해자의 집무실에 찾아가 잘못을 나무라는 과정에서 화가 나서 피해자를 혼내주려고 피해자의 가방을 들고 나온 경우 불법영득의 의사가 있다고 할 수 없다.[122] 피고인이 군무를 이탈할 때 총기를 휴대하고 있는지 조차 인식할 수 없는 정신상태에 있었고 총기는 어떤 경우라도 몸을 떠나서는 안된다는 교육을 지속적으로 받아왔다면 사격장에서 군무를 이탈하면서 총기를 휴대하였다는 것만 가지고는 피고인에게 총기에 대한 불법영득의 의사가 있었다고 할 수 없다.[123] 내연관계에 있던 여자가 계속 회피하며 만나 주지 않자 내연관계를 회복시켜 볼 목적으로 그녀의 물건을 가져와 보관한 후 이를 찾으러 오면 그 때 그 물건을 반환하면서 타일러 다시 내연관계를 지속시킬 생각으로 물건을 가져왔고 그녀의 가족에게 그 사실을 그녀에게 연락하라고 말하였으며 그 후 이를 보관하고 있으면서 이용 내지 소비하지 아니한 경우 불법영득의 의사가 있다고 할 수 없다.[124] 가구회사의 디자이너인 피고인이 자신이 제작한 가구 디자인 도면을 가지고 나온 경우 평소 위 회사에서 채택한 도면은 그 유출과 반출을 엄격히 통제하고 있으나 채택하지 아니 한 도면들은 대부분 작성한 디자이너에게 반환하여 각자가 자기의 서랍 또는 집에 보관하거나 폐기하는 등 디자이너 개인에게 임의처분이 허용되어 왔고, 피고인은 회사로부터 부당하게 징계를 받았다고 생각하고 노동위원회에 구제신청을 하면서 자신이 그 동안 회사업무에 충실하였다는 사실을 입증하기 위한 자료로 삼기 위하여 이를 가지고 나온 것이라면 피고인에게 위 도면들에 대한 불법영득의 의사가 있었다고 볼 수 없다.[125] 피고인이 타인 소유의 버스요금함 서랍 견본 1개를 그에 대한 최초 고안자로서의 권리를 확보하겠다는 생각으로 가지고 나가 변리사에게 의장출원을 의뢰하고 그 도면을 작성한 뒤 당일 이를 원래 있던 곳에 가져다 두었다면 불법영득의사를 인정할 수 없다.[126] 피고인이 피해자의 전화번호를 알아두기 위하여 피해자가 떨어뜨린 전화요금영수증을 습득한 후 돌려주지 않은 경우에 그에게 불법영득의 의사가 있다고 인정하기 어렵다.[127] 타인의 물건을 점유자의 승낙없이 무단사용하는 경우에 있어서 그 사용으로 물건 자체가 가지는 경제적 가치가 상당한 정도로 소모되거나 또는 사용후 본래의 장소가 아닌 다른 곳에 버리거나 곧 반환하지 아니하고 장시간 점유하고 있었다면 그 소유권 또는 본권을 침해할 의사가 있다고 보아 불법영득의 의사를 인정할 수 있을 것이나 그렇지 아니하고 그 사용으로 인한 가치의 소모가 무시할 수 있을 정도로 경미하고 또 사용후 곧 반환하였다면 그 소유권 또는 본권을 침해할 의사가 있다고 할 수 없어 불법영득의 의사를 인정할 수 없다.[128] 피고인이 피해자 등과 말다툼을 하면서 시비하는 중에 그들 중 일행이 피고인을 식칼로 찔러 죽이겠다고 위협을 하여

121) 대법원 1998.11.10. 선고 98도2642 판결.
122) 대법원 1993.4.13. 선고 93도328 판결.
123) 대법원 1992.9.8. 선고 91도3149 판결.
124) 대법원 1992.5.12. 선고 92도280 판결.
125) 대법원 1992.3.27. 선고 91도2831 판결.
126) 대법원 1991.6.11. 선고 91도878 판결.
127) 대법원 1989.11.28. 선고 89도1679 판결.
128) 대법원 1987.12.8. 선고 87도1959 판결.

주위를 살펴보니 식칼이 있어 이를 갖고 파출소에 가져가 협박의 증거물로 제시하였다면, 가사 피고인의 위 협박의 신고내용이 허위라고 하더라도 불법영득의 의사가 있었다고 할 수는 없다.[129] 피고인과 피고인의 승락없이 운전한 자동차의 소유자 (갑)은 한 동리에 거주하면서 1983.1.경부터 직장관계로 주1회 내지 월1회 정도로 자주 만나는 사이였고, 1983.9.10경에는 피고인이 운전을 배우고 싶다하여 피해자가 동승하여 피고인에게 그 차를 직접 운전케 한 일도 있었는데 공소사실 기재일시인 1983.9.25. 17:00에도 자동차소유자인 (갑)이 전에 근무하던 **상사에 놀러갔다가 피고인과 만나 소주를 마시는 등 함께 놀다가 헤어졌다는데 피고인은 그때 (갑)이 자동차의 시동열쇠를 차에 둔 채 집으로 들어가는 것을 보고 운전연습을 할 욕심에서 다시 돌아와 그 차를 운전하게 되었다는 것이고, (갑) 또한 그 다음날 아침에 차가 없어진 것을 발견하였으나 피고인이 운전하고 간 것으로 짐작하여 도난신고도 한 바 없었다는 것이며 한편 피고인이 위 (갑)의 자동차를 승락없이 운전한 시간은 공소사실 기재대로 인정한다 하더라도 1시간 30분(기록에 의하면 피고인은 30분 가량이었다고 다툰다)밖에 되지 아니한다. 위와 같은 피고인과 피해자간의 친분관계, 피고인이 피해자소유의 자동차를 승락없이 운전하게 된 경위 그 운행시간 등에 비추어보면 피고인에게 불법영득의 의사가 있었다고 보기 어렵다.[130] 피고인들이 친구의 근무처인 세차장에 들렀다가 이 사건 승용차를 발견하고는 습득한 승용차열쇠로 문을 열고 시동을 걸고서 아는 여자를 만나러 가기 위해 위 차를 운행하여 갔다가 위 세차장으로 되돌아 오던 중 위 승용차가 운행정지처분을 당하여 앞 번호판이 없었던 관계로 때마침 순찰중이던 방범대원에게 검문을 당하여 입건되었고 피고인들이 검거장소까지 운행한 거리가 약 2킬로미터 정도로서 그에 소요된 시간이 약 10분 정도라면 피고인들은 위 승용차를 불법영득하려 한 것이 아니고 잠깐동안 사용할 의사로 위와 같이 무단운행한 것이라 인정되므로 피고인들에게 불법영득의 의사가 있다고 보기 어렵다.[131] 일시사용목적으로 자전차를 타고 간 경우라 하여 절도죄의 성립을 부인한 원심판단은 정당하고 거기에 불법영득의사에 관한 법리오해의 위법이 있다고 할 수 없다.[132] 피고인 (갑)이 자기 소유밭에 심어 놓은 가을 배추를 공소외 (을)에게 매도하였는데 동 (을)은 배추를 밭에 고랑을 파고 두줄 또는 석줄로 세워 흙을 약간씩 덮어 두고 다음해 1월 초순께 수거해 가겠다고 약정하였고 한편 피고인 (갑)은 이 밭을 공소외 (병)과 (정)에게 매도하고 1980.1.31까지 배추를 수거하여 밭을 인도해 주기로 하였는데 위 (을)은 배추를 약정기일까지 수거해 가지도 않고 연락도 되지 아니하여 인도기일을 지킬 수가 없게 되고 배추도 밭에 가저장한 채 한 겨울을 넘겨 해동이 되자 누렇게 뜨고 썩기 시작하여 그대로 두면 다 버리게 될 우려가 있어 상피고인 (무)에게 부탁하여 이 배추를 공소외 (기)에게 금 800,000원에 팔아 그중 소개비 등 비용 금 100,000원을 공제한 나머지 금 700,000원을 위 (을)이 찾아 가도록 금천단위 농업협동조합에 정기예탁한 사실을 확정하고, 이와 같은 사실에 비추어 보아 피고인 등에게 불법영득의 의사가 있다고 인정할 수 없다고 판시하였는 바, 이와 같은 원심판시는 정당하고 그에 이르는 사실인정 과정에 소론 채증법칙 위반의 위법이나 불법영득의 의사에 관한 법리를 오해한 위법이 있다고 할 수 없다.[133] 피고인이 길가에 세워져 있는 오토바이를 소유자의 승락없이 타고가서 용무를 마친 약1시간 50분 후 본래 있던 곳에서 약 7,8미터 되는 장소에 방치하였다면 불법영득의 의사가 있었다고 할 것이다.[134] 군인이 총기를 분실하고 그를

129) 대법원 1986.7.8. 선고 86도354 판결.
130) 대법원 1985.3.26. 선고 84도1613 판결.
131) 대법원 1984.4.24. 선고 84도311 판결.
132) 대법원 1983.10.11. 선고 83도2218 판결.
133) 대법원 1982.2.23. 선고 81도2371 판결.
134) 대법원 1981.10.13. 선고 81도2394 판결.

보충하기 위하여 총기를 취거한 경우에는 불법영득의 의사가 있다고 할 수 없다.[135] 피고인은 공소외 (갑)과는 친하게 지내는 사이인 바, 피고인은 1972.1.24. 오후 3시경 위 (갑)의 모친과 불륜한 관계가 있는 공소외 (을)이 위 (갑)의 모친과 같이 의정부 소재 (모)여인숙 (모)호실에서 투숙하고 있다는 사실을 탐지하고 위의 (을)을 만나 힐책을 하여 주려고 위 (갑)과 같이 위의 여인숙에 갔었으나 위 (을)이 이미 그 눈치를 채고 도망하여 없으므로 피고인들은 그 곳에 있는 동인 소유인 원판시의 물건을 가져와서 보관하고 있으면 (을)은 이를 찾으러 올 것이고 그 때에 그 물건을 반환하면서 동인을 힐책하여 줄 생각으로 그 물건을 가지고 온 것이 고 그 물건을 영득할 의사로 가져온 것이 아니라는 사실을 인정하고 위와 반대된 듯한 원판시의 증거는 믿을 수 없다 배척하고 그 외에 영득의 의사를 인정할 증거 없다고 판시하였는 바, 기록을 검토하여도 위법이 있다고는 단정할 수 없으므로 원판결에 증거취사에 있어서의 위법이 있다는 논지는 이유 없을 뿐 아니라 원심이 위와 같은 사실에 의하여 다른 범죄가 구성되는지 여부는 별문제로 하더라도 본건 절도의 범죄는 구성할 수 없다고 판시하였음에 위법이 있다 할 수 없으며 소론의 판례는 본건의 경우에는 적합하다 할 수 없은즉 상고논지는 어느 것이나 채용할 수 없다 할 것이다.[136] 피고인은 자신이 잃어버린 총을 보충하기 위하여 같은 소속대 3회기중대 공소외 갑 소지 군용 칼빙소총 1정을 무단히 가지고 나온데 불과하고 영득의 의사가 없었다는 것이며 이는 피고인의 소위가 자기의 물건과 동양으로 그 경제적 용법에 따라 이를 이용 또는 처분하여 권리자(국가)를 배제할 의사를 가지고 한 것이 아니므로 피고인에게 영득의 의사가 있었다고 볼 수 없다는 취지로 판단한 원판결에 법령위반이 없다.[137]

3) 미수 · 기수

본죄는 미수범을 처벌한다. 본죄의 실행의 착수는 점유배제행위의 개시시에, 기수는 점유취득행위의 종료시에 이루어진다는 것은 당연하다. 문제는 점유배제행위의 개시시와 점유취득행위의 종료시의 구체적 시점을 행위의 진행과정 중 어느 단계에서 인정해야 하느냐에 있다.

① 착수시기

본죄의 실행의 착수시기인 점유배제행위 개시시의 구체적 시점에 관하여는 다툼이 있다. 본죄의 실행의 착수시기는 본죄의 미수 · 기수 및 본죄와 사후강도죄(제335조)를 구분하는 경계선이 된다.

ⓘ 학 설 점유배제행위의 개시시에 관하여는 범죄의사를 기준으로 판단하려는 주관설, 실행행위를 기준으로 하려는 객관설 및 양자를 모두 고려하려는 절충설로 대별되는 것이 일반적이다. 객관설은 다시 실행행위의 일부분을 행하였을 때에 실행의 착수를 인정하는 형식적 객관설과 실행행위가 아니더라도 법익침해의 위험성을 가지는 행위를 한 때에 실행의 착수를 인정하려는 실질적 객관설로 나누어진다. 절충설은 점유침해사실이 확정적으로 외부에 표시되었다고 볼 수 있는 근접행위가 있을 때에 실행의 착수를 인정하는 주관적 객관설과 타인의 점유를 배제하는 데에 밀접한 행위를 개시하거나 목적물을 물색한 때에

135) 대법원 1977.6.7. 선고 77도1069 판결.
136) 대법원 1973.2.28. 선고 72도2812 판결.
137) 대법원 1965.2.24. 선고 64도795 판결.

실행의 착수를 인정하는 개별적 객관설, 즉 밀접행위설로 나누어질 수 있다.

ⅱ 판 례 판례는 일반론으로서 타인의 재물에 대한 사실상의 지배를 침해하는데 밀접한 행위를 한 시점에 실행의 착수를 인정한다.[138] 실행의 착수가 있는지 여부는 구체적 사건에 있어서 범행의 방법, 태양, 주변상황 등을 종합 판단하여 결정하여야 한다고 한다.[139]

실행의 착수를 긍정한 판례의 구체적 내용은 다음과 같다. 즉,

> 야간이 아닌 주간에 절도의 목적으로 다른 사람의 주거에 침입하여 절취할 재물의 물색행위를 시작하는 등 그에 대한 사실상의 지배를 침해하는 데에 밀접한 행위를 개시하면 절도죄의 실행에 착수한 것으로 보아야 한다. 주간에 절도의 목적으로 방 안까지 들어갔다가 절취할 재물을 찾지 못하여 거실로 돌아나온 경우 절도죄의 실행 착수가 인정된다.[140] 야간에 손전등과 박스 포장용 노끈을 이용하여 도로에 주차된 차량의 문을 열고 현금 등을 훔치기로 마음먹고, 차량의 문이 잠겨 있는지 확인하기 위해 양손으로 운전석 문의 손잡이를 잡고 열려고 하던 중 경찰관에게 발각된 사안에서, 절도죄의 실행에 착수한 것으로 보아야 한다.[141] 금품을 훔칠 목적으로 피해자의 집에 담을 넘어 침입하여 그집 부엌에서 금품을 물색하던 중에 발각되어 도주한 것이라면 이는 절취행위에 착수한 것이라고 보아야 한다.[142] 피해자 소유 자동차 안에 들어 있는 밍크코트를 발견하고 이를 절취할 생각으로 공범이 위 차 옆에서 망을 보는 사이 위 차 오른쪽 앞문을 열려고 앞문손잡이를 잡아당기다가 피해자에게 발각되었다면 절도의 실행에 착수하였다고 봄이 상당하다.[143] 소매치기가 피해자의 주머니에 손을 넣어 금품을 절취하려 한 경우 비록 그 주머니속에 금품이 들어있지 않았었다 하더라도 위 소위는 절도라는 결과 발생의 위험성을 충분히 내포하고 있으므로 이는 절도미수에 해당한다.[144] 소매치기의 경우 피해자의 양복상의 주머니로부터 금품을 절취하려고 그 호주머니에 손을 뻗쳐 그 겉을 더듬은 때에는 절도의 범행은 예비단계를 지나 실행에 착수하였다고 봄이 상당하다.[145] 절도의 목적으로 건조물에 침입한 자가 절취할 물건을 물색하다가 발각되어 미수에 그친 경우에는 건조물침입죄와 절도미수의 죄가 성립되며, 다만 상습범일 경우에는 특정범죄가중처벌등에 관한 법률 제5조의 4 제1항의 입법취지 등으로 보아 그 법 제5조의 4 제1항 위반의 죄가 성립할 뿐이다.[146] 금품을 절취하기 위하여 고속버스 선반 위에 놓여진 손가방의 한쪽 걸쇠만 열었다 하여도 절도범행의 실행에 착수하였다 할 것이다.[147] 피고인은 1965.9.9 오전 11시경, 피해자 소외인가에 침입하여, 동가 응접실 책상위에 놓여있던 라디오 1대를, 훔치려고 동 라디오 선을 거드려다 피해자에게 발견되어, 절취의 목적을 달치못하였다는 것이므로, 위와 같은 라디오선을 거드려고하는 행위는 본건 라디오에 대한 사실상의 지배를 침해하는데, 밀접한 행위라 할수 있으므로, 원심이 본건을 절도 미수죄로 처단하였음은 정당하고, 피고의 가정사정과 범죄의 동기들이, 소론과 같고 또 본건 범행이 계획적이 아니었다 하여도, 그와 같은 사정과 사실로서는 피고인에

138) 대법원 2010.4.29. 선고 2009도14554 판결; 대법원 1986.12.23. 선고 86도2256 판결; 대법원 1999.9.17. 선고 98도3077 판결; 대법원 1992.9.8. 선고 92도1650, 92감도80 판결; 대법원 1986.12.23. 선고 86도2256 판결.

139) 대법원 2010.4.29. 선고 2009도14554 판결; 대법원 1983.3.8. 선고 82도2944 판결.

140) 대법원 2003.6.24. 선고 2003도1985, 2003감도26 판결.

141) 대법원 2009.9.24. 선고 2009도5595 판결.

142) 대법원 1987.1.20. 선고 86도2199,86감도245 판결.

143) 대법원 1986.12.23. 선고 86도2256 판결.

144) 대법원 1986.11.25. 선고 86도2090, 86감도231 판결.

145) 대법원 1984.12.11. 선고 84도2524 판결.

146) 대법원 1984.3.13. 선고 84도71 판결.

147) 대법원 1983.10.25. 선고 83도2432, 83감도420 판결.

게 징역, 단기 6월 장기 8월의 형이 선고된 본건에 있어서는, 적법한 상고이유가 되지 못하므로 논지는 이유없다.[148] 피고인이 피해자집 내정 빨래줄에 널려 있는 쉐터를 절취할 목적으로 동 내정에 투입하여 빨래줄 밑에까지 접근하여 훔치려고 하는 순간 피해자에게 발견되어 목적을 달성하지 못한 경우 피고인이 동 쉐타에 손을 아직 대지 못하였다 하여 실행의 착수에 이르지 못하였다고 할 수 없다.[149]

실행의 착수를 부정한 판례의 구체적 내용은 다음과 같다. 즉,

절도죄의 실행의 착수시기는 재물에 대한 타인의 사실상의 지배를 침해하는 데에 밀접한 행위를 개시한 때라고 보아야 하므로, 야간이 아닌 주간에 절도의 목적으로 타인의 주거에 침입하였다고 하여도 아직 절취할 물건의 물색행위를 시작하기 전이라면 주거침입죄만 성립할뿐 절도죄의 실행에 착수한 것으로 볼 수 없는 것이어서 절도미수죄는 성립하지 않는다.[150] 피해자의 집 부엌문에 시정된 열쇠고리의 장식을 뜯는 행위만으로는 절도죄의 실행행위에 착수한 것이라고 볼 수 없다.[151] 소를 흥정하고 있는 피해자의 뒤에 접근하여 그가 들고 있던 가방으로 돈이 들어 있는 피해자의 하의 왼쪽 주머니를 스치면서 지나간 행위는 단지 피해자의 주의력을 흐트려 주머니속에 들은 금원을 절취하기 위한 예비단계의 행위에 불과한 것이고 이로써 실행의 착수에 이른 것이라고는 볼 수 없다.[152] 절도의 목적으로 피해자의 집 현관을 통하여 그 집 마루 위에 올라서서 창고문 쪽으로 향하다가 피해자에게 발각, 체포되었다면 아직 절도행위의 실행에 착수하였다고 볼 수 없다.[153] 노상에 세워 놓은 자동차안에 있는 물건을 훔칠 생각으로 자동차의 유리창을 통하여 그 내부를 손전등으로 비추어 본 것에 불과하다면 비록 유리창을 따기 위해 면장갑을 끼고 있었고 칼을 소지하고 있었다 하더라도 절도의 예비행위로 볼 수는 있겠으나 타인의 재물에 대한 지배를 침해하는데 밀접한 행위를 한 것이라고는 볼 수 없어 절취행위의 착수에 이른 것이었다고 볼 수 없다.[154] 평소 잘 아는 피해자에게 전화채권을 사주겠다고 하면서 골목길로 유인하여 돈을 절취하려고 기회를 엿본 행위만으로는 절도의 예비행위는 될지언정 행위의 방법, 태양 및 주변상황 등에 비추어 볼때 타인의 재물에 대한 사실상 지배를 침해하는데 밀접한 행위가 개시되었다고 단정할 수 없다.[155]

ⅲ 검 토 본죄는 예비를 처벌하지 않고 있다. 본죄를 침해범으로 이해하는 한 결과발생의 위험성을 가지는 행위에 대하여는 실행행위성을 인정할 수 있다고 본다. 따라서 실행행위의 일부가 행하여지기 이전이라도 점유침해의 현실적 위험을 가지는 행위를 개시한 때에 실행의 착수를 인정해도 무리한 해석으로는 보이지 않는다. 결국 실행행위가 아니더라도 법익침해의 위험성을 가지는 행위를 한 때에 실행의 착수를 인정하려는 실질적 객관설, 점유침해사실이 확정적으로 외부에 표시되었다고 볼 수 있는 근접행위가 있을 때에 실행의 착수를 인정하는 주관적 객관설 또는 타인의 점유를 배제하는 데에 밀접한 행위를 개시하거

148) 대법원 1966.5.3. 선고 66도383 판결.
149) 대법원 1965.6.22. 선고 65도427 판결.
150) 대법원 1992.9.8. 선고 92도1650,92감도80 판결.
151) 대법원 1989.2.28. 선고 88도1165 판결.
152) 대법원 1986.11.11. 선고 86도1109,86감도143 판결.
153) 대법원 1986.10.28. 선고 86도1753 판결.
154) 대법원 1985.4.23. 선고 85도464 판결.
155) 대법원 1983.3.8. 선고 82도2944 판결.

나 목적물을 물색한 때에 실행의 착수를 인정하는 개별적 객관설(밀접행위설)은 모두 이러한 범주 내에 있는 견해라고 생각된다.

② 기수시기

본죄는 미수를 처벌한다. 본죄의 기수시기인 점유취득행위 종료시의 구체적 시점에 관해서는 견해가 일치하지 않고 있다.

ⓘ 학 설 점유취득행위의 종료시에 관하여는 재물에 접촉한 때라는 접촉설(接觸說), 재물을 자기 또는 제3자의 지배하에 두어 취득한 때라는 취득설(取得說), 재물이 피해자의 지배범위로부터 장소적으로 이전되었을 때라는 이전설(移轉說) 및 재물을 안전한 장소에 감추었을 때라는 은닉설(隱匿說)이 대립하고 있다.

ⓘⓘ 판 례 판례는 취득설의 입장이다. 대법원은 "절도죄는 타인의 소지를 침해하여 재물이 자기의 소지로 이동할 때 즉 자기의 사실적 지배밑에 둔 때에 기수가 된다"고 판시한 바 있다.[156] 절도죄의 기수를 긍정한 판례의 구체적 내용은 다음과 같다. 즉,

> 입목을 절취하기 위하여 이를 캐낸 때에는 그 시점에서 이미 소유자의 입목에 대한 점유가 침해되어 범인의 사실적 지배하에 놓이게 됨으로써 범인이 그 점유를 취득하게 되는 것이므로, 이때 절도죄는 기수에 이르렀다고 할 것이고, 이를 운반하거나 반출하는 등의 행위는 필요로 하지 않는다고 할 것이다.[157] 창고에서 물건을 밖으로 들고 나와 운반해가다가 방범대원들에게 발각되어 체포되었다면 절도의 기수에 해당한다.[158] 피고인이 공동피고인과 함께 피해자 집에 침입하여 그 집 광에서 공동피고인이 자루에 담아 내주는 백미를 받아 그 집을 나오려 하다가 피해자에게 발각된 경우에는 특수절도죄의 기수가 된다 할 것이고 미수에 해당한다고 할 수 없다.[159]

절도죄의 기수를 부정한 판례의 구체적 내용은 다음과 같다. 즉,

> 자동차를 절취할 생각으로 자동차의 조수석문을 열고 들어가 시동을 걸려고 시도하는 등 차 안의 기기를 이것저것 만지다가 핸드브레이크를 풀게 되었는데 그 장소가 내리막길인 관계로 시동이 걸리지 않은 상태에서 약 10미터 전진하다가 가로수를 들이받는 바람에 멈추게 되었다면 절도의 기수에 해당한다고 볼 수 없을 뿐 아니라 도로교통법 제2조 제19호 소정의 자동차의 운전에 해당하지 아니한다.[160]

ⓘⓘⓘ 검 토 타인의 점유를 배제하여 행위자 또는 제3자의 점유로 이전한 때에 새로운 점유는 취득된다고 할 수 있다. 이러한 의미에서 취득설이 설득력을 가진다고 하지 않을 수 없다. 다만 점유의 취득여부는 재물의 성질, 형상, 재물에 대한 타인의 점유상태 나아가 절취행위의 태양 등을 종합하여 판단할 필요가 있다. 예컨대 쉽게 운반할 있는 재물은 손에 잡거나 호주머니 또는 가방에 넣었을 때 취득이 있고, 쉽게 운반할 수 없는 재물은 피해자의 지배범위를 벗어났을 때 취득이 있다고 할 수 있다. 예컨대 양곡을 운반하기 위하여 자동차

---

156) 대법원 1964.12.8. 64도577 판결.
157) 대법원 2008.10.23. 선고 2008도6080 판결.
158) 대법원 1984.2.14. 선고 83도3242, 83감도546 판결.
159) 대법원 1964.12.8. 선고 64도577 판결.
160) 대법원 1994.9.9. 선고 94도1522 판결.

에 적재하면 취득이 있다고 할 수 있다. 한편 이전설에 대하여는 본죄의 성립시기를 너무 늦게 인정한다는 형사정책상의 결점이 있다고 비판되고 있다.

4) 공 범

본죄에 있어서 총칙상 공범의 성립은 가능하다. 따라서 본죄의 공동정범, 교사범, 방조범 또는 간접정범의 성립이 가능하다.

공범의 성립을 긍정한 판례의 구체적 내용은 다음과 같다. 즉,

자동차 명의신탁관계에서 제3자가 명의수탁자로부터 승용차를 가져가 매도할 것을 허락받고 인감증명 등을 교부받아 위 승용차를 명의신탁자 몰래 가져간 경우, 위 제3자와 명의수탁자의 공모·가공에 의한 절도죄의 공모공동정범이 성립한다.161) 피고인이 축산업협동 공소외 1 조합이 점유하는 타인 소유의 창고의 패널을 점유자인 공소외 1 조합으로부터 명시적인 허락을 받지 않은 채 소유자인 위 타인으로 하여금 취거하게 한 경우 소유자를 도구로 이용한 절도죄의 간접정범이 성립될 수 있지만, 여러 사정에 비추어 피고인에게 공소외 1 조합의 의사에 반하여 위 창고의 패널을 뜯어간다는 범의가 있었다고 단정하기는 어렵다.162) 막연히 "범죄를 하라"거나 "절도를 하라"고 하는 등의 행위만으로는 교사행위가 되기에 부족하다 하겠으나, 타인으로 하여금 일정한 범죄를 실행할 결의를 생기게 하는 행위를 하면 되는 것으로서 교사의 수단방법에 제한이 없다 할 것이므로, 교사범이 성립하기 위하여는 범행의 일시, 장소, 방법 등의 세부적인 사항까지를 특정하여 교사할 필요는 없는 것이고, 정범으로 하여금 일정한 범죄의 실행을 결의할 정도에 이르게 하면 교사범이 성립된다. 피고인이 갑, 을, 병이 절취하여 온 장물을 상습으로 19회에 걸쳐 시가의 3분의1 내지 4분의 1의 가격으로 매수하여 취득하여 오다가, 갑, 을에게 일제 도라이바 1개를 사주면서 "병이 구속되어 도망다니려면 돈도 필요할텐데 열심히 일을 하라(도둑질을 하라)"고 말하였다면, 그 취지는 종전에 병과 같이 하던 범위의 절도를 다시 계속하면 그 장물은 매수하여 주겠다는 것으로서 절도의 교사가 있었다고 보아야 한다.163)

공범의 성립을 부정한 판례의 구체적 내용은 다음과 같다. 즉,

오토바이를 절취하여 오면 그 물건을 사 주겠다고 한 것이 절도죄에 있어 공동정범의 성립을 인정하기 위하여 필요한 공동가공의 의사가 있었다고 보기 어렵다는 이유로 원심판결을 파기한 사례이다.164) 피고인이 연소한 제1심 상피고인에게 밥값을 구하여 오라고 말한 것이 절도범행을 교사한 것이라고 볼 수 없다.165)

(2) 구성요건해당성조각사유

양해를 구성요건해당성조각사유로 인정하는 입장에서 양해의 존재는 구성요건해당성을 조각하는 사유가 된다. 절취행위는 타인의 의사에 반하여 재물의 점유를 탈취하는 것을 그 내용으로 하기 때문에 피해자가 점유의 침해에 동의하고 그것이 양해로 인정되는 경우에는

161) 대법원 2007.1.11. 선고 2006도4498 판결.
162) 대법원 2006.9.28. 선고 2006도2963 판결.
163) 대법원 1991.5.14. 선고 91도542 판결.
164) 대법원 1997.9.30. 선고 97도1940 판결.
165) 대법원 1984.5.15. 선고 84도418 판결.

구성요건해당성이 조각되고 본죄는 성립하지 않게 된다.

다만 재물의 소유자와 점유자가 다른 경우에는 점유 또는 평온한 점유를 보호법익으로 한다는 입장에서는 적어도 점유자의 승낙이 필요하게 되기 때문에 소유자의 승낙밖에 얻고 있지 않으면 점유침해가 인정되는 이상 본죄의 성립을 면하지 못한다. 이에 반하여 점유 그 자체를 보호법익으로 한다는 입장에서는 절도범인으로부터 피해자가 재물을 회복하는 행위도 일단은 본죄의 구성요건에는 해당하는 것으로 되기 때문에 이러한 경우에는 자구행위나 권리행사로서 위법성조각사유가 문제될 수 있다.

양해를 긍정한 판례의 구체적 내용은 다음과 같다. 즉,

> 오토바이는 다방 주인인 (갑)의 소유인데 그 열쇠는 언제나 그 다방의 주방장인 (을)이 갖고 있으면서 차를 배달하는데 사용하고 있었던 사실과 이 사건 범행당시 위 (을)이 피고인에게 오토바이 열쇠를 주면서 그 오토바이를 타고 가서 수표를 현금으로 바꾸어 오라고 시키자 피고인이 이를 응락하고 그 오토바이를 타고 간 사실을 적법히 인정한 다음 달리 피고인이 위 오토바이를 절취하였다고 인정할만한 증명이 없음을 들어 이 부분에 관하여 피고인에게 무죄를 선고하였는바 거기에 절도죄의 법리를 오해하였거나 채증법칙을 어긴 잘못이 없다.[166] 피고인이 동거중인 피해자의 지갑에서 현금을 꺼내가는 것을 피해자가 현장에서 목격하고도 만류하지 아니하였다면 피해자가 이를 허용하는 묵시적 의사가 있었다고 봄이 상당하여 이는 절도죄를 구성하지 않는다.[167] 군 농업협동조합에서 비료구입권 용지를 비치하고 필요한 조합원으로 하여금 임의로 사용하도록 사전 묵시의 승인을 한 경우에는 설혹 부정사용의 목적으로 그 용지 5매를 가져 갔다 하더라도 절도죄가 성립한다 할 수 없다.[168]

(3) 위법성조각사유

본죄에 있어서도 총칙상의 위법성조각사유에 의하여 위법성이 조각될 수 있다. 다만 피해자의 승낙이 양해로 인정되는 한 양해는 구성요건해당성조각사유가 된다.

위법성조각을 긍정한 판례의 구체적 내용은 다음과 같다. 즉,

> 피고인이 피해자에게 이 사건 밍크 45마리에 관하여. 자기에게 그 권리가 있다고 주장하면서 이를 가져간 데 대하여 피해자의 묵시적인 동의가 있었다면 피고인의 주장이 후에 허위임이 밝혀졌더라도 피고인의 행위는 절도죄의 절취행위에는 해당하지 않는다.[169] 피고인이 동거중인 피해자의 지갑에서 현금을 꺼내가는 것을 피해자가 현장에서 목격하고도 만류하지 아니하였다면 피해자가 이를 허용하는 묵시적 의사가 있었다고 봄이 상당하여 이는 절도죄를 구성하지 않는다.[170] 종중재산은 특별한 사정이 없는 한 총유에 해당하므로 종중소유재산인 임산물의 처분을 하기 위하여 종중결의를 함에 있어 규약상 종중원 전원의 동의가 필요한 것인지의 여부에 대한 심리판단없이 종중원 전원의 승낙이 없었다는 이유만으로 종중소유의 임산물매도행위가 절도죄에 해당된다고 단정할 수 없다.[171]

---

166) 대법원 1986.8.19. 선고 86도1093 판결.
167) 대법원 1985.11.26. 선고 85도1487 판결.
168) 대법원 1964.11.17. 선고 64도515 판결.
169) 대법원 1990.8.10. 선고 90도1211 판결.
170) 대법원 1985.11.26. 선고 85도1487 판결.
171) 대법원 1975.9.23. 선고 74도1804 판결.

위법성조각을 부정한 판례의 구체적 내용은 다음과 같다. 즉,

피고인이 범행시 자기의 명함을 남기고 그 뒷면에 형편이 닿는대로 갚겠다는 취지의 기재를 한 점, 피해자가 도난 당한 즉시 거래은행에 신고하지 않았고 피해전말 신고시에도 피고인으로부터 지불각서를 받게 해달라고 요구했을 뿐 절취당한 것이라고 한 사실이 없는 점 등의 사정이 있다 하여도, 이 사건 피고인과 피해자 간의 관계, 피해자가 예금해 두었던 돈의 용도와 액수등에 비추어 볼때 피해자가 여인숙에서 처음 만나 함께 잠을 잔바 있는 생면부지의 피고인에게 변제방법, 변제기일등에 관한 아무런 약속도 받지 않고 더우기 증서 한장 받음이 없이 피고인의 말만 듣고 선뜻 199만원의 예금을 찾아 사업자금에 사용하라고 승락하였다는 원심의 사실인정은 건전한 상식과 경험칙에 반한다.[172)]

(4) 책임조각사유

본죄에 있어서도 형사미성년자(제9조)나 심신상실자(제10조 제1항) 또는 기대불가능성는 책임조각사유가 된다. 다만 심신미약자(제10조 제2항)나 청각 및 언어 장애인(제11조)에 대하여는 책임감경사유가 된다. 다만 원인에 있어서 자유로운 행위자에 있어서는 그러하지 아니하여 책임이 조각되거나 감경되지 아니한다(제10조 제3항).

대법원에 의하면 "형법 제10조 소정의 심신장애의 유무는 법원이 형벌제도의 목적 등에 비추어 판단하여야 할 법률문제로서, 그 판단에 있어서는 전문감정인의 정신감정 결과가 중요한 참고자료가 되기는 하나, 법원으로서는 반드시 그 의견에 기속을 받는 것은 아니고, 그러한 감정 결과뿐만 아니라 범행의 경위, 수단, 범행 전후의 피고인의 행동 등 기록에 나타난 제반 자료 등을 종합하여 단독적으로 심신장애의 유무를 판단하여야 한다"고 판시한 바 있다.[173)] 또 "피고인에게 우울증 기타 정신병이 있고 특히 생리도벽이 발동하여 절도 범행을 저지른 의심이 든다는 이유로 전문가에게 피고인의 정신상태를 감정시키는 등의 방법으로 심신장애 여부를 심리하여야 한다"고 판시한 바 있다.[174)]

책임조각을 긍정한 판례의 구체적 내용은 다음과 같다. 즉,

자신의 충동을 억제하지 못하여 범죄를 저지르게 되는 현상은 정상인에게서도 얼마든지 찾아볼 수 있는 일로서, 특단의 사정이 없는 한 위와 같은 성격적 결함을 가진 자에 대하여 자신의 충동을 억제하고 법을 준수하도록 요구하는 것이 기대할 수 없는 행위를 요구하는 것이라고는 할 수 없으므로, 원칙적으로 충동조절장애와 같은 성격적 결함은 형의 감면사유인 심신장애에 해당하지 아니한다고 봄이 상당하지만, 그 이상으로 사물을 변별할 수 있는 능력에 장애를 가져오는 원래의 의미의 정신병이 도벽의 원인이라거나 혹은 도벽의 원인이 충동조절장애와 같은 성격적 결함이라 할지라도 그것이 매우 심각하여 원래의 의미의 정신병을 가진 사람과 동등하다고 평가할 수 있는 경우에는 그로 인한 절도 범행은 심신장애로 인한 범행으로 보아야 한다.[175)]

책임조각을 부정한 판례의 구체적 내용은 다음과 같다. 즉,

---

172) 대법원 1982.9.14. 선고 82도1020 판결.
173) 대법원 1995.2.24. 선고 94도3163 판결.
174) 대법원 2002.5.24. 선고 2002도1541 판결.
175) 대법원 2002.5.24. 선고 2002도1541 판결; 대법원 1999.4.27. 선고 99도693,99감도17 판결.

기록에 의하면, ① 피고인은 빌라 외벽에 설치된 가스배관을 타고 올라가 베란다를 통해 빌라에 침입하여 여성 속옷 등을 훔치다가 집주인에게 발각되는 바람에 체포된 사실, ② 피고인은 위와 같이 체포되어 조사받는 과정에 이 사건 각 범행을 자백하였는데, 범행을 비교적 구체적으로 기억하고 있는 것으로 보이는 사실, ③ 피고인은 수사기관에서는 술을 마시는 바람에 범행을 저지르게 되었다는 취지로 진술하였다가, 원심에서는 범행의 동기를 모르겠다고 진술한 사실, ④ 피고인은 다소 불우한 성장과정을 겪었으나 그로 인하여 사회적, 직업적으로 지장을 받고 있다고 볼 만한 사정은 보이지 않는 사실, ⑤ 피고인에 대한 정신감정 결과에 의하더라도 피고인은 특이한 정신병적 증세를 보이지 않고, 사고기능 면에서도 사고장애의 증거가 뚜렷하지 않으며, 다만 범행 당시에는 알코올 복용 상태에서 성주물성애증으로 절도 충동을 억제하지 못하여 범행에 이른 것으로 의사결정능력이 다소 저하된 상태에 있었을 것으로 추정된다고 판단된 사실 등을 알 수 있다. 앞서 본 법리에 비추어 살펴보면, 비록 피고인에 대한 정신감정에서 피고인이 범행 당시 알코올 복용 상태에서 성주물성애증으로 절도 충동을 억제하지 못하여 범행에 이른 것으로 의사결정능력이 다소 저하된 상태에 있었을 것으로 추정된다고 판단되었다고 하더라도, 위에서 본 바와 같은 범행의 경위 및 태양, 범행에 대한 피고인의 기억의 정도, 수사 및 공판절차에서의 피고인의 태도, 피고인의 정신병적 증세의 정도 등을 종합해 보면, 피고인은 이 사건 각 범행 당시 성주물성애증이라는 정신적 장애가 있었다는 사정 이외에 사물을 변별할 능력이나 의사를 결정할 능력이 미약한 상태에 있었다고 인정할 만한 사정이 있었다거나 피고인의 성주물성애증의 정도가 원래의 의미의 정신병이 있는 사람과 동등하다고 평가할 수 있을 정도로 심각하다고 인정하기는 어려워 보인다.[176)]피고인이 자신의 절도의 충동을 억제하지 못하는 성격적 결함(정신의학상으로는 정신병질이라는 용어로 표현하기도 한다)으로 인하여 절도 범행에 이르게 되었다고 하더라도, 이와 같이 자신의 충동을 억제하지 못하여 범죄를 저지르게 되는 현상은 정상인에게서도 얼마든지 찾아볼 수 있는 일로서 이는 정도의 문제에 불과하고, 따라서 특단의 사정이 없는 한 위와 같은 성격적 결함을 가진 자에 대하여 자신의 충동을 억제하고 법을 준수하도록 요구하는 것이 기대할 수 없는 행위를 요구하는 것이라고는 할 수 없으므로 원칙적으로는 충동조절장애와 같은 성격적 결함은 형의 감면사유인 심신장애에 해당하지 않는다고 봄이 상당하고, 다만 그러한 성격적 결함이 매우 심각하여 원래의 의미의 정신병을 가진 사람과 동등하다고 평가할 수 있다든지, 또는 다른 심신장애사유와 경합된 경우에는 심신장애를 인정할 여지가 있을 것이다.[177)]

(5) 죄 수

1) 일반원칙

본죄의 보호법익을 점유로 하든 본권으로 하든 생명, 신체에 대한 죄와 같이 일신전속적인 것이 없는 이상 실행행위인 절취행위의 개수가 중요하게 된다. 따라서 본죄는 구성요건적 행위인 절취의 수에 따라서 결정한다. 예컨대 1개의 행위에 의하여 수인의 소유에 속하는 재물을 1회에 절취한 때에는 상상적 경합이 아니라 포괄하여 일죄가 된다. 절도죄는 절도죄를 포함하고 있는 경합범 또는 결과적 가중범과 특별관계가 된다. 따라서 강도죄(제333조), 강도상해 · 치상죄(제337조), 강도살인 · 치사죄(제338조), 강도강간죄(제339조)가 성립한 때에는 절도죄가 성립하지 않는다. 절도죄와 그 가중적 구성요건도 특별관계가 된다. 그러므로 야간주거침입절

176) 대법원 2013.1.24. 선고 2012도12689 판결.
177) 대법원 1995.2.24. 선고 94도3163 판결.

도죄(제330조) 또는 특수절도죄(제331조)에 해당하면 절도죄는 문제되지 않는다.

이에 관한 판례의 구체적 내용은 다음과 같다. 즉,

> 강취한 현금카드를 사용하여 현금자동지급기에서 예금을 인출한 행위는 피해자의 승낙에 기한 것이라고 할 수 없으므로, 현금자동지급기 관리자의 의사에 반하여 그의 지배를 배제하고 그 현금을 자기의 지배하에 옮겨 놓는 것이 되어서 강도죄와는 별도로 절도죄를 구성한다.[178] 절도범이 갑의 집에 침입하여 그 집의 방안에서 그 소유의 재물을 절취하고 그 무렵 그 집에 세들어 사는 을의 방에 침입하여 재물을 절취하려다 미수에 그쳤다면 위 두 범죄는 그 범행장소와 물품의 관리자를 달리하고 있어서 별개의 범죄를 구성한다.[179] 법인의 사용인이 관세법위반 행위를 한 경우 그 법인을 처벌하기 위하여서는 위 행위가 법인의 업무에 관하여 이루어 진 것이야 하며 그 관세가 법인이 업무상 부담하여야 할 성질의 것이어야 한다. 법인의 사용인이 관세품을 절취하는 방법으로 인취한 경우에는 관세법위반죄와 절도죄는 상상적 경합범의 관계가 된다.[180] 단일범의로서 절취한 시간과 장소가 접착되어 있고 같은 관리인의 관리하에 있는 방 안에서 소유자를 달리하는 두 사람의 물건을 절취한 경우에는 1개의 절도죄가 성립한다.[181]

2) 불가벌적 사후행위

절도죄는 상태범이므로 절도가 기수에 이른 후에도 법익의 침해상태는 계속된다. 따라서 범인이 목적물을 사용, 처분하여도 그것이 절도죄에 의하여 평가된 범위 내에 있는 한 별개의 죄를 구성하지 않는다. 흡수관계가 인정되는 경우로서 소위 말하는 불가벌적 사후행위가 이것이다.

불가벌적 사후행위가 되기 위하여는 사후행위가 절도행위와 보호법익을 같이하고 그 침해의 양을 초과하지 않을 것을 요한다. 따라서 사후행위가 다른 사람의 법익이나 다른 법익을 침해한 때에는 불가벌적 사후행위가 될 수 없다. 예컨대 절취한 예금통장을 이용하여 예금을 인출하는 경우에는 새로운 법익을 침해하였으므로 별죄를 구성하게 된다. 또 사후행위가 절도죄에 의하여 침해된 법익의 범위를 초과한 때에도 불가벌적 사후행위라고 할 수 없다. 예컨대 절취한 재물을 피해자에게 매각한 때가 여기에 해당한다. 신용카드를 절취한 후에 이를 사용한 경우에도 부정사용행위는 불가벌적 사후행위가 되지 않는다. 따라서 타인의 신용카드로 물건을 매수한 때에는 별도로 사기죄, 현금서비스를 받은 때에는 컴퓨터사용사기죄 또는 절도죄가 성립하게 된다. 이와 같이 사후에 성립한 범죄는 원래의 절도죄와는 경합범의 관계에 서게 된다.

불가벌적 사후행위를 긍정한 판례의 구체적 내용은 다음과 같다. 즉,

> 금융기관발행의 자기앞수표는 그 액면금을 즉시 지급받을 수 있어 현금에 대신하는 기능을 하고 있으므로 절취한 자기앞수표를 현금 대신으로 교부한 행위는 절도행위에 대한 가벌적 평가에 당연히 포함되는 것으로 봄이 상당하다 할 것이므로 절취한 자기앞수표를 음식대금으로 교부하고

---

178) 대법원 2007.5.10. 선고 2007도1375 판결.
179) 대법원 1989.8.8. 선고 89도664 판결.
180) 대법원 1977.9.13. 선고 77도2055 판결.
181) 대법원 1970.7.21. 선고 70도1133 판결.

거스름돈을 환불받은 행위는 절도의 불가벌적 사후처분행위로서 사기죄가 되지 아니한다.[182] 금융기관 발행의 자기앞수표는 즉시 지급받을 수 있어 현금에 대신하는 기능을 하고 있는 점에서 현금적인 성격이 강하므로 절취한 자기앞수표의 환금행위는 절취행위에 대한 수반한 당연의 경과라 하여 절도행위에 대한 가벌적 평가에 당연히 포함된다 봄이 상당하므로 사기죄가 성립하지 아니한다.[183] 열차승차권은 그 자체에 권리가 화체되어 있는 무기명증권이므로 이를 곧 사용하여 승차하거나 권면가액으로 양도할 수 있고 매입금액의 환불을 받을 수 있는 것으로서 열차승차권을 절취한 자가 환불을 받음에 있어 비록 기망행위가 수반한다 하더라도 절도죄 외에 따로히 사기죄가 성립하지 아니한다.[184]

불가벌적 사후행위를 부정한 판례의 구체적 내용은 다음과 같다. 즉,

부정한 이익을 얻거나 기업에 손해를 가할 목적으로 그 기업에 유용한 영업비밀이 담겨 있는 타인의 재물을 절취한 후 그 영업비밀을 사용하는 경우, 영업비밀의 부정사용행위는 새로운 법익의 침해로 보아야 하므로 위와 같은 부정사용행위가 절도범행의 불가벌적 사후행위가 되는 것은 아니다. 부정한 이익을 얻을 목적으로 타인의 영업비밀이 담긴 CD를 절취하여 그 영업비밀을 부정사용한 사안에서, 절도죄와 별도로 부정경쟁방지 및 영업비밀보호에 관한 법률상 영업비밀부정사용죄가 성립한다.[185] 피고인들이 절취한 쏘나타 승용차의 번호판을 떼어낸 후 미리 절취하여 소지하고 있던 포텐샤 승용차의 번호판을 임의로 부착하여 운행한 행위에 대하여, 피고인들의 절취행위를 특정범죄 가중처벌 등에 관한 법률 제5조의4 제1항, 형법 제331조 제2항에, 자동차등록번호판을 떼어낸 행위를 자동차관리법 제81조 제1호, 제10조 제2항에, 포텐샤 승용차의 번호판을 쏘나타 승용차에 부착함으로써 부정사용한 행위를 형법 제238조 제1항에, 위와 같이 번호판을 부정사용한 자동차를 운행한 행위를 형법 제238조 제2항, 제1항에 각 의율한 다음 이를 실체적 경합범으로 처리하였는바, 자동차를 절취한 후 자동차등록번호판을 떼어내는 행위는 새로운 법익의 침해로 보아야 하므로 위와 같은 번호판을 떼어내는 행위가 절도범행의 불가벌적 사후행위가 되는 것은 아니어서, 이 점에 관한 상고이유의 주장 역시 받아들일 수 없다.[186] 범인이 피해자로부터 직불카드 등을 강취한 경우에는, 이를 갈취 또는 편취한 경우와는 달리, 피해자가 그 직불카드 등의 사용권한을 범인에게 부여하였다고 할 수 없고, 따라서 그와 같이 강취한 직불카드를 사용하여 현금자동인출기에서 현금을 인출하여 가진 경우에는 그 현금자동인출기 관리자의 의사에 반하여 그의 지배를 배제하고 그 현금을 자기의 지배하에 옮겨 놓는 것이 되므로 절도죄가 별도로 성립한다고 할 것이다.[187] 대마취급자가 아닌 자가 절취한 대마를 흡입할 목적으로 소지하는 행위는 절도죄의 보호법익과는 다른 새로운 법익을 침해하는 행위이므로 절도죄의 불가벌적 사후행위로서 절도죄에 포괄흡수된다고 할 수 없고 절도죄 외에 별개의 죄를 구성한다고 할 것이며, 절도죄와 무허가대마소지죄는 경합범의 관계에 있다.[188] 피고인은 절취한 카드로 가맹점들로부터 물품을 구입하겠다는 단일한 범의를 가지고 그 범의가 계속된 가운데 동종의 범행인 신용카드 부정사용행위를 동일한 방법으로 반복하여 행하였고, 또 위 신용카드의 각 부정사용의 피해법익도 모두 위 신용카드를

182) 대법원 1987.1.20. 선고 86도1728 판결.
183) 대법원 1982.7.27. 선고 82도822 판결.
184) 대법원 1975.8.29. 선고 75도1996 판결.
185) 대법원 2008.9.11. 선고 2008도5364 판결.
186) 대법원 2007.9.6. 선고 2007도4739 판결.
187) 대법원 2007.4.13. 선고 2007도1377 판결; 대법원 1995.7.28. 선고 95도997 판결.
188) 대법원 1999.4.13. 선고 98도3619 판결.

사용한 거래의 안전 및 이에 대한 공중의 신뢰인 것으로 동일하므로, 피고인이 동일한 신용카드를 위와 같이 부정사용한 행위는 포괄하여 일죄에 해당하고, 신용카드를 부정사용한 결과가 사기죄의 구성요건에 해당하고 그 각 사기죄가 실체적 경합관계에 해당한다고 하여도 신용카드부정사용죄와 사기죄는 그 보호법익이나 행위의 태양이 전혀 달라 실체적 경합관계에 있으므로 신용카드부정사용행위를 포괄일죄로 취급하는데 아무런 지장이 없다.[189] 피해자 명의의 신용카드를 부정사용하여 현금자동인출기에서 현금을 인출하고 그 현금을 취득까지 한 행위는 신용카드업법 제25조 제1항의 부정사용죄에 해당할 뿐 아니라 그 현금을 취득함으로써 현금자동인출기 관리자의 의사에 반하여 그의 지배를 배제하고 그 현금을 자기의 지배하에 옮겨 놓는 것이 되므로 별도로 절도죄를 구성하고, 위 양 죄의 관계는 그 보호법익이나 행위태양이 전혀 달라 실체적 경합관계에 있는 것으로 보아야 한다.[190] 절취한 은행예금통장을 이용하여 은행원을 기망해서 진실한 명의인이 예금을 찾는 것으로 오신시켜 예금을 편취한 것이라면 새로운 법익의 침해로 절도죄 외에 따로 사기죄가 성립한다.[191] 산림법 제93조 제1항의 산림절도죄는 그 목적물이 산림에서의 산물로 한정될 뿐 그 죄질은 형법 소정의 절도죄와 같다고 할 것이므로 다른 특별한 사정이 없는 한 피고인들이 절취한 원목에 관하여 합법적으로 생산된 것인 것처럼 관계당국을 기망하여 산림법 소정의 연고권자로 인정받아 수의계약의 방법으로 이를 매수하였다 하더라도 이는 새로운 법익의 침해가 있는 것이라고 할 수 없고 상태범인 산림절도죄의 성질상 하나의 불가벌적 사후행위로서 별도로 사기죄가 구성되지 않는다.[192]

3. 처 벌

(1) 법정형

본죄의 법정형은 6년 이하의 징역 또는 1천만원 이하의 벌금이다(제329조). 5년 이하의 징역인 횡령죄보다 법정형이 높은 것은 점유를 직접적으로 침해한다는 점에서 그 근거를 찾을 수 있다.

(2) 친도상도례

친족간의 절도는 형을 면제하거나(제328조 제1항, 제344조), 고소가 없으면 공소를 제기할 수 없다(제328조 제2항, 제344조). 장물을 취득, 양도, 운반 또는 보관한 자는 장물죄에 의하여 처벌되지만(제362조), 이에 대하여도 친족간의 특례에 의하여 형이 면제되는 경우가 있다(제365조 참조).

대법원은 "친족간의 범행에 관한 규정은 범인과 피해물건의 소유자 및 점유자 쌍방간에 같은 규정에 정한 친족관계가 있는 경우에만 적용되는 것이며, 단지 절도범인과 피해물건의 소유자간에만 친족관계가 있거나 절도범인과 피해물건의 점유자간에만 친족관계가 있는 경우에는 그 적용이 없다고 보아야 한다"고 판시한 바 있다.[193]

친족관계를 긍정한 판례의 구체적 내용은 다음과 같다. 즉,

---

189) 대법원 1996.7.12. 선고 96도1181 판결.
190) 대법원 1995.7.28. 선고 95도997 판결.
191) 대법원 1974.11.26. 선고 74도2817 판결.
192) 대법원 1974.10.22. 선고 74도2441 판결.
193) 대법원 2014.9.25. 선고 2014도8984 판결; 대법원 1980.11.11. 선고 80도131 판결.

절도죄의 피고인이 피해자의 외사촌 동생이라면 형법 제344조, 제328조 제2항에 의하여 피해자의 고소가 있어야 처벌할 수 있다.[194] 피해품인 민화가 피고인의 오빠가 매수한 것이라면 이는 동인의 특유재산으로서 이에 대한 점유·관리권은 동인에게 있다 할 것이고 범행당시 비록 동인이 집에 없었다 하더라도 그것이 동인소유의 집 벽에 걸려있었던 이상 동인의 지배력이 미치는 범위 안에 있는 것이라 할 것이므로 동인의 소지에 속하고 그 부부의 공동점유하에 있다고 볼 수는 없어 이를 절취한 행위에 대하여는 친족상도례가 적용된다.[195] 절도피해자가 범인의 고모아들의 부인 즉 고종사촌 형수인 경우에는 범인과 피해자 사이에는 형법 제328조 제2항 소정의 친족관계가 있다.[196]

친족관계를 부정한 판례의 구체적 내용은 다음과 같다. 즉,

피고인이 피해자의 아버지의 사촌누나의 손자인 경우 피고인은 피해자와 구 민법(1990.1.13. 법률 제4199호로 개정되기 전의 것) 제777조 제1호 소정의 8촌 이내의 부계혈족의 친족관계에 있다고 할 수 없어 피해자의 고소가 있어야만 죄를 논할 수 있는 경우라고 할 수 없다.[197] 갑의 자매의 직계비속인 생질이나 이질은 혈족이 아닌 것 같으나 생질 또는 이질측에서 보면 갑은 그들의 직계존속의 형제자매에 해당되는 것이므로 혈족관계에 있다고 할 것이며 또 갑의 직계존속의 자매의 직계비속 중 고종사촌도 고종사촌측에서 보면 갑은 그들의 직계존속의 형제의 직계비속에 해당되어 혈족관계가 있다고 할 것이나 이종사촌인 경우는 어느 쪽에서 보아도 그들의 직계존속의 자매의 직계비속밖에 되지 아니하니 혈족관계가 있다고는 인정되지 아니하므로 이를 민법 제777조 제2호 소정의 4촌 이내의 모계혈족이라고 할 수 없다.[198]

4. 상습절도죄

본죄는 상습범을 처벌한다. 상습으로 본죄를 범한 자에 대하여는 그 죄에 정한 형의 2분의 1까지 가중한다.

본죄에 있어서의 상습성은 절도범행을 반복 수행하는 습벽을 말하는 것이다.[199] 본죄에 있어 상습성의 인정은 여러 번 행하여진 전과사실과의 관계에서 범행이 절도습성의 발현이라고 인정될 수 있는 경우에만 상습성의 인정이 가능하다 할 것이고 소년법상의 보호처분을 받은 사실도 상습성 인정의 자료가 된다.[200] 동종 전과의 유무와 이 사건 범행의 횟수, 기간, 동기 및 수단과 방법 등을 종합적으로 고려하여 상습성 유무를 판단하여야 할 것이다.[201]

상습범에 있어서 수개의 행위가 상습적으로 반복되었을 경우에는 그 수개의 행위를 포괄하여 한 죄로 볼 수 있다.[202] 상습성을 긍정한 판례의 구체적 내용은 다음과 같다. 즉,

194) 대법원 1991.7.12. 선고 91도1077 판결.
195) 대법원 1985.3.26. 선고 84도365 판결.
196) 대법원 1980.3.25. 선고 79도2874 판결.
197) 대법원 1991.8.27. 선고 90도2857 판결.
198) 대법원 1980.9.9. 선고 80도1335 판결.
199) 대법원 2009.2.12. 선고 2008도11550 판결; 대법원 2007.6.28. 선고 2007도2956 판결; 대법원 1990.4.10. 선고 90감도8 판결; 대법원 1987.9.8. 선고 87도1371,87감도126 판결; 대법원 1983.10.11. 선고 83도2137 판결.
200) 대법원 1987.2.24. 선고 86도2725 판결.
201) 대법원 2009.2.12. 선고 2008도11550 판결; 대법원 2007.6.28. 선고 2007도2956 판결.
202) 대법원 1966.6.28. 선고 66도693 판결.

이 사건 각 범행은 최종특수절도전과인 범행후 10년 남짓이 경과된 뒤에 행하여진 것이라고 하더라도 피고인에게는 위 최종전과를 포함하여 4회에 걸친 절도죄 또는 특수절도죄의 실형전과가 있는데다가 차량과 대형절단기 등을 범행도구로 이용하여 새벽 1시가 넘은 심야에 근접한 장소에서 3회에 걸쳐 절취행위를 반복하였다면 위 각 범행의 수단과 방법, 범행회수등을 종합하여 볼 때 위 각 범행은 피고인의 절도습벽의 발로라고 인정할 수 있다.[203] 절도죄에 있어서 상습성을 인정하려면 절도전과가 수회이고 그 수단·방법 및 성질이 같으며 그 범행이 절도습성의 발현인 경우에 한하고 그 범행이 우발적인 동기나 급박한 경제적 사정하에서 이루어진 것이어서 절도습성의 발로라 볼 수 없는 경우에는 상습절도라 볼 수 없는 것이며 장시일이 경과한 전과사실을 근거로 상습성을 인정하려면 그 전후관계를 종합하여 그 범행이 피고인의 습벽의 발로라고 인정함에 상당한 특별사정이 있어야 한다 할 것이다.[204] 절도행위의 전과가 여러 번 있었다고 하여 반드시 상습성이 인정된다고 볼 수 없고 그 여러 번의 전과사실과의 관계에서 판시 범행이 절도습성의 발현이라고 인정될 수 있는 경우에만 상습성의 인정이 가능하다.[205] 상습성은 범행을 반복수행하는 습벽을 말하는 것으로서 절도행위를 여러번 거듭한 것만을 가지고 절도의 습벽이 발현 된 것이라고 단정할 수는 없으나, 피고인들이 공모하여 1982.10.11부터 그 해 11.3까지 절취한 오토바이를 이용하여 행인의 옆을 질주하면서 핸드백등을 낚아채어 절취하는 등 피고인 (갑)은 도합 18회, 피고인 (을)은 도합 14회, 피고인 (병)은 도합 6회에 걸쳐 3인 또는 2인이 합동하여 범행을 거듭한 후 훔친 금품을 분배하여 왔다면, 각 범행의 동기와 방법 및 그 회수 등에 비추어 보아 피고인들에게 절도의 상습성을 인정할 수 있다.[206] 절도죄로 형의 선고를 받아 그 집행유예기간 중에 있는 자가 출소한지 한달만에 다시 절도행위를 반복하였다면 이를 상습범으로 처단한 조치는 정당하다.[207] 절·강도 전과가 6회나 있는 자가 비록 복역출소 후 1년 10월이 경과된 후의 것이기는 하나 아는 사람의 집에서 자고 나오면서 반지와 카메라를 훔쳐 나온 것은 도벽의 습성에 인한 것이다.[208] 절도죄에 있어서 상습성의 인정은 단순히 수 개의 절도 전과가 있는 사실만으로는 부족하고 적어도 절도습벽의 발현이라고 인정되는 경우에 한하여야 하나, 이 사건 피고인은 특수절도죄 등으로 4차에 걸쳐 실형선고를 받아 그 집행을 종료한 전과가 있는데다가 이건 범행도 두 차례에 걸쳐 타인의 재물을 절취한 것으로서 어느 것이나 우발적 범행이라고 보기 어려운 사정 등을 고려해 보면 절도의 상습성이 있다고 인정된다.[209]

상습성을 부정한 판례의 구체적 내용은 다음과 같다. 즉,

행위자가 범죄행위 당시 심신미약 등 정신적 장애상태에 있었다고 하여 일률적으로 그 행위자의 상습성이 부정되는 것은 아니다. 심신미약 등의 사정은 상습성을 부정할 것인지 여부를 판단하는 데 자료가 되는 여러 가지 사정들 중의 하나일 뿐이다. 따라서 행위자가 범죄행위 당시 심신미약 등 정신적 장애상태에 있었다는 이유만으로 그 범죄행위가 상습성이 발현된 것이 아니라고 단정할 수 없고 다른 사정을 종합하여 상습성을 인정할 수 있어 심신미약의 점이 상습성을 부정하는 자료로 삼을 수 없는 경우가 있는가 하면, 경우에 따라서는 심신미약 등 정신적 장애상태에 있었다는

203) 대법원 1987.10.26. 선고 87도1662 판결.
204) 대법원 1984.3.13. 선고 84도35,84감도3 판결.
205) 대법원 1984.3.27. 선고 84도69 판결.
206) 대법원 1983.10.11. 선고 83도2137 판결.
207) 대법원 1983.10.11. 선고 83도1885 판결.
208) 대법원 1983.8.23. 선고 83도1506,83감도276 판결.
209) 대법원 1983.4.26. 선고 83도445 판결.

점이 다른 사정들과 함께 참작되어 그 행위자의 상습성을 부정하는 자료가 될 수도 있다.[210] 피고인에게 제1심이 들고 있는 바와 같은 2회의 절도전과가 있다고 하여도 그 범죄사실은 각 1회씩(1984.12.18.과 1987.6.28.)에 지나지 아니하고 그 이전에 절도의 범력이 1회 더 있다고는 하나(1983.7.21. 제1심은 2회라고 판시하였으나 나머지 1회의 내용은 불분명하다) 위 3회에 걸친 절도의 범죄사실은 모두 취중에 우발적으로 한 범행으로서 집행유예의 선고 또는 기소유예의 처분을 받은 것이고 이 사건 범행도 피고인이 근무하던 공장의 사장 하한기와 다른 종업원들과 같이 술을 마시고(원심증인 하한기의 증언에 의하면 일이 힘들다는 종업원들을 달래기 위하여 술을 샀다는 것이다) 2차로 위 하한기와 같이 뿌리스텐드바에 가서 다시 밤늦게까지 술을 마신 뒤 같이 나오다가 다시 피고인이 놔두고 나온 가방을 가지러 들어갔다가 술에 많이 취한 중에 우발적으로 이 사건 범행에 이르게 된 것으로 보여지며 피고인은 일정한 직업 즉 동선 뽑는 기술자로서 월 금 400,000원의 임금을 받고 있었다는 것이므로 그렇다면 피고인의 위와 같은 경위로 뿌리스텐드바에서 쇼핑백 1개를 들고 나온 것이 특정범죄가중처벌등에관한법률 제5조의4 제1항이 들고 있는 절도습벽의 발로라고 보기는 어렵다고 보여지므로 원심판결에는 절도의 상습성에 관한 법리를 오해하였거나 그 상습성을 잘못 인정한 것이라고 보아야 할 것이고 이는 판결에 영향을 미치는 것이므로 이점을 지적하는 부분의 논지는 이유가 있다.[211] 상습범에 있어서의 상습성이라 함은 범행을 반복누행하는 습벽을 말하는 것이므로 상습성을 인정함에 있어서는 그 범행의 회수와 태양, 종전의 전과사실등이 그 중요한 근거가 되는 것이라 하더라도 이 사건에 있어서와 같이 3차례에 걸친 전과사실이 있으나 최종범행일로부터 6년이 훨씬 지나고 출소일로부터는 3년이 지난 후에 이 사건 범행을 단 1회 범한 것이라면 상기 전과가 있고 그 범죄의 태양이 동종이었다 하여 이것만으로 이 사건 범행을 상습성의 발현이라고 인정하기에는 부족하다 할 것이고 이 사건 범행이 위 최종전과로부터 장기간의 시일이 경과한 후에 범한 단 1회의 범행임에도 불구하고 이를 굳이 상습범으로 인정하기 위하여는 위 전과사실등과 더불어 특히 이것이 범행습벽의 발현이라고 인정해도 무방할 합리적인 사정이 있어야 한다.[212] 절도전과 5범인 피고인이 최종전과범죄 후 약 6년이 지나서 경제적 사정이 급박한 나머지 행한 절도행위를 상습범이 아니다.[213] 근 10년이 경과된 전과사실을 근거로 상습범으로 처단하려면 그 범행이 피고인의 습벽의 발로라고 인정하기에 상당한 특별한 사정이 있어야 한다.[214] 절도죄에 있어서 상습성의 인정은 절도행위를 여러번 하였다는 것만으로 반드시 인정된다고는 볼 수 없고 그 범행이 절도습성의 발현한 것으로 인정되는 경우에만 상습성의 인정이 가능한 것이고 수회의 범행이 우발적 동기나 급박한 경제적 사정에서 생한 것으로써 범인이 평소에 가지고 있던 절도습성의 발현이라고 볼 수 없는 경우에는 이를 상습절도로 인정할 수 없다.[215]

Ⅲ. 야간주거침입절도죄

제330조(야간주거침입절도) 야간에 사람의 주거, 관리하는 건조물, 선박, 항공기 또는 점유하는 방실(房室)에 침입하여 타인의 재물을 절취(竊取)한 자는 10년 이하의 징역에 처한다.

---

210) 대법원 2009.2.12. 선고 2008도11550 판결.
211) 대법원 1989.6.27. 선고 89도695 판결.
212) 대법원 1987.9.8. 선고 87도1371,87감도126 판결.
213) 대법원 1982.1.19. 선고 81도3133,81감도112 판결.
214) 대법원 1977.9.28. 선고 77도2447 판결.
215) 대법원 1976.4.13. 선고 76도259 판결.

제332조(상습범) 상습으로 제329조 내지 제331조의2의 죄를 범한 자는 그 죄에 정한 형의 2분의 1까지 가중한다.

제342조(미수범) 제329조 내지 제341조의 미수범은 처벌한다.

제344조(친족간의 범행) 제328조의 규정은 제329조 내지 제332조의 죄 또는 미수범에 준용한다.

제345조(자격정지의 병과) 본장의 죄를 범하여 유기징역에 처할 경우에는 10년 이하의 자격정지를 병과할 수 있다.

제346조(동력) 본장의 죄에 있어서 관리할 수 있는 동력은 재물로 간주한다.

구조문

제330조(야간주거침입절도) 야간에 사람의 주거, 간수하는 저택, 건조물이나 선박 또는 점유하는 방실에 침입하여 타인의 재물을 절취한 자는 10년 이하의 징역에 처한다.

1. 서 언

본죄는 야간에 사람의 주거, 관리하는 건조물, 선박, 항공기 또는 점유하는 방실(房室)에 침입하여 타인의 재물을 절취(竊取)함으로써 성립한다.

본죄에 대하여는 소유권과 주거의 평온을 보호법익으로 하는 독자적인 범죄라는 견해도 있으나, 야간이라는 시간적 제한을 받는 주거침입죄와 절도죄의 결합범으로서 특별한 행위정황으로 인하여 불법이 가중되는 가중적 구성요건이라고 해석된다. 본죄는 침해범이고 상태범이다.

2. 범 죄

(1) 구성요건

1) 객관적 구성요건

① 객 체

본죄의 객체는 타인의 재물이다. 절도죄에 있어서의 그것과 같이 타인성이 인정되는 재물, 즉 타인소유 · 타인점유의 유체물 및 관리할 수 있는 동력을 말한다.

② 행 위

ⅰ 침입 · 절취 본죄의 실행행위는 침입과 절취이다. 본죄는 주거침입과 절도의 결합범으로서 본죄의 실행행위는 침입이라는 선행행위와 후행행위로서의 절취가 결합되어 이루어지는 구조라고 할 수 있다. 이에 관하여는 주거침입죄와 절도죄에서 이미 전술한 바와 같다.

ⅱ 침입의 대상 침입의 대상은 사람의 주거, 관리하는 건조물, 선박, 항공기 또는 점유하는 방실(房室)이다. 1995년 개정법에 의하여 간수는 관리로 변경되었고, 저택은 삭제되었고, 항공기가 추가되었다.[216] 이에 관하여도 절도죄에서 이미 전술한 바 있다. 저택(邸宅)이란 주거에 제공할 목적으로 지어진 건조물 중에서 현실적으로 주거에 사용되지 않는 것을 말하였다.

---

216) 형법 1995.12.29. 일부개정 법률 제5057호 1996.7.1. 시행.

판례에 의하면 "야간주거침입절도죄에 있어서 침입행위의 객체인 건조물은 주위벽 또는 기둥과 지붕 또는 천정으로 구성된 구조물로서 사람이 기거하거나 출입할 수 있는 장소를 말하며 반드시 영구적인 구조물일 것을 요하지 않는다"고 한다.[217)]

③ 상 황

ⓘ 야 간 　본죄의 행위상황은 야간이다. 다만 야간의 의미에 관하여는 다툼이 있다. 형법은 야간의 의미에 관하여 명문의 규정을 두고 있지 않기 때문이다.

ⓘⓘ 야간의 의미 · 적용범위

ⅰ. 학 설 　야간의 의미에 관하여는 천문학적 개념과 심리학적 개념이 대립하고 있다. 첫째 천문학적 개념은 야간(夜間)이란 일몰후부터 일출전까지를 의미한다고 한다. 둘째, 심리학적 개념에 의하면 야간이란 일반인이 심리적으로 야간이라고 볼 수 있는 상태를 의미한다고 한다. 본죄의 입법취지가 야간의 불안상태를 이용하고 야간의 평온을 깨뜨리는 것을 무겁게 벌하는 데에 있기 때문이라고 한다.

야간의 적용범위에 관하여도 다툼이 있다. 제1설은 주거침입시설이다. 야간에 주거침입만 있으면 본죄는 성립한다고 한다. 형법은 야간절도를 가중하여 처벌하지 않는다는 점을 근거로 한다. 제2설은 절취행위시설이다. 야간에 절취행위만 있으면 본죄는 성립한다고 한다. 제3설은 주거침입시 또는 절취행위시설이다. 다수설의 입장이다. 야간에 주거침입과 절취의 양자 모두 또는 어느 한 쪽만 있으면 본죄는 성립한다고 한다. 제4설은 주거침입시 및 절취행위시설이다. 야간에 주거침입과 절취의 양자 모두가 있어야 본죄가 성립한다고 한다.

ⅱ. 판 례 　판례는 야간의 의미를 천문학적 개념에 의하여 이해한다. 대법원은 "'야간에'라고 함은 일몰 후부터 다음날 일출 전까지를 말한다"고 판시한 바 있다.[218)]

판례는 또 야간의 적용범위에 있어서는 주거침입시의 입장을 취하고 있다. 대법원은 "형법은 제329조에서 절도죄를 규정하고 곧바로 제330조에서 야간주거침입절도죄를 규정하고 있을 뿐, 야간절도죄에 관하여는 처벌규정을 별도로 두고 있지 아니하다. 이러한 형법 제330조의 규정형식과 그 구성요건의 문언에 비추어 보면, 형법은 야간에 이루어지는 주거침입행위의 위험성에 주목하여 그러한 행위를 수반한 절도를 야간주거침입절도죄로 중하게 처벌하고 있는 것으로 보아야 하고, 따라서 주거침입이 주간에 이루어진 경우에는 야간주거침입절도죄가 성립하지 않는다고 해석하는 것이 타당하다"고 판시한 바 있다.[219)]

야간에 관한 판례의 구체적 내용은 다음과 같다. 즉,

> 형법은 제329조에서 절도죄를 규정하고 곧바로 제330조에서 야간주거침입절도죄를 규정하고 있을 뿐, 야간절도죄에 관하여는 처벌규정을 별도로 두고 있지 아니하다. 이러한 형법 제330조의 규정형식과 그 구성요건의 문언에 비추어 보면, 형법은 야간에 이루어지는 주거침입행위의 위험성

217) 대법원 1989.2.28. 선고 88도2430, 88감도194 판결.

218) 대법원 2015.8.27. 선고 2015도5381 판결; 대법원 2011.10.27. 선고 2011도11793 판결.

219) 대법원 2011.4.14. 선고 2011도300,2011감도5 판결.

에 주목하여 그러한 행위를 수반한 절도를 야간주거침입절도죄로 중하게 처벌하고 있는 것으로 보아야 한다. 따라서 주거침입이 주간에 이루어진 경우에는 야간주거침입절도죄가 성립하지 않는다고 해석함이 상당하다. 이와 달리 만일 주거침입의 시점과는 무관하게 절취행위가 야간에 이루어지면 야간주거침입절도죄가 성립한다고 해석하거나, 주거침입 또는 절취 중 어느 것이라도 야간에 이루어지면 야간주거침입절도죄가 성립한다고 해석한다면, 이는 이 사건과 같이 주간에 주거에 침입하여 야간에 재물을 절취한 경우에도 야간주거침입절도죄의 성립을 인정하여 결국 야간절도를 주간절도보다 엄하게 처벌하는 결과가 되는바, 앞서 본 바와 같이 현행법상 야간절도라는 이유만으로 주간절도보다 가중하여 처벌하는 규정은 없을 뿐만 아니라, 재산범죄 일반에 관하여 야간에 범죄가 행하여졌다고 하여 가중처벌하는 규정이 존재하지 아니한다. 또한 절도행위가 야간에 이루어졌다고 하여 절도행위 자체만으로 주간절도에 비하여 피해자의 심리적 불안감이나 피해 증대 등의 위험성이 커진다고 보기도 어렵다. 나아가, 예컨대 일몰 전에 주거에 침입하였으나 시간을 지체하는 등의 이유로 절취행위가 일몰 후에 이루어진 경우 야간주거침입절도죄로 가중처벌하는 것은 주거침입이 일몰 후에 이루어진 경우와 그 행위의 위험성을 비교하여 볼 때 가혹하다 할 것이다. 한편 야간주거침입절도죄는 주거에 침입한 단계에서 이미 실행에 착수한 것으로 보아야 한다는 것이 대법원의 확립된 판례인 바, 만일 주간에 주거에 침입하여 야간에 재물을 절취한 경우에도 야간주거침입절도죄의 성립을 인정한다면, 원심이 적절히 지적하고 있는 바와 같이 행위자가 주간에 주거에 침입하여 절도의 실행에는 착수하지 않은 상태에서 발각된 경우 야간에 절취할 의사였다고 하면 야간주거침입절도의 미수죄가 되고 주간절도를 계획하였다고 하면 주거침입죄만 인정된다는 결론에 이르는데, 결국 행위자의 주장에 따라 범죄의 성립이 좌우되는 불합리한 결과를 초래하게 된다.[220] 피고인이 종업원으로 있는 사진관에서 그 사진관안에 둔 주인 소유의 금품을 7.15 19:30경에 절취한 소위는 절도죄에는 해당될지언정 야간주거침입절도죄에는 해당한다고 볼 수 없다.[221] 범행일시가 1968.8.14. 04:30경인 절도행위는 야간주거침입절도죄에 해당한다.[222]

iii. 검 토 본죄에 있어서의 야간의 의미는 천문학적 개념이 타당하다. 기준이 명확하고 획일적이어서 객관성을 확보할 수 있기 때문이다.

문제는 야간의 적용범위에 있다. 본죄의 죄명에 대한 문언해석의 결과에 의하면 야간주거침입과 절도, 주거침입과 야간절도, 야간주거침입과 야간절도, 야간주거침입 또는 야간절도의 어떠한 조합도 불가능하지 않다. 생각건대 본죄가 야간이라는 특수한 상황으로 인하여 가중처벌되는 가중적 구성요건에 속한다는 점에 대하여는 이설이 없는 것으로 보인다. 이는 본죄가 절도죄의 특수한 형태라는 것을 암시하고 있다고 해석된다. 결론적으로 본죄는 야간에 이루어진 주거침입 때문에 가중하여 처벌하는 절도죄라고 해야 한다. 후술하는 특수절도죄가 행위방법으로 인하여 가중되는 절도죄라고 한다면 본죄는 상황으로 인하여 가중되는 절도죄이기 때문에 법정형에 있어서도 본죄를 말하자면 준특수절도죄라고 할 수 있는 만큼 절도죄와 특수절도죄의 중간에 위치한다는 점도 본죄를 야간주거침입으로 인하여 가중하여 처벌하는 절도죄라고 해석되어야 하는 이유라고 할 수 있다. 이러한 의미에서 본죄의 야간의 적용범위에 있어서 주거침입시라고 하는 판례의 입장이 타당하다고 해석된다. 한편 야간

220) 대법원 2011.4.14. 선고 2011도300 판결.
221) 대법원 1976.4.13. 선고 76도414 판결.
222) 대법원 1969.1.28. 선고 68도1741 판결.

의 적용범위에 있어서 주거침입시 또는 절취행위시라고 하는 위에서의 제3설은 죄형법정주의에 위배될 소지를 가지고 있다고 하겠다. 이는 지나친 확장해석에 해당하거나 유추해석에 해당할 수도 있다고 해석되기 때문이다.

2) 주관적 구성요건

본죄는 고의범이다. 따라서 고의를 요하는 것은 당연하다. 또 본죄는 재물죄이기 때문에 고의 외에도 주관적 구성요건요소로서 불법영득의 의사를 요하는 것은 전술한 절도죄에서와 같다.

3) 미수 · 기수

본죄는 미수범을 처벌한다. 본죄는 침입시에 시작되어 절취시에 기수에 이른다고 해석된다. 본죄는 주거침입죄와 절도죄의 결합범이고, 주거침입행위가 절도행위보다 선행하기 때문이다.

① 착수시기

본죄의 실행의 착수시기는 주거 등에 침입한 때이다. 대법원도 "야간에 타인의 재물을 절취할 목적으로 사람의 주거에 침입한 경우에는 주거에 침입한 단계에서 이미 본죄의 실행에 착수한 것이다"라고 판시한 바 있다.[223] 예컨대 주거로 들어가는 문의 시정장치를 부수거나 문을 여는 등 침입을 위한 구체적 행위를 시작하였다면 주거침입죄의 실행의 착수는 있었다고 보아야 한다.[224] 본죄는 주거침입과 절도의 결합범으로서 시간적으로 주거침입행위가 선행되므로 주거침입을 한 때에 실행에 착수한 것으로 볼 수 있기 때문이다.

실행의 착수를 긍정한 판례의 구체적 내용은 다음과 같다. 즉,

> 야간에 아파트에 침입하여 물건을 훔칠 의도하에 아파트의 베란다 철제난간까지 올라가 유리창문을 열려고 시도하였다면 야간주거침입절도죄의 실행에 착수한 것으로 보아야 한다.[225]

② 기수시기

본죄의 기수시기는 타인의 재물을 절취한 때이다. 다만 여기서의 절취는 그 행위를 시작한 시점이 아니라 완료한 시점이라고 해야 한다.

기수를 긍정한 판례의 구체적 내용은 다음과 같다. 즉,

> 피고인이 피해자 경영의 까페에서 야간에 아무도 없는 그 곳 내실에 침입하여 장식장 안에 들어 있던 정기적금통장 등을 꺼내 들고 까페로 나오던 중 발각되어 돌려 준 경우 피고인은 피해자의 재물에 대한 소지(점유)를 침해하고, 일단 피고인 자신의 지배 내에 옮겼다고 볼 수 있으니 절도의 미수에 그친 것이 아니라 야간주거침입절도의 기수라고 할 것이다.[226]

---

223) 대법원 2011.4.14. 선고 2011도300 판결; 대법원 2006.9.14. 선고 2006도2824 판결; 대법원 2003.10.24. 선고 2003도4417 판결; 대법원 1984.12.26. 선고 84도2433 판결; 대법원 1983.3.8. 선고 83도145,83감도36 판결; 대법원 1970.4.28. 선고 70도507 판결.

224) 대법원 2003.10.24. 선고 2003도4417 판결.

225) 대법원 2003.10.24. 선고 2003도4417 판결.

226) 대법원 1991.4.23. 선고 91도476 판결.

4) 공 범

판례에 의하면 "갑"과 "을"이 공모하여 "갑"은 창고에 침입하여 물건을 절취하고 "을"은 절취한 물건을 운반하여 양여 또는 보관한 경우 "을"의 소위는 "갑"과 같이 야간 건조물 침입절도의 죄책을 져야 할 것이지 장물죄로 문죄할 수 없다.[227]

(2) 죄 수

본죄는 주거침입을 그 구성요건의 내용으로 하고 있기 때문에 주거침입은 본죄에 흡수된다.[228] 단순절도와 야간주거침입절도를 상습적으로 범한 경우에는 그중 법정형이 중한 상습야간주거침입절도죄에 나머지 행위들을 포괄시켜 하나의 죄만이 성립된다.[229] 확정판결 있는 상습야간주거침입절도죄의 범행 이전에 범행한 별개의 상습야간주거침입절도행위에는 이미 확정된 판결의 기판력이 미친다.[230]

3. 처 벌

본죄의 법정형은 10년 이하의 징역이다. 6년 이하의 징역 또는 1천만원 이하의 벌금인 절도죄의 그것보다 무겁다. 본죄의 미수범은 처벌된다. 본죄와 그 미수범에 대하여는 친족상도례가 적용된다.

4. 상습야간주거침입절도죄

본죄는 상습범을 처벌한다. 상습으로 본죄를 범한 자에 대하여는 그 죄에 정한 형의 2분의 1까지 가중한다. 본죄에 대하여는 친족상도례가 적용된다.

야간주거 침입절도의 상습자의 범행은 이것이 1회라 하여도 상습야간 주거침입 절도죄가 성립하고 수회라 하여도 본죄의 포괄적일죄가 성립한다.[231]

Ⅳ. 특수절도죄

제331조(특수절도) ① 야간에 문이나 담 그 밖의 건조물의 일부를 손괴하고 제330조의 장소에 침입하여 타인의 재물을 절취한 자는 1년 이상 10년 이하의 징역에 처한다.
② 흉기를 휴대하거나 2명 이상이 합동하여 타인의 재물을 절취한 자도 제1항의 형에 처한다.

제332조(상습범) 상습으로 제329조 내지 제331조의2의 죄를 범한 자는 그 죄에 정한 형의 2분의 1까지 가중한다.

제342조(미수범) 제329조 내지 제341조의 미수범은 처벌한다.

제344조(친족간의 범행) 제328조의 규정은 제329조 내지 제332조의 죄 또는 미수범에 준용한다.

제345조(자격정지의 병과) 본장의 죄를 범하여 유기징역에 처할 경우에는 10년 이하의 자격정지를 병과할 수 있다.

---

227) 대법원 1961.11.9. 선고 4294형상374 판결.
228) 대법원 2015.10.15. 선고 2015도9049 판결; 대법원 1984.12.26. 선고 84도1573 전원합의체 판결.
229) 대법원 1979.12.11. 선고 79도2371 판결.
230) 대법원 1969.6.24. 선고 69도681 판결.
231) 대법원 1961.5.10. 선고 4294형상111 판결.

제346조(동력) 본장의 죄에 있어서 관리할 수 있는 동력은 재물로 간주한다.

구조문
제331조(특수절도) ① 야간에 문호 또는 장벽 기타 건조물의 일부를 손괴하고 전조의 장소에 침입하여 타인의 재물을 절취한 자는 1년 이상 10년 이하의 징역에 처한다.
② 흉기를 휴대하거나 2인 이상이 합동하여 타인의 재물을 절취한 자도 전항의 형과 같다.

1. 서 언

(1) 의 의

본죄는 야간에 문이나 담 그 밖의 건조물의 일부를 손괴하고 사람의 주거, 관리하는 건조물, 선박, 항공기 또는 점유하는 방실(房室)에 침입하여 타인의 재물을 절취하거나(제331조 제1항), 흉기를 휴대하거나 2명 이상이 합동하여 타인의 재물을 절취함으로써 성립한다(제331조 제2항).

본죄는 야간 손괴 주거침입 절도죄, 흉기휴대 절도죄 및 합동절도죄의 3유형으로 나누어질 수 있다.

(2) 특 징

일반범죄에 대한 특수범죄, 예컨대 절도죄, 강도죄 및 도주죄에 대한 특수절도죄, 특수강도죄 및 특수도주죄의 특징은 행위방법의 특수성에 있다. 다시 말해서, 일반범죄에 있어서의 실행행위, 예컨대 절취, 강취 및 도주가 특수범죄에 있어서의 실행행위는 각각 야간침입 · 흉기휴대 · 합동 절취, 야간침입 · 흉기휴대 · 합동 강취 및 손괴 · 폭행협박 · 합동 도주의 형태로 수정되고 있다는 점에 있다. 이 점에 대하여는 해당 범죄에서 다시 후술하기로 한다.

2. 범 죄

(1) 야간손괴주거침입절도죄

1) 의 의

본죄는 야간에 문이나 담 그 밖의 건조물의 일부를 손괴하고 사람의 주거, 관리하는 건조물, 선박, 항공기 또는 점유하는 방실(房室)에 침입하여 타인의 재물을 절취함으로써 성립한다(제331조 제1항). 판례는 본죄를 손괴특수절도죄라고 하기도 한다. 본죄는 손괴죄. 주거침입죄 및 절도죄의 결합범의 형태로 규정되어 있다.

2) 구성요건

① 객관적 구성요건

본죄의 객체는 타인의 재물이다. 타인의 재물은 이미 전술한 절도죄에 있어서의 그것과 같다.

본죄의 실행행위는 손괴, 주거침입 및 절취이다. 손괴(損壞)란 물리적으로 문호 또는 장벽 기타 건조물의 일부를 훼손하여 그 효용을 상실시키는 것을 말한다.[232] 예컨대 창문과 방충망을 창틀에서 분리한 것만으로는 물리적으로 훼손하여 효용을 상실하게 한 것은 아니기 때문에 손괴에 해당하지 않는다.[233] 손괴의 대상은 문이나 담 그 밖의 건조물의 일부이다. 주거 등에 대한 침입을 방지하기 위하여 설치된 일체의 위장시설은 이에 해당한다.[234] 침입의 대상은 사람의 주거, 관리하는 건조물, 선박, 항공기 또는 점유하는 방실(房室)이다.

본죄의 행위상황은 야간이다. 다만 야간의 적용범위는 분명하지 않다. 본죄에서는 야간, 손괴, 주거침입 및 절취에 대한 조합을 요하기 때문에 야간, 주거침입 및 절취만의 조합을 요했던 전술한 야간주거침입절도죄에 있어서보다 경우의 수가 더 복잡하기 때문이다. 그럼에도 불구하고 본죄는 특수한 행위방법과 특수한 행위상황으로 인하여 가중되는 절도죄라고 해석되어야 한다. 또 본죄의 법정형은 흉기휴대절도나 합동절도와 같기 때문에 불법에 있어서도 그와 차이가 없을 요한다고 해야 한다. 본죄가 흉기휴대절도나 합동절도와 같은 정도의 불법이기 위해서는 손괴와 주거침입 양자 모두가 야간에 이루어져야 한다고 하는 것이 합당하다고 해석된다. 이러한 의미에서 본죄는 적어도 손괴와 주거 등의 침입은 야간에 이루어질 것을 요한다고 해석된다. 이는 전술한 야간주거침입절도죄에 있어서와 유사한 이유라고 할 수 있다. 판례도 같은 입장이다. 대법원은 "본조 제1항의 특수절도죄는 야간에 범한 행위를 구성요건으로 하고 있음에도 불구하고 주간에 범한 행위에 대하여 같은 법조항을 적용한 것은 위법이다"라고 판시한 바 있다.[235]

이에 관한 판례의 구체적 내용은 다음과 같다. 즉,

> 야간에 불이 꺼져 있는 상점의 출입문을 손으로 열어보려고 하였으나 출입문의 하단에 부착되어 있던 잠금 고리가 잠겨져 있어 열리지 않았는데, 출입문을 발로 걷어차자 잠금 고리의 아래쪽 부착 부분이 출입문에서 떨어져 출입문과의 사이가 뜨게 되면서 출입문이 열려 상점 안으로 침입하여 재물을 절취하였다면, 이는 물리적으로 위장시설을 훼손하여 그 효용을 상실시키는 행위에 해당한다.[236] 을이 갑회사로부터 중기를 갑회사에 소유권을 유보하고 할부로 매수한 다음 병회사에 이를 지입하고 중기등록원부에 병회사를 소유자로 등록한 후 을의 갑에 대한 할부매매대금채무를 담보하기 위하여 갑명의로 근저당권 설정등록을 하였으며 위 중기는 을이 이를 점유하고 있었는데 갑의 회사 원인 피고인들이 합동하여 승낙없이 위 중기를 가져간 경우, 지입자가 사실상의 처분관리권을 가지고 있다고 하여도 이는 지입자와 지입받은 회사와의 내부관계에 지나지 않는 것이고 대외적으로는 자동차등록원부상의 소유자 등록이 원인무효가 아닌 한 지입받은 회사가 소유권자로서의 권리(처분권 등)를 가지고 의무(공과금 등 납세의무, 중기보유자의 손해배상 책임 등)를 지는 것이므로 피고인들의 중기취거행위는 지입받은 회사인 병의 중기등록원부상의 소유권을 침해한 것으로서 특수절도죄에 해당한다.[237] 야간에 연탄집게와 식도로서 방문고리를 피괴하고 방에 침입하여 재물을 절취하면 이는 문호의 손괴에 해당되어 특수절도죄가 성립한다.[238]

---

232) 대법원 2015.10.29. 선고 2015도7559 판결; 대법원 2004.10.15. 선고 2004도4505 판결.
233) 대법원 2015.10.29. 선고 2015도7559 판결.
234) 대법원 2004.10.15. 선고 2004도4505 판결.
235) 대법원 1971.2.23. 선고 70도2699 판결.
236) 대법원 2004.10.15. 선고 2004도4505 판결.
237) 대법원 1989.11.14. 선고 89도773 판결.
238) 대법원 1979.9.11. 선고 79도1736 판결.

② 주관적 구성요건

본죄는 고의범이다. 또 본죄는 재물죄에 속한다. 따라서 본죄는 주관적 구성요건요소로서 고의 외에 불법영득의 의사를 요하는 것은 당연하다.

불법영득의 의사를 부정한 판례의 구체적 내용은 다음과 같다. 즉,

피고인은 공소외 (갑)이 경영하는 **건재상사의 종업원으로 종사하여 왔는데 이 사건이 일어난 날 마침 같은 동료 종업원인 공소외 1이 폭행사건으로 위 건재사 인근에 있는 방이동 파출소에 연행되었다는 소식을 듣고 그를 만나러 가는데 같은 동료종업원인 공소외 2와 같이 위 건재사 마당에 세워둔 위 (갑) 소유의 이 건 차량을 타고 갔다올 생각으로 피고인이 이 차를 운전하고 위 방이동 파출소를 향해 가다가 교통사고를 일으키게 되었다는 것이니 이와 같은 경우 피고인의 소위는 타인의 물건을 자기의 소유물과 같이 그 경제적 용법에 따라 이를 이용 또는 처분하여 권리자를 배제할 의사를 가지고 한 것이라고는 볼 수 없으므로 영득의 의사가 있다고 할 수 없으니, 이와 같은 취지에서 절도죄의 범의를 부인한 원심판시는 정당하고, 이에 소론 절도죄의 법리를 오해한 위법이 있다고 할 수 없다.[239]

③ 미수 · 기수

본죄는 미수범을 처벌한다. 실행의 착수시기는 손괴개시시이고, 기수시기는 절취종료시라고 할 수 있다. 실행의 착수를 긍정한 판례의 구체적 내용은 다음과 같다. 즉,

야간에 절도의 목적으로 출입문에 장치된 자물통 고리를 절단하고 출입문을 손괴한 뒤 집안으로 침입하려다가 발각된 것이라면 이는 특수절도죄의 실행에 착수한 것이다.[240] 현실적으로 절취목적물에 접근하지 못하였다 하더라도 야간에 타인의 주거에 침입하여 건조물의 일부인 방문고리를 손괴하였다면 형법 제331조의 특수절도죄의 실행에 착수한 것이다.[241]

실행의 착수를 부정한 판례의 구체적 내용은 다음과 같다. 즉,

2인 이상이 합동하여 야간이 아닌 주간에 절도의 목적으로 타인의 주거에 침입하였다 하여도 아직 절취할 물건의 물색행위를 시작하기 전이라면 특수절도죄의 실행에는 착수한 것으로 볼 수 없는 것이어서 그 미수죄가 성립하지 않는다.[242]

④ 공 범

판례에 의하면 절도범인이 혼자 입목을 땅에서 완전히 캐낸 후에 비로소 제3자가 가담하여 함께 입목을 운반한 사안에서, 특수절도죄의 성립을 부정한 바 있다.[243]

3) 위법성조각사유

대법원은 "피해자가 경영하는 주점의 잠겨 있는 샷타문을 열고 그곳 주방안에 있던 맥주 등을 꺼내어 마셨다면 타인의 재물에 대한 불법영득의 의사가 있었다고 할 것이고 주점까지

239) 대법원 1981.12.8. 선고 81도1761 판결.
240) 대법원 1986.9.9. 선고 86도1273 판결.
241) 대법원 1977.7.26. 선고 77도1802 판결.
242) 대법원 2009.12.24. 선고 2009도9667 판결; 대법원 1992.9.8. 선고 92도1650, 92감도80 판결.
243) 대법원 2008.10.23. 선고 2008도6080 판결.

가게된 동기가 주점점원의 초청에 의한 것이었다 하더라도 피해자의 승낙없이 재물을 지거하는 행위는 절도죄를 구성한다"고 판시한 바 있다.[244)]

(2) 흉기휴대절도죄

1) 의 의

본죄는 흉기를 휴대하여 타인의 재물을 절취함으로서 성립한다(제331조 제2항 전단). 본죄를 특수절도죄로 가중하여 처벌하는 것은 흉기의 휴대로 인하여 피해자 등에 대한 위해의 위험이 커진다는 점 등을 고려한 것으로 볼 수 있다.[245)]

2) 구성요건

① 객관적 구성요건

본죄의 객체는 타인의 재물이다. 재물과 그 타인성에 관하여는 이미 절도죄에서 전술한 바 있다.

본죄의 실행행위는 절취이다. 절취의 방법은 '흉기를 휴대하여' 행하는 것이다. 흉기는 본래 살상용·파괴용으로 만들어진 것이거나 이에 준할 정도의 위험성을 가진 것으로 봄이 상당하고, 그러한 위험성을 가진 물건에 해당하는지 여부는 그 물건의 본래의 용도, 크기와 모양, 개조 여부, 구체적 범행 과정에서 그 물건을 사용한 방법 등 제반 사정에 비추어 사회통념에 따라 객관적으로 판단할 것이다.[246)]

본죄를 긍정한 판례의 구체적 내용은 다음과 같다. 즉,

> 을이 갑회사로부터 중기를 갑회사에 소유권을 유보하고 할부로 매수한 다음 병회사에 이를 지입하고 중기등록원부에 병회사를 소유자로 등록한 후 을의 갑에 대한 할부매매대금 채무를 담보하기 위하여 갑명의로 근저당권 설정등록을 하였으며 위 중기는 을이 이를 점유하고 있었는데 갑의 회사원인 피고인들이 합동하여 승낙없이 위 중기를 가져간 경우, 지입자가 사실상의 처분관리권을 가지고 있다고 하여도 이는 지입자와 지입받은 회사와의 내부관계에 지나지 않는 것이고 대외적으로는 자동차등록원부상의 소유자 등록이 원인무효가 아닌 한 지입받은 회사가 소유권자로서의 권리(처분권 등)를 가지고 의무(공과금 등 납세의무, 중기보유자의 손해배상 책임 등)를 지는 것이므로 피고인들의 중기취거행위는 지입받은 회사인 병의 중기등록원부상의 소유권을 침해한 것으로서 특수절도죄에 해당한다.[247)]

본죄를 부정한 판례의 구체적 내용은 다음과 같다. 즉,

> 어업권자와 어업권행사계약을 체결하고 어업권을 행사하는 피해자의 양식장에서 '자연산' 모시조개를 무단 채취한 행위에 대하여 그 채취한 모시조개가 자연 번식하는 것이 아니라 그 피해자가 양식하는 것으로서 피해자의 소유임이 인정되어야 한다는 점을 들어 절도죄에 해당하지 아니한다.[248)]

---

244) 대법원 1986.9.9. 선고 86도1439 판결.
245) 대법원 2012.6.14. 선고 2012도4175 판결.
246) 대법원 2012.6.14. 선고 2012도4175 판결.
247) 대법원 1989.11.14. 선고 89도773 판결.

② 주관적 구성요건

본죄는 고의범이다. 또 본죄는 재물죄에 속한다. 전술한 야간주거침입절도죄에서와 같이 본죄는 주관적 구성요건요소로서 고의 외에 불법영득의 의사를 요하는 것은 당연하다.

③ 미수 · 기수

본죄는 미수범을 처벌한다. 실행의 착수시기는 흉기를 휴대하여 절취를 개시한 때이고, 기수시기는 흉기를 휴대하여 절취를 종료한 때이다. 흉기는 행위시, 즉 절취개시시로부터 종료시까지 휴대되어야 한다.

대법원은 "절도죄는 타인의 소지를 침해하여 재물이 자기의 소지로 이동할 때 즉 자기의 사실적 지배밑에 둔 때에 기수가 된다고 할 것인 바 피고인이 공동피고인과 함께 피해자 집에 침입하여 그 집 광에서 공동피고인이 자루에 담아 내주는 백미를 받아 그 집을 나오려 하다가 피해자에게 발각된 경우에는 특수절도죄의 기수가 된다 할 것이고 미수에 해당한다고 할 수 없다"고 판시한 바 있다.[249]

(3) 합동절도죄

1) 의 의

본죄는 2명 이상이 합동하여 타인의 재물을 절취함으로써 성립한다(제331조 제2항 후단). 소위 합동범으로서 필요적 공범의 한 형태라고 할 수 있다. 형법은 합동범에 관하여는 본죄와 특수강도죄(제334조 제2항 후단) 및 특수도주죄(제146조)의 3가지만을 규정하고 있다.

2) 구성요건

① 객관적 구성요건

ⓘ 객 체　본죄의 객체는 타인의 재물이다. 타인의 재물에 관하여는 이미 절도죄에서 상세히 전술한 바 있다.

ⓘⓘ 행 위

ⅰ. 절 취　본죄의 실행행위는 절취이다. 절취의 방법은 2인 이상이 합동하여 행하는 것이다. 문제는 합동하여의 의미와 그 요건에 있다.

ⅱ. 합동하여

㉠ 학 설　본죄의 합동하여의 의미에 대하여는 다툼이 있다. 공모공동정범설, 가중적 공동정범설, 현장설 및 현장적 공동정범설 등이 대립하고 있다. 현장설에 의하면 합동이란 시간적 · 장소적 협동을 의미한다고 한다. 공동실행의 의사와 실행행위의 분담 및 가담자 전원의 현장집합이 필요하다고 한다.

㉡ 판 례　판례는 현장설의 입장으로 해석되고 있다. 대법원은 "'2인 이상이 합동하여'라 함은 주관적 요건으로서의 공모와 객관적 요건으로서의 실행행위의 분담이 있어야 하고 그 실행행위에 있어서는 시간적으로나 장소적으로 협동관계가 있음을 요한다"고 판시한 바

---

248) 대법원 2010.4.8. 선고 2009도11827 판결.

249) 대법원 1964.12.8. 선고 64도577 판결.

있다.[250] 합동을 긍정한 판례의 구체적 내용은 다음과 같다.

피고인이 피해자의 형과 범행을 모의하고 피해자의 형이 피해자의 집에서 절취행위를 하는 동안 피고인은 그 집 안의 가까운 곳에 대기하고 있다가 절취품을 가지고 같이 나온 경우 시간적, 장소적으로 협동관계가 있었다고 보아 실행행위의 분담이 없었다고 판단한 원심판결을 파기한 사례이다.[251] 피고인들은 열차사무소 급하수로서 합동하여 그들이 승무한 화차내에서 동 화차에 적재한 운송인인 철도청의 수탁화물중 이사짐 포장을 풀고 그 속에 묶어 넣어둔 탁상용 시계1개 외 의류등 9점을 빼내어 탈취하였다는 것인 바, 이 운송중의 화물은 교통부의 기관에 의하여 점유보관되는 것이라 해석되고, 피고인들의 점유보관하에 있는 것이라 볼 수 없는 바이어서 원판결이 피고인들의 본건 범행을 소론 업무상 횡령으로 보지 아니하고, 특수절도로 보았음은 정당하다.[252]

ⓒ 검 토 　본죄의 합동하여와 총칙상 공동정범에 있어서의 공동하여는 구별되지 않으면 안 된다. 합동하여란 실행행위(Tat)를 합동하여 행하는 것을 의미한다는 점에서 실행행위와 그 외의 행위를 공동하여 행하는 것을 의미하는 공동하여와 구별된다고 할 수 있다. 합동하여란 실행행위를 함께 행하는 것을 의미함에 반하여 공동하여란 실행행위와 실행행위 또는 실행행위 이 외의 행위를 같이 행하는 것을 의미하는 것으로 해석되어야 하기 때문이다. 이러한 의미에서 실행행위를 공동으로 행하는 정범형 공동정범은 합동범과 유사한 개념이라고 해석된다. 본죄는 실행행위를 분담하고 있다는 점에서 정범형 공동정범과 공통되지만, 각칙상의 필요적 공범이라는 점에서 총칙상의 임의적 공범에 속하는 공동정범과 구별될 수 있다. 결국, 합동범과 공동정범의 결정적인 차이는 합동범은 정범이지만, 공동정범은 공범이라는 점에 있다. 문제는 실행행위를 합동하여 행한다는 것이 구체적으로 무엇을 의미하는지 그 요건에 있다.

iii. 합동하여의 요건 　본죄의 합동하여란 본죄의 객관적 구성요건인 실행행위의 분담형태로서 시간적·장소적 협동관계를 의미하는 것으로 해석되고 있다. 시간적·장소적 협동관계란 분담하는 행위가 반드시 실행행위일 것만을 요하지 않는다는 의미로 해석된다. 분담행위가 실행행위 외의 행위인 경우라고 하더라도 시간적·장소적 협동관계가 인정되는 한 실행행위를 분담하는 것으로 간주하겠다는 취지로 해석되기 때문이다. 이러한 의미에서 본죄는 실행행위의 범위에 있어서 시간적·장소적 협동관계를 요한다는 점에서 기능적 행위지배관계를 요하는 정범형 공동정범과 유사하면서도 구별되는 구조라고 할 수 있다.

② 주관적 구성요건

ⓘ 의 의 　본죄는 재산죄에 관한 고의범이다. 본죄가 고의 외에도 불법영득의 의사를 요하는 이유이다. 본죄의 고의는 인식적 요소로서 2명 이상이 합동하여 타인의 재물을 절취한다는 사실에 대한 인식을 요한다. 결국 본죄는 주관적 구성요건요소로서 고의, 불법영득

250) 대법원 2012.6.28. 선고 2012도2631 판결; 대법원 1996.3.22. 선고 96도313 판결; 대법원 1992.7.28. 선고 92도917 판결; 대법원 1989.3.14. 선고 88도837 판결; 대법원 1988.9.13. 선고 88도1197 판결; 대법원 1976.7.27. 선고 75도2720 판결; 대법원 1969.7.22. 선고 67도1117 판결.

251) 대법원 1996.3.22. 선고 96도313 판결.

252) 대법원 1969.7.8. 선고 69도798 판결.

의 의사 및 공모를 충족하지 않으면 안 된다.

ⓘ 의사의 연락 본죄는 나아가 공범의 한 형태로서 필요적 공범에 속한다고 할 수 있다. 이것이 본죄가 합동하여 행하는 합동자 상호간에 의사의 연락으로서 공모를 요하는 이유이다. 본죄는 공모가 없는 한 범죄의 성립이 부정된다는 점에서 정범형 공동정범과 일치하고 있다. 공모는 법률상 어떠한 정형을 요구하는 것이 아니어서 공범자 상호간에 직접 또는 간접으로 범죄의 공동가공의사가 암묵리에 서로 상통하면 된다.[253] 공모는 사전에 반드시 어떠한 모의과정이 있어야 하는 것도 아니어서 범의 내용에 대하여 포괄적 또는 개별적인 의사연락이나 인식이 있었다면 공모관계가 성립한다.[254]

공모를 부정한 판례의 구체적 내용은 다음과 같다. 즉,

> "갑", "을", "병"이 타인의 전축을 절취하기로 모의한 후 갑의 집으로 가서 모의한 바에 따라 전축을 절취하러 가자고 하자 "갑"은 자신이 없다고 하여 그 범행하는 것을 포기한 경우에는 "을", "병"만의 실행행위는 "갑"과는 전연무관한 것이므로 실행행위의 분담까지 모의하였다고 볼 수 없는 "갑"에 대하여 특수절도죄 (합동범)가 성립할 수 없다.[255] "갑"과 "을"이 공모하여 "갑"은 창고에 침입하여 물건을 절취하고 "을"은 절취한 물건을 운반하여 양여 또는 보관한 경우 "을"의 소위는 "갑"과 같이 야간 건조물 침입절도의 죄책을 져야 할 것이지 장물죄로 문죄할 수 없다.[256]

③ 미수 · 기수

ⓘ 착수시기 본죄는 미수범을 처벌한다. 실행의 착수는 합동하여 절취행위를 개시한 때에 인정된다. 다만 2인 이상은 행위시, 즉 절취개시시로부터 종료시까지 합동하여야 한다.

실행의 착수를 긍정한 판례의 구체적 내용은 다음과 같다. 즉,

> 범인들이 함께 담을 넘어 마당에 들어가 그 중 1명이 그곳에 있는 구리를 찾기 위하여 담에 붙어 걸어가다가 잡혔다면 절취대상품에 대한 물색행위가 없었다고 할 수 없다.[257] 두 사람이 공모합동하여 타인의 재물을 절취하려고 한 사람은 망을 보고 또 한 사람은 기구를 가지고 출입문의 자물쇠를 떼어내거나 출입문의 환기창문을 열었다면 특수절도죄의 실행에 착수한 것이다.[258]

실행의 착수를 부정한 판례의 구체적 내용은 다음과 같다. 즉,

> 피고인이 성명불상의 공범과 합동하여 2009.5.20. 22:15경 아파트 신축공사현장에서 피해자 공소외인 소유의 건축공사용 자재인 동파이프를 절취하려다가 미수에 그쳤다는 공소사실에 대하여, 피고인이 이 사건 공사현장 안에 있는 건축자재 등을 훔칠 생각으로 성명불상의 공범과 함께 마스크를 착용하고 위 공사현장 안으로 들어간 후 창문을 통하여 건축 중인 아파트의 지하실 안쪽을 살폈을 뿐이고 나아가 위 지하실에까지 침입하였다거나 훔칠 물건을 물색하던 중 동파이프를 발견하고 그에 접근하였다는 등의 사실을 인정할 만한 증거가 없는 이상, 비록 피고인이 창문으로

---

253) 대법원 2012.6.28. 선고 2012도2631 판결; 대법원 2001.12.11. 선고 2001도5458 판결.
254) 대법원 2012.6.28. 선고 2012도2631 판결; 대법원 2001.12.11. 선고 2001도5458 판결.
255) 대법원 1975.10.7. 선고 75도2635 판결.
256) 대법원 1961.11.9. 선고 4294형상374 판결.
257) 대법원 1989.9.12. 선고 89도1153 판결.
258) 대법원 1986.7.8. 선고 86도843 판결.

살펴보고 있었던 지하실에 실제로 값비싼 동파이프가 보관되어 있었다고 하더라도 피고인의 위 행위를 위 지하실에 놓여있던 동파이프에 대한 피해자의 사실상의 지배를 침해하는 밀접한 행위라고 볼 수 없다고 판단하여, 이 부분 특수절도미수 공소사실을 유죄로 인정한 제1심판결을 파기하고 이 부분에 대하여 무죄를 선고하였다.259) 2인 이상이 합동하여 야간이 아닌 주간에 절도의 목적으로 타인의 주거에 침입하였다 하여도 아직 절취할 물건의 물색행위를 시작하기 전이라면 특수절도죄의 실행에는 착수한 것으로 볼 수 없는 것이어서 그 미수죄가 성립하지 않는다.260)

ⅱ 기수시기 본죄는 2인 이상이 합동하여 절취행위를 종료함으로써 기수에 이른다고 해석된다. 다만 2인 이상은 행위시, 즉 절취개시시로부터 종료시까지 합동하여야 한다.

기수를 긍정한 판례의 구체적 내용은 다음과 같다. 즉,

절도죄는 타인의 소지를 침해하여 재물이 자기의 소지로 이동할 때 즉 자기의 사실적 지배밑에 둔 때에 기수가 된다고 할 것인 바 피고인이 공동피고인과 함께 피해자 집에 침입하여 그 집 광에서 공동피고인이 자루에 담아 내주는 백미를 받아 그 집을 나오려 하다가 피해자에게 발각된 경우에는 특수절도죄의 기수가 된다 할 것이고 미수에 해당한다 할 수 있다.261) 절도죄는 타인의 소지를 침해하여 재물이 자기의 소지로 이동할 때 즉 자기의 사실적 지배밑에 둔 때에 기수가 된다고 할 것인바 피고인이 공동피고인과 함께 피해자 집에 침입하여 그 집 광에서 공동피고인이 자루에 담아 내주는 백미를 받아 그 집을 나오려 하다가 피해자에게 발각된 경우에는 특수절도죄의 기수가 된다 할 것이고 미수에 해당한다 할 수 있다.262)

④ 공 범

본죄의 합동범에 대한 공범의 성부가 문제될 수 있다. 판례는 합동범의 공범을 긍정하고 있다. 생각건대 합동범의 내부자 상호간에는 필요적 공범에 해당하여 총칙상의 공범규정이 적용될 수 없지만, 합동범과 그 외부자로서의 공범 사이에서는 총칙상의 공범에 관한 규정이 적용되지 못할 이유가 없다고 해석된다.

공범을 긍정한 판례의 구체적 내용은 다음과 같다. 즉,

3인 이상의 범인이 합동절도의 범행을 공모한 후 적어도 2인 이상의 범인이 범행 현장에서 시간적, 장소적으로 협동관계를 이루어 절도의 실행행위를 분담하여 절도 범행을 한 경우에는 공동정범의 일반 이론에 비추어 그 공모에는 참여하였으나 현장에서 절도의 실행행위를 직접 분담하지 아니한 다른 범인에 대하여도 그가 현장에서 절도 범행을 실행한 위 2인 이상의 범인의 행위를 자기 의사의 수단으로 하여 합동절도의 범행을 하였다고 평가할 수 있는 정범성의 표지를 갖추고 있다고 보여지는 한 그 다른 범인에 대하여 합동절도의 공동정범의 성립을 부정할 이유가 없다고 할 것이다.263) 형법 제331조 제2항 후단의 규정이 위와 같이 3인 이상이 공모하고 적어도 2인 이상이 합동절도의 범행을 실행한 경우에 대하여 공동정범의 성립을 부정하는 취지라고 해석할 이유가 없을 뿐만 아니라, 만일 공동정범의 성립가능성을 제한한다면 직접 실행행위에 참여하지

259) 대법원 2010.4.29. 선고 2009도14554 판결.
260) 대법원 2009.12.24. 선고 2009도9667 판결.
261) 대법원 1964.12.8. 64도577 판결.
262) 대법원 1964.12.8. 64도577 판결.
263) 대법원 2011.5.13. 선고 2011도2021 판결; 대법원 2007.4.26. 선고 2007도428 판결; 대법원 2007.4.26. 선고 2007도235 판결; 대법원 1998.5.21. 선고 98도321 전원합의체 판결.

아니하면서 배후에서 합동절도의 범행을 조종하는 수괴는 그 행위의 기여도가 강력함에도 불구하고 공동정범으로 처벌받지 아니하는 불합리한 현상이 나타날 수 있다. 그러므로 합동절도에서도 공동정범과 교사범·종범의 구별기준은 일반원칙에 따라야 하고, 그 결과 범행현장에 존재하지 아니한 범인도 공동정범이 될 수 있으며, 반대로 상황에 따라서는 장소적으로 협동한 범인도 방조만 한 경우에는 종범으로 처벌될 수도 있다.[264] 형법 331조 2항 후단 소정 합동절도에는 주관적 요건으로서 공모외에 객관적 요건으로서 시간적으로나 장소적으로 협동관계가 있는 실행행위의 분담이 있어야 하므로 "갑"이 공모한 내용대로 국도상에서 "을" "병" 등이 당일 마을에서 절취하여 온 황소를 대기하였던 트럭에 싣고 운반한 행위는 시간적으로나 장소적으로 절취행위와 협동관계가 있다고 할 수 없어 합동절도죄로 문의할 수는 없으나 공동정범에 있어서 범죄행위를 공모한 후 그 실행행위에 직접 가담하지 아니하더라도 다른 공범자의 죄책을 면할 수 없으니 "갑"의 소위는 본건 공소사실의 범위에 속한다고 보아지므로 "갑"은 일반 절도죄의 공동정범 또는 합동절도방조로서의 죄책을 면할 수 없다.[265]

(4) 죄 수

야간손괴주거침입절도죄는 주거침입을 그 구성요건의 내용으로 하고 있기 때문에 주거침입은 이에 흡수된다.[266] 그러나 흉기휴대절도죄와 합동절도죄는 각각 주거침입죄와는 실체적 경합관계가 된다. 양죄에 있어서 주거침입은 그 구성요건이 아니므로, 절도범인이 그 범행수단으로 주거침입을 한 경우에 그 주거침입행위는 절도죄에 흡수되지 아니하고 별개로 주거침입죄를 구성하여 절도죄와는 실체적 경합의 관계에 있게 된다.[267]

3. 처 벌

본죄의 법정형은 1년 이상 10년 이하의 징역이다. 야간손괴주거침입절도죄든 흉기휴대절도죄든 합동절도죄든 하등의 차이가 없다. 본죄의 미수범은 처벌된다. 본죄와 그 미수범에 대하여는 친족상도례가 적용된다.

4. 상습 특수절도죄

본죄는 상습범을 처벌한다. 상습으로 본죄를 범한 자에 대하여는 그 죄에 정한 형의 2분의 1까지 가중한다.

판례에 의하면 피고인의 절도전과 사실과 단기간 내에 특수절도범행을 계속 반복한 본건 범죄 사실에 대하여 피고인을 특수절도의 습벽이 있는 상습범으로 인정하였음은 정당하다.[268] 특수절도에 있어서 상습성의 인정은 절도행위의 전과가 여러 번 있었다는 사실만으로 반드시 상습성이 인정된다고 볼 수 없고 그 여러번 행하여진 전과사실과의 관계에서 판시범행이 절도습성의 발현이라고 인정될 수 있는 경우에만 상습성의 인정이 가능한 것으

---

264) 대법원 1998.5.21. 선고 98도321 전원합의체 판결.
265) 대법원 1976.7.27. 선고 75도2720 판결.
266) 대법원 2015.10.15. 선고 2015도9049 판결; 대법원 1984.12.26. 선고 84도1573 전원합의체 판결.
267) 대법원 2009.12.24. 선고 2009도9667 판결.
268) 대법원 1980.5.27. 선고 80도719 판결.

로, 피고인의 범행이 최종전과사실로 출소한 때부터 3년이 경과하였으나 상습특수절도 등으로 7차에 걸쳐 실형선고를 받은 전력과 범행의 동기, 수단, 가범으로 인정함이 상당하다.[269)]

V. 자동차 등 불법사용죄

제331조의2(자동차등 불법사용) 권리자의 동의없이 타인의 자동차, 선박, 항공기 또는 원동기장치자전거를 일시 사용한 자는 3년 이하의 징역, 500만원 이하의 벌금, 구류 또는 과료에 처한다.

제332조(상습범) 상습으로 제329조 내지 제331조의2의 죄를 범한 자는 그 죄에 정한 형의 2분의 1까지 가중한다.

제342조(미수범) 제329조 내지 제341조의 미수범은 처벌한다.

제344조(친족간의 범행) 제328조의 규정은 제329조 내지 제332조의 죄 또는 미수범에 준용한다.

제345조(자격정지의 병과) 본장의 죄를 범하여 유기징역에 처할 경우에는 10년 이하의 자격정지를 병과할 수 있다.

제346조(동력) 본장의 죄에 있어서 관리할 수 있는 동력은 재물로 간주한다.

1. 서 언

(1) 의 의

본죄는 권리자의 동의없이 타인의 자동차, 선박, 항공기 또는 원동기장치자전거를 일시 사용함으로써 성립한다. 본죄는 타인의 자동차 등의 교통수단을 불법영득의 의사 없이 일시 사용하는 소위 사용절도에 적용되는 독립된 구성요건에 해당한다.

(2) 취 지

본죄는 1995년 개정형법에 의하여 신설된 규정이다.[270)] 타인의 재물을 침해하는 행위임에도 불구하고 불법영득의 의사가 인정되지 않아 절도죄가 성립되지 않았던 소위 사용절도를 처벌하기 위하여 도입된 규정이다. 다만 본죄는 모든 사용절도를 대상으로 하는 것이 아니라 자동차 등 가치가 큰 재물에 한하여 사용절도를 범죄화하고 있다. 자동차와 자가운전자의 증가에 따라 자동차의 불법사용이 증가할 것으로 예상되었고 이로 인한 실해와 피해자의 감정을 고려하여 자동차 등에 대한 사용절도를 예외적으로 처벌하도록 규정을 신설한 것이다.

(3) 절도죄와 보충관계

본죄는 절도죄에 대하여 보충관계에 있는 범죄이다. 따라서 불법영득의사가 인정되는 경우에는 절도죄로 처벌할 수 있을 뿐 본죄로 처벌할 수 없다. 예컨대 소유자의 승낙 없이 오토바이를 타고 가서 다른 장소에 버린 경우에는 자동차 등 불법사용죄가 아니라 절도죄가 성립한다.

---

269) 대법원 1982.10.12. 선고 82도2010,82감도405 판결.

270) 형법 1995.12.29. 일부개정 법률 제5057호 1996.7.1. 시행.

2. 범 죄

(1) 구성요건

1) 객관적 구성요건

① 객 체

본죄의 행위의 객체는 타인의 자동차, 선박, 항공기 또는 원동기장치자전거이다. 타인이란 절도죄에서 전술한 바와 같이 소유의 타인성과 점유의 타인성을 의미한다. 선박과 항공기에 관하여는 주거침입죄에서 전술한 바 있다. 참고로 도로교통법상 자동차란 철길이나 가설된 선을 이용하지 아니하고 원동기를 사용하여 운전되는 차(견인되는 자동차도 자동차의 일부로 본다)로서 원동기장치자전거를 제외한 자동차와 건설기계를 말한다(도로교통법 제2조 제18호). 원동기장치자전거란 이륜자동차 가운데 배기량 125시시 이하(전기를 동력으로 하는 경우에는 최고정격출력 11킬로와트 이하)의 이륜자동차를 말하거나(도로교통법 제2조 제19호 가목) 그 밖에 배기량 125시시 이하(전기를 동력으로 하는 경우에는 최고정격출력 11킬로와트 이하)의 원동기를 단 차(전기자전거는 제외한다)를 말한다(도로교통법 제2조 제19호 나목).

② 행 위

본죄의 실행행위는 불법사용이다. 불법사용(不法使用)이란 권리자의 동의 없이 일시 사용하는 것이다.

ⅰ 일시 사용 일시 사용이란 권리자의 권리를 일시적으로 배제하고 사용하는 것을 말한다. 권리자의 권리는 불법영득의 의사에 관한 견해에 따라 소유자의 소유권이나 점유자의 점유권을 의미하는 것으로 해석된다. 일시(一時)란 권리자의 권리에 대한 침해가 짧아 영득의 의사가 불법으로 인정되지 않을 정도의 시간적 간격을 말한다고 해석된다. 사용(使用)이란 용법에 따른 이용을 의미한다고 해석된다. 반환의사가 없는 경우에는 일시 사용에 해당하지 않는다. 일시사용을 긍정한 판례의 구체적 내용은 다음과 같다. 즉,

> 차량을 반환할 의사로 피해자의 동의 없이 일시 사용한 경우이므로 특수절도죄가 아닌 자동차등불법사용죄를 적용해야 한다.[271)] 불법영득의 의사없이 타인의 자동차를 일시 사용하는 경우 휘발유가 소비되는 것은 필연적이므로 자동차의 사용방법, 사용시간, 주행거리 그밖의 구체적인 상황으로 보아 자동차 그 자체의 일시사용이 그 주목적이고 소비된 휘발유의 양이 매우 적은 것임이 명백한 경우에는 그 휘발유의 소비는 자동차의 일시사용 가운데 포함되는 것으로서 이에 대하여는 별도의 절도죄가 성립되지 아니한다.[272)]

ⅱ 권리자의 동의 없이 권리자는 위에서 본 바와 같이 불법영득의 의사에 관한 견해에 따라 소유자 또는 점유자를 의미한다고 해석된다. 동의는 사전에 존재하거나 적어도 사용시에는 존재하여야 한다. 사후동의는 동의로서의 효력이 없어 본죄의 성립여하와는 무관하다. 동의 없이는 처음부터 동의가 존재하지 않는 경우를 말하는 것으로서 동의의 범위는 초과한

271) 대법원 1998.9.4. 선고 98도2181 판결.

272) 대법원 1984.4.24. 선고 84도311 판결.

경우는 이에 포함되지 아니하는 것으로 해석되고 있다.

2) 주관적 구성요건

① 고 의

본죄는 고의범이다. 본죄의 고의는 인식적 요소로서 권리자의 동의없이 타인의 자동차, 선박, 항공기 또는 원동기장치자전거를 일시 사용한다는 사실에 대한 인식을 요한다.

권리자의 동의가 없음에도 불구하고 있다고 오신한 경우에는 사실의 착오로서 고의를 조각한다.

② 불법영득의사의 불요

본죄는 불법영득의 의사를 요하지 않는다. 바로 이 점에서 불법영득의 의사를 요하는 절도죄와 결정적으로 구별된다. 본죄는 타인의 자동차 등의 교통수단을 불법영득의 의사 없이 일시 사용하는 소위 사용절도를 처벌하기 위한 범죄이기 때문이다.

불법영득의 의사를 부정한 판례의 구체적 내용은 다음과 같다. 즉,

> 타인의 재물을 점유자의 승낙 없이 무단사용하는 경우에 있어서 그 사용으로 물건 자체가 가지는 경제적 가치가 상당한 정도로 소모되거나 또는 사용 후 본래의 장소가 아닌 다른 곳에 버리거나 곧 반환하지 아니하고 장시간 점유하고 있는 것과 같은 때에는 그 소유권 또는 본권을 침해할 의사가 있다고 보아 불법영득의 의사를 인정할 수 있을 것이나 그렇지 아니하고 그 사용으로 인한 가치의 소모가 무시할 정도로 경미하고 또 사용 후 곧 반환한 것과 같은 때에는 그 소유권 또는 본권을 침해할 의사가 있다고 할 수 없어 불법영득의 의사를 인정할 수 없다고 봄이 상당하다.[273]
> 동네 선배로부터 차량을 빌렸다가 반환하지 아니한 보조열쇠를 이용하여 그 후 3차례에 걸쳐 위 차량을 2~3시간 정도 운행한 후 원래 주차된 곳에 갖다 놓아 반환한 경우 피해자와의 친분관계, 차량의 운행경위, 운행시간, 운행 후의 정황 등에 비추어 불법령득의 의사가 있었다고 볼 수 없다.[274]

3) 미수 · 기수

본죄는 미수범을 처벌한다. 본죄는 거동범으로 해석된다. 본죄는 실행행위인 불법사용의 개시시에 기수에 이른다고 해석되기 때문이다. 다만 사용이 기수에 이르기 위해서는 어느 정도의 시간적 계속을 요한다고 해야 한다. 본죄는 계속범에 속하기 때문이다.

(2) 위법성조각사유

본죄는 권리자의 동의가 있는 경우에는 성립하지 않는다. 권리자의 동의가 있는 경우 동의를 승낙으로 이해하게 되면 위법성을 조각하게 된다고 하지만, 여기의 동의는 양해의 의미로 이해되기 때문에 구성요건해당성이 조각된다고 해석된다.

(3) 죄 수

본죄는 절도죄에 대하여 보충관계에 있다. 따라서 불법영득의사가 인정되는 경우에는

---

273) 대법원 1992.4.24. 선고 92도118 판결.
274) 대법원 1992.4.24. 선고 92도118 판결.

절도죄로 처벌할 수 있을 뿐 본죄로 처벌할 수 없다.[275)]

대법원도 "불법영득의 의사없이 타인의 자동차를 일시사용한 경우, 이에 따른 유류소비행위는 위 자동차의 일시사용에 필연적으로 부수되어 생긴 결과로서 절도죄를 구성하지 않는 위 자동차의 일시사용행위에 포함된 것이라 할 것이므로 자동차 자체의 일시사용과 독립하여 별개의 절도죄를 구성하지 않는다"고 판시한 바 있다.[276)]

3. 처 벌

본죄의 법정형은 3년 이하의 징역, 500만원 이하의 벌금, 구류 또는 과료이다. 본죄의 미수범은 처벌된다. 본죄와 그 미수범에 대하여는 친족상도례가 적용된다.

4. 상습 자동차 등 불법사용죄

본죄는 상습범을 처벌한다. 상습으로 본죄를 범한 자에 대하여는 그 죄에 정한 형의 2분의 1까지 가중한다.

§3. 강도의 죄

Ⅰ. 서 설

1. 서 언

(1) 의 의

강도의 죄란 폭행, 협박, 인질 또는 다중의 위력 등을 수단으로 타인의 재물, 재산상의 이득 또는 선박 등에 대한 강취행위와 그로 인한 사람의 사망 또는 상해를 내용으로 하는 범죄를 말한다. 이 외에도 강도에 의한 강간을 포함하는 범죄를 말한다.

(2) 특 징

강도의 죄는 죄마다 결합범의 형태로 구성되어 있고, 재물죄인 동시에 이득죄로 되어 있다. 강도의 죄는 타인의 재물을 그의 의사에 반하여 취득한다는 점에서 절도의 죄와 공통된다. 그러나 강도의 죄는 폭행 또는 협박을 수단으로 한다는 점, 재물뿐만 아니라 재산상의 이익도 객체로 한다는 점 및 친족상도례의 적용이 없다는 점에서 절도의 죄와 구별된다.

강도죄는 또 폭행 · 협박을 수단으로 하고 재산상의 이익을 객체로 한다는 점에서 공갈의 죄와 공통된다. 그러나 강도죄에 있어서의 폭행 · 협박은 상대방의 반항을 억압하는 정도의 것이라는 것을 요함에 반하여 공갈의 죄에 있어서는 상대방에게 공포심을 일으켜 불안한 심리상태의 하에서 재물을 교부 · 처분하게 하는 정도도의 것으로 족하다고 하는 점에서 양자는 구별된다.

---

275) 대법원 2002.9.6. 선고 2002도3465 판결.

276) 대법원 1985.3.26. 선고 84도1613 판결.

2. 보호법익

강도의 죄의 보호법익은 재산권이다. 강도의 죄는 재물뿐만 아니라 재산상의 이익도 행위의 객체로 하고 있기 때문이다. 폭행 또는 협박을 수단으로 한다는 점에서 생명, 신체의 자유와 완전성 및 의사의 자유를 내용으로 하는 인격적 법익도 부차적인 보호법익이 되는 것으로 해석되고 있다.

보호법익이 보호받는 정도는 침해범으로서의 보호이다. 재물 또는 재산상의 이익의 취득을 요하기 때문이다.

3. 구성요건의 체계

강도의 죄의 기본적 구성요건은 강도죄(제333조)이다. 행위방법으로 인하여 불법이 가중되는 특수강도죄(제334조)와 해상강도(제340조 제1항), 상습성으로 인하여 책임이 가중되는 상습강도죄(제341조) 외에도 결합범으로서의 강도상해죄(제337조), 강도살인죄(제338조), 강도강간죄(제339조) 및 해상강도상해 · 살인 · 강간죄(제340조 제2항, 제3항)는 가중적 구성요건이다. 강도치상죄(제337조), 강도치사죄(제338조) 해상강도치상 · 치사죄(제340조 제2항, 제3항)는 결과적 가중범이다. 독립된 구성요건으로서는 준강도죄(제335조)와 인질강도죄(제342조)를 들 수 있다.

강도의 죄에 관하여는 미수(제342조)와 예비 · 음모(제343조)를 처벌하며, 자격정지를 병과할 수도 있다(제345조). 상습범을 처벌하는 경우도 있다(제341조).

Ⅱ. 강도죄

제333조(강도) 폭행 또는 협박으로 타인의 재물을 강취하거나 기타 재산상의 이익을 취득하거나 제삼자로 하여금 이를 취득하게 한 자는 3년 이상의 유기징역에 처한다.

제341조(상습범) 상습으로 제333조, ~ 의 죄를 범한 자는 무기 또는 10년 이상의 징역에 처한다.

제342조(미수범) 제329조 내지 제341조의 미수범은 처벌한다.

제343조(예비, 음모) 강도할 목적으로 예비 또는 음모한 자는 7년 이하의 징역에 처한다.

제345조(자격정지의 병과) 본장의 죄를 범하여 유기징역에 처할 경우에는 10년 이하의 자격정지를 병과할 수 있다.

제346조(동력) 본장의 죄에 있어서 관리할 수 있는 동력은 재물로 간주한다.

1. 서 언

본죄는 폭행 또는 협박으로 타인의 재물을 강취하거나 기타 재산상의 이익을 취득하거나 제삼자로 하여금 이를 취득하게 함으로써 성립한다.

본죄는 다른 재산범과는 달리 예비 · 음모가 처벌되고 있다는 점과 친족상도례의 적용이 없다는 점을 그 특색으로 하고 있다고 할 수 있다.

2. 범 죄

(1) 구성요건

1) 객관적 구성요건

① 객 체

ⓘ 의 의 본죄의 객체는 타인의 재물 또는 재산상의 이익이다. 타인은 재물 또는 재산상의 이익의 주체를 의미한다.

i. 재 물 재물의 개념은 절도죄에 있어서와 같다. 다만 부동산은 재물로서가 아니라 재산상의 이익으로서 본죄의 객체가 된다. 다만 부동산은 사기죄, 공갈죄 등에 있어서는 재물에 속하는 것으로 해석되고 있다. 절도죄의 재물에는 전술한 바와 같이 역사적인 이유에서 부동산이 제외되고 있다.

ii. 재산상의 이익 재산상의 이익이란 재물 이외의 재산상의 가치를 가지는 일체의 이익을 말한다.[277] 재물도 재산상의 가치를 가지는 이익에 속하지만, 재물죄의 객체로서 독립된 의미를 가지고 있기 때문에 여기에서는 제외된다. 법률상 정당하게 그 이행을 청구할 수 있는 것이 아니어도 강도죄에서의 재산상의 이익에 해당할 수 있다.[278] 강제이득죄를 처벌하는 취지는 권리의무관계가 외형상으로라도 불법적으로 변동되는 것을 막고자 함에 있고, 강도죄는 항거불능이나 반항을 억압할 정도의 폭행·협박을 그 요건으로 하고 있기 때문이다.[279] 따라서 재산상의 이익은 반드시 사법상 유효한 재산상의 이득만을 의미하는 것이 아니며, 외견상 재산상의 이득을 얻을 것이라고 인정할 수 있는 사실관계만 있으면 여기에 해당된다.[280] 재산적 이익은 재산의 증가와 같은 적극적 이익이든 부채의 감소와 같은 소극적 이익이든 불문한다.[281] 또 영구적 이익이든 일시적 이익이든 묻지 않는다.

ⓘⓘ 타 인 본죄의 객체인 재물이나 재산상의 이득은 타인에 속하여야 한다는 타인성을 요한다. 타인성(他人性)은 소유의 타인성과 점유의 타인성을 의미한다. 점유에 대하여만 타인성을 가지는 자기소유·타인점유의 재물에 대하여는 점유강취죄만을 구성할 뿐이다(제325조). 타인을 긍정한 판례의 구체적 내용은 다음과 같다. 즉,

> 강간을 당한 피해자가 도피하면서 현장에 놓아두고 간 손가방은 점유이탈물이 아니라 사회통념상 피해자의 지배하에 있는 물건이라고 보아야 할 것이므로 피고인이 그 손가방안에 들어 있는 피해자 소유의 돈을 꺼낸 소위는 절도죄에 해당한다.[282] 설사 피해자가 졸도하여 의식을 상실한

---

277) 대법원 2020.10.15. 선고 2020도7218 판결; 대법원 1997.2.25. 선고 96도3411 판결; 대법원 1994.2.22. 선고 93도428 판결.

278) 대법원 2020.10.15. 선고 2020도7218 판결; 대법원 1997.2.25. 선고 96도3411 판결; 대법원 1994.2.22. 선고 93도428 판결.

279) 대법원 2020.10.15. 선고 2020도7218 판결; 대법원 1997.2.25. 선고 96도3411 판결; 대법원 1994.2.22. 선고 93도428 판결.

280) 대법원 2020.10.15. 선고 2020도7218 판결; 대법원 1997.2.25. 선고 96도3411 판결; 대법원 1994.2.22. 선고 93도428 판결; 대법원 1987.2.10. 선고 86도2472 판결.

281) 대법원 2020.10.15. 선고 2020도7218 판결; 대법원 1997.2.25. 선고 96도3411 판결; 대법원 1994.2.22. 선고 93도428 판결.

282) 대법원 1984.2.28. 선고 84도38 판결.

경우에도 현장에 일실된 피해자의 물건은 자연히 그 지배하에 있는 것으로 보아야 할 것이다.[283)]

② 행 위

본죄의 실행행위는 타인의 재물을 강취하거나 기타 재산상의 이익을 취득하거나 제3자로 하여금 이를 취득하게 하는 것이다. 본죄의 실행행위의 수단은 폭행 또는 협박이다.

ⓘ 강취 · 취득 강취(强取)란 폭행 또는 협박에 의하여 상대방의 의사를 억압하고 그의 의사에 반하여 타인의 재물을 자기 또는 제3자의 점유로 이전하는 것을 말한다. 취득(取得)도 강취와 같은 의미로 해석되지만 재산상의 이익을 대상으로 한다는 점에서 재물을 대상으로 하는 강취와 구별될 뿐이라고 할 수 있다. 편의상 전자를 소위 재물강취(財物强取), 후자를 소위 이익강취(利益强取)라고 약칭하기로 한다. 판례는 후자를 이른바 강제이득(强制利得)이라고 칭한 바 있다.[284)]

재산상 이익의 취득은 소유권이전등기 또는 저당권설정등기말소의 의사표시를 하게 하는 경우와 같이 피해자에게 의사표시를 강제하여 이익을 취득하는 경우, 채무를 면제하게 하거나 그 이행의 연기를 승낙하게 하는 경우와 같이 피해자에게 일정한 처분을 시켜 이익을 취득하는 경우 및 택시운전자를 폭행 또는 협박하여 택시를 운행케 한 경우와 같이 정당한 대가의 지불 없이 피해자에게 노무를 제공하게 한 경우 등이 거론될 수 있다.

한편 본죄의 강취나 취득은 타인의 의사에 반하여 점유를 이전한다는 점에서 절도죄의 절취와 공통되지만, 폭행 또는 협박을 수반하여 공연히 행하여진다는 점에서 얼굴을 가리고 몸을 드러내지 않으면서 은밀하게 행하여지는 절취와 구별된다고 할 수 있다.

ⓘⓘ 강취 · 취득의 수단

ⅰ. 폭행 · 협박

㉠ 의 의 폭행이란 사람에 대한 유형력의 행사를 말한다. 사람에 대한 유형력이라면 직접적이든 간접적인든 불문한다. 반드시 사람의 신체에 대하여 행하여질 것을 요하지 않는다. 물건에 대한 유형력의 행사라도 상대방의 의사나 행동의 자유를 억압하기에 충분한 것이면 본죄의 폭행에 해당한다.

협박이란 해악을 고지하여 상대방에게 공포심을 일으키게 하는 것을 말한다.[285)] 해악의 내용에는 제한이 없다. 반드시 생명 · 신체에 대한 해악임을 요하지 않는다. 현실적으로 해악을 가할 의사와 능력이 있을 것을 요하는 것도 아니다. 다만 피해자는 해악의 발생이 행위자의 의사에 좌우되는 것으로 여겨야 한다.

㉡ 정 도 폭행과 협박은 상대방의 의사를 억압하여 반항을 불가능하게 할 정도에 이르러야 한다. 이러한 의미에서 폭행과 협박은 각각 최협의의 폭행과 최협의의 협박에 해당한다. 판례의 입장도 같다. 대법원은 "강도죄에 있어서 폭행과 협박의 정도는 사회통념상 객관적으로 상대방의 반항을 억압하거나 항거불능케 할 정도의 것이라야 한다"고 판시한

283) 대법원 1956.8.17. 선고 4289형상170 판결.

284) 대법원 1997.2.25. 선고 96도3411 판결; 대법원 1994.2.22. 선고 93도428 판결.

285) 대법원 1993.3.9. 선고 92도2884 판결.

바 있다.[286)]

소위 '날치기'와 같이 강제력을 사용하여 재물을 절취하는 행위가 때로는 피해자를 넘어뜨리거나 상해를 입게 하는 경우가 있고, 그러한 결과가 피해자의 반항 억압을 목적으로 함이 없이 점유탈취의 과정에서 우연히 가해진 경우라면 이는 강도가 아니라 절도에 불과하지만, 그 강제력의 행사가 사회통념상 객관적으로 상대방의 반항을 억압하거나 항거 불능케 할 정도의 것이라면 이는 강도죄의 폭행에 해당한다.[287)] 그러므로 날치기 수법의 점유탈취 과정에서 이를 알아채고 재물을 뺏기지 않으려는 상대방의 반항에 부딪혔음에도 계속하여 피해자를 끌고 가면서 억지로 재물을 빼앗은 행위는 피해자의 반항을 억압한 후 재물을 강취한 것으로서 강도에 해당한다.[288)]

㉢ 상대방　　강도의 수단으로서의 폭행・협박은 재물의 강취에 있어서 장애로 되는 자로 족하다. 반드시 재물의 소유자 또는 점유자일 것을 요하지 않는다. 장애로 되는 자에게 폭행・협박을 가하는 것에 의하여 재물의 강취가 용이하게 된 이상 그 폭행・협박은 강도의 수단으로 되기 때문에 강도죄의 성립에는 하등의 지장이 없다.

㉣ 판단기준　　반항을 억압하기에 족한 폭행・협박이 가하여진 이상 상대방이 현실적으로 반항을 억압당하였는지는 묻지 않는다. 다만 상대방의 반항을 억압할 정도에 대하여는 다툼이 있다. 상대방의 반항이 억압되고 있다는 것을 알고 행위하면 족하다고 하는 주관설과 객관적으로 강도의 수단이라고 할 수 있는 것으로 족하다고 하는 객관설이 그것이다. 생각건대 폭행・협박의 유무가 상대방에 따라 달라지는 것은 법적 안정성을 해친다는 의미에서 객관설이 타당하다고 해석된다.

상대방의 의사를 억압하여 반항을 불가능하게 할 정도의 판단기준에 대하여는 원칙적으로 일반인을 기준으로 사회통념상 피해자가 반항하면 곧바로 그것을 억압하여 재물을 탈취할 수 있다고 느껴지는 정도의 것이라고 할 수 있다. 구체적으로 판단할 경우에는 ① 피해자의 수, 연령, 성별 및 성격 등의 피해자측 사정과 ② 범행의 시각과 장소 등 행위의 상황 및 ③ 행위자의 체격, 폭행・협박의 강도, 태양, 흉기의 유무 등의 행위자의 사정을 종합하여 통상 일반적으로 상대방의 반항을 억압하기에 충분한 정도의 것인가를 판단할 필요가 있다. 폭행 또는 협박이 반드시 반항을 억압함에 객관적으로 적합한 수단임은 요하지 않고, 사실상 반항을 억압할 정도에 이르면 족하다. 예컨대 강도의 고의로 상대방의 반항을 억압할 정도의 폭행・협박을 가하였지만 상대방은 조금도 공포심을 느끼지 않고 연민의 정으로 재물을 교부한 때에는 강도미수에 해당한다고 해석된다.

ⅱ. 폭행・협박의 수단성

㉠ 의 의　　본죄의 폭행・협박은 어디까지나 재물강취나 이익강취의 수단으로 행하여

---

286) 대법원 2009.1.30. 선고 2008도10308 판결; 대법원 2007.5.10. 선고 2007도1375 판결; 대법원 2004.10.28. 선고 2004도4437 판결; 대법원 2001.3.23. 선고 2001도359 판결; 대법원 1993.3.9. 선고 92도2884 판결; 대법원 1976.8.24. 선고 76도1932 판결; 대법원 1956.8.17. 선고 4289형상170 판결.

287) 대법원 2007.12.13. 선고 2007도7601 판결.

288) 대법원 2007.12.13. 선고 2007도7601 판결.

진 것이 아니면 안 된다. 본죄는 폭행·협박을 수단으로 하여 재물을 강취하거나 재산상의 이익을 취득한 점에 무겁게 처벌하는 근거가 있기 때문이다. 따라서 단순히 폭행죄·협박죄와 절도죄를 결합한 범죄유형이 아니라 폭행·협박을 수단으로 하여 재물을 강취하는 독립된 재산죄라고 하여야 한다.

폭행·협박과 재물의 강취 또는 재산상 이익의 취득 사이에 시간적·장소적 연관성이 존재하여야 한다. 폭행·협박은 재물의 강취 또는 재산상 이익의 취득시에 행하여져야 하며, 적어도 재물의 강취 또는 재산상 이익의 취득 이전에 이루어져야 한다. 강취 또는 취득이 기수에 이른 후에 폭행·협박을 하였을 때에는 본죄는 성립하지 아니하고 준강도죄가 될 수 있을 뿐이다.

㉡ 폭행·협박과 강취·취득 사이의 인과관계 　재물강취나 이익강취의 수단으로서 폭행·협박이 있는 경우에도 양자의 사이에는 인과관계가 존재하지 아니하면 안 된다. 반항을 억압할 정도의 폭행·협박이 없었다면 피해자는 재물이나 재산상의 이익을 강취당하거나 취득되게 하지 않았을 것이기 때문이다. 따라서 인과관계는 폭행·협박, 반항의 억압 및 재물·이익의 이전으로 순차적으로 존재하여야 한다. 대법원도 "타인에게 상해를 가하여 혼미상태에 빠지게 한 경우에 우발적으로 그의 재물을 도취하는 소유는 폭행을 도취의 수단으로 시용한 것이 아니므로 강도죄가 성립하지 아니한다"고 판시한 바 있다.[289]

폭행·협박을 긍정한 판례의 구체적 내용은 다음과 같다. 즉,

강도죄는 재물탈취의 방법으로 폭행, 협박을 사용하는 행위를 처벌하는 것이므로 폭행, 협박으로 타인의 재물을 탈취한 이상 피해자가 우연히 재물탈취 사실을 알지 못하였다고 하더라도 강도죄는 성립하고, 폭행, 협박당한 자가 탈취당한 재물의 소유자 또는 점유자일 것을 요하지도 아니하며, 강간범인이 부녀를 강간할 목적으로 폭행, 협박에 의하여 반항을 억업한 후 반항억압 상태가 계속 중임을 이용하여 재물을 탈취하는 경우에는 재물탈취를 위한 새로운 폭행, 협박이 없더라도 강도죄가 성립한다.[290] 소위 '날치기'와 같이 강제력을 사용하여 재물을 절취하는 행위가 때로는 피해자를 넘어뜨리거나 상해를 입게 하는 경우가 있고, 그러한 결과가 피해자의 반항 억압을 목적으로 함이 없이 점유탈취의 과정에서 우연히 가해진 경우라면 이는 강도가 아니라 절도에 불과하지만, 그 강제력의 행사가 사회통념상 객관적으로 상대방의 반항을 억압하거나 항거 불능케 할 정도의 것이라면 이는 강도죄의 폭행에 해당한다. 그러므로 날치기 수법의 점유탈취 과정에서 이를 알아채고 재물을 뺏기지 않으려는 상대방의 반항에 부딪혔음에도 계속하여 피해자를 끌고 가면서 억지로 재물을 빼앗은 행위는 피해자의 반항을 억압한 후 재물을 강취한 것으로서 강도에 해당한다.[291] 피해자가 맞은 편에서 걸어오고 있는 것을 발견하고 접근하여 미리 준비한 돌멩이로 안면을 1회 강타하여 전치 3주간의 안면부좌상 및 피하출혈상등을 입히고 가방을 빼앗은 것이라면 피해자의 반항을 억압할 수 있을 정도의 폭행행위에 해당한다.[292] 약물을 탄 오렌지를 먹자마자 정신이 혼미해지고 그 후 기억을 잃었다는 것은 강도죄에 있어서 항거불능상태를 말하는 것은 될지언정

289) 대법원 1956.8.17. 선고 4289형상170 판결.
290) 대법원 2010.12.9. 선고 2010도9630 판결.
291) 대법원 2007.12.13. 선고 2007도7601 판결.
292) 대법원 1986.12.23. 선고 86도2203 판결.

이것만으로는 약물중독상해를 인정할 자료가 되지 못한다.[293] 아리반(신경안정제) 4알을 탄 우유나 사와가 들어 있는 갑을 휴대하고 다니다가 사람에게 마시게 하여 졸음에 빠지게하고 그 틈에 그 사람의 돈이나 물건을 빼앗은 경우에 그 수단은 강도죄에서 요구하는 남의 항거를 억압할 정도의 폭행에 해당된다.[294] 피해자의 뒤를 따라가다가 그 등을 발로 세게 차서 상해를 입힌 연휴 물건을 빼앗은 것이라면 비록 느닷없이 한 것이라 하더라도 피해자의 반항을 억압할 수 있을 정도의 폭력행위에 해당한다고 볼 수 있을 것이다.[295)]

폭행 · 협박을 부정한 판례의 구체적 내용은 다음과 같다. 즉,

형법 제333조의 강도죄는 사람의 반항을 억압함에 충분한 폭행 또는 협박을 사용하여 타인의 재물을 강취하거나 재산상의 이익을 취득함으로써 성립하는 범죄이므로, 피고인이 타인에 대하여 반항을 억압함에 충분한 정도의 폭행 또는 협박을 가한 사실이 있다 해도 그 타인이 재물 취거의 사실을 알지 못하는 사이에 그 틈을 이용하여 피고인이 우발적으로 타인의 재물을 취거한 경우에는 위 폭행이나 협박이 재물 탈취의 방법으로 사용된 것이 아님은 물론, 그 폭행 또는 협박으로 조성된 피해자의 반항억압의 상태를 이용하여 재물을 취득하는 경우에도 해당하지 아니하여 양자 사이에 인과관계가 존재하지 아니한다 할 것이므로, 위 폭행 또는 협박에 의한 반항억압의 상태가 처음부터 재물 탈취의 계획하에 이루어졌다거나 양자가 시간적으로 극히 밀접되어 있는 등 전체적 · 실질적으로 단일한 재물 탈취의 범의의 실현행위로 평가할 수 있는 경우에 해당하지 아니하는 한 강도죄의 성립을 인정하여서는 안 될 것이다.[296] 날치기와 같이 강력적으로 재물을 절취하는 행위는 때로는 피해자를 전도시키거나 부상케 하는 경우가 있고, 구체적인 상황에 따라서는 이를 강도로 인정하여야 할 때가 있다 할 것이나, 그와 같은 결과가 피해자의 반항억압을 목적으로 함이 없이 점유탈취의 과정에서 우연히 가해진 경우라면 이는 절도에 불과한 것으로 보아야 한다.[297] 다소의 강제력을 행사하여 사기도박으로 잃은 돈을 억지로 되돌려 받은 것이 강도죄에 있어서의 폭행 협박의 정도에 이르지 않았다.[298] 피고인이 이 건 두 번의 범행시 비록 칼을 내보이기는 하였으나 범행시간과 장소 및 불과 일이백원정도의 잔돈만을 소지하고 있는 15, 6세 정도의 소년만을 대상자로 선정 범행한 점, 피해자가 피고인에게 "내돈을 돌려 주어"라고 요구했고 피고인이 피해자에게 시계를 벗어 달라고 했으나 시계는 안주었다는 취지의 진술이 있는 점 등의 사정으로 보아 그의 협박의 정도가 피해자 등의 반항을 억압함에 족한 협박이라고 볼 수 없는 경우에는 피고인을 강도죄로 처단할 수 없다.[299] 타인에게 상해를 가하여 혼미상태에 빠지게 한 경우에 우발적으로 그의 재물을 도취하는 소유는 폭행을 도취의 수단으로 시용한 것이 아니므로 강도죄가 성립하지 아니한다.[300]

ⅲ 처분행위의 요부 이익강취의 경우 점유의 이전시기는 외부로 노출되지 않는다. 강제이득의 경우 피해자의 의사표시나 처분행위를 요하는가가 문제된다. 이에 있어서는 필

293) 대법원 1984.12.11. 선고 84도2324 판결.
294) 대법원 1979.9.25. 선고 79도1735 판결.
295) 대법원 1972.1.31. 선고 71도2114 판결.
296) 대법원 2009.1.30. 선고 2008도10308 판결; 대법원 1956.8.17. 선고 4289형상170 판결.
297) 대법원 2003.7.25. 선고 2003도2316 판결.
298) 대법원 1993.3.9. 선고 92도2884 판결.
299) 대법원 1976.8.24. 선고 76도1932 판결.
300) 대법원 1956.8.17. 선고 4289형상170 판결.

요설과 불요설이 대립하고 있다. 생각건대 불요설이 타당하다고 해석된다. 절도죄와 함께 본죄와 같은 탈취죄는 피해자에 반하여 행하여진다는 점에서 피해자의 의사나 처분행위에 기하여 행하여지는 사기죄나 공갈죄와 같은 편취죄와 구별된다고 해야 하기 때문이다.

③ 결 과

본죄는 결과범이다. 본죄는 폭행 또는 협박으로 타인의 재물을 강취하거나 기타 재산상의 이익을 취득하거나 제삼자로 하여금 이를 취득하게 함으로써 기수에 이르게 된다고 해석되기 때문이다. 따라서 본죄는 자기 또는 제3자에 대한 점유의 이전을 요한다.

④ 인과관계

본죄는 폭행 또는 협박과 자기 또는 제3자에 대한 재물 또는 재산상의 이득에 대한 점유의 이전 사이에는 인과관계를 요한다. 이에 관하여는 이미 위에서 본 바와 같다. 인과관계가 인정되는 않는 한 본죄는 미수에 그치게 된다.

2) 주관적 구성요건

① 고 의

본죄는 고의범이다. 본죄의 고의는 인식적 요소로서 폭행 또는 협박으로 타인의 재물을 강취하거나 재산상의 이익을 취득한다는 사실에 대한 인식을 요한다. 미필적 고의로도 족하다.

② 불법 영득 · 이득의 의사

본죄는 재물죄인 동시에 이득죄에 속한다. 본죄가 성립하기 위하여는 고의 이외에 불법 영득 또는 불법이득의 의사를 요하는 이유이다.[301] 불법영득의 의사라 함은 권리자를 배제하여 타인의 물건을 자기의 물건과 같이 그 경제적 용법에 따라 이용처분하는 의사를 말한다.[302] 예컨대 불법이득의사는 마음속에 있는 의사이므로, 피고인과 피해자의 관계, 채무의 종류와 액수, 폭행에 이르게 된 경위, 폭행의 정도와 방법, 폭행 이후의 정황 등 범행 전후의 객관적인 사정을 종합하여 불법이득의사가 있었는지를 판단할 수밖에 없다.[303]

불법 영득 · 이득의 의사를 긍정한 판례의 구체적 내용은 다음과 같다. 즉,

> 피고인이 소총 소지자를 총기로 협박하여 그 소총을 교부받아 실탄을 장전한 후 소속 부대 하급자에게 건네주어 그로 하여금 소속 부대원들이 내무반에서 나오는지 여부를 감시하도록 지시한 경우, 피고인은 그 소총을 소지자로부터 자기의 지배하에 이전하여 그 소유자가 아니라면 할 수 없는 사용처분행위를 하였다고 할 것이므로, 비록 피고인의 지시에 따라 그 소총을 소지하고 있던 하급자가 나중에 피고인이 위병소를 빠져나갈 때 뒤따라 나가면서 그 소총에서 탄창을 제거한 후 그 소총을 원래의 소지자에게 던져 준 사실이 있다고 하더라도, 그러한 사정만으로는 피고인에게 그 소총에 대한 군용물특수강도죄의 불법령득의사가 없었다고 할 수 없다.[304]

---

301) 대법원 2021.6.30. 선고 2020도4539 판결.
302) 대법원 1985.8.13. 선고 85도1170 판결.
303) 대법원 2021.6.30. 선고 2020도4539 판결.
304) 대법원 1995.7.11. 선고 95도910 판결.

불법 영득·이득의 의사를 부정한 판례의 구체적 내용은 다음과 같다. 즉,

강도살인죄가 성립하려면 먼저 강도죄의 성립이 인정되어야 하고 강도죄가 성립하려면 불법영득의 의사가 있어야 하는 것인 바, 피해자를 강간한 후 항거불능 상태에 있는 피해자에게 돈을 내놓으라고 하여 피해자가 서랍안에서 꺼내주는 돈을 받는 즉시 팁이라고 하면서 피해자의 브라쟈 속으로 그 돈을 집어 넣어 준 것이라면 이는 불법영득을 하려 한 것이 아니라 피해자를 희롱하기 위하여 돈을 빼은 다음 그대로 돌려주려고 한 의도였다고 할 것이므로 불법영득의 의사가 있었다고 보기 어렵다.[305] 강간하는 과정에서 피해자들이 도망가지 못하게 하기 위해 손가방을 빼앗은 것에 불과하다면 이에 불법영득의 의사가 있었다고 할 수 없다.[306]

3) 예비·음모

본죄는 예비·음모를 처벌한다. 본죄의 예비죄 또는 음모죄는 처벌된다. 본죄의 예비·음모죄는 본죄를 범할 목적을 요하는 목적범이다. 예비·음모를 따로 규정하고 있으니 예비는 음모에 해당하는 행위를 제외하는 것으로 새겨야 한다.[307] 본죄도 전술한 살인예비죄에서와 같이 자기예비죄이기 때문에 스스로 강도의 목적으로 준비하는 행위일 것을 요한다.

본죄는 목적범으로서 폭행 또는 협박으로 타인의 재물을 강취하거나 기타 재산상의 이익을 취득하거나 제삼자로 하여금 이를 취득하게 할 목적을 요한다. 따라서 본죄의 예비·음모죄가 성립하기 위해서는 예비·음모 행위자에게 미필적으로라도 본죄를 할 목적이 있음이 인정되어야 하고 그에 이르지 않고 단순히 '준강도'할 목적이 있음에 그치는 경우에는 본죄의 강도예비·음모죄로 처벌할 수 없다.[308]

예비·음모를 부정한 판례의 구체적 내용은 다음과 같다. 즉,

피고인이 소지하고 있던 가방속에는 식칼 1개뿐 아니라 망치, 돼지저금통, 현금, 여자 부라우스, 남자 와이샤쓰 등 의류와 양말들도 들어 있었음이 인정되며 또 기록을 살펴보면 피고인은 동아일보 백마장취급소의 종업원(총무)으로 종사하는 자이고 피고인이 타고 있었다는 오토바이는 위 신문보급소의 것임이 엿보인다(피고인 작성의 자술서). 그렇다면 위와 같은 여러가지 사정에 비추어 볼 때 피고인이 야간에 위와 같은 가방을 들고 오토바이를 타고 가다가 방범대원의 검문에 응하지 아니한 사실밖에 인정되지 아니하는 제1심판결 적시의 증거만 가지고서는 피고인이 강도할 목적으로 예비하였다고 인정하는데 합리적인 의심이 없는 정도의 증명이 있었다고 보기는 어렵다고 보아야 할 것이다.[309]

4) 미수·기수

본죄는 미수범을 처벌한다. 본죄의 실행의 착수시기는 폭행 또는 협박을 개시한 때이다. 다만 폭행 또는 협박이 재물강취나 이익강취와 직접 연결되어 있을 것을 요한다. 따라서 강취와 시간적 연관이 없는 폭행 또는 협박만으로는 본죄의 착수가 있다고 할 수 없다.

---

305) 대법원 1986.6.24. 선고 86도776 판결.
306) 대법원 1985.8.13. 선고 85도1170 판결.
307) 대법원 1984.12.11. 선고 82도3019 판결.
308) 대법원 2006.9.14. 선고 2004도6432 판결.
309) 대법원 1989.11.28. 선고 89도1909 판결.

본죄는 재물을 강취하거나 재산상의 이익을 취득한 때에 기수에 이른다. 폭행 또는 협박의 완성만으로는 기수가 될 수 없다.

5) 공 범

본죄에 있어서도 총칙상의 공범에 관한 규정은 그대로 적용된다고 해야 한다.

공범을 긍정한 판례의 구체적 내용은 다음과 같다. 즉,

> 피고인이 강도의 범의 없이 공범들과 함께 피해자의 반항을 억압함에 충분한 정도로 피해자를 폭행하던 중 공범들이 피해자를 계속하여 폭행하는 사이에 피해자의 재물을 취거한 경우에는 피고인 및 공범들의 위 폭행에 의한 반항억압의 상태와 재물의 탈취가 시간적으로 극히 밀접하여 전체적·실질적으로 재물 탈취의 범의를 실현한 행위로 평가할 수 있으므로 강도죄의 성립을 인정할 수 있다.[310] 강도의 공범자 중 1인이 강도의 기회에 피해자의 신체에 대하여 폭행을 가하거나 피해자의 신체를 상해하여 피해자를 살해한 경우에, 다른 공범자에게도 재물을 강취하는 수단으로 폭행이나 상해가 가하여질 것이라는 점에 관하여 상호 의사의 연락이 있었던 것으로 보아야 하므로, 구체적으로 살인에 관하여까지는 공모하지 않았다고 하더라도 폭행이나 상해로 생긴 결과에 대하여 공범으로서의 책임을 져야 한다.[311]

(2) 죄 수

본죄의 죄수는 점유의 개수에 의하여 결정된다. 복수의 자에 대하여 폭행협박의 하더라도 1개의 점유를 침해한 경우 1죄가 성립한다. 1개의 협박에 의하여 수인으로부터 동시에 강취한 경우에는 수죄는 상상적 경합으로 된다. 동일기회에 절도후 강도한 경우에는 전자는 후자에 포괄되어 강도만이 성립한다. 이 경우 피해자를 달리하여 별개의 점유를 침해한 경우에는 절도와 강도의 실체적 경합으로 된다.

죄수에 관한 판례의 구체적 내용은 다음과 같다. 즉,

> 강간범이 강간행위 후에 강도의 범의를 일으켜 그 부녀의 재물을 강취하는 경우에는 강도강간죄가 아니라 강간죄와 강도죄의 경합범이 성립될 수 있을 뿐이지만, 강간행위의 종료 전 즉 그 실행행위의 계속 중에 강도의 행위를 할 경우에는 이때에 바로 강도의 신분을 취득하는 것이므로 이후에 그 자리에서 강간행위를 계속하는 때에는 강도가 부녀를 강간한 때에 해당하여 형법 제339조에 정한 강도강간죄를 구성하고, 구 성폭력범죄의 처벌 및 피해자보호 등에 관한 법률(2010.4.15. 법률 제10258호 성폭력범죄의 피해자보호 등에 관한 법률로 개정되기 전의 것) 제5조 제2항은 형법 제334조(특수강도) 등의 죄를 범한 자가 형법 제297조(강간) 등의 죄를 범한 경우에 이를 특수강도강간 등의 죄로 가중하여 처벌하는 것이므로, 다른 특별한 사정이 없는 한 특수강간범이 강간행위 종료 전에 특수강도의 행위를 한 이후에 그 자리에서 강간행위를 계속하는 때에도 특수강도가 부녀를 강간한 때에 해당하여 구 성폭력범죄의 처벌 및 피해자보호 등에 관한 법률 제5조 제2항에 정한 특수강도강간죄로 의율할 수 있다.[312] 강도죄는 공갈죄와는 달리 피해자의 반항을 억압할 정도로 강력한 정도의 폭행·협박을 수단으로 재물을 탈취하여야 성립하므로, 피해자로부터 현금카드를 강취하였다고 인정되는 경우에는 피해자로부터

---

310) 대법원 2013.12.12. 선고 2013도11899 판결; 대법원 2009.1.30. 선고 2008도10308 판결.

311) 대법원 1992.12.22. 선고 92도2462 판결.

312) 대법원 2010.12.9. 선고 2010도9630 판결.

현금카드의 사용에 관한 승낙의 의사표시가 있었다고 볼 여지가 없다. 따라서 강취한 현금카드를 사용하여 현금자동지급기에서 예금을 인출한 행위는 피해자의 승낙에 기한 것이라고 할 수 없으므로, 현금자동지급기 관리자의 의사에 반하여 그의 지배를 배제하고 그 현금을 자기의 지배하에 옮겨 놓는 것이 되어서 강도죄와는 별도로 절도죄를 구성한다.[313] 강도가 시간적으로 접착된 상황에서 가족을 이루는 수인에게 폭행·협박을 가하여 집안에 있는 재물을 탈취한 경우 그 재물은 가족의 공동점유 아래 있는 것으로서, 이를 탈취하는 행위는 그 소유자가 누구인지에 불구하고 단일한 강도죄의 죄책을 진다.[314] 피고인이 예금통장을 강취하고 예금자 명의의 예금청구서를 위조한 다음 이를 은행원에게 제출행사하여 예금인출금 명목의 금원을 교부받았다면 강도, 사문서위조, 동행사, 사기의 각 범죄가 성립하고 이들은 실체적 경합관계에 있다 할 것이다.[315] 강도가 동일한 장소에서 동일한 방법으로 시간적으로 접착된 상황에서 수인의 재물을 강취하였다고 하더라도, 수인의 피해자들에게 폭행 또는 협박을 가하여 그들로부터 그들이 각기 점유관리하고 있는 재물을 각각 강취하였다면, 피해자들의 수에 따라 수개의 강도죄를 구성하는 것이고, 다만 강도범인이 피해자들의 반항을 억압하는 수단인 폭행·협박행위가 사실상 공통으로 이루어졌기 때문에, 법률상 1개의 행위로 평가되어 상상적경합으로 보아야 될 경우가 있는 것은 별문제이다.[316] 피고인이 여관에서 종업원을 칼로 찔러 상해를 가하고 객실로 끌고 들어가는 등 폭행·협박을 하고 있던 중, 마침 다른 방에서 나오던 여관의 주인도 같은 방에 밀어 넣은 후, 주인으로부터 금품을 강취하고, 1층 안내실에서 종업원 소유의 현금을 꺼내 갔다면, 여관 종업원과 주인에 대한 각 강도행위가 각별로 강도죄를 구성하되 피고인이 피해자인 종업원과 주인을 폭행·협박한 행위는 법률상 1개의 행위로 평가되는 것이 상당하므로 위 2죄는 상상적 경합범관계에 있다고 할 것이다.[317] 강도강간죄는 강도가 강간하는 것을 그 요건으로 하므로 부녀를 강간한 자가 강간행위후에 강도의 범의를 일으켜 재물을 강취하는 경우에는 강간죄와 강도죄의 경합범이 성립될 수 있을 뿐이다.[318]

3. 처 벌

본죄의 법정형은 3년 이상의 유기징역이다. 6년 이하의 징역 또는 1천만원 이하의 벌금인 절도죄의 그것보다 훨씬 무겁다. 본죄의 예비·음모는 처벌된다. 본죄의 미수범은 처벌된다. 본죄에 대하여는 친족상도례가 적용되지 않는다.

4. 상습 강도죄

본죄는 상습범을 처벌한다. 상습으로 본죄를 범한 자에 대하여는 무기 또는 10년 이상의 징역에 처한다. 그 죄에 정한 형의 2분의 1까지 가중한다.

이에 관한 판례의 구체적 내용은 다음과 같다. 즉,

피고인에게 절도나 상습절도의 전력이 있을 뿐 강도의 전력이 1회밖에 없고 다시 범한 특수강도미수범행이 강도습벽의 발현으로 한 것이라고 인정할 만한 증거가 없다면 이에 관하여 특정범죄

313) 대법원 2007.5.10. 선고 2007도1375 판결.
314) 대법원 1996.7.30. 선고 96도1285 판결.
315) 대법원 1991.9.10. 선고 91도1722 판결.
316) 대법원 1991.6.25. 선고 91도643 판결.
317) 대법원 1991.6.25. 선고 91도643 판결.
318) 대법원 1977.9.28. 선고 77도1350 판결.

가중처벌등에관한법률 제55조의4 제3항을 적용할 수 없다.[319] 상습범은 같은 유형의 범행을 반복 누행하는 습벽을 말하는 것인 바, 절도와 강도는 유형을 달리하는 범행이므로 각 별로 상습성의 유무를 가려야 하며, 사회보호법 제6조 제2항 제2호에서 절도와 강도를 형법 각칙의 같은 장에 규정된 죄로서 동종 또는 유사한 죄로 규정하고 있다고 하여 상습성 인정의 기초가 되는 같은 유형의 범죄라고 말할 수 없다.[320] 특정범죄가중처벌등에관한법률 제5조의4 제3항 소정의 상습강도범은 강도의 습벽이 있는 자가 그 습벽이 발현되어 강도죄의 범한 경우에 성립되는 것이므로 절도죄의 전과가 2회있을 뿐 강도의 전력이 없다면 위와 같은 절도의 전과만으로 강도죄의 상습성을 인정하는 자료로 삼을 수 없다.[321] 특정범죄가중처벌등에관한법률 제5조의4 제3항 소정의 상습강도범은 강도의 습벽이 있는 자가 그 습벽이 발현되어 다시 강도죄를 범한 경우에 성립되는 것이므로, 피고인들에게 절도 내지 상습절도죄의 전력이 있을 뿐 강도의 전력을 인정할 자료가 없고 또 공범중 1인의 유혹에 빠져 하루 사이에 2회 또는 이틀 사이에 3회의 강도범행에 가담한 경우라면 피고인들에게 강도의 습벽이 있다거나 그 범행이 습벽의 발로로서 범하여진 것이라 할 수 없다.[322] 상습범과 같은 이른바 포괄적일죄는 그 중간에 별종의 범죄에 대한 확정판결이 끼어 있어도 그 때문에 포괄적 범죄가 둘로 나뉘는 것은 아니라 할 것이고, 또 이 경우에는 그 확정판결후의 범죄로서 다루어야 한다.[323]

Ⅲ. 특수강도죄

제334조(특수강도) ① 야간에 사람의 주거, 관리하는 건조물, 선박이나 항공기 또는 점유하는 방실에 침입하여 제333조의 죄를 범한 자는 무기 또는 5년 이상의 징역에 처한다.
② 흉기를 휴대하거나 2인 이상이 합동하여 전조의 죄를 범한 자도 전항의 형과 같다.

제341조(상습범) 상습으로 제333조, 제334조, 제336조 또는 전조제1항의 죄를 범한 자는 무기 또는 10년 이상의 징역에 처한다.

제342조(미수범) 제329조 내지 제341조의 미수범은 처벌한다.

제343조(예비, 음모) 강도할 목적으로 예비 또는 음모한 자는 7년 이하의 징역에 처한다.

제345조(자격정지의 병과) 본장의 죄를 범하여 유기징역에 처할 경우에는 10년 이하의 자격정지를 병과할 수 있다.

제346조(동력) 본장의 죄에 있어서 관리할 수 있는 동력은 재물로 간주한다.

1. 서 언

(1) 의 의

본죄는 야간에 사람의 주거, 관리하는 건조물, 선박이나 항공기 또는 점유하는 방실에 침입하여 폭행 또는 협박으로 타인의 재물을 강취하거나 기타 재산상의 이익을 취득하거나 제삼자로 하여금 이를 취득하게 하거나(제334조 제1항), 흉기를 휴대하거나 2인 이상이 합동하여 폭행 또는 협박으로 타인의 재물을 강취하거나 기타 재산상의 이익을 취득하거나 제삼자로

319) 대법원 1990.11.13. 선고 90도1943,90감도163 판결.
320) 대법원 1990.4.10. 선고 90감도8 판결.
321) 대법원 1989.12.12. 선고 89도1995 판결.
322) 대법원 1987.1.20. 선고 86도2281,86감도251 판결.
323) 대법원 1986.2.25. 선고 85도2767 판결.

하여금 이를 취득하게 함으로써 성립한다(제334조 제2항). 본죄는 야간주거침입강도죄, 흉기휴대강도죄 및 합동강도죄의 3종류로 나누어질 수 있다.

(2) 특 징

본죄의 특징은 행위방법의 특수성에 있다. 소위 단순 강도죄에 있어서의 강취가 본죄에서는 야간침입, 흉기휴대, 또는 합동에 의한 강취로 되어 있다. 이는 동종의 특수범죄에 속하는 절도죄와 특수절도죄, 도주죄와 특수도주죄에 있어서도 마찬가지이다.

2. 범 죄

(1) 야간주거침입강도죄

1) 의 의

본죄는 야간에 사람의 주거, 관리하는 건조물, 선박이나 항공기 또는 점유하는 방실에 침입하여 폭행 또는 협박으로 타인의 재물을 강취하거나 기타 재산상의 이익을 취득하거나 제삼자로 하여금 이를 취득하게 함으로써 성립한다(제334조 제1항).

2) 구성요건

본죄의 객체는 타인의 재물 또는 재산상의 이익이다.

본죄의 실행행위는 타인의 재물을 강취하거나 기타 재산상의 이익을 취득하거나 제삼자로 하여금 이를 취득하게 하는 것이다. 실행행위의 수단은 사람의 주거, 관리하는 건조물, 선박이나 항공기 또는 점유하는 방실에 침입하여 폭행 또는 협박하는 것이다. 여기서 사람의 주거, 관리하는 건조물, 선박이나 항공기 또는 점유하는 방실은 침입의 대상이 된다.

본죄의 행위상황은 야간이다. 본죄는 행위상황으로 인하여 무겁게 처벌하는 강도죄이기 때문에 침입은 적어도 야간에 행하여져야 한다고 해석된다. 이는 전술한 야간주거침입절도죄에서와 같은 이유이다.

본죄의 실행의 착수는 주거침입시다.[324)]본죄는 주거침입과 강도의 결합범으로서 주거침입이 선행행위가 되기 때문이다.

이에 관한 판례의 구체적 내용은 다음과 같다. 즉,

> 형법 제334조 제1항 소정의 야간주거침입강도죄는 주거침입과 강도의 결합범으로서 시간적으로 주거침입행위가 선행되므로 주거침입을 한 때에 본죄의 실행에 착수한 것으로 볼 것인바, 같은 조 제2항 소정의 흉기휴대 합동강도죄에 있어서도 그 강도행위가 야간에 주거에 침입하여 이루어지는 경우에는 주거침입을 한 때에 실행에 착수한 것으로 보는 것이 타당하다.[325)] 피고인에 대하여 1969.4.1. 14:00경 부산시 동구 수정동 (지번 생략) 소재 피해자의집에 시정된 자물쇠를 파괴하고 침입하여 방안에 둔 피해자 소유의 일제 카메라 1대의 6종류등 도합싯가 26,100원 상당을 절취한 사실을 인정하고, 형법 제331조 제1항을 적용처단하였다. 그러나 위 인정 범죄사실은 피고인이 주간에 남의 집 시정된 자물쇠를 파괴하고, 그 집에 침입하여 물품을 절취하였다는 것이고, 야간에

324) 대법원 1992.7.28. 선고 92도917 판결.
325) 대법원 1992.7.28. 선고 92도917 판결.

그와같은 범죄를 행하였다는 것이 아닌데도 불구하고 형법 제331조 제1항 특수절도죄의 조항을 적용하였음은 법률적용을 잘못한 위법있다 아니할 수 없고, 원판결이 1심판결을 그대로 유지하였음은 역시 같은 위법 있어 판결에 영향을 미친다 할 것이므로, 이점에 있어 원판결은 파기를 면치 못할 것이다.[326)]

(2) 흉기휴대강도죄

1) 의 의

본죄는 흉기를 휴대하여 폭행 또는 협박으로 타인의 재물을 강취하거나 기타 재산상의 이익을 취득하거나 제삼자로 하여금 이를 취득하게 함으로써 성립한다(제334조 제2항 전단).

2) 구성요건

본죄의 객체는 재물 또는 재산상의 이익이다. 본죄의 실행행위는 폭행 또는 협박으로 타인의 재물을 강취하거나 기타 재산상의 이익을 취득하거나 제삼자로 하여금 이를 취득하게 하는 것이다. 실행행위의 수단은 흉기를 휴대하는 것이다. 휴대라 함은 범행현장에서 사용할 의도 아래 위험한 물건을 몸 또는 몸 가까이에 소지하는 것을 말한다.[327)] 실행의 착수는 강도의 실행행위 즉 사람의 반항을 억압할 수 있는 정도의 폭행 또는 협박에 나아갈 때에 있다.[328)] 이에 관한 판례의 구체적 내용은 다음과 같다. 즉,

빈 양주병으로 머리를 내리쳐 타박상을 가한 경우, 그 빈 양주병은 폭력행위등처벌에관한법률 제3조 제1항 소정의 '위험한 물건'에 해당한다.[329)] 피고인이 1994.4.2. 01:00경 광주 광산구 비아동 소재 피해자 1의 집에 찾아와 위 피해자로부터 금원을 강취할 것을 마음먹고 그 곳 방안에 있던 길이 약 25cm 가량의 과도를 위 피해자의 좌측어깨부분에 들이대고 "돈이 얼마 있느냐, 통장에는 돈이 있느냐"라고 말하고 위 피해자가 돈이 없다고 하자 위 피해자를 광주 북구 운암동 소재 청송각 여관 507호실로 강제로 끌고 가 문을 잠근 후 위 피해자에게 계속하여 돈을 요구하면서 주먹으로 얼굴을 5, 6회 가량 때리고, 오른발로 허벅지를 3회 가량 때려 위 피해자의 항거를 불능케 한 다음, 같은 날 19:00경 광주 북구 신암동 소재 꼬치마당에서 위 피해자로부터 금 350,000원을 교부받아 이를 강취하였다는 것이다. 그렇다면 피고인의 위와 같은 폭행, 협박으로 인하여 위 피해자의 의사가 억압하여 반항이 불가능한 정도에 이르렀다고 하더라도 그후 피고인의 폭행, 협박으로부터 벗어난 이후에는 그러한 의사억압상태가 계속된다고 보기는 어렵다 할 것이고, 기록을 살펴보아도 위 금원 교부 당시에 다시 피해자의 의사를 억압하여 반항을 불가능하게 할 정도의 폭행, 협박이 있었다거나, 이전의 폭행, 협박으로 인한 의사억압 상태가 위 금원교부시까지 계속되었다고 볼 특별한 사정이 있었다고 볼 증거는 없고, 오히려 기록상 위 피해자가 피고인과 헤어진 후 피고인으로부터 다시 돈을 요구하는 무선호출연락을 받고 피고인이 다시 행패를 부릴 것이 두려워 은행에서 예금을 인출하여 피고인에게 지급하였다는 사정이 엿보이므로(수사기록 87면), 위 금원교부는 위 피해자의 의사에 반하여 반항이 불가능한 상태에서 강취된 것이라기보다는 피해자의 하자 있는 의사에 의하여 교부된 즉 갈취당한 것으로 보인다. 따라서 위와 같은 사실관계라면 특수강도죄의

326) 대법원 1971.2.23. 선고 70도2699 판결.
327) 대법원 1991.4.9. 선고 91도427 판결.
328) 대법원 1991.11.22. 선고 91도2296 판결.
329) 대법원 1997.2.25. 선고 96도3411 판결.

미수로 처벌할 수는 있을지언정 이를 특수강도죄의 기수로 처벌한 원심판결에는 위 재물의 교부가 피해자의 의사에 의한 것인지 아니면 피해자의 의사와 무관하게 강취당한 것인지에 관하여 심리를 제대로 하지 아니한 채 사실을 오인하였거나 특수강도죄 소정의 강취의 점에 관하여 법리를 오해한 위법이 있다 할 것이다. 특수강도 부분은 그대로 유지될 수 없어 파기하여 원심법원에 환송하기로 관여 법관의 의견이 일치되어 주문과 같이 판결한다.[330] 강도의 범의로 야간에 칼을 휴대한 채 타인의 주거에 침입하여 집안의 동정을 살피다가 피해자를 발견하고 갑자기 욕정을 일으켜 칼로 협박하여 강간한 경우, 야간에 흉기를 휴대한 채 타인의 주거에 침입하여 집안의 동정을 살피는 것만으로는 특수강도의 실행에 착수한 것이라고 할 수 없으므로 위의 특수강도에 착수하기도 전에 저질러진 위와 같은 강간행위가 구 특정범죄가중처벌등에관한법률 제5조의6 제1항 소정의 특수강도강간죄에 해당한다고 할 수 없다.[331] 장검 1개를 피고인의 집에 보관하였다는 것만으로는 위 법조에서 말하는 위험한 물건의 휴대라고 할 수 없다.[332] 새벽 3시경 길이 약 14센티미터의 과도를 들고 피해자의 집 담을 넘어 들어가 피해자의 얼굴에 위 과도를 들이대고 금품을 내놓으라고 협박을 하였다면 범인이 전에 위 피해자 경영의 공장에서 종업원으로 근무하였다는 점을 감안하더라도 이는 피해자의 반항을 억압할 정도의 협박으로 인정하기에 충분하다.[333]

(3) 합동강도죄

1) 의 의

본죄는 2인 이상이 합동하여 폭행 또는 협박으로 타인의 재물을 강취하거나 기타 재산상의 이익을 취득하거나 제삼자로 하여금 이를 취득하게 함으로써 성립한다(제334조 제2항 후단). 전술한 바와 같이 형법은 합동범에 관하여는 특수절도죄(제331조 제2항 후단)와 특수강도죄(제334조 제2항 후단) 및 특수도주죄(제146조)의 3가지만을 규정하고 있다.

2) 구성요건

본죄의 객체는 당연히 재물 또는 재산상의 이익이다. 본죄의 실행행위는 폭행 또는 협박으로 타인의 재물을 강취하거나 기타 재산상의 이익을 취득하거나 제삼자로 하여금 이를 취득하게 하는 것이다. 실행행위의 수단은 2인 이상이 합동하여 행하는 것이다. 합동하여에 관하여 상세한 것은 이미 합동절도죄에서 전술한 바 있다. 대법원은 "합동하여라 함이 주관적 요건으로서의 공모와 객관적 요건으로서의 범행현장에서의 범행의 실행의 분담이 있는 경우를 의미한다는 것은 소론과 같다"고 판시한 바 있다.[334]

본죄는 주관적 구성요건요소로서 고의 외에 공범으로서 의사의 연락을 요한다. 통상 공모라고 하는 것이 이것이다. 공모나 모의는 반드시 사전에 이루어진 것만을 필요로 하는 것이 아니고 범행현장에서 암묵리에 의사상통하는 것도 포함된다.[335]

이에 관한 판례의 구체적 내용은 다음과 같다. 즉,

---

330) 대법원 1995.3.28. 선고 95도91 판결.
331) 대법원 1991.11.22. 선고 91도2296 판결.
332) 대법원 1991.4.9. 선고 91도427 판결.
333) 대법원 1986.7.8. 선고 86도931 판결.
334) 대법원 1981.9.8. 선고 81다2159 판결.
335) 대법원 2001.12.11. 선고 2001도4013 판결; 대법원 1988.11.22. 선고 88도1557 판결.

합동범은 주관적 요건으로서 공모 외에 객관적 요건으로서 현장에서의 실행행위의 분담을 요하나 이 실행행위의 분담은 반드시 동시에 동일장소에서 실행행위를 특정하여 분담하는 것만을 뜻하는 것이 아니라 시간적으로나 장소적으로 서로 협동관계에 있다고 볼 수 있으면 충분하다.[336] 형법 제334조 제2항에 규정된 합동범은 주관적 요건으로서 공모가 있어야 하고 객관적 요건으로서 현장에서의 실행행위의 분담이라는 협동관계가 있어야 하는 것이므로 피고인이 다른 피고인들과 택시강도를 하기로 모의한 일이 있다고 하여도 다른 피고인들이 피해자에 대한 폭행에 착수하기 전에 겁을 먹고 미리 현장에서 도주해 버렸다면 다른 피고인들과의 사이에 강도의 실행행위를 분담한 협동관계가 있었다고 보기는 어려우므로 피고인을 특수강도의 합동범으로 다스릴 수는 없다.[337] 특수강도의 범행을 모의한 이상 범행의 실행에 가담하지 아니하고, 공모자들이 강취해 온 장물의 처분을 알선만하였다 하더라도, 특수강도의 공동정범이 된다 할 것이므로 장물알선죄로 의율할 것이 아니다.[338] 피고인 등이 그 판시일시 장소에서 그 골목길을 지나가던 피해자에게 접근하여 피고인은 망을 보고원심 상피고인은 그 뒤를 따라가다가 그 등을 발로 한번 세게 차서 넘어뜨리고 그로 말미암아 그가 안경을 깨뜨려 얼굴과 왼손가락에 약 1주일간의 치료를 요할 상해를 입힌 연후, 그 틈에 그 핸드백을 뺏은 것이라고 한다면 원심 상피고인의 위 행위는 그것이 비록 느닷없이 한 것이라 하더라도, 피해자의 반항을 억압할 수 있을 정도의 폭력행위에 해당한다고 볼 수 있을 것이므로, 이를 강도로 다스린 원심판단은 정당하고, 그 밖에 기록을 검토하여도 원심이 위 상해사실을 인정한 조처에는 위법 사유가 있어 보이지 않으므로 이와 반대의 견지에 입각해서 날치기 절도이니, 증거를 잘못판단했느니 하는 논지는 모두 이유없다.[339]

(4) 죄 수

특수강도의 소위가 동일한 장소에서 동일한 방법에 의하여 시간적으로 접착된 상황에서 이루어진 경우에는 피해자가 여러 사람이더라도 단순일죄가 성립한다.[340]

절도범인이 체포를 면탈할 목적으로 경찰관에게 폭행 협박을 가한 때에는 준강도죄와 공무집행방해죄를 구성하고 양죄는 상상적 경합관계에 있으나, 강도범인이 체포를 면탈할 목적으로 경찰관에게 폭행을 가한 때에는 강도죄와 공무집행방해죄는 실체적 경합관계에 있고 상상적 경합관계에 있는 것이 아니다.[341]

3. 처 벌

본죄의 법정형은 무기 또는 5년 이상의 징역이다. 본죄의 예비·음모는 처벌된다. 본죄의 미수범도 처벌된다. 본죄에 대하여는 친족상도례가 적용되지 않는다.

4. 상습 특수강도죄

본죄는 상습범을 처벌한다. 상습으로 본죄를 범한 자에 대하여는 무기 또는 10년 이상의

---

336) 대법원 1992.7.28. 선고 92도917 판결.
337) 대법원 1985.3.26. 선고 84도2956 판결.
338) 대법원 1983.2.22. 선고 82도3103,82감도666 판결.
339) 대법원 1972.1.31. 선고 71도2114 판결.
340) 대법원 1979.10.10. 선고 79도2093 판결.
341) 대법원 1992.7.28. 선고 92도917 판결.

징역에 처한다. 이에 관한 판례의 구체적 내용은 다음과 같다. 즉,

피고인에게 절도나 상습절도의 전력이 있을 뿐 강도의 전력이 1회밖에 없고 다시 범한 특수강도미수범행이 강도습벽의 발현으로 한 것이라고 인정할 만한 증거가 없다면 이에 관하여 특정범죄가중처벌등에관한법률 제55조의4 제3항을 적용할 수 없다.[342] 비록 피고인에게 강도의 전과사실이 없다 하더라도 불과 3개월여 사이에 16회에 걸쳐 특수강도행위를 반복하였고 여러사람이 한 밤중에 칼을 협박의 도구로 사용하며 피해자들을 묶어놓는 등 그 범행의 수단 방법이 범행을 거듭함에 따라 전문화, 대형화해가고 있다면 특수강도의 상습성을 인정할 수 있다.[343]

Ⅳ. 준강도죄

제335조(준강도) 절도가 재물의 탈환에 항거하거나 체포를 면탈하거나 범죄의 흔적을 인멸할 목적으로 폭행 또는 협박한 때에는 제333조 및 제334조의 예에 따른다.

제342조(미수범) 제329조 내지 제341조의 미수범은 처벌한다.

제345조(자격정지의 병과) 본장의 죄를 범하여 유기징역에 처할 경우에는 10년 이하의 자격정지를 병과할 수 있다.

제346조(동력) 본장의 죄에 있어서 관리할 수 있는 동력은 재물로 간주한다.

구조문

제335조(준강도) 절도가 재물의 탈환을 항거하거나 체포를 면탈하거나 죄적을 인멸할 목적으로 폭행 또는 협박을 가한 때에는 전2조의 예에 의한다.

1. 서 언

(1) 의 의

본죄는 절도가 재물의 탈환에 항거하거나 체포를 면탈하거나 범죄의 흔적을 인멸할 목적으로 폭행 또는 협박함으로써 성립한다. 목적범이다. 절도죄와 폭행죄 또는 협박죄의 결합범이다. 독립된 구성요건에 속한다.

본죄는 사후강도죄(事後强盜罪)라고도 한다. 일본형법의 영향으로 보인다(일본형법 제238조, 제239조 참조).[344] 강도는 폭행·협박, 반항의 억압, 점유의 이전의 순으로 이루어짐에 반하여 본죄는 점유의 이전, 폭행·협박, 반항의 억압의 순으로 행하져지기 때문이다.

(2) 취 지

본죄에 대하여는 절도가 재물을 취득한 후 이를 확보하기 위한 수단으로서 폭행 또는 협박을 가하는 행위는 실질적으로 보아 폭행 또는 협박에 의하여 재물을 취득한 것과 동일하게 평가될 수 있기 때문에 전체로서 강도에 준하는 성격을 가진다는 견해가 있다. 그러나 절도가 범행을 종료하거나 절도의 의사를 포기하고 현장을 이탈할 때 폭행 또는 협박을

---

342) 대법원 1990.11.13. 선고 90도1943,90감도163 판결.

343) 대법원 1986.6.10. 선고 86도778 판결.

344) 일본형법 (사후강도) 제238조 절도가 얻은 재물의 탈환을 막거나 체포를 면하거나 죄적을 인멸하기 위하여 폭행 또는 협박을 한 때에는 강도로서 논한다.

(혼취<昏醉>강도) 제239조 사람을 혼취시키고 그 재물을 절취한 자는 강도로서 논한다.

가하는 경우가 많다는 범죄학상의 실상에 착안하여 신체의 안전의 확보라는 관점에서 폭행 또는 협박에 대한 가중규정을 두고 강도죄에 준하는 범죄로 한 것이라고 해석되어야 한다는 견해도 있다.

판례에 의하면 본죄는 강도죄의 예에 따라 처벌하는 취지는 본죄와 강도죄의 구성요건인 재물탈취와 폭행・협박 사이에 시간적 순서상 전후의 차이가 있을 뿐 실질적으로 위법성이 같다고 보기 때문이라고 한다.[345)]

2. 범 죄

(1) 구성요건

1) 객관적 구성요건

① 주 체

본죄의 주체는 절도이다. 절도란 절도의 실행에 착수한 자를 말한다. 절도의 실행에 착수한 이상 미수이거나 기수이거나 불문한다.[346)] 판례는 본죄의 취지상 본죄와 강도죄는 재물탈취와 폭행・협박 사이에 시간적 순서상 전후의 차이가 있을 뿐 실질적으로 위법성이 같기 때문이라고 한다.[347)] 다만 재물의 탈환에 항거할 목적의 경우에는 절도가 기수일 것을 요한다. 절도를 긍정한 판례의 구체적 내용은 다음과 같다. 즉,

> 피고인이 점유자 또는 소유자의 승락없이 물건을 갖고 나오다 경비원에게 발각되어 동인이 절도범인 체포사실을 파출소에 신고전화하려는데 피고인이 잘해 보자며 대들면서 폭행을 가한 경우에는, 설사 그 같은 행위가 피고인이 사장도 잘 안다하며 전화확인을 하자는 제의를 경비원이 거부하면서 내일이나 모래와서 확인한 후에 가져가라하자 피고인이 자기의 것이니 무조건 달라고 시비한 끝에 저질러진 것이라 하여도, 그곳이 체포현장이었고 주위 사람에게 도주를 방지케 부탁한 상태아래 일어난 것이라면 준강도 행위에 해당한다.[348)] 절도범행의 종료 후 얼마되지 아니한 단계이고 안전지대에로 이탈하지 못하고 피해자측에 의하여 체포될 가능성이 남아있는 단계에서 추적당하여 체포되려 하자 구타한 경우에는 절도행위와 그 체포를 면탈하기 위한 구타행위와의 사이에 시간상 및 거리상 극히 근접한 관계에 있다 할 것이므로, 준강도죄가 성립한다.[349)] 절도범인이 처음에는 흉기를 휴대하지 아니하였으나, 체포를 면탈할 목적으로 폭행 또는 협박을 가할 때에 비로소 흉기를 휴대 사용하게 된 경우에는 형법 제334조의 예에 의한 준강도(특수강도의 준강도)가 된다.[350)] 피고인이 절도의 목적으로 타인이 경영하는 자동차수리공장의 담을 넘으려다가 방법대원에게 발각되어 추격을 받자 체포를 면탈할 양으로 수권으로 동인의 안면을 1회 강타하여 지면에 전도케 하는 등 폭행을 가한 경우 피고인은 주거침입과 절도의 결합범인 야간주거침입절도행위에 착수하였다 할 것이고 따라서 피고인이 체포를 면탈할 목적으로 폭행을 가한 이상 준강도죄가 성립한다 할 것이다.[351)]

---

345) 대법원 2004.11.18. 선고 2004도5074 전원합의체 판결(다수의견).
346) 대법원 2003.10.24. 선고 2003도4417 판결; 대법원 1990.2.27. 선고 89도2532 판결.
347) 대법원 2004.11.18. 선고 2004도5074 전원합의체 판결.
348) 대법원 1984.7.24. 선고 84도1167,84감도171 판결.
349) 대법원 1982.7.13. 선고 82도1352 판결.
350) 대법원 1973.11.13. 선고 73도1553 전원합의체 판결(다수의견).

절도를 부정한 판례의 구체적 내용은 다음과 같다. 즉,

피고인이 술집 운영자 갑으로부터 술값의 지급을 요구받자 갑을 유인·폭행하고 도주함으로써 술값의 지급을 면하여 재산상 이익을 취득하고 상해를 가하였다고 하여 강도상해로 기소되었는데, 원심이 위 공소사실을 '피고인이 갑에게 지급해야 할 술값의 지급을 면하여 재산상 이익을 취득하고 갑을 폭행하였다'는 범죄사실로 인정하여 준강도죄를 적용한 사안에서, 원심이 인정한 범죄사실에는 그 자체로 절도의 실행에 착수하였다는 내용이 포함되어 있지 않음에도 준강도죄를 적용하여 유죄로 인정한 원심판결에 준강도죄의 주체에 관한 법리오해의 잘못이 있다.[352] 준강도죄는 그 주체가 절도범인이기만 하면 족하고 반드시 상습을 요하는 것이 아니므로 준강도죄에 당연히 상습특수절도사실이 포함되어 있다고 할 수 없다.[353] 피해자가 경찰 또는 검찰에서 범인을 확인할 수 있을 만큼 분명히 기억한다고 진술하였으면서도, 같은 회사에 근무하여 평소 안면있는 피고인을 경찰에서 대면할 때까지 범인으로 지목하지 않다가 경찰이 피고인을 범인으로 검거한 후에야 피고인을 범인이라 지목한 경우라면 그 진술은 납득하기 어렵다. 절도 피해자가 잠을 자다가 이마를 맞고 잠이 깨어 비로소 맞은 것을 알았다고 진술할 뿐, 피해자가 소리를 지르므로 피고인이 체포를 면탈하기 위하여 피해자를 때린 것이라고 인정할 수 없다면 피고인에게는 준강도 상해의 죄책을 지울 수 없다.[354]

② 행 위

ⓘ 폭행·협박　본죄의 실행행위는 폭행 또는 협박이다. 폭행 또는 협박은 기본적으로 강도죄에 있어서의 그것과 같다.

ⓘⓘ 폭행·협박의 정도　폭행 또는 협박의 정도는 강도죄에 있어서의 그것과 같다. 폭행 또는 협박은 강도죄와의 균형상 상대방의 반항을 억압할 정도의 것이어야 한다.[355] 폭행 또는 협박은 체포되려는 구체적 상황에 비추어 체포의 공격력을 억압함에 족한 정도의 것인 여부에 따라 결정되어야 한다.[356] 따라서 일반적·객관적으로 체포 또는 재물탈환을 하려는 자의 체포의사나 탈환의사를 제압할 정도라고 인정될 만한 폭행, 협박이 있는 경우에는 본죄가 성립한다.[357] 다만 본죄의 폭행 또는 협박은 반드시 현실적으로 반항을 억압하였음을 요하지 아니한다.[358]

ⓘⓘⓘ 폭행·협박의 상대방　폭행 또는 협박은 반드시 피해자에게 행하여질 필요는 없다. 따라서 범행을 목격하거나 또는 쫓는 소리를 듣고 추격한 제3자에 대한 것도 포함한다. 경찰관에 대하여 폭행 또는 폭행을 가한 때에는 본죄와 공무집행방해죄의 상상적 경합이 된다.

ⓘⓥ 폭행·협박과 절도의 기회　본죄의 폭행 또는 협박은 절도의 기회에 행하여져야

---

351) 대법원 1968.4.23. 선고 68도334 판결.
352) 대법원 2014.5.16. 선고 2014도2521 판결.
353) 대법원 1996.7.26. 선고 96감도42 판결.
354) 대법원 1984.6.5. 선고 84도460 판결.
355) 대법원 1990.4.24. 선고 90도193 판결; 대법원 1985.5.14. 선고 85도619 판결; 대법원 1981.3.24. 선고 81도409 판결.
356) 대법원 1985.5.14. 선고 85도619 판결.
357) 대법원 1990.4.24. 선고 90도193 판결.
358) 대법원 1981.3.24. 선고 81도409 판결.

한다. 본죄는 절도범인이 절도의 기회에 재물탈환의 항거 등의 목적으로 폭행 또는 협박을 가함으로써 성립되기 때문이다.[359)]

절도의 기회라고 함은 절도범인과 피해자측이 절도의 현장에 있는 경우와 절도에 잇달아 또는 절도의 시간·장소에 접착하여 피해자측이 범인을 체포할 수 있는 상황, 범인이 죄적인멸에 나올 가능성이 높은 상황에 있는 경우를 말한다.[360)] 이러한 의미에서 피해자 측이 추적태세에 있는 경우나 범인이 일단 체포되어 아직 신병확보가 확실하다고 할 수 없는 경우에는 절도의 기회에 해당한다.[361)] 이와 같이 절도의 기회인가의 여부는 절도행위와 폭행 또는 협박의 시간적·장소적 근접성에 의하여 결정된다.

시간적 근접성은 폭행이나 협박이 적어도 절도의 실행에 착수한 이후부터 절도의 기수 직후까지 사이에 행하여져야 할 것을 요한다. 대법원도 "폭행 또는 협박은 절도의 실행에 착수하여 그 실행중이거나 그 실행 직후 또는 실행의 범의를 포기한 직후로서 사회통념상 범죄행위가 완료되지 아니하였다고 인정될 만한 단계에서 행하여짐을 요한다"고 판시한 바 있다.[362)] 장소적 근접성은 폭행 또는 협박이 절도현장 또는 직접 그 부근에서 행하여질 것을 요한다. 절도현장에서 발각되어 직접 추격받고 있는 자는 거리가 멀어도 장소적 근접성이 인정된다. 폭행·협박을 긍정한 판례의 구체적 내용은 다음과 같다. 즉,

> 절도범인이 일단 체포되었으나 아직 신병확보가 확실하지 않은 단계에서 체포 상태를 면하기 위해 폭행하여 상해를 가한 경우, 그 행위는 절도의 기회에 체포를 면탈할 목적으로 폭행하여 상해를 가한 것으로서 강도상해죄에 해당한다.[363)] 절도가 체포를 면탈할 목적으로 자기의 멱살을 잡은 피해자의 얼굴을 주먹으로 때리고 뒤로 넘어 뜨려 상해를 입게 한 폭행은 피해자의 반항을 억압하기 위한 수단으로서 일반적, 객관적으로 가능하다고 인정되는 정도라고 볼 수 있으므로 강도죄에서 말하는 폭행에 해당한다.[364)] 피고인이 점유자 또는 소유자의 승락없이 물건을 갖고 나오다 경비원에게 발각되어 동인이 절도범인 체포사실을 파출소에 신고전화하려는데 피고인이 잘해 보자며 대들면서 폭행을 가한 경우에는, 설사 그 같은 행위가 피고인이 사장도 잘 안다하며 전화확인을 하자는 제의를 경비원이 거부하면서 내일이나 모래 와서 확인한 후에 가져가라하자 피고인이 자기의 것이니 무조건 달라고 시비한 끝에 저질러진 것이라 하여도, 그곳이 체포현장이었고 주위 사람에게 도주를 방지케 부탁한 상태아래 일어난 것이라면 준강도 행위에 해당한다.[365)] 오토바이를 끌고 가다가 추격하여 온 피해자에게 멱살을 잡히게 되자 체포를 면탈할 목적으로 피해자의 얼굴을 주먹으로 때리고, 놓아주지 아니하면 죽여버리겠다고 협박한 경우에는 그 같은 폭행, 협박은 피해자의 반항을 억압하기 위한 수단으로써 일반적, 객관적으로 가능하다고 인정되는 정도의 폭행, 협박에 해당한다고 볼 수 있으므로 준강도죄를 구성한다.[366)] 절도범인이 처음에는 흉기를 휴대하지 아니하였으나, 체포를 면탈할 목적으로 폭행 또는 협박을 가할 때에 비로소 흉기를 휴대 사용하

---

359) 대법원 2009.7.23. 선고 2009도5022 판결.
360) 대법원 2009.7.23. 선고 2009도5022 판결; 대법원 2001.10.23. 선고 2001도4142, 2001감도100 판결.
361) 대법원 2009.7.23. 선고 2009도5022 판결; 대법원 2001.10.23. 선고 2001도4142, 2001감도100 판결.
362) 대법원 1999.2.26. 선고 98도3321 판결; 대법원 1984.9.11. 선고 84도1398,84감도214 판결.
363) 대법원 2001.10.23. 선고 2001도4142,2001감도100 판결.
364) 대법원 1985.11.12. 선고 85도2115,85감도301 판결.
365) 대법원 1984.7.24. 선고 84도1167,84감도171 판결.
366) 대법원 1983.3.8. 선고 82도2838 판결.

게 된 경우에는 형법 제334조의 예에 의한 준강도 (특수강도의 준강도)가 된다.[367] 피고인이 절도의 목적으로 타인이 경영하는 자동차수리공장의 담을 넘으려다가 방범대원에게 발각되어 추격을 받자 체포를 면탈할 양으로 수권으로 동인의 안면을 1회 강타하여 지면에 전도케 하는 등 폭행을 가한 경우 피고인은 주거침입과 절도의 결합범인 야간주거침입절도행위에 착수하였다 할 것이고 따라서 피고인이 체포를 면탈할 목적으로 폭행을 가한 이상 준강도죄가 성립한다 할 것이다.[368]

폭행 · 협박을 부정한 판례의 구체적 내용은 다음과 같다. 즉,

피해자의 집에서 절도범행을 마친지 10분 가량 지나 피해자의 집에서 200m 가량 떨어진 버스 정류장이 있는 곳에서 피고인을 절도범인이라고 의심하고 뒤쫓아 온 피해자에게 붙잡혀 피해자의 집으로 돌아왔을 때 비로소 피해자를 폭행한 경우, 그 폭행은 사회통념상 절도범행이 이미 완료된 이후에 행하여졌다는 이유로 준강도죄가 성립하지 않는다.[369] 피고인이 옷을 잡히자 체포를 면하려고 충동적으로 저항을 시도하여 잡은 손을 뿌리친 정도의 폭행을 준강도죄로 의율할 수는 없다.[370]

2) 주관적 구성요건

본죄는 주관적 구성요건으로서 고의 외에도 불법영득의 의사와 목적을 필요로 한다. 목적의 달성여부는 본죄의 성부와는 무관하다.

① 고 의

본죄는 고의범이다. 본죄의 고의는 인식적 요소로서 절도가 재물의 탈환에 항거하거나 체포를 면탈하거나 범죄의 흔적을 인멸할 목적으로 폭행 또는 협박의 사실에 대한 인식을 요한다.

② 불법 영득 · 이득의 의사

본죄는 재산범으로서 고의 외에도 불법 영득 · 이득의 의사를 요한다. 불법 영득 · 이득의 의사는 이미 전술한 강도죄에 있어서의 그것과 같다.

③ 목 적

본죄는 목적범이다. 본죄는 재물의 탈환에 항거하거나 체포를 면탈하거나 범죄의 흔적을 인멸할 목적을 요한다. 재물의 탈환을 항거할 목적이라 함은 일단 절도가 재물을 자기의 배타적 지배하에 옮긴 뒤 탈취한 재물을 피해자측으로부터 탈환당하지 않기 위하여 대항하는 것을 말한다.[371] 체포의 면탈이란 범인을 추적하는 자로부터 체포를 면하거나 또는 현행범으로 체포되어 경찰관에게 인계되기까지의 사이에 피체포상태를 벗어나려는 것을 말한다. 죄적의 인멸에는 범죄를 증명하여야 하는 물건을 탈취하든가 또는 증인으로 되는 자를 살해하는 등의 행위가 이에 해당한다.

---

367) 대법원 1973.11.13. 선고 73도1553 전원합의체 판결(다수의견).
368) 대법원 1968.4.23. 선고 68도334 판결.
369) 대법원 1999.2.26. 선고 98도3321 판결.
370) 대법원 1985.5.14. 선고 85도619 판결.
371) 대법원 2003.7.25. 선고 2003도2316 판결.

3) 예비 · 음모

본죄의 예비 · 음모에 대한 처벌이 문제될 수 있다. 형법은 "강도할 목적으로 예비 또는 음모한 자는 7년 이하의 징역에 처한다"고만 규정하고 있기 때문이다(제343조). 판례는 본죄의 예비 · 음모를 부정하고 있다. 대법원은 "강도예비 · 음모죄가 성립하기 위해서는 예비 · 음모 행위자에게 미필적으로라도 '강도'를 할 목적이 있음이 인정되어야 하고 그에 이르지 않고 단순히 '준강도'할 목적이 있음에 그치는 경우에는 강도예비 · 음모죄로 처벌할 수 없다"고 판시한 바 있다.[372]

4) 미수 · 기수

① 학 설

본죄는 미수범을 처벌한다. 다만 본죄의 미수 · 기수의 시기에 대하여는 다툼이 있다. 제1설은 폭행 · 협박 기준설이다. 본죄의 미수 · 기수는 폭행 또는 협박의 미수 · 기수에 따라 결정한다고 한다. 독일형법에 의하면 절도가 기수에 이른 때에만 본죄의 성립을 인정하기 때문에 폭행 또는 협박에 의하여 미수 · 기수가 결정된다. 제2설은 절도행위기준설이다. 본죄의 미수 · 기수는 절도의 미수 · 기수에 따라 결정한다고 한다. 강도죄는 재산권과 자유권을 보호법익으로 하는 죄이나 재산죄에 그 본질이 있다는 점, 강도죄에 있어서는 재물을 강취하여야 기수가 됨에도 불구하고 폭행 또는 협박을 기준으로 기수와 미수를 결정할 때에는 강도의 미수가 준강도의 기수로 처벌받는다는 불균형을 초래한다는 점 등을 근거로 한다.

② 판 례

판례의 입장은 폭행 · 협박 기준설에서 2004년부터 절도행위기준설로 변경되었다.[373] 현재의 판례는 절도행위기준설의 입장에 서 있다. 대법원은 "준강도죄의 입법 취지, 강도죄와의 균형 등을 종합적으로 고려해 보면, 준강도죄의 기수 여부는 절도행위의 기수 여부를 기준으로 하여 판단하여야 한다"고 판시함으로써 그 입장을 변경한 바 있다.[374] 한편 대법원은 과거에 폭행 · 협박 기준설의 입장에서 "절도가 미수라 하여도 준강도가 성립한 경우에는 절도미수로 처벌하지 아니한다"고 판시한 바 있다.[375]

③ 검 토

본죄는 기본적으로 재산범에 속한다. 다른 재산범에 있어서와 같은 방식으로 본죄에 있어서도 절도행위를 기준으로 미수와 기수를 판단하는 절도행위기준설이 타당하다고 해석된다.

(2) 죄 수

본죄와 절도죄는 법조경합의 관계에 있다. 본죄와 절도죄가 성립하는 경우 절도죄는 본

---

372) 대법원 2006.9.14. 선고 2004도6432 판결.
373) 대법원 2004.11.18. 선고 2004도5074 전원합의체 판결.
374) 대법원 2004.11.18. 선고 2004도5074 전원합의체 판결.
375) 대법원 1969.10.23. 선고 69도1353 판결.

죄에 흡수된다.

절도가 체포를 면탈할 목적으로 추격하여 온 수인에 대하여 같은 기회에 동시 또는 이시에 폭행 또는 협박을 하였다 하더라도 준강도의 포괄일죄가 성립한다.376)

절도범인이 체포를 면탈할 목적으로 경찰관에게 폭행 협박을 가한 때에는 준강도죄와 공무집행방해죄를 구성하고 양죄는 상상적 경합관계에 있으나, 강도범인이 체포를 면탈할 목적으로 경찰관에게 폭행을 가한 때에는 강도죄와 공무집행방해죄는 실체적 경합관계에 있고 상상적 경합관계에 있는 것이 아니다.377)

3. 처 벌

본죄의 법정형은 본죄가 강도에 해당하는 경우에는 강도죄의 법정형인 3년 이상의 유기징역이 되고, 특수강도에 해당하는 경우에는 특수강도의 법정형인 5년 이상의 징역이 된다. 본죄의 예비·음모는 처벌된다. 본죄의 미수도 처벌된다.

V. 인질강도죄

제336조(인질강도) 사람을 체포·감금·약취 또는 유인하여 이를 인질로 삼아 재물 또는 재산상의 이익을 취득하거나 제3자로 하여금 이를 취득하게 한 자는 3년 이상의 유기징역에 처한다.

제341조(상습범) 상습으로 ~, 제336조 ~ 의 죄를 범한 자는 무기 또는 10년 이상의 징역에 처한다.

제342조(미수범) 제329조 내지 제341조의 미수범은 처벌한다.

제343조(예비, 음모) 강도할 목적으로 예비 또는 음모한 자는 7년 이하의 징역에 처한다.

제345조(자격정지의 병과) 본장의 죄를 범하여 유기징역에 처할 경우에는 10년 이하의 자격정지를 병과할 수 있다.

제346조(동력) 본장의 죄에 있어서 관리할 수 있는 동력은 재물로 간주한다.

구조문

제336조(약취강도) 사람을 약취하여 그 석방의 대상으로 재물을 취득한 자는 제333조의 죄로써 논한다.

관련조문

제324조의2(인질강요) 사람을 체포·감금·약취 또는 유인하여 이를 인질로 삼아 제3자에 대하여 권리행사를 방해하거나 의무없는 일을 하게 한 자는 3년 이상의 유기징역에 처한다.

1. 서 언

(1) 의 의

본죄는 사람을 체포·감금·약취 또는 유인하여 이를 인질로 삼아 재물 또는 재산상의 이익을 취득하거나 제3자로 하여금 이를 취득하게 함으로써 성립한다.

(2) 죄명의 변경

본죄의 죄명은 약취강도에서 1995년 개정형법에 의하여 인질강도로 변경되었다.378) 양

376) 대법원 1966.12.6. 선고 66도1392 판결.

377) 대법원 1992.7.28. 선고 92도917 판결.

378) 형법 1995.12.29. 일부개정 법률 제5057호 1996.7.1. 시행.

죄에 있어서 객체는 재물에서 재물 또는 재상상의 이익으로 확대되었고, 행위방법에 있어서도 커다란 변화가 있었다. 이로써 본죄의 행위방법은 당시 본죄와 동시에 신설되었던 인질강요의 그것과 일치하게 되었다(제324조의2).

2. 범 죄

(1) 객관적 구성요건

본죄의 주체에는 제한이 없다. 본죄의 객체는 재물 또는 재산상의 이익이다.

본죄의 실행행위는 취득하거나 제3자로 하여금 이를 취득하게 하는 것이다. 본죄는 행위의 수단 또는 방법이 사람을 체포·감금·약취 또는 유인하여 이를 인질로 삼는 것이라는 점에서 폭행 또는 협박만을 그 수단으로 하는 강도죄와 구별된다(제333조). '인질로 삼아'는 인질의 석방이나 생명 또는 신체에 대한 염려의 대가로 재물이나 재산상의 이익을 취득하거나 제3자로 하여금 취득하게 하기 위하여 사람을 볼모로 잡고 있는 것을 말한다. 본죄는 또 행위의 수단이 인질로 삼는다는 점에서 공통되지만, 재물이나 재산상의 이익을 취득한다는 점에서 제3자에 대하여 권리행사를 방해하거나 의무없는 일을 하게 하는 인질강요죄와 구별된다(제324조의2).

(2) 주관적 구성요건

본죄는 고의에 의한 재산범이다. 고의 외에 불법영득의 의사를 요한다. 본죄의 고의는 인식적 요소로서 사람을 체포·감금·약취 또는 유인하여 이를 인질로 삼아 재물 또는 재산상의 이익을 취득하거나 제3자로 하여금 이를 취득하게 한다는 사실에 대한 인식을 요한다.

(3) 예비·음모

본죄는 예비·음모를 처벌한다. 본죄의 예비죄 또는 음모죄는 처벌된다. 본죄의 예비·음모죄는 본죄를 범할 목적을 요하는 목적범이다.

(4) 미수·기수

본죄는 미수범을 처벌한다. 실행의 착수에 대하여는 다툼이 있다. 제1설은 재물 또는 재산상의 이익을 취득할 목적으로 체포·감금·약취 또는 유인한 때를 실행의 착수로 본다. 제2설은 본죄도 재산범이라는 점에서 재물 또는 제산상의 이익을 요구하는 때에 실행의 착수를 인정한다. 다만 기수시기에 관하여는 재물 또는 재산상의 이익을 취득한 시점이라고 하는 점에서는 양설 모두 일치하고 있다.

생각건대 본죄는 소위 인질행위와 재물취득행위 또는 이익취득행위의 결합으로 구성된 결합범에 속한다. 따라서 본죄는 선행행위인 인질행위의 개시시에 실행위의 착수가 인정되고, 후행행위인 재물 또는 이익에 대한 취득행위의 종료에 의하여 기수에 달한다고 해석되어야 한다. 본죄는 인질로 삼으려는 의사가 인정되는 한 체포·감금·약취 또는 유인의 행위의 개시에 의하여 실행의 착수가 인정되고, 재물 또는 재산상의 이익을 자기 또는 제3자가 취득함으로써 기수에 이르게 된다고 하는 것이 합당하다고 해석된다.

3. 처 벌

본죄의 법정형은 3년 이상의 유기징역이다. 3년 이상의 유기징역인 강도죄와 인질강요죄의 그것과 완전히 일치하고 있다. 본죄는 예비·음모를 처벌한다. 예비·음모의 법정형은 7년 이하의 징역이다. 본죄의 미수범도 처벌된다. 다만 해방감경의 규정이 적용되지 않는다.

4. 상습 인질강도죄

본죄는 상습범을 처벌한다. 상습으로 본죄를 범한 자에 대하여는 무기 또는 10년 이상의 징역에 처한다.

Ⅵ. 강도 상해·치상죄

제337조(강도상해, 치상) 강도가 사람을 상해하거나 상해에 이르게 한 때에는 무기 또는 7년 이상의 징역에 처한다.

제342조(미수범) 제329조 내지 제341조의 미수범은 처벌한다.

제345조(자격정지의 병과) 본장의 죄를 범하여 유기징역에 처할 경우에는 10년 이하의 자격정지를 병과할 수 있다.

제346조(동력) 본장의 죄에 있어서 관리할 수 있는 동력은 재물로 간주한다.

1. 서 언

본죄는 강도가 사람을 상해하거나 상해에 이르게 함으로써 성립한다. 본죄는 고의범으로서 강도상해죄와 결과적 가중범으로서의 강도치상죄로 나누어질 수 있다. 본죄는 미수범을 처벌한다. 다만 형법은 강도상해를 비롯하여 강도살인, 강도강간 등의 각죄에 관해서는 상습범가중규정을 두지 있지 아니하다.

한편 강도치사상죄는 범죄학적으로 강도의 기회에 범인이 사상의 결과를 발생시키는 경우가 많기 때문에 생명·신체의 안전을 보호하기 위하여 강도죄의 가중유형으로서 규정된 것이다. 따라서 사상의 결과가 발생한 후에 강도의 고의가 발생한 경우에는 이에 해당하지 않는다.

2. 강도상해죄

(1) 의 의

본죄는 강도가 사람을 상해함으로써 성립한다. 강도죄와 상해죄가 결합된 고의범이라고 할 수 있다. 보호의 정도는 침해범으로서의 보호이다.

(2) 범 죄

1) 구성요건

① 객관적 구성요건

ⓘ 주 체 본죄의 주체는 강도이다. 문제는 강도의 범위에 있다. 본죄의 조문의 위치상 강도는 강도(제333조), 특수강도(제334조), 준강도(제335조) 및 인질강도(제336조)를 의미하는 것으로 해석된다. 다만 본죄의 선행범죄로서 강도의 주체에는 제한이 없다.

강도의 범위에 관한 판례의 구체적 내용은 다음과 같다. 즉,

> 강도상해죄에 있어서의 강도는 형법 제334조 제1항 특수강도도 포함된다고 보아야 한다.[379] 형법 제335조의 조문 가운데 "절도" 운운함은 절도기수범과 절도미수범을 모두 포함하는 것이고, 준강도가 사람을 상해했을 때에는 형법 제337조의 강도상해죄가 성립된다.[380] 형법 제337조에서 말하는 강도 중에는 형법 제333조의 죄를 범한 강도 뿐만 아니라 형법 제335조에 의하여 강도로서 논할 범인 즉 준강도도 포함되는 것으로 해석할 것이다.[381]

ⓘⓘ 객 체 본죄의 객체는 사람이다. 다만 본죄의 선행범죄로서 강도의 객체는 재물 또는 재산상의 이익라고 할 수 있다.

ⓘⓘⓘ 행 위

ⅰ. 상 해 본죄의 실행행위는 상해이다. 상해(傷害)란 피해자의 신체의 건강상태가 불량하게 변경되고 생활기능에 장애가 초래되는 것을 말한다.[382] 피해자가 입은 상처가 극히 경미하여 굳이 치료할 필요가 없고 치료를 받지 않더라도 일상생활을 하는 데 아무런 지장이 없으며 시일이 경과함에 따라 자연적으로 치유될 수 있는 정도라면, 그로 인하여 피해자의 신체의 건강상태가 불량하게 변경되었다거나 생활기능에 장애가 초래된 것으로 보기 어려워 본죄에 있어서의 상해에 해당한다고 할 수 없다.[383]

한편 본죄는 결합범으로서 본죄의 실행행위와는 별개로 강도의 실행행위가 요구된다고 해석된다. 본죄가 성립하기 위해서는 먼저 강도가 성립해야 하기 때문이다. 다만 강도의 실행행위는 이미 전술한 바와 같이 강도의 유형에 따라 다소간의 차이가 있다.

ⅱ. 상해와 강도의 기회 본죄는 강도가 재물강취의 수단으로서 한 폭행에 의하여 상해를 입힌 경우가 아니라도 강도의 기회에 상해를 입힌 것이라면 본죄가 성립한다.[384] 강도범행의 실행 중이거나 실행 직후 또는 실행의 범의를 포기한 직후로서 사회통념상 범죄행위가 완료되지 아니하였다고 볼 수 있는 단계에서 상해가 행하여짐을 요건으로 한다.[385]

그러나 반드시 강도범행의 수단으로 한 폭행에 의하여 상해를 입힐 것을 요하는 것은

379) 대법원 2012.12.27. 선고 2012도12777 판결.
380) 대법원 1990.2.27. 선고 89도2532 판결.
381) 대법원 1984.1.24. 선고 83도3043 판결.
382) 대법원 2009.7.23. 선고 2009도5022 판결; 대법원 2004.10.28. 선고 2004도4437 판결; 대법원 2003.7.11. 선고 2003도2313 판결.
383) 대법원 2004.10.28. 선고 2004도4437 판결; 대법원 2003.7.11. 선고 2003도2313 판결.
384) 대법원 2014.9.26. 선고 2014도9567 판결; 대법원 1984.6.26. 선고 84도970 판결.
385) 대법원 2014.9.26. 선고 2014도9567 판결; 대법원 1996.7.12. 선고 96도1108 판결.

아니고 상해행위가 강도가 기수에 이르기 전에 행하여져야만 하는 것은 아니므로, 강도범행 이후에도 피해자를 계속 끌고 다니거나 차량에 태우고 함께 이동하는 등으로 강도범행으로 인한 피해자의 심리적 저항불능 상태가 해소되지 않은 상태에서 강도범인의 상해행위가 있었다면 강취행위와 상해행위 사이에 다소의 시간적·공간적 간격이 있었다는 것만으로는 강도상해죄의 성립에 영향이 없다.[386)]

강도상해를 긍정한 판례의 구체적 내용은 다음과 같다. 즉,

피고인이 강도의 범의 없이 공범들과 함께 피해자의 반항을 억압함에 충분한 정도로 피해자를 폭행하던 중 공범들이 피해자를 계속하여 폭행하는 사이에 피해자의 재물을 취거한 경우에는 피고인 및 공범들의 위 폭행에 의한 반항억압의 상태와 재물의 탈취가 시간적으로 극히 밀접하여 전체적·실질적으로 재물 탈취의 범의를 실현한 행위로 평가할 수 있으므로 강도죄의 성립을 인정할 수 있고, 그 과정에서 피해자가 상해를 입었다면 강도상해죄가 성립한다고 보아야 한다.[387)] 피해자가 범행 당일 우측 두부 타박으로 인한 피하출혈, 부종 및 찰과상, 두정부와 우측 발목 타박으로 부종과 동통 소견이 있어 약 2주일간의 치료를 요한다는 내용의 상해진단서를 발급 받았고, 가해자가 범행 당시 주먹으로 머리를 1회 때리고 피해자의 발을 걸어 넘어뜨린 후 발로 가슴을 1회 걷어차 피해자가 위와 같은 상처를 입었다면 이로 인하여 피해자의 신체의 건강상태가 불량하게 변경되고 생활기능에 장애가 초래된 것이라고 볼 수 있어 강도상해죄를 구성하는 상해에 해당한다.[388)] 절도범인이 일단 체포되었으나 아직 신병확보가 확실하지 않은 단계에서 체포 상태를 면하기 위해 폭행하여 상해를 가한 경우, 그 행위는 절도의 기회에 체포를 면탈할 목적으로 폭행하여 상해를 가한 것으로서 강도상해죄에 해당한다.[389)] 강도범인이 강도를 하는 기회에 범행의 현장에서 사람을 상해한 이상, 재물강취의 수단인 폭행으로 인하여 상해의 결과가 발생한 것이 아니고, 재물의 탈환을 항거하거나 체포를 면탈하거나 죄적을 인멸할 목적으로 폭행을 가한 것이 아니라고 하더라도 강도상해죄가 성립한다.[390)] 피고인이 피해자로부터 재물을 강취하고 피해자가 운전하는 자동차에 함께 타고 도주하다가 단속 경찰관이 뒤따라오자 피해자를 칼로 찔러 상해를 가하였다면 강도상해죄를 구성한다 할 것이고 강취와 상해 사이에 1시간 20분이라는 시간적 간격이 있었다는 것만으로는 그 범죄의 성립에 영향이 없다.[391)] 피고인들이 합동하여 절도범행을 하는 도중에, 사전에 구체적인 의사연락이 없었다고 하여도, 피고인이 체포를 면탈할 목적으로 피해자를 힘껏 떠밀어 콘크리트바닥에 넘어뜨려 상처를 입게 함으로써 추적을 할 수 없게 한 경우, 폭행의 정도가 피해자의 추적을 억압할 정도의 것이었던 이상 피고인들은 강도상해의 죄책을 면할 수 없다.[392)] 2인 이상이 합동하여 절도를 한 경우 범인중의 1인이 체포를 면탈할 목적으로 폭행을 하여 상해를 가한 때에는 나머지 범인도 이를 예기하지 못한 것으로 볼 수 없으면 강도상해죄의 죄책을 면할 수 없다.[393)] 절도가 절도행위의 기회계속중이라고 볼 수 있는 그 실행중 또는 실행직후에 체포를 면탈할 목적으로 폭행을 가한 때에는 준강도죄가 성립되고 이로써 상해를 입혔을 때는 강도상해죄가

386) 대법원 2014.9.26. 선고 2014도9567 판결.
387) 대법원 2013.12.12. 선고 2013도11899 판결.
388) 대법원 2002.1.11. 선고 2001도5925 판결.
389) 대법원 2001.10.23. 선고 2001도4142,2001감도100 판결.
390) 대법원 1992.4.14. 선고 92도408 판결.
391) 대법원 1992.1.21. 선고 91도2727 판결.
392) 대법원 1991.11.26. 선고 91도2267 판결.
393) 대법원 1988.2.9. 선고 87도2460 판결.

성립된다.[394] 피해자가 맞은 편에서 걸어오고 있는 것을 발견하고 접근하여 미리 준비한 돌멩이로 안면을 1회 강타하여 전치 3주간의 안면부좌상 및 피하출혈상등을 입히고 가방을 빼앗은 것이라면 피해자의 반항을 억압할 수 있을 정도의 폭행행위에 해당한다.[395] 강도상해죄는 절도가 그 실행중 또는 실행직후에 재물의 탈환을 항거하거나 체포를 면탈하거나 죄적을 인멸할 목적으로 상해를 가한 때에 성립하는 것으로서 반드시 무기를 들고 금품을 강취하고 그 계제에 상해를 가해야 하는 것은 아니다.[396] 절도가 체포를 면탈할 목적으로 자기의 멱살을 잡은 피해자의 얼굴을 주먹으로 때리고 뒤로 넘어 뜨려 상해를 입게 한 폭행은 피해자의 반항을 억압하기 위한 수단으로서 일반적, 객관적으로 가능하다고 인정되는 정도라고 볼 수 있으므로 강도죄에서 말하는 폭행에 해당한다.[397] 피고인이 절취품을 물색중 피해자가 잠에서 깨어나 "도둑이야"고 고함치자 체포를 면탈할 목적으로 그녀에게 이불을 덮어 씌우고 입과 목을 졸라 상해를 입혔다면 절도의 목적달성여부에 관계없이 강도상해죄가 성립한다.[398] 강취현장에서 피고인의 발을 붙잡고 늘어지는 피해자를 30미터쯤 끌고가서 폭행함으로써 상해한 피고인의 소위는 강도상해죄에 해당한다 할 것이다.[399] 준강도가 성립하려면 절도가 절도행위의 실행중 또는 실행직후에 체포를 면탈할 목적으로 폭행, 협박을 한 때에 성립하고 이로써 상해를 가하였을 때에는 강도상해죄가 성립되는 것이고, 공모합동하여 절도를 한 경우 범인중의 하나가 체포를 면탈할 목적으로 폭행을 하여 상해를 가한 때에는 나머지 범인도 이를 예기하지 못한 것으로 볼 수 없다면 강도상해죄의 죄책을 면할 수 없다.[400] 절도가 체포를 면탈할 목적으로 상대방의 왼쪽 손바닥을 1회 입으로 깨물어 동인에게 전치 1주일을 요하는 좌측 수장교상을 입힌 경우에는 이는 상대방의 체포의 공격력을 억압할 수 있을 정도의 폭행이라 할 것이다.[401] 폭행에 인한 상해가 피해자의 자유의사를 제한함에 끄친 것이 아니고 동의사를 억압하여 항거불능케한 후 재산을 탈취한 것임으로 검사가 이를 강도상해로 기소한 공소사실에 대하야 이를 상해와 공갈로 분리인정함은 사실 오인이다[402]

강도상해를 부정한 판례의 구체적 내용은 다음과 같다. 즉,

피고인을 체포하려는 피해자가 체포에 필요한 정도를 넘어서서 발로 차며 늑골 9, 10번 골절상, 좌페기흉증, 좌흉막출혈 등 전치 3개월을 요하는 중상을 입힐 정도로 심한 폭력을 가해오자 피고인이 이를 피하기 위하여 엉겁결에 솥뚜껑을 들어 위 폭력을 막아 내려다가 그 솥뚜껑에 스치어 피해자가 상처를 입게 되었다면 피고인의 위 행위는 일반적, 객관적으로 피해자의 체포의사를 제압할 정도의 폭행에 해당하지 않는다고 할 것이므로 준강도상해죄는 성립되지 않는다.[403] 강도상해죄는 강도가 사람을 상해한 경우에 성립하는 것이므로 도주하는 강도를 체포하기 위해 위에서 덮쳐 오른손으로 목을 잡고, 왼손으로 앞부분을 잡는 순간 강도가 들고 있던 벽돌에 끼어 있는 철사에 찔려 부상을 입었다거나 또는 도망하려는 공범을 뒤에서 양팔로 목을 감싸잡고 내려오다

394) 대법원 1987.10.26. 선고 87도1662 판결.
395) 대법원 1986.12.23. 선고 86도2203 판결.
396) 대법원 1986.4.8. 선고 86도264 판결.
397) 대법원 1985.11.12. 선고 85도2115,85감도301 판결.
398) 대법원 1985.5.28. 선고 85도682 판결.
399) 대법원 1984.6.26. 선고 84도970 판결.
400) 대법원 1984.2.28. 선고 83도3321 판결.
401) 대법원 1967.9.19. 선고 67도1015 판결.
402) 대법원 1957.8.16. 선고 4290형상183 판결.
403) 대법원 1990.4.24. 선고 90도193 판결.

같이 넘어져 부상을 입은 경우라면 위 부상들은 피해자들의 적극적인 체포행위 과정에서 스스로의 행위의 결과로 입은 상처이어서 위 상해의 결과에 대하여 강도상해죄로 의율할 수 없다.[404] 약물을 탄 오렌지를 먹자 마자 정신이 혼미해지고 그 후 기억을 잃었다는 것은 강도죄에 있어서 항거불능 상태를 말하는 것은 될지언정 이것만으로는 약물중독 상해를 인정할 자료가 되지 못한다.[405] 절도 피해자가 잠을 자다가 이마를 맞고 잠이 깨어 비로소 맞은 것을 알았다고 진술할 뿐, 피해자가 소리를 지르므로 피고인이 체포를 면탈하기 위하여 피해자를 때린 것이라고 인정할 수 없다면 피고인에게는 준강도 상해의 죄책을 지울 수 없다.[406]

ⅳ 결 과 　　본죄는 결과범이다. 강도의 기회에 사람을 상해하여 상해의 결과가 발생해야 기수에 이른다.[407] 반드시 재물탈취의 목적달성을 요하지 않는다.[408]

② 주관적 구성요건

ⅰ 고 의 　　본죄는 고의범이다. 본죄의 고의는 인식적 요소로서 강도가 사람을 상해한다는 사실에 대한 인식을 요한다.

ⅱ 불법 영득 · 이득의 의사 　　본죄는 재산범으로서의 고의 외에도 불법 영득 · 이득의 의사를 요한다. 본죄가 성립하려면 강도가 먼저 성립하여야 하고, 강도가 성립하려면 불법 영득 · 이득의 의사가 필요하기 때문이다.

③ 미수 · 기수

본죄는 미수범을 처벌한다. 본죄는 상해의 결과의 발생으로 기수에 달한다. 재물강취나 이익강취의 기수나 미수를 묻지 않는다. 대법원도 "형법 제337조의 강도상해, 치상죄는 재물강취의 기수와 미수를 불문하고 범인이 강도범행의 기회에 사람을 상해하거나 치상하게 되면 성립하는 것이다"고 판시한 바 있다.[409]

기수를 긍정한 판례의 구체적 내용은 다음과 같다. 즉,

형법 제337조의 강도상해, 치상죄는 재물강취의 기수와 미수를 불문하고 범인이 강도범행의 기회에 사람을 상해하거나 치상하게 되면 성립하는 것이다.[410] 절도범이 체포를 면탈할 목적으로 폭행을 가하여 피해자에게 상해의 결과를 발생케 한 경우에는 비록 재물의 절취는 미수에 그쳤다 할지라도 본조의 기수범으로 보아야 한다.[411] 본조에서 말하는 절도가 체포를 면탈하기 위하여 폭행을 가한 때라 함은 절도미수범의 그와 같은 경우에도 해당한다 할 것이요. 이러한 경우에 준강도미수로 볼 수 없다 할 것이고 또 폭행을 가하여 상해를 가한 때에는 강도상해가 된다.[412]

404) 대법원 1985.7.9. 선고 85도1109 판결.
405) 대법원 1984.12.11. 선고 84도2324 판결.
406) 대법원 1984.6.5. 선고 84도460 판결.
407) 대법원 1988.2.9. 선고 87도2492 판결.
408) 대법원 1988.2.9. 선고 87도2492 판결; 대법원 1969.3.18. 선고 69도154 판결.
409) 대법원 1986.9.23. 선고 86도1526 판결.
410) 대법원 1986.9.23. 선고 86도1526 판결.
411) 대법원 1971.1.26. 선고 70도2518 판결.
412) 대법원 1964.11.24. 선고 64도504 판결.

④ 공 범

본죄에 있어서 총칙상의 공범에 관한 규정은 그대로 적용된다. 따라서 공범관계로부터 이탈이 인정되지 않는 한 공범관계는 여전히 남아 있게 된다.

공범을 긍정한 판례의 구체적 내용은 다음과 같다. 즉,

다른 3명의 공모자들과 강도 모의를 하면서 삽을 들고 사람을 때리는 시늉을 하는 등 그 모의를 주도한 피고인이 함께 범행 대상을 물색하다가 다른 공모자들이 강도의 대상을 지목하고 뒤쫓아 가자 단지 "어?"라고만 하고 비대한 체격 때문에 뒤따라가지 못한 채 범행현장에서 200m 정도 떨어진 곳에 앉아 있었으나 위 공모자들이 피해자를 쫓아가 강도상해의 범행을 한 사안에서, 피고인에게 공동가공의 의사와 공동의사에 기한 기능적 행위지배를 통한 범죄의 실행사실이 인정되므로 강도상해죄의 공모관계에 있고, 다른 공모자가 강도상해죄의 실행에 착수하기까지 범행을 만류하는 등으로 그 공모관계에서 이탈하였다고 볼 수 없으므로 강도상해죄의 공동정범으로서의 죄책을 진다.[413] 강도합동범 중 1인이 피고인과 공모한대로 과도를 들고 강도를 하기 위하여 피해자의 거소를 들어가 피해자를 향하여 칼을 휘두른 이상 이미 강도의 실행행위에 착수한 것임이 명백하고, 그가 피해자들을 과도로 찔러 상해를 가하였다면 대문 밖에서 망을 본 공범인 피고인이 구체적으로 상해를 가할 것까지 공모하지 않았다 하더라도 피고인은 상해의 결과에 대하여도 공범으로서의 책임을 면할 수 없다.[414] 피고인들이 합동하여 절도범행을 하는 도중에, 사전에 구체적인 의사연락이 없었다고 하여도, 피고인이 체포를 면탈할 목적으로 피해자를 힘껏 떠밀어 콘크리트바닥에 넘어뜨려 상처를 입게 함으로써 추적을 할 수 없게 한 경우, 폭행의 정도가 피해자의 추적을 억압할 정도의 것이었던 이상 피고인들은 강도상해의 죄책을 면할 수 없다.[415] 강도의 공범자 중의 한 사람이 강도의 기회에 피해자에게 폭행을 가하여 상해를 입힌 경우 다른 공범자도 재물강취의 수단으로 폭행을 가할 것이라는 점에 관하여 상호의사의 연락이 있었던 것이므로 구체적으로 상해에 관하여는 공모하지 않았다 하더라도 폭행으로 생긴 결과에 대한 공범으로서 강도상해 및 강도치상의 책임을 진다.[416] 강도의 공범자 중 1인이 강도의 기회에 피해자에게 폭행을 가하여 그의 신체를 상해한 경우에 다른 공범자에게도 재물강취의 수단으로 폭행이 가하여질 것이라는 점에 관하여 상호 의사의 연락이 있었던 것으로 보아야 할 것이므로, 구체적으로 상해에 관하여까지는 공모하지 않았다고 하더라도 폭행으로 생긴 결과에 대하여 공범으로서의 책임을 져야 한다.[417] 수인이 합동하여 강도를 한 경우에 그 범인 가운데 일부가 그 기회에 피해자에게 상해를 가했을 때에는 나머지 범인도 이를 예기하지 못한 것으로 볼 수 없는 경우에는 강도상해의 죄책을 면할 수 없다.[418] 피고인과 원심피고인들이 타인의 재물을 절취하기로 공모한 다음 피고인은 망을 보고 원심피고인들이 재물을 절취한 다음 달아나려다가 피해자에게 발각되자 체포를 면탈할 목적으로 피해자를 때려 상해를 입혔다면 피고인도 이를 전연 예견하지 못했다고 볼 수 없어 강도상해죄의 죄책을 면할 수 없다.[419] 갑이 을과 공모하여 타인의 재물을 절취하려다 미수에 그친 이상 을이 체포를 면탈하려고 경찰관에게 상해를 가할 때 갑이 비록 거기에는 가담하지 아니하였다고 하더라

413) 대법원 2008.4.10. 선고 2008도1274 판결.
414) 대법원 1998.4.14. 선고 98도356 판결.
415) 대법원 1991.11.26. 선고 91도2267 판결.
416) 대법원 1990.12.26. 선고 90도2362 판결.
417) 대법원 1990.10.12. 선고 90도1887 판결.
418) 대법원 1990.2.13. 선고 89도2426 판결.
419) 대법원 1989.12.12. 선고 89도1991 판결.

도 을의 행위를 예견하지 못한 것으로 볼 수 없는 한 준강도상해의 죄책을 면할 수 없다.[420] 강도공범자 중의 1인이 강도의 기회에 피해자에게 폭력을 가하여 상해를 입힌 경우에, 다른 공범자도 재물강취의 수단으로 폭행이 가해질 것이라는 점에 관하여 상호의사의 연락이 있었던 것이므로, 구체적으로 상해에 관하여는 공모하지 않았다 하더라도 폭행으로 생긴 결과에 대하여 공범으로서의 책임을 진다.[421] 2인 이상이 합동하여 절도를 한 경우 범인중의 1인이 체포를 면탈할 목적으로 폭행을 하여 상해를 가한 때에는 나머지 범인도 이를 예기하지 못한 것으로 볼 수 없으면 강도상해죄의 죄책을 면할 수 없다.[422] 강도의 현장에서 다른 공범이 피해자에게 상해를 입혔다 하더라도 그와 공모 공동하여 강도강간을 한 자는 위 공범이 범한 강도상해죄의 죄책을 면할 수 없다.[423] 강도의 공범이 피해자를 협박할 때에 상처를 입게 하였다면 강도가 비록 상해의 점에 공동 가공의 의사가 없었고 상해의 결과가 그의 행위로 인한 것이 아니었다고 해도 강도상해죄의 죄책을 면할 수 없다.[424] 2인 이상이 합동하여 절도를 한 경우, 범인 중의 1인이 체포를 면할 목적으로 폭행을 하여 상해를 가한 때에는 나머지 범인도 이를 예기하지 못한 것으로 볼 수 없으면 강도상해죄의 죄책을 면할 수 없다.[425] 특수절도의 범인들이 범행이 발각되어 각기 다른 길로 도주하다가 그중 1인이 체포를 면탈할 목적으로 폭행하여 상해를 가한 때에는, 나머지 범인도 위 공범이 추격하는 피해자에게 체포되지 아니하려고 위와 같이 폭행할 것을 전연 예기하지 못한 것으로는 볼 수 없다 할 것이므로 그 폭행의 결과로 발생한 상해에 관하여 형법 제337조, 제335조의 강도상해죄의 책임을 면할 수 없다.[426] 절도를 공모한 피고인이 다른 공모자 (갑)의 폭행행위에 대하여 사전양해나 의사의 연락이 전혀 없었고, 범행장소가 빈 가게로 알고 있었고, 위 (갑)이 담배창구를 통하여 가게에 들어가 물건을 절취하고 피고인은 밖에서 망을 보던중 예기치 않았던 인기척 소리가 나므로 도주해버린 이후에 위 (갑)이 창구에 몸이 걸려 빠져나오지 못하게 되어 피해자에게 붙들리자 체포를 면탈할 목적으로 피해자에게 폭행을 가하여 상해를 입힌 것이고, 피고인은 그동안 상당한 거리를 도주하였을 것으로 추정되는 상황하에서는 피고인이 위 (갑)의 폭행행위를 전연 예기할 수 없었다고 보여지므로 피고인에게 준강도상해죄의 공동책임을 지울 수 없다.[427] 합동하여 절도를 한 경우 범인 중 1인이 체포를 면탈할 목적으로 폭행을 하여 상해를 가한 때에는 나머지 범인도 이를 예기하지 못한 것으로 볼 수 없으면 준강도상해죄의 죄책을 면할 수 없다.[428] 행위자 상호간에 범죄의 실행을 공모하였다면 다른 공모자가 이미 실행에 착수한 이후에는 그 공모관계에서 이탈하였다고 하더라도 공동정범의 책임을 면할 수 없는 것이므로 피고인 등이 금품을 강취할 것을 공모하고 피고인은 집 밖에서 망을 보기로 하였으나, 다른 공모자들이 피해자의 집에 침입한 후 담배를 사기 위해서 망을 보지 않았다고 하더라도, 피고인은 판시 강도상해죄의 공동정범의 죄책을 면할 수가 없다.[429] 공동하여 강도의 죄를 범한 이상 범행시 피해자를 폭행하거나 상해를 입힌 바가 없다 하더라도 강도상해죄의 책임을 면할 수 없는 것이다.[430] 강도의 공범자 중 1인이

420) 대법원 1989.3.28. 선고 88도2291 판결.
421) 대법원 1988.12.13. 선고 88도1844 판결.
422) 대법원 1988.2.9. 선고 87도2460 판결.
423) 대법원 1987.5.26. 선고 87도832 판결.
424) 대법원 1985.9.24. 선고 85도1686 판결.
425) 대법원 1984.12.26. 선고 84도2552 판결.
426) 대법원 1984.10.10. 선고 84도1887,84감도296 판결.
427) 대법원 1984.2.28. 선고 83도3321 판결.
428) 대법원 1982.7.13. 선고 82도1352 판결.
429) 대법원 1984.1.31. 선고 83도2941 판결.
430) 대법원 1983.4.26. 선고 83도210 판결.

강도의 기회에 그 수단인 행위에 의하여 피해자에게 상해를 가하였다면 타 공동정범자도 강도상해죄의 공범으로 처벌받는다.431) 합동하여 절도를 한 경우 범인의 한 사람이 체포를 면탈할 목적으로 폭행을 가하여 상해를 입힌 때에는 나머지 범인도 강도상해죄를 책임을 면할 수 없다.432) 도망하던 절도공범의 한 사람이 체포를 면할 목적으로 추격하는 피해자에게 폭행을 가하여 상해를 입힌 경우에는 다른 공범자 역시 그 폭행을 전혀 예기하지 못한 것으로 볼 수 없는 이상 강도상해의 형사책임을 면할 수 없다.433)

2) 위법성조각사유

본죄에 있어서도 총칙상의 위법성조각사유는 그대로 적용된다고 해석된다. 따라서 위법성조각사유의 범위를 벗어나 정당한 권리행사로서 인정되지 아니하는 경우에는 위법성이 조각되지 않는다고 할 수 있다. 대법원도 "채권자로부터 채무자에 대한 외상물품 대금채권의 회수를 의뢰받았다 하더라도, 채무자의 반항을 억압할 정도의 폭행과 협박을 가하여 재물 및 재산상 이득을 취득한 이상 이는 정당한 권리행사라고 볼 수 없음이 명백하여 강도상해죄가 성립함에는 아무런 지장이 없다"고 판시한 바 있다.434)

3) 죄 수

강도가 한 개의 강도범행을 하는 기회에 수명의 피해자에게 각 폭행을 가하여 각 상해를 입힌 경우에는 각 피해자별로 수개의 강도상해죄가 성립하며 이들은 실체적 경합범의 관계에 있다.435) 준강도행위가 진전하여 상해행위를 수반한 경우에도 일괄하여 준강도상해죄의 일죄가 성립하는 것이지 별도로 준강도죄의 성립이 있는 것은 아니다.436) 절도범이 체포를 면탈할 목적으로 체포하려는 여러 명의 피해자에게 같은 기회에 폭행을 가하여 그중 1인에게만 상해를 가하였다면 이러한 행위는 포괄하여 하나의 강도상해죄만 성립한다.437) 특수강도죄(제334조 제1항)는 주거침입이라는 요건을 포함하고 있으므로 본조의 특수강도죄가 성립할 경우 주거침입죄는 별도로 처벌할 수 없고, 본조의 특수강도에 의한 강도상해가 성립할 경우에도 별도로 주거침입죄를 처벌할 수 없다고 보아야 할 것이다.438) 감금행위가 단순히 강도상해 범행의 수단이 되는 데 그치지 아니하고 강도상해의 범행이 끝난 뒤에도 계속된 경우에는 1개의 행위가 감금죄와 강도상해죄에 해당하는 경우라고 볼 수 없고, 이 경우 감금죄와 강도상해죄는 형법 제37조의 경합범 관계에 있다.439)

---

431) 대법원 1981.7.28. 선고 81도1590 판결.
432) 대법원 1972.1.31. 선고 71도2073 판결.
433) 대법원 1967.3.7. 선고 67도178 판결.
434) 대법원 1995.12.12. 선고 95도2385 판결.
435) 대법원 1987.5.26. 선고 87도527 판결.
436) 대법원 1966.12.6. 선고 66도1392 판결.
437) 대법원 2001.8.21. 선고 2001도3447 판결.
438) 대법원 2012.12.27. 선고 2012도12777 판결.
439) 대법원 2003.1.10. 선고 2002도4380 판결.

3. 강도치상죄

(1) 의 의

본죄는 강도가 사람을 상해에 이르게 함으로써 성립한다. 본죄는 강도행위로 인하여 상해의 중한 결과가 발생한 경우로서 결과적 가중범에 해당한다.

(2) 범 죄

1) 객관적 구성요건

① 주 체

본죄의 주체는 강도이다. 강도의 범위에 관하여는 위의 강도상해죄에서 전술한 바와 같다. 다만 본죄의 선행범죄로서 강도의 주체에는 제한이 없다.

② 객 체

본죄의 객체는 사람이다. 다만 본죄의 선행범죄로서 강도의 객체는 재물 또는 재산상의 이익라고 할 수 있다.

③ 행 위

본죄의 실행행위는 과실행위이다. 과실행위란 객관적 구성요건요소로서 객관적 주의의무에 대한 위반이다. 다만 본죄는 선행범죄의 실행행위로서 고의에 의한 강도의 실행행위를 요한다. 강도의 실행행위는 위의 강도의 범위에 해당하는 강도의 유형에 따라 다소 차이가 있다.

④ 결 과

본죄의 중한 결과는 과실행위에 의한 상해이다. 상해는 강도의 기회에 범인의 행위로 인하여 발생한 것이면 족하다.[440]

폭행 또는 협박으로 타인의 재물을 강취하려는 행위와 이에 극도의 흥분을 느끼고 공포심에 사로잡혀 이를 피하려다 상해에 이르게 된 사실과는 상당인과관계가 있다 할 것이고 이 경우 강취 행위자가 상해의 결과의 발생을 예견할 수 있었다면 이를 강도치상죄로 다스릴 수 있다.[441] 상해를 긍정한 판례의 구체적 내용은 다음과 같다. 즉,

> 날치기 수법으로 피해자가 들고 있던 가방을 탈취하면서 가방을 놓지 않고 버티는 피해자를 5m 가량 끌고 감으로써 피해자의 무릎 등에 상해를 입힌 경우, 반항을 억압하기 위한 목적으로 가해진 강제력으로서 그 반항을 억압할 정도에 해당한다고 보아 강도치상죄의 성립을 인정한 사례이다.[442] 피고인이 피해자와 함께 도박을 하다가 돈 3,200만 원을 잃자 도박을 할 때부터 같이 있었던 일행 2명 외에 후배 3명을 동원한 데다가 피고인은 식칼까지 들고 위 피해자로부터 돈을 빼앗으려고 한 점, 위 피해자는 이를 피하려고 도박을 하고 있었던 위 집 안방 출입문을 잠그면서 출입문이 열리지 않도록 완강히 버티고 있었던 점, 이에 피고인이 위 피해자에게 "이 새끼 죽여

440) 대법원 1985.1.15. 선고 84도2397 판결.
441) 대법원 1996.7.12. 선고 96도1142 판결.
442) 대법원 2007.12.13. 선고 2007도7601 판결.

버리겠다"고 위협하면서 위 출입문 틈 사이로 위 식칼을 집어 넣어 잠금장치를 풀려고 하고 발로 위 출입문을 수회 차서 결국 그 문을 열고 위 안방 안으로 들어 왔으며, 칼을 든 피고인 외에도 그 문 밖에 피고인의 일행 5명이 있어 그 문을 통해서는 밖으로 탈출하기가 불가능하였던 점 등을 종합하여 보면 피고인의 위 폭행·협박행위와 위 피해자의 상해 사이에는 상당인과관계가 있고, 피고인으로서는 위 피해자가 위 도박으로 차지한 금원을 강취당하지 않기 위하여 반항하면서 경우에 따라서는 베란다의 외부로 통하는 창문을 통하여 위 주택 아래로 뛰어 내리는 등 탈출을 시도할 가능성이 있고 그러한 경우에는 위 피해자가 상해를 입을 수 있다는 예견도 가능하였다고 봄이 상당하므로, 피고인의 위 범죄사실은 강도치상죄를 구성한다.[443] 피고인이 택시를 타고 가다가 요금지급을 면할 목적으로 소지한 과도로 운전수를 협박하자 이에 놀란 운전수가 택시를 급우회전하면서 그 충격으로 피고인이 겨누고 있던 과도에 어깨부분이 찔려 상처를 입었다면, 피고인의 위 행위를 강도치상죄에 의율함은 정당하다.[444]

상해를 부정한 판례의 구체적 내용은 다음과 같다. 즉,

피해자의 상해가 차량을 이용한 날치기 수법의 절도시 점유탈취의 과정에서 우연히 가해진 것에 불과하고, 그에 수반된 강제력 행사도 피해자의 반항을 억압하기 위한 목적 또는 정도의 것은 아니었던 것으로 보아 강도치상죄로 의율한 원심판결을 파기한 사례이다.[445]

⑤ 인과관계

치상의 결과와 강도의 수단인 폭행 또는 협박 및 강도의 기회에 행하여진 강도행위와 밀접한 관련성을 가지는 행위 사이에는 인과관계가 존재하지 않으면 안 된다.

2) 주관적 구성요건

본죄는 기본범죄로서 강도의 죄와 중한 결과로서 상해에 의하여 성립하는 결과적 가중범이기 때문에 기본범죄의 강도행위에 대한 고의와 상해의 중한 결과에 대한 행위로서 과실행위에 대한 과실을 요한다. 상해의 고의까지 요하는 것은 아니다. 이러한 의미에서 본죄는 진정결과적 가중범에 속한다고 할 수 있다.

3) 미수·기수

본죄의 미수범은 처벌된다. 본죄는 강도행위의 미수 또는 기수와 무관하게 치상의 결과가 발생함에 의하여 기수에 달한다. 대법원도 "형법 제337조의 강도상해, 치상죄는 재물강취의 기수와 미수를 불문하고 범인이 강도범행의 기회에 사람을 상해하거나 치상하게 되면 성립하는 것이다"고 판시한 바 있다.[446]

(3) 죄 수

강도가 재물강취의 뜻을 재물의 부재로 이루지 못한 채 미수에 그쳤으나 그 자리에서 항거불능의 상태에 빠진 피해자를 간음할 것을 결의하고 실행에 착수했으나 역시 미수에

443) 대법원 1996.7.12. 선고 96도1142 판결.
444) 대법원 1985.1.15. 선고 84도2397 판결.
445) 대법원 2003.7.25. 선고 2003도2316 판결.
446) 대법원 1986.9.23. 선고 86도1526 판결.

그쳤더라도 반항을 억압하기 위한 폭행으로 피해자에게 상해를 입힌 경우에는 강도강간미수죄와 강도치상죄가 성립되고 이는 1개의 행위가 2개의 죄명에 해당되어 상상적 경합관계가 성립된다.[447]

4. 처 벌

본죄의 법정형은 무기 또는 7년 이상의 징역이다. 강도상해죄와 강도치상죄 사이의 법정형에 있어서의 차이는 없다. 다만 무기 또는 10년 이상의 징역인 강도 살인·치사죄의 그것보다는 무겁다.

Ⅶ. 강도 살인·치사죄

제338조(강도살인·치사) 강도가 사람을 살해한 때에는 사형 또는 무기징역에 처한다. 사망에 이르게 한 때에는 무기 또는 10년 이상의 징역에 처한다.

제342조(미수범) 제329조 내지 제341조의 미수범은 처벌한다.

제345조(자격정지의 병과) 본장의 죄를 범하여 유기징역에 처할 경우에는 10년 이하의 자격정지를 병과할 수 있다.

제346조(동력) 본장의 죄에 있어서 관리할 수 있는 동력은 재물로 간주한다.

1. 서 언

본죄는 강도가 사람을 살해하거나 사망에 이르게 함으로써 성립한다. 본죄는 고의범으로서의 강도살인죄와 결과적 가중범으로서의 강도치사죄로 나누어질 수 있다. 본죄는 미수범을 처벌한다. 다만 형법은 강도상해를 비롯하여 강도살인, 강도강간 등의 각죄에 관해서는 상습범가중규정을 두지 있지 아니하다.

2. 강도살인죄

(1) 의 의

본죄는 강도가 사람을 살해함으로써 성립한다. 본죄는 선행범죄로서의 강도죄와 후행범죄로서의 살인죄가 결합된 고의범에 속한다.

(2) 범 죄

1) 구성요건

① 객관적 구성요건

ⓘ 주 체 본죄의 강도의 범위도 전술한 바와 같이 강도(제333조), 특수강도(제334조), 준강도(제335조) 및 인질강도(제336조)를 의미하는 것으로 해석된다. 강도 상해·치상죄에서와 같은 조문의 위치상의 이유이다. 다만 본죄의 선행범죄로서 강도의 주체에는 제한이 없다. 강도의 범위에 관한 판례의 구체적 내용은 다음과 같다. 즉,

---

447) 대법원 1988.6.28. 선고 88도820 판결.

강도살인죄(제338조)의 주체인 강도는 준강도죄(제335조)의 강도범인을 포함한다고 할 것이므로 절도가 체포를 면탈할 목적으로 사람을 살해한 때에는 강도살인죄가 성립한다.[448)]

ⓘⓘ 객 체 본죄의 객체는 사람이다. 다만 본죄의 선행범죄로서 강도의 객체는 재물 또는 재산상의 이익라고 할 수 있다.

ⓘⓘⓘ 행 위

ⅰ. 살 해 본죄의 실행행위는 살해이다. 한편 본죄는 결합범으로서 본죄의 실행행위와는 별개로 강도의 실행행위가 요구된다고 해석된다. 본죄가 성립하기 위해서는 먼저 강도가 성립해야 하기 때문이다. 다만 강도의 실행행위는 이미 전술한 바와 같이 강도의 유형에 따라 구별된다고 할 수 있다.

ⅱ. 살해와 강도의 기회 강도살인이라 함은 강도범인이 강도의 기회에 살인행위를 함으로써 성립한다.[449)] 따라서 강도살인은 강도범행의 실행 중이거나 그 실행 직후 또는 실행의 범의를 포기한 직후로서 사회통념상 범죄행위가 완료되지 아니하였다고 볼 수 있는 단계에서 살인이 행하여짐을 요건으로 한다.[450)]

강도살인을 긍정한 판례의 구체적 내용은 다음과 같다. 즉,

술집에 피고인과 술집 주인 두 사람밖에 없는 상황에서 술값의 지급을 요구하는 술집 주인을 살해하고 곧바로 피해자가 소지하던 현금을 탈취한 경우 강도살인죄가 성립한다.[451)] 채무면탈의 목적으로 채권자를 살해하고 동인의 반항능력이 완전히 상실된 것을 이용하여 즉석에서 동인이 소지하고 있던 재물까지 탈취하였다면 살인행위와 재물탈취행위는 서로 밀접하게 관련되어 있어 살인행위를 이용한 재물탈취행위라고 볼 것이므로 이는 강도살인죄에 해당한다.[452)] 강도범행 직후 신고를 받고 출동한 경찰관이 위 범행 현장으로부터 약 150m 지점에서, 화물차를 타고 도주하는 피고인을 발견하고 순찰차로 추적하여 격투 끝에 피고인을 붙잡았으나, 피고인이 너무 힘이 세고 반항이 심하여 수갑도 채우지 못한 채 피고인을 순찰차에 억지로 밀어 넣고서 파출소로 연행하고자 하였는데, 그 순간 피고인이 체포를 면하기 위하여 소지하고 있던 과도로써 옆에 앉아 있던 경찰관을 찔러 사망케 하였다면 피고인의 위 살인행위는 강도행위와 시간상 및 거리상 극히 근접하여 사회통념상 범죄행위가 완료되지 아니한 상태에서 이루어진 것이라고 보여지므로(위 살인행위 당시에 피고인이 체포되어 신체가 완전히 구속된 상태이었다고 볼 수 없다), 원심이 피고인을 강도살인죄로 적용하여 처벌한 것은 옳다.[453)] 채무면탈의 목적으로 채권자를 살해하고 동인의 반항능력이 완전히 상실된 것을 이용하여 즉석에서 동인이 소지하고 있던 재물까지 탈취하였다면 살인행위와 재물탈취행위는 서로 밀접하게 관련되어 있어 살인행위를 이용한 재물탈취행위라고 볼 것이므로 이는 강도살인죄에 해당한다.[454)] 절취의 범행중에 죄적을 인멸할 목적으로 사람을 살해한 경우는 강도살인죄가 성립한다.[455)]

---

448) 대법원 1987.9.22. 선고 87도1592 판결.
449) 대법원 2004.6.24. 선고 2004도1098 판결; 대법원 1996.7.12. 선고 96도1108 판결.
450) 대법원 2004.6.24. 선고 2004도1098 판결; 대법원 1996.7.12. 선고 96도1108 판결.
451) 대법원 1999.3.9. 선고 99도242 판결.
452) 대법원 1985.10.22. 선고 85도1527 판결.
453) 대법원 1996.7.12. 선고 96도1108 판결.
454) 대법원 1985.10.22. 선고 85도1527 판결.

강도살인을 부정한 판례의 구체적 내용은 다음과 같다. 즉,

> 강도살인죄가 성립하려면 먼저 강도죄의 성립이 인정되어야 하고, 강도죄가 성립하려면 불법영득(또는 불법이득)의 의사가 있어야 하며, 형법 제333조 후단 소정의 이른바 강제이득죄의 성립요건인 '재산상 이익의 취득'을 인정하기 위하여서는 재산상 이익이 사실상 피해자에 대하여 불이익하게 범인 또는 제3자 앞으로 이전되었다고 볼 만한 상태가 이루어져야 하는데, 채무의 존재가 명백할 뿐만 아니라 채권자의 상속인이 존재하고 그 상속인에게 채권의 존재를 확인할 방법이 확보되어 있는 경우에는 비록 그 채무를 면탈할 의사로 채권자를 살해하더라도 일시적으로 채권자측의 추급을 면한 것에 불과하여 재산상 이익의 지배가 채권자측으로부터 범인 앞으로 이전되었다고 보기는 어려우므로, 이러한 경우에는 강도살인죄가 성립할 수 없다.[456] 강도살인죄가 성립하려면 먼저 강도죄의 성립이 인정되어야 하고, 강도죄가 성립하려면 불법영득(또는 불법이득)의 의사가 있어야 하며, 형법 제333조 후단 소정의 이른바 강제이득죄의 성립요건인 '재산상 이익의 취득'을 인정하기 위하여는 재산상 이익이 사실상 피해자에 대하여 불이익하게 범인 또는 제3자 앞으로 이전되었다고 볼 만한 상태가 이루어져야 하는데, 채무의 존재가 명백할 뿐만 아니라 채권자의 상속인이 존재하고 그 상속인에게 채권의 존재를 확인할 방법이 확보되어 있는 경우에는 비록 그 채무를 면탈할 의사로 채권자를 살해하더라도 일시적으로 채권자측의 추급을 면한 것에 불과하여 재산상 이익의 지배가 채권자측으로부터 범인 앞으로 이전되었다고 보기는 어려우므로, 이러한 경우에는 강도살인죄가 성립할 수 없다.[457]

ⅳ 결 과 본죄는 결과범이다. 강도의 기회에 사람을 살해하여 사망의 결과가 발생해야 기수에 이른다. 반드시 재물탈취의 목적달성을 요하는 것은 아니라고 해석된다.

② 주관적 구성요건

ⅰ 고 의 본죄는 고의범이다. 본죄의 고의는 인식적 요소로서 강도가 사람을 살해한다는 사실에 대한 인식을 요한다.

본죄의 고의는 반드시 살해의 목적이나 계획적인 살해의 의도가 있어야 인정되는 것은 아니고, 자기의 행위로 인하여 타인의 사망의 결과를 발생시킬 만한 가능 또는 위험이 있음을 인식하거나 예견하면 족한 것이고 그 인식이나 예견은 확정적인 것은 물론 불확정적인 것이라도 이른바 미필적 고의로 인정되는 것이다.[458] 범행 당시 살인의 고의는 없었고 단지 상해 또는 폭행의 고의만 있었을 뿐이라고 다투는 경우에 범행 당시 살인의 고의가 있었는지 여부는 범행에 이르게 된 경위, 범행의 동기, 준비된 흉기의 유무・종류・용법, 공격의 부위와 반복성, 사망의 결과발생가능성 정도 등 범행 전후의 객관적인 사정을 종합하여 판단할 수밖에 없다.[459]

한편 본죄의 공동정범이 성립하기 위하여는 강도의 점뿐 아니라 살인의 점에 관한 고의

---

455) 대법원 1983.6.28. 선고 83도1210 판결.

456) 대법원 2010.9.30. 선고 2010도7405 판결; 대법원 2005.6.23. 선고 2005도1947 판결; 대법원 2004.6.24. 선고 2004도1098 판결.

457) 대법원 2004.6.24. 선고 2004도1098 판결.

458) 대법원 2002.2.8. 선고 2001도6425 판결.

459) 대법원 2002.2.8. 선고 2001도6425 판결.

의 공동이 필요하다.[460] 고의를 긍정한 판례의 구체적 내용은 다음과 같다. 즉,

강도가 베개로 피해자의 머리부분을 약 3분간 누르던 중 피해자가 저항을 멈추고 사지가 늘어졌음에도 계속하여 누른 행위에 살해의 고의가 있었다고 한 원심의 판단을 수긍한 사례이다.[461] 수인이 합동하여 강도를 한 경우 그 중 1인이 사람을 살해하는 행위를 하였다면 그 범인은 강도살인죄의 기수 또는 미수의 죄책을 지는 것이고 다른 공범자도 살해행위에 관한 고의의 공동이 있었으면 그 또한 강도살인죄의 기수 또는 미수의 죄책을 지는 것이 당연하다 하겠으나, 고의의 공동이 없었으면 피해자가 사망한 경우에는 강도치사의, 강도살인이 미수에 그치고 피해자가 상해만 입은 경우에는 강도상해 또는 치상의, 피해자가 아무런 상해를 입지 아니한 경우에는 강도의 죄책만 진다고 보아야 할 것이다.[462]

ⅱ 불법 영득 · 이득의 의사 본죄는 재산범으로서의 고의 외에도 불법영득의 의사를 요한다. 본죄가 성립하려면 강도가 먼저 성립하여야 하고, 강도가 성립하려면 불법 영득 · 이득의 의사가 필요하기 때문이다.[463]

불법 영득 · 이득의 의사를 부정한 판례의 구체적 내용은 다음과 같다. 즉,

피고인이 피해자 소유의 돈과 신용카드에 대하여 불법영득의 의사를 갖게 된 것이 살해 후 상당한 시간이 지난 후로서 살인의 범죄행위가 이미 완료된 후의 일이라면, 살해 후 상당한 시간이 지난 후에 별도의 범의에 터잡아 이루어진 재물 취거행위를 그보다 앞선 살인행위와 합쳐서 강도살인죄로 처단할 수 없다.[464] 피해자를 강간한 후 항거불능 상태에 있는 피해자에게 돈을 내놓으라고 하여 피해자가 서랍안에서 꺼내주는 돈을 받는 즉시 팁이라고 하면서 피해자의 브라쟈속으로 그 돈을 집어 넣어 준 것이라면 이는 불법영득을 하려 한 것이 아니라 피해자를 희롱하기 위하여 돈을 뺏은 다음 그대로 돌려주려고 한 의도였다고 할 것이므로 불법영득의 의사가 있었다고 보기 어렵다.[465]

③ 미수 · 기수

본죄는 미수범을 처벌한다. 본죄는 사망이라는 결과의 발생으로 기수에 달한다. 재물강취나 이익강취의 기수나 미수를 묻지 않는다고 해석된다.

④ 공 범

수인이 합동하여 강도를 한 경우 1인이 강취하는 과정에서 간수자를 강타, 사망케 한 때에는 나머지 범인도 이를 예기하지 못한 것으로 볼 수 없는 경우에는 강도살인죄의 죄책을 면할 수 없다.[466] 공범을 긍정한 판례의 구체적 내용은 다음과 같다. 즉,

강도의 공범자 중 1인이 강도의 기회에 피해자에게 폭행 또는 상해를 가하여 살해한 경우, 다른

460) 대법원 1991.11.12. 선고 91도2156 판결.
461) 대법원 2002.2.8. 선고 2001도6425 판결.
462) 대법원 1991.11.12. 선고 91도2156 판결.
463) 대법원 2010.9.30. 선고 2010도7405 판결; 대법원 2004.6.24. 선고 2004도1098 판결; 대법원 1986.6.24. 선고 86도776 판결.
464) 대법원 2004.6.24. 선고 2004도1098 판결.
465) 대법원 1986.6.24. 선고 86도776 판결.
466) 대법원 1984.2.28. 선고 83도3162 판결.

공모자가 살인의 공모를 하지 아니하였다고 하여도 그 살인행위나 치사의 결과를 예견할 수 없었던 경우가 아니면 강도치사죄의 죄책을 면할 수 없다.[467] 피고인들이 사전에 금품강취범행을 모의하고 전원이 범행현장에 임하여 각자 범죄의 실행을 분담하였으며 그 과정에 피고인(갑)을 제외한 나머지 3명이 모두 과도 또는 쇠파이프등을 휴대하였고 쇠파이프를 휴대한 피고인(을)이 위 피해자를 감시하였던 상황에 비추어 피고인(을)이 피해자를 강타, 살해하리라는 점에 관하여 나머지 피고인들도 예기할 수 없었다고는 보여지지 아니하므로 피고인들을 모두 강도살인죄의 정범으로 처단함은 정당하다.[468] 피고인들이 택시운전사로부터 금품을 강취할 목적으로 길이 약 20센티미터의 과도 2개를 구입하여 과도 1개씩을 자신들의 왼쪽다리 무릎과 발목 사이에 붕대로 감아 감추고 택시를 타고가다 한적한 곳에 택시를 정지시킨 후 운전수 뒷자리에 타고 있던 피고인 (갑)은 피해자의 등뒤에서 왼손으로 목을 조르고 과도로 눈과 안면부를 각 1회씩 찌르자 동인이 도망하므로 따라가서 목과 안면부를 4~5회 찌르고 피고인 (을)도 과도로 1회 찌르고 주먹으로 2회 때려 전치 약 3주간을 요하는 좌안구혈종등의 상해를 입게하고 금품을 강취하였다면 피고인들은 본건 범행에 있어 살인의 범의가 있었으며 피고인 (을)이 본건 범행에 공동가공한 사실도 분명하다 할 것이므로 위 피고인들의 범행을 강도살인미수죄로 의율한 원심의 조치는 정당하다.[469]

2) 책임조각사유

본죄에 있어서도 총칙상의 책임조각사유는 그대로 적용된다. 따라서 심신상실 등 책임조각사유가 있는 경우에는 책임이 조각된다.

책임조각을 부정한 판례의 구체적 내용은 다음과 같다. 즉,

피고인이 고등학교 2학년 재학중에 아무런 뚜렷한 이유 없이 자신이 백혈병에 걸려 있다는 등의 말을 하며 가출을 하여 신경정신과 의사의 치료를 받은 전력이 있었는데 그 당시 고도의 신경증으로 진단을 받은 바 있고 시를 즐겨 쓰면서 공허, 죽음 등 극단적 소재와 단어를 많이 사용하였으며 이 사건으로 인하여 정신감정을 받은 1985.2.4 현재 피고인은 경계형 정신분열증의 증상이 있었다는 사실은 인정되나 한편 원심거시 증거 등에 의하여 이 사건 범행의 동기, 모의과정과 그 준비상황 및 범행후 지문을 지우는 등의 치밀성과 범행후에도 평소와 다름없이 학교에 나가는 등 일상생활에 아무 특이한 점이 없었다는 점이 인정되는 이 사건에서 피고인이 이 사건범행당시 심신장애상태에 있었다고는 보기 어렵다.[470]

3) 죄 수

피고인들이 피해자들의 재물을 강취한 후 그들을 살해할 목적으로 현주건조물에 방화하여 사망에 이르게 한 경우, 피고인들의 행위는 강도살인죄와 현주건조물방화치사죄에 모두 해당하고 그 두 죄는 상상적 경합범관계에 있다.[471]

---

467) 대법원 1991.11.12. 선고 91도2156 판결.
468) 대법원 1984.2.28. 선고 83도3162 판결.
469) 대법원 1987.1.20. 선고 86도2308 판결.
470) 대법원 1985.6.25. 선고 85도696 판결.
471) 대법원 1998.12.8. 선고 98도3416 판결.

3. 강도치사죄

(1) 의 의

본죄는 강도가 사람을 사망에 이르게 함으로써 성립한다. 본죄는 강도행위로 인하여 사망의 중한 결과가 발생한 경우로서 결과적 가중범에 해당한다.

(2) 범 죄

1) 객관적 구성요건

① 주 체

본죄의 주체는 강도이다. 강도의 범위에 관하여는 위의 강도상해죄에서 전술한 바와 같다. 다만 본죄의 선행범죄로서 강도의 주체에는 제한이 없다.

② 객 체

본죄의 객체는 사람이다. 다만 본죄의 선행범죄로서 강도의 객체는 재물 또는 재산상의 이익라고 할 수 있다.

③ 행 위

본죄의 실행행위는 과실행위이다. 과실행위란 객관적 구성요건요소로서 객관적 주의의무에 대한 위반이다. 다만 본죄는 선행범죄의 실행행위로서 고의에 의한 강도의 실행행위를 요한다. 강도의 실행행위는 위의 강도의 범위에 해당하는 강도의 유형에 따라 다소 차이가 있다.

④ 결 과

본죄의 중한 결과는 과실행위에 의한 사망이다. 사망은 강도의 기회에 범인의 행위로 인하여 발생한 것이면 족하다고 해석된다. 대법원도 “강도치사죄는 이른바 결과적 가중범으로서 살인의 고의까지 요하는 것이 아니므로 피고인이 강도의 기회에 사람을 죽음에 이르게 한 이상 강도치사죄의 죄책을 면할 수 없다”고 판시한 바 있다.[472]

⑤ 인과관계

치사의 결과와 강도의 수단인 폭행 또는 협박 및 강도의 기회에 행하여진 강도행위와 밀접한 관련성을 가지는 행위 사이에는 인과관계가 존재하지 않으면 안 된다.

2) 주관적 구성요건

본죄는 기본범죄로서 강도의 죄와 중한 결과로서 사망에 의하여 성립하는 결과적 가중범이기 때문에 기본범죄의 강도행위에 대한 고의와 사망의 중한 결과에 대한 행위로서 과실행위에 대한 과실을 요한다. 살해의 고의까지 요하는 것은 아니다.[473] 이러한 의미에서 본죄는 진정결과적 가중범에 속한다고 할 수 있다.

---

472) 대법원 1987.9.8. 선고 87도1458 판결.
473) 대법원 1991.11.12. 선고 91도2156 판결.

3) 미수 · 기수

본죄는 미수범을 처벌한다. 본죄는 사망이라는 결과의 발생으로 기수에 달한다. 재물강취나 이익강취의 미수나 기수를 묻지 않는다고 해석된다.

4) 공 범

본죄에 있어서도 총칙상의 공범에 관한 규정은 그대로 적용된다고 할 수 있다.

공범을 긍정한 판례의 구체적 내용은 다음과 같다. 즉,

> 피고인들이 등산용 칼을 이용하여 노상강도를 하기로 공모한 사건에서 범행 당시 차안에서 망을 보고 있던 피고인 갑이나 등산용 칼을 휴대하고 있던 피고인 을과 함께 차에서 내려 피해자로부터 금품을 강취하려 했던 피고인 병으로서는 그때 우연히 현장을 목격하게 된 다른 피해자를 피고인 을이 소지중인 등산용 칼로 살해하여 강도살인행위에 이를 것을 전혀 예상하지 못하였다고 할 수 없으므로 피고인들 모두는 강도치사죄로 의율처단함이 옳다.[474] 강도의 공범자 중 1인의 강도의 기회에 피해자에게 폭행 또는 상해를 가하여 살해한 경우에 다른 공범자는 강도의 수단으로 폭행 또는 상해가 가해지리라는 점에 대하여 상호 인식이 있었으므로 살해에 대하여 공모한 바가 없다고 하여도 강도치사죄의 죄책을 면할 수 없다.[475]

4. 처 벌

본죄의 강도살인죄의 법정형은 사형 또는 무기징역이고, 강도치사죄의 그것은 무기 또는 10년 이상의 징역이다. 무기 또는 7년 이상의 징역인 강도 상해 · 치상죄의 그것보다 무겁게 되어 있다.

Ⅷ. 강도강간죄

제339조(강도강간) 강도가 사람을 강간한 때에는 무기 또는 10년 이상의 징역에 처한다.

제342조(미수범) 제329조 내지 제341조의 미수범은 처벌한다.

제345조(자격정지의 병과) 본장의 죄를 범하여 유기징역에 처할 경우에는 10년 이하의 자격정지를 병과할 수 있다.

제346조(동력) 본장의 죄에 있어서 관리할 수 있는 동력은 재물로 간주한다.

1. 서 언

본죄는 강도가 사람을 강간함으로써 성립한다. 본죄는 강도라는 신분을 가진 범인이 강간죄를 범하였을 때 성립하는 범죄이다.[476]

본죄는 강도죄와 강간죄의 결합범이다. 여기서 강도는 강도(제333조), 준강도(제335조) 및 인질강도(제336조)를 말하고, 강간은 강간(제297조), 준강간(제299조) 및 미성년자에 대한 간음(제305조)를 말한다.[477]

---

474) 대법원 1990.11.27. 선고 90도2262 판결.

475) 대법원 1988.9.13. 선고 88도1046 판결.

476) 대법원 2010.7.15. 선고 2010도3594 판결; 대법원 1988.9.9. 선고 88도1240 판결.

2. 범 죄

(1) 구성요건

1) 객관적 구성요건

① 주 체

본죄의 주체는 강도이다. 강도는 강도(제333조), 준강도(제335조) 및 인질강도(제336조)를 말한다.478)

강간범이 강간행위 후에 강도의 범의를 일으켜 그 부녀의 재물을 강취하는 경우에는 본죄가 아니라 강도죄와 강간죄의 경합범이 성립될 수 있을 뿐이다.479) 그러나 강간범이 강간행위 종료 전, 즉 그 실행행위의 계속 중에 강도의 행위를 할 경우에는 이 때에 바로 강도의 신분을 취득하는 것이므로 이후에 그 자리에서 강간행위를 계속하는 때에는 강도가 부녀를 강간한 때에 해당하여 본죄를 구성하게 된다.480)

② 객 체

본죄의 객체는 사람이다. 사람은 강간죄에서 전술한 바와 같이 남녀노소. 기혼이든 미혼이든 가리지 않는다.

③ 행 위

본죄의 실행행위는 강간이다. 강간은 강간(제297조), 준강간(제299조) 및 미성년자에 대한 간음(제305조)를 말한다.481)

다만 본죄는 결합범이기 때문에 선행범죄로서 강도죄의 실행행위를 요하는 것은 별개의 문제이다. 본죄는 강도범인이 강도의 기회에 강간행위를 한 경우에 성립된다.482) 강도가 실행에 착수하였으나 아직 강도행위를 완료하기 전에 강간을 한 경우도 이에 포함된다.483)

강간을 긍정한 판례의 구체적 내용은 다음과 같다. 즉,

> 강도가 강간하려고 하였으나 잠자던 피해자의 어린 딸이 잠에서 깨어 우는 바람에 도주하였고, 또 피해자가 시장에 간 남편이 곧 돌아온다고 하면서 임신중이라고 말하자 도주한 경우에는 자의로 강간행위를 중지하였다고 볼 수 없다.484) 피고인 갑, 을, 병이 강도행위를 하던 중 피고인 갑, 을은 피해자를 강간하려고 작은 방으로 끌고가 팬티를 강제로 벗기고 음부를 만지던 중 피해자가 수술한 지 얼마 안되어 배가 아프다면서 애원하는 바람에 그 뜻을 이루지 못하였다면, 강도행위의 계속 중 이미 공포상태에 빠진 피해자를 강간하려고 한 이상 강간의 실행에 착수한 것이고, 피고인들이 간음행위를 중단한 것은 피해자를 불쌍히 여겨서가 아니라 피해자의 신체조건상 강간을 하기

---

477) 대법원 1986.1.28. 선고 85도2416, 85감도352 판결.
478) 대법원 1986.1.28. 선고 85도2416, 85감도352 판결.
479) 대법원 2010.12.9. 선고 2010도9630 판결; 대법원 2010.7.15. 선고 2010도3594 판결; 대법원 1988.9.9. 선고 88도1240 판결; 대법원 1977.9.28. 선고 77도1350 판결.
480) 대법원 2010.12.9. 선고 2010도9630 판결; 대법원 2010.7.15. 선고 2010도3594 판결; 대법원 1988.9.9. 선고 88도1240 판결.
481) 대법원 1986.1.28. 선고 85도2416, 85감도352 판결.
482) 대법원 1984.10.10. 선고 84도1880 판결.
483) 대법원 1986.5.27. 선고 86도507 판결; 대법원 1984.10.10. 선고 84도1880 판결.
484) 대법원 1993.4.13. 선고 93도347 판결.

에 지장이 있다고 본 데에 기인한 것이므로, 이는 일반의 경험상 강간행위를 수행함에 장애가 되는 외부적 사정에 의하여 범행을 중지한 것에 지나지 않는 것으로서 중지범의 요건인 자의성을 결여하였다.[485)]

2) 주관적 구성요건

① 고 의

본죄는 고의범이다. 본죄의 고의는 인식적 요소로서 강도가 사람을 강간한다는 사실에 대한 인식을 요한다.

② 불법 영득·이득의 의사

본죄는 결합범으로서 강도죄의 성립을 위해서 이에 대한 고의와 불법 영득·이득의 의사를 요하는 것은 강간죄의 고의와는 별개이다.

불법영득의 의사라 함은 권리자를 배제하여 타인의 물건을 자기의 물건과 같이 그 경제적 용법에 따라 이용처분하는 의사를 말한다.[486)]

불법 영득·이득의 의사를 부정한 판례의 구체적 내용은 다음과 같다. 즉,

> 강간하는 과정에서 피해자들이 도망가지 못하게 하기 위해 손가방을 빼앗은 것에 불과하다면 이에 불법영득의 의사가 있었다고 할 수 없다.[487)]

3) 미수·기수

본죄는 미수범을 처벌한다. 본죄는 결합범으로서 강도가 부녀를 강간함으로써 기수에 달하고 강도가 기수이거나 미수이거나를 가리지 아니한다.[488)] 대법원은 "강도강간, 강도치상 등의 죄는 강도의 계제에 강간 또는 치상의 결과가 발생하면 되는 것이지 강도의 기수나 미수를 가리지 않는다"고 판시한 바 있다.[489)]

4) 공 범

본죄에 있어서도 총칙상의 공범에 관한 규정은 그대로 적용될 수 있다.

공범을 긍정한 판례의 구체적 내용은 다음과 같다. 즉,

> 피고인이 강도하기로 모의를 한 후 피해자 갑남으로부터 금품을 빼앗고 이어서 피해자 을녀를 강간하였다면 강도강간죄를 구성한다.[490)] 피고인이 공범들과 함께 강도범행을 저지른 후 피해자의 신고를 막기 위하여 공범들이 묶여있는 피해자를 옆방으로 끌고가 강간범행을 할 때에 피고인은 자녀들을 감시하고 있었다면 공범들의 강도강간범죄에 공동가공한 것이라 하겠으므로 비록 피고인이 직접강간행위를 하지 않았다 하더라도 강도강간의 공동죄책을 면할 수 없다.[491)] 갑과 을이 합동하여 강도 범행 도중에 갑이 피해자의 가슴에 칼을 들이대고 강간할 의사를 표명하면서 협박

---

485) 대법원 1992.7.28. 선고 92도917 판결.
486) 대법원 1985.8.13. 선고 85도1170 판결.
487) 대법원 1985.8.13. 선고 85도1170 판결.
488) 대법원 1986.1.28. 선고 85도2416, 85감도352 판결.
489) 대법원 1985.10.22. 선고 85도2001 판결.
490) 대법원 1991.11.12. 선고 91도2241 판결.
491) 대법원 1986.1.21. 선고 85도2411 판결.

하고 을이 피해자를 강간하였다면 위 갑의 협박행위는 강도강간죄의 수단을 이루고 강도강간죄의 실행행위의 일부를 분담수행하였다고 할 것이고, 위 갑, 을 간에는 강도강간에 대한 암묵의 의사연락이 있었다고 보여져 갑도 강도강간죄의 죄책을 져야 한다.[492] 피고인 2는 피고인 1과 공모합동하여 제1심판시 2의 나의 강도범행 도중에 피해자 의 가슴에 칼을 들이대고 "젊은 놈의 맛좀 보겠느냐"면서 강간할 의사를 표명하면서 협박하고, 피고인 1은 과도를 피해자의 등에 들이 대고 강제로 옷을 벗겨 1회 성교하여 강간한 사실이 인정되므로 피고인 2의 위 협박행위는 강도강간죄의 수단을 이루고 강도강간죄의 실행행위의 일부를 분담 수행하였다고 할 것이고 피고인들 간에는 강도강간에 대한 암묵의 의사연락이 있었다고 보여짐으로 피고인 2는 강도강간죄의 죄책을 져야함은 의심의 여지가 없다 할 것이고 또 피고인 2가 피고인 3과 합동하여 포니승용차 및 제미니승용차를 각 절취한 사실 역시 넉넉히 인정되므로 원심이 이를 모두 유죄로 인정한 조치는 정당하고 거기에 채증법칙 위배나 공범에 관한 법리오해의 위법이 있다고는 할 수 없다. 논지는 이유없다.[493]

(2) 죄 수

강도가 피해자에게 상해를 입혔으나 재물의 강취에는 이르지 못하고 그 자리에서 항거불능 상태에 빠진 피해자를 간음한 경우에는 강도상해죄와 강도강간죄만 성립한다.[494] 또 그 실행행위의 일부인 강도미수 행위는 위 각 죄에 흡수되어 별개의 범죄를 구성하지 않는다.[495]

3. 처 벌

본죄의 법정형은 무기 또는 10년 이상의 징역이다. 강도죄나 강간죄의 3년 이상의 유기징역을 합친 것보다는 무겁다. 강간죄의 본죄의 미수범은 처벌된다.

Ⅸ. 해상강도의 죄

제340조(해상강도) ① 다중의 위력으로 해상에서 선박을 강취하거나 선박내에 침입하여 타인의 재물을 강취한 자는 무기 또는 7년 이상의 징역에 처한다.
② 제1항의 죄를 범한 자가 사람을 상해하거나 상해에 이르게 한때에는 무기 또는 10년 이상의 징역에 처한다.
③ 제1항의 죄를 범한 자가 사람을 살해 또는 사망에 이르게 하거나 강간한 때에는 사형 또는 무기징역에 처한다.

제341조(상습범) 상습으로 ~ 전조제1항의 죄를 범한 자는 무기 또는 10년 이상의 징역에 처한다.

제342조(미수범) 제329조 내지 제341조의 미수범은 처벌한다.

제343조(예비, 음모) 강도할 목적으로 예비 또는 음모한 자는 7년 이하의 징역에 처한다.

제345조(자격정지의 병과) 본장의 죄를 범하여 유기징역에 처할 경우에는 10년 이하의 자격정지를 병과할 수 있다.

제346조(동력) 본장의 죄에 있어서 관리할 수 있는 동력은 재물로 간주한다.

---

492) 대법원 1985.2.26. 선고 84도2732,84감도429 판결.
493) 대법원 1985.2.26. 선고 84도2732,84감도429 판결.
494) 대법원 2010.4.29. 선고 2010도1099 판결; 대법원 1988.6.28. 선고 88도820 판결.
495) 대법원 2010.4.29. 선고 2010도1099 판결.

1. 서 언

본죄는 다중의 위력으로 해상에서 선박을 강취하거나 선박 내에 침입하여 타인의 재물을 강취하거나(제340조 제1항), 이 죄를 범한 자가 사람을 상해하거나 상해에 이르게 하거나(제340조 제2항) 또는 사람을 살해 또는 사망에 이르게 하거나 강간함으로써 성립한다(제340조 제3항).

본죄는 해상강도죄, 해상강도 상해 · 치상죄, 해상강도 살인 · 치사죄 및 해상강도강간죄로 나누어질 수 있다. 본죄는 예비 · 음모와 미수를 처벌된다. 해상강도죄는 상습범도 처벌한다.

2. 범 죄

(1) 해상강도죄

1) 의 의

본죄는 다중의 위력으로 해상에서 선박을 강취하거나 선박내에 침입하여 타인의 재물을 강취함으로써 성립한다(제340조 제1항).

2) 상습 해상강도죄

본죄는 상습으로 위의 해상강도죄를 범함으로써 성립한다. 해상강도죄의 상습범을 처벌하기 위한 규정이다. 본죄의 법정형은 무기 또는 10년 이상의 징역이다.

(2) 해상강도 상해 · 치상죄

1) 해상강도 상해죄

본죄는 위의 해상강도가 사람을 상해함으로써 성립한다(제340조 제2항). 본죄는 해상강도죄와 상해죄의 결합범이다.

2) 해상강도 치상죄

본죄는 위의 해상강도가 사람을 상해에 이르게 함으로써 성립한다(제340조 제2항). 본죄는 해상강도죄의 결과적 가중범이다.

(3) 해상강도 살인 · 치사죄

1) 해상강도 살인죄

본죄는 위의 해상강도가 사람을 살해함으로써 성립한다(제340조 제3항). 본죄는 해상강도죄와 살인죄의 결합범이다.

판례에 의하면 선장을 비롯한 일부 선원들을 살해하는 등의 방법으로 선박의 지배권을 장악하여 목적지까지 항해한 후 선박을 매도하거나 침몰시키려고 한 경우에 선박에 대한 불법영득의 의사가 있다고 보아 해상강도살인죄를 인정한 사례가 있다(페스카마 15호 선상살인사건).[496]

---

496) 대법원 1997.7.25. 선고 97도1142 판결.

2) 해상강도 치사죄

본죄는 위의 해상강도가 사람을 사망에 이르게 함으로써 성립한다(제340조 제3항). 본죄는 해상강도죄의 결과적 가중범이다.

(4) 해상강도강간죄

본죄도 위의 해상강도가 사람을 강간함으로써 성립한다(제340조 제3항). 본죄는 해상강도죄와 강간죄의 결합범이다.

3. 처 벌

해상강도죄의 법정형은 무기 또는 7년 이상의 징역이다. 해상강도 상해·치상죄의 법정형은 무기 또는 10년 이상의 징역이다. 그리고 해상강도 살인·치사죄와 해상강도강간죄의 법정형은 사형 또는 무기징역이다.

4. 상습 해상강도죄

본죄는 상습범을 처벌한다. 상습으로 본죄를 범한 자에 대하여는 무기 또는 10년 이상의 징역에 처한다.

§4. 관련 특별법

Ⅰ. 특정범죄가중법

제5조의4(상습 강도절도죄 등의 가중처벌) ① 삭제 〈2016.1.6.〉
② 5명 이상이 공동하여 상습적으로 「형법」 제329조부터 제331조까지의 죄 또는 그 미수죄를 범한 사람은 2년 이상 20년 이하의 징역에 처한다. 〈개정 2016.1.6.〉
③ 삭제 〈2016.1.6.〉
④ 삭제 〈2016.1.6.〉
⑤ 「형법」 제329조부터 제331조까지, 제333조부터 제336조까지 및 제340조제362조의 죄 또는 그 미수죄로 세 번 이상 징역형을 받은 사람이 다시 이들 죄를 범하여 누범(累犯)으로 처벌하는 경우에는 다음 각 호의 구분에 따라 가중처벌한다.
1. 「형법」 제329조부터 제331조까지의 죄(미수범을 포함한다)를 범한 경우에는 2년 이상 20년 이하의 징역에 처한다.
2. 「형법」 제333조부터 제336조까지의 죄 및 제340조제1항의 죄(미수범을 포함한다)를 범한 경우에는 무기 또는 10년 이상의 징역에 처한다.
3. 「형법」 제362조의 죄를 범한 경우에는 2년 이상 20년 이하의 징역에 처한다.
⑥ 상습적으로 「형법」 제329조부터 제331조까지의 죄나 그 미수죄 또는 제2항의 죄로 두 번 이상 실형을 선고받고 그 집행이 끝나거나 면제된 후 3년 이내에 다시 상습적으로 「형법」 제329조부터 제331조까지의 죄나 그 미수죄 또는 제2항의 죄를 범한 경우에는 3년 이상 25년 이하의 징역에 처한다.
[2016.1.6. 법률 제13717호에 의하여 2015.2.26. 헌법재판소에서 위헌 결정된 이 조 제1항을 삭제함.]
[2016.1.6. 법률 제13717호에 의하여 2015.11.26. 헌법재판소에서 위헌 결정된 이 조 제6항을 개정함.]

제5조의5(강도상해 등 재범자의 가중처벌) 「형법」 제337조제339조의 죄 또는 그 미수죄로 형을 선고받고 그 집행이 끝나거나 면제된 후 3년 내에 다시 이들 죄를 범한 사람은 사형, 무기 또는 10년 이상

의 징역에 처한다.

Ⅱ. 여신전문금융업법

1. 정 의

제2조(정의) 이 법에서 사용하는 용어의 뜻은 다음과 같다.

1. "여신전문금융업(與信專門金融業)"이란 신용카드업, 시설대여업, 할부금융업 또는 신기술사업금융업을 말한다.

3. "신용카드"란 이를 제시함으로써 반복하여 신용카드가맹점에서 다음 각 목을 제외한 사항을 결제할 수 있는 증표(證票)로서 신용카드업자(외국에서 신용카드업에 상당하는 영업을 영위하는 자를 포함한다)가 발행한 것을 말한다.
   가. 금전채무의 상환
   나. 「자본시장과 금융투자업에 관한 법률」 제3조제1항에 따른 금융투자상품 등 대통령령으로 정하는 금융상품
   다. 「게임산업진흥에 관한 법률」 제2조제1호의2에 따른 사행성게임물의 이용 대가 및 이용에 따른 금전의 지급. 다만, 외국인(「해외이주법」 제2조에 따른 해외이주자를 포함한다)이 「관광진흥법」에 따라 허가받은 카지노영업소에서 외국에서 신용카드업에 상당하는 영업을 영위하는 자가 발행한 신용카드로 결제하는 것은 제외한다.
   라. 그 밖에 사행행위 등 건전한 국민생활을 저해하고 선량한 풍속을 해치는 행위로 대통령령으로 정하는 사항의 이용 대가 및 이용에 따른 금전의 지급

6. "직불카드"란 직불카드회원과 신용카드가맹점 간에 전자적(電子的) 또는 자기적(磁氣的) 방법으로 금융거래계좌에 이체(移替)하는 등의 방법으로 결제가 이루어질 수 있도록 신용카드업자가 발행한 증표{자금(資金)을 융통받을 수 있는 증표는 제외한다}를 말한다.

8. "선불카드"란 신용카드업자가 대금을 미리 받고 이에 해당하는 금액을 기록(전자적 또는 자기적 방법에 따른 기록을 말한다)하여 발행한 증표로서 선불카드소지자가 신용카드가맹점에 제시하여 그 카드에 기록된 금액의 범위에서 결제할 수 있게 한 증표를 말한다.

2. 벌 칙

제70조(벌칙) ① 다음 각 호의 어느 하나에 해당하는 자는 7년 이하의 징역 또는 5천만원 이하의 벌금에 처한다.

1. 신용카드등을 위조하거나 변조한 자
2. 위조되거나 변조된 신용카드등을 판매하거나 사용한 자
3. 분실하거나 도난당한 신용카드나 직불카드를 판매하거나 사용한 자
4. 강취(强取)·횡령하거나, 사람을 기망(欺罔)하거나 공갈(恐喝)하여 취득한 신용카드나 직불카드를 판매하거나 사용한 자
5. 행사할 목적으로 위조되거나 변조된 신용카드등을 취득한 자
6. 거짓이나 그 밖의 부정한 방법으로 알아낸 타인의 신용카드 정보를 보유하거나 이를 이용하여 신용카드로 거래한 자
7. 제3조제1항에 따른 허가를 받지 아니하거나 등록을 하지 아니하고 신용카드업을 한 자
8. 거짓이나 그 밖의 부정한 방법으로 제3조제1항에 따른 허가를 받거나 등록을 한 자
9. 제49조의2제1항 또는 제8항을 위반하여 대주주에게 신용공여를 한 여신전문금융회사와 그로부터 신용공여를 받은 대주주 또는 대주주의 특수관계인

9의2. 제50조제1항을 위반하여 대주주가 발행한 주식을 소유한 여신전문금융회사

10. 제50조의2제5항을 위반하여 같은 항 각 호의 어느 하나에 해당하는 행위를 한 대주주 또는 대주주의 특수관계인

② 제18조의3제4항제2호, 제19조제6항 또는 제24조의2제3항을 위반한 자는 5년 이하의 징역 또는 3천만원 이하의 벌금에 처한다.

③ 다음 각 호의 어느 하나에 해당하는 자는 3년 이하의 징역 또는 2천만원 이하의 벌금에 처한다.

1. 거짓이나 그 밖의 부정한 방법으로 제3조제2항에 따른 등록을 한 자
2. 다음 각 목의 어느 하나에 해당하는 행위를 통하여 자금을 융통하여 준 자 또는 이를 중개·알선한 자
   가. 물품의 판매 또는 용역의 제공 등을 가장하거나 실제 매출금액을 넘겨 신용카드로 거래하거나 이를 대행하게 하는 행위
   나. 신용카드회원으로 하여금 신용카드로 구매하도록 한 물품·용역 등을 할인하여 매입하는 행위
   다. 제15조를 위반하여 신용카드에 질권을 설정하는 행위
3. 제19조제5항제3호를 위반하여 다른 신용카드가맹점의 명의를 사용하여 신용카드로 거래한 자
4. 제19조제5항제5호를 위반하여 신용카드에 의한 거래를 대행한 자
5. 제20조제1항을 위반하여 매출채권을 양도한 자 및 양수한 자
6. 제20조제2항을 위반하여 신용카드가맹점의 명의로 신용카드등에 의한 거래를 한 자
7. 제27조의2제1항에 따른 등록을 하지 아니하고 신용카드등부가통신업을 한 자
8. 거짓이나 그 밖의 부정한 방법으로 제27조의2제1항에 따른 등록을 한 자

④ 다음 각 호의 어느 하나에 해당하는 자는 1년 이하의 징역 또는 1천만원 이하의 벌금에 처한다.

1. 삭제 〈2015.7.31.〉
2. 삭제 〈2015.7.31.〉

2의2. 제14조의2제1항 각 호의 어느 하나에 해당하지 아니한 자로서 신용카드회원을 모집한 자

3. 제15조를 위반하여 신용카드를 양도·양수한 자

3의2. 제18조의3제4항제1호를 위반한 자

4. 제19조제1항을 위반하여 신용카드로 거래한다는 이유로 물품의 판매 또는 용역의 제공 등을 거절하거나 신용카드회원을 불리하게 대우한 자
5. 제19조제4항을 위반하여 가맹점수수료를 신용카드회원이 부담하게 한 자
6. 제19조제5항제4호를 위반하여 신용카드가맹점의 명의를 타인에게 빌려준 자
7. 제27조, 제50조의2제1항·제3항 또는 제51조를 위반한 자

⑤ 제36조제2항을 위반한 자는 500만원 이하의 벌금에 처한다.

⑥ 제1항제1호 및 제2호의 미수범은 처벌한다.

⑦ 제1항제1호의 죄를 범할 목적으로 예비(豫備)하거나 음모(陰謀)한 자는 3년 이하의 징역 또는 2천만원 이하의 벌금에 처한다. 다만, 그 목적한 죄를 실행하기 전에 자수한 자에 대하여는 그 형(刑)을 감경(減輕)하거나 면제한다.

⑧ 제1항부터 제4항까지의 규정에 따른 징역형과 벌금형은 병과(倂科)할 수 있다.

3. 양벌규정

제71조(양벌규정) 법인의 대표자나 법인 또는 개인의 대리인, 사용인, 그 밖의 종업원이 그 법인 또는 개인의 업무에 관하여 제70조의 위반행위를 하면 그 행위자를 벌하는 외에 그 법인 또는 개인에게도 해당 조문의 벌금형을 과(科)한다. 다만, 법인 또는 개인이 그 위반행위를 방지하기 위하여 해당 업무에 관하여 상당한 주의와 감독을 게을리하지 아니한 경우에는 그러하지 아니하다.

Ⅲ. 산업기술보호법

1. 산업기술의 유출 및 침해

제14조(산업기술의 유출 및 침해행위 금지) 누구든지 다음 각 호의 어느 하나에 해당하는 행위를 하여서는 아니 된다.

1. 절취·기망·협박 그 밖의 부정한 방법으로 대상기관의 산업기술을 취득하는 행위 또는 그 취득한 산업기술을 사용하거나 공개(비밀을 유지하면서 특정인에게 알리는 것을 포함한다. 이하 같다)하는 행위
2. 제34조의 규정 또는 대상기관과의 계약 등에 따라 산업기술에 대한 비밀유지의무가 있는 자가 부정한 이익을 얻거나 그 대상기관에게 손해를 가할 목적으로 유출하거나 그 유출한 산업기술을 사용 또는 공개하거나 제3자가 사용하게 하는 행위
3. 제1호 또는 제2호의 규정에 해당하는 행위가 개입된 사실을 알고 그 산업기술을 취득·사용 및 공

개하거나 산업기술을 취득한 후에 그 산업기술에 대하여 제1호 또는 제2호의 규정에 해당하는 행위가 개입된 사실을 알고 그 산업기술을 사용하거나 공개하는 행위

4. 제1호 또는 제2호의 규정에 해당하는 행위가 개입된 사실을 중대한 과실로 알지 못하고 그 산업기술을 취득·사용 및 공개하거나 산업기술을 취득한 후에 그 산업기술에 대하여 제1호 또는 제2호의 규정에 해당하는 행위가 개입된 사실을 중대한 과실로 알지 못하고 그 산업기술을 사용하거나 공개하는 행위
5. 제11조제1항의 규정에 따른 승인을 얻지 아니하거나 부정한 방법으로 승인을 얻어 국가핵심기술을 수출하는 행위
6. 국가핵심기술을 외국에서 사용하거나 사용되게 할 목적으로 제11조의2제1항에 따른 승인을 받지 아니하거나 거짓이나 그 밖의 부정한 방법으로 승인을 받아 해외인수·합병등을 하는 행위

6의2. 국가핵심기술을 외국에서 사용하거나 사용되게 할 목적으로 제11조의2제5항 및 제6항에 따른 신고를 하지 아니하거나 거짓이나 그 밖의 부정한 방법으로 신고를 하고서 해외인수·합병등을 하는 행위

6의3. 제34조 또는 대상기관과의 계약 등에 따라 산업기술에 대한 비밀유지의무가 있는 자가 산업기술에 대한 보유 또는 사용 권한이 소멸됨에 따라 대상기관으로부터 산업기술에 관한 문서, 도화(圖畫), 전자기록 등 특수매체기록의 반환이나 산업기술의 삭제를 요구받고도 부정한 이익을 얻거나 그 대상기관에 손해를 가할 목적으로 이를 거부 또는 기피하거나 그 사본을 보유하는 행위

7. 제11조제5항·제7항 및 제11조의2제7항·제9항에 따른 산업통상자원부장관의 명령을 이행하지 아니하는 행위
8. 산업기술 관련 소송 등 대통령령으로 정하는 적법한 경로를 통하여 산업기술이 포함된 정보를 제공받은 자가 정보를 제공받은 목적 외의 다른 용도로 그 정보를 사용하거나 공개하는 행위

제36조(벌칙) ① 국가핵심기술을 외국에서 사용하거나 사용되게 할 목적으로 제14조제1호부터 제3호까지의 어느 하나에 해당하는 행위를 한 자는 3년 이상의 유기징역에 처한다. 이 경우 15억원 이하의 벌금을 병과한다.

② 산업기술을 외국에서 사용하거나 사용되게 할 목적으로 제14조 각 호(제4호를 제외한다)의 어느 하나에 해당하는 행위를 한 자(제1항에 해당하는 행위를 한 자는 제외한다)는 15년 이하의 징역 또는 15억원 이하의 벌금에 처한다.

③ 제14조 각 호(제4호·제6호·제6호의2 및 제8호는 제외한다)의 어느 하나에 해당하는 행위를 한 자는 10년 이하의 징역 또는 10억원 이하의 벌금에 처한다.

④ 제14조제4호 및 제8호의 어느 하나에 해당하는 행위를 한 자는 3년 이하의 징역 또는 3억원 이하의 벌금에 처한다.

⑤ 제1항부터 제4항까지의 죄를 범한 자가 그 범죄행위로 인하여 얻은 재산은 이를 몰수한다. 다만, 그 전부 또는 일부를 몰수할 수 없는 때에는 그 가액을 추징한다.

⑥ 제34조의 규정을 위반하여 비밀을 누설하거나 도용한 자는 5년 이하의 징역이나 10년 이하의 자격정지 또는 5천만원 이하의 벌금에 처한다.

⑦ 제1항부터 제3항까지의 미수범은 처벌한다.

⑧ 제2항부터 제4항까지의 규정에 따른 징역형과 벌금형은 이를 병과할 수 있다.

2. 비밀유지명령 위반죄

제36조의2(비밀유지명령 위반죄) ① 국내외에서 정당한 사유 없이 비밀유지명령을 위반한 자는 5년 이하의 징역 또는 5천만원 이하의 벌금에 처한다.

② 제1항의 죄는 비밀유지명령을 신청한 자의 고소가 없으면 공소를 제기할 수 없다.

제37조(예비·음모) ① 제36조제1항 또는 제2항의 죄를 범할 목적으로 예비 또는 음모한 자는 3년 이하의 징역 또는 3천만원 이하의 벌금에 처한다.

② 제36조제3항의 죄를 범할 목적으로 예비 또는 음모한 자는 2년 이하의 징역 또는 2천만원 이하의 벌금에 처한다.

제38조(양벌규정) 법인의 대표자나 법인 또는 개인의 대리인, 사용인, 그 밖의 종업원이 그 법인 또는

개인의 업무에 관하여 제36조제1항부터 제4항까지의 어느 하나에 해당하는 위반행위를 하면 그 행위자를 벌하는 외에 그 법인 또는 개인에게도 해당 조문의 벌금형을 과(科)한다. 다만, 법인 또는 개인이 그 위반행위를 방지하기 위하여 해당 업무에 관하여 상당한 주의와 감독을 게을리하지 아니한 경우에는 그러하지 아니하다.

제 3 절 사기와 공갈의 죄

§1. 개 관

Ⅰ. 서 설

본장의 사기와 공갈의 죄는 사기의 죄와 공갈의 죄로 구성된 범죄이다(형법 제2편 제39장). 본장의 죄는 사기와 공갈이 타인의 재물이나 재산상의 이득을 상대방의 의사에 기하여 취득하는 편취죄라는 점에서 공통되지만, 편취의 수단이 사기와 공갈은 각각 기망과 공갈로서 구별되고 있다는 점에 근거하고 있다.

Ⅱ. 특 징

편취죄는 의사에 반해서 행하여지는 탈취죄와는 달리 의사에 기해서 행하여지는 범죄이다. 편취죄에 있어서는 행위자의 작용과 상대방의 반작용이 인과적으로 이어지면서 행하여 진다는 점에 커다란 특징이 있다고 할 수 있다. 편취죄의 행위를 분해해보면 기본구조는 행위자의 기망행위로 인하여 상대방에게 착오가 발생하고, 상대방은 이러한 착오에 기하여 행위자에게 처분행위 또는 교부행위를 함으로써 다시 행위자에게 재물 또는 재산상의 이익이 이전하고 그것이 다시 상대방에게 재산적 손해로 되돌아오는 흐름으로 구성될 수 있다. 이와 같이 편취죄는 기망행위, 착오, 처분행위, 재물 또는 재산상의 이익의 이전 및 재산상의 손해의 여부라는 요소로 구성되고, 이러한 과정속에 각각의 요소들이 인과적으로 연결되어 진행되는 때에 성립하는 범죄이다. 대법원도 "사기죄는 타인을 기망하여 착오에 빠뜨리고 처분행위를 유발하여 재물을 교부받거나 재산상 이익을 얻음으로써 성립하는 것으로서, 기망, 착오, 재산적 처분행위 사이에 인과관계가 있어야 한다"라고 판시한 바 있다.[1]

기망이란 사람을 착오에 빠뜨리는 행위를 말한다. 처분행위를 향할 것이 요구된다. 착오란 기망에 의하여 상대방이 현실적으로 착오에 빠질 것을 요한다. 착오에 빠지지 않은 경우에는 본죄의 미수가 된다. 처분행위란 착오에 기하여 상대방이 재물을 교부하는 행위를 말한다. 교부행위라고도 할 수 있다. 재물의 이전이란 처분행위에 기하여 재물이 교부되고, 행위자 또는 제3자가 재물을 영득하는 것을 말한다. 한편 상대방이라는 개념과 상대방이 행하는 행위로서 처분행위 또는 상대방에게 발생하는 행위의 결과로서 재산적 손해의 발생

1) 대법원 2011.2.24. 선고 2010도17512 판결.

은 구성요건에는 기술되어 있지 않기 때문에 소위 '기술되지 않은 구성요건요소'에 해당한다고 할 수 있다.

§2. 사기의 죄

Ⅰ. 서 설

1. 의 의

사기의 죄란 사람을 기망하여 재물을 편취하거나 재산상 불법한 이익을 취득하거나 타인으로 하여금 취득하게 하는 행위를 내용으로 하는 범죄를 말한다.

사기죄는 재물뿐만 아니라 재산상의 이익도 객체로 한다는 점에서 재물죄인 동시에 이익죄 또는 이득죄이다. 사기죄는 타인이 점유하는 재물을 객체로 한다는 점에서 절도죄나 강도죄와 같고 자기가 점유하는 재물을 객체로 하는 횡령죄와 구별된다. 따라서 자기가 점유하는 타인의 재물을 횡령하기 위하여 기망수단을 쓴 경우에는 피기망자에 의한 재산처분행위가 없으므로 일반적으로 횡령죄만 성립되고 사기죄는 성립되지 아니한다.[2)]

사기죄는 절도죄 또는 강도죄와 재물취득의 방법에서 구별된다. 절도죄와 강도죄가 상대방의 의사에 의하지 아니한 탈취에 의하여 재물을 취득할 것을 요함에 대하여 사기죄는 상대방의 하자 있는 의사에 의하여 재물을 취득하는 경우이다. 상대방의 하자 있는 의사에 의하여 재물을 취득한다는 점에서 사기죄는 공갈죄와 같다. 양죄는 상대방에게 하자 있는 의사를 야기하는 수단이 서로 다를 뿐이다. 즉, 사기죄는 기망을 수단으로 함에 반하여, 공갈죄는 폭행 또는 협박이라는 공갈을 수단으로 하자 있는 의사를 야기하는 경우이다.

2. 보호법익

(1) 의 의

1) 학 설

본죄의 보호법익에 대하여는 다툼이 있다. 첫째, 전체재산설(全體財産說)이다. 전체로서의 재산을 보호법익으로 한다는 견해이다. 기망에 의한 경우에도 피기망자에게 상응한 대가를 지급한 경우에는 전체적으로 재산상의 손해가 발생하지 않았기 때문에 본죄가 성립하지 않는다고 한다. 둘째, 거래진실성설(去來眞實性說)이다. 전체로서의 재산 이외에도 거래의 진실성이나 신의칙도 부차적으로 보호법익이 된다는 견해이다. 기망자가 대가를 지급하여 피기망자에게 재산상의 손해가 발생하지 않은 경우에도 그 기망행위가 거래의 진실성이나 신의칙에 반하는 경우에는 본죄가 성립할 수 있다고 한다. 한편 개별적 재산이 보호법익이라는 개별재산설(個別財産說)도 넓은 의미에서 거래진실성설의 범주에 속한다고 해석된다. 개별재산설도 전체적으로 재산상의 손해의 여부와 상관없이 개별재산이 침해된 경우 본죄

2) 대법원 1980.12.9. 선고 80도1177 판결.

의 성립을 인정하고 있기 때문이다.

2) 판 례

판례의 입장은 거래진실성설이라고 해석된다. 판례의 입장을 개별재산설이라고 해석하는 견해도 이에 포함된다. 이에 관한 판례의 구체적 내용은 다음과 같다. 즉,

> 금원 편취를 내용으로 하는 사기죄에서는 기망으로 인한 금원 교부가 있으면 그 자체로써 피해자의 재산침해가 되어 바로 사기죄가 성립하고, 상당한 대가가 지급되었다거나 피해자의 전체 재산상에 손해가 없다 하여도 사기죄의 성립에는 그 영향이 없다.[3] 사기죄의 요건으로서의 기망은 널리 재산상의 거래관계에 있어서 서로 지켜야 할 신의와 성실의 의무를 저버리는 모든 적극적 및 소극적 행위로서 사람으로 하여금 착오를 일으키게 하는 것을 말하며 사기죄의 본질은 기망에 의한 재물이나 재산상 이익의 취득에 있고, 상대방에게 현실적으로 재산상 손해가 발생함을 그 요건으로 하지 아니한다.[4]

3) 검 토

본죄는 재산죄이다. 따라서 개인의 재산권이 침해되지 않은 경우에는 본죄의 성립을 긍정할 근거가 존재하지 않는다고 해야 한다. 이러한 의미에서 거래의 진실성이나 신의칙을 본죄의 보호법익으로 하거나 부차적인 보호법익으로 하는 거래진실성설은 타당하다고 할 수 없다. 또 본죄는 재물과 재산상의 이익 양자 모두를 객체로 하고 있지만, 개별적 재산을 보호법익으로 하는 개별재산설은 재물를 객체로 하는 경우에만 타당할 수 있다고 해석된다. 결국, 전체재산설이 합당하다고 해석된다.

(2) 보호의 정도

보호의 정도에 관하여는 침해범으로 보고 있다. 다수설은 전체재산설의 입장에서 재산상의 손해가 발생하면 기수가 되지만, 기망행위가 있었으나 재산상의 손해가 발생하지 않은 경우에는 미수에 그친다고 하고 있다.

생각건대 본죄는 후술하는 바와 같이 사취에 의하여 완성되기 때문에 기망에 의하여 실행의 착수가 시작되고, 재물의 교부를 받거나 재산상의 이익을 취득한 때에 기수에 이르게 된다. 본죄는 기망에 의하여 재물의 교부를 받거나 재산상의 이익을 취득한 때에 기수에 이르기 때문에 반드시 현실적으로 재산상의 손해가 발생할 것을 요하는 것은 아니다. 다만 기망자가 재물의 교부를 받거나 재산상의 이익을 취득함으로써 피기망자에게는 재산상의 손해가 발생할 위험이 발생할 수 있다. 이러한 의미에서 본죄는 위험범이라고 하는 것이 합당하다고 해석된다.

---

3) 대법원 2017.12.22. 선고 2017도12649 판결; 대법원 2011.11.24. 선고 2009도980 판결; 대법원 2010.11.11. 선고 2010도10690 판결; 대법원 2007.10.11. 선고 2007도6012 판결; 대법원 2007.1.25. 선고 2006도7470 판결; 대법원 1999.7.9. 선고 99도1040 판결; 대법원 1982.6.22. 선고 82도777 판결.

4) 대법원 1997.9.9. 선고 97도1561 판결.

3. 구성요건의 체계

사기의 죄의 기본적 구성요건은 사기죄이다(제347조). 상습성으로 책임이 가중되는 상습사기죄(제351조)는 가중적 구성요건이다. 컴퓨터 등 사용사기죄(제347조의2), 준사기죄(제348조) 및 편의시설부정이용죄(제348조의2)는 사기죄를 보충하기 위한 수정적 구성요건이다. 부당이득죄(제349조)는 타인의 궁박한 상태를 이용하여 부당한 이득을 취득하는 것을 사기죄의 한 태양으로 처벌하는 독립된 구성요건이다.

부당이득죄(제349조)를 제외한 나머지 사기의 죄에 대하여는 미수범을 처벌한다(제352조). 자격정지를 병과할 수 있다(제353조). 사기의 죄에 대하여도 친족상도례가 준용된다(제354조).

Ⅱ. 사기죄

第347條(사기) ① 사람을 기망하여 재물의 교부를 받거나 재산상의 이익을 취득한 자는 10년 이하의 징역 또는 2천만원 이하의 벌금에 처한다.
② 전항의 방법으로 제삼자로 하여금 재물의 교부를 받게 하거나 재산상의 이익을 취득하게 한 때에도 전항의 형과 같다.

第351條(상습범) 상습으로 제347조 ~ 의 죄를 범한 자는 그 죄에 정한 형의 2분의 1까지 가중한다.

第352條(미수범) 제347조 ~ 의 미수범은 처벌한다.

第353條(자격정지의 병과) 본장의 죄에는 10년 이하의 자격정지를 병과할 수 있다.

第354條(친족간의 범행, 동력) 제328조와 제346조의 규정은 본장의 죄에 준용한다.

1. 서 언

본죄, 즉 사기죄(詐欺罪, Betrug)는 사람을 기망하여 재물의 교부를 받거나 재산상의 이익을 취득하거나(제347조 제1항), 사람을 기망하여 제삼자로 하여금 재물의 교부를 받게 하거나 재산상의 이익을 취득하게 함으로써 성립한다(제347조 제2항). 본죄는 공갈죄와 함께 상대방의 하자 있는 의사에 기하여 행하여지는 편취죄라는 점에서 절도죄나 강도죄와 같이 상대방의 의사에 반하여 행하여지는 탈취죄와는 근본적으로 구별된다.

한편 본죄는 재물을 객체로 하는 사기취재죄와 재산상의 이익을 객체로 하는 사기이득죄로 나누어질 수 있다. 또 본죄는 본인이 직접 재물의 교부를 받거나 재산상의 이익을 취득하는 자기를 위한 사기죄(제347조 제1항)와 제삼자로 하여금 재물의 교부를 받게 하거나 재산상의 이익을 취득하게 하는 제3자를 위한 사기죄(제347조 제2항)로 나누어질 수 있다. 이러한 의미에서 타인을 기망하여 재물의 교부를 받거나 재산상의 이익을 취득하는 것을 사취(詐取)라고 할 수 있다면 본죄를 자기를 위한 사취죄 또는 자기사취죄와 제3자를 위한 사취죄 또는 타인사취죄로 구분하고자 한다.

2. 범 죄

(1) 구성요건

1) 객관적 구성요건

본죄는 타인을 기망하여 피해자의 하자있는 처분행위로 인하여 재물을 취득하거나 재산상의 이익을 얻고 또는 제3자로 하여금 재물의 교부를 받게 하거나 재산상의 이익을 취득하게 함으로써 성립된다.[5)]

① 주 체

본죄의 주체는 기망자이다. 기망자에는 제한이 없다. 누구나 기망자로서 본죄의 주체가 될 수 있다. 기망의 상대방은 피해자로서 피기망자가 된다.

② 객 체

본죄의 객체는 재물 또는 재산상의 이익이다. 즉, 본죄의 객체는 타인이 점유하는 타인의 재물 또는 재산상의 이익이다.[6)] 재물 또는 재산상의 이익은 공히 소유의 타인성과 점유의 타인성을 요한다.

ⓘ 종 류

ⅰ. 재 물 　재물(財物)이란 절도죄 내지 강도죄에서의 재물과 동일한 개념이다. 절도죄 내지 강도죄에서의 재물은 동산에 한하였지만, 사기죄에서의 재물은 부동산도 포함한다. 부동산은 점유를 빼앗는 것은 불가능하지만, 상대방의 임의의 처분행위에 의하여 사실상 점유를 이전하는 것은 가능하기 때문이다.

재물을 긍정한 판례의 구체적 내용은 다음과 같다. 즉,

> 약속어음공정증서에 증서를 무효로 하는 사유가 존재한다고 하더라도 그 증서 자체에 이를 무효로 하는 사유의 기재가 없고 외형상 권리의무를 증명함에 족한 체제를 구비하고 있는 한 그 증서는 형법상의 재물로서 사기죄의 객체가 됨에 아무런 지장이 없다.[7)]

ⅱ. 재산상의 이익 　재산상의 이익(財産上의 利益)이란 재물 이외의 일체의 재산상의 이익을 말한다. 재산상의 이익은 채권을 취득하거나 담보를 제공받는 등의 적극적 이익뿐만 아니라 채무를 면제받는 등의 소극적 이익도 포함된다.[8)] 따라서 채무자의 기망행위로 인하여 채권자가 채무를 확정적으로 소멸 내지 면제시키는 특약 등 처분행위를 한 경우에는 채무의 면제라고 하는 재산상 이익에 관한 사기죄가 성립하고, 후에 재산적 처분행위가 사기를 이유로 민법에 따라 취소될 수 있다고 하여 달리 볼 것은 아니다.[9)] 또한 재산상의 이익은 일시적이든 영속적이든 불문한다. 재산상의 이익의 취득은 사실관계만 있으면 족하고, 사법(私法)상 유효할 것도 요하지 않는다.

---

5) 대법원 1985.2.26. 선고 84도2877 판결.
6) 대법원 2010.12.9. 선고 2010도6256 판결.
7) 대법원 1995.12.22. 선고 94도3013 판결.
8) 대법원 2009.2.12. 선고 2008도10971 판결; 대법원 2008.12.24. 선고 2008도8600 판결.
9) 대법원 2012.4.13. 선고 2012도1101 판결; 대법원 2009.2.12. 선고 2008도10971 판결.

재산상의 이익을 긍정한 판례의 구체적 내용은 다음과 같다. 즉,

가상자산은 국가에 의해 통제받지 않고 블록체인 등 암호화된 분산원장에 의하여 부여된 경제적인 가치가 디지털로 표상된 정보로서 재산상 이익에 해당한다. 가상자산은 보관되었던 전자지갑의 주소만을 확인할 수 있을 뿐 그 주소를 사용하는 사람의 인적사항을 알 수 없고, 거래 내역이 분산 기록되어 있어 다른 계좌로 보낼 때 당사자 이외의 다른 사람이 참여해야 하는 등 일반적인 자산과는 구별되는 특징이 있다. 이와 같은 가상자산에 대해서는 현재까지 관련 법률에 따라 법정화폐에 준하는 규제가 이루어지지 않는 등 법정화폐와 동일하게 취급되고 있지 않고 그 거래에 위험이 수반되므로, 형법을 적용하면서 법정화폐와 동일하게 보호해야 하는 것은 아니다.[10] 가상화폐의 일종인 '비트코인'은 경제적인 가치를 디지털로 표상하여 전자적으로 이전, 저장과 거래가 가능하도록 한 가상자산의 일종으로 사기죄의 객체인 재산상 이익에 해당한다.[11] 일반적으로 부녀와의 성행위 자체는 경제적으로 평가할 수 없고, 부녀가 상대방으로부터 금품이나 재산상 이익을 받을 것을 약속하고 성행위를 하는 약속 자체는 선량한 풍속 기타 사회질서에 위반한 사항을 내용으로 하는 법률행위로서 무효이나, 사기죄의 객체가 되는 재산상의 이익이 반드시 사법(私法)상 보호되는 경제적 이익만을 의미하지 아니하고, 부녀가 금품 등을 받을 것을 전제로 성행위를 하는 경우 그 행위의 대가는 사기죄의 객체인 경제적 이익에 해당하므로, 부녀를 기망하여 성행위 대가의 지급을 면하는 경우 사기죄가 성립한다.[12] 경제적 이익을 기대할 수 있는 자금운용의 권한 내지 지위의 획득도 그 자체로 경제적 가치가 있는 것으로 평가할 수 있다면 사기죄의 객체인 재산상의 이익에 포함된다. 따라서 피고인이 자신이 개발한 주식운용프로그램을 이용하면 상당한 수익을 낼 수 있고 만일 손해가 발생하더라도 원금과 은행 정기예금 이자 상당의 반환은 보장하겠다는 취지로 피해자 갑을 기망하여 갑의 자금이 예치된 갑 명의 주식계좌에 대한 사용권한을 부여받아 재산상 이익을 취득하였다는 내용으로 기소된 사안에서, 주식운용에 따른 수익금이 발생할 경우 피고인이 그 중 1/2에 해당하는 돈을 매달 지급받기로 약정한 점 등 제반 사정을 종합하면, 피고인은 장래의 수익 발생을 조건으로 한 수익분배청구권을 취득하였을 뿐 아니라 그러한 경제적 이익을 기대할 수 있는 자금운용의 권한과 지위를 획득하였고, 이는 주식거래의 특성 등에 비추어 충분히 경제적 가치가 있다고 평가할 수 있으므로 갑을 기망하여 그러한 권한과 지위를 획득한 것 자체를 사기죄의 객체인 재산상 이익을 취득한 것으로 볼 수 있다.[13] 피고인이 피해자들을 기망하여 부동산을 매도하면서 매매대금 중 일부를 피해자들의 피고인에 대한 기존 채권과 상계하는 방법으로 지급받아 채무 소멸의 재산상 이익을 취득하였다는 내용으로 기소된 사안에서, 피고인이 상계에 의하여 기존 채무가 소멸되는 재산상 이익을 취득하였다고 보아 사기죄를 인정한 원심판단을 정당하다고 하였다.[14] 채무이행을 연기받는 것도 재산상의 이익이 된다.[15] 피고인이 피해자 소유 부동산에 관하여 소외 회사의 명의의 근저당권을 설정하여 피고인이 위 근저당권을 자신의 위 소외 회사와의 외상거래에 대한 담보로 이용하였다면 그 같은 근저당권의 이용으로 피고인이 취득한 재산상의 이익이 전혀 없다고 볼 수 없다.[16]

10) 대법원 2021.12.16. 선고 2020도9789 판결.
11) 대법원 2021.11.11. 선고 2021도9855 판결.
12) 대법원 2001.10.23. 선고 2001도2991 판결.
13) 대법원 2012.9.27. 선고 2011도282 판결.
14) 대법원 2012.4.13. 선고 2012도1101 판결.
15) 대법원 1986.10.14. 선고 86도1501 판결; 대법원 1983.11.8 선고 83도1723 판결; 대법원 1960.5.11 선고 4292형상830 판결.

ⓘ **소유 · 점유의 타인성** 본죄의 객체는 타인이 점유하는 타인의 재물 또는 재산상의 이익이다. 따라서 재물 또는 재산상의 이익의 점유와 소유에 대하여 타인성이 인정되지 않는 한 사기죄의 객체가 되지 아니한다. 예컨대 자기가 점유하는 타인의 재물에 대하여는 이것을 영득함에 기망행위를 한다 하여도 사기죄는 성립하지 아니하고 횡령죄만을 구성한다.[17)]

ⓘⓘ **국가적 · 공공적 법익** 본죄는 개인의 재산권을 보호법익으로 한다. 그럼에도 불구하고 기망행위에 의하여 국가적 법익이나 공공적 법익을 침해하는 경우 본죄의 성립여부가 문제된다.

ⅰ. 학 설 국가적 법익 또는 공공적 법익이 본죄의 보호법익에 포함되는가에 대하여는 부정설과 긍정설이 대립하고 있다. 부정설(否定說)은 사기죄는 원래 개인적 법익으로서의 재산적 법익에 대한 죄이기 때문에 공공적 법익에 향하여진 사기적 행위는 사기죄의 정형성을 결한다고 한다. 긍정설은 공공적 법익을 침해하는 경우에도 그것이 동시에 사기죄의 보호법익인 재산적 이익을 침해하는 이상 사기죄의 성립을 인정하여야 한다고 한다.

ⅱ. 판 례 판례는 긍정설의 입장에 서 있다. 대법원은 "기망행위에 의하여 국가적 또는 공공적 법익을 침해한 경우라도 그와 동시에 형법상 사기죄의 보호법익인 재산권을 침해하는 것과 동일하게 평가할 수 있는 때에는 당해 행정법규에서 사기죄와 특별관계에 해당하는 처벌 규정을 별도로 두고 있지 않는 한 사기죄가 성립할 수 있다"고 판시한 바 있다.[18)] 이를 부정한 판례의 구체적 내용은 다음과 같다. 즉,

> 기망행위에 의하여 조세를 포탈하거나 조세의 환급 · 공제를 받은 경우에는 조세범 처벌법에서 이러한 행위를 처벌하는 규정을 별도로 두고 있을 뿐만 아니라, 조세를 강제적으로 징수하는 국가 또는 지방자치단체의 직접적인 권력작용을 사기죄의 보호법익인 재산권과 동일하게 평가할 수 없는 것이므로, 기망행위에 의하여 조세를 포탈하거나 조세의 환급 · 공제를 받은 경우에는 조세범 처벌법 위반죄가 성립함은 별론으로 하고, 형법상 사기죄는 성립할 수 없다.[19)] 구 보조금 관리에 관한 법률(2016. 1. 28. 법률 제13931호로 개정되기 전의 것) 제40조는 "거짓 신청이나 그 밖의 부정한 방법으로 보조금의 교부를 받은 행위"를 구성요건으로 하고 있어 구성요건상 행위자가 불법영득의 의사를 가질 것과 상대방이 착오에 빠질 것을 요건으로 하지 아니하므로, 이를 구성요건으로 하는 사기죄와는 별개의 범죄라고 할 것이다.[20)] 주유소 운영자가 농 · 어민 등에게 조세특례제한법에 정한 면세유를 공급한 것처럼 위조한 면세유류공급확인서로 정유회사를 기망하여 면세유를 공급받음으로써 면세유와 정상유의 가격 차이 상당의 이득을 취득한 사안에서, 정유회사에 대하여 사기죄를 구성하는 것은 별론으로 하고, 국가 또는 지방자치단체를 기망하여 국세 및 지방세의 환급세액 상당을 편취한 것으로 볼 수 없다.[21)]

---

16) 대법원 1984.4.10. 선고 84도119 판결.
17) 대법원 1987.12.22. 선고 87도2168 판결.
18) 대법원 2021.11.11. 선고 2021도7831 판결; 대법원 2017.10.26. 선고 2017도10394 판결; 대법원 2008.11.27. 선고 2008도7303 판결.
19) 대법원 2021.11.11. 선고 2021도7831 판결; 대법원 2008.11.27. 선고 2008도7303 판결.
20) 대법원 2017.10.26. 선고 2017도10394 판결; 대법원 2002.12.24. 선고 2002도5085 판결.
21) 대법원 2008.11.27. 선고 2008도7303 판결.

iii. 검 토 　　국가 또는 지방자치단체 등도 재산권의 주체가 될 수 있는 이상 그 재산적 이익은 재산죄에 의하여 보호되어야 할 필요가 있다. 따라서 기망행위에 의하여 국가 또는 공공의 법익을 침해하는 경우에도 그것이 동시에 본죄의 보호법익인 재산권의 침해에 해당하는 이상 행정법규의 벌칙이 사기죄의 적용을 배제하는 취지라고 인정되지 않는 한 본죄가 성립한다고 해석되어야 한다.

③ 행 위

본죄의 실행행위는 기망이다. 기망의 상대방은 사람이다. 사람은 피기망자를 의미한다. 여기서 기망은 기망자측만의 실행행위라고 하는 것이 정확하다고 해야 한다. 본죄는 기망자의 일방적인 행위만으로는 성립할 수 없고, 상대방으로서의 피기망자의 행위도 고려하여야 하기 때문이다. 이와 같이 기망자측과 피기망자측을 모두 고려해야 하는 것은 본죄의 결과와 주관적 구성요건에 있어서도 마찬가지이다.

ⓘ 기망자

i. 의 의 　　본죄의 실행행위자는 기망자이다. 기망자란 피기망자에 대한 기망행위로 인하여 재물이나 재산상의 이익을 취득하거나 제3자에게 취득하게 하는 자이다.

ii. 기 망

㉠ 의 의 　　본죄의 실행행위는 기망이다. 기망(欺罔)이란 허위의 내용으로 사람을 착오에 빠뜨리는 일체의 행위를 말한다. 기망은 원래 이치에 맞게 속인다는 의미의 기(欺)와 터무니 없이 속인다는 의미의 망(罔)의 결합어로서 속인다는 의미를 가지고 있다. 기망은 기망자와 피기망자 사이에 정보의 비대칭성으로 인하여 발생할 수 있다.

기망은 널리 재산상의 거래관계에 있어서 서로 지켜야 할 신의와 성실의 의무를 저버리는 모든 적극적 및 소극적 행위로서 사람으로 하여금 착오를 일으키게 하는 것을 말한다.[22] 반드시 법률행위의 중요 부분에 관한 허위표시임을 요하지 아니하고, 상대방을 착오에 빠지게 하여 행위자가 희망하는 재산적 처분행위를 하도록 하기 위한 판단의 기초가 되는 사실에 관한 것이면 족하다.[23]

일반거래의 경험칙상 거래의 상대방이 일정한 사정에 관한 고지를 받았더라면 당해 거래에 임하지 아니하였을 것이라는 관계가 인정되는 경우에는 그 거래로 인하여 재물을 수취하는 자에게는 신의성실의 원칙상 사전에 상대방에게 그와 같은 사정을 고지할 법률상 의무가 있다.[24] 이러한 소극적 행위로서의 부작위에 의한 기망은 법률상 고지의무 있는 자가 일정

22) 대법원 2021.9.9. 선고 2021도8468 판결; 대법원 2020.9.24. 선고 2016도14852 판결; 대법원 2020.6.25. 선고 2018도13696 판결; 대법원 2018.8.1. 선고 2017도20682 판결; 대법원 2017.2.16. 선고 2016도13362 전원합의체 판결; 대법원 2015.11.26. 선고 2015도3012 판결; 대법원 2007.11.30. 선고 2007도4812 판결; 대법원 2007.10.25. 선고 2005도1991 판결; 대법원 2006.1.26. 선고 2005도1160 판결; 대법원 2004.5.27. 선고 2003도4531 판결; 대법원 2004.4.9. 선고 2003도7828 판결; 대법원 1998.12.8. 선고 98도3263 판결; 대법원 1992.9.14. 선고 91도2994 판결; 대법원 1987.12.22. 선고 87도2168 판결; 대법원 1984.2.14. 선고 83도2995 판결; 대법원 1983.2.22. 선고 82도3139 판결.

23) 대법원 2020.9.24. 선고 2016도14852 판결; 대법원 2018.8.1. 선고 2017도20682 판결; 대법원 2007.11.30. 선고 2007도4812 판결; 대법원 2004.5.27. 선고 2003도4531 판결; 대법원 2004.4.9. 선고 2003도7828 판결.

한 사실에 관하여 상대방이 착오에 빠져 있음을 알면서도 이를 고지하지 않는 것을 말한다.[25] 고지하지 아니한 것은 고지할 사실을 묵비함으로써 상대방을 기망한 것이 되어 사기죄를 구성한다.[26] 법률상 고지의무는 법령, 계약, 관습, 조리 등에 의하여 인정되는 것으로서 문제가 되는 구체적인 사례에 즉응하여 거래실정과 신의성실의 원칙에 의하여 결정되어야 한다.[27]

ⓛ 방 법 기망행위의 수단과 방법에는 아무런 제한이 없다.[28] 기망은 작위나 부작위를 불문하고, 직접적이든 간접적이든 묻지 않는다. 첫째, 작위에 의한 기망행위란 적극적 기망행위를 말한다. 명시적 기망행위와 묵시적 기망행위로 대별될 수 있다. 전자는 언어, 문서 등에 의한 기망을 말하고, 후자는 태도, 동작 등에 의한 기망을 의미한다. 이러한 의미에서 후자를 거동에 의한 기망행위라고도 한다. 둘째, 부작위에 의한 기망이란 소극적 기망행위로서 상대방이 이미 착오에 빠져 있는 경우를 말한다. 즉, 법률상 고지의무 있는 자가 일정한 사실에 관하여 상대방이 착오에 빠져 있음을 알면서도 이를 고지하지 아니함을 말한다.[29] 따라서 부작위에 의한 기망행위가 성립하기 위해서는 상대방은 이미 착오에 빠져 있어야 하고, 행위자가 상대방의 착오를 제거해야 할 보증인지위에 있을 뿐만 아니라 그 부작위는 작위에 의한 기망행위와 동가치(同價値, Gleichwertigkeit)를 가져야 한다. 보증인지위는 법령, 계약, 선행행위는 물론 조리에 의하여도 발생할 수 있다. 일반거래의 경험칙상 상대방이 그 사실을 알았더라면 당해 법률행위를 하지 않았을 것이 명백한 경우에도 신의칙에 비추어 그 사실을 고지할 법률상 의무가 인정된다고 할 수 있다.

다만 부작위에 의한 기망은 부작위범의 요건을 충족해야 성립한다는 점에서 적극적 기망행위로서의 묵시에 의한 기망행위와 구별된다. 예컨대 음식점에서 대금을 지불할 의사가 없음에도 불구하고 음식물을 주문하는 소위 무전취식의 경우에는 의도를 숨기고 주문하는 행위 그 자체가 기망행위로 된다. 이 경우에는 행위자에게 지불의사를 가지지 않는다는 취지를 고지할 의무가 없기 때문에 부작위에 의한 기망으로는 구성되지 않고 거동 그 자체를 기망행위로 파악하게 된다. 따라서 부작위에 의한 기망은 단순한 사실의 불고지만으로는 충분하지 않다.[30] 사실을 고지할 법률상 의무있는 자가 그 의무에 위반하여 고지하지 아니

---

24) 대법원 2018.8.1. 선고 2017도20682 판결; 대법원 2007.11.30. 선고 2007도4812 판결; 대법원 2004.5.27. 선고 2003도4531 판결; 대법원 2004.4.9. 선고 2003도7828 판결.

25) 대법원 2020.6.25. 선고 2018도13696 판결; 대법원 2000.1.28. 선고 99도2884 판결; 대법원 1998.12.8. 선고 98도3263 판결.

26) 대법원 2007.11.30. 선고 2007도4812 판결; 대법원 2004.5.27. 선고 2003도4531 판결; 대법원 2004.4.9. 선고 2003도7828 판결.

27) 대법원 2020.6.25. 선고 2018도13696 판결.

28) 대법원 2006.1.26. 선고 2005도1160 판결.

29) 대법원 2017.4.26. 선고 2017도1405 판결; 대법원 2007.4.12. 선고 2007도967 판결; 대법원 2007.4.12. 선고 2007도1033 판결; 대법원 2006.2.23. 선고 2005도8645 판결; 대법원 2004.5.27. 선고 2003도4531 판결; 대법원 2000.1.28. 선고 99도2884 판결; 대법원 1999.2.12. 선고 98도3549 판결; 대법원 1998.4.14. 선고 98도231 판결; 대법원 1998.12.8. 선고 98도3263 판결; 대법원 1991.12.24. 선고 91도2698 판결; 대법원 1985.3.12. 선고 84도93 판결; 대법원 1984.9.25. 선고 84도882 판결; 대법원 1980.7.8. 선고 79도2734 판결.

30) 대법원 1984.5.9. 선고 83도3194 판결; 대법원 1983.6.28 선고 82도1684 판결; 대법원 1970.5.26. 선고 70

할 것을 요한다.[31] 보험계약자가 보험자와 보험계약을 체결하면서 상법상 고지의무를 위반한 경우에도 인정될 수 있다.[32] 다만 법률상 고지의무 있는 자가 그 사실의 내용을 구체적으로 알지 못하기 때문에 고지하지 아니한 것이라면 고지의무위반의 죄책을 물을 수 없다.[33] 즉, 법률관계의 효력에 영향이 없고 상대방의 권리실현에 장애가 되지 아니하는 사유는 이를 고지할 의무가 없다고 할 수 있다.[34]

㉢ 대 상 기망이란 널리 거래관계에서 지켜야 할 신의칙에 반하는 행위로서 사람으로 하여금 착오를 일으키게 하는 것을 말한다. 다만 기망의 대상에 대하여는 견해가 대립하고 있다. 첫째, 소극설이다. 사실만이 기망행위의 대상이 된다고 한다. 사실이란 구체적으로 증명할 수 있는 과거와 현재의 상태로서 상대방이 재산적 처분행위를 함에 있어서 판단의 기초가 되는 것이라고 한다. 둘째, 적극설이다. 사실뿐만 아니라 가치판단도 기망행위의 대상에 포함된다고 한다. 그러나 기망행위의 범위가 지나치게 넓어질 우려가 있다고 비판되고 있다.

생각건대 사실은 객관적으로 확정될 수 있는 현상을 의미함에 반하여, 가치판단은 경험칙에 의하여 확정될 수 있는 것이 아니라 개인적 · 주관적 판단에 따라 달라질 수 있는 것이므로 순수한 가치판단이나 의견의 진술은 기망행위의 대상에서 제외하는 것이 합당하다고 해석된다. 예컨대 상등품이나 최고품이라고 하는 경우와 같이 어느 정도의 추상적인 허위광고나 과장광고는 기망행위에 해당하지 않을 수 있으나, 구체적으로 증명할 수 있는 사실을 들어 행하여지는 허위광고나 과장광고는 기망행위에 해당할 수 있다. 사실이라면 그것이 변제의사와 같은 내적 사실이든 변제능력과 같은 외적 사실이든 물을 필요가 없다. 또 장래의 사실이라도 그것이 과거나 현재의 사실과 관련되는 것이면 그러한 범위에서 사실에 포함된다고 할 수 있다.

판례도 기망행위의 대상을 사실에 국한하고 있다. 대법원은 "사기죄의 실행행위로서의 기망은 반드시 법률행위의 중요 부분에 관한 허위표시임을 요하지 아니하고 상대방을 착오에 빠지게 하여 행위자가 희망하는 재산적 처분행위를 하도록 하기 위한 판단의 기초가 되는 사실에 관한 것이면 충분하므로, 용도를 속이고 돈을 빌린 경우에 만일 진정한 용도를 고지하였더라면 상대방이 빌려 주지 않았을 것이라는 관계에 있는 때에는 사기죄의 실행행위인 기망은 있는 것으로 보아야 한다"라고 판시한 바 있다.[35] 한편 독일형법이 기망행위의 대상을 명문으로 사실에 제한하고 있다는 점은 참고가 되는 입법례라고 할 수 있다.[36]

도481 판결.

31) 대법원 1985.3.26. 선고 84도301 판결; 대법원 1983.3.22. 선고 82도2837 판결.

32) 대법원 2017.4.26. 선고 2017도1405 판결.

33) 대법원 1990.11.27. 선고 90도1087 판결; 대법원 1985.4.9. 선고 85도17 판결.

34) 대법원 1984.9.25. 선고 84도882 판결.

35) 대법원 1995.9.15. 선고 95도707 판결.

36) 독일형법 제263조(사기) ① 위법한 재산상의 이익을 자신이 취득하거나 타인으로 하여금 취득하게 할 의사로 허위의 사실로 기망하거나 진실을 왜곡 또는 은폐하여 착오를 야기 또는 유지시킴으로써 타인의 재산에 손해를 가한 자는 5년 이하의 자유형 또는 벌금형에 처한다.

㉣ 정 도 기망행위의 수단・방법에는 제한이 없다. 그러나 기망행위는 상대방의 처분행위를 지향하지 않으면 안 된다. 따라서 처분행위가 먼저 존재하고 나중에 기망행위가 있는 경우의 기망행위는 본죄의 기망행위에 해당하지 않는다. 사기죄는 재산죄이고 기망행위는 재산적 손해에 향하여져 있지 않으면 안 되기 때문이다. 단순히 상대방을 착오에 빠뜨리는 것만으로는 족하지 않은 것이다. 처음부터 착오에 빠뜨려 재산적 처분행위를 하게 하려는 의도가 없기 때문에 사기죄의 실행행위성도 존재하지 않게 된다. 사기죄의 기망행위는 반드시 재산적 처분행위를 지향할 필요가 있다. 대법원도 "직접 재산상 손해를 초래하는 재산적 처분행위를 하도록 기망한 경우에 한하여 사기죄가 성립한다"고 판시한 바 있다.[37] 기망은 구체적인 상황에서 경험칙상 일반적으로 사람을 착오에 빠뜨리고 상대방으로 하여금 행위자가 의도하는 재산상의 처분행위를 하도록 하는 정도에 이르러야 한다.

㉤ 판단기준 본죄가 성립하는지는 행위 당시를 기준으로 판단하여야 한다.[38] 행위 이후의 경제사정의 변화 등으로 인하여 채무불이행 상태에 이르게 된다고 하여 이를 사기죄로 처벌할 수는 없다.[39] 어떠한 행위가 타인을 착오에 빠지게 한 기망행위에 해당하는지 및 그러한 기망행위와 재산적 처분행위 사이에 인과관계가 있는지는 거래의 상황, 상대방의 지식, 성격, 경험, 직업 등 행위 당시의 구체적 사정을 고려하여 일반적・객관적으로 판단하여야 한다.[40] 따라서 거래의 상대방이 일정한 사정에 관한 고지를 받았더라면 거래에 임하지 아니하였을 것이라는 관계가 인정되는 경우에는 그 거래로 인하여 재물을 수취하거나 재산상의 이익을 취득하는 자에게는 신의성실의 원칙상 사전에 상대방에게 그와 같은 사정을 고지할 의무가 있다 할 것이고, 그럼에도 이를 고지하지 아니한 것은 고지할 사실을 묵비함으로써 상대방을 기망한 것이 되어 사기죄를 구성한다.[41] 기망에 해당하는지의 여부는 민법 등 다른 법률의 해석상 그 행위의 법률상 효력이 인정되는지 여부에 구애됨이 없이 형법 독자의 견지에서 판단하여야 한다.[42]

기망을 긍정한 판례의 구체적 내용은 다음과 같다. 즉,

---

37) 대법원 2017.4.28. 선고 2017도1544 판결; 대법원 2014.2.13. 선고 2013도14242 판결.

38) 대법원 2016.4.28. 선고 2012도14516 판결; 대법원 2008.9.25. 선고 2008도5618 판결; 대법원 2008.2.14. 선고 2007도10770 판결; 대법원 2006.11.23. 선고 2006도6795 판결.

39) 대법원 2008.9.25. 선고 2008도5618 판결.

40) 대법원 2016.1.14. 선고 2015도9497 판결; 대법원 2014.10.15. 선고 2014도9099 판결; 대법원 2014.2.27. 선고 2013도9669 판결; 대법원 2011.10.13. 선고 2011도8829 판결; 대법원 2009.10.15. 선고 2009도7459 판결; 대법원 2007.10.25. 선고 2005도1991 판결; 대법원 2004.4.9. 선고 2003도7828 판결; 대법원 1999.2.12. 선고 98도3549 판결; 대법원 1992.3.10. 선고 91도2746 판결; 대법원 1988.6.28. 선고 88도740 판결; 대법원 1988.3.8. 선고 87도1872 판결.

41) 대법원 2016.1.14. 선고 2015도9497 판결; 대법원 2014.1.16. 선고 2013도9644 판결; 대법원 2014.10.15. 선고 2014도9099 판결; 대법원 2011.11.24. 선고 2009도980 판결; 대법원 2006.1.26. 선고 2005도1160 판결; 대법원 2005.10.28. 선고 2005도5774 판결; 대법원 2004.4.9. 선고 2003도7828 판결; 대법원 2003.5.30. 선고 2002도3455 판결; 대법원 1999.2.12. 선고 98도3549 판결; 대법원 1996.2.27. 선고 95도2828 판결; 대법원 1996.7.30. 선고 96도1081 판결; 대법원 1995.9.15. 선고 95도707 판결; 대법원 1987.10.13. 선고 86도1912 판결; 대법원 1984.2.14. 선고 83도2995 판결.

42) 대법원 2006.10.27. 선고 2004도6083 판결.

피고인이 갑 저축은행에 대출을 신청하여 심사를 받을 당시 동시에 다른 저축은행에 대출을 신청한 상태였는데도 갑 저축은행으로부터 다른 금융회사에 동시에 진행 중인 대출이 있는지에 대하여 질문을 받자 '없다'고 답변하였고, 갑 저축은행으로부터 대출을 받은 지 약 6개월 후에 신용회복위원회에 대출 이후 증가한 채무를 포함하여 프리워크아웃을 신청한 사안에서, 피고인은 갑 저축은행에 대하여 다른 금융회사에 동시에 진행 중인 대출이 있는지를 허위로 고지하였고, 갑 저축은행이 제대로 된 고지를 받았더라면 대출을 해주지 않았을 것으로 판단되며, 그 밖에 피고인의 재력, 채무액, 대출금의 사용처, 대출일부터 약 6개월 후 프리워크아웃을 신청한 점과 그 경위 등의 사정을 종합하면, 기망행위, 기망행위와 처분행위 사이의 인과관계와 편취의 고의가 인정된다고 볼 여지가 있다는 이유로, 이와 달리 보아 피고인에 대한 사기 공소사실을 무죄라고 판단한 원심판결에 사기죄에서 기망행위, 기망행위와 처분행위 사이의 인과관계와 편취의 고의에 관한 법리를 오해한 잘못이 있다고 한 사례이다.[43] 피고인이 화가 갑, 을의 위작 그림 총 2,834점을 보관하던 중 그중 일부를 진품인 것처럼 경매에 출품하여 낙찰대금을 편취하고, 방송사인 병 주식회사를 기망하여 병 회사와 공동 주관으로 위작 그림이 진품임을 전제로 한 전시회 개최를 추진하면서 병 회사로부터 계약금 명목의 돈을 편취하려 하였으며, 피고인이 보유한 위 그림을 위작이라고 평가한 감정위원 등을 허위로 고소하였다고 하여 사기 · 사기미수 · 무고 등으로 기소된 사안에서, 원심이 증거능력 없는 피의자신문조서 등 일부 증거를 유죄의 증거로 삼은 것은 잘못이나, 피고인이 보유한 갑, 을의 그림에 대한 안목감정, 과학감정, 자료감정 등을 종합하여 갑, 을의 그림을 위작이라고 판단하고, 이를 기초로 각 공소사실을 유죄로 인정한 원심판단이 정당하다.[44] 신용보증기금의 신용보증서 발급이 피고인의 기망행위에 의하여 이루어진 이상 그로써 곧 사기죄는 성립하고, 그로 인하여 피고인이 취득한 재산상 이익은 신용보증금액 상당액이다.[45] 명의신탁자가 매도인 명의를 수탁자로 하여 제3자에게 신탁재산을 매도하는 계약을 체결하면서 수탁자가 위 신탁재산의 매도를 반대하며 매도에 따른 절차이행에 협조하기를 거절하고 있는 사정을 숨긴 경우, 매수인인 제3자에 대한 기망행위가 된다.[46] 피고인이 전 남편이 사업에 실패하여 이혼을 하면서 4~5천만 원 가량의 보증채무를 부담하고 있었고 달리 소유한 재산이 전혀 없어 돈을 차용하더라도 이를 변제할 의사나 능력이 없었음에도 불구하고파산신청 2년 전부터 불과 40여 일 전까지 여러 사람들로부터 돈을 빌려서 채무변제와 생활비 등으로 사용한 것은 사기죄를 구성한다.[47] 주식회사가 외부감사에 관한 법률의 회계처리기준이 개정되었으나 그 부칙 조항에 따라 아직 개정 전 회계처리기준이 적용되어야 하는 회계연도 재무제표를 작성함에 있어 개정 전 회계처리기준에 의할 경우 당기 순손실이 나타나는 것을 숨기기 위하여 아직 적용시기가 도래하지 않은 개정 회계처리기준을 미리 적용하는 방법으로 당기 순이익이 발생한 것으로 처리된 재무제표를 작성하면서도, 이를 분명하게 주석 처리하는 등의 방법으로 명시하지 아니하고, 이와 같이 편법을 사용하여 작성된 재무제표를 금융기관에 제출하게 되면 금융기관으로서는 원래 해당 회계연도에 적용되는 개정 전 회계처리기준에 의하여 위 재무제표가 작성되었고 그 결과 당기 순이익이 발생한 것으로 잘못 인식할 수 있는 바, 이는 해당 회계연도의 회사 재무상황에 대하여 금융기관의 착오를 일으키는 것이어서 기망행위에 해당한다.[48] 피고인이 이미 채무초과의 상태에 있었고 새로 설립한 공소외

43) 대법원 2018.8.1. 선고 2017도20682 판결.
44) 대법원 2017.7.18. 선고 2013도1843 판결.
45) 대법원 2008.2.28. 선고 2007도10416 판결.
46) 대법원 2007.11.30. 선고 2007도4812 판결.
47) 대법원 2007.11.29. 선고 2007도8549 판결.
48) 대법원 2007.6.1. 선고 2006도1813 판결.

2 주식회사는 실제 자본금이 전혀 없음에도 신용보증기금의 신용심사 및 신용보증서 발급업무 담당자에게 '공소외 2 주식회사의 공장을 신설하여 운영하려고 하는데, 위 회사의 자본금은 5억 원이고 몇 달 후 수주금액이 10억 원 정도 될 것이다. 공소외 2 주식회사가 공장 신축 및 기계기구 구입에 필요한 시설자금 9억 7,000만 원을 대출받을 수 있도록 신용보증을 하여 주면 반드시 대출금을 변제하여 피해가 없도록 하겠다'라고 거짓말을 하는 한편 위 공장 신축공사를 실제로 하지 않는 공소외 3 유한회사를 시공회사로 가장하여 허위의 내용이 포함된 신용보증신청서류를 제출함으로써 이에 속은 신용보증기금으로부터 신용보증서를 발급받은 사실을 인정하였는바, 기록에 비추어 살펴보면 이러한 원심의 사실인정 및 판단은 정당하고 거기에 상고이유의 주장과 같은 채증법칙 위배, 사기죄에 관한 법리오해 등의 위법이 없다.[49] 피고인들의 다음과 같은 주장, 즉, 계속적인 매출이 이루어지지 않을 경우 후원수당이 지급되지 않을 수도 있음을 충분히 피해자들에게 설명하였고, 피해자들은 이를 충분히 알면서도 자신들의 판단에 따라 물품구입비 명목으로 돈을 지급하였다는 주장을 인정할 수 없다고 배척한 다음, 피해자들이 피고인 회사의 재정상태와 사업계획, 피고인들의 물품조달의 방법, 제공된 물품의 원가, 피해자들에게 지급될 수당의 재원, 약속된 수당 지급을 위하여 향후 추가로 필요한 매출액 등을 정확히 알게 되었다면 원심 판시와 같은 물품구매를 쉽사리 하지는 않았을 것이라고 보고, 피고인들이 거의 실현 불가능한 고율의 수당을 지급할 것처럼 피해자들을 기망하여 그 판시와 같은 액수의 돈을 편취하였다고 판단한 것은 정당하다.[50] 자기앞수표를 갈취당한 자가 이를 분실하였다고 허위로 공시최고신청을 하여 제권판결을 선고받은 경우, 그 수표를 갈취하여 소지하고 있는 자에 대한 사기죄가 성립된다.[51] 타인의 명의를 빌려 예금계좌를 개설한 후, 통장과 도장은 명의인에게 보관시키고 자신은 위 계좌의 현금인출카드를 소지한 채, 명의인을 기망하여 위 예금계좌로 돈을 송금하게 한 경우, 자신은 통장의 현금인출카드를 소지하고 있으면서 언제든지 카드를 이용하여 차명계좌 통장으로부터 금원을 인출할 수 있었고, 명의인을 기망하여 위 통장으로 돈을 송금받은 이상, 이로써 송금받은 돈을 자신의 지배하에 두게 되어 편취행위는 기수에 이르렀다고 할 것이고, 이후 편취금을 인출하지 않고 있던 중 명의인이 이를 인출하여 갔다 하더라도 이는 범죄성립 후의 사정일 뿐 사기죄의 성립에 영향이 없다.[52] 피고인이 피해자로부터 냉동오징어를 구입하더라도 그 잔대금을 지급할 의사 없이 계약금 명목으로 일부 금원을 지급하고 나머지 대금을 지급하지 않은 사안에서, 피고인이 위 잔대금채무를 이전에 피해자에 대하여 가지고 있었던 채권으로 상계할 의사를 가지고 있었다 하더라도 피해자가 위 채권의 존재 자체를 다투고 있는 상태에서 마치 현금으로 결제할 것처럼 기망하여 물품을 교부받은 것은 사회통념상 용인된다고 볼 수 없으므로, 사기죄가 성립한다.[53] 풀카고트럭 2세트와 카고트럭 4대를 할부로 매입하여 출고받은 뒤 그 할부매매계약의 연대보증인을 구할 수 없자 피해자에게 서싯발을 하여 풀카고트럭 1대에 대한 연대보증용 인감증명서를 교부받은 후, 피해자로부터 그 서류에 대한 반환을 요구받고도 반환하지 않고 있다가 자동차 회사 판매 영업소 직원에게 교부하면서 풀카고트럭 1세트와 카고트럭 4대의 매매계약 연대보증인으로 처리하라고 하여, 피해자를 연대보증 하는 약속어음 공정증서를 작성하게 하고, 피해자를 연대보증인으로 하여 자신이 경영하는 회사와 보증보험회사 간에 그 차량들의 할부판매보증보험계약을 체결하게 함으로써 그 차량매

49) 대법원 2007.4.26. 선고 2007도1274 판결.
50) 대법원 2005.10.28. 선고 2005도5774 판결.
51) 대법원 2003.12.26. 선고 2003도4914 판결.
52) 대법원 2003.7.25. 선고 2003도2252 판결.
53) 대법원 1997.11.11. 선고 97도2220 판결.

매대금 중 선지급금을 제외한 나머지 금액 상당의 재산상의 이익을 편취한 피고인의 행위를 사기죄로 처단한 원심판결을 수긍한 사례이다.[54] 피고인 1이 신도들을 상대로 하여 자신을 스스로 "하나님" "구세주" "이긴자" "생미륵불" "정도령" "완성자" 등으로 지칭하면서 자신은 성경의 완성이고 모든 경전의 완성이자 하나님의 완성으로서 자기를 믿으면 모든 병을 고칠 수 있을 뿐만 아니라 피속의 마귀를 박멸소탕하여 영원히 죽지 않고 영생할 수 있으며, 자신이 인간들의 길흉화복과 우주의 풍운조화를 좌우하므로 1981년부터 10년동안 한국땅에 태풍이나 장마가 오지 못하도록 태풍의 진로를 바꿔 놓고 풍년들게 하였으며, 재물을 자신에게 맡기고 충성하며 자기들이 시행하는 건축공사에 참여하면 피속의 마귀를 빨리 박멸소탕해 주겠다고 하고, 자신이 하나님인 사실이 알려져 세계 각국에서 금은보화가 모이면 마지막 날에 1인당 1,000억원씩을 나누어 주겠으며, 헌금하지 않는 신도는 하나님이 깍쟁이 하나님이므로 영생할 수 없다는 취지의 설교를 사실인 것처럼 계속하여 신도들을 기망하였음이 분명한 이상 이는 종교의 자유의 한계를 일탈한 것으로서, 원심 및 원심이 인용한 제1심 판시와 같이 이에 기망당한 신도들로부터 헌금명목으로 고액의 금원을 교부받은 것을 형법상 사기죄에 해당한다고 하여 처단한 것이 헌법상 종교의 자유나 양심의 자유에 관한 법리를 잘못 오해한데 기인한 것이라고 할 수 없다.[55] 피고인이 다방의 임대차보증금 등을 타에 담보로 제공하고도 이를 은폐하는 등 피해자를 기망하여 피해자와 다방 전대차계약을 맺고 계약금을 수령하였다면 사기죄는 성립하는 것이고, 피고인이 추후 잔대금까지 수령하였다거나 또는 위 담보채무를 전대차계약 기간만료 전에 변제함으로써 피해자에게 위 담보와 관련하여 손해를 끼치지 않았다는 등의 사유는 계약금에 대한 사기죄의 성립에 영향을 끼치는 것은 아니다.[56] 은행원이 피해자의 돈을 은행지점 고객들에게 빌려주고 고율의 이자를 받아줄 것처럼 가장하여 그로 하여금 이를 그의 부모와 처 등의 여러 구좌에 입금케 한 다음 이를 인출해서 대지를 구입하여 그 지상에 주택과 상가건물을 건립하고 임야를 매입하거나 또는 건설회사를 설립하는데 이용하였다면 기망행위와 편취의사가 있었다고 볼 것이다.[57] 피고인과 피해자 사이에 체결된 더덕묘매매계약이 약 5,000여평의 묘밭에 씨앗 2가마 3말을 파종하여 생육된 더덕묘를 대금 1,500만원에 매매하는 내용으로 되어 있어서 매매목적물의 물량을 명시하지 않은 이른바 밭떼기 매매라고 할지라도 위 매매일로부터 수확일까지의 기간이 약 1개월에 불과하고 당시는 겨울철이어서 그 사이에 더덕의 생육에는 아무런 변동이 없었다면, 위 매매는 장래에 생육될 작물이 아니라 이미 생육이 된 현존 작물로서 위 5,000여평의 토지에서 씨앗 2가마 3말을 파종하여 통상적으로 수확될 것이 예상되는 수량의 더덕묘를 매매목적물로 한 것이고 이 수량에 대하여 매매대금을 1,500만원으로 정한 취지라고 보아야 할 것이므로 경작면적이 5,000여평이라는 점은 계약의 주요부분을 이루는 것이고, 따라서 피고인이 실제로 5,000여평이 되지 않음에도 불구하고 5,000여평이라고 경작면적을 표시하였다면 허위의 사실을 고지한 것이라고 볼 수 밖에 없다.[58] 국민주택선매청약예금의 예금주가 이미 갑에게 동 예금증서를 양도하였음에도 위 증서를 분실한 것처럼 은행에 통장 및 인감분실 신고를 하여 예금증서를 재발급 받은 다음 위 1차 매매계약사실 및 예금증서의 재발급사실을 숨긴 채 2차로 을에게 다시 양도한 소위는 사기죄에 해당한다.[59] 융통어음을 할인함에 있어 그 상대방에 대하여 그 어음이 매매대금조로 받았다는 이른바 진성어음인 것처럼 하기 위하여 적극적인 위장수

54) 대법원 1995.8.25. 선고 94도2132 판결.
55) 대법원 1995.4.28. 선고 95도250 판결.
56) 대법원 1991.11.12. 선고 91도2270 판결.
57) 대법원 1991.5.28. 선고 91도752 판결.
58) 대법원 1990.4.10. 선고 89도2224 판결.
59) 대법원 1987.6.23. 선고 87도1045 판결.

단을 강구하는 것은 명백한 기망행위에 해당되며 상대방으로 하여금 그 뜻을 오신케 하고 할인명목으로 돈을 교부케 한 행위는 사기죄가 성립한다.[60] 결손금이 실제보다 적은 것처럼 속여 회사를 양도한 것이 사기죄에 해당한다.[61] 타인을 기망하여 그 소유의 부동산에 저당권을 설정케 하고 이를 담보로 금원을 융자받은 경우, 위와 같은 행위는 피해자의 저당권설정행위라는 재산적 처분행위에 의하여 위 저당권을 담보로 하여 융자받은 금원상당의 재산상 이익인 담보가치를 취득한 것이 되므로 이는 위 피해자를 피기망자 및 피해자로 하는 사기죄를 구성한다.[62] 의류수출의 대행은 대행자가 수출쿼터를 보유하고 있어야만 가능한 것이어서 피고인이 피해자들에게 수출대행을 하여 주겠다고 한 것은 보유하고 있는 수출쿼터를 이용하여 정당한 절차로 수출대행을 하여 주겠다는 뜻이었다고 봄이 경험칙에 합치된다 할 것이고 수출쿼터 관계서류를 위조하여 대행해 주겠다는 내용은 아니었을 것이므로 의류수출쿼터를 보유하고 있는 것처럼 기망하여 수출대행을 하여 주겠다고 한 피고인의 행위는 피고인이 비록 관계서류를 위조하는 방법으로 수출대행을 하여 줄 의사를 가지고 있었다 하더라도 전체적으로 피해자들을 기망한 행위에 해당한다.[63] 화투의 조작에 숙달하여 원하는 대로 끗수를 조작할 수 있어서 우연성이 없음에도 피해자를 우연에 의하여 승부가 결정되는 것처럼 오신시켜 돈을 도하게 하여 이를 편취한 행위는 이른바 기망방법에 의한 도박으로서 사기죄에 해당한다.[64] 피고인은 ○○제약주식회사 서무과 직원으로 근무중이던 1981.12.29 피해자 허△△에게 위 회사 제품인 맥소롱의 라벨인쇄를 도급주거나 그로부터 돈을 빌리더라도 변제할 능력이 없음에도 불구하고 위 회사 사장을 통하여 맥소롱 라벨인쇄를 맡도록 해주겠으며 1982.1.31까지는 갚을테니 돈 200만원을 빌려달라는 거짓말을 하여 이에 속은 그로부터 그 자리에서 차용금 명목으로 돈 200만원을 교부받아 편취한 사실을 인정한 사례이다.[65] 피고인이 금원을 편취함에 있어 피해자에게 당좌수표를 발행 교부하였고 그 당좌수표가 부도되어 부정수표단속법 위반으로 처벌된 바 있다 하더라도 사기죄의 성립에는 아무런 소장이 없다.[66] 채무자가 채권자에 대하여 소정기일까지 지급할 의사와 능력이 없음에도 종전 채무의 변제기를 늦출 목적에서 어음을 발행 교부한 경우 사기죄가 성립한다.[67] 피고인이 어음을 발행함에 있어서 당초부터 피사취계를 제출하여 어음금의 지급을 면할 의사를 가졌으면서도 이를 숨기고 정상적으로 지급될 어음인 것처럼 가장하였다면 어음을 발행함으로써 수취인이나 그 이후의 소지인을 기망한 것이다.[68] 공장시설을 법인체의 소유인 것처럼 가장하여 그 법인체를 매도한 경우에 매매의 직접대상은 법인체라 할지라도 그 법인체의 소유가 될 수 없는 공장시설을 그 법인체의 소유인 것처럼 가장한 점에 기망행위가 성립한다.[69] 약속어음을 할인받기 위하여 어음상의 지급기일을 변조한 후 약속어음의 전부가 마치 진정한 것처럼 타인을 기망하여 배서양도하고 할인금을 교부받은 경우에는 비록 그 행위자가 어음법상의 법리에 의하여 변조 후의 문언에 따라 책임을 진다고 하더라도 형사상 사기죄를 구성한다.[70] 금융기관의 대출이나 신용보증기금의 신용보증서 발급이 기망행위에 의하여 이

60) 대법원 1987.6.9. 선고 86도2759 판결.
61) 대법원 1986.7.8. 선고 86도981 판결.
62) 대법원 1985.11.12. 선고 84도984 판결.
63) 대법원 1985.5.14. 선고 80도2973 판결.
64) 대법원 1985.4.23. 선고 85도583 판결.
65) 대법원 1984.2.14. 선고 83도2995 판결.
66) 대법원 1983.11.22. 선고 83도2495 판결.
67) 대법원 1983.11.8. 선고 83도1723 판결.
68) 대법원 1983.10.11. 선고 83도1799 판결.
69) 대법원 1983.8.23. 선고 83도1447 판결.
70) 대법원 1983.7.12. 선고 83도680 판결.

루어진 이상 그로써 곧 사기죄는 성립하는 것이고, 담보권의 설정이 있었다 하여 결론을 달리하는 바는 아니며 또 그러한 경우 사기죄의 이득액에서 담보물의 가액을 공제하여야 하는 것이 아니다.[71] 절도범인이 절취한 장물을 자기 것인양 제3자에게 담보로 제공하고 금원을 편취한 경우에는 별도의 사기죄가 성립된다.[72] 절취한 전당표를 제3자에게 교부하면서 자기 누님의 것이니 찾아 달라고 거짓말을 하여 이를 믿은 제3자가 전당포에 이르러 그 종업원에게 전당표를 제시하여 기망케 하고 전당물을 교부받게 하여 편취하였다면 이는 사기죄를 구성하는 것이다.[73] 절취한 은행예금통장을 이용하여 은행원을 기망해서 진실한 명의인이 예금을 찾는 것으로 오신시켜 예금을 편취한 것이라면 새로운 법익의 침해로 절도죄 외에 따로 사기죄가 성립한다.[74]

기망을 부정한 판례의 구체적 내용은 다음과 같다. 즉,

피고인이 갑에게 '각 5,000만 원씩 출자하여 회사를 설립하되, 우선 자본금 1억 원에 대한 잔고증명은 갑의 돈으로 발급받고 회사가 설립되면 바로 출자금 5,000만 원을 납부하겠다'고 속여 갑으로 하여금 5,000만 원을 투자하게 하고 갑 명의 은행계좌의 예금잔고증명서(1억 원)를 제출하여 을 주식회사를 설립하게 한 후 그 주식 10,000주(1주의 금액 5,000원, 합계 5,000만 원)를 편취하였다는 내용으로 기소된 사안에서, 피고인과 갑은 을 회사를 설립하면서 각 발기인으로서 10,000주씩을 인수한 것으로 볼 여지가 있어 피고인이 갑으로부터 을 회사 주식 10,000주를 취득한 것이 아니므로 갑을 피해자로 볼 수 없고, 갑의 예금잔고증명서를 이용하여 주금을 가장납입하였다면 피고인은 을 회사에 주금 상당의 체당금 반환책임을 부담할 뿐이어서 갑에 대한 사기죄가 성립한다고 보기 어렵다. 는 이유로, 이와 달리 본 원심판단에 회사 설립과 발기인의 주식 취득, 가장납입에 관한 법리오해 등의 잘못이 있다고 한 사례이다.[75] 사기죄가 성립하는지는 행위 당시를 기준으로 판단하여야 하므로, 소비대차 거래에서 차주가 돈을 빌릴 당시에는 변제할 의사와 능력을 가지고 있었다면 비록 그 후에 변제하지 않고 있더라도 이는 민사상 채무불이행에 불과하며 형사상 사기죄가 성립하지는 아니한다.[76] 소비대차 거래에서, 대주와 차주 사이의 친척 · 친지와 같은 인적 관계 및 계속적인 거래 관계 등에 의하여 대주가 차주의 신용 상태를 인식하고 있어 장래의 변제 지체 또는 변제불능에 대한 위험을 예상하고 있었거나 충분히 예상할 수 있는 경우에는, 차주가 차용 당시 구체적인 변제의사, 변제능력, 차용 조건 등과 관련하여 소비대차 여부를 결정지을 수 있는 중요한 사항에 관하여 허위 사실을 말하였다는 등의 다른 사정이 없다면, 차주가 그 후 제대로 변제하지 못하였다는 사실만을 가지고 변제능력에 관하여 대주를 기망하였다거나 차주에게 편취의 범의가 있었다고 단정할 수 없다.[77] 피고인 등이 피해자 갑 등에게 자동차를 매도하겠다고 거짓말하고 자동차를 양도하면서 매매대금을 편취한 다음, 자동차에 미리 부착해 놓은 지피에스(GPS)로 위치를 추적하여 자동차를 절취하였다고 하여 사기 및 특수절도로 기소된 사안에서, 피고인이 갑 등에게 자동차를 인도하고 소유권이전등록에 필요한 일체의 서류를 교부함으로써 갑 등이 언제든지 자동차의 소유권이전등록을 마칠 수 있게 된 이상, 피고인이 자동차를 양도한 후 다시 절취할 의사를 가지고 있었더라도 자동차의 소유권을 이전하여 줄 의사가 없었다고 볼 수 없고,

71) 대법원 1983.4.26. 선고 82도3088 판결.
72) 대법원 1980.11.25. 선고 80도2310 판결.
73) 대법원 1980.10.14. 선고 80도2155 판결.
74) 대법원 1974.11.26. 선고 74도2817 판결.
75) 대법원 2018.2.8. 선고 2017도19799 판결.
76) 대법원 2016.4.28. 선고 2012도14516 판결.
77) 대법원 2016.4.28. 선고 2012도14516 판결.

피고인이 자동차를 매도할 당시 곧바로 다시 절취할 의사를 가지고 있으면서도 이를 숨긴 것을 기망이라고 할 수 없어, 결국 피고인이 자동차를 매도할 당시 기망행위가 없었으므로, 피고인에게 사기죄를 인정한 원심판결에 법리오해의 잘못이 있다.[78] 피고인이, 휴대전화 문자메시지를 발송하더라도 이용대금을 납부할 의사와 능력이 없는데도, 단독으로 또는 공범들과 함께 이용대금 미납 등의 사유로 사용이 정지되거나 유심칩(USIM Chip) 분실로 사용할 수 없게 된 휴대전화를 구입한 후 이른바 '대포폰'으로 유통시켜 사용하도록 하거나 유심칩 읽기를 통하여 해당 휴대전화의 문자발송제한(1일 500개)을 해제하고 광고성 문자를 대량 발송하는 방법으로 이동통신회사들로부터 이용대금 상당의 재산상 이득을 취득하였다는 내용으로 기소된 사안에서, 피고인이 이동통신 판매대리점의 컴퓨터를 이용하여 이동통신회사들의 전산망에 접속한 다음 전산상으로 사용정지된 휴대전화를 사용할 수 있도록 하거나 유심칩 읽기를 통해 문자메시지 발송한도를 해제한 것은 전산상 자동으로 처리된 것일 뿐 사기죄 구성요건인 '사람을 기망하여 재산상 이득을 취득한 경우'에 해당한다고 볼 수 없는데도, 이와 달리 보아 피고인에게 사기죄를 인정한 원심판단에 법리오해의 위법이 있다.[79] 송금의뢰인이 수취인의 예금계좌에 계좌이체 등을 한 이후, 수취인이 은행에 대하여 예금반환을 청구함에 따라 은행이 수취인에게 그 예금을 지급하는 행위는 계좌이체금액 상당의 예금계약의 성립 및 그 예금채권 취득에 따른 것으로서 은행이 착오에 빠져 처분행위를 한 것이라고 볼 수 없으므로, 결국 이러한 행위는 은행을 피해자로 한 형법 제347조의 사기죄에 해당하지 않는다고 봄이 상당하다.[80] 차용금의 편취에 의한 사기죄의 성립 여부는 차용 당시를 기준으로 판단하여야 하므로, 피고인이 차용 당시에는 변제할 의사와 능력이 있었다면 그 후에 차용금을 변제하지 못하였다고 하더라도 이는 단순한 민사상의 채무불이행에 불과할 뿐 형사상 사기죄가 성립한다고 할 수 없다.[81] 피고인이 피해자 공소외인 명의의 양도증서 등 명의변경 서류를 위조하여 일본국 특허청 공무원에게 제출함으로써 피고인 명의로 이 사건 특허의 출원자 명의를 변경하였다고 하더라도 위 피해자의 이 사건 특허를 받을 수 있는 권리에 관한 처분행위가 있었다고 할 수 없을 뿐만 아니라 일본국 특허청 공무원에게 이 사건 특허를 받을 수 있는 권리의 처분권한이 있다고도 볼 수 없으므로, 이 부분 공소사실은 사기죄를 구성한다고 보기 어렵다.[82] 부동산의 명의수탁자가 부동산을 제3자에게 매도하고 매매를 원인으로 한 소유권이전등기까지 마쳐 준 경우, 명의신탁의 법리상 대외적으로 수탁자에게 그 부동산의 처분권한이 있는 것임이 분명하고, 제3자로서도 자기 명의의 소유권이전등기가 마쳐진 이상 무슨 실질적인 재산상의 손해가 있을 리 없으므로 그 명의신탁 사실과 관련하여 신의칙상 고지의무가 있다거나 기망행위가 있었다고 볼 수도 없어서 그 제3자에 대한 사기죄가 성립될 여지가 없고, 나아가 그 처분시 매도인(명의수탁자)의 소유라는 말을 하였다고 하더라도 역시 사기죄가 성립하지 않으며, 이는 자동차의 명의수탁자가 처분한 경우에도 마찬가지이다.[83] 타인으로부터 돈을 차용하면서 충분한 담보를 제공하였다면 특별한 사정이 없는 한 그 차용금을 변제할 의사와 능력이 없었다고 볼 수는 없다.[84] 피고인 단독명의로 소유권이전등기가 되어 있는 부동산 중 1/2지분은 타인으로부터 명의신탁 받은 것임에도 불구하고 피고인이 그의 승낙 없이 위 부동산 전부를 피해자에게 매도하여 그 소유권이전등기를

78) 대법원 2016.3.24. 선고 2015도17452 판결.
79) 대법원 2011.7.28. 선고 2011도5299 판결.
80) 대법원 2010.5.27. 선고 2010도3498 판결.
81) 대법원 2008.2.14. 선고 2007도10770 판결.
82) 대법원 2007.11.16. 선고 2007도3475 판결.
83) 대법원 2007.1.11. 선고 2006도4498 판결.
84) 대법원 2006.2.23. 선고 2005도8645 판결.

마쳐준 경우 매수인은 유효하게 위 부동산의 소유권을 취득하므로 매수인인 피해자에 대하여 사기죄를 구성하지 않는다.[85] 자동차의 매도인이 이미 제3자와의 사이에 자동차매매계약이 체결된 사실을 고지하지 아니한 채 매수인과 매매계약을 체결하였다고 하더라도 제3자와의 위 자동차매매계약이 그 제3자에 대한 차용금채무를 담보하기 위하여 대물변제의 예약을 한 것이라면 매도인은 제3자 명의로 소유권이전등록이 되기까지는 언제든지 차용원리금을 변제하고 위 대물변제예약을 해제할 수 있는 것이며 이 대물변제의 예약때문에 당연히 매수인이 그 자동차를 인도받아 소유권을 취득하는데 장애가 되는 것은 아니므로 이와 같은 사실만으로는 매도인이 매수인을 기망하여 그 매매대금을 편취한 것이라고 볼 수 없다.[86] 부동산의 명의수탁자가 부동산을 제3자에게 매도하고 매매를 원인으로 한 소유권이전등기까지 마쳐 준 경우, 명의신탁의 법리상 대외적으로 수탁자에게 그 부동산의 처분권한이 있는 것임이 분명하고, 제3자로서도 자기명의의 소유권이전등기가 경료된 이상 무슨 손해가 있을리 없으므로 그 제3자에 대한 사기죄가 성립될 여지가 없다.[87] 피고인이 1981.4경부터 공소외 회사와 판매대리점계약을 체결하고 위 회사 앞으로 채권 최고액을 9백9십만원으로 한 근저당권설정등기를 경료한 뒤 과일, 통조림 등을 위 회사로부터 공급받아 판매하여 오다가 위 회사측의 제의로 1982. 7, 8, 9월에는 평소 거래량의 3배 정도의 거래가 이루어져 그 대금중 일부는 이를 결제하고 나머지 금 1천 8백만원 상당의 대금지급을 위하여 위 회사에 약속어음 4매를 교부하였으나 그것이 부도처리됨으로써 그에 해당하는 대금이 결제되지 아니한 경우, 1982.7.1 이전까지는 위 저당권범위내에서 외상거래가 계속되었고 그 뒤 피고인의 위 영업실적이 저조하여 대금회수가 여의치 못하였을 뿐 아니라 현대화 체인지점인수문제로 자금난이 가중하여 위 약속어음이 부도가 난 것이라면 이는 자금사정의 악화로 물품대금의 일부가 결제되지 못한 것일 뿐 처음부터 그 미지급대금 상당의 물품을 편취할 의사로 대금지급의 의사와 능력없이 거짓말로 위 회사를 기망한 것이라고 보기 어렵다.[88] 채무자는 채권자로부터 채권의 양도통지를 받지 않은 이상 채무금은 원래의 채권자에게 반환할 의무가 있는 것이므로, 채권양도 통지 전에는 그 채무자가 채권자에게 그 채무금을 반환하면 유효한 변제가 되는 것이고 채권자에 대하여 위 채무금의 지급을 거부할 권리를 유보하고 양수인에게만 지급해야 할 특별한 사정이 없는 한 채무자로서는 양수인이 채무의 지급을 구한다 하더라도 이를 거부할 권리가 있으므로 채권자가 위 채권의 양도사실을 밝히지 아니하고 직접 위 외상대금을 수령하였다 하여 기망수단을 써서 채무자를 착오에 빠뜨려 그 대금을 편취한 것이라 할 수 없다.[89] 전매이익을 많이 얻을 수 있으며 자기가 책임진다고 해서 이를 믿은 타인이 투자한 것임에 불과한 사실만으로는 기망사실인정자료로는 부족하다.[90] 피고인이 공소외 (갑)간에 특정한 방과 부엌에 관하여 임대차계약을 체결하고 계약금을 수령한 후 같은 방을 보다 유리한 조건을 제시하는 공소외(을)에게 재차 임대하여 입주시키고 (갑)으로부터는 중도금을 교부받으면서 다른 방에 입주를 권하였으나 다른 방은 좁다고 거부하자 동인과의 임대차계약을 해제하고 계약금의 배액과 중도금을 반환하였다면 피고인이 그 소유의 방을 임대할 의사가 전혀 없었음에도 기망하여 임대계약을 한 것이라고 단정하기 어렵다.[91] 은행을 지급장소로 한 약속어음에 있어서 피사취계의 제출은 발행인이 은행에 대하여 지급위탁을 취소하는

85) 대법원 1990.11.13. 선고 90도1961 판결.
86) 대법원 1989.10.24. 선고 89도1397 판결.
87) 대법원 1985.12.10. 선고 85도1222 판결.
88) 대법원 1984.7.24. 선고 84도1158 판결.
89) 대법원 1984.5.9. 선고 83도2270 판결.
90) 대법원 1984.2.14. 선고 83도2471 판결.
91) 대법원 1984.1.31. 선고 83도2888 판결.

의사표시에 불과하므로 이에 따라 은행은 제시된 어음금의 지급을 거절하여야 하고 은행이 그 지급위탁 취소사유로 되어 있는 사취사실이 진실인가의 여부를 판단하여 지급위탁의 취소를 거절할 수는 없는 것이므로 발행인이 어음이 사취된 것처럼 가장하여 피사취계를 제출한 경우라 하더라도 그 피사취계의 제출로써 은행을 기망하여 어음금 지급에 관한 재산적 처분행위를 하게 한 것이라고 볼 수 없다.[92] 피고인이 하청받은 사옥철거공사에서 나온 고철을 피해자에게 싯가보다 저렴한 가격으로 매각하기로 하고 동인으로부터 그 고철대금의 선금조로 금원을 미리 교부받은 경우에 있어서도 기망했다는 증거가 없는 이상 결과적으로 피해자가 피고인으로부터 고철을 매입할 수 없게 되었다는 사실만으로 기망당한 것이라 볼 수 없다.[93] 피고인이 아파트를 소외인으로부터 매수하여 피해자에게 임대한 것이 소외인의 동아파트 취득에 관한 분쟁이 발생하기 전이라면 설사 소외인에 대한 아파트분양이 무효이어서 피고인이 소유권을 취득할 수 없게 되었다 하더라도 그 임대행위를 가리켜 무권리자의 기망행위라고 볼 수는 없다.[94] 임대인이 그 소유가옥내의 방 1칸에 관한 임대차계약을 체결하면서 임차인에게 그 가옥에 채무담보조로 가등기가 되어 있는 사실을 고지하였고, 또한 가옥의 시세가 채무의 원리금을 변제하고도 상당액이 남을 만한 것이어서 본등기가 경료될 경우에는 그 차액으로 금 6,000,000원을 돌려받기로 되어 있었다면, 임대인에게 임차보증금(금 700,000원)을 편취할 범의가 있다고 볼 수 없다.[95] 피고인이 총각이라면서 결혼하여 사업을 일으켜 보자고 하였더라도, 피해자가 금원을 대여할 당시 피고인이 경영하는 회사의 자금사정이 어렵다는 사실 및 피고인에게 동거하는 약혼녀가 있다는 사실을 알고 있음에도 그를 좋아하고 동정한 나머지 위 금원을 대여하여 주었다면 피고인에게 기망되어 금원을 편취당하였다고 보기 어려우므로 사기죄는 성립하지 아니한다.[96] 토지의 일부만을 매수한 자가 그 부분만을 분할 이전하겠다고 거짓말하여 소유자로부터 인장을 교부받아 토지전부에 관하여 소유권이전등기를 필한 경우에는 매수하지 아니한 부분에 관한 등기에 대하여는 위 소유자의 처분 행위가 없었을 뿐만 아니라 등기 공무원에게는 그 처분권한이 있다고 볼 수 없어 사기죄가 성립하지 않는다.[97] 위조된 약속어음을 진정한 약속어음인 것처럼 속여 기왕의 물품대금채무의 변제를 위하여 채권자에게 교부하였다고 하여도 어음이 결제되지 않는 한 물품대금채무가 소멸되지 아니하므로 사기죄는 성립되지 않는다.[98] 피고인 소유가 아닌 부동산에 대하여 피고인 소유인 것처럼 보존등기신청을 하여 그 정을 모르는 등기공무원으로 하여금 그 등기를 하게 한 경우에 등기공무원의 위 행위는 재산상 처분권한 있는 자의 처분행위라고 볼 수 없으므로 피고인의 위 소위는 사기죄를 구성하지 아니한다.[99] 도로법 40조, 동법시행령 24조의 취의가 오로지 관리청의 재량에 의하여 점용허가를 결정할 수 있는 것으로 해석됨으로 도로부지의 사실상 사용자가 누구인가에 관하여 피고인의 기망행위가 있었다 하더라도 이는 점용허가 여부의 결정에 하나의 참고가 되었을 뿐 피고인의 기망행위에 기인하여 점용허가가 이루어진 것이라 단정할 수 없으므로 사기죄가 되지 아니한다.[100] 자기 소유의 고철과 석탄 및 주물공장을 이용하여 제품을 만들어 판매함으로써 그 매각대금으로 타인의

---

92) 대법원 1983.10.11. 선고 83도1799 판결.
93) 대법원 1983.9.13. 선고 83도1616 판결.
94) 대법원 1983.9.13. 선고 83도823 판결.
95) 대법원 1983.6.28. 선고 83도1013 판결.
96) 대법원 1983.6.28. 선고 83도831 판결.
97) 대법원 1982.3.9. 선고 81도1732 판결; 대법원 1981.7.28. 선고 81도529 판결; 대법원 1970.9.29. 선고 70도1734 판결.
98) 대법원 1983.4.12. 선고 82도2938 판결.
99) 대법원 1982.2.9. 선고 81도944 판결.
100) 대법원 1974.7.23. 선고 74도669 판결.

채무를 변제하기로 약정하였다면 그 매각대금으로 채무를 변제하지 아니하였다 하더라도 이는 단순한 채무불이행으로서 횡령죄나 사기죄를 구성하지 아니한다 할 것이다.[101] 기존채무의 지급을 확보하기 위하여 무거래의 수표를 발행하였다 하더라도 사기죄가 성립되지 아니한다.[102]

iii. 작위에 의한 기망의 구체적 유형

㉠ 이중매매 · 이중저당 이중매매 또는 이중저당이란 (갑)이 그 부동산을 (을)에게 매도하거나 저당권을 설정하는 계약을 체결하고 아직 등기를 경료하지 않은 것을 이용하여 (병)과 다시 매매계약 또는 저당권설정계약을 체결하고 그에게 등기를 경료해 준 경우를 말한다. 이에 대하여는 기망에 해당한다는 긍정설과 본죄의 성립을 부정하는 부정설이 대립하고 있다.

생각건대 부동산의 물권변동에 관하여 형식주의를 취하고 있는 민법하에서 부동산의 소유권 또는 저당권은 등기하지 아니하면 내부적인 채권관계로서의 효력밖에 가질 수 없으므로 (갑)이 (병)에게 매매 또는 저당권설정사실을 숨겼다 할지라도 (병)이 소유권 또는 저당권을 취득하는 데에는 아무런 장애가 없다. 그렇다면 (갑)에게는 거래관계에서 요구되는 신의칙에 반하는 기망행위가 없다 할 것이므로 (을)에 대한 관계에서 배임죄가 성립하는가는 별 문제로 하고 (병)에 대하여는 사기죄가 성립하지 않는다.

기망을 긍정한 판례의 구체적 내용은 다음과 같다. 즉,

타인에게 매도하여 그 소유권이전등기까지 경유해 준 부동산을 자기 소유라고 하여 재차 매도하였다면 그 자체에 있어서 적극적인 거짓말로 매수인을 기망한 것으로 볼 수 있다.[103] 타인에게 매도담보로 제공한 동산을 그 사실을 은폐하고 다시 제3자에게 매도담보로 제공한 경우에는 사기죄가 성립된다[104]

기망을 부정한 판례의 구체적 내용은 다음과 같다. 즉,

부동산을 매매함에 있어서 매도인이 매수인에게 매매와 관련된 어떤 구체적인 사정을 고지하지 아니함으로써, 장차 매매의 효력이나 매매에 따르는 채무의 이행에 장애를 가져와 매수인이 매매목적물에 대한 권리를 확보하지 못할 위험이 생길 수 있음을 알면서도, 매수인에게 그와 같은 사정을 고지하지 아니한 채 매매계약을 체결하고 매매대금을 교부받는 한편 매수인이 그와 같은 사정을 고지받았더라면 매매계약을 체결하지 아니하거나 매매대금을 지급하지 아니하였을 것임이 경험칙상 명백한 경우에는, 신의성실의 원칙상 매수인에게 미리 그와 같은 사정을 고지할 의무가 매도인에게 있다고 할 것이므로, 매도인이 매수인에게 그와 같은 사정을 고지하지 아니한 것은 사기죄의 구성요건인 기망에 해당한다고 할 것이지만, 매매로 인한 법률관계에 아무런 영향도 미칠 수 없는 것이어서 매수인의 권리실현에 장애가 되지 아니하는 사유까지 매도인이 매수인에게 고지할 의무가 있다고는 볼 수 없는 것인바, 부동산의 이중매매에 있어서 매도인이 제1의 매매계약을 일방적으로 해제할 수 없는 처지에 있었다는 사정만으로는, 바로 제2의 매매계약의 효력이나 그 매매계약에

101) 대법원 1971.11.23. 선고 71도1724 판결.
102) 대법원 1961.2.17. 선고 4293형상881 판결.
103) 대법원 1971.8.31. 선고 71도1302 판결.
104) 대법원 1960.10.26. 선고 4293형상82 판결.

따르는 채무의 이행에 장애를 가져오는 것이라고 할 수 없음은 물론, 제2의 매수인의 매매목적물에 대한 권리의 실현에 장애가 된다고 볼 수도 없는 것이므로 매도인이 제2의 매수인에게 그와 같은 사정을 고지하지 아니하였다고 하여 제2의 매수인을 기망한 것이라고 평가할 수는 없을 것이다.[105)] 피고인이 공소외인에 대한 채무담보를 위하여 본건 부동산에 대하여 매매계약을 체결하고 다시 피해자와도 매매계약을 체결하여 잔금까지 모두 교부받은 경우 잔금의 수령이 위 공소외인에 대한 채무의 변제기이후라 하더라도 동인 앞으로 담보제공에 따른 소유권이전등기가 경료되어 있지 않은 이상 피고인으로서는 위 담보제공 사실을 소극적으로 고지하지 아니하였다는 사실만으로 위 피해자를 기망한 것이라고 볼 수 없다.[106)]

㉡ 허위광고 · 과대광고 광고는 추상적 허위 · 과장 광고와 구체적 허위 · 과장 광고로 나눌 수 있다. 전자에 있어서는 다소의 허위, 과장이 수반되더라도 그것이 일반 상거래의 관행과 신의칙에 비추어 시인될 수 있는 한 기망성은 결여된다고 해석되고 있다. 예컨대 중등품을 상등품이라고 하는 경우, 조교수의 저술을 정교수의 저술로 광고하는 경우, 합격률을 높인 학원광고 등이 이에 해당한다. 그러나 후자에 있어서는 거래상 중요한 사실에 관하여 구체적으로 증명할 수 있는 사실을 들어 신의칙상 용인될 수 없는 방법으로 행하여지는 허위, 과장 광고는 기망에 해당한다고 해석되고 있다. 예컨대 약효가 없는 약을 특효약이라고 한 경우, 원료의 성질 · 제조원 · 공적 기관의 보증을 속인 경우 등이 이에 해당한다.

대법원도 "일반적으로 상품의 선전, 광고에 있어 다소의 과장, 허위가 수반되는 것은 그것이 일반 상거래의 관행과 신의칙에 비추어 시인될 수 있는 한 기망성이 결여된다 할 것이나 거래에 있어서 중요한 사항에 관하여 구체적 사실을 거래상의 신의성실의 의무에 비추어 비난받을 정도의 방법으로 허위로 고지한 경우에는 과장, 허위광고의 한계를 넘어 사기죄의 기망행위에 해당한다"라고 판시하고 있다.[107)]

기망을 긍정한 판례의 구체적 내용은 다음과 같다. 즉,

부동산 관련 업체가 지방자치단체의 특정 용역보고서만을 근거로 확정되지도 않은 개발계획이 마치 확정된 것처럼 허위 또는 과장된 정보를 제공하여 매수인들과 토지매매계약을 체결한 사안에서, 사기죄가 성립한다.[108)] 오리, 하명, 누에, 동충하초, 녹용 등 여러 가지 재료를 혼합하여 제조 · 가공한 '녹동달오리골드'라는 제품이 당뇨병, 관절염, 신경통 등의 성인병 치료에 특별한 효능이 있는 좋은 약이라는 허위의 강의식 선전 · 광고행위를 하여 이에 속은 노인들로 하여금 위 제품을 고가에 구입하도록 한 것은 그 사술의 정도가 사회적으로 용인될 수 있는 상술의 정도를 넘은 것이어서 사기죄의 기망행위를 구성한다.[109)] 통신판매에 있어 소비자가 갖는 상품의 품질, 가격에

105) 대법원 2012.1.26. 선고 2011도15179 판결; 대법원 2008.5.8. 선고 2008도1652 판결; 대법원 2005.11.25. 선고 2005도5021 판결; 대법원 1991.12.24. 선고 91도2698 판결.

106) 대법원 1985.11.26. 선고 85도1830 판결.

107) 대법원 2010.9.9. 선고 2010도7298 판결; 대법원 2008.10.23. 선고 2008도6549 판결; 대법원 2008.7.10. 선고 2008도1664 판결; 대법원 2008.6.12. 선고 2008도76 판결; 대법원 2004.1.15. 선고 2001도1429 판결; 대법원 2002.2.5. 선고 2001도5789 판결; 대법원 2001.5.29. 선고 99다55601, 55618 판결; 대법원 1997.9.9. 선고 97도1561 판결; 대법원 1993.8.13. 선고 92다52665 판결; 대법원 1992.9.14. 선고 91도2994 판결; 대법원 1983.8.23. 선고 83도1447 판결.

108) 대법원 2008.10.23. 선고 2008도6549 판결.

109) 대법원 2004.1.15. 선고 2001도1429 판결.

대한 정보는 전적으로 유통업자의 광고에 의존할 수밖에 없고, TV홈쇼핑업체에 대한 소비자들의 신뢰는 TV라는 영상매체를 이용한 스스로의 강도 높은 광고에 의하여 창출된 것인 만큼 이에 대한 소비자들의 신뢰와 기대는 특별히 보호되어야 할 것인바, 농업협동조합의 조합원이나 검품위원이 아닌 자가 TV홈쇼핑업체에 납품한 삼이 제3자가 산삼의 종자인지 여부가 불분명한 삼의 종자를 뿌려 이식하면서 인공적으로 재배한 삼이라는 사실을 알면서도 광고방송에 출연하여 위 삼이 위 조합의 조합원들이 자연산삼의 종자를 심산유곡에 심고 자연방임 상태에서 성장시킨 산양산삼이며 자신이 조합의 검품위원으로서 위 삼 중 우수한 것만을 선정하여 감정인의 감정을 받은 것처럼 허위 내용의 광고를 한 것은 진실규명이 가능하고 구매의 결정에 있어 가장 중요한 요소로서 구체적 사실인 판매물품의 품질에 관하여 기망한 것으로서 그 사술의 정도가 사회적으로 용인될 수 있는 상술의 정도를 넘은 것이어서 사기죄의 기망행위를 구성한다.[110] 일반적으로 상품의 선전, 광고에 있어 다소의 과장, 허위가 수반되는 것은 그것이 일반 상거래의 관행과 신의칙에 비추어 시인될 수 있는 한 기망성이 결여된다고 하겠으나 거래에 있어서 중요한 사항에 관하여 구체적 사실을 거래상의 신의성실의 의무에 비추어 비난받을 정도의 방법으로 허위로 고지한 경우에는 과장, 허위광고의 한계를 넘어 사기죄의 기망행위에 해당한다.[111] 현대산업화 사회에 있어 소비자가 갖는 상품의 품질, 가격에 대한 정보는 대부분 생산자 및 유통업자의 광고에 의존할 수밖에 없고 백화점과 같은 대형유통업체에 대한 소비자들의 신뢰(정당한 품질, 정당한 가격)는 백화점 스스로의 대대적인 광고에 의하여 창출된 것으로서 이에 대한 소비자들의 신뢰와 기대는 보호되어야 한다고 할 것인 바, 종전에 출하한 일이 없던 신상품에 대하여 첫 출하시부터 종전가격 및 할인가격을 비교표시하여 막바로 세일에 들어가는 이른바 변칙세일은 진실규명이 가능한 구체적 사실인 가격조건에 관하여 기망이 이루어진 경우로서 그 사술의 정도가 사회적으로 용인될 수 있는 상술의 정도를 넘은 것이어서 사기죄의 기망행위를 구성한다.[112] 피고인의 사업에 관한 선전광고가 허위의 것이라면 그 선전광고 내용을 믿고 대리점계약에 응모하러온 피해자들은 그 광고에 기망되어 착오에 빠져 있었음이 분명하다 할 것이니 실제계약을 체결함에 있어 거짓말을 하고 아니하고는 그 기망 내지 착오의 정도에 차이가 있을 뿐 사기죄에 있어서의 기망과 착오에는 아무런 소장이 있다 할 수 없을 뿐 아니라 허위의 선전광고에 기망되어 착오에 빠져있는 일부 피해자들이 계약체결 현장에서 거짓말을 들은 바 없어 또 다시 기망당하지 아니하였다는 것만으로서는 사기죄의 성립에 아무런 영향이 없다.[113]

기망을 부정한 판례의 구체적 내용은 다음과 같다. 즉,

기획부동산업자인 피고인들이 도시계획시설 사업으로 수용되는 철거주택의 입주권을 받게 해 줄 의사나 능력이 없는데도 '구청 공무원들에게 이미 작업을 해놓아 입주권이 나올 것이 확실하다'는 취지로 피해자들을 기망하여 입주권 매매대금을 편취하였다는 내용으로 기소된 사안에서, 피고인들이 위에 언급한 내용은 객관적 사실에 부합하거나 사기죄의 기망행위에 해당한다고 보기는 어려운데도, 이와 달리 본 원심판단에 법리오해 및 사실오인의 위법이 있다.[114] 인터넷 사이트 초기화면 등에 성인 동영상물에 대한 광고용 선전문구 및 영상을 게재하고 접속한 사람들을 유료

110) 대법원 2002.2.5. 선고 2001도5789 판결.
111) 대법원 1992.9.14. 선고 91도2994 판결.
112) 대법원 1992.9.14. 선고 91도2994 판결.
113) 대법원 1982.10.26. 선고 81도2531 판결.
114) 대법원 2010.9.9. 선고 2010도7298 판결.

회원으로 가입시킨 사안에서, 위 광고내용이 구 정보통신망 이용촉진 및 정보보호 등에 관한 법률상 음란표현물에 해당하지 않으며, 또한 실제 제공되는 영상물과 광고내용에 다소 차이가 있더라도 사기의 기망행위에 해당하지 않는다.[115] 연립주택을 분양함에 있어 평형의 수치를 다소 과장하여 광고를 하였으나, 그 분양가의 결정방법, 분양계약 체결의 경위, 피분양자가 그 분양계약서나 건축물관리대장 등에 의하여 그 공급면적을 평(坪)으로 환산하여 쉽게 확인할 수 있었던 점 등 제반 사정에 비추어 볼 때, 그 광고는 그 거래당사자 사이에서 매매대금을 산정하기 위한 기준이 되었다고 할 수 없고, 단지 분양 대상 주택의 규모를 표시하여 분양이 쉽게 이루어지도록 하려는 의도에서 한 것에 지나지 아니한다는 이유로, 연립주택의 서비스면적을 포함하여 평형을 과장한 광고가 거래에 있어 중요한 사항에 관하여 구체적 사실을 거래상의 신의성실의 의무에 비추어 비난받을 정도의 방법으로 허위로 고지함으로써 사회적으로 용인될 수 있는 상술의 정도를 넘은 기망행위에 해당하지 않는다.[116] 아파트를 분양함에 있어 아파트 평형의 수치를 다소 과장하여 광고를 한 사실은 인정되나 분양가 결정방법, 분양계약 체결의 경위 및 최종대금의 절충과정 등 제반 사정에 비추어 볼 때 위 광고는 그 거래당사자 사이에서 매매대금을 산정하기 위한 기준이 되었다고 할 수 없고, 단지 분양대상 아파트를 특정하고 나아가 위 아파트의 분양이 쉽게 이루어지도록 하려는 의도에서 한 것에 지나지 않는다고 하여 위 과대광고가 과대광고 자체에 따른 책임을 지는 것은 별론으로 하고 기망행위에 해당하지 않는다.[117] 점포의 일부를 임차하고 있는 자가 나머지 부분을 임차하고 있는 자로부터 전대를 위임받아 동 점포를 전대함에 있어 동인이 그 점포전체를 임차하여 사용하고 있는 것처럼 이야기하였다 하더라도 이는 거래에 있어 있을 수 있는 과장에 불과한 것이어서 사기죄에 있어서의 기망이라고 보기 어렵다.[118] 피고인이 평당 220원에 매입한 제주도 소재 임야를 피해자에게 평당 450원에 전매하면서, 자유무역항설치예정, 공항이전후보지에 근접한 지점이라는 등의 과대선전을 한 경우라도 동 임야가 목장 내지 농장으로 개간이 가능하고 당시의 제주도 임야 값은 하급지도 평당 500원 이상에 거래되었고 부동산 붐이 일어 지가가 상승일로에 있었고 또 제주도가 자유무역항이 될 것이라든가 비행장이 동 임야부근으로 이전할 계획이라는 소문이 있었으며 실제로 대한항공사장이 동 임야부근 일대의 토지를 평당 600원에 매입한 사실 등이 인정된다면 피고인의 행위가 허위의 사실을 말하여 피해자를 착오에 빠뜨린 것이라고 볼 수 없다.[119]

ⓒ 신분 · 자격 가장　　거래 당사자의 신분이나 자격도 재산적 이익에 관한 한 거래의 중요사항이다. 예컨대 회원할인이 있는 상품에 있어서 회원의 신분을 가장하여 할인을 받아 구입한 경우에도 기망에 해당한다. 기망을 긍정한 판례의 구체적 내용은 다음과 같다. 즉,

콘도회원권 판매 등의 대리점 영업을 하는 자가 위조한 회원증 등을 마치 사용가능한 것으로 피해자들에게 말하거나 위조된 사실을 숨긴 채 판매하고 그 대금을 지급받은 사안에서, 사기죄의 성립을 인정한 사례이다.[120] 근저당권자의 대리인인 피고인이 채무자 겸 소유자인 피해자를 대리하여 경매개시결정 정본을 받을 권한이 없음에도, 경매개시결정 정본 등 서류의 수령을 피고인에게

115) 대법원 2008.6.12. 선고 2006도4067 판결.
116) 대법원 1995.7.28. 선고 95다19515,95다19522(반소) 판결.
117) 대법원 1991.6.11. 선고 91도788 판결.
118) 대법원 1986.4.8. 선고 86도236 판결.
119) 대법원 1983.8.23. 선고 82다카1085 판결.
120) 대법원 2009.10.15. 선고 2009도7459 판결.

위임한다는 내용의 피해자 명의의 위임장을 위조하여 법원에 제출하는 방법으로 경매개시결정 정본을 교부받은 사안에서, 위 행위는 사회통념상 도저히 용인될 수 없으므로 비록 근저당권이 유효하다고 하더라도 사기죄의 기망행위에 해당한다.[121] 공무원이 취급하는 사건에 관하여 청탁 또는 알선을 할 의사와 능력이 없음에도 청탁 또는 알선을 한다고 기망하고, 이에 속은 피해자로부터 청탁 또는 알선을 한다는 명목으로 금품을 받은 경우, 그 행위가 공무원이 취급하는 사건에 관하여 청탁 또는 알선을 한다는 명목으로 금품·향응 기타 이익을 받은 것으로서 구 변호사법(2007.3.29. 법률 제8321호로 개정되기 전의 것) 제111조 위반죄가 성립하거나 공무원의 직무에 속한 사항의 알선에 관하여 금품을 수수한 경우로서 특정범죄 가중처벌 등에 관한 법률 위반(알선수재)죄가 성립하는 것과 상관없이, 그 행위는 다른 사람을 속여 재물을 받은 행위로서 사기죄를 구성한다.[122] 비록 토지의 소유자로 등기되어 있다고 하더라도 자신이 진정한 소유자가 아닌 사실을 알게 된 이상, 당해 토지의 수용보상금을 수령함에 있어서 당해 토지를 수용한 기업자나 공탁공무원에게 그러한 사실을 고지하여야 할 의무가 있다고 보아야 할 것이고, 이러한 사실을 고지하지 아니한 채 수용보상금으로 공탁된 공탁금의 출급을 신청하여 이를 수령한 이상 기망행위가 없다고 할 수 없다.[123] 원양어업을 위해 나가 있는 선원의 가족들에게 그 회사에서 생계를 보조하기 위하여 매월 일정한 금전을 지급하고 있으나 타남자와 동거생활을 하면서 그 선원과는 사실상 이혼상태에 있는 선원의 처에게는 위와 같은 생계보조의 의미의 금전을 지급하지 않는 사실을 알면서 원양선원이 조업차 나가 있음을 기화로 동 선원의 처와 간통함은 물론 나아가 일생을 같이 하기로 합의하여 동거생활을 계속하고 있던 중 동 선원의 처로부터 선원가족증과 그 수령자의 인장을 교부받아 동녀의 오빠임을 가장하여 위 생계 보조의미의 금전을 수령한 것이라면 회사를 기망한 것이 된다.[124]

기망을 부정한 판례의 구체적 내용은 다음과 같다. 즉,

법원을 기망하여 부재자의 재산관리인으로 선임된 것만으로 어떤 재산권이나 재산상의 이익을 얻은 것이라고 볼 수 없으므로 그 행위를 사기죄에 해당한다고 볼 수 없다.[125] 국유재산의 매각을 전제로 연고권자에게 유상대부계약을 할 때에 허위로 연고권이 있는 것 같이 관계공무원을 기망하였다면 사기죄가 된다.[126] 등기명의자로부터 매수한 부동산을 제3자에게 매도한 자가 그 등기명의자로부터 자기 명의로 소유권이전등기를 하였다고 하여 그 소유권이전등기를 가지고 재물을 편취한 것이라고 볼 수 없다.[127]

㉣ 원산지·품질·가공일자의 위장 상품의 품질이나 내용 또는 식품의 원산지를 위장하는 행위는 부정경쟁방지법 또는 원산지표시법에 위반하는 행위와는 별개로 사기죄의 기망행위에 해당하는 경우가 있을 수 있다.

기망을 긍정한 판례의 구체적 내용은 다음과 같다. 즉,

식육식당을 경영하는 자가 음식점에서 한우만을 취급한다는 취지의 상호를 사용하면서 광고선

121) 대법원 2009.7.9. 선고 2009도295 판결.
122) 대법원 2008.2.28. 선고 2007도10004 판결.
123) 대법원 1994.10.14. 선고 94도1911 판결.
124) 대법원 1970.7.24. 선고 70도1127 판결.
125) 대법원 1973.9.25. 선고 73도1080 판결.
126) 대법원 1972.1.31. 선고 71도1193 판결.
127) 대법원 1965.6.22. 자 65도227 결정.

전판, 식단표 등에도 한우만을 사용한다고 기재한 경우, '한우만을 판매한다'는 취지의 광고가 식육점 부분에만 한정하는 것이 아니라 음식점에서 조리·판매하는 쇠고기에 대한 광고로서 음식점에서 쇠고기를 먹는 사람들로 하여금 그 곳에서는 한우만을 판매하는 것으로 오인시키기에 충분하므로, 이러한 광고는 진실규명이 가능한 구체적인 사실인 쇠갈비의 품질과 원산지에 관하여 기망이 이루어진 경우로서 그 사술의 정도가 사회적으로 용인될 수 있는 상술의 정도를 넘는 것이고, 따라서 피고인의 기망행위 및 편취의 범의를 인정하기에 넉넉하다.[128] 판매하다 남은 식품에 부착되어 있는 바코드와 비닐랩 포장을 뜯어내고 다시 포장을 하면서 가공일이 당일로 기재된 바코드와 백화점 상표를 부착하여 진열대에 진열하여 마치 위 상품이 판매 당일 구입되어 가공된 신선한 것처럼 고객에게 판매한 백화점 식품담당 직원에게 사기죄를 인정한 사례이다.[129] 백화점의 식품매장에서 당일 판매되지 못하고 남은 생식품들에 대하여 그 다음날 아침 포장지를 교체하면서 가공일자가 재포장일자로 기재된 바코드라벨을 부착하여 재판매하는 행위 내지 판매기법은 제품의 신선도에 대한 소비자들의 신뢰를 배신하고 그들의 생식품 구매 동기에 있어서 중요한 요소인 가공일자에 관한 착오를 이용하여 재고상품을 종전 가격에 판매하고자 하는 것으로서 그 사술의 정도가 사회적으로 용인될 수 있는 상술의 정도를 넘은 기망행위라고 한 사례이다.[130]

기망을 부정한 판례의 구체적 내용은 다음과 같다. 즉,

피고인이 식당을 운영하면서 수입산 식재료를 사용하고 중국산 부세를 조리하여 제공하면서도 메뉴판에 원산지를 국내산이라고 기재하여 마치 국내산 식재료와 굴비인 것처럼 손님들을 기망함으로써 이에 속은 손님들로부터 음식대금을 편취하였다는 공소사실로 기소된 사안에서, 피고인은 전남 영광군 법성포에서 굴비처럼 가공한 중국산 부세를 20,000원짜리 점심 식사 등에 굴비 대용품으로 사용한 점, 위 식당에서 사용되는 중국산 부세와 같은 크기의 국내산 굴비는 1마리에 200,000원 내외의 고가인 점 등에 비추어 보면, 손님들이 메뉴판에 기재된 국내산이라는 원산지 표시에 속아 식당을 이용하였다고 보기 어렵다.[131]

㉤ 부정·부당 대출금 재물의 사용목적이 재물의 교부여부를 결정하는 중요한 요소이고, 명시적으로 목적달성을 요건으로 한 거래에 대한 합의가 요건으로 되어 있는 경우에는 목적을 위장하여 재물을 교부한 경우에도 기망행위가 될 수 있다.

기망을 긍정한 판례의 구체적 내용은 다음과 같다. 즉,

담보로 제공할 목적물의 가액을 허위로 부풀려 금융기관으로부터 대출을 받은 경우 그 대출이 기망행위에 의하여 이루어진 이상 그로써 사기죄는 성립하고, 이 경우 사기죄의 이득액에서 담보물의 실제 가액을 전제로 한 대출가능금액을 공제하여야 하는 것은 아니다.[132] 대부업자가 새마을금고와 제3자에 대한 차량담보대출채권을 담보로 제공하고 개개 자동차담보채권액만큼 대출받는 것을 내용으로 하는 '대출채권담보대출 중개운용에 관한 업무협약 및 채권담보계약'을 체결하였음에도, 계약 취지와 달리 대출금을 기존 채무의 변제에 사용하고 새마을금고의 허락 없이 임의로 차량

128) 대법원 1997.9.9. 선고 97도1561 판결.
129) 대법원 1996.2.13. 선고 95도2121 판결.
130) 대법원 1995.7.28. 선고 95도1157 판결.
131) 대법원 2017.6.8. 선고 2015도12932 판결.
132) 대법원 2019.4.3. 선고 2018도19772 판결; 대법원 2017.12.22. 선고 2017도12649 판결; 대법원 2007.9.6. 선고 2007도5497 판결.

에 설정된 근저당권을 해제하는 등 새마을금고에 대한 채무변제를 성실히 이행하지 않은 사안에서, 위 대부업자가 대출 당시 대출금채무를 변제할 의사나 능력이 없음에도 있는 것처럼 새마을금고를 기망하여 이에 속은 새마을금고로부터 대출금을 편취하였고 그 편취의 범의도 인정된다고 보아, 위 대출이 새마을금고의 재무상태 등에 대한 실사를 거쳐 실행됨으로써 새마을금고가 위 대출이 가능하다는 착오에 빠지는 원인 중에 새마을금고 측의 과실이 있더라도 사기죄의 성립이 인정된다.[133] 설사 피고인과 피해자들 사이의 매매계약이 토지거래허가를 받지 아니하여 유동적 무효의 상태에 있었다 하더라도, 피고인이 대출금 및 매매대금을 정산해 줄 것처럼 피해자 공소외 2를 기망하여 그로 하여금 근저당권을 설정하게 함으로써 재산상의 이익을 취득한 이상 피고인으로서는 사기죄의 죄책을 면할 수 없다.[134] 국민주택건설자금을 융자받고자 하는 민간사업자가 처음부터 사실은 국민주택건설자금으로 사용할 의사가 없으면서도 국민주택건설자금으로 사용할 것처럼 용도를 속여 국민주택건설자금을 대출받은 경우에는 그 대출금 전액에 대하여 사기죄가 성립한다.[135] 농어촌구조개선 특별회계기금을 재원으로 하여 임업후계자육성을 위해 이루어지는 정책자금대출로서 그 대출의 조건 및 용도가 임야매수자금으로 한정되어 있는 정책자금을 대출받음에 있어 임야매수자금을 실제보다 부풀린 허위의 계약서를 제출함으로써 대출취급기관을 기망하였다면, 피고인에게 대출받을 자금을 상환할 의사와 능력이 있었는지 여부를 불문하고 편취의 고의가 인정된다.[136] 고려애자공업 주식회사(이하 '고려애자'라 한다)가 한국전력공사 및 철도청에 납품한 이 사건 애자들은 반영구적인 제품이고, 특히 한국전력공사나 철도청은 고려애자가 제작하는 애자의 최대 수요자로서, 애자의 납품은 구매자가 정한 절차에 따라 검사한 합격품을 구매자가 지정한 장소에서 수령하기로 약정하였으며, 실제로도 이 사건 애자들에 대하여 소정의 각종 검사를 거쳐 합격 여부의 판정을 한 다음 이를 납품받았고, 현재까지도 아무런 하자가 발생하지 않았을 뿐만 아니라, 납품 직후 이 사건 애자들의 외관에 관하여 문제가 제기되었을 때에도 한국전력공사는 이 사건 애자들에 대하여 8개 항목에 걸친 성능확인시험을 거쳐 양호판정을 하였고, 이 사건 애자들의 외관과 관련하여 별다른 이의를 제기하지 아니한 사실을 알 수 있으므로, 위와 같은 사정들에 비추어 보면 피고인 등이 납품한 애자에 표기된 제조년도가 실제와 다르다거나 납품하기 전 태국전력청의 마크를 지우고 고려애자의 마크를 표시하였다는 사정에 관하여 상대방이 착오에 빠져 있음을 알면서도 그와 같은 사정을 고지하지 아니하였다고 보기는 어렵다고 보아야 할 것이다.[137] 구 근로자의 주거안정과 목돈마련지원에 관한 법률(2002.12.5. 법률 제6736호로 개정되기 전의 것)에 의하여 조성된 주택금융신용보증기금은 정부의 출연금 등을 재원으로 한 것으로서(법 제13조), 그 운용의 용도가 제한되어 있을 뿐 아니라(법 제16조), 위 용도에 따른 기금 운용방법의 하나로서 근로자 등이 주택자금 융자를 위한 담보로서 기금 관리기관으로부터 신용보증을 받음에 있어서도 주택수요자가 주택을 취득·임차하기 위하여 주택금융기관으로부터 주택자금의 융자를 받을 경우 등 그 요건이 제한되어 있는 점(법 제17조) 등에 비추어 보면, 위 신용보증기금에 따른 신용보증을 받고자 하는 자가 사실은 주택사업자로부터 주택을 분양받은 사실이 없으면서도 분양받은 사실이 있는 것처럼 위 기금의 관리기관을 속여 신용보증서를 발급받은 경우에는, 그 당시 신용보증서를 담보로 하여 대출받은 자금을 상환할 의사와 능력이 있었는지, 그리고 기금 관리기관의 직원이 대출금이 지정된 용도에 사용되지 않을

133) 대법원 2009.6.23. 선고 2008도1697 판결.
134) 대법원 2008.2.14. 선고 2007도10658 판결.
135) 대법원 2007.7.12. 선고 2007도3005 판결; 대법원 2002.7.26. 선고 2002도2620 판결.
136) 대법원 2007.4.27. 선고 2006도7634 판결.
137) 대법원 2006.1.26. 선고 2005도1160 판결.

것이라는 점을 알고 있었는지 여부를 불문하고 사기죄가 성립하는 것이다.[138] 피고인이 전업농육성 정책자금인 농지구입자금을 융자받아 농지 구입과 관련 없는 다른 채무의 변제에 사용할 생각이면서도 농지 매매대금에 충당할 것처럼 농지구입자금의 융자신청서류인 매매계약서의 내용을 허위로 작성하는 등 하여 농지구입자금을 융자받은 것이 사기죄에 해당한다.[139] 분식회계에 의한 재무제표 등으로 금융기관을 기망하여 대출을 받았다면 사기죄는 성립하고, 변제의사와 변제능력의 유무 그리고 충분한 담보가 제공되었다거나 피해자의 전체 재산상에 손해가 없고, 사후에 대출금이 상환되었다고 하더라도 사기죄의 성립에는 영향이 없다.[140] 명의상의 학원 원장에 불과한 자가 외환위기 후 신규창업 자금을 지원하기 위한 생계형 창업특별보증제도의 목적 및 대출금의 용도에 반하여 창업자금 대출금 중 일부를 개인적인 용도로 사용할 생각이었음에도 불구하고 이를 속이고 위 대출금을 위 학원 운전자금 용도로 사용하겠다면서 보증을 신청한 행위가 사기죄의 기망행위에 해당한다.[141] 국민주택건설자금을 융자받고자 하는 민간사업자가 처음부터 사실은 국민주택건설자금으로 사용할 의사가 없으면서도 국민주택건설자금으로 사용할 것처럼 용도를 속여 국민주택건설자금을 대출받은 경우에는 대출받은 자금 중 일부를 나중에 국민주택건설자금으로 사용하였다 하더라도 대출금 전액에 대하여 사기죄가 성립한다.[142] 당해 회계연도의 결산이 적자인 경우 다음해에 관급공사의 수주나 금융기관으로부터의 대출이 어렵게 되는 것을 피하기 위하여 실제로는 손실을 입었음에도 이익이 발생한 것처럼 이른바 분식결산서를 작성한 후 이를 토대로 금융기관으로부터 대출을 받은 행위가 사기죄에 해당한다고 한 원심의 판단을 수긍한 사례이다.[143] 특별한 자금공급 없이는 도산이 불가피한 상황에서 신용과대조작, 변태적 지급보증 및 재력과시 등의 방법으로 변제자력을 가장하여 대출, 지급보증 및 어음할인을 받은 행위가 사기죄에 해당한다.[144] 위조한 수표 또는 약속어음을 마치 진정한 수표 또는 약속어음인 것처럼 피해자들에게 담보로 교부하는 등의 기망행위에 의하여 금원대여가 이루어진 이상 그로써 사기죄는 성립하는 것이고 금원을 차용함에 있어 별도의 담보를 제공하였다 하여 결론을 달리하는 것은 아니다.[145] 타인을 기망하여 그 소유의 부동산에 저당권을 설정케 하고 이를 담보로 금원을 융자받은 경우, 위와 같은 행위는 피해자의 저당권설정행위라는 재산적 처분행위에 의하여 위 저당권을 담보로 하여 융자받은 금원상당의 재산상이익인 담보가치를 취득한 것이 되므로 이는 위 피해자를 피기망자 및 피해자로 하는 사기죄를 구성한다.[146] 토지의 매매계약서에 매수인의 매수목적 즉 건물건축의 목적으로 매수한다는 내용이 표시되지 않았다고 하여도 매도인이 그러한 매수인의 매수목적을 알면서 건축이 가능한 것처럼 가장하여 이를 오신한 매수인과 사이에 매매계약이 성립된 것이라면 위와 같은 매도인의 행위는 사기죄의 구성요건인 기망행위에 해당한다.[147] 임대인의 승인없이 임차권을 양도하거나 전대할 수 없도록 되어 있음에도 불구하고 임차인이 피해자에게 위 임대인의 승락을 받은 것처럼 거짓말을 하여 이를 오신한 피해자와 임차권양도계약을 체결하고 그 보증인 및 권리금 등으로 도합 1,100만원을 교부받았다면 그로써 사기죄가 성립하고 비록 위 계약 후에

138) 대법원 2005.11.10. 선고 2005도6026 판결; 대법원 2003.2.28. 선고 2002도7067 판결.
139) 대법원 2005.5.26. 선고 2002도5566 판결.
140) 대법원 2005.4.29. 선고 2002도7262 판결.
141) 대법원 2003.12.12. 선고 2003도4450 판결.
142) 대법원 2002.7.26. 선고 2002도2620 판결.
143) 대법원 2000.9.8. 선고 2000도1447 판결.
144) 대법원 1997.2.14. 선고 96도2904 판결.
145) 대법원 1993.7.27. 선고 93도1408 판결; 대법원 1983.4.26. 선고 82도3088 판결.
146) 대법원 1985.11.12. 선고 84도984 판결; 대법원 1982.10.26. 선고 82도2217 판결.
147) 대법원 1985.4.9. 선고 85도167 판결.

임대인이 피해자로부터 차임을 수령한 사실이 있다 하여도 사기죄의 성립에 아무런 소장이 없다.[148] 중소기업운전자금은 대출용도가 한정되어 있어, 그 용도 이외는 대출받을 수 없는 경우이므로 피고인이 그 용도에 관하여 진실에 반하여 마치 중소기업운전자금으로 사용할 것같이 허위사실을 기재하여 융자신청을 하고 중소기업은행으로 하여금 착오에 빠뜨리게 하여서 그 자금을 융자받았다면 이는 사기죄에 해당한다.[149] 절도범인이 그 절취한 장물을 자기 것인양 제3자를 기망하여 금원을 편취한 경우에는 장물에 관하여 소비 또는 손괴하는 경우와는 달리 제3자에 대한 관계에 있어서는 새로운 법익의 침해가 있다고 할 것이므로 절도죄 외에 사기죄의 성립을 인정할 것인바, 원심은 이와 배치되는 이론 아래 피고인이 절취한 장물을 제3자에게 담보로 제공하고 금원을 차용한 사실을 인정하고 담보제공 물건이 장물 아닌 자기의 물건인 것처럼 행세하였거나 차용금을 변제할 의사가 없다고 하더라도 그것만으로는 새로운 법익의 침해가 없으므로 피고인의 행위는 절도죄의 불가벌적 사후행위라고 볼 것이며 따라서 피고인의 행위가 별도로 사기죄를 구성하지 아니한다는 취지로 판단하고 있어 원심판결에는 불가벌적 사후행위 및 사기죄의 법리오해가 있다고 아니할 수 없고 이 점에 관한 논지는 이유 있으므로 원심판결을 파기한다.[150]

기망을 부정한 판례의 구체적 내용은 다음과 같다. 즉,

피고인이 말한 차용금 용도의 목적이 실현 안되더라도 어차피 금원을 대여하기로 합의하여 이를 교부한 경우에는 피고인이 말한 차용금 용도가 거짓이었다 하여도 이 기망행위와 피해자의 재산적 처분행위와의 사이에는 상당인과관계가 있다고 보기 어렵고, 위 금원이 차용금에 불과하다면 피고인이 당초부터 변제할 의사와 능력이 없이 차용한 것이라고 인정되지 않는 한 사기죄를 구성한다고 볼 수 없다.[151] 피고인이 소외 제지회사와 간의 계속적 거래중 일부 거래대금에 관해서는 위 회사에 대한 알선수수료채권으로써 상계할 속셈으로 물품의 공급을 받고 그 대금을 지급하지 않았다 하더라도 그 후에 여러차례 거래가 계속되었고 후속거래의 결과 입금된 물품대금이 미결대금보다 훨씬 많다면, 피고인에게 기망의 의사를 인정하기 어렵고 또 계속적 거래관계에 있어 특정기간의 특정거래관계에만 대금지급의 의사가 없었고 따라서 사기죄가 성립한다고도 할 수 없다.[152]

ⓗ 불법원인급여 　사람을 기망하여 반환청구권이 없는 불법한 급여를 하게 한 경우(민법 제746조), 예컨대 통화위조자금을 편취하거나 공무원에게 뇌물로 공여할 재물을 편취한 경우에 사기죄의 성부에 대하여는 다툼이 있다. 부정설은 민법상 피해자에게는 반환청구권이 없으므로 본죄가 성립하지 않는다고 한다. 긍정설은 민법상의 반환청구권이 본죄의 요건이 될 수 없다고 한다. 기망행위에 의하여 피해자의 경제적 가치에 손해를 입힌 것은 부정할 수 없으므로 사기죄가 성립한다는 점, 사람을 기망하여 불법원인급여를 하게 한 때에는 기망행위에 의하여 피해자에게 재산상의 손해를 입힌 것이 명백하고 사기죄의 성립여부는 반환청구권의 유무와 관계없이 형법의 독자적 관점에서 파악해야 한다는 점 등을 근거로

148) 대법원 1984.1.17. 선고 83도2932 판결.
149) 대법원 1983.7.26. 선고 83도1085 판결.
150) 대법원 1980.11.25. 선고 80도2310 판결.
151) 대법원 1984.1.17. 선고 83도2818 판결.
152) 대법원 1983.12.27. 선고 83도2641 판결.

한다. 판례는 긍정설의 입장이다. 기망을 긍정한 판례의 구체적 내용은 다음과 같다. 즉,

민법 제746조의 불법원인급여에 해당하여 급여자가 수익자에 대한 반환청구권을 행사할 수 없다고 하더라도, 수익자가 기망을 통하여 급여자로 하여금 불법원인급여에 해당하는 재물을 제공하도록 하였다면 사기죄가 성립한다.[153] 피고인이 피해자 공소외인으로부터 도박자금으로 사용하기 위하여 금원을 차용하였더라도 사기죄의 성립에는 영향이 없다고 한 원심의 판단은 옳은 것으로 수긍이 가고, 거기에 불법원인급여와 사기죄의 성립에 관한 법리오해의 위법이 있다고 할 수 없다.[154]

ⓢ 신용카드의 부정이용 신용카드의 거래는 신용카드업자로부터 카드를 발급받은 사람(이하 '카드회원'이라 한다)이 신용카드를 사용하여 가맹점으로부터 물품을 구입하면 신용카드업자는 그 카드를 소지하여 사용한 사람이 신용카드업자로부터 신용카드를 발급받은 정당한 카드회원인 한 그 물품구입대금을 가맹점에 결제하는 한편 카드회원에 대하여 물품구입대금을 대출해 준 금전채권을 가지는 것이고, 또 카드회원이 현금자동지급기를 통해서 혹은 이른바 인터넷 뱅킹이나 폰뱅킹의 방법으로 현금서비스를 받아 가면 현금대출관계가 성립되어 신용카드업자는 카드회원에게 대출금채권을 가지는 것이므로, 궁극적으로는 카드회원이 신용카드업자에게 신용카드 거래에서 발생한 대출금채무를 변제할 의무를 부담하게 된다.[155]

기망을 긍정한 판례의 구체적 내용은 다음과 같다. 즉,

신용카드사용으로 인한 신용카드업자의 금전채권을 발생케 하는 행위는 카드회원이 신용카드업자에 대하여 대금을 성실히 변제할 것을 전제로 하는 것이므로, 카드회원이 일시적인 자금궁색 등의 이유로 그 채무를 일시적으로 이행하지 못하게 되는 상황이 아니라 이미 과다한 부채의 누적 등으로 신용카드 사용으로 인한 대출금채무를 변제할 의사나 능력이 없는 상황에 처하였음에도 불구하고 신용카드를 사용하였다면, 사기죄에 있어서 기망행위 내지 편취의 범의를 인정할 수 있다 할 것이다.[156]

ⓞ 기타 기망의 구체적인 유형 본죄의 기망과 관련하여 도박, 부정·부당 보조금, 요양급여의 신청, 계불입금의 편취의 경우 등이 거론될 수 있을 것이다.

기망을 긍정한 판례의 구체적 내용은 다음과 같다. 즉,

비의료인이 개설한 의료기관이 마치 의료법에 의하여 적법하게 개설된 요양기관인 것처럼 국민건강보험공단에 요양급여비용의 지급을 청구하는 것은 국민건강보험공단으로 하여금 요양급여비용 지급에 관한 의사결정에 착오를 일으키게 하는 것이 되어 사기죄의 기망행위에 해당하고, 이러한 기망행위에 의하여 국민건강보험공단으로부터 요양급여비용을 지급받을 경우에는 사기죄가 성립한다.[157] 甲 종친회 회장인 피고인이 위조한 종친회 규약 등을 공탁관에게 제출하는 방법으로 甲 종친회를 피공탁자로 하여 공탁된 수용보상금을 출급받아 편취하고, 이를 종친회를 위하여 업무

153) 대법원 2006.11.23. 선고 2006도6795 판결; 대법원 1995.9.15. 선고 95도707 판결.
154) 대법원 2006.11.23. 선고 2006도6795 판결; 대법원 1995.9.15. 선고 95도707 판결.
155) 대법원 2006.3.24. 선고 2006도282 판결; 대법원 2005.8.19. 선고 2004도6859 판결.
156) 대법원 2006.3.24. 선고 2006도282 판결; 대법원 2005.8.19. 선고 2004도6859 판결.
157) 대법원 2018.9.13. 선고 2018도10183 판결; 대법원 2016.3.24. 선고 2014도13649 판결.

상 보관하던 중 반환을 거부하여 횡령하였다는 내용으로 기소된 사안에서, 피고인이 공탁관을 기망하여 공탁금을 출급받음으로써 甲 종친회를 피해자로 한 사기죄가 성립하고, 그 후 甲 종친회에 대하여 공탁금 반환을 거부한 행위는 새로운 법익의 침해를 수반하지 않는 불가벌적 사후행위에 해당할 뿐 별도의 횡령죄가 성립하지 않는다.[158] 비의료인이 개설한 의료기관이 마치 의료법에 의하여 적법하게 개설된 요양기관인 것처럼 국민건강보험공단에 요양급여비용의 지급을 청구하는 것은 국민건강보험공단으로 하여금 요양급여비용 지급에 관한 의사결정에 착오를 일으키게 하는 것으로서 사기죄의 기망행위에 해당하고, 이러한 기망행위에 의하여 국민건강보험공단에서 요양급여비용을 지급받을 경우에는 사기죄가 성립한다. 이 경우 의료기관의 개설인인 비의료인이 개설 명의를 빌려준 의료인으로 하여금 환자들에게 요양급여를 제공하게 하였다 하여도 마찬가지이다.[159] 의사인 피고인이 전화를 이용하여 진찰(이하 '전화 진찰'이라고 한다)한 것임에도 내원 진찰인 것처럼 가장하여 국민건강보험관리공단에 요양급여비용을 청구함으로써 진찰료 등을 편취하였다는 내용으로 기소된 사안에서, 당시에 시행되던 구 '국민건강보험 요양급여의 기준에 관한 규칙'(2010.3.19. 보건복지부령 제1호로 개정되기 전의 것)에 기한 보건복지부장관의 고시는 내원을 전제로 한 진찰만을 요양급여의 대상으로 정하고 있고 전화 진찰이나 이에 기한 약제 등의 지급은 요양급여의 대상으로 정하고 있지 아니하므로, 전화 진찰이 구 의료법(2009.1.30. 법률 제9386호로 개정되기 전의 것) 제17조 제1항에서 정한 '직접 진찰'에 해당한다고 하더라도 그러한 사정만으로 요양급여의 대상이 된다고 할 수 없는 이상, 전화 진찰을 요양급여대상으로 되어 있던 내원 진찰인 것으로 하여 요양급여비용을 청구한 것은 기망행위로서 사기죄를 구성하고, 피고인의 불법이득의 의사 또한 인정된다는 이유로, 피고인에게 유죄를 인정한 원심판단이 정당하다고 한 사례이다.[160] 도박이란 2인 이상의 자가 상호간에 재물을 도(賭)하여 우연한 승패에 의하여 그 재물의 득실을 결정하는 것이므로, 이른바 사기도박과 같이 도박당사자의 일방이 사기의 수단으로써 승패의 수를 지배하는 경우에는 도박에서의 우연성이 결여되어 사기죄만 성립하고 도박죄는 성립하지 아니한다.[161] 환자들의 건강상태에 맞게 적정한 진료행위를 하지 않은 채 입원의 필요성이 적은 환자들에게까지 입원을 권유하고 퇴원을 만류하는 등으로 장기간의 입원을 유도하여 국민건강보험공단에 과다한 요양급여비를 청구한 행위는 사회통념상 권리행사의 수단으로 용인할 수 없는 것이어서, 비록 그 중 일부 기간에 대하여 실제 입원치료가 필요하였다고 하더라도 그 부분을 포함한 당해 입원기간의 요양급여비 전체에 대하여 사기죄가 성립한다.[162] 피고인이 낙찰계를 조직하여 상습적으로 계원인 피해자들을 기망하여 이들로부터 계불입금 명목으로 금원을 편취한 경우, 피고인이 피해자들을 기망하여 계불입금을 취득함으로써 위 범죄는 성립하는 것이어서 설사 피고인이 낙찰받는 계원으로부터 이자조로 징수한 돈을 낙찰받지 못한 다른 계원들에게 분배한 사실이 있다 하더라도 계불입금 전액을 그 편취액으로 보아야 할 것이며 이에서 이자조로 지급한 금액을 공제한 금액만을 편취액으로 볼 것은 아니다.[163] 단일하고 계속된 범의아래 같은 장소에서 반복하여 여러 사람으로부터 계불입금을 편취한 소위는 피해자별로 포괄하여 1개의 사기죄가 성립하고 이들 포괄일죄 상호간은 상상적 경합관계에 있다고 볼 것이므로 그중 일부 피해자들로부터 계불입금을 편취하였다는 공소사실에 대하여 확정판결이 있었다면 나머지 피해자들에 대한 이 사

158) 대법원 2015.9.10. 선고 2015도8592 판결.
159) 대법원 2015.7.9. 선고 2014도11843 판결.
160) 대법원 2013.4.26. 선고 2011도10797 판결.
161) 대법원 2011.1.13. 선고 2010도9330 판결.
162) 대법원 2009.5.28. 선고 2008도4665 판결.
163) 대법원 1991.5.28. 선고 91도668 판결.

건 공소사실에 대하여도 위 판결의 기판력이 미치게 된다고 할 것이다.[164] 피고인이 계주의 부탁을 받아 미리 교부받아 가지고 있던 당첨표시가 된 추첨권을 다른 계원 모르게 마치 정당한 추첨권을 추첨한 것처럼 제시함으로써 당첨자가 되었다면, 피고인이 이 사건 계금을 종국적으로 취득한 사실이 없고 계주가 이를 가져갔다고 하더라도 이는 사기죄의 성립에 아무런 소장이 없다.[165] 피고인이 상호신용금고로부터 금 2,000,000원을 차용하기 위해서 2인의 연대채무자가 필요하기 때문에 공소외(갑)으로 하여금 연대채무자가 되게 하기 위하여 차용금중 금 1,000,000원을 동인이 쓰도록 하여 주겠다고 거짓말을 하였고 공소외(갑)은 이를 진실한 것으로 믿고 위 차용금에서 금 1,000,000원을 쓴다는 의도아래 위 차용에 있어서 연대보증인이 되었을 뿐 아니라 위 차용금 지급의 연대가 있을 때에는 즉시 강제집행을 받더라도 이의없음을 인낙한다는 공정증서까지를 작성 차입하였는데 피고인이 위 차용금의 지급을 지체하자 상호신용금고에서 공소외(갑)의 재산에 대하여 강제집행을 하기에 이르렀음이 인정된다면, 공소외(갑)이 피고인의 허언에 기망되어 연대채무를 부담하였기 때문에 피고인이 의도한대로 금 2,000,000원을 차용할 수 있었다는 재산상 불법의 이익을 취득한 것이 되므로 공소외(갑)을 피기망자 및 피해자로 하는 사기죄가 성립한다.[166]

기망을 부정한 판례의 구체적 내용은 다음과 같다. 즉,

의료인으로서 자격과 면허를 보유한 사람이 의료법에 따라 의료기관을 개설하여 건강보험의 가입자 또는 피부양자에게 국민건강보험법에서 정한 요양급여를 실시하고 국민건강보험공단으로부터 요양급여비용을 지급받았다면, 설령 그 의료기관이 다른 의료인의 명의로 개설·운영되어 의료법 제4조 제2항을 위반하였더라도 그 자체만으로는 국민건강보험법상 요양급여비용을 청구할 수 있는 요양기관에서 제외되지 아니하므로, 달리 요양급여비용을 적법하게 지급받을 수 있는 자격 내지 요건이 흠결되지 않는 한 국민건강보험공단을 피해자로 하는 사기죄를 구성한다고 할 수 없다.[167] 국민건강보험법에 기초한 요양급여비용과 달리, 의료기관의 보험회사 등에 대한 자동차보험진료수가의 청구는 교통사고 피해자를 보호할 목적으로 교통사고 피해자가 상법 제724조 제2항에 따라 보험회사 등에 대해 갖는 직접청구권에 근거하여 그 보험금 청구권의 인정 범위 내에서 법률상 특별히 인정되는 것이고, 의료기관에 대해 그 청구액 상당이 지급되지 않더라도 실제 교통사고로 인한 손해가 발생하여 그에 따른 진료가 이루어진 이상 교통사고 피해자에게라도 반드시 지급되어야 할 성질의 것이다. 따라서 설령 개설자격이 없는 비의료인이 의료법 제33조 제2항을 위반하여 개설한 의료기관이라고 하더라도, 면허를 갖춘 의료인을 통해 교통사고 피해자에 대한 진료가 이루어지고 보험회사 등에 자동차손해배상 보장법에 따라 자동차보험진료수가의 지급을 청구한 것이라면 보험회사 등으로서는 특별한 사정이 없는 한 그 지급을 거부할 수 없다고 보아야 한다. 그러므로 교통사고 피해자를 진료한 의료기관이 위 의료법 규정에 위반되어 개설된 사정을 보험회사 등에 고지하지 아니한 채 자동차보험진료수가의 지급을 청구하였다고 하여도, 이는 교통사고 피해자나 해당 의료기관에 대한 보험회사 등의 자동차보험진료수가 지급의무에 영향을 미칠 수 있는 사유가 아니어서, 사기죄에서 말하는 기망이 있다고 볼 수는 없다.[168] 어린이집 운영자가

164) 대법원 1990.1.25. 선고 89도252 판결.
165) 대법원 1984.1.31. 선고 83도2825 판결.
166) 대법원 1982.10.26. 선고 82도2217 판결.
167) 대법원 2019.5.30. 선고 2019도1839 판결.
168) 대법원 2018. 9. 13. 선고 2018도10183 판결; 대법원 2018.5.15. 선고 2018도1299 판결; 대법원 2018.4.10. 선고 2017도17699 판결.

어린이집의 운영과 관련하여 허위로 지출을 증액한 내용으로 '재무회계규칙에 의한 회계'를 하고 그 결과를 보고하여 기본보육료를 지급받았더라도 그와 같이 회계보고에 허위가 개입되어 있다는 사정은 기본보육료의 지급에 관한 의사결정에 영향을 미쳤다고 볼 수 없으므로, 이를 들어 구 영유아보육법 제54조 제2항의 '거짓이나 그 밖의 부정한 방법으로 보조금을 교부받은 경우'에 해당한다고 볼 수 없고, 이와 같은 행위가 형법 제347조 제1항에 정한 사기죄에 해당한다고 볼 수도 없다.[169] 계원인 피해자가 계금을 탈때까지 매월 계불입금을 계주인 피고인에게 납부한 것이 유효하게 계속된 계의 계원으로서 그 계불입금 납부의무를 이행한 것이라 인정되는 경우라면 설사 계주인 피고인이 내심으로는 피해자가 타게 될 계금에서 동 피해자가 보증한바 있는 다른 계원의 체납계납입금을 상계할 생각을 품고 있었다 하더라도 위와 같이 계주가 계원으로부터 계불입금 납부의무의 이행으로 지급되는 금원을 수납한 것을 가지고 피해자를 기망하여 계불입금을 편취한 것이라고 볼 수 없다.[170]

iv. 부작위에 의한 기망의 구체적 유형 부작위에 의한 기망은 그 전제로서 고지의무를 요한다. 대법원도 "소극적 행위로서의 부작위에 의한 기망은 일반거래의 경험칙상 상대방이 그 사실을 알았더라면 당해 법률행위를 하지 아니하였을 것이 명백한 경우에는 신의칙에 비추어 그 사실을 고지할 법률상 의무가 인정된다고 할 것이다"라고 판시한 바 있다.[171]

㉠ 무전취식 · 무전숙박 처음부터 지불의사 · 지불능력이 없음에도 취식 · 숙박한 경우 주문 · 숙박행위는 지불의사와 능력이 있음을 묵시적으로 암시한 것이므로 사기죄가 성립한다. 그러나 취식 · 숙박 후 지불능력이 없음을 알고 몰래 도주한 경우에는 기망행위와 처분행위가 없으므로 불가벌이나, 위계를 사용하여 도주한 경우에는 기망행위가 존재하므로 상대방의 처분행위가 있으면 사기죄가 성립한다.

㉡ 잔돈사기 상대방이 착오로 과다한 거스름돈을 주는 것을 알면서 이를 받은 경우에 부작위에 의한 사기죄가 성립할 것인가에 대하여는 견해가 대립하고 있다.

㉢ 처분권이 없는 자의 재물처분 자신이 소유자이며 처분권한이 있음을 묵시적으로 표현한 것이므로 상대방의 처분행위가 있으면 기망행위에 해당한다.

기망을 긍정한 판례의 구체적 내용은 다음과 같다. 즉,

연구책임자가 처음부터 소속 학생연구원들에 대한 개별 지급의사 없이 공동관리계좌를 관리하면서 사실상 그 처분권을 가질 의도하에 이를 숨기고 산학협력단에 연구비를 신청하여 이를 지급받았다면 이는 산학협력단에 대한 관계에 있어 기망에 의한 편취행위에 해당한다.[172] 보험계약자가 고지의무를 위반하여 보험회사와 보험계약을 체결한다 하더라도 그 보험금은 보험계약의 체결만으로 지급되는 것이 아니라 보험계약에서 정한 우연한 사고가 발생하여야만 지급되는 것이다. 상법상 고지의무를 위반하여 보험계약을 체결하였다는 사정만으로 보험계약자에게 미필적으로나마 보험금 편취를 위한 고의의 기망행위가 있었다고 단정하여서는 아니 되고, 더 나아가 보험사고가 이미 발생하였음에도 이를 묵비한 채 보험계약을 체결하거나 보험사고 발생의 개연성이 농후함

169) 대법원 2016.12.29. 선고 2015도3394 판결.
170) 대법원 1982.10.12. 선고 82도1888 판결.
171) 대법원 2021.9.9. 선고 2021도8468 판결; 대법원 2006.2.23. 선고 2005도8645 판결.
172) 대법원 2021.9.9. 선고 2021도8468 판결.

을 인식하면서도 보험계약을 체결하는 경우 또는 보험사고를 임의로 조작하려는 의도를 갖고 보험계약을 체결하는 경우와 같이 그 행위가 '보험사고의 우연성'과 같은 보험의 본질을 해할 정도에 이르러야 비로소 보험금 편취를 위한 고의의 기망행위를 인정할 수 있다. 피고인이 위와 같은 고의의 기망행위로 보험계약을 체결하고 위 보험사고가 발생하였다는 이유로 보험회사에 보험금을 청구하여 보험금을 지급받았을 때 사기죄는 기수에 이른다.[173] 보험계약자가 보험계약 체결 시 보험금액이 목적물의 가액을 현저하게 초과하는 초과보험 상태를 의도적으로 유발한 후 보험사고가 발생하자 초과보험 사실을 알지 못하는 보험자에게 목적물의 가액을 묵비한 채 보험금을 청구하여 보험금을 교부받은 경우, 보험자가 보험금액이 목적물의 가액을 현저하게 초과한다는 것을 알았더라면 같은 조건으로 보험계약을 체결하지 않았을 뿐만 아니라 협정보험가액에 따른 보험금을 그대로 지급하지 아니하였을 관계가 인정된다면, 보험계약자가 초과보험 사실을 알지 못하는 보험자에게 목적물의 가액을 묵비한 채 보험금을 청구한 행위는 사기죄의 실행행위로서의 기망행위에 해당한다.[174] 물품거래관계에서 물품을 공급받는 자가 물품대금을 마련할 방법에 관하여 상대방에게 사실대로 고지하였더라면 상대방이 물품을 공급하지 않았을 경우에 물품대금의 마련방법에 관하여 상대방에게 진실에 반하는 사실을 고지하여 물품을 공급받았다면 사기죄가 성립한다.[175] 특정 질병을 앓고 있는 사람이 보험회사가 정한 약관에 그 질병에 대한 고지의무를 규정하고 있음을 알면서도 이를 고지하지 아니한 채 그 사실을 모르는 보험회사와 그 질병을 담보하는 보험계약을 체결한 다음 바로 그 질병의 발병을 사유로 하여 보험금을 청구하였다면 특별한 사정이 없는 한 사기죄에 있어서의 기망행위 내지 편취의 범의를 인정할 수 있고, 보험회사가 그 사실을 알지 못한 데에 과실이 있다거나 고지의무위반을 이유로 보험계약을 해제할 수 있다고 하여 사기죄의 성립에 영향이 생기는 것은 아니다.[176] 변제의 의사나 능력이 없음에도 이를 숨긴 채 피해자에게 금원 대여를 요청하여 이에 속은 피해자로부터 동인의 배서가 된 약속어음을 교부받아 이를 금융기관에서 할인한 후 그 할인금을 사용하였다면, 그 후 위 약속어음이 지급기일에 지급거절되고 피고인이 금융기관에 대하여 그 상환채무를 지게 되었다고 하더라도 피해자에 대한 사기죄가 성립한다고 할 것이다.[177] '이 사건 주식거래의 목적물이 증자 전의 주식이 아니라 증자 후의 주식'이라는 점은 주식거래 여부나 그 내용을 결정하는 데 중요한 사항이므로 주식매도인인 위 피고인은 주식매수인인 피해자들에게 이를 고지할 의무가 있는데 위 피고인이 피해자들에게 이를 제대로 알리지 않아 피해자들을 기망한 것으로 판단된다고 하여, 위 피고인에 대한 사기의 범죄사실에 관하여 무죄를 선고한 제1심판결을 파기하고 이를 유죄로 인정한 조치는 정당하다.[178] 대출자금으로 빌딩을 경락받았으나 분양이 저조하여 자금조달에 실패한 피고인들이 수분양자들과 사이에 대출금으로 충당되는 중도금을 제외한 계약금과 잔금의 지급을 유예하고 1년의 위탁기간 후 재매입하기로 하는 등의 비정상적인 이면약정을 체결하고 점포를 분양하였음에도, 금융기관에 대해서는 그러한 이면약정의 내용을 감춘 채 분양 중도금의 집단적 대출을 교섭하여 중도금 대출 명목으로 금원을 지급받은 사안에서, 대출 금융기관에 대하여 비정상적인 이면약정의 내용을 알릴 신의칙상 의무가 있다고 보아 이를 알리지 않은 것은 사기죄의 요건으로서의 부작위에 의한 기망에 해당한다.[179] 사채업

173) 대법원 2019.4.3. 선고 2014도2754 판결.
174) 대법원 2015.7.23. 선고 2015도6905 판결.
175) 대법원 2014.11.27. 선고 2014도3775 판결; 대법원 2005.9.15. 선고 2003도5382 판결.
176) 대법원 2007.4.12. 선고 2007도967 판결.
177) 대법원 2007.4.12. 선고 2007도1033 판결.
178) 대법원 2006.10.27. 선고 2004도6503 판결.
179) 대법원 2006.2.23. 선고 2005도8645 판결.

자가 대출희망자로부터 대출을 의뢰받은 다음 대출희망자가 자동차의 실제 구입자가 아니어서 자동차할부금융의 대상이 되지 아니함에도 그가 실제로 자동차를 할부로 구입하는 것처럼 그 명의의 대출신청서 등 관련 서류를 작성한 후 이를 할부금융회사에 제출하여 자동차할부금융으로 대출금을 받은 경우, 할부금융회사로서는 사채업자가 할부금융의 방법으로 대출의뢰인들 명의로 자동차를 구입하여 보유할 의사 없이 단지 자동차할부금융대출의 형식을 빌려 자금을 융통하려는 의도로 할부금융대출을 신청하였다는 사정을 알았더라면 할부금융대출을 실시하지 않았을 것이므로, 사채업자로서는 신의성실의 원칙상 사전에 할부금융회사에게 자동차를 구입하여 보유할 의사 없이 자동차할부금융대출의 방법으로 자금을 융통하려는 사정을 고지할 의무가 있다 할 것이고, 그럼에도 불구하고 이를 고지하지 아니한 채 대출의뢰인들 명의로 자동차할부금융을 신청하여 그 대출금을 지급하도록 한 행위는 고지할 사실을 묵비함으로써 거래상대방인 할부금융회사를 기망한 것이 되어 사기죄를 구성한다.[180] 피고인은 피해자들에게 그 시술 등의 전체가 아들 낳기에 필요한 것처럼 사실과 달리 설명하거나 위 병원에 내원할 때에 이미 피고인으로부터 어떠한 시술을 받으면 아들을 낳을 수 있을 것이라는 착오에 빠져 있는 피해자들에게 사실대로 설명하지 아니한 채 마치 그 시술 등의 전체가 아들 낳기에 필요한 것처럼 시술 등을 행하고 피해자들로부터 의료수가 및 약값의 명목으로 금원을 수령하였다는 것이므로, 설사 피고인이 피해자들에게 아들을 갖기 위하여 부부관계를 할 시기와 그 전에 취하여야 할 조치 등에 관하여 피해자들에게 설명한 내용이 의학상 허위라고 단정할 수 없는 부분이 포함되어 있다 하더라도, 피고인이 직접 피해자들에게 그 시술 등의 전체가 아들 낳기에 필요한 것처럼 거짓말을 한 경우에 이러한 피고인의 행위가 피해자들로 하여금 그 시술 등의 효과와 원리에 관하여 착오에 빠뜨려 피고인으로부터 아들 낳기 시술을 받도록 하는 것으로서 기망행위에 해당함은 물론이고, 위 병원에 내원할 당시 이미 착오에 빠져 있는 피해자들의 경우에도 만일 피고인이 사실대로 고지하였다면 그들이 피고인으로부터 그와 같은 시술을 받지 아니하였을 것임은 경험칙상 명백하므로, 이와 같은 경우 피고인으로서는 그들에게 위 시술의 효과와 원리에 관하여 사실대로 고지하여야 할 법률상 의무가 있다고 할 것임에도 불구하고, 피해자들이 착오에 빠져있음을 알면서도 이를 고지하지 아니한 채 마치 위와 같은 시술행위 전체가 아들을 낳을 수 있도록 하는 시술인 것처럼 가장하여 같은 시술을 한 것은 고지할 사실을 묵비함으로써 피해자들을 기망한 행위에 해당한다고 보아야 할 것인바, 결국 피고인이 피해자들에게 행한 시술과 처방의 전체가 마치 아들 낳기 시술인 것처럼 가장하여 의료수가 및 약값 등의 명목으로 금원을 교부받은 이상 이는 사기죄에 해당한다고 할 것이고, 위와 같은 시술에 앞서 피해자들로부터 시술 결과 아들을 낳지 못하여도 하등 이의를 제기하지 않는다는 내용의 시술서약서를 받았다고 하더라도 이는 기망행위의 수단에 불과하여 사기죄의 성립에 아무런 영향이 없다고 할 것이다.[181] 신용카드 가맹점주가 신용카드회사로부터 금원을 교부받을 당시 신용카드회사에게 매출전표가 용역의 제공을 가장하여 허위로 작성된 것임을 고지하지 아니한 채 제출하여 대금을 청구하였고, 신용카드회사는 매출전표에 기재된 바와 같은 가맹점의 용역의 제공이 실제로 있은 것으로 오신하여 그에게 그 대금 상당의 금원을 교부한 경우, 신용카드회사가 가맹점의 용역의 제공을 가장한 허위 내용의 매출전표에 의한 대금청구에 대하여는 이를 거절할 수 있는 등 매출전표가 허위임을 알았더라면 가맹점주에게 그 대금의 지급을 하지 아니하였을 관계가 인정된다면, 가맹점주가 용역의 제공을 가장한 허위의 매출전표임을 고지하지 아니한 채 신용카드회사에게 제출하여 대금을 청구한 행위는 사기죄의 실행행위로서의 기망행위에 해당하고, 가맹점주에게 이러

180) 대법원 2004.4.9. 선고 2003도7828 판결.
181) 대법원 2000.1.28. 선고 99도2884 판결.

한 기망행위에 대한 범의가 있었다면, 비록 당시 그에게 신용카드 이용대금을 변제할 의사와 능력이 있었다고 하더라도 사기죄의 범의가 있었음을 인정할 수 있다.[182] 수표나 어음이 지급기일에 결제되지 않으리라는 점을 예견하였거나 지급기일에 지급될 수 있다는 확신이 없으면서도 그러한 내용을 수취인에게 고지하지 아니하고 이를 속여서 할인을 받으면 사기죄가 성립한다.[183] 임대인이 임대차계약을 체결하면서 임차인에게 임대목적물이 경매진행중인 사실을 알리지 아니한 경우, 임차인이 등기부를 확인 또는 열람하는 것이 가능하더라도 사기죄가 성립한다.[184] 어음, 수표의 발행인이 그 지급기일에 결제되지 않으리라는 정을 예견하면서도 이를 발행하고, 거래상대방을 속여 그 할인을 받거나 물품을 매수하였다면 위 발행인의 사기행위는 이로써 완성되는 것이고, 위 거래상대방이 그 어음, 수표를 타에 양도함으로써 전전유통되고 최후소지인이 지급기일에 지급제시하였으나 부도되었다고 하더라도 어음, 수표의 소지인(입금자 또는 피해자)들은 피고인과의 직접적인 거래상대방이 아니라, 그 어음, 수표가 전전유통되고 난 이후 이를 취득한 최종소지인에 불과하고, 특별한 사정이 없는 한 그 최후소지인에 대한 관계에서 발행인의 행위를 사기죄로 의율할 수 없다 할 것이다.[185] 피고인과 피해자 사이의 이 사건 계약은 독일 스테팩사의 제품을 전제로 하였고 이스라엘의 메이트로닉스사가 만든 돌핀제품과 독일 스테팩사가 만든 돌핀제품은 일부 부품에 약간의 차이가 있음은 인정되나 적어도 어떤 물품의 국내의 독점판매계약을 하는 피해자로서는 이미 다른 회사가 같은 용도와 성능을 가진 이름도 같은 제품을 국내에 판매하고 있는 것을 알았다면 설사 그 제품의 원산지와 일부 부품이 틀리더라도 위와 같은 독점판매계약을 체결할 리가 없다고 보는 것이 경험칙상 명백하다고 할 것이고 더군다나 피고인이 이미 동일한 내용의 계약을 한○○와 체결하였다가 삼일상사 등에서 위 돌핀제품을 훨씬 싼 가격으로 수입·판매함으로써 독점판매권이 보장되지 아니하였다는 이유로 형사고소까지 당한 사실이 있다면 피고인으로서는 피해자와 이 사건 계약을 체결함에 있어서 이를 신의칙상 고지할 의무가 있다고 하여 피고인에 대한 사기의 범죄사실을 인정한 것은 정당하다.[186] 임차권의 양도에 있어서 그 임차권의 존속기간, 임대기간 종료 후의 재계약 여부, 임대인의 동의 여부는 그 계약의 중요한 요소를 이루는 것이므로 양도인으로서는 이에 관계되는 모든 사정을 양수인에게 알려주어야 할 신의칙상의 의무가 있는데, 임차권양도계약이 체결될 당시에 임차건물에 대한 임대차기간의 연장이나 임차권 양도에 대한 임대인의 동의 여부가 확실하지 않은 상태에서 몇 차례에 걸쳐 명도요구를 받고 있었던 임차권 양도인이 그 여부를 확인하여 양수인에게 설명하지 아니한 채 임차권을 양도한 행위는 기망행위에 해당한다고 보아, 이를 기망행위가 아니라고 한 원심판결을 파기한다.[187] 용도를 속이고 돈을 빌린 경우에 있어서 만일 진정한 용도를 고지하였더라면 상대방이 돈을 빌려 주지 않았을 것이라는 관계에 있는 때에는 사기죄의 실행행위인 기망은 있는 것으로 보아야 한다.[188] 피고인의 국유재산법 위반행위로 말미암아 전득자들이 매매목적물인 국유지에 대한 권리를 확보하지 못할 위험이 생길 수도 있다는 사정은 전득자들의 입장에서 볼 때 전매계약의 체결 여부를 결정짓는 매우 중요

182) 대법원 1999.2.12. 선고 98도3549 판결.

183) 대법원 1998.12.9. 선고 98도3282 판결; 대법원 1997.7.25. 선고 97도1095 판결; 대법원 1993.7.27. 선고 93도1408 판결.

184) 대법원 1998.12.8. 선고 98도3263 판결.

185) 대법원 1998.2.10. 선고 97도3040 판결; 대법원 1990.2.27. 선고 89도2542 판결; 대법원 1981.12.22. 선고 81도2605 판결.

186) 대법원 1996.7.30. 선고 96도1081 판결.

187) 대법원 1996.6.14. 선고 94다41003 판결.

188) 대법원 1996.2.27. 선고 95도2828 판결.

한 요소라 할 것이므로 피고인은 신의성실의 원칙상 전득자들에게 이를 고지할 의무가 있다 하겠고, 그럼에도 불구하고 피고인이 매수인인 전득자에게 그와 같은 사정을 고지하지 아니하였다면 이는 사기죄의 구성요건인 기망행위에 해당하는 것이며, 피해자인 전득자가 그와 같은 사정 때문에 그 전매행위가 무효로 될지도 모른다는 사실을 사전에 알았더라면 그 전매계약에 임하지 않았으리라는 점은 경험칙상 쉽게 추측할 수 있다 하겠으므로 피고인의 기망행위와 피해자의 매수행위 사이에는 인과관계가 있다고 보아야 한다.[189] 피고인은 피해자 ***과 이 사건 극장의 양도계약을 체결하기 전에 이미 이 사건 극장 건물의 소유자인 공소외 주식회사 △△유통과 이 사건 극장건물에 대한 임대차계약의 기간이 종료하면 무조건 명도하여 주기로 약정하였고, 그 명도집행을 위한 제소전 화해조서의 작성을 위한 서류까지 교부하여 더 이상 극장용도로서의 재임대차계약이 불가능하다는 사실을 알고 있었음에도 이를 알려주지 아니하였을 뿐 아니라 위 ***에게 위 △△유통과 재임대차계약을 체결할 수 있도록 적극적으로 협조하겠다고까지 말하여 이를 믿은 위 ***이 피고인과 이 사건 극장에 대한 양도계약을 체결한 점을 기망행위로 보았음이 원심판결의 취지인 바, 극장을 양수함에 있어 이를 운영할 수 있는 기간의 보장은 중요한 요소가 된다고 할 것이므로 피고인은 위 극장을 위 ***이 양수하더라도 임대차기간종료일까지만 운영할 수 있고 그 이후에는 이 사건 건물에 대한 재임대차계약이 불가능함을 고지하여야 할 의무가 있다고 할 것이며, 기록에 의하면 피고인이 그런 사정을 고지하였다면 위 ***이 위 극장을 양수하지 아니하였을 것인데 피고인이 이를 고지하지 아니하여 임대차기간이 종료후에도 재계약이 가능하리라고 믿고 위 극장을 양수하였음이 명백하므로, 피고인이 위와 같은 사정을 고지하지 아니한 것은 기망행위에 해당한다고 할 것이다.[190] 피고인이 이 사건 토지에 대하여 여객정류장시설 또는 유통업무설비시설을 설치하는 도시계획이 입안되어 있어 장차 위 토지가 정주시에 의하여 협의매수되거나 수용될 것이라는 점을 알고 있었으므로, 이러한 사정을 모르고 위 토지를 매수하려는 피해자 B에게 위와 같은 사정을 고지할 신의칙상 의무가 있다고 판단하고, 이러한 사정을 고지하지 아니한 피고인의 행위는 부작위에 의한 사기죄를 구성한다.[191] 공장의 정상가동 여부는 매매계약의 체결 여부를 결정짓는 중요한 요소이므로 프라스틱 공장이 이를 이전하지 아니하고서는 계속 가동할 수 없게 된 경우, 신의성실의 원칙상 매도인에게 위와 같은 사정에 관한 고지의무가 있다고 보아야 할 것이어서, 매도인측이 위와 같은 사정을 고지하지 아니하고 공장을 운영하는 데 아무런 문제가 없다고 말하였다면 이는 매수인을 기망한 경우라고 보아야 할 것이다.[192] 부동산매매에 있어서 매매목적물에 관하여 소유권귀속에 관한 분쟁이 있어 재심소송이 계속중에 있다면 이러한 사정들은 특별한 사정이 없는 한 매수인으로서는 매매계약의 체결 여부를 결정짓는 매우 중요한 요소이므로 매도인은 거래의 신의성실의 원칙상 매수인에게 고지할 의무가 있다 할 것이고 매도인 이 매수인에게 소송계속사실을 숨기고 매도하여 대금을 교부받았다면 이는 사기죄를 구성한다.[193] 부동산매매에 있어서 매매목적물에 관하여 유언으로 재단법인에 출연되었는지의 여부가 문제되고 다른 부동산에 관하여는 이미 위 유언이 유효하다는 판결까지 있었다면 이러한 사정들은 특별한 사정이 없는 한 매수인으로서는 매매계약의 체결 여부를 결정짓는 매우 중요한 요소이므로, 매도인은 거래의 신의성실의 원칙상 매수인에게 이를 고지할 법률상의 의무가 있고 매도인이 매수인에게 위와 같은

189) 대법원 1994.10.21. 선고 94도2048 판결.
190) 대법원 1993.6.8. 선고 92도2622 판결.
191) 대법원 1993.7.13. 선고 93도14 판결.
192) 대법원 1991.7.23. 선고 91도458 판결.
193) 대법원 1986.9.9. 선고 86도956 판결.

사실을 숨기고 매도하여 대금을 교부받았다면 이는 사기죄를 구성한다.[194] 사기죄는 사람을 적극적으로 기망하거나 소극적으로 신의성실의 원칙상 고지할 의무있는 사항을 묵비하여 이에 속은 타인으로부터 재물의 교부를 받거나 재산상의 이득을 취득한 경우에 성립하고 이미 취득한 재물 또는 재산상 이득을 사후에 반환, 변상했다 하더라도 이는 범죄의 성립에 영향을 미치지 않는다.[195] 수표 또는 어음의 발행인이 그 지급기일에 결제되지 않으리라는 점을 예견하였거나 지급기일에 지급될 수 있다는 확신이 없으면서도 그러한 내용을 수취인에게 고지하지 아니한 채 이를 속여 수표 또는 어음을 발행교부하고 수취인으로부터 그 대가를 교부받았다면 사기죄가 성립한다.[196] 화물자동차 위수탁관리운영계약(일명 지입계약)체결시, 목적물인 차량들에 대하여 이미 근저당권이 설정되어 그 경매절차가 진행 중에 있었다면, 피고인으로서는 의당 위와 같은 사정을 고지하여야 할 신의칙상 의무가 있다 할 것임에도 이를 고지하지 아니한 채 숨기고 지입차주의 명의를 피해자명의로 변경해주겠다는 내용의 계약을 체결하고 지입차량대금을 지급받았다면 사기죄에 해당한다.[197] 매매에 있어서 매수인이 알았다면 매수하지 아니할 것이 거래의 경험칙상 명백한 사실에 대하여는 매도인은 신의성실의 원칙에 따라 이를 상대방에게 고지할 법률상 의무가 있다고 보아야 할 것이다.[198] 채권의 담보로 가옥소유권이 채권자에게 이전등기되었음에도 피고인이 이런 사실을 숨긴채 채무자와 공모하여 동 가옥이 채무자의 소유인양 타인에게 임대하고 그 임대보증금등 명목으로 금원을 수령한 소위는 사기죄를 구성한다.[199] 부동산매매에 있어서 매수인이 매매목적물의 소송계속 사실을 모르고 그 대금을 교부하려는 경우에 신의성실을 원칙으로 하는 거래의 필요상 매도인측은 이를 매수인에게 고지할 법률상 의무 있다고 할 것이므로 매수인이 소송계속중인 사실을 알았다면 매수하지 아니할 것으로 보여지는 경우에 소송계속 사실을 숨기고 매도하여 그 대금을 교부받았다면 사기죄가 성립하고, 매도인이 매수인에게 소유권이전등기를 넘겨준 여부등 현실적으로 매수인의 재산상의 손해여부는 사기죄의 성립에 아무런 소장이 없다.[200] 피고인이 임대차계약서상의 임차인의 명의를 처로부터 자기명의로 고친 다음 자기가 임차인이라면서 임대차계약서를 피해자에게 보이고 건물소유자에게는 전대사실을 알리지 않기로 하는 한편 임차보증금 반환청구채권에 대하여 채권압류 및 전부명령이 있는 사실을 고지하지 아니하고 점포를 전대하고 보증금을 교부받았다면 위 불고지는 피해자를 기망하기 위하여 적극적으로 동 사실을 은폐한 것이라고 보지 않을 수 없고, 위 임차보증금 반환청구채권이 전부된 사실은 사실상 상대적으로 피해자의 전차보증금 반환청구등을 곤란하게 하는 사유가 됨이 명백하므로 피해자에게 보증금 반환채권이 있다는 사실은 사기죄의 성립에 아무런 소장이 없다.[201] 토지를 매도함에 있어서 채무담보를 위한 가등기와 근저당권설정등기가 경료되어 있는 사실을 숨기고 이를 고지하지 아니하여 매수인이 이를 알지 못한 탓으로 그 토지를 매수하였다면 이는 사기죄를 구성한다.[202] 공소외인으로부터 주차장부지를 임차하여 주차장을 경영하던 피고인이 그 임차기간이 만료되었고, 또 이를 임대인에게 명도반환하기로 약정하고도 이 사실을 고지하지 아니하고 주차장시설과 부지임

194) 대법원 1992.8.14. 선고 91도2202 판결.
195) 대법원 1986.2.25. 선고 85도2748 판결.
196) 대법원 1985.9.10. 선고 84도2685 판결; 대법원 1985.3.12. 선고 84도1461 판결; 대법원 1981.12.22. 선고 81도2605 판결; 대법원 1961.10.26. 선고 4294형상230 판결.
197) 대법원 1985.4.9. 선고 85도242 판결.
198) 대법원 1985.3.26. 선고 84도301 판결; 대법원 1983.3.22. 선고 82도2837 판결.
199) 대법원 1984.1.31. 선고 83도1501 판결.
200) 대법원 1983.3.22. 선고 82도2837 판결.
201) 대법원 1983.2.22. 선고 82도3139 판결.
202) 대법원 1981.8.20. 선고 81도1638 판결.

차권 등을 타에 양도한 경우에는 위 사실을 고지하지 아니한 점에 기망행위가 있다고 할 것이다.[203] 제3자에게 경락허가결정이 된 부동산을 그런 사실을 묵비한채 전세를 놓았다면 경락허가 사실의 불고지는 사기죄에 해당한다.[204] 137평의 대지 중 30평내외가 사실상 도로로 사용되고 있는 경우에 그 대지의 매도인은 그 사실을 매수인에게 고지할 의무가 있다.[205] 원인무효의 등기가 된 임야를 매수하여 이 사실을 아는 피해자로서는 이러한 사실을 모르고 그 목적물을 다시 매수하여 그 매매대금 중 일부금(피해변상을 받았음)을 제공하는 피해자에 대하여 원인무효의 사실을 고지할 의무가 있다 해석함이 상당하다.[206]

기망을 부정한 판례의 구체적 내용은 다음과 같다. 즉,

연구책임자가 원래 용도에 부합하게 학생연구원들의 사실상 처분권 귀속하에 학생연구원들의 공동비용 충당 등을 위하여 학생연구원들의 자발적인 의사에 근거하여 공동관리계좌를 조성하고 실제로 그와 같이 운용한 경우라면, 비록 공동관리계좌의 조성 및 운영이 관련 법령이나 규정 등에 위반되더라도 그러한 사정만으로 불법영득의사가 추단되어 사기죄가 성립한다고 단정할 수 없다. 이 경우 사기죄 성립 여부는 공동관리계좌 개설의 경위, 실질적 관리 및 처분권의 귀속, 연구비가 온전히 법률상 귀속자인 학생연구원들의 공동비용을 위하여 사용되었는지 여부 등을 종합적으로 고려하여 판단하여야 한다.[207] 피고인이 평소 알고 지내던 화가 甲에게 돈을 주고 자신의 기존 콜라주 작품을 회화로 그려오게 하거나, 자신이 추상적인 아이디어만 제공하고 이를 甲이 임의대로 회화로 표현하게 하거나, 기존 자신의 그림을 그대로 그려달라고 하는 등의 작업을 지시한 다음 甲으로부터 완성된 그림을 건네받아 배경색을 일부 덧칠하는 등의 경미한 작업만 추가하고 자신의 서명을 하였음에도, 위와 같은 방법으로 그림을 완성한다는 사실을 고지하지 아니하고 사실상 甲 등이 그린 그림을 마치 자신이 직접 그린 친작(親作)인 것처럼 전시하여 피해자들에게 그림(이하 '미술작품'이라 고 한다)을 판매하고 대금 상당의 돈을 편취하였다는 내용으로 기소된 사안에서, 피고인이 미술작품의 창작과정, 특히 조수 등 다른 사람이 관여한 사정을 알리지 않은 것이 신의칙상 고지의무 위반으로서 사기죄에서의 기망행위에 해당하고 그 그림을 판매한 것이 판매대금의 편취행위라고 보려면 두 가지의 전제, 즉 미술작품의 거래에서 창작과정을 알려주는 것, 특히 작가가 조수의 도움을 받았는지 등 다른 관여자가 있음을 알려주는 것이 관행이라는 것 및 미술작품을 구매한 사람이 이러한 사정에 관한 고지를 받았더라면 거래에 임하지 아니하였을 것이라는 관계가 인정되어야 하고, 미술작품의 거래에서 기망 여부를 판단할 때에는 미술작품에 위작 여부나 저작권에 관한 다툼이 있는 등의 특별한 사정이 없는 한 법원은 미술작품의 가치 평가 등은 전문가의 의견을 존중하는 사법자제 원칙을 지켜야 한다는 이유로, 피해자들의 구매 동기 등 제반 사정에 비추어 검사가 제출한 증거만으로는 피해자들이 미술작품을 피고인의 친작으로 착오한 상태에서 구매한 것이라고 단정하기 어렵다고 보아 피고인에게 무죄를 선고한 원심판단을 수긍한 사례이다.[208] 매매계약에 있어 매도인이 장차 매매의 효력이나 매매에 따르는 채무의 이행에 장애를 가져와 매수인이 매매목적물에 대한 권리를 확보하지 못할 위험이 생길 수 있음을 알면서도 매수인에게 그와

203) 대법원 1981.6.9. 선고 81도277 판결.
204) 대법원 1974.3.12. 선고 74도164 판결.
205) 대법원 1971.7.27. 선고 71도977 판결.
206) 대법원 1967.12.5. 선고 67도1152 판결.
207) 대법원 2021.9.9. 선고 2021도8468 판결.
208) 대법원 2020.6.25. 선고 2018도13696 판결.

같은 사정을 고지하지 아니한 채 매매계약을 체결하고 매매대금을 교부받는 한편 매수인은 그와 같은 사정을 고지 받았더라면 매매계약을 체결하지 아니하거나 매매대금을 지급하지 아니하였을 것임이 경험칙상 명백한 경우에는 신의성실의 원칙상 매수인에게 미리 그와 같은 사정을 고지할 의무가 매도인에게 있다고 할 것이므로, 매도인이 매수인에게 그와 같은 사정을 고지하지 아니한 것이 사기죄의 구성요건인 기망에 해당한다고 할 것이지만, 매매로 인한 법률관계에 아무런 영향도 미칠 수 없는 것이어서 매수인의 권리의 실현에 장애가 되지 아니하는 사유까지 매도인이 매수인에게 고지할 의무가 있다고는 볼 수 없다.[209] (잔돈사기) 매수인이 매도인에게 매매잔금을 지급함에 있어 착오에 빠져 지급해야 할 금액을 초과하는 돈을 교부하는 경우, 매도인이 사실대로 고지하였다면 매수인이 그와 같이 초과하여 교부하지 아니하였을 것임은 경험칙상 명백하므로, 매도인이 매매잔금을 교부받기 전 또는 교부받던 중에 그 사실을 알게 되었을 경우에는 특별한 사정이 없는 한 매도인으로서는 매수인에게 사실대로 고지하여 매수인의 그 착오를 제거하여야 할 신의칙상 의무를 지므로 그 의무를 이행하지 아니하고 매수인이 건네주는 돈을 그대로 수령한 경우에는 사기죄에 해당될 것이지만, 그 사실을 미리 알지 못하고 매매잔금을 건네주고 받는 행위를 끝마친 후에야 비로소 알게 되었을 경우에는 주고 받는 행위는 이미 종료되어 버린 후이므로 매수인의 착오 상태를 제거하기 위하여 그 사실을 고지하여야 할 법률상 의무의 불이행은 더 이상 그 초과된 금액 편취의 수단으로서의 의미는 없으므로, 교부하는 돈을 그대로 받은 그 행위는 점유이탈물횡령죄가 될 수 있음은 별론으로 하고 사기죄를 구성할 수는 없다.[210] 어음의 발행인이 그 지급기일에 결제되지 않으리라는 점을 예견하였거나 지급기일에 지급될 수 있다는 확신이 없으면서도 그러한 내용을 상대방에게 고지하지 아니한 채 이를 속여 어음을 발행·교부하고 상대방으로부터 그 대가를 교부받았다면 사기죄가 성립하는 것이지만, 이와 달리 어음의 발행인들이 각자 자력이 부족한 상태에서 자금을 편법으로 확보하기 위하여 서로 동액의 융통어음을 발행하여 교환한 경우에는, 특별한 사정이 없는 한 쌍방은 그 상대방의 부실한 자력상태를 용인함과 동시에, 상대방이 발행한 어음이 지급기일에 결제되지 아니할 때에는 자기가 발행한 어음도 결제하지 않겠다는 약정 하에 서로 어음을 교환하는 것이므로, 자기가 발행한 어음이 그 지급기일에 결제되지 않으리라는 점을 예견하였거나 지급기일에 지급될 수 있다는 확신 없이 상대방으로부터 어음을 교부받았다고 하더라도 사기죄가 성립하는 것은 아니다.[211] 토지의 공유자 겸 명의수탁자인 피고인이 나머지 공유자들로부터 그들 소유 지분에 관하여 매도가격 및 처분기한을 특정하여 처분권한을 위임받고 그 처분에 따른 양도소득세 등 일체의 경비를 피고인이 부담하기로 약정한 경우, 피고인이 위 매도위임가격보다 훨씬 고가로 매도하였다 하더라도 그와 같은 사실을 위임인에게 고지할 법률상 의무가 없다.[212] 중고 자동차 매매에 있어서 매도인의 할부금융회사 또는 보증보험에 대한 할부금 채무가 매수인에게 당연히 승계되는 것이 아니고 그로 인하여 자동차 매수인이 장차 계약 목적물인 자동차의 소유권을 확보하지 못할 위험이 생기는 것은 아니라는 이유로 그 할부금 채무의 존재를 매수인에게 고지하지 아니한 것이 부작위에 의한 기망에 해당하지 아니한다고 판단하였다.[213] 법률상 고지의무 있는 자가 그 사실의 내용을 구체적으로 알지 못하기 때문에 고지하지 아니한 것이라면 고지의무위반의 죄책을 물을 수 없다 할 것인 바, 지입차량의 운행에 관여하지 아니하여 지입회사

209) 대법원 2015.5.28. 선고 2014도8540 판결; 대법원 2011.1.27. 선고 2010도5124 판결; 대법원 2004.4.27. 선고 2003도1232 판결; 대법원 1991.12.24. 선고 91도2698 판결.

210) 대법원 2004.5.27. 선고 2003도4531 판결.

211) 대법원 2002.4.23. 선고 2001도6570 판결.

212) 대법원 1999.5.25. 선고 98도2792 판결.

213) 대법원 1998.4.14. 선고 98도231 판결.

에 대한 연체채무액을 자세히 알 수 없어 지입차량 매도 당시 중개인에게 지입회사에 대한 연체채무를 직접 알아보라고 하면서 회사 전화번호까지 알려주었다면 매도인이 연체채무액이 다액임을 알면서도 매수인에게 이를 고지하지 아니함으로써 그를 기만하였다고는 볼 수 없으므로 사기죄의 죄책을 지울 수는 없다.[214] 아파트를 신축하여 분양하고자 하는 피고인이 그 아파트신축자금 등으로 차용한 금원 등을 변제하지 못하여 채권자들의 요구에 따라 위 아파트가 아직 완공되지 아니한 상태에서 그 채권담보의 뜻으로 위 차용금 등을 아파트분양대금으로 대체하여 분양한 후 각 수분양자 명의로 소유권이전등기를 마쳐주기 전에 이를 다시 제3자에게 위와 같은 분양사실을 고지하지 아니한 채 임대차계약(전세계약)을 체결한 경우에 있어 피고인이 위 임대차계약상의 의무를 이행하여 그 임차인으로 하여금 각 해당아파트를 실제로 입주사용케 하였다면 현행민법이 물권변동에 관하여 형식주의를 취하고 있는 이상 각 수분양자에게 소유권이전등기를 하기 이전에는 피고인이 그 부동산을 원시취득한 법률상 소유자로서 이를 처분할 수 있을 뿐만 아니라 위 분양에 따른 소유권이전등기가 경료되기 이전에는 피담보채무를 변제하여 소유권이전등기의무를 면할 수도 있으니 피고인이 위 임대차계약을 체결할 때에 위 분양사실을 각 임차인에게 고지하지 아니하였다는 사실만으로는 동인들을 기망한 것이라고 볼 수 없다.[215] 구 도로운송차량법(1980.12.31. 법률 제3307호) 제50조 소정의 계속검사를 받지 않았다 하더라도 동법 제49조의 2, 제14조 제1항 제5호, 제2항, 제3항 소정의 관할관청의 검사 및 말소등록에 관한 최고절차가 없었다면 당연히 말소등록이 될 차량이었다고 볼 수 없는 것이고 설령 말소등록이 되는 경우라고 하더라도 동법 제8조 소정의 등록기준에 적합한 자동차인 이상 다시 등록할 수도 있는 것이므로 자동차매매계약당시까지 관할관청의 검사 및 말소등록에 관한 최고절차가 없었거나, 그 자동차가 직권말소된 후에도 다시 등록을 받을 수 있는 기준에 적합한 경우라면 매도인이 위 자동차매매계약당시 매수인에게 위 자동차에 하자가 없다거나 신규등록이 가능하다는 말을 하였다 하더라도 매수인을 기망한 것이라고 볼 수 없다.[216] 부동산소유자가 임대차계약을 체결한 후 그 목적물을 타에 매도하면서 매수인과 사이에 임대차보증금을 매매대금에서 공제하여 매수인이 임대인의 지위를 승계하기로 약정한 경우, 임대차계약당시 위 목적물을 매매를 위하여 복덕방에 내 놓았다는 사실을 임차인에게 고지하지 않았다는 사실만으로 기망행위가 된다고 볼 수 없다.[217] 피고인이 피해자 송○○에게 매도한 이 사건 대지의 일부가 막연히 도시계획선에 저촉된다는 말을 복덕방 소개인들로부터 들은 바 있지만, 관할구청으로부터 도시계획저촉에 관한 통지를 받은 바 없고 이 사건 매매 직전에 발급받은 이 사건 대지에 대한 도시계획확인원에도 저촉사실의 기재가 없었으므로 구체적인 도시계획저촉은 없는 것으로 알았다는 피고인의 변소사실을 인정하고 있다. 피고인이 그 사실의 내용을 구체적으로 알지 못하기 때문에 고지하지 아니한 것이므로 고지의무 위반의 죄책을 물을 수 없다.[218] 재산권에 관한 거래관계에 있어서 일방이 상대방에게 그 거래에 관련한 어떠한 사항에 대하여 이를 고지하지 아니하므로써 장차 그 거래관계의 효력 또는 채무의 이행에 장애를 가져와 계약상의 채권을 확보하지 못할 위험이 생길 수 있음을 알면서 이를 상대방에게 고지하지 아니하고 거래관계를 맺어 상대방으로부터 재물의 교부를 받거나 재산상의 이익을 받고 상대방은 그와 같은 사정에 관한 고지를 받았더라면 당해 거래관계에 임하지 아니하였거나 이를 지속하여 재물등을 교부하지 아니하였을 것임이

214) 대법원 1990.11.27. 선고 90도1087 판결.

215) 대법원 1987.12.8. 선고 87도1839 판결; 대법원 1983.6.28 선고 82도1684 판결.

216) 대법원 1986.7.8. 선고 85도1874 판결.

217) 대법원 1985.11.12. 선고 85도1914 판결.

218) 대법원 1985.4.9. 선고 85도17 판결.

경험칙상 명백한 경우 그 재물 등의 수취인에게는 신의 성실의 원칙상 사전에 상대방에게 그와 같은 사정을 고지할 의무가 있다 할 것이고 이를 고지하지 아니한 것은 고지할 사실을 묵비함으로써 상대방을 기망한 것이 되어 사기죄를 구성한다 할 것이나 법률관계의 효력에 영향이 없고 상대방의 권리실현에 장애가 되지 아니하는 사유는 이를 고지할 의무가 없다.[219] 부동산 매수인은 매도인에 대하여 동 부동산의 소유권이전등기 소요서류의 교부청구권이 있으므로 매수인측의 대리인인 피고인이 매도인인 피해자들로부터 동 서류 등을 교부받은 것이라면 당시 피고인이 그 서류를 이용하여 다른 부동산에 대한 소유권이전등기를 할 의사를 가지고 있었고 피해자들이 피고인의 진의를 알지 못하고 있었다 하더라도 위 피해자들의 등기소요서류 교부행위 자체는 착오로 인한 재산적 처분행위라고 할 수 없어 비록 피고인이 진실한 용도를 고지하지 않았다 하더라도 그것만으로 곧 위 서류의 수령행위가 사기죄를 구성한다고는 볼 수 없다.[220] 채무담보로 제공된 아파트를 분양하는 매도인이 매수인에게 담보제공의 사실을 고지하지 아니하였을 뿐 동 사실이 없다는 취지의 말을 하는 등 적극적으로 매수인을 기망한 바 없고 매수인이 분양계약을 체결한 당시에 위 담보제공에 따른 소유권이전등기가 경료되지 않았음이 인정된다면 매도인으로서는 피담보채무를 변제하고 위 담보제공에 관한 계약을 해제할 수 있었던 것이므로 위 담보사실을 소극적으로 고지하지 않았다는 것만으로는 매수인을 기망하였다고 할 수 없다.[221] 아파트 전매인이 전매시 아파트 분양회사의 대표이사가 그 분양업무와 관련된 형사사건으로 유죄판결을 받은 바 있다고 하여도, 그 범죄내용이 전매인의 위 아파트 소유권취득에 영향을 미치는 사법상 효력에 관계있는 것이 아니라면, 전매당시 위와 같은 유죄판결에 관한 사실을 전매인이 알았더라도 일반거래의 경험칙상 위 아파트를 매수하지 않았을 것이라고 인정하기 어려우므로 전매인은 위와 같은 사실을 전매인에게 고지할 의무가 없다.[222] 차용금원의 담보목적으로 차주가 상가아파트를 1차분양하였으나 그에 따른 소유권이전등기가 아직 경료되지 않았던 이상 피담보채무를 변제하여 1차분양계약을 해제할 수 있었던 것이니 차주가 2차분양자에 대하여 금원차용시 1차분양사실을 고지하지 아니하였다는 사실만으로는 동인을 기망한 것이라 볼 수 없다.[223] 식육점과 그에 딸린 식당의 매매에 있어서 매수인이 매도인에게 식육점영업허가와 함께 식당에 대한 영업허가도 가지고 있는 것으로 생각하고 식당의 명의변경문제에 관해서는 묻지도 않고 매도인으로부터 식육점허가증과 식당등록증을 인계받아 식육점에 대한 허가명의만을 변경한 다음 약 8개월간 식육점과 식당을 경영하였고 그동안 한번도 매도인에 대하여 위 식당영업권의 명의변경문제를 거론한 바 없고, 또 매매계약서에도 식육점허가권에 관하여는 이를 매매대상으로 명시하면서도 식당영업권에 관하여는 아무런 언급이 없이 다만 식육점의 시설중에 식당시설인 불고기 굽는 화덕 3개만을 포함시켰을 뿐이라면 위 매매가 식당영업허가가 있음을 전제로 하는 것이라고는 단정할 수 없고 위와 같은 사정하에서는 매도인이 식당영업허가가 없는 사실을 고지하지 아니하였다 하더라도 기망행위에 해당한다고 볼 수 없다.[224] 수표 또는 어음의 발행인이 그 지급기일에 결제되지 않으리라는 정을 예견하면서도 이를 발행하고 거래상대방을 속여 그 할인을 받거나 물품을 매수하였다면 위 발행인의 사기행위는 이로써 완성되는 것이고, 위 거래상대방이 그 수표 또는 어음을 타에 양도함으로써 전전유통되고 최후 소지인이 지급기일에 지급제시하였으나 부도되었다고 하더라도 특별한 사정이 없는 한 동 소지인

219) 대법원 1985.3.12. 선고 84도93 판결.
220) 대법원 1984.9.25. 선고 84도1449 판결.
221) 대법원 1984.5.9. 선고 83도3194 판결.
222) 대법원 1983.9.13. 선고 83도823 판결.
223) 대법원 1983.6.28. 선고 82도1684 판결.
224) 대법원 1983.6.14. 선고 83도575 판결.

에 대한 관계에서 발행인의 행위를 사기죄로 의율할 수 없다.[225] 대지에 채무담보를 위한 가등기와 근저당권설정 등기가 경료되어 있는 사실을 고지하지 아니하고 매도하였다는 점만으로는 기망행위를 한 것이라고 볼 수 없다.[226] 부동산을 매매함에 있어 근저당권설정등기된 사실을 고지하지 아니하였다 하더라도 상대방을 기망키 위하여 적극적으로 동 사실을 은폐한 것이 아니고 매수인이 등기사실을 알았다면 위 매매계약을 체결하지 아니하였으리라는 사정이 없으면 동 불고지는 기망행위가 되지 아니한다.[227] 담보제공된 부동산의 매도인이 담보제공사실을 소극적으로 고지하지 아니한 것만으로는 기망행위가 있었다고 할 수 없다.[228]

ⓘ 피기망자

ⅰ. 의 의 기망의 상대방은 사람이다. 사람은 피기망자를 의미한다. 피기망자는 기망자의 기망행위에 의하여 착오에 빠지고, 착오로 인하여 처분행위를 하는 자이다. 피기망자는 원칙적으로 착오자, 처분행위자 및 피해자가 된다.

피기망자는 자연인에 한한다. 권리능력을 가지는 자연인인 한 행위능력이나 책임능력 등은 묻지 않는다. 따라서 미성년자나 심신장애자도 피기망자가 될 수 있다. 피기망자는 반드시 특정인일 것을 요하지 않는다. 광고사기에서와 같이 불특정인을 대상으로 한 기망도 가능하다. 법인, 단체, 또는 공무소 등은 그 자체로서는 피가망자가 될 수 없으나, 그 구성원인 개개의 자연인은 피기망자가 될 수 있다. 대법원도 "사기죄의 피해자가 법인이나 단체인 경우에 기망행위로 인한 착오, 인과관계 등이 있었는지는 법인이나 단체의 대표 등 최종 의사결정권자 또는 내부적인 권한 위임 등에 따라 실질적으로 법인의 의사를 결정하고 처분을 할 권한을 가지고 있는 사람을 기준으로 판단하여야 한다"고 판시한 바 있다.[229] 기계나 컴퓨터 등은 기망의 수단은 될 수 있으나, 사람이 아니기 때문에 피기망자로는 될 수 없다.

피기망자를 긍정한 판례의 구체적 내용은 다음과 같다. 즉,

> 피해자 법인이나 단체의 업무를 처리하는 실무자인 일반 직원이나 구성원 등이 기망행위임을 알고 있었더라도, 피해자 법인이나 단체의 대표자 또는 실질적으로 의사결정을 하는 최종결재권자 등이 기망행위임을 알지 못한 채 착오에 빠져 처분행위에 이른 경우라면, 피해자 법인에 대한 사기죄의 성립에 영향이 없다.[230] 사기죄의 피해자가 법인이나 단체인 경우에 기망행위가 있었는지는 법인이나 단체의 대표 등 최종 의사결정권자 또는 내부적인 권한 위임 등에 따라 실질적으로 법인의 의사를 결정하고 처분을 할 권한을 가지고 있는 사람을 기준으로 판단하여야 한다.[231]

피기망자를 부정한 판례의 구체적 내용은 다음과 같다. 즉,

> 피해자 법인이나 단체의 대표자 또는 실질적으로 의사결정을 하는 최종결재권자 등 기망의 상대방이 기망행위자와 동일인이거나 기망행위자와 공모하는 등 기망행위를 알고 있었던 경우에

225) 대법원 1981.12.22. 선고 81도2605 판결.
226) 대법원 1979.7.10. 선고 79도1133 판결.
227) 대법원 1972.3.28. 선고 72도255 판결.
228) 대법원 1970.5.26. 선고 70도481 판결.
229) 대법원 2017.9.26. 선고 2017도8449 판결.
230) 대법원 2017.9.26. 선고 2017도8449 판결.
231) 대법원 2017.8.29. 선고 2016도18986 판결; 대법원 2012.5.24. 선고 2010도1080 판결.

는 기망의 상대방에게 기망행위로 인한 착오가 있다고 볼 수 없고, 기망의 상대방이 재물을 교부하는 등의 처분을 했더라도 기망행위와 인과관계가 있다고 보기 어렵다. 이러한 경우에는 사안에 따라 업무상횡령죄 또는 업무상배임죄 등이 성립하는 것은 별론으로 하고 사기죄가 성립한다고 보기 어렵다.[232]

ⅱ. 착 오

㉠ 의 의 　본죄는 기망행위에 의하여 상대방이 착오에 빠지지 않으면 안 된다. 착오(錯誤)란 사실과 일치하지 않는 인식을 의미한다.[233] 사실과 일치하지 않는 하자 있는 피기망자의 인식은 처분행위의 동기, 의도, 목적에 관한 것이든, 처분행위 자체에 관한 것이든 제한이 없다.[234]

㉡ 내 용 　행위자의 기망행위로 인하여 피기망자에게는 착오가 야기되어야 한다. 따라서 기망행위가 있었지만 상대방이 그것을 알고 착오에 빠지지 않은 경우에는 사기죄의 미수에 그치게 된다. 사실에 대한 적극적 착오인가 소극적 부지(不知)인가는 불문한다. 그러나 사실 그 자체에 관하여 아무런 관념이 없는 경우에는 착오라고 할 수 없다. 상대방이 진실이라고 믿거나 개연성이 있다고 생각할 것까지는 요하지 않으므로 의심하면서도 가능성을 믿은 경우에도 착오를 인정할 수 있다. 한편 착오에 빠진 원인 중에 피기망자 측에 과실이 있는 경우에도 사기죄가 성립한다.[235]

㉢ 대 상 　착오는 사실에 관한 것이든, 법률관계에 관한 것이든, 법률효과에 관한 것이든 묻지 않는다.[236] 널리 재산상의 거래관계에서 서로 지켜야 할 신의칙에 반하는 일체의 행위, 즉 신의와 성실의 의무를 저버리는 모든 적극적 또는 소극적 행위를 말한다.[237] 또 반드시 법률행위의 중요 부분에 관한 허위표시임을 요하지 아니하고, 상대방을 착오에

232) 대법원 2017.9.26. 선고 2017도8449 판결; 대법원 2017.8.29. 선고 2016도18986 판결.

233) 대법원 2017.2.16. 선고 2016도13362 전원합의체 판결; 대법원 2006.1.26. 선고 2005도1160 판결; 대법원 1984.2.14. 선고 83도2995 판결.

234) 대법원 2017.2.16. 선고 2016도13362 전원합의체 판결.

235) 대법원 2009.6.23. 선고 2008도1697 판결; 대법원 2008.8.21. 선고 2007도8726 판결; 대법원 2008.2.28. 선고 2007도10416 판결.

236) 대법원 2017.2.16. 선고 2016도13362 전원합의체 판결; 대법원 2006.1.26. 선고 2005도1160 판결; 대법원 1984.2.14. 선고 83도2995 판결.

237) 대법원 2017.4.26. 선고 2017도1405 판결; 대법원 2016.1.14. 선고 2015도9497 판결; 대법원 2016.10.13. 선고 2015도11200 판결; 대법원 2014.1.16. 선고 2013도9644 판결; 대법원 2014.10.15. 선고 2014도9099 판결; 대법원 2011.11.24. 선고 2009도980 판결; 대법원 2009.10.15. 선고 2009도7459 판결; 대법원 2008.10.23. 선고 2008도6549 판결; 대법원 2007.4.12. 선고 2007도967 판결; 대법원 2007.4.12. 선고 2007도1033 판결; 대법원 2007.10.25. 선고 2005도1991 판결; 대법원 2006.2.23. 선고 2005도8645 판결; 대법원 2006.5.11. 선고 2006도1715 판결; 대법원 2005.10.28. 선고 2005도5774 판결; 대법원 2004.4.9. 선고 2003도7828 판결; 대법원 2004.5.27. 선고 2003도4531 판결; 대법원 2004.6.11. 선고 2004도1553 판결; 대법원 2011.11.24. 선고 2009도980 판결; 대법원 2002.2.5. 선고 2001도5789 판결; 대법원 2000.1.28. 선고 99도2884 판결; 대법원 1999.2.12. 선고 98도3549 판결; 대법원 1998.4.24. 선고 97도3054 판결; 대법원 1996.7.30. 선고 96도1081 판결; 대법원 1995.9.15. 선고 95도707 판결; 대법원 1992.3.10. 선고 91도2746 판결; 대법원 1988.6.28. 선고 88도740 판결; 대법원 1988.3.8. 선고 87도1872 판결; 대법원 1987.10.13. 선고 86도1912 판결; 대법원 1987.12.22. 선고 87도2168 판결; 대법원 1985.11.26. 선고 85도490 판결; 대법원 1984.2.14. 선고 83도2995 판결; 대법원 1983.2.22. 선고 82도3139 판결; 대법원 1983.6.28. 선고 83도1013 판결.

빠지게 하여 행위자가 희망하는 재산적 처분행위를 하도록 하기 위한 판단의 기초가 되는 사실에 관한 것이면 충분하다.[238)]

착오를 긍정한 판례의 구체적 내용은 다음과 같다. 즉,

> 일반적으로 물품거래 관계에 있어서 물품대금을 변제할 의사나 능력이 없음에도 피해자를 기망하여 물품을 공급받는 경우 피해자의 착오에 의한 재산적 처분행위는 물품의 교부로서 이로써 재물에 대한 사기죄가 성립하고, 그 이후에 물품대금채무를 변제하지 아니한 것은 채무불이행에 불과하여 별도로 재산상 이익을 편취한 것이라고는 볼 수 없으며, 다만 또다른 기망 행위에 의하여 그 채무변제의 유예를 받거나 채무를 면제받은 경우 등 피해자의 별개의 처분행위가 있는 경우에 한하여 재산상 이익 편취에 의한 사기죄가 성립할 수 있을 것이다.[239)] 채권자에게 채권을 추심하여 줄 것 같이 속여 채권의 추심승락을 받아 그 채권을 추심하여 이를 취득하였다면 이는 채권자의 착오에 기한 재산처분행위라고 할 것이므로 이는 사기죄를 구성한다 할 것이다.[240)]

착오를 부정한 판례의 구체적 내용은 다음과 같다. 즉,

> 채무자는 채권자로부터 채권의 양도통지를 받지 않은 이상 채무금은 원래의 채권자에게 반환할 의무가 있는 것이므로, 채권양도 통지 전에는 그 채무자가 채권자에게 그 채무금을 반환하면 유효한 변제가 되는 것이고 채권자에 대하여 위 채무금의 지급을 거부할 권리를 유보하고 양수인에게만 지급해야 할 특별한 사정이 없는 한 채무자로서는 양수인이 채무의 지급을 구한다 하더라도 이를 거부할 권리가 있으므로 채권자가 위 채권의 양도사실을 밝히지 아니하고 직접 위 외상대금을 수령하였다 하여 기망수단을 써서 채무자를 착오에 빠뜨려 그 대금을 편취한 것이라 할 수 없다.[241)]

iii. 처분행위　　본죄가 성립하기 위해서는 상대방이 착오에 빠져 그러한 하자 있는 의사에 기하여 재산상의 처분행위를 하지 않으면 안 된다.[242)] 본죄는 타인을 기망하여 착오에 빠지게 하고 처분행위를 유발하여 재물 또는 재산상의 이익을 얻는 범죄이기 때문이다.[243)]

---

238) 대법원 2016.1.14. 선고 2015도9497 판결; 대법원 2016.10.13. 선고 2015도11200 판결; 대법원 2014.1.16. 선고 2013도9644 판결; 대법원 2014.10.15. 선고 2014도9099 판결; 대법원 2011.11.24. 선고 2009도980 판결; 대법원 2009.10.15. 선고 2009도7459 판결; 대법원 2007.10.25. 선고 2005도1991 판결; 대법원 2006.10.27. 선고 2004도6083 판결; 대법원 2005.10.28. 선고 2005도5774 판결; 대법원 2004.4.9. 선고 2003도7828 판결; 대법원 2004.6.11. 선고 2004도1553 판결; 대법원 2011.11.24. 선고 2009도980 판결; 대법원 1999.2.12. 선고 98도3549 판결; 대법원 1996.2.27. 선고 95도2828 판결; 대법원 1996.7.30. 선고 96도1081 판결; 대법원 1995.9.15. 선고 95도707 판결; 대법원 1992.3.10. 선고 91도2746 판결; 대법원 1983.2.22. 선고 82도3139 판결.

239) 대법원 2005.11.24. 선고 2005도7481 판결.

240) 대법원 1983.10.25. 선고 83도1520 판결.

241) 대법원 1984.5.9. 선고 83도2270 판결.

242) 대법원 1999.6.25. 선고 98도3891 판결; 대법원 1981.10.13. 선고 81도2129 판결.

243) 대법원 2017.8.29. 선고 2016도18986 판결; 대법원 2017.4.28. 선고 2017도1544 판결; 대법원 2014.2.13. 선고 2013도14242 판결; 대법원 2012.6.28. 선고 2012도4773 판결; 대법원 2008.1.24. 선고 2007도9417 판결; 대법원 2007.7.12. 선고 2005도9221 판결; 대법원 2002.11.22. 선고 2000도4419 판결; 대법원 2002.7.26. 선고 2002도2620 판결; 대법원 2001.7.13. 선고 2001도1289 판결; 대법원 2001.4.27. 선고 99도484 판결; 대법원 1999.7.9. 선고 99도1326 판결; 대법원 1987.10.26. 선고 87도1042 판결.

㉠ 의 의 처분행위란 범인 등에게 재물을 교부하거나 재산상의 이익을 부여하는 재산적 처분행위를 말한다.[244] 처분행위라 함은 재산적 처분행위로서 피해자가 자유의사로 직접 재산상 손해를 초래하는 작위에 나아가거나 또는 부작위에 이른 것을 말한다.[245] 피해자가 착오에 빠진 결과 채권의 존재를 알지 못하여 채권을 행사하지 아니하였다면 그와 같은 부작위도 재산의 처분행위에 해당한다.[246] 처분행위라고 하는 것은 주관적으로 피기망자가 처분의사, 즉 처분결과를 인식하고 객관적으로는 이러한 의사에 지배된 행위가 있을 것을 요한다.[247]

재물에 대한 처분행위는 재물에 대한 점유를 이전하는 교부를 의미한다. 재물의 교부행위는 반드시 재물의 현실적 인도를 요하는 것은 아니다. 재물이 범인의 사실상의 지배 아래에 들어가 자유로운 처분이 가능한 상태에 놓인 경우도 포함한다. 재산상의 이익에 대한 처분행위는 이익을 취득하게 하는 일체의 행위를 의미한다. 계약의 체결, 노무의 제공, 채무면제의 의사표시와 같은 행위는 물론 청구권을 행사하지 않는 부작위도 여기에 해당한다. 처분행위는 민법상의 개념이 아니며 순수한 사실상의 의미로 이해된다. 반드시 민법상의 법률행위일 것을 요하지 아니하며, 사실상 재산적 손실을 초래하는 재산적 처분행위이면 그것으로 충분하다.

피기망자가 기망당한 결과 자신의 작위 또는 부작위가 갖는 의미를 제대로 인식하지 못하여 그러한 행위가 초래하는 결과를 인식하지 못하였더라도 그와 같은 착오 상태에서 재산상 손해를 초래하는 행위를 하기에 이르렀다면 피기망자의 처분행위와 그에 상응하는 처분의사가 있다고 보아야 한다.[248]

㉡ 기 능 처분행위는 행위자의 기망행위에 의한 피기망자의 착오와 행위자 등의 재물 또는 재산상 이익의 취득이라는 최종적 결과를 중간에서 매개・연결하는 한편 착오에 빠진 피해자의 행위를 이용하여 재산을 취득하는 것을 본질적 특성으로 하는 사기죄와 피해자의 행위에 의하지 아니하고 행위자가 탈취의 방법으로 재물을 취득하는 절도죄를 구분하는 역할을 한다.[249]

기망자의 기망행위가 있더라도 피기망자의 처분행위가 없으면 본죄가 성립할 수 없다.

---

244) 대법원 2012.6.28. 선고 2012도4773 판결; 대법원 2011.4.14. 선고 2011도769 판결; 대법원 2001.4.27. 선고 99도484 판결; 대법원 2008.1.24. 선고 2007도9417 판결; 대법원 2007.3.30. 선고 2005도5972 판결; 대법원 2002.11.22. 선고 2000도4419 판결; 대법원 2002.7.26. 선고 2002도2620 판결; 대법원 2001.4.27. 선고 99도484 판결; 대법원 1999.7.9. 선고 99도1326 판결; 대법원 1987.10.26. 선고 87도1042 판결.

245) 대법원 2009.3.26. 선고 2008도6641 판결; 대법원 2007.7.12. 선고 2005도9221 판결; 대법원 2007.3.30. 선고 2005도5972 판결.

246) 대법원 2007.7.12. 선고 2005도9221 판결.

247) 대법원 2012.6.28. 선고 2012도4773 판결; 대법원 2011.4.14. 선고 2011도769 판결; 대법원 2007.3.30. 선고 2005도5972 판결; 대법원 2001.4.27. 선고 99도484 판결; 대법원 1999.7.9. 선고 99도1326 판결; 대법원 1987.10.26. 선고 87도1042 판결.

248) 대법원 2017.2.16. 선고 2016도13362 전원합의체 판결.

249) 대법원 2018.8.1. 선고 2018도7030 판결; 대법원 2017.2.16. 선고 2016도13362 전원합의체 판결(다수의견); 대법원 2012.6.28. 선고 2012도4773 판결; 대법원 2002.7.26. 선고 2002도2620 판결; 대법원 2001.4.27. 선고 99도484 판결; 대법원 1999.7.9. 선고 99도1326 판결; 대법원 1987.10.26. 선고 87도1042 판결.

대법원도 "사기죄는 사람을 기망하여 착오에 빠뜨리고 그로 인한 처분행위로 재물의 교부를 받거나 재산상 이익을 얻는 것으로서, 기망행위가 있었다고 하여도 그로 인한 처분행위가 없을 때에는 사기죄가 성립하지 않는다"라고 판시한 바 있다.[250] 이러한 의미에서 처분행위는 하자 있는 의사에 기한 점유의 이전을 본질로 하는 사기죄와 단순한 도취죄인 절도죄를 구별하는 표지가 된다. 처분행위에 의하여 착오와 재산취득 사이의 구체적인 인과관계를 확정할 수 있기 때문에 처분행위는 본죄의 '기술되지 않은 구성요건요소'로 이해되고 있다.

ⓒ 처분권한 처분행위로 인정되기 위해서는 처분행위자에게 처분권한이 있어야 하는가가 문제된다. 이에 관하여는 다툼이 있다. 제1설은 처분권한설(處分權限說)이다. 처분행위로 인정되기 위해서는 처분행위자에게 피해자의 재물을 처분할 수 있는 법적 권한이 존재하여야 한다고 한다. 법률, 계약 또는 최소한 묵시적 위임에 의하여 법적으로 처분할 권한이 있는 자가 아니면 처분행위를 할 수 없다. 그러나 민법상의 권리에 근거를 두고 있는 권한설은 경제적 재산개념 내지 처분개념과 일치하지 않으며, 처분행위자를 여기에 제한해야 할 이유가 없다고 비판되고 있다. 제2설은 처분지위설(處分地位說)이다. 처분행위라고 하기 위하여는 처분행위자에게 처분권이 없더라도 피해자의 재물을 사실상 처분할 수 있는 지위에 있으면 그것으로 족하다고 한다.

판례는 처분지위설의 입장인 것으로 해석된다. 대법원은 "피기망자는 재물 또는 재산상의 이익에 대한 처분행위를 할 권한이 있는 자여야 한다"고 판시한 바 있지만,[251] "피기망자와 재산상의 피해자가 같은 사람이 아닌 경우에는 피기망자가 피해자를 위하여 그 재산을 처분할 수 있는 권능을 갖거나 그 지위에 있어야 한다"고 판시한 바도 있기 때문이다.[252] 나아가 피해자를 위하여 재산을 처분할 수 있는 권능이나 지위라 함은 반드시 사법상의 위임이나 대리권의 범위와 일치하여야 하는 것은 아니고 피해자의 의사에 기하여 재산을 처분할 수 있는 서류 등이 교부된 경우에는 피기망자의 처분행위가 설사 피해자의 진정한 의도와 어긋나는 경우라고 할지라도 위와 같은 권능을 갖거나 그 지위에 있는 것으로 보아야 한다.[253]

생각건대 처분행위를 지향한 기망행위라고 하기 위해서는 처분행위를 할 수 있는 자를 기망하지 않으면 안 된다. 처분행위자는 법률상 또는 사실상 피해재산을 처분할 수 있는 권한이나 지위를 가지는 자이면 그것으로 족하다고 해야 한다. 처분행위는 사실행위까지 포함하는 개념이므로 사실상의 지위설이 타당하다고 해석되기 때문이다.

처분행위를 긍정한 판례의 구체적 내용은 다음과 같다. 즉,

> 피기망자의 의사에 기초한 어떤 행위를 통해 행위자 등이 재물 또는 재산상의 이익을 취득하였

---

250) 대법원 2013.11.28. 선고 2013도459 판결.

251) 대법원 2017.8.29. 선고 2016도18986 판결; 대법원 2012.6.28. 선고 2012도4773 판결; 대법원 2001.4.27. 선고 99도484 판결; 대법원 1987.10.26. 선고 87도1042 판결; 대법원 1981.7.28. 선고 81도529 판결.

252) 대법원 1994.10.11. 선고 94도1575 판결; 대법원 1991.1.15. 선고 90도2180 판결; 대법원 1989.7.11. 선고 89도346 판결.

253) 대법원 1994.10.11. 선고 94도1575 판결.

다고 평가할 수 있는 경우라면 사기죄에서 말하는 처분행위가 인정된다.[254] 피고인 등이 토지의 소유자이자 매도인인 피해자 갑 등에게 토지거래허가 등에 필요한 서류라고 속여 근저당권설정계약서 등에 서명·날인하게 하고 인감증명서를 교부받은 다음, 이를 이용하여 갑 등의 소유 토지에 피고인을 채무자로 한 근저당권을 을 등에게 설정하여 주고 돈을 차용하는 방법으로 재산상 이익을 취득하였다고 하여 특정경제범죄 가중처벌 등에 관한 법률 위반(사기) 및 사기로 기소된 사안에서, 갑 등의 행위는 사기죄에서 말하는 처분행위에 해당하고 갑 등의 처분의사가 인정됨에도, 갑 등에게 그 소유 토지들에 근저당권 등을 설정하여 줄 의사가 없었다는 이유만으로 갑 등의 처분행위가 없다고 본 원심판결에 법리오해의 잘못이 있다고 한 사례이다.[255] 부동산 위에 소유권이전청구권 보전의 가등기를 마친 자가 그 가등기를 말소하면 부동산 소유자는 가등기의 부담이 없는 부동산을 소유하게 되는 이익을 얻게 되는 것이므로, 가등기를 말소하는 것 역시 사기죄에서 말하는 재산적 처분행위에 해당하고, 설령 그 후 위 가등기에 의하여 보전하고자 하였던 소유권이전청구권이 존재하지 않아 위 가등기가 무효임이 밝혀졌다고 하더라도 가등기의 말소로 인한 재산상의 이익이 없었던 것으로 볼 수 없다. 한편 피고인에게 피해자 명의의 가등기 말소를 구할 권리가 인정된다 하더라도 피고인이 기망행위를 사용하여 피해자로 하여금 위 가등기를 말소하게 한 경우 그 기망행위가 사회통념상 권리행사의 수단으로서 용인될 수 없는 것이라면 피고인의 위와 같은 행위는 사기죄를 구성한다.[256] 출판사 경영자가 출고현황표를 조작하는 방법으로 실제출판부수를 속여 작가에게 인세의 일부만을 지급한 사안에서, 작가가 나머지 인세에 대한 청구권의 존재 자체를 알지 못하는 착오에 빠져 이를 행사하지 아니한 것이 사기죄에 있어 부작위에 의한 처분행위에 해당한다.[257] 채무이행을 연기받는 것도 사기죄에 있어서 재산상의 이익이 되므로 채무자가 채권자에 대하여 소정기일까지 지급할 의사나 능력이 없음에도 종전 채무의 변제기를 늦출 목적에서 어음을 발행, 교부한 경우에는 사기죄가 성립한다.[258] 배당이의소송의 제1심에서 패소판결을 받고 항소한 자가 그 항소를 취하하면 그 즉시 제1심판결이 확정되고 상대방이 배당금을 수령할 수 있는 이익을 얻게 되는 것이므로 위 항소를 취하하는 것 역시 사기죄에서 말하는 재산적 처분행위에 해당한다고 할 것이다.[259] 채권자에게 채권을 추심하여 줄 것 같이 속여 채권의 추심승낙을 받아 그 채권을 추심하여 이를 취득하였다면 이는 채권자의 착오에 기한 재산처분행위라고 할 것이므로 이는 사기죄를 구성한다.[260] 국유재산의 매각을 전제로 연고권자에게 유상대부계약을 할 때에 허위로 연고권이 있는 것 같이 관계공무원을 기망하였다면 사기죄가 된다.[261]

처분행위를 부정한 판례의 구체적 내용은 다음과 같다. 즉,

재물에 대한 사기죄에 있어서 처분행위란 범인의 기망에 따라 피해자가 착오로 재물에 대한 사실상의 지배를 범인에게 이전하는 것을 의미하므로, 외관상 재물의 교부에 해당하는 행위가 있었다고 하더라도, 재물이 범인의 사실상의 지배 아래에 들어가 그의 자유로운 처분이 가능한 상태에 놓이지 않고 여전히 피해자의 지배 아래에 있는 것으로 평가된다면, 그 재물에 대한 처분행위가

254) 대법원 2017.2.16. 선고 2016도13362 전원합의체 판결.
255) 대법원 2017.2.16. 선고 2016도13362 전원합의체 판결.
256) 대법원 2008.1.24. 선고 2007도9417 판결.
257) 대법원 2007.7.12. 선고 2005도9221 판결.
258) 대법원 2007.3.30. 선고 2005도5972 판결; 대법원 1997.7.25. 선고 97도1095 판결.
259) 대법원 2002.11.22. 선고 2000도4419 판결.
260) 대법원 1983.10.25. 선고 83도1520 판결.
261) 대법원 1972.1.31. 선고 71도1193 판결.

있었다고 볼 수 없다.[262] 피고인이 갑에게 사업자등록 명의를 빌려주면 세금이나 채무는 모두 자신이 변제하겠다고 속여 그로부터 명의를 대여받아 호텔을 운영하면서 갑으로 하여금 호텔에 관한 각종 세금 및 채무 등을 부담하게 함으로써 재산상 이익을 편취하였다는 내용으로 기소된 사안에서, 갑이 명의를 대여하였다는 것만으로 피고인이 위와 같은 채무를 면하는 재산상 이익을 취득하는 갑의 재산적 처분행위가 있었다고 보기 어렵다.[263] 피고인이 피해자들을 기망하여 투자금 명목의 돈을 편취하는 과정에서 이자 지급 약정하에 대여금을 교부받았으나 이자를 지급하지 않은 사안에서, 위 이자 부분에 대해서도 사기죄가 성립하기 위하여는 피고인의 기망행위로 인해 이자 부분에 관한 별도의 처분행위가 있어야 하는데, 이에 대하여 피해자들의 처분행위가 있었다고 단정할 자료가 없는데도, 피고인의 기망행위와 위 이자 발생 사이에 인과관계를 인정하여 유죄를 인정한 원심판단에 심리미진이나 채증법칙 위반 또는 법리오해의 위법이 있다고 한 사례이다.[264] 송금의뢰인이 수취인의 예금계좌에 계좌이체 등을 한 이후, 수취인이 은행에 대하여 예금반환을 청구함에 따라 은행이 수취인에게 그 예금을 지급하는 행위는 계좌이체금액 상당의 예금계약의 성립 및 그 예금채권 취득에 따른 것으로서 은행이 착오에 빠져 처분행위를 한 것이라고 볼 수 없으므로, 결국 이러한 행위는 은행을 피해자로 한 형법 제347조의 사기죄에 해당하지 않는다고 봄이 상당하다.[265] 차용금채무에 갈음한 양도담보 및 대물변제계약을 체결하였지만 계약을 전후하여 채무의 일부를 변제충당한 사안에서, 기존의 채무를 확정적으로 면제 내지 소멸시키는 처분행위가 존재하지 않는다는 이유로 채무면제를 목적으로 하는 사기죄의 성립을 부정한 사례이다.[266] 피고인이 피해자에게 부동산매도용인감증명 및 등기의무자본인확인서면의 진실한 용도를 속이고 그 서류들을 교부받아 피고인 등 명의로 위 부동산에 관한 소유권이전등기를 경료하였다 하여도 피해자의 위 부동산에 관한 처분행위가 있었다고 할 수 없을 것이고 따라서 사기죄를 구성하지 않는다.[267] 타인의 일반전화를 무단으로 이용하여 전화통화를 하는 행위는 전기통신사업자인 한국전기통신공사가 일반전화 가입자인 타인에게 통신을 매개하여 주는 역무를 부당하게 이용하는 것에 불과하여 한국전기통신공사에 대한 기망행위에 해당한다고 볼 수 없을 뿐만 아니라, 이에 따라 제공되는 역무도 일반전화 가입자와 한국전기통신공사 사이에 체결된 서비스이용계약에 따라 제공되는 것으로서 한국전기통신공사가 착오에 빠져 처분행위를 한 것이라고 볼 수 없으므로, 결국 위와 같은 행위는 형법 제347조의 사기죄를 구성하지 아니한다 할 것이고, 이는 형법이 제348조의2를 신설하여 부정한 방법으로 대가를 지급하지 아니하고 공중전화를 이용하여 재산상 이익을 취득한 자를 처벌하는 규정을 별도로 둔 취지에 비추어 보아도 분명하다.[268] 기존채무에 관하여 약속어음을 발행한 경우에는 당사자 사이에 특별한 약정이 없으면 채무의 확보 또는 그 지급방법으로 이를 발행한 것으로 추정할 것인 바, 피고인이 피해자에게 위조한 약속어음을 마치 진정한 어음인 것처럼 기망하여 밀린 물품대금 채무의 변제조로 이를 교부하였다 하여도 이로 인하여 피해자가 피고인의 물품대금 채무를 소멸시키는 등 어떠한 처분행위를 한 사실을 인정할 증거가 없다면 사기죄가 성립될 수 없다.[269] 도로법 40조, 동법시행령 24조의 취의가 오로지 관리청의 재량에 의하여

262) 대법원 2018.8.1. 선고 2018도7030 판결; 대법원 2003.5.16. 선고 2001도1825 판결.
263) 대법원 2012.6.28. 선고 2012도4773 판결.
264) 대법원 2011.4.14. 선고 2011도769 판결.
265) 대법원 2010.5.27. 선고 2010도3498 판결.
266) 대법원 2009.2.12. 선고 2008도10971 판결.
267) 대법원 2001.7.13. 선고 2001도1289 판결.
268) 대법원 1999.6.25. 선고 98도3891 판결.
269) 대법원 1982.9.28. 선고 82도1759 판결.

점용허가를 결정할 수 있는 것으로 해석되므로 도로부지의 사실상 사용자가 누구인가에 관하여 피고인의 기망행위가 있었다 하더라도 이는 점용허가 여부의 결정에 하나의 참고가 되었을 뿐 피고인의 기망행위에 기인하여 점용허가가 이루어진 것이라 단정할 수 없으므로 사기죄가 되지 아니한다.[270] 갑에게 그 소유 부동산을 담보로 제공하여 주면 제3자로부터 금 300만원을 대부받아 그 중 금 100만원을 차용하여 주겠다고 거짓말하여 제3자에게 근저당권을 설정하여 주고 금 300만원을 대부받은 후 그 전부를 피고인 혼자 쓴 경우에 위 금원의 교부는 갑이나 위 제3자의 착오에 인한 재산적 처분행위라고 할 수 없으므로 피고인이 위 금 300만원을 편취하였다고 할 수 없다.[271] 토지의 일부만을 매수한 자가 그 부분만을 분할 이전하겠다고 거짓말하여 소유자로 부터 인장을 교부받아 토지전부에 관하여 소유권이전등기를 필한 경우에는 매수하지 아니한 부분에 관한 등기에 대하여는 위 소유자의 처분 행위가 없었을 뿐만 아니라 등기 공무원에게는 그 처분권한이 있다고 볼 수 없어 사기죄가 성립하지 않는다.[272] 피고인 소유가 아닌 부동산에 대하여 피고인 소유인 것처럼 보존등기신청을 하여 그 정을 모르는 등기공무원으로 하여금 그 등기를 하게 한 경우에 등기공무원의 위 행위는 재산상 처분권한 있는 자의 처분행위라고 볼 수 없으므로 피고인의 위 소위는 사기죄를 구성하지 아니한다.[273] 타인 명의의 등기서류를 위조하여 등기공무원에게 제출함으로써 피고인 명의로 소유권이전등기를 마쳤다고 하여도 피해자의 처분행위가 없을 뿐 아니라 등기공무원에게는 위 부동산의 처분권한이 있다고 볼 수 없어 사기죄가 성립하지 않는다.[274]

㉣ 처분행위의 한계 본죄는 처분행위를 요한다. 따라서 기망으로 인하여 재물을 취거하였더라도 처분행위에 의한 것이 아니라면 그것은 절도에 불과하다. 이것이 바로 책략절도의 문제이다. 절도죄에서 전술한 바와 같이 예컨대 물건을 구입할 것처럼 가장하여 기망한 후 물건을 가지고 도주하는 경우이다. 책략절도(策略竊盜)는 처분행위의 유무에 따라 기망으로 인한 처분행위가 없으면 절도죄, 기망으로 인한 처분행위가 인정되면 사기죄가 된다.

ⅲ 처분행위자와 피해자의 불일치

ⅰ. 의 의 처분행위자는 피기망자이다. 처분행위자는 피기망자와 일치하는 것이 원칙이다. 문제는 처분행위자와 피기망자가 불일치하는 경우에 있다. 바로 삼각사기가 이에 해당한다. 본죄에 있어서 피기망자로서의 처분행위자는 피해자와 반드시 일치할 것을 요하지 않는다. 대법원도 “기망의 상대방과 재산상의 피해자는 동일인임을 요하지 아니하고 기망당한 자가 민사상의 구제수단이 있다거나 현실적으로 재산상의 손해가 발생하지 않았다 하더라도 사기죄 성립에는 영향이 없다”라고 판시하고 있다.[275]

ⅱ. 삼각사기 처분행위자와 피해자가 불일치하는 경우를 삼각사기(三角詐欺, Dreiecksbetrug)라고 한다. 예컨대 갑(甲)이 을(乙)의 집에 가서 을의 할머니 병(丙)에게 을의 부탁으로 을의 노트북을 가지러 왔다고 거짓말을 하자 이를 믿은 병이 갑에게 을의 노트북을 내어준 경우이다.

270) 대법원 1974.7.23. 선고 74도669 판결.
271) 대법원 1981.10.13. 선고 81도2129 판결.
272) 대법원 1982.3.9. 선고 81도1732 판결.
273) 대법원 1982.2.9. 선고 81도944 판결.
274) 대법원 1981.7.28. 선고 81도529 판결.
275) 대법원 1987.12.22. 선고 87도2168 판결.

이 경우 사기죄와 간접정범에 의한 절도죄 중 어느 죄가 성립한다고 해야 할지가 문제된다. 처분행위자에게 타인의 재물에 대한 처분권의 유무에 따라 그 결론가 달라지기 때문이다. 삼각사기의 대표적인 경우가 소위 말하는 보험사기와 소송사기이다.

삼각사기를 긍정한 판례의 구체적 내용은 다음과 같다. 즉,

기망의 상대방과 재산상의 피해자는 동일인임을 요하지 아니하고 기망당한 은행이 민사상의 구제수단이 있다거나 현실적으로 재산상의 손해가 발생하지 않았다 하더라도 사기죄 성립에는 영향이 없다.276) 예금주를 가장하고 예금해약을 빙자하여 그 예금을 편취하였다면 그 예금의 소유권은 소비기탁으로 은행에 귀속되었다 할 것이므로 그 사기피해자는 예금주가 아니고 은행이다.277)

iii. 보험사기 보험사기(保険詐欺)란 보험사고의 발생, 원인 또는 내용에 관하여 보험자를 기망하여 보험금을 청구하는 행위를 말한다(보험사기방지법 제2조 제1호). 보험금을 편취할 의사로 허위로 보험사고를 신고하거나 고의로 보험사고를 유발한 경우 보험금에 관한 사기죄가 성립하고, 나아가 설령 피고인이 보험사고에 해당할 수 있는 사고로 경미한 상해를 입었다고 하더라도 이를 기화로 보험금을 편취할 의사로 상해를 과장하여 병원에 장기간 입원하고 이를 이유로 실제 피해에 비하여 과다한 보험금을 지급받는 경우에는 보험금 전체에 대해 사기죄가 성립한다.278)

보험사기를 긍정한 판례의 구체적 내용은 다음과 같다. 즉,

피고인이 보험사고에 해당할 수 있는 사고로 인하여 경미한 상해를 입었다고 하더라도 이를 기화로 보험금을 편취할 의사로 그 상해를 과장하여 병원에 장기간 입원하고 이를 이유로 실제 피해에 비하여 과다한 보험금을 지급받는 경우에는 그 보험금 전체에 대해 사기죄가 성립한다고 할 것이다.279) 피고인들이 상대방 운전자의 과실에 의하여 야기된 교통사고로 일부 경미한 상해를 입었다고 하더라도, 이를 기화로 그 상해를 과장하여 병원에 장기간 입원하고, 이를 이유로 다액의 보험금을 받았다면, 그 보험금 전체에 대해 사기죄가 성립한다.280)

보험사기를 부정한 판례의 구체적 내용은 다음과 같다. 즉,

피고인이 남편의 폭행으로 목을 다쳤을 뿐인데도 교통사고로 상해를 입었다는 취지로 보험금을 청구하여 다수의 보험회사들로부터 보험금을 교부받아 편취하였다는 내용으로 기소된 사안에서, 피고인이 위와 같이 상해를 입고 수술을 받았으나 후유장해가 남은 것은 사실이고 이는 일반재해에 해당되므로, 피고인의 교통재해를 이유로 한 보험금청구가 보험회사에 대한 기망에 해당할 수 있으려면 각 보험약관상 교통재해만이 보험사고로 규정되어 있을 뿐 일반재해는 보험사고로 규정되어 있지 않거나 교통재해의 보험금이 일반재해의 보험금보다 다액으로 규정되어 있는 경우에 해당한다는 점이 전제되어야 할 것임에도, 피고인이 가입한 각 보험의 보험사고가 무엇인지 및

276) 대법원 1987.12.22. 선고 87도2168 판결.
277) 대법원 1972.11.14. 선고 72도1946 판결.
278) 대법원 2011.2.24. 선고 2010도17512 판결.
279) 대법원 2007.5.11. 선고 2007도2134 판결; 대법원 2005.9.9. 선고 2005도3518 판결; 대법원 2003.6.13. 선고 2003도477 판결.
280) 대법원 2005.9.9. 선고 2005도3518 판결.

각 보험회사들이 보험금을 지급한 것이 피고인의 기망으로 인한 것인지 등에 대하여 상세히 심리 · 판단하지 아니한 채 피고인의 보험금청구가 기망행위에 해당한다거나 인과관계가 있다고 쉽사리 단정하여 사기죄를 인정한 원심판결에 법리오해 또는 심리미진의 위법이 있다.[281] 타인의 폭행으로 상해를 입고 병원에서 치료를 받으면서, 상해를 입은 경위에 관하여 거짓말을 하여 국민건강보험공단으로부터 보험급여 처리를 받아 사기죄로 기소된 사안에서, 위 상해는 '전적으로 또는 주로 피고인의 범죄행위에 기인하여 입은 상해'라고 할 수 없다고 보아 위 공소사실을 무죄로 판단한 원심을 수긍한 사례이다.[282]

iv. 소송사기

㉠ 의 의 　　소송사기(訴訟詐欺, Prozeßbetrug)란 법원에 허위의 사실을 주장하거나 허위의 증거를 제출함으로써 법원을 기망하여 자기에게 유리한 승소판결을 얻음으로써 상대방의 재물 또는 재산상 이익을 취득하는 것을 내용으로 하는 범죄를 말한다.[283] 피기망자는 법원이지만 피해자는 소송의 상대방이다. 재산상의 권리를 가지는 자가 아니면 피해자가 될 수 없기 때문에 법원을 기망하여 제3자로부터 재물을 편취한 경우에 피기망자인 법원은 피해자가 될 수 없고 재물을 편취당한 제3자가 피해자라고 할 것이다.[284] 원고뿐만 아니라 피고도 소송사기의 주체가 될 수 있다. 피기망자와 피해자가 일치하지 않지만 피기망자의 행위에 의하여 재물 또는 재산상의 이익을 취득하였으므로 소송사기가 본죄를 구성한다는 점에 대하여는 의문의 여지가 없다. 피해자에 대한 직접적인 기망이 있어야 하는 것은 아니다.[285] 피고인의 제소가 사망한 자를 상대로 한 것이라면 그 판결은 그 내용에 따른 효력이 생기지 아니하여 상속인에게 그 효력이 미치지 아니하므로, 사기죄를 구성할 수 없다.[286] 실재하고 있지 아니한 자의 경우에도 마찬가지이다.[287]

㉡ 성립요건 　　법원의 재판은 피해자의 처분행위에 갈음하는 내용과 효력이 있는 것이어야 하고 그렇지 아니한 경우에는 착오에 의한 재물의 교부행위가 있다고 할 수 없다.[288] 따라서 판결의 내용이 소송 상대방의 의사에 부합하는 것일 때에는 착오에 의한 재물

---

281) 대법원 2011.2.24. 선고 2010도17512 판결.

282) 대법원 2010.6.10. 선고 2010도1777 판결.

283) 대법원 2022.5.26. 선고 2022도1227 판결; 대법원 2018.12.28. 선고 2018도13305 판결; 대법원 2008.12.11. 선고 2008도7631 판결; 대법원 2007.9.6. 선고 2006도3591 판결; 대법원 2005.3.24. 선고 2003도2144 판결; 대법원 2004.6.25. 선고 2003도7124 판결; 대법원 2004.6.24. 선고 2002도4151 판결; 대법원 2004.3.25. 선고 2003도7700 판결; 대법원 2004.3.12. 선고 2003도333 판결; 대법원 2003.7.22. 선고 2003도1951 판결; 대법원 2003.5.16. 선고 2003도373 판결; 대법원 2003.2.11. 선고 2002도6851 판결; 대법원 2002.12.10. 선고 2002도5190 판결; 대법원 2002.6.28. 선고 2001도1610 판결; 대법원 2001.5.29. 선고 2001도210 판결; 대법원 1998.9.8. 선고 98도1949 판결; 대법원 1998.2.27. 선고 97도2786 판결; 대법원 1997.7.22. 선고 96도2422 판결; 대법원 1993.9.14. 선고 93도915 판결; 대법원 1992.2.25. 선고 91도2666 판결.

284) 대법원 2014.9.26. 선고 2014도8076 판결; 대법원 1976.4.13. 선고 75도781 판결.

285) 대법원 1993.9.14. 선고 93도915 판결.

286) 대법원 2002.1.11. 선고 2000도1881 판결; 대법원 1997.7.8. 선고 97도632 판결; 대법원 1987.12.22. 선고 87도852 판결; 대법원 1986.10.28. 선고 84도2368 판결.

287) 대법원 1992.12.11. 선고 92도743 판결.

288) 대법원 2013.11.28. 선고 2013도459 판결; 대법원 2012.5.24. 선고 2010도12732 판결; 대법원 2009.9.24. 선고 2009도5900 판결; 대법원 2002.1.11. 선고 2000도1881 판결; 대법원 1997.12.23. 선고 97도2430 판결; 대법원 1996.8.23. 선고 96도1265 판결; 대법원 1987.8.18. 선고 87도1153 판결; 대법원 1985.10.8. 선고 84도2642

의 교부행위가 있다고 할 수 없어 소송사기죄가 성립되지 아니한다.[289] 소송사기를 쉽사리 유죄로 인정하게 되면 누구든지 자기에게 유리한 주장을 하고 소송을 통하여 권리구제를 받을 수 있는 민사재판제도의 위축을 가져올 수밖에 없으므로, 피고인이 그 범행을 인정한 경우 외에는 그 소송상의 주장이 사실과 다름이 객관적으로 명백하고 피고인이 그 주장이 명백히 거짓인 것을 인식하였거나 증거를 조작하려고 하였음이 인정되는 때와 같이 범죄가 성립하는 것이 명백한 경우가 아니면 이를 유죄로 인정하여서는 아니 된다.[290]

원고측에 의한 소송사기가 성립하기 위하여는 제소 당시에 그 주장과 같은 권리가 존재하지 아니한다는 것만으로는 부족하고 그 주장의 권리가 존재하지 아니하는 사실을 잘 알면서도 허위의 주장과 증명으로써 법원을 기망한다는 인식을 하고 있어야만 하고, 단순히 사실을 잘못 인식하였다거나 법률적 평가를 잘못하여 존재하지 않는 권리를 존재한다고 믿고 제소한 행위는 사기죄를 구성하지 않는다.[291] 피고측에 의한 소송사기가 성립하기 위하여는 원고 주장과 같은 채무가 존재한다는 것만으로는 부족하고 그 주장의 채무가 존재한다는 사실을 잘 알고 있으면서도 허위의 주장과 입증으로써 법원을 기망한다는 인식을 하고 있어야만 한다.[292] 당사자주의 소송구조하에서는 자기에게 유리한 주장이나 증거는 각자가 자신의 책임하에 변론에 현출하여야 하는 것이고, 비록 자기가 상대방에게 유리한 증거를 가지고 있다거나 상대방에게 유리한 사실을 알고 있다고 하더라도 상대방을 위하여 이를 현출하여야 할 의무가 있다고 보기는 어려울 것이므로 상대방에게 유리한 증거를 제출하지 않거나 상대방에게 유리한 사실을 진술하지 않는 행위만으로는 소송사기에 있어 기망이 된다고 할 수 없다.[293]

소송사기를 긍정한 판례의 구체적 내용은 다음과 같다. 즉,

> 임차권등기명령의 절차 및 그 집행에 의한 임차권등기의 법적 효력을 고려하면, 다른 특별한 사정이 없는 한, 법원의 임차권등기명령은 피신청인의 재산상의 지위 또는 상태에 영향을 미칠 수 있는 행위로서 피신청인의 처분행위에 갈음하는 내용과 효력이 있다고 보아야 하고, 따라서 이러한 법원의 임차권등기명령을 이용한 소송사기의 경우 피해자인 피신청인이 직접 처분행위를

판결.

289) 대법원 1996.8.23. 선고 96도1265 판결; 대법원 1983.10.25. 선고 83도1566 판결.

290) 대법원 2022.5.26. 선고 2022도1227 판결; 대법원 2007.9.6. 선고 2006도3591 판결; 대법원 2007.4.13. 선고 2005도4222 판결; 대법원 2004.6.25. 선고 2003도7124 판결; 대법원 2004.3.25. 선고 2003도7700 판결; 대법원 2003.5.16. 선고 2003도373 판결; 대법원 2003.2.11. 선고 2002도6851 판결; 대법원 2002.6.28. 선고 2001도1610 판결; 대법원 1998.9.8. 선고 98도1949 판결; 대법원 1998.2.27. 선고 97도2786 판결; 대법원 1997.7.22. 선고 96도2422 판결; 대법원 1992.2.25. 선고 91도2666 판결.

291) 대법원 2022.5.26. 선고 2022도1227 판결; 대법원 2018.12.28. 선고 2018도13305 판결; 대법원 2011.9.8. 선고 2011도7262 판결; 대법원 2007.9.6. 선고 2006도3591 판결; 대법원 2005.3.24. 선고 2003도2144 판결; 대법원 2004.6.25. 선고 2003도7124 판결; 대법원 2004.3.25. 선고 2003도7700 판결; 대법원 2004.3.12. 선고 2003도333 판결; 대법원 2003.5.16. 선고 2003도373 판결; 대법원 1995.4.21. 선고 95도357 판결; 대법원 1994.10.25. 선고 94도1819 판결; 대법원 1993.9.28. 선고 93도1941 판결; 대법원 1992.4.10. 선고 91도2427 판결; 대법원 1984.4.24. 선고 83도973 판결; 대법원 1982.9.28. 선고 81도2526 판결.

292) 대법원 2004.3.12. 선고 2003도333 판결.

293) 대법원 2002.6.28. 선고 2001도1610 판결.

하였는지 여부는 사기죄의 성부에 아무런 영향을 주지 못한다.[294] 피고인이 채권자로서 법원으로부터 전부명령을 받았으나 채무자의 의사에 반하거나 착오에 의하여 피전부채권을 편취한 것이라고 볼 수 없고, 피전부채권에 이해관계를 가진 채무자의 일반채권자로부터 재물을 교부받거나 재산상 이익을 취득한 것이라고 볼 수도 없다는 이유로 소송사기가 성립되지 아니한다.[295] 갑이 을 명의 차용증을 가지고 있기는 하나 그 채권의 존재에 관하여 을과 다툼이 있는 상황에서 당초에 없던 월 2푼의 약정이자에 관한 내용 등을 부가한 을 명의 차용증을 새로 위조하여, 이를 바탕으로 자신의 처에 대한 채권자인 병에게 차용원금 및 위조된 차용증에 기한 약정이자 2,500만 원을 양도하고, 이러한 사정을 모르는 병으로 하여금 을을 상대로 양수금 청구소송을 제기하도록 한 사안에서, 적어도 위 약정이자 2,500만 원 중 법정지연손해금 상당의 돈을 제외한 나머지 돈에 관한 갑의 행위는 병을 도구로 이용한 간접정범 형태의 소송사기죄를 구성한다.[296] 채무자가 강제집행을 승낙한 취지의 기재가 있는 약속어음 공정증서에 있어서 그 약속어음의 원인관계가 소멸하였음에도 불구하고, 약속어음 공정증서 정본을 소지하고 있음을 기화로 이를 근거로 하여 강제집행을 하였다면 사기죄를 구성한다고 할 것이다.[297] 적극적 소송당사자인 원고뿐만 아니라 방어적인 위치에 있는 피고라 하더라도 허위내용의 서류를 작성하여 이를 증거로 제출하거나 위증을 시키는 등의 적극적인 방법으로 법원을 기망하여 착오에 빠지게 한 결과 승소확정판결을 받음으로써 자기의 재산상의 의무이행을 면하게 된 경우에는 그 재산가액 상당에 대하여 사기죄가 성립한다.[298] 가계수표발행인이 자기가 발행한 가계수표를 타인이 교부받아 소지하고 있는 사실을 알면서도, 또한 그 수표가 적법히 지급 제시되어 수표상의 소구의무를 부담하고 있음에도 불구하고 허위의 분실사유를 들어 공시최고 신청을 하고 이에 따라 법원으로부터 제권판결을 받음으로써 수표상의 채무를 면하여 그 수표금 상당의 재산상 이득을 취득하였다면 이러한 행위는 사기죄에 해당한다.[299] 적극적 소송당사자인 원고뿐만 아니라 방어적인 위치에 있는 피고라 하더라도 허위내용의 서류를 작성하여 이를 증거로 제출하거나 위증을 시키는 등의 적극적인 방법으로 법원을 기망하여 착오에 빠지게 한 결과 승소확정판결을 받음으로써 자기의 재산상의 의무이행을 면하게 된 경우에는 그 재산가액 상당에 대하여 사기죄가 성립한다.[300] 사실상 분열된 종중의 일파가 소유관계가 불분명한 종중재산에 대하여 처분금지가처분신청을 하면서 그 보증금으로 공탁한 공탁금을 그 의사에 반하여 다른 분열된 종중의 일파가 가처분취하서를 제출하여 처분금지가처분등기를 말소하게 하고 공탁금을 회수한 경우, 한 개의 종중이 내분으로 인하여 사실상 2개로 분파된 상태에서 별도의 종중총회가 개최되어 종중대표자로 선임된 자는 그 분파의 대표자일 뿐 종중의 대표자로 볼 수는 없고 사기죄가 성립한다.[301] 약속어음의 발행인이 그 어음을 타인이 교부받아 소지하고 있는 사실을 알면서도 허위의 분실사유를 들어 공시최고신청을 하고 이에 따라 법원으로부터 제권판결을 받았다면, 발행인이 어음소지인에 대하여 처음부터 그 어음상 채무를 부담하지 않았다는 등의 특별한 사정이 없는 한 원인관계상의 채무가 존속하고 있더라도 사위의 방법으로 얻어낸 제권판결로 그 어음채무를 면하게 된 데 대하여 사기죄가 성립한다.[302] 민사판결의 주문에 표시된

294) 대법원 2012.5.24. 선고 2010도12732 판결.
295) 대법원 2001.5.29. 선고 2001도210 판결.
296) 대법원 2007.9.6. 선고 2006도3591 판결.
297) 대법원 1999.12.10. 선고 99도2213 판결; 대법원 1992.12.22. 선고 92도2218 판결.
298) 대법원 2004.3.12. 선고 2003도333 판결.
299) 대법원 1999.4.9. 선고 99도364 판결; 대법원 1995.9.15. 선고 94도3213 판결.
300) 대법원 1998.2.27. 선고 97도2786 판결; 대법원 1987.9.22. 선고 87도1090 판결.
301) 대법원 1998.2.27. 선고 97도1993 판결.

채권을 변제받거나 상계하여 그 채권이 소멸되었음에도 불구하고, 판결정본을 소지하고 있음을 기화로 이를 근거로 하여 강제집행을 하였다면 사기죄를 구성한다.[303] 원고인 피고인과 피고 갑이 공모하여 민사소송에서 법원에 대하여 위조된 문서를 증거로 제출하면서 피고인이 동일한 전 소송에서 모두 패소확정된 사실을 감춘 가운데, 피고인은 다른 피고들에게 피고인이 승소하더라도 피고 갑에 대하여서만 권리행사를 하고 다른 피고들에게는 집행을 하지 아니하겠다는 등으로 이들을 회유하여 이들의 적극적인 방어행위를 방해하고, 피고 갑은 원고인 피고인의 주장 사실을 단순히 부인하였을 뿐 동일한 전소에서의 피고인의 패소판결내용을 구체적으로 알고 있으면서도 이를 적극적으로 주장 입증하지 아니하는 등 불성실하게 소송을 진행하여 이러한 사정 등을 모르는 법원을 기망하였다면 소송사기가 된다.[304] 적극적 소송당사자인 원고가 아니라 방어적인 위치에 있는 피고라 하더라도 허위내용의 서류를 작성하여 이를 증거로 제출하거나 위증을 시키는 등의 적극적인 방법으로 법원을 기망하여 착오에 빠지게 한 결과 승소확정판결을 받음으로써 자기의 재산상의 의무이행을 면하게 된 경우에는 그 재산가액 상당에 대하여 사기죄가 성립한다.[305]

소송사기를 부정한 판례의 구체적 내용은 다음과 같다. 즉,

甲은 乙에 대한 손해배상채권에 기하여 피고인을 상대로 '피고인이 乙로부터 부동산을 매수한 것은 사해행위에 해당한다'는 이유로 사해행위취소소송을 제기하여 제1심에서 승소판결을 받고, 피고인은 이에 대해 추완항소를 제기하였는데, 피고인은 선행 사해행위취소소송을 제기한 채권자 丙과의 사이에 성립한 조정 결과에 따른 가액배상금의 변제를 완료하였으므로 이를 사해행위 대상 부동산의 담보가치에서 공제하여야 한다고 주장하며 해당 금융거래내역을 증거로 제출하였으나, 사실은 미리 丙으로부터 송금받은 금원을 거의 그대로 재송금한 거래내역에 불과하여 실제 채무변제가 완료되지는 않았고, 피고인의 항소는 기각된 사안에서, 제반 사정을 종합하면 피고인이 丙과 조정조서상의 가액배상금이 지급된 것으로 하고 위 금원의 별개 채무를 이행하기로 새로운 약정을 한 것이라거나 또는 선행 사해행위취소소송 당사자였던 丙의 채권액이 사해행위 대상 부동산의 담보가치에서 제외되어야 한다는 판단으로 위 가액배상의 변제를 주장하고 해당 금융거래내역을 제출한 것이라고 볼 여지가 크고, 이러한 주장이 법원에서 받아들여지지 않았더라도 그것이 객관적으로 허위임이 명백하다거나 피고인이 허위의 주장과 증명으로써 법원을 기망한다는 인식을 하고 있었다고 단정하기 어렵다는 이유로, 이와 달리 피고인이 허위 주장 및 증거 제출의 고의로 사기죄의 실행에 착수하였다고 보아 사기미수죄를 인정한 원심판단에 소송사기에 관한 법리오해의 잘못이 있다.[306] 갑 주식회사 대표이사인 피고인이, 2011.11.경 갑 회사에 입사하여 기계정비공으로 근무하다가 2016.3.11. 퇴직한 근로자 을을 상대로 2011.12.부터 2015.4.까지 포괄일급에 포함하여 이미 지급한 퇴직적립금에 대하여 부당이득반환청구 소송을 제기하면서 2015.5.1. 자 근로계약서의 일급란 기재 금액을 변조하여 증거자료로 제출한 사안에서, 갑 회사는 을에게 포괄일급에 일급의 8.3%에 해당하는 퇴직적립금을 포함하여 임금을 지급하였는데, 을의 퇴사 후 위와 같이 을에게 지급된 퇴직적립금이 퇴직금 지급으로서의 효력이 없다는 자문을 받고 별도로 퇴직금 전액을 지급하였으므로 피고인이 이미 지급한 퇴직적립금에 대하여 부당이득반환의 소를 제기한 것은 정당한

302) 대법원 1995.9.15. 선고 94도3213 판결.
303) 대법원 1992.12.22. 선고 92도2218 판결.
304) 대법원 1991.8.27. 선고 91도1524 판결.
305) 대법원 1987.9.22. 선고 87도1090 판결.
306) 대법원 2022.5.26. 선고 2022도1227 판결.

권리행사의 일환으로 이루어진 것으로서, 이러한 피고인의 주장이 허위의 주장이라거나 이로써 법원을 기망한 것이라고 볼 수 없고, 또한 피고인이 제기한 부당이득반환청구 소송은 2015.5.1. 자 근로계약서가 작성되기 전까지 갑 회사가 을에게 지급한 퇴직적립금의 반환을 구하는 것으로 2015.5.1. 이후에 지급한 임금과 관련된 청구를 하고 있지 않으므로 2015.5.1. 이후의 근로조건에 관한 내용을 규정한 위 근로계약서는 위 소송의 권리발생 사유에 관한 증거가 될 수 없어 소송의 내용이나 결과에 전혀 영향을 미칠 수 없으며, 비록 피고인이 위 소송을 제기하면서 위 근로계약서의 일급란 기재 금액을 변조하여 제출하였더라도 그것만으로 피고인이 증거조작을 통하여 법원을 기망한 것이라거나 피고인에게 허위사실을 증명함으로써 법원을 기망한다는 인식이 있었다고 볼 수 없다는 이유로, 이와 달리 보아 피고인에게 사기미수죄를 인정한 원심판결에 소송사기의 법리를 오해한 잘못이 있다.[307] 소송사기에 있어서 피기망자인 법원의 재판은 피해자의 처분행위에 갈음하는 내용과 효력이 있는 것이어야 하므로, 피고인들이 타인과 공모하여 그 공모자를 상대로 제소한 경우나 피고인들이 법원을 기망하여 얻으려고 한 판결의 내용이 소송 상대방의 의사에 부합하는 것일 때에는 착오에 의한 재물의 교부행위가 있다고 할 수 없어 소송사기죄가 성립되지 아니한다.[308] 자기의 비용과 노력으로 건물을 신축하여 그 소유권을 원시취득한 미등기건물의 소유자가 있고 그에 대한 채권담보 등을 위하여 건축허가명의만을 가진 자가 따로 있는 상황에서, 건축허가명의자에 대한 채권자가 위 명의자와 공모하여 명의자를 상대로 위 건물에 관한 강제경매를 신청하여 법원의 경매개시결정이 내려지고, 그에 따라 위 명의자 앞으로 촉탁에 의한 소유권보존등기가 되고 나아가 그 경매절차에서 건물이 매각되었다고 하더라도, 위와 같은 경매신청행위 등이 진정한 소유자에 대한 관계에서 사기죄가 된다고 볼 수는 없다. 왜냐하면 위 경매절차에서 한 법원의 재판이나 법원의 촉탁에 의한 소유권보존등기의 효력은 그 재판의 당사자도 아닌 위 진정한 소유자에게는 미치지 아니하는 것이어서, 피기망자인 법원의 재판이 피해자의 처분행위에 갈음하는 내용과 효력이 있는 것이라고 보기는 어렵기 때문이다.[309] 법률문외한인 피고인이 실질적으로는 동일한 선순위근저당권과 후순위근저당권의 피담보채권에 관하여 각각 배당을 요구하여 배당받은 행위가 소송사기에 해당하지 아니한다.[310] 공사대금채권과 대여금채권을 합산하여 임대차보증금반환채권으로 전환하기로 합의하여 임대차계약을 체결하고, 실제로 임차인이 임대차목적물에 거주하면서 주민등록전입신고를 하고 확정일자를 받은 경우, 임차인이 이에 기하여 경매법원으로부터 배당을 받은 행위를 사기죄로 의율할 수 없다.[311] 임대인과 임대차계약을 체결한 임차인이 임차건물에 거주하기는 하였으나 그의 처만이 전입신고를 마친 후에 경매절차에서 배당을 받기 위하여 임대차계약서상의 임차인 명의를 처로 변경하여 경매법원에 배당요구를 한 경우, 실제의 임차인이 전세계약서상의 임차인 명의를 처의 명의로 변경하지 아니하였다 하더라도 소액임대차보증금에 대한 우선변제권 행사로서 배당금을 수령할 권리가 있다 할 것이어서, 경매법원이 실제의 임차인을 처로 오인하여 배당결정을 하였더라도 이로써 재물의 편취라는 결과의 발생은 불가능하다 할 것이고, 이러한 임차인의 행위를 객관적으로 결과발생의 가능성이 있는 행위라고 볼 수도 없으므로 형사소송법 제325조에 의하여 무죄를 선고하여야 한다.[312] 소송사기에 있어 피기망자인 법원의 재판은 피해자의 처분행위에 갈음하는 내용과 효력이 있는 것이어야 하므로, 피고인이 타인과 공모하여

307) 대법원 2018.12.28. 선고 2018도13305 판결.
308) 대법원 2017.10.26. 선고 2013도6896 판결; 대법원 1996.8.23. 선고 96도1265 판결.
309) 대법원 2013.11.28. 선고 2013도459 판결.
310) 대법원 2007.4.13. 선고 2005도4222 판결.
311) 대법원 2004.7.22. 선고 2003도6412 판결.
312) 대법원 2002.2.8. 선고 2001도6669 판결.

그 공모자를 상대로 제소하여 의제자백의 판결을 받아 이에 기하여 부동산의 소유권이전등기를 하였다고 하더라도 이는 소송 상대방의 의사에 부합하는 것으로서 착오에 의한 재산적 처분행위가 있다고 할 수 없어 동인으로부터 부동산을 편취한 것이라고 볼 수 없고, 또 그 부동산의 진정한 소유자가 따로 있다고 하더라도 피고인이 의제자백판결에 기하여 그 진정한 소유자로부터 소유권을 이전받은 것이 아니므로 그 소유자로부터 부동산을 편취한 것이라고 볼 여지도 없다.[313] 소송상 화해의 효력은 소송당사자들 사이에만 미치고 제3자인 토지소유자에게는 미치지 아니하며 그 화해조서에 기하여 위 토지들에 대한 제3자의 소유권이 갑에게 이전되는 것도 아니므로 피고인의 위와 같은 행위가 사기죄를 구성한다고 할 수 없다.[314] 피고인이 타인소유의 부동산에 관하여 아무런 권한이 없는 사람을 상대로 소유권확인등의 청구소송을 제기함으로써 법원을 기망하여 승소판결을 받고 그 확정판결을 이용하여 동 부동산에 대한 소유권보존등기를 경료했다 하여도, 위 판결의 효력은 소송당사자들 사이에만 미치고 제3자인 부동산소유자에게는 미치지 아니하여 위 판결로 인하여 위 부동산에 대한 제3자의 소유권이 피고인에게 이전되는 것도 아니므로 사기죄를 구성한다고 볼 수 없다.[315] 소송사기는 법원을 기망하여 자기에게 유리한 판결 등을 얻고 이에 기하여 상대방으로부터 재물의 교부를 받거나 재산상 이익을 취득하는 것을 말하는 것인바 피고인이 공소외 (갑)으로 하여금 피고인을 상대로 성명미상자 소유의 미등기토지에 대한 소유권이전등기청구소송을 제기토록 하고 피고인이 그 토지의 일부를 위 (갑)에게 매도하였으니 그 지분에 대한 소유권이전등기절차를 이행하라는 내용의 인낙조서를 작성하고 그 토지에 관하여 대위신청자에 의해서 등기부상에 피고인의 명의로 소유권보존등기를 등재케 하였다면 피고인은 위 인낙조서에 의하여 위 성명미상자로부터 위 토지의 소유권 또는 지분권을 이전받은 것이 아니므로 위 토지를 편취한 것이라고 볼 여지가 없으니 소송사기가 성립한다고 볼 수 없다.[316] 기한 미도래의 채권을 소송에 의하여 청구함에 있어서 기한의 이익이 상실되었다는 허위의 증거를 조작하는 등의 적극적인 사술을 사용하지 아니한 채 단지 즉시 지급을 구하는 취지의 지급명령신청은 법원을 기망하여 부당한 이득을 편취하려는 기망행위에 해당하지 아니한다.[317] 갑이 을로부터 환지확정전 환지예정지를 매수한 경우 환지확정시 소유권자인 갑이 제3자인 사업시행자에 대하여 보상청구권을 행사할 수 있고 환지예정시에 종전 토지소유자가 그 보상금 청구권을 포기하였다 하더라도 이를 갑이 인정한 사실이 없다면 (갑)이 사업시행자를 상대로 보상금청구소송을 제기하여도 소송사기가 되지 아니한다.[318]

④ 결 과

본죄는 결과범이다. 기수에 이르려면 결과의 발생을 요한다. 다만 결과의 발생에 관하여는 편의상 기망자측의 결과와 피기망자측의 결과로 나누어 검토하기로 한다. 왜냐하면 기망자측의 결과는 법문에 명문으로 규정되어 있지만, 피기망자측의 결과로서 손해발생의 요부는 해석에 맡겨져 있기 때문이다. 예컨대 기망자측의 구성요건으로서 기망, 재물 또는 재산상의 이익의 취득은 명문으로 법문에 규정되어 있지만, 피기망자측의 구성요건으로서 착오,

313) 대법원 1997.12.23. 선고 97도2430 판결.
314) 대법원 1987.8.18. 선고 87도1153 판결.
315) 대법원 1985.10.8. 선고 84도2642 판결.
316) 대법원 1984.4.10. 선고 83도2289 판결.
317) 대법원 1982.7.27. 선고 82도1160 판결.
318) 대법원 1978.11.28. 선고 77도249 판결.

처분행위 및 손해의 발생은 명문의 규정이 없어 해석에 맡겨져 있는 셈인 것이다. 이러한 의미에서 피기망자측의 구성요건인 착오, 처분행위 및 손해의 발생은 모두 이른바 '기술되지 아니한 구성요건요소'에 속한다고 할 수 있다.

ⓘ 기망자 본죄는 자기 또는 제3자로 하여금 재물 또는 재산상의 이익을 얻거나 얻게 함으로써 기수에 이른다.[319] 재물의 교부가 있으면 그 자체로써 피해자의 재산침해가 되어 이로써 곧 본죄가 성립한다.[320] 금원의 교부가 있는 경우에도 마찬가지이다.[321] 그로 인한 이익이 결과적으로 누구에게 귀속하는지는 본죄의 성부에 아무런 영향이 없다.[322] 본죄는 재물의 교부를 받았으면 성립되는 것이므로 피해자에게 민사상의 구제수단이 있는 경우에도 본죄의 성립에는 영향이 없다.[323]

아래에서는 기망자측에 요구되는 결과발생의 요건을 본인이 직접 재물의 교부를 받거나 재산상의 이익을 취득하는 경우로서 자기사취와 제삼자로 하여금 재물의 교부를 받게 하거나 재산상의 이익을 취득하게 하는 경우로서 타인사취로 나누어 검토하기로 한다.

i. 자기사취 자기사취(自己詐取)란 본인이 직접 재물의 교부를 받거나 재산상의 이익을 취득하는 경우를 말하기로 한다(제347조 제1항). 재물의 교부란 범인의 기망에 따라 피해자가 착오로 재물에 대한 사실상의 지배를 범인에게 이전하는 것을 의미한다.[324] 재물의 교부가 있었다고 하기 위하여 반드시 재물의 현실의 인도가 필요한 것은 아니고 재물이 범인의 사실상의 지배 아래에 들어가 그의 자유로운 처분이 가능한 상태에 놓인 경우에도 재물의 교부가 있었다고 보아야 한다.[325] 재산상 이익처분은 그 재산상의 이익을 법률상 유효하게 취득함을 필요로 하지 아니하고 그 이익 취득이 법률상 무효라 하여도 외형상 취득한 것이면 족하다.[326]

ii. 타인사취 타인사취(他人詐取)란 제삼자로 하여금 재물의 교부를 받게 하거나 재산상의 이익을 취득하게 하는 경우를 말하기로 한다(제347조 제2항). 범인이 기망행위에 의해 스스로 재물을 취득하지 않고 제3자로 하여금 재물의 교부를 받게 한 경우에 사기죄가 성립하려

319) 대법원 2014.10.15. 선고 2014도9099 판결; 대법원 2010.12.9. 선고 2010도12928 판결; 대법원 2004.4.9. 선고 2003도7828 판결; 대법원 2003.12.26. 선고 2003도4914 판결; 대법원 1998.11.10. 선고 98도2526 판결; 대법원 1994.10.11. 선고 94도1575 판결; 대법원 1991.1.15. 선고 90도2180 판결; 대법원 1989.7.11. 선고 89도346 판결; 대법원 1988.6.28. 선고 88도740 판결; 대법원 1987.12.22. 선고 87도2168 판결; 대법원 1985.11.26. 선고 85도490 판결; 대법원 1985.3.12. 선고 85도74 판결; 대법원 1983.2.22. 선고 82도3139 판결.

320) 대법원 2017.10.26. 선고 2017도10601 판결; 대법원 2010.12.9. 선고 2010도12928 판결; 대법원 2009.10.15. 선고 2009도7459 판결; 대법원 2009.1.30. 선고 2008도9985 판결; 대법원 2007.10.25. 선고 2007도6241 판결; 대법원 2005.10.28. 선고 2005도5774 판결; 대법원 2003.12.26. 선고 2003도4914 판결; 대법원 2000.7.7. 선고 2000도1899 판결; 대법원 1995.3.24. 선고 95도203 판결; 대법원 1985.5.14. 선고 80도2973 판결; 대법원 1982.6.22. 선고 82도777 판결.

321) 대법원 2018.4.12. 선고 2017도21196 판결; 대법원 2011.11.24. 선고 2009도980 판결; 대법원 2007.10.11. 선고 2007도6012 판결; 대법원 2007.1.25. 선고 2006도7470 판결.

322) 대법원 2009.1.30. 선고 2008도9985 판결.

323) 대법원 1978.6.13. 선고 78도721 판결.

324) 대법원 2003.5.16. 선고 2001도1825 판결.

325) 대법원 2003.5.16. 선고 2001도1825 판결.

326) 대법원 1975.5.27. 선고 75도760 판결.

면, 그 제3자가 범인과 사이에 정을 모르는 도구 또는 범인의 이익을 위해 행동하는 대리인의 관계에 있거나, 그렇지 않다면 적어도 불법영득의사와의 관련상 범인에게 그 제3자로 하여금 재물을 취득하게 할 의사가 있어야 한다.[327] 이와 같은 의사는 반드시 적극적 의욕이나 확정적 인식이어야 하는 것은 아니고 미필적 인식이 있으면 충분하며, 그 의사가 있는지 여부는 범인과 그 제3자 및 피해자 사이의 관계, 기망행위 혹은 편취행위의 동기, 경위와 수단·방법, 그 행위의 내용과 태양 및 당시의 거래관행 등 여러 사정을 종합하여 사회통념에 비추어 합리적으로 판단하여야 한다.[328]

사취를 긍정한 판례의 구체적 내용은 다음과 같다. 즉,

피해자는 피고인과 공소외인(아래에서는 '피고인 등'이라고만 한다)의 주문에 따라 도자기 5,000개를 모두 제작하였고, 피고인 등은 보관 및 운송의 편의상 피해자로 하여금 제작된 도자기를 피고인 등이 지정하는 전국의 사찰로 직접 배달하도록 하여 피해자는 제작된 도자기 중 1,600개 정도를 지정된 사찰로 배달하고 나머지 3,400개 정도의 도자기는 피고인 등의 지시에 따라 지정된 사찰로 배달할 수 있는 상태에 놓인 채로 보관중이며, 그 도자기는 백두산 미륵불상 건립사업을 홍보하기 위하여 피고인이 지은 시(詩)와 그의 낙관 및 백두산을 배경으로 한 미륵불상 사진 등이 새겨져 있어 피고인 등에게만 소용이 있을 뿐 다른 용도로 사용할 수 없음을 알아 볼 수 있으므로 위 보관중인 도자기는 피고인 등의 사실상의 지배 아래에 들어가 피고인 등의 자유로운 처분이 가능한 상태에 놓였다고 할 것이니, 원심이 같은 취지에서 실제로 배달된 것뿐만 아니라 피해자가 보관중인 도자기 모두가 피고인 등에게 교부되었다고 판단한 것은 정당한 것으로 수긍이 가고, 거기에 주장과 같이 채증법칙을 위배하여 사실을 오인하였거나 사기죄에 있어서 재물의 교부에 관한 법리를 오해한 위법이 없다.[329] 피고인 4가 그 배서부분이 위조된 이 사건 약속어음을 제시하여 공소외 이석원으로부터 약속어음 할인의 방식으로 돈을 수령하였을 때 성립하고 그 후 이 돈을 서울에서 위 한국이연공업주식회사에 온·라인을 통하여 송금하고 그 돈이 위 회사의 운영자금으로 사용되었다고 하더라도 이는 위 사기죄 성립후의 사후행위에 불과할 뿐 이를 들어 이들 돈을 피고인 등이 편취한 것이 아니라고 할 수 없다.[330] 피고인이 피해자를 기망하여 연대보증인으로 서명하게 한 행위에 대하여 형법 제347조 제2항을 적용처단한 원심의 조처에는 아무런 위법이 없다.[331] 피전부채권이 법률상으로는 유효한 것이 아니고 전부명령이 효력을 발생할 수 없다 하여도 피전부채권이나 전부명령이 외형상으로 존재하는 한 위 법조 소정의 재산상 이익취득이다.[332]

사취를 부정한 판례의 구체적 내용은 다음과 같다. 즉,

자기의 채권자에 대한 채무이행으로 채권을 양도하였다 하더라도 위 채권이 존재하지 않는다면 이를 양도하였다 하여 권리이전의 효력을 발생할 수 없는 것이고 따라서 채권자에 대한 기존의 채무도 소멸하는 것이 아니므로 채무면탈의 효과도 발생할 수 없어 위 채권의 양도로써 재산상의 이득을 취하였다고는 볼 수 없으므로 사기죄는 성립하지 않는다.[333] 피고인이 교부받은 본건 지급

327) 대법원 2012.5.24. 선고 2011도15639 판결; 대법원 2009.1.30. 선고 2008도9985 판결.
328) 대법원 2009.1.30. 선고 2008도9985 판결.
329) 대법원 2003.5.16. 선고 2001도1825 판결.
330) 대법원 1985.2.26. 선고 84도2877 판결.
331) 대법원 1983.2.22. 선고 82도2555 판결.
332) 대법원 1975.5.27. 선고 75도760 판결.

보증서는 지급보증인이 특정채무자의 특정채권자에 대한 특정채무의 보증인으로서의 채무를 부담하겠다는 청약의 의사표시를 기재한 서면으로서 그 보증서가 상대방 채권자에게 제공되어 채권자가 그 청약을 승락함으로써 비로소 피해자인 지급보증인은 보증채무를 부담하게 되고 이와 동시에 피고인은 기도한대로 금원의 융자 또는 융자금의 변제기연장을 받을 수 있는 재산상의 이익을 취득한 것으로 된다 할 것이고, 더우기 본건 지급보증서는 유가증권도 아니고 또 일반거래의 대상이 될 수도 없는 것이라 할 것이니 피고인이 지급보증서라는 서면의 취득만하고 이를 채권자에게 교부하기 전 단계에서는 채권자로부터 금원의 융자 또는 융자금의 변제기 연장을 받을 수 있는 재산상의 이익을 취득한 것이라고는 할 수 없고 더 나아가 그 보증서가 채권자에게 제공되어 보증채무가 성립됨으로써 비로소 위와 같은 재산상의 이익을 취득한 것이 되어 이득 사기죄로서 완성된다 할 것이므로 피고인이 본건 피해자은행으로부터 지급보증서를 교부만 받아 이를 채권자에게 교부하지 아니한 단계라면 재산상의 이득에 대한 본건 사기죄에 있어서는 그것의 취득만으로서 범죄가 완성되었다 할 수 없다.[334]

ⅱ 피기망자　　본죄의 피기망자측의 결과에 관하여는 형법은 하등의 규정을 두지 않고 있다. 피기망자측의 결과로서 손해발생의 요부는 해석에 맡겨져 있는 셈이다.

ⅰ. 손해발생의 요부　　본죄의 성립을 위하여 피기망자측에게 재산적 손해의 발생을 요하는가에 대하여는 다툼이 있다. 형법이 이에 관하여는 하등의 명문의 규정을 두고 있지 않기 때문이다.

㉠ 학 설　　본죄가 성립하기 위해서는 손해의 발생을 요하는가 하는 손해발생의 요부에 관하여는 견해가 대립하고 있다. 제1설은 필요설(必要說)이다. 사기죄는 재산권을 보호법익으로 하는 재산죄이므로 재산상의 손해가 발생하여야 한다고 한다. 재산상의 손해가 없는 때에도 사기죄가 성립한다고 하면 사기죄는 이미 재산죄가 아니라 자유권, 즉 처분의 자유를 보호하는 죄로서의 성격을 가지게 된다는 점, 정당한 대가를 지급하고 재물 또는 재산상의 이익을 취득한 때에도 사기죄가 성립한다는 것은 상식상으로도 받아들일 수 없다는 점을 근거로 하고 있다. 제2설은 불요설(不要說)이다. 사기죄의 본질이 기망에 의한 재물편취 내지 부당이득에 있는 이상 피해자에게 재산상의 손해가 발생하였을 것을 요하지 않는다고 한다. 제3설은 절충설(折衷說)이다. 사기취재죄의 경우에는 손해발생을 요하지 않지만, 사기이득죄의 경우에는 손해발생을 요한다고 한다.

㉡ 판 례　　판례는 불요설의 입장으로 해석된다. 대법원은 "사기죄의 본질은 기망에 의한 재물이나 재산상 이득의 취득에 있는 것이고 이로써 상대방의 재산이 침해되는 것이므로, 상대방에게 현실적으로 재산상의 손해가 발생함을 요하지 않는다"고 판시한 바 있다.[335]

---

333) 대법원 1985.3.12. 선고 85도74 판결.

334) 대법원 1982.4.13. 선고 80도2667 판결.

335) 대법원 2014.10.15. 선고 2014도9099 판결; 대법원 2010.12.9. 선고 2010도12928 판결; 대법원 2008.10.23. 선고 2008도6549 판결; 대법원 2007.1.25. 선고 2006도7470 판결; 대법원 2005.10.28. 선고 2005도5774 판결; 대법원 2005.9.15. 선고 2005도5215 판결; 대법원 2004.4.9. 선고 2003도7828 판결; 대법원 2003.12.26. 선고 2003도4914 판결; 대법원 2002.2.5. 선고 2001도5789 판결; 대법원 1999.7.9. 선고 99도1040 판결; 대법원 1998.11.10. 선고 98도2526 판결; 대법원 1997.7.25. 선고 97도1095 판결; 대법원 1994.10.21. 선고 94도2048 판결; 대법원 1994.10.14. 선고 94도1911 판결; 대법원 1992.9.14. 선고 91도2994 판결; 대법원

판례에 의하면 교부받은 재물이나 재산상 이익의 가액이 얼마인지는 문제되지 아니한다.[336] 상당한 대가가 지급되었다거나 피해자의 전체 재산상에 손해가 없다 하여도 사기죄의 성립에는 그 영향이 없다.[337] 이미 취득한 재물 또는 재산상 이득을 사후에 반환하거나 변상했다고 하더라도 이는 범죄의 성립에 영향을 미치지 않는다.[338]

본죄를 긍정한 판례의 구체적 내용은 다음과 같다. 즉,

주유소 운영자가 농민들에게 면세유를 공급한 것처럼 부당하게 발급받은 면세유류공급확인서로 석유정제업자를 기망하여 부가가치세 등에 상당한 석유류를 취득한 사안에서, 석유정제업자에게 현실적인 재산상 손해가 없더라도 사기죄가 성립한다고 한 사례이다.[339] 의료기관이 청구한 진료수가를 보험회사가 10~15% 가량 삭감하는 관행이나 묵계가 성립되어 있다고는 인정되지 아니하므로 의료기관의 위와 같은 진료수가의 허위·과다청구를 가리켜 적법행위에 대한 기대가능성이 없다거나 위법성이 없다고는 할 수 없고, 허위·과다청구를 통하여 실제로 지급받은 금액이 다액이 아니라는 등의 사정만으로는 보험회사에게 손해가 없다고 할 수도 없다.[340] 채무이행을 연기받는 것도 사기죄에 있어서 재산상의 이익이 되므로, 채무자가 채권자에 대하여 소정기일까지 지급할 의사와 능력이 없음에도 종전 채무의 변제기를 늦출 목적에서 어음을 발행 교부한 경우에는 사기죄가 성립한다.[341] 자기앞수표를 교부한 자가 이를 분실하였다고 허위로 공시최고신청을 하여 제권판결을 선고받아 확정되었다면, 그 제권판결의 적극적 효력에 의해 그 자는 그 수표상의 채무자인 은행에 대하여 수표를 소지하지 않고도 수표상의 권리를 행사할 수 있는 지위를 취득하였다고 할 것이므로, 이로써 사기죄에 있어서의 재산상 이익을 취득한 것으로 보기에 충분하다고 할 것이고, 이는 제권판결이 그 신청인에게 수표상의 권리를 행사할 수 있는 형식적 자격을 인정하는 데 그치고, 그를 실질적 권리자로 확정하는 것이 아니라는 점만으로 달리 볼 수는 없다.[342] 피해자가 피고인의 기망에 의하여 당해 부동산의 소유권을 취득할 수 없게 될지도 모른다는 사정을 알지 못한 채 이를 매수하였다면 이미 재산의 침해가 있었다 할 것이고, 그 이후 피해자가 매수인 명의변경절차나 국가에 대한 민사소송 등을 통하여 소유권이전등기를 경료받아 재산상의 손해가 없게 되었다 하더라도 이는 사기죄의 성립에 아무런 영향을 미칠 수 없다.[343] 차용자가 갚을 의사와 능력이 없으면서 있는 것처럼 속여 피해자들로부터 차용금명목으로 금원을 교부받은 이상 차용자가 이를 타에 대여하였다가 변제받을 수 없게 되어 차용자에게 현실적인 이득이 남아 있지

1988.6.28. 선고 88도740 판결; 대법원 1987.12.22. 선고 87도2168 판결; 대법원 1985.11.26. 선고 85도490 판결; 대법원 1983.2.22. 선고 82도3139 판결.

336) 대법원 2010.12.9. 선고 2010도12928 판결; 대법원 2007.4.19. 선고 2005도7288 전원합의체 판결.

337) 대법원 2018.4.12. 선고 2017도21196 판결; 대법원 2017.10.26. 선고 2017도10601 판결; 대법원 2011.11.24. 선고 2009도980 판결; 대법원 2010.12.9. 선고 2010도12928 판결; 대법원 2009.10.15. 선고 2009도7459 판결; 대법원 2000.7.7. 선고 2000도1899 판결; 대법원 2007.10.25. 선고 2007도6241 판결; 대법원 2007.10.11. 선고 2007도6012 판결; 대법원 2007.1.25. 선고 2006도7470 판결; 대법원 2005.10.28. 선고 2005도5774 판결; 대법원 2000.7.7. 선고 2000도1899 판결; 대법원 1995.3.24. 선고 95도203 판결; 대법원 1986.2.25. 선고 85도2748 판결; 대법원 1985.5.14. 선고 80도2973 판결; 대법원 1982.6.22. 선고 82도777 판결.

338) 대법원 2017.10.26. 선고 2017도10601 판결; 대법원 2015.11.26. 선고 2015도3012 판결; 대법원 2000.7.7. 선고 2000도1899 판결; 대법원 1995.3.24. 선고 95도203 판결; 대법원 1986.2.25. 선고 85도2748 판결.

339) 대법원 2009.1.15. 선고 2006도6687 판결.

340) 대법원 2008.2.29. 선고 2006도5945 판결.

341) 대법원 2005.9.15. 선고 2005도5215 판결; 대법원 1997.7.25. 선고 97도1095 판결.

342) 대법원 2003.12.26. 선고 2003도4914 판결.

343) 대법원 1994.10.21. 선고 94도2048 판결.

않는 결과가 되었다 하더라도 이미 성립한 사기죄에는 아무런 영향이 없다.[344] 피해자가 피고인의 기망에 의하여 운송면허를 양수하고 그 대가를 지급한 이상 그 대가를 반환받을 수 있다고 하여도 재산상 손해는 이미 발생한 것이라고 할 것이다.[345] 채무청산위원회가 채무자의 채무정산을 위하여 여러 채권자들로부터 채권신고를 받아 채무자소유의 재산을 처분한 금원을 가지고 각 채권액비율에 따라 배당변제키로 한 경우에 채무청산위원회의 위원인 피고인이 일부채권의 채권증서를 변조하여 채권액을 허위로 증액시킴으로써 그 증액된 만큼에 상당한 배당금을 취득하려고 하였다면, 허위로 증액시킨 금액이 피고인이 채권액을 밑돈다 하더라도 이는 증액된 채권액이 정당한 채권액인 것처럼 가장하여 다른 채권자들을 기망, 오신케 하고 이로 인하여 증액된 만큼의 비율에 의한 배당을 받아 이를 편취하고자 한 것이므로 사기죄의 성립에 아무런 영향이 없다.[346]

본죄를 부정한 판례의 구체적 내용은 다음과 같다. 즉,

피고인이 피해자에게 백미 100가마를 변제한다고 말하면서 10가마의 백미보관증을 100가마의 보관증이라고 속여 교부하고 한문판독능력이 없는 피해자가 이를 100가마의 보관증으로 믿고 교부받았다고 하더라도 나머지 90가마의 채무가 소멸할 리 없고 피고인이 위 채무를 면탈하였다고 할 수 없어 이로 인하여 재산상의 이익을 취득하였다고 할 수 없을 것이므로 이익사기죄에 해당한다고 할 수 없다.[347] 채권자들로부터 채무의 변제 또는 담보제공을 심하게 독촉받자 그러한 급한 상황에서 풀려 나오려는 의도에서 공소외인으로부터 환매권을 양수받은 사실이 없어 처분권이 없는 부동산 등에 대해서 환매권양도계약을 체결해준 것 뿐이라면 그것만으로 채권자들에 대한 채무를 확정적으로 면제받은 것이라고 볼 수 없어 위 채권자들에 대한 사기죄를 구성하지 않는다.[348] 수출쿼터 양도대금 내지 수출대행료가 기망행위에 의하여 교부된 이상 피고인이 위조된 서류에 의한 것이기는 하나 피해자들의 의류수출대행을 아무런 사고없이 완료해 줌으로써 피해자들에게 재산상의 손해가 없었다 하더라도 사기죄가 성립한다.[349] 자기의 채권자에 대한 채무이행으로 채권을 양도하였다 하더라도 위 채권이 존재하지 않는다면 이를 양도하였다 하여 권리이전의 효력을 발생할 수 없는 것이고 따라서 채권자에 대한 기존의 채무도 소멸하는 것이 아니므로 채무면탈의 효과도 발생할 수 없어 위 채권의 양도로써 재산상의 이득을 취하였다고는 볼 수 없으므로 사기죄는 성립하지 않는다.[350] 수출물품수령증은 피고인이 경영하는 직물공업사가 공소외 회사의 의뢰에 의하여 개설받은 내국신용장 개설은행에 매입시키기 위하여 반드시 첨부해야 될 필요불가결의 증서임이 분명하여 그 한도내에서 경제적 가치와 재물성이 있다고 볼 수 있으므로 사기죄의 객체가 되며, 피해자가 이를 피고인에게 교부함으로 인하여 현실적인 금전상 손해를 입은바 없다 하더라도 피해자에게는 수령증의 교부자체에 의하여 손해가 발생한다고 보아야 할 것이므로 피고인이 위 수출물품수령증의 교부와 관련하여 피해자에게 발생할지도 모르는 금전적 손해에 대하여 상당한 담보를 제공하였다 하여 손해가 발생하지 않는 경우라 볼 수 없다.[351] 치료비채무의 이행을 모면하기 위하여 피고인이 거짓말을 하고 입원환자(처)와 함께 병원을 빠져 나와 도주하였다 하여도 그것

344) 대법원 1988.2.9. 선고 87도58 판결.
345) 대법원 1984.12.26. 선고 84도1936 판결.
346) 대법원 1982.12.14. 선고 82도2357 판결.
347) 대법원 1990.12.26. 선고 90도2037 판결.
348) 대법원 1986.7.22. 선고 86도681 판결.
349) 대법원 1985.5.14. 선고 80도2973 판결.
350) 대법원 1985.3.12. 선고 85도74 판결.
351) 대법원 1982.9.28. 선고 82도1656 판결.

만으로서는 피고인이 위 치료비의 지급채무를 면탈받은 것은 아니라 할 것이므로 사기죄가 될 수 없다.352)

ⓒ 검 토 본죄는 재산죄의 일종이기 때문에 피해자에게 재산상의 손해가 발생할 것을 요한다. 또 본죄를 침해범이라고 하는 한 본죄는 손해의 발생을 요한다고 해석된다. 문제는 사기취재죄의 경우에 있다. 사기취재죄는 재물의 교부나 취득에 의하여 기수로 되지만, 그렇다면 손해발생의 요건이 무엇인가가 문제되지 않을 수 없기 때문이다. 사기죄를 오로지 전체재산에 대한 죄로 해석하는 경우 재물에 대한 점유의 이전이 전체재산에 대한 감소를 초래하지 않는 한 손해가 존재하지 않는다고 해석된다. 그러나 사기죄를 개별재산에 대한 죄로 해석하는 한 재물의 상실이나 재산상의 이익의 상실 자체도 손해가 존재하는 것으로 해석된다.

ii. 손해의 의미와 범위 본죄가 손해의 발생을 요한다고 해석하는 경우에도 그 손해의 의미와 범위가 문제되지 않을수 없다. 이에 대하여는 다툼이 있다.

㉠ 학 설 손해의 의미와 범위와 관련하여 손해의 판단기준에 대한 견해는 대립하고 있다. 제1설은 전체재산설이다. 사기죄를 전체재산에 대한 범죄로 파악한다. 처분 전후의 피해자의 재산상태를 비교하여 그것이 감소된 때에 재산상의 손해가 있다고 하게 된다. 제2설은 개별재산설이다. 사기죄를 개별재산에 대한 범죄로 파악한다. 상당한 대가를 지불한 경우에도 사기죄의 성립에는 변함이 없다고 한다.

㉡ 판 례 판례는 학설과는 달리 개별재산설의 입장이라고 해석된다. 대법원은 "사기죄에 있어서는 피기망자의 착오에 의한 재물의 교부 자체가 재산상 손해에 해당하는 것으로서 이 밖에 피해자의 전체 재산의 감소를 필요로 하지 않는다"고 판시한 바 있다.353)

본죄에 있어서 그 대가가 일부 지급된 경우에도 그 편취액은 피해자로부터 교부된 금원으로부터 그 대가를 공제한 차액이 아니라 교부받은 금원 전부이다.354) 재물을 편취한 후 현실적인 자금의 수수 없이 형식적으로 기왕에 편취한 금원을 새로이 장부상으로만 재투자하는 것으로 처리한 경우, 그 재투자금액은 이를 편취액의 합산에서 제외하여야 한다.355)

손해를 긍정한 판례의 구체적 내용은 다음과 같다. 즉,

'편취금액으로 조성된 럭키스타의 공유자금이 먼저 판매원이 된 사람들에게 장려금으로 지급되어 소진되는 바람에 나중에 판매원이 된 사람들에게 지급되지 못한 것일 뿐 피고인이 이를 개인적으로 취득하여 소비한 것이 아니므로 이 사건은 사기죄가 성립할 수 없다'는 취지의 상고이유 주장은 받아들일 수 없다.356) 이 사건 수출물품수령증은 피고인이 경영하는 직물공업사가 공소외 회사

---

352) 대법원 1970.9.22. 선고 70도1615 판결.

353) 대법원 1984.12.26. 선고 84도1936 판결.

354) 대법원 2018.4.12. 선고 2017도21196 판결; 대법원 2017.12.22. 선고 2017도12649 판결; 대법원 2017.10.26. 선고 2017도10601 판결; 대법원 2011.11.24. 선고 2009도980 판결; 대법원 2007.10.25. 선고 2007도6241 판결; 대법원 2007.10.11. 선고 2007도6012 판결; 대법원 2007.1.25. 선고 2006도7470 판결; 대법원 2005.10.28. 선고 2005도5774 판결; 대법원 2000.7.7. 선고 2000도1899 판결; 대법원 1995.3.24. 선고 95도203 판결.

355) 대법원 2007.1.25. 선고 2006도7470 판결.

의 의뢰에 의하여 개설받은 내국신용장 개설은행에 매입시키기 위하여 반드시 첨부해야 될 필요불가결의 증서임이 분명하여 그 한도내에서 경제적 가치와 재물성이 있다고 볼 수 있으므로 사기죄의 객체가 되며, 피해자가 이를 피고인에게 교부함으로 인하여 현실적인 금전상 손해를 입은바 없다 하더라도 피해자에게는 수령증의 교부자체에 의하여 손해가 발생한다고 보아야 할 것이므로 피고인이 위 수출물품수령증의 교부와 관련하여 피해자에게 발생할지도 모르는 금전적 손해에 대하여 상당한 담보를 제공하였다 하여 손해가 발생하지 않는 경우라 볼 수 없다.[357]

㉢ 검 토 본죄는 전술한 바와 같이 사기취재죄와 사기이득죄로 나누어질 수 있다. 전자의 경우에는 재물을 대상으로 하기 때문에 후자와는 달리 재물은 각개가 개별적인 가치를 가진다고 할 수 있다. 따라서 전체재산상으로는 감소가 없더라도 특정한 재물의 감소는 그것이 곧 손해가 된다고 할 수 있다. 이러한 의미에서 전술한 바와 같이 '사기죄의 본질은 기망에 의한 재물이나 재산상 이득의 취득에 있는 것이고 이로써 상대방의 재산이 침해되는 것'이라는 판례의 입장을 어느 정도 이해할 수 있다.

생각건대 본죄는 재산죄로서 침해범이기 때문에 피기망자측에서의 본죄는 결과에 있어서는 손해발생을 요한다는 필요설이 합당하다고 해석된다. 나아가 손해의 판단기준에 있어서는 사기취재죄의 경우도 고려하여 개별재산설이 또 합당하다고 해석된다. 결국 본죄가 성립하기 위해서는 피기망자측에게는 재산상의 손해의 발생을 요하지만, 사기취재죄의 경우에는 전체재산에 감소가 없더라도 재물의 교부 그 자체가 손해로 인정되는 한 재물의 교부만으로도 족하다고 해석된다.

⑤ 인과관계

ⓘ 의 의 본죄는 타인을 기망하여 착오에 빠뜨리고 처분행위를 유발하여 재물을 교부받거나 재산상 이익을 얻음으로써 성립하는 범죄이다. 따라서 본죄가 성립하기 위해서는 기망자측의 기망행위, 그로 인한 피기망자측의 착오와 그에 따른 처분행위, 그 결과로서 기망자측의 재물이나 재산상 이익의 취득 및 피기망자측의 손해의 발생이라는 일련의 순차적인 과정중에서 인과관계가 연쇄적으로 이어져야 한다.[358]

기망행위가 착오의 유일한 원인일 것은 요하지 않는다. 착오에 대하여 피해자의 과실이

---

356) 대법원 2007.10.25. 선고 2007도6241 판결.

357) 대법원 1982.9.28. 선고 82도1656 판결.

358) 대법원 2017.12.5. 선고 2017도14423 판결; 대법원 2017.9.26. 선고 2017도8449 판결; 대법원 2017.8.29. 선고 2016도18986 판결; 대법원 2017.2.16. 선고 2016도13362 전원합의체 판결(다수의견); 대법원 2014.2.27. 선고 2013도9669 판결; 대법원 2012.6.28. 선고 2012도4773 판결; 대법원 2011.10.13. 선고 2011도8829 판결; 대법원 2009.6.23. 선고 2008도1697 판결; 대법원 2008.2.28. 선고 2007도10416 판결; 대법원 2008.8.21. 선고 2007도8726 판결; 대법원 2007.11.16. 선고 2007도3475 판결; 대법원 2005.11.24. 선고 2005도7481 판결; 대법원 2003.10.10. 선고 2003도3516 판결; 대법원 2001.4.27. 선고 99도484 판결; 대법원 2000.6.27. 선고 2000도1155 판결; 대법원 1998.6.23. 선고 98도903 판결; 대법원 1994.5.24. 선고 93도1839 판결; 대법원 1991.1.15. 선고 90도2180 판결; 대법원 1991.1.11. 선고 90도2180 판결; 대법원 1989.7.11. 선고 89도346 판결; 대법원 1987.10.26. 선고 87도1042 판결; 대법원 1987.7.21. 선고 86도748 판결; 대법원 1983.8.23. 선고 82다카1085 판결; 대법원 1982.2.9. 선고 81도944 판결; 대법원 1981.10.13. 선고 81도2129 판결; 대법원 1982.10.12. 선고 82도1888 판결; 대법원 1981.7.28. 선고 81도529 판결; 대법원 1979.8.14. 선고 78도1808 판결; 대법원 1966.10.18 선고 66도806 판결.

경합하였다고 하여 인과관계가 부정되는 것도 아니다. 연속적인 인과관계에 단절이 존재하는 경우에는 미수에 그치게 된다. 연민의 정 등에서 재물이 교부된 경우에도 마찬가지이다. 다만 처분행위로 인하여 직접 재산상의 손해가 발생해야 한다는 처분효과의 직접성(處分效果의 直接性)이나 행위자가 얻은 재산상의 이익은 피해자가 입은 재산상의 손해에서 직접 비롯된 것이어야 한다는 자료의 동일성(資料의 同一性, Stoffgleichkeit) 등은 양자 사이의 인과관계를 특히 강조하는 의미로 이해될 수 있다.

ⅱ 판단기준 　어떠한 행위가 타인을 착오에 빠지게 한 기망행위에 해당하는지 및 그러한 기망행위와 재산적 처분행위 사이에 인과관계가 있는지는 거래의 상황, 상대방의 지식, 성격, 경험, 직업 등 행위 당시의 구체적 사정을 고려하여 일반적·객관적으로 판단하여야 한다.[359] 피해자가 법인이나 단체인 경우에 기망행위로 인한 착오, 인과관계 등이 있었는지는 법인이나 단체의 대표 등 최종 의사결정권자 또는 내부적인 권한 위임 등에 따라 실질적으로 법인의 의사를 결정하고 처분을 할 권한을 가지고 있는 사람을 기준으로 판단하여야 한다.[360]

인과관계를 긍정한 판례의 구체적 내용은 다음과 같다. 즉,

> 피고인의 국유재산법 위반행위로 말미암아 전득자들이 매매목적물인 국유지에 대한 권리를 확보하지 못할 위험이 생길 수도 있다는 사정은 전득자들의 입장에서 볼 때 전매계약의 체결 여부를 결정짓는 매우 중요한 요소라 할 것이므로 피고인은 신의성실의 원칙상 전득자들에게 이를 고지할 의무가 있다 하겠고, 그럼에도 불구하고 피고인이 매수인인 전득자에게 그와 같은 사정을 고지하지 아니하였다면 이는 사기죄의 구성요건인 기망행위에 해당하는 것이며, 피해자인 전득자가 그와 같은 사정 때문에 그 전매행위가 무효로 될지도 모른다는 사실을 사전에 알았더라면 그 전매계약에 임하지 않았으리라는 점은 경험칙상 쉽게 추측할 수 있다 하겠으므로 피고인의 기망행위와 피해자의 매수행위 사이에는 인과관계가 있다고 보아야 한다.[361] 피고인은 동일한 부동산을 피해자와 함께 매수하면서 매도인과 공모하여, 사실은 그 부동산의 평당 매수단가를 피해자보다 싸게 매수하면서도 피해자에게는 자신이 마치 피해자와 같은 값으로 매수하는 것처럼 말하여 피해자를 착오에 빠뜨려 그 부동산을 비싼 값에 매수케 하고, 그 매매차액을 분배, 교부받은 경우 이는 사기죄의 구성요건인 기망행위에 해당한다고 할 것이고, 위 피해자가 만일 동일한 부동산을 피고인과 함께 매수하면서 피고인의 평당 매수단가 보다 비싸게 매수한다는 사실을 사전에 알았더라면 그 매매계약에 임하지 않았으리라는 점은 경험법칙상 쉽게 추측할 수 있다 하겠으므로, 피고인의 위 기망행위와 피해자의 매수행위 사이에 인과관계가 있다고 보아야 한다.[362]

인과관계를 부정한 판례의 구체적 내용은 다음과 같다. 즉,

> 피해자 법인이나 단체의 대표자 또는 실질적으로 의사결정을 하는 최종결재권자 등이 기망행위자와 동일인이거나 기망행위자와 공모하는 등 기망행위임을 알고 있었던 경우에는 기망행위로 인한 착오가 있다고 볼 수 없고, 재물 교부 등의 처분행위가 있었더라도 기망행위와 인과관계가 있다

---

359) 대법원 2014.2.27. 선고 2013도9669 판결; 대법원 2011.10.13. 선고 2011도8829 판결.
360) 대법원 2017.9.26. 선고 2017도8449 판결; 대법원 2017.8.29. 선고 2016도18986 판결.
361) 대법원 1994.10.21. 선고 94도2048 판결.
362) 대법원 1992.3.10. 선고 91도2746 판결.

고 보기 어렵다. 이러한 경우에는 사안에 따라 업무상횡령죄 또는 업무상배임죄 등이 성립하는 것은 별론으로 하고 사기죄가 성립한다고 볼 수 없다.[363] 갑 주식회사의 실질적 운영자이자 을 주식회사의 대표이사인 피고인 병 및 피고인 정 등이 공모하여, 갑 회사가 시행하고 을 회사가 시공하는 아파트 중 임대아파트 부분의 신축과 관련하여 국민주택기금의 기금수탁자인 무 은행에 국민주택기금을 재원으로 한 임대주택건설자금 대출을 신청하면서 아파트 부지의 매매가격을 부풀린 매매계약서 등을 제출하는 방법으로 무 은행을 기망하여 국민주택기금 대출금을 편취하였다는 내용으로 기소된 사안에서, 무 은행은 '호당 대출금액'과 임대아파트 세대수를 기준 삼아 전체 대출금액을 정하였고, '호당 대출금액'은 '호당 주택가격', 즉 '호당 부지가격'과 '호당 건물가격'을 기초로 산정되는데, '호당 건물가격'은 무 은행이 정한 표준건축비 단가를 적용하여 산정되므로 아파트 부지의 가치와는 무관하고 허위 매매계약서 등에 의하여 영향을 받을 수 있는 부분은 '호당 부지가격'뿐이며, '호당 부지가격'은 무 은행이 정한 '사정가격'에 의하여 정해지는데, 무 은행은 별도의 감정평가법인이 정한 감정평가액을 기초로 '사정가격'을 결정하였고, 감정평가액이 피고인들의 행위로 부당하게 높게 산정되었다는 점에 대한 증명이 부족하여 무 은행이 담보가치 평가를 그르쳐 적정 담보가치를 반영하지 못한 '사정가격'을 결정하였다고 단정하기 어려우므로, 피고인들이 아파트 부지의 매매가격을 부풀린 매매계약서 등을 제출한 행위와 무 은행의 대출 사이에 인과관계가 존재한다고 보기 어렵다.[364] 법인이 임대주택용지 분양신청을 함에 있어서 분양신청자 중의 추첨대상자에 들기 위하여 법인의 대표이사 개인의 허위 건축실적증명을 첨부한 경우 기망행위와 처분행위사이의 인과관계가 없어 사기죄를 구성하지 않는다.[365] 사기미수죄는 재물을 교부받거나 재산상의 이익을 취득하기 위하여 상대방을 착오에 빠뜨리려는 기망수단을 사용한 사실이 있으면 족하고 상대방이 착오에 빠지지 아니하여 그 목적을 이루지 못하면 사기미수죄를 구성하는 것이므로 피고인이 이미 전에 금원을 편취당한 바 있던 피해자에게 다시 금원차용을 요구한 소위는 사기미수죄에 해당한다.[366] 매매계약과 그 이행에 아무런 영향이 없었다면 위 학교법인은 피고인들의 위와 같은 방법에 의한 전매사실을 알았다하여 그들과 그 매매계약을 체결하지 아니하였으리라고는 인정되지 아니하니 피고인들의 위 기망행위와 위 법인의 처분행위 사이에 인과관계가 없다.[367]

2) 주관적 구성요건

본죄는 주관적 구성요건에 있어서도 기망자측의 요건과 피기망자측의 요건으로 나누어 검토할 필요가 있다.

① 기망자

ⓘ 고 의 본죄는 고의범이다. 본죄의 고의는 인식적 요소로서 기망행위, 피기망자의 착오와 처분행위, 손해의 발생과 그 사이의 인과관계에 관한 인식을 요한다.[368] 피해자에게 손해를 가하려는 목적을 필요로 하지는 않지만 적어도 타인의 재물 또는 이익을 침해한다는 의사와 피기망자로 하여금 어떠한 처분을 하게 한다는 의사는 있어야 한다.[369] 기망에 대한

363) 대법원 2017.9.26. 선고 2017도8449 판결; 대법원 2017.8.29. 선고 2016도18986 판결.
364) 대법원 2016.7.14. 선고 2015도20233 판결.
365) 대법원 1994.5.24. 선고 93도1839 판결.
366) 대법원 1988.3.22. 선고 87도2539 판결.
367) 대법원 1985.5.14. 선고 84도2751 판결.
368) 대법원 1987.7.21. 선고 86도748 판결.

인식이 없는 단순한 채무불이행은 본죄를 구성하지 않는다. 고의는 확정적인 고의가 아닌 미필적 고의로도 족하다.[370] 고의의 성립여부는 행위 당시를 기준으로 판단하여야 한다.[371]

소송사기가 성립하기 위하여는 제소 당시에 그 주장과 같은 채권이 존재하지 아니한다는 것만으로는 부족하고, 그 주장의 채권이 존재하지 아니하는 사실을 잘 알면서도 허위의 주장과 입증으로써 법원을 기망한다는 인식을 하고 있어야만 한다.[372] 소송상 주장이 다소 사실과 다르더라도 존재한다고 믿는 권리를 이유 있게 하기 위한 과장표현에 지나지 아니하는 경우 사기의 고의가 있다고 볼 수 없다.[373]

고의는 피고인이 자백하지 않는 이상 범행 전후 피고인의 재력, 환경, 범행의 내용, 거래의 이행과정 등과 같은 객관적인 사정 등을 종합하여 판단할 수밖에 없다.[374]

고의를 긍정한 판례의 구체적인 내용은 다음과 같다. 즉,

> 민사상 금전대차관계에서 채무불이행 사실을 가지고 바로 차용금 편취의 고의를 인정할 수는 없으나 피고인이 확실한 변제의 의사가 없거나 또는 차용 시 약속한 변제기일 내에 변제할 능력이 없는데도 변제할 것처럼 가장하여 금원을 차용한 경우에는 편취의 고의를 인정할 수 있다.[375] 피고

---

369) 대법원 1998.4.24. 선고 97도3054 판결.

370) 대법원 2016.1.14. 선고 2015도9497 판결; 대법원 2014.11.27. 선고 2014도3775 판결; 대법원 2009.6.23. 선고 2008도1697 판결; 대법원 2009.2.26. 선고 2007도1214 판결; 대법원 2008.8.21. 선고 2007도8726 판결; 대법원 2008.3.27. 선고 2008도443 판결; 대법원 2008.2.28. 선고 2007도10416 판결; 대법원 2008.1.18. 선고 2007도8781 판결; 대법원 2006.6.27. 선고 2006도2864 판결; 대법원 2005.11.24. 선고 2005도7481 판결; 대법원 1997.12.26. 선고 97도2609 판결; 대법원 1996.5.28. 선고 95도857 판결; ; 대법원 1994.10.21. 선고 94도2048 판결.

371) 대법원 2003.1.24. 선고 2002도5265 판결; 대법원 1999.7.23. 선고 99도1682 판결; 대법원 1998.3.10. 선고 98도180 판결; 대법원 1997.4.11. 선고 97도249 판결; 대법원 1996.3.26. 선고 95도3034 판결; 대법원 1985.7.23. 선고 85도754 판결.

372) 대법원 2009.12.10. 선고 2009도9982 판결; 대법원 2004.6.24. 선고 2002도4151 판결; 대법원 2004.3.12. 선고 2003도333 판결.

373) 대법원 2004.6.25. 선고 2003도7124 판결; 대법원 2004.3.25. 선고 2003도7700 판결; 대법원 2003.2.11. 선고 2002도6851 판결; 대법원 1994.10.25. 선고 94도1819 판결; 대법원 1992.4.10. 선고 91도2427 판결.

374) 대법원 2018.8.1. 선고 2017도20682 판결; 대법원 2017.11.9. 선고 2016도12460 판결; 대법원 2017.8.24. 선고 2017도7768 판결; 대법원 2016.1.14. 선고 2015도9497 판결; 대법원 2015.7.23. 선고 2015도2255 판결; 대법원 2014.11.27. 선고 2014도3775 판결; 대법원 2014.5.16. 선고 2013도12003 판결; 대법원 2013.8.23. 선고 2012도6011 판결; 대법원 2012.5.10. 선고 2010도6659 판결; 대법원 2011.6.30. 선고 2011도1651 판결; 대법원 2009.10.15. 선고 2009도7459 판결; 대법원 2009.6.23. 선고 2008도1697 판결; 대법원 2009.6.11. 선고 2009도794 판결; 대법원 2009.4.9. 선고 2008도11718 판결; 대법원 2009.2.26. 선고 2007도1214 판결; 대법원 2008.9.25. 선고 2008도5618 판결; 대법원 2008.8.21. 선고 2007도8726 판결; 대법원 2008.3.27. 선고 2008도443 판결; 대법원 2008.2.28. 선고 2007도10416 판결; 대법원 2008.2.14. 선고 2007도10770 판결; 대법원 2008.1.18. 선고 2007도8781 판결; 대법원 2007.4.27. 선고 2006도8418 판결; 대법원 2006.11.23. 선고 2006도6795 판결; 대법원 2006.6.27. 선고 2006도2864 판결; 대법원 2005.11.24. 선고 2005도7481 판결; 대법원 2005.10.14. 선고 2005도12 판결; 대법원 2005.9.15. 선고 2003도5382 판결; 대법원 2005.3.24. 선고 2004도8651 판결; 대법원 2004.12.10. 선고 2004도3515 판결; 대법원 2004.10.15. 선고 2003도3472 판결; 대법원 2004.8.20. 선고 2003도5835 판결; 대법원 2004.5.14. 선고 2004도74 판결; 대법원 2002.6.28. 선고 2002도1376 판결; 대법원 2000.12.22. 선고 2000도5258 판결; 대법원 1998.1.20. 선고 97도2630 판결; 대법원 1997.12.26. 선고 97도2609 판결; 대법원 1996.5.28. 선고 95도857 판결; 대법원 1996.5.14. 선고 96도481 판결; 대법원 1996.3.26. 선고 95도3034 판결; 대법원 1995.4.25. 선고 95도424 판결; 대법원 1994.10.21. 선고 94도2048 판결; 대법원 1990.11.13. 선고 90도1218 판결; 대법원 1987.7.7. 선고 85도2662 판결; 대법원 1985.3.12. 선고 84도93 판결; 대법원 1984.9.25. 선고 84도312 판결.

인이 피해자에게 불행을 고지하거나 길흉화복에 관한 어떠한 결과를 약속하고 기도비 등의 명목으로 대가를 교부받은 경우에 전통적인 관습 또는 종교행위로서 허용될 수 있는 한계를 벗어났다면 사기죄에 해당한다.[376] 기업구매전용카드를 사용한 거래에서 판매기업(가맹점)이 카드회사로부터 금원을 교부받을 당시 구매기업(회원)이 카드회사에 전송한 납품내역이 허위로 작성된 것임을 고지하지 아니한 채 대금을 청구하였고, 카드회사가 전송받은 납품내역에 기재된 것과 같은 판매기업의 용역제공이 실제로 있는 것으로 오신하여 그 대금 상당의 금원을 교부한 경우, 카드회사가 판매기업의 용역제공을 가장한 허위 내용의 납품내역에 의한 대금청구에 대하여는 이를 거절할 수 있는 등 납품내역이 허위임을 알았더라면 판매기업에 그 대금의 지급을 하지 아니하였을 관계가 인정된다면, 판매기업이 용역제공을 가장한 허위의 납품내역임을 고지하지 아니한 채 카드회사에 대금을 청구한 행위는 사기죄의 실행행위로서의 기망행위에 해당하고, 판매기업에 이러한 기망행위에 관한 범의가 있었다면, 비록 당시 그 운영자에게 카드 이용대금을 변제할 의사와 능력이 있었다고 하더라도 사기죄의 범의가 있었음이 인정되어 사기죄가 성립한다.[377] 자동차보험의 진료수가는 관련 법령이 정한 절차에 따라 결정 · 지급되는 것으로서, 보험회사가 임의로 의료기관의 지급청구내역이나 금액을 삭감할 수 없고, 보험회사의 부당한 감액조치에 대하여는 의료기관이 진료수가분쟁심의회에 심사를 청구할 수 있는 것인 바, 그럼에도 불구하고 의료기관이 청구한 진료수가내역을 보험회사가 삭감할 것을 미리 예상하고 그만큼 허위로 과다하게 진료수가를 청구하였다면, 허위로 과다하게 청구한 부분에 대한 편취의사 및 불법영득의사가 있었다고 보아야 할 것이다.[378] 어음할인의 방법으로 금원을 교부받은 경우에는 어음이 지급기일에 결제되지 않으리라는 점을 예견하였거나 지급기일에 지급될 수 있다는 확신이 없으면서도 그러한 내용을 수취인에게 고지하지 아니하고 이를 속여서 할인을 받았다면 사기죄가 성립한다고 할 것이다.[379] 피고인은 컴퓨터 관련 장비를 납품할 목적으로 수개의 회사를 설립하여 그 중 하나의 회사가 부당거래업체로 지정되면 다른 회사 명의로 낙찰을 받아 납품하여 왔고, 낙찰이 되어도 직접 납품할 능력이나 자금력이 부족하여 하청업체에 대납을 시키면서 무리하게 사업을 운영하였으며, 이 사건 피해자들로부터 컴퓨터 관련 장비 등을 납품받거나 금원을 차용할 당시에도 관공서 등으로부터 지급받은 납품대금을 기존의 차용금채무 또는 물품대금채무의 변제에 돌려막기 식으로 사용하는 등 자금부족 상태에 있어 피해자들에게 그 납품대금을 변제하거나 변제계획을 세우기 어려웠음에도 불구하고, 판시와 같은 방법으로 이를 납품받았다는 이유로, 피고인에게 편취의 범의가 있었다고 판단하였는 바, 위와 같은 법리 및 기록에 비추어 살펴보면, 원심의 증거취사와 사실인정 및 판단은 수긍할 수 있고, 거기에 상고이유에서 주장하는 바와 같은 채증법칙 위반으로 인한 사실오인 또는 사기죄에 있어서의 편취의 범의에 관한 법리오해의 위법 등이 있다고 할 수 없다.[380] 신용카드사용으로 인한 신용카드업자의 금전채권을 발생케 하는 행위는 카드회원이 신용카드업자에 대하여 대금을 성실히 변제할 것을 전제로 하는 것이므로, 카드회원이 일시적인 자금궁색 등의 이유로 그 채무를 일시적으로 이행하지 못하게 되는 상황이 아니라 이미 과다한 부채의 누적 등으로 신용카드 사용으로 인한 대출금채무를 변제할 의사나 능력이 없는 상황에 처하였음에도 불구하고 신용카드를 사용하였다

375) 대법원 2018.8.1. 선고 2017도20682 판결.
376) 대법원 2017.11.9. 선고 2016도12460 판결; 대법원 2008.2.14. 선고 2007도10917 판결.
377) 대법원 2013.7.26. 선고 2012도4438 판결; 대법원 1999.2.12. 선고 98도3549 판결.
378) 대법원 2008.2.29. 선고 2006도5945 판결; 대법원 2005.9.28. 선고 2005도1876 판결.
379) 대법원 2008.2.28. 선고 2007도10416 판결; 대법원 2006.6.27. 선고 2006도2864 판결; 대법원 2005.11.24. 선고 2005도7481 판결; 대법원 1997.12.26. 선고 97도2609 판결.
380) 대법원 2006.6.27. 선고 2006도2864 판결.

면, 사기죄에 있어서 기망행위 내지 편취의 범의를 인정할 수 있다 할 것이다.[381] 빌딩을 경락받은 피고인들이 점포를 분양하면서 수분양자들 명의로 분양 중도금의 집단적 대출을 받을 당시 충분한 금액의 근저당권이 설정되어 있었으나, 수분양자들과의 비정상적인 이면약정과 같은 담보가치의 평가에 중요한 사항을 대출 금융기관에 알리지 않은 점 등의 사정이 있다면 충분한 담보를 제공한 것으로 볼 수 없어 편취의 범의가 인정된다.[382] 타인으로부터 금전을 차용함에 있어서 그 차용한 금전의 용도나 변제할 자금의 마련방법에 관하여 사실대로 고지하였더라면 상대방이 응하지 않았을 경우에 그 용도나 변제자금의 마련방법에 관하여 진실에 반하는 사실을 고지하여 금전을 교부받은 경우에는 사기죄가 성립하고, 이 경우 차용금채무에 대한 담보를 제공하였다는 사정만으로는 결론을 달리 할 것은 아니다.[383] 어음이 지급기일에 결제되지 않으리라는 점을 예견하였거나 지급기일에 지급될 수 있다는 확신이 없으면서도 그러한 내용을 수취인에게 고지하지 아니하고 이를 속여서 할인을 받았다면 사기죄가 성립한다.[384] 계속적인 금전거래나 대차관계를 가지고 있으면서 일시적인 자금궁색 등의 이유로 채무를 이행하지 못하게 되었다면 그러한 결과만으로 금전차용자의 행위가 편취의 범의에서 비롯된 것이라고 단정할 수는 없고 또한 금전차용에 있어서 단순히 차용금의 진실한 용도를 고지하지 아니하였다는 것만으로 사기죄가 성립된다 할 수 없으나, 이미 과다한 부채의 누적으로 변제의 능력이나 의사마저 극히 의심스러운 상황에 처하고서도 이러한 사실을 숨긴 채 피해자들에게 사업에의 투자로 큰 이익을 볼 수 있다고 속여 금전을 차용한 후 이를 주로 상환이 급박해진 기존채무 변제를 위한 용도에 사용한 사실이 인정된다면 금전차용에 있어서 편취의 범의가 있었다고 볼 수 있다.[385] 피고인이 재력이 별로 없이 무리하게 연립주택의 건축을 떠맡아 일체의 공사자금을 다른 사람들로부터 조달하여 공사를 하다가 채무초과 상태가 되어 목적물로 모두 채권담보의 목적으로 제3자들 앞으로 가등기가 경료 되거나 이중으로 분양계약이 체결되어 담보권의 실행을 위하여 채권자들에게 각 그 가등기에 기한 본등기절차를 이행하거나 위 분양계약에 기한 소유권이전등기절차을 이행하고 목적물도 명도하여 주어야 할 형편에 처해 있었음에도 이러한 사정을 숨기고 피해자들과 분양계약을 다시 체결하거나 임대차(전세)계약을 체결하고 그 후 피해자인 수분양자나 전세입주자들은 가등기에 기한 본등기를 마친 채권자나 권리를 주장하는 앞서의 수분양자들로부터 가옥명도청구 등을 다하여 법적 불안상태에 빠져 있었음에도 피고인으로서는 이를 수습할 길이 없었다면 피고인은 분명 대금이나 전세금을 편취할 범의가 있었다고 보아야 한다.[386] 민사상의 금전대차관계에서 그 채무를 불이행하였다 하여 곧바로 차용금편취의 범의를 인정할 수 없으나, 확실한 변제의사가 없거나 약속한 변제기일에 변제할 능력과 뜻이 없음에도 불구하고 제때에 변제할 것처럼 속여 금원을 차용하거나 가계수표 등 유가증권을 교부받은 경우에는 편취의 범의를 인정할 수 있다.[387] 변제의 의사가 없거나 약속한 변제기일내에 변제할 능력이 없음에도 불구하고 변제할 것처럼 가장하여 금원을 차용하거나 물품을 구입한 경우에는 편취의 범의를 인정할 수 있다.[388] 민사상의 금전대차관계에서 그 채무불이행 사실을 가지고

381) 대법원 2006.3.24. 선고 2006도282 판결; 대법원 2005.8.19. 선고 2004도6859 판결.
382) 대법원 2006.2.23. 선고 2005도8645 판결.
383) 대법원 2005.9.15. 선고 2003도5382 판결.
384) 대법원 1997.12.26. 선고 97도2609 판결; 대법원 1997.7.25. 선고 97도1095 판결; 대법원 1993.7.27. 선고 93도1408 판결.
385) 대법원 1993.1.15. 선고 92도2588 판결.
386) 대법원 1990.11.13. 선고 90도1218 판결.
387) 대법원 1987.9.22. 선고 87도1605 판결.
388) 대법원 1986.9.9. 선고 86도1227 판결; 대법원 1983.8.23 선고 83도1048 판결.

바로 차용금 편취의 범의를 인정할 수는 없으나 피고인이 확실한 변제의 의사가 없거나 또는 차용시 약속한 변제기일내에 변제할 능력이 없음에도 불구하고 변제할 것처럼 가장하여 금원을 차용한 경우에는 편취의 범의를 인정할 수 있다.[389] 피고인이 경영하던 기업이 과다한 금융채무부담, 덤핑판매로 인한 재무구조악화 등으로 특별한 금융혜택을 받지 않는 한 도산이 불가피한 상황에 이르렀는데 피고인이 특별한 금융혜택을 받을 수 없음에도 위 상황을 숨기고 대금지급이 불가능하게 될 가능성을 충분히 인식하면서 피해자로부터 생산자재용 물품을 납품받았다면 편취의 미필적 범의가 인정된다.[390] 선일자수표를 발행함에 있어 지급기일에 입금될 수 있다는 확신이 없으면서 그러한 내용을 수취인에게 고지하지 아니하였다면 이는 수취인을 기망할 미필적 의사가 있었다고 인정함이 가하다.[391]

고의를 부정한 판례의 구체적인 내용은 다음과 같다. 즉,

사업의 수행과정에서 이루어진 거래에 있어서 그 채무불이행이 예측된 결과라고 하여 그 기업경영자에 대한 사기죄의 성부가 문제된 경우, 그 거래시점에 그 사업체가 경영부진 상태에 있었기 때문에 사정에 따라 파산에 이를 수 있다고 예견할 수 있었다는 것만으로 사기죄의 고의가 있다고 단정하는 것은 발생한 결과에 따라 범죄의 성부를 결정하는 것과 마찬가지이다. 따라서 설사 기업경영자가 파산에 의한 채무불이행의 가능성을 인식할 수 있었다고 하더라도 그러한 사태를 피할 수 있는 가능성이 있다고 믿었고, 계약이행을 위해 노력할 의사가 있었을 때에는 사기죄의 고의가 있었다고 단정하여서는 안 된다.[392] 피해자가 피고인의 신용상태를 인식하고 있어 장래의 변제지체 또는 변제불능에 대한 위험을 예상하고 있거나 예상할 수 있었다면, 피고인이 구체적인 변제의사, 변제능력, 거래조건 등 거래 여부를 결정지을 수 있는 중요한 사항을 허위로 말하였다는 등의 사정이 없는 한, 피고인이 그 후 제대로 변제하지 못하였다는 사실만 가지고 변제능력에 관하여 피해자를 기망하였다거나 사기죄의 고의가 있었다고 단정할 수 없다.[393] 차용인이 대여인으로부터 관광버스 구입자금을 차용한 후 계속된 사업실패로 파산신청을 하여 면책허가결정이 확정되자 대여인이 차용금 사기죄로 고소한 사안에서, 차용 당시 차용인에게 편취의 범의가 있었다고 볼 수 없다고 한 사례이다.[394] 납품 후 경제사정 등의 변화로 납품대금을 변제할 수 없게 되었다고 하여 사기죄에 해당한다고 볼 수 없다고 할 것이다.[395] 공사도급인과 수급인 사이에 공사대금에 관한 정산이 이루어지지 아니한 상태에서 공사도급인이 공사지연 등에 따른 손해배상금 및 위약금 등을 문제삼으며 완공된 여관에 관하여 다른 친인척 등의 명의로 소유권보존등기를 마쳤다거나, 공사도중 여관부지에 관하여 근저당권을 설정한 사실을 수급인에게 알리지 아니하였다는 사정만으로는 공사도급인에게 공사대금 편취의 범의가 있었다고 단정할 수 없다.[396] 거래물품의 편취에 의한 사기죄의 성립 여부는 거래 당시를 기준으로 피고인에게 납품대금을 변제할 의사나 능력이 없음에도 피해자에게 납품대금을 변제할 것처럼 거짓말을 하여 피해자로부터 물품을 편취할 고의가 있었

---

389) 대법원 1983.8.23. 선고 83도1048 판결.

390) 대법원 1983.5.10. 선고 83도340 전원합의체 판결.

391) 대법원 1961.10.26. 선고 4294형상230 판결.

392) 대법원 2017.1.25. 선고 2016도18432 판결; 대법원 2016.6.9. 선고 2015도18555 판결; 대법원 2001.3.27. 선고 2001도202 판결.

393) 대법원 2016.6.9. 선고 2015도18555 판결; 대법원 2016.4.28. 선고 2012도14516 판결.

394) 대법원 2008.2.14. 선고 2007도10770 판결; 대법원 2007.11.29. 선고 2007도8549 판결.

395) 대법원 2005.11.24. 선고 2005도7481 판결; 대법원 2003.1.24. 선고 2002도5265 판결.

396) 대법원 2003.3.11. 선고 2002도7129 판결.

는지의 여부에 의하여 판단하여야 하므로 납품 후 경제사정 등의 변화로 납품대금을 일시 변제할 수 없게 되었다고 하여 사기죄에 해당한다고 볼 수 없다.[397] 채권자의 가압류의 피보전채권액에 터잡아 배당표가 작성되어 가압류채권자에 대한 배당액이 공탁된 다음 위 가압류의 본안소송 확정판결에서 채권자에게 인용된 금액 중 일부가 변제되어 위 잔존채권액이 가압류의 피보전채권액보다 작아졌다고 하더라도 원리금 산정 및 일부 변제에 따른 충당과정이 간단치 아니하여 잔존채권액을 쉽게 확정할 수 없는 등 그 배당금이 위 잔존채권액을 초과하는 것이 명백하지 아니한 이상 위 확정판결에서 인용된 금액 전부가 잔존하는 것처럼 위 확정판결정본을 그대로 집행법원에 제출하여 실제 배당받아야 할 금액을 초과한 금액을 수령하였다고 하더라도 채권자에게 사기의 고의를 인정할 수는 없다.[398] 차용금 등 재물 또는 채무부담행위 등 재산상 이익의 편취에 의한 사기죄의 성립 여부는 그 행위 당시를 기준으로 판단하여야 하고, 행위 후의 경제사정의 변화로 차용금의 변제 등 그 의무를 이행할 수 없게 되었다고 하여 이를 사기죄로 처벌할 수는 없다.[399] 차용금의 편취에 의한 사기죄의 성립 여부는 각 금원차용 당시를 기준으로 판단하여야 하고, 금원차용 이후 경제사정의 변화로 차용금을 변제할 수 없게 되었다고 하여 이를 사기죄로 논할 수는 없다.[400] 재물의 편취에 의한 사기죄의 성립 여부는 그 재물을 교부받았을 당시를 기준으로 판단하여야 할 것이므로, 피고인이 중부전산과 사이에 이 사건 종이공급계약을 체결하고 그 선수금을 교부받았을 당시에는 그 종이를 공급할 의사와 능력이 있었다면 그 이후에 경제사정의 변화로 위 종이를 공급할 수 없게 되었다고 하더라도 이는 단순한 민사상의 채무불이행에 불과할 뿐 형사상 사기죄가 성립한다고 할 수는 없다.[401] 차용금의 편취나 공사대금 상당의 재산상 이익의 편취에 의한 사기죄의 성립 여부는 금원차용 당시나 도급계약 당시를 기준으로 판단하여야 하고, 금원차용이나 도급계약 이후 경제사정의 변화로 차용금이나 공사대금을 변제할 수 없게 되었다 하여 이를 사기죄로 처벌할 수 없다.[402] 차용금의 편취에 의한 사기죄의 성립 여부는 차용 당시를 기준으로 판단하여야 하므로, 피고인이 차용 당시에는 변제할 의사와 능력이 있었다면 그 후에 차용사실을 전면 부인하면서 변제를 거부한다고 하더라도 이는 단순한 민사상의 채무불이행에 불과할 뿐 형사상 사기죄가 성립한다고 할 수 없다.[403] 주식회사 소유의 재봉틀의 처분에 관하여 사실상 전권을 행사하고 있는 실질적 경영주가 재봉틀이 회사의 소유라는 사실을 고지하지 아니하고 이를 타인에게 양도담보로 제공하고 돈을 빌렸더라도 사기의 범의가 있다거나 위 차용행위가 돈을 편취하는 행위에 해당한다고 하기는 어렵다.[404] 채무자가 약 3,000,000,000원의 부도를 내고 도피 중에 여러 채권자들이 앞다투어 채권실행에 경합하고 있는 상황이어서 피고인이 피전부채권의 합계 금액을 피고인의 채권액에 해당하는 금액만으로 하여서는 장차 그 채권의 완전한 실행을 기대하기 어려웠고 피고인이 채권금 235,000,000원보다 98,000,000원이 넘는 합계 금 330,000,000원의 전부명령을 받았지만 실제로 위 전부명령에 기한 전부금 소송결과 피고인의 채권액에 훨씬 미달하는 금액만이 인용된 경우에는 피고인이 압류 및 전부명령을 받은 금액의 합계액이 회수하여야 할 채권액

397) 대법원 2003.1.24. 선고 2002도5265 판결; 대법원 1999.7.23. 선고 99도1682 판결; 대법원 1998.3.10. 선고 98도180 판결.

398) 대법원 2002.6.28. 선고 2001도1610 판결.

399) 대법원 1999.7.23. 선고 99도1682 판결.

400) 대법원 1998.3.10. 선고 98도180 판결; 대법원 1997.4.11. 선고 97도249 판결.

401) 대법원 1998.1.20. 선고 97도2630 판결; 대법원 1997.4.11. 선고 97도249 판결; 대법원 1985.7.23. 선고 85도754 판결.

402) 대법원 1997.4.11. 선고 97도249 판결.

403) 대법원 1996.3.26. 선고 95도3034 판결.

404) 대법원 1991.6.11. 선고 91도817 판결.

보다 다소 많았다는 사실자체만으로 그 초과부분에 대한 편취의사를 인정하기는 어렵다.[405] 피고인이 그가 점유하고 있는 토지에 대하여 매매를 원인으로 하는 소유권이전등기소송을 제기하여서 의제자백에 의한 승소판결을 받아 경료된 피고인 명의의 소유권이전등기가 비록 절차상의 하자가 있다 하더라도 점유에 의한 소유권취득시효가 완성함으로써 결국 위 소유권이전등기가 실체적 권리관계에 부합하는 유효한 등기라고 한다면 위의 소송에 있어서 피고인에게 위 토지를 편취하려는 범의가 있었다고 볼 수 없고 또한 위와 같이 경료된 등기 역시 불실의 등기라고도 할 수 없다.[406] 타인 소유의 부동산을 갑이 선대로부터 상속받은 것으로 잘못 알고 을에게 매도하는 매매계약을 체결하였고 그후 을이 갑을 상대로 위 매매계약을 원인으로 한 소유권이전등기청구소송을 제기하여 의제자백의 방법으로 승소판결을 받아 위 판결문을 이용하여 위 부동산을 자신의 명의로 소유권이전등기를 경료한 것이라면 갑, 을에게 위 부동산을 편취하거나 공정증서원본인 등기부에 부실의 사실을 기재케 하여 행사하려는 범의가 있었다고 볼 수 없다.[407] 채무자가 채권의 변제에 갈음하여 자기 소유의 부동산을 채권자에게 이전등기해 주기로 약정함에 있어서 그 부동산표시를 백지로 한 매매계약서와 인감증명등을 교부해 주었다면 설사 그 약정에 즈음하여 작성한 합의서에 그 목적부동산과 다른 부동산을 기재하였다 하더라도 특별한 사정이 없는 한 채권자를 기망할 의사가 있었다고는 볼 수 없다.[408] 약속어음 발행당시 경영부진으로 부채가 자산을 초과하고 있었으나 지급기일에 부도되리라는 점을 예견하였거나 지급의사나 능력없이 약속어음을 발행한 것은 아니라 하여 사기죄의 성립을 부정한 사례이다.[409] 계속적인 거래 또는 임차관계에 있어서 자금궁색 등의 이유로 그 채무를 이행하지 못하였다는 사정만으로 편취의 고의가 있었다고 단정하기 어렵다.[410] 거래관계 또는 차용관계에 있어서 이른바 그 대금 또는 차용금을 지급 또는 변제할 의사나 능력의 유무에 관하여는 그 거래당시의 구체적 정항에 따라 가려야 할 뿐 거래관계나 차용관계가 성립된 이후의 경제적 사정의 변화로 이를 이행할 수 없게 되었다 하더라도 이와 같은 의사나 능력이 없다하여 이를 사기죄로 논할 수는 없다.[411] 타인의 채무를 대위변제한 경우 그 채무를 위한 담보권은 당연히 소멸되는 것이 아니고 대위변제한 자가 채권자를 대위하여 그 담보권에 기하여 우선변제를 받는 것이므로 저당채무를 대위변제한 자가 경락대금을 배당받는 과정에서 민법상 변제자 대위의 방식에 의하지 아니하고 저당채권자가 직접 우선변제를 받는 것같이 그들 명의로 채권계산서를 제출하여 배당금을 수령하였다 하더라도 실질적으로 위 우선배당금을 받을 권리가 있는 이상 타인의 재물을 편취할 범의가 있었다고는 볼 수 없다.[412] 임대차 목적물의 계약당시의 시가가 임대차보증금과 가등기담보로 차용한 채무액을 합산한 금액을 훨씬 초과하고 그 가등기도 바로 말소되었다면 임대인이 위 임대차계약의 보증금잔액을 교부받을 당시에 설사 위 가등기담보사실을 임차인에게 고지하지 아니하였다고 하더라도 사기죄의 범의를 인정하기 어렵다.[413] 피고인이 부동산매매계약을 체결함에 있어서 그 목적물에 관하여 재심소송이 제기되었고 그에 관한 대법원의 파기환송판결이 있었음을 적극적으로 은폐하려고 하였던 것이 아니고 단순히

405) 대법원 1990.9.25. 선고 90도784 판결.
406) 대법원 1987.3.10. 선고 86도864 판결.
407) 대법원 1986.7.22. 선고 85도2189 판결.
408) 대법원 1986.7.8. 선고 86도546 판결.
409) 대법원 1986.7.8. 선고 86도66 판결.
410) 대법원 1985.9.24. 선고 85도1498 판결.
411) 대법원 1985.7.23. 선고 85도754 판결.
412) 대법원 1985.7.9. 선고 85도1034 판결.
413) 대법원 1985.4.9. 선고 85도326 판결.

위 사실을 고지하지 아니하였다는 점만으로써 피고에게 사기죄의 범의가 있다고 볼 수 없다.[414] 목사가 교회건물 건립을 위하여 돈을 빌리고 그 채무의 원리금을 갚기 위하여 다시 돈을 빌린 경우 사실상 그 빌린 돈으로 교회건물을 건축하고 채무를 변제한 실적이 있으면 변제할 의사가 없었음이 명백하지 않는 한 원리금 변제에 궁색하였다는 사유만으로 위 금원차용시에 사기의 범의가 있었다고 단정할 수 없다.[415] 부동산매매대금의 지급을 위하여 타인으로부터 돈을 차용함에 있어서 그 용도에 관하여 진실에 반하는 사실 등을 고지하지 아니하였으며 동 차용금으로 실지로 매매대금을 지급하여 그 소유권을 취득하였다면 당초 의도대로 이를 전매하여 차용금을 변제하려던 것이 당국의 부동산투기억제조치 등에 의한 부동산경기의 침체로 여의치 않게 되었다고 하여 금원편취의 범의가 있었다고 속단할 수 없다.[416] 피고인이 임대차기간 만료 후 반환할 의사가 없는데도 불구하고 그 의사가 있는 것같이 가장하여 피해자를 기망하고 그렇게 믿은 동인과 임대차계약을 체결하고 동인으로부터 임차보증금 명목으로 금원을 교부받아 편취하였다는 공소사실의 경우에는 피고인이 위 임대차계약에 따라 피해자를 아파트에 입주케 하였다고 하여 범의가 없다고 할 수 없다.[417] 피고인이 폐유정유공장을 건설할 계획으로 공사를 진행하였으나 건설자재등 급격한 물가의 상승으로 건축공정 90%에서 공장을 완공하지 못하였고 피해자가 공장건설 현장에 수시로 가서 이를 확인까지 하였다면 피고인에게 피해자를 기망하여 총판보증금을 편취할 의사가 있었다고 보기 어렵다.[418] 평소 피해자들과 금전대차관계가 있고 그것으로서 일수놀이를 하여 원금이나 이자를 갚아온 실적이 있는 경우 그후 금융이 군색해져서 원리금 변제에 군색하였다는 사유가 있다 하여 그런 처지에 있는 사람의 금원차용행위가 곧 금원을 편취할 사기의 범의에서 나온 것이라고 속단할 것은 아니다.[419] 피고인이 공소사실적시와 같이 "갑"으로부터 동인을 제대케하여 준다는 조건으로 금원을 받은 후 그 제대에 필요한 관계서류를 위조하기 위하여 청양결찰서장의 직인과 적곡면장의 직인을 각각 위조하기에 이른 사실을 인정할 수 있는바 그렇다면 피고인은 비록 적법한 수단에 의하여서는 아니라 하더라도 "갑"을 제대케 하여 줄 의사로서 위 금원을 받은 것임을 충분히 알 수 있으므로 이로써 편취하였다 할 수 없다.[420] 범죄행위시의 행위자의 결과에 대한 예상과 그 발생한 결과가 상위된 경우라 할지라도 그 예상이 통상적 가능한 것으로 인정할 사정이 있는 경우에는 사기에 대한 고의를 인정할 수 없다.[421]

ⓘ **불법 영득 · 이득의 의사** 본죄는 전체로서의 재산을 보호법익으로 하는 범죄이다. 따라서 본죄는 주관적 구성요건으로서 고의 이외에 불법 영득 · 이득의 의사를 요한다.

불법영득의 의사라고 함은 타인의 물건을 일시적으로 그 경제적 용법에 따라 이용 또는 처분하려는 의사까지도 포함한다고 보아야 할 것이고, 반드시 그 물건을 영구적으로 보유할 의사가 있어야 하는 것이 아니다.[422] 불법영득의 의사는 소유권 또는 이에 준하는 본권을 침해하는 의사 즉 목적물의 물질을 영득할 의사이거나 물질의 가치만을 영득할 의사이거나

414) 대법원 1983.12.27. 선고 82도2497 판결.
415) 대법원 1981.10.13. 선고 81도1366 판결.
416) 대법원 1981.9.22. 선고 81도2033 판결.
417) 대법원 1979.12.11. 선고 79도2486 판결.
418) 대법원 1979.11.27. 선고 79도1716 판결.
419) 대법원 1970.12.29. 선고 70도1980 판결.
420) 대법원 1958.1.24. 선고 4290형상415 판결.
421) 대법원 1954.4.15. 선고 4287형상208 판결.
422) 대법원 1966.3.15. 선고 66도132 판결.

불문하고 그 재물을 영득할 의사만 있으면 되는 것이고 영구적으로 그 재물의 경제적 이익을 보지할 의사는 필요하지 아니하다.[423)]

불법영득의사를 부정한 판례의 구체적인 내용은 다음과 같다. 즉,

피고인 등이 허위의 주장을 하여 소유권보존등기말소청구 소송 등을 제기한 것은 그로 인하여 경매절차가 진행 중인 부동산에 예고등기가 경료되도록 함으로써 경매가격 하락 등을 의도한 것으로 보일 뿐이고, 위 말소청구소송을 통하여 승소판결을 받아 재산상의 이익을 취하려고 한 것으로 보기 어렵다. 피고인 등이 위와 같이 말소청구소송 등을 제기하고 법원의 촉탁으로 예고등기가 경료된 이후에는 대부분 그 소를 취하하거나 변론기일에 출석하지 아니하여 소취하 간주되는 등으로 소송이 종결된 것도 그러한 의도가 없음을 뒷받침한다. 따라서 피고인에게는 허위 주장에 기한 소송을 통하여 승소판결을 받아 재물 또는 재산상의 이익을 취득하려는 고의 내지 불법영득의 의사가 있었다고 볼 수 없다.[424)] 타인의 재물을 점유자의 승낙 없이 무단 사용하는 경우에 있어서 그 사용으로 인하여 물건 자체가 가지는 경제적 가치가 상당한 정도로 소모되거나 또는 사용 후 그 재물을 본래 있었던 장소가 아닌 다른 장소에 버리거나 곧 반환하지 아니하고 장시간 점유하고 있는 것과 같은 때에는 그 소유권 또는 본권을 침해할 의사가 있다고 보아 불법영득의 의사를 인정할 수 있을 것이나, 그렇지 않고 그 사용으로 인한 가치의 소모가 무시할 수 있을 정도로 경미하고, 또한 사용 후 곧 반환한 것과 같은 때에는 그 소유권 또는 본권을 침해할 의사가 있다고 할 수 없어 불법영득의 의사가 있다고 인정할 수 없다. 은행이 발급한 직불카드를 사용하여 타인의 예금계좌에서 자기의 예금계좌로 돈을 이체시켰다 하더라도 직불카드 자체가 가지는 경제적 가치가 계좌이체된 금액만큼 소모되었다고 할 수는 없으므로, 이를 일시 사용하고 곧 반환한 경우에는 그 직불카드에 대한 불법영득의 의사는 없다고 보아야 한다.[425)] 부도 이후 물품을 계속 공급하여 주면 영업을 재개하여 부도 당시의 기발생 물품대금채무를 줄여가겠다고 약속하여 피해자들이 계속하여 물품을 공급하였고, 그 후 다시 거래가 중단되었으나 중단 당시의 잔존 물품대금액이 부도 당시의 기발생 물품대금액보다 줄어든 경우, 위 부도 이후에 공급받은 물품에 대하여는 피고인에게 기망의 의사나 불법영득의 의사가 있었다고 보기 어렵다.[426)] 임대차계약을 체결하고 보증금을 교부받을 시 그 부동산에 관하여 저당권이 설정되어 있다는 사실을 고지하지 않았다 하더라도 임대인이 계약당시 그 부동산이 경매되리라는 사정을 알지 못하였다면 불법영득의 의사로서 임차인을 기망하여 보증금을 편취하였다고 보기 어렵다.[427)] 면사무소직원이 면회계공무원으로부터 자금을 지출받음에 있어서 적법한 절차가 아닌 허위의 지출결의서의 작성·행사라는 변태적인 방법을 취하였다 하여도 그 돈을 결국 면이 지출해야 할 소요경비에 사용하였다면 허위 공문서의 작성 및 동행사의 점은 별론으로 하고 거기에는 소관면에 무슨 손해가 있다거나 불법영득의사가 있었다고는 볼 수 없다 할 것이고 본인인 면을 위한 행위로시 편법을 사용한 것에 불과하여 사기죄를 구성한다고 볼 수 없다.[428)] 피고인이 수표를 발행한 후 지급은행에 대하여 허위분실신고를 하여 이를 이유로 각 수표금의 지급을 하지 못하게 하였다 하여도 그 신고 당시 피고인 명의의 위 은행에의 예금잔고가 그가 발행한 수표 1매도 결재할 수 없는 액수이었고 피고인과 은행 사이에 당좌

---

423) 대법원 1980.7.8. 선고 79도2734 판결.
424) 대법원 2009.4.9. 선고 2009도128 판결.
425) 대법원 2006.3.9. 선고 2005도7819 판결.
426) 대법원 2002.9.24. 선고 2002도3488 판결.
427) 대법원 1985.9.10. 선고 85도1306 판결.
428) 대법원 1984.2.14. 선고 83도2857 판결.

대월계약도 체결되어 있지 아니하였으며 또한 이러한 사정을 잘 알면서 위 각 수표를 발행하였다면 이는 수표금 지급 유예나 채무면제를 받을 의사로 한 것이라고는 인정하기 어려우므로 위 신고 당시 피고인에게 타인을 기망하여 재산상 이득을 취득할 의사가 있었다고 볼 수 없다.[429]

② 피기망자

처분의사란 처분행위로 인하여 재산적 손실이 발생한다는 인식을 말한다. 본죄의 주관적 구성요건요소로서 피기망자에 대한 처분의사의 요부와 처분의사의 내용이 문제되고 있다.

ⓘ 처분의사의 요부

ⅰ. 학 설 피기망자에게 처분의사를 요하는가에 있어서는 다툼이 있다. 제1설은 필요설(必要說)이다. 처분행위는 처분의사를 요한다고 한다. 처분행위는 처분하는 행위, 처분하는 의사 및 처분권한으로부터 성립한다고 한다. 유아나 고도의 정신병자에게는 처분의사를 인정하는 것이 불가능하기 때문에 이들의 자에 대한 기망행위는 사기죄가 아니라 절도죄로 된다고 한다. 제2설은 불요설(不要說)이다. 처분행위는 처분의사를 요하지 않는다고 한다. 처분행위는 객관적으로 손해를 초래할 수 있는 행위면 족하다고 한다. 제3설은 절충설(折衷說)이다. 사기이득의 경우에는 처분의사가 불요하지만, 사기취재의 경우에는 절도죄와의 구별을 위해서 필요하다고 한다.

처분행위는 피기망자의 의사에 기초한 어떤 행위를 통해 행위자 등이 재물 또는 재산상의 이익을 취득하였다고 평가할 수 있는 경우에 인정된다.[430]

ⅱ. 판 례 판례는 필요설의 입장이다. 대법원은 "처분행위는 피기망자가 처분의사를 가지고 그 의사에 지배된 행위를 하여야 한다"고 판시한 바 있다.[431]

ⅲ. 검 토 처분행위는 처분의사를 요한다는 필요설이 타당하다고 해석된다. 피해자의 처분행위에 처분의사가 필요하다고 보는 근거는 처분행위를 피해자가 인식하고 한 것이라는 점이 인정될 때 처분행위를 피해자가 한 행위라고 볼 수 있기 때문이다. 다시 말하여 사기죄에서 피해자의 처분의사가 갖는 기능은 피해자의 처분행위가 존재한다는 객관적 측면에 상응하여 이를 주관적 측면에서 확인하는 역할을 하는 것일 뿐이다. 따라서 처분행위라고 평가되는 어떤 행위를 피해자가 인식하고 한 것이라면 피해자가 처분행위로 인한 결과까지 인식하고 있지 않더라도 피해자의 처분의사가 있다고 할 수 있다.[432]

ⓘⓘ 처분의사의 내용

ⅰ. 학 설 처분의사의 내용에 있어서의 문제는 처분의사가 처분행위에 대한 인식 외에 처분결과에 대한 인식까지 요하는가에 있다. 이에 관하여는 포함설과 불포함설이 대립하고 있다.

---

429) 대법원 1967.8.29. 선고 67도660 판결.

430) 대법원 2018.8.1. 선고 2018도7030 판결; 대법원 2017.2.16. 선고 2016도13362 전원합의체 판결(다수의견).

431) 대법원 2012.6.28. 선고 2012도4773 판결; 대법원 2001.4.27. 선고 99도484 판결; 대법원 1987.10.26. 선고 87도1042 판결.

432) 대법원 2017.2.16. 선고 2016도13362 전원합의체 판결(다수의견).

ii. 판 례　　판례의 입장은 포함설에서 2017년 불포함설로 변경되었다. 그 계기는 이른바 서명사취에 관한 판결이었다.[433)]

처분행위에 관한 종래의 판례에 의하면 주관적으로 피기망자에게 처분의사 즉 처분결과에 대한 인식이 있고, 객관적으로 이러한 의사에 지배된 행위가 있어야 한다고 판시하여 왔다.[434)] 이에 따르면 피해자가 기망을 당하여 자신에게 재산상 손해를 초래하는 행위를 하였다고 하더라도 그로써 생겨나는 결과에 대한 인식이 없으면 처분행위가 인정될 수 없기 때문에 사기죄는 성립하지 않게 된다. 왜냐하면 사기죄는 본래 행위자가 기망행위를 수단으로 피기망자를 착오에 빠뜨려 피기망자로 하여금 자신의 행위가 어떤 결과를 가져올지 잘 모르는 상태에서 처분행위를 하도록 만드는 범죄이지만, 피기망자가 자신의 행위가 가져올 결과를 정확하게 인식하였다면 그것은 결국 기망을 당하지 않았거나 기망행위로 착오에 빠지지 않았다는 것을 의미하므로 사기죄가 성립할 수 없게 되기 때문이다.

여기서 처분결과에 대한 피기망자의 인식이 있어야 처분의사를 인정할 수 있다는 종전의 견해는 재검토되지 않을 수 없었다. 대법원은 다시 "피기망자의 처분의사는 기망행위로 착오에 빠진 상태에서 형성된 하자 있는 의사이므로 불완전하거나 결함이 있을 수밖에 없다. 처분행위의 법적 의미나 경제적 효과 등에 대한 피기망자의 주관적 인식과 실제로 초래되는 결과가 일치하지 않는 것이 오히려 당연하고, 이 점이 사기죄의 본질적 속성이다. 따라서 처분의사는 착오에 빠진 피기망자가 어떤 행위를 한다는 인식이 있으면 충분하고, 그 행위가 가져오는 결과에 대한 인식까지 필요하다고 볼 것은 아니다"라고 판시한 바 있다.[435)] 이로써 처분행위가 인정되려면 피기망자에게 처분결과에 대한 인식이 있어야 한다고 판시해왔던 종전의 판결 등은 위의 2017년 판결과 배치되는 범위에서 변경되었던 것이다.[436)]

이른바 '서명사취' 사기는 기망행위에 의해 유발된 착오로 인하여 피기망자가 내심의 의사와 다른 처분문서에 서명 또는 날인함으로써 재산상 손해를 초래한 경우이다. 여기서는 행위자의 기망행위 태양 자체가 피기망자가 자신의 처분행위의 의미나 내용을 제대로 인식할 수 없는 상황을 이용하거나 피기망자로 하여금 자신의 행위로 인한 결과를 인식하지 못하게 하는 것을 핵심적인 내용으로 하고, 이로 말미암아 피기망자는 착오에 빠져 처분문서에 대한 자신의 서명 또는 날인행위가 초래하는 결과를 인식하지 못하는 특수성이 있다. 피기망자의 하자 있는 처분행위를 이용하는 것이 사기죄의 본질인데, 서명사취 사안에서는 그 하자가 의사표시 자체의 성립과정에 존재한다.

처분의사를 긍정한 판례의 구체적 내용은 다음과 같다. 즉,

> 사기죄의 본질과 구조, 처분행위와 그 의사적 요소로서 처분의사의 기능과 역할, 기망행위와

---

433) 대법원 2017.2.16. 선고 2016도13362 전원합의체 판결.

434) 대법원 2011.4.14. 선고 2011도769 판결; 대법원 1999.7.9. 선고 99도1326 판결; 대법원 1987.10.26. 선고 87도1042 판결 등 참조.

435) 대법원 2017.2.16. 선고 2016도13362 전원합의체 판결(다수의견).

436) 변경대상이 된 종전의 판례로는 대법원 2011.4.14. 선고 2011도769 판결; 대법원 1999.7.9. 선고 99도1326 판결; 대법원 1987.10.26. 선고 87도1042 판결 등을 들 수 있다.

착오의 의미 등에 비추어 보면, 비록 피기망자가 처분행위의 의미나 내용을 인식하지 못하였더라도, 피기망자의 작위 또는 부작위가 직접 재산상 손해를 초래하는 재산적 처분행위로 평가되고, 이러한 작위 또는 부작위를 피기망자가 인식하고 한 것이라면 처분행위에 상응하는 처분의사는 인정된다. 다시 말하면 피기망자가 자신의 작위 또는 부작위에 따른 결과까지 인식하여야 처분의사를 인정할 수 있는 것은 아니다.[437] 피고인 등이 토지의 소유자이자 매도인인 피해자 갑 등에게 토지거래허가 등에 필요한 서류라고 속여 근저당권설정계약서 등에 서명·날인하게 하고 인감증명서를 교부받은 다음, 이를 이용하여 갑 등의 소유 토지에 피고인을 채무자로 한 근저당권을 을 등에게 설정하여 주고 돈을 차용하는 방법으로 재산상 이익을 취득하였다고 하여 특정경제범죄 가중처벌 등에 관한 법률 위반(사기) 및 사기로 기소된 사안에서, 갑 등은 피고인 등의 기망행위로 착오에 빠진 결과 토지거래허가 등에 필요한 서류로 잘못 알고 처분문서인 근저당권설정계약서 등에 서명 또는 날인함으로써 재산상 손해를 초래하는 행위를 하였으므로 갑 등의 행위는 사기죄에서 말하는 처분행위에 해당하고, 갑 등이 비록 자신들이 서명 또는 날인하는 문서의 정확한 내용과 문서의 작성행위가 어떤 결과를 초래하는지를 미처 인식하지 못하였더라도 토지거래허가 등에 관한 서류로 알고 그와 다른 근저당권설정계약에 관한 내용이 기재되어 있는 문서에 스스로 서명 또는 날인함으로써 그 문서에 서명 또는 날인하는 행위에 관한 인식이 있었던 이상 처분의사도 인정됨에도, 갑 등에게 그 소유 토지들에 근저당권 등을 설정하여 줄 의사가 없었다는 이유만으로 갑 등의 처분행위가 없다고 보아 공소사실을 무죄로 판단한 원심판결에 사기죄의 처분행위에 관한 법리오해의 잘못이 있다.[438]

iii. 검 토 처분의사는 처분결과에 대한 인식까지 요하지 않는다는 불포함설이 타당하다고 해석된다. 처분의사에 처분결과에 대한 인식까지 요구하는 필요설에 의하면 처분행위가 있음에도 불구하고 처분행위를 부정하고 결과적으로 본죄의 성립을 부정하게 되는 모순된 결과를 가져올 것이기 때문이다.

3) 미수·기수

본죄는 미수범을 처벌한다. 본죄의 실행행위는 기망행위이다. 착수시기와 기수시기로 나누어 검토하기로 한다.

① 착수시기

본죄의 실행의 착수시기는 기망행위의 개시시가 된다.[439] 단순한 기망을 위한 준비하는 정도로는 아직 실행의 착수가 있다고 할 수 없다. 기망행위로 인하여 상대방이 착오에 빠졌는가는 묻지 않는다.

구체적으로 보험회사에 보험금을 청구한 때, 법원에 소장을 제출한 때에 실행의 착수가 인정된다.[440] 소장의 유효한 송달을 요하지 아니한다.[441] 강제집행절차를 통한 소송사기는

437) 대법원 2017.2.16. 선고 2016도13362 전원합의체 판결.
438) 대법원 2017.2.16. 선고 2016도13362 전원합의체 판결.
439) 대법원 2015.10.29. 선고 2015도10948 판결; 대법원 2011.1.13. 선고 2010도9330 판결.
440) 대법원 2006.11.10. 선고 2006도5811 판결; 대법원 1993.9.14. 선고 93도915 판결; 대법원 1974.3.26. 선고 74도196 판결.
441) 대법원 2006.11.10. 선고 2006도5811 판결; 대법원 1993.9.14. 선고 93도915 판결.

집행절차의 개시신청을 한 때 또는 진행 중인 집행절차에 배당신청을 한 때에 실행에 착수하였다고 볼 것이다.[442] 지급명령신청에 대해 상대방이 이의신청을 하면 지급명령은 이의의 범위 안에서 그 효력을 잃게 되고 지급명령을 신청한 때에 소를 제기한 것으로 보게 되는 것이지만 이로써 이미 실행에 착수한 사기의 범행 자체가 없었던 것으로 되는 것은 아니다.[443]

실행의 착수를 긍정한 판례의 구체적인 내용은 다음과 같다. 즉,

사기도박에서도 사기적인 방법으로 도금을 편취하려고 하는 자가 상대방에게 도박에 참가할 것을 권유하는 등 기망행위를 개시한 때에 실행의 착수가 있는 것으로 보아야 하고, 그 후에 사기도박을 숨기기 위하여 정상적인 도박을 하였더라도 이는 사기죄의 실행행위에 포함된다.[444] 법원의 임차권등기명령을 피해자의 재산적 처분행위에 갈음하는 내용과 효력이 있는 것으로 보고 그 집행에 의한 임차권등기가 마쳐짐으로써 신청인이 재산상 이익을 취득하였다고 보는 이상, 진정한 임차권자가 아니면서 허위의 임대차계약서를 법원에 제출하여 임차권등기명령을 신청하면 그로써 소송사기의 실행행위에 착수한 것으로 보아야 하고, 나아가 그 임차보증금 반환채권에 관하여 현실적으로 청구의 의사표시를 하여야만 사기죄의 실행의 착수가 있다고 볼 것은 아니다.[445] 유치권에 의한 경매를 신청한 유치권자는 일반채권자와 마찬가지로 피담보채권액에 기초하여 배당을 받게 되는 결과 피담보채권인 공사대금 채권을 실제와 달리 허위로 크게 부풀려 유치권에 의한 경매를 신청할 경우 정당한 채권액에 의하여 경매를 신청한 경우보다 더 많은 배당금을 받을 수도 있으므로, 이는 법원을 기망하여 배당이라는 법원의 처분행위에 의하여 재산상 이익을 취득하려는 행위로서, 불능범에 해당한다고 볼 수 없고, 소송사기죄의 실행의 착수에 해당한다.[446] 갑 주식회사와 을 주식회사 사이에 작성된 물품공급계약서는 피고인 등이 을 회사가 발행한 어음을 할인하는 과정에서 허위로 작성한 것이고, 실제로 갑 회사가 을 회사에 물품을 공급한 사실이 없는데도, 갑 회사 경영자인 피고인이 물품공급계약에 따른 공급을 완료하였음을 전제로 을 회사를 상대로 물품대금 청구소송을 제기하면서 증거자료로 위 물품공급계약서를 제출하였다가 그 후 소송을 취하한 사안에서, 피고인의 행위가 사기미수죄에 해당한다.[447] 사기죄는 편취의 의사로 기망행위를 개시한 때에 실행에 착수한 것으로 보아야 하므로, 사기도박에서도 사기적인 방법으로 도금을 편취하려고 하는 자가 상대방에게 도박에 참가할 것을 권유하는 등 기망행위를 개시한 때에 실행의 착수가 있는 것으로 보아야 한다.[448] 채권자가 채권배당절차에서 실제 배당받아야 할 금액을 초과하는 금액을 편취하려고 하였으나 미수에 그친 경우에 사기미수의 범죄사실을 인정할 수 있다.[449] 피고인이 피해자와 사이에 온천의 시공에 필요한 비용을 포함한 일체의 비용을 자신이 부담하기로 약정하였음에도 피해자를 상대로 공사대금청구의 소를 제기하면서 시공 외의 비용은 모두 피해자가 부담한다는 내용으로 변조한 인증합의서를 소장에 첨부하여 제출한 경우, 소송사기의 실행에 착수하였다.[450] 피고인이 특정 권원에 기하여 민사소송을 진행하던 중 법원에 조작된 증거를 제출

---

442) 대법원 2015.2.12. 선고 2014도10086 판결.
443) 대법원 2004.6.24. 선고 2002도4151 판결.
444) 대법원 2015.10.29. 선고 2015도10948 판결; 대법원 2011.1.13. 선고 2010도9330 판결.
445) 대법원 2012.5.24. 선고 2010도12732 판결.
446) 대법원 2012.11.15. 선고 2012도9603 판결.
447) 대법원 2011.9.8. 선고 2011도7262 판결.
448) 대법원 2011.1.13. 선고 2010도9330 판결.
449) 대법원 2007.3.30. 선고 2006도6350 판결.

하면서 종전에 주장하던 특정 권원과 별개의 허위의 권원을 추가로 주장하는 경우에 그 당시로서는 종전의 특정권원의 인정 여부가 확정되지 아니하였고, 만약 종전의 특정 권원이 배척될 때에는 조작된 증거에 의하여 법원을 기망하여 추가된 허위의 권원을 인정받아 승소판결을 받을 가능성이 있으므로, 가사 나중에 법원이 종전의 특정 권원을 인정하여 피고인에게 승소판결을 선고하였다고 하더라도, 피고인의 이러한 행위는 특별한 사정이 없는 한 소송사기의 실행의 착수에 해당된다.[451] 부동산등기부상 소유자로 등기된 적이 있는 자가 자기 이후에 소유권이전등기를 경료한 등기명의인들을 상대로 허위의 사실을 주장하면서 그들 명의의 소유권이전등기의 말소를 구하는 소송을 제기한 경우 그 소송에서 승소한다면 등기명의인들의 등기가 말소됨으로써 그 소송을 제기한 자의 등기명의가 회복되는 것이므로 이는 법원을 기망하여 재물이나 재산상 이익을 편취한 것이라고 할 것이고 따라서 등기명의인들 전부 또는 일부를 상대로 하는 그와 같은 말소등기청구 소송의 제기는 사기의 실행에 착수한 것이라고 보아야 한다.[452] 방어적인 위치에 있는 피고라 하더라도 적극적인 방법으로 법원을 기망할 의사를 가지고 허위내용의 서류를 증거로 제출하거나 그에 따른 주장을 담은 답변서나 준비서면을 제출한 경우에 사기죄의 실행의 착수가 있다.[453] 피고인이 이 사건 부동산에 관하여 소유권이전청구권 보전의 가등기를 마쳐주고 그 후 그에 대한 매매계약을 체결한 다음 그 소유권이전등기에 필요한 서류를 작성, 교부해 주고서도 가등기등 말소청구소송에서 위 가등기와 소유권이전등기는 제3자들의 문서위조와 인감위조 등에 의하여 이루어진 원인무효의 등기라고 주장하였다면, 피고인이 단순히 사실을 잘못 인식하였다거나 법률적 평가를 잘못한 것이 아니라 권리가 존재하지 아니함을 잘 알고 있으면서도 허위의 주장을 한 것이므로 사기미수죄를 유죄로 인정한 것은 정당하다.[454] 소유권이전등기말소청구사건에 대한 재심의 소가 계속중 재심원고를 승소시키기 위하여 재심피고명의로 허위의 내용을 기재한 준비서면과 자술서를 작성하여 법원에 제출한 행위는 허위의 증거를 조작하고 적극적으로 사술을 사용하여 법원을 기망하는 행위로서 소송사기의 실행의 착수에 해당한다.[455] 갑과 을이 공동소유하고 있던 부동산의 매각처분에 관하여 갑이 을에게 그 권한을 위임하고 다시 변호사에게 그 취지를 확인하는 내용의 서면을 작성 교부함으로써 매매에 관하여 이의를 제기하지 아니하겠다고 다짐하였음에도 불구하고 갑이 법원에 을이 아무런 권원없이 위 부동산을 불법매도하였다고 허위의 사실을 주장하여 소를 제기하였다면 이는 법관으로 하여금 착오에 빠지게 함으로써 본인에게 유리한 재판을 하게 하고 그 효과로서 위 부동산을 영득하려 한 것이니 위 행위에 대하여 사기미수의 죄가 성립된다.[456] 피고인이 피해자에 대하여 임야를 매수한 사실이 없음에도 매수하였다 하고 또 싯가 금 1,300,000원 상당의 위 임야를 금 18,000,000원 가량 된다고 속여 채권최고액 금 10,000,000원의 근저당권설정등기를 마친 다음 그 한도내에서의 복지의 외상거래를 요청하였다면 이때에 사기의 착수가 있었다 할 것이다.[457]

실행의 착수를 부정한 판례의 구체적인 내용은 다음과 같다. 즉,

450) 대법원 2005.3.24. 선고 2003도2144 판결.
451) 대법원 2004.6.25. 선고 2003도7124 판결.
452) 대법원 2003.7.22. 선고 2003도1951 판결.
453) 대법원 1998.2.27. 선고 97도2786 판결.
454) 대법원 1990.1.23. 선고 89도607 판결.
455) 대법원 1988.9.20. 선고 87도964 판결.
456) 대법원 1987.5.12. 선고 87도417 판결.
457) 대법원 1974.6.11. 선고 73도2319 판결.

타인의 사망을 보험사고로 하는 생명보험계약을 체결함에 있어 제3자가 피보험자인 것처럼 가장하여 체결하는 등으로 그 유효요건이 갖추어지지 못한 경우에도, 보험계약 체결 당시에 이미 보험사고가 발생하였음에도 이를 숨겼다거나 보험사고의 구체적 발생 가능성을 예견할 만한 사정을 인식하고 있었던 경우 또는 고의로 보험사고를 일으키려는 의도를 가지고 보험계약을 체결한 경우와 같이 보험사고의 우연성과 같은 보험의 본질을 해칠 정도라고 볼 수 있는 특별한 사정이 없는 한, 그와 같이 하자 있는 보험계약을 체결한 행위만으로는 미필적으로라도 보험금을 편취하려는 의사에 의한 기망행위의 실행에 착수한 것으로 볼 것은 아니다. 그러므로 그와 같이 기망행위의 실행의 착수로 인정할 수 없는 경우에 피보험자 본인임을 가장하는 등으로 보험계약을 체결한 행위는 단지 장차의 보험금 편취를 위한 예비행위에 지나지 않는다.[458] 진정한 임차권자가 아니면서 허위의 임대차계약서를 법원에 제출하여 임차권등기명령을 신청하면 그로써 소송사기의 실행행위에 착수한 것으로 보아야 하고, 나아가 그 임차보증금 반환채권에 관하여 현실적으로 청구의 의사표시를 하여야만 사기죄의 실행의 착수가 있다고 볼 것은 아니다.[459] 피고인(갑회사 운영자)이 '갑회사의 을에 대한 채권'이 존재하지 않는다는 사실을 알면서 그 사실을 모르는 병(갑회사에 대한 채권자)에게 '갑회사의 을에 대한 채권'의 압류 및 전부(추심)명령을 신청하게 하여 그 명령을 받게 한 사안에서, 병이 갑회사에 대하여 진정한 채권을 가지고 있는 이상, 위와 같은 사정만으로는 법원을 기망하였다고 볼 수 없고, 병이 을을 상대로 전부(추심)금 소송을 제기하지 않은 이상 소송사기의 실행에 착수하였다고 볼 수도 없다.[460] 부동산 경매절차에서 피고인들이 허위의 공사대금 채권을 근거로 유치권 신고를 한 경우, 소송사기의 실행의 착수가 있다고 볼 수 없다.[461] 피고인이 갑이 부동산을 매수한 일이 없음에도 매수한 것처럼 허위의 사실을 주장하여 위 부동산에 대한 소유권이전등기를 거친 사람을 상대로 그 이전등기의 원인무효를 내세워 그 이전등기의 말소를 구하는 소송을 갑 명의로 제기하고 그 소송의 결과 원고로 된 갑이 승소한다고 가정하더라도 그 피고의 등기가 말소될 뿐이고 이것만으로 피고인이 위 부동산에 관한 어떠한 권리를 취득하거나 의무를 면하는 것은 아니므로 법원을 기망하여 재물이나 재산상 이익을 편취한 것이라고 보기 어렵고, 따라서 위 소제기 행위를 가리켜 사기의 실행에 착수한 것이라고 할 수 없다.[462] 장애인단체의 지회장이 지방자치단체로부터 보조금을 더 많이 지원받기 위하여 허위의 보조금 정산보고서를 제출한 경우, 보조금 정산보고서는 보조금의 지원 여부 및 금액을 결정하기 위한 참고자료에 불과하고 직접적인 서류라고 할 수 없다는 이유로 보조금 편취범행(기망)의 실행에 착수한 것으로 보기 어렵다.[463] 태풍 피해복구보조금 지원절차가 행정당국에 의한 실사를 거쳐 피해자로 확인된 경우에 한하여 보조금 지원신청을 할 수 있도록 되어 있는 경우, 피해신고는 국가가 보조금의 지원 여부 및 정도를 결정함에 있어 그 직권조사를 개시하기 위한 참고자료에 불과하다는 이유로 허위의 피해신고만으로는 위 보조금 편취범행의 실행에 착수한 것이라고 볼 수 없다.[464] 소송사기는 법원을 기망하여 자기에게 유리한 판결을 얻고 이에 터잡아 상대방으로부터 재물의 교부를 받거나 재산상 이익을 취득하는 것을 말하는 것으로서 소송에서 주장하는 권리가 존재하지 않는 사실을 알고 있으면서도 법원을 기망한다는 인식을 가지고 소를 제기하면 이로써 실행의 착수가 있었다고

---

458) 대법원 2013.11.14. 선고 2013도7494 판결.
459) 대법원 2012.5.24. 선고 2010도12732 판결.
460) 대법원 2009.12.10. 선고 2009도9982 판결.
461) 대법원 2009.9.24. 선고 2009도5900 판결.
462) 대법원 2009.4.9. 선고 2009도128 판결; 대법원 1981.12.8. 선고 81도1451 판결.
463) 대법원 2003.6.13. 선고 2003도1279 판결.
464) 대법원 1999.3.12. 선고 98도3443 판결.

할 것이고, 피해자에 대한 직접적인 기망이 있어야 하는 것은 아니다.[465] 가압류는 강제집행의 보전방법에 불과한 것이어서 허위의 채권을 피보전권리로 삼아 가압류를 하였다고 하더라도 그 채권에 관하여 현실적으로 청구의 의사표시를 한 것이라고는 볼 수 없으므로, 본안소송을 제기하지 아니한 채 가압류를 한 것만으로는 사기죄의 실행에 착수하였다고 할 수 없다.[466] 가압류는 강제집행의 보전방법에 불과하고 그 기초가 되는 허위의 채권에 의하여 실제로 청구의 의사표시를 한 것이라고 할 수 없으므로 소의 제기 없이 가압류신청을 한 것만으로는 사기죄의 실행에 착수한 것이라고 할 수 없다.[467] 피고인이 갑 명의로, 갑이 이 건 임야를 매수한 일이 없음에도 매수한 것 처럼 허위의 사실을 주장하여 위 임야에 대한 소유권이전등기를 거친 자들을 상대로 각 그 소유권이전등기말소를 구하는 소송을 제기하였다가 취하하였다고 하여도, 위 소송의 결과 원고로 된 갑이 승소한다고 가정하더라도 위 피고들의 등기가 말소될 뿐이고 이것만으로 피고인이 위 임야에 관한 어떠한 권리를 취득하거나 의무를 면하는 것은 아니므로 법원을 기망하여 재물이나 재산상 이익을 편취한 것이라고 보기 어려우니 위 소제기 행위를 가리켜 사기의 실행에 착수한 것이라고 할 수 없다.[468] 장해보상지급청구권자에게 보상금을 찾아주겠다고 거짓말을 하여 동인을 보상금 지급기관까지 유인한 것만으로는 사기죄에 있어서의 기망행위의 착수에 이르렀다고 보기 어렵다.[469]

② 기수시기

본죄의 기수시기는 재산상의 손해가 발생한 때이다. 행위자가 불법한 이익을 취득하였을 것을 요하지 않는다. 기수로 되기 위하여는 기망행위, 착오와 그에 따른 처분행위, 재물이나 재산상 이익의 취득, 손해의 발생이라는 연쇄적 인과관계가 인정되어야 한다. 인과관계가 부정되는 경우에는 미수에 그친다.

구체적으로 동산의 경우에는 인도시, 부동산의 경우에는 이전등기종료시, 보험사기의 경우 고지의무를 위반하고 보험계약을 체결한 경우에는 보험증권교부시 및 보험계약후 보험금편취를 위하여 방화 내지 살인을 한 경우에는 보험금수령시가 기수시기가 된다.[470] 소송사기의 기수시기는 승소판결이 확정된 때이다.[471] 패소의 종국판결이 확정된 경우에는 미수에 그친다.[472]소송사기미수죄에 있어서 범죄행위의 종료시기는 소송이 종료된 때가 된다.[473]

기수를 긍정한 판례의 구체적 내용은 다음과 같다. 즉,

피고인이, 甲에게 이미 당뇨병과 고혈압이 발병한 상태임을 숨기고 乙 생명보험 주식회사와 피고인을 보험계약자로, 甲을 피보험자로 하는 2건의 보험계약을 체결한 다음, 고지의무 위반을

465) 대법원 1993.9.14. 선고 93도915 판결.
466) 대법원 1988.9.13. 선고 88도55 판결.
467) 대법원 1982.10.26. 선고 82도1529 판결.
468) 대법원 1981.12.8. 선고 81도1451 판결.
469) 대법원 1980.5.13. 선고 78도2259 판결.
470) 대법원 2019.4.3. 선고 2014도2754 판결.
471) 대법원 2006.4.7. 선고 2005도9858 전원합의체 판결; 대법원 1997.7.11. 선고 95도1874 판결; 대법원 1983.4.26. 선고 83도188 판결; 대법원 1980.4.22. 선고 80도533 판결; 대법원 1970.12.22. 선고 70도2313 판결.
472) 대법원 2000.2.11. 선고 99도4459 판결.
473) 대법원 2000.2.11. 선고 99도4459 판결.

이유로 乙 회사로부터 일방적 해약이나 보험금 지급거절을 당할 수 없는 이른바 면책기간 2년을 도과한 이후 甲의 보험사고 발생을 이유로 乙 회사에 보험금을 청구하여 당뇨병과 고혈압 치료비 등의 명목으로 14회에 걸쳐 보험금을 수령하여 편취하였다는 내용으로 기소된 사안에서, 피고인의 보험계약 체결행위와 보험금 청구행위는 乙 회사를 착오에 빠뜨려 처분행위를 하게 만드는 일련의 기망행위에 해당하고 乙 회사가 그에 따라 보험금을 지급하였을 때 사기죄는 기수에 이르며, 그 전에 乙 회사의 해지권 또는 취소권이 소멸되었더라도 마찬가지라는 이유로, 이와 달리 보험계약이 체결되고 최초 보험료가 납입된 때 또는 乙 회사가 보험계약을 더 이상 해지할 수 없게 되었을 때 또는 고지의무 위반 사실을 알고 보험금을 지급하거나 지급된 보험금을 회수하지 않았을 때 사기죄가 기수에 이른다는 전제 아래 공소사실 전부에 대하여 공소시효가 완성되었다고 보아 면소를 선고한 원심판결에 보험금 편취를 목적으로 하는 사기죄의 기수시기에 관한 법리를 오해한 위법이 있다고 한 사례이다.[474] 전기통신금융사기(이른바 보이스피싱 범죄)의 범인이 피해자를 기망하여 피해자의 돈을 사기이용계좌로 송금·이체받았다면 이로써 편취행위는 기수에 이른다.[475] 지급명령을 송달받은 채무자가 2주일 이내에 이의신청을 하지 않는 경우에는 구 민사소송법(2002.1.26. 법률 제6626호로 전문 개정되기 전의 것) 제445조에 따라 지급명령은 확정되고, 이와 같이 확정된 지급명령에 대해서는 항고를 제기하는 등 동일한 절차 내에서는 불복절차가 따로 없어서 이를 취소하기 위해서는 재심의 소를 제기하거나 위 법 제505조에 따라 청구이의의 소로써 강제집행의 불허를 소구할 길이 열려 있을 뿐인데, 이는 피해자가 별도의 소로써 피해구제를 받을 수 있는 것에 불과하므로 허위의 내용으로 신청한 지급명령이 그대로 확정된 경우에는 소송사기의 방법으로 승소 판결을 받아 확정된 경우와 마찬가지로 사기죄는 이미 기수에 이르렀다고 볼 것이다.[476] 타인의 명의를 빌려 예금계좌를 개설한 후, 통장과 도장은 명의인에게 보관시키고 자신은 위 계좌의 현금인출카드를 소지한 채, 명의인을 기망하여 위 예금계좌로 돈을 송금하게 한 경우, 자신은 통장의 현금인출카드를 소지하고 있으면서 언제든지 카드를 이용하여 차명계좌 통장으로부터 금원을 인출할 수 있었고, 명의인을 기망하여 위 통장으로 돈을 송금받은 이상, 이로써 송금받은 돈을 자신의 지배하에 두게 되어 편취행위는 기수에 이르렀다고 할 것이고, 이후 편취금을 인출하지 않고 있던 중 명의인이 이를 인출하여 갔다 하더라도 이는 범죄성립 후의 사정일 뿐 사기죄의 성립에 영향이 없다.[477] 신축중인 다세대주택 4동의 건축주 명의변경을 목적으로 하는 사기소송을 제기하여 4동 전부에 대하여 승소 판결을 선고받아 그 판결이 확정된 이상 승소판결을 받은 후 3동에 관하여만 건축주 명의변경이 이루어졌다 하더라도 4동 전부에 대하여 건축허가에 따른 재산상 이익을 취득한 사기죄의 기수에 이른 것으로 보아야 한다.[478] 주식의 편취에 관하여는 주식회사가 주권을 발행하기 전이면 위 주식이 표창하는 재산적 이익이 처분되면 당사자 사이에는 유효하게 이를 편취하게 되어 불법이득죄가 성립되나, 주권발행 후이면 주권은 주식의 일정 단위가 화체된 유가증권으로서 그 자체가 재산적 가치를 지닌 재물이므로 그 주식이 기명주식 또는 무기명주식이냐에 따라 각 그 양도방법에 의하여 주권이 교부되는 때에 재물편취죄의 기수가 된다.[479] 피고인은 피해자가 공소외 "갑"을 상대로 이 사건 건물에 관한 소유권이전등기절차이행 청구소송을 제기하여 승소로 확정되자, 이 판결의

---

474) 대법원 2019.4.3. 선고 2014도2754 판결.

475) 대법원 2017.5.31. 선고 2017도3045 판결; 대법원 2003.7.25. 선고 2003도2252 판결; 대법원 2010.12.9. 선고 2010도6256 판결.

476) 대법원 2004.6.24. 선고 2002도4151 판결.

477) 대법원 2003.7.25. 선고 2003도2252 판결.

478) 대법원 1997.7.11. 선고 95도1874 판결.

479) 대법원 1984.12.26. 선고 84도2303 판결.

집행을 모면할 양으로 매매를 가장하여 위 "갑"으로부터 공소외 "을"명의로 소유권이전등기를 마친 다음 이러한 허위내용을 청구원인으로 하여 위 등기명의자 "을"의 이름으로 피해자를 상대로 가옥명도 청구소송을 제기하고 법원으로부터 승소판결을 받아 명도집행을 완료하였다면 사기죄의 기수가 된다.[480]

기수를 부정한 판례의 구체적 내용은 다음과 같다. 즉,

피고인이 교부받은 본건 지급보증서는 지급보증인이 특정채무자의 특정채권자에 대한 특정채무의 보증인으로서의 채무를 부담하겠다는 청약의 의사표시를 기재한 서면으로서 그 보증서가 상대방 채권자에게 제공되어 채권자가 그 청약을 승락함으로써 비로소 피해자인 지급보증인은 보증채무를 부담하게 되고 이와 동시에 피고인은 기도한대로 금원의 융자 또는 융자금의 변제기연장을 받을 수 있는 재산상의 이익을 취득한 것으로 된다 할 것이고, 더우기 본건 지급보증서는 유가증권도 아니고 또 일반거래의 대상이 될 수도 없는 것이라 할 것이니 피고인이 지급보증서라는 서면의 취득만하고 이를 채권자에게 교부하기 전 단계에서는 채권자로부터 금원의 융자 또는 융자금의 변제기 연장을 받을 수 있는 재산상의 이익을 취득한 것이라고는 할 수 없고 더 나아가 그 보증서가 채권자에게 제공되어 보증채무가 성립됨으로써 비로소 위와 같은 재산상의 이익을 취득한 것이 되어 이득 사기죄로서 완성된다 할 것이므로 피고인이 본건 피해자은행으로부터 지급보증서를 교부만 받아 이를 채권자에게 교부하지 아니한 단계라면 재산상의 이득에 대한 본건 사기죄에 있어서는 그것의 취득만으로서 범죄가 완성되었다 할 수 없다.[481]

4) 공 범

본죄에 대하여도 총칙상의 공범에 관한 규정이 그대로 적용되지 않을 이유가 없다.

공범을 긍정한 판례의 구체적 내용은 다음과 같다. 즉,

피고인이 갑 등과 공모하여 실제 영업활동을 하지 않는 회사들을 인수하여 회사 명의로 은행 당좌계좌를 개설하고 다량의 어음 용지를 확보한 다음 지급기일에 부도가 예정되어 있어 결제될 가능성이 없는 이른바 딱지어음을 대량 발행한 후 일정한 가격으로 시중에 유통시켰는데, 을 등이 그중 일부를 취득하여 이러한 사실을 숨긴 채 피해자들에게 어음할인을 의뢰하거나 채무이행을 유예하는 대가로 교부하여 어음할인금을 편취하거나 채무이행의 유예를 받은 사안에서, 딱지어음 발행 후 피해자들에 이르기까지의 유통경로 중 어음할인금 편취 또는 재산상 이익 취득과 관련된 주요 부분, 즉 을 등이 딱지어음임을 알면서도 취득하여 마치 정상적으로 발행된 어음인 것처럼 피해자들에게 교부하게 된 경위나 과정이 밝혀져 있고, 해당 어음의 유통과정에서 최후소지인인 피해자들 외에는 해당 어음이 딱지어음이라는 점을 알지 못하여 피해를 입은 사람이 달리 나타나지 아니한 사정 등에 비추어, 피고인 등은 을 등이 사기 범행을 실현하리라는 점을 인식하면서도 이를 용인하며 부도가 예정된 딱지어음을 조직적으로 대량 발행하고 시중에 유통시킴으로써 을 등 딱지어음 취득자들과 사이에 그들의 사기 범행에 관하여 직접 또는 중간 판매상 등을 통하여 적어도 순차적·암묵적으로 의사가 상통하여 공모관계가 성립되었다는 이유로, 같은 취지에서 피고인에게 사기죄의 공동정범을 인정하였다.[482] 자기에게 유리한 판결을 얻기 위하여 소송상의 주

---

480) 대법원 1973.11.27. 선고 73도1301 판결.
481) 대법원 1982.4.13. 선고 80도2667 판결.
482) 대법원 2011.12.22. 선고 2011도9721 판결.

장이 사실과 다름이 객관적으로 명백하거나 증거가 조작되어 있다는 정을 인식하지 못하는 제3자를 이용하여 그로 하여금 소송의 당사자가 되게 하고 법원을 기망하여 소송 상대방의 재물 또는 재산상 이익을 취득하려 하였다면 간접정범의 형태에 의한 소송사기죄가 성립하게 된다.[483] 의사인 피고인이 입원치료를 받을 필요가 없는 환자들이 보험금 수령을 위하여 입원치료를 받으려고 하는 사실을 알면서도 입원을 허가하여 형식상으로 입원치료를 받도록 한 후 입원확인서를 발급하여 준 사안에서, 사기방조죄가 성립한다.[484] 이른바 딱지어음을 발행하여 매매한 이상 사기의 실행행위에 직접 관여하지 아니하였다고 하더라도 공동정범으로서의 책임을 면하지 못하고, 딱지어음의 전전유통경로나 중간 소지인들 및 그 기망방법을 구체적으로 몰랐다고 하더라도 공모관계를 부정할 수는 없다.[485] 허위의 선하증권을 발행하여 타인에게 교부하여 줌으로써 그 타인으로 하여금 이를 행사하여 그 선하증권상의 물품대금을 지급받게 한 소위는 허위 유가증권행사죄와 사기죄의 공동정범을 인정하기에 충분하다.[486] 피고인이 계주의 부탁을 받아 미리 교부받아 가지고 있던 당첨표시가 된 당첨권을 다른 계원 모르게 마치 정당한 추첨권을 추첨한 것처럼 제시하여 당첨자가 되었다면, 계를 살려나가기 위한 것이라는 계주의 말을 믿고 이에 협조한 것이라 하더라도 피고인과 계주간에는 정당한 방법과 절차에 의하지 아니한 기망의 방법으로 계금을 타기로 공모한 공범관계가 성립함이 명백하다.[487] 공공용지의 취득 및 손실보상에 관한 특례법시행령 제2조 제8항, 동법시행규칙 제5조의 4 제4항의 규정을 비추어 볼 때, 위 특례법의 규정에 의한 의뢰를 받아 토지평가사 등이 작성제출한 감정평가보고서는 국토관리청이 토지소유자와의 협의에 응할 보상가액 사정을 하는데 있어서의 참고정도에 지나지않는 것이 아니라 위 관리청으로서는 반드시 감정인들의 평가액에 따르도록 되어 있음을 알 수 있으니, 토지평가사 등이 이 사건 토지 소유자로부터 청탁을 받아 허위의 감정서를 제출하여 토지소유자로 하여금 과다한 보상금을 수령케 하였다면 사기죄의 공동정범을 인정하기에 충분하다 할 것이다.[488] 피고인의 모가 직접 당사자가 되어 소송을 제기하였다고 하더라도 피고인이 그와 공모하여 한 것인 이상 소송사기죄의 성립에는 영향이 없다.[489]

공범을 부정한 판례의 구체적 내용은 다음과 같다. 즉,

간접정범을 통한 범행에서 피이용자는 간접정범의 의사를 실현하는 수단으로서의 지위를 가질 뿐이므로, 피해자에 대한 사기범행을 실현하는 수단으로서 타인을 기망하여 그를 피해자로부터 편취한 재물이나 재산상 이익을 전달하는 도구로서만 이용한 경우에는 편취의 대상인 재물 또는 재산상 이익에 관하여 피해자에 대한 사기죄가 성립할 뿐 도구로 이용된 타인에 대한 사기죄가 별도로 성립한다고 할 수 없다.[490] 병원 원장인 피고인 갑 등이 을 등에게 허위의 입·퇴원확인서를 작성한 후 교부하여, 을 등이 보험회사로부터 보험금을 편취하는 것을 방조하였다는 내용으로 기소된 사안에서, 정범인 을 등의 범죄가 성립되지 않는 이상 방조범에 불과한 피고인 갑 등의 범죄도 성립될 수 없다.[491] 어음, 수표의 발행인이 그 지급기일에 결제되지 않으리라는 정을 예견

483) 대법원 2007.9.6. 선고 2006도3591 판결.
484) 대법원 2006.1.12. 선고 2004도6557 판결.
485) 대법원 1997.9.12. 선고 97도1706 판결.
486) 대법원 1985.8.20. 선고 83도2575 판결.
487) 대법원 1984.1.31. 선고 83도2825 판결.
488) 대법원 1983.2.28. 선고 81도2344 판결.
489) 대법원 1980.5.27. 선고 80도838 판결.
490) 대법원 2017.5.31. 선고 2017도3894 판결.

하면서도 이를 발행하고 거래상대방을 속여 그 할인을 받거나 물품을 매수하였다면 위 발행인의 사기행위는 이로써 완성되는 것이고, 위 거래상대방이 그 어음, 수표를 타에 양도함으로써 전전 유통되고 최후소지인이 지급기일에 지급제시하였으나 부도되었다고 하더라도 발행인이 최후소지인의 전자들과 사이에 공범관계에 있다는 등의 특별한 사정이 없는 한 그 최후소지인에 대한 관계에서 발행인의 행위를 사기죄로 의율할 수 없다.[492] 비록 은행 지점장이 담보가치가 거의 없는 스포츠센터의 건물·부지에 근저당권만을 설정한 채 그 운영자금을 대출하고, 그 대가로 스포츠센터 영업주로부터 그의 신용카드를 교부받아 사용하고, 또 그 영업주와 사적으로 자주 접촉하면서 교류를 가져왔음을 엿볼 수 있기는 하나, 그렇다고 하더라도 은행 지점장이 은행의 신용을 해치면서 더욱 범죄가 되는 행위까지 하면서 그를 도와주어야 할 특별한 사정이나 특수한 관계가 있지 않는 한, 은행 지점장이 설령 스포츠센터 영업주가 과다한 대출원리금 채무를 부담하고 있음을 알면서도 피해자들에게 그의 상환능력을 과장하여 설명하였다는 점만으로는 은행 지점장이 스포츠센터 영업주와 공동으로 사기범행을 저질렀다고 단정할 수 없다.[493]

(2) 위법성조각사유

정당한 권리의 행사를 위하여 기망행위를 한 때에는 본죄가 성립하지 아니한다. 다만 기망행위를 수단으로 한 권리행사의 경우 그 권리행사에 속하는 행위와 그 수단에 속하는 기망행위를 전체적으로 관찰하여 그와 같은 기망행위가 사회통념상 권리행사의 수단으로서 용인할 수 없는 정도라면 그 권리행사에 속하는 행위는 사기죄를 구성한다.[494] 그 범위를 넘을 때에는 그것이 가분인 때에는 초과부분에 대하여, 불가분인 경우에는 전체에 대하여 사기죄가 성립한다고 해야 한다.

위법성조각을 긍정한 판례의 구체적 내용은 다음과 같다. 즉,

전대금지 등의 특약이 없는 경우 임차인인 피고인이 그 사용부분 중 일부를 공소외(갑)에게 전대한 것은 그 권리범위내에 속하여 공소외(갑)에 대한 사기죄가 성립되지 아니한다.[495] 원래 임대인은 임차인으로부터 그 보증금반환채권의 양도통지를 받지 않은 이상 그 보증금은 임차인에게 반환할 의무가 있는 것이므로 피고인이 공소외 (갑)에게 약속어음을 발행하면서 지급기일에 지급되지 않은 경우에는 공소외 (을)에 대해 가지는 임대보증금 반환채권을 공소외 (갑)에게 양도하기로 약정한 바 있다 하더라도 그 양도의 효력이 생기고 그 양도통지가 있기 전에는 임차인인 피고인에게 보증금을 반환하면 유효한 변제가 됨은 물론이고, 설사 공소외 (을)이 위 약정사실을 알고 있었고 피고인이 공소외 (갑)과 알아서 처리하겠다는 취지의 거짓말을 한바 있다 하더라도 공소외 (을)로서는 그 적법한 양도통지가 있기 전까지는 피고인에 대하여 직접 위 보증금을 수령한

491) 대법원 2017.5.31. 선고 2016도12865 판결.

492) 대법원 2005.10.13. 선고 2005도4589 판결; 대법원 2005.4.15. 선고 2005도652 판결; 대법원 1998.2.10. 선고 97도3040 판결.

493) 대법원 2002.6.14. 선고 99도3658 판결.

494) 대법원 2016.10.13. 선고 2015도11200 판결; 대법원 2018.4.12. 선고 2017도21196 판결; 대법원 2011.3.10. 선고 2010도14856 판결; 대법원 2009.5.28. 선고 2008도4665 판결; 대법원 2009.7.9. 선고 2009도295 판결; 대법원 2007.5.10. 선고 2007도1780 판결; 대법원 2003.12.26. 선고 2003도4914 판결; 대법원 2003.6.13. 선고 2002도6410 판결; 대법원 2002.12.24. 선고 2002도5085 판결; 대법원 1997.10.14. 선고 96도1405 판결; 대법원 1969.12.23. 선고 69도1544 판결.

495) 대법원 1982.12.14. 선고 82도2465 판결.

소위를 들어서 기망 수단을 사용하여 공소외 (을)을 착오에 빠뜨린 결과 위 보증금을 편취한 것이라고는 할 수 없으므로 사기죄를 구성하지 않는다.[496]

위법성조각을 부정한 판례의 구체적 내용은 다음과 같다. 즉,

영농조합법인의 대표이사 등 피고인들이 버섯재배사 신축사업 진행과 관련하여 허위의 임금지급 증빙서류들을 작성·제출하여 지방자치단체로부터 지원되는 보조금을 교부받아 편취한 사안에서, 피고인들의 행위는 사회통념상 권리행사의 수단으로 용인할 수 있는 범위를 벗어난 것으로서 기망행위에 해당한다.[497] 보험금을 지급받을 수 있는 사유가 있다 하더라도 이를 기화로 실제 지급받을 수 있는 보험금보다 다액의 보험금을 편취할 의사로 장기간의 입원 등을 통하여 과다한 보험금을 지급받는 경우에는 지급받은 보험금 전체에 대하여 사기죄가 성립한다.[498] 피고인은 (이름생략)연합회의 하계수련대회를 진행하던 중 술에 취한 상태에서 위 연합회의 다른 임원들과 말다툼을 하다가 홧김에 스스로 화장실 유리문을 발로 차는 바람에 깨진 유리조각에 오른쪽 발을 찔리는 상해를 입은 사실, 그럼에도 피고인은 "회사 하계수련대회 기간에 체력증진을 위한 훈련을 하던 중 모래사장을 맨발로 뛰다가 유리에 발을 찔려 상처를 입었다"라고 허위 내용의 산업재해보상보험 요양신청서를 작성한 후 피해자 근로복지공단에 제출하여 산업재해보상 보험급여를 지급받은 사실을 인정할 수 있는바, 피고인이 위와 같이 산업재해보상보험 요양신청서에 부상 발생경위를 허위로 기재하는 등의 부정한 방법으로 요양신청을 하여 산업재해보상 보험급여를 지급받았다면, 이는 다른 특별한 사정이 없는 한 그 자체로 이미 사회통념상 권리행사의 수단으로서 용인할 수 있는 범위를 벗어난 것으로서 사기죄에 있어서의 기망행위에 해당한다 할 것이다. 그리고 설령 피고인이 산업재해보상 보험급여를 지급받을 수 있는 지위에 있었다고 하더라도 위와 같은 판단에 영향이 생기는 것은 아니다.[499] 산업재해보상 보험급여를 지급받을 수 있는 지위에 있었다고 하더라도 특정 일자에 업무상 재해를 입은 사실이 전혀 없음에도 불구하고, 허위 내용의 목격자진술서를 첨부하는 등의 부정한 방법으로 요양신청을 하여 산업재해보상 보험급여를 지급받았다면, 피고인의 이러한 행위는 특별한 사정이 없는 한 그 자체로 이미 사회통념상 권리행사의 수단으로 용인할 수 없는 정도이다.[500] 토지를 20년 이상 점유하여 왔더라도 그 점유권원의 성질이 불분명하여 일단 자주점유로 추정받기는 하나, 상대방이 그 추정을 번복시킬 수 있는 사실을 입증하면 취득시효를 인정받을 수 없어 결국 상대방의 입증 여부에 따라 소송의 승패가 결정되는 소송에서, 소송의 승패에 결정적인 증거인 자주점유의 권원에 관한 처분문서를 위조하고, 그 성립에 관한 위증을 교사함으로써 상대방의 추정번복의 입증을 원천적으로 봉쇄하고 법원으로서도 그 처분문서의 성립이 인정되는 한 채증법칙상 그 문서의 내용대로 인정할 수밖에 없도록 하는 등의 소송행위는 사회통념상 도저히 용인될 수 없다고 할 것이므로, 비록 점유자가 자주점유로 추정받는다고 하더라도 위와 같은 기망행위에 의하여 적극적으로 법원을 기망하여 착오에 빠지게 함으로써 승소판결을 받고, 등기까지 했던 것이라면 그 행위는 정당한 권리행사라 할 수 없어 사기죄를 구성한다.[501] 피고인이 피해자의 처에 대한 채권을 회수하기 위하여 피해자의 처와 공모하여 제3자를 매수인으

496) 대법원 1982.11.23. 선고 82도2428 판결.
497) 대법원 2011.11.24. 선고 2010도15454 판결.
498) 대법원 2009.5.28. 선고 2008도4665 판결; 대법원 2007.5.11. 선고 2007도2134 판결.
499) 대법원 2007.5.10. 선고 2007도1780 판결.
500) 대법원 2003.6.13. 선고 2002도6410 판결.
501) 대법원 1997.10.14. 선고 96도1405 판결.

로 내세워 피해자와의 사이에 피해자 소유의 부동산에 관한 매매계약을 체결하고, 그 매매대금을 위 채권에 충당한 행위는 사회상규상 정당한 권리행사의 범위를 벗어난 것으로서 재산상의 거래관계에 있어서 거래당사자가 지켜야 할 신의와 성실의 의무를 저버린 기망행위가 된다.[502] 피고인의 변조 채권증서를 이용하여 채무청산위원회로부터 편취한 금원의 용도가 동 위원회가 채무자로부터 그 재산을 양도받는 데에 결정적인 역할을 한 자들에 대한 사례금으로 지급하기 위한 것이었다고 하여 동 변조증서에 의한 배당금취득이 채무청산위원회의 위원으로서 업무수행에 관련된 행위로서 사회상규에 위반되지 않는 것이라고 볼 수 없다.[503] 피고인의 소위가 피해자에 의한 채권을 변제받기 위한 방편이었다 하더라도 이 사건에서와 같이 피해자에게 환전하여 주겠다고 기망하여 약속어음을 교부받는 행위는 위법성을 조각할 만한 정당한 권리행사방법이라고 볼 수 없다.[504]

(3) 죄 수

1) 기본원칙

사기죄에 있어서 동일한 피해자에 대하여 수회에 걸쳐 기망행위를 하여 금원을 편취한 경우 그 범의가 단일하고 범행 방법이 동일하다면 사기죄의 포괄일죄만이 성립한다.[505] 피고인이 취직교제비 명목으로 금원을 편취함에 있어 동일 피해자로부터 재물을 여러 차례에 걸쳐 수수함으로써 그 행위가 여러 개로 보이더라도 그것이 단일하고 계속되는 범의에 의하여 이루어진 것이고 동일한 법익을 침해한 때에는 사기죄의 포괄일죄로 보는 것이 상당하다.[506]

사기죄에서 수인의 피해자에 대하여 각 피해자별로 기망행위를 하여 각각 재물을 편취한 경우에 그 범의가 단일하고 범행방법이 동일하다고 하더라도 포괄일죄가 성립하는 것이 아니라 피해자별로 1개씩의 죄가 성립하는 것으로 보아야 한다.[507] 다만 피해자들이 하나의 동업체를 구성하는 등으로 피해 법익이 동일하다고 볼 수 있는 사정이 있는 경우에는 피해자가 복수이더라도 이들에 대한 사기죄를 포괄하여 일죄로 볼 수도 있다.[508]

포괄일죄는 그 중간에 별종의 범죄에 대한 확정판결이 끼어 있어도 그 때문에 포괄적 범죄가 둘로 나뉘는 것은 아니라 할 것이고, 또 이 경우에는 그 확정판결 후의 범죄로서 다루어야 한다.[509]

2) 다른 죄와의 관계

강취한 신용카드를 가지고 자신이 그 신용카드의 정당한 소지인인양 가맹점의 점주를

---

502) 대법원 1991.9.10. 선고 91도376 판결.

503) 대법원 1982.12.14. 선고 82도2357 판결.

504) 대법원 1982.9.14. 선고 82도1679 판결.

505) 대법원 2016.10.27. 선고 2016도11318 판결; 대법원 2015.10.29. 선고 2015도10948 판결; 대법원 2006.2.23. 선고 2005도8645 판결; 대법원 2002.7.12. 선고 2002도2029 판결; 대법원 2000.2.11. 선고 99도4862 판결.

506) 대법원 1988.9.6. 선고 87도1166 판결.

507) 대법원 2011.4.14. 선고 2011도769 판결; 대법원 1996.2.13. 선고 95도2121 판결.

508) 대법원 2011.4.14. 선고 2011도769 판결.

509) 대법원 2002.7.12. 선고 2002도2029 판결; 대법원 2001.8.21. 선고 2001도3312 판결; 대법원 1986.2. 5. 선고 85도2767 판결.

속이고 그에 속은 점주로부터 주류 등을 제공받아 이를 취득한 것이라면 신용카드부정사용죄와 별도로 사기죄가 성립한다.[510]

피고인이 예금통장을 강취하고 예금자 명의의 예금청구서를 위조한 다음 이를 은행원에게 제출행사하여 예금인출금 명목의 금원을 교부받았다면 강도, 사문서위조, 동행사, 사기의 각 범죄가 성립하고 이들은 실체적 경합관계에 있다 할 것이다.[511] 절취한 은행예금통장을 이용하여 은행원을 기망해서 진실한 명의인이 예금을 찾는 것으로 오신시켜 예금을 편취한 것이라면 새로운 법익의 침해로 절도죄 외에 따로 사기죄가 성립한다.[512]

타인의 위탁에 의하여 사무를 처리하는 자가 그 사무처리상 임무에 위배하여 본인을 기망하고 착오에 빠진 본인으로부터 재물을 교부받은 경우에는 사기죄가 성립되며 설사 배임죄의 구성요건이 충족되어도 별도로 배임죄를 구성하는 것이 아니다.[513] 자기가 점유하는 타인의 재물을 횡령하기 위하여 기망수단을 쓴 경우에는 피기망자에 의한 재산처분행위가 없으므로 일반적으로 횡령죄만 성립되고 사기죄는 성립되지 아니한다.[514]

절도범인이 절취한 장물을 자기 것인양 제3자에게 담보로 제공하고 금원을 편취한 경우에는 별도의 사기죄가 성립된다.[515]

도박이란 2인 이상의 자가 상호간에 재물을 도(賭)하여 우연한 승패에 의하여 그 재물의 득실을 결정하는 것이므로, 이른바 사기도박과 같이 도박당사자의 일방이 사기의 수단으로써 승패의 수를 지배하는 경우에는 도박에서의 우연성이 결여되어 사기죄만 성립하고 도박죄는 성립하지 아니한다.[516]

3. 처 벌

본죄의 법정형은 10년 이하의 징역 또는 2천만원 이하의 벌금이다. 본죄의 미수범은 처벌된다. 본죄에 대하여는 친족상도례가 적용된다.

사기죄를 범하는 자가 금원을 편취하기 위한 수단으로 피해자와 혼인신고를 한 것이어서 그 혼인이 무효인 경우라면, 그러한 피해자에 대한 사기죄에서는 친족상도례를 적용할 수 없다고 할 것이다.[517] 갑은 피고인의 8촌 혈족, 병은 피고인의 부친이나, 위 부동산이 갑, 을, 병의 합유로 등기되어 있어 피고인에게 형법상 친족상도례 규정이 적용되지 않는다.[518] 피고인의 딸과 피해자의 아들이 혼인하여 피고인과 피해자가 사돈지간이라고 하더라도 민법상 친족으로 볼 수 없다.[519]

---

510) 대법원 1997.1.21. 선고 96도2715 판결.
511) 대법원 1991.9.10. 선고 91도1722 판결.
512) 대법원 1974.11.26. 선고 74도2817 판결.
513) 대법원 1983.7.12. 선고 82도1910 판결.
514) 대법원 1980.12.9. 선고 80도1177 판결.
515) 대법원 1980.11.25. 선고 80도2310 판결.
516) 대법원 2011.1.13. 선고 2010도9330 판결.
517) 대법원 2015.12.10. 선고 2014도11533 판결.
518) 대법원 2015.6.11. 선고 2015도3160 판결.
519) 대법원 2011.4.28. 선고 2011도2170 판결.

4. 상습 사기죄

본죄는 상습범을 처벌한다. 상습으로 본죄를 범한 자에 대하여는 그 죄에 정한 형의 2분의 1까지 가중한다.

상습성이라 함은 반복하여 사기행위를 하는 습벽으로서 행위자의 속성을 말하고, 이러한 습벽의 유무를 판단함에 있어서는 사기의 전과가 중요한 판단자료가 되나 사기의 전과가 없다고 하더라도 범행의 횟수, 수단과 방법, 동기 등 제반 사정을 참작하여 사기의 습벽이 인정되는 경우에는 상습성을 인정할 수 있다.[520] 사기행위의 습벽은 행위자의 사기습벽의 발현으로 인정되는 한 동종의 수법에 의한 사기범행의 습벽만을 의미하는 것이 아니라 이종의 수법에 의한 사기범행을 포괄하는 사기의 습벽도 포함한다.[521]

상습성을 갖춘 자가 여러 개의 죄를 반복하여 저지른 경우에는 각 죄를 별죄로 보아 경합범으로 처단할 것이 아니라 그 모두를 포괄하여 상습범이라고 하는 하나의 죄로 처단하는 것이 상습범의 본질 또는 상습범 가중처벌규정의 입법취지에 부합한다.[522]

Ⅲ. 컴퓨터 등 사용사기죄

제347조의2(컴퓨터등 사용사기) 컴퓨터등 정보처리장치에 허위의 정보 또는 부정한 명령을 입력하거나 권한 없이 정보를 입력·변경하여 정보처리를 하게 함으로써 재산상의 이익을 취득하거나 제3자로 하여금 취득하게 한 자는 10년 이하의 징역 또는 2천만원 이하의 벌금에 처한다.

제351조(상습범) 상습으로 제347조 내지 전조의 죄를 범한 자는 그 죄에 정한 형의 2분의 1까지 가중한다.

제352조(미수범) 제347조 내지 제348조의2, ~ 의 미수범은 처벌한다.

제353조(자격정지의 병과) 본장의 죄에는 10년 이하의 자격정지를 병과할 수 있다.

제354조(친족간의 범행, 동력) 제328조와 제346조의 규정은 본장의 죄에 준용한다.

구조문

제347조의2 (컴퓨터등 사용사기) 컴퓨터등 정보처리장치에 허위의 정보 또는 부정한 명령을 입력하여 정보처리를 하게 함으로써 재산상의 이익을 취득하거나 제3자로 하여금 취득하게 한 자는 10년 이하의 징역 또는 2천만원 이하의 벌금에 처한다.

1. 서 언

(1) 의 의

본죄는 컴퓨터등 정보처리장치에 허위의 정보 또는 부정한 명령을 입력하거나 권한 없이 정보를 입력·변경하여 정보처리를 하게 함으로써 재산상의 이익을 취득하거나 제3자로 하여금 취득하게 함으로써 성립한다.

---

520) 대법원 2011.11.24. 선고 2009도980 판결; 대법원 2009.9.10. 선고 2009도5075 판결; 대법원 2006.9.8. 선고 2006도2860 판결; 대법원 2005.10.28. 선고 2005도5774 판결; 대법원 2000.11.10. 선고 2000도3483 판결; 대법원 2000.2.11. 선고 99도4797 판결; 대법원 1999.11.26. 선고 99도3929,99감도97 판결; 대법원 1995.7.11. 선고 95도955 판결; 대법원 1986.6.10. 선고 86도778 판결.

521) 대법원 2000.2.11. 선고 99도4797 판결; 대법원 1999.11.26. 선고 99도3929,99감도97 판결.

522) 대법원 2004.9.16. 선고 2001도3206 전원합의체 판결.

본죄는 기계를 이용하여 불법한 이익을 취득한 경우에 성립하는 범죄라는 점에서 편의시설부정이용죄(제348조의2)와 공통된 성질을 가진다. 다만 편의시설부정이용죄가 자동판매기 등 유료자동설비를 이용한 경우임에 반하여 본죄는 컴퓨터를 이용한 경우라는 점에서 차이가 있을 뿐이다. 따라서 본죄에 있어서는 기본적으로 전술한 사기죄의 내용이 그대로 적용된다. 다만 사기죄에 있어서의 피기망자가 본죄에서는 컴퓨터 등 정보처리장치로 대체되는 정도일 뿐이라고 할 수 있다.

(2) 취 지

본죄는 재산변동에 관한 사무가 사람의 개입 없이 컴퓨터 등에 의하여 기계적·자동적으로 처리되는 경우가 증가함에 따라 이를 악용하여 불법적인 이익을 취하는 행위도 증가하였으나 이들 새로운 유형의 행위는 사람에 대한 기망행위나 상대방의 처분행위 등을 수반하지 않아 기존 사기죄로는 처벌할 수 없다는 점 등을 고려하여 신설된 규정이다.[523] 1995년 개정형법에 의하여 도입된 규정이다.[524] 또 2001년 개정형법에서는 권한없이 정보를 입력·변경하여 정보처리를 하게 하는 행위가 구성요건에 추가되었다.[525]

정보산업의 발달에 따라 재산권의 득실변경에 관한 사무도 전자적 기록에 근거하여 자동적으로 처리되는 형태가 보급됨에 따라 이를 부정하게 이용하여 재산상의 이익을 취득하는 행위가 점점 증가하고 있다. 이와 같은 행위도 점유의 이전이라는 사실이 인정되면 절도죄의 성립을 긍정하는 것이 가능하나, 예컨대 예금계좌로 송금하는 등의 경우에는 재물의 점유는 이전되지 않는다.

2. 범 죄

(1) 객관적 구성요건

1) 객 체

본죄의 객체는 재산상의 이익이다. 본죄의 객체는 재물이 아닌 재산상의 이익에 한정되어 있다. 따라서 타인의 명의를 모용하여 발급받은 신용카드로 현금자동지급기에서 현금을 인출하는 행위를 본죄를 적용하여 처벌할 수는 없다.[526]

2) 행 위

① 취 득

본죄의 실행행위는 취득하거나 취득하게 하는 것이다. 행위자나 제3자의 '재산상 이익의 취득'은 사람의 처분행위가 개재됨이 없이 컴퓨터 등에 의한 정보처리 과정에서 이루어져야 한다.[527]

---

523) 대법원 2014.3.13. 선고 2013도16099 판결.
524) 형법 1995.12.29. 일부개정 법률 제5057호 1996.7.1. 시행.
525) 형법 2001.12.29. 일부개정 법률 제6543호 2002.6.30. 시행.
526) 대법원 2003.5.13. 선고 2003도1178 판결; 대법원 2002.7.12. 선고 2002도2134 판결.
527) 대법원 2014.3.13. 선고 2013도16099 판결.

② 컴퓨터 등의 사용

행위의 방법은 컴퓨터 등의 사용이다. 컴퓨터 등의 사용은 전술한 사기죄에 있어서의 '사람을 기망하여'에 해당한다. 컴퓨터 등의 사용이란 컴퓨터 등 정보처리장치에 허위의 정보 또는 부정한 명령을 입력하거나 권한 없이 정보를 입력·변경하여 정보처리를 하게 하는 것을 말한다.

정보처리장치한 자동적으로 계산 또는 정보처리를 행하는 전자장치를 말한다. 부정한 명령의 입력은 당해 사무처리시스템에 예정되어 있는 사무처리의 목적에 비추어 지시해서는 안 될 명령을 입력하는 것을 의미한다.[528] 따라서 설령 허위의 정보를 입력한 경우가 아니라고 하더라도 당해 사무처리시스템의 프로그램을 구성하는 개개의 명령을 부정하게 변개·삭제하는 행위는 물론 프로그램 자체에서 발생하는 오류를 적극적으로 이용하여 그 사무처리의 목적에 비추어 정당하지 아니한 사무처리를 하게 하는 행위도 특별한 사정이 없는 한 위 부정한 명령의 입력에 해당한다고 보아야 한다.[529] 정보처리는 사기죄에서 피해자의 처분행위에 상응하므로 입력된 허위의 정보 등에 의하여 계산이나 데이터의 처리가 이루어짐으로써 직접적으로 재산처분의 결과를 초래하여야 하고,[530] 권한 없는 자에 의한 명령 입력행위를 '명령을 부정하게 입력하는 행위' 또는 '부정한 명령을 입력하는 행위'에 포함된다고 해석하는 것이 그 문언의 통상적인 의미를 벗어나는 것이라고 할 수도 없고, 그렇다면 그 문언의 해석을 둘러싸고 학설상 일부 논란이 있었고, 이러한 논란을 종식시키기 위해 그와 같이 권한 없이 정보를 입력, 변경하여 정보처리를 하게 하는 행위를 따로 규정하는 내용의 개정을 하게 되었다고 하더라도, 구 형법상으로는 그와 같은 권한 없는 자가 명령을 입력하는 방법에 의한 재산상 이익 취득행위가 처벌대상에서 제외되어 있었다고 볼 수는 없는 바, 이러한 해석이 죄형법정주의에 의하여 금지되는 유추적용에 해당한다고 할 수도 없다.[531]

사용을 긍정한 판례의 구체적 내용은 다음과 같다. 즉,

피고인이 갑 주식회사에서 운영하는 전자복권구매시스템에서 은행환불명령을 입력하여 가상계좌 잔액이 1,000원 이하로 되었을 때 복권 구매명령을 입력하면 가상계좌로 복권 구매요청금과 동일한 액수의 가상현금이 입금되는 프로그램 오류를 이용하여 잔액을 1,000원 이하로 만들고 다시 복권 구매명령을 입력하는 행위를 반복함으로써 피고인의 가상계좌로 구매요청금 상당의 금액이 입금되게 한 사안에서, 피고인의 행위는 형법 제347조의2에서 정한 '허위의 정보 입력'에 해당하지는 않더라도, 프로그램 자체에서 발생하는 오류를 적극적으로 이용하여 사무처리의 목적에 비추어 정당하지 아니한 사무처리를 하게 한 행위로서 '부정한 명령의 입력'에 해당한다.[532] 타인의 명의를 모용하여 발급받은 신용카드의 번호와 그 비밀번호를 이용하여 ARS 전화서비스나 인터넷 등을 통하여 신용대출을 받는 방법으로 재산상 이익을 취득하는 행위 역시 미리 포괄적으로 허용

528) 대법원 2013.11.14. 선고 2011도4440 판결.
529) 대법원 2013.11.14. 선고 2011도4440 판결.
530) 대법원 2014.3.13. 선고 2013도16099 판결.
531) 대법원 2003.1.10. 선고 2002도2363 판결.
532) 대법원 2013.11.14. 선고 2011도4440 판결.

된 행위가 아닌 이상, 컴퓨터 등 정보처리장치에 권한 없이 정보를 입력하여 정보처리를 하게 함으로써 재산상 이익을 취득하는 행위로서 컴퓨터 등 사용사기죄에 해당한다. 따라서 타인의 명의를 모용하여 발급받은 신용카드를 이용하여 현금자동지급기에서 현금을 인출하거나 ARS 전화서비스나 인터넷 등으로 신용대출을 받는 행위를 기망당한 카드회사가 카드사용을 포괄적으로 허용한 것에 기초한 것으로 파악하여 포괄적으로 카드회사에 대한 사기죄가 된다고 볼 수는 없다.[533] 예금주인 현금카드 소유자로부터 일정한 금액의 현금을 인출해 오라는 부탁을 받으면서 이와 함께 현금카드를 건네받은 것을 기화로 그 위임을 받은 금액을 초과하여 현금을 인출하는 방법으로 그 차액 상당을 위법하게 이득할 의사로 현금자동지급기에 그 초과된 금액이 인출되도록 입력하여 그 초과된 금액의 현금을 인출한 경우에는 그 인출된 현금에 대한 점유를 취득함으로써 이 때에 그 인출한 현금 총액 중 인출을 위임받은 금액을 넘는 부분의 비율에 상당하는 재산상 이익을 취득한 것으로 볼 수 있으므로 이러한 행위는 그 차액 상당액에 관하여 형법 제347조의2(컴퓨터등 사용사기)에 규정된 '컴퓨터 등 정보처리장치에 권한 없이 정보를 입력하여 정보처리를 하게 함으로써 재산상의 이익을 취득'하는 행위로서 컴퓨터 등 사용사기죄에 해당된다.[534] 금융기관 직원이 범죄의 목적으로 전산단말기를 이용하여 다른 공범들이 지정한 특정계좌에 무자원 송금의 방식으로 거액을 입금한 것은 형법 제347조의2에서 정하는 컴퓨터 등 사용사기죄에서의 '권한 없이 정보를 입력하여 정보처리를 하게 한 경우'에 해당한다고 할 것이고, 이는 그 직원이 평상시 금융기관의 여·수신업무를 처리할 권한이 있었다고 하여도 마찬가지이다.[535] 타인의 인적 사항을 도용하여 타인 명의로 발급받은 신용카드의 번호와 그 비밀번호를 인터넷사이트에 입력함으로써 재산상 이익을 취득한 행위가 구 형법 제347조의2 소정의 컴퓨터등사용사기죄에 해당하지 않는다고 무죄를 선고한 원심판결을 파기하였다.[536]

3) 결 과

본죄는 결과범이다. 본죄는 재산산의 이익을 취득하거나 취득함으로써 기수에 이른다. 또 본죄가 기수에 이르기 위해서는 상대방인 피해자에게 손해의 발생을 요한다는 것은 전술한 사기죄에서와 같다.

(2) 주관적 구성요건

본죄는 고의범이다. 본죄의 고의는 인식적 요소로서 컴퓨터등 정보처리장치에 허위의 정보 또는 부정한 명령을 입력하거나 권한 없이 정보를 입력·변경하여 정보처리를 하게 함으로써 재산상의 이익을 취득하거나 제3자로 하여금 취득하게 한다는 사실에 대한 인식을 요한다. 본죄는 이득죄로서 고의 외에 불법이득의 의사를 요한다.

(3) 미수·기수

본죄는 미수범을 처벌한다. 본죄는 컴퓨터등 정보처리장치에 허위의 정보 또는 부정한 명령을 입력하거나 권한 없이 정보를 입력·변경한 때에 실행의 착수가 인정된다. 다만 기수시기에 대하여는 재산상 이익의 취득시와 재산상 손해의 발생시가 대립하고 있다. 그러나

533) 대법원 2006.7.27. 선고 2006도3126 판결.
534) 대법원 2006.3.24. 선고 2005도3516 판결.
535) 대법원 2006.1.26. 선고 2005도8507 판결.
536) 대법원 2003.1.10. 선고 2002도2363 판결.

행위자측에서는 재산상 이익의 취득시로 나타나지만, 피해자측에서는 재상상 손해의 발생시로 된다고 해석된다. 결국, 전술한 사기죄에서와 재산상 손해의 발생시라고 하는 것이 합당하다. 본죄는 재산죄에 해당하고 본죄의 실행행위의 최종지점에 재산상의 손해가 위치하기 때문이다. 기수를 긍정한 판례의 구체적 내용은 다음과 같다. 즉,

> 금융기관 직원이 전산단말기를 이용하여 다른 공범들이 지정한 특정계좌에 돈이 입금된 것처럼 허위의 정보를 입력하는 방법으로 위 계좌로 입금되도록 한 경우, 이러한 입금절차를 완료함으로써 장차 그 계좌에서 이를 인출하여 갈 수 있는 재산상 이익을 취득하였으므로 형법 제347조의2에서 정하는 컴퓨터 등 사용사기죄는 기수에 이르렀고, 그 후 그러한 입금이 취소되어 현실적으로 인출되지 못하였다고 하더라도 이미 성립한 컴퓨터 등 사용사기죄에 어떤 영향이 있다고 할 수는 없다.[537)]

3. 처 벌

본죄의 법정형은 10년 이하의 징역 또는 2천만원 이하의 벌금이다. 본죄의 미수범은 처벌된다. 본죄에 대하여는 친족상도례가 적용된다.

손자가 할아버지 소유 농업협동조합 예금통장을 절취하여 이를 현금자동지급기에 넣고 조작하는 방법으로 예금 잔고를 자신의 거래 은행 계좌로 이체한 사안에서, 위 농업협동조합이 컴퓨터 등 사용사기 범행 부분의 피해자라는 이유로 친족상도례를 적용할 수 없다.[538)]

4. 상습 컴퓨터 등 사용사기죄

본죄는 상습범을 처벌한다. 상습으로 본죄를 범한 자에 대하여는 그 죄에 정한 형의 2분의 1까지 가중한다.

Ⅳ. 준사기죄

> **제348조(준사기)** ① 미성년자의 사리분별력 부족 또는 사람의 심신장애를 이용하여 재물을 교부받거나 재산상 이익을 취득한 자는 10년 이하의 징역 또는 2천만원 이하의 벌금에 처한다.
> ② 제1항의 방법으로 제3자로 하여금 재물을 교부받게 하거나 재산상 이익을 취득하게 한 경우에도 제1항의 형에 처한다.
>
> **제351조(상습범)** 상습으로 제347조 내지 전조의 죄를 범한 자는 그 죄에 정한 형의 2분의 1까지 가중한다.
>
> **제352조(미수범)** 제347조 내지 제348조의2, ~ 의 미수범은 처벌한다.
>
> **제353조(자격정지의 병과)** 본장의 죄에는 10년 이하의 자격정지를 병과할 수 있다.
>
> **제354조(친족간의 범행, 동력)** 제328조와 제346조의 규정은 본장의 죄에 준용한다.
>
> **구조문**
>
> **제348조(준사기)** ① 미성년자의 지려천박 또는 사람의 심신장애를 이용하여 재물의 교부를 받거나 재산상의 이익을 취득한 자는 10년 이하의 징역 또는 2천만원 이하의 벌금에 처한다.

---

537) 대법원 2006.9.14. 선고 2006도4127 판결.
538) 대법원 2007.3.15. 선고 2006도2704 판결.

② 전항의 방법으로 제삼자로 하여금 재물의 교부를 받게 하거나 재산상의 이익을 취득하게 한 때에도 전항의 형과 같다.

1. 서 언

(1) 의 의

본죄는 미성년자의 사리분별력 부족 또는 사람의 심신장애를 이용하여 재물을 교부받거나 재산상 이익을 취득하거나(제348조 제1항), 제3자로 하여금 재물을 교부받게 하거나 재산상 이익을 취득하게 함으로써 성립한다(제348조 제2항). 본죄를 편의상 자기를 위한 준사기죄 또는 자기준사기죄와 타인을 위한 준사기죄 또는 타인준사기죄로 나누기로 한다.

(2) 취 지

본죄는 사기죄에서와 같은 기망행위가 존재하지 않음에도 불구하고 상대방의 사리분별력의 부족이나 심신장애를 이용하여 재물을 교부받거나 재산상 이익을 취득하거나 제3자로 하여금 재물을 교부받게 하거나 재산상 이익을 취득하게 하는 행위는 상대방의 의사의 하자상태를 이용한다는 점에서 사기죄와 유사하다는 인식하에 사기죄에 준하여 처벌하려는 취지이다.

2. 범 죄

(1) 자기 준사기죄

본죄는 미성년자의 사리분별력 부족 또는 사람의 심신장애를 이용하여 재물을 교부받거나 재산상 이익을 취득함으로써 성립한다(제348조 제1항).

본죄의 객체는 재물 또는 재산상의 이익이다. 본죄의 실행행위는 재물의 교부를 받거나 재산상의 이익을 취득하는 것이다. 행위의 방법은 미성년자의 사리분별력 부족 또는 사람의 심신장애를 이용하는 것이다. 미성년자란 19세 미만자를 말한다(민법 제4조). 사리분별력의 부족이란 2020년 개정되기 전의 구조문상 지려천박을 풀어쓴 말이다.[539] 지려천박(知慮淺薄)이란 구체적 사항에 대하여 아는 것이 얕고 생각이 엷은 상태를 말한다. 기망에 이르지 않는 단순한 유혹적 수단에 의하여도 재산상의 처분행위를 하는 정도를 말한다. 심신장애(心神障碍)란 정신장애에 의하여 통상의 판단능력을 가지지 않는 상태를 말한다. 다만 여기서 말하는 심신장애란 유혹에 쉽게 넘어가는 것을 의미하기 때문에 총칙상 책임능력의 기초가 되는 심신장애(제10조)와 반드시 일치하는 개념은 아니다. 이용이란 적극적으로 이용하는 경우 외에 미성년자나 심신장애자가 임의로 재산적 처분행위를 행하는 것을 방치하는 경우를 포함한다.

(2) 타인 준사기죄

본죄는 미성년자의 사리분별력 부족 또는 사람의 심신장애를 이용하여 제3자로 하여금 재물을 교부받게 하거나 재산상 이익을 취득하게 함으로써 성립한다(제348조 제2항).

---

539) 형법 2020.12.8. 일부개정 법률 제17571호 2021.12.9. 시행

3. 처 벌

본죄의 법정형은 10년 이하의 징역 또는 2천만원 이하의 벌금이다. 본죄의 미수범은 처벌된다. 본죄에 대하여는 친족상도례가 적용된다.

4. 상습 준사기죄

본죄는 상습범을 처벌한다. 상습으로 본죄를 범한 자에 대하여는 그 죄에 정한 형의 2분의 1까지 가중한다.

Ⅴ. 편의시설부정이용죄

제348조의2(편의시설부정이용) 부정한 방법으로 대가를 지급하지 아니하고 자동판매기, 공중전화 기타 유료자동설비를 이용하여 재물 또는 재산상의 이익을 취득한 자는 3년 이하의 징역, 500만원 이하의 벌금, 구류 또는 과료에 처한다.

제351조(상습범) 상습으로 제347조 내지 전조의 죄를 범한 자는 그 죄에 정한 형의 2분의 1까지 가중한다.

제352조(미수범) ~ 제348조의2, ~ 의 미수범은 처벌한다.

제353조(자격정지의 병과) 본장의 죄에는 10년 이하의 자격정지를 병과할 수 있다.

제354조(친족간의 범행, 동력) 제328조와 제346조의 규정은 본장의 죄에 준용한다.

1. 서 언

(1) 의 의

본죄는 부정한 방법으로 대가를 지급하지 아니하고 자동판매기, 공중전화 기타 유료자동설비를 이용하여 재물 또는 재산상의 이익을 취득함으로써 성립한다.

(2) 취 지

본죄는 유료자동설비기술의 발달에 따라 사람이 없어도 부정을 행하지 않는다는 사회적 신뢰를 유지하여 유료자동설비의 사회적 기능을 보호하기 위하여 1995년 형법 개정시 신설한 규정이다.540)

공중전화의 경우와 같이 자동설비에 의하여 편익 또는 재산상의 이익을 취득하는 경우에는 재물이 아니기 때문에 절도죄가 성립하지 아니할 뿐만 아니라 재물을 취득하는 경우일지라도 사람을 기망한 경우가 아니기 때문에 사기죄도 성립하지 아니한다. 이러한 경우에 본죄는 절도죄와 사기죄의 흠결을 보충하기 위하여 도입된 보충적 구성요건(Auffangtatbestand)에 해당한다고 할 수 있다. 이는 전술한 컴퓨터 등 사용사기죄도 마찬가지이다.

2. 범 죄

본죄의 재물 또는 재산상의 이익이다. 본죄의 실행행위는 재물 또는 재산상의 이익을

540) 형법 1995.12.29. 일부개정 법률 제5057호 1996.7.1. 시행.

취득하는 것이다. 행위의 방법은 부정이용이다. 부정이용이란 부정한 방법으로 대가를 지급하지 아니하고 자동판매기, 공중전화 기타 유료자동설비를 이용하는 것을 말한다. 부정이용의 대상은 편의시설이다. 편의시설이란 자동판매기, 공중전화 기타 유료자동설비를 말한다. 유료자동설비(Automat)란 대가를 지불하면 물건뿐만 아니라 편익을 제공하는 일체의 기계설비를 말한다. 부정이용이란 대가를 지급하지 않고 편의시설을 비정상적으로 작동시켜 재물 또는 재산상의 이익을 취득하는 것을 말한다.

부정이용을 부정한 판례의 구체적 내용은 다음과 같다. 즉.

> 타인의 전화카드(한국통신의 후불식 통신카드)를 절취하여 전화통화에 이용한 경우에는 통신카드서비스 이용계약을 한 피해자가 그 통신요금을 납부할 책임을 부담하게 되므로, 이러한 경우에는 피고인이 '대가를 지급하지 아니하고' 공중전화를 이용한 경우에 해당한다고 볼 수 없어 편의시설부정이용의 죄를 구성하지 않는다.[541]

3. 처 벌

본죄의 법정형은 3년 이하의 징역, 500만원 이하의 벌금, 구류 또는 과료이다. 본죄의 미수범은 처벌된다. 본죄에 대하여는 친족상도례가 적용된다.

4. 상습 편의시설부정이용죄

본죄는 상습범을 처벌한다. 상습으로 본죄를 범한 자에 대하여는 그 죄에 정한 형의 2분의 1까지 가중한다.

Ⅵ. 부당이득죄

제349조(부당이득) ① 사람의 곤궁하고 절박한 상태를 이용하여 현저하게 부당한 이익을 취득한 자는 3년 이하의 징역 또는 1천만원 이하의 벌금에 처한다.
② 제1항의 방법으로 제3자로 하여금 부당한 이익을 취득하게 한 경우에도 제1항의 형에 처한다.

제351조(상습범) 상습으로 제347조 내지 전조의 죄를 범한 자는 그 죄에 정한 형의 2분의 1까지 가중한다.

제353조(자격정지의 병과) 본장의 죄에는 10년 이하의 자격정지를 병과할 수 있다.

제354조(친족간의 범행, 동력) 제328조와 제346조의 규정은 본장의 죄에 준용한다.

구조문
제349조(부당이득) ① 사람의 궁박한 상태를 이용하여 현저하게 부당한 이익을 취득한 자는 3년 이하의 징역 또는 1천만원 이하의 벌금에 처한다.
② 전항의 방법으로 제삼자로 하여금 부당한 이익을 취득하게 한 때에도 전항의 형과 같다.

1. 서 언

(1) 의 의

본죄는 사람의 곤궁하고 절박한 상태를 이용하여 현저하게 부당한 이익을 취득하거나

---

541) 대법원 2001.9.25. 선고 2001도3625 판결.

(제349조 제1항), 사람의 곤궁하고 절박한 상태를 이용하여 제3자로 하여금 부당한 이익을 취득하게 함으로써 성립한다(제349조 제2항). 본죄를 편의상 현저하게 부당한 이익을 요하는 자기를 위한 부당이득죄 또는 자기 부당이득죄와 부당한 이익만으로도 족한 타인을 위한 부당이득죄 또는 타인 부당이득죄로 분류하기로 한다.

본죄의 보호법익은 전체로서의 재산이며, 재산상의 위험이 있으면 족하다는 의미에서 본죄는 위험범이다. 본죄의 미수범은 처벌하지 않는다.

(2) 본 질

본죄의 본질은 사람의 궁박한 상태를 경제적으로 이용하여 폭리를 취득하는 것을 금지하는 데에 있다. 사기죄는 아니지만 궁박한 상태를 이용한다는 점에서 사기죄의 한 태양으로서 처벌하는 것이다. 한편 당사자의 궁박, 경솔 또는 무경험으로 인하여 현저하게 공정을 잃은 불공정한 법률행위는 민법상 무효이다(민법 제104조).

2. 범 죄

(1) 자기 부당이득죄

본죄는 사람의 곤궁하고 절박한 상태를 이용하여 현저하게 부당한 이익을 취득함으로써 성립한다(제349조 제1항).

본죄의 객체는 현저하게 부당한 이익이다. 부당한 이익만으로는 족하지 않고 현저하게 부당한 이익이여야 한다. 부당이란 급부와 반대급부 사이에 상당성이 결여된 경우를 말한다.

'현저하게 부당한 이익의 취득'이라 함은 단순히 시가와 이익과의 배율로만 판단할 것이 아니라 구체적·개별적 사안에 있어서 일반인의 사회통념에 따라 결정하여야 하는 것으로서, 피해자가 궁박한 상태에 있었는지 여부 및 급부와 반대급부 사이에 현저히 부당한 불균형이 존재하는지 여부는 거래당사자의 신분과 상호 간의 관계, 피해자가 처한 상황의 절박성의 정도, 계약의 체결을 둘러싼 협상과정 및 거래를 통한 피해자의 이익, 피해자가 그 거래를 통해 추구하고자 한 목적을 달성하기 위한 다른 적절한 대안의 존재 여부, 피고인에게 피해자와 거래하여야 할 신의칙상 의무가 있는지 여부 등 여러 상황을 종합하여 구체적으로 판단하되, 특히 우리 헌법이 규정하고 있는 자유시장경제질서와 여기에서 파생되는 사적 계약자유의 원칙을 고려하여 그 범죄의 성립을 인정함에 있어서는 신중을 요한다.[542)]

본죄의 실행행위는 취득이다. 현저하게 부당한 이익을 취득하는 것이다. 행위의 수단은 사람의 곤궁하고 절박한 상태를 이용하는 것이다. 곤궁하고 절박한 상태는 구조문상 궁박을 2020년 개정형법이 풀어쓴 것이다.[543)] 당시까지 판례는 궁박(窮迫)을 급박한 곤궁의 의미로

---

542) 대법원 2010.5.27. 선고 2010도778 판결; 대법원 2009.1.15. 선고 2008도1246 판결; 대법원 2008.12.11. 선고 2008도7823 판결; 대법원 2007.12.28. 선고 2007도6441 판결; 대법원 2006.9.8. 선고 2006도3366 판결; 대법원 2006.7.7. 선고 2005도9686 판결; 대법원 2006.2.24. 선고 2005도8386 판결; 대법원 2005.9.29. 선고 2005도4239 판결; 대법원 2005.4.15. 선고 2004도1246 판결.

543) 형법 2020.12.8. 일부개정 법률 제17571호 2021.12.9. 시행.

해석하고 있었다.[544] 곤궁하고 절박한 상태는 반드시 경제적 곤궁상태에 한하지 않는다. 생명이나 명예에 대한 정신적 · 육체적 곤궁상태도 포함된다. 경제적 곤궁상태는 반드시 생존의 위험에 이를 단계, 즉 재산이 없게 될 정도에 이를 것을 요하지 않는다. 현저한 재산의 감소가 있거나 그 위험이 있으면 족하다.

부당이득을 긍정한 판례의 구체적 내용은 다음과 같다. 즉,

갑건설회사의 공동주택신축사업 계획을 미리 알고 있던 을이 사업부지 내의 토지소유자 병을 회유하여 갑과 맺은 토지매매 약정을 깨고 자신에게 이를 매도 및 이전등기하게 한 다음 이를 갑에게 재매도하면서 2배 이상의 매매대금과 양도소득세를 부담시킨 사안에서, 위 토지가 전체 사업부지 내에서 갖는 중요성, 을의 자력, 갑의 사업진행정도 등을 고려할 때 부당이득죄가 성립한다.[545] 토지매수인인 건설회사가 아파트 건설사업의 순조로운 진행과 막대한 은행융자금 이자의 부담을 피하기 위해 토지소유권을 시급히 확보해야 하는 처지여서 목적 토지에 관하여 명의자인 문중원들과 문중 사이의 소유권 분쟁에 관한 민사소송의 종료시까지 기다릴 여유가 없는 사정을 이용하여, 문중 대표자이자 목적 토지의 공유지분권자인 사람이 자기 지분에 대해 문중 명의 매매계약과 따로 별도의 매매계약을 체결하고 나머지 지분권자들의 3배 이상의 매매대금을 수령한 것은 건설회사의 궁박을 이용하여 현저하게 부당한 이득을 취한 것으로서 부당이득죄가 성립한다.[546]

부당이득을 부정한 판례의 구체적 내용은 다음과 같다. 즉,

개발사업 등이 추진되는 사업부지 중 일부의 매매와 관련된 이른바 '알박기' 사건에서 부당이득죄의 성립 여부가 문제되는 경우에도 위와 같은 여러 상황을 종합하여 구체적으로 판단하되, 그 범죄의 성립을 인정하기 위하여는 피고인이 피해자의 개발사업 등이 추진되는 상황을 미리 알고 그 사업부지 내의 부동산을 매수한 경우이거나 피해자에게 협조할 듯한 태도를 취하여 사업을 추진하도록 한 후에 협조를 거부하는 경우 등과 같이 피해자가 궁박한 상태에 빠지게 된 데에 피고인이 적극적으로 원인을 제공하였거나 상당한 책임을 부담하는 정도에 이르러야 한다.[547] 개발사업 등의 추진 전에 이를 알지 못하고 부동산을 취득 · 소유하면서 그 위에 생활 또는 사업상의 기반을 쌓고 있어서 그 부동산을 타인에게 양도하는 것이 그의 생활 또는 사업 등에 상당한 변화를 초래하게 되는 경우에는, 일반적으로 애초 그 양도의 의무 및 의사가 없는 사람으로 하여금 그 양도를 결단하도록 하기 위하여 그러한 변화에 대한 주저를 극복할 상당한 경제적 유인 등이 제공될 필요가 있고, 사업자로서도 그러한 사정을 통상 알 수 있다는 점에 비추어, 이를 매도하라는 사업자 등의 제안을 받고 그 매도의 조건을 협상한 결과 큰 이득을 얻었다는 것만으로는 다른 특별한 사정이 없는 한 피해자의 궁박을 이용하여 현저하게 부당한 이익을 얻었다고 쉽사리 말할 수 없다. 또한, 그 협상의 과정에서 개발사업의 시행으로 인근 부동산의 시가가 전반적으로 상승한 것을 들어 종전보다 1.5 내지 3배가량 높은 대가의 증액을 요구했다고 해서 이를 형사적으로 비난받을 행태라고 할 수 없다.[548] 개발사업 등이 추진되는 사업부지 중 일부의 매매와 관련된 이른바

544) 대법원 2010.5.27. 선고 2010도778 판결; 대법원 2009.1.15. 선고 2008도8577 판결; 대법원 2008.5.29. 선고 2008도2612 판결; 대법원 2007.12.28. 선고 2007도6441 판결; 대법원 2006.9.8. 선고 2006도3366 판결; 대법원 2005.9.29. 선고 2005도4239 판결; 대법원 2005.4.15. 선고 2004도1246 판결.

545) 대법원 2008.5.29. 선고 2008도2612 판결.

546) 대법원 2007.12.28. 선고 2007도6441 판결.

547) 대법원 2010.5.27. 선고 2010도778 판결; 대법원 2009.1.15. 선고 2008도8577 판결.

548) 대법원 2009.1.15. 선고 2008도1246 판결.

'알박기' 사건에서 부당이득죄의 성립 여부가 문제되는 경우, 그 범죄의 성립을 인정하기 위해서는 피고인이 피해자의 개발사업 등이 추진되는 상황을 미리 알고 그 사업부지 내의 부동산을 매수한 경우이거나 피해자에게 협조할 듯한 태도를 보여 사업을 추진하도록 한 후에 협조를 거부하는 경우 등과 같이, 피해자가 궁박한 상태에 빠지게 된 데에 피고인이 적극적으로 원인을 제공하였거나 상당한 책임을 부담하는 정도에 이르러야 한다. 이러한 정도에 이르지 않은 상태에서 단지 개발사업 등이 추진되기 오래 전부터 사업부지 내의 부동산을 소유하여 온 피고인이 이를 매도하라는 피해자의 제안을 거부하다가 수용하는 과정에서 인근 토지 시가의 40배가 넘는 큰 이득을 취하였다는 사정만으로 함부로 부당이득죄의 성립을 인정해서는 안 된다.[549] 공동주택 및 판매시설 건축사업의 대상이 된 대지지분 등 부동산의 소유자가 사업자의 매도 제안을 거부하다가 통상 가격의 약 45배의 대금에 이를 매도한 사안에서, 부당이득죄의 성립을 부정하였다.[550] 피고인이 토지지분을 시가의 약 10배에 해당하는 가격으로 매도함으로써 사회통념상 과도한 이득을 취하였다는 사정만으로는 현저하게 부당한 이득을 취득하였다고 단정할 수 없다.[551] 피고인들이 부동산을 시가의 약 6배에 해당하는 가격으로 매도함으로써 사회통념상 다소 과도한 이득을 취득하였다고 할지라도, 토지의 보유경위 및 기간, 쌍방 당사자의 협상과정, 거래를 통한 매수인의 이익 등을 종합하여 보면, 피고인들이 현저하게 부당한 이득을 취득하였다고 단정할 수 없다.[552] 피고인이 피해자인 재건축조합에게 토지를 시세보다 비싼 가격으로 매도하였더라도 그 매매대금이 현저하게 부당하다고 단정할 수 없거나, 위 조합이 재건축사업을 추진함에 있어서 위 토지가 반드시 필요한 것은 아니었고, 이를 매입하지 아니하고도 재건축을 추진할 대안이 있었음에도 재건축조합의 이익에 가장 부합한다는 판단하에 피고인을 설득하여 위 토지를 매입하게 된 사정 등에 비추어 재건축조합의 궁박 상태를 인정하기에는 부족하다.[553] 300만원의 변제에 갈음하여 합금 600여만원의 이득을 취득함으로써 지급받을 300만원을 공제한 300만원의 이득을 취득한 것만으로는 본조의 현저하게 부당한 이득을 취득한 것이라고 보기 어렵다.[554] 매도담보에 공한 목적물의 가격이 채권액에 비하여 3,4부에 달하고 채무자의 그 계약을 제결한 동기가 그 처의 병환치유비 및 장녀의 학교공납금을 조달하기 위한 사정을 인정하면서 처의 병세 그 소요금액 학교공납금의 성질 불납의 경향등 구체적 사정을 확정함이 없이 이것만으로는 급박한 사정이라고 할 수 없다.[555]

(2) 타인 부당이득죄

본죄는 사람의 곤궁하고 절박한 상태를 이용하여 제3자로 하여금 부당한 이익을 취득하게 함으로써 성립한다(제349조 제2항).

문언해석상 본죄는 객체에 있어서 부당한 이익만으로도 족하다는 점에서 현저하게 부당한 이익을 요하는 자기 부당이득죄와 구별된다고 할 수 있다.

549) 대법원 2009.1.15. 선고 2008도8577 판결.
550) 대법원 2008.12.11. 선고 2008도7823 판결.
551) 대법원 2006.9.8. 선고 2006도3366 판결.
552) 대법원 2005.9.29. 선고 2005도4239 판결.
553) 대법원 2005.4.15. 선고 2004도1246 판결.
554) 대법원 1972.10.31. 선고 72도1803 판결.
555) 대법원 1954.12.23. 선고 4287민상70 판결.

3. 처 벌

본죄의 법정형은 3년 이하의 징역 또는 1천만원 이하의 벌금이다. 본죄는 미수범을 처벌하지 않는다. 본죄에 대하여는 친족상도례가 적용된다.

4. 상습 부당이득죄

본죄는 상습범을 처벌한다. 상습으로 본죄를 범한 자에 대하여는 그 죄에 정한 형의 2분의 1까지 가중한다.

§3. 공갈의 죄

Ⅰ. 서 설

1. 서 언

(1) 의 의

공갈의 죄란 사람을 공갈하여 재물의 교부를 받거나 재산상의 이익을 취득하거나 제3자로 하여금 재물의 교부를 받거나 재산상의 이익을 취득하게 하는 것을 내용으로 하는 범죄를 말한다.

공갈의 죄는 재물을 객체로 하는 공갈죄 또는 공갈취재죄와 재산상의 이익을 객체로 하는 공갈이득죄로 나누어질 수 있다. 공갈의 죄는 행위의 수단을 제외하면 사기의 죄에 있어서의 논점과 공통되기 때문에 중복을 피하기 위하여 사기의 죄와 공통되는 논점에 대하여는 논의를 생략하기로 한다.

(2) 구별개념

공갈의 죄는 피해자의 하자 있는 의사에 기하여 재물 등을 영득하는 편취죄에 속한다는 점에서 사기의 죄와 공통된다. 그러나 공갈의 죄는 사람에게 공포심을 발생시키는 행위를 수단으로 한다는 점에서 사람에 대한 기망을 수단으로 하는 사기의 죄와 구별된다. 또 공갈의 죄에서 피해자의 하자 있는 의사는 타의에 의한 처분행위로 연결된다는 점에서 자의에 의한 처분행위로 연결되는 사기의 죄에 있어서의 그것과 구별된다.

공갈의 죄는 구성요건상 사기의 죄와 유사하지만, 실무상으로 사기의 죄는 지능범으로 분류되지만, 공갈의 죄는 강도의 죄와 함께 조직폭력범으로 분류되고 있다. 공갈의 죄와 강도의 죄는 객체를 같이 할 뿐만 아니라 폭행 또는 협박을 수단으로 한다는 점에서도 공통된다. 그러나 양자는 폭행 또는 협박의 정도가 상대방의 반항을 억압하는지의 여부에 의하여 구별될 뿐이다.

2. 보호법익

공갈의 죄는 사람에게 공포심을 생기게 하여 그의 의사결정의 자유의 행동의 자유를 침해하고, 재물 또는 재산상의 이익을 취득하는 범죄이기 때문에 자유에 대한 침해를 수반한다. 이러한 의미에서 공갈의 죄의 보호법익은 재산 외에 자유도 포함하지만 그 본질은 재산죄이다. 보호의 정도는 침해범으로서의 보호이다.

3. 구성요건의 체계

공갈의 죄의 기본적 구성요건은 공갈죄(제350조)이다. 행위방법으로 인하여 위법성이 가중되는 특수공갈죄(제350조의2)와 상습성으로 인하여 책임이 가중되는 상습공갈죄(제351조)는 가중적 구성요건에 속한다.

본죄는 미수범을 처벌한다. 사기의 죄에 있어서와 같이 친족상도례에 대한 규정도 준용되고 있다.

Ⅱ. 공갈죄

제350조(공갈) ① 사람을 공갈하여 재물의 교부를 받거나 재산상의 이익을 취득한 자는 10년 이하의 징역 또는 2천만원 이하의 벌금에 처한다.
② 전항의 방법으로 제삼자로 하여금 재물의 교부를 받게 하거나 재산상의 이익을 취득하게 한 때에도 전항의 형과 같다.

제351조(상습범) 상습으로 ~ 전조의 죄를 범한 자는 그 죄에 정한 형의 2분의 1까지 가중한다.

제352조(미수범) ~, 제350조, ~ 의 미수범은 처벌한다.

제353조(자격정지의 병과) 본장의 죄에는 10년 이하의 자격정지를 병과할 수 있다.

제354조(친족간의 범행, 동력) 제328조와 제346조의 규정은 본장의 죄에 준용한다.

1. 서 언

본죄는 사람을 공갈하여 재물의 교부를 받거나 재산상의 이익을 취득하거나(제350조 제1항), 제삼자로 하여금 재물의 교부를 받게 하거나 재산상의 이익을 취득하게 함으로써 성립한다(제350조 제2항). 본죄의 본질은 피공갈자의 외포로 인한 하자 있는 동의를 이용하는 재물 또는 재산상 이익의 취득이나 이득행위라 할 수 있다.[556)]

본죄를 편의상 재물을 객체로 하는 소위 공갈취재죄와 재산상의 이익을 객체로 하는 이른바 공갈이득죄로 구분하기로 한다. 또 본죄는 스스로 재물의 교부를 받거나 재산상의 이익을 취득하는 경우(제350조 제1항)와 제삼자로 하여금 재물의 교부를 받게 하거나 재산상의 이익을 취득하게 하는 경우(제350조 제2항)로 나누어질 수 있다. 여기서 편의상 전자를 자기를 위한 갈취 또는 자기갈취, 후자를 타인을 위한 갈취 또는 타인갈취라고 이름하기로 한다.

556) 대법원 1979.7.24. 선고 79도1329 판결.

2. 범 죄

(1) 구성요건

1) 객관적 구성요건

① 객 체

본죄의 객체는 타인이 점유하는 재물 또는 재산상의 이익이다. 재물 또는 재산상의 이익의 개념은 전술한 사기죄에 있어서의 그것과 같다.

본죄의 재물은 타인의 재물을 의미하므로, 사람을 공갈하여 자기의 재물을 교부받는 경우에는 본죄가 성립하지 아니한다.[557] 타인의 재물인지는 민법, 상법, 기타의 실체법에 의하여 결정된다.[558] 금전을 도난당한 경우 절도범이 절취한 금전만 소지하고 있는 때 등과 같이 구체적으로 절취된 금전을 특정할 수 있어 객관적으로 다른 금전 등과 구분됨이 명백한 예외적인 경우에는 절도 피해자에 대한 관계에서 그 금전이 절도범인 타인의 재물이라고 할 수 없다.[559]

객체를 부정한 판례의 구체적 내용은 다음과 같다. 즉,

> 갑이 을의 돈을 절취한 다음 다른 금전과 섞거나 교환하지 않고 쇼핑백 등에 넣어 자신의 집에 숨겨두었는데, 피고인이 을의 지시로 폭력조직원 병과 함께 갑에게 겁을 주어 쇼핑백 등에 들어 있던 절취된 돈을 교부받아 갈취하였다고 하여 폭력행위 등 처벌에 관한 법률 위반(공동공갈)으로 기소된 사안에서, 피고인 등이 갑에게서 되찾은 돈은 절취 대상인 당해 금전이라고 구체적으로 특정할 수 있어 객관적으로 갑의 다른 재산과 구분됨이 명백하므로 이를 타인인 갑의 재물이라고 볼 수 없고, 따라서 비록 피고인 등이 갑을 공갈하여 돈을 교부받았더라도 타인의 재물을 갈취한 행위로서 공갈죄가 성립된다고 볼 수 없는데도, 이와 달리 보아 유죄를 인정한 원심판결에 공갈죄의 대상인 타인의 재물 등에 관한 법리오해의 위법이 있다.[560] 공갈죄는 재산범으로서 그 객체인 재산상 이익은 경제적 이익이 있는 것을 말하는 것인 바, 일반적으로 부녀와의 정교 그 자체는 이를 경제적으로 평가할 수 없는 것이므로 부녀를 공갈하여 정교를 맺었다고 하여도 특단의 사정이 없는 한 이로써 재산상 이익을 갈취한 것이라고 볼 수는 없는 것이며, 부녀가 주점접대부라 할지라도 피고인과 매음을 전제로 정교를 맺은 것이 아닌 이상 피고인이 매음대가의 지급을 면하였다고 볼 여지가 없으니 공갈죄가 성립하지 아니한다.[561]

② 행 위

본죄의 실행행위는 공갈이다. 공갈의 상대방은 사람이다. 사람은 피공갈자를 의미한다. 여기서 본죄의 실행행위도 전술한 사기죄에서와 같이 공갈자측과 그 상대방으로서의 피해자인 피공갈자측도 함께 고려하여야 한다. 이와 같이 공갈자측과 피공갈자측의 양자를 모두 고려하여야 하는 것은 본죄의 결과와 주관적 구성요건에 있어서도 마찬가지이다.

---

557) 대법원 2012.8.30. 선고 2012도6157 판결.
558) 대법원 2012.8.30. 선고 2012도6157 판결.
559) 대법원 2012.8.30. 선고 2012도6157 판결.
560) 대법원 2012.8.30. 선고 2012도6157 판결.
561) 대법원 1983.2.8. 선고 82도2714 판결.

ⓘ 공갈자

ⅰ. 공 갈　　공갈자측에서의 실행행위는 공갈이다. 공갈(恐喝, Erpressung)이란 폭행 또는 협박을 수단으로 하여 상대방의 반항을 억압하는 데에 이르지 않을 정도로 외포시켜 재물의 교부를 요구하는 것을 말한다.

본죄의 폭행 또는 협박은 상대방의 반항을 억압하는 정도에 이르지 않는다는 점에서 강도죄의 그것과 구별된다. 대법원도 "타인에 대하여 폭행 또는 협박을 가하여 재물을 탈취한 경우에 그것이 강도죄가 되느냐 공갈죄가 되느냐는 그 폭행 또는 협박이 사회통념상 일반적으로 피해자의 반항을 억압할 수 있는 척도의 것인가 아닌가를 기준으로 하여 정한다"고 판시한 바 있다.[562)]

ⅱ. 공갈의 방법　　공갈의 방법은 폭행 또는 협박이다. 폭행(暴行)이란 사람에 대한 직·간접적인 유형력의 행사로서 광의의 폭행을 말한다. 협박(脅迫)이란 상대방이 현실적으로 공포감을 느낄 수 있는 정도의 해악의 고지로서 협의의 협박을 의미한다.

해악에는 인위적인 것뿐만 아니라 천재지변 또는 신력이나 길흉화복에 관한 것도 포함될 수 있다.[563)] 다만 천재지변 또는 신력이나 길흉화복을 해악으로 고지하는 경우에는 상대방으로 하여금 행위자 자신이 그 천재지변 또는 신력이나 길흉화복을 사실상 지배하거나 그에 영향을 미칠 수 있는 것으로 믿게 하는 명시적 또는 묵시적 행위가 있어야 본죄가 성립한다.[564)] 고지하는 내용이 위법하지 않은 것인 때에도 해악이 될 수 있다.[565)] 고지된 해악의 실현은 반드시 그 자체가 위법한 것임을 요하지 아니한다.[566)] 해악의 고지는 직접적이 아니더라도 피공갈자 이외의 제3자를 통해서 간접적으로 할 수도 있다.[567)]

ⅲ. 공갈의 정도　　본죄는 협박을 수단으로 하는 경우 상대방에게 공포심을 일으킬 목적으로 명시적 또는 묵시적 방법으로 해악을 상대방에게 통고하여 이에 외포당한 상대방이 재산적 처분행위를 함으로써 성립한다.[568)]

협박은 사람의 의사결정의 자유를 제한하거나 의사실행의 자유를 방해할 정도로 겁을 먹게 할 만한 해악을 고지하는 것을 말한다.[569)] 고지하는 내용이 위법하지 않은 것인 때에도

562) 대법원 1956.5.8. 선고 4289형상50 판결.

563) 대법원 2002.2.8. 선고 2000도3245 판결.

564) 대법원 2002.2.8. 선고 2000도3245 판결.

565) 대법원 2001.2.23. 선고 2000도4415 판결.

566) 대법원 2007.10.11. 선고 2007도6406 판결; 대법원 2004.9.24. 선고 2003도6443 판결; 대법원 1993.9.14. 선고 93도915 판결; 대법원 1991.11.26. 선고 91도2344 판결; 대법원 1990.8.14. 선고 90도114 판결.

567) 대법원 2013.4.11. 선고 2010도13774 판결; 대법원 2012.9.13. 선고 2012도7461 판결; 대법원 2005.7.15. 선고 2004도1565 판결; 대법원 2003.5.13. 선고 2003도709 판결; 대법원 2002.12.10. 선고 2001도7095 판결; 대법원 2002.8.27. 선고 2001도6747 판결; 대법원 2001.2.23. 선고 2000도4415 판결; 대법원 1990.8.14. 선고 90도114 판결.

568) 대법원 1997.2.14. 선고 96도1959 판결.

569) 대법원 2019.2.14. 선고 2018도19493 판결; 대법원 2017.7.11. 선고 2015도18708 판결; 대법원 2013.9.13. 선고 2013도6809 판결; 대법원 2013.4.11. 선고 2010도13774 판결; 대법원 2012.9.13. 선고 2012도7461 판결; 대법원 2010.12.9. 선고 2010도10451 판결; 대법원 2007.10.11. 선고 2007도6406 판결; 대법원 2005.7.15. 선고 2004도7565 판결; 대법원 2004.9.24. 선고 2003도6443 판결; 대법원 2003.5.13. 선고 2003도709 판결; 대법원 2002.12.10. 선고 2001도7095 판결; 대법원 2002.8.27. 선고 2001도6747 판결; 대법원 2002.2.8. 선고 2000도

해악이 될 수 있다.[570] 해악의 고지는 반드시 명시의 방법에 의할 것을 요하지 아니하며 언어나 거동 또는 피해자와의 특수한 사정에 의하여 등에 의하여 상대방으로 하여금 어떠한 해악을 입을 수 있을 것이라는 인식을 갖게 하는 것이면 족하다.[571] 행위자가 그의 직업, 지위, 불량한 성행, 경력 등에 기하여 불법한 위세를 이용하여 재물의 교부나 재산상 이익을 요구하고 상대방으로 하여금 그 요구에 응하지 아니할 때에는 부당한 불이익을 초래할 위험이 있을 수 있다는 위구심을 야기하게 하는 경우에도 해악의 고지가 된다.[572]

공갈을 긍정한 판례의 구체적 내용은 다음과 같다. 즉,

> 피고인이, 갑 주식회사가 특정 신문들에 광고를 편중했다는 이유로 기자회견을 열어 갑 회사에 대하여 불매운동을 하겠다고 하면서 특정 신문들에 대한 광고를 중단할 것과 다른 신문들에 대해서도 동등하게 광고를 집행할 것을 요구하고 갑 회사 인터넷 홈페이지에 그와 같은 내용의 팝업창을 띄우게 한 사안에서, 제반 사정을 고려할 때 피고인의 행위가 강요죄나 공갈죄의 수단인 협박에 해당한다.[573] 예금주인 현금카드 소유자를 협박하여 그 카드를 갈취한 다음 피해자의 승낙에 의하여 현금카드를 사용할 권한을 부여받아 이를 이용하여 현금자동지급기에서 현금을 인출한 행위는 모두 피해자의 예금을 갈취하고자 하는 피고인의 단일하고 계속된 범의 아래에서 이루어진 일련의 행위로서 포괄하여 하나의 공갈죄를 구성하므로, 현금자동지급기에서 피해자의 예금을 인출한 행위를 현금카드 갈취행위와 분리하여 따로 절도죄로 처단할 수는 없다. 왜냐하면 위 예금 인출 행위는 하자 있는 의사표시이기는 하지만 피해자의 승낙에 기한 것이고, 피해자가 그 승낙의 의사표시를 취소하기까지는 현금카드를 적법, 유효하게 사용할 수 있으므로, 은행으로서도 피해자의 지급정지 신청이 없는 한 그의 의사에 따라 그의 계산으로 적법하게 예금을 지급할 수밖에 없기 때문이다.[574] 피해자들이 제작 · 투자한 영화의 소재로 삼은 폭력조직의 두목 또는 조직원이 피해자들에게 그 영화의 감독을 통해 조직폭력배의 불량한 성행, 경력 등을 이용하여 재물의 교부를 요구하고 피해자들로 하여금 그 요구에 응하지 아니할 때에는 부당한 불이익을 초래할 위험이 있을 수 있다는 위구심을 야기하게 하였고, 피해자들도 돈을 요구하는 상대방이 자신들이 영화의 소재로 삼았던 폭력조직의 두목 또는 조직원이므로 이에 응하지 않을 경우 자신들이 받을 불이익을 두려워하거나 또는 곤경에 빠진 위 영화감독을 위해서라도 돈을 지급하지 않을 수 없다고 판단하여 마지못해 돈을 준 경우, 공갈죄의 성립을 긍정한 사례이다.[575] 폭력배와 잘 알고 있다는 지위를 이용하여

3245 판결; 대법원 2001.2.23. 선고 2000도4415 판결; 대법원 1995.3.10. 선고 94도2422 판결; 대법원 1993.9.14. 선고 93도915 판결; 대법원 1991.11.26. 선고 91도2344 판결; 대법원 1990.8.14. 선고 90도114 판결.

570) 대법원 2019.2.14. 선고 2018도19493 판결; 대법원 2017.7.11. 선고 2015도18708 판결; 대법원 1995.3.10. 선고 94도2422 판결.

571) 대법원 2019.2.14. 선고 2018도19493 판결; 대법원 2017.7.11. 선고 2015도18708 판결; 대법원 2013.9.13. 선고 2013도6809 판결; 대법원 2013.4.11. 선고 2010도13774 판결; 대법원 2012.9.13. 선고 2012도7461 판결; 대법원 2005.7.15. 선고 2004도1565 판결; 대법원 2003.5.13. 선고 2003도709 판결; 대법원 2002.12.10. 선고 2001도7095 판결; 대법원 2002.8.27. 선고 2001도6747 판결; 대법원 2001.2.23. 선고 2000도4415 판결; 대법원 1995.3.10. 선고 94도2422 판결; 대법원 1991.11.26. 선고 91도2344 판결.

572) 대법원 2013.4.11. 선고 2010도13774 판결; 대법원 2012.9.13. 선고 2012도7461 판결; 대법원 2005.7.15. 선고 2004도1565 판결; 대법원 2003.5.13. 선고 2003도709 판결; 대법원 2002.12.10. 선고 2001도7095 판결; 대법원 2002.8.27. 선고 2001도6747 판결; 대법원 2001.2.23. 선고 2000도4415 판결.

573) 대법원 2013.4.11. 선고 2010도13774 판결.

574) 대법원 2007.5.10. 선고 2007도1375 판결.

575) 대법원 2005.7.15. 선고 2004도1565 판결.

불법한 위세를 보임으로써 해악의 고지를 하였다.[576] 피해자의 정신병원에서의 퇴원 요구를 거절해 온 피해자의 배우자가 피해자에 대하여 재산이전 요구를 한 경우, 그 배우자가 재산이전 요구에 응하지 않으면 퇴원시켜 주지 않겠다고 말한 바 없더라도 이는 암묵적 의사표시로서 공갈죄의 수단인 해악의 고지에 해당하고 이러한 해악의 고지가 권리의 실현수단으로 사용되었더라도 그 수단방법이 사회통념상 허용되는 정도나 범위를 넘는 것으로서 공갈죄를 구성한다.[577] 피고인이 피해자에 대하여 채권이 있다고 하더라도 그 권리행사를 빙자하여 사회통념상 용인되기 어려운 정도를 넘는 협박을 수단으로 상대방을 외포케 하여 재물의 교부 또는 재산상의 이익을 받았다면 공갈죄가 되는 것이다.[578] 신문의 부실공사 관련 기사에 대한 해당 건설업체의 반박광고가 있었음에도 재차 부실공사 관련 기사가 나가는 등 그 신문사 기자들과 그 건설업체 대표이사의 감정이 악화되어 있는 상태에서, 그 신문사 사주 및 광고국장이 보도자제를 요청하는 그 건설업체 대표이사에게 자사 신문에 사과광고를 싣지 않으면 그 건설업체의 신용을 해치는 기사가 계속 게재될 것 같다는 기자들의 분위기를 전달하는 방식으로 사과광고를 게재토록 하면서 과다한 광고료를 받은 행위가 공갈죄의 구성요건에 해당한다고 본 사례이다.[579] 피고인이 피해자와의 동거를 정산하는 과정에서 피해자에 대하여 금전채권이 있다고 하더라도 그 권리행사를 빙자하여 사회통념상 용인되기 어려운 정도를 넘는 협박을 수단으로 사용하였다면 공갈죄가 성립한다.[580] 피해자의 기망에 의하여 부동산을 비싸게 매수한 피고인이라도 그 계약을 취소함이 없이 등기를 피고인 앞으로 둔 채 피해자의 전매차익을 받아낼 셈으로 피해자를 협박하여 재산상의 이득을 얻거나 돈을 받았다면 이는 정당한 권리행사의 범위를 넘은 것으로서 사회통념상 용인될 수 없으므로 공갈죄를 구성한다.[581] 공사 수급인의 공사부실로 하자가 발생되어 도급인측에서 하자보수시까지 기성고 잔액의 지급을 거절하자 수급인이 일방적으로 공사를 중단하여 수급인에게 자신이 임의로 결가계산한 기성고 잔액 등 금 199,000,000원의 지급청구권이 있다고 볼 수 없을 뿐만 아니라, 비록 그렇지 않다 하더라도 수급인이 권리행사에 빙자하여 도급인측에 대하여 비리를 관계기관에 고발하겠다는 내용의 협박 내지 사무실의 장시간 무단점거 및 직원들에 대한 폭행 등의 위법수단을 써서 기성고 공사대금 명목으로 금 80,000,000원을 교부받은 소위는 사회통념상 허용되는 범위를 넘는 것으로서 이는 공갈죄에 해당한다.[582] 잡지사의 기자라고 하여 일반국민에게 허용되는 이상의 공공기관의 자료열람, 제출요구권을 가지고 있는 것은 아닐 것이며, 일반국민에게 그와 같은 권리가 보장된 경우라 하더라도 그 자료의 열람 등은 합법적인 절차에 따라서 하여야 할 것이고, 폭행, 협박 등의 수단까지 사용하여 그 권리를 행사할 수 있는 것은 아니다.[583] 종업원이 주인을 협박하여 그 업소에 취직을 하여 그 주인으로부터 월급 상당액을 교부받은 경우 그 종업원이 주인에게 종업원으로서 상당한 근로를 제공한 바가 없다면 이는 갈취행위로 보아야 한다.[584] 방송기자인 피고인이 피해자에게 피해자 경영의 건설회사가 건축한 아파트의 진입도로미비 등 공사하자에 관하여 방송으로 계속 보도할 것 같은 태도를 보임으로써 피해자가 위 방송으로 말미암아 그의 아파

---

576) 대법원 2003.5.13. 선고 2003도709 판결.

577) 대법원 2001.2.23. 선고 2000도4415 판결.

578) 대법원 2000.2.25. 선고 99도4305 판결 대법원 1996.9.24. 선고 96도2151 판결; 대법원 1996.3.22. 선고 95도2801 판결; 대법원 1990.3.27. 선고 89도2036 판결.

579) 대법원 1997.2.14. 선고 96도1959 판결.

580) 대법원 1996.9.24. 선고 96도2151 판결.

581) 대법원 1991.9.24. 선고 91도1824 판결.

582) 대법원 1991.12.13. 선고 91도2127 판결.

583) 대법원 1991.11.26. 선고 91도2344 판결.

584) 대법원 1991.10.11. 선고 91도1755 판결.

트 건축사업이 큰 타격을 받고 자신이 경영하는 회사의 신용에 커다란 손실을 입게될 것을 우려하여 방송을 하지 말아 달라는 취지로 돈 2,000,000원을 피고인에게 교부한 경우 공갈죄의 구성요건이 충족되고 또 인과관계도 인정된다고 할 것이다.585) 피고인이 교통사고로 2주일간의 치료를 요하는 상해를 당하여 그로 인한 손해배상청구권이 있음을 기화로 사고차량의 운전사가 바뀐 것을 알고서 그 운전사의 사용자에게 과다한 금원을 요구하면서 이에 응하지 않으면 수사기관에 신고할 듯한 태도를 보여 이에 겁을 먹은 동인으로부터 금 3,500,000원을 교부받은 것이라면 이는 손해배상을 받기 위한 수단으로서 사회통념상 허용되는 범위를 넘어서 그 권리행사를 빙자하여 상대방을 외포하게 함으로써 재물을 교부받은 경우에 해당하므로 공갈죄가 성립한다고 할 것이다.586) 피고인이 을로부터 피해자 갑에 대한 외상대금채권회수의 의뢰를 받고 이를 승낙한 다음 위 외상대금을 받아 주기 위하여 갑에게 을의 채무를 당장 갚고 나서 영업을 하라고 요구하고, 이를 갚기 전에는 영업을 할 수 없다 하면서 개새끼라고 욕을 하고 눈을 치켜뜨고 죽어볼래 하면서 갑의 멱살을 2, 3분 잡아 흔드는 등 겁을 먹게 하여 갑으로 하여금 금원을 을에게 교부하게 하였다면, 피고인의 위 소위는 공갈죄를 구성하는 것으로 이 행위가 단순히 채권회수를 위한 권리행사로서 사회통념상 용인된 행위라고는 할 수 없다.587) 피고인이 피해자 와 동업하던 공소외 1주식회사에 재직중 직무상 탈세용 비밀장부를 소지하고 있어 그 내용을 알고 있었고 1983.7.12 사직시 피해자와 동업지분을 정산하여 반환받을 때에 위 비밀장부의 기재내용도 감안하여 작성한 같은 해 3.31자 결산서류에 근거하여 계산하기로 하였다면 그 후 위 계산과정에 일부 잘못이 있었다 하더라도 피고인이 요구하였던 각 항목에 걸쳐 재결산을 요구할 권리가 있다고 수긍할 수 없을 뿐 아니라 비록 재결산의 여지가 남아 있다 하더라도 권리행사에 빙자하여 원판시와 같이 위 비밀장부에 의하여 같은 회사에 어떠한 위해를 가할듯한 태도를 보이는 협박수단을 써서 이건 약속어음을 교부받은 소위는 사회통념상 허용되는 범위를 넘는 것으로서 이를 공갈죄로 의율한 원심의 조치는 정당하다.588) 피고인과 고소인의 연령이 각 16세, 32세인 점 및 한집에 여러 사람이 취침한다는 점으로 미루어 피고인이 고소인을 강간한 것이 아니라 피해자의 유혹으로 간통관계를 갖게되었다 하더라도, 이를 미끼로 협박하여 금원을 교부받은 이상 피고인의 위 소위는 공갈죄를 구성한다.589) 피고인이 환지계장의 신분으로서 피해자 "갑"이 도급받은 공사를 지휘·감독하는 직책을 가지고 있었고 "갑"은 피고인의 지휘·감독 여하에 따라 공사에 대하여 견제 또는 방해를 받을 수 있는 위치에 있었다면 현 실정으로 보아 피고인이 "갑"에게 금 300,000원의 차용을 요구할 수 있는 정도의 우정관계가 있었다는 등의 특별한 사정이 없는 한 피고인이 "갑"에게 금 300,000원을 요구하여 "갑"이 위 금액을 교부한 것은 피고인이 비록 차용이라는 용어를 썼어도 실은 묵시적으로 공갈을 하여 위 금액을 갈취한 것이라고 봄이 타당하다.590)

공갈을 부정한 판례의 구체적 내용은 다음과 같다. 즉,

지역신문의 발행인이 시정에 관한 비판기사 및 사설을 보도하고 관련 공무원에게 광고의뢰 및 직보배정을 타신문사와 같은 수준으로 높게 해달라고 요청한 사실만으로 공갈죄의 수단으로서

585) 대법원 1991.5.28. 선고 91도80 판결.
586) 대법원 1990.3.27. 선고 89도2036 판결.
587) 대법원 1987.10.26. 선고 87도1656 판결.
588) 대법원 1985.9.10. 선고 84도2644 판결.
589) 대법원 1984.5.9. 선고 84도573 판결.
590) 대법원 1974.4.30. 선고 73도2518 판결.

그 상대방을 협박하였다고 볼 수 없다.[591] 조상천도제를 지내지 아니하면 좋지 않은 일이 생긴다는 취지의 해악의 고지는 길흉화복이나 천재지변의 예고로서 행위자에 의하여 직접, 간접적으로 좌우될 수 없는 것이고 가해자가 현실적으로 특정되어 있지도 않으며 해악의 발생가능성이 합리적으로 예견될 수 있는 것이 아니므로 협박으로 평가될 수 없다.[592] 피고인이 그 소유건물에 인접한 대지 위에 건축허가조건에 위반되게 건물을 신축, 사용하는 소유자로부터 일조권 침해 등으로 인한 손해배상에 관한 합의금을 받은 것이 사회통념상 용인되는 범위를 넘지 않는 것이어서 공갈죄가 성립되지 않는다.[593] 처분권주의, 변론주의의 원리를 채택하고 있는 민사소송에 있어서 소제기의 당부나 소의 취하로 인한 종결 등은 당사자의 변론의 대상이 되며 또한 당사자의 처분에 맡겨지는 것이므로 부당한 제소나 그 소송의 유지가 있다 하더라도 피고로서는 이에 응소하여 자기의 방어권을 충분히 행사할 수 있는 것이고, 소의 취하는 피고에 있어서 이를 강제할 수 없는 것이므로 원심의 판시와 같은 소제기와 소취하 불이행의 의사표시를 지목하여 공갈행위로 단정할 수는 없다 할 것이다. 결국 판시와 같은 사실관계라면, 피고인의 판시와 같은 권리행사가 그 수단, 방법에 있어서 사회통념상 허용되는 범위를 넘는 경우라고는 볼 수 없어, 공갈죄의 죄책을 물을 수는 없다 할 것이다.[594] 피고인이 소방도로를 무단점용하고 있어 자리세 등을 지급받을 정당한 권원이 없었다 하더라도 피해자가 이를 알면서 피고인과 자리세를 지급하기로 약정하여 이를 지급하여 온 이상 피고인이 소방도로 무단점용으로 인한 도로법상의 처벌을 받는 것은 별론으로 하되 공갈죄로 문의할 수는 없다.[595] 피해자가 공소외 (갑)을 대리하여 동인 소유의 여관을 피고인에게 매도하고 피고인으로부터 계약금과 잔대금 일부를 수령하였는데 그 후 위 (갑)이 많은 부채로 도피해 버리고 동인의 채권자들이 채무변제를 요구하면서 위 여관을 점거하여 피고인에게 여관을 명도하기가 어렵게 되자 피고인은 피해자에게 여관을 명도해 주던가 명도소송비용을 내놓지 않으면 고소하여 구속시키겠다고 말한 경우 피고인이 매도인의 대리인인 위 피해자에게 위 여관의 명도 또는 명도소송비용을 요구한 것은 매수인으로서 정당한 권리행사라 할 것이며 위와 같이 다소 위협적인 말을 하였다고 하여도 이는 사회통념상 용인될 정도의 것으로서 협박으로 볼 수 없다.[596] 피고인이 그 처와 처남 등 간의 상속재산분배과정에 끼어들어 불화 끝에 처남을 고발, 고소하고 다소 위협적인 언사를 사용하였다 하더라도 4, 5개월간에 걸친 협의과정에서 처남이 변호사의 도움을 받아 상속재산의 일부인 이 사건 부동산의 소유권을 넘겨주게 된 점과 처남의 사회적 지위 등 모든 사정을 참작하면 처남이 피고인의 협박에 의하여 외포심을 느낀 나머지 위 부동산을 양도하였다고 보기 어렵다.[597] 피고인의 코 부분을 촬영한 X선사진에 나타난 비골골절상은 오래전에 생긴 것이기는 하나 피고인이 공소외인들과 서로 다투다가 땅에 넘어지는 바람에 비부좌상으로 심한 출혈과 비부주위에 종창이 있어 그 때문에 X선촬영까지 하게 된 이상 피고인이 공소외인들과의 싸움으로 비부좌상외에 종전상처인 비골골절상까지 그때 입은 것으로 믿고 치료비 및 합의금 명목으로 돈을 받았다 하여 공갈죄를 구성한다고 할 수 없다.[598] 피고인이 가사 보수청구권을 가진다 할지라도 그 권리행사에 빙자하여 협박수단을 써서 금원을 갈취하였다면 공갈죄가 성립한다.[599] 가출자의

591) 대법원 2002.12.10. 선고 2001도7095 판결.
592) 대법원 2002.2.8. 선고 2000도3245 판결.
593) 대법원 1990.8.14. 선고 90도114 판결.
594) 대법원 1989.2.28. 선고 87도690 판결.
595) 대법원 1985.5.14. 선고 84도2289 판결.
596) 대법원 1984.6.26. 선고 84도648 판결.
597) 대법원 1984.2.14. 선고 81도3202 판결.
598) 대법원 1984.1.24. 선고 83도3023 판결.

가족에 대하여 가출자의 소재를 알려주는 조건으로 보험가입을 요구한 피고인의 소위는 가출자를 찾으려고 하는 그 가족들의 안타까운 심정을 이용하여 보험가입을 권유 내지 요구하는 언동으로 도의상 비난할 수 있을지언정 그로 인하여 가족들에 새로운 외포심을 일으키게 되거나 외포심이 더하여 진다고는 볼 수 없으므로 이를 공갈죄에 있어서의 협박이라고 단정할 수 없다.[600]

ⓘ 피공갈자

ⅰ. 외 포　　행위자의 공갈행위로 인하여 피공갈자에게는 외포심이 야기되어야 한다. 외포심(畏怖心)이란 공포심을 느껴 의사결정의 자유와 의사실행의 자유가 방해된 심적 상태를 말한다. 공갈은 하였으나 상대방이 외포심을 일으키지 않았거나 다른 이유로 재물을 교부한 때에는 본죄는 미수에 그친다.

ⅱ. 처분행위

㉠ 의 의　　본죄가 성립하기 위해서는 폭행 또는 협박과 같은 공갈행위로 인하여 피공갈자가 재물을 교부하거나 재산상의 이익을 공여하는 처분행위가 존재하여야 한다. 따라서 피공갈자의 처분행위는 본죄의 본질적 요소가 된다. 다만 본죄의 처분행위는 공포로 인한 타의에 의한 것이라는 점에서 기망으로 인한 자의에 의한 사기죄의 그것과 구별된다.

처분행위는 반드시 작위에 한하지 아니한다. 부작위 또는 묵인으로도 족하다.[601] 피공갈자가 외포심을 일으켜 묵인하고 있는 동안에 공갈자가 직접 재산상의 이익을 탈취한 경우에도 본죄가 성립할 수 있다.[602] 다만 처분행위와 공갈 사이에는 인과관계가 존재하여야 한다. 즉, 재물의 교부 또는 재산상의 이익의 제공은 공갈에 의한 것이어야 한다. 따라서 처분행위가 존재하지 않는 경우로서 단지 행위자가 법적으로 의무 있는 재산상 이익의 공여를 면하기 위하여 상대방을 폭행하고 현장에서 도주함으로써 상대방이 행위자로부터 원래라면 얻을 수 있었던 재산상 이익의 실현에 장애가 발생한 것에 불과하다면 그 행위자에게 본죄의 죄책을 물을 수 없다.[603]

㉡ 처분권한　　공갈의 상대방은 재산상의 피해자와 동일함을 요하지는 아니하나, 공갈의 목적이 된 재물 기타 재산상의 이익을 처분할 수 있는 사실상 또는 법률상의 권한을 갖거나 그러한 지위에 있음을 요한다.[604]

㉢ 처분행위자와 피해자의 불일치　　본죄는 공갈의 상대방이 재산상의 피해자와 반드시 일치할 것을 요하지 않는다.[605] 따라서 전술한 사기죄에서의 삼각사기와 같이 이른바 삼각공갈(三角恐喝)의 성립이 가능한 것이다.

처분행위를 긍정한 판례의 구체적 내용은 다음과 같다. 즉,

599) 대법원 1982.12.14. 선고 81도2093 판결.
600) 대법원 1976.4.27. 선고 75도2818 판결.
601) 대법원 2012.1.27. 선고 2011도16044 판결.
602) 대법원 2012.1.27. 선고 2011도16044 판결.
603) 대법원 2012.1.27. 선고 2011도16044 판결.
604) 대법원 2005.9.29. 선고 2005도4738 판결.
605) 대법원 2013.4.11. 선고 2010도13774 판결; 대법원 2005.9.29. 선고 2005도4738 판결.

주점의 종업원에게 신체에 위해를 가할 듯한 태도를 보여 이에 겁을 먹은 위 종업원으로부터 주류를 제공받은 경우에 있어 위 종업원은 주류에 대한 사실상의 처분권자이므로 공갈죄의 피해자에 해당된다고 보아 공갈죄가 성립한다고 한 원심의 판단을 수긍하였다.606)

처분행위를 부정한 판례의 구체적 내용은 다음과 같다. 즉,

피고인이 피해자가 운전하는 택시를 타고 간 후 최초의 장소에 이르러 택시요금의 지급을 면할 목적으로 다른 장소에 가자고 하였다면서 택시에서 내린 다음 택시요금 지급을 요구하는 피해자를 때리고 달아나자, 피해자가 피고인이 말한 다른 장소까지 쫓아가 기다리다 그곳에서 피고인을 발견하고 택시요금 지급을 요구하였는데 피고인이 다시 피해자의 얼굴 등을 주먹으로 때리고 달아난 사안에서, 피해자가 피고인에게 계속해서 택시요금의 지급을 요구하였으나 피고인이 이를 면하고자 피해자를 폭행하고 달아났을 뿐, 피해자가 폭행을 당하여 외포심을 일으켜 수동적·소극적으로라도 피고인이 택시요금 지급을 면하는 것을 용인하여 이익을 공여하는 처분행위를 하였다고 할 수 없는데도, 이와 달리 보아 공갈죄를 인정한 원심판결에 법리오해 등 위법이 있다.607)

③ 결 과

본죄의 결과에 있어서도 전술한 사기죄에서와 같이 공갈자측과 그 상대방으로서의 피해자인 피공갈자측도 함께 고려하여야 한다. 이는 위에서 본 바와 같이 본죄의 실행행위에 있어서도 마찬가지였다.

ⓘ 공갈자

ⅰ. 자기갈취 본죄의 결과 중 하나는 공갈자가 공갈의 결과로서 스스로 재물의 교부를 받거나 재산상의 이익을 취득하는 것이다(제350조 제1항).

ⅱ. 타인갈취 본죄의 결과 중 다른 하나는 공갈자가 공갈의 결과로서 제삼자로 하여금 재물의 교부를 받게 하거나 재산상의 이익을 취득하게 하는 것이다(제350조 제2항).

ⓘⓘ 피공갈자

ⅰ. 손해의 발생 본죄가 성립하기 위하여는 재산상 손해의 발생을 요하는가에 대하여는 다툼이 있다. 제1설은 필요설이다. 본죄의 성립을 위하여 손해의 발생을 요건으로 한다고 한다. 본죄의 보호법익이 전체로서의 재산이므로 재산가치의 감소가 없어도 본죄의 성립을 인정하는 것은 본죄의 본질에 반한다고 한다. 제2설은 불요설이다. 공갈죄의 성립은 손해의 발생을 요건으로 하지 않는다고 한다. 상당한 대가를 지불하여 본인에게 손해가 없는 때에도 본죄가 성립한다고 한다.

판례는 필요설의 입장으로 해석된다. 다만 소위 공갈취재죄의 경우에는 반드시 재산의 감소를 요하지 않는다. 대법원은 "피공갈자의 하자 있는 의사에 기하여 이루어지는 재물의 교부 자체가 공갈죄에서의 재산상 손해에 해당하므로 반드시 피해자의 전체 재산의 감소가 요구되는 것도 아니다"라고 판시한 바 있다.608)

---

606) 대법원 2005.9.29. 선고 2005도4738 판결.
607) 대법원 2012.1.27. 선고 2011도16044 판결.
608) 대법원 2013.4.11. 선고 2010도13774 판결.

생각건대 본죄는 사기죄와 같이 재산죄의 일종이기 때문에 피해자에게 재산상 손해의 발생이 필요하다는 필요설이 타당하다고 해석된다. 다만 이른바 공갈취재죄의 경우에는 전체재산에 감소가 없더라도 재물의 교부 그 자체가 손해로 인정되는 한 재물의 교부만으로도 족하다고 해석될 수 있다. 이는 전술한 사기죄에서와 똑 같은 이유에서이다.

ⅱ. 손해의 산정　공갈폭행으로 인하여 취득한 이득액은 공갈범행으로 인하여 취득하기로 약정된 즉 불법영득의 대상이 된 재물이나 재산상의 이익의 가액이 기준이 되어야 하고, 범죄의 기수시기를 기준으로 하여 산정할 것이며 그 후의 사정변경을 고려할 것이 아니고 그와 같은 사정변경의 가능성이 공갈 행위시 예견 가능한 것이라고 하여도 마찬가지이다.[609]

④ 인과관계

본죄는 타인을 공갈하여 외포에 빠뜨리고 처분행위를 유발하여 재물을 교부받거나 재산상 이익을 얻음으로써 성립하는 범죄이다. 따라서 본죄가 성립하기 위해서는 공갈자측의 공갈행위, 그로 인한 피공갈자측의 외포와 그에 따른 처분행위, 그 결과로서 공갈자측의 재물이나 재산상 이익의 취득 및 피공갈자측의 손해의 발생이라는 일련의 순차적인 과정 속에서 인과관계가 연쇄적으로 이어져야 하는 것은 당연하다. 이는 전술한 사기죄에서와 똑같다.

2) 주관적 구성요건

본죄는 주관적 구성요건에 있어서도 공갈자측의 요건과 피공갈자측의 요건으로 나누어 검토할 필요가 있다.

① 공갈자

본죄는 고의범이다. 본죄의 고의는 인식적 요소로서 사람을 공갈하여 재물의 교부를 받거나 재산상의 이익을 취득하거나 제삼자로 하여금 재물의 교부를 받게 하거나 재산상의 이익을 취득하게 한다는 사실에 대한 인식을 요한다. 본죄는 재산범으로서 고의 외에도 불법 영득·이득의 의사를 요하는 것은 당연하다.

불법 영득·이득의 의사를 부정한 판례의 구체적 내용은 다음과 같다. 즉,

> 고인이 본건 피해자에게 금전을 요구하는 메모나 편지를 보낸 것은 피고인이 공사한 건물의 대장상의 평수보다 실제상의 평수가 더 많은데 불구하고, 대장상의 평수를 기준으로 공사대금이 지급되어 손해가 많으니 그 실제상의 공사평수에 의한 공사대금을 지급히리는 것이고 그렇지 않으면 구청장에게 진정을 하여서라도 대장상의 건물평수의 부족함을 밝히겠다는 내용의 의사표시로 보고, 그 정도의 의사표시는 사회상규에 어긋나지 아니하며 협박을 하여 부당한 이득을 얻으려는 의사가 있었다고 볼 수 없다.[610]

② 피공갈자

본죄에 있어서도 피공갈자의 처분행위는 처분의사를 요한다는 필요설이 타당하다고 해

---

609) 대법원 1990.10.16. 선고 90도1815 판결.
610) 대법원 1979.10.30. 선고 79도1660 판결.

석된다. 피해자의 처분행위에 처분의사가 필요하다고 보는 근거는 처분행위를 피해자가 인식하고 한 것이라는 점이 인정될 때 처분행위를 피해자가 한 행위라고 볼 수 있기 때문이다. 이 또한 전술한 사기죄에서와 똑 같은 이유에서이다.

3) 미수 · 기수

본죄는 미수범을 처벌한다. 본죄의 실행의 착수시기는 공갈행위의 개시시에 인정된다. 기수시기는 손해의 발생시이다. 부동산 영득죄에 있어서는 소유권이전의 의사표시가 있는 것만으로는 아직 기수라고는 볼 수 없는 것이고 현실적으로 점유를 이전하거나 소유권 취득 동기가 있는 때 비로소 기수가 된다.

실행의 착수를 긍정한 판례의 구체적 내용은 다음과 같다. 즉,

해악의 고지가 비록 정당한 권리의 실현 수단으로 사용된 경우라 하여도 그 권리실현의 수단 · 방법이 사회통념상 허용되는 정도나 범위를 넘는다면 공갈죄의 실행에 착수한 것으로 보아야 한다.[611] 아무리 자신에게 정당한 권리가 있다고 하더라도, 그 권리의 행사를 빙자하여, 사회통념상 허용되는 정도나 범위를 넘어서는 협박을 수단으로 상대방을 겁주어 재물을 교부받거나 재산상의 이익을 받으려고 하였다면, 이는 공갈죄의 실행에 착수한 것이라고 보아야 한다.[612] 해악의 고지가 권리실현의 수단으로 사용된 경우라고 하여도 그것이 권리행사를 빙자하여 협박을 수단으로 상대방을 겁을 먹게 하였고, 그 권리실행의 수단 방법이 사회통념상 허용되는 정도나 범위를 넘는다면 공갈죄의 실행에 착수한 것으로 보아야 할 것이다.[613] 피해자의 고용인을 통하여 피해자에게 피해자가 경영하는 기업체의 탈세사실을 국세청이나 정보부에 고발한다는 말을 전하였다면 이는 공갈죄의 행위에 착수한 것이라 할 것이다.[614]

기수를 긍정한 판례의 구체적 내용은 다음과 같다. 즉,

부동산에 대한 공갈죄는 그 부동산에 관하여 소유권이전등기를 경료받거나 또는 인도를 받은 때에 기수로 되는 것이고, 소유권이전등기에 필요한 서류를 교부 받은 때에 기수로 되어 그 범행이 완료되는 것은 아니다.[615] 방송기자인 피고인이 피해자에게 피해자 경영의 건설회사가 건축한 아파트의 진입도로미비 등 공사하자에 관하여 방송으로 계속 보도할 것 같은 태도를 보임으로써 피해자가 위 방송으로 말미암아 그의 아파트 건축사업이 큰 타격을 받고 자신이 경영하는 회사의 신용에 커다란 손실을 입게 될 것을 우려하여 방송을 하지 말아 달라는 취지로 돈 2,000,000원을 피고인에게 교부한 경우 공갈죄의 구성요건이 충족되고 또 인과관계도 인정된다고 할 것이다.[616] 피해자들을 공갈하여 피해자들로 하여금 지정한 예금구좌에 돈을 입금케한 이상, 위 돈은 범인이 자유로히 처분할 수 있는 상태에 놓인 것으로서 공갈죄는 이미 기수에 이르렀다 할 것이다.[617]

611) 대법원 2019.2.14. 선고 2018도19493 판결; 대법원 2017.7.11. 선고 2015도18708 판결; 대법원 2013.9.13. 선고 2013도6809 판결; 대법원 1995.3.10. 선고 94도2422 판결; 대법원 1990.8.14. 선고 90도114 판결.
612) 대법원 2006.5.12. 선고 2005도9595 판결; 대법원 1995.3.10. 선고 94도2422 판결; 대법원 1991.12.13. 선고 91도2127 판결.
613) 대법원 1993.9.14. 선고 93도915 판결; 대법원 1991.11.26. 선고 91도2344 판결.
614) 대법원 1969.7.29. 선고 69도984 판결.
615) 대법원 1992.9.14. 선고 92도1506 판결.
616) 대법원 1991.5.28. 선고 91도80 판결.
617) 대법원 1985.9.24. 선고 85도1687 판결.

(2) 위법성조각사유

본죄에 있어서도 총칙상의 위법성조각사유는 그대로 적용될 수 있다. 문제는 채권자가 권리실현의 수단으로 공갈하여 채무자로부터 변제를 받은 경우 본죄의 성립여부에 있다.

제1설은 긍정설이다. 권리행사라 하더라도 공갈 등의 불법한 수단을 사용하는 것은 적법화될 수 없다고 한다. 공갈행위 자체가 권리행사로서 허용될 수 있는 한계를 일탈하여 권리남용으로 인정될 때에는 공갈죄의 성립을 인정해야 한다는 것이다. 제2설은 부정설이다. 정당한 권리가 있는 경우에는 공갈에 의하는 경우에도 공갈죄는 성립하지 않고, 강요죄, 폭행죄 또는 협박죄가 성립할 따름이라고 한다. 재물 또는 재산상의 이익의 일부에 대하여만 정당한 권리가 있는 때에는 그것이 가분이면 권리 없는 부분에 대하여, 불가분이면 전체에 대하여 공갈죄가 성립한다고 한다. 제3설은 이분설이다. 특정물을 교부받은 경우에는 영득행위가 위법하지 않으므로 위법성이 조각되지만, 불특정물을 교부받거나 재산상의 이익을 취득한 경우에는 공갈죄가 성립한다고 한다.

판례는 긍정설의 입장이다. 대법원은 "권리실현의 수단으로 사용된 경우라고 하여도 그것이 권리행사를 빙자하여 협박을 수단으로 상대방을 겁을 먹게 하였고 권리실행의 수단방법이 사회통념상 허용되는 정도나 범위를 넘는다면 공갈죄의 성립을 방해하지 않는다"고 판시한 바 있다.[618] 나아가 "어떠한 행위가 구체적으로 사회통념상 허용되는 정도나 범위를 넘는 것인지는 그 행위의 주관적인 측면과 객관적인 측면, 즉 추구된 목적과 선택된 수단을 전체적으로 종합하여 판단하여야 한다"고 한다.[619]

위법성조각을 긍정한 판례의 구체적 내용은 다음과 같다. 즉,

> 국가안전기획부 직원이 아들 담임선생의 부탁을 받고 그 담임선생의 채무자에게 채무변제를 독촉하는 과정에서 다소 위협적인 말을 하였다 하더라도 사회통념상 허용되는 범위를 넘어선 것이라고 할 수 없어 공갈죄가 성립되지 아니한다.[620] 정당한 권리자에 의하여 권리실행의 수단으로서 사용된 경우 행위의 주관적인 측면과 객관적인 측면을 종합적으로 판단하여 그 방법이 사회통념상 허용되는 정도를 넘지 않는 한 공갈죄의 성립을 인정할 수는 없는 것이다.[621]

위법성조각을 부정한 판례의 구체적 내용은 다음과 같다. 즉,

> 피해자를 정신의료기관에 강제입원시킨 조치가 사회상규에 위배되지 아니하는 정당한 행위로서 위법성이 조각된다고 보기 어렵다.[622] 피고인이 피해자와의 동거를 정산하는 과정에서 피해자

---

618) 대법원 2012.9.13. 선고 2012도7461 판결; 대법원 2007.10.11. 선고 2007도6406 판결; 대법원 2004.9.24. 선고 2003도6443 판결; 대법원 1996.3.22. 선고 95도2801 판결; 대법원 1993.9.14. 선고 93도915 판결; 대법원 1991.12.13. 선고 91도2127 판결; 대법원 1991.11.26. 선고 91도2344 판결; 대법원 1990.3.27. 선고 89도2036 판결; 대법원 1985.9.10. 선고 84도2644 판결; 대법원 1984.3.27. 선고 83도3204 판결; 대법원 1982.12.14. 선고 81도2093 판결; 대법원 1971.7.6. 선고 71도712 판결.

619) 대법원 2019.2.14. 선고 2018도19493 판결; 대법원 2017.7.11. 선고 2015도18708 판결; 대법원 2013.9.13. 선고 2013도6809 판결; 대법원 2006.5.12. 선고 2005도9595 판결; 대법원 1995.3.10. 선고 94도2422 판결; 대법원 1991.12.13. 선고 91도2127 판결; 대법원 1990.8.14. 선고 90도114 판결.

620) 대법원 1993.12.24. 선고 93도2339 판결.

621) 대법원 1990.8.14. 선고 90도114 판결.

622) 대법원 2001.2.23. 선고 2000도4415 판결.

에 대하여 금전채권이 있다고 하더라도 그 권리행사를 빙자하여 사회통념상 용인되기 어려운 정도를 넘는 협박을 수단으로 사용하였다면 공갈죄가 성립한다.[623] 피고인이 교통사고로 2주일간의 치료를 요하는 상해를 당하여 그로 인한 손해배상청구권이 있음을 기화로 사고차량의 운전사가 바뀐 것을 알고서 그 운전사의 사용자에게 과다한 금원을 요구하면서 이에 응하지 않으면 수사기관에 신고할듯한 태도를 보여 이에 겁을 먹은 동인으로부터 금 3,500,000원을 교부받은 것이라면 이는 손해배상을 받기 위한 수단으로서 사회통념상 허용되는 범위를 넘어서 그 권리행사를 빙자하여 상대방을 외포하게 함으로써 재물을 교부받은 경우에 해당하므로 공갈죄가 성립한다고 할 것이다.[624] 피해자의 기망에 의하여 부동산을 비싸게 매수한 피고인이라도 그 계약을 취소함이 없이 등기를 피고인 앞으로 둔 채 피해자의 전매차익을 받아낼 셈으로 피해자를 협박하여 재산상의 이득을 얻거나 돈을 받았다면 이는 정당한 권리행사의 범위를 넘은 것으로서 사회통념상 용인될 수 없으므로 공갈죄를 구성한다.[625] 피고인이 투자금의 회수를 위해 피해자를 강요하여 물품대금을 횡령하였다는 자인서를 받아낸 뒤 이를 근거로 돈을 갈취한 경우, 피고인의 주된 범의가 피해자로부터 돈을 갈취하는 데에 있었던 것이라면 피고인은 단일한 공갈의 범의하에 갈취의 방법으로 일단 자인서를 작성케 한 후 이를 근거로 계속하여 갈취행위를 한 것으로 보아야 할 것이므로 위 행위는 포함하여 공갈죄 일죄만을 구성한다고 보아야 한다.[626] 피고인이 을로부터 피해자 갑에 대한 외상대금채권회수의 의뢰를 받고 이를 승락한 다음 위 외상대금을 받아 주기 위하여 갑에게 을의 채무를 당장 갚고 나서 영업을 하라고 요구하고, 이를 갚기 전에는 영업을 할 수 없다 하면서 개새끼라고 욕을 하고 눈을 치켜뜨고 죽어볼래 하면서 갑의 멱살을 2, 3분 잡아 흔드는 등 겁을 먹게 하여 갑으로 하여금 금원을 을에게 교부하게 하였다면, 피고인의 위 소위는 공갈죄를 구성하는 것으로 이 행위가 단순히 채권회수를 위한 권리행사로서 사회통념상 용인된 행위라고는 할 수 없다.[627] 재물의 교부를 받거나 재산상 이익을 취득할 권리가 있는 자라고 할지라도 사회통념상 일반적으로 용인될 수 없는 정도의 폭행, 협박의 방법을 사용하여 재물의 교부를 받거나 재산상 이익을 취득한 때에는 이는 정당한 권리행사라고 볼 수 없으므로 공갈죄를 구성한다.[628] 정당한 권리를 가진 자라도 권리행사를 빙자하여 상대방을 협박 외포심을 야기케 하여 재물의 교부를 받으면 공갈죄가 성립된다.[629]

(3) 죄 수

공갈죄의 수단으로서 한 협박은 공갈죄에 흡수될 뿐 별도로 협박죄를 구성하지 않는다.[630] 단일한 공갈의 범의하에 갈취의 방법으로 일단 자인서를 작성케 한 후 이를 근거로 계속하여 갈취행위를 한 것으로 보아야 할 것이므로 위 행위는 포함하여 공갈죄 일죄만을 구성한다고 보아야 한다.[631] 피고인이 피해자로부터 현금카드를 사용한 예금인출의 승낙을 받고 현금카드를 교부받은 행위와 이를 사용하여 현금자동지급기에서 예금을 여러 번 인출

623) 대법원 1996.9.24. 선고 96도2151 판결.
624) 대법원 1990.3.27. 선고 89도2036 판결.
625) 대법원 1991.9.24. 선고 91도1824 판결.
626) 대법원 1990.3.27. 선고 89도2036 판결.
627) 대법원 1987.10.26. 선고 87도1656 판결.
628) 대법원 1985.6.25. 선고 84도2083 판결.
629) 대법원 1961.9.21. 선고 4294형상385 판결.
630) 대법원 1996.9.24. 선고 96도2151 판결.
631) 대법원 1985.6.25. 선고 84도2083 판결.

한 행위들은 모두 피해자의 예금을 갈취하고자 하는 피고인의 단일하고 계속된 범의 아래에서 이루어진 일련의 행위로서 포괄하여 하나의 공갈죄를 구성한다.[632)]

공갈죄와 도박죄는 그 구성요건과 보호법익을 달리하고 있고, 공갈죄의 성립에 일반적 · 전형적으로 도박행위를 수반하는 것은 아니며, 도박행위가 공갈죄에 비하여 별도로 고려되지 않을 만큼 경미한 것이라고 할 수도 없으므로, 도박행위가 공갈죄의 수단이 되었다 하여 그 도박행위가 공갈죄에 흡수되어 별도의 범죄를 구성하지 않는다고 할 수 없다.[633)] 예금통장과 인장을 갈취한 후 예금 인출에 관한 사문서를 위조한 후 이를 행사하여 예금을 인출한 행위는 공갈죄 외에 별도로 사문서위조, 동행사 및 사기죄가 성립한다.[634)] 공무원이 직무집행에 빙자하여 타인을 공갈하여 재물을 교부케 한 경우에는 공갈죄만이 성립한다.[635)] 공무원이 직무집행의 의사 없이 또는 직무처리와 대가적 관계없이 타인을 공갈하여 재물을 교부하게 한 경우에는 공갈죄만이 성립하고, 이러한 경우 재물의 교부자가 공무원의 해악의 고지로 인하여 외포의 결과 금품을 제공한 것이라면 그는 공갈죄의 피해자가 될 것이고 뇌물공여죄는 성립될 수 없다고 하여야 할 것이다.[636)]

3. 처 벌

본죄의 법정형은 10년 이하의 징역 또는 2천만원 이하의 벌금이다. 본죄의 미수범은 처벌된다. 본죄에 대하여는 친족상도례가 준용된다.

4. 상습 공갈죄

본죄는 상습범을 처벌한다. 상습으로 본죄를 범한 자에 대하여는 그 죄에 정한 형의 2분의 1까지 가중한다.

Ⅲ. 특수공갈죄

제350조의2(특수공갈) 단체 또는 다중의 위력을 보이거나 위험한 물건을 휴대하여 제350조의 죄를 범한 자는 1년 이상 15년 이하의 징역에 처한다.

제351조(상습범) 상습으로 ~ 전조의 죄를 범한 자는 그 죄에 정한 형의 2분의 1까지 가중한다.

제352조(미수범) ~, 제350조의2 ~ 의 미수범은 처벌한다.

제353조(자격정지의 병과) 본장의 죄에는 10년 이하의 자격정지를 병과할 수 있다.

제354조(친족간의 범행, 동력) 제328조와 제346조의 규정은 본장의 죄에 준용한다.

1. 서 언

본죄는 단체 또는 다중의 위력을 보이거나 위험한 물건을 휴대하여 사람을 공갈하여

---

632) 대법원 1996.9.20. 선고 95도1728 판결.
633) 대법원 2014.3.13. 선고 2014도212 판결.
634) 대법원 1979.10.30. 선고 79도489 판결.
635) 대법원 1969.7.22. 선고 65도1166 판결.
636) 대법원 1994.12.22. 선고 94도2528 판결.

재물의 교부를 받거나 재산상의 이익을 취득함으로써 성립한다.

본죄는 헌법재판소에 의하여 위헌으로 결정된 폭력행위처벌법상의 일부 규정을 형법에 편입하기 위하여 2016년 1월 개정형법에 의하여 신설되었다.[637]

2. 범 죄

본죄는 단체 또는 다중의 위력을 보이거나 위험한 물건을 휴대하여 사람을 공갈하여 재물의 교부를 받거나 재산상의 이익을 취득함으로써 성립하는 범죄이다.

본죄의 객체는 재물 또는 재상산의 이익이다. 본죄의 공갈자측의 실행행위는 공갈이다. 공갈의 상대방은 사람이다. 사람은 피공갈자를 의미한다. 행위의 수단은 단체 또는 다중의 위력을 보이거나 위험한 물건을 휴대하는 것이다. 피공갈자측에게는 외포와 그로 인한 처분행위가 필요하다. 본죄의 결과는 공갈자측에게는 재물의 교부를 받거나 재산상의 이익을 취득하는 것이고, 피공갈자측에게는 손해가 발생하는 것이다. 본죄의 주관적 구성요건도 공갈죄에서와 같이 공갈자측에게는 고의, 불법 영득·이득의 의사가 필요하지만, 피공갈자에게는 처분의사가 존재하여야 한다.

3. 처 벌

본죄의 법정형은 1년 이상 15년 이하의 징역이다. 본죄의 미수범은 처벌된다. 본죄에 대하여는 친족상도례가 준용된다.

4. 상습 특수공갈죄

본죄는 상습범을 처벌한다. 상습으로 본죄를 범한 자에 대하여는 그 죄에 정한 형의 2분의 1까지 가중한다.

§4. 관련 특별법

Ⅰ. 특정경제범죄법

제3조(특정재산범죄의 가중처벌) ① 「형법」 제347조(사기), 제347조의2(컴퓨터등 사용사기), 제350조(공갈), 제350조의2(특수공갈), 제351조(제347조, 제347조의2, 제350조 및 제350조의2의 상습범만 해당한다), ~ 의 죄를 범한 사람은 그 범죄행위로 인하여 취득하거나 제3자로 하여금 취득하게 한 재물 또는 재산상 이익의 가액(이하 이 조에서 "이득액"이라 한다)이 5억원 이상일 때에는 다음 각 호의 구분에 따라 가중처벌한다.
1. 이득액이 50억원 이상일 때: 무기 또는 5년 이상의 징역
2. 이득액이 5억원 이상 50억원 미만일 때: 3년 이상의 유기징역
② 제1항의 경우 이득액 이하에 상당하는 벌금을 병과(倂科)할 수 있다.

본조(특정경제범죄 가중처벌 등에 관한 법률 제3조)에서 말하는 이득액은 단순일죄의 이득액이

637) 형법 2016.1.6. 일부개정 법률 제13719호 2016.1.6. 시행.

나 혹은 포괄일죄가 성립하는 경우의 이득액의 합산액을 의미하는 것이고, 경합범으로 처벌될 수죄의 각 이득액을 합한 금액을 의미하는 것은 아니다.[638]

Ⅱ. 폭력행위처벌법

제2조(폭행 등) ② 2명 이상이 공동하여 다음 각 호의 죄를 범한 사람은 「형법」 각 해당 조항에서 정한 형의 2분의 1까지 가중한다.
3. 「형법」 ~ 제350조(공갈)의 죄
③ 이 법(「형법」 각 해당 조항 및 각 해당 조항의 상습범, 특수범, 상습특수범, 각 해당 조항의 상습범의 미수범, 특수범의 미수범, 상습특수범의 미수범을 포함한다)을 위반하여 2회 이상 징역형을 받은 사람이 다시 제2항 각 호에 규정된 죄를 범하여 누범(累犯)으로 처벌할 경우에는 다음 각 호의 구분에 따라 가중처벌한다.
3. 제2항제3호에 규정된 죄를 범한 사람: 2년 이상 20년 이하의 징역

Ⅲ. 보험사기방지법

제2조(정의) 이 법에서 사용하는 용어의 뜻은 다음과 같다.
1. "보험사기행위"란 보험사고의 발생, 원인 또는 내용에 관하여 보험자를 기망하여 보험금을 청구하는 행위를 말한다.
2. "보험회사"란 「보험업법」 제4조에 따른 허가를 받아 보험업을 경영하는 자를 말한다.

제8조(보험사기죄) 보험사기행위로 보험금을 취득하거나 제3자에게 보험금을 취득하게 한 자는 10년 이하의 징역 또는 5천만원 이하의 벌금에 처한다.

제9조(상습범) 상습으로 제8조의 죄를 범한 자는 그 죄에 정한 형의 2분의 1까지 가중한다.

제10조(미수범) 제8조 및 제9조의 미수범은 처벌한다.

제11조(보험사기죄의 가중처벌) ① 제8조 및 제9조의 죄를 범한 사람은 그 범죄행위로 인하여 취득하거나 제3자로 하여금 취득하게 한 보험금의 가액(이하 이 조에서 "보험사기이득액"이라 한다)이 5억원 이상일 때에는 다음 각 호의 구분에 따라 가중처벌한다.
1. 보험사기이득액이 50억원 이상일 때: 무기 또는 5년 이상의 징역
2. 보험사기이득액이 5억원 이상 50억원 미만일 때: 3년 이상의 유기징역
② 제1항의 경우 보험사기이득액 이하에 상당하는 벌금을 병과할 수 있다.

제16조(준용규정) 제11조를 위반하여 처벌받은 사람에 대하여는 「특정경제범죄 가중처벌 등에 관한 법률」 제14조를 준용한다.

Ⅳ. 여신전문금융업법

본죄와 관련한 여신전문금융업법 위반죄에 관하여는 절도와 강도의 죄의 관련 특별법에서 이미 전술한 바 있다.

638) 대법원 2015.4.23. 선고 2014도16980 판결; 대법원 2000.3.24. 선고 2000도28 판결.

제4절 횡령과 배임의 죄

§1. 개 관

Ⅰ. 서 설

본장의 횡령과 배임의 죄라 함은 횡령의 죄와 배임의 죄를 내용으로 하는 범죄를 말한다(형법 제2편 제40장). 횡령과 배임은 위임관계를 근거로 한다는 점에서는 공통되지만, 각각 재물과 재산상의 이익을 객체로 한다는 점에서 구별된다는 점을 근거로 하고 있다. 본장의 죄와 후술하는 손괴의 죄(형법 제2편 제42장)에서는 상습범에 관한 처벌규정을 두지 않고 있다.

Ⅱ. 횡령죄와 배임죄의 관계

횡령죄와 배임죄의 관계에서 흔히 특별법과 일반법의 관계라고 한다. 횡령죄는 재물만을 대상으로 하지만, 배임죄는 재물을 포함하는 일반적인 개념으로서 재산상의 이익을 대상으로 하기 때문이라고 한다. 이에 의하면 횡령죄가 성립하면 배임죄는 성립하지 않게 된다고 한다. 한편 횡령죄는 재물보관의무에 대한 위반이라는 점에서 사무처리의무에 대한 위반인 배임죄와 구별된다. 또 횡령죄의 재물보관의무는 민법상 임치계약(민법 제693조 이하 참조)에 근거를 두지만, 배임죄의 사무처리의무는 민법상 위임계약(민법 제680조 이하 참조)에 근거를 가지고 있다는 점에서 양자는 구별될 수 있다. 이와 같이 형법은 민법에 근거를 두고 있다는 의미에서 형법을 2차규범, 민법을 1차규범이라고 하는 것을 이해할 수 있다.

§2. 횡령의 죄

Ⅰ. 서 설

1. 의 의

횡령의 죄란 자기가 보관하는 타인의 재물이나 점유이탈물을 불법하게 영득하는 것을 내용을 하는 범죄를 말한다. 횡령의 죄는 영득죄의 일종이지만, 타인의 점유를 침해하지 않는다는 점에서 다른 영득죄와는 성질을 달리한다.

2. 본 질

횡령의 죄의 본질에 관하여는 다툼이 있다. 제1설은 월권행위설(越權行爲說)이다. 위탁물에 대한 권한을 넘는 월권행위를 함으로써 위탁에 기한 신임관계를 깨뜨리는 데에 횡령죄의 본질이 있다고 한다. 이에 의하면 신임관계를 침해하는 월권행위만 있으면 횡령죄가 성립하고 불법영득의사를 요하지 않기 때문에 일시적 무단사용, 손괴·은닉 목적으로 처분한 경우에도 횡령죄가 성립한다. 그러나 자기가 점유하는 타인의 재물을 손괴한 때에도 횡령죄가 성립하므로 타인이 점유하는 타인의 재물을 손괴한 손괴죄보다 자기가 점유하는 타인의 재물을 손괴하는 횡령죄를 무겁게 벌하는 결과가 된다. 절도죄를 횡령죄보다 무겁게 벌하고 있는 점에 비추어 이러한 결론은 인정될 수 없다고 비판되고 있다.

제2설은 영득행위설(領得行爲說)이다. 위탁물을 불법하게 영득하는 데에 횡령죄의 본질이 있다고 한다. 이에 의하면 횡령죄의 성립을 위하여는 불법영득의 의사를 요하기 때문에 일시적 무단사용, 손괴·은닉 목적으로 처분한 경우에는 횡령죄가 성립하지 않는다고 한다. 제3설은 결합설(結合說)이다. 월권적 영득행위설이라고도 한다. 위탁의 취지를 일탈하여 타인의 재물을 불법하게 영득하는 데에 그 본질이 있다고 한다. 횡령죄의 보호법익은 소유권이므로 소유권을 침해하는 의사로서 불법영득의 의사가 필요하다고 한다.

판례의 입장은 분명하지 않으나 영득행위설로 해석되고 있다. 다만 판례는 월권행위설의 입장을 밝힌 적이 있다. 대법원은 "횡령죄의 성립에 있어 영득이라 함은 보관자가 기권한을 유월하는 행위를 행함으로서 충족되는 것이다"라고 판시한 바 있다.[1)]

생각건대 월권을 했다 하더라도 본인에게 손해를 주지 않은 이상 범죄로 할 수 없다. 횡령은 월권을 하지 않더라도 영득을 했기 때문에 처벌하는 범죄이다. 월권행위설에 의하면 월권이 없는 한 처벌할 수 없게 된다. 배신성은 월권행위에 있는 것이 아니고 영득행위에 있다고 해야 한다.

3. 보호법익

(1) 의 의

횡령의 죄의 보호법익이 소유권이라는 것에 대하여는 이견이 없다. 판례의 입장도 같다. 대법원은 "횡령죄는 타인의 재물에 대한 재산범죄로 재물의 소유권 등 본권을 보호법익으로 하는 범죄이다"라고 판시한 바 있다.[2)]

생각건대 횡령의 죄의 보호법익은 절도죄 등의 탈취죄와는 달리 재물에 대한 소유권이다. 횡령죄와 업무상 횡령죄에 있어서는 재물의 점유는 위탁에 기초하여 행위자에게 귀속하고 있기 때문에 그 재물을 영득하여도 점유의 침해는 발생하지 않는다. 또 점유이탈물횡령죄의 경우는 타인의 점유에서 이탈한 재물을 영득하는 것이기 때문에 이를 영득하여도 직접 점유를 침해한 것으로는 되지 않는다.

(2) 보호의 정도

횡령의 죄의 보호법익에 대한 보호의 정도에 있어서는 다툼이 있다. 제1설은 침해범설이다. 본죄의 보호법익에 대한 보호의 정도는 침해범이라고 한다. 횡령행위로 인하여 소유권의 내용인 사용, 수익 또는 처분이 사실상 침해되기 때문이라고 한다. 제2설은 위험범설이

---

1) 대법원 1955.2.25. 선고 4286형상110 판결.

2) 대법원 2016.8.30. 선고 2013도658 판결; 대법원 2009.2.12. 선고 2008도10971 판결; 대법원 2002.11.13. 선고 2002도2219 판결.

다. 본죄의 보호법익에 대한 보호의 정도는 위험범이라고 한다. 횡령행위로 말미암아 소유자가 소유권을 상실하는 것은 아니기 때문이라고 한다.

판례의 입장은 위험범설에 서 있다. 대법원은 "횡령죄는 본권이 침해될 위험성이 있으면 그 침해의 결과가 발생되지 아니하더라도 성립하는 이른바 위태범이다"라고 판시한 바 있다.[3)]

생각건대 횡령의 죄는 횡령행위에 의하여 기수에 이르게 된다. 또 횡령의 죄에 있어서 소유권은 횡령행위에 의하여는 상실되지 않는다. 따라서 횡령의 죄는 결과로서 소유권이 침해될 위험성이 발생하면 성립하는 위험범으로 해석되는 것이 합당하다.

4. 구성요건의 체계

횡령의 죄의 기본적 구성요건은 횡령죄이다(제355조 제1항). 업무상 횡령죄는 신분으로 인하여 불법과 책임이 가중되는 가중적 구성요건이다(제356조). 독립적 구성요건으로서 점유이탈물횡령죄가 규정되어 있다(제360조). 횡령의 죄는 미수범을 처벌하고, 친족상도례에 관한 규정을 준용하고 있다.

한편 횡령죄와 업무상 횡령죄는 위탁에 근거하여 점유하고 있는 타인의 재물을 횡령한다는 점에 본질이 있고, 따라서 양자를 총칭하여 위탁물횡령죄라고도 한다. 위탁물횡령죄가 점유이탈물횡령죄와 구별되어 무겁게 처벌되는 것은 그 행위가 위탁의 기초로 되어 있는 위탁신임관계를 위배한다는 점에 있다. 이러한 점에서 위탁물횡령죄는 후술하는 배임의 죄와 공통된다. 점유이탈물횡령죄는 신뢰에 위배한다는 배신적 성격을 가지고 있지 않고 절도죄와 유사한 범죄라고 할 수 있다. 그럼에도 불구하고 현행 형법은 위탁물횡령죄와 점유이탈물횡령죄가 점유의 침해를 수반하지 않는 영득죄라는 측면에서 동일한 장에 규정하고 있다.

Ⅱ. 횡령죄

제355조(횡령, 배임) ① 타인의 재물을 보관하는 자가 그 재물을 횡령하거나 그 반환을 거부한 때에는 5년 이하의 징역 또는 1천500만원 이하의 벌금에 처한다.

제358조(자격정지의 병과) 전3조의 죄에는 10년 이하의 자격정지를 병과할 수 있다.

제359조(미수범) 제355조 내지 제357조의 미수범은 처벌한다.

제361조(친족간의 범행, 동력) 제328조와 제346조의 규정은 본장의 죄에 준용한다.

1. 서 언

본죄는 타인의 재물을 보관하는 자가 그 재물을 횡령하거나 그 반환을 거부함으로써 성립한다.

본죄는 자기가 점유하는 재물을 영득한다는 점에서 타인이 점유하는 재물을 영득하는

3) 대법원 2009.2.12. 선고 2008도10971 판결; 대법원 2002.11.13. 선고 2002도2219 판결; 대법원 1975.4.22. 선고 75도123 판결.

것을 내용으로 하는 절도죄 · 강도죄 · 사기죄 · 공갈죄와 구별된다. 본죄는 타인의 신임관계를 배반한다는 점에서 배임죄와 그 성질을 같이 하나, 재물을 객체로 한다는 점에서 재산상의 이익을 객체로 하는 배임죄와 다르다.

2. 범 죄

(1) 구성요건

1) 객관적 구성요건

① 주 체

본죄의 주체는 타인의 재물을 보관하는 자이다.[4] 본죄는 보관자라는 신분을 가지는 자에 한해서만 범하여질 수 있다는 의미에서 진정신분범이다.

ⓘ 보관자　　본죄에 있어서 보관이란 재물에 대한 사실상의 지배뿐만 아니라 법률상의 지배 · 처분이 가능한 상태를 모두 말한다.[5] 절도죄에 있어서의 점유는 사실상의 지배를 의미하며 행위의 객체로서의 성격을 가지지만, 본죄에 있어서의 보관은 신임관계를 기초로 한 사실상의 지배뿐만 아니라 법률상의 지배까지 포함하며 행위주체의 신분요소로서의 성격을 가지고 있다. 대법원도 "재물의 보관이란 재물에 대한 사실상 또는 법률상 지배력이 있는 상태를 의미한다"고 판시하고 있다.[6]

부동산에 관한 횡령죄에 있어서 타인의 재물을 보관하는 자의 지위는 동산의 경우와는 달리 부동산에 대한 점유의 여부가 아니라 법률상 부동산을 제3자에게 처분할 수 있는 지위에 있는지 여부를 기준으로 판단하여야 한다.[7]

ⓘⓘ 위탁관계

ⅰ. 의 의　　본죄의 주체는 타인의 재물을 보관하는 자라야 하고, 여기에서 보관이란 위탁관계에 의하여 재물을 점유하는 것을 뜻하므로 본죄가 성립하기 위하여는 재물의 보관자와 재물의 소유자 또는 기타의 본권자 사이에 위탁관계가 존재하여야 한다.[8] 따라서 위탁

---

4) 대법원 2016.5.26. 선고 2015도89 판결; 대법원 2016.5.19. 선고 2014도6992 전원합의체 판결; 대법원 2010.5.13. 선고 2009도1373 판결; 대법원 2003.10.10. 선고 2003도3516 판결.

5) 대법원 2015.2.12. 선고 2014도11244 판결; 대법원 2013.12.12. 선고 2012도16315 판결; 대법원 2008.12.11. 선고 2008도8279 판결; 대법원 2008.9.11. 선고 2008도4859 판결; 대법원 2005.6.24. 선고 2005도2413 판결; 대법원 2004.5.27. 선고 2003도6988 판결; 대법원 2003.9.23. 선고 2003도3840 판결; 대법원 2000.8.18. 선고 2000도1856 판결; 대법원 1989.2.28. 선고 88도1368 판결; 대법원 1987.10.13. 선고 87도1778 판결; 대법원 1987.2.10. 선고 86도1607 판결; 대법원 1983.9.13. 선고 82도75 판결.

6) 대법원 2015.6.25. 선고 2015도1944 전원합의체 판결; 대법원 2011.3.24. 선고 2010도17396 판결; 대법원 2005.8.19. 선고 2005도3045 판결; 대법원 2003.9.23. 선고 2003도3840 판결; 대법원 1987.10.13. 선고 87도1778 판결.

7) 대법원 2005.6.24. 선고 2005도2413 판결; 대법원 2004.5.27. 선고 2003도6988 판결; 대법원 2000.4.11. 선고 2000도565 판결; 대법원 1996.1.23. 선고 95도784 판결; 대법원 1989.12.8. 선고 89도1220 판결; 대법원 1989.2.28. 선고 88도1368 판결; 대법원 1987.12.8. 선고 87도1690 판결; 대법원 1987.2.10. 선고 86도1607 판결.

8) 대법원 2022.6.30. 선고 2017도21286 판결; 대법원 2021.2.18. 선고 2016도18761 전원합의체 판결; 대법원 2018.7.19. 선고 2017도17494 전원합의체 판결; 대법원 2016.5.26. 선고 2015도89 판결; 대법원 2016.5.19. 선고 2014도6992 전원합의체 판결; 대법원 2015.2.26. 선고 2014도15182 판결; 대법원 2010.6.24. 선고 2009도9242 판결; 대법원 2008.10.23. 선고 2007도6463 판결; 대법원 2007.5.31. 선고 2007도1082 판결; 대법원 2006.1.12.

관계 없이 우연히 점유하게 된 타인의 재물이나 점유이탈물을 영득한 경우에는 사기죄나 점유이탈물횡령죄만이 문제될 뿐이다. 그런데 위탁관계는 법문상으로는 규정되어 있지 않은 내용이다. 이러한 의미에서 위탁관계는 소위 '기술되지 아니한 구성요건요소'라고 할 수 있다.

ii. 성 질 위탁관계는 사실상의 관계이면 족하다.[9] 위탁자에게 유효한 처분을 할 권한이 있는지 또는 수탁자가 법률상 그 재물을 수탁할 권리가 있는지 여부를 불문한다.[10] 수탁자는 반드시 민사상 계약의 당사자일 필요도 없다.[11] 따라서 사무관리에 의해서도 위탁관계가 성립할 수 있고, 절도범인과 같은 불법점유자도 위탁할 수 있으며, 위탁관계가 법률상 무효·취소된 때에도 사실상의 위탁관계가 인정될 수 있다.

iii. 발생원인 위탁관계는 반드시 사용대차·임대차·위임·임치 등의 계약에 의하여 설정될 것을 요하지 아니하고, 사무관리와 같은 법률의 규정, 관습이나 조리 또는 신의성실의 원칙에 의해서도 발생할 수 있다.[12] 반드시 소유자의 직접적인 위탁행위에 기인할 것을 요하지 않는다.[13] 다만 위탁관계 자체는 불법한 것이 아니어야 한다. 본죄의 본질이 신임관계에 기초하여 위탁된 타인의 물건을 위법하게 영득하는 데 있음에 비추어 볼 때 위탁관계는 횡령죄로 보호할 만한 가치 있는 신임에 의한 것으로 한정함이 타당하기 때문이다.[14] 재물의 위탁행위가 범죄의 실행행위나 준비행위 등과 같이 범죄 실현의 수단으로서 이루어진 경우 그 행위 자체가 처벌 대상인지와 상관없이 그러한 행위를 통해 형성된 위탁관계는 횡령죄로 보호할 만한 가치 있는 신임에 의한 것이 아니라고 봄이 타당하다.[15]

선고 2005도7610 판결; 대법원 2005.9.9. 선고 2003도4828 판결; 대법원 2005.6.24. 선고 2005도2413 판결; 대법원 2004.5.27. 선고 2003도6988 판결; 대법원 2000.4.11. 선고 2000도565 판결; 대법원 1994.11.25. 선고 93도2404 판결; 대법원 1989.2.28. 선고 88도1368 판결; 대법원 1987.2.10. 선고 86도1607 판결.

9) 대법원 2018.7.19. 선고 2017도17494 전원합의체 판결; 대법원 2011.10.13. 선고 2009도13751 판결; 대법원 2008.1.31. 선고 2007도9632 판결; 대법원 2005.6.24. 선고 2005도2413 판결; 대법원 2004.5.27. 선고 2003도6988 판결; 대법원 2001.7.10. 선고 2000도5597 판결; 대법원 2000.4.11. 선고 2000도565 판결; 대법원 1989.2.28. 선고 88도1368 판결; 대법원 1987.2.10. 선고 86도1607 판결.

10) 대법원 2011.10.13. 선고 2009도13751 판결; 대법원 2008.1.31. 선고 2007도9632 판결; 대법원 2005.6.24. 선고 2005도2413 판결; 대법원 2004.5.27. 선고 2003도6988 판결; 대법원 2001.7.10. 선고 2000도5597 판결; 대법원 2000.4.11. 선고 2000도565 판결; 대법원 1989. 2. 28. 선고 88도1368 판결; 대법원 1987. 2. 10. 선고 86도1607 판결.

11) 대법원 2018.7.19. 선고 2017도17494 전원합의체 판결.

12) 대법원 2022.6.30. 선고 2017도21286 판결; 대법원 2021.2.18. 선고 2016도18761 전원합의체 판결; 대법원 2018.7.19. 선고 2017도17494 전원합의체 판결; 대법원 2016.5.26. 선고 2015도89 판결; 대법원 2016.5.19. 선고 2014도6992 전원합의체 판결; 대법원 2015.2.12. 선고 2014도11244 판결; 대법원 2013.12.12. 선고 2012도16315 판결; 대법원 2011.3.24. 선고 2010도17396 판결; 대법원 2008.9.11. 선고 2008도4859 판결; 대법원 2006.1.12. 선고 2005도7610 판결; 대법원 2005.8.19. 선고 2005도3045 판결; 대법원 2003.9.23. 선고 2003도3840 판결; 대법원 1987.10.13. 선고 87도1778 판결.

13) 대법원 2014.3.13. 선고 2012도5346 판결; 대법원 2011.3.24. 선고 2010도17396 판결; 대법원 1987.10.13. 선고 87도1778 판결; 대법원 1985.9.10. 선고 84도2644 판결.

14) 대법원 2022.6.30. 선고 2017도21286 판결; 대법원 2021.2.18. 선고 2016도18761 전원합의체 판결; 대법원 2018.7.19. 선고 2017도17494 전원합의체 판결; 대법원 2016.5.26. 선고 2015도89 판결; 대법원 2016.5.19. 선고 2014도6992, 전원합의체 판결; 대법원 2006.1.12. 선고 2005도7610 판결.

15) 대법원 2022.6.30. 선고 2017도21286 판결.

한편 부동산실명법의 입법 취지와 아울러 명의신탁약정에 따른 명의수탁자 명의의 등기를 금지하고 이를 위반한 명의신탁자와 명의수탁자 쌍방을 형사처벌까지 하고 있는 부동산실명법의 명의신탁관계에 대한 규율 내용 및 태도 등에 비추어 볼 때 명의신탁자와 명의수탁자 사이에 그 위탁신임관계를 근거지우는 계약인 명의신탁약정 또는 이에 부수한 위임약정이 무효임에도 불구하고 횡령죄 성립을 위한 사무관리·관습·조리·신의칙에 기초한 위탁신임관계가 있다고 할 수는 없다. 또한 명의신탁자와 명의수탁자 사이에 존재한다고 주장될 수 있는 사실상의 위탁관계라는 것도 부동산실명법에 반하여 범죄를 구성하는 불법적인 관계에 지나지 아니할 뿐 이를 형법상 보호할 만한 가치 있는 신임에 의한 것이라고 할 수 없다.[16]

iv. 판단기준　위탁관계가 있는지 여부는 재물의 보관자와 소유자 사이의 관계, 재물을 보관하게 된 경위 등에 비추어 볼 때 보관자에게 재물의 보관 상태를 그대로 유지하여야 할 의무를 부과하여 그 보관 상태를 형사법적으로 보호할 필요가 있는지 등을 고려하여 규범적으로 판단하여야 한다.[17]

보관자를 긍정한 판례의 구체적 내용은 다음과 같다. 즉,

송금의뢰인이 다른 사람의 예금계좌에 자금을 송금·이체한 경우 특별한 사정이 없는 한 송금의뢰인과 계좌명의인 사이에 그 원인이 되는 법률관계가 존재하는지 여부에 관계없이 계좌명의인(수취인)과 수취은행 사이에는 그 자금에 대하여 예금계약이 성립하고, 계좌명의인은 수취은행에 대하여 그 금액 상당의 예금채권을 취득한다. 이때 송금의뢰인과 계좌명의인 사이에 송금·이체의 원인이 된 법률관계가 존재하지 않음에도 송금·이체에 의하여 계좌명의인이 그 금액 상당의 예금채권을 취득한 경우 계좌명의인은 송금의뢰인에게 그 금액 상당의 돈을 반환하여야 한다. 이와 같이 계좌명의인이 송금·이체의 원인이 되는 법률관계가 존재하지 않음에도 계좌이체에 의하여 취득한 예금채권 상당의 돈은 송금의뢰인에게 반환하여야 할 성격의 것이므로, 계좌명의인은 그와 같이 송금·이체된 돈에 대하여 송금의뢰인을 위하여 보관하는 지위에 있다고 보아야 한다. 따라서 계좌명의인이 그와 같이 송금·이체된 돈을 그대로 보관하지 않고 영득할 의사로 인출하면 횡령죄가 성립한다. 이러한 법리는 계좌명의인이 개설한 예금계좌가 전기통신금융사기 범행에 이용되어 그 계좌에 피해자가 사기피해금을 송금·이체한 경우에도 마찬가지로 적용된다. 계좌명의인은 피해자와 사이에 아무런 법률관계 없이 송금·이체된 사기피해금 상당의 돈을 피해자에게 반환하여야 하므로, 피해자를 위하여 사기피해금을 보관하는 지위에 있다고 보아야 하고, 만약 계좌명의인이 그 돈을 영득할 의사로 인출하면 피해자에 대한 횡령죄가 성립한다. 이때 계좌명의인이 사기의 공범이라면 자신이 가담한 범행의 결과 피해금을 보관하게 된 것일 뿐이어서 피해자와 사이에 위탁관계가 없고, 그가 송금·이체된 돈을 인출하더라도 이는 자신이 저지른 사기범행의 실행행위에 지나지 아니하여 새로운 법익을 침해한다고 볼 수 없으므로 사기죄 외에 별도로 횡령죄를 구성하지 않는다.[18] 법인 소유의 자금에 대한 사실상 또는 법률상 지배·처분 권한을 가지고 있는 대표자 등은 법인에 대한 관계에서 자금의 보관자 지위에 있으므로, 법인이 특정 사업의 명목

---

16) 대법원 2016.5.26. 선고 2015도89 판결.

17) 대법원 2022.6.30. 선고 2017도21286 판결; 대법원 2021.2.18. 선고 2016도18761 전원합의체 판결; 대법원 2018.7.19. 선고 2017도17494 전원합의체 판결.

18) 대법원 2018.7.19. 선고 2017도17494 전원합의체 판결.

상의 주체로 특수목적법인을 설립하여 그 명의로 자금 집행 등 사업진행을 하면서도 자금의 관리·처분에 관하여는 실질적 사업주체인 법인이 의사결정권한을 행사하면서 특수목적법인 명의로 보유한 자금에 대하여 현실적 지배를 하고 있는 경우에는, 사업주체인 법인의 대표자 등이 특수목적법인의 보유 자금을 정해진 목적과 용도 외에 임의로 사용하면 위탁자인 법인에 대하여 횡령죄가 성립할 수 있다. 이는 법인의 대표자 등이 외국인인 경우에도 마찬가지이므로, 내국 법인의 대표자인 외국인이 내국 법인이 외국에 설립한 특수목적법인에 위탁해 둔 자금을 정해진 목적과 용도 외에 임의로 사용한 데 따른 횡령죄의 피해자는 당해 금전을 위탁한 내국 법인이다. 따라서 그 행위가 외국에서 이루어진 경우에도 행위지의 법률에 의하여 범죄를 구성하지 아니하거나 소추 또는 형의 집행을 면제할 경우가 아니라면 그 외국인에 대해서도 우리 형법이 적용되어(제6조), 우리 법원에 재판권이 있다.[19] 타인의 금전을 위탁받아 보관하는 자가 보관방법으로 이를 은행 등의 금융기관에 예치한 경우에도 보관자의 지위를 가진다.[20] 피고인과 피해자는 2010.8. 중순경 서로 알게 되어 2010. 8. 27. 저녁에 피고인의 제의로 함께 소주방에 가서 술을 마시던 중 서로 몸싸움을 하게 된 사실, 그 과정에서 피해자가 먼저 소주방을 나오면서 휴대전화를 그곳에 떨어뜨렸고, 소주방 업주가 위 휴대전화를 발견하고 소유자에게 전해달라는 의사로 일행인 피고인에게 건네주어 피고인이 보관하게 된 사실을 알 수 있는 바, 사정이 이와 같다면 피고인은 조리상 피해자를 위하여 위 휴대전화를 보관하는 지위에 있었다고 보아야 한다.[21] 대한민국 국민 또는 외국인이 미국 캘리포니아주에서 미국 리스회사와 미국 캘리포니아주의 법에 따라 차량 이용에 관한 리스계약을 체결하면서 준거법에 관하여는 별도로 약정하지 아니하였는데, 이후 자동차수입업자인 피고인이 리스기간 중 위 리스이용자들이 임의로 처분한 리스계약의 목적물인 차량들을 수입한 사안에서, 국제사법에 따라 위 리스계약에 적용될 준거법인 미국 캘리포니아주의 법에 의하면, 위 차량들의 소유권은 리스회사에 속하고, 리스이용자는 일정 기간 차량의 점유·사용의 권한을 이전받을 뿐이어서(미국 캘리포니아주 상법 제10103조 제a항 제10호도 참조), 리스이용자들은 리스회사에 대한 관계에서 위 차량들에 관한 보관자로서의 지위에 있으므로, 위 차량들을 임의로 처분한 행위는 형법상 횡령죄의 구성요건에 해당하는 위법한 행위로 평가되고 이에 의하여 영득된 위 차량들은 장물에 해당한다는 이유로, 피고인에게 장물취득죄를 인정한 원심판단의 결론을 정당하다.[22] 주식회사는 주주와 독립된 별개의 권리주체로서 그 이해가 반드시 일치하는 것은 아니므로, 주주나 대표이사 또는 그에 준하여 회사 자금의 보관이나 운용에 관한 사실상의 사무를 처리하는 자가 회사 소유 재산을 제3자의 자금 조달을 위하여 담보로 제공하는 등 사적인 용도로 임의 처분하였다면 그 처분에 관하여 주주총회나 이사회의 결의가 있었는지 여부와는 관계없이 횡령죄의 죄책을 면할 수는 없다.[23] 감정평가법인 지사에서 근무하는 감정평가사들이 접대비 명목 등으로 임의로 나누어 사용할 목적으로 감정평가법인을 위하여 보관중이던 돈의 일부를 비자금으로 조성한 사안에서, 피고인들이 위 지사를 독립채산제로 운영하기로 했다고 하더라도 그것은 지사가 처리한 감정평가업무로 인한 경제적 이익의 분배에 관하여 그와 같이 약정을 한 것에 불과한 것이므로 피고인들이 사용한 지사의 자금이 법률상으로는 위 법인의 자금이 아니라고 할 수는 없고, 당초의 비자금 조성 목적 등에 비추어 비자금 조성 당시 피고인들의

19) 대법원 2017.3.22. 선고 2016도17465 판결.

20) 대법원 2015.2.12. 선고 2014도11244 판결; 대법원 2013.12.12. 선고 2012도16315 판결.

21) 대법원 2014.3.13. 선고 2012도5346 판결.

22) 대법원 2011.4.28. 선고 2010도15350 판결.

23) 대법원 2011.3.24. 선고 2010도17396 판결; 대법원 2010.12.23. 선고 2008도8851 판결; 대법원 2005.8.19. 선고 2005도3045 판결; 대법원 1983.9.13. 선고 82도75 판결.

불법영득의사가 객관적으로 표시되었다고 할 것인 점 등에 비추어, 위 비자금 조성행위가 업무상 횡령죄에 해당한다.[24] 주식회사의 주식이 사실상 1인 주주에 귀속하는 1인 회사에 있어서도 회사와 주주는 분명히 별개의 인격이어서 1인 회사의 재산이 곧바로 그 1인 주주의 소유라고 볼 수 없으므로, 사실상 1인 주주라고 하더라도 회사의 자금을 임의로 처분한 행위는 횡령죄를 구성한다.[25] 피고인이 피해회사로부터 상품을 양도받으면서, 그 대금 지급에 관하여 피고인이 매일 그날의 매출액 전부를 피해회사에 송금하되 그 대금을 모두 지급하기 전까지는 피해회사가 위 상품에 대한 소유권을 가지기로 하는 상품거래계약을 체결한 후, 상품의 판매대금 중 일부 금원만 피해회사에 송금하고 나머지 금원은 매장 인테리어 비용, 홍보비용 등에 사용함으로써 위 나머지 금원을 횡령하였다는 공소사실에 대하여, 상품의 판매대금 중 공급가에 해당하는 금원만을 피해회사를 위하여 보관하고 있었다고 본 원심판결은 횡령죄에 있어 '보관자의 지위'에 관한 법리를 오해한 것이다.[26] 회사 대표가 계열회사들 소유 자금 중 일부를 임의로 빼돌려 자기 소유 자금과 구분없이 거주지 안방에 보관한 행위는 계열회사들에 대한 횡령행위의 일부를 구성하는 것일 뿐이고 나아가 이를 일률적으로 회사 대표 개인의 채권자들에 대한 강제집행면탈행위로서의 은닉행위로 평가할 수는 없다.[27] 피고인이 종중의 회장으로부터 담보 대출을 받아달라는 부탁과 함께 종중 소유의 임야를 이전받은 다음 임야를 담보로 금원을 대출받아 임의로 사용하고 자신의 개인적인 대출금 채무를 담보하기 위하여 임야에 근저당권을 설정하였다면 비록 피고인이 임야를 이전받는 과정에서 적법한 종중총회의 결의가 없었다고 하더라도 피고인은 임야나 위 대출금에 관하여 사실상 종중의 위탁에 따라 이를 보관하는 지위에 있다고 보아야 할 것이어서 피고인의 위 행위가 종중에 대한 관계에서 횡령죄를 구성한다.[28] 금전의 수수를 수반하는 사무처리를 위임받은 자가 그 행위에 기하여 위임자를 위하여 제3자로부터 수령한 금전은 목적이나 용도를 한정하여 위탁된 금전과 마찬가지로 달리 특별한 사정이 없는 한 그 수령과 동시에 위임자의 소유에 속하고, 위임을 받은 자는 이를 위임자를 위하여 보관하는 관계에 있다고 보아야 한다.[29] 채무자가 채무총액에 관한 지불각서를 써 줄 것으로 믿고, 채권자가 채무자에게 그 액면금 등을 확인할 수 있도록 가계수표들을 교부하였다면, 채권자와 채무자 사이에는 만약 합의가 결렬되어 채무자가 채권자에게 지불각서를 써 주지 아니하는 경우에는 곧바로 그 가계수표들을 채권자에게 반환하기로 하는, 횡령죄에 있어서 조리에 의한 위탁관계가 발생하였다고 할 것이다.[30] 피고인이 피해자의 승락을 받고 그의 심부름으로 오토바이를 타고가서 수표를 현금으로 바꾼 뒤에 마음이 변하여 그 오토바이를 반환하지 아니한 채 그대로 타고 가버렸다 하더라도 그것은 피고인과 피해자 사이에 오토바이의 보관에 따른 신임관계를 위배한 것이 되어 횡령죄를 구성함은 변론으로 하고 적어도 절도죄는 구성하지 않는다 할 것이다.[31] 피고인이 ○○케미칼 회사로부터 피해자 등을 대신하여 그들의 공동지분이 있는 대리점 개설보증금을 반환받아 은행에 예금하고 있었다면 피고인은 피해자를 위하여 그 지분 상당의 금원을 보관중이었다 할 것이므로 이를 임의로 인출 소비한 피고인의 소위를 횡령죄로

24) 대법원 2010.5.13. 선고 2009도1373 판결.

25) 대법원 2010.4.29. 선고 2007도6553 판결; 대법원 1995.3.14. 선고 95도59 판결; 대법원 1989.5.23. 선고 89도570 판결.

26) 대법원 2010.1.14. 선고 2009도7737 판결.

27) 대법원 2007.6.1. 선고 2006도1813 판결.

28) 대법원 2005.6.24. 선고 2005도2413 판결.

29) 대법원 2004.3.12. 선고 2004도134 판결; 대법원 1998.4.10. 선고 97도3057 판결; 대법원 1996.6.14. 선고 96도106 판결; 대법원 1995.11.24. 선고 95도1923 판결.

30) 대법원 1996.5.14. 선고 96도410 판결; 대법원 1987.10.13. 선고 87도1778 판결.

31) 대법원 1986.8.19. 선고 86도1093 판결.

의율하였음은 정당하고 소론과 같이 피고인의 회사(기록에 의하면 피고인은 공소외 2 주식회사의 대표이사이다)에는 자금의 여유가 있었다 하더라도 이로써 위 횡령금원을 확실하게 대체시킬 수 있는 상태에서 피고인이 위 금원을 일시 유용한 것이라고 볼 수는 없으므로 거기에 논지와 같은 횡령죄의 법리를 오해한 위법이 없으며 또한 원심판결은 피고인이 위 보관금원의 반환을 거부하여 횡령죄를 저질렀다는 것이 아니므로 상계주장은 지급거절에 해당하지 않는다는 논지는 원심판결을 오해한데서 오는 것으로서 받아들일 수 없다.[32] 임차인이 이사하면서 그가 소유하거나 타인으로부터 위탁받아 보관중이던 물건들을 임대인의 방해로 옮기지 못하고 그 임차공장내에 그대로 두었다면 임대인은 사무관리 또는 조리상 당연히 임차인을 위하여 위 물건들을 보관하는 지위에 있다 할 것이므로 임대인이 그 후 이를 임의로 매각하거나 반환을 거부하였다면 횡령죄를 구성한다.[33] 셋방살이하던 자가 다른 곳으로 이주가면서 후에 찾아가겠다고 그 셋방에 물건을 놓고 갔고, 집 주인은 그 물건을 그대로 둔 채 타인에게 그 방을 빌려주면서 그자의 승락을 받아 물건을 보관시켰다면 집주인은 새로 세든 자에게 방을 세놓을 때 그 셋방안에 있는 위 물건들의 보관을 위탁하였다고 봄이 상당하므로 새로 세든 자가 위 물건들을 소비 및 매각처분한 소위를 원심이 절도로 처리한 것은 횡령죄에 있어서의 보관에 관한 법리를 오해한 것이다.[34] 범행 당시 휴업중인 싸롱의 소유자로부터 열쇠를 받고 그 관리를 위임받아 보관 중인 싸롱내의 물품을 부정처분한 경우 횡령의 죄책은 있을지언정 절도에는 해당하지 않는다.[35] 약속어음금의 추심의뢰를 받고 그 어음금을 수령하여 보관중인 때는 횡령죄의 구성요건인 타인의 재물의 보관에 해당한다.[36] 타인의 금전을 위탁받아 보관하는 자는 보관방법으로서 이를 은행 등의 금융기관에 예치한 경우에도 보관자의 지위에 영향이 없고, 수표발행 권한을 위임받은 자는 그 수표자금으로서 예치된 금원에 대하여 이를 보관하는 지위에 있다 할 것이다.[37] 약속어음을 할인을 위하여 교부받은 수탁자는 위탁의 취지에 따라 보관하는 것에 불과하고 위 약속어음을 교부할 당시에 그 할인의 편의를 위하여 배서양도의 형식을 취하였다 하더라도 다를 바 없다 할 것이므로 배서양도의 형식으로 위탁된 약속어음을 수탁자가 자신의 채무변제에 충당하였다면 이와 같은 수탁자의 행위는 위탁의 취지에 반하는 것으로서 횡령죄를 구성한다.[38] 범행 당시 휴업중인 싸롱의 소유자로부터 열쇠를 받고 그 관리를 위임받아 보관 중인 싸롱내의 물품을 부정처분한 경우 횡령의 죄책은 있을지언정 절도에는 해당하지 않는다.[39] 무주택자들이 토지를 구입하여 연립주택을 건설할 목적으로 결성된 철거민이주대책위원회의 위원장직을 맡고 있던 피고인이 철거민들의 출연 금원으로 구입한 토지를 피고인 및 공소외 (갑), (을)의 명의로 신탁받아 그 명의로 소유권이전등기를 경료하여 토지를 위 위원회를 위하여 보관하 던 중, 연립주택건축허가신청이 반려된 처지로서 주택공사계약을 체결할 상황이 아님에도 불구하고 위 신탁관계에 위반하여 공사자금차용을 위한 담보목적으로 공소외 (병)등에게 가등기 및 지상권 설정등기를 한 소위는 신탁재산을 불법처분한 것에 해당하여 횡령죄를 구성한다.[40] 피해자가 시장 점포에서 물건을 매수하여 묶어서 그곳에 맡겨 놓은 후 그곳에서 약 50미터

32) 대법원 1985.9.10. 선고 84도2644 판결.
33) 대법원 1985.4.9. 선고 84도300 판결.
34) 대법원 1984.1.31. 선고 83도2947,83감도497 판결.
35) 대법원 1983.2.22. 선고 82도3092 판결.
36) 대법원 1983.10.25. 선고 83도1520 판결.
37) 대법원 1983.9.13. 선고 82도75 판결.
38) 대법원 1983.4.26. 선고 82도3079 판결.
39) 대법원 1983.2.22. 선고 82도3092 판결.
40) 대법원 1982.11.23. 선고 81도1694 판결.

떨어져 동 점포를 살펴볼 수 없는 딴 가게로 가서 지게 짐꾼인 피고인을 불러 피고인 단독으로 위 점포에 가서 맡긴 물건을 운반해 줄 것을 의뢰하였더니 피고인이 동 점포에 가서 맡긴 물건을 찾아 피해자에게 운반해 주지 않고 용달차에 싣고 가서 처분한 것이라면 피고인의 위 운반을 위한 소지 관계는 피해자의 위탁에 의한 보관관계에 있다고 할 것이므로 이를 영득한 행위는 절도죄가 아니라 횡령죄를 구성한다.[41] 피고인은 소속대 사병식당의 취사반장으로서 사병급식용 부식을 관리하는 직책을 맡고있었으므로 국가 소유인 사병급식용 고기를 처분한 행위는 횡령죄를 구성한다.[42] 피고인의 업무상 보관중인 정기예금을 자기 개인의 채무에 대한 담보로 제공함으로써 횡령죄가 성립된다.[43] "갑"회사가 공사를 중단한 후 "병"회사가 공사현장을 인수하고 "갑"회사가 공사를 위하여 설치해 두었던 형틀을 잔여공사을 위하여 사용한 것이라면 "갑"회사로부터 위탁받은 여부에 불응하고 위 형틀을 보관하고 있었다고 볼 것이다.[44] 구민법 당시에 있어 부동산을 매도하고 소유권 이전등기를 경유하지 않은 경우 이를 자의로 타인에게 매각하는 매도인의 소위는 횡령죄를 구성한다.[45]

보관자를 부정한 판례의 구체적 내용은 다음과 같다. 즉,

전기통신금융사기(이른바 보이스피싱 범죄)의 범인이 피해자를 기망하여 피해자의 돈을 사기이용계좌로 송금·이체받았다면 이로써 편취행위는 기수에 이른다. 따라서 범인이 피해자의 돈을 보유하게 되었더라도 이로 인하여 피해자와 사이에 어떠한 위탁 또는 신임관계가 존재한다고 할 수 없는 이상 피해자의 돈을 보관하는 지위에 있다고 볼 수 없으며, 나아가 그 후에 범인이 사기이용계좌에서 현금을 인출하였더라도 이는 이미 성립한 사기범행의 실행행위에 지나지 아니하여 새로운 법익을 침해한다고 보기도 어려우므로, 위와 같은 인출행위는 사기의 피해자에 대하여 따로 횡령죄를 구성하지 아니한다. 그리고 이러한 법리는 사기범행에 이용되리라는 사정을 알고서도 자신 명의 계좌의 접근매체를 양도함으로써 사기범행을 방조한 종범이 사기이용계좌로 송금된 피해자의 돈을 임의로 인출한 경우에도 마찬가지로 적용된다.[46] 채권자가 그 채권의 지급을 담보하기 위하여 채무자로부터 수표를 발행·교부받아 이를 소지한 경우에는, 단순히 보관의 위탁관계에 따라 수표를 소지하고 있는 경우와는 달리 그 수표상의 권리가 채권자에게 유효하게 귀속되고, 채권자와 채무자 사이의 수표 반환에 관한 약정은 원인관계상의 인적 항변사유에 불과하므로, 채권자는 횡령죄의 주체인 타인의 재물을 보관하는 자의 지위에 있다고 볼 수 없다.[47] 건물에 대한 과반수 지분을 가진 공유자들이 과반수 지분권에 기하여 건물의 사용·수익에 대한 결정에 따라 위 건물의 임대수익을 분배하면서 피해자를 제외한 사안에서, 피고인들이 피해자에 대하여 그 지분 상당액을 보관하는 지위에 있었다고 볼 수 없어 횡령죄가 성립하지 않는다고 한 사례이다.[48] 발행인으로부터 일정한 금액의 범위 내에서 액면을 보충·할인하여 달라는 의뢰를 받고 액면 백지인 약속어음을 교부받아 보관중이던 자가 발행인과의 합의에 의하여 정해진 보충권의 한도를 넘어 보충을 한 경우에는 발행인의 서명날인 있는 기존의 약속어음 용지를 이용하여 새로운 별개의

41) 대법원 1982.11.23. 선고 82도2394 판결.
42) 대법원 1982.3.23. 선고 81도2455 판결.
43) 대법원 1975.4.22. 선고 75도123 판결.
44) 대법원 1969.12.9. 선고 69도1923 판결.
45) 대법원 1961.11.23. 선고 4294형상586 판결.
46) 대법원 2017.5.31. 선고 2017도3045 판결.
47) 대법원 2000.2.11. 선고 99도4979 판결; 대법원 1988.1.19. 선고 87도2078 판결.
48) 대법원 2009.6.11. 선고 2009도2461 판결.

약속어음을 발행한 것에 해당하여 이러한 보충권의 남용행위로 인하여 생겨난 새로운 약속어음에 대하여는 발행인과의 관계에서 보관자의 지위에 있다 할 수 없으므로, 설사 그 약속어음을 자신의 채무변제조로 제3자에게 교부하여 임의로 사용하였다고 하더라도, 발행인으로 하여금 제3자에 대하여 어음상의 채무를 부담하는 손해를 입게 한 데에 대한 배임죄가 성립될 수 있음은 별론으로 하고, 보관자의 지위에 있음을 전제로 횡령죄가 성립될 수는 없다.[49] 노트에 피고인이 근무하던 회사의 영업상의 주요사항이 기재되어 있고 그 업무내용과 관련성이 있기는 하였으나, 이는 직무수행상의 일환으로 작성된 것은 아니고 개인적인 필요에 의하여 작성된 것으로서 그 노트에 기재된 내용이 회사의 기밀사항이라 하여도 이 노트는 피고인의 소유에 속한다고 볼 것이어서 퇴직시에 이를 회사에 반환하지 아니하고 가지고 나온 행위가 횡령죄를 구성한다고 할 수 없다.[50] 매도인이 매수인으로부터 지급받아야 할 부동산의 매매잔대금의 지급을 담보(확보)하기 위하여 매수인으로부터 약속어음을 발행교부 받아 소지한 것이라면 위 어음상의 권리는 적법하게 매도인에게 귀속되었다 할 것이고, 매도인과 매수인 사이의 위 어음반환조건은 그들 사이의 단순한 채권적 약정에 불과하므로 위 매도인을 횡령죄의 주체인 타인의 재물을 보관하는자의 지위에 있다고 볼 수 없다.[51] 타인소유의 토지에 관하여 그 소유권이전등기를 경료받음이 없이 그 경작관리권만을 위임받아 이를 점유해 온 자는 그 토지 자체에 대한 보관자의 지위에 있다고는 할 수 없고 그후 동인이 허위의 보증서와 확인서를 발급받아 부동산소유권이전등기등에 관한 특별조치법에 의한 소유권이전등기를 임의로 경료하였다 하더라도 그와 같은 원인무효의 등기에 의하여 그 토지에 대한 처분권능이 새로이 발생하는 것이 아니므로 마찬가지라 할 것이다.[52] 타인소유의 토지에 대한 보관자의 지위에 있지 아니한 자가 그 앞으로 원인무효의 소유권이전등기가 경료되어 있음을 이용하여 그 토지가 농지개량사업에 의하여 수로로 편입되게 됨으로써 토지소유자에게 지급될 보상금을 수령하였다 하더라도 그 보상금에 대한 점유의 취득은 농지개량사업시행자에 대한 기망행위로 인한 것으로 보아야 할 뿐 진정한 토지소유자의 위임에 기한 것이라고는 할 수 없으므로 그 보상금에 대하여 어떠한 보관관계가 성립한다고 볼 여지가 없다.[53] 적법한 매매계약이 체결되어 있는 이상 그 매매목적부동산의 일부에 대한 매수인 앞으로의 공유지분이전등기는 조리상 매매계약에 따른 매도인측의 소유권이전등기를 일부 선이행한 것이라고 봄이 상당하고, 단순한 명의신탁으로 경유한다는 것은 극히 이례적인 일이라 할 것이므로, 매수인이 건축허가를 받을 필요가 있었다는 사정만으로 이를 명의신탁관계로 인정함은 위법하다.[54] 피고인이 공소외 (갑), (을)과 공모하여 당국으로부터 개간허가를 받아 개간한 국유지를 국가와 매매계약마저도 체결하지 아니한 상태에서 위 양인의 의사에 반하여 제3자들에게 매도하였더라도 위 개간지가 피고인과 위 양인의 공유라고 할 수 없을 뿐만 아니라 피고인이 위 양인으로부터 관리 또는 처분의 위임을 받았다고도 볼 수 없음이 분명하니 피고인이 신뢰관계에 기초를 둔 부동산이나 그 처분대금의 보관자에 해당하지 아니한다 할 것이므로 피고인의 소위는 횡령죄에 해당하지 않는다.[55] 채무자가 그가 차용한 백미의 담보조로 그 소유의 미등기 가옥의 소유자명의를 채권자 명의로 가옥세 대장상에 변경등록하였다 하더라도 그것만으로 채권자에게 그 건물의 소유권이 이전되거나 담보권설정의 효력이 생기는

49) 대법원 1995.1.20. 선고 94도2760 판결.
50) 대법원 1994.5.24. 선고 94도763 판결.
51) 대법원 1988.1.19. 선고 87도2078 판결.
52) 대법원 1987.2.10. 선고 86도1607 판결.
53) 대법원 1987.2.10. 선고 86도1607 판결.
54) 대법원 1983.12.13. 선고 83도1556 판결.
55) 대법원 1983.6.28. 선고 80도1372 판결.

것이 아니므로 위 가옥에 거주하는 위 채무자(망인)의 처인 피고인은 자기소유 건물의 점유자이지 채권자 소유의 건물을 보관하는 관계에 있다고 볼 수 없으므로 피고인이 위 가옥을 임의처분하였다 하여 횡령죄가 성립하는 것이 아니다.56) 피고인이 비농가인 공소외인과 농지를 공동매수하여 피고인 단독 명의로 소유권이전등기를 한 경우에 공소외인은 비농가로서 농지개혁법상 농지를 취득할 수 없으므로 피고인이 동 공소외인으로부터 동 농지의 공유지분권을 보관하고 있다고 할 수 없다. 따라서 피고인 이 위 농지를 임의처분하였다고 하여도 횡령죄를 구성하지 아니한다.57) 임야에 관한 소유권이전등기가 무효인 것이어서 정당한 원인이 없는 자는 타인의 임야를 점유한 자라고는 볼 수 없으므로 그 임야상의 입목을 타에 매각하였다 하여도 그 소위를 횡령죄라고 단정할 수 없다.58)

ⓘⓘⓘ 보관자의 범위 　　보관자 중에서 특히 유의할 필요가 있는 보관자의 범위에 관하여는 이를 사실상 지배자와 법률상 지배자로 대별하여 살펴보기로 한다.

i. 사실상의 지배자

㉠ 공동점유자 　　대등관계에서의 공동점유자 상호간에는 점유의 타인성이 인정되기 때문에 일방은 타방에 대하여 본죄의 주체가 되지 못한다. 또 상하관계에서의 공동점유자 중 하위점유자에게는 상위점유자에 대한 점유의 타인성이 인정되기 때문에 본죄의 보관자가 되지 못한다. 따라서 공동점유자의 일방은 타방에 대하여 또 하위점유자는 상위점유자에 대하여 절도죄가 성립할 수 있을 뿐이다.

㉡ 점유보조자 　　가사상, 영업상 기타 유사한 관계에 의하여 타인의 지시를 받아 물건에 대한 사실상의 지배를 하는 점유보조자는 민법상 점유자로 인정되지 않으나(민법 제195조), 위탁관계가 인정되는 한 형법상 보관자가 된다.

민법상 점유보조자(점원)라고 할지라도 그 물건에 대하여 사실상 지배력을 행사하는 경우에는 형법상 보관의 주체로 볼 수 있으므로 이를 영득한 경우에는 절도죄가 아니라 횡령죄에 해당한다.59)

보관자를 긍정한 판례의 구체적 내용은 다음과 같다. 즉,

피해자는 당일 피고인에게 금고 열쇠와 오토바이 열쇠를 맡기고 금고 안의 돈은 배달될 깨스대금으로 지급할 것을 지시한 후 외출하였던 바, 피고인은 혼자서 점포를 지키다가 금고 안에서 현금을 꺼내어 오토바이를 타고 도주한 사실이 인정된다. 위와 같은 인정 사실에 비추어 보면 피고인은 점원으로서는 평소는 점포 주인인 위 피해자의 점유를 보조하는 자에 지나지 않으나 위 범행 당시는 위 피해자의 위탁을 받아 금고 안의 현금과 오토바이를 사실상 지배하에 두고 보관한 것이라고 보겠으니, 피고인의 위 범행은 자기의 보관하에 있는 타인의 재물을 영득한 것으로서 횡령죄에 해당한다고 보아야 할 것이다.60) 사병급식용 식량을 입출고 하고 있는 사병은 국가소유인 사병급

56) 대법원 1983.2.22. 선고 82도2616 판결.
57) 대법원 1982.2.9. 선고 81도2936 판결; 대법원 1979.3.27 선고 79도141 판결; 대법원 1969.10.28 선고 69도1648 판결.
58) 대법원 1962.1.31. 선고 4294형상432 판결.
59) 대법원 1982.3.9. 선고 81도3396 판결; 대법원 1970.5.12. 선고 70도649 판결; 대법원 1968.10.29. 선고 68도1223 판결.
60) 대법원 1982.3.9. 선고 81도3396 판결.

식용 식량을 사실상 지배 보관하고 있다 할 것이므로 이를 처분한 경우에는 횡령죄가 성립된다.[61)]

ii. 법률상의 지배자

㉠ 공동소유자 구분소유적 공유관계에 있어서 각 공유자 상호 간에는 각자의 특정 구분부분을 자유롭게 처분함에 서로 동의하고 있다고 볼 수 있으므로, 공유자 각자는 자신의 특정 구분부분을 단독으로 처분하고 이에 해당하는 공유지분등기를 자유로이 이전할 수 있다.[62)] 이는 그 공유지분등기가 내부적으로 공유자 각자의 특정 구분부분을 표상하기 때문이다. 그러나 구분구성을 표상하고 있다고 할 수 없는 경우에는 다르다. 이와 같은 경우 공유자는 상호 보관자의 지위에 있다고 할 수 있다.

보관자의 지위를 인정한 판례의 구체적 내용은 다음과 같다. 즉,

> 구분소유하고 있는 특정 구분부분별로 독립한 필지로 분할되는 경우에는 특별한 사정이 없는 한 각자의 특정 구분부분에 해당하는 필지가 아닌 나머지 각 필지에 전사된 공유자 명의의 공유지분등기는 더 이상 당해 공유자의 특정 구분부분에 해당하는 필지를 표상하는 등기라고 볼 수 없고, 각 공유자 상호간에 상호명의신탁관계만이 존속하는 것이므로, 각 공유자는 나머지 각 필지 위에 전사된 자신 명의의 공유지분에 관하여 다른 공유자에 대한 관계에서 그 공유지분을 보관하는 자의 지위에 있다고 할 것이다.[63)] 수개의 회사 소유 자금을 지분 비율을 알 수 없는 상태로 구분없이 함께 보관하던 사람이 그 자금 중 일부를 횡령한 경우, 수개의 회사는 횡령된 자금에 대하여 지분 비율을 알 수 없는 공동 소유자의 지위에 있다고 할 것이니 수개의 회사는 모두 횡령죄의 피해자에 해당한다.[64)] 피고인 등 8명이 공동으로 관리하는 타인의 금원을 피고인이 마음대로 제3자에게 사채로서 대여한 경우는 횡령죄가 성립된다.[65)]

㉡ 등기명의자 본죄의 객체인 재물에는 부동산이 포함된다. 부동산의 보관자에 대한 판단은 점유가 아니라 처분권능의 유무가 기준이 된다.

대법원도 "부동산을 보관하는 자라 함은 동산의 경우와는 달리 그 부동산에 대한 점유를 기준으로 할 것이 아니고 그 부동산을 제3자에게 유효하게 처분할 수 있는 권능의 유무를 기준으로 하여 결정하여야 할 것이다"라고 판시하고 있다.[66)] 따라서 부동산의 경우 법률상 그 부동산을 제3자에게 유효하게 처분할 수 있는 지위에 있는 자라면, 그 부동산에 대한 지배력을 가지고 있다고 할 것이므로, 그 부동산을 보관하는 자에 해당한다고 보아야 할 것이다.[67)] 이러한 의미에서 부동산에 대한 등기명의인은 보관자가 될 수 있지만, 등기서류

---

61) 대법원 1967.10.23. 선고 67도1133 판결.

62) 대법원 2014.12.24. 선고 2011도11084 판결; 대법원 2009.10.15. 선고 2007다83632 판결.

63) 대법원 2014.12.24. 선고 2011도11084 판결.

64) 대법원 2007.6.1. 선고 2006도1813 판결.

65) 대법원 1980.5.27. 선고 80도132 판결.

66) 대법원 2010.6.24. 선고 2009도9242 판결; 대법원 2007.5.31. 선고 2007도1082 판결; 대법원 2005.6.24. 선고 2005도2413 판결; 대법원 2004.5.27. 선고 2003도6988 판결; 대법원 2000.4.11. 선고 2000도565 판결; 대법원 1989.12.8. 선고 89도1220 판결; 대법원 1989.2.28. 선고 88도1368 판결; 대법원 1987.2.10. 선고 86도1607 판결.

67) 대법원 1990.3.23. 선고 89도1911 판결; 대법원 1987.2.10. 선고 86도1607 판결; 대법원 1983.6.28. 선고 83도1212 판결.

보관자나 임차인은 보관자가 될 수 없다. 등기서류보관자는 배임죄의 주체가 될 수 있고, 임차인은 사실상의 관리권만 가질 뿐 법률상의 처분권을 가지고 있지 않기 때문에 사기죄의 주체가 될 수 있다. 한편 명의신탁의 경우에는 후술하는 객체의 명의신탁물이라는 항목에서 별도로 논의하기로 한다.

보관자를 긍정한 판례의 구체적 내용은 다음과 같다. 즉,

> 구 농지개혁법 시행 당시 농지를 매수하여 농가 등 적법하게 농지를 매수할 자격이 있는 수탁자 앞으로 명의신탁하는 경우, 비록 그 명의신탁 시점에는 신탁자가 농지매매증명을 발급받을 수 없어 위 농지를 매수할 수 없었다고 하더라도 그 후 농지법 시행 등의 사정변경으로 인하여 신탁자가 수탁자에 대하여 위 농지에 관한 명의신탁을 해지하고 그 반환을 구할 수 있게 된 이상, 그 시점부터는 수탁자가 신탁자를 위하여 위 농지를 보관하는 자의 지위에 서게 된다.[68] 피고인이 종중의 회장으로부터 담보 대출을 받아달라는 부탁과 함께 종중 소유의 임야를 이전받은 다음 임야를 담보로 금원을 대출받아 임의로 사용하고 자신의 개인적인 대출금 채무를 담보하기 위하여 임야에 근저당권을 설정하였다면 비록 피고인이 임야를 이전받는 과정에서 적법한 종중총회의 결의가 없었다고 하더라도 피고인은 임야나 위 대출금에 관하여 사실상 종중의 위탁에 따라 이를 보관하는 지위에 있다고 보아야 할 것이어서 피고인의 위 행위가 종중에 대한 관계에서 횡령죄를 구성한다.[69] 원인무효인 소유권이전등기의 명의자는 횡령죄의 주체인 타인의 재물을 보관하는 자에 해당한다고 할 수 없다.[70] 채권양도는 채권을 하나의 재화로 다루어 이를 처분하는 계약으로서, 채권 자체가 그 동일성을 잃지 아니한 채 양도인으로부터 양수인에게로 바로 이전하고, 이 경우 양수인으로서는 채권자의 지위를 확보하여 채무자로부터 유효하게 채권의 변제를 받는 것이 그 목적인 바, 우리 민법은 채무자와 제3자에 대한 대항요건으로서 채무자에 대한 양도의 통지 또는 채무자의 양도에 대한 승낙을 요구하고, 채무자에 대한 통지의 권능을 양도인에게만 부여하고 있으므로, 양도인은 채무자에게 채권양도 통지를 하거나 채무자로부터 채권양도 승낙을 받음으로써 양수인으로 하여금 채무자에 대한 대항요건을 갖출 수 있도록 해 줄 의무를 부담하며, 양도인이 채권양도 통지를 하기 전에 타에 채권을 이중으로 양도하여 채무자에게 그 양도통지를 하는 등 대항요건을 갖추어 줌으로써 양수인이 채무자에게 대항할 수 없게 되면 양수인은 그 목적을 달성할 수 없게 되므로, 양도인이 이와 같은 행위를 하지 않음으로써 양수인으로 하여금 원만하게 채권을 추심할 수 있도록 하여야 할 의무도 당연히 포함되고, 양도인의 이와 같은 적극적·소극적 의무는 이미 양수인에게 귀속된 채권을 보전하기 위한 것이고, 그 채권의 보전 여부는 오로지 양도인의 의사에 매여 있는 것이므로, 채권양도의 당사자 사이에서는 양도인은 양수인을 위하여 양수채권 보전에 관한 사무를 처리하는 자라고 할 수 있고, 따라서 채권양도의 당사자 사이에는 양도인의 사무처리를 통하여 양수인은 유효하게 채무자에게 채권을 추심할 수 있다는 신임관계가 전제되어 있다고 보아야 할 것이고, 나아가 양도인이 채권양도 통지를 하기 전에 채무자로부터 채권을 추심하여 금선을 수령한 경우, 아직 대항요건을 갖추지 아니한 이상 채무자가 양도인에 대하여 한 변제는 유효하고, 그 결과 양수인에게 귀속되었던 채권은 소멸하지만, 이는 이미 채권을 양도하여 그 채권

68) 대법원 2010.6.24. 선고 2009도9242 판결; 대법원 2008.4.10. 선고 2008도1033 판결; 대법원 2008.2.29. 선고 2007도11029 판결.

69) 대법원 2005.6.24. 선고 2005도2413 판결.

70) 대법원 2010.6.24. 선고 2009도9242 판결; 대법원 2007.5.31. 선고 2007도1082 판결; 대법원 1989.2.28. 선고 88도1368 판결; 대법원 1987.2.10. 선고 86도1607 판결.

에 관한 한 아무런 권한도 가지지 아니하는 양도인이 양수인에게 귀속된 채권에 대한 변제로서 수령한 것이므로, 채권양도의 당연한 귀결로서 그 금전을 자신에게 귀속시키기 위하여 수령할 수는 없는 것이고, 오로지 양수인에게 전달해 주기 위하여서만 수령할 수 있을 뿐이어서, 양도인이 수령한 금전은 양도인과 양수인 사이에서 양수인의 소유에 속하고, 여기에다가 위와 같이 양도인이 양수인을 위하여 채권보전에 관한 사무를 처리하는 지위에 있다는 것을 고려하면, 양도인은 이를 양수인을 위하여 보관하는 관계에 있다고 보아야 할 것인바(대법원 1999.4.15. 선고 97도666 전원합의체 판결 참조), 위와 같은 법리는 유효한 장래채권의 양도의 경우에 있어서도 마찬가지라 할 것이다.[71] 법률상 부동산을 제3자에게 유효하게 처분할 수 있는 지위에 있는 자는 그 부동산에 대한 지배력을 가지고 있다고 할 것이므로, 횡령죄의 성립에 있어서 그 부동산을 보관하는 자에 해당한다고 보아야 할 것인 바, 소유권보존등기가 되어있지 않은 이 사건 건물이 실제로 피해자가 재료의 주요부분과 노력을 제공하여 건축한 피해자의 소유로서 건축허가명의만을 갑회사에게 신탁한 경우에 있어서, 건축허가 관계서류에 의하여 작성된 건축물관리대장(또는 가옥대장)의 등본에 의하여 자기 또는 피상속인이 그 대장에 소유자로서 등록되어 있는 것을 증명하는 자가 미등기건물의 소유권보존등기를 신청할 수 있도록 되어 있는 부동산등기법 제131조 제1호, 건축법시행규칙 제6조 등의 규정내용에 비추어볼 때 갑회사의 실질적인 경영자인 피고인은 건축허가명의자인 갑회사의 명의로 소유권보존등기를 하여 대외적으로 유효하게 위 건물을 처분할 수 있는 지위에 있는 자이어서 타인의 부동산인 위 건물을 보관하는 자에 해당한다고 보아야 할 것이다.[72] 구민법 당시에 있어서 부동산에 대한 득실 등은 의사표시로써 효과가 생하고 등기는 단지 제3자에 대한 대항요건에 불과하였던 것인 바 어느 부동산에 관하여 매매계약이 성립되고 아직 소유권이전등기를 경유하지 않는 경우에 있어서는 부동산에 대한 소유권은 매매의 의사표시로서 매주에 이전되었다 하더라도 등기부상 매도인의 명의로 있는 때에는 해 부동산은 매도인이 점유하는 타인의 것이므로 이를 자의로 타인에게 매각하는 매도인의 소위는 횡령죄를 구성한다 할 것이다. 그럼에도 불구하고 원심은 이를 제2 매주에 대한 사기죄로 인정하였음은 법률적용에 착오가 있어 판결에 영향을 미칠 경우로서 파기를 면치 못할 것이다.[73]

보관자를 부정한 판례의 구체적 내용은 다음과 같다. 즉,

원인무효인 소유권이전등기의 명의자는 횡령죄의 주체인 타인의 재물을 보관하는 자에 해당한다고 할 수 없다.[74] 부동산을 공동으로 상속한 자들 중 1인이 부동산을 혼자 점유하던 중 다른 공동상속인의 상속지분을 임의로 처분하여도 그에게는 그 처분권능이 없어 횡령죄가 성립하지 아니한다.[75] 형법 355조 1항에서 말하는 「타인의 재물을 보관하는 자」라 함은 이 사건에 있어서와 같이 부동산의 경우에 있어서는 그 등기부상의 소유 명의가 적법인 경우를 가리키는 것이라고 보아야 될 것이므로 이 사건의경우처럼 등기 부상의 소유명의 자인 공소외 2 앞으로의 소유 명의가 적법하지 않아서 정당한 원인이 없을 때에는 남의 부동산을 점유한 자라고는 볼 수 없다 할 것이다.[76]

---

71) 대법원 2007.5.11. 선고 2006도4935 판결.

72) 대법원 1990.3.23. 선고 89도1911 판결; 대법원 1987.2.10. 선고 86도1607 판결; 대법원 1983.6.28. 선고 83도1212 판결.

73) 대법원 1961.11.23. 선고 4294형상586 판결.

74) 대법원 2010.6.24. 선고 2009도9242 판결; 대법원 2007.5.31. 선고 2007도1082 판결; 대법원 1989.2.28. 선고 88도1368 판결; 대법원 1966.5.24. 선고 66도519 판결.

75) 대법원 2000.4.11. 선고 2000도565 판결.

㉢ 계좌대여자 보이스피싱(voice phishing)과 관련하여 판례는 계좌대여자에 대하여 피해자와의 관계에서는 보관자의 지위를 인정하지만, 범인과의 관계에서는 보관자의 지위를 부정하고 있다.

판례에 의하면 송금의뢰인이 다른 사람의 예금계좌에 자금을 송금·이체한 경우 특별한 사정이 없는 한 송금의뢰인과 계좌명의인 사이에 그 원인이 되는 법률관계가 존재하는지 여부에 관계없이 계좌명의인(수취인)과 수취은행 사이에는 그 자금에 대하여 예금계약이 성립하고, 계좌명의인은 수취은행에 대하여 그 금액 상당의 예금채권을 취득한다. 이때 송금의뢰인과 계좌명의인 사이에 송금·이체의 원인이 된 법률관계가 존재하지 않음에도 송금·이체에 의하여 계좌명의인이 그 금액 상당의 예금채권을 취득한 경우 계좌명의인은 송금의뢰인에게 그 금액 상당의 돈을 반환하여야 한다. 이와 같이 계좌명의인이 송금·이체의 원인이 되는 법률관계가 존재하지 않음에도 계좌이체에 의하여 취득한 예금채권 상당의 돈은 송금의뢰인에게 반환하여야 할 성격의 것이므로, 계좌명의인은 그와 같이 송금·이체된 돈에 대하여 송금의뢰인을 위하여 보관하는 지위에 있다고 보아야 한다. 따라서 계좌명의인이 그와 같이 송금·이체된 돈을 그대로 보관하지 않고 영득할 의사로 인출하면 횡령죄가 성립한다.[77] 이러한 법리는 계좌명의인이 개설한 예금계좌가 전기통신금융사기 범행에 이용되어 그 계좌에 피해자가 사기피해금을 송금·이체한 경우에도 마찬가지로 적용된다. 계좌명의인은 피해자와 사이에 아무런 법률관계 없이 송금·이체된 사기피해금 상당의 돈을 피해자에게 반환하여야 하므로, 피해자를 위하여 사기피해금을 보관하는 지위에 있다고 보아야 하고, 만약 계좌명의인이 그 돈을 영득할 의사로 인출하면 피해자에 대한 횡령죄가 성립한다.[78] 계좌명의인이 사기의 공범이라면 자신이 가담한 범행의 결과 피해금을 보관하게 된 것일 뿐이어서 피해자와 사이에 위탁관계가 없고, 그가 송금·이체된 돈을 인출하더라도 이는 자신이 저지른 사기범행의 실행행위에 지나지 아니하여 새로운 법익을 침해한다고 볼 수 없으므로 사기죄 외에 별도로 횡령죄를 구성하지 않는다.[79] 또한 계좌명의인의 인출행위는 전기통신금융사기의 범인에 대한 관계에서는 횡령죄가 되지 않는다.[80]

보관자의 지위를 긍정한 판례의 구체적인 내용은 다음과 같다. 즉,

> 피고인이 사기범행에 이용되리라는 사정을 알지 못한 채 단순히 자신 명의 계좌의 접근매체를 양도하였을 뿐이어서 사기의 공범에 해당하지 않는 경우에는 성명불상자의 사기범행에 속은 피해자가 위 계좌로 송금하여 입금된 돈에 대하여 피고인과 위 피해자 사이에 신의칙상 보관관계가 성립한다고 할 것이므로 피고인이 이를 임의로 인출한 행위는 횡령죄를 구성한다고 볼 수 있다.[81] 계좌명의인이 송금·이체의 원인이 되는 법률관계가 존재하지 않음에도 계좌이체에 의하여 취득한 예금채권 상당의 돈은 송금의뢰인에게 반환하여야 할 성격의 것이므로, 계좌명의인은 그와 같이

---

76) 대법원 1962.1.31. 선고 4294형상432 판결.
77) 대법원 2018.7.19. 선고 2017도17494 전원합의체 판결.
78) 대법원 2018.7.19. 선고 2017도17494 전원합의체 판결.
79) 대법원 2018.7.19. 선고 2017도17494 전원합의체 판결.
80) 대법원 2018.7.19. 선고 2017도17494 전원합의체 판결.
81) 대법원 2018.7.26. 선고 2017도21715 판결.

송금 · 이체된 돈에 대하여 송금의뢰인을 위하여 보관하는 지위에 있다고 보아야 한다. 따라서 계좌명의인이 그와 같이 송금 · 이체된 돈을 그대로 보관하지 않고 영득할 의사로 인출하면 횡령죄가 성립한다. 이러한 법리는 계좌명의인이 개설한 예금계좌가 사기 범행에 이용되어 그 계좌에 피해자가 사기피해금을 송금 · 이체한 경우에도 마찬가지로 적용된다. 계좌명의인이 개설한 예금계좌가 사기 범행에 이용되어 그 계좌에 피해자가 사기피해금을 송금 · 이체한 경우 계좌명의인은 피해자와 사이에 아무런 법률관계 없이 송금 · 이체된 사기피해금을 피해자에게 반환하여야 하므로 피해자를 위하여 사기피해금을 보관하는 지위에 있다고 보아야 하고, 만약 계좌명의인이 그 돈을 영득할 의사로 인출하면 피해자에 대한 횡령죄가 성립한다.[82] 피고인이 사기범행에 이용되리라는 사정을 알지 못한 채 단순히 자신 명의 계좌의 접근매체를 양도하였을 뿐이어서 사기의 공범에 해당하지 않는 경우에는 성명불상자의 사기범행에 속은 피해자가 위 계좌로 송금하여 입금된 돈을 피고인이 보관하고 있다고 할 수 있어 피고인이 이를 임의로 인출한 행위는 횡령죄를 구성한다고 볼 여지가 있다.[83]

보관자의 지위를 부정한 판례의 구체적인 내용은 다음과 같다. 즉,

계좌명의인이 사기의 공범이라면 자신이 가담한 범행의 결과 피해금을 보관하게 된 것일 뿐이어서 피해자와 사이에 위탁관계가 없고, 그가 송금 · 이체된 돈을 인출하더라도 이는 자신이 저지른 사기범행의 실행행위에 지나지 아니하여 새로운 법익을 침해한다고 볼 수 없으므로 사기죄 외에 별도로 횡령죄를 구성하지 않는다.[84]

㉣ 차량점유자 소유권취득에 등록이 필요한 차량의 경우 등록명의인과 차량점유자 중에서 누가 보관자인지가 문제된다. 판례의 입장은 보관자를 등록명의인으로부터 차량점유자로 변경된 바 있다.

대법원은 2015년 전원합의체 판결에서 "소유권의 취득에 등록이 필요한 타인 소유의 차량을 인도받아 보관하고 있는 사람이 이를 사실상 처분하면 횡령죄가 성립하며, 그 보관위임자나 보관자가 차량의 등록명의자일 필요는 없다. 그리고 이와 같은 법리는 지입회사에 소유권이 있는 차량에 대하여 지입회사로부터 운행관리권을 위임받은 지입차주가 지입회사의 승낙 없이 그 보관 중인 차량을 사실상 처분하거나 지입차주로부터 차량 보관을 위임받은 사람이 지입차주의 승낙 없이 그 보관 중인 차량을 사실상 처분한 경우에도 마찬가지로 적용된다"고 라고 판시한 바 있다.[85] 이와 달리 소유권의 취득에 등록이 필요한 차량에 대한 횡령죄에서 타인의 재물을 보관하는 사람의 지위는 일반 동산의 경우와 달리 차량에 대한 점유 여부가 아니라 등록에 의하여 차량을 제3자에게 법률상 유효하게 처분할 수 있는 권능 유무에 따라 결정하여야 한다는 취지의 과거의 판결들은 위의 판결과 배치되는 범위에서 변경되었다.[86]

---

82) 대법원 2019.4.3. 선고 2018도7955 판결; 대법원 2018.7.19. 선고 2017도17494 전원합의체 판결.

83) 대법원 2018.8.1. 선고 2018도5255 판결; 대법원 2018.7.26. 선고 2017도21715 판결; 대법원 2018.7.19. 선고 2017도17494 전원합의체 판결.

84) 대법원 2018.7.26. 선고 2017도21715 판결; 대법원 2018.7.19. 선고 2017도17494 전원합의체 판결.

85) 대법원 2015.6.25. 선고 2015도1944 전원합의체 판결.

86) 대법원 2015.6.25. 선고 2015도1944 전원합의체 판결에 의하여 변경된 판례들은 대법원 2006.12.22. 선고

㉤ 금전사무처리자 금전의 수수를 수반하는 사무처리를 위임받은 자가 그 행위에 기하여 위임자를 위하여 제3자로부터 수령한 금전은 목적이나 용도를 한정하여 위탁된 금전과 마찬가지로 달리 특별한 사정이 없는 한 그 수령과 동시에 위임자의 소유에 속하고, 위임을 받은 자는 이를 위임자를 위하여 보관하는 관계에 있다고 보아야 한다.[87]

보관자의 지위를 긍정한 판례의 구체적 내용은 다음과 같다. 즉,

타인을 위하여 금전 등을 보관·관리하는 자가 개인적 용도로 사용할 자금을 마련하기 위하여, 적정한 금액보다 과다하게 부풀린 금액으로 공사계약을 체결하기로 공사업자 등과 사전에 약정하고 그에 따라 과다 지급된 공사대금 중의 일부를 공사업자로부터 되돌려 받는 행위는 그 타인에 대한 관계에서 과다하게 부풀려 지급된 공사대금 상당액의 횡령이 된다.[88] 피고인은 위 아파트에 대한 사실상의 처분권을 가진 갑으로부터 위 아파트를 타에 매도하여 달라는 요청을 받고 이에 따라 위 아파트를 매도한 다음 그 대금을 수령하였다는 것이므로, 위 아파트 매도대금은 갑의 소유에 속하며, 피고인은 이를 갑을 위하여 보관하는 관계에 있다고 볼 것이어서, 피고인이 그 매도대금을 임의로 소비하였다면 이로써 횡령죄가 성립한다 할 것이고, 그 후에 피고인이 위 아파트 매매대금에 상응하는 금액을 갑에게 지급하였다는 등의 판시와 같은 사정만으로 피고인에게 횡령의 범의나 불법영득의 의사가 없어 횡령죄가 성립하지 아니한다고 볼 수 없다.[89] 피해자가 피고인으로부터 차량을 매수하여 피고인을 통하여 지입회사에 지입하여 두었으나 그 권리관계에 문제가 발생하자 피고인이 피해자와 합의하여 이를 처분한 다음 그 대금으로 압류되어 있는 다른 차량을 찾아서 피해자에게 넘겨주기로 약정한 경우, 피고인이 그 매각대금을 보관 위탁의 취지에 반하여 임의로 소비하였다면 횡령죄가 성립한다.[90] 금전수수를 수반하는 사무의 처리를 위임받은 자가 그 행위에 기하여 위임자를 위하여 제3자로부터 수령한 금전은 그 목적이나 용도를 한정하여 위탁된 금전과 마찬가지로 특별한 사정이 없는 한 그 수령과 동시에 위임자의 소유에 속하는 것이고, 위임을 받은 자는 이를 위임자를 위하여 보관하는 관계에 있다.[91] 피해자로부터 토지를 타에 담보로 제공하여 금원을 대출받아 달라는 요청을 받고 토지를 신협에 담보로 제공하고 금원을 수령하였다면, 그 대출금의 소유를 우선 피고인에게 귀속시키기로 약정하는 등 특별한 사정이 없는 한, 이는 당초부터 피해자에게 권리를 취득하게 하려는 것을 목적으로 한 것이므로, 비록 피고인이 자신 또는 남편 등을 채무자로 하여 금원을 대출받았고 또한 그 대출금의 일부인 금 3천만 원을 피해자로부터 차용하기로 하는 약속이 있었다고 하더라도 수임자인 피고인이 신협으로부터 수령함과 동시에 피고인의 별도의 권리이전의 의사표시 없이 그 대출금은 당연히 피해자에게 귀속된다 할 것이고, 나아가 제2차로 대출금 4천만 원이 나온 후 피고인이 피해자와 대출금 일부인 금 3천만 원의 처리문제로 서로 언쟁을 벌이다가 위 대출건은 없었던 일로 하고 신협과 대출건을 해지하기로 하며

2004도3276 판결; 대법원 1978.10.10. 선고 78도1714 판결 등이다.

87) 대법원 2005.11.10. 선고 2005도3627 판결; 대법원 2004.4.9. 선고 2004도671 판결; 대법원 2004.3.12. 선고 2004도134 판결; 대법원 2003.9.26. 선고 2003도3394 판결; 대법원 2003.6.24. 선고 2003도1741 판결; 대법원 1998.4.10. 선고 97도3057 판결; 대법원 1997.3.28. 선고 96도3155 판결; 대법원 1996.6.14. 선고 96도106 판결; 대법원 1995.11.24. 선고 95도1923 판결.

88) 대법원 2015.12.10. 선고 2013도13444 판결; 대법원 2010.5.27. 선고 2010도3399 판결; 대법원 2007.10.12. 선고 2005도7112 판결.

89) 대법원 2003.9.26. 선고 2003도3394 판결.

90) 대법원 2003.6.24. 선고 2003도1741 판결.

91) 대법원 1998.4.10. 선고 97도3057 판결; 대법원 1996.6.14. 선고 96도106 판결; 대법원 1995.11.24. 선고 95도1923 판결.

피고인이 대출받은 금 4천만원을 신협에 그대로 반환하기로 하였다면, 피고인은 여전히 피해자와의 위 합의에 따라 위 금원을 신협에 그대로 반환한다는 목적하에 피해자를 위하여 이를 보관하는 관계에 있었다고 보아야 할 것이므로, 피고인이 그 대출금을 임의로 자신의 채무변제 등에 소비함은 금전위탁의 취지에 반하는 것으로서 횡령죄를 구성한다.[92] 피고인은 피해자로부터 이 사건 대지를 타에 매각하여 달라는 요청을 받고 이에 따라 이 사건 대지를 매각, 그 대금을 수령하였다는 것이므로, 피해자가 피고인에게 이 사건 대지의 매각을 요청하고 이에 따라 피고인이 매각한 것을 가지고 피해자와 피고인이 그들 사이에 맺어진 당초의 매매계약을 합의해제하기로 한 것이라고 볼 수 있다는 등의 특별한 사정이 없는 한, 비록 피해자가 이 사건 대지의 매각을 의뢰한 상대방이 바로 이 사건 대지의 소유자로서 피해자에게 이를 매도하였던 피고인이었다고 하더라도, 그 매각대금은 피해자의 소유에 속하며, 피고인은 이를 피해자를 위하여 보관하는 관계에 있다고 볼 것이어서, 피고인이 그 매각대금을 임의로 소비하였다면 횡령죄가 성립한다 할 것이다.[93] 피고인이 공소외 (갑)의 위임을 받아 동인이 제공한 토지매입자금을 가지고 동인을 위하여 토지를 매입하여 전매하고 그 매도대금으로 다시 다른 토지를 매입하여 전매하는 등 토지매매거래를 포괄적으로 대리하여 온 경우에 있어서, 피고인이 토지매수인들로부터 공소외 (갑)을 위하여 지급받아 보관하던 금원 중에서 이 사건 토지 잔대금을 그 매도인에게 지급하여야 함에도 불구하고 이를 임의로 소비하였다면 비록 공소외 (갑)으로부터 직접 교부받은 금원이 아니라고 할지라도 동인을 위하여 보관하던 금원을 횡령한 것에 해당한다고 할 것이다.[94] 금전의 이식을 위탁받은 자가 이식후 반환받은 금원을 위탁인에게 인도하지 않고 자기 용도에 소비하였다면 배임죄는 성립될지언정 횡령죄로 논할 수는 없다.[95]

보관자의 지위를 부정한 판례의 구체적 내용은 다음과 같다. 즉,

주택개량재개발조합(갑)의 전조합장이 상가조합원들의 우선수분양권을 침해하여 상가 전체를 을에게 매도한 상태에서 조합장에 취임한 피고인이 갑 명의로 을과 사이에, 종전의 매매계약을 합의해제하되 이미 을로부터 상가를 분양받은 자(병)와는 갑 명의로 재계약을 체결하고 병이 지급할 상가분양대금을 갑이 수령하기로 약정한 후 병으로부터 대금을 지급받은 경우, 병이 지급한 상가분양대금이 우선분양권을 침해당한 상가조합원들의 피해를 보상하기 위한 취지에서 수수되었다고 하더라도 이는 갑 · 을이 합의를 하게 된 동기나 경위에 불과할 뿐이므로 위 상가분양대금은 갑이 상가의 매도인이 되어 수령한 것으로서 갑의 소유에 귀속되었다고 보아야 하고, 피고인이 상가조합원들을 위하여 보관하고 있다고 볼 수 없다.[96] 통상 위탁판매의 경우에 위탁판매인이 위탁물을 매매하고 수령한 금원은 위탁자의 소유에 속하여 위탁판매인이 함부로 이를 소비하거나 인도를 거부하는 때에는 횡령죄가 성립한다고 할 것이나, 위탁판매인과 위탁자간에 판매대금에서 각종 비용이나 수수료 등을 공제한 이익을 분배하기로 하는 등 그 대금처분에 관하여 특별한 약정이 있는 경우에는 이에 관한 정산관계가 밝혀지지 않는 한 위탁물을 판매하여 이를 소비하거나 인도를 거부하였다 하여 곧바로 횡령죄가 성립한다고는 할 수 없다.[97] 물건납품을 위한 선매대금

92) 대법원 1996.6.14. 선고 96도106 판결.
93) 대법원 1995.11.24. 선고 95도1923 판결.
94) 대법원 1982.9.28. 선고 82도1486 판결.
95) 대법원 1958.12.29. 선고 4291형상471 판결.
96) 대법원 1999.11.26. 선고 99도1969 판결.
97) 대법원 1990.3.27. 선고 89도813 판결.

은 매수인으로부터 매도인에게 교부되면 그 소유권이 매도인에게 이전되는 것이고 따라서 매수인을 위하여 그 대금을 보관하는 지위에 있지 아니하므로 매도인이 그 대금으로 교부받은 돈을 임의로 소비하였다 하더라도 이는 횡령죄를 구성하지 아니한다.[98] (갑)회사가 공장신축공사를 (을)회사에 도급주고 그 공사자금을 은행으로부터 대출받았는 바, 동 대출금은 계주인 (갑)회사의 지출청구에 따라 은행에서 시공자인 (을)회사구좌로 직접 입금시키고 입금된 금원은 위 시공회사 대표자의 인감증명 및 사용인감계를 받고 인출하게 되었다면 특단의 사정이 없는 한 일단 위 (을)회사의 구좌에 입금된 시설자금은 그 회사의 보관하에 있다고 볼 것이므로 이를 (갑)회사의 대표이사가 인출하여 소비하였다고 하여도 업무상 횡령죄가 성립되지 아니한다.[99]

ⓑ 동업관계의 합유자 　동업재산은 동업자의 합유에 속하므로, 동업관계가 존속하는 한 동업자는 동업재산에 대한 지분을 임의로 처분할 권한이 없다.[100] 따라서 동업자 한 사람이 지분을 임의로 처분하거나 또는 동업재산의 처분으로 얻은 대금을 보관 중 임의로 소비하였다면 지분 비율에 관계없이 임의로 소비한 금액 전부에 대하여 횡령죄의 죄책을 면할 수 없다.[101] 보관자의 지위를 긍정한 판례의 구체적 내용은 다음과 같다. 즉,

동업자 사이에 손익분배 정산이 되지 아니하였다면 동업자 한 사람이 임의로 동업자들의 합유에 속하는 동업재산을 처분할 권한이 없는 것이므로, 동업자 한 사람이 동업재산을 보관 중 임의로 횡령하였다면 지분비율에 관계없이 횡령한 금액 전부에 대하여 횡령죄의 죄책을 부담한다.[102] 피고인과 갑 주식회사가 서로 금전 또는 노무를 출자하여 갑 회사 명의로 공동주택건립사업을 시행하기로 하는 내용의 동업약정을 맺고 사업을 진행하다가 을 주식회사에 사업권을 양도하는 양도양수계약을 체결한 다음, 위 양도대금에서 비용을 공제한 이익금을 같은 비율로 분배하기로 약정했는데도, 피고인이 을 회사에게서 갑 명의의 법인계좌로 송금받은 일부 계약금을 보관 중 갑 회사 대표이사인 병 승낙 없이 그 대부분을 임의로 인출하여 개인적인 용도로 소비한 사안에서, 피고인이 갑 회사와 동업관계에 있더라도 지분비율에 관계없이 임의로 소비한 금액 전부에 대하여 횡령죄의 죄책을 면할 수 없다.[103] 피고인이 운영하는 오피스텔 등 신축·분양사업 시행사인 갑 주식회사가 시공사인 을 주식회사와 공동사업자로서 상호 협력하여 사업을 추진하기로 약정한 사안에서, 갑 회사는 을 회사와 동업계약을 체결하여 조합을 구성하였으므로, 동업관계로 인하여 발생한 수익금을 을 회사를 위하여 보관하는 지위에 있다. 오피스텔 등 신축·분양사업의 시행사인 갑 주식회사와 시공사인 을 주식회사가 동업계약을 체결하여 조합을 구성하였는데, 갑 회사의 대표이사인 피고인이 조합 사업과 관련된 부가가치세를 납부한 후 돌려받은 환급금을 공동 운영계좌에 입금하지 않은 사안에서, 피고인이 위 부가가치세 환급금을 개인적인 용도에 임의로 사용하였다면 그 전액에 대하여 횡령죄의 죄책을 부담한다.[104] 동업자 사이에 손익분배의 정산이 되지 아니하였다면 동업자의 한 사람이 임의로 동업자들의 합유에 속하는 동업재산을 처분할 권한이 없는 것이므

98) 대법원 1986.6.24. 선고 86도631 판결.

99) 대법원 1983.11.8. 선고 83도2229 판결.

100) 대법원 2011.6.10. 선고 2010도17684 판결; 대법원 1996.3.22. 선고 95도2824 판결; 대법원 1982.9.28. 선고 81도2777 판결.

101) 대법원 2011.6.10. 선고 2010도17684 판결; 대법원 1996.3.22. 선고 95도2824 판결.

102) 대법원 2011.6.10. 선고 2010도17684 판결; 대법원 2009.10.15. 선고 2009도7423 판결.

103) 대법원 2011.6.10. 선고 2010도17684 판결.

104) 대법원 2011.5.26. 선고 2011도1904 판결.

로, 동업자의 한 사람이 동업재산을 보관 중 임의로 횡령하였다면 지분비율에 관계없이 임의로 횡령한 금액 전부에 대하여 횡령죄의 죄책을 부담한다.[105] 동업관계에 있는 피고인과 피해자 사이에 손익분배의 정산이 되지 아니하였다면 동업자의 한 사람인 피고인은 피고인과 피해자의 합유에 속하는 동업재산이나 동업재산의 매각대금에 대한 지분을 처분할 권한이 없는 것이므로, 피고인이 동업재산인 교회건물의 매각대금을 매수인으로부터 받아 보관 중 임의로 소비하였다면 지분 비율에 관계없이 임의로 소비한 금액 전부에 대해 횡령죄의 죄책을 부담한다.[106] 피고인은 입목을 출자하고 피해자는 자금을 출자하여 공동으로 입목 벌채사업을 경영하기로 동업계약을 체결하고, 또 피해자가 매수대금을 출자하여 피고인의 명의로 다른 입목과 지상권을 매수하여 공동으로 입목벌채사업을 경영하던 중에 피고인이 제3자에게 위 각 입목과 지상권을 매도하고 계약금과 중도금으로 받은 돈을 자기의 용도에 임의로 소비한 행위는 횡령죄를 구성한다.[107] 피고인이 달력의 제작납품주문을 받아오면 피해자가 그의 비용으로 그의 시설을 이용하여 제작납품하고 그 대금의 2 내지 15%에 해당하는 금원을 이익배당금 명목으로 피고인에게 지급하기로 하는 내용의 계약을 체결한 후, 피고인이 주문을 받아와 피해자가 달력을 제작하여 피고인으로 하여금 납품하고 그 대금을 수령하여 오도록 한 바, 피고인이 그 대금으로 수령한 약속어음을 임의처분하고 피해자에게 지급하는 것을 거부하고 있는 경우에는, 피해자가 제작한 달력을 피고인이 공급하고 받은 대금은 위 두사람 사이의 내부관계에 있어서는 바로 위 피해자의 소유로 귀속한다고 할 것이므로 피고인이 이를 소비하거나 현금으로 할인하고도 이를 피해자에게 지급하지 않는 행위는 횡령죄에 해당한다.[108] 갑이 을과의 사이에 동업계약을 체결하고 중기의 운영으로 인한 수익금을 을명의의 통장에 입금시켰다가 그의 결재를 받아 지출하기로 약정하고서도 위 중기가 자신의 단독소유라고 주장하며 을의 동의없이 위 약정에 따른 절차를 거치지 아니하고 그 수익금을 임의로 소비하였다면 그 중 일부를 비용으로 사용한 사실이 있더라도 횡령죄를 구성한다.[109] 동업계약상 약정기간내에 투자원리금을 반제함으로써 동 계약을 해소시킬 수 있다고 한 특약이 있는 경우 이는 동업계약을 투자금 상당의 대여금채권을 확보하기 위한 실질적 채권담보 약정으로 해석할 수는 없고 오히려 그 특약은 동업계약에 관한 해지권 유보의 특약으로 해석함이 상당하다. 해지권 유보의 특약에 따라 투자원리금을 변제공탁함으로써 동업계약에 대한 해지권을 행사하기 전에 동업자금을 개인채무의 변제에 충당하였다면 위 특약의 존재는 횡령죄의 성립에 아무런 영향이 없다.[110] 동업체에 속하는 재산을 다른 동업자들의 동의 없이 임의로 처분하거나 반출하는 행위는 이를 다른 동업자들에게 통지를 하였다 하더라도 횡령죄를 구성한다.[111] 피고인과 공소외(갑)이 당초의 공동사업 재산인 지입택시를 폐차하고 출자를 더하여 새 차를 구입하여 공동사업을 계속 경영하기로 합의가 이루어진 이상 그 뒤 위(갑)이 추가출자 의무를 이행하지 아니하므로 부득이 피고인이 단독으로 새 차를 구입운행하였다 하더라도 이로써 이 때 당초의 동업관계가 종료되었다고 할 수는 없고 피고인이 그 뒤 새 차를 매도처분하여 공동사업을 경영할 수 없게 되었을 때까지는 의연히 동업관계가 존속하였다 할 것이니 새 차가 자동차등록원부상으로는 피고인 단독명의로 등록되어 있다 하더라도 동업자의 내부관

105) 대법원 2000.11.10. 선고 2000도3013 판결; 대법원 1996.3.22. 선고 95도2824 판결; 대법원 1982.9.28. 선고 81도2777 판결.

106) 대법원 1996.3.22. 선고 95도2824 판결.

107) 대법원 1990.7.13. 선고 90도903 판결.

108) 대법원 1990.5.25. 선고 90도578 판결.

109) 대법원 1989.11.14. 선고 89도17 판결; 대법원 1982.11.23. 선고 81도1694 판결.

110) 대법원 1984.1.24. 선고 83도940 판결.

111) 대법원 1993.2.23. 선고 92도387 판결.

계에 있어서는 그 사실상의 소유권이 그들에게 합유적으로 귀속한다 할 것이어서 피고인이 임의로 새 차를 매도처분한 경우에는 배임죄가 아니라 횡령죄를 구성한다.[112] 피고인이 그의 남편 소유의 백합양식장을 공소외(갑)의 처(을)과 공동경영하여 이익을 반분하기로 하는 동업계약을 피고인의 남편 명의와 위 공소외(을)의 남편인 (갑)의 명의로 체결한 사안에 있어서, 동업계약 명의자인 (갑)이나 실질계약당사자인 (을)이 수산업법상의 양식어업면허를 받은 자가 아니었다는 사유만으로 피고인과 공소외(을)간에 체결된 위 동업계약의 효력이 부정될 수 없다. 동업관계가 존속하는 이상 동업관계로 생긴 물건은 동업자의 합유에 속한다고 할 것이므로 동업체를 공동운영하던 중 동업자의 합유에 속하는 물건을 동업자 1인이 단독으로 처분한 행위는 횡령죄에 해당한다.[113] 피고인이 신탁토지를 불법처분한데 대한 철거민들의 항의에 따라 주택공사수급인이 위 철거민이주대책위원회에 반환한 금원은 철거민들의 합유에 속하는 것인 만큼 동 위원회의 위원장인 피고인이 위 금원을 합유자 전원의 동의없이 타처에 사용한 경우에는 횡령죄를 구성한다 할 것이니, 설사 위 위원회에서 탈퇴한 일부 철거민에게 지급하기 위한 것이라 할지라도 그 금원중 일부를 마음대로 분배한 경우에는 영득의 의사가 있다 할 것이다.[114] 동업재산은 동업자의 합유에 속한다 할 것이므로 동업관계가 존속하는 한 동업자는 동업재산에 대한 그 지분을 임의로 처분할 권한이 없고 동업자의 한 사람이 그 지분을 임의로 처분하거나 또는 동업재산의 처분으로 얻은 대금을 보관중 임의로 소비하였다면 횡령죄의 죄책을 면할 수 없다.[115] 동업자의 한 사람이 동업자금으로 구입한 백미를 전매하여 얻은 대금을 보관중 사적변제에 무단이용 하였다면 이 소행은 횡령죄가 성립됨은 모르되 배임죄를 구성한다고 볼 수 없다.[116]

보관자의 지위를 부정한 판례의 구체적 내용은 다음과 같다. 즉,

형법 제13조가 고의를 결과에 대한 인식 또는 표상으로 파악하고 있으므로 동업자가 투자금 전액을 회수하여 그 이후 동업관계에 관여한 바가 없고 피고인 역시 위 동업관계가 종료한 것이라고 믿고 혼자서 동업계약에 따라 매수한 부동산의 전매, 관리를 도맡아 처리하면서 그에 따른 금전을 임의 소비하였다면 피고인에게는 횡령사실에 대한 인식이 없었다고 함이 상당하여 결국 그 고의가 없었다고 할 수밖에 없다.[117] 2인의 조합관계에 있어서 1인의 조합원이 탈퇴의 의사를 표시하였을 경우 조합관계는 그 성질상 종료되나 특별한 사정이 없는 한 조합은 해산되지 아니하며 따라서 청산도 개시되지 아니하고 조합원의 합유에 속하였던 조합재산은 탈퇴하지 않은 남은 조합원의 단독소유에 속하게 되어 탈퇴한 사람과 남은 사람 사이에는 탈퇴에 따른 투자금의 환급 등 계산만이 남는다고 할 것이므로, (갑)과 (을)이 당구장을 동업하기로 약정하였다가 공동으로 운영하지도 못한 채 (갑)이 동업조건에 불만을 갖고 약정투자금의 일부만을 지급한 후 동업계약을 해지하고 탈퇴해버린 경우에 (을)이 동 당구장을 단독처분하였다 해도 횡령죄를 구성하지 아니한다.[118]

㈅ 기타의 법률상 지배자 　법률상 지배자와 관련하여 기타의 경우로서 유가증권, 위탁물 등의 경우에 대한 검토가 필요하다고 할 수 있다. 채권양도인이 채무자에게 채권양

112) 대법원 1983.2.22. 선고 82도2467 판결.
113) 대법원 1982.12.28. 선고 81도3140 판결.
114) 대법원 1982.11.23. 선고 81도1694 판결.
115) 대법원 1982.9.28. 선고 81도2777 판결.
116) 대법원 1971.6.8. 선고 71도687 판결.
117) 대법원 1985.8.13. 선고 85도1230 판결.
118) 대법원 1983.2.22. 선고 82도3236 판결.

도 통지를 하는 등으로 채권양도의 대항요건을 갖추어 주지 않은 채 채무자로부터 채권을 추심하여 금전을 수령한 경우, 특별한 사정이 없는 한 금전의 소유권은 채권양수인이 아니라 채권양도인에게 귀속하고 채권양도인이 채권양수인을 위하여 양도 채권의 보전에 관한 사무를 처리하는 신임관계가 존재한다고 볼 수 없다. 따라서 채권양도인이 위와 같이 양도한 채권을 추심하여 수령한 금전에 관하여 채권양수인을 위해 보관하는 자의 지위에 있다고 볼 수 없으므로, 채권양도인이 위 금전을 임의로 처분하더라도 횡령죄는 성립하지 않는다.[119]

보관자의 지위를 긍정한 판례의 구체적 내용은 다음과 같다. 즉,

약속어음을 할인을 위하여 교부받은 수탁자는 위탁의 취지에 따라 보관하는 것에 불과하므로, 위탁된 약속어음을 수탁자가 자신의 채무변제에 충당하였다면 이와 같은 수탁자의 행위는 위탁의 취지에 반하는 것으로서 횡령죄를 구성한다.[120] 약속어음금의 추심의뢰를 받고 그 어음금을 수령하여 보관중인 때는 횡령죄의 구성요건인 타인의 재물의 보관에 해당한다.[121] 약속어음을 할인을 위하여 교부받은 수탁자는 위탁의 취지에 따라 보관하는 것에 불과하고 위 약속어음을 교부할 당시에 그 할인의 편의를 위하여 배서양도의 형식을 취하였다 하더라도 다를 바 없다 할 것이므로 배서양도의 형식으로 위탁된 약속어음을 수탁자가 자신의 채무변제에 충당하였다면 이와 같은 수탁자의 행위는 위탁의 취지에 반하는 것으로서 횡령죄를 구성한다.[122] 위탁판매에 있어서는 위탁품의 소유권은 위임자에게 속하고 그 판매대금은 다른 특약이나 특별한 사정이 없는 한 이를 수령함과 동시에 위탁자에 귀속한다 할 것이므로 위탁매매인이 이를 사용, 소비한 때에는 횡령죄가 성립한다.[123]

보관자의 지위를 부정한 판례의 구체적 내용은 다음과 같다. 즉,

건물의 임차인인 피고인이 임대인 甲에 대한 임대차보증금반환채권을 乙에게 양도하였는데도 甲에게 채권양도 통지를 하지 않고 甲으로부터 남아 있던 임대차보증금을 반환받아 보관하던 중 개인적인 용도로 사용하여 이를 횡령하였다는 내용으로 기소된 사안에서, 피고인이 乙과 임대차보증금반환채권에 관한 채권양도계약을 체결하고 甲에게 채권양도 통지를 하기 전에 甲으로부터 채권을 추심하여 남아 있던 임대차보증금을 수령하였더라도 임대차보증금으로 받은 금전의 소유권은 피고인에게 귀속할 뿐 乙에게 귀속한다고 볼 수 없고, 나아가 채권양도계약을 체결한 피고인과 乙은 통상의 권리이전계약에 따른 이익대립관계에 있을 뿐 피고인이 乙을 위한 보관자 지위가 인정될 수 있는 신임관계에 있다고 볼 수 없어 횡령죄가 성립하지 않는다는 이유로, 이와 달리 보아 공소사실을 유죄로 인정한 원심판결에 채권양도에서 횡령죄의 성립 등에 관한 법리오해의 잘못이 있다.[124] 부동산 입찰절차에서 수인이 대금을 분담하되 그 중 1인 명의로 낙찰받기로 약정하여 그에 따라 낙찰이 이루어진 경우, 그 입찰절차에서 낙찰인의 지위에 서게 되는 사람은 어디까지나 그 명의인이므로 입찰목적부동산의 소유권은 경락대금을 실질적으로 부담한 자가 누구인가

119) 대법원 2022.6.23. 선고 2017도3829 전원합의체 판결.
120) 대법원 2004.5.28. 선고 2003도7509 판결; 대법원 1983.4.26. 선고 82도3079 판결.
121) 대법원 1983.10.25. 선고 83도1520 판결.
122) 대법원 1983.4.26. 선고 82도3079 판결.
123) 대법원 1982.2.23. 선고 81도2619 판결.
124) 대법원 2022.6.23. 선고 2017도3829 전원합의체 판결.

와 상관없이 그 명의인이 취득한다 할 것이므로 그 부동산은 횡령죄의 객체인 타인의 재물이라고 볼 수 없어 명의인이 이를 임의로 처분하더라도 횡령죄를 구성하지 않는다.125) 통상 위탁판매의 경우에 위탁판매인이 위탁물을 매매하고 수령한 금원은 위탁자의 소유에 속하여 위탁판매인이 함부로 이를 소비하거나 인도를 거부하는 때에는 횡령죄가 성립한다 할 것이나, 위탁판매인인 피고인과 위탁자간에 판매대금에서 각종 비용을 공제한 이익금을 반분하기로 하는 약정이 있었는데 양자간에 선전비용, 기념전 준비, 표구대 등에 상당한 비용이 지출되었다고 다투어지고 있는 사실관계하에서라면 그 같은 정산관계가 밝혀지지 않는 한 위탁물의 판매가 있었다 하여 곧바로 횡령죄가 성립한다고는 할 수 없을 것이다.126)

② 객 체

본죄의 객체는 자기가 보관하는 타인의 재물이다. 본죄는 재물만을 객체로 하는 순수한 재물죄이다. 따라서 재물이 아닌 재산상의 이익은 본죄의 객체가 될 수 없다.127) 위탁자의 신임관계에 위배하여 재산상의 이익을 취득한 경우에는 배임죄의 성부가 문제될 뿐이다. 횡령행위가 여러 단계의 일련의 거래 과정을 거쳐 이루어지는 등의 사유로 여러 재물을 횡령의 객체로 볼 여지가 있어 이를 확정할 필요가 있는 경우에는, 재물의 소유관계 및 성상(性狀), 위탁관계의 내용, 재물의 보관·처분 방법, 행위자가 어떤 재물을 영득할 의사로 횡령행위를 한 것인지 등의 제반 사정을 종합적으로 고려하여 횡령의 객체를 확정해야 한다.128)

ⓘ 재 물 　본죄의 재물에는 동산뿐만 아니라 부동산도 포함된다고 하는 것에 대하여는 재산죄 총론에서 고찰한 바 있다. 본죄에 대하여는 준용규정이 있기 때문에 관리할 수 있는 동력은 본죄의 객체로 된다(제346조 참조). 물론 관리가능성설의 입장에서는 준용규정을 주의적으로 규정한 것이라고 해석하고 당연히 본죄의 객체에 포함되는 것으로 하고 있다. 여기에서 말하는 관리란 물리적 또는 물질적 관리를 가리킨다고 볼 것이고, 재물과 재산상 이익을 구별하고 횡령과 배임을 별개의 죄로 규정한 현행 형법의 규정에 비추어 볼 때 사무적으로 관리가 가능한 채권이나 그 밖의 권리 등은 재물에 포함된다고 해석할 수 없다.129)

ⅰ. 자기의 보관 　본죄의 객체인 재물은 자기의 보관에 속할 것을 요한다. 자기의 보관에 속하지 않고 타인의 보관에 속하는 물건을 영득하는 행위는 본죄가 아니라 절도죄에 해당한다. 본죄에 있어서의 보관은 일반적으로 점유를 의미하는 재물에 대한 사실상의 지배뿐만 아니라 법률상의 지배까지 포함하는 개념이다. 왜냐하면 탈취죄에 있어서의 점유는 침해의 대상인 것으로부터 재물에 대한 지배의 배타성이 중요시됨에 반하여 횡령죄에 있어서의 보관은 행위자와 치해자의 신뢰관계를 도출하고 동시에 행위자의 범행을 촉진하는 기반으로 되는 것이기 때문에 남용의 우려가 있는 지배력이 중요시되기 때문이다. 이러한 의미에서 부동산에 관한 등기부상의 명의인은 본죄의 보관자에 해당한다. 정당한 인출권한

125) 대법원 2000.9.8. 선고 2000도258 판결; 대법원 2000.4.7. 선고 99다15863, 15870 판결.
126) 대법원 1982.11.23. 선고 82도1887 판결.
127) 대법원 2014.2.27. 선고 2011도832 판결.
128) 대법원 2016.8.30. 선고 2013도658 판결.
129) 대법원 2014.2.27. 선고 2011도832 판결; 대법원 1994.3.8. 선고 93도2272 판결.

이 있는 예금명의신도 보관자에 해당하게 된다.

ii. 타인의 재물 본죄는 타인의 재물을 보관하는 자가 그 재물을 횡령하거나 반환을 거부함으로써 성립하는 죄이므로, 그 목적물은 타인의 재물이어야 한다.[130] 타인(他人)이란 행위자 이외의 자를 말한다. 다만 타인은 자연인이든 법인이든 묻지 않는다. 자기 소유의 재물에 대하여는 본죄가 성립할 여지가 없다. 타인과의 공유물도 타인이 소유하는 재물에 속한다.

타인의 재물인가 또는 타인의 재물을 보관하는가의 여부는 민법 · 상법 기타의 민사실체법에 의하여 결정되어야 한다.[131] 형법상 독자적인 소유권의 개념이 존재하지 않기 때문이다. 그러나 형법상 요보호성(要保護性)도 함께 고려되어야 하기 때문에 민사법상의 개념에 완전히 종속될 필요는 없다. 타인의 재물인가 등과 관련된 법률관계에 당사자의 국적 · 주소, 물건 소재지, 행위지 등이 외국과 밀접하게 관련되어 있어서 국제사법 제1조 소정의 외국적 요소가 있는 경우에는 다른 특별한 사정이 없는 한 국세사법의 규정에 좇아 정하여지는 준거법을 1차적인 기준으로 하여 당해 재물의 소유권의 귀속관계 등을 결정하여야 한다.[132] 문제는 타인의 재물의 범위에 있다. 이에 관하여는 항을 바꾸어서 아래에서 검토하기로 한다.

타인의 재물을 긍정한 판례의 구체적 내용은 다음과 같다. 즉,

> 증권예탁결제원에 예탁되어 계좌간 대체 기재의 방식에 의하여 양도되는 주권은 유가증권으로서 재물에 해당되므로 횡령죄의 객체가 될 수 있다.[133] 사기죄는 타인이 점유하는 재물을 그의 처분행위에 의하여 취득함으로써 성립하는 죄이므로 자기가 점유하는 타인의 재물에 대하여는 이것을 영득 함에 기망행위를 한다 하여도 사기죄는 성립하지 아니하고 횡령죄만을 구성한다.[134] 공유물의 매각대금도 정산하기까지는 각 공유자의 공유에 귀속한다고 할 것이므로 공유자 1인이 그 매각대금을 임의로 소비하였다면 횡령죄가 성립된다.[135]

타인의 재물을 부정한 판례의 구체적 내용은 다음과 같다. 즉,

> 원심은, 초 · 중등교육법 제10조 제1항, 사립학교법 제29조 제1항, 제2항, 제6항, 제51조 등 관련 법령을 종합하여, 사립학교의 학생이나 학부모가 납부한 수업료 기타 납부금은 정해진 목적 · 용도에 사용될 때까지 학생이나 학부모가 그 소유권을 유보한 채 사립학교를 설치 · 경영하는 학교법인이나 사립학교 경영자에게 위탁한 것이 아니라, 학교법인이나 사립학교 경영자가 이를 납부받음으로써 일단 학교법인이나 사립학교 경영자의 소유로 되는 것이고, 다만 이는 교비회계에 속하는 수입이어서 관련 법령에 따라 그 용도가 엄격히 제한되는 것에 불과하다고 전제한 다음,

130) 대법원 2012.5.10. 선고 2011도12408 판결; 대법원 2011.4.28. 선고 2010도15350 판결.
131) 대법원 2016.5.26. 선고 2015도89 판결; 대법원 2016.5.19. 선고 2014도6992 전원합의체 판결; 대법원 2011.4.28. 선고 2010도15350 판결; 대법원 2010.5.13. 선고 2009도1373 판결; 대법원 2003.10.10. 선고 2003도3516 판결.
132) 대법원 2011.4.28. 선고 2010도15350 판결.
133) 대법원 2007.10.11. 선고 2007도6406 판결.
134) 대법원 1987.12.22. 선고 87도2168 판결.
135) 대법원 1983.8.23. 선고 80도1161 판결.

외국인학교는 공소외 2와 그의 동생인 공소외 5가 1996년경 인수한 후 공소외 6 또는 공소외 2를 설립자로 하여 경기도교육감으로부터 설립인가 또는 변경인가를 받아 운영하여 온 학교로서, 외국인학교의 학생이나 학부모가 납부한 수업료 등으로 조성된 교비는 특별한 사정이 없는 한 외국인학교의 설치·경영자인 공소외 2 남매의 소유에 속하므로 피고인이 공소외 2와 공모하여 이를 임의로 사용하였다고 하더라도 사립학교법 위반죄가 성립하는 것 외에 따로 외국인학교 학생이나 학부모 또는 외국인학교에 대한 횡령죄가 성립한다고 볼 수 없다고 판단하였다. 위 법리와 기록에 비추어 살펴보면 원심의 판단은 정당한 것으로 수긍이 가고, 거기에 검사의 상고이유 주장과 같이 업무상횡령죄에 관한 법리를 오해한 위법이 없다.[136] 임차인이 임차건물에 덧붙여 방 한 칸과 부엌 일부를 증축하여 기존건물과 일체로서 점유. 사용해 온 경우, 증축된 부분은 물리적 구조나 용도, 기능 및 거래의 관점에서 사회적, 경제적으로 고찰할 때 그 자체는 구조상 건물로서의 독립성이 없고 별개의 독립물로서의 효용을 갖지 못하여 기존 건물에 부합되었다고 할 것이니 동 건물의 철거보상금은 건물 소유자에게 귀속되는 것이므로 소유자가 이를 임의로 소비하였다 하더라도 횡령죄는 성립하지 아니한다.[137]

ⓘ 타인의 재물의 범위 재물에 대한 소유권의 귀속이 형법상 특히 문제되는 경우를 몇 가지로 유형화하면 다음과 같다.

i. 위탁금전 목적과 용도를 정하여 위탁한 금전을 수탁자가 임의로 소비하면 횡령죄를 구성할 수 있다.[138] 목적이나 용도를 정하여 위탁한 금전은 정해진 목적, 용도에 사용할 때까지는 이에 대한 소유권이 위탁자에게 유보되어 있는 것이다.[139] 특히 그 금전의 특정성이 요구되지 않는 경우 수탁자가 위탁의 취지에 반하지 않고 필요한 시기에 다른 금전으로 대체시킬 수 있는 상태에 있는 한 이를 일시 사용하더라도 횡령죄를 구성한다고 할 수 없고, 수탁자가 그 위탁의 취지에 반하여 다른 용도에 소비할 때 비로소 횡령죄를 구성한다.[140] 타인의 금전을 위탁받아 보관하는 자는 보관방법으로 이를 은행 등의 금융기관에 예치한 경우에도 보관자의 지위를 갖는다.[141]

타인의 재물을 긍정한 판례의 구체적 내용은 다음과 같다. 즉,

타인의 금전을 위탁받아 보관하는 자가 보관방법으로 금융기관에 자신의 명의로 예치한 경우, 금융실명거래 및 비밀보장에 관한 긴급재정경제명령이 시행된 이후라도 위탁자가 그 위탁한 금전의 반환을 구할 수 없는 것은 아니므로, 수탁자가 이를 함부로 인출하여 소비하거나 또는 위탁자로부터 반환요구를 받았음에도 이를 영득할 의사로 반환을 거부하는 경우에는 횡령죄가 성립한다.[142] 목적과 용도를 정하여 위탁한 금전은 정해진 목적, 용도에 사용할 때까지는 이에 대한 소유권이 위탁자에게 유보되어 있는 것으로서 수탁자가 임의로 소비하면 횡령죄를 구성한다.[143] 타인

136) 대법원 2012.5.10. 선고 2011도12408 판결.
137) 대법원 1983.11.8. 선고 83도2411 판결.
138) 대법원 2013.11.14. 선고 2013도8121 판결; 대법원 2006.3.9. 선고 2003도6733 판결; 대법원 2002.10.11. 선고 2002도2939 판결.
139) 대법원 1995.10.12. 선고 94도2076 판결.
140) 대법원 1995.10.12. 선고 94도2076 판결.
141) 대법원 2008.12.11. 선고 2008도8279, 판결; 대법원 2000.8.18. 선고 2000도1856 판결.
142) 대법원 2015.2.12. 선고 2014도11244, 판결; 대법원 2000.8.18. 선고 2000도1856 판결.
143) 대법원 2014.1.16. 선고 2013도11014, 판결; 대법원 2008.12.11. 선고 2007도10341 판결.

으로부터 용도가 엄격히 제한된 자금을 위탁받아 집행하면서 그 제한된 용도 이외의 목적으로 자금을 사용하는 것은 그것이 결과적으로 자금을 위탁한 본인을 위하는 면이 있더라도 그 사용행위 자체로서 불법영득의 의사를 실현하는 것이 되어 횡령죄가 성립한다.[144] 이 사건 예금은 피고인 갑과 을이 동업 이외의 특정 목적을 위하여 공동명의로 예치해 둠으로써 그 목적이 달성되기 전에는 공동명의 예금채권자가 단독으로 예금을 인출할 수 없도록 방지·감시하고자 하는 등의 목적으로 공동명의로 예금을 개설한 경우로서 하나의 예금채권이 분량적으로 분할되어 각 공동명의 예금채권자들에게 귀속된다고 할 것이므로, 피고인 갑은 이 사건 예금을 법률상으로 지배·처분할 수 있는 지위에 있고, 따라서 횡령죄에서의 보관자에 해당한다.[145] 목적과 용도를 정하여 위탁한 금전은 정해진 목적, 용도에 사용할 때까지는 이에 대한 소유권이 위탁자에게 유보되어 있는 것이므로, 수탁자가 이를 임의로 소비하면 횡령죄가 성립한다고 할 것이다.[146] 타인으로부터 용도가 엄격히 제한된 자금을 위탁받아 보관하는 자가 그 자금을 제한된 용도 이외의 목적으로 사용하는 것은 횡령죄가 되는 것이다.[147] 용도나 목적이 특정되어 보관된 금전은 그 보관 도중에 특정의 용도나 목적이 소멸되었다고 하더라도 위탁자가 이를 반환받거나 그 임의소비를 승낙하기까지는 횡령죄의 적용에 있어서는 여전히 위탁자의 소유물이라고 할 것이다.보관 도중에 특정의 용도나 목적이 소멸되었다는 사정만으로 그 자금에 대한 위탁자의 소유권이 상실되거나 자금에 대한 소유권이 수탁자에게로 이전 또는 변경되어 그 후에 이를 소비하는 것은 단순한 보관금 반환채무의 불이행에 불과할 뿐 횡령죄를 구성하지 않는다는 취지의 상고이유 주장은 독자적인 견해로서 받아들일 수 없다.[148] 위탁에 의한 보관금 중 일부를 그 용도에 따르지 않고 임의사용에 소비했다면 그 소위는 바로 횡령죄의 구성요건에 해당된다.[149] 위탁자로부터 특정용도에 사용하도록 위탁받은 금원을 수탁자가 그 용도에 사용하지 아니하고 임의로 소비한 행위는 횡령죄를 구성한다.[150] 타인에 대한 채무의 변제를 위하여 위탁받은 금원을 함부로 자신의 위탁자에 대한 채권에 충당함은 당초의 금원위탁의 취지에 위반되는 것으로서 횡령죄를 구성한다고 볼 것이고, 위탁자에 대한 채권의 존재는 횡령죄의 성립에 영향을 미치는 것이 아니다.[151]

타인의 재물을 부정한 판례의 구체적 내용은 다음과 같다. 즉,

목적·용도를 정하여 위탁한 금전은 정해진 목적·용도에 사용할 때까지는 이에 대한 소유권이 위탁자에게 유보되어 있는 것으로서, 특히 그 금전의 특정성이 요구되지 아니하는 경우 수탁자가 위탁의 취지에 반하지 아니하고 필요한 시기에 다른 금전으로 대체시킬 수 있는 상태에 있는 한 이를 일시 사용하더라도 횡령죄를 구성한다고 할 수 없고, 수탁자가 그 위탁의 취지에 반하여 다른 용도에 소비할 때 비로소 횡령죄를 구성한다.[152] 금전의 교부행위가 계약상 채무의 이행으로

144) 대법원 2011.5.26. 선고 2011도1904 판결; 대법원 2008.5.29. 선고 2006도3742 판결; 대법원 2008.2.29. 선고 2007도9755 판결; 대법원 2005. 9. 28. 선고 2005도3929 판결; 대법원 2000.3.14. 선고 99도4923 판결; 대법원 1999.7.9. 선고 98도4088 판결; 대법원 1997.4.22. 선고 96도8 판결.

145) 대법원 2008.12.11. 선고 2008도8279 판결.

146) 대법원 2008.10.9. 선고 2008도3787 판결; 대법원 2006.3.9. 선고 2003도6733 판결; 대법원 2004.5.27. 선고 2003도6988 판결.

147) 대법원 2002.11.22. 선고 2002도4291 판결; 대법원 2002.8.23. 선고 2002도366 판결.

148) 대법원 2002.11.22. 선고 2002도4291 판결.

149) 대법원 1987.5.26. 선고 86도1946 판결.

150) 대법원 1994.9.9. 선고 94도462 판결.

151) 대법원 1984.11.13. 선고 84도1199 판결; 대법원 1968.1.31 선고 66도1233 판결.

152) 대법원 2014.2.27. 선고 2013도12155 판결; 대법원 2002.10.11. 선고 2002도2939 판결.

서 변제의 성질을 가지는 경우에는, 특별한 사정이 없는 한 금전이 상대방에게 교부됨으로써 그 소유권이 상대방에게 이전되므로 상대방이 변제금으로 교부받은 돈을 임의로 소비하였더라도 횡령죄를 구성하지 아니한다.[153] 피고인이 불법영득의사의 존재를 인정하기 어려운 사유를 들어 그 돈의 행방이나 사용처에 대한 설명을 하고 있고 이에 부합하는 자료도 있다면 달리 특별한 사정이 인정되지 아니하는 한 함부로 그 위탁받은 돈을 불법영득의사로 횡령하였다고 인정할 수는 없다.[154]

ii. 착오입금금전 　착오로 입금된 금전에 대한 소유자는 여전히 입금자이다. 따라서 계좌명의인은 입금된 타인의 금전에 대하여 보관자에 지나지 않는다.

타인의 재물을 긍정한 판례의 구체적 내용은 다음과 같다. 즉,

계좌명의인이 송금·이체의 원인이 되는 법률관계가 존재하지 않음에도 계좌이체에 의하여 취득한 예금채권 상당의 돈은 송금의뢰인에게 반환하여야 할 성격의 것이므로, 계좌명의인은 그와 같이 송금·이체된 돈에 대하여 송금의뢰인을 위하여 보관하는 지위에 있다고 보아야 한다. 따라서 계좌명의인이 그와 같이 송금·이체된 돈을 그대로 보관하지 않고 영득할 의사로 인출하면 횡령죄가 성립한다. 이러한 법리는 계좌명의인이 개설한 예금계좌가 사기 범행에 이용되어 그 계좌에 피해자가 사기피해금을 송금·이체한 경우에도 마찬가지로 적용된다. 계좌명의인이 개설한 예금계좌가 사기 범행에 이용되어 그 계좌에 피해자가 사기피해금을 송금·이체한 경우 계좌명의인은 피해자와 사이에 아무런 법률관계 없이 송금·이체된 사기피해금을 피해자에게 반환하여야 하므로 피해자를 위하여 사기피해금을 보관하는 지위에 있다고 보아야 하고, 만약 계좌명의인이 그 돈을 영득할 의사로 인출하면 피해자에 대한 횡령죄가 성립한다.[155] 어떤 예금계좌에 돈이 착오로 잘못 송금되어 입금된 경우에는 그 예금주와 송금인 사이에 신의칙상 보관관계가 성립한다고 할 것이므로, 피고인이 송금 절차의 착오로 인하여 피고인 명의의 은행 계좌에 입금된 돈을 임의로 인출하여 소비한 행위는 횡령죄에 해당한다.[156] 이는 송금인과 피고인 사이에 별다른 거래관계가 없다고 하더라도 마찬가지이다.[157] 피고인이 자신 명의의 계좌에 착오로 송금된 돈을 다른 계좌로 이체하는 등 임의로 사용한 경우, 횡령죄가 성립한다.[158]

iii. 위탁된 대체물 　금전, 곡물 등과 같은 대체물을 위탁한 경우 대체물의 타인성 여부는 대체물에 대한 위탁의 형식이나 내용에 따라서 달라질 수 있다.

㉠ 특정물로 위탁 　봉함금이나 공탁금과 같은 대체물이 특정물로 위탁된 경우 그 특정물은 위탁자의 소유에 속한다. 수탁자에게는 타인의 소유에 속하기 때문에 수탁자가 임의처분한 경우에는 본죄가 성립한다.

㉡ 불특정물로 위탁 　대체물이 불특정물로 위탁된 경우에는 다시 용도나 목적이

153) 대법원 2014.1.16. 선고 2013도11014 판결.
154) 대법원 2011.5.26. 선고 2011도1904 판결; 대법원 2009.4.23. 선고 2009도495 판결; 대법원 2006.8.24. 선고 2006도3272 판결.
155) 대법원 2019.4.3. 선고 2018도7955 판결; 대법원 2018.7.19. 선고 2017도17494 전원합의체 판결.
156) 대법원 2010.12.9. 선고 2010도891 판결; 대법원 2006.10.12. 선고 2006도3929 판결; 대법원 2005.10.28. 선고 2005도5975 판결; 대법원 1968.7.24. 선고 1966도1705 판결.
157) 대법원 2010.12.9. 선고 2010도891, 판결.
158) 대법원 2005.10.28. 선고 2005도5975 판결.

지정된 위탁과 그렇지 않은 위탁으로 나누어질 수 있다.

첫째, 대체물의 용도나 목적이 지정되어 불특정물로 위탁된 경우이다. 수탁자자 위탁된 대체물을 용도나 목적 외로 사용한 경우 소유권이 여전히 위탁자에게 유보되어 있다고 보아 횡령죄의 성립을 긍정하는 횡령죄설(橫領罪說)과 대체물의 고도의 유동성과 대체성으로 인하여 점유와 함께 소유권이 수탁자에게 이전한다고 보아 배임죄만이 성립한다는 배임죄설(背任罪說)이 대립하고 있다. 판례는 횡령죄설에 입각하고 있다. 둘째, 대체물의 용도나 목적이 지정되지 않고 불특정물로 위탁된 경우이다. 용도나 목적의 지정 없이 위탁된 경우에는 소비임치(민법 제702조)와 같이 위탁물의 소유권이 수탁자에게 이전한다는 점에 대하여는 이견이 없다. 따라서 수탁자가 위탁된 대체물을 임의로 처분한 경우에는 횡령되는 성립하지 않고 배임죄의 성부만이 문제될 뿐이다.

타인의 재물을 긍정한 판례의 구체적 내용은 다음과 같다. 즉,

> 금전의 수수를 수반하는 사무처리를 위임받은 사람이 그 행위에 기하여 위임자를 위하여 제3자로부터 수령한 금전은, 목적이나 용도를 한정하여 위탁된 금전과 마찬가지로, 달리 특별한 사정이 없는 한 그 수령과 동시에 위임자의 소유에 속하고, 위임을 받은 사람은 이를 위임자를 위하여 보관하는 관계에 있다고 보아야 한다. 따라서 위임을 받은 사람이 위 금전을 그 위임의 취지대로 사용하지 아니하고 마음대로 자신의 위임자에 대한 채권에 상계충당하는 것은 상계정산하기로 하였다는 특별한 약정이 없는 한 당초 위임한 취지에 반하므로 횡령죄를 구성한다.[159] 타인의 금전을 위탁받아 보관하는 자는 보관방법으로 이를 은행 등의 금융기관에 예치한 경우에도 보관자의 지위를 갖는 것이다. 타인의 금전을 위탁받아 보관하는 자가 보관방법으로 금융기관에 자신의 명의로 예치한 경우, 금융실명거래및비밀보장에관한긴급재정경제명령이 시행된 이후 금융기관으로서는 특별한 사정이 없는 한 실명확인을 한 예금명의자만을 예금주로 인정할 수밖에 없으므로 수탁자 명의의 예금에 입금된 금전은 수탁자만이 법률상 지배·처분할 수 있을 뿐이고 위탁자로서는 위 예금의 예금주가 자신이라고 주장할 수는 없으나, 그렇다고 하여 보관을 위탁받은 위 금전이 수탁자 소유로 된다거나 위탁자가 위 금전의 반환을 구할 수 없는 것은 아니므로 수탁자가 이를 함부로 인출하여 소비하거나 또는 위탁자로부터 반환요구를 받았음에도 이를 영득할 의사로 반환을 거부하는 경우에는 횡령죄가 성립한다.[160] 초·중등교육법에 정한 학교발전기금으로 기부한 금원의 경우, 그 기부의 경위와 목적, 상황, 액수 등 그 실질에 비추어 위와 같이 법령상 엄격히 제한된 용도 외에 학교운영에 필요한 특정한 공익적 용도로 수수한 것으로 볼 수 있는 예외적 경우가 아닌 한, 학교운영위원회에 귀속되어 법령에서 정한 사용목적으로만 사용되어야 할 것이므로, 그 정해진 용도 외의 사용행위는 원칙적으로 횡령죄를 구성한다고 보아야 할 것이다.[161] 목적과 용도를 정하여 위탁한 금전은 정해진 목적, 용도에 사용할 때까지는 이에 대한 소유권이 위탁자에게 유보되어 있는 것으로서 수탁자가 임의로 소비하면 횡령죄를 구성한다.[162] 위탁자로부터 당좌수표 할인을 의뢰받은 피고인이 제3자를 기망하여 당좌수표를 할인받은 다음 그 할인금을 임의소비한

159) 대법원 2017.11.29. 선고 2015도18253 판결; 대법원 2007.2.22. 선고 2006도8939 판결; 대법원 2002.9.10. 선고 2001도3100 판결; 대법원 1997.3.28. 선고 96도3155 판결.

160) 대법원 2015.2.12. 선고 2014도11244 판결; 대법원 2013.12.12. 선고 2012도16315 판결; 대법원 2000.8.18. 선고 2000도1856 판결.

161) 대법원 2014.3.13. 선고 2012도6336 판결; 대법원 2010.7.22. 선고 2007도4713 판결.

162) 대법원 2014.1.16. 선고 2013도11014 판결; 대법원 2008.12.11. 선고 2007도10341 판결.

경우, 제3자에 대한 사기죄와 별도로 위탁자에 대한 횡령죄가 성립한다.[163] 목적, 용도를 정하여 위탁한 금전은 정해진 목적, 용도에 사용할 때까지는 이에 대한 소유권이 위탁자에게 유보되어 있는 것으로서, 특히 그 금전의 특정성이 요구되지 않는 경우 수탁자가 위탁의 취지에 반하지 않고 필요한 시기에 다른 금전으로 대체시킬 수 있는 상태에 있는 한 이를 일시 사용하더라도 횡령죄를 구성한다고 할 수 없고, 수탁자가 그 위탁의 취지에 반하여 다른 용도에 소비할 때 비로소 횡령죄를 구성한다.[164] 피해자가 시장 점포에서 물건을 매수하여 묶어서 그곳에 맡겨 놓은 후 그곳에서 약 50미터 떨어져 동 점포를 살펴볼 수 없는 딴 가게로 가서 지게 짐꾼인 피고인을 불러 피고인 단독으로 위 점포에 가서 맡긴 물건을 운반해 줄 것을 의뢰하였더니 피고인이 동 점포에 가서 맡긴 물건을 찾아 피해자에게 운반해 주지 않고 용달차에 싣고 가서 처분한 것이라면 피고인의 위 운반을 위한 소지 관계는 피해자의 위탁에 의한 보관관계에 있다고 할 것이므로 이를 영득한 행위는 절도죄가 아니라 횡령죄를 구성한다.[165] 동회의 사환이 동직원으로부터 시청금고에 입금하도록 교부받은 현금과 예금에서 찾은 돈을 사생활비에 소비한 경우에는 절도죄가 아니라 횡령죄가 성립된다.[166]

타인의 재물을 부정한 판례의 구체적 내용은 다음과 같다. 즉,

갑 종친회 회장인 피고인이 위조한 종친회 규약 등을 공탁관에게 제출하는 방법으로 갑 종친회를 피공탁자로 하여 공탁된 수용보상금을 출급받아 편취하고, 이를 종친회를 위하여 업무상 보관하던 중 반환을 거부하여 횡령하였다는 내용으로 기소된 사안에서, 피고인이 공탁관을 기망하여 공탁금을 출급받음으로써 갑 종친회를 피해자로 한 사기죄가 성립하고, 그 후 갑 종친회에 대하여 공탁금 반환을 거부한 행위는 새로운 법익의 침해를 수반하지 않는 불가벌적 사후행위에 해당할 뿐 별도의 횡령죄가 성립하지 않는다고 한 사례이다.[167] 금전의 교부행위가 계약상 채무의 이행으로서 변제의 성질을 가지는 경우에는, 특별한 사정이 없는 한 금전이 상대방에게 교부됨으로써 그 소유권이 상대방에게 이전되므로 상대방이 변제금으로 교부받은 돈을 임의로 소비하였더라도 횡령죄를 구성하지 아니한다.[168] 피고인이 자신의 공유 토지가 다목적댐사업의 사업구역에 편입됨으로써 한국수자원공사에 대하여 가지게 된 토지보상금채권에 관하여 피고인의 채권자 甲 주식회사가 압류 및 추심명령을 받아 그 명령이 피고인에게 송달되었는데, 그 후 한국수자원공사가 업무착오로 토지보상금을 집행공탁이 아니라 피고인을 피공탁자로 변제공탁한 것을 기화로 피고인이 이를 수령하여 보관하며 한국수자원공사의 반환요구를 여러 차례에 걸쳐 거절함으로써 횡령하였다는 내용으로 기소된 사안에서, 피고인이 한국수자원공사의 공탁 취지에 좇아 수령한 토지보상금은 피고인의 소유이고 달리 위 금전이 한국수자원공사의 소유라는 점을 인정할 증거가 없다고 보아 무죄를 인정한 원심판단을 수긍한 사례이다.[169] 금전의 수수를 수반하는 사무처리를 위임받은 자가 그 행위에 기하여 위임자를 위하여 제3자로부터 수령한 금전이라고 하더라도 이것이 위임자의 소유에 속하지 아니한 경우라면, 그 반환을 거부하는 수임자를 횡령죄로 처벌할 수 없는 것이다.[170]

163) 대법원 1998.4.10. 선고 97도3057 판결.
164) 대법원 1995.10.12. 선고 94도2076 판결.
165) 대법원 1982.11.23. 선고 82도2394 판결.
166) 대법원 1968.10.29. 선고 68도1222 판결.
167) 대법원 2015.9.10. 선고 2015도8592 판결.
168) 대법원 2014.1.16. 선고 2013도11014 판결.
169) 대법원 2012.1.12. 선고 2011도12604 판결.

iv. 명의신탁물

㉠ 명의신탁의 의의　명의신탁(名義信託)이란 재산에 대한 소유자의 명의를 본인이 아니라 다른 사람의 명의로 해 놓는 것을 말한다. 형식적으로는 명의를 빌려준 타인, 즉 수탁자가 소유자로 되어 있지만, 실질적으로는 실소유주, 즉 신탁자가 소유권을 가지는 법률관계를 말한다.

부동산실명법에 의하면 명의신탁이란 부동산에 관한 소유권이나 그 밖의 물권을 보유한 자 또는 사실상 취득하거나 취득하려고 하는 실권리자(實權利者), 즉 명의신탁자가 타인과의 사이에서 대내적으로는 실권리자가 부동산에 관한 물권을 보유하거나 보유하기로 하고 그에 관한 등기나 가등기는 그 타인, 즉 명의수탁자의 명의로 하기로 하는 약정을 말한다(부동산실명법 제2조 제1호). 그 밖의 물권이란 지상권이나 전세권 등으 말한다. 따라서 부동산실명법은 부동산이 아닌 선박이나 자동차 등의 명의를 타인에게 신탁한 경우나 물권이 아닌 부동산 임차권등기 등을 타인에게 신탁한 경우에는 적용되지 않는다.

다만 부동산실명법은 처음부터 일정한 경우 명의신탁으로부터 배제하도록 명문으로 규정하고 있다. 즉, ① 채무의 변제를 담보하기 위하여 채권자가 부동산에 관한 물권을 이전(移轉)받거나 가등기하는 양도담보의 경우, ② 부동산의 위치와 면적을 특정하여 2인 이상이 구분소유하기로 하는 약정을 하고 그 구분소유자의 공유로 등기하는 상호 명의신탁 또는 구분소유적 공유의 경우 및 ③ 「신탁법」 또는 「자본시장과 금융투자업에 관한 법률」에 따른 신탁재산인 사실을 등기한 신탁법상의 신탁의 경우가 그러한 경우이다(부동산실명법 제2조 제1호 단서).

㉡ 명의신탁제도의 약사　명의신탁은 일제시대에 등기제도를 확립하기 위하여 종중의 재산을 종중원의 명의로 등기하게 하면서 도입된 제도라고 한다. 민법상 명의신탁에 관한 근거규정은 없었으나, 해방후부터 부동산실명법이 제정되기까지 판례에 의하여 확립된 제도였다.

부동산투기를 방지하기 위하여 1990년에는 탈세·탈법·투기의 목적으로 명의신탁등기를 신청한 자를 형사처벌하는 부동산등기특별조치법이 제정된 바 있다.[171] 또한 1993년 8월 12일 이후에는 '금융실명거래 및 비밀보장에 관한 긴급명령'에 의하여 모든 금융거래에 관하여 금융실명제가 전격적으로 도입되기도 하였다.[172] 1995년에는 부동산실명법이 제정되었다. 부동산실명법은 부동산에 관한 소유권과 그 밖의 물권을 실체적 권리관계와 일치하도록 실권리자 명의(名義)로 등기하게 함으로써 부동산등기제도를 악용한 투기·탈세·탈법행위 등 반사회적 행위를 방지하고 부동산 거래의 정상화와 부동산 가격의 안정을 도모하여 국민경제의 건전한 발전에 이바지함을 목적으로 제정되었다(부동산실명법 제1조).[173] 이로써 부동산명의신탁은 원칙적으로 금지되게 되었다.

---

170) 대법원 2007.7.26. 선고 2007도1840 판결.

171) 부동산등기특별조치법 1990.8.1. 제정 법률 제4244호 1990.9.2. 시행.

172) 1997년부터는 금융실명법의 시행으로 대표적인 명의신탁인 차명계좌를 실명전환하도록 한 바 있다(금융실명거래 및 비밀보장에 관한 법률 1997.12.31. 제정 법률 제5493호 1997.12.31. 시행).

173) 부동산 실권리자명의 등기에 관한 법률 1995.3.30. 제정 법률 제4944호 1995.7.1. 시행.

한편 대법원은 부동산실명법의 규정과 취지에 부합하기 위하여 2016년 전원합의체 판결을 통하여 명의신탁에 대한 기존의 입장을 변경하였다. 다시 말해서 대법원은 기존의 입장과는 달리 명의수탁자에 대하여 '타인의 재물을 보관하는 자'의 지위를 부정함으로써 명의수탁자가 신탁받은 부동산을 임의로 처분하여도 명의신탁자에 대한 관계에서 횡령죄가 성립하지 아니한다는 입장을 취한 바 있다.[174]

v. 허용되는 명의신탁 부동산실명법은 일정한 경우 예외를 인정하고 있다. 즉, 조세포탈, 강제집행의 면탈(免脫) 또는 법령상 제한의 회피를 목적으로 하지 아니하는 한 ① 종중부동산의 명의신탁, ② 배우자간의 명의신탁 및 ③ 종교단체의 명의신탁은 허용되고 있다(부동산실명법 제8조).

다만 예외사유에 속하는 경우의 법률효과에 대하여는 견해가 일치하지 않고 있다. 첫째, 횡령죄설이다. 종래의 명의신탁에 관한 법리를 그대로 유지하는 입장이라고 할 수 있다. 수탁자는 신탁자와의 관계에서 타인소유의 재물에 대한 보관자가 되기 때문에 임의처분한 경우에는 횡령죄의 성립을 긍정하다. 둘째, 배임죄설이다. 부동산실명법의 입법취지에 따라 종래의 명의신탁에 관한 법리를 폐기하는 입장이라고 할 수 있다. 수탁자는 보관자가 아니라 사무관리자가 되어 배임죄가 성립할 뿐이라고 주장한다. 생각건대 종래의 명의신탁의 법리를 그대로 유지하는 횡령죄설이 타당하다고 생각된다.

vi. 금지되는 명의신탁 부동산실명법은 명의신탁을 원칙적으로 금지하고 있다. 따라서 명의신탁은 원칙적으로 무효이고(부동산실명법 제4조 제1항), 이에 기초하여 이루어진 부동산물권변동도 무효가 된다(부동산실명법 제4조 제2항 본문). 다만 부동산에 관한 물권을 취득하기 위한 계약에서 명의수탁자가 어느 한쪽 당사자가 되고 상대방 당사자는 명의신탁약정이 있다는 사실을 알지 못한 경우에는 그러하지 아니하다(부동산실명법 제4조 제2항 단서).

여기서 명의신탁의 유형을 편의상 계약명의신탁, 2자간 명의신탁 및 3자간 명의신탁으로 구분하여 검토하기로 한다. 명의신탁과 관련하여 새로 변경된 제도가 정착하기 전의 학설과 판례들은 무의미하지만, 역사적인 의미를 더듬는다는 차원에서 무작위로 선정된 판례들을 소개하기로 한다.

㉠ 계약 명의신탁물 계약명의신탁이란 수탁자가 신탁자와 명의신탁약정을 맺은 후 신탁자의 위임에 따라 매매계약의 당사자가 되어, 부동산의 원소유자인 매도인과 부동산 매매계약을 체결하고 등기도 수탁자의 명의로 하기로 맺는 계약을 말한다. 부동산실명법은

174) 대법원 2016.5.19. 선고 2014도6992 전원합의체 판결. 이에 의하여 폐기된 판례는 다음과 같다. 즉, 대법원 2001.11.27. 선고 2000도3463 판결(공2002상, 220)(폐기), 대법원 2002.2.22. 선고 2001도6209 판결(공2002상, 833)(폐기), 대법원 2002.8.27. 선고 2002도2926 판결(공2002하, 2371)(폐기), 대법원 2003.5.16. 선고 2002도619 판결(폐기), 대법원 2003.10.10. 선고 2003도3516 판결, 대법원 2005.3.24. 선고 2004도1789 판결(폐기), 대법원 2005.9.9. 선고 2003도4828 판결, 대법원 2006.1.12. 선고 2005도7610 판결, 대법원 2007.6.28. 선고 2006다48632 판결(폐기), 대법원 2008.2.29. 선고 2007도11029 판결(폐기), 대법원 2008.4.10. 선고 2008도1033 판결(폐기), 대법원 2010.1.28. 선고 2009도1884 판결(폐기), 대법원 2010.5.13. 선고 2009도1373 판결(공2010상, 1177), 대법원 2010.6.24. 선고 2009도9242 판결(공2010하, 1521), 대법원 2010.9.30. 선고 2010도8556 판결(폐기)이 그것이다.

부동산에 관한 물권을 취득하기 위한 계약에서 명의수탁자가 어느 한쪽 당사자가 되고 상대방 당사자는 명의신탁약정이 있다는 사실을 알지 못한 경우에는 그러하지 아니하다고 규정하여 명의신탁약정에 따른 등기로 이루어진 부동산에 관한 물권변동을 유효로 인정하고 있다(부동산실명법 제4조 제2항 단서). 여기서 계약명의신탁은 물권변동이 유효로 인정되는 매도인이 선의인 경우와 그렇지 아니한 매도인이 악의인 경우로 나누어 검토할 필요가 있다.

첫째, 매도인이 선의인 경우이다. 명의신탁된 부동산을 임의처분한 매도인의 형사책임에 관하여는 신탁자에 대한 횡령죄설, 배임죄설 및 무죄설이 대립하고 있다. 판례는 횡령죄설, 배임죄설 및 무죄설의 순으로 변천하고 있는 것으로 파악된다.

판례에 의하면 명의신탁자와 명의수탁자가 이른바 계약명의신탁 약정을 맺고 명의수탁자가 당사자가 되어 명의신탁 약정이 있다는 사실을 알지 못하는 소유자와 부동산에 관한 매매계약을 체결한 후 그 매매계약에 따라 당해 부동산의 소유권이전등기를 명의수탁자 명의로 마친 경우에는, 명의신탁자와 명의수탁자 사이의 명의신탁 약정의 무효에도 불구하고 부동산 실권리자명의 등기에 관한 법률 제4조 제2항 단서에 의하여 그 명의수탁자는 당해 부동산의 완전한 소유권을 취득한다.[175] 반면에 소유자가 계약명의신탁 약정이 있다는 사실을 안 경우에는 수탁자 명의의 소유권이전등기는 무효이고 당해 부동산의 소유권은 매도인이 그대로 보유하게 된다. 어느 경우든지 명의신탁자는 그 매매계약에 의해서는 당해 부동산의 소유권을 취득하지 못하게 된다.[176]

타인의 재물을 부정한 판례의 구체적 내용은 다음과 같다. 즉,

> 명의신탁자와 명의수탁자가 이른바 계약명의신탁약정을 맺고, 이에 따라 명의수탁자가 이러한 사실을 알지 못하는 소유자와 부동산 매매계약을 체결한 후 명의수탁자 명의로 소유권이전등기를 한 경우, 명의수탁자는 명의신탁자에 대한 관계에서도 유효하게 소유권을 취득하므로 타인의 재물을 보관하는 자라고 볼 수 없다.[177] 부동산 실권리자명의 등기에 관한 법률 제2조 제1호 및 제4조의 규정에 의하면, 신탁자와 수탁자가 명의신탁약정을 맺고 이에 따라 수탁자가 당사자가 되어 명의신탁약정이 있다는 사실을 알지 못하는 소유자와 사이에서 부동산에 관한 매매계약을 체결한 후 그 매매계약에 기하여 당해 부동산의 소유권이전등기를 수탁자 명의로 경료한 경우에는 그 소유권이전등기에 의한 당해 부동산에 관한 물권변동은 유효하지만 신탁자와 수탁자 사이의 명의신탁약정은 무효이므로, 수탁자는 전 소유자인 매도인뿐만 아니라 신탁자에 대한 관계에서도 유효하게 당해 부동산의 소유권을 취득한 것으로 보아야 하고, 따라서 그 수탁자는 타인의 재물을 보관하는 자라고 할 수 없다.[178] 횡령죄는 타인의 재물을 보관하는 자가 그 재물을 횡령하는 경우에 성립하는 범죄인바, 부동산 실권리자명의 등기에 관한 법률 제2조 제1호 및 제4조의 규정에 의하면, 신탁자와 수탁자가 명의신탁 약정을 맺고, 이에 따라 수탁자가 당사자가 되어 명의신탁 약정이 있다는 사실을 알지 못하는 소유자와 사이에서 부동산에 관한 매매계약을 체결한 후 그 매매계약

175) 대법원 2011.12.8. 선고 2010도4129 판결; 대법원 2009.5.14. 선고 2007도2168 판결; 대법원 2005.1.28. 선고 2002다66922 판결.

176) 대법원 2011.12.8. 선고 2010도4129 판결; 대법원 2009.5.14. 선고 2007도2168 판결.

177) 대법원 2016.8.24. 선고 2014도6740 판결; 대법원 2000.3.24. 선고 98도4347 판결.

178) 대법원 2010.11.11. 선고 2008도7451 판결; 대법원 2006.9.8. 선고 2005도9733 판결; 대법원 2000.3.24. 선고 98도4347 판결.

에 기하여 당해 부동산의 소유권이전등기를 수탁자 이름으로 경료한 경우에는, 그 소유권이전등기에 의한 당해 부동산에 관한 물권변동은 유효하고, 한편 신탁자와 수탁자 사이의 명의신탁 약정은 무효이므로, 결국 수탁자는 전 소유자인 매도인뿐만 아니라 신탁자에 대한 관계에서도 유효하게 당해 부동산의 소유권을 취득한 것으로 보아야 할 것이고, 따라서 그 수탁자는 타인의 재물을 보관하는 자라고 볼 수 없다.[179] 횡령죄는 타인의 재물을 보관하는 자가 그 재물을 횡령하는 경우에 성립하는 범죄인바, 부동산실권리자명의등기에관한법률 제2조 제1호 및 제4조의 규정에 의하면, 신탁자와 수탁자가 명의신탁 약정을 맺고, 이에 따라 수탁자가 당사자가 되어 명의신탁 약정이 있다는 사실을 알지 못하는 소유자와 사이에서 부동산에 관한 매매계약을 체결한 후 그 매매계약에 기하여 당해 부동산의 소유권이전등기를 수탁자 명의로 경료한 경우에는, 그 소유권이전등기에 의한 당해 부동산에 관한 물권변동은 유효하고, 한편 신탁자와 수탁자 사이의 명의신탁 약정은 무효이므로, 결국 수탁자는 전소유자인 매도인뿐만 아니라 신탁자에 대한 관계에서도 유효하게 당해 부동산의 소유권을 취득한 것으로 보아야 할 것이고, 따라서 그 수탁자는 타인의 재물을 보관하는 자라고 볼 수 없다.[180] 신탁자와 수탁자가 명의신탁약정을 맺고 그에 따라 수탁자가 당사자가 되어 명의신탁약정이 있다는 사실을 알지 못하는 소유자와 사이에서 부동산에 관한 매매계약을 체결한 이른바 계약명의신탁에 있어서, 수탁자는 신탁자에 대한 관계에서도 신탁 부동산의 소유권을 완전히 취득하고 단지 신탁자에 대하여 명의신탁약정의 무효로 인한 부당이득반환의무만을 부담할 뿐인 바, 그와 같은 부당이득반환의무는 명의신탁약정의 무효로 인하여 수탁자가 신탁자에 대하여 부담하는 통상의 채무에 불과할 뿐 아니라, 신탁자와 수탁자 간의 명의신탁약정이 무효인 이상, 특별한 사정이 없는 한 신탁자와 수탁자 간에 명의신탁약정과 함께 이루어진 부동산 매입의 위임 약정 역시 무효라고 볼 것이다.[181] 부동산 실권리자 명의등기에 관한 법률 제2조, 제4조, 제11조, 제12조의 규정에 의하면, 위 법률 시행 이전에 위와 같은 계약명의신탁에 따라서 수탁자가 당사자가 되어 그 명의신탁약정이 있다는 사실을 알지 못하는 소유자와 사이에서 부동산에 관한 매매계약을 체결한 후 그 매매계약에 기하여 당해 부동산의 소유권이전등기를 수탁자 명의로 경료한 다음 위 법률 시행 후 1년의 유예기간 내에 실명등기를 경료하지 아니한 경우에 있어서는, 그 소유권이전등기에 의한 당해 부동산에 관한 물권변동은 유효하지만 신탁자와 수탁자 사이의 명의신탁 약정은 무효이므로 수탁자는 전 소유자인 매도인뿐만 아니라 신탁자에 대한 관계에서도 유효하게 당해 부동산의 소유권을 취득한 것으로 보아야 할 것이고, 따라서 그 수탁자는 타인의 재물을 보관하는 자에 해당한다고 할 수 없다.[182]

둘째, 매도인이 악의인 경우이다. 명의신탁된 부동산을 임의처분한 매도인의 형사책임에 관하여는 원소유자에 대한 횡령죄설과 신탁자에 대한 배임죄설이 대립하고 있다. 판례는 수탁자에 대하여 횡령죄뿐만 아니라 배임죄의 성립도 부정하고 있다.

판례에 의하면 명의신탁자와 명의수탁자가 이른바 계약명의신탁약정을 맺고 명의수탁자가 당사자가 되어 그러한 명의신탁약정이 있다는 사실을 알고 있는 소유자로부터 부동산을 매수하는 계약을 체결한 후 그 매매계약에 따라 명의수탁자 앞으로 당해 부동산의 소유권이

179) 대법원 2009.9.10. 선고 2009도4501 판결; 대법원 2000.3.24. 선고 98도4347 판결.

180) 대법원 2000.3.24. 선고 98도4347 판결.

181) 대법원 2007.3.29. 선고 2007도766 판결; 대법원 2004.4.27. 선고 2003도6994 판결; 대법원 2001.9.25. 선고 2001도2722 판결.

182) 대법원 2006.9.8. 선고 2005도9733 판결; 대법원 2000.3.24. 선고 98도4347 판결.

전등기가 행하여졌다면 '부동산 실권리자명의 등기에 관한 법률' 제4조 제2항 본문에 의하여 명의수탁자 명의의 소유권이전등기는 무효이고 당해 부동산의 소유권은 매도인이 그대로 보유하게 된다.[183)]

타인의 재물을 부정한 판례의 구체적 내용은 다음과 같다. 즉,

> 소유자가 계약명의신탁약정이 있음을 알고 있었다면 명의수탁자 명의의 소유권이전등기는 무효이고, 부동산의 소유권은 매도인이 그대로 보유하고 있으므로, 명의수탁자는 부동산 취득을 위한 계약의 당사자도 아닌 명의신탁자의 재물을 보관하는 자의 지위에 있다고 볼 수 없다.[184)] 명의수탁자는 매도인에 대하여 소유권이전등기말소의무를 부담하게 되나, 위 소유권이전등기는 처음부터 원인무효여서 명의수탁자는 매도인이 소유권에 기한 방해배제청구로 그 말소를 구하는 것에 대하여 상대방으로서 응할 처지에 있음에 불과하고, 그가 제3자와 사이에 한 처분행위가 부동산실명법 제4조 제3항에 따라 유효하게 될 가능성이 있다고 하더라도 이는 거래의 상대방인 제3자를 보호하기 위하여 명의신탁 약정의 무효에 대한 예외를 설정한 취지일 뿐 매도인과 명의수탁자 사이에 위 처분행위를 유효하게 만드는 어떠한 신임관계가 존재함을 전제한 것이라고는 볼 수 없으므로, 그 말소등기의무의 존재나 명의수탁자에 의한 유효한 처분가능성을 들어 명의수탁자가 매도인에 대한 관계에서 횡령죄에서의 '타인의 재물을 보관하는 자' 또는 배임죄에서의 '타인의 사무를 처리하는 자'의 지위에 있다고 볼 수도 없다.[185)] 명의신탁자는 부동산매매계약의 당사자가 되지 아니하고 또 명의신탁약정은 위 법률 제4조 제1항에 의하여 무효이므로, 그는 다른 특별한 사정이 없는 한 부동산 자체를 매도인으로부터 이전받아 취득할 수 있는 권리 기타 법적 가능성을 가지지 못한다. 따라서 이때 명의수탁자가 명의신탁자에 대한 관계에서 횡령죄에서의 '타인의 재물을 보관하는 자'의 지위에 있다고 볼 수 없다.[186)] 명의수탁자는 부동산 취득을 위한 계약의 당사자도 아닌 명의신탁자에 대한 관계에서 횡령죄에서의 '타인의 재물을 보관하는 자'의 지위에 있다고 볼 수 없고, 또한 명의수탁자가 명의신탁자에 대하여 매매대금 등을 부당이득으로서 반환할 의무를 부담한다고 하더라도 이를 두고 배임죄에서의 '타인의 사무를 처리하는 자'의 지위에 있다고 보기도 어렵다.[187)] 계약명의신탁의 법리는 수탁자가 신탁 부동산에 관한 등기를 이전받기 전에 소유자와 사이의 합의로 매매계약을 해제한 후 그 매매대금을 반환받았다고 하더라도 마찬가지로 적용된다고 보아야 할 것이므로, 그 수탁자가 횡령죄에 있어서의 '타인의 재물을 보관하는 자'의 지위에 있다고 볼 수는 없다.[188)]

ㄴ 2자간 명의신탁물 2자간 명의신탁물이란 부동산의 실소유주인 신탁자가 수탁자와 명의신탁약정에 의하여 등기를 신탁자로부터 수탁자로 옮기는 경우를 말한다. 부동산실명법에 따르면 명의신탁약정과 그에 따른 등기로 이루어진 부동산에 관한 물권변동은 무효가 된다(부동산실명법 제4조 제1항과 제2항 본문).

학설은 횡령죄가 성립한다는 긍정설과 성립하지 않는다는 부정설이 대립하고 있다. 판례

183) 대법원 2012.12.13. 선고 2010도10515 판결; 대법원 2009.5.14. 선고 2007도2168 판결.
184) 대법원 2016.8.24. 선고 2014도6740 판결; 대법원 2012.11.29. 선고 2011도7361 판결.
185) 대법원 2012.11.29. 선고 2011도7361 판결.
186) 대법원 2012.12.13. 선고 2010도10515 판결.
187) 대법원 2012.11.29. 선고 2011도7361 판결; 대법원 2008.3.27. 선고 2008도455 판결; 대법원 2001.9.25. 선고 2001도2722 판결.
188) 대법원 2007.3.29. 선고 2007도766 판결.

는 횡령죄의 성립을 부정하고 있다. 대법원은 "부동산실명법을 위반한 양자간 명의신탁의 경우 명의수탁자가 신탁받은 부동산을 임의로 처분하여도 명의신탁자에 대한 관계에서 횡령죄가 성립하지 아니한다"고 판시한 바 있다.[189] 이에 따라 대법원은 부동산 명의신탁이 부동산실명법 시행 전에 이루어졌고 같은 법이 정한 유예기간 이내에 실명등기를 하지 아니함으로써 그 명의신탁약정 및 이에 따라 행하여진 등기에 의한 물권변동이 무효로 된 후에 처분행위가 이루어진 경우에도 마찬가지로 적용된다고 하고, 이와 달리 부동산실명법을 위반한 양자간 명의신탁을 한 경우, 명의수탁자가 명의신탁자에 대한 관계에서 '타인의 재물을 보관하는 자'의 지위에 있다고 보아 명의수탁자가 그 명의로 신탁된 부동산을 임의로 처분하면 명의신탁자에 대한 횡령죄가 성립한다고 판시한 기존의 판결 등은 이 판결에 배치되는 범위에서 변경하였다.[190]

타인의 재물을 긍정한 판례의 구체적 내용은 다음과 같다. 즉,

피고인이 피해자와 특정 토지를 공동으로 매수하여 공동으로 소유권이전등기를 마치되 그 업무를 피고인이 처리하기로 하는 공동매수약정을 맺었음에도 그에 반하여 피고인 단독명의로 소유권이전등기를 마쳤다가, 이에 대해 항의하는 피해자에게 해당 지분에 관한 소유권확인증서를 작성·교부하였는데 그 후 해당 토지에 관해 수령한 도시개발사업보상금 중 피해자의 지분 부분에 대한 반환 요구를 거부한 사안에서, 위 소유권확정증서 작성으로 피고인과 피해자 사이에 '2자간 등기명의신탁약정'이 성립하였음을 전제로 피고인에게 횡령죄가 성립한다고 한 사례이다.[191] 부동산을 소유자로부터 명의수탁 받은 자가 이를 임의로 처분하였다면 명의신탁자에 대한 횡령죄가 성립하며, 그 명의신탁이 '부동산 실권리자명의 등기에 관한 법률' 시행 전에 이루어졌고 같은 법이 정한 유예기간 이내에 실명등기를 하지 아니함으로써 그 명의신탁약정 및 이에 따라 행하여진 등기에 의한 물권변동이 무효로 된 후에 처분행위가 이루어졌다고 하여 달리 볼 것은 아니다.[192] 부동산을 소유자로부터 명의수탁받은 자가 이를 임의로 처분하였다면 명의신탁자에 대한 횡령죄가 성립하며, 그 명의신탁이 부동산실권리자명의등기에관한법률 시행 전에 이루어졌고 같은 법이 정한 유예기간 이내에 실명등기를 하지 아니함으로써 그 명의신탁약정 및 이에 따라 행하여진 등기에 의한 물권변동이 무효로 된 후에 처분행위가 이루어졌다고 하여 달리 볼 것이 아니다.[193] 위 임야의 사정명의자로서 명의수탁자인 조부가 사망함에 따라 그의 자인 부가, 또 위 부가 사망함에 따라 피고인이 각 그 상속인이 됨으로써 피고인은 위 임야의 수탁관리자로서의 지위를 포괄승계한 것이어서, 피고인은 위 임야를 유효하게 처분할 수 있는 보관자로서의 지위를 취득하였다고 할 것이다.[194] 구 농지개혁법(1994.12.22. 법률 제4817호로 폐지)상 농지를 매수할 수 있는 자는 농가이거나 농가가 되려는 자에 한하므로 농지를 명의신탁하는 경우에도 수탁자가 위 법률에 의하여 그 농지를 매수할 수 없는

189) 대법원 2021.3.11. 선고 2019도1721 판결; 대법원 2021.2.18. 선고 2016도18761 전원합의체 판결.

190) 대법원 2021.2.18. 선고 2016도18761 전원합의체 판결에 의해서 변경된 판결은 대법원 2011.1.27. 선고 2010도12944 판결; 대법원 2009.11.26. 선고 2009도5547 판결; 대법원 2009.8.20. 선고 2008도12009 판결; 대법원 2003.12.26. 선고 2003도4893 판결; 대법원 2000.4.25. 선고 99도1906 판결; 대법원 2000.2.22. 선고 99도5227 판결; 대법원 1999.10.12. 선고 99도3170 판결 등이다.

191) 대법원 2009.11.26. 선고 2009도5547 판결.

192) 대법원 2009.8.20. 선고 2008도12009 판결; 대법원 2000.2.22. 선고 99도5227 판결.

193) 대법원 2000.2.22. 선고 99도5227 판결.

194) 대법원 1996.1.23. 선고 95도784 판결.

경우라면 그 명의신탁은 무효이지만, 수탁자가 적법하게 그 농지를 매수할 수 있는 경우에는 비록 신탁자가 그 당시 농지매매증명을 발급받을 수 없어 그 농지를 매수할 수 없었다 하더라도 그 후 농지매매증명을 발급받을 수 있게 되었다면 수탁자에 대하여 명의신탁을 해지하고 그 농지의 반환을 구할 수 있으므로, 그 이후에는 수탁자는 신탁자를 위하여 그 농지를 보관하는 자의 지위에 서게 되며, 신탁자와 수탁자 사이에 별도의 법률행위가 없었다 하여 달리 볼 것은 아니다.[195] 토지의 일부지분에 관하여 명의신탁에 의한 소유권이전등기를 경료 받은 사람은 그 지분의 범위내에서 그 토지를 제3자에게 유효하게 처분할 수 있는 권능을 갖게 되어 그 부동산을 보관하는 자의 지위에 있다 할 것이다. 피고인이 이 사건 공유지분의 명의수탁자로서 그 지분소유권이전등기를 불법영득의 의사로 거부함으로써 그 반환을 거절하였다고 하여 횡령죄로 의율한 원심의 조치에 소론과 같은 횡령죄의 법리를 오해한 위법은 없다. 논지는 이유없다.[196] 부동산의 명의수탁자가 명의신탁자의 위임의 본지에 반하여 그 부동산을 타인에게 소유권이전등기하여 넘겨 주었다면, 그 명의수탁자는 횡령죄의 주체가 되고 그 횡령행위로 인한 피해자는 명의신탁자라고 할 것이다.[197] 피고인이 다른 동업자들과 공동으로 토지를 매수하여 이를 편의상 피고인 이름으로 소유권이전등기를 경료하여 두고서 업무상 관리하여 오던 중 피고인의 개인용도를 위하여 농협으로부터 금원을 차용하면서 위 동업자들의 승낙도 없이 피고인 임의로 농협 앞으로 근저당권설정등기를 경료하여 주었다면 이는 업무상 횡령죄에 해당한다.[198] 명의신탁에 의하여 피고인 명의로 소유권보존등기된 연립주택에 대하여 피고인이 신탁관계에 위반하여 공소외인으로부터 금원을 차용하고 동인 명의로 매매예약에 의한 소유권이전청구권보전의 가등기를 경료한 때에는 횡령죄에 해당한다.[199]

타인의 재물을 부정한 판례의 구체적 내용은 다음과 같다. 즉,

명의신탁 받은 부동산을 임의로 처분한 경우에 배임죄를 구성함은 별론으로 하고 횡령죄를 구성하는 것은 아니다.[200]

㉢ 3자간 명의신탁물 3자간 명의신탁물이란 신탁자와 수탁자 사이의 명의신탁계약에 따라 신탁자가 매수인이 되어 부동산의 원소유자인 매도인과 매매계약을 체결하면서 등기를 매도인으로부터 신탁자에게 이전하는 경우를 말한다. 신탁자로의 등기이전을 생략하고 직접 수탁자로 등기를 이전하기 때문에 흔히 중간생략등기형 명의신탁(中間省略登記型名義信託)이라고도 한다. 부동산실명법에 따라 신탁자와 수탁자 사이의 명의신탁약정은 무효로 되고(부동산실명법 제4조 제1항), 수탁자 앞으로의 소유권이전등기도 무효로 되어 수탁자는 소유권을 취득하지 못하게 된다(부동산 실명법 제4조 제2항 본문).

학설은 배임죄만 성립한다는 배임죄설과 횡령죄가 성립한다는 횡령죄설이 대립하고 있다. 판례는 횡령죄의 성립을 부정하고 있다. 대법원은 "명의신탁자는 신탁부동산의 소유권을 가지지 아니하고, 명의신탁자와 명의수탁자 사이에 위탁신임관계를 인정할 수도 없다.

195) 대법원 1998.7.28. 선고 97도3283 판결.
196) 대법원 1989.12.8. 선고 89도1220 판결.
197) 대법원 1989.10.24. 선고 89도1605 판결.
198) 대법원 1987.12.8. 선고 87도1690 판결.
199) 대법원 1981.7.14. 선고 81도1302 판결.
200) 대법원 1970.8.31. 선고 70도1434 판결. 이 판결은 대법원 1971.6.22. 선고 71도740 전원합의체 판결에 의하여 폐지됨.

따라서 명의수탁자가 명의신탁자의 재물을 보관하는 자라고 할 수 없으므로, 명의수탁자가 신탁받은 부동산을 임의로 처분하여도 명의신탁자에 대한 관계에서 횡령죄가 성립하지 아니한다"고 판시한 바 있다.[201] 한편 이에 관한 민사판례는 불법행위책임을 긍정하고 있다. 대법원은 "명의수탁자가 3자간 등기명의신탁에 따라 매도인으로부터 소유권이전등기를 넘겨받은 부동산을 자기 마음대로 처분한 행위가 형사상 횡령죄로 처벌되지 않더라도, 이는 명의신탁자의 채권인 소유권이전등기청구권을 침해하는 행위로써 민법 제750조에 따라 불법행위에 해당하여 명의수탁자는 명의신탁자에게 손해배상책임을 질 수 있다"고 판시한 바 있다.[202]

타인의 재물을 긍정한 판례의 구체적 내용은 다음과 같다. 즉,

부동산을 그 소유자로부터 매수한 자가 그의 명의로 소유권이전등기를 하지 아니하고 제3자와 맺은 명의신탁약정에 따라 매도인으로부터 바로 그 제3자에게 중간생략의 소유권이전등기를 경료한 경우, 그 제3자가 그와 같은 명의신탁약정에 따라 그 명의로 신탁된 부동산을 임의로 처분하였다면 신탁자에 대한 횡령죄가 성립하고, 그 명의신탁이 부동산 실권리자명의 등기에 관한 법률 시행 전에 이루어졌고 같은 법이 정한 유예기간 이내에 실명등기를 하지 아니함으로써 그 명의신탁약정 및 이에 따라 행하여진 등기에 의한 물권변동이 무효로 된 후에 처분이 이루어졌다고 하여 달리 볼 것은 아니다.[203] 부동산을 소유자로부터 매수한 자가 그 명의로 소유권이전등기를 하지 아니하고 제3자와 맺은 명의신탁약정에 따라 매도인으로부터 바로 그 제3자에게 중간생략의 소유권이전등기를 마친 경우, 그 제3자가 그 명의로 신탁된 부동산을 임의로 처분하였다면 신탁자에 대한 횡령죄가 성립한다.[204] 구 농지개혁법(1994.12.22. 법률 제4817호 농지법 부칙 제2조에 의하여 1996.1.1. 자로 폐지된 것, 이하 '구 농지개혁법'이라 한다)상 농지를 매수할 수 있는 자는 농가이거나 농가가 되려는 자에 한하므로, 농지를 명의신탁하는 경우에도 수탁자가 구 농지개혁법에 의하여 그 농지를 매수할 수 없는 경우라면 그 명의신탁은 무효이지만, 수탁자가 적법하게 그 농지를 매수할 수 있는 경우에는 비록 그 명의신탁 시점에 신탁자가 농지매매증명을 발급받을 수 없어 위 농지를 매수할 수 없었다고 하더라도, 그 후 사정변경으로 인하여 신탁자가 수탁자에 대하여 위 농지에 관한 명의신탁을 해지하고 그 반환을 구할 수 있게 된 이상, 그 시점부터는 수탁자가 신탁자를 위하여 위 농지를 보관하는 자의 지위에 서게 되고, 신탁자와 수탁자 사이의 별도의 법률행위가 없었다고 하여 달리 볼 것은 아니다.[205] 부동산에 관하여 신탁자가 수탁자와 명의신탁약정을 맺고, 신탁자가 매매계약의 당사자가 되어 매도인과 매매계약을 체결하되, 다만 등기를 매도인으로부터 수탁자 앞으로 직접 이전하는 방법으로 명의신탁을 한 경우, 명의수탁자가 그 부동산을 임의로 처분하였다면 횡령죄가 성립한다.[206] 구 농지개혁법(1994.12.22. 법률 제4817호 농지법 부칙 제2조에 의하여 1996.1.1. 자로 폐지된 것 이하 '구 농지개혁법'이라 한다)상 농지를 매수할 수 있는 자는 농가이거나 농가가 되려는 자에 한하므로, 농지를 명의신탁하는 경우에도 수탁자가 구 농지개혁법에 의하여 그 농지를 매수할 수 없는 경우라면 그 명의

201) 대법원 2016.5.26. 선고 2015도89 판결; 대법원 2016.5.19. 선고 2014도6992 전원합의체 판결.

202) 대법원 2022.6.9. 선고 2020다208997 판결.

203) 대법원 2010.1.28. 선고 2009도1884 판결; 대법원 2001.11.27. 선고 2000도3463 판결(양판례: 대법원 2016.5.19. 선고 2014도6992 전원합의체 판결에 의하여 폐기).

204) 대법원 2008.4.10. 선고 2008도1033 판결; 대법원 2001.11.27. 선고 2000도3463 판결.

205) 대법원 2008.4.10. 선고 2008도1033 판결; 대법원 1998.7.28. 선고 97도3283 판결.

206) 대법원 2008.2.29. 선고 2007도11029 판결(대법원 2016.5.19. 선고 2014도6992 전원합의체 판결에 의하여 폐기); 대법원 2002.8.27. 선고 2002도2926 판결.

신탁은 무효이지만, 수탁자가 적법하게 그 농지를 매수할 수 있는 경우에는 비록 그 명의신탁 시점에 신탁자가 농지매매증명을 발급 받을 수 없어 위 농지를 매수할 수 없었다고 하더라도, 그 후 사정변경으로 인하여 신탁자가 수탁자에 대하여 위 농지에 관한 명의신탁을 해지하고 그 반환을 구할 수 있게 된 이상, 그 시점부터는 수탁자가 신탁자를 위하여 위 농지를 보관하는 자의 지위에 서게 되고, 신탁자와 수탁자 사이에 별도의 법률행위가 없었다고 하여 달리 볼 것은 아니다.207) 부동산을 그 소유자로부터 매수한 자가 그의 명의로 소유권이전등기를 하지 아니하고 제3자와 맺은 명의신탁약정에 따라 매도인으로부터 바로 제3자에게 중간생략의 소유권이전등기를 경료한 경우, 그 제3자가 그와 같은 명의신탁 약정에 따라 그 명의로 신탁된 부동산을 임의로 처분하였다면 신탁자에 대한 횡령죄가 성립하고,208) 그 제3자가 사망함에 따라 제3자의 상속인이 된 자는 제3자의 지위를 포괄승계하여 명의신탁된 부동산을 유효하게 처분할 수 있는 보관자로서의 지위를 취득하는 것이므로, 그 제3자의 상속인이 명의신탁된 부동산을 임의로 처분한 경우에도 신탁자에 대한 횡령죄가 성립한다.209) 부동산에 관하여 신탁자가 수탁자와 명의신탁약정을 맺고 신탁자가 매매계약의 당사자가 되어 매도인과 매매계약을 체결하되 다만 등기를 매도인으로부터 수탁자 앞으로 직접 이전하는 방법으로 명의신탁을 한 경우 명의수탁자가 그 부동산을 임의로 처분하였다면 횡령죄가 성립한다.210) 신탁자가 수탁자와 명의신탁 약정을 맺고 신탁자가 매매계약의 당사자가 되어 매도인과 매매계약을 체결하되 다만 등기를 매도인으로부터 수탁자 앞으로 직접 이전하는 이른바 중간생략등기형 명의신탁 또는 삼자간 등기명의신탁에 해당한다고 할 것인 바, 이와 같은 명의신탁 관계에서 명의수탁자인 피고인이 명의신탁된 부동산 지분을 임의로 처분하였다면 횡령죄가 성립한다고 하여야 할 것이다.211) 부동산을 그 소유자로부터 매수한 자가 그의 명의로 소유권이전등기를 하지 아니하고 제3자와 맺은 명의신탁약정에 따라 매도인으로부터 바로 그 제3자에게 중간생략의 소유권이전등기를 경료한 경우, 그 제3자가 그와 같은 명의신탁 약정에 따라 그 명의로 신탁된 부동산을 임의로 처분하였다면 신탁자에 대한 횡령죄가 성립하고, 그 명의신탁이 부동산실권리자명의등기에관한법률 시행 전에 이루어졌고 같은 법이 정한 유예기간 이내에 실명등기를 하지 아니함으로써 그 명의신탁약정 및 이에 따라 행하여진 등기에 의한 물권변동이 무효로 된 후에 처분이 이루어졌다고 하여 달리 볼 것은 아니다.212)

타인의 재물을 부정한 판례의 구체적 내용은 다음과 같다. 즉,

명의신탁자와 명의수탁자가 이른바 중간생략등기형 명의신탁약정을 맺고 소유자와 매매계약을 체결한 경우에도, 명의신탁자는 신탁부동산의 소유권을 가지지 아니하고, 명의신탁자와 명의수탁자 사이에 위탁신임관계를 인정할 수 없으므로, 명의수탁자는 매도인에 대하여 소유권이전등기청구권을 가질 뿐인 명의신탁자의 재물을 보관하는 자라고 할 수 없다.213) 명의신탁자가 취득한 부동

---

207) 대법원 2008.2.29. 선고 2007도11029 판결(대법원 2016.5.19. 선고 2014도6992 전원합의체 판결에 의하여 폐기); 대법원 1998.7.28. 선고 97도3283 판결.

208) 대법원 2007.6.28. 선고 2006다48632 판결; 대법원 2010.9.30. 선고 2010도8556 판결; 대법원 2001.11.27. 선고 2000도3463 판결.

209) 대법원 2007.6.28. 선고 2006다48632 판결; 대법원 1996.1.23. 선고 95도784 판결.

210) 대법원 2002.8.27. 선고 2002도2926 판결; 대법원 2002.2.22. 선고 2001도6209 판결; 대법원 1999.10.12. 선고 99도3170 판결.

211) 대법원 2002.2.22. 선고 2001도6209 판결; 대법원 2001.11.27. 선고 2000도3463 판결.

212) 대법원 2001.11.27. 선고 2000도3463 판결.

213) 대법원 2016.8.24. 선고 2014도6740 판결; 대법원 2016.5.19. 선고 2014도6992 전원합의체 판결.

산에 관하여 부동산실명법을 위반하여 명의수탁자와 맺은 명의신탁약정에 따라 증여자로부터 바로 명의수탁자 명의로 소유권이전등기를 마친 이른바 중간생략등기형 명의신탁을 한 경우, 명의신탁자는 신탁부동산의 소유권을 가지지 아니하고, 명의신탁자와 명의수탁자 사이에 위탁신임관계를 인정할 수도 없다. 따라서 명의수탁자가 명의신탁자의 재물을 보관하는 자라고 할 수 없으므로, 명의수탁자가 신탁받은 부동산을 임의로 처분하여도 명의신탁자에 대한 관계에서 횡령죄가 성립하지 아니한다.[214] 부동산을 증여받은 명의신탁자가 자신의 명의로 소유권이전등기를 하지 아니하고 명의수탁자와 맺은 명의신탁약정에 따라 증여자로부터 바로 명의수탁자에게 중간생략의 소유권이전등기를 마친 경우, 부동산 실권리자명의 등기에 관한 법률(이하 '부동산실명법'이라 한다) 제4조 제2항 본문에 의하여 명의수탁자 명의의 소유권이전등기는 무효이고, 신탁부동산의 소유권은 증여자가 그대로 보유하게 된다. 따라서 명의신탁자로서는 증여자에 대한 소유권이전등기청구권을 가질 뿐 신탁부동산의 소유권을 가지지 아니하고, 명의수탁자 역시 명의신탁자에 대하여 직접 신탁부동산의 소유권을 이전할 의무를 부담하지는 아니하므로, 신탁부동산의 소유자도 아닌 명의신탁자에 대한 관계에서 명의수탁자가 횡령죄에서 말하는 '타인의 재물을 보관하는 자'의 지위에 있다고 볼 수는 없다.[215] 부동산의 명의수탁자인 갑으로부터 을이 그 소유권이전등기를 경료받은 경우 갑의 처분행위는 대외적으로 유효하여 을은 그 부동산의 권리를 취득하는 것이지 명의수탁자의 지위를 승계하는 것이 아니므로 을이 한 처분행위는 권리자의 처분행위로서 횡령죄가 성립할 수 없다.[216]

vii. 불법원인급여물 불법원인급여물과 관련하여 민법은 "불법의 원인으로 인하여 재산을 급여하거나 노무를 제공한 때에는 그 이익의 반환을 청구하지 못한다. 그러나 그 불법원인이 수익자에게만 있는 때에는 그러하지 아니하다"라고 규정하고 있다(민법 제746조). 문제는 민법상 반환청구가 불가능한 불법원인급여물을 그 보관자가 영득한 경우 형법상 횡령죄의 성부에 있다. 불법도박자금, 뇌물 등이 불법원인급여물의 대표적인 사례로 거론될 수 있다.

한편 리베이트에 해당하는 금원도 이에 포함하여 논의하기로 한다. 리베이트(rebate)란 지급한 대금의 일부를 환불하여 주는 환급액이나 대금의 일부를 감액하여 주는 할일액을 의미한다고 할 수 있다. 이익의 일부를 할인액으로 되돌려주는 백마진(back margin)의 의미를 포함하기도 한다. 예컨대 의료 리베이트와 관련해서 의료법은 2010년 5월부터 부당한 경제적 이익 등의 취득을 금지하고 있다(의료법 제23조의5).

㉠ 학 설 위탁관계가 불법하여 위탁자가 보관자에 대하여 반환청구를 할 수 없는 불법원인급여물을 보관자가 영득한 때에 횡령죄의 성부에 대하여는 다툼어지고 있다. 불법원인급여와 횡령죄의 관계에서는 협의의 불법원인급여물, 불법원인기탁물 및 장물처분대금의 착복의 3가지가 문제된다. 특히, 불법원인기탁물과 관련하여 뇌물로 전달해 달라고 의뢰받은 금전과 같이, 단순히 점유만을 이전하고 소유권을 이전할 의사가 없는 경우 이를 착복하여 소위 배달사고를 낸 때 증뇌물전달죄(제133조 제2항)의 성립은 별론으로 하고 횡령죄의 성부가

214) 대법원 2016.5.26. 선고 2015도89 판결; 대법원 2016.5.19. 선고 2014도6992 전원합의체 판결.
215) 대법원 2016.5.26. 선고 2015도89 판결.
216) 대법원 1989.2.28. 선고 88도1368 판결.

문제된다.

제1설은 긍정설이다.횡령죄의 성립을 긍정한다. 범죄의 성부는 형법의 독자적 목적에 비추어 판단해야 한다는 점, 민법상 보호되지 않는 위탁관계라 하더라도 형법상 보호의 가치가 있을 수 있다는 점, 민법상 불법원인급여가 보호받지 못한다고 하여 위탁자가 소유권을 상실하는 것은 아니므로 점유자에 대하여는 여전히 타인의 재물이 되기 때문에 이를 영득하는 것은 횡령죄가 성립한다는 점 등을 근거로 한다. 제2설은 부정설이다. 횡령죄의 성립을 부정한다. 불법원인급여의 경우 위탁자는 그 반환청구권을 상실하기 때문에 수탁자는 위탁자에 대하여 그 재물을 반환할 법률상의 의무가 없으므로 이를 자유롭게 처분할 수 있는 것이 되어 횡령죄가 성립할 여지가 없다는 점, 민법상 보호되지 않는 이익을 형법이 보호하는 것은 법질서의 통일성을 깨뜨리는 결과가 된다는 점 등을 근거로 한다. 제3설은 절충설이다. 불법원인급부물에 대하여 횡령죄의 성립을 부정하지만, 불법원인기탁물에 대하여는 횡령죄 또는 점유이탈물횡령죄의 성립을 긍정한다. 불법원인급여물의 경우에는 민법(제746조)의 적용을 받아 소유권이 수탁자에게 이전하지만, 불법원인기탁물의 경우에는 민법(제746조)의 적용을 받지 않아 소유권이 이전하지 않는다는 점을 근거로 한다.

ⓛ 판 례 　　판례는 원칙적으로 부정설의 입장이다. 불법원인급여의 경우 위탁물의 소유권은 상대방에게 귀속된다는 점을 근거로 한다. 구체적인 내용은 다음과 같다.

민법이 불법의 원인으로 인하여 재산을 급여하거나 노무를 제공한 때에는 그 이익의 반환을 청구하지 못한다고 규정한 뜻은, 급여를 한 사람은 그 원인행위가 법률상 무효임을 내세워 상대방에게 부당이득반환청구를 할 수 없고, 또 급여한 물건의 소유권이 자기에게 있다고 하여 소유권에 기한 반환청구도 할 수 없어서 결국, 급여한 물건의 소유권은 급여를 받은 상대방에게 귀속된다는 의미이다(민법 제746조).[217] '불법'이 있다고 하려면, 급여의 원인된 행위가 내용이나 성격 또는 목적이나 연유 등으로 볼 때 선량한 풍속 기타 사회질서에 위반될 뿐만 아니라 반사회성·반윤리성·반도덕성이 현저하거나, 급여가 강행법규를 위반하여 이루어졌지만 이를 반환하게 하는 것이 오히려 규범 목적에 부합하지 아니하는 경우 등에 해당하여야 한다.[218] 불법원인이라 함은 그 원인되는 행위가 선량한 풍속 기타 사회질서에 위반하는 경우를 말하는 것으로, 법률행위의 목적인 권리의무의 내용이 선량한 풍속 기타 사회질서에 위반되는 경우뿐만 아니라, 그 내용 자체는 반사회질서적인 것이 아니라고 하여도 법률적으로 이를 강제하거나 그 법률행위에 반사회질서적인 조건 또는 금전적 대가가 결부됨으로써 반사회질서적 성질을 띠게 되는 경우 및 표시되거나 상대방에게 알려진 법률행위의 동기가 반사회질서적인 경우에도 불법원인급여에 해당될 수 있다.[219]

---

217) 대법원 2017.10.26. 선고 2017도9254 판결; 대법원 2017.4.26. 선고 2017도1270 판결; 대법원 2017.4.26. 선고 2016도18035 판결; 대법원 2008.10.9. 선고 2007도2511 판결; 대법원 2002.4.12. 선고 2002도53 판결; 대법원 1999.6.11. 선고 99도275 판결; 대법원 1988.9.20. 선고 86도628 판결; 대법원 1979.11.13. 선고 79다483 전원합의체 판결.

218) 대법원 2017.10.26. 선고 2017도9254 판결; 대법원 2017.4.26. 선고 2017도1270 판결; 대법원 2017.4.26. 선고 2016도18035 판결; 대법원 2017.3.15. 선고 2013다79887, 79894 판결.

219) 대법원 2008.10.9. 선고 2007도2511 판결; 대법원 2002.4.12. 선고 2002도53 판결.

다만 불법의 원인으로 인한 급여가 있고, 그 불법원인이 급여자에게 있는 경우에는 수익자에게 불법원인이 있는지 여부, 수익자의 불법원인의 정도, 그 불법성이 급여자의 그것보다 큰지 여부를 막론하고 급여자는 불법원인급여의 반환을 구할 수 없는 것이 원칙이나, 수익자의 불법성이 급여자의 그것보다 현저히 큰 데 반하여 급여자의 불법성은 미약한 경우에도 급여자의 반환청구가 허용되지 않는다면 공평에 반하고 신의성실의 원칙에도 어긋나므로, 이러한 경우에는 민법 제746조 본문의 적용이 배제되어 급여자의 반환청구는 허용된다고 해석함이 상당하다.[220)]

타인의 재물을 긍정한 판례의 구체적 내용은 다음과 같다. 즉,

병원에서 의약품 선정·구매 업무를 담당하는 약국장이 병원을 대신하여 제약회사로부터 의약품 제공의 대가로 기부금 명목의 돈을 받아 보관중 임의소비한 사안에서, 위 돈은 병원이 약국장에게 불법원인급여를 한 것에 해당하지 않아 여전히 반환청구권을 가지므로, 업무상 횡령죄가 성립한다.[221)] 포주인 피고인이 피해자가 손님을 상대로 윤락행위를 할 수 있도록 업소를 제공하고, 윤락녀인 피해자가 윤락행위의 상대방으로부터 받은 화대를 피고인에게 보관하도록 하였다가 이를 절반씩 분배하기로 한 약정은 선량한 풍속 기타 사회질서에 위반되는 것이고, 따라서 피해자가 그 약정에 기하여 피고인에게 화대를 교부한 것은 불법의 원인으로 인하여 급여를 한 경우로 보아야 하겠지만, 한편 기록에 의하면, 피고인은 다방 종업원으로 근무하고 있던 피해자를 수차 찾아가 자신의 업소에서 윤락행위를 해 줄 것을 적극적으로 권유함으로써 피해자가 피고인과 사이에 위와 같은 약정을 맺고서 윤락행위를 하게 되었고, 피고인은 전직 경찰관으로서 행정사 업무에 종사하면서도 자신의 업소에 피해자 등 5명의 윤락녀를 두고 그들이 받은 화대에서 상당한 이득을 취하는 것을 영업으로 해 왔음에 반하여, 피해자는 혼인하여 남편과 두 아들이 있음에도 남편이 알코올중독으로 생활능력이 없어 가족의 생계를 위하여 피고인의 권유에 따라 윤락행위에 이르게 되었음을 알 수 있는바, 위와 같은 피고인과 피해자의 사회적 지위, 그 약정에 이르게 된 경위에다가 앞에서 본 약정의 구체적 내용, 급여의 성격 등을 종합해 볼 때, 피고인측의 불법성이 피해자측의 그것보다 현저하게 크다고 봄이 상당하므로, 민법 제746조 본문의 적용은 배제되어 피해자가 피고인에게 보관한 화대의 소유권은 여전히 피해자에게 속하는 것이어서, 피해자는 그 전부의 반환을 청구할 수 있고, 피고인이 이를 임의로 소비한 행위는 횡령죄를 구성한다고 보지 않을 수 없다.[222)]

타인의 재물을 부정한 판례의 구체적 내용은 다음과 같다. 즉,

피고인이, 甲 등이 금융다단계 사기 범행을 통하여 취득한 범죄수익 등인 무기명 양도성예금증서 7상을 乙로부터 선네받아 현금으로 교환한 후 임의로 소비하였다고 하여 특정경제범죄 가중처벌 등에 관한 법률 위반(횡령)으로 기소된 사안에서, 피고인이 乙로부터 범죄수익 등의 은닉을 위해 교부받은 무기명 양도성예금증서는 불법의 원인으로 급여한 물건에 해당하여 소유권이 피고인에게 귀속되므로, 피고인이 무기명 양도성예금증서를 교환한 현금을 임의로 소비하였더라도 횡령죄가 성립하지 않는다.[223)] 피고인 甲이 피고인 乙, 丙으로부터 丁 등의 금융다단계 상습사기

220) 대법원 1999.9.17. 선고 98도2036 판결; 대법원 1997.10.24. 선고 95다49530, 49547 판결.
221) 대법원 2008.10.9. 선고 2007도2511 판결.
222) 대법원 1999.9.17. 선고 98도2036 판결.
223) 대법원 2017.10.26. 선고 2017도9254 판결.

범죄수익 등인 400만 위안을 교부받아 자신의 은행계좌에 입금하여 보관하다가 임의로 출금 · 사용하였다고 하여 특정경제범죄 가중처벌 등에 관한 법률 위반(횡령)으로 기소된 사안에서, 피고인 甲이 범죄수익 등의 은닉범행 등을 위해 교부받은 400만 위안은 불법의 원인으로 급여한 물건에 해당하여 소유권이 피고인 甲에게 귀속되므로 횡령죄가 성립하지 않는다는 이유로, 이와 달리 보아 피고인 甲에게 유죄를 인정한 원심판결에 불법원인급여와 횡령죄의 성립에 관한 법리오해의 잘못이 있다.[224] 피고인이 甲으로부터 수표를 현금으로 교환해 주면 대가를 주겠다는 제안을 받고 위 수표가 乙 등이 사기범행을 통해 취득한 범죄수익 등이라는 사실을 잘 알면서도 교부받아 그 일부를 현금으로 교환한 후 丙, 丁과 공모하여 아직 교환되지 못한 수표 및 교환된 현금을 임의로 사용하여 횡령하였다고 하여 특정경제범죄 가중처벌 등에 관한 법률 위반으로 기소된 사안에서, 피고인이 甲으로부터 범죄수익 등의 은닉범행 등을 위해 교부받은 수표는 불법의 원인으로 급여한 물건에 해당하여 소유권이 피고인에게 귀속되므로 횡령죄가 성립하지 않는다고 한 사례이다.[225] 성매매 및 성매매알선 등 행위는 선량한 풍속 기타 사회질서에 반하여 성매매할 사람을 고용함에 있어 성매매의 권유 · 유인 · 강요의 수단으로 이용되는 선불금 등 명목으로 제공한 금품이나 그 밖의 재산상 이익 등은 불법원인급여로서 반환을 청구할 수 없다.[226] 성매매알선 등 행위에 관하여 동업계약을 체결한 당사자 일방이 상대방에게 그 동업계약에 따라 성매매의 권유 · 유인 · 강요의 수단으로 이용되는 선불금 등 명목으로 사업자금을 제공하였다면 그 사업자금 역시 불법원인급여에 해당하여 반환을 청구할 수 없다고 보아야 할 것이다.[227] 갑이 을로부터 제3자에 대한 뇌물공여 또는 배임증재의 목적으로 전달하여 달라고 교부받은 금전은 불법원인급여물에 해당하여 그 소유권은 갑에게 귀속되는 것으로서 갑이 위 금전을 제3자에게 전달하지 않고 임의로 소비하였다고 하더라도 횡령죄가 성립하지 않는다.[228] 조합장이 조합으로부터 공무원에게 뇌물로 전달하여 달라고 금원을 교부받은 것은 불법원인으로 인하여 지급 받은 것으로서 이를 뇌물로 전달하지 않고 타에 소비하였다고 해서 타인의 물을 보관중 횡령하였다고 볼 수는 없다.[229]

ⓒ 검 토 　불법원인급여물에 대하여 반환청구를 못한다는 것은 급여를 한 물건의 소유권이 급여를 받은 상대방에게 귀속한다는 의미로 새겨지고 있다.[230] 따라서 횡령죄의 성립을 부정하는 부정설이 타당하다고 해석된다. 다만 민법은 그 불법원인이 수익자에게만 있는 때에는 그러하지 아니하다고 규정하고 있으므로 이와 같이 단서에 해당하는 경우에는 횡령죄의 성립이 긍정된다고 해석된다(민법 제746조 단서).

viii. 기타 타인의 재물 　재물의 범위와 관련하여 기타의 경우로서 가맹점주의 물품판매대금, 양도담보, 매도담보, 공탁금, 소유권유보부 매매목적물, 장물처분대금 등의 경우가 거론될 수 있을 것이다. 양도담보에 대하여는 부동산실명법이 적용되지 아니한다(부동산실명법 제2조 제1호 단서).

타인의 재물을 긍정한 판례의 구체적 내용은 다음과 같다. 즉,

동산의 매매계약을 체결하면서, 매도인이 대금을 모두 지급받기 전에 목적물을 매수인에게 인

---

224) 대법원 2017.4.26. 선고 2017도1270 판결.
225) 대법원 2017.4.26. 선고 2016도18035 판결.
226) 대법원 2013.8.14. 선고 2013도321 판결; 대법원 2004.9.3. 선고 2004다27488, 27495 판결.
227) 대법원 2013.8.14. 선고 2013도321 판결.
228) 대법원 1999.6.11. 선고 99도275 판결.
229) 대법원 1988.9.20. 선고 86도628 판결.
230) 대법원 1979.11.13. 선고 79다483 전원합의체 판결.

도하기는 하지만 대금이 모두 지급될 때까지는 목적물의 소유권은 매도인에게 유보되며 대금이 모두 지급된 때에 그 소유권이 매수인에게 이전된다는 내용의 이른바 소유권유보의 특약을 한 경우, 목적물의 소유권을 이전한다는 당사자 사이의 물권적 합의는 매매계약을 체결하고 목적물을 인도한 때 이미 성립하지만 대금이 모두 지급되는 것을 정지조건으로 하므로, 목적물이 매수인에게 인도되었다고 하더라도 특별한 사정이 없는 한 매도인은 대금이 모두 지급될 때까지 매수인뿐만 아니라 제3자에 대하여도 유보된 목적물의 소유권을 주장할 수 있으며, 이와 같은 법리는 소유권유보의 특약을 한 매매계약이 매수인의 목적물 판매를 예정하고 있다 하더라도 다를 바 없다.[231] 채무자가 채무이행의 담보를 위하여 동산에 관한 양도담보계약을 체결하고 점유개정의 방법으로 여전히 그 동산을 점유하는 경우 그 계약이 채무의 담보를 위하여 양도의 형식을 취하였을 뿐이고 실질은 채무의 담보와 담보권실행의 청산절차를 주된 내용으로 하는 것이라면 별단의 사정이 없는 한 그 동산의 소유권은 여전히 채무자에게 남아 있고, 채권자는 단지 양도담보물권을 취득하는 데 지나지 않으므로 그 동산을 다른 사유에 의하여 보관하게 된 채권자는 타인 소유의 물건을 보관하는 자로서 횡령죄의 주체가 될 수 있다.[232]

타인의 재물을 부정한 판례의 구체적 내용은 다음과 같다. 즉,

채무자가 채권자에게 동산을 양도담보로 제공하고 점유개정의 방법으로 점유하고 있는 경우에는 그 동산의 소유권은 여전히 채무자에게 유보되어 있는 것이어서 채무자는 자기의 물건을 보관하고 있는 셈이 되므로, 양도담보의 목적물을 제3자에게 처분하거나 담보로 제공하였다 하더라도 횡령죄를 구성하지 아니한다.[233] 피고인이 본사와 맺은 가맹점계약은 독립된 상인간에 일방이 타방의 상호, 상표 등의 영업표지를 이용하고 그 영업에 관하여 일정한 통제를 받으며 이에 대한 대가를 타방에 지급하기로 하는 특수한 계약 형태인 이른바 '프랜차이즈 계약'으로서 그 기본적인 성격은 각각 독립된 상인으로서의 본사 및 가맹점주 간의 계약기간 동안의 계속적인 물품공급계약이고, 본사의 경우 실제로는 가맹점의 영업활동에 관여함이 없이 경영기술지도, 상품대여의 대가로 결과적으로 매출액의 일정 비율을 보장받는 것에 지나지 아니하여 본사와 가맹점이 독립하여 공동경영하고, 그 사이에서 손익분배가 공동으로 이루어진다고 할 수 없으므로 이러한 가맹점 계약을 동업계약 관계로는 볼 수 없고, 따라서 가맹점주인 피고인이 판매하여 보관 중인 물품판매 대금은 피고인의 소유라 할 것이어서 피고인이 이를 임의 소비한 행위는 프랜차이즈 계약상의 채무불이행에 지나지 아니하므로, 결국 횡령죄는 성립하지 아니한다.[234] 공탁금회수 즉시 반환하기로 하고 차용한 금원을 피고인 명의로 공탁하였다가 공탁금회수 청구권에 의하여 법원으로부터 회수한 금원은 공탁자인 피고인의 소유이고 공탁금회수 즉시 채권자에게 반환하기로 하는 약정이 있었다 하더라도 그 결론에는 영향이 없다.[235] 약한 의미의 양도담보에 있어서는 목적물의 소유권은 채무자에게 유보되어 있고 채권자에게는 그 채무불이행시의 목적물에 대한 담보권 및 환가권만이 귀속되는 것이어서 채무자는 자기의 물건을 보관하고 있는 셈이 되는 것이므로 양도담보의 목적물을 제3자에게 처분하였다 하더라도 횡령죄를 구성하지 아니한다.[236] 채무의 담보로 하기 위하여 매매

231) 대법원 2007.6.1. 선고 2006도8400 판결; 대법원 1999.9.7. 선고 99다30534 판결.
232) 대법원 1989.4.11. 선고 88도906 판결; 대법원 1980.11.11. 선고 80도2097 판결.
233) 대법원 2009.2.12. 선고 2008도10971 판결; 대법원 1980.11.11. 선고 80도2097 판결.
234) 대법원 1998.4.14. 선고 98도292 판결.
235) 대법원 1985.3.26. 선고 84도2293 판결.
236) 대법원 1980.11.11. 선고 80도2097 판결.

의 형식을 취하여 동산을 담보로 제공하고 이를 계속 사용하고 있다가 채권자의 승락을 받고 이를 매각하였다면 그 매각대금은 채무자의 소유이므로 이를 채무자가 소비하였다 하더라도 횡령죄가 성립하지 아니한다.[237)]

③ 행 위

본죄의 실행행위는 횡령 또는 반환의 거부이다. 본죄는 타인의 재물을 보관하는 사람이 그 재물을 횡령하거나 반환을 거부한 때에 성립하기 때문이다.

ⓘ 횡 령

ⅰ. 의 의　　횡령(橫領, Veruntreuung)이란 불법영득의사를 실현하는 일체의 행위를 말한다.[238)] 본죄는 타인의 재물을 점유하는 자가 그 점유를 자기를 위한 점유로 바꾸려고 하는 의사를 가지고 그러한 불법영득의사가 외부에 인식될 수 있는 객관적 행위가 있을 때에 성립한다.[239)] 따라서 단순한 내심의 의사만으로는 족하지 아니하다. 또 반드시 자기 스스로 영득하여야만 하는 것은 아니다.[240)]

ⅱ. 횡령의 방법　　횡령은 사실상의 처분행위이든 법률상의 처분행위이든 불문한다.[241)] 소비, 착복, 은닉, 점유의 부인 등은 전자에 속하고, 매매, 입질, 담보제공, 증여, 대여 등은 후자에 속한다. 은닉이란 타인의 재물의 보관자가 위탁의 본지에 반해 그 재물을 발견하기 곤란한 상태에 두는 것을 말한다.[242)] 일시 사용의 목적을 가지고 점유물을 처분하는 소위 사용횡령(使用橫領)은 권리자 배제의사의 발현이라고 할 수 없기 때문에 횡령행위에는 해당하지 않는다. 다만 장시간의 사용, 비교적 단시간의 사용이라고 가치의 마모를 수반하는 경우 또는 본권자의 배타적 이용이 침해되는 경우 등에는 본죄를 구성한다.

법률행위의 경우 이의 유효, 무효 또는 취소가능성은 본죄의 성립에 영향을 미치지 아니한다. 횡령은 작위 외에 부작위에 의해서도 가능하다. 부작위에 의해서도 영득의 의사가 표현될 수 있기 때문이다. 따라서 사법경찰관리가 사건의 증거물로서 영치한 재물을 영득할 의사로 자기의 책상서랍에 넣어 두고 검사에게 송부하지 않을 때에도 본죄가 성립한다. 자신이 위탁받아 보관하고 있던 재물이 없어졌는데도 그 행방이나 사용처를 제대로 설명하지 못한다면 일단 피고인이 이를 임의소비하여 횡령한 것이라고 추단할 수 있다.[243)] 자기가 점유하는 타인의 재물을 횡령하기 위하여 기망수단을 쓴 경우에는 피기망자에 의한 재산처

---

237) 대법원 1977.11.8. 선고 77도1715 판결.

238) 대법원 2015.6.25. 선고 2015도1944 전원합의체 판결; 대법원 2010.2.25. 선고 2010도93 판결; 대법원 2004.12.9. 선고 2004도5904 판결; 대법원 1998.2.24. 선고 97도3282 판결; 대법원 1993.3.9. 선고 92도2999 판결.

239) 대법원 2017.9.21. 선고 2017도7843 판결; 대법원 2013.5.9. 선고 2013도2857 판결; 대법원 2004.12.9. 선고 2004도5904 판결; 대법원 1998.2.24. 선고 97도3282 판결.

240) 대법원 2006.11.10. 선고 2004도5167 판결; 대법원 2004.10.27. 선고 2003도6738 판결; 대법원 2004.3.12. 선고 2004도134 판결; 대법원 2000.12.27. 선고 2000도4005 판결; 대법원 2000.3.14. 선고 99도4923 판결; 대법원 1999.7.9. 선고 98도4088 판결; 대법원 1996.9.6. 선고 95도2551 판결; 대법원 1989.9.12. 선고 89도382 판결.

241) 대법원 1961.10.19. 선고 4294형상102 판결.

242) 대법원 1999.9.17. 선고 99도2889 판결.

243) 대법원 2009.12.10. 선고 2008도10669 판결; 대법원 2007.9.6. 선고 2006도5538 판결

분행위가 없으므로 일반적으로 횡령죄만 성립되고 사기죄는 성립되지 아니한다.244)

횡령을 긍정한 판례의 구체적 내용은 다음과 같다. 즉,

보관·관리하던 비자금을 인출·사용하였음에도 그 자금의 행방이나 사용처를 제대로 설명하지 못하거나 당사자가 주장하는 사용처에 그 비자금이 사용되었다고 볼 수 있는 자료는 현저히 부족하고 오히려 개인적인 용도에 사용하였다는 신빙성 있는 자료가 훨씬 많은 것과 같은 경우에는 비자금의 사용행위가 불법영득의 의사에 의한 횡령에 해당하는 것으로 추단할 수 있을 것이다. 하지만 이와 달리 피고인들이 불법영득의사의 존재를 인정하기 어려운 사유를 들어 비자금의 행방이나 사용처에 대한 설명을 하고 있고 이에 부합하는 자료도 제시한 경우에는 피고인들이 보관·관리하고 있던 비자금을 일단 다른 용도로 소비한 다음 그만한 돈을 별도로 입금 또는 반환한 것이라는 등의 사정이 인정되지 않는 한, 함부로 그 비자금을 불법영득의사로 인출·사용함으로써 횡령하였다고 단정할 것은 아니다.245) 피고인들이 회사의 비자금을 보관·관리하고 있다가 사용한 사실은 인정하면서도 회사를 위하여 인출·사용하였다고 주장하는 경우에 불법영득의사를 인정할 수 있는지 여부는, 비자금의 조성 동기, 방법, 규모, 기간, 보관 및 관리방식 등에 비추어 비자금이 조성된 후에도 법인이 보유하는 자금의 성격이 유지되었는지 여부, 그 비자금의 사용이 사회통념이나 거래관념상 회사의 운영 및 경영상의 필요에 따른 것으로 회사가 비용부담을 하는 것이 상당하다고 볼 수 있는 용도에 지출되었는지 여부, 비자금 사용의 구체적인 시기, 대상, 범위, 금액 등이 상당한 정도의 객관성과 합리성이 있는 기준에 의하여 정해졌는지 여부를 비롯하여 비자금을 사용한 시기, 경위, 결과 등을 종합적으로 고려하여 그 비자금 사용의 주된 목적이 개인적인 용도를 위한 것이라고 볼 수 있는지에 따라 신중하게 판단하여야 한다.246) 타인의 재물을 점유하는 자가 그 점유를 자기를 위한 점유로 바꾸려고 하는 의사를 가지고 그러한 영득의 의사가 외부에 인식될 수 있는 객관적 행위를 하였을 때에는 그 재물 전체에 대한 횡령죄가 성립되고, 일단 횡령을 한 이후에 다시 그 재물을 처분하는 것은 불가벌적 사후행위에 해당하여 처벌할 수 없다.247) 수의계약을 체결하는 공무원이 해당 공사업자와 적정한 금액 이상으로 계약금액을 부풀려서 계약하고 부풀린 금액을 자신이 되돌려 받기로 사전에 약정한 다음 그에 따라 수수한 돈은 성격상 뇌물이 아니고 횡령금에 해당한다.248) 횡령죄는 보관중인 타인의 재물을 임무에 반하여 임의 소비하거나 처분한 때 성립하고 사후에 이를 반환(변상)하였다 하더라도 이미 성립한 횡령죄에는 아무 영향이 없다.249) 피고인이 공소외인으로부터 명의신탁의 취지로 소유권이전등기를 경료받은 토지중 도로부지에 편입된 19평에 대한 보상금을 구청장으로부터 지급받아 보관중 이를 위 토지소유자들에게 반환하지 아니하였다면 횡령죄가 성립한다.250)

횡령을 부정한 판례의 구체적 내용은 다음과 같다. 즉,

동산양도담보의 경우에는 대내적으로 그 목적물의 소유권은 여전히 채무자에게 남아 있고 채권

244) 대법원 1980.12.9. 선고 80도1177 판결.

245) 대법원 2017.5.30. 선고 2016도9027 판결; 대법원 2002.7.26. 선고 2001도5459 판결; 대법원 1994.9.9. 선고 94도998 판결.

246) 대법원 2017.5.30. 선고 2016도9027 판결; 대법원 2009.2.26. 선고 2007도4784 판결.

247) 대법원 2010.2.25. 선고 2010도93 판결; 대법원 1998.2.24. 선고 97도3282 판결.

248) 대법원 2007.10.12. 선고 2005도7112 판결.

249) 대법원 1985.2.26. 선고 84도1109 판결.

250) 대법원 1983.6.28. 선고 83도1212 판결.

자에게는 담보의 목적범위내에서만 그 권리가 이전되는 것으로 볼 것이므로 채무자가 그 채무의 변제를 위하여 이를 처분하거나 그 보관장소를 옮겼다 하여도 그 행위 자체를 횡령이라고 볼 수 없다.[251]

iii. 횡령의 유형

㉠ 임의사용 위탁에 의한 보관금의 임의소비행위가 횡령죄에 해당하는지의 여부가 문제된다. 위탁자로부터 특정용도에 사용하도록 위탁받은 금원을 수탁자가 그 용도에 사용하지 아니하고 임의로 소비한 경우에는 횡령죄를 구성한다.

횡령을 긍정한 판례의 구체적 내용은 다음과 같다. 즉,

금전의 수수를 수반하는 사무처리를 위임받은 사람이 그 행위에 기하여 위임자를 위하여 제3자로부터 수령한 금전은, 목적이나 용도를 한정하여 위탁된 금전과 마찬가지로, 달리 특별한 사정이 없는 한 그 수령과 동시에 위임자의 소유에 속하고, 위임을 받은 사람은 이를 위임자를 위하여 보관하는 관계에 있다고 보아야 한다. 따라서 위임을 받은 사람이 위 금전을 그 위임의 취지대로 사용하지 아니하고 마음대로 자신의 위임자에 대한 채권에 상계충당하는 것은 상계정산하기로 하였다는 특별한 약정이 없는 한 당초 위임한 취지에 반하므로 횡령죄를 구성한다.[252] 양식어업면허권자가 그 어업면허권을 양도한 후 아직도 어업면허권이 자기앞으로 되어 있음을 틈타서 어업권손실보상금을 수령하여 일부는 자기 이름으로 예금하고 일부는 생활비 등에 소비하였다면 이는 횡령죄를 구성한다.[253] 갑이 을에게 타인 발행의 약속어음의 할인을 부탁하면서 위 어음에 배서하여 주고 을은 이를 다시 병에게 배서하여 할인하였다가 위 어음이 부도가 되어 병은 을에게 그 변제를 요구하였고 을은 다시 갑에게 어음금의 상환을 요구한 경우, 갑이 을에게 위 약속어음 회수용으로 용도를 특정하여 돈을 지급하였다면, 갑으로서도 위 약속어음을 회수하여 소지하여야 그 발행인으로부터 어음금을 회수할 수 있는 것이므로 이를 단순한 채무의 변제라고만 할 수는 없고 을은 갑을 위하여, 그리고 그 어음회수를 위하여 그 돈을 보관하는 자의 지위에 있다고 볼 것이므로 을이 이 돈을 갑의 의사에 반하여 어음회수용으로 사용하지 아니하고 소비한 것이라면 횡령죄가 성립한다.[254] 피해자가 금전의 출납과 관리 등 재산에 관한 모든 업무를 맡아서 하고 피고인은 단지 주류구입과 판매 등 업무를 맡아서 하기로 약정하여 카바레를 운영하여 오면서 피고인이 빈상자와 공병판매대금을 피해자에게 지급하지 아니하고 임의소비하였다면 사실상 위 카바레의 소유권이 누구에게 있든지 또는 피해자가 위 카바레운영에 관여하게 된 경위가 어떠하든지 간에 피해자에 대한 관계에 있어서는 횡령죄가 성립한다.[255]

횡령을 부정한 판례의 구체적 내용은 다음과 같다. 즉,

수급인 회사의 이사 겸 업무부장으로서 건물 신축공사와 관련된 부가가치세와 공사대금 수금 등의 업무를 담당하여 온 자는 수급인 회사를 위하여 그 건물 신축공사대금 및 그에 대한 부가가치세를 수령할 권한이 있다 할 것이므로, 도급인이 그에게 수급인 회사에 지급할 부가가치세 명목의

251) 대법원 1983.8.23. 선고 80도1545 판결.

252) 대법원 2017.11.29. 선고 2015도18253 판결; 대법원 2007.2.22. 선고 2006도8939 판결; 대법원 2002.9.10. 선고 2001도3100 판결; 대법원 1997.3.28. 선고 96도3155 판결.

253) 대법원 1993.8.24. 선고 93도1578 판결.

254) 대법원 1989.11.14. 선고 89도968 판결.

255) 대법원 1986.10.14. 선고 86도1589 판결.

금원을 지급한 이상 그로써 수급인 회사에 대하여 금원을 지급한 효력이 발생하는 것이고, 따라서 그가 그 금원을 수급인 회사에 입금시키지 아니하고 임의로 소비하였다 하더라도 이는 수급인 회사에 대한 횡령행위가 될 뿐 도급인에 대한 횡령행위가 되지는 않는다.[256] 이른바 '프랜차이즈 계약'의 기본적인 성격은 각각 독립된 상인으로서의 본사 및 가맹점주 간의 계약기간 동안의 계속적인 물품공급계약이고, 본사의 경우 실제로는 가맹점의 영업활동에 관여함이 없이 경영기술지도, 상품대여의 대가로 결과적으로 매출액의 일정비율을 보장받는 것에 지나지 아니하여 본사와 가맹점이 독립하여 공동경영하고 그 사이에서 손익분배가 공동으로 이루어진다고 할 수 없으므로 가맹점 계약을 동업계약 관계로는 볼 수 없고, 따라서 가맹점주들이 판매하여 보관 중인 물품판매 대금은 그들의 소유라 할 것이어서 이를 임의 소비한 행위는 프랜차이즈 계약상의 채무불이행에 지나지 아니하므로, 결국 횡령죄는 성립하지 아니한다.[257] 수급인이 자재를 구입하여 시공키로 약정한 도급계약에 있어서는 그 공사금 중에 수급인이 공급하는 자재 대금이 포함되어 있다 할 것이므로 도급인이 공사자재 중 목재를 직접 구입하여 수급인에게 제공하였다면 위 공사금에서 위 목재대금 상당액은 공제하여야 할 것이므로 도급인이 수급인으로부터 공사비 일부조로 목재대금에 상당한 금원을 수령한 취지의 영수증을 받았다면 이는 결국 위 목재대금 만큼의 공사비 일부를 감액하는 취지에 불과하다고 해석되고 그 목재의 소유권은 어디까지나 이를 매수한 도급인에게 있다고 봄이 상당하므로 도급인이 후에 이를 임의 사용한 일이 있다 하여도 횡령죄를 구성하지 않는다.[258] 선원이 선박회사로부터 지급받는 실질임금이 국제운수노동자연맹이 책정한 기준임금에 미달하고, 이 미달사실을 탐지한 위 연맹이 선박회사에게 그 차액에 해당하는 추가임금의 지급을 권고하여 이에 따라 선박회사가 위 연맹을 통하여 선원에게 지급한 추가임금은 선원에게 귀속되는 것이고, 선원이 위 금원을 지급받으면 선박회사측에 이를 반환한다는 약정이 있었다고 하여도 동 회사측에 대하여 그 금원을 반환해야 할 채무를 부담함은 별론으로 하고 동 회사측을 위하여 그 금원의 보관책임이 있는 것이 아니므로 이를 소비하였다고 하여도 횡령죄가 성립하지 아니한다.[259]

㉡ 위탁매매　　위탁매매에서 위탁매매인이 위탁품이나 판매대금을 임의로 사용·소비한 경우 횡령죄의 성부가 문제된다. 위탁매매에 있어서 위탁품의 소유권은 위임자에게 있고 그 판매대금은 이를 수령함과 동시에 위탁자에게 귀속한다 할 것이므로, 특별한 사정이 없는 한 위탁매매인이 위탁품이나 그 판매대금을 임의로 사용·소비한 때에는 횡령죄가 성립한다고 할 것이다.[260]

횡령을 긍정한 판례의 구체적 내용은 다음과 같다. 즉,

금은방을 운영하는 피고인이, 甲이 맡긴 금을 시세에 따라 사고파는 방법으로 운용하여 매달 일정한 이익금을 지급하는 한편 甲의 요청이 있으면 언제든지 보관 중인 금과 현금을 반환하기로 甲과 약정하였는데, 그 후 경제사정이 악화되자 이를 자신의 개인채무 변제 등에 사용한 사안에서, 甲이 매매를 위탁하거나 피고인이 그 결과로 취득한 금이나 현금은 모두 甲의 소유라는 이유로 횡령죄를 인정하였다.[261] 토지의 일부 지분에 관하여 명의신탁에 의한 소유권이전등기를 경료받아

256) 대법원 1998.2.27. 선고 97다54635 판결.
257) 대법원 1996.2.23. 선고 95도2608 판결.
258) 대법원 1982.9.28. 선고 82도1541 판결.
259) 대법원 1981.7.7. 선고 80도1581 판결.
260) 대법원 2013.3.28. 선고 2012도16191 판결; 대법원 2013.3.28. 선고 2012도16191 판결; 대법원 1990.3.27. 선고 89도813 판결.

가지고 있는 사람은 그 지분의 범위내에서 그 토지를 제3자에게 유효하게 처분할 수 있는 권능을 가지게 되어 횡령죄의 주체인 보관자의 지위에 있다 할 것이므로 위 명의신탁되었던 지분에 관하여 수용보상금을 수령한 것은 위 토지의 보관자의 지위에서 수령한 것이니 이를 명의신탁자에게 반환하지 않고 임의 소비한 행위는 횡령죄를 구성한다.[262] 피고인이 명의신탁의 방법으로 피해자 소유 부동산을 보관·관리하여 오다가 피해자의 위임에 따라 이를 매도하고 그 대금을 수령한 경우에는 그 매매대금은 피해자를 위하여 보관하여야 하고 단지 대금상당액의 반환채무만 진다고는 볼 수 없으며 또 그 보관중의 매매대금을 피고인 자신을 위하여 소비하였다면 그로써 불법영득의 의사를 실현한 것이라 할 것이어서 후일 피고인이 이를 반환할 의사와 능력이 있었다 하여도 이는 횡령죄의 성립을 좌우하는 것이 아니다.[263]

횡령을 부정한 판례의 구체적 내용은 다음과 같다. 즉,

피고인이 갑과 함께 소주방에서 술을 마시다가 시로 몸싸움을 하는 과정에서 갑이 떨어뜨리고 간 휴대전화를 소주방 업주로부터 건네받아 보관하던 중 갑의 휴대전화를 임의로 사용하는 등 횡령하였다는 내용으로 기소된 사안에서, 피고인은 조리상 갑을 위하여 휴대전화를 보관하는 지위에 있으나, 갑의 휴대전화를 임의로 사용한 것만으로는 불법영득의사가 있었다고 단정하기 어렵다.[264]

㉢ 담보제공 타인의 재물을 보관하는 자가 타인의 동의 없이 그 재물을 담보로 제공하는 경우 횡령죄의 성립여부가 문제된다.

횡령을 긍정한 판례의 구체적 내용은 다음과 같다. 즉,

다른 사람의 재물을 보관하는 사람이 그 사람의 동의 없이 함부로 이를 담보로 제공하는 행위는 불법영득의 의사를 표현하는 횡령행위로서, 사법(私法)상 그 담보제공행위가 무효이거나 그 재물에 대한 소유권이 침해되는 결과가 발생하는지 여부에 관계없이 횡령죄를 구성한다.[265]

횡령을 부정한 판례의 구체적 내용은 다음과 같다. 즉,

부동산 매수인이 매매대금의 완납 전에 그 매매목적물을 담보로 하여 금전을 차용함에 있어 매도인의 승낙을 받는 한편 매도인과 사이에 그 차용금액의 일부는 매도인에게 매매대금으로 우선 교부하여 주기로 약정한 다음 금전을 차용하여 이를 전부 임의로 소비한 경우에 매도인과 매수인 사이의 위의 약정은 매매잔대금의 지급방법의 하나를 정한 것에 불과한 것이므로, 이로써 매수인이 대금완납 시까지 매도인을 위하여 위 매매목적물을 관리하거나 담보 제공하여 차용한 금전을 보관하여야 하는 지위에 있다고 볼 수 없고, 매수인이 차용금액의 일부를 매도인에게 지급하지 아니하였다고 하더라도 이는 단순한 민사상의 채무불이행에 지나지 아니할 뿐 횡령죄는 성립하지 아니한다.[266] 부동산 매수인이 매매대금의 완납전에 그 매매목적물을 담보로 하여 금전을 차용함에 있어 매도인의 승낙을 받는 한편 매도인과 사이에 그 차용금액의 일부는 매도인에게 매매대금으로 우선

261) 대법원 2013.3.28. 선고 2012도16191 판결.
262) 대법원 1987.2.10. 선고 86도1607 판결.
263) 대법원 1984.9.25. 선고 84도1650 판결.
264) 대법원 2014.3.13. 선고 2012도5346 판결.
265) 대법원 2009.2.12. 선고 2008도10971 판결; 대법원 2002.11.13. 선고 2002도2219 판결.
266) 대법원 2005.9.29. 선고 2005도4809 판결; 대법원 1987.3.24. 선고 83도1420 판결.

교부하여 주기로 약정한 다음 금전을 차용하여 이를 전부 임의로 소비한 경우에 매도인과 매수인 사이의 위의 약정은 매매잔대금의 지급방법의 하나를 정한 것에 불과한 것이므로 이로써 매수인이 대금완납시까지 매도인을 위하여 위 매매목적물을 관리하거나 담보제공하여 차용한 금전을 보관하여야 하는 지위에 있다고 볼 수 없으므로 매수인이 차용금액의 일부를 매도인에게 지급하지 아니하였다고 하더라도 이는 단순한 민사상의 채무불이행에 지나지 아니할 뿐 횡령죄는 성립하지 아니한다.[267]

㉣ 기타의 횡령행위 기타의 횡령행위로서는 특히 임의의 상계충당, 동업재산의 매각, 교비회계의 용도전용, 대표이사의 주식매매대금에 대한 개인용도 사용, 변호사비용의 지출, 분식장부, 대부행위 등이 문제될 수 있다.

횡령을 긍정한 판례의 구체적 내용은 다음과 같다.

동업재산은 동업자의 합유에 속하는 것이므로 동업관계가 존속하는 한 동업자는 동업재산에 대한 그 지분을 임의로 처분할 권한이 없고 동업자의 한 사람이 그 지분을 임의로 처분하거나 또는 동업재산의 처분으로 얻은 대금을 보관 중 임의로 소비하였다면 횡령죄의 죄책을 면할 수 없다.[268] 동업자 사이에 손익분배의 정산이 되지 아니하였다면 동업자의 한 사람이 임의로 동업자들의 합유에 속하는 동업재산을 처분할 권한이 없는 것이므로, 동업자의 한 사람이 동업재산을 보관 중 임의로 횡령하였다면 지분비율에 관계없이 임의로 횡령한 금액 전부에 대하여 횡령죄의 죄책을 부담한다.[269] 타인으로부터 용도가 엄격히 제한된 자금을 위탁받아 집행하면서 그 제한된 용도 이외의 목적으로 자금을 사용하는 것은 그 사용이 개인적인 목적에서 비롯된 경우는 물론, 결과적으로 자금을 위탁한 본인을 위하는 면이 있더라도 그 사용행위 자체로서 불법영득의 의사를 실현한 것이 되어 횡령죄가 성립하는바, 교비회계에 속하는 수입은 위와 같이 다른 회계에 전출하거나 대여할 수 없는 등 그 용도가 엄격히 제한되어 있으므로, 사립학교의 교비회계에 속하는 수입을 적법한 교비회계의 세출에 포함되는 용도, 즉 당해 학교의 교육에 직접 필요한 용도가 아닌 다른 용도에 사용하였다면 그 사용행위 자체로서 불법영득의사를 실현하는 것이 되어 그로 인한 죄책을 면할 수 없다.[270] 회사의 경영권 방어 또는 회사의 매각 등을 위하여 위탁받은 주식과 현금을 개인적인 용도로 사용한 경우 횡령죄를 구성한다.[271] 금전의 수수를 수반하는 사무처리를 위임받은 자가 그 행위에 기하여 위임자를 위하여 제3자로부터 수령한 금전은, 목적이나 용도를 한정하여 위탁된 금전과 마찬가지로, 달리 특별한 사정이 없는 한 그 수령과 동시에 위임자의 소유에 속하고, 위임을 받은 자는 이를 위임자를 위하여 보관하는 관계에 있다고 보아야 하며, 위임받은 자가 그 행위에 기하여 위임자를 위하여 제3자로부터 수령한 금전도 목적이나 용도를 한정하여 위탁된 금전의 경우와 마찬가지로 그 위임의 취지대로 사용하지 않고 마음대로 피고인의 위임자에 대한 채권에 상계충당함은, 상계정산하기로 하였다는 특별한 약정이 없는 한, 당초 위임한 취지에 반하는 것으로서 횡령죄를 구성한다고 할 것이다.[272] 주식회사의 주주 겸 대표이사가 장차 신주발

267) 대법원 1987.3.24. 선고 83도1420 판결.

268) 대법원 2009.10.15. 선고 2009도7423 판결; 대법원 1982.9.28. 선고 81도2777 판결.

269) 대법원 2009.10.15. 선고 2009도7423 판결; 대법원 2000.11.10. 선고 2000도3013 판결.

270) 대법원 2008.5.29. 선고 2006도3742 판결; 대법원 2008.2.29. 선고 2007도9755 판결; 대법원 2005.9.28. 선고 2005도3929 판결.

271) 대법원 2008.5.8. 선고 2008도1652 판결; 대법원 1999.7.9. 선고 98도4088 판결; 대법원 1997.9.26. 선고 97도1520 판결.

272) 대법원 2007.2.22. 선고 2006도8939 판결; 대법원 2002.9.10. 선고 2001도3100 판결.

행절차에서 자신이 취득하게 될 주식을 타인에게 매도하고자 하면서 다만 양도소득세 등의 부담을 피하기 위해 주식매수인이 회사에 대해 직접 신주를 인수하는 절차를 취한 경우, 회사에 대한 관계에서 신주인수인은 대표이사가 아니라 주식매수인이므로 대표이사가 주식매수인으로부터 받은 주식매매대금은 신주인수대금으로서 이를 보관 중 개인적인 용도로 사용하였다면 횡령죄를 구성한다.[273] 재건축조합 조합장이 조합장 개인을 위하여 자신의 위법행위에 관한 형사사건의 변호인을 선임하는 것을 재건축조합의 업무라고 볼 수 없으므로, 그가 재건축조합의 자금으로 자신의 변호사 비용을 지출하였다면 이는 횡령에 해당하고, 위 형사사건의 변호사 선임료를 지출함에 있어 이사 및 대의원회의 승인을 받았다 하여도 재건축조합의 업무집행과 무관한 조합장 개인의 형사사건을 위하여 변호사 선임료를 지출하는 것이 위법한 이상 위 승인은 내재적 한계를 벗어나는 것으로서 횡령죄의 성립에 영향을 미치지 아니한다.[274] 금전의 수수를 수반하는 사무처리를 위임받은 자가 그 행위에 기하여 위임자를 위하여 제3자로부터 수령한 금전은, 목적이나 용도를 한정하여 위탁된 금전과 마찬가지로, 달리 특별한 사정이 없는 한 그 수령과 동시에 위임자의 소유에 속하고, 위임을 받은 자는 이를 위임자를 위하여 보관하는 관계에 있다고 보아야 하고, 금전의 수수를 수반하는 사무처리를 위임받은 자가 그 행위에 기하여 위임자를 위하여 제3자로부터 수령한 금전도 목적이나 용도를 한정하여 위탁된 금전의 경우와 마찬가지로 그 위임의 취지대로 사용하지 않고 마음대로 피고인의 위임자에 대한 채권에 상계충당함은, 상계정산하기로 하였다는 특별한 약정이 없는 한, 당초 위임한 취지에 반하는 것으로서 횡령죄를 구성한다고 할 것이다.[275] 피고인이 교회신축공사를 감독하면서 위 교회로부터 레미콘대금을 지급하라는 명목으로 금원을 받았으면서도 거기에 사용하지 아니하고 이를 마음대로 피고인이 받을 채권과 상계처리하였다면 상계정산하기로 하였다는 특별한 약정이 없는 한 이는 금원을 위탁한 취지에 반하는 것이어서 횡령죄를 구성한다.[276]

횡령을 부정한 판례의 구체적 내용은 다음과 같다.

피고인이, 갑 등이 금융다단계 사기 범행을 통하여 취득한 범죄수익 등인 무기명 양도성예금증서 7장을 을로부터 건네받아 현금으로 교환한 후 임의로 소비하였다고 하여 특정경제범죄 가중처벌 등에 관한 법률 위반(횡령)으로 기소된 사안에서, 피고인이 을로부터 범죄수익 등의 은닉을 위해 교부받은 무기명 양도성예금증서는 불법의 원인으로 급여한 물건에 해당하여 소유권이 피고인에게 귀속되므로, 피고인이 무기명 양도성예금증서를 교환한 현금을 임의로 소비하였더라도 횡령죄가 성립하지 않는다.[277] 갑교육청이 을주식회사가 사용해 오던 교육청 토지를 매도하면서 관련 법령에 따라 공개경쟁입찰절차를 거쳐 을회사의 직원인 피고인을 낙찰자로 선정한 다음, 매수인을 피고인으로 명시한 계약서를 작성하고 갑교육청 교육장과 피고인이 각 기명·날인한 사안에서, 매수인의 지위에 있는 자는 계약에서 표시된 바에 따라 '피고인'으로 봄이 상당함에도, 이와 달리 '을회사'가 위 매매계약의 매수인임을 전제로 피고인이 위 토지의 보상금을 임의 소비한 행위가 을회사에 대한 관계에서 횡령죄에 해당한다고 본 원심판결에 법리오해의 위법이 있다.[278] 이사의 직무집행이 정지당함으로써 사실상 법인의 업무수행에 지장을 받게 될 것은 명백하므로, 법인으로

---

273) 대법원 2006.10.27. 선고 2004도6503 판결.

274) 대법원 2006.10.26. 선고 2004도6280 판결.

275) 대법원 2005.8.19. 선고 2005도3681 판결; 대법원 2004.3.12. 선고 2004도134 판결; 대법원 2003.9.26. 선고 2003도3394 판결; 대법원 2002.9.10. 선고 2001도3100 판결; 대법원 1970.12.29. 선고 70도2387 판결.

276) 대법원 1989.1.31. 선고 88도1992 판결.

277) 대법원 2017.10.26. 선고 2017도9254 판결.

278) 대법원 2010.1.28. 선고 2009도11868 판결.

서는 그 이사 자격의 부존재가 객관적으로 명확하여 항쟁의 여지가 없는 경우가 아닌 한 위 가처분에 대항하여 항쟁할 필요가 있다고 할 것이고, 이와 같이 필요한 한도내에서 법인의 대표자가 법인 경비에서 당해 가처분사건의 피신청인인 이사의 소송비용을 지급하더라도 이는 법인의 업무수행에 필요한 비용을 지급한 것에 해당하고 법인의 경비를 횡령한 것이라고는 볼 수 없다.[279] 단위농업협동조합의 조합장이 조합채무자가 채무변제로 납입한 금원을 자신의 영업실적을 과장하기 위해 만든 조합직원 명의의 가장된 대출금중 동액상당이 변제된 것처럼 변칙적인 장부정리를 한 경우, 이와 같은 행위는 일시적인 장부상 분식을 한 데에 불과한 것으로 횡령행위라고 볼 수 없다.[280] 피고인의 피해자에 대한 기존채무를 확보해주기 위한 방법으로 피고인과 피해자 공동명의로 본건 가옥에 대해 소유권이전등기를 경료하기로 하는 구두약정을 한 경우, 이는 피고인이 피해자에 대하여 그와 공동명의로 이전등기를 경료하여 주겠다는 급부의무를 부담할 의사를 표시한 것에 불과하고 특히 피해자가 동 부동산의 소유자로부터 직접 그 지분상당을 이전받기로 합의된 것도 아니라면 위 약정만으로서 피고인이 피해자의 지분상당의 이전등기절차 사무를 처리하는 지위에 있다거나 피고인에게 그의 지분상당을 명의신탁하였다고도 볼 수 없으므로, 피고인이 위 약정에 위배하여 피고인 단독명의로 소유권이전등기를 경료하고 타에 근저당권설정등기를 경료하여 주었다 하더라도 이는 위 피해자에 대하여 단순한 채무불이행에 불과할 뿐 배임죄 내지 횡령죄는 성립되지 아니한다.[281] 회사의 대표이사의 대부행위는 비록, 회사의 영업목적에 적절하지 않다 하더라도 회사의 대부행위로서 효력이 있는 것이므로 단지 그가 업무상 점유하는 돈을 대부하였다는 사실만으로 곧 그에게 불법영득의 의사가 있었다고는 볼 수 없고, 따라서 위 대부행위는 업무상 횡령죄를 구성한다고 단정하기 어렵다.[282] 동산양도담보의 경우에는 대내적으로 그 목적물의 소유권은 여전히 채무자에게 남아 있고 채권자에게는 담보의 목적범위내에서만 그 권리가 이전되는 것으로 볼 것이므로 채무자가 그 채무의 변제를 위하여 이를 처분하거나 그 보관장소를 옮겼다 하여도 그 행위 자체를 횡령이라고 볼 수 없다.[283] 도급인이 제공하는 재료로 공작물을 제작·완성하기로 하는 노무도급계약에 있어서 재료일부가 적기에 제공되지 아니하여 수급인이 공사진행의 편의상 도급인으로부터 제공받을 재료와 동 품질·동량의 다른 재료를 구입하여 공작물의 제작을 완성한 후 도급인의 검수까지 마쳤다면 그 뒤에 도급인으로부터 제공받은 재료는 수급인의 소유에 귀속시키기로 하는 당사자간의 묵시적인 합의가 있었던 것이라고 봄이 상당하므로, 그 후 수급인이 도급인으로부터 제공받은 재료를 처분하였다 하더라도 횡령죄를 구성하지 아니한다.[284] 자기소유의 고철과 석탄 및 주물공장을 이용하여 제품을 만들어 판매함으로써 그 매각대금으로 타인의 채무를 변제하기로 약정하였다면 그 매각대금으로 채무를 변제하지 아니하였다 하더라도 이는 단순한 채무불이행으로서 횡령죄나 사기죄를 구성하지 아니한다 할 것이다.[285]

ⅱ 반환의 거부

ⅰ. 의 의 　반환의 거부(返還의 拒否)란 보관물에 대하여 소유자의 권리를 배제하는 의사표시로서 불법영득의 의사를 표현하는 행위를 말한다. 반환의 거부는 횡령행위 중의

279) 대법원 1990.6.26. 선고 89도1102 판결.
280) 대법원 1985.7.9. 선고 84도2597 판결.
281) 대법원 1985.6.11. 선고 84도2243 판결.
282) 대법원 1984.11.13. 선고 84도2112 판결.
283) 대법원 1983.8.23. 선고 80도1545 판결.
284) 대법원 1983.4.12. 선고 82도2410 판결.
285) 대법원 1971.11.23. 선고 71도1724 판결.

하나를 예시한 것으로 해석되고 있다.

ii. 반환거부의 정도 반환의 거부가 본죄를 구성하려면 타인의 재물을 보관하는 사람이 단순히 반환을 거부한 사실만으로 족하지 않고, 그 반환거부의 이유와 주관적인 의사 등을 종합하여 반환거부행위가 횡령행위와 같다고 볼 수 있을 정도이어야 한다.[286] 따라서 반환할 수 없는 사정이 존재하거나 반환을 거부할 수 있는 정당한 이유가 존재하는 경우에는 본죄가 성립하지 아니한다.

반환거부를 긍정한 판례의 구체적 내용은 다음과 같다. 즉,

피해자로부터 불상(금제삼존불상)을 팔아달라는 부탁을 받았는지 또는 부탁을 받지 않은 상태에서 가지고 나왔는지는 분명하지 아니하나 불상을 보관하고 있었음은 명백한 상태에서, 피해자로부터 불상의 반환을 요구받고도 이를 반환하지 아니하였고, 그와 같이 반환하지 못하는 이유를 수시로 번복하고 있을 뿐 불상의 행방에 관하여 납득할 만한 설명을 하지 못하고 있는 행위가, 형법 제355조 제1항의 '타인의 재물을 보관하는 자가 그 반환을 거부한 때'에 해당한다.[287] 피고인이 2천 원을 내어 피해자를 통하여 구입한 복권 4장을 피고인과 피해자를 포함한 4명이 한 장씩 나누어 그 당첨 여부를 확인하는 결과 피해자 등 2명이 긁어 확인한 복권 2장이 1천 원씩에 당첨되자 이를 다시 복권 4장으로 교환하여 같은 4명이 각자 한 장씩 골라잡아 그 당첨 여부를 확인한 결과 피해자 등 2명이 긁어 확인한 복권 2장이 2천만 원씩에 당첨되었으나 당첨금을 수령한 피고인이 피해자에게 그 당첨금의 반환을 거부한 경우, 피고인과 피해자를 포함한 4명 사이에는 어느 누구의 복권이 당첨되더라도 당첨금을 공평하게 나누거나 공동으로 사용하기로 하는 묵시적인 합의가 있었다고 보아야 하므로 그 당첨금 전액은 같은 4명의 공유라고 봄이 상당하여 피고인으로서는 피해자의 당첨금 반환요구에 따라 그의 몫을 반환할 의무가 있고 피고인이 이를 거부하고 있는 이상 불법영득의사가 있다는 이유로 횡령죄가 성립될 수 있다.[288] 명의신탁자가 구체적인 보수나 비용의 약정없이 신탁한 농지의 반환을 요구하면서 등기이전에 따른 비용과 세금은 자신이 부담하고 수탁자인 피고인에게 손해가 없도록 하겠다고 했음에도 불구하고 피고인이 위 토지에 대해 재산세를 납부한 것이 해결되지 않았고 계속 2년 가량 더 농사를 짓고 넘겨 주겠다는 대답으로 위 반환요구에 불응한 소위는 타인의 재물을 보관하는 자가 그 위탁취지에 반하여 정당한 권한없이 반환을 거부한 것이므로 횡령죄를 구성한다.[289] 시로부터 벽돌 제조기를 무상으로 대여받은 자가 반환기일에 반환하지 아니하고 여러 차례 연기원을 제출하고 사용하여 오다가 이를 타인에게 사용료를 받고 대여한 것이라면 달리 정당한 이유가 있었다는 점이 인정되지 아니하는 한 이는 반환을 거부하는 행위로서 횡령죄가 성립된다.[290]

286) 대법원 2013.8.23. 선고 2011도7637 판결; 대법원 2008.12.11. 선고 2008도8279 판결; 대법원 2006.2.10. 선고 2003도7487 판결; 대법원 2005.7.29. 선고 2005도685 판결; 대법원 2004.4.9. 선고 2004도671 판결; 대법원 2003.5.16. 선고 2002도619 판결; 대법원 2002.9.4. 선고 2000도637 판결; 대법원 1998.7.10. 선고 98도126 판결; 대법원 1993.6.8. 선고 93도874 판결; 대법원 1992.11.27. 선고 92도2079 판결; 대법원 1989.3.14. 선고 88도2437 판결; 대법원 1988.8.23. 선고 88도1213 판결; 대법원 1986.10.28. 선고 86도1516 판결.

287) 대법원 2009.12.10. 선고 2008도10669 판결; 대법원 2008.12.11. 선고 2008도8279 판결; 대법원 2006.2.10. 선고 2003도7487 판결.

288) 대법원 2000.11.10. 선고 2000도4335 판결.

289) 대법원 1983.11.8. 선고 82도800 판결.

290) 대법원 1968.2.20. 선고 67도1456 판결.

반환거부를 부정한 판례의 구체적 내용은 다음과 같다. 즉,

보관자의 지위에 있는 등기명의자가 명의이전을 거부하면서 부동산의 진정한 소유자가 밝혀진 후에 명의이전을 하겠다는 의사를 표시하였다면 불법영득의 의사를 가지고 그 반환을 거부한 것이라고 단정할 수 없다.[291] 부동산의 소유명의 및 관리를 위탁받은 자가 자기명의로의 소유권이전등기를 생략한 채 그 자에게 소유권이전등기를 하여 주고 사망하였다면 비록 자가 그러한 사정을 알고 있었다고 하더라도 그로써 곧 그 자가 위탁자에 대한 관계에 있어 등기명의 및 관리의 수탁자로서의 지위를 취득하거나 승계하게 된다고는 할 수 없어 위탁자에게 그 부동산의 반환을 거부한다 하더라도 횡령죄를 구성하지는 않는다.[292] 피고인이 극장내에 비치된 일체의 비품 및 극장 운영권을, 공연장(극장) 허가명의자로서 위 극장을 직접 운영하고 있던 공소외 (갑)으로부터 매수하고 이를 인도받아 그 소유권을 선의취득하였다고 인정된다면, 피고인이 극장비품인 이 사건 동산에 대한 당초 소유자의 반환요구를 거절하였다고 하여 횡령죄를 구성할 수는 없다.[293]

④ 결 과

본죄는 다른 사람의 재물에 관한 소유권 등 본권을 보호법익으로 하고 법익침해의 위험이 있으면 침해의 결과가 발생되지 아니하더라도 성립하는 위험범이다.[294] 다만 횡령의 결과 피해자에 대한 손해의 발생으로 기수에 이르게 된다고 해석된다. 문제는 손해의 산정기준에 있다.

예컨대 사후에 변상하거나 보전한 금액을 횡령금액에서 공제해야 하는 것도 아니니다.[295] 또 동업자 사이에 손익분배의 정산이 되지 아니하였다면 동업자의 한 사람이 임의로 동업자들의 합유에 속하는 동업재산을 처분할 권한이 없는 것이므로, 동업자의 한 사람이 동업재산을 보관 중 임의로 횡령하였다면 지분비율에 관계없이 임의로 횡령한 금액 전부에 대하여 횡령죄의 죄책을 부담한다.[296] 채권을 추심하여 각 채권자들의 채권액에 비례하여 분배하기로 한 채권자단의 단장이 채무자로부터 채권자들에게 분배해 달라는 취지로 받은 금원을 보관중 자신의 채권액에 모두 충당한 경우 동인도 자기채권액에 비례하여 분배받을 것이 있음이 마땅하므로 동인의 횡령액은 그 전액을 횡령하였다고는 볼 수 없고 자기의 채권비율에 따른 분배액을 초과한 금액만을 횡령하였다고 보아야 한다.[297]

2) 주관적 구성요건

① 고 의

본죄는 고의범이다. 본죄의 고의는 인식적 요소로서 타인의 재물을 보관하는 자가 그 재물을 횡령하거나 그 반환을 거부한다는 사실에 대한 인식을 요한다.

고의를 긍정한 판례의 구체적 내용은 다음과 같다. 즉,

291) 대법원 2002.9.4. 선고 2000도637 판결.
292) 대법원 1987.2.10. 선고 86도2349 판결.
293) 대법원 1983.12.13. 선고 83도2642 판결.
294) 대법원 2013.2.21. 선고 2010도10500 전원합의체 판결.
295) 대법원 2012.1.27. 선고 2011도14247 판결; 대법원 2010.5.27. 선고 2010도3399 판결.
296) 대법원 2007.2.22. 선고 2006도8105 판결; 대법원 2000.11.10. 선고 2000도3013 판결.
297) 대법원 1985.2.13. 선고 84도2521 판결.

가처분결정으로 직무집행정지 중에 있던 종단대표자가 종단소유의 보관금을 소송비용으로 사용함에 있어 변호사의 조언이 있었다는 것만으로 보관금인출사용행위가 법률의 착오에 의한 것이라 할 수 없다.[298)]

고의를 부정한 판례의 구체적 내용은 다음과 같다. 즉,

양도담보권자와 채무자 사이에 변제할 채무액에 관하여 다툼이 있었다면 채무가 잔존한 것으로 믿고 담보부동산을 처분한 양도담보권자에게 위 부동산에 관한 횡령의 범의가 있다고 볼 수 없고, 그가 담보부동산을 처분한 후 정산의무를 이행하지 아니한 것만으로는 범죄행위가 되지 아니한다.[299)] 종중 소유로서 피고인 등에게 명의신탁된 부동산 중 피고인 명의의 지분에 관하여 종중을 구성하는 3개파 소문중들 사이에 피고인이 소속된 소문중 명의로 이전하기로 재산분배의 합의가 되고 종중의 이사회에서 위 합의를 승인함에 따라 피고인이 소유지분권이전등기를 경료하였다면 위 종중재산분배합의의 적법성과 그 효력유무는 별론으로 하고 피고인에게 횡령의 범의가 있다고 보기 어렵다.[300)] 장학기금출연자중 상당수로부터 장학기금반환요구가 있는등의 여러 사정으로 위 장학기금의 정상적인 운영이 어렵게 되자 그 장학기금의 이사장이 이를 해체할 수 밖에 없다고 판단해서 해산절차를 취하여 위 반환요구자의 대부분에게 그 출연원금을 반환하였다면 비록 그 해산절차의 적법여부에 의문이 제기될 수 있다고 하더라도 위와 같은 주관적 판단이 객관적으로 보아 심히 부당한 것은 아니라고 사회통념상 인정되므로 여기에 횡령의 범의가 있었다고 할 수는 없다.[301)] 피고인과 피해자 사이에 변제할 금액에 관하여 서로 계산이 틀려서 상호간에 의견의 일치를 본 바 없으므로 피고인이 이미 처분한 토지대금만으로는 채권추심이 다 안된 것으로 알고 다른 토지를 거의 같은 시기에 매각처분하였다 하여 피고인에게 횡령할 범의가 있었다고 볼 수 없다.[302)]

② 불법영득의 의사

본죄는 영득죄에 속한다. 따라서 주관적 구성요건요소로서 고의를 요하는 외에 초과주관적 구성요건요소로서 불법영득의 의사를 추가적으로 요한다. 다만 점유를 개시할 때에는 불법영득의 의사를 요하지 않는다. 대법원도 "형법 제355조 제1항의 횡령죄는 불법영득의 의사없이 목적물의 점유를 시작한 경우라야 하고 타인을 공갈하여 재물을 교부케 한 경우에는 공갈죄를 구성하는 외에 그것을 소비하고 타에 처분하였다 하더라도 횡령죄를 구성하지는 않는다"고 판시한 바 있다.[303)]

불법영득의 의사란 타인의 재물을 보관하는 사람이 위탁의 취지에 반하여 자기 또는 제3자의 이익을 꾀할 목적으로 업무상의 임무에 위배하거나 위탁의 취지에 반하여 보관하는 타인의 재물을 자기의 소유인 경우와 같이 사실상 또는 법률상 처분하는 의사를 말한다.[304)]

---

298) 대법원 1990.10.16. 선고 90도1604 판결.
299) 대법원 1992.7.14. 선고 92도279 판결.
300) 대법원 1991.4.9. 선고 90도2837 판결.
301) 대법원 1987.4.28. 선고 86도824 판결.
302) 대법원 1972.12.26. 선고 72도2529 판결.
303) 대법원 1986.2.11. 선고 85도2513 판결.
304) 대법원 2017.6.19. 선고 2015도19591 판결; 대법원 2017.5.30. 선고 2016도9027 판결; 대법원 2017.4.13. 선고 2017도953 판결; 대법원 2017.2.15. 선고 2013도14777 판결; 대법원 2016.8.30. 선고 2013도658 판결; 대법원 2014.3.13. 선고 2012도5346 판결; 대법원 2013.8.23. 선고 2011도7637 판결; 대법원 2013.3.14. 선고 2011도7259 판결; 대법원 2012.2.23. 선고 2011도15857 판결; 대법원 2012.1.27. 선고 2010도10739 판결; 대법원

예컨대 위탁의 취지에 반하더라도 보관자가 자기 또는 제3자의 이익을 위한 것이 아니라 그 소유자의 이익을 위하여 이를 처분한 경우에는 특별한 사정이 없는 한 불법영득의 의사를 인정할 수 없다.[305] 비록 그 반환을 거부하였다고 하더라도 그 반환거부에 정당한 사유가 있을 때에는 불법영득의 의사가 있다고 할 수 없다.[306] 그러나 사후에 이를 반환하거나 변상 또는 보전할 의사가 있다 하더라도 불법영득의 의사를 인정하는 데에는 아무런 지장이 없다.[307] 불법영득의 의사는 영구적일 뿐만 아니라 일시적인 것도 가능하다.[308]

불법영득의 의사는 내심의 의사에 속하여 피고인이 이를 부인하는 경우, 이러한 주관적 요소로 되는 사실은 사물의 성질상 그와 상당한 관련이 있는 간접사실 또는 정황사실을 증명하는 방법에 의하여 증명할 수밖에 없다.[309]

불법영득의 의사를 긍정한 판례의 구체적 내용은 다음과 같다. 즉,

> 보관자가 자기 또는 제3자의 이익을 위하여 소유자의 이익에 반하여 재물을 처분한 경우에는 그 재물에 대한 불법영득의사를 인정할 수 있다.[310] 주식회사의 대표이사가 회사의 금원을 인출하여 사용하였는데 그 사용처에 관한 증빙자료를 제시하지 못하고 있고 그 인출사유와 금원의 사용처에 관하여 납득할 만한 합리적인 설명을 하지 못하고 있다면, 이러한 금원은 그가 불법영득의 의사로 회사의 금원을 인출하여 개인적 용도로 사용한 것으로 추단할 수 있다.[311] 피고인이 위탁받아 보관하고 있던 돈이 모두 사라졌으나 그 돈의 행방이나 사용처가 밝혀지지 않고 있는 상황에서

2010.12.23. 선고 2008도8851 판결; 대법원 2010.5.27. 선고 2010도3399 판결; 대법원 2009.4.23. 선고 2009도495 판결; 대법원 2008.11.13. 선고 2006도4885 판결; 대법원 2007.6.14. 선고 2005도7880 판결; 대법원 2006.11.10. 선고 2004도5167 판결; 대법원 2006.6.27. 선고 2005도2626 판결; 대법원 2006.6.2. 선고 2005도3431 판결; 대법원 2006.2.10. 선고 2003도7487 판결; 대법원 2005.8.19. 선고 2005도3045 판결; 대법원 2005.7.29. 선고 2005도685 판결; 대법원 2004.10.27. 선고 2003도6738 판결; 대법원 2004.3.12. 선고 2004도134 판결; 대법원 2002.2.5. 선고 2001도5439 판결; 대법원 2000.12.27. 선고 2000도4005 판결; 대법원 2000.3.14. 선고 99도4923 판결; 대법원 2000.2.8. 선고 99도3982 판결; 대법원 1999.7.9. 선고 98도4088 판결; 대법원 1998.7.10. 선고 98도126 판결; 대법원 1997.9.30. 선고 97도1863 판결; 대법원 1996.9.6. 선고 95도2551 판결; 대법원 1989.9.12. 선고 89도382 판결; 대법원 1987.4.28. 선고 86도824 판결; 대법원 1983.9.13. 선고 82도75 판결; 대법원 1982.4.13. 선고 80도537 판결; 대법원 1982.3.9. 선고 81도3009 판결; 대법원 1980.10.14. 선고 79도2171 판결; 대법원 1965.10.5. 선고 65도735 판결.

305) 대법원 2017.6.19. 선고 2015도19591 판결; 대법원 2017.2.15. 선고 2013도14777 판결; 대법원 2016.8.30. 선고 2013도658 판결; 대법원 2011.5.26. 선고 2011도1904 판결; 대법원 2009.4.23. 선고 2009도495 판결; 대법원 2000.2.8. 선고 99도3982 판결; 대법원 1982.3.9. 선고 81도3009 판결; 대법원 1980.10.14. 선고 79도2171 판결; 대법원 1965.10.5. 선고 65도735 판결.

306) 대법원 2006.2.10. 선고 2003도7487 판결; 대법원 2005.7.29. 선고 2005도685 판결; 대법원 2004.3.12. 선고 2004도134 판결; 대법원 1998.7.10. 선고 98도126 판결; 대법원 1989.9.12. 선고 89도382 판결; 대법원 1987.4.28. 선고 86도824 판결; 대법원 1986.2.25. 선고 86도2 판결.

307) 대법원 2017.4.13. 선고 2017도953 판결; 대법원 2013.3.14. 선고 2011도7259 판결; 대법원 2012.2.23. 선고 2011도15857 판결; 대법원 2012.1.27. 선고 2011도14247 판결; 대법원 2010.12.23. 선고 2008도8851 판결; 대법원 2010.5.27. 선고 2010도3399 판결; 대법원 2008.11.13. 선고 2006도4885 판결; 대법원 2006.11.10. 선고 2004도5167 판결; 대법원 2006.6.2. 선고 2005도3431 판결; 대법원 2005.8.19. 선고 2005도3045 판결; 대법원 1983.9.13. 선고 82도75 판결.

308) 대법원 1961.10.19. 선고 4294형상102 판결.

309) 대법원 2017.6.19. 선고 2015도19591 판결; 대법원 2017.2.15. 선고 2013도14777 판결; 대법원 2010.6.24. 선고 2007도5899 판결.

310) 대법원 2017.9.21. 선고 2017도7843 판결; 대법원 2016.8.30. 선고 2013도658 판결.

311) 대법원 2012.1.27. 선고 2011도14247 판결; 대법원 2004.9.24. 선고 2004도3532 판결.

피고인이 그 행방이나 사용처를 제대로 설명하지 못하거나 또는 피고인이 주장하는 사용처에 사용된 자금이 위 돈과는 다른 자금으로 충당된 것이 드러나는 등 피고인이 주장하는 사용처에 위 돈이 사용되었다는 점을 인정할 수 있는 자료가 부족하고 오히려 피고인이 위 돈을 개인적인 용도에 사용하였다는 점에 대한 신빙성 있는 자료가 많은 경우에는 일응 피고인이 위 돈을 불법영득의 의사로 횡령하였다고 추단할 수 있을 것이다.[312] 금전을 대여하면서 채무자로부터 그 담보로 동산을 교부받은 담보권자는 그 담보권의 범위 내에서 담보권을 행사할 수 있을 것인데, 담보권자가 담보목적물을 보관하고 있음을 기화로 실제의 피담보채권 이외에 자신의 제3자에 대한 기존의 채권까지 변제받을 의도로, 채무자인 담보제공자와의 소비대차 및 담보설정관계를 부정하고 그 담보목적물이 자신과 제3자 사이의 소비대차 및 담보설정계약에 따라 제공된 것으로서 실제의 피담보채권 외에 제3자에 대한 기존의 채권까지도 피담보채권에 포함되는 것이라고 주장하면서 그것까지 포함하여 변제가 이루어지지 아니할 경우 반환하지 않을 것임을 표명하다가 타인에게 담보목석물을 매각하거나 담보로 제공하여 피담보채무 이외의 채권까지도 변제충당한 경우에는 정당한 담보권의 행사라고 볼 수 없고, 위탁의 취지에 반하여 자기 또는 제3자의 이익을 위하여 권한 없이 그 재물을 자기의 소유인 것 같이 처분하는 것으로서 불법영득의 의사가 인정된다.[313] 피고인이 금전의 수수를 수반하는 건물의 매각 및 그 대금의 분배에 관한 사무의 위탁 취지에 반하여 매각대금으로 수령한 금원 중 피해자에게 반환하여야 할 돈을 자신의 피해자에 대한 채권의 변제에 충당한다는 명목으로 그 반환을 거부하면서 자기의 소유인 것 같이 이를 처분하였다면 불법영득의 의사가 인정된다.[314] 피고인이 금전의 수수를 수반하는 부동산의 매도에 관한 사무의 위탁의 취지에 반하여 부동산의 매매계약금으로 수령한 돈을 자신의 피해자에 대한 채권의 변제에 충당한다는 명목으로 그 반환을 거부하면서 자기의 소유인 것 같이 이를 처분하였다면 피고인이 위 매매계약금의 반환을 거부한 데에는 정당한 사유가 있다고 할 수 없어 불법영득의 의사가 인정된다.[315] 피고인이 자신이 위탁받아 보관중이던 돈이 모두 없어졌는데도 그 행방이나 사용처를 설명하지 못하거나 또는 피고인이 주장하는 사용처에 사용된 자금이 다른 자금으로 충당된 것으로 드러나는 등 피고인이 주장하는 사용처에 사용되었다는 점을 인정할 수 있는 자료가 부족하고 오히려 개인적인 용도에 사용하였다는 점에 대한 신빙성 있는 자료가 많은 경우에는 일응 피고인이 위 돈을 불법영득의 의사로서 횡령한 것으로 추단할 수 있다.[316] 피고인이 자신이 인출하여 보관하고 있다가 사용한 돈의 행방이나 사용처를 제대로 설명하지 못하거나 또는 피고인이 주장하는 사용처에 사용된 자금이 그 돈과는 다른 자금으로 충당된 것으로 드러나는 등 피고인이 주장하는 사용처에 그 돈이 사용되었다는 점을 인정할 수 있는 자료가 부족하고, 오히려 피고인이 그 돈을 개인적인 용도에 사용하였다는 점에 대한 신빙성 있는 자료가 많은 경우에는 피고인이 그 돈을 불법영득의 의사로써 횡령한 것이라고 추단할 수 있다.[317] 학교법인의 이사장이었던 자가 이사장으로 근무할 당시 학교법인이 부담하는 부외부채를 자신의 자금으로 변제한 후 그 자금회수를 위하여 자신이 보관하던 학교법인 소유의 양도성 예금증서를 어음할인에 대한 담보로 제공한 경우, 그 부외부채가 학교법인이 승인한 채무가 아니고 그 변제도 학교법인의 의사에 반하여 임의로 한 것이라는 이유로 불법영득의 의사를 인정한 사례이다.[318] 피고인이 피해자로부터 피해자

312) 대법원 2010.6.24. 선고 2008도6755 판결; 대법원 2000.3.14. 선고 99도457 판결.
313) 대법원 2007.6.14. 선고 2005도7880 판결.
314) 대법원 2005.8.19. 선고 2005도3681 판결.
315) 대법원 2004.3.12. 선고 2004도134 판결.
316) 대법원 2002.9.4. 선고 2000도637 판결.
317) 대법원 2002.7.26. 선고 2001도5459 판결; 대법원 1994.9.9. 선고 94도998 판결.

소유의 다이아반지 1개를 팔아 달라는 부탁을 받고 교부받아 이를 판매한 대금을 보관중 임의소비한 경우 피고인에게 불법영득의 의사가 있었다고 보아야 할 것이므로 피고인의 행위는 횡령죄를 구성한다.[319] 회사자금을 인출하여 임의로 처분함으로써 횡령죄는 기수에 달하는 것이며 그 후에 그 금원을 회사의 신주발행시에 신주인수자금으로 사용하여 결과적으로 회사에 입금되었다고 해서 이미 성립한 횡령죄에 영향을 미치는 바 없고, 그러한 사정만으로 불법영득의 의사가 있었음을 부정할 수 없다.[320] 피고인이 보관중인 약속어음을 불법영득의사로서 현금으로 할인한 경우, 설사 피고인이 그 정을 모르는 피해자를 속여 현금할인에 관하여 승낙을 받았더라도 횡령죄의 성립에 하등 영향이 없다.[321]

불법영득의 의사를 부정한 판례의 구체적 내용은 다음과 같다. 즉,

피고인이 피해자의 휴대전화를 보관하면서 임의로 사용한 것만으로는 불법영득의 의사가 있었다고 단정하기 어렵다고 할 것이므로, 같은 취지에서 위 공소사실에 대하여 범죄의 증명이 없다고 판단하여 무죄를 선고한 원심의 결론은 정당하다.[322] 피고인이 자신이 위탁받아 보관하고 있던 돈이 모두 없어졌는데도 그 행방이나 사용처를 제대로 설명하지 못한다면 일응 피고인이 이를 임의소비하여 횡령한 것이라고 추단할 수 있겠지만, 그렇지 아니하고 불법영득의사의 존재를 인정하기 어려운 사유를 들어 그 돈의 행방이나 사용처에 대한 설명을 하고 있고 이에 부합하는 자료도 있다면 달리 피고인이 그 위탁받은 돈을 일단 타용도로 소비한 다음 그만한 돈을 별도로 입금 또는 반환한 것이라는 등의 사정이 인정되지 아니하는 한 함부로 그 위탁받은 돈을 불법영득의사로 인출하여 횡령하였다고 인정할 수는 없다고 보아야 할 것이다.[323] 피고인이 자신이 위탁받아 보관중이던 돈이 모두 없어졌는데도 그 행방이나 사용처를 설명하지 못하거나 또는 피고인이 주장하는 사용처에 사용된 자금이 다른 자금으로 충당된 것으로 드러나는 등 피고인이 주장하는 사용처에 사용되었다는 점을 인정할 수 있는 자료가 부족하고 오히려 개인적인 용도에 사용하였다는 점에 대한 신빙성 있는 자료가 많은 경우에는 일응 피고인이 위 돈을 불법영득의 의사로써 횡령한 것으로 추단할 수 있으나,[324] 피고인이 범행을 부인하거나 사용처를 모른다고 주장한다 하여 그와 같은 추단을 곤란하게 하는 사정이 있는 경우까지 보관액 전부를 횡령하였다고 추단할 수는 없을 것이다.[325] 횡령죄에 있어서 이른바 불법영득의 의사는 타인의 재물을 보관하는 자가 그 취지에 반하여 정당한 권원 없이 스스로 소유권자와 같이 이를 처분하는 의사를 말하는 것이므로 비록 그 반환을 거부하였다고 하더라도 그 반환거부에 정당한 이유가 있어 이를 반환하지 아니하였다면 불법영득의 의사가 있다 할 수 없다.[326] 위임자가 부동산의 매도를 위임하면서 수임인에게 매수인으로부터 수령한 대금에서 필요한 경비를 지출하여 위임받은 사무를 처리할 것도 함께 위임하였거나, 이를 미리 승낙한 경우라면 수임인이 수령한 매매대금을 위임자에게 지급하지 아니한 채 위임

318) 대법원 2000.2.8. 선고 99도3982 판결.
319) 대법원 1990.8.28. 선고 90도1019 판결.
320) 대법원 1987.2.24. 선고 86도999 판결.
321) 대법원 1983.11.8. 선고 83도2346 판결.
322) 대법원 2014.3.13. 선고 2012도5346 판결.
323) 대법원 2010.2.25. 선고 2008도8356 판결; 대법원 2009.4.23. 선고 2009도495 판결; 대법원 2006.8.24. 선고 2006도3272 판결; 대법원 2002.9.4. 선고 2000도637 판결; 대법원 2000.3.14. 선고 99도457 판결; 대법원 1996.3.8. 선고 95도3081 판결; 대법원 1994.9.9. 선고 94도998 판결.
324) 대법원 2002.9.4. 선고 2000도637 판결; 대법원 2000.3.14. 선고 99도457 판결.
325) 대법원 2006.8.24. 선고 2006도3272 판결.
326) 대법원 2006.2.10. 선고 2003도7487 판결; 대법원 1998.7.10. 선고 98도126 판결.

받은 사무를 처리하기 위한 경비로 직접 지출하였다 하더라도 불법영득의 의사를 인정할 수 없다.[327] 횡령죄에 있어서의 이른바 불법영득의 의사는 타인의 재물을 보관하는 자가 그 취지에 반하여 정당한 권원없이 스스로 소유권자와 같이 이를 처분하는 의사를 말하는 것이므로 비록 그 반환을 거부하였다고 하더라도 그 반환거부에 정당한 사유가 있어 이를 반환하지 않는 사실만으로는 불법영득의 의사가 있다고 할 수는 없다.[328] 형법 제355조 제1항의 횡령죄는 불법영득의 의사없이 목적물의 점유를 시작한 경우라야 하고 타인을 공갈하여 재물을 교부케 한 경우에는 공갈죄를 구성하는 외에 그것을 소비하고 타에 처분하였다 하더라도 횡령죄를 구성하지는 않는다.[329] 피고인과 공소외(갑)이 피고인 소유의 대지 및 신축 중인 건물부분을 금 60,000,000원에 평가하여 그 반액에 해당하는 금원을 공소외 (갑)이 투자하여 동업하기로 하고 공소외 (갑)이 피고인에 대하여 가지는 기존 채권 27,000,000원을 그 투자금으로 충당하고 위 부동산에 대하여 각 50%씩 권리를 확보하기로 하되 위 건물이 완공되어 그 소유권보존등기를 마친 날로부터 4개월 내에 피고인이 공소외(갑)의 투자금 및 이에 대한 월 5분의 이자를 가산 지급하면 위 동업관계는 당연 종료된다는 취지의 약정을 한 후 완공된 건물에 관하여 피고인과 공소외 (갑) 공유명의로 보존등기를 경료한 경우에 있어서, 피고인이 위 약정에 따라 동업관계를 종료시키기 위하여 피고인의 1/2 지분을 타에 양도한 행위나 그 양도대금을 공소외 (갑)의 투자 원리금의 변제에 충당한 행위에 불법영득의 의사를 인정하기는 어렵다.[330] 양도담보권자인 채권자가 자기 채권자인 제3자에게 담보물인 부동산에 관하여 그 소유자인 채무자가 변제기에 원리금을 변제할 때에는 담보물을 반환할 것을 약정하고 양도담보권을 설정할 때에는 불법영득의 의사는 없다 할 것이다.[331]

3) 미수 · 기수

① 인정여부

본죄는 미수범을 처벌한다. 다만 미수범의 인정여부에 대하여는 다툼이 있다. 제1설은 인정설이다. 본죄는 불법영득의 의사가 실현되어야 기수가 되므로 이에 이르지 못한 경우는 당연히 본죄의 미수라고 한다. 제2설은 부정설이다. 본죄는 불법영득의 의사가 외부적 · 객관적으로 표현되기만 하면 바로 기수에 달하므로 본죄의 미수는 이론상으로는 가능할지라도 실제상으로는 인정하기 어렵다고 한다.

② 기수시기

본죄의 기수시기에 대하여도 다툼이 있다. 제1설은 표현설이다. 불법영득의사가 객관적으로 인식될 수 있도록 외부에 표현되었을 때 기수가 된다고 한다. 위에서 본 바와 같이 미수범의 인정여부에 관한 부정설의 입장과 같다. 제2설은 실현설이다. 불법영득의사가 실현되었을 때 비로소 기수가 된다고 한다. 미수범의 인정여부에 관한 긍정설의 입장으로서 불법영득의사가 실현되지 못한 경우에는 미수에 그치게 된다고 한다.

판례는 표현설의 입장으로 해석된다. 대법원에 의하면 불법영득의 의사가 확정적으로

327) 대법원 1997.9.30. 선고 97도1863 판결.
328) 대법원 1987.4.28. 선고 86도824 판결.
329) 대법원 1986.2.11. 선고 85도2513 판결.
330) 대법원 1982.9.28. 선고 81도2777 판결.
331) 대법원 1958.1.31. 선고 4290형상404 판결.

외부에 표현되었을 때 본죄는 성립한다.[332]

기수를 긍정한 판례의 구체적 내용은 다음과 같다. 즉,

횡령 이후에 금품을 반환하려고 한 것은 범죄 후의 정상에 관한 문제이지 범죄의 성립에는 영향이 없다.[333] 타인소유의 부동산을 보관중인 명의수탁자가 위 신탁관계에 위반하여 이를 담보로 제공하고 근저당권을 설정하는 경우에는 후에 이를 반환하였는지 여부에 관계없이 위 부동산에 관한 근저당권설정등기를 마치는 때에 위 부동산에 관한 횡령죄의 기수가 된다.[334] 피고인은 피해자와의 사이에 수출용 포리에스텔 죠오셋트 임직 계약을 체결하고 그 원료인 원사 1,950키로그람을 피해자로부터 공급받아 보관중 임의로 조오셋트가 아닌 시판용 이태리 깔깔이를 제직하여 타에 판매할 의사로 위 원사 전부를 연사하여 이중 약 1,500키로그람은 이태리 깔깔이로 제직완료한 사실과 위와 같이 일단 연사하면 원사의 형질을 상실하여 원상회복이 불가능한 사실을 인정할 수 있다. 위와 같이 피고인이 자기의 점유하에 있는 피해자 소유의 원사에 대하여 불법영득의 의사로 연사의 가공행위를 한 이상 그 불법영득의 의사가 객관적으로 외부에 표현된 것이라고 보겠으므로 이로써 횡령죄는 기수가 된다고 할 것이다.[335] 타인의 재물을 공유하는 자가 공유자의 승낙을 받지 않고 공유대지를 담보에 제공하고 가등기를 경료한 경우 횡령행위는 기수에 이르고 그후 가등기를 말소했다고 하여 중지미수에 해당하는 것이 아니며 가등기말소 후에 다시 새로운 영득의 사의 실현행위가 있을 때에는 그 두개의 횡령행위는 경합범 관계에 있다.[336]

4) 공 범

본죄에 있어서도 총칙상의 공범규정은 여전히 유효하다. 특히 본죄는 신분범에 속하기 때문에 공범과 신분에 관한 규정이 적용된다(제33조). 타인의 재물 보관자의 지위가 인정되지 않는 자라고 하더라도 보관자의 지위에 있는 신분자와 공모하여 횡령 범행을 저지른 사실이 인정되면 횡령죄의 공범으로 처단할 수 있다(제33조 본문 참조).[337]

공범을 긍정한 판례의 구체적 내용은 다음과 같다. 즉,

구청 세무계장이 수납직원들로부터 수납한 세금과 관련 서류를 건네받아 서류를 조작하여 세금을 횡령하고 횡령한 세금 일부를 그 수납직원들에게 분배하여 주고, 수납직원들은 납세자로부터 수납한 세금과 관련 서류를 세무계장에게 갖다 주고 세무계장이 횡령한 세금의 일부를 분배받아 온 경우, 수납직원들은 세무계장의 서류 조작행위를 수단으로 삼아 세금 횡령이라는 목적을 달성하고자 하였던 것이라 할 수 있고, 한편 세무계장으로서도 그 자신이 직접 창구에 나가 납세자로부터 세금을 수납할 처지는 되지 못하여 그가 기도한 세금 횡령을 하기 위하여는 수납직원들로부터 그들이 수납한 세금을 건네받을 필요가 있어서 위와 같이 횡령한 세금 일부를 분배하여 주고 그들을 범행에 끌어들인 것이라 할 것이므로, 결국 세무계장과 수납직원들 사이에는 서류 조작을 통한 세금 횡령의 범죄를 실현하려는 점에 관하여 적어도 암묵적으로 의사가 상통하여 공모관계가 성립

332) 대법원 2017.9.21. 선고 2017도7843 판결; 대법원 2007.6.14. 선고 2005도7880 판결; 대법원 2004.12.9. 선고 2004도5904 판결; 대법원 2002.2.5. 선고 2001도5439 판결; 대법원 1989.9.12. 선고 89도382 판결; 대법원 1982.4.13. 선고 80도537 판결.

333) 대법원 1986.10.28. 선고 86도1907 판결.

334) 대법원 1985.9.10. 선고 85도86 판결.

335) 대법원 1981.5.26. 선고 81도673 판결.

336) 대법원 1978.11.28. 선고 78도2175 판결.

337) 대법원 2012.2.23. 선고 2011도15857 판결; 대법원 2003.11.14. 선고 2003도4909 판결.

하였다고 보아야 한다.[338] 명의수탁부동산인 점을 알고 있으면서 수탁자와 공모하여 이를 타에 처분하였을 경우에는 횡령죄의 공동정범이 된다.[339] 형법상 방조행위는 정범이 범행을 한다는 점을 알면서 그 실행행위를 용이하게 하는 직접 간접의 행위를 말하므로 부동산소개업자로서 부동산의 등기명의수탁자가 그 명의신탁자의 승낙없이 이를 제3자에게 매각하여 불법영득하려고 하는 점을 알면서도 그 범행을 도와주기 위하여 수탁자에게 매수할 자를 소개하여 주는 등의 방법으로 그 횡령행위를 용이하게 하였다면 이러한 부동산소개업자의 행위는 횡령죄의 방조범에 해당한다.[340]

공범을 부정한 판례의 구체적 내용은 다음과 같다. 즉,

부동산의 등기명의수탁자가 명의신탁자의 승낙없이 이를 제3자에게 양도 또는 담보제공함으로써 횡령죄가 성립하는 경우에 그것을 양수하거나 담보제공받는 자는 비록 그와 같은 사정을 알고 있다 하더라도 처음부터 수탁자와 짜고 이를 불법영득하기로 공모하지 아니한 이상 그 횡령죄의 공동정범이 될 수 없다.[341] 부동산의 등기명의 수탁자가 명의신탁자의 승락없이 이를 제3자에게 양도함으로써 횡령죄가 성립하는 경우에 그것을 양수한 사람이나 이를 중간에서 소개한 사람은 비록 그 점을 알고 있었다 하더라도 처음부터 수탁자와 짜고 불법영득할 것을 공모한 것이 아닌한 그 횡령죄의 공동정범이 될 수 없다.[342] 부동산의 수탁자가 신탁자의 승락없이 매각처분함으로써 횡령죄가 성립하는 경우에 매수인이 그 정을 알고 있었다 하더라도 수탁자와 짜고 불법영득할 것을 공모한 것이 아닌한 그 횡령죄의 공동정범이 되지 아니한다.[343] 피고인이 종중재산의 관리인과 처음부터 이를 불법영득할 것을 공모하고 매수한 것이 아니라면 종중재산임을 알고 매수하였다 하여도 횡령죄의 공동정범이라고 볼 수는 없다.[344]

(2) 위법성조각사유

본죄의 위법성조각사유로서 총칙상의 그것이 적용된다. 특히 횡령행위라 하더라도 그것이 행위자의 권리에 속하는 한 위법성이 조각될 수 있다. 예컨대 대법원은 "어촌계장이던 피고인이 어촌계장을 그만 둔 후 공소외인으로부터 동인이 종래 어촌계 자금을 변태지출하여 변상할 책임이 있는 금원을 어촌계에 입금시켜 달라는 의뢰를 받고 동금원을 교부받아 보관중에 소비하였다면 비록 피고인이 위 어촌계로부터 도로 받아야 할 다액의 채권이 있었다 하더라도 위 보관금을 그 취지에 따라 입금조치하지 않고 타에 소비한 데에 그 영득의 의사가 없다거나 또는 그 위법성이 조각된다 할 수 없다"고 판시한 바 있다.[345]

---

338) 대법원 1995.9.5. 선고 95도1269 판결.
339) 대법원 1990.8.10. 선고 90도414 판결.
340) 대법원 1988.3.22. 선고 87도2585 판결.
341) 대법원 1985.6.25. 선고 85도1077 판결.
342) 대법원 1983.10.25. 선고 83도2027 판결.
343) 대법원 1979.11.27. 선고 79도2410 판결; 대법원 1971.1.26. 선고 70도2173 판결.
344) 대법원 1971.1.26. 선고 70도2173 판결.
345) 대법원 1986.9.23. 선고 86도1478 판결.

(3) 죄 수

1) 일반원칙

본죄의 죄수는 위탁관계의 수를 기준으로 판단해야 한다. 본죄는 피해자별로 별개의 죄를 이루는 것이어서 그 피해자가 수인인 경우에는 각 피해자별로 횡령금액이 정하여져야 한다.[346] 여러 개의 위탁관계에 의하여 보관하던 여러 개의 재물을 1개의 행위에 의하여 횡령한 경우 위탁관계별로 수개의 횡령죄가 성립하고, 그 사이에는 상상적 경합의 관계가 있는 것으로 보아야 한다.[347] 농가 대여양곡을 대여기준에 위배하여 대여한 행위에 대하여는 특별법인 농가대여양곡법(폐)을 우선 적용할 것이고 일반법인 형법을 적용할 것이 아니다.[348]

2) 다른 죄와의 관계

사기죄는 타인이 점유하는 재물을 그의 처분행위에 의하여 취득함으로써 성립하는 죄이므로 자기가 점유하는 타인의 재물에 대하여는 이것을 영득함에 기망행위를 한다 하여도 사기죄는 성립하지 아니하고 횡령죄만을 구성한다.[349]

이에 관한 판례의 구체적 내용은 다음과 같다. 즉,

횡령죄의 구성요건으로서의 횡령행위란 불법영득의 의사, 즉 타인의 재물을 보관하는 자가 자기 또는 제3자의 이익을 꾀할 목적으로 위탁의 취지에 반하여 권한 없이 그 재물을 자기의 소유인 것처럼 사실상 또는 법률상 처분하려는 의사를 실현하는 행위를 말하고, 강제집행면탈죄에 있어서 은닉이라 함은 강제집행을 면탈할 목적으로 강제집행을 실시하는 자로 하여금 채무자의 재산을 발견하는 것을 불능 또는 곤란하게 만드는 것을 말하는 것으로서 진의에 의하여 재산을 양도하였다면 설령 그것이 강제집행을 면탈할 목적으로 이루어진 것으로서 채권자의 불이익을 초래하는 결과가 되었다고 하더라도 강제집행면탈죄의 허위양도 또는 은닉에는 해당하지 아니한다 할 것이며, 이와 같은 양죄의 구성요건 및 강제집행면탈죄에 있어 은닉의 개념에 비추어 보면 타인의 재물을 보관하는 자가 보관하고 있는 재물을 영득할 의사로 은닉하였다면 이는 횡령죄를 구성하는 것이고 채권자들의 강제집행을 면탈하는 결과를 가져온다 하여 이와 별도로 강제집행면탈죄를 구성하는 것은 아니다.[350]

3) 불가벌적 사후행위

본죄에서 일단 특정한 처분행위(선행 처분행위)로 인하여 법익침해의 위험이 발생함으로써 횡령죄가 기수에 이른 후 종국적인 법익침해의 결과가 발생하기 전에 새로운 처분행위(후행 처분행위)가 이루어졌을 때, 후행 처분행위가 선행 처분행위에 의하여 발생한 위험을 현실적인 법익침해로 완성하는 수단에 불과하거나 그 과정에서 당연히 예상될 수 있는 것으로서 새로운 위험을 추가하는 것이 아니라면 후행 처분행위에 의해 발생한 위험은 선행

346) 대법원 1997.12.26. 선고 97도2609 판결.
347) 대법원 2013.10.31. 선고 2013도10020 판결.
348) 대법원 1967.4.18. 선고 67도113 판결.
349) 대법원 1987.12.22. 선고 87도2168 판결.
350) 대법원 2000.9.8. 선고 2000도1447 판결.

처분행위에 의하여 이미 성립된 횡령죄에 의해 평가된 위험에 포함되는 것이므로 후행 처분행위는 이른바 불가벌적 사후행위에 해당한다.[351] 본죄는 상태범이므로 횡령행위의 완료후에 행하여진 횡령물의 처분행위는 그것이 그 횡령행위에 의하여 평가되어 버린 것으로 볼 수 있는 범위 내의 것이라면 새로운 법익의 침해를 수반하지 않은 이른바 불가벌적 사후행위로서 별개의 범죄를 구성하지 않는다.[352] 일단 횡령한 이후 재물을 처분하는 것은 불가벌적 사후행위에 해당하여 처벌할 수 없다.[353] 그러나 후행 처분행위가 이를 넘어서서, 선행 처분행위로 예상할 수 없는 새로운 위험을 추가함으로써 법익침해에 대한 위험을 증가시키거나 선행 처분행위와는 무관한 방법으로 법익침해의 결과를 발생시키는 경우라면, 이는 선행 처분행위에 의하여 이미 성립된 횡령죄에 의해 평가된 위험의 범위를 벗어나는 것이므로 특별한 사정이 없는 한 별도로 횡령죄를 구성한다고 보아야 한다.[354]

불가벌적 사후행위를 긍정한 판례의 구체적 내용은 다음과 같다. 즉,

갑 종친회 회장인 피고인이 위조한 종친회 규약 등을 공탁관에게 제출하는 방법으로 갑 종친회를 피공탁자로 하여 공탁된 수용보상금을 출급받아 편취하고, 이를 종친회를 위하여 업무상 보관하던 중 반환을 거부하여 횡령하였다는 내용으로 기소된 사안에서, 피고인이 공탁관을 기망하여 공탁금을 출급받음으로써 갑 종친회를 피해자로 한 사기죄가 성립하고, 그 후 갑 종친회에 대하여 공탁금 반환을 거부한 행위는 새로운 법익의 침해를 수반하지 않는 불가벌적 사후행위에 해당할 뿐 별도의 횡령죄가 성립하지 않는다.[355] 타인의 부동산을 보관 중인 자가 불법영득의사를 가지고 그 부동산에 근저당권설정등기를 경료함으로써 일단 횡령행위가 기수에 이르렀다 하더라도 그 후 같은 부동산에 별개의 근저당권을 설정하여 새로운 법익침해의 위험을 추가함으로써 법익침해의 위험을 증가시키거나 해당 부동산을 매각함으로써 기존의 근저당권과 관계없이 법익침해의 결과를 발생시켰다면, 이는 당초의 근저당권 실행을 위한 임의경매에 의한 매각 등 그 근저당권으로 인해 당연히 예상될 수 있는 범위를 넘어 새로운 법익침해의 위험을 추가시키거나 법익침해의 결과를 발생시킨 것이므로 특별한 사정이 없는 한 불가벌적 사후행위로 볼 수 없고, 별도로 횡령죄를 구성한다.[356] 공동상속인 중 1인이 상속재산인 임야를 보관 중 다른 상속인들로부터 매도후 분배 또는 소유권이전등기를 요구받고도 그 반환을 거부한 경우 이때 이미 횡령죄가 성립하고, 그 후 그 임야에 관하여 다시 제3자 앞으로 근저당권설정등기를 경료해 준 행위는 불가벌적 사후행위로서 별도의 횡령죄를 구성하지 않는다.[357] 피고인이 명의신탁받아 보관 중이던 토지를 임의로 매각하여 이를 횡령한 경우에 그 매각대금을 이용하여 다른 토지를 취득하였다가 이를 제3자에게 담보로 제공하였다고 하더라도 이는 횡령한 물건을 처분한 대가로 취득한 물건을 이용한 것에 불과할 뿐이어서 명의신탁 토지에 대한 횡령죄와 별개의 횡령죄를 구성하지 않는다.[358] 횡령죄는 타인의 재물을 보관하는 자가 그 재물을 횡령하는 경우에 성립하는 범죄이고, 횡령죄의 구성요건으

351) 대법원 2013.2.21. 선고 2010도10500 전원합의체 판결.
352) 대법원 1978.11.28. 선고 78도2175 판결.
353) 대법원 1993.3.9. 선고 92도2999 판결.
354) 대법원 2013.2.21. 선고 2010도10500 전원합의체 판결.
355) 대법원 2015.9.10. 선고 2015도8592 판결.
356) 대법원 2013.2.21. 선고 2010도10500 전원합의체 판결.
357) 대법원 2010.2.25. 선고 2010도93 판결.
358) 대법원 2006.10.13. 선고 2006도4034 판결; 대법원 1978.11.28. 선고 78도2175 판결.

로서의 횡령행위란 불법영득의사를 실현하는 일체의 행위를 말하는 것이어서 타인의 재물을 점유하는 자가 그 점유를 자기를 위한 점유로 바꾸려고 하는 의사를 가지고 그러한 영득의 의사가 외부에 인식될 수 있는 객관적 행위를 하였을 때에는 그 재물 전체에 대한 횡령죄가 성립되고, 일단 횡령을 한 이후에 다시 그 재물을 처분하는 것은 불가벌적 사후행위에 해당하여 처벌할 수 없으므로, 타인으로부터 명의신탁받아 보관중이던 토지에 대하여 피해자인 명의신탁자의 승낙 없이 제3자에게 근저당권설정등기를 경료해 주면 그 때에 그 토지에 대한 횡령죄가 성립하고, 그 후 피해자의 승낙 없이 그 토지를 다른 사람에게 매도하더라도 이는 횡령물의 처분행위로서 별개의 횡령죄를 구성하지 아니한다.[359] 미등기건물의 관리를 위임받아 보관하고 있는 자가 임의로 건물에 대하여 자신의 명의로 보존등기를 하거나 동시에 근저당권설정등기를 마치는 것은 객관적으로 불법영득의 의사를 외부에 발현시키는 행위로서 횡령죄에 해당하고, 피해자의 승낙 없이 건물을 자신의 명의로 보존등기를 한 때 이미 횡령죄는 완성되었다 할 것이므로, 횡령행위의 완성 후 근저당권설정등기를 한 행위는 피해자에 대한 새로운 법익의 침해를 수반하지 않는 불가벌적 사후행위로서 별도의 횡령죄를 구성하지 않는다.[360]

불가벌적 사후행위를 부정한 판례의 구체적 내용은 다음과 같다. 즉,

타인의 부동산을 보관 중인 자가 불법영득의사를 가지고 그 부동산에 근저당권설정등기를 경료함으로써 일단 횡령행위가 기수에 이르렀다 하더라도 그 후 같은 부동산에 별개의 근저당권을 설정하여 새로운 법익침해의 위험을 추가함으로써 법익침해의 위험을 증가시키거나 해당 부동산을 매각함으로써 기존의 근저당권과 관계없이 법익침해의 결과를 발생시켰다면, 이는 당초의 근저당권 실행을 위한 임의경매에 의한 매각 등 그 근저당권으로 인해 당연히 예상될 수 있는 범위를 넘어 새로운 법익침해의 위험을 추가시키거나 법익침해의 결과를 발생시킨 것이므로 특별한 사정이 없는 한 불가벌적 사후행위로 볼 수 없고, 별도로 횡령죄를 구성한다.[361] 명의신탁받아 보관중이던 토지를 피해자의 승낙 없이 제3자에게 근저당권설정등기를 경료해 준 경우 횡령죄가 성립하고, 그 후 또 다시 다른 사람에게 근저당권설정등기를 경료해 주었다 하더라도 이는 횡령물의 처분행위로서 별개의 횡령죄를 구성하지 않는다.[362] 명의수탁자가 신탁 받은 부동산의 일부에 대한 토지수용보상금 중 일부를 소비하고, 이어 수용되지 않은 나머지 부동산 전체에 대한 반환을 거부한 경우, 부동산의 일부에 관하여 수령한 수용보상금 중 일부를 소비하였다고 하여 객관적으로 부동산 전체에 대한 불법영득의 의사를 외부에 발현시키는 행위가 있었다고 볼 수는 없으므로, 그 금원 횡령죄가 성립된 이후에 수용되지 않은 나머지 부동산 전체에 대한 반환을 거부한 것은 새로운 법익의 침해가 있는 것으로서 별개의 횡령죄가 성립하는 것이지 불가벌적 사후행위라 할 수 없다.[363] 대표이사 등이 회사의 대표기관으로서 피해자들을 기망하여 교부받은 금원은 그 회사에 귀속되는 것인데, 그 후 대표이사 등이 이를 보관하고 있으면서 횡령한 것이라면 이는 위 사기범행과는 침해법익을 달리하므로 횡령죄가 성립되는 것이고, 이를 단순한 불가벌적 사후행위로만 볼 수 없다.[364] 피고인이 당초부터 피해자를 기망하여 약속어음을 교부받은 경우에는 그 교부받은

359) 대법원 1998.2.24. 선고 97도3282 판결; 대법원 1993.3.9. 선고 92도2999 판결; 대법원 1996.11.29. 선고 96도1755 판결.

360) 대법원 1993.3.9. 선고 92도2999 판결.

361) 대법원 2015.1.29. 선고 2014도12022 판결; 대법원 2013.2.21. 선고 2010도10500 전원합의체 판결.

362) 대법원 1996.11.29. 선고 96도1755 판결.

363) 대법원 2001.11.27. 선고 2000도3463 판결.

364) 대법원 1989.10.24. 선고 89도1605 판결.

즉시 사기죄가 성립하고 그 후 이를 피해자에 대한 피고인의 채권의 변제에 충당하였다 하더라도 불가벌적 사후행위가 됨에 그칠 뿐, 별도로 횡령죄를 구성하지 않는다.365)

3. 처 벌

본죄의 법정형은 5년 이하의 징역 또는 1천500만원 이하의 벌금이다. 본죄의 미수범에 대하여는 처벌규정이 있다. 본죄에 있어서도 친족상도례의 규정이 준용된다.

친족상도례에 관한 판례의 구체적 내용은 다음과 같다. 즉,

횡령범인이 위탁자가 소유자를 위해 보관하고 있는 물건을 위탁자로부터 보관받아 이를 횡령한 경우에 형법 제361조에 의하여 준용되는 제328조 제2항의 친족간의 범행에 관한 조문은 범인과 피해물건의 소유자 및 위탁자 쌍방 사이에 같은 조문에 정한 친족관계가 있는 경우에만 적용되고, 단지 횡령범인과 피해물건의 소유자간에만 친족관계가 있거나 횡령범인과 피해물건의 위탁자간에만 친족관계가 있는 경우에는 적용되지 않는다.366)

Ⅲ. 업무상 횡령죄

第356조(업무상의 횡령과 배임) 업무상의 임무에 위배하여 제355조의 죄를 범한 자는 10년 이하의 징역 또는 3천만원 이하의 벌금에 처한다.

第358조(자격정지의 병과) 전3조의 죄에는 10년 이하의 자격정지를 병과할 수 있다.

第359조(미수범) 제355조 내지 제357조의 미수범은 처벌한다.

第361조(친족간의 범행, 동력) 제328조와 제346조의 규정은 본장의 죄에 준용한다.

1. 서 언

본죄는 업무상의 임무에 위배하여 타인의 재물을 보관하는 자가 그 재물을 횡령하거나 그 반환을 거부함으로써 성립한다.

위탁관계가 업무로 되어 있기 때문에 횡령죄에 대하여 위법성이 가중되는 가중적 구성요건이다. 업무에 의하여 타인의 재물을 보관하는 때에는 횡령의 가능성과 그 피해범위가 크고 사회의 신뢰를 해할 우려가 있기 때문에 형을 가중하는 것이다.

2. 범 죄

(1) 구성요건

1) 객관적 구성요건

① 주 체

ⅰ 신분자 본죄의 주체는 업무상 타인의 재물을 보관하는 자에 한한다. 횡령죄는 위탁관계에 의하여 타인의 재물을 점유하는 신분을 요하는 신분범이다. 그런데 본죄는 이러한 보관자(保管者)라는 신분 이외에 업무자(業務者)라는 신분을 더 필요로 한다. 전자가 구성

---

365) 대법원 1983.4.26. 선고 82도3079 판결.

366) 대법원 2008.7.24. 선고 2008도3438 판결.

적 신분을 요하는 진정신분범(眞正身分犯)임에 반하여, 후자는 가감적 신분을 요하는 부진정신분범(不眞正身分犯)이다. 이러한 의미에서 본죄는 이중의 신분을 요하는 이중신분범(二重身分犯)이라고 할 수 있다.

ⅰ. 보관자　보관자란 타인의 재물에 대한 사실상의 지배자뿐만 아니라 법률상의 지배자를 말한다. 전술한 횡령죄에서와 같다는 것은 물론이다.

금전의 수수를 수반하는 사무처리를 위임받은 자가 그 행위에 기하여 위임자를 위하여 제3자로부터 수령한 금전은 목적이나 용도를 한정하여 위탁된 금전과 마찬가지로, 달리 특별한 사정이 없는 한, 그 수령과 동시에 위임자의 소유에 속하고, 위임을 받은 자는 이를 위임자를 위하여 보관하는 관계에 있다고 보아야 한다.[367)]

ⅱ. 업무자　본죄에 있어서 업무란 직업 또는 직무라는 말과 같다. 업무란 법령, 계약에 의한 것뿐만 아니라, 관례를 좇거나 사실상의 것이거나를 묻지 않고 같은 행위를 반복할 지위에 따른 사무를 가리키는 것이다.[368)] 타인의 재물을 보관하는 것을 주된 내용으로 하는 업무만이 아니라 본래의 업무수행과 관련하여 타인의 재물을 보관하는 경우도 포함된다.[369)]

ⓘ **위탁관계**　본죄에 있어서도 위탁관계를 요하는 것은 전술한 횡령죄에서와 같다. 대법원도 "업무상 횡령죄에서 '업무'는 법령, 계약에 의한 것뿐만 아니라 관례를 좇거나 사실상의 것이거나를 묻지 않고 같은 행위를 반복할 지위에 따른 사무를 가리키며, 횡령죄에서 재물 보관에 관한 위탁관계는 사실상의 관계에 있으면 충분하다"고 판시한 바 있다.[370)]

업무상 보관자를 긍정한 판례의 구체적 내용은 다음과 같다. 즉,

> 회사의 대표이사 혹은 그에 준하여 회사 자금의 보관이나 운용에 관한 사실상의 사무를 처리하여 온 자가 회사를 위한 지출 이외의 용도로 거액의 회사 자금을 가지급금 등의 명목으로 인출, 사용함에 있어서 이자나 변제기의 약정이 없음은 물론 이사회 결의 등 적법한 절차도 거치지 아니하는 것은 통상 용인될 수 있는 범위를 벗어나 대표이사 등의 지위를 이용하여 회사 자금을 사적인 용도로 임의로 대여, 처분하는 것과 다름없어 횡령죄를 구성한다.[371)] 의류유통 판매업체인 갑 주식회사 대표이사 및 실질적 운영자인 피고인들이 공모하여, 갑 회사가 을 유한회사 등과 체결한 투자약정과 을 회사와 체결한 위탁판매 및 구매계약의 사무처리 위임에 따라 투자금으로 구입한 의류의 판매대금을 갑 회사 명의 미지정계좌로 입금받아 임의로 소비한 사안에서, 갑 회사는 위임자인 을 회사를 위하여 위 대금을 보관하는 지위에 있으므로 피고인들의 행위가 횡령죄를 구성한다.[372)]

---

367) 대법원 2011.6.10. 선고 2010도17202 판결; 대법원 2005.11.10. 선고 2005도3627 판결.

368) 대법원 2015.2.26. 선고 2014도15182 판결; 대법원 2011.10.13. 선고 2009도13751, 판결; 대법원 2008.1.31. 선고 2007도9632 판결; 대법원 2006.4.27. 선고 2003도135 판결; 대법원 2004.7.9. 선고 2003도5831 판결; 대법원 2001.7.10. 선고 2000도5597 판결; 대법원 1994.9.9. 선고 94도619 판결; 대법원 1985.2.26. 선고 84도1109 판결; 대법원 1982.1.12. 선고 80도1970 판결; 대법원 1971.1.12. 선고 70도2216 판결.

369) 대법원 1985.2.26. 선고 84도1109 판결.

370) 대법원 2011.10.13. 선고 2009도13751 판결.

371) 대법원 2017.4.13. 선고 2017도953 판결; 대법원 2014.12.24. 선고 2014도11263 판결; 대법원 2010.5.27. 선고 2010도3399 판결; 대법원 2006.4.27. 선고 2003도135 판결; 대법원 2004.7.9. 선고 2003도5831 판결; 대법원 2001.7.10. 선고 2000도5597 판결; 대법원 1994.9.9. 선고 94도619 판결.

372) 대법원 2011.6.10. 선고 2010도17202 판결.

대외무역거래에 있어 수출업자가 수출위탁자의 위탁을 받아 수출을 하고 그 수출물품대금을 송금 받은 경우 그 대금이 수출위탁자와의 관계에서 위탁자의 소유로 귀속하고 수출업자는 수출위탁자를 위하여 보관하는 지위에 있게 되는지, 아니면 자기 이름으로 수출을 한 수출업자의 소유로 귀속되고 수출업자는 수출위탁자에 대한 관계에서 정산 지급할 채무만을 지는지는 구체적인 위탁계약의 내용에 따라 달라질 수는 있으나 특별한 사정이 없는 한 그 수출대금은 수출업자가 수출위탁자를 위하여 보관하는 것이라고 볼 것이므로 이를 마음대로 소비하였다면 횡령죄를 구성한다.[373] 증권회사의 직원이 그 회사가 발행한 당좌수표의 부도를 막기 위하여 고객들로부터 교부받아 금융기관에 별도로 예치해 둔 주식청약증거금을 인출하여 그 회사의 당좌계정에 대체입금시켰다면 업무상 횡령죄가 성립된다.[374] 피고인이 등기부상으로 공소외 회사의 대표이사를 사임한 후에도 계속하여 사실상 대표이사 업무를 행하여 왔고 회사원들도 피고인을 대표이사의 일을 하는 사람으로 상대해 왔다면 피고인은 위 회사 소유 금전을 보관할 업무상의 지위에 있었다고 할 것이다.[375] 증권회사 직원이 그 회사의 고객으로부터 어떤 회사의 신주청약 증거금을 수탁받아 은행에 별도 예치하고 있는 경우는 동인은 형법상 타인의 재물을 보관하는 지위에 있다고 할 것이므로 그 보관의 취지와 이용이 허용된 취지에 반하여 이를 인출하여 그 회사의 당좌계정에 대체입금시킨 경우에는 횡령죄가 성립한다.[376] 종중소유의 부동산을 명의신탁 받아 소유권등기를 거친 사람이 이를 임의로 처분하면 횡령죄가 성립한다.[377] 피고인 2는 전국운수노조 강원지부 (하부조직 생략) 분회장이던 그의 형 공소외 6가 사퇴한 69.5.경이후 사실상 동분회장의 업무를 대행해 왔고, 그 분회원들도 동 피고인은 분회장의 일을 하는 사람으로 상대해 온 사실을 긍정 못할 바 아니므로, 동 피고인은 그 분회원의 노임 기타 보험료 반환금을 보관할 업무상의 지위에 있었던 자라고 인정되거늘, 도리어 원심이 피고인이 분회장직에 있었거나, 혹은 그 직을 대행 했으며, 또는 위와 같은 금전을 보관할 업무상 지위에 있었다고 볼 자료 없다고 판단해 버린 조치에는 형법 제356조의 업무에 관한 법리를 오해한 위법이 있다 아니할 수 없고, 횡령의 사실을 심리판단 하지 않고, 업무상 횡령사실을 배척한 조치에는 심리를 다하지 않으므로 이유불비의 위법을 범하였다고 할 것이다.[378] 군인 중의 사병은 헌법과 병역법 기타 법령에 근거하여 국가의 국토방위사무에 종사하는 자로서 그 노무의 내용이 단순한 기계적, 육체적인 것에 한정되어 있지 않다 할 것이니 이를 공무원이라고 볼 것이고 따라서 사병의 횡령소위에 대하여 본조를 적용한 것은 정당하다.[379] 사병급식용 식량을 입출고 하고 있는 사병은 국가소유인 사병급식용 식량을 사실상 지배 보관하고 있다 할 것이므로 이를 처분한 경우에는 횡령죄가 성립된다.[380]

업무상 보관자를 부정한 판례의 구체적 내용은 다음과 같다. 즉,

피고인이 위와 같이 인출한 금원에 대하여 다른 공동상속인들과 사이에 어떠한 위탁관계를 맺고 있다고 할 수 없으므로 다른 공동상속인들을 위하여 위 인출금원을 보관하는 자의 지위에

373) 대법원 1989.7.11. 선고 88도956 판결.
374) 대법원 1980.10.27. 선고 79도184 판결; 대법원 1980.9.24. 선고 80도1153 판결; 대법원 1979.9.25. 선고 79도198 판결.
375) 대법원 1982.1.12. 선고 80도1970 판결.
376) 대법원 1979.9.25. 선고 79도198 판결.
377) 대법원 1971.6.22. 선고 71도740 전원합의체 판결.
378) 대법원 1971.1.12. 선고 70도2216 판결.
379) 대법원 1969.9.23. 선고 69도1214 판결.
380) 대법원 1967.10.23. 선고 67도1133 판결.

있다고 할 수 없다.[381] 부동산에 관한 횡령죄에 있어서 타인의 재물을 보관하는 자의 지위는 동산의 경우와는 달리 부동산에 대한 점유의 여부가 아니라 부동산을 제3자에게 유효하게 처분할 수 있는 권능의 유무에 따라 결정하여야 하므로, 부동산의 공유자 중 1인이 다른 공유자의 지분을 임의로 처분하거나 임대하여도 그에게는 그 처분권능이 없어 횡령죄가 성립하지 아니한다.[382] 군의 재무회계규칙상 전도자금출납원은 부면장으로, 세입세출외 현금출납원은 총무계장으로 지정되어 있고, 실제로도 예산이 군에서 영달되어 면소속 금고인 단위농협에 예치되면 회계사무보조가 지출결의서를 기안작성하여 소정의 결의를 받아 전도자금은 부면장이, 세입세출외 현금의 경우는 총무계장이 각 지출원으로서 출금전표를 끊어주어 이를 단위농협에 제시하여 현금을 인출하여 왔다면, 회계사무보조와 총무계장은 전도자금에 대하여는 이를 업무상 직접 점유보관하는 자라고 할 수 없고, 면장도 수입지출의 명령과 회계감독을 하는 지위에 있었음에 그치고 전도자금을 직접 점유보관하는 자라고 할 수 없으니 위 전도자금에 대한 업무상 횡령죄의 주체가 될 수 없다.[383] 회사가 종업원의 급료명세서를 작성함에 있어서 다만 형식상 재형저축 불입금으로 공제계산하여 둔 것처럼 하였을 뿐 회사의 부채가 많아서 실제로 재형저축금을 공제하여 보관하지 않은 경우에는, 회사가 보유하고 있던 자금이 공제한 재형저축불입금 상당을 충당할 수 있어서 회사의 대표이사가 종업원들의 재형저축불입금으로서 업무상 보관하고 있다고 보아야 할 경우와는 달리, 위 재형저축불입금을 공제하여 보관한다고 볼 수 없다.[384] 명의신탁된 종중소유임야에 관하여 횡령죄가 성립하려면 우선 피고인 또는 그 공모자와 위탁관계에 있는 타인인 종중이 실재하여야 하고, 그 종중과의 사이에 위탁신임 관계가 있어야 할 것이므로 임야의 소유권자가 어느 문중인지 불명확하고 위탁신임 관계도 확정할 수 없다면 횡령죄는 성립하지 아니한다.[385]

② 객 체

ⓘ 의 의 　본죄의 객체는 자기가 보관하는 타인의 재물이다. 전술한 횡령죄에서와 같다. 본죄는 재물만을 객체로 하는 순수한 재물죄이다.

ⓘⓘ 타인의 재물 　재물은 타인의 재물이어야 한다. 본죄에 있어서 재물의 타인성은 소유의 타인성만을 의미한다는 점에서 점유의 타인성과 소유의 타인성 양자를 요하는 절도죄에서와 구별된다.

재물을 긍정한 판례의 구체적 내용은 다음과 같다. 즉,

조합재산은 조합원의 합유에 속하는 것이므로 조합원 중 한 사람이 조합재산의 처분으로 얻은 대금을 임의로 소비하였다면 횡령죄의 죄책을 면할 수 없고, 이러한 법리는 내부적으로는 조합관계에 있지만 대외적으로는 조합관계가 드러나지 않는 이른바 내적 조합의 경우에도 마찬가지이다.[386] 타인의 재물이라 함은 부동산, 동산은 물론 유가증권 등을 포함하는 개념인바, 약속어음의 발행인이 유통시킬 의사로 어음상에 발행인의 기명·날인까지 마쳐 어음으로서의 외관을 갖춘 경우 위와 같은 약속어음은 횡령죄 및 업무상횡령죄의 객체인 재물에 해당한다.[387] 위탁매매에

381) 대법원 2006.6.30. 선고 2005도5338 판결.
382) 대법원 2004.5.27. 선고 2003도6988 판결; 대법원 2000.4.11. 선고 2000도565 판결.
383) 대법원 1989.10.10. 선고 87도1901 판결; 대법원 1966.5.17. 선고 66도276 판결.
384) 대법원 1983.12.13. 선고 83도889 판결.
385) 대법원 1983.4.12. 선고 83도195 판결.
386) 대법원 2011.11.24. 선고 2010도5014 판결; 대법원 2009.10.15. 선고 2009도7423 판결; 대법원 2008.2.14. 선고 2007도10645 판결.

있어서는 위탁품의 소유권은 위임자에게 속하고 그 판매대금은 다른 특약이나 특단의 사정이 없는 한 이를 수령함과 동시에 위탁자에게 귀속한다 할 것이므로 이를 사용 소비한 때에는 횡령죄가 구성된다.[388]

재물을 부정한 판례의 구체적 내용은 다음과 같다. 즉,

조합 또는 내적 조합과는 달리 익명조합의 경우에는 익명조합원이 영업을 위하여 출자한 금전 기타의 재산은 상대편인 영업자의 재산으로 되는 것이므로 그 영업자는 타인의 재물을 보관하는 자의 지위에 있지 않고 따라서 영업자가 영업이익금 등을 임의로 소비하였다고 하더라도 횡령죄가 성립할 수는 없다.[389] 피해자 공소외 1과 피고인은 2002.9.경 양주시 백석읍 오산리 소재 3필지의 토지(이하 '이 사건 토지'라 한다)를 매수하여 이를 전매한 후 그 전매이익금을 정산하기로 약정한 사실, 피고인은 2002.11.경 피해자가 조달한 금원 등을 합하여 이 사건 토지를 매수하였으나 그 소유권이전등기는 자신과 공소외 2, 3의 명의로 경료한 사실, 피해자는 이 사건 토지 매수와 그 전매를 피고인에게 전적으로 일임하였고 그에 따라 토지를 매수하는 과정에 전혀 관여하지 않았을 뿐만 아니라 피고인이 2007.4.경 위 토지를 매도할 때에도 전혀 관여하지 아니한 사실 등을 알 수 있는바, 사정이 이와 같다면 비록 피해자가 이 사건 토지의 전매차익을 얻을 목적으로 일정 금원을 출자하였다고 하더라도 이후 업무감시권 등에 근거하여 업무집행에 관여한 바도 전혀 없을 뿐만 아니라 피고인이 아무런 제한 없이 그 재산을 처분할 수 있었음이 분명하므로, 피해자와 피고인 사이의 약정은 조합 또는 내적 조합에 해당하는 것이 아니라 익명조합과 유사한 무명계약에 해당하는 것으로 보아야 할 것이다. 원심판결의 이유 설시에 미흡한 부분이 없지 아니하나, 피고인이 타인의 재물을 보관하는 자의 지위에 있지 않다고 보아 횡령죄의 성립을 부정한 것은 그 결론에 있어서는 정당하므로, 거기에 상고이유에서 주장하는 바와 같이 횡령죄의 성립에 관한 법리를 오해한 위법이 있다고 할 수 없다.[390] 상법상 주식은 자본구성의 단위 또는 주주의 지위(주주권)를 의미하고, 주주권을 표창하는 유가증권인 주권과는 구분이 되는바, 주권은 유가증권으로서 재물에 해당되므로 횡령죄의 객체가 될 수 있으나, 자본의 구성단위 또는 주주권을 의미하는 주식은 재물이 아니므로 횡령죄의 객체가 될 수 없다.[391] 국내 인력공급업자가 관리비 명목으로 매월 일정 금원을 지급하기로 하는 조건으로 외국의 인력송출업체와 산업기술연수생 공급계약을 체결하고 산업기술연수생들을 공급받아 국내 업체에 공급하면서 국내 업체로부터 매월 관리비 명목으로 금원을 지급받았으나 외국 인력송출업체에 지급하기로 한 관리비를 지급하지 아니한 사안에서, 국내 인력공급업자가 국내 업체로부터 지급받은 관리비는 타인의 재물에 해당하지 아니한다는 이유로, 이와 달리 국내 인력공급업자가 외국의 인력송출업체에 지급하기로 한 관리비를 지급하지 아니한 행위가 업무상 횡령에 해당한다고 본 원심판결을 파기한 사례이다.[392] 익명조합원이 영업을 위하여 출자한 금전 기타의 재산은 상대방인 영업자의 재산으로 되는 것이므로 영업자가 그 영업의 이익금을 함부로 자기용도에 소비하였다 하여도 횡령죄가 되지 아니한다.[393] 종중이 그 합유에 속하는 임야를 갑,을

387) 대법원 2006.8.25. 선고 2006도3631 판결.

388) 대법원 1986.6.24. 선고 86도1000 판결.

389) 대법원 2011.11.24. 선고 2010도5014 판결; 대법원 1973.1.30. 선고 72도2704 판결; 대법원 1971.12.28. 선고 71도2032 판결.

390) 대법원 2011.11.24. 선고 2010도5014 판결.

391) 대법원 2005.2.18. 선고 2002도2822 판결.

392) 대법원 1997.5.7. 선고 96도2950 판결.

393) 대법원 1971.12.28. 선고 71도2032 판결.

양명에 신탁하야 동인 등의 공유등기가 경유된 경우에 있어서 갑은 을의 지분에 대하야 점유를 가졌다고 할 수 없음으로 갑이 을의 명의사문서를 위조행사하야 을의 지분을 종중명의로 이전등기를 료하였다하여도 갑에 대하야 횡령죄가 성립하지 아니한다.[394]

③ 행 위

본죄가 성립하기 위해서는 타인의 재물을 보관하는 사람이 불법영득의 의사로 업무상의 임무에 위배하여 그 재물을 횡령하거나 반환을 거부하여야 한다.[395]

ⓘ **업무상 횡령** 본죄의 실행행위는 횡령하거나 반환을 거부하는 것이다. 횡령죄에서의 그것과 전적으로 같다. 업무상의 임무에 위배하여 그 보관중인 물에 대하여 권한 외의 일체의 처분을 함으로써 성립된다.[396] 처분은 법률상 처분뿐 아니라 사실상의 처분도 포함된다.[397] 이미 처분된 부분을 보충하기 위하여 또 다시 독립된 다른 처분 역시 횡령죄에 있어서의 처분에 해당된다.[398] 반드시 자기 스스로 영득하여야만 하는 것은 아니다.[399]

횡령을 긍정한 판례의 구체적 내용은 다음과 같다. 즉,

업무상 횡령죄는 위와 같은 불법영득의 의사가 확정적으로 외부에 표시되었을 때 성립하는 것이므로, 횡령의 범행을 한 자가 물건의 소유자에 대하여 별도의 금전채권을 가지고 있었다 하더라도 횡령 범행 전에 상계 정산하였다는 등 특별한 사정이 없는 한 그러한 사정만으로 이미 성립한 업무상 횡령죄에 영향을 미칠 수는 없다.[400] 일단 위 대표이사가 불법영득의 의사로써 업무상 보관중인 회사의 금전을 횡령하여 범죄가 성립한 이상 회사에 대하여 별도의 가수금채권을 가지고 있다는 사정만으로 금전을 사용할 당시 이미 성립한 업무상 횡령죄에 무슨 영향이 있는 것은 아니다.[401] 주식회사의 대표이사가 회사의 금원을 인출하여 사용하였는데 그 사용처에 관한 증빙자료를 제시하지 못하고 있고 그 인출사유와 금원의 사용처에 관하여 납득할 만한 합리적인 설명을 하지 못하고 있다면, 이러한 금원은 그가 불법영득의 의사로 회사의 금원을 인출하여 개인적 용도로 사용한 것으로 추단할 수 있다.[402] 피고인이 자신이 위탁받아 보관중이던 돈이 모두 없어졌는데도 그 행방이나 사용처를 설명하지 못하거나 또는 피고인이 주장하는 사용처에 사용된 자금이 다른 자금으로 충당된 것으로 드러나는 등 피고인이 주장하는 사용처에 사용되었다는 점을 인정할 수 있는 자료가 부족하고 오히려 개인적인 용도에 사용하였다는 점에 대한 신빙성 있는 자료가 많은 경우에는 일응 피고인이 위 돈을 불법영득의 의사로써 횡령한 것으로 추단할 수 있다.[403]

---

394) 대법원 1957.11.22. 선고 4290형상220 판결.

395) 대법원 2013.8.23. 선고 2011도7637 판결; 대법원 2013.4.25. 선고 2011도9238 판결; 대법원 2002.2.5. 선고 2001도5439 판결; 대법원 2001.5.8. 선고 99도4699 판결.

396) 대법원 1961.10.19. 선고 4294형상102 판결.

397) 대법원 1961.10.19. 선고 4294형상102 판결.

398) 대법원 1961.10.19. 선고 4294형상102 판결.

399) 대법원 2011.2.10. 선고 2010도12920 판결; 대법원 2009.2.26. 선고 2007도4784 판결; 대법원 2008.8.21. 선고 2007도9318 판결; 대법원 2000.12.27. 선고 2000도4005 판결; 대법원 1996.9.6. 선고 95도2551 판결.

400) 대법원 2014.5.16. 선고 2013도15895 판결; 대법원 2012.6.14. 선고 2010도9871 판결; 대법원 2006.6.2. 선고 2005도3431 판결; 대법원 1995.3.14. 선고 95도59 판결.

401) 대법원 2006.6.16. 선고 2004도7585 판결.

402) 대법원 2004.9.24. 선고 2004도3532 판결; 대법원 2003.12.26. 선고 2003도6387 판결; 대법원 2003.8.22. 선고 2003도2807 판결; 대법원 2002.9.4. 선고 2000도637 판결; 대법원 2002.7.26. 선고 2001도5459 판결.

403) 대법원 2000.3.14. 선고 99도457 판결.

일단 불법영득의 의사로써 업무상 보관중인 타인의 금전을 횡령하여 범죄가 성립한 이상 횡령의 범행을 한 자가 물건의 소유자에 대하여 별도의 금전채권을 가지고 있음을 주장하고 이를 자동채권으로 하여 그 대등액에서 횡령액에 관하여 상계의 의사표시를 한다고 하더라도 이미 성립한 업무상 횡령죄에 무슨 영향이 있는 것은 아니다.[404)]

횡령을 부정한 판례의 구체적 내용은 다음과 같다. 즉,

피고인 1이 공소외 7을 공소외 2 회사의 직원인 것처럼 가장하여 공소외 7에게 해외 연수기간 동안 유학자금과 직원 급여를 지급함으로써 업무상 횡령을 하였다고 볼 수 없고, 공소외 7이 해외 파견 기간 중에 회사에 알리지도 않고 근무지를 벗어나 미국에 일시 체류하였더라도 여전히 공소외 2 회사의 직원 신분이었고 그와 같이 근무지를 벗어나 임무를 해태한 직원에게 급여 지급을 계속하였다는 사정만으로 대표이사에게 형법상 업무상 횡령죄의 책임이 있다고 보기는 어렵다고 판단하였다.[405)] 버스운송사업조합의 이사장이 현금으로 지급된 판공비 또는 조합활동비의 구체적인 사용처를 설명하지 못한다거나 사후적으로 그 증빙자료를 제출하지 못하고 있다는 이유로 불법영득의 의사를 추단하고, 위 조합의 일부 자금이 그 용도와 목적에 맞게 지출되었다는 합리적인 가능성을 배제할 수 없음에도 이를 횡령하였다고 인정한 원심판결에 법리오해의 위법이 있다고 한 사례이다.[406)] 사찰창건 이래 사찰재산에 대한 관리처분권한이 부여되어 사찰의 운영을 책임지고 있었던 자가 병원치료비와 장학금지급 등을 위하여 사찰재산을 사용하였다 하더라도 업무상 횡령죄에 해당되지 아니한다.[407)] 법인이나 단체에서 임직원에게 업무를 수행하는 데에 드는 비용 명목으로 정관 기타의 규정에 의해 지급되는 이른바 판공비 또는 업무추진비가 직무수행에 드는 경비를 보전해 주는 실비변상적 급여의 성질을 가지고 있고, 정관이나 그 지급기준 등에서 업무와 관련하여 지출하도록 포괄적으로 정하고 있을 뿐 그 용도나 목적에 구체적인 제한을 두고 있지 않을 뿐만 아니라, 이를 사용한 후에도 그 지출에 관한 영수증 등 증빙자료를 요구하고 있지 않은 경우에는, 임직원에게 그 사용처나 규모, 업무와 관련된 것인지 여부 등에 대한 판단이 맡겨져 있고, 그러한 판단은 우선적으로 존중되어야 할 것이다. 따라서 임직원이 판공비 등을 불법영득의 의사로 횡령한 것으로 인정하려면 판공비 등이 업무와 관련 없이 개인적인 이익을 위하여 지출되었다거나 또는 업무와 관련되더라도 합리적인 범위를 넘어 지나치게 과다하게 지출되었다는 점이 증명되어야 할 것이고, 단지 판공비 등을 사용한 임직원이 그 행방이나 사용처를 제대로 설명하지 못하거나 사후적으로 그 사용에 관한 증빙자료를 제출하지 못하고 있다고 하여 함부로 불법영득의 의사로 이를 횡령하였다고 추단하여서는 아니될 것이다.[408)] 피고인이 공소외 재단법인을 운영함에 있어 경비를 지출하고도 그 영수증을 발급받지 못하거나 감독기관으로부터 인정받기 어려운 경조비·접대비 등의 잡지출에 대하여 번역료, 항공권판매보상금 등 잡수입금으로 이를 충당하고 동 잡지출계정은 일반경리장부와는 별도로 장부를 만들어 변태지출하였고, 공소외인들에게 봉급을 지급하지 않고도 지급한 것처럼 경리장부에 기재하고 그 금액을 장부계정에 입금시켰다 하더라도 이는 장부상의 자금이동에 불과하므로 피고인이 공소외 법인의 변태지출된 경비나 봉급명목의 돈을 횡령한 것이라고 볼 수는 없다.[409)]

---

404) 대법원 1995.3.14. 선고 95도59 판결.
405) 대법원 2020.10.15. 선고 2016도10654 판결.
406) 대법원 2010.6.24. 선고 2007도5899 판결.
407) 대법원 2001.5.8. 선고 99도4699 판결.
408) 대법원 2010.6.24. 선고 2007도5899 판결.

ⓘ 업무상 횡령의 유형

ⅰ. 비자금조성 법인의 운영자 또는 관리자가 법인을 위한 목적이 아니라 법인과는 아무런 관련이 없거나 개인적인 용도로 착복할 목적으로 법인의 자금을 빼내어 별도로 비자금을 조성하였다면 그 조성행위 자체로써 불법영득의 의사가 실현된 것으로 볼 수 있다.410)

행위자에게 법인의 자금을 빼내어 착복할 목적이 있었는지 여부는 그 법인의 성격과 비자금의 조성 동기, 방법, 규모, 기간, 비자금의 보관방법 및 실제 사용용도 등 제반 사정을 종합적으로 고려하여 판단하여야 한다.411) 비자금 사용에 관하여는 그 비자금을 사용하게 된 시기, 경위, 결과 등을 종합적으로 고려하여 해당 비자금 사용의 주된 목적이 피고인의 개인적인 용도에 사용하기 위한 것이라고 볼 수 있는지 여부 내지 불법영득의사의 존재를 인정할 수 있는지 여부를 판단하여야 한다.412)

횡령을 긍정한 판례의 구체적 내용은 다음과 같다. 즉,

> 피고인들이 보관·관리하고 있던 회사의 비자금이 인출·사용되었음에도 피고인들이 그 행방이나 사용처를 제대로 설명하지 못하거나, 피고인들이 주장하는 사용처에 사용된 자금이 그 비자금과는 다른 자금으로 충당된 것으로 드러나는 등 피고인들이 주장하는 사용처에 비자금이 사용되었다는 점을 인정할 수 있는 자료가 부족하고 오히려 피고인들이 비자금을 개인적인 용도에 사용하였다는 점에 대한 신빙성 있는 자료가 많은 경우 등에는 피고인들이 그 돈을 불법영득의 의사로써 횡령한 것이라고 추단할 수 있을 것이다.413) 피고인들이 공소외 14 회사 계좌를 이용하여 공소외 1 회사의 비자금을 조성한 다음 이를 개인용도 등에 임의사용하여 횡령하였다는 이 부분 공소사실에 대하여, 피고인들이 공소외 1 회사를 위한 접대비 등으로 사용하였다고 막연히 주장할 뿐 구체적인 사용 시기, 대상, 범위, 금액을 전혀 밝히지 못하고 있으며, 일부 자금은 피고인 2가 관리하던 차명계좌로 송금되기도 한 점 등 그 판시와 같은 사정을 종합하여, 공소외 1 회사를 위하여 사용되었음이 확인된 일부 금원을 제외한 나머지 금원 부분에 대하여 업무상 횡령죄의 유죄를 인정하였다.414) 법인의 운영자 또는 관리자가 법인을 위한 목적이 아니라 법인과는 아무런 관련이 없거나 개인적인 용도로 착복할 목적으로 법인의 자금을 빼내어 별도로 비자금을 조성하였다면 그 조성행위 자체로써 불법영득의 의사가 실현된 것이다.415) 법인의 회계장부에 올라 있는 자금이 아니라 법인의 운영자나 관리자가 회계로부터 분리시켜 별도로 관리하는 법인의 비자금에 있어서는, 그 조성행위가 법인을 위한 목적이 아니고 행위자가 법인의 자금을 빼내어 착복할 목적으로 행하여졌음이 명백히 밝혀진 경우라면 비자금 조성행위 자체로써 불법영득의 의사가 실현된 것으로 보고

---

409) 대법원 1984.4.26. 선고 82도1674 판결.

410) 대법원 2013.4.25. 선고 2011도9238 판결; 대법원 2011.2.10. 선고 2010도12920 판결; 대법원 2010.12.9. 선고 2010도11015 판결; 대법원 2009.2.12. 선고 2006도6994 판결; 대법원 2007.7.26. 선고 2007도4164 판결; 대법원 2006.6.27. 선고 2005도2626 판결.

411) 대법원 2013.4.25. 선고 2011도9238 판결; 대법원 2012.2.23. 선고 2010다97426 판결; 대법원 2011.2.10. 선고 2010도12920 판결; 대법원 2010.12.9. 선고 2010도11015 판결; 대법원 2009.2.12. 선고 2006도6994 판결; 대법원 2007.7.26. 선고 2007도4164 판결; 대법원 2006.6.27. 선고 2005도2626 판결.

412) 대법원 2012.2.23. 선고 2010다97426 판결 대법원 2010.4.15. 선고 2009도6634 판결; 대법원 2009.2.28. 선고 2007도4784 판결.

413) 대법원 2012.8.23. 선고 2011도14045 판결; 대법원 2009.2.26. 선고 2007도4784 판결.

414) 대법원 2012.5.24. 선고 2012도535 판결.

415) 대법원 2012.2.23. 선고 2010다97426 판결.

횡령죄의 성립을 인정할 수 있다고 보는 것이 상당하다.[416)]

횡령을 부정한 판례의 구체적 내용은 다음과 같다. 즉,

비자금 조성행위가 당해 비자금의 소유자인 법인 이외의 제3자가 이를 발견하기 곤란하게 하기 위한 장부상의 분식(粉飾)에 불과하거나 법인의 운영에 필요한 자금을 조달하는 수단으로 인정되는 경우에는 불법영득의 의사를 인정하기 어렵다.[417)] 피고인들이 불법영득의사의 존재를 인정하기 어려운 사유를 들어 비자금의 행방이나 사용처에 대한 설명을 하고 있고 이에 부합하는 자료도 있다면, 피고인들이 그 보관·관리하고 있던 비자금을 일단 타 용도로 소비한 다음 그만한 돈을 별도로 입금 또는 반환한 것이라는 등의 사정이 인정되지 아니하는 한, 함부로 보관·관리하고 있던 비자금을 불법영득의사로 인출하여 횡령하였다고 인정할 수는 없다.[418)] 피고인 2가 보관하고 있던 공소외 6 주식회사의 비자금 중 6억 5,000만 원을 피고인 1에게 지급한 것은 공소외 6 주식회사가 설립한 공소외 7 주식회사가 공소외 1 주식회사를 인수하는 과정에서 도움을 준 피고인 1에게 그 대가로 지급된 것임은 앞서 본 바와 같다. 따라서 비록 피고인 2가 위 돈을 피고인 1에게 지급한 것이 배임증재에 해당하여 위법하다고 하더라도, 피고인 2가 이를 개인적인 용도로 사용한 것이 아니라는 등의 사정이 있는 이상, 피고인 2에게는 불법영득의사가 없어서 이에 대하여 업무상 횡령의 죄책을 물을 수는 없다고 할 것이다.[419)] 피고인이 조성한 비자금이 회사의 장부상 일반자금 속에 은닉되어 있었다 하더라도 이는 당해 비자금의 소유자인 회사 이외의 제3자가 이를 발견하기 곤란하게 하기 위한 장부상의 분식(분식)에 불과하여 그것만으로 피고인의 불법영득의 의사를 인정할 수는 없다.[420)]

ii. 보조금사용 국민의 세금으로 운영되는 국고보조금을 부정하게 수급하거나 그 보조금의 목적과 다르게 사용하는 경우 업무상 횡령죄의 성부가 문제된다. 보조금의 의의에 관하여는 보조금법이 규정하고 있다(보조금법 제2조 제1호 참조).

횡령을 긍정한 판례의 구체적 내용은 다음과 같다. 즉,

보조금의예산및관리에관한법률의 규정 취지에 비추어 보면, 위 법률에 의한 국가보조금은 그 용도가 엄격히 제한된 자금으로 봄이 상당하므로, 사립학교에서 이를 전용하여 학교법인의 수익용 자산 취득비용으로 사용한 경우, 횡령죄가 성립한다.[421)] 사립학교의 경우, 사립학교법 제29조 및 같은법시행령에 의해 학교법인의 회계가 학교회계와 법인회계로 구분되고 학교회계 중 특히, 교비회계에 속하는 수입은 다른 회계에 전출하거나 대여할 수 없는 등 용도가 엄격히 제한되어 있기 때문에 교비회계자금을 다른 용도에 사용하였다면 그 자체로서 횡령죄가 성립한다.[422)]

횡령을 부정한 판례의 구체적 내용은 다음과 같다. 즉,

사회복지단체인 '음성 꽃동네'의 운영자가 등기절차 등의 편의상 친인척 명의를 일시적으로 빌

---

416) 대법원 2006.6.27. 선고 2005도2626 판결.
417) 대법원 2013.4.25. 선고 2011도9238 판결; 대법원 2010.12.9. 선고 2010도11015 판결.
418) 대법원 2012.8.23. 선고 2011도14045 판결; 대법원 2009.2.26. 선고 2007도4784 판결.
419) 대법원 2010.4.15. 선고 2009도6634 판결.
420) 대법원 1999.9.17. 선고 99도2889 판결.
421) 대법원 2004.12.24. 선고 2003도4570 판결.
422) 대법원 2004.12.24. 선고 2003도4570 판결.

려 업무관련 토지를 구입하고 친인척들에게 이를 사용하도록 하였더라도, 그 후 비교적 단기간 내에 '음성 꽃동네'가 속한 천주교회 교구 명의로 근저당권이 설정되고 토지 대부분에 대한 소유명의가 교구 소속 수사 등 앞으로 이전되었다면, 업무상 횡령죄의 불법영득의사를 인정할 수 없다.[423] 예산을 집행할 직책에 있는 자가 자기 자신의 이익을 위한 것이 아니고 경비부족을 메꾸기 위하여 예산을 전용한 경우라면, 그 예산의 항목유용 자체가 위법한 목적을 가지고 있다거나 예산의 용도가 엄격하게 제한되어 있는 경우는 별론으로 하고 그것이 본래 책정되거나 영달되어 있어야 할 필요경비이기 때문에 일정한 절차를 거치면 그 지출이 허용될 수 있었던 때에는 그 간격을 메우기 위한 유용이 있었다는 것만으로 바로 그 유용자에게 불법영득의 의사가 있었다고 단정할 수는 없다.[424] 법인의 대표자가 법인의 예비비를 전용하여 기관운영판공비, 회의비 등으로 사용한 경우 이사회에서 사전에 예비비의 전용결의가 이루어지지 아니하였다는 사정만으로 불법영득의 의사를 단정할 수 없다.[425]

iii. 변호사비용　　단체의 대표자 개인이 자신이 소송당사자가 된 민·형사사건의 변호사 비용을 단체의 비용으로 지출한 경우 업무상 횡령죄의 성부가 문제된다.

원칙적으로 단체의 비용으로 지출할 수 있는 변호사 선임료는 단체 자체가 소송당사자가 된 경우에 한하므로 단체의 대표자 개인이 당사자가 된 민·형사사건의 변호사 비용은 단체의 비용으로 지출할 수 없다.[426] 예외적으로 분쟁에 대한 실질적인 이해관계는 단체에게 있으나 법적인 이유로 그 대표자의 지위에 있는 개인이 소송 기타 법적 절차의 당사자가 되었다거나 대표자로서 단체를 위해 적법하게 행한 직무행위 또는 대표자의 지위에 있음으로 말미암아 의무적으로 행한 행위 등과 관련하여 분쟁이 발생한 경우와 같이, 당해 법적 분쟁이 단체와 업무적인 관련이 깊고 당시의 제반 사정에 비추어 단체의 이익을 위하여 소송을 수행하거나 고소에 대응하여야 할 특별한 필요성이 있는 경우에 한하여 단체의 비용으로 변호사 선임료를 지출할 수 있다.[427]

법인 자체가 소송당사자가 된 경우에는 원칙적으로 그 소송의 수행이 법인의 업무수행이라고 볼 수 있으므로 그 변호사 선임료를 법인의 비용으로 지출할 수 있을 것이나, 그 소송에서 법인이 형식적으로 소송당사자가 되어 있을 뿐 실질적인 당사자가 따로 있고 법인으로서는 그 소송의 결과에 있어서 별다른 이해관계가 없다고 볼 특별한 사정이 있는 경우에는, 그 소송의 수행이 법인의 업무수행이라고 볼 수 없어 법인의 비용으로 이를 위한 변호사 선임료를 지출할 수 없다고 할 것이다.[428]

횡령을 긍정한 판례의 구체적 내용은 다음과 같다. 즉,

집합건물 입주자대표회의의 회장과 대표자인 피고인들이 자신들의 형사사건 변호사 선임비용

423) 대법원 2007.12.27. 선고 2006도8870 판결.
424) 대법원 2002.2.5. 선고 2001도5439 판결; 대법원 1995.2.10. 선고 94도2911 판결.
425) 대법원 2002.2.5. 선고 2001도5439 판결.
426) 대법원 2011.9.29. 선고 2011도4677 판결; 대법원 2009.9.24. 선고 2009도3982 판결; 대법원 2008.6.26. 선고 2007도9679 판결; 대법원 2006.10.26. 선고 2004도6280 판결.
427) 대법원 2011.9.29. 선고 2011도4677 판결; 대법원 2009.9.24. 선고 2009도3982 판결; 대법원 2008.6.26. 선고 2007도9679 판결; 대법원 2006.10.26. 선고 2004도6280 판결.
428) 대법원 2008.6.26. 선고 2007도9679 판결.

을 입주자대표회의비로 지출하였다고 하여 업무상 횡령죄로 기소된 사안에서, 피고인 甲에 대한 형사소송은 다른 입주자대표들의 자격, 기존의 입주자대표회의가 처리해 온 업무의 효력 등과 연관되어 있는 점에서 그와 관련한 변호사 비용을 지출한 것은 단체의 업무수행에 필요한 비용을 지급한 것이나, 피고인 乙의 개인적인 형사사건을 위하여 단체의 비용으로 변호사 선임료를 지출한 것은 위법하다.[429] 주식회사의 대표이사 혹은 그에 준하여 회사 자금의 보관이나 운용에 관한 사실상의 사무를 처리하여 온 자가 위법행위로 인하여 형사재판을 받는 이사나 대주주의 개인 변호사 비용을 회사의 자금으로 지급하였다면 이는 주주총회나 이사회 결의의 유무에 관계없이 업무상 횡령죄에 해당한다고 보아야 한다.[430] 피고인이 보석에 의한 석방을 위하여 변호사 비용으로 지출한 회사 자금 1억 6,000만 원은 그 전에 구속적부심사에서의 석방을 위한 변호사 비용으로 지출하였다가 회사의 계좌로 반환된 2억 5,000만 원과는 그 지출 목적 및 금원의 출처가 다름을 알 수 있으므로, 이의 지출은 회사에 대하여 새로운 법익의 침해로서 별도의 업무상 횡령죄를 구성한다고 보아야 할 것이다.[431] 법인의 구성원은 적법한 방법으로 그 법인을 위한 업무를 수행하여야 하므로, 법인의 구성원이 업무수행에 있어 관계 법령을 위반함으로써 형사재판을 받게 되었다면 그의 개인적인 변호사비용을 법인자금으로 지급한다는 것은 횡령에 해당하며, 그 변호사비용을 법인이 부담하는 것이 관례라고 하여도 그러한 행위가 사회상규에 어긋나지 않는다고 할 만큼 사회적으로 용인되어 보편화된 관례라고 할 수 없다.[432] 주식회사는 그 구성분자인 주주와 독립된 별개의 권리주체로서 그 이해가 반드시 일치하는 것은 아니므로 주주총회의 의결권에는 스스로 한계가 있고 그 한계를 벗어나는 사항에 대하여서는 비록 그 의결이 있었다 해도 범죄를 구성할 수 있는 것인바, 형사재판을 받는 대표이사의 개인적인 변호사비용과 그의 정신적, 육체적 손해에 대한 보상금을 요양비 또는 퇴직위로금 명목으로 가장하여 회사자금으로 지급하였다면 이는 주식회사제도의 목적에 비추어 볼 때 주주총회의 결의에 관계없이 횡령에 해당한다.[433]

횡령을 부정한 판례의 구체적 내용은 다음과 같다. 즉,

피고인은 관리비 330만 원으로 이 사건 신청사건과 이 사건 운영위원회를 당사자로 하여 제기된 이 사건 본안사건에 대한 변호사 선임료를 지급하였는데, 입점자들은 이 사건 운영위원회의 구성에 대하여도 이의를 제기하였기 때문에 이 사건 신청사건과 본안사건에서 패소할 경우 피고인뿐만 아니라 운영위원들의 자격과 기존에 이 사건 운영위원회가 처리해 온 업무의 효력 등이 연쇄적으로 문제 될 수 있어 위 각 사건의 결과에 대하여 이 사건 운영위원회에 실질적인 이해관계가 있었고, 이 사건 신청사건과 본안사건 제1심은 선거의 절차에서 법령에 위반한 사유가 있는 경우에도 그로 인하여 선거의 결과에 영향을 미쳤다고 인정될 때에만 선거가 무효가 된다는 전제하에 이 사건 선거의 무효 여부를 판단하였으며, 이 사건 본안사건 항소심에서는 소를 취하하는 한편 직무대행자에 의하여 선임된 선거관리위원과 운영위원의 결정에 승복하기로 하는 취지의 조정이 성립하였는 바, 위 각 사건 당시 피고인의 운영위원장 자격의 부존재가 객관적으로 명백하여 항쟁의 여지가 없었다고 보기 어려우므로, 피고인이 관리비로 이 사건 신청사건과 본안사건의 수행을

---

429) 대법원 2011.9.29. 선고 2011도4677 판결.

430) 대법원 2006.9.8. 선고 2005도9861 판결; 대법원 2003.5.30. 선고 2002도235 판결; 대법원 1990.2.23. 선고 89도2466 판결.

431) 대법원 2006.9.8. 선고 2005도9861 판결.

432) 대법원 2003.5.30. 선고 2002도235 판결; 대법원 1990.2.23. 선고 89도2466 판결.

433) 대법원 1990.2.23. 선고 89도2466 판결.

위한 변호사 선임료를 지급한 것은 이 사건 운영위원회의 업무수행을 위하여 필요한 비용을 지급한 것에 해당하고, 관리비를 횡령한 것이라고 볼 수 없다.[434] 법인의 이사를 상대로 한 이사직무집행정지 가처분결정이 된 경우, 당해 법인의 업무를 수행하는 이사의 직무집행이 정지당함으로써 사실상 법인의 업무수행에 지장을 받게 될 것은 명백하므로 법인으로서는 그 이사 자격의 부존재가 객관적으로 명백하여 항쟁의 여지가 없는 경우가 아닌 한 위 가처분에 대항하여 항쟁할 필요가 있다고 할 것이고, 이와 같이 필요한 한도 내에서 법인의 대표자가 법인 경비에서 당해 가처분 사건의 피신청인인 이사의 소송비용을 지급하더라도 이는 법인의 업무수행을 위하여 필요한 비용을 지급한 것에 해당하고, 법인의 경비를 횡령한 것이라고는 볼 수 없으며, 대표이사 해임소송 등이 제기된 경우에도 동일한 논리가 적용된다.[435]

iv. 용도외사용 용도나 목적이 엄격히 제한된 자금을 위탁받아 집행하면서 제한된 용도 이외의 목적으로 자금을 사용하는 경우 횡령죄의 성부가 문제될 수 있다.

목적과 용도를 정하여 위탁한 금전은 정해진 목적과 용도에 사용할 때까지는 이에 대한 소유권이 위탁자에게 유보되어 있다고 보아야 한다.[436] 따라서 타인으로부터 용도나 목적이 엄격히 제한된 자금을 위탁받아 집행하면서 그 제한된 용도 이외의 목적으로 수탁자가 임의로 사용하면 횡령죄가 성립한다.[437] 그러나 특별히 그 금전의 특정성이 요구되지 않는 경우 수탁자가 위탁의 취지에 반하지 않고 필요한 시기에 다른 금전으로 대체시킬 수 있는 상태에 있는 한 이를 일시 사용하더라도 횡령죄를 구성한다고 할 수 없고, 수탁자가 그 위탁의 취지에 반하여 다른 용도에 소비할 때 비로소 횡령죄를 구성한다.[438]

타인으로부터 용도가 엄격히 제한된 자금을 위탁받아 집행하면서 그 제한된 용도 이외의 목적으로 자금을 사용하는 것은 그 사용이 개인적인 목적에서 비롯된 경우는 물론 결과적으로 자금을 위탁한 본인을 위하는 면이 있더라도 그 사용행위 자체로서 불법영득의 의사를 실현한 것이 되어 횡령죄가 성립한다.[439]

---

434) 대법원 2019.5.30. 선고 2016도5816 판결.

435) 대법원 2007.12.28. 선고 2006도9100 판결; 대법원 2003.5.30. 선고 2003도1174 판결.

436) 대법원 2008.3.14. 선고 2007도7568 판결; 대법원 2006.11.9. 선고 2004도3131 판결; 대법원 2006.3.9. 선고 2003도6733 판결; 대법원 2002.10.11. 선고 2002도2939 판결; 대법원 2002.5.10. 선고 2001도1779 판결; 대법원 2001.4.27. 선고 2000도5062 판결; 대법원 1995.10.12. 선고 94도2076 판결; 대법원 1994.9.9. 선고 94도462 판결.

437) 대법원 2006.11.9. 선고 2004도3131 판결; 대법원 2006.3.9. 선고 2003도6733 판결; 대법원 2004.5.27. 선고 2003도6988 판결; 대법원 2003.5.30. 선고 2002도235 판결; 대법원 2002.10.11. 선고 2002도2939 판결; 대법원 2002.8.23. 선고 2002도366 판결; 대법원 2002.5.10. 선고 2001도1779 판결; 대법원 1995.10.12. 선고 94도2076 판결; 대법원 1994.9.9. 선고 94도462 판결; 대법원 1990.12.3. 선고 89도904 판결.

438) 대법원 2008.3.14. 선고 2007도7568 판결; 대법원 2002.10.11. 선고 2002도2939 판결; 대법원 1995.10.12. 선고 94도2076 판결.

439) 대법원 2015.2.26. 선고 2014도15182 판결; 대법원 2014.8.28. 선고 2014도6286 판결; 대법원 2013.2.15. 선고 2011도13606 판결; 대법원 2012.5.24. 선고 2012도535 판결; 대법원 2012.5.10. 선고 2011도12408 판결; 대법원 2011.10.13. 선고 2009도13751 판결; 대법원 2011.6.10. 선고 2010도17202 판결; 대법원 2010.3.11. 선고 2009도6482 판결; 대법원 2009.12.24. 선고 2008도11967 판결; 대법원 2008.5.29. 선고 2006도3742 판결; 대법원 2008.2.29. 선고 2007도9755 판결; 대법원 2007.2.22. 선고 2006도2238 판결; 대법원 2005.9.28. 선고 2005도3929 판결; 대법원 2004.8.20. 선고 2003도4732 판결; 대법원 2003.5.30. 선고 2002도235 판결; 대법원 2002.8.23. 선고 2002도366 판결; 대법원 2002.5.10. 선고 2001도1779 판결; 대법원 2001.7.13. 선고 2001도1660 판결; 대법원 2000.3.14. 선고 99도4923 판결; 대법원 1999.7.9. 선고 98도4088 판결; 대법원 1997.4.22. 선고

횡령을 긍정한 판례의 구체적 내용은 다음과 같다. 즉,

사립학교의 교비회계에 속하는 수입을 적법한 교비회계의 세출에 포함되는 용도 즉, 당해 학교의 교육에 직접 필요한 용도가 아닌 다른 용도에 사용하였다면 그 사용행위 자체로써 불법영득의 사를 실현하는 것이 되어 그로 인한 죄책을 면할 수 없다.[440] 회사의 대표이사가 회사를 위한 지출 이외의 용도로 거액의 회사 자금을 가지급금 등의 명목으로 인출, 사용하면서 이자나 변제기의 약정이 없음은 물론 이사회 결의 등 적법한 절차도 거치지 아니하는 것은 통상 용인될 수 있는 범위를 벗어나 대표이사의 지위를 이용하여 회사 자금을 사적인 용도로 임의로 대여, 처분하는 것과 다름없어 횡령죄를 구성한다.[441] 사립학교법 제29조 및 같은 법 시행령에 의해 학교법인의 회계는 학교회계와 법인회계로 구분되고 학교회계 중 특히 교비회계에 속하는 수입은 다른 회계에 전출하거나 대여할 수 없는 등 용도가 엄격히 제한되어 있으므로 교비회계자금을 다른 용도에 사용하였다면 그 자체로서 횡령죄가 성립하고, 이는 사립학교법상 교비회계에 속하는 금원을 같은 학교법인에 속하는 다른 학교의 교비회계에 사용한 경우에도 마찬가지이다.[442] 초·중등교육법, 그 시행령 및 학교발전기금의 조성·운용 및 회계에 관한 규칙 등 관련 법령이 학교발전기금의 조성에 관한 그 주체·목적·절차·방법 등은 물론이고 학교발전기금의 운용·사용·회계관리 등에 관하여도 엄격히 규정하고 있고, 이와 같은 관련 법령의 입법취지가 '열악한 교육재정여건을 감안하여 학교운영위원회를 통한 기금의 조성을 허용하는 대신에 기금의 조성 및 사용에 투명성을 기하고 찬조금 등 금품모금과 관련한 잡음을 없애기 위한 것'에 있는 점 등에 비추어 볼 때, 초·중등교육법에 정한 학교발전기금으로 기부한 금원의 경우, 그 기부의 경위와 목적, 상황, 액수 등 그 실질에 비추어 위와 같이 법령상 엄격히 제한된 용도 외에 학교운영에 필요한 특정한 공익적 용도로 수수한 것으로 볼 수 있는 예외적 경우가 아닌 한, 학교운영위원회에 귀속되어 법령에서 정한 사용목적으로만 사용되어야 할 것이므로, 그 정해진 용도 외의 사용행위는 원칙적으로 횡령죄를 구성한다고 보아야 할 것이다.[443] 사립학교의 교비회계에 속하는 수입을 적법한 교비회계의 세출에 포함되는 용도, 즉 당해 학교의 교육에 직접 필요한 용도가 아닌 다른 용도에 사용하였다면 그 사용행위 자체로서 불법영득의사를 실현하는 것이 되어 그로 인한 죄책을 면할 수 없다.[444] 학교법인 이사장인 피고인이, 학교법인이 설치·운영하는 대학 산학협력단이 용도를 특정하여 교부받은 보조금 중 3억 원을 대학 교비계좌로 송금하여 교직원 급여 등으로 사용한 사안에서, 위 행위는 국고보조금으로 교부된 산학협력단 자금을 지정된 용도 외의 용도에 사용한 것으로서 업무상 횡령죄에 해당한다.[445] 사립학교법 제29조 및 같은 법 시행령에 의해 학교법인의 회계는 학교회계와 법인회계로 구분되고 학교회계 중 특히 교비회계에 속하는 수입은 다른 회계에 전출하거나 대여할 수 없는 등 용도가 엄격히 제한되어 있기 때문에 교비회계자금을 다른 용도에 사용하였다면 그 자체로서 횡령죄가 성립한다.[446] 피고인이 회사의 돈을 인출하여 사용하고도 그 사용처에

96도8 판결; 대법원 1994.9.9. 선고 94도619 판결; 대법원 1992.10.27. 선고 92도1915 판결; 대법원 1989.10.10. 선고 87도1901 판결.

440) 대법원 2015.2.26. 선고 2014도15182 판결; 대법원 2012.5.10. 선고 2011도12408 판결; 대법원 2008.2.29. 선고 2007도9755 판결.

441) 대법원 2014.12.24. 선고 2014도11263 판결; 대법원 2010.5.27. 선고 2010도3399 판결; 대법원 2006.4.27. 선고 2003도135 판결.

442) 대법원 2014.8.28. 선고 2014도6286 판결; 대법원 2002.5.10. 선고 2001도1779 판결.

443) 대법원 2014.3.13. 선고 2012도6336 판결; 대법원 2010.7.22. 선고 2007도4713 판결.

444) 대법원 2012.5.10. 선고 2011도12408 판결; 대법원 2008.2.29. 선고 2007도9755 판결.

445) 대법원 2011.10.13. 선고 2009도13751 판결.

관한 증빙자료를 제시하지 못하거나 피고인이 주장하는 사용처에 사용된 자금이 그 돈과 다른 자금으로 충당된 것으로 드러나는 등 피고인이 주장하는 사용처에 그 돈이 사용되었다는 점을 인정할 수 있는 자료가 부족하고, 오히려 피고인이 그 돈을 개인적인 용도에 사용하였다는 점에 대한 신빙성 있는 자료가 많은 경우에는 피고인이 그 돈을 불법영득의 의사로써 횡령한 것이라고 추단할 수 있다.[447] 피고인이 비록 최종적으로 당해 금원을 학교 캠퍼스 이전을 위한 경비에 사용할 것을 의도하였다고 하더라도, 학교법인이 교육인적자원부장관으로부터 학교 캠퍼스 이전계획을 승인받는 과정에서 그 이전승인의 조건으로 학교법인이 22억 원의 법인부담금을 부담하게 되었다면 위 법인부담금은 학교법인의 법인회계에서 지출하여야 할 것이지 「사립학교법 시행령」제13조 제2항 제2호를 들어 교비회계에서 지출할 수는 없다 할 것이므로, 그 경비의 일부로서 지출되어야 하는 법인부담금의 부담주체인 학교법인이 실제로 법인회계에서 이를 부담한 것처럼 혹은 감독관청이 부과한 법인회계로부터 교비회계로의 보전조치 명령이 이행된 것처럼 꾸미기 위하여, 교비회계의 자금을 수당지급과 기부금모집 등의 방법을 가장하여 법인회계로 전출하였다면 그 단계에서 이미 학교의 교육에 직접 필요한 용도가 아닌 다른 용도에 자금이 사용된 것으로 평가할 수 있다고 할 것이다.[448] 이 사건 임대차와 관련된 여러 사정들을 종합해 보면 공소외 1 (명칭 생략)학원 산하 (명칭 생략)대학의 학장인 피고인이 원심 공동피고인 공소외 2 소유 은마상가 중 일부를 임차하기로 한 것은 (명칭 생략)대학의 교비회계에 속하는 수입을 공소외 2가 요구하는 사업 자금 등으로 제공하는 행위를 정당화할 외관을 갖추기 위한 것일 뿐 (명칭 생략)대학의 교육에 직접 필요한 기숙사 시설을 확보하고 이를 기숙사로서 정상적으로 운영하기 위한 것이 아니었다는 이유로, 이 사건 임대차와 관련하여 지출된 임대차보증금, 임대료, 시설용역관리비, 공사비 등의 지출은 모두 사립학교법상 허용되는 교비회계의 세출에 포함된다고 볼 수 없고, 따라서 그 지출행위는 모두 사립학교법 위반죄 및 업무상횡령죄 또는 업무상배임죄를 구성한다고 본 것은 정당하고, 달리 원심판결에 사립학교법 위반죄, 업무상횡령죄 등에 관한 법리오해 등의 위법은 없다. 이 부분 상고이유 역시 받아들이지 않는다.[449] 노동조합이, 사용자단체로부터 조합원들의 출퇴근 편의를 위한 통근차량의 구입 및 유지에 사용하도록 용도가 제한된 자금을 수령하여 위 조합의 '차량유지비' 특별회계로 운용하는 한편 이를 조합간부 등에 대한 유류비로 지급한 행위가 업무상 횡령에 해당하고, 그 후 이루어진 대의원대회에서 결산 결의가 있었다고 하더라도 이미 성립한 업무상 횡령죄에 영향이 없다.[450] 1인의 대표이사가 주식의 상호 혹은 순차 소유관계에 있는 수 개의 법인을 동시에 운영하면서 각 법인의 돈을 다른 법인을 위하여 사용한 경우, 각 법인은 별개의 법인격을 가진 소유의 주체로서 이를 실질적으로 1개의 법인이라고 볼 수 없을 뿐만 아니라 법률상 권리의무의 주체로서의 법인격을 갖춘 영리법인은 이윤의 귀속주체로서의 주주와는 엄연히 구별되어야 하므로 위 돈의 사용행위가 그 지출 법인의 이익을 위한 것이라는 등의 특별한 사정이 인정되지 않는 한 업무상 횡령죄를 구성한다고 보아야 할 것이다.[451] 사립학교법 제29조 및 같은 법 시행령에 의해 학교법인의 회계는 학교회계와 법인회계로 구분되고 학교회계 중 특히 교비회계에 속하는

446) 대법원 2011.10.13. 선고 2009도13751 판결; 대법원 2003.5.30. 선고 2002도235 판결.
447) 대법원 2010.4.29. 선고 2007도6553 판결; 대법원 2008.3.27. 선고 2007도9250 판결; 대법원 2002.7.26. 선고 2001도5459 판결.
448) 대법원 2010.3.11. 선고 2009도6482 판결.
449) 대법원 2008.2.29. 선고 2007도9755 판결.
450) 대법원 2007.2.22. 선고 2006도2238 판결.
451) 대법원 2006.9.22. 선고 2004도3314 판결; 대법원 2000.12.8. 선고 99도214 판결; 대법원 1996.8.23. 선고 96도1525 판결.

수입은 다른 회계에 전출하거나 대여할 수 없는 등 용도가 엄격히 제한되어 있기 때문에 교비회계자금을 다른 용도에 사용하였다면 그 자체로서 횡령죄가 성립한다.[452] 사립학교법 제29조 및 같은 법시행령에 의해 학교법인의 회계는 학교회계와 법인회계로 구분되고 학교회계 중 특히 교비회계에 속하는 수입은 다른 회계에 전출하거나 대여할 수 없는 등 용도가 엄격히 제한되어 있기 때문에 교비회계자금을 다른 용도에 사용하였다면 그 자체로서 횡령죄가 성립한다.[453] 집합건물의 관리회사가 구분소유자들로부터 특별수선충당금의 명목으로 금원을 납부받아 보관하던 중 이를 일반경비로 사용한 경우 횡령죄를 구성한다.[454] 주상복합상가의 매수인들로부터 우수상인유치비 명목으로 금원을 납부받아 보관하던 중 그 용도와 무관하게 일반경비로 사용한 경우 횡령죄를 구성한다.[455] 사립학교법 제29조 및 같은법시행령에 의해 학교법인의 회계는 학교회계, 법인회계로 구분되고, 학교회계 중 특히 교비회계에 속하는 수입은 다른 회계에 전출하거나 대여할 수 없는 등 용도가 엄격히 제한됨에도 불구하고, 갑 학교의 교비회계자금을 같은 학교법인에 속하는 을 학교의 교비회계에 사용한 경우, 횡령죄 소정의 불법영득의사가 있다.[456] 환전하여 달라는 부탁과 함께 교부받은 돈을 그 목적과 용도에 사용하지 않고 마음대로 피고인의 위탁자에 대한 채권에 상계충당함은, 상계정산하기로 하였다는 특별한 약정이 없는 한, 당초 위탁한 취지에 반하는 것으로서 횡령죄를 구성한다고 볼 것이고 위탁자에 대한 채권의 존재는 횡령죄의 성립에 영향을 미치는 것이 아니며, 또한 상계할 수 있는 반대채권이 있어 그에 상계충당하였다는 것만으로는 용도 내지 목적을 특정하여 위탁한 돈의 반환을 거절할 정당한 사유가 되지 못한다.[457] 회사의 경영자가 자금을 지출함에 있어 그 자금의 용도가 엄격히 제한되어 있는 경우 그 용도 외의 사용은 그것이 회사를 위한 것이라도 그 사용행위 자체로서 불법영득의 의사를 실현한 것이라 할 것이다.[458] 정리회사의 관리인인 피고인이 다른 피고인들과 공모하여 법원의 엄격한 감독을 받는 염료의 구입비용을 그 용도에 사용하지 아니하고 임의로 인출·소비한 행위는 그 자체로 불법영득의 의사를 실현한 것으로서 횡령에 해당된다 할 것이고, 횡령금액 중 회사를 위하여 일부를 소비한 부분이 있다고 하여도 이 부분 금원에 대하여도 횡령의 죄책을 면할 수 없다고 할 것이다.[459] 조합 등의 단체에 있어서 그 자금의 용도가 엄격하게 제한되어 있는 경우에는 그 용도 외의 사용은 그것이 조합을 위한 것이라고 하더라도 그 사용행위 자체로서 불법영득의 의사를 실현한 것이 되어 불법영득의 의사를 부정할 수 없다.[460] 회사가 차용한 자금은 그것이 회사장부상 회사소유 자금으로 적법절차에 따라 계상된 여부와 관계없이 회사소유의 자금으로서 회사임원들의 공동 보관 아래 있다고 보아야 할 것이므로, 회사임원들이 상호 공모하여 이를 인출하여 대주주의 신주청약 인수대금에 사용한 행위는 업무상 횡령죄를 구성한다.[461] 양곡을 구입하여 달라는 부탁을 받고 그 자금으로 금원을 교부받은 것이라면 그 구입처와 구입방법에 관하여 언급이 없었다 하더라도위 금원이 교부된 용도와

---

452) 대법원 2005.9.28. 선고 2005도3929 판결; 대법원 2003.5.30. 선고 2002도235 판결; 대법원 2002.5.10. 선고 2001도1779 판결.

453) 대법원 2003.5.30. 선고 2002도235 판결; 대법원 2002.5.10. 선고 2001도1779 판결.

454) 대법원 2004.5.27. 선고 2003도6988 판결.

455) 대법원 2002.8.23. 선고 2002도366 판결.

456) 대법원 2002.5.10. 선고 2001도1779 판결.

457) 대법원 1997.9.26. 선고 97도1520 판결.

458) 대법원 1997.4.22. 선고 96도8 판결; 대법원 1995.2.10. 선고 94도2911 판결; 대법원 1992.10.27. 선고 92도1915 판결; 대법원 1989.10.10. 선고 87도1901 판결.

459) 대법원 1997.4.22. 선고 96도8 판결.

460) 대법원 1992.10.27. 선고 92도1915 판결; 대법원 1989.10.10. 선고 87도1901 판결.

461) 대법원 1983.3.8. 선고 82도2873 판결.

목적에 따라 동인을 위하여 양곡을 구입하는 자금으로만 이를 사용할 수 있을뿐이다. 따라서, 위 금원을 임의 소비한 경우에는 횡령죄를 구성한다.462) 수치인이 임치인으로부터 일정한 목적과 용도를 정하여 금전을 임치받은 경우에 수치인이 그 금전을 임치인의 동의 없이 다른 목적이나 다른 용도에 소비하였다면 횡령죄를 구성하는 것이므로 증권회사의 임직원들이 그 고객들로부터 임치받아 보관중인 위탁증거금 또는 청약증거금을 그 고객들의 동의없이 다른 목적이나 용도에 사용하였다면 업무상횡령죄를 구성한다.463) 임치인으로부터 일정한 목적과 용도를 정하여 임치받은 금전을 수치인이 임치인의 동의 없이 다른 목적에나 다른 용도에 소비하면 횡령죄를 구성하는 것이므로 증권회사의 경리과장이 은행에 예치하고 있던 고객들의 신주청약증거금을 그 증권회사 당좌구좌의 적자보전을 위하여 그 구좌에 자의로 대체입금을 시켰다면 이는 횡령죄를 구성하는 것이다.464)

횡령을 부정한 판례의 구체적 내용은 다음과 같다. 즉,

甲 아파트 관리소장으로 근무하던 피고인이 입주자대표회의 회장 및 부녀회장 등과 공모하여 업무상 보관하던 아파트 잡수입 중 일부를 부녀회 활동비 명목으로 사용함으로써 용도가 정해진 잡수입을 관리규약에서 정한 절차를 밟지 않고 임의로 소비하여 횡령하였다는 공소사실로 기소된 사안에서, 피고인이 잡수입을 위와 같은 용도로 지출하는 데 협조하였다는 이유만으로 피고인에게 불법영득의 의사가 있다고 인정한 원심판결에 법리오해 등의 잘못이 있다고 한 사례이다.465) 단체의 대표자가 단체를 위하여 자금을 지출하면서 법령의 규정 또는 단체 내부 규정으로 그 자금의 용도가 엄격하게 제한된 것이 아닐 뿐 아니라 그 자금을 집행하기 위한 단체 내부의 정상적인 절차를 거쳤다면, 본래 사용될 이외의 목적으로 자금을 지출하였다는 사정만으로 그 지출행위에 불법영득의사가 있었다고 단정할 수 없다.466) 회사의 경영자가 회사를 위하여 자금을 지출할 때, 법령의 규정 또는 회사 내부의 규정에 의해 자금의 용도가 엄격하게 제한되어 있는 것이 아닐 뿐 아니라 자금을 집행하기 위한 회사 내부의 정상적인 절차도 거쳤다면, 원래 사용될 이외의 목적으로 자금을 지출하였다는 사정만으로 지출행위에 불법영득의 의사가 있었다고 단정할 수 없다.467) 골프회원권 매매중개업체를 운영하는 자가 매수의뢰와 함께 입금받아 보관하던 금원을 일시적으로 다른 회원권의 매입대금 등으로 임의로 소비한 사안에서, 위 매입대금은 그 목적과 용도를 정하여 위탁된 금전으로서 골프회원권 매입시까지 그 소유권이 위탁자에게 유보되어 있으나, 다른 회사자금과 함께 보관된 이상 그 특정성을 인정하기 어렵고, 피고인의 불법영득의사를 추단할 수 없으므로 횡령죄를 구성하지 아니한다.468) 예산을 집행할 직책에 있는 자가 자기 자신의 이익을 위한 것이 아니고 경비 부족을 메우기 위하여 예산을 전용한 경우라면, 그 예산의 항목유용 자체가 위법한 목적을 가지고 있다거나 예산의 용도가 엄격하게 제한되어 있는 경우는 별론으로 하고 그것이 본래 책정되거나 영달되어 있어야 할 필요 경비이기 때문에 일정한 절차를 거치면 그 지출이 허용될 수 있었던 때에는 그 간격을 메우기 위한 유용이 있었다는 것만으로 바로 그 유용자에게 불법영득의 의사가 있었다고 단정할 수는 없다.469) 주식회사의 설립업무 또는 증자업무를 담당한

462) 대법원 1982.3.9. 선고 81도572 판결.
463) 대법원 1980.10.14. 선고 79도671 판결; 대법원 1980.9.30. 선고 78도2100 판결.
464) 대법원 1980.9.30. 선고 78도2100 판결; 대법원 1979.9.25. 선고 79도198 판결.
465) 대법원 2017.6.19. 선고 2015도19591 판결.
466) 대법원 2013.2.15. 선고 2011도13606 판결; 대법원 2012.5.24. 선고 2012도535 판결.
467) 대법원 2012.5.24. 선고 2012도535 판결.
468) 대법원 2008.3.14. 선고 2007도7568 판결.

자와 주식인수인이 사전 공모하여 주금납입취급은행 이외의 제3자로부터 납입금에 해당하는 금액을 차입하여 주금을 납입하고 납입취급은행으로부터 납입금보관증명서를 교부받아 회사의 설립등기절차 또는 증자등기절차를 마친 직후 이를 인출하여 위 차용금채무의 변제에 사용하는 경우, 위와 같은 행위는 실질적으로 회사의 자본을 증가시키는 것이 아니고 등기를 위하여 납입을 가장하는 편법에 불과하여 주금의 납입 및 인출의 전 과정에서 회사의 자본금에는 실제 아무런 변동이 없다고 보아야 할 것이므로 그들에게 회사의 돈을 임의로 유용한다는 불법영득의 의사가 있다고 보기 어렵다 할 것이고, 따라서 회사 자본이 실질적으로 증가됨을 전제로 한 업무상 횡령죄가 성립한다고 할 수는 없다.[470] 피고인들이 보험을 유치하면서 보험회사로부터 지급받은 시책비 중 일부를 개인적인 용도로 사용한 행위가 횡령죄를 구성하지 않는다.[471] 예산을 집행할 직책에 있는 자가 자기 자신의 이익을 위한 것이 아니고 경비부족을 메꾸기 위하여 예산을 전용한 경우라면, 출장비 예산의 항목유용 자체가 위법한 목적을 가지고 있다거나 예산의 용도가 엄격하게 제한되어 있는 경우는 별론으로 하고 그것이 본래 책정되거나 영달되어 있어야 할 필요경비이기 때문에 일정한 절차를 거치면 그 지출이 허용될 수 있었던 때에는 그 간격을 메우기 위한 유용이 있었다는 것만으로 바로 그 유용자에게 불법영득의 의사가 있었다고 단정할 수는 없다.[472] 회사에 대하여 개인적인 채권을 가지고 있는 대표이사가 회사를 위하여 보관하고 있는 회사 소유의 금전으로 자신의 채권의 변제에 충당하는 행위는 회사와 이사의 이해가 충돌하는 자기거래행위에 해당하지 않는다고 할 것이므로, 대표이사가 이사회의 승인 등의 절차 없이 그와 같이 자신의 회사에 대한 채권을 변제하였더라도 이는 대표이사의 권한 내에서 한 회사채무의 이행행위로서 유효하며, 따라서 그에게는 불법영득의 의사가 인정되지 아니하여 횡령죄의 죄책을 물을 수 없다.[473] 지입차주들이 차량위탁관리료와 산업재해보상보험료 및 제세공과금을 합한 일정 금액을 일괄하여 납입하는 지입료는 일단 지입회사의 소유로 되어 회사가 그 지입료 등을 가지고 그 운영비와 전체 차량의 제세공과금 및 보험료에 충당할 수 있는 것이므로 지입차주들이 낸 보험료나 세금을 회사가 항목유용하였다 하더라도 횡령죄가 되지 아니한다.[474] 사립학교법 및 같은법시행령이 특히 교비회계에 속하는 수입금에 대하여 그 사용처를 엄격하게 제한하고 다른 회계에 전출하거나 대여할 수 없도록 규정하고 있고, 피고인이 교비회계에 속하는 입학금 등을 송금받은 것은 학교법인의 용도에 전용한 것으로 볼 여지도 있기는 하지만, 교비회계에 속하는 수입금을 다른 회계에 전용하는 것이 사립학교법 위반으로 처벌될 수 있음은 별론으로 하고 그 전용 자체만으로 곧바로 불법영득의사를 실현하는 횡령행위가 된다고 할 수 없다.[475] 공공단체의 예산을 집행할 직책에 있는 자가 자신의 이익을 위한 것이 아니고 행정상 필요한 경비의 부족을 메우기 위하여 여유있는 다른 항목의 예산을 유용한 경우 그 예산의 항목유용 자체가 위법한 목적을 가지고 있거나, 용도가 엄격하게 제한되어 있는 경우에는 그 지출이 아무리 본인인 공공단체 등을 위한 지출이더라도 불법영득의 의사를 부정할 수 없으나, 그것이 본래 책정되거나 영달되어 있어야 할 필요경비이기 때문에 일정한 절차

469) 대법원 2007.12.28. 선고 2006도9100 판결; 대법원 2002.2.5. 선고 2001도5439 판결; 대법원 1989.10.10. 선고 87도1901 판결.

470) 대법원 2006.9.22. 선고 2004도3314 판결; 대법원 2004.12.10. 선고 2003도3963 판결; 대법원 2004.6.17. 선고 2003도7645 전원합의체 판결.

471) 대법원 2006.3.9. 선고 2003도6733 판결.

472) 대법원 2002.11.26. 선고 2002도5130 판결; 대법원 2002.2.5. 선고 2001도5439 판결; 대법원 1995.2.10. 선고 94도2911 판결; 대법원 1989.10.10. 선고 87도1901 판결.

473) 대법원 1999.2.23. 선고 98도2296 판결.

474) 대법원 1997.9.5. 선고 97도1592 판결; 대법원 1973.5.22. 선고 73도550 판결.

475) 대법원 1994.9.9. 선고 94도998 판결.

를 거치면 그 지출이 허용될 수 있었던 경우에는 그 간격을 메우기 위하여 유용하였더라도 행정책임을 지는 것은 별론으로 하고 바로 불법영득의 의사가 있었다고 단정할 수는 없다.[476] 주택건립추진위원장이 조합원들부터 주택건립을 위한 대지구입 등 주택건립에 관한 일절의 권한을 위임받아 조합원들과의 간에 자기의 책임하에 약정기간내에 연립주택을 완공하여 조합원들을 입주토록 하고 조합원들은 주택융자금을 포함하여 1세대당 대지구입비 및 주택건축공사금을 균등하게 동 위원장에게 지급하기로 하고 만일 위원장이 약정 준공기일을 준수하지 못할 때에는 소정의 지체상금을 물기로 하여 이를 분양대금에서 공제하기로 약정하였다면 위 위원장이 조합원들로부터 지급받은 위 금원은 그 소유권이 동인에게 귀속된다고 보아야 할 것이므로 동인이 그중 일부를 생활비로 소비하였다 하여 그것이 업무상 횡령죄를 구성한다고는 볼 수 없다.[477] 고객들로부터 주식 청약금을 받은 증권회사가 이를 금융기관에 예치하였다가 이를 인출하여 단자회사의 어음을 매입하는 것은 단순한 보관처의 변경 내지는 보관방법의 변경에 불과하여 횡령죄가 성립하지 아니한다.[478] 이른바 지입차주는 법률상 피고인이 대표이사로 있는 회사의 주주에 불과하고 지입차량 운행으로 인한 수익금은 회사소유이고, 이 사건에서 문제로 되어있는 금전의 소비는 용도가 정하여 진 돈을 항목유용한 것에 불과하고, 모두 회사를 위하여 소비한 것이기 때문에, 불법영득의 의사가 있다고 할 수 없다는 취지로 판시하고 있다. 바꾸어 말하면 지입차주들이 내는 돈은 그 돈을 분리하여 지입료는 회사의 소유로 하고, 나머지 세금이나 할부금에 해당하는 돈은 이것을 회사가 그대로 보관하고 있다가, 반드시 그 지입차량의 세금이나 할부금으로만 충당하도록 회사와 차주사이에 약정이 있었다고는 인정되지 아니하므로 이 돈은 그러한 구별없이 한번 회사의 소유로 되고 그 돈으로 회사는 적절하게 그 운영비와 세금 및 할부금에 충당할 수 있는 것이라는 취지이다. 기록을 정사하건대, 원심이 한 위와같은 사실인정은 적법하고 여기에는 논지가 공격하는 바와 같이 지입자동차주식회사의 생태를 잘못파악하고, 우리나라 자동차지입계에 유행하고 있는 차주들과 회사와의 관계, 차주들이 회사에 납입하는 금원의 성질, 지입차량의 소유관계에 대한 법리를 오해하였거나, 지입차주들이 회사에 납입하는 각종 세금과 할부금에 대한 법리를 오해한 위법사유가 없다.[479] 예산의 항목유용만으로는 행정상 책임을 논함은 별문제이나 곳 부정영득이라 인정할 수 없음으로 업무횡령죄를 구성하지 아니한다.[480] 수리조합 회계원이 조합예산 중에서 보관중인 금을 자기의 사용에 소비한 것이 아니고 조합의 소정항목 이외의 항목에 유용한 것은 비록 항목의 유용을 금단한 내규가 있다 할 지라도 이러한 유용만으로는 횡령죄의 성립요건인 불법영득의 의사를 인정할 수 없는 것이다.[481]

ⅴ. 개인용도사용　　공금을 유용하는 경우 횡령죄의 성부가 문제된다. 특히 1인회사의 자금을 1인주주가 사적으로 이용한 경우도 이에 포함된다.

주식회사는 주주와 독립된 별개의 권리주체로서 그 이해가 반드시 일치하는 것은 아니므로, 회사 소유 재산을 주주나 대표이사가 제3자의 자금 조달을 위하여 담보로 제공하는 등 사적인 용도로 임의 처분하였다면 그 처분에 관하여 주주총회나 이사회의 결의가 있었는지

476) 대법원 1989.10.10. 선고 87도1901 판결.
477) 대법원 1987.7.7. 선고 86도1643 판결.
478) 대법원 1979.9.25. 선고 79도198 판결.
479) 대법원 1973.5.22. 선고 73도550 판결.
480) 대법원 1955.2.18. 선고 4287형상168 판결.
481) 대법원 1954.6.28. 선고 4287형상151 판결.

여부와는 관계없이 횡령죄의 죄책을 면할 수는 없다.[482] 이는 1인 회사인 경우에도 마찬가지이다.[483] 주식회사의 대표이사가 회사의 금원을 인출하여 사용하였는데 그 사용처에 관한 증빙자료를 제시하지 못하고 있고 그 인출사유와 금원의 사용처에 관하여 납득할 만한 합리적인 설명을 하지 못하고 있다면, 이러한 금원은 그가 불법영득의 의사로 회사의 금원을 인출하여 개인적 용도로 사용한 것으로 추단할 수 있다.[484]

횡령을 긍정한 판례의 구체적 내용은 다음과 같다. 즉,

> 회사의 대표이사 혹은 그에 준하여 회사 자금의 보관이나 운용에 관한 사실상의 사무를 처리하여 온 자가 회사를 위한 지출 이외의 용도로 거액의 회사 자금을 가지급금 등의 명목으로 인출, 사용함에 있어서 이자나 변제기의 약정이 없음은 물론 이사회 결의 등 적법한 절차도 거치지 아니하는 것은 통상 용인될 수 있는 범위를 벗어나 대표이사 등의 지위를 이용하여 회사 자금을 사적인 용도로 임의로 대여, 처분하는 것과 다름없어 횡령죄를 구성한다.[485] 운송회사와 소속 근로자 사이에 근로자가 운송회사로부터 일정액의 급여를 받으면서 당일 운송수입금을 전부 운송회사에 납입하되, 운송회사는 근로자가 납입한 운송수입금을 월 단위로 정산하여 그 운송수입금이 월간 운송수입금 기준액인 사납금을 초과하는 경우에는 그 초과금액에 대하여 운송회사와 근로자에게 일정 비율로 배분하여 정산하고, 사납금에 미달되는 경우에는 그 부족금액에 대하여 근로자의 급여에서 공제하여 정산하기로 하는 약정이 체결되었다면, 근로자가 사납금 초과 수입금을 개인 자신에게 직접 귀속시키는 경우와는 달리, 근로자가 애초 거둔 운송수입금 전액은 운송회사의 관리와 지배 아래 있다고 봄이 상당하므로 근로자가 운송수입금을 임의로 소비하였다면 횡령죄를 구성한다. 이는 근로자가 운송회사에 대하여 사납금을 초과하는 운송수입금의 일부를 배분받을 권리를 가지고 있다고 하더라도 다른 특별한 사정이 없는 한 다를 바 없다고 할 것이다.[486] 관광지조성사업조합의 조합장인 피고인이 정관에서 정한 절차를 거치지 않고 조합 명의의 계좌에서 급여 명목의 보수를 수령하여 개인 채무 변제 등에 사용함으로써 횡령하였다는 내용으로 기소된 사안에서, 조합 정관인 개발규약이 조합 임원의 보수는 이사회 결의에 따라 지급할 수 있고, 조합 상근임원에 대한 보수는 총회의 인준을 받은 보수규정에 따라야 한다고 규정하고 있음에 비추어, 피고인이 정관에서 정하고 있는 이사회 결의를 거치거나 총회 인준을 받은 보수규정에 따라 보수를 지급받은 것이 아닌 이상 조합에 대하여 보수채권을 주장할 수 없다는 이유로, 피고인이 조합장 직무대행자 또는 조합장으로 근무하여 보수채권을 갖고 있으므로 이사회 결의 등 절차를 거치지 않았더라도 민사상 정산의 문제일 뿐 횡령죄가 성립할 수 없다는 피고인 주장을 배척한 사례이다.[487] 주식회사는 주주와 독립된 별개의 권리주체로서 그 이해가 반드시 일치하지는 아니하므로, 회사 소유 재산을 주주

482) 대법원 2017.11.9. 선고 2015도12633 판결; 대법원 2014.12.24. 선고 2014도11263 판결; 대법원 2012.6.28. 선고 2012도2628 판결; 대법원 2010.12.23. 선고 2008도8851 판결; 대법원 2005.8.19. 선고 2005도3045 판결; 대법원 2005.4.29. 선고 2005도741 판결; 대법원 1999.7.9. 선고 99도1040 판결; 대법원 1990.2.23. 선고 89도2466 판결; 대법원 1989.10.13. 선고 89도1012 판결.

483) 대법원 2005.4.29. 선고 2005도741 판결; 대법원 1999.7.9. 선고 99도1040 판결; 대법원 1990.2.23. 선고 89도2466 판결; 대법원 1989.10.13. 선고 89도1012 판결

484) 대법원 2003.8.22. 선고 2003도2807 판결.

485) 대법원 2017.4.13. 선고 2017도953 판결; 대법원 2014.12.24. 선고 2014도11263 판결; 대법원 2012.2.23. 선고 2011도15857, 판결; 대법원 2012.1.27. 선고 2011도14247 판결; 대법원 2010.5.27. 선고 2010도3399, 판결; 대법원 2006.4.27. 선고 2003도135 판결.

486) 대법원 2014.4.30. 선고 2013도8799, 판결.

487) 대법원 2013.8.30. 선고 2013도2761, 판결.

나 대표이사가 사적인 용도로 임의로 처분하였다면 그 처분에 관하여 형식적으로 주주총회나 이사회의 결의를 거쳤다 하더라도 횡령죄의 죄책을 면할 수는 없다.[488] 피고인 1, 2가 피고인 5 등과 공모하여 2009. 7. 28. 피고인 1이 피고인 5로부터 공소외 1 주식회사의 주식 및 경영권을 인수하기로 하는 계약을 체결하고 사채업자로부터 그 인수대금을 차용하는 과정에서 그 차용금 변제를 위한 담보 제공 및 일부 이자 등의 지급조로 공소외 1 주식회사 명의의 은행 계좌에서 액면금 합계 82억 5,000만 원의 자기앞수표를 인출하여 사채업자에게 교부한 행위가 업무상 횡령죄에 해당한다고 판단하였다.[489] 이른바 1인 회사에 있어서도 행위의 주체와 그 본인은 분명히 별개의 인격이며 1인 회사의 주주가 회사 자금을 불법영득의 의사로 사용하였다면 횡령죄가 성립하고, 불법영득의 의사로써 업무상 보관 중인 회사의 금전을 횡령하여 범죄가 성립한 이상 회사에 대하여 별도의 가수금채권을 가지고 있다는 사정만으로 금전을 사용할 당시 이미 성립한 업무상 횡령죄에 무슨 영향이 있는 것은 아니다.[490] 구 국민연금법(2009.5.21. 법률 제9691호로 개정되기 전의 것) 제90조 제1항, 제95조 제1항, 구 국민연금법 시행령(2010.8.17. 대통령령 제22347호로 개정되기 전의 것) 제64조 등의 규정에 의하여 사용자는 매월 임금에서 국민연금 보험료 중 근로자가 부담할 기여금을 원천공제하여 근로자를 위하여 보관하고, 국민연금 관리공단에 위 보험료를 납부하여야 할 업무상 임무를 부담하게 되며, 사용자가 이에 위배하여 근로자의 임금에서 원천공제한 기여금을 위 공단에 납부하지 아니하고, 나아가 이를 개인적 용도로 소비하였다면 업무상 횡령죄의 책임을 면할 수 없다.[491] 마을 이장인 피고인이 경로당 화장실 개·보수 공사를 위하여 업무상 보관 중이던 공사비를 그 용도 외에 다른 용도로 사용한 이상 횡령죄는 성립하고, 피고인이 과거 마을을 위하여 개인 돈을 지출하였다고 하여 이에 충당할 수는 없다.[492] 대표이사가 회사 명의로 대출을 받을 당시 금융기관에 '자신이 실제 채무자이고 회사는 단순히 형식상의 주채무자'라는 의사표시를 하거나, 대출담당자가 '회사에 대해서는 채무자로서의 책임을 지우지 아니하려는 의도'를 가지고 있었다고 인정할 아무런 자료가 없는 사안에서, 금융기관과 회사 사이의 대출약정을 통정허위표시로 볼 수 없으므로, 대표이사가 회사에 귀속된 위 대출금을 인출하여 임의로 사용한 행위는 업무상횡령에 해당하고, 그 후 개인자금으로 대출금 상당액을 상환하였다는 등의 사정은 범죄 성립에 영향을 미치지 아니한다.[493] 주식회사의 대표이사가 자신의 다른 횡령사실을 감추기 위한 목적으로 가공의 공사대금을 지급한 것처럼 허위로 회계처리하면서 가공의 공사대금에 대한 부가가치세 명목으로 회사 자금을 임의로 지출한 경우에는 그로써 횡령죄는 기수에 달하는 것이며 그 후에 그 지출액 상당을 매입세액으로 환급받아 회사에 다시 입금하였다고 해서 이미 성립한 횡령죄에 영향을 미치지 아니한다.[494] 주식회사는 주주 등과 독립된 별개의 권리주체로서 그 이해가 반드시 일치하는 것은 아니므로 주주총회나 이사회의 의결권에는 스스로 한계가 있는 바, 주주 등이 주식회사 소유 자금을 차용금이라는 명목으로 함부로 인출하여 개인채무 변제 등 사적인 용도로 사용하였다면 이는 주식회사 제도의 목적에 비추어 볼 때 주주총회나 이사회의 결의에 관계없이 횡령죄를 구성할 수 있다.[495] 회사의 대표이사가 회사를 위한 지출 이외

---

488) 대법원 2013.7.11. 선고 2011도5337 판결; 대법원 2005.8.19. 선고 2005도3045 판결.

489) 대법원 2012.6.28. 선고 2012도2628 판결.

490) 대법원 2011.11.24. 선고 2009도980 판결; 대법원 2007.6.1. 선고 2005도5772 판결; 대법원 2006.6.16. 선고 2004도7585 판결.

491) 대법원 2011.2.10. 선고 2010도13284 판결.

492) 대법원 2010.9.30. 선고 2010도7012 판결.

493) 대법원 2010.5.27. 선고 2010도369 판결.

494) 대법원 2008.11.13. 선고 2006도4885 판결.

495) 대법원 2007.10.11. 선고 2007도6012 판결; 대법원 2005.4.29. 선고 2005도741 판결; 대법원 1990.2.23.

의 용도로 거액의 회사 자금을 가지급금 등의 명목으로 인출, 사용함에 있어서 이자나 변제기의 약정이 없음은 물론 이사회 승인 등 적법한 절차도 거치지 아니하는 것은 통상 용인될 수 있는 범위를 벗어나 대표이사 등의 지위를 이용하여 회사 자금을 사적인 용도로 임의로 대여, 처분하는 것과 다름없어 횡령죄를 구성한다고 볼 수 있다.[496] 주식회사의 주주 겸 대표이사가 장차 신주발행 절차에서 자신이 취득하게 될 주식을 타인에게 매도하고자 하면서 다만 양도소득세 등의 부담을 피하기 위해 주식매수인이 회사에 대해 직접 신주를 인수하는 절차를 취한 경우, 회사에 대한 관계에서 신주인수인은 대표이사가 아니라 주식매수인이므로 대표이사가 주식매수인으로부터 받은 주식매매대금은 신주인수대금으로서 이를 보관 중 개인적인 용도로 사용하였다면 횡령죄를 구성한다.[497] 약속어음을 업무상 등의 이유로 보관하던 중 그 임무에 위배하여 제3자에게 대여하거나 할인 목적으로 사용하도록 교부하는 행위 또는 제3자가 금전을 차용하는 데 대한 담보로 제공하는 행위 등은 약속어음을 객체로 한 횡령행위에 해당될 수 있다.[498] 회사의 대표이사가 업무상 보관중인 금전이 회사장부상 위 대표이사의 가수금으로 처리되어 있다 하더라도 위 대표이사가 회사소유의 자금인 위 금전을 개인용도에 임의 소비하였다면 이는 업무상 횡령죄를 구성한다 할 것이다.[499] 주식회사는 주주와 독립된 별개의 권리주체로서 그 이해가 반드시 일치하는 것은 아니므로, 회사 소유 재산을 주주나 대표이사가 제3자의 자금 조달을 위하여 담보로 제공하는 등 사적인 용도로 임의 처분하였다면 그 처분에 관하여 주주총회나 이사회의 결의가 있었는지 여부와는 관계없이 횡령죄의 죄책을 면할 수는 없다.[500] 회사의 대표이사가 보관 중인 회사 재산을 처분하여 그 대금을 정치자금으로 기부한 경우 그것이 회사의 이익을 도모할 목적으로 합리적인 범위 내에서 이루어졌다면 그 이사에게 횡령죄에 있어서 요구되는 불법영득의 의사가 있다고 할 수 없을 것이나, 그것이 회사의 이익을 도모할 목적보다는 후보자 개인의 이익을 도모할 목적이나 기타 다른 목적으로 행하여졌다면 그 이사는 회사에 대하여 횡령죄의 죄책을 면하지 못한다.[501] 대표이사가 회사의 상가분양 사업을 수행하면서 수분양자들을 기망하여 편취한 분양대금은 회사의 소유로 귀속되는 것이므로, 대표이사가 그 분양대금을 횡령하는 것은 사기 범행이 침해한 것과는 다른 법익을 침해하는 것이어서 회사를 피해자로 하는 별도의 횡령죄가 성립된다.[502] 주식회사는 주주와 독립된 별개의 권리주체로서 그 이해가 반드시 일치하는 것은 아니므로 회사의 자금을 회사의 업무와 무관하게 주주나 대표이사의 개인 채무 변제, 다른 업체 지분 취득 내지 투자, 개인적인 증여 내지 대여 등과 같은 사적인 용도로 임의 지출하였다면 그 지출에 관하여 주주총회나 이사회의 결의가 있었는지 여부와는 관계없이 횡령죄의 죄책을 면할 수는 없는 것이고, 이는 1인 회사인 경우에도 마찬가지이다.[503] 당사자 쌍방이 토지 등을 출자하여 공동으로 주식회사를 설립하여 운영하고, 그 회사를 공동으로 경영함에 따르는 비용의 부담과 이익의 분배를 지분 비율에 따라 할 것을 내용으로 하는 동업계약은 당사자들 사이에서 공동사업을 주식회사의 명의로 하고 대외관계 및 대내관계에서 주식회사의 법리에 따름을 전제로 하는 것이어서 이에 관한 청산도 주식회사의 청산

선고 89도2466 판결.

496) 대법원 2007.1.12. 선고 2004도8071 판결; 대법원 2006.4.27. 선고 2003도135 판결.

497) 대법원 2006.10.27. 선고 2004도6503 판결.

498) 대법원 2006.8.25. 선고 2006도3631 판결.

499) 대법원 2006.6.16. 선고 2004도7585 판결; 대법원 1988.7.26. 선고 88도936 판결.

500) 대법원 2005.8.19. 선고 2005도3045 판결.

501) 대법원 2005.5.26. 선고 2003도5519 판결; 대법원 1999.6.25. 선고 99도1141 판결.

502) 대법원 2005.4.29. 선고 2005도741 판결; 대법원 1989.10.24. 선고 89도1605 판결.

503) 대법원 2005.4.29. 선고 2005도741 판결; 대법원 1999.7.9. 선고 99도1040 판결; 대법원 1990.2.23. 선고 89도2466 판결; 대법원 1989.10.13. 선고 89도1012 판결.

에 관한 상법의 규정에 따라 이루어져야 하고, 따라서 그러한 동업약정에 따라 회사가 설립되어 그 실체가 갖추어진 이상, 주식회사의 청산에 관한 상법의 규정에 따라 청산절차가 이루어지지 않는 한 일방 당사자가 잔여재산을 분배받을 수도 없다. 피고인이 동업약정에 따라 주택건축사업 등을 목적으로 하는 주식회사를 설립하고 그 사업을 공동으로 영위하기 위하여 자신이 매수한 토지를 위 회사에 출자하였음에도, 토지의 매수자금에 상당하는 금액이 위 회사의 회계장부상 피고인으로부터의 단기차입금으로 계상되어 있다는 이유만으로 다른 동업자들의 반대에 불구하고 위 회사 명의로 금융기관에 예치중인 돈을 임의로 인출하여 자신의 채무변제에 사용한 행위가 업무상 횡령죄를 구성한다,[504] 주식회사의 주식이 사실상 1인의 주주에 귀속하는 1인회사의 경우에도 회사와 주주는 별개의 인격체로서 1인회사의 재산이 곧바로 그 1인 주주의 소유라고 볼 수 없으므로, 그 회사 소유의 금원을 업무상 보관 중 임의로 소비하면 횡령죄를 구성하는 것이다.[505] 주식회사의 주식이 사실상 1인의 주주에 귀속하는 1인 회사에 있어서도 회사와 주주는 분명히 별개의 인격이어서 1인 회사의 재산이 곧바로 그 1인 주주의 소유라고 볼 수 없다. 피고인이 위 회사의 사실상 1인 주주라고 하더라도 위 회사의 금원을 업무상 보관중 이를 임의로 처분한 피고인의 소위가 업무상 횡령죄를 구성함에 아무런 소장이 없다고 할 것이다.[506] 주식회사의 주식이 사실상 1인주주에 귀속하는 1인회사에 있어서도 회사와 주주는 분명히 별개의 인격이어서 1인회사의 재산이 곧바로 그 1인 주주의 소유라고 볼 수 없으므로 사실상 1인주주라고 하더라도 회사의 금원을 임의로 처분한 소위는 횡령죄를 구성한다.[507] 회사의 대표이사가 업무상 보관중인 금원이 위 대표이사가 타인으로부터 차용한 것이고, 회사장부상 가수금으로 처리되어 있다 할지라도 위 대표이사가 회사소유의 자금인 위 금원을 개인용도에 임의 소비하였다면 이는 업무상 횡령죄를 구성한다.[508] 주식회사의 주식이 사실상 1인의 주주에 귀속하는 1인 회사에 있어서도 행위의 주체와 그 본인은 분명히 별개의 인격이므로 그 법인인 주식회사 소유의 금원을 임의로 소비할 때 횡령죄는 성립하는 것이다.[509] 출자지분이 2인의 사원에게 귀속하고 있는 유한회사의 대표사원이 다른 사원의 승낙을 얻어 회사소유재산을 개인용도에 소비한 경우, 행위의 주체인 대표사원과 그 본인인 유한회사는 별개의 인격체이어서 비록 유한회사의 손해가 궁극적으로는 위 사원들의 손해에 귀착된다고 하더라도 회사의 재산을 사원의 개인용도에 소비하는 행위는 본인의 위탁의 취지에 반함이 명백하여 횡령죄를 구성한다.[510] 어음사기 사건으로 피해를 입은 소액투자자들이 어음금 환수를 받을 목적으로 결성한 소액투자자 보호기구의 총책을 맡고 있던 피고인이, 그 기구에 가입한 소액투자자들이 기구의 운영과 기구결성 목적에 합당한 기구의 활동비용에 충당하기 위하여 분담거출한 금전을 보관의 취지에 반하여 사사로운 이익을 위해 소비하였다면, 피고인에게 기구를 통활하고 운영할 권한이 부여되어 있었다 하더라도 피고인은 횡령죄의 죄책을 면하지 못한다.[511] 합자회사의 영업에 의하여 수입된 금원은 결산기에 이르러 출자자들에게 이익분배 등 적법하게 처분되기까지는 위 회사의 재산이지 결코 출자사원의 소유라고 할 수 없으므로 피고인과 공소외 (갑) 2인의 출자사

---

504) 대법원 2005.4.15. 선고 2003도7773 판결.
505) 대법원 1999.7.9. 선고 99도1040 판결; 대법원 1995.3.14. 선고 95도59 판결.
506) 대법원 1995.3.14. 선고 95도59 판결; 대법원 1989.5.23. 선고 89도570 판결; 대법원 1987.2.24. 선고 86도999 판결; 대법원 1982.4.13. 선고 80도537 판결.
507) 대법원 1989.5.23. 선고 89도570 판결.
508) 대법원 1988.7.26. 선고 88도936 판결.
509) 대법원 1987.2.24. 선고 86도999 판결; 대법원 1983.12.13. 선고 83도2330 판결.
510) 대법원 1986.9.9. 선고 86도280 판결.
511) 대법원 1984.3.13. 선고 83도1738 판결.

원으로 구성된 합자회사에서 대표사원인 피고인이 회사수입금액을 사용에 소비하였다면 회사의 손익분배를 균등하게 하기로 하였고 그가 소비한 금액이 타 사원에게 가불하여준 금액보다 적은 경우라 하더라도 횡령죄의 성립에 아무런 지장이 없다.[512] 이른바 1인 회사라 하더라도 그 주주가 회사의 재산을 보관중 불법영득하면 횡령죄가 성립한다.[513] 1인 주식회사에 있어서 주주가 회사재산을 개인적 용도를 위하여 소비한 경우에는 횡령죄가 성립한다.[514] 동회의 사환이 동직원으로부터 시청금고에 입금하도록 교부 받은 현금과 예금에서 찾은 돈을 사생활비에 소비한 경우에는 절도죄가 아니라 횡령죄가 성립된다.[515] 이미 소비 횡령한 금원을 보완하기 위하여 보관중에 있는 또 다른 타인의 금원을 임의소비한 경우에도 불법영득의 의사가 있다 할 것이므로 횡령죄를 구성한다 할 것이다.[516]

횡령을 부정한 판례의 구체적 내용은 다음과 같다. 즉,

회사 운영자나 대표 등이 그 내부 절차를 거쳐 고문 등을 위촉하고 급여를 지급한 행위가 업무상 횡령으로 인정되기 위해서는 그와 같이 고문 등을 위촉할 필요성이나 정당성이 명백히 결여되거나 그 지급되는 급여가 합리적인 수준을 현저히 벗어나는 경우이어야 할 것이다. 그리고 그에 해당하는지를 판단하기 위해서는 고문 등으로 위촉된 자의 업무수행능력뿐만 아니라, 고문 등의 위촉 경위와 동기, 고문 등으로 위촉된 자와 회사 사이의 관계, 그가 회사 발전에 기여한 내용 및 정도, 고문 등으로 위촉되어 담당하기로 한 업무의 내용 및 중요성, 회사 규모와 당시의 경제적 상황, 고문 등의 위촉으로 인하여 회사가 얻을 것으로 예상되는 유·무형의 이익, 관련 업계의 관행 등을 종합적으로 고려하여 판단하여야 할 것이다. 한편 불법영득의사를 실현하는 행위로서의 횡령행위가 있다는 점은 어디까지나 검사가 입증하여야 하는 것으로서, 그 입증은 법관으로 하여금 합리적인 의심을 할 여지가 없을 정도의 확신을 생기게 하는 증명력을 가진 엄격한 증거에 의하여야 하고, 이와 같은 증거가 없다면 설령 피고인에게 유죄의 의심이 간다 하더라도 피고인의 이익으로 판단할 수밖에 없다.[517] 주식회사의 설립업무 또는 증자업무를 담당한 사람과 주식인수인이 사전 공모하여 주금납입취급은행 이외의 제3자로부터 납입금에 해당하는 금액을 차입하여 주금을 납입하고 납입취급은행으로부터 납입금보관증명서를 교부받아 회사의 설립등기절차 또는 증자등기절차를 마친 직후 이를 인출하여 위 차용금채무의 변제에 사용하는 경우, 위와 같은 행위는 실질적으로 회사의 자본을 증가시키는 것이 아니고 등기를 위하여 납입을 가장하는 편법에 불과하여 주금의 납입 및 인출의 전 과정에서 회사의 자본금에는 실제 아무런 변동이 없다고 보아야 할 것이므로 그들에게 회사의 돈을 임의로 유용한다는 불법영득의 의사가 있다고 보기 어렵다 할 것이고, 따라서 회사 자본이 실질적으로 증가함을 전제로 한 업무상 횡령죄가 성립한다고 할 수 없다.[518] 원칙적으로 단체의 비용으로 지출할 수 있는 변호사 선임료는 단체 자체가 소송당사자가 된 경우에 한하므로 단체의 대표자 개인이 당사자가 된 민·형사 사건의 변호사 비용은 단체의

512) 대법원 1982.12.28. 선고 81도863 판결.
513) 대법원 1982.6.22. 선고 82도1017 판결; 대법원 1982.4.13. 선고 80도537 판결.
514) 대법원 1982.4.13. 선고 80도537(분리) 판결.
515) 대법원 1968.10.29. 선고 68도1222 판결.
516) 대법원 1961.10.19. 선고 4294형상102 판결.
517) 대법원 2013.6.27. 선고 2012도4848 판결; 대법원 2002.11.26. 선고 2002도5130 판결; 대법원 1998.2.13. 선고 97도1962 판결.
518) 대법원 2013.4.11. 선고 2012도15585 판결; 대법원 2009.6.25. 선고 2008도10096 판결; 대법원 2004.6.17. 선고 2003도7645 전원합의체 판결.

비용으로 지출할 수 없고, 예외적으로 분쟁에 대한 실질적인 이해관계는 단체에게 있으나 법적인 이유로 그 대표자의 지위에 있는 개인이 소송 기타 법적 절차의 당사자가 되었다거나 대표자로서 단체를 위해 적법하게 행한 직무행위 또는 대표자의 지위에 있음으로 말미암아 의무적으로 행한 행위 등과 관련하여 분쟁이 발생한 경우와 같이, 당해 법적 분쟁이 단체와 업무적인 관련이 깊고 당시의 제반 사정에 비추어 단체의 이익을 위하여 소송을 수행하거나 고소에 대응하여야 할 특별한 필요성이 있는 경우에 한하여 단체의 비용으로 변호사 선임료를 지출할 수 있다.[519] 주식회사의 설립업무 또는 증자업무를 담당한 자와 주식인수인이 사전 공모하여 주금납입취급은행 이외의 제3자로부터 납입금에 해당하는 금액을 차입하여 주금을 납입하고 납입취급은행으로부터 납입금보관증명서를 교부받아 회사의 설립등기절차 또는 증자등기절차를 마친 직후 이를 인출하여 위 차용금 채무의 변제에 사용하는 경우, 위와 같은 행위는 실질적으로 회사의 자본을 증가시키는 것이 아니고 등기를 위하여 납입을 가장하는 편법에 불과하여 주금의 납입 및 인출의 전 과정에서 회사의 자본금에는 실제 아무런 변동이 없다고 보아야 할 것이므로, 그들에게 회사의 돈을 임의로 유용한다는 불법영득의 의사가 있다고 보기 어렵다 할 것이고, 이러한 관점에서 상법상 납입가장죄의 성립을 인정하는 이상 회사 자본이 실질적으로 증가됨을 전제로 한 업무상 횡령죄가 성립한다고 할 수는 없다.[520] 회사가 신주를 발행하여 실제로는 타인으로부터 제3자 명의로 자금을 빌려 자기의 계산으로 신주를 인수하면서도 제3자 명의를 차용한 경우, 이는 상법 등에서 허용하지 않는 자기주식의 취득에 해당하므로 회사의 신주인수행위는 무효라고 보아야 할 것이지만, 신주인수대금의 납입을 위하여 회사가 제3자 명의로 금원을 차용한 행위의 효력은 부정할 수가 없고 그 차용원리금의 상환의무는 회사가 부담한다고 보아야 하므로, 회사의 대표이사가 가지급금의 형식으로 회사의 자금을 인출하여 위 차용원리금 채무의 변제에 사용하였다고 하더라도 이는 업무상 횡령죄에 해당한다고 볼 수 없다.[521] 상법 제628조 제1항 소정의 납입가장죄는 회사의 자본충실을 기하려는 법의 취지를 유린하는 행위를 단속하려는 데 그 목적이 있는 것이므로, 당초부터 진실한 주금납입으로 회사의 자금을 확보할 의사 없이 형식상 또는 일시적으로 주금을 납입하고 이 돈을 은행에 예치하여 납입의 외형을 갖추고 주금납입증명서를 교부받아 설립등기나 증자등기의 절차를 마친 다음 바로 그 납입한 돈을 인출한 경우에는, 이를 회사를 위하여 사용하였다는 특별한 사정이 없는 한 실질적으로 회사의 자본이 늘어난 것이 아니어서 납입가장죄 및 공정증서원본불실기재죄와 불실기재공정증서원본행사죄가 성립하고, 다만 납입한 돈을 곧바로 인출하였다고 하더라도 그 인출한 돈을 회사를 위하여 사용한 것이라면 자본충실을 해친다고 할 수 없으므로 주금납입의 의사 없이 납입한 것으로 볼 수는 없고, 한편 주식회사의 설립업무 또는 증자업무를 담당한 자와 주식인수인이 사전 공모하여 주금납입취급은행 이외의 제3자로부터 납입금에 해당하는 금액을 차입하여 주금을 납입하고 납입취급은행으로부터 납입금보관증명서를 교부받아 회사의 설립등기절차 또는 증자등기절차를 마친 직후 이를 인출하여 위 차용금채무의 변제에 사용하는 경우, 위와 같은 행위는 실질적으로 회사의 자본을 증가시키는 것이 아니고 등기를 위하여 납입을 가장하는 편법에 불과하여 주금의 납입 및 인출의 전과정에서 회사의 자본금에는 실제 아무런 변동이 없다고 보아야 할 것이므로, 그들에게 회사의 돈을 임의로 유용한다는 불법영득의 의사가 있다고 보기 어렵다 할 것이고, 이러한 관점에서 상법상 납입가장죄의 성립을 인정하는 이상 회사 자본이 실질적으로

519) 대법원 2009.9.10. 선고 2009도4987 판결; 대법원 2006.10.26. 선고 2004도6280 판결.

520) 대법원 2009.6.25. 선고 2008도10096 판결; 대법원 2006.9.22. 선고 2004도3314 판결; 대법원 2004.6.17. 선고 2003도7645 전원합의체 판결.

521) 대법원 2005.2.18. 선고 2002도2822 판결.

증가됨을 전제로 한 업무상 횡령죄가 성립한다고 할 수는 없다.[522] 일반적으로 주식회사의 설립업무를 담당한 자가 주금납입취급은행 이외의 제3자로부터 납입금에 해당하는 금액을 차입하여 주금을 납입하고 납입취급은행으로부터 납입금보관증명서를 교부받아 회사의 설립등기를 마친 직후 이를 인출하여 위 차용채무의 변제에 사용한 경우에, 그 주금납입은 회사에 대하여 유효하고 그 주금의 납입 즉시 그 납입금은 회사의 재산으로 되는 것이므로, 이와 같은 인출행위는 상법상 주금가장납입죄에 해당하는 것과는 별도로 회사재산의 불법영득 행위로서 횡령죄를 구성하는 것이라 할 것이나, 그 설립업무를 담당하는 자가 회사 성립 전부터 사실상 인적·물적 설비를 갖추기 위한 자금을 출연하여 회사 설립 활동을 하였으나, 회사 설립등기를 함에 있어서 주식 납입금이 부족하여 우선 제3자로부터 자금을 차입하여 주금납입취급은행에 주금으로 납입하고 그 납입보관증명을 발급받아 설립등기를 마친 직후 자금을 인출하여 그 채무 변제에 사용한 다음 그동안 취득한 자산을 회사에 승계시키거나 그동안 소요된 비용을 정산하는 등으로 자본금의 인출에 대응하는 조치를 하였고, 그 이후에도 자본금에 상응하는 금원을 출연하여 이를 회사를 위하여 사용하였으며, 그와 같은 대응조치나 자금의 입출금관계가 적절한 방법으로 회계장부에도 반영되었다면, 그 회사의 경영자가 주금을 납입하고 인출할 당시에 그의 주관적 의사는 단지 회사설립요건을 갖출 의도하에 편의상 주금이 납입된 것과 같은 외관을 일시적으로 만들어 내고자 하는 것에 불과하고 회사 소유의 금원을 회사의 목적 외의 용도에 임의로 사용하고자 하는 것은 아니므로, 이에 대하여 상법상 주금가장납입죄가 성립함은 별론으로 하고 그 자금의 인출행위에 회사 재산에 대한 불법영득 의사를 인정할 수 없어 업무상 횡령죄가 성립한다고 볼 수 없다.[523] 회사에 대하여 개인적인 채권을 가지고 있는 대표이사가 회사를 위하여 보관하고 있는 회사 소유의 금전으로 자신의 채권 변제에 충당하는 행위는 회사와 이사의 이해가 충돌하는 자기거래행위에 해당하지 않는 것이므로, 대표이사가 이사회의 승인 등의 절차 없이 그와 같이 자신의 회사에 대한 채권을 변제하였더라도, 이는 대표이사의 권한 내에서 한 회사 채무의 이행행위로서 유효하고, 따라서 불법영득의 의사가 인정되지 아니하여 횡령죄의 죄책을 물을 수 없다.[524] 피고인과 함께 신문사를 경영하기로 했던 고소인 등이 경영의 어려움을 이유로 차례로 동업관계에서 탈퇴하고 피고인 단독으로 경영하게 된 이후에는 피고인이 고소인의 금원을 보관하는 자의 지위에 있지 아니하고, 단순히 위 고소인과의 관계에서 피고인이 그의 투자금 반환조로 금원을 일부 지급키로 한 민사상 채무자의 지위에 있음에 그칠 뿐이므로, 공소사실이 피고인의 단독 경영 이후에 금원 소비를 문제로 하고 있는 한 피고인이 보관자의 지위에 있음을 인정할 자료가 없고, 달리 피고인이 고소인을 위하여 금원을 보관하고 있었다고 볼 증거가 없다는 이유로 업무상 횡령죄에 대하여 무죄를 선고한 원심판결을 수긍한 사례이다.[525] 시내버스 운전사가 승객으로부터 요금을 받아 소지하고 있던 버스안내원으로부터 건너받은 현금을 자신의 개인용도에 임의소비한 경우라면 동 버스운전사가 징수한 버스요금 등을 받아 보관하고 있었다거나 또는 그 보관이 동인의 업무내용이라고 단정할 수 없어 동인을 업무상 횡령으로 문죄할 수 없다.[526] 학교회계와 개인수입지출 및 학교법인의 수입지출을 같은 장부에 혼합하고 있는 경우 만일 타수입금의 잔액이 없거나 부족함에도 학교회계에 속하는 금원을 사용 내지 학교법인의 용도에 지출하였다면 횡령 내지 유용이 될 것이나 타수입금의 잔고 한도내에서 사용 내지

522) 대법원 2004.6.17. 선고 2003도7645 전원합의체 판결.
523) 대법원 2003.8.22. 선고 2003도2807 판결.
524) 대법원 2002.7.26. 선고 2001도5459 판결; 대법원 1999.2.23. 선고 98도2296 판결.
525) 대법원 1996.5.28. 선고 96도140 판결.
526) 대법원 1985.6.25. 선고 85도1036 판결.

학교법인의 용도에 지출하였다면 학교회계에 속하는 금원을 횡령 내지 유용하였다고 문죄할 수 없다.[527] 이 사건 새마을 청소년학교가 비록 학교라는 명칭은 사용하고 있지만, 국·공립학교이거나 학교법인 또는 다른 어떤 단체에 소속되어 운영되는 것도 아니고 이 학교 내에 별도로 운영체가 구성되어 있는 것도 아니며, 오로지 피고인들 부부의 사재로서 설립되고 유지 경영되어 오는 피고들 개인 소유라고 한다면, 피고인들이 이 학교운영을 위하여 학생들로부터 징수한 입학금 및 육성회비, 기타 잡수입금 또는 찬조금 등은 일응 피고인들에게 귀속되는 것이라고 할 것이므로 원심이 같은 이유에서 피고인들에 의한 위 금원소비를 횡령죄로서 다스릴 수는 없다고 판단하였음은 정당하여 여기에 소론과 같은 횡령죄에 관한 법리오해가 있다고 할 수 없다.[528] 객선회사가 선객으로부터 징수한 선임의 일부를 보험료로 보험회사에 납부하기로 약정하고 취득한 선임은 객선회사의 소유에 속하게 되는 것이므로 객선회사가 이를 임의소비하였다 하여도 이는 채무불이행에 지나지 않을 뿐 업무상 횡령죄를 구성하는 것은 아니다.[529]

vi. 기타 업무상 횡령행위 발생빈도가 낮거나 전형적인 유형이 아니어서 유형화가 어려운 업무상 횡령행위에 대하여 고찰하기로 한다.

횡령을 부정한 판례의 구체적 내용은 다음과 같다. 즉,

채무자 법인의 대표이사인 피고인을 비롯한 공동상속인들이 피상속인의 채무자 법인에 대한 대여금채권을 공동상속한 경우, 피고인이 다른 공동상속인들로부터 위 대여금채권의 변제수령에 관한 권한을 위임받은 바가 없음에도 단독으로 피상속인의 채무자 법인에 대한 채권을 변제받는 것으로 회계처리하면서 채무자 법인의 자금을 인출하였다면, 그 인출금액 중 피고인의 상속분을 초과하는 부분에 대하여는 권한 없이 채무자 법인 소유의 금원을 인출한 것이어서 채무자 법인에 대한 업무상 횡령죄가 성립한다.[530] 주식회사의 대표이사가 적법하게 수령할 권한이 있는 보수가 압류당할 우려가 있자 이를 피하기 위하여 비록 실제 근무하지 않는 근로자의 임금 명목으로 보수를 조성하여 타인의 명의로 이를 수령하였다 하더라도 그 수령과 동시에 그 금원에 대한 소유권을 취득하였다고 보아야 할 것이므로, 위 보수를 소비하는 것은 자신의 재물을 소비한 것에 불과하고, 이를 가지고 타인의 재물을 보관하는 자가 그 재물을 횡령한 경우에 해당한다고 볼 수 없다.[531] 아파트관리위원회의 회장과 전무인 피고인들이 그 아파트관리위원회 회칙에 위배하여 위원회의 관리기금에서 단기차입금 명목으로 금원을 인출했다 하더라도 종전에도 다른 회원들에게 관리기금을 대여한 사례가 있었고, 피고인들이 대여원금의 이자를 변제하여 왔으며 그 대여행위에 집행위원들의 동의가 있었다면 위 관리기금의 인출을 들어 바로 위 위원회의 재산권의 처분행위라고 할 수 없을 뿐만 아니라 피고인들에게 불법영득의 의사가 있었다고도 볼 수 없다.[532] 회사의 대표이사의 대부행위는 비록, 회사의 영업목적에 적절하지 않다 하더라도 회사의 대부행위로서 효력이 있는 것이므로 단지 그가 업무상 점유하는 돈을 대부하였다는 사실만으로 곧 그에게 불법영득의 의사가 있었다고는 볼 수 없고, 따라서 위 대부행위는 업무상 횡령죄를 구성한다고 단정하기 어렵다.[533] 소위 입사보증금은 고용계약과 관련하여 피용자가 장래 부담하게 될지도 모르는 손해배상

527) 대법원 1982.12.14. 선고 81도2093 판결.
528) 대법원 1979.9.11. 선고 79도1151 판결.
529) 대법원 1960.2.17. 선고 4293형상961 판결.
530) 대법원 2006.6.30. 선고 2005도5338 판결.
531) 대법원 2003.10.10. 선고 2003도3516 판결.
532) 대법원 1990.5.8. 선고 90도599 판결.

채무의 담보로서 제공되는 신원보증금으로서 일단 그 소유권은 사용자에게 이전되는 것이니 사용자가 이를 소비하여도 횡령죄를 구성하지 아니한다.[534]

④ 결 과

본죄는 다른 사람의 재물에 관한 소유권 등 본권을 보호법익으로 하고 법익침해의 위험이 있으면 침해의 결과가 발생되지 아니하더라도 성립하는 위험범이다.[535] 다만 횡령의 결과 피해자에 대한 손해의 발생으로 기수에 이르게 된다고 해석된다. 이는 횡령죄에서 전술한 바와 같다.

2) 주관적 구성요건

① 고 의

본죄는 고의범이다. 본죄의 고의는 인식적 요소로서 업무상의 임무에 위배하여 타인의 재물을 보관하는 자가 그 재물을 횡령하거나 그 반환을 거부한다는 사실에 대한 인식을 요한다.

방조범의 경우 정범의 실행을 방조한다는 이른바 방조의 고의와 정범의 행위가 구성요건에 해당하는 행위인 점에 대한 정범의 고의가 있어야 한다.[536] 방조범의 경우에 정범의 고의는 정범에 의하여 실현되는 범죄의 구체적 내용을 인식할 것을 요하는 것은 아니고 미필적 인식 또는 예견으로 족하다.[537]

고의를 긍정한 판례의 구체적 내용은 다음과 같다. 즉,

주식회사의 재산을 임의로 처분하려는 대표이사의 횡령행위를 주선하고 그 처분행위를 적극적으로 종용한 경우에는 대표이사의 횡령행위에 가담한 공동정범의 죄책을 면할 수 없다.[538] 문화예술진흥법에 의하여 입장료와 함께 문화예술진흥기금을 받은 극장 경영자는 한국문화예술진흥원을 위하여 그 기금을 보관하고 있는 자의 지위에 있으므로, 이를 별도로 관리하지 아니하고 자신의 예금통장에 혼합보관하면서 임의로 자신의 극장운영자금 등으로 소비하였다면, 횡령죄의 고의나 불법영득의 의사가 있다고 보아 업무상 횡령죄가 성립한다.[539] 주식회사에서 피고인이 사실상 1인 주주라고 하여도 피고인이 업무상 보관하고 있는 회사재산을 임의 소비하였다면 횡령죄의 범의를 부인할 수 없다.[540]

고의를 부정한 판례의 구체적 내용은 다음과 같다. 즉,

상호신용금고의 경영자가 장부상 직원들의 봉급을 인상한 것처럼 하여 실제로는 종전과 같은 액수를 지급하면서 그 차액으로 회사의 부외부채를 변제한 경우, 이는 회사의 채무를 변제한 것이어서 횡령의 범의가 있었다고 볼 수 없다.[541] 채권자인 피고인이 그의 채권의 변제를 받기 위하여

533) 대법원 1984.11.13. 선고 84도2112 판결.
534) 대법원 1979.6.12. 선고 79도656 판결.
535) 대법원 2013.2.21. 선고 2010도10500, 전원합의체 판결.
536) 대법원 2012.6.28. 선고 2012도2628 판결.
537) 대법원 2012.6.28. 선고 2012도2628 판결; 대법원 2005.4.29. 선고 2003도6056 판결.
538) 대법원 2005.8.19. 선고 2005도3045 판결.
539) 대법원 1997.3.28. 선고 96도3155 판결.
540) 대법원 1983.5.10. 선고 83도693 판결.

채무자로부터 양도받은 채권액수와 그것이 실제 변제되었는가에 관하여 채권자와 채무자 사이에서 상호간 다툼이 있는 경우라면 설사 피고인이 채권담보로 제공받은 아파트처분대금중에서 채무자가 주장하는 채무액을 넘는 정산잔액을 반환하지 않았다 하더라도 이를 횡령하려는 범의가 있다고 단정할 수 없음이 일반인의 경험칙이라 할 것이다.[542] 피고인이 업자들로부터 일시 보관하였던 돈을 조합경비에 유용하였다 하더라도 조합이사회의 결의에 따라 한 것인 이상 설사 이사회가 그러한 결의를 할 수 있는 권한이 없었다곤 치더라도 피고인이 이사회에 그러한 권한이 있는 것으로 믿고 있었고 또 그렇게 믿는데 정당한 사유가 있어 보이는 한 피고인에게 횡령죄의 범의가 있었다고 할 수 없다.[543]

② 불법영득의 의사

본죄는 주관적 구성요건요소로서 고의 외에 불법영득의사를 요함은 다언을 요하지 않는다.[544] 불법영득의 의사라 함은 타인의 재물을 보관하는 자가 자기 또는 제3자의 이익을 꾀할 목적으로 업무상의 임무에 위배하여 보관하는 타인의 재물을 자기의 소유인 경우와 같이 사실상 또는 법률상 처분하는 의사를 의미한다.[545] 보관자가 자기 또는 제3자의 이익을 위한 것이 아니라 그 소유자의 이익을 위하여 이를 처분한 경우에는 특별한 사정이 없는 한 위와 같은 불법영득의 의사를 인정할 수 없다.[546] 사후에 이를 반환하거나 변상·보전하려는 의사가 있다고 하여 불법영득의 의사가 없다고 할 수는 없다.[547]

---

541) 대법원 1986.6.24. 선고 86도538 판결.

542) 대법원 1983.2.8. 선고 82도2486 판결.

543) 대법원 1969.7.29. 선고 69도977 판결.

544) 대법원 2013.4.25. 선고 2011도9238 판결; 대법원 2002.2.5. 선고 2001도5439 판결; 대법원 1955.6.21. 선고 4288형상34 판결; 대법원 1955.6.21. 선고 4288형상34 판결.

545) 대법원 2017.11.9. 선고 2015도12633 판결; 대법원 2017.6.19. 선고 2015도19591 판결; 대법원 2017.4.13. 선고 2017도953 판결; 대법원 2015.2.26. 선고 2014도15182 판결; 대법원 2014.12.24. 선고 2014도11263 판결; 대법원 2014.12.24. 선고 2014도11263 판결; 대법원 2014.6.26. 선고 2014도753 판결; 대법원 2014.5.16. 선고 2013도15895 판결; 대법원 2014.2.21. 선고 2011도8870 판결; 대법원 2013.8.23. 선고 2011도7637 판결; 대법원 2013.7.11. 선고 2011도5337 판결; 대법원 2013.6.27. 선고 2013도2510 판결; 대법원 2013.4.25. 선고 2011도9238 판결; 대법원 2012.6.28. 선고 2012도2628 판결; 대법원 2012.6.14. 선고 2010도9871 판결; 대법원 2011.2.10. 선고 2010도12920 판결; 대법원 2010.6.24. 선고 2008도6755 판결; 대법원 2010.4.15. 선고 2009도6634 판결; 대법원 2009.2.26. 선고 2007도4784 판결; 대법원 2009.2.12. 선고 2006도6994 판결; 대법원 2008.8.21. 선고 2007도9318 판결; 대법원 2008.3.27. 선고 2007도9250 판결; 대법원 2007.12.28. 선고 2006도9100 판결; 대법원 2007.7.26. 선고 2007도4164 판결; 대법원 2006.6.27. 선고 2005도2626 판결; 대법원 2006.6.2. 선고 2005도3431 판결; 대법원 2006.4.28. 선고 2005도756 판결; 대법원 2006.4.27. 선고 2003도135 판결; 대법원 2005.8.19. 선고 2005도3045 판결; 대법원 2004.12.24. 선고 2003도4570 판결; 대법원 2004.8.20. 선고 2003도4732 판결; 대법원 2003.8.22. 선고 2003도2807 판결; 대법원 2002.8.23. 선고 2002도366 판결; 대법원 2002.2.5. 선고 2001도5439 판결; 대법원 2001.5.8. 선고 99도4699 판결; 대법원 2000.12.27. 선고 2000도4005 판결; 대법원 2000.3.14. 선고 99도4923 판결; 대법원 1999.7.9. 선고 98도4088 판결; 대법원 1998.2.13. 선고 97도1962 판결; 대법원 1997.4.22. 선고 96도8 판결; 대법원 1996.9.6. 선고 95도2551 판결; 대법원 1995.3.14. 선고 95도59 판결; 대법원 1995.2.10. 선고 94도2911 판결; 대법원 1994.9.9. 선고 94도619 판결; 대법원 1989.10.10. 선고 87도1901 판결; 대법원 1986.10.14. 선고 85도2698 판결; 대법원 1986.7.8. 선고 85도2212 판결; 대법원 1983.9.13. 선고 82도75 판결.

546) 대법원 2017.6.19. 선고 2015도19591 판결; 대법원 1982.3.9. 선고 81도3009 판결; 대법원 1955.6.21. 선고 4288형상34 판결.

547) 대법원 2017.11.9. 선고 2015도12633 판결; 대법원 2017.4.13. 선고 2017도953 판결; 대법원 2014.12.24. 선고 2014도11263 판결; 대법원 2014.5.16. 선고 2013도15895 판결; 대법원 2014.2.21. 선고 2011도8870 판결; 대법원 2013.7.11. 선고 2011도5337 판결; 대법원 2012.6.28. 선고 2012도2628 판결; 대법원 2012.6.14. 선고

불법영득의사는 내심의 의사에 속하여 피고인이 이를 부인하는 경우, 이러한 주관적 요소로 되는 사실은 사물의 성질상 그와 상당한 관련성이 있는 간접사실 또는 정황사실을 증명하는 방법에 의하여 이를 입증할 수밖에 없다.[548)]

불법영득의 의사를 긍정한 판례의 구체적 내용은 다음과 같다. 즉,

법인의 회계장부에 올리지 않고 법인의 운영자나 관리자가 회계로부터 분리시켜 별도로 관리하는 이른바 비자금은, 법인을 위한 목적이 아니라 법인의 자금을 빼내어 착복할 목적으로 조성한 것임이 명백히 밝혀진 경우에는 조성행위 자체로써 불법영득의 의사가 실현된 것으로 볼 수 있다.[549)] 주식회사의 대표이사가 회사의 돈을 인출하여 사용하였는데 그 사용처에 관한 증빙자료를 제시하지 못하고 있고 그 인출사유와 사용처에 관하여 납득할 만한 합리적인 설명을 하지 못하고 있다면, 이는 그가 불법영득의 의사로 회사의 돈을 인출하여 개인적 용도로 사용한 것으로 추단할 수 있다.[550)] 회사가 기업활동을 함에 있어서 형사상의 범죄를 수단으로 하여서는 안 되므로 뇌물공여를 금지하는 법률 규정은 회사가 기업활동을 함에 있어서 준수하여야 할 것이고, 따라서 회사의 이사 등이 업무상의 임무에 위배하여 보관 중인 회사의 자금으로 뇌물을 공여하였다면 이는 오로지 회사의 이익을 도모할 목적이라기보다는 뇌물공여 상대방의 이익을 도모할 목적이나 기타 다른 목적으로 행하여진 것이라고 봄이 상당하므로, 그 이사 등은 회사에 대하여 업무상 횡령죄의 죄책을 면하지 못한다.[551)] 업무상 횡령죄는 위와 같은 불법영득의 의사가 확정적으로 외부에 표현되었을 때 성립하는 것이므로, 횡령의 범행을 한 자가 물건의 소유자에 대하여 별도의 금전채권을 가지고 있었다 하더라도 횡령 범행 전에 상계 정산하였다는 등 특별한 사정이 없는 한 그러한 사정만으로 이미 성립한 업무상 횡령죄에 영향을 미칠 수는 없다.[552)] 법인의 운영자 또는 관리자가 법인을 위한 목적이 아니라 법인과는 아무런 관련이 없거나 개인적인 용도로 착복할 목적으로 법인의 자금을 빼내어 별도로 비자금을 조성하였다면 그 조성행위 자체로써 불법영득의 의사가 실현된 것으로 볼 수 있을 것인 바, 이때 그 행위자에게 법인의 자금을 빼내어 착복할 목적이 있었는지 여부는 그 법인의 성격과 비자금의 조성 동기, 방법, 규모, 기간, 비자금의 보관방법 및 실제 사용용도 등 제반 사정을 종합적으로 고려하여 판단하여야 한다.[553)] '장흥군 사회단체보조금 지원에 관한 조례' 등의 규정에 비추어 위 조례상의 보조금은 그 용도가 엄격히 제한된 자금으로 보아야 하고, 위와 같은 보조금을 집행할 직책에 있는 자가 자기 자신의 이익을 위한 것이 아니고 경비부족을 메우기 위하여 보조금을 전용하였더라도, 업무상 횡령죄의 '불법영득의사'를 부인할 수 없다.[554)]

2010도9871 판결; 대법원 2006.6.2. 선고 2005도3431 판결; 대법원 2005.8.19. 선고 2005도3045 판결; 대법원 2000.12.8. 선고 99도214 판결; 대법원 1999.7.9. 선고 98도4088 판결; 대법원 1995.3.14. 선고 95도59 판결; 대법원 1983.9.13. 선고 82도75 판결.

548) 대법원 2017.6.19. 선고 2015도19591 판결; 대법원 2014.6.26. 선고 2014도753 판결; 대법원 2011.9.8. 선고 2011도6457 판결; 대법원 2010.6.24. 선고 2008도6755 판결.

549) 대법원 2017.5.30. 선고 2016도9027 판결; 대법원 2006.6.27. 선고 2005도2626 판결.

550) 대법원 2013.6.27. 선고 2013도2510 판결; 대법원 2012.1.27. 선고 2011도14247 판결; 대법원 2008.3.27. 선고 2007도9250 판결; 대법원 2004.9.24. 선고 2004도3532 판결.

551) 대법원 2013.4.25. 선고 2011도9238 판결; 대법원 2005.10.28. 선고 2003다69638 판결; 대법원 2005.5.26. 선고 2003도5519 판결.

552) 대법원 2012.6.14. 선고 2010도9871, 판결; 대법원 2006.6.2. 선고 2005도3431 판결; 대법원 1995.3.14. 선고 95도59 판결.

553) 대법원 2010.12.9. 선고 2010도11015 판결; 대법원 2009.2.12. 선고 2006도6994 판결; 대법원 2006.6.27. 선고 2005도2626 판결.

554) 대법원 2010.9.30. 선고 2010도987 판결.

쇼핑몰 상가 분양사업을 계획하면서 사채와 분양대금만으로 사업부지 매입 및 공사대금을 충당할 수 있다는 막연한 구상 외에 체계적인 사업계획 없이 무리하게 쇼핑몰 상가 분양을 강행한 경우 편취의 범의를 인정할 수 있다.[555] 예산을 집행할 직책에 있는 자가 자기 자신의 이익을 위한 것이 아니고 경비부족을 메우기 위하여 예산을 전용한 경우, 그것이 본래 책정되거나 영달되어 있어야 할 필요경비이기 때문에 일정한 절차를 거치면 그 지출이 허용될 수 있었던 때에는 그 간격을 메우기 위한 유용이 있었다는 것만으로 바로 그 유용자에게 불법영득의 의사가 있었다고 단정할 수는 없는 것이지만, 그 예산의 항목유용 자체가 위법한 목적을 가지고 있다거나 예산의 용도가 엄격하게 제한되어 있는 경우에는 불법영득의 의사가 인정된다 할 것이다.[556] 대표청산인이 청산위원회의 결의를 거치지 아니하고 청산금을 지출한 행위가 본인인 청산법인을 위한 것으로서 대표청산인의 임무에 위배되지 않은 것이거나 불법영득의 의사가 없었다고 볼 여지가 충분하다.[557] 주식회사의 대표이사가 회사의 금원을 인출하여 사용하였는데 그 사용처에 관한 증빙자료를 제시하지 못하고 있고 그 인출사유와 금원의 사용처에 관하여 납득할 만한 합리적인 설명을 하지 못하고 있다면, 이러한 금원은 그가 불법영득의 의사로 회사의 금원을 인출하여 개인적 용도로 사용한 것으로 추단할 수 있다.[558] 피고인 1과 원심공동피고인 3가 설립·운영하는 각 학교법인은 별개의 법인격을 가진 소유의 주체로서 이를 실질적으로 1개의 학교법인이라고 볼 수 없으므로, 각 학교법인의 금원을 다른 학교법인을 위하여 사용한 경우 이를 단순히 예산항목을 유용하거나 장부상의 분식이나 이동에 불과하다고 할 수 없고, 각 학교법인 사이에서의 자금이동이 단순한 대차관계에 불과하다고 할 수도 없으므로, 각 학교법인의 금원을 다른 학교법인을 위하여 사용하거나 피고인 1 및 원심공동피고인 3의 개인적인 용도에 사용한 행위는 불법영득의 의사를 실현한 행위라고 충분히 인정할 수 있으며, 또한 일부 학교법인의 경우 그 학교법인으로부터 전출한 금원보다 더 많은 금원을 유입하였다고 하더라도 각 학교법인의 금원을 다른 학교법인 등에 임의로 사용함으로써 불법영득의 의사가 객관적으로 외부에 표시되어 횡령죄가 기수에 이르게된 이상, 위와 같은 사정은 이미 성립한 횡령죄에 아무런 영향이 없다 할 것이다.[559] 은행의 업무추진비는 예산관리규정상 대외활동관련경비, 자료수집 및 각종 접대비, 기타 잡사업비를 위한 항목으로 책정된 것으로서, 그중 접대비는 "법인이 업무와 관련하여 거래처 또는 업무와 관련 있는 자 등에게 접대, 교제, 사례 기타 명목 여하에 불구하고 이와 유사한 행위에 의하여 지출하는 접대비 등"을 의미하므로, 동화은행의 주주 대부분이 이북5도의 도민회·군민회 등의 단체 또는 개인이라 하여 이북5도의 전·현직 도지사 등에게 판공비 등을 지급한다거나 은행의 임원 또는 간부 직원에게 명절무렵의 수고비 명목의 돈을 지급하는 것은 업무추진비의 본래 용도와는 관계없이 개인적인 목적으로 지출한 것이라는 전제 아래 은행장이 업무추진비에서 위와 같은 판공비, 수고비 등을 지출한 것은 업무상 횡령죄에 해당한다.[560] 창고업자가 보관중인 피해자 소유의 시멘트를 그 보관위탁자인 피해자 명의의 출급의뢰서 소지자에게 출고할 수 있을 뿐 이를 일반수요자들에게 직접 판매할 권한이 없음에도 위 시멘트를 수요자에게 직접 판매하였다면 비록 그 대금으로 위 피해자 회사의 대리점에서 그 판매가격 보다 저렴한 가격으로 출고의뢰서를 구입하여 마치 출고의뢰서에 의하여 정당하

555) 대법원 2005.4.29. 선고 2005도741 판결.
556) 대법원 2004.12.24. 선고 2003도4570 판결; 대법원 2002.2.5. 선고 2001도5439 판결; 대법원 1995.2.10. 선고 94도2911 판결.
557) 대법원 2002.2.5. 선고 2001도5439 판결.
558) 대법원 2008.3.27. 선고 2007도9250 판결; 대법원 2003.8.22. 선고 2003도2807 판결.
559) 대법원 2000.12.8. 선고 99도214 판결.
560) 대법원 1994.9.9. 선고 94도619 판결.

게 출고된 것처럼 장부를 정리해 두었다 하더라도 불법영득의 의사가 있다고 할 것이다.[561) 420,000원이 회사의 공금이라 할 때 공금을 차량유류대금이나 귀가교통비, 진정사건무마비 등으로 지출한 점은 별론으로 하더라도 원심인정과 같은 경위로 기분풀이 하기 위하여 술을 마시고 술값으로 지급하고, 잡비로 소비하였다면 이는 불법영득의 의사가 있는 것이라고 하지 않을 수 없다 할 것이다.[562) 협회의 공금을 협회장의 승인하에 개인구좌에 입금시킨 후 위 돈을 수시로 인출하여 개인적 용도에 소비하였다면, 피고인이 위 금원을 위 협회의 예금구좌로부터 피고인 개인구좌로 옮긴 것 자체는 협회장의 승인을 받았기 때문에 횡령행위가 되지 않는다고 하더라도 위와 같이 자기명의로 예금하여 보관중인 타인의 금원을 인출하여 소비한 행위는 횡령죄에 해당하는 것이며 그만한 돈을 별도로 현금 또는 수표로 보관중이었다 하여 예금에 대한 불법영득의 의사가 없다고 볼 수는 없다.[563) 회사로부터 수표발행 권한을 위임받은 자가 업무상의 임무에 위배하여 자기 또는 제 3 자의 용도에 충당하기 위하여 수표를 발행하고 그 수표를 이용하여 거래은행으로부터 회사의 예금을 인출하는 행위는 불법영득의 의사를 실현하는 행위로서 업무상 횡령죄가 성립한다.[564)]

불법영득의 의사를 부정한 판례의 구체적 내용은 다음과 같다. 즉,

갑 아파트의 입주자대표회의 회장인 피고인이, 일반 관리비와 별도로 입주자대표회의 명의 계좌에 적립·관리되는 특별수선충당금을 아파트 구조진단 견적비 및 시공사인 을 주식회사에 대한 손해배상청구소송의 변호사 선임료로 사용함으로써 아파트 관리규약에 의하여 정하여진 용도 외에 사용하였다고 하여 업무상 횡령으로 기소된 사안에서, 특별수선충당금은 갑 아파트의 주요시설 교체 및 보수를 위하여 별도로 적립한 자금으로 원칙적으로 그 범위 내에서 사용하도록 용도가 제한된 자금이나, 당시에는 특별수선충당금의 용도 외 사용이 관리규약에 의해서만 제한되고 있었던 점, 피고인이 구분소유자들 또는 입주민들로부터 포괄적인 동의를 얻어 특별수선충당금을 위탁의 취지에 부합하는 용도에 사용한 것으로 볼 여지가 있는 점 등 제반 사정을 종합하면, 피고인이 특별수선충당금을 위와 같이 지출한 것이 위탁의 취지에 반하여 자기 또는 제3자의 이익을 위하여 자기의 소유인 것처럼 처분하였다고 단정하기 어려우므로, 피고인의 불법영득의사를 인정한 원심판결에 업무상 횡령죄의 불법영득의사에 관한 법리오해의 잘못이 있다.[565) 법인의 운영자 또는 관리자가 법인의 자금을 이용하여 비자금을 조성하였다고 하더라도 그것이 당해 비자금의 소유자인 법인 이외의 제3자가 이를 발견하기 곤란하게 하기 위한 장부상의 분식에 불과하거나 법인의 운영에 필요한 자금을 조달하는 수단으로 인정되는 경우에는 불법영득의 의사를 인정하기 어렵다. 다만 법인의 운영자 또는 관리자가 법인을 위한 목적이 아니라 법인과는 아무런 관련이 없거나 개인적인 용도로 착복할 목적으로 법인의 자금을 빼내어 별도로 비자금을 조성하였다면 그 조성행위 자체로써 불법영득의 의사가 실현된 것으로 볼 수 있을 것인바, 이때 그 행위자에게 법인의 자금을 빼내어 착복할 목적이 있었는지 여부는 그 법인의 성격과 비자금의 조성 동기, 방법, 규모, 기간, 비자금의 보관방법 및 실제 사용용도 등 제반 사정을 종합적으로 고려하여 판단하여야 한다.[566) 甲 주식회사의 공동운영자인 피고인들이 乙 주식회사의 자금집행 담당자 丙과 공모하여,

561) 대법원 1986.10.14. 선고 85도2698 판결.
562) 대법원 1986.7.8. 선고 85도2212 판결.
563) 대법원 1984.2.14. 선고 83도3207 판결.
564) 대법원 1983.9.13. 선고 82도75 판결.
565) 대법원 2017.2.15. 선고 2013도14777 판결.
566) 대법원 2015.2.26. 선고 2014도15182 판결; 대법원 2010.12.9. 선고 2010도11015 판결.

乙 회사가 甲 회사와 체결한 선박건조계약에 따라 甲 회사로부터 지급받은 선박건조 선수금을 甲 회사의 대출금 변제 등 다른 용도에 사용하였다고 하여 업무상 횡령으로 기소된 사안에서, 甲 회사와 乙 회사 및 선수금환급보증서를 발급하여 준 보험회사가 선수금 계좌관리약정을 체결하면서 乙 회사가 선수금 계좌에 입금된 자금을 인출하는 경우 보험회사에 증빙자료를 제출하여 검토·확인을 받아야 하며, 증빙자료를 제출하지 않거나 선박건조 이외의 목적으로 선수금을 사용할 경우 보험회사가 출금 정지 등을 요구할 수 있도록 약정하여 乙 회사가 위 약정에 따른 채무를 부담하더라도, 그러한 사정만으로 乙 회사 내부에서 선수금을 집행하는 직원에 대한 관계에서 그 용도가 선박건조용으로 엄격하게 제한되어 있었다고 단정할 수 없고, 乙 회사 자금집행자가 선수금을 사적으로 유용한 것이 아니고 정상적인 회계처리를 거쳐 계열사인 甲 회사에 자금지원한 것이라면 업무상 배임죄에 해당함은 별론으로 하고 업무상 횡령죄의 불법영득의사가 있었다고 단정하기 어려운데도, 이와 달리 보아 유죄를 인정한 원심판결에 법리오해의 위법이 있다.[567] 업무상 횡령죄가 성립하기 위하여는 자기 또는 제3자의 이익을 꾀할 목적으로 업무상 임무에 위배하여 자신이 보관하는 타인의 재물을 자기의 소유인 것 같이 사실상 또는 법률상 처분하는 의사를 의미하는 불법영득의 의사가 있어야 한다. 법인의 운영자 또는 관리자가 법인의 자금을 이용하여 비자금을 조성하였다고 하더라도 그것이 당해 비자금의 소유자인 법인 이외의 제3자가 이를 발견하기 곤란하게 하기 위한 장부상의 분식에 불과하거나 법인의 운영에 필요한 자금을 조달하는 수단으로 인정되는 경우에는 불법영득의 의사를 인정하기 어렵다.[568] 피고인들이 보관, 관리하고 있던 회사의 비자금이 인출, 사용되었음에도 피고인들이 그 행방이나 사용처를 제대로 설명하지 못하거나, 피고인들이 주장하는 사용처에 사용된 자금이 그 비자금과는 다른 자금으로 충당된 것으로 드러나는 등 피고인들이 주장하는 사용처에 비자금이 사용되었다는 점을 인정할 수 있는 자료가 부족하고 오히려 피고인들이 비자금을 개인적인 용도에 사용하였다는 점에 대한 신빙성 있는 자료가 많은 경우 등에는 피고인들이 그 돈을 불법영득의 의사로써 횡령한 것이라고 추단할 수 있을 것이다. 하지만, 이와 달리 피고인들이 불법영득의사의 존재를 인정하기 어려운 사유를 들어 비자금의 행방이나 사용처에 대한 설명을 하고 있고 이에 부합하는 자료도 있다면, 피고인들이 그 보관, 관리하고 있던 비자금을 일단 타 용도로 소비한 다음 그만한 돈을 별도로 입금 또는 반환한 것이라는 등의 사정이 인정되지 아니하는 한, 함부로 보관, 관리하고 있던 비자금을 불법영득의사로 인출하여 횡령하였다고 인정할 수는 없다.[569] 사립학교에 있어서 학교교육에 직접 필요한 시설, 설비를 위한 경비 등과 같이 원래 교비회계에 속하는 자금으로 지출할 수 있는 항목에 관한 차입금을 상환하기 위하여 교비회계 자금을 지출한 경우, 이러한 차입금 상환행위에 관하여 교비회계 자금을 임의로 횡령하고자 하는 불법영득의 의사가 있다고 보기는 어렵고, 만일 그 행위자가 이러한 차입을 하거나 지출을 하는 과정에서 사립학교법의 관련 규정을 제대로 준수하지 아니하였다면 이에 대하여 사립학교법에 따른 형사적 제재 등이 부과될 수 있을 뿐이다.[570] 공공단체의 예산을 집행할 직책에 있는 자가 자신의 이익을 위한 것이 아니고 행정상 필요한 경비의 부족을 메우기 위하여 여유있는 다른 항목의 예산을 유용한 경우 그 예산의 항목유용 자체가 위법한 목적을 가지고 있거나, 용도가 엄격하게 제한되어 있는 경우에는 그 지출이 아무리 본인인 공공단체 등을 위한 지출이

567) 대법원 2012.5.24. 선고 2012도535 판결.

568) 대법원 2010.12.9. 선고 2010도11015 판결; 대법원 2008.8.21. 선고 2007도9318 판결; 대법원 1999.9.17. 선고 99도2889 판결.

569) 대법원 2009.2.26. 선고 2007도4784 판결; 대법원 2002.7.26. 선고 2001도5459 판결; 대법원 1994.9.9. 선고 94도998 판결.

570) 대법원 2006.4.28. 선고 2005도4085 판결.

더라도 불법영득의 의사를 부정할 수 없으나, 그것이 본래 책정되거나 영달되어 있어야 할 필요경비이기 때문에 일정한 절차를 거치면 그 지출이 허용될 수 있었던 경우에는 그 간격을 메우기 위하여 유용하였더라도 행정책임을 지는 것은 별론으로 하고 바로 불법영득의 의사가 있었다고 단정할 수는 없다.[571] 주식회사의 설립업무 또는 증자업무를 담당한 자와 주식인수인이 사전 공모하여 주금납입취급은행 이외의 제3자로부터 납입금에 해당하는 금액을 차입하여 주금을 납입하고 납입취급은행으로부터 납입금보관증명서를 교부받아 회사의 설립등기절차 또는 증자등기절차를 마친 직후 이를 인출하여 위 차용금채무의 변제에 사용하는 경우, 위와 같은 행위는 실질적으로 회사의 자본을 증가시키는 것이 아니고 등기를 위하여 납입을 가장하는 편법에 불과하여 주금의 납입 및 인출의 전과정에서 회사의 자본금에는 실제 아무런 변동이 없다고 보아야 할 것이므로, 그들에게 회사의 돈을 임의로 유용한다는 불법영득의 의사가 있다고 보기 어렵다 할 것이고, 이러한 관점에서 상법상 납입가장죄의 성립을 인정하는 이상 회사 자본이 실질적으로 증가됨을 전제로 한 업무상 횡령죄가 성립한다고 할 수는 없다.[572] 예산을 집행할 직책에 있는 자가 자기 자신의 이익을 위한 것이 아니고 경비부족을 메우기 위하여 예산을 전용한 경우라면, 그 예산의 항목유용 자체가 위법한 목적이 있다거나 예산의 용도가 엄격하게 제한되어 있는 경우는 별론으로 하고 그것이 본래 책정되거나 영달되어 있어야 할 필요경비이기 때문에 일정한 절차를 거치면 그 지출이 허용될 수 있었던 때에는 그 간격을 메우기 위한 유용이 있었다는 것만으로 바로 그 유용자에게 불법영득의 의사가 있었다고 단정할 수는 없다.[573] 법인의 대표자가 법인의 예비비를 전용하여 기관운영판공비, 회의비 등으로 사용한 경우 이사회에서 사전에 예비비의 전용결의가 이루어지지 아니하였다는 사정만으로 불법영득의 의사를 단정할 수 없다.[574] 종중원에 대한 종중 금원의 대여는 종중 이사회의 의결로써 할 수 있는 것인데 이에 관하여 정식으로 이사회를 개최한 바는 없으나 종중규약상 이사회의 정족수는 재적이사 과반수 출석으로 성회되고 출석자 3분의 2 이상의 찬동으로 의결된다고 규정되어 있고 이사 총원 9명 중 지방에 거주하고 있던 4명을 제외하고 이사회를 개최하였을 경우 참석이 가능할 것으로 여겨지는 이사 5명 전원이 이에 동의한 이상 위 금원의 대여가 이사회의 결의 없이 이루어진 것이라고 단정할 수는 없다. 종중의 이사들이 보험회사에 예치된 종중의 금원 중 일부를 인출하여 종중의 임원 등에게 대여하는 데 위와 같은 경위로 동의한 경우 종중규약상 종중원에 대한 종중재산의 대여를 금지하는 규정이 없고 위 종중원들이 위 금원에 대하여 보험회사에서 지급되는 금리 이상의 이자를 지급할 것을 조건으로 하였다면 위 동의 속에 불법영득의 의사 즉 종중재산을 보관하는 자가 그 위탁의 취지에 반하여 자기 또는 제3자의 이익을 위하여 이를 자기의 소유인 것 같이 처분하려는 의사가 있었다고 볼 수 없다.[575] 식료품제조공장을 피고인과 동업으로 경영하던 공소외 갑이 피고인으로부터 그 처분권한을 위임받아 그 업체를 피해자에게 매도하여 그 대금을 전액 수령하고도 피고인에게 당초의 결산합의에 따른 정산금을 지급하여 주지 아니하고, 피해자도 피고인으로부터 동업자 전원이 동석한 가운데 잔대금을 지급하여 달라는 요구를 받고도 이를 무시한 채 갑에게 임의로 잔대금을 직접 지급하여 주어, 피고인이 동업관계의 청산에 따른 자신의 몫을 정산받을 때까지 그 시설을 유치하고자 이의 반환을 거부하였다면 피고인에게 불법영득의 의사가 있었던 것이라 할 수 없으므로 피고인의 반환거부행

571) 대법원 2005.8.19. 선고 2005도3045 판결.
572) 대법원 2004.6.17. 선고 2003도7645 전원합의체 판결.
573) 대법원 2002.11.26. 선고 2002도5130 판결; 대법원 2002.2.5. 선고 2001도5439 판결; 대법원 1995.2.10. 선고 94도2911 판결; 대법원 1989.10.10. 선고 87도1901 판결.
574) 대법원 2002.2.5. 선고 2001도5439 판결.
575) 대법원 1992.5.22. 선고 92도564 판결.

위는 횡령죄를 구성한다고 할 수 없다.[576] 피고인들이 매도한 대금을 회사에 보내지 아니하고 자기들의 채권확보책으로 은행에 보관시킨 것이 법원으로부터 가처분결정을 얻어 이 결정의 기간 중에 매표한 돈이므로 채권채무관계가 해결될 때까지 담보의 취지로 은행에 보관시킨 취지이므로 피고인들에게 위의 매표대금을 은행에 보관시킨 행위에 불법영득의 의사를 인정하기 어렵다.[577] 공공단체의 예산을 집행할 직책에 있는 자가 긴급을 요하는 사항으로 그에 대한 예산책정이 없었으므로 그 간격을 메꾸기 위하여 이에 그 예산을 유용하였을 경우에는 불법영득의 의사가 있다고 할 수 없다.[578] 동업체인 조합의 물건을 자의로 처분하여 그 대금을 조합을 위하여 소비한 경우에는 불법영득의 의사가 있었다고는 할 수 없다.[579] 업무상 타인의 소유물을 점유보관 한 자가 자기의 이익을 위한 것이 아니고 그 소유자를 위하여 보관물을 이용 또는 소비한 경우에는 불법영득의 의사 있음을 인정할 수 없다.[580] 소위 예산유용에 대한 본원 누차의 판례의 정신에 준하여 피고인의 우 소위는 조합인부용 경비를 그 지정 외의 조합경비에 유용한데 불과한 것이요 피고인에게 동경비를 불법영득할 의사가 없으므로 횡령죄를 구성하지 아니한다.[581] 수리조합 회계원이 조합예산 중에서 보관중인 금을 자기의 사용에 소비한 것이 아니고 조합의 소정항목 이외의 항목에 유용한 것은 비록 항목의 유용을 금단한 내규가 있다 할 지라도 이러한 유용만으로는 횡령죄의 성립요건인 불법영득의 의사를 인정할 수 없는 것이다.[582]

3) 미수 · 기수

본죄는 미수범을 처벌한다. 미수의 인정여부와 기수시기에 관하여 이미 횡령죄에서 전술한 바와 같다. 본죄는 불법영득의 의사가 확정적으로 외부에 표현되었을 때 기수에 이른다.[583] 횡령죄는 보관중인 타인의 재물을 임무에 반하여 임의 소비하거나 처분한 때 성립하고 사후에 이를 반환(변상)하였다 하더라도 이미 성립한 횡령죄에는 아무 영향이 없다.[584]

4) 공 범

본죄에 있어서도 총칙상의 공범규정은 여전히 유효하다. 대법원은 “업무상 횡령죄는 타인의 재물을 업무상 보관하는 자를 주체로 하는 신분범이므로, 그와 같은 신분관계가 없는 자가 신분관계가 있는 자와 공모하여 업무상 횡령죄를 저질렀다면 신분관계가 없는 자에 대하여는 형법 제33조 단서에 의하여 단순횡령죄에 정한 형으로 처단하여야 할 것이다”라고 판시한 바 있다.[585]

공범을 긍정한 판례의 구체적 내용은 다음과 같다. 즉,

576) 대법원 1990.3.13. 선고 89도1952 판결.
577) 대법원 1974.10.22. 선고 74도2678 판결.
578) 대법원 1972.12.12. 선고 71도2353 판결.
579) 대법원 1968.1.23. 선고 67도1519 판결.
580) 대법원 1955.6.21. 선고 4288형상34 판결.
581) 대법원 1954.6.28. 선고 4287형상151 판결.
582) 대법원 1954.6.28. 선고 4287형상151 판결.
583) 대법원 2012.6.14. 선고 2010도9871 판결; 대법원 2006.6.2. 선고 2005도3431 판결; 대법원 1995.3.14. 선고 95도59 판결.
584) 대법원 1985.2.26. 선고 84도1109 판결.
585) 대법원 2015.2.26. 선고 2014도15182 판결; 대법원 2012.11.15. 선고 2012도6676 판결; 대법원 1989. 10.10. 선고 87도1901 판결.

회사에 대한 관계에서 타인의 사무를 처리하는 자가 임무에 위배하는 행위로써 회사로 하여금 회사가 펀드 운영사에 지급하여야 할 펀드출자금을 정해진 시점보다 선지급하도록 하여 배임죄를 범한 다음, 그와 같이 선지급된 펀드출자금을 보관하는 자와 공모하여 펀드출자금을 임의로 인출한 후 자신의 투자금으로 사용하기 위하여 임의로 송금하도록 한 행위는 펀드출자금 선지급으로 인한 배임죄와는 다른 새로운 보호법익을 침해하는 행위로서 배임 범행의 불가벌적 사후행위가 되는 것이 아니라 별죄로서 횡령죄를 구성한다고 보아야 한다.[586] 피고인이 공소외 8 회사의 하청업체인 공소외 11 회사의 운영자 공소외 12에게 제의하여 공소외 11 회사 명의로 공소외 2 은행으로부터 100억 원을 대출받게 한 다음 그 중 5,945,212,038원을 공소외 12로부터 송금받아 공소외 8 회사의 운영자금 등 공소외 11 회사의 업무와는 무관한 용도로 사용한 사실을 인정한 다음 피고인은 공소외 12와 공모하여 공소외 11 회사의 자금을 피고인의 돈인 것처럼 피고인이나 **그룹을 위한 용도로 임의사용하였으므로 업무상횡령죄의 공동정범에 해당한다.[587] 법원의 입찰사건에 관한 제반 업무를 주된 업무로 하는 공무원이 자신이 맡고 있는 입찰사건의 입찰보증금이 계속적으로 횡령되고 있는 사실을 알았다면, 담당 공무원으로서는 이를 제지하고 즉시 상관에게 보고하는 등의 방법으로 그러한 사무원의 횡령행위를 방지해야 할 법적인 작위의무를 지는 것이 당연하고, 비록 그의 묵인 행위가 배당불능이라는 최악의 사태를 막기 위한 동기에서 비롯된 것이라고 하더라도 자신의 작위의무를 이행함으로써 결과 발생을 쉽게 방지할 수 있는 공무원이 그 사무원의 새로운 횡령범행을 방조 용인한 것을 작위에 의한 법익 침해와 동등한 형법적 가치가 있는 것이 아니라고 볼 수는 없다는 이유로, 그 담당 공무원을 업무상횡령의 종범으로 처벌한 사례이다.[588] 면의 예산과는 별도로 면장이 면민들로부터 모금하여 그 개인명으로 예금하여 보관하고 있던 체육대회성금의 업무상 점유보관자는 면장뿐이므로 면의 총무계장이 면장과 공모하여 업무상횡령죄를 저질렀다 하여도 업무상 보관책임있는 신분관계가 없는 총무계장에 대하여는 형법 제33조 단서에 의하여 형법 제355조 제2항에 따라 처단하여야 한다.[589] 비점유자가 업무상 점유자와 공모하여 횡령한 경우에 비점유자도 형법 제33조 본문에 의하여 공범관계가 성립되며 다만 그 처단에 있어서는 동조단서의 적용을 받는다 할 것이나 군용물횡령죄에 있어서는 업무상횡령이던 단순횡령이던 간에 본조에 의하여 그 법정형이 동일하게 되어 양죄 사이에 형의 경중이 없게 되었으므로 법률적용에 있어서 형법 제33조 단서의 적용을 받지 않는다.[590]

공범을 부정한 판례의 구체적 내용은 다음과 같다. 즉,

금융기관 직원인 피고인들이 수기식 정기예금증서를 교부하고 정기예금 명목으로 금원을 예치받아 이를 유용한 경우 전주들과 금융기관과의 사이에 정기예금계약이 유효하게 성립하였는지 여부에 관하여 각 전주별로 개별적으로 심리하여 정기예금계약이 유효하게 성립한 예금주들로부터 교부받은 금원에 대하여서만 그것을 금융기관에 정식절차를 거쳐 입금하지 아니하고 피고인들이 유용한 행위에 대하여 업무상횡령죄로 처단하여야 하고, 정기예금계약이 유효하게 성립하였다고 인정할 수 없는 전주들로부터 교부받은 금원을 피고인들이 유용한 부분에 대하여는 피고인들이

586) 대법원 2014.12.11. 선고 2014도10036 판결.
587) 대법원 2012.2.23. 선고 2011도15857 판결.
588) 대법원 1996.9.6. 선고 95도2551 판결.
589) 대법원 1989.10.10. 선고 87도1901 판결; 대법원 1986.10.28. 선고 86도1517 판결; 대법원 1961.10.5. 선고 4294형상396 판결.
590) 대법원 1965.8.24. 선고 65도493 판결.

이를 금융기관을 위하여 업무상 보관하는 것이라고 할 수 없어 피고인들을 업무상횡령죄나 그에 대한 공범으로 처벌할 수 없다.[591] 채권자가 채무자로부터 채권확보를 위하여 담보물을 제공받을 때 그 물건이 채무자가 보관중인 타인의 물건임을 알았다고 하여도 그것만으로 채권자가 채무자의 불법영득행위인 횡령행위에 공모가담한 것으로 단정할 수 없다.[592]

(2) 위법성조각사유

본죄의 경우에도 총칙상의 위법성조각사유는 그대로 적용될 수 있다. 이에 관하여 구체적인 판례는 발견되지 않았지만 그 가능성을 시사하는 판례는 존재하였다. 예컨대 대법원은 "대표이사가 회사를 위한 탈세행위로 인하여 형사재판을 받는 경우 그 변호사비용과 벌금을 회사에서 부담하는 것이 관례라고 하여도 그러한 행위가 사회상규에 어긋나지 않는다고 할만큼 사회적으로 용인되어 보편화 된 관례라고 할 수 없다"고 판시한 바 있다.[593]

(3) 책임조각사유

강요된 행위에 해당하는 경우 책임이 조각될 수 있다. 판례에 의하면 휘발유 등 군용물의 불법매각이 상사인 포대장이나 인사계 상사의 지시에 의한 것이라 하여도 그 같은 지시가 저항할 수 없는 폭력이나 자기 또는 친족의 생명, 신체에 대한 위해를 방어할 방법이 없는 협박에 상당한 것이라고 인정되지 않은 이상 강요된 행위로서 책임성이 조각된다고 할 수 없다.[594]

(4) 죄 수

1) 일반원칙

수개의 업무상 횡령행위라 하더라도 피해법익이 단일하고, 범죄의 태양이 동일하며, 단일 범의의 발현에 기인하는 일련의 행위라고 인정될 때에는, 포괄하여 1개의 범죄라고 봄이 타당하다.[595] 피해자가 수인인 경우는 피해법익이 단일하다고 할 수 없으므로 포괄일죄의 성립을 인정하기 어렵다.[596] 수개의 업무상 횡령행위 도중에 공범자의 변동이 있는 경우라 하더라도 그 수개의 행위가 위와 같은 기준을 충족하는 것이라면 별개의 죄가 되는 것이 아니라 포괄일죄가 된다.[597] 회사의 대표이사가 재직 중 회사공금을 가지급금 등의 명목으로 반복하여 인출, 사용한 경우, 횡령죄의 포괄일죄에 해당한다.[598]

---

591) 대법원 1995.10.13. 선고 95도1658 판결.

592) 대법원 1992.9.8. 선고 92도1396 판결.

593) 대법원 1990.2.23. 선고 89도2466 판결.

594) 대법원 1983.12.13. 선고 83도2543 판결.

595) 대법원 2013.6.13. 선고 2013도4737 판결; 대법원 2011.2.24. 선고 2010도13801 판결; 대법원 2009.6.25. 선고 2008도10096 판결; 대법원 2008.2.29. 선고 2007도9755 판결; 대법원 2007.1.12. 선고 2004도8071 판결; 대법원 2005.9.28. 선고 2005도3929 판결; 대법원 2004.10.27. 선고 2003도6738 판결; 대법원 1995.9.5. 선고 95도1269 판결; 대법원 1993.10.12. 선고 93도1512 판결; 대법원 1985.8.13. 선고 85도1275 판결.

596) 대법원 2011.2.24. 선고 2010도13801 판결.

597) 대법원 2009.2.12. 선고 2006도6994 판결; 대법원 1995.9.5. 선고 95도1269 판결.

598) 대법원 2009.10.29. 선고 2009도8069 판결.

2) 다른 죄와의 관계

주식회사의 대표이사가 타인을 기망하여 회사가 발행하는 신주를 인수하게 한 다음 그로부터 납입받은 신주인수대금을 보관하던 중 횡령한 행위는 사기죄와는 전혀 다른 새로운 보호법익을 침해하는 행위로서 별죄를 구성한다.[599)]

3) 불가벌적 사후행위

종중이 그 소유의 토지를 피고인의 조부 (갑)에게 위탁관리케 하고 동인 명의로 토지사정을 받은 것인데 (갑)이 사망하자 그 상속인인 피고인의 부 (을)이 상속등기와 아울러 매매를 가장하여 피고인 앞으로 소유권이전 등기를 경료하였다면 그로써 (을)의 종중에 대한 횡령행위는 이미 완성하였다고 봄이 상당하고 달리 종중이 피고인에게 이 사건 토지를 새로이 보관위탁한 사실이 인정되지 않는 한 피고인은 위 (을)의 횡령 행위로 인하여 생긴 장물인 위 토지에 관하여 장물취득 또는 양여자의 지위에 섬은 별론으로 하고 피고인이 위 토지를 매각한 경우 종중에 대한 횡령죄를 구성한다고 볼 수는 없다.[600)]

3. 처 벌

본죄의 법정형은 10년 이하의 징역 또는 3천만원 이하의 벌금이다. 횡령죄의 5년 이하의 징역 또는 1천500만원 이하의 벌금보다는 가중되어 있다. 본죄의 미수범에 대하여도 처벌규정이 있다. 본죄에 있어서도 친족상도례의 규정이 준용된다.

업무상 배임죄와 업무상횡령죄는 다 같이 신임관계를 기본으로 하고 있는 재산범죄로서 그 형벌에 있어서도 같은 조문에 규정되어 경중의 차이가 없으므로 업무상 배임죄에 해당하는데도 이를 업무상 횡령죄로 처벌하였다 하더라도 그와 같은 법령적용의 잘못은 판결 결과에 영향을 미치는 것이 아니다.[601)]

Ⅳ. 점유이탈물횡령죄

제360조(점유이탈물횡령) ① 유실물, 표류물 또는 타인의 점유를 이탈한 재물을 횡령한 자는 1년 이하의 징역이나 300만원 이하의 벌금 또는 과료에 처한다.
② 매장물을 횡령한 자도 전항의 형과 같다.

제361조(친족간의 범행, 동력) 제328조와 제346조의 규정은 본장의 죄에 준용한다.

1. 서 언

본죄는 유실물, 표류물 또는 타인의 점유를 이탈한 재물을 횡령하거나(제360조 제1항), 매장물을 횡령함으로써 성립한다(제360조 제2항). 본죄는 규정상 점유이탈물횡령죄와 매장물횡령죄로 나누어 질 수 있다.

---

599) 대법원 2006.10.27. 선고 2004도6503 판결.
600) 대법원 1984.4.24. 선고 83도2116 판결.
601) 대법원 2006.6.27. 선고 2006도1187 판결; 대법원 1990.11.27. 선고 90도1335 판결.

본죄는 점유의 침해가 없다는 점에서 절도죄와 구별되고, 위탁관계가 없다는 점에서 횡령죄와는 그 성질을 달리한다. 독립된 범죄이다.

2. 범 죄

(1) 점유이탈물 횡령죄

1) 의 의

본죄는 유실물, 표류물 또는 타인의 점유를 이탈한 재물을 횡령함으로써 성립한다(제360조 제1항).

2) 객 체

본죄의 객체는 유실물, 표류물 또는 타인의 점유를 이탈한 재물이다. 유실물과 표류물은 점유이탈물의 예시이다.

① 유실물

유실물(遺失物)이란 점유자의 의사에 의하지 아니하고 그의 점유를 이탈한 물건으로서 도품이 아닌 물건을 말한다. 착오로 점유한 물건, 타인이 놓고 간 물건이나 일실(逸失)한 가축은 유실물은 아니지만 유실물에 준하는 준유실물에 속한다(유실물법 제12조).

타인이 유실한 물건을 습득한 자는 이를 신속하게 유실자 또는 소유자, 그 밖에 물건회복의 청구권을 가진 자에게 반환하거나 경찰서(지구대·파출소 등 소속 경찰관서를 포함한다. 이하 같다) 또는 제주특별자치도의 자치경찰단 사무소(자치경찰단)에 제출하여야 한다. 다만 법률에 따라 소유 또는 소지가 금지되거나 범행에 사용되었다고 인정되는 물건은 신속하게 경찰서 또는 자치경찰단에 제출하여야 한다(유실물법 제1조).

유실물은 법률에 정한 바에 의하여 공고한 후 6개월 내에 그 소유자가 권리를 주장하지 아니하면 습득자가 그 소유권을 취득한다(민법 제253조). 다만 학술, 기예 또는 고고의 중요한 재료가 되는 물건에 대하여는 유실물의 소유권귀속(민법 제253조)에 의하지 아니하고 국유로 한다(민법 제255조 제1항). 이 경우 습득자, 발견자 및 매장물이 발견된 토지 기타 물건의 소유자는 국가에 대하여 적당한 보상을 청구할 수 있다(민법 제255조 제2항). 물건을 반환받는 자는 물건가액(物件價額)의 100분의 5 이상 100분의 20 이하의 범위에서 보상금(報償金)을 습득자에게 지급하여야 한다(유실물법 제4조 본문).

② 표류물

표류물(漂流物)이란 점유를 이탈하여 수상에 떠 있거나 떠내려가고 있는 물건을 말한다(수상구조법 제2조 제12호). 점유를 이탈하여 수상에 가라앉은 물건을 말하는 침몰물(沈沒物)과 구별된다(수상구조법 제2조 제13호).

표류물 또는 침몰품(표류물등)을 습득한 자는 지체 없이 이를 특별자치도지사 또는 시장·군수·구청장에게 인도하여야 한다. 다만 그 표류물등의 소유자가 분명하고 그 표류물등이 법률에 따라 소유 또는 소지가 금지된 물건이 아닌 경우에는 습득한 날부터 7일 이내에 직접 그 소유자에게 인도할 수 있다(수상구조법 제35조 제3항).

③ 점유이탈물

점유이탈물(占有離脫物)이란 점유자의 의사에 의하지 않고 그 점유를 떠난 재물을 말한다. 따라서 어느 누구의 점유에도 속하지 않는 재물뿐만 아니라 점유자의 착오에 의하여 우연히 행위자의 점유에 들어온 재물도 또한 점유이탈물이다.

타인의 실력적 지배가 미치는 장소 내에 있는 물건은 그 장소의 관리자의 점유에 속하므로 점유이탈물이 아니다. 따라서 폭행 또는 강간현장에 떨어져 있는 피해자의 물건, 일시 노상에 세워 둔 자전거, 잘못 두고 온 물건이나 잃어버린 재물도 점유자가 이를 찾을 수 있는 상태에 있거나 새로운 점유가 개시된 때에는 점유이탈물이 아니다.

점유이탈물도 타인의 소유에 속하는 재물임을 요한다. 어느 누구의 소유에도 속하지 않는 무주물(無主物)은 점유이탈물이 아니라 선점(先占)의 대상이 된다. 무주물의 귀속은 다음과 같다. 무주의 동산을 소유의 의사로 점유한 자는 그 소유권을 취득한다(민법 제252조 제1항). 무주의 부동산은 국유로 한다(민법 제252조 제2항). 야생하는 동물은 무주물로 하고 사양하는 야생동물도 다시 야생상태로 돌아가면 무주물로 한다(민법 제252조 제3항). 다만 학술, 기예 또는 고고의 중요한 재료가 되는 물건에 대하여는 무주물의 귀속(민법 제252조)에 의하지 아니하고 국유로 한다(민법 제255조 제1항). 이 경우 습득자, 발견자 및 매장물이 발견된 토지 기타 물건의 소유자는 국가에 대하여 적당한 보상을 청구할 수 있다(민법 제255조 제2항).

3) 행 위

본죄의 실행행위는 횡령이다. 횡령(橫領)이란 전술한 횡령죄에서의 그것과 같이 불법영득의사를 실현하는 일체의 행위를 말한다.

횡령을 긍정한 판례의 구체적 내용은 다음과 같다. 즉,

> 승객이 놓고 내린 지하철의 전동차 바닥이나 선반 위에 있던 물건을 가지고 간 경우, 지하철의 승무원은 유실물법상 전동차의 관수자로서 승객이 잊고 내린 유실물을 교부받을 권능을 가질 뿐 전동차 안에 있는 승객의 물건을 점유한다고 할 수 없고, 그 유실물을 현실적으로 발견하지 않는 한 이에 대한 점유를 개시하였다고 할 수도 없으므로, 그 사이에 위와 같은 유실물을 발견하고 가져간 행위는 점유이탈물횡령죄에 해당함은 별론으로 하고 절도죄에 해당하지는 않는다.[602) 고속버스 운전사는 고속버스의 관수자로서 차내에 있는 승객의 물건을 점유하는 것이 아니고 승객이 잊고 내린 유실물을 교부받을 권능을 가질 뿐이므로 유실물을 현실적으로 발견하지 않는 한 이에 대한 점유를 개시하였다고 할 수 없고, 그 사이에 다른 승객이 유실물을 발견하고 이를 가져 갔다면 절도에 해당하지 아니하고 점유이탈물횡령에 해당한다.[603)]

횡령을 부정한 판례의 구체적 내용은 다음과 같다. 즉,

> 피고인이 종업원으로 종사하던 공소의 (갑) 경영 당구장의 당구대 밑에서 어떤 사람이 잃어버

602) 대법원 1999.11.26. 선고 99도3963 판결.
603) 대법원 1993.3.16. 선고 92도3170 판결.

린 판시 금반지를 피고인이 주워서 손가락에 끼고 다니다가 그 소유자가 나타나지 않고 용돈이 궁하여 전당포에 전당잡힌 것이어서 이는 유실물횡령에 해당하는 것이지 절도죄로 의율할 수는 없다는 취지이나, 어떤 물건을 잃어버린 장소가 이 사건 당구장과 같이 타인의 관리 아래 있을 때에는 그 물건은 일응 그 관리자의 점유에 속한다 할 것이고, 이를 그 관리자가 아닌 제3자가 취거하는 것은 유실물횡령이 아니라 절도죄에 해당한다 할 것이며, 따라서 원심이 같은 견해에서 피고인을 절도죄로 의율하였음은 또한 정당하고 거기에 소론과 같은 위법사유가 있다 할 수 없다.[604] 강간을 당한 피해자가 도피하면서 현장에 놓아두고 간 손가방은 점유이탈물이 아니라 사회통념상 피해자의 지배하에 있는 물건이라고 보아야 할 것이므로 피고인이 그 손가방안에 들어 있는 피해자 소유의 돈을 꺼낸 소위는 절도죄에 해당한다.[605]

(2) 매장물 횡령죄

1) 의 의

본죄는 매장물을 횡령함으로써 성립한다(제360조 제2항). 매장물에 관하여는 위의 유실물, 표류물과 함께 점유이탈물에 속한다는 견해가 있다.

2) 객 체

본죄의 객체는 매장물이다. 매장물(埋藏物)이란 토지 기타의 물건 또는 바다에 매장되어 있는 물건을 말한다(국유재산에 매장된 물건의 발굴에 관한 규정 제2조 참조).

매장물은 법률에 정한 바에 의하여 공고한 후 1년 내에 그 소유자가 권리를 주장하지 아니하면 발견자가 그 소유권을 취득한다. 그러나 타인의 토지 기타 물건으로부터 발견한 매장물은 그 토지 기타 물건의 소유자와 발견자가 절반하여 취득한다(민법 제254조).

다만 학술, 기예 또는 고고의 중요한 재료가 되는 물건에 대하여는 매장물의 소유권귀속(민법 제254조)에 의하지 아니하고 국유로 한다(민법 제255조 제1항). 이 경우 습득자, 발견자 및 매장물이 발견된 토지 기타 물건의 소유자는 국가에 대하여 적당한 보상을 청구할 수 있다(민법 제255조 제2항). 매장물이 국유에 속하는 물건인 경우 국가는 매장물을 발견한 자와 매장물이 발견된 토지의 소유자에게 통지하여 그 가액에 상당한 금액을 반으로 나누어 국고(國庫)에서 각자에게 지급하여야 한다(유실물법 제13조 제2항 본문). 다만 매장물을 발견한 자와 매장물이 발견된 토지의 소유자가 같을 때에는 그 전액을 지급하여야 한다(유실물법 제13조 제2항 단서).

3) 행 위

본죄의 실행행위는 횡령이다. 횡령(橫領)이란 전술한 횡령죄에서 본 바와 같이 불법영득의사를 실현하는 일체의 행위를 말한다.

3. 처 벌

본죄의 법정형은 1년 이하의 징역이나 300만원 이하의 벌금 또는 과료이다. 미수범에

604) 대법원 1988.4.25. 선고 88도409 판결.
605) 대법원 1984.2.28. 선고 84도38 판결.

대한 처벌규정은 없다. 친족상도례에 관한 규정이 준용된다.

§3. 배임의 죄

Ⅰ. 서 설

1. 의 의

배임의 죄란 타인의 사무를 처리하는 자가 그 임무에 위배하는 행위에 의하여 재산상의 이익을 취득하거나 제3자로 하여금 이를 취득하게 하여 본인에게 손해를 가한 때 성립하는 범죄를 말한다. 다른 죄에서와는 달리 본인에게 손해를 가한 때 성립한다는 것을 명문으로 규정하는 있다는 점이 특징이라고 할 수 있다.

배임의 죄는 재산상의 이익만을 객체로 하는 순수한 이득죄이지만, 배임수증재죄는 부정한 청탁을 내용으로 하고 있어 타인의 사무처리자에 대한 뇌물죄로서의 성격과 동시에 재물죄로서 이득죄에 해당한다.

2. 본 질

(1) 학 설

배임의 죄의 본질에 관하여는 다툼이 있다. 제1설은 배신설이다. 배임죄의 본질은 타인의 신뢰에 대한 배반 내지 신의성실의 의무에 대한 위배에 있다고 한다. 배임죄는 대외관계에 있어서 대리권의 존재를 요하지 않고, 배임행위는 사실행위도 포함한다는 점, 배임죄와 횡령죄는 신임관계를 침해한다는 배신성에서 그 본질을 같이 한다는 점, 횡령죄는 타인의 재물을 객체로 함에 반하여, 배임죄는 재산상의 이익을 객체로 한다는 점, 횡령죄와 배임죄는 특별법과 일반법의 관계에 있다는 점, 배임행위는 제3자에 대한 대외적 관계에서뿐만 아니라 본인에 대한 대내적 관계에서도 인정된다는 점 등을 그 내용으로 한다.

제2설은 권한남용설이다. 배임죄의 본질은 법적 대리권의 남용에 있다고 한다. 배임죄가 성립하기 위하여는 대리권이 있을 것을 요하고, 배임행위는 법률행위에만 제한된다는 점, 배임죄는 법률행위에 의하여 성립함에 반하여, 횡령죄는 사실행위로 인하여 성립한다는 점, 배임행위는 제3자에 대한 대외적 관계에서만 인정된다는 점 등을 그 내용으로 한다. 제3설은 절충설이다. 배신적 권한남용설이라고도 한다. 배신설은 그 개념이 추상적이고 처벌범위가 명확하지 않다는 점, 신임관계의 위배의 측면을 강조하게 되면 신의성실의무 자체를 처벌하는 범죄로 된다는 점 등을 그 근거로 한다. 배임죄의 성립범위를 본인과 재산상의 권한이 인정되는 경우로 한정하고, 권한을 남용하고 신임관계를 침해하여 재산상의 손해를 가하는 행위를 배임행위로 본다고 한다.

(2) 판 례

판례는 배신설에 입각하고 있다. 대법원은 “임무에 위배하는 행위란 처리하는 사무의 내용·성질 등 구체적 상황에 비추어 법률의 규정, 계약의 내용 또는 신의성실의 원칙상 당연히 할 것으로 기대되는 행위를 하지 않거나 당연히 하지 말아야 할 것으로 기대되는 행위를 함으로써 본인에 대한 신임관계를 저버리는 일체의 행위를 포함한다"고 판시한 바 있다.[606)]

(3) 검 토

권한남용설에 의하면 무권한자의 배임행위와 사실행위에 의한 배임행위가 모두 제외됨으로써 배임죄의 성립범위를 지나치게 제한한다는 단점이 있다. 또 형법은 배임죄와 관련하여 '임무에 위배하는 행위'라고만 규정하고 있기 때문에 이를 근거로 사실행위와 법률행위를 구별하고 횡령행위와 배임행위에 대응시킬 설득력은 충분하지 않은 것으로 해석된다. 생각건대 배임죄는 횡령죄에 있어서와 마찬가지로 배신설에 의하여 해석하는 것이 합당하다.

3. 보호법익

(1) 의 의

배임의 죄의 보호법익은 전체로서의 재산이라는 점에 대하여는 이견이 없다. 판례의 입장도 같다.[607)] 문제는 보호법익에 대한 보호의 정도에 있다.

(2) 보호의 정도

1) 학 설

보호법익의 보호의 정도에 대하여는 현실적 손해발생을 요한다는 침해범설과 이 외에도 손해발생의 위험성이 존재하면 본죄가 성립한다는 위험범설이 대립하고 있다.

---

606) 대법원 2017.11.9. 선고 2015도12633 판결; 대법원 2017.4.26. 선고 2017도2181 판결; 대법원 2017.2.3. 선고 2016도3674 판결; 대법원 2015.6.11. 선고 2012도1352 판결; 대법원 2015.2.12. 선고 2014도11244 판결; 대법원 2014.7.10. 선고 2013도10516 판결; 대법원 2014.2.13. 선고 2011도16763 판결; 대법원 2013.12.26. 선고 2013도7360 판결; 대법원 2013.10.17. 선고 2013도6826 판결; 대법원 2013.1.24. 선고 2012도10629 판결; 대법원 2012.11.15. 선고 2010도11382 판결; 대법원 2012.9.13. 선고 2012도3840 판결; 대법원 2011.10.27. 선고 2009도14464 판결; 대법원 2010.12.23. 선고 2008도8851 판결; 대법원 2010.10.28. 선고 2009도1149 판결; 대법원 2009.10.29. 선고 2009도7783 판결; 대법원 2009.9.10. 선고 2009도4987 판결; 대법원 2009.7.23. 선고 2007도541 판결; 대법원 2009.6.11. 선고 2008도4910 판결; 대법원 2009.5.28. 선고 2008도5706 판결; 대법원 2009.2.26. 선고 2008도522 판결; 대법원 2008.5.29. 선고 2005도4640 판결; 대법원 2007.11.15. 선고 2007도6075 판결; 대법원 2006.11.10. 선고 2004도5167 판결; 대법원 2006.10.27. 선고 2004도6876 판결; 대법원 2004.7.9. 선고 2004도810 판결; 대법원 2004.5.14. 선고 2004도714 판결; 대법원 2003.2.11. 선고 2002도5679 판결; 대법원 2003.1.10. 선고 2002도758 판결; 대법원 2002.7.22. 선고 2002도1696 판결; 대법원 2002.6.28. 선고 2000도3716 판결; 대법원 2001.9.28. 선고 99도2639 판결; 대법원 2000.12.8. 선고 99도3338 판결; 대법원 2000.3.14. 선고 99도457 판결; 대법원 2000.3.14. 선고 99도4923 판결; 대법원 1999.6.25. 선고 99도1141 판결; 대법원 1999.6.22. 선고 99도1095 판결; 대법원 1999.3.12. 선고 98도4704 판결; 대법원 1995.12.22. 선고 94도3013 판결; 대법원 1995.2.17. 선고 94도3297 판결; 대법원 1994.9.9. 선고 94도902 판결; 대법원 1990.11.13. 선고 90도1885 판결; 대법원 1990.6.8. 선고 89도1417 판결; 대법원 1990.5.8. 선고 89도1524 판결; 대법원 1988.4.25. 선고 87도2339 판결; 대법원 1987.4.28. 선고 83도1568 판결; 대법원 1983.3.8. 선고 82도2873 판결.

607) 대법원 2017.7.20. 선고 2014도1104 전원합의체 판결.

2) 판 례

판례는 종래부터 위험범설의 입장을 유지해오고 있다. 대법원은 "본인에게 손해를 가한 때라 함은 재산적 가치의 감소를 뜻하는 것으로서 이는 재산적 실해를 가한 경우뿐만 아니라 실해 발생의 위험을 초래한 경우도 포함하는 것이고, 손해액이 구체적으로 명백하게 확정되지 않았다고 하더라도 배임죄의 성립에는 영향이 없다"고 일관되게 해석해 오고 있다.[608]

3) 검 토

배임의 죄는 그 구성요건에서 본인에게 손해를 가한 때에 성립한다고 명문으로 규정하고 있다(제355조 제2항). 바로 이 점이 다른 죄에서와는 다른 본죄만의 특징이라고 할 수 있다. 여기서 손해를 가한 때란 문언상 손해를 현실적으로 발생하게 한 때를 의미한다고 해석되어야 한다. 그럼에도 손해를 가한 때에 현실적인 손해 외에 실해 발생의 위험을 초래한 경우도 포함된다고 해석하는 것은 배임의 죄의 기수 성립 범위를 넓힐 뿐만 아니라 문언해석의 범위를 벗어나 형벌규정의 의미를 피고인에게 불리한 방향으로 해석하는 확장해석에 해당하여 죄형법정주의 원칙에 반할 수 있다.[609] 또 형법은 다른 재산범죄와 달리 배임죄의 경우에는 재산상 손해를 가할 것을 객관적 구성요건으로 명시하고 있다. 이는 타인의 사무를 처리하는 자가 임무에 위배한 행위를 하더라도 본인에게 현실적인 재산상 손해를 가하지 않으면 배임죄의 기수가 될 수 없다는 점을 강조하기 위한 입법적 조치로 이해된다. 따라서 재산상 손해가 구성요건으로 명시되어 있지 않은 사기죄나 횡령죄 등 다른 재산범죄의 재산상 이익이나 손해에 관한 해석론을 같이 하여야 할 필요가 없다. 배임죄의 경우에는 구성요건의 특수성과 입법 취지 등을 고려하여 임무에 위배한 행위가 본인에게 현실적인 재산상 손해를 가한 경우에만 재산상 손해 요건이 충족된다고 해석하여야 한다.[610] 결국 배임의 죄는 위험범이 아니라 침해범으로 해석되어야 한다. 배임의 죄를 위험범으로 파악하는 것은 형법규정의 문언해석에 부합하지 않는다고 할 수 있기 때문이다.

4. 구성요건의 체계

배임의 죄의 기본적 구성요건은 배임죄이다(제355조 제2항). 업무상 배임죄는 신분으로 인하여 불법·책임이 가중되는 가중적 구성요건이다(제356조). 배임수증죄는 독립적 구성요건이다(제357조). 배임의 죄는 미수범을 처벌한다. 배임의 죄에 대하여는 친족상도례가 준용된다.

---

608) 대법원 2017.7.20. 선고 2014도1104 전원합의체 판결; 대법원 2015.3.12. 선고 2012도9148 판결; 대법원 2013.7.11. 선고 2011도5337 판결; 대법원 2010.1.14. 선고 2007도10415 판결; 대법원 2004.7.22. 선고 2002도4229 판결; 대법원 2000.3.14. 선고 99도4923 판결; 대법원 1997.5.30. 선고 95도531 판결; 대법원 1990.10.16. 선고 90도1702 판결; 대법원 1989.4.11. 선고 88도1247 판결; 대법원 1987.7.21. 선고 87도546 판결; 대법원 1980.9.9. 선고 79도2637 판결; 대법원 1973.11.13. 선고 72도1366 판결.

609) 대법원 2017.7.20. 선고 2014도1104 전원합의체 판결(별개의견).

610) 대법원 2017.7.20. 선고 2014도1104 전원합의체 판결(별개의견).

Ⅱ. 배임죄

제355조(횡령, 배임) ② 타인의 사무를 처리하는 자가 그 임무에 위배하는 행위로써 재산상의 이익을 취득하거나 제삼자로 하여금 이를 취득하게 하여 본인에게 손해를 가한 때에도 전항의 형과 같다.

제358조(자격정지의 병과) 전3조의 죄에는 10년 이하의 자격정지를 병과할 수 있다.

제359조(미수범) 제355조 ~ 의 미수범은 처벌한다.

제361조(친족간의 범행, 동력) 제328조와 제346조의 규정은 본장의 죄에 준용한다.

1. 서 언

본죄는 타인의 사무를 처리하는 자가 그 임무에 위배하는 행위로써 재산상의 이익을 취득하거나 제3자로 하여금 이를 취득하게 하여 본인에게 손해를 가함으로써 성립하는 범죄를 말한다. 본죄는 순수한 이득죄라는 점에서 순수한 재물죄인 횡령죄와 구별된다. 본죄는 규정의 내용상 독일형법이나[611] 일본형법과는[612] 차이가 있는 독자적인 규정이라고 할 수 있다.

한편 본죄를 편의상 자기 스스로 재산상의 이익을 취득하는 소위 자기 배득죄와 제3자로 하여금 재산상의 이익을 취득하게 하는 제3자를 위한 소위 타인 배득죄로 구분하기로 한다.

2. 범 죄

(1) 구성요건

1) 객관적 구성요건

① 주 체

본죄의 주체는 타인의 사무를 처리하는 자로 한정된다. 사무처리자만이 범할 수 있는 진정신분범이다.[613]

ⓘ **사무처리자** 사무처리자란 타인의 사무를 타인을 위하여 처리하는 자를 말한다. 문제는 타인의 사무처리의 내용과 범위에 있다.

ⅰ. 사무처리

㉠ 사 무 본죄에 있어서의 사무처리는 단순히 채권·채무의 처리만에 그치는 것이 아니다. 타인의 사무를 처리한다고 하기 위해서는 당사자 관계의 본질적 내용이 단순한 채

611) 독일형법 제266조(배임) ① 법률, 관청의 위임이나 법률행위를 통해 인정된 타인의 재신을 처분하거나 타인에게 의무를 부과할 권한을 남용하거나 법률, 관청의 위임, 법률행위 또는 신용관계 등에 의하여 부과되는 타인의 재산상 이익을 꾀해야 할 의무에 위반하고, 그로 인하여 재산상 이익을 보호하여야 할 자에게 손해를 가한 자는 5년 이하의 자유형 또는 벌금형에 처한다.

② 제243조 제2항 및 제247조, 제248조a 및 제263조 제3항은 동일하게 적용된다.

612) 일본형법 (배임) 제247조 타인을 위하여 그 사무를 처리하는 자가 자기 또는 제3자의 이익을 도모하거나 본인에게 손해를 가할 목적으로 그 임무에 위배되는 행위를 하여 본인에게 재산상의 손해를 가한 때에는 5년 이하의 징역 또는 50만엔 이하의 벌금에 처한다.

613) 대법원 2009.10.29. 선고 2009도7783 판결; 대법원 2009.2.26. 선고 2008도11722 판결; 대법원 2008.6.26. 선고 2007도7060 판결; 대법원 1999.6.22. 선고 99도1095 판결; 대법원 1995.12.22. 선고 94도3013 판결; 대법원 1987.4.28. 선고 86도2490 판결; 대법원 1984.12.26. 선고 84도2127 판결; 대법원 1966.6.21. 선고 66도273 판결.

권 · 채무의 관계를 넘어서 그들 사이의 신임관계에 기초하여 타인의 재산을 보호 또는 관리하는 것이어야 한다.[614] 사무는 사적 사무이든 공적 사무이든 묻지 않는다. 또 법률행위이든 사실행위이든 불문한다. 일시적인 사무라도 상관없다.

㉡ 독자성　　사무처리에 있어서는 일정한 범위의 결정의 자유 또는 결정에 대한 독자성이 인정되어야 한다. 따라서 사무는 어느 정도 포괄적인 것이어야 한다. 본인의 지시에 따라 기계적으로만 사무에 종사하는 자는 본죄의 주체가 될 수 없다. 어느 정도의 재량권을 가지고 있으면 보조자로서 관여하는 사무라도 상관이 없다.

㉢ 재산적 사무　　사무의 내용에 관하여는 다툼이 있다. 제1설은 한정설이다. 본죄의 사무의 범위를 재산적 사무에 한정한다. 본죄의 사무를 재산상의 사무에 제한함으로써 배임죄의 부당한 확대적용을 방지할 수 있다고 한다. 의사가 환자에게 재산상의 손해를 가하려고 부적절한 치료를 하거나, 변호사가 형사사건의 변호를 의뢰받은 때에는 본죄의 사무를 처리하는 자에 해당하지 않는다고 한다. 제2설은 비한정설이다. 배임죄의 사무는 재산상의 사무일 것을 요하지 않는다고 한다. 형법의 규정상 사무는 재산적 사무에 한정되어 있지 않다고 한다. 의사가 환자에게 재산적 손해를 가하려는 목적으로 부적절한 치료를 한 경우에도 본죄에 해당한다고 한다. 제3설은 절충설이다. 형법은 재산상의 이익을 취득하거나 취득하게 하는 것으로 규정하고 있다고 한다. 직접 재산상의 사무일 것을 요하는 것은 아니나 적어도 재산적 이해관계를 가진 사무일 것을 요한다고 한다. 판례는 한정설의 입장이다.

생각건대 본죄는 재산죄이다. 본죄의 무한정한 확대를 방지하기 위해서는 사무의 범위를 재산적 사무에 한정하는 한정설이 타당하다고 해석된다.

㉣ 타인의 사무　　본죄의 주체는 타인의 사무를 처리하는 자이여야 한다. 타인이란 행위자 이외의 자를 말한다. 자연인 외에 법인 또는 법인격 없는 단체도 포함한다. 국가 또는 지방자치단체도 타인으로 된다.

타인의 사무처리로 인정되려면 타인의 재산관리에 관한 사무의 전부 또는 일부를 타인을 위하여 대행하는 경우와 타인의 재산보전행위에 협력하는 경우라야만 되고, 두 당사자 관계의 본질적 내용이 단순한 채권관계상의 의무를 넘어서 그들 간의 신임관계에 기초하여 타인의 재산을 보호 내지 관리하는 데 있어야 한다.[615] 만약 그 사무가 타인의 사무가 아니고 자기의 사무라면 그 사무의 처리가 타인에게 이익이 되어 타인에 대하여 이를 처리할 의무를 부담하는 경우라도 그는 타인의 사무를 처리하는 자에 해당하지 않는다.[616] 예컨대 단순

614) 대법원 2020.10.22. 선고 2020도6258 전원합의체 판결; 대법원 2020.10.15. 선고 2020도9688 판결; 대법원 2020.2.20. 선고 2019도9756 전원합의체 판결; 대법원 2017.2.3. 선고 2016도3674 판결; 대법원 2016.4.29. 선고 2015도5665 판결; 대법원 2014.8.21. 선고 2014도3363 전원합의체 판결; 대법원 2011.1.20. 선고 2008도10479 전원합의체 판결; 대법원 2009.2.26. 선고 2008도11722 판결; 대법원 1987.4.28. 선고 86도2490 판결.

615) 대법원 2017.2.3. 선고 2016도3674 판결; 대법원 2010.8.26. 선고 2010도4613 판결; 대법원 2009.2.26. 선고 2008도11722 판결; 대법원 2008.6.26. 선고 2007도7060 판결; 대법원 1987.4.28. 선고 86도2490 판결; 대법원 1984.12.26. 선고 84도2127 판결; 대법원 1982.9.14. 선고 80도1816 판결.

616) 대법원 2020.10.15. 선고 2020도9688 판결; 대법원 2020.2.20. 선고 2019도9756 전원합의체 판결; 대법원 2017.4.26. 선고 2017도2181 판결; 대법원 2014.8.21. 선고 2014도3363 전원합의체 판결; 대법원 2014.2.27. 선고 2011도3482 판결; 대법원 2013.10.31. 선고 2011도10025 판결; 대법원 2011.1.20. 선고 2008도10479 전원

히 타인에 대하여 채무를 부담함에 불과한 경우에는 본인의 사무로 인정될지언정 타인의 사무처리에 해당한다 할 수는 없다.[617] 그러나 그 사무의 처리가 오로지 타인의 이익을 보호·관리하는 것만을 내용으로 하여야 할 필요는 없고, 자신의 이익을 도모하는 성질도 아울러 가진다고 하더라도 타인을 위한 사무로서의 성질이 부수적·주변적인 의미를 넘어서 중요한 내용을 이루는 경우에는 '타인의 사무를 처리하는 자'에 해당한다.[618]

타인의 사무라 함은 신임관계에 기초를 둔 타인의 재산의 보호 내지 관리의무가 있을 것을 그 본질적 내용으로 하는 것으로 타인의 재산관리에 관한 사무를 대행하는 경우, 예컨대 위임, 고용 등의 계약상 타인의 재산의 관리·보전의 임무를 부담하는데 본인을 위하여 일정한 권한을 행사하는 경우, 등기협력의무와 같이 매매, 담보권설정 등 자기의 거래를 완성하기 위한 자기의 사무인 동시에 상대방의 재산보전에 협력할 의무가 있는 경우 따위를 말한다.[619]

ii. 신임관계

㉠ 의 의 　본죄의 주체인 사무처리자가 되기 위해서는 그는 본인과의 관계에서 법률상 신임관계가 존재하지 않으면 안 된다. 신임관계의 위반에 본죄의 본질이 있기 때문이다. 따라서 본죄가 성립하기 위해서 사무처리자와 본인 사이에 신임관계를 요하는 것은 당연하다.

타인의 사무를 처리하는 자란 타인과의 대내관계에 있어서 신의성실의 원칙에 비추어 그 사무를 처리할 신임관계가 존재한다고 인정되는 자를 의미한다.[620] 반드시 제3자에 대한 대외관계에서 그 사무에 관한 대리권이 존재할 것을 요하지 않는다.[621] 또 그 사무가 포괄적 위탁사무일 것을 요하는 것도 아니다.[622] 양자간의 신임관계에 기초를 두고 타인의 재산관리에 관한 사무를 대행하거나 타인 재산의 보전행위에 협력하는 자의 경우 등을 가리킨다.[623]

합의체 판결; 대법원 2009.2.26. 선고 2008도11722 판결; 대법원 2008.3.13. 선고 2008도373 판결; 대법원 1991.12.10. 선고 91도2184 판결; 대법원 1987.4.28. 선고 86도2490 판결.

617) 대법원 2008.6.26. 선고 2007도7060 판결; 대법원 1987.4.28. 선고 86도2490 판결; 대법원 1984.12.26. 선고 84도2127 판결; 대법원 1982.6.22. 선고 82도45 판결; 대법원 1970.2.10. 선고 69도2021 판결.

618) 대법원 2017.4.26. 선고 2017도2181 판결; 대법원 2012.5.10. 선고 2010도3532 판결.

619) 대법원 2005.3.25. 선고 2004도6890 판결; 대법원 1999.9.17. 선고 97도3219 판결; 대법원 1983.2.8. 선고 81도3137 판결.

620) 대법원 2011.7.14. 선고 2010도3043 판결; 대법원 2007.10.11. 선고 2007도6012 판결; 대법원 2007.6.1. 선고 2006도1813 판결; 대법원 2006.11.10. 선고 2004도5167 판결; 대법원 2003.1.10. 선고 2002도758 판결; 대법원 2002.6.14. 선고 2001도3534 판결; 대법원 2000.3.14. 선고 99도457 판결; 대법원 1999.9.17. 선고 97도3219 판결; 대법원 1999.6.22. 선고 99도1095 판결.

621) 대법원 2011.7.14. 선고 2010도3043 판결; 대법원 2007.10.11. 선고 2007도6012 판결; 대법원 2007.6.1. 선고 2006도1813 판결; 대법원 2006.11.10. 선고 2004도5167 판결; 대법원 2003.1.10. 선고 2002도758 판결; 대법원 2002.6.14. 선고 2001도3534 판결; 대법원 2000.3.14. 선고 99도457 판결; 대법원 1999.9.17. 선고 97도3219 판결; 대법원 1999.6.22. 선고 99도1095 판결.

622) 대법원 1999.6.22. 선고 99도1095 판결.

623) 대법원 2012.9.13. 선고 2012도3840 판결; 대법원 2012.3.15. 선고 2010도3207 판결; 대법원 2008.3.13. 선고 2008도373 판결; 대법원 2007.5.10. 선고 2006도8832 판결; 대법원 2005.4.29. 선고 2005도856 판결; 대법원 2004.6.17. 선고 2003도7645 전원합의체 판결; 대법원 2004.5.13. 선고 2002도7340 판결; 대법원 2003.9.26.

㉡ 발생원인 본죄에 있어서 사무처리의 근거로서의 신임관계의 발생근거는 업무의 근거는 법령, 계약, 관습의 어느 것에 의하건 묻지 않고, 사실상의 것도 포함된다.[624] 어느 것에 의하든 그 원인은 묻지 않는다. 객관적인 신뢰관계가 인정되면 족하다.

다만 단순한 기계적 사무를 태만히 한 행위를 형벌을 가지고 금압할 필요는 없다고 생각되기 때문에 사무는 어느 정도 포괄적인 것이라고 하는 것을 요한다고 하는 것이 일반적이다. 법적인 권한이 소멸된 후에 사무를 처리하거나 그 사무처리자가 그 직에서 해임된 후 사무인계 전에 사무를 처리한 경우도 배임죄에 있어서의 사무를 처리하는 경우에 해당한다.[625]

사무처리자를 긍정한 판례의 구체적 내용은 다음과 같다. 즉,

회원 가입 시에 일정 금액을 예탁하였다가 탈퇴 등의 경우에 예탁금을 반환받는 이른바 예탁금 회원제로 운영되는 골프장의 회원권을 다른 채무에 대한 담보 목적으로 양도한 경우, 회원권은 양도인과 양수인 사이에서는 동일성을 유지한 채 양도인으로부터 양수인에게 이전하고, 양도인은 양수인에게 귀속된 회원권을 보전하기 위하여 채무자인 골프장 운영 회사에 채권양도 통지를 하거나 채권양도 승낙(필요한 경우에는 명의개서까지)을 받음으로써 양수인으로 하여금 채무자에 대한 대항요건을 갖출 수 있도록 해 줄 의무를 부담하므로, 회원권 양도의 당사자 사이에서는 양도인은 양수인을 위하여 회원권 보전에 관한 사무를 처리하는 자라고 할 것이다.[626] 영화제작사인 갑 회사의 대표이사가, 회사 제작의 영화 '어린왕자'에 관련된 프린트 및 현상료를 투자자인 을 회사가 부담하는 대신, 을 회사에 갑 회사 명의의 은행통장과 법인인감, 보안카드를 건네주고, 자신이 이를 변제하지 못할 경우 위 통장계좌로 입금받을 예정인 부가가치세 환급금으로 대체하기로 하는 내용의 지불각서를 작성하여 주었으나, 그 후 환급금의 입금 사실을 먼저 확인하고 통장 분실신고를 한 뒤 재발급받은 새 통장을 이용하여 위 돈을 다른 계좌로 이체하고 출금하여 다른 채권자들에게 지급한 사안에서, 이러한 경우 대표이사로서는 자신이 위 현상료 등을 변제할 때까지 을 회사가 위 예금채권에 대한 실질적인 담보권을 유지하고, 나아가 이를 변제하지 못한 경우에는 을 회사가 위 예금을 직접 출금할 수 있도록 협력해야 할 의무가 있음에도, 스스로 위 예금을 출금·소비함으로써 위 의무에 위배하여 을 회사에 손해를 가하였으므로 배임죄를 구성한다.[627] 마을의 물류창고 신축 회사로부터 공사에 따른 피해보상 예치금을 받아 보관하던 마을 이장이 탄핵으로 사임한 후에도 후임 이장에게 위 예치금을 인계하지 않고 계속 보관하다가 예치금 반환기간이 종료되자 마을 주민들의 동의 없이 회사에 반환한 행위가 배임행위에 해당한다고 한 사례이다.[628] 위임받은 타인의 사무가 부동산소유권이전등기의무인 경우에 매도인의 임무위배행위로 인하여 매도인의 소유권이전등기의무가 이행불능되거나 이행불능에 빠질 위험성이 있으면 배임죄가 성립하고, 매도인과 매수인 사이에 소유권이전등기절차를 이행하기로 하는 재판상화해가 성립한 경우에도 마찬가지이다.[629] 피해자가 피고인에게 나중에 국유지 불하를 받아달라고 하면서 피해자 명의로 국유재

선고 2003도763 판결; 대법원 1999.9.17. 선고 97도3219 판결; 대법원 1994.9.9. 선고 94도902 판결; 대법원 1990.5.8. 선고 89도1524 판결; 대법원 1987.4.28. 선고 86도2490 판결; 대법원 1976.5.11. 선고 75도2245 판결.

624) 대법원 2000.3.14. 선고 99도457 판결; 대법원 1999.6.22. 선고 99도1095 판결.

625) 대법원 1999.6.22. 선고 99도1095 판결.

626) 대법원 2012.2.23. 선고 2011도16385 판결.

627) 대법원 2010.8.19. 선고 2010도6280 판결.

628) 대법원 2009.2.12. 선고 2008도10915 판결.

산대부계약이 체결된 토지 등의 관리를 부탁하였다면 이는 국유재산을 불하받아 주는 사무처리 및 이와 관련된 사무처리를 위임한 것이라고 볼 수 있고, 이러한 위임관계가 단순한 민사상 채무를 부담하는 경우에 그치는 것이 아니라, 위임계약에 따라 타인의 재산관리에 관한 사무를 대행하는 관계라고 보아, 배임죄에 있어서 '타인의 사무'에 해당한다.[630] 미성년자와 친생자관계가 없으나 호적상 친모로 등재되어 있는 자가 미성년자의 상속재산 처분에 관여한 경우, 배임죄에 있어서 타인의 사무를 처리하는 자의 지위에 있다.[631] 사실상 학교법인의 경영을 주도하고 업무를 총괄하며 학교자금을 보관·관리하는 업무를 취급하고 있는 학교법인의 이사 겸 학교법인이 설립한 고등학교의 교장이 학교재산에 관한 임대차계약을 체결한 경우, 업무상배임죄의 주체가 될 수 있다.[632] 채권양도는 채권을 하나의 재화로 다루어 이를 처분하는 계약으로서, 채권 자체가 그 동일성을 잃지 아니한 채 양도인으로부터 양수인에게로 바로 이전하고, 이 경우 양수인으로서는 채권자의 지위를 확보하여 채무자로부터 유효하게 채권의 변제를 받는 것이 그 목적인 바, 우리 민법은 채무자와 제3자에 대한 대항요건으로서 채무자에 대한 양도의 통지 또는 채무자의 양도에 대한 승낙을 요구하고, 채무자에 대한 통지의 권능을 양도인에게만 부여하고 있으므로, 양도인은 채무자에게 채권양도 통지를 하거나 채무자로부터 채권양도 승낙을 받음으로써 양수인으로 하여금 채무자에 대한 대항요건을 갖출 수 있도록 해 줄 의무를 부담하며, 양도인이 채권양도 통지를 하기 전에 타에 채권을 이중으로 양도하여 채무자에게 그 양도통지를 하는 등 대항요건을 갖추어 줌으로써 양수인이 채무자에게 대항할 수 없게 되면 양수인은 그 목적을 달성할 수 없게 되므로, 양도인이 이와 같은 행위를 하지 않음으로써 양수인으로 하여금 원만하게 채권을 추심할 수 있도록 하여야 할 의무도 당연히 포함되고, 양도인의 이와 같은 적극적·소극적 의무는 이미 양수인에게 귀속된 채권을 보전하기 위한 것이고, 그 채권의 보전 여부는 오로지 양도인의 의사에 매여 있는 것이므로, 채권양도의 당사자 사이에서는 양도인은 양수인을 위하여 양수채권 보전에 관한 사무를 처리하는 자라고 할 수 있고, 따라서 채권양도의 당사자 사이에는 양도인의 사무처리를 통하여 양수인은 유효하게 채무자에게 채권을 추심할 수 있다는 신임관계가 전제되어 있다고 보아야 할 것이고, 나아가 양도인이 채권양도 통지를 하기 전에 채무자로부터 채권을 추심하여 금전을 수령한 경우, 아직 대항요건을 갖추지 아니한 이상 채무자가 양도인에 대하여 한 변제는 유효하고, 그 결과 양수인에게 귀속되었던 채권은 소멸하지만, 이는 이미 채권을 양도하여 그 채권에 관한 한 아무런 권한도 가지지 아니하는 양도인이 양수인에게 귀속된 채권에 대한 변제로서 수령한 것이므로, 채권양도의 당연한 귀결로서 그 금전을 자신에게 귀속시키기 위하여 수령할 수는 없는 것이고, 오로지 양수인에게 전달해 주기 위하여서만 수령할 수 있을 뿐이어서, 양도인이 수령한 금전은 양도인과 양수인 사이에서 양수인의 소유에 속하고, 여기에다가 위와 같이 양도인이 양수인을 위하여 채권보전에 관한 사무를 처리하는 지위에 있다는 것을 고려하면, 양도인은 이를 양수인을 위하여 보관하는 관계에 있다고 보아야 할 것이다.[633] 담보목적으로 피고인 명의로 가등기가 경료된 피해자 소유의 부동산에 대하여 피해자의 아들로부터 채무가 변제 공탁된 사실을 통고받고서도 피고인 앞으로 본등기를 경료함과 동시에 제3자 앞으로 가등기를 경료하여 준 경우에는 배임죄가 성립된다.[634] 부동산의 매도인으로서 매수인에 대하여 그 명의의 소유권이전등기절차에 협력할 의무있는 자가

629) 대법원 2007.7.26. 선고 2007도3882 판결.
630) 대법원 2005.3.25. 선고 2004도6890 판결.
631) 대법원 2002.6.14. 선고 2001도3534 판결.
632) 대법원 2000.3.14. 선고 99도457 판결; 대법원 1990.6.8. 선고 89도1417 판결.
633) 대법원 1999.4.15. 선고 97도666 전원합의체 판결(다수의견).
634) 대법원 1990.8.10. 선고 90도414 판결.

그 임무에 위배하여 다시 차용금의 담보로 제공하여 제3자명의의 가등기를 경료해 준 경우 그 가등기절차를 마침으로서 배임행위는 기수가 되었다고 볼 것이며 그것이 후에 말소되었다 하더라도 이미 성립한 배임죄에 아무런 영향이 없다.[635] 피고인이 공소외 망 (갑)이 건축한 (A)아파트를 인수하여 이의 준공검사를 마치고 공소외 (을)등에게 분양하면서 아파트분양대금의 일부를 은행의 융자금으로 충당하게 되어 있어 피고인은 입주자들의 위임에 의하여 위 은행으로부터 입주자들에게 개별적으로 지급되는 융자금을 일괄하여 지급받아 이를 분양대금에 충당하였다면 피고인은 위 입주자들의 사무를 처리하는 지위에 있다.[636] 토지를 오래전에 매각하여 인도까지 하였으나 그 분할 절차가 완료되지 않았으므로 해서 아직 매수인들 앞으로 등기이전을 해주지 못하고 있던 상태의 등기명의자로부터 차후 토지를 분할하여 매수인들 앞으로 각 등기이전해 줄 사무를 위임받고 소유권이전등기를 우선 자기 앞으로 신탁받아 경료해 놓은 자는 차후 그 토지를 분할하여 매수인들에게 각 소유권이전등기절차 이행의 사무를 처리하여 줄 임무가 있는 자라 할 것이므로 이러한 임무에 위배하여 제3자에게 위 토지를 매각하여 매각대금을 취득한 후 그 제3자 앞으로 소유권이전등기를 경료해준 경우에 이는 형법 제355조 제2항 소정의 배임죄가 성립한다.[637] 매립면허처분이 일단 취소되었으나 곧 복구되어 사실상 매립공사의 준공기간이 연장된 것뿐이며 최초 매립면허시에 부담한 의무관계는 변경이 없다 할 것이므로 그 의무에 반하여 영세민에게 돌아갈 부분의 땅마저 타에 양도한 것은 배임죄가 성립된다.[638] 토석채취권을 매도한 자는 그 매수인에게 그들이 토석을 채취할 수 있도록 그에 필요한 서류를 넘겨주어 위 허가를 받는데 협력하여야 할 의무가 있으므로 위 임무에 위배하여 타인에게 토석채취권을 양도하고 소요서류를 교부하여 토석채취허가를 취득케 한 경우에는 배임죄가 성립한다.[639] 부동산을 양수한 자가 그 목적물을 인도받은 경우에는 그 양수인의 소유권이전등기 청구권은 소멸시효에 걸리지 않는다고 해석해야 할 법리이므로 (대법원 1976.11.6. 선고 76다148 판결) 피고인이 소유토지를 양도하고 이전등기 없이 10년이 경과된 후라도 타인의 사무를 처리하는 지위에 있는 자라 할 것이다.[640] 정부가 매수 확보중인 양곡은 당시양곡관리법 6조에 의하여 곡가조절용으로 방출하는 외에 교환용으로도 사용되고 또 같은 법 10조 소정 농림장관은 천재지변 기타 급격한 경제변동에 대비하기 위하여 양곡을 비축하여야 한다고 하는 규정들에 비추어 보면 정부양곡의 수매 가공 보관 및 방출 등 업무를 보조하던 군청직원이 위와 같은 목적을 위하여 비축중인 정부양곡을 소정 목적외의 용도로 자의로 방출한 경우에는 그 대금전액이 국고에 납입된 여에 불구하고 그 목적을 위한 사용이 저해되어 정부에 재산상 손해를 가한 것이므로 배임죄가 성립한다.[641] 민법 부칙 제10조에 의하면 증여로 인하여 수증자에게 임야소유권이 이전된 효과는, 민법 시행일인 1960.1.1.부터 6년이 경과하도록 위 수증자가 증여로 인한 소유권이전등기를 거치지 아니함으로써 상실되었다 할 것이므로 증여자는 의연히 타인의 사무를 처리하는 자의 지위에 있다 할 것이고 위 수증자에게 소유권이 있음을 전제로 배임죄의 구성을 부정할 수 없다.[642] 공사잔대금 확보조로 부동산에 관한 소유권 이전등기 소요서류를 임치하고 있는 자가 이를 타인에게 처분하였을 경우에는 배임죄를 구성한다.[643] 구 민법 당시의 증여로 인한 부동산에 관하

635) 대법원 1985.10.8. 선고 83도1375 판결.
636) 대법원 1984.9.25. 선고 84도1568 판결.
637) 대법원 1980.12.23. 선고 80도1715 판결.
638) 대법원 1979.11.13. 선고 79도2215 판결.
639) 대법원 1979.7.10. 선고 79도961 판결.
640) 대법원 1977.3.8. 선고 74도2796 판결.
641) 대법원 1975.11.25. 선고 73도1881 판결.
642) 대법원 1973.8.31. 선고 73도392 판결.

여 민법 부칙 제10조에 의하여 1966.12.31.까지 소유권이전등기절차를 거치지 않았다 하더라도 1967.1.1.부터 10년간은 그 부동산의 소유권이전등기절차의 이행을 청구할 수 있고 증여한 사람은 그 이전등기절차를 이행할 의무를 부담하고 있는 것이니 형법상 타인의 사무를 처리하는 지위에 있는 것이다.[644] (갑)과 간에 주택 13채를 건립하기로 한 피고인이 (갑)으로부터 그 공사대금 확보책으로 위 주택 중 한 채에 입주하기로 된 (병)소유의 부동산에 관한 매도처분에 필요한 일체의 서류를 교부받아 보관하였다면 피고인은 신의성실의 관념상 (갑)으로부터 공사대금을 받을 때까지 위 서류들을 그 권리자인 (병)을 위하여 선량하게 보관하고 있다가 잔금이 청산되면 즉시 이를 반환하여 (병)으로 하여금 그 소유재산을 회부하도록 사무를 처리할 임무가 있다고 할 것이다.[645] 귀속재산의 관리 및 불하를 위임받은 자가 위임자의 반환요구를 거부하고 자기명의로 소유권 등기를 한 그때 배임죄를 구성한다.[646] 타인 소유의 부동산을 자기 명의로 신탁이전하고 이를 담보로 금원을 차용하여 부동산소유자에게 금원을 주기로 하였는데 자의로 소비하였다면 배임죄가 성립하고 횡령이 될 수 없다.[647] 금전의 이식을 위탁받은 자가 이식후 반환받은 금원을 위탁인에게 인도하지 않고 자기 용도에 소비하였다면 배임죄는 성립될지언정 횡령죄로 논할 수는 없다.[648]

사무처리자를 부정한 판례의 구체적 내용은 다음과 같다. 즉,

피고인이 알 수 없는 경위로 甲의 특정 거래소 가상지갑에 들어 있던 비트코인을 자신의 계정으로 이체받은 후 이를 자신의 다른 계정으로 이체하여 재산상 이익을 취득하고 甲에게 손해를 가하였다고 하여 특정경제범죄 가중처벌 등에 관한 법률 위반(배임)의 예비적 공소사실로 기소된 사안에서, 비트코인이 법률상 원인관계 없이 甲으로부터 피고인 명의의 전자지갑으로 이체되었더라도 피고인이 신임관계에 기초하여 甲의 사무를 맡아 처리하는 것으로 볼 수 없는 이상 甲에 대한 관계에서 '타인의 사무를 처리하는 자'에 해당하지 않는다.[649] 채무자가 금전채무를 담보하기 위하여 자동차 등 특정동산 저당법 등에 따라 그 소유의 동산에 관하여 채권자에게 저당권을 설정해 주기로 약정하거나 저당권을 설정한 경우 채무자가 저당권설정계약에 따라 부담하는 의무, 즉 동산을 담보로 제공할 의무, 담보물의 담보가치를 유지·보전하거나 담보물을 손상, 감소 또는 멸실시키지 않을 소극적 의무, 담보권 실행 시 채권자나 그가 지정하는 자에게 담보물을 현실로 인도할 의무와 같이 채권자의 담보권 실행에 협조할 의무 등은 모두 저당권설정계약에 따라 부담하게 된 채무자 자신의 급부의무이다. 따라서 채무자가 위와 같은 급부의무를 이행하는 것은 채무자 자신의 사무에 해당할 뿐이고, 채무자가 통상의 계약에서의 이익대립관계를 넘어서 채권자와의 신임관계에 기초하여 채권자의 사무를 맡아 처리한다고 볼 수 없으므로 채무자를 채권자에 대한 관계에서 배임죄의 주체인 '타인의 사무를 처리하는 자'에 해당한다고 할 수 없다. 그러므로 채무자가 담보물을 제3자에게 처분하는 등으로 담보가치를 감소 또는 상실시켜 채권자의 담보권 실행이나 이를 통한 채권실현에 위험을 초래하더라도 배임죄가 성립하지 아니한다. 위와 같은 법리는, 금전채무를 담보하기 위하여 공장 및 광업재단 저당법에 따라 저당권이 설정된 동산을 채무자가 제3자에게 임의로 처분한 사안에도 마찬가지로 적용된다.[650] 이익대립관계에 있는 통상의 계약관

643) 대법원 1973.3.13. 선고 73도181 판결.
644) 대법원 1971.10.12. 선고 71도1391 판결.
645) 대법원 1969.12.9. 선고 69도1647 판결.
646) 대법원 1969.1.21. 선고 68도620 판결.
647) 대법원 1961.1.25. 선고 4293형상879 판결.
648) 대법원 1958.12.29. 선고 4291형상471 판결.
649) 대법원 2021.12.16. 선고 2020도9789 판결.

계에서 채무자의 성실한 급부이행에 의해 상대방이 계약상 권리의 만족 내지 채권의 실현이라는 이익을 얻게 되는 관계에 있다거나, 계약의 이행과정에서 상대방을 보호하거나 배려할 부수적인 의무가 있다는 것만으로는 채무자를 타인의 사무를 처리하는 자라고 할 수 없고, 위임 등과 같이 계약의 전형적·본질적인 급부의 내용이 상대방의 재산상 사무를 일정한 권한을 가지고 맡아 처리하는 경우에 해당하여야 한다.[651] 금전채권채무 관계에서 채권자가 채무자의 급부이행에 대한 신뢰를 바탕으로 금전을 대여하고 채무자의 성실한 급부이행에 의해 채권의 만족이라는 이익을 얻게 된다 하더라도, 채권자가 채무자에 대한 신임을 기초로 그의 재산을 보호 또는 관리하는 임무를 부여하였다고 할 수 없고, 금전채무의 이행은 어디까지나 채무자가 자신의 급부의무의 이행으로서 행하는 것이므로 이를 두고 채권자의 사무를 맡아 처리하는 것으로 볼 수 없다. 따라서 채무자를 채권자에 대한 관계에서 '타인의 사무를 처리하는 자'에 해당한다고 할 수 없다. 채무자가 금전채무를 담보하기 위하여 '자동차 등 특정동산 저당법' 등에 따라 그 소유의 동산에 관하여 채권자에게 저당권을 설정해 주기로 약정하거나 저당권을 설정한 경우에도 마찬가지이다. 채무자가 저당권설정계약에 따라 부담하는 의무, 즉 동산을 담보로 제공할 의무, 담보물의 담보가치를 유지·보전하거나 담보물을 손상, 감소 또는 멸실시키지 않을 소극적 의무, 담보권 실행 시 채권자나 그가 지정하는 자에게 담보물을 현실로 인도할 의무와 같이 채권자의 담보권 실행에 협조할 의무 등은 모두 저당권설정계약에 따라 부담하게 된 채무자 자신의 급부의무이다. 또한 저당권설정계약은 피담보채권의 발생을 위한 계약에 종된 계약으로, 피담보채무가 소멸하면 저당권설정계약상의 권리의무도 소멸하게 된다. 저당권설정계약에 따라 채무자가 부담하는 의무는 담보목적의 달성, 즉 채무불이행 시 담보권 실행을 통한 채권의 실현을 위한 것이므로 저당권설정계약의 체결이나 저당권설정 전후를 불문하고 당사자 관계의 전형적·본질적 내용은 여전히 금전채권의 실현 내지 피담보채무의 변제에 있다. 따라서 채무자가 위와 같은 급부의무를 이행하는 것은 채무자 자신의 사무에 해당할 뿐이고, 채무자가 통상의 계약에서의 이익대립관계를 넘어서 채권자와의 신임관계에 기초하여 채권자의 사무를 맡아 처리한다고 볼 수 없으므로 채무자를 채권자에 대한 관계에서 배임죄의 주체인 '타인의 사무를 처리하는 자'에 해당한다고 할 수 없다. 그러므로 채무자가 담보물을 제3자에게 처분하는 등으로 담보가치를 감소 또는 상실시켜 채권자의 담보권 실행이나 이를 통한 채권실현에 위험을 초래하더라도 배임죄가 성립하지 아니한다. 위와 같은 법리는, 금전채무를 담보하기 위하여 '공장 및 광업재단 저당법'에 따라 저당권이 설정된 동산을 채무자가 제3자에게 임의로 처분한 사안에도 마찬가지로 적용된다.[652] 주권발행 전 주식의 양도는 양도인과 양수인의 의사표시만으로 효력이 발생한다. 그 주식 양수인은 특별한 사정이 없는 한 양도인의 협력을 받을 필요 없이 단독으로 자신이 주식을 양수한 사실을 증명함으로써 회사에 대하여 명의개서를 청구할 수 있다. 따라서 양도인이 양수인으로 하여금 회사 이외의 제3자에게 대항할 수 있도록 확정일자 있는 증서에 의한 양도통지 또는 승낙을 갖추어 주어야 할 채무를 부담한다 하더라도 이는 자기의 사무라고 보아야 하고, 이를 양수인과의 신임관계에 기초하여 양수인의 사무를 맡아 처리하는 것으로 볼 수 없다. 그러므로 주권발행 전 주식에 대한 양도계약에서 양도인은 양수인에 대하여 그의 사무를 처리하는 지위에 있지 아니하여, 양도인이 위와 같은 제3자에 대한 대항요건을 갖추어 주지 아니하고 이를 타에 처분하였다 하더라도 형법상 배임죄가 성립하는 것은 아니다.[653] 채무자가

650) 대법원 2020.11.26. 선고 2020도10862 판결.

651) 대법원 2020.10.22. 선고 2020도6258 전원합의체 판결; 대법원 2020.2.20. 선고 2019도9756 전원합의체 판결.

652) 대법원 2020.10.22. 선고 2020도6258 전원합의체 판결.

금전채무를 담보하기 위한 저당권설정계약에 따라 채권자에게 그 소유의 부동산에 관하여 저당권을 설정할 의무를 부담하게 되었다고 하더라도, 이를 들어 채무자가 통상의 계약에서 이루어지는 이익대립관계를 넘어서 채권자와의 신임관계에 기초하여 채권자의 사무를 맡아 처리하는 것으로 볼 수 없다. 채무자가 저당권설정계약에 따라 채권자에 대하여 부담하는 저당권을 설정할 의무는 계약에 따라 부담하게 된 채무자 자신의 의무이다. 채무자가 위와 같은 의무를 이행하는 것은 채무자 자신의 사무에 해당할 뿐이므로, 채무자를 채권자에 대한 관계에서 '타인의 사무를 처리하는 자'라고 할 수 없다. 따라서 채무자가 제3자에게 먼저 담보물에 관한 저당권을 설정하거나 담보물을 양도하는 등으로 담보가치를 감소 또는 상실시켜 채권자의 채권실현에 위험을 초래하더라도 배임죄가 성립한다고 할 수 없다. 위와 같은 법리는, 채무자가 금전채무에 대한 담보로 부동산에 관하여 양도담보설정계약을 체결하고 이에 따라 채권자에게 소유권이전등기를 해 줄 의무가 있음에도 제3자에게 그 부동산을 처분한 경우에도 적용된다.[654] 피고인이 이 사건 아파트에 관한 임대차계약을 체결하면서 이 사건 아파트에 대한 소유권이전등기를 마치는 즉시 임차인인 피해자에게 그와 같은 사실을 알려 피해자로 하여금 전입신고를 하고 확정일자를 받아 1순위 근저당권자인 국민은행 다음으로 대항력을 취득할 수 있도록 약정하였는데, 그 후 피해자로부터 전세금 전액을 수령하고 소유권을 취득하였으므로, 약정에 따라 피해자에게 소유권 취득 사실을 고지하여 피해자로 하여금 전입신고를 하고 확정일자를 받아 대항력을 취득할 수 있도록 협력할 의무가 있음에도, 그와 같은 임무에 위배하여 소유권 취득 사실을 고지하지 아니하고 다른 2순위, 3순위 근저당권을 설정하여 줌으로써 배임행위를 하였다는 공소사실에 대하여, ① 일반적으로 임차인이 전입신고를 하고 확정일자를 받는 것은 임대인의 도움 없이 임차인이 일방적으로 할 수 있는 점, ② 이 사건의 경우 임대인인 피고인 측의 필요에 의하여 '임차인의 전입신고는 피고인 측이 소유권을 취득하고 국민은행에 1순위 근저당권을 설정해 준 후에 하기로' 약정하였던 관계로 피고인이 소유권 취득 사실을 고지하지 않은 상태에서 피해자가 전입신고를 하기는 어려웠던 사정은 있으나, 그렇다고 하여 피고인과 피해자 관계의 본질적 내용이 단순한 채권관계상의 의무를 넘어서 피고인과 피해자 간의 신임관계에 기초하여 피해자의 재산을 보호 내지 관리하는 데 있다고까지 보기는 어려운 점 등 그 판시와 같은 이유를 들어, 피고인이 타인의 사무를 처리하는 자의 지위에 있다고 보기 어렵다.[655] 채무자가 투자금반환채무의 변제를 위하여 담보로 제공한 임차권 등의 권리를 그대로 유지할 계약상 의무가 있다고 하더라도, 이는 기본적으로 투자금반환채무의 변제의 방법에 관한 것이고, 그 성실한 이행에 의하여 채권자가 계약상 권리의 만족이라는 이익을 얻는다고 하여도 이를 가지고 통상의 계약에서의 이익대립관계를 넘어서 배임죄에서 말하는 신임관계에 기초하여 채권자의 재산을 보호 또는 관리하여야 하는 '타인의 사무'에 해당한다고 볼 수 없다.[656] 채무자가 채권자에 대하여 소비대차 등으로 인한 채무를 부담하고 이를 담보하기 위하여 장래에 부동산의 소유권을 이전하기로 하는 내용의 대물변제예약에서, 약정의 내용에 좇은 이행을 하여야 할 채무는 특별한 사정이 없는 한 '자기의 사무'에 해당하는 것이 원칙이다. 채무자가 대물변제예약에 따라 부동산에 관한 소유권을 이전해 줄 의무는 예약 당시에 확정적으로 발생하는 것이 아니라 채무자가 차용금을 제때에 반환하지 못하여 채권자가 예약완결권을 행사한 후에야 비로소 문제가 되고, 채무자는 예약완결권 행사 이후라도 얼마든지 금전채무를 변제하여 당해 부동산에 관한 소유권이

653) 대법원 2020.10.15. 선고 2020도9688 판결; 대법원 2020.6.4. 선고 2015도6057 판결.
654) 대법원 2020.7.9. 선고 2015도3820 판결; 대법원 2020.6.18. 선고 2019도14340 전원합의체 판결.
655) 대법원 2015.11.26. 선고 2015도4976 판결.
656) 대법원 2015.3.26. 선고 2015도1301 판결.

전등기절차를 이행할 의무를 소멸시키고 의무에서 벗어날 수 있다. 한편 채권자는 당해 부동산을 특정물 자체보다는 담보물로서 가치를 평가하고 이로써 기존의 금전채권을 변제받는 데 주된 관심이 있으므로, 채무자의 채무불이행으로 인하여 대물변제예약에 따른 소유권등기를 이전받는 것이 불가능하게 되는 상황이 초래되어도 채권자는 채무자로부터 금전적 손해배상을 받음으로써 대물변제예약을 통해 달성하고자 한 목적을 사실상 이룰 수 있다. 이러한 점에서 대물변제예약의 궁극적 목적은 차용금반환채무의 이행 확보에 있고, 채무자가 대물변제예약에 따라 부동산에 관한 소유권이전등기절차를 이행할 의무는 궁극적 목적을 달성하기 위해 채무자에게 요구되는 부수적 내용이어서 이를 가지고 배임죄에서 말하는 신임관계에 기초하여 채권자의 재산을 보호 또는 관리하여야 하는 '타인의 사무'에 해당한다고 볼 수는 없다. 그러므로 채권 담보를 위한 대물변제예약 사안에서 채무자가 대물로 변제하기로 한 부동산을 제3자에게 처분하였다고 하더라도 형법상 배임죄가 성립하는 것은 아니다.[657] 부동산 매매업자 갑이 피고인에게서 구 국토의 계획 및 이용에 관한 법률(2007.7.27. 법률 제8564호로 개정되기 전의 것, 이하 '법'이라 한다)에서 정한 토지거래허가구역 내 토지를 매수하면서, 매수인을 자신이 운영하는 부동산컨설팅 회사 직원 을 등의 명의로 하고, 소유권이전등기는 갑이 지정하는 자에게 하기로 하는 내용의 토지매매계약을 체결하고 대금을 지급하였는데, 그 후 위 토지가 허가구역 지정에서 해제되자 피고인이 이를 임의로 처분한 사안에서, 법상 토지거래허가에 필요한 거주요건을 갖추지 못한 갑이 허가요건을 갖춘 병 명의로 허가를 받으려는 의사로 위와 같이 토지매매계약을 체결한 이상, 이와 같은 행위는 처음부터 토지거래허가를 잠탈한 경우에 해당하고, 따라서 위 계약은 처음 체결된 때부터 확정적으로 무효이므로 피고인의 행위가 배임죄를 구성한다고 보기 어려운데도, 위 계약이 토지거래허가를 잠탈하는 내용의 계약이라고 단정할 수 없다는 이유로 피고인에게 배임죄를 인정한 원심판결에 논리와 경험법칙 위반 또는 법리오해의 위법이 있다고 한 사례이다.[658] 피고인이 갑에게서 임야를 매수하면서, 계약금을 지급하는 즉시 피고인 앞으로 소유권을 이전받되 매매잔금은 갑의 책임 아래 형질변경과 건축허가를 받으면 일정기간 내에 위 임야를 담보로 대출을 받아 지급하고 건축허가가 나지 아니하면 계약을 해제하여 원상회복해 주기로 약정하였는데도, 위 임야에 관하여 소유권이전등기를 받은 당일 1건, 그 후 1건의 근저당권을 설정한 사안에서, 피고인이 소유권이전등기를 받은 당일 이를 담보로 제공하여 자금을 융통하였고 그 후에도 같은 일을 하였으며 융통한 자금을 갑에게 매매대금으로 지급하지 아니하였다고 하여도 타인의 사무를 처리하는 자가 그 임무에 위배하는 행위를 한 것으로 볼 수 없고, 그러한 담보 제공 등의 행위가 피고인이 위 임야를 갑에게 반환할 의무를 현실적으로 부담하고 있지 아니한 상태에서 행하여진 이상 달라지지 아니한다는 이유로, 피고인에게 배임죄가 성립하지 않는다고 본 원심판단을 정당하다고 한 사례이다.[659] 신탁회사와 신축아파트에 대한 부동산관리처분 신탁계약을 체결하고 소유권이전등기까지 경료해 준 아파트 건축분양회사가 임의로 신탁목적물인 아파트를 제3자에게 매도하여 제3자로 하여금 아파트를 임대하고 보증금을 받게 한 사안에서, 신탁계약의 목적은 소유권이전등기의 경료로써 이미 달성되었고 신탁목적물에 대한 보존·관리 및 비용부담 등의 사무는 위탁자인 건축분양회사 자신의 사무에 해당하므로, 위탁자의 위 처분행위는 배임죄를 구성하지 않는다.[660] 신탁자와 수탁자가 명의신탁약정을 맺고, 그에 따라 수탁자가 당사자가 되어 명의신탁약정이 있다는 사실을 알지 못하는 소유자와 사이에서 부동산에 관한 매매계약을 체결한 계약

657) 대법원 2014.8.21. 선고 2014도3363 전원합의체 판결.
658) 대법원 2011.6.30. 선고 2011도614 판결.
659) 대법원 2011.4.28. 선고 2011도3247 판결.
660) 대법원 2009.2.26. 선고 2008도11722 판결.

명의신탁에 있어, 수탁자는 신탁자에 대한 관계에서도 신탁 부동산의 소유권을 완전히 취득하고 단지 신탁자에 대하여 명의신탁약정의 무효로 인한 부당이득 반환의무만을 부담할 뿐인 바, 그와 같은 부당이득 반환의무는 명의신탁약정의 무효로 인하여 수탁자가 신탁자에 대하여 부담하는 통상의 채무에 불과할 뿐 아니라 신탁자와 수탁자 간의 명의신탁약정이 무효인 이상, 특별한 사정이 없는 한 신탁자와 수탁자 간에 명의신탁약정과 함께 이루어진 부동산 매입의 위임 약정 역시 무효라고 할 것이므로, 수탁자가 신탁자와의 신임관계에 기하여 신탁자를 위하여 신탁 부동산을 관리한다거나 신탁자의 허락 없이 이를 처분하여서는 아니되는 의무를 부담하는 등으로 타인의 사무를 처리하는 자의 지위에 있다고 볼 수 없다.[661] 건설업자가 피해자들 소유의 토지 위에 다세대주택을 신축하여 그 중 일부를 피해자들에게 분양해 주기로 하면서 분양대금의 선지급 명목으로 토지의 소유권을 이전받은 후 이를 담보로 대출받은 돈을 임의로 사용한 경우, 위 대출금을 공사 목적 범위 내에서 사용할 임무는 배임죄에 있어서 타인의 사무에 해당하지 않는다.[662] 채무자가 제3자 소유의 부동산을 채무의 담보로 제공하기로 한 약정에 따라 채권자를 위하여 그 부동산에 근저당권설정등기를 경료하여 준 경우, 이로써 채무자는 담보제공약정상의 의무를 이행한 것이 되고, 그 후 위 근저당권설정등기를 임의로 말소하여서 안 되는 것은 물권의 대세적 효력의 당연한 귀결로서 채무자를 포함한 모든 사람이 부담하는 의무이고 채무자가 그 담보제공약정에 따라 채권자의 재산의 관리보호를 위하여 특별히 부담하는 의무는 아니므로, 채무자가 등기관계 서류를 위조하여 근저당권설정등기를 말소하였다 하더라도 이는 문서에 관한 범죄를 구성할 뿐이고 달리 배임죄를 구성한다고 할 수 없다.[663] 서면에 의하지 아니한 증여계약이 행하여진 경우 당사자는 그 증여가 이행되기 전까지는 언제든지 이를 해제할 수 있으므로 증여자가 구두의 증여계약에 따라 수증자에 대하여 증여 목적물의 소유권을 이전하여 줄 의무를 부담한다고 하더라도 그 증여자는 수증자의 사무를 처리하는 자의 지위에 있다고 할 수 없다.[664] 골프시설의 운영자가 일반회원들을 위한 회원의 날을 없애고, 일반회원들 중에서 주말예약에 대하여 우선권이 있는 특별회원을 모집함으로써 일반회원들의 주말예약권을 사실상 제한하거나 박탈하는 결과가 되었다고 하더라도, 이는 일반회원들에 대한 회원가입계약에 따른 민사상의 채무를 불이행한 것에 불과하고, 골프시설의 운영자가 일반회원들의 골프회원권이라는 재산관리에 관한 사무를 대행하거나 그 재산의 보전행위에 협력하는 지위에 있다고 할 수는 없으므로 배임죄의 주체인 타인의 사무를 처리하는 자에 해당하지 아니한다는 이유로 일반회원들에 대한 배임죄를 구성하지 아니한다고 한 사례이다.[665] 주식회사의 감사 겸 서울사무소장인 피고인의 유가증권위조・행사로 말미암아 회사에 대하여 손해를 가하였다고 하여 피고인에게 배임죄의 책임을 물으려면, 피고인이 위와 같은 지위에 있었다는 것만으로는 부족하고, 피고인이 유가증권의 위조・행사와 관련하여 법령 또는 계약 등에 의하여 구체적으로 어떠한 사무를 처리하는 신분이 있었는지를 먼저 확정하지 아니하면 안된다.[666] 담보권자가 변제기 경과 후에 담보권을 실행하기 위하여 담보목적물을 처분하는 행위는 담보계약에 따라 담보권자에게 주어진 권능이어서 자기의 사무처리에 속하는 것이지 타인인 채무자의 사무처리에 속하는 것이라고 할 수 없으므로, 담보권자가 담보권을 실행하기 위하여 담보목적물을 처분함에 있어 시가

661) 대법원 2008.3.27. 선고 2008도455 판결; 대법원 2004.4.27. 선고 2003도6994 판결; 대법원 2001.9.25. 선고 2001도2722 판결.
662) 대법원 2007.10.11. 선고 2007도6161 판결.
663) 대법원 2007.8.24. 선고 2007도3408 판결; 대법원 1987.8.18. 선고 87도201 판결.
664) 대법원 2005.12.9. 선고 2005도5962 판결.
665) 대법원 2003.9.26. 선고 2003도763 판결.
666) 대법원 1998.10.23. 선고 98도2577 판결.

에 따른 적절한 처분을 하여야 할 의무는 담보계약상의 민사채무일 뿐 그와 같은 형법상의 의무가 있는 것은 아니므로 그에 위반한 경우 배임죄가 성립된다고 할 수 없다.[667] 국토이용관리법 제21조의2 소정의 규제구역 내에 있는 토지를 매도하였으나 같은 법 소정의 거래허가를 받은 바가 없다면, 매도인에게 매수인에 대한 소유권이전등기에 협력할 의무가 생겼다고 볼 수 없고, 따라서 매도인이 배임죄의 주체인 타인의 사무를 처리하는 자에 해당한다고 할 수 없다.[668] 국토이용관리법 제21조의2에 의하여 지정된 토지의 거래계약 허가구역 안에 있는 토지의 매매에 관하여 같은 법 제21조의3 제1항에 의한 토지거래허가를 받은 바 없으므로, 그 매매계약은 채권적 효력도 없는 것이어서 매도인에게 매수인에 대한 소유권이전등기에 협력할 의무가 생겼다고 볼 수 없으므로 매도인을 배임죄의 주체인 타인의 사무를 처리하는 자에 해당한다고 할 수 없고, 허가구역 안에 있는 토지의 거래당사자 사이에 그 허가를 받도록 서로 협력할 의무가 있다고 하더라도 이는 아직 타인의 사무로 볼 수는 없다.[669] 국토이용관리법 제21조의2 소정의 규제지역 내 토지의 매매에 대하여 같은법 소정의 토지거래허가를 받은 바 없다면 그 매매계약은 채권적 효력도 없는 것이어서 매도인에게 그 매수인에 대한 소유권이전등기에 협력할 의무가 생겼다고 볼 수 없고 따라서 그 매도인은 배임죄의 주체인 타인의 사무를 처리하는 자에 해당하지 아니하며, 매도인이 토지거래허가를 받도록 협력할 의무가 있다 하더라도 이는 아직 타인의 사무로 볼 수 없다.[670] 매매의 목적물인 토지와 건물이 국토이용관리법상의 허가구역 안에 있는 경우 토지거래계약에 관하여 같은 법에 따른 허가를 받은 바 없다면 매도인이 토지에 관하여 배임죄의 주체인 타인의 사무를 처리하는 자에 해당한다고 할 수 없음은 물론이고, 토지에 관한 거래허가가 없으면 건물만이라도 매매하였을 것이라고 볼 수 있는 특별한 사정이 없는 한 토지와 그 지상의 건물은 법률적인 운명을 같이 한다고 볼 것이어서, 토지에 대한 거래허가가 있어 그 매매계약이 유효한 것으로 확정되지 아니한 상태에서 건물부분의 매매계약만 유효한 것으로 보아 매도인에게 건물만에 대한 이전등기의무가 있다고 할 수 없다.[671] 국토이용관리법 제21조의2 소정의 규제구역 내에 있는 토지에 관하여 소유권 등 권리를 이전 또는 설정하는 내용의 거래계약은 같은 법 제21조의3 제1항 소정의 관할관청의 허가를 받아야 그 효력이 발생하고 허가를 받기 전에는 물권적 효력은 물론 채권적 효력도 발생하지 않는 것이므로 토지를 매도하였다고 하더라도 같은 법 소정의 거래허가를 받은 바 없다면 그 매매계약은 채권적 효력도 없는 것이어서 매도인에게 매수인에 대한 소유권이전등기에 협력할 의무가 생겼다고 볼 수 없고, 따라서 매도인을 배임죄의 주체인 타인의 사무를 처리하는 자에 해당한다고 할 수 없다.[672] 국토이용관리법 제21조의2 소정의 규제구역 내에 있는 토지에 관하여 소유권 등 권리를 이전 또는 설정하는 내용의 거래계약은 같은 법 제21조의3 제1항 소정의 관할관청의 허가를 받아야 그 효력이 발생하고 허가를 받기 전에는 물권적 효력은 물론 채권적 효력도 발생하지 않는다. 위의 규제구역 내의 토지를 매도하였으나 같은 법 소정의 거래허가를 받은 바 없다면 매도인에게 매수인에 대한 소유권이전등기에 협력할 의무가 생겼다고 볼 수 없고, 따라서 매도인이 배임죄의 주체인 타인의 사무를 처리하는 자에 해당한다고 할 수 없다.[673] 동업자의 1인이 자금만 투자하고 다른 동업자가 노무와 설비를 투자하여 공사를 수급하여 시공하고 그 대금 등을 추심하

667) 대법원 1997.12.23. 선고 97도2430 판결.
668) 대법원 1996.8.23. 선고 96도1514 판결.
669) 대법원 1996.2.9. 선고 95도2891 판결; 대법원 1995.1.20. 선고 94도697 판결.
670) 대법원 1995.1.20. 선고 94도697 판결.
671) 대법원 1994.6.28. 선고 94도1279 판결.
672) 대법원 1994.6.14. 선고 94도612 판결; 대법원 1992.10.13. 선고 92도1070 판결.
673) 대법원 1992.10.13. 선고 92도1070 판결.

는 등 일체의 거래행위를 담당하면서 그 이익을 나누어 갖기로 하는 내용의 동업계약이 체결되었다가 그 계약이 종료된 경우 위 공사시공 등 일체의 행위를 담당하였던 동업자가 자금만을 투자한 동업자에게 투자금원을 반환하고 또 이익또는 손해를 부담시키는 내용의 정산의무나 그 정산과정에서 행하는 채권의 추심과 채무의 변제 등의 행위는 모두 공사시공 동업자 자신의 사무이지 자금을 투자한 다른 동업자를 위하여 하는 타인의 사무라고 볼 수는 없다고 보아 피고인의 위 채권양도행위를 배임죄에 있어서 타인의 사무를 처리하는 자로서의 임무위배행위라고 할 수는 없다고 판단하여 피고인에게 무죄를 선고하였다.[674] 음식점 임대차계약에 의한 임차인의 지위를 양도한 자는 양도사실을 임대인에게 통지하고 양수인이 갖는 임차인의 지위를 상실하지 않게 할 의무가 있다고 하여도, 이러한 임무는 임차권 양도인으로서 부담하는 채무로서 양도인 자신의 의무일 뿐이지 자기의 사무임과 동시에 양수인의 권리취득을 위한 사무의 일부를 이룬다고 볼 수 없으므로 양도인을 배임죄의 주체인 타인의 사무를 처리하는 자로 볼 수 없다.[675] 청산회사의 대표청산인이 처리하는 채무의 변제, 재산의 환가처분 등 회사의 청산의무는 청산인 자신의 사무 또는 청산회사의 업무에 속하는 것이므로, 청산인은 회사의 채권자들에 대한 관계에 있어 직접 그들의 사무를 처리하는 자가 아니다.[676] 피고인 갑으로부터 사위인 피고인 을을 소개받은 피해자가 을과 사이에 피해자소유 토지에 대한 매매계약을 체결하고 등기이전용 인감증명도 직접 발급받아 피고인들과 함께 사법서사 사무실에 가서 이전등기신청을 위임하였으며, 등기관서에 위 매매가 상위없다고 직접 신고하였다면, 비록 피고인들(피고인 갑은 피해자와 3촌지간임)이, 피해자가 음주의 습벽이 있어 낭비가 심하므로 그 매매대금을 직접 피해자에게 교부하지 아니하고 이를 보관하면서 피해자의 채권자에 대한 채무의 원리금도 변제하고, 피해자가 매수한 아파트의 매매잔금도 지급하는 등 일부 관리한 바 있더라도 피고인 갑이 신임관계에 기초하여 위 토지에 대한 매매를 위임받아 관리하였다고는 볼 수 없다.[677] 양도담보권자가 변제기 경과후에 담보권을 실행하기 위하여 담보목적물을 처분하는 행위는 담보계약에 따라 양도담보권자에게 주어진 권능이어서 자기의 사무처리에 속하는 것이지 타인인 채무자, 설정자의 사무처리에 속하는 것이라고 볼 수 없으므로 양도담보권자가 담보권을 실행하기 위하여 담보목적물을 처분함에 있어 싯가에 따른 적절한 처분을 하여야 할 의무는 담보계약상의 민사책임의무이고 그와 같은 형법상의 의무가 있는 것이 아니므로 그에 위반한 경우 배임죄가 성립된다고 볼 수 없다.[678] 내연의 처와의 불륜관계를 지속하는 대가로서 부동산에 관한 소유권이전등기를 경료해 주기로 약정한 경우, 위 부동산 증여계약은 선량한 풍속과 사회질서에 반하는 것으로 무효이어서 위 증여로 인한 소유권이전등기의무가 인정되지 아니하는 이상 동인이 타인의 사무를 처리하는 자에 해당한다고 볼 수 없어 비록 위 등기의무를 이행하지 않는다 하더라도 배임죄를 구성하지 않는다.[679] 약사명의로 약국개설과 사업자등록을 하고 그의 명의로 제약회사 등과 거래를 하되 대내적으로는 피고인의 책임과 계산으로 약국을 운영하고 약사에게는 매월 일정금원의 보수를 지급키로 약정한 경우, 그 후 약사가 위 계약관계의 해소를 요구하였더라도 후임자를 구하지 못하여 위 약국을 폐쇄할 때까지 계속 경영한 것은 타인의 사무가 아닌 피고인 자신의 사무이며 그로 인한 채권채무관계 등 일체의 거래관계로 인한 권리의무는 바로 피고인 자신에게 귀속하는 것이므로 위 약사와의 계속관계가 해소되지 않는 한 피고인을 배임죄에서 말하

674) 대법원 1992.4.14. 선고 91도2390 판결.
675) 대법원 1991.12.10. 선고 91도2184 판결.
676) 대법원 1990.5.25. 선고 90도6 판결.
677) 대법원 1990.5.8. 선고 89도1524 판결.
678) 대법원 1989.10.24. 선고 87도126 판결; 대법원 1985.11.26. 선고 85도1493 전원합의체 판결.
679) 대법원 1986.9.9. 선고 86도1382 판결.

는 타인의 사무를 처리하는 자라 할 수 없다.[680] 종중의 대표자가 그의 자와 공모하여 종중의 결의없이 대표자자격을 참칭하여 종중소유 부동산에 관하여 자앞으로 법률상 원인없는 소유권이전등기를 경료하였다면 위 자가 종중에 대하여 무슨 사무처리의 임무를 부담하거나 종중과의 사이에 재물의 보관관계가 있다고 할 수 없어 그 명의의 부동산을 다시 처분하였다 하더라도 배임죄를 구성할 여지는 없다.[681] 공사도급인이 공사비담보조로 수급인에게 아파트를 분양키로 약정한 경우에 수급인이 잔여공사를 완성하지 아니한 이상 위 분양계약은 조건불성취로 효력이 발생하지 아니하며 도급인에게는 소유권이전등기의무가 없다고 보아야 할 것이므로 수급인이 잔여공사를 전혀 하지 않다가 이를 포기하였다면 도급인이 아파트를 보존등기 후 수급인에게 소유권이전등기하여 주지 않고 제3자에게 처분하였다 하여도 배임죄를 구성한다고는 할 수 없다.[682] 피고인의 차금시 부동산을 담보로 제공(근저당권설정) 해 준 (갑)과 피고인 사이에, 근저당권 실행으로 위 담보물이 처분될 때 (갑)이 입게 될 손해를 담보하기 위하여, 위 차용금 채무를 변제할 때까지 피고인이 (을)은행으로부터 연부상환으로 매입(상환완료시까지 소유권은 동 은행이 보유)한 공장재산 일체를 위 (갑)의 사전승낙 없이는 매각 등 처분 못하며 또 타에 처분할 때는 그 매득금으로, (을)은행과의 매매를 해제할 때는 불입한 연부상환금의 반환금으로 위 (갑)에 대한 피고인의 채무를 우선 변제키로 약정하였다 하여도, 피고인이 위 공장재산에 관하여 위 (갑)을 위하여 이를 관리 또는 보전하고 있다고 할 수 없고 다만 위 (갑)에 대하여 부담하게 될 손해배상채무의 확보책으로 위 공장재산의 처분에 관한 특약상의 채무를 지고 있을 따름이니 피고인을 가리켜 타인의 사무를 처리하는 지위에 있다고 볼 수 없다.[683] 상표권양도약정을 체결한 피고인은 양수인에 대하여 그 상표권에 관하여 양수인 명의로 이전등록하도록 협력할 의무가 있고 그 점에서 양수인의 사무를 처리하는 자의 지위를 가진다 할 것이지만, 피고인이 그 상표권이전등록의무의 이행을 거부하고 양수인과 동종생산업체를 설립하여 그 제품에 위 상표를 부착하여 사용하였다 하더라도 이는 상표권이전등록을 이 행하여 자기의 양도행위를 완성하여야 하는 자기의 채무의 불이행에 불과한 것이고 그것이 양수인의 사무를 처리하는 자의 임무위배행위에 해당하여 배임죄를 구성하는 것이라고 할 수는 없다.[684] 매립공사의 비용을 조달하기 위하여 조합원들이 그들의 매립지에 대한 권리를 피고인에게 양도하되 피고인이 비용을 조달하여 매립공사를 완공시킨 뒤 조합원들이 비용을 지급하면 피고인은 조합원들에게 소유권이전등기를 넘겨주고 만일 비용을 지급하지 아니하면 피고인이 임의처분하여도 이의없기로 약정한 경우, 조합원들이 상당한 기간내에 비용을 지급함도 없이 그들의 권리를 타인에게 양도하였다 하더라도 피고인과 위 조합원들 및 그 타인과의 사이에 특별한 약정이 없는 한 피고인이 그 타인에게 직접 소유권이전등기를 경료해 줄 의무가 있다 할 수 없으므로 피고인은 타인의 의무를 처리하는 자에 해당하지 아니한다.[685] 피고인과 공소외 (갑)의 채권을 담보하기 위한 것이지만 피고인의 단독명의로 근저당권이 설정된 경우 변제할 이익이 없는 제3자는 위 (갑)의 채권을 변제하였어도 채권자의 승락이 없으면 채권자를 대위할 수 없는 것이므로 피고인은 근저당권을 대위행사 할 수 있는 지위에 있지 아니하는 제3자의 사무를 처리하는 자에 해당되지 아니하니 피고인이 그 자신의 채권의 만족을 위하여 임의경매 신청 중 그 채무를 변제받고 경매신청을 취하하려는 것을 위 제3자가 (갑)을 대위한 위 근저당권의 공동관리자임을

680) 대법원 1986.2.11. 선고 85도2435 판결.
681) 대법원 1985.9.10. 선고 84도1518 판결.
682) 대법원 1984.7.24. 선고 84도815 판결.
683) 대법원 1984.7.10. 선고 84도995 판결.
684) 대법원 1984.5.29. 선고 83도2930 판결.
685) 대법원 1984.1.24. 선고 81도3077 판결.

자칭하고 경매를 취하하지 말라고 종용하였으나 피고인이 이를 묵살, 경매를 취하하였더라도 배임죄에 해당되지 않는다.[686] 차주가 중개인의 소개로 대주로부터 소정의 금원을 차용하기 위하여 대주에게 담보로 제공한 주택부금증서 및 정기예금증서를 대주가 제3자에게 담보제공하고 위 금원을 중개인에게 교부하였던 바 이러한 사정을 모르는 차주가 대주에게 위 금원을 대여하여 주던지 담보물의 반환을 요구하였으나 대주가 이를 지체하므로 차주는 위 증서들의 분실신고를 하여 주택부금증서를 재교부받고 정기예금을 해약하여 소정 금원을 인출한 이상, 위 제3자와 차주 사이에는 신임관계가 없으며 차주는 위 증서들의 담보가치를 유지해야 할 의무가 없다.[687] 채권가압류명령이 송달된 후에는 제3채무자는 채무자에게 지급이 금지되고 제3채무자가 이에 위반하여 채무자에게 지급하거나 그 후에 취득한 자동채권으로 상계하더라도 채권자에게 대항할 수 없고, 추심 또는 전부명령을 받은 채권자로부터 변제의 청구를 받으면 이를 거절할 수 없으나 그 지급을 금지당하였다가 추심 또는 전부명령을 받은 채권자에게 지급하는 은행의 행위는 자신의 사무처리행위이지 채권자의 사무처리행위라고 볼 수 없으므로 전부명령을 받은 채권자에게 예금액을 지급하지 않았다 하여 배임죄가 성립하지 않는다.[688] (갑)회사가 건축중인 아파트를 공소외 (을)에게 분양한 경우 공소외 (을)에게 아파트의 소유권이전등기를 하여 줄 의무는 (갑)회사가 부담하고 있음이 분명하고 위 분양계약 후 대표이사에 취임한 피고인은 동 회사의 대표기관에 불과하므로 피고인으로서는 공소외 (을)에 대하여 위 등기사무를 처리하는 자의 위치에 있다고 볼 수 없고 공소외 (을)과 피고인간은 배임죄에서 말하는 타인과 본인과의 관계에 있지 아니하다.[689] 공소외인의 대지매도대금수령의 확보책으로 피고인들 소유의 본건 건물의 처분은 공소외인의 사전 승락 아래 하겠다는 특약상의 의무는 단순한 채무에 불과하고 공소외인의 재산관리 내지 보전의 사무라고 할 수 없다고 할 것이다.[690] 금전소비대차의 소개자인 피고인이 채권자를 위한 담보권의 설정과 담보물의 처분행위를 주도적으로 담당하였다는 사실만으로는 배임죄에 있어서의 타인의 사무를 처리하는 자로서의 지위를 갖는다고 볼 수 없으므로, 그에게 채무변제가 없는 경우에 담보물을 적정한 가액으로 환가하여 채권의 변제에 충당하고 나머지를 채무자에게 반환하여 줄 임무가 있다고 할 수 없다.[691] 피고인이 피해자에게 건물 사용권을 부여하고 피해자에 의한 임대보증금과 임대로 수익행위를 인용해야 할 소극적 의무를 부담함에 그치는 경우에는 피고인 본인의 사무로 인정될지언정 피해자인 타인의 사무에 해당한다고 볼 수 없다.[692] 건축공사수급자의 건축에 관한 소위는 그 자신의 사무의 처리에 속하므로 그가 설계도에 따라 시공하지 아니하였다 하여도 배임죄를 구성하지 아니한다.[693] 지입차량의 관리위임을 맡은 운수사가 지입차주에 대하여 차량관리 수위탁계약을 부활시켜 줄 의무는 지입차주에 대한 단순한 채무에 불과하여 결국 위 운수사의 영업부장 또는 대표자 등은 위 지입차주의 사무를 처리하는 지위에 있는 자에 해당한다고 할 수 없으므로 그 약정에 위반하여 타인과 다시 관리위임계약을 체결하였다 하더라도 배임죄가 성립하지 아니한다.[694] 귀속재산의 낙찰자가 수불하자로서의 권리를 타인에게 양도한 행위는 귀속재산처리법상

686) 대법원 1983.11.8. 선고 83도1553 판결.
687) 대법원 1983.8.23. 선고 83도1412 판결.
688) 대법원 1983.7.12. 선고 83도1405 판결.
689) 대법원 1983.2.22. 선고 82도1527 판결.
690) 대법원 1983.2.8. 선고 81도3137 판결.
691) 대법원 1983.2.8. 선고 82도2101 판결.
692) 대법원 1982.9.14. 선고 80도1816 판결.
693) 대법원 1982.6.22. 선고 82도45 판결.
694) 대법원 1978.10.10. 선고 78도1714 판결. 대법원 2015.6.25. 선고 2015도1944 전원합의체 판결에 의하여 변경.

아무런 효력이 없고 다만 그 소유권취득을 조건으로 하는 민사상의 양도계약에 따른 채무를 부담할 뿐이므로 이를 양수한 자가 다시 그 권리를 타인에게 양도하였다 하여도 그 명의로 소유권이전등기가 되어 있지 않은 한 이전등기에 협력할 의무가 있다 할 수 없어 타인의 사무를 처리하는 자가 아니므로 배임죄의 주체가 될 수 없다.[695] 단순히 타인에 대하여 채무(급부의무)를 부담하는 경우에는 본인의 사무로는 될지언정 본조 제2항의 타인의 사무처리에는 해당한다 할 수 없다.[696] 부동산을 경락한 피고인이 그 경락허가결정이 확정된 뒤에 그 경매부동산의 소유자들에게 대하여 그 경락을 포기하겠노라고 약속하여 놓고 그 경매법원에서 경락대금지급명령이 전달되자 위의 약속을 어기고 그 경락대금을 완납함으로써 그 경락부동산에 대한 소유권을 취득한 경우에 피고인은 본조 제2항에서 말하는 타인의 사무를 처리하는 자에 해당하지 아니한다.[697]

ⅱ 사무처리자의 범위 　사무처리자를 아래와 같이 법인, 채무자, 동업자, 매도인 및 기타의 사무처리자 등으로 유형화하여 그 인정여부에 대하여 고찰하기로 한다.

ⅰ. 법 인 　법인이 처리할 의무를 지는 타인의 사무에 관하여는 법인이 배임죄의 주체가 될 수 없고 법인을 대표하여 사무를 처리하는 자연인인 대표기관이 바로 타인의 사무를 처리하는 자로서 배임죄의 주체가 된다.[698]

배임죄에 있어서 타인의 사무를 처리할 의무의 주체가 법인이 되는 경우라도 법인은 다만 사법상의 의무주체가 될 뿐 범죄능력이 없는 것이며 그 타인의 사무는 법인을 대표하는 자연인인 대표기관의 의사결정에 따른 대표행위에 의하여 실현될 수밖에 없어 그 대표기관은 마땅히 법인이 타인에 대하여 부담하고 있는 의무내용 대로 사무를 처리할 임무가 있다 할 것이기 때문이다.[699]

사무처리자를 긍정한 판례의 구체적 내용은 다음과 같다. 즉,

피고인이 신용협동조합법에 의하여 설립된 비영리법인인 상가신용협동조합(이 뒤에는 "조합"이라고 약칭한다)의 이사장으로서, 그 임무에 위배하여 장부와 기록을 작성 비치하지 않는 이른바 부외거래의 방법으로, 조합의 사무실에서 조합원이 아닌 사람들로부터 예탁금을 수입하면서, 조합원으로부터 예탁금을 수입하는 경우와 마찬가지로 조합의 명의로 작성된 정기 예탁금증서를 교부한 다음 그 예탁금을 조합에 일단 입금시켰다가 임의로 인출하여 가지고, 신용상태가 나쁜 사람들이 발행하거나 배서한 어음을 교부받고 돈을 대여하는 등의 어음할인업무를 취급하였다면, 그와 같은 거래가 조합과 관계가 없는 피고인의 개인적인 거래라고는 볼 수 없으므로, 배임죄를 인정한 원심의 판단은 정당하고 타인의 사무를 처리하는 자에 관한 법리오해의 위법이 없다.[700]

사무처리자를 부정한 판례의 구체적 내용은 다음과 같다. 즉,

구 보험업법(1971.1.19. 법률 제2288호) 제130조 제1항의 규정을 보면 동조 소정의 배임죄의 주체는 상법상

695) 대법원 1971.3.9. 선고 69도2345 판결.
696) 대법원 1970.2.10. 선고 69도2021 판결.
697) 대법원 1969.2.25. 선고 69도46 판결.
698) 대법원 1985.10.8. 선고 83도1375 판결; 대법원 1984.10.23. 선고 83도222 판결; 대법원 1984.10.10. 선고 82도2595 전원합의체 판결.
699) 대법원 1984.10.10. 선고 82도2595 전원합의체 판결.
700) 대법원 1990.2.23. 선고 89도325 판결.

회사가 아닌 보험관리인, 보험계리인, 상호회사의 발기인, 이사 기타 임원 등임을 명시하고 있으므로 보험업을 영위하는 상법상 회사의 임원 등은 상법 제622조 소정의 특별배임죄의 주체가 됨은 별론으로 하고 위 법 제130조 제1항 소정의 배임죄의 주체가 될 수는 없다.[701] 사립학교법 제73조 제2호, 제28조 제1항의 규정상 학교법인의 경우에는 이사장만이 그 행위의 주체가 될 수 있으므로 학교법인의 이사에 불과한 자는 사립학교법상 범행의 주체가 될 수 없다.[702] 배임죄의 주체는 타인의 사무를 처리하는 자라야 되는데 피고인이 대표이사로 있던 한진상호신용금고주식회사가 취급한 상호신용계 업무는 일종의 금융업이며 소비대차의 성질을 띤 계와 유사하여 동 회사와 가입계원들 간에 채권채무관계가 있고 그 사무는 동회사의 업무이고 피고인은 동 회사의 기관일 뿐이니, 피고인은 가입계원들에 대한 관계에 있어 직접 그들의 사무를 처리하는 자가 아니므로, 피고인은 이건 배임죄의 주체가 될 수 없어 위 회사에서 모집한 계원들에게 그 판시 급부금을 지급하지 아니한 사실은 배임죄가 성립하지 않는다.[703]

ii. 채무자 　금전채권채무 관계에서 채권자가 채무자의 급부이행에 대한 신뢰를 바탕으로 금전을 대여하고 채무자의 성실한 급부이행에 의해 채권의 만족이라는 이익을 얻게 된다 하더라도, 채권자가 채무자에 대한 신임을 기초로 그의 재산을 보호 또는 관리하는 임무를 부여하였다고 할 수 없고, 금전채무의 이행은 어디까지나 채무자가 자신의 급부의무의 이행으로서 행하는 것이므로 이를 두고 채권자의 사무를 맡아 처리하는 것으로 볼 수 없다. 따라서 채무자를 채권자에 대한 관계에서 '타인의 사무를 처리하는 자'에 해당한다고 할 수 없다.[704] 단순히 타인에 대하여 채무를 부담함에 불과한 경우에는 본인의 사무로 인정될지언정 타인의 사무처리에 해당한다 할 수는 없는 것이다.[705]

금전채무를 담보하기 위하여 '공장 및 광업재단 저당법'에 따라 저당권이 설정된 동산을 채무자가 제3자에게 임의로 처분한 사안에도 마찬가지로 적용된다.[706] 여기서 이와 달리 채무 담보를 위하여 채권자에게 동산에 관하여 저당권 또는 공장저당권을 설정한 채무자가 타인의 사무를 처리하는 자에 해당함을 전제로 채무자가 담보목적물을 처분한 경우 배임죄가 성립한다고 하거나 이와 같은 취지의 대법원 판결들은 이 판결의 견해에 배치되는 범위 내에서 모두 변경되었다.[707]

사무처리자를 긍정한 판례의 구체적 내용은 다음과 같다. 즉,

설정자로부터 그의 금융기관에 대한 피담보채무를 이행인수하면서 공장저당법에 의하여 공장저당권이 설정된 공장기계를 함께 양수한 자는 그 채무 변제시까지 목적물을 담보 목적에 맞게 보관하여야 할 임무가 있다고 할 것이므로 그 임무에 위배하여 제3자에게 임의 매도하였다면 공장

701) 대법원 1984.7.24. 선고 83도830 판결.

702) 대법원 1983.7.26. 선고 83도819 판결.

703) 대법원 1979.12.11. 선고 79도2509 판결; 대법원 1976.2.10. 선고 75도1900 판결.

704) 대법원 2020.10.22. 선고 2020도6258 전원합의체 판결.

705) 대법원 1984.12.26. 선고 84도2127 판결; 대법원 1982.6.22. 선고 82도45 판결; 대법원 1970.2.10. 선고 69도2021 판결.

706) 대법원 2020.10.22. 선고 2020도6258 전원합의체 판결.

707) 대법원 2020.10.22. 선고 2020도6258 전원합의체 판결에 의하여 변경된 판결은 대법원 2003.7.11. 선고 2003도67 판결; 대법원 2012.9.13. 선고 2010도11665 판결 등이다.

저당권자에 대하여 배임죄가 성립한다.[708] 자동차에 대하여 저당권이 설정되는 경우 자동차의 교환가치는 저당권에 포섭되고, 저당권설정자가 자동차를 매도하여 소유자가 달라지더라도 저당권에는 영향이 없으므로, 특별한 사정이 없는 한 저당권설정자가 단순히 저당권의 목적인 자동차를 다른 사람에게 매도한 것만으로는 배임죄에 해당하지 아니하나, 자동차를 담보로 제공하고 점유하는 채무자가 부당히 담보가치를 감소시키는 행위를 한 경우 배임죄의 죄책을 면할 수 없다.[709]

사무처리자를 부정한 판례의 구체적 내용은 다음과 같다. 즉,

채무자가 금전채무를 담보하기 위하여 '자동차 등 특정동산 저당법' 등에 따라 그 소유의 동산에 관하여 채권자에게 저당권을 설정해 주기로 약정하거나 저당권을 설정한 경우에도 마찬가지이다. 채무자가 저당권설정계약에 따라 부담하는 의무, 즉 동산을 담보로 제공할 의무, 담보물의 담보가치를 유지·보전하거나 담보물을 손상, 감소 또는 멸실시키지 않을 소극적 의무, 담보권 실행 시 채권자나 그가 지정하는 자에게 담보물을 현실로 인도할 의무와 같이 채권자의 담보권 실행에 협조할 의무 등은 모두 저당권설정계약에 따라 부담하게 된 채무자 자신의 급부의무이다. 또한 저당권설정계약은 피담보채권의 발생을 위한 계약에 종된 계약으로, 피담보채무가 소멸하면 저당권설정계약상의 권리의무도 소멸하게 된다. 저당권설정계약에 따라 채무자가 부담하는 의무는 담보목적의 달성, 즉 채무불이행 시 담보권 실행을 통한 채권의 실현을 위한 것이므로 저당권설정계약의 체결이나 저당권 설정 전후를 불문하고 당사자 관계의 전형적·본질적 내용은 여전히 금전채권의 실현 내지 피담보채무의 변제에 있다.[710] 따라서 채무자가 위와 같은 급부의무를 이행하는 것은 채무자 자신의 사무에 해당할 뿐이고, 채무자가 통상의 계약에서의 이익대립관계를 넘어서 채권자와의 신임관계에 기초하여 채권자의 사무를 맡아 처리한다고 볼 수 없으므로 채무자를 채권자에 대한 관계에서 배임죄의 주체인 '타인의 사무를 처리하는 자'에 해당한다고 할 수 없다. 그러므로 채무자가 담보물을 제3자에게 처분하는 등으로 담보가치를 감소 또는 상실시켜 채권자의 담보권 실행이나 이를 통한 채권실현에 위험을 초래하더라도 배임죄가 성립하지 아니한다.[711] 매매와 같이 당사자 일방이 재산권을 상대방에게 이전할 것을 약정하고 상대방이 그 대금을 지급할 것을 약정함으로써 효력이 생기는 계약의 경우(민법 제563조), 쌍방이 그 계약의 내용에 좇은 이행을 하여야 할 채무는 특별한 사정이 없는 한 '자기의 사무'에 해당하는 것이 원칙이다. 동산 매매계약에서의 매도인은 매수인에 대하여 그의 사무를 처리하는 지위에 있지 아니하므로, 매도인이 목적물을 타에 처분하였다 하더라도 형법상 배임죄가 성립하지 아니한다. 위와 같은 법리는 권리이전에 등기·등록을 요하는 동산에 대한 매매계약에서도 동일하게 적용되므로, 자동차 등의 매도인은 매수인에 대하여 그의 사무를 처리하는 지위에 있지 아니하여, 매도인이 매수인에게 소유권이전등록을 하지 아니하고 타에 처분하였다고 하더라도 마찬가지로 배임죄가 성립하지 아니한다.[712] 피고인이 '인쇄기'를 갑에게 양도하기로 하고 계약금 및 중도금을 수령하였음에도 이를 자신의 채권자 을에게 기존 채무 변제에 갈음하여 양도함으로써 재산상 이익을 취득하고 갑에게 동액 상당의 손해를 입혔다는 배임의 공소사실에 대하여, 피고인은 갑에 대하여 그의 사무를 처리하는 지위에 있지

708) 대법원 2003.7.11. 선고 2003도67 판결.

709) 대법원 2012.9.13. 선고 2010도11665 판결.

710) 대법원 2020.10.22. 선고 2020도6258 전원합의체 판결; 대법원 2020.8.27. 선고 2019도14770 전원합의체 판결.

711) 대법원 2020.10.22. 선고 2020도6258 전원합의체 판결.

712) 대법원 2020.10.22. 선고 2020도6258 전원합의체 판결; 대법원 2011.1.20. 선고 2008도10479 전원합의체 판결.

않다는 이유로 무죄를 선고한 원심판단을 수긍한 사례이다.[713] 양품점의 임차권만의 양도계약을 체결한 경우 양수인에게 그 점포를 명도하여 줄 양도인의 의무는 양도계약에 따른 민사상의 채무에 불과할 뿐 타인의 사무라고 할 수 없으므로 위 점포의 이중양도행위는 배임죄를 구성하지 않는다.[714] 피고인이 월부상환중인 자동차를 공소외인에게 매도하였으나 자동차등록 명의는 피고인의 명의로 남아있어 그 소유권이 아직 피고인에게 있다면 판매회사에 대하여 할부금을 납부하는 것은 피고인 자신의 사무처리에 불과하고, 피고인이 매매계약을 체결함에 있어 연체된 할부금을 중도금 지급기일까지 완불하여 자동차를 인도받아 사용하는 위 공소외인에게 아무런 손해를 주지 않기로 약정하였다 하여도 이는 단순한 채무를 부담하는 경우에 해당할 뿐 이로 인하여 피고인이 배임죄에서 말하는 타인의 사무를 처리하는 자에 해당한다고 볼 수 없다.[715]

iii. 동업자 동업관계에 있는 동업자는 다른 동업자와의 관계에서 타인의 사무처리자가 되는가의 여부가 문제된다.

사무처리자를 긍정한 판례의 구체적 내용은 다음과 같다. 즉,

피고인이 갑과 공동으로 토지를 매수하여 그 지상에 창고사업을 하는 내용의 동업약정을 하고 동업재산이 될 토지에 관한 매매계약을 체결하였는데, 이후 소유권이전등기 업무를 처리하면서 갑 몰래 매도인과 사이에 위 매매계약을 해제하고 갑을 배제하는 내용의 새로운 매매계약을 체결한 다음 제3자 명의로 소유권이전등기를 마친 사안에서, 피고인과 갑은 2인 이상이 상호출자 하여 공동사업을 경영할 것을 내용으로 하는 민법 제703조가 정한 조합계약을 체결한 것이고, 피고인은 부동산의 소유권이전등기 등 업무에 관하여 동업체인 조합에 대하여 선량한 관리자의 주의로 사무를 처리해야 할 의무가 있으므로(민법 제707조, 제681조), '조합의 사무를 처리하는 자'의 지위에 있다고 할 것인데도 그 임무에 위배하여 위와 같이 소유권이전등기를 마침으로써 위 '조합'에 대한 배임행위를 한 것으로 보아야 한다는 이유로, 피해자를 '갑'이라고 본 원심판단에 배임죄의 피해자 특정에 관한 법리오해의 위법이 있다고 한 사례이다.[716] 동업자들이 동업계약을 체결하고 그에 따라 영업을 해 오다가 중도에 그 영업활동을 중단하였다거나 또는 그 동업약정기간이 경과되었다 하더라도 그것만으로는 공동으로 취득한 위 해사채취권이 위 한동해운주식회사나 피고인의 단독소유가 된다고는 볼 수 없고 위 한동해운주식회사는 나머지 동업자들의 지분에 관한 한 명의수탁자의 지위에 있다 할 것이므로 이를 임의로 매도한 것은 배임죄에 해당하고, 피고인이 위 동업기간의 만료 혹은 나머지 동업자들의 영업활동중단으로 위 해차채취권에 대한 그들의 권리가 소멸되어 위 해사채취권이 위 한동해운주식회사의 단독소유가 되었다고 오인한 데에는 정당한 이유가 있었다고 볼 수 없다고 판단함으로써 이를 배임미수의 유죄로 처단한 제1심판결을 유지하였다.[717] 동업관계에서 탈퇴한 이상 아직 존속하고 있는 위 조합을 위하여 탈퇴로 인한 계산이 끝날 때까지 사업자등록 명의나 공장시설 등을 선량하게 보존할 의무가 있다 할 것이므로 위 조합을 탈퇴한 후에 위와 같은 임무에 위배하여 그 사업자등록 명의를 다른 사람 앞으로 변경시켜 그 대가로 월사용료를 받기로 하여 그에게 위 공장설비를 이용하도록 함으로써 다른 동업자들로 하여금 위 공장경영에 관여할 수 없게 하였다면 이는 배임죄에 해당한다. 동업자금으로 구입한 부동산을 매도한 대금을

713) 대법원 2011.1.20. 선고 2008도10479 전원합의체 판결.
714) 대법원 1990.9.25. 선고 90도1216 판결.
715) 대법원 1983.11.8. 선고 83도2496 판결.
716) 대법원 2011.4.28. 선고 2009도14268 판결.
717) 대법원 1992.10.27. 선고 91도2346 판결.

피고인이 임의소비하여 동업자가 이를 추궁하며 반환을 요구하자 피고인이 그 금원에 상당한 현금보관증을 작성하여 동업자에게 교부하려 하면서 그 대신 위 매도대금은 피고인이 임의로 소비하여도 좋다는 각서를 요구하여 동업자가 위 현금보관증을 받을 의도 아래 그와 같은 각서를 작성해 준 것이라면 이로써 사전사후에 위 잔대금의 사용 소비를 승낙한 것이라고 볼 수는 없다.

사무처리자를 부정한 판례의 구체적 내용은 다음과 같다. 즉,

농가와 비농가가 공동으로 출자하여 농지를 취득하였다 할지라도 비농가는 농지에 대한 공동소유자가 될 수 없고 더욱이 농가만이 농지개혁법에 의하여 농지의 분배를 받고 그 등기를 받은 이상 법률상 농지의 소유권을 취득할 수 없는 비농가로부터 농가가 농지에 대한 관리의 위임을 받은 것이라고 확정할 수는 없으므로 농가가 위 농지를 단독으로 타에 처분하였다 하여도 비농가에 대하여 배임죄를 구성하지 아니한다.[718)]

iv. 매도인

㉠ 매매의 일반원칙 매매와 같이 당사자 일방이 재산권을 상대방에게 이전할 것을 약정하고 상대방이 그 대금을 지급할 것을 약정함으로써 그 효력이 생기는 계약의 경우(민법 제563조), 쌍방이 그 계약의 내용에 좇은 이행을 하여야 할 채무는 특별한 사정이 없는 한 '자기의 사무'에 해당하는 것이 원칙이다.[719)]

매매의 목적물이 동산일 경우, 매도인은 매수인에게 계약에 정한 바에 따라 그 목적물인 동산을 인도함으로써 계약의 이행을 완료하게 되고 그때 매수인은 매매목적물에 대한 권리를 취득하게 되는 것이므로, 매도인에게 자기의 사무인 동산인도채무 외에 별도로 매수인의 재산의 보호 내지 관리 행위에 협력할 의무가 있다고 할 수 없다. 동산매매계약에서의 매도인은 매수인에 대하여 그의 사무를 처리하는 지위에 있지 아니하므로, 매도인이 목적물을 매수인에게 인도하지 아니하고 이를 타에 처분하였다 하더라도 형법상 배임죄가 성립하는 것은 아니다.[720)]

㉡ 부동산 이중매매의 매도인 민법은 물권변동에 관하여 형식주의를 취하고 있다. 부동산에 관하여 이전등기를 경료할 때까지는 그 부동산의 소유권은 매수인에게 이전되지 아니하므로 이는 매도인의 재물이지 타인의 재물이 아니다. 문제는 부동산의 이중매매에 있다. 예컨대 (갑)이 그 부동산을 (을)에게 매도하는 계약을 체결하고 아직 등기를 경료하지 않은 상황을 이용하여 제3자인 (병)과 다시 매매계약을 체결하고 (병)에게 등기를 경료해 준 이중매매의 경우 (갑)의 (을)에 대한 죄책이 문제된다. 부동산 이중매매의 문제는 이중근저당권설정, 이중전세권설정에 있어서도 마찬가지이다.

이중매매에 있어서 매도인이 매수인의 사무를 처리하는 자로서 배임죄의 주체가 되기 위하여는 매도인이 계약금을 받은 것만으로는 부족하고 적어도 중도금을 받는 등 매도인이 더 이상 임의로 계약을 해제할 수 없는 상태에 이르러야 한다.[721)] 부동산 매매계약에서 계약

718) 대법원 1969.10.28. 선고 69도1648 판결.
719) 대법원 2011.1.20. 선고 2008도10479 전원합의체 판결.
720) 대법원 2011.1.20. 선고 2008도10479 전원합의체 판결.

금만 지급된 단계에서는 어느 당사자나 계약금을 포기하거나 그 배액을 상환함으로써 자유롭게 계약의 구속력에서 벗어날 수 있다.[722] 그러나 부동산 매매계약에서 중도금이 지급되는 등 계약이 본격적으로 이행되는 단계에 이른 때에는 계약이 취소되거나 해제되지 않는 한 매도인은 매수인에게 부동산의 소유권을 이전할 의무에서 벗어날 수 없다(민법 제565조 참조).[723] 이러한 단계에 이른 때에 매도인은 매수인에게 매수인의 재산보전에 협력하여 재산적 이익을 보호·관리할 신임관계에 있게 되고, 그때부터 배임죄에서 말하는 '타인의 사무를 처리하는 자'에 해당한다고 보아야 한다. 그러한 지위에 있는 매도인이 매수인에게 계약 내용에 따라 부동산의 소유권을 이전해 주기 전에 부동산을 제3자에게 처분하여 등기를 하는 행위는 매수인의 부동산 취득이나 보전에 지장을 초래하는 행위로서 배임죄가 성립한다.[724] 매도인이 매수인에게 순위보전의 효력이 있는 가등기를 마쳐 주었더라도 이는 향후 매수인에게 손해를 회복할 수 있는 방안을 마련하여 준 것일 뿐 그 자체로 물권변동의 효력이 있는 것은 아니어서 매도인으로서는 소유권을 이전하여 줄 의무에서 벗어날 수 없으므로, 그와 같은 가등기로 인하여 매수인의 재산보전에 협력하여 재산적 이익을 보호·관리할 신임관계의 전형적·본질적 내용이 변경된다고 할 수 없다.[725]

이러한 법리는 서면에 의한 부동산 증여계약에도 마찬가지로 적용된다. 한편 부동산을 이중으로 매도한 경우에 매도인이 선매수인에게 소유권이전의무를 이행하였다고 하여 후매수인에 대한 관계에서 그가 임무를 위법하게 위배한 것이라고 할 수 없다.[726] 물론 이 경우에 후매수인에 대한 사기죄의 성부는 별개의 문제이다. 부동산의 이중매매에 있어서 매도인의 선매수인에 대한 매매계약이 특별한 사정에 의하여 선매수인에 대하여 사기죄를 구성하는 경우에도 그 매매계약에 무효의 사유가 있거나 취소되지 않는 한 매도인의 선매수인에 대한 소유권이전의무가 존재하지 아니하거나 소멸할 리가 없다.[727]

사무처리자를 긍정한 판례의 구체적 내용은 다음과 같다. 즉,

'피고인은 2015.9.18. 피해자 공소외 1 주식회사(피해 회사)에 피고인 소유의 이 사건 토지를 52억 원에 양도하되 10억 원(계약금 4억 원, 중도금 2억 원, 잔금 4억 원)은 실제 지급하고, 나머지 42억 원은 이 사건 토지에 설정된 공소외 2 새마을금고 명의 근저당권의 피담보채무를 변제하는 방법으로 지급하기로 하는 내용의 이 사건 매매계약 및 사업시행대행계약을 체결한 후 2016.3.경까지 피해 회사로부터 계약금, 중도금 및 잔금 중 일부로 합계 825,225,110원을 교부받았으므로

721) 대법원 1986.7.8. 선고 85도1873 판결; 대법원 1984.5.15 선고 84도315 판결; 대법원 1980.5.27 선고 80도290 판결.

722) 대법원 2020.5.14. 선고 2019도16228 판결; 대법원 2018.5.17. 선고 2017도4027 전원합의체 판결.

723) 대법원 2020.5.14. 선고 2019도16228 판결; 대법원 2018.12.13. 선고 2016도19308 판결; 대법원 2018.5.17. 선고 2017도4027 전원합의체 판결.

724) 대법원 2020.5.14. 선고 2019도16228 판결; 대법원 2018.12.13. 선고 2016도19308 판결; 대법원 2018.5.17. 선고 2017도4027 전원합의체 판결.

725) 대법원 2020.5.14. 선고 2019도16228 판결.

726) 대법원 1992.12.24. 선고 92도1223 판결; 대법원 1986.12.9. 선고 86도1112 판결; 대법원 1977.10.11. 선고 77도1116 판결.

727) 대법원 1992.12.24. 선고 92도1223 판결.

피해 회사에 이 사건 토지에 관하여 소유권이전등기를 해 주어야 할 임무가 있었음에도, 2016.3.31. 공소외 3에게 이 사건 토지를 매도하고 2016.4.4. 공소외 3 명의로 소유권이전등기를 마쳐 줌으로써 이 사건 토지의 매매대금 52억 원 상당의 재산상 이익을 취득하고 피해 회사에 같은 금액 상당의 재산상 손해를 가하였다'는 것이다. 이에 대하여 원심은 그 판시와 같은 이유를 들어, 피고인이 2015.10.29. 피해 회사로부터 계약금 4억 원 중 약 3억 2,100만 원만 지급받은 상태에서 피해 회사 명의로 이 사건 가등기를 마쳐 줌으로써 피고인의 이중매매에도 불구하고 피해 회사가 피고인의 아무런 협력 없이도 가등기의 순위보전 효력에 의해 자신 명의로 소유권이전등기를 마칠 수 있는 수단을 마련해 준 이상, 피고인이 피해 회사의 재산보전에 협력하는 신임관계가 양 당사자 관계의 전형적·본질적 내용이 된다고 할 수 없으므로, 설령 피해 회사가 이후 중도금까지 지급하였다고 하더라도 피고인이 피해 회사에 대하여 배임죄에 있어 '타인의 사무를 처리하는 자'의 지위에 있다고 할 수 없다고 판단하고, 그에 따라 피고인에 대하여 무죄를 선고하였다. 그러나 피고인이 피해 회사에 이 사건 가등기를 마쳐 주었다고 하더라도 피해 회사로부터 계약금, 중도금 및 잔금 중 일부까지 지급받은 이상 매수인인 피해 회사의 재산보전에 협력하여야 할 신임관계에 있고 따라서 피고인은 피해 회사에 대한 관계에서 '타인의 사무를 처리하는 자'에 해당한다고 보아야 한다. 그럼에도 원심은 위와 같은 이유를 들어 피고인이 피해 회사에 대하여 '타인의 사무를 처리하는 자'에 해당하지 않는다고 보아 무죄를 선고하였으니, 이러한 원심의 판단에는 배임죄에서 '타인의 사무를 처리하는 자'에 관한 법리를 오해하여 판결에 영향을 미친 잘못이 있다. 이를 지적하는 상고이유 주장은 이유 있다.[728] 서면으로 부동산 증여의 의사를 표시한 증여자는 계약이 취소되거나 해제되지 않는 한 수증자에게 목적부동산의 소유권을 이전할 의무에서 벗어날 수 없다. 그러한 증여자는 '타인의 사무를 처리하는 자'에 해당하고, 그가 수증자에게 증여계약에 따라 부동산의 소유권을 이전하지 않고 부동산을 제3자에게 처분하여 등기를 하는 행위는 수증자와의 신임관계를 저버리는 행위로서 배임죄가 성립한다.[729] 부동산 매도인인 피고인이 매수인 갑 등과 매매계약을 체결하고 갑 등으로부터 계약금과 중도금을 지급받은 후 매매목적물인 부동산을 제3자 을 등에게 이중으로 매도하고 소유권이전등기를 마쳐 주어 구 특정경제범죄 가중처벌 등에 관한 법률(2016.1.6. 법률 제13719호로 개정되기 전의 것) 위반(배임)으로 기소된 사안에서, 갑 등이 피고인에게 매매계약에 따라 중도금을 지급하였을 때 매매계약은 임의로 해제할 수 없는 단계에 이르렀고, 피고인은 갑 등에 대하여 재산적 이익을 보호할 신임관계에 있게 되어 타인인 갑 등의 부동산에 관한 소유권 취득 사무를 처리하는 자가 된 점, 갑 등이 잔금 지급기일이 지나도 부동산을 인도받지 못하자 피고인에게 보낸 통고서의 내용은, 갑 등이 피고인에게 요구조건을 받아들일 것을 촉구하면서 이를 받아들이지 않으면 매매계약을 해제하겠다는 취지일 뿐 그 자체로 계약 해제의 의사표시가 포함되어 있다고 보기 어려운 점, 피고인은 매매계약이 적법하게 해제되지 않은 상태에서 갑 등에 대한 위와 같은 신임관계에 기초한 임무를 위배하여 부동산을 을 등에게 매도하고 소유권이전등기를 마쳐 준 점, 비록 피고인이 당시 임차인으로부터 부동산을 반환받지 못하여 갑 등에게 이를 인도하지 못하고 있었고, 갑 등과 채무불이행으로 인한 손해배상과 관련한 말들을 주고받았더라도, 매매계약이 적법하게 해제되지 않고 유효하게 유지되고 있었던 이상 위와 같은 신임관계가 소멸되었다고 볼 수 없는 점을 종합하면, 피고인의 행위는 갑 등과의 신임관계를 저버리는 임무위배행위로서 배임죄가 성립하고, 또한 매매계약은 당시 적법하게 해제되지 않았고, 설령 피고인이 적법하게 해제되었다고

728) 대법원 2020.5.14. 선고 2019도16228 판결.
729) 대법원 2018.12.13. 선고 2016도19308 판결.

믿었더라도 그 믿음에 정당한 사유가 있다고 보기 어려워 피고인에게 배임의 범의와 불법이득의사가 인정됨에도, 이와 달리 보아 공소사실을 무죄로 판단한 원심판결에 배임죄에서 '타인의 사무를 처리하는 자', 범의 등에 관한 법리오해의 위법이 있다고 한 사례이다.[730] 부동산의 매도인은 매매계약이 채권적으로라도 유효하여 매수인에 대하여 소유권이전등기 절차에 협력할 의무를 지는 경우에 한하여 배임죄의 주체 즉 타인의 사무를 처리할 자의 지위에 있는 것이어서 매도인이 부동산을 이중으로 매도하는 등 임무위배행위를 하면 배임죄로 처벌할 수 있고, 임무위배행위 당시 부동산의 소유 명의가 매도인 아닌 제3자 앞으로 되어 있더라도 소유권이전등기를 매수인에게 경료하여 줄 수 있는 지위 즉 매수인을 위한 등기협력임무가 이행가능한 지위에 있으면 배임죄의 성립에 지장이 없다.[731] 교인총회를 소집, 개최하였더라면 이 사건 부동산의 처분에 대한 결의를 얻어냈으리라고 보이는 바, 그와 같은 지위에 있는 피고인이 제1차 매수인인 피해자 F 앞으로 소유권이전등기를 경료할 수 있도록 교인총회를 소집하여 그 처분결의가 있을 수 있도록 하는 등의 노력은 전혀 하지 아니하고 제1차 매수인으로부터 매매대금 전부를 다 지급받고서도 이중으로 매매계약을 체결하거나 담보가등기를 설정한 행위 등은 임무위배행위에 해당한다고 볼 수밖에 없다 할 것이다.[732] 물권변동에 관하여 형식주의를 취하고 있는 현행 민법하에 있어서는 농지매매에 관하여 소재지관서의 증명이 없는 경우에는 매매에 의한 물권변동의 효과, 즉 소유권이전의 효과를 발생할 수는 없으나 농지매매 당사자 사이에 채권계약으로서의 매매계약은 유효히 성립할 수 있는 것이므로, 농지를 이중으로 매도한 경우에 먼저의 농지매매에 관하여 소재지관서의 증명이 없다는 이유만으로는 배임죄의 성립을 부정할 수 없다.[733] 부동산매도인이 매수인으로부터 계약금과 중도금까지 수령한 이상 특단의 약정이 없다면 잔금수령과 동시에 매수인 명의로의 소유권이전등기에 협력할 임무가 있으므로 이를 다시 제3자에게 처분함으로써 제1차 매수인에게 잔대금수령과 상환으로 소유권이전등기절차를 이행하는 것이 불가능하게 되었다면 배임죄의 책임을 면할 수 없다.[734] 부동산의 매매에 있어 그 매매대금을 수령한 매도인은 매수인 앞으로의 소유권이전등기 경료에 관하여 매수인에게 협력할 임무가 있고 매도인의 이 등기협력임무는 주로 타인인 매수인을 위하여 부담하고 있는 것이어서 매도인이 위 등기협력임무에 위배되는 행위를 한 때에는 배임죄를 구성한다 할 것이고, 이 경우 부동산에 대한 등기부상 소유명의가 임무에 위배되는 행위를 할 당시 매도인 명의가 아닌 제3자 명의로 되어 있다 하더라도 매도인이 그 제3자로부터 등기명의를 일단 넘겨받는 방법에 의하든, 그 제3자로부터 매수인에게 직접 소유명의를 넘기는 방법에 의하든 그 소유권이전등기를 매수인에게 경료하여 줄 수 있는 지위, 즉 매수인을 위한 등기협력임무가 이행가능한 지위에 있으면 위 배임죄의 성립에 지장이 없다.[735] 부동산의 매도인이 매수인으로부터 계약금과 중도금까지 수령한 이상 특단의 약정이 없다면 잔금수령과 동시에 매수인 명의로의 소유권이전등기에 협력할 임무가 있다고 할 것이므로 그 후 매도인이 위 부동산을 제3자에게 처분함으로써 제1차 매수인이나 중간생략등기의 합의를 한 전매수인에게 잔대금수령과 상환으로 소유권이전등기절차를 이행하는 것이 불가능하게 되었다면 배임죄의 책임을 면할 수 없다.[736] 대지 및 건물의 매도인이 잔대금을 수령한 후 6개월내에 지상건물을 철거하여 멸실등기를 하여 주기로 약정하였음

730) 대법원 2018.5.17. 선고 2017도4027 전원합의체 판결.
731) 대법원 1993.4.9. 선고 92도2431 판결.
732) 대법원 1993.4.9. 선고 92도2431 판결.
733) 대법원 1991.7.9. 선고 91도846 판결.
734) 대법원 1988.12.13. 선고 88도750 판결; 대법원 1985.1.29. 선고 84도1814 판결.
735) 대법원 1985.11.12. 선고 84도984 판결.
736) 대법원 1985.1.29. 선고 84도1814 판결.

에도 잔대금 수령후에 그 지상건물에 대하여 제3자 앞으로 가등기를 마쳐주었다면, 매도인의 이러한 소위는 지상건물철거 및 멸실등기이행임무에 위반됨은 물론 대지에 대한 매수인 앞으로의 소유권이전등기임무에도 위반되는 행위라 할 것이고, 이러한 소위가 건물을 철거하기로 약정한 기한이전의 행위였다 하더라도 매수인에게 손해발생의 위험을 초래케 한 경우에 해당하므로 배임죄가 성립한다.[737] 매도인이 계약금, 중도금의 전부와 잔금의 일부를 수령하고 있었다면 매도인은 일방적으로 그 매매계약을 해제할 권리가 없고 잔금수령과 동시에 매수인에게 소유권이전등기를 이행할 의무가 발생하므로 매수인의 사무를 처리하는 지위에 있어 배임죄의 주체가 된다.[738] 부동산 매도인이 매수인의 의사에 반하여 차용금 담보조로 제3자에게 가등기를 경료하였으면 매수인에 대한 관계에 있어서 배임죄가 성립한다.[739]

사무처리자를 부정한 판례의 구체적 내용은 다음과 같다. 즉,

부동산을 이중으로 매도한 경우에 매도인이 선매수인에게 소유권이전의무를 이행하였다고 하여 후매수인에 대한 관계에서 그가 임무를 위법하게 위배한 것이라고 할 수 없다.[740] 부동산을 이중으로 매도한 경우에 매도인이 선매수인에게 소유권이전의무를 이행하였다고 하여 후매수인에 대한 관계에서 그가 임무를 위법하게 위배한 것이라고 할 수 없다.[741] 이중매매에 있어서 매도인이 매수인의 사무를 처리하는 자로서 배임죄의 주체가 되기 위하여는 매도인이 계약금을 받은 것만으로는 부족하고 적어도 중도금을 받는 등 매도인이 더 이상 임의로 계약을 해제할 수 없는 상태에 이르러야 하는 바, 특별한 사정이 없는 한 매매계약 당시 합의한 계약금이 매매대금 총액에 비하여 다소 과다하다는 사정만으로 매도인이 그 배액을 상환하여 매매계약을 해제할 권한을 유보하지 아니한 것으로 볼 수는 없고, 이러한 경우 매도인이 합의한 계약금 전부를 지급받지 못하고 있다면, 아직 타인의 사무를 처리하는 자의 지위에 있다고 할 수 없으므로 이중으로 제3자에게 처분한 행위에 대하여 배임죄의 책임을 물을 수 없다.[742] 부동산을 이중으로 매도한 경우에 매도인이 선매수인에게 소유권이전의무를 이행하였다고 해서 그를 후매수인에 대하여 그 임무를 위법하게 위배하였다고는 할 수 없다.[743] 부동산을 대금 213,000,000원에 양도하면서 양수인으로부터 계약금 및 중도금에 갈음하여 양수인 소유의 부동산을 120,000,000원으로 평가하여 이전받기로 하고 그 소유권이전등기소요서류를 모두 교부받았다면 양도인이 비록 그 부동산에 관하여 자기앞으로 소유권이전등기를 마치지 않은 상태였다 하더라도 그 이전등기에 필요한 서류를 모두 교부받은 이상 양도인 앞으로의 소유권이전등기는 그 실행여부만이 남아있는 것이고 이는 오로지 양도인의 의사와 행위에 의하여 좌우될 사항이어서 그 상태는 사회통념 내지 신의칙에 비추어 계약금 및 중도금을 이행받은 경우와 마찬가지라고 봄이 상당하여 이경우 양도인이 양도부동산을 제3자에게 이중양도하고 소유권이전등기를 마쳤다면 이는 양수인에 대한 배임행위가 된다.[744] 점포임차권양도계약을 체결한 후 계약금과 중도금까지 지급받았다 하더라도 잔금을 수령함과 동시에 양수인에게 점포

---

737) 대법원 1983.6.14. 선고 81도2278 판결.

738) 대법원 1983.4.26. 선고 82도49 판결.

739) 대법원 1982.2.23. 선고 81도3146 판결.

740) 대법원 2010.4.29. 선고 2009도14427 판결; 대법원 2009.2.26. 선고 2008도11722 판결; 대법원 1992.12.24. 선고 92도1223 판결.

741) 대법원 2009.2.26. 선고 2008도11722 판결; 대법원 1992.12.24. 선고 92도1223 판결.

742) 대법원 2007.6.14. 선고 2007도379 판결; 대법원 1986.7.8. 선고 85도1873 판결.

743) 대법원 1986.12.9. 선고 86도1112 판결; 대법원 1977.10.11. 선고 77도1116 판결.

744) 대법원 1986.10.28. 선고 86도936 판결.

를 명도하여 줄 양도인의 의무는 위 양도계약에 따르는 민사상의 채무에 지나지 아니하여 이를 타인의 사무로 볼 수 없으므로 비록 양도인이 위 임차권을 2중으로 양도하였다 하더라도 배임죄를 구성하지 않는다.[745] 교회재산의 관리업무에 종사하고 있던 자가 공소외인과 간에 동인이 위 부동산을 담보로 금융기관으로부터 8,000만원의 대출을 받아 교회채무를 변제키로 하는 약정하에 2억원 상당의 교회부동산을 동인 앞으로 무조건 소유권이전등기하여 주는 것은 동인에게 차액상당의 재산상 이익을 취득케하고 소유자인 교회에게 손해를 입히는 것이 되어 배임죄에 해당한다.[746] 매도인의 위약으로 매매계약이 해제되어 매도인이 매수인과의 특약에 따른 계약금상당액을 손해로서 배상함에 있어 매수인과의 협의에 따라 배상한 손해금이 전체적으로 위 계약금 상당액을 초과하지 않는다면 비록 그 구체적 내역 가운데 매수인이 그 계약체결과정에서 소개인에게 지급한 소개비상당액이 포함되어 있다 하더라도 이는 위약자인 매도인이 배상할 의무 있는 손해액 범위내의 금액을 지급한 것에 불과하며 소개인이 매수인에게 반환할 채무를 매도인이 대신 변제한 것이라고 볼 수 없으므로 위와 같은 매도인의 사무처리자의 소위를 배임죄에 해당한다고 할 수 없다.[747] 매도인이 매수인에게 부동산을 매도하고 계약금만을 수수한 상태에서 매수인이 잔대금의 지급을 거절한 이상 매도인으로서는 이행을 최고할 필요없이 매매계약을 해제할 수 있는 지위에 있었으므로 위 매도인을 타인의 사무를 처리하는 자라고 볼 수 없다.[748] 피고인이 소외인에게 이 사건 대지를 매도하였으나 그 뒤 동 대지 위에 상가건물 2동을 신축하기 위하여 위 소외인으로부터 그 각 매수부분을 재매입한 경우에는 피고인은 위 소외인에 대한 관계에 있어서는 위 대지의 재매입금을 청산할 의무만 지고 있을 뿐 위 대지에 관하여 위 소외인에게 소유권이전등기절차를 이행하여 줄 의무는 부담하고 있지 않다 할 것이므로, 피고인이 위 상가건물이 완성된 후 공사비지급을 위하여 위 대지 전부에 관하여 공사업자들 명의로 소유권이전등기를 경료해 준 사실이 있다 하더라도 그것이 배임죄를 구성한다고는 볼 수 없다.[749] 대지매도인이 중도금 및 잔금채권을 담보하기 위하여 매수인이 건축한 동지상 상가건물의 소유권보존등기를 그 명의로 하면서 동인과 사이에 점포를 직접 분양자들에게 지분이전등기를 하기로 하였는데, 이미 상가점포를 분양받은 자들이 있음에도 불구하고 매수인의 요구에 따라 제3자에게 소유권지분이전등기를 경료하여 주었다 하더라도 매도인은 점포분양 계약의 당사자가 아니므로 점포분양자들에게 지분이전등기절차에 협력할 의무를 부담하고 있다고 보기 어렵고 설사 매도인이 위 대지를 매도하면서 직접 점포를 분양받은 자에게 이전등기를 해 줄 것을 약정하였다고 하더라도 이는 매수인에 대하여 부담하는 의무일 뿐 분양자들에 대한 의무로는 볼 수 없으므로 이들의 사무를 처리하는 자의 지위에 있다고 볼 수 없으며, 매도인이 매매계약상의 의무를 이행함으로 인하여 점포분양자들이 손해를 입었다고하더라도 이를 배임행위에 해당한다거나 매수인의 배임행위에 가담하였다 하여 동인과 배임죄의 공동정범으로 처단할 수는 없다 할 것이다.[750] 피고인이 이 사건 부동산에 대한 공소외인과의 분쟁을 피고인의 처남을 내세워 해결할 생각으로 처남에게 허위로 위 부동산에 대한 매매계약서를 작성교부하고 가등기를 경료한 후 위 부동산 중 일부를 타인에게 매도하였다 하여 2중매매에 의한 배임행위가 된다고 할 수 없다.[751] 피고인이 공소외인으로부터 매매계약금만을 수령하였다면 피고인은

---

745) 대법원 1986.9.23. 선고 86도811 판결.
746) 대법원 1986.6.10. 선고 84도2015 판결.
747) 대법원 1985.9.10. 선고 84도1404 판결.
748) 대법원 1984.5.15. 선고 84도315 판결.
749) 대법원 1984.4.24. 선고 83도1945 판결.
750) 대법원 1984.1.24. 선고 83도1035 판결.
751) 대법원 1983.7.12. 선고 82도2941 판결.

아직 그 소유권이전등기 절차를 이행할 의무가 있다고 할 수 없으므로 이 사건 임야를 다시 다른 곳에 처분한 행위를 배임죄로 다스릴 수 없다.[752] 농가가 아니고 농지를 자경하거나 자영할 의사도 없어 농지개혁법상 농지를 취득할 수 없는 자에 대하여 농지를 매도한 계약은 무효이어서 매도인은 소유권이전등기절차를 이행할 임무가 없으므로 매도인이 그 농지를 제3자에게 이중으로 양도하였다 하더라도 배임죄가 성립되지 아니한다.[753] 배임죄 성립에 관하여 형법이 목적하는 바는 민법상 이중매매의 경우 일방에 대하여 채무 불이행책임을 부담하는 것과는 다르므로 이중매매의 경우 선매수인에 대하여 소유권이전등기를 이행한 것은 후매수인에 대하여 그 임무를 위법하게 위배하였다고는 할 수 없다.[754] 피고인이 정부로부터 본건 귀속대지를 불하받는 것은 피고인 고유의 사무이고 소론 공소외 1의 사무가 아니며 피고인이 우 불하전에 공소외 1의 사무가 아니며 피고인이 우 불하전에 공소외 1에게 우 대지를 매도한 것은 귀속재산 처리법상 하등의 효과를 발현시킬 수 없는 것이고 그것은 다만 민사상의 채무이행 문제에 귀착될 것이고 피고인이 차를 이중으로 공소외 2, 공소외 3외 46명에게 매각하였다 하면 의당 민사상 채무 불이행에 인한 책임을 부하할 것은 논할 여지없다 할지라도 이로 인하여 피고인에 대하여 배임죄가 성립된다고는 볼 수 없으므로 원심이 여사한 견해 아래에서 본건을 무죄로 판결한 것은 적법하다할 것이다.[755]

ⅴ. 기타의 사무처리자 판례에 의하여 확인된 사무처리자의 인정여부에 대하여 사례는 많지 않기 때문에 기타의 사무처리자라는 항목으로 모아서 고찰하기로 한다.

사무처리자를 긍정한 판례의 구체적 내용은 다음과 같다. 즉,

동백나무는 입목에관한법률의 적용을 받을 수 있는 수목의 집단에 속하지 아니하고, 이를 토지와 독립하여 거래하는 경우 명인방법에 의한 거래가 인정되고 있어 매도인은 매수인 명의로의 명인방법의 실시에 협력할 임무가 있는 것인데, 매도인이 위와 같은 명인방법도 실시하지 아니한 채 이미 매도한 입목(동백나무)을 포함한 임야를 이중으로 타에 매도하고 소유권이전등기를 경료해 주었다면, 입목매수인과의 관계에 있어서는 배임죄의 죄책을 면할 수 없다.[756] 피고인이 소외 공동매수인들과 간에 소위 주류제조면허권에 관한 양도 계약을 체결하고 그 대가를 지급받았는데도 공동 매수인 중의 1인인 소외 (갑)과 공모하여 피고인이 (갑)으로부터 웃돈을 받고 그 면허가 위 (갑)의 자인 소외 (을)앞으로 실질적으로 이전될 수 있도록 필요한 제반 협조를 제공키로 하는 한편 이전절차에 필요한 구비서류 일체를 (갑)에게 교부하였다면, 피고인은 공동매수인들 앞으로 보충면허가 발급될 수 있도록 협력해야 할 지위에 있음에도 동 협력임무에 위배하여 공동매수인들 아닌 위 (을) 앞으로 보충면허가 발급되도록 함으로써 위 공동매수인들이 분담한 위 면허권 양수대금 상당의 손해를 끼쳤다 할 것이고 피고인이 위의 면허이전관계서류를 공동매수인의 1인인 위 (갑)에게 교부하였다 하여 이로써 나머지 공동매수인에 대한 면허 양도인으로서의 협력임무를 다한 것으로 평가할 수는 없다 할 것이므로 배임죄를 구성한다.[757] 주류제조면허의 양도계약은 양도인이 면허취소신청을 함과 동시에 양수인이 면허신청을 하는 방법으로 일반적으로 널리 행하여지고 있으므로 이를 무효라 할 수 없으며 양도인의 면허취소신청은 양수인의 면허획득에 중요한

752) 대법원 1980.5.27. 선고 80도290 판결.
753) 대법원 1979.3.27. 선고 79도141 판결.
754) 대법원 1977.10.11. 선고 77도1116 판결.
755) 대법원 1961.4.28. 선고 4293형상895 판결.
756) 대법원 1993.9.28. 선고 93도2069 판결.
757) 대법원 1984.5.9. 선고 83도3084 판결.

요소가 되는 것이므로 자기 자신의 사무인 동시에 양수인이 면허신청을 하여 면허를 얻는 사무의 일부를 이룩하고 있는 양수인의 사무라고 할 것이므로 그 의무불이행은 배임죄가 성립한다.[758]

② 객 체

본죄의 객체는 재산상의 이익이다. 재산상의 이익이란 모든 재산적 가치의 증가를 의미한다. 적극적 이익이든 소극적 이익이든 묻지 않는다.

재산상의 이익을 긍정한 판례의 구체적 내용은 다음과 같다. 즉,

부동산에 처분금지가처분결정을 받아 가처분집행까지 마친 경우, 피보전채권의 실제 존재 여부를 불문하고 가처분이 되어 있는 부동산은 매매나 담보제공 등에 있어 그렇지 않은 부동산보다 불리할 수밖에 없는 점, 가처분집행이 되어 있는 부동산의 가처분집행이 해제되면 가처분 부담이 없는 부동산을 소유하게 되는 이익을 얻게 되는 점 등을 고려하면 가처분권리자로서는 가처분 유지로 인한 재산상 이익이 인정되고, 그 후 가처분의 피보전채권이 존재하지 않는 것으로 밝혀졌더라도 가처분의 유지로 인한 재산상 이익이 있었던 것으로 보아야 한다.[759]

재산상의 이익을 부정한 판례의 구체적 내용은 다음과 같다. 즉,

甲 새마을금고 임원인 피고인이 새마을금고의 여유자금 운용에 관한 규정을 위반하여 금융기관으로부터 원금 손실의 위험이 있는 금융상품을 매입함으로써 甲 금고에 액수 불상의 재산상 손해를 가하고 금융기관에 수수료 상당의 재산상 이익을 취득하게 하였다고 하여 업무상배임으로 기소된 사안에서, 피고인의 임무위배행위로 인하여 본인인 甲 금고에 발생한 액수 불상의 재산상 손해와 금융기관이 취득한 수수료 상당의 이익 사이에 대응관계가 있는 등 관련성이 있다고 볼 수 없는 점, 금융기관에 지급된 수수료는 판매수수료로서 피고인이 금융상품을 매입하면서 금융기관으로부터 제공받은 용역에 대한 대가로 지급된 것이므로, 금융기관이 제공한 용역에 비하여 지나치게 과도한 수수료를 지급받았다는 등의 특별한 사정이 없는 한, 금융기관이 용역 제공의 대가로 정당하게 지급받은 위 수수료가 피고인의 임무위배행위로 인하여 취득한 재산상 이익에 해당한다고 단정하기 어려운 점 등을 종합하면, 피고인의 임무위배행위로 甲 금고에 액수 불상의 재산상 손해가 발생하였더라도 금융기관이 취득한 수수료 상당의 이익을 그와 관련성 있는 재산상 이익이라고 인정할 수 없고, 또한 위 수수료 상당의 이익은 배임죄에서의 재산상 이익에 해당한다고 볼 수도 없다는 이유로, 이와 달리 보아 공소사실을 유죄로 판단한 원심판결에 배임죄 성립에 관한 법리오해의 잘못이 있다.[760]

③ 행 위

ⅰ 배 임　　본죄의 실행행위는 배임이다. 배임(背任, Untreu)이란 임무에 위배하는 행위를 말한다. 임무에 위배하는 행위란 신임관계를 위배하는 행위, 즉 본인의 사무를 처리하는 자로서 당연히 행하여야 할 법률상의 의무에 위반하는 행위를 말한다.

ⅱ 배임의 태양　　배임행위는 법률행위로서 행할 것을 요하지 않고 사실행위도 포함한다. 외상대금을 수령하여야 할 사무처리자가 물건의 반품을 받았다고 허위의 사실을 장부에

758) 대법원 1979.11.27. 선고 76도3962 판결.
759) 대법원 2011.10.27. 선고 2010도7624 판결.
760) 대법원 2021.11.25. 선고 2016도3452 판결.

기재한 경우에도 배임행위에 해당한다. 법률행위의 경우에는 유효이든 무효이든 불문한다.[761] 배임행위는 작위 외에 부작위에 의한 경우도 포함한다. 따라서 채권의 추심을 위탁받은 자가 방치하여 채권의 소멸시효가 완성된 경우나 기계의 관리를 위탁받은 자가 부실하게 관리하여 본인에게 손해가 발생한 경우에도 부작위에 의한 배임행위에 해당한다.

ⅲ 배임의 판단기준 의무위반여부는 구체적인 사정에 비추어 당해 사건에 대하여 정하고 있는 법령, 조직체에 있어서 업무집행에 관한 규정, 정관, 업무내용 및 기타의 위임의 취지 등을 종합하여 신의칙에 따라 사회통념에 비추어 판단할 필요가 있다. 따라서 은행의 지점장이 전혀 회수의 가능성이 없음에도 불구하고 무담보 또는 충분한 담보없이 한 대출행위는 배임행위에 해당한다.

배임행위를 긍정한 판례의 구체적 내용은 다음과 같다. 즉,

> 회사의 이사 등이 타인에게 회사자금을 대여함에 있어 타인이 이미 채무변제능력을 상실하여 그에게 자금을 대여할 경우 회사에 손해가 발생하리라는 정을 충분히 알면서 이에 나아갔거나, 충분한 담보를 제공받는 등 상당하고도 합리적인 채권회수조치를 취하지 아니한 채 만연히 대여해 주었다면, 그와 같은 자금대여는 타인에게 이익을 얻게 하고 회사에 손해를 가하는 행위로서 회사에 대하여 배임행위가 되고, 회사의 이사는 단순히 그것이 경영상의 판단이라는 이유만으로 배임죄의 죄책을 면할 수 없으며, 이러한 이치는 타인이 자금지원 회사의 계열회사라 하여 달라지지 않는다.[762] 피고인이 피해자 공소외 1 종중('공소외 1 종친회'의 오기로 보인다. 이하 '종중'이라고 한다)의 종손이자 부회장으로서 피해자 종중으로부터 종중 소유 토지(그 중 일부 토지는 피고인이 1/2 지분을 공유한 것이기도 하다)의 매도 여부 및 그 가격 결정에 관한 권한을 사실상 위임받아, 2005년경부터 위 종중 소유 토지 및 인접한 피고인 소유 토지가 포함된 평택시 칠원동 일대 약 10만 평을 매수하여 아파트 신축분양사업을 추진하고 있는 공소외 2 종합건설 주식회사('공소외 2 종합토건 주식회사'의 오기로 보인다. 이하 '공소외 2 주식회사'라고 한다)과 매매협의를 하면서, 피고인 소유 토지에 관하여는 평당 250만 원 정도에 매도하기로 합의하였음에도 피해자 종중 회장 공소외 3이나 종중원들에게는 '종중 소유 토지에 관하여 평당 100만 원 이상 받기 어렵고, 피고인 소유 토지도 위 토지와 같은 가격으로 매도한다'는 취지로 거짓말하여 종중 소유 토지의 적정매매가격이 평당 100만 원 정도인 것으로 오인하도록 함으로써, 피해자 종중으로 하여금 공소외 2 주식회사와 사이에 종중 소유 토지에 관하여 평당 101만 원을 기준으로 정한 46억 원에 매매계약을 체결하도록 한 반면, 피고인 소유 토지에 관하여는 평당 258만 원을 기준으로 정한 128억 2,000만 원에 매매계약을 체결한 사실 등 그 판시와 같은 사실을 인정한 다음, 피고인의 위와 같은 행위는 피해자 종중으로부터 종중 소유 토지의 매도 여부 및 매매가격 결정에 관한 권한을 사실상 위임받은 자의 임무에 위배한 행위라고 판단하였다.[763] 부동산에 처분금지가처분결정을 받아 가처분집행까지 마쳐진 경우에는 피보전채권의 실제 존재 여부를 불문하고 가처분이 되어 있는 부동산은 매매나 담보제공 등에 있어서 그렇지 않은 부동산보다 불리할 수밖에 없는 점, 가처분집행이 되어 있는 부동산의 가처분집행이 해제되면 가처분의 부담이 없는 부동산을 소유하게 되는 이익을 얻게 되는 점 등을 고려하면 가처분권리자로서는 가처분 유지로 인한 재산상 이익이 인정되고,

---

761) 대법원 2001.9.28. 선고 99도2639 판결; 대법원 2009.10.29. 선고 2009도7783 판결; 대법원 1995.12.22. 선고 94도3013 판결; 대법원 1987.4.28. 선고 83도1568 판결.

762) 대법원 2017.11.9. 선고 2015도12633 판결.

763) 대법원 2012.9.13. 선고 2012도3840 판결.

그 후 가처분의 피보전채권이 존재하지 않는 것으로 밝혀졌다고 하더라도 가처분의 유지로 인한 재산상 이익이 없었던 것으로 볼 수는 없다.[764] 종중 소유이나 종원 5명의 공유로 명의신탁된 토지를 매도하는 계약의 이행 등 종중 사무를 총괄하는 피고인이 종중의 '유효한 결의'를 받지 못하였음에도 그 임무에 위배하여 등기이전을 거부하는 공유자들에게 매매대금 중 일부를 지급하여 재산상 이익을 취득하게 하고 종중에 동액 상당의 재산상 손해를 가하였다는 특정경제범죄 가중처벌 등에 관한 법률 위반(배임)의 공소사실에 대하여, 이를 유죄로 인정한 원심판단을 수긍한 사례이다.[765] 회사의 영업비밀을 사외로 유출하지 않을 것을 서약한 그 직원이 경제적인 대가를 얻기 위하여 경쟁업체에 영업비밀을 유출하는 행위는 회사와의 신임관계를 저버리는 행위로서 업무상 배임죄를 구성한다.[766] 비영리 재단법인의 이사장이 설립목적과는 다른 목적으로 기본재산을 매수하여 사용할 의도를 가진 공소외인과 사이에 기본재산의 직접적인 매도는 주무관청의 허가문제 등으로 불가능하자 이사진 등을 교체하는 방법으로 재단법인의 운영을 공소외인에게 넘긴 후 공소외인이 의도하는 사업을 할 수 있게 재단법인의 명칭과 목적을 변경함으로써 사실상 기본재산을 매각하는 효과를 얻되 그 대가로 금원을 받기로 하는 약정을 체결하고 그 일부를 수령한 경우, 주무관청의 허가의 문제로 법률상 유효한 약정인가 여부와 관계없이 재단법인과 사이의 신임관계를 저버린 배임행위에 해당한다고 한 사례이다.[767] 기업의 영업비밀을 사외로 유출하지 않을 것을 서약한 회사의 직원이 경제적인 대가를 얻기 위하여 경쟁업체에 영업비밀을 유출하는 행위는 피해자와의 신임관계를 저버리는 행위로서 업무상배임죄를 구성한다.[768] 피고인이 피해자 갑 경영의 사업체인 판시 A회사의 전무로 재직하면서 직원의 통솔, 거래처의 관리, 물품의 발주와 수금 등 영업 전반에 관한 업무를 관장하고 있었다면 피고인은 위 갑을 위하여 성실히 근무하고 사업비밀을 유지하며, 경업을 하여서는 아니될 업무상의 임무가 있다 할 것이고, 따라서 피고인이 그의 독자적인 계산아래 별도의 업체를 만들어 위 갑의 업체와 비슷한 상호를 사용하여 같은 거래업체에다 동일한 물건을 납품한 판시 소위는 위 갑과의 신임관계를 저버리는 행위로서 업무상 배임죄가 성립된다 할 것이다.[769] 낙찰계에 있어서와 같이 계주가 계원의 위임을 받아 계불입금을 납부받고 입찰을 시행하여 낙찰계원에게 계금을 급부할 임무가 있는 경우에 그 임무에 위배하여 계주가 마음대로 계원의 이름을 모용하여 낙찰받아 그 계금을 자의로 소비한 때에는 배임죄가 성립되고 그 경우 피해자는 계원전체이고 피해액은 계주가 이득한 금액이다.[770]

배임행위를 부정한 판례의 구체적 내용은 다음과 같다. 즉,

재건축정비사업조합의 조합장이 조합에 대한 법원의 판결 등의 취지에 비추어 당연히 하여야 할 것으로 기대되는 행위를 하지 않거나 당연히 하지 않아야 할 것으로 기대되는 행위를 한 경우에는 그 임무에 위배되는 행위를 한 것이라고 할 수 있을 것이지만, 조합이 당해 판결에 대하여 항소를 제기하는 등으로 다투고 있는 경우 등에도 조합장이 당연히 그 판결의 취지에 따른 조치를

764) 대법원 2011.10.27. 선고 2010도7624 판결; 대법원 2007.9.20. 선고 2007도5507 판결; 대법원 2007.1.11. 선고 2006도4400 판결.

765) 대법원 2010.9.9. 선고 2010도7380 판결.

766) 대법원 2006.10.27. 선고 2004도6876 판결; 대법원 2004.5.14. 선고 2004도714 판결; 대법원 1999.3.12. 선고 98도4704 판결.

767) 대법원 2001.9.28. 선고 99도2639 판결.

768) 대법원 1999.3.12. 선고 98도4704 판결; 대법원 1988.4.25. 선고 87도2339 판결.

769) 대법원 1988.4.25. 선고 87도2339 판결.

770) 대법원 1986.7.22. 선고 86도230 판결.

취하여야 할 임무가 있다고 볼 수는 없다 할 것이고, 한편 조합이 아닌 조합 임원들을 상대로 한 직무집행정지 가처분 등이 있다고 하여 조합장에게 반드시 그에 따른 조치를 취하여야 할 임무가 있다고 볼 수도 없다.[771] 근저당권설정자는 근저당권자를 위하여 근저당권설정등기를 경료하여 줌으로써 근저당권설정계약상의 의무를 이행한 것이 되고 그후 위 근저당권설정등기를 임의로 말소하여서 안되는 것은 물권인 근저당권의 대세적 효력의 당연한 귀결로서 근저당권설정자를 포함한 모든 사람이 부담하는 의무이고 근저당권설정자가 그 설정계약에 따라 근저당권자의 재산의 관리보호를 위하여 특별히 부담하는 의무는 아니므로 근저당권설정자가 등기관계서류를 위조하여 근저당권설정등기를 말소하였다 하더라도 이는 문서에 관한 범죄를 구성할 뿐이고 달리 배임죄를 구성한다고 할 수 없다.[772] 피고인이 국가공무원으로 남강댐 수몰지구 대책사무소의 소장을 겸직하여 위 수몰수구의 토지소유자들에 대한 피해보상금 중 일부를 영달받아 지급함에 있어 해발 31미터 이상의 저지대 토지소유자로부터 고지대 토지소유자로 순차 지급하라는 지시를 일부 어겨 일부 고지대 토지소유자에게 먼저 지급하고 저지대 토지소유자에 대한 보상금지급을 하지 아니하였다 하더라도 피고인은 문제의 피해보상금지급사무에 관하여 이해관계 있는 수몰지구 토지소유자들로부터의 위임에 의하여 그 위임취지에 따라서 사무를 처리하여야 할 임무가 있는 자라고는 할 수 없으므로 토지소유자와의 관계에 있어서 임무위배의 행위가 있다고 할 수 없다.[773]

ⓘ 배임행위의 범위 최근 대법원은 전원합의체 판결을 통해 부동산 이중매매를 제외한 동산 이중매매나 동산 양도담보물 처분등의 사건에서 배임죄 성립을 부정하는 등 배임죄에 대해 엄격한 판단의 기조를 이어가고 있다.

ⅰ. 담보제공 담보계약을 체결한 채권자와 채무자 사이에는 그 담보계약 자체로부터 피담보채권의 발생원인이 된 법률관계와는 별도의 독자적인 신임관계가 발생한다고 보아야 한다. 부동산 매매계약에서 신임관계의 본질이 부동산의 소유권을 이전하는 데 있는 것과 마찬가지로, 담보 목적으로 체결된 대물변제예약에서 신임관계의 본질은 담보로 제공하기로 한 부동산의 담보가치를 채권자에게 취득하게 하는 데 있으며, 이는 결국 배임죄의 성립 여부에 있어 양자가 다르지 않다는 것을 의미한다.[774]

배임을 긍정한 판례의 구체적 내용은 다음과 같다. 즉,

담보 목적으로 부동산에 관한 대물변제예약을 체결한 채무자가 그 신임관계를 위반하여 당해 부동산을 제3자에게 처분함으로써 채권자로 하여금 그 부동산의 소유권 취득을 불가능하게 하거나 현저히 곤란하게 하였다면 이러한 행위는 대물변제예약에서 비롯되는 본질적 · 전형적 신임관계를 위반한 것으로서 배임죄에 해당한다고 보아야 한다.[775] 자동차를 담보로 제공하고 점유하는 채무자가 부당히 그 담보가치를 감소시키는 행위를 한 경우 배임죄의 죄책을 면할 수 없다.[776] 피고인이 자신의 모(母) 명의를 빌려 자동차를 매수하면서 피해자 甲 주식회사에서 필요한 자금을 대출받고 자동차에 저당권을 설정하였는데, 저당권자인 甲 회사의 동의 없이 이를 성명불상의 제3자에게

771) 대법원 2009.9.10. 선고 2009도4987 판결.
772) 대법원 1987.8.18. 선고 87도201 판결.
773) 대법원 1970.7.28. 선고 70도1426 판결.
774) 대법원 2014.8.21. 선고 2014도3363 전원합의체 판결.
775) 대법원 2014.8.21. 선고 2014도3363 전원합의체 판결.
776) 대법원 2012.9.13. 선고 2010도11665 판결; 대법원 1989.7.25. 선고 89도350 판결.

양도담보로 제공하였다고 하여 배임으로 기소된 사안에서, 피고인은 신원을 정확히 알 수 없는 제3자에게서 돈을 차용하고 담보로 자동차를 인도하면서 차량포기각서까지 작성해 주었고, 이후 차용금을 변제하지 아니하였을 뿐만 아니라 甲 회사에 대한 대출금 변제도 중단하였던 점, 甲 회사가 자동차에 대한 저당권을 실행하기 위하여 자동차 인도명령을 받았으나 소재파악이 되지 않아 집행불능에 이르렀던 점, 정상적인 거래관계였다면 마땅히 수반되어야 할 양도인의 인감증명서 교부 등 자동차관리법 기타 관계 법령에 따른 이전등록에 필요한 조치도 전혀 이루어지지 않았던 사정 등을 종합할 때, 피고인의 행위는 적어도 미필적으로나마 甲 회사의 자동차에 대한 추급권 행사가 불가능하게 될 수 있음을 알면서도 그 담보가치를 실질적으로 상실시키는 것으로서 배임죄가 성립되는 특별한 사정이 있는 경우에 해당한다고 볼 여지가 있는데도, 이와 달리 보아 무죄를 인정한 원심판결에 법리오해 등 위법이 있다고 한 사례이다.[777] 피고인이 甲에게서 돈을 차용하면서 피고인 소유의 골프회원권을 담보로 제공한 후 이를 제3자에게 임의로 매도한 사안에서, 피고인과 甲 사이에 골프회원권에 관하여 유효하게 담보계약이 체결되어 피고인이 담보물인 골프회원권을 담보 목적에 맞게 보관·관리할 의무를 부담함으로써 甲의 사무를 처리하는 자의 지위에 있다고 보아 피고인에 대하여 배임죄를 인정한 원심판단을 정당하다고 한 사례이다.[778] 채무의 담보로 근저당권설정등기를 하여 줄 임무가 있음에도 불구하고 이를 이행하지 않고 임의로 제3자 명의로 근저당권설정등기를 마치는 행위는 배임죄를 구성한다.[779] 부동산에 피해자 명의의 근저당권을 설정하여 줄 의사가 없음에도 피해자를 속이고 근저당권 설정을 약정하여 금원을 편취한 경우라 할지라도, 이러한 약정은 사기 등을 이유로 취소되지 않는 한 여전히 유효하여 피해자 명의의 근저당권설정등기를 하여 줄 임무가 발생하는 것이고, 그럼에도 불구하고 임무에 위배하여 그 부동산에 관하여 제3자 명의로 근저당권설정등기를 마친 경우, 이러한 배임행위는 금원을 편취한 사기죄와는 전혀 다른 새로운 보호법익을 침해하는 행위로서 사기 범행의 불가벌적 사후행위가 되는 것이 아니라 별죄를 구성한다고 보아야 한다.[780] 종중 소유 재산의 관리·처분은 종중규약에 정한 바가 있으면 이에 따르고 그 점에 관한 종중규약이 없으면 종중총회의 결의에 의하여야 하므로, 종중과 위임에 유사한 계약관계에 있는 종중의 임원은 종중 소유 재산의 관리·처분에 관한 사무를 처리함에 있어 종중규약의 규정 또는 종중총회의 결의에 따라야 함은 물론 선량한 관리자로서의 주의를 다하여야 할 의무가 있다. 따라서 종중의 임원이 종중 소유 재산의 관리·처분에 관한 사무로서 타인에게 종중의 자금을 대여함에 있어 충분한 담보를 제공받는 등 상당하고도 합리적인 채권회수 조치를 취하지 아니한 채 만연히 대여해 주었다면, 종중규약의 규정 또는 종중총회의 결의 등에 기하여 그와 같은 자금대여가 허용된다고 볼 수 있는 특별한 사정이 없는 한, 이는 타인에게 이익을 얻게 하고 종중에 손해를 가하는 행위로서 종중에 대하여 배임행위가 되고, 이러한 이치는 그 타인이 종원이라 하여 달라지지 않는다.[781] 근저당권설정자는 채권자가 담보의 목적을 달성할 수 있도록 그 담보물을 보관할 의무를 지게 되어 채권자에 대하여 그의 사무를 처리하는 자의 지위에 있고, 한편 토지에 식재된 수목은 특별한 사정이 없는 한 그 토지의 부합물에 해당하여 그 토지에 설정된 근저당권의 효력이 미치므로, 근저당권설정자가 그 근저당권의 목적이 되는 토지에 식재된 수목을 처분하는 등으로 부당히 그 담보가치를 감소시키는 행위를 한 경우에는 배임죄가 성립하게

777) 대법원 2012.9.13. 선고 2010도11665 판결.
778) 대법원 2012.2.23. 선고 2011도16385 판결.
779) 대법원 2008.3.27. 선고 2007도9328 판결; 대법원 1993.9.28. 선고 93도2206 판결; 대법원 1971.11.15. 선고 71도1544 판결.
780) 대법원 2008.3.27. 선고 2007도9328 판결.
781) 대법원 2007.12.28. 선고 2007도6554 판결; 대법원 2000.3.14. 선고 99도4923 판결.

된다.[782)] 채권의 담보를 목적으로 부동산의 소유권이전등기를 마친 채권자는 채무자가 변제기일까지 그 채무를 변제하면 채무자에게 그 소유명의를 환원하여 주기 위하여 그 소유권이전등기를 이행할 의무가 있으므로, 그 변제기일 이전에 그 임무에 위배하여 제3자에게 근저당권을 경료하여 주었다면 변제기일까지 채무자의 채무변제가 없었다고 하더라도 배임죄는 성립되고, 그와 같은 법리는 채무자에게 환매권을 주는 형식을 취하였다고 하여 다를 바가 없다.[783)] 신탁자와의 사이에 금전적인 계산을 할 것이 있다고 하여도 부동산에 관한 명의신탁관계가 유지되고 있는 법률관계하에서 수탁자가 신탁자의 승낙이나 처분권한 없이 근저당권설정등기를 하게 하면 배임행위에 해당한다.[784)] 배임죄에 있어서 '재산상 손해를 가한 때'라 함은 현실적으로 손해를 가한 경우뿐만 아니라 손해발생의 위험을 초래한 경우도 포함되는 것이므로 염전의 2분지 1 지분을 매도하고 계약금과 중도금을 받은 자가 잔금과 상환으로 이전등기절차를 하여줄 임무에 위배하여 제3자 앞으로 근저당권설정등기를 하였다면 비록 피해자가 위 근저당권설정등기를 하기 전에 처분금지가처분을 해 두었다 하더라도 배임죄의 성립에 아무런 영향을 미칠 수 없다.[785)] 채권담보의 목적으로 부동산의 소유권이전등기를 넘겨받은 채권자는 채무자가 변제기까지 그 채무를 변제하면 그 등기를 환원하여 줄 의무가 있는 것이므로 그 변제기일 이전에 그 임무에 위배하여 제3자에게 소유권이전청구권의 보전을 위한 가등기를 하여 주었다면 설사 그 때문에 채무자의 환매권을 종국적으로 상실케 하는 것은 아니라고 하더라도 그 담보가치 상당의 실해가 발생할 위험을 초래한 것이 되므로 비록 채무자가 변제기일까지 채무를 변제하지 아니하였더라도 배임죄의 성립에는 아무런 영향이 없다.[786)] 피고인이 신축중에 있던 건물을 피해자들에게 분양하고 피해자들로부터 계약금과 중도금을 받았으므로 건물완공후 그 건물과 대지에 관하여 피해자들에게 소유권이전등기를 경료해 줄 업무상의 임무가 있음에도 이에 위배하여 위 대지에 관하여 근저당권을 설정하고 대출을 받았다면, 피고인에게 공사완성후 위 근자당권설정등기를 말소하여 피해자들에게 소유권이전등기를 해 주려는 내심의 의사가 있었다거나 분양한 건물의 공사진행기간동안 건물부지를 담보하여 융자를 받는 것이 설사 건설업계의 관례라고 하더라도 배임죄의 성립에는 영향이 없다.[787)] 채무자가 채권자에게 차용금채무의 담보로 채무자 소유의 미등기건물을 제공하고 이에 대하여 매매계약을 체결한 경우에 채무자는 채권자의 담보권실행에 따라 위 매매계약의 이행으로 채권자에게 위 건물에 대한 소유권이전등기절차를 이행할 의무가 있으므로 이러한 의무를 부담하고 있는 채무자가 위 건물에 대하여 일단 자신의 명의로 소유권보존등기를 한 후 위 채권자의 의사에 반하여 제3자에 대한 차용금채무의 담보로 동인명의의 가등기를 경료하였다면 이는 위 채권자에 대한 관계에서 임무위배행위에 해당하는 것으로서 배임죄의 구성요건을 충족한다.[788)] 채권의 담보를 목적으로 부동산의 소유권이전등기를 경료받은 채권자는 채무자가 변제기일까지 그 채무를 변제하면 채무자에게 그 소유명의를 환원하여 주기 위하여 그 소유권이전등기를 이행할 의무가 있으므로 그 변제기일 이전에 그 임무에 위배하여 제3자에게 근저당권설정등기를 경료하여 주었다면 변제기일까지 채무자의 채무변제가 없었다 하더라도 배임죄는 성립된다 할 것이고 그와 같은 법리는 채무자에게 환매권을

782) 대법원 2007.1.11. 선고 2006도4215 판결.
783) 대법원 1995.5.12. 선고 95도283 판결; 대법원 1987.4.28. 선고 87도265 판결.
784) 대법원 1990.10.30. 선고 90도1858 판결.
785) 대법원 1990.10.16. 선고 90도1702 판결; 대법원 1973.1.16. 선고 72도2494 판결; 대법원 1969.9.30. 선고 69도1001 판결.
786) 대법원 1989.11.28. 선고 89도1309 판결.
787) 대법원 1989.10.24. 선고 89도641 판결.
788) 대법원 1988.9.13. 선고 87도1762 판결.

주는 형식을 취하였다 하여 다를 바 없다.[789] 채권확보 등으로 양도담보로 제공한 물건을 다시 타에 양도한 행위는 배임죄에 해당된다.[790]

배임을 부정한 판례의 구체적 내용은 다음과 같다. 즉,

타인에 대한 채무의 담보로 제3채무자에 대한 채권에 대하여 권리질권을 설정한 경우 질권설정자는 질권자의 동의 없이 질권의 목적된 권리를 소멸하게 하거나 질권자의 이익을 해하는 변경을 할 수 없다(민법 제352조). 또한 질권설정자가 제3채무자에게 질권설정의 사실을 통지하거나 제3채무자가 이를 승낙한 때에는 제3채무자가 질권자의 동의 없이 질권의 목적인 채무를 변제하더라도 이로써 질권자에게 대항할 수 없고, 질권자는 여전히 제3채무자에 대하여 직접 그 채무의 변제를 청구하거나 변제할 금액의 공탁을 청구할 수 있다(민법 제353조 제2항, 제3항). 그러므로 이러한 경우 질권설정자가 질권의 목적인 채권의 변제를 받았다고 하여 질권자에 대한 관계에서 타인의 사무를 처리하는 자로서 그 임무에 위배하는 행위를 하여 질권자에게 어떤 손해를 가하거나 손해 발생의 위험을 초래하였다고 할 수 없고, 배임죄가 성립하지도 않는다고 보아야 한다.[791] 자동차에 대하여 저당권이 설정되는 경우 자동차의 교환가치는 그 저당권에 포섭되고, 저당권설정자가 자동차를 매도하여 그 소유자가 달라지더라도 저당권에는 영향이 없으므로, 특별한 사정이 없는 한 저당권설정자가 단순히 그 저당권의 목적인 자동차를 다른 사람에게 매도한 것만으로는 배임죄가 성립하지 아니한다.[792] 근저당권설정자는 근저당권자를 위하여 근저당권설정등기를 경료하여 줌으로써 근저당권설정계약상의 의무를 이행한 것이 되고 그 후 위 근저당권설정등기를 임의로 말소하여서 안되는 것은 물권인 근저당권의 대세적 효력의 당연한 귀결로서 근저당권설정자를 포함한 모든 사람이 부담하는 의무이고 근저당권설정자가 그 설정계약에 따라 근저당권자의 재산의 관리보호를 위하여 특별히 부담하는 의무는 아니므로 근저당권설정자가 등기관계서류를 위조하여 근저당권설정등기를 말소하였다 하더라도 이는 문서에 관한 범죄를 구성할 뿐이고 달리 배임죄를 구성한다고 할 수 없다.[793] 제3자가 자기소유의 부동산에 관하여 채무자를 위하여 일정한 채무최고액을 정하여 채권자에게 근저당권설정을 계약하고 등기를 마친 경우에는 특별한 사정이 없는 한 채권자 및 채무자는 그 한도액내에서 금원대차를 할 수 있고 그 대차시마다 근저당권설정자의 승낙을 받을 필요가 없다고 할 것이며 설령 그 한도액을 초과하여 대차를 한다 할지라도 근저당권설정자는 그 한도액 범위내에서만 담보책임이 있으므로 이 경우에도 근저당권설정자의 사전승낙이 필요없다고 해석되므로 채무자가 금원차용시 마다 설정자의 사전승낙을 받지 않았다 하여도 배임죄를 구성하지 않는다.[794] 부동산을 대물변제하면서 환매할 수 있도록 약정하였다고 하여도 환매기일이 도과된 후에 채권자가 동 부동산에 관하여 제3자 앞으로 그 저당권설정등기를 한 것은 배임행위가 될 수 없다.[795] 채권자가 변제기 경과 후 담보권을 실행하는 방법으로 양도담보 목적물을 환가처분하거나 평가처분하는 대신에 다시 제3자 앞으로 가등기를 경료하거나 근저당권을 설정하고 금원을 차용하여 이로써 양도담보채권의 변제에 충당하고 그 잔액을 채무자에게 정산한다 하여도, 채무자로서는

789) 대법원 1987.4.28. 선고 87도265 판결.
790) 대법원 1983.11.8. 선고 82도2119 판결.
791) 대법원 2016.4.29. 선고 2015도5665 판결.
792) 대법원 2012.9.13. 선고 2010도11665 판결; 대법원 2008.8.21. 선고 2008도3651 판결.
793) 대법원 1987.8.18. 선고 87도201 판결.
794) 대법원 1984.7.24. 선고 83도3196 판결.
795) 대법원 1983.2.22. 선고 82도2945 판결.

가등기 또는 근저당권등기의 부담은 붙을지언정 담보 목적물의 환수권을 상실하지 아니하여 위의 환가처분이나 평가처분보다 불이익하다고 볼 수 없으므로 당사자의 의사에 반한다고 볼 특별한 사정이 없는 한 위와 같은 채권추심을 위한 양도 담보권자의 담보설정행위를 위법한 담보물의 처분행위로서 채무자에 대한 배임행위가 된다고 단정할 수 없다.[796] 공장저당법에 따라 공장재단을 구성하는 기계를 타인에게 양도담보로 제공하였다 하여도 공장저당법의 강행성에 비추어 위 양도는 무효이므로 양도인이 위 기계에 대하여 다시 근저당권을 설정한 행위는 횡령죄를 구성하지 아니한다.[797]

ii. 담보목적물의 처분 채권을 담보하기 위하여 담보물을 제3자에게 처분하는 등으로 담보가치를 감소 또는 상실시켜 채권자의 담보권 실행이나 이를 통한 채권실현에 위험을 초래한 경우 본죄의 성립여부가 문제된다.

배임을 긍정한 판례의 구체적 내용은 다음과 같다. 즉,

근저당권설정자는 채권자가 담보의 목적을 달성할 수 있도록 그 담보물을 보관할 의무를 지게 되어 채권자에 대하여 그의 사무를 처리하는 자의 지위에 있고, 한편 토지에 식재된 수목은 특별한 사정이 없는 한 그 토지의 부합물에 해당하여 그 토지에 설정된 근저당권의 효력이 미치므로, 근저당권설정자가 그 근저당권의 목적이 되는 토지에 식재된 수목을 처분하는 등으로 부당히 그 담보가치를 감소시키는 행위를 한 경우에는 배임죄가 성립하게 된다.[798]

배임을 부정한 판례의 구체적 내용은 다음과 같다. 즉,

담보권자가 변제기 경과 후에 담보권을 실행하기 위하여 담보목적물을 처분하는 행위는 담보계약에 따라 담보권자에게 주어진 권능이어서 자기의 사무처리에 속하는 것이지 타인인 채무자의 사무처리에 속하는 것이라고 할 수 없으므로, 담보권자가 담보권을 실행하기 위하여 담보목적물을 처분함에 있어 시가에 따른 적절한 처분을 하여야 할 의무는 담보계약상의 민사채무일 뿐 그와 같은 형법상의 의무가 있는 것은 아니므로 그에 위반한 경우 배임죄가 성립된다고 할 수 없다.[799]

iii. 양도담보물의 처분 동산을 양도담보로 제공한 채무자가 제3자에게 담보에 제공된 동산을 처분한 경우 본죄의 성부가 문제된다. 양도담보물을 무단 매각한 경우 배임죄를 인정해오던 종래의 판례의 입장은 변경되었다. 2020년 변경된 판례에 의하면 기계 등 동산을 양도담보로 제공한 채무자가 그 동산을 계속 점유하던 중 이를 제3자에게 처분하더라도 배임죄로 처벌할 수 없다는 것이다.[800] 이로써 채무담보를 위하여 동산이나 주식을 채권자에게 양도하기로 약정하거나 양도담보로 제공한 채무자가 채권자인 양도담보권자의 사무를 처리하는 자에 해당함을 전제로 채무자가 담보목적물을 처분한 경우 배임죄가 성립한다고 한 취지의 종전의 판결들은 이 판결의 견해에 배치되는 범위 내에서 모두 변경되었다.[801]

---

796) 대법원 1982.9.28. 선고 82도1621 판결.

797) 대법원 1978.11.28. 선고 75도2713 판결.

798) 대법원 2007.1.11. 선고 2006도4215 판결.

799) 대법원 1997.12.23. 선고 97도2430 판결; 대법원 1989.10.24. 선고 87도126 판결; 대법원 1985.11.26. 선고 85도1493 전원합의체 판결.

800) 대법원 2020.2.20. 선고 2019도9756 전원합의체 판결.

801) 대법원 2020.2.20. 선고 2019도9756 전원합의체 판결. 이 판결에 의하여 변경된 판결은 대법원 2011.

배임을 긍정한 판례의 구체적 내용은 다음과 같다. 즉,

금전채무를 담보하기 위하여 채무자가 그 소유의 동산을 채권자에게 점유개정에 의하여 양도한 경우에는 이른바 약한 양도담보가 설정된 것이라고 볼 것이므로, 채무자는 채권자(양도담보권자)가 담보의 목적을 달성할 수 있도록 이를 보관할 의무를 지게 되어 채권자에 대하여 그의 사무를 처리하는 자의 지위에 있게 된다 할 것이니, 채무자가 양도담보된 동산을 처분하는 등 부당히 그 담보가치를 감소시키는 행위를 한 경우에는 배임죄가 성립된다.802) 수입업자가 신용장개설은행에게 양도담보로 제공한 수입 물품이 통관을 위하여 보세창고업자에게 입고되자 관세법 제6조 소정의 관세납부의무자인 물품을 수입한 화주로서 수입신고를 하고, 통관절차를 마친 다음 보세창고업자에게 수입신고필증을 제시하고 물품을 인도받았다면 수입업자는 신의법칙상 양도담보권자인 개설은행이 담보의 목적을 달성할 수 있도록 개설은행에 대한 신용장대금 변제시까지 위 물품을 보관할 의무를 지게 되고, 이 의무는 개설은행에 대하여 타인의 사무에 해당한다고 할 것이므로 위 물품을 처분하는 등 부당하게 그 담보가치를 감소시키는 행위는 형법상 배임죄를 구성한다.803) 채권의 담보를 목적으로 부동산의 소유권이전등기를 경료받은 채권자는 채무자가 변제기일까지 그 채무를 변제하면 채무자에게 그 소유 명의를 환원하여 주기 위하여 그 소유권이전등기를 이행할 의무가 있으므로 그 변제기일 이전에 그 임무에 위배하여 이를 제3자에게 처분하였다면 변제기일까지 채무자의 변제가 없었다 하더라도 배임죄는 성립된다.804) 금전채권을 담보하기 위하여 채무자 소유의 동산에 관하여 이른바 강한 의미의 양도담보가 설정되어 채무자가 그 동산을 점유하는 경우, 동산의 소유권은 신탁적으로 채권자에게 이전됨에 불과하여 채권자와 채무자간의 대내적 관계에서 채무자는 의연 소유권을 보유하나 양도담보권자가 담보의 목적을 달성할 수 있도록 이를 보관할 의무를 지게 되어 채권담보의 약정에 따라 담보권자의 사무를 처리하는 자의 지위에 있게 되므로 채무자가 양도담보된 동산을 처분하는 등 부당히 그 담보가치를 감소시키는 행위를 한 경우에는 형법상 배임죄가 성립된다.805) 양도담보된 동산이 자동차인 경우 소유권의 득실변경은 등록을 하여야만 효력이 생기지만 그 사용방법에 따라 담보가치에 영향을 주므로 자동차를 양도담보로 설정하고서 점유하는 채무자가 이를 처분하는 등 부당히 그 담보가치를 감소시키는 행위를 한 경우에도 역시 배임죄의 죄책을 면할 수 없다.806) 양도담보의 채무자는 채권자가 담보권의 실행을 위하여 양도담보의 목적물처분을 종료할 때까지 피담보채무를 변제하여 목적물을 도로 찾아올 수 있고 양도담보의 피담보채권이 채무자의 변제 등에 의하여 소멸하면 양도담보권자는 담보목적물의 소유자이었던 담보설정자에게 그 권리를 회복시켜 줄 의무를 부담하게 함으로 그 이행은 타인의 재산을 보전하는 형법 제355조 제1항 소정의 타인의 사무라고 할 것이다.807) 양도담보권자

12.22. 선고 2010도7923 판결; 대법원 2010.11.25. 선고 2010도11293 판결; 대법원 2010.2.25. 선고 2009도13187 판결; 대법원 2007.6.15. 선고 2006도3912 판결; 대법원 1998.11.10. 선고 98도2526 판결; 대법원 1983.3.8. 선고 82도1829 판결 등이다.

802) 대법원 2010.11.25. 선고 2010도11293 판결; 대법원 1989.7.25. 선고 89도350 판결; 대법원 1983.3.8. 선고 82도1829 판결.

803) 대법원 1998.11.10. 선고 98도2526 판결; 대법원 1989.7.25. 선고 89도350 판결; 대법원 1983.3.8. 선고 82도1829 판결.

804) 대법원 1992.7.14. 선고 92도753 판결; 대법원 1988.12.13. 선고 88도184 판결; 대법원 1987.4.28. 선고 87도265 판결.

805) 대법원 1989.7.25. 선고 89도350 판결.

806) 대법원 1989.7.25. 선고 89도350 판결; 대법원 1983.3.8. 선고 82도1829 판결.

807) 대법원 1988.12.13. 선고 88도184 판결.

가 담보목적물을 처분정산의 방법에 의하여 환가처분한 후에 그 채권의 원리금과 비용 등을 충당하고 잔액이 있으면 이를 채무자에게 반환할 임무가 있음에도 불구하고 그 임무에 위배하여 자의로 소비하고 채무자에게 정산을 해주지 않을 경우에는 배임죄가 성립한다.[808] 채권확보 등으로 양도담보로 제공한 물건을 다시 타에 양도한 행위는 배임죄에 해당된다.[809] 양도담보권자가 담보목적물을 처분정산이나 귀속정산의 방법에 의하여 환가 혹은 평가처분한 후에 채권의 원리금과 비용을 충당하고 나머지가 있음에도 불구하고 채무자에게 정산을 해주지 않을 경우에는 배임죄가 성립한다.[810] 금전채무를 담보하기 위하여 채무자가 그 소유의 동산을 채권자에게 점유개정에 의하여 양도한 경우에는 이른바 약한 양도담보가 설정된 것이라고 볼 것이므로, 채무자는 채권자(양도담보권자)가 담보의 목적을 달성할 수 있도록 이를 보관할 의무를 지게 되어 채권자에 대하여 그의 사무를 처리하는 자의 지위에 있게 된다 할 것이니, 채무자가 양도담보된 동산을 처분하는 등 부당히 그 담보가치를 감소시키는 행위를 한 경우에는 배임죄가 성립된다.[811] 양도담보 채권자는 담보권의 실행으로서 양도담보목적물을 환가처분하는 경우, 채권의 변제충당을 위한 환가처분으로서 시가에 따른 적절한 처분을 하여야 할 의무가 있으므로 이에 위배된다는 인식하에 부당한 염가로 처분한 경우에는 배임죄가 성립된다.[812] 양도담보로 받은 6필지 토지 중 처분한 4필지 땅으로 원리금을 정산하고 남았는데도 남은 2필지를 타에 처분한 것은 그 2필지 토지에 관하여 채무에게 등기를 회복시켜 줄 임무에 위배하여 그에게 손해를 가한 것이므로 배임죄에 해당된다.[813] 채권자가 채무자로부터 채권담보조로 소유권이전등기에 필요한 서류를 교부받음에 있어서 채무를 약정기일내에 변제치 않을 때는 그 부동산을 처분하여 그 채무의 원리금에 충당하고 나머지를 돌려달라는 위탁을 받았다면 그 채권자는 배임죄에 있어서의 타인의 사무를 처리하는 자에 해당한다.[814]

배임을 부정한 판례의 구체적 내용은 다음과 같다. 즉,

채무자가 금전채무를 담보하기 위하여 그 소유의 동산을 채권자에게 양도담보로 제공함으로써 채권자인 양도담보권자에 대하여 담보물의 담보가치를 유지·보전할 의무 내지 담보물을 타에 처분하거나 멸실, 훼손하는 등으로 담보권 실행에 지장을 초래하는 행위를 하지 않을 의무를 부담하게 되었더라도, 이를 들어 채무자가 통상의 계약에서의 이익대립관계를 넘어서 채권자와의 신임관계에 기초하여 채권자의 사무를 맡아 처리하는 것으로 볼 수 없다. 따라서 채무자를 배임죄의 주체인 '타인의 사무를 처리하는 자'에 해당한다고 할 수 없고, 그가 담보물을 제3자에게 처분하는 등으로 담보가치를 감소 또는 상실시켜 채권자의 담보권 실행이나 이를 통한 채권실현에 위험을 초래하더라도 배임죄가 성립한다고 할 수 없다. 위와 같은 법리는, 채무자가 동산에 관하여 양도담보설정계약을 체결하여 이를 채권자에게 양도할 의무가 있음에도 제3자에게 처분한 경우에도 적용

808) 대법원 1984.6.12. 선고 82도2112 판결; 대법원 1983.6.28. 선고 82도1151 판결; 대법원 1975.5.31. 선고 74도3125 판결.

809) 대법원 1983.11.8. 선고 82도2119 판결.

810) 대법원 1983.6.28. 선고 82도1151 판결. 이 판결은 대법원 1985.11.26. 선고 85도1493 전원합의체 판결에 의하여 폐기.

811) 대법원 1983.3.8. 선고 82도1829 판결; 대법원 1980.11.11. 선고 80도2097 판결; 대법원 1977.11.8. 선고 77도1715 판결.

812) 대법원 1979.6.26. 선고 79도1127 판결.

813) 대법원 1979.6.12. 선고 79도205 판결.

814) 대법원 1971.3.9. 선고 71도189 판결. 이 판결은 대법원 1985.11.26. 선고 85도1493 전원합의체 판결에 의하여 폐기.

되고, 주식에 관하여 양도담보설정계약을 체결한 채무자가 제3자에게 해당 주식을 처분한 사안에도 마찬가지로 적용된다.[815] 금전채무를 담보하기 위하여 채무자가 그 소유의 동산을 채권자에게 양도하되 점유개정에 의하여 채무자가 이를 계속 점유하기로 한 경우 특별한 사정이 없는 한 동산의 소유권은 신탁적으로 이전됨에 불과하여 채권자와 채무자 사이의 대내적 관계에서 채무자는 의연히 소유권을 보유하나 대외적인 관계에 있어서 채무자는 동산의 소유권을 이미 채권자에게 양도한 무권리자가 되는 것이어서 다시 다른 채권자와 사이에 양도담보 설정계약을 체결하고 점유개정의 방법으로 인도를 하더라도 선의취득이 인정되지 않는 한 나중에 설정계약을 체결한 채권자는 양도담보권을 취득할 수 없는데, 현실의 인도가 아닌 점유개정으로는 선의취득이 인정되지 아니하므로, 결국 뒤의 채권자는 양도담보권을 취득할 수 없고, 따라서 이와 같이 채무자가 그 소유의 동산에 대하여 점유개정의 방식으로 채권자들에게 이중의 양도담보 설정계약을 체결한 후 양도담보 설정자가 목적물을 임의로 제3자에게 처분하였다면 양도담보권자라 할 수 없는 뒤의 채권자에 대한 관계에서는, 설정자인 채무자가 타인의 사무를 처리하는 자에 해당한다고 할 수 없어 배임죄가 성립하지 않는다.[816] 피고인이 그 소유의 이 사건 에어콘 등을 피해자에게 양도담보로 제공하고 점유개정의 방법으로 점유하고 있다가 다시 이를 제3자에게 양도담보로 제공하고 역시 점유개정의 방법으로 점유를 계속한 경우 뒤의 양도담보권자인 제3자는 처음의 담보권자인 피해자에 대하여 배타적으로 자기의 담보권을 주장할 수 없으므로 위와 같이 이중으로 양도담보제공이 된 것만으로는 처음의 양도담보권자에게 담보권의 상실이나 담보가치의 감소 등 손해가 발생한 것으로 볼 수 없으니 배임죄를 구성하지 않는다.[817] 피고인이 피해자로부터 대여금채무의 담보로 소유권이전등기를 넘겨 받은 부동산에 관하여 이를 피고인이 거래하던 갑회사에 대한 물품대금 채무의 담보로 제공할 것을 승낙받으면서 과거의 채무까지 담보하거나 과거의 채무로 상계되는 일이 없도록 하기로 약정하였더라도, 그와 같은 약정의 의미가 과거의 채무까지 담보함으로 인하여 피해자가 피고인에 대한 차용 원리금을 변제할 경우 위 부동산의 소유권을 회복하는데 장애를 발생시키게 하면 안 된다는 것을 뜻하는 것이라고 해석된다면, 위와 같은 약정 때문에 피고인이 위 부동산을 갑 회사에 대한 과거의 채무에 대한 담보로까지 제공하여서는 안되는 의무를 부담하게 된 것은 아니라고 보아야 할 것이고, 따라서 피고인이 자신의 갑회사에 대한 물품대금 의무를 담보하기 위하여 이 부동산에 근저당권을 설정함에 있어서 담보채무를 피고인이 갑회사에 대하여 장래 부담하게 될 채무로 한정시키지 않았더라도 피고인에게는 배임죄의 구성요건인 임무위배행위가 있었다고 볼 수 없다.[818] 채무자가 자동차의 등록명의를 양도담보권자에게 담보조로 넘겨놓고서 점유중, 타인에게 그 자동차를 매도하였더라도 그 매도직후에 그 등록명의를 양도담보권자 스스로 매수인 등에게 넘겨주었다면 채무자의 행위를 가리켜 부당히 담보가치를 감소시키는 행위라고 할 수 없다.[819] 동산에 대하여 점유개정의 방법으로 이중양도담보를 설정한 경우 뒤의 양도담보권자는 처음의 양도담보권자에 대하여 배타적으로 자기의 담보권을 주장할 수 없으므로 이중으로 양도담보제공이 된 것만으로는 가사담보권 설정자가 처음의 양도담보권자에게 이중으로 양도담보제공을 하지 않기로 특약하였더라도 그에게 담보권의 상실이나 담보가치의 감소 등 손해가 발생한다고 볼 수 없으므로 배임죄를 구성하지 않는다.[820] 채무자가 채권의 이행을 담보하기 위하여 동산에

815) 대법원 2020.2.20. 선고 2019도9756 전원합의체 판결.
816) 대법원 2004.6.25. 선고 2004도1751 판결.
817) 대법원 1990.2.13. 선고 89도1931 판결.
818) 대법원 1990.1.12. 선고 88도1153 판결.
819) 대법원 1989.7.25. 선고 89도350 판결.
820) 대법원 1989.4.11. 선고 88도1586 판결.

대한 양도담보계약을 체결하고 점유개정의 방법으로 그 동산을 점유하고 있는 경우라도 위 담보계약의 내용이 차용금의 담보를 위하여 대물변제의 형식을 빌렸을 뿐 사실은 차용금의 담보와 담보권실행의 정산절차를 그 주된 내용으로 하는 것이라면 특별한 사정이 없는 한 그 동산의 소유권은 채무자에게 유보되어 있고 그 정산절차를 이행하는 의무는 곧 채무자 자신의 사무처리에 속하는 것이므로 그 정산의무를 이행하지 아니한 채 그 동산을 다시 같은 방법으로 다른 사람에 대한 담보로 제공하였다 하더라도 임무위배행위가 있었다고 할 수 없고 또 처음의 채권자에게 담보권의 상실이나 담보가치의 감소 등 어떤 손해가 발생하였다거나 손해발생의 위험이 있다 할 수 없으므로 채무자의 위와 같은 2중의 양도담보 제공행위는 배임죄를 구성하지 아니한다.[821] 양도담보가 처분정산형의 경우이건, 귀속정산형의 경우이건 간에 담보권자가 변제기 경과후에 담보권을 실행하여 그 환가대금 또는 평가액을 채권원리금과 담보권 실행비용등의 변제에 충당하고 그 나머지가 있는 경우에 이를 담보제공자에게 돌려주어야 할 의무는 담보계약에 따라 부담하는 자신의 정산의무이므로 그 의무를 이행하는 사무는 곧 자기의 사무처리에 속하는 것이라 할 것이고, 이를 타인인 채무자의 사무처리에 속하는 것이라고 볼 수 없다 할 것이어서 그 정산의무를 이행하지 아니한 것으로는 배임죄를 구성하지 않는다.[822] 양도담보가 처분정산형의 경우이건 귀속정산형의 경우이건 간에 담보권자가 변제기 경과후에 담보권을 실행하여 그 환가대금 또는 평가액을 채권원리금과 담보권 실행비용 등의 변제에 충당하고 환가대금 또는 평가액의 나머지가 있어 이를 담보제공자에게 반환할 의무는 담보계약에 따라 부담하는 자신의 정산의무이므로 그 의무를 이행하는 사무는 곧 자기의 사무처리에 속하는 것이라 할 것이고 이를 부동산매매에 있어서의 매도인의 등기의무와 같이 타인인 채무자의 사무처리에 속하는 것이라고 볼 수는 없어 그 정산의무를 이행하지 아니한 소위는 배임죄를 구성하지 않는다.[823]

iv. 낙찰계불입금의 미지급 계(契)는 계원과 계주 간의 계약관계를 기초로 성립하여 유지되는 것이고, 계원과 계주의 권리의무는 상호 교환적인 것으로서 어느 한 쪽이 기본적인 약정을 성실하게 이행하여 왔다면 다른 한 쪽도 그에 대응하는 자신의 의무를 성실하게 이행할 임무가 있다.[824] 또 어느 한쪽이 기본적인 약정을 위배하면 상대방의 의무이행을 강요할 수 없는 것인바, 계원의 계불입금지급의무는 계약내용에 있어 가장 기본적인 요소이므로 이 의무를 이행하지 않는 한 계원은 계주에게 계금지급을 요구할 수 없는 것이다.[825]

배임을 긍정한 판례의 구체적 내용은 다음과 같다. 즉,

계주가 계원들로부터 월불입금을 모두 징수하였음에도 불구하고 그 임무에 위배하여 정당한 사유 없이 이를 지정된 계원에게 지급하지 아니하였다면 다른 특별한 사정이 없는 한 그 지정된 계원에 대한 관계에 있어서 배임죄를 구성한다.[826] 계가 정상적으로 운영되고 있음에도 불구하고

821) 대법원 1987.5.12. 선고 86도1117 판결; 대법원 1986.7.8. 선고 85도554 판결; 대법원 1980.11.11. 선고 80도2097 판결.

822) 대법원 1986.7.8. 선고 85도554 판결; 대법원 1985.11.26. 선고 85도1493 판결.

823) 대법원 1985.11.26. 선고 85도1493 전원합의체 판결. 이에 의하여 대법원 1971.3.9. 선고 71도189 판결; 대법원 1975.5.13. 선고 74도3125 판결; 대법원 1976.1.13. 선고 74도2076 판결; 대법원 1976.5.11. 선고 75도2245 판결; 대법원 1983.6.23. 선고 82도1151 판결은 폐기되었다.

824) 대법원 1995.9.29. 선고 95도1176 판결.

825) 대법원 1987.6.23. 선고 86도2343 판결.

826) 대법원 1995.9.29. 선고 95도1176 판결; 대법원 1994.3.8. 선고 93도2221 판결.

계주가 그 동안 성실하게 계불입금을 지급하여 온 계원에게 계가 깨졌다는 등의 거짓말을 하여 그 계원이 계에 참석하여 낙찰받아 계금을 탈 수 있는 기회를 박탈하여 손해를 가하였다면 계주의 위와 같은 임무위배는 그 계원에 대한 관계에 있어서 배임죄를 구성한다.[827] 계주는 계원들과의 약정에 따라 지정된 곗날에 계원으로부터 월불입금을 징수하여 지정된 계원에게 이를 지급할 임무가 있고, 계주의 이러한 임무는 계주 자신의 사무임과 동시에 타인인 계원들의 사무를 처리하는 것도 되는 것이므로, 계주가 계원들로부터 월불입금을 모두 징수하였음에도 불구하고 그 임무에 위배하여 정당한 사유 없이 이를 지정된 계원에게 지급하지 아니하였다면 다른 특별한 사정이 없는 한 그 지정된 계원에 대한 관계에 있어서 배임죄를 구성한다.[828] 낙찰계의 계주는 계원들과의 약정에 따라 지정된 곗날에 계원들로부터 월불입금을 징수하여 이를 낙찰계원에게 지급할 의무가 있다 할 것이므로 피고인인 계주가 계원들로부터 월불입금을 모두 징수하였음에도 불구하고 그 임무에 위배하여 이를 낙찰계원에게 지급하지 아니하였다면 다른 특별한 사정이 없는 한 낙찰계원에 대한 관계에 있어서 배임죄를 구성한다.[829] 낙찰계에 있어서와 같이 계주가 계원의 위임을 받아 계불입금을 납부받고 입찰을 시행하여 낙찰계원에게 계금을 급부할 임무가 있는 경우에 그 임무에 위배하여 계주가 마음대로 계원의 이름을 모용하여 낙찰받아 그 계금을 자의로 소비한 때에는 배임죄가 성립되고 그 경우 피해자는 계원전체이고 피해액은 계주가 이득한 금액이다.[830] 계주는 계원들로부터 징수한 계금을 계원에게 지급하여야 할 업무상 임무가 있으므로 그 임무에 위배하여 지정된 계원에게 지급하지 아니하고 임의로 소비한 경우에는 업무상 배임죄가 성립한다고 할 것이다.[831]

배임을 부정한 판례의 구체적 내용은 다음과 같다. 즉,

낙찰계의 계주가 계원들과의 약정에 따라 부담하는 계금지급의무가 배임죄에서 말하는 '타인의 사무'에 해당하려면 그 관계의 본질적 내용이 단순한 채권관계상의 의무를 넘어서 신임관계에 기초하여 타인의 재산을 보호 내지 관리하는 데 이르러야 하는바, 계주가 계원들로부터 계불입금을 징수하게 되면 그 계불입금은 실질적으로 낙찰계원에 대한 계금지급을 위하여 계주에게 위탁된 금원의 성격을 지니고 따라서 계주는 이를 낙찰 · 지급받을 계원과의 사이에서 단순한 채권관계를 넘어 신의칙상 그 계금지급을 위하여 위 계불입금을 보호 내지 관리하여야 하는 신임관계에 들어서게 되므로, 이에 기초한 계주의 계금지급의무는 배임죄에서 말하는 타인의 사무에 해당한다. 그러나 계주가 계원들로부터 계불입금을 징수하지 아니하였다면 그러한 상태에서 부담하는 계금지급의무는 위와 같은 신임관계에 이르지 아니한 단순한 채권관계상의 의무에 불과하여 타인의 사무에 속하지 아니하고, 이는 계주가 계원들과의 약정을 위반하여 계불입금을 징수하지 아니한 경우라 하여 달리 볼 수 없다.[832] 계원이 계불입금을 성실히 지급하지 않음으로써 계의 기본약정을 파기하였다면 계주가 그에게 계금을 주어야 할 의무는 없고 다만 그들 사이에는 정산문제만 남게 될 뿐이므로 계주가 위 계원에 대하여 계금을 지급하지 아니하였다고 하여 이를 임무에 위배한 행위라 할 수 없는 만큼 배임죄를 구성하지 않는다.[833] 계원이 공소외 (갑)으로부터 채무의 이행을

827) 대법원 1995.9.29. 선고 95도1176 판결.
828) 대법원 1994.3.8. 선고 93도2221 판결; 대법원 1987.2.24. 선고 86도1744 판결; 대법원 1986.7.22. 선고 86도230 판결.
829) 대법원 1987.2.24. 선고 86도1744 판결.
830) 대법원 1986.7.22. 선고 86도230 판결.
831) 대법원 1982.11.9. 선고 82도2093 판결; 대법원 1977.6.28. 선고 77도1454 판결.
832) 대법원 2009.8.20. 선고 2009도3143 판결.

독촉받자 계주에게 자신의 계금 수령일을 변제기로 하여 위 (갑)에게 금전을 대여하도록 하였으면서도 계금을 수령한 후에는 대여금을 변제하지 아니할 기세를 보이므로 계주가 위 (갑)과 공동으로 계원에게 상호간의 채권을 상계하도록 하자고 말한 사실이 인정된다면 계주는 위 (갑)으로부터 위 대여금채권의 변제에 갈음하여 계원에 대한 위 (갑)의 채권을 양수받아 위 (갑)이 양도사실을 피해자에게 통지함과 동시에 계원의 계주에 대한 계금채권과 대등액에서 상계의 의사표시를 한 것이라고 보여져 계주의 위 계금지급임무는 소멸되었다고 할 것이므로 계주가 계원에 대하여 계금지급을 거절한 행위는 배임죄를 구성하지 아니한다.[834] 피고인이 조직한 두개의 순번계에 아홉구좌를 가입한 공소외(갑)이 소위 중간계주로서 계불입금의 수령, 납부 또는 계금의 수령, 납부등을 그 자신의 책임으로 하여 위 아홉구좌의 계원을 모집하여 운영하고 있었고 공소외(을)은 위 (갑)이 중간계주로서 모집한 계원으로 위 아홉구좌중 한 구좌에 가입했다면 특단의 사정이 없는 한 피고인은 계주로서 위 (을)에 대하여 계금지급의무가 없다.[835] 계주인 피고인이 계원에게 100만원의 곗돈을 부족되게 지급한 것이 사실이라 하더라도 그 당시 피고인이 100만원을 다음달에 주겠다고 말하고 계원인 고소인이 처음에는 안된다고 하다가 나중에는 다음달에 달라고 승락하였다면 피고인의 위 소위를 가리켜 임무에 위배한 행위라고 할 수 없다.[836] 피고인이 계주가 되어 조직한 번호계에 가입한 계원은 (갑)이었고, 공소외 (을)은 (갑)이 중간계주가 되어 가입한 여러 구좌중 23번구좌의 1/2에 가입한 것인 경우에는 (을)은 피고인에 대한 관계에 있어서 계원으로서의 지위를 보유하지 아니한다. 중간계주를 통하여 계부금을 불입하였으나 계원으로서의 지위를 갖지 않는 자에 대하여 계주가 계금지급을 하지 아니하더라도 배임죄가 성립하지 아니한다.[837] 계가 파계된 후에 있어서는 계불입금의 청산의무는 있을지언정 계 존속을 전제로 한 위와 같은 계금 지급의무는 인정할 여지가 없는 것이므로 계주가 파계후에 계원들로부터 계가 존속하는 것처럼 계금을 징수하는 것이 계원들과 사이에 사기죄가 성립함은 별론으로 하고 위와 같이 징수한 금원을 계불입금의 청산금이 아니라 계 존속을 전제로 한 계금으로서 계원에게 지급할 업무상 임무가 있다고 볼 수 없다.[838]

④ 결 과

본죄는 결과범이다. 배임행위에 의하여 본인에게 재산상의 손해가 발생할 것을 요한다. 본죄는 타인의 사무를 처리하는 자가 그 임무에 위배하는 행위로써 재산상 이익을 취득하거나 제3자로 하여금 이를 취득하게 하여 본인에게 손해를 가한 때에 성립하기 때문이다. 따라서 타인의 사무를 처리하는 자가 배임의 범의를 가지고 임무에 위배한 행위를 하더라도 그로 인해 본인에게 재산상 손해가 발생하지 않으면 배임죄의 기수에 이를 수 없다.[839]

다만 본죄는 현실적인 재산상 손해액이 확정될 필요까지는 없고 단지 재산상 권리의 실행을 불가능하게 할 염려 있는 상태 또는 손해 발생의 위험이 있는 경우에 바로 성립되는 위태범이다.[840]

---

833) 대법원 1987.6.23. 선고 86도2343 판결.
834) 대법원 1984.6.26. 선고 84도849 판결.
835) 대법원 1984.2.28. 선고 83도3279 판결.
836) 대법원 1983.11.8. 선고 83도2309 판결.
837) 대법원 1983.4.12. 선고 82도2460 판결.
838) 대법원 1982.11.9. 선고 82도2093 판결.
839) 대법원 2017.8.24. 선고 2017도22 판결.
840) 대법원 2000.4.11. 선고 99도334 판결; 대법원 1989.4.11. 선고 88도1247 판결.

ⓘ 손 해

i. 의 의 본죄는 배임행위로 인하여 본인에게 재산상의 손해가 발생할 것을 요한다. 손해란 기존재산의 감소로서의 적극적 손해이든 또는 장래 취득할 수 있는 이익의 상실로서의 소극적 손해이든 묻지 않는다. 문제는 손해의 유무를 판정하는 기준에 있다.

㉠ 학 설 손해의 유무의 판정기준에 대하여는 견해가 일치하지 않고 있다. 제1설은 법률적 손해설이다. 사실적·경제적으로 손해가 발생하더라도 이에 상당하는 채권을 취득한 경우에는 손해의 발생을 인정하지 않는다. 예컨대 자산상태가 악화하고 있는 회사에 무담보로 대출하여도 대출채권을 취득한 이상 손해의 발생을 인정하지 않는다. 제2설은 경제적 손해설이다. 액면이 동일하더라도 부실채권과 현금의 가치는 전혀 다른 것이 현실이다. 사실적·경제적 측면에서 손해가 발생하면 재산상 손해의 발생을 인정한다. 법률상 권리를 취득하더라도 그 실행이 불가능하거나 곤란하면 재산상의 손해는 발생한 것이다. 따라서 이중저당의 사안에서 후순위의 저당권으로 되는 것은 기존의 재상상태를 악화시킨 것이 되고 재산상의 손해가 인정된다.

㉡ 판 례 판례의 입장은 경제적 손해설에 서 있다. 대법원은 "배임죄가 성립하려면 경제적 관점에서 파악하여 배임행위로 인하여 본인에게 현실적인 손해를 가하였거나 적어도 재산상 실해 발생의 위험을 초래하였다고 인정되어야 한다"고 판시한 바 있다.[841] 재산상 손해의 유무에 대한 판단은 본인의 전(前) 재산 상태와의 관계에서 법률적 판단에 의하지 아니하고 경제적 관점에서 파악하여야 한다.[842] 법률적 판단에 의하여 당해 배임행위가 무효라 하더라도 경제적 관점에서 파악하여 배임행위로 인하여 본인에게 현실적인 손해를 가하였거나 재산상 실해 발생의 위험을 초래한 경우에는 재산상의 손해를 가한 때에 해당되어 본죄를 구성한다.[843]

---

841) 대법원 2011.5.13. 선고 2010도16391 판결; 대법원 2010.5.27. 선고 2010도1490 판결; 대법원 2004.4.9. 선고 2004도771 판결; 대법원 1997.5.30. 선고 95도531 판결.

842) 대법원 2020.10.15. 선고 2016도10654 판결; 대법원 2017.10.26. 선고 2013도6896 판결; 대법원 2017.7.20. 선고 2014도1104 전원합의체 판결; 대법원 2017.2.3. 선고 2016도3674, 판결; 대법원 2014.2.13. 선고 2011도16763 판결; 대법원 2013.4.11. 선고 2012도15890 판결; 대법원 2012.12.27. 선고 2012도10822 판결; 대법원 2012.2.23. 선고 2011도15857 판결; 대법원 2011.12.13. 선고 2011도10525 판결; 대법원 2010.11.11. 선고 2010도10690 판결; 대법원 2010.3.25. 선고 2009도14585 판결; 대법원 2009.10.29. 선고 2009도7783 판결; 대법원 2006.11.9. 선고 2004도7027 판결; 대법원 2006.6.2. 선고 2004도7112 판결; 대법원 2005.9.29. 선고 2003도4890 판결; 대법원 2005.4.15. 선고 2004도7053 판결; 대법원 2004.5.14. 선고 2001도4857 판결; 대법원 2004.3.26. 선고 2003도7878 판결; 대법원 2003.2.11. 선고 2002도5679 판결; 대법원 2002.6.28. 선고 2000도3716 판결; 대법원 2000.12.8. 선고 99도3338 판결; 대법원 2000.11.24. 선고 99도822 판결; 대법원 1999.6.22. 선고 99도1095 판결; 대법원 1998.2.10. 선고 97도2919 판결; 대법원 1995.12.22. 선고 94도3013 판결; 대법원 1995.11.21. 선고 94도1375 판결; 대법원 1992.5.26. 선고 91도2963 판결.

843) 대법원 2017.10.26. 선고 2013도6896 판결; 대법원 2017.7.20. 선고 2014도1104 전원합의체 판결; 대법원 2013.4.11. 선고 2012도15890 판결; 대법원 2014.2.13. 선고 2011도16763 판결; 대법원 2012.12.27. 선고 2012도10822 판결; 대법원 2012.6.28. 선고 2012도2628 판결; 대법원 2012.2.23. 선고 2011도15857 판결; 대법원 2011.12.13. 선고 2011도10525 판결; 대법원 2010.11.11. 선고 2010도10690 판결; 대법원 2010.3.25. 선고 2009도14585 판결; 대법원 2009.10.29. 선고 2009도7783 판결; 대법원 2006.11.9. 선고 2004도7027 판결; 대법원 2005.9.29. 선고 2003도4890 판결; 대법원 2004.5.14. 선고 2001도4857 판결; 대법원 2004.3.26. 선고 2003도7878 판결; 대법원 2003.2.11. 선고 2002도5679 판결; 대법원 2000.12.8. 선고 99도3338 판결; 대법원 2000.

요컨대 판례에 의하면 재산상 손해의 유무는 본인의 전 재산 상태와의 관계에서 법률적 판단에 의하지 않고 경제적 관점에서 파악하여야 한다는 입장을 택하여, 법률적 판단에 의하여 배임행위가 무효라 하더라도 경제적 관점에서 파악하여 배임행위로 인하여 본인에게 현실적인 손해를 가하였거나 재산상 실해 발생의 위험을 초래한 경우에는 재산상의 손해를 가한 때에 해당된다고 보았다. 다만 재산상 실해 발생의 위험은 경제적 관점에서 재산상 손해가 발생한 것과 사실상 같다고 평가될 정도에 이르렀다고 볼 수 있을 만큼 구체적 · 현실적인 위험이 야기된 경우를 의미하고 단지 막연한 가능성이 있다는 정도로는 부족하므로, 배임행위가 법률상 무효이기 때문에 본인의 재산 상태가 사실상으로도 악화된 바가 없다면 현실적인 손해가 없음은 물론이고 실해가 발생할 위험도 없는 것이므로 본인에게 재산상의 손해를 가한 것이라고 볼 수 없다고 판단하였다.[844)]

손해를 긍정한 판례의 구체적 내용은 다음과 같다. 즉,

> 이 사건 아파트 55세대에 관하여 공소외 2 회사 앞으로 소유권이전등기를 마쳐준 피고인의 행위에 원심 판시와 같은 무효사유가 있다 하더라도, 그로 인해 피해 회사 소유의 이 사건 아파트 55세대에 관하여 공소외 2 회사 명의의 소유권이전등기가 실제로 경료된 이상 경제적 관점에서는 피해 회사에 현실적인 손해가 발생하였거나 재산상 실해 발생의 위험이 초래되었다고 봄이 타당하다.[845)] 또한 위와 같이 공소외 2 회사 앞으로의 소유권이전등기가 마쳐짐으로써 피해 회사에 재산상 손해가 발생한 이상 이후 공소외 2 회사 명의의 위 소유권이전등기가 합의해제를 원인으로 말소되었다고 하여 이미 성립한 배임죄에 영향을 미칠 수 없다.[846)] 원심은 이 사건 지역주택조합의 창립총회 당시 정해진 조합원 분담금이 추후 변경될 수 있다 하더라도, 그 분담금은 합의에 의해 변경될 때까지 법적인 구속력을 가지고, 변경 시에도 기존 계약의 내용을 기준으로 변동이 논의될 수밖에 없으므로, 분담금의 변경에 관하여 사전에 기준이 정해지거나 금액이 구체적으로 확정되어 추후 분담금의 변동을 명백히 예상할 수 있고 그 변경사유가 지주조합원에만 해당하는 것이 아니라면, 피고인들이 조합가입약정을 통해 그 가족과 지인들에게 당시 정해진 분담금 기준보다 저가로 분양권을 공급함으로 인하여 피해자 회사에 재산상 실해 발생의 위험이 초래되지 않았다고 할 수 없고, 그 후 일반조합원의 평균 분담금이 5억 원가량으로 책정되거나, 이 사건 지역주택조합 총회가 조합원 분담금을 1억 원씩 늘리기로 의결한 점, 피해자 회사가 결과적으로 이 사건 공동주택 신축사업의 시행권을 상실한 점 등은 배임죄의 성립이나 재산상 손해의 인정에 영향이 없다고 판단하였다. 앞에서 본 법리에 비추어 볼 때 원심의 이러한 판단은 정당한 것으로 수긍이 가고, 거기에 상고이유 주장과 같이 배임죄의 성립요건인 재산상 손해의 발생에 관하여 법리를 오해하거나, 논리와 경험의 법칙을 위반하고 자유심증주의의 한계를 벗어나는 등 판결에 영향을 미친 위법이 없다.[847)] 위임받은 타인의 사무가 부동산소유권 이전등기의무인 경우에는 임무위배행위로 인하

11.24. 선고 99도822 판결; 대법원 1999.6.22. 선고 99도1095 판결; 대법원 1995.12.22. 선고 94도3013 판결; 대법원 1995.11.21. 선고 94도1375 판결; 대법원 1992.5.26. 선고 91도2963 판결.

844) 대법원 2017.7.20. 선고 2014도1104 전원합의체 판결; 대법원 2015.9.10. 선고 2015도6745 판결; 대법원 2014.2.3. 선고 2011도16763 판결; 대법원 2008.6.19. 선고 2006도4876 전원합의체 판결; 대법원 2000.11.28. 선고 2000도142 판결; 대법원 1995.11.21. 선고 94도1375 판결; 대법원 1992.5.26. 선고 91도2963 판결; 대법원 1987.11.10. 선고 87도993 판결.

845) 대법원 1995.11.21. 선고 94도1375 판결; 대법원 1992.5.26. 선고 91도2963 판결.

846) 대법원 2017.10.26. 선고 2013도6896 판결.

여 매수인이 가지고 있는 소유권이전등기청구권이 이행불능되거나 이행불능에 빠질 위험성이 있으면 배임죄는 성립한다.[848] 채권자들과 부동산 양도담보 설정의 취지로 분양계약을 체결한 피고인이 그 소유권이전등기 경료 전에 임의로 그 부동산에 대하여 처분행위를 한 경우 양도담보권자의 채권에 대한 담보능력 감소의 위험이 발생한 이상 배임죄를 구성하는 것이다.[849] 주식회사의 대표이사가 주주들에게 법인의 가지급금을 지급함에 따라 가지급금에 대한 인정이자를 계산하여 익금에 산입하여야 함에도 주주들로부터 인정이자를 회수하지 않고 회수한 것처럼 회계서류를 조작한 경우, 배임죄가 성립한다.[850] 신문사가 신문발행부수를 확장시킬 목적으로 각 지국에 지급하는 부수확장비, 배달지원비 등은 비록 신문발행부수의 확장으로 오는 이익이 다음 연도 이후에 계속하여 발생할 가능성이 있다고 하더라도, 그것만으로는 신제품이나 신기술의 연구 또는 개발활동과 관련한 비경상적인 비용이라고 보기는 어려우므로 이연자산에 해당한다고 볼 수 없다.[851] 일정 수의 보증인을 요구하는 은행의 대출규정은 그 정도의 보증인이 되어야 채권 회수에 문제가 없으리라는 판단에 근거한 것이므로, 그 중 1인이 흠결되거나, 자격이 미달되는 보증인을 세우고 대출을 하는 경우에는 비록 다른 보증인에 의하여 채권회수가 모두 이루어진다 하더라도, 은행의 입장에서는 그 대출 당시에 채권 회수가 곤란해질 위험에 처하게 된 것이라고 하지 아니할 수 없을 것이며, 융통어음의 할인을 금지하는 것도 진성어음의 경우와 달리 융통어음의 경우에는 어음금이 지급되지 아니할 위험성이 높아서 담보의 일종으로 취득한 어음이 전혀 가치가 없어질 가능성이 크다는 점에 기인한다 할 것이므로, 은행 규정에 위배하여 융통어음을 할인하여 준 경우에는 은행의 입장에서는 그 대출 당시에 채권 회수가 곤란해질 위험에 처하게 된 것이라고 하지 아니할 수 없다.[852] 재단법인의 이사장 직무대리인이 후원회 기부금을 정상 회계처리하지 않고 자신과 친분관계에 있는 신도에게 확실한 담보도 제공받지 아니한 채 대여한 경우, 그 신도가 이자금을 제때에 불입하고 나중에 원금을 변제하였다 하더라도 배임죄가 성립한다.[853] 회사의 임원이 그 임무에 위배되는 행위로 재산상 이익을 취득하거나 제3자로 하여금 이를 취득하게 하여 회사에 손해를 가한 때에는 이로써 배임죄가 성립하고, 그 임무위배행위에 대하여 사실상 대주주의 양해를 얻었다거나, 이사회의 결의가 있었다고 하여 배임죄의 성립에 어떠한 영향이 있는 것이 아니다.[854] 주택조합 정산위원회 위원장이 해임되고 후임 위원장이 선출되었는데도 업무 인계를 거부하고 있던 중 정산위원회를 상대로 제기된 소송의 소장부본 및 변론기일소환장을 송달받고도 그 제소사실을 정산위원회에 알려주지도 않고 스스로 응소하지도 않아 의제자백에 의한 패소확정판결을 받게 한 경우, 업무상 배임죄의 성립을 인정한 사례이다.[855] 수입업자가 신용장개설은행에게 양도담보로 제공한 수입 물품이 통관을 위하여 보세창고업자에게 입고되자 관세법 제6조 소정의 관세납부의무자인 물품을 수입한 화주로서 수입신고를 하고, 통관절차를 마친 다음 보세창고업자에게 수입신고필증을 제시하고 물품을 인도받았다면 수입업자는 신의법칙상 양도담보권자인 개설은행이 담보의 목적을 달성할 수 있도록 개설은행에 대한 신용장대금 변제시까지 위 물품을 보관할 의무를

847) 대법원 2012.8.30. 선고 2011도15052 판결.

848) 대법원 2012.1.26. 선고 2011도15179 판결; 대법원 2011.6.30. 선고 2011도1651 판결.

849) 대법원 2010.9.9. 선고 2010도5975 판결; 대법원 1997.6.24. 선고 96도1218 판결; 대법원 1984.8.21. 선고 84도691 판결.

850) 대법원 2005.9.29. 선고 2003도4890 판결.

851) 대법원 2005.9.29. 선고 2003도4890 판결.

852) 대법원 2002.6.28. 선고 2000도3716 판결.

853) 대법원 2000.12.8. 선고 99도3338 판결.

854) 대법원 2000.11.24. 선고 99도822 판결; 대법원 2000.5.26. 선고 99도2781 판결.

855) 대법원 1999.6.22. 선고 99도1095 판결.

지게 되고, 이 의무는 개설은행에 대하여 타인의 사무에 해당한다고 할 것이므로 위 물품을 처분하는 등 부당하게 그 담보가치를 감소시키는 행위는 형법상 배임죄를 구성한다.[856] 자신의 채권자와 부동산양도담보설정계약을 체결한 피고인이 그 소유권이전등기 경료 전에 임의로 기존의 근저당권자인 제3자에게 지상권설정등기를 경료하여 준 경우, 그 지상권 설정이 새로운 채무부담행위에 기한 것이 아니라 기존의 저당권자가 가지는 채권을 저당권과 함께 담보하는 의미밖에 없다고 하더라도 이로써 양도담보권자의 채권에 대한 담보능력 감소의 위험이 발생한 이상 배임죄를 구성한다.[857] 피해자와 주택에 대한 전세권설정계약을 맺고 전세금의 중도금까지 지급받고도 임의로 타에 근저당권설정등기를 경료해 줌으로써 전세금반환채무에 대한 담보능력 상실의 위험이 발생되었다고 보여진다면 위 등기 경료행위는 배임죄를 구성한다.[858] 위임받은 타인의 사무가 부동산 소유권이전등기의무인 경우에는 매도인의 임무위배행위로 인하여 매수인의 소유권이전등기청구권이 이행불능되거나 이행불능에 빠질 위험성이 있으면 배임죄는 성립된다.[859] 채권담보의 목적으로 부동산의 소유권이전등기를 넘겨받은 채권자는 채무자가 변제기까지 그 채무를 변제하면 그 등기를 환원하여 줄 의무가 있는 것이므로 그 변제기일 이전에 그 임무에 위배하여 제3자에게 소유권이전청구권의 보전을 위한 가등기를 하여 주었다면 설사 그 때문에 채무자의 환매권을 종국적으로 상실케 하는 것은 아니라고 하더라도 그 담보가치 상당의 실해가 발생할 위험을 초래한 것이 되므로 비록 채무자가 변제기일까지 채무를 변제하지 아니하였더라도 배임죄의 성립에는 아무런 영향이 없다.[860] 중도금까지 수령한 토지매도인이 타인에 대한 채무담보조로 그 토지에 관하여 가등기를 경료하여 준 것은 그 뒤 가등기권리자가 본등기를 경료한 경우에는 동 토지에 대한 이전등기청구권이 이행 불능이 될 위험이 있다 할 것이고 또 그 등기청구권을 확보하기 위하여는 가등기담보로 차용한 조건에 따른 금원을 변제하여야 할 것이므로 이 점에 있어서 본인에게 손해를 가한 때에 해당한다.[861]

손해를 부정한 판례의 구체적 내용은 다음과 같다. 즉,

회사의 대표이사 등이 임무에 위배하여 회사로 하여금 다른 사업자와 용역계약을 체결하게 하면서 적정한 용역비의 수준을 벗어나 부당하게 과다한 용역비를 정하여 지급하게 하였다면 다른 특별한 사정이 없는 한 통상 그와 같이 지급한 용역비와 적정한 수준의 용역비 사이의 차액 상당의 손해를 회사에 가하였다고 볼 수 있다. 이 경우 배임죄가 성립하기 위해서는 해당 용역비가 적정한 수준에 비하여 과다하다고 볼 수 있는지가 객관적이고 합리적인 평가 방법이나 기준을 통하여 충분히 증명되어야 하고, 손해의 발생이 그와 같이 증명된 이상 손해액이 구체적으로 명백하게 산정되지 아니하였더라도 배임죄의 성립에는 영향이 없다. 그러나 적정한 수준에 비하여 과다한지 여부를 판단할 객관적이고 합리적인 평가 방법이나 기준 없이 단지 임무위배행위가 없었다면 더 낮은 수준의 용역비로 정할 수도 있었다는 가능성만을 가지고 재산상 손해 발생이 있었다고 쉽사리 단정하여서는 안 된다.[862] 이미 타인의 채무에 대하여 보증을 하였는데, 피보증인이 변제자력이

---

856) 대법원 1998.11.10. 선고 98도2526 판결; 대법원 1989.7.25. 선고 89도350 판결; 대법원 1983.3.8. 선고 82도1829 판결.

857) 대법원 1997.6.24. 선고 96도1218 판결.

858) 대법원 1993.9.28. 선고 93도2206 판결.

859) 대법원 1993.5.27. 선고 93도169 판결.

860) 대법원 1989.11.28. 선고 89도1309 판결.

861) 대법원 1982.11.23. 선고 82도2215 판결.

862) 대법원 2018.2.13. 선고 2017도17627 판결.

없어 결국 보증인이 보증채무를 이행하게 될 우려가 있고, 보증인이 피보증인에게 신규로 자금을 제공하거나 피보증인이 신규로 자금을 차용하는 데 담보를 제공하면서 그 신규자금이 이미 보증을 한 채무의 변제에 사용되도록 한 경우라면, 보증인으로서는 기보증채무와 별도로 새로 손해를 발생시킬 위험을 초래한 것이라고 볼 수 없다.[863] 원심은 그 채택 증거들을 종합하여 판시와 같은 사실을 인정한 다음, 피고인 2가 자신의 채권자들에게 자신이 대표이사로 있는 공소외 4 주식회사 명의의 금전소비대차 공정증서와 약속어음 공정증서를 작성해 준 행위는 대표권을 남용한 행위로서, 위 각 공정증서를 작성해 준 상대방들도 피고인 2가 공소외 4 주식회사의 영리목적과 관계없이 자기 또는 제3자의 이익을 도모할 목적으로 그 권한을 남용하여 공정증서를 작성해 준다는 것을 알았거나 충분히 알 수 있었을 것이어서 피고인 2가 한 행위는 모두 무효에 해당된다고 보고, 그로 인하여 공소외 4 주식회사에 재산상 손해가 발생하였다거나 재산상 실해발생의 위험이 초래되었다고 볼 수 없으며, 달리 이를 인정할 증거가 없으므로, 이 부분 공소사실은 범죄의 증명이 없는 경우에 해당하여 무죄라고 판단하였다. 원심판결 이유를 기록에 비추어 살펴보면, 원심의 위와 같은 판단은 앞에서 본 법리에 따른 것으로서, 거기에 상고이유 주장과 같이 논리와 경험칙에 반하여 자유심증주의의 한계를 벗어나거나 업무상배임죄에서의 재산상의 손해및 대표권의 남용에 관한 법리를 오해하여 필요한 심리를 다하지 아니하는 등의 위법은 없다.[864] 일반경쟁입찰에 의하여 체결하여야 할 공사도급계약을 수의계약에 의하여 체결하였다 하더라도 수의계약에 의한 공사대금이 적정한 공사대금의 수준을 벗어나 부당하게 과대하여 일반경쟁입찰에 의하여 공사도급계약을 체결할 경우 예상되는 공사대금의 범위를 벗어난 것이 아니라면 재산상의 손해를 가한 때에 해당한다고 할 수 없다.[865] 회사가 행한 대출의 실질이 자금 이동 없는 서류상의 채무자 변경에 불과하고 실질적인 담보력에 변화가 없어 이로 인하여 대출 채권을 회수하지 못할 위험이 발생하였거나 발생할 염려가 생긴 것이 아니라면 그 대출행위는 배임죄를 구성한다고 볼 수 없다.[866] 타인의 사무를 처리하는 자가 그 임무에 위배하여 채무자에게 기존 대출금에 대한 대출기한을 연장해 준 경우, 기한 연장 당시에는 채무자로부터 대출금을 모두 회수할 수 있었는데 기한을 연장해 주면 채무자의 자금사정이 대출금을 회수할 수 없을 정도로 악화되리라는 사정을 알고 그 기한을 연장해 준 경우에 그 기한연장으로 인한 새로운 손해가 발생하였다고 할 수 있을 것이므로 이러한 사정이 밝혀지지 않고서는 대출기한을 연장해 준 부분을 따로 떼어 배임죄가 성립된다고 말할 수는 없을 것이고, 또 거래처의 기존대출금에 대한 연체이자에 충당하기 위하여 위 거래처가 신규대출을 받은 것처럼 서류상 정리한 경우에는 대출금원장 등에는 형식적으로 대출금이 거래처에 교부된 것처럼 되어 있으나 실질적으로는 거래처의 기존대출금에 대한 연체이자 정리를 위하여 서류상으로만 위 거래처가 신규대출받는 것으로 기재되었을 뿐 금융기관 측에서 위 거래처에게 대출금이 새로 교부된 것이 아니므로 그로 인하여 금융기관 측에 어떤 새로운 손해가 발생하는 것은 아니라고 할 것이어서 따로 업무상 배임죄가 성립된다고 볼 수 없다.[867] 조합의 이사장이 중소기업협동조합법 제47조 제2호에 위반하여 조합 이사회의 의결을 거치지 아니한 채 임의로 어음 및 수표에 조합 명의의 배서를 하여 할인받은 경우, 배임죄가 성립되지 않는다.[868] 처음의

863) 대법원 2013.9.26. 선고 2013도5214 판결.
864) 대법원 2012.5.24. 선고 2012도2142 판결.
865) 대법원 2005.3.25. 선고 2004도5731 판결; 대법원 1981.6.23. 선고 80도2934 판결.
866) 대법원 2007.6.1. 선고 2006도1813 판결.
867) 대법원 2002.6.28. 선고 2000도3716 판결; 대법원 2000.6.27. 선고 2000도1155 판결; 대법원 1997.9.26. 선고 97도1469 판결.
868) 대법원 2000.2.11. 선고 99도2983 판결.

채권자에게 동산을 채무이행의 담보로 제공하고 그 동산을 점유개정의 방법으로 점유하고 있고 그후 다시 다른 채권자에게도 같은 동산을 채무이행의 담보를 제공하고 역시 점유개정의 방법으로 채무자가 그대로 점유하고 있다면 처음의 채권자에게 담보권의 상실이나 담보가치의 감소등 어떤 손해가 발생하였거나 손해발생의 위험이 있다 할 수 없다.[869]

㉢ 검 토 본죄는 재산죄에 속한다. 또 재산죄 총론에서 전술한 바와 같이 재산의 개념과 관련하여 원칙적으로 민사법상 보호되는 이익만을 보호하여야 한다고 하는 법률적 재산설이 기본적으로 옳다고 하면서도 예외적으로 사실상 적법한 경제적 이익이 존재한다고 인정되는 한 그 이익도 보호할 필요가 있다고 하는 경제적 재산설도 인정하는 절충설이 합당하다고 해석된 바 있다.

재산상의 손해란 본인의 전체재산상태에 대한 침해를 말한다. 손해란 전체재산의 감소를 의미하는 것이다. 따라서 한편으로 손해가 인정되더라도 다른 한편으로 이에 상응하는 반대급부가 발생하면 전체재산에 손해는 발생하지 않았기 때문에 본죄는 성립하지 않는다. 손해는 기존재산의 감소(적극적 감소)이든 장래에 취득할 이익의 상실(소극적 감소)이든 묻지 않고 쌍방을 포함한다.

ii. 손해의 내용 본죄는 타인의 사무를 처리하는 자가 그 임무에 위배하는 행위로써 재산상 이익을 취득하거나 제3자로 하여금 이를 취득하게 하여 본인에게 손해를 가함으로써 성립한다.[870]

문제는 손해를 가한 때의 의미에 있다. 이에 관하여는 다툼이 있다. 제1설은 본죄에 대한 침해범설의 입장에서 재산상의 손해의 발생을 의미한다고 한다. 제2설은 위험범설의 입장에서 현실적으로 재산적 손해가 발생한 경우뿐만 아니라 손해발생의 위험이 있는 경우도 포함한다고 한다.

판례는 제2설의 입장에 서 있다. 대법원은 "재산상의 손해를 가한 때에는 현실적인 손해

869) 대법원 1987.5.12. 선고 86도1117 판결.

870) 대법원 2017.11.9. 선고 2015도12633 판결; 대법원 2017.10.26. 선고 2013도6896 판결; 대법원 2017.7.20. 선고 2014도1104 전원합의체 판결; 대법원 2015.2.12. 선고 2014도11244 판결; 대법원 2014.7.10. 선고 2013도10516 판결; 대법원 2014.2.13. 선고 2011도16763 판결; 대법원 2013.10.17. 선고 2013도6826 판결; 대법원 2013.4.11. 선고 2012도15890 판결; 대법원 2012.12.27. 선고 2012도10822 판결; 대법원 2012.11.15. 선고 2010도11382 판결; 대법원 2012.1.26. 선고 2011도15179 판결; 대법원 2011.10.27. 선고 2010도7624 판결; 대법원 2011.6.30. 선고 2011도1651 판결; 대법원 2010.12.23. 선고 2008도8851 판결; 대법원 2010.10.28. 선고 2009도1149 판결; 대법원 2009.10.29. 선고 2009도7783 판결; 대법원 2009.7.23. 선고 2007도541 판결; 대법원 2009.2.26. 선고 2008도11722 판결; 대법원 2007.11.15. 선고 2007도6075 판결; 대법원 2007.7.26. 선고 2007도3882 판결; 대법원 2006.11.10. 선고 2004도5167 판결; 대법원 2006.10.27. 선고 2004도6876 판결; 대법원 2005.4.29. 선고 2005도856 판결; 대법원 2004.6.17. 선고 2003도7645 전원합의체 판결; 대법원 2004.5.14. 선고 2004도714 판결; 대법원 2003.9.26. 선고 2003도763 판결; 대법원 2003.2.11. 선고 2002도5679 판결; 대법원 2002.7.22. 선고 2002도1696 판결; 대법원 2001.9.28. 선고 99도2639 판결; 대법원 2000.3.14. 선고 99도4923 판결; 대법원 1999.6.25. 선고 99도1141 판결; 대법원 1999.3.12. 선고 98도4704 판결; 대법원 1998.10.23. 선고 98도2577 판결; 대법원 1995.12.22. 선고 94도3013 판결; 대법원 1994.9.9. 선고 94도902 판결; 대법원 1993.5.27. 선고 93도169 판결; 대법원 1990.11.13. 선고 90도1885 판결; 대법원 1990.6.8. 선고 89도1417 판결; 대법원 1988.4.25. 선고 87도2339 판결; 대법원 1987.4.28. 선고 83도1568 판결; 대법원 1983.12.13. 선고 83도2330 전원합의체 판결.

를 가한 경우뿐만 아니라 재산상 실해 발생의 위험을 초래한 경우도 포함된다"고 판시한 바 있다.[871] 본죄는 현실적인 재산상 손해액이 확정될 필요없이 재산상 권리의 실행을 불가능하게 할 염려있는 상태 또는 손해발생의 위험이 있으면 성립되는 위태범이다.[872] 그러한 손해발생의 위험조차 초래되지 아니한 경우에는 배임죄가 성립하지 아니한다.[873] 재산상 실해 발생의 위험이란 본인에게 손해가 발생할 막연한 위험이 있는 것만으로는 부족하고 경제적인 관점에서 보아 본인에게 손해가 발생한 것과 같은 정도로 구체적인 위험이 있는 경우를 의미한다.[874] 따라서 재산상 실해 발생의 위험은 구체적·현실적인 위험이 야기된 정도에 이르러야 하고 단지 막연한 가능성이 있다는 정도로는 부족하다.[875]

생각건대 본죄는 위험범이 아니라 침해범으로 해석되어야 한다는 것은 전술한 바와 같

---

871) 대법원 2017.10.26. 선고 2013도6896 판결; 대법원 2017.8.24. 선고 2017도22 판결; 대법원 2017.7.20. 선고 2014도1104 전원합의체 판결; 대법원 2017.2.3. 선고 2016도3674 판결; 대법원 2015.9.10. 선고 2015도6745 판결; 대법원 2015.2.12. 선고 2014도11244 판결; 대법원 2014.7.10. 선고 2013도10516 판결; 대법원 2014.2.13. 선고 2011도16763 판결; 대법원 2013.10.17. 선고 2013도6826 판결; 대법원 2013.4.11. 선고 2012도15890 판결; 대법원 2012.12.27. 선고 2012도10822 판결; 대법원 2012.11.15. 선고 2010도11382 판결; 대법원 2012.8.30. 선고 2011도15052 판결; 대법원 2012.6.28. 선고 2012도2628 판결; 대법원 2012.6.14. 선고 2012도1283 판결; 대법원 2012.5.24. 선고 2012도2142, 판결; 대법원 2012.2.23. 선고 2011도15857 판결; 대법원 2012.1.26. 선고 2011도15179 판결; 대법원 2011.12.13. 선고 2011도10525 판결; 대법원 2011.11.24. 선고 2010도11394 판결; 대법원 2011.10.27. 선고 2010도7624 판결; 대법원 2011.8.18. 선고 2009도7813 판결; 대법원 2011.6.30. 선고 2011도1651 판결; 대법원 2011.4.28. 선고 2009도14268 판결; 대법원 2010.10.28. 선고 2009도1149 판결; 대법원 2010.9.30. 선고 2010도6490 판결; 대법원 2010.9.9. 선고 2010도5972 판결; 대법원 2010.8.26. 선고 2010도4613 판결; 대법원 2010.3.25. 선고 2009도14585 판결; 대법원 2009.10.29. 선고 2009도7783 판결; 대법원 2009.7.23. 선고 2007도541 판결; 대법원 2008.5.8. 선고 2008도484 판결; 대법원 2007.11.15. 선고 2007도6075 판결; 대법원 2007.7.26. 선고 2007도3882 판결; 대법원 2007.6.1. 선고 2006도1813 판결; 대법원 2006.11.10. 선고 2004도5167 판결; 대법원 2006.11.9. 선고 2004도7027 판결; 대법원 2006.10.27. 선고 2004도6876 판결; 대법원 2006.6.2. 선고 2004도7112 판결; 대법원 2005.10.28. 선고 2005도5996 판결; 대법원 2005.9.29. 선고 2003도4890 판결; 대법원 2005.4.15. 선고 2004도7053 판결; 대법원 2005.3.25. 선고 2004도5731 판결; 대법원 2004.7.22. 선고 2002도4229 판결; 대법원 2004.5.14. 선고 2001도4857 판결; 대법원 2004.4.9. 선고 2004도771 판결; 대법원 2004.3.26. 선고 2003도7878 판결; 대법원 2003.2.11. 선고 2002도5679 판결; 대법원 2002.6.28. 선고 2000도3716 판결; 대법원 2001.1.19. 선고 2000도2914 판결; 대법원 2000.12.8. 선고 99도3338 판결; 대법원 2000.11.24. 선고 99도822 판결; 대법원 2000.3.14. 선고 99도4923 판결; 대법원 2000.2.11. 선고 99도2983 판결; 대법원 1999.6.22. 선고 99도1095 판결; 대법원 1999.4.13. 선고 98도4022 판결; 대법원 1998.2.10. 선고 97도2919 판결; 대법원 1997.6.24. 선고 96도1218 판결; 대법원 1997.5.30. 선고 95도531 판결; 대법원 1995.12.22. 선고 94도3013 판결; 대법원 1995.11.21. 선고 94도1375 판결; 대법원 1995.2.17. 선고 94도3297 판결; 대법원 1993.9.28. 선고 93도2206 판결; 대법원 1993.5.27. 선고 93도169 판결; 대법원 1992.5.26. 선고 91도2963 판결; 대법원 1990.10.16. 선고 90도1702 판결; 대법원 1989.11.28. 선고 89도1309 판결; 대법원 1989.10.24. 선고 89도641 판결; 대법원 1987.11.10. 선고 87도993 판결; 대법원 1987.7.21. 선고 87도546 판결; 대법원 1986.10.28. 선고 86도936 판결; 대법원 1985.8.20. 선고 84도2109 판결; 대법원 1983.3.8. 선고 82도2873 판결; 대법원 1983.2.8. 선고 81도3190 판결; 대법원 1982.11.23. 선고 82도2215 판결; 대법원 1980.9.9. 선고 79도2637 판결; 대법원 1976.9.14. 선고 76도2069 판결; 대법원 1973.11.13. 선고 72도1366 판결.

872) 대법원 2019.6.13. 선고 2018도20655 판결; 대법원 1989.4.11. 선고 88도1247 판결.

873) 대법원 2013.3.28. 선고 2010도7439 판결; 대법원 2012.5.24. 선고 2012도2142, 판결; 대법원 2012.2.23. 선고 2011도15857 판결; 대법원 2012.2.9. 선고 2010도176, 판결; 대법원 2011.12.13. 선고 2011도10525 판결; 대법원 2011.7.14. 선고 2011도3180 판결; 대법원 2011.2.10. 선고 2010도3643 판결; 대법원 2010.9.30. 선고 2010도6490 판결; 대법원 2010.3.25. 선고 2009도14585 판결.

874) 대법원 2017.2.3. 선고 2016도3674 판결.

875) 대법원 2017.8.24. 선고 2017도22 판결; 대법원 2017.7.20. 선고 2014도1104 전원합의체 판결; 대법원 2017.2.3. 선고 2016도3674 판결; 대법원 2015.9.10. 선고 2015도6745 판결.

다. 본죄를 위험범으로 파악하는 것은 형법 규정의 문언해석에 부합하지 않는다는 점이 가장 큰 이유였다.

iii. 손해의 산정 본죄에 있어서 본인에게 손해를 가한다 함은 총체적으로 보아 본인의 재산가치를 감소시키는 것을 말한다.[876] 경제적인 관점에서 본인의 재산 상태를 평가하여 본인의 재산가치가 감소하거나 증가하여야 할 가치가 증가하지 아니한 때를 말한다.[877] 손해액이 구체적으로 명백하게 산정되지 않았더라도 배임죄의 성립에는 영향이 없다.[878] 그러나 발생된 손해액을 구체적으로 산정하여 인정하는 경우 이를 잘못 산정하는 것은 위법하다.[879]

재산상의 손실을 야기한 임무위배행위가 동시에 그 손실을 보상할 만한 재산상의 이익을 준 경우, 예컨대 그 배임행위로 인한 급부와 반대급부가 상응하고 다른 재산상 손해, 즉 현실적인 손해 또는 재산상 실해 발생의 위험도 없는 때에는 전체적 재산가치의 감소, 즉 재산상 손해가 있다고 할 수 없다.[880] 일단 손해의 위험성을 발생시킨 이상 사후에 담보를 취득하였거나 회복되었거나 회복가능성이 생겼다고 하여도 배임죄의 성립에 영향을 주는 것은 아니다.[881]

손해를 긍정한 판례의 구체적 내용은 다음과 같다. 즉,

> 부동산 매도인이 매수인 앞으로 소유권이전등기를 마쳐 주기 전에 제3자로부터 금원을 차용하고 그 담보로 근저당권을 설정해 준 경우 매수인이 입은 손해는 그 근저당권이 설정될 당시의

876) 대법원 2017.10.26. 선고 2013도6896 판결; 대법원 2017.9.12. 선고 2015도602 판결; 대법원 2017.7.20. 선고 2014도1104 전원합의체 판결; 대법원 2014.2.27. 선고 2013도12155 판결; 대법원 2013.4.11. 선고 2012도15890 판결; 대법원 2012.12.27. 선고 2012도10822 판결; 대법원 2012.6.28. 선고 2012도2623 판결; 대법원 2011.12.13. 선고 2011도10525 판결; 대법원 2010.3.25. 선고 2009도14585 판결; 대법원 2009.10.29. 선고 2009도7783 판결; 대법원 2009.7.23. 선고 2007도541 판결; 대법원 2008.5.8. 선고 2008도484 판결; 대법원 2005.4.29. 선고 2005도856 판결; 대법원 2005.4.15. 선고 2004도7053 판결; 대법원 2004.3.26. 선고 2003도7878 판결; 대법원 2000.12.8. 선고 99도3338 판결; 대법원 2000.3.14. 선고 99도4923 판결; 대법원 1999.6.25. 선고 99도1141 판결; 대법원 1999.4.13. 선고 98도4022 판결; 대법원 1995.12.22. 선고 94도3013 판결; 대법원 1995.2.17. 선고 94도3297 판결; 대법원 1992.5.26. 선고 91도2963 판결; 대법원 1990.11.13. 선고 90도1885 판결; 대법원 1990.3.27. 선고 89도1083 판결; 대법원 1989.10.24. 선고 89도641 판결; 대법원 1981.6.23. 선고 80도2934 판결; 대법원 1971.5.23. 선고 71도2334 판결.

877) 대법원 2005.3.25. 선고 2004도5731 판결.

878) 대법원 2006.10.27. 선고 2004도6876 판결; 대법원 2001.1.19. 선고 2000도2914 판결; 대법원 1999.4.13. 선고 98도4022 판결; 대법원 1989.10.24. 선고 89도641 판결; 대법원 1987.7.21. 선고 87도546 판결; 대법원 1986.10.28. 선고 86도936 판결; 대법원 1980.9.9. 선고 79도2637 판결.

879) 대법원 2018.7.11. 선고 2015도12692 판결; 대법원 2012.1.26. 선고 2011도15179 판결; 대법원 1999.4.13. 선고 98도4022 판결; 대법원 1990.3.27. 선고 89도1083 판결, 대법원 1989.10.24. 선고 89도641 판결.

880) 대법원 2007.6.15. 선고 2005도4338 판결; 대법원 2005.4.15. 선고 2004도7053 판결.

881) 대법원 2012.8.30. 선고 2011도15052 판결; 대법원 2011.8.18. 선고 2009도7813 판결; 대법원 2010.9.9. 선고 2010도5972 판결; 대법원 2009.6.25. 선고 2008도10096 판결; 대법원 2009.5.28. 선고 2009도2086 판결; 대법원 2006.11.9. 선고 2004도7027 판결; 대법원 2005.10.28. 선고 2005도5996 판결; 대법원 2004.7.22. 선고 2002도4229 판결; 대법원 2004.5.14. 선고 2001도4857 판결; 대법원 2004.3.26. 선고 2003도7878 판결; 대법원 2003.2.11. 선고 2002도5679 판결; 대법원 2002.6.28. 선고 2000도3716 판결; 대법원 2000.12.8. 선고 99도3338 판결; 대법원 2000.11.24. 선고 99도822 판결; 대법원 2000.3.14. 선고 99도4923 판결; 대법원 1999.6.22. 선고 99도1095 판결; 대법원 1998.2.10. 선고 97도2919 판결; 대법원 1995.12.22. 선고 94도3013 판결; 대법원 1995.2.17. 선고 94도3297 판결; 대법원 1983.3.8. 선고 82도2873 판결.

부동산 교환가치 중 근저당권에 이용되어 상실된 담보가치 상당이다.[882] 최초 배임행위가 법률적 관점에서 무효라고 하더라도 그 후 타인의 사무를 처리하는 자가 계속적으로 배임행위에 관여하여 본인에게 현실적인 손해를 가한 경우에도 마찬가지라고 할 것이다.[883] 위임받은 타인의 사무가 부동산소유권 이전등기의무인 경우에는 임무위배행위로 인하여 매수인이 가지고 있는 소유권이전등기청구권이 이행불능되거나 이행불능에 빠질 위험성이 있으면 배임죄는 성립한다.[884] 매도인이 부동산의 매도 후 그 부동산에 양도담보계약을 체결하고 제3자에게 돈을 차용한 경우에 매수인이 입은 손해액은 그 양도담보권에 의하여 담보되는 피담보채무 상당액이라고 봄이 상당하다.[885] 타인에 대하여 근저당권설정의무를 부담하는 자가 제3자에게 근저당권을 설정하여 주는 배임행위로 인하여 취득하는 재산상 이익 내지 그 타인의 손해는 그 타인에게 설정하여 주기로 한 근저당권의 담보가치 중 제3자와의 거래에 대한 담보로 이용함으로써 상실된 담보가치 상당으로서, 이를 산정하는 때에 제3자에 대한 근저당권 설정 이후에도 당해 부동산의 담보가치가 남아 있는 경우에는 그 부분을 재산상 이익 내지 손해에 포함시킬 수 없다. 그리고 수 개의 부동산이 공동담보로 제공된 경우에 그 중 한 개의 부동산에 대하여 먼저 담보권이 실행되었다면 그 매득금 중에서 선순위채권자는 담보최고액의 범위 내에서 채권전액에 대하여 우선변제를 받을 권리가 있다고 할지라도 공동담보가 된 부동산 간에 있어서는 그 가격의 비율에 따라 피담보채권을 각 부담하고 있다 할 것이므로, 공동담보가 된 부동산의 피담보채권에 대한 담보가치의 산정은 그 공동담보가 된 부동산의 가격 비율에 의하여 산정하는 것이 타당하다.[886] 재산상 손해의 유무에 대한 판단은 본인의 전 재산 상태와의 관계에서 법률적 판단에 의하지 아니하고 경제적 관점에서 파악하여야 하며, 따라서 법률적 판단에 의하여 당해 배임행위가 무효라 하더라도 경제적 관점에서 파악하여 배임행위로 인하여 본인에게 현실적인 손해를 가하였거나 재산상 실해 발생의 위험을 초래한 경우에는 재산상의 손해를 가한 때에 해당되어 배임죄를 구성한다.[887] 피고인이 갑으로부터 토지를 매수하여 먼저 소유권이전등기를 넘겨받은 다음 매매대금 지급을 담보하기 위해 이를 신탁회사에 처분신탁하고 신탁계약상의 수익권에 관하여 갑에게 권리질권을 설정해 주었으나, 매매대금 일부가 미지급된 상태에서 일부 토지에 관한 신탁계약을 해지하고 이를 제3자에게 처분한 사안에서, 피고인은 배임죄의 주체인 '타인의 사무를 처리하는 자'에 해당하고, 피고인의 배임행위로 갑에게 손해를 가하였다고 본 원심판단을 수긍한 사례이다.[888] 부동산의 매도인이 매수인 앞으로 소유권이전등기 등을 경료하기 이전에 제3자로부터 금원을 차용하고 그 담보로 근저당권설정등기를 해준 경우에는 특별한 사정이 없는 한 매도인은 매수인에게 그 근저당권에 의하여 담보되는 피담보채무 상당액의 손해를 가한 것이라고 할 것이다.[889] 부동산의 매도인으로서 매수인에 대하여 그 앞으로의 소유권이전등기절차에 협력할 의무 있는 자가 그 임무에 위배하여 같은 부동산을 매수인 이외의 제3자에게 이중으로 매도하고 제3자 앞으로 소유권이전청구권 보전을 위한 가등기를 마쳐 주었다면, 이는

882) 대법원 2018.7.11. 선고 2015도12692 판결; 대법원 2012.1.26. 선고 2011도15179 판결; 대법원 1999.4.13. 선고 98도4022 판결; 대법원 1989.10.24. 선고 89도641 판결; 대법원 1982.11.23. 선고 82도2215 판결.

883) 대법원 2013.4.11. 선고 2012도15890 판결.

884) 대법원 2012.1.26. 선고 2011도15179 판결; 대법원 2011.6.30. 선고 2011도1651 판결; 대법원 1985.8.20. 선고 84도2109 판결.

885) 대법원 2012.1.26. 선고 2011도15179 판결.

886) 대법원 2011.1.13. 선고 2009도10541 판결.

887) 대법원 2010.8.26. 선고 2010도4613 판결; 대법원 2009.10.29. 선고 2009도7783 판결.

888) 대법원 2010.8.26. 선고 2010도4613 판결.

889) 대법원 2009.5.28. 선고 2009도2086 판결; 대법원 2003.2.11. 선고 2002도5679 판결; 대법원 1998.2.10. 선고 97도2919 판결.

매수인에게 손해발생의 위험을 초래하는 행위로서 배임죄를 구성한다.[890] 피고인은 이 사건 과수원에 대한 근저당권설정자로서 근저당권자인 피해자가 담보목적을 달성할 수 있도록 담보물인 감귤나무를 보관할 의무가 있다고 할 것임에도 이 사건 과수원에 대한 폐원신청을 하고 감귤나무를 굴취함으로써 폐원보상비 상당의 재산상의 이득을 취득하고 피해자로 하여금 근저당권의 담보가치가 감소되는 손해를 입도록 하였으므로 배임죄의 죄책을 면할 수 없다.[891] 채권의 담보를 목적으로 부동산의 소유권이전등기를 경료받은 채권자는 채무자가 변제기일까지 그 채무를 변제하면 채무자에게 그 소유명의를 환원하여 주기 위하여 그 소유권이전등기를 이행할 의무가 있으므로 그 변제기일 이전에 그 임무에 위배하여 이를 제3자에게 처분하였다면 변제기일까지 채무자의 변제가 없었다 하더라도 배임죄가 성립한다.[892] 부동산의 매도인이 매수인 앞으로 소유권이전등기 등을 경료하기 이전에 제3자로부터 금원을 차용하고 그 담보로 근저당권설정등기를 해준 경우에는 특별한 사정이 없는 한 매도인은 매수인에게 그 근저당권에 의하여 담보되는 피담보채무 상당액의 손해를 가한 것이라고 할 것이다.[893] 매도인이 8분의 1 지분의 상속인이라 하더라도 토지 전부의 매도인으로서 매수인에게 토지 전부에 관하여 소유권이전등기를 경료하여 줄 의무가 있다 할 것이므로 매도인의 배임행위로 인한 매수인의 손해는 매도인의 상속지분에 한정되지 아니한다.[894] 피고인이 금 180,000,000원의 1번 근저당권설정등기가 되어 있는 토지와 건물중 건물에 대하여만 피해자와 전세계약을 체결하면서 전세금 130,000,000원의 전세권설정등기를 하여 주기로 하고서도 그 등기를 하지 아니한 채 위 토지와 건물에 대하여 제3자에게 금 270,000,000원의 2번 근저당권설정등기를 경료함으로써 건물의 전세권자인 피해자에게 위 전세금상당의 손해를 입혔다는 내용의 공소범죄사실을 심리함에 있어서, 피해자에게 손해를 입혔는지의 여부는 피고인이 2번 근저당권설정등기를 한 당시의 건물의 담보가치가 얼마나 되는가 하는 점을 밝혀 그 손해의 발생 여부를 판단하여야 할 것인데도 불구하고, 원심이 그로부터 9개월이 지난 후의 위 토지와 건물의 시가 합계액만을 심리한 다음 위 2번 근저당권설정등기에 의하여 피고인의 피해자에 대한 전세금반환채무의 담보능력을 상실하였다고 볼 수 없다고 판단한 것은 배임죄에 있어서의 손해에 관한 법리오해와 심리미진의 위법이 있다고 할 것이다.[895] 일반경쟁입찰에 의하여 매각할 은닉신고된 국유부동산을 수의계약으로 매각하였다고 하여 바로 국가가 그 부동산 자체를 상실하는 손해를 입었다고 볼 수는 없고, 수의계약에 의한 매각대금이 정당한 객관적 시가가 못되고, 일반경쟁입찰의 방식으로 매각할 경우의 예상대금보다 저렴한 금액인 경우에만 국가에 손해가 발생한 것이다.[896] 토석채취권을 이중매도하여 타인이 토석채취허가를 받았다면 그 매수인은 토석채취를 하지 못하게 되므로서 손해를 입었다고 할 것이고 가사 그 후에 타인이 그 토석채취권을 포기하고 토석채취를 하지 않았다고 하더라도 이미 성립한 배임죄에는 아무런 소장이 없다.[897]

손해를 부정한 판례의 구체적 내용은 다음과 같다. 즉,

890) 대법원 2008.7.10. 선고 2008도3766 판결; 대법원 2006.11.9. 선고 2006도3626 판결; 대법원 1983.6.14. 선고 81도2278 판결.

891) 대법원 2007.8.23. 선고 2007도3082 판결.

892) 대법원 2007.1.25. 선고 2005도7559 판결; 대법원 1992.7.14. 선고 92도753 판결.

893) 대법원 1998.2.10. 선고 97도2919 판결.

894) 대법원 1993.5.27. 선고 93도169 판결.

895) 대법원 1990.4.24. 선고 89도2281 판결.

896) 대법원 1981.6.23. 선고 80도2934 판결.

897) 대법원 1979.7.10. 선고 79도961 판결.

법인의 대표자가 그 법인 명의로 한 채무부담행위가 법률상 효력이 없는 경우에는 특별한 사정이 없는 한 그로 인하여 법인에 어떠한 손해가 발생하거나 발생할 위험이 있다고 할 수 없으므로 그 대표자의 행위는 배임죄를 구성하지 아니한다.[898] 주식회사의 대표이사 등이 회사의 이익을 위해서가 아니라 자기 또는 제3자의 이익을 도모할 목적으로 그 대표권을 행사한 경우에 상대방이 대표이사 등의 진의를 알았거나 알 수 있었을 때에는 그 행위는 회사에 대하여 무효가 된다.[899] 법인의 대표자 또는 피용자가 법인 명의로 한 채무부담행위가 관련 법령에 위배되어 법률상 효력이 없는 경우에는 그로 인하여 법인에게 어떠한 손해가 발생한다고 할 수 없으므로, 그 행위로 인하여 법인이 민법상 사용자책임 또는 법인의 불법행위책임을 부담하는 등의 특별한 사정이 없는 한 그 대표자 또는 피용자의 행위는 배임죄를 구성하지 아니한다.[900] 회사의 대표이사가 대표권의 범위 내에서 한 행위는 설사 대표이사가 회사의 영리목적과 관계없이 자기 또는 제3자의 이익을 도모할 목적으로 그 권한을 남용한 것이라 할지라도 일단 회사의 행위로서 유효하지만, 그 행위의 상대방이 대표이사의 진의를 알았거나 알 수 있었을 때에는 회사에 대하여 무효가 된다.[901] 동산을 양도담보로 제공하고 점유개정의 방법으로 점유하고 있다가 이를 다시 제3자에게 역시 점유개정의 방법으로 양도하는 경우에는, 제3자가 그 동산을 선의취득할 수가 없으므로, 최초의 양도담보권자에게 어떠한 재산상 손해의 위험이 발생한다고 할 수 없고, 따라서 배임죄가 성립하지 않는다.[902]

ⓘ 손해의 발생원인 　형법은 타인의 사무를 처리하는 자가 그 임무에 위배하는 행위를 할 것과 그러한 행위로 인해 행위자나 제3자가 재산상 이익을 취득하여 본인에게 손해를 가할 것을 본죄의 객관적 구성요건으로 규정하고 있다.[903]

본죄는 본인에게 재산상의 손해를 가하는 외에 배임행위로 인하여 행위자 스스로 또는 제3자로 하여금 재산상의 이익을 취득할 것을 요건으로 하므로, 본인에게 손해를 가하였다고 할지라도 재산상 이익을 행위자 또는 제3자가 취득한 사실이 없다면 본죄가 성립되지 않는다.[904] 대법원도 "계주가 임무에 위배하는 행위로서 계원에게 소정의 계곡을 지급치 않아 동인에게 재산상의 손해를 가하였다 하더라도 이로 인하여 계주 자신 또는 제3자에게 어떠한 재산상의 이익을 취득하였는가의 사실 확정에 따라 배임죄의 성부가 결정된다"고 판시한 바 있다.[905]

i. 자기 배득 　본죄가 성립하기 위해서는 타인의 사무를 처리하는 자가 그 임무에 위배하는 행위로써 스스로 재산상의 이익을 취득하여 본인에게 손해를 가하여야 한다.

대법원도 "피고인이 피해자와 공동구입한 택시를 법정폐차 시한 전에 임의로 폐차케 한

---

898) 대법원 2012.5.24. 선고 2012도2142 판결; 대법원 2011.7.14. 선고 2011도3180 판결; 대법원 2010.9.30. 선고 2010도6490 판결.

899) 대법원 2012.5.24. 선고 2012도2142 판결; 대법원 2011.7.14. 선고 2011도3180 판결; 대법원 2010.5.27. 선고 2010도1490 판결; 대법원 1993.6.25. 선고 93다13391 판결.

900) 대법원 2012.2.9. 선고 2010도176 판결; 대법원 2011.9.29. 선고 2011도8110 판결; 대법원 2010.9.30. 선고 2010도6490 판결.

901) 대법원 2012.2.9. 선고 2010도176 판결; 대법원 2010.5.27. 선고 2010도1490 판결.

902) 대법원 2007.2.22. 선고 2006도6686 판결; 대법원 1990.2.13. 선고 89도1931 판결.

903) 대법원 2017.7.20. 선고 2014도1104 전원합의체 판결.

904) 대법원 2006.7.27. 선고 2006도3145 판결; 대법원 1982.2.23. 선고 81도2601 판결.

905) 대법원 1977.4.12. 선고 76도952 판결.

경우 특단의 사정이 없는 한 그 폐차조치만으로써는 피해자에게 장차 얻을 수 있었을 수익금상실의 손해는 발생하였을지언정 피고인이 피해자 몫에 해당하는 이익을 취득하였다고 볼 수는 없으므로 배임죄가 성립하지 않는다"고 판시한 바 있다.[906)]

ⅱ. 타인 배득 본죄가 성립하기 위해서는 타인의 사무를 처리하는 자가 그 임무에 위배하는 행위로써 제삼자로 하여금 이를 취득하게 하여 본인에게 손해를 가하여야 한다. 제3자라 함은 사무처리자 또는 본인을 제외한 자를 말한다.[907)]

대법원도 "주택조합 조합장이 총회의 승인 없이 발행한 조합 회원증을 담보로 금원을 차용하여 조합운영비로 사용한 후 위 회원증을 매도하게 하여 채무 전액의 변제에 충당한 경우, 총회 승인 없이 발행된 조합 회원증의 매수인들은 조합원 자격을 취득할 수 없고 단지 조합에 대하여 매수대금 상당의 손해배상채권을 취득할 뿐이므로 조합장이나 회원증 매수인들이 어떠한 재산상 이익을 취득하였다고 할 수 없고 그 밖에 이 사건 조합이나 조합원들 이외의 제3자가 이익을 취득하였다고 할 수도 없다고 할 것이며, 이로 인하여 공소사실과 같이 조합원들에게 어떠한 손해를 가하였다고 할 수도 없다고 할 것이다"라고 판시한 바 있다.[908)]

⑤ 인과관계

배임행위와 재산상의 손해 사이에는 인과관계가 존재하여야 한다. 판례에 의하면 재산상의 이익취득에 관하여 배임죄의 죄책을 인정하기 위해서는 그러한 재산상의 이익취득과 임무위배행위 사이에 상당인과관계가 인정되어야 한다.[909)]

2) 주관적 구성요건

① 고 의

본죄는 고의범이다. 본죄의 고의는 인식적 요소로서 임무에 위배하는 행위를 한다는 점과 이로 인하여 자기 또는 제3자가 이익을 취득하여 본인에게 손해를 가한다는 점에 대한 인식을 요한다.[910)] 이러한 인식은 미필적 인식으로도 족하다.[911)] 다만 본죄는 목적범이 아니다. 본인에게 재산상의 손해를 가한다는 의사나 자기 또는 제3자에게 재산상의 이득을 얻게

---

906) 대법원 1982.2.23. 선고 81도2601 판결.

907) 대법원 1999.7.9. 선고 99도311 판결.

908) 대법원 1999.7.9. 선고 99도311 판결.

909) 대법원 2008.6.26. 선고 2007도7060 판결; 대법원 2007.7.26. 선고 2005도6439 판결.

910) 대법원 2017.9.21. 선고 2014도9960 판결; 대법원 2017.7.20. 선고 2014도1104 전원합의체 판결; 대법원 2011.10.27. 선고 2010도7624 판결; 대법원 2010.12.23. 선고 2008도8851 판결; 대법원 2008.5.29. 선고 2005도4640 판결; 대법원 2006.12.21. 선고 2006도2684 판결; 대법원 2005.8.25. 선고 2005도3410 판결; 대법원 2004.7.9. 선고 2004도810 판결; 대법원 2004.3.26. 선고 2003도7878 판결; 대법원 2002.7.22. 선고 2002도1696 판결; 대법원 1999.4.13. 선고 98도4022 판결; 대법원 1998.2.10. 선고 97도2919 판결; 대법원 1997.6.13. 선고 97도618 판결; 대법원 1996.5.28. 선고 95도161 판결; 대법원 1994.11.8. 선고 94도2123 판결; 대법원 1988.11.22. 선고 88도1523 판결.

911) 대법원 2011.10.27. 선고 2010도7624 판결; 대법원 2010.12.23. 선고 2008도8851 판결; 대법원 2008.5.29. 선고 2005도4640 판결; 대법원 2005.8.25. 선고 2005도3410 판결; 대법원 2004.7.9. 선고 2004도810 판결; 대법원 2004.3.26. 선고 2003도7878 판결; 대법원 2002.7.22. 선고 2002도1696 판결.

하려는 목적은 요하지 아니한다.[912)]

피고인이 본인의 이익을 위하여 문제가 된 행위를 하였다고 주장하면서 범의를 부인하는 경우에는, 사물의 성질상 고의와 상당한 관련성이 있는 간접사실을 증명하는 방법에 의하여 입증할 수밖에 없고, 무엇이 상당한 관련성이 있는 간접사실에 해당할 것인가는 정상적인 경험칙에 바탕을 두고 치밀한 관찰력이나 분석력에 의하여 사실의 연결상태를 합리적으로 판단하는 방법에 의하여야 한다.[913)]

고의를 긍정한 판례의 구체적 내용은 다음과 같다. 즉,

이익을 취득하는 제3자가 같은 계열회사이고, 계열그룹 전체의 회생을 위한다는 목적에서 이루어진 행위로서 그 행위의 결과가 일부 본인을 위한 측면이 있다 하더라도 본인의 이익을 위한다는 의사는 부수적일 뿐이고 이득 또는 가해의 의사가 주된 것임이 판명되면 배임죄의 고의를 부정할 수 없다.[914)] 매매계약에 있어서 매도인이 부동산을 매도한 후 그 매매계약을 해제하고 이를 다시 제3자에게 매도한 경우에 그 매매계약의 해제가 해제요건을 갖추지 못하여 부적법하더라도 매도인이 그 해제가 적법한 것으로 믿고 그 믿음에 정당한 이유가 있다면 매도인에게 배임죄의 범의를 인정할 수 없지만, 피고인이 들고 있는 계약해제사유가 적법한 것이 아닌데 피고인이 이를 적법한 해제사유로 믿고 그 믿음에 정당한 사유가 있었다고 보여지지 아니하는 경우 피고인의 배임의 범의는 인정된다.[915)] 증여자가 법인과의 부동산 기부약정에 관하여 적법한 해제사유가 있다고 믿었지만 그 믿음에 정당한 사유가 있지 아니하다고 보아, 증여자가 증여 부동산들을 제3자에게 매도한 행위가 배임죄를 구성한다.[916)] 매도인이 지상건물을 철거하기로 약속한 기한까지 위 가등기를 말소하고 건물철거의무를 이행할 수 있을 것으로 믿었고 객관적으로도 그 이행이 가능하였다는 등의 특별한 사정이 있는 경우에는 배임죄의 고의가 인정되지 않는다고 봄이 상당하다.[917)] 피고인이 근저당권을 설정한 목적이 오로지 이미 매매목적물에 관하여 설정되어 있던 저당권을 말소시켜 매매목적물에 존재하는 물적 부담을 제거시킬 목적이었다면 배임죄의 범의가 있다고 보기는 어려울 것이지만, 피고인이 본인의 이익을 위하여 문제가 된 행위를 하였다고 주장하면서 배임죄의 범의를 부인하는 경우에는 사물의 성질상 배임죄의 주관적 요소로 되는 사실(고의, 동기 등의 내심적 사실)은 고의와 상당한 관련성이 있는 간접사실을 증명하는 방법에 의하여 입증할 수밖에 없고, 피고인이 본인의 이익을 위한다는 의사도 가지고 있었다 하더라도 위와 같은 간접사실에 의하여 본인이 이익을 위한다는 의사는 부수적일 뿐이고 이득 또는 가해의 의사가 주된 것임이 판명되면 배임죄의 고의가 있었다고 할 것이다.[918)] 매도인이 부동산을 매도한 후 그 매매계약을 해제하고 이를 다시 제3자에게 매도한 경우에 그 매매계약의 해제가 해제요건을 갖추지 못하여 부적법하더

912) 대법원 2005.8.25. 선고 2005도3410 판결; 내법원 2004.7.9. 선고 2004도810 판결; 대법원 2004.3.26. 선고 2003도7878 판결; 대법원 2000.5.26. 선고 99도2781 판결; 대법원 1983.12.13. 선고 83도2330 전원합의체 판결.

913) 대법원 2006.12.21. 선고 2006도2684 판결; 대법원 2004.7.22. 선고 2002도4229 판결; 대법원 2004.7.9. 선고 2004도810 판결; 대법원 2004.3.26. 선고 2003도7878 판결; 대법원 2003.2.11. 선고 2002도5679 판결; 대법원 1999.4.13. 선고 98도4022 판결; 대법원 1999.2.9. 선고 98도2074 판결; 대법원 1998.2.10. 선고 97도2919 판결; 대법원 1997.6.13. 선고 97도618 판결.

914) 대법원 2008.5.29. 선고 2005도4640 판결; 대법원 2004.6.24. 선고 2004도520 판결.

915) 대법원 2007.3.29. 선고 2006도6674 판결; 대법원 2006.5.12. 선고 2006도1140 판결.

916) 대법원 2007.3.29. 선고 2006도6674 판결.

917) 대법원 2006.12.21. 선고 2006도2684 판결.

918) 대법원 1998.2.10. 선고 97도2919 판결; 대법원 1988.11.22. 선고 88도1523 판결.

라도 매도인이 그 해제가 적법한 것으로 믿고 그 믿음에 정당한 이유가 있다면 매도인에게 배임죄의 범의를 인정할 수 없는 것이지만 피고인이 들고 있는 계약해제사유가 적법한 것이 아니고 피고인이 이를 적법한 해제사유로 믿었거나 그 믿음에 정당한 사유가 있었다고 보여지지 아니하는 경우 피고인에게 배임의 범의가 있었다고 할 것이다.[919] 대지 및 지상건물의 소유자가 대지를 매도하면서 잔대금 수령 후 일정 기간 내에 매수인을 위하여 그 지상건물을 스스로 철거하고 멸실등기절차를 해주기로 약정하였음에도 매수인으로부터 잔대금을 모두 수령한 뒤에 그 지상건물에 대하여 제3자 앞으로 소유권이전청구권 보전을 위한 가등기를 마쳐주었다면, 그와 같은 매도인의 행위는 대지에 대한 매수인의 소유권행사에 지장을 초래케 하였다는 점에서 매수인 앞으로의 소유권이전등기임무에 위반되는 배임행위라고 할 것이지만,[920] 대주주들이 개인적 용도에 사용할 자금이라는 정을 알면서 회사 명의의 약속어음을 작성교부한 회사임원의 소위는 비록 위 대주주들의 지시와 의사에 따른 것이었다 하더라도 회사에 대한 관계에 있어서는 신의측상 요구되는 신임관계에 위배된다는 것을 충분히 인식하고 저지른 소행으로서 업무상 배임죄에 해당한다.[921]

고의를 부정한 판례의 구체적 내용은 다음과 같다. 즉,

부동산 매도인인 피고인이 당초계약의 내용에 없는 새로운 요구조건을 내세우는 매수인에게 계약을 이행할 의사가 없는 것으로 판단한 것이 무리가 아니라고 보이므로 계약이 적법히 해제되었는지 여부에 관계없이 매매목적부동산에 관하여 제3자 앞으로 가등기를 경료한 피고인에게 배임의 범의가 없다.[922] 매도인이 부동산을 매도한 후 그 매매계약을 해제하고 이를 다시 제3자에게 매도하거나 담보로 제공한 경우에 위 매매계약의 해제가 해제요건을 갖추지 못하여 부적법한 것이라고 하더라도 만일 매도인이 위 매매계약의 해제가 적법하게 된 것으로 믿고 위 부동산을 타에 매도 또는 담보로 제공한 것이라면 매도인에게 배임죄의 범의를 인정할 수 없다.[923] 형법 제355조 제2항에 규정하는 배임죄는 타인의 사무를 처리하는 자가 자기 또는 제3자를 위한 재산상 이득의 의사를 가지고 그 임무에 위배한 행위를 하여 본인에게 손해를 가함으로써 성립하는 것이므로 배임죄의 구성요건의 하나로서 타인의 사무를 처리하는 자에게 그 임무에 위배한 행위가 있어야 하고 그 타인사무처리자에게 자기의 행위가 그 임무에 위배한다는 인식이 있어야 할 것이며 이러한 인식이 없을 때는 배임죄의 고의를 조각하게 된다.[924] 매수인이 매매목적물을 은행에 담보로 제공하고 매도인 명의로 대출받아 그 대출금에서 매매대금을 지급한 뒤 은행차용금의 이자를 제때에 변제하지 않아서 은행으로부터 매도인(대출명의인)에게 수차 이자지급독촉이 있자, 매도인은 매수인이 은행융자금을 변제하지 아니한 이상 매매대금이 완제된 것으로 볼 수 없다는 생각으로 매매계약해제의 통지를 한 후, 위 차용금을 변제치 않으면 경매당할 처지에 이르게 되자 이미 설정되어 있는 근저당권에 의하여 적금대출을 받아 이로써 매수인의 대출원리금 채무를 변제한 경우라면, 매도인이 적금대출을 받은 것은 매매계약이 적법히 해제된 것으로 믿고 한 소행이거나, 적법히 해제되었다는 확신이 없었다 하더라도 그로 인하여 매도인이 어떠한 이익을 얻고 매수인에게 손해를 가한다는 배임의 범의를 가지고 한 소행이라 할 수 없다.[925] 피고인의 알선으로 대주 2인으로부

919) 대법원 1990.11.13. 선고 90도153 판결.

920) 대법원 1983.6.14. 선고 81도2278 판결.

921) 대법원 1983.3.8. 선고 82도2873 판결.

922) 대법원 1992.10.13. 선고 92도1046 판결.

923) 대법원 1988.5.10. 선고 88도74 판결; 대법원 1986.12.9. 선고 86도1671 판결; 대법원 1983.2.22. 선고 82도1636 판결.

924) 대법원 1986.2.25. 선고 85도2745 판결.

터 금원을 차용하고 부동산을 담보로 제공하여 대주명의로 제1, 2순위 가등기를 경료한 후 그 부동산에 관한 권한 일체를 피고인에게 위임한 경우에 있어서, 피고인이 제1, 2순위 가등기에 우선하는 근저당권에 기한 경매를 막기 위하여 그 피담보채권을 변제하고, 또 제1순위 가등기권자가 그 명의로 본등기를 하여 제2순위 가 등기가 말소되자 제1순위 가등기권자의 피담보채권까지 변제하고, 위 두개의 구상채권과 제2순위 가등기권자의 채권을 담보하기 위하여 피고인이 제1순위 가등기권자와 사이에 이미 변제한 채무원리금을 매매대금으로 하여 피고인 명의로 소유권이전등기를 하였다고 하여 배임의 범의가 있다 할 수 없다.[926] 피고인이 부동산매매계약을 해제함에 있어 매도인으로서의 자기채무를 이행제공함이 없이 상대방의 채무이행을 최고하고 그 이행이 없자 이를 이유로 매매계약의 해제통고를 한 후 계약이 해제된 것으로 믿고서 부동산을 타에 이중으로 매도하였다면, 설사 계약이 적법히 해제되지 않았다 할지라도 배임죄의 범의를 인정할 수 없다고 할 것이다.[927] 갑회사의 대표이사인 A가 회사 소유부동산을 회사 명의로 을에게 양도하였는데, 그 후 위 회사의 대표이사가 된 피고인이 위 사실을 알면서 다시 제3자에게 회사 명의로 양도하고 그 소유권이전등기를 경료하였다고 하여도 을에게 소유권이전등기를 하여 줄 의무는 위 회사가 부담하는 것이고, 피고인이 을에 대하여 그 사무를 처리하는 지위, 즉 피고인과 을 사이에 타인과 본인의 관계가 없다고 할 것이니 피고인에게 배임죄가 성립될 리 없다.[928]

② 불법이득의 의사

본죄는 재산죄로서 이득죄에 속하는 이상 불법이득의 의사를 요하는 것은 당연하다. 대법원은 "경영자의 경영상 판단에 관한 위와 같은 사정을 모두 고려하더라도 법령의 규정, 계약 내용 또는 신의성실의 원칙상 구체적 상황과 자신의 역할 · 지위에서 당연히 하여야 할 것으로 기대되는 행위를 하지 않거나 하지 않아야 할 것으로 기대되는 행위를 함으로써 재산상 이익을 취득하거나 제3자로 하여금 이를 취득하게 하고 본인에게 손해를 가하였다면 그에 관한 고의 내지 불법이득의 의사는 인정된다고 할 것이다"고 판시한 바 있다.[929]

3) 미수 · 기수

본죄는 실행행위인 배임행위의 개시시에 실행의 착수가 시작되고, 이러한 행위로 인하여 자기 또는 제3자가 이익을 취득하여 본인에게 손해를 가한 때 기수에 이른다.[930]

타인의 사무를 처리하는 자의 임무위배행위는 민사재판에서 법질서에 위배되는 법률행위로서 무효로 판단될 가능성이 적지 않고, 그 결과 본인에게도 아무런 손해가 발생하지 않는 경우가 많다. 이러한 때에는 배임죄의 기수를 인정할 수 없다.[931] 그러나 의무부담행위로 인하여 실제로 채무의 이행이 이루어지거나 본인이 민법상 불법행위책임을 부담하게

---

925) 대법원 1983.9.13. 선고 81도2961 판결.
926) 대법원 1983.9.13. 선고 82도2613 판결.
927) 대법원 1983.2.22. 선고 82도1636 판결.
928) 대법원 1982.2.9. 선고 80도1796 판결.
929) 대법원 2013.1.24. 선고 2012도10629 판결; 대법원 2011.10.27. 선고 2009도14464 판결.
930) 대법원 2020.10.15. 선고 2016도10654 판결; 대법원 2017.9.21. 선고 2014도9960 판결; 대법원 2017.7.20. 선고 2014도1104 전원합의체 판결; 대법원 2007.10.11. 선고 2007도6012 판결; 대법원 2000.3.14. 선고 99도457 판결; 대법원 1987.4.28. 선고 83도1568 판결.
931) 대법원 2017.9.21. 선고 2014도9960 판결.

되는 등 본인에게 현실적인 손해가 발생하거나 실해 발생의 위험이 생겼다고 볼 수 있는 사정이 있는 때에는 배임죄의 기수를 인정하여야 한다.[932] 다시 말하면, 형사재판에서 배임죄의 객관적 구성요건요소인 손해 발생 또는 배임죄의 보호법익인 피해자의 재산상 이익의 침해 여부는 구체적 사안별로 타인의 사무의 내용과 성질, 임무위배의 중대성 및 본인의 재산 상태에 미치는 영향 등을 종합하여 신중하게 판단하여야 한다.[933]

실행의 착수를 긍정한 판례의 구체적 내용은 다음과 같다. 즉,

채무자가 채권자와 사이에 그로부터 금원을 차용하되 그 담보로 채무자 소유의 주식에 대하여 현실 교부의 방법으로 양도담보를 설정하기로 약정하고 채권자로부터 차용금의 일부 또는 전부를 수령한 이상 특단의 사정이 없는 한 채무자는 채권자에게 그 주식을 현실로 교부함으로써 채권자가 그 주식에 대한 양도담보권을 취득하는 데에 협력할 임무가 있다고 할 것이므로, 아직 채권자에게 주식의 현실 교부가 이루어지지 아니한 상태에서 채무자가 제3자와 사이에 그로부터 금원을 차용하되 그 담보로 그 주식의 일부 또는 전부에 대하여 현실 교부의 방법으로 양도담보를 설정하기로 약정하고 제3자로부터 차용금의 일부 또는 전부를 수령하였다면 이는 채권자에 대한 양도담보권 취득을 위한 주식교부절차 협력의무 위배와 밀접한 행위로서 배임죄의 실행의 착수에 해당한다고 할 것이다.[934] 주식회사의 대표이사가 대표권을 남용하는 등 그 임무에 위배하여 약속어음 발행을 한 행위가 배임죄에 해당하는지도 원칙적으로 위에서 살펴본 의무부담행위와 마찬가지로 보아야 한다. 다만 약속어음 발행의 경우 어음법상 발행인은 종전의 소지인에 대한 인적 관계로 인한 항변으로써 소지인에게 대항하지 못하므로(어음법 제17조, 제77조), 어음발행이 무효라 하더라도 그 어음이 실제로 제3자에게 유통되었다면 회사로서는 어음채무를 부담할 위험이 구체적·현실적으로 발생하였다고 보아야 하고, 따라서 그 어음채무가 실제로 이행되기 전이라도 배임죄의 기수범이 된다. 그러나 약속어음 발행이 무효일 뿐만 아니라 그 어음이 유통되지도 않았다면 회사는 어음발행의 상대방에게 어음채무를 부담하지 않기 때문에 특별한 사정이 없는 한 회사에 현실적으로 손해가 발생하였다거나 실해 발생의 위험이 발생하였다고도 볼 수 없으므로, 이 때에는 배임죄의 기수범이 아니라 배임미수죄로 처벌하여야 한다.[935] 무허가건물대장은 무허가건물의 정비에 관한 행정상의 사무처리의 편의를 위하여 작성 비치되는 것으로써 그 대장에의 기재에 의하여 무허가건물에 관한 권리의 변동이 초래되거나 공시되는 효과가 생기는 것이 아니므로 무허가건물대장에 소유자로 등재되었다는 사정만으로는 그 무허가건물에 대한 소유권 기타의 권리를 취득하거나 권리자로 추정되는 효력은 없다 할 것이나, 무허가건물의 양도인은 특별한 사정이 없는 한 대금수령과 동시에 양수인에게 그 건물을 인도할 의무가 있다 할 것이고, 무허가건물의 양수인은 양도인으로부터 무허가건물을 인도받아 점유함으로써 소유권에 준하는 사용·수익 처분의 포괄적인 권능을 가지게 되므로, 이와 같이 양수인에게 무허가건물을 인도할 의무를 부담하는 양도인이 중도금 또는 잔금까지 수령한 상태에서 양수인의 의사에 반하여 제3자에게 그 무허가건물을 이중으로 양도하고 중도금까지 수령하였다면 이는 양수인에 대한 관계에서 임무위배행위로서 배임죄의 실행의 착수가 있었다고 할 것이고, 더 나아가 제3자로부터 잔금을 수령하고 무허가건물을 인도하였다면 이는 배임죄의 기수에 해당한다.[936] 부동산소유자가 동 부동산을 제1차 매수인에게 매도하고 계약금과 중도

---

932) 대법원 2017.9.21. 선고 2014도9960 판결.
933) 대법원 2017.9.21. 선고 2014도9960 판결.
934) 대법원 2010.2.25. 선고 2009도13187 판결.
935) 대법원 2017.7.20. 선고 2014도1104 전원합의체 판결.

금까지 수령한 이상 특단의 약정이 없으면 잔금수령과 동시에 매수인 명의로의 소유권이전등기에 협력할 임무가 있고 이 임무는 주로 위 매수인을 위하여 부담하는 임무라고 할 것이므로 위 매매계약이 적법하게 해제되었다면 모르되 그렇지 않은 이상 이를 다시 제3자와의 사이에 그 부동산에 대한 매매계약을 체결하고 계약금과 중도금까지 수령한 것은 위 제1차 매수인에 대한 소유권이전등기협력의무의 위배와 밀접한 행위로서 배임죄의 실행의 착수라고 보아야 할 것인 바[937] 이와 같은 이론은 부동산소유자가 대물변제로 양도하여 놓고 그 양수인에게 소유권이전등기를 하지 아니하고 제3자에게 양도하는 경우도 동일하다 할 것이다.[938] 매도인이 부동산을 제1차 매수인에게 매도하고 계약금과 중도금까지 수령한 이상 특단의 약정이 없는 한 잔금수령과 동시에 매수인 명의로의 소유권이전등기에 협력할 임무가 있고 이 임무는 주로 위 매수인을 위하여 부담하는 임무라 할 것이므로, 위 매매계약이 적법하게 해제되지 않은 이상 매도인이 다시 제3자와 사이에 매매계약을 체결하고 계약금과 중도금까지 수령한 것은 제1차 매수인에 대한 소유권이전등기 협력 임무의 위배와 밀접한 행위로서 배임죄의 실행착수라고 보아야 할 것이다.[939] 피고인이 캬바레영업을 할 목적으로 캬바레건물을 임차하면서 임대차계약이 종료될 때에 반환하기로 하는 약정 아래 캬바레영업허가 명의를 이전받았다면 임대인에 대한 대내적 관계에서는 위 영업허가권의 단순한 임차인내지 명의수탁자에 불과하다 할 것이므로 임대차계약 종료시에 이를 반환하는 범위안에서 타인의 사무를 처리하는 자라고 할 것이니 이 임무에 위배하여 이를 제3자에게 처분하고 그 명의를 이전하려 하였다면 배임미수에 해당한다.[940]

실행의 착수를 부정한 판례의 구체적 내용은 다음과 같다. 즉,

부동산 이중양도에 있어서 매도인이 제2차 매수인으로부터 계약금만을 지급받고 중도금을 수령한 바 없다면 배임죄의 실행의 착수가 있었다고 볼 수 없다.[941] 부동산의 이중양도에 있어서 매도인이 제2차 매수인으로부터 계약금만을 지급받고 중도금을 수령한 바 없다면 배임죄의 실행의 착수가 있었다고 볼 수 없다.[942] 미등기가옥을 (갑)에게 매도한 후 이를 타에 처분하려고 가옥대장의 피고인 소유명의를 피고인의 처 명의로 변경한 행위만으로는 피고인의 처에게 재산상 이익을 주거나 (갑)에게 재산상 손해를 가하였다고 할 수 없으므로 위 행위는 아직 배임죄의 구성요건에 해당되는 행위에 착수하였다고 볼 수 없다.[943]

기수를 긍정한 판례의 구체적 내용은 다음과 같다. 즉,

주식회사의 대표이사가 대표권을 남용하는 등 그 임무에 위배하여 회사 명의로 의무를 부담하는 행위를 하더라도 일단 회사의 행위로서 유효하고, 다만 상대방이 대표이사의 진의를 알았거나 알 수 있었을 때에는 회사에 대하여 무효가 된다. 따라서 상대방이 대표권남용 사실을 알았거나

936) 대법원 2005.10.28. 선고 2005도5713 판결.
937) 대법원 1984.8.21. 선고 84도691 판결; 대법원 1983.10.11. 선고 83도2057 판결.
938) 대법원 1984.8.21. 선고 84도691 판결.
939) 대법원 1983.10.11. 선고 83도2057 판결.
940) 대법원 1981.7.28. 선고 81도966 판결.
941) 대법원 2010.4.29. 선고 2009도14427 판결; 대법원 2003.3.25. 선고 2002도7134 판결; 대법원 1983.10.11. 선고 83도2057 판결.
942) 대법원 2003.3.25. 선고 2002도7134 판결; 대법원 1984.8.21. 선고 84도691 판결; 대법원 1983.10.11. 선고 83도2057 판결.
943) 대법원 1969.7.8. 선고 69도760 판결.

알 수 있었던 경우 그 의무부담행위는 원칙적으로 회사에 대하여 효력이 없고, 경제적 관점에서 보아도 이러한 사실만으로는 회사에 현실적인 손해가 발생하였다거나 실해 발생의 위험이 초래되었다고 평가하기 어려우므로, 달리 그 의무부담행위로 인하여 실제로 채무의 이행이 이루어졌다거나 회사가 민법상 불법행위책임을 부담하게 되었다는 등의 사정이 없는 이상 배임죄의 기수에 이른 것은 아니다. 그러나 이 경우에도 대표이사로서는 배임의 범의로 임무위배행위를 함으로써 실행에 착수한 것이므로 배임죄의 미수범이 된다. 그리고 상대방이 대표권남용 사실을 알지 못하였다는 등의 사정이 있어 그 의무부담행위가 회사에 대하여 유효한 경우에는 회사의 채무가 발생하고 회사는 그 채무를 이행할 의무를 부담하므로, 이러한 채무의 발생은 그 자체로 현실적인 손해 또는 재산상 실해 발생의 위험이라고 할 것이어서 그 채무가 현실적으로 이행되기 전이라도 배임죄의 기수에 이르렀다고 보아야 한다.[944] 회사의 임원이 그 임무에 위배되는 행위로 재산상 이익을 취득하거나 제3자로 하여금 이를 취득하게 하여 회사에 손해를 가한 때에는 이로써 배임죄가 성립한다.[945] 부동산의 매도인이 매수인 앞으로의 소유권이전등기에 협력할 의무가 있음에도 불구하고 같은 부동산을 위 매수인 이외의 자에게 2중으로 매도하여 그 소유권이전등기를 마친 경우에는 1차 매수인에 대한 소유권이전등기의무는 이행불능이 되고 이로써 1차 매수인에게 그 부동산의 소유권을 취득할 수 없는 손해가 발생하는 것이므로 부동산의 2중매매에 있어서 배임죄의 기수시기는 2차 매수인 앞으로 소유권이전등기를 마친 때라고 할 것이다.[946]

4) 공 범

총칙상 공범에 관한 규정은 필요적 공범에 대하여는 적용되지 않는다. 다만 본죄도 신분범이기 때문에 전술한 횡령죄에서와 같이 총칙상 공범과 신분에 관한 규정이 적용된다(제33조 참조).

공범을 긍정한 판례의 구체적 내용은 다음과 같다. 즉,

거래상대방의 대향적 행위의 존재를 필요로 하는 유형의 배임죄의 경우에, 거래상대방으로서는 기본적으로 배임행위의 실행행위자와는 별개의 이해관계를 가지고 반대편에서 독자적으로 거래에 임한다는 점을 감안할 때, 거래상대방을 배임의 실행행위자와 공동정범으로 인정하기 위해서는 거래상대방이 실행행위자의 행위가 피해자 본인에 대한 배임행위에 해당한다는 것을 알면서도 소극적으로 그 배임행위에 편승하여 이익을 취득한 것만으로는 부족하고, 실행행위자의 배임행위를 교사하거나 또는 배임행위의 전 과정에 관여하는 등으로 배임행위에 적극 가담할 것을 필요로 한다.[947] 배임죄는 본인에게 손해를 가한 때에 기수가 되는 것이므로 본인에게 손해가 발생하기 이전에 업무상 배임행위로 취득할 유류를 그 배임행위자로부터 미리 이를 매수하기로 합의 내지 응탁한 피고인들의 행위는 배임으로 취득한 장물을 취득한 행위에 지나지 않는 것이 아니라 모두 배임행위 자체의 공동정범이 된다.[948] 점포의 임차인이 임대인이 그 점포를 타에 매도한 사실을 알고 있으면서 점포의 임대차 계약 당시 "타인에게 점포를 매도할 경우 우선적으로 임차인에게 매도한다"는 특약을 구실로 임차인이 매매대금을 일방적으로 결정하여 공탁하고 임대인과 공모하여 임차인 명의로 소유권이전등기를 경료하였다면 임대인의 배임행위에 적극 가담한 것으로서 배임죄의 공동정범에 해당한다.[949] 부동산을 타인이 매수한 사실을 알면서 그 매수인을 배제하고

944) 대법원 2017.7.20. 선고 2014도1104 전원합의체 판결.
945) 대법원 2000.11.24. 선고 99도822 판결; 대법원 2000.5.26. 선고 99도2781 판결.
946) 대법원 1984.11.27. 선고 83도1946 판결.
947) 대법원 2013.7.11. 선고 2011도5337 판결; 대법원 2006.10.26. 선고 2006도5147 판결.
948) 대법원 1987.4.28. 선고 83도1568 판결.

이를 취득할 목적으로 그 매도인과 공모하여 이중으로 매수하여 그 소유권이전등기를 경료하였다면 피고인은 매도인의 배임범죄행위에 가공하였다 할 것이므로 본법 제33조와 제30조에 의하여 배임죄의 공모관계가 성립된다.[950]

공범을 부정한 판례의 구체적 내용은 다음과 같다. 즉,

거래상대방의 대향적 행위의 존재를 필요로 하는 유형의 배임죄에 있어서 거래상대방으로서는 기본적으로 배임행위의 실행행위자와는 별개의 이해관계를 가지고 반대편에서 독자적으로 거래에 임한다는 점을 감안할 때, 거래상대방이 배임행위를 교사하거나 그 배임행위의 전 과정에 관여하는 등으로 배임행위에 적극 가담함으로써 그 실행행위자와의 계약이 반사회적 법률행위에 해당하여 무효로 되는 경우 배임죄의 교사범 또는 공동정범이 될 수 있음은 별론으로 하고, 관여의 정도가 거기에까지 이르지 아니하여 법질서 전체적인 관점에서 살펴볼 때 사회적 상당성을 갖춘 경우에 있어서는 비록 정범의 행위가 배임행위에 해당한다는 점을 알고 거래에 임하였다는 사정이 있어 외견상 방조행위로 평가될 수 있는 행위가 있었다 할지라도 범죄를 구성할 정도의 위법성은 없다고 봄이 상당하다.[951] 택시공제조합의 지부 보상과장으로 있던 자에게 교통사고의 피해자측에 보상금이 많이 지급되도록 하여 달라는 취지의 부탁을 한 것에 불과하고 업무상 배임을 공모한 것으로 인정할 수 없다고 한 사례이다.[952] 배임죄의 공범은 타인의 재산을 감소시키는 재산의 처분, 권리의 포기, 채무의 부담등 배임행위에 직접 가공함으로써 성립되는 것이므로 학교법인의 이사가 이사회에 출석하여 그 법인의 재산을 타에 기증하기로 하는 결의에 찬성하고 그 결의내용을 적은 이사회회의록에 날인한 것만으로는 배임죄의 공범이 되지 아니한다.[953]

(2) 위법성조각사유

임무에 위배되는 사무처리에 대하여 본인의 동의가 있는 때에는 임무에 위배하는 행위라고 할 수 없다.[954] 본죄에서 임무에 위배하는 행위란 처리하는 사무의 내용, 성질 등에 비추어 법령의 규정, 계약의 내용 또는 신의칙상 당연히 하여야 할 것으로 기대되는 행위를 하지 않거나 당연히 하지 않아야 할 것으로 기대되는 행위를 함으로써 본인과의 신임관계를 저버리는 행위를 말하기 때문이다.

위법성조각을 부정한 판례의 구체적 내용은 다음과 같다. 즉,

회사의 임원 등이 그 임무에 위배되는 행위로 재산상 이익을 취득하거나 제3자로 하여금 이를 취득하게 하여 회사에 손해를 가한 때에는 이로써 배임죄가 성립하고, 그 임무위배행위에 대하여 사실상 대주주의 양해를 얻었다거나, 이사회의 결의가 있었다고 하여 배임죄의 성립에 어떠한 영향이 있는 것이 아니다.[955] 주식회사와 주주는 별개의 법인격을 가진 존재로서 동일인이라 할 수 없으므로 1인 주주나 대주주라 하여도 그 본인인 주식회사에 손해를 주는 임무위배행위가 있는

949) 대법원 1983.7.12. 선고 82도180 판결.
950) 대법원 1966.1.31. 선고 65도1095 판결.
951) 대법원 2011.10.27. 선고 2010도7624 판결; 대법원 2005.10.28. 선고 2005도4915 판결.
952) 대법원 1990.2.13. 선고 89도811 판결.
953) 대법원 1985.7.23. 선고 85도480 판결.
954) 대법원 2015.6.11. 선고 2012도1352 판결; 대법원 2003.1.10. 선고 2002도758 판결; 대법원 1955.2.18. 선고 4287형상168 판결.
955) 대법원 2014.7.10. 선고 2013도10516 판결; 대법원 2000.11.24. 선고 99도822 판결.

경우에는 배임죄가 성립하고, 회사의 임원이 그 임무에 위배되는 행위로 재산상 이익을 취득하거나 제3자로 하여금 이를 취득하게 하여 회사에 손해를 가한 때에는 이로써 배임죄가 성립하며, 위와 같은 임무위배행위에 대하여 사실상 주주의 양해를 얻었다고 하여 본인인 회사에게 손해가 없었다거나 또는 배임의 범의가 없었다고 볼 수 없다.[956] 근로자의 단체행동권의 하나인 쟁의권행사는 그것이 정당한 때에 한하여 형법상의 위법성이 부정되어 처벌되지 않는 것이나 지하철공사노동조합원의 공사사무실 점거에 의한 업무방해 행위, 무임승차운행에 의한 배임행위, 재물손괴에 의한 폭력행위등처벌에관한법률위반 행위 등은 어느 것이나 폭력이나 파괴행위로서 쟁의행위의 정당성의 한계를 벗어난 것이므로 위법한 행위이다.[957]

(3) 죄 수

1) 일반원칙

수개의 업무상 배임행위가 포괄하여 1개의 죄에 해당하기 위하여는 피해법익이 단일하고 범죄의 태양이 동일할 뿐 아니라 그 수개의 배임행위가 단일한 범의에 기한 일련의 행위라고 볼 수 있어야 한다.[958] 단일한 범의의 발동에 의하여 상대방을 기망하고 그 결과 착오에 빠져 있는 동일인으로부터 일정 기간 동안 동일한 방법에 의하여 금원을 편취한 경우에는 이를 포괄적으로 관찰하여 일죄로 처단하는 것이 가능할 것이나, 범의의 단일성과 계속성이 인정되지 아니하거나 범행방법이 동일하지 않은 경우에는 각 범행은 실체적 경합범에 해당한다.[959] 피고인의 각 부당대출 행위가 서로 다른 일자에 독립하여 이루어졌고, 담보도 별도로 제공되었다면 이는 포괄일죄가 아니라 실체적 경합범에 해당한다.[960]

포괄 1죄를 부정한 판례의 구체적 내용은 다음과 같다. 즉,

대출에 있어서 부실한 담보를 받고 대출한도 거래약정 또는 여신한도 거래약정을 체결하면 그 때에 그 한도금액 범위 내에서 한 개의 배임죄가 성립한다고 볼 것이며 그 한도금액을 여러 번에 걸쳐 나누어 인출하였다고 하여 그 여러 번의 인출행위를 포괄하여 배임죄의 일죄가 성립한다고 볼 것은 아니다.[961] 피해자들에 대하여 각 별도로 아파트에 관하여 소유권이전등기절차를 이행하여 주어야 할 업무상 임무가 있었다면 각 피해자의 보호법익은 독립한 것이므로, 범의가 단일하고 제3자 앞으로 각 소유권이전등기 및 근저당권설정등기를 한 각 행위시기가 근접하여 있으며 피해자들이 소유권이전등기를 받을 동일한 권리를 가진 자라고 하여도 위 범행을 포괄 1죄라고 볼 수 없고 피해자별로 독립한 수개의 업무상 배임죄가 성립된다.[962]

2) 다른 죄와의 관계

타인의 위탁에 의하여 사무를 처리하는 자가 그 사무처리상 임무에 위배하여 본인을 기망하고 착오에 빠진 본인으로부터 재물을 교부받은 경우에는 사기죄가 성립되며 설사

956) 대법원 2008.7.24. 선고 2008도4085 판결; 대법원 2006.11.9. 선고 2004도7027 판결; 대법원 1983.12.13. 선고 83도2330 전원합의체 판결.

957) 대법원 1990.9.28. 선고 90도602 판결.

958) 대법원 2005.10.28. 선고 2005도5996 판결; 대법원 1997.9.26. 선고 97도1469 판결.

959) 대법원 2004.6.25. 선고 2004도1751 판결; 대법원 1989.11.28. 선고 89도1309 판결.

960) 대법원 2005.10.28. 선고 2005도5996 판결.

961) 대법원 2001.2.9. 선고 2000도5000 판결.

962) 대법원 1993.6.22. 선고 93도743 판결.

배임죄의 구성요건이 충족되어도 별도로 배임죄를 구성하는 것이 아니다.[963] 사기의 수단으로 발행한 수표가 지급거절된 경우 부정수표단속법위반죄와 사기죄는 그 행위의 태양과 보호법익을 달리하므로 실체적 경합범의 관계에 있다.[964] 본인에 대한 배임행위가 본인 이외의 제3자에 대한 사기죄를 구성한다 하더라도 그로 인하여 본인에게 손해가 생긴 때에는 사기죄와 함께 배임죄가 성립한다.[965]

3) 불가벌적 사후행위

피고인이 (갑)과 공동으로 불하받기로 하되 편의상 그 명의로 불하받은 부동산을 (을)에게 자의로 매도하여 (갑)에 대한 배임행위로 처벌받은 후 (을)에 대한 소유권이전등기의무를 지닌 채 위 부동산을 두고 이해관계인간에 민사소송이 제기되어 화해가 성립됨으로써 결국 피고인이 재매도하는 형식이 되었다 하여도 이는 불가벌적 사후행위로서 특별히 죄가 되지 않는다.[966]

불가벌적 사후행위를 부정한 판례의 구체적 내용은 다음과 같다. 즉,

배임죄는 타인의 사무를 처리하는 자가 임무에 위배하는 행위로써 재산상의 이익을 취득하거나 제3자로 하여금 이를 취득하게 하여 본인에게 재산상 손해를 가한 때에 성립한다. 그리고 횡령죄는 타인의 재물을 보관하는 자가 불법영득의 의사로 그 재물을 횡령하는 경우에 성립하는 범죄로서, 횡령죄에서 '불법영득의 의사'는 자기 또는 제3자의 이익을 꾀할 목적으로 임무에 위배하여 자신이 보관하는 타인의 재물을 자기의 소유인 것과 같이 사실상 또는 법률상 처분을 하는 의사를 말한다. 이러한 배임죄와 횡령죄의 구성요건에서의 차이에 비추어 보면, 회사에 대한 관계에서 타인의 사무를 처리하는 자가 임무에 위배하는 행위로써 회사로 하여금 회사가 펀드 운영사에 지급하여야 할 펀드출자금을 정해진 시점보다 선지급하도록 하여 배임죄를 범한 다음, 그와 같이 선지급된 펀드출자금을 보관하는 자와 공모하여 펀드출자금을 임의로 인출한 후 자신의 투자금으로 사용하기 위하여 임의로 송금하도록 한 행위는 펀드출자금 선지급으로 인한 배임죄와는 다른 새로운 보호법익을 침해하는 행위로서 배임 범행의 불가벌적 사후행위가 되는 것이 아니라 별죄로서 횡령죄를 구성한다고 보아야 한다.[967] 배임죄와 횡령죄의 구성요건적 차이에 비추어 보면, 회사에 대한 관계에서 타인의 사무를 처리하는 자가 임무에 위배하여 회사로 하여금 자신의 채무에 관하여 연대보증채무를 부담하게 한 다음, 회사의 금전을 보관하는 자의 지위에서 회사의 이익이 아닌 자신의 채무를 변제하려는 의사로 회사의 자금을 자기의 소유인 경우와 같이 임의로 인출한 후 개인채무의 변제에 사용한 행위는, 연대보증채무 부담으로 인한 배임죄와 다른 새로운 보호법익을 침해하는 것으로서 배임 범행의 불가벌적 사후행위가 되는 것이 아니라 별죄인 횡령죄를 구성한다고 보아야 하며, 횡령행위로 인출한 자금이 선행 임무위배행위로 인하여 회사가 부담하게 된 연대보증채무의 변제에 사용되었다 하더라도 달리 볼 것은 아니다.[968]

---

963) 대법원 1983.7.12. 선고 82도1910 판결.
964) 대법원 2004.6.25. 선고 2004도1751 판결; 대법원 1983.11.22. 선고 83도2495 판결.
965) 대법원 2010.11.11. 선고 2010도10690 판결; 대법원 1987.4.28. 선고 83도1568 판결.
966) 대법원 1970.11.24. 선고 70도1998 판결.
967) 대법원 2014.12.11. 선고 2014도10036 판결.
968) 대법원 2011.4.14. 선고 2011도277 판결.

3. 처 벌

본죄의 법정형은 5년 이하의 징역 또는 1천500만원 이하의 벌금이다. 횡령죄의 그것과 완전히 일치한다. 본죄의 법정형이 횡령죄의 그것과 같은 것도 신임관계를 깨뜨린다는 점이 고려되었기 때문이다. 본죄의 미수범은 처벌된다. 본죄에 대하여는 친족상도례가 준용된다.

Ⅲ. 업무상 배임죄

제356조(업무상의 횡령과 배임) 업무상의 임무에 위배하여 제355조의 죄를 범한 자는 10년 이하의 징역 또는 3천만원 이하의 벌금에 처한다.

제358조(자격정지의 병과) 전3조의 죄에는 10년 이하의 자격정지를 병과할 수 있다.

제359조(미수범) 제355조 내지 제357조의 미수범은 처벌한다.

제361조(친족간의 범행, 동력) 제328조와 제346조의 규정은 본장의 죄에 준용한다.

1. 서 언

본죄는 업무상 타인의 사무를 처리하는 자가 그 임무를 위반하는 행위로써 재산상의 이익을 취득하거나 제3자로 하여금 이를 취득하게 하여 본인에게 손해를 가함으로써 성립한다. 본죄는 타인의 사무를 처리하는 지위라는 점에서 보면 신분관계로 인하여 성립될 범죄이고, 업무상 타인의 사무를 처리하는 지위라는 점에서 보면 단순배임죄에 대한 가중규정으로서 신분관계로 인하여 형의 경중이 있는 경우라고 할 것이다.[969]

한편 본죄를 편의상 자기 스스로 재산상의 이익을 취득하는 소위 자기 업무상 배득죄와 제3자로 하여금 재산상의 이익을 취득하게 하는 제3자를 위한 소위 타인 업무상 배득죄로 구분하기로 한다.

2. 범 죄

(1) 구성요건

1) 객관적 구성요건

① 주 체

본죄의 주체는 타인의 사무를 처리하는 자이다.[970] 타인의 사무처리자 중에서도 업무상 타인의 사무를 처리하는 자에 한한다. 본죄는 타인의 사무를 처리하는 지위라는 점에서 보면 신분관계로 인하여 성립될 신분범에 속한다.[971] 업무자인 동시에 사무처리자일 것을 요한다는 점에서 이중의 신분범이라고 할 수 있다.

ⓘ 업무상 사무처리자

ⅰ. 업 무 본죄에서 업무란 법령이나 계약에 의한 것뿐만 아니라 관례거나 사실상이

---

969) 대법원 2018.8.30. 선고 2018도10047 판결; 대법원 2012.11.15. 선고 2012도6676 판결; 대법원 1999.4.27. 선고 99도883 판결.

970) 대법원 2017.6.29. 선고 2017도3808 판결.

971) 대법원 2012.11.15. 선고 2012도6676 판결.

거나를 묻지 않고 같은 행위를 반복할 지위에 따른 사무를 가리킨다.[972)]

ii. 사무처리자　본죄에서 타인의 사무를 처리하는 자라 함은 타인과의 내부적인 관계에서 신의성실의 원칙에 비추어 타인의 사무를 처리할 신임관계에 있게 되어 그 관계에 기하여 타인의 재산적 이익 등을 보호·관리하는 것이 신임관계의 전형적·본질적 내용이 되는 지위에 있는 사람을 말한다.[973)]

고유의 권한으로서 그 처리를 하는 자에 한하지 않고 그 자의 보조기관으로서 직접 또는 간접으로 그 처리에 관한 사무를 담당하는 자도 포함한다.[974)] 직접 업무를 담당하고 있는 자가 아니더라도 그 업무 담당자의 상급기관으로서 실행행위자의 행위가 피해자인 본인에 대한 배임행위에 해당한다는 것을 알면서도 실행행위자의 배임행위를 교사하거나 또는 배임행위의 전 과정에 관여하는 등으로 배임행위에 적극 가담한 경우에는 배임죄의 주체가 된다.[975)]

사무의 처리가 오로지 타인의 이익을 보호·관리하는 것만을 내용으로 하여야 할 필요는 없고, 자신의 이익을 도모하는 성질도 아울러 가진다고 하더라도 타인을 위한 사무로서의 성질이 부수적·주변적인 의미를 넘어서 중요한 내용을 이루는 경우에는 여기서 말하는 타인의 사무를 처리하는 자에 해당한다.[976)] 따라서 위임 등 계약에 기하여 위임인 등으로부터 맡겨진 사무를 처리하는 것이 약정된 보수 등을 얻기 위한 것이라고 하더라도, 또는 매매 등 계약에 기하여 일정한 단계에 이르러 타인에게 소유권등기를 이전하는 것이 대금 등을 얻고 자신의 거래를 완성하기 위한 것이라고 하더라도, 그 사무를 처리하는 이는 상대방과의 신임관계에서 그의 재산적 이익을 보호·관리하여야 할 지위에 있다고 할 것이다.[977)]

iii. 신임관계　본죄가 성립하기 위해서 사무처리자와 본인 사이에 신임관계를 요한다. 명문으로 규정되어 있지 않지만 법문의 해석상 당연하다. 본죄는 타인에 대한 신뢰관계에서 일정한 임무에 따라 사무처리를 할 법적 의무가 있는 자가 당해 사정하에서 당연히 할 것이 법적으로 기대되는 행위를 하지 않는 때에 성립하기 때문이다.[978)] 타인의 사무를 처리하는 자란 타인과의 대내관계에 있어서 신의성실의 원칙에 비추어 그 사무를 처리할 신임관계가

---

972) 대법원 2011.7.14. 선고 2010도3043 판결; 대법원 2008.5.29. 선고 2005도4640 판결; 대법원 2007.10.11. 선고 2007도6012 판결; 대법원 2006.11.10. 선고 2004도5167 판결; 대법원 2003.1.10. 선고 2002도758 판결; 대법원 2002.6.14. 선고 2001도3534 판결; 대법원 2000.3.14. 선고 99도457 판결; 대법원 1988.11.22. 선고 88도1523 판결; 대법원 1971.1.12. 선고 70도2216 판결.

973) 대법원 2012.5.10. 선고 2010도3532 판결; 대법원 2005.3.25. 선고 2004도6890 판결; 대법원 1991.3.27. 선고 91도262 판결.

974) 대법원 2007.6.1. 선고 2005도9288 판결; 대법원 2005.7.29. 선고 2004도5685 판결; 대법원 2004.7.9. 선고 2004도810 판결; 대법원 2004.6.24. 선고 2004도520 판결; 대법원 2000.4.11. 선고 99도334 판결; 대법원 1999.7.23. 선고 99도1911 판결; 대법원 1982.7.27. 선고 81도203 판결.

975) 대법원 2004.7.9. 선고 2004도810 판결.

976) 대법원 2012.5.10. 선고 2010도3532 판결; 대법원 2005.3.25. 선고 2004도6890 판결; 대법원 1991.3.27. 선고 91도262 판결.

977) 대법원 2012.5.10. 선고 2010도3532 판결; 대법원 2005.3.25. 선고 2004도6890 판결; 대법원 1991.3.27. 선고 91도262 판결.

978) 대법원 2003.4.25. 선고 2001도4035 판결; 대법원 1986.8.19. 선고 85도2144 판결.

존재한다고 인정되는 사람을 말한다.[979] 반드시 제3자에 대한 대외관계에서 그 사무에 관한 대리권이 있어야 하는 것은 아니다.[980]

사무처리자를 긍정한 판례의 구체적 내용은 다음과 같다. 즉,

전환사채는 발행 당시에는 사채의 성질을 갖는 것으로서 사채권자가 전환권을 행사한 때에 비로소 주식으로 전환된다. 전환사채의 발행업무를 담당하는 사람과 전환사채 인수인이 사전 공모하여 제3자에게서 전환사채 인수대금에 해당하는 금액을 차용하여 전환사채 인수대금을 납입하고 전환사채 발행절차를 마친 직후 인출하여 차용금채무의 변제에 사용하는 등 실질적으로 전환사채 인수대금이 납입되지 않았음에도 전환사채를 발행한 경우에, 전환사채의 발행이 주식 발행의 목적을 달성하기 위한 수단으로 이루어졌고 실제로 목적대로 곧 전환권이 행사되어 주식이 발행됨에 따라 실질적으로 신주인수대금의 납입을 가장하는 편법에 불과하다고 평가될 수 있는 등의 특별한 사정이 없는 한, 전환사채의 발행업무를 담당하는 사람은 회사에 대하여 전환사채 인수대금이 모두 납입되어 실질적으로 회사에 귀속되도록 조치할 업무상의 임무를 위반하여, 전환사채 인수인이 인수대금을 납입하지 않고서도 전환사채를 취득하게 하여 인수대금 상당의 이득을 얻게 하고, 회사가 사채상환의무를 부담하면서도 그에 상응하여 취득하여야 할 인수대금 상당의 금전을 취득하지 못하게 하여 같은 금액 상당의 손해를 입게 하였으므로, 업무상 배임죄의 죄책을 진다. 그리고 그 후 전환사채의 인수인이 전환사채를 처분하여 대금 중 일부를 회사에 입금하였거나 또는 사채로 보유하는 이익과 주식으로 전환할 경우의 이익을 비교하여 전환권을 행사함으로써 전환사채를 주식으로 전환하였더라도, 이러한 사후적인 사정은 이미 성립된 업무상 배임죄에 영향을 주지 못한다.[981] 신용카드 정보통신부가사업회사[통상 '밴(VAN. value added network의 약어) 사업자'라고도 한다]인 甲 주식회사와 가맹점 관리대행계약, 대리점계약, 단말기 무상임대차계약, 판매장려금계약을 각 체결하고 甲 회사의 대리점으로서 카드단말기의 판매 및 설치, 가맹점 관리업무 등을 수행하는 乙 주식회사 대표이사인 피고인이, 그 임무에 위배하여 甲 회사의 기존 가입 가맹점을 甲 회사와 경쟁관계에 있는 다른 밴사업자 가맹점으로 임의로 전환하여 甲 회사에 재산상 손해를 가하였다고 하여 업무상 배임으로 기소된 사안에서, 甲 회사가 보유하는 가맹점은 甲 회사의 수익과 직결되는 재산적 가치를 지니고 있어 피고인이 甲 회사를 대신하여 가맹점을 모집·유지 및 관리하는 것은 본래 甲 회사의 사무로서 피고인에 대한 인적 신임관계에 기하여 그 처리가 피고인에게 위탁된 것이고, 이는 단지 피고인 자신의 사무만에 그치지 아니하고 甲 회사의 재산적 이익을 보호 내지 관리하는 것을 본질적 내용으로 하며, 그 업무가 피고인 자신의 계약상 의무를 이행하고 甲 회사로부터 더 많은 수수료 이익을 취득하기 위한 피고인 자신의 사무의 성격을 일부 가지고 있다고 하여 달리 볼 것이 아니므로, 피고인은 甲 회사와 신임관계에 기하여 甲 회사의 가맹점 관리업무를 대행하는 '타인의 사무를 처리하는 자'의 지위에 있다고 할 것인데도, 이와 달리 보아 무죄를 선고한 원심판결에 배임죄에서 '타인의 사무를 처리하는 자'에 관한 법리오해의 위법이 있다고 한 사례이다.[982] 이사는 회사에 대하여 법령과 정관의 규정에 따라 성실하게 회사에 최선의 이익이 되도록 직무를 수행하여야 할 선관주의의무 내지 충실의무를 부담하는 것이므로, 회사에 필요한 물품을 납품받음에 있어 할인된 가격으로 납품가격을 정할 수 있었음에도 납품과정에서 자신이 이익을 취득할

979) 대법원 2008.5.29. 선고 2005도4640 판결; 대법원 2007.10.11. 선고 2007도6012 판결.
980) 대법원 2008.5.29. 선고 2005도4640 판결; 대법원 2007.10.11. 선고 2007도6012 판결.
981) 대법원 2015.12.10. 선고 2012도235 판결.
982) 대법원 2012.5.10. 선고 2010도3532 판결.

의도로 납품업자에게 가공의 납품업체를 만들게 한 뒤 그 납품업체로부터 할인되지 않은 가격으로 납품을 받았다면 이는 회사와의 신임관계를 저버리는 행위로서 임무에 위배하는 행위라고 할 것이다. 다만 구체적 사정에 비추어 할인받을 수 있는 가격을 특정할 수 없는 등의 특별한 사정이 있다면 이사가 취득한 이익 전체를 회사에 발생한 재산상 손해액이라고 할 수는 없고, 회사에는 가액을 산정할 수 없는 손해가 발생하였다고 봄이 상당하다.[983] 도시 및 주거환경정비법상 조합원은 원칙적으로 그가 가진 지분에 따라 분양을 신청할 권리가 있고, 조합은 일정한 기간 내에 분양을 공고하고 그 신청을 받아 분양업무를 처리하여야 하는데(제46조), 이러한 조합원에 대한 분양업무는 조합원의 분양권을 보호하기 위한 측면은 있으나 이는 어디까지나 조합의 사무일 뿐이고, 조합 또는 조합장 개인이 조합원들과 사이에서 그 지분을 보존하는 임무를 대행하거나 조합원의 재산보전행위에 협력하는 자의 지위에 있다고 볼 수는 없다 할 것이다.[984] 대학교수가 판공비 지출용 법인신용카드를 업무와 무관하게 지인들과의 식사대금 등의 결제 등 개인적 용도에 사용한 행위는 업무상횡령죄가 아닌 업무상배임죄를 구성한다.[985] 피고인이 사업소 소장을 보좌하여 간접보상금 신청서류의 접수, 서류검토 및 실태조사계획 수립, 현지조사, 물건조서 작성 등의 업무를 담당하였던 이상 타인의 사무를 처리하는 자의 지위에 있고, 피고인이 상급자의 지시에 따라 이 사건 보상업무를 처리하였다고 하더라도 판시의 범죄행위에 가담하지 않을 기대가능성이 없다고 볼 수도 없다고 판단하였는바, 이는 위 법리에 따른 것으로서 수긍이 가고, 거기에 배임죄의 주체나 기대가능성에 관한 법리오해 등의 위법이 없다.[986] 업무상 배임죄에 있어서 타인의 사무를 처리하는 자라 함은 고유의 권한으로서 그 처리를 하는 자에 한하지 않고, 직접 업무를 담당하고 있는 자가 아니더라도 그 업무 담당자의 상급기관으로서 실행행위자의 행위가 피해자인 본인에 대한 배임행위에 해당한다는 것을 알면서도 실행행위자의 배임행위를 교사하거나 또는 배임행위의 전 과정에 관여하는 등으로 배임행위에 적극 가담한 경우에는 배임죄의 주체가 된다.[987] 대학교 총장으로 대학교 업무 전반을 총괄함과 동시에 학교법인의 이사로서 학교법인 이사회에 상당한 영향력을 행사하고 있는 자가 학교법인의 이사로서 이사회에 참석하여 명예총장에 추대하는 결의에 찬성하고, 이사회의 결의에 따라 대학교의 총장으로서 대학교의 교비로써 명예총장의 활동비 및 전용 운전사의 급여를 지급한 경우, 업무상 배임죄의 주체가 될 수 있다.[988] 행위자가 가사 본인을 위한다는 의사를 가지고 행위를 하였다고 하더라도 그 목적과 취지가 법령이나 사회상규에 위반된 위법한 행위로서 용인할 수 없는 경우에는 그 행위의 결과가 일부 본인을 위하는 측면이 있다고 하더라도 이는 본인과의 신임관계를 저버리는 행위로서 배임죄의 성립을 인정함에 영향이 없다.[989] 약속어음을 할인을 위하여 교부받은 경우에 수탁자가 그 약속어음을 할인하였을 때에는 그로 인하여 생긴 돈을, 그 할인이 불가능하거나 할인하여 줄 의사를 철회하였을 때에는 약속어음 그 자체를 위탁자에게 반환하여야 하고 그 약속어음이 수탁자의 점유하에 있는 동안에도 다른 특별한 사정이 없는 이상 그 소유권은 위탁자에게 있고, 수탁자는 위탁의 취지에 따라 이를 단지 보관하는 것으로 볼 것이다.[990] 고객

983) 대법원 2009.10.15. 선고 2009도5655 판결.
984) 대법원 2007.5.10. 선고 2006도8832 판결.
985) 대법원 2006.5.26. 선고 2003도8095 판결.
986) 대법원 2005.7.29. 선고 2004도5685 판결.
987) 대법원 2004.7.9. 선고 2004도810 판결; 대법원 1999.7.23. 선고 99도1911 판결.
988) 대법원 2003.1.10. 선고 2002도758 판결.
989) 대법원 2002.7.22. 선고 2002도1696 판결; 대법원 2001.9.28. 선고 99도2639 판결; 대법원 2000.12.8. 선고 99도3338 판결.
990) 대법원 1999.7.23. 선고 99도1911 판결.

이 증권회사와 체결하는 매매거래 계좌설정 계약은 고객과 증권회사 간의 계속적인 거래관계에 적용될 기본관계에 불과하므로 특별한 사정이 없는 한 그에 의하여 바로 매매거래에 관한 위탁계약이 이루어지는 것이 아니고, 매매거래 계좌설정 계약을 토대로 하여 고객이 매수주문을 할 때 비로소 매매거래에 관한 위탁이 이루어진다.[991] 고객과 증권회사와의 사이에 이러한 매매거래에 관한 위탁계약이 성립되기 이전에는 증권회사는 매매거래 계좌설정 계약시 고객이 입금한 예탁금을 고객의 주문이 있는 경우에 한하여 그 거래의 결제의 용도로만 사용하여야 하고, 고객의 주문이 없이 무단 매매를 행하여 고객의 계좌에 손해를 가하지 아니하여야 할 의무를 부담하는 자로서, 고객과의 신임관계에 기초를 두고 고객의 재산관리에 관한 사무를 대행하는 타인의 사무를 처리할 지위에 있다.[992] 임대차계약을 체결함에 있어 임차인을 선정하거나 임대보증금 및 차임을 결정하는 권한이 없고 다만 상사에게 임차인을 추천할 수 있는 권한 밖에 없다 하더라도 업무과장으로서 점포 등의 임대 및 관리를 담당하고 있는 이상 타인의 사무를 처리하는 자에 해당한다 할 것이며 그러한 자가 다른 사람이 점포를 임차하려는 상태에서 사례비를 줄 터이니 자기에게 임대하여 달라는 부탁을 받고 금원을 교부받은 소위는 형법 제357조의 구성요건에 해당한다.[993] 지점장이 은행장의 승인을 받아 대출규정에 위배된 불성실한 당좌대월을 하여 주었다 하더라도, 그 승인신청을 하는 여부는 지점장이 스스로의 책임과 권한에 의하여 결정할 사항이라 하겠으므로 지점장의 위의 대월행위는 업무상 배임죄를 구성한다.[994] 피고인이 전신전화국 관리과장으로서 서무, 징수사무와 경리 및 공사관계지출사무를 주관 처리하는 자인데 예산회계법상 재무관 및 세입징수관인 국장과 공모하여 각 그 업무상의 임무에 위배한 행위(피고인 및 국장에 의한 허위내용의 재입찰공고서의 순차결재 및 국장에 의한 입찰계약 체결)를 하였다면 업무상 배임죄가 성립한다.[995] 군재무회계규칙에 의하여 군이 실시하는 공사에 소용되는 자재의 구입계약체결권이 부군수에게 속해 있다 하더라도 그 자재구입에 관한 사무는 지방자치단체의 장인 군수의 사무라 볼 것이다.[996] 피고인이 전신전화국 관리과장으로서 서무, 징수사무와 경리 및 공사관계지출사무를 주관 처리하는 자인데 예산회계법상 재무관 및 세입징수관인 국장과 공모하여 각 그 업무상의 임무에 위배한 행위(피고인 및 국장에 의한 허위내용의 재입찰공고서의 순차결재 및 국장에 의한 입찰계약 체결)를 하였다면 업무상 배임죄가 성립한다.[997]

사무처리자를 부정한 판례의 구체적 내용은 다음과 같다. 즉,

예금은 은행 등 법률이 정하는 금융기관을 수치인으로 하는 금전의 소비임치계약으로서, 그 예금계좌에 입금된 금전의 소유권은 금융기관에 이전되고, 예금주는 그 예금계좌를 통한 예금반환채권을 취득하므로, 금융기관의 임직원은 예금주로부터 예금계좌를 통한 적법한 예금반환 청구가 있으면 이에 응할 의무가 있을 뿐 예금주와의 사이에서 그의 재산관리에 관한 사무를 처리하는 자의 지위에 있다고 할 수 없다.[998] 회사직원이 퇴사한 후에는 특별한 사정이 없는 한 그 퇴사한 회사직원은 더 이상 업무상 배임죄에서 타인의 사무를 처리하는 자의 지위에 있다고 볼 수 없고,

991) 대법원 1993.12.28. 선고 93다26632, 26649 판결; 대법원 1993.9.10. 선고 92도3199 판결.
992) 대법원 1995.11.21. 선고 94도1598 판결.
993) 대법원 1984.8.21. 선고 83도2447 판결.
994) 대법원 1983.3.8. 선고 82도2873 판결.
995) 대법원 1982.7.27. 선고 81도203 판결.
996) 대법원 1982.4.27. 선고 81도2383 판결.
997) 대법원 1982.7.27. 선고 81도203 판결.
998) 대법원 2017.8.24. 선고 2017도7489 판결; 대법원 2008.4.24. 선고 2008도1408 판결.

위와 같이 반환하거나 폐기하지 아니한 영업비밀 등을 경쟁업체에 유출하거나 스스로의 이익을 위하여 이용하더라도 이는 이미 성립한 업무상 배임행위의 실행행위에 지나지 아니하므로, 그 유출 내지 이용행위가 부정경쟁방지 및 영업비밀보호에 관한 법률 위반(영업비밀누설등)죄에 해당하는지 여부는 별론으로 하더라도, 따로 업무상 배임죄를 구성할 여지는 없다고 보아야 한다.[999] 甲 택시회사 노동조합 분회장이자 전국택시노동조합연맹 지역본부 교섭위원인 피고인이 사용자단체인 지역택시운송사업조합과 노사교섭을 담당하면서, 근로자인 운전기사 과반수의 동의 없이 운송사업자에 대한 부가가치세 경감세액 중 일부만을 근로자에게 직접 지급하고 나머지는 단체협약상 운송사업자가 부담할 비용에 사용할 수 있도록 합의함으로써 근로자들에게 손해를 가하였다고 하여 업무상 배임죄로 기소된 사안에서, 구 조세특례제한법(2006.12.30. 법률 제8146호로 개정되기 전의 것)에 따른 부가가치세 경감세액은 납부의무자인 일반택시 운송사업자에게 귀속되고 운전기사들이 운송사업자들을 상대로 부가가치세 경감세액에 대한 직접적인 사법상 권리를 취득하는 것이 아닌 점, 위 합의는 지역본부로부터 권한을 위임받은 지역본부의 본부장 및 교섭위원들이 사용자단체인 지역택시운송사업조합과 부가가치세 경감세액 사용 방법에 관하여 체결한 것으로 단체협약의 성질을 가지는 점 등을 종합할 때, 피고인이 지역본부 교섭위원으로서 한 합의의 체결은 지역본부의 사무이고, 피고인이 소속 조합원들에 대한 관계에서 직접 그들의 사무를 처리하는 자의 지위에 있다고 할 수 없는데도, 이와 달리 보아 유죄를 인정한 원심판결에 '타인의 사무를 처리하는 자'의 지위 등에 관한 법리오해의 위법이 있다고 한 사례이다.[1000] 이른바 보통예금은 은행 등 법률이 정하는 금융기관을 수치인으로 하는 금전의 소비임치 계약으로서, 그 예금계좌에 입금된 금전의 소유권은 금융기관에 이전되고, 예금주는 그 예금계좌를 통한 예금반환채권을 취득하는 것이므로, 금융기관의 임직원은 예금주로부터 예금계좌를 통한 적법한 예금반환 청구가 있으면 이에 응할 의무가 있을 뿐 예금주와의 사이에서 그의 재산관리에 관한 사무를 처리하는 자의 지위에 있다고 할 수 없다.[1001] 신탁자와 수탁자가 명의신탁약정을 맺고, 그에 따라 수탁자가 당사자가 되어 명의신탁약정이 있다는 사실을 알지 못하는 소유자와 사이에서 부동산에 관한 매매계약을 체결한 계약명의신탁에 있어서 수탁자는 신탁자에 대한 관계에서도 신탁 부동산의 소유권을 완전히 취득하고 단지 신탁자에 대하여 명의신탁약정의 무효로 인한 부당이득반환의무만을 부담할 뿐인바, 그와 같은 부당이득반환의무는 명의신탁약정의 무효로 인하여 수탁자가 신탁자에 대하여 부담하는 통상의 채무에 불과할 뿐 아니라, 신탁자와 수탁자 간의 명의신탁약정이 무효인 이상, 특별한 사정이 없는 한 신탁자와 수탁자 간에 명의신탁약정과 함께 이루어진 부동산 매입의 위임 약정 역시 무효라고 볼 것이어서 수탁자를 신탁자와의 신임관계에 기하여 신탁자를 위하여 신탁 부동산을 관리하면서 신탁자의 허락 없이는 이를 처분하여서는 아니되는 의무를 부담하는 등으로 신탁자의 재산을 보전·관리하는 지위에 있는 자에 해당한다고 볼 수 없어 수탁자는 타인의 사무를 처리하는 자의 지위에 있지 아니하다 할 것이고,[1002] 이러한 계약명의신탁의 법리는 부동산실권리자명의등기에관한법률 제4조 제1항에 따라 무효인 명의신탁약정에 대하여 신탁자가 그 소유권이전등기의 경료 이전에 해지의 의사를 표시한 경우에도 마찬가지로 적용되는 것으로 보아야 할 것이다.[1003] 위 위원장이 건축업자와 간에

999) 대법원 2017.6.29. 선고 2017도3808 판결.
1000) 대법원 2012.3.15. 선고 2010도3207 판결.
1001) 대법원 2008.4.24. 선고 2008도1408 판결.
1002) 대법원 2004.4.27. 선고 2003도6994 판결; 대법원 2002.4.12. 선고 2001도2785 판결; 대법원 2001.9.25. 선고 2001도2722 판결.
1003) 대법원 2004.4.27. 선고 2003도6994 판결.

위 연립주택건립을 위한 도급계약을 체결하는 행위도 타인을 위한 사무처리가 아니라 바로 동인 자신의 사무처리행위에 해당된다고 보아야 할 것이므로 동인이 위 업자와의 합의하에 실제의 공사금보다 많은 금액을 계약서상 기재하였다 하여 그것이 조합원들에 대한 배임행위가 되는 것은 아니다.[1004] 수산업협동조합영업과장과 저축과장이 취급한 적금대출업무는 수산업협동조합법 제65조 소정의 신용사업의 일종으로서 이루어지는 금융업무이고 소비대차의 성질을 띤 것으로서 이로 인하여 위 조합과 대출받는 자 간에는 채권, 채무관계가 발생할 뿐이고 따라서 위 적금대출사무는 위 조합의 업무에 속하는 것이지 결코 대출을 받는 자인 타인의 사무에 속한다고 볼 수 없으므로 위 영업과장 등이 배임죄의 주체가 될 수 없다.[1005] 보험계약 모집인이 보험회사로부터 자기가 모집하여 체결시킨 보험계약이 위험성이 크니 해약토록 하라는 지시를 받고 이를 이행하지 아니하는 사이 보험사고가 발생하여 보험회사가 그 계약에 따른 보험금을 지급하게 되었다 하더라도 위 보험모집인에게 보험계약자들을 설득하여 보험계약을 해약시켜야 할 법적 의무가 있다 할 수 없어 동인이 이를 이행하지 아니한 것이 업무상 임무에 위배된다고 할 수 없다.[1006]

ⓘ 업무상 사무처리자의 범위

ⅰ. 공무원 공무원이 그 임무에 위배되는 행위로써 제3자로 하여금 재산상의 이익을 취득하게 하여 국가에 손해를 가한 경우에 업무상 배임죄가 성립한다.[1007]

사무처리자를 부정한 판례의 구체적 내용은 다음과 같다. 즉,

불법매각된 국유지의 환수업무를 처리하는 공무원이 다수의 이해관계가 충돌하고 법적 해결이 용이하지 않은 상황에서 이를 해결하기 위하여 선의의 취득자 보호를 위한 국유재산법상 특례매각에 관한 규정을 유추적용하기로 하면서 문제의 발생 원인과 각종 이해관계 및 파급효과 등을 전반적으로 고려하고 내부 결재를 거쳐 특례매각의 범위를 확장하여 시행한 사안에서, 그로 인해 결과적으로 국가에 재산상 손해가 발생하였다고 하더라도 문제해결을 위한 직무범위 내의 정책판단과 선택이므로 업무상 배임죄에 해당하지 않는다.[1008]

ⅱ. 1인회사 사원 주식회사와 주주는 별개의 법인격을 가진 존재로서 동일인이라 할 수 없고 주식회사의 손해가 항상 주주의 손해와 일치한다고 할 수도 없으므로, 실질적 1인 주주인 임원이 임무위배행위를 하여 재산상 이익을 취득하거나 제3자로 하여금 이를 취득하게 하고 회사에 손해를 가한 경우에도 업무상 배임죄의 죄책을 진다.[1009]

업무상 사무처리자를 긍정한 판례의 구체적 내용은 다음과 같다. 즉,

주식회사 상호 간 및 주식회사와 주주는 별개의 법인격을 가진 존재로서 동일인이라 할 수 없으므로 1인 주주나 대주주라 하여도 그 본인인 주식회사에 손해를 주는 임무위배행위가 있는 경우에는 배임죄가 성립하고, 회사의 임원이 그 임무에 위배되는 행위로 재산상 이익을 취득하거나 제3자로 하여금 이를 취득하게 하여 회사에 손해를 가한 때에는 이로써 배임죄가 성립하며 위와

1004) 대법원 1987.7.7. 선고 86도1643 판결.
1005) 대법원 1987.6.23. 선고 87도873 판결; 대법원 1976.2.10 선고 75도1900 판결.
1006) 대법원 1986.8.19. 선고 85도2144 판결.
1007) 대법원 2013.9.27. 선고 2013도6835 판결; 대법원 2008.6.26. 선고 2006도2222 판결.
1008) 대법원 2008.6.26. 선고 2006도2222, 판결.
1009) 대법원 2014.2.21. 선고 2011도8870 판결; 대법원 2011.3.10. 선고 2008도6335 판결; 대법원 1983.12.13. 선고 83도2330 전원합의체 판결.

같은 임무위배행위에 대하여 사실상 주주의 양해를 얻었다고 하여 본인인 회사에 손해가 없었다거나 또는 배임의 범의가 없었다고 볼 수 없다.[1010] 주식회사의 임원이 공적 업무수행을 위하여서만 사용이 가능한 법인카드를 개인 용도로 계속적, 반복적으로 사용한 경우 특별한 사정이 없는 한 그 임원에게는 임무위배의 인식과 그로 인하여 자신이 이익을 취득하고 주식회사에 손해를 가한다는 인식이 있었다고 볼 수 있으므로, 이러한 행위는 업무상 배임죄를 구성한다고 할 것이다. 위와 같은 법인카드 사용에 대하여 실질적 1인 주주의 양해를 얻었다거나 실질적 1인 주주가 향후 그 법인카드 대금을 변상, 보전해 줄 것이라고 일방적으로 기대하였다는 사정만으로는 업무상 배임의 고의나 불법이득의 의사가 부정된다고 볼 수 없다.[1011] 재무구조가 열악한 회사의 대표이사가 제3자에게 회사의 자산으로 거액의 기부를 한 경우 그로써 회사를 채무초과 상태에 빠뜨리거나 채무상환이 곤란한 상태에 처하게 하는 등 그 기부액수가 회사의 재정상태 등에 비추어 기업의 사회적 역할을 감당하는 정도를 넘는 과도한 규모로서 상당성을 결여한 것이고 특히 그 기부의 상대방이 대표이사와 개인적 연고가 있을 뿐 회사와는 연관성이 거의 없다면, 그 기부는 대표이사의 선량한 관리자로서의 업무상 임무에 위배되는 행위에 해당한다 할 것이고, 그 대표이사가 실질적 1인 주주라는 등의 사정이 있다고 하더라도 마찬가지라 할 것이다.[1012] 유한회사와 그 사원은 별개의 법인격을 가진 존재로서 동일인이라 할 수 없고 유한회사의 손해가 항시 사원의 손해와 일치한다고 할 수도 없으므로, 1인 사원이나 대지분을 가진 사원이라 하더라도 그 본인인 유한회사에 손해를 주는 임무위배행위를 한 경우에는 배임죄의 죄책을 진다. 따라서 회사의 임원이 그 임무에 위배되는 행위로 재산상 이익을 취득하거나 제3자로 하여금 이를 취득하게 하여 회사에 손해를 가한 경우 그 임무위배행위에 대하여 사실상 1인 사원이나 대지분을 가진 사원의 양해를 얻었다고 하더라도 배임죄의 성립에는 지장이 없다.[1013] 주식회사 상호간 및 주식회사와 주주는 별개의 법인격을 가진 존재로서 동일인이라 할 수 없으므로 1인 주주나 대주주라 하여도 그 본인인 주식회사에 손해를 주는 임무위배행위가 있는 경우에는 배임죄가 성립하고, 회사의 임원이 그 임무에 위배되는 행위로 재산상 이익을 취득하거나 제3자로 하여금 이를 취득하게 하여 회사에 손해를 가한 때에는 이로써 배임죄가 성립하며 위와 같은 임무위배행위에 대하여 사실상 주주의 양해를 얻었다고 하여 본인인 회사에게 손해가 없었다거나 또는 배임의 범의가 없었다고 볼 수 없다.[1014] 이른바 1인회사에 있어서도 행위의 주체와 그 본인은 분명히 별개의 인격이며, 그 본인인 주식회사에 재산상 손해가 발생하였을 때 배임죄는 성립하는 것이므로 궁극적으로 그 손해가 주주의 손해가 된다 하더라도 이미 성립한 죄에는 아무 소장이 없다 할 것이다.[1015] 배임죄는 재산상 이익을 객체로 하는 범죄이므로, 1인 회사의 주주가 자신의 개인채무를 담보하기 위하여 회사 소유의 부동산에 대하여 근저당권설정등기를 마쳐 주어 배임죄가 성립한 이후에 그 부동산에 대하여 새로운 담보권을 설정해 주는 행위는 선순위 근저당권의 담보가치를 공제한 나머지 담보가치 상당의 재산상 이익을

1010) 대법원 2020.10.15. 선고 2016도10654 판결; 대법원 2011.9.29. 선고 2011도1764 판결; 대법원 2006.11.9. 선고 2004도7027 판결; 대법원 1983.12.13. 선고 83도2330 전원합의체 판결.

1011) 대법원 2014.2.21. 선고 2011도8870 판결; 대법원 2011.3.10. 선고 2008도6335 판결; 대법원 1983.12.13. 선고 83도2330 전원합의체 판결.

1012) 대법원 2012.6.14. 선고 2010도9871 판결; 대법원 2011.3.10. 선고 2008도6335 판결; 대법원 2005.6.10. 선고 2005도946 판결; 대법원 1983.12.13. 선고 83도2330 전원합의체 판결.

1013) 대법원 2011.3.10. 선고 2008도6335 판결; 대법원 2006.11.9. 선고 2004도7027 판결; 대법원 1983.12.13. 선고 83도2330 전원합의체 판결.

1014) 대법원 2006.11.9. 선고 2004도7027 판결; 대법원 1985.10.22. 선고 85도1503 판결; 대법원 1983.12.13. 선고 83도2330 전원합의체 판결.

1015) 대법원 2006.6.16. 선고 2004도7585 판결; 대법원 1983.12.13. 선고 83도2330 전원합의체 판결.

침해하는 행위로서 별도의 배임죄가 성립한다.[1016] 피고인이 사실상 자기 소유인 1인주주 회사들 중의 한 개 회사 소유의 금원을 자기 소유의 다른 회사의 채무변제를 위하여 지출하거나 그 다른 회사의 어음결제대금으로 사용한 경우, 주식회사의 주식이 사실상 1인의 주주에 귀속하는 1인회사에 있어서는 행위의 주체와 그 본인 및 다른 회사와는 별개의 인격체이므로, 그 법인인 주식회사 소유의 금원은 임의로 소비하면 횡령죄가 성립되고 그 본인 및 주식회사에게 손해가 발생하였을 때에는 배임죄가 성립한다.[1017]

② 객 체

본죄의 객체는 재산상의 이익이다. 본죄는 재산상의 이익만을 객체로 하는 순수한 이득죄라는 점에서 재물죄와 구별된다. 이에 관하여는 배임죄에서 전술한 바와 같다.

재산상의 이익을 부정한 판례의 구체적 내용은 다음과 같다. 즉,

회사 직원이 경쟁업체 또는 스스로의 이익을 위하여 이용할 의사로 무단으로 자료를 반출한 행위가 업무상배임죄에 해당하기 위하여는, 그 자료가 반드시 영업비밀에 해당할 필요까지는 없다고 하겠지만 적어도 그 자료가 불특정 다수인에게 공개되어 있지 않아 보유자를 통하지 아니하고는 이를 통상 입수할 수 없고 그 보유자가 자료의 취득이나 개발을 위해 상당한 시간, 노력 및 비용을 들인 것으로서, 그 자료의 사용을 통해 경쟁상의 이익을 얻을 수 있는 정도의 영업상 주요한 자산에는 해당하여야 한다. 또한 비밀유지조치를 취하지 아니한 채 판매 등으로 공지된 제품의 경우, 역설계(reverse engineering)를 통한 정보의 획득이 가능하다는 사정만으로 그 정보가 불특정 다수인에게 공개된 것으로 단정할 수 없으나, 상당한 시간과 노력 및 비용을 들이지 않고도 통상적인 역설계 등의 방법으로 쉽게 입수 가능한 상태에 있는 정보라면 보유자를 통하지 아니하고서는 통상 입수할 수 없는 정보에 해당한다고 보기 어려우므로 영업상 주요한 자산에 해당하지 않는다.[1018]

③ 행 위

ⓘ 업무상 배임

본죄의 실행행위는 업무상 배임이다. 업무상 배임이란 업무상 임무에 위배하는 행위를 말한다. 임무에 위배하는 행위라 함은 처리하는 사무의 내용, 성질 등 구체적 상황에 비추어 법령의 규정, 계약의 내용 또는 신의칙상 당연히 하여야 할 것으로 기대되는 행위를 하지 않거나 당연히 하지 않아야 할 것으로 기대되는 행위를 함으로써 본인과의 신임관계를 저버리는 일체의 행위를 의미한다.[1019] 임무에 위배하는 행위가 법률상 유효한가 여부는 따져볼

1016) 대법원 2005.10.28. 선고 2005도4915 판결.

1017) 대법원 1996.8.23. 선고 96도1525 판결.

1018) 대법원 2022.6.30. 선고 2018도4794 판결.

1019) 대법원 2017.9.12. 선고 2015도602 판결; 대법원 2017.5.30. 선고 2017도1284 판결; 대법원 2015.11.26. 선고 2014도17180 판결; 대법원 2014.6.26. 선고 2014도753 판결; 대법원 2014.2.13. 선고 2011도16763 판결; 대법원 2013.9.27. 선고 2013도6835 판결; 대법원 2013.4.11. 선고 2012도15585 판결; 대법원 2012.9.13. 선고 2012도3840 판결; 대법원 2012.7.12. 선고 2009도7435 판결; 대법원 2012.6.28. 선고 2012도3643 판결; 대법원 2011.10.27. 선고 2009도14464 판결; 대법원 2011.8.18. 선고 2009도7813 판결; 대법원 2010.4.29. 선고 2009도13868 판결; 대법원 2009.8.20. 선고 2008도12112 판결; 대법원 2008.10.23. 선고 2008도6816 판결; 대법원 2008.5.15. 선고 2005도7911 판결; 대법원 2007.6.1. 선고 2005도9288 판결; 대법원 2006.4.28. 선고 2005도756 판결; 대법원 2004.7.22. 선고 2002도4229 판결; 대법원 2004.7.9. 선고 2004도810 판결; 대법원 2004.6.24. 선고 2004도520 판결; 대법원 2003.10.10. 선고 2003도3516 판결; 대법원 2003.2.11. 선고 2002도5679 판결; 대법원

필요가 없다.[1020)]

임무위배행위에 해당하는지 여부는 그 사무의 성질·내용, 사무집행자의 구체적인 역할과 지위, 행위 당시의 구체적 상황에 따라 그 행위가 신의성실의 원칙에 비추어 통상의 업무집행의 범위를 일탈하였는가에 따라 판단하여야 한다.[1021)]

업무상 배임행위를 긍정한 판례의 구체적 내용은 다음과 같다. 즉,

> 피해자 조합의 주택건설사업의 시행을 대행하는 피고인 2가 그 임무에 위배하여 모친 명의로 이 사건 용역계약을 체결한 후 피해자 주택조합이 추진하는 공동주택 신축사업의 용적률 문제 등을 해결하기 위한 실질적인 노력은 하지 아니한 채 건설교통부로부터 형식적인 서면회신을 수령하고서 즉시 성공보수금 명목으로 2억 원을 수령함으로써 피해자인 주택조합에 동액 상당의 재산상 손해를 가하였다고 판단하였다. 위 법리와 기록에 비추어 살펴보면, 원심의 이러한 판단은 정당한 것으로 수긍할 수 있다.[1022)] 토지구획정리조합은 그 구성원인 개개의 조합원들과 구별되는 독립된 권리주체로서 그 이해가 반드시 일치하는 것은 아니므로 대의원회의 의결권에는 스스로 한계가 있고, 그 한계를 벗어나는 사항에 대하여는 비록 대의원회의 의결이 있었다고 하더라도 범죄를 구성할 수 있다고 할 것인바, 조합장이 토지구획정리조합이 지출하여야 할 비용이 아님에도 불구하고 조합이 그 비용을 지출하도록 대의원회의 결의를 받아 해당 비용을 지출하는 경우에는 업무상 배임죄에 해당한다.[1023)] 회사의 이사가 그 회사의 이사, 주주 등 특수관계자와 사이에 교환의 방법으로 그 회사가 보유중인 다른 회사 발행의 주식을 양도하고 그 특수관계자로부터 제3의 회사 발행의 주식을 취득하는 경우에 있어서, 그 거래의 목적, 계약체결의 경위 및 내용, 거래대금의 규모 및 회사의 재무상태 등 사정에 비추어 그것이 회사의 입장에서 볼 때 경영상의 필요에 의한 정상적인 거래로서 허용될 수 있는 한계를 넘어 주로 교환거래를 하려는 특수관계자의 개인적인 이익을 위한 것에 불과하다면, 그와 같은 거래는 임무위배행위에 해당한다고 보아야 할 것이다.[1024)] 회사의 대표이사는 이사회 또는 주주총회의 결의가 있더라도 그 결의내용이 회사 채권자를 해하는 불법한 목적이 있는 경우에는 이에 맹종할 것이 아니라 회사를 위하여 성실한 직무수행을 할 의무가 있으므로 대표이사가 임무에 배임하는 행위를 함으로써 주주 또는 회사 채권자에게 손해가 될 행위를 하였다면 그 회사의 이사회 또는 주주총회의 결의가 있었다고 하여 그 배임행위가 정당화될 수는 없다.[1025)] 명예총장으로의 추대 및 활동비 내지 전용 운전사의 제공이 학교법인 이사장의 임무에 위배하는 행위에 해당한다.[1026)] 종업원지주제도는 회사의 종업원에 대한 편의제공을 당연한 전제로 하여 성립하는 것인 만큼, 종업원지주제도 하에서 회사의 경영자가 종업원의 자사주 매입을 돕기 위하여 회사자금을 지원하는 것 자체를 들어 회사에 대한 임무위배행위라고

2003.1.10. 선고 2002도758 판결; 대법원 2002.7.22. 선고 2002도1696 판결; 대법원 1994.9.9. 선고 94도902 판결; 대법원 1987.4.28. 선고 83도1568 판결.

1020) 대법원 2003.10.10. 선고 2003도3516 판결; 대법원 2002.7.22. 선고 2002도1696 판결; 대법원 2001.9.28. 선고 99도2639 판결; 대법원 2000.12.8. 선고 99도3338 판결; 대법원 1999.6.22. 선고 99도1095 판결; 대법원 1987.4.28. 선고 83도1568 판결.

1021) 대법원 2012.8.30. 선고 2011도15052 판결; 대법원 2010.4.29. 선고 2009도13868 판결; 대법원 2007.11.15. 선고 2007도6075 판결; 대법원 1986.10.14. 선고 86도747 판결.

1022) 대법원 2011.8.18. 선고 2009도7813 판결.

1023) 대법원 2009.8.20. 선고 2008도12112 판결.

1024) 대법원 2008.5.29. 선고 2005도4640 판결.

1025) 대법원 2005.10.28. 선고 2005도4915 판결; 대법원 1989.10.13. 선고 89도1012 판결.

1026) 대법원 2003.1.10. 선고 2002도758 판결.

할 수는 없을 것이나, 경영자의 자금지원의 주된 목적이 종업원의 재산형성을 통한 복리증진보다는 안정주주를 확보함으로써 경영자의 회사에 대한 경영권을 계속 유지하고자 하는 데 있다면, 그 자금지원은 경영자의 이익을 위하여 회사재산을 사용하는 것이 되어 회사의 이익에 반하므로 회사에 대한 관계에서 임무위배행위가 된다.[1027] 주택개량재개발조합 보류건축시설의 처분에는 조합총회 또는 대의원회의 결의를 거쳐야 한다는 정관의 규정과 서울특별시장의 관리처분계획인가서상에 보류건축시설은 조합에서 임의분양하여 사업경비에 충당하도록 되어 있는 사실 등에 비추어 보면, 보류건축시설은 그 처분의 대상, 절차뿐만 아니라 가격도 조합총회의 결의로써 임의로 정하도록 한 취지라고 보아야 할 것인 바, 위 조합의 상근이사가 보류건축시설인 아파트를 위 조합총회 또는 대의원회의결의를 거치지 아니하고 자신의 계산하에 제3자의 명의로 또는 자신과 특수관계에 있는 제3자에게 시가보다 훨씬 낮은 분양가에 처분한 행위는 상근이사의 업무상 임무에 위배되어 업무상 배임죄에 해당한다고 본 사례이다.[1028] 피고인이 수출회사와의 수출대행계약에 따라 위 회사로부터 인수받은 원부자재와 가공한 반제품은 모두 위 회사의 소유로서 피고인은 선량한 관리자의 주의의무를 다하여 관리하기로 약정하였다면 위 약정에 따라 위 회사를 위한 관리사무를 처리하는 자로서 위 회사명의로 구입한 원부자재를 사용하여 상품을 제조한 후 수출대행계약의 취지와 신용장조건에 따라 이를 수출신용장상의 명의자인 위 회사이름으로 수출함으로써 위 회사로 하여금 수출대금을 추심하여 원부자재대금을 공제하는 등 정산절차를 취할수 있도록 해줄 업무상 임무가 있다.[1029] 학교법인의 이사장이 학교법인 소유의 토지를 매도함에 있어서 그 매수인이 그 매매목적물인 부동산을 매수 즉시 그 매매가격보다 월등하게 높은 가격으로 전매할 것임을 알면서도 이를 확실하게 예측되는 전매가격보다 현저한 저가로 매도하였다면, 이는 그 임무에 위배되는 배임행위로서 본인인 학교법인에게 손해를 가하였다고 보지 아니할 수 없고 위의 저가매도에 관하여 재산처분에 관한 결정권을 가진 학교법인의 이사회의 경의가 있었다거나 그것이 감독청의 허가조건에 위배되지 아니한다는 사유만으로는 그 배임행위를 정당화할 수 없다.[1030] 대표이사는 이사회 또는 주주총회의 결의가 있더라도 그 결의내용이 회사 채권자를 해하는 불법한 목적이 있는 경우에는 이에 맹종할 것이 아니라 회사를 위하여 성실한 직무수행을 할 의무가 있으므로 대표이사가 임무에 배임하는 행위를 함으로써 주주 또는 회사채권자에게 손해가 될 행위를 하였다면 그 회사의 이사회 또는 주주총회의 결의가 있었다고 하여 그 배임행위가 정당화될 수는 없다.[1031] 피고인 1이 위과 같이 치안본부의 차량용 유류의 발주 및 수불업무를 담당하면서 치안본부와 사이에 유류공급계약을 체결해 두고 있던 우영석유주식회사에 대하여 치안본부에 납품할 유류의 일부를 위 유류공급계약상 지정된 납품장소 이외의 장소에 납품케 하여 이를 빼돌린 행위는 같은 피고인의 지시에 따른 우영석유주식회사의 납품이 본인인 치안본부에 대하여 법률상 유효한 납품인가 여부와 관계없이 피고인이 처리하는 사무의 내용에 비추어 결코 행하여서는 아니될 행위를 함으로써 본인인 치안본부와 사이의 신임관계를 저버린 배임행위에 해당한다 할 것이다.[1032] 본인에 대한 배임행위가 본인 이외의 제3자에 대한 사기죄를 구성한다 하더라도 그로 인하여 본인에게 손해가 생긴 때에는 사기죄와 함께 배임죄가 성립한다.[1033] 피고인 등이 위와 같이 빼돌린

1027) 대법원 1999.6.25. 선고 99도1141 판결.
1028) 대법원 1991.12.27. 선고 91도196 판결.
1029) 대법원 1991.3.27. 선고 91도262 판결.
1030) 대법원 1990.6.8. 선고 89도1417 판결.
1031) 대법원 1989.10.13. 선고 89도1012 판결.
1032) 대법원 1987.4.28. 선고 83도1568 판결.
1033) 대법원 1987.4.28. 선고 83도1568 판결.

유류가 논지가 주장하는 바와 같이 법률상 치안본부에 유효하게 납품된 바 없는 것으로 판단되어 치안본부가 그 대금지급채무는 이를 부담하지 않는 것으로 볼 수 있고 따라서 피고인 1의 위 행위가 우영석유주식회사에 대한 사기죄를 구성하게 되는 경우라 할지라도 같은 피고인의 위 행위는 그 직무집행과 관련하여 우영석유주식회사에게 손해를 가한 때에 해당함이 명백하여 치안본부에 국가배상법에 의하여 여전히 위 유류대금 상당을 배상할 채무를 부담하게 되므로 그 손해가 없다고 할 수 없는 한편 본인에 대한 배임행위가 본인 이외의 제3자에 대한 사기죄를 구성한다 하더라도 그로 인하여 본인에게 손해가 생긴 때에는 사기죄와 함께 배임죄가 성립한다고 할 것이다.[1034]

업무상 배임행위를 부정한 판례의 구체적 내용은 다음과 같다. 즉,

구 발명진흥법 제8조 제1항, 제3항에 의하면, 직무발명에 대하여 특허를 받을 수 있는 권리는 발명자인 종업원에게 귀속하고 사용자는 다만 종업원이 특허를 받으면 그에 대하여 통상실시권을 가질 뿐이다. 따라서 직무발명에 대하여 특허를 받을 수 있는 권리를 미리 사용자에게 승계시키는 계약이나 근무규정이 있거나 발명의 완성 후에 이를 승계시키는 계약이 있었다는 등의 특별한 사정이 없는 한 종업원이 직무발명을 사용자가 아닌 종업원의 이름으로 특허출원하더라도 이는 자신의 권리를 행사하는 것으로서 업무상 배임죄가 성립할 여지는 없다. 그리고 구 발명진흥법의 직무발명에 관한 제반 규정들의 취지에 비추어 보면, 종업원의 의사가 명시적으로 표시되거나 혹은 묵시적 의사를 추인할 수 있는 사정이 인정되는 경우 이외에는 직무발명에 대하여 그 특허를 받을 수 있는 권리를 사용자에게 승계시키는 합의가 성립되었다고 쉽사리 인정할 수 없다.[1035] 다수인의 이해관계가 나름대로의 근거를 가지면서 정면으로 충돌하고 법적으로 명쾌하게 해결하기도 어려워 사회적 물의와 공론이 계속되고 있는 고질적인 문제를 해소·수습하는 직무를 처리하는 과정에서 담당공무원이 고질적인 문제의 발생 원인과 그 책임자, 이해관계인이 제시하는 근거, 재산적인 손익관계뿐 아니라 유형·무형의 모든 이해관계와 파급효과 등을 전반적으로 따져 그 해결책을 강구하여, 그 해결책이 맡은 직무를 집행·처리하는 가장 합리적인 방안으로서 직무의 본지에 적합하다는 신념하에 처리하고 그 내용이 직무범위 내에 속하는 것으로 인정된다면, 특별한 사정이 없는 한 이는 정책 판단과 선택의 문제로서 그 방안의 시행에 의해 결과적으로 국가에 재산적 손해가 발생하거나 제3자에게 재산적 이익이 귀속되는 측면이 있다는 것만으로 임무위배가 있다 할 수 없으므로, 배임죄에 해당하지 않는다.[1036] 교회 재산의 귀속형태는 총유로 봄이 상당하고, 따라서 교회재산의 관리와 처분은 그 교회의 정관 기타 규약에 의하되 그것이 없는 경우에는 그 소속교회 교인들 총회의 과반수 결의에 의하여야 하는 것이므로, 교회의 헌금을 소속교회 교인들의 의사에 부합하게 사용하였다면 이는 임무위배행위에 해당한다고 할 수 없음은 상고이유에서 지적하는 바와 같다.[1037] 과도한 할증률의 적용을 받던 운송사업체 (갑)이 실질적으로는 할증률 적용회피를 목적으로 할인율이 적용되던 운송사업체 (을)을 인수하는 것임에도 형식상 을이 갑의 운송사업 일체를 양수받는 식으로 양도·양수절차를 밟아 공제계약의 배서승인청구를 한 사안에서, 공제조합은 자동차운송사업을 양도받은 자가 관할 관청의 양도양수인가서 등 필요한 서류를 첨부하여 공제계약을 승계하기 위한 배서승인청구를 하는 경우 대통령령이 정하는 사유가 있는 경우를 제외하고는 이를 승인할 의무가 있으므로, 배서승인을 거부할 만한 정당한 사유가 있었다고 인정되지

1034) 대법원 1987.4.28. 선고 83도1568 판결.
1035) 대법원 2012.12.27. 선고 2011도15093 판결; 대법원 2011.7.28. 선고 2010도12834 판결.
1036) 대법원 2008.6.26. 선고 2006도2222 판결.
1037) 대법원 2006.4.28. 선고 2005도756 판결.

않는다면 공제조합 지부장이 그 배서승인을 하고 할인율을 적용하여 공제계약을 체결한 것은 법령의 규정에 따른 업무수행이라는 이유로, 업무상 임무에 위배되는 행위라고 보기 어렵다고 한 사례이다.[1038] 조합의 대표자에게 약정위반에 따른 청구권을 행사하여 위 대표자로부터 약속어음을 발행받고 그에 대한 집행증서를 작성 교부받았다면, 피고인이 위 약속어음 발행 당시에 그에 관하여 위 조합의 결의를 거치지 않은 사실을 알고 있었다 하더라도 이는 위 조합이 승계약정을 위반한 데에 대하여 피고인 자신의 채권을 확보하기 위한 정당한 권리의 행사라고 보여지고, 그와 같은 피고인의 행위가 위 조합으로부터 불법적인 이익을 얻을 의사로써 위 대표자의 배임행위에 가담하였다고 보기 어렵다고 판단한 원심판결을 수긍한 사례이다.[1039] 피고인이 공소외 갑 경영의 대광고물상에서 고철 등 고물의 매입, 매출업무에 종사하면서 월급으로 금 200,000원을 받아 왔으나 그 매입, 매출업무의 내용이 위 갑이나 그 처(그들이 없을 때는 여종업원)가 위 고물상에서 피고인에게 돈을 맡기지 아니하고 직접 돈을 관리하여 고물을 매입하며 단지 고물의 감정에 특별한 기술을 요하는 경우에만 피고인으로부터 조력을 받고 있고, 경우에 따라서는 피고인에게 돈을 주어 고물상 밖에 나가 영업을 하도록 특별한 지시를 하는 경우가 있었으나 그 외에는 피고인이 직접 고물의 매입, 매출을 담당하지 아니한 사실, 이 사건 사고당일에는 비가 내려 위 갑과 그 처가 일찍 고물상 영업을 끝내고 고물상에 있던 장부와 돈을 가지고 귀가하였으며 그 후 성명불상자들이 고물을 팔러 오자 피고인이 그 자신의 돈으로 직접 이를 매입한 사실을 인정한 다음 그렇다면 이러한 경우에까지 피고인이 위 갑을 위하여서만 위 고물을 매입하여야 할 임무가 있다 할 수 없고, 따라서 피고인이 자신의 이익을 위하여 자신의 계산으로 위 고물을 매수하였다고 하여 이를 가리켜 그 임무위배행위가 된다고 볼 수 없다하여 무죄를 선고하였는 바, 원심이 취사선택한 증거관계를 기록에 비추어 검토하면 원심의 위와 같은 사실인정과 판단은 정당하게 수긍이 가고 거기에 채증법칙을 어겨 사실오인을 하거나 배임죄의 법리를 오해한 위법이 있다 할 수 없다.[1040] 은행장인 피고인이 은행보증회사채의 상환금을 발행회사로 하여금 자체자금으로 상환하게 하는 조치를 취하지 아니하였다 하여도 위 회사가 그 당시 은행보증회사채의 채무를 자체자금으로 상환할 수 있는 능력이 있었다는 사실이 전제되지 않는 이상 그러한 조치는 불가능하거나 실효성이 없는 것으로 피고인의 이러한 소위가 은행에 대한 업무상 배임죄가 된다고 볼 수 없다.[1041]

ⓘⓘ 업무상 배임의 유형 본죄와 관련하여 현대사회에서 발생빈도가 높은 사항을 담보제공, 부실대출, 경영상의 판단, 목적 외의 사용, 회사자금의 대여, 영업비밀의 유출 및 변호사 비용의 대납으로 유형화하여 고찰하기로 한다.

ⅰ. 담보제공 회사재산을 담보로 제공하는 경우 회사에 대한 업무상 배임죄의 성부가 문제될 수 있다. 최근에는 특히 담보제공형 차입매수거래에서 문제가 발생하고 있다.

이른바 차입매수 또는 LBO(Leveraged Buy-Out의 약어이다)란 일의적인 법적 개념이 아니라 일반적으로 기업인수를 위한 자금의 상당 부분에 관하여 피인수회사의 자산을 담보로 제공하거나 그 상당 부분을 피인수기업의 자산으로 변제하기로 하여 차입한 자금으로 충당하는 방식의 기업인수 기법을 일괄하여 부르는 경영학상의 용어로, 거래현실에서 그 구체적인 태양은 매우 다

1038) 대법원 1997.3.11. 선고 95도2048 판결.
1039) 대법원 1996.4.23. 선고 96도163 판결.
1040) 대법원 1986.10.14. 선고 86도747 판결.
1041) 대법원 1983.3.8. 선고 82도2873 판결.

양하다. 이러한 차입매수에 관하여는 이를 따로 규율하는 법률이 없는 이상 일률적으로 차입매수방식에 의한 기업인수를 주도한 관련자들에게 배임죄가 성립한다거나 성립하지 아니한다고 단정할 수 없는 것이고, 배임죄의 성립 여부는 차입매수가 이루어지는 과정에서의 행위가 배임죄의 구성요건에 해당하는지 여부에 따라 개별적으로 판단되어야 한다.[1042]

업무상 배임을 긍정한 판례의 구체적 내용은 다음과 같다. 즉,

기업인수에 필요한 자금을 마련하기 위하여 인수자가 금융기관으로부터 대출을 받고 나중에 피인수회사의 자산을 담보로 제공하는 방식[이른바 LBO(Leveraged Buyout) 방식]을 사용하는 경우, 피인수회사로서는 주채무가 변제되지 아니할 경우에는 담보로 제공되는 자산을 잃게 되는 위험을 부담하게 되므로 인수자만을 위한 담보제공이 무제한 허용된다고 볼 수 없고, 인수자가 피인수회사의 위와 같은 담보제공으로 인한 위험 부담에 상응하는 대가를 지급하는 등의 반대급부를 제공하는 경우에 한하여 허용될 수 있다. 만일 인수자가 피인수회사에 아무런 반대급부를 제공하지 않고 임의로 피인수회사의 재산을 담보로 제공하게 하였다면, 인수자 또는 제3자에게 담보 가치에 상응한 재산상 이익을 취득하게 하고 피인수회사에 재산상 손해를 가하였다고 보는 것이 타당하다. 부도로 인하여 회생절차가 진행 중인 주식회사의 경우에도 회사의 주주나 채권자들의 잠재적 이익은 여전히 보호되어야 하므로, 피인수회사가 회생절차를 밟고 있는 기업이라고 하더라도 위와 같은 결론에는 아무런 영향이 없다.[1043] 기업인수에 필요한 자금을 마련하기 위하여 인수자가 금융기관으로부터 대출을 받고 나중에 피인수회사의 자산을 담보로 제공하는 방식, 이른바 LBO(Leveraged Buyout) 방식을 사용하는 경우, 피인수회사로서는 주채무가 변제되지 아니할 경우에는 담보로 제공되는 자산을 잃게 되는 위험을 부담하게 되는 것이므로, 인수자가 피인수회사의 위와 같은 담보제공으로 인한 위험부담에 상응하는 대가를 지급하는 등의 반대급부를 제공하는 경우에 한하여 허용될 수 있다 할 것이다. 만일 인수자가 피인수회사에 아무런 반대급부를 제공하지 않고 임의로 피인수회사의 재산을 담보로 제공하게 하였다면, 인수자 또는 제3자에게 담보가치에 상응한 재산상 이익을 취득하게 하고 피인수회사에게 그 재산상 손해를 가하였다고 봄이 상당하다. 이는 인수자가 자신이 인수한 주식, 채권 등이 임의로 처분되지 못하도록 피인수회사 또는 금융기관에 담보로 제공함으로써 피담보채무에 대한 별도의 담보를 제공한 경우라고 하더라도 마찬가지이다.[1044]

업무상 배임을 부정한 판례의 구체적 내용은 다음과 같다. 즉,

이른바 차입매수 또는 LBO(Leveraged Buy-Out의 약어)란 일의적인 법적 개념이 아니라 일반적으로 기업인수를 위한 자금의 상당 부분에 관하여 피인수회사의 자산을 담보로 제공하거나 그 상당 부분을 피인수기업의 자산으로 변제하기로 하여 차입한 자금으로 충당하는 방식의 기업인수 기법을 일괄하여 부르는 경영학상의 용어로, 거래현실에서 그 구체적인 태양은 매우 다양하다. 이러한 차입매수에 관하여는 이를 따로 규율하는 법률이 없는 이상 일률적으로 차입매수 방식에 의한 기업인수를 주도한 관련자들에게 배임죄가 성립한다거나 성립하지 아니한다고 단정할 수 없는 것이고, 배임죄

1042) 대법원 2020.10.15. 선고 2016도10654 판결;; 대법원 2015.3.12. 선고 2012도9148 판결; 대법원 2013.6.13. 선고 2011도524 판결; 대법원 2011.12.22. 선고 2010도1544 판결; 대법원 2010.4.15. 선고 2009도6634 판결.

1043) 대법원 2012.6.14. 선고 2012도1283 판결; 대법원 2008.2.28. 선고 2007도5987 판결; 대법원 2006.11.9. 선고 2004도7027 판결.

1044) 대법원 2008.2.28. 선고 2007도5987 판결.

의 성립 여부는 차입매수가 이루어지는 과정에서의 행위가 배임죄의 구성요건에 해당하는지 여부에 따라 개별적으로 판단되어야 한다.[1045] 회사의 대표이사가 제3자를 위하여 회사의 재산을 담보로 제공한 후 이미 설정한 담보물을 교체하는 경우에 기존 담보물의 가치보다 새로 제공하는 담보물의 가치가 더 크다면, 특별한 사정이 없는 한 회사에게 위와 같은 방법으로 증가된 담보가치 중에서 피담보채무액에 상당하는 액수만큼 재산상 손해가 발생하였다고 할 것이다. 그러나 회사의 대표이사가 제3자를 위하여 회사의 재산을 담보로 제공한 후 이미 설정한 담보물을 교체하는 경우에 기존 담보물의 가치보다 새로 제공하는 담보물의 가치가 더 작거나 동일하다면 회사에 재산상 손해가 발생하였다고 볼 수 없다고 할 것이다.[1046] 도급인이 수급인에게 잔여공사를 완공할 것을 정지조건으로 하여 그 공사비에 대한 대물변제로 부동산의 소유권을 이전키로 하였으나 수급인이 위 공사를 완성하지 않았다면 수급인으로서는 도급인에게 위 대물변제예약의 이행을 청구할 수 있는 지위에 있지 않다 할 것이므로 도급인이 위 부동산을 다시 다른 채권자에게 담보제공하였다 하여 이를 임무위배행위라 할 수 없다.[1047]

ⅱ. 부실대출 무담보대출, 담보초과대출, 규정위반대출 등 부실대출 또는 불량대출로 인하여 회사에 손해가 발행한 경우 업무상 배임죄의 성부가 문제될 수 있다.

은행의 지점장 등 대출업무를 담당하는 자가 그 업무취급에 관한 은행의 관계규정을 위반하여 담보물에 대한 대출한도액을 초과하여 대출하거나 담보로 할 수 없는 물건을 담보로 하여 대출을 하는 등 이른바 불량대출을 하였을 경우에 그것이 배임죄를 구성하려면 그와 같은 대출행위가 배임이 된다는 인식하에 대출금 채권의 확보를 위한 조치를 취하지 아니하여 회수의 확실성이 없는 채권을 발생하게 함으로써 은행에 재산상의 손해를 가하는 등의 요건을 갖추어야 한다.[1048]

업무상 배임을 긍정한 판례의 구체적 내용은 다음과 같다. 즉,

부실대출에 의한 업무상 배임죄가 성립하는 경우에는 담보물의 가치를 초과하여 대출한 금액이나 실제로 회수가 불가능하게 된 금액만을 손해액으로 볼 것은 아니고, 재산상 권리의 실행이 불가능하게 될 염려가 있거나 손해발생의 위험이 있는 대출금 전액을 손해액으로 보아야 한다.[1049] 금융기관이 거래처의 기존 대출금에 대한 원리금에 충당하기 위하여 거래처에 신규대출을 함에 있어 형식상 신규대출을 한 것처럼 서류상 정리를 하였을 뿐 실제로 거래처에 대출금을 새로 교부한 것이 아니라면 그로 인하여 금융기관에 어떤 새로운 손해가 발생하는 것은 아니라고 할 것이므로 따로 업무상 배임죄가 성립된다고 볼 수 없으나, 금융기관이 실제로 거래처에 대출금을 새로 교부한 경우에는 거래처가 그 대출금을 임의로 처분할 수 없다거나 그 밖에 어떠한 이유로든 그 대출금이 기존 대출금의 원리금으로 상환될 수밖에 없다는 등의 특별한 사정이 없는 한 비록 새로운 대출금이 기존 대출금의 원리금으로 상환되도록 약정되어 있다고 하더라도 그 대출과 동시에 이미 손해발생의 위험은 발생하였다고 보아야 할 것이므로 업무상 배임죄가 성립한다.[1050] 부실대

1045) 대법원 2010.4.15. 선고 2009도6634 판결.
1046) 대법원 2006.11.9. 선고 2004도7027 판결.
1047) 대법원 1985.3.26. 선고 85도124 판결.
1048) 대법원 1987.4.4. 선고 85도1339 판결.
1049) 대법원 2014.6.26. 선고 2014도753 판결; 대법원 2000.3.24. 선고 2000도28 판결.
1050) 대법원 2013.10.24. 선고 2013도7201 판결; 대법원 2010.1.28. 선고 2009도10730 판결; 대법원 2003.10.10. 선고 2003도3516 판결.

출에 의한 업무상 배임죄가 성립하는 경우에는 담보물의 가치를 초과하여 대출한 금액이나 실제로 회수가 불가능하게 된 금액만을 손해액으로 볼 것이 아니라, 재산상 권리의 실행이 불가능하게 될 염려가 있거나 손해발생의 위험이 있는 대출금 전액을 손해액으로 보아야 한다.[1051] 금융기관의 담당자가 대출을 함에 있어 대출채권의 회수를 확실하게 하기 위하여 상당하고도 합리적인 조치를 강구함이 없이 만연히 대출을 해주었다면 업무위배행위로 제3자로 하여금 재산상 이득을 취득하게 하고 금융기관에 손해를 가한다는 인식이 없었다고 볼 수 없다.[1052] 동일인 대출한도를 초과하여 대출함으로써 상호저축은행법을 위반하였다고 하더라도, 대출한도 제한규정 위반으로 처벌함은 별론으로 하고, 그 사실만으로 특별한 사정이 없는 한 업무상 배임죄가 성립한다고 할 수 없으나, 일반적으로 이러한 동일인에 대한 대출한도 초과대출이라는 임무위배의 점에 더하여 대출 당시의 대출채무자의 재무상태, 다른 금융기관으로부터의 차입금, 기타 채무를 포함한 전반적인 금융거래 상황, 사업현황 및 전망과 대출금의 용도, 소요기간 등에 비추어 볼 때 채무상환능력이 부족하거나 제공된 담보의 경제적 가치가 부실하여 대출채권의 회수에 문제가 있는 것으로 판단되는 경우에는 재산상 손해가 발생하였다고 보아 업무상 배임죄가 성립한다고 할 것이다.[1053] 상호저축은행의 실질적 사주인 피고인의 지시에 따라 대출명의자에 대한 기본적인 신용조사 절차 없이 별도의 상당한 채권회수조치가 강구되지도 않은 채 대출한도를 초과한 신용대출이 이루어진 사안에서, 피고인에게 배임의 고의를 인정할 수 있고, 피고인의 배임행위로 위 저축은행에 대출금을 회수하지 못할 위험이 초래되었다고 본 원심판단을 수긍한 사례이다.[1054] 금융기관의 직원들이 대출을 함에 있어 대출채권의 회수를 확실하게 하기 위하여 충분한 담보를 제공받는 등 상당하고도 합리적인 조치를 강구함이 없이 만연히 대출을 해 주었다면 임무위배행위로 제3자로 하여금 재산상 이득을 취득하게 하고 금융기관에 손해를 가한다는 인식이 없었다고 볼 수 없다.[1055] 상호저축은행의 임원들이 은행의 실질적 최대주주인 갑의 지시에 따라 상당한 담보를 확보하지 아니하고 관계 규정상의 적법한 대출심사를 거치지도 아니한 채 각 부실대출을 실행하여, 갑에게 실제로 귀속된 그 대출금 중 일부를 기존 대출금의 변제충당을 위하여 위 은행에 다시 입금하는 등의 용도로 사용한 사안에서, 위 부실대출을 실행함으로 인하여 그 대출과 동시에 은행으로 하여금 대출금 상당의 손해를 입게 하였다고 보아, 위 각 업무상 배임의 점을 유죄로 판단한 원심의 조치를 정당하다고 수긍한 사례이다.[1056] 새마을금고의 동일인 대출한도 제한규정은 새마을금고 자체의 적정한 운영을 위하여 마련된 것이지 대출채무자의 신용도를 평가해서 대출채권의 회수가능성을 직접적으로 고려하여 만들어진 것은 아니므로 동일인 대출한도를 초과하였다는 사실만으로 곧바로 대출채권을 회수하지 못하게 될 위험이 생겼다고 볼 수 없고, 구 새마을금고법(2007.5.25. 법률 제8485호로 개정되기 전의 것) 제26조의2, 제27조에 비추어 보면 동일인 대출한도를 초과하였다는 사정만으로는 다른 회원들에 대한 대출을 곤란하게 하여 새마을금고의 적정한 자산운용에 장애를 초래한다는 등 어떠한 위험이 발생하였다고 단정할 수도 없다. 따라서 동일인 대출한도를 초과하여 대출함으로써 구 새마을금고법을 위반하였다고 하더라도, 대출한도 제한규정 위반으로 처벌함은 별론으로 하고, 그 사실만으로 특별한

1051) 대법원 2013.10.17. 선고 2013도6826 판결; 대법원 2013.1.24. 선고 2012도10629 판결; 대법원 2000.3.24. 선고 2000도28 판결.

1052) 대법원 2013.1.24. 선고 2012도10629 판결; 대법원 2004.3.26. 선고 2003도7878 판결.

1053) 대법원 2011.8.18. 선고 2009도7813 판결; 대법원 2008.6.19. 선고 2006도4876 전원합의체 판결.

1054) 대법원 2010.9.9. 선고 2010도5972 판결.

1055) 대법원 2010.4.29. 선고 2009도13868 판결; 대법원 2003.2.11. 선고 2002도5679 판결; 대법원 2002.6.28. 선고 2000도3716 판결.

1056) 대법원 2010.1.28. 선고 2009도10730 판결.

사정이 없는 한 업무상 배임죄가 성립한다고 할 수 없고, 일반적으로 이러한 동일인 대출한도 초과대출이라는 임무위배의 점에 더하여 대출 당시의 대출채무자의 재무상태, 다른 금융기관으로부터의 차입금, 기타 채무를 포함한 전반적인 금융거래상황, 사업현황 및 전망과 대출금의 용도, 소요기간 등에 비추어 볼 때 채무상환능력이 부족하거나 제공된 담보의 경제적 가치가 부실해서 대출채권의 회수에 문제가 있는 것으로 판단되는 경우에 재산상 손해가 발생하였다고 보아 업무상 배임죄가 성립한다고 해야 한다.[1057] 정부의 "1999.12.15. 어가부채경감대책"에 따라 수산업협동조합중앙회가 조성하여 해수어류수산업협동조합이 차입한 '수산업 경영개선자금'은 그 지원대상이 각종 수산업 자금을 5,000만원 이상 대출받은 수산업 경영체로, 지원한도가 기존의 고금리대출자금의 원리금 범위 내로 각 한정되어 있으므로, 위 경영개선자금을 부적격자에게 대출하거나 적격자에게 대출하더라도 그 지원한도를 초과하여 대출하는 행위는, 비록 충분한 담보가 제공되어 대출금의 회수가 보장된다고 하더라도, 결국 특정 목적을 위하여 조성된 위 경영개선자금의 감소를 초래하여 위 자금이 본래의 목적을 위하여 사용됨을 저해하는 것이므로, 해수어류수산업협동조합은 위와 같은 경영개선자금의 부당대출로 인하여 재산상의 손해를 입었다고 보아야 한다.[1058] 주식회사인 금융기관이 실질적으로 대출금을 회수할 가능성이 없음에도 불구하고 타인으로 하여금 장중에 있는 자기주식을 취득하게 하기 위하여 금원을 대출하는 것은 자본충실의 원칙에 반한다고 보아야 하므로 그와 같은 대출은 그 목적과 취지가 법령이나 사회상규에 위반되어 금융기관에 대한 배임에 해당한다고 할 것이다.[1059] 금융기관의 대출에 있어 대출을 받는 자가 이미 채무변제능력을 상실하여 그에게 자금을 대여할 경우 회사에 손해가 발생하리라는 정을 충분히 알면서 이에 나아갔거나, 충분한 담보를 제공받는 등 상당하고도 합리적인 채권회수조치를 취하지 아니한 채 만연히 대여해 주었다면, 그와 같은 자금대여는 타인에게 이익을 얻게 하고 회사에 손해를 가하는 행위로서 회사에 대하여 배임행위가 된다.[1060] 금융기관인 회사가 대출을 함에 있어 대출을 받는 자가 이미 채무변제능력을 상실하여 그에게 자금을 대여할 경우 회사에 손해가 발생하리라는 정을 충분히 알면서 이에 나아갔거나, 충분한 담보를 제공받는 등 상당하고도 합리적인 채권회수조치를 취하지 아니한 채 만연히 대여해 주었다면, 그와 같은 자금대여는 타인에게 이익을 얻게 하고 회사에 손해를 가하는 행위로서 회사에 대하여 배임행위가 된다.[1061] 일반 금융기관과 달리 상호유대를 가진 자 사이의 협동조직을 통하여 자금의 조성과 이용 등을 도모하기 위하여 설립된 신용협동조합의 이사장이 자신 또는 제3자의 이익을 도모하여 임무에 위배하여 소정의 대출한도액을 초과하여 대출하거나 비조합원 또는 무자격자에게 대출하였다면, 그로 인하여 조합이 다른 조합원에게 정당하게 대출할 자금을 부당하게 감소시킨 결과가 되어 그 대출금에 대한 회수의 가능 여부나 담보의 적정 여부에 관계없이 조합에 재산적 손해를 입게 한 것으로 보아야 할 것이고, 이 경우 이사장의 임무위배가 인정되는 이상 설령 조합 내 여신위원회의 사전 심사와 결의를 거쳤다고 하더라도 업무상 배임죄의 성립에 영향이 없다.[1062] 상호신용금고법 제39조 제1항 제2호는 상호신용금고의 이사 등 지위에 있는 자의 배임행위에 대한 형법 제356조(업무상배임죄)의 가중규정이므로 상호신용금고의 이사들의 불량대부행위는 상호신용금고법 소정의 업무위배행위에 해당한다.[1063] 배임죄는 현실적인 재산상 손해액이 확정될 필요없이 재산상 권리의 실행을 불가능하게

1057) 대법원 2008.6.19. 선고 2006도4876 전원합의체 판결.
1058) 대법원 2007.4.27. 선고 2007도1038 판결; 대법원 1997.10.24. 선고 97도2042 판결.
1059) 대법원 2003.10.10. 선고 2003도3516 판결.
1060) 대법원 2002.7.26. 선고 2001도4947 판결; 대법원 2000.3.14. 선고 99도4923 판결.
1061) 대법원 2002.7.22. 선고 2002도1696 판결; 대법원 2000.3.14. 선고 99도4923 판결.
1062) 대법원 2001.11.30. 선고 99도4587 판결; 대법원 1984.9.25. 선고 84도1436 판결.

할 염려있는 상태 또는 손해발생의 위험이 있으면 성립되는 위태범이므로 은행원이 그 임무에 위배하여 부정대출행위에 관여한 때에는 그 대출금 전액에 대하여 배임죄가 성립하며, 그것을 제3자가 취득한 경우에는 그 전액이 특정경제범죄가중처벌등에관한법률 제3조 소정의 제3자로 하여금 취득하게 한 재산상 이익의 가액이 되고, 그 대출금 중의 일부가 상환되었는지 여부는 무관하다.[1064)]

업무상 배임을 부정한 판례의 구체적 내용은 다음과 같다. 즉,

이미 신용불량자로 등록되어 있어 추가대출이 불가능한데도 마치 그 연체대출금이 모두 변제된 것처럼 전산조작을 하여 부정대출을 해주었더라도, 이로 인하여 결과적으로 회수한 채권액이 더 많아졌다면 계산상 대출금융기관에게 손해가 아닌 이익이 되었다고 볼 여지가 있다고 한 사례이다.[1065)] 은행의 지점장 등 대출업무를 담당하는 자가 그 업무취급에 관한 은행의 관계규정을 위반하여 담보물에 대한 대출한도액을 초과하여 대출하거나 담보로 할 수 없는 물건을 담보로 하여 대출을 하는 등 이른바 불량대출을 하였을 경우에 그것이 배임죄를 구성하려면 그와 같은 대출행위가 배임이 된다는 인식하에 대출금 채권의 확보를 위한 조치를 하지 아니하여 회수의 확실성이 없는 채권을 발생하게 함으로써 은행에 재산상의 손해를 가하는 등의 요건을 갖추어야 할 것이므로 그 대출이 정상적인 방법으로 회수할 수 없게 된 은행채권을 회수하기 위하여 이루어진 경우에 있어서는 그 대출을 위하여 제공받는 물적, 인적담보에 의한 회수의 가능성과 그렇게 대출함으로써 회수할 수 없게 된 채권을 회수할 수 있는가를 은행의 대출관계 규정이나 업무관행에 따른 통상의 업무집행범위에 비추어 구체적인 상황에 따라 실질적으로 판단하여야 할 것이다. 그러므로 비록 담보물에 대한 대출한도액을 초과하여 대출하거나 담보로 할 수 없는 물건을 담보로 하여 대출하였다 하더라도 그 대출에 따른 물적, 인적담보를 확보하여 그렇게 대출한 것이 회수할 수 없는 채권을 회수하여 실질적으로 은행에 이익이 되고 그것이 통상적인 업무집행범위에 속하는 것으로 용인될 수 있는 것이라면 그 대출로 인하여 회수의 확실성이 없는 일부 채권이 발생하였다 하여 이를 가지고 대출업무 담당자로서의 채권확보조치를 하지 아니한 임무위반행위에 해당하고 또 그와 같은 임무위반의 인식이 있었다고 볼 수 없다 할 것이다.[1066)] 금융기관에서 대출업무를 담당하는 자가 그 업무취급에 관한 관계 규정을 위반하여 상환가능성이 의심되는 자에게 대출을 하는 등 이른바 불량대출을 하였을 경우라도 그렇게 대출한 것이 회수할 수 없는 채권을 회수하여 실질적으로 금융기관에 이익이 되고 그것이 통상적인 업무집행 범위에 속하는 것으로 용인될 수 있는 것이라면 그 대출로 인하여 회수의 확실성이 없는 일부 채권이 발생하였다 하여 이를 가지고 대출업무 담당자로서의 채권확보조치를 하지 아니한 임무위반행위에 해당하거나 그와 같은 임무위반의 인식이 있었다고 볼 수 없을 것이다.[1067)] 은행의 지점장 등 대출업무를 담당하는 자가 그 업무취급에 관한 은행의 관계 규정을 위반하여 담보물에 대한 대출한도액을 초과하여 대출하거나 담보로 할 수 없는 물건을 담보로 하여 대출을 하는 등 이른바 불량대출을 하였을 경우라도 그 대출에 따른 인적, 물적담보를 확보하여 그렇게 대출한 것이 회수할 수 없는 채권을 회수하여 실질적으로 은행에 이익이 되고 그것이 통상적인 업무집행 범위에 속하는 것으로 용인될 수 있는 것이라면

1063) 대법원 1990.11.13. 선고 90도1885 판결.
1064) 대법원 1989.4.11. 선고 88도1247 판결.
1065) 대법원 2008.2.14. 선고 2007도7716 판결.
1066) 대법원 2008.2.14. 선고 2007도7716 판결; 대법원 1987.4.4. 선고 85도1339 판결.
1067) 대법원 2003.10.10. 선고 2003도3516 판결; 대법원 2002.6.28. 선고 2000도3716 판결

그 대출로 인하여 회수의 확실성이 없는 일부 채권이 발생하였다 하여 이를 가지고 대출업무 담당자로서의 채권확보조치를 하지 아니한 임무위반행위에 해당하거나 그와 같은 임무위반의 인식이 있었다고 볼 수 없는 것은 사실이나(대법원 1987.4.4. 선고 85도1339 판결 참조), 이와 같이 임무위반의 인식이 없었다고 보기 위해서는 그 불량대출로 인하여 종전의 회수할 수 없는 채권을 회수한 경우이어야 할 것이다.[1068] 타인의 사무를 처리하는 자가 그 임무에 위배하여 채무자에게 기존 대출금에 대한 대출기한을 연장해 준 경우, 기한 연장 당시에는 채무자로부터 대출금을 모두 회수할 수 있었는데 기한을 연장해 주면 채무자의 자금사정이 대출금을 회수할 수 없을 정도로 악화되리라는 사정을 알고 그 기한을 연장해 준 경우에 그 기한연장으로 인한 새로운 손해가 발생하였다고 할 수 있을 것이므로 이러한 사정이 밝혀지지 않고서는 대출기한을 연장해 준 부분을 따로 떼어 배임죄가 성립된다고 말할 수는 없을 것이다.[1069] 은행지점장이 대출용도가 특정되고 별도로 배정되어 있는 여신자금을 관계규정에 위배하여 대출받을 적격이 없는 자에게 대출하였다면 모르되 지점장의 재량에 맡겨져 있는 여신자금을 충분한 담보를 취득하고 대출하여 주었다면 이를 배임죄에 해당한다고 할 수는 없다.[1070] 비록 담보물에 대한 대출한도액을 초과하여 대출하거나 담보로 할 수 없는 물건을 담보로 하여 대출하였다 하더라도 그 대출에 따른 인적, 물적 담보를 확보하여 그렇게 대출한 것이 회수할 수 없는 채권을 회수하여 실질적으로 은행에 이익이 되고 그것이 통상적인 업무집행 범위에 속하는 것으로 용인될 수 있는 것이라면 그 대출로 인하여 회수의 확실성이 없는 일부채권이 발생하였다 하여 이를 가지고 대출업무담당자로서의 채권확보조치를 하지 아니한 임무위반행위에 해당하거나 그와 같은 임무위반의 인식이 있었다고 볼 수 없다.[1071]

iii. 경영상의 판단 투기적 성질을 가지는 모험적 거래(Risiko-geschäft)는 본인이 부여한 통상적 권한의 범위 내에서 행하는 한 부적절한 판단으로 본인에게 손해를 발생하게 하였다고 하더라도 배임행위에는 해당하지 않는다.

기업의 경영에는 원천적으로 위험이 내재하여 있어서 경영자가 개인적인 이익을 취할 의도 없이 가능한 범위 내에서 수집된 정보를 바탕으로 기업의 이익을 위한다는 생각으로 신중하게 결정을 내렸더라도 예측이 빗나가 기업에 손해가 발생하는 경우가 있으므로, 이러한 경우에까지 고의에 관한 해석기준을 완화하여 업무상 배임죄의 형사책임을 물을 수 없다.[1072]

경영상의 판단과 관련하여 기업의 경영자에게 배임의 고의가 있었다고 하기 위하여는 문제된 경영상의 판단에 이르게 된 경위와 동기, 판단대상인 사업의 내용, 기업이 처한 경제적 상황, 손실발생의 개연성과 이익획득의 개연성 등 제반 사정에 비추어 자기 또는 제3자가 재산상 이익을 취득한다는 인식과 본인에게 손해를 가한다는 인식 아래 행하여지는 의도적 행위임이 인정되어야 한다.[1073]

1068) 대법원 2002.6.28. 선고 2000도3716 판결.

1069) 대법원 1999.7.9. 선고 99도1864 판결; 대법원 1997.9.26. 선고 97도1469 판결.

1070) 대법원 1988.1.19. 선고 86도2654 판결.

1071) 대법원 1987.4.4. 선고 85도1339 판결.

1072) 대법원 2017.11.9. 선고 2015도12633 판결.

1073) 대법원 2017.11.9. 선고 2015도12633 판결; 대법원 2012.1.12. 선고 2010도15129 판결; 대법원 2011.10.27. 선고 2009도14464 판결; 대법원 2010.10.28. 선고 2009도1149 판결; 대법원 2010.1.14. 선고 2007도10415 판결; 대법원 2004.7.22. 선고 2002도4229 판결.

경영자의 경영상 판단에 관한 위와 같은 사정을 모두 고려하더라도 법령의 규정, 계약 내용 또는 신의성실의 원칙상 구체적 상황과 자신의 역할 · 지위에서 당연히 하여야 할 것으로 기대되는 행위를 하지 않거나 하지 않아야 할 것으로 기대되는 행위를 함으로써 재산상 이익을 취득하거나 제3자로 하여금 이를 취득하게 하고 본인에게 손해를 가하였다면 그에 관한 고의 내지 불법이득의 의사는 인정된다고 할 것이다.[1074)]

업무상 배임을 긍정한 판례의 구체적 내용은 다음과 같다. 즉,

회사의 이사 등이 타인에게 회사자금을 대여함에 있어 그 타인이 이미 채무변제능력을 상실하여 그에게 자금을 대여할 경우 회사에 손해가 발생하리라는 정을 충분히 알면서 이에 나아갔거나, 충분한 담보를 제공받는 등 상당하고도 합리적인 채권회수조치를 취하지 아니한 채 만연히 대여해 주었다면, 그와 같은 자금대여는 타인에게 이익을 얻게 하고 회사에 손해를 가하는 행위로서 회사에 대하여 배임행위가 되고, 회사의 이사는 단순히 그것이 경영상의 판단이라는 이유만으로 배임죄의 죄책을 면할 수 없으며, 이러한 이치는 그 타인이 자금지원 회사의 계열회사라 하여 달라지지 않는다.[1075)] 경영상 판단과 관련하여 경영자에게 배임의 고의와 불법이득의 의사가 있었는지 여부를 판단함에 있어서도, 문제된 경영상의 판단에 이르게 된 경위와 동기, 판단 대상인 사업의 내용, 기업이 처한 경제적 상황, 손실 발생의 개연성과 이익 획득의 개연성 등의 여러 사정을 고려하여 볼 때 자기 또는 제3자가 재산상 이익을 취득한다는 인식과 본인에게 손해를 가한다는 인식하의 의도적 행위임이 인정되는 경우에 한하여 배임죄의 고의를 인정하여야 하고, 그러한 인식이 없는데도 본인에게 손해가 발생하였다는 결과만으로 책임을 묻거나 단순히 주의의무를 소홀히 한 과실이 있다는 이유로 책임을 물어서는 아니 된다. 그러나 한편 배임죄에서 말하는 임무위배행위는 처리하는 사무의 내용, 성질 등 구체적 상황에 비추어 법령의 규정, 계약 내용 또는 신의성실의 원칙상 당연히 하여야 할 것으로 기대되는 행위를 하지 않거나 당연히 하지 않아야 할 것으로 기대되는 행위를 함으로써 본인과 맺은 신임관계를 저버리는 일체의 행위를 말하므로, 경영자의 경영상 판단에 관한 위와 같은 사정을 모두 고려하더라도 법령의 규정, 계약 내용 또는 신의성실의 원칙상 구체적 상황과 자신의 역할 · 지위에서 당연히 하여야 할 것으로 기대되는 행위를 하지 않거나 하지 않아야 할 것으로 기대되는 행위를 함으로써 재산상 이익을 취득하거나 제3자로 하여금 이를 취득하게 하고 본인에게 손해를 가하였다면 그에 관한 고의 내지 불법이득의 의사는 인정된다고 할 것이다.[1076)] 경영자의 경영상 판단에 관하여 위와 같은 사정을 모두 고려하더라도 법령의 규정, 계약 내용 또는 신의성실의 원칙상 구체적 상황과 자신의 역할 · 지위에서 당연히 하여야 할 것으로 기대되는 행위를 하지 않거나 당연히 하지 않아야 할 것으로 기대되는 행위를 행함으로써 재산상 이익을 취득하거나 제3자로 하여금 이를 취득하게 하고 본인에게 손해를 가하였다면 그에 관한 고의 내지 불법이득의 의사는 여전히 이를 인정함이 마땅하다.[1077)] 회사의 이사 등이 타인에게 회사자금을 대여할 때에 그 타인이 이미 채무변제능력을 상실하여 그에게 자금을 대여할 경우 회사에 손해가 발생하리라는 정을 충분히 알면서 이에 나아갔거나, 충분한 담보를 제공받는 등

1074) 대법원 2013.1.24. 선고 2012도10629 판결; 대법원 2011.10.27. 선고 2009도14464 판결.

1075) 대법원 2017.11.9. 선고 2015도12633 판결; 대법원 2009.7.23. 선고 2007도541 판결; 대법원 2007.9.7. 선고 2007도3373 판결; 대법원 2004.7.8. 선고 2002도661 판결; 대법원 2000.3.14. 선고 99도4923 판결; 대법원 1999.6.25. 선고 99도1141 판결.

1076) 대법원 2014.6.26. 선고 2014도753 판결; 대법원 2011.10.27. 선고 2009도14464 판결.

1077) 대법원 2012.8.30. 선고 2011도15052 판결; 대법원 2007.11.15. 선고 2007도6075 판결.

상당하고도 합리적인 채권회수조치를 취하지 아니한 채 만연히 대여해 주었다면, 그와 같은 자금대여는 타인에게 이익을 얻게 하고 회사에 손해를 가하는 행위로서 회사에 대하여 배임행위가 되고, 회사의 이사는 단순히 그것이 경영상의 판단이라는 이유만으로 배임죄의 죄책을 면할 수는 없으며, 이러한 이치는 그 타인이 자금지원 회사의 계열회사라 하여 달라지지 않는다.[1078] 회사의 이사가 타인에게 회사자금을 대여하거나 타인의 채무를 회사 이름으로 지급보증함에 있어 그 타인이 이미 채무변제능력을 상실하여 그를 위하여 자금을 대여하거나 지급보증을 할 경우 회사에 손해가 발생하리라는 점을 충분히 알면서 이에 나아갔다면, 그와 같은 자금대여나 지급보증은 타인에게 이익을 얻게 하고 회사에 손해를 가하는 행위로서 회사에 대하여 배임행위가 되고, 회사의 이사는 단순히 그것이 경영상의 판단이라는 이유만으로 배임죄의 죄책을 면할 수는 없으며, 이러한 이치는 그 타인이 자금지원 회사의 계열회사라 하여 달라지지 아니한다.[1079] 주주배정의 방법이 아니라 제3자에게 인수권을 부여하는 제3자 배정방법의 경우, 제3자는 신주 등을 인수함으로써 회사의 지분을 새로 취득하게 되므로 그 제3자와 회사와의 관계를 주주의 경우와 동일하게 볼 수는 없다. 제3자에게 시가보다 현저하게 낮은 가액으로 신주 등을 발행하는 경우에는 시가를 적정하게 반영하여 발행조건을 정하거나 또는 주식의 실질가액을 고려한 적정한 가격에 의하여 발행하는 경우와 비교하여 그 차이에 상당한 만큼 회사의 자산을 증가시키지 못하게 되는 결과가 발생하는데, 이 경우에는 회사법상 공정한 발행가액과 실제 발행가액과의 차액에 발행주식수를 곱하여 산출된 액수만큼 회사가 손해를 입은 것으로 보아야 한다. 이와 같이 현저하게 불공정한 가액으로 제3자 배정방식에 의하여 신주 등을 발행하는 행위는 이사의 임무위배행위에 해당하는 것으로서 그로 인하여 회사에 공정한 발행가액과의 차액에 상당하는 자금을 취득하지 못하게 되는 손해를 입힌 이상 이사에 대하여 배임죄의 죄책을 물을 수 있다. 다만 회사가 제3자 배정의 방법으로 신주 등을 발행하는 경우에는 회사의 재무구조, 영업전망과 그에 대한 시장의 평가, 주식의 실질가액, 금융시장의 상황, 신주의 인수가능성 등 여러 사정을 종합적으로 고려하여, 이사가 그 임무에 위배하여 신주의 발행가액 등을 공정한 가액보다 현저히 낮추어 발행한 경우에 해당하는지를 살펴 이사의 업무상 배임죄의 성립 여부를 판단하여야 한다.[1080] 대기업의 회장 등이 경영상의 판단이라는 이유로 갑 계열회사의 자금으로 재무구조가 상당히 불량한 상태에 있는 을 계열회사가 발행하는 신주를 액면가격으로 인수한 것이 그 자체로 업무상배임 행위임이 분명하고 배임에 대한 고의도 충분히 인정된다.[1081] 회사의 이사 등이 타인에게 회사자금을 대여함에 있어 그 타인이 이미 채무변제능력을 상실하여 그에게 자금을 대여할 경우 회사에 손해가 발생하리라는 정을 충분히 알면서 이에 나아갔거나, 충분한 담보를 제공받는 등 상당하고도 합리적인 채권회수조치를 취하지 아니한 채 만연히 대여해 주었다면, 그와 같은 자금대여는 타인에게 이익을 얻게 하고 회사에 손해를 가하는 행위로서 회사에 대하여 배임행위가 되고, 회사의 이사는 단순히 그것이 경영상의 판단이라는 이유만으로 배임죄의 죄책을 면할 수는 없으며, 이러한 이치는 그 타인이 자금지원 회사의 계열회사라 하여 달라지지 않는다.[1082] 회사의 이사가 타인에게 회사자금을 대여하거나 타인의 채무를 회사 이름으

1078) 대법원 2012.7.12. 선고 2009도7435, 판결; 대법원 2007.9.7. 선고 2007도3373 판결; 대법원 1999.6.25. 선고 99도1141 판결.

1079) 대법원 2010.11.25. 선고 2009도9144 판결; 대법원 2010.10.28. 선고 2009도1149 판결; 대법원 2009.7.23. 선고 2007도541 판결; 대법원 2007.9.7. 선고 2007도3373 판결; 대법원 2000.3.14. 선고 99도4923 판결; 대법원 1999.6.25. 선고 99도1141 판결.

1080) 대법원 2009.5.29. 선고 2007도4949 전원합의체 판결.

1081) 대법원 2004.6.24. 선고 2004도520 판결.

1082) 대법원 2000.3.14. 선고 99도4923 판결; 대법원 1999.6.25. 선고 99도1141 판결; 대법원 1990.11.13. 선

로 지급보증함에 있어 그 타인이 이미 채무변제능력을 상실하여 그를 위하여 자금을 대여하거나 지급보증을 할 경우 회사에 손해가 발생하리라는 점을 충분히 알면서 이에 나아갔다면, 그와 같은 자금대여나 지급보증은 타인에게 이익을 얻게 하고 회사에 손해를 가하는 행위로서 회사에 대하여 배임행위가 되고, 회사의 이사는 단순히 그것이 경영상의 판단이라는 이유만으로 배임죄의 죄책을 면할 수는 없으며, 이러한 이치는 그 타인이 자금지원 회사의 계열회사라 하여 달라지지 않는다.[1083)]

업무상 배임을 부정한 판례의 구체적 내용은 다음과 같다. 즉,

동일한 기업집단에 속한 계열회사 사이의 지원행위가 기업집단의 차원에서 계열회사들의 공동이익을 위한 것이라 하더라도 지원 계열회사의 재산상 손해의 위험을 수반하는 경우가 있으므로, 기업집단 내 계열회사 사이의 지원행위가 합리적인 경영판단의 재량 범위 내에서 행하여졌는지 여부는 신중하게 판단하여야 한다. 따라서 동일한 기업집단에 속한 계열회사 사이의 지원행위가 합리적인 경영판단의 재량 범위 내에서 행하여진 것인지 여부를 판단하기 위해서는 앞서 본 여러 사정들과 아울러, 지원을 주고받는 계열회사들이 자본과 영업 등 실체적인 측면에서 결합되어 공동이익과 시너지 효과를 추구하는 관계에 있는지 여부, 이러한 계열회사들 사이의 지원행위가 지원하는 계열회사를 포함하여 기업집단에 속한 계열회사들의 공동이익을 도모하기 위한 것으로서 특정인 또는 특정회사만의 이익을 위한 것은 아닌지 여부, 지원 계열회사의 선정 및 지원 규모 등이 당해 계열회사의 의사나 지원 능력 등을 충분히 고려하여 객관적이고 합리적으로 결정된 것인지 여부, 구체적인 지원행위가 정상적이고 합법적인 방법으로 시행된 것인지 여부, 지원을 하는 계열회사에 지원행위로 인한 부담이나 위험에 상응하는 적절한 보상을 객관적으로 기대할 수 있는 상황이었는지 여부 등까지 충분히 고려하여야 한다. 위와 같은 사정들을 종합하여 볼 때 문제된 계열회사 사이의 지원행위가 합리적인 경영판단의 재량 범위 내에서 행하여진 것이라고 인정된다면 이러한 행위는 본인에게 손해를 가한다는 인식하의 의도적 행위라고 인정하기 어려울 것이다.[1084)] 경영상의 판단과 관련하여 기업의 경영자에게 배임의 고의가 있었는지 여부를 판단할 때에도 일반적인 업무상 배임죄에서 고의의 증명 방법과 마찬가지 법리가 적용되어야 함은 물론이다. 다만 기업의 경영에는 원천적인 위험이 내재하여 있어, 경영자가 개인적인 이익을 취할 의도 없이 선의에 기하여 가능한 범위 내에서 수집된 정보를 바탕으로 기업의 이익에 합치된다는 믿음을 가지고 신중하게 결정을 내렸다 하더라도 그 예측이 빗나가 기업에 손해가 발생하는 경우가 생길 수 있다. 이러한 경우에까지 업무상 배임죄의 고의를 인정하여 형사책임을 묻는다면 죄형법정주의의 원칙에 위배될 우려가 있고, 정책적인 차원에서도 영업이익의 원천인 기업가 정신을 위축시키는 결과를 낳게 되어 당해 기업뿐만 아니라 사회적으로도 큰 손실이 될 수 있다. 그러므로 배임죄가 위태범이라는 법리를 감안하더라도, 배임죄의 고의는 문제된 경영상의 판단에 이르게 된 경위와 동기, 판단대상인 사업의 내용, 기업이 처한 경제적 상황, 손실발생 및 이익획득의 개연성 등 제반 사정에 비추어 자기 또는 제3자가 재산상 이익을 취득하고 본인에게 손해를 가한다는 인식(미필적 인식을 포함)을 하면서 의도적으로 한 행위임이 인정될 경우에 한하여 엄격하게 인정하여야 한다. 그러한 인식이 없는데도 단지 본인에게 손해가 발생하였다는 결과만으로 책임을 묻거나 주의의무를 소홀히 한 과실이 있다는 이유로 책임을 물어서는 안 된다.[1085)] 회사의 대표이사가 타인에게

고 90도1885 판결.

1083) 대법원 1999.6.25. 선고 99도1141 판결.

1084) 대법원 2017.11.9. 선고 2015도12633 판결.

회사의 자금을 대여하거나 타인의 채무를 회사 이름으로 연대보증하거나 또는 타인의 채무를 위하여 회사의 재산을 담보로 제공함에 있어 그 타인이 이미 채무변제능력을 상실한 관계로 그에게 자금을 대여하거나 그를 위하여 연대보증을 하거나 또는 담보를 제공할 경우에 회사에 손해가 발생할 것이라는 점을 알면서도 이에 나아갔다면 이러한 행위들은 회사에 대한 배임행위가 된다고 할 것이나, 그 타인이 채무초과 상태에 있더라도 그러한 이유만으로는 자금대여나 연대보증 또는 담보제공이 곧 회사에 대하여 배임행위가 된다고 단정할 수 없다.[1086] 경영상의 판단과 관련하여 기업의 경영자에게 배임의 고의가 있었는지 여부를 판단함에 있어서도 일반적인 업무상 배임죄에서의 고의의 증명방법과 마찬가지의 법리가 적용되어야 함은 물론이지만, 기업의 경영에는 원천적으로 위험이 내재하고 있어서 경영자가 아무런 개인적 이익을 취할 의도 없이 선의에 기하여 가능한 범위 내에서 수집된 정보를 바탕으로 기업의 이익에 합치된다는 믿음을 가지고 신중하게 결정을 내린다 하더라도 그 예측이 빗나가 기업에 손해가 발생하는 경우가 있을 수 있으므로, 이러한 경우까지 고의에 관한 해석기준을 완화하여 업무상 배임죄의 형사책임을 묻는다면 이는 죄형법정주의의 원칙에 위배됨은 물론이고 정책적인 차원에서 보아도 영업이익의 원천인 기업가 정신을 위축시키는 결과를 낳게 되어 당해 기업뿐 아니라 사회적으로도 큰 손실이 될 것이다. 따라서 현행 형법상의 배임죄가 위태범이라는 법리를 부인할 수 없을지라도, 문제된 경영상의 판단에 이르게 된 경위와 동기, 판단대상인 사업의 내용, 기업이 처한 경제적 상황, 손실발생과 이익획득의 개연성 등 제반 사정에 비추어 자기 또는 제3자가 재산상 이익을 취득한다는 인식과 본인에게 손해를 가한다는 인식하에 이루어진 의도적 행위임이 인정되는 경우에 한하여 배임죄의 고의를 인정하는 엄격한 해석기준은 유지되어야 하고, 이러한 인식이 없음에도 단순히 본인에게 손해가 발생하였다는 결과만으로 책임을 묻거나 주의의무를 소홀히 한 과실이 있다고 보아 책임을 물을 수는 없다.[1087] 경영상 판단과 관련하여 경영자에게 배임의 고의와 불법이득의 의사가 있었는지 여부를 판단할 때에는 문제된 경영상의 판단에 이르게 된 경위와 동기, 판단대상인 사업의 내용, 기업이 처한 경제적 상황, 손실발생의 개연성과 이익획득의 개연성 등 여러 사정을 고려하여 자기 또는 제3자가 재산상 이익을 취득한다는 인식과 본인에게 손해를 가한다는 인식(미필적 인식을 포함)하의 의도적 행위임이 인정되는 경우에 한하여 배임죄의 고의를 인정하는 엄격한 해석기준은 유지되어야 하고, 그러한 인식이 없는데 단순히 본인에게 손해가 발생하였다는 결과만으로 책임을 묻거나 주의의무를 소홀히 한 과실이 있다는 이유로는 책임을 물을 수 없다.[1088] 방송사 사장인 피고인이 방송사의 조세소송 관련 사무를 처리하면서 개인적 이익을 위하여 불합리한 내용의 조정안을 제시하고 무리하게 조정을 추진함으로써 방송사에게 손해를 가하였다고 하여 특정경제범죄 가중처벌 등에 관한 법률 위반(배임)으로 기소된 사안에서, 피고인이 보다 유리한 내용으로 조정안을 관철하지 못한 것이 배임행위에 해당하지 않는다는 등의 이유로 무죄를 인정한 원심판결을 수긍한 사례이다.[1089] 농협중앙회 임직원인 피고인들이 다른 채권은행들과 함께 갑 주식회사에 대한 워크아웃을 추진하는 과정에서 회수 가능성이 의문시되는 갑 회사 발행의 신규 CP(단기 기업어음)를 매입

1085) 대법원 2017.5.30. 선고 2016도9027 판결; 대법원 2015.3.12. 선고 2012도9148 판결; 대법원 2010.1.14. 선고 2007도10415 판결; 대법원 2009.6.11. 선고 2008도4910 판결; 대법원 2007.11.15. 선고 2007도6075 판결; 대법원 2004.7.22. 선고 2002도4229 판결.

1086) 대법원 2014.11.27. 선고 2013도2858 판결; 대법원 2004.6.24. 선고 2004도520 판결.

1087) 대법원 2014.11.27. 선고 2013도2858 판결; 대법원 2010.1.14. 선고 2007도10415 판결; 대법원 2004.7.22. 선고 2002도4229 판결.

1088) 대법원 2012.8.30. 선고 2011도15052 판결; 대법원 2004.7.22. 선고 2002도4229 판결.

1089) 대법원 2012.1.12. 선고 2010도15129 판결.

하였다고 하여 특정경제범죄 가중처벌 등에 관한 법률 위반(배임)으로 기소된 사안에서, 제반 사정에 비추어 피고인들에게 배임의 고의를 인정하기 어렵다고 본 원심판단을 수긍한 사례이다.[1090] 갑 회사가 부실회사인 을 회사를 인수할 당시 이미 검토되었던 투자의 실행으로서 이루어진 유상증자 참여결정에 따라 을 회사의 발행주식을 적정가액보다 고가로 인수한 사안에서, 을 회사 유상증자에의 참여를 결정한 갑 회사의 대표이사 및 이사에게 업무상 배임의 고의가 있었다거나 임무를 위배하였다고 단정하기 어렵다고 한 사례이다.[1091] 특정 자동차 정비사업소의 1인 이사가 해당 자동차 주식회사로부터 임대차계약과 운영협약의 해지 통보를 받아 폐업신고를 하고 주요 영업재산인 정비업허가를 다른 지점의 정비사업소에 양도한 사안에서, 배임의 고의가 있었다고 단정하기 어렵다고 한 사례이다.[1092] 주주는 회사에 대하여 주식의 인수가액에 대한 납입의무를 부담할 뿐 인수가액 전액을 납입하여 주식을 취득한 후에는 주주 유한책임의 원칙에 따라 회사에 대하여 추가 출자의무를 부담하지 않는 점, 회사가 준비금을 자본으로 전입하거나 이익을 주식으로 배당할 경우에는 주주들에게 지분비율에 따라 무상으로 신주를 발행할 수 있는 점 등에 비추어 볼 때, 회사가 주주 배정의 방법, 즉 주주가 가진 주식 수에 따라 신주, 전환사채나 신주인수권부사채(이하 '신주 등'이라 한다)의 배정을 하는 방법으로 신주 등을 발행하는 경우에는 발행가액 등을 반드시 시가에 의하여야 하는 것은 아니다. 따라서, 회사의 이사로서는 주주 배정의 방법으로 신주를 발행하는 경우 원칙적으로 액면가를 하회하여서는 아니 된다는 제약 외에는 주주 전체의 이익, 회사의 자금조달의 필요성, 급박성 등을 감안하여 경영판단에 따라 자유로이 그 발행조건을 정할 수 있다고 보아야 하므로, 시가보다 낮게 발행가액 등을 정함으로써 주주들로부터 가능한 최대한의 자금을 유치하지 못하였다고 하여 배임죄의 구성요건인 임무위배, 즉 회사의 재산보호의무를 위반하였다고 볼 것은 아니다.[1093] 신주 등의 발행에서 주주 배정방식과 제3자 배정방식을 구별하는 기준은 회사가 신주 등을 발행하는 때에 주주들에게 그들의 지분비율에 따라 신주 등을 우선적으로 인수할 기회를 부여하였는지 여부에 따라 객관적으로 결정되어야 할 성질의 것이지, 신주 등의 인수권을 부여받은 주주들이 실제로 인수권을 행사함으로써 신주 등을 배정받았는지 여부에 좌우되는 것은 아니다. 회사가 기존 주주들에게 지분비율대로 신주 등을 인수할 기회를 부여하였는데도 주주들이 그 인수를 포기함에 따라 발생한 실권주 등을 제3자에게 배정한 결과 회사 지분비율에 변화가 생기고, 이 경우 신주 등의 발행가액이 시가보다 현저하게 낮아 그 인수권을 행사하지 아니한 주주들이 보유한 주식의 가치가 희석되어 기존 주주들의 부(부)가 새로이 주주가 된 사람들에게 이전되는 효과가 발생하더라도, 그로 인한 불이익은 기존 주주들 자신의 선택에 의한 것일 뿐이다. 또한, 회사의 입장에서 보더라도 기존 주주들이 신주 등을 인수하여 이를 제3자에게 양도한 경우와 이사회가 기존 주주들이 인수하지 아니한 신주 등을 제3자에게 배정한 경우를 비교하여 보면 회사에 유입되는 자금의 규모에 아무런 차이가 없을 것이므로, 이사가 회사에 대한 관계에서 어떠한 임무에 위배하여 손해를 끼쳤다고 볼 수는 없다.[1094] 상법상 전환사채를 주주 배정방식에 의하여 발행하는 경우에도 주주가 그 인수권을 잃은 때에는 회사는 이사회의 결의에 의하여 그 인수가 없는 부분에 대하여 자유로이 이를 제3자에게 처분할 수 있는 것인데, 단일한 기회에 발행되는 전환사채의 발행조건은 동일하여야 하므로, 주주배정으로 전환사채를 발행하는 경우에 주주가 인수하지

1090) 대법원 2011.7.28. 선고 2010도7546 판결.
1091) 대법원 2010.1.14. 선고 2007도10415 판결.
1092) 대법원 2009.6.11. 선고 2008도4910 판결.
1093) 대법원 2009.5.29. 선고 2007도4949 전원합의체 판결.
1094) 대법원 2009.5.29. 선고 2007도4949 전원합의체 판결.

아니하여 실권된 부분에 관하여 이를 주주가 인수한 부분과 별도로 취급하여 전환가액 등 발행조건을 변경하여 발행할 여지가 없다. 주주배정의 방법으로 주주에게 전환사채인수권을 부여하였지만 주주들이 인수청약하지 아니하여 실권된 부분을 제3자에게 발행하더라도 주주의 경우와 같은 조건으로 발행할 수밖에 없고, 이러한 법리는 주주들이 전환사채의 인수청약을 하지 아니함으로써 발생하는 실권의 규모에 따라 달라지는 것은 아니다. 전환사채 발행을 위한 이사회 결의에는 하자가 있었다 하더라도 실권된 전환사채를 제3자에게 배정하기로 의결한 이사회 결의에는 하자가 없는 경우, 전환사채의 발행절차를 진행한 것이 재산보호의무 위반으로서의 임무위배에 해당하지 않는다고 한 사례이다.[1095] 이사가 주식회사의 지배권을 기존 주주의 의사에 반하여 제3자에게 이전하는 것은 기존 주주의 이익을 침해하는 행위일 뿐 지배권의 객체인 주식회사의 이익을 침해하는 것으로 볼 수는 없는데, 주식회사의 이사는 주식회사의 사무를 처리하는 자의 지위에 있다고 할 수 있지만 주식회사와 별개인 주주들에 대한 관계에서 직접 그들의 사무를 처리하는 자의 지위에 있는 것은 아니고, 더욱이 경영권의 이전은 지배주식을 확보하는 데 따르는 부수적인 효과에 불과한 것이어서, 회사 지분비율의 변화가 기존 주주 자신의 선택에 기인한 것이라면 지배권 이전과 관련하여 이사에게 임무위배가 있다고 할 수 없다.[1096] 경영상 판단과 관련하여 경영자에게 배임의 고의와 불법이득의 의사가 있었는지 여부를 판단할 때에는 문제된 경영상의 판단에 이르게 된 경위와 동기, 판단대상인 사업의 내용, 기업이 처한 경제적 상황, 손실발생의 개연성과 이익획득의 개연성 등 여러 사정을 고려하여 자기 또는 제3자가 재산상 이익을 취득한다는 인식과 본인에게 손해를 가한다는 인식(미필적 인식을 포함)하의 의도적 행위임이 인정되는 경우에 한하여 배임죄의 고의를 인정하는 엄격한 해석기준은 유지되어야 하고, 그러한 인식이 없는데 단순히 본인에게 손해가 발생하였다는 결과만으로 책임을 묻거나 주의의무를 소홀히 한 과실이 있다는 이유로는 책임을 물을 수 없다.[1097] 주식회사의 이사가 타인 발행의 약속어음에 회사 명의로 배서할 경우 그 타인이 어음금의 지급능력이 없어 그 배서로 인하여 회사에 손해가 발생하리라는 점을 알면서 이에 나아갔다면, 이러한 약속어음의 배서행위는 타인에게 이익을 얻게 하고 회사에 손해를 가하는 행위로서 회사에 대하여 배임행위가 되고, 그것이 경영상의 판단이라는 이유만으로 배임죄의 죄책을 면할 수는 없다.[1098]

iv. 목적 외의 사용 사업용자금을 정해진 목적에 사용하지 않고 다른 목적에 사용한다든지 아니면 개인적으로 유용한다든지 하는 경우 업무상 배임죄의 성부가 문제될 수 있다. 업무상 배임을 긍정한 판례의 구체적 내용은 다음과 같다. 즉,

사회복지법인의 부회장(상무이사)이 사회복지사업법 제13조에 의하여 서울특별시로부터 보조금을 받아 위 법인을 위하여 보관 중 마음대로 신규임용자의 임용일자를 소급하고 퇴직할 직원의 퇴직일을 늦추는 등의 방법으로 그 차액을 그 법인의 목적 이외에 사용하였다면 이는 위 법인에 손해를 가한 것이 되고 또 불법영득의 의사가 있었다고 보아야 하므로 업무상 배임죄를 구성한다.[1099] 택시노조조합장이 각 단위노동조합으로부터 일정한 금액을 연맹의무금으로 특정하여 받아 보관하다가 이를 상위조합인 전국자동차노동조합연맹에 송금하지 아니하고 분실운영비 등으로 사

1095) 대법원 2009.5.29. 선고 2007도4949 전원합의체 판결.
1096) 대법원 2009.5.29. 선고 2007도4949 전원합의체 판결.
1097) 대법원 2007.11.15. 선고 2007도6075 판결; 대법원 2004.7.22. 선고 2002도4229 판결.
1098) 대법원 2000.5.26. 선고 99도2781 판결; 대법원 1999.6.25. 선고 99도1141 판결.
1099) 대법원 1990.7.24. 선고 90도1042 판결.

용하였다면 그 보관취지에 반하는 것이 되어 불법영득의 의사가 있다고 하지 않을 수 없고 비록 그 후 이를 반환하거나 변상·보충할 의사가 있더라도 업무상 횡령죄의 성립에는 아무런 영향이 없다.[1100]

v. 회사자금의 대여 회사의 이사 등이 계열회사에 대한 자금지원, 지인 등에 대하여 회사자금을 대여하는 경우 본죄의 성부가 문제된다.

배임을 긍정한 판례의 구체적 내용은 다음과 같다. 즉,

회사의 이사 등이 타인에게 회사자금을 대여할 때에 그 타인이 이미 채무변제능력을 상실하여 그에게 자금을 대여할 경우 회사에 손해가 발생하리라는 정을 충분히 알면서 이에 나아갔거나, 충분한 담보를 제공받는 등 상당하고도 합리적인 채권회수조치를 취하지 아니한 채 만연히 대여해 주었다면, 그와 같은 자금대여는 타인에게 이익을 얻게 하고 회사에 손해를 가하는 행위로서 회사에 대하여 배임행위가 되고, 회사의 이사 등은 단순히 그것이 경영상의 판단이라는 이유만으로 배임죄의 죄책을 면할 수는 없으며, 이러한 이치는 그 타인이 자금지원 회사의 계열회사라 하여 달라지지 않는다.[1101] 금융기관이 거래처의 기존 대출금에 대한 원리금 및 연체이자에 충당하기 위하여 거래처에 신규대출을 함에 있어 단지 형식상 신규대출을 하는 것처럼 서류상 정리를 하였을 뿐 실제로 거래처에 대출금을 새로 교부한 것이 아니라면 그로 인하여 금융기관에 어떤 새로운 손해가 발생하는 것은 아니라고 할 것이므로 따로 업무상 배임죄가 성립한다고 할 수 없으나, 금융기관이 실제로 거래처에 대출금을 새로 교부한 경우에는 비록 새로운 대출금이 기존 대출금의 원리금으로 상환되도록 약정되어 있다고 하더라도 그 대출과 동시에 이미 손해발생의 위험이 발생하였다고 보아야 하므로 업무상 배임죄가 성립한다.[1102] 신용협동조합의 이사장은 동 조합을 위하여 성실히 직무를 수행하여야 할 임무가 있으므로 제3자의 이익을 도모하여 임무에 위배하여 소정의 대출한도액을 초과하여 대출하거나 비조합원에게 대출하여 동 조합에 그 대출상당액의 재산상의 손해를 가하였다면 동조합내 여신위원회의 결의가 있었다거나 대출금에 대한 회수의 가능여부에 관계없이 업무상 배임죄가 성립된다.[1103]

배임을 부정한 판례의 구체적 내용은 다음과 같다. 즉,

채권자와 주채무자 사이의 계속적인 거래관계에서 발생하는 불확정한 채무를 기간을 정하여 보증하는 이른바 계속적 보증의 경우에도 보증인은 그 기간 동안 발생한 모든 채무 중 주채무자가 이행하지 아니하는 채무를 전부 이행할 의무가 있는 것이 원칙이므로, 보증인이 약정한 보증기간 및 보증한도액 내에서 대출을 하여 주었다면 비록 주채무자인 법인의 명칭 및 대표이사가 변경되었음에도 종선 대출시에 사용하였던 연대보증관계 서류로써 대출해 주었더라도 배임죄가 성립하지 않는다.[1104]

1100) 대법원 1989.3.14. 선고 88도1278 판결.

1101) 대법원 2014.7.10. 선고 2013도10516 판결; 대법원 2013.9.26. 선고 2013도5214 판결; 대법원 2013.4.11. 선고 2012도15585 판결; 대법원 2012.6.14. 선고 2012도1283 판결; 대법원 2010.10.28. 선고 2009도1149 판결; 대법원 2009.7.23. 선고 2007도541 판결; 대법원 2006.11.10. 선고 2004도5167 판결; 대법원 2006.11.9. 선고 2004도4234 판결; 대법원 2003.10.10. 선고 2003도3516 판결; 대법원 2003.4.8. 선고 2002도6020 판결; 대법원 2000.3.14. 선고 99도4923 판결; 대법원 1999.6.25. 선고 99도1141 판결.

1102) 대법원 2012.6.28. 선고 2012도2087 판결; 대법원 2010.1.28. 선고 2009도10730 판결; 대법원 2003.10.10. 선고 2003도3516 판결.

1103) 대법원 1984.9.25. 선고 84도1436 판결.

vi. 영업비밀의 유출 회사 직원이 영업비밀을 경쟁업체에 유출하거나 스스로의 이익을 위하여 이용할 목적으로 무단으로 반출한 경우 본죄의 성부가 문제된다. 퇴사자가 자료를 반출하는 경우에도 마찬가지의 문제가 발생한다.

영업비밀이라 함은 일반적으로 알려져 있지 아니하고 독립된 경제적 가치를 가지며, 상당한 노력에 의하여 비밀로 유지·관리된 생산방법, 판매방법 기타 영업활동에 유용한 기술상 또는 경영상의 정보를 말한다.[1105] 영업비밀의 보유자인 회사가 직원들에게 비밀유지의 의무를 부과하는 등 기술정보를 엄격하게 관리하는 이상, 역설계가 가능하고 그에 의하여 기술정보의 획득이 가능하더라도, 그러한 사정만으로 그 기술정보를 영업비밀로 보는 데에 지장이 있다고 볼 수 없다.[1106]

회사 직원이 경쟁업체 또는 자신의 이익을 위하여 이용할 의사로 무단으로 자료를 반출한 경우에 업무상 배임죄가 성립하기 위하여는, 그 자료가 영업비밀에 해당할 필요까지는 없다고 하더라도 적어도 그 자료가 불특정 다수인에게 공개되어 있지 않아 보유자를 통하지 아니하고는 이를 통상 입수할 수 없고, 그 자료의 보유자가 자료의 취득이나 개발을 위해 상당한 시간, 노력 및 비용을 들인 것으로 그 자료의 사용을 통해 경쟁자에 대하여 경쟁상의 이익을 얻을 수 있는 정도의 영업상 주요한 자산에 해당하는 것이어야 한다.[1107]

업무상 배임을 긍정한 판례의 구체적 내용은 다음과 같다. 즉,

> 회사 직원이 경쟁업체에 유출하거나 스스로의 이익을 위하여 이용할 목적으로 회사 자료를 무단으로 반출한 경우에, 그 자료가 영업비밀에 해당하지 아니한다 하더라도, 그 자료가 불특정 다수인에게 공개되어 있지 아니하여 보유자를 통하지 아니하고는 이를 통상 입수할 수 없고, 그 자료의 보유자가 그 자료의 취득이나 개발을 위해 상당한 시간, 노력 및 비용을 들인 것으로서 그 자료의 사용을 통해 경쟁자에 대하여 경쟁상의 이익을 얻을 수 있는 정도의 영업상 주요한 자산에 해당한다면, 이는 업무상의 임무에 위배한 행위로서 업무상 배임죄가 성립한다.[1108] 회사 직원이 영업비밀이나 영업상 주요한 자산인 자료를 적법하게 반출하여 그 반출행위가 업무상 배임죄에 해당하지 않는 경우라도, 퇴사 시에 그 영업비밀 등을 회사에 반환하거나 폐기할 의무가 있음에도 경쟁업체에 유출하거나 스스로의 이익을 위하여 이용할 목적으로 이를 반환하거나 폐기하지 아니하였다면, 이러한 행위는 업무상 배임죄에 해당한다.[1109] 회사 임직원이 영업비밀을 경쟁업체에 유출하거나 스스로의 이익을 위하여 이용할 목적으로 무단으로 반출하였다면 그 반출 시에 업무상 배임죄의 기수가 되고, 영업비밀이 아니더라도 그 자료가 불특정 다수의 사람에게 공개되지 아니하였고 사용자가 상당한 시간, 노력 및 비용을 들여 제작한 영업상 주요한 자산인 경우에도

1104) 대법원 2002.6.28. 선고 2000도3716 판결.

1105) 대법원 1999.3.12. 선고 98도4704 판결; 대법원 1996.12.23. 선고 96다16605 판결; 대법원 1996.11.26. 선고 96다31574 판결.

1106) 대법원 1999.3.12. 선고 98도4704 판결; 대법원 1996.12.23. 선고 96다16605 판결; 대법원 1996.11.26. 선고 96다31574 판결.

1107) 대법원 2012.6.28. 선고 2011도3657 판결; 대법원 2011.7.14. 선고 2010도3043 판결; 대법원 2011.6.30. 선고 2009도3915 판결; 대법원 2008.7.10. 선고 2008도3435 판결; 대법원 2005.7.14. 선고 2004도7962 판결.

1108) 대법원 2016.7.7. 선고 2015도17628 판결.

1109) 대법원 2016.7.7. 선고 2015도17628 판결; 대법원 2011.7.14. 선고 2010도3043 판결; 대법원 2008.4.24. 선고 2006도9089 판결.

그 자료의 반출행위는 업무상 배임죄를 구성한다. 한편 회사 임직원이 영업비밀이나 영업상 주요한 자산인 자료를 적법하게 반출하여 그 반출행위가 업무상 배임죄에 해당하지 않는 경우에도 퇴사시에 그 영업비밀 등을 회사에 반환하거나 폐기할 의무가 있음에도 경쟁업체에 유출하거나 스스로의 이익을 위하여 이용할 목적으로 이를 반환하거나 폐기하지 아니하였다면, 이러한 행위는 업무상 배임죄에 해당한다.[1110] 영업비밀이 아니더라도 그 자료가 불특정 다수의 사람에게 공개되지 않았고 사용자가 상당한 시간, 노력 및 비용을 들여 제작한 영업상 주요한 자산인 경우에도 그 자료의 반출행위는 업무상 배임죄를 구성하며, 회사직원이 영업비밀이나 영업상 주요한 자산인 자료를 적법하게 반출하여 그 반출행위가 업무상 배임죄에 해당하지 않는 경우라도 퇴사시에 그 영업비밀 등을 회사에 반환하거나 폐기할 의무가 있음에도 경쟁업체에 유출하거나 스스로의 이익을 위하여 이용할 목적으로 이를 반환하거나 폐기하지 아니하였다면, 이러한 행위는 업무상 배임죄에 해당한다.[1111] 회사 관련 파일에 관한 보안준수서약서 또는 비밀유지서약서, 고용계약에 따른 부수적 의무 내지 신의칙상 퇴사시 위 파일들을 회사에 반환하거나 폐기할 의무가 있고, 업무상 필요가 있는 경우에 한하여 업무용 자료의 반출을 용인하고 있음에도, 회사직원이 회사의 승낙을 받지 않은 채 위 파일들을 반출하고, 퇴사시에 위 사실을 고지하지 않은 채 위 파일들을 폐기하지 않고 계속 보관하여 위 파일들 중 일부를 경쟁업체에 반출한 사안에서, 위 파일들이 회사의 영업비밀 또는 영업상 주요한 자산에 해당한다면, 위 파일들의 각 반출행위 또는 파일들의 미반환 · 미폐기 행위는 업무상 배임죄를 구성한다.[1112]

업무상 배임을 부정한 판례의 구체적 내용은 다음과 같다. 즉,

회사 직원이 경쟁업체 또는 스스로의 이익을 위하여 이용할 의사로 무단으로 자료를 반출한 경우에 업무상 배임죄가 성립하기 위하여는, 그 자료가 영업비밀에 해당할 필요까지는 없다고 하더라도 적어도 그 자료가 불특정 다수인에게 공개되어 있지 않아 보유자를 통하지 아니하고는 이를 통상 입수할 수 없고, 그 자료의 보유자가 자료의 취득이나 개발을 위해 상당한 시간, 노력 및 비용을 들인 것으로 그 자료의 사용을 통해 경쟁자에 대하여 경쟁상의 이익을 얻을 수 있는 정도의 영업상 주요한 자산에 해당하는 것이어야 한다.[1113] 피고인들이 갑 주식회사를 퇴사하면서 갑 회사가 제조 · 판매하는 특정 단말기에 관한 회로도, 부품리스트, 다운로드 매뉴얼, 테스트 매뉴얼, 소프트웨어, 사양서 등이 저장된 CD와 컴퓨터를 반출하였다고 하여 업무상 배임으로 기소된 사안에서, 기술 자료 중 회로도는 이미 공개되어 있는 표준회로도와 매우 유사하고, 단말기는 피고인들이 자료 반출 당시 이미 판매되고 있었으며, 단말기를 구성하는 부품 자체는 모두 공지된 것이어서 자료의 부품리스트를 쉽게 알아낼 수 있었던 것이고, 다운로드 매뉴얼과 테스트 매뉴얼 및 사양서는 제품의 하드웨어 구조와 소프트웨어 기능이 확정되면 작성될 수 있는 것이어서, 위 자료는 불특정 다수인에게 공개된 것이 아니라거나 보유자가 자료 취득 · 개발을 위해 상당한 시간, 노력 및 비용을 들인 것으로 이를 통해 경쟁상 이익을 얻을 수 있는 정도에 이르렀다고 할 수 없으므로 이를 갑 회사의 '영업상 주요한 자산'에 해당한다고 볼 수 없는데도, 이와 달리 판단하여 피고인들

1110) 대법원 2016.6.23. 선고 2014도11876, 판결; 대법원 2009.10.15. 선고 2008도9433 판결; 대법원 2008.4.24. 선고 2006도9089 판결.

1111) 대법원 2008.4.24. 선고 2006도9089 판결; 대법원 2005.7.14. 선고 2004도7962 판결.

1112) 대법원 2008.4.24. 선고 2006도9089 판결.

1113) 대법원 2011.7.14. 선고 2010도3043 판결; 대법원 2008.7.10. 선고 2008도3435 판결; 대법원 2005.7.14. 선고 2004도7962 판결.

에게 유죄를 인정한 원심판결에 법리오해의 위법이 있다고 한 사례이다.[1114)]

vii. 변호사비용의 대납 회사의 임직원이 업무수행을 하면 관계법령을 위반하여 형사재판을 받게 되는 경우 회사의 대표이사가 해당 임직원의 변호사비용, 벌금, 위로금 등을 회사의 자금으로 지급하거나 법인의 대표자 개인이 당사자가 된 민·형사사건의 변호사비용은 법인의 비용으로 지출하는 경우 업무상 횡령죄의 성부가 문제될 수 있다.

업무상 배임을 긍정한 판례의 구체적 내용은 다음과 같다. 즉,

> 주식회사의 구성원들은 적법한 방법으로 회사를 위한 업무를 수행하여야 하므로, 회사의 임직원이 업무수행을 하면서 관계 법령을 위반함으로써 형사재판을 받게 된 것에 관하여 회사의 대표이사가 해당 임직원의 변호사비용, 벌금, 위로금 등을 회사의 자금으로 지급하는 경우, 원칙적으로 그 대표이사는 해당 임직원에게는 그 지급액 상당의 이익을 취득하게 하고 회사에게는 동액 상당의 손해를 가한 것으로서 업무상 배임죄에 해당한다.[1115)] 변호사선임비용 등의 지급이 회사의 이익을 도모할 목적으로 합리적인 범위 내에서 이루어졌다는 등의 특별한 사정이 없는 이상 이에 관하여 이사회의 의결 등이 있었다는 사정만으로 형사책임을 면한다고 할 수 없다.[1116)]

④ 결 과

본죄는 결과범이다. 임무위배행위로 인하여 본인에게 재산상의 손해가 발생하여야 한다.[1117)] 본죄는, 첫째 업무상의 임무에 위배하고, 둘째 재산상의 이익의 취득 또는 제3자로 하여금 이익을 취득케 하여, 셋째 이로 인하여 본인에게 손해를 가하는 세 가지 요소가 그 구성요건이 되는 것이므로 그 요건의 하나라도 이를 충족하지 못할 경우엔 동죄는 성립하지 아니한다.[1118)]

본죄는 업무상 타인의 사무를 처리하는 지위에 있는 사람이 그 임무를 위반하는 행위로써 재산상의 이익을 취득하거나 제3자로 하여금 이를 취득하게 하여 본인에게 손해를 입힌 때에 성립한다.[1119)] 본죄는 타인의 사무를 처리하는 자가 업무상의 임무에 위배하는 행위로써 재산상의 이익을 취득하거나 제3자로 하여금 이를 취득하게 하여 본인에게 손해를 가한 때에 성립하는 범죄이기 때문이다. 임무위배행위가 있다고 하여 본인에게 재산상 손해가 당연히 발생하지는 아니하므로 임무위배행위와는 별도로 재산상 손해의 발생 여부를 판단하여야 한다.[1120)]

ⓘ 손 해

i. 의 의 재산상 손해의 유무에 관한 판단은 법률적 판단에 의하지 아니하고 경제적

1114) 대법원 2011.6.30. 선고 2009도3915 판결.

1115) 대법원 2006.6.27. 선고 2006도1187 판결; 대법원 2003.5.30. 선고 2002도235 판결.

1116) 대법원 2006.6.27. 선고 2006도1187 판결; 대법원 2003.5.30. 선고 2003도1174 판결; 대법원 1999.6.25. 선고 99도1141 판결; 대법원 1990.2.23. 선고 89도2466 판결.

1117) 대법원 1997.9.26. 선고 97도1469 판결.

1118) 대법원 1974.5.14. 선고 73도3208 판결; 대법원 1957.8.9 선고 4290형상121 판결.

1119) 대법원 2018.8.30. 선고 2018도10047 판결; 대법원 2013.10.24. 선고 2013도7201 판결; 대법원 2003.10.10. 선고 2003도3516 판결; 대법원 2000.6.27. 선고 2000도1155 판결.

1120) 대법원 2008.6.19. 선고 2006도4876 전원합의체 판결; 대법원 2005.4.15. 선고 2004도7053 판결; 대법원 2004.4.9. 선고 2004도771 판결; 대법원 2000.2.11. 선고 99도2983 판결; 대법원 1997.5.30. 선고 95도531 판결.

관점에서 파악하여야 한다.[1121] 법률적 판단에 의하여 당해 배임행위가 무효라 하더라도 경제적 관점에서 파악하여 배임행위로 인하여 본인에게 현실적인 손해를 가하였거나 재산상 실해 발생의 위험을 초래한 경우에는 재산상의 손해를 가한 때에 해당한다.[1122]

여기에는 재산의 처분이나 채무의 부담 등으로 인한 재산의 감소와 같은 적극적 손해를 야기한 경우는 물론, 객관적으로 보아 취득할 것이 충분히 기대되는데도 임무위배행위로 말미암아 이익을 얻지 못한 경우, 즉 소극적 손해를 야기한 경우도 포함된다.[1123] 이러한 소극적 손해는 재산증가를 객관적・개연적으로 기대할 수 있음에도 임무위배행위로 이러한 재산증가가 이루어지지 않은 경우를 의미하는 것이므로 임무위배행위가 없었다면 실현되었을 재산상태와 임무위배행위로 말미암아 현실적으로 실현된 재산상태를 비교하여 그 유무 및 범위를 산정하여야 할 것이다.[1124]

손해를 긍정한 판례의 구체적 내용은 다음과 같다. 즉,

기업인수에 필요한 자금을 마련하기 위하여 그 인수자가 금융기관으로부터 대출을 받고 나중에 피인수회사의 자산을 담보로 제공하는 방식, 이른바 차입매수 또는 LBO(Leveraged Buy-Out의 약어이다)을 사용하는 경우, 피인수회사로서는 주채무가 변제되지 아니할 경우에는 담보로 제공되는 자산을 잃게 되는 위험을 부담한다. 그러므로 위와 같이 인수자만을 위한 담보제공이 무제한 허용된다고 볼 수는 없고, 인수자가 피인수회사의 담보제공으로 인한 위험 부담에 상응하는 대가를 지급하는 등의 반대급부를 제공하는 경우에 한하여 허용될 수 있다. 만일 인수자가 피인수회사에 아무런 반대급부를 제공하지 않고 피인수회사의 대표이사가 임의로 피인수회사의 재산을 담보로 제공하게 하였다면, 인수자 또는 제3자에게 담보 가치에 상응한 재산상 이익을 취득하게 하고 피인수회사에 그 재산상 손해를 가하였다고 봄이 상당하다.[1125] 甲 주식회사 대표이사인 피고인이 甲 회사 설립의 동기가

1121) 대법원 2017.10.12. 선고 2017도6151 판결; 대법원 2017.2.3. 선고 2016도3674 판결; 대법원 2015.11.26. 선고 2014도17180 판결; 대법원 2015.9.10. 선고 2015도6745 판결; 대법원 2013.4.26. 선고 2011도6798 판결; 대법원 2012.7.12. 선고 2009도7435 판결; 대법원 2012.6.28. 선고 2012도3643 판결; 대법원 2011.12.13. 선고 2011도10525 판결; 대법원 2011.11.24. 선고 2010도11394 판결; 대법원 2009.8.20. 선고 2008도12112 판결; 대법원 2009.5.29. 선고 2007도4949 전원합의체 판결; 대법원 2008.10.23. 선고 2008도6816 판결; 대법원 2008.5.15. 선고 2005도7911 판결; 대법원 2008.5.8. 선고 2008도484 판결; 대법원 2006.11.9. 선고 2004도7027 판결; 대법원 2008.6.19. 선고 2006도4876 전원합의체 판결; 대법원 2008.5.15. 선고 2005도7911 판결; 대법원 2007.6.15. 선고 2005도4338 판결; 대법원 2007.3.15. 선고 2004도5742 판결; 대법원 2006.11.9. 선고 2004도7027 판결; 대법원 2005.7.29. 선고 2004도5685 판결; 대법원 2005.4.15. 선고 2004도7053 판결; 대법원 2004.5.14. 선고 2001도4857 판결; 대법원 2004.4.9. 선고 2004도771 판결; 대법원 2004.3.26. 선고 2003도7878 판결; 대법원 2003.10.10. 선고 2003도3516 판결; 대법원 2000.12.8. 선고 99도3338 판결; 내법원 2000.11.24. 선고 99도822 판결; 대법원 2000.2.11. 선고 99도2983 판결; 대법원 1999.6.22. 선고 99도1095 판결; 대법원 1997.5.30. 선고 95도531 판결; 대법원 1995.11.21. 선고 94도1375 판결; 대법원 1992.5.26. 선고 91도2963 판결; 대법원 1987.11.10. 선고 87도993 판결.

1122) 대법원 2011.12.13. 선고 2011도10525 판결; 대법원 2010.3.25. 선고 2009도14585 판결; 대법원 2004.5.14. 선고 2001도4857 판결; 대법원 2000.11.24. 선고 99도822 판결, 2000.12.8. 선고 99도3338 판결; 대법원 1992.5.26. 선고 91도2963 판결.

1123) 대법원 2013.4.26. 선고 2011도6798 판결; 대법원 2009.5.29. 선고 2008도9436 판결; 대법원 2008.5.15. 선고 2005도7911 판결; 대법원 2004.3.26. 선고 2003도7878 판결; 대법원 2003.10.10. 선고 2003도3516 판결; 대법원 1999.6.22. 선고 99도1095 판결; 대법원 1972.5.23. 선고 71도2334 판결.

1124) 대법원 2013.4.26. 선고 2011도6798 판결; 대법원 2009.5.29. 선고 2008도9436 판결.

1125) 대법원 2020.10.15. 선고 2016도10654 판결; 대법원 2015.4.23. 선고 2014도17703 판결; 대법원

된 동업약정의 투자금 용도로 부친 乙로부터 2억 원을 차용한 후 乙에게 甲 회사 명의의 차용증을 작성·교부하는 한편 甲 회사 명의로 액면금 2억 원의 약속어음을 발행하여 공증해 줌으로써 甲 회사에 재산상 손해를 입게 하고 乙에게 재산상 이익을 취득하게 하였다고 하여 업무상 배임으로 기소된 사안에서, 피고인의 행위가 대표이사의 대표권을 남용한 때에 해당하고 그 행위의 상대방인 乙로서는 피고인이 甲 회사의 영리 목적과 관계없이 자기 또는 제3자의 이익을 도모할 목적으로 권한을 남용하여 차용증 등을 작성해 준다는 것을 알았거나 알 수 있었으므로 그 행위가 甲 회사에 대하여 아무런 효력이 없다고 본 원심판단은 수긍할 수 있으나, 乙은 피고인이 작성하여 준 약속어음공정증서에 기하여 甲 회사의 丙 재단법인에 대한 임대차보증금반환채권 중 2억 원에 이르기까지의 금액에 대하여 압류 및 전부명령을 받은 다음 확정된 압류 및 전부명령에 기하여 丙 재단법인으로부터 甲 회사의 임대차보증금 중 1억 2,300만 원을 지급받은 사실에 비추어 피고인의 임무위배행위로 인하여 甲 회사에 현실적인 손해가 발생하였거나 실해 발생의 위험이 생겼으므로 배임죄의 기수가 성립하고, 전부명령이 확정된 후 집행권원인 집행증서의 기초가 된 법률행위 중 전부 또는 일부에 무효사유가 있는 것으로 판명되어 집행채권자인 乙이 집행채무자인 甲 회사에 부당이득 상당액을 반환할 의무를 부담하더라도 배임죄의 성립을 부정할 수 없는데도, 이와 달리 보아 공소사실을 무죄로 판단한 원심판결에 배임죄의 실행의 착수 및 기수 시기에 관한 법리오해의 잘못이 있다고 한 사례이다.[1126] 전환사채는 발행 당시에는 사채의 성질을 갖는 것으로서 사채권자가 전환권을 행사한 때에 비로소 주식으로 전환된다. 전환사채의 발행업무를 담당하는 사람과 전환사채 인수인이 사전 공모하여 제3자에게서 전환사채 인수대금에 해당하는 금액을 차용하여 전환사채 인수대금을 납입하고 전환사채 발행절차를 마친 직후 인출하여 차용금채무의 변제에 사용하는 등 실질적으로 전환사채 인수대금이 납입되지 않았음에도 전환사채를 발행한 경우에, 전환사채의 발행이 주식 발행의 목적을 달성하기 위한 수단으로 이루어졌고 실제로 목적대로 곧 전환권이 행사되어 주식이 발행됨에 따라 실질적으로 신주인수대금의 납입을 가장하는 편법에 불과하다고 평가될 수 있는 등의 특별한 사정이 없는 한, 전환사채의 발행업무를 담당하는 사람은 회사에 대하여 전환사채 인수대금이 모두 납입되어 실질적으로 회사에 귀속되도록 조치할 업무상의 임무를 위반하여, 전환사채 인수인이 인수대금을 납입하지 않고서도 전환사채를 취득하게 하여 인수대금 상당의 이득을 얻게 하고, 회사가 사채상환의무를 부담하면서도 그에 상응하여 취득하여야 할 인수대금 상당의 금전을 취득하지 못하게 하여 같은 금액 상당의 손해를 입게 하였으므로, 업무상 배임죄의 죄책을 진다. 그리고 그 후 전환사채의 인수인이 전환사채를 처분하여 대금 중 일부를 회사에 입금하였거나 또는 사채로 보유하는 이익과 주식으로 전환할 경우의 이익을 비교하여 전환권을 행사함으로써 전환사채를 주식으로 전환하였더라도, 이러한 사후적인 사정은 이미 성립된 업무상 배임죄에 영향을 주지 못한다.[1127] 구 한국농어촌공사 및 농지관리기금법(2013.3.23. 법률 제11690호로 개정되기 전의 것, 이하 같다) 제18조 제1항, 제2항, 제23조 제1항, 제31조, 제32조, 제34조 제1항, 구 한국농어촌공사 및 농지관리기금법 시행령(2013.3.23. 대통령령 제24455호로 개정되기 전의 것) 제35조 제1항 제3호, 한국농어촌공사의 업무지침에서 규정하는 바와 같이, 한국농어촌공사가 구 한국농어촌공사 및 농지관리기금법 제18조에서 정한 농지매매사업 등을 수행하기 위하여 정부에서 위탁받아 운용하는 농지관리기금은 농업인의 영농규모 적정화를 통한 농업생산성 증대 등 특정한 정책목적을 위하여 조성된 기금으로서 농지매매사업에 필요한 자금의 융자 등 용도가 법정되어 있는 자금이므로, 한국농어촌공사의 직원이 자금을 농지매매사업

2012.6.14. 선고 2012도1283 판결; 대법원 2008.2.28. 선고 2007도5987 판결.

1126) 대법원 2017.9.21. 선고 2014도9960 판결.

1127) 대법원 2015.12.10. 선고 2012도235 판결.

의 지원대상에 해당하지 아니하는 농지를 매입하는 데 사용하거나 지원요건을 갖추지 아니한 농업인을 위하여 부당하게 지원하도록 한 것이라면, 매입 농지에 대한 근저당권 설정 등으로 지원금의 회수가 사실상 보장되더라도 특정 목적을 위하여 조성된 기금의 감소를 초래함으로써 기금이 목적을 위하여 사용됨을 저해하였다고 할 것이므로, 이러한 의미에서 한국농어촌공사는 그와 같은 기금의 지원으로 인하여 재산상 손해를 입었다고 보아야 한다.[1128] 금융기관이 거래처의 기존 대출금에 대한 원리금에 충당하기 위하여 거래처에 신규대출을 하면서, 형식상 신규대출을 하는 것처럼 서류상 정리를 하였을 뿐 실제로 거래처에 대출금을 새로 교부하지 아니하였다면 그로 인하여 금융기관에 새로운 손해가 발생하지 아니하므로 따로 업무상 배임죄가 성립된다고 볼 수 없다. 그렇지만 금융기관이 실제로 거래처에 대출금을 새로 교부한 경우에는 거래처가 그 대출금을 임의로 처분할 수 없다거나 그 밖에 어떠한 이유로든 그 대출금이 기존 대출금의 원리금으로 상환될 수밖에 없다는 등의 특별한 사정이 없는 한, 비록 새로운 대출금이 기존 대출금의 원리금으로 상환되도록 약정되어 있다고 하더라도 그 대출과 동시에 이미 손해발생의 위험은 발생하였다고 보아야 할 것이므로 업무상 배임죄가 성립한다.[1129] 피고인이, 甲이 운영하는 乙 주식회사의 부사장으로 대외 영업활동을 하여 그 활동 및 계약을 乙 회사에 귀속시키기로 甲과 약정하고도 乙 회사에 알리지 않고 피고인 자신이 乙 회사 대표인 것처럼 가장하거나 피고인이 별도로 설립한 丙 주식회사 명의로 금형제작·납품계약을 체결함으로써 乙 회사에 손해를 가하였다고 하여 업무상 배임으로 기소된 사안에서, 乙 회사의 재산상 손해는 피고인의 임무위배행위로 乙 회사의 금형제작·납품계약 체결 기회가 박탈됨으로써 발생하므로, 원칙적으로 계약을 체결한 때를 기준으로 금형제작·납품계약 대금에 기초하여 산정하여야 하며, 계약대금 중에서 사후적으로 발생되는 미수금이나 계약 해지로 받지 못하게 되는 나머지 계약대금 등은 특별한 사정이 없는 한 계약 대금에서 공제할 것이 아닌데도, 이와 달리 금형제작·납품계약 대금 중 미수금 및 계약 해지로 받지 못하게 된 부분은 피고인의 배임행위로 인한 재산상 손해로 인정할 수 없다고 본 원심판결에 업무상 배임죄의 재산상 손해에 관한 법리를 오해한 잘못이 있다고 한 사례이다.[1130] 회사의 대표이사가 대표권을 남용하여 회사 명의의 약속어음을 발행하였다면, 비록 상대방이 그 남용의 사실을 알았거나 중대한 과실로 알지 못하여 회사가 상대방에 대하여는 채무를 부담하지 아니한다 하더라도 약속어음이 제3자에게 유통될 경우 회사가 소지인에 대하여 어음금채무를 부담할 위험은 이미 발생하였다 할 것이므로, 그 약속어음이 제3자에게 유통되지 아니한다는 특별한 사정이 없는 한 경제적 관점에서는 회사에 대하여 배임죄에서의 재산상 실해 발생의 위험이 초래되었다고 봄이 상당하다. 여기에서 그 약속어음이 제3자에게 유통되지 아니한다는 특별한 사정이 있는지 여부는 어음의 발행인과 수취인 기타 관련자들의 관계 및 그들 사이의 종전 거래실제, 유통하지 아니한다는 확약이 있는지 여부 등 약속어음 발행 전후의 구체적 경위와 사정, 발행된 어음의 문면·형식·재질 기타 유통성에 영향을 주는 어음의 외형적 요소, 나아가 약속어음 외에 다른 담보가 제공되었는지 여부, 그 담보의 종류 또는 내용, 어음수취인 기타 관련자들의 권리 추급 기타 그 권리관계의 전개양상 등 여러 사정들을 종합적으로 고려하여 판단하여야 한다.[1131] 회사의 대표이사가 개인 채무를 담보하기 위하여 회사 명의의 약속어음을 발행하는 것은 대표권 남용행위이고, 만일 상대방이 그 사실을 알고 있었거나 중대한 과실로 알지 못하였다면 대표이사가 회사 명의의 약속어음을 발행한 것은 회사에 대하여

1128) 대법원 2015.8.13. 선고 2014도5713 판결.
1129) 대법원 2013.10.17. 선고 2013도6826 판결; 대법원 2003.10.10. 선고 2003도3516 판결.
1130) 대법원 2013.4.26. 선고 2011도6798 판결.
1131) 대법원 2013.2.14. 선고 2011도10302 판결.

무효이므로 회사는 상대방에 대하여 어음금 채무를 지지 아니할 뿐만 아니라 위와 같은 사정하에 서라면 회사는 상대방에 대하여 민법 제35조 제1항에 의한 손해배상책임 또는 민법 제756조 제1항에 의한 사용자책임도 지지 아니한다. 그러나 약속어음은 원칙적으로 배서에 의하여 양도할 수 있고(어음법 제11조 제1항, 제77조 제1항), 약속어음에 의하여 청구를 받은 자는 그 소지인이 채무자를 해할 것을 알고 어음을 취득한 경우가 아니라면 발행인 또는 종전의 소지인에 대한 인적 관계로 인한 항변으로써 소지인에게 대항하지 못하므로(어음법 제17조, 제77조 제1항), 대표이사가 대표권을 남용하여 회사 명의의 약속어음을 발행하였다면, 비록 상대방이 그 사실을 알고 있었거나 중대한 과실로 알지 못하여 회사가 상대방에 대하여는 채무를 부담하지 아니한다 하더라도 약속어음이 제3자에게 유통될 경우 회사가 소지인에 대하여 어음금 채무를 부담할 위험은 이미 발생하였다 할 것이므로, 그 약속어음이 제3자에게 유통되지 아니한다는 특별한 사정이 없는 한 경제적 관점에서는 회사에 대하여 배임죄에서의 재산상 실해 발생의 위험이 초래되었다고 봄이 상당하다.[1132] 직무발명에 대한 특허를 받을 수 있는 권리 등을 사용자 등에게 승계한다는 취지를 정한 약정 또는 근무규정의 적용을 받는 종업원 등은 사용자 등이 이를 승계하지 아니하기로 확정되기 전까지는 임의로 위와 같은 승계 약정 또는 근무규정의 구속에서 벗어날 수 없는 상태에 있는 것이어서, 종업원 등이 그 발명의 내용에 관한 비밀을 유지한 채 사용자 등의 특허권 등 권리의 취득에 협력하여야 할 의무는 자기 사무의 처리라는 측면과 아울러 상대방의 재산보전에 협력하는 타인 사무의 처리라는 성격을 동시에 가지게 되므로, 이러한 경우 종업원 등은 배임죄의 주체인 '타인의 사무를 처리하는 자'의 지위에 있다고 할 것이다. 따라서 위와 같은 지위에 있는 종업원 등이 임무를 위반하여 직무발명을 완성하고도 그 사실을 사용자 등에게 알리지 않은 채 그 발명에 대한 특허를 받을 수 있는 권리를 제3자에게 이중으로 양도하여 제3자가 특허권 등록까지 마치도록 하는 등으로 그 발명의 내용이 공개되도록 하였다면, 이는 사용자 등에게 손해를 가하는 행위로서 배임죄를 구성한다.[1133] 피고인은 엘지화학의 영업비밀에 해당하는 이 사건 파일들을 무단으로 반출하였고, 피고인의 이러한 행위는 엘지화학에 현실적으로 손해를 가한 경우가 아니라고 하더라도 재산상 손해 발생의 위험을 초래한 경우에 해당하므로 '재산상의 손해를 가한 때'에 해당한다. 또한 피고인은 영업비밀에 해당하는 이 사건 파일들을 자신의 개인 이메일로 전송받아 보관함으로써 재산상 이익을 취득하였다고 할 것이다.[1134] 회사 직원이 영업비밀을 경쟁업체에 유출하거나 스스로의 이익을 위하여 이용할 목적으로 무단으로 반출하였다면 그 반출시에 업무상 배임죄의 기수가 된다. 영업비밀이 아니더라도 그 자료가 불특정 다수의 사람에게 공개되지 않았고 사용자가 상당한 시간, 노력 및 비용을 들여 제작한 영업상 주요한 자산인 경우에도 그 자료의 반출행위는 업무상 배임죄를 구성하며, 회사 직원이 영업비밀이나 영업상 주요한 자산인 자료를 적법하게 반출하여 그 반출행위가 업무상 배임죄에 해당하지 않는 경우라도 퇴사시에 그 영업비밀 등을 회사에 반환하거나 폐기할 의무가 있음에도 경쟁업체에 유출하거나 스스로의 이익을 위하여 이용할 목적으로 이를 반환하거나 폐기하지 아니하였다면, 이러한 행위는 업무상 배임죄에 해당한다.[1135] 갑회사의 대표이사가 회사 소유의 건물을 다른 사람에게 임대하고 교부받은 임대보증금 중 일부를 자신의 을회사에 대한 체불임금채권에 충당한 사안에서, 업무상 배임죄의 성립을 인정한 사례이다.[1136] 재벌그룹 소속 갑회사가 골프장 건설 사업을 진행

1132) 대법원 2012.12.27. 선고 2012도10822 판결.
1133) 대법원 2012.11.15. 선고 2012도6676 판결.
1134) 대법원 2011.7.28. 선고 2010도9652 판결.
1135) 대법원 2009.10.15. 선고 2008도9433 판결; 대법원 2008.4.24. 선고 2006도9089 판결.
1136) 대법원 2008.7.24. 선고 2008도287 판결.

중인 비상장회사 을의 주식 전부를 보유하고 을회사를 위하여 수백억 원의 채무보증을 한 상태에서 갑회사의 대표이사와 이사들이 을회사의 주식 전부를 주당 1원으로 계산하여 그룹 회장인 위 대표이사와 그룹 계열사에 매도한 사안에서, 당시 을회사의 채무 상태는 부채가 자산을 근소하게 초과하고 있었다 하더라도 회원권이 분양되기 전에는 수입을 기대할 수 없는 골프장 사업의 특성상 이는 당연한 것이고 향후 골프장 사업계획을 실행하여 수익을 내고 기업의 가치도 상승할 가능성이 충분하므로, 위 주식 매도행위는 갑회사에 주식의 내재된 가치를 포기하면서 신용위험만을 부담시키는 것으로서 갑회사에 주식의 적정한 거래가격과 매도가격의 차액 상당에 해당하는 손해를 가한 배임행위에 해당한다.[1137] 댐건설지원사업소에서 사업소 소장을 보좌하여 댐건설에 따른 보상업무를 담당하는 피고인이 보상신청을 한 토지가 간접보상의 대상이 될 수 없다는 사정을 알면서도 보상이 이루어지지 않도록 하는 조치를 취하지 아니한 채 일련의 보상절차를 진행함으로써 보상금이 지급되도록 한 사안에서 업무상 배임죄의 성립을 인정한 사례이다.[1138] 모회사와 자회사가 모회사의 대주주로부터 그가 소유한 다른 회사의 비상장주식을 매입한 사안에서, 거래의 목적, 계약체결의 경위 및 내용, 거래대금의 규모 및 회사의 재정상태 등 제반 사정에 비추어 그것이 회사의 입장에서 볼 때 경영상의 필요에 의한 정상적인 거래로서 허용될 수 있는 한계를 넘어 주로 주식을 매도하려는 대주주의 개인적인 이익을 위한 것에 불과하다는 이유로 그 대주주와 모회사 및 자회사의 임직원들에 대하여 업무상 배임죄의 성립을 인정한 사례이다.[1139] 이미 타인의 채무에 대하여 보증을 하였는데, 피보증인이 변제자력이 없어 결국 보증인이 그 보증채무를 이행하게 될 우려가 있다고 하더라도 보증인이 피보증인에게 신규로 자금을 제공하거나 피보증인이 신규로 자금을 차용하는 데 담보를 제공하면서 그 신규자금이 이미 보증을 한 채무의 변제에 사용되도록 한 경우가 아니라면, 보증인으로서는 결국 기보증채무와 별도로 새로 손해를 발생시킬 위험을 초래한 것이라고 볼 수밖에 없다.[1140] 상호지급보증 관계에 있는 회사 간에 보증회사가 채무변제능력이 없는 피보증회사에 대하여 합리적인 채권회수책 없이 새로 금원을 대여하거나 예금담보를 제공하였다면 업무상 배임죄를 구성한다.[1141] 비등록·비상장 법인의 대표이사가 시세차익을 얻을 의도로 주식 시가보다 현저히 낮은 금액을 전환가격으로 한 전환사채를 발행하고 제3자의 이름을 빌려 이를 인수한 후 전환권을 행사하여 인수한 주식 중 일부를 직원들에게 전환가격 상당에 배분한 경우, 전환사채의 발행·인수로써 주식 시가와 전환가격의 차액 상당의 재산상의 이익을 취득하고 법인에게 손해를 가한 업무상 배임죄가 성립하였다.[1142] 중소기업진흥기금은 중소기업진흥이라는 특정한 목적을 위하여 조성되어 중소기업 합리화사업의 실천계획의 승인을 받은 적격 중소기업 등에게 저리로 대출하도록 그 용도가 법정되어 있는 자금이므로, 그 자금을 합리화사업 부적격 업체를 위하여 부당하게 지출되도록 한 것이라면, 진흥공단이 대리대출의 방식을 취하여 대출취급은행에 대출함으로써 은행으로부터의 대출금의 회수가 사실상 보장된다고 하더라도, 이는 결국 특정 목적을 위하여 조성된 기금의 감소를 초래함으로써 기금이 그 목적을 위하여 사용됨을 저해하는 것이라 할 것이므로, 진흥공단은 위와 같은 기금의 대출로 인하여 재산상의 손해를 입었다고 보아야 한다.[1143] 주식회사의 대표이사가 회사의 유일한 재산을 처분하면서 주주총회의 특별

1137) 대법원 2008.5.15. 선고 2005도7911 판결.
1138) 대법원 2005.7.29. 선고 2004도5685 판결.
1139) 대법원 2005.4.29. 선고 2005도856 판결.
1140) 대법원 2004.7.9. 선고 2004도810 판결.
1141) 대법원 2004.7.9. 선고 2004도810 판결.
1142) 대법원 2001.9.28. 선고 2001도3191 판결.
1143) 대법원 1997.10.24. 선고 97도2042 판결.

결의나 이사회의 승인을 거치지 아니하여 그 매매계약이나 소유권이전등기가 법률상 무효라고 하더라도 경제적 관점에서 파악할 때 재산상 손해를 가한 경우에 해당한다.[1144] 피고인이 판시 업무상배임으로 인한 손해액을 피해자인 인천노총 주택조합에게 뒤에 변제하였다 하여도 결론에 아무런 소장이 없다 할 것인즉, 원심판결에 소론과 같은 법리오해나 채증법칙 위배의 위법이 있다는 논지는 이유 없다 할 것이다.[1145] 주식회사의 대표이사가 회사의 중요한 재산을 양도한 경우 이것이 회사의 유일재산이고 처분 당시 주주총회의 특별결의를 거치지 아니한 이유로 위 매매계약 및 이에 따른 소유권이전등기는 법률상 당연무효라고 하더라도 경제적 관점에서 볼 때 적어도 위 재산에 관한 소유권이전등기를 넘겨 준 이상 위 처분행위로 인하여 위 회사에게 현실적인 손해를 가하지 아니하였다거나 재산상 실해 발생의 위험을 초래하지 아니하였다고 볼 수는 없다.[1146] 주식회사의 대표이사가 회사의 중요한 재산을 양도한 경우 이것이 회사의 유일재산이고 처분 당시 주주총회의 특별결의를 거치지 아니한 이유로 위 매매계약 및 이에 따른 소유권이전등기는 법률상 당연무효라고 하더라도 경제적 관점에서 볼 때 적어도 위 재산에 관한 소유권이전등기를 넘겨 준 이상 위 처분행위로 인하여 위 회사에게 현실적인 손해를 가하지 아니하였다거나 재산상 실해 발생의 위험을 초래하지 아니하였다고 볼 수는 없다.[1147] 토지임차권 상실을 배임행위로 인한 손해로 인정하면서 그 손해의 표시를 "토지 1085.5평에 대한 임차권의 시가상당액"이라고 설시하여 그 대상과 범위를 정해 놓았다면 설사 이를 금액으로 산정 표시되지 않았다 하여 손해가 특정되지 않았다고 할 수 없다.[1148] 은행지점장이 은행의 내부규정에 위배하여 그 전부 또는 일부가 회수불가능할 위험이 있는 융통어음을 할인해 주었다면 그 할인당시에 은행에 실해발생의 위험을 초래한 것이었다고 볼 수 있어 이는 업무상 배임행위에 해당한다.[1149] 군청의 경리계원으로서 국공유재산 관리업무를 담당하는 자가 국공유재산의 적법한 매수대상자가 아닌 자에게 업무상의 임무에 위배하여 감정가격보다 현저히 헐값에 수의계약하여 매도해 주므로서 그에게 그 차액상당의 이익을 주고 국가에 같은 액의 손해를 가하였다면 업무상 배임죄가 성립한다.[1150] (갑)회사의 대표이사가 외국회사와의 대리점계약 관계를 계속 유지발전하여야 할 업무상 임무가 있음에도 불구하고 (갑)회사는 관공서를 상대로 하는 사업을 하기는 적당하지 않으며 자기는 대표이사직을 곧 사임할 것이라고 말하며 외국회사로 하여금 대리점 계약의 해지를 통고케 하고 그 해지통고서를 접수하고서도 은닉하여 (갑)회사가 해명을 하는 등의 기회를 잃게 하여 대리점 계약이 종료되게 하고 새로이 대표이사로 재직하게 된 (을)회사와 대리점계약을 체결하게 함으로써 (을)회사에게 이득을 취득케 하고 (갑)회사에 손해를 입힌 경우에는 업무상 배임에 해당한다.[1151] 피고인이 대표이사로 근무하는 주식회사는 피고인 1인회사가 아닐뿐 아니라 재산이라고는 타회사에 맡겨둔 대금결제보증금 1억원뿐임에도 피고인이 이사회의 사전승인없이 자의로 위 회사를 대표하여 7천만원의 한도에서 타인의 차금행위를 보증한 행위는 대표이사로서의 임무에 위배되어 업무상 배임죄를 구성한다.[1152] 농수산물 가격안정사업단에 등록된 입찰자격자인 피고인이 피해자로부터 입찰의뢰를 받아

1144) 대법원 1995.11.21. 선고 94도1375 판결.
1145) 대법원 1995.2.17. 선고 94도3297 판결.
1146) 대법원 1992.5.26. 선고 91도2963 판결.
1147) 대법원 1992.5.26. 선고 91도2963 판결.
1148) 대법원 1990.1.23. 선고 87도2625 판결.
1149) 대법원 1989.1.31. 선고 87도2133 판결.
1150) 대법원 1986.9.23. 선고 86도618 판결.
1151) 대법원 1983.12.13. 선고 83도2349 판결.
1152) 대법원 1983.10.25. 선고 83도2099 판결.

참깨 4톤을 낙찰받고 피해자에게 그 낙찰대금을 위 사업단에 입금하게 한 경우에는 피고인으로서는 위 참깨 4톤을 출고받아 피해자에게 인도하거나 교부받은 출고증을 피해자에게 주어서 이를 출고받도록 하여야 할 임무가 있음에도 불구하고 그 임무에 반하여 위 사업단으로부터 이를 출고받아 타에 처분하여 그 가액상당의 이득을 취하였다면 업무상 배임죄에 해당한다.[1153] 손해발생은 손해가 구체적으로 발생한 실해만을 뜻하는 것이 아니므로 회사임원이 임무에 반하여 발행한 어음에 관해서 현재까지 회사에 대하여 약속어음금의 이행청구나 압류 등의 사실이 없다 하여 회사의 손해발생이 없는 경우라고 볼 수 없다.[1154] 위조된 문서를 근거로 대출해 준 행위는 업무상 배임죄에 해당한다.[1155] 저당권 내지 근저당권의 순위는 저당물건의 가액으로부터 어느 저당권이 우선하여 변제를 받을 수 있는가 하는 재산상의 이해에 관하여 우열을 정하는 것이므로 본건에서 피해자는 제1순위의 근저당권이 설정될 것으로 알고 금원을 대여하고 그 관계 근저당권설정에 관한 문서작성을 위촉하였는데도 불구하고 피고인이 후순위인 제2 내지 제3번의 근저당권설정에 관한 문서를 작성하여 그에 따른 신청으로 등기가 경료되었다면 이는 의뢰자인 본인에게 손해를 가하였다고 할 것이니 이런 견해아래 배임죄에 문죄한 원심의 조치 또한 정당하며 의견을 달리하는 소론 또한 이유없다.[1156] 피고인들이 관할군 내의 양축농가에 대하여 그 양축수에 따른 군조절용 사료의 적정한 배급을 위하여 양축수를 조사보고하고 사료를 배급하는 업무를 담당하고 있으면서 그 임무에 위배하여 정당한 배정대상 양축농가가 아닌 자에게 배정되도록 지시한 사실이 인정된다면 그같은 조절용 사료의 방출로 인하여 군에 배정된 조절용 사료를 부당하게 감소시킨 결과가 된다 할 것이므로 그 대금의 납입여부에 관계없이 재산적 손해를 입힌 것이라고 보아야 할 것이다.[1157] 정리절차중인 회사의 관리인 대리가 회사정리법 제112조에 위반하여 회사의 운영자금 중에서 일부 채권자들에게 채무의 일부를 변제하고 그 채권자들은 나머지 채무를 면제하였다면 그 채무의 변제는 무효이고 그 유효를 전제로 하는 채무면제 역시 무효이어서 결국 회사의 채무는 소멸되지 않고 여전히 존속하게 되는 것이므로 법률상 효력도 없는 채무변제로 인하여 특별한 사정이 없는 한 그 회사와 주주 및 기타 채권자에게는 재산상 손해를 가하고 변제받은 채권자에게는 재산상의 이득을 얻게 한 것이 된다.[1158] 정부가 관리하는 조절용 사료의 적정한 배급을 위하여 그 관할구역 내의 양돈수를 조사보고하는 임무를 맡은 읍직원이 허위보고를 함으로써 조절용사료가 부당하게 배정 방출 되었다면 그로 인하여 나라에게 조절용 사료의 부당한 감소라는 재산적 손해를 입힌 것이므로 배임죄가 성립된다.[1159] 수표의 발행일자를 변조하면서 거기에 정정인이 찍혀있지 않았기 때문에 지급인인 농업협동중앙회 영업부담당자인 "갑"으로서는 이것은 사고수표로 처리하여 그 지급을 거절하여야 마땅할 것이라 할지라도 이 때 피고인이 그 수표발행자 측으로서 이상 없는 수표라고 말하여 지급하게 하였다면 피고인으로서는 업무상 배임의 책임을 면하기 어렵다.[1160] 피고인이 이건 부동산을 매수함에 있어 이미 부천군 농업협동조합 앞으로 근저당권과 지상권이 설정되어 있었음에도 불구하고, 이러한 권리를 소멸시킬 수 있는 아무런 조치도 강구함이 없이 이를 그대로 시가에 따라 매수하여 채권액 상당액과 상계하고 나머지 매매대금을 전부 위 윤공보

1153) 대법원 1983.7.12. 선고 83도351 판결.
1154) 대법원 1983.3.8. 선고 82도2873 판결.
1155) 대법원 1983.2.8. 선고 81도3190 판결.
1156) 대법원 1982.11.9. 선고 81도2501 판결.
1157) 대법원 1982.9.14. 선고 81도2024 판결.
1158) 대법원 1980.10.14. 선고 80도1597 판결.
1159) 대법원 1978.8.22. 선고 78도958 판결; 대법원 1975.11.25. 선고 73도1881 판결.
1160) 대법원 1973.11.27. 선고 73도2339 판결.

에게 지급한 것이라면, 이는 다른 특별한 사정이 없는 한 부천군 축산협동조합으로 하여금 위 농업협동조합의 위와 같은 담보권의 실행으로 인한 이건 토지의 가치감소 내지는 권리상실 등의 위험을 입게 하는 재산상의 손해를 가한 것이라 할 것이다.[1161] 농업협동조합 직원이 관하 동리조합에 할당된 비료 중 배급을 원하지 않는 조합원 몫을 포기받아 자기가 그 대금을 내고 배급받은 양으로 처리하였다면 업무상 배임죄가 된다.[1162]

손해를 부정한 판례의 구체적 내용은 다음과 같다. 즉,

배합사료 판매회사인 甲 회사의 영업사원인 피고인이 乙에게 배합사료를 공급하면서 甲 회사의 내부 결재를 거치지 않고 장려금 등 명목으로 임의로 단가를 조정하거나 대금을 할인해 줌으로써 乙에게 재산상 이익을 취득하게 하고 甲 회사에 손해를 가하였다고 하여 특정경제범죄 가중처벌 등에 관한 법률 위반(배임)으로 기소된 사안에서, 甲 회사의 乙 측을 상대로 한 물품대금 소송의 제1심에서 甲 회사가 승소하였지만 상대방의 항소로 항소심에 계속 중인 이상 사용자책임 등을 부담할 가능성을 완전히 배제하기 어렵다는 등의 원심이 설시한 사정만으로는 甲 회사에 재산상 실해가 발생할 가능성이 생겼다고 말할 수는 있어도 나아가 그 실해 발생의 위험이 구체적·현실적인 정도에 이르렀다고 보기 어려운데도, 피고인의 행위가 甲 회사의 재산 상태에 구체적으로 어떠한 영향을 미쳤는지, 위 물품대금 소송의 제1심판결에도 불구하고 甲 회사가 사용자책임을 부담한다고 볼 만한 사정이 있는지 등을 면밀히 심리하여 甲 회사에 현실적인 손해가 발생하거나 실해 발생의 위험이 생겼다고 볼 수 있는지를 판단하지 아니한 채 공소사실을 유죄로 판단한 원심판결에 배임죄의 재산상 손해 요건에 관한 법리를 오해하여 필요한 심리를 다하지 아니한 잘못이 있다고 한 사례이다.[1163] 甲 은행 지점장인 피고인이 업무상 임무에 위배하여 물품대금지급보증서를 발급한 후 乙 주식회사의 거래처인 丙 주식회사에 건네줌으로써 甲 은행에 손해를 가하였다고 하여 특정경제범죄 가중처벌 등에 관한 법률 위반(배임)으로 기소된 사안에서, 丙 회사는 지급보증서가 정상적으로 발급된 것이 아님을 확인하고 乙 회사를 통하여 물품을 주문하였던 사람들에게 물품을 공급하지 않음으로써 乙 회사가 丙 회사에 대하여 아무런 물품대금 채무를 부담하지 않게 된 사정 등에 비추어, 피고인이 甲 은행을 대리하여 乙 회사가 丙 회사에 대해 장래 부담하게 될 물품대금 채무에 대하여 지급보증을 하였더라도, 丙 회사가 乙 회사와 거래를 개시하지 않아 지급보증 대상인 물품대금 지급채무 자체가 현실적으로 발생하지 않은 이상, 보증인인 甲 은행에 경제적인 관점에서 손해가 발생한 것과 같은 정도로 구체적인 위험이 발생하였다고 평가할 수 없는데도, 이와 달리 甲 은행에 구체적인 실해 발생의 위험이 초래되었음을 전제로 피고인에게 유죄를 인정한 원심판결에 법리를 오해한 잘못이 있다고 한 사례이다.[1164] 주식회사의 주주총회결의에서 자신이 대표이사로 선임된 것으로 주주총회의사록 등을 위조한 자가 회사를 대표하여 한 대물변제 등의 행위는 법률상 효력이 없어 그로 인하여 회사에 어떠한 손해가 발생한다고 할 수 없으므로, 그 행위로 인하여 회사가 상법 제395조의 표현대표이사책임을 부담하는 등의 특별한 사정이 없는 한 그 대표이사를 사칭한 자의 행위는 배임죄를 구성하지 아니한다.[1165] 피고인 1 등이 2009.8.19. 판시 공소외 1 주식회사 명의의 약속어음을 작성한 행위는 대표권을 남용한 행위

1161) 대법원 1973.11.13. 선고 72도1366 판결.
1162) 대법원 1965.10.15. 선고 65도742 판결.
1163) 대법원 2017.10.12. 선고 2017도6151 판결.
1164) 대법원 2015.9.10. 선고 2015도6745 판결.
1165) 대법원 2013.3.28. 선고 2010도7439 판결.

이지만 그 약속어음 발행의 상대방도 피고인 1 등의 위와 같은 행위가 회사의 영리 목적과 관계없이 피고인 1의 이익을 도모할 목적으로 그 권한을 남용하여 한 행위라는 것을 충분히 알았거나 알 수 있었던 것으로 보이므로, 피고인 1 등의 위와 같은 약속어음 발행행위는 공소외 1 주식회사에 대하여 아무런 효력이 없고, 이로 인하여 공소외 1 주식회사가 사용자책임이나 불법행위 등에 따른 손해배상책임을 부담할 여지도 없어서 결국 공소외 1 주식회사에 재산상 손해가 발생하거나 재산상 손해발생의 위험성이 초래되었다고 볼 수 없다는 이유로, 피고인 1, 2, 3, 5에 대한 이 부분 공소사실은 범죄의 증명이 없는 경우에 해당하여 무죄라고 판단한 제1심을 그대로 유지하였다.[1166] 갑 주식회사의 임원 또는 종업원인 피고인들이 직무발명에 대한 특허출원인 명의를 피고인들 등으로 변경해서 특허출원이 이루어지도록 하여 갑 회사에 재산상 손해를 가하였다는 내용으로 기소된 사안에서, 피고인들이 직무에 관하여 발명한 '3D 입체게임 전용 컨트롤러'는 발명진흥법에서 정한 '직무발명'에 해당하여 이에 대하여 특허를 받을 수 있는 권리는 당연히 발명자인 피고인들에게 있으므로 사용자인 갑 회사가 발명의 특허출원을 하기 위하여는 피고인들로부터 특허를 받을 수 있는 권리를 승계하여야 하는데, 제반 사정에 비추어 갑 회사가 위 발명에 대하여 특허를 받을 수 있는 권리를 적법하게 승계하였다고 할 수 없으므로, 피고인들이 위 발명에 대하여 특허출원인 명의를 피고인들 등으로 변경하여 출원하였다 하여 그와 같은 행위가 업무상 배임죄에 해당한다고 할 수 없다는데도, 피고인들과 갑 회사 사이에 특허를 받을 수 있는 권리를 갑 회사에 승계시키는 묵시적 합의가 있었다는 전제하에 이와 달리 본 원심판단에 직무발명의 권리귀속에 관한 법리오해의 위법이 있다고 한 사례이다.[1167] 피고인이 갑 주식회사의 주권 발행 전 주식을 이미 을 주식회사에 매도하였음에도, 주식 명의개서를 받을 수 있도록 협조할 임무에 위배하여 위 주식을 포기하고 갑 회사에 반환함으로써 을 회사에 재산상 손해를 가하였다는 내용으로 기소된 사안에서, 피고인이 을 회사에 현실적인 손해를 가하였거나 재산상 실해 발생의 위험을 초래하였다고 보기 어렵다고 보아 무죄를 인정한 원심의 조치를 수긍한 사례이다.[1168] 피고인이 갑과 공동으로 토지를 매수하여 그 지상에 창고사업을 하는 내용의 동업약정을 하고 동업재산이 될 토지에 관한 매매계약을 체결한 다음 매도인에게 계약금을 지급하였는데, 이후 소유권이전등기 업무를 처리하면서 갑 몰래 매도인과 사이에 위 매매계약을 해제하고 갑을 배제하는 내용의 새로운 매매계약을 체결한 다음 제3자 명의로 소유권이전등기를 마친 사안에서, 피해자인 조합으로서는 장차 취득할 것이 기대되었던 토지의 가치에 상응하는 재산이 감소되었지만 다른 한편으로는 토지의 잔금지급의무를 면하게 되었으므로 토지의 매수대금 상당액이 위 배임행위로 인하여 조합이 입게 된 재산상 손해액에 해당한다고 할 수는 없는데도, 피고인이 얻은 이득액 및 피해자가 입은 손해액을 토지의 매수대금 상당액으로 인정하여 피고인을 특정경제범죄 가중처벌 등에 관한 법률 위반(배임)죄로 의율한 원심판단에 배임죄의 재산상 손해액에 관한 법리오해의 위법이 있다고 한 사례이다.[1169] 甲 주식회사 직원인 피고인이 대표이사 乙 등이 직무에 관하여 발명한 '재활용 통합 분리수거 시스템'의 특허출원을 하면서 임의로 특허출원서 발명자란에 乙 외에 피고인의 성명을 추가로 기재하여 공동발명자로 등재되게 한 사안에서, 발명자에 해당하는지는 특허출원서 발명자란 기재 여부와 관계없이 실질적으로 정해지므로 피고인의 행위만으로 곧바로 甲 회사의 특허권 자체나 그와 관련된 권리관계에 어떠한 영향을 미친다고 볼 수 없어, 결국 그로 인하여 甲 회사에 재산상 손해가 발생하였다거나

1166) 대법원 2012.6.28. 선고 2012도2628 판결.
1167) 대법원 2011.7.28. 선고 2010도12834 판결.
1168) 대법원 2011.5.13. 선고 2010도16391 판결.
1169) 대법원 2011.4.28. 선고 2009도14268 판결.

재산상 손해발생의 위험이 초래되었다고 볼 수 없고, 달리 공소사실을 인정할 증거가 없으므로 업무상 배임죄가 성립하지 않는다고 본 원심판단을 수긍한 사례이다.[1170] 법인의 대표자 또는 피용자가 그 법인 명의로 한 채무부담행위가 관련 법령에 위배되어 법률상 효력이 없는 경우에는 그로 인하여 법인에게 어떠한 손해가 발생한다고 할 수 없으므로, 그 행위로 인하여 법인이 민법상 사용자책임 또는 법인의 불법행위책임을 부담하는 등의 특별한 사정이 없는 한 그 대표자 또는 피용자의 행위는 배임죄를 구성하지 아니한다.[1171] 대표이사가 대표권을 남용하여 자신의 개인채무에 대하여 회사 명의의 차용증을 작성하여 주었고, 그 상대방도 이와 같은 진의를 알았거나 알 수 있었던 사안에서, 무효인 차용증을 작성하여 준 것만으로는 회사에 재산상 손해가 발생하였다거나 재산상 실해 발생의 위험이 초래되었다고 볼 수 없어 업무상 배임죄가 성립하지 않는다.[1172] 주식회사가 유상증자를 함에 있어 회사의 증자업무를 담당한 자와 주식인수인이 사전 공모하여 주금납입취급은행 이외의 제3자로부터 납입금에 해당하는 금액을 차입하여 주금을 납입하고 납입취급은행으로부터 납입금보관증명서를 교부받아 회사의 설립등기절차 또는 증자등기절차를 마친 직후 이를 인출하여 위 차용금채무의 변제에 사용하는 경우, 위와 같은 행위는 실질적으로 회사의 자본을 증가시키는 것이 아니고 등기를 위하여 납입을 가장하는 편법에 불과하여 주금의 납입 및 인출의 전 과정에서 회사의 자본금에는 실제 아무런 변동이 없는 것인바(대법원 2004.6.17. 선고 2003도7645 전원합의체 판결 참조), 비록 회사의 대표이사가 유상증자를 통한 신주발행을 함에 있어 납입을 가장하는 방법에 의하여 주금이 납입된 상태에서 자기 또는 제3자에게 신주를 발행해 주었고, 이후 그 주식인수인이 그 신주인수대금을 실제로 회사에 납부하지 아니하고 있다 하더라도 그로 인하여 회사에게 그 신주인수대금 상당의 자본이 감소하는 등의 재산상 손해가 발생한 것으로는 보기 어렵다고 할 것이므로, 그 행위가 업무상 배임죄에 해당한다고 할 수는 없다.[1173] 주식회사의 설립업무 또는 증자업무를 담당한 자와 주식인수인이 사전 공모하여 주금납입취급은행 이외의 제3자로부터 납입금에 해당하는 금액을 차입하여 주금을 납입하고 납입취급은행으로부터 납입금보관증명서를 교부받아 회사의 설립등기절차 또는 증자등기절차를 마친 직후 이를 인출하여 위 차용금채무의 변제에 사용하는 경우, 위와 같은 행위는 실질적으로 회사의 자본을 증가시키는 것이 아니고 등기를 위하여 납입을 가장하는 편법에 불과하여 주금의 납입 및 인출의 전 과정에서 회사의 자본금에는 실제 아무런 변동이 없다고 보아야 할 것이므로 그들에게 불법이득의 의사가 있다거나 회사에 재산상 손해가 발생한다고 볼 수는 없으므로, 업무상 배임죄가 성립한다고 할 수 없다.[1174] 회사의 대표이사가 타인의 채무를 회사 이름으로 지급보증 또는 연대보증함에 있어 그 타인이 만성적인 적자로 손실액이나 채무액이 누적되어 가고 있는 등 재무구조가 상당히 불량하여 이미 채무변제능력을 상실한 관계로 그를 위하여 지급보증 또는 연대보증을 할 경우에 회사에 손해가 발생할 것이라는 점을 알면서도 이에 나아갔다면 그러한 지급보증 또는 연대보증은 회사에 대하여 배임행위가 된다고 할 것이나, 그 타인이 단순히 채무초과 상태에 있다는 이유만으로는 그러한 지급보증 또는 연대보증이 곧 회사에 대하여 배임행위가 된다고 단정할 수 없다.[1175] 신주발행은 주식회사의 자본조달을 목적으로 하는 것으로서 신주발행과 관련한 대표이사의 업무는 회사의 사무일 뿐이므로 신주발행에 있어

1170) 대법원 2011.12.13. 선고 2011도10525 판결.

1171) 대법원 2010.9.30. 선고 2010도6490 판결; 대법원 2010.3.25. 선고 2009도14585 판결; 대법원 2009.8.20. 선고 2009도4120 판결; 대법원 2004.4.9. 선고 2004도771 판결.

1172) 대법원 2010.5.27. 선고 2010도1490 판결.

1173) 대법원 2007.9.6. 선고 2005도1847 판결.

1174) 대법원 2005.4.29. 선고 2005도856 판결.

1175) 대법원 2004.6.24. 선고 2004도520 판결.

서 대표이사가 납입된 주금을 회사를 위하여 사용하도록 관리·보관하는 업무 역시 회사에 대한 선관주의의무 내지 충실의무에 기한 것으로서 회사의 사무에 속하는 것이고, 신주발행에 있어서 대표이사가 일반 주주들에 대하여 그들의 신주인수권과 기존 주식의 가치를 보존하는 임무를 대행한다거나 주주의 재산보전 행위에 협력하는 자로서 타인의 사무를 처리하는 자의 지위에 있다고는 볼 수 없을 뿐만 아니라, 납입을 가장하는 방법에 의하여 주금이 납입된 경우 회사의 재산에 대한 지분가치로서의 기존 주식의 가치가 감소하게 될 수는 있으나, 이는 가장납입에 의하여 회사의 실질적 자본의 감소가 초래됨에 따른 것으로서 업무상 배임죄에서의 재산상 손해에 해당된다고 보기도 어려우므로, 신주발행에 있어서 대표이사가 납입의 이행을 가장한 경우에는 상법 제628조 제1항에 의한 가장납입죄가 성립하는 이외에 따로 기존 주주에 대한 업무상 배임죄를 구성한다고 할 수 없다.[1176] 대표이사가 개인의 차용금 채무에 관하여 개인 명의로 작성하여 교부한 차용증에 추가로 회사의 법인 인감을 날인하였다고 하더라도 대표이사로서 행한 적법한 대표행위라고 할 수 없으므로 회사가 위 차용증에 기한 차용금 채무를 부담하게 되는 것이 아님은 물론이고, 나아가 금원의 대여자는 위와 같은 행위가 적법한 대표행위가 아님을 알았거나 알 수 있었다 할 것이어서 회사가 대여자에 대하여 사용자책임이나 법인의 불법행위 등에 따른 손해배상의무도 부담할 여지가 없으므로, 결국 회사에 재산상 손해가 발생하였다거나 재산상 실해 발생의 위험이 초래되었다고 볼 수 없다는 이유로 대표이사의 업무상 배임 부분에 대하여 무죄를 선고한 원심판결을 수긍한 사례이다.[1177] 금융기관이 거래처의 기존 대출금에 대한 원리금 및 연체이자에 충당하기 위하여 위 거래처가 신규대출을 받은 것처럼 서류상 정리하였더라도 금융기관이 실제로 위 거래처에게 대출금을 새로 교부한 것이 아니라면 그로 인하여 금융기관에게 어떤 새로운 손해가 발생하는 것은 아니라고 할 것이므로 따로 업무상 배임죄가 성립된다고 볼 수 없다.[1178] 거래처의 기존대출금에 대한 연체이자에 충당하기 위하여 위 거래처가 신규대출을 받은 것처럼 서류상 정리한 부분은 조합의 대출금원장 등에는 형식적으로 대출금이 거래처에게 교부된 것처럼 되어 있으나 실질적으로는 거래처의 기존대출금에 대한 연체이자 정리를 위하여 서류상으로만 위 거래처가 신규대출받는 것으로 기재되었을 뿐 조합측에서 위 거래처에게 대출금이 새로 교부된 것이 아니므로 그로 인하여 조합측에 어떤 새로운 손해가 발생하는 것은 아니라고 할 것이어서 따로 업무상 배임죄가 성립된다고 볼 수 없다.[1179] 은행 지점장인 피고인이 자신의 개인채무에 대한 보장조로 보호예수물의 수령 없이 정상적으로 발급된 보호예수증서로서의 외관을 갖추지 아니한 보호예수증서를 채권자에게 작성·교부한 사안에서, 피고인의 보호예수증서 작성·교부행위로 말미암아 은행에게 현실적인 손해가 발생하였거나 재산상 실해 발생의 위험이 초래되었다고 볼 수 없다는 이유로 업무상 배임의 점에 대하여 무죄를 선고한 원심판결을 수긍한 사례이다.[1180] 배임행위가 법률상 무효이기 때문에 본인의 재산상태가 사실상으로도 악화된 바가 없다면 현실적인 손해가 없음은 물론이고 실해가 발생할 위험도 없는 것이어서 본인에게 재산상의 손해를 가한 것이라고 할 수 없으므로 새마을금고이사장이 임무에 위배하여 이사회의 의결없이 타인에게 금고이사장명의로 채무를 부담하는 각서를 작성·교부하였다 하더라도 배임죄가 성립된다고 할 수 없다.[1181] 주식회사가 그 재산을 대가없이 타에 기부, 증여하는 것은 주주에 대한 배당의 감소를 가져 오게 되어 결과적으로

1176) 대법원 2004.5.13. 선고 2002도7340 판결.
1177) 대법원 2004.4.9. 선고 2004도771 판결.
1178) 대법원 2000.6.27. 선고 2000도1155 판결.
1179) 대법원 1997.9.26. 선고 97도1469 판결; 대법원 1989.1.31. 선고 87도2133 판결.
1180) 대법원 1997.5.30. 선고 95도531 판결.
1181) 대법원 1987.11.10. 선고 87도993 판결.

주주에게 어느 정도의 손해를 가하는 것이 되지만 그것이 배임행위가 되려면 그 회사의 설립목적, 기부금의 성격, 그 기부금이 사회에 끼치는 이익, 그로 인한 주주의 불이익 등을 합목적적으로 판단하여, 그 기부행위가 실질적으로 주주권을 침해한 것이라고 인정되는 정도에 이를 것을 요한다.[1182] 한국전력공사 지방출장소장인 피고인이 전기수용자로부터 전기요금 징수가 부당하다는 항의를 받고 이를 조사하여 초과징수된 금액을 전기수용자에게 환급처리하는 임무는 한국전력공사의 사무를 처리하는 직원으로서의 임무라 하겠으므로 피고인이 그 환급사무의 처리를 태만히 하였다 하여도 한국전력공사에 대한 임무위배는 될지언정 위 전기수용자에 대한 임무위배는 될 수 없다고 할 것인데, 피고인의 위 임무위배 행위는 사무주체인 한국전력공사에 아무런 손해를 입힌 바 없음이 명백하여 배임죄를 구성하지 아니한다.[1183] 은행장인 피고인이 은행보증사채를 발행회사의 자체자금으로 상환하게 하는 조치는 발행회사가 그와 같은 능력이 있다는 것이 전제되어야 할 것이므로 이러한 능력이 전제되지 않는 한 피고인이 위 회사로 하여금 그 자체자금으로 기보증사채를 상환토록 하는 조치를 취하지 않았다 하여 은행에 대한 업무상 배임행위라 할 수 없다.[1184] 소외 회사의 차환보증사채발행에 대한 보증은행장의 승인은 소외 회사가 자체자금으로 기보증사채를 상환할 능력이 없어 그 보증인인 은행이 그 채무를 대불하여 줄 수밖에 없는 상황에서, 위 보증사채의 발행회사로 하여금 이를 자체 상환할 수 있도록, 상환자금을 마련하기 위하여 소외 회사가 다시 발행한 회사채의 원리금지급을 은행이 기보증사채의 상환기일 도래전에 미리 보증하도록 한 것이라면, 이러한 은행장의 행위가 소외 회사에게 기한의 이익을 얻게 하였다고 볼 수 없어 업무상 배임죄를 구성한다고 할 수 없다.[1185] 대표이사가 회사소유의 토공단종면허처분대금을 공소외인이 회사를 상대로 제기한 대금청구소송에서 가집행선고부 승소판결을 받음으로써 인정된 회사채무의 변제에 사용하였다면 이를 가지고 위 대표이사가 회사에 손해를 가한 것이라고 할 수는 없는 것이다.[1186] 은행장인 피고인이 은행보증회사채의 상환기일 도래전에 그 상환자금조달을 위하여 다시 발행되는 회사채의 원리금지급을 미리 보증하여 주었다고 하여도, 위 회사채 발행 회사가 상환기일에 이르더라도 그 채무를 자체자금으로 상환할 능력이 없었다고 보이는 경우에는 상환기일 도래전에 미리 지급보증을 하여 주었다는 사실이 상환기일에 이르러 지급보증을 하여준 경우와 비교하여 위 회사에게 어떠한 이익을 더 취득하게 한 결과가 될 수는 없으므로 피고인의 소위는 업무상 배임죄를 구성하지 않는다.[1187] 임야와 개간된 밭을 구분 평가하는 것이 오히려 전체 가격의 저락을 가져오게 된다하여 국세청 통첩인 감정사무요령에 따라 임야로 일괄평가하여 재산평가조서를 작성한 소위는 이른바 법령에 의한 행위로 위법성이 없다. 싯가금 17,205원 60전 밖에 되지 아니하는 임야를 금 20,000원에 불하한 처분은 국가에 아무런 손해를 끼친 바 없으니 업무상 배임죄가 성립되지 아니한다.[1188]

ⅱ. 손해의 내용　　본죄에서 재산상의 손해를 가한 때란 현실적인 손해를 가한 경우뿐만 아니라 재산상 실해 발생의 위험을 초래한 경우도 포함한다.[1189] 재산상의 손해를 가한다

1182) 대법원 1985.7.23. 선고 85도480 판결.
1183) 대법원 1984.7.10. 선고 84도883 판결.
1184) 대법원 1984.3.13. 선고 83도1986 판결.
1185) 대법원 1984.3.13. 선고 83도1986 판결.
1186) 대법원 1983.7.26. 선고 83도580 판결.
1187) 대법원 1983.3.8. 선고 82도2873 판결.
1188) 대법원 1971.6.22. 선고 71도928 판결.
1189) 대법원 2017.10.12. 선고 2017도6151 판결; 대법원 2017.2.3. 선고 2016도3674 판결; 대법원 2015.11.26. 선고 2014도17180 판결; 대법원 2015.9.10. 선고 2015도6745 판결; 대법원 2014.2.21. 선고 2011도8870 판

함은 총체적으로 보아 본인의 재산 상태에 손해를 가하는 경우, 즉 본인의 전체적 재산가치의 감소를 가져오는 경우를 말한다.[1190] 현실적인 재산상 손해액이 확정될 필요없이 재산상 권리의 실행을 불가능하게 할 염려있는 상태 또는 손해발생의 위험이 있으면 성립되는 위태범이다.[1191] 위태범으로서 그 성립을 위하여 현실로 본인에게 재산상 손해가 발생할 것까지 요하는 것은 아니다.[1192]

재산상 실해 발생의 위험은 구체적·현실적인 위험이 야기된 정도에 이르러야 하고 단지 막연한 가능성이 있다는 정도로는 부족하다.[1193] 경제적인 관점에서 보아 본인에게 손해가 발생한 것과 같은 정도로 구체적인 위험이 있는 경우를 의미한다.[1194]

손해를 긍정한 판례의 구체적 내용은 다음과 같다. 즉,

> 이미 타인의 채무에 대하여 보증을 하였는데, 피보증인이 변제자력이 없어 결국 보증인이 그 보증채무를 이행하게 될 우려가 있다고 하더라도 보증인이 피보증인에게 신규로 자금을 제공하거나 피보증인이 신규로 자금을 차용하는 데 담보를 제공하면서 그 신규자금이 이미 보증을 한 채무의 변제에 사용되도록 한 경우가 아니라면, 보증인으로서는 결국 기보증채무와 별도로 새로 손해를 발생시킬 위험을 초래한 것이라고 볼 수밖에 없다.[1195] 상호지급보증 관계에 있는 회사 간에 보증회사가 채무변제능력이 없는 피보증회사에 대하여 합리적인 채권회수책 없이 새로 금원을 대여하

결; 대법원 2013.3.28. 선고 2010도7439 판결; 대법원 2012.7.12. 선고 2009도7435 판결; 대법원 2012.6.28. 선고 2012도3643 판결; 대법원 2011.12.13. 선고 2011도10525 판결; 대법원 2011.11.24. 선고 2010도11394 판결; 대법원 2011.8.18. 선고 2009도7813 판결; 대법원 2011.7.28. 선고 2010도9652 판결; 대법원 2011.4.28. 선고 2009도14268 판결; 대법원 2010.9.30. 선고 2010도6490 판결; 대법원 2010.9.9. 선고 2010도5972 판결; 대법원 2010.1.28. 선고 2009도10730 판결; 대법원 2009.10.29. 선고 2007도6772 판결; 대법원 2009.7.23. 선고 2007도541 판결; 대법원 2009.5.29. 선고 2007도4949 전원합의체 판결; 대법원 2008.10.23. 선고 2008도6816 판결; 대법원 2008.6.19. 선고 2006도4876 전원합의체 판결; 대법원 2008.5.15. 선고 2005도7911 판결; 대법원 2008.5.8. 선고 2008도484 판결; 대법원 2007.10.11. 선고 2007도6012 판결; 대법원 2007.6.15. 선고 2005도4338 판결; 대법원 2007.3.15. 선고 2004도5742 판결; 대법원 2007.1.12. 선고 2006도6464 판결; 대법원 2006.11.9. 선고 2004도7027 판결; 대법원 2006.10.27. 선고 2004도6876 판결; 대법원 2006.7.27. 선고 2006도3145 판결; 대법원 2005.10.28. 선고 2005도5996 판결; 대법원 2005.7.29. 선고 2004도5685 판결; 대법원 2005.4.15. 선고 2004도7053 판결; 대법원 2004.7.22. 선고 2002도4229 판결; 대법원 2004.6.24. 선고 2004도520 판결; 대법원 2004.5.14. 선고 2001도4857 판결; 대법원 2004.4.9. 선고 2004도771 판결; 대법원 2003.10.30. 선고 2003도4382 판결; 대법원 2003.10.10. 선고 2003도3516 판결; 대법원 2003.2.11. 선고 2002도5679 판결; 대법원 2001.1.19. 선고 2000도2914 판결; 대법원 2000.12.8. 선고 99도3338 판결; 대법원 2000.11.24. 선고 99도822 판결; 대법원 2000.3.14. 선고 99도457 판결; 대법원 2000.2.11. 선고 99도2983 판결; 대법원 1999.7.9. 선고 99도1864 판결; 대법원 1997.5.30. 선고 95도531 판결; 대법원 1995.11.21. 선고 94도1375 판결; 대법원 1992.5.26. 선고 91도2963 판결; 대법원 1987.11.10. 선고 87도993 판결; 대법원 1985.10.8. 선고 84도1378 판결; 대법원 1984.11.27. 선고 84도1906 판결; 대법원 1983.3.8. 선고 82도2873 판결; 대법원 1982.11.9. 선고 81도2501 판결; 대법원 1973.11.13. 선고 72도1366 판결.

1190) 대법원 2021.11.25. 선고 2016도3452 판결; 대법원 2009.8.20. 선고 2008도12112 판결; 대법원 2008.5.15. 선고 2005도7911 판결; 대법원 2007.6.15. 선고 2005도4338 판결.

1191) 대법원 1989.4.11. 선고 88도1247 판결.

1192) 대법원 1999.4.27. 선고 99도883 판결.

1193) 대법원 2017.10.12. 선고 2017도6151 판결; 대법원 2017.2.3. 선고 2016도3674 판결; 대법원 2015.9.10. 선고 2015도6745 판결; 대법원 2012.11.29. 선고 2012도10139 판결.

1194) 대법원 2017.10.12. 선고 2017도6151 판결; 대법원 2017.2.3. 선고 2016도3674 판결; 대법원 2015.9.10. 선고 2015도6745 판결; 대법원 2008.6.19. 선고 2006도4876 전원합의체 판결.

1195) 대법원 2004.7.9. 선고 2004도810 판결.

거나 예금담보를 제공하였다면 업무상배임죄를 구성한다.[1196] 타인을 위하여 도급계약을 체결할 임무가 있는 자가 부당하게 높은 가격으로 도급계약을 체결하여 타인에게 부당하게 많은 채무를 부담하게 하였다면 그로써 곧바로 업무상배임죄가 성립하고, 그 이후에 타인이 현실로 채무를 이행하였는지 여부는 업무상배임죄의 성립과는 관계가 없다 할 것이고, 그 경우 배임액은 도급계약의 도급금액 전액에서 정당한 도급금액을 공제한 금액으로 보아야 한다.[1197]

손해를 부정한 판례의 구체적 내용은 다음과 같다. 즉,

금융기관의 대출담당 직원이 아파트를 담보로 대출을 해준 후 그 아파트에 임차인이 전입신고를 하는 등으로 대항력을 갖추고 나서야 아파트에 대한 근저당권설정등기를 경료한 경우, 금융기관이 입은 손해는 아파트에 대한 대출액수와 대출 당시 부동산가액에서 대항력이 발생한 임대차보증금의 액수를 공제한 나머지 금액을 비교하여, 부동산 가액에서 위 임대차보증금 액수를 공제한 잔액 즉 잔존 담보가치가 대출액수에 미달하는 때에 그 부족분에 해당하는 금액이라고 봄이 상당하다.[1198] 회사의 대표이사 등이 임무에 위배하여 회사로 하여금 다른 사업자와 용역계약을 체결하게 하면서 적정한 용역비의 수준을 벗어나 부당하게 과다한 용역비를 정하여 지급하게 하였다면 다른 특별한 사정이 없는 한 통상 그와 같이 지급한 용역비와 적정한 수준의 용역비 사이의 차액 상당의 손해를 회사에 가하였다고 볼 수 있다. 이 경우 배임죄가 성립하기 위해서는 해당 용역비가 적정한 수준에 비하여 과다하다고 볼 수 있는지가 객관적이고 합리적인 평가 방법이나 기준을 통하여 충분히 증명되어야 하고, 손해의 발생이 그와 같이 증명된 이상 손해액이 구체적으로 명백하게 산정되지 아니하였더라도 배임죄의 성립에는 영향이 없다. 그러나 적정한 수준에 비하여 과다한지 여부를 판단할 객관적이고 합리적인 평가 방법이나 기준 없이 단지 임무위배행위가 없었다면 더 낮은 수준의 용역비로 정할 수도 있었다는 가능성만을 가지고 재산상 손해 발생이 있었다고 쉽사리 단정하여서는 안 된다.[1199] 배임죄의 성립을 인정하려면 재산상 손해의 발생이 합리적인 의심이 없는 정도의 증명에 이르러야 하므로, 배임행위로 인한 재산상 손해의 발생 여부가 충분히 증명되지 않았음에도 가볍게 액수 미상의 손해가 발생하였다고 인정함으로써 배임죄의 성립을 인정하는 것은 허용될 수 없다.[1200] 대표이사가 대표권의 범위 내에서 한 행위는 설사 대표이사가 회사의 영리목적과 관계없이 자기 또는 제3자의 이익을 도모할 목적으로 그 권한을 남용한 것이라 할지라도 일단 회사의 행위로서 유효하지만, 그 행위의 상대방이 대표이사의 진의를 알았거나 알 수 있었을 때에는 회사에 대하여 무효가 되는 것이다.[1201]

iii. 손해의 산정　본인에게 손해를 가한다 함은 총체적으로 보아 본인의 재산상태에 손해를 가하는 경우를 말한다.[1202] 본인의 전체적 재산가치의 감소를 가져오는 경우를 말하

1196) 대법원 2004.7.9. 선고 2004도810 판결.

1197) 대법원 1999.4.27. 선고 99도883 판결.

1198) 대법원 2009.7.23. 선고 2009도3712 판결.

1199) 대법원 2018.2.13. 선고 2017도17627 판결.

1200) 대법원 2018.2.13. 선고 2017도17627 판결.

1201) 대법원 2010.5.27. 선고 2010도1490 판결; 대법원 2005.7.28. 선고 2005다3649 판결; 대법원 1993.6.25. 선고 93다13391 판결.

1202) 대법원 2019.10.17. 선고 2018도16652 판결; 대법원 2017.9.12. 선고 2015도602 판결; 대법원 2015.11.26. 선고 2014도17180 판결; 대법원 2015.9.10. 선고 2014도12619 판결; 대법원 2014.2.21. 선고 2011도8870 판결; 대법원 2009.10.29. 선고 2007도6772 판결; 대법원 2009.5.29. 선고 2007도4949 전원합의체 판결; 대법원 2007.7.26. 선고 2005도6439 판결; 대법원 2007.2.8. 선고 2006도483 판결; 대법원 2006.11.9. 선고 2004도7027

는 것이다.[1203] 손해에는 장차 취득할 것이 기대되는 이익을 얻지 못하는 경우도 포함된다.[1204] 손해액이 구체적으로 명백하게 산정되지 않았다고 하더라도 배임죄의 성립에는 영향이 없다.[1205]

재산상의 손실을 야기한 임무위배행위가 동시에 그 손실을 보상할 만한 재산상의 이익을 준 경우, 예컨대 배임행위로 인한 급부와 반대급부가 상응하고 다른 재산상 손해(현실적인 손해 또는 재산상 실해 발생의 위험)도 없는 때에는 전체적 재산가치의 감소, 즉 재산상 손해가 있다고 할 수 없다.[1206] 피해자의 손해액을 산정하기 위하여 담보물의 가치를 평가함에 있어서는 담보물의 대출 당시의 시가를 해당 담보물의 객관적 가치로 보아야 하고, '시가'라 함은 정상적인 거래에 의하여 형성된 객관적 교환가격을 의미하는 것이고 담보물의 시가는 해당 담보물에 대한 시가감정에 의하여 평가를 하는 것이 비교적 정확할 것이나, 반드시 그것에 한정되는 것이 아니고 합리적인 방법에 의한 것인 한 다른 방법에 의하여 시가를 판단하는 것도 가능하다고 할 것이다.[1207]

타인의 사무를 처리하는 자의 임무위배행위는 민사재판에서 법질서에 위배되는 법률행위로서 무효로 판단될 가능성이 적지 않고, 그 결과 본인(타인)에게도 아무런 손해가 발생하지 않는 경우가 많다. 이러한 경우에는 그 의무부담행위로 인하여 실제로 채무의 이행이 이루어졌는지 또는 본인이 민법상 사용자책임 등을 부담하게 되었는지 등과 같이 현실적인 손해가 발생하거나 실해 발생의 위험이 생겼다고 볼 수 있는 사정이 있는지를 면밀히 심리・판단하여야 한다.[1208]

일단 손해의 위험성을 발생시킨 이상 사후에 담보를 취득하였거나 피해가 회복되었다 하여도 업무상 배임죄의 성립에 영향을 주는 것이 아니다.[1209]

판결; 대법원 2006.10.27. 선고 2004도6876 판결; 대법원 2004.7.9. 선고 2004도810 판결; 대법원 2004.3.26. 선고 2003도7747 판결; 대법원 2003.10.10. 선고 2003도3516 판결; 대법원 2001.1.19. 선고 2000도2914 판결; 대법원 1972.5.23. 선고 71도2334 판결.

1203) 대법원 2013.1.24. 선고 2012도10629 판결; 대법원 2012.6.28. 선고 2012도3643 판결; 대법원 2011.4.28. 선고 2009도14268 판결; 대법원 2009.6.25. 선고 2008도3792 판결; 대법원 2008.10.23. 선고 2008도6816 판결; 대법원 2008.5.15. 선고 2005도7911 판결; 대법원 2007.7.26. 선고 2005도6439 판결; 대법원 2007.6.15. 선고 2005도4338 판결; 대법원 2007.3.15. 선고 2004도5742 판결; 대법원 2005.4.15. 선고 2004도7053 판결; 대법원 2003.10.10. 선고 2003도3516 판결; 대법원 1982.11.9. 선고 81도2501 판결; 대법원 1981.6.23. 선고 80도2934 판결; 대법원 1980.9.9. 선고 79도2637 판결; 대법원 1973.11.13. 선고 72도1366 판결.

1204) 대법원 2008.5.15. 선고 2005도7911 판결; 대법원 2005.4.15. 선고 2004도7053 판결; 대법원 2004.7.9. 선고 2004도810 판결; 2004.3.26. 선고 2003도7747 판결; 대법원 2003.10.10. 선고 2003도3516 판결.

1205) 대법원 2014.2.27. 선고 2013도12155 판결; 대법원 2014.2.21. 선고 2011도8870 판결; 대법원 2012.1.26. 선고 2011도15179 판결; 대법원 2009.10.29. 선고 2007도6772 판결; 대법원 2006.10.27. 선고 2004도6876 판결; 대법원 2009.7.23. 선고 2009도3712 판결; 대법원 2001.1.19. 선고 2000도2914 판결; 대법원 1989.10.24. 선고 89도641 판결; 대법원 1982.11.9. 선고 81도2501 판결; 대법원 1980.9.9. 선고 79도2637 판결.

1206) 대법원 2013.1.24. 선고 2012도10629 판결; 대법원 2011.4.28. 선고 2009도14268 판결; 대법원 2005.4.15. 선고 2004도7053 판결.

1207) 대법원 2009.7.23. 선고 2009도3712 판결.

1208) 대법원 2017.10.12. 선고 2017도6151 판결.

1209) 대법원 2015.11.26. 선고 2014도17180 판결; 대법원 2015.9.10. 선고 2014도12619 판결; 대법원 2013.1.24. 선고 2012도10629 판결; 대법원 2012.7.12. 선고 2009도7435 판결; 대법원 2012.6.28. 선고 2012도3643 판결; 대법원 2011.8.18. 선고 2009도7813 판결; 대법원 2010.9.9. 선고 2010도5972 판결; 대법원

손해를 긍정한 판례의 구체적 내용은 다음과 같다. 즉,

피고인 1이 이사회 결의나 담당 임직원들과의 협의 없이 그림 가격을 1억 원에서 8,000만 원으로 낮추라고 일방적 지시를 하는 등 그림 매매계약 및 가격결정 과정에 실질적으로 관여하였다. 피고인 1이 그림을 구입할 당시 지불하였던 금액이나 공소외 2 회사에 이를 매각할 무렵 해당 작가의 그림에 대한 미술품 거래시장의 평가나 거래가격은, 공소외 2 회사가 피고인 1에게 지불한 위 그림 매매가격에 현저히 미달하였다. 이러한 사정을 종합하면, 피고인 1이 공소외 2 회사 이사회의 승인을 받지 않은 채 그 소유인 판시 그림 1점을 자기 또는 제3자의 계산으로 공소외 2 회사에 매각한 행위는 대표이사로서 임무위배행위에 해당하고, 이로써 피고인 1은 위 그림에 대한 매매가격과 적정가격의 차액 상당의 재산상 이득을 얻은 반면, 공소외 2 회사는 같은 금액 상당의 재산상의 손해를 입었다고 판단된다.[1210] 회사의 대표이사 등이 그 임무에 위배하여 회사로 하여금 다른 회사의 주식을 고가로 매수하게 한 경우 회사에 가한 손해액은 통상 그 주식의 매매대금과 적정가액으로서의 시가 사이의 차액 상당이라고 봄이 상당하다. 비상장주식을 거래한 경우에 있어서 그 시가는 그에 관한 객관적 교환가치가 적정하게 반영된 정상적인 거래의 실례가 있는 경우에는 그 거래가격을 시가로 보아 주식의 가액을 평가하여야 하나, 만약 그러한 거래사례가 없는 경우에는 보편적으로 인정되는 여러 가지 평가방법들을 고려하되 그러한 평가방법을 규정한 관련 법규들은 각 그 제정 목적에 따라 서로 상이한 기준을 적용하고 있음을 감안할 때 어느 한 가지 평가방법(예컨대 상속세 및 증여세법 시행령 제54조의 평가방법)이 항상 적용되어야 한다고 단정할 수는 없고, 거래 당시 해당 비상장법인 및 거래당사자의 상황, 해당 업종의 특성 등을 종합적으로 고려하여 합리적으로 판단하여야 한다.[1211] 비상장주식을 거래한 경우에 있어서 그 시가는 그에 관한 객관적 교환가치가 적정하게 반영된 정상적인 거래의 실례가 있는 경우에는 그 거래가격을 시가로 보아 주식의 가액을 평가하여야 할 것이나, 만약 그러한 거래사례가 없는 경우에는 거래 당시 당해 비상장법인 및 거래당사자의 상황, 당해 업종의 특성 등을 종합적으로 고려하여 합리적으로 판단하여 적절한 평가방법을 선택하여야 할 것이다.[1212] 회사의 대표이사 등이 그 임무에 위배하여 회사로 하여금 다른 회사의 주식을 고가로 매수하게 한 경우 회사에 가한 손해액은 통상 그 주식의 매매대금과 적정가액으로서의 시가 사이의 차액 상당이라고 봄이 상당하다. 또한 비상장주식을 거래한 경우에 있어서 그 시가는 그에 관한 객관적 교환가치가 적정하게 반영된 정상적인 거래의 실례가 있는 경우에는 그 거래가격을 시가로 보아 주식의 가액을 평가하여야 할 것이다. 그러나 그러한 거래사례가 없는 경우에는 보편적으로 인정되는 여러 가지 평가방법들을 고려하되 그러한 평가방법을 규정한 관련 법규들은 각 그 제정 목적에 따라 서로 상이한 기준을 적용하고 있음을 감안할 때 어느 한 가지 평가방법이 항상 적용되어야 한다고 단정할 수는 없고, 거래 당시 당해 비상장법인 및 거래당사자의 상황, 당해 업종의 특성 등을 종합적으로 고려하여 합리적으로 판단하여야 한다.[1213] 급부 간 대가관계가

2010.1.28. 선고 2009도10730 판결; 대법원 2009.7.23. 선고 2009도3712 판결; 대법원 2009.5.29. 선고 2007도4949 전원합의체 판결; 대법원 2008.10.23. 선고 2008도6816 판결; 대법원 2008.5.8. 선고 2008도484 판결; 대법원 2007.1.12. 선고 2006도6464 판결; 대법원 2006.11.9. 선고 2004도7027 판결; 대법원 2005.10.28. 선고 2005도5996 판결; 대법원 2004.7.22. 선고 2002도4229 판결; 대법원 2003.10.10. 선고 2003도3516 판결; 대법원 2003.2.11. 선고 2002도5679 판결; 대법원 2002.6.28. 선고 2000도3716 판결; 대법원 2000.12.8. 선고 99도3338 판결.

1210) 대법원 2020.10.15. 선고 2016도10654 판결.

1211) 대법원 2019.10.17. 선고 2018도16652 판결; 대법원 2005.4.29. 선고 2005도856 판결.

1212) 대법원 2019.6.13. 선고 2018도20655 판결; 대법원 2007.3.15. 선고 2004도5742 판결; 대법원 2005.4.29. 선고 2005도856 판결.

존재한다고 하더라도 그 거래의 주된 목적이나 내용, 거래의 규모와 본인인 회사의 재무상태 등 여러 사정에 비추어 회사를 실질적으로 지배하는 자에 대한 자금조달 등의 목적에 이용된 것에 불과하다고 인정되거나 기업의 경영과 자금운영에 구체적 위험을 초래하는 등의 특별한 사정이 있다면 그 거래로 인하여 상대방에게 유동성을 증가시키는 재산상의 이익을 취득하게 하고 반대로 회사에 그에 상응하는 재산상의 손해로서 그 가액을 산정할 수 없는 손해를 가한 것으로 볼 수 있다.[1214] 회사의 대표이사 등이 그 임무에 위배하여 주식을 고가로 매수함으로 인하여 회사에 가한 손해액은, 그 주식이 회사의 경영권을 행사할 수 있는 이른바 경영권 프리미엄을 지니고 있어 그 가치를 평가하여 주식의 적정가액 산정에 가산하여야 하는 특별한 사정이 없는 한, 통상 그 주식의 실제 매수대금과 그 주식의 적정가액 사이의 차액 상당이라고 봄이 타당하다.[1215] 주식의 실질가치가 0인 회사가 발행하는 신주를 액면가격으로 인수하는 경우 그로 인한 손해액은 그 신주 인수대금 전액 상당으로 보아야 할 것이다.[1216] 비상장주식을 거래한 경우에, 그에 관한 객관적 교환가치가 적정하게 반영된 정상적인 거래의 실례가 있다면 그 거래가격을 시가로 보아 주식의 가액을 평가하여야 할 것이나, 만약 그러한 거래사례가 없다면 거래 당시 당해 비상장법인 및 거래 당사자의 상황, 당해 업종의 특성 등을 종합적으로 고려하여 보편적으로 인정되는 여러 평가방법들 중에서 합리적이라고 판단되는 평가방법들을 적용하여 주식의 적정가액을 평가할 수 있으며, 그러한 평가방법의 하나로서 상속세 및 증여세법 시행령 제54조의 평가방법을 사용할 수 있다.[1217] 동일 조합원에 대한 대출한도의 초과 여부를 판단함에 있어 본인의 계산으로 타인의 명의에 의하여 행하는 대출은 그 본인의 대출로 보아야 할 것이고(1998.1.13. 법률 제5506호로 전문 개정된 신용협동조합법 제42조 단서에서는 이 점을 명문화하였다), 이때 종전 대출의 명의자인 타인이 비조합원 또는 무자격자이고 그 무자격자에 대한 대출이 별도의 배임행위로 처벌받는다고 하더라도 그 대출금액과 추가대출금액을 포함한 대출총액이 본인의 대출한도액을 초과하는 때에는 이에 대하여 별도의 배임죄가 성립한다.[1218] 회사의 대표이사 등이 그 임무에 위배하여 회사가 보유하는 주식을 적정가액 이하로 매도함으로 인하여 회사에 가한 손해액은 통상 그 주식의 실제 매매대금과 그 주식의 적정가액 사이의 차액 상당이라고 봄이 타당하고, 그 주식이 회사의 경영권을 행사할 수 있는 이른바 경영권 프리미엄을 지니고 있는 경우에는 그 가치를 평가하여 주식의 적정가액 산정에 가산하여야 한다. 이때 경영권 프리미엄의 가치는 통상 회사의 현재 및 미래 가치, 경영권 획득으로 인한 파급효과, 경영권 확보에 필요한 주식을 공개시장에서 매수할 경우의 필요비용 등을 고려하여 결정되는 것이지만 궁극적으로는 거래 상대방과의 교섭조건, 교섭능력 등에 따라 구체화될 수밖에 없는 것이므로, 이를 과세관청이 과세표준을 산정하기 위하여 사용하는 상속세 및 증여세법 제63조 제3항의 규정에 따라 일정 비율을 할증하는 방법으로 일률적으로 산정할 수는 없다고 보아야 한다.[1219] 재벌그룹 회장과 그룹 구조조정추진본부 임원들이 해외금융자본과 특정 계열사의 분쟁을 해결하는 방편으로 다른 계열사들로 하여금 해외금융자본과 옵

1213) 대법원 2014.2.27. 선고 2013도12155 판결; 대법원 2005.4.29. 선고 2005도856 판결.

1214) 대법원 2013.1.24. 선고 2012도10629 판결; 대법원 2008.5.29. 선고 2005도4640 판결.

1215) 대법원 2012.6.28. 선고 2012도2623 판결; 대법원 2009.10.29. 선고 2008도11036 판결; 대법원 2005.4.29. 선고 2005도856 판결.

1216) 대법원 2012.6.28. 선고 2012도2623 판결; 대법원 2012.6.14. 선고 2012도1283 판결; 대법원 2004.6.24. 선고 2004도520 판결.

1217) 대법원 2012.6.28. 선고 2012도2623 판결; 대법원 2012.6.14. 선고 2012도1283 판결; 대법원 2007.2.8. 선고 2006도483 판결.

1218) 대법원 2001.11.30. 선고 99도4587 판결.

1219) 대법원 2009.10.29. 선고 2008도11036 판결.

션계약을 체결하게 하는 방식으로 다른 계열사들을 특정 계열사의 유상증자에 동원하여 참여시킴으로써 다른 계열사들에 손해를 입힌 사안에서, 다른 계열사들이 옵션계약을 체결하게 된 사정, 재정상태 등 제반 사정에 비추어 업무상 배임죄가 성립한다고 한 사례이다.[1220] 회사가 매입한 비상장주식의 실거래가격이 시가에 근접하거나 적정한 가격으로 볼 수 있는 범위 내에 속하여 실거래가격과의 차이가 명백하지 않은 경우라고 하더라도, 그 거래의 주된 목적이 비상장주식을 매도하려는 매도인의 자금조달에 있고 회사로서는 그 목적 달성에 이용된 것에 불과하다고 보이는 등의 특별한 사정이 있다면, 비상장주식을 현금화함으로써 매도인에게 유동성을 증가시키는 재산상의 이익을 취득하게 하고 반대로 회사에 그에 상응하는 재산상의 손해로서 그 가액을 산정할 수 없는 손해를 가한 것으로 볼 수 있다.[1221] 부실대출에 의한 업무상 배임죄가 성립하는 경우에는 담보물의 가치를 초과하여 대출한 금액 또는 실제로 회수가 불가능하게 된 금액만을 손해액으로 볼 것은 아니고 재산상 권리의 실행이 불가능하게 될 염려가 있거나 손해발생의 위험이 있는 대출금 전액을 손해액으로 보아야 한다.[1222] 회사의 대표이사 등이 그 임무에 위배하여 회사로 하여금 다른 회사의 주식을 고가로 매수하게 한 경우 회사에 가한 손해액은 통상 그 주식의 매매대금과 적정가액으로서의 시가 사이의 차액 상당이라고 봄이 상당하며, 증권거래소에 상장되지 않거나 증권업협회에 등록되지 않은 법인이 발행한 비상장주식의 경우에도 그에 관한 객관적 교환가치가 적정하게 반영된 정상적인 거래의 실례가 있는 경우에는 그 거래가격을 시가로 보아 주식의 가액을 평가하여야 할 것이다.[1223] 회사의 대표이사 등이 그 임무에 위배하여 회사가 보유하고 있는 다른 회사의 주식을 저가로 매도한 경우 회사에 가한 손해액은 통상적으로 그 주식의 매매대금과 적정가액으로서의 시가 사이의 차액 상당이라고 봄이 상당하며, 비상장주식을 거래한 경우에 있어서 그에 관한 객관적 교환가치가 적정하게 반영된 정상적인 거래의 실례가 있는 때에는 그 거래가격을 적정가액으로서의 시가로 보아야 할 것이나, 만약 그러한 거래사례가 없는 경우에는 거래 당시 당해 비상장법인 및 거래당사자의 상황, 당해 업종의 특성 등을 종합적으로 고려하여, 보편적으로 인정되는 여러 가지 평가방법들 중의 하나인 구 상속세 및 증여세법 시행령(2003.12.30. 대통령령 제18177호로 개정되기 전의 것) 제54조의 평가방법에 따라 주식의 적정가액을 평가할 수 있다.[1224] 업무상 배임행위로 인한 신규 대출금의 일부가 기존 대출금의 이자 또는 신규 대출금의 이자 지급에 사용되었다고 하더라도 이를 업무상 배임의 재산상 손해에서 제외할 것은 아니고, 대출수수료 등과 같이 대출과 관련하여 발생하는 필요비 역시 재산상 손해액에 포함된다고 한 사례이다.[1225] 금융기관의 직원들이 대출을 하면서 대출채권의 회수를 확실하게 하기 위하여 충분한 담보를 제공받는 등 여신규정에 따른 상당하고도 합리적인 조치를 강구함이 없이 만연히 대출을 해 주었다면, 그와 같은 자금대여는 타인에게 이익을 얻게 하고 금융기관에 손해를 가하는 행위로서 회사에 대하여 배임행위가 된다.[1226] 부실대출에 의한 업무상배임죄가 성립하는 경우에는 담보물의 가치를 초과하여 대출한 금액이나 실제로 회수가 불가능하게 된 금액만을 손해액으로 볼 것은 아니고, 재산상 권리의 실행이 불가능하게 될 염려가 있거나 손해발생의 위험이 있는 대출금 전액을 손해액으로 보아야 할

1220) 대법원 2008.5.29. 선고 2005도4640 판결.

1221) 대법원 2008.5.29. 선고 2005도4640 판결; 대법원 2005.4.29. 선고 2005도856 판결.

1222) 대법원 2008.4.24. 선고 2008도1408 판결; 대법원 1996.7.12. 선고 95도1043 판결.

1223) 대법원 2007.3.15. 선고 2004도5742 판결; 대법원 2005.4.29. 선고 2005도856 판결; 대법원 2001.9.28. 선고 2001도3191 판결.

1224) 대법원 2007.2.8. 선고 2006도483 판결.

1225) 대법원 2007.1.12. 선고 2006도6464 판결.

1226) 대법원 2006.10.26. 선고 2004도8106 판결; 대법원 2006.4.27. 선고 2004도1130 판결.

것이다.[1227] 주택개량재개발조합의 간부가 보류시설인 아파트 1가구를 추가소요에 충당할 가능성이 없는 상황에서 위 재개발조합의 정관 등에 정해진 절차인 총회의 결의를 거치지 않고 분양받은 경우, 그 분양대금과 위 아파트를 총회의 결의로 처분할 때의 예상대금과의 차액 상당에 대하여 업무상 배임죄가 성립한다.[1228] 회사의 대표이사 등이 그 임무에 위배하여 회사로 하여금 다른 회사의 주식을 고가로 매수하게 한 경우 회사에 가한 손해액은 통상 그 주식의 매매대금과 적정가액으로서의 시가 사이의 차액 상당이라고 봄이 상당하며, 비상장주식을 거래한 경우에 있어서 그 시가는 그에 관한 객관적 교환가치가 적정하게 반영된 정상적인 거래의 실례가 있는 경우에는 그 거래가격을 시가로 보아 주식의 가액을 평가하여야 할 것이나, 만약 그러한 거래사례가 없는 경우에는 보편적으로 인정되는 여러 가지 평가방법들을 고려하되 그러한 평가방법을 규정한 관련 법규들은 각 그 제정 목적에 따라 서로 상이한 기준을 적용하고 있음을 감안할 때 어느 한 가지 평가방법(예컨대 상속세및증여세법시행령 제54조의 평가방법)이 항상 적용되어야 한다고 단정할 수는 없고, 거래 당시 당해 비상장법인 및 거래당사자의 상황, 당해 업종의 특성 등을 종합적으로 고려하여 합리적으로 판단하여야 할 것이며, 한편 비상장주식의 실거래가격이 시가와 근사하거나 적정한 가격으로 볼 수 있는 범위 내에 속하는 것으로 보여 실거래가격과의 차액 상당의 손해가 있다고 할 수 없는 경우에 있어서도, 그 거래의 주된 목적이 비상장주식을 매도하려는 매도인의 자금조달에 있고 회사가 그 규모 및 재정 상태에 비추어 과도한 대출을 일으켜 그 목적달성에 이용된 것에 불과하다고 보이는 등의 특별한 사정이 있는 경우라면 그와 같이 비상장주식을 현금화함으로써 매도인에게 유동성을 증가시키는 재산상의 이익을 취득하게 하고 반대로 회사에 그에 상응하는 재산상의 손해로서 그 가액을 산정할 수 없는 손해를 가한 것으로 볼 수 있다.[1229] 금융기관이 금원을 대출함에 있어 대출금 중 선이자를 공제한 나머지만 교부하거나 약속어음을 할인함에 있어 만기까지의 선이자를 공제한 경우 금융기관으로서는 대출금채무의 변제기나 약속어음의 만기에 선이자로 공제한 금원을 포함한 대출금 전액이나 약속어음 액면금 상당액을 취득할 것이 기대된다 할 것이므로 배임행위로 인하여 금융기관이 입는 손해는 선이자를 공제한 금액이 아니라 선이자로 공제한 금원을 포함한 대출금 전액이거나 약속어음 액면금 상당액으로 보아야 하고, 이러한 법리는 투신사가 회사채 등을 할인하여 매입하는 경우라고 달리 볼 것은 아니다.[1230] 주식의 실질가치가 영(零)인 회사가 발행하는 신주를 액면가격으로 인수하는 경우에 그로 인한 손해액은 그 신주 인수대금 전액 상당으로 보아야 한다.[1231] 금융기관이 금원을 대출함에 있어 대출금 중 선이자를 공제한 나머지만 교부하거나 약속어음을 할인함에 있어 만기까지의 선이자를 공제한 경우 금융기관으로서는 대출금채무의 변제기나 약속어음의 만기에 선이자로 공제한 금원을 포함한 대출금 전액이나 약속어음 액면금 상당액을 취득할 것이 기대된다 할 것이므로 배임행위로 인하여 금융기관이 입는 손해는 선이자를 공제한 금액이 아니라 선이자로 공제한 금원을 포함한 대출금 전액이거나 약속어음 액면금 상당액으로 보아야 하고,[1232] 금융기관이 거래처의 기존 대출금의 원리금으로 상환되도록 약정된 새로운 대출금을 실제로 거래처에세 교부한 경우, 거래처가 그 대출금을 임의로 처분할 수 없다거나 그 밖에 어떠한 이유로든 그 대출금이 기존 대출금의 원리금으로 상환될 수밖에 없다는 등의 특별한

1227) 대법원 2006.4.27. 선고 2004도1130 판결; 대법원 2000.3.24. 선고 2000도28 판결; 대법원 1996.7.12 선고 95도1043 판결.

1228) 대법원 2005.5.27. 선고 2003도6671 판결.

1229) 대법원 2005.4.29. 선고 2005도856 판결.

1230) 대법원 2004.7.9. 선고 2004도810 판결.

1231) 대법원 2004.6.24. 선고 2004도520 판결.

1232) 대법원 2004.3.26. 선고 2003도7747 판결; 대법원 2003.10.10. 선고 2003도3516 판결.

사정이 없다면 이와 같은 대출로 인하여 금융기관에 손해가 발생할 위험성이 있다고 보아야 한다.[1233] 금융기관이 금원을 대출함에 있어 대출금 중 선이자를 공제한 나머지만 교부하거나 약속어음을 할인함에 있어 만기까지의 선이자를 공제한 경우 금융기관으로서는 대출금채무의 변제기나 약속어음의 만기에 선이자로 공제한 금원을 포함한 대출금 전액이나 약속어음 액면금 상당액을 취득할 것이 기대된다 할 것이므로 배임행위로 인하여 금융기관이 입는 손해는 선이자를 공제한 금액이 아니라 선이자로 공제한 금원을 포함한 대출금 전액이나 약속어음 액면금 상당액으로 보아야 한다.[1234] 증권거래소에 상장되지 않거나 증권협회에 등록되지 않은 법인이 발행한 주식의 경우에도 그에 관한 객관적 교환가치가 적정하게 반영된 정상적인 거래의 실례가 있는 경우에는 그 거래가격을 시가로 보아 주식의 가액을 평가하여야 할 것이고, 한편 상속세및증여세법시행령 제54조 소정의 비상장주식의 평가방법은 보충적 평가방법에 불과하므로 그에 의하여 산정한 평가액이 곧바로 주식의 가액에 해당한다고 볼 수는 없다.[1235] 업무상 배임죄는 위태범으로서 그 성립을 위하여 현실로 본인에게 재산상 손해가 발생할 것까지 요하는 것은 아니므로, 타인을 위하여 도급계약을 체결할 임무가 있는 자가 부당하게 높은 가격으로 도급계약을 체결하여 타인에게 부당하게 많은 채무를 부담하게 하였다면 그로써 곧바로 업무상 배임죄가 성립하고, 그 이후에 타인이 현실로 채무를 이행하였는지 여부는 업무상 배임죄의 성립과는 관계가 없다 할 것이고, 그 경우 배임액은 도급계약의 도급금액 전액에서 정당한 도급금액을 공제한 금액으로 보아야 한다.[1236] 영업비밀을 취득함으로써 얻는 이익은 그 영업비밀이 가지는 재산가치 상당이고, 그 재산가치는 그 영업비밀을 가지고 경쟁사 등 다른 업체에서 제품을 만들 경우, 그 영업비밀로 인하여 기술개발에 소요되는 비용이 감소되는 경우의 그 감소분 상당과 나아가 그 영업비밀을 이용하여 제품생산에까지 발전시킬 경우 제품판매이익 중 그 영업비밀이 제공되지 않았을 경우의 차액 상당으로서 그러한 가치를 감안하여 시장경제원리에 의하여 형성될 시장교환가격이다.[1237] 타인의 사무를 처리하는 자가 업무상 임무에 위배하는 행위로서 재산상의 이익을 취득하고 본인에게 손해를 가한 이상 후일 본인에게 손해금을 변상했다 할지라도 업무상 배임죄의 성립에는 소장이 없다.[1238] 피고인이 이건 부동산을 매수함에 있어 이미 부천군 농업협동조합 앞으로 근저당권과 지상권이 설정되어 있었음에도 불구하고, 이러한 권리를 소멸시킬 수 있는 아무런 조치도 강구함이 없이 이를 그대로 시가에 따라 매수하여 채권액 상당액과 상계하고 나머지 매매대금을 전부 위 ***에게 지급한 것이라면, 이는 다른 특별한 사정이 없는 한 부천군 축산협동조합으로 하여금 위 농업협동조합의 위와 같은 담보권의 실행으로 인한 이건 토지의 가치감소 내지는 권리상실 등의 위험을 입게 하는 재산상의 손해를 가한 것이라 할 것이다.[1239]

손해를 부정한 판례의 구체적 내용은 다음과 같다. 즉,

기업집단의 공동목표에 따른 공동이익의 추구가 사실적, 경제적으로 중요한 의미를 갖는 경우라도 기업집단을 구성하는 개별 계열회사는 별도의 독립된 법인격을 가지고 있는 주체로서 각자의 채권자나 주주 등 다수의 이해관계인이 관여되어 있고, 사안에 따라서는 기업집단의 공동이익과

1233) 대법원 2003.10.10. 선고 2003도3516 판결.
1234) 대법원 2003.10.10. 선고 2003도3516 판결.
1235) 대법원 2001.9.28. 선고 2001도3191 판결.
1236) 대법원 1999.4.27. 선고 99도883 판결.
1237) 대법원 1999.3.12. 선고 98도4704 판결.
1238) 대법원 1986.8.19. 선고 86도584 판결.
1239) 대법원 1973.11.13. 선고 72도1366 판결.

상반되는 계열회사의 고유이익이 있을 수 있다. 이와 같이 동일한 기업집단에 속한 계열회사 사이의 지원행위가 기업집단의 차원에서 계열회사들의 공동이익을 위한 것이라 하더라도 지원 계열회사의 재산상 손해의 위험을 수반하는 경우가 있으므로, 기업집단 내 계열회사 사이의 지원행위가 합리적인 경영판단의 재량 범위 내에서 행하여졌는지는 신중하게 판단하여야 한다.[1240] 동일한 기업집단에 속한 계열회사 사이의 지원행위가 합리적인 경영판단의 재량 범위 내에서 행하여진 것인지를 판단하기 위해서는 앞서 본 여러 사정들과 아울러, 지원을 주고받는 계열회사들이 자본과 영업 등 실체적인 측면에서 결합되어 공동이익과 시너지 효과를 추구하는 관계에 있는지, 이러한 계열회사들 사이의 지원행위가 지원하는 계열회사를 포함하여 기업집단에 속한 계열회사들의 공동이익을 도모하기 위한 것으로서 특정인 또는 특정회사만의 이익을 위한 것은 아닌지, 지원 계열회사의 선정 및 지원 규모 등이 당해 계열회사의 의사나 지원 능력 등을 충분히 고려하여 객관적이고 합리적으로 결정된 것인지, 구체적인 지원행위가 정상적이고 합법적인 방법으로 시행된 것인지, 지원을 하는 계열회사에 지원행위로 인한 부담이나 위험에 상응하는 적절한 보상을 객관적으로 기대할 수 있는 상황이었는지 등까지 충분히 고려하여야 한다. 위와 같은 사정들을 종합하여 볼 때 문제 된 계열회사 사이의 지원행위가 합리적인 경영판단의 재량 범위 내에서 행하여진 것이라고 인정된다면 이러한 행위는 본인에게 손해를 가한다는 인식하의 의도적 행위라고 인정하기 어렵다.[1241] 이미 타인의 채무에 대하여 보증을 하였는데, 피보증인이 변제자력이 없어 결국 보증인이 그 보증채무를 이행하게 될 우려가 있고, 보증인이 피보증인에게 신규로 자금을 제공하거나 피보증인이 신규로 자금을 차용하는 데 담보를 제공하면서 그 신규자금이 이미 보증을 한 채무의 변제에 사용되도록 한 경우라면, 보증인으로서는 기보증채무와 별도로 새로 손해를 발생시킬 위험을 초래한 것이라고 볼 수 없다.[1242] 피고인이 피해 회사의 승낙 없이 임의로 지정 할인율보다 더 높은 할인율을 적용하여 회사가 지정한 가격보다 낮은 가격으로 제품을 판매하는 이른바 '덤핑판매'로 제3자인 거래처에 재산상의 이익이 발생하였는지 여부는 경제적 관점에서 실질적으로 판단하여야 할 것인바, 피고인이 피해 회사가 정한 할인율 제한을 위반하였다 하더라도 시장에서 거래되는 가격에 따라 제품을 판매하였다면 지정 할인율에 의한 제품가격과 실제 판매시 적용된 할인율에 의한 제품가격의 차액 상당을 거래처가 얻은 재산상의 이익이라고 볼 수는 없다.[1243] 입주자대표회의 회장이 지출결의서에 날인을 거부함으로써 아파트 입주자들에게 그 연체료를 부담시킨 사안에서, 열 사용요금 납부 연체로 인하여 발생한 연체료는 금전채무 불이행으로 인한 손해배상에 해당하므로, 공급업체가 연체료를 지급받았다는 사실만으로 공급업체가 그에 해당하는 재산상의 이익을 취득하게 된 것으로 단정하기 어렵고, 나아가 공급업체가 열 사용요금 연체로 인하여 실제로는 아무런 손해를 입지 않았거나 연체료 액수보다 적은 손해를 입었다는 등의 특별한 사정이 인정되는 경우에 한하여 비로소 연체료 내지 연체료 금액에서 실제 손해액을 공제한 차액에 해당하는 재산상의 이익을 취득한 것으로 볼 수 있을 뿐이라는 이유로, 공급업체가 연체료 상당의 재산상 이익을 취득한 것으로 보아 업무상 배임죄의 성립을 인정한 원심판결을 파기한 사례이다.[1244] 이미 타인의 채무에 대하여 보증을 하였는데, 피보증인이 변제자력이 없어 결국 보증인이 그 보증채무를 이행하게 될 우려가 있고, 보증인이 피보증인에게 신규로 자금을 제공하거나 피보증인이 신규로

1240) 대법원 2017.11.9. 선고 2015도12633 판결.

1241) 대법원 2017.11.9. 선고 2015도12633 판결.

1242) 대법원 2010.11.25. 선고 2009도9144 판결; 대법원 2010.10.28. 선고 2009도1149 판결; 대법원 2009.7.23. 선고 2007도541 판결.

1243) 대법원 2009.12.24. 선고 2007도2484 판결.

1244) 대법원 2009.6.25. 선고 2008도3792 판결.

자금을 차용하는 데 담보를 제공하면서 그 신규자금이 이미 보증을 한 채무의 변제에 사용되도록 한 경우라면, 보증인으로서는 기보증채무와 별도로 새로 손해를 발생시킬 위험을 초래한 것이라고 볼 수 없다.[1245] 회사가 주주 배정의 방법, 즉 주주가 가진 주식수에 따라 신주 등을 발행하는 경우에는 발행가액 등을 반드시 시가에 의하여 하는 것은 아니고, 회사의 임원인 이사로서는 주주 전체의 이익과 회사의 자금조달의 필요성과 급박성 등을 감안하여 경영판단에 따라 자유로이 그 발행조건을 정할 수 있다고 보아야 할 것이므로, 시가보다 낮게 발행가액 등을 정함으로써 주주들로부터 가능한 최대한의 자금을 유치하지 못하였다고 하여 배임죄의 구성요건인 임무위배, 즉 회사의 재산보호의무를 위반하였다고 볼 것은 아니다. 이 경우 신주 등의 발행이 주주 배정방식인지 또는 제3자 배정방식인지를 구별하는 기준은 회사가 주주들에게 그들의 지분비율에 따라 신주 등을 우선적으로 인수할 기회를 부여하였는지 여부에 따라 객관적으로 결정되어야 할 성질의 것이지, 신주 등의 인수권을 부여받은 주주들이 실제로 인수권을 행사하여 신주 등을 배정받았는지 여부에 좌우되는 것은 아니다. 또한 상법상 전환사채를 주주 배정방식에 의하여 발행하는 경우에 주주가 그 인수권을 잃은 때에는 회사는 이사회의 결의에 의하여 그 인수가 없는 부분에 대하여 자유로이 이를 제3자에게 처분할 수 있는 것인데, 단일한 기회에 발행되는 전환사채의 발행조건은 동일하여야 하므로, 주주가 인수하지 아니하여 실권된 부분에 관하여 이를 주주가 인수한 부분과 별도로 취급하여 전환가액 등 발행조건을 변경하여 발행할 여지가 없는 것이어서, 주주들의 실권분을 제3자에게 주주의 경우와 같은 조건으로 발행하였다고 하더라도 이를 두고 이사가 회사에 대한 관계에서 어떠한 임무에 위배하여 손해를 끼쳤다고 볼 수 없다.[1246] 을회사와 동일 기업집단 내 계열사인 갑회사가 을회사의 보유 주식 매각과 관련하여 을회사로부터 손실보상각서를 받고 위 주식의 매수인인 병과 주식매수청구권 부여계약(풋옵션계약)을 체결한 사안에서, 위 각서는 을회사가 병으로부터 주식매도대금을 받기 위하여 부담할 주식재매수의무를 갑회사가 대신 부담하되, 그 사무처리과정에서 갑회사가 입을 수 있는 손실을 을회사로부터 보상받기로 확약받은 것에 불과하여, 갑회사의 이사들에게는 을회사 이사회가 위 손실보상약정의 체결을 승인하였는지에 관하여 확인하는 등의 조치를 취할 의무가 없다는 이유로, 을회사로부터 이사회의 결의 없이 작성된 손실보상각서만을 받고 갑회사 이사들이 병과 주식매수청구권 부여계약(풋옵션계약)을 체결한 것은 업무상 배임죄에 해당하지 않는다.[1247] 기업의 경영과 자금운영에 구체적 위험을 초래하지 않았음에도 단지 현금유동성의 상실만을 이유로 배임죄의 성립요건인 재산상 위험이 발생하였다고 인정하는 것은 신중을 기하여야 한다.[1248] 배임죄의 '재산상 손해를 가한 때'에 관한 판단에서, 기왕에 한 담보제공행위로 인하여 이미 재산상의 손해발생 위험이 발생하였다면 그 후에 그 담보물을 다른 담보물로 교체한다 하여도 새로 제공하는 담보물의 가치가 기존 담보물의 가치보다 더 작거나 동일하다면 회사에 새로운 손해발생의 위험이 발생하였다고 볼 수 없으며, 이러한 법리는 제공된 전후의 담보방법이 다소 다른 경우에도 같다. 따라서 동일 채무를 위해 기존의 담보방법을 새로운 담보방법으로 교체하는 행위를 배임죄로 처단하려면 새로운 담보물의 가치가 기존의 담보물에 비해 더 크다거나 선행 담보제공에 의해 발생한 기존의 손해발생의 위험이 어떤 사유로 소멸하고 그 담보교체로 인해 기존의 손해발생의 위험과는 다른 새로운 손해발생의 위험이 발생하였다고

1245) 대법원 2009.7.23. 선고 2007도541 판결; 대법원 2008.5.8. 선고 2008도484 판결; 대법원 2004.7.9. 선고 2004도810 판결.

1246) 대법원 2009.5.29. 선고 2008도9436 판결.

1247) 대법원 2009.5.14. 선고 2007도6564 판결.

1248) 대법원 2008.5.29. 선고 2005도4640 판결.

평가할 수 있는 사정이 있어야 한다.[1249] 회사의 대표이사가 제3자의 채무를 담보하기 위하여 회사 명의의 백지약속어음을 제공하는 배임행위를 한 후 법적 효력이 더 확실한 채무보증을 위해 이를 회수하고 대신 다른 회사가 발행한 새로운 약속어음을 배서·교부한 사안에서, 선행 담보제공행위로 백지약속어음을 제공할 때 이미 회사에 그 피담보채무액 상당의 손해발생 위험이 발생하였고, 경제적인 관점에서 볼 때 전후의 담보제공에 의해 발생하는 손해발생의 위험성은 결국 동일하므로, 위 담보교체행위로 선행 담보제공으로 인한 기존의 위험과는 별개로 회사에 새로운 손해발생의 위험을 초래하였다고 보기 어렵다고 한 사례이다.[1250] 회사를 대표하여 기계 제작·설치 계약의 이행에 관한 업무를 처리하는 사람이 고의로 기계 제작 의무를 이행하지 않아 계약이 해제됨으로써 상대방이 보증보험회사로부터 선급금반환 및 위약금 명목의 보험금을 수령한 사안에서, 위 보험금의 수령사실만으로 상대방이 재산상 이익을 취득하였다고 단정할 수 없다.[1251] 싯가금 17,205원 60전 밖에 되지 아니하는 임야를 금 20,000원에 불하한 처분은 그 임야 소유자인 국가에게 아무런 손해를 끼친바 없다.[1252]

ⅱ 손해의 발생원인 본죄는 본인에게 재산상의 손해를 가하는 외에 배임행위로 인하여 행위자 스스로 재산상의 이익을 취득하거나 제3자로 하여금 재산상의 이익을 취득하게 할 것을 요건으로 하므로 본인에게 손해를 가하였다고 하더라도 행위자 또는 제3자가 재산상 이익을 취득한 사실이 없다면 배임죄가 성립할 수 없다.[1253]

ⅰ. 자기 업무상 배득 본죄가 성립하기 위해서는 업무상 타인의 사무를 처리하는 자가 그 임무를 위반하는 행위로써 스스로 재산상의 이익을 취득하여야 한다. 편의상 소위 자기 업무상 배득이라고 하기로 한 내용이다.

ⅱ. 타인 업무상 배득 본죄가 성립하기 위해서는 업무상 타인의 사무를 처리하는 자가 그 임무를 위반하는 행위로써 스스로 재산상의 이익을 취득하지 않더라도 제3자로 하여금 이를 취득하게 하여야 한다. 편의상 소위 타인 업무상 배득이라고 하기로 한 내용이다.

판례에 의하면 피해자 회사의 사업부 영업팀장인 피고인이 체인점들에 대한 전매입고 금액을 삭제하여 전산상 회사의 체인점들에 대한 외상대금채권이 줄어든 것으로 처리하는 전산조작행위를 한 사안에서, 전산상 외상대금채권이 자동 차감된다는 사정만으로 회사의 외상매출금채권이 감소할 우려가 생겼다고 판단하여 업무상 배임의 공소사실을 유죄로 인정한 원심판결을 파기한 사례가 있다.[1254]

⑤ 인과관계

본죄가 성립하기 위해서는 행위자의 배임행위와 피해자의 재산상의 손해 사이에는 인과관계가 존재하여야 한다. 대법원도 "임무위배행위로 인하여 여러 재산상 이익과 손해가 발

1249) 대법원 2008.5.8. 선고 2008도484 판결.

1250) 대법원 2008.5.8. 선고 2008도484 판결.

1251) 대법원 2007.7.26. 선고 2005도6439 판결.

1252) 대법원 1971.6.22. 선고 71도928 판결.

1253) 대법원 2021.11.25. 선고 2016도3452 판결; 대법원 2009.12.24. 선고 2007도2484 판결; 대법원 2009.6.25. 선고 2008도3792 판결; 대법원 2007.7.26. 선고 2005도6439 판결; 대법원 2006.7.27. 선고 2006도3145 판결; 대법원 1982.2.23. 선고 81도2601 판결.

1254) 대법원 2006.7.27. 선고 2006도3145 판결.

생하더라도 재산상 이익과 손해 사이에 서로 대응하는 관계에 있는 등 일정한 관련성이 인정되어야 업무상 배임죄가 성립한다"고 판시한 바 있다.[1255)]

2) 주관적 구성요건

본죄는 재산상 이익을 취득하거나 제3자로 하여금 이를 취득하게 하고 본인에게 손해를 가한 이상 그에 관한 고의 내지 불법이득의사가 인정된다고 할 것이다.[1256)]

① 고 의

본죄는 고의범이다. 본죄의 고의는 인식적 요소로서 업무상 타인의 사무를 처리하는 자가 임무에 위배하는 행위를 한다는 점과 이로 인하여 자기 또는 제3자가 이익을 취득하여 본인에게 손해를 입힌다는 사실에 대한 인식을 요한다.[1257)] 배임행위의 결과 본인에게 재산상의 손해가 발생하거나 발생할 염려가 있다는 인식과 자기 또는 제3자가 재산상의 이득을 얻는다는 인식이 있으면 족하다.[1258)] 이러한 인식은 미필적 인식으로도 충분하다.[1259)] 업무상 타인의 사무를 처리하는 자가 본인에게 재산상의 손해를 가한다는 의사와 자기 또는 제3자의 재산상의 이득의 의사가 임무에 위배된다는 인식과 결합되어 성립되는 것이다.[1260)]

1255) 대법원 2021.11.25. 선고 2016도3452 판결.

1256) 대법원 2013.9.27. 선고 2013도6835 판결; 대법원 2012.9.13. 선고 2012도3840 판결; 대법원 2011.10.27. 선고 2009도14464 판결.

1257) 대법원 2017.9.12. 선고 2015도602 판결; 대법원 2016.6.23. 선고 2014도11876 판결; 대법원 2012.7.12. 선고 2009도7435 판결; 대법원 2012.6.28. 선고 2012도2623 판결; 대법원 2011.7.28. 선고 2010도9652 판결; 대법원 2010.7.15. 선고 2008도9066 판결; 대법원 2009.7.23. 선고 2007도541 판결; 대법원 2009.5.28. 선고 2009도2086 판결; 대법원 2008.5.29. 선고 2005도4640 판결; 대법원 2006.11.10. 선고 2004도5167 판결; 대법원 2006.6.27. 선고 2005도2626 판결; 대법원 2004.7.9. 선고 2004도810 판결; 대법원 2004.6.24. 선고 2004도520 판결; 대법원 2004.3.26. 선고 2003도7878 판결; 대법원 2003.4.25. 선고 2001도4035 판결; 대법원 2003.2.11. 선고 2002도5679 판결; 대법원 2001.7.13. 선고 2001도1660 판결; 대법원 2000.12.8. 선고 99도3338 판결; 대법원 2000.4.11. 선고 99도334 판결; 대법원 1999.7.9. 선고 99도1864 판결; 대법원 1999.4.13. 선고 98도4022 판결; 대법원 1998.2.10. 선고 97도2919 판결; 대법원 1997.6.13. 선고 97도618 판결; 대법원 1996.5.28. 선고 95도161 판결; 대법원 1995.11.21. 선고 94도1598 판결; 대법원 1992.1.17. 선고 91도1675 판결; 대법원 1988.11.22. 선고 88도1523 판결; 대법원 1988.5.24. 선고 88도542 판결; 대법원 1987.3.10. 선고 81도2026 판결; 대법원 1988.2.23. 선고 87도1436 판결.

1258) 대법원 2000.5.26. 선고 99도2781 판결; 대법원 1995.11.21. 선고 94도1598 판결; 대법원 1989.8.8. 선고 89도25 판결; 대법원 1988.2.23. 선고 87도1436 판결; 대법원 1983.12.13. 선고 83도2330 전원합의체 판결.

1259) 대법원 2016.6.23. 선고 2014도11876 판결; 대법원 2012.7.12. 선고 2009도7435 판결; 대법원 2012.6.28. 선고 2012도2623 판결; 대법원 2011.7.28. 선고 2010도9652 판결; 대법원 2010.7.15. 선고 2008도9066 판결; 대법원 2009.7.23. 선고 2007도541 판결; 대법원 2009.5.28. 선고 2009도2086 판결; 대법원 2008.5.29. 선고 2005도4640 판결; 대법원 2006.11.10. 선고 2004도5167 판결; 대법원 2006.6.27. 선고 2005도2626 판결; 대법원 2004.7.9. 선고 2004도810 판결; 대법원 2004.6.24. 선고 2004도520 판결; 대법원 2004.3.26. 선고 2003도7878 판결; 대법원 2003.2.11. 선고 2002도5679 판결; 대법원 2001.7.13. 선고 2001도1660 판결; 대법원 2000.12.8. 선고 99도3338 판결; 대법원 2000.4.11. 선고 99도334 판결; 대법원 1999.7.9. 선고 99도1864 판결; 대법원 1999.4.13. 선고 98도4022 판결; 대법원 1998.2.10. 선고 97도2919 판결; 대법원 1997.6.13. 선고 97도618 판결 대법원 1995.11.21. 선고 94도1598 판결; 대법원 1988.11.22. 선고 88도1523 판결.

1260) 대법원 2017.5.30. 선고 2017도1284 판결; 대법원 2015.11.26. 선고 2014도17180 판결; 대법원 2014.6.26. 선고 2014도753 판결; 대법원 2013.1.24. 선고 2012도10629 판결; 대법원 2012.6.28. 선고 2012도2087 판결; 대법원 2011.10.27. 선고 2009도14464 판결; 대법원 2011.8.18. 선고 2011도6881 판결; 대법원 2010.4.29. 선고 2009도13868 판결; 대법원 2010.2.25. 선고 2008도8356 판결; 대법원 2009.6.11. 선고 2008도4910 판결; 대법원 2009.5.28. 선고 2008도5706 판결; 대법원 2009.2.26. 선고 2008도522 판결; 대법원

다만 본죄는 목적범은 아니다. 따라서 본인에게 재산상의 손해를 가한다는 의사나 자기 또는 제3자에게 재산상의 이득을 얻게 하려는 목적을 요하는 것은 아니다.[1261]

고의, 동기 등의 내심적 사실과 같이 주관적 요소로 되는 사실은 피고인이 본인의 이익을 위하여 문제가 된 행위를 하였다고 주장하면서 고의를 부인하는 경우에는, 사물의 성질상 고의와 상당한 관련성이 있는 간접사실을 증명하는 방법에 의하여 입증할 수밖에 없다.[1262] 무엇이 상당한 관련성이 있는 간접사실에 해당할 것인가는 정상적인 경험칙에 바탕을 두고 치밀한 관찰력이나 분석력에 의하여 사실의 연결상태를 합리적으로 판단하는 방법에 의하여야 한다.[1263] 피고인이 피해자 본인의 이익을 위한다는 의사도 가지고 있었다 하더라도 이는 부수적일 뿐이고 이득 또는 가해의 의사가 주된 것임이 판명되면 배임죄의 고의가 있었다고 보아야 할 것이다.[1264]

2008.5.15. 선고 2005도7911 판결; 대법원 2007.11.15. 선고 2007도6075 판결; 대법원 2007.1.26. 선고 2004도1632 판결; 대법원 2006.11.9. 선고 2004도7027 판결; 대법원 2004.10.28. 선고 2002도3131 판결; 대법원 2004.7.22. 선고 2002도4229 판결; 대법원 2004.5.14. 선고 2001도4857 판결; 대법원 2003.10.10. 선고 2003도3516 판결; 대법원 2003.2.11. 선고 2002도5679 판결; 대법원 2002.7.22. 선고 2002도1696 판결; 대법원 2002.6.28. 선고 2000도3716 판결; 대법원 2000.11.24. 선고 99도822 판결; 대법원 2000.4.11. 선고 99도334 판결; 대법원 1999.7.23. 선고 99도1911 판결; 대법원 1999.7.9. 선고 99도1864 판결; 대법원 1997.6.27. 선고 97도163 판결; 대법원 1995.2.3. 선고 94도3122 판결; 대법원 1988.11.22. 선고 88도1523 판결.

1261) 대법원 2004.7.9. 선고 2004도810 판결; 대법원 2000.5.26. 선고 99도2781 판결; 대법원 1995.11.21. 선고 94도1598 판결; 대법원 1989.8.8. 선고 89도25 판결; 대법원 1988.2.23. 선고 87도1436 판결; 대법원 1983.12.13. 선고 83도2330 전원합의체 판결.

1262) 대법원 2016.6.23. 선고 2014도11876 판결; 대법원 2012.6.28. 선고 2012도2623 판결; 대법원 2011.8.18. 선고 2011도6881 판결; 대법원 2011.7.28. 선고 2010도9652 판결; 대법원 2010.7.15. 선고 2008도9066 판결; 대법원 2010.4.29. 선고 2009도13868 판결; 대법원 2010.2.25. 선고 2008도8356 판결; 대법원 2009.6.11. 선고 2008도4910 판결; 대법원 2009.5.28. 선고 2009도2086 판결; 대법원 2009.2.26. 선고 2008도522 판결; 대법원 2008.5.15. 선고 2005도7911 판결; 대법원 2007.1.26. 선고 2004도1632 판결; 대법원 2006.11.9. 선고 2004도7027 판결; 대법원 2004.10.28. 선고 2002도3131 판결; 대법원 2004.7.22. 선고 2002도4229 판결; 대법원 2004.7.9. 선고 2004도810 판결; 대법원 2004.3.26. 선고 2003도7878 판결; 대법원 2003.10.10. 선고 2003도3516 판결; 대법원 2003.2.11. 선고 2002도5679 판결; 대법원 2002.7.22. 선고 2002도1696 판결; 대법원 2002.6.28. 선고 2000도3716 판결; 대법원 2000.12.8. 선고 99도3338 판결; 대법원 2000.4.11. 선고 99도334 판결; 대법원 1999.7.23. 선고 99도1911 판결; 대법원 1999.7.9. 선고 99도1864 판결; 대법원 1999.4.13. 선고 98도4022 판결; 대법원 1998.2.10. 선고 97도2919 판결; 대법원 1997.6.13. 선고 97도618 판결; 대법원 1995.2.3. 선고 94도3122 판결; 대법원 1997.6.27. 선고 97도163 판결; 대법원 1997.6.13. 선고 97도618 판결; 대법원 1995.11.21. 선고 94도1598 판결; 대법원 1988.11.22. 선고 88도1523 판결.

1263) 대법원 2016.6.23. 선고 2014도11876 판결; 대법원 2012.6.28. 선고 2012도2623 판결; 대법원 2011.8.18. 선고 2011도6881 판결; 대법원 2011.7.28. 선고 2010도9652 판결; 대법원 2010.7.15. 선고 2008도9066 판결; 대법원 2010.4.29. 선고 2009도13868 판결; 대법원 2010.2.25. 선고 2008도8356 판결; 대법원 2009.6.11. 선고 2008도4910 판결; 대법원 2009.5.28. 선고 2009도2086 판결; 대법원 2009.2.26. 선고 2008도522 판결; 대법원 2008.5.15. 신고 2005도7911 판결; 대법원 2006.11.9. 선고 2004도7027 판결; 대법원 2004.10.28. 선고 2002도3131 판결; 대법원 2004.7.22. 선고 2002도4229 판결; 대법원 2004.7.9. 선고 2004도810 판결; 대법원 2004.3.26. 선고 2003도7878 판결; 대법원 2003.10.10. 선고 2003도3516 판결; 대법원 2003.2.11. 선고 2002도5679 판결; 대법원 2002.7.22. 선고 2002도1696 판결; 대법원 2002.6.28. 선고 2000도3716 판결; 대법원 2000.12.8. 선고 99도3338 판결; 대법원 2000.4.11. 선고 99도334 판결; 대법원 1999.7.23. 선고 99도1911 판결; 대법원 1999.7.9. 선고 99도1864 판결; 대법원 1999.4.13. 선고 98도4022 판결; 대법원 1998.2.10. 선고 97도2919 판결; 대법원 1997.6.27. 선고 97도163 판결; 대법원 1997.6.13. 선고 97도618 판결; 대법원 1995.11.21. 선고 94도1598 판결; 대법원 1988.11.22. 선고 88도1523 판결.

1264) 대법원 2012.6.28. 선고 2012도2087 판결; 대법원 2011.8.18. 선고 2011도6881 판결; 대법원 2009.5.28.

고의를 긍정한 판례의 구체적 내용은 다음과 같다. 즉,

이익을 취득하는 제3자가 같은 계열회사이고, 계열그룹 전체의 회생을 위한다는 목적에서 이루어진 행위로서 그 행위의 결과가 일부 본인을 위한 측면이 있다 하더라도 본인의 이익을 위한다는 의사는 부수적일 뿐이고 이득 또는 가해의 의사가 주된 것임이 판명되면 배임죄의 고의를 부정할 수 없다.[1265] 기업의 경영자가 문제된 행위를 함에 있어 합리적으로 가능한 범위 내에서 수집한 정보를 근거로 하여 당해 기업이 처한 경제적 상황이나 그 행위로 인한 손실발생과 이익획득의 개연성 등의 제반 사정을 신중하게 검토하지 아니한 채, 당해 기업이나 경영자 개인이 정치적인 이유 등으로 곤란함을 겪고 있는 상황에서 벗어나기 위해서는 비록 경제적인 관점에서 기업에 재산상 손해를 가하는 결과가 초래되더라도 이를 용인할 수밖에 없다는 인식하에 의도적으로 그와 같은 행위를 하였다면 업무상 배임죄의 고의는 있었다고 봄이 상당하다.[1266] 甲 상호저축은행 임원인 피고인들이 임직원의 친척 등 명의로 토지를 매수한 다음 이른바 특수목적법인(SPC)인 乙 주식회사를 설립하고 乙 회사에 甲 은행 자금을 대출하여 乙 회사 명의로 골프장 건설사업을 추진함으로써 甲 은행에 손해를 가하였다고 하여 특정경제범죄 가중처벌 등에 관한 법률 위반(배임)죄로 기소된 사안에서, 피고인들이 상호저축은행법 등 관계 법령에 위배되는 까닭에 甲 은행이 실질적 당사자가 되어 시행하거나 보유할 수 없는 골프장 건설사업을 타인의 명의 등을 내세워 편법으로 추진하고, 임원의 임무에 위배하여 구체적인 사업성 검토도 제대로 거치지 아니한 채 함부로 甲 은행의 자금을 지출한 행위는 법령의 규정, 직무 내용은 물론 신의성실의 원칙상 당연히 하지 않아야 할 것으로 기대되는 행위를 함으로써 본인과 맺은 신임관계를 저버리고 그로 인하여 본인에게 재산상 손해를 가하고 제3자로 하여금 재산상 이익을 취득하게 한 경우이므로, 이와 달리 피고인들에게 업무상배임의 고의를 인정할 수 없다고 보아 무죄를 선고한 원심판결에 법리오해의 위법이 있다고 한 사례이다.[1267] 금융기관의 담당자가 대출을 함에 있어 대출채권의 회수를 확실하게 하기 위하여 상당하고도 합리적인 조치를 강구함이 없이 만연히 대출을 해 주었다면, 업무위배행위로 제3자로 하여금 재산상 이득을 취득하게 하고 금융기관에 손해를 가한다는 인식이 없었다고 볼 수 없다.[1268] 학교법인의 이사장이 위 법인의 명의로 임의로 채무부담 행위를 하여서는 아니 된다

선고 2008도5706 판결; 대법원 2009.2.26. 선고 2008도522 판결; 대법원 2008.5.15. 선고 2005도7911 판결; 대법원 2006.11.9. 선고 2004도7027 판결; 대법원 2004.10.28. 선고 2002도3131 판결; 대법원 2004.7.22. 선고 2002도4229 판결; 대법원 2004.5.14. 선고 2001도4857 판결; 대법원 2003.10.10. 선고 2003도3516 판결; 대법원 2003.2.11. 선고 2002도5679 판결; 대법원 2002.7.22. 선고 2002도1696 판결; 대법원 2002.6.28. 선고 2000도3716 판결; 대법원 2000.12.8. 선고 99도3338 판결; 대법원 2000.11.24. 선고 99도822 판결; 대법원 1999.4.13. 선고 98도4022 판결; 대법원 1998.2.10. 선고 97도2919 판결; 대법원 1997.6.13. 선고 97도618 판결 대법원 1995.11.21. 선고 94도1598 판결; 대법원 1988.11.22. 선고 88도1523 판결; 대법원 1976.9.14. 선고 76도2076 판결.

1265) 대법원 2012.7.12. 선고 2009도7435 판결; 대법원 2012.6.14. 선고 2012도1283 판결; 대법원 2010.12.23. 선고 2008도8851 판결; 대법원 2010.11.25. 선고 2009도9144 판결; 대법원 2009.7.23. 선고 2007도541 판결; 대법원 2008.5.29. 선고 2005도4640 판결; 대법원 2006.11.10. 선고 2004도5167 판결; 대법원 2006.6.27. 선고 2005도2626 판결; 대법원 2004.7.9. 선고 2004도810 판결; 대법원 2004.6.24. 선고 2004도520 판결; 대법원 2003.2.11. 선고 2002도5679 판결; 대법원 2002.7.22. 선고 2002도1696 판결; 대법원 2001.7.13. 선고 2001도1660 판결.

1266) 대법원 2016.4.29. 선고 2015도5665 판결.

1267) 대법원 2011.10.27. 선고 2009도14464 판결.

1268) 대법원 2010.9.9. 선고 2010도5972 판결; 대법원 2007.4.12. 선고 2007도1033 판결; 대법원 2006.4.27. 선고 2004도1130 판결; 대법원 2004.3.26. 선고 2003도7878 판결; 대법원 2003.10.10. 선고 2003도3516 판결; 대법원 2003.2.11. 선고 2002도5679 판결; 대법원 2002.6.28. 선고 2000도3716 판결; 대법원 2000.3.14. 선고 99

는 사실을 잘 알면서도 자금사정이 악화되어 있던 제3자의 채무를 사실상 인수하면서 약속어음에 배서연대보증행위를 하였다면 배임의 범의를 충분히 인정할 수 있다.[1269] 남북정상회담을 전후하여 대북경제협력사업을 추진중인 기업에 대하여 대규모 여신지원을 한 금융기관이 국책은행이라고 하더라도 은행 관련자들에게 배임의 범의가 인정된다.[1270] 재단법인의 이사장 직무대리인이 후원회 기부금을 정상 회계처리하지 않고 자신과 친분관계에 있는 신도에게 확실한 담보도 제공받지 아니한 채 대여한 경우, 피고인이 그 재단법인의 이익을 위한다는 의사가 있었다 하더라도 그 의사는 부수적일 뿐이고 가해의 의사가 주된 것이라는 이유로 배임의 고의를 인정한 사례이다.[1271] 주식회사와 주주는 별개의 인격으로서 동일인이라고 볼 수 없으므로, 회사의 임원이 그 임무에 위배되는 행위로 재산상 이익을 취득하거나 제3자로 하여금 이를 취득하게 하여 회사에 손해를 가한 때에는 이로써 배임죄가 성립하고, 그 임무위배행위에 대하여 사실상 대주주의 양해를 얻었다고 하여 본인인 회사에 손해가 없다거나 또는 배임의 범의가 없다고도 볼 수 없다.[1272] 재개발조합의 조합원들이 시공회사로부터 이주비를 차용하면서 약속어음을 발행·공증하여 주기로 함에 따라 조합장이 조합원들을 대표하여 약속어음공증신청을 이사회의 결의로 선정된 법무사로 하여금 대행하게 하는 용역계약을 체결함에 있어, 그 법무사가 제시하는 수수료액이 적정한 것인지 조사하여 보지 않고, 그 금액이 과다함에도 불구하고 이를 낮추려는 시도조차 하지 않은 채 이를 그대로 받아들여 용역계약을 체결하였다면, 경험칙상 조합장으로서의 임무에 위배한다는 인식과 법무사의 이익을 위하여 본인인 조합원들에게 재산상의 손해를 가한다는 인식을 가지고 있었다고 볼 수 있다.[1273] 증권회사의 직원으로서 고객과의 매매거래 계좌설정 계약에 따라 고객의 사무를 처리하는 지위에 있는 자가 고객의 동의를 얻지 않고 주식을 매입한 것이라면 주식의 시세의 하락으로 인하여 고객에게 손해가 발생될 염려가 있다는 인식이 미필적으로나마 있었다고 할 것이고, 그가 근무하는 증권회사가 주식의 매입으로 인하여 수수료를 취득한 이상, 그 직원에게 자기 또는 제3자가 재산상의 이익을 얻는다는 인식도 있었다고 보이므로 결국 그 직원에게 업무상 배임죄의 고의가 있었다고 인정될 여지가 충분히 있다. 만약 그 직원의 이러한 행위가 고객의 이익을 위한다는 의사에 기한 것이었다고 볼 수 있는 특별한 객관적 사정이 있다면 이와 달리 보아야 할 것이나, 이 사건의 경우는 위 증권회사와 피해자 사이에 그 이전까지 아무런 거래관계가 없었으며, 그 직원이 피해자가 위 예탁금을 입금한 지 얼마되지 않아 아무런 승낙 없이 무단 매수한 점 등에 비추어 보면 고객을 위한다는 의사는 부수적일 뿐이고 이득 또는 손해의 의사가 주된 것이어서 업무상 배임죄의 고의가 있었다고 봄이 상당하다.[1274] 상호신용금고의 이사들이 대출을 함에 있어 대출채권의 회수를 확실하게 하기 위하여 충분한 담보를 제공받는 등 상당하고도 합리적인 조치를 강구함이 없이 만연히 대출을 해 주었다면 업무위배행위로 제3자로 하여금 재산상 이득을 취득하게 하고 위 금고에 손해를 가한다고 인식이 없었다고 볼 수 없다.[1275]

고의를 부정한 판례의 구체적 내용은 다음과 같다. 즉,

도4923 판결; 대법원 1990.11.13. 선고 90도1885 판결.

1269) 대법원 2005.8.25. 선고 2005도3410 판결.

1270) 대법원 2004.3.26. 선고 2003도7878 판결.

1271) 대법원 2000.12.8. 선고 99도3338 판결.

1272) 대법원 2000.5.26. 선고 99도2781 판결; 대법원 1985.10.22. 선고 85도1503 판결.

1273) 대법원 1997.6.13. 선고 97도618 판결.

1274) 대법원 1995.11.21. 선고 94도1598 판결.

1275) 대법원 1990.11.13. 선고 90도1885 판결.

경영상의 판단과 관련하여 기업의 경영자에게 배임의 고의가 있었는지 여부를 판단함에 있어서도 일반적인 업무상 배임죄에 있어서 고의의 입증방법과 마찬가지의 법리가 적용되어야 함은 물론이지만, 기업의 경영에는 원천적으로 위험이 내재하여 있어서 경영자가 아무런 개인적인 이익을 취할 의도 없이 선의에 기하여 가능한 범위 내에서 수집된 정보를 바탕으로 기업의 이익에 합치된다는 믿음을 가지고 신중하게 결정을 내렸다 하더라도 그 예측이 빗나가 기업에 손해가 발생하는 경우가 있을 수 있다. 이러한 경우에까지 고의에 관한 해석기준을 완화하여 업무상배임죄의 형사책임을 묻고자 한다면 이는 죄형법정주의의 원칙에 위배되는 것임은 물론이고 정책적인 차원에서 볼 때에도 영업이익의 원천인 기업가 정신을 위축시키는 결과를 낳게 되어 당해 기업뿐만 아니라 사회적으로도 큰 손실이 될 것이므로, 현행 형법상의 배임죄가 위태범이라는 법리를 부인할 수 없다 할지라도, 문제된 경영상의 판단에 이르게 된 경위와 동기, 판단대상인 사업의 내용, 기업이 처한 경제적 상황, 손실발생의 개연성과 이익획득의 개연성 등 제반 사정에 비추어 자기 또는 제3자가 재산상 이익을 취득한다는 인식과 본인에게 손해를 가한다는 인식(미필적 인식을 포함)하의 의도적 행위임이 인정되는 경우에 한하여 배임죄의 고의를 인정하는 엄격한 해석기준은 유지되어야 할 것이고, 그러한 인식이 없는데 단순히 본인에게 손해가 발생하였다는 결과만으로 책임을 묻거나 주의의무를 소홀히 한 과실이 있다는 이유로 책임을 물을 수는 없다.[1276] 기업의 경영에는 원천적으로 위험이 내재하여 있어서 경영자가 개인적인 이익을 취할 의도 없이 가능한 범위 내에서 수집된 정보를 바탕으로 기업의 이익을 위한다는 생각으로 신중하게 결정을 내렸다고 하더라도 그 예측이 빗나가 기업에 손해가 발생하는 경우가 있으므로, 이러한 경우에까지 고의에 관한 해석기준을 완화하여 업무상 배임죄의 형사책임을 물을 수 없다.[1277] 기업의 경영에는 원천적으로 위험이 내재하여 있어서 경영자가 아무런 개인적인 이익을 취할 의도 없이 선의에 기하여 가능한 범위 내에서 수집된 정보를 바탕으로 기업의 이익에 합치된다는 믿음을 가지고 신중하게 결정을 내렸다 하더라도 그 예측이 빗나가 기업에 손해가 발생하는 경우가 있을 수 있는 바, 이러한 경우에까지 고의에 관한 해석기준을 완화하여 업무상 배임죄의 형사책임을 물을 수는 없다.[1278] 금융기관의 경영자가 금융거래와 관련한 경영상 판단을 함에 있어서 경영자에게 배임의 고의가 있었는지 여부를 판단함에 있어서는 문제된 경영상의 판단에 이르게 된 경위와 동기, 판단대상인 업무의 내용, 금융기관이 처한 경제적 상황, 손실발생의 개연성 등 여러 사정에 비추어 자기 또는 제3자가 재산상 이득을 취득한다는 인식과 본인에게 손해를 가한다는 인식하의 의도적 행위임이 인정되는 경우에 한하여 배임죄의 고의를 인정하는 엄격한 해석기준이 유지되어야 한다.[1279] 피고인들이 공소외 주식회사를 퇴사하기 직전에야 이 사건 각 프로그램파일을 복사하여 취득하였음을 인정할 증거가 없고, 오히려 그 대부분은 공소외 주식회사에 근무하면서 프로그램 개발업무를 수행하는 과정에서 복사 및 취득한 것으로 보이는 점, 공소외 주식회사에서는 이 사건 각 프로그램파일이 비밀로 관리되지 않은 채 피고인들과 같은 연구원들의 경우 별다른 제한 없이 이를 열람 · 복사할 수 있었고 복사된 저장매체도 언제든지 반출할 수 있었던 점, 피고인들이 이 사건 각 프로그램파일을 복사하여 취득한 것은 업무인수인계를 위한 것이거나 자료정리 차원에서 관행적으로 행해진 것으로 볼 여지도 없지 않은 점, 피고인들이 공소외 주식회사를 퇴직한 후 개발한 FCS 증권분석 프로그램은 공소외 주식회사의 Win-station 프로그램과 유사하거나 이를 변형 또는 참조하였다고 보기 어렵다

1276) 대법원 2019.6.13. 선고 2018도20655 판결; 대법원 2010.1.14. 선고 2007도10415 판결.
1277) 대법원 2017.11.9. 선고 2015도12633 판결; 대법원 2007.3.15. 선고 2004도5742 판결.
1278) 대법원 2016.4.29. 선고 2015도5665 판결; 대법원 2004.7.22. 선고 2002도4229 판결.
1279) 대법원 2011.7.28. 선고 2010도7546 판결; 대법원 2007.1.26. 선고 2004도1632 판결.

는 컴퓨터프로그램보호위원회에 대한 감정촉탁회신결과에 의하면 피고인들은 실제로도 이 사건 각 프로그램파일을 FCS 프로그램을 개발하는 데 이용하지는 아니한 것으로 보이는 점 등 여러 사정들을 고려할 때, 이 사건 각 프로그램파일을 복사하여 취득할 당시 피고인들에게 업무상 배임의 고의가 있었다고 단정하기 어렵다.[1280] 퇴사한 전직 동료의 편의를 위하여 회사 컴퓨터에 저장된 개인 파일 등을 복사해 준 사안에서, 배임의 고의가 있었다고 단정하기 어렵다고 한 사례이다.[1281] 이른바 경영상의 판단과 관련하여 기업의 경영자에게 배임의 고의가 있었는지 여부를 판단함에 있어서도 일반적인 업무상 배임죄에 있어서 고의의 입증방법과 마찬가지의 법리가 적용되어야 함은 물론이지만, 기업 경영에 내재된 속성을 고려하여 문제된 경영상의 판단에 이르게 된 경위와 동기, 판단 대상인 사업의 내용, 기업이 처한 경제적 상황, 손실발생의 개연성과 이익획득의 개연성 등 제반 사정에 비추어 자기 또는 제3자가 재산상 이익을 취득한다는 인식과 본인에게 손해를 가한다는 인식(미필적 인식을 포함)하의 의도적 행위임이 인정되는 경우에 한하여 배임죄의 고의를 인정하는 엄격한 해석기준은 유지되어야 할 것이고, 그러한 인식이 없는데 단순히 본인에게 손해가 발생하였다는 결과만으로 책임을 묻거나 주의의무를 소홀히 한 과실이 있다는 이유로 책임을 물을 수는 없다.[1282] 금융기관의 임・직원이 대출을 함에 있어서 금융기관의 이자수익을 위한다는 의사가 있었다고 하더라도 대출 당시 여신규정을 위반하였을 뿐만 아니라 대출신청인의 재무상태, 다른 금융기관에 대한 차입금 등의 채무를 포함한 전반적인 금융거래상황, 대출금의 용도, 사용기간 및 상환능력이나 제공된 담보의 가치를 평가하여 대출 적격 여부를 제대로 심사하지도 아니한 채 채무상환능력이 불량한 대출신청인에게 대출을 한 경우에는 이러한 임무위배행위로 제3자로 하여금 재산상 이득을 취득하게 하고 금융기관에 손해를 가한다는 인식과 의사가 없었다고 볼 수 없다.[1283] 이윤추구와 아울러 공공적 역할도 담당하는 각종 금융기관의 경영자가 금융거래와 관련한 경영상 판단을 함에 있어서 그 업무처리의 내용, 방법, 시기 등이 법령이나 당해 구체적 사정하에서 일의적인 것으로 특정되지 않는 경우에는 결과적으로 특정한 조치를 취하지 아니하는 바람에 본인에게 손해가 발생하였다는 사정만으로 책임을 물을 수는 없고, 그 경우 경영자에게 배임의 고의가 있었는지 여부를 판단함에 있어서는 문제된 경영상의 판단에 이르게 된 경위와 동기, 판단대상인 업무의 내용, 금융기관이 처한 경제적 상황, 손실발생의 개연성 등 제반 사정에 비추어 자기 또는 제3자가 재산상 이득을 취득한다는 인식과 본인에게 손해를 가한다는 인식하의 의도적 행위임이 인정되는 경우에 한하여 배임죄의 고의를 인정하는 엄격한 해석기준이 유지되어야 한다.[1284] 주택조합의 조합장인 피고인이 조합장으로서의 공로에 대한 보상으로 보류시설 아파트 2채 중 1채를 무상취득하였으나 나머지 아파트 1채를 2채의 처분예정가 합계액 이상으로 처분하여 그 대금으로 시공사에 대한 공사대금채무를 변제함으로써 결국 조합에 그 수익이 귀속되는 등의 사정에 비추어 피고인에게 배임의 범의가 있었다고 볼 수 없다.[1285] 부동산신탁회사의 상무이사인 피고인이 토지개발신탁사업의 개발투자비 상환채권을 담보하기 위해 제공된 공소외인 소유의 부동산에 관한 관리・처분신탁계약을 해지하고 소유권이전등기를 환원한 사안에서,

1280) 대법원 2010.7.15. 선고 2008도9066 판결.

1281) 대법원 2009.5.28. 선고 2008도5706 판결.

1282) 대법원 2009.2.26. 선고 2008도522 판결; 대법원 2007.11.15. 선고 2007도6075 판결; 대법원 2004.7.22. 선고 2002도4229 판결.

1283) 대법원 2008.5.29. 선고 2006도7487 판결.

1284) 대법원 2007.1.26. 선고 2004도1632 판결; 대법원 2004.10.28. 선고 2002도3131 판결; 대법원 2004.7.22. 선고 2002도4229 판결.

1285) 대법원 2006.11.23. 선고 2006도6053 판결.

피고인은 결재권자로서 담당 지점장이 보고한 내용을 검토, 확인한 후 이를 승인하였고, 피고인 자신의 개인적인 이익을 취하거나 위탁자로 하여금 재산상의 이익을 취하게 할 의도가 있었다고 볼 사정이 없으므로, 단순히 부동산신탁회사에 손해가 발생하였다는 결과만으로 피고인에게 책임을 묻거나 주의의무를 소홀히 한 과실이 있다는 이유로 피고인에게 배임의 고의가 있었다고 하기는 어렵다.[1286] 보증보험회사의 경영자가 경영상의 판단에 따라 보증보험회사의 영업으로 행한 보증보험계약의 인수가 임무위배행위에 해당한다거나 배임의 고의가 있었다고 단정하기 어렵다.[1287] 주식회사의 이사가 이미 발생한 대표이사의 횡령사실을 인지하고도 이사로서 당연히 할 것으로 기대되는 행위를 다하지 아니하였음을 들어 횡령금액 전부에 대한 해당 이사의 업무상 배임죄를 인정한 원심판결에 대하여 해당 이사에게 임무 위배행위와 그로 인한 손해의 발생에 대한 인식이 있었다고 보기 어렵다는 이유로 이를 파기한 사례이다.[1288] 재단의 직원이 금 15억여 원의 재단 채무를 변제기한보다 약 8개월 앞당겨 변제한 사안에서, 재단이 그 자금의 여유가 있을 때 남아 있는 채무의 일부를 변제기를 일시 앞당겨 변제하는 것은 사회적 상당성이 있어 부당하다고 할 수 없고, 따라서 화해시 예정된 기한을 일부 앞당겨 변제하였다고 하여 그것만으로 담당 직원에게 배임의 범의가 있다고 할 수 없으며, 또한 소송상 화해를 한 채권자가 화해금의 지급을 독촉한 사실을 가리켜 그 채무에 대한 배임행위가 된다고 할 수도 없다는 이유로, 그 이자 상당액에 대한 배임죄의 성립을 부정한 사례이다.[1289] 담보물의 일부해지 당시의 가격이 담보취득 당시보다 특별히 하락하였다고 보여지는 사정이 엿보이지 않는 이 사건에서 피고인이 일부해지 당시의 담보가치를 새로이 평가하지 아니하고, 담보취득 당시의 평가에 따랐다 하여 그것만으로 배임의 범의를 인정할 수도 없다 할 것이다.[1290] 주택조합 조합장이 주택조합측으로부터 아파트부지의 선정과 매입에 관한 일체의 권한을 위임받아 아파트부지를 구입하는 과정에서 공원용지지정의 해제가 없는 한 아파트를 건축할 수 없음에도 불구하고, 정치자금을 내면 권력층을 통하여 공원용지지정을 해제시켜 주겠다는 갑 등의 계획적인 기망행위에 속아 용도지정의 해제가 가능할 것으로 믿고 용도지정의 해제에 필요하다는 경비조로 금원을 갑 등에게 교부한 경우 주택조합 아파트부지의 구입에 관한 포괄적인 권한을 위임받고 있었으므로 자신이 관리중인 주택자금을 공원용지지정해제의 경비 등으로 지출하였다는 것만으로 이를 목적 외의 용도에 사용하였다고 볼 수 없고, 주택조합 조합장이 갑 등의 계획적인 기망행위에 속아 공원용지의 용도지정이 해제될 것으로 믿고서 경비를 교부한 것이므로 동인에게 주택조합에 대한 신뢰관계에 위배하여 자신의 업무를 성실히 수행하지 않았다는 배임의 범의를 인정할 수 없다.[1291] 단위농업협동조합의 조합장이 조합규약에 따른 대금회수 확보를 위한 담보취득 등의 조치 없이 조합의 양곡을 외상판매함으로 인하여 위 조합에 손해가 발생하였지만 당시 시장에 양곡의 물량이 많아 현금판매가 어려웠고 기온상승으로 양곡이 변질될 우려가 생겼으며 농협중앙회로부터 재고양곡의 조기판매 추진지시를 받는 등 사정으로 오로지 조합의 이익을 위하여 양곡을 신속히 처분하려다 손해가 발생한 것이라면, 위 양곡 외상판매행위가 위 조합에 손해를 가하고 자기 또는 제3자에게 재산상의 이익을 취득하게 한다는 인식, 인용하에서 행해진 행위라고 할 수 없다.[1292] 회사의 이사 등이 침체된 소속회사의 영업을

1286) 대법원 2005.6.9. 선고 2004도2786 판결.
1287) 대법원 2004.7.22. 선고 2002도4229 판결.
1288) 대법원 2003.4.25. 선고 2001도4035 판결.
1289) 대법원 1996.12.23. 선고 95도1120 판결.
1290) 대법원 1994.11.8. 선고 94도2123 판결.
1291) 대법원 1993.1.15. 선고 92도166 판결.
1292) 대법원 1992.1.17. 선고 91도1675 판결.

활성화함으로써 회사의 발전을 꾀하기 위하여 소위 부외자금이 필요하다고 판단하고 그 부외자금을 조달함에 있어서는 채권매매알선업에 종사하는 갑과의 사이에 위 회사가 채권을 매수 또는 매도할 때 실제로는 당시 수익율에 따르되 매수할 때는 그보다 비싼 가격으로 기장하고, 매도할 때는 그보다 싼 가격으로 기장한 다음 그 차액을 다시 위 갑으로부터 돌려받기로 하는 방법에 의하여 조달하기로 하여 그와 같이 조성된 부외자금을 소속회사를 위하여 전액 지출하였다면 이사 등은 위와 같은 부외자금의 조성 및 그 소비과정에서 위 회사에 재산상 손해를 발생시키거나 발생시킬 염려가 있다는 인식이 있었다고 보여지지는 않는다.[1293] 부정한 사례금의 수수나 정실관계 등이 개제되지 않았고 또 기업의 도산을 막고 정상적인 영업활동을 지원해 주려는 것 외에 별다른 범죄의 동기가 없었다면 자본구조가 취약하고 상환자원이 부족하며 기업경영이 위기에 처해 있었던 기업에 대하여 신규여신을 하였다는 점만으로는 은행장에게 업무상 배임죄의 범의가 있었다고 단정할 수 없다.[1294] 환송받은 항소법원이 승소판결을 선고하고 상고심법원에 계속중인 소유권이전등기말소소송을 농촌청년구락부의 이사들인 피고인들이 소송을 취하한 것이 위 구락부의 임시총회 및 이사회의 결의내용에 따른 것이라면 이를 적법한 임무수행으로 보아야 할 것이고 업무상 임무에 위배하여 위 구락부에 손해를 가한다는 인식 아래 행하여 졌다고 보기 어렵다.[1295] 집달리가 인도집행목적물이 아닌 물건을 집달리 사무원으로 하여금 그 소유자의 동생에게 인도코져 하였으나 동인이 그 인수를 거부하자, 위 물건을 동인이 가져갈 것으로 믿고서, 그 때까지 그것을 보관하고 있던 집밖 길가에 내어 놓은 경우 집달리로서의 임무에 위배한다는 인식이 있었다고 볼 수 없으므로 업무상 배임죄가 성립되지 아니한다.[1296] 실질적인 1인회사의 1인주주가 주주총회의 특별결의도 없이 회사의 중요한 영업재산을 양도한 경우에 회사의 손해는 바로 그 주주 한 사람의 손해인 것이니 회사에 손해를 가하려는 의사 즉 범의가 없어회사에 대한 배임죄가 성립될 수 없다.[1297] 군농업협동조합의 사환으로 있던 자가 보통예금사무를 보조하던 중 예금청구서 2매를 위조행사하여 동 조합으로부터 금원을 사취한 것이라면 위 조합의 보통예금사무를 주관하던 예금계원인 피고인이 그 스스로 처리해야 할 예금청구서의 접수증 사무를 위 사환을 시켜서 그로 하여금 단독으로 처리케 한 것이 임무위배가 된다 하더라도 이로 인해서 곧 위 사환의 사취금원을 피고인이 그로 하여금 취득케 하였다고는 볼 수 없으므로 피고인에게 배임의 범의 내지 목적인식이 있었다고 할 수 없다.[1298] 갑회사의 무역관계업무를 담당하는 부장 및 과장들인 피고인들로서는 을회사를 위하여 수입고철대금의 지급보증을 하는 이른바 D.A수입대행계약을 체결함에 있어 이사회의 결의와 상공부장관의 승인도 얻지 아니하고 위 지급보증으로 인하여 입을 손해를 방지하기 위한 을회사로부터의 담보도 받지 않았다면 이는 업무상 임무위반행위에 해당하고 이로 인한 손해가 생겼다면 업무상 배임죄의 범의가 있었다고 볼 것이다.[1299]

② 불법이득의 의사

본죄는 이득죄인 이상 불법이득의 의사를 요한다. 불법이득의 의사라 함은 자기 또는

1293) 대법원 1988.5.24. 선고 88도542 판결.
1294) 대법원 1987.3.10. 선고 81도2026 판결.
1295) 대법원 1983.12.27. 선고 81도2928 판결.
1296) 대법원 1979.7.24. 선고 78도2138 판결.
1297) 대법원 1974.4.23. 선고 73도2611 판결. 대법원 1983.12.13. 선고 83도2330 전원합의체 판결에 의하여 폐기.
1298) 대법원 1970.9.17. 선고 70도1430 판결.
1299) 대법원 1969.7.22. 선고 69도694 판결.

제3자의 이익을 꾀할 목적으로 업무상 임무에 위배된 행위를 하는 의사를 의미한다.[1300] 반드시 자기 스스로 재산상 이익을 취득해야만 하는 것은 아니다.[1301]

불법이득의사를 긍정한 판례의 구체적 내용은 다음과 같다. 즉,

법인의 운영자 또는 관리자가 법인의 자금을 이용하여 비자금을 조성하였다고 하더라도 그것이 해당 비자금의 소유자인 법인 이외의 제3자가 이를 발견하기 곤란하게 하기 위한 장부상의 분식에 불과하거나 법인의 운영에 필요한 자금을 조달하는 수단으로 인정되는 경우에는 불법이득의 의사를 인정하기 어렵다. 그러나 법인의 운영자 또는 관리자가 법인을 위한 목적이 아니라 법인과는 아무런 관련이 없거나 개인적인 용도로 착복할 목적으로 법인의 자금을 빼내어 별도로 비자금을 조성하였다면 그 조성행위 자체로써 불법이득의 의사가 실현된 것으로 볼 수 있다. 이때 그 행위자에게 법인의 자금을 빼내어 착복할 목적이 있었는지 여부는 그 법인의 성격과 비자금의 조성 동기, 방법, 규모, 기간, 비자금의 보관방법 및 실제 사용용도 등 제반 사정을 종합적으로 고려하여 판단하여야 한다[1302] 피고인 1이 공소외 2 회사 대표이사로서 (지점명 1 생략)지점과 (지점명 2 생략)지점의 매장 신축공사를 도급 주는 업무를 수행하면서, 자신의 아들 공소외 7이 대표이사로 있던 공소외 6 회사의 시공 실적을 가장하기 위해 다른 공사업체들로부터 받은 공사견적금액에 부가가치세율에 해당하는 10%를 가산한 금액을 공사금액으로 정하여 공소외 2 회사가 공소외 6 회사에 매장 신축공사를 도급 준 후 공소외 6 회사가 다시 해당 공사견적업체에 하도급 주는 것을 승인한 행위는 업무수행을 위한 재량권의 범위를 벗어난 피해자 공소외 2 회사에 대한 배임행위에 해당한다.[1303] 공소외 2 회사가 공소외 6 회사에 지급한 공사대금이 다른 공사업체들이 제시한 견적금액보다 낮았더라도 위와 같이 공소외 6 회사를 거래 중간에 끼워 넣을 경우에는 공사견적업체가 공소외 6 회사로부터 하도급 받은 금액과 공소외 2 회사가 공소외 6 회사에 도급한 금액의 차이만큼은 공소외 2 회사에 대해 재산상의 손해로 남게 된다. 피고인 1도 이로 인하여 공소외 2 회사가 공사견적업체들과 직접 계약을 체결할 경우보다 부가가치세액에 상당하는 공사대금을 더 부담하게 된다는 등의 사정을 충분히 인식할 수 있었으므로 미필적으로나마 재산상 손해발생에 관한 위험성에 대한 인식과 불법영득의사가 있었다.[1304] 경영자의 경영상 판단에 관한 위와 같은 사정을 모두 고려하더라도 경영자가 법령의 규정, 계약 내용 또는 신의성실의 원칙상 구체적 상황과 자신의 역할·지위에서 당연히 하여야 할 것으로 기대되는 행위를 하지 않거나 하지 않아야 할 것으로 기대되는 행위를 함으로써 재산상 이익을 취득하거나 제3자로 하여금 이를 취득하게 하고 본인에게 손해를 입혔다면 그에 관한 고의와 불법이득의 의사가 인정된다.[1305] 법인카드 사용에 대하여 실질적 1인 주주의 양해를 얻었다거나 실질적 1인 주주가 향후 그 법인카드 대금을 변상, 보전해 줄 것이라고 일방적으로 기대하였다는 사정만으로는 업무상 배임의 고의나 불법이득의 의사가 부정된다고 볼 수 없다.[1306] 경영자의 경영 판단에 관하여 위와 같은 사정을 모두 고려하더라도 법령

1300) 대법원 2021.10.14. 선고 2016도2982 판결; 대법원 2005.7.29. 선고 2004도5685 판결.
1301) 대법원 2005.7.29. 선고 2004도5685 판결.
1302) 대법원 2021.10.14. 선고 2016도2982 판결; 대법원 2010.12.9. 선고 2010도11015 판결.
1303) 대법원 2020.10.15. 선고 2016도10654 판결.
1304) 대법원 2020.10.15. 선고 2016도10654 판결.
1305) 대법원 2017.9.12. 선고 2015도602 판결; 대법원 2017.5.30. 선고 2017도1284 판결; 대법원 2014.6.26. 선고 2014도753 판결; 대법원 2013.1.24. 선고 2012도10629, 판결; 대법원 2011.10.27. 선고 2009도14464 판결; 대법원 2010.4.29. 선고 2009도13868 판결; 대법원 2007.11.15. 선고 2007도6075 판결.
1306) 대법원 2014.2.21. 선고 2011도8870 판결.

의 규정, 계약 내용 또는 신의성실의 원칙상 구체적 상황과 자신의 역할 · 지위에서 당연히 하여야 할 것으로 기대되는 행위를 하지 않거나 당연히 하지 않아야 할 것으로 기대되는 행위를 행함으로써 재산상 이익을 취득하거나 제3자로 하여금 이를 취득하게 하고 본인에게 손해를 가하였다면 그에 관한 고의 내지 불법이득의 의사는 여전히 이를 인정함이 마땅하다.[1307] 피고인이 스스로 재산상 이익을 취득할 의사가 없었다고 하더라도 공소외인 등으로 하여금 보상을 받게 할 의사가 있었던 이상 불법영득의 의사가 없었다고 볼 수는 없다고 판단한 것은 정당하고, 이 점을 탓하는 상고이유의 주장은 받아들일 수 없다.[1308]

불법이득의사를 부정한 판례의 구체적 내용은 다음과 같다. 즉,

경영상 판단과 관련하여 경영자에게 배임의 고의와 불법이득의 의사가 있었는지 여부를 판단할 때에도, 경영상의 판단에 이르게 된 경위와 동기, 판단 대상인 사업의 내용, 기업이 처한 경제적 상황, 손실 발생과 이익 획득의 개연성 등의 여러 사정을 고려하여 자기 또는 제3자가 재산상 이익을 취득하고 본인에게 손해를 입힌다는 점을 인식하고 의도적으로 행위를 한 경우에 한하여 배임죄의 고의를 인정하여야 하고, 그러한 인식이 없는데도 본인에게 손해가 발생하였다는 결과만으로 책임을 묻거나 단순히 주의의무를 소홀히 한 과실이 있다는 이유로 책임을 물어서는 안 된다.[1309] 예산을 본래의 취지대로 사용치 아니하고 본인을 위하여 일시 유용한 경우는 그 유용자에게 불법영득의 의사가 있었다고 할 수 없다.[1310]

3) 미수 · 기수

본죄는 미수범을 처벌한다. 본죄의 실행행위는 배임행위이고 결과는 손해이다. 따라서 본죄는 배임행위의 개시시에 실행의 착수가 인정된다. 뿐만 아니라 본죄는 본인에게 재산상의 손해를 가한 때에 기수가 된다.[1311]

다만 주식회사의 대표이사가 대표권을 남용하는 등 그 임무에 위배하여 약속어음 발행을 한 행위가 배임죄에 해당하는지도 원칙적으로 위에서 살펴본 의무부담행위와 마찬가지로 보아야 한다. 다만 약속어음 발행의 경우 어음법상 발행인은 종전의 소지인에 대한 인적 관계로 인한 항변으로써 소지인에게 대항하지 못하므로(어음법 제17조, 제77조), 어음발행이 무효라 하더라도 그 어음이 실제로 제3자에게 유통되었다면 회사로서는 어음채무를 부담할 위험이 구체적 · 현실적으로 발생하였다고 보아야 하고, 따라서 그 어음채무가 실제로 이행되기 전이라도 배임죄의 기수범이 된다.[1312] 그러나 약속어음 발행이 무효일 뿐만 아니라 그 어음이 유통되지도 않았다면 회사는 어음발행의 상대방에게 어음채무를 부담하지 않기 때문에 특

1307) 대법원 2007.11.15. 선고 2007도6075 판결.

1308) 대법원 2005.7.29. 선고 2004도5685 판결.

1309) 대법원 2017.9.12. 선고 2015도602 판결; 대법원 2017.5.30. 선고 2017도1284 판결; 대법원 2014.6.26. 선고 2014도753 판결; 대법원 2013.1.24. 선고 2012도10629 판결; 대법원 2011.10.27. 선고 2009도14464 판결; 대법원 2010.4.29. 선고 2009도13868 판결; 대법원 2007.11.15. 선고 2007도6075 판결; 대법원 2004.7.22. 선고 2002도4229 판결.

1310) 대법원 1974.5.14. 선고 73도3208 판결; 대법원 1972.12.12 선고 71도2353 판결.

1311) 대법원 2007.10.11. 선고 2007도6012 판결; 대법원 2000.3.14. 선고 99도457 판결; 대법원 1987.4.28. 선고 83도1568 판결.

1312) 대법원 2017.7.20. 선고 2014도1104 전원합의체 판결.

별한 사정이 없는 한 회사에 현실적으로 손해가 발생하였다거나 실해 발생의 위험이 발생하였다고도 볼 수 없으므로, 이때에는 배임죄의 기수범이 아니라 배임미수죄로 처벌하여야 한다.[1313] 이와 달리 대표이사의 회사 명의 약속어음 발행행위가 무효인 경우에도 그 약속어음이 제3자에게 유통되지 아니한다는 특별한 사정이 없는 한 재산상 실해 발생의 위험이 초래된 것으로 보아야 한다는 취지의 판결 등은 배임죄의 기수 시점에 관하여 이 판결과 배치되는 범위에서 변경되었다.[1314]

기수를 긍정한 판례의 구체적 내용은 다음과 같다. 즉,

피고인의 임무위배행위로 인하여 甲 회사에 현실적인 손해가 발생하였거나 실해 발생의 위험이 생겼으므로 배임죄의 기수가 성립하고, 전부명령이 확정된 후 집행권원인 집행증서의 기초가 된 법률행위 중 전부 또는 일부에 무효사유가 있는 것으로 판명되어 집행채권자인 乙이 집행채무자인 甲 회사에 부당이득 상당액을 반환할 의무를 부담하더라도 배임죄의 성립을 부정할 수 없는데도, 이와 달리 보아 공소사실을 무죄로 판단한 원심판결에 배임죄의 실행의 착수 및 기수 시기에 관한 법리오해의 잘못이 있다고 한 사례이다.[1315] 회사직원이 재직 중에 영업비밀 또는 영업상 주요한 자산을 경쟁업체에 유출하거나 스스로의 이익을 위하여 이용할 목적으로 무단으로 반출하였다면 타인의 사무를 처리하는 자로서 업무상의 임무에 위배하여 유출 또는 반출한 것이어서 유출 또는 반출 시에 업무상 배임죄의 기수가 된다. 또한 회사직원이 영업비밀 등을 적법하게 반출하여 반출행위가 업무상 배임죄에 해당하지 않는 경우라도, 퇴사 시에 영업비밀 등을 회사에 반환하거나 폐기할 의무가 있음에도 경쟁업체에 유출하거나 스스로의 이익을 위하여 이용할 목적으로 이를 반환하거나 폐기하지 아니하였다면, 이러한 행위 역시 퇴사 시에 업무상 배임죄의 기수가 된다.[1316] 회사직원이 영업비밀을 경쟁업체에 유출하거나 스스로의 이익을 위하여 이용할 목적으로 무단으로 반출하였다면 그 반출시에 업무상배임죄의 기수가 된다.[1317] 배임죄는 본인에게 손해를 가한 때에 기수가 되는 것이므로 본인에게 손해가 발생하기 이전에 업무상 배임행위로 취득할 유류를 그 배임행위자로부터 미리 이를 매수하기로 합의 내지 응탁한 피고인들의 행위는 배임으로 취득한 장물을 취득한 행위에 지나지 않는 것이 아니라 모두 배임행위 자체의 공동정범이 된다.[1318] 업무상배임죄에서 본인에게 손해를 가한 때라 함은 재산적 실해를 가한 경우뿐만 아니라 실해발생의 위험을 초래한 경우도 포함하므로, 불성실한 당좌대월행위는 대월행위 당시에 이미 실해발생의 위험을 초래한 것이었다고 볼 수 있어 업무상배임죄의 기수가 되며, 후취담보를 취득하였다거나, 대월금의 회수가능성이 생겼다는 것은 범죄성립 후에 생긴 사정에 불과하여 은행에 손해를 가한 여부의 판단자료가 되지 못한다.[1319] 군조합의 구매주임이 정상가격보다 높은 가격으로 묘목을 판매하여 재산상 이득을 취득하고 조합원들에게 손해를 끼칠 목적으로 조합원들로부터 묘목의 구매신청서를 받은 이상 업무상 배임의 실행에 착수한 것이라 할 것이고, 위 묘목 판매사업이 조합사업으로 확정할 절차인 이사회의 결의나 도지부의 승인을 거치지 아니하였더라도 이는 조합

1313) 대법원 2017.7.20. 선고 2014도1104 전원합의체 판결.

1314) 대법원 2017.7.20. 선고 2014도1104 전원합의체 판결에 의하여 기수시점이 변경된 판결은 대법원 2013.2.14. 선고 2011도10302 판결; 대법원 2012.12.27. 선고 2012도10822 판결 등이다.

1315) 대법원 2017.9.21. 선고 2014도9960 판결.

1316) 대법원 2017.6.29. 선고 2017도3808 판결; 대법원 2008.4.24. 선고 2006도9089 판결.

1317) 대법원 2008.4.24. 선고 2006도9089 판결; 대법원 2003.10.30. 선고 2003도4382 판결.

1318) 대법원 1987.4.28. 선고 83도1568 판결.

1319) 대법원 1983.3.8. 선고 82도2873 판결.

내부의 절차에 불과한 것이어서 위 결론에는 영향이 없다.[1320]

기수를 부정한 판례의 구체적 내용은 다음과 같다. 즉,

회사의 대표이사가 회사 명의로 체결한 계약이 관련 법령이나 정관에 위배되어 법률상 효력이 없는 경우에는 그로 인하여 회사가 계약 상대방에게 민법상 불법행위책임을 부담하게 되는 등 특별한 사정이 없는 한 계약의 체결행위만으로 회사에 현실적인 손해가 발생하거나 재산상 실해 발생의 위험이 초래되었다고 할 수 없어서, 그것만으로 배임죄 구성요건이 모두 충족되어 범행이 기수에 이르렀거나 범행이 종료되었다고 볼 수 없다.[1321]

4) 공 범

본죄에 다수인이 관여한 경우에는 총칙상의 공범의 성부가 문제된다. 특히, 본죄는 신분범이기 때문에 비신분자가 가담한 경우에 공범의 성부가 문제된다.

신분관계가 없는 자가 그러한 신분관계가 있는 자와 공모하여 업무상 배임죄를 저질렀다면 그러한 신분관계가 없는 자에 대하여는 형법 제33조 단서에 의하여 단순배임죄에 정한 형으로 처단하여야 할 것이다.[1322]

공범을 긍정한 판례의 구체적 내용은 다음과 같다. 즉,

업무상의 임무라는 신분관계가 없는 자가 그러한 신분관계 있는 자와 공모하여 업무상 배임죄를 저질렀다면, 그러한 신분관계가 없는 공범에 대하여는 형법 제33조 단서에 따라 단순배임죄에서 정한 형으로 처단하여야 한다. 이 경우에는 신분관계 없는 공범에게도 같은 조 본문에 따라 일단 신분범인 업무상 배임죄가 성립하고 다만 과형에서만 무거운 형이 아닌 단순배임죄의 법정형이 적용된다.[1323] 거래상대방의 대향적 행위의 존재를 필요로 하는 유형의 배임죄에서 거래상대방은 기본적으로 배임행위의 실행행위자와 별개의 이해관계를 가지고 반대편에서 독자적으로 거래에 임한다는 점을 고려하면, 업무상 배임죄의 실행으로 이익을 얻게 되는 수익자는 배임죄의 공범이라고 볼 수 없는 것이 원칙이고, 실행행위자의 행위가 피해자 본인에 대한 배임행위에 해당한다는 점을 인식한 상태에서 배임의 의도가 전혀 없었던 실행행위자에게 배임행위를 교사하거나 또는 배임행위의 전 과정에 관여하는 등으로 배임행위에 적극 가담한 경우에 한하여 배임의 실행행위자에 대한 공동정범으로 인정할 수 있다.[1324] 업무상 배임죄의 실행으로 인하여 이익을 얻게 되는 수익자 또는 그와 밀접한 관련이 있는 제3자가 소극적으로 실행행위자의 배임행위에 편승하여 이익을 취득하는 데 그치지 않고 배임행위를 교사하거나 또는 배임행위의 전 과정에 관여하는 등으로 실행행위자의 배임행위에 적극 가담한 경우에는 업무상 배임죄의 공동정범이 된다.[1325] 피고인 甲이 피고인 乙의 자금 지원 등을 통해 丙 주식회사를 인수한 다음 피고인 乙의 적극적인

1320) 대법원 1966.9.27. 선고 66도912 판결.

1321) 대법원 2011.11.24. 선고 2010도11394 판결.

1322) 대법원 1999.4.27. 선고 99도883 판결; 대법원 1997.12.26. 선고 97도2609 판결; 대법원 1986.10.28. 선고 86도1517 판결.

1323) 대법원 2018.8.30. 선고 2018도10047 판결; 대법원 2010.9.9. 선고 2010도6507 판결; 대법원 1986.10.28. 선고 86도1517 판결.

1324) 대법원 2016.10.13. 선고 2014도17211 판결.

1325) 대법원 2013.4.11. 선고 2012도15890 판결; 대법원 2012.5.24. 선고 2012도2142 판결; 대법원 2007.2.8. 선고 2006도483 판결.

요구에 따라 丙 회사로 하여금 별다른 반대급부도 받지 않고 丁 주식회사의 피고인 乙에 대한 금전채무와 그 담보 목적으로 丁 회사가 발행한 약속어음채무를 연대보증하도록 하였는데, 피고인 甲은 그 후 피고인 乙이 위 연대보증에 기초하여 강제집행을 할 때 丙 회사가 아무런 이의를 제기하지 않기로 하는 약정(이하 '이의부제기약정'이라 한다)을 피고인 乙과 체결하여 피고인 乙이 丙 회사로부터 약속어음금을 추심하도록 함으로써 丙 회사에 손해를 입게 한 사안에서, 피고인 甲이 丙 회사의 대표이사로서 회사 재산을 성실히 관리하고 보전해야 할 업무상 임무가 있는데도 채권자인 피고인 乙의 요구를 거절하지 못하고 별다른 반대급부도 받지 않은 채 연대보증 및 이의부제기약정 등을 함으로써 피고인 乙에게 약속어음금 상당의 재산상 이익을 취득하게 하고 丙 회사에 손해를 입게 한 것은 배임행위에 해당하고, 피고인 乙도 피고인 甲의 배임행위 전 과정에 적극적으로 가담한 이상 배임죄의 공동정범에 해당하며, 위 배임행위는 대표권남용에 의한 연대보증의 채무부담행위뿐만 아니라 나아가 강제집행 과정에서 이의부제기약정의 체결을 통하여 피고인 乙이 약속어음금을 추심하도록 함으로써 직접적으로 丙 회사가 추심금 상당의 현실적인 손해를 입게 된 일련의 행위를 모두 포함하는 것으로서, 피고인들의 위와 같은 배임행위가 직접적인 원인이 되어 丙 회사가 현실적인 손해를 입은 이상 배임행위의 무효 여부와는 관계없이 배임죄의 죄책을 진다고 본 원심판단을 수긍한 사례이다.[1326] 업무상 배임죄는 업무상 타인의 사무를 처리하는 지위에 있는 사람이 그 임무에 위배되는 행위로써 재산상의 이익을 취득하거나 제3자로 하여금 이를 취득하게 하여 본인에게 손해를 가한 때에 성립하는 것으로서, 이는 타인의 사무를 처리하는 지위라는 점에서 보면 신분관계로 인하여 성립될 범죄이고, 업무상 타인의 사무를 처리하는 지위라는 점에서 보면 단순배임죄에 대한 가중규정으로서 신분관계로 인하여 형의 경중이 있는 경우라고 할 것이다. 그러므로 그와 같은 신분관계가 없는 자가 그러한 신분관계가 있는 자와 공모하여 업무상 배임죄를 저질렀다면, 그러한 신분관계가 없는 자에 대하여는 형법 제33조 단서에 의하여 단순배임죄에 정한 형으로 처단하여야 할 것이다.[1327] 업무상 배임죄의 실행으로 인하여 이익을 얻게 되는 수익자 또는 그와 밀접한 관련이 있는 제3자를 배임의 실행행위자와 공동정범으로 인정하기 위하여는 실행행위자의 행위가 피해자 본인에 대한 배임행위에 해당한다는 것을 알면서도 소극적으로 그 배임행위에 편승하여 이익을 취득한 것만으로는 부족하고, 실행행위자의 배임행위를 교사하거나 또는 배임행위의 전(全) 과정에 관여하는 등으로 배임행위에 적극 가담할 것을 필요로 한다.[1328] 업무상 배임죄로 이익을 얻는 수익자 또는 그와 밀접한 관련이 있는 제3자를 배임의 실행행위자와 공동정범으로 인정하기 위해서는 실행행위자의 행위가 피해자 본인에 대한 배임행위에 해당한다는 것을 알면서도 소극적으로 배임행위에 편승하여 이익을 취득한 것만으로는 부족하고, 실행행위자의 배임행위를 교사하거나 또는 배임행위의 전 과정에 관여하는 등으로 배임행위에 적극 가담할 것이 필요하다.[1329] 업무상 배임죄의 실행으로 인하여 이익을 얻게 되는 수익자 또는 그와 밀접한 관련이 있는 제3자를 배임의 실행행위자에 대한 공동정범으로 인정하기 위하여는 우선 실행행위자의 행위가 피해자 본인에 대한 배임행위에 해당한다는 점을 인식하였어야 하고, 나아가 실행행위자의 배임행위를 교사하거나 또는 배임행위의 전 과정에 관여하는 등으로 배임행위에 적극 가담할 것을

1326) 대법원 2013.4.11. 선고 2012도15890 판결.

1327) 대법원 2012.11.15. 선고 2012도6676 판결; 대법원 1999.4.27. 선고 99도883 판결; 대법원 1986.10.28. 선고 86도1517 판결.

1328) 대법원 2012.6.28. 선고 2012도3643 판결; 대법원 2012.5.24. 선고 2012도2142 판결; 대법원 2010.8.26. 선고 2010도3909 판결; 대법원 2009.9.10. 선고 2009도5630 판결; 대법원 2007.4.12. 선고 2007도1033 판결.

1329) 대법원 2011.2.24. 선고 2010도13801 판결; 대법원 2007.4.12. 선고 2007도1033 판결; 대법원 2003.10.30. 선고 2003도4382 판결; 대법원 1990.6.8. 선고 89도1417 판결; 대법원 1975.6.10. 선고 74도2455 판결.

필요로 한다.[1330] 업무상 배임죄의 실행으로 인하여 이익을 얻게 되는 수익자 또는 그와 밀접한 관련이 있는 제3자를 배임의 실행행위자와 공동정범으로 인정하기 위하여는 우선 실행행위자의 행위가 피해자 본인에 대한 배임행위에 해당한다는 점을 인식하였어야 하고, 나아가 실행행위자의 배임행위를 교사하거나 또는 배임행위의 전 과정에 관여하는 등으로 배임행위에 적극 가담할 것을 필요로 한다.[1331] 업무상 배임죄의 실행으로 인하여 이익을 얻게 되는 수익자 또는 그와 밀접한 관련이 있는 제3자를 배임의 실행행위자와 공동정범으로 인정하기 위하여는 실행행위자의 행위가 피해자 본인에 대한 배임행위에 해당한다는 것을 알면서도 소극적으로 그 배임행위에 편승하여 이익을 취득한 것만으로는 부족하고, 실행행위자의 배임행위를 교사하거나 또는 배임행위의 전 과정에 관여하는 등으로 배임행위에 적극 가담할 것을 필요로 한다.[1332] 업무상 배임죄의 실행으로 인하여 이익을 얻게 되는 수익자가 소극적으로 실행행위자의 배임행위에 편승하여 이익을 취득하는 데 그치지 않고 배임행위를 교사하거나 또는 배임행위의 전 과정에 관여하는 등으로 실행행위자의 배임행위에 적극 가담한 경우에는 업무상 배임죄의 공동정범이 된다.[1333] 주식회사의 임원이나 회계책임자가 당해 회사의 주식을 매수하여 대주주가 되려고 하는 자에게 미리 대주주대여금 명목으로 회사자금을 교부하여 그 돈으로 주식매수대금을 지급하게 하는 행위는 대주주가 되려는 자의 개인적인 이익을 도모하고 회사의 부실을 초래하는 것으로서, 그 대여행위가 회사의 이익을 위한 것임이 명백하고 회사 내부의 정상적인 의사결정절차를 거쳤으며 그로 인하여 회사의 자금운용에 아무런 어려움이 발생하지 않을 뿐만 아니라 대여금 회수를 위한 충분한 담보도 확보되어 있다는 등의 특별한 사정이 없는 한 업무상 배임죄(경우에 따라서는 업무상 횡령죄)에 해당하고, 또 그와 같은 방법으로 회사의 대주주가 된 자가 회사 임원 등의 배임행위를 교사하거나 배임행위의 전 과정에 관여하는 등으로 적극 가담한 경우에는 업무상 배임죄의 공동정범이 된다.[1334] 2인 이상이 범죄에 공동 가공하는 공범관계에서 공모는 법률상 어떤 정형을 요구하는 것이 아니고 2인 이상이 공모하여 어느 범죄에 공동가공하여 그 범죄를 실현하려는 의사의 결합만 있으면 되는 것으로서, 비록 전체의 모의과정이 없었다고 하더라도 수인 사이에 순차적으로 또는 암묵적으로 상통하여 그 의사의 결합이 이루어지면 공모관계가 성립하고, 이러한 공모가 이루어진 이상 실행행위에 직접 관여하지 아니한 자라도 다른 공모자의 행위에 대하여 공동정범으로서의 형사책임을 지는 것이다.[1335] 회사직원이 영업비밀을 경쟁업체에 유출하거나 스스로의 이익을 위하여 이용할 목적으로 무단으로 반출한 때 업무상 배임죄의 기수에 이르렀다고 할 것이고, 그 이후에 위 직원과 접촉하여 영업비밀을 취득하려고 한 자는 업무상 배임죄의 공동정범이 될 수 없다.[1336] 공동정범이 성립하기 위하여는 주관적 요건으로서 공동가공의 의사와 객관적 요건으로서 공동의사에 기한 기능적 행위지배를 통한 범죄의 실행사실이 필요한 것이다.[1337] 업무상배임죄는 업무상 타인의 사무를 처리하는 지위에 있는 사람이 그 임무에 위배하는 행위로써 재산상의 이익을 취득하거나 제3자로 하여금 이를 취득하게 하여 본인에게 손해를 가한 때에 성립하는 것으로서, 이는 타인의 사무를

1330) 대법원 2010.9.9. 선고 2010도5972 판결; 대법원 2009.9.10. 선고 2009도5630 판결; 대법원 2003.10.30. 선고 2003도4382 판결; 대법원 1999.7.23. 선고 99도1911 판결.

1331) 대법원 2008.7.24. 선고 2008도287 판결; 대법원 2003.10.30. 선고 2003도4382 판결.

1332) 대법원 2007.4.12. 선고 2007도1033 판결; 대법원 2003.10.30. 선고 2003도4382 판결.

1333) 대법원 2007.2.8. 선고 2006도483 판결.

1334) 대법원 2007.2.8. 선고 2006도483 판결.

1335) 대법원 2004.6.24. 선고 2004도520 판결; 대법원 2003.1.24. 선고 2002도6103 판결.

1336) 대법원 2003.10.30. 선고 2003도4382 판결.

1337) 대법원 2000.4.11. 선고 99도334 판결; 대법원 1998.6.26. 선고 97도3297 판결.

처리하는 지위라는 점에서 보면 신분관계로 인하여 성립될 범죄이고, 업무상 타인의 사무를 처리하는 지위라는 점에서 보면 단순배임죄에 대한 가중규정으로서 신분관계로 인하여 형의 경중이 있는 경우라고 할 것이므로, 그와 같은 신분관계가 없는 자가 그러한 신분관계가 있는 자와 공모하여 업무상배임죄를 저질렀다면 그러한 신분관계가 없는 자에 대하여는 형법 제33조 단서에 의하여 단순배임죄에 정한 형으로 처단하여야 할 것이다.[1338] 상호신용금고법 제39조 제1항 제2호 위반죄는 상호신용금고의 발기인 · 임원 · 관리인 · 청산인 · 지배인 기타 상호신용금고의 영업에 관한 어느 종류 또는 특정한 사항의 위임을 받은 사용인이 그 업무에 위배하여 배임행위를 한 때에 성립하는 것으로서, 이는 위와 같은 지위에 있는 자의 배임행위에 대한 형법상의 배임 내지 업무상배임죄의 가중규정이고, 따라서 형법 제355조 제2항의 배임죄와의 관계에서는 신분관계로 인하여 형의 경중이 있는 경우라고 할 것이다. 그리고 위와 같은 신분관계가 없는 자가 그러한 신분관계에 있는 자와 공모하여 위 상호신용금고법위반죄를 저질렀다면, 그러한 신분관계가 없는 자에 대하여는 형법 제33조 단서에 의하여 형법 제355조 제2항에 따라 처단하여야 할 것인 바, 그러한 경우에는 신분관계가 없는 자에게도 일단 업무상 배임으로 인한 상호신용금고법 제39조 제1항 제2호 위반죄가 성립한 다음 형법 제33조 단서에 의하여 중한 형이 아닌 형법 제355조 제2항에 정한 형으로 처벌되는 것이다.[1339] 포괄일죄의 범행 도중에 공동정범으로 범행에 가담한 자는 비록 그가 그 범행에 가담할 때에 이미 이루어진 종전의 범행을 알았다 하더라도 그 가담 이후의 범행에 대하여만 공동정범으로 책임을 진다.[1340] 은행원이 아닌 자가 은행원들과 공모하여 업무상 배임죄를 저질렀다 하여도, 이는 업무상 타인의 사무를 처리하는 신분관계로 인하여 형의 경중이 있는 경우이므로, 그러한 신분관계가 없는 자에 대하여서는 형법 제33조 단서에 의하여 형법 제355조 제2항에 따라 처단하여야 한다.[1341] 형법상 방조는 작위에 의하여 정범의 실행행위를 용이하게 하는 경우는 물론, 직무상의 의무가 있는 자가 정범의 범죄행위를 인식하면서도 그것을 방지하여야 할 제반조치를 취하지 아니하는 부작위로 인하여 정범의 실행행위를 용이하게 하는 경우에도 성립된다 할 것이므로 은행지점장이 정범인 부하직원들의 범행을 인식하면서도 그들의 은행에 대한 배임행위를 방치하였다면 배임죄의 방조범이 성립된다.[1342]

공범을 부정한 판례의 구체적 내용은 다음과 같다. 즉,

회사직원이 퇴사한 후에는 특별한 사정이 없는 한 퇴사한 회사직원은 더 이상 업무상 배임죄에서 타인의 사무를 처리하는 자의 지위에 있다고 볼 수 없고, 위와 같이 반환하거나 폐기하지 아니한 영업비밀 등을 경쟁업체에 유출하거나 스스로의 이익을 위하여 이용하더라도 이는 이미 성립한 업무상배임 행위의 실행행위에 지나지 아니하므로, 그 유출 내지 이용행위가 부정경쟁방지 및 영업비밀보호에 관한 법률 위반(영업비밀누설 등)죄에 해당하는지는 별론으로 하더라도, 따로 업무상 배임죄를 구성할 여지는 없다. 그리고 위와 같이 퇴사한 회사직원에 대하여 타인의 사무를 처리하는 자의 지위를 인정할 수 없는 이상 제3자가 위와 같은 유출 내지 이용행위에 공모 · 가담하였더라도 타인의 사무를 처리하는 자의 지위에 있다는 등의 사정이 없는 한 업무상 배임죄의 공범 역시

1338) 대법원 1999.4.27. 선고 99도883 판결; 대법원 1997.12.26. 선고 97도2609 판결; 대법원 1986.10.28. 선고 86도1517 판결.

1339) 대법원 1997.12.26. 선고 97도2609 판결.

1340) 대법원 1997.6.27. 선고 97도163 판결; 대법원 1982.6.8. 선고 82도884 판결.

1341) 대법원 1986.10.28. 선고 86도1517 판결.

1342) 대법원 1984.11.27. 선고 84도1906 판결.

성립할 수 없다.[1343] 수분양권 매매계약과 관련하여 제2 매수인이 매수 당시에는 이중매매 사실을 몰랐으나 나중에 그 사실을 알고 매도인을 상대로 소송을 제기하던 중 오히려 매도인과 약정을 맺고 그의 도움으로 승소판결을 받고 분양권에 대한 소유권이전등기까지 마친 사안에서, 제2매수인의 민사상 권리 행사가 매도인의 배임행위를 교사하거나 전 과정에 관여하는 등 배임행위에 적극 가담한 경우에 해당한다고 볼 수 없다는 이유로, 배임죄의 공동정범의 성립을 부정한 사례이다.[1344] 거래상대방의 대향적 행위의 존재를 필요로 하는 유형의 배임죄에 있어서 거래상대방으로서는 기본적으로 배임행위의 실행행위자와는 별개의 이해관계를 가지고 반대편에서 독자적으로 거래에 임한다는 점을 감안할 때, 거래상대방이 배임행위를 교사하거나 그 배임행위의 전 과정에 관여하는 등으로 배임행위에 적극 가담함으로써 그 실행행위자와의 계약이 반사회적 법률행위에 해당하여 무효로 되는 경우 배임죄의 교사범 또는 공동정범이 될 수 있음은 별론으로 하고, 관여의 정도가 거기에까지 이르지 아니하여 법질서 전체적인 관점에서 살펴볼 때 사회적 상당성을 갖춘 경우에 있어서는 비록 정범의 행위가 배임행위에 해당한다는 점을 알고 거래에 임하였다는 사정이 있어 외견상 방조행위로 평가될 수 있는 행위가 있었다 할지라도 범죄를 구성할 정도의 위법성은 없다고 봄이 상당하다.[1345] 매도, 매수와 같이 2인 이상의 서로 대향된 행위의 존재를 필요로 하는 관계에 있어서는 공범이나 방조범에 관한 형법총칙 규정의 적용이 있을 수 없고, 따라서 매도인에게 따로 처벌규정이 없는 이상 매도인의 매도행위는 그와 대향적 행위의 존재를 필요로 하는 상대방의 매수범행에 대하여 공범이나 방조범관계가 성립되지 아니한다고 할 것이다.[1346] 자기자본의 100분의 25를 초과하는 신용 공여에 관한 종합금융회사에관한법률위반의 점과 동일인에 대한 대출 등의 한도 위반에 관한 구 상호신용금고법위반의 점은 대출을 하는 자와 대출을 받는 자의 대향적 행위의 존재를 필요로 하는 대립적 범죄로서, 일정한 경우 대출을 한 자를 처벌함으로써 그와 같은 대출의 발생을 방지하려는 데 목적이 있고, 위 각 조문의 규정형식상 대출을 한 자만을 처벌하고, 따로 대출 받은 자에 대하여 처벌규정이 없는 점에 비추어, 대출 받은 자의 행위에 대하여는 상대방의 대출행위에 대한 형법총칙의 공범규정은 적용되지 않는다.[1347] 수협조합지부의 대리가 타점 당좌수표를 자기앞수표가 입금된 것처럼 일건 서류를 허위 작성한 후 자기앞수표를 발행하여 준 행위를 보고받은 지부장이 영업과장이 1주일의 시간적 여유를 주면 지부에 손해가 없도록 사후 수습하겠다고 하므로 사고수습대책을 강구하라고 지시한 경우 그후 설사 위 대리가 위와 같은 수표거래행위를 계속하므로 지부에 손해가 증가되었다고 하더라도 그 목적이 사고수습에 있었던 이상 지부장이 대리의 배임행위에 공동가공하였다고 볼 수 없다.[1348]

(2) 위법성조각사유

본죄의 적용에 있어서도 총칙상의 위법성조각사유는 그대로 타당하다. 특히 사회상규에 위배되지 아니하는 경우와 피해자의 승낙이 있는 경우 등과 관련하여 본죄의 성부가 문제될 수 있다. 회사의 임원이 그 임무위배 행위에 대하여 사실상 대주주의 양해를 얻었다거나 이사회의 결의가 있었다는 사유만으로 배임죄의 죄책을 면할 수 있는 것도 아니다.[1349]

1343) 대법원 2017.6.29. 선고 2017도3808 판결.

1344) 대법원 2009.9.10. 선고 2009도5630 판결.

1345) 대법원 2005.10.28. 선고 2005도4915 판결; 대법원 1975.6.10. 선고 74도2455 판결.

1346) 대법원 2002.7.22. 선고 2002도1696 판결; 대법원 2001.12.28. 선고 2001도5158 판결; 대법원 1988.4.25. 선고 87도2451 판결.

1347) 대법원 2002.7.22. 선고 2002도1696 판결.

1348) 대법원 1984.1.24. 선고 80도1402 판결.

위법성조각을 긍정한 판례의 구체적 내용은 다음과 같다. 즉,

쌀이 저질이고 변질의 우려가 있어 시급히 처분해야 할 형편이나 일반품질의 쌀을 외상판매하는 경우와 같이 부동산담보설정 또는 보증인을 세우는 등의 조치를 취하기 어려워서 단위농협직원인 피고인들이 조합장의 결제를 얻어 자력과 신용을 갖춘 확실한 거래인이라고 판단된 공소외 미곡상들에게 인수증 또는 보관증을 받고 쌀을 외상판매하고 그 대금을 즉일 또는 3, 4일이나 늦어도 10일 이내에 모두 지급받아 조합에 입금하였다면 피고인들의 행위는 자기 또는 제3자를 위한 이득의 의사에서 나온 것이라거나 그 손해발생의 가능성을 인식하고 한 행위라고는 할 수 없어 배임죄를 구성하지 아니한다.[1350)]

위법성조각을 부정한 판례의 구체적 내용은 다음과 같다. 즉,

행위자가 가사 본인을 위한다는 의사를 가지고 행위를 하였다고 하더라도 그 목적과 취지가 법령이나 사회상규에 위반된 위법한 행위로서 용인할 수 없는 경우에는 그 행위의 결과가 일부 본인을 위하는 측면이 있다고 하더라도 이는 본인과의 신임관계를 저버리는 행위로서 배임죄의 성립을 인정함에 영향이 없다.[1351)] 명예총장에의 추대 및 활동비 내지 전용 운전사의 제공이 '임무에 위배하는 행위'에 해당하는 이상, 헌법 제31조 제4항에 따라 대학의 자치가 인정되고 그 내용에 인사에 관한 자치 내지 자주결정권, 재정에 관한 자주결정권이 포함되며 그러한 결정권을 가진 학교법인 이사회의 결의가 있었다고 하여 정당화할 수도 없다.[1352)] 주식회사의 경영을 책임지는 이사는 이사회의 결의가 있더라도 그 결의 내용이 주주 또는 회사 채권자를 해하는 불법한 목적이 있는 경우에는 이에 맹종할 것이 아니라 회사를 위하여 성실한 직무수행을 할 의무가 있으므로, 이사가 임무에 위배하여 주주 또는 회사 채권자에게 손해가 될 행위를 하였다면, 회사 이사회의 결의가 있었다고 하여 그 배임행위가 정당화될 수 없는 것이다.[1353)] 주식회사와 주주는 별개의 인격으로서 동일인이라고 볼 수 없으므로 회사의 임원이 그 임무에 위배되는 행위로 재산상 이익을 취득하거나 제3자로 하여금 이를 취득하게 하여 회사에 손해를 가한 때에는 이로써 배임죄가 성립하며 위와 같은 임무위배행위에 대하여 사실상 주주의 양해를 얻었다고 하여 본인인 회사에게 손해가 없었다거나 또는 배임의 범의가 없었다고 볼 수 없다.[1354)]

(3) 책임조각사유

본죄에 있어서도 강요된 행위, 기대불가능성 등에 해당하는 경우에는 책임이 조각될 수 있다. 대법원도 "직장의 상사가 범법행위를 하는 데 가담한 부하가 직무상 지휘·복종관계에 있다 하여 범법행위에 가담하지 않을 기대가능성이 없다고 할 수는 없는 것이다"라고 판시한 바 있다.[1355)]

1349) 대법원 2004.5.14. 선고 2001도4857 판결; 대법원 2000.11.24. 선고 99도822 판결; 대법원 2000.12.8. 선고 99도3338 판결.

1350) 대법원 1984.7.24. 선고 84도1101 판결.

1351) 대법원 2003.10.10. 선고 2003도3516 판결; 대법원 2002.7.22. 선고 2002도1696 판결.

1352) 대법원 2003.1.10. 선고 2002도758 판결; 대법원 1990.6.8. 선고 89도1417 판결.

1353) 대법원 2000.5.26. 선고 99도2781 판결; 대법원 1989.10.13. 선고 89도1012 판결.

1354) 대법원 1985.10.22. 선고 85도1503 판결; 대법원 1983.12.13. 선고 83도2330 전원합의체 판결.

1355) 대법원 2007.5.11. 선고 2007도1373 판결; 대법원 2005.7.29. 선고 2004도5685 판결; 대법원 1999.7.23. 선고 99도1911 판결; 대법원 1986.5.27. 선고 86도614 판결.

(4) 죄 수

1) **일반원칙**

수 개의 업무상 배임행위가 있더라도 피해법익이 단일하고 범죄의 태양이 동일할 뿐만 아니라 그 수 개의 배임행위가 단일한 범의에 기한 일련의 행위라고 볼 수 있는 경우에는 그 수 개의 배임행위는 포괄하여 일죄를 구성한다.[1356)]

수 개의 업무상 배임행위가 포괄하여 1개의 죄에 해당하기 위하여는 피해법익이 단일하고 범죄의 태양이 동일할 뿐만 아니라, 그 수 개의 배임행위가 단일한 범의에 기한 일련의 행위라고 볼 수 있어야 할 것이다.[1357)] 포괄일죄의 공소시효는 최종의 범죄행위가 종료한 때부터 진행한다.[1358)]

신용협동조합의 전무가 수개의 거래처로부터 각기 다른 일시에 조합정관상의 1인당 대출한도를 초과하여 대출을 하여 달라는 부탁을 받고 이에 응하여 각기 다른 범의 하에 부당대출을 하여 줌으로써 수개의 업무상 배임행위를 범한 경우, 그것은 포괄일죄에 해당하지 않는다.[1359)] 아파트의 각 세대를 분양받은 각 피해자에 대하여 소유권이전등기절차를 이행하여 주어야 할 업무상의 임무가 있었다면, 각 피해자의 보호법익은 독립된 것이므로, 범의가 단일하고 제3자 앞으로 각 소유권이전등기 및 근저당권설정등기를 한 각 행위시기가 근접하여 있으며 피해자들이 모두 위 회사로부터 소유권이전등기를 받을 동일한 권리를 가진 자라고 하여도, 각 공소사실이 포괄일죄의 관계에 있다고는 할 수 없고 피해자별로 독립한 수개의 업무상 배임죄의 관계에 있다.[1360)]

2) **다른 죄와의 관계**

사기죄와 업무상 배임죄는 서로 구성요건 및 그 행위의 태양과 보호법익을 달리하고 있어 상상적 경합범의 관계가 아니라 실체적 경합범의 관계에 있다.[1361)]

업무상 배임행위에 사기행위가 수반된 때의 죄수 관계에 관하여 보면, 사기죄는 사람을 기망하여 재물의 교부를 받거나 재산상의 이익을 취득하는 것을 구성요건으로 하는 범죄로서 임무위배를 그 구성요소로 하지 아니하고 사기죄의 관념에 임무위배 행위가 당연히 포함된다고 할 수도 없으며, 업무상 배임죄는 업무상 타인의 사무를 처리하는 자가 그 업무상의 임무에 위배하는 행위로써 재산상의 이익을 취득하거나 제3자로 하여금 이를 취득하게 하여 본인에게 손해를 가하는 것을 구성요건으로 하는 범죄로서 기망적 요소를 구성요건의 일부

1356) 대법원 2014.6.26. 선고 2014도753 판결; 대법원 2011.8.18. 선고 2009도7813 판결; 대법원 2009.7.23. 선고 2007도541 판결; 대법원 2007.1.12. 선고 2006도6464 판결; 대법원 2006.11.9. 선고 2004도4234 판결; 대법원 2005.9.28. 선고 2005도3929 판결; 대법원 2004.7.9. 선고 2004도810 판결; 대법원 1997.9.26. 선고 97도1469 판결; 대법원 1993.10.12. 선고 93도1512 판결; 대법원 1985.8.13. 선고 85도1275 판결; 대법원 1984.8.14. 선고 84도1139 판결.

1357) 대법원 2004.4.28. 선고 2004도927 판결; 대법원 1997.9.26. 선고 97도1469 판결.

1358) 대법원 2006.11.9. 선고 2004도4234 판결; 대법원 2002.10.11. 선고 2002도2939 판결.

1359) 대법원 1997.9.26. 선고 97도1469 판결.

1360) 대법원 1994.5.13. 선고 93도3358 판결; 대법원 1993.6.22. 선고 93도743 판결.

1361) 대법원 2010.11.11. 선고 2010도10690 판결.

로 하는 것이 아니어서 양 죄는 그 구성요건을 달리하는 별개의 범죄이고 형법상으로도 각각 별개의 장에 규정되어 있어, 1개의 행위에 관하여 사기죄와 업무상 배임죄의 각 구성요건이 모두 구비된 때에는 양 죄를 법조경합 관계로 볼 것이 아니라 상상적 경합관계로 봄이 상당하다 할 것이고, 나아가 업무상 배임죄가 아닌 단순배임죄라고 하여 양 죄의 관계를 달리 보아야 할 이유도 없다.[1362]

업무상 배임죄와 배임증재죄는 별개의 범죄로서 배임증재죄를 범한 자라 할지라도 그와 별도로 타인의 사무를 처리하는 지위에 있는 사람과 공범으로서는 업무상 배임죄를 범할 수도 있는 것이다.[1363]

3. 처 벌

본죄의 법정형은 10년 이하의 징역 또는 3천만원 이하의 벌금이다. 업무상 횡령죄의 그것과 같다. 본죄의 미수범은 처벌된다. 본죄에 대하여는 친족상도례가 준용된다.

Ⅳ. 배임수증죄

제357조(배임수증재) ① 타인의 사무를 처리하는 자가 그 임무에 관하여 부정한 청탁을 받고 재물 또는 재산상의 이익을 취득하거나 제3자로 하여금 이를 취득하게 한 때에는 5년 이하의 징역 또는 1천만원 이하의 벌금에 처한다.
② 제1항의 재물 또는 재산상 이익을 공여한 자는 2년 이하의 징역 또는 500만원 이하의 벌금에 처한다.
③ 범인 또는 그 사정을 아는 제3자가 취득한 제1항의 재물은 몰수한다. 그 재물을 몰수하기 불가능하거나 재산상의 이익을 취득한 때에는 그 가액을 추징한다.

제358조(자격정지의 병과) 전3조의 죄에는 10년 이하의 자격정지를 병과할 수 있다.

제359조(미수범) ~ 제357조의 미수범은 처벌한다.

제361조(친족간의 범행, 동력) 제328조와 제346조의 규정은 본장의 죄에 준용한다.

구조문

제357조(배임수증재) ① 타인의 사무를 처리하는 자가 그 임무에 관하여 부정한 청탁을 받고 재물 또는 재산상의 이익을 취득한 자는 5년 이하의 징역 또는 1천만원 이하의 벌금에 처한다.
② 제1항의 재물 또는 이익을 공여한 자는 2년 이하의 징역 또는 500만원 이하의 벌금에 처한다.
③ 범인 또는 정(情)을 아는 제3자가 취득한 제1항의 재물은 몰수한다. 그 재물을 몰수하기 불가능하거나 재산상의 이익을 취득한 때에는 그 가액을 추징한다.

관련조문

제129조(수뢰, 사전수뢰) ① 공무원 또는 중재인이 그 직무에 관하여 뇌물을 수수, 요구 또는 약속한 때에는 5년 이하의 징역 또는 10년 이하의 자격정지에 처한다.

제133조(뇌물공여 등) ① 제129조부터 제132조까지에 기재한 뇌물을 약속, 공여 또는 공여의 의사를 표시한 자는 5년 이하의 징역 또는 2천만원 이하의 벌금에 처한다.
② 제1항의 행위에 제공할 목적으로 제3자에게 금품을 교부한 자 또는 그 사정을 알면서 금품을 교부받은 제3자도 제1항의 형에 처한다.

1362) 대법원 2002.7.18. 선고 2002도669 전원합의체 판결.
1363) 대법원 1999.4.27. 선고 99도883 판결.

1. 서 언

(1) 의 의

본죄는 타인의 사무를 처리하는 자가 그 임무에 관하여 부정한 청탁을 받고 재물 또는 재산상의 이익을 취득하거나 제3자로 하여금 이를 취득하게 하거나(제357조 제1항), 위의 재물 또는 재산상 이익을 공여함으로써 성립한다(제357조 제2항).

본죄는 전자의 배임수재죄와 후자의 배임증재죄로 나누어진다. 배임수재죄는 편의상 다시 스스로 재산상의 이익을 취득하는 자기를 위한 소위 자기 배임수재죄와 제3자로 하여금 취득하게 하는 제3자를 위한 소위 타인 배임수재죄로 구분하기로 한다.

배임수증죄는 배임수재죄(제357조 제1항)와 배임증재죄(제357조 제2항)으로 구별된다. 전자는 수뢰죄(제129조)에, 후자는 뇌물공여죄(제133조)에 상응하는 규정이다.

(2) 개정경위

본죄는 크게 2차에 걸쳐 개정되었다. 제1차 개정은 2016년의 개정이다.[1364] 당시 타인의 사무를 처리하는 자가 부정한 청탁을 받고 재물이나 재산상 이익을 취득한 경우 배임수재죄로 처벌하고 있었으나 재물이나 재산상 이익을 본인이 아닌 제3자에게 제공하도록 한 경우에는 처벌할 수 있는 근거가 없었다. 부패행위를 방지하고 'UN 부패방지협약' 등 국제적 기준에 부합하도록 본인이 직접 재물이나 재산상의 이익을 취득하는 행위뿐만 아니라 제3자로 하여금 재물이나 재산상 이익을 취득하게 하는 행위도 처벌할 수 있도록 배임수재죄의 구성요건을 정비하고, 그 제3자가 배임수재의 정(情)을 알고 취득한 경우에는 그 제3자가 취득한 재물이나 재산상의 이익을 몰수 또는 추징할 수 있도록 개정되었다.

제2차 개정은 2020년의 개정이다.[1365] 형법에 사용된 일본식 표현이나 어려운 한자어 등 개정이 시급한 대표적인 법률용어들을 국민의 눈높이에 맞추어 알기 쉬운 우리말로 변경하고, 법률문장의 내용을 정확히 전달할 수 있도록 어순구조를 재배열하는 등 알기 쉬운 법률 문장으로 개정된 것이다.

(3) 보호법익

본죄의 보호법익에 대하여는 견해가 대립하고 있다. 제1설은 사무처리의 청렴성 또는 공정성이라고 한다. 제2설은 타인의 재산과 사무처리의 청렴성 또는 공정성이라고 한다. 판례에 의하면 배임수재죄는 타인의 사무를 처리하는 자의 청렴성을 보호법익으로 하는 것이라고 한다.[1366] 생각건대 배임수증죄는 타인의 사무처리에 있어서 신의와 공정을 지키고자 하는 데에 그 취지가 있다. 따라서 본죄의 보호법익은 사무처리의 청렴성 내지 공정성이라고 해석된다.

1364) 형법 2016.5.29. 일부개정 법률 제14178호 2016.5.29. 시행.

1365) 형법 2020.12.8. 일부개정 법률 제17571호 2021.12.9. 시행.

1366) 대법원 2011.2.24. 선고 2010도11784 판결; 대법원 2008.12.11. 선고 2008도6987 판결; 대법원 1997.10.24. 선고 97도2042 판결; 대법원 1989.12.12. 선고 89도495 판결; 대법원 1987.11.24. 선고 87도1560 판결; 대법원 1987.4.28. 선고 87도414 판결; 대법원 1984.11.27. 선고 84도1906 판결.

(4) 배임수재죄와 배임증재죄의 관계

배임수재죄와 배임증재죄는 행위의 태양을 전연 달리하고 있어 일반법과 특별법의 관계가 아닌 별개의 독립된 범죄라고 보아야 한다.[1367] 증재자에게는 정당한 업무에 속하는 청탁이라도 수재자에게는 부정한 청탁이 될 수도 있는 것이다.[1368]

2. 배임수재죄

(1) 의 의

본죄는 타인의 사무를 처리하는 자가 그 임무에 관하여 부정한 청탁을 받고 재물 또는 재산상의 이익을 취득하거나 제3자로 하여금 이를 취득하게 함으로써 성립한다(제357조 제1항). 본죄는 어떠한 임무 위배행위나 본인에게 손해를 가할 것을 요하지 않는다.[1369]

한편 본죄를 편의상 스스로 재산상의 이익을 취득하는 자기를 위한 소위 자기 배임수재죄와 제3자로 하여금 취득하게 하는 제3자를 위한 소위 타인 배임수재죄로 구분하기로 한다.

(2) 범 죄

1) 구성요건

① 객관적 구성요건

ⓘ 주 체

ⅰ. 신분범 본죄의 주체는 타인의 사무를 처리하는 자에게만 한정된다. 진정신분범이다. 원칙적으로 타인의 사무를 처리하는 자라야 그 범죄의 주체가 될 수 있고, 그러한 신분을 가지지 아니한 자는 신분 있는 자의 범행에 가공한 경우에 한하여 그 주체가 될 수 있다.[1370] 업무성은 불문한다. 사무는 배임죄와는 달리 재산상의 사무에 국한되지 않는다.

ⅱ. 신임관계 본죄의 주체로서 타인의 사무를 처리하는 자란 타인과 대내관계에서 신의성실의 원칙에 비추어 사무를 처리할 신임관계가 존재한다고 인정되는 자를 의미한다.[1371] 반드시 제3자에 대한 대외관계에서 사무에 관한 권한이 존재할 것을 요하지 않는다.[1372] 또 사무가 포괄적 위탁사무일 것을 요하는 것도 아니다.[1373] 사무처리의 근거, 즉

1367) 대법원 1984.11.27. 선고 84도1906 판결.

1368) 대법원 2011.10.27. 선고 2010도7624 판결; 대법원 1991.1.15. 선고 90도2257 판결; 대법원 1982.7.13. 선고 82도874 판결.

1369) 대법원 1984.11.27. 선고 84도1906 판결.

1370) 대법원 2010.7.22. 선고 2009도12878 판결; 대법원 2008.3.27. 선고 2006도3504 판결; 대법원 2006.3.24. 선고 2005도6433 판결; 대법원 1999.1.15. 선고 98도663 판결.

1371) 대법원 2011.8.25. 선고 2009도5618 판결; 대법원 2011.2.24. 선고 2010도11784 판결; 대법원 2007.6.29. 선고 2007도3096 판결; 대법원 2006.5.12. 선고 2004도491 판결; 대법원 2006.3.24. 선고 2005도6433 판결; 대법원 2004.12.10. 선고 2003도1435 판결; 대법원 2003.2.26. 선고 2002도6834 판결; 대법원 2000.3.14. 선고 99도5195 판결; 대법원 1999.6.22. 선고 99도1095 판결; 대법원 1982.2.9. 선고 80도2130 판결.

1372) 대법원 2011.8.25. 선고 2009도5618 판결; 대법원 2011.2.24. 선고 2010도11784 판결; 대법원 2007.6.29. 선고 2007도3096 판결; 대법원 2006.5.12. 선고 2004도491 판결; 대법원 2006.3.24. 선고 2005도6433 판결; 대법원 2004.12.10. 선고 2003도1435 판결; 대법원 2003.2.26. 선고 2002도6834 판결; 대법원 2000.3.14. 선고

신임관계의 발생근거는 법령의 규정, 법률행위, 관습 또는 사무관리에 의하여도 발생할 수 있다.[1374)]

iii. 타인의 사무처리자 배임수증재죄에 있어서 타인의 사무를 처리하는 자라 함은 타인으로부터 위탁된 사무를 그 타인의 이익을 위하여 처리하는 경우라 할 것이므로, 그 사무가 타인의 사무가 아니고 자기의 사무라면 그 사무를 타인을 위하여 처리하는 경우라도 타인의 사무를 처리하는 자라고 볼 수 없다.[1375)] 반드시 수재 당시에도 수재와 관련된 임무를 현실적으로 담당하고 있음을 그 요건으로 하는 것은 아니라고 풀이된다.[1376)] 타인의 사무를 처리하는 자의 지위를 취득하기 전에 부정한 청탁을 받은 행위를 처벌하는 별도의 구성요건이 존재하지 않는 이상, 타인의 사무처리자의 지위를 취득하기 전에 부정한 청탁을 받은 경우에 배임수재죄로는 처벌할 수 없다고 보는 것이 죄형법정주의의 원칙에 부합한다고 할 것이다.[1377)]

법문상 '타인'의 사무를 처리하는 자가 그 임무에 관하여 부정한 청탁을 받았다고 하더라도 자신이 아니라 그 '타인'에게 재물 또는 재산상의 이익을 취득하게 한 경우에는 배임수증재죄가 성립하지 않는다.[1378)] 다만 그 타인인 다른 사람이 부정한 청탁을 받은 자의 사자 또는 대리인으로서 재물 또는 재산상 이익을 취득한 경우나 그 밖에 평소 부정한 청탁을 받은 자가 그 다른 사람의 생활비 등을 부담하고 있었다거나 혹은 그 다른 사람에 대하여 채무를 부담하고 있었다는 등의 사정이 있어 그 다른 사람이 재물 또는 재산상 이익을 받음으로써 부정한 청탁을 받은 자가 그만큼 지출을 면하게 되는 경우 등 사회통념상 그 다른 사람이 재물 또는 재산상 이익을 받은 것을 부정한 청탁을 받은 자가 직접 받은 것과 동일하게 평가할 수 있는 관계가 있는 경우에는 위 죄가 성립할 수 있다.[1379)]

사무처리자를 긍정한 판례의 구체적 내용은 다음과 같다. 즉,

99도5195 판결; 대법원 1999.6.22. 선고 99도1095 판결; 대법원 1982.2.9. 선고 80도2130 판결.

1373) 대법원 2011.8.25. 선고 2009도5618 판결; 대법원 2007.6.29. 선고 2007도3096 판결; 대법원 2006.5.12. 선고 2004도491 판결; 대법원 2006.3.24. 선고 2005도6433 판결; 대법원 2004.12.10. 선고 2003도1435 판결; 대법원 2003.2.26. 선고 2002도6834 판결; 대법원 2000.3.14. 선고 99도5195 판결; 대법원 1999.6.22. 선고 99도1095 판결; 대법원 1982.2.9. 선고 80도2130 판결.

1374) 대법원 2011.8.25. 선고 2009도5618 판결; 대법원 2011.2.24. 선고 2010도11784 판결; 대법원 2007.6.29. 선고 2007도3096 판결; 대법원 2006.5.12. 선고 2004도491 판결; 대법원 2006.3.24. 선고 2005도6433 판결; 대법원 2004.12.10. 선고 2003도1435 판결; 대법원 2003.2.26. 선고 2002도6834 판결; 대법원 2000.3.14. 선고 99도5195 판결; 대법원 1999.6.22. 선고 99도1095 판결; 대법원 1982.2.9. 선고 80도2130 판결.

1375) 대법원 1990.10.12. 선고 90도1477 판결; 대법원 1989.10.13. 선고 89도563 판결; 대법원 1987.4.28. 선고 86도2490 판결.

1376) 대법원 1997.10.24. 선고 97도2042 판결; 대법원 1987.4.28. 선고 87도414 판결; 대법원 1984.11.27. 선고 84도1906 판결.

1377) 대법원 2010.7.22. 선고 2009도12878 판결; 대법원 2009.5.28. 선고 2009도991 판결.

1378) 대법원 2020.10.15. 선고 2016도10654 판결; 대법원 2015.7.23. 선고 2015도3080 판결; 대법원 2009.3.12. 선고 2008도1321 판결; 대법원 2008.4.24. 선고 2006도1202 판결; 대법원 2008.3.27. 선고 2006도3504 판결; 대법원 2006.12.22. 선고 2004도2581 판결; 대법원 2001.2.9. 선고 2000도4700 판결.

1379) 대법원 2020.10.15. 선고 2016도10654 판결; 대법원 2015.7.23. 선고 2015도3080 판결; 대법원 2009.3.12. 선고 2008도1321 판결; 대법원 2008.4.24. 선고 2008도1335 판결; 대법원 2008.3.27. 선고 2006도3504 판결; 대법원 2006.12.22. 선고 2004도2581 판결.

시・도 화물자동차운송사업협회(이하 '지역협회'라 한다) 대표자인 피고인들이 갑으로부터 전국화물자동차운송사업연합회(이하 '연합회'라 한다) 회장 선거에서 자신을 지지해달라는 취지의 부정한 청탁을 받고 돈을 수수하였다고 하여 배임수재죄로 기소된 사안에서,구 화물자동차 운수사업법(2008.2.29. 법률 제8852호로 개정되기 전의 것) 제33조 제1항, 제2항, 제9항, 제35조 제1항 및 연합회와 지역협회 각 정관규정 등에 의하면, 각 지역협회 대표자가 연합회 총회에서 총회의 구성원이 되어 회장 선출에 관한 선거권 내지 의결권을 행사하는 것은 연합회 회원인 각 지역협회 업무집행기관으로서 권한을 행사하는 것에 불과하므로, 이러한 대표자의 권한행사는 자기의 사무를 처리하는 것이 아니라 타인인 '지역협회'의 사무를 처리하는 것으로 보아야 한다.[1380] 재건축조합장이 재건축 현장의 철거공사 수주와 관련하여 철거업체로부터 금품을 수수한 경우, 배임수재죄의 주체로 인정한 사례이다.[1381] 법문상 타인의 사무를 처리하는 자가 그 임무에 관하여 부정한 청탁을 받았다 하더라도 자신이 아니라 다른 사람으로 하여금 재물 또는 재산상의 이익을 취득하게 한 경우에는 위 죄가 성립하지 않음이 명백하다. 다만 그 다른 사람이 부정한 청탁을 받은 자의 사자 또는 대리인으로서 재물 또는 재산상 이익을 취득한 경우나 그 밖에 평소 부정한 청탁을 받은 자가 그 다른 사람의 생활비 등을 부담하고 있었다거나 혹은 그 다른 사람에 대하여 채무를 부담하고 있었다는 등의 사정이 있어 그 다른 사람이 재물 또는 재산상 이익을 받음으로써 부정한 청탁을 받은 자가 그만큼 지출을 면하게 되는 경우 등 사회통념상 그 다른 사람이 재물 또는 재산상 이익을 받은 것을 부정한 청탁을 받은 자가 직접 받은 것과 동일하게 평가할 수 있는 관계가 있는 경우에는 위 죄가 성립할 수 있다.[1382] 감정평가법인의 지점을 독립채산제로 운영하는 자가 위 법인의 명의로 감정평가업무를 수주하여 그 업무를 처리한 경우, 배임수재죄에 있어서의 타인의 사무를 처리한 경우에 해당한다.[1383] 공사발주자인 한국노동조합총연맹의 위원장이 공사수급인인 건설회사의 하도급업체 선정과 관련하여 돈을 받은 것이 한국노동조합총연맹의 사무를 처리하는 자로서의 임무에 관한 것이라고 보아 배임수재죄에 해당한다고 한 사례이다.[1384] 주식회사의 이사는 주주총회에서 선임되며, 회사와 이사의 관계는 위임에 관한 규정을 준용하고, 이사는 법령과 정관의 규정에 따라 회사를 위하여 그 직무를 충실하게 수행하여야 할 의무가 있으므로, 주식회사의 이사는 법률의 규정에 의하여 '타인의 사무를 처리하는 자'로서 배임수재죄의 주체가 될 수 있다.[1385] 타인의 사무를 처리하는 자가 그 임무에 관하여 부정한 청탁을 받은 이상 그 후 사직으로 인하여 그 직무를 담당하지 아니하게 된 상태에서 재물을 수수하게 되었다 하더라도, 그 재물 등의 수수가 부정한 청탁과 관련하여 이루어진 것이라면 배임수재죄가 성립한다.[1386] 방송국에 소속되어 가요 프로그램의 제작연출 등의 사무를 처리하는 가요담당 프로듀서는, 방송법이 규정하고 있는 방송의 공적책임수행과 그 내용의 공정성 및 공공성의 요청에 따라 방송국의 내규가 정하는 제한 범위 내에서, 방송될 가요를 선곡하는 임무를 방송국으로부터 부여받은 자로서 "타인의 사무를 처리하는 자"이므로 배임수재죄의 주체가 될 수 있다.[1387] 배임수재죄는 타인의 사무를 처리하는 자의 청렴성을 그 보호법익으로 하는 형사범으로서 그 임무에 관하여 부정한 청탁을 받고 재물 등을 수수함으로써 성립되고 반드시 수재당시에도 수재와

1380) 대법원 2011.8.25. 선고 2009도5618 판결.
1381) 대법원 2007.6.29. 선고 2007도3096 판결.
1382) 대법원 2006.12.22. 선고 2004도2581 판결.
1383) 대법원 2004.10.27. 선고 2003도7340 판결.
1384) 대법원 2006.11.23. 선고 2006도906 판결.
1385) 대법원 2002.4.9. 선고 99도2165 판결.
1386) 대법원 1997.10.24. 선고 97도2042 판결.
1387) 대법원 1991.6.11. 선고 91도688 판결.

관련된 임무를 현실적으로 담당하고 있음을 그 요건으로 하는 것은 아니라고 풀이되므로 타인의 사무를 처리하는 자가 그 임무에 관하여 부정한 청탁을 받은 이상 그 후 사무분담의 변경으로 동 직무를 담당하지 아니하게 된 상태에서 재물 등을 수수하게 되었다 하더라도 여전히 같은 타인의 사무를 처리하는 지위에 있고 그 재물 등의 수수가 그 부정한 청탁과 관련하여 이루어진 것이라면 배임수재죄는 성립한다고 보아야 할 것이다.[1388] 피고인이 관세사무소의 영업부장으로서 경영주인 관세사의 위임에 따라 수출업자로부터 의뢰받은 수출면장 발급신청업무를 관세사의 이름으로 처리하는 자라면 그 관세사와의 관계에 있어서 배임수재죄의 주체인 타인의 사무를 처리하는 자에 해당한다.[1389] 신문사의 지국장이 취재기사를 본사에 송고하지 말아 달아는 청탁을 받고 그 묵인사례조로 금품을 교부받은 행위는 배임수재죄가 된다.[1390]

사무처리자를 부정한 판례의 구체적 내용은 다음과 같다. 즉,

시에서 발주한 도시형폐기물종합처리시설 건설사업의 기본설계 적격심의 및 평가위원으로서 그 임무와 관련하여 부정한 청탁을 받고 재물을 취득하였다는 공소사실에 대하여, 청탁을 받을 당시에 위 건설사업에 관한 사무를 처리하는 지위에 있었다고 인정되지 아니하는 이상 배임수재죄로 처벌할 수는 없음에도, 이와 달리 판단하여 유죄로 인정한 원심판결에 법리오해의 위법이 있다고 한 사례이다.[1391] 한국야구위원회 사무총장이 잠실야구장의 광고권자 선정 업무를 처리하는 자에 해당한다고 볼 수는 없고, 그 담당 업무가 위 광고권자 선정 업무와 밀접한 관계가 있는 범위 내의 사무라고 보기도 어려워, 위 광고권자 선정과 관련하여 부정한 청탁을 받고 금품을 수수한 행위를 배임수재죄로 처벌할 수 없다.[1392] 실질적으로 학교법인의 이사장 직무를 수행하면서 학교공사와 관련하여 공사대금 중 수급인이 학교법인 부담부분 상당액을 학교법인에 기부하는 것을 조건으로 공사계약을 체결한 후 공사를 완성하여 이 부분에 대한 공사대금 지급의무를 면제받거나 그 대금 상당액을 입금받은 다음 다시 수급인에게 공사대금으로 지급한 것으로 처리한 경우, 이러한 행위는 학교공사에 관하여 관계 규정에 따른 공개입찰을 하지 아니하는 대신 특정 공사업자와 수의계약을 체결하면서 공사업자에게 공사대금 중 국고지원 부분만을 지급하기로 하고 학교법인 부담 부분은 면제받은 것으로 볼 것이고, 이러한 경우 공사대금 지급채무는 학교법인이 공사업자에 대하여 부담하는 것이므로 이를 면제받는 것은 학교법인의 이익으로 되는 것일 뿐 실질적으로 학교법인의 이사장 직무를 수행한 자가 면제받은 대금 상당의 이익을 취득하였다고 볼 수는 없고, 따라서 위와 같은 행위는, 공개입찰을 하지 아니하고 수의계약을 체결한 것에 대하여 행정상의 책임 등을 묻는 것은 별론으로 하고, 타인의 사무를 처리하는 자가 그 임무에 위배하여 부정한 청탁을 받고 재물 또는 재산상의 이익을 취득한 경우에 해당한다고 할 수는 없다.[1393] 구 축산업협동조합법(1988.12.31. 법률 제4082호로 개정되기 전의 것)의 해석상 총대는 총회에 갈음하여 조합의 의사를 결정하는 총대회의 구성원에 불과하며 스스로의 권한으로 총대회에서 임원선거에 참여하고 의결권을 행사하는 등 자주적으로 임무를 수행한다고 할 것이니 이를 선출구역 조합원의 사무나 전체 조합원 혹은 조합의 사무를 처리하는 것이라고 볼 수도 없으므로 단위축산업협동조합의 총대가 총대회에서의 조합장

1388) 대법원 1984.11.27. 선고 84도1906 판결.
1389) 대법원 1982.9.28. 선고 82도1656 판결.
1390) 대법원 1970.9.17. 선고 70도1355 판결.
1391) 대법원 2010.7.22. 선고 2009도12878 판결.
1392) 대법원 2006.3.24. 선고 2005도6433 판결.
1393) 대법원 2001.2.9. 선고 2000도4700 판결.

후보자 추천과 관련하여 돈을 주고 받았더라도 배임수증재죄가 성립되지 않는다.[1394] 지역별 수산업협동조합의 총대는 조합의 의결기관인 총회의 구성원일 뿐 임원이나 기타 업무집행기관이 아니며 선출지역 조합원의 지시나 간섭을 받지 않고 스스로의 권한으로 총회에서 임원선거에 참여하고 의결권을 행사하는 등 자주적으로 업무를 수행하는 것이므로 총회에서의 의결권 또는 선거권의 행사는 자기의 사무이고 이를 선거구역 조합원이나 조합의 사무라고 할 수 없는 것이고, 따라서 총대가 조합장선거에 출마한 후보자들로부터 자신을 지지하여 달라는 부탁과 함께 금원을 교부받았더라도 배임수재죄로 처벌할 수 없다.[1395] 구 농업협동조합법(1988.12.31. 법률 제4080호로 개정되기 전의 것) 제44조에 의하면 단위농업협동조합의 총대는 각 구역조합원의 호선에 의하여 선출되었더라도 그 선출구역조합원의 지시나 간섭을 받지 않고 독립하여 스스로의 권한으로 총대회에서 임원선거에 참여하고 의결권을 행사하는 등 자주적으로 임무를 수행하므로 이를 선출구역조합원의 사무를 처리하는 것으로는 볼 수 없고, 총회에 갈음하는 조합의 의사결정기관인 총대회의 구성원일 뿐 조합의 임원 기타 업무집행기관이 아니므로 총대회에서의 의결권 또는 선거권의 행사가 전체조합원이나 조합의 사무라고 볼 수도 없고, 따라서 총대가 총대회에서 조합장 후보자 추천과 관련하여 돈을 주고 받았더라도 배임수증죄는 성립되지 않는다.[1396] 사무처리자가 자기가 아닌 본인의 채권을 회수하거나 상대방이 본인에 대한 채무를 변제하는 것은 위의 재물의 취득이나 그 공여에 해당한다고 할 수 없고 또 본인에 대한 채무변제가 부수적으로 사무처리자 자신의 어떤 책임 또는 불이익을 면하게 하여 그의 이익이 되는 것이라 하더라도 그것이 주로 본인의 사무처리에 관계되고 본인을 위한 사무처리의 결과로서 이루어진 것이라면 그 부수적 이익을 가지고 위의 사무처리자 자신이 이익을 취득하거나 그에게 이익을 공여한 것으로 볼 수는 없다 할 것이다.[1397]

ⓘ 객 체 본죄의 객체는 재물 또는 재산상의 이익이다. 배임수증재죄에서 공여 또는 취득하는 재물 또는 재산상 이익은 부정한 청탁에 대한 대가 또는 사례여야 한다.[1398] 따라서 재물을 공여하는 자가 부정한 청탁을 하였다 하더라도 그 청탁을 받아들임이 없이 그 청탁과는 관계없이 금품을 받은 경우에는 배임수재죄는 성립하지 아니한다.[1399]

거래상대방의 대향적 행위의 존재를 필요로 하는 유형의 배임죄에서 거래상대방이 양수대금 등 거래에 따른 계약상 의무를 이행하고 배임행위의 실행행위자가 이를 이행받은 것을 두고 부정한 청탁에 대한 대가로 수수하였다고 쉽게 단정하여서는 아니 된다.[1400]

ⓘⓘⓘ 행 위 본죄의 실행행위는 배임이라고 해석된다. 본죄에 있어서 배임(背任)이란 임무에 관하여 부정한 청탁을 받는 것이다.

ⅰ. 임무관련 임무라 함은 타인의 사무를 처리하는 자가 위탁받은 사무를 말한다.[1401]

1394) 대법원 1990.10.12. 선고 90도1477 판결.

1395) 대법원 1990.2.27. 선고 89도970 판결.

1396) 대법원 1989.10.13. 선고 89도563 판결.

1397) 대법원 1987.4.4. 선고 85도1339 판결.

1398) 대법원 2016.10.13. 선고 2014도17211 판결.

1399) 대법원 1982.7.13. 선고 82도874 판결.

1400) 대법원 2016.10.13. 선고 2014도17211 판결.

1401) 대법원 2011.2.24. 선고 2010도11784 판결; 대법원 2010.9.9. 선고 2009도10681 판결; 대법원 2007.6.29. 선고 2007도3096 판결; 대법원 2006.11.23. 선고 2006도906 판결; 대법원 2006.3.24. 선고 2005도6433 판결; 대법원 2004.12.10. 선고 2003도1435 판결; 대법원 2004.2.13. 선고 2003도2450 판결; 대법원 2000.3.14. 선고 99도5195 판결; 대법원 1982.2.9. 선고 80도2130 판결.

임무에 관하여란 위탁관계로 인한 본래의 사무뿐만 아니라 그와 밀접한 관계가 있는 범위 내의 사무도 포함된다.[1402] 나아가 고유의 권한으로 처리를 하는 자에 한하지 않고 보조기관으로서 직접 또는 간접으로 사무를 담당하는 자도 포함된다.[1403]

임무관련성을 긍정한 판례의 구체적 내용은 다음과 같다. 즉,

> 노동조합과는 별개의 사업장 내 단체인 이른바 '현장조직'의 간부인 피고인이 회사 측으로부터 부정한 청탁을 받고 두 차례에 걸쳐 합계 5,000만 원을 받은 사안에서, 위 현장조직은 현장 활동가들이 중심이 되어 조직한 자발적·비공식적 단체로서, 그 설립 목적 및 주된 활동은 노조 집행부 선거에서 그 소속 회원이 선출되도록 주력하며, 노조 집행부에 대한 평가를 수행하고, 노조의 의사결정과정에서 소속 대의원이나 교섭위원을 통하여 그리고 조합원들을 상대로 한 선전·홍보를 통하여 영향력을 행사하는 것으로 알려져 있으며, 피고인이 그 간부로 있는 현장조직인 기아자동차 민주노동자회는 위 회사 내에 존재하는 여러 현장조직들 중 가장 유력하고 대표적인 조직이고, 자체 규약 및 독자적인 기관을 갖추고 있으며, 노조 임원선거의 참여, 조합원 교육 및 선전·홍보사업, 교섭위원 및 대의원과의 정책 협의 등의 활동을 조직적·체계적으로 수행하고 있음을 알 수 있고, 특히 이 사건에서 문제된 단체교섭절차에서 그 영향력을 확장하고 그 의견을 관철하고 있으므로, 위와 같은 여러 사업 및 활동을 총괄하고 이를 추진하는 사무를 처리해 온 피고인이 노동조합 활동이나 위 현장조직 소속 대의원 내지 교섭위원들에 대하여 사실상의 영향력을 행사하는 것을 단순히 친분관계를 이용하여 평소 알고 지내던 노조원들에게 부탁을 한 것이라거나 조합원 내지 소속 회원으로서 지지를 표방하거나 사업에 참여하는 등의 개인적 차원의 활동을 한 것이라고 볼 수는 없어 위 청탁의 임무관련성을 충분히 인정할 수 있음에도, 이와 판단을 달리한 원심판결에 법리오해의 위법이 있다.[1404]

ⅱ. 부정한 청탁

㉠ 의 의 　　본죄는 뇌물수수죄와 달리 재물 또는 이익을 공여하는 사람과 취득하는 사람 사이에 부정한 청탁이 개재되지 않는 한 성립되지 않는다.[1405] 부정한 청탁이라 함은 사회상규 또는 신의성실의 원칙에 반하는 것을 내용으로 하는 청탁을 말한다.[1406] 반드시

1402) 대법원 2011.2.24. 선고 2010도11784 판결; 대법원 2010.9.9. 선고 2009도10681 판결; 대법원 2007.6.29. 선고 2007도3096 판결; 대법원 2006.11.23. 선고 2006도906 판결; 대법원 2006.3.24. 선고 2005도6433 판결; 대법원 2004.12.10. 선고 2003도1435 판결; 대법원 2004.2.13. 선고 2003도2450 판결; 대법원 2000.3.14. 선고 99도5195 판결; 대법원 1982.2.9. 선고 80도2130 판결.

1403) 대법원 2011.2.24. 선고 2010도11784 판결; 대법원 2006.3.24. 선고 2005도6433 판결; 대법원 2004.12.10. 선고 2003도1435 판결; 대법원 2000.3.14. 선고 99도5195 판결; 대법원 1982.2.9. 선고 80도2130 판결.

1404) 대법원 2010.9.9. 선고 2009도10681 판결.

1405) 대법원 2013.11.14. 선고 2011도11174 판결; 대법원 2013.10.11. 선고 2012도13719 판결; 대법원 2012.3.29. 선고 2012도536 판결; 대법원 2011.8.18. 선고 2010도10290 판결; 대법원 2011.4.14. 선고 2010도8743 판결; 대법원 2011.2.24. 선고 2010도11784 판결; 대법원 2010.9.9. 선고 2010도7380 판결; 대법원 2008.12.11. 선고 2008도6987 판결; 대법원 2006.3.24. 선고 2005도6433 판결; 대법원 1991.8.27. 선고 91도61 판결; 대법원 1988.3.8. 선고 87도1445 판결; 대법원 1987.11.24. 선고 87도1560 판결; 대법원 1987.5.12. 선고 86도1682 판결; 대법원 1985.10.22. 선고 85도465 판결; 대법원 1982.9.28. 선고 82도1656 판결.

1406) 대법원 2020.10.15. 선고 2016도10654 판결; 대법원 2014.5.16. 선고 2012도11259 판결; 대법원 2011.9.29. 선고 2011도4397 판결; 대법원 2011.4.14. 선고 2010도8743 판결; 대법원 2011.2.24. 선고 2010도11784 판결; 대법원 2010.9.30. 선고 2009도5793 판결; 대법원 2010.9.9. 선고 2009도10681 판결; 대법원

업무상 배임의 내용이 되는 정도에 이를 것을 요하지 않고 특정인을 어떤 직위에 우선적으로 추천해 달라는 것과 같이 사회상규 또는 신의성실의 원칙에 반하는 것을 내용으로 하는 것이면 족하다.[1407)]

타인의 업무를 처리하는 사람에게 공여한 금품에 부정한 청탁의 대가로서의 성질과 그 외의 행위에 대한 사례로서의 성질이 불가분적으로 결합되어 있는 경우에는 그 전부가 불가분적으로 부정한 청탁의 대가로서의 성질을 갖는 것으로 보아야 한다.[1408)] 이를 판단할 때에는 청탁의 내용과 이와 관련되어 교부받거나 공여한 재물의 액수, 형식, 보호법익인 사무처리자의 청렴성 등을 종합적으로 고찰하여야 한다.[1409)]

㉡ 내 용 청탁의 내용은 어느 정도 구체적이고 특정한 임무행위에 관한 것임을 요하며 만연히 임무와 관련하여 재물 또는 재산상 이익을 취득하는 것만으로는 배임수재죄

2008.12.24. 선고 2008도9602 판결; 대법원 2006.11.23. 선고 2006도906 판결; 대법원 2006.5.12. 선고 2004도491 판결; 대법원 2006.3.24. 선고 2005도6433 판결; 대법원 2005.1.14. 선고 2004도6646 판결; 대법원 2004.12.10. 선고 2003도6866 판결; 대법원 2002.4.9. 선고 99도2165 판결; 대법원 2010.9.9. 선고 2009도10681 판결; 대법원 1998.6.9. 선고 96도837 판결; 대법원 1996.10.11. 선고 95도2090 판결; 대법원 1991.6.11. 선고 91도413 판결; 대법원 1988.12.20. 선고 88도167 판결; 대법원 1988.3.8. 선고 87도1445 판결; 대법원 1987.5.12 선고 86도1682 판결; 대법원 1985.10.22. 선고 85도465 판결; 대법원 1982.9.28. 선고 82도1656 판결; 대법원 1982.2.9. 선고 80도2130 판결.

1407) 대법원 2021.9.30. 선고 2019도17102 판결; 대법원 2015.7.23. 선고 2015도3080 판결; 대법원 2013.11.14. 선고 2011도11174 판결; 대법원 2013.10.11. 선고 2012도13719 판결; 대법원 2012.5.24. 선고 2012도535 판결; 대법원 2012.3.29. 선고 2012도536 판결; 대법원 2011.10.27. 선고 2010도7624 판결; 대법원 2011.8.18. 선고 2010도10290 판결; 대법원 2011.2.24. 선고 2010도11784 판결; 대법원 2010.9.9. 선고 2009도10681 판결; 대법원 2007.10.26. 선고 2007도4702 판결; 대법원 2009.3.12. 선고 2008도1321 판결; 대법원 2008.12.11. 선고 2008도6987 판결; 대법원 2007.2.8. 선고 2006도4784 판결; 대법원 2006.11.23. 선고 2006도906 판결; 대법원 2006.5.11. 선고 2003도4320 판결; 대법원 2005.6.9. 선고 2005도1732 판결; 대법원 2005.1.14. 선고 2004도6646 판결; 대법원 2002.4.9. 선고 99도2165 판결; 대법원 1998.6.9. 선고 96도837 판결; 대법원 1996.10.11. 선고 95도2090 판결; 대법원 1991.1.15. 선고 90도2257 판결; 대법원 1989.12.12. 선고 89도495 판결; 대법원 1988.12.20. 선고 88도167 판결; 대법원 1987.11.24. 선고 87도1560 판결; 대법원 1987.5.12. 선고 86도1682 판결; 대법원 1987.4.28. 선고 87도414 판결; 대법원 1985.10.22. 선고 85도465 판결; 대법원 1984.11.27 선고 84도1906 판결; 대법원 1984.7.10. 선고 84도179 판결; 대법원 1984.4.10. 선고 83도1211 판결; 대법원 1982.7.13. 선고 82도874 판결; 대법원 1982.2.9. 선고 80도2130 판결; 대법원 1980.10.14. 선고 79도190 판결; 대법원 1978.11.1. 선고 78도2081 판결; 대법원 1970.9.17. 선고 70도1355 판결; 대법원 1968.10.22. 선고 67도1666 판결.

1408) 대법원 2019.10.17. 선고 2018도16652 판결; 대법원 2019.6.13. 선고 2018도20655 판결; 대법원 2015.7.23. 선고 2015도3080 판결; 대법원 2012.5.24. 선고 2012도535 판결; 대법원 2011.2.24. 선고 2010도15989 판결.

1409) 대법원 2020.10.15. 선고 2016도10654 판결; 대법원 2015.7.23. 선고 2015도3080 판결; 대법원 2014.5.16. 선고 2012도11259 판결; 대법원 2013.11.14. 선고 2011도11174 판결; 대법원 2013.10.11. 선고 2012도13719 판결; 대법원 2012.5.24. 선고 2012도535 판결; 대법원 2012.3.29. 선고 2012도536 판결; 대법원 2011.10.27. 선고 2010도7624 판결; 대법원 2011.9.29. 선고 2011도4397 판결; 대법원 2011.8.18. 선고 2010도10290 판결; 대법원 2011.2.24. 선고 2010도11784 판결; 대법원 2010.9.30. 선고 2009도5793 판결; 대법원 2010.9.9. 선고 2010도7380 판결; 대법원 2009.3.12. 선고 2008도1321 판결; 대법원 2008.12.24. 선고 2008도9602 판결; 대법원 2008.12.11. 선고 2008도6987 판결; 대법원 2007.10.26. 선고 2007도4702 판결; 대법원 2007.2.8. 선고 2006도4784 판결; 대법원 2006.5.12. 선고 2004도491 판결; 대법원 2006.5.11. 선고 2003도4320 판결; 대법원 2005.6.9. 선고 2005도1732 판결; 대법원 2005.1.14. 선고 2004도6646 판결; 대법원 2004.12.10. 선고 2003도6866 판결; 대법원 2002.4.9. 선고 99도2165 판결; 대법원 1998.6.9. 선고 96도837 판결; 대법원 1991.6.11. 선고 91도413 판결; 대법원 1988.12.20. 선고 88도167 판결.

를 구성하지 않는다고 보아야 할 것이다.[1410] 계약관계를 유지시켜 기존 권리를 확보하기 위하여 하는 부탁행위 등은 부정한 청탁이라고 할 수 없다.[1411]

타인의 사무를 처리하는 자가 그 신임관계에 기한 사무의 범위에 속한 것으로서 장래에 담당할 것이 합리적으로 기대되는 임무에 관하여 부정한 청탁을 받고 재물 또는 재산상 이익을 취득한 후 그 청탁에 관한 임무를 현실적으로 담당하게 되었다면 이로써 타인의 사무를 처리하는 자의 청렴성은 훼손되는 것이어서 배임수재죄의 성립을 인정할 수 있다.[1412] 한편 증재자에게는 정당한 업무에 속하는 청탁이라도 수재자에게는 부정한 청탁이 될 수도 있는 것이다.[1413]

㉢ 방 법 　　청탁이 반드시 명시적으로 이루어져야 하는 것은 아니며 묵시적으로 이루어지더라도 무방하다.[1414]

㉣ 시 기 　　반드시 수재 당시에도 그와 관련된 임무를 현실적으로 담당하고 있음을 그 요건으로 하는 것은 아니다.[1415] 부정한 청탁을 받고 나서 사후에 재물 또는 재산상의 이익을 취득하였다고 하더라도 그 재물 또는 재산상의 이익이 그 청탁의 대가인 이상 배임수재죄가 성립되며, 또한 부정한 청탁의 결과로 상대방이 얻은 재물 또는 재산상의 이익의 일부를 상대방으로부터 그 청탁의 대가로 취득한 경우에도 마찬가지라고 할 것이다.[1416]

타인의 사무를 처리하는 자가 그 임무에 관하여 부정한 청탁을 받은 이상 그후 사직이나 사무분담 변경으로 그 직무를 담당하지 아니하게 된 상태에서 재물을 수수하게 되었다 하더라도 여전히 타인의 사무를 처리하는 지위에 있고, 그 재물 등의 수수가 부정한 청탁과 관련하여 이루어진 것이라면 배임수재죄는 성립한다.[1417]

부정한 청탁을 긍정한 판례의 구체적 내용은 다음과 같다. 즉,

> 공소외 1은 피고인 1을 통해 공소외 2(이하 '공소외 2 회사'라 한다) 주식을 취득하여 매각함으로써 이익을 획득할 기회를 제공받았던 일에 대한 감사의 표시로 피고인 1에게 판시 그림 5점(이하 통틀어 '이 사건 그림'이라 한다)을 교부하게

1410) 대법원 1983.12.27. 선고 83도2472 판결.

1411) 대법원 1991.8.27. 선고 91도61 판결.

1412) 대법원 2013.10.11. 선고 2012도13719 판결; 대법원 2010.4.15. 선고 2009도4791 판결.

1413) 대법원 2011.10.27. 선고 2010도7624 판결; 대법원 1991.1.15. 선고 90도2257 판결.

1414) 대법원 2020.10.15. 선고 2016도10654 판결; 대법원 2015.7.23. 선고 2015도3080 판결; 대법원 2014.5.16. 선고 2012도11259 판결; 대법원 2012.5.24. 선고 2012도535 판결; 대법원 2012.3.29. 선고 2012도536 판결; 대법원 2011.10.27. 선고 2010도7624 판결; 대법원 2011.2.24. 선고 2010도11784 판결; 대법원 2010.9.9. 선고 2009도10681 판결; 대법원 2008.12.11. 선고 2008도6987 판결; 대법원 2007.10.26. 선고 2007도4702 판결; 대법원 2007.2.8. 선고 2006도4784 판결; 대법원 2006.5.12. 선고 2004도491 판결; 대법원 2006.3.24. 선고 2005도6433 판결; 대법원 2005.6.9. 선고 2005도1732 판결; 대법원 2005.1.14. 선고 2004도6646 판결; 대법원 2004.12.10. 선고 2003도6866 판결; 대법원 2002.4.9. 선고 99도2165 판결; 대법원 1998.6.9. 선고 96도837 판결; 대법원 1996.10.11. 선고 95도2090 판결; 대법원 1991.6.11. 선고 91도413 판결; 대법원 1988.12.20. 선고 88도167 판결; 대법원 1983.12.27. 선고 83도2472 판결; 대법원 1982.7.13. 선고 82도874 판결.

1415) 대법원 1997.10.24. 선고 97도2042 판결; 대법원 1987.4.28. 선고 87도414 판결; 대법원 1984.11.27. 선고 84도1906 판결.

1416) 대법원 2013.11.14. 선고 2011도11174 판결.

1417) 대법원 1997.10.24. 선고 97도2042 판결; 대법원 1987.4.28. 선고 87도414 판결; 대법원 1984.11.27. 선고 84도1906 판결.

된 것이라고 하지만, 이는 이 사건 그림을 교부하기 훨씬 전에 있었던 일로서 위와 같이 여러 차례에 걸쳐 고가의 그림을 교부할 만한 직접적인 이유가 된다고 보기 어렵다. 이 사건 그림은 시가 합계 2억 3,200만 원에 달하는 고가품으로서 일반인의 관점에서 이를 교부하는 행위를 단순한 일상적인 감사의 표시로 보기는 어렵다. 공소외 1 운영의 주식회사 공소외 3(이하 '공소외 3 회사'라 한다)은 매출의 대부분을 공소외 2 회사에 의존함에 따라 피고인 1을 통해 공소외 2 회사와 좋은 거래관계를 유지하는 것이 회사 존립을 위해 필수적이었다. 이 사건 그림이 교부된 시기에 공소외 3 회사의 공소외 2 회사 매장 신축공사 수주액이 특별히 증가하지 않았지만 이는 청탁이 있은 후 부정한 처사를 하였는지 여부에 관한 것으로서 청탁 사실을 인정하는 데에 방해가 되지는 않는다. 이러한 사정을 종합하면 피고인 1이 공소외 2 회사 대표이사로서 공소외 1로부터 공소외 3 회사에 공소외 2 회사 매장 신축공사를 도급 준 대가 및 공소외 3 회사로 하여금 계속하여 공소외 2 회사 매장 신축공사를 수주할 수 있도록 해 달라는 취지의 묵시적인 부정한 청탁을 받고 그 대가로 이 사건 그림을 교부받았다고 판단된다.[1418] 대학병원 의사인 피고인이, 의약품인 조영제나 의료재료를 지속적으로 납품할 수 있도록 해달라는 부정한 청탁 또는 의약품 등을 사용해 준 대가로 제약회사 등으로부터 명절 선물이나 골프접대 등 향응을 제공받았다고 하여 배임수재의 공소사실로 기소된 사안에서, 피고인이 실질적으로 조영제 등의 계속사용 여부를 결정할 권한이 있었고, 단순히 1회에 그치지 않고 여러 차례에 걸쳐 선물과 향응을 제공받았으며, 제약회사 등은 피고인과 유대강화를 통해 지속적으로 조영제 등을 납품하기 위하여 이를 제공한 점 등의 사정을 종합할 때, 피고인은 '타인의 사무를 처리하는 자'에 해당하고, 피고인이 받은 선물, 골프접대비, 회식비 등은 부정한 청탁의 대가로서 단순한 사교적 의례 범위에 해당하지 않는다는 이유로, 피고인에게 유죄를 인정한 원심판단을 수긍한 사례이다.[1419] 피고인 갑이 집행관사무소 사무원인 피고인 정에게 한 청탁은 그 구체적 내용 및 정에게 현금으로 6,700만 원에 이르는 거액이 교부된 점, 정에게는 높은 직무청렴성이 요구되는 점 등 제반 사정에 비추어 부정한 청탁에 해당한다는 이유로, 위 피고인들의 배임수증재 공소사실을 유죄로 인정한 원심판단을 수긍한 사례이다.[1420] 노동조합과는 별개의 사업장 내 단체인 이른바 '현장조직'의 간부인 피고인이 회사 측으로부터 두 차례에 걸쳐 합계 5,000만 원을 받은 사안에서, 관련 진술 및 제반 정황을 종합할 때 임금 · 단체협약 체결을 위한 교섭 등과 관련하여 현장조직 소속의 노조 대의원 등에게 영향력을 행사하여 협상이 원만하게 조속히 타결될 수 있도록 협조해 달라는 취지의 부정한 청탁을 인정할 수 있거나, 묵시적으로나마 이를 인정하기에 충분함에도, 이와 판단을 달리한 원심판결에 법리오해 및 채증법칙 위반의 위법이 있다고 한 사례이다.[1421] 설령 피고인이 위와 같이 부정한 청탁을 받을 당시에는 그 청탁과 관련한 임무로서 현실적으로 담당하고 있던 것이 없었다 하더라도, 앞서 본 사실관계에 의하면, 피고인이 위와 같이 부정한 청탁을 받고 재산상 이익을 취득한 후 실제 그 청탁과 관련한 임무를 담당하게 되었고 이는 그 청탁 당시 장래에 담당할 것이 합리적으로 기대되었던 임무라고 볼 수 있으므로, 피고인에게 배임수재죄가 성립하지 않는다고 할 수 없다.[1422] 방송국 예능담당 프로듀서인 피고인이 연예기획사 운영자로부터 상당한 시세차익이 예상되는 주식의 매수기회를 제공받음으로써 피고인이 제작하는 예능프로그램 등에 그 소속 연예인을 출연시키거나 뮤직비디오를 방영해 달라는 청탁을 받고, 이

1418) 대법원 2020.10.15. 선고 2016도10654 판결.
1419) 대법원 2011.8.18. 선고 2010도10290 판결.
1420) 대법원 2010.9.30. 선고 2009도5793 판결.
1421) 대법원 2010.9.9. 선고 2009도10681 판결.
1422) 대법원 2010.4.15. 선고 2009도4791 판결.

주식을 매수함으로써 재산상 이익을 취득한 사안에서, 배임수재죄의 성립을 인정한 사례이다.[1423] 구 병역법상 지정업체의 대표이사인 피고인이 병역의무자를 형식적으로 당해 지정업체 소속 병역특례 산업기능요원으로 편입시킨 뒤 다른 회사에서 근무하도록 해 달라는 부정한 청탁을 받고 그 대가로 위 지정업체 명의의 계좌로 금원을 송금받은 사안에서, 배임수재죄가 성립한다고 한 사례이다.[1424] 회원제 골프장의 예약업무 담당자가 부킹대행업자의 청탁에 따라 회원에게 제공해야 하는 주말부킹권을 부킹대행업자에게 판매하고 그 대금 명목의 금품을 받은 것이 배임수재죄에 해당한다고 한 사례이다.[1425] 방송은 공적 책임을 수행하고 그 내용의 공정성과 공공성을 유지하여야 하는 것이므로, 광고대행업무를 수행하는 주식회사의 대표이사에게, 방송사 관계자에게 사례비를 지급하여서라도 특정학원 소속 강사만을 채용하고 특정회사에서 출판되는 교재를 채택하여 특정회사의 이익을 위해 수능과외방송을 하는 내용의 방송협약을 체결해 달라고 부탁하는 것은 사회상규와 신의성실의 원칙에 반하는 것으로서 부정한 청탁에 해당된다.[1426] 피고인 1이 더 이상 지구당의 공천비리를 조사하지 말아달라는 취지로 **당 중앙당 당기위원회 소속 공소외 3에게 금 2,000,000원을 교부한 사실을 인정하였는바, 관련 증거들을 기록과 대조하여 검토하여 보면, 원심의 이러한 조치는 정당하고 거기에 상고이유의 주장과 같이 채증법칙을 위배하여 사실을 오인한 위법이 없고, 사실관계가 이와 같다면, 피고인 1이 공소외 3에게 단순히 당무에 노고가 많은 당료를 격려하기 위하여 의례적으로 돈을 준 것이라거나 직무권한의 범위 내에서 업무를 처리함에 있어 편의를 봐 달라는 취지의 부탁을 한 정도라고 볼 수 없고, 위 금품수수는 사회상규 또는 신의성실의 원칙에 반하는 부정한 청탁에 따른 것으로 판단된다.[1427] 타인의 사무를 처리하는 자가 그 임무에 관하여 부정한 청탁을 받은 이상 그 후 사직으로 인하여 그 직무를 담당하지 아니하게 된 상태에서 재물을 수수하게 되었다 하더라도, 그 재물 등의 수수가 부정한 청탁과 관련하여 이루어진 것이라면 배임수재죄가 성립한다.[1428] 대학교수가 특정출판사의 교재를 채택하여 달라는 청탁을 받고 교재 판매대금의 일정비율에 해당하는 금원을 받은 경우 배임수증죄를 긍정한 사례이다.[1429] 아파트 건축회사 협상대표(갑)가 각 세대당 금 2백만 원의 보상금지급요구 문제 등에 관한 협상권한을 위임받은 아파트입주자 대표들(을)에게 보상금을 전체 금 2천만 원으로 대폭 감액하여 조속히 합의하여 달라고 부탁한 것이 그 청탁의 내용, 이에 관련하여 (을)이 교부받은 이 사건 약속어음의 액면금이 합의금액보다 많고 처음 요구한 (을) 각 세대당 금 2백만 원보다 많은 반면 오히려 합의금액이 (갑)이 제시한 금원보다 적은 점, 입주자들에게 이를 숨기고 교부받은 경위 등에 비추어 사회상규나 신의성실의 원칙에 반하는 내용의 부정한 청탁에 해당된다 할 것이다.[1430] 대학교의 의과대학부속병원 부대시설의 임차 운영자를 선정할 권한을 가진 총장 겸 부속병원장의 직무를 보좌 또는 대행하거나 임차인을 추천할 권한 등이 있는 부총장이 위 부속병원의 부대시설 운영권을 인수하는 데 우선적으로 추천해 달라는 청탁을 받고 그 사례비 명목으로 금 3,000만 원을 받았다면, 이는 타인의 사무를 처리하는 자가 그 임무에 관해 사회상규 또는 신의성실의 원칙에 반하는 부정한 청탁을 받고 사례비 명목으로 금원을 받은 것이 되어 배임수재죄를 구성한

1423) 대법원 2010.4.15. 선고 2009도4791 판결.
1424) 대법원 2009.3.12. 선고 2008도1321 판결.
1425) 대법원 2008.12.11. 선고 2008도6987 판결.
1426) 대법원 2002.4.9. 선고 99도2165 판결.
1427) 대법원 1998.6.9. 선고 96도837 판결.
1428) 대법원 1997.10.24. 선고 97도2042 판결.
1429) 대법원 1996.10.11. 선고 95도2090 판결.
1430) 대법원 1993.3.26. 선고 92도2033 판결.

다.[1431] 한국전력공사 소속 송전배원으로 송전설비관리 및 송전선로공사의 현장감독업무를 하던 피고인 갑이 송전선로 철탑이설공사를 도급받아 시공하는 피고인 을로부터 공사시공에 하자가 있더라도 묵인하여 달라는 취지의 청탁을 받고 금원을 수령한 경우, 피고인들을 배임수증죄로 의율한 사례이다.[1432] 종합병원 또는 대학병원 소속 의사들이 자신들이 처방하는 약을 환자들이 예외 없이 구입 복용하는 것을 기화로, 의약품수입업자로부터 병당 5만원 내지 7만원씩의 사례비를 줄터이니 수입하여 시중 약국에는 보급하지 않고 직접 전화주문만 받아 독점판매하고 있는 메가비트 500이라는 약을 본래의 적응증인 순환기질환뿐 아니라 내분비 등 거의 모든 병에 잘 듣는 약이니 그러한 환자에게 원외처방하여 그들로 하여금 위 약을 많이 사먹도록 해달라는 부탁을 받고 금원을 교부받은 경우, 위 의사들은 그 임무에 관하여 부정한 청탁을 받고 금품을 수수하였다고 할 것이므로 위와 같은 행위는 배임수재죄를 구성한다.[1433] 피고인은 **방송공사 라디오국 프로듀스로 근무하면서 각종 프로그램의 제작연출 등 사무를 처리하고 있던 중 당시 제작하는 가요프로그램에 실을 수 있는 가요의 수는 제한되어 있음에도 원심설시의 가수들 또는 그 매니저들로부터 위 프로그램에 위 가수들의 노래를 선곡하여 자주 방송함으로써 인기도가 올라갈수 있도록 하여 달라는 청탁을 받고 그 사례금명목으로 31회에 걸쳐 합계금 7,900,000원을 교부받은 사실을 인정할 수 있는바, 방송은 공적책임을 수행하고 그 내용의 공정성과 공공성을 유지하여야 하는 것이므로(방송법 제4조, 제5조 참조), 방송국에서 프로그램의 제작연출 등의 사무를 처리하는 피고인으로서는 특정가수의 노래만을 편파적으로 선곡하여 계속 방송하여서는 아니되고 청취자들의 인기도, 호응도 등을 고려하여 여러 가수들의 노래를 공정성실하게 방송하여야 할 임무가 있음에도 위와 같이 피고인이 담당하는 제한된 방송프로그램에 특정가수의 노래만을 자주 방송하여 달라는 청탁은 사회상규나 신의성실의 원칙에 반하는 부정한 청탁이라 할 것이니 원심이 같은 취지에서 피고인에게 배임수재죄의 성립을 인정한 것은 옳고 여기에 소론과 같은 사실오인이나 배임수재죄의 법리를 오해한 위법은 없으므로 논지는 모두 이유 없다.[1434] 배임수증재죄에 있어서의 부정한 청탁이라 함은 청탁이 사회상규 또는 신의성실의 원칙에 반하는 것을 말하고 이를 판단함에 있어서는 청탁의 내용과 이에 관련하여 공여한 재물의 액수, 형식, 이 죄의 보호법익인 거래의 청렴성 등을 종합적으로 고찰하여야 할 것인바, 피고인이 물품구매계약을 담당하고 있는 공소외 공사 자재과장과 직원에게 물품납품계약을 한국보훈복지공단과 수의계약으로 체결하여 주고 편의를 보아 주면 사례하겠다고 청탁하고 그 구매계약체결 후 금 2,180만원을 교부하였다면 피고인의 위 청탁은 부정한 청탁이라고 하여야 할 것이다.[1435] 어떤 직위에 특정인을 우선적으로 추천해 달라는 청탁은 신의성실의 원칙에 반하는 청탁이라고 할 것이므로 원심이 이와 같은 취지에서 배임수재죄의 성립을 인정한 조치는 정당하고 소론과 같은 법률위반의 위법이 없다. 논지는 이유없다.[1436] 피고인들이 취급하는 업무와 사업의 내용, 피고인들과의 거래관계, 이 사건 인공고관절구입에 관련하여 주고 받은 금원의 액수와 기간, 금원지급의 형태 등을 종합하여 볼 때 피고인 1이 청탁을 받고 이 사건 인공고관절을 구입하고 피고인 3이 청탁을 하고 이를 판매하는데 있어서 한 이 사건 청탁은 부정한 청탁에 해당한다고 할 것이므로 논지 이유없다.[1437] 하도급받은 자가 감독할 지위에 있는 자에게 공사감독을

1431) 대법원 1991.12.10. 선고 91도2543 판결.
1432) 대법원 1991.11.26. 선고 91도2418 판결.
1433) 대법원 1991.6.11. 선고 91도413 판결.
1434) 대법원 1991.1.15. 선고 90도2257 판결.
1435) 대법원 1990.8.10. 선고 90도665 판결.
1436) 대법원 1989.12.12. 선고 89도495 판결.
1437) 대법원 1988.12.20. 선고 88도167 판결.

까다롭게 하지 말고 잘 보아 달라는 취지로 직접 또는 온라인으로 수차례에 걸쳐 금원을 교부한 경우라면 공사감독을 까다롭게 하지 말아 달라는 취지의 위 청탁은 그것이 묵시적이라 하더라도 사회상규 또는 신의성실의 원칙에 반하는 부정한 청탁에 해당한다.[1438] 피고인이 공소외인으로부터 그 업무에 관하여 부정한 청탁을 받고 돈을 받은 사실을 인정하고 있는 바, 기록에 의하여 살펴보니 원심의 사실인정은 정당하여 수긍이 되고 거기에 소론주장과 같은 채증법칙 위배의 위법이 없다.[1439] 피고인들이 공소외 1과 공모하여, 농수산부에서 시달된 미맥교환요령에 따라 상환능력이 있는 농가에 한하여 실수요량 만큼만 대여하도록 되어 있는 보리 및 보리쌀을 그 판시와 같은 부당한 방법으로 피고인 2에게 대량 편중대여함으로써 위 미맥교환업무처리상의 임무에 위배하여 동인으로 하여금 그 판시와 같은 이득을 취하게 하고 국가에 대하여 동액상당의 재산상 손해를 가한 사실 을 인정하고 있는 바, 위 사실인정을 위하여 거친 증거의 취사과정을 기록에 대조하여 살펴보아도 정당한 것으로 수긍되고 거기에 논지가 지적하는 채증법칙 위배 혹은 심리미진의 위법이 있다 할 수 없다. 논지는 이유없다.[1440] 도급순위가 385위이고 부채가 자본금을 초과하고 공사실적도 없으며 장래 수익성이 크게 호전될 전망도 없는 데다 노임의 미불로 고발위험에 처해 있어 파산 직전의 건설회사라면 그 같은 회사의 주식은 사실상 재산적 가치가 없다 할 것이므로, 동 회사의 전무로부터 피고인이 대표이사로 있는 건설회사가 발주하는 공사에 파산 직전의 위 회사를 입찰경쟁업체로 지명하여 주는 대가로 피고인이 소유하는 동 회사의 주식을 금 4천만원에 인수해 주겠다는 청탁을 받고 그 명목 등으로 돈을 받았다면 이는 주식 매각 대금이라고 볼 수 없고 이는 사회상규와 신의성실의 원칙에 반하는 부정한 청탁에 대한 대가로 볼 것이므로 배임수재죄가 성립한다.[1441] 섭외 및 예금 담당의 은행지점차장이 지점장으로부터 중소기업시설자금 대출대상자를 물색하라는 지시를 받고 그 대출적격이 없는 자의 위장대출을 묵인선처하여 달라는 청탁을 받아 대부 담당대리로 하여금 그 대출절차를 밟도록 하여주고 그 청탁이 대가로 금원을 교부받았다면 배임수재죄가 성립한다.[1442] 피고인들은 그들이 속하고 있는 종중으로부터 위 **회관을 매수하는 사무를 수탁처리함에 있어 매도인으로부터 그 매수대금을 증액결가함과 또 약정의 대금지급기일 이전에 대금을 지급(소유권이전도 받기 전에)의 요청을 받아 이에 응하고 그 사례로 금원을 수수한 행위는 부정한 청탁을 받고 재물을 취득하였다 할 것이다.[1443]

부정한 청탁을 부정한 판례의 구체적 내용은 다음과 같다. 즉,

사립학교법 제20조 제1항, 제2항, 제20조의2, 제20조의3, 제28조 제1항, 제47조, 제73조 제2호의 내용과 취지 등을 종합적으로 고려하여 보면, 학교법인 운영권의 유상 양도를 금지・처벌하는 입법자의 명시적 결단이 없는 이상 학교법인 운영권의 양도 및 그 양도대금의 수수 등으로 인하여 향후 학교법인의 기본재산에 악영향을 미칠 수 있다거나 학교법인의 건전한 운영에 지장을 초래할 수 있다는 추상적 위험성만으로 운영권 양도계약에 따른 양도대금 수수행위를 형사처벌하는 것은 죄형법정주의나 형벌법규 명확성의 원칙에 반하는 것으로서 허용될 수 없다. 따라서 학교법인의 이사장 또는 사립학교경영자가 학교법인 운영권을 양도하고 양수인으로부터 양수인 측을 학교법

1438) 대법원 1988.3.8. 선고 87도1445 판결.
1439) 대법원 1984.7.10. 선고 84도179 판결.
1440) 대법원 1984.4.10. 선고 83도1211 판결.
1441) 대법원 1983.12.13. 선고 82도735 판결.
1442) 대법원 1982.2.9. 선고 80도2130 판결.
1443) 대법원 1980.10.14. 선고 79도190 판결.

인의 임원으로 선임해 주는 대가로 양도대금을 받기로 하는 내용의 '청탁'을 받았다 하더라도, 그 청탁의 내용이 당해 학교법인의 설립 목적과 다른 목적으로 기본재산을 매수하여 사용하려는 것으로서 학교법인의 존립에 중대한 위협을 초래할 것임이 명백하다는 등의 특별한 사정이 없는 한, 그 청탁이 사회상규 또는 신의성실의 원칙에 반하는 것을 내용으로 하는 것이라고 할 수 없으므로 이를 배임수재죄의 구성요건인 '부정한 청탁'에 해당한다고 할 수 없고, 나아가 학교법인의 이사장 또는 사립학교경영자가 자신들이 출연한 재산을 회수하기 위하여 양도대금을 받았다거나 당해 학교법인이 국가 또는 지방자치단체로부터 일정한 보조금을 지원받아 왔다는 등의 사정은 위와 같은 결론에 영향을 미칠 수 없다.[1444] 구 사회복지사업법(2009.6.9. 법률 제9766호로 개정되기 전의 것) 제23조 제3항, 제53조 제1호와 제18조 제5항, 제22조, 제26조 제1항 제4호의 내용 및 취지 등을 종합적으로 고려하여 보면, 사회복지법인 운영권의 유상 양도를 금지·처벌하는 입법자의 결단이 없는 이상 사회복지법인 운영권의 양도 및 그 양도대금의 수수 등으로 인하여 향후 사회복지법인의 기본재산에 악영향을 미칠 수 있다거나 사회복지법인의 건전한 운영에 지장을 초래할 경우가 있다는 추상적 위험성만으로 운영권 양도계약에 따른 양도대금 수수행위를 형사처벌하는 것은 죄형법정주의나 형벌법규 명확성의 원칙에 반하는 것이어서 허용될 수 없다. 따라서 사회복지법인의 설립자 내지 운영자가 사회복지법인 운영권을 양도하고 양수인으로부터 양수인 측을 사회복지법인의 임원으로 선임해 주는 대가로 양도대금을 받기로 하는 내용의 '청탁'을 받았다 하더라도, 청탁의 내용이 당해 사회복지법인의 설립 목적과 다른 목적으로 기본재산을 매수하여 사용하려는 것으로서 실질적으로 법인의 기본재산을 이전하는 것과 다름이 없어 사회복지법인의 존립에 중대한 위협을 초래할 것임이 명백하다는 등의 특별한 사정이 없는 한 사회상규 또는 신의성실의 원칙에 반하는 것을 내용으로 하는 청탁이라고 할 수 없으므로 이를 배임수재죄의 성립 요건인 '부정한 청탁'에 해당한다고 할 수 없다. 나아가 사회복지법인의 설립자 내지 운영자가 자신들이 출연한 재산을 회수하기 위하여 양도대금을 받았다거나 당해 사회복지법인이 국가 또는 지방자치단체로부터 일정한 보조금을 지원받아 왔다는 등의 사정은 위와 같은 결론에 영향을 미칠 수 없다.[1445] 대학병원 등의 의사인 피고인들이, 의약품인 조영제를 사용해 준 대가 또는 향후 조영제를 지속적으로 납품할 수 있도록 해달라는 청탁의 취지로 제약회사 등이 제공하는 조영제에 관한 '시판 후 조사'(PMS, Post Marketing Surveillance) 연구용역계약을 체결하고 연구비 명목의 돈을 수수하였다고 하여 배임수재의 공소사실로 기소된 사안에서, 연구목적의 적정성 및 필요성, 연구결과 신뢰성을 확보하려는 노력의 유무, 연구 수행과정과 방법의 적정성 및 결과 충실성, 연구대가의 적정성 등 제반 사정에 비추어, 연구용역계약은 의학적 관점에서 필요성에 따라 근거와 이유를 가지고 정당하게 체결되어 수행되었을 뿐, 제약회사 등의 조영제 납품에 관한 부정한 청탁 또는 대가 지급 의도로 체결된 것으로 볼 수 없다고 한 원심판단을 수긍한 사례이다.[1446] 공인회계사인 피고인이 갑 주식회사 부사장 을에게서 '합병에 필요한 갑 회사의 주식가치를 높게 평가해 달라'는 부정한 청탁을 받고 금품을 수수하였다는 내용으로 기소된 사안에서, 주식가치평가에 대한 언급을 사회상규에 반하는 부정한 청탁으로 보기 어렵다는 이유로 피고인에 대한 구 공인회계사법 위반의 주위적 공소사실 및 배임수재의 예비적 공소사실을 모두 무죄로 인정한 원심판단을 정당하다고 한 사례이다.[1447] 아파트개발사업 시행업체 측으로부터 철거공사를 담당할 업체를 선정할 권한과 함께 명도·이주 업무를 책임지고 수행할 임무를 위임받은

1444) 대법원 2014.1.23. 선고 2013도11735 판결.
1445) 대법원 2013.12.26. 선고 2010도16681 판결.
1446) 대법원 2011.8.18. 선고 2010도10290 판결.
1447) 대법원 2011.9.29. 선고 2011도4397 판결.

피고인이, 시행업체의 양해하에 철거업체로 선정되면 철거공사 하도급대금 중 일부를 피고인에게 지급하기로 하는 내용의 약정을 철거업체와 체결한 사안에서, 타인의 부탁을 받아 계약과 사무를 처리하는 사람이 특정인으로부터 계약체결의 상대방이 될 수 있게 해달라는 부정한 청탁을 받고 대가를 받은 경우라고 보기 어렵다고 한 사례이다.[1448] 피고인 갑이 한국자산관리공사 직원인 피고인 을, 병에게 한 청탁은 그 구체적 내용 및 을, 병이 내부 규정을 위반하지 않으면서 업무를 신속하게 처리해 준 점, 금품의 교부일시 등 제반 사정에 비추어 부정한 청탁에 해당하지 않는다는 이유로, 위 피고인들의 배임수증재 공소사실에 대하여 무죄를 선고한 원심판단을 수긍한 사례이다.[1449] 종중 사무를 총괄하는 피고인이 공동주택사업을 추진하던 건설회사 담당직원 갑으로부터 '토지매매대금 이외에 수고비를 주겠으니 종중 토지의 공유자(등기명의인)들로부터 조속히 소유권이전에 필요한 모든 서류를 하자 없이 받아달라'는 취지의 부정한 청탁을 받고 재산상 이익을 취득하였다는 배임수재의 공소사실에 대하여, 갑이 피고인에게 부정한 청탁을 하고 피고인이 그 대가로 건설회사로부터 보상금 명목의 금원을 받은 것으로 보기 어렵다는 이유로 무죄를 선고한 원심판단을 수긍한 사례이다.[1450] 대학 편입학업무를 담당하지 아니한 피고인 갑이 피고인 을로부터 편입학과 관련한 부정한 청탁을 받고 금품을 수수하였다 하더라도 편입학업무를 담당한 교무처장 등이 피고인 갑이 부정한 청탁을 받았음을 알았거나 스스로 부정한 청탁을 받았다고 볼 자료가 없는 경우, 피고인 갑을 배임수재로, 피고인 을을 배임증재로 처벌할 수 없다고 한 사례이다.[1451] 조합 이사장이 조합이 주관하는 도자기 축제의 대행기획사를 선정하는 과정에서 최종 기획사로 선정된 회사로부터 조합운영비 지급을 약속받고 위 축제가 끝난 후 조합운영비 명목으로 현금 3,000만 원을 교부받아 조합운영비로 사용한 사안에서, 이사장이 개인적인 이익을 위해서가 아니라 조합의 이사장으로서 위 금원을 받아 조합의 운영경비로 사용한 것이라는 이유로 배임수재죄의 성립을 부정한 사례이다.[1452] 공사발주자가 국가로부터 정당하게 교부받은 보조금을 공사업체에 실제로 지급하였다가 그 중 일부를 기부받아 필요한 간접비용으로 사용하였다고 하더라도, 당초의 보조금 중 위 기부금 상당액이 '허위의 신청이나 기타 부정한 방법'에 의하여 교부받은 것이라고 단정할 수는 없다고 한 사례이다.[1453] 청탁한 내용이 단순히 규정이 허용하는 범위 내에서 최대한의 선처를 바란다는 내용에 불과하다면 사회상규에 어긋난 부정한 청탁이라고 볼 수 없고 따라서 이러한 청탁의 사례로 금품을 수수한 것은 배임수재에 해당하지 않는다고 할 것이다.[1454] 실질적으로 학교법인의 이사장 직무를 수행하면서 학교공사와 관련하여 공사대금 중 수급인이 학교법인 부담부분 상당액을 학교법인에 기부하는 것을 조건으로 공사계약을 체결한 후 공사를 완성하여 이 부분에 대한 공사대금 지급의무를 면제받거나 그 대금 상당액을 입금받은 다음 다시 수급인에게 공사대금으로 지급한 것으로 처리한 경우, 이러한 행위는 학교공사에 관하여 관계 규정에 따른 공개입찰을 하지 아니하는 대신 특정 공사업자와 수의계약을 체결하면서 공사업자에게 공사대금 중 국고지원 부분만을 지급하기로 하고 학교법인 부담 부분은 면제받은 것으로 볼 것이고, 이러한 경우 공사대금 지급채무는 학교법인이 공사업자에 대하여 부담하는 것이므로 이를 면제받는 것은 학교법인의 이익으로 되는 것일 뿐 실질적으로 학교법인의 이사장 직무를 수행한 자가 면제받은 대금 상당의

1448) 대법원 2011.4.14. 선고 2010도8743 판결.
1449) 대법원 2010.9.30. 선고 2009도5793 판결.
1450) 대법원 2010.9.9. 선고 2010도7380 판결.
1451) 대법원 1999.1.15. 선고 98도663 판결.
1452) 대법원 2008.4.24. 선고 2006도1202 판결.
1453) 대법원 2006.11.23. 선고 2006도906 판결.
1454) 대법원 2006.3.24. 선고 2005도6433 판결; 대법원 1982.9.28. 선고 82도1656 판결.

이익을 취득하였다고 볼 수는 없고, 따라서 위와 같은 행위는, 공개입찰을 하지 아니하고 수의계약을 체결한 것에 대하여 행정상의 책임 등을 묻는 것은 별론으로 하고, 타인의 사무를 처리하는 자가 그 임무에 위배하여 부정한 청탁을 받고 재물 또는 재산상의 이익을 취득한 경우에 해당한다고 할 수는 없다.[1455] 계약관계를 유지시켜 기존 권리를 확보하기 위하여 하는 부탁행위 등은 부정한 청탁이라고 할 수 없다.[1456] 피고인이 유류부정처분 대금을 나누어 준 것이 단지 환심을 사두어 후일 범행이 발각되더라도 이를 누설하지 않게끔 하기 위한 것이었다고 보여지는 경우에 있어서는 만연히 임무와 관련하여 재물 또는 재산상 이득을 취득한데 불과하고 배임수재죄에 있어서 청탁의 내용이라 할 수 있는 구체적이고 특정한 임무행위에 관하여 부정한 청탁이라고 보기 어렵다.[1457] 계약관계를 유지시켜 기존권리를 확보하기 위한 부탁행위는 부정한 청탁이라 할 수 없으므로, 계약관계를 유지시켜 달라는 부탁을 받고 사례금명목으로 금원을 교부받은 행위는 배임수재죄에 해당하지 아니한다.[1458] 청탁한 내용이 단순히 규정이 허용하는 범위내에서 최대한의 선처를 바란다는 내용에 불과하다면 사회상규에 어긋난 부정한 청탁이라고 볼 수 없고 따라서 이러한 청탁의 사례로 금품을 수수한 것은 배임증재 또는 배임수재에 해당하지 않는다.[1459]

ⓘⓥ 결 과

ⅰ. 취 득　　본죄는 타인의 사무를 처리하는 자가 그 임무에 관하여 부정한 청탁을 받고 재물 또는 재산상의 이익을 취득함으로써 성립한다. 본죄는 재물 또는 이익의 취득만으로 바로 기수에 이른다.[1460] 본인에게 손해가 발생하였는지의 여부는 묻지 않는다[1461] 청탁에 상응하는 어떠한 부정행위나 배임행위에 나아갈 것을 요하지도 않는다.[1462] 다만 재물 또는 재산상의 이익의 취득시점은 부정한 청탁과 동시이거나 사전 또는 사후를 불문한다.

취득은 현실적 취득을 의미하기 때문에 단순한 요구 또는 약속만으로는 부족하다. 수뢰죄(제129조)에서는 수뢰뿐만 아니라 이에 대한 요구 또는 약속도 규정하고 있음에 반하여, 본죄는 취득만을 규정하고 있기 때문이다. 대법원도 "'재산상의 이익의 취득'이라 함은 현실적인 취득만을 의미하므로 단순한 요구 또는 약속만을 한 경우에는 이에 포함되지 아니한다"고 판시한 바 있다.[1463]

한편 취득은 편의상 전술한 바와 같이 스스로 취득하는 이른바 자기 배임수재와 제3자로 하여금 취득하게 하는 이른바 타인 배임수재로 구분하기로 하였다.

1455) 대법원 2001.2.9. 선고 2000도4700 판결.

1456) 대법원 1991.8.27. 선고 91도61 판결; 대법원 1987.11.24. 선고 87도1560 판결.

1457) 대법원 1983.12.27. 선고 83도2472 판결.

1458) 대법원 1985.10.22. 선고 85도465 판결.

1459) 대법원 1982.9.28. 선고 82도1656 판결.

1460) 대법원 2010.9.9. 선고 2009도10681 판결.

1461) 대법원 2013.11.14. 선고 2011도11174 판결; 대법원 2011.2.24. 선고 2010도11784 판결; 대법원 2010.9.9. 선고 2010도7380 판결; 대법원 1984.11.27. 선고 84도1906 판결; 대법원 1984.8.21. 선고 83도2447 판결; 대법원 1982.5.25. 선고 81도1305 판결; 대법원 1980.10.14. 선고 79도190 판결.

1462) 대법원 2013.11.14. 선고 2011도11174 판결; 대법원 2011.2.24. 선고 2010도11784 판결; 대법원 2010.9.9. 선고 2010도7380 판결; 대법원 2010.9.9. 선고 2009도10681 판결; 대법원 1991.8.27. 선고 91도61 판결; 대법원 1987.11.24. 선고 87도1560 판결; 대법원 1987.4.28. 선고 87도414 판결; 대법원 1985.10.22. 선고 85도465 판결; 대법원 1984.11.27. 선고 84도1906 판결; 대법원 1982.7.13. 선고 82도925 판결.

1463) 대법원 1999.1.29. 선고 98도4182 판결.

ⅱ. 취득의 유형

㉠ 자기 배임수재 본죄의 취득 중 하나의 유형은 재물 또는 재산상의 이익을 스스로 취득하는 것이다. 판례에 의하면 "배임증 · 수재죄에 있어서 타인의 사무를 처리하는 자가 그 임무에 관하여 부정한 청탁을 받고 재물 또는 재산상의 이익을 취득하거나 그에게 그러한 청탁을 하고 재물 또는 이익을 공여한다 함은 그 재물 또는 이익을 사무처리자 자신의 것으로 취득하거나 그 자신의 것으로 공여하는 것을 뜻한다"고 한다.[1464]

㉡ 타인 배임수재 본죄의 취득 중 다른 하나는 재물 또는 재산상의 이익을 제3자로 하여금 이를 취득하게 하는 것이다.

취득을 긍정한 판례의 구체적 내용은 다음과 같다. 즉,

타인의 사무를 처리하는 자가 증재자로부터 돈이 입금된 계좌의 예금통장이나 이를 인출할 수 있는 현금카드나 신용카드를 교부받아 이를 소지하면서 언제든지 위 예금통장 등을 이용하여 예금된 돈을 인출할 수 있어 예금통장의 돈을 자신이 지배하고 입금된 돈에 대한 실질적인 사용권한과 처분권한을 가지고 있는 것으로 평가될 수 있다면, 예금된 돈을 취득한 것으로 보아야 한다.[1465] 주택조합아파트 시공회사 직원인 피고인들이 조합장으로부터 조합의 이중분양에 관한 민원을 회사에 보고하지 않고 묵인하거나 이중분양에 대한 조치를 강구할 때 조합의 입장을 배려하여 달라는 청탁을 받고 위 아파트 분양권을 취득한 사안에서, 피고인들에게 배임수재죄를 인정한 원심판단을 수긍한 사례이다.[1466] 가요담당 방송프로듀서가 직무상 알고 지내던 가수매니저들로부터 많게는 100만원 적게는 20만원 정도의 금품을 28회에 걸쳐 받은 것을 가리켜 의례적이라거나 사회상규에 위반되지 아니한다고 할 수 없다.[1467]

취득을 부정한 판례의 구체적 내용은 다음과 같다. 즉,

골프장 회원권에 관하여 피고인 명의로 명의변경이 이루어지지 아니한 이상 피고인이 현실적으로 재산상 이익을 취득하지 않았다는 이유로 배임수재죄의 성립을 부정한 사례이다.[1468]

② 주관적 구성요건

ⓘ 고 의 본죄는 고의범이다. 본죄의 고의는 인식적 요소로서 타인의 사무를 처리하는 자가 부정한 청탁을 받아들이고 이에 대한 대가로서 재물 또는 재산상의 이익을 받은 사실에 대한 인식을 요한다.[1469]

ⓘⓘ 불법 영득 · 이득의 의사 본죄는 재산죄에 속하는 한 주관적 구성요건요소로서 고의 외에도 불법 영득 · 이득의 의사를 요한는 것은 당연하다.

불법 영득 · 이득의 의사를 긍정한 판례의 구체적 내용은 다음과 같다. 즉,

임무에 관하여 부정한 청탁을 받고 4회에 걸쳐 합계 금 7,000,000원을 수수하였다면 그 후에

1464) 대법원 1987.4.4. 선고 85도1339 판결.
1465) 대법원 2017.12.5. 선고 2017도11564 판결.
1466) 대법원 2011.2.24. 선고 2010도11784 판결.
1467) 대법원 1991.6.11. 선고 91도688 판결.
1468) 대법원 1999.1.29. 선고 98도4182 판결.
1469) 대법원 1999.1.29. 선고 98도4182 판결 참조.

그 중 일부 금원을 다시 되돌려 준 것만으로 이를 수수할 당시에 영득의 의사가 없었다고 단정할 수 없으므로 배임수재죄의 성립에 영향이 없다.[1470]

불법 영득·이득의 의사를 부정한 판례의 구체적 내용은 다음과 같다. 즉,

피고인이 증뢰자로부터 받은 100만원짜리 수표 150매를 소외인을 통하여 은행에 맡기면서 누가 자기에게 일시보관을 위해 맡긴 것인데 곧 찾아 갈 돈이니 맡아달라고 말한 사실이 인정되고 또 피고인이 그 돈을 반환한 경위에 있어서도 영득의 의사로 받았다가 되돌려 줄 수 밖에 없는 특단의 사정변경사실을 찾아볼 수 없고 자발적으로 반환한 경우라면, 위 수표들 이 수표 100매 1억원과 50매 5천만원으로 나누어 다른 날짜에 가명으로 예금된 바 있다 하더라도 피고인에게 배임수재죄에 있어서의 영득의 의사가 있었다고 단정할 수 없다.[1471] 은행장인 피고인 (갑)이 받은 수표들을 친구인 공소외(을)에게 맡길 때에 돌려줄 것이라고까지 밝힌 바는 없었지만 일시보관을 위해서 맡긴 것인데 곧 찾아갈 것이라고 말한 사실이 인정되며, 또 피고인(갑)이 그 돈을 피고인(병)을 통하여 반환하게 된 경위에 있어서도 영득의 의사로 받았다가 사후에 되돌려주지 않을 수 없는 어떠한 사정변경이 생겨 반환한 것이라고 볼만한 사정을 찾아볼 수 없고 피고인(갑)이 자발적으로 피고인(병)을 찾아가 받게된 경위설명을 한 후 받을 수 없는 돈이라고 하면서 반환한 사실이 인정되는 경우이면, 위 수표가 1억원과 5천만원으로 나뉘어 각각 다른 날짜에 공소외(을)에게 수교되었다거나 100만원씩의 구좌로 나뉘어 예금되어 있었다고 하더라도 피고인(갑)에게 배임수재죄에 있어서의 영득의 의사가 있었다고 단정할 수 없다.[1472]

③ 미수·기수

본죄는 미수범을 처벌한다. 그럼에도 불구하고 본죄의 미수범의 성부에 대하여는 다툼이 있다. 제1설은 부정설이다. 취득을 요구 또는 약속하는 것만으로는 죄가 될 수 없으므로 본죄의 미수범은 있을 수 없다고 한다. 수뢰죄의 미수범을 처벌하지 않는 것과 균형을 맞추기 위해서 본죄의 미수범을 인정하지 않는다고 한다. 제2설은 긍정설이다. 본죄는 미수범처벌규정을 두고 있다고 한다. 취득만을 구성요건적 행위로 규정하고 있는 점에 비추어 요구 내지 약속은 본죄의 미수에 해당한다고 한다.

생각건대 본죄는 미수범에 대한 처벌규정을 명문으로 규정하고 있다. 따라서 부정설은 입법론으로서는 몰라도 해석론으로서는 그 범위를 넘는 것이라고 아니할 수 없다. 본죄는 전술한 바와 같이 재물 또는 재산상의 이익의 취득이 있으면 그 즉시 본죄는 기수에 이르며, 반드시 배임행위에 나갈 것을 요하지 않고, 본인에 대한 손해의 발생여부도 묻지 않는다고 할 수 있다. 기수를 긍정한 판례의 구체적 내용은 다음과 같다. 즉,

피고인이 그가 대표이사로 있는 회사가 발주하는 공사에 관하여 입찰경쟁업체로 지명함에 있어서 부적당하다는 정을 알면서도 부정한 청탁을 받고 소외 건설업체를 지명하고 그 사례조로 금원을 수수하여 배임수재죄가 성립하였다면 그 후 위 건설업체가 동 공사를 아무런 하자없이 시공하여 준공검사를 마침으로써 그 회사에 아무런 손해가 발생하지 아니하였더라도 아무런 영향이 없

1470) 대법원 1991.6.11. 선고 91도413 판결.
1471) 대법원 1984.3.13. 선고 83도1986 판결.
1472) 대법원 1983.3.8. 선고 82도2873 판결.

다.[1473)]

④ 공 범

본죄는 신분범이기 때문에 공범에 있어서도 특히 총칙상의 공범과 신분(제33조)에 관한 규정이 적용된다. 다만 본죄는 후술하는 배임증재죄와는 필요적 공범관계에 있기 때문에 배임증재자와의 관계에서는 총칙상의 공범에 관한 규정이 적용되지 않는다.

본죄는 원칙적으로 타인의 사무를 처리하는 자라야 그 범죄의 주체가 될 수 있고, 그러한 신분을 가지지 아니한 자는 신분 있는 자의 범행에 가공한 경우에 한하여 그 주체가 될 수 있다.[1474)] 법문상 타인의 사무를 처리하는 자가 그 임무에 관하여 부정한 청탁을 받았다 하더라도 자신이 아니라 다른 사람으로 하여금 재물 또는 재산상의 이익을 취득하게 한 경우에는 위 죄가 성립하지 않음이 명백하고, 다만 사회통념상 그 다른 사람이 재물 또는 재산상 이익을 받은 것을 부정한 청탁을 받은 자가 직접 받은 것과 같이 평가할 수 있는 관계가 있는 경우에만 위 죄가 성립될 수 있다.[1475)]

공범을 부정한 판례의 구체적 내용은 다음과 같다. 즉,

> 공동의 사기 범행으로 인하여 얻은 돈을 공범자끼리 수수한 행위가 공동정범들 사이의 범행에 의하여 취득한 돈이나 재산상 이익의 내부적인 분배행위에 지나지 않는다면 돈의 수수행위가 따로 배임수증재죄를 구성한다고 볼 수는 없다.[1476)] 다른 대학의 교수인 피고인이 대학원생들의 학위논문 작성에 필요한 실험대행 및 논문원고를 작성해 주고 그 대가를 대학원생들로부터 직접 또는 그들의 지도교수를 통하여 수수한 사안에서, 사회통념상 피고인의 수수행위를 위 지도교수들의 직접적인 수수행위로 평가할 수 있는 긴밀한 관계를 인정할 수 없음에도 불구하고 위 지도교수들에게 배임수재 정범의 실행행위성을 인정한 원심을 심리미진 등을 이유로 파기한 사례이다.[1477)] 대학원생들이 지도교수들을 통하여 다른 대학교 교수인 피고인에게 "학위논문 작성에 필요한 실험대행 및 논문의 주요부분 작성 등 편의를 제공하여 문제없이 학위를 취득하게 해 달라"는 청탁을 하고 금품을 교부한 사안에서, 위 청탁은 부정한 청탁에 해당하지만, 타 대학 대학원생들에 대한 논문지도 및 심사업무가 피고인의 업무라고 할 수 없으며, 피고인이 대학원생들 지도교수들의 배임수재행위에 공모하였다고 보기도 어렵다.[1478)] 피고인은 △△대학교 한의과대학 교수로 근무하였을 뿐, **대 한의대 대학원생인 증재자들의 석·박사학위 논문 지도 및 심사에 영향을 미칠 수 있는 지위에 있지 아니하였으므로(이는 피고인이 직접 학위논문 심사위원으로 참가하여 논문을 심사한 일부 사례의 경우에도, 부정한 청탁이나 금원의 지급이 피고인의 논문심사위원 업무와는 무관하게 실험의 대행 및 논문 주요부분의 작성과 관련하여 이루어진 이상 미찬가지이다) 피고인이 석·박사학위논문 작성에 필요한 실험대행 및 논문의 주요부분 작성과 관련하여 금품을 수수하였다고 하더라도 스스로 '타인의 사무를 처리하는 자'로서 그러한 행위를 하였다고 볼 수는 없

1473) 대법원 1983.12.13. 선고 82도735 판결.

1474) 대법원 2008.3.27. 선고 2006도3504 판결; 대법원 2006.3.24. 선고 2005도6433 판결.

1475) 대법원 2009.6.11. 선고 2009도1518 판결; 대법원 2006.12.22. 선고 2004도2581 판결.

1476) 대법원 2016.5.24. 선고 2015도18795 판결; 대법원 2013.10.24. 선고 2013도7201 판결; 대법원 1985.8.20. 선고 84도2599 판결.

1477) 대법원 2009.6.11. 선고 2009도1518 판결.

1478) 대법원 2008.3.27. 선고 2006도3504 판결.

다.[1479]

2) 위법성조각사유

청탁한 내용이 단순히 규정이 허용하는 범위 내에서 최대한의 선처를 바란다는 내용에 불과하거나 위탁받은 사무의 적법하고 정상적인 처리범위에 속하는 것이라면 이는 사회상규에 어긋난 부정한 청탁이라고 볼 수 없고 이러한 청탁의 사례로 금품을 수수한 것은 배임증재 또는 배임수재에 해당하지 않는다.[1480]

3) 죄 수

① 일반원칙

단일하고도 계속된 범의 아래 일정기간 반복하여 이루어진 것이고 그 피해법익도 동일한 때에는 이를 포괄일죄로 보아야 한다.[1481] 다만 여러 사람으로부터 각각 부정한 청탁을 받고 그들로부터 각각 금품을 수수한 경우에는 비록 그 청탁이 동종의 것이라고 하더라도 단일하고 계속된 범의 아래 이루어진 범행으로 보기 어려워 그 전체를 포괄일죄로 볼 수 없다.[1482]

이에 관한 판례의 구체적 내용은 다음과 같다. 즉,

> 타인의 사무를 처리하는 자에게 그 직무에 관하여 부정한 청탁을 하고 여러 차례에 걸쳐 금품을 공여한 경우 그것이 단일하고도 계속된 범의 아래 일정 기간 반복하여 이루어진 것이고 그 피해법익도 동일한 때에는 이를 포괄일죄로 보아야 한다.[1483] 금융기관 임직원이 그 직무에 관하여 여러 차례 금품을 수수한 경우에 그것이 단일하고도 계속된 범의 아래 일정기간 반복하여 이루어진 것이고 그 피해법익도 동일한 경우에는 각 범행을 통틀어 포괄일죄로 볼 것이다.[1484] 피고인 1에 대한 이 부분 공소사실 즉, 피고인 1이 피고인 3, 4로부터 주말부킹권을 제공해 달라는 부정한 청탁을 받고 피고인 3으로부터 2005.11.11.경부터 2007.10.15.경까지 110회에 걸쳐 합계 5억 29,710,000원, 피고인 4로부터 2006.10.16.경부터 2007.10.15.경까지 46회에 걸쳐 합계 2억 89,025,000원의 각 금품을 수수한 행위를 배임증재자별로 각 포괄일죄로 본 다음 양 죄를 실체적 경합범으로 처벌한 것은 옳고, 거기에 상고이유의 주장과 같은 경합범에 관한 법리오해의 위법이 있다고 할 수 없다.[1485]

② 다른 죄와의 관계

본죄와 전술한 배임죄나 업무상 배임죄는 서로 독립된 범죄이다. 따라서 양자는 경합범 관계에 있다고 할 수 있다.

이에 관한 판례의 구체적 내용은 다음과 같다. 즉,

1479) 대법원 2008.3.27. 선고 2006도3504 판결.

1480) 대법원 2011.4.14. 선고 2010도8743 판결; 대법원 1982.9.28. 선고 82도1656 판결.

1481) 대법원 2008.12.11. 선고 2008도6987 판결; 대법원 2000.6.27. 선고 2000도1155 판결; 대법원 1999.1.29. 선고 98도3584 판결.

1482) 대법원 2008.12.11. 선고 2008도6987 판결.

1483) 대법원 2012.5.24. 선고 2012도535 판결; 대법원 2008.12.11. 선고 2008도6987 판결.

1484) 대법원 2000.6.27. 선고 2000도1155 판결; 대법원 2000.1.21. 선고 99도4940 판결; 대법원 1999.1.29. 선고 98도3584 판결; 대법원 1998.2.10. 선고 97도2836 판결.

1485) 대법원 2008.12.11. 선고 2008도6987 판결.

형법 제357조 제1항의 배임수재죄는 타인의 사무를 처리하는 자가 그 임무에 관하여 부정한 청탁을 받고 재물 등을 취득함으로써 성립하는 것이고 어떠한 임무 위배행위나 본인에게 손해를 가한 것을 요건으로 하는 것이 아닌데 대하여 동법 제256조, 제355조 제2항의 배임죄는 타인의 사무를 처리하는 자가 그 임무에 위배하는 행위가 있어야 하고 그 행위로서 본인에게 손해를 가함으로써 성립하는 것이나 부정한 청탁을 받거나 금품을 수수한 것을 그 요건으로 하지 않고 있으므로 이들 양 죄는 행위의 태양을 전연 달리하고 있어 일반법과 특별법관계가 아닌 별개의 독립된 범죄라고 보아야 하고 또 업무상 배임죄의 법정형은 10년 이하의 징역(단순배임죄의 법정형도 5년 이하의 징역)인데 비하여 배임수재죄의 그것은 업무상 배임죄의 법정형 보다 경한 5년 이하의 징역이므로 업무상 배임죄가 배임수재죄에 흡수되는 관계에 있다거나 결과적 가중범의 관계에 있다고는 할 수 없으므로 위 양죄를 형법 제37조 전단의 경합범으로 의율처단하였음은 정당하다.[1486)]
업무상 배임죄의 법정형은 10년 이하의 징역(단순배임죄의 법정형도 5년 이하의 징역)인데 비하여 배임수재죄의 그것은 업무상 배임죄의 법정형 보다 경한 5년 이하의 징역이므로 업무상 배임죄가 배임수재죄에 흡수되는 관계에 있다거나 결과적 가중범의 관계에 있다고는 할 수 없으므로 위 양죄를 형법 제37조 전단의 경합범으로 의율처단하였음은 정당하다.[1487)]

③ 불가벌적 사후행위

배임수재자가 배임증재자에게서 그가 무상으로 빌려준 물건을 인도받아 사용하고 있던 중에 공무원이 된 경우, 그 사실을 알게 된 배임증재자가 배임수재자에게 앞으로 물건은 공무원의 직무에 관하여 빌려주는 것이라고 하면서 뇌물공여의 뜻을 밝히고 물건을 계속하여 배임수재자가 사용할 수 있는 상태로 두더라도, 처음에 배임증재로 무상 대여할 당시에 정한 사용기간을 추가로 연장해 주는 등 새로운 이익을 제공한 것으로 평가할 만한 사정이 없다면, 이는 종전에 이미 제공한 이익을 나중에 와서 뇌물로 하겠다는 것에 불과할 뿐 새롭게 뇌물로 제공되는 이익이 없어 뇌물공여죄가 성립하지 않는다.[1488)]

3. 배임증재죄

(1) 의 의

본죄는 타인의 사무를 처리하는 자에게 그 임무에 관하여 부정한 청탁을 하고 재물 또는 재산상 이익을 공여함으로써 성립한다(제357조 제2항).

본죄는 타인의 사무를 처리하는 자가 그 임무에 위배하는 행위가 있어야 하고 그 행위로서 본인에게 손해를 가함으로써 성립하는 것이나 부정한 청탁을 받거나 금품을 수수한 것을 그 요건으로 하지 않고 있다.[1489)] 재물 또는 이익을 공여하는 사람에게 부정한 것이 없는 한 배임증재죄는 성립되지 않는다.[1490)]

1486) 대법원 1984.11.27. 선고 84도1906 판결.
1487) 대법원 1984.11.27. 선고 84도1906 판결.
1488) 대법원 2015.10.15. 선고 2015도6232 판결.
1489) 대법원 1984.11.27. 선고 84도1906 판결.
1490) 대법원 1979.6.12. 선고 79도708 판결.

(2) 범 죄

1) 객관적 구성요건

① 객 체

본죄의 객체는 재물 또는 재산상의 이익이다. 배임수증재죄에서 공여 또는 취득하는 재물 또는 재산상 이익은 부정한 청탁에 대한 대가 또는 사례여야 한다.[1491] 따라서 거래상대방의 대향적 행위의 존재를 필요로 하는 유형의 배임죄에서 거래상대방이 양수대금 등 거래에 따른 계약상 의무를 이행하고 배임행위의 실행행위자가 이를 이행받은 것을 두고 부정한 청탁에 대한 대가로 수수하였다고 쉽게 단정하여서는 아니 된다.[1492]

② 행 위

ⓘ 공 여　　본죄의 실행행위는 공여이다. 전술한 배임수재죄에서의 취득에 상응한다. 일방적 공여는 본죄만의 문제일 뿐 배임수재죄와는 무관할 수 있다. 공여의 상대방은 타인의 사무처리자이다.

공여를 부정한 판례의 구체적 내용은 다음과 같다. 즉,

> 사무처리자가 자기가 아닌 본인의 채권을 회수하거나 상대방이 본인에 대한 채무를 변제하는 것은 위의 재물의 취득이나 그 공여에 해당한다고 할 수 없고 또 본인에 대한 채무변제가 부수적으로 사무처리자 자신의 어떤 책임 또는 불이익을 면하게 하여 그의 이익이 되는 것이라 하더라도 그것이 주로 본인의 사무처리에 관계되고 본인을 위한 사무처리의 결과로서 이루어진 것이라면 그 부수적 이익을 가지고 위의 사무처리자 자신이 이익을 취득하거나 그에게 이익을 공여한 것으로 볼 수는 없다.[1493]

ⓘⓘ 타인의 사무처리자　　공여는 원칙적으로 사무처리자에게 행하여질 것을 요한다.[1494] 사무처리자가 아닌 자에게 행하여질 때에는 본죄는 성립하지 아니한다.[1495] 타인의 사무를 처리하는 자라 함은 타인과의 대내관계에 있어서 신의성실의 원칙에 비추어 그 사무를 처리할 신임관계가 존재한다고 인정되는 자를 의미한다.[1496] 타인의 사무처리로 인정되려면 타인의 재산관리에 관한 사무의 전부 또는 일부를 타인을 위하여 대행하는 경우와 타인의 재산보전행위에 협력하는 경우라야만 되는 것이고 단순히 타인에 대하여 채무를 부담하는 경우에는 본인의 사무로 될지언정 타인의 사무처리에 해당한다고 볼 수는 없다 할 것이다.[1497]

사무처리자를 부정한 판례의 구체적 내용은 다음과 같다. 즉,

1491) 대법원 2016.10.13. 선고 2014도17211 판결.
1492) 대법원 2016.10.13. 선고 2014도17211 판결.
1493) 대법원 1987.4.4. 선고 85도1339 판결.
1494) 대법원 2007.6.14. 선고 2007도2178 판결.
1495) 대법원 2007.6.14. 선고 2007도2178 판결.
1496) 대법원 2007.6.14. 선고 2007도2178 판결; 대법원 2006.3.24. 선고 2005도6433 판결; 대법원 2003.2.26. 선고 2002도6834 판결.
1497) 대법원 2007.6.14. 선고 2007도2178 판결; 대법원 1982.6.22. 선고 82도45 판결.

비록 인천시교육청이 발주한 (이름 생략)고등학교 신축공사를 공동으로 수급한 공소외 6 주식회사가 이를 일괄 하도급하거나 공사금액의 88% 이하의 가액으로 하도급하는 것이 금지되어 있었음에도, 실제로는 수급인이 하수급인에게 위 신축공사 전부를 81%의 공사금액에 일괄 하도급을 주면서 형식상 88%의 공사금액에 하도급을 주는 것처럼 계약서를 허위로 작성·제출한 후 발주청이 기성금을 입금하면 하수급인으로 하여금 그 차액 상당액을 교부하도록 하였다고 하더라도 이는 수급인의 발주청에 대한 단순한 채무불이행에 불과하여 건설산업기본법 등에 따른 책임을 부담하는 것은 별론으로 하고 수급인이 위 신축공사에 대한 일괄 하도급계약을 체결하는 행위는 타인을 위한 사무처리가 아니라 바로 수급인 자신의 사무처리행위에 해당되고, 따라서 피고인 4가 하수급인 원심 공동피고인 1을 통하여 수급인에게 차액 상당액인 164,000,000원을 교부하였다고 하더라도 이는 자신의 사무를 처리한 자에 대한 교부에 불과하므로 위 피고인을 배임증재죄로 처벌할 수는 없다고 할 것이다.[1498] 없는 한 대학의 총장이나 학장의 임무에 속하고 학교법인의 상무이사가 처리할 임무가 아니므로 가사 피고인이 편입학에 대한 사례로 학교법인의 상무이사에게 재물을 공여한 것으로 인정되더라도 배임증재에는 해당하지 아니한다.[1499]

ⅲ 임무에 관한 부정한 청탁 공여는 타인의 사무를 처리하는 자의 임무에 관한 부정한 청탁일 것을 요한다. 경우에 따라서 증재자에게는 정당한 업무에 속하는 청탁이라도 수재자에게는 부정한 청탁이 될 수도 있는 것이다.[1500]

본죄에 있어서 부정한 청탁이란 전술한 배임수재죄에서와 같이 사회상규와 신의성실의 원칙에 반하는 청탁을 말한다.[1501] 반드시 업무상 배임의 내용이 되는 정도에 이를 것을 요하지 않고 특정인을 어떤 직위에 우선적으로 추천해 달라는 것과 같은 내용으로 하는 것이면 족하다.[1502] 수재자에게는 부정한 청탁이 되어도 증재자에게는 부정한 청탁이 될 수 없는 경우에는 본죄는 성립하지 않는다.

이를 판단함에 있어서는 청탁의 내용, 이에 관련되어 취득한 재물이나 재산상 이익의 종류·액수 및 형식, 재산상 이익 제공의 방법과 태양, 보호법익인 거래의 청렴성 등을 종합적으로 고찰하여야 한다.[1503] 그 청탁이 반드시 명시적으로 이루어져야 하는 것은 아니며 묵시적으로 이루어지더라도 무방하다.[1504]

1498) 대법원 2007.6.14. 선고 2007도2178 판결.

1499) 대법원 1982.4.13. 선고 81도2646 판결.

1500) 대법원 2011.10.27. 선고 2010도7624 판결; 대법원 1991.1.15. 선고 90도2257 판결.

1501) 대법원 2013.4.25. 선고 2011도9238 판결; 대법원 2010.5.27. 선고 2010도3399 판결; 대법원 2008.12.24. 선고 2008도9602 판결; 대법원 1996.3.8. 선고 95도2930 판결; 대법원 1991.6.11. 선고 91도413 판결; 대법원 1990.8.10. 선고 90도665 판결.

1502) 대법원 2013.11.14. 선고 2011도11174 판결; 대법원 2012.5.24. 선고 2012도535 판결; 대법원 2012.3.29. 선고 2012도536 판결; 대법원 2011.10.27. 선고 2010도7624 판결; 대법원 2011.2.24. 선고 2010도11784 판결; 대법원 2010.9.9. 선고 2010도7380 판결; 대법원 2008.12.11. 선고 2008도6987 판결; 대법원 2006.5.11. 선고 2003도4320 판결; 대법원 2005.6.9. 선고 2005도1732 판결; 대법원 1997.1.24. 선고 96도776 판결; 대법원 1996.10.11. 선고 95도2090 판결; 대법원 1991.1.15. 선고 90도2257 판결; 대법원 1989.12.12. 선고 89도495 판결.

1503) 대법원 2013.4.25. 선고 2011도9238 판결; 대법원 2012.5.24. 선고 2012도535 판결; 대법원 2010.5.27. 선고 2010도3399 판결; 대법원 2008.12.24. 선고 2008도9602 판결; 대법원 2006.5.11. 선고 2003도4320 판결; 대법원 2005.6.9. 선고 2005도1732 판결; 대법원 1997.1.24. 선고 96도776 판결; 대법원 1996.10.11. 선고 95도2090 판결; 대법원 1996.3.8. 선고 95도2930 판결; 대법원 1991.6.11. 선고 91도413 판결; 대법원 1990.8.10. 선고 90도665 판결.

타인의 업무를 처리하는 자에게 공여한 금품에 부정한 청탁의 대가로서의 성질과 그 외의 행위에 대한 사례로서의 성질이 불가분적으로 결합되어 있는 경우에는 그 전부가 불가분적으로 부정한 청탁의 대가로서의 성질을 갖는 것으로 보아야 한다.[1505] 증재자에게는 정당한 업무에 속하는 청탁이라도 수재자에게는 부정한 청탁이 될 수도 있는 것이다.[1506]

부정한 청탁을 긍정한 판례의 구체적 내용은 다음과 같다. 즉,

회사가 기업활동을 하면서 형사상의 범죄를 수단으로 하여서는 안 되므로 뇌물공여를 금지하는 법률 규정은 회사가 기업활동을 할 때 준수하여야 하고, 따라서 회사의 이사 등이 업무상의 임무에 위배하여 보관 중인 회사의 자금으로 뇌물을 공여하였다면 이는 오로지 회사의 이익을 도모할 목적이라기보다는 뇌물공여 상대방의 이익을 도모할 목적이나 기타 다른 목적으로 행하여진 것이라고 보아야 하므로, 그 이사 등은 회사에 대하여 업무상 횡령죄의 죄책을 면하지 못한다. 그리고 특별한 사정이 없는 한 이러한 법리는 회사의 이사 등이 회사의 자금으로 부정한 청탁을 하고 배임증재를 한 경우에도 마찬가지로 적용된다.[1507] 인수 · 합병 추진계획이 있는 피인수회사의 이사로 취임한 갑이 미리 인수회사 그룹에 피인수회사의 매각업무에 관한 정보를 제공하고 인수회사의 대표이사 을로부터 거액의 재산상 이익을 취득한 사안에서, 피고인 갑이 회사의 이사로서 다른 이사들에 대한 감시의무가 있고, 이사 본래의 사무로서 이사회에 참석하여 발언하고 의결하는 등의 방법으로 그 회사의 매각절차에 관여할 수 있는 지위에 있었으며, 실제 이사 취임을 전후로 인수회사 그룹에 매각업무에 관한 정보를 제공하고 피인수회사에 이 그룹을 인수업체로 추천하였을 뿐만 아니라, 인수회사와 사이에 경영자문계약을 체결한 점 등에 비추어 위 매각절차에 관련한 업무를 처리하는 지위에 있다고 볼 것이고, 피고인 갑이 위 정보제공 외에 피고인 을로부터 특별한 대가를 받을 이유가 없고, 일부 금원은 인수회사의 비자금에서 지급된 점 등에 비추어 정보제공 등으로 인수를 도와달라는 취지의 묵시적 청탁이 있었다고 추인함이 상당하고, 위와 같은 청탁은 사회상규 또는 신의성실의 원칙에 반하는 부정한 청탁이라는 이유로, 피고인 갑의 배임수재 및 피고인 을의 배임증재의 공소사실에 대하여 무죄를 선고한 원심판결을 법리오해의 위법을 이유로 파기한 사례이다.[1508] 재건축조합의 조합장과 시공회사의 대표이사 사이에 부정한 청탁이 명시적으로 있었음을 인정할 명백한 증거는 없으나, 재건축공사의 진행 및 정산 등에 있어서 시공회사에게 유리한 쪽으로 편의를 보아 달라는 취지의 묵시적인 청탁은 있었다고 추인함이 상당하고, 이는 사회상규 및 신의성실의 원칙에 반하는 부정한 청탁에 해당하므로 위 대표이사가 위 조합장에게 무상으로 재건축공사장의 식당을 운영하도록 한 것이 배임증재죄에 해당한다고 한 사례이다.[1509] 피고인이 물품구매계약을 담당하고 있는 공소외 공사 자재과장과 직원에게 물품납품계약을 한국보훈복지공단과 수의계약으로 체결하여 주고 편의를 보아 주면 사례하겠다고 청탁하고 그 구매계약체결 후 금 2,180만원을 교부하였다면 피고인의 위 청탁은 부정한 청탁이라고 하여야 할 것이다.[1510]

1504) 대법원 2013.4.25. 선고 2011도9238 판결; 대법원 2012.5.24. 선고 2012도535 판결; 대법원 2010.5.27. 선고 2010도3399 판결; 대법원 2008.12.24. 선고 2008도9602 판결; 대법원 2006.5.11. 선고 2003도4320 판결; 대법원 2005.6.9. 선고 2005도1732 판결; 대법원 1997.1.24. 선고 96도776 판결; 대법원 1996.10.11. 선고 95도2090 판결.

1505) 대법원 2012.5.24. 선고 2012도535 판결; 대법원 2011.2.24. 선고 2010도15989 판결.

1506) 대법원 2011.10.27. 선고 2010도7624 판결; 대법원 1991.1.15. 선고 90도2257 판결.

1507) 대법원 2013.4.25. 선고 2011도9238 판결.

1508) 대법원 2010.4.15. 선고 2009도6634 판결.

1509) 대법원 2005.6.9. 선고 2005도1732 판결.

부정한 청탁을 부정한 판례의 구체적 내용은 다음과 같다. 즉,

갑 주식회사를 사실상 관리하는 을이 갑 회사가 사업용 부지로 매수한 토지에 관하여 처분금지가처분등기를 마쳐두었는데, 위 토지를 매수하려는 병에게서 가처분을 취하해 달라는 취지의 청탁을 받고 돈을 수수하였다는 내용으로 기소된 사안에서, 을이 받은 돈은 부정한 청탁의 대가임이 분명하고 을에게 부정한 청탁에 대한 인식이 없었다고 볼 수 없어 배임수재죄가 성립하나, 반면 병은 사업의 더 큰 손실을 피하기 위하여 가처분 취하의 대가로 을이 지정하는 계좌로 돈을 송금한 점, 병으로서는 위 돈이 궁극적으로 갑 회사에 귀속될 것인지 을에게 귀속될 것인지에 관한 분명한 인식이 있었다고 볼 수 없는 점 등 제반 사정에 비추어, 병이 가처분 취하의 대가로 돈을 교부한 행위는 사회상규에 위배되지 아니하여 배임증재죄를 구성할 정도의 위법성은 없다고 본 사례이다.[1511] 피고인이 자기소유로 믿고 있는 부동산을 제3자에게 처분하기 위하여 매매계약을 하였는데 피고인이 종중에서 그 부동산에 대한 권리를 주장하면서 처분금지가처분결정까지 받아 이를 집행하자 피고인이 계약위반으로 인한 손해배상문제를 염려하여 종중의 대표자에게 가처분의 부당성을 지적하면서 가처분 비용을 지급하고 그 신청을 취하하도록 하였다면 이는 피고인이 자기의 권리를 확보하기 위한 행위로서 사회상규나 신의성실의 원칙상 부정한 청탁을 한 것이 아니므로 가사 종중대표자에게 부정한 점이 있다고 하더라도 피고인을 배임증여죄로 처벌할 수 없다.[1512] 재물 또는 이익의 공여자에게 부정한 것이 없는 한 배임증재죄는 성립되지 아니하며, 이는 그것을 받은 사람으로 보아 부정한 것인 여부에 구애되지 않는다.[1513]

③ 결 과

공여는 현실적으로 행하여져야 한다. 공여에 대한 의사표시나 약속만으로는 기수에 이를 수 없다. 다만 공여는 상대방의 취득여부를 묻지 않는다.

2) 주관적 구성요건

본죄는 고의범이다. 본죄의 고의는 타인의 사무를 처리하는 자에게 그 임무에 관하여 부정한 청탁을 하고 재물 또는 재산상 이익을 공여한다는 사실에 대한 인식을 요한다.

3) 미수 · 기수

본죄는 미수범을 처벌한다. 본죄는 현실적으로 공여가 행하여진 때에 기수에 이른다. 전술한 바와 같이 공여의 의사표시 또는 약속만으로는 미수에 그칠 뿐이다.

4) 공 범

판례에 의하면 업무상 배임죄와 배임증재죄는 별개의 범죄로서 배임증재죄를 범한 자라 할지라도 그와 별도로 타인의 사무를 처리하는 지위에 있는 사람과 공범으로서는 업무상 배임죄를 범할 수도 있다.[1514]

1510) 대법원 1990.8.10. 선고 90도665 판결.
1511) 대법원 2011.10.27. 선고 2010도7624 판결.
1512) 대법원 1980.8.26. 선고 80도19 판결.
1513) 대법원 1979.6.12. 선고 79도708 판결.
1514) 대법원 1999.4.27. 선고 99도883 판결.

4. 처 벌

(1) 법정형

배임수재죄의 법정형은 5년 이하의 징역 또는 1천만원 이하의 벌금이다. 배임증재죄의 법정형은 2년 이하의 징역 또는 500만원 이하의 벌금이다. 양죄는 통상 필요적 공범의 관계에 있기는 하나, 이것은 반드시 수재자와 증재자가 같이 처벌받아야 하는 것을 의미하는 것은 아니다.[1515] 본죄의 미수범은 처벌된다. 본죄에 대하여도 친족상도례가 준용되고 있다.

(2) 몰수 · 추징

본죄에 있어서 범인 또는 그 사정을 아는 제3자가 취득한 배임수재죄의 재물은 몰수한다. 그 재물을 몰수하기 불가능하거나 재산상의 이익을 취득한 때에는 그 가액을 추징한다. 몰수와 추징은 필요적이다.

본죄는 제1항에서 배임수재죄를, 제2항에서 배임증재죄를 규정하고, 이어 제3항에서 '범인이 취득한 제1항의 재물은 몰수한다. 그 재물을 몰수하기 불능하거나 재산상의 이익을 취득한 때에는 그 가액을 추징한다'라고 규정하고 있다. 배임수재죄와 배임증재죄는 이른바 대향범으로서 위 제3항에서 필요적 몰수 또는 추징을 규정한 것은 범행에 제공된 재물과 재산상 이익을 박탈하여 부정한 이익을 보유하지 못하게 하기 위한 것이므로, 제3항에서 몰수의 대상으로 규정한 '범인이 취득한 제1항의 재물'은 배임수재죄의 범인이 취득한 목적물이자 배임증재죄의 범인이 공여한 목적물을 가리키는 것이지 배임수재죄의 목적물만을 한정하여 가리키는 것이 아니다. 그러므로 수재자가 증재자로부터 받은 재물을 그대로 가지고 있다가 증재자에게 반환하였다면 증재자로부터 이를 몰수하거나 그 가액을 추징하여야 한다.[1516]

다만 수재자인 피고인이 재산상의 이익을 취득하였거나 취득한 재물을 몰수할 수 없는 경우에만 피고인으로부터 그 가액을 추징할 수 있다.[1517]

§4. 관련 특별법

Ⅰ. 변호사법

1. 비변호사의 법률사무

제109조(벌칙) 다음 각 호의 어느 하나에 해당하는 자는 7년 이하의 징역 또는 5천만원 이하의 벌금에 처한다. 이 경우 벌금과 징역은 병과(併科)할 수 있다.

1. 변호사가 아니면서 금품 · 향응 또는 그 밖의 이익을 받거나 받을 것을 약속하고 또는 제3자에게 이를 공여하게 하거나 공여하게 할 것을 약속하고 다음 각 목의 사건에 관하여 감정 · 대리 · 중재 · 화해 · 청탁 · 법률상담 또는 법률 관계 문서 작성, 그 밖의 법률사무를 취급하거나 이러한 행위를 알선한 자

1515) 대법원 2011.10.27. 선고 2010도7624 판결; 대법원 1991.1.15. 선고 90도2257 판결; 대법원 1982.7.13. 선고 82도874 판결; 대법원 1979.6.12. 선고 79도708 판결.

1516) 대법원 2017.4.7. 선고 2016도18104 판결.

1517) 대법원 2020.10.15. 선고 2016도10654 판결.

가. 소송 사건, 비송 사건, 가사 조정 또는 심판 사건
나. 행정심판 또는 심사의 청구나 이의신청, 그 밖에 행정기관에 대한 불복신청 사건
다. 수사기관에서 취급 중인 수사 사건
라. 법령에 따라 설치된 조사기관에서 취급 중인 조사 사건
마. 그 밖에 일반의 법률사건

2. 변호사의 독직행위 · 비변호사와의 동업 금지

제109조(벌칙) 다음 각 호의 어느 하나에 해당하는 자는 7년 이하의 징역 또는 5천만원 이하의 벌금에 처한다. 이 경우 벌금과 징역은 병과(倂科)할 수 있다.

2. 제33조 또는 제34조(제57조, 제58조의16 또는 제58조의30에 따라 준용되는 경우를 포함한다)를 위반한 자

제33조(독직행위의 금지) 변호사는 수임하고 있는 사건에 관하여 상대방으로부터 이익을 받거나 이를 요구 또는 약속하여서는 아니 된다.

제34조(변호사가 아닌 자와의 동업 금지 등) ① 누구든지 법률사건이나 법률사무의 수임에 관하여 다음 각 호의 행위를 하여서는 아니 된다.

1. 사전에 금품 · 향응 또는 그 밖의 이익을 받거나 받기로 약속하고 당사자 또는 그 밖의 관계인을 특정한 변호사나 그 사무직원에게 소개 · 알선 또는 유인하는 행위
2. 당사자 또는 그 밖의 관계인을 특정한 변호사나 그 사무직원에게 소개 · 알선 또는 유인한 후 그 대가로 금품 · 향응 또는 그 밖의 이익을 받거나 요구하는 행위

② 변호사나 그 사무직원은 법률사건이나 법률사무의 수임에 관하여 소개 · 알선 또는 유인의 대가로 금품 · 향응 또는 그 밖의 이익을 제공하거나 제공하기로 약속하여서는 아니 된다.
③ 변호사나 그 사무직원은 제109조제1호, 제111조 또는 제112조제1호에 규정된 자로부터 법률사건이나 법률사무의 수임을 알선받거나 이러한 자에게 자기의 명의를 이용하게 하여서는 아니 된다.
④ 변호사가 아닌 자는 변호사를 고용하여 법률사무소를 개설 · 운영하여서는 아니 된다.
⑤ 변호사가 아닌 자는 변호사가 아니면 할 수 없는 업무를 통하여 보수나 그 밖의 이익을 분배받아서는 아니 된다.

3. 교제명목 금품수수 등

제110조(벌칙) 변호사나 그 사무직원이 다음 각 호의 어느 하나에 해당하는 행위를 한 경우에는 5년 이하의 징역 또는 3천만원 이하의 벌금에 처한다. 이 경우 벌금과 징역은 병과할 수 있다.

1. 판사 · 검사, 그 밖에 재판 · 수사기관의 공무원에게 제공하거나 그 공무원과 교제한다는 명목으로 금품이나 그 밖의 이익을 받거나 받기로 한 행위
2. 제1호에 규정된 공무원에게 제공하거나 그 공무원과 교제한다는 명목의 비용을 변호사 선임료 · 성공사례금에 명시적으로 포함시키는 행위

4. 공무원 취급사건 청탁명목 금품 등 수수 등

제111조(벌칙) ① 공무원이 취급하는 사건 또는 사무에 관하여 청탁 또는 알선을 한다는 명목으로 금품 · 향응, 그 밖의 이익을 받거나 받을 것을 약속한 자 또는 제3자에게 이를 공여하게 하거나 공여하게 할 것을 약속한 자는 5년 이하의 징역 또는 1천만원 이하의 벌금에 처한다. 이 경우 벌금과 징역은 병과할 수 있다.
② 다른 법률에 따라 「형법」 제129조부터 제132조까지의 규정에 따른 벌칙을 적용할 때에 공무원으로 보는 자는 제1항의 공무원으로 본다.

Ⅱ. 특정범죄가중법

제5조(국고 등 손실) 「회계관계직원 등의 책임에 관한 법률」 제2조제1호제2호 또는 제4호(제1호 또는 제2호에 규정된 사람의 보조자로서 그 회계사무의 일부를 처리하는 사람만 해당한다)에 규정된 사람이 국고(國庫) 또는 지방자치단체에 손실을 입힐 것을 알면서 그 직무에 관하여 「형법」 제355조의 죄를

범한 경우에는 다음 각 호의 구분에 따라 가중처벌한다.
1. 국고 또는 지방자치단체의 손실이 5억원 이상인 경우에는 무기 또는 5년 이상의 징역에 처한다.
2. 국고 또는 지방자치단체의 손실이 1억원 이상 5억원 미만인 경우에는 3년 이상의 유기징역에 처한다.

Ⅲ. 특정경제범죄법

제3조(특정재산범죄의 가중처벌) ① 「형법」 ~, 제355조(횡령배임) 또는 제356조(업무상의 횡령과 배임)의 죄를 범한 사람은 그 범죄행위로 인하여 취득하거나 제3자로 하여금 취득하게 한 재물 또는 재산상 이익의 가액(이하 이 조에서 "이득액"이라 한다)이 5억원 이상일 때에는 다음 각 호의 구분에 따라 가중처벌한다.
1. 이득액이 50억원 이상일 때: 무기 또는 5년 이상의 징역
2. 이득액이 5억원 이상 50억원 미만일 때: 3년 이상의 유기징역
② 제1항의 경우 이득액 이하에 상당하는 벌금을 병과(倂科)할 수 있다.

제5조(수재 등의 죄) ① 금융회사등의 임직원이 그 직무에 관하여 금품이나 그 밖의 이익을 수수(收受), 요구 또는 약속하였을 때에는 5년 이하의 징역 또는 10년 이하의 자격정지에 처한다.
② 금융회사등의 임직원이 그 직무에 관하여 부정한 청탁을 받고 제3자에게 금품이나 그 밖의 이익을 공여(供與)하게 하거나 공여하게 할 것을 요구 또는 약속하였을 때에는 제1항과 같은 형에 처한다.
③ 금융회사등의 임직원이 그 지위를 이용하여 소속 금융회사등 또는 다른 금융회사등의 임직원의 직무에 속하는 사항의 알선에 관하여 금품이나 그 밖의 이익을 수수, 요구 또는 약속하였을 때에는 제1항과 같은 형에 처한다.
④ 제1항부터 제3항까지의 경우에 수수, 요구 또는 약속한 금품이나 그 밖의 이익의 가액(이하 이 조에서 "수수액"이라 한다)이 3천만원 이상일 때에는 다음 각 호의 구분에 따라 가중처벌한다.
1. 수수액이 1억원 이상일 때: 무기 또는 10년 이상의 징역
2. 수수액이 5천만원 이상 1억원 미만일 때: 7년 이상의 유기징역
3. 수수액이 3천만원 이상 5천만원 미만일 때: 5년 이상의 유기징역
⑤ 제1항부터 제4항까지의 경우에 수수액의 2배 이상 5배 이하의 벌금을 병과한다.

제6조(증재 등의 죄) ① 제5조에 따른 금품이나 그 밖의 이익을 약속, 공여 또는 공여의 의사를 표시한 사람은 5년 이하의 징역 또는 3천만원 이하의 벌금에 처한다.
② 제1항의 행위에 제공할 목적으로 제3자에게 금품을 교부하거나 그 정황을 알면서 교부받은 사람은 제1항과 같은 형에 처한다.

제7조(알선수재의 죄) 금융회사등의 임직원의 직무에 속하는 사항의 알선에 관하여 금품이나 그 밖의 이익을 수수, 요구 또는 약속한 사람 또는 제3자에게 이를 공여하게 하거나 공여하게 할 것을 요구 또는 약속한 사람은 5년 이하의 징역 또는 5천만원 이하의 벌금에 처한다.

제8조(사금융 알선 등의 죄) 금융회사등의 임직원이 그 지위를 이용하여 자기의 이익 또는 소속 금융회사등 외의 제3자의 이익을 위하여 자기의 계산으로 또는 소속 금융회사등 외의 제3자의 계산으로 금전의 대부, 채무의 보증 또는 인수를 하거나 이를 알선하였을 때에는 7년 이하의 징역 또는 7천만원 이하의 벌금에 처한다.

제9조(저축 관련 부당행위의 죄) ① 저축을 하는 사람 또는 저축을 중개하는 사람이 금융회사등의 임직원으로부터 그 저축에 관하여 법령 또는 약관이나 그 밖에 이에 준하는 금융회사등의 규정에 따라 정하여진 이자, 복금(福金), 보험금, 배당금, 보수 외에 어떤 명목으로든 금품이나 그 밖의 이익을 수수하거나 제3자에게 공여하게 하였을 때에는 5년 이하의 징역 또는 5천만원 이하의 벌금에 처한다.
② 저축을 하는 사람이 그 저축과 관련하여 그 저축을 중개하는 자 또는 그 저축과 관계없는 제3자에게 금융회사등으로부터 대출등을 받게 하였을 때 또는 저축을 중개하는 사람이 그 저축과 관련하여 금융회사등으로부터 대출등을 받거나 그 저축과 관계없는 제3자에게 대출등을 받게 하였을 때에는 제1항과 같은 형에 처한다.
③ 금융회사등의 임직원이 제1항 또는 제2항에 규정된 금품이나 그 밖의 이익을 공여하거나 대출등을 하였을 때에는 제1항 또는 제2항과 같은 형에 처한다.

④ 제1항부터 제3항까지의 경우 징역과 벌금을 병과할 수 있다.
⑤ 금융회사등의 임직원이 소속 금융회사등의 업무에 관하여 제3항의 위반행위를 하면 그 행위자를 벌하는 외에 그 소속 금융회사등에도 같은 항의 벌금형을 과(科)한다. 다만, 소속 금융회사등이 그 위반행위를 방지하기 위하여 해당 업무에 관하여 상당한 주의와 감독을 게을리하지 아니한 경우에는 그러하지 아니하다.

제10조(몰수 · 추징) ① 제4조제1항부터 제3항까지의 경우 범인이 도피시키거나 도피시키려고 한 재산은 몰수한다.
② 제5조부터 제7조까지 및 제9조제1항 · 제3항의 경우 범인 또는 정황을 아는 제3자가 받은 금품이나 그 밖의 이익은 몰수한다.
③ 제1항 또는 제2항의 경우 몰수할 수 없을 때에는 그 가액을 추징한다.

본죄에 대하여는 친족상도례가 적용된다. 대법원은 "형법 제361조, 제328조의 규정에 의하면, 직계혈족, 배우자, 동거친족, 동거가족 또는 그 배우자 간의 횡령죄는 그 형을 면제하여야 하고 그 외의 친족 간에는 고소가 있어야 공소를 제기할 수 있는바, 형법상 횡령죄의 성질은 '특정경제범죄 가중처벌 등에 관한 법률'(이하 '특경법'이라고 한다) 제3조 제1항에 의해 가중 처벌되는 경우에도 그대로 유지되고, 특경법에 친족상도례에 관한 형법 제361조, 제328조의 적용을 배제한다는 명시적인 규정이 없으므로, 형법 제361조는 특경법 제3조 제1항 위반죄에도 그대로 적용된다"고 판시한 바 있다.[1518]

제5절 장물에 관한 죄

§1. 개 관

I. 서 설

1. 의 의

본장의 장물의 죄는 장물을 취득, 양도, 운반, 보관 또는 알선하는 것을 내용으로 하는 범죄이다(형법 제2편 제41장). 장물이라 함은 재산죄인 범죄행위에 의하여 영득된 물건을 말하는 것으로서 절도, 강도, 사기, 공갈, 횡령 등 영득죄에 의하여 취득된 물건이어야 한다.[1] 장물이 발생한 원인이 되는 범죄로서 영득죄를 본범(本犯, Vortat), 범인으로서 행위자를 본범자(本犯者, Vortäter)라고 한다.

2. 특 징

장물죄의 특징으로서는 다음의 점이 거론될 수 있다. 첫째, 장물죄는 재물만을 객체로 한다는 점에서 재물죄에 속한다. 여기서 장물죄는 재산범죄로서의 성격을 가진다. 장물범은 피해자와의 사이에 친족관계가 있을 경우 친족간의 특례가 적용된다(제365조 제1항 참조). 둘째, 장물죄는 본범을 유발 또는 촉진하는 성격을 가진다. 바로 여기서 장물범을 절도죄나 횡령죄의

1518) 대법원 2013.9.13. 선고 2013도7754 판결.
1) 대법원 2004.12.9. 선고 2004도5904 판결; 대법원 1975.9.23. 선고 74도1804 판결.

본범보다 무겁게 벌하는 근거를 찾을 수 있다(제329조, 제355조, 제362조 참조). 셋째, 장물죄는 본범을 비호 또는 은닉하는 성격을 가진다. 장물죄는 처음부터 재산범의 정범을 예정하고 있는 범죄이기 때문에 정범에 대한 종속적 성격과 정범비호적 성격을 가진다.[2] 그럼에도 불구하고 형법이 장물범과 본범 사이에 친족관계의 여하에 따라 감경 또는 면제하는 이유는 친족간의 정의(情誼)에 있다고 할 수 있다(제365조 제2항 참조).

Ⅱ. 본 질

1. 학 설

장물죄의 본질에 관한 견해는 연혁적으로 추구권설, 위법상태유지설, 결합설 및 공범설의 순으로 검토될 수 있다.

(1) 추구권설

추구권설(追求權說)이란 장물죄를 본범의 피해자인 본권자의 사법상의 추구권의 행사를 곤란하게 하는 범죄라고 하는 견해를 말한다. 사법상의 반환청구권을 전제로 형법과 사법의 통일적 해석을 도모하려는 견해이다. 이에 의하면 장물은 사법상의 추구권을 전제로 하므로 추구권이 없으면 장물성도 상실되게 된다. 따라서 불법원인급여의 경우(민법 제746조), 피해자가 취소 또는 해지할 수 없는 경우(상법 제651조) 또는 시효가 완성된 물건에 대하여는 추구권이 없으므로 장물성을 상실하는 결과가 된다. 또 대체장물에 대하여는 반환청구권이 존재하지 않으므로 장물성이 부정된다. 결국, 장물죄의 성립에 본범과 장물범의 합의는 필요하지 않게 된다. 그러나 추구권설은 사법상 반환청구권을 전제로 하기 때문에 형법의 독자성과 장물죄의 이욕범적 성격을 등한시하고 있다는 점, 추구권설은 사법상 추구권이 없는 경우에 장물성을 부정함으로써 장물죄의 성립범위가 지나치게 좁아지게 된다는 점 등에서 비판이 가하여지고 있다.

(2) 위법상태유지설

위법상태유지설(違法狀態維持說)이란 장물죄를 본범에 의하여 위법하게 형성된 재산상태를 유지·존속시키는 것을 내용으로 하는 범죄라고 하는 견해를 말한다. 사법상 추구권의 존재여부를 떠나 형법의 독자적 입장에서 이해하려는 견해라고 할 수 있다. 이에 의하면 장물죄의 본질은 본범에 의하여 이루어진 위법한 재산상태를 본범 또는 그 점유자와의 합의 아래 유지·존속시키는 데에 있다. 불법원인급여물이나 대체장물에 대하여도 장물성을 인정할 수 있게 된다. 결국 장물죄의 성립에 본범과 장물범 사이의 합의가 필요하게 된다. 그러나 위법상태유지설에 의하면 장물양도죄는 피해자의 추구권행사를 곤란하게 한다는 점에서만 근거를 가질 수 있다는 점을 간과했다는 점, 장물을 '재산에 대한 위법행위로 인하여 취득한 물건'이라고 하여 유지설을 명문화한 독일형법(독일형법 제259조 제1항 참조)과는 달리 우리 형법은 '장

---

2) 현행의 독일형법은 여전히 증거인멸의 죄와 장물의 죄를 같은 장에서 규정하고 있다(독일형법 제21장 참조).

물'이라고만 규정하고 있으므로 타당하지 않다는 점[3] 등에서 비판이 가하여지고 있다.

(3) 공범설

공범설(共犯說)이란 장물죄를 본범이 취득한 범죄적 이익에 사후적으로 참여·가담하는 일종의 간접영득죄라고 하는 견해를 말한다. 이익설(利益說)이라고도 한다. 범죄학상 장물죄의 이욕죄로서의 성질을 중시하는 견해라고 할 수 있다. 이에 의하면 장물범은 이욕범적 성질을 가지고 있으므로 장물죄의 성립에는 주관적 구성요건요소로서 이득의 의사가 필요하다. 또 추구권의 유무와 관계없이 피해자와의 연관성이 인정되는 한 대체장물이나 본범이 소유권을 취득한 재물에 대하여도 장물성을 인정하게 된다. 그러나 대체장물의 장물성을 인정함으로써 유추해석금지의 원칙에 반할 위험이 있다는 점, 양도를 처절하지 않는 일본형법(일본형법 제256조 참조)과는 달리 형법은 장물죄의 행위태양으로 영득과 관계없는 양도·운반·알선을 인정하고 있으므로 간접영득죄라는 관념은 타당하지 않다는 점,[4] 형법상 무상인 장물의 양도·운반·보관행위도 처벌되므로 이득의 의사를 장물죄의 주관적 구성요건으로 해석할 수 없다는 점 등에서 비판이 가하여지고 있다.

(4) 결합설

결합설(結合說)이란 추구권설을 기본으로 유지하면서도 위법상태유지설을 병합하여 종합적으로 고려하여 판단하려는 견해를 말한다. 이러한 의미에서 병합설(倂合說) 또는 종합설(綜合說)이라고도 할 수 있다. 이에 의하면 장물죄의 행위태양에 있어서 취득·운반·보관·알선은 위법상태유지설의 입장에서, 양도는 추구권설의 입장에서 설명하게 된다. 우리나라에서 다수설의 입장이다. 이 외에도 결합설에는 추구권설을 기본으로 유지하면서 공범설을 가미하는 형태도 나타나고 있다.

2. 판 례

판례의 입장은 추구권설로부터 위법상태유지설을 추가하는 방식에 의해서 결합설의 방향으로 진행되어 왔다고 해석된다.

이에 관한 판례의 구체적 내용은 다음과 같다. 즉,

> 장물이라 함은 재산죄인 범죄행위에 의하여 영득된 물건을 말하는 것으로서 절도, 강도, 사기, 공갈, 횡령 등 영득죄에 의하여 취득된 물건이어야 한다.[5] 장물인 정을 모르고 보관하던 중 장물인 정을 알게 되었고, 위 장물을 반환하는 것이 불가능하지 않음에도 불구하고 계속 보관함으로써 피해자의 정당한 반환청구권 행사를 어렵게하여 위법한 재산상태를 유지시킨 경우에는 장물보관

---

3) 독일형법 제259조 (장물취득) ① 타인이 절취한 재물 또는 그 밖에 타인의 재산에 대한 위법행위로 인하여 타인이 영득한 재물을 자기 또는 제3자의 이익을 위하여 매입하거나 자신 또는 제3자로 하여금 취득하게 하거나, 매각 또는 매각을 방조한 자는 5년 이하의 자유형 또는 벌금형에 처한다.

4) 일본형법 (도품 양수 등) 제256조 ① 도품, 기타 재산에 대한 죄에 해당하는 행위에 의하여 영득된 물건을 무상으로 양수한 자는 3년 이하의 징역에 처한다. ② 전항에 규정하는 물건을 운반, 보관, 유상양수하거나 그 유상처분을 알선한 자는 10년 이하의 징역 및 50만엔 이하의 벌금에 처한다.

5) 대법원 2004.12.9. 선고 2004도5904 판결; 대법원 1975.9.23. 선고 74도1804 판결.

죄에 해당한다.[6] 형법상 장물죄의 객체인 장물이라 함은 재산권상의 침해를 가져 올 위법행위로 인하여 영득한 물건으로서 피해자가 반환청구권을 가지는 것을 말하고 본건 대지에 관하여 매수인 '갑' 에게 소유권 이전등기를 하여 줄 임무가 있는 소유자가 그 임무에 위반하여 이를 '을' 에게 매도하고 소유권이전등기를 경유하여 준 경우에는 위 부동산소유자가 배임행위로 인하여 영득한 것은 재산상의 이익이고 위 배임범죄에 제공된 대지는 범죄로 인하여 영득한 것 자체는 아니므로 그 취득자 또는 전득자에게 대하여 배임죄의 가공여부를 논함은 별문제로 하고 장물취득죄로 처단할 수 없다.[7] 장물이라 함은 영득죄에 의하여 취득한 물건 그 자체를 말하는 것으로서 피해자에게 그 회복추구권이 없어진 경우에는 장물성을 잃게 된다고 할 것이므로 피고인이 원심공동 피고인 1이 절취한 옥사를 처분하여 얻어진 돈을 받았다고 하드라도 장물취득죄가 성립되지 않는다고 할 것이다.[8]

3. 검 토

장물죄의 범죄성은 장물죄에 있어서 행위의 위법성에 그 근거가 있다. 장물죄에 있어서의 행위만을 별도로 떼어서 보는 한 반드시 범죄성이 긍정되어야 하는 것은 아니라고 할 수 있다. 그럼에도 불구하고 장물죄에 있어서의 행위가 범죄성을 가진다고 할 수 있는 것은 본범행위와 밀접한 연관성을 가지기 때문이라고 해야 한다. 본범에 의하여 침해된 법질서는 다시 원상태로 되돌려져야 하고, 본범에 의하여 침해된 법질서가 장물범에 의하여 계속 유지되거나 더욱 확대되어서는 아니 될 것이기 때문이다. 이것이 바로 정의의 요청이고, 여기에서 바로 장물죄의 처벌근거도 찾아질 수 있다고 해석된다. 장물죄는 우선 본범의 피해자와의 관계에서 보면 장물에 대한 추구를 곤란하게 하고 소유자 등의 본권자가 그 물건을 환수하는 것을 불가능하게 하는 것을 방지하기 위한 범죄라고 해석될 수 있다. 이러한 의미에서는 추구권설이 타당하다.

그러나 이를 본범과의 관계에서 보면 장물죄는 본범을 유발·촉진하는 범죄라고도 할 수 있다. 이와 같은 측면에서는 단순히 추구권설의 보호의 측면에서만 장물죄를 파악하는 것은 타당하다고 할 수 없게 된다. 따라서 장물죄의 본질을 파악함에 있어서는 본범을 촉진하거나 유발하는 위험 있는 행위를 방지하는 측면도 병행하여 고려할 필요가 있다. 이러한 의미에서 장물죄의 본질과 관련하여서는 추구권설과 위법상태유지설의 결합설이 타당하다고 할 수 있다.

Ⅲ. 보호법익

1. 의 의

보호법익에 관하여는 추구권설과 재산권설이 대립하고 있다. 추구권설(追求權說)에 의하면 장물죄의 보호법익은 본범의 피해자가 그 물건에 대하여 가지는 추구권이라고 한다. 이

6) 대법원 1987.10.13. 선고 87도1633 판결.
7) 대법원 1975.12.9. 선고 74도2804 판결.
8) 대법원 1972.2.22. 선고 71도2296 판결.

에 반하여 재산권설(財産權說)에 의하면 장물죄의 보호법익은 피해자의 재산권이라고 한다.

생각건대 민법상 반환청구권이 없는 불법원인급여물도 본죄를 통하여 보호되어야 할 재산이라는 점, 장물운반행위와 같이 추구권을 침해하지 않는 행위에 대하여도 위법상태유지의 관점에서 본죄를 적용하여야 한다는 점, 추구권을 포함한 정당한 재산권을 보호하여야 한다는 점 등에서 재산권설이 타당하다고 해석된다.

2. 보호의 정도

보호의 정도에 대하여는 다툼이 있다. 제1설은 침해범설이다. 장물에 대한 점유의 이전이 있어도 재산권 그 자체가 침해되는 것은 아니지만 재산권의 실질적 내용을 이루는 사용·수익·처분권이 계속 침해되기 때문이라고 한다. 제2설은 위험범설이다. 본죄는 위험범에 해당한다고 한다. 제3설은 이분설이다. 장물알선죄는 추상적 위험범에 속하지만, 나머지의 장물죄는 침해범에 해당한다고 한다.

생각건대 장물죄에 의하여 재산권 자체가 침해되는 것은 아니지만 제한을 받을 수 있다. 이를 관점에 따라서는 재산권 자체가 침해되지 않는다는 의미에서 위험범이라고 하고, 재산권에 제한을 받는다는 의미에서는 침해범이라고 표현할 수 있는 것으로 보인다. 재산권에 제한이 수반되는 것은 부인할 수 없으므로 표현법의 차이를 감안하여 침해범설에 동의하고자 한다.

Ⅳ. 장물론

1. 서 언

(1) 장물의 의의

장물이란 재산범죄에 의하여 불법하게 영득된 재물을 말한다. 추구권설에 의하면 장물은 재산범죄에 의해서 영득한 재물로서 피해자가 법률상 추구할 수 있는 재물에 제한되지만, 위법상태유지설에 따르면 재산의 침해를 내용으로 하는 범죄에 의하여 취득된 재물이면 충분하게 된다. 이에 의하면 장물은 형법상의 재산범죄에 한하지 않고 특별법에 위반하여 취득된 것도 포함하게 된다.

그럼에도 불구하고 장물(贓物, Hehlerei)이란 재산범죄로 인하여 취득한 물건 그 자체를 말한다.[9] 따라서 그 장물의 처분대가는 장물성을 상실하게 된다.[10] 예컨대 양도담보로 제공한 후 다시 타에 양도한 물건은 배임행위에 제공한 물건이지 배임행위로 인하여 영득한 물건 자체는 아니므로 장물이라고 볼 수 없다.[11]

---

9) 대법원 2004.4.16. 선고 2004도353 판결; 대법원 2000.3.10. 선고 98도2579 판결; 대법원 1972.6.13. 선고 72도971 판결; 대법원 1972.2.22. 선고 71도2296 판결.

10) 대법원 2000.3.10. 선고 98도2579 판결; 대법원 1972.6.13. 선고 72도971 판결; 대법원 1972.2.22. 선고 71도2296 판결.

11) 대법원 1983.11.8. 선고 82도2119 판결.

(2) 장물의 재물성

장물은 재물에 한한다. 동산과 부동산은 당연히 장물이 될 수 있다. 그러나 재물이 아닌 재산상의 이익이나 채권과 같은 권리, 정보 등은 장물이 될 수 없다. 이러한 의미에서 이른바 가치장물은 인정되지 않는다고 할 수 있다.

장물을 부정한 판례의 구체적 내용은 다음과 같다. 즉,

> 갑이 권한 없이 인터넷뱅킹으로 타인의 예금계좌에서 자신의 예금계좌로 돈을 이체한 후 그 중 일부를 인출하여 그 정을 아는 을에게 교부한 경우, 갑이 컴퓨터등사용사기죄에 의하여 취득한 예금채권은 재물이 아니라 재산상 이익이므로, 그가 자신의 예금계좌에서 돈을 인출하였더라도 장물을 금융기관에 예치하였다가 인출한 것으로 볼 수 없다는 이유로 을의 장물취득죄의 성립을 부정하였다.[12] 장물은 이른바 재물을 말하는 것이고 그 재물은 원심이 판시한 바와 같이 물리적 관리 가능성이 있는 물건을 말하는 것이고, 설령 재산죄에 의하여 취득된 것이라 하더라도 재산상의 이익은 장물죄의 객체가 될 수 없다고 보아야 할 것이다. 원심이 같은 견해로서 전화가입권의 실체는 가입권자가 전화관서로 부터 전화역무를 제공받을 하나의 채권적 권리이며, 이는 하나의 재산상의 이익은 될지언정 위에 말한 장물의 범주에 속하지 아니한다고 단정하여 피고인의 전화가입권매수행위를 업무상 과실 장물 취득죄로 처단할 수 없다고 판단하였음은 정당하며 반대의 견해로 원심의 법률 판단을 비난하는 상고 논지는 이유 없다.[13]

2. 장물의 요건

장물죄의 객체는 장물이다. 장물이란 위에서 본 바와 같이 재산범죄에 의하여 불법하게 영득된 재물을 말한다. 여기서 장물의 요건에 대하여 재산범죄와 영득된 재물로 나누어 검토할 필요가 있다.

(1) 재산범죄

1) 본범의 죄질

본범의 죄질은 재산범죄여야 한다. 다만 장물이 본범의 죄질을 재산범죄에 제한해야 한다는 명문의 규정은 존재하지 않는다. 그러나 장물죄도 재산죄의 일종인 이상 본범도 재산범죄에 한정하여 해석되어 왔다. 이것이 처음부터 통설과 판례의 입장이었다. 따라서 본범의 죄질을 재산범죄라고 하는 견해에 대하여는 다른 견해가 존재하지 않는다고 해석된다.

본범이 재산범죄인 이상 본범에는 절도, 강도, 사기, 공갈, 횡령 등의 범죄가 모두 포함된다. 대법원도 "장물이라 함은 재산죄인 범죄행위에 의하여 영득된 물건을 말하는 것으로서 절도, 강도, 사기, 공갈, 횡령 등 영득죄에 의하여 취득된 물건이어야 한다"고 판시한 바 있다.[14] 장물죄도 재산범죄에 해당하므로 장물범도 당연히 본범이 될 수 있다. 이러한 경우의 장물을 특히 연쇄장물(連鎖贓物, Kettenhehlerei)이라고 한다.

---

12) 대법원 2004.4.16. 선고 2004도353 판결.

13) 대법원 1971.2.23. 선고 70도2589 판결.

14) 대법원 2011.4.28. 선고 2010도15350 판결; 대법원 2004.12.9. 선고 2004도5904 판결; 대법원 1975.9.23. 선고 74도1804 판결.

다만 배임죄와 손괴죄도 재산범죄인 것은 확실하지만, 후술하는 바와 같이 이득죄일 뿐만 아니라 영득죄가 아니기 때문에 배임죄와 손괴죄는 본범에 해당하는 재산범죄가 될 수 없다. 본범이 재산범죄에 해당하는 경우 본범은 형법상의 재산범죄에 한하지 않는다. 특별법상의 재산범죄도 모두 본범의 재산범죄에 포함한다고 해석된다. 이에 반하여 비재산범죄로 인하여 취득한 재물은 장물이 아니다. 재산범죄의 수단으로 제공된 물건도 재산범죄로 영득된 물건이 아니므로 장물이 아니다. 판례도 같은 입장이다.

재산범죄를 긍정한 판례의 구체적 내용은 다음과 같다. 즉,

'장물'이라 함은 재산죄인 범죄행위에 의하여 영득된 물건을 말하는 것으로서 절도·강도·사기·공갈·횡령 등 영득죄에 의하여 취득된 물건이어야 한다. 여기에서의 범죄행위는 절도죄 등 본범의 구성요건에 해당하는 위법한 행위일 것을 요한다. 그리고 본범의 행위에 관한 법적 평가는 그 행위에 대하여 우리 형법이 적용되지 아니하는 경우에도 우리 형법을 기준으로 하여야 하고 또한 이로써 충분하므로, 본범의 행위가 우리 형법에 비추어 절도죄 등의 구성요건에 해당하는 위법한 행위라고 인정되는 이상 이에 의하여 영득된 재물은 장물에 해당한다.[15] 형법 제41장의 장물에 관한 죄에 있어서의 '장물'이라 함은 재산범죄로 인하여 취득한 물건 그 자체를 말하므로, 재산범죄를 저지른 이후에 별도의 재산범죄의 구성요건에 해당하는 사후행위가 있었다면 비록 그 행위가 불가벌적 사후행위로서 처벌의 대상이 되지 않는다 할지라도 그 사후행위로 인하여 취득한 물건은 재산범죄로 인하여 취득한 물건으로서 장물이 될 수 있다.[16] 채권확보등으로 양도담보로 제공한 물건을 다시 타에 양도한 행위는 배임죄에 해당된다. 양도담보로 제공한 후 다시 타에 양도한 물건은 배임행위에 제공한 물건이지 배임행위로 인하여 영득한 물건자체는 아니므로 장물이라고 볼 수 없다.[17]

재산범죄를 부정한 판례의 구체적 내용은 다음과 같다. 즉,

컴퓨터등사용사기죄의 범행으로 예금채권을 취득한 다음 자기의 현금카드를 사용하여 현금자동지급기에서 현금을 인출한 경우, 현금카드 사용권한 있는 자의 정당한 사용에 의한 것으로서 현금자동지급기 관리자의 의사에 반하거나 기망행위 및 그에 따른 처분행위도 없었으므로, 별도로 절도죄나 사기죄의 구성요건에 해당하지 않는다 할 것이고, 그 결과 그 인출된 현금은 재산범죄에 의하여 취득한 재물이 아니므로 장물이 될 수 없다.[18] 장물이라 함은 절도, 강도, 사기, 공갈, 횡령 등 재산죄인 범죄행위에 의하여 영득된 물건을 말하는 것이므로 산림법 93조 소정의 절취한 임산물이 아니고 임산물단속에 관한 법률위반죄에 의하여 생긴 임산물은 재산 범죄적 행위에 의한 것이 아니기 때문에 장물이 될수 없다.[19]

2) 본범의 실현정도

① 본범에의 종속정도

본범의 범죄행위는 구성요건에 해당하고 위법하면 그것으로 충분하다고 한다.[20] 반드시

15) 대법원 2011.4.28. 선고 2010도15350 판결.
16) 대법원 2004.4.16. 선고 2004도353 판결.
17) 대법원 1983.11.8. 선고 82도2119 판결.
18) 대법원 2004.4.16. 선고 2004도353 판결.
19) 대법원 1975.9.23. 선고 74도1804 판결.

책임까지 요하는 것은 아니라고 하는 점에서 해석론은 일치하고 있다. 따라서 형사미성년자 등과 같은 책임무능력자가 절취한 재물도 장물이 된다. 이러한 점에서 본범에게 소추조건이나 처벌조건이 요구되지 않는다는 것은 당연하다. 따라서 본범에 대한 공소시효가 완성된 경우, 친족상도례가 적용되어 형이 면제되는 경우 및 면책특권자인 경우에도 장물성은 인정된다. 이는 총론에 있어서 공범의 종속성에 관한 제한종속형식과 동일한 구조에 해당한다. 판례도 같은 입장이다.

② 본범의 범죄실현단계

장물죄가 성립하기 위해서는 본범의 범죄실현단계가 문제된다. 장물죄가 범하여지기 전에 본범의 범죄가 종료되어야 하지만, 본범의 범죄종료시점에 대하여는 다툼이 있기 때문이다. 제1설은 기수범설이다. 불법하게 영득된 재물이 선재해야 장물죄의 성립이 가능하므로 장물죄가 성립하기 위하여는 본범이 기수에 이르러야 한다고 한다. 제2설은 재물영득설이다. 본범의 종료여부는 본범에 의한 재물의 영득여부를 기준으로 판단해야지 기수여부에 따라 좌우될 성질은 아니라고 한다.

대법원은 "갑이 회사 자금으로 을에게 주식매각 대금조로 금원을 지급한 경우, 그 금원은 단순히 횡령행위에 제공된 물건이 아니라 횡령행위에 의하여 영득된 장물에 해당한다고 할 것이고, 나아가 설령 갑이 을에게 금원을 교부한 행위 자체가 횡령행위라고 하더라도 이러한 경우 갑의 업무상 횡령죄가 기수에 달하는 것과 동시에 그 금원은 장물이 된다"고 판시한 바 있다.[21)]

생각건대 장물죄의 본범에 해당하는 절도 · 강도 · 사기 · 공갈 · 횡령 등 영득죄의 경우 본범는 재물영득시에 기수에 이르기 때문에 영득시와 기수시가 원칙적으로 일치하고 있다. 이러한 의미에서 양설 사이에는 시간적 간극이 없고 양자를 구별할 실익이 없다고 해석된다.

(2) 영득된 재물

장물은 재산범죄에 의하여 영득된 재물이어야 한다. 따라서 재산상의 이익이나 권리는 장물이 될 수 없다.

1) 영 득

본범의 범죄행위는 재산범죄일 뿐만 아니라 영득죄일 것이 요구된다. 배임죄와 손괴죄는 재산범죄이지만, 영득죄가 아니기 때문에 장물죄의 본범으로서의 재산범죄에는 해당하지 않는다.

영득을 긍정한 판례의 구체적 내용은 다음과 같다. 즉,

> 장물이라 함은 재산죄인 범죄행위에 의하여 영득된 물건을 말하는 것으로서 절도, 강도, 사기, 공갈, 횡령 등 영득죄에 의하여 취득된 물건이어야 한다.[22)] 장물죄에 있어서의 장물이 되기 위하여

---

20) 대법원 2011.4.28. 선고 2010도15350 판결.
21) 대법원 2004.12.9. 선고 2004도5904 판결.
22) 대법원 2004.12.9. 선고 2004도5904 판결.

는 본범이 절도, 강도, 사기, 공갈, 횡령 등 재산죄에 의하여 영득한 물건이면 족하고 그 중 어느 범죄에 의하여 영득한 것인지를 구체적으로 명시할 것을 요하지 않는다.[23] 관세법의 목적이 관세의 부과징수 및 수출・입품의 통관을 적정하게 하여 국민경제의 발전에 기여하고 관세수입의 확보를 기하는데 있는 것이므로, 그 실효를 거두기 위해서는 밀수품의 취득이 강도 등 범죄행위에 의하여 이루어진 경우에도 관세법위반(관세장물취득)죄로 인정하여야 할 것이다. 밀수품이 강도행위에 의하여 취득된 경우에는 관세법 위반(관세장물취득)죄와 강도죄가 성립하고, 양죄는 상상적 경합범의 관계에 있다 할 것이다.[24]

영득을 부정한 판례의 구체적 내용은 다음과 같다. 즉,

장물이라 함은 절도, 강도, 사기, 공갈, 횡령등 재산죄인 범죄행위에 의하여 영득된 물건을 말하는 것이므로 산림법 93조 소정의 절취한 임산물이 아니고 임산물단속에 관한 법률위반죄에 의하여 생긴 임산물은 재산 범죄적 행위에 의한 것이 아니기 때문에 장물이 될수 없다.[25] 양도담보로 제공한 후 다시 타에 양도한 물건은 배임행위에 제공한 물건이지 배임행위로 인하여 영득한 물건 자체는 아니므로 장물이라고 볼 수 없다.[26]

2) 재 물

장물은 재물이여야 한다. 그러나 형법은 재물의 개념에 관하여 아무런 규정을 두지 않고 있다. 재물의 개념이 민법상의 물건의 개념을 기초로 하지 않을 수 없는 근거를 찾을 수 있다. 민법상 물건이란 '유체물 및 전기 기타 관리할 수 있는 자연력'을 말한다(민법 제98조 참조). 여기서 형법상 재물의 개념이 문제되지 않을 수 없다.

첫째, 개념상으로 재물과 물건의 차이점이 문제될 수 있다. 재물은 경제적 가치를 요하지 않는다는 견해가 있으나, 장물은 단순히 물건을 의미하는 것이 아니라 재물을 말하는 이상 경제적 가치를 요한다는 견해가 타당하다. 다만 경제적 가치는 반드시 객관적 가치를 가져야 하는 것은 아니며 주관적 가치만으로도 충분하다고 하는 경우에는 재물과 물건이 동일하다는 견해와 같은 결과에 이르게 된다.

둘째, 동력의 재물성이 문제될 수 있다. 형법은 '관리할 수 있는 동력'을 재물로 간주하고 있지만(제324조 참조), 이 규정을 장물에 관한 죄에서는 준용하고 있지 않기 때문이다(형법 제41장 참조). 유체성설은 형법이 장물죄에 관하여는 제346조를 준용하지 아니하므로 관리할 수 있는 동력은 장물이 될 수 없다고 한다. 이에 반하여 관리가능성설은 장물죄에서는 제346조를 준용하고 있지 않으나 이는 주의규정이므로 관리할 수 있는 동력도 당연히 장물이 된다고 한다. 그러나 형법상의 관리할 수 있는 동력은 준용규정의 유무와 관계없이 재물의 개념 속에는 당연히 내재되어 있다고 해석하는 것이 타당하다. 민법이 관리할 수 있는 자연력을 물건의 개념 속에 포함하여 규정하고 있는 것과 맥락을 같이 하는 취지도 있기 때문이다. 긍정설이 다수설의 입장이다. 판례도 같은 태도이다. 장물은 재물이고 물건인 이상 동산이든 부동산이든

23) 대법원 2000.3.24. 선고 99도5275 판결.
24) 대법원 1982.12.28. 선고 81도1875 판결.
25) 대법원 1975.9.23. 선고 74도1804 판결.
26) 대법원 1983.11.8. 선고 82도2119 판결.

그것을 묻지 않는다. 다만 부동산은 장소적 이동이 불가능하기 때문에 장소적 이동을 요하는 장물운반죄의 객체가 될 수 없다. 그러나 가치는 재물이 아니기 때문에 가치만으로는 장물이 될 수 없다. 따라서 정보, 재산상의 이익 또는 채권 등과 같은 권리 등은 장물이 될 수 없다. 예컨대 컴퓨터등사용사기죄로 취득한 예금채권은 장물에 해당하지 않으나, 권리가 화체된 유가증권은 유체물이므로 장물이 될 수 있다.

장물성을 긍정한 판례의 구체적 내용은 다음과 같다. 즉,

갑이 회사 자금으로 을에게 주식매각 대금조로 금원을 지급한 경우, 그 금원은 단순히 횡령행위에 제공된 물건이 아니라 횡령행위에 의하여 영득된 장물에 해당한다고 할 것이고, 나아가 설령 갑이 을에게 금원을 교부한 행위 자체가 횡령행위라고 하더라도 이러한 경우 갑의 업무상 횡령죄가 기수에 달하는 것과 동시에 그 금원은 장물이 된다.[27] 제1심 공동피고인은 무주리조트 서편매표소에 있던 탑승권 발매기의 전원을 켠 후 날짜를 입력시켜서 탑승권발행화면이 나타나면 전산실의 테스트카드를 사용하여 한 장씩 찍혀나오는 탑승권을 빼내어 가지고 가는 방법으로 리프트탑승권을 발급·취득한 사실이 인정되고, 그와 같이 발매기에서 나오는 위조된 탑승권은 제1심 공동피고인 이 이를 뜯어가기 전까지는 쌍방울개발의 소유 및 점유하에 있다고 보아야 할 것이므로, 위 제1심 공동피고인의 행위는 발매할 권한 없이 발매기를 임의 조작함으로써 유가증권인 리프트탑승권을 위조하는 행위와 발매기로부터 위조되어 나오는 리프트탑승권을 절취하는 행위가 결합된 것이고, 나아가 그와 같이 위조된 리프트탑승권을 판매하는 행위는 일면으로는 위조된 리프트탑승권을 행사하는 행위임과 동시에 절취한 장물인 위조 리프트탑승권의 처분행위에 해당한다 할 것이다.[28] 형법 제41장의 장물에 관한 죄에 있어서의 '장물'이라 함은 재산범죄로 인하여 취득한 물건 그 자체를 말하므로, 재산범죄를 저지른 이후에 별도의 재산범죄의 구성요건에 해당하는 사후행위가 있었다면 비록 그 행위가 불가벌적 사후행위로서 처벌의 대상이 되지 않는다 할지라도 그 사후행위로 인하여 취득한 물건은 재산범죄로 인하여 취득한 물건으로서 장물이 될 수 있다.[29]

장물성을 부정한 판례의 구체적 내용은 다음과 같다. 즉,

장물이란 재산죄로 인하여 얻어진 재물(관리할 수 있는 동력도 포함된다)을 말하는 것으로서 영득된 재물 자체를 두고 말한다. 따라서 장물을 팔아서 얻은 돈에는 이미 장물성을 찾아 볼 수 없다 하겠다. 그러므로 원심이 공소외인들이 피고인을 대접하느라고 쓴 돈 설시 액수가 장물을 팔아서 얻은 돈인 줄 피고인이 알았다고 하더라도 장물취득죄가 되지 아니 한다는 취지로 한 원판결 판단은 옳다.[30] 컴퓨터등사용사기죄의 범행으로 예금채권을 취득한 다음 자기의 현금카드를 사용하여 현금자동지급기에서 현금을 인출한 경우, 현금카드 사용권한 있는 자의 정당한 사용에 의한 것으로서 현금자동지급기 관리자의 의사에 반하거나 기망행위 및 그에 따른 처분행위도 없었으므로, 별도로 절도죄나 사기죄의 구성요건에 해당하지 않는다 할 것이고, 그 결과 그 인출된 현금은 재산범죄에 의하여 취득한 재물이 아니므로 장물이 될 수 없다. 공소외인이 컴퓨터등사용사기죄에 의하여 취득한 예금채권은 재물이 아니라 재산상 이익이므로, 그가 자신의 예금구좌에서 6,000만 원을 인출하였더라도 장물을 금융기관에 예치하였다가 인출한 것으로 볼 수 없다.[31] 甲이

27) 대법원 2004.12.9. 선고 2004도5904 판결.
28) 대법원 1998.11.24. 선고 98도2967 판결.
29) 대법원 2004.4.16. 선고 2004도353 판결.
30) 대법원 1972.6.13. 선고 72도971 판결.

권한 없이 인터넷뱅킹으로 타인의 예금계좌에서 자신의 예금계좌로 돈을 이체한 후 그 중 일부를 인출하여 그 정을 아는 乙에게 교부한 경우, 甲이 컴퓨터등사용사기죄에 의하여 취득한 예금채권은 재물이 아니라 재산상 이익이므로, 그가 자신의 예금계좌에서 돈을 인출하였더라도 장물을 금융기관에 예치하였다가 인출한 것으로 볼 수 없다는 이유로 乙의 장물취득죄의 성립을 부정한다.[32) 형법 제41장의 장물에 관한 죄에 있어서의 '장물'은 이른바 '재물'을 말하는 것이고 그 '재물'은 물리적 관리 가능성이 있는 물건을 말하는 것이고, 설령 재산죄에 의하여 취득된 것이라 하더라도 재산상의 이익은 장물죄의 객체가 될 수 없다고 보아야 할 것이다. 전화가입권의 실체는 가입권자가 전화관서로부터 전화역무를 제공받을 하나의 채권적 권리이며, 이는 하나의 재산상의 이익은 될지언정 '장물'의 범주에 속하지 아니한다.[33)]

3. 장물성의 한계

(1) 금 전

장물이란 재산범죄로 인하여 취득한 물건 그 자체를 말한다. 따라서 장물의 처분대가는 원칙적으로 장물성을 상실하게 된다. 그러나 금전의 경우에는 그것이 가지고 있는 고도의 대체성으로 인하여 물리적 동일성보다는 액수의 동일성이 중시되어 장물로서의 성질을 그대로 유지한다고 해석되고 있다.

장물성을 긍정한 판례의 구체적 내용은 다음과 같다. 즉,

갑이 회사 자금으로 을에게 주식매각 대금조로 금원을 지급한 경우, 그 금원은 단순히 횡령행위에 제공된 물건이 아니라 횡령행위에 의하여 영득된 장물에 해당한다고 할 것이고, 나아가 설령 갑이 을에게 금원을 교부한 행위 자체가 횡령행위라고 하더라도 이러한 경우 갑의 업무상횡령죄가 기수에 달하는 것과 동시에 그 금원은 장물이 된다.[34)] 장물인 현금 또는 수표를 금융기관에 예금의 형태로 보관하였다가 이를 반환받기 위하여 동일한 액수의 현금 또는 수표를 인출한 경우에 예금계약의 성질상 그 인출된 현금 또는 수표는 당초의 현금 또는 수표와 물리적인 동일성은 상실되었지만 액수에 의하여 표시되는 금전적 가치에는 아무런 변동이 없으므로, 장물로서의 성질은 그대로 유지된다.[35)] 장물이라 함은 재산범죄로 인하여 취득한 물건 그 자체를 말하고, 그 장물의 처분대가는 장물성을 상실하는 것이지만, 금전은 고도의 대체성을 가지고 있어 다른 종류의 통화와 쉽게 교환할 수 있고, 그 금전 자체는 별다른 의미가 없고 금액에 의하여 표시되는 금전적 가치가 거래상 의미를 가지고 유통되고 있는 점에 비추어 볼 때, 장물인 현금을 금융기관에 예금의 형태로 보관하였다가 이를 반환받기 위하여 동일한 액수의 현금을 인출한 경우에 예금계약의 성질상 인출된 현금은 당초의 현금과 물리적인 동일성은 상실되었지만 액수에 의하여 표시되는 금전적 가치에는 아무런 변동이 없으므로 장물로서의 성질은 그대로 유지된다고 봄이 상당하고, 자기앞수표도 그 액면금을 즉시 지급받을 수 있는 등 현금에 대신하는 기능을 가지고 거래상 현금과 동일하게 취급되고 있는 점에서 금전의 경우와 동일하게 보아야 한다.[36)] 장물이라 함은 재산범죄로 인하여

31) 대법원 2004.4.16. 선고 2004도353 판결.
32) 대법원 2004.4.16. 선고 2004도353 판결.
33) 대법원 1971.2.23. 선고 70도2589 판결.
34) 대법원 2004.12.9. 선고 2004도5904 판결.
35) 대법원 2004.4.16. 선고 2004도353 판결; 대법원 2002.4.12. 선고 2002도53 판결; 대법원 1999.9.17. 선고 98도2269 판결.

취득한 물건 그 자체를 말하고, 그 장물의 처분대가는 장물성을 상실하는 것이지만, 금전은 고도의 대체성을 가지고 있어 다른 종류의 통화와 쉽게 교환할 수 있고, 그 금전 자체는 별다른 의미가 없고 금액에 의하여 표시되는 금전적 가치가 거래상 의미를 가지고 유통되고 있는 점에 비추어 볼 때, 장물인 현금을 금융기관에 예금의 형태로 보관하였다가 이를 반환받기 위하여 동일한 액수의 현금을 인출한 경우에 예금계약의 성질상 인출된 현금은 당초의 현금과 물리적인 동일성은 상실되었지만 액수에 의하여 표시되는 금전적 가치에는 아무런 변동이 없으므로 장물로서의 성질은 그대로 유지된다고 봄이 상당하고, 자기앞수표도 그 액면금을 즉시 지급받을 수 있는 등 현금에 대신하는 기능을 가지고 거래상 현금과 동일하게 취급되고 있는 점에서 금전의 경우와 동일하게 보아야 한다.[37)]

(2) 대체물

장물의 매각대금 또는 장물인 금전으로 구입한 물건 등의 대체장물에 있어서는 장물성의 여부에 관하여 다툼이 있다. 추구권설은 본범이 영득한 재물에 대하여만 피해자의 반환청구권이 인정되므로 대체장물은 장물이 아니라고 한다. 위법상태유지설은 위법한 재산상태의 유지 내지 존속은 본범에 의해 영득된 재물에 한정되므로 대체장물은 장물이 아니라고 한다. 공범설에 의하면 본범의 범죄적 이익에 관여하는 범위 내에서 장물이 된다고 한다.

생각건대 장물은 재산범죄에 의하여 영득한 재물 그 자체이거나 적어도 그것과 물질적으로 동일성이 인정되는 것이어야 한다. 어느 정도 원형이 변경되더라도 동일성을 유지하고 있으면 장물성은 인정된다. 귀금속을 금괴로 만든 경우, 도벌한 원목을 제재한 경우가 그 예이다. 그러나 절취한 문서 또는 녹음테이프를 복사한 복사물은 물질적 동일성이 인정되지 않기 때문에 장물이 되지 않는다.

(3) 환전통화

장물인 통화를 다른 종류의 통화로 환전한 경우 그 환전통화가 장물인가에 대하여는 다툼이 있다. 제1설은 긍정설이다. 금전의 영득에 있어서는 물체의 영득보다는 가치취득이라는 성질이 강하고, 행위자가 취득한 가치총액은 그 금전을 교환한 때에도 동일성이 유지되므로 장물성을 인정해야 한다고 한다. 제2설은 부정설이다. 가치의 동일성을 물건의 동일성으로 취급하는 것은 유추해석금지의 원칙에 반하므로 장물성을 인정할 수 없다고 한다. 생각건대 금전은 전술한 바와 같이 고도의 대체성을 가지므로 장물성을 인정하는 긍정설이 타당하다.

한편 수표와 교환된 현금의 장물성에 있어서도 다투어지고 있다. 제1설은 긍정설이다. 거래상 수표는 현금과 동일하고 통화처럼 고도의 대체성이 있으므로 그 현금도 장물이 된다고 한다. 제2설은 부정설이다. 수표와 교환된 현금 사이에는 동일성이 없고 권리자의 추구권도 미치지 않으므로 그 현금은 장물이 아니라고 한다. 제3설은 절충설이다. 수표와 교환된 현금 사이에는 동일성이 없지만 새로운 사기행위로 인하여 영득한 재물로서 장물이 된다고

36) 대법원 2004.3.12. 선고 2004도134 판결.
37) 대법원 2000.3.10. 선고 98도2579 판결.

한다. 생각건대 수표의 경우에도 환전통화에서와 마찬가지의 이유에서 가액의 동일성이 인정되는 한 장물성을 인정하는 긍정설이 타당하다고 해석된다.

장물성을 긍정한 판례의 구체적 내용은 다음과 같다. 즉,

> 장물인 현금 또는 수표를 금융기관에 예금의 형태로 보관하였다가 이를 반환받기 위하여 동일한 액수의 현금 또는 수표를 인출한 경우에 예금계약의 성질상 그 인출된 현금 또는 수표는 당초의 현금 또는 수표와 물리적인 동일성은 상실되었지만 액수에 의하여 표시되는 금전적 가치에는 아무런 변동이 없으므로, 장물로서의 성질은 그대로 유지된다.[38] 자기앞수표도 그 액면금을 즉시 지급받을 수 있는 등 현금에 대신하는 기능을 가지고 거래상 현금과 동일하게 취급되고 있는 점에서 금전의 경우와 동일하게 보아야 한다.[39]

(4) 불법원인급여물

불법원인급여물에 대하여는 장물성을 긍정하는 긍정설, 부정하는 부정설 및 본범인 재산범의 성부에 따라 구별하는 구별설이 대립하고 있다. 추구권설에 의하면 민법상 피해자에게 반환청구권이 인정되지 않으므로 장물성이 부정된다. 그러나 위법상태유지설에 따르면 위법한 재산상태가 존재하므로 장물성이 긍정된다. 결합설의 입장에서도 장물성을 긍정된다.

긍정설은 민법상 제재인 반환청구권을 인정하지 않는 것과 형법상의 위법성은 별개이기 때문에 장물성이 인정되어야 한다고 한다. 부정설은 추구권설의 논리적 귀결이다. 구별설은 횡령죄와 같이 불법원인급여물에 대하여 범죄가 성립하지 않는 경우와 강도죄나 사기죄 등과 같이 범죄가 성립하는 경우를 구별하고 범죄가 성립하는 경우에는 장물이 된다고 한다. 구별설이 타당하다고 해석된다.

(5) 본범에 대한 형법의 적용불가능

외국인에 의한 외국에서의 절도와 같이 본범의 행위에 형법이 적용되지 않는 경우 또는 면책특권을 가지는 외국인이 국내에서 범하는 절도와 같이 대한민국의 재판권이 미치지 않는 경우 그 도품에 대하여는 장물성이 문제될 수 있다. 이를 긍정한 판례가 있다.

대법원은 “본범의 행위에 관한 법적 평가는 그 행위에 대하여 우리 형법이 적용되지 아니하는 경우에도 우리 형법을 기준으로 하여야 하고 또한 이로써 충분하므로, 본범의 행위가 우리 형법에 비추어 절도죄 등의 구성요건에 해당하는 위법한 행위라고 인정되는 이상 이에 의하여 영득된 재물은 장물에 해당한다”고 판시한 바 있다.[40]

4. 장물성의 상실

재산범죄에 의하여 영득한 재물이라고 하여 언제나 장물이 되는 것은 아니다. 위법상태유지설에 의하면 본범에 의하여 형성된 위법상태가 없어진 때, 추구권설에 따르면 피해자가 반환청구권을 행사할 수 없게 된 때에는 더 이상 장물이라고 할 수 없게 된다. 따라서 본범

---

38) 대법원 2004.4.16. 선고 2004도353 판결.
39) 대법원 2004.3.12. 선고 2004도134 판결; 대법원 2000.3.10. 선고 98도2579 판결.
40) 대법원 2011.4.28. 선고 2010도15350 판결.

또는 제3자가 그 장물에 대하여 소유권을 취득한 때에는 장물성을 상실하여 더 이상 장물죄는 성립하지 않는다. 예컨대 본범에 대하여 피해자가 소유권을 포기한 경우, 본범이 장물을 상속받은 경우, 본범이 대외관계에서 처분권한을 가지고 처분한 경우 또는 민법상 제3자가 선의취득한 경우, 취득시효가 완성된 경우 등에는 장물성이 상실된다. 다만 도품이나 유실물은 도난 또는 유실한 날로부터 2년간 장물성이 유지한다(민법 제250조 제1항 참조).

한편 대법원은 "관세법 제186조는 같은법 제180조 소정의 관세포탈품 뿐만아니라 179조의 금지품 수출입죄와 제181조의 무면허수출입죄등 직접적으로는 관세의 징수와 관련이 없는 관세법위반에 해당하는 물품의 취득등을 처벌의 대상으로 삼기 때문에 그 보호법익은 관세징수권에 의한 국가 재정권의 확보에만 있는 것이 아니므로 관세법 제186조 해당물품의 장물성의 존속기간은 관세징수권의 소멸시효기간인 5년이라 할 수 없고 형사소송법에 의하여 공소시효가 완성되어 국가 형벌권이 발동할 수 없고 몰수추징 할 수 없는 단계에 이르기전까지 라고 해석하여야 할 것이다"라고 판시한 바 있다.[41]

Ⅴ. 구성요건의 체계

장물의 죄의 기본적 구성요건은 장물취득·양도·운반·보관·알선죄이다(제362조). 상습성으로 인하여 책임이 가중되는 상습장물죄는 가중적 구성요건에 속한다(제363조). 장물의 죄는 과실범을 처벌한다. 업무상 과실·중과실 장물죄은 과실범에 해당한다(제364조).

장물의 죄는 미수범에 대한 처벌규정을 두지 않고 있다. 그러나 친족상도례에 관한 규정은 준용되고 있다.

§2. 장물죄

제362조(장물의 취득, 알선 등) ① 장물을 취득, 양도, 운반 또는 보관한 자는 7년 이하의 징역 또는 1천500만원 이하의 벌금에 처한다.
② 전항의 행위를 알선한 자도 전항의 형과 같다.

제363조(상습범) ① 상습으로 전조의 죄를 범한 자는 1년 이상 10년 이하의 징역에 처한다.
② 제1항의 경우에는 10년 이하의 자격정지 또는 1천500만원 이하의 벌금을 병과할 수 있다.

제365조(친족간의 범행) ① 전3조의 죄를 범한 자와 피해자간에 제328조제1항, 제2항의 신분관계가 있는 때에는 동조의 규정을 준용한다.
② 전3조의 죄를 범한 자와 본범간에 제328조제1항의 신분관계가 있는 때에는 그 형을 감경 또는 면제한다. 단, 신분관계가 없는 공범에 대하여는 예외로 한다.

Ⅰ. 서 설

본죄는 장물을 취득, 양도, 운반 또는 보관하거나(제362조 제1항), 이를 알선함으로써 성립한다(제362조 제2항). 장물의 죄에 있어서의 기본적 구성요건이다. 본죄는 실행행위의 유형에 따라 죄명도

41) 대법원 1977.3.22. 선고 76도4483 판결.

장물취득죄, 장물양도죄, 장물운반죄, 장물보관죄 및 장물알선죄로 나누어질 수 있다.

Ⅱ. 범 죄

1. 장물 취득 등 죄

(1) 의 의

본죄는 장물을 취득, 양도, 운반 또는 보관함으로써 성립한다(제362조 제1항). 이를 알선하면 후술하는 장물알선죄가 성립한다.

(2) 구성요건

1) 객관적 구성요건

① 주 체

본죄의 주체는 본죄의 실행행위를 한 자이다. 누구든지 장물을 취득, 양도, 운반 또는 보관의 행위를 한 자는 본죄의 주체가 될 수 있다. 그러나 본죄의 본범은 본죄의 주체가 될 수 없다. 본죄는 논리적으로 본범의 존재를 그 전제요건으로 하고 있기 때문이다. 따라서 본범이 본죄를 실현한다고 하여도 이는 불가벌적 사후행위로 된다. 본범이 자기의 범죄에 의하여 불법하게 영득한 재물에 대하여 행하는 취득, 양도, 운반 또는 보관 등의 행위는 이미 본범의 행위에 포함되어 평가되었기 때문이다. 후술하는 알선의 경우에도 마찬가지이다. 다만 본범은 당연한 결과로서 합동범과 공동정범을 포함한다. 그러나 본범의 교사범과 방조범에 대하여는 공동정범의 경우와는 달리 본죄의 주체가 된다. 본죄의 위법성이 교사행위 또는 방조행위에 의하여 모두 평가되지는 않았기 때문이다. 판례도 같은 입장이다.

이에 관한 판례의 구체적 내용은 다음과 같다. 즉,

> 장물죄는 타인(본범)이 불법하게 영득한 재물의 처분에 관여하는 범죄이므로 자기의 범죄에 의하여 영득한 물건에 대하여는 성립하지 아니하고 이는 불가벌적 사후행위에 해당하나 여기에서 자기의 범죄라 함은 정범자(공동정범과 합동범을 포함한다)에 한정되는 것이므로 평소 본범과 공동하여 수차 상습으로 절도 등 범행을 자행함으로써 실질적인 범죄집단을 이루고 있었다 하더라도, 당해 범죄행위의 정범자(공동정범이나 합동범)로 되지 아니한 이상 이를 자기의 범죄라고 할 수 없고 따라서 그 장물의 취득을 불가벌적 사후행위라고 할 수 없다.[42]

② 객 체

본죄의 객체는 장물이다. 장물이란 재산범죄로 인하여 취득한 물건 그 자체를 말한다. 재산범죄란 절도, 강도, 사기, 공갈, 횡령 등 영득죄를 말한다. 이에 관하여는 이미 전술한 바 있다.

③ 행 위

본죄의 실행행위는 법문에 명문으로 규정되어 있다. 법문은 장물죄의 실행행위로서 장물

---

42) 대법원 1986.9.9. 선고 86도1273 판결.

의 취득, 양도, 운반 및 보관에 관하여 규정하고 있다.

ⓘ 취 득 취득(取得, Verschaffen)이란 장물의 점유를 이전받음으로써 그 장물에 대하여 사실상 처분권을 획득하는 것을 말한다.[43] 따라서 취득이라고 하기 위하여는 재물에 대한 점유의 이전(인도)과 사실상의 처분권의 획득이라는 2가지의 요소가 필요하다. 단순히 보수를 받고 본범을 위하여 장물을 일시 사용하거나 그와 같이 사용할 목적으로 장물을 건네받은 것만으로는 장물을 취득한 것으로 볼 수 없다.[44] 취득은 유상이든 무상이든 묻지 않는다. 자기를 위한 취득이든 타인을 위한 취득이든 불문한다. 본범으로부터 취득하든 제3자로부터 취득하든 무방하다.

취득을 긍정한 판례의 구체적 내용은 다음과 같다. 즉,

대한민국 국민 또는 외국인이 미국 캘리포니아주에서 미국 리스회사와 미국 캘리포니아주의 법에 따라 차량 이용에 관한 리스계약을 체결하면서 준거법에 관하여는 별도로 약정하지 아니하였는데, 이후 자동차수입업자인 피고인이 리스기간 중 위 리스이용자들이 임의로 처분한 리스계약의 목적물인 차량들을 수입한 사안에서, 국제사법에 따라 위 리스계약에 적용될 준거법인 미국 캘리포니아주의 법에 의하면, 위 차량들의 소유권은 리스회사에 속하고, 리스이용자는 일정 기간 차량의 점유·사용의 권한을 이전받을 뿐이어서(미국 캘리포니아주 상법 제10103조 제a항 제10호도 참조), 리스이용자들은 리스회사에 대한 관계에서 위 차량들에 관한 보관자로서의 지위에 있으므로, 위 차량들을 임의로 처분한 행위는 형법상 횡령죄의 구성요건에 해당하는 위법한 행위로 평가되고 이에 의하여 영득된 위 차량들은 장물에 해당한다는 이유로, 피고인에게 장물취득죄를 인정한 원심판단의 결론을 정당하다.[45]

취득을 부정한 판례의 구체적 내용은 다음과 같다. 즉,

본범의 사기행위는 피고인이 예금계좌를 개설하여 본범에게 양도한 방조행위가 가공되어 본범에게 편취금이 귀속되는 과정 없이 피고인이 피해자로부터 피고인의 예금계좌로 돈을 송금받아 취득함으로써 종료되는 것이고, 그 후 피고인이 자신의 예금계좌에서 위 돈을 인출하였다 하더라도 이는 예금명의자로서 은행에 예금반환을 청구한 결과일 뿐 본범으로부터 위 돈에 대한 점유를 이전받아 사실상 처분권을 획득한 것은 아니므로, 피고인의 위와 같은 인출행위를 장물취득죄로 벌할 수는 없다.[46] 사기 범행에 이용되리라는 사정을 알고서도 자신의 명의로 새마을금고 예금계좌를 개설하여 갑에게 이를 양도함으로써 갑이 을을 속여 을로 하여금 1,000만 원을 위 계좌로 송금하게 한 사기 범행을 방조한 피고인이 위 계좌로 송금된 돈 중 140만 원을 인출하여 갑이 편취한 장물을 취득하였다는 공소사실에 대하여, 갑이 사기 범행으로 취득한 것은 재산상 이익이어서 장물에 해당하지 않는다는 원심판단은 적절하지 아니하지만, 피고인의 위와 같은 인출행위를 장물취득죄로 벌할 수는 없으므로, 위 '장물취득' 부분을 무죄로 선고한 원심의 결론을 정당하다.[47] 원심은 전당포영업자가 돈을 대여하고 물건을 전당잡는 행위(질권설정행위)는 전당잡은 물건에 대하여 사실상의 처분권을 획득하는 행위로서 장물취득죄에 있어서의 취득행위에 해당하므로 장

43) 대법원 2010.12.9. 선고 2010도6256 판결; 대법원 2003.5.13. 선고 2003도1366 판결.
44) 대법원 2003.5.13. 선고 2003도1366 판결.
45) 대법원 2011.4.28. 선고 2010도15350 판결.
46) 대법원 2010.12.9. 선고 2010도6256 판결.
47) 대법원 2010.12.9. 선고 2010도6256 판결.

물취득죄에 있어서의 고의 유무는 이때를 기준으로 판단하여야 하는데, 이 사건과 같이 전당포영업자인 피고인이 보석들을 전당잡으면서 인도받을 당시 장물이라는 정을 알았다고 볼 증거가 없다면, 그 후 장물일지도 모른다고 의심하면서 소유권포기각서를 받은 행위가 장물취득죄에 해당한다고 볼 여지가 없고, 또한 기록에 의하면, 피고인에게는 공소외인이 대여금을 변제하면 언제든지 보석들을 반환할 의사가 있었고, 공소외인 역시 소유권포기각서를 써 주었으나 피고인에게 돈을 갚겠다고 약속하면서 담보로 맡긴 보석들을 처분하지 말 것을 부탁하였으며, 전당업주에게 귀금속 등을 담보로 제공하고 돈을 빌릴 때 소유권포기각서를 작성하는 경우도 있음을 알 수 있어, 피고인이 공소외인로부터 소유권포기각서를 받은 행위는 피고인이 공소외인과 사이에 금전관계를 정산하고 전당물에 대한 소유권을 완전히 취득하기 위한 것이라기보다는 담보를 확실히 하기 위한 것으로 보이므로, 이러한 행위를 별개의 취득행위라고 볼 여지도 없으며, 한편 이 사건과 같이 전당포영업자인 피고인이 대여금채권의 담보로 보석들을 전당잡은 경우에는 이를 점유할 권한이 있는 때에 해당하여 장물보관죄가 성립할 여지 역시 없다고 판단하여 이 부분 공소사실을 유죄로 인정한 제1심판결을 파기하고 무죄를 선고하였는바, 앞서 본 법리와 기록에 비추어 살펴보면, 원심의 위와 같은 조치는 정당한 것으로 수긍이 가고, 거기에 상고이유로 주장하는 바와 같은 장물취득죄의 고의에 대한 심리미진이나 장물취득의 개념에 관한 법리오해 등의 위법이 없다.[48] 채무자가 채권자에게 양도담보로 제공한 물건을 임의로 타인에게 양도하는 행위는 배임죄에 해당하나 동 물건은 배임행위에 제공한 물건이지 배임행위로 인하여 영득한 물건 자체는 아니므로 장물이라고 볼 수 없고, 따라서 위 타인이 그러한 사정을 알면서 그 물건을 취득하였다고 하여도 장물취득죄로 처벌할 수 없다.[49] 신탁행위에 있어서는 수탁자가 외부관계에 대하여 소유자로 간주되므로 이를 취득한 제3자는 수탁자가 신탁자의 승낙없이 매각하는 정을 알고 있는 여부에 불구하고 장물취득죄가 성립하지 아니한다. 그러나 신탁행위에 있어서는 법리상 수탁자가 외부관계에 있어서는 소유자로 간주되는 것이므로 이를 취득한 제3자로서는 그 정을 알고 있는 여부에 불구하고 수탁자가 그 소유자로서 이를 처분하는 것으로 받아들여야 하는 것이어서 그 물건은 이를 매수하는 제3자에 대한 관계에서는 장물성을 구비하는 것이라 할 수 없을 것이다.[50] 자동차의 등록명의자 아닌 지입자로부터 그 자동차를 임대 또는 전대받은 자는 그 자동차에 관하여 법률상 처분할 수 있는 지위에 있다고 할 수 없으므로 타인의 재산을 보관하는 자에 해당하지 아니하며 따라서 그로부터 자동차를 매수한 행위는 장물취득죄가 되지 아니한다.[51] 형법상 장물죄의 객체인 장물이라 함은 재산권상의 침해를 가져 올 위법행위로 인하여 영득한 물건으로서 피해자가 반환청구권을 가지는 것을 말하고 본건 대지에 관하여 매수인 "갑"에게 소유권 이전등기를 하여 줄 임무가 있는 소유자가 그 임무에 위반하여 이를 "을"에게 매도하고 소유권이전등기를 경유하여 준 경우에는 위 부동산소유자가 배임행위로 인하여 영득한 것은 재산상의 이익이고 위 배임범죄에 제공된 대지는 범죄로 인하여 영득한 것 자체는 아니므로 그 취득자 또는 전득자에게 대하여 배임죄의 가공여부를 논함은 별문제로 하고 장물취득죄로 처단할 수 없다.[52] 장물이라 함은 영득죄에 의하여 취득한 물건 그 자체를 말하는 것으로서 피해자에게 그 회복추구권이 없어진 경우에는 장물성을 잃게 된다고 할 것이므로 피고인이 원심공동 피고인 1이 절취한 옥사를 처분하여 얻어진 돈을 받았다고 하드라

48) 대법원 2006.10.13. 선고 2004도6084 판결.

49) 대법원 1981.7.28. 선고 81도618 판결.

50) 대법원 1979.11.27. 선고 79도2410 판결.

51) 대법원 1978.10.10. 선고 78도1714 판결. 이 판결의 내용은 일부 대법원 2015.6.25. 선고 2015도1944 전원합의체 판결에 의하여 변경됨.

52) 대법원 1975.12.9. 선고 74도2804 판결.

도 장물취득죄가 성립되지 않는다.[53)]

ⓘ 양 도 양도(讓渡)란 장물을 양수인으로 하여금 그의 물건으로서 취득하게 하는 것을 말한다. 단순히 구두 약속이나 계약만으로는 충분하지 않다. 인도를 요하기 때문이다. 양도는 유상이든 무상이든 묻지 않는다. 양도는 취득 후 장물인 정을 알게 된 장물에 한한다. 처음부터 장물인 정을 알고 장물을 취득한 자의 양도는 불가벌적 사후행위에 해당하기 때문이다.

양도를 긍정한 판례의 구체적 내용은 다음과 같다. 즉,

구 자동차관리법(2009.2.6. 법률 제9449호로 개정되기 전의 것) 제6조가 "자동차 소유권의 득실변경은 등록을 하여야 그 효력이 생긴다"고 규정하고 있기는 하나, 위 규정은 도로에서의 운행에 제공될 자동차의 소유권을 공증하고 안전성을 확보하고자 하는 데 그 취지가 있는 것이므로, 장물인 수입자동차를 신규등록하였다고 하여 그 최초 등록명의인이 해당 수입자동차를 원시취득하게 된다거나 그 장물양도행위가 범죄가 되지 않는다고 볼 수는 없다. 이와 다른 전제에서 원심을 탓하는 상고이유의 주장은 모두 받아들일 수 없다.[54)]

ⓘⓘⓘ 운 반 운반(運搬)이란 위탁을 받고 장물을 장소적으로 이전하는 것을 말한다. 반드시 본범자로부터 위탁을 받을 것을 요하지 않는다. 유상이든 무상이든 묻지 않는다. 장물인 정을 모르고 위탁을 받았지만, 운반의 도중에 그것을 안 경우에도 그 후의 운반행위는 본죄에 해당한다. 다만 운반행위를 중지하는 것이 불가능한 경우에는 본죄가 성립하지 아니한다.

운반을 긍정한 판례의 구체적 내용은 다음과 같다. 즉,

본범자와 공동하여 장물을 운반한 경우에 본범자는 장물죄에 해당하지 않으나 그 외의 자의 행위는 장물운반죄를 구성하므로, 피고인이 본범이 절취한 차량이라는 정을 알면서도 본범 등으로부터 그들이 위 차량을 이용하여 강도를 하려 함에 있어 차량을 운전해 달라는 부탁을 받고 위 차량을 운전해 준 경우, 피고인은 강도예비와 아울러 장물운반의 고의를 가지고 위와 같은 행위를 하였다고 봄이 상당하다.[55)]

ⓘⓥ 보 관 보관(保管)이란 위탁을 받아 장물을 자기의 점유에 두는 것을 말한다. 유상이든 무상이든 불문한다. 장물을 취득한 자가 이를 보관하는 때에는 장물취득죄만 성립한다. 장물을 보관한 자가 취득한 때에도 같다. 전자의 경우에 보관은 불가벌적 사후행위가 되고, 후자의 경우에는 보관에 대하여 보충관계에 있기 때문이다. 그러나 장물임을 모르고 취득한 자가 그 정을 알면서 보관한 때에는 장물보관죄가 성립한다.

보관을 긍정한 판례의 구체적 내용은 다음과 같다. 즉,

장물인 정을 모르고 보관하던 중 장물인 정을 알게 되었고, 위 장물을 반환하는 것이 불가능하

53) 대법원 1972.2.22. 선고 71도2296 판결.
54) 대법원 2011.5.13. 선고 2009도3552 판결.
55) 대법원 1999.3.26. 선고 98도3030 판결.

지 않음에도 불구하고 계속 보관함으로써 피해자의 정당한 반환청구권 행사를 어렵게 하여 위법한 재산상태를 유지시킨 경우에는 장물보관죄에 해당한다.[56)]

보관을 부정한 판례의 구체적 내용은 다음과 같다. 즉,

장물인 정을 모르고 장물을 보관하였다가 그 후에 장물인 정을 알게 된 경우 그 정을 알고서도 이를 계속하여 보관하는 행위는 장물죄를 구성하는 것이나 이 경우에도 점유할 권한이 있는 때에는 이를 계속하여 보관하더라도 장물보관죄가 성립한다고 할 수 없다.[57)] 전당포영업자가 보석들을 전당잡으면서 인도받을 당시 장물인 정을 몰랐다가 그 후 장물일지도 모른다고 의심하면서 소유권포기각서를 받은 행위는 장물취득죄에 해당하지 않고, 또한 전당포영업자가 대여금채권의 담보로 보석들을 전당잡은 경우에는 이를 점유할 권한이 있는 때에 해당하여 장물보관죄 역시 성립하지 않는다.[58)] 장물인 정을 모르고 장물을 보관하였다가 그 후에 장물인 정을 알게 된 경우 그 정을 알고서도 이를 계속하여 보관하는 행위는 장물죄를 구성하는 것이나 이 경우에도 점유할 권한이 있는 때에는 이를 계속하여 보관하더라도 장물보관죄가 성립한다고 할 수 없다.[59)] 장물인 정을 모르고 장물을 보관하였다가 그 후에 장물인 정을 알게 된 경우 그 정을 알고서도 이를 계속하여 보관하는 행위는 장물죄를 구성하는 것이나 이 경우에도 점유할 권한이 있는 때에는 이를 계속하여 보관하더라도 장물보관죄가 성립하지 않는다.[60)]

④ 결 과

본죄는 결과범이라고 할 수 있다. 따라서 본죄는 점유의 이전이 이루어지지 않는 한 미수에 그친다.

2) 주관적 구성요건

① 고 의

본죄는 고의범이다. 본죄의 고의는 장물을 취득, 양도, 운반 또는 보관한다는 사실에 대한 인식을 요한다. 장물의 인식은 확정적 인식임을 요하지 않으며 장물일지도 모른다는 의심을 가지는 정도의 미필적 인식으로서도 충분하다.[61)] 본범의 범행을 구체적으로 알아야 하는 것은 아니다.[62)] 장물인 정을 알고 있었느냐의 여부는 장물 소지자의 신분, 재물의 성질, 거래의 대가 기타 상황을 참작하여 이를 인정할 수밖에 없다.[63)]

장물취득죄는 취득 당시 장물인 정을 알면서 재물을 취득하여야 성립하는 것이므로 피고인이 재물을 인도받은 후에 비로소 장물이 아닌가 하는 의구심을 가졌다면 그 재물수수행위

56) 대법원 1987.10.13. 선고 87도1633 판결.

57) 대법원 2006.10.13. 선고 2004도6084 판결; 대법원 1986.1.21. 선고 85도2472 판결.

58) 대법원 2006.10.13. 선고 2004도6084 판결.

59) 대법원 2006.10.13. 선고 2004도6084 판결; 대법원 1986.1.21. 선고 85도2472 판결.

60) 대법원 1986.1.21. 선고 85도2472 판결.

61) 대법원 2011.5.13. 선고 2009도3552 판결; 대법원 2006.10.13. 선고 2004도6084 판결; 대법원 2004.12.9. 선고 2004도5904 판결; 대법원 2000.9.5. 선고 99도3590 판결; 대법원 1995.1.20. 선고 94도1968 판결; 대법원 1987.4.14. 선고 87도107 판결; 대법원 1969.1.21. 선고 68도1474 판결.

62) 대법원 1969.1.21. 선고 68도1474 판결.

63) 대법원 2006.10.13. 선고 2004도6084 판결; 대법원 2004.12.9. 선고 2004도5904 판결; 대법원 2000.9.5. 선고 99도3590 판결; 대법원 1995.1.20. 선고 94도1968 판결.

가 장물취득죄를 구성한다고 할 수 없다.[64]

고의를 부정한 판례의 구체적 내용은 다음과 같다. 즉,

> 금은방을 경영하는 자가 귀금속을 매입함에 있어서 매도인이 주민등록증을 소지하고 있지 않아 이를 확인치 않았으나 전에 일차 거래한바 있던 매도인의 일행의 인적 사항을 확인하여 고물매입대장을 작성하였고, 매입가격도 적정하다면 피고인이 장물인 정을 알았다고 할 수 없다.[65] 개장사인 피고인이 갑으로부터 개를 살 때에 그의 집에까지 가서 동인이 가족과 일정한 주소에서 주거하고 있다면 사실을 확인하고 또 동인이 장꾼들과 같이 개를 팔러왔기 때문에 의심하지 않고 시세대로 샀다면 피고인은 장물의 지정에 대한 미필적 고의가 있었다고 보기 어렵다.[66]

② 불법영득의 의사

본죄는 고의 외에 불법영득의 의사를 요하는가에 대하여는 긍정설과 부정설 및 취득죄의 경우에만 불법영득의 의사를 요한다는 개별설이 대립하고 있다. 본죄의 본질은 추구권을 곤란하게 하거나 위법상태를 유지하는 데에 있다고 하는 한 불법영득의 의사는 중요하지 않다고 해석된다.

3) 공 범

타인이 절취, 운전하는 승용차의 뒷자석에 편승한 것을 가리켜 장물운반행위의 실행을 분담하였다고는 할 수 없다.[67] 피교사자가 이미 범죄의 결의를 가지고 있을 때에는 교사범이 성립할 여지가 없다.[68] 교사범의 교사가 정범이 죄를 범한 유일한 조건일 필요는 없으므로, 교사행위에 의하여 정범이 실행을 결의하게 된 이상 비록 정범에게 범죄의 습벽이 있어 그 습벽과 함께 교사행위가 원인이 되어 정범이 범죄를 실행한 경우에도 교사범의 성립에 영향이 없다.[69]

공범을 부정한 판례의 구체적 내용은 다음과 같다. 즉,

> 막연히 "범죄를 하라"거나 "절도를 하라"고 하는 등의 행위만으로는 교사행위가 되기에 부족하다 하겠으나, 타인으로 하여금 일정한 범죄를 실행할 결의를 생기게 하는 행위를 하면 되는 것으로서 교사의 수단방법에 제한이 없다 할 것이므로, 교사범이 성립하기 위하여는 범행의 일시, 장소, 방법 등의 세부적인 사항까지를 특정하여 교사할 필요는 없는 것이고, 정범으로 하여금 일정한 범죄의 실행을 결의할 정도에 이르게 하면 교사범이 성립된다.[70] 피고인이 갑, 을, 병이 절취하여 온 장물을 상습으로 19회에 걸쳐 시가의 3분의1 내지 4분의 1의 가격으로 매수하여 취득하여 오다가, 갑, 을에게 일제 도라이바 1개를 사주면서 "병이 구속되어 도망다니려면 돈도 필요할텐데 열심히 일을 하라(도둑질을 하라)"고 말하였다면, 그 취지는 종전에 병과 같이 하던 범위의 절도를 다시 계속하면 그 장물은 매수하여 주겠다는 것으로서 절도의 교사가 있었다고 보아야 한다.[71]

---

64) 대법원 2006.10.13. 선고 2004도6084 판결; 대법원 1971.4.20. 선고 71도468 판결.
65) 대법원 1984.2.14. 선고 83도3014 판결.
66) 대법원 1965.2.4. 선고 64도800 판결.
67) 대법원 1983.9.13. 선고 83도1146 판결.
68) 대법원 1991.5.14. 선고 91도542 판결.
69) 대법원 1991.5.14. 선고 91도542 판결.
70) 대법원 1991.5.14. 선고 91도542 판결.

피고인 2가 그 판시 일시경 이 사건 승용차를 절취하여 피고인 1 집까지 운전하여 와서는 동소에 있던 피고인들과 공소외 ***에게 서울까지 타고 갈 차를 훔쳐 왔으니 서울에 갈 사람은 타라고 말하자 피고인들이 서울에 가고 싶은 생각에서 위 승용차에 편승하고 위 ***은 이를 운전하여 서울까지 올라온 사실은 인정할 수 있으나 동인들이 위와 같이 단순히 승용차 뒷좌석에 편승한 것을 가리켜 장물운반행위의 실행을 분담하였다고는 할 수 없고 달리 피고인들이 위 김홍진으로 하여금 장물운반행위에 나아가도록 공모하였음을 뒷받침하는 자료도 없어 피고인들에 대한 이 사건 공소사실은 결국 범죄의 증명이 없는 때에 해당한다는 이유로 무죄를 선고하고 있다. 기록에 의하여 살펴보면 원심의 위 인정과 판단은 수긍이 가고, 거기에 소론과 같이 채증법칙에 위배하여 사실을 오인하고 공모공동정범에 관한 법리를 오해한 위법이 있다고 할 수 없다. 논지는 이유없다.[72)]

(3) 죄 수

1) 일반원칙

장물을 보관하던 중 취득한 경우에는 장물취득죄만 성립한다. 알선을 위해 보관, 운반한 후 알선한 경우에는 알선죄만 성립한다.

2) 다른 죄와의 관계

횡령 교사를 한 후 그 횡령한 물건을 취득한 때에는 횡령교사죄와 장물취득죄의 경합범이 성립된다.[73)] 밀수품이 강도행위에 의하여 취득된 경우에는 관세법 위반(관세장물취득)죄와 강도죄가 성립하고, 양죄는 상상적 경합범의 관계에 있다 할 것이다.[74)]

3) 불가벌적 사후행위

본범에 의한 장물의 취득, 양도, 운반 또는 보관하거나 이를 알선하는 행위는 불가벌적 행위에 해당한다.

불가벌적 사후행위를 긍정한 판례의 구체적 내용은 다음과 같다. 즉,

절도 범인으로부터 장물보관 의뢰를 받은 자가 그 정을 알면서 이를 인도받아 보관하고 있다가 임의 처분하였다 하여도 장물보관죄가 성립하는 때에는 이미 그 소유자의 소유물 추구권을 침해하였으므로 그 후의 횡령행위는 불가벌적 사후행위에 불과하여 별도로 횡령죄가 성립하지 않는다.[75)] 금융기관 발행의 자기앞수표는 그 액면금을 즉시 지급받을 수 있는 점에서 현금에 대신하는 기능을 가지고 있어서 장물인 자기앞수표를 취득한 후 이를 현금 대신 교부한 행위는 장물취득에 대한 가벌적 평가에 당연히 포함되는 불가벌적 사후행위로서 별도의 범죄를 구성하지 아니한다.[76)] 절도 범인으로부터 그 정을 알면서 자기앞수표를 교부받아 이를 음식대금으로 지급하고 거스름돈을 환불받은 피고인의 소위를 사기죄가 되지 아니한다고 판단한 조처는 정당하고 거기에 논지가 지적하는 바와 같은 심리미진이나 불가벌적 사후행위 및 사기죄에 관한 법리오해의 위법이 없다. 논지는

71) 대법원 1991.5.14. 선고 91도542 판결.
72) 대법원 1983.9.13. 선고 83도1146 판결.
73) 대법원 1969.6.24. 선고 69도692 판결.
74) 대법원 1982.12.28. 선고 81도1875 판결.
75) 대법원 2004.4.9. 선고 2003도8219 판결.
76) 대법원 1993.11.23. 선고 93도213 판결; 대법원 1987.1.20. 선고 86도1728 판결.

이유 없다.[77] 절도범인으로부터 장물보관의뢰를 받은 자가 그 정을 알면서 이를 인도받아 보관하고 있다가 임의처분하였다 하여도 장물보관죄가 성립되는 때에는 이미 그 소유자의 소유물추구권을 침해하였으므로 그 후의 횡령행위는 불가벌적 사후행위에 불과하여 별도로 횡령죄가 성립하지 않는다.[78]

불가벌적 사후행위를 부정한 판례의 구체적 내용은 다음과 같다. 즉,

장물죄는 타인(본범)이 불법하게 영득한 재물의 처분에 관여하는 범죄이므로 자기의 범죄에 의하여 영득한 물건에 대하여는 성립하지 아니하고 이는 불가벌적 사후행위에 해당하나 여기에서 자기의 범죄라 함은 정범자(공동정범과 합동범을 포함한다)에 한정되는 것이므로 평소 본범과 공동하여 수차 상습으로 절도등 범행을 자행함으로써 실질적인 범죄집단을 이루고 있었다 하더라도, 당해 범죄행위의 정범자(공동정범이나 합동범)로 되지 아니한 이상 이를 자기의 범죄라고 할 수 없고 따라서 그 장물의 취득을 불가벌적 사후행위라고 할 수 없다.[79]

2. 장물 알선죄

(1) 의 의

본죄는 장물의 취득, 양도, 운반 또는 보관을 알선함으로써 성립한다(제362조 제2항). 이러한 의미에서 장물알선죄라고 할 수 있다.

(2) 구성요건

1) 행 위

본죄의 실행행위는 알선이다. 알선(斡旋)이란 법률상 처분행위를 중개하거나 주선하는 것을 말한다. 판례에 의하면 알선은 장물을 취득·양도·운반·보관하려는 당사자 사이에 서서 이를 중개하거나 편의를 도모하는 것을 의미한다.[80] 본범으로부터 위탁을 받았든 받지 않았든 묻지 않는다. 알선은 유상이든 무상이든 또한 묻지 않는다. 알선은 본범의 명의로 하든 행위자 자신의 명의로 하든 불문한다. 직접적으로 알선의 상대방에 대하여 행하든 타인을 매개하여 행하든 중요하지 않다. 본죄의 성립을 위하여는 장물 자체의 존재를 요한다. 따라서 장래의 장물에 대한 알선은 본죄를 구성하지 않는다.

2) 미수·기수

① 학 설

본죄의 기수시기에 대하여는 다툼이 있다. 제1설은 알선행위시설이다. 사실상의 알선행위만 있으면 기수가 된다고 한다. 알선에 의하여 매매계약 등이 성립할 것은 요하지 않는다. 형법이 장물의 알선을 벌하는 이상 알선행위가 있으면 기수가 된다고 해야 하고, 장물의 알선행위는 그 자체로 본범을 유발할 위험성이 클 뿐만 아니라 알선행위로도 장물죄의 보호

77) 대법원 1993.11.23. 선고 93도213 판결.
78) 대법원 1976.11.23. 선고 76도3067 판결.
79) 대법원 1986.9.9. 선고 86도1273 판결.
80) 대법원 2009.4.23. 선고 2009도1203 판결.

법익(피해자의 반환청구권)에 대한 위험이 초래되었으며, 계약의 성립을 요한다면 알선죄의 성립이 조건부가 되기 때문이라고 한다.

제2설은 계약성립시설이다. 알선죄가 기수가 되기 위하여는 적어도 계약의 성립이 필요하다고 한다. 본범유발의 위험성은 알선의 경우에만 강조해야 할 이유가 없고, 알선행위만으로 피해자의 반환청구권에 대하여 위험을 초래하였다고 볼 수 없으며, 장물의 취득 · 양도 · 운반 · 보관의 경우에는 모두 현실적인 점유의 이전이 있어야 기수가 된다고 하면서 알선에 대하여만 알선행위가 있으면 기수가 된다고 하는 것은 균형이 맞지 않는다는 이유로 현실적인 인도는 요하지 않더라도 적어도 계약의 성립이 있어야 알선의 기수가 된다고 한다.

제3설은 점유이전시설이다. 장물알선의 위험성이 다른 행위에 비추어 특히 크다고 할 수 없다고 한다. 장물의 대한 위법상태의 유지 또는 반환청구권에 대한 위험은 점유의 이전에 의하여 비로소 실현되는 것이라고 한다.

② 판 례

판례는 알선행위시설의 입장이다. 대법원은 "장물인 정을 알면서, 장물을 취득 · 양도 · 운반 · 보관하려는 당사자 사이에 서서 서로를 연결하여 장물의 취득 · 양도 · 운반 · 보관행위를 중개하거나 편의를 도모하였다면, 그 알선에 의하여 당사자 사이에 실제로 장물의 취득 · 양도 · 운반 · 보관에 관한 계약이 성립하지 아니하였거나 장물의 점유가 현실적으로 이전되지 아니한 경우라도 장물알선죄가 성립한다"고 판시한 바 있다.[81]

③ 검 토

알선과 취득 등의 경우에 균형을 유지하기 위하여는 알선에 있어서도 제3자에게 점유를 이전하여야 본죄가 성립한다고 하는 것이 타당하다고 해석된다.

알선을 긍정한 판례의 구체적 내용은 다음과 같다. 즉,

> 장물인 귀금속의 매도를 부탁받은 피고인이 그 귀금속이 장물임을 알면서도 매매를 중개하고 매수인에게 이를 전달하려다가 매수인을 만나기도 전에 체포되었다 하더라도, 위 귀금속의 매매를 중개함으로써 장물알선죄가 성립한다.[82] 피고인이 제3자에게 "황소를 훔쳐오면 문제없이 팔아주겠다"고 말한 것은 제3자가 황소를 절취하여 오면 이 장물에 관하여 매각 알선을 하겠다는 의사표시를 한 것이라고 볼 수 있을 뿐 피고인이 바로 제3자의 황소절취행위를 공동으로 하겠다는 이른바 공모의 의사를 표시한 것이라고 볼 수는 없다.[83]

Ⅲ. 처 벌

1. 법정형

장물범에 대한 법정형은 7년 이하의 징역 또는 1천500만원 이하의 벌금이다(제362조). 이는

81) 대법원 2009.4.23. 선고 2009도1203 판결.
82) 대법원 2009.4.23. 선고 2009도1203 판결.
83) 대법원 1975.2.25. 선고 74도2228 판결.

3년 이상의 유기징역에 처하는 강도, 10년 이하의 징역 또는 2천만원 이하의 벌금에 처하는 사기 및 10년 이하의 징역 또는 2천만원 이하의 벌금에 처하는 공갈보다는 가볍지만, 6년 이하의 징역 또는 1천만원 이하의 벌금에 처하는 절도와 5년 이하의 징역 또는 1천5백만원 이하의 벌금에 처하는 횡령보다는 무거운 것이다. 이와 같이 형법은 장물죄를 절도죄나 횡령죄보다는 무겁게 벌하고 있다. 이는 절도나 횡령범이 장물범을 통하여 장물을 처분할 수 있으며, 장물범은 재산죄의 실행을 유발하거나 촉진할 수 있는 특수한 위험성을 가지고 있기 때문이다. 또 징역과 벌금을 병과하는 것은 영리적 성격에 착안한 것이다.

2. 친족간의 특례

(1) 의 의

본죄의 친족간의 특례는 다른 재산죄에 있어서의 친족상도례와 구별하여 친족상장례(親族相贓例)라고 한 적도 있다.

본죄의 친족간특례는 제도의 취지상 전술한 친족상도례와는 구별되지만, 후술하는 범인은닉죄 등의 친족간특례와 유사하다. 본특례의 취지는 본범자에 대한 범인비호적 성격에 착안하여 일정한 친족관계에 있는 자가 본범자를 인적으로 비호하고 그의 이익을 조장하기 위하여 본범자의 장물처분행위에 관여하는 행위는 동정을 받거나 용서되어야 한다는 점에 있었다.

(2) 효 과

본죄에 있어서 친족간의 특례는 친족관계의 유무와 범위에 따라 다르게 적용된다. 첫째, 장물범과 피해자 사이에 친족상도례에서 말하는 소위 근친자(제328조 제1항)의 신분관계가 있는 때에는 형을 면제하고, 이른바 원친자(제328조 제2항)의 신분관계가 있는 때에는 고소가 있어야 공소를 제기할 수 있다(제365조 제1항).

둘째, 장물범과 본범 사이에 친족상도례에서 말하는 소위 근친자(제328조 제1항)의 신분관계가 있는 때에는 그 형을 감경 또는 면제한다(제365조 제2항 본문). 단, 신분관계가 없는 공범에 대하여는 예외로 한다(제365조 제2항 단서).

Ⅳ. 상습 장물죄

본죄는 상습범을 처벌한다. 상습으로 본죄를 범한 자에 대하여는 1년 이상 10년 이하의 징역에 처한다. 이 경우에는 10년 이하의 자격정지 또는 1천500만원 이하의 벌금을 병과할 수 있다.

상습 장물취득에 있어서의 상습성이라 함은 반복하여 장물취득행위를 하는 습벽으로서 행위자의 속성을 말한다.[84] 습벽의 유무를 판단함에 있어서는 장물취득의 전과가 중요한

---

84) 대법원 2007.2.8. 선고 2006도6955 판결; 대법원 1995.7.11. 선고 95도955 판결; 대법원 1986.6.10. 선고 86도778 판결.

판단자료가 되나 장물취득의 전과가 없다고 하더라도 범행의 회수, 수단과 방법, 동기 등 제반 사정을 참작하여 장물취득의 습벽이 인정되는 경우에는 상습성을 인정하여야 할 것이다.[85] 상습장물알선죄는 장물알선의 습벽있는 자가 장물알선의 범행을 여러 차례 반복하여 저지른 경우이다.[86]

§3. 업무상 과실 · 중과실 장물죄

제364조(업무상과실, 중과실) 업무상과실 또는 중대한 과실로 인하여 제362조의 죄를 범한 자는 1년 이하의 금고 또는 500만원 이하의 벌금에 처한다.

제365조(친족간의 범행) ① 전3조의 죄를 범한 자와 피해자간에 제328조제1항, 제2항의 신분관계가 있는 때에는 동조의 규정을 준용한다.
② 전3조의 죄를 범한 자와 본범간에 제328조제1항의 신분관계가 있는 때에는 그 형을 감경 또는 면제한다. 단, 신분관계가 없는 공범에 대하여는 예외로 한다.

Ⅰ. 서 설

본죄는 업무상 과실 또는 중대한 과실로 인하여 장물을 취득, 양도, 운반 또는 보관함으로써 성립한다. 본죄는 업무상 과실에 의한 장물죄로서의 업무상 과실 장물죄와 중과실에 의한 장물죄로서의 중과실 장물죄로 나누어질 수 있다.

본죄는 과실범에 관한 규정이다. 본죄는 재산죄 중에서 과실범을 처벌하는 유일한 규정이다. 다만 본죄에 의하여 처벌되는 과실은 업무상 과실과 중과실에 한한다. 흔히 말하는 보통과실이나 경과실은 제외되고 있는 것이다.

Ⅱ. 범 죄

1. 업무상 과실 장물죄

(1) 의 의

본죄는 업무상 과실로 인하여 장물을 취득, 양도, 운반, 보관 또는 이를 알선함으로써 성립한다.

(2) 구성요건

1) 객관적 구성요건

① 객 체

본죄의 객체는 장물이다. 예외적인 경우이기는 하나 군복 및 군복지가 합법적으로 유통될 수 있는 여지가 있는 만큼 군용에 공하기 위하여 제조된 군복 또는 군복지가 시중에서

---

85) 대법원 2007.2.8. 선고 2006도6955 판결; 대법원 1995.7.11. 선고 95도955 판결; 대법원 1986.6.10. 선고 86도778 판결.

86) 대법원 1972.8.31. 선고 72도1472 판결.

거래되고 있다 하더라도 이를 모두 장물이라고는 단정할 수 없다.[87)]

② 행 위

본죄의 실행행위는 업무상 과실로 인한 장물의 취득, 양도, 운반, 보관 또는 이의 알선이다. 업무상 과실이란 업무상 객관적 주의의무에 대한 위반을 말한다.

물건이 장물인지의 여부를 의심할 만한 특별한 사정이 있는지 여부나 그 물건이 장물임을 알 수 있었는지 여부는 매도자의 인적사항과 신분, 물건의 성질과 종류 및 가격, 매도자와 그 물건의 객관적 관련성, 매도자의 언동 등 일체의 사정을 참작하여 판단하여야 할 것이다.[88)] 업무상 과실을 긍정한 판례의 구체적 내용은 다음과 같다. 즉,

> 금은방을 운영하는 자가 귀금속류를 매수함에 있어 매도자의 신원확인절차를 거쳤다고 하여도 장물인지의 여부를 의심할 만한 특별한 사정이 있거나, 매수물품의 성질과 종류 및 매도자의 신원 등에 좀 더 세심한 주의를 기울였다면 그 물건이 장물임을 알 수 있었음에도 불구하고 이를 게을리 하여 장물인 정을 모르고 매수하여 취득한 경우에는 업무상 과실 장물취득죄가 성립한다.[89)] 전당포주가 물품을 전당잡고자 할 때는 전당물주의 주소, 성명, 직업, 연령과 그 물품의 출처, 특징 및 전당잡히려는 동기, 그 신분에 상응한 소지인지의 여부 등을 알아보아야 할 업무상의 주의의무가 있다 할 것이고 이를 게을리 하여 장물인 정을 모르고 전당잡은 경우에는 비록 주민등록증을 확인하였다 하여도 그 사실만으로는 업무상 과실장물취득의 죄책을 면할 수 없다.[90)] 전당포주가 물품을 전당잡고자 할 때는 전당물주의 주소, 성명, 직업, 년령과 그 물품의 출처, 특징 및 전당잡히려는 동기, 그 신분에 상응한 소지인 지의 여부 등을 알아보아야 할 업무상의 주의의무가 있다 할 것이고 이를 게을리하여 장물인 정을 모르고 전당잡은 경우에는 업무상 과실장물취득의 죄책을 면할 수 없다 할 것인 바, 원심이 위와 같은 견해 아래 피고인이 피고인 2로 부터 그가 강취하여 온 중고 로렉스 손목시계 1개를 전당잡음에 있어 피고인 2의 주소지가 전당포와는 멀리 떨어진 곳이고 그의 나이는 20세에 불과하여 로렉스 손목시계를 소지하기에는 부적합한데도, 그의 직업, 물품의 특징 등을 물어 그 물품이 장물인지의 여부를 세심히 살피지 아니하고 단순히 주민등록증만 확인하고 이를 전당잡아 장물을 보관한 사실을 인정하고 이에 대하여 업무상 과실장물취득죄로 의율 처단하고 있는 바, 기록에 비추어 살펴보아도 원심의 위 인정, 판단은 정당하고 거기에 소론과 같은 이유모순, 채증법칙 위배, 업무상 과실장물취득죄에 관한 법리오해의 위법이 있다고는 할 수 없다. 논지는 이유없다.[91)] 전당포주가 전당포영업법 제15조 및 동법시행령 제14조의 규정에 의한 전당물주의 신원확인절차를 거쳤다고 하여도 전당의 회수전당물의 성질과 종류 및 전당물주의 신원등에 좀 더 세심한 주의를 기울였다면 전당물이 장물임을 알 수 있었음에도 불구하고 이를 게을리하여 장물인 정을 모르고 전당잡은 경우에는 업무상 과실 장물취득의 죄책을 면할 수 없다.[92)] 본조의 업무라고 함은 본래의 업무는 물론 그에 부수되는 업무도 포함한다고 해석함이 타당하며 본건에 있어서 창고업을 경영하는 자로서 본래의 업무로서 양곡을 보관하는 동시 보관의뢰자

87) 대법원 1982.2.23. 선고 81도2876 판결.
88) 대법원 2003.4.25. 선고 2003도348 판결.
89) 대법원 2003.4.25. 선고 2003도348 판결; 대법원 1987.6.9. 선고 87도915 판결; 대법원 1985.2.26. 선고 84도2732, 84감도429 판결; 대법원 1984.11.27. 선고 84도1413 판결.
90) 대법원 1985.2.26. 선고 84도2732,84감도429 판결.
91) 대법원 1985.2.26. 선고 84도2732,84감도429 판결.
92) 대법원 1984.11.27. 선고 84도1413 판결.

들과 간에 양곡의 매매 또는 그 알선을 하는등 거래를 한 경우에 있어서는 그 매매 또는 그 알선은 본래의 창고업에 부수된 업무라고 하여야 할 것이다.[93]

업무상 과실을 부정한 판례의 구체적 내용은 다음과 같다. 즉,

전당포 경영자가 전당물을 입질받음에 있어 소유관계를 묻고 주민등록증을 제시받아 전당물대장에 주소, 성명, 직업, 주민등록번호, 연령등을 기재하였다면 특별한 사정이 없는 한 전당포 경영자로서의 주의의무를 다한 것이고 더 나아가 입질물품이 실제로 상대방의 소유인지의 여부 또는 전당물의 출처, 전당잡히려는 동기 등을 확인하여야 할 주의의무까지는 없다.[94] 전당포를 경영하는 사람이 고객으로부터 시가 금 50,000원짜리의 남자용 중고 손목시계 1개를 전당물로 함에 있어서 고객의 신분을 주민등록증에 의하여 확인하고 전당물대장에 품목, 수량 및 특징, 전당물주의 주소, 직업, 주민등록번호, 성명, 특징, 확인방법등 필요한 사항을 모두 기재한 다음 그에게 금 20,000원을 빌려주고 전당표까지 발급해 주었다면 비록 고객이 전당을 하게 된 동기나 그 물건의 출처에 대한 설명이 진실한지의 여부를 면밀하게 확인하지 않았다 하여 특별한 사정이 없는한 전당포 경영자로서의 업무상 주의의무를 게을리 하였다고는 볼 수 없다.[95] 밀가루 및 전분등을 구입판매하는 상인이 같은 시내에서 같은 업종의 상회를 경영하고 있는 자로부터 수표부도를 막기 위하여 공장출고가격보다 염가로 팔려고 하니 밀가루등을 사라는 권유를 받고 고시가격 또는 통상의 공장출고가격보다 다소 저렴한 가격으로 매수한 경우, 위 밀가루나 전분등이 비수기에 대량으로 현금으로 매수할 때는 위 고시가격 또는 통상의 출고가격 이하로 얼마든지 거래가 이루어지고 있는 실정이었다면 비록 동인이 그 물건들의 출처나 수표부도여부를 확인하지 않고 세금계산서를 작성·교부받거나 기장처리를 하지 아니하였다 하더라도 장물인지의 여부확인을 위해 업무상 요구되는 주의의무를 게을리하였다고 할 수 없다.[96] 우표상이 우표매입시 매도인의 신상을 파악하기 위하여 주민등록증의 제시를 요구하여 이름, 주소, 주민등록번호를 확인한 후 이를 자신의 탁상일지에 기재하였으며, 매입가격도 우체국으로부터 매입하던 가격보다는 저렴하나 평소 일반인들로부터 매입하던 가격으로 매입하였다면, 우표상으로서 업무상 요구되는 장물인 여부의 확인에 관한 주의의무를 게을리하였다고 볼 수 없다.[97] 피고인은 동녀에게 그 신원을 확인하기 위하여 주민등록증의 제시를 요구하였으나 제1심 피고인 1이 자기의 처는 주민등록증을 분실하였으니 대신에 자기 이름으로 전당잡아 달라고 말하면서 동인의 주민등록증을 제시하자 피고인은 아무런 의심없이 이에 의하여 전당물대장에 동인의 주소, 성명, 연령을 전당물표시란에 금팔찌 1냥이라고 기재한 후 위 팔찌를 입질받고 동인에게 금 300,000원을 대여한 사실을 엿볼 수 있는 바 그렇다면 전당포 업주인 위 피고인으로서 그 업무상 요구되는 상당한 주의의무를 다한 것이라고 볼 것이고 더 나아가 위 팔찌의 소유자라고 하는 공소외 2의 신원에 관한 사항이나 위 팔찌의 출처, 구입경위, 매각동기, 그 신분에 적합한 소지인지의 여부를 확인할 주의의무까지는 없다.[98] 시계점을 경영하면서 중고시계의 매매도 하고 있는 피고인이 장물로 판정된 시계를 매입함에 있어 매도인에게 그 시계의 구입장소, 구입시기, 구입가격, 매각이유 등을 묻고 비치된 장부에 매입가격 및 주민등록증에

93) 대법원 1962.5.17. 선고 4294형상596 판결.
94) 대법원 1987.2.24. 선고 86도2077 판결; 대법원 1985.2.26. 선고 83도1215 판결; 대법원 1984.9.25. 선고 84도1488 판결.
95) 대법원 1986.8.19. 선고 86도1174 판결.
96) 대법원 1986.8.19. 선고 84도704 판결.
97) 대법원 1986.6.24. 선고 86도396 판결.
98) 대법원 1985.2.26. 선고 83도1215 판결; 대법원 1978.9.26. 선고 78도1902 판결.

의해 확인된 위 매도인의 인적사항 일체를 사실대로 기재하였다면, 그 이상 위 매도인의 신분이나 시계출처 및 소지 경위에 대한 위 매도인의 설명의 진부에 대하여서까지 확인하여야 할 주의의무가 있다고는 보기 어렵다.[99] 절도범이 장물을 전당하면서 전당포주에게 위조한 주민등록증을 제시하고 전당포주의 질문에 대하여 전당물의 취득경위나 전당이유등을 그럴싸하게 꾸며서 진술하여 전당포주가 육안으로는 위조여부를 쉽게 식별할 수 없는 위 주민등록증과 절도범의 말이 진실한 것으로 믿고 전당물 대장에 소정 양식대로 기재한 후 통상의 경우와 같이 그 가격에 상응한 한도내에서 위 절도범이 요구하는 금원을 대출하였다면 전당포주로서는 장물인 여부의 확인에 관하여 의무상 요구되는 주의의무를 다하였다고 볼 것이다.[100] 영업용 택시운전사에게 승객의 소지품의 내용 및 내력 등에 관하여 이를 물어보고 조사할 권한이나 의무가 없으므로 택시운전사가 승객의 물건의 출처와 장물 여부를 따지고 신분에 적합한 소지인인가를 알아보는 등의 주의를 하지 않고 승객의 물건을 운반하였다 하여도 업무상 과실장물운반죄가 성립하지 않는다.[101] 귀금속상이 통상의 시장상인들이 구입하는 가격(속칭 나까마시세)에 맞추어 매수하고 또 매수할 당시에 매도인의 신상을 파악하고자 주민등록증의 제시를 요구하여 성명과 주소등을 확인하였다면 업무상 요구되는 주의의무를 게을리하였다고 단정할 수 없으므로, 업무상과실 장물취득죄는 성립되지 않는다.[102] 다이아반지의 출처와 보증서의 소지여부에 대하여 혼인할 때 시집에서 사준 것이고 또한 혼인한지는 15년 이상이나 되어 보증서는 분실하였다고 대답한 경우, 전당잡는 사람은 전당물의 소유자라고 하는 사람의 전당물의 출처 및 소지경위에 관한 말의 진부까지 확인하여야 할 업무상의 주의의무는 없다.[103] 카메라 등을 매매하는 상인이 문제의 카메라를 매수할 때 평소에 지면이 있고 부산 데파트내에서 시계점을 경영하는 자의 소개를 받았고 그 물건의 출처와 매도인의 신분을 확인하기 위하여 매도인의 주소, 주민증록번호, 직업, 연령, 매입가격 등을 비치한 고물대장에 기입확인한 후 이를 타에 매도하면서 위 장부에 매수인의 성명, 주소, 직업, 연령, 매도가격을 기재하여 카메라의 매입매도 경로를 세밀하게 기재하였으며 매입가격과 매도가격의 차액이 7,000원이고 당초의 매도인이 자기형이 월남에 가있는데 가족들의 생계에 보태 쓰라고 하여 파는 것이라고 말하였기에 매수한 것이라면 그 카메라의 출처에 대하여 그 이상 확인하여야 할 주의의무가 있다고 할 수는 없다.[104]

2) 주관적 구성요건

본죄는 과실범이다. 주관적 구성요건요소로서의 과실은 주관적 주의의무의 위반을 의미하고, 인식 없는 과실과 인식 있는 과실로 나누어질 수 있다.

(3) 죄 수

피고인이 업무상 과실로 장물을 보관하고 있다가 처분한 행위는 업무상 과실 장물보관죄의 가벌적 평가에 포함되고 별도로 횡령죄를 구성하지 않는다.[105]

---

99) 대법원 1984.2.14. 선고 83도2982 판결.
100) 대법원 1983.9.27. 선고 83도1857 판결.
101) 대법원 1983.6.28. 선고 83도1144 판결.
102) 대법원 1983.3.22. 선고 83도47 판결.
103) 대법원 1978.9.26. 선고 78도1902 판결.
104) 대법원 1970.8.31. 선고 70도1489 판결.
105) 대법원 2004.4.9. 선고 2003도8219 판결.

2. 중과실 장물죄

(1) 의 의

본죄는 중대한 과실로 인하여 장물을 취득, 양도, 운반, 보관 또는 이를 알선함으로써 성립한다.

(2) 구성요건

본죄의 실행행위는 중과실로 인한 장물의 취득, 양도, 운반, 보관 또는 이의 알선이다. 중과실이란 객관적 주의의무에 대한 중대한 위반을 말한다.

본죄의 주관적 구성요건요소로서의 과실은 주관적 주의의무의 위반을 의미한다. 인식 없는 과실과 인식 있는 과실로 나누어질 수 있다.

Ⅲ. 처 벌

본죄의 법정형은 1년 이하의 금고 또는 500만원 이하의 벌금이다. 본죄의 미수범에 대한 처벌규정은 없다. 친족간의 특례가 적용된다.

§4. 관련 특별법

Ⅰ. 산림보호법

제54조(벌칙) ① 보호수를 절취하거나 산림보호구역에서 그 산물을 절취한 자는 1년 이상 10년 이하의 징역에 처한다.

제13조(보호수의 지정 · 고시) ① 시 · 도지사 또는 지방산림청장은 역사적 · 학술적 가치 등이 있는 노목(老木), 거목(巨木), 희귀목(稀貴木) 등으로서 특별히 보호할 필요가 있는 나무를 보호수(이하 "보호수"라 한다)로 지정하여야 한다.

산림보호법 위반죄에 의하여 생긴 보호수는 장물이 될 수 있다.[106] 장물이란 절도, 강도, 사기, 공갈, 횡령 등 재산죄인 범죄행위에 의하여 영득된 물건을 말하고, 산림보호법 위반죄에 의하여 생긴 보호수는 재산범죄적 행위인 절취에 의한 것이기 때문이다(산림보호법 제54조 제1항 참조). 소위 보호수장물죄에 관한 규정이라고 할 수 있다.

Ⅱ. 부정경쟁방지법

제18조(벌칙) ① 영업비밀을 외국에서 사용하거나 외국에서 사용될 것임을 알면서도 다음 각 호의 어느 하나에 해당하는 행위를 한 자는 15년 이하의 징역 또는 15억원 이하의 벌금에 처한다. 다만, 벌금형에 처하는 경우 위반행위로 인한 재산상 이득액의 10배에 해당하는 금액이 15억원을 초과하면 그 재산상 이득액의 2배 이상 10배 이하의 벌금에 처한다.

2. 절취 · 기망 · 협박, 그 밖의 부정한 수단으로 영업비밀을 취득하는 행위

제2조(정의) 이 법에서 사용하는 용어의 뜻은 다음과 같다.

2. "영업비밀"이란 공공연히 알려져 있지 아니하고 독립된 경제적 가치를 가지는 것으로서, 비밀로 관리된 생산방법, 판매방법, 그 밖에 영업활동에 유용한 기술상 또는 경영상의 정보를 말한다.

---

106) 대법원 1975.9.23. 선고 74도1804 판결 참조.

3. "영업비밀 침해행위"란 다음 각 목의 어느 하나에 해당하는 행위를 말한다.
   가. 절취(竊取), 기망(欺罔), 협박, 그 밖의 부정한 수단으로 영업비밀을 취득하는 행위(이하 "부정취득행위"라 한다) 또는 그 취득한 영업비밀을 사용하거나 공개(비밀을 유지하면서 특정인에게 알리는 것을 포함한다. 이하 같다)하는 행위

부정경쟁방지법 위반죄에 의하여 생긴 영업비밀은 장물이 될 수 없다. 장물이란 절도, 강도, 사기, 공갈, 횡령 등 재산죄인 범죄행위에 의하여 영득된 물건을 말하지만, 영업비밀은 절취나 기망 등 재산죄의 범죄행위에 해당하는 영업비밀침해행위에 의하여 취득되었다고 하더라도 정보에 지나지 않기 때문이다(부정경쟁방지법 제18조 제1항 제2호 참조).

한편, 영업비밀이란 공공연히 알려져 있지 아니하고 독립된 경제적 가치를 가지는 것으로서 비밀로 관리된 생산방법, 판매방법, 그 밖에 영업활동에 유용한 기술상 또는 경영상의 정보를 말한다(부정경쟁방지법 제2조 제2호 참조). 나아가 영업비밀침해행위는 그 유형 중의 하나로서 절취, 기망, 협박, 그 밖의 부정한 수단으로 영업비밀을 취득하는 행위(부정취득행위) 또는 그 취득한 영업비밀을 사용하거나 공개(비밀을 유지하면서 특정인에게 알리는 것을 포함한다)하는 행위를 포함하고 있다(부정경쟁방지법 제2조 제3호 가목 참조).

제 6 절 손괴의 죄

§1. 개 관

I. 서 설

본장의 손괴의 죄는 불법영득의 의사 없이 타인의 재물, 문서 또는 전자기록 등 특수매체기록을 손괴 또는 은닉 기타의 방법으로 그 효용을 해하는 행위와 공익에 공하는 건조물의 파괴 및 그로 인한 사람의 생명 또는 신체에 대한 위험을 내용으로 하는 범죄이지만, 토지의 경계를 침범하는 범죄를 내용으로 한다(형법 제2편 제42장).

손괴의 죄는 재물만을 그 객체로 한다는 점에서 순수한 재물죄이지만, 불법영득의 의사를 요하지 않는다는 점에서 영득죄와는 전혀 다른 범죄라고 할 수 있다. 본장의 손괴의 죄와 전술한 횡령과 배임의 죄(형법 제2편 제40장)에서는 상습범에 관한 처벌규정을 두지 않고 있다.

Ⅱ. 보호법익

손괴의 죄의 보호법익은 범죄에 따라 구별된다. 재물손괴등죄의 보호법익은 타인의 재산으로서의 재물 등의 효용이다. 공익건조물파괴죄의 보호법익은 공익건조물의 이용에 대한 일반인의 이익이라고 한다.

다만 경계침범죄의 보호법익에 대하여는 다툼이 있다. 제1설은 소유권이용가치설이다. 소유권의 이용가치가 보호법익이라고 한다. 본죄는 실질적으로 부동산 자체를 보호하려는 것이기 때문이라고 한다. 다만 그것은 소유권 그 자체를 보호하는 것이 아니라 소유권이

침해당할 가능성 있는 경우를 형식적으로 규정하여 이를 벌하는 것이라고 한다. 제2설은 토지경계명확성설이다. 토지경계의 명확성이 보호법익이라고 한다. 토지에 관한 권리관계의 확정은 사회질서의 유지와 관계되는 것이지만, 그것이 사권의 보호와 밀접한 관계를 가지고 있기 때문에 형법이 이를 재산죄의 하나로 규정하고 있는 것이라고 한다. 생각건대 토지경계명확성설이 타당하다고 해석된다.

보호의 정도는 침해범으로서의 보호이다. 다만 중손괴죄의 경우에는 구체적 위험범으로 해석되고 있다.

Ⅲ. 구성요건의 체계

손괴의 죄의 기본적 구성요건 재물손괴죄(제366조)와 공익건조물파괴죄이다(제367조). 행위방법으로 인하여 불법이 가중되는 가중적 구성요건은 특수손괴죄·특수공익건조물파괴죄이다(제369조). 중손괴죄(제368조 제1항)와 손괴치사상죄(제368조 제2항)는 결과적 가중범이다. 독립적 구성요건으로서는 경계침범죄가 규정되어 있다(제370조).

손괴의 죄는 재물손괴등죄(제366조), 공익건조물파괴죄(제367조)와 특수손괴죄(제369조)의 미수범을 처벌한다(제371조). 친족상도례에 관한 규정은 준용되지 않는다.

§2. 손괴죄

제366조(재물손괴 등) 타인의 재물, 문서 또는 전자기록등 특수매체기록을 손괴 또는 은닉 기타 방법으로 기(其) 효용을 해한 자는 3년이하의 징역 또는 700만원 이하의 벌금에 처한다.

제371조(미수범) 제366조, ~ 의 미수범은 처벌한다.

제372조(동력) 본장의 죄에는 제346조를 준용한다.

구조문[1]

제366조(재물 또는 문서의 손괴) 타인의 재물 또는 문서를 손괴 또는 은닉 기타 방법으로 기 효용을 해한 자는 3년 이하의 징역 또는 1만5천환 이하의 벌금에 처한다.

Ⅰ. 서 설

본죄는 타인의 재물, 문서 또는 전자기록등 특수매체기록을 손괴 또는 은닉 기타 방법으로 그 효용을 해함으로써 성립한다. 본죄는 불법영득의 의사를 요하지 않는다는 점에서 영득죄와 결정적으로 구별된다. 전자기록등 특수매체기록은 정보화추세에 따라 1995년 개정형법에 의하여 추가된 부분이다.[2]

1) 형법 1953.9.18. 제정 법률 제293호 1953.10.3. 시행.

2) 형법 1995.12.29. 일부개정 법률 제5057호 1996.7.1. 시행.

Ⅱ. 범 죄

1. 구성요건

본죄는 타인의 소유물에 대한 효용의 전부 또는 일부를 침해하겠다는 인식을 가지고 물건의 전부 또는 일부에 대하여 유형력을 행사함으로써 그 원래의 용도에 따른 효용을 멸실시키거나 감손시킬 때 성립한다.[3)]

(1) 객관적 구성요건

1) 객 체

① 의 의

본죄의 객체는 타인의 재물, 문서 또는 전자기록등 특수매체기록이다. 다만 본죄의 객체에는 사체손괴죄(제161조), 공익건조물파괴죄(제367조), 공용서류등의 무효죄(제141조 제1항) 및 공용물파괴죄(제141조 제1항)의 객체는 제외된다.

재물이란 유체물 및 관리할 수 있는 동력을 말한다. 문서란 공용서류(제141조 제1항)을 제외한 모든 문서를 말한다. 사문서이든 공문서이든 불문한다. 문서란 거기에 표시된 내용이 적어도 법률상 또는 사회생활상 중요한 사항에 관한 것이어야 한다.[4)] 특수매체기록이란 사람의 오관에 의하여 인식될 수 없는 방식에 의하여 만들어진 기록을 말한다. 전자기록뿐만 아니라 광학기록을 포함한다.

② 타인성

재물, 문서 및 특수매체기록은 타인의 소유에 속하여야 한다. 타인이란 개인뿐만 아니라 국가·법인·법인격 없는 단체를 포함한다. 타인의 소유란 타인의 단독 또는 공동소유에 속하는 것을 말한다. 자기의 소유에 속하는 것은 공무상 보관물무효죄(제142조) 내지 권리행사방해죄(제323조)의 객체는 될 수 있어도 본죄의 객체는 되지 않는다.

객체를 긍정한 판례의 구체적 내용은 다음과 같다. 즉,

> 재건축사업으로 철거예정이고 그 입주자들이 모두 이사하여 아무도 거주하지 않은 채 비어 있는 아파트라 하더라도, 그 객관적 성상이 본래 사용목적인 주거용으로 쓰일 수 없는 상태라거나 재물로서의 이용가치나 효용이 없는 물건이라고도 할 수 없어 재물손괴죄의 객체가 된다.[5)] 재건축사업으로 철거가 예정되어 있었고 그 입주자들이 모두 이사하여 아무도 거주하지 않은 채 비어 있는 아파트라 하더라도, 그 아파트 자체의 객관적 성상이 본래 사용목적인 주거용으로 사용될 수 없는 상태가 아니었고, 더욱이 그 소유자들이 재건축조합으로의 신탁등기 및 인도를 거부하는 방법으로 계속 그 소유권을 행사하고 있는 상황이었다면 위와 같은 사정만으로는 위 아파트가 재물로서의 이용가치나 효용이 없는 물건으로 되었다고 할 수 없으므로, 위 아파트는 재물손괴죄의 객체가 된다고 할 것이다.[6)] 비록 자기명의의 문서라 할지라도 이미 타인(타기관)에 접수되어 있는

---

3) 대법원 1989.1.31. 선고 88도1592 판결.
4) 대법원 1989.10.24. 선고 88도1296 판결.
5) 대법원 2007.9.20. 선고 2007도5207 판결.

문서에 대하여 함부로 이를 무효화시켜 그 용도에 사용하지 못하게 하였다면 일응 형법상의 문서손괴죄를 구성한다 할 것이므로 그러한 내용의 범죄될 사실을 허위로 기재하여 수사기관에 고소한 이상 무고죄의 죄책을 면할 수 없다.[7] 계산서에 작성명의인의 표시가 없고 그 내용에 있어 표시가 부분적으로 생략되어 몇 개의 계산수식만 기재되어 있기는 하나 계산서의 내용, 형식, 필적등을 종합하면 그 작성명의인을 쉽게 알 수 있을 뿐 아니라 동 계산서에 기재되어 있는 계산수식만으로서도 그 내용을 객관적으로 이해하기 충분하다면, 위 계산서는 그 작성명의인의 확정적인 의사가 표시된 것이 분명하여 문서에 해당된다.[8] 문서손괴죄의 객체는 타인소유의 문서이며 피고인 자신의 점유하에 있는 문서라 할지라도 타인소유인 이상 이를 손괴하는 행위는 문서손괴죄에 해당한다.[9] 확인서가 소유자의 의사에 반하여 손괴된 것이라면 그 확인서가 피고인 명의로 작성된 것이고 또 그것이 진실에 반하는 허위내용을 기재한 것이라 하더라도 피고인은 문서손괴의 죄책을 면할 수 없다.[10] 포도주 원액이 부패하여 포도주 원료로서의 효용가치는 상실되었으나, 그 산도가 1.8도 내지 6.2도에 이르고 있어 식초의 제조 등 다른 용도에 사용할 수 있는 경우에는 재물손괴죄의 객체가 될 수 있다.[11]

객체를 부정한 판례의 구체적 내용은 다음과 같다. 즉,

이미 작성되어 있던 장부의 기재를 새로운 장부로 이기하는 과정에서 누계 등을 잘못 기재하다가 그 부분을 찢어버리고 계속하여 종전장부의 기재내용을 모두 이기하였다면 그 당시 새로운 경리장부는 아직 작성중에 있어서 손괴죄의 객체가 되는 문서로서의 경리장부가 아니라 할 것이고, 또 그 찢어버린 부분이 진실된 증빙내용을 기재한 것이었다는 등의 특별한 사정이 없는 한 그 이기과정에서 잘못 기재되어 찢어버린 부분 그 자체가 손괴죄의 객체가 되는 재산적 이용가치 내지 효용이 있는 재물이라고도 볼 수 없다.[12]

2) 행 위

본죄의 실행행위는 효용을 해하는 것이다. 효용을 해하는 방법으로서는 손괴 또는 은닉 기타 방법이 예시되고 있다.

① 효용의 침해

재물의 효용을 해한다고 함은 사실상으로나 감정상으로 그 재물을 본래의 사용목적에 제공할 수 없는 상태로 만드는 것을 말하고, 일시적으로 그 재물을 이용할 수 없는 상태로 만드는 것도 포함한다.[13] 구체적 역할을 할 수 없는 상태로 만드는 것도 포함한다.[14]

---

6) 대법원 2010.2.25. 선고 2009도8473 판결; 대법원 2007.9.20. 선고 2007도5207 판결.

7) 대법원 1987.4.14. 선고 87도177 판결.

8) 대법원 1985.10.22. 선고 85도1677 판결.

9) 대법원 1984.12.26. 선고 84도2290 판결.

10) 대법원 1982.12.28. 선고 82도1807 판결.

11) 대법원 1979.7.24. 선고 78도2138 판결.

12) 대법원 1989.10.24. 선고 88도1296 판결.

13) 대법원 2021.5.7 선고 2019도13764 판결; 대법원 2020.3.27. 선고 2017도20455 판결; 대법원 2018.7.24. 선고 2017도18807 판결; 대법원 2017.12.13. 선고 2017도10474 판결; 대법원 2016.11.25. 선고 2016도9219 판결; 대법원 2016.8.30. 선고 2016도3369 판결; 대법원 2007.6.28. 선고 2007도2590 판결; 대법원 1993.12.7. 선고 93도2701 판결; 대법원 1992.7.28. 선고 92도1345 판결; 대법원 1971.11.23. 선고 71도1576 판결.

14) 대법원 2021.5.7 선고 2019도13764 판결; 대법원 2016.11.25. 선고 2016도9219 판결; 대법원 2007.6.28.

구체적으로 어떠한 행위가 재물의 효용을 해하는 것인지는, 재물 본래의 용도와 기능, 재물에 가해진 행위와 그 결과가 재물의 본래적 용도와 기능에 미치는 영향, 이용자가 느끼는 불쾌감이나 저항감, 원상회복의 난이도와 거기에 드는 비용, 그 행위의 목적과 시간적 계속성, 행위 당시의 상황 등 제반 사정을 종합하여 사회통념에 따라 판단하여야 한다.[15)]

문서의 효용을 해한다는 것은 문서를 본래의 사용목적에 제공할 수 없게 하는 상태로 만드는 것은 물론 일시적으로 그것을 이용할 수 없는 상태로 만드는 것도 포함한다.[16)] 건조물의 외부에 그림을 그리는 행위 등이 그 건조물의 효용을 해하는 것에 해당하는지 여부는, 건조물의 용도와 기능, 그 행위가 건조물에 미치는 영향과 미관을 해치는 정도, 건조물 이용자들이 느끼는 불쾌감이나 저항감, 원상회복의 난이도와 비용, 그 행위의 목적과 시간적 계속성, 행위 당시의 상황 등 제반 사정을 종합하여 사회통념에 따라 판단하여야 한다.[17)]

② 효용의 침해방법

본죄의 객체에 대한 효용의 침해방법으로서는 손괴, 은닉 또는 기타의 방법이 법문상 예시되고 있다.

ⓘ 손 괴 손괴(損壞, Beschädigung)란 직접 유형력을 행사하여 그 이용가능성을 침해하는 것을 말한다. 재물 자체에 유형력을 행사할 것을 요하므로 물체에 영향을 미치지 않고 재물의 기능을 훼손하는 것은 손괴가 되지 않는다. 손괴라 함은 물질적인 파괴행위로 인하여 물건을 본래의 목적에 공할 수 없는 상태로 만드는 경우뿐만 아니라 일시적으로 그 물건의 구체적 역할을 할 수 없는 상태로 만드는 것도 효용을 해하는 경우에 해당한다.[18)]

ⓘⓘ 은 닉 은닉(隱匿)이란 소재를 불분명하게 하여 그 발견을 곤란 또는 불가능하게 함으로써 그 효용을 해하는 것을 말한다. 은닉은 물건 자체의 상태변화를 가져오지 않는다는 점에서 손괴와 구별된다. 점유를 행위자에게 이전할 것도 요하지 않는다.

ⓘⓘⓘ 기타의 방법 기타의 방법이란 손괴 또는 은닉 이외의 방법으로 재물, 문서 또는 특수매체기록의 효용을 해하는 일체의 행위를 말한다. 물리적 훼손뿐만 아니라 사실상 또는 감정상으로 본래의 용도에 사용할 수 없게 하는 행위도 포함한다. 판례에 의하면 기타 방법이란 본죄의 규정 내용 및 형벌법규의 엄격해석 원칙 등에 비추어 손괴 또는 은닉에 준하는 정도의 유형력을 행사하여 재물 등의 효용을 해하는 행위를 의미한다고 한다.[19)]

효용의 침해를 긍정한 판례의 구체적 내용은 다음과 같다. 즉,

> 피해자는 2018.7.7.경 서울 모처에 있는 **시멘트성북공장 인근 공터(이 사건 장소)에 피해자가

선고 2007도2590 판결.

15) 대법원 2021.5.7 선고 2019도13764 판결; 대법원 2007.6.28. 선고 2007도2590 판결.

16) 대법원 2015.11.27. 선고 2014도13083 판결; 대법원 1993.12.7. 선고 93도2701 판결; 대법원 1984.12.26. 선고 84도2290 판결.

17) 대법원 2017.12.13. 선고 2017도10474 판결; 대법원 2007.6.28. 선고 2007도2590 판결.

18) 대법원 2006.12.22. 선고 2006도7219 판결; 대법원 1982.7.13. 선고 82도1057 판결.

19) 대법원 2021.5.7 선고 2019도13764 판결; 대법원 2016.11.25. 선고 2016도9219 판결; 대법원 2007.6.28. 선고 2007도2590 판결.

운행하는 BMW 차량(피해 차량)을 주차하였다. 피고인은 2018.7.7. 13:22경 평소 자신이 굴삭기를 주차하는 이 사건 장소에 피해 차량이 주차되어 있는 것을 발견하고, 피해자가 위 차량을 이동할 수 없도록 차량 앞에 철근콘크리트 구조물을, 뒤에 굴삭기 크러셔를 바짝 붙여 놓아두었다. 피고인은 당시 피해 차량이나 굴삭기에 자신의 연락처를 남겨놓지 않았다. 피해자는 2018.7.7. 22:00경 피해 차량을 운행하기 위하여 이 사건 장소에 갔다가 차량 앞뒤가 장애물로 막혀있는 것을 확인하고, 장애물을 치우지 않은 상태에서 피해 차량을 운행하여 빠져나가려고 시도하였으나 실패하였다. 피해자는 112신고를 하여 출동한 경찰관 2명과 함께 장애물을 제거해보려고 하였으나 역시 실패하였고, 2018.7.8. 01:00경 차량 운행을 포기하고 이 사건 장소를 떠났다. 피고인은 2018.7.8. 07:10경 이 사건 장소로 가 피해자의 차량 뒤에 놓아두었던 크러셔를 제거하였고, 피해자는 약 17~18시간 동안 피해 차량을 운행할 수 없었다. 앞서 본 법리에 따라 위 사실관계를 살펴보면, 피고인이 피해 차량의 앞뒤에 쉽게 제거하기 어려운 철근콘크리트 구조물 등을 바짝 붙여 놓은 행위는 피해 차량에 대한 유형력의 행사로 보기에 충분하다. 비록 피고인의 행위로 피해 차량 자체에 물리적 훼손이나 기능적 효용의 멸실 내지 감소가 발생하지 않았다고 하더라도, 피해자가 피고인이 놓아 둔 위 구조물로 인하여 피해 차량을 운행할 수 없게 됨으로써 일시적으로 본래의 사용목적에 이용할 수 없게 된 이상, 차량 본래의 효용을 해한 경우에 해당한다고 봄이 타당하다.[20] 갑이 홍보를 위해 광고판(홍보용 배너와 거치대)을 1층 로비에 설치해 두었는데, 피고인이 을에게 지시하여 을이 위 광고판을 그 장소에서 제거하여 컨테이너로 된 창고로 옮겨 놓아 갑이 사용할 수 없도록 한 사안에서, 비록 물질적인 형태의 변경이나 멸실, 감손을 초래하지 않은 채 그대로 옮겼더라도 위 광고판은 본래적 역할을 할 수 없는 상태로 되었으므로 피고인의 행위는 재물손괴죄에서의 재물의 효용을 해하는 행위에 해당한다[21] 손괴 또는 은닉 기타 방법으로 그 효용을 해하는 경우에는 물질적인 파괴행위로 물건 등을 본래의 목적에 사용할 수 없는 상태로 만드는 경우뿐만 아니라 일시적으로 물건 등의 구체적 역할을 할 수 없는 상태로 만들어 효용을 떨어뜨리는 경우도 포함된다. 따라서 자동문을 자동으로 작동하지 않고 수동으로만 개폐가 가능하게 하여 자동잠금장치로서 역할을 할 수 없도록 한 경우에도 재물손괴죄가 성립한다.[22] 소유자의 의사에 따라 어느 장소에 게시 중인 문서를 소유자의 의사에 반하여 떼어내는 것과 같이 소유자의 의사에 따라 형성된 종래의 이용상태를 변경시켜 종래의 상태에 따른 이용을 일시적으로 불가능하게 하는 경우에도 문서손괴죄가 성립할 수 있다.[23] 타인이 인도받아 점유하고 있는 자신 소유의 비닐하우스의 열쇠를 손괴하고 그 안에 들어간 행위가 재물손괴죄 및 주거침입죄에 해당한다.[24] 구 도시재개발법(2002.12.30. 법률 제6852호로 폐지)에 의한 재개발구역 안의 무허가 건물에 대한 사실상 소유권은 관리처분계획의 인가・고시에 의하여 이에 해당하는 아파트 등을 분양받을 조합원의 지위로 잠정적으로 바뀌고, 분양처분의 고시가 있는 경우에는 같은 법 제39조 제1항 전문의 규정에 의하여 그에 대한 사실상 소유권이 소멸하고 분양받은 아파트에 대한 소유권만이 남게 되는 것이므로, 관리처분계획의 인가・고시 이후 분양처분의 고시 이전에 재개발구역 안의 무허가 건물을 제3자가 임의로 손괴할 경우 특별한 사정이 없는 한 재물손괴죄가 성립한다.[25] 타인 소유의 광고용 간판을 백색페인트로 도색하여 광고문안을

20) 대법원 2021.5.7 선고 2019도13764 판결.
21) 대법원 2018.7.24. 선고 2017도18807 판결.
22) 대법원 2016.11.25. 선고 2016도9219 판결.
23) 대법원 2015.11.27. 선고 2014도13083 판결.
24) 대법원 2007.3.15. 선고 2006도7044 판결.
25) 대법원 2004.5.28. 선고 2004도434 판결.

지워버린 행위는 재물손괴죄를 구성한다.[26] 피고인이 경락받은 농수산물 저온저장 공장건물 중 공냉식 저온창고를 수냉식으로 개조함에 있어 그 공장에 시설된 피해자 소유의 자재에 관하여 피해자에게 철거를 최고하는 등 적법한 조치를 취함이 없이 이를 일방적으로 철거하게 하여 손괴하였다면 이는 재물손괴의 범의가 없었다고 할 수 없고 이것이 사회상규상 당연히 허용되는 것이라고 할 수도 없다.[27] 약속어음의 발행인이 소지인에게 어음의 액면과 지급기일을 개서하여 주겠다고 하여 위 어음을 교부받은 후 위 어음의 수취인란에 타인의 이름을 추가로 기입하여 위 어음배서의 연속성을 상실하게 함으로써 그 효용을 해한 경우에는 문서손괴죄에 해당한다.[28] 약속어음의 수취인이 차용금의 지급담보를 위하여 은행에 보관시킨 약속어음을 은행지점장이 발행인의 부탁을 받고 그 지급기일란의 일자를 지움으로써 그 효용을 해한 경우에는 문서손괴죄가 성립한다.[29] 재물손괴죄에서의 효용을 해하는 행위에는 일시 물건의 구체적 역할을 할 수 없는 상태로 만드는 경우도 해당하므로 판결에 의하여 명도받은 토지의 경계에 설치해 놓은 철조망과 경고판을 치워버림으로써 울타리로서의 역할을 해한 때에는 재물손괴죄가 성립한다.[30] 회사의 경리사무 처리상 필요불가결한 매출계산서, 매출명세서 등의 반환을 거부함으로써 그 문서들을 일시적으로 그와 같은 용도에 사용할 수 없게 하는 것도 그 문서의 효용을 해한 경우에 해당한다.[31] 우물에 연결하고 땅속에 묻어서 수도관적인 역할을 하고 있는 고무호오스중 약 1.5미터를 발굴하여 우물가에 제쳐 놓음으로써 물이 통하지 못하게 한 행위는 호오스 자체를 물질적으로 손괴한 것은 아니라 할지라도 그 구체적인 역할을 하고 있는 고무호오스 효용을 해한 것이라고 볼 수 있다.[32] 원심은 본건 답 70평에 권원없는 조인복이가 모판을 만들어 심은 모는 독립한 물건으로서의 존재가치가 없어 거래의 대상이 되지 않으므로 부동산의 부합물로서 경작권자인 피고인의 소유라 할 것인데, 피고인이 위 모판을 파헤칠 때에 그 모판에서 성장하고 있었던 모는 길이가 4,5센치 미터에 불과하여 이로써 독립한 물건으로 취급할 수 없었다 할 것이고, 피고인이 위 모판을 파헤쳤다고 하더라도 이를 가리켜 타인의 재물의 손과하였다고는 볼 수 없다라고 판시하였다. 그러나 남의 땅에다 권한없이 경작한자라 할지라도 그가 재배한 농작물의 소유권은 그 경작자에게 있다는 것이 대법원 판례이고, 본건 모자리도 농작물에 해당한다 할 것이다.[33]

효용의 침해를 부정한 판례의 구체적 내용은 다음과 같다. 즉,

특히 도로 바닥에 낙서를 하는 행위 등이 도로의 효용을 해하는 것에 해당하는지 여부는, 당해 도로의 용도와 기능, 그 행위가 도로의 안전표지인 노면표시 기능 및 이용자들의 통행과 안전에 미치는 영향, 그 행위가 도로의 미관을 해치는 정도, 도로의 이용자들이 느끼는 불쾌감이나 저항감, 원상회복의 난이도와 거기에 드는 비용, 그 행위의 목적과 시간적 계속성, 행위 당시의 상황 등 제반 사정을 종합하여 사회통념에 따라 판단하여야 한다.[34] 甲 주식회사의 직원인 피고인들이 유색 페인트와 래커 스프레이를 이용하여 甲 회사 소유의 도로 바닥에 직접 문구를 기재하거나 도로

26) 대법원 1991.10.22. 선고 91도2090 판결.
27) 대법원 1990.5.22. 선고 90도700 판결.
28) 대법원 1985.2.26. 선고 84도2802 판결.
29) 대법원 1982.7.27. 선고 82도223 판결.
30) 대법원 1982.7.13. 선고 82도1057 판결.
31) 대법원 1971.11.23. 선고 71도1576 판결.
32) 대법원 1971.1.26. 선고 70도2378 판결.
33) 대법원 1969.2.18. 선고 68도906 판결.
34) 대법원 2020.3.27. 선고 2017도20455 판결.

위에 놓인 현수막 천에 문구를 기재하여 페인트가 바닥으로 배어 나와 도로에 배게 하는 방법으로 다중의 위력으로써 도로의 효용을 해하였다고 하여 특수재물손괴로 기소된 사안에서, 위 도로는 甲 회사의 임원과 근로자들 및 거래처 관계자들이 이용하는 도로로 산업 현장에 위치한 위 도로의 주된 용도와 기능은 사람과 자동차 등이 통행하는 데 있고, 미관은 그다지 중요한 작용을 하지 않는 곳으로 보이는 점, 피고인들이 도로 바닥에 기재한 여러 문구들 때문에 도로를 이용하는 사람들과 자동차 등이 통행하는 것 자체가 물리적으로 불가능하게 되지는 않은 점, 甲 회사의 정문 입구에 있는 과속방지턱 등을 포함하여 도로 위에 상당한 크기로 기재된 위 문구의 글자들이 차량 운전자 등의 통행과 안전에 실질적인 지장을 초래하였다고 보기 어려운 점, 도로 바닥에 기재된 문구에 甲 회사 임원들의 실명과 그에 대한 모욕적인 내용 등이 여럿 포함되어 있지만, 도로의 이용자들이 이 부분 도로를 통행할 때 그 문구로 인하여 불쾌감, 저항감을 느껴 이를 본래의 사용 목적대로 사용할 수 없을 정도에 이르렀다고 보기 부족한 점, 도로 바닥에 페인트와 래커 스프레이로 쓰여 있는 여러 문구는 아스팔트 접착용 도료로 덧칠하는 등의 방법으로 원상회복되었는데, 그다지 많은 시간과 큰 비용이 들었다고 보이지 않는 점 등을 종합하면, 피고인들이 위와 같은 방법으로 도로 바닥에 여러 문구를 써놓은 행위가 위 도로의 효용을 해하는 정도에 이른 것이라고 보기 어렵다.[35] 문서손괴죄는 문서의 소유자가 문서를 소유하면서 사용하는 것을 보호하려는 것이므로, 어느 문서에 대한 종래의 사용상태가 문서 소유자의 의사에 반하여 또는 문서 소유자의 의사와 무관하게 이루어진 경우에 단순히 종래의 사용상태를 제거하거나 변경시키는 것에 불과하고 손괴, 은닉하는 등으로 새로이 문서 소유자의 문서 사용에 지장을 초래하지 않는 경우에는 문서의 효용, 즉 문서 소유자의 문서에 대한 사용가치를 일시적으로도 해하였다고 할 수 없어서 문서손괴죄가 성립하지 아니한다.[36] 해고노동자 등이 복직을 요구하는 집회를 개최하던 중 래커 스프레이를 이용하여 회사 건물 외벽과 1층 벽면 등에 낙서한 행위는 건물의 효용을 해한 것으로 볼 수 있으나, 이와 별도로 계란 30여 개를 건물에 투척한 행위는 건물의 효용을 해하는 정도의 것에 해당하지 않는다.[37] 쪽파의 매수인이 명인방법을 갖추지 않은 경우, 쪽파에 대한 소유권을 취득하였다고 볼 수 없어 그 소유권은 여전히 매도인에게 있고 매도인과 제3자 사이에 일정 기간 후 임의처분의 약정이 있었다면 그 기간 후에 제3자가 쪽파를 손괴하였더라도 재물손괴죄가 성립하지 않는다.[38] 피고인이 피해자 B를 좀더 호젓한 곳으로 데리고 가기 위하여 피해자의 가방을 빼앗고 따라 오라고 하였는데 피해자가 따라 오지 아니하고 그냥 돌아갔기 때문에 위 가방을 돌려 주기 위하여 부근일대를 돌아다니면서 피해자를 찾아 나선 것을 가리켜, 재물을 은닉하거나 그 효용을 해한 경우에 해당한다고 할 수는 없다.[39] 피고인이 자기가 속하고 있는 종중 소유라고 믿고 있는 임야에 대한 소외인 명의의 등기권리증을 그 소지인이 제시하자 이를 가지고 가서 위 종중이 원고가 되어 그 말소등기를 구하는 민사사건에 증거로 제출한 소위는 문서은닉죄에 해당되지 아니한다.[40]

3) 결 과

본죄는 결과범이다. 타인의 재물, 문서 또는 전자기록등 특수매체기록을 손괴 또는 은닉

35) 대법원 2020.3.27. 선고 2017도20455 판결.
36) 대법원 2015.11.27. 선고 2014도13083 판결.
37) 대법원 2007.6.28. 선고 2007도2590 판결.
38) 대법원 1996.2.23. 선고 95도2754 판결.
39) 대법원 1992.7.28. 선고 92도1345 판결.
40) 대법원 1979.8.28. 선고 79도1266 판결.

기타 방법으로 그 효용을 해한 결과 효용이 침해된 때에 비로소 기수에 이르게 된다.

(2) 주관적 구성요건

본죄는 고의범이다. 본죄의 고의는 타인의 재물, 문서 또는 전자기록 등 특수매체기록의 이용가치의 전부 또는 일부를 침해한다는 인식을 내용으로 한다. 반드시 계획적인 손괴의 의도가 있거나 물건의 손괴를 적극적으로 희망하여야 하는 것은 아니고, 소유자의 의사에 반하여 재물의 효용을 상실케 하는데 대한 인식이 있으면 되는 것이다.41) 한편 본죄는 영득죄가 아니기 때문에 영득의 의사 내지 이득의 의사를 필요로 하지 않는다.

고의를 부정한 판례의 구체적 내용은 다음과 같다. 즉,

갑 소유였다가 약정에 따라 을 명의로 이전되었으나 권리관계에 다툼이 생긴 토지상에서 갑이 버스공용터미널을 운영하고 있는 데 을이 갑의 영업을 방해하기 위하여 철조망을 설치하려 하자 갑이 위 철조망을 가까운 곳에 마땅한 장소가 없어 터미널로부터 약 200 내지 300미터 가량 떨어진 갑 소유의 다른 토지 위에 옮겨 놓았다면 갑의 행위에는 재물의 소재를 불명하게 함으로써 그 발견을 곤란 또는 불가능하게 하여 그 효능을 해하게 하는 재물은닉의 범의가 있다고 할 수 없다.42) 피고인이 1986.4.경 피고인의 집에 인접한 판시 대지 50평의 소유자인 ***로부터 위 대지에 대한 재산세를 피고인이 부담하기로 하여 이를 임차한 다음 피고인의 집 마당으로 사용하던중 생활하수 등을 처리하기 위하여 위 대지 중 피고인 집의 담에 인접한 구석부분에 지름 약 3미터, 깊이 약80센티미터의 구덩이를 파고 거기에 깨어진 콘크리트조각 50개 가량을 집어 넣었고 피고인이 위 대지를 임차할 때부터 현재까지 위 대지가 다른 용도로는 사용되지 아니한 채 방치되어 있어 잡초가 곳곳에 나고 동네사람들이 버린 쓰레기와 돌조각 등으로 덮여져 있었다면 피고인이 위 대지를 임차하여 사용하게 된 경위와 구덩이의 위치, 규모, 대지의 이용상태 등에 비추어 피고인이 위와 같이 구덩이를 판 것만을 들어 위 대지가 갖는 본래의 효용을 해한 것이라고 할 수 없을 뿐만 아니라 그 효용을 해한다는 인식이 있었다고도 볼 수 없다 할 것이다.43) 피고인은 위 공중전화기가 동전만 들어가고 전화는 걸리지 아니하므로 이를 고장난 전화기라고 생각하고 취중에 이를 파출소에 신고하기 위하여 전화기의 코드를 빼고 전화기를 떼어낸 것이라고 변소하고 있고, 원심증인 ***은 피고인이 위 전화기를 파출소에 보관하겠다고 하면서 떼어갔다고 피고인의 위 변소내용에 부합하는 듯한 증언을 하고 있는바, 위 변소내용과 같이 위 공중전화가 이미 고장이었던 것이 사실이고 피고인도 위 전화기가 고장난 것으로 생각하고 파출소에 신고하기 위하여 전화선 코드를 빼고 이를 떼어낸 것이라면 피고인에게 위 전화기를 물질적으로 파괴하거나 또는 위 전화기를 떼어내 위 전화기의 구체적 역할인 통화를 할 수 없게 함으로써 그 효용을 해할려는 손괴의 범의가 있었다고 보기는 어려울 것이다.44) 임차인이 가재도구를 그대로 둔 채 시골로 내려가 버린 사이에 임대인의 모인 피고인이 임차인의 승낙없이 가재도구를 옥상에 옮겨놓으면서 그 위에다 비닐장판과 비닐천 등을 덮어씌워 비가 스며들지 않게끔 하고 또한 다른 사람이 열지 못하도록 종이를 바르는 등 조치를 취하였다면 설사 그 무렵 내린 비로 침수되어 그 효용을 해하였다 하더라도 손괴의 범의가 있다고 보기 어렵다.45) 수사처리의 관례상 일부 상치된 내용을 일치시키기 위하여

41) 대법원 1993.12.7. 선고 93도2701 판결; 대법원 1992.7.28. 선고 92도1345 판결.
42) 대법원 1990.9.25. 선고 90도1591 판결.
43) 대법원 1989.1.31. 선고 88도1592 판결.
44) 대법원 1986.9.23. 선고 86도941 판결.

적법하게 작성된 참고인 진술조서를 찢어버리고 진술인의 진술도 듣지 아니하고 그 내용을 일치시킨 새로운 진술조서를 작성한 행위는 그 행위를 적법한 것으로 잘못 믿었다고 할지라도 그렇게 잘못 믿은데 대하여 정당한 이유가 있다고 볼 수 없다.[46]

(3) 미수 · 기수

본죄는 미수범을 처벌한다. 본죄는 효용을 해하는 행위의 개시시에 실행의 착수가 인정되고, 사실상으로나 감정상으로 본래의 사용목적에 제공할 수 없는 상태로 되어 효용의 침해시에 기수에 이른다.

2. 위법성조각사유

본죄는 총칙상의 위법성조각사유에 의하여 위법성이 조각될 수 있다. 특히, 피해자의 승낙의 경우에 그 승낙은 양해로 해석될 여지도 충분하다.

위법성조각을 긍정한 판례의 구체적 내용은 다음과 같다. 즉,

甲 아파트 입주자대표회의 회장인 피고인이 자신의 승인 없이 동대표들이 관리소장과 함께 게시한 입주자대표회의 소집공고문을 뜯어내 제거함으로써 그 효용을 해하였다고 하여 재물손괴로 기소된 사안에서, 甲 아파트의 관리규약에 따르면 입주자대표회의는 회장이 소집하도록 규정되어 있으므로 입주자대표회의 소집공고문 역시 입주자대표회의 회장 명의로 게시되어야 하는 점, 위 공고문이 계속 게시되고 방치될 경우 적법한 소집권자가 작성한 진정한 공고문으로 오인될 가능성이 매우 높고, 이를 신뢰한 동대표들이 해당 일시의 입주자대표회의에 참석할 것으로 충분히 예상되는 상황이었던 점, 게시판의 관리주체인 관리소장이 위 공고문을 게시하였더라도 소집절차의 하자가 치유되지 않는 점, 피고인이 위 공고문을 발견한 날은 공휴일 야간이었고 그다음 날이 위 공고문에서 정한 입주자대표회의가 개최되는 당일이어서 시기적으로 달리 적절한 방안을 찾기 어려웠던 점 등을 종합하면, 피고인이 위 공고문을 손괴한 조치는, 그에 선행하는 위법한 공고문 작성 및 게시에 따른 위법상태의 구체적 실현이 임박한 상황하에서 그 위법성을 바로잡기 위한 것으로 사회통념상 허용되는 범위를 크게 넘어서지 않는 행위로 볼 수 있다는 이유로, 이와 달리 본 원심판단에 정당행위에 관한 법리오해의 잘못이 있다.[47]

위법성조각을 부정한 판례의 구체적 내용은 다음과 같다. 즉,

재건축조합의 규약이나 정관에 '조합은 사업의 시행으로서 그 구역 내의 건축물을 철거할 수 있다', '조합원은 그 철거에 응할 의무가 있다'는 취지의 규정이 있고, 조합원이 재건축조합에 가입하면서 '조합원의 권리, 의무 등 조합 정관에 규정된 모든 내용에 동의한다'는 취지의 동의서를 제출하였다고 하더라도, 조합원은 이로써 조합의 건축물 철거를 위한 명도의 의무를 부담하겠다는 의사를 표시한 것일 뿐이므로, 조합원이 그 의무이행을 거절할 경우 재건축조합은 명도청구소송 등 법적 절차를 통하여 그 의무이행을 구하여야 함이 당연하고, 조합원이 위와 같은 동의서를 제출한 것을 '조합원이 스스로 건축물을 명도하지 아니하는 경우 재건축조합이 법적 절차에 의하지 아니한 채 자력으로 건축물을 철거하는 것'에 대해서까지 사전 승낙한 것이라고 볼 수는 없다.[48]

---

45) 대법원 1983.5.10. 선고 83도595 판결.
46) 대법원 1978.6.27. 선고 76도2196 판결.
47) 대법원 2021.12.30. 선고 2021도9680 판결.

3. 죄 수

본죄의 죄수는 원칙적으로 행위가 기준으로 된다. 따라서 하나의 손괴행위로 수인의 재물을 손괴하더라도 손괴죄의 단순일죄로 된다.

Ⅲ. 처 벌

본죄의 법정형은 3년이하의 징역 또는 700만원 이하의 벌금이다. 본죄의 미수범은 처벌된다.

§3. 공익건조물파괴죄

제367조(공익건조물파괴) 공익에 공하는 건조물을 파괴한 자는 10년 이하의 징역 또는 2천만원 이하의 벌금에 처한다.

제371조(미수범) ~, 제367조 ~ 의 미수범은 처벌한다.

제372조(동력) 본장의 죄에는 제346조를 준용한다.

관련조문

제141조(공용서류 등의 무효, 공용물의 파괴) ① 공무소에서 사용하는 서류 기타 물건 또는 전자기록등 특수매체기록을 손상 또는 은닉하거나 기타 방법으로 그 효용을 해한 자는 7년 이하의 징역 또는 1천만원 이하의 벌금에 처한다.

② 공무소에서 사용하는 건조물, 선박, 기차 또는 항공기를 파괴한 자는 1년 이상 10년 이하의 징역에 처한다.

Ⅰ. 서 설

본죄는 공익에 공하는 건조물을 파괴함으로써 성립한다. 손괴의 죄에 있어서 독립된 구성요건에 속한다.

Ⅱ. 범 죄

본죄의 객체는 공익에 공하는 건조물이다. 공익에 공하는 건조물이라 함은 반드시 그 건조물이 국가, 기타 공공단체의 소유에 속하지 않아도 좋으나, 적어도 공익의 목적에 사용되고 있는 건조물의 경우를 지칭하며, 이러한 의미에서 건조물의 소유자도 행위자가 될 수 있다. 본죄의 객체는 공익건조물이라는 점에서 공무소에서 사용하는 건조물을 파괴하는 공용건조물파괴죄와는 구별된다(제141조 제2항 참조).

본죄의 실행행위는 파괴이다. 파괴(破壞, Zerstören)란 건조물의 중요부분을 손괴하는 것이다. 건조물의 전부 또는 일부를 용도에 따라 사용할 수 없게 하는 것을 말한다. 파괴와 손괴는 물질적 훼손이라는 점에서 성질을 같이 하지만, 그 정도에 있어서는 서로 구별되고 있다.

---

48) 대법원 2007.9.20. 선고 2007도5207 판결.

Ⅲ. 처 벌

본죄의 법정형은 10년 이하의 징역 또는 2천만원 이하의 벌금이다. 본죄의 미수범은 처벌된다.

§4. 중손괴죄

제368조(중손괴) ① 전2조의 죄를 범하여 사람의 생명 또는 신체에 대하여 위험을 발생하게 한 때에는 1년 이상 10년 이하의 징역에 처한다.
② 제366조 또는 제367조의 죄를 범하여 사람을 상해에 이르게 한 때에는 1년 이상의 유기징역에 처한다. 사망에 이르게 한 때에는 3년 이상의 유기징역에 처한다.
제372조(동력) 본장의 죄에는 제346조를 준용한다.

Ⅰ. 서 설

본죄는 손괴죄(제366조) 또는 공익건조물파괴죄(제367조)를 범하여 사람의 생명 또는 신체에 대하여 위험을 발생하게 하거나(제368조 제1항), 손괴죄(제366조) 또는 공익건조물파괴죄(제367조)를 범하여 사람을 상해에 이르게 하거나 사망에 이르게 함으로써 성립한다(제368조 제2항). 본죄는 손괴죄와 공익건조물파괴죄의 결과적 가중범이다. 결과적 가중범의 구조에 관하여는 이미 전술한 바 있다.

Ⅱ. 범 죄

1. 중손괴 등 죄

본죄는 손괴죄(제366조) 또는 공익건조물파괴죄(제367조)를 범하여 사람의 생명 또는 신체에 대하여 위험을 발생하게 함으로써 성립한다(제368조 제1항).

2. 중손괴 등 치사상죄

본죄는 손괴죄(제366조) 또는 공익건조물파괴죄(제367조)를 범하여 사람을 상해에 이르게 하거나 사망에 이르게 함으로써 성립한다(제368조 제2항).

Ⅲ. 처 벌

중손괴 등 죄의 법정형은 1년 이상 10년 이하의 징역이다. 중손괴 등 치사상죄의 법정형은 상해에 이르게 한 때에는 1년 이상의 유기징역, 사망에 이르게 한 때에는 3년 이상의 유기징역이다.

§5. 특수손괴죄

제369조(특수손괴) ① 단체 또는 다중의 위력을 보이거나 위험한 물건을 휴대하여 제366조의 죄를 범한 때에는 5년 이하의 징역 또는 1천만원 이하의 벌금에 처한다.
② 제1항의 방법으로 제367조의 죄를 범한 때에는 1년 이상의 유기징역 또는 2천만원 이하의 벌금에 처한다.

제371조(미수범) ~ 제369조의 미수범은 처벌한다.

제372조(동력) 본장의 죄에는 제346조를 준용한다.

Ⅰ. 서 설

본죄는 단체 또는 다중의 위력을 보이거나 위험한 물건을 휴대하여 타인의 재물, 문서 또는 전자기록등 특수매체기록을 손괴 또는 은닉 기타 방법으로 기(其) 효용을 해하거나(제369조 제1항), 단체 또는 다중의 위력을 보이거나 위험한 물건을 휴대하여 공익에 공하는 건조물을 파괴함으로써 성립한다(제369조 제2항).

Ⅱ. 범 죄

1. 특수손괴죄

본죄는 단체 또는 다중의 위력을 보이거나 위험한 물건을 휴대하여 타인의 재물, 문서 또는 전자기록등 특수매체기록을 손괴 또는 은닉 기타 방법으로 기(其) 효용을 해함으로써 성립한다(제369조 제1항).

2. 특수공익건조물파괴죄

본죄는 단체 또는 다중의 위력을 보이거나 위험한 물건을 휴대하여 공익에 공하는 건조물을 파괴함으로써 성립한다(제369조 제2항).

Ⅲ. 처 벌

특수손괴죄의 법정형은 5년 이하의 징역 또는 1천만원 이하의 벌금이다. 특수공익건조물파괴죄의 법정형은 1년 이상의 유기징역 또는 2천만원 이하의 벌금이다. 본죄의 미수범은 처벌된다.

§6. 경계침범죄

제370조(경계침범) 경계표를 손괴, 이동 또는 제거하거나 기타 방법으로 토지의 경계를 인식 불능하게 한 자는 3년 이하의 징역 또는 500만원 이하의 벌금에 처한다.

제372조(동력) 본장의 죄에는 제346조를 준용한다.

Ⅰ. 서 설

본죄는 경계표를 손괴, 이동 또는 제거하거나 기타 방법으로 토지의 경계를 인식 불능하게 함으로써 성립한다. 본죄는 토지의 경계에 관한 권리관계의 안정을 확보하여 사권을 보호하고 사회질서를 유지하려는 데 그 목적이 있다.[49]

Ⅱ. 범 죄

1. 구성요건

(1) 객관적 구성요건

1) 객 체

토지의 경계이다. 토지의 경계란 소유권 등의 권리의 장소적 한계를 나타내는 지표(地標)를 말한다. 경계는 반드시 법률상의 정당한 경계를 가리키는 것은 아니다.[50] 종래부터 경계로서 일반적으로 승인되어 왔거나 이해관계인들의 명시적 또는 묵시적 합의가 존재하는 등 어느 정도 객관적으로 통용되어 오던 사실상의 경계를 의미한다.[51]

경계를 표시하는 경계표는 반드시 담장 등과 같이 인위적으로 설치된 구조물만을 의미하는 것으로 볼 것은 아니고, 수목이나 유수 등과 같이 종래부터 자연적으로 존재하던 것이라도 경계표지로 승인된 것이면 여기의 경계표에 해당한다.[52] 경계표는 그것이 어느 정도 객관적으로 통용되는 사실상의 경계를 표시하는 것이라면 영속적인 것이 아니고 일시적인 것이라도 이 죄의 객체에 해당한다.[53]

경계를 긍정한 판례의 구체적 내용은 다음과 같다. 즉,

> 종래 통용되어 오던 사실상의 경계가 법률상의 정당한 경계인지 여부에 대하여 다툼이 있다고 하더라도, 그 사실상의 경계가 법률상 정당한 경계가 아니라는 점이 이미 판결로 확정되었다는 등 경계로서의 객관성을 상실하는 것으로 볼 만한 특단의 사정이 없는 한, 여전히 본조에서 말하는 경계에 해당되는 것이라고 보아야 할 것이다.[54] 피고인들은 문제의 담벽을 자신들의 대지 위에 설치된 옛 부엌벽이지 경계를 표시하는 담벽이 아니라고 하나 기록에 의하면(피고인 1이 검찰조서에서 스스로 기존담을 헐고 피고인이 주장하는 실제경계선으로 새담장을 쌓았다고 진술하고 있다)

---

49) 대법원 2010.9.9. 선고 2008도8973 판결; 대법원 1992.12.8. 선고 92도1682 판결; 대법원 1991.9.10. 선고 91도856 판결; 대법원 1986.12.9. 선고 86도1492 판결; 대법원 1976.5.25. 선고 75도2564 판결.

50) 대법원 2010.9.9. 선고 2008도8973 판결; 대법원 2007.12.28. 선고 2007도9181 판결; 대법원 1999.4.9. 선고 99도480 판결; 대법원 1992.12.8. 선고 92도1682 판결; 대법원 1991.9.10. 선고 91도856 판결; 대법원 1986.12.9. 선고 86도1492 판결; 대법원 1976.5.25. 선고 75도2564 판결.

51) 대법원 2010.9.9. 선고 2008도8973 판결; 대법원 2007.12.28. 선고 2007도9181 판결; 대법원 1999.4.9. 선고 99도480 판결; 대법원 1992.12.8. 선고 92도1682 판결; 대법원 1991.9.10. 선고 91도856 판결; 대법원 1986.12.9. 선고 86도1492 판결; 대법원 1976.5.25. 선고 75도2564 판결.

52) 대법원 2007.12.28. 선고 2007도9181 판결.

53) 대법원 1999.4.9. 선고 99도480 판결.

54) 대법원 2007.12.28. 선고 2007도9181 판결; 대법원 1992.12.8. 선고 92도1682 판결; 대법원 1986.12.9. 선고 86도1492 판결; 대법원 1976.5.25. 선고 75도2564 판결.

피고인들이 손괴하였다는 담벽이 기존담벽으로 경계표임을 알 수 있고 비록 실제상의 경계선에 부합되지 않는 경계표라 할지라도 그것이 종전부터 일반적으로 승인되어 온 것이라면 그와 같은 경계표는 형법 제370조 소정의 계표에 해당된다 할 것 이므로 피고인들의 위 주장은 이유가 없다.[55]

경계를 부정한 판례의 구체적 내용은 다음과 같다. 즉,

설령 법률상의 정당한 경계를 침범하는 행위가 있었다 하더라도 그로 말미암아 위와 같은 토지의 사실상의 경계에 대한 인식불능의 결과가 발생하지 않는 한 경계침범죄가 성립하지 아니한다 할 것이다.[56] 반대로 기존경계가 진실한 권리상태와 맞지 않는다는 이유로 당사자의 어느 한쪽이 기존경계를 무시하고 일방적으로 경계측량을 하여 이를 실체권리관계에 맞는 경계라고 주장하면서 그 위에 계표를 설치하더라도 이와 같은 경계표는 위 법조에서 말하는 계표에 해당되지 않는다.[57]

2) 행 위

본죄의 실행행위는 침범이다. 침범(侵犯)이란 토지의 경계를 인식 불능하게 하는 것이다. 침범의 방법은 경계표를 손괴, 이동 또는 제거하거나 기타 방법이다. 경계표(境界標, Grenzbezeichnung)란 토지의 경계를 확정하기 위하여 그 토지에 만들어진 표지(標識), 공작물, 입목 및 기타의 물건을 말한다. 손괴(損壞)란 경계표를 물질적으로 훼손하는 것을 말한다. 제거(除去)란 원래 설치된 장소에서 취거하는 것이다. 이동(移動)이란 경계표를 원래의 장소에서 다른 곳으로 옮기는 것을 말한다.

3) 결 과

본죄는 결과범이다. 침범의 결과가 발생해야 기수에 이른다. 단순히 경계표를 손괴, 이동 또는 제거하는 것만으로는 부족하고 위와 같은 행위나 기타 방법으로 토지의 경계를 인식불능하게 함으로써 비로소 성립된다.[58] 토지경계의 인식불능의 결과가 발생하지 않는 한 본죄는 성립하지 않는다.[59]

침범을 긍정한 판례의 구체적 내용은 다음과 같다. 즉,

피고인이 자기토지에 인접한 타인소유 토지 8평을 침범하여 점포를 건축함으로써 위 양 토지간의 경계를 인식불능케 하였다면 본조 소정의 경계침범죄가 성립한다.[60]

침범을 부정한 판례의 구체적 내용은 다음과 같다. 즉,

피고인의 행위는 앞서 인정한 사실관계에서 보는 바와 같이 기왕에 건립되어 있던 담벽의 연장

55) 대법원 1991.9.10. 선고 91도856 판결.

56) 대법원 2010.9.9. 선고 2008도8973 판결; 대법원 1992.12.8. 선고 92도1682 판결; 대법원 1991.9.10. 선고 91도856 판결.

57) 대법원 1986.12.9. 선고 86도1492 판결; 대법원 1976.5.25. 선고 75도2564 판결.

58) 대법원 2010.9.9. 선고 2008도8973 판결; 대법원 1992. 12. 8. 선고 92도1682 판결; 대법원 1991.9.10. 선고 91도856 판결; 대법원 1972.2.29. 선고 71도2293 판결.

59) 대법원 1991.9.10. 선고 91도856 판결;; 대법원 1972.2.29. 선고 71도2293 판결.

60) 대법원 1968.9.17. 선고 68도967 판결.

선상에 위 담벽과 연결하여 추가로 담벽을 설치한 것으로서, 이는 피고인 주장의 경계를 보다 확실히 하고자 한 행위에 지나지 아니할 뿐, 이로써 새삼스레 피해자 소유의 토지경계에 대한 인식불능의 결과를 초래한다고는 볼 수 없다.[61] 계표의 손괴, 이동 또는 제거 등은 토지의 경계를 인식불능케 하는 방법의 예시에 불과하여 이와 같은 행위의 결과로서 토지의 경계가 인식불능케 됨을 필요로 하고 동죄에 대하여는 미수죄에 관한 규정이 없으므로 계표의 손괴 등의 행위가 있더라도 토지경계의 인식불능의 결과가 발생하지 않은 한 본죄가 성립될 수 없다.[62] 피고인이 건물을 신축하면서 그 건물의 1층과 2층 사이에 있는 처마를 피해자소유의 가옥 지붕위로 나오게 한 사실만으로는 양토지의 경계가 인식불능되었다고 볼 수 없으므로 경계침범죄의 구성요건에 해당하지 아니한다.[63] 경계 침범 죄는 계표를 손괴 이동 또는 제거하거나 기타 방법으로 토지의 경계를 인식 불능하게 함으로써 성립하는 것이므로 계표의 손괴 등의 행위가 있다 하더라도 토지경계의 인식불능의 결과가 발생하지 않는 한 경계 침범죄가 성립하지 아니한다.[64]

(2) 주관적 구성요건

본죄는 고의범이다. 본죄의 고의는 인식적 요소로서 경계표를 손괴, 이동 또는 제거하거나 기타 방법으로 토지의 경계를 인식 불능하게 한다는 사실에 대한 인식을 요한다.

2. 죄 수

본죄의 죄수는 원칙적으로 경계의 수를 기준으로 한다고 한다. 인접하는 토지경계의 한쪽 끝에서부터 다른 쪽 끝까지를 한 개의 경계로 본다고 한다.

Ⅲ. 처 벌

본죄의 법정형은 3년 이하의 징역 또는 500만원 이하의 벌금이다. 본죄는 미수범에 대한 처벌규정이 없다.

§7. 관련 특별법

Ⅰ. 도로교통법

제151조(벌칙) 차 또는 노면전차의 운전자가 업무상 필요한 주의를 게을리하거나 중대한 과실로 다른 사람의 건조물이나 그 밖의 재물을 손괴한 경우에는 2년 이하의 금고나 500만원 이하의 벌금에 처한다.

형법은 손괴죄에 있어서는 과실범을 처벌하지 않는다. 그러나 도로교통법은 업무상 과실 · 중과실 재물손괴죄를 처벌하고 있다.

Ⅱ. 교통사고처리법

제3조(처벌의 특례) ② ~ 「도로교통법」 제151조의 죄를 범한 운전자에 대하여는 피해자의 명시적인

61) 대법원 1992.12.8. 선고 92도1682 판결.
62) 대법원 1991.9.10. 선고 91도856 판결; 대법원 1972.2.29. 선고 71도2293 판결.
63) 대법원 1984.2.28. 선고 83도1533 판결.
64) 대법원 1972.2.29. 선고 71도2293 판결.

의사에 반하여 공소(公訴)를 제기할 수 없다.

제 7 절 권리행사를 방해하는 죄

§1. 개 관

Ⅰ. 서 설

본장의 권리행사를 방해하는 죄는 타인의 점유 또는 권리의 목적이 된 자기의 물건에 대한 타인의 권리행사를 방해하거나 또는 강제집행을 면할 목적으로 채권자를 해하는 것을 내용으로 하는 범죄이다(형법 제2편 제37장).

Ⅱ. 보호법익

권리행사를 방해하는 죄의 보호법익과 보호의 정도는 범죄의 유형에 따라 구분된다. 첫째, 권리행사방해죄의 보호법익은 용익물권, 담보물권 등 제한물권과 채권이다. 보호의 정도는 추상적 위험범으로서의 보호이다. 둘째, 점유강취죄의 보호법익은 제한물권과 자유권이다. 보호의 정도는 침해범으로서의 보호이다. 셋째, 강제집행면탈죄의 보호법익은 강제집행권이 발동된 단계에 있는 채권자의 채권이다. 보호의 정도는 추상적 위험범으로서의 보호이다.

Ⅲ. 구성요건의 체계

권리행사를 방해하는 죄의 기본적 구성요건은 권리행사방해죄(제323조), 점유강취죄·준점유강취죄(제325조 제1항, 제2항) 및 강제집행면탈죄(제327조)이다. 중권리행사방해죄(제326조)는 점유강취죄·준점유강취죄의 결과적 가중범이다.

점유강취죄(제325조 제1항)와 준점유강취죄(제325조 제2항)의 미수범은 처벌된다(제325조 제3항). 권리행사방해죄(제323조)에 대하여는 친족상도례에 관한 규정이 준용된다(제328조).

§2. 권리행사방해죄

제323조(권리행사방해) 타인의 점유 또는 권리의 목적이 된 자기의 물건 또는 전자기록등 특수매체기록을 취거, 은닉 또는 손괴하여 타인의 권리행사를 방해한 자는 5년 이하의 징역 또는 700만원 이하의 벌금에 처한다.

제328조(친족간의 범행과 고소) ① 직계혈족, 배우자, 동거친족, 동거가족 또는 그 배우자간의 제323조의 죄는 그 형을 면제한다.
② 제1항이외의 친족간에 제323조의 죄를 범한 때에는 고소가 있어야 공소를 제기할 수 있다.
③ 전 2항의 신분관계가 없는 공범에 대하여는 전 이항을 적용하지 아니한다.

Ⅰ. 서 설

본죄는 타인의 점유 또는 권리의 목적이 된 자기의 물건 또는 전자기록 등 특수매체기록을 취거, 은닉 또는 손괴하여 타인의 권리행사를 방해함으로써 성립한다.

Ⅱ. 범 죄

1. 구성요건

(1) 객관적 구성요건

1) 주 체

본죄의 주체는 자기의 물건 또는 전자기록 등 특수매체기록을 타인의 점유 또는 권리의 목적으로 제공한 소유자에 한정된다. 일종의 신분범이다.

2) 객 체

본죄의 객체는 타인의 점유 또는 권리의 목적이 된 자기의 물건 또는 전자기록 등 특수매체기록이다. 본죄의 객체는 자기소유 타인점유라는 점에서 타인소유를 요하는 절도죄, 손괴죄 등과 구별되고, 자기점유를 요하는 횡령죄와 차별되고 있다.

① 타인의 점유 또는 권리의 목적

ⓘ 타인의 점유 　타인의 점유라 함은 권원으로 인한 점유, 즉 정당한 원인에 기하여 물건을 점유하는 것을 의미한다.[1] 반드시 본권에 기한 점유만에 한하지 않는다.[2] 일단 적법한 권원에 기하여 점유를 개시하였으나 사후에 점유권원을 상실한 경우의 점유, 점유권원의 존부가 외관상 명백하지 아니하여 법정절차를 통하여 권원의 존부가 밝혀질 때까지의 점유, 권원에 기하여 점유를 개시한 것은 아니나 동시이행항변권 등으로 대항할 수 있는 점유 등과 같이 법정절차를 통한 분쟁해결시까지 잠정적으로 보호할 가치있는 점유는 모두 포함된다.[3] 유치권 등에 기한 점유,[4] 동시이행항변권 등에 기한 점유와 같은 적법한 점유도 여기에 해당한다고 할 것이다.[5] 다만 절도범인의 점유와 같이 점유할 권리없는 자의 점유임이 외관상 명백한 경우는 포함되지 아니한다.[6]

타인의 점유를 긍정한 판례의 구체적 내용은 다음과 같다. 즉,

갑 종합건설회사가 유치권 행사를 위하여 점유하고 있던 주택에 피고인이 그 소유자인 처(처)

---

1) 대법원 2011.5.13. 선고 2011도2368 판결; 대법원 2010.10.14. 선고 2008도6578 판결; 대법원 2006.3.23. 선고 2005도4455 판결; 대법원 2003.11.28. 선고 2003도4257 판결; 대법원 1994.11.11. 선고 94도343 판결; 대법원 1977.9.13. 선고 77도1672 판결; 대법원 1960.9.14. 선고 4293형상448 판결.

2) 대법원 2011.5.13. 선고 2011도2368 판결; 대법원 2003.11.28. 선고 2003도4257 판결.

3) 대법원 2010.10.14. 선고 2008도6578 판결; 대법원 2006.3.23. 선고 2005도4455 판결.

4) 대법원 2011.5.13. 선고 2011도2368 판결.

5) 대법원 2003.11.28. 선고 2003도4257 판결.

6) 대법원 2010.10.14. 선고 2008도6578 판결; 대법원 2006.3.23. 선고 2005도4455 판결; 대법원 2003.11.28. 선고 2003도4257 판결; 대법원 1994.11.11. 선고 94도343 판결.

와 함께 출입문 용접을 해제하고 들어가 거주한 사안에서, 유치권자인 갑 회사의 권리행사를 방해하였다고 보아 형법 제323조의 권리행사방해죄의 유죄를 인정한 원심판단을 수긍한 사례이다.[7] 피고인이 원심 공동피고인 1 등과 공모하여 지입차주인 피해자들이 점유하는 각 차량 또는 번호판을 피해자들의 의사에 반하여 무단으로 취거함으로써 피해자들의 차량운행에 관한 권리행사를 방해한 사실을 인정하면서, 이러한 행위가 지입료 등이 연체된 경우 계약의 일방해지 및 차량의 회수처분이 가능하도록 하고 있는 위수탁계약에 따른 것으로서 위법성이 없다는 취지의 피고인의 주장을 배척하였는 바, 위 법리와 기록에 비추어 검토하여 보면 원심의 사실인정과 판단은 정당하여 수긍이 가고, 거기에 채증법칙을 위반하여 사실을 오인하였거나 권리행사방해죄의 법리를 오해한 위법 등이 있다고 할 수 없다.[8] 렌트카회사의 공동대표이사 중 1인이 회사 보유 차량을 자신의 개인적인 채무담보 명목으로 피해자에게 넘겨 주었는데 다른 공동대표이사인 피고인이 위 차량을 몰래 회수하도록 한 경우, 위 피해자의 점유는 권리행사방해죄의 보호대상인 점유에 해당한다.[9] 쌍무계약이 무효로 되어 각 당사자가 서로 취득한 것을 반환하여야 할 경우, 어느 일방의 당사자에게만 먼저 그 반환의무의 이행이 강제된다면 공평과 신의칙에 위배되는 결과가 되므로 각 당사자의 반환의무는 동시이행 관계에 있다고 보아 민법 제536조를 준용함이 옳다고 해석되고, 이러한 법리는 경매절차가 무효로 된 경우에도 마찬가지라고 할 것이므로, 무효인 경매절차에서 경매목적물을 경락받아 이를 점유하고 있는 낙찰자의 점유는 적법한 점유로서 그 점유자는 권리행사방해죄에 있어서의 타인의 물건을 점유하고 있는 자라고 할 것이다.[10] 일단 적법한 원유에 기하여 점유한 이상 설사 그후에 그 점유물을 소유자에게 명도해야 할 사정이 발생하였다 할지라도 점유자가 임의로 명도를 하지 아니하고 계속 이를 점유하고 있다면 그 점유자는 의연히 동조 소정의 타인의 물건을 점유하고 있는 자라 할 것이다.[11] 형법 제323조 소정의 권리행사 방해죄에 있어서의 타인의 점유라 함은 권원으로 인한 점유 즉 적당한 원유에 기하여 그 물건을 점유하는 권리있는 자의점유를 의미하는 것이나 일단 적법한 원유에 기하여 그 물건을 점유한 이상 가사 그 소유권자가 점유를 생하게한 계약을 해제하고 그 물건의 반환을 청구하였다 할지라도 점유자가 그 해제에 이의가 있어 임의로 그 점유물을 반환하지 않고 계속 이를 점유하고 있는 한 그 물건의 점유자는 의연히 동조 소정의 타인의 물건을 점유하고 있는자라 할 것이며 따라서 그 점유를 강제로 취거하여서 동인의 권리행사를 방해하였을 때에는 동법 소정의 권리행사 방해죄를 구성한다 할 것이다.[12]

타인의 점유를 부정한 판례의 구체적 내용은 다음과 같다. 즉,

피고인이 자신의 집 마당에 보관하고 있는 이 사건 솥을 피고소인들이 피고인의 허락 없이 함께 운반하여 가져갔다 하더라도 그 솥이 피고소인 (갑)의 소유이고 피고인이 이를 절취하여 점유보관하고 있던 것인 이상 피고소인들의 소위는 권리행사방해죄를 구성하지는 않는다고 할 것이니 피고소인들의 소위가 권리행사방해죄에 해당함을 전제로 하는 논지도 이유 없다 할 것이고, 논지가 원용하는 판례는 사안이 달라 이 사건에 적절하지 아니하므로 받아들일 수 없다.[13] 일반적으로

7) 대법원 2011.5.13. 선고 2011도2368 판결.
8) 대법원 2010.10.14. 선고 2008도6578 판결.
9) 대법원 2006.3.23. 선고 2005도4455 판결.
10) 대법원 2003.11.28. 선고 2003도4257 판결.
11) 대법원 1977.9.13. 선고 77도1672 판결; 대법원 1960.9.14. 선고 4293형상448 판결.
12) 대법원 1960.9.14. 선고 4293형상448 판결.
13) 대법원 1994.11.11. 선고 94도343 판결.

다방영업을 경영하던 자가 다방 내의 영업시설물 및 건물임대차보증금반환청구권과 함께 다방영업에 관한 일체의 권리를 양도하고 다방을 인도하여 양수인이 다방영업을 개시하였다면 특단의 사정이 없는 한 그 다방 내의 시설물등은 일응 양수인에게 소유권이 이전되었다고 볼 것이고, 그후에 양도계약이 해제되었다면 계약해제의 효과로서 그 시설물등의 소유권은 당연히 양도인에게 회복되어 진다고 보아야 할 것이므로 양도인이 양수인이 경영하고 있는 다방의 시설물등을 손괴한 행위를 권리행사방해죄로 인정하려면 위 양도계약이 해제되어 시설물등의 소유권이 양도인에게 복귀되었는지 또 위 계약이 해제되었다면 해제와 별도로 위 시설물등의 점유반환절차가 있었는지 등을 밝혀보고 그 결과에 따라 권리행사방해죄의 구성요건 충족여부를 심판하였어야 한다.[14)]

ⓘ 권리의 목적 타인의 권리란 반드시 제한물권만을 의미하는 것이 아니라 물건에 대하여 점유를 수반하지 아니하는 채권도 이에 포함된다.[15)] 권리의 목적이란 제한물권 또는 채권의 목적이 된 물건을 말한다. 타인이란 자기 이외의 자를 말한다. 자연인은 물론 법인이나 법인격 없는 단체를 포함한다.

타인의 권리를 긍정한 판례의 구체적 내용은 다음과 같다. 즉,

피해자가 이 사건 원목에 대한 인도청구권을 가지고 있었다면 이 사건 원목은 피해자의 권리의 목적이 된 물건이라고 볼 여지가 있을 터인데도, 원심은 피해자와 피고인간의 위와 같은 계약체결 사실을 살피지 아니한 채 이 사건 원목이 권리행사방해죄의 객체에 해당하지 아니한다고 판단하고 말았으니, 필경 원심판결에는 권리행사방해죄의 구성요건인 타인의 권리에 관한 법리를 오해하여 판결에 영향을 미친 위법이 있다할 것이어서 이 부분 논지는 이유있다.[16)]

② 자기의 물건 또는 전자기록 등 특수매체기록

타인의 점유 또는 권리의 목적이 된 물건은 자기의 물건이어야 한다.[17)] 취거, 은닉 또는 손괴한 물건이 자기의 물건이 아니라면 본죄는 성립할 수 없다.[18)] 자기의 물건이란 자기소유의 물건을 말한다. 자기와 타인의 공유에 속하는 물건은 타인의 물건이므로 여기에 해당하지 않는다.

자기의 물건이라 함은 범인이 소유하는 물건을 의미하고, 여기서 소유권의 귀속은 민법 기타 법령에 의하여 정하여진다.[19)] 타인의 권리의 목적이 된 자기의 물건이라는 요건의 그 권리 중에는 반드시 제한물권이나 물건에 대하여 점유를 수반하는 채권만이 아니라 이를테면 정지조건있는 물권변제의 예약권을 가지는 경우도 포함된다고 보는 것이 상당하다.[20)]

자기의 물건을 긍정한 판례의 구체적 내용은 다음과 같다. 즉,

---

14) 대법원 1986.6.24. 선고 86도770 판결.

15) 대법원 1991.4.26. 선고 90도1958 판결; 대법원 1960.9.14. 선고 4292형상537 판결; 대법원 1968.6.18. 선고 68도616 판결.

16) 대법원 1991.4.26. 선고 90도1958 판결.

17) 대법원 1974.11.12. 선고 74도1632 판결.

18) 대법원 2017.5.30. 선고 2017도4578 판결; 대법원 2010.2.25. 선고 2009도5064 판결; 대법원 2005.11.10. 선고 2005도6604 판결; 대법원 2003.5.30. 선고 2000도5767 판결; 대법원 1985.5.28. 선고 85도494 판결.

19) 대법원 2007.1.11. 선고 2006도4215 판결.

20) 대법원 1968.6.18. 선고 68도616 판결.

주식회사의 대표이사가 대표이사의 지위에 기하여 그 직무집행행위로서 타인이 점유하는 위 회사의 물건을 취거한 경우에는, 위 행위는 위 회사의 대표기관으로서의 행위라고 평가되므로, 위 회사의 물건도 권리행사방해죄에 있어서의 "자기의 물건"이라고 보아야 할 것이다.[21)]

자기의 물건을 부정한 판례의 구체적 내용은 다음과 같다. 즉,

'리스 덤프트럭'은 공소외 3 주식회사의 소유일 뿐 피고인의 소유는 아니었다는 이유로, 피고인이 이를 운전하여 갔더라도 위 행위는 권리행사방해죄를 구성하지 아니한다고 본 것은 정당하고, 거기에 상고이유로 주장하는 바와 같이 권리행사방해죄에 있어 '자기의 물건'이라는 요건의 해석 및 적용에 관한 법리오해의 잘못이 없다.[22)] 부동산실권리자 명의등기에 관한 법률 제4조 제1항, 제2항 및 제8조에 의하면 종중 및 배우자에 대한 특례가 인정되는 경우나 부동산에 관한 물권을 취득하기 위한 계약에서 명의수탁자가 그 일방당사자가 되고 그 타방 당사자가 명의신탁약정이 있다는 사실을 알지 못하는 경우 이외에는 명의수탁자는 명의신탁 받은 부동산의 소유자가 될 수 없고, 이는 제3자에 대한 관계에 있어서도 마찬가지이므로, 명의수탁자로서는 명의신탁 받은 부동산이 '자기의 물건'이라고 할 수 없다.[23)] **영농조합법인이 공소외인으로부터 이 사건 과수원을 매수할 당시 피고인에게 그 매수인 명의를 신탁하였고 공소외인도 그 사실을 알고 있었던 사실 등 판시 사실들을 인정한 다음, 그에 따르면 위 명의신탁약정 및 그에 기하여 이루어진 이 사건 과수원에 대한 피고인 명의의 소유권이전등기는 모두 무효이므로, 이 사건 과수원 및 그 지상에 식재된 감귤나무를 피고인의 소유로 볼 수 없다고 하여, 주위적 공소사실인 권리행사방해의 점을 무죄로 판단한 제1심판결을 유지하였는바, 앞서 본 법리와 기록에 비추어 보면 이러한 원심의 사실 인정 및 판단은 정당한 것으로 수긍할 수 있고, 거기에 상고이유로 주장하는 바와 같은 권리행사방해죄에 있어서의 자기의 물건에 관한 법리를 오해하는 등으로 판결 결과에 영향을 미친 위법이 있다고 볼 수 없다.[24)] 피고인이 피해자에게 담보로 제공한 차량이 그 자동차등록원부에 타인 명의로 등록되어 있는 이상 그 차량은 피고인의 소유는 아니라는 이유로, 피고인이 피해자의 승낙 없이 미리 소지하고 있던 위 차량의 보조키를 이용하여 이를 운전하여 간 행위가 권리행사방해죄를 구성하지 않는다고 한 사례이다.[25)] 부동산 실권리자명의 등기에 관한 법률 제8조는 배우자 명의로 부동산에 관한 물권을 등기한 경우에 조세포탈, 강제집행의 면탈 또는 법령상 제한의 회피를 목적으로 하지 아니한 때에는 제4조 내지 제7조 및 제12조 제1항, 제2항의 규정을 적용하지 아니한다고 규정하고 있는바, 만일 명의신탁자가 그러한 목적으로 명의신탁을 함으로써 명의신탁이 무효로 되는 경우에는 말할 것도 없고, 그러한 목적이 없어서 유효한 명의신탁이 되는 경우에도 제3자인 부동산의 임차인에 대한 관계에서는 명의신탁자는 소유자가 될 수 없으므로, 어느 모로 보나 신탁한 부동산이 권리행사방해죄에서 말하는 '자기의 물건'이라 할 수 없다.[26)] 피고인이 이른바 중간생략등기형 명의신탁 또는 계약명의신탁의 방식으로 자신의 처에게 등기명의를 신탁하여 놓은 점포에 자물쇠를 채워 점포의 임차인을 출입하지 못하게 한 경우, 그 점포가 권리행사방해죄의 객체인 자기의 물건에 해당하지 않는다고 한 사례이다.[27)] 피고인이 택시를 회사에 지입하여 운행하였다고

---

21) 대법원 1992.1.21. 선고 91도1170 판결.
22) 대법원 2010.2.25. 선고 2009도5064 판결.
23) 대법원 2007.1.11. 선고 2006도4215 판결.
24) 대법원 2007.1.11. 선고 2006도4215 판결.
25) 대법원 2005.11.10. 선고 2005도6604 판결.
26) 대법원 2005.9.9. 선고 2005도626 판결.
27) 대법원 2005.9.9. 선고 2005도626 판결.

하더라도, 피고인이 회사와 사이에 위 택시의 소유권을 피고인이 보유하기로 약정하였다는 등의 특별한 사정이 없는 한, 위 택시는 그 등록명의자인 회사의 소유이고 피고인의 소유는 아니라고 할 것이므로 회사의 요구로 위 택시를 회사 차고지에 입고하였다가 회사의 승낙을 받지 않고 이를 가져간 피고인의 행위는 권리행사방해죄에 해당하지 않는다고 한 사례이다.[28] 피고인이 이건 굴삭기를 취거할 당시 그 굴삭기를 공소외 회사에 지입하여 그 회사명의로 중기등록원부에 소유권등록이 되어 있었다면 위 굴삭기는 위 회사의 소유이고 피고인의 소유가 아니라 할 것이므로 이를 취거한 행위는 권리행사방해죄를 구성하지 않는다.[29] 피고인이 공소외 **기업주식회사에 매도한 흄관몰드 13개, 칼라 1개, 풀흄관 26개 등은 공소외 1주식회사 소유임이 명백하므로 같은 취지에서 피고인이 공소외 (갑)에게 담보목적으로 양도한 위 물건 등을 공소외 **기업주식회사에 매도하여 취거한 사실은 인정되나 위 물건 등이 피고인 소유가 아니라고 하여 무죄의 선고를 한 원심조치는 정당하고 이에 소론과 같은 위법이 있다고 할 수 없다.[30] 이 사건 선박이 공소외 회사명의로 소유권등기가 경료된 것이라면 위 선박은 피고인의 소유라 할 수 없고 피고인이 위 회사의 과점주주라거나 부사장이라 하여도 피고인의 소유라 할 수 없는 것이므로, 피고인이 타인이 점유중인 위 선박을 취거하였다 하여도 이는 권리행사방해죄를 구성하지 아니한다.[31] 피고인이 본건 자동차를 수거할 당시에 피고인의 그 자동차를 서울택시주식회사에 지입하여 동 회사명의로 자동차등록원부에 소유권등록이 되어 있었다면 도로운동차량법 제5조의 규정에 비추어 본건 자동차는 동 회사의 소유이고 피고인의 소유가 아니었다 할 것이다.[32] 권리행사방해죄의 객체는 자기의 물건임을 요하는 것이므로 도로운송차량법의 규정에 비추어 타인명의로 자동차등록원부에 등록된 차량은 자기의 소유라고 할 수 없다.[33]

3) 행 위

① 방 해

본죄의 실행행위는 방해이다. 타인의 권리행사를 방해하는 수단은 취거, 은닉 또는 손괴이다.

② 방해의 수단

ⓘ 취 거　　취거(取去)라 함은 타인의 점유 또는 권리의 목적이 된 자기의 물건을 그 점유자의 의사에 반하여 그 점유자의 점유로부터 자기 또는 제3자의 점유로 옮기는 것을 말한다.[34] 따라서 점유자의 의사나 그의 하자있는 의사에 기하여 점유가 이전된 경우에는 여기에서 말하는 취거로 볼 수는 없다.[35]

ⓘⓘ 은 닉　　은닉(隱匿)이란 타인의 점유 또는 권리의 목적이 된 자기 물건 등의 소재를 발견하기 불기능하게 하거나 또는 현저히 곤란한 상태에 두는 것을 말한다.[36] 그로 인하여

28) 대법원 2003.5.30. 선고 2000도5767 판결.
29) 대법원 1985.9.10. 선고 85도899 판결.
30) 대법원 1985.5.28. 선고 85도494 판결.
31) 대법원 1984.6.26. 선고 83도2413 판결.
32) 대법원 1974.11.12. 선고 74도1632 판결; 대법원 1971.1.26 선고 70도2591 판결.
33) 대법원 1971.1.26. 선고 70도2591 판결.
34) 대법원 1988.2.23. 선고 87도1952 판결.
35) 대법원 1988.2.23. 선고 87도1952 판결.
36) 대법원 2017.5.17. 선고 2017도2230 판결; 대법원 2016.11.10. 선고 2016도13734 판결.

권리행사가 방해될 우려가 있는 상태에 이르면 권리행사방해죄가 성립하고 현실로 권리행사가 방해되었을 것까지 필요로 하는 것은 아니다.[37]

ⅲ 손 괴 손괴(損壞)란 물건의 전부 또는 일부에 대하여 그 용익적 또는 가치적 효용을 해하는 것을 말한다.

방해를 긍정한 판례의 구체적 내용은 다음과 같다. 즉,

법인의 대표기관이 아닌 대리인이나 지배인이 대표기관과 공모 없이 한 행위라도 그 직무권한 범위 내에서 직무에 관하여 타인이 점유하는 법인의 물건을 취거한 경우에는 대표기관이 한 행위와 법률적 · 사실적 효력이 동일하고, 법인의 물건을 법인의 이익을 위해 취거하여 불법영득의사가 없는 점과 범의 내용 등에 관해서 실질적인 차이가 없으므로 권리행사방해죄가 규정하는 '자기의 물건을 취거한 경우'에 해당한다.[38] 피고인들이 공모하여 렌트카 회사인 갑 주식회사를 설립한 다음 을 주식회사 등의 명의로 저당권등록이 되어 있는 다수의 차량들을 사들여 갑 회사 소유의 영업용 차량으로 등록한 후 자동차대여사업자등록 취소처분을 받아 차량등록을 직권말소시켜 저당권 등이 소멸되게 함으로써 을 회사 등의 저당권의 목적인 차량들을 은닉하는 방법으로 권리행사를 방해하였다는 내용으로 기소된 사안에서, 피고인들은 처음부터 자동차대여사업자에 대한 등록취소 및 자동차등록 직권말소절차의 허점을 이용하여 권리행사를 방해할 목적으로 범행을 모의한 다음 렌트카 사업자등록만 하였을 뿐 실제로는 영업을 하지 아니함에도 차량 구입자들 또는 지입차주들로 하여금 차량을 관리 · 처분하도록 함으로써 차량들의 소재를 파악할 수 없게 하였고, 나아가 자동차대여사업자등록이 취소되어 차량들에 대한 저당권등록마저 직권말소되도록 하였으므로, 이러한 행위는 그 자체로 저당권자인 을 회사 등으로 하여금 자동차등록원부에 기초하여 저당권의 목적이 된 자동차의 소재를 파악하는 것을 현저하게 곤란하게 하거나 불가능하게 하는 행위에 해당함에도, 이와 달리 피고인들이 차량들을 은닉하였다고 단정할 수 없다는 이유로 무죄로 판단한 원심판결에 권리행사방해죄에 관한 법리오해의 잘못이 있다고 한 사례이다.[39] 피고인이 차량을 구입하면서 피해자로부터 차량 매수대금을 차용하고 담보로 차량에 피해자 명의의 저당권을 설정해 주었는데, 그 후 대부업자로부터 돈을 차용하면서 차량을 대부업자에게 담보로 제공하여 이른바 '대포차'로 유통되게 한 사안에서, 피고인이 피해자의 권리의 목적이 된 피고인의 물건을 은닉하여 권리행사를 방해하였다고 본 원심판단이 정당하다.[40] 공장근저당권이 설정된 선반기계 등을 이중담보로 제공하기 위하여 이를 다른 장소로 옮긴 경우, 이는 공장저당권의 행사가 방해될 우려가 있는 행위로서 권리행사방해죄에 해당한다.[41]

방해를 부정한 판례의 구체적 내용은 다음과 같다. 즉,

채권자인 공소외 오○○가 채무자인 피고인으로부터 차용금 채무의 담보로 제공받은 피고인 소유의 그 설시 맥콜을 공소외 신○ 등 2인에게 보관시키고 있던 중 피고인이 위 맥콜은 공소외 1로부터 교부받은 것이고 이를 동인에게 반환한다는 내용으로 된 반환서를 공소외 1에게 작성해

---

37) 대법원 2017.5.17. 선고 2017도2230 판결; 대법원 2016.11.10. 선고 2016도13734 판결; 대법원 1994.9.27. 선고 94도1439 판결.

38) 대법원 2020.9.24. 선고 2020도9801 판결; 대법원 2005.1.14. 선고 2004도8134 판결.

39) 대법원 2017.5.17. 선고 2017도2230 판결.

40) 대법원 2016.11.10. 선고 2016도13734 판결.

41) 대법원 1994.9.27. 선고 94도1439 판결.

주어 공소외 1이 위 신영 등 2인에게 이 반환서를 제시하면서 위 맥콜은 피고인에게 편취당한 장물이므로 이를 인계하여 달라고 요구하여 이를 믿은 동인들로부터 이를 교부받아 간 사실을 인정한 다음 공소외 1이 위와 같은 경위로 위 신○ 등 2인으로 부터 위 맥콜을 인도받아 간 것이라면 이는 피고인의 취거행위로 볼 수는 없다고 판단하여 피고인에게 무죄를 선고하였는 바, 기록에 의하여 살펴보아도 원심의 이와 같은 사실인정에 소론과 같은 채증법칙위반으로 인한 사실오인의 위법이 있다할 수 없고 또한 공소외 1이 위 맥콜을 가져간 것은 위 신○ 등 2인의 교부행위에 의한 것이고 그들의 의사에 반하여 가져간 것이 아니라는 취지에서 이를 피고인의 취거행위로 볼 수 없다고 판단한 원심의 조처도 앞서 본 법리에 따른 것으로서 정당하고 거기에 소론과 같은 권리행사방해죄에 관한 법리오해의 위법이 있다할 수 없다. 논지는 이유없다.[42]

4) 결 과

본죄는 위험범이다. 현실적으로 권리행사가 방해되었을 것을 요하지 않는다. 본죄는 취거, 은닉 또는 손괴행위를 하여 권리행사를 방해할 우려 있는 상태에 이르면 기수에 달한다. 본죄는 미수범에 대한 처벌규정을 두지 않고 있다.

(2) 주관적 구성요건

본죄는 고의범이다. 본죄의 고의는 인식적 요소로서 타인의 점유 또는 권리의 목적이 된 자기의 물건 또는 전자기록등 특수매체기록을 취거, 은닉 또는 손괴하여 타인의 권리행사를 방해한다는 사실에 대한 인식을 요한다.

(3) 공 범

본죄는 일종의 신분범에 해당한다. 물건의 소유자가 아닌 사람에 대하여는 공범과 신분에 관한 규정이 적용된다(제33조). 대법원도 "물건의 소유자가 아닌 사람은 형법 제33조 본문에 따라 소유자의 권리행사방해 범행에 가담한 경우에 한하여 그의 공범이 될 수 있을 뿐이다. 그러나 권리행사방해죄의 공범으로 기소된 물건의 소유자에게 고의가 없는 등으로 범죄가 성립하지 않는다면 공동정범이 성립할 여지가 없다"고 판시한 바 있다.[43]

2. 위법성조각사유

본죄에 있어서 총칙상의 위법성조각사유는 그대로 적용될 수 있다. 다만 피해자의 승낙은 구성요건해당성조각사유인 양해로 해석될 여지가 충분하다.

위법성조각을 긍정한 판례의 구체적 내용은 다음과 같다. 즉,

본건 변소는 피고인의 선대가 건립하여 피고인이 물려 받은 피고인의 소유이고 6.25당시에 피난민들이 이웃에 많이 거주하면서 변소가 없어 위 변소를 같이 사용할 것을 간청함으로 그 편의를 보아주는 의미에서 위 변소를 같이 사용할 것을 피고인의 선대가 허락하여 준 결과 피난민들이 같이 사용 하여온 사실, 위사용자들이 약 6년전에 그들의 비용으로 보수를 한 사실, 피고인이 위 사용자들에게 사용중지를 통고하였다는 사실을 각 인정한 다음, 위 변소 사용권은 점유권이라기보

42) 대법원 1988.2.23. 선고 87도1952 판결.
43) 대법원 2017.5.30. 선고 2017도4578 판결.

다 채권적인 사용관계라고 보아지는 만큼 피고인이 위사용자들에게 그 변소의 사용중지를 통고한 後, 위 변소를 손괴하였다고 하더라도 권리행사 방해죄가 성립될 수 없는 것이고, 검사의 예비적 공소사실인 재물손괴죄에 대하여는 위 변소의 소유권이 위에서 인정한 바와 같이 피고인에게 있는 이상 또한 그 범죄가 성립되지 않는다고 인정 하였는바, 기록을 자세히 검토하여 보아도 원심의 위 조치에 채증법칙을 위배하였다거나, 기타 법리오해 등의 위법이 있었다고 의심할 만한 사유는 발견되지 않는 바인즉, 소론의 논지는 모두 이유 없다하여, 관여법관의 일치한 의견에 따라 형사소송법 제390조, 제364조 제4항에 의하여 주문과 같이 판결한다.[44]

위법성조각을 부정한 판례의 구체적 내용은 다음과 같다. 즉,

운수회사 직원인 피고인이 회사 대표 갑 등과 공모하여 지입차주인 피해자들이 점유하는 각 차량 또는 번호판을 지입료 등 연체를 이유로 무단 취거한 사안에서, 위 권리행사방해 행위가 형법상 정당행위에 해당하지 않는다.[45] 이 사건 차량회수 당시에 그 미납액이 보증금액수에 미달되어 있었고 또 일부는 당초 위 회사로부터 이 사건 차량을 인수한 자로부터 다시 인수하여 위 회사에 대한 지입료등 납부의무 자체의 존부와 그 액수가 불명확한 상태에 있었던 사정 등이 엿보이는 데다가 월납입금의 미납이 발생할 경우 회사측이 법적 절차에 의하지 아니하고 다소간의 실력을 행사하는 등 일방적으로 차량 등을 회수하여야만 될 급박한 필요성이 있게 된다고 볼 만한 자료를 기록상 찾아볼 수 없는 이 사건에 있어서는 차량대여시에 위와 같은 서면약정을 받아 두었다 하여 차량 등을 실제로 회수할 때에 이를 회수당하고 사람들의 의사에 반한다면 일방적인 실력행사에 의하는 등의 판시 회수행위는 형법에 정한 정당행위에 해당한다 할 수 없다 할 것이다. 따라서 같은 견해에서 원심이 피고인들을 권리행사방해죄로 처단한 조치는 옳고 거기에 형법에 정한 정당행위에 대한 법리오해의 위법이 없다.[46]

Ⅲ. 처 벌

본죄의 법정형은 5년 이하의 징역 또는 700만원 이하의 벌금이다. 본죄의 미수범은 처벌되지 않는다. 미수범은 처벌되지 아니한다. 친족상도례에 관한 규정이 준용된다.

§3. 점유강취죄

제325조(점유강취, 준점유강취) ① 폭행 또는 협박으로 타인의 점유에 속하는 자기의 물건을 강취(强取)한 자는 7년 이하의 징역 또는 10년 이하의 자격정지에 처한다.
③ 제1항과 제2항의 미수범은 처벌한다.

구조문

제325조(점유강취, 준점유강취) ① 폭행 또는 협박으로 타인의 점유에 속하는 자기의 물건을 강취한 자는 7년 이하의 징역 또는 10년 이하의 자격정지에 처한다.
③ 전 2항의 미수범은 처벌한다.

44) 대법원 1971.6.29. 선고 71도926 판결.
45) 대법원 2010.10.14. 선고 2008도6578 판결.
46) 대법원 1989.7.25. 선고 88도410 판결.

Ⅰ. 서 설

본죄는 폭행 또는 협박으로 타인의 점유에 속하는 자기의 물건을 강취(强取)함으로써 성립한다.

Ⅱ. 범 죄

본죄의 객체는 타인의 점유에 속하는 자기의 물건이다. 본죄의 실행행위는 강취이다. 강취의 수단은 폭행 또는 협박이다. 본죄는 미수범을 처벌한다.

Ⅲ. 처 벌

본죄의 법정형은 7년 이하의 징역 또는 10년 이하의 자격정지이다. 후술하는 준점유강취죄의 그것과 같다. 본죄의 미수범은 처벌된다.

§4. 준점유강취죄

제325조(점유강취, 준점유강취) ② 타인의 점유에 속하는 자기의 물건을 취거(取去)하는 과정에서 그 물건의 탈환에 항거하거나 체포를 면탈하거나 범죄의 흔적을 인멸할 목적으로 폭행 또는 협박한 때에도 제1항의 형에 처한다.
③ 제1항과 제2항의 미수범은 처벌한다.

구조문
제325조(점유강취, 준점유강취) ② 타인의 점유에 속하는 자기의 물건을 취거함에 당하여 그 탈환을 항거하거나 체포를 면탈하거나 죄적을 인멸할 목적으로 폭행 또는 협박을 가한 때에도 전항의 형과 같다.
③ 전 2항의 미수범은 처벌한다.

관련조문
제335조(준강도) 절도가 재물의 탈환에 항거하거나 체포를 면탈하거나 범죄의 흔적을 인멸할 목적으로 폭행 또는 협박한 때에는 제333조 및 제334조의 예에 따른다.

Ⅰ. 서 설

본죄는 타인의 점유에 속하는 자기의 물건을 취거(取去)하는 과정에서 그 물건의 탈환에 항거하거나 체포를 면탈하거나 범죄의 흔적을 인멸할 목적으로 폭행 또는 협박함으로써 성립한다.

Ⅱ. 범 죄

본죄의 실행행위는 폭행 또는 협박이다. 본죄의 행위상황은 타인의 점유에 속하는 자기의 물건을 취거(取去)하는 과정이다. 취거란 가지고 떠난다는 의미이다. 본죄는 목적범이다. 취거하는 물건의 탈환에 항거하거나 체포를 면탈하거나 범죄의 흔적을 인멸할 목적을 요한다.

Ⅲ. 처 벌

본죄의 법정형은 7년 이하의 징역 또는 10년 이하의 자격정지이다. 전술한 점유강취죄의 그것과 같다. 본죄의 미수범은 처벌된다.

§5. 중권리행사방해죄

제326조(중권리행사방해) 제324조 또는 제325조의 죄를 범하여 사람의 생명에 대한 위험을 발생하게 한 자는 10년 이하의 징역에 처한다.

Ⅰ. 서 설

본죄는 점유강취죄 또는 준점유강취죄를 범하여 사람의 생명에 대한 위험을 발생하게 함으로써 성립한다. 점유강취죄 또는 준점유강취죄의 결과적 가중범이다. 사람의 생명에 대한 위험이란 생명에 대한 구체적 위험을 의미한다.

Ⅱ. 범 죄

본죄의 주체는 점유강취죄 또는 준점유강취죄를 범한 자이다. 본죄의 성립을 위해서는 고의에 의한 점유강취죄 또는 준점유강취죄에 해당하는 행위로써 사람의 생명에 대한 위험이라는 중한 결과의 발생을 요한다. 다만 중한 결과의 발생은 과실에 의하든 고의에 의하든 묻지 않는다. 이러한 의미에서 본죄는 부진정 결과적 가중범으로 분류된다.

Ⅲ. 처 벌

본죄의 법정형은 10년 이하의 징역이다. 본죄는 미수범을 처벌하지 않는다. 다만 점유강취죄 또는 준점유강취죄의 미수범은 본죄에 의하여 처벌될 수 있다.

§6. 강제집행면탈죄

제327조(강제집행면탈) 강제집행을 면할 목적으로 재산을 은닉, 손괴, 허위양도 또는 허위의 채무를 부담하여 채권자를 해한 자는 3년 이하의 징역 또는 1천만원 이하의 벌금에 처한다.

Ⅰ. 서 설

1. 의 의

본죄는 강제집행을 면할 목적으로 재산을 은닉, 손괴, 허위양도 또는 허위의 채무를 부담하여 채권자를 해함으로써 성립한다.

2. 보호법익

본죄의 주된 보호법익은 강제집행이 임박한 채권자의 권리이다.[47] 다만 본죄는 채권자의 정당한 권리행사 보호 외에 강제집행의 기능보호도 법익으로 하는 것이나, 현행 형법상 강제집행면탈죄가 개인적 법익에 관한 재산범의 일종으로 규정되어 있는 점과 채권자를 해하는 것을 구성요건으로 규정하고 있는 점 등에 비추어 보면 주된 법익은 채권자의 권리보호에 있다고 해석하는 것이 타당하다.[48]

Ⅱ. 범 죄

1. 구성요건

본죄가 성립하기 위하여는 객관적 구성요건으로는 강제집행을 받을 객관적 상태에 있을 것을 요하고, 주관적 구성요건으로 강제집행을 면할 목적이 있어야 한다.[49]

(1) 객관적 구성요건

1) 주 체

본죄의 주체는 채무자이다. 다만 제3자도 본죄의 주체가 될 수 있는가에 대하여는 다툼이 있다. 제1설은 긍정설이다. 제3자도 본죄의 주체가 될 수 있다고 한다. 형법이 본죄의 주체를 채무자로 제한하고 있지 않는 이상 본죄의 주체를 채무자에 제한해야 할 이유가 없다고 한다. 제2설은 부정설이다. 제3자는 본죄의 주체가 될 수 없고, 공범이 될 뿐이라고 한다. 본죄는 강제집행면탈목적을 요하는 목적범으로서 강제집행의 위기에 처한 채무자를 행위주체로 상정하고 있다고 한다. 생각건대 본죄는 법문의 해석상 주체를 신분자에게만 한정하지 않고 있다. 따라서 본죄는 비신분범으로서 제3자도 본죄의 주체가 될 수 있다고 해석된다.

2) 객 체

본죄의 객체는 재산이다. 재산은 국가의 강제집행권이 발동될 수 있으면 충분하다.[50] 재산(財産)이란 재물뿐만 아니라 권리도 포함한다. 채무자의 재산 중에서 채권자가 민사집행

---

47) 대법원 2017.4.26. 선고 2016도19982 판결; 대법원 2015.9.15. 선고 2015도9883 판결; 대법원 2013.4.26. 선고 2013도2034 판결; 대법원 2012.8.30. 선고 2011도2252 판결; 대법원 2011.12.8. 선고 2010도4129 판결; 대법원 2011.10.13. 선고 2011도6855 판결; 대법원 2010.12.9. 선고 2010도11015 판결; 대법원 2009.5.14. 선고 2007도2168 판결; 대법원 2008.9.11. 선고 2006도8721 판결; 대법원 2008.5.8. 선고 2008도198 판결; 대법원 2007.7.12. 선고 2007도3005 판결; 대법원 1988.4.12. 선고 88도48 판결; 대법원 1982.10.26 선고 82도2157 판결.

48) 대법원 2011.9.8. 선고 2011도5165 판결; 대법원 2010.12.9. 선고 2010도11015 판결; 대법원 2008.5.8. 선고 2008도198 판결; 대법원 2007.7.12. 선고 2007도3005 판결; 대법원 1988.4.12. 선고 88도48 판결; 대법원 1982.10.26. 선고 82도2157 판결.

49) 대법원 1979.9.11. 선고 79도436 판결; 대법원 1974.10.8. 선고 74도1798 판결.

50) 대법원 2015.9.15. 선고 2015도9883 판결.

법상 강제집행 또는 보전처분의 대상으로 삼을 수 있는 것이어야 한다.[51] 재산에는 동산·부동산뿐만 아니라 재산적 가치가 있어 민사소송법에 의한 강제집행 또는 보전처분이 가능한 특허 내지 실용신안 등을 받을 수 있는 권리도 포함된다.[52] 장래의 권리라도 채무자와 제3채무자 사이에 채무자의 장래청구권이 충분하게 표시되었거나 결정된 법률관계가 존재한다면 재산에 해당하는 것으로 보아야 한다.[53]

재산을 부정한 판례의 구체적 내용은 다음과 같다. 즉,

의료법에 의하여 적법하게 개설되지 아니한 의료기관에서 요양급여가 행하여졌다면 해당 의료기관은 국민건강보험법상 요양급여비용을 청구할 수 있는 요양기관에 해당되지 아니하여 해당 요양급여비용 전부를 청구할 수 없고, 해당 의료기관의 채권자로서도 위 요양급여비용 채권을 대상으로 하여 강제집행 또는 보전처분의 방법으로 채권의 만족을 얻을 수 없는 것이므로, 결국 위와 같은 채권은 강제집행면탈죄의 객체가 되지 아니한다.[54] 갑 주식회사 대표이사 등인 피고인들이 공모하여 회사 채권자들의 강제집행을 면탈할 목적으로 갑 회사가 시공 중인 건물에 관한 건축주 명의를 갑 회사에서 을 주식회사로 변경하였다는 내용으로 기소된 사안에서, 위 건물은 지하 4층, 지상 12층으로 건축허가를 받았으나 피고인들이 건축주 명의를 변경한 당시에는 지상 8층까지 골조공사가 완료된 채 공사가 중단되었던 사정에 비추어 민사집행법상 강제집행이나 보전처분의 대상이 될 수 있다고 단정하기 어려운데도, 이에 관하여 심리·판단하지 아니한 채 위 건물이 강제집행면탈죄의 객체가 될 수 있다고 본 원심판결에 강제집행면탈죄의 객체에 관한 법리오해 등의 위법이 있다고 한 사례이다.[55] 명의신탁자와 명의수탁자가 이른바 계약명의신탁 약정을 맺고 명의수탁자가 당사자가 되어 명의신탁 약정이 있다는 사실을 알지 못하는 소유자와 부동산에 관한 매매계약을 체결한 후 그 매매계약에 따라 당해 부동산의 소유권이전등기를 명의수탁자 명의로 마친 경우에는, 명의신탁자와 명의수탁자 사이의 명의신탁 약정의 무효에도 불구하고 부동산 실권리자명의 등기에 관한 법률 제4조 제2항 단서에 의하여 그 명의수탁자는 당해 부동산의 완전한 소유권을 취득한다. 반면에 소유자가 계약명의신탁 약정이 있다는 사실을 안 경우에는 수탁자 명의의 소유권이전등기는 무효이고 당해 부동산의 소유권은 매도인이 그대로 보유하게 된다. 어느 경우든지 명의신탁자는 그 매매계약에 의해서는 당해 부동산의 소유권을 취득하지 못하게 되어, 결국 그 부동산은 명의신탁자에 대한 강제집행이나 보전처분의 대상이 될 수 없다.[56] 강제집행면탈죄의 객체는 채무자의 재산 중에서 채권자가 민사집행법상 강제집행 또는 보전처분의 대상으로 삼을 수 있는 것만을 의미한다고 할 것인바, '보전처분 단계에서의 가압류채권자의 지위' 자체는 원칙적으로 민사집행법상 강제집행 또는 보전처분의 대상이 될 수 없는 것이므로 이러한 지위를 강제집행면탈죄의 객체에 해당한다고 볼 수 없고, 이는 가압류채무자가 가압류해방금을 공탁한 경우에도 마찬가지이다. 나아가 채무자가 가압류채권자의 지위에 있으면서 가압류집행해제를 신청함으로써 그 지위를 상실하는 행위는 형법 제327조에서 정한 '은닉, 손괴, 허위양도 또는 허위채무부담' 등

---

51) 대법원 2017.4.26. 선고 2016도19982 판결; 대법원 2013.4.26. 선고 2013도2034 판결; 대법원 2011.12.8. 선고 2010도4129 판결; 대법원 2011.7.28. 선고 2011도6115 판결; 대법원 2009.5.14. 선고 2007도2168 판결; 대법원 2008.9.11. 선고 2006도8721 판결; 대법원 2003.4.25. 선고 2003도187 판결.

52) 대법원 2001.11.27. 선고 2001도4759 판결.

53) 대법원 2011.7.28. 선고 2011도6115 판결.

54) 대법원 2017.4.26. 선고 2016도19982 판결.

55) 대법원 2014.10.27. 선고 2014도9442 판결.

56) 대법원 2011.12.8. 선고 2010도4129 판결; 대법원 2009.5.14. 선고 2007도2168 판결.

강제집행면탈행위의 어느 유형에도 포함되지 않는 것이므로, 이러한 행위를 처벌대상으로 삼을 수도 없다.[57]

3) 행 위

① 면 탈

본죄의 실행행위는 면탈이다. 면탈(免脫)이란 채권자를 해하는 것이다. 면탈의 방법으로서는 재산의 은닉, 손괴, 허위양도 또는 허위의 채무부담이 규정되어 있다.

② 면탈의 방법

강제집행의 위험으로부터 벗어나 채권자를 해하는 면탈의 방법으로서는 은닉, 손괴, 허위양도 또는 허위의 채무부담으로 한정되어 있다.

ⓘ 은 닉　　은닉(隱匿)이란 강제집행을 실시하는 자가 채무자의 재산을 발견하는 것을 불능 또는 곤란하게 만드는 것을 말한다.[58] 재산의 소재를 불명케 하는 경우는 물론 그 소유관계를 불명하게 하는 경우도 포함한다.[59] 재산의 소유관계를 불명하게 하는 데 반드시 공부상의 소유자 명의를 변경하거나 폐업 신고 후 다른 사람 명의로 새로 사업자 등록을 할 것까지 요하는 것은 아니고, 강제집행면탈죄의 성립에 있어서는 채권자가 현실적으로 실제로 손해를 입을 것을 요하는 것이 아니라 채권자가 손해를 입을 위험성만 있으면 족하다.[60]

그러나 진의에 의하여 재산을 양도하였다면 설령 그것이 강제집행을 면탈할 목적으로 이루어진 것으로서 채권자의 불이익을 초래하는 결과가 되었다고 하더라도 강제집행면탈죄의 허위양도 또는 은닉에는 해당하지 아니한다고 보아야 할 것이다.[61]

은닉을 긍정한 판례의 구체적 내용은 다음과 같다. 즉,

> 피해자 갑은 을의 채권자로서 을이 병 소유 부동산 경매사건에서 지급받을 배당금 채권의 일부에 가압류를 해 두었는데, 을 사망 후 피고인과 병, 을의 상속인 등이 공모하여 병의 을에 대한 채무가 완제된 것처럼 허위의 채무완제확인서를 작성하여 법원에 제출하는 등의 방법으로 매각허가결정된 병 소유 부동산의 경매를 취소하였다는 내용으로 기소된 사안에서, 을의 상속인들이 병 소유 부동산의 경매절차에서 배당받을 배당금지급채권은 강제집행면탈죄의 객체인 '재산'에 해당하고, 피고인 등이 병의 을에 대한 채권이 완제된 것처럼 가장하여 을의 상속인 등을 상대로 청구이의의 소를 제기하고 그 판결에 기하여 강제집행정지 및 경매취소에 이르게 한 행위는 소유관계를

---

57) 대법원 2008.9.11. 선고 2006도8721 판결.

58) 대법원 2014.6.12. 선고 2012도2732 판결; 대법원 2011.7.28. 선고 2011도6115 판결; 대법원 2005. 10. 13. 선고 2005도4522 판결; 대법원 2003.10.9. 선고 2003도3387 판결; 대법원 2001.11.27. 선고 2001도4759 판결; 대법원 2000.7.28. 선고 98도4558 판결; 대법원 1998.9.8. 선고 98도1949 판결 대법원 1992.12.8. 선고 92도1653 판결; 대법원 1983.5.10. 선고 82도1987 판결.

59) 대법원 2014.6.12. 선고 2012도2732 판결; 대법원 2011.7.28. 선고 2011도6115 판결; 대법원 2005.10.13. 선고 2005도4522 판결; 대법원 2003.10.9. 선고 2003도3387 판결; 대법원 2001.11.27. 선고 2001도4759 판결; 대법원 2000.7.28. 선고 98도4558 판결; 대법원 1992.12.8. 선고 92도1653 판결; 대법원 1983.5.10. 선고 82도1987 판결.

60) 대법원 2003.10.9. 선고 2003도3387 판결; 대법원 2001.11.27. 선고 2001도4759 판결.

61) 대법원 1998.9.8. 선고 98도1949 판결; 대법원 1986.8.19. 선고 86도1191 판결; 대법원 1983.9.27. 선고 83도1869 판결; 대법원 1982.7.27. 선고 80도382 판결.

불명하게 하는 방법에 의한 '재산의 은닉'에 해당한다는 이유로, 피고인에게 강제집행면탈죄를 인정한 원심판단을 수긍한 사례이다.[62] 피고인은 이 사건 회사의 어음 채권자들이 회사의 예금계좌에 가압류 등의 채권보전조치를 취하는 것을 피하기 위하여 회사의 예금계좌에 입금된 회사 자금을 인출하여 제3자 명의의 다른 계좌로 송금한 것이라고 봄이 상당하므로, 이러한 피고인의 행위는 강제집행면탈죄의 구성요건에 해당한다고 판단하였는 바, 원심판결 이유를 위에서 본 법리 및 기록에 비추어 살펴보면 원심의 사실인정과 판단은 정당한 것으로 수긍이 가고, 거기에 상고이유에서 주장하는 바와 같은 사실오인이나 재산의 은닉에 관한 법리오해 등의 위법이 있다고 할 수 없다.[63] 사업장의 유체동산에 대한 강제집행을 면탈할 목적으로 사업자 등록의 사업자 명의를 변경함이 없이 사업장에서 사용하는 금전등록기의 사업자 이름만을 변경한 경우, 그에 기하여 비록 사업자등록의 사업자 명의는 실제로 변경되지 않았다 하더라도, 피고인의 위와 같은 행위로 인해 위 연쇄점 내의 물건들에 관한 소유관계가 불명하게 되었고 그로 인해 피해자가 손해를 입을 위험이 야기되었다고 판단하여 강제집행면탈죄에 있어서 재산의 '은닉'에 해당한다고 한 사례이다.[64] 피고인은 자신의 채권담보의 목적으로 위 선박들에 관하여 가등기를 경료하여 두었다가, 공소외 회사 대표이사인 공소외 1과 공모하여 위 선박들을 가압류한 다른 채권자들의 강제집행을 불가능하게 할 목적으로 정확한 청산절차도 거치지 않은 채 의제자백판결을 통하여 위 선박들에 대한 선순위 가등기권자인 위 피고인 앞으로 본등기를 경료함과 동시에 가등기 이후에 경료된 가압류등기 등을 모두 직권말소하게 하였음은 소유관계를 불명하게 하는 방법에 의한 '재산의 은닉'에 해당한다 고 할 것이다.[65] 채권자에 의하여 압류된 채무자 소유의 유체동산을 채무자의 모 소유인 것으로 사칭하면서 모의 명의로 제3자 이의의 소를 제기하고, 집행정지결정을 받아 그 집행을 저지하였다면 이는 재산을 은닉한 경우에 해당한다.[66] 부동산의 선순위 가등기권자와 그 부동산 소유자가 사전 모의하여 그 부동산에 관한 다른 채권자의 강제집행을 면할 목적으로 선순위 가등기권자 앞으로 소유권이전의 본등기를 한 경우도 재산의 은닉에 해당한다.[67]

은닉을 부정한 판례의 구체적 내용은 다음과 같다. 즉,

채무자가 제3자 명의로 되어 있던 사업자등록을 또 다른 제3자 명의로 변경하였다는 사정만으로는 그 변경이 채권자의 입장에서 볼 때 사업장 내 유체동산에 관한 소유관계를 종전보다 더 불명하게 하여 채권자에게 손해를 입게 할 위험성을 야기한다고 단정할 수 없다.[68]

ⓘ 손 괴　손괴(損壞)란 재물의 물질적 훼손뿐만 아니라 그 가치를 감소케 하는 일체의 행위를 말한다.

ⓘⓘⓘ 허위양도　허위양도(虛僞讓渡)라 함은 실제로 양도의 진의가 없음에도 불구하고 표면상 양도의 형식을 취하여 재산의 소유명의를 변경시키는 것을 말한다.[69]

---

62) 대법원 2011.7.28. 선고 2011도6115 판결.
63) 대법원 2005.10.13. 선고 2005도4522 판결.
64) 대법원 2003.10.9. 선고 2003도3387 판결.
65) 대법원 2000.7.28. 선고 98도4558 판결; 대법원 1983.5.10. 선고 82도1987 판결.
66) 대법원 1992.12.8. 선고 92도1653 판결.
67) 대법원 1983.5.10. 선고 82도1987 판결.
68) 대법원 2014.6.12. 선고 2012도2732 판결.
69) 대법원 2001.11.27. 선고 2001도4759 판결; 대법원 1998.9.8. 선고 98도1949 판결; 대법원 1987.9.22. 선고 87도1579 판결; 대법원 1986.8.19. 선고 86도1191 판결; 대법원 1983.9.27. 선고 83도1869 판결; 대법원 1982.

진의에 의하여 재산을 양도하였다면 설령 그것이 강제집행을 면탈할 목적으로 이루어진 것으로서 채권자의 불이익을 초래하는 결과가 되었다고 하더라도 강제집행면탈죄의 허위양도 또는 은닉에는 해당하지 않는다.[70)]

강제집행 면탈의 목적으로 채무자가 그의 제3채무자에 대한 채권을 허위로 양도한 경우에 제3채무자에게 채권 양도의 통지가 행하여짐으로써 통상 제3채무자가 채권 귀속의 변동을 인식할 수 있게 된 시점에서는 채권 실현의 이익이 해하여질 위험이 실제로 발현되었다고 할 것이므로, 늦어도 그 통지가 있는 때에는 그 범죄행위가 종료하여 그때부터 공소시효가 진행된다고 볼 것이다.[71)]

허위양도를 긍정한 판례의 구체적 내용은 다음과 같다. 즉,

구체적으로 강제집행을 받을 우려가 있는 상태에서 강제집행을 면할 목적으로 재산을 허위양도한 행위는 강제집행 면탈죄에 해당한다.[72)]

허위양도를 부정한 판례의 구체적 내용은 다음과 같다. 즉,

채무자인 피고인이 채권자 갑의 가압류집행을 면탈할 목적으로 제3채무자 을에 대한 채권을 병에게 허위양도하였다고 하여 강제집행면탈로 기소된 사안에서, 가압류결정 정본이 제3채무자에게 송달된 날짜와 피고인이 채권을 양도한 날짜가 동일하므로 가압류결정 정본이 을에게 송달되기 전에 채권을 허위로 양도하였다면 강제집행면탈죄가 성립하는데도, 가압류결정 정본 송달과 채권양도 행위의 선후에 대해 심리·판단하지 아니한 채 무죄를 선고한 원심판결에 법리오해 등의 위법이 있다고 한 사례이다.[73)] 채권자가 채무자에 대한 채무명의에 기하여 제3채무자에 대한 매매잔대금채권에 관하여 압류 및 전부명령을 받고 그 명령이 제3채무자에게 송달되자 피고인이 채무자와 공모하여 위 잔대금이 전부명령 송달전에 전액 지급된 양 허위영수증을 발행한 경우 피고인이 채무자로부터 허위영수증을 수취한 것이 제3채무자에 대한 전부명령의 송달로 위 잔대금채권에 대한 집행이 완료된 후라면 이로써는 동채권에 대한 채권자의 강제집행을 방해하였다고는 볼 수 없고 또 위 영수증의 발행 및 그 수취행위는 제3채무자의 재산에 대한 형법 제327조 소정의 어느 행위에도 해당되지 않는 다 할 것이므로 강제집행면탈죄는 성립되지 아니한다.[74)] 교회의 목사인 피고인 및 공소외 (갑)의 공동명의로 신탁된 교회소유의 대지가 위 (갑)의 사업실패로 그 채권자들로부터 강제집행의 우려가 있자 교회건축위원회에서 피고인 및 (갑)에 대한 명의신탁을 해지한 후 다른 재직회 임원인 공소외 (을)등 5명 앞으로 명의신탁하기로 결정하고 이에 따라 매매를 원인으로 하여 경료된 소유권이전등기는 신탁자의 신탁재산에 대한 정당한 권리행사이고 강제집행면탈죄의 구성요건인 허위양도에 해당하지 아니한다.[75)]

7.27. 선고 80도382 판결

70) 대법원 2007.11.30. 선고 2006도7329 판결; 대법원 2000.9.8. 선고 2000도1447 판결; 대법원 1998.9.8. 선고 98도1949 판결; 대법원 1986.8.19. 선고 86도1191 판결; 대법원 1983.9.27. 선고 83도1869 판결; 대법원 1982.7.27. 선고 80도382 판결

71) 대법원 2011.10.13. 선고 2011도6855 판결.

72) 대법원 1971.4.20. 선고 71도319 판결.

73) 대법원 2012.6.28. 선고 2012도3999 판결.

74) 대법원 1984.6.12. 선고 82도1544 판결.

75) 대법원 1983.7.26. 선고 82도1524 판결.

ⓘⓥ 허위의 채무부담 허위의 채무를 부담한다는 것은 채무가 없으면서도 있는 것처럼 가장하는 것을 말한다.[76] 진실한 채무를 부담한 때에는 본죄는 성립하지 않는다.

현실적으로 강제집행을 받을 우려가 있는 상태에서 강제집행을 면탈할 목적으로 허위의 채무를 부담하는 등의 행위를 하는 경우에는 달리 특별한 사정이 없는 한 채권자를 해할 위험이 있다고 보아야 한다.[77]

허위채무를 긍정한 판례의 구체적 내용은 다음과 같다. 즉,

허위의 채무를 부담하는 내용의 채무변제계약 공정증서를 작성하고 이에 터 잡아 채권압류 및 추심명령을 받은 경우에는 강제집행면탈죄가 성립한다.[78] 피고인이 주장하는 바와 같이 이 사건 부동산외에 약간의 다른 재산이 있다고 하더라도 원심판시와 같이 강제집행을 면할 목적으로 허위채무를 부담하고 근저당권설정등기를 경료하여 줌으로써 채권자인 공소외 (갑)을 해하였다고 인정되는 이상 강제집행면탈죄가 성립된다고 할 것이다.[79] 재단법인의 이사장인 피고인 (갑)이 강제집행을 면탈할 목적으로 재단법인에 대하여 채권을 가지는 양 가장하여 이를 공동피고인 (을)에게 양도함으로써 재단법인으로 하여금 허위의 채무를 부담케 하고 이를 담보한다는 구실하에 재단법인소유 토지를 공동피고인 (을) 명의로 가등기 및 본 등기를 경료케 하였다면 강제집행면탈죄를 구성한다.[80]

허위채무를 부정한 판례의 구체적 내용은 다음과 같다. 즉,

피고인이 장래에 발생할 특정의 조건부채권을 담보하기 위한 방편으로 부동산에 대하여 근저당권을 설정한 것이라면, 특별한 사정이 없는 한 이는 장래 발생할 진실한 채무를 담보하기 위한 것으로서, 피고인의 위 행위를 가리켜 강제집행면탈죄 소정의 '허위의 채무를 부담'하는 경우에 해당한다고 할 수 없다.[81] 피고인이 타인에게 채무를 부담하고 있는 양 가장하는 방편으로 피고인 소유의 부동산들에 관하여 소유권이전청구권보전을 위한 가등기를 경료하여 주었다 하더라도 그와 같은 가등기는 원래 순위보전의 효력밖에 없는 것이므로 그와 같이 각 가등기를 경료한 사실만으로는 피고인이 강제집행을 면탈할 목적으로 허위채무를 부담하여 채권자를 해한 것이라고 할 수 없다.[82] 채무자가 피해자로부터 금원을 차용하고 변제기까지 갚지 못하면 그 소유의 건물을 명도하여 주기로 제소전화해를 하고 그 기한내에 원리금을 갚지 못하였다면 현실적으로 강제집행이 있을 것으로 예상되는 권리는 피해자의 건물명도청구권으로서 채무자가 허위의 금전채무를 부담하였다 하여 명도청구권의 집행에 장애가 된다고 할 수 없고, 채무자와 공모한 피고인들이 허위채권담보를 목적으로 그 명의로 경료한 가등기는 본등기를 위한 순위보전의 효력밖에 없는 것이므로 가등기가 경료되었다는 것만으로는 피해자의 위 건물에 대한 명도청구권에 기한 강제집행을 불능케 하는 사유에 해당한다고는 할 수 없고, 또 그 후 피해자가 제기한 위 가등기말소청구소송에서 피고인이 항쟁을 하였다 하여 위 가등기가 강제집행에 장애사유가 되었다고는 할 수 없는 것이

76) 대법원 1989.5.23. 선고 88도343 판결.
77) 대법원 2008.6.26. 선고 2008도3184 판결; 대법원 2008.4.24. 선고 2007도4585 판결; 대법원 1996.1.26. 선고 95도2526 판결.
78) 대법원 2018.6.15. 선고 2016도847 판결; 대법원 2009.5.28. 선고 2009도875 판결.
79) 대법원 1990.3.23. 선고 89도2506 판결; 대법원 1960.10.19. 선고 4293형상685 판결.
80) 대법원 1982.12.14. 선고 80도2403 판결.
81) 대법원 1996.10.25. 선고 96도1531 판결.
82) 대법원 1987.8.18. 선고 87도1260 판결.

므로 위 허위채무부담과 가등기경료사실등만으로는 건물명도청구권자에 대한 강제집행면탈죄는 성립되지 않는다 할 것이다.[83] 채권자의 권리가 지분이전청구권이고 금전채권이 아닌 경우에 채무자가 허위의 금전채무를 부담한 사실만으로는 채권자의 지분이전청구권의 집행에 어떠한 침해가 된다고 볼 수 없고 또 가등기는 본등기를 위한 순위보전의 효력밖에 없으므로 채무자가 허위의 금전채무를 부담하고 가등기를 경료한 것만으로는 채권자에 대하여 강제집행 면탈죄가 성립되지 아니한다.[84] 제3자와 통모하여 가장한 매매계약을 원인으로 가등기를 필한 경우에는 공정증서원본 부실기재 및 강제집행면탈죄가 성립하지 아니한다.[85]

4) 결 과

본죄는 추상적 위험범이다.[86] 침범의 결과가 현실적으로 발생할 것을 요하지 않는다. 강제집행을 당할 구체적인 위험이 있는 상태에서 재산을 은닉, 손괴, 허위양도 또는 허위의 채무를 부담하면 바로 성립하는 것이고, 반드시 채권자를 해하는 결과가 야기되거나 이로 인하여 행위자가 어떤 이득을 취하여야 범죄가 성립하는 것은 아니다.[87]

채무자에게 약간의 다른 재산이 있다 하여 채권자를 해할 우려가 없다고 할 수 없다.[88] 채권이 존재하는 경우에도 채무자의 재산은닉 등 행위시를 기준으로 채무자에게 채권자의 집행을 확보하기에 충분한 다른 재산이 있었다면 채권자를 해하였거나 해할 우려가 있다고 쉽사리 단정할 것이 아니다.[89]

위험을 긍정한 판례의 구체적 내용은 다음과 같다. 즉,

> 이혼을 요구하는 처로부터 재산분할청구권에 근거한 가압류 등 강제집행을 받을 우려가 있는 상태에서 남편이 이를 면탈할 목적으로 허위의 채무를 부담하고 소유권이전청구권보전가등기를 경료한 경우, 강제집행면탈죄가 성립한다.[90] 공사대금채권이 **건설의 채권자들에 의하여 압류당한 상태라도 이 사건 건물의 허위양도로 인하여 위 채권의 만족에 지장을 초래할 위험이 없다고 할 수 없다.[91] 은닉한 부동산의 시가액보다 그 부동산에 의하여 담보된 채무액이 더 많다고 하여 그 은닉으로 인하여 채권자를 해할 위험이 없다고 할 수 없다.[92] 피고인의 주장대로 허위양도한

83) 대법원 1984.2.14. 선고 83도708 판결.
84) 대법원 1982.5.25. 선고 81도3136 판결.
85) 대법원 1967.12.18. 선고 67도1166 판결.
86) 대법원 2007.6.1. 선고 2006도1813 판결; 대법원 1996.1.26. 선고 95도2526 판결; 대법원 1989.5.23. 선고 88도343 판결.
87) 대법원 2018.6.15. 선고 2016도847 판결; 대법원 2012.6.28. 선고 2012도3999 판결; 대법원 2011.10.13. 선고 2011도6855 판결; 대법원 2009.5.28. 선고 2009도875 판결; 대법원 2008.6.26. 선고 2008도3184 판결; 대법원 2008.5.8. 선고 2008도198 판결; 대법원 2008.4.24. 선고 2007도4585 판결; 대법원 2001.11.27. 선고 2001도4759 판결; 대법원 2001.10.26. 선고 2001도4831 판결; 대법원 1999.2.12. 선고 98도2474 판결; 대법원 1998.9.8. 선고 98도1949 판결; 대법원 1996.1.26. 선고 95도2526 판결; 대법원 1994.10.14. 선고 94도2056 판결; 대법원 1990.3.23. 선고 89도2506 판결; 대법원 1989.5.23. 선고 88도343 판결; 대법원 1986.10.28. 선고 86도1553 판결; 대법원 1984.3.13. 선고 84도18 판결; 대법원 1979.4.10. 선고 78도2370 판결.
88) 대법원 2008.4.24. 선고 2007도4585 판결; 대법원 1990.3.23. 선고 89도2506 판결.
89) 대법원 2011.9.8. 선고 2011도5165 판결.
90) 대법원 2008.6.26. 선고 2008도3184 판결.
91) 대법원 2008.5.8. 선고 2008도198 판결.
92) 대법원 2008.5.8. 선고 2008도198 판결; 대법원 2006.12.21. 선고 2006도4775 판결; 대법원 1999.2.12. 선고 98도2474 판결.

부동산의 시가액보다 그 부동산에 의하여 담보된 채무액이 더 많다고 하여 그 허위양도로 인하여 채권자를 해할 위험이 없다고 할 수 없다.[93] 형법 제327조의 강제집행면탈죄는 위태범으로서 현실적으로 민사소송법에 의한 강제집행 또는 가압류, 가처분의 집행을 받을 우려가 있는 객관적인 상태 아래 즉 채권자가 본안 또는 보전소송을 제기하거나 제기할 태세를 보이고 있는 상태에서 주관적으로 강제집행을 면탈하려는 목적으로 재산을 은닉, 손괴, 허위양도하거나 허위의 채무를 부담하여 채권자를 해할 위험이 있으면 성립하는 것이고, 반드시 채권자를 해하는 결과가 야기되거나 행위자가 어떤 이득을 취하여야 범죄가 성립하는 것은 아니며, 현실적으로 강제집행을 받을 우려가 있는 상태에서 강제집행을 면탈할 목적으로 허위의 채무를 부담하는 등의 행위를 하는 경우에는 달리 특별한 사정이 없는 한 채권자를 해할 위험이 있다고 보아야 한다.[94]

위험을 부정한 판례의 구체적 내용은 다음과 같다. 즉,

채권자의 채권이 금전채권이 아니라 토지 소유자로서 그 지상 건물의 소유자에 대하여 가지는 건물철거 및 토지인도청구권인 경우라면 채무자인 건물 소유자가 제3자에게 허위의 금전채무를 부담하면서 이를 피담보채무로 하여 건물에 관하여 근저당권설정등기를 경료하였다는 것만으로는 직접적으로 토지 소유자의 건물철거 및 토지인도청구권에 기한 강제집행을 불능케 하는 사유에 해당한다고 할 수 없으므로 건물 소유자에게 강제집행면탈죄가 성립한다고 할 수 없고, 이는 건물 소유자가 토지 임차인으로서 임대인인 토지 소유자에 대하여 민법 제643조 소정의 건물매수청구권을 행사함으로써 건물 소유자와 토지 소유자 사이에 건물에 관한 매매관계가 성립되어 토지 소유자가 건물 소유자에 대하여 건물에 관한 소유권이전등기 및 명도청구권을 가지게 된 이후에 건물 소유자가 제3자에게 허위의 금전채무를 부담하면서 이를 피담보채무로 하여 건물에 관하여 근저당권설정등기를 경료한 경우에도 마찬가지라고 할 것이다.[95] 가압류에는 처분금지적 효력이 있으므로 가압류 후에 목적물의 소유권을 취득한 제3취득자 또는 그 제3취득자에 대한 채권자는 그 소유권 또는 채권으로써 가압류권자에게 대항할 수 없다고 할 것이므로, 가압류 후에 목적물의 소유권을 취득한 제3취득자가 다른 사람에 대한 허위의 채무에 기하여 근저당권설정등기 등을 경료하더라도 이로써 가압류채권자의 법률상의 지위에 어떤 영향을 미칠 수 없고, 따라서 강제집행면탈죄에는 해당되지 아니한다고 할 것이다.[96]

5) 상 황

본죄가 성립하기 위해서는 채권이 존재할 것과 강제집행을 면할 급박한 상태일 것을 요한다. 이는 법문에는 규정되어 있지 않은 내용이지만 본죄가 성립하기 위해 해석상 당연히 요구되는 전제요건이다. 이러한 의미에서 본죄의 행위상황은 소위 기술되지 아니한 구성요건요소라고 할 수 있다.

① 채권의 존재

본죄는 채권자의 채권을 보호하는 데에 그 근본취지가 있기 때문에 강제집행의 기본이 되는 채권자의 권리, 즉 채권의 존재는 본죄의 성립요건이고, 따라서 그 채권의 존재가 인정

93) 대법원 1999.2.12. 선고 98도2474 판결.
94) 대법원 1996.1.26. 선고 95도2526 판결.
95) 대법원 2008.6.12. 선고 2008도2279 판결.
96) 대법원 2008.5.29. 선고 2008도2476 판결.

되지 않을 때에는 본죄가 성립되지 아니한다.[97]

채권의 존재를 긍정한 판례의 구체적 내용은 다음과 같다. 즉,

채권자가 민사소송에서 승소확정판결을 받기 전에 당해 채권을 제3자에게 양도한 사안에서, 양도 전 수개의 가압류가 경합하고 있었고 채무자가 민사소송에서 채권이 양도되었다는 항변을 제출하지 않아 승소판결이 되었다면, 강제집행면탈죄의 성립요건인 '채권의 존재'를 인정할 수 있다.[98] 공소외 1 주식회사가 공소외 2 주식회사 및 공소외 3 유한회사와 사이에 공사대금 채무를 대물변제하기로 약정하였다고 하더라도, 그러한 사정만으로는 공소외 1 주식회사의 위 두 회사에 대한 채무가 존재하지 아니한다거나, 공소외 2 주식회사의 소 제기 또는 공소외 3 유한회사의 가압류신청이 부당한 것이라고 볼 수 없으므로, 판시 강제집행면탈죄를 유죄로 인정한 제1심판결을 유지한 원심의 조치에 강제집행면탈죄 또는 죄형법정주의의 유추해석금지 원칙에 관한 법리오해 등의 위법이 없다.[99]

채권의 존재를 부정한 판례의 구체적 내용은 다음과 같다. 즉,

상계의 의사표시가 있는 경우에는 각 채무는 상계할 수 있는 때에 소급하여 대등액에 관하여 소멸한 것으로 보게 된다. 따라서 상계로 인하여 소멸한 것으로 보게 되는 채권에 관하여는 상계의 효력이 발생하는 시점 이후에는 채권의 존재가 인정되지 않으므로 강제집행면탈죄가 성립하지 않는다.[100] 피고인이 자신을 상대로 사실혼관계해소 청구소송을 제기한 갑에 대한 채무를 면탈하려고 피고인 명의 아파트를 담보로 10억 원을 대출받아 그 중 8억 원을 타인 명의 계좌로 입금하여 은닉하였다고 하여 강제집행면탈죄로 기소된 사안에서, 피고인의 재산은닉 행위 당시 갑의 재산분할청구권은 존재하였다고 보기 어렵고, 가사사건 제1심판결에 근거하여 위자료 4,000만 원의 채권이 존재한다는 사실이 증명되었다고 볼 여지가 있었을 뿐이므로, 피고인에게 위자료채권액을 훨씬 상회하는 다른 재산이 있었던 이상 강제집행면탈죄는 성립하지 않는다고 보아야 하는데도, 이와 달리 피고인에게 유죄를 인정한 원심판단에 강제집행면탈죄의 성립요건인 채권의 존재 및 강제집행면탈 행위에 관한 법리오해의 위법이 있다고 한 사례이다.[101] 제3자와 통모하여 가장한 매매계약을 원인으로 가등기를 필한 경우에는 공정증서원본부실기재 및 강제집행면탈죄가 성립하지 아니한다.[102]

② 강제집행을 받을 급박한 상태

본죄가 성립하기 위하여는 강제집행을 받을 객관적 상태가 존재하여야 한다. 강제집행은 민사집행법 제2편의 적용 대상인 '강제집행' 또는 가압류·가처분 등의 집행을 가리키는 것이다.[103] 여기서의 강제집행에는 광의의 강제집행인 의사의 진술에 갈음하는 판결의 강제

97) 대법원 2012.8.30. 선고 2011도2252 판결; 대법원 2011.9.8. 선고 2011도5165 판결; 대법원 2010.12.9. 선고 2010도11015 판결; 대법원 2008.5.8. 선고 2008도198 판결; 대법원 2007.7.12. 선고 2007도3005 판결; 대법원 1988.4.12. 선고 88도48 판결; 대법원 1982.10.26 선고 82도2157 판결.

98) 대법원 2008.5.8. 선고 2008도198 판결.

99) 대법원 2007.7.12. 선고 2007도3005 판결.

100) 대법원 2012.8.30. 선고 2011도2252 판결.

101) 대법원 2011.9.8. 선고 2011도5165 판결.

102) 대법원 1967.12.18. 선고 67도1166 판결.

103) 대법원 2015.3.26. 선고 2014도14909 판결; 대법원 2012.4.26. 선고 2010도5693 판결; 대법원 1972.5.31. 선고 72도1090 판결; 대법원 1970.5.12. 선고 70도643 판결.

집행도 포함된다.[104] 또 소위 광의의 강제집행인 소유권이전등기 절차이행의 청구소의 제기도 포함한다.[105] 강제집행을 면탈할 객관적 상태라 함은 현실적으로 민사소송법에 의한 강제집행 또는 이를 준용하는 가압류·가처분의 집행을 받을 우려가 있는 객관적인 상태 아래, 즉 채권자가 본안 또는 보전소송을 제기하거나 제기할 태세를 보이고 있는 상태를 말한다.[106] 구체적으로 강제집행이 사실상 일어나고 있었음을 요하는 것은 아니다.[107]

상황을 긍정한 판례의 구체적 내용은 다음과 같다. 즉,

약 18억 원 정도의 채무초과 상태에 있는 피고인 발행의 약속어음이 부도가 난 경우, 강제집행을 당할 구체적인 위험이 있는 상태에 있다고 인정한 사례이다.[108] 차량에 동승하였다가 교통사고를 당한 (갑), (을) 두 사람중 (갑)의 유족이 위 사고는 (을)의 운전과실임을 알아내어 수사 기관에 사건 경위의 조사를 진정하고, (을)의 유족이 치료비 요구에 불응한다 하여 또 다른 진정을 내고 있는 상태에서 (을)소유명의로 있던 부동산을 그의 동생인 피고인 명의로 매매형식으로 소유권이전등기를 취하였다면, 그 당시 (갑)의 유족은 위 치료비 요구가 관철되지 않으면 곧 강제집행절차를 취할 것도 불사할 사정이었다고 함이 상당하므로 그 당시의 상황은 현실적으로 강제집행을 면탈할 목적이 실현될 수 있는 객관적 상태에 있었다고 봄이 정당하다.[109]

상황을 부정한 판례의 구체적 내용은 다음과 같다. 즉,

압류금지채권의 목적물이 채무자의 예금계좌에 입금되기 전까지는 여전히 강제집행 또는 보전처분의 대상이 될 수 없으므로, 압류금지채권의 목적물을 수령하는 데 사용하던 기존 예금계좌가 채권자에 의해 압류된 채무자가 압류되지 않은 다른 예금계좌를 통하여 그 목적물을 수령하더라도 강제집행이 임박한 채권자의 권리를 침해할 위험이 있는 행위라고 볼 수 없어 강제집행면탈죄가 성립하지 않는다.[110] 민사집행법 제3편의 적용 대상인 '담보권 실행 등을 위한 경매'를 면탈할 목적으로 재산을 은닉하는 등의 행위는 위 죄의 규율 대상에 포함되지 않는다.[111] '보조금의 예산 및 관리에 관한 법률'(이하 '보조금관리법'이라 한다) 제30조 제1항, 제31조 제1항에 의한 보조금 교부결정취소 및 보조금 반환명령은 행정처분이고 그 처분이 있어야 반환의무가 발생하므로, 반환받을 보조금에 대한 징수권은 공법상 권리로서 사법상 채권과는 성질을 달리한다. 따라서 보조금관리법 제33조에서 '반환하여야 할 보조금에 대하여는 국세징수의 예에 따라 이를 징수할 수 있다'고 규정한 것은 보조금의 반환에 대하여는 국세체납처분의 예에 따라 강제징수할 수 있도록 한 것뿐이고, 이를 민사집행법에 의한 강제집행과 국세체납처분에 의한 강제징수 중에서 선택할 수 있도록 허용한

104) 대법원 2015.9.15. 선고 2015도9883 판결.

105) 대법원 1983.10.25. 선고 82도808 판결.

106) 대법원 2018.6.15. 선고 2016도847 판결; 대법원 2012.6.28. 선고 2012도3999 판결; 대법원 2011.10.13. 선고 2011도6855 판결; 대법원 2009.5.28. 선고 2009도875 판결; 대법원 2008.6.26. 선고 2008도3184 판결; 대법원 2008.5.29. 선고 2008도2476 판결; 대법원 2008.4.24. 선고 2007도4585 판결; 대법원 2001.10.26. 선고 2001도4831 판결; 대법원 1999.2.9. 선고 96도3141 판결; 대법원 1998.9.8. 선고 98도1949 판결; 대법원 1996.1.26. 선고 95도2526 판결; 대법원 1984.3.13. 선고 84도18 판결; 대법원 1981.6.23. 선고 81도588 판결; 대법원 1979.4.10. 선고 78도2370 판결; 대법원 1971.3.9. 선고 69도2345 판결.

107) 대법원 1973.10.31. 선고 73도384 판결.

108) 대법원 1999.2.9. 선고 96도3141 판결.

109) 대법원 1979.4.10. 선고 78도2370 판결.

110) 대법원 2017.8.18. 선고 2017도6229 판결.

111) 대법원 2015.3.26. 선고 2014도14909 판결.

규정이라고 볼 것은 아니다.[112] 국세징수법에 의한 체납처분을 면탈할 목적으로 재산을 은닉하는 등의 행위는 위 죄의 규율대상에 포함되지 않는다.[113] 공장저당법 제64조 제1항의 벌칙규정은 공장재단을 구성하는 동산에 대한 범행에 적용되고 공장저당법 제7조에 의하여 저당권의 목적이 된 동산에 대한 범행에는 적용되지 아니한다.[114] 강제집행면탈죄는 민사소송법에 의한 강제집행 또는 이를 준용하는 가압류, 가처분 등의 집행을 당할 구체적인 염려가 있는 상태하에서 그 집행을 면탈한 것을 말하는 것이므로 불하받은 부동산상의 권리를 타에 매도한 다음 다시 다른 사람에게 명의신탁등기를 한 것은 강제집행면탈죄로는 되지 않는다.[115] 불하받은 부동산상의 권리를 타에 매도한 다음 다시 다른 사람에게 명의신탁등기를 한 것은 강제집행면탈죄로는 되지 않는다.[116]

(2) 주관적 구성요건

1) 고 의

본죄는 고의범이다. 본죄의 고의는 인식적 요소로서 강제집행을 면할 목적으로 재산을 은닉, 손괴, 허위양도 또는 허위의 채무를 부담하여 채권자를 해한다는 사실에 대한 인식을 요한다.

2) 강제집행을 면할 목적

본죄는 목적범이다. 본죄는 고의 이외에 강제집행을 면할 목적이 존재하여야 성립한다. 목적범의 일반원리에 따라 목적의 달성여부는 본죄의 성립에 영향을 미치지 않는다.

목적을 긍정한 판례의 구체적 내용은 다음과 같다. 즉,

> 집행할 채권이 조건부 채권이라 하여도 그 채권자는 이를 피보전권리로 하여 보전처분을 함에는 법률상 아무런 장해도 없다 할 것이니 이와 같은 보전처분을 면할 목적으로 형법 제327조 소정의 행위를 한 이상 강제집행면탈죄는 성립되며 그 후 그 조건의 불성취로 채권이 소멸되었다 하여도 일단 성립한 범죄에는 영향을 미칠 수 없다고 해석함이 상당하다.[117]

(3) 공 범

본죄에 대하여도 총칙상의 공범에 관한 규정은 여전히 유효하다. 다만 본죄는 신분범에 해당하지 않기 때문에 이에 관한 규정은 해당사항이 없다고 할 수 있다.

공범을 긍정한 판례의 구체적 내용은 다음과 같다. 즉,

> 부동산의 1번 가등기권자와 제3취득자 (갑)이 채무자인 부동산 소유자의 이익을 위하여 후순위 채권자들에 의한 강제집행을 막고자 (갑)이 그 부동산을 매수하고 그 매매대금의 일부로 그 부동산의 가등기권자에 대한 채무를 변제하되 일단 가등기권자 명의로의 소유권이전의 본등기를 경료하여 다른 채권자들의 가압류 및 강제경매의 기입등기를 직권말소케 하는 일련의 등기절차를 거치기로 상호 간에 사전에 협의, 공모하였다면, 가등기권자는 채무자의 강제집행면탈죄에 가담하였다

---

112) 대법원 2012.4.26. 선고 2010도5693 판결.
113) 대법원 2012.4.26. 선고 2010도5693 판결.
114) 대법원 1972.5.31. 선고 72도1090 판결.
115) 대법원 1971.3.9. 선고 69도2345 판결.
116) 대법원 1971.3.9. 선고 69도2345 판결.
117) 대법원 1984.6.12. 선고 82도1544 판결.

할 것이므로 설사 가등기권자 자기의 채권담보의 실행책으로 소유권이전의 본등기를 하고 또 (갑)이 정당한 가격으로 그 부동산을 매수하였다 할지라도 채무자의 강제집행면탈죄의 공범으로서의 죄책을 면할 수 없다.[118)]

2. 위법성조각사유

피고인이 회사의 어음 채권자들의 가압류 등을 피하기 위하여 회사의 예금계좌에 입금된 회사 자금을 인출하여 제3자 명의의 다른 계좌로 송금하였다면 강제집행면탈죄를 구성하는 것이고, 이른바 어음 되막기 용도의 자금 조성을 위하여 위와 같은 행위를 하였다는 사정만으로는 피고인의 강제집행면탈 행위가 정당행위에 해당한다고 볼 수 없다.[119)]

3. 죄 수

채권자들에 의한 복수의 강제집행이 예상되는 경우 재산을 은닉 또는 허위양도함으로써 채권자들을 해하였다면 채권자별로 각각 강제집행면탈죄가 성립하고, 상호 상상적 경합범의 관계에 있다.[120)]

피고인은 허위의 금전채권에 기하여 이를 담보하는 양 설정한 이 사건 소유권이전등기청구권 보전을 위한 가등기를 원심 공동피고인 2에게 양도해 주고, 피고인 2로 하여금 본등기를 경료하게 함으로써 이 사건 건물이 허위로 양도되게 하였음을 알 수 있는 바, 위와 같은 담보가등기 설정행위를 강제집행면탈 행위로 본다고 하더라도, 그 가등기를 양도하여 본등기를 경료하게 함으로써 소유권을 상실케 하는 행위는 면탈의 방법과 법익침해의 정도가 훨씬 중하다는 점을 고려할 때 이를 불가벌적 사후행위로 볼 수는 없다고 할 것이다.[121)]

Ⅲ. 처 벌

본죄의 법정형은 3년 이하의 징역 또는 1천만원 이하의 벌금이다. 본죄는 미수범을 처벌하지 않는다.

---

118) 대법원 1983.5.10. 선고 82도1987 판결.
119) 대법원 2005.10.13. 선고 2005도4522 판결.
120) 대법원 2011.12.8. 선고 2010도4129 판결.
121) 대법원 2008.5.8. 선고 2008도198 판결.

제3편

사회적 법익에 대한 죄

제6장 공공의 안전과 평온에 대한 죄
제7장 공중의 건강에 대한 죄
제8장 공공의 신용에 대한 죄
제9장 사회와 도덕에 대한 죄

사회적 법익에 대한 죄는 개인적 법익에 대한 죄와는 달리 구체적인 개인의 이익이 아니라 개인을 넘어 공공의 이익에 대한 범죄이다. 공공의 이익이란 국민일반의 행복추구에 필요한 이익을 말한다. 공공의 이익에는 사회적 법익과 국가적 법익이 있다. 사회적 법익이란 다수의 개인적 법익의 집합체를 말함에 반하여 국가적 법익은 국가의 존립과 권위 및 기능의 안전을 의미한다. 따라서 사회적 법익에 대한 죄란 불특정인 또는 다수인의 생명, 신체, 재산 등의 이익의 침해 또는 위험에 관한 죄를 말한다. 이러한 의미에서 공공의 이익을 국가적 법익과 사회적 법익으로 나누고, 이에 개인적 이익을 추가하여 이익을 3분적으로 인식하면 법익을 개인적 법익, 사회적 법익 및 국가적 법익으로 분류하는 법익3분설이 지당하다고 해석된다.

사회적 법익에 대한 죄를 분류하는 방법에 있어서 일치되는 것은 없다. 첫째, 3분설이다. 삼분설(三分說)은 사회적 법익에 대한 죄를 사회적 질서에 대한 죄, 경제적 질서에 대한 죄 및 도덕적 질서에 대한 죄로 분류한다. 둘째, 4분설이다. 사분설(四分說)은 사회적 법익에 대한 죄를 공공의 안전에 대한 죄, 공중의 건강에 대한 죄, 공공의 신용에 대한 죄 및 풍속에 대한 죄로 분류한다. 그러나 본서에서는 공공의 안전과 평온에 대한 죄, 공중의 건강에 대한 죄, 공공의 신용에 대한 죄 및 사회와 도덕에 대한 죄로 분류하고자 한다. 공중(公衆)이라는 용어는 사회적 법익을 개인으로부터 독립된 개념으로 파악하지 않고 개인의 집합체로서 개인적 법익과 연관시켜 파악하려는 의도이다. 일반적으로는 공공에 해당하는 개념이라고 할 수 있다.

제 6 장 공공의 안전과 평온에 대한 죄

제 1 절 총 설

Ⅰ. 서 설

공공의 안전과 평온에 대한 죄는 불특정인 또는 다수인의 생명, 신체, 재산에 대한 침해의 위험을 발생시키는 범죄이다. 이러한 의미에서 공공위험범이라고 할 수 있다. 공공위험범(公共危險犯)이란 불특정인 또는 다수인의 생명, 신체 또는 재산에 대한 위험이 그 범죄의 내용이 된다고 할 수 있다. 공공의 안전과 평온에 대한 죄는 공안을 해하는 죄(형법 제2편 제5장), 폭발물에 관한 죄(형법 제2편 제6장), 방화와 실화에 관한 죄(형법 제2편 제13장), 일수와 수리에 관한 죄(형법 제2편 제14장) 및 교통방해의 죄(형법 제2편 제15장)로 구성된다.

Ⅱ. 체계적 지위

공안을 해하는 죄(형법 제2편 제5장)와 폭발물에 관한 죄(형법 제2편 제6장)의 체계적 지위가 문제될 수 있다. 형식상 국가적 법익에 대한 죄의 위치에 규정되어 있지만, 내용상 사회적 법익에 대한 죄에 해당한다고 할 수 있기 때문이다. 첫째, 국가적 법익설이다. 공안을 해하는 죄와 폭발물에 관한 죄를 국가적 법익에 대한 죄로 본다. 법질서유지를 임무로 하는 국가권력작용과 밀접한 관련을 가지고 있다는 점을 근거로 한다. 둘째, 사회적 법익설이다. 공안을 해하는 죄와 폭발물에 관한 죄를 사회적 법익으로 파악하는 견해이다. 사회적 공동생활의 안정과 평온을 위태롭게 하는 범죄라는 점을 근거로 한다.

생각건대 공안을 해하는 죄와 폭발물에 관한 죄는 불특정인 · 다수인의 안전을 넘어 국가의 존립에까지 영향을 미칠 수도 있다. 문제는 공안을 해하는 죄와 폭발물에 관한 죄가 불특정인 · 다수인의 안전을 위태롭게 하는 범죄인지 아니면 국가의 존립을 위태롭게 하는 범죄인지에 있다. 사회는 국가를 구성하는 부분이고 국가는 사회가 집합된 전체라는 관점에서 공안을 해하는 죄와 폭발물에 관한 죄의 위험성이 사회라는 부분을 넘어 전체라는 국가에 미칠 때에는 이미 내란죄와의 구별이 모호해질 가능성도 배제할 수 없다. 그렇다면 공안을 해하는 죄와 폭발물에 관한 죄는 국가의 존립을 위태롭게 할 때보다는 불특정인 · 다수인의 안전을 위태롭게 하는 때에 성립한다고 하는 것이 보다 타당한 해석이라고 이해된다. 이러한 의미에서 공안을 해하는 죄와 폭발물에 관한 죄는 사회적 법익에 속한다고 해석될 수 있다.

제2절 공안을 해하는 죄

§1. 개 관

Ⅰ. 서 설

본장의 공안을 해하는 죄란 공공의 안전을 해하는 것을 내용으로 하는 범죄를 말한다(형법 제2편 제5장). 본장의 죄는 형식상 국가적 법익에 대한 죄라고 할 수 있다. 국가적 법익에 대한 죄의 위치에 규정되어 있기 때문이다. 그러나 본장의 죄는 실질상 두 가지의 범죄로 분류될 수 있다. 내용상으로 범죄단체등의 조직죄(제114조), 소요죄(제115조) 및 다중불해산죄(제116조)는 사회적 법익에 대한 죄에 속하는 반면 전시공수계약불이행죄(제117조)와 공무원자격의 사칭죄(제118조)는 국가적 법익에 대한 죄에 해당한다고 할 수 있기 때문이다.

Ⅱ. 보호법익

본장의 죄 중에서 사회적 법익에 대한 죄에 속하는 범죄단체등의 조직죄, 소요죄 및 다중불해산죄의 보호법익은 불특정인 또는 다수인의 사회생활을 위한 공공의 안전과 평온이다. 이에 반하여 국가적 법익에 대한 죄에 해당한다고 할 수 있는 전시공수계약불이행죄와 공무원자격의 사칭죄의 보호법익은 국가기능의 적정 또는 공정이다. 본장의 죄의 보호법익에 대한 보호의 정도는 공통적으로 추상적 위험범으로서의 보호라고 할 수 있다.

Ⅲ. 구성요건에 체계

본장의 죄는 사회적 법익에 대한 죄와 국가적 법익에 대한 죄로 구성되어 있다. 사회적 법익에 대한 죄에 속하는 범죄단체등의 조직죄(제114조)와 소요죄(제115조)는 기본적 구성요건이고, 다중불해산죄(제116조)는 소요죄의 예비단계에 해당하는 성격을 가지는 범죄로서 이와는 독립된 구성요건이라고 할 수 있다. 또 전시공수계약불이행죄(제117조)와 공무원자격의 사칭죄(제118조)는 국가적 법익에 대한 죄에 해당한다.

§2. 범죄단체등조직죄

제114조(범죄단체 등의 조직) 사형, 무기 또는 장기 4년 이상의 징역에 해당하는 범죄를 목적으로 하는 단체 또는 집단을 조직하거나 이에 가입 또는 그 구성원으로 활동한 사람은 그 목적한 죄에 정한 형으로 처벌한다. 다만 형을 감경할 수 있다.

구조문

제114조(범죄단체의 조직) ① 범죄를 목적으로 하는 단체를 조직하거나 이에 가입한 자는 그 목적한 죄에 정한 형으로 처단한다. 단, 형을 감경할 수 있다.

② 병역 또는 납세의 의무를 거부할 목적으로 단체를 조직하거나 이에 가입한 자는 10년 이하의 징역

이나 금고 또는 1천500만원 이하의 벌금에 처한다.
③ 전2항의 죄를 범하여 유기의 징역이나 금고 또는 벌금에 처한 자에 대하여는 10년 이하의 자격정지를 병과할 수 있다.

Ⅰ. 서 설

1. 의 의

본죄는 사형, 무기 또는 장기 4년 이상의 징역에 해당하는 범죄를 목적으로 하는 단체 또는 집단을 조직하거나 이에 가입 또는 그 구성원으로 활동함으로써 성립하는 범죄이다. 본죄는 필요적 공범으로서 집단범에 속한다.

본죄는 그 목적으로 하는 범죄의 예비·음모의 단계에 있는 행위를 독립된 구성요건으로 규정하고 있다는 점에 그 특징을 가진다.

2. 취 지

본죄는 2013년 개정된 형법의 내용이다.[1)] 본죄는 2000년 12월 13일 우리나라가 서명한 국제연합국제조직범죄방지협약(United Nations Convention against Transnational Organized Crime)의 국내적 이행을 위한 입법으로서, 협약 및 의정서상의 입법의무 사항을 반영하여 범죄단체 및 범죄집단의 존속과 유지를 위한 행위의 처벌규정을 마련하는 한편 범죄단체나 집단의 수입원으로 흔히 사용되는 도박장소의 개설이나 복표발매에 대한 처벌규정의 법정형을 상향하고, 각종 착취 목적의 인신매매죄를 신설하여 인신매매의 처벌범위를 확대함으로써 국제조직범죄를 효율적으로 방지·척결하는 동시에 국제협력을 강화하려는 취지였다.

본죄는 '사형, 무기 또는 장기 4년 이상의 징역'에 해당하는 범죄를 목적으로 하는 단체의 조직 행위를 처벌하도록 하여 그 범위를 제한함으로써 국제연합국제조직범죄방지협약의 내용과 조화를 이루게 하는 한편 범죄단체뿐만 아니라 이에 이르지 못한 범죄집단을 조직한 경우에도 처벌하도록 하고 있다.

Ⅱ. 범 죄

1. 구성요건

(1) 객관적 구성요건

1) 객 체

① 의 의

본죄의 객체는 사형, 무기 또는 장기 4년 이상의 징역에 해당하는 범죄를 목적으로 하는 단체 또는 집단이다. 범죄에는 형법전에 규정된 범죄뿐만 아니라 특별법에 규정된 범죄도 포함된다. 다만 법정형의 장기가 4년 이상의 징역형에 해당하는 범죄에 한정된다.

1) 형법 2013.4.5. 일부개정 법률 제11731호 2013.4.5. 시행.

② 단체 또는 집단

본죄의 객체로서의 '범죄를 목적으로 하는 단체'란 특정 다수인이 일정한 범죄를 수행한다는 공동 목적으로 구성한 계속적인 결합체로서 단체를 주도하거나 내부 질서를 유지하는 최소한의 통솔체계를 갖춘 것을 뜻한다.[2] '범죄를 목적으로 하는 집단'이란 특정 다수인이 사형, 무기 또는 장기 4년 이상의 범죄를 수행한다는 공동 목적으로 구성원들이 정해진 역할분담에 따라 행동함으로써 범죄를 반복적으로 실행할 수 있는 조직체계를 갖춘 계속적인 결합체를 뜻한다. '범죄단체'에서 요구되는 '최소한의 통솔체계'를 갖출 필요는 없지만, 범죄의 계획과 실행을 용이하게 할 정도의 조직적 구조를 갖추어야 한다.[3]

범죄단체를 긍정한 판례의 구체적 내용은 다음과 같다. 즉,

> 甲 등은 무등록 중고차 매매상사(외부 사무실)를 운영하면서 피해자들을 기망하여 이른바 '뜯플' 또는 '쌩플'의 수법으로 중고차량을 시세보다 비싸게 판매해 금원을 편취할 목적으로 외부 사무실 등에서 범죄집단을 조직·활동하고, 피고인은 범죄집단에 가입·활동하였다는 내용으로 기소된 사안에서, 위 외부 사무실은 특정 다수인이 사기 범행을 수행한다는 공동 목적으로 구성원들이 대표, 팀장, 출동조, 전화상담원 등 정해진 역할분담에 따라 행동함으로써 사기 범행을 반복적으로 실행하는 체계를 갖춘 결합체, 즉 형법 제114조의 '범죄를 목적으로 하는 집단'에 해당한다고 한 사례이다.[4] 피고인 甲은 무등록 중고차 매매상사(이하 '외부사무실'이라 한다)를 운영하면서 피해자들을 기망하여 중고차량을 불법으로 판매해 금원을 편취할 목적으로 외부사무실 등에서 범죄집단을 조직·활동하고, 피고인 甲, 乙을 제외한 나머지 피고인들은 범죄집단에 가입·활동하였다는 내용으로 기소된 사안에서, 외부사무실에는 회사 조직과 유사하게 대표, 팀장, 팀원(출동조, 전화상담원)으로 직책이나 역할이 분담되어 있었는데, 상담원은 인터넷 허위 광고를 보고 전화를 건 손님들에게 거짓말로 외부사무실에 방문할 것을 유인하는 역할을, 출동조는 외부사무실을 방문한 손님들에게 허위 중고차량을 보여주면서 소위 '뜯플' 또는 '쌩플'의 수법으로 중고차량 매매계약을 유도하는 역할을, 팀장은 소속 직원을 채용하고, 손님 방문 시 출동조를 배정하며, 출동조로부터 계약 진행 상황을 보고받고, 출동조가 매매계약 유도를 성공하면 손님들과 정식 계약을 체결하는 역할을, 대표인 피고인 甲은 사무실과 집기, 중고자동차 매매계약에 필요한 자료와 할부금융, 광고 등을 준비해 외부사무실을 운영하면서 팀장을 채용한 뒤 팀장으로 하여금 팀을 꾸려 사기범행을 실행하도록 하고, 할부금융사로부터 할부중개수수료를 받으면 이를 팀별로 배분하는 역할을 수행하였으며, 대표 또는 팀장은 팀장, 출동조, 전화상담원에게 고객을 유인하고 대응하는 법이나 기망하는 방법 등에 대해 교육한 점, 대표는 팀장들이 이용할 할부금융사 및 광고 사이트를 정해 팀장들에게 알려주고 팀장들로부터 상사입금비 및 광고비를 받는 한편 손님들이 중고차량을 할부로 계약한 경우 할부금융사로부터 받는 할부중개수수료 중 절반을 팀장들에게 나누어 주었으며, 팀장들은 대표로부터 지급받은 위 할부중개수수료와 중고차량 매매에 따른 차익을 출동조 및 상담원에게 각각 나눠주고 나머지를 가져간 점, 피고인 乙을 제외한 나머지 피고인들은 외부사무실 업무와 관련하여

2) 대법원 2020.9.7. 선고 2020도7915 판결; 대법원 2020.8.20. 선고 2019도16263 판결; 대법원 2016.5.12. 선고 2016도1221 판결; 대법원 1985.10.8. 선고 85도1515 판결; 대법원 1981.11.24. 선고 81도2608 판결; 대법원 1977.12.27. 선고 77도3463 판결.

3) 대법원 2020.9.7. 선고 2020도7915 판결; 대법원 2020.8.20. 선고 2019도16263 판결; 대법원 2020.8.20. 선고 2019도11731 판결.

4) 대법원 2020.9.7. 선고 2020도7915 판결.

'텔레그램'을 이용한 대화방을 여러 개 개설하여 정보를 공유하거나 각종 보고 등을 하였고, 대표와 팀장들은 월 1~2회 회의를 하면서 단속정보 등을 공유하였으며, 팀장들은 공유된 정보를 소속 출동조 및 상담원에게 전파한 점 등을 종합하면, 외부사무실은 특정 다수인이 사기범행을 수행한다는 공동목적 아래 구성원들이 대표, 팀장, 출동조, 전화상담원 등 정해진 역할분담에 따라 행동함으로써 사기범행을 반복적으로 실행하는 체계를 갖춘 결합체, 즉 형법 제114조의 '범죄를 목적으로 하는 집단'에 해당한다는 이유로, 이와 달리 보아 공소사실을 무죄로 판단한 원심판결에 법리오해의 위법이 있다고 한 사례이다.[5] 피고인들이 불특정 다수의 피해자들에게 전화하여 금융기관 등을 사칭하면서 신용등급을 올려 낮은 이자로 대출을 해주겠다고 속여 신용관리비용 명목의 돈을 송금받아 편취할 목적으로 보이스피싱 사기 조직을 구성하고 이에 가담하여 조직원으로 활동함으로써 범죄단체를 조직하거나 이에 가입・활동하였다는 내용으로 기소된 사안에서, 위 보이스피싱 조직은 보이스피싱이라는 사기범죄를 목적으로 구성된 다수인의 계속적인 결합체로서 총책을 중심으로 간부급 조직원들과 상담원들, 현금인출책 등으로 구성되어 내부의 위계질서가 유지되고 조직원의 역할 분담이 이루어지는 최소한의 통솔체계를 갖춘 형법상의 범죄단체에 해당하고, 보이스피싱 조직의 업무를 수행한 피고인들에게 범죄단체 가입 및 활동에 대한 고의가 인정되며, 피고인들의 보이스피싱 조직에 의한 사기범죄 행위가 범죄단체 활동에 해당한다.[6] 피고인들이 수괴, 간부 가입자를 구분할 수 있을 정도의 지휘통솔체계를 갖춘 단체를 구성하고 또는 이에 가입한 후 피고인 갑으로부터 단체생활에 필요한 자금 등을 제공받고, 싸움에 대비하여 수시로 단체 및 개인훈련을 실시하는 한편 피고인 갑의 사주를 받거나 고향의 선배들을 괴롭히는 자들을 응징한다는 명목 등으로 위 단체구성후 1년 10개월 동안 16건에 걸쳐 강도상해 및 폭력행위(상해, 협박 등)를 자행하여 왔다면 그 과정에서 생활비절감 등의 편의상 함께 모여 단체생활을 한 일면이 있다고 인정된다거나 위 단체의 명칭이 수사단계에서야 비로소 붙여진 것이라 하더라도 피고인들의 위와 같은 소위는 결국 폭력을 목적으로 한 범죄단체를 구성 또는 이에 가입한 죄에 해당된다.[7]

범죄단체를 부정한 판례의 구체적 내용은 다음과 같다. 즉,

피고인이 원심 상피고인 등 4명과 한 것은 도박개장에 대한 범죄의 공모는 될지언정 도박개장을 목적으로 한 범죄단체라는 통솔체제를 갖추었다고 인정하기에 충분한 증거가 없어 범죄사실의 증명이 없음에 돌아간다고 하였음은 적법한 법률해석에 따른 정당한 판단이라 할 것이고 법리를 오해하였거나 채증법칙에 위배하여 판단을 그릇한 위법있다고 볼 수 없다.[8] 피고인들이 증권투자인들의 권익을 보호하기 위하여 발족한 투자인협회의 간부진을 개편하고 각 그 간부 내지 회원이 된 목적이 증권거래소상장기업체의 주주총회때마다 소위 총회꾼들의 횡포가 극심하므로 이들을 제거하고 주주총회를 원활하게 진행케함으로써 정부시책에 적극 호응함과 동시에 진실한 투자인의 권익보호를 도모하려는데 있었다면 그 목적달성을 위한 과정에서 일부 총회꾼들의 주주권행사를 방해한 바 있고 그에 대한 사례조로 해당 회사로부터 금품을 수수한 바 있다고 하여도 이를 범죄단체 조직이라고는 할 수 없다.[9]

5) 대법원 2020.8.20. 선고 2019도16263 판결.
6) 대법원 2017.10.26. 선고 2017도8600 판결.
7) 대법원 1987.10.13. 선고 87도1240 판결.
8) 대법원 1977.12.27. 선고 77도3463 판결.
9) 대법원 1969.8.19. 선고 69도935 판결.

2) 행 위

본죄의 실행행위는 범죄를 목적으로 하는 단체 또는 집단을 조직하거나 이에 가입 또는 그 구성원으로 활동하는 것이다. 조직(組織)이란 특정된 다수인이 의사의 연락에 의하여 계속적 결합체를 구성하는 것을 말한다. 가입(加入)이란 이미 조직된 집합체의 구성원이 되는 것을 말한다. 조직·가입의 방법은 묻지 않는다.

판례에 따르면 활동(活動)이란 범죄단체 등의 내부 규율 및 통솔체계에 따른 조직적, 집단적 의사결정에 의하여 행하는 범죄단체 등의 존속·유지를 지향하는 적극적인 행위를 말한다.[10] 특정한 행위가 범죄단체 등의 구성원으로서의 활동에 해당하는지 여부는 당해 행위가 행해진 일시, 장소 및 그 내용, 그 행위가 이루어지게 된 동기 및 경위, 목적, 의사결정자와 실행 행위자 사이의 관계 및 그 의사의 전달 과정 등의 구체적인 사정을 종합하여 실질적으로 판단하여야 한다.[11]

조직·가입·활동을 긍정한 판례의 구체적 내용은 다음과 같다. 즉,

> 피고인들이 수괴, 간부 가입자를 구분할 수 있을 정도의 지휘통솔체계를 갖춘 단체를 구성하고 또는 이에 가입한 후 피고인 갑으로부터 단체생활에 필요한 자금 등을 제공받고, 싸움에 대비하여 수시로 단체 및 개인훈련을 실시하는 한편 피고인 갑의 사주를 받거나 고향의 선배들을 괴롭히는 자들을 응징한다는 명목 등으로 위 단체구성후 1년 10개월 동안 16건에 걸쳐 강도상해 및 폭력행위(상해, 협박 등)를 자행하여 왔다면 그 과정에서 생활비절감 등의 편의상 함께 모여 단체생활을 한 일면이 있다고 인정된다거나 위 단체의 명칭이 수사단계에서야 비로소 붙여진 것이라 하더라도 피고인들의 위와 같은 소위는 결국 폭력을 목적으로 한 범죄단체를 구성 또는 이에 가입한 죄에 해당된다.[12]

조직·가입·활동을 부정한 판례의 구체적 내용은 다음과 같다. 즉,

> 다수의 구성원이 관여되었다고 하더라도 범죄단체 등의 존속·유지를 목적으로 하는 조직적, 집단적 의사결정에 의한 것이 아니거나, 범죄단체 등의 수괴나 간부 등 상위 구성원으로부터 모임에 참가하라는 등의 지시나 명령을 소극적으로 받고 이에 단순히 응하는 데 그친 경우, 구성원 사이의 사적이고 의례적인 회식이나 경조사 모임 등을 개최하거나 참석하는 경우 등은 '활동'에 해당한다고 볼 수 없다.[13] 피고인 8은 1982.11.3. 19:00경 우연히 친구인 피고인 6을 따라 전주시 고동 소재 경기전 앞까지 나갔다가 이 사건 폭력범죄단체의 구성원들의 살인 및 상해죄범행모의에 가담하게 되고 그 실행행위를 분담하기에 이른 사실이 인정될 뿐, 그가 이 위 폭력범죄단체 결성에 가담하였거나 그 조직에 가입하였다고 볼 아무런 증거가 없다하고위 범죄모의에 가담하고 실행행위를 하였다 하더라도 그러한 살인 또는 상해죄 등의 공동정범의 죄책을 질뿐 이러한 사실만으로 곧 피고인 8에게 폭력범죄단체가입죄의 죄책을 지울 수는 없다.[14]

---

10) 대법원 2013.10.17. 선고 2013도6401 판결.
11) 대법원 2013.10.17. 선고 2013도6401 판결; 대법원 2009.9.10. 선고 2008도10177 판결.
12) 대법원 1987.10.13. 선고 87도1240 판결.
13) 대법원 2014.2.13. 선고 2013도12804 판결; 대법원 2013.10.17. 선고 2013도6401 판결; 대법원 2009.9.10. 선고 2008도10177 판결.
14) 대법원 1983.12.13. 선고 83도2605 판결.

(2) 주관적 구성요건

본죄는 고의범이다. 고의는 사형, 무기 또는 장기 4년 이상의 징역에 해당하는 범죄를 목적으로 하는 단체 또는 집단을 조직하거나 이에 가입 또는 그 구성원으로 활동한다는 사실에 대한 인식을 요한다. 여기에서의 범죄의 목적은 고의의 내용에 그친다는 점에서 목적범에 있어서의 목적과는 다른 개념이라고 해석된다.

(3) 미수 · 기수

본죄는 범죄를 목적으로 하는 단체 또는 집단을 조직하거나 이에 가입 또는 그 구성원으로서 활동하는 때에 기수에 달한다. 본죄는 범죄를 목적으로 하는 단체를 조직함으로써 성립하는 것이고 그 후 목적한 범죄의 실행행위를 하였는가 여부는 본죄의 성립에 영향이 없다.[15)]

본죄는 계속범에 속한다. 본죄의 종료시점은 조직의 경우는 해산시, 가입의 경우는 탈퇴시 및 활동의 경우는 활동종료시로 해석된다. 따라서 본죄의 공소시효의 기산점은 본죄의 종료시점인 해산시, 탈퇴시 및 활동종료시라고 해석된다.

2. 죄 수

본죄의 실행행위인 조직, 가입 및 구성원으로서의 활동은 포괄적 일죄가 된다고 해석된다. 본죄와 목적범죄를 실행한 경우 본죄는 실행된 목적범죄에 흡수된다는 견해가 있으나, 양죄는 실체적 경합관계로 파악하는 견해가 타당하다고 해석된다. 본죄는 목적범죄의 예비 · 음모의 단계에 불과한 범죄라고 하지만, 양죄는 전혀 별개의 범죄라고 해야 하기 때문이다. 죄수에 관한 판례의 구체적 내용은 다음과 같다. 즉,

> 피고인이 보이스피싱 사기 범죄단체에 가입한 후 사기범죄의 피해자들로부터 돈을 편취하는 등 그 구성원으로서 활동하였다는 내용의 공소사실이 유죄로 인정된 사안에서, 범죄단체 가입행위 또는 범죄단체 구성원으로서 활동하는 행위와 사기행위는 각각 별개의 범죄구성요건을 충족하는 독립된 행위이고 서로 보호법익도 달라 법조경합 관계로 목적된 범죄인 사기죄만 성립하는 것은 아니다.[16)]

Ⅲ. 처 벌

본죄의 법정형은 그 목적한 죄에 정한 형이다. 다만 형을 감경할 수 있다. 목적한 죄에 정한 형이란 살인죄를 목적으로 하는 단체 또는 집단의 경우라면 살인죄의 법정형으로 처벌한다는 의미이다. 또 본죄의 임의적 감경은 실행행위인 조직 · 가입 · 활동이 목적한 범죄의 예비 · 음모의 단계에 있는 행위라는 점을 감안한 결과라고 해석된다.

---

15) 대법원 1975.9.23. 선고 75도2321 판결.
16) 대법원 2017.10.26. 선고 2017도8600 판결.

§3. 소요죄

제115조(소요) 다중이 집합하여 폭행, 협박 또는 손괴의 행위를 한 자는 1년 이상 10년 이하의 징역이나 금고 또는 1천500만원 이하의 벌금에 처한다.

Ⅰ. 서 설

1. 의 의

본죄는 다중이 집합하여 폭행, 협박 또는 손괴함으로써 성립하는 범죄이다. 필요적 공범으로서 집단범에 속한다.

2. 내란죄와의 구별

본죄는 다수인을 요하는 필요적 공범이라는 점에서 후술하는 내란죄와 일치한다. 그러나 본죄는 조직성 없이 단순 무리로 충분한 집합범 또는 다중범이라는 점에서 조직화된 다수인을 요하는 집단범이라고 할 수 있는 내란죄와 구별된다. 내란죄는 대한민국 영토의 전부 또는 일부에서 국가권력을 배제하거나 국헌을 문란하게 할 목적으로 폭동을 일으킴으로써 성립한다(제87조 참조).

Ⅱ. 범 죄

1. 구성요건

(1) 객관적 구성요건

1) 주 체

본죄의 주체는 다중이다. 다중(多衆)이란 다수인의 집단을 말한다. 지휘체계를 갖춘 계속적인 조직체가 아니라는 점에서 단체와 구별된다. 본죄의 주체에 관하여는 다중이라는 견해와 다중을 구성하는 개인이라는 견해가 대립하고 있다. 본죄에서의 다중은 후술하는 바와 같이 개인은 아니지만 전체로서의 공동의사를 가지는 집단을 의미한다는 점에서 전설이 타당하다고 해석된다.

2) 행 위

① 의 의

본죄의 실행행위는 소요이다. 소요(騷擾)란 집합하여 폭행·협박 또는 손괴하는 행위이다. 따라서 본죄의 실행행위는 다중이 집합한 상태에서 폭행·협박 또는 손괴할 것을 요한다. 집합(集合)이란 다수인이 때와 장소를 같이 하는 것을 말한다. 집합의 목적을 묻지 않는다. 일정한 공동의 목적을 가질 필요도 없다. 처음부터 공동하여 폭행·협박을 행할 목적을 가져야 하는 것도 아니다. 평온하게 집합한 군중이 도중에 폭행·협박의 의사가 발생한 경우도 포함된다. 또 조직화되어 있을 것도 요하지 않는다.

② 요 건

본죄의 폭행과 협박은 최광의의 의미이다. 그 상대방은 개인이든 특정인이든 불특정이든 묻지 않는다. 폭행(暴行)은 사람이든 물건이든 대상을 불문한 일체의 유형력의 행사를 의미한다. 협박(脅迫)이란 사람에게 공포심을 일으킬 만한 일체의 해악의 고지를 말한다. 손괴(損壞)란 재물에 대한 물리적 훼손뿐만 아니라 효용가치를 해하는 일체의 행위를 말한다. 다만 본죄에서의 폭행·협박 또는 손괴는 소위 집단폭행·집단협박 또는 집단손괴를 의미한다고 해석해야 하기 때문에 집합된 다중의 합동력에 의하여 행하여진 것이 아니면 안 된다. 합동력(合同力)이란 집단 그 자체의 행위로 인정하기 위한 요소이기 때문에 이를 결한 다중 속의 개개인의 행위는 본죄의 행위에 해당하지 않는다. 필요적 공범의 속성상 합동력은 반드시 집합된 다중의 전부에게 인정될 것을 요하지 않는다.

③ 정 도

폭행·협박 또는 손괴의 정도에 관하여 한 지방의 안전과 평온을 해할 정도일 것을 요한다는 견해에 대하여는 동의하지 않는다. 본죄의 보호법익은 공공의 안전과 평온이라는 관점에서 공공은 반드시 한 지방 정도의 규모를 요한다고 할 근거가 확실하지 않고, 굳이 한 지방정도의 규모에 이르지 않더라도 어느 정도 불특정인 또는 다수인의 규모 편의상 동네정도의 규모라도 그것으로 족하다고 해석되기 때문이다.

(2) 주관적 구성요건

1) 고 의

본죄는 고의범이다. 본죄의 고의는 인식적 요소로서 다중이 집합하여 폭행, 협박 또는 손괴의 행위를 한다는 사실에 대한 인식을 요한다.

2) 공동의사

① 요 부

본죄는 고의 외에 공동의사의 요부에 관하여는 필요설과 불요설이 대립하고 있다. 본죄는 집단범이기 때문에 폭행·협박 또는 손괴는 다중의 공동의사에 의할 것을 요한다는 필요설이 타당하다고 해석된다.

② 내 용

공동의사란 폭행·협박 또는 손괴를 집단의 형태로 행한다는 의사를 내용으로 한다. 이는 상호간 의사의 연락을 요하지 않는다는 점에서 총칙상 공범에 있어서의 의사의 연락과는 구별되고, 이와는 전혀 별개의 것이라고 해야 한다. 공동의사는 구체적으로 다중의 합동력을 믿고 스스로 폭행·협박 또는 손괴할 의사, 다중에게 폭행·협박 또는 손괴를 하게 하려는 의사 또는 다중의 합동력에 가세하려는 의사의 3가지를 의미한다고 할 수 있다. 이와 같은 3가지 중 어느 하나의 의사를 가지는 자로 집합된 다중이 구성되어 있는 때에는 그 다중에게 공동의사가 인정될 수 있게 된다. 공동의사에 근거하지 않는 한 폭행·협박 또는 손괴가 다중 속의 일원에 의하여 행하여졌다고 하여도 본죄에는 해당하지 않는다.

공동의사에 근거하여 집단의 형태, 즉 다중의 합동력에 의하여 폭행·협박 또는 손괴가 행하여지는 때에 처음으로 공중의 평온을 해할 위험을 가지는 행위로 될 수 있기 때문에 공동의사는 본죄에 있어서의 주관적 구성요건요소라고 해석되어야 한다. 공동의사는 폭행·협박 또는 손괴를 다중 그 자체로서 행할 의사이고, 다중을 구성하는 가 개인 상호간에 있어서 의사의 연락이나 상호 인식은 요하지 않는다. 공동의사는 다중을 구성하는 개인이 아니라 전체로서의 의사이기 때문에 미필적 공동의사가 없다고 할 수도 있을 것이다. 그러나 공동의사는 다중의 합동력에 의한 폭행·협박 또는 손괴 자체의 발생에 대하여 미필적으로 예견하면서 굳이 가담할 의사로서 미필적 공동의사도 긍정될 수 있다고 해석된다. 한편 공동의사를 바탕으로 폭행·협박 또는 손괴를 개시한 때 이를 저지하려는 자나 다중에서 이탈하려고 한 자는 공동의사를 결하는 것으로 해석되어야 할 것이다.

(3) 미수·기수

본죄는 공공의 안전과 평온을 해할 정도의 폭행·협박 또는 손괴가 있으면 기수에 달한다. 현실적으로 공공의 안전이나 평온에 대한 침해의 결과가 발생할 것을 요하지 않는다. 본죄는 추상적 위험범이기 때문이다.

(4) 공 범

본죄는 필요적 공범에 속한다. 따라서 총칙상의 공범규정은 다중에 속하는 내부자 사이에는 적용되지 않지만, 내부자와 다중에 속하지 않는 외부자 사이에서는 이것이 적용되지 않아야 할 이유가 없다고 해석된다.

2. 죄 수

본죄의 폭행, 협박은 폭행죄나 협박죄에 이르지 않는 경미한 것으로 족하지만, 폭행죄나 협박죄의 정도의 폭행이나 협박도 포함한다. 폭행죄, 협박죄 및 손괴죄는 본죄에 흡수된다. 본죄의 소요행위는 당연히 폭행, 협박 및 손괴를 예정하고 있기 때문이다. 같은 근거에서 이들의 죄가 아니더라도 체포감금죄, 공무집행방해죄, 주거침입죄 등과 같이 이미 소요행위에 반영되어 있는 행위는 본죄에 흡수된다고 해석될 수 있다. 판례는 본죄와 계엄포고령 위반죄를 상상적 경합관계로 보고 있다.

죄수에 관한 판례의 구체적 내용은 다음과 같다. 즉,

> 피고인의 행위가 수십명의 군중과 함께 정치적 구호를 외치며 거리를 진행하는등 다중이 집합하여 폭행, 협박, 손괴행위를 한 것이라면 그 행위자체가 포고령 제10호가 금지한 정치목적의 시위를 한 것이라고 보아야 할 것이므로 소요죄와 위 포고령위반죄는 1개의 행위가 동시에 수개의 죄에 해당하는 형법 제40조의 상상적 경합범의 관계에 있다.[17]

17) 대법원 1983.6.14. 선고 83도424 판결.

Ⅲ. 처 벌

본죄의 법정형은 1년 이상 10년 이하의 징역이나 금고 또는 1천500만원 이하의 벌금이다. 본죄는 미수범을 처벌하지 않는다.

§4. 다중불해산죄

제116조(다중불해산) 폭행, 협박 또는 손괴의 행위를 할 목적으로 다중이 집합하여 그를 단속할 권한이 있는 공무원으로부터 3회 이상의 해산명령을 받고 해산하지 아니한 자는 2년 이하의 징역이나 금고 또는 300만원 이하의 벌금에 처한다.

Ⅰ. 서 설

본죄는 폭행, 협박 또는 손괴의 행위를 할 목적으로 다중이 집합하여 그를 단속할 권한이 있는 공무원으로부터 3회 이상의 해산명령을 받고 해산하지 아니함으로써 성립하는 범죄이다. 본죄는 소요죄의 예비적 단계에 해당하는 다중의 집합을 독립된 범죄의 형태로 규정한 것이다. 본죄는 소요죄와 같이 집단범으로서 필요적 공범에 속하고, 진정부작위범, 거동범, 목적범에 해당한다.

Ⅱ. 범 죄

1. 구성요건

(1) 객관적 구성요건

1) 주 체

본죄의 주체는 폭행, 협박 또는 손괴를 목적으로 집합한 다중이다. 다중의 정도와 집합의 태양 등에 대하여는 소요죄에 있어서와 마찬가지로 해석하면 족하다.

2) 행 위

① 의 의

본죄의 실행행위는 단속할 권한이 있는 공무원으로부터 3회 이상의 해산명령을 받고 해산하지 아니하는 것이다. 진정부작위범(眞正不作爲犯)이다. 해산(解散)이란 집단으로부터의 임의적 이탈을 말한다. 집단을 유지한 채 장소를 이동해도 해산한 것으로는 되지 않는다. 본죄가 성립한 이상 범인으로 되기 때문에 체포를 면하기 위하여 도주하여 집단으로부터 이탈하여도 본죄와는 무관하다. 다중의 일부가 해산하여도 여전히 다중이 해산하지 않고 체류하고 있는 이상 본죄를 구성한다. 그러나 해산한 자가 다수이고 집단이 공공의 안전이나 평온을 해하는 정도의 다중으로 되지 않은 경우에는 잔여자를 본죄로 처벌하는 것은 불가능하다.

② 해산의 요건

ⓘ 단속권한 있는 공무원 단속권한이 있는 공무원이란 공안을 유지함에 있어서 공무원으로 해산을 명할 수 있는 권한을 가지는 자를 말한다. 통상적으로는 경찰관을 말한다. 이러한 공무원이 집단을 형성하고 있는 개인에 대하여 직접 인식할 수 있는 방법으로 해산을 명하고 그것이 3회 이상에 달하고 있음에도 불구하고 해산하지 아니하는 때에는 즉시 본죄의 기수에 달한다.

ⓘⓘ 3회 이상의 해산명령 3회 이상의 의미에 대하여는 다툼이 있다. 첫째, 3회 이상 예컨대 4회나 5회 등에 이른 때에는 즉시 본죄가 성립한다는 견해이다. 둘째, 3회 이상에서 3회는 최소한의 기준이므로 경우에 따라 그 이상 예컨대 8회나 9회 등의 해산명령을 받고 해산하더라도 본죄가 성립하지 않는다는 견해이다. 후설이 타당하다고 해석된다.

명령의 전달방법은 그 여하를 묻지 않는다. 타인을 통해도 된다. 명령은 해산을 촉진하기 위한 수단에 지나지 않기 때문에 시간적 간격 없이 연속하여 발령된 3회의 해산명령은 1회의 해산명령으로 간주될 뿐이다. 따라서 각회의 사이에는 집합한 자가 해산하기 위하여 필요로 하는 상당한 시간적 간격을 두지 않으면 안 된다.

(2) 주관적 구성요건

1) 고 의

본죄는 고의범이다. 본죄의 고의는 인식적 요소로서 폭행, 협박 또는 손괴의 행위를 할 목적으로 다중이 집합하여 그를 단속할 권한이 있는 공무원으로부터 3회 이상의 해산명령을 받고 해산하지 않는다는 사실에 대한 인식을 요한다.

2) 목 적

본죄는 목적범이다. 폭행, 협박 또는 손괴의 행위를 할 목적을 요한다. 목적의 내용은 소요죄에 있어서의 공동의사와 같다. 해산명령을 받은 시점에서 집단에게 공동의사가 존재하게 되면 족하고, 가해목적으로 집합한 경우이든 집단을 형성한 후에 가해목적을 가지게 된 경우이든 묻지 않는다.

(3) 미수 · 기수

본죄는 3회 이상의 해산명령을 받은 후 해산에 필요한 상당한 시간이 경과한 시점에서 기수에 이르게 된다.

2. 죄 수

본죄는 소요죄의 예비적 단계의 집합을 독립된 범죄로 규정한 것이기 때문에 집합한 다중이 폭행, 협박 또는 손괴의 행위를 개시한 이상 소요죄를 구성하고 본죄는 그 죄에 흡수된다.

Ⅲ. 처 벌

본죄의 법정형은 2년 이하의 징역이나 금고 또는 300만원 이하의 벌금이다. 본죄는 미수범을 처벌하지 않는다.

§5. 전시공수계약불이행죄

제117조(전시공수계약불이행) ① 전쟁, 천재 기타 사변에 있어서 국가 또는 공공단체와 체결한 식량 기타 생활필수품의 공급계약을 정당한 이유없이 이행하지 아니한 자는 3년 이하의 징역 또는 500만원 이하의 벌금에 처한다.
② 전항의 계약이행을 방해한 자도 전항의 형과 같다.
③ 전 2항의 경우에는 그 소정의 벌금을 병과할 수 있다.

Ⅰ. 서 설

1. 의 의

본죄는 전쟁, 천재 기타 사변에 있어서 국가 또는 공공단체와 체결한 식량 기타 생활필수품의 공급계약을 정당한 이유 없이 이행하지 아니하거나 계약이행을 방해함으로써 성립하는 범죄이다. 본죄는 진정신분범, 진정부작위범으로서의 전시공수계약불이행죄와 비신분범, 작위범으로서의 전시공수계약이행방해죄로 구분될 수 있다.

2. 취 지

본죄는 후술하는 전시군수계약불이행죄(제103조)와 함께 전시 등 비상사태에서 국민경제의 혼란을 미연에 방지하고 식량 등 국민의 생활필수품을 원활히 공급함으로써 사회공공의 안녕질서와 국법질서의 확립에 기여하고자 제정형법이 도입한 규정이다.

3. 보호법익

본죄는 공안을 해하는 죄의 장에 규정되어 있다. 그럼에도 불구하고 본죄의 보호법익은 국가 또는 공공단체의 기능이라고 해석되고 있다. 보호의 정도는 추상적 위험범으로서의 보호이다.

Ⅱ. 범 죄

본죄에 있어서 전시공수계약불이행죄의 주체는 공수계약을 체결한 자이다. 진정신분범이다. 전시공수계약이행방해죄의 주체에는 제한이 없다.

본죄의 객체는 공수계약이다. 공수계약(公需契約)이란 국가 또는 공공단체와 체결한 식량 기타 생활필수품의 공급계약을 말한다. 본죄의 객체는 공공의 수요품인 식량 또는 생활필수품을 대상으로 한다는 점에서 후술하는 군의 수요품인 군수품 또는 군용공작물에 한하는 전시군수계약불이행죄와 구별된다(제103조). 계약의 상대방은 국가 또는 공공단체이다. 국가는 대한민국을 말한다.

본죄에 있어서 전시공수계약불이행죄의 실행행위는 불이행이다. 불이행(不履行)이란 정당한 이유 없이 공수계약을 이행하지 아니하는 것을 말한다. 진정부작위범이다. 정당한 이유란 행위자측의 사정, 상대방측의 사정 및 주변의 사정 등을 종합적으로 고려하여 사회통념에 따라 결정될 문제라고 해석된다. 정당한 이유 있는 불이행은 본죄의 위법성조각사유가 된다. 전시공수계약이행방해죄의 실행행위는 공수계약의 이행을 방해하는 것이다. 이행방해의 방법여하는 묻지 않는다.

본죄의 행위상황은 전시이다. 전시(戰時)란 전쟁, 천재 기타 사변을 말한다. 본죄의 전시는 전쟁, 천재 기타 사변을 의미한다는 점에서 후술하는 전쟁 또는 사변을 의미하는 전시군수계약불이행죄와 구별된다(제103조 참조). 전쟁은 선전포고를 전제로 한다는 점에서 이를 수반하지 아니하는 사변과 구별된다.

Ⅲ. 처 벌

본죄의 법정형은 3년 이하의 징역 또는 500만원 이하의 벌금이다. 전시공수계약이행방해죄의 경우에는 그 소정의 벌금을 병과할 수도 있다. 10년 이하의 징역인 전시군수계약불이행죄의 그것보다는 가볍다(제103조).

§6. 공무원자격사칭죄

제118조(공무원자격의 사칭) 공무원의 자격을 사칭하여 그 직권을 행사한 자는 3년 이하의 징역 또는 700만원 이하의 벌금에 처한다.

Ⅰ. 서 설

본죄는 공무원의 자격을 사칭하여 그 직권을 행사함으로써 성립하는 범죄이다. 본죄는 공무원의 자격사칭행위와 공무원의 직권행사행위가 결합되어 있는 구조이다.

본죄는 공안을 해하는 죄의 장에 규정되어 있다. 그럼에도 불구하고 본죄의 보호법익은 국가의 기능으로서 국가적 법익에 관한 죄에 속한다고 해석되고 있다. 보호의 정도는 추상적 위험범으로서의 보호이다.

Ⅱ. 범 죄

1. 구성요건

(1) 객관적 구성요건

1) 주 체

본죄의 주체에는 제한이 없다. 공무원도 다른 공무원의 자격을 사칭하면 본죄의 주체로 된다. 공무원에는 임시직원도 포함한다.

주체를 긍정한 판례의 구체적 내용은 다음과 같다. 즉,

> 공무원임용령 제43조에 의하면 임용권자는 당해 직위가 임시적 임용이 있는 날로부터 1년이내에 폐지될 것이 확실한 경우에는 임시직원을 채용할 수 있도록 되어 있고, 이와같은 임시직원도 형법상의 공무원의 개념에 포함됨이 명백할 뿐 아니라 행정공무원의 직급 가운데 감사관제도가 있고, 또 피고인은 부총리 겸 경제기획원장관으로부터 대통령의 지시에 의거 실시하는 국영기업체의 경영합리화 방안수립을 위한 기업진단을 위하여, 감사관으로 일시 위촉된 바 있음이 원심판시와 같으므로 피고인이 사칭하였다는 경제기획원 감사관이란 법령상의 근거없는 것이 아니며, 이는 형법 제118조의 소위 공무원개념에 해당된다고 보아야 할 것임에도 불구하고 원심이 앞에서 본 바와같은 이유를 내세워 무죄라고 판단하였음은 공무원자격사칭죄에 관한 법리를 오해한 위법이 있다고 아니할 수 없고 논지는 이유있어 원판결 중 이 부분에 대하여는 파기를 면치 못할 것이다.[18]

2) 행 위

① 직권의 행사

본죄의 실행행위는 직권을 행사하는 것이다. 본죄는 행위자가 어떤 직권을 행사할 수 있는 권한을 가진 공무원임을 사칭하고 그 공무원의 직권을 행사한 사실이 있어야 성립하기 때문이다.[19] 직권(職權)이란 공무원이 법령에 근거하여 직무를 수행하는 권한을 말한다. 직권을 행사한다는 것은 사칭한 공무원의 직무에 관한 권한을 행사하는 것을 말한다. 사칭한 공무원의 직무에 관한 권한에 속하지 아니한 경우에는 본죄의 성립은 부정된다.

② 공무원 자격의 사칭

직권행사의 수단은 공무원의 자격을 사칭하는 것이다. 공무원은 국가공무원법과 지방공무원법 및 특별법상의 공무원을 말한다. 사칭의 대상으로 되는 공무원은 실제로 법령에 근거가 있는 공무원에 한한다. 사칭(詐稱)은 거짓으로 속여서 말하는 것이다. 따라서 공무원의 자격을 사칭한다는 것은 비공무원이 공무원으로 속이거나 공무원이 다른 공무원인 것처럼 속이는 일체의 행위를 말한다. 사칭방법의 여하는 묻지 않는다. 사칭이 작위든 부작위든 불문한다.

직권의 행사를 부정한 판례의 구체적 내용은 다음과 같다. 즉,

---

18) 대법원 1973.5.22. 선고 73도884 판결.

19) 대법원 1981.9.8. 선고 81도1955 판결; 대법원 1972.6.27. 선고 72도550 판결 참조.

피고인들이 그들이 위임받은 채권을 용이하게 추심하는 방편으로 합동수사반원임을 사칭하고 협박한 사실이 있다고 하여도 위 채권의 추심행위는 개인적인 업무이지 합동수사반의 수사업무의 범위에는 속하지 아니하므로 이를 공무원자격사칭죄로 처벌할 수 없다.[20] 중앙정보부 직원이 아닌 자가 동 직원임을 사칭하고 청와대에 파견된 감사실장인데 사무실에 대통령사진의 액자가 파손된 채 방치되었다는 사실을 보고받고 나왔으니 자인서를 작성 제출하라고 말한 행위는 중앙정보부 직원의 직권행사에 해당되지 않는다.[21] 중앙정보부원이 아닌 자가 이를 사칭하여 어떤 고소사건의 수사경위를 청취하였다 하더라도 그 소위가 중앙접보부원의 직무를 규정한 중앙정보부법(폐) 제2조에 규정한 정보업무에 해당하는지를 심리함이 없이는 그 자격을 사칭한 중앙접보부원의 직권인 정보업무를 행한 것이라고 할 수 없다.[22]

(2) 주관적 구성요건

본죄는 고의범이다. 본죄의 고의는 인식적 요소로서 공무원의 자격이 없으면서 공무원의 자격을 사칭한다는 점, 사칭되는 공무원의 자격이 실재한다는 점, 공무원의 직권을 행사한다는 점에 대한 인식을 요한다.

(3) 미수 · 기수

본죄는 미수범을 처벌하지 않는다. 본죄는 직권을 행사해야 성립하기 때문에 직권을 행사한 시점에서 기수에 달한다. 직권의 행사 없이 공무원의 자격만을 사칭한 경우에는 경범죄처벌법 위반죄만이 성립할 따름이다(경범죄처벌법 제3조 제7호 참조).

2. 죄 수

본죄는 공무원 자격을 사칭하여 범하여지는 절도죄, 사기죄, 공갈죄, 공문서위조죄 등과는 상상적 경합관계에 있다. 다만 공무원자격을 사칭하기 위하여 위조공무원증을 사용한 경우에는 위조공문서행사죄와 본죄는 상상적 경합관계가 된다. 그러나 진정한 공무원증을 사용한 경우 공문서부정행사죄는 본죄에 흡수된다.

Ⅲ. 처 벌

본죄의 법정형은 3년 이하의 징역 또는 700만원 이하의 벌금이다. 본죄의 미수범은 처벌하지 않는다.

§7. 관련 특별법

Ⅰ. 집시법

제20조(집회 또는 시위의 해산) ① 관할경찰관서장은 다음 각 호의 어느 하나에 해당하는 집회 또는 시위에 대하여는 상당한 시간 이내에 자진(自進) 해산할 것을 요청하고 이에 따르지 아니하면 해산(解

20) 대법원 1981.9.8. 선고 81도1955 판결.
21) 대법원 1977.12.13. 선고 77도2750 판결.
22) 대법원 1972.6.27. 선고 72도550 판결.

散)을 명할 수 있다.

1. 제5조제1항, 제10조 본문 또는 제11조를 위반한 집회 또는 시위
2. 제6조제1항에 따른 신고를 하지 아니하거나 제8조 또는 제12조에 따라 금지된 집회 또는 시위
3. 제8조제5항에 따른 제한, 제10조 단서 또는 제12조에 따른 조건을 위반하여 교통 소통 등 질서 유지에 직접적인 위험을 명백하게 초래한 집회 또는 시위
4. 제16조제3항에 따른 종결 선언을 한 집회 또는 시위
5. 제16조제4항 각 호의 어느 하나에 해당하는 행위로 질서를 유지할 수 없는 집회 또는 시위

② 집회 또는 시위가 제1항에 따른 해산 명령을 받았을 때에는 모든 참가자는 지체 없이 해산하여야 한다.

③ 제1항에 따른 자진 해산의 요청과 해산 명령의 고지(告知) 등에 필요한 사항은 대통령령으로 정한다.

Ⅱ. 테러방지법

제2조(정의) 이 법에서 사용하는 용어의 뜻은 다음과 같다.

1. "테러"란 국가·지방자치단체 또는 외국 정부(외국 지방자치단체와 조약 또는 그 밖의 국제적인 협약에 따라 설립된 국제기구를 포함한다)의 권한행사를 방해하거나 의무 없는 일을 하게 할 목적 또는 공중을 협박할 목적으로 하는 다음 각 목의 행위를 말한다.
   가. 사람을 살해하거나 사람의 신체를 상해하여 생명에 대한 위험을 발생하게 하는 행위 또는 사람을 체포·감금·약취·유인하거나 인질로 삼는 행위
   나. 항공기(「항공안전법」 제2조제1호의 항공기를 말한다. 이하 이 목에서 같다)와 관련된 다음 각각의 어느 하나에 해당하는 행위
      1) 운항중(「항공보안법」 제2조제1호의 운항중을 말한다. 이하 이 목에서 같다)인 항공기를 추락시키거나 전복·파괴하는 행위, 그 밖에 운항중인 항공기의 안전을 해칠 만한 손괴를 가하는 행위
      2) 폭행이나 협박, 그 밖의 방법으로 운항중인 항공기를 강탈하거나 항공기의 운항을 강제하는 행위
      3) 항공기의 운항과 관련된 항공시설을 손괴하거나 조작을 방해하여 항공기의 안전운항에 위해를 가하는 행위
   다. 선박(「선박 및 해상구조물에 대한 위해행위의 처벌 등에 관한 법률」 제2조제1호 본문의 선박을 말한다. 이하 이 목에서 같다) 또는 해상구조물(같은 법 제2조제5호의 해상구조물을 말한다. 이하 이 목에서 같다)과 관련된 다음 각각의 어느 하나에 해당하는 행위
      1) 운항(같은 법 제2조제2호의 운항을 말한다. 이하 이 목에서 같다) 중인 선박 또는 해상구조물을 파괴하거나, 그 안전을 위태롭게 할 만한 정도의 손상을 가하는 행위(운항 중인 선박이나 해상구조물에 실려 있는 화물에 손상을 가하는 행위를 포함한다)
      2) 폭행이나 협박, 그 밖의 방법으로 운항 중인 선박 또는 해상구조물을 강탈하거나 선박의 운항을 강제하는 행위
      3) 운항 중인 선박의 안전을 위태롭게 하기 위하여 그 선박 운항과 관련된 기기·시설을 파괴하거나 중대한 손상을 가하거나 기능장애 상태를 일으키는 행위
   라. 사망·중상해 또는 중대한 물적 손상을 유발하도록 제작되거나 그러한 위력을 가진 생화학·폭발성·소이성(燒夷性) 무기나 장치를 다음 각각의 어느 하나에 해당하는 차량 또는 시설에 배치하거나 폭발시키거나 그 밖의 방법으로 이를 사용하는 행위
      1) 기차·전차·자동차 등 사람 또는 물건의 운송에 이용되는 차량으로서 공중이 이용하는 차량
      2) 1)에 해당하는 차량의 운행을 위하여 이용되는 시설 또는 도로, 공원, 역, 그 밖에 공중이 이용하는 시설
      3) 전기나 가스를 공급하기 위한 시설, 공중이 먹는 물을 공급하는 수도, 전기통신을 이용하기 위한 시설 및 그 밖의 시설로서 공용으로 제공되거나 공중이 이용하는 시설
      4) 석유, 가연성 가스, 석탄, 그 밖의 연료 등의 원료가 되는 물질을 제조 또는 정제하거나 연료로 만들기 위하여 처리·수송 또는 저장하는 시설
      5) 공중이 출입할 수 있는 건조물·항공기·선박으로서 1)부터 4)까지에 해당하는 것을 제외한

시설

마. 핵물질(「원자력시설 등의 방호 및 방사능 방재 대책법」 제2조제1호의 핵물질을 말한다. 이하 이 목에서 같다), 방사성물질(「원자력안전법」 제2조제5호의 방사성물질을 말한다. 이하 이 목에서 같다) 또는 원자력시설(「원자력시설 등의 방호 및 방사능 방재 대책법」 제2조제2호의 원자력시설을 말한다. 이하 이 목에서 같다)과 관련된 다음 각각의 어느 하나에 해당하는 행위

1) 원자로를 파괴하여 사람의 생명·신체 또는 재산을 해하거나 그 밖에 공공의 안전을 위태롭게 하는 행위

2) 방사성물질 등과 원자로 및 관계 시설, 핵연료주기시설 또는 방사선발생장치를 부당하게 조작하여 사람의 생명이나 신체에 위험을 가하는 행위

3) 핵물질을 수수(授受)·소지·소유·보관·사용·운반·개조·처분 또는 분산하는 행위

4) 핵물질이나 원자력시설을 파괴·손상 또는 그 원인을 제공하거나 원자력시설의 정상적인 운전을 방해하여 방사성물질을 배출하거나 방사선을 노출하는 행위

2. "테러단체"란 국제연합(UN)이 지정한 테러단체를 말한다.

제17조(테러단체 구성죄 등) ① 테러단체를 구성하거나 구성원으로 가입한 사람은 다음 각 호의 구분에 따라 처벌한다.

1. 수괴(首魁)는 사형·무기 또는 10년 이상의 징역
2. 테러를 기획 또는 지휘하는 등 중요한 역할을 맡은 사람은 무기 또는 7년 이상의 징역
3. 타국의 외국인테러전투원으로 가입한 사람은 5년 이상의 징역
4. 그 밖의 사람은 3년 이상의 징역

② 테러자금임을 알면서도 자금을 조달·알선·보관하거나 그 취득 및 발생원인에 관한 사실을 가장하는 등 테러단체를 지원한 사람은 10년 이하의 징역 또는 1억원 이하의 벌금에 처한다.

③ 테러단체 가입을 지원하거나 타인에게 가입을 권유 또는 선동한 사람은 5년 이하의 징역에 처한다.

④ 제1항 및 제2항의 미수범은 처벌한다.

⑤ 제1항 및 제2항에서 정한 죄를 저지를 목적으로 예비 또는 음모한 사람은 3년 이하의 징역에 처한다.

⑥ 「형법」 등 국내법에 죄로 규정된 행위가 제2조의 테러에 해당하는 경우 해당 법률에서 정한 형에 따라 처벌한다.

제19조(세계주의) 제17조의 죄는 대한민국 영역 밖에서 저지른 외국인에게도 국내법을 적용한다.

Ⅲ. 폭력행위처벌법

제4조(단체 등의 구성·활동) ① 이 법에 규정된 범죄를 목적으로 하는 단체 또는 집단을 구성하거나 그러한 단체 또는 집단에 가입하거나 그 구성원으로 활동한 사람은 다음 각 호의 구분에 따라 처벌한다.

1. 수괴(首魁): 사형, 무기 또는 10년 이상의 징역
2. 간부: 무기 또는 7년 이상의 징역
3. 수괴·간부 외의 사람: 2년 이상의 유기징역

② 제1항의 단체 또는 집단을 구성하거나 그러한 단체 또는 집단에 가입한 사람이 단체 또는 집단의 위력을 과시하거나 단체 또는 집단의 존속·유지를 위하여 다음 각 호의 어느 하나에 해당하는 죄를 범하였을 때에는 그 죄에 대한 형의 장기(長期) 및 단기(短期)의 2분의 1까지 가중한다.

1. 「형법」에 따른 죄 중 다음 각 목의 죄

가. 「형법」 제8장 공무방해에 관한 죄 중 제136조(공무집행방해), 제141조(공용서류 등의 무효, 공용물의 파괴)의 죄

나. 「형법」 제24장 살인의 죄 중 제250조제1항(살인), 제252조(촉탁, 승낙에 의한 살인 등), 제253조(위계 등에 의한 촉탁살인 등), 제255조(예비, 음모)의 죄

다. 「형법」 제34장 신용, 업무와 경매에 관한 죄 중 제314조(업무방해), 제315조(경매, 입찰의 방해)의 죄

라. 「형법」 제38장 절도와 강도의 죄 중 제333조(강도), 제334조(특수강도), 제335조(준강도), 제336조(인질강도), 제337조(강도상해, 치상), 제339조(강도강간), 제340조제1항(해상강도)·제2항

(해상강도상해 또는 치상), 제341조(상습범), 제343조(예비, 음모)의 죄
2. 제2조 또는 제3조의 죄(「형법」 각 해당 조항의 상습범, 특수범, 상습특수범을 포함한다)
③ 타인에게 제1항의 단체 또는 집단에 가입할 것을 강요하거나 권유한 사람은 2년 이상의 유기징역에 처한다.
④ 제1항의 단체 또는 집단을 구성하거나 그러한 단체 또는 집단에 가입하여 그 단체 또는 집단의 존속·유지를 위하여 금품을 모집한 사람은 3년 이상의 유기징역에 처한다.

제5조(단체 등의 이용·지원) ① 제4조제1항의 단체 또는 집단을 이용하여 이 법이나 그 밖의 형벌 법규에 규정된 죄를 범하게 한 사람은 그 죄에 대한 형의 장기 및 단기의 2분의 1까지 가중한다.
② 제4조제1항의 단체 또는 집단을 구성하거나 그러한 단체 또는 집단에 가입하지 아니한 사람이 그러한 단체 또는 집단의 구성·유지를 위하여 자금을 제공하였을 때에는 3년 이상의 유기징역에 처한다.

제6조(미수범) 제2조, 제3조, 제4조제2항[「형법」 제136조, 제255조, 제314조, 제315조, 제335조, 제337조(강도치상의 죄에 한정한다), 제340조제2항(해상강도치상의 죄에 한정한다) 또는 제343조의 죄를 범한 경우는 제외한다] 및 제5조의 미수범은 처벌한다.
[전문개정 2014. 12. 30.]

제7조(우범자) 정당한 이유 없이 이 법에 규정된 범죄에 공용(供用)될 우려가 있는 흉기나 그 밖의 위험한 물건을 휴대하거나 제공 또는 알선한 사람은 3년 이하의 징역 또는 300만원 이하의 벌금에 처한다.

제8조(정당방위 등) ① 이 법에 규정된 죄를 범한 사람이 흉기나 그 밖의 위험한 물건 등으로 사람에게 위해(危害)를 가하거나 가하려 할 때 이를 예방하거나 방위(防衛)하기 위하여 한 행위는 벌하지 아니한다.
② 제1항의 경우에 방위 행위가 그 정도를 초과한 때에는 그 형을 감경한다.
③ 제2항의 경우에 그 행위가 야간이나 그 밖의 불안한 상태에서 공포·경악·흥분 또는 당황으로 인한 행위인 때에는 벌하지 아니한다.

제 3 절 폭발물에 관한 죄

§1. 개 관

Ⅰ. 서 설

본장의 폭발물에 관한 죄는 폭발물을 사용하여 사람의 생명, 신체 또는 재산을 해하거나 그 밖에 공공의 안전을 문란하게 함으로써 성립하는 폭발물사용죄와 전쟁 또는 사변에 있어서 정당한 이유 없이 폭발물을 제조, 수입, 수출, 수수 또는 소지함으로써 성립하는 전시폭발물제조 등 죄로 구성된다(형법 제2편 제6장).

본장의 죄는 국가적 법익에 대한 죄에 규정되어 있다. 그럼에도 불구하고 본장의 죄는 폭발물을 사용하여 사회에 있어서 공공의 안전과 평온에 대하여 위험을 발생시키는 행위를 처벌하기 위한 공공위험범으로서 사회적 법익에 대한 죄에 속하는 범죄로 해석되고 있다.

Ⅱ. 보호법익

본장의 죄의 보호법익은 사회에 있어서 공공의 안전과 평온이라고 할 수 있다. 이 외에 불특정인 또는 다수인의 생명, 신체 또는 재산도 부차적으로 보호법익에 포함되는 것으로

해석되고 있다.

보호법익에 대한 보호의 정도에 있어서는 폭발물사용죄와 전시폭발물제조 등 죄로 나누어볼 필요가 있다. 우선 폭발물사용죄의 보호법익에 있어서 보호의 정도에 관하여는 침해범설, 구체적 위험범설 및 추상적 위험범설이 대립하고 있다. 본죄는 공공위험범으로서 공공의 위험이 발생한 때에 성립한다고 해야 하므로 구체적 위험범설이 타당하다고 해석된다. 그리고 전시폭발물제조 등 죄의 보호법익에 있어서 보호의 정도는 거동범이기 때문에 추상적 위험범으로서의 보호라고 해야 한다.

Ⅲ. 구성요건에 체계

본장의 죄의 기본적 구성요건은 폭발물사용죄이다(제119조 제1항). 전시폭발물제조 등 죄는 행위상황으로 인하여 불법이 가중된 가중적 구성요건에 해당한다(제119조 제2항). 양죄는 미수 외에도 예비, 음모 및 선동에 대하여도 처벌하고 있다(제119조 제1항, 제120조). 전시폭발물제도 등 죄는 독립된 구성요건이다.

§2. 폭발물사용죄

제119조(폭발물 사용) ① 폭발물을 사용하여 사람의 생명, 신체 또는 재산을 해하거나 그 밖에 공공의 안전을 문란하게 한 자는 사형, 무기 또는 7년 이상의 징역에 처한다.
② 전쟁, 천재지변 그 밖의 사변에 있어서 제1항의 죄를 지은 자는 사형이나 무기징역에 처한다.
③ 제1항과 제2항의 미수범은 처벌한다.

제120조(예비, 음모, 선동) ① 전조제1항, 제2항의 죄를 범할 목적으로 예비 또는 음모한 자는 2년 이상의 유기징역에 처한다. 단, 그 목적한 죄의 실행에 이르기 전에 자수한 때에는 그 형을 감경 또는 면제한다.
② 전조제1항, 제2항의 죄를 범할 것을 선동한 자도 전항의 형과 같다.

구조문

제119조(폭발물사용) ① 폭발물을 사용하여 사람의 생명, 신체 또는 재산을 해하거나 기타 공안을 문란한 자는 사형, 무기 또는 7년 이상의 징역에 처한다.
② 전쟁, 천재 기타 사변에 있어서 전항의 죄를 범한 자는 사형 또는 무기징역에 처한다.
③ 전2항의 미수범은 처벌한다.

관련조문

제172조(폭발성물건파열) ① 보일러, 고압가스 기타 폭발성있는 물건을 파열시켜 사람의 생명, 신체 또는 재산에 대하여 위험을 발생시킨 자는 1년 이상의 유기징역에 처한다.
② 제1항의 죄를 범하여 사람을 상해에 이르게 한 때에는 무기 또는 3년 이상의 징역에 처한다. 사망에 이르게 한 때에는 무기 또는 5년 이상의 징역에 처한다.

Ⅰ. 서 설

본죄는 폭발물을 사용하여 사람의 생명, 신체 또는 재산을 해하거나 그 밖에 공공의 안전을 문란함으로써 성립한다. 폭발물사용죄이다. 본죄가 전쟁, 천재지변 그 밖의 사변에 있어서 범하여진 소위 전시폭발물사용죄의 경우에는 가중하여 처벌된다.

본죄는 폭발물을 사용하여 공안을 문란하게 함으로써 성립하는 공공위험범죄로서 개인의 생명, 신체 등과 아울러 공공의 안전과 평온을 보호법익으로 한다.[1] 본죄는 추상적 공공위험범이라는 점에서 후술하는 특정인의 생명, 신체 또는 특정한 재물에 대한 구체적 위험범으로 해석되는 폭발물파열죄와 구별된다(제172조).

Ⅱ. 범 죄

1. 구성요건

(1) 객관적 구성요건

1) 객 체

본죄의 객체는 폭발물이다. 폭발물(爆發物)이란 폭발작용의 위력이나 파편의 비산 등으로 사람의 생명, 신체, 재산 및 공공의 안전이나 평온에 직접적이고 구체적인 위험을 초래할 수 있는 정도의 강한 파괴력을 가지는 물건을 의미한다.[2] 예컨대 화약, 기관(汽罐, 보일러) 또는 그 밖의 폭발성 있는 물건이 이에 해당한다(군형법 제68조 참조).

본죄의 법정형이 사형, 무기 또는 7년 이상의 징역으로 범죄의 행위 태양에 해당하는 생명, 신체 또는 재산을 해하는 경우에 성립하는 살인죄, 상해죄, 재물손괴죄 등의 범죄를 비롯한 유사한 다른 범죄에 비하여 매우 무겁게 설정되어 있을 뿐 아니라 '폭발성 있는 물건을 파열시켜 사람의 생명, 신체 또는 재산에 대하여 위험을 발생시킨 자'를 처벌하는 폭발성물건파열죄를 별도로 규정하고 있는데 그 법정형은 1년 이상의 유기징역으로 되어 있기 때문이다(제172조 참조). 따라서 어떠한 물건이 본죄의 폭발물에 해당하는지는 폭발작용 자체의 위력이 공안을 문란하게 할 수 있는 정도로 고도의 폭발성능을 가지고 있는지에 따라 엄격하게 판단하여야 한다.[3]

폭발물을 부정한 판례의 구체적 내용은 다음과 같다. 즉,

> 피고인이 자신이 제작한 폭발물을 배낭에 담아 고속버스터미널 등의 물품보관함 안에 넣어 두고 폭발하게 함으로써 공안을 문란하게 하였다고 하여 폭발물사용으로 기소된 사안에서, 피고인이 제작한 물건의 구조, 그것이 설치된 장소 및 폭발 당시의 상황 등에 비추어, 위 물건은 폭발작용 자체에 의하여 공공의 안전을 문란하게 하거나 사람의 생명, 신체 또는 재산을 해할 정도의 성능이 없거나, 사람의 신체 또는 재산을 경미하게 손상시킬 수 있는 정도에 그쳐 사회의 안전과 평온에 직접적이고 구체적인 위험을 초래하여 공공의 안전을 문란하게 하기에는 현저히 부족한 정도의 파괴력과 위험성만을 가진 물건이므로 형법 제172조 제1항에 규정된 '폭발성 있는 물건'에는 해당될 여지가 있으나 이를 형법 제119조 제1항에 규정된 '폭발물'에 해당한다고 볼 수는 없다.[4]

---

1) 대법원 2012.4.26. 선고 2011도17254 판결.
2) 대법원 2012.4.26. 선고 2011도17254 판결.
3) 대법원 2012.4.26. 선고 2011도17254 판결.
4) 대법원 2012.4.26. 선고 2011도17254 판결.

2) 행 위

본죄의 실행행위는 사용이다. 사용(使用)이란 폭발물을 그 용법에 따라 폭발시키거나 폭발될 수 있는 상태로 두는 것을 말한다. 폭발물을 폭발시키지 않고 협박의 수단으로 이용하는 경우에는 본죄의 사용에 해당한다고 할 수 없다.

3) 결 과

본죄의 결과는 공공의 위험이라는 구체적 위험의 발생이다. 공공의 위험은 사람의 생명, 신체 또는 재산을 해하거나 그 밖에 공공의 안전을 문란하게 함으로써 발생한다. 사람의 생명, 신체 또는 재산을 해한다는 것은 공공의 안전을 문란하게 하는 행위의 예시이다. 공공의 안전을 문란하게 한다는 것은 불특정인 또는 다수인의 안전에 대하여 위험을 발생시킬 정도에 이른 것을 말한다.

4) 상 황

본죄의 전시폭발물사용죄는 행위상황을 요한다. 전시폭발물사용죄의 행위상황은 전시이다. 전시(戰時)란 전쟁, 천재지변 그 밖의 사변을 의미한다.

(2) 주관적 구성요건

본죄는 고의범이다. 본죄의 고의는 인식적 요소로서 폭발물이라는 점, 이를 사용하여 사람의 생명, 신체 또는 재산을 해하거나 그 밖에 공공의 안전을 문란하게 한다는 점에 대한 인식을 요한다.[5] 사람의 생명, 신체 또는 재산에 대한 침해는 결과의 발생을 요한다. 공공의 안전을 문란하게 한다는 것은 불특정인 또는 다수인의 안전을 침해하는 것을 의미한다.

고의를 긍정한 판례의 구체적 내용은 다음과 같다. 즉,

> 형법 제119조를 적용하려면 사람의 생명, 신체 또는 재산을 해하거나 기타 공안을 문란한다는 고의가 있어야 한다고 해석되는 것임에도 불구하고, 위에서 설명한 바와 같이 원판결은 피고인이 본건 다이나마이트 폭파시 피해자들의 신체를 해한다는 고의 있었음을 인정하지 아니하면서 형법 제119조를 적용하였음은 법령적용에 위법이 있는 것이라 할 것으로서 이에 관한 상고논지는 이유 있고, 다른 논점에 대한 판단을 기다릴 것 없이 원판결은 파기를 면치 못할 것이다.[6]

(3) 예비 · 음모 · 선동

본죄는 예비 · 음모 · 선동을 처벌한다. 본죄의 예비 · 음모죄는 폭발물사용죄나 전시폭발물사용죄를 목적으로 예비 또는 음모함으로써 성립한다. 본죄의 예비 · 음모죄는 목적범이다. 본죄의 선동죄는 폭발물사용죄나 전시폭발물사용죄를 범할 것을 선동함으로써 성립한다. 선동죄는 목적범이 아니다.

(4) 미수 · 기수

본죄의 미수범은 처벌된다. 본죄는 공공의 위험이라는 구체적 위험이 발생한 때에 기수

---

5) 대법원 1969.7.8. 선고 69도832 판결 참조.
6) 대법원 1969.7.8. 선고 69도832 판결.

에 이른다고 해야 한다. 따라서 공공의 안전을 문란하게 할 정도에 이르지 못한 경우에는 미수에 그친다고 해석된다.

2. 죄 수

폭발물을 사용하여 타인의 현주건조물을 불태운 경우에는 본죄가 성립한다. 이 경우 현주건조물방화죄는 본죄에 흡수된다고 해석된다.

Ⅲ. 처 벌

본죄의 폭발물사용죄의 법정형은 사형, 무기 또는 7년 이상의 징역이다. 다만 전쟁, 천재 기타 사변에 있어서 본죄를 범한 전시폭발물사용죄의 법정형은 사형 또는 무기징역이다.

본죄의 예비·음모죄의 법정형은 2년 이상의 유기징역이다. 다만 그 목적한 죄의 실행에 이르기 전에 자수한 때에는 그 형을 감경 또는 면제한다. 필요적 감면이다. 본죄의 선동죄의 법정형은 2년 이상의 유기징역으로서 예비·음모죄의 그것과 같다. 그러나 선동죄에 있어서는 본죄의 예비·음모죄에서와 같은 자수시의 필요적 감면에 대한 규정이 적용되지 않는다.

§3. 전시폭발물제조 등 죄

제121조(전시폭발물제조 등) 전쟁 또는 사변에 있어서 정당한 이유없이 폭발물을 제조, 수입, 수출, 수수 또는 소지한 자는 10년 이하의 징역에 처한다.

Ⅰ. 서 설

본죄는 전쟁 또는 사변에 있어서 정당한 이유없이 폭발물을 제조, 수입, 수출, 수수 또는 소지함으로써 성립한다. 본죄는 전시폭발물제조 등 죄의 예비에 있는 행위로서의 성격을 가지지만 그 위험성으로 인하여 독립된 구성요건으로 규정된 것이다.

본죄의 보호법익은 공공의 안전과 평온이고, 보호의 정도는 추상적 위험범으로서의 보호이다. 본죄는 거동범으로서 추상적 위험범에 속한다.

Ⅱ. 범 죄

본죄의 객체는 폭발물이다. 폭발물의 개념은 전술한 전시폭발물사용죄에 있어서의 그것과 같다.

본죄의 실행행위는 정당한 이유없이 폭발물을 제조, 수입, 수출, 수수 또는 소지하는 것이다. 법률의 규정이나 국가의 허가는 정당한 이유가 될 수 있다. 정당한 이유의 법적 성질에 관하여는 구성요건해당성조각설과 위법성조각설이 대립하고 있다. 생각건대, 법률의 규정이나 국가의 허가가 정당화근거라는 관점에서 위법성조각설이 지당하다고 해석된다.

본죄의 행위상황은 전시이다. 전시(戰時)란 전쟁 또는 사변을 말한다. 천재지변을 포함하고 있지 않다는 점에서 전술한 폭발물사용죄의 그것과 구별되고 있다.

Ⅲ. 처 벌

본죄의 법정형은 10년 이하의 징역이다. 본죄는 미수범을 처벌하지 않는다. 또 본죄는 예비, 음모 및 선동도 처벌하지 않는다.

제4절 방화와 실화에 관한 죄

§1. 개 관

Ⅰ. 서 설

본장의 방화 및 실화의 죄는 고의 또는 과실에 의하여 부정하게 화력을 사용하여 건조물 기타의 물건을 불태우거나 불태워 공공의 위험을 발생하게 하는 행위를 내용으로 하는 범죄이다(형법 제2편 제13장).

방화의 죄는 고의범이고, 실화의 죄는 과실범이다. 다만 방화든 실화든 불태움에 원인력을 부여하는 행위라는 점에서 공통되지만, 실화의 경우에는 불태움에 도달한 때에 비로소 성립한다는 점에서 방화의 경우와 구별된다.

Ⅱ. 보호법익

1. 의 의

본장의 죄의 보호법익에 관하여는 다툼이 있다. 공공의 안전과 평온이라는 공공위험범설(公共危險犯說)과 1차적 보호법익은 공공의 안전과 평온이지만 개인의 재산도 부차적인 보호법익이 된다는 이중성격설(二重性格說)이 대립하고 있다.

생각건대 본장의 죄는 재산죄적 성격도 아울러 가지고 있다. 방화 등의 행위에 의하여 건조물 등의 재산이 침해되는 것뿐만 아니라 형법은 목적물이 타인의 소유물인가 자기의 소유물건인가에 따라서 법정형에 차이를 두고 있기 때문이다. 이는 본장의 죄가 재산죄 특히 손괴죄의 성질을 수반하고 있다는 것을 의미한다고 해석된다. 다른 한편 형법이 또 건조물의 방화에 있어서 그 안에 현실적으로 사람이 있는가의 유무에 따라 법정형에 차이를 두고 있다. 이는 본장의 죄가 생명, 신체에 대한 죄로서의 성질도 아울러 가지고 있기 때문이라고 해석된다. 결국 본장의 죄의 보호법익에 관하여는 1차적으로는 공공의 안전과 평온이 되고, 재산이나 생명 또는 신체의 보호는 2차적이거나 간접적인 것에 그치고 있다고 해석될 수 있다. 이러한 의미에서 이중성격설이 합당한 것으로 보인다.

2. 보호의 정도

본장의 죄는 추상적 공공위험범과 구체적 공공위험범으로 나누어진다. 현주 건조물등방화죄(제164조 제1항), 공용 건조물등방화죄(제165조), 일반 건조물등방화죄(제166조 제1항) 등은 추상적 공공위험범에 속하고, 자기소유 건조물등방화죄(제166조 제2항), 일반 물건방화죄(제167조), 자기소유 건조물 등 또는 물건에 대한 실화죄(제170조 제2항), 폭발성물건파열죄(제172조) 등은 구체적 공공위험범에 해당한다. 특히 후자에 있어서는 구성요건의 내용 중에 공공의 위험의 발생이 그 요소로 규정되어 있다. 대개 사람이 들어갈 수 있는 물건의 경우에는 추상적 공공위험범으로 규정되어 있지만, 사람이 들어 갈 수 없는 물건의 경우에는 구체적 공공위험범으로 규정되어 있다고 할 수 있다. 이는 사람의 생명을 우선적으로 보호하기 위한 취지라고 해석된다. 다만 공공의 위험이란 불특정인 또는 다수인의 생명, 신체 또는 재산에 대한 위험이라고 해석된다. 특정인이더라도 다수인의 생명, 신체 또는 재산에 위험이 미치는 때에는 공공의 위험이 존재한다고 하여야 하고, 소수인이더라도 불특정인의 생명, 신체 또는 재산에 위험이 미치는 때에도 공공의 위험이 존재한다고 하여야 하기 때문이다.

Ⅲ. 구성요건에 체계

본장의 죄의 유형은 객체의 성질이나 행위의 방법에 따라 구분되고 있다. 법정형이 매우 무겁게 되어 있는 것이 특징이다. 본장의 죄는 방화의 죄, 준방화의 죄, 실화의 죄 및 준실화의 죄로 대별될 수 있다.

방화의 죄의 기본적 구성요건은 일반 건조물등방화죄(제166조 제1항)이다. 가중적 구성요건으로서는 현주 건조물등방화죄(제164조), 공용 건조물등방화죄(제165조)가 있다. 자기소유 일반건조물등방화죄(제166조 제2항)와 일반물건방화죄(제167조)는 감경적 구성요건에 해당한다. 현주 건조물등방화치사상죄(제164조 제2항)은 현주 건조물등방화죄의 결과적 가중범이고, 연소죄(제168조)는 자기소유 일반 건조물등방화죄와 자기소유 일반 물건방화죄(제167조 제2항)의 결과적 가중범에 해당한다. 준방화죄로서는 진화방해죄(제169조), 폭발성물건파열죄(제172조 제1항), 가스·전기등방류죄(제172조의2 제1항), 가스·전기등공급방해죄(제173조 제1항, 제2항)가 거론될 수 있다. 결과적 가중범으로서는 폭발성물건파열치사상죄(제172조 제2항), 가스·전기방류치사상죄(제172조의2 제2항) 및 가스·전기등공급방해치사상죄(제173조 제3항)가 있다.

실화의 죄의 기본적 구성요건은 실화죄(제170조 제1항)이다. 가중적 구성요건으로는 업무상 실화·중실화죄(제171조), 감경적 구성요건으로는 자기소유물실화죄(제170조 제2항)를 들 수 있다. 준실화의 죄로는 과실폭발성물건파열죄, 과실가스·전기등방류죄 및 과실가스·전기등공급방해죄가 거론될 수 있다(제173조의2).

Ⅳ. 타인의 권리의 대상이 된 자기의 물건

제176조(타인의 권리대상이 된 자기의 물건) 자기의 소유에 속하는 물건이라도 압류 기타 강제처분을 받거나 타인의 권리 또는 보험의 목적물이 된 때에는 본장의 규정의 적용에 있어서 타인의 물건으로 간주한다.

본장의 죄에 있어서 자기의 소유에 속하는 물건이라도 압류 기타 강제처분을 받거나 타인의 권리 또는 보험의 목적물이 된 때에는 타인의 물건으로 간주한다(제176조). 추상적 공공위험범으로 처벌하기 위한 취지라고 해석된다.

§2. 방화의 죄

Ⅰ. 현주 건조물 등 방화죄

제164조(현주건조물 등 방화) ① 불을 놓아 사람이 주거로 사용하거나 사람이 현존하는 건조물, 기차, 전차, 자동차, 선박, 항공기 또는 지하채굴시설을 불태운 자는 무기 또는 3년 이상의 징역에 처한다.
② 제1항의 죄를 지어 사람을 상해에 이르게 한 경우에는 무기 또는 5년 이상의 징역에 처한다. 사망에 이르게 한 경우에는 사형, 무기 또는 7년 이상의 징역에 처한다.

제174조(미수범) 제164조제1항, ~ 의 미수범은 처벌한다.

제175조(예비, 음모) 제164조제1항, ~ 의 죄를 범할 목적으로 예비 또는 음모한 자는 5년 이하의 징역에 처한다. 단 그 목적한 죄의 실행에 이르기 전에 자수한 때에는 형을 감경 또는 면제한다.

구조문

제164조(현주건조물등에의 방화) ① 불을 놓아 사람이 주거로 사용하거나 사람이 현존하는 건조물, 기차, 전차, 자동차, 선박, 항공기 또는 광갱을 소훼한 자는 무기 또는 3년 이상의 징역에 처한다.
② 제1항의 죄를 범하여 사람을 상해에 이르게 한 때에는 무기 또는 5년 이상의 징역에 처한다. 사망에 이르게 한 때에는 사형, 무기 또는 7년 이상의 징역에 처한다.

1. 현주 건조물 등 방화죄

(1) 서 언

본죄는 불을 놓아 사람이 주거로 사용하거나 사람이 현존하는 건조물, 기차, 전차, 자동차, 선박, 항공기 또는 지하채굴시설을 불태움으로써 성립한다(제164조 제1항).

본죄 중 현주건조물에의 방화죄는 공중의 생명, 신체, 재산 등에 대한 위험을 예방하기 위하여 공공의 안전을 그 제1차적인 보호법익으로 하고 제2차적으로는 개인의 재산권을 보호한다.[1)]

1) 대법원 1983.1.18. 선고 82도2341 판결.

(2) 범 죄

1) **구성요건**

① 객관적 구성요건

ⓘ 객 체

ⅰ. 의 의 본죄의 객체는 현주 건조물 등이다. 현주 건조물 등이란 사람이 주거로 사용하거나 사람이 현존하는 건조물, 기차, 전차, 자동차, 선박, 항공기 또는 지하채굴시설을 말한다. 이들은 주거로 사용하거나 사람이 현존할 것을 그 요건으로 규정하고 있는 점으로 볼 때 사람이 기거, 출입할 수 있는 정도의 것이면 족하다고 해석된다.

ⅱ. 사람의 주거성 본죄의 객체는 우선 사람이 주거로 사용할 것을 요한다. 사람이란 범인 이외의 자를 의미하고, 범인의 가족도 포함한다. 범인만이 단독으로 주거로 사용하거나 범인만이 현재하는 대상물은 본죄의 객체로 되지 않는다. 범인 중에는 공범자도 포함되는 것으로 해석되고 있다.

사람이 주거로 사용한다는 것은 방화 당시 사람이 기와침식(起臥寢食), 즉 일상생활을 영위하는 장소로서 일상적으로 사용하고 있다는 것을 의미한다. 본죄가 사람의 생명·신체에 대한 위험성을 고려하여 특히 중하게 처벌하는 취지로부터 방화는 일상적으로 기와침식의 장소로서 사용하면 사람의 생명·신체에 위험성이 있다고 할 수 있기 때문이다. 일상 기와침식의 장소로 사용하는 장소라면 반드시 사용이 계속될 것을 요하지 않는다. 끊어졌다 다시 이어져도 주거성(住居性)을 방해하지 않는다. 본래의 용도가 주거로서 사용될 것을 주된 목적으로 한 것일 것도 요하지 않는다. 동일인이 기와침식할 것도 요하지 않는다. 당직실과 같이 다른 사람이 출입하는 창고도 기와침식의 장소로 사용되는 이상 주거로 사용하는 것이라고 할 수 있다. 빈 집은 주거로 되지 않지만, 별장은 일정기간만 사용하더라도 사람이 있을 가능성이 있는 한 주거로 된다.

관공서, 회사, 학교 등 일부가 기와침식의 장소로 사용되는 복합건물의 경우 주거에 사용하는 부분이 건조물과 일체를 이루고 있는 한 그 건조물 전체가 1개의 건조물로서 주거에 해당한다. 주거성을 사람의 기와침식의 장소로서 일상사용하는 점에서 구하는 이상 오로지 업무·직무의 집행의 장소로서 사용하는 건조물은 그 일부에 주거로서 사용되는 부분이 전혀 존재하지 않으면 이미 사람의 주거에 사용하는 건조물이라고는 할 수 없을 것이다.

ⅲ. 사람의 현존성 주거로 사용되지 않는 건조물, 기차, 전차, 자동차, 선박, 항공기 또는 지하채굴시설은 사람이 현존하지 않는 한 본죄의 객체로 되지 않는다. 여기에서의 사람도 범인 이외의 자를 의미한다. 따라서 사람이 현존한다는 것은 범인 이외의 자가 방화 당시에 목적물내에 실제로 존재하고 있다는 것을 말한다. 사실상 존재로 족하고 존재할 권리의 유무는 따지지 않는다. 건조물의 일부에 사람이 현존하면 이와 일체를 이루는 건조물 전체가 사람이 현존하는 건조물로 된다.

건조물(建造物)이란 가옥과 이와 유사한 공작물로서 토지에 정착하여 사람의 주거에 적합한 구조를 가지는 물체를 말한다. 대법원도 "형법상 방화죄의 객체인 건조물은 토지에 정착되고 벽 또는 기둥과 지붕 또는 천장으로 구성되어 사람이 내부에 기거하거나 출입할 수 있는 공작물을 말하고, 반드시 사람의 주거용이어야 하는 것은 아니라도 사람이 사실상 기거·취침에 사용할 수 있는 정도는 되어야 한다"고 판시한 바 있다.[2] 기차(汽車)란 증기기관을 동력으로 하여 일정한 궤도상을 운행하는 교통기관을 말하고, 전차(電車)란 전기를 동력으로써 일정한 궤도상을 운행하는 교통기관을 말한다. 그러나 오늘날에는 디젤 등의 기관에 의하여 견인되는 차량도 이에 포함되는 것으로 해석될 수 있을 것이다. 선박(船舶)이란 군함과 기타의 선박을 말한다. 그 대소는 묻지 않는다. 지하채굴시설이란 광물채취를 위한 굴착된 지하설비를 말한다. 탄광도 포함된다. 구조문상 광갱(鑛坑)에 해당한다. 광물채취는 시굴권과 채굴권의 광업권에 의하지 않으면 안 되지만, 본조에서 말하는 지하채굴시설은 광업권에 의하지 않은 불법한 채굴을 목적으로 하는 지하설비도 포함된다고 해석된다.

객체를 긍정한 판례의 구체적 내용은 다음과 같다. 즉,

> 피고인이 방화한 이 사건 비닐하우스는 비닐을 사용하여 축조한 7평 가량 넓이의 반원형 모양의 가건물로서 거실과 부엌에는 찻장과 취사도구를 장치하여 피고인의 부모와 동생이 주거로 사용하여 왔는 바 이는 형법 제164조 소정의 사람의 주거에 사용하는 건조물에 속한다고 해석함이 상당하고 비록 위 비닐하우스가 비닐을 사용하여 간단하게 축조된 가건물이라고 하여도 위 인정을 달리할 사유가 되지 못한다.[3]

객체를 부정한 판례의 구체적 내용은 다음과 같다. 즉,

> 이 사건 폐가는 지붕과 문짝, 창문이 없고 담장과 일부 벽체가 붕괴된 철거 대상 건물로서 사실상 기거·취침에 사용할 수 없는 상태의 것이므로 형법 제166조의 건조물이 아닌 형법 제167조의 물건에 해당한다.[4]

ⅱ 행 위 　　본죄의 실행행위는 방화이다. 방화(放火)란 불을 놓은 것, 즉 목적물에 대한 불태움의 원인행위를 말한다. 방화는 작위든 부작위든 묻지 않는다. 목적물에 적극적으로 화기를 주는 작위가 통상이겠지만, 발생한 화력을 방지해야 할 법률상의 의무가 있는 사람이 고의로 소화를 하지 아니한 부작위도 방화에 해당한다. 불태운다는 것은 형법의 개정전의 구조문상의 표현으로는 소훼이다. 소훼(燒毁)란 불태워 훼손한다는 뜻이다.

방화를 부정한 판례의 구체적 내용은 다음과 같다. 즉,

> 이 사건 화재는 피고인이 모텔 방에 투숙하여 담배를 피운 후 재떨이에 담배를 끄게 되었으나 담뱃불이 완전히 꺼졌는지 여부를 확인하지 않은 채 불이 붙기 쉬운 휴지를 재떨이에 버리고 잠을 잔 과실로 담뱃불이 휴지와 옆에 있던 침대시트에 옮겨 붙게 함으로써 발생하였고, 이러한 피고인의 과실은 중대한 과실에 해당한다고 전제한 다음, 이와 같이 이 사건 화재가 피고인의 중과실로 발생하였다 하더라도, 이 부분 공소사실과 같이 부작위에 의한 현주건조물방화치사 및 현주건조물방화치상죄가 성립하기 위하여는, 피고인에게 법률상의 소화의무가 인정되는 외에 소화의 가능성

---

2) 대법원 2013.12.12. 선고 2013도3950 판결.
3) 서울고등법원 1982.12.22. 선고 82노2843 제1형사부판결: 확정.
4) 대법원 2013.12.12. 선고 2013도3950 판결.

및 용이성이 있었음에도 피고인이 그 소화의무에 위배하여 이미 발생한 화력을 방치함으로써 소훼의 결과를 발생시켜야 하는 것인데, 이 사건 화재가 피고인의 중대한 과실 있는 선행행위로 발생한 이상 피고인에게 이 사건 화재를 소화할 법률상 의무는 있다 할 것이나, 피고인이 이 사건 화재 발생 사실을 안 상태에서 모텔을 빠져나오면서도 모텔 주인이나 다른 투숙객들에게 이를 알리지 아니하였다는 사정만으로는 피고인이 이 사건 화재를 용이하게 소화할 수 있었다고 보기 어렵다.[5)]

ⅲ 결 과 본죄는 추상적 공공위험범이다. 현실적으로 공공의 위험이 발생될 것을 요하지 않는다. 다만 본죄의 불을 놓는 방화행위는 불태움에 이르러야 기수에 달한다. 본죄의 객체에 불태움의 결과가 발생하면 당연히 공공위험이 발생한 것으로 의제되기 때문이다. 그럼에도 불구하고 공공위험의 발생은 구성요건적 결과에는 속하지 않기 때문에 기수의 요건은 되지 않는다. 판례는 후술하는 바와 같이 독립연소설의 입장에서 결과의 발생여부를 판단하고 있다. 대법원은 "공공에 대한 위험은 구체적으로 그 결과가 발생됨을 요하지 아니하는 것이고 이미 현주건조물에의 점화가 독립연소의 정도에 이르면 동 죄는 기수에 이르러 완료되는 것이다"라고 판시한 바 있다.[6)]

ⅳ 인과관계 본죄는 불을 놓아 불태움에 이르러야 기수에 달하기 때문에 불을 놓는 방화행위와 불태움의 결과 사이에는 인과관계가 인정되지 않으면 안 된다.

② 주관적 구성요건

본죄는 고의범이다. 본죄의 고의는 인식적 요소로서 사람이 주거로 사용하고 있거나 사람이 현존하는 객체라는 인식과 이에 대하여 방화에 의하여 객체를 불태운다는 사실에 대한 인식을 요한다. 미필적 고의로도 족하다. 현주건조물을 일반건조물로 오인하고 방화한 경우에는 고의가 조각되어 일반건조물방화죄가 성립한다(제15조 제1항 참조).

고의를 긍정한 판례의 구체적 내용은 다음과 같다. 즉,

다수인이 현존하는 건조물에 방화를 한다면 인명피해가 있을지도 모른다는 것은 당연히 예견되는 것이어서 인명피해의 결과에 대한 미필적 인식이 있다고 할 것이다.[7)] 절취한 물건의 용기에 점화한 목적이 절도의 증거인멸에 있다 할지라도 점화의 수단방법이 인화력이 강한 석유를 사용하여 건물에 연소되기 용이한 방법으로 점화한 결과 건물을 연소케 한 경우에는 건조물 방화의 고의를 인정할 수 있다.[8)]

고의를 부정한 판례의 구체적 내용은 다음과 같다. 즉,

피고인이 동거하던 공소외인과 가정불화가 악화되어 헤어지기로 작정하고 홧김에 죽은 동생의 유품으로 보관하던 서적 등을 뒷마당에 내어 놓고 불태워 버리려 했던 점이 인정될 뿐 피고인이 위 공소외인 소유의 가옥을 불태워 버리겠다고 결의하여 불을 놓았다고 볼 수 없다면 피고인의 위 소위를 가리켜 방화의 범의가 있었다고 할 수 없다.[9)]

---

5) 대법원 2010.1.14. 선고 2009도12109,2009감도38 판결.
6) 대법원 1983.1.18. 선고 82도2341 판결.
7) 대법원 1983.3.8. 선고 82도3248 판결.
8) 대법원 1954.1.16. 선고 4287형상47 판결.
9) 대법원 1984.7.24. 선고 84도1245 판결.

③ 예비 · 음모

본죄는 예비 · 음모를 처벌한다. 본죄를 범할 목적으로 예비 또는 음모한 자는 5년 이하의 징역에 처한다(제175조 본문). 본죄를 범할 목적을 요하는 목적범이다. 다만 그 목적한 죄의 실행에 이르기 전에 자수한 때에는 형을 감경 또는 면제한다(제175조 단서). 자수에 대하여는 필요적 감면이 규정되어 있다.

④ 미수 · 기수

본죄의 미수범은 처벌된다. 본죄의 방화는 불을 놓음으로써 실행에 착수되어 불태움으로써 기수에 이른다고 할 수 있다. 문제는 기수의 시점인 불태움의 시점에 있다.

ⓘ 착수시기 본죄의 실행행위인 방화행위의 실행의 착수시기는 불을 놓는 때이다. 목적물에 대한 불태움의 원인을 제공하는 행위를 개시하는 시점이라고 할 수 있다. 따라서 불태움이 발생할 현실적 위험이 발생한 시점인 매개물점화시(媒介物點火時)라고 할 수 있다. 예컨대 도화(導火)되는 매개물에 점화(點火)한 시점에서 실행의 착수가 인정될 수 있다.

대법원도 "매개물을 통한 점화에 의하여 건조물을 소훼함을 내용으로 하는 형태의 방화죄의 경우에, 범인이 그 매개물에 불을 켜서 붙였거나 또는 범인의 행위로 인하여 매개물에 불이 붙게 됨으로써 연소작용이 계속될 수 있는 상태에 이르렀다면, 그것이 곧바로 진화되는 등의 사정으로 인하여 목적물인 건조물 자체에는 불이 옮겨붙지 못하였다고 하더라도, 방화죄의 실행의 착수가 있었다고 보아야 할 것이다"라고 판시한 바 있다.[10] 구체적인 사건에 있어서 이러한 실행의 착수가 있었는지 여부는 범행 당시 피고인의 의사 내지 인식, 범행의 방법과 태양, 범행 현장 및 주변의 상황, 매개물의 종류와 성질 등의 제반 사정을 종합적으로 고려하여 판단하여야 한다.[11]

실행의 착수를 긍정한 판례의 구체적 내용은 다음과 같다. 즉,

> 이 사건 범행 당시 피고인은 자신의 주택 보일러실 문 앞과 실외 화장실 문 앞 등에 휘발유를 뿌린 다음, 이러한 피고인의 행위를 말리던 이웃 주민인 피해자와 실랑이를 벌이면서 피해자의 몸에까지 휘발유를 쏟았다는 것인 바, 이러한 경우 피고인이 휘발유를 뿌린 장소가 비록 밀폐된 실내 공간은 아니라고 하더라도 피고인과 주택의 주변에는 인화성이 매우 강한 상당량의 휘발유가 뿌려져 있었음을 능히 알 수 있다. 나아가 원심이 배척하지 아니한 증거들에 의하면, 이 사건 범행 당시 피고인은 매우 흥분된 상태에서 "집을 불태워 버리고 같이 죽어 버리겠다"고 소리치기까지 하였으며, 피해자와 실랑이를 벌이면서 휘발유통을 높게 쳐들어 피해자의 몸에 휘발유가 쏟아지는 것과 동시에 피고인 자신의 몸에도 휘발유가 쏟아졌는데도, 피해자가 몸에 쏟아진 휘발유를 씻어내고자 수돗가로 가려고 돌아서는 순간, 피고인이 라이터를 꺼내서 무작정 켜는 바람에 피고인과 피해자의 몸에 불이 붙게 되었고(피고인은 담배를 피우려고 라이터를 켰다고 진술하기도 하였으나, 당시의 급박한 상황이나 위 증거들에 비추어 보면 위와 같은 진술은 도저히 믿을 수 없다), 이는 그대로 방치할 경우 주택 주변에 살포된 휘발유에 충분히 연소될 정도였던 사실을 알 수 있는바, 사정이 이러하다면, 그 후 설령 외부적 사정에 의하여 피고인이 라이터로 붙인 불이 원심

10) 대법원 2002.3.26. 선고 2001도6641 판결.
11) 대법원 2002.3.26. 선고 2001도6641 판결.

판시와 같이 주택 주변에 뿌려진 휘발유를 거쳐 방화 목적물인 주택 자체에 옮겨 붙지는 아니하였다 하더라도, 당시 피고인이 뿌린 휘발유가 인화성이 강한 상태로 주택 주변과 피고인 및 피해자의 몸에 적지 않게 살포되어 있었던 점, 피고인은 그러한 주변 사정을 알면서도 라이터를 켜 불꽃을 일으킨 점, 그로 인하여 매개물인 휘발유에 불이 붙어 연소작용이 계속될 수 있는 상태에 이르고, 실제로 피해자가 발생하기까지 한 점 등의 제반 사정에 비추어 볼 때, 피고인의 위와 같은 행위는 현존건조물방화죄의 실행의 착수에 해당한다고 봄이 상당하다.[12)]

ⓘ 기수시기　본죄의 방화행위는 불태움에 이르러 기수에 이른다. 문제는 불태움의 의의와 정확한 시점에 있다. 이에 관하여는 다툼이 있다.

i. 학 설　불태움의 의의에 관하여는 다툼이 있다. 첫째, 본죄가 공공위험범이라는 것을 강조하여 화력이 매개물을 떠나 목적물에 옮겨 붙어 독립하여 연소하는 시점에서 불태운 것으로 되고 기수에 달한다고 하는 독립연소설(獨立燃燒說)이다. 둘째, 화력이 목적물의 중요한 부분에 붙어 그 본래의 효용을 상실하게 한 시점을 불태운 것이라고 하는 효용상실설(效用喪失說)이다. 셋째, 목적물의 중요한 부분이 연소를 개시한 시점을 불태운 것이라고 하는 중요부분연소개시설(重要部分燃燒開始說)이다. 넷째, 화력에 의하여 목적물이 손괴죄에서 말하는 손괴의 정도에 달하는 시점을 불태운 것이라고 하는 일부손괴설(一部損壞說)이다. 다섯째, 추상적 공공위험범의 경우에는 독립연소설, 구체적 공공위험범의 경우에는 중요부분연소개시설에 따라 기수시기를 판단하려고 하는 이분설(二分說)이다.

ii. 판 례　판례는 기본적으로 독립연소설의 입장을 유지해오고 있다. 대법원은 "방화죄는 화력이 매개물을 떠나 스스로 연소할 수 있는 상태에 이르렀을 때에 기수가 된다"고 판시한 바 있다.[13)]

기수를 긍정한 판례의 구체적 내용은 다음과 같다. 즉,

피해자의 사체 위에 옷가지 등을 올려놓고 불을 붙인 천조각을 던져서 그 불길이 방안을 태우면서 천정에까지 옮겨 붙었다면 도중에 진화되었다고 하더라도 일단 천정에 옮겨 붙은 때에 이미 현주건조물방화죄의 기수에 이른 것이다.[14)] 형법 제164조 전단의 현주건조물에의 방화죄는 공중의 생명, 신체, 재산 등에 대한 위험을 예방하기 위하여 공공의 안전을 그 제1차적인 보호법익으로 하고 제2차적으로는 개인의 재산권을 보호하는 것이라고 할 것이나, 여기서 공공에 대한 위험은 구체적으로 그 결과가 발생됨을 요하지 아니하는 것이고 이미 현주건조물에의 점화가 독립연소의 정도에 이르면 동 죄는 기수에 이르러 완료되는 것이다.[15)] 부모에게 용돈을 요구하였다가 거절당한 피고인이 홧김에 자기집 헛간 지붕위에 올라가 거기다 라이타불로 불을 놓고, 이어서 몸채, 사랑채 지붕위에 차례로 올라가 거기에다 각각 불을 놓아 헛간지붕 60평방센치미터 가량, 몸채지붕 1평방미터 가량, 사랑채지붕 1평방미터 가량을 태웠다고 하면 본건 방화행위는 위 설시에 따라 기수로 보아야 할 것이니 이러한 취지로 판시한 원판결은 정당하고 그 피해액이 근소하며, 또 위와 같이 방화죄의 기수의 기준을 독립연소설로 간다면 피고인에게 가혹한 결과가 생긴다 하여 그

---

12) 대법원 2002.3.26. 선고 2001도6641 판결.
13) 대법원 2007.3.16. 선고 2006도9164 판결; 대법원 1970.3.24. 선고 70도330 판결.
14) 대법원 2007.3.16. 선고 2006도9164 판결.
15) 대법원 1983.1.18. 선고 82도2341 판결.

결론을 달리 할 수 없으므로 반대의 견해를 전제로 한 논지는 이유없다.[16)]

기수를 부정한 판례의 구체적 내용은 다음과 같다. 즉,

피고인이 이 사건 폐가의 내부와 외부에 쓰레기를 모아놓고 태워 그 불길이 이 사건 폐가 주변 수목 4~5그루를 태우고 폐가의 벽을 일부 그을리게 하는 정도만으로는 방화죄의 기수에 이르렀다고 보기 어렵다.[17)] 피고인이 장롱 안에 있는 옷가지에 불을 놓아 건물을 소훼하려 하였으나 불길이 치솟는 것을 보고 겁이 나서 물을 부어 불을 끈 것이라면, 위와 같은 경우 치솟는 불길에 놀라거나 자신의 신체안전에 대한 위해 또는 범행 발각시의 처벌 등에 두려움을 느끼는 것은 일반 사회통념상 범죄를 완수함에 장애가 되는 사정에 해당한다고 보아야 할 것이므로, 이를 자의에 의한 중지미수라고는 볼 수 없다.[18)] 방화죄는 화력이 매개물을 떠나 스스로 연소할 수 있는 상태에 이르렀을 때에 기수가 된다 할 것이므로 원심이 인정한 바와 같이 매개물의 과열로 인하여 건조물의 일부인 방바닥의 비닐장판이 원심판시와 같이 일부 검게 녹아 붙은 정도에 불과하다면 이것은 화력이 매개물을 떠나 스스로 독립하여 연소할 수 있는 상태에 이르렀다고 볼 수 없음이 명백하다.[19)] 피고인이 원심판시 2의 범행당시 불을 놓은 다음 그 방실에서 나간 후 방에서 새어나오는 연기를 본 위 여관주인 공소외인이 문을 열고 들어가 이불과 옷가지 등이 타는 것을 진화하였는데, 그 결과 피해자의 바지, 바바리코트 등의 옷가지가 전부 타고 이불과 벼개의 일부가 탔을뿐 피해자가 깔고 누웠던 요는 물론 위 방실의 비니루장판 조차 타지 아니한 사실을 인정할 수 있는 바, 위 사실에 의하면 피고인이 옷가지 등에 발화를 시켰으나 아직 현주건조물의 일부인 위 방실에서는 인화되지 아니하여 현주건조물이 스스로 연소할 수 있는 상태에 돌입하였다고는 할 수 없다고 할 것이고 그외 달리 이를 인정할 아무런 증거가 없으므로 피고인의 위 판시소위는 현주건조물방화의 미수죄에는 해당할지언정 위 죄의 기수로 처벌할 수는 없다.[20)]

iii. 검 토 독립연소설은 독일의 통설과 판례의 입장이다. 목조가옥의 경우 독립연소설에 의하면 본죄의 기수시기가 빨라지고 미수시에 중지미수를 인정할 여지가 좁아지게 된다. 효용상실설에 의하면 목적물의 본래의 효용을 상실하기까지 기수에 달하지 않는 것으로 되어 본죄의 공공위험범적 성격이 퇴색될 수 있다. 중요부분연소개시설에 대하여는 중요한 부분의 범위가 명확하지 않은 점이 문제로 지적되고 있다.

생각건대 불태움이란 개정하기 전의 구조문상으로는 소훼에 해당한다. 소훼(燒毁)란 원래 화력에 의하여 물건을 훼손한다는 의미이다. 이러한 의미를 근거로 불태움이란 목적물을 화력에 의하여 손괴하였다는 의미로 해석하고 일부손괴시를 본죄의 기수시라고 하는 일부손괴설이 주장되고 있다. 불태움을 놓은 불이 불태웠다는 과거형으로 해석하게 되면 불태움에 손괴가 포함될 수밖에 없게 된다. 그러나 불태움을 놓은 불이 불타고 있다는 진행형으로 해석하게 되면 손괴 이전의 단계에서 놓은 불이 매매물을 떠나 목적물에서 스스로 연소할 수 있는 상태를 의미한다고 할 수 있게 된다. 따라서 불태움이란 화력이 매개물을 떠나 목적

16) 대법원 1970.3.24. 선고 70도330 판결.
17) 대법원 2013.12.12. 선고 2013도3950 판결.
18) 대법원 1997.6.13. 선고 97도957 판결.
19) 대구고등법원 1982.10.12. 선고 82노1056 제2형사부판결: 확정.
20) 서울고등법원 1981.11.20. 선고 81노1767 제2형사부판결: 확정.

물에서 스스로 불탈 수 있는 상태를 의미한다고 하지 않을 수 없다. 또 목적물이 스스로 불타기 시작하는 때부터 손괴에 굳이 이르지 않더라도 추상적 공공의 위험은 이미 발생하고 있다고 할 수 있다. 독립연소시부터 일부손괴시까지는 시간문제라고 해야 한다. 이러한 의미에서 독립연소시를 기수시점이라고 하는 독립연소설(獨立燃燒說)이 논리적이라고 해석된다. 한편 화력이 목적물에서 스스로 연소할 수 있는 상태에 이르면 추상적 공공의 위험이 발생하였다고 해석하는 것이 가능하다고 본다.

2) 위법성조각사유

본죄의 경우 피해자의 승낙에 의하여 위법성이 조각될 수 있는가가 문제될 수 있다(제24조 참조). 그러나 본죄는 사회적 법익에 대한 범죄이기 때문에 피해자 개인의 승낙은 본죄의 위법성조각사유가 될 수 없다고 해석된다.

3) 책임조각사유

본죄가 심신장애인에 의하여 범하여지는 경우 심신상실자에 대하여는 책임이 필요적으로 조각되지만, 심신미약자에 대하여는 책임이 임의적으로 감경될 수 있다(제10조 제1항, 제2항 참조).

심신장애를 긍정한 판례의 구체적 내용은 다음과 같다. 즉,

> 피고인의 정신상태가 정신분열증세와 방화에 대한 억제하기 어려운 충동으로 말미암아 사물을 변별하거나 의사를 결정할 능력이 미약한 상태에서 불과 6일간에 여덟차례에 걸친 연속된 방화를 감행하였다면, 피고인을 심신미약자로 인정하고 형법 제10조 제2항을 적용하여 처단한 조치는 정당하다.[21] 피고인이 자신이 거주하는 아파트에 휘발유를 뿌려 불을 지른 다음 2층 비상계단으로 이동하여 위층에 거주하는 甲 등이 대피하기를 기다렸다가 무방비 상태로 대피하는 甲 등을 회칼과 장어칼로 찔러 5명을 살해하는 등 총 22명을 사상에 이르게 하였다고 하여 살인·살인미수 및 현주건조물방화치상죄 등으로 기소된 사안에서 피고인이 약 10년 전 폭력사건의 재판에서 조현병으로 진단되어 심신미약 상태에서 범행한 것으로 판단되었고 이후 치료를 받다가 중단한 점, 범행 동기와 경위 등에 관하여 '다수의 주민들이 패거리를 이루어 자신에게 불이익을 가한다'는 등의 피고인의 진술은 수사기관, 정신감정 당시의 면담, 법정에 이르기까지 일관될 뿐만 아니라, 위 살인 등 범행 이전에 수차례 위층에서 벌레를 뿌렸다며 항의를 하고 오물을 투척하는 등 소동을 일으킨 점 등의 여러 객관적 정황에 비추어 볼 때, 피고인의 피해망상, 관계망상 등 조현병적 증상이 각 범행의 동기인 것으로 보이는 점, '피고인의 망상이 범행 동기가 되었다'는 공통된 내용의 임상심리평가와 정신감정 결과는 피고인이 각 범행 당시 심신미약 상태에 있었음을 뒷받침하는 신빙성 있는 자료로 판단되는 점, 피고인의 피해망상, 관계망상 등이 범행의 동기가 된 이상 피고인이 범행을 준비하여 계획하고 이에 따라 범행을 실행하였다 하더라도 피고인을 심신미약 상태로 판단하는 데 방해가 된다고 볼 수는 없는 점 등에다가 각 범행의 경위, 수단 및 범행 전후 피고인의 태도 등을 종합하면, 피고인은 각 범행 당시 조현병의 정신적 장애를 가지고 있었고 정신적 장애에 기인한 피해망상, 관계망상 등으로 말미암아 사물을 변별하거나 의사를 결정할 능력이 미약한 상태에 있었던 것으로 판단되므로, 피고인에 대하여는 형법상 심신미약에 따른 법률상 감경 조항을 적용함이 타당하다는 이유로 사형을 선고한 원심판결을 파기하고 무기징역을 선고한 사례이다.[22]

21) 대법원 1984.2.28. 선고 83도3007 판결.

4) 죄 수

주거에 침입하여 방화한 경우 주거침입죄와 본죄는 실체적 경합관계가 된다. 살인의 목적으로 방화하여 사람을 사망하게 한 경우에는 현주건조물방화치사죄만이 성립하게 된다. 후술하는 바와 같이 현주건조물방화치사죄는 결과의 발생에 고의가 있는 경우에도 성립하는 부진정 결과적 가중범에 속하기 때문이다.

그러나 불타는 집에서 탈출하려는 자의 탈출을 막아 사망하게 한 경우와 같이 본죄가 기수에 이른 후에 살해한 경우에는 본죄와 살인죄는 실체적 경합관계가 되고 양죄가 각각 성립하게 된다. 대법원도 "살인죄는 일신전속적인 개인적 법익을 보호하는 범죄이므로, 이 사건에서와 같이 불을 놓은 집에서 빠져나오려는 피해자들을 막아 소사케 한 행위는 1개의 행위가 수개의 죄명에 해당하는 경우라고 볼 수 없고, 위 방화행위와 살인행위는 법률상 별개의 범의에 의하여 별개의 법익을 해하는 별개의 행위라고 할 것이니, 현주건조물방화죄와 살인죄는 실체적 경합관계에 있다"고 판시한 바 있다.[23]

(3) 처 벌

본죄의 법정형은 무기 또는 3년 이상의 징역이다. 법정형이 매우 무거운 편이다. 다만 본죄가 무겁게 처벌하는 근거에 관하여는 다툼이 있다. 사람의 생명, 신체 또는 생활에 필수적인 재산에 대한 위험이 크기 때문이라는 견해와 사람의 생명, 신체에 대한 위험성 때문이라는 견해가 대립하고 있다. 본죄가 적어도 사람이 현존하고 있을 것을 그 요건으로 규정하고 있는 점으로 볼 때 화력으로부터 사람의 생명, 신체, 생명이나 신체와 다름없는 중요한 재산을 보호하기 위하여 특히 중한 형으로 처벌하는 취지라고 해석되어야 한다. 이러한 의미에서 전설이 합당하다. 대법원도 "방화죄가 불특정 다수인의 생명, 신체, 재산에 대하여 위험을 발생시키고 공공의 평온을 해하는 공공위험죄인 까닭에 그 형이 무겁고 역사적으로는 나라마다 방화죄에 극형을 부과하였음이 일반이었으므로 형법 제164조가 생명형을 규정한 취의로 보아 사형이 반드시 피해야 할 형이라고 할 수 없다"고 판시한 바 있다.[24]

2. 현주 건조물 등 방화치사상죄

(1) 서 언

본죄는 불을 놓아 사람이 주거로 사용하거나 사람이 현존하는 건조물, 기차, 전차, 자동차, 선박, 항공기 또는 지하채굴시설을 불태워 사람을 상해에 이르게 하거나 사망에 이르게 함으로써 성립하는 범죄이다(제164조 제2항).

본죄는 현주건조물등방화죄의 결과적 가중범으로서 가중적 구성요건이다. 사람의 사상에 과실이 있는 경우뿐만 아니라 고의가 있는 경우까지 포함하는 일종의 부진정 결과적 가중범이라고 해석되고 있다.[25]

---

22) 부산고등법원 2020.6.24. 선고 (창원)2019노344 판결: 상고.
23) 대법원 1983.1.18. 선고 82도2341 판결.
24) 대법원 1983.3.8. 선고 82도3248 판결.

(2) 범 죄

1) 구성요건

① 객관적 구성요건

본죄의 객체와 실행행위는 현주건조물등방화죄의 그것과 같다. 본죄의 객체는 사람이 주거로 사용하거나 사람이 현존하는 건조물, 기차, 전차, 자동차, 선박, 항공기 또는 지하채굴시설이다.

본죄의 실행행위는 불을 놓아 불태우는 것이다. 방화는 작위든 부작위든 묻지 않는다. 다만 부작위의 경우 대법원에 의하면 "형법이 금지하고 있는 법익침해의 결과발생을 방지할 법적인 작위의무를 지고 있는 자가 그 의무를 이행하지 아니한 경우, 이를 작위에 의한 실행행위와 동일하게 부작위범으로 처벌하기 위하여는, 그 의무를 이행함으로써 결과발생을 쉽게 방지할 수 있었음에도 불구하고 그 결과의 발생을 용인하고 이를 방관한 채 그 의무를 이행하지 아니한 결과, 그 부작위가 작위에 의한 법익침해와 동등한 형법적 가치를 가진다고 볼 수 있어 그 범죄의 실행행위로 평가될 만한 것이라야 한다"고 한다.[26)]

본죄의 결과는 사람의 상해 또는 사망이다. 본죄는 결과에 대하여 과실이 있는 경우뿐만 아니라 고의가 있는 경우에도 포함한다고 해석된다.[27)] 본죄가 법정형을 사형, 무기 또는 7년 이상의 징역으로 무겁게 규정하고 있기 때문이다. 따라서 본죄는 원래 결과적 가중범이기는 하지만, 이는 중한 결과에 대하여 예견가능성이 있었음에 불구하고 예견하지 못한 경우에 벌하는 진정 결과적 가중범이 아니라 그 결과에 대한 예견가능성이 있었음에도 불구하고 예견하지 못한 경우뿐만 아니라 고의가 있는 경우까지도 포함하는 부진정 결과적 가중범이라고 할 수 있다.

본죄의 인과관계는 인과관계에 관한 일반론에 따른다. 다만 본죄는 결과적 가중범으로서 원칙적으로 기본적 범죄행위와 발생한 중한 결과 사이에 인과관계를 요한다. 뿐만 아니라 본죄는 불을 놓아 불태운 행위와 사람의 사상의 결과 사이에 있어서도 직접적인 연관관계를 요한다고 해야 한다. 방화를 부정한 판례의 구체적 내용은 다음과 같다. 즉,

> 모텔 방에 투숙하여 담배를 피운 후 재떨이에 담배를 끄게 되었으나 담뱃불이 완전히 꺼졌는지 여부를 확인하지 않은 채 불이 붙기 쉬운 휴지를 재떨이에 버리고 잠을 잔 과실로 담뱃불이 휴지와 침대시트에 옮겨붙게 함으로써 화재가 발생한 사안에서, 위 화재가 중대한 과실 있는 선행행위로 발생한 이상 화재를 소화할 법률상 의무는 있다 할 것이나, 화재 발생 사실을 안 상태에서 모텔을 빠져나오면서도 모텔 주인이나 다른 투숙객들에게 이를 알리지 아니하였다는 사정만으로는 화재를 용이하게 소화할 수 있었다고 보기 어렵다는 이유로, 부작위에 의한 현주건조물방화치사상죄의 공소사실에 대해 무죄를 선고한 원심의 판단을 수긍한 사례이다.[28)]

---

25) 대법원 1983.1.18. 선고 82도2341 판결.

26) 대법원 2010.1.14. 선고 2009도12109, 2009감도38 판결; 대법원 2006.4.28. 선고 2003도4128 판결; 대법원 1992.2.11. 선고 91도2951 판결.

27) 대법원 1996.4.26. 선고 96도485 판결; 대법원 1983.1.18. 선고 82도2341 판결.

28) 대법원 2010.1.14. 선고 2009도12109, 2009감도38 판결.

② 주관적 구성요건

본죄의 행위는 고의를 요하고, 결과는 과실 또는 고의를 요한다. 본죄는 결과적 가중범으로서 기본적 범죄행위인 불을 놓아 불태운 행위는 고의를 요하지만, 발생한 중한 결과로서의 사람의 사상은 과실을 요한다. 이 외에 본죄는 부진정 결과적 가중범으로서 기본적 범죄행위인 불을 놓아 불태운 행위와 발생한 중한 결과로서의 사람의 사상은 모두 고의를 요하게 된다. 기본범죄에 대한 고의를 부정한 판례의 구체적 내용은 다음과 같다. 즉,

피고인이 동거하던 공소외인과 가정불화가 악화되어 헤어지기로 작정하고 홧김에 죽은 동생의 유품으로 보관하던 서적 등을 뒷마당에 내어 놓고 불태워 버리려 했던 점이 인정될 뿐 피고인이 위 공소외인 소유의 가옥을 불태워 버리겠다고 결의하여 불을 놓았다고 볼 수 없다면 피고인의 위 소위를 가리켜 방화의 범의가 있었다고 할 수 없다.[29)]

중한 결과에 대한 과실 또는 고의를 긍정한 판례의 구체적 내용은 다음과 같다. 즉,

형법 제164조 후단이 규정하는 현주건조물방화치사상죄는 그 전단이 규정하는 죄에 대한 일종의 가중처벌 규정으로서 과실이 있는 경우뿐만 아니라, 고의가 있는 경우에도 포함된다고 볼 것이므로 사람을 살해할 목적으로 현주건조물에 방화하여 사망에 이르게 한 경우에는 현주건조물방화치사죄로 의율하여야 하고 이와 더불어 살인죄와의 상상적경합범으로 의율할 것은 아니다.[30)] 현주건조물내에 있는 사람을 강타하여 실신케 한 후 동건조물에 방화하여 소사케 한 피고인을 현주건조물에의 방화죄와 살인죄의 상상적 경합으로 의율할 것은 아니다.[31)]

③ 공 범

본죄에서와 같이 결과적 가중범의 공동정범은 기본행위를 공동으로 할 의사가 있으면 성립하고 결과를 공동으로 할 의사는 요하지 않는다.[32)]

공범을 긍정한 판례의 구체적 내용은 다음과 같다. 즉,

피고인을 비롯한 30여 명의 공범들이 화염병 등 소지 공격조와 쇠파이프 소지 방어조로 나누어 이 사건 건물을 집단방화하기로 공모하고 이에 따라 공격조가 위 건물로 침입하여 화염병 수십 개를 1층 민원실 내부로 던져 불을 붙여 위 건물 내부를 소훼케 하는 도중에 공격조의 일인이 위 건조물 내의 피해자를 향하여 불이 붙은 화염병을 던진 사실을 알 수 있는 바, 이와 같이 공격조 일인이 방화대상 건물 내에 있는 피해자를 향하여 불붙은 화염병을 던진 행위는, 비록 그것이 피해자의 진화행위를 저지하기 위한 것이었다고 하더라도, 공격조에게 부여된 임무 수행을 위하여 이루어진 일련의 방화행위 중의 일부라고 보아야 할 것이고, 따라서 피해자의 화상은 이 사건 방화행위로 인하여 입은 것이라 할 것이므로 피고인을 비롯하여 당초 공모에 참여한 집단원 모두는 위 상해 결과에 대하여 현존건조물방화치상의 죄책을 면할 수 없다. 가사 피해자의 상해가 이 사건 방화 및 건물소훼로 인하여 입은 것이라고 보기 어렵다고 하더라도 형법(1995.12.29. 법률 제5057호로 개정되기 전의 것) 제164

---

29) 대법원 1984.7.24. 선고 84도1245 판결.

30) 대법원 1996.4.26. 선고 96도485 판결.

31) 대법원 1983.1.18. 선고 82도2341 판결.

32) 대법원 2008.6.26. 선고 2007도6188 판결; 대법원 2002.4.12. 선고 2000도3485 판결; 대법원 1997.10.10. 선고 97도1720 판결; 대법원 1990.6.26. 선고 90도765 판결; 대법원 1978.1.17. 선고 77도2193 판결.

조 후단이 규정하는 현존건조물방화치상죄와 같은 이른바 부진정결과적가중범은 예견가능한 결과를 예견하지 못한 경우뿐만 아니라 그 결과를 예견하거나 고의가 있는 경우까지도 포함하는 것이므로 이 사건에서와 같이 사람이 현존하는 건조물을 방화하는 집단행위의 과정에서 일부 집단원이 고의행위로 살상을 가한 경우에도 다른 집단원에게 그 사상의 결과가 예견 가능한 것이었다면 다른 집단원도 그 결과에 대하여 현존건조물방화치사상의 책임을 면할 수 없는 것인바, 피고인을 비롯한 집단원들이 당초 공모시 쇠파이프를 소지한 방어조를 운용하기로 한 점에 비추어 보면 피고인으로서는 이 사건 건물을 방화하는 집단행위의 과정에서 상해의 결과가 발생하는 것도 예견할 수 있었다고 보이므로, 이 점에서도 피고인을 현존건조물방화치상죄로 의율할 수 있다.[33]

2) 죄 수

판례에 의하면 "기본범죄를 통하여 고의로 중한 결과를 발생하게 한 경우에 가중 처벌하는 부진정 결과적 가중범에서, 고의로 중한 결과를 발생하게 한 행위가 별도의 구성요건에 해당하고 그 고의범에 대하여 결과적 가중범에 정한 형보다 더 무겁게 처벌하는 규정이 있는 경우에는 그 고의범과 결과적 가중범이 상상적 경합관계에 있지만, 위와 같이 고의범에 대하여 더 무겁게 처벌하는 규정이 없는 경우에는 결과적 가중범이 고의범에 대하여 특별관계에 있으므로 결과적 가중범만 성립하고 이와 법조경합의 관계에 있는 고의범에 대하여는 별도로 죄를 구성하지 않는다"고 하는 것이 원칙이다.[34] 본죄와 강도살인죄는 상상적 경합관계이다. 문제는 본죄와 존속살해죄의 경우에 있다. 존속살해죄의 법정형은 사형 또는 무기징역으로서 본죄의 그것인 사형, 무기 또는 7년 이상의 징역보다 무거웠으나,[35] 1995년 12월 개정형법에 의하여 존속살해죄의 법정형이 본죄의 그것과 같은 사형, 무기 또는 7년 이상의 징역으로 변경되었기 때문이다.[36] 이에 따라 본죄와 존속살해죄의 죄수에 관하여는 학설상으로 상상적 경합범설, 법조경합범설 등이 다투어지고 있다. 판례는 전통적으로 상상적 경합관계라는 입장을 취하여 왔으나, 향후 법조경합관계로 변경될 가능성도 없지 않다고 해석된다. 이에 관한 판례의 구체적 내용은 다음과 같다. 즉,

> 피고인들이 피해자들의 재물을 강취한 후 그들을 살해할 목적으로 현주건조물에 방화하여 사망에 이르게 한 경우, 피고인들의 행위는 강도살인죄와 현주건조물방화치사죄에 모두 해당하고 그 두 죄는 상상적 경합범관계에 있다.[37] 존속살인죄와 현주건조물방화치사죄는 상상적경합범 관계에 있으므로, 법정형이 중한 존속살인죄로 의율함이 타당하다.[38]

(3) 처 벌

본죄의 법정형은 사람을 상해에 이르게 한 경우에는 무기 또는 5년 이상의 징역이고, 사망에 이르게 한 경우에는 사형, 무기 또는 7년 이상의 징역이다.

---

33) 대법원 1996.4.12. 선고 96도215 판결.
34) 대법원 2008.11.27. 선고 2008도7311 판결.
35) 형법 1953.9.18. 제정 법률 제293호 1953.10.3. 시행.
36) 형법 1995.12.29. 일부개정 법률 제5057호 1996.7.1. 시행.
37) 대법원 1998.12.8. 선고 98도3416 판결.
38) 대법원 1996.4.26. 선고 96도485 판결.

Ⅱ. 공용 건조물 등 방화죄

제165조(공용건조물 등 방화) 불을 놓아 공용(公用)으로 사용하거나 공익을 위해 사용하는 건조물, 기차, 전차, 자동차, 선박, 항공기 또는 지하채굴시설을 불태운 자는 무기 또는 3년 이상의 징역에 처한다.

제174조(미수범) ~ 제165조, ~ 의 미수범은 처벌한다.

제175조(예비, 음모) ~ 제165조, ~ 의 죄를 범할 목적으로 예비 또는 음모한 자는 5년 이하의 징역에 처한다. 단 그 목적한 죄의 실행에 이르기 전에 자수한 때에는 형을 감경 또는 면제한다.

구조문

제165조(공용건조물 등에의 방화) 불을 놓아 공용 또는 공익에 공하는 건조물, 기차, 전차, 자동차, 선박, 항공기 또는 광갱을 소훼한 자는 무기 또는 3년 이상의 징역에 처한다.

1. 서 언

본죄는 불을 놓아 공용(公用)으로 사용하거나 공익을 위해 사용하는 건조물, 기차, 전차, 자동차, 선박, 항공기 또는 지하채굴시설을 불태움으로써 성립한다. 기본적 구성요건인 일반건조물방화죄의 가중적 구성요건이다.

2. 범 죄

본죄의 객체는 공용 건조물 등이다. 공용 건조물 등이란 공용(公用)으로 사용하거나 공익을 위해 사용하는 건조물, 기차, 전차, 자동차, 선박, 항공기 또는 지하채굴시설을 말한다. 공용(公用)이란 국가 또는 공공단체의 공적인 용도의 의미로 해석된다. 공익(公益)은 공중의 이익, 즉 불특정인 또는 다수인의 이익을 말한다. 공용 또는 공익을 위해 사용되는 한 그 소유권의 여하는 묻지 않는다.

본죄의 실행행위는 불을 놓아 불태우는 것이다. 본죄는 예비·음모를 처벌한다. 본죄의 미수범은 처벌된다.

3. 처 벌

본죄의 법정형은 무기 또는 3년 이상의 징역이다. 본죄의 예비·음모죄의 법정형은 5년 이하의 징역이다. 다만 그 목적한 죄의 실행에 이르기 전에 자수한 때에는 형을 필요적으로 감경 또는 면제한다.

Ⅲ. 일반건조물 등 방화죄

제166조(일반건조물 등 방화) ① 불을 놓아 제164조와 제165조에 기재한 외의 건조물, 기차, 전차, 자동차, 선박, 항공기 또는 지하채굴시설을 불태운 자는 2년 이상의 유기징역에 처한다.
② 자기 소유인 제1항의 물건을 불태워 공공의 위험을 발생하게 한 자는 7년 이하의 징역 또는 1천만원 이하의 벌금에 처한다.

제174조(미수범) ~ 제166조제1항, ~ 의 미수범은 처벌한다.

제175조(예비, 음모) ~ 제166조제1항, ~ 의 죄를 범할 목적으로 예비 또는 음모한 자는 5년 이하의 징역에 처한다. 단 그 목적한 죄의 실행에 이르기 전에 자수한 때에는 형을 감경 또는 면제한다.

구조문

제166조(일반건조물 등에의 방화) ① 불을 놓아 전2조에 기재한 이외의 건조물, 기차, 전차, 자동차, 선박, 항공기 또는 광갱을 소훼한 자는 2년 이상의 유기징역에 처한다.

② 자기소유에 속하는 제1항의 물건을 소훼하여 공공의 위험을 발생하게 한 자는 7년 이하의 징역 또는 1천만원 이하의 벌금에 처한다.

1. 서 언

본죄는 불을 놓아 일반건조물 등을 불태우거나 또는 자기 소유인 일반건조물 등을 불태워 공공의 위험을 발생하게 함으로써 성립한다. 일반건조물 등이란 현주·공용 외의 건조물, 기차, 전차, 자동차, 선박, 항공기 또는 지하채굴시설을 말한다.

본죄는 타인소유 일반건조물 등 방화죄와 자기소유 일반건조물 등 방화죄로 나누어질 수 있다. 전자는 추상적 공공위험범에 속하고, 후자는 공공의 위험을 발생을 요하는 구체적 공공위험범에 해당한다.

2. 범 죄

(1) 타인소유 일반건조물 등 방화죄

본죄는 불을 놓아 타인 소유의 일반건조물 등을 불태움으로써 성립한다.

본죄의 객체는 타인 소유의 일반건조물 등이다. 일반건조물 등이란 현주·공용 외의 건조물, 기차, 전차, 자동차, 선박, 항공기 또는 지하채굴시설을 말한다. 이와 같이 본죄의 객체는 사람이 주거로 사용하지 않거나 사람이 현존하지 않을 것 또는 공용 또는 공익에 사용되지 않을 것을 요한다.

본죄는 추상적 공공위험범이다. 목적물을 불태움으로써 당연히 공공의 위험이 발생한다고 할 수 있기 때문에 불태움의 결과가 발생한 시점에서 기수로 된다. 본죄는 예비·음모를 처벌한다. 본죄의 미수범은 처벌된다.

(2) 자기소유 일반건조물 등 방화죄

본죄는 불을 놓아 자기 소유의 일반건조물 등을 불태워 공공의 위험을 발생하게 함으로써 성립한다.

본죄의 객체는 자기 소유의 일반건조물 등이다. 일반건조물 등이란 현주·공용 외의 건조물, 기차, 전차, 자동차, 선박, 항공기 또는 지하채굴시설을 말한다. 따라서 본죄의 객체로 되기 위해서는 대상물이 자기소유에 속하여야 한다. 자기소유에 속할 것이란 범인의 소유에 속하는 것을 말한다. 공범자의 소유에 속하는 것도 포함한다고 해석되고 있다.

본죄는 구체적 공공위험범이다. 목적물을 불태웠지만 공공의 위험이 발생하지 않는 한 본죄는 기수로 되지 않는다. 본죄는 예비·음모, 미수에 관한 처벌규정을 두지 않고 있다.

본죄는 고의범이다. 본죄의 고의는 인식적 요소로서 목적물이 사람이 주거에 사용하지 않거나 현주하지 않는 건조물 등이고 자기의 소유에 속하지 않는다는 것에 대한 인식과 이에 대하여 불을 놓아 불태우려는 의사를 요한다고 할 수 있다. 나아가 공공의 위험의 발생은 구성요건요소이기 때문에 본죄가 성립하기 위해서는 행위자에게 공공의 위험의 발생에 관한 인식이 있을 것이 불가결한 요건이 된다고 할 수 있다.

3. 처 벌

본죄 중 타인소유 일반건조물 등 방화죄의 법정형은 2년 이상의 유기징역으로서 자기소유 일반건조물 등 방화죄의 7년 이하의 징역 또는 1천만원 이하의 벌금보다 무겁다. 자기소유 건조물 등 방화죄가 보다 감경되어 처벌되는 것은 본죄가 공공위험범의 성격을 가지고 있지만 다른 한편에서는 재산죄적 성격도 가지고 있기 때문이라고 해석된다. 한편 타인소유 일반건조물 등 방화죄는 예비·음모, 미수를 처벌한다. 다만 예비·음모의 경우 그 목적한 죄의 실행에 이르기 전에 자수한 때에는 형을 감경 또는 면제한다.

Ⅳ. 일반물건방화죄

제167조(일반물건 방화) ① 불을 놓아 제164조부터 제166조까지에 기재한 외의 물건을 불태워 공공의 위험을 발생하게 한 자는 1년 이상 10년 이하의 징역에 처한다.
② 제1항의 물건이 자기 소유인 경우에는 3년 이하의 징역 또는 700만원 이하의 벌금에 처한다.

구조문
제167조(일반물건에의 방화) ① 불을 놓아 전3조에 기재한 이외의 물건을 소훼하여 공공의 위험을 발생하게 한 자는 1년 이상 10년 이하의 징역에 처한다.
② 제1항의 물건이 자기의 소유에 속한 때에는 3년 이하의 징역 또는 700만원 이하의 벌금에 처한다.

1. 서 언

본죄는 불을 놓아 일반물건을 불태워 공공의 위험을 발생하게 함으로써 성립한다. 일반물건이란 일반건조물 등, 즉 현주·공용 외의 건조물, 기차, 전차, 자동차, 선박, 항공기 또는 지하채굴시설을 제외한 물건을 말한다. 물건은 그 안에 사람이 들어갈 수 없다는 점에서 그 속에 사람이 들어가 머무를 수 있는 건조물 등과 구별된다고 해석된다.

본죄는 타인소유 일반물건방화죄와 자기소유 일반물건방화죄로 나누어질 수 있다. 본죄는 구체적 공공위험범이다. 다만 후자는 전자에 비하여 법정형이 가볍게 규정되어 있다.

2. 범 죄

(1) 타인소유 일반물건 방화죄

본죄는 불을 놓아 타인소유의 일반물건을 불태워 공공의 위험을 발생하게 함으로써 성립한다.

본죄의 객체는 타인소유 일반물건이다. 일반물건이란 일반건조물 등, 즉 현주·공용 외의 건조물, 기차, 전차, 자동차, 선박, 항공기 또는 지하채굴시설을 제외한 물건을 말한다.

본죄는 구체적 공공위험범이다. 기수로 되기 위하여는 불태움의 결과발생 외에 공공의 위험의 발생을 요한다.

(2) 자기소유 일반물건 방화죄

본죄는 불을 놓아 자기소유의 일반물건을 불태워 공공의 위험을 발생하게 함으로써 성립한다. 무주물은 자기소유의 물건에 준한다.[39)]

본죄의 객체는 자기소유 일반물건이다. 일반물건이란 일반건조물 등, 즉 현주·공용 외의 건조물, 기차, 전차, 자동차, 선박, 항공기 또는 지하채굴시설을 제외한 물건을 말한다. 자기의 소유에 속하는 물건이라도 압류 기타 강제처분을 받거나 타인의 권리 또는 보험의 목적물이 된 때에는 타인의 물건으로 간주한다(제176조).

본죄는 구체적 공공위험범이다. 기수로 되기 위하여는 불태움의 결과발생 외에 공공의 위험의 발생을 요한다.

이에 관한 판례의 구체적 내용은 다음과 같다. 즉,

> 형법 제167조 제2항은 방화의 객체인 물건이 자기의 소유에 속한 때에는 같은 조 제1항보다 감경하여 처벌하는 것으로 규정하고 있는바, 방화죄는 공공의 안전을 제1차적인 보호법익으로 하지만 제2차적으로는 개인의 재산권을 보호하는 것이라고 볼 수 있는 점, 현재 소유자가 없는 물건인 무주물에 방화하는 경우에 타인의 재산권을 침해하지 않는 점은 자기의 소유에 속한 물건을 방화하는 경우와 마찬가지인 점, 무주의 동산을 소유의 의사로 점유하는 경우에 소유권을 취득하는 것에 비추어(민법 제252조) 무주물에 방화하는 행위는 그 무주물을 소유의 의사로 점유하는 것이라고 볼 여지가 있는 점 등을 종합하여 보면, 불을 놓아 무주물을 소훼하여 공공의 위험을 발생하게 한 경우에는 '무주물'을 '자기 소유의 물건'에 준하는 것으로 보아 형법 제167조 제2항을 적용하여 처벌하여야 한다.[40)] 노상에서 전봇대 주변에 놓인 재활용품과 쓰레기 등에 불을 놓아 소훼한 사안에서, 그 재활용품과 쓰레기 등은 '무주물'로서 형법 제167조 제2항에 정한 '자기 소유의 물건'에 준하는 것으로 보아야 하므로, 여기에 불을 붙인 후 불상의 가연물을 집어넣어 그 화염을 키움으로써 전선을 비롯한 주변의 가연물에 손상을 입히거나 바람에 의하여 다른 곳으로 불이 옮아붙을 수 있는 공공의 위험을 발생하게 하였다면, 일반물건방화죄가 성립한다.[41)]

3. 처 벌

본죄의 법정형은 1년 이상 10년 이하의 징역이다. 다만 일반물건이 물건이 자기 소유인 경우에는 법정형이 3년 이하의 징역 또는 700만원 이하의 벌금으로 가벼워진다. 한편 본죄의 미수범은 처벌되지 않는다.

Ⅴ. 연소죄

제168조(연소) ① 제166조제2항 또는 전조제2항의 죄를 범하여 제164조, 제165조 또는 제166조제1항에 기재한 물건에 연소한 때에는 1년 이상 10년 이하의 징역에 처한다.
② 전조제2항의 죄를 범하여 전조제1항에 기재한 물건에 연소한 때에는 5년 이하의 징역에 처한다.

---

39) 대법원 2009.10.15. 선고 2009도7421 판결.
40) 대법원 2009.10.15. 선고 2009도7421 판결.
41) 대법원 2009.10.15. 선고 2009도7421 판결.

1. 서 언

본죄는 자기소유물에 대한 방화죄의 결과적 가중범이다. 본죄는 연소의 결과에 대한 인식을 요하지 않는다. 연소의 결과에 대하여 인식이 있는 경우에는 그 객체에 대한 방화죄가 성립하기 때문이다. 이러한 의미에서 본죄는 진정 결과적 가중범에 속한다.

진정 결과적 가중범은 고의에 의한 기본범죄 행위와 과실에 의한 중한 결과의 구조로 구성된다. 따라서 본죄는 고의로 구체적 공공위험범인 기본범죄를 범하여 과실로 추상적 공공위험범인 중한 결과범죄에 기재한 물건에 연소하는 구조로 분석될 수 있다.

2. 범 죄

본죄의 실행행위는 방화이다. 본죄의 고의에 의한 기본범죄인 자기소유 일반건조물 등 방화죄 또는 자기소유 일반물건 방화죄를 범하는 것이다. 전술한 바와 같이 자기소유 일반건조물 등 방화죄의 객체는 현주 또는 공용 외의 건조물, 기차, 전차, 자동차, 선박, 항공기 또는 지하채굴시설이다. 자기소유 일반물건 방화죄의 객체는 일반건조물 등, 즉 현주 또는 공용 외의 건조물, 기차, 전차, 자동차, 선박, 항공기 또는 지하채굴시설을 제외한 물건이다.

본죄의 결과는 연소이다. 본죄의 중한 결과범죄인 현주 건조물 등 방화죄, 공용 건조물 등 방화죄 또는 타인소유 일반건조물 등 방화죄에 기재한 물건에 연소하는 것이다. 연소에 의하여 이미 추상적 공공위험은 발생되었다고 할 수 있기 때문이다. 중한 결과범죄에 기재한 물건이란 현주건조물 등, 공용건조물 등 및 타인소유 일반건조물 등을 말한다. 전술한 바와 같이 현주건조물 등이란 사람이 주거로 사용하거나 사람이 현존하는 건조물, 기차, 전차, 자동차, 선박, 항공기 또는 지하채굴시설을 말한다. 공용건조물 등이란 공용(公用)으로 사용하거나 공익을 위해 사용하는 건조물, 기차, 전차, 자동차, 선박, 항공기 또는 지하채굴시설을 말한다. 타인소유 일반건조물 등이란 현주 또는 공용 외의 건조물, 기차, 전차, 자동차, 선박, 항공기 또는 지하채굴시설을 말한다.

연소(延燒)란 불이 행위자가 예기하지 아니한 물건에 번지는 것을 말한다. 다만 결과범죄에 기재한 물건에 대한 연소는 결과적 가중범의 특성상 기본범죄에 기재한 물건에 대한 방화행위와 직접적 연관관계가 인정되지 않으면 안 된다. 본죄를 진정 결과적 가중범이라고 할 때 연소는 과실에 의한 경우에만 한정된다. 본죄는 독립연소설에 의하는 한 결과범죄에 기재한 물건에 화력이 번져 독립연소에 이르는 즉시 기수에 달하게 된다.

3. 처 벌

본죄의 법정형은 1년 이상 10년 이하의 징역이다. 다만 자기소유 일반물건방화죄를 범하여 타인소유 일반물건방화죄에 기재한 물건에 연소한 때에는 5년 이하의 징역에 처한다.

§3. 준방화의 죄

Ⅰ. 서 설

준방화죄에는 전술한 바와 같이 진화방해죄(제169조), 폭발성물건파열죄(제172조 제1항), 가스·전기등방류죄(제172조의2 제1항), 가스·전기등공급방해죄(제173조 제1항, 제2항)가 해당된다.

준방화죄의 결과적 가중범으로서는 폭발성물건파열치사상죄(제172조 제2항), 가스·전기방류치사상죄(제172조의2 제2항) 및 가스·전기등공급방해치사상죄(제173조 제3항)가 거론될 수 있다.

Ⅱ. 진화방해죄

제169조(진화방해) 화재에 있어서 진화용의 시설 또는 물건을 은닉 또는 손괴하거나 기타 방법으로 진화를 방해한 자는 10년 이하의 징역에 처한다.

1. 서 언

본죄는 화재에 있어서 진화용의 시설 또는 물건을 은닉 또는 손괴하거나 기타 방법으로 진화를 방해함으로써 성립한다. 화재시의 진화방해는 방화에 준한다는 의미에서 본죄는 준방화죄에 속하게 된다. 본죄는 거동범으로서 추상적 공공위험범에 해당한다.

2. 범 죄

본죄의 객체는 진화용의 시설 또는 물건이다. 자기소유이든 타인소유이든 묻지 않는다. 진화용의 시설이란 진화를 목적으로 만들어진 소화설비, 경보설비, 피난구조설비, 소화용수설비 등과 같은 소방시설을 말한다(소방시설법 제2조 제1호 참조). 진화용의 물건이란 진화를 목적으로 제조된 소방시설을 구성하거나 소방용으로 사용되는 제품 또는 기기 등과 같은 소방용품을 말한다(소방시설법 제2조 제7호 참조).

본죄의 실행행위는 진화방해이다. 본죄의 실행행위는 은닉 또는 손괴하거나 기타 방법으로 진화를 방해하는 것이다. 은닉(隱匿)이란 진화용의 시설이나 물건의 발견을 불가능하게 하거나 곤란하게 하는 행위를 말한다. 손괴(損壞)란 물질적으로 훼손하여 그 효용을 해하는 일체의 행위를 말한다. 기타의 방법이란 은닉이나 손괴 이외의 방법으로 진화를 방해하는 일체의 행위를 말한다.

본죄의 결과는 진화방해로 인한 추상적 공공위험의 발생이다. 본죄는 거동범으로서 진화를 방해하는 행위만으로도 기수에 이르게 된다.

본죄의 행위상황은 화재에 있어서이다. 화재에 있어서란 현재 화재가 진행되고 있는 상황을 말한다. 이 외에도 화재로 나아가고 있는 경우도 포함된다고 해석된다. 장래의 화재를 예견하고 진화를 방해하기 위하여 진화용물건을 은닉, 손괴 등의 행위를 하여도 본죄로는 되지 않는다. 화재가 아님에도 불구하고 화재로 오신하여 진화방해행위로 나아가더라도 본죄를 구성하지 않는다. 화재라고 할 수 있는 정도의 규모에 달하기 전에 소화방해행위가 있는 때에도 화재라고 할 수 있는 사태가 연이어서 발생한 때에는 이에 포함된다는 견해도 같은 취지이다. 이에 반하여 소화방해행위의 시에 현실로 화재가 발생하고 있는 상태에 있는 것을 요한다는 견해도 있다. 화재에 있어서라면 진화방해행위가 행하여지는 장소는 문제되지 않는다. 화재의 원인은 자기 또는 타인의 방화 또는 실화이든, 자연발화든, 불가항력 등 누구의 책임에도 귀속하지 않는 경우이든 묻지 않는다. 화재의 정도는 목적물의 연소가 사회통념상 화재라고 할 수 있는 정도의 규모에 달할 것을 요한다. 용이하게 소화시킬 수 있는 단계의 것은 포함되지 않는다고 해석되어야 할 것이다.

3. 처 벌

본죄의 법정형은 10년 이하의 징역이다. 1년 이상 10년 이하의 징역인 일반물건방화죄나 연소죄의 법정형보다는 가볍다. 본죄는 미수범을 처벌하지 않는다.

Ⅲ. 폭발성물건파열죄

제172조(폭발성물건파열) ① 보일러, 고압가스 기타 폭발성 있는 물건을 파열시켜 사람의 생명, 신체 또는 재산에 대하여 위험을 발생시킨 자는 1년 이상의 유기징역에 처한다.
② 제1항의 죄를 범하여 사람을 상해에 이르게 한 때에는 무기 또는 3년 이상의 징역에 처한다. 사망에 이르게 한 때에는 무기 또는 5년 이상의 징역에 처한다.

제174조(미수범) ~, 제172조제1항, ~ 의 미수범은 처벌한다.

제175조(예비, 음모) ~, 제172조제1항, ~ 의 죄를 범할 목적으로 예비 또는 음모한 자는 5년 이하의 징역에 처한다. 단 그 목적한 죄의 실행에 이르기 전에 자수한 때에는 형을 감경 또는 면제한다.

구조문

제172조(폭발물파열) ① 화약, 기관 기타 폭발성 있는 물건을 파열하게 하여 제164조 내지 제167조에 기재한 물건을 손괴한 자는 방화의 예에 의한다.
② 전항의 행위가 과실로 인한 때에는 실화의 예에 의한다.

관련조문

제119조(폭발물 사용) ① 폭발물을 사용하여 사람의 생명, 신체 또는 재산을 해하거나 그 밖에 공공의 안전을 문란하게 한 자는 사형, 무기 또는 7년 이상의 징역에 처한다.

제173조의2(과실폭발성물건파열등) ① 과실로 제172조제1항, 제172조의2제1항, 제173조제1항과 제2항의 죄를 범한 자는 5년 이하의 금고 또는 1천500만원 이하의 벌금에 처한다.
② 업무상과실 또는 중대한 과실로 제1항의 죄를 범한 자는 7년 이하의 금고 또는 2천만원 이하의 벌금에 처한다.

1. 서 언

본죄는 보일러, 고압가스 기타 폭발성 있는 물건을 파열시켜 사람의 생명, 신체 또는 재산에 대하여 위험을 발생시키거나 이 죄를 범하여 사람을 상해 또는 사망에 이르게 함으로써 성립하는 범죄이다. 폭발성물건도 화력에 의한 방화에 준하는 공공의 위험을 가진다고 보아 준방화죄의 일종으로 분류될 수 있다.

본죄는 폭발성물건파열죄와 폭발성물질파열치사상죄로 나누어질 수 있다. 폭발성물건파열죄는 생명, 신체 또는 재물에 대한 구체적 공공위험범이라는 점에서 전술한 추상적 공공위험범인 폭발물사용죄와 구별된다(제119조). 한편 본죄가 구체적 위험범이라고 하는 관점에서 본죄를 개인적 법익에 대한 죄로 분류해야 한다는 주장이 있다. 폭발성물건파열치사상죄는 폭발성물건파열죄의 결과적 가중범이다.

본죄의 과실범은 처벌된다. 후술하는 바와 같이 과실 폭발성물건파열등죄는 과실뿐만 아니라 업무상 과실과 중과실에 대하여도 예외없이 처벌하고 있다(제173조의2 참조).

2. 범 죄

(1) 폭발성물건파열죄

본죄는 보일러, 고압가스 기타 폭발성 있는 물건을 파열시켜 사람의 생명, 신체 또는 재산에 대하여 위험을 발생시킴으로써 성립하는 범죄이다. 1995년 개정형법에 의하여 개정된 내용이다.[42]

본죄의 객체는 보일러, 고압가스 기타 폭발성 있는 물건이다. 보일러(boiler)란 연료를 연소시켜 그 연소열을 강철제의 밀폐용기 내의 물에 전하여 소정의 온도나 압력의 증기를 발생시켜 다른 데에 공급하기 위한 장치를 말한다. 가정용이든 산업용이든 불문한다. 폭발물사용죄에 있어서의 폭발물은 본죄의 객체에서 제외된다(제119조 참조). 고압가스에 관하여는 고압가스법이 규정하고 있다(고압가스법 제2조 참조). 기타 폭발성 있는 물건이란 급격하게 폭발하여 사람의 생명, 신체 또는 재산에 위해를 가할 수 있는 정도의 파괴력을 가지는 것으로서 보일러와 고압가스를 제외한 물건을 말한다.

본죄의 실행행위는 파열이다. 파열(破裂)이란 폭발성을 해방하는 일체의 행위를 말한다. 파열시의 폭발력과 파편 등은 방화죄에 있어서의 화력에 준하게 된다.

본죄의 결과는 사람의 생명, 신체 또는 재산에 대하여 발생하는 위험이다. 사람이란 행위자 이외의 자를 말한다. 다만 본죄를 구체적 공공위험범이라고 해석하더라도 생명, 신체 또는 재산은 반드시 불특정 또는 다수일 것을 요하는 것은 아니라고 할 수 있다.

본죄는 예비·음모죄에 대한 처벌규정을 두고 있다. 본죄의 예비·음모죄는 본죄를 범하려고 예비·음모함으로써 성립한다. 본죄의 미수범도 처벌된다. 본죄는 사람의 생명, 신체 또는 재산에 대한 구체적 위험의 발생으로 기수에 이른다.

본죄는 고의범이다. 본죄의 고의는 인식적 요소로서 폭발성물건, 이의 파열, 이에 의한 사람의 생명, 신체 또는 재산에 대한 위험의 발생에 관한 인식을 요한다.

(2) 폭발성물건파열치사상죄

본죄는 폭발성물건파열죄를 범하여 사람을 상해 또는 사망에 이르게 함으로써 성립하는 범죄이다. 폭발성물건파열치'상'죄는 폭발성물건파열죄의 부진정 결과적 가중범, 폭발성물

42) 형법 1995.12.29. 일부개정 법률 제5057호 1996.7.1. 시행.

건파열치'사'죄는 폭발성물건파열죄의 진정 결과적 가중범으로 해석되고 있다. 폭발성물건파열치'상'죄는 상해죄에 비하여 법정형이 무겁다는 점, 폭발성물건파열치'사'죄는 살인죄보다 법정형이 가볍다는 점이 그 근거로 제시되고 있다.

3. 처 벌

폭발성물건파열죄의 법정형은 1년 이상의 유기징역이다. 본죄의 미수범은 처벌된다. 본죄의 예비·음모죄의 법정형은 5년 이하의 징역이다. 다만 그 목적한 죄의 실행에 이르기 전에 자수한 때에는 형을 감경 또는 면제한다.

폭발성물건치사상죄의 법정형은 사람을 상해에 이르게 한 때에는 무기 또는 3년 이상의 징역, 사망에 이르게 한 때에는 무기 또는 5년 이상의 징역이다.

Ⅳ. 가스·전기 등 방류죄

제172조의2(가스·전기등 방류) ① 가스, 전기, 증기 또는 방사선이나 방사성 물질을 방출, 유출 또는 살포시켜 사람의 생명, 신체 또는 재산에 대하여 위험을 발생시킨 자는 1년 이상 10년 이하의 징역에 처한다.
② 제1항의 죄를 범하여 사람을 상해에 이르게 한 때에는 무기 또는 3년 이상의 징역에 처한다. 사망에 이르게 한 때에는 무기 또는 5년 이상의 징역에 처한다.

제174조(미수범) ~, 제172조의2제1항, ~ 의 미수범은 처벌한다.

제175조(예비, 음모) ~, 제172조의2제1항, ~ 의 죄를 범할 목적으로 예비 또는 음모한 자는 5년 이하의 징역에 처한다. 단 그 목적한 죄의 실행에 이르기 전에 자수한 때에는 형을 감경 또는 면제한다.

1. 서 언

본죄는 가스, 전기, 증기 또는 방사선이나 방사성 물질을 방출, 유출 또는 살포시켜 사람의 생명, 신체 또는 재산에 대하여 위험을 발생시키거나 이를 범하여 사람을 상해 또는 사망에 이르게 함으로써 성립한다. 가스, 전기 등도 화력에 의한 방화에 준하는 공공의 위험을 가진다고 보아 준방화죄의 일종으로 분류될 수 있다.

본죄는 가스·전기 등 방류죄와 가스·전기 등 방류 치사상죄로 나누어질 수 있다. 가스·전기 등 방류죄는 구체적 공공위험범에 속하고, 가스·전기 등 방류 치사상죄는 가스·전기 등 방류죄의 결과적 가중범에 해당한다.

2. 범 죄

(1) 가스·전기 등 방류죄

본죄는 가스, 전기, 증기 또는 방사선이나 방사성 물질을 방출, 유출 또는 살포시켜 사람의 생명, 신체 또는 재산에 대하여 위험을 발생시킴으로써 성립한다.

본죄의 객체는 가스, 전기, 증기 또는 방사선이나 방사성 물질이다. 방사선이란 전자파 또는 입자선 중 직접 또는 간접으로 공기를 전리(電離)하는 능력을 가진 것을 말한다(원자력안전법

제2조 제7호). 방사성물질이란 핵연료물질 · 사용후핵연료 · 방사성동위원소 및 원자핵분열생성물(原子核分裂生成物)을 말한다(원자력안전법 제2조 제5호).

본죄의 실행행위는 방류이다. 방류(放流)란 가두어놓은 것을 흘려 내보낸다는 의미로서 본죄의 객체를 방출, 유출 또는 살포하는 것이다.

본죄의 결과는 사람의 생명, 신체 또는 재산에 대한 위험의 발생이다. 전술한 바와 같이 사람이란 행위자 이외의 자를 말한다. 사람이란 행위자 이외의 자를 말한다. 다만 본죄를 구체적 공공위험범으로 해석하더라도 생명, 신체 또는 재산은 반드시 불특정 또는 다수일 것을 요한다고 해야 하는 것은 아니라고 할 수 있다.

본죄를 범하기 위한 목적으로 예비 · 음모한 예비 · 음모죄는 처벌된다. 본죄의 미수범도 처벌된다.

(2) 가스 · 전기 등 방류 치사상죄

본죄는 위의 가스 · 전기 등 방류죄를 범하여 사람을 상해 또는 사망에 이르게 함으로써 성립한다. 가스 · 전기 등 방류 치'상'죄는 가스 · 전기 등 방류죄의 부진정 결과적 가중범, 가스 · 전기 등 방류 치'사'죄는 가스 · 전기 등 방류죄의 진정 결과적 가중범에 해당한다고 해석되고 있다.

3. 처 벌

가스 · 전기 등 방류죄의 법정형은 1년 이상 10년 이하의 징역이다. 본죄의 미수범은 처벌된다. 본죄를 범할 목적으로 예비 또는 음모한 예비 · 음모죄의 법정형은 5년 이하의 징역이다. 다만 그 목적한 죄의 실행에 이르기 전에 자수한 때에는 형을 감경 또는 면제하여 필요적 감면이 적용된다.

가스 · 전기 등 방류 치사상죄의 법정형은 사람을 상해에 이르게 한 때에는 무기 또는 3년 이상의 징역이고, 사망에 이르게 한 때에는 무기 또는 5년 이상의 징역이다.

V. 가스 · 전기등 공급방해죄

제173조(가스 · 전기등 공급방해) ① 가스, 전기 또는 증기의 공작물을 손괴 또는 제거하거나 기타 방법으로 가스, 전기 또는 증기의 공급이나 사용을 방해하여 공공의 위험을 발생하게 한 자는 1년 이상 10년 이하의 징역에 처한다.
② 공공용의 가스, 전기 또는 증기의 공작물을 손괴 또는 제거하거나 기타 방법으로 가스, 전기 또는 증기의 공급이나 사용을 방해한 자도 전항의 형과 같다.
③ 제1항 또는 제2항의 죄를 범하여 사람을 상해에 이르게 한 때에는 2년 이상의 유기징역에 처한다. 사망에 이르게 한 때에는 무기 또는 3년 이상의 징역에 처한다.

제174조(미수범) ~, 제173조제1항과 제2항의 미수범은 처벌한다.

제175조(예비, 음모) ~, 제173조제1항과 제2항의 죄를 범할 목적으로 예비 또는 음모한 자는 5년 이하의 징역에 처한다. 단 그 목적한 죄의 실행에 이르기 전에 자수한 때에는 형을 감경 또는 면제한다.

1. 서 언

본죄는 가스, 전기 또는 증기의 공작물을 손괴 또는 제거하거나 기타 방법으로 가스, 전기 또는 증기의 공급이나 사용을 방해하여 공공의 위험을 발생하게 하거나, 공공용의 가스, 전기 또는 증기의 공작물을 손괴 또는 제거하거나 기타 방법으로 가스, 전기 또는 증기의 공급이나 사용을 방해하거나 또는 위의 죄를 범하여 사람을 상해 또는 사망에 이르게 함으로써 성립하는 범죄이다.

본죄는 가스·전기 등 공급방해죄, 공공용 가스·전기 등 공급방해죄 및 가스·전기 등 공급방해 치사상죄·공공용 가스·전기 등 공급방해 치사상죄로 나누어질 수 있다. 가스·전기 등 공급방해죄는 구체적 공공위험범, 공공용 가스·전기 등 공급방해죄는 추상적 공공위험범, 가스·전기 등 공급방해 치사상죄와 공공용 가스·전기 등 공급방해 치사상죄는 각각 가스·전기 등 공급방해죄와 공공용 가스·전기 등 공급방해죄의 결과적 가중범에 속한다고 할 수 있다.

2. 범 죄

(1) 가스·전기 등 공급방해죄

본죄는 가스, 전기 또는 증기의 공작물을 손괴 또는 제거하거나 기타 방법으로 가스, 전기 또는 증기의 공급이나 사용을 방해하여 공공의 위험을 발생하게 함으로써 성립하는 범죄이다.

본죄의 객체는 가스, 전기 또는 증기의 공작물이다. 본죄의 실행행위는 공급방해이다. 본죄의 객체를 손괴 또는 제거하거나 기타 방법으로 가스, 전기 또는 증기의 공급이나 사용을 방해하는 것이다. 본죄의 결과는 공공의 위험을 발생하게 하는 것이다. 공공의 위험의 발생을 요하는 구체적 공공위험범이라고 할 수 있다. 본죄는 예비, 음모 및 미수범을 처벌한다.

(2) 공공용 가스·전기 등 공급방해죄

본죄는 공공용의 가스, 전기 또는 증기의 공작물을 손괴 또는 제거하거나 기타 방법으로 가스, 전기 또는 증기의 공급이나 사용을 방해함으로써 성립하는 범죄이다.

본죄의 객체는 공공용의 가스, 전기 또는 증기의 공작물이다. 본죄의 실행행위는 공급방해이다. 본죄의 객체를 손괴 또는 제거하거나 기타 방법으로 가스, 전기 또는 증기의 공급이나 사용을 방해하는 것이다. 본죄는 거동범으로서 공급방해 즉시 기수에 이른다. 따라서 본죄는 추상적 공공위험범이라고 할 수 있다. 본죄는 예비, 음모 및 미수범을 처벌한다.

(3) 가스·전기 등·공공용 가스·전기 등 공급방해 치사상죄

본죄는 가스·전기 등 공급방해죄나 공공용 가스·전기 등 공급방해죄를 범하여 사람을 상해 또는 사망에 이르게 함으로써 성립하는 범죄이다. 본죄는 가스·전기 등 공급방해 치사상죄와 공공용 가스·전기 등 공급방해 치사상죄로 구성된다.

가스·전기 등 공급방해 치'상'죄와 공공용 가스·전기 등 공급방해 치'상'죄는 각각 가스·전기 등 공급방해죄와 공공용 가스·전기 등 공급방해죄의 부진정 결과적 가중범, 가스·전기 등 공급방해 치'사'죄와 공공용 가스·전기 등 공급방해 치'사'죄는 가스·전기 등 공급방해죄와 공공용 가스·전기 등 공급방해의 진정 결과적 가중범이라고 해석되고 있다.

3. 처 벌

가스·전기 등 공급방해죄와 공공용 가스·전기 등 공급방해죄의 법정형은 동일하게 1년 이상 10년 이하의 징역이다. 가스·전기 등 공급방해죄와 공공용 가스·전기 등 공급방해죄의 미수범은 처벌된다. 가스·전기 등 공급방해죄와 공공용 가스·전기 등 공급방해죄를 범할 목적으로 예비 또는 음모한 예비·음모죄의 법정형은 5년 이하의 징역이다. 다만 그 목적한 죄의 실행에 이르기 전에 자수한 때에는 형을 감경 또는 면제하여 필요적 감면이 적용된다.

가스·전기 등 공급방해 치사상죄와 공공용 가스·전기 등 공급방해 치사상죄의 법정형도 사람을 상해에 이르게 한 때에는 2년 이상의 유기징역, 사망에 이르게 한 때에는 무기 또는 3년 이상의 징역으로서 같다.

§4. 실화의 죄

Ⅰ. 서 설

실화의 죄란 과실에 의한 방화죄를 처벌하기 위한 범죄이다. 실화의 죄의 기본적 구성요건은 실화죄(제170조 제1항)이다. 가중적 구성요건으로는 업무상 실화·중실화죄(제171조), 감경적 구성요건으로는 자기소유물실화죄(제170조 제2항)를 들 수 있다. 이외에 준실화죄로는 후술하는 과실폭발성물건파열등죄를 들 수 있다(제173조의2).

Ⅱ. 실화죄

제170조(실화) ① 과실로 제164조 또는 제165조에 기재한 물건 또는 타인 소유인 제166조에 기재한 물건을 불태운 자는 1천500만원 이하의 벌금에 처한다.
② 과실로 자기 소유인 제166조의 물건 또는 제167조에 기재한 물건을 불태워 공공의 위험을 발생하게 한 자도 제1항의 형에 처한다.

구조문

제170조(실화) ① 과실로 인하여 제164조 또는 제165조에 기재한 물건 또는 타인의 소유에 속하는 제166조에 기재한 물건을 소훼한 자는 1천500만원 이하의 벌금에 처한다.
② 과실로 인하여 자기의 소유에 속하는 제166조 또는 제167조에 기재한 물건을 소훼하여 공공의 위험을 발생하게 한 자도 전항의 형과 같다.

1. 서 언

본죄는 과실로 현주건조물 등 방화죄 또는 공용건조물 등 방화죄에 기재한 물건 또는 타인 소유인 일반건조물등방화죄에 기재한 물건을 불태우거나, 과실로 자기 소유인 일반건조물등방화죄의 물건 또는 일반물건방화죄에 기재한 물건을 불태워 공공의 위험을 발생하게 함으로써 성립하는 범죄이다.

본죄는 추상적 공공위험범과 공공의 위험의 발생을 요하는 구체적 공공위험범으로 나누어질 수 있다. 전자의 추상적 공공위험범에는 현주건조물등실화죄, 공용건조물등실화죄 및 타인소유 일반건조물등실화죄가 속한다. 후자의 구체적 공공위험범에는 자기소유 일반건조물등실화죄와 일반물건실화죄가 해당되고 있다.

2. 범 죄

(1) 현주 · 공용 · 타인소유 일반건조물등실화죄

본죄는 과실로 현주건조물 등 방화죄 또는 공용건조물 등 방화죄에 기재한 물건 또는 타인 소유인 일반건조물등방화죄에 기재한 물건을 불태움으로써 성립하는 범죄이다.

본죄의 객체는 현주건조물 등 방화죄 또는 공용건조물 등 방화죄에 기재한 물건 또는 타인 소유인 일반건조물등방화죄에 기재한 물건이다.

본죄의 실행행위는 실화이다. 실화(失火)란 과실로 불이 놓아져 불태워지는 것이라고 할 수 있다.

본죄는 거동범으로서 실화행위 즉시 기수에 이른다. 공공의 위험발생을 요하지 않는 추상적 공공위험범이라고 할 수 있다.

실화를 긍정한 판례의 구체적 내용은 다음과 같다. 즉,

> 피고인들이 자신들과 함께 술을 마시고 만취되어 의식이 없는 피해자를 부축하여 학교선배인 장은석의 자취집에 함께 가서 촛불을 가져 오라고 하여 장은석이 가져온 촛불이 켜져 있는 방안에 이불을 덮고 자고 있는 피해자를 혼자 두고 나옴에 있어 그 촛불이 피해자의 발로부터 불과 약 70 내지 80cm 밖에 떨어져 있지 않은 곳에 마분지로 된 양초갑 위에 놓여져 있음을 잘 알고 있었던 피고인들로서는 당시 촛불을 켜놓아야 할 별다른 사정이 엿보이지 아니하고 더욱이 피고인들 외에는 달리 피해자를 돌보아 줄 사람도 없었던 터이므로 술에 취한 피해자가 정신없이 몸부림을 치다가 발이나 이불자락으로 촛불을 건드리는 경우 그것이 넘어져 불이 이불이나 비닐장판 또는 벽지 등에 옮겨붙어 화재가 발생할 가능성이 있고, 또한 화재가 발생하는 경우 화재에 대처할 능력이 없는 피해자가 사망할 가능성이 있음을 예견할 수 있으므로 이러한 경우 피해자를 혼자 방에 두고 나오는 피고인들로서는 촛불을 끄거나 양초가 쉽게 넘어지지 않도록 적절하고 안전한 조치를 취하여야 할 주의 의무가 있다 할 것인바, 비록 피고인들이 직접 촛불을 켜지 않았다 할지라도 위와 같은 주의 의무를 다하지 않은 이상 피고인들로서는 이 사건 화재발생과 그로 인한 피해자의 사망에 대하여 과실책임을 면할 수는 없다 할 것이다.[43]

---

43) 대법원 1994.8.26. 선고 94도1291 판결.

실화를 부정한 판례의 구체적 내용은 다음과 같다. 즉,

불이 붙어 있는 성냥개비를 방바닥에 있는 재떨이에 버린 소위가 60cm 떨어진 벽쪽에서 발생한 화재의 직접적인 원인이라고 볼 증거가 없다는 이유로 원심판결을 채증법칙위배로 파기한 사례이다.[44]

(2) 자기소유 일반건조물등 · 일반물건 실화죄

본죄는 과실로 자기 소유인 일반건조물등방화죄의 물건 또는 일반물건방화죄에 기재한 물건을 불태워 공공의 위험을 발생하게 함으로써 성립하는 범죄이다.

본죄의 객체는 자기 소유인 일반건조물등방화죄의 물건 또는 일반물건방화죄에 기재한 물건이다. 자기 소유인 일반건조물등방화죄의 물건 또는 일반물건방화죄에 기재한 물건이란 자기의 소유에 속하는 일반건조물등방화죄에 기재한 물건 또는 자기의 소유에 속하든, 타인의 소유에 속하든 불문하고 일반물건방화죄에 기재한 물건을 의미하는 것이라고 해석하여야 한다.[45]

본죄의 실행행위는 실화이다. 실화란 과실로 인하여 본죄의 객체에 불이 놓여 불태워지는 것이다.

본죄의 결과는 공공의 위험의 발생이다. 따라서 본죄는 공공의 위험의 발생을 요하는 구체적 공공위험범이라고 할 수 있다.

3. 처 벌

현주 · 공용 · 타인소유 일반건조물등실화죄의 법정형은 1천500만원 이하의 벌금이다. 자기소유 일반건조물등 · 일반물건 실화죄의 법정형도 이와 같다.

Ⅲ. 업무상 실화 · 중실화죄

제171조(업무상 실화, 중실화) 업무상과실 또는 중대한 과실로 인하여 제170조의 죄를 범한 자는 3년 이하의 금고 또는 2천만원 이하의 벌금에 처한다.

1. 서 언

본죄는 업무상 과실 또는 중대한 과실로 인하여 실화죄를 범함으로써 성립하는 범죄이다. 본죄는 업무상 실화죄와 중실화죄로 나누어질 수 있다. 본죄는 업무상 과실 또는 중대한 과실을 이유로 실화죄에 대한 가중적 구성요건에 해당한다.

2. 범 죄

(1) 업무상 실화죄

본죄는 업무상 과실로 인하여 실화죄를 범함으로써 성립하는 범죄이다. 본죄의 주체는

44) 대법원 1992.12.22. 선고 92도2058 판결.
45) 대법원 1994.12.20. 자 94모32 전원합의체 결정.

업무자에 제한된다. 부진정신분범이다. 업무는 직무로서 화기로부터의 안전을 배려해야 할 사회생활상의 지위를 뜻한다.[46] 업무에는 그 직무상 화재의 원인이 된 화기를 직접 취급하는 것에 그치지 않고 화재의 발견 방지 등의 의무가 지워진 경우를 포함한다.[47] 공동의 과실이 경합되어 화재가 발생한 경우에 적어도 각 과실이 화재의 발생에 대하여 하나의 조건이 된 이상은 그 공동적 원인을 제공한 각자에 대하여 실화죄의 죄책을 물어야 한다.[48]

업무상 실화를 긍정한 판례의 구체적 내용은 다음과 같다. 즉,

단열재로 흔하게 쓰이는 우레탄은 난연성 자기 소화성의 물질이 아니라 이연물에 속한다는 것은 관계업계에서는 널리 알려져 있는 사실이므로 원심이 우레탄은 소화성이 강한 물질이어서 우레탄 인화로 발화될 수 없고 일반건축종사자들도 우레탄이 가연성 없는 것으로 인식하고 있다는 상고인의 항소이유를 이유없다고 배척한 것은 옳고 여기에 잘못은 없다.[49] 피고인들은 각자 위 판시와 같은 업무상 주의의무가 있음에도 불구하고 이를 태만히 하여 도정공장내에 설치되어 있는 백열전구에 종이류로 된 전등갓을 설치하였고 또한 이를 그대로 방치하였다가 뒤늦게 제거한 사실이 정당하게 시인되니 이건 화재가 위 전등갓을 제거하는 과정에서 떨어진 불티로 인하여 발생한 것이라면 피고인들은 각자 업무상 실화죄의 죄책을 면할 수는 없다.[50]

업무상 실화를 부정한 판례의 구체적 내용은 다음과 같다. 즉,

소방법 제18조, 같은법시행규칙 제54조, 소방시설의 설치, 유지 및 위험물 제조소등 시설의 기준에 관한 규칙 제279조 제6호에 비추어 보면 유조차의 석유를 구판점의 지하 석유탱크에 공급하는 작업은 위험물취급주임의 참여하에 하여야 하고, 작업자는 그의 보완에 관한 지시와 감독하에 일을 하여야 하는 것이며, 그 보안에 관한 책임은 위험물취급주임에게 있는 것이라고 보아야 할 것인바, 유조차의 운전사에게 위험물취급주임의 지시 없이도 석유가 제대로 급유되는지, 어떠한 사유로 인하여 급유장애가 발생하는지 여부를 확인하기 위하여 급유가 끝날 때까지 그와 함께 또는 그와 교대로 급유호스가 주입구에서 빠지려고 할 때는 즉시 대응조치를 할 수 있는 자세를 갖추어야 할 업무상의 주의의무가 있다고 할 수는 없으므로, 유조차운전사가 석유구판점의 위험물취급주임의 지시를 받아 유조차의 석유를 구판점 탱크로 급유하다가 급유호스가 탱크주입구에서 빠지는 바람에 분출된 석유가 화기에 인화되어 화재가 발생한 경우 운전수가 위험물취급주임이 탱크주입구 부분을 이탈하였음을 보고서도유조차 운전석에 앉아 다른 일을 보고 있었다고 하여 운전사에게 화재발생에 대하여 과실이 있다고 책임을 물을 수는 없다.[51] 이 건 화재가 전등갓에서 생긴 불티가 미강이 쌓인 바닥에 떨어져 훈소끝에 발화됨으로 비롯되었다고 단정하고 그밖에 피고인들의 판시와 같은 주의의무 태만의 소위와 이건 화재와의 사이에 상당인과관계가 있다고 인정할 만한 확증이 없음은 물론 기록을 정사하여도 이 사건 화재의 발화지점에 관하여 판시와 같은 불티가 낙하되었다는 지점인지 미강실벽에 설치된 분전판 부근인지도 분간할 확실한 재료가 없음에도 불구하고 피고인들을 유죄로 인정하였음은 필경 증거의 취사에 있어 합리성의 원칙을 혼동하고

46) 대법원 1988.10.11. 선고 88도1273 판결.
47) 대법원 1983.5.10. 선고 82도2279 판결.
48) 대법원 1983.5.10. 선고 82도2279 판결.
49) 대법원 1988.10.11. 선고 88도1273 판결.
50) 대법원 1983.5.10. 선고 82도2279 판결.
51) 대법원 1990.11.13. 선고 90도2011 판결.

채증법칙에 위반하여 충분한 증거없이 사실을 인정한 위법을 범하였다는 비난을 면할 수 없고 위와 같은 위법은 판결결과에 영향을 미쳤음이 분명하니 이 점을 지적하는 논지는 이유있다.[52] 자동차 운전업무에 종사하는 자는 자동차 충돌로 인한 사고발생을 미리 방지하여야 할 의무가 있다고 하는 것은 몰라도, 일반적으로 그 자동차 운전중 충돌로 인한 기름탱크의 파열로 발생할지 모를 화재를 미리 방지하여야 할 업무상의 주의의무는 없다고 할 것이다.[53] 선박의 등화단속을 담당한 책임자가 있는 경우에 선장은 동담당자를 지휘감독할 행정상의 책임은 있다 할 것이나 등화단속에 대한 직접 책임은 없다 할것이므로 우책임자가 실화하였다 할지라도 선장에게 업무상 실화로써 문제할 수 없다[54]

(2) 중실화죄

본죄는 중대한 과실로 인하여 실화죄를 범함으로써 성립한다. 중실화는 행위자가 극히 작은 주의를 함으로써 결과발생을 예견할 수 있었는데도 부주의로 이를 예견하지 못하는 경우를 말한다.[55] 중과실인가 경과실인가의 구별은 결국 구체적인 경우에 사회통념을 고려하여 결정될 문제이다.[56]

중실화를 긍정한 판례의 구체적 내용은 다음과 같다. 즉,

이 사건 화재는 피고인이 모텔 방에 투숙하여 담배를 피운 후 재떨이에 담배를 끄게 되었으나 담뱃불이 완전히 꺼졌는지 여부를 확인하지 않은 채 불이 붙기 쉬운 휴지를 재떨이에 버리고 잠을 잔 과실로 담뱃불이 휴지와 옆에 있던 침대시트에 옮겨 붙게 함으로써 발생하였고, 이러한 피고인의 과실은 중대한 과실에 해당한다.[57] 성냥불이 꺼진 것을 확인하지 아니한 채 플라스틱 휴지통에 던진 것이 중대 한 과실에 해당한다.[58] 피고인이 약 2.5평 넓이의 주방에 설치된 간이온돌용 새마을보일러에 연탄을 갈아넣음에 있어서 연탄의 연소로 보일러가 가열됨으로써 그 열이 전도, 복사되어 그 주변의 가열접촉물에 인화될 것을 쉽게 예견할 수 있었음에도 불구하고 그 주의의무를 게을리하여 위 보일러로부터 5 내지 10센티미터쯤의 거리에 판시 가연물질을 그대로 두고 신문지를 구겨서 보일러의 공기조절구를 살짝 막아놓은 채 그 자리를 떠나버렸기 때문에 판시와 같은 화재가 발생한 사실을 인정하기에 넉넉하므로 원심판결의 지적하는 바와 같은 채증법칙을 어긴 위법이 없다.[59]

중실화를 부정한 판례의 구체적 내용은 다음과 같다. 즉,

불이 붙어 있는 성냥개비를 방바닥에 있는 재떨이에 버린 소위가 60cm 떨어진 벽쪽에서 발생한 화재의 직접적인 원인이라고 볼 증거가 없다는 이유로 원심판결을 채증법칙위배로 파기한 사례이다.[60] 호텔오락실의 경영자가 그 오락실 천정에 형광등을 설치하는 공사를 하면서 그 호텔의

52) 대법원 1983.5.10. 선고 82도2279 판결.
53) 대법원 1972.2.22. 선고 71도2231 판결.
54) 대법원 1956.12.21. 선고 4289형상276 판결.
55) 대법원 1988.8.23. 선고 88도855 판결.
56) 대법원 1960.3.9. 선고 4292형상761 판결.
57) 대법원 2010.1.14. 선고 2009도12109,2009감도38 판결.
58) 대법원 1993.7.27. 선고 93도135 판결.
59) 대법원 1988.8.23. 선고 88도855 판결.
60) 대법원 1992.12.22. 선고 92도2058 판결.

전기보안담당자에게 아무런 통고를 하지 아니한 채 무자격전기기술자로 하여금 전기공사를 하게 하였더라도, 전기에 관한 전문지식이 없는 오락실경영자로서는, 시공자가 조인터박스를 설치하지 아니하고 형광등을 천정에 바짝 붙여 부착시키는 등 부실하게 공사를 하였거나 또는 전기보안담당자가 전기공사사실을 통고받지 못하여 전기설비에 이상이 있는지 여부를 점검하지 못함으로써 위와 같은 부실공사가 그대로 방치되고 그로 인하여 전선의 합선에 의한 방화가 발생할 것 등을 쉽게 예견할 수 있었다고 보기는 어려우므로 위 오락실경영자에게 위와 같은 과실이 있었더라도 사회통념상 이를 화재발생에 관한 중대한 과실이라고 평가하기는 어렵다.[61] 피고인이 연탄아궁이로부터 80센티미터쯤 떨어진 곳에 비닐로 포장한 스폰지요, 솜 등을 끈으로 묶지 않은 채 쌓아두었다고 하더라도, 피고인이 아주 작은 주의만 기울였더라면 그것들이 연탄아궁이 쪽으로 쉽게 넘어지고 또 그로 인하여 불꽃없이 연기만 내면서 타는 훈소현상에 의한 화재가 발생할 것을 예견할 수 있었다고 보기는 어렵기 때문이다. 기록에 의하면 피고인은 평상시에도 화재가 발생한 날의 경우와 마찬가지로 연탄아궁이에 불을 피워놓은채 스폰지요, 솜들을 쌓아두고 귀가한 것으로 보이는 바, 이와 같은 점포의 관리상황과 피고인이 점포를 떠난지 4시간 이상이 지난뒤에 화재가 발생한 점 등에 비추어 보면, 화재의 발생에 관하여 피고인에게 과실이 있었다고 하더라도 이를 중대한 과실로 평가하기는 어렵다.[62] 피고인이 사용한 양촉은 신품으로 약 3시간 지속할 수 있고 창고내에는 상자위에 녹여서 붙여 놓은 촛불 부근에 헌가마니 쓰레기 등이 있을 뿐 휘발유 등 인화물질은 없었으며 양곡이 입고되어 있었고 약 30분 후에는 고사를 끝내고 고사에 사용한 쌀가마니를 입고할 예정으로 촛불을 끄지 아니하고 그대로 세워 놓고 창고문을 닫고 나온 것이니 위 경우에 인정되는 피고인이 촛불을 들고 나오든가 소화하고 나오지 아니한 과실은 어디까지나 경과실에 불과하다 할 것이다.[63]

3. 처 벌

본죄의 법정형은 3년 이하의 금고 또는 2천만원 이하의 벌금으로서 업무상 실화죄나 중실화죄의 법정형은 같다.

§5. 준실화의 죄

Ⅰ. 서 설

준실화의 죄는 과실폭발성물건파열등죄를 말한다. 과실에 의한 폭발성물건에 대한 파열 등을 실화에 준하는 범죄로서 규정한 것이다.

Ⅱ. 과실 폭발성물건 파열 등 죄

제173조의2(과실폭발성물건파열등) ① 과실로 제172조제1항, 제172조의2제1항, 제173조제1항과 제2항의 죄를 범한 자는 5년 이하의 금고 또는 1천500만원 이하의 벌금에 처한다.
② 업무상과실 또는 중대한 과실로 제1항의 죄를 범한 자는 7년 이하의 금고 또는 2천만원 이하의 벌금에 처한다.

61) 대법원 1989.10.13. 선고 89도204 판결.
62) 대법원 1989.1.17. 선고 88도643 판결.
63) 대법원 1960.3.9. 선고 4292형상761 판결.

[저자 약력]

경복고등학교
경희대학교 법과대학(법학사)
경희대학교 대학원(법학석사)
경희대학교 대학원(법학박사, Ph.D.)
독일 Marburg대학교(Dr. jur., 법학박사)

(전)

대한민국 육군 중위
경희대학교 강사
고려대학교 의료법학연구소 연구교수
연세대학교 의과대학 의료법윤리학과 연구교수
보건복지부 장기등이식에 관한 법률 제정추진협의회 위원
보건복지부 국가호스피스연명의료위원회 위원
소방방재청 규제심사위원회 위원
(사)한국의료법학회 회장

(현)

경희대학교 법학전문대학원 교수
경희법학연구소 생명공학법연구센터장
보건복지부 장기등이식윤리위원회 위원
한국의료분쟁조정중재원 의료분쟁조정위원회 비상임조정위원
식품의약품안전평가원 의료기기 허가·심사 자문 등을 위한 임상전문위원
국가생명윤리정책원 공용기관 생명윤리위원회 위원
국립 장기이식관리기관(KONOS) 운영위원회 운영위원
법무부 인권강사

〈주요 논저〉

형법총론 제2판(법문사, 2022)
의사법학론 제3판(법문사, 2022, 2018년 대한민국학술원 우수학술도서)
법학원론 제2판(퍼플, 2018)
의사법총론(법문사, 2012)
한국 장기이식법(석필, 2008)
Organtransplantation und Strafrecht(Peter Lang, 2005)
축조해설 장기등이식에 관한 법률(육법사, 2000)
뇌사와 장기이식의 법률학(동림, 1997)

통합 장기등이식법의 핵심쟁점과 기본방향(한국의료법학회지, 2018); 현행법상 존엄사의 허용요건과 과제: 연명의료결정법을 중심으로(한국의료법학회지, 2018); 형법에 있어서의 기본원칙(경희법학, 2016); 외국인범죄에 있어서 통역을 받을 권리: 유럽인권협약을 중심으로(경희법학, 2014); 약속에 의한 자백의 증거능력(경희법학, 2014); 변호인선임권과 접견교통권에 관한 비교법적 고찰: 국제인권법을 중심으로(경희법학, 2014); The Organ Transplantation Act and Recent Trends in Korea(Asia Pacific Journal of Public Health, 2013); 존엄사의 법제화에 관한 최근동향(한국의료법학회지, 2013); 존엄사의 허용요건과 법제화의 방향(한국의료법학회지, 2013); 독일에 있어서 존엄사의 법제화와 향후 과제(경희법학, 2013); 사형제도의 폐지와 그 대안에 관한 소고(경희법학, 2012); 낙태에 관한 규정의 현황과 모자보건법의 합리적 개정방안(한국의료법학회지, 2012); The use of immunosuppressive drugs and legal implications in xenotransplantation(Molecular & Cellular Toxicology, 2010); 소년의 형사책임에 관한 연구(법조, 2010) 외 다수

관련조문
제172조(폭발성물건파열) ① 보일러, 고압가스 기타 폭발성 있는 물건을 파열시켜 사람의 생명, 신체 또는 재산에 대하여 위험을 발생시킨 자는 1년 이상의 유기징역에 처한다.
② 제1항의 죄를 범하여 사람을 상해에 이르게 한 때에는 무기 또는 3년 이상의 징역에 처한다. 사망에 이르게 한 때에는 무기 또는 5년 이상의 징역에 처한다.

1. 서 언

본죄는 폭발성물건파열죄의 과실범이다(제172조 참조). 본죄는 과실로 폭발성물질파열죄, 가스·전기 등 방류죄, 가스·전기 등 공급방해죄 및 공공용 가스·전기 등 공급방해죄를 범하거나 업무상 과실 또는 중대한 과실로 폭발성물질파열죄, 가스·전기 등 방류죄, 가스·전기 등 공급방해죄 및 공공용 가스·전기 등 공급방해죄를 범함으로써 성립한다.

2. 범 죄

(1) 과실 폭발성물건파열죄

본죄는 과실로 폭발성물질파열죄, 가스·전기 등 방류죄, 가스·전기 등 공급방해죄 및 공공용 가스·전기 등 공급방해죄를 범함으로써 성립한다.

과실을 긍정한 판례의 구체적 내용은 다음과 같다. 즉,

임차인이 자신의 비용으로 설치·사용하던 가스설비의 휴즈콕크를 아무런 조치 없이 제거하고 이사를 간 후 가스공급을 개별적으로 차단할 수 있는 주밸브가 열려져 가스가 유입되어 폭발사고가 발생한 경우, 구 액화석유가스의안전및사업관리법상의 관련 규정 취지와 그 주밸브가 누군가에 의하여 개폐될 가능성을 배제할 수 없다는 점 등에 비추어 그 휴즈콕크를 제거하면서 그 제거부분에 아무런 조치를 하지 않고 방치하면 주밸브가 열리는 경우 유입되는 가스를 막을 아무런 안전장치가 없어 가스 유출로 인한 대형사고의 가능성이 있다는 것은 평균인의 관점에서 객관적으로 볼 때 충분히 예견할 수 있다는 이유로 임차인의 과실과 가스폭발사고 사이의 상당인과관계를 인정한 사례이다.[64)]

(2) 업무상 과실·중과실 폭발성물건파열죄

본죄는 업무상 과실 또는 중대한 과실로 폭발성물질파열죄, 가스·전기 등 방류죄, 가스·전기 등 공급방해죄 및 공공용 가스·전기 등 공급방해죄를 범함으로써 성립한다.

3. 처 벌

폭발성물질파열죄, 가스·전기 등 방류죄, 가스·전기 등 공급방해죄 및 공공용 가스·전기 등 공급방해죄의 법정형은 5년 이하의 금고 또는 1천500만원 이하의 벌금이다.

업무상 과실 또는 중대한 과실로 폭발성물질파열죄, 가스·전기 등 방류죄, 가스·전기 등 공급방해죄 및 공공용 가스·전기 등 공급방해죄의 법정형은 7년 이하의 금고 또는 2천만원 이하의 벌금이다.

---

64) 대법원 2001.6.1. 선고 99도5086 판결.

제5절 일수와 수리에 관한 죄

§1. 개 관

Ⅰ. 의 의

본장의 일수와 수리에 관한 죄는 고의 또는 과실에 의하여 수력을 불법하게 사용하여 공공의 안전을 침해하는 범죄이다(형법 제2편 제14장). 본장의 죄는 방화죄와 마찬가지로 공공위험범에 속한다. 수해는 화재와 마찬가지로 공공의 생명, 신체 또는 재산에 대한 위험을 초래하기 때문에 방화의 죄와 같이 무겁게 처벌된다.

한편 수리에 관한 죄는 공공위험범이 아니기 때문에 일수에 관한 죄와 죄질을 달리한다. 그럼에도 불구하고 수리방해행위는 일수의 위험을 수반하는 한 양자는 죄질을 같이 한다고 할 수 있기 때문에 동일하게 본장에 규정되어 있는 것이다.

한편 본장의 죄는 전술한 방화와 실화에 관한 죄와 기본적으로는 대칭적 구조를 가지나 완전히 대칭을 이루는 것은 아니다. 특히, 준방화의 죄나 준실화의 죄에 해당하는 부분이 그렇다.

Ⅱ. 보호법익

일수에 관한 죄는 기본적으로 공공의 안전을 보호법익으로 한다. 다만 개인의 생명, 신체 또는 재산도 일수에 관한 죄의 부차적인 보호법익으로 될 수 있다. 보호의 정도는 원칙적으로 추상적 공공위험범으로서의 보호이다. 다만 자기소유 일반건조물등일수죄와 일반건조물등에 대한 과실일수죄는 구체적 공공위험범으로서의 보호이다.

수리에 관한 죄는 수리권을 직접적인 보호법익으로 하고, 보호의 정도는 추상적 위험범으로서의 보호이다.

Ⅲ. 구성요건에 체계

일수에 관한 죄의 구성요건의 체계는 방화의 죄에 있어서의 그것과 유사하다. 다만 본죄에서는 조문제목이나 내용상의 용어 등 2020년 12월 형법개정시 방화의 죄와 동일하게 정리되지 않고 향후의 숙제로 남긴 입법적 과실이 아쉬움으로 남을 뿐이다.[1]

일수에 관한 죄의 기본적 구성요건은 일반건조물등일수죄이다(제179조). 현주건조물등일수죄(제177조 제1항)와 공용건조물등일수죄(제178조)는 가중적 구성요건에 속한다. 현주건조물등일수 치사상죄(제177조 제2항)은 현주건조물등일수죄에 대한 결과적 가중범이다. 독립적 구성요건으로서 진화방해죄와 유사한 방수방해죄가 규정되어 있다(제180조). 이 외에도 일수에 관한 죄는 과실일수

1) 형법 2020.10.20, 일부개정 법률 제17511호 2020.10.20. 시행.

(제181조), 미수범(제182조) 및 예비 · 음모죄(제183조)를 처벌한다.

한편 수리에 관한 죄에는 수리방해죄만이 규정되어 있다(제184조).

§2. 일수의 죄

Ⅰ. 현주건조물 등 일수죄

第177條(현주건조물등에의 일수) ① 물을 넘겨 사람이 주거에 사용하거나 사람이 현존하는 건조물, 기차, 전차, 자동차, 선박, 항공기 또는 광갱을 침해한 자는 무기 또는 3년 이상의 징역에 처한다.
② 제1항의 죄를 범하여 사람을 상해에 이르게 한 때에는 무기 또는 5년 이상의 징역에 처한다. 사망에 이르게 한 때에는 무기 또는 7년 이상의 징역에 처한다.

第182條(미수범) 제177조 ~의 미수범은 처벌한다.

第183條(예비, 음모) 제177조 ~의 죄를 범할 목적으로 예비 또는 음모한 자는 3년 이하의 징역에 처한다.

1. 서 언

본죄는 물을 넘겨 사람이 주거에 사용하거나 사람이 현존하는 건조물, 기차, 전차, 자동차, 선박, 항공기 또는 광갱을 침해하거나 이러한 죄를 범하여 사람을 상해 또는 사망에 이르게 함으로써 성립하는 범죄이다.

본죄는 현주건조물등일수죄와 현주건조물등일수 치사상죄로 나누어질 수 있다. 전자는 추상적 공공위험범이고, 후자는 전자의 결과적 가중범이다. 본죄의 예비 · 음모죄와 미수범은 처벌된다.

2. 범 죄

(1) 현주건조물 등 일수죄

본죄는 물을 넘겨 사람이 주거에 사용하거나 사람이 현존하는 건조물, 기차, 전차, 자동차, 선박, 항공기 또는 광갱을 침해함으로써 성립하는 범죄이다.

본죄의 객체는 사람이 주거에 사용하거나 사람이 현존하는 건조물, 기차, 전차, 자동차, 선박, 항공기 또는 광갱이다. 본죄의 객체는 전술한 현주건조물등방화죄의 그것과 일치하고 있다(제164조 제1항 참조). 다만 광갱이 지하채굴시설로 용어가 개정되지 않은 채 그대로 남아 있다고 지적하지 않을 수 없다.

본죄의 실행행위는 일수이다. 일수(溢水)란 일반적으로 관리되고 있는 수력을 해방하여 범람하게 하는 것을 말한다. 본죄에서의 일수는 물을 넘겨 객체를 침해하는 것을 의미한다. 물은 유수든 저수든 묻지 않는다.

본죄는 결과는 물로 인한 객체에 대한 침해이다. 한 마디로 수해라고 할 수 있을 것이다. 수해(水害)란 수력에 의하여 본죄의 객체를 유실, 손괴 또는 효용의 상실이나 감소를 초래하는 것을 말한다. 본죄는 객체에 대한 침해가 없는 한 성립하지 않는다는 의미에서 결과범에

속한다고 할 수 있다. 그러나 본죄는 공공의 위험의 발생을 요하지 않는다는 의미에서 추상적 공공위험범에 속한다.

본죄는 고의범이다. 본죄의 고의는 인식적 요소로서 물을 넘긴다는 인식 외에 객체를 침해한다는 사실에 대한 인식을 요한다.

본죄를 범할 목적으로 예비 또는 음모한 때에는 본죄의 예비 · 음모죄로 처벌된다. 본죄는 미수범도 처벌한다. 본죄는 물을 넘겨 객체에 대한 침해의 결과가 발생하지 않는 한 미수에 그친다.

(2) 현주건조물 등 일수 치사상죄

본죄는 위의 현주건조물등일수죄를 범하여 사람을 상해 또는 사망에 이르게 함으로써 성립하는 범죄이다. 현주건조물등일수죄의 결과적 가중범이다.

본죄를 범할 목적으로 예비 또는 음모한 때에는 본죄의 예비 · 음모죄로 처벌된다. 본죄는 미수범도 처벌한다.

3. 처 벌

현주건조물등일수죄의 법정형은 무기 또는 3년 이상의 징역이다. 현주건조물등치사상죄의 법정형은 사람을 상해에 이르게 한 때에는 무기 또는 5년 이상의 징역이고, 사망에 이르게 한 때에는 무기 또는 7년 이상의 징역이다. 본죄의 미수범은 처벌된다. 본죄의 예비 · 음모죄의 법정형은 3년 이하의 징역이다. 방화죄에 있어서와 같은 자수시의 감면규정은 존재하지 않는다.

Ⅱ. 공용건조물 등 일수죄

제178조(공용건조물 등에의 일수) 물을 넘겨 공용 또는 공익에 공하는 건조물, 기차, 전차, 자동차, 선박, 항공기 또는 광갱을 침해한 자는 무기 또는 2년 이상의 징역에 처한다.

제182조(미수범) 제177조 내지 제179조제1항의 미수범은 처벌한다.

제183조(예비, 음모) 제177조 내지 제179조제1항의 죄를 범할 목적으로 예비 또는 음모한 자는 3년 이하의 징역에 처한다.

1. 서 언

본죄는 물을 넘겨 공용 또는 공익에 공하는 건조물, 기차, 전차, 자동차, 선박, 항공기 또는 광갱을 침해함으로써 성립하는 범죄이다.

2. 범 죄

본죄의 객체는 공용 또는 공익에 공하는 건조물, 기차, 전차, 자동차, 선박, 항공기 또는 광갱이다. 본죄의 객체는 전술한 공용 건조물등방화죄의 그것과 일치하고 있다(제165조 참조). 다만 광갱이 지하채굴시설로 용어가 개정되지 않은 채 그대로 남아 있다고 지적하지 않을 수 없다.

본죄의 실행행위는 일수이다. 일수(溢水)는 물을 넘겨 객체를 침해하는 것을 의미한다. 물은 유수든 저수든 묻지 않는다.

본죄는 결과는 물로 인한 객체에 대한 침해이다. 수력에 의하여 본죄의 객체를 유실, 손괴 또는 효용의 상실이나 감소를 초래하는 것을 말한다. 본죄는 객체에 대한 침해가 없는 한 성립하지 않는다는 의미에서 결과범에 속하지만, 공공의 위험의 발생을 요하지 않는다는 의미에서 추상적 공공위험범에 속한다.

본죄는 고의범이다. 본죄의 고의는 인식적 요소로서 물을 넘긴다는 인식 외에 객체를 침해한다는 사실에 대한 인식을 요한다.

본죄를 범할 목적으로 예비 또는 음모한 때에는 본죄의 예비·음모죄로 처벌된다. 본죄는 미수범도 처벌한다. 본죄는 물을 넘겨 객체에 대한 침해의 결과가 발생하지 않는 한 미수에 그친다.

3. 처 벌

본죄의 법정형은 무기 또는 2년 이상의 징역이다. 본죄의 미수범은 처벌된다. 본죄를 범할 목적으로 예비 또는 음모한 자도 3년 이하의 징역으로 처벌된다.

Ⅲ. 일반건조물 등 일수죄

제179조(일반건조물 등에의 일수) ① 물을 넘겨 전2조에 기재한 이외의 건조물, 기차, 전차, 자동차, 선박, 항공기 또는 광갱 기타 타인의 재산을 침해한 자는 1년 이상 10년 이하의 징역에 처한다.
② 자기의 소유에 속하는 전항의 물건을 침해하여 공공의 위험을 발생하게 한 때에는 3년 이하의 징역 또는 700만원 이하의 벌금에 처한다.
③ 제176조의 규정은 본조의 경우에 준용한다.

제182조(미수범) ~ 제179조제1항의 미수범은 처벌한다.

제183조(예비, 음모) ~ 제179조제1항의 죄를 범할 목적으로 예비 또는 음모한 자는 3년 이하의 징역에 처한다.

제176조(타인의 권리대상이 된 자기의 물건) 자기의 소유에 속하는 물건이라도 압류 기타 강제처분을 받거나 타인의 권리 또는 보험의 목적물이 된 때에는 본장의 규정의 적용에 있어서 타인의 물건으로 간주한다.

1. 서 언

본죄는 물을 넘겨 일반건조물 등을 침해하거나 자기의 소유에 속하는 일반건조물 등을 침해하여 공공의 위험을 발생하게 함으로써 성립한다. 일반건조물 등이란 현주·공용 외의 건조물, 기차, 전차, 자동차, 선박, 항공기 또는 광갱 기타 타인의 재산을 말한다. 기타 타인의 재산은 오로지 일반건조물등일수죄에만 속하는 물건이라는 점에서 일반건조물등방화죄에 있어서의 일반건조물등과 구별된다.

본죄는 일반건조물 등 방화죄에 대조되는 규정으로서 그 수단에 있어서 방화와 일수의 차이만을 가질 뿐이다. 본죄는 타인소유 일반건조물 등 일수죄와 자기소유 일반건조물 등

일수죄로 나누어질 수 있다. 전자는 추상적 공공위험범에 속하고, 후자는 공공의 위험을 발생을 요하는 구체적 공공위험범에 해당한다.

2. 범 죄

(1) 타인소유 일반건조물 등 일수죄

본죄는 물을 넘겨 타인소유의 일반건조물 등을 침해함으로써 성립한다. 일반건조물 등이란 현주·공용 외의 건조물, 기차, 전차, 자동차, 선박, 항공기 또는 광갱 기타 타인의 재산을 말한다.

본죄의 실행행위는 일수이다. 일수(溢水)는 물을 넘겨 객체를 침해하는 것을 의미한다.

본죄는 결과는 물로 인한 객체에 대한 침해이다. 수력에 의하여 본죄의 객체를 유실, 손괴 또는 효용의 상실이나 감소를 초래하는 것을 말한다. 본죄는 객체에 대한 침해가 없는 한 성립하지 않는다는 의미에서 결과범에 속하지만, 공공의 위험의 발생을 요하지 않는다는 의미에서 추상적 공공위험범에 속한다.

본죄를 범할 목적으로 예비 또는 음모한 때에는 본죄의 예비·음모죄로 처벌된다. 본죄는 미수범도 처벌한다. 본죄는 물을 넘겨 객체에 대한 침해의 결과가 발생하지 않는 한 미수에 그친다.

(2) 자기소유 일반건조물 등 일수죄

본죄는 물을 넘겨 자기의 소유에 속하는 일반건조물 등을 침해하여 공공의 위험을 발생하게 함으로써 성립한다. 일반건조물 등이란 현주·공용 외의 건조물, 기차, 전차, 자동차, 선박, 항공기 또는 광갱 기타 자기의 재산을 말한다. 자기의 소유에 속하는 물건이라도 압류 기타 강제처분을 받거나 타인의 권리 또는 보험의 목적물이 된 때에는 타인의 물건으로 간주한다(제176조).

본죄는 공공의 위험의 발생을 요건으로 하는 구체적 공공위험범이다. 본죄는 예비·음모, 미수에 관한 처벌규정을 두지 않고 있다.

3. 처 벌

타인소유 일반건조물 등 일수죄의 법정형은 1년 이상 10년 이하의 징역이다. 본죄 미수범은 처벌된다. 본죄를 목적으로 예비 또는 음모한 자도 3년 이하의 징역으로 처벌된다.

자기소유 일반건조물 등 일수죄의 법정형은 3년 이하의 징역 또는 700만원 이하의 벌금이다. 본죄의 예비·음모, 미수는 처벌되지 않는다.

§3. 방수방해죄

제180조(방수방해) 수재에 있어서 방수용의 시설 또는 물건을 손괴 또는 은닉하거나 기타 방법으로 방수를 방해한 자는 10년 이하의 징역에 처한다.

Ⅰ. 서 설

본죄는 수재에 있어서 방수용의 시설 또는 물건을 손괴 또는 은닉하거나 기타 방법으로 방수를 방해함으로써 성립한다. 수재에 있어서 수방을 방해하는 행위를 처벌하고 수방을 효과가 나타나도록 하려는 규정이다. 본죄는 방화죄에 있어서 진화방해죄에 대칭되는 규정이다(제169조 참조).

Ⅱ. 범 죄

본죄의 객체는 방수용의 시설 또는 물건이다. 방수용의 물건이란 방수에 사용하는 기물뿐만 아니라 방수의 목적으로 사용하는 기구를 일체 포함한다. 본래 방수를 위하여 제공된 물건에 한하지 않고 방수에 사용될 수 있는 물건도 대상으로 된다. 이 경우 이들의 물건은 방수에 사용되고 있는 상황이 필요하다. 공유, 사유를 묻지 않는다. 또는 자기의 물건인가도 묻지 않는다. 방수를 위하여 사용한다는 취지의 소유자의 승낙도 불필요하다.

본죄의 실행행위는 방수에 대한 방해이다. 방수에 대한 방해의 방법은 손괴 또는 은닉하거나 기타 방법으로 방수를 방해하는 것이다. 은닉이나 손괴는 그 자체에 의하여 방수를 방해하지만, 기타의 방법은 방수의 방해가 발생할 수 있는 정도의 것이라는 것을 요한다. 손괴(損壞)란 방수용의 물건을 물리적으로 파괴함에 의하여 방수의 효용의 전부 또는 일부를 상실하게 하는 것을 말한다. 은닉(隱匿)이란 방수용의 물건을 방수에 종사하거나 방수를 원조하는 자에 대하여 그 발견을 곤란 또는 불가능하게 하는 것을 말한다. 물건을 다른 장소로 이동시킨다든가 다른 물건으로 은폐하는 적극적인 행위뿐만 아니라 구두로 그 물건이 존재하지 않는다든가 다른 곳에 있다고 하는 등 거짓을 말하여 발견을 곤란하게 하는 경우도 포함된다. 다만 단순히 그 물건의 장소를 알면서 알려주지 않았던 것만으로는 경범죄처벌법 위반에 그칠 뿐이다(경범죄처벌법 제3조 제29호 참조). 기타 방법(其他方法)이란 수방용의 물건을 은닉 또는 손괴 이외의 방법으로 수방, 즉 수재의 방어활동을 방해함에 족한 일체의 방법을 의미한다. 작위가 보통이겠으나, 방수활동에 방해로 됨에도 불구하고 비키지 않는다고 하는 부작위도 이에 포함된다.

본죄의 상황은 수재에 있어서이다. 수재(水災)란 물로 인한 재해를 말한다. 수재에 있어서란 현재 수재가 발생하고 있는 때뿐만 아니라 그와 같은 수재가 발생하려고 하는 때도 포함한다고 해석된다.

Ⅲ. 처 벌

본죄의 법정형은 10년 이하의 징역이다. 진화방해죄의 법정형과 같다. 본죄의 미수범은 처벌되지 않는다.

§4. 과실일수죄

제181조(과실일수) 과실로 인하여 제177조 또는 제178조에 기재한 물건을 침해한 자 또는 제179조에 기재한 물건을 침해하여 공공의 위험을 발생하게 한 자는 1천만원 이하의 벌금에 처한다.

Ⅰ. 서 설

본죄는 과실로 현주 건조물등일수죄 또는 공용 건조물등일수죄에 기재한 물건을 침해하거나 일반건조물등일수죄에 기재한 물건을 침해하여 공공의 위험을 발생하게 함으로써 성립하는 범죄이다.

본죄는 실화죄에 상응한 규정이지만, 업무상 과실이나 중과실을 무겁게 처벌하는 규정은 두고 있지 않다.

Ⅱ. 범 죄

1. 과실 현주 · 공용 건조물 등 일수죄

본죄는 과실로 현주 · 공용 건조물등일수죄에 기재한 물건을 침해함으로써 성립하는 범죄이다.

본죄의 객체는 현주 · 공용 건조물등일수죄에 기재한 물건이다.

본죄의 실행행위는 과실행위다. 과실행위란 객관적 주의의무위반으로서 과실로 물을 넘겨 객체인 물건을 침해하는 것이다. 객체의 침해에 대한 과실이 존재하지 않는 한 본죄는 성립하지 않는다. 침해에 대한 과실이 과실행위의 요건으로 되어 있기 때문이다.

본죄는 거동범이다. 과실로 물을 넘겨 객체가 침해되면 기수에 이르는 추상적 위험범이다. 별도로 공공의 위험의 발생을 요하지 않는다.

2. 과실 일반 건조물 등 일수죄

본죄는 과실로 일반건조물등일수죄에 기재한 물건을 침해하여 공공의 위험을 발생하게 함으로써 성립하는 범죄이다.

본죄의 객체는 일반건조물 등 일수죄에 기재된 물건이다.

본죄의 실행행위는 과실행위다. 과실행위란 객관적 주의의무위반으로서 과실로 물을 넘겨 객체인 물건을 침해하는 것이다. 객체의 침해에 대한 과실이 존재하지 않는 한 본죄는 성립하지 않는다. 침해에 대한 과실이 과실행위의 요건으로 되어 있기 때문이다.

본죄는 결과범이다. 본죄의 결과는 공공의 위험의 발생이다. 공공의 위험의 발생에 대한 예견은 불요하다. 공공의 위험이란 불특정인 또는 다수인으로 하여금 객체의 침해에 대한 위험을 느끼기에 상당한 이유를 가지는 상태를 발생시키는 것을 말한다. 이러한 상태에 이르면 본죄는 기수에 달하게 된다.

Ⅲ. 처 벌

본죄의 법정형은 1천만원 이하의 벌금이다. 과실로 범하여지는 한 현주·공용 건조물 등 일수죄와 일반 건조물 등 일수죄의 사이에 법정형의 차이는 존재하지 않는다.

본죄의 법정형은 1천 500만원 이하인 실화죄의 그것보다는 가볍다. 일수가 실화보다는 비교적 드물게 발생하는 범죄라는 점을 고려하였기 때문이다.

§5. 수리방해죄

제184조(수리방해) 둑을 무너뜨리거나 수문을 파괴하거나 그 밖의 방법으로 수리(水利)를 방해한 자는 5년 이하의 징역 또는 700만원 이하의 벌금에 처한다.

구조문

제184조(수리방해) 제방을 결궤하거나 수문을 파괴하거나 기타 방법으로 수리를 방해한 자는 5년 이하의 징역 또는 700만원 이하의 벌금에 처한다.

Ⅰ. 서 설

본죄는 둑을 무너뜨리거나 수문을 파괴하거나 그 밖의 방법으로 수리(水利)를 방해함으로써 성립한다. 본죄는 수리권의 침해를 방지하기 위한 범죄이다. 보호법익은 수리권이다.

Ⅱ. 범 죄

1. 구성요건

(1) 객관적 구성요건

1) 객 체

본죄의 객체는 타인의 수리이다. 수리(水利)라 함은, 관개용·목축용·발전이나 수차 등의 동력용·상수도의 원천용 등 널리 물이라는 천연자원을 사람의 생활에 유익하게 사용하는 것을 가리킨다.[2] 다만 교통방해죄(제185조) 또는 수도불통죄(제195조)의 경우 등 다른 규정에 의하여 보호되는 형태의 물의 이용은 제외된다.[3] 본죄는 타인의 수리권을 보호법익으로 하므로 수리방해죄가 성립하기 위하여는 법령, 계약 또는 관습 등에 의하여 타인의 권리에 속한다고 인정될 수 있는 물의 이용을 방해하는 것이어야 한다.[4]

타인은 물의 이용이라는 성질상 특단의 사정이 없는 한 단체는 포함되지 않고 물을 이용하고 있는 개인 또는 개인의 집합체를 의미한다고 해석되어야 한다. 타인의 수리가 객체이기 때문에 자기도 수리권을 공유하고 있어도 타인의 수리를 방해하는 행위를 행하면 본죄가 성립한다. 수리권자 전원이 승낙한 경우에는 타인의 수리라고 할 수 없기 때문에 본죄의

2) 대법원 2001.6.26. 선고 2001도404 판결.
3) 대법원 2001.6.26. 선고 2001도404 판결.
4) 대법원 2001.6.26. 선고 2001도404 판결.

대상외로 된다. 토지의 소유권, 기타의 물권, 임차권 등에 의하여 토지 내의 우물로부터 생성되는 물에 대하여도 물권 내지 채권의 당연한 내용으로서 물을 이용할 권리가 포함되어 있다.

수리를 긍정한 판례의 구체적 내용은 다음과 같다. 즉,

> 본건 몽리민들이 1944년경부터 계속하여 20년 이상 평온, 공연하게 본건 유지의 물을 사용하여 소유농지를 경작하여 온 것이라면, 민법 부칙 제2조, 민법 제294조, 제245조 제1항, 제291조, 제292조등에 의하여 지역권취득기간의 경과로 본건농지의 소유자들은 본건유지 소유자에 대하여, 그 저수를 관개에 이용할 수 있는 권리를 취득하였다 하여 용수지역권에 관한 등기를 청구할 수 있는 것이라 할 것이고, 이러한 몽리농민들은 본건 유지의 물을 사용할 권리가 있어 그 권리를 침해하는 행위는 수리방해죄를 구성하는 것이라 할 것임에도 불구하고, 원심이 본건 몽리민들이 취득기간 경과로 용수지역권을 주장할 수 있는 구리권자인가 의 여부에 대하여는 심판함이 없이 앞에 적기한 바와 같이 설시하여 피고인의 본건 행위가 수리방해죄를 구성하지 아니한다고 판단하였음은 잘못이라 아니할 수 없고, 논지는 이유있다 할 것이다.[5]

수리를 부정한 판례의 구체적 내용은 다음과 같다. 즉,

> 원천 내지 자원으로서의 물의 이용이 아니라, 하수나 폐수 등 이용이 끝난 물을 배수로를 통하여 내려보내는 것은 형법 제184조 소정의 수리에 해당한다고 할 수 없고, 그러한 배수 또는 하수처리를 방해하는 행위는, 특히 그 배수가 수리용의 인수와 밀접하게 연결되어 있어서 그 배수의 방해가 직접 인수에까지 지장을 초래한다는 등의 특수한 경우가 아닌 한, 수리방해죄의 대상이 될 수 없다.[6]

2) 행 위

본죄의 실행행위는 방해이다. 방해의 방법은 둑을 무너뜨리거나 수문을 파괴하거나 그 밖의 방법이다. 2020년 12월 개정 전의 규정은 제방을 결궤하거나 수문을 파괴하거나 기타 방법이었다.[7] 결궤(決潰)란 물로 제방을 무너뜨리는 것을 말한다. 수리를 방해한다 함은 제방을 무너뜨리거나 수문을 파괴하는 등 위 조문에 예시된 것을 포함하여 저수시설, 유수로(流水路)나 송·인수시설 또는 이들에 부설된 여러 수리용 장치를 손괴·변경하거나 효용을 해침으로써 수리에 지장을 일으키는 행위를 가리킨다.[8]

둑을 무너뜨리거나 수문을 파괴하여도 수리를 전혀 방해하지 않았다면 본죄의 대상으로 되지 않는다. 그러나 수리를 위하여 현실적으로 사용하고 있는 둑을 무너뜨리거나 수문을 파괴한 경우에는 그 시점에서 곧바로 수리의 방해로 되지는 않아도 본죄의 대상으로 될 수 있다. 둑이란 물을 저지하는 구조를 가지는 인공적인 건조물을 말한다. 구조문상으로는 제방(堤防)을 의미한다. 자연적으로 흐르는 하천의 둑의 경우 인공이 가하여지지 않으면 기타의 방법에 의한 방해의 방법이 될 것이다. 수문(水門)이란 수류의 출입구로 인공적인 건조

5) 대법원 1968.2.20. 선고 67도1677 판결.
6) 대법원 2001.6.26. 선고 2001도404 판결.
7) 형법 2020.10.20, 일부개정 법률 제17511호 2020.10.20. 시행.
8) 대법원 2001.6.26. 선고 2001도404 판결.

물을 말한다. 파괴(破壞)는 손괴의 의미이다. 둑을 무너뜨리거나 수문을 파괴하는 행위는 수리방행행위의 예시이다. 따라서 이와 유사한 행위만이 기타의 방법으로서 수리방해행위로 될 수 있다고 해야 한다.

방해를 긍정한 판례의 구체적 내용은 다음과 같다. 즉,

몽리민들이 계속하여 20년 이상 평온 공연하게 본건 유지의 물을 사용하여 소유농지를 경작하여 왔다면 그 유지의 물을 사용할 권리가 있다고 할 것이므로 그 권리를 침해하는 행위는 수리방해죄를 구성한다할 것이다.[9]

방해를 부정한 판례의 구체적 내용은 다음과 같다. 즉,

농촌주택에서 배출되는 생활하수의 배수관(소형 PVC관)을 토사로 막아 하수가 내려가지 못하게 한 경우, 수리방해죄에 해당하지 아니한다.[10]

3) 결 과

본죄는 결과범이다. 현실적으로 수리방해의 결과가 발생함으로써 기수에 이른다. 다만 본죄는 수리방해로 인한 공공의 위험을 요하지 않는다는 의미에서 추상적 위험범에 속한다.

(2) 주관적 구성요건

본죄는 고의범이다. 본죄의 고의는 인식적 요소로서 둑을 무너뜨리거나 수문을 파괴하거나 그 밖의 방법으로 수리(水利)를 방해한다는 사실에 대한 인식을 요한다. 본죄는 고의만으로 족하기 때문에 이 외에 수리방해의 목적이나 동기를 요하지 않는다.

2. 위법성조각사유

본죄는 정당한 쟁의행위의 일환으로 수리를 방해하여도 위법성이 조각될 수 있다(제20조 참조). 아울러 본죄는 농민들 사이에서 소위 물싸움 등과 관련하여 발생하는 경우가 있다. 이러한 경우 수리권이 관습에 의하여 발생하듯이 수리에 대한 방해행위도 관습에 의하여 위법성이 조각되는 경우가 있을 수 있다.

Ⅲ. 처 벌

본죄의 법정형은 5년 이하의 징역 또는 700만원 이하의 벌금이다. 본죄는 미수범에 대한 처벌규정이 없다.

---

9) 대법원 1968.2.20. 선고 67도1677 판결.
10) 대법원 2001.6.26. 선고 2001도404 판결.

제6절 교통방해의 죄

§1. 개 관

Ⅰ. 서 설

본장의 교통방해의 죄(Störung des öffentlichen Verkehrs)는 고의 또는 과실로 공중의 이용에 제공된 교통로, 교통시설 또는 교통기관을 침해함으로써 교통의 방해를 내용으로 하는 범죄이다(형법 제2편 제15장).

오늘날 상호간의 왕래는 더욱 빈번해지고 있다. 교통기관과 함께 교통로, 교통시설도 비약적으로 발달하고 있다. 이는 지상, 지하, 수상, 공중 나아가 우주공간까지 확대중에 있으며, 그 종류와 기능도 다양화, 대형화, 고도화를 더하고 있고, 양적으로도 무수히 팽창하고 있다. 교통의 안전을 해하는 행위는 불특정 또는 다수의 생명, 신체, 재산에 대하여 종전보다 훨씬 큰 부정적 파급효과를 가져올 것이기 때문에 교통의 안전은 언제 어디서나 조건 없이 보호되지 않으면 안 된다고 하지 않을 수 없다.

Ⅱ. 보호법익

본장의 죄의 보호법익은 공공의 교통의 안전이다. 교통의 방해는 불특정인 또는 다수인의 생명, 신체 및 재산의 위험과 직격되기 때문에 본죄는 방화와 실화에 관한 죄 및 일수와 수리에 관한 죄와 함께 공공위험범(Gemein-gefährdungsdelikt)에 속한다.

교통의 안전은 사회생활을 유지·발전시키기 위한 불가결한 요건이다. 사회생활상 왕래의 안전은 경제, 산업의 발전과 성장에 있어서뿐만 아니라 정치, 군사, 문화 등 인간의 모든 활동영역에 있어서의 발전에 필수불가결한 역할을 담당하고 있다. 나아가 인간의 모든 활동의 범위는 교통의 가능성에 의존하고 있다고 하여도 과언이 아니다.

Ⅲ. 구성요건에 체계

본장의 죄에 있어서 기본적 구성요건은 일반교통방해죄이다(제185조). 기차·선박 등의 교통방해죄(제186조)는 가중적 구성요건이다. 기차 등의 전복 등 죄(제187조)는 독립적 구성요건에 속한다. 교통방해치사상죄(제188조)는 일반교통방해죄와 기차등전복등죄의 결과적 가중범이다. 과실범으로서 과실에 의한 교통방해죄가 규정되어 있다(제189조).

이 외에 일반교통방해죄, 기차·선박 등의 교통방해죄 및 기차 등의 전복 등 죄는 미수범을 처벌한다(제190조). 기차·선박 등의 교통방해죄와 기차 등의 전복 등 죄의 예비·음모도 처벌된다(제191조).

§2. 일반교통방해죄

제185조(일반교통방해) 육로, 수로 또는 교량을 손괴 또는 불통하게 하거나 기타 방법으로 교통을 방해한 자는 10년 이하의 징역 또는 1천500만원 이하의 벌금에 처한다.

제190조(미수범) 제185조 내지 제187조의 미수범은 처벌한다.

I. 서 설

본죄는 육로, 수로 또는 교량을 손괴 또는 불통하게 하거나 기타 방법으로 교통을 방해함으로써 성립한다.

본죄는 일반 공중의 교통의 안전을 보호법익으로 한다.[1] 본죄는 육로 등을 손괴하거나 장애물로 막는 등의 방법으로 교통을 방해하여 통행을 불가능하게 하거나 현저하게 곤란하게 하는 일체의 행위를 처벌하는 것을 목적으로 한다.[2]

II. 범 죄

1. 구성요건

(1) 객관적 구성요건

1) 객 체

본죄의 객체는 육로, 수로 및 교량이다. 이 외의 것에 대하여는 본죄는 성립하지 않는다.

① 육 로

육로(陸路)라 함은 사실상 일반 공중의 왕래에 공용되는 육상의 통로를 널리 일컫는 것이다.[3] 사실상 일반 공중의 왕래에 공용되는 도로를 이른다.[4] 특정인에 한하지 않고 불특정·

---

1) 대법원 2019.4.23. 선고 2017도1056 판결; 대법원 2019.1.10. 선고 2016도19464 판결; 대법원 2018.2.28. 선고 2017도16846 판결; 대법원 2018.1.24. 선고 2017도11408 판결; 대법원 2017.12.22. 선고 2017도14879 판결; 대법원 2017.4.7. 선고 2016도12563 판결; 대법원 2014.7.10. 선고 2014도1926 판결; 대법원 2010.2.25. 선고 2009도13376 판결; 대법원 2009.7.9. 선고 2009도4266 판결; 대법원 2009.1.30. 선고 2008도10560 판결; 대법원 2007.12.28. 선고 2007도7717 판결; 대법원 2007.10.11. 선고 2005도7573 판결; 대법원 2007.3.15. 선고 2006도9418 판결; 대법원 2006.3.9. 선고 2006도298 판결; 대법원 2005.10.28. 선고 2004도7545 판결; 대법원 2005.8.19. 선고 2005도1697 판결; 대법원 2003.10.10. 선고 2003도4485 판결; 대법원 2002.4.26. 선고 2001도6903 판결; 대법원 1999.7.27. 선고 99도1651 판결; 대법원 1999.4.27. 선고 99도401 판결; 대법원 1995.9.15. 선고 95도1475 판결; 대법원 1984.9.11. 선고 83도2617 판결.

2) 대법원 2019.4.23. 선고 2017도1056 판결; 대법원 2019.1.10. 선고 2016도19464 판결; 대법원 2018.2.28. 선고 2017도16846 판결; 대법원 2018.1.24. 선고 2017도11408 판결; 대법원 2017.12.22. 선고 2017도14879 판결; 대법원 2017.4.7. 선고 2016도12563 판결; 대법원 2014.7.10. 선고 2014도1926 판결; 대법원 2010.2.25. 선고 2009도13376 판결; 대법원 2009.7.9. 선고 2009도4266 판결; 대법원 2009.1.30. 선고 2008도10560 판결; 대법원 2007.12.28. 선고 2007도7717 판결; 대법원 2007.3.15. 선고 2006도9418 판결; 대법원 2006.3.9. 선고 2006도298 판결; 대법원 2005.10.28. 선고 2004도7545 판결; 대법원 2003.10.10. 선고 2003도4485 판결; 대법원 2002.4.26. 선고 2001도6903 판결; 대법원 1995.9.15. 선고 95도1475 판결.

3) 대법원 2007.12.28. 선고 2007도7717 판결; 대법원 2007.3.15. 선고 2006도9418 판결; 대법원 2006.3.9. 선고 2006도298 판결; 대법원 2005.10.28. 선고 2004도7545 판결; 대법원 2002.4.26. 선고 2001도6903 판결; 대법원 1999.7.27. 선고 99도1651 판결; 대법원 1995.9.15. 선고 95도1475 판결; 대법원 1994.11.4. 선고 94도2112

다수 인 또는 차마가 자유롭게 통행할 수 있는 공공성을 지닌 장소로 족하다.[5] 육로로 인정되는 이상 그 부지의 소유관계나 통행권리관계 또는 통행인의 많고 적음 등을 가리지 않는 것이다.[6] 그러나 단순히 개인적인 용도로 사용되는 도로는 부수적으로 타인의 통행을 허용하더라도 여기서 말하는 육로에는 해당하지 않는다.

육로를 긍정한 판례의 구체적 내용은 다음과 같다. 즉,

사실상 2가구 외에는 달리 이용하는 사람들이 없는 통행로라 하더라도 이는 일반교통방해죄에서 정하고 있는 육로에 해당한다.[7] 이 사건 각 토지 중 마을주민, 등산객, 성묘객 등이 사실상 통행로로 이용하여 오던 부분은 일반공중의 왕래에 제공되는 장소로서 형법 제185조 소정의 육로에 해당한다.[8] 불특정 다수인의 통행로로 이용되어 오던 도로의 토지 일부의 소유자라 하더라도 그 도로의 중간에 바위를 놓아두거나 이를 파헤침으로써 차량의 통행을 못하게 한 행위는 일반교통방해죄 및 업무방해죄에 해당한다.[9] 피고인 소유의 토지를 포함한 구도로 옆으로 신도로가 개설되었으나 구도로가 여전히 형법 제185조 소정의 '육로'에 해당한다.[10] 도로가 농가의 영농을 위한 경운기나 리어카 등의 통행을 위한 농로로 개설되었다 하더라도 그 도로가 사실상 일반 공중의 왕래에 공용되는 도로로 된 이상 경운기나 리어카 등만 통행할 수 있는 것이 아니고 다른 차량도 통행할 수 있는 것이므로 이러한 차량의 통행을 방해한다면 이는 일반교통방해죄에 해당한다.[11] 주민들에 의하여 공로로 통하는 유일한 통행로로 오랫동안 이용되어 온 폭 2m의 골목길을 자신의 소유라는 이유로 폭 50 내지 75cm 가량만 남겨두고 담장을 설치하여 주민들의 통행을 현저히 곤란하게 하였다면 일반교통방해죄를 구성한다.[12] 이 사건 도로가 육로로 인정되는 이상 그 부지의 소유자가 피고인이고 고소인 등이 그 부지를 민법상의 아무런 권원없이 무단출입하여 불법통행하였다던가 피고인이 적법한 건축허가를 받아 위와 같이 도로를 막았다던가 또는 위 도로가 고소인집 거주자 등 소수인의 통행에만 제공되었다고 하여 그 도로를 막아 불통하게 한 피고인의 소위가 일반교통방해죄를 구성하지 않는다고 볼 수는 없다.[13] 학교법인 소유토지를 무단출입하여 불법

판결; 대법원 1991.12.10. 선고 91도2550 판결; 대법원 1988.4.25. 선고 88도18 판결; 대법원 1987.4.14. 선고 87도393 판결; 대법원 1960.9.21. 선고 4293형상588 판결.

4) 대법원 1989.6.27. 선고 88도2264 판결; 대법원 1987.4.14. 선고 87도393 판결; 대법원 1971.3.9. 선고 71도152 판결.

5) 대법원 2019.4.23. 선고 2017도1056 판결; 대법원 2017.4.7. 선고 2016도12563 판결; 대법원 2010.2.25. 선고 2009도13376 판결; 대법원 2007.10.11. 선고 2005도7573 판결; 대법원 2005.8.19. 선고 2005도1697 판결; 대법원 2003.2.28. 선고 2002도7292 판결; 대법원 2002.4.26. 선고 2001도6903 판결; 대법원 1999.4.27. 선고 99도401 판결; 대법원 1988.5.10. 선고 88도262 판결; 대법원 1984.9.11. 선고 83도2617 판결.

6) 대법원 2007.12.28. 선고 2007도7717 판결; 대법원 2007.3.15. 선고 2006도9418 판결; 대법원 2006.3.9. 선고 2006도298 판결; 대법원 2005.10.28. 선고 2004도7545 판결; 대법원 2005.8.19. 선고 2005도1697 판결; 대법원 2002.4.26. 선고 2001도6903 판결; 대법원 1999.7.27. 선고 99도1651 판결; 대법원 1999.4.27. 선고 99도401 판결; 대법원 1995.9.15. 선고 95도1475 판결; 대법원 1994.11.4. 선고 94도2112 판결; 대법원 1991.12.10. 선고 91도2550 판결; 대법원 1989.6.27. 선고 88도2264 판결; 대법원 1988.4.25. 선고 88도18 판결; 대법원 1987.4.14. 선고 87도393 판결; 대법원 1979.9.11. 선고 79도1761 판결; 대법원 1971.3.9. 선고 71도152 판결; 대법원 1960.9.21. 선고 4293형상588 판결.

7) 대법원 2007.2.22. 선고 2006도8750 판결.

8) 대법원 2005.8.19. 선고 2005도1697 판결.

9) 대법원 2002.4.26. 선고 2001도6903 판결.

10) 대법원 1999.7.27. 선고 99도1651 판결.

11) 대법원 1995.9.15. 선고 95도1475 판결.

12) 대법원 1994.11.4. 선고 94도2112 판결.

통행하였다던가 소수인의 통행에 불과하였다는 사실만으로서는 위 육로의 인정을 좌우할 수 없다.[14] 피고인이 1965년경 이래 주로 자신이 관리하여 왔으며 그 부지의 일부가 그의 소유에 속하는 제1심 판결에 판시된 도로가 인근 주민들의 통로로 사용되어 온 것이었다는 사실과 피고인 1969.10.9.에 위 도로상에 돌을 쌓아 올리었고 1970.3.5.에는 브록을 쌓아 올리므로써 우마차가 그 도로을 통행할 수 없게 하였다는 사실 등을 확정함으로써 피고인의 그 소위에 대하여 형법 제185조를 적용 처단한 제1심 판결을 정당하였다 하여 그 판결을 그대로 유지한 조치에 소론이 지적하는 바와 같은 위법이 있었다고는 인정되지 않는 바이니, 소론의 논지를 이유 없다하여, 관여 법관 전원의 일치한 의견으로 형사소송법 제390조, 제364조 제4항에 의하여 판단한다.[15]

육로를 부정한 판례의 구체적 내용은 다음과 같다. 즉,

통행로를 이용하는 사람이 적은 경우에도 위 규정에서 말하는 육로에 해당할 수 있으나, 공로에 출입할 수 있는 다른 도로가 있는 상태에서 토지 소유자로부터 일시적인 사용승낙을 받아 통행하거나 토지 소유자가 개인적으로 사용하면서 부수적으로 타인의 통행을 묵인한 장소에 불과한 도로는 위 규정에서 말하는 육로에 해당하지 않는다.[16] '피고인 소유의 임야 내 타인의 음식점으로 통하는 진입도로'가 일반교통방해죄에서 정한 불특정 다수인을 위한 공공성을 가진 도로라고 보기 어렵다.[17] 목장 소유자가 목장운영을 위해 목장용지 내에 임도를 개설하고 차량 출입을 통제하면서 인근 주민들의 일부 통행을 부수적으로 묵인한 경우, 위 임도는 공공성을 지닌 장소가 아니어서 일반교통방해죄의 '육로'에 해당하지 않는다.[18] 불특정 다수인 또는 차마가 자유롭게 통행할 수 있는 공공성을 지닌 장소로 볼 수 없다는 이유로 형법 제185조 소정의 육로에 해당하지 않는다.[19] 이 사건 토지일대는 농작물을 경작하던 농토이었는데 1977.7.12. 자 지적고시에 의한 도시계획이 수립된 다음부터 이 사건 토지를 통하여 부근일대의 큰 도로로 통행하려 하는 주민들이 늘어나자, 소유자인 피고인이 이를 막고 농작물을 재배할려고 그동안 수차에 걸쳐 철조망 등을 설치하였는데 그때마다 주민들이 이를 부수고 통행을 하여온 사정이 엿보이는바, 이와 같이 이 사건 토지상에 정당한 도로개설이 되기 전까지 소유자가 농작물경작지로서 이용할려고 하였고, 부근 주민들은 큰 도로로 나아가는 간편한 통로로 이용할려고 하여 분쟁이 계속되었다면 이는 주민들이 자유롭게 통행할 수 있는 공공성이 있는 곳이라고 보기 어렵다고 할 것인 즉 원심이 이러한 점을 소상히 밝혀 보지 아니하고 이곳이 육로에 해당된다고 하여 제1심판결을 그대로 유지한 것은 심리미진이 아니면 육로에 관한 법리오해의 위법이 있다고 할 것이다.[20] 토지의 소유자가 자신의 토지의 한쪽 부분을 일시 공터로 두었을 때 인근주민들이 위 토지의 동서쪽에 있는 도로에 이르는 지름길로 일시 이용한 적이 있다 하여도 이를 일반공중의 내왕에 공용되는 도로하고 할 수 없으므로 형법 제185조 소정의 육로로 볼 수 없다.[21] 피고인이 철문을 설치하여 시정하였다는 통로는 일반공중의 자유로운 왕래에 공용된 장소라고 보기 어렵고, 단순히 피고인 개인이 그 사용에 공하면서 인접된

13) 대법원 1988.4.25. 선고 88도18 판결.
14) 대법원 1979.9.11. 선고 79도1761 판결.
15) 대법원 1971.3.9. 선고 71도152 판결.
16) 대법원 2017.4.7. 선고 2016도12563 판결.
17) 대법원 2010.2.25. 선고 2009도13376 판결.
18) 대법원 2007.10.11. 선고 2005도7573 판결.
19) 대법원 1999.4.27. 선고 99도401 판결.
20) 대법원 1988.5.10. 선고 88도262 판결.
21) 대법원 1984.11.13. 선고 84도2192 판결.

고소인 소유주택에 거주하는 사람들이 통행을 부수적으로 묵인한 장소에 불과하다고 보이므로 원심이 이러한 점을 소상히 가려보지 아니하고 피고인이 차단한 장소가 육로에 해당한다 하여 제1심 판결을 그대로 유지한 조치에는 심리미진이 아니면 형법 제185조에서 말하는 육로의 법리를 오해한 위법이 있다 않을 수 없다.[22)]

② 수 로

수로(水路)란 선박 등의 항행의 사용에 제공되는 하천, 운하, 호소, 항구 등을 말한다. 일반공중의 교통에 제공된 것에 한하는 것은 육로의 경우와 같다. 공해상의 해로도 교통방해의 대상이 될 수 있는 한 수로에 포함된다.

③ 교 량

교량도 일반공중의 교통의 사용에 제공된 것에 한한다. 그러한 한 그 구조, 재질, 형상의 대소를 묻지 않는다. 다만 교량이라고 할 수 있는 정도의 것인 것을 요한다. 공유이든 사유이든 묻지 않는 것은 육로와 수로에서와 같다. 교량은 하천·호수 등의 위에 건설된 것 외에 육교도 포함한다. 궤도의 일부가 되는 철교는 후술하는 기차의 교통방해죄의 객체로 된다(제186조 참조).

2) 행 위

본죄의 실행행위는 교통방해이다. 교통(交通)은 통행 또는 왕래이다. 방해(妨害)란 교통을 불가능하게 하거나 현저히 곤란하게 하는 것을 말한다. 방해의 수단으로서는 손괴, 불통 및 기타 방법이 예시되고 있다.

① 손 괴

손괴(損壞)란 물리적으로 파괴하여 그 효용을 상실하게 하는 것을 말한다.[23)] 도로나 교량에 구멍을 내어 통행을 불가능하게 하거나 곤란하게 하는 경우 또는 하천의 제방이나 수문을 파괴하는 경우 등이 그 예시로 거론될 수 있다. 손괴는 반드시 전부 손괴일 것을 요하지 않는다. 일부의 파괴로도 족하다. 그러나 결과로서 교통의 방해를 발생시킬 것이 필요하기 때문에 일정 이상의 손괴를 요한다고 해석된다. 교통의 방해를 발생시키기에 이르지 않은 정도의 손괴는 본죄의 고의가 인정되는 경우에도 미수죄를 구성함에 그친다. 대법원은 "성수대교의 건설 당시의 부실제작 및 부실시공행위 등에 의하여 트러스가 붕괴되는 것도 위 '손괴'의 개념에 포함된다"고 판시한 바 있다.[24)]

② 불 통

불통(不通)이란 장애물을 설치하여 통로를 차단하는 일체의 것을 말한다. 장애물이 통로를 부분적으로 차단함에 지나지 않는 경우에도 통로의 효용을 저해하여 왕래의 위험을 발생시킨 때에는 불통에 해당한다. 폭행이나 협박에 의한 통행의 차단은 문언해석상 불통에 해

22) 대법원 1984.9.11. 선고 83도2617 판결.
23) 대법원 1997.11.28. 선고 97도1740 판결.
24) 대법원 1997.11.28. 선고 97도1740 판결.

당하지 않는다.

③ 기타 방법

기타의 방법이란 손괴나 불통 이외의 방법으로 통행을 불가능하게 하거나 현저히 곤란하게 하는 것을 말한다. 이정표의 방향을 엉뚱한 방향으로 변경하거나 허위의 이정표를 설치하는 경우 등도 이에 해당한다. 도로를 더럽히고 통행인으로 하여금 통행할 수 없도록 심리적 불쾌감을 주는 경우도 포함한다는 견해도 있다. 생각건대 교통의 곤란상태를 판단하기 위하여 통행인 등의 심리적 측면을 고려하여야 하는가의 문제는 본죄의 취지상 적극적으로 해석하여도 무방할 것으로 보인다.

3) 결 과

본죄의 결과범이다. 본죄는 단순히 육로, 수로, 교량을 손괴, 불통한 것만으로는 성립하지 않고 기수에 달하기 위해서는 이에 의하여 교통의 방해가 발생할 것을 요한다. 교통의 방해를 발생하였다는 것은 사람, 차마, 선박 등의 통행, 왕래를 불가능하게 하거나 곤란하게 하는 상태를 만들었다는 것을 의미한다. 그러나 공공위험범이기 때문에 공중의 누군가가 현실적으로 통행을 방해받았다는 결과의 발생을 요하지 않는다. 예컨대 사람의 통행이 없는 심야시간대에 도로를 손괴한 경우에도 본죄는 성립한다. 이러한 의미에서 본죄는 추상적 공공위험범에 속한다.

한편 본죄에서 교통방해 행위는 계속범의 성질을 가지는 것이어서 교통방해의 상태가 계속되는 한 가벌적인 위법상태는 계속 존재한다고 할 수 있다.[25] 여기서 손괴나 불통 등 교통방해행위는 상당한 시간에 걸쳐 그러한 상태를 계속할 것을 요한다고 하겠다.

방해를 긍정한 판례의 구체적 내용은 다음과 같다. 즉,

> 교통방해를 유발한 집회에 참가한 경우 참가 당시 이미 다른 참가자들에 의해 교통의 흐름이 차단된 상태였다고 하더라도 교통방해를 유발한 다른 참가자들과 암묵적·순차적으로 공모하여 교통방해의 위법상태를 지속시켰다고 평가할 수 있다면 일반교통방해죄가 성립한다.[26] 피고인이 집회참가자 1,200여 명과 함께 여의도 문화마당에서 집회를 마치고 여의대로 횡단보도를 건넌 후 여의대로 옆 보조도로 차로 전부를 점거한 채 마포대교 남단 부근의 LG트윈빌딩 앞까지 행진한 사실을 인정한 다음, 보조도로는 분리대에 의하여 왕복 10차로의 여의대로와 구분되어 있고 여의나루역 방면으로 우회전하려는 차량과 보조도로에 설치된 버스정류장으로 진입하려는 버스가 이용하는 도로인 점 등에 비추어 보면, 피고인 등의 보조도로 점거로 인하여 보조도로의 차량 통행자체가 불가능하게 되었고 여의나루역 방면으로 우회전하려는 차량과 버스정류장으로 진입할 수 없게 된 버스가 인접한 여의대로 등으로 우회할 수밖에 없었던 것으로 보이는 이상 비록 주변 여의대로를 통한 우회가 가능하였다고 하더라도 피고인의 위와 같은 행위로 인하여 보조도로를 이용하는 차량들의 통행이 현저하게 곤란하게 되었다.[27] 교통방해를 유발한 집회에 참가한 경우 참가 당시

---

25) 대법원 2019.4.23. 선고 2017도1056 판결; 대법원 2018.2.28. 선고 2017도16846 판결; 대법원 2018.1.24. 선고 2017도11408 판결.

26) 대법원 2019.4.23. 선고 2017도1056 판결; 대법원 2018.5.11. 선고 2017도9146 판결; 대법원 2018.1.24. 선고 2017도11408 판결.

이미 다른 참가자들에 의해 교통의 흐름이 차단된 상태였더라도 교통방해를 유발한 다른 참가자들과 암묵적·순차적으로 공모하여 교통방해의 위법상태를 지속시켰다고 평가할 수 있다면 일반교통방해죄가 성립한다.[28] 신고 범위를 현저히 벗어나거나 집시법 제12조에 따른 조건을 중대하게 위반함으로써 교통방해를 유발한 집회에 참가한 경우 참가 당시 이미 다른 참가자들에 의해 교통의 흐름이 차단된 상태였다고 하더라도 교통방해를 유발한 다른 참가자들과 암묵적·순차적으로 공모하여 교통방해의 위법상태를 지속시켰다고 평가할 수 있다면 일반교통방해죄가 성립한다.[29] 피고인의 가옥 앞 도로가 폐기물 운반 차량의 통행로로 이용되어 가옥 일부에 균열 등이 발생하자 피고인이 위 도로에 트랙터를 세워두거나 철책 펜스를 설치함으로써 위 차량의 통행을 불가능하게 하거나 위 차량들의 앞을 가로막고 앉아서 통행을 일시적으로 방해한 경우, 전자의 경우에만 일반교통방해죄를 구성한다.[30] 도로 중 조선호텔 방면 편도 3개 차로 중 편도 3개 차로 쪽에 차량 2, 3대와 간이테이블 수십개를 이용하여 길가 쪽 2개 차로를 차지하는 포장마차를 설치하고 영업을 하였다면, 비록 그와 같은 행위가 주로 주간에 비하여 차량통행이 적은 야간에 이루어진 것이라고 하더라도(경우에 따라서는 주간에도 범행이 이루어졌다) 그로 인하여 이 사건 도로의 교통을 방해하여 차량통행이 현저히 곤란한 상태가 발생하였다고 하지 않을 수 없고, 이 사건 도로를 통행하는 차량이 나머지 1개 차로와 반대편 차로를 이용할 수 있었다고 하여 피고인들의 행위가 일반교통방해죄에 해당하지 않는다고 볼 수도 없다.[31]

방해를 부정한 판례의 구체적 내용은 다음과 같다. 즉,

공항 여객터미널 버스정류장 앞 도로 중 공항리무진 버스 외의 다른 차의 주차가 금지된 구역에서 밴 차량을 40분간 불법주차하고 호객행위를 한 것이, 다른 차량들의 통행을 불가능하거나 현저히 곤란하게 한 것으로 볼 수 없어 형법 제185조의 일반교통방해죄를 구성하지 않는다.[32]

(2) 주관적 구성요건

본죄는 고의범이다. 본죄의 고의는 인식적 요소로서 육로, 수로, 교량을 손괴, 불통 등의 행위를 하여 교통의 방해를 초래한다는 인식을 요한다. 한편 차량의 통행은 불가능하지만, 사람의 통행은 가능한 정도의 소위 불법주차 등의 경우에는 고의의 존부가 문제될 수 있다.

(3) 미수·기수

본죄는 미수범을 처벌한다. 본죄의 실행의 착수는 손괴 또는 불통하게 하거나 기타의 방법으로 교통을 방해할 수 있는 행위를 개시하는 시점이다. 본죄는 교통의 방해가 발생할 수 있는 시점에서 기수에 달한다고 해석된다. 대법원도 본죄는 "이른바 추상적 위험범으로서 교통이 불가능하거나 또는 현저히 곤란한 상태가 발생하면 바로 기수가 되고 교통방해의 결과가 현실적으로 발생하여야 하는 것은 아니다"라고 판시한 바 있다.[33]

---

27) 대법원 2019.1.10. 선고 2016도19464 판결.
28) 대법원 2018.5.11. 선고 2017도9146 판결.
29) 대법원 2018.2.28. 선고 2017도16846 판결; 대법원 2018.1.24. 선고 2017도11408 판결.
30) 대법원 2009.1.30. 선고 2008도10560 판결.
31) 대법원 2007.12.14. 선고 2006도4662 판결.
32) 대법원 2009.7.9. 선고 2009도4266 판결.
33) 대법원 2019.4.23. 선고 2017도1056 판결; 대법원 2019.1.10. 선고 2016도19464 판결; 대법원 2018.5.11. 선고 2017도9146 판결; 대법원 2018.2.28. 선고 2017도16846 판결; 대법원 2018.1.24. 선고 2017도11408 판결;

(4) 공 범

본죄에 있어서도 공범의 성립은 가능하다. 문제는 시위대에 있다. 시위대가 차로 위를 행진하는 등으로 도로 교통을 방해함으로써 통행을 불가능하게 하거나 현저하게 곤란하게 하는 경우에는 당연히 본죄가 성립한다. 그러나 시위에 참가하였다고 하여, 참가자 모두에게 당연히 본죄가 성립한다고는 할 수 없다. 참가자가 교통방해를 유발하는 직접적인 행위를 하였거나, 그렇지 않을 경우에는 참가자의 참가 경위나 관여 정도 등에 비추어 그 참가자에게 공모공동정범으로서의 죄책을 물을 수 있는 경우에 한하여 본죄의 성립이 긍정될 수 있다.

공범의 성립을 긍정한 판례의 구체적 내용은 다음과 같다. 즉,

> 당초 신고된 범위를 현저히 일탈하거나 집시법 제12조에 의한 조건을 중대하게 위반하여 도로 교통을 방해함으로써 통행을 불가능하게 하거나 현저하게 곤란하게 하는 집회 및 시위에 참가하였다고 하여, 그러한 참가자 모두에게 당연히 일반교통방해죄가 성립하는 것은 아니다. 실제로 그 참가자가 위와 같이 신고된 범위의 현저한 일탈 또는 조건의 중대한 위반에 가담하여 교통방해를 유발하는 직접적인 행위를 하였거나, 그렇지 아니할 경우에는 그 참가자의 참가 경위나 관여 정도 등에 비추어 그 참가자에게 공모공동정범으로서의 죄책을 물을 수 있는 경우라야 일반교통방해죄가 성립한다.[34] 참가자 모두에게 당연히 일반교통방해죄가 성립하는 것은 아니고, 실제로 참가자가 신고 없이 이루어진 집회 · 시위에 가담하거나, 위와 같이 신고 범위를 현저하게 벗어나거나 조건을 중대하게 위반하는 데 가담하여 교통방해를 유발하는 직접적인 행위를 하였거나, 참가자의 참가 경위나 관여 정도 등에 비추어 참가자에게 공모공동정범의 죄책을 물을 수 있는 경우라야 일반교통방해죄가 성립한다.[35] 피고인이 집회 및 시위에 관한 법률에 따른 신고 없이 서울광장에서 개최된 '세월호 1주기 범국민행동' 추모제(이하 '갑 집회'라 한다)에 참석한 뒤 다른 집회 참가자들과 함께 질서유지선을 넘어 방송차량을 따라 도로 전 차로를 점거하면서 행진하고, 행진을 제지하는 경찰과 대치하면서 도로에서 머물다가 귀가한 사안에서, 피고인은 다른 집회 참가자들과 함께 경찰이 공공질서 유지 등을 위하여 설정한 질서유지선을 넘어 도로 전 차로를 점거한 채 행진하였으므로 집회 참가자들 사이에 서로의 행위를 인식하며 암묵적 · 순차적으로 의사의 결합이 이루어졌다고 볼 수 있어, 피고인은 갑 집회의 위법성을 인식한 상태에서 이를 수용하여 도로 점거 등 교통을 방해하는 직접적 행위를 하였다고 보이는 점, 갑 집회 참가자들이 도로를 점거함으로써 차량의 통행이 전면적으로 제한되는 상태가 계속되었으므로 도로 점거행위는 직접적인 교통방해 행위에 해당하거나 교통방해의 위법상태를 지속시켰다고 평가할 수 있는 점, 갑 집회 · 시위의 내용과 진행 상황, 집회 참가자들이 질서유지선을 넘어 도로를 점거한 채 행진하는 등 구체적인 행위 모습, 도로 점거의 지속시간, 피고인이 다른 집회 참가자들과 함께 도로 점거를 계속한 점 등에 비추어 위 범행에 대한 본질적 기여를 통한 기능적 행위지배가 있다고 볼 수 있는 점을 종합하면, 피고인은 일반교통방해죄의 공모공동정범으로서 책임이 있다는 이유로, 이와 달리 보아 공소사실을 무죄로 판단한 원심판결에 일반교통방해죄의 공모공동정범에 관한 법리오해 등의 잘못이 있다고 한 사례이다.[36]

대법원 2007.12.14. 선고 2006도4662 판결; 대법원 2005.10.28. 선고 2004도7545 판결.

34) 대법원 2021.7.15. 선고 2018도11349 판결; 대법원 2016.11.10. 선고 2016도4921 판결.

35) 대법원 2019.4.23. 선고 2017도1056 판결; 대법원 2016.11.10. 선고 2016도4921 판결.

36) 대법원 2018.5.11. 선고 2017도9146 판결.

공범의 성립을 부정한 판례의 구체적 내용은 다음과 같다. 즉,

집회 및 시위에 관한 법률에 따른 신고 없이 이루어진 집회에 참석한 참가자들이 차로 위를 행진하는 등으로 도로 교통을 방해함으로써 통행을 불가능하게 하거나 현저하게 곤란하게 하는 경우에 일반교통방해죄가 성립한다. 그러나 이 경우에도 참가자 모두에게 당연히 일반교통방해죄가 성립하는 것은 아니고, 실제로 참가자가 집회·시위에 가담하여 교통방해를 유발하는 직접적인 행위를 하였거나, 참가자의 참가 경위나 관여 정도 등에 비추어 참가자에게 공모공동정범의 죄책을 물을 수 있는 경우라야 일반교통방해죄가 성립한다.[37] 이 때에도 참가자 모두에게 당연히 일반교통방해죄가 성립하는 것은 아니고, 실제로 참가자가 위와 같이 신고 범위를 현저하게 벗어나거나 조건을 중대하게 위반하는 데 가담하여 교통방해를 유발하는 직접적인 행위를 하였거나, 참가자의 참가 경위나 관여 정도 등에 비추어 그 참가자에게 공모공동정범의 죄책을 물을 수 있는 경우라야 일반교통방해죄가 성립한다.[38] 당초 신고된 범위를 현저히 일탈하거나 집회 및 시위에 관한 법률 제12조에 의한 조건을 중대하게 위반하여 도로 교통을 방해함으로써 통행을 불가능하게 하거나 현저하게 곤란하게 하는 집회 및 시위에 참가하였다고 하여, 그러한 참가자 모두에게 당연히 일반교통방해죄가 성립한다고 할 수는 없고, 실제로 그 참가자가 위와 같이 신고된 범위의 현저한 일탈 또는 조건의 중대한 위반에 가담하여 교통방해를 유발하는 직접적인 행위를 하였거나, 그렇지 아니할 경우에는 그 참가자의 참가 경위나 관여 정도 등에 비추어 그 참가자에게 공모공동정범으로서의 죄책을 물을 수 있는 경우라야 일반교통방해죄가 성립한다고 할 것이다.[39]

2. 위법성조각사유

도로의 관리자가 관리를 위하여 일시적으로 교통을 방해한 경우에는 정당행위에 해당한다(제20조 참조). 그러나 도로의 소유자, 관리자 등이 스스로 손괴, 불통한 때에도 정당한 이유가 없이 오로지 타인의 왕래를 방해하기 위한 경우에는 본죄를 구성한다.

위법성조각을 긍정한 판례의 구체적 내용은 다음과 같다. 즉,

집회와 시위의 자유는 헌법상 보장된 국민의 기본권이므로 형법상 일반교통방해죄를 집회와 시위의 참석자에게 적용할 경우에는 집회와 시위의 자유를 부당하게 제한하는 결과가 발생할 우려가 있다. 그러나 일반교통방해죄에서 교통을 방해하는 방법을 위와 같이 포괄적으로 정하고 있는 데다가 도로에서 집회와 시위를 하는 경우 일반 공중의 교통안전을 직접적으로 침해할 위험이 있는 점을 고려하면 집회나 시위의 경우에도 교통방해행위를 수반한다면 특별한 사정이 없는 한 일반교통방해죄가 성립할 수 있다.[40] 구 집회 및 시위에 관한 법률(2007.5.11. 법률 제8424호로 전문 개정되기 전의 것) 제6조 제1항 및 입법 취지에 비추어, 적법한 신고를 마치고 도로에서 집회나 시위를 하는 경우 도로의 교통이 어느 정도 제한될 수밖에 없으므로, 그 집회 또는 시위가 신고된 범위 내에서 행해졌거나 신고된 내용과 다소 다르게 행해졌어도 신고된 범위를 현저히 일탈하지 않는 경우에는, 그로 인하여 도로의 교통이 방해를 받았다고 하더라도 특별한 사정이 없는 한 형법 제185조의 일반교통방해죄가

37) 대법원 2018.5.11. 선고 2017도9146 판결; 대법원 2016.11.10. 선고 2016도4921 판결.
38) 대법원 2018.2.28. 선고 2017도16846 판결; 대법원 2018.1.24. 선고 2017도11408 판결; 대법원 2016.11.10. 선고 2016도4921 판결.
39) 대법원 2017.12.22. 선고 2017도14879 판결; 대법원 2016.11.10. 선고 2016도4921 판결.
40) 대법원 2019.4.23. 선고 2017도1056 판결.

성립한다고 볼 수 없다.[41] 피고인 등 약 600명의 노동조합원들이 차도만 설치되어 있을 뿐 보도는 따로 마련되어 있지 아니한 도로 우측의 편도 2차선의 대부분을 차지하면서 대오를 이루어 행진하는 방법으로 시위를 하고 이로 인하여 나머지 편도 2차선으로 상, 하행차량이 통행하느라 차량의 소통이 방해되었다 하더라도 피고인 등의 시위행위에 대하여 일반교통방해죄를 적용할 수 없다.[42]

위법성조각을 부정한 판례의 구체적 내용은 다음과 같다. 즉,

「집회 및 시위에 관한 법률」(이하 '집시법'이라고 한다) 제6조 제1항 및 그 입법 취지에 비추어 보면, 집시법에 의하여 적법한 신고를 마치고 도로에서 집회나 시위를 하는 경우 도로의 교통이 어느 정도 제한될 수밖에 없다. 그러므로 그 집회 또는 시위가 신고된 범위 내에서 행해졌거나 신고된 내용과 다소 다르게 행해졌어도 신고된 범위를 현저히 일탈하지 않는 경우에는, 그로 인하여 도로의 교통이 방해를 받았다고 하더라도 특별한 사정이 없는 한 형법 제185조의 일반교통방해죄가 성립하지 않는다. 그러나 그 집회 또는 시위가 당초 신고된 범위를 현저히 일탈하거나 집시법 제12조에 의한 조건을 중대하게 위반하여 도로 교통을 방해함으로써 통행을 불가능하게 하거나 현저하게 곤란하게 하는 경우에는 일반교통방해죄가 성립한다.[43] 집회 및 시위에 관한 법률(이하 '집시법'이라 한다)에 따른 신고 없이 이루어진 집회에 참석한 참가자들이 차로 위를 행진하는 등으로 도로 교통을 방해하거나, 집시법에 따라 적법한 신고를 마친 집회 또는 시위라고 하더라도 당초에 신고한 범위를 현저히 벗어나거나 집시법 제12조에 따른 조건을 중대하게 위반하여 도로 교통을 방해함으로써 통행을 불가능하게 하거나 현저하게 곤란하게 하는 경우에는 일반교통방해죄가 성립한다.[44] 집회와 시위의 자유는 헌법상 보장된 국민의 기본권이므로 형법상의 일반교통방해죄를 집회와 시위의 참석자에게 적용할 경우에는 집회와 시위의 자유를 부당하게 제한하는 결과가 발생할 우려가 있다. 그러나 일반교통방해죄에서 교통을 방해하는 방법을 위와 같이 포괄적으로 정하고 있는 데다가 도로에서 집회와 시위를 하는 경우 일반 공중의 교통안전을 직접적으로 침해할 위험이 있는 점을 고려하면, 집회나 시위로 교통방해 행위를 수반할 경우에 특별한 사정이 없는 한 일반교통방해죄가 성립할 수 있다. 집회 및 시위에 관한 법률(이하 '집시법'이라 한다)에 따라 적법한 신고를 마친 집회 또는 시위라고 하더라도 당초에 신고한 범위를 현저히 벗어나거나 집시법 제12조에 따른 조건을 중대하게 위반하여 도로 교통을 방해함으로써 통행을 불가능하게 하거나 현저하게 곤란하게 하는 경우에는 형법 제185조의 일반교통방해죄가 성립한다.[45] 집회 또는 시위가 당초 신고된 범위를 현저히 일탈하거나 구 집회 및 시위에 관한 법률(2007.5.11. 법률 제8424호로 전문 개정되기 전의 것) 제12조에 의한 조건을 중대하게 위반하여 도로 교통을 방해함으로써 통행을 불가능하게 하거나 현저하게 곤란하게 하는 경우에는 일반교통방해죄가 성립한다. 전국민주노동조합총연맹 준비위원회가 주관한 도로행진시위가 사전에 구 집회 및 시위에 관한 법률(2007.5.11. 법률 제8424호로 전문 개정되기 전의 것)에 따라 옥외집회신고를 마쳤어도, 신고의 범위와 위 법률 제12조에 따른 제한을 현저히 일탈하여 주요도로 전차선을 점거하여 행진 등을 함으로써 교통소통에 현저한 장해를 일으켰다면, 일반교통방해죄를 구성한다.[46] 주민들이 농기계 등으로 그 주변의 농

41) 대법원 2008.11.13. 선고 2006도755 판결.
42) 대법원 1992.8.18. 선고 91도2771 판결.
43) 대법원 2021.7.15. 선고 2018도11349 판결; 대법원 2008.11.13. 선고 2006도755 판결.
44) 대법원 2008.11.13. 선고 2006도755 판결.
45) 대법원 2018.2.28. 선고 2017도16846 판결; 대법원 2018.1.24. 선고 2017도11408 판결; 대법원 2008.11.13. 선고 2006도755 판결.
46) 대법원 2008.11.13. 선고 2006도755 판결.

경지나 임야에 통행하기 위해 이용하는 자신 소유의 도로에 깊이 1m 정도의 구덩이를 판 행위가 일반교통방해죄에 해당하고 자구행위나 정당행위에 해당하지 않는다.[47] 통행로의 현황, 개설시기 및 이용상황 등 제반 사정에 비추어, 통행로 중 폭 100m 길이 부분을 포크레인으로 폭 2m 정도로 굴착하고 돌덩이까지 쌓아 놓은 행위가 정당행위나 정당방위에 해당한다고 보기는 어렵다.[48] 피고인이 쇠파이프구조물을 설치하거나 화물차로 도로를 가로막는 방법으로 교통을 방해한 사실을 인정하여 피고인을 일반교통방해죄로 처단한 것은 기록과 앞서 본 법리에 비추어 정당한 것으로 수긍되고, 거기에 상고이유의 주장과 같은 일반교통방해죄에 관한 법리오해, 채증법칙 위배나 사실오인 등의 위법이 없다. 피고인의 처인 공소외인과 고소인 사이의 민사소송에서 고소인 및 그 가족들이 공소외인 소유인 이 사건 도로부분을 통행하지 아니하기로 하는 내용의 조정이 성립되었다고 하더라도 그 조정조항을 강제로 실현하기 위하여는 위 사건의 당사자인 공소외인이 간접강제신청 등 법이 정한 절차를 밟아야 하는 것이고, 피고인이 이 사건 공소사실과 같이 위 도로부분에 쇠파이프구조물을 설치하거나 화물차로 도로를 가로막아 차량의 통행을 제한할 수 있는 것은 아니다.[49] 피고인들이 한 통근버스 운행방해, 탈의실 농성점거, 농성행위 등의 행위가 적법한 절차를 거치지 않고 이루어진 것이어서 업무방해죄, 일반교통방해죄의 구성요건에 해당하는 것이라면 정당한 노동조합 활동이라고 볼 수 없어 법령에 의한 행위 또는 업무로 인한 행위라고 할 수 없고, 설사 피고인들이 노동조건의 개선이나 임금인상 등의 목적을 관철하기 위하여 그와 같은 행위를 하였다고 하여도 이와 같이 그 절차가 위법이고, 또 그 방법이 위와 같은 것이어서 사회상규상 허용될 수 없는 것인 이상은 마찬가지이므로 위법성이 조각되지 아니한다.[50]

3. 죄 수

본죄가 이미 기수에 달하였지만, 교통방해상태가 계속되고 있는 상태에서 집회에 참가하는 행위는 본죄를 구성한다. 본죄는 계속범의 성질을 가지고 있기 때문이다. 본죄와 집시법 위반죄는 상상적 경합관계에 있다.[51]

Ⅲ. 처 벌

본죄의 법정형은 10년 이하의 징역 또는 1천500만원 이하의 벌금이다. 본죄의 미수범은 처벌된다.

§3. 기차 · 선박 등의 교통방해죄

제186조(기차, 선박 등의 교통방해) 궤도, 등대 또는 표지를 손괴하거나 기타 방법으로 기차, 전차, 자동차, 선박 또는 항공기의 교통을 방해한 자는 1년 이상의 유기징역에 처한다.

제190조(미수범) 제185조 내지 제187조의 미수범은 처벌한다.

제191조(예비, 음모) 제186조 또는 제187조의 죄를 범할 목적으로 예비 또는 음모한 자는 3년 이하의 징역에 처한다.

---

47) 대법원 2007.3.15. 선고 2006도9418 판결.
48) 대법원 2007.2.22. 선고 2006도8750 판결.
49) 대법원 2005.10.28. 선고 2004도7545 판결.
50) 대법원 1990.7.10. 선고 90도755 판결.
51) 대법원 2011.8.25. 선고 2008도10960 판결.

Ⅰ. 서 설

본죄는 궤도, 등대 또는 표지를 손괴하거나 기타 방법으로 기차, 전차, 자동차, 선박 또는 항공기의 교통을 방해함으로써 성립한다.

현대생활의 중요한 교통수단인 기차, 전차 선박 등의 교통의 안전을 특히 중하게 보호하고 이들을 해하는 행위를 무겁게 처벌하려는 일반교통방해죄의 가중적 구성요건이다.

Ⅱ. 범 죄

1. 객관적 구성요건

(1) 객 체

본죄의 객체는 궤도, 등대 또는 표지이다. 궤도(軌道)란 사람이나 화물을 운송하는 데에 필요한 궤도시설과 궤도차량 및 이와 관련된 운영·지원 체계가 유기적으로 구성된 운송체계를 말하며, 삭도(索道)를 포함한다(궤도운송법 제2조 제1호). 이에 반하여 선로라 함은 철도차량을 운행하기 위한 궤도와 이를 받치는 노반 또는 공작물로 구성된 시설을 말한다(철도산업법 제3조 제5호).

등대(燈臺)란 야간 선박운항의 편리를 위하여 등대를 가지고 표시한 육상의 표지이다. 등대는 항행하는 선박에 대하여 등광(燈光)·형상(形象)·색채·음향·전파 등을 수단으로 선박의 위치·방향 및 장애물의 위치 등을 알려주는 항행보조시설로서 항로표시 중의 하나이다(항로표지법 제2조 제1호 참조). 사설이든 공설이든 묻지 않는다. 부표(浮標)란 수심의 깊이 기타 다른 선박의 운항상 안전을 표시하는 수상의 표시를 말한다. 기차, 전차, 자동차, 선박 또는 항공기의 운항에 필요한 신호기 기타 표시를 말한다.

(2) 행 위

본죄의 실행행위는 교통의 방해이다. 방해의 수단은 손괴하거나 기타의 방법이다. 손괴(損壞)란 물질적으로 파괴하여 그 효용을 상실시키는 것을 말하다. 일부를 파괴하든 전부를 파괴하든 묻지 않는다. 기타의 방법은 손괴 이외의 방법이라면 수단을 묻지 않는다. 부작위도 포함될 수 있다. 본죄는 기차, 전차, 자동차, 선박 및 항공기의 교통의 위험을 발생시키는 행위의 처벌을 규정하고 그 방법으로서 궤도, 등대 및 표지의 손괴를 예시하고 이들의 교통의 위험을 발생시키는 것인 한 그 수단과 방법을 묻지 않는다는 취지이다.

(3) 결 과

본죄의 결과는 기차, 전차, 자동차, 선박 또는 항공기의 교통을 방해한 결과이다. 본죄가 기수로 되기 위해서는 방해가 현실적으로 발생한 것을 필요로 하지 않지만, 교통의 안전을 해할 우려가 있는 상태, 즉 교통의 왕래에 위험한 결과를 발생할 우려가 있는 상태를 발생시킬 것을 요한다. 이러한 의미에서 본죄를 추상적 공공위험범에 해당한다고 할 수 있다. 실해발생의 우려에 대하여는 일반적 가능성으로 족하고 그 필연성이나 개연성까지 요하는 것은

아니다.

기차(汽車)란 증기기관차에 의하여 열차를 견인하고 선로상을 주행하는 교통기관을 말한다. 전차(電車)란 전력에 의하여 궤도상을 주행하는 교통기관을 말한다. 공유, 사유 또는 공영, 사영 등은 묻지 않는다. 또한 일반적인 교통운수의 사용에 제공되지 않은 특정한 용도에만 이용된 것도 지장이 없다. 사람의 운송만을 목적으로 하는 것이든 또는 물건의 수송만을 목적으로 하는 것이든 묻지 않는다. 열차를 구성하고 있는가 아닌가를 묻지 않는다. 증기기관차 또는 전기기관차 또는 전차 1량만으로 독립된 것도 기차 · 전차이다. 열차를 구성하고 있지 않은 때에는 전체가 기차 · 전차라면 동시에 그 1량1량도 또한 기차 · 전차이다. 전차는 노면전차든 정요궤도를 주행하는 것이든 묻지 않는다. 선박(船舶)이란 군함과 선박을 의미하는 것으로 해석된다. 기차 · 전차와 같이 공유 · 사유 · 공영 · 사영을 묻지 않고 일반적으로 이용되는가 특정의 사용에 제공되는가를 묻지 않는다.

2. 주관적 구성요건

본죄는 고의범이다. 본죄의 고의는 인식적 요소로서 궤도, 등대 또는 표지를 손괴하거나 기타 방법으로 기차, 전차, 자동차, 선박 또는 항공기의 교통을 방해한다는 사실에 대한 인식뿐만 아니라 교통을 방해할 의사를 요한다.

3. 예비 · 음모

본죄는 예비 · 음모를 처벌한다. 예비 · 음모를 처벌하지 않는 일반교통방해죄와 구별된다. 본죄의 예비 · 음모는 본죄를 범할 목적으로 예비 또는 음모함으로써 성립한다. 목적범이다.

4. 미수 · 기수

본죄의 미수범은 처벌된다. 본죄의 실행의 착수시기는 손괴 등 실행행위의 개시시이다. 기수시기에 관하여 통설은 손괴 등의 행위의 종료시라고 하지만, 교통방해의 위험이 발생한 때라고 해석된다. 본죄는 현실적으로 교통이 방해될 것을 요하는 것은 아니지만, 추상적 공공위험범으로서 교통방해의 위험이 발생할 수 있는 상태가 되면 기수에 이른다고 해석되기 때문이다.

Ⅲ. 처 벌

본죄의 법정형은 1년 이상의 유기징역이다. 본죄의 미수범은 처벌된다. 본죄를 범할 목적으로 범하여진 예비 · 음모죄의 법정형은 3년 이하의 징역이다.

§4. 기차 등의 전복 등 죄

제187조(기차 등의 전복 등) 사람의 현존하는 기차, 전차, 자동차, 선박 또는 항공기를 전복, 매몰, 추락 또는 파괴한 자는 무기 또는 3년 이상의 징역에 처한다.

제190조(미수범) 제185조 내지 제187조의 미수범은 처벌한다.

제191조(예비, 음모) 제186조 또는 제187조의 죄를 범할 목적으로 예비 또는 음모한 자는 3년 이하의 징역에 처한다.

Ⅰ. 서 설

본죄는 사람의 현존하는 기차, 전차, 자동차, 선박 또는 항공기를 전복, 매몰, 추락 또는 파괴함으로써 성립한다. 본죄는 교통의 안전을 해하는 정도가 크고 동시에 사람의 생명・신체에 대한 침해의 가능성이 크기 때문에 실해를 발생시키는 행위를 무겁게 처벌하기 위한 기차・선박 등의 교통방해죄의 가중적 구성요건이다. 본죄의 보호법익은 교통의 안전이다.

Ⅱ. 범 죄

1. 객관적 구성요건

(1) 객 체

본죄의 객체는 사람이 현존하는 기차, 전차, 자동차, 선박 또는 항공기이다. 사람이란 범인 외의 모든 자를 말한다. 수의 다소는 묻지 않는다. 승객으로서 현존하든 운전수리를 위하여 현존하든 묻지 않는다. 기관사 또는 운전자만이 탑승하고 있는 경우도 현존성은 인정된다.

현존하는 시기에 대하여는 실행행위시에 사람이 있으면 족하고 전복 등의 결과발생시에 사람이 있는 것을 요하지 않는다는 견해와 결과발생시에 사람이 있을 것을 요하고 그것으로 족하다고 하는 견해가 대립하고 있다. 전자가 통설과 판례의 입장이다. 또한 실행착수시부터 결과발생까지의 사이에 어느 시점에 사람이 있으면 족하다는 견해도 있다. 생각건대 어느 시점에서든 탑승자의 생명・신체의 안전은 고려되지 않으면 안 된다. 또 행위자에게 실행의 착수에서 결과발생까지의 어느 시점에 사람이 있다는 인식 예견이 있는 이상 그 행위의 태양 그 평가에 차이가 있다고는 할 수 없고 어느 경우에도 행위자에 대하여는 동일한 비난이 가하여져야 할 것이다. 따라서 일응 3설이 타당하다고 해석된다. 본죄가 공공위험죄인 것도 그 이유 중의 하나이다.

기차・전차는 주행중일 것을 요하지 않고 정차중의 것도 포함한다. 선박도 운항중의 것을 요하지 않고 정박중의 것도 된다. 교통기관으로서의 기능을 완전히 정지한 때, 예컨대 차고에 입고중인 기차전차, 입항중의 선박은 본죄의 객체에서 제외된다고 해석된다.

(2) 행 위

본죄의 실행행위는 전복, 매몰, 추락 또는 파괴이다. 기차·전차·자동차에 대하여는 전복, 선박에 대하여는 전복·매몰, 항공기에 대하여는 추락 및 전체에 대하여는 파괴가 그것이다. 전복·매몰·추락 또는 파괴의 수단·방법에 특별한 제한은 없다. 다만 본죄는 형법상 교통방해의 죄 중의 하나로서 그 법정형을 높게 정하는 한편 미수, 예비·음모까지도 처벌 대상으로 삼고 있는 사정에 덧붙여 파괴 외에 다른 구성요건상 행위인 전복, 매몰, 추락 행위가 일반적으로 상당한 정도의 손괴를 수반할 것이 당연히 예상되고 있다.

전복(顚覆)이란 뒤집어지는 전도(顚倒), 옆으로 넘어지는 횡전(橫轉) 및 추락을 의미한다. 단순히 탈선만으로는 족하지 않다. 그러나 완전히 전도될 필요는 없고, 그에 가까운 상태가 되면 전복이라고 하는데에 지장이 없다. 열차의 경우 1량1량이 기차·전차이고 열차의 1량만이 전복되어도 본죄는 성립한다. 전복된 차에 현주하는 사람이 없어도 다른 차량에 사람이 현주하면 열차는 전체로도 하나의 기차·전차이기 때문에 본죄가 성립한다. 항공기의 추락이라 함은 공중에 떠 있는 항공기를 정상시 또는 긴급시의 정해진 항법에 따라 지표 또는 수면에 착륙 또는 착수시키지 못하고, 그 이외의 상태로 지표 또는 수면에 낙하시키는 것을 말한다.[52] 매몰(埋沒)이란 선박의 주요 부분이 흙더미 또는 수중에 묻힌 상태를 말한다. 침몰의 의미로 해석될 수 있다. 반드시 선체의 전부가 묻힐 것을 요하지 않는다. 파괴(破壞)란 다른 구성요건 행위인 전복, 매몰, 추락 등과 같은 수준으로 인정할 수 있을 만큼 교통기관으로서의 기능·용법의 전부나 일부를 불가능하게 할 정도의 파손을 의미하고, 그 정도에 이르지 아니하는 단순한 손괴는 포함되지 않는다.[53]

추락을 긍정한 판례의 구체적 내용은 다음과 같다. 즉,

> 피고인 C는 이 사건 사고열차의 기관사로서 1989.7.27. 16:40경 위 열차가 기관차 2량, 화차 21량, 차장차 1량으로 연결되어 있는 상태에서 제동장치점검 등 차량검수를 마쳤으나 그 후 같은 날 17:00경 D에게 부탁하여 화차 2량을 분리해방케 하여 재조성된 열차에 대하여는 제동장치 등 차량점검을 하지 아니하였고, 그 뒤 같은 날 19:48경 위 열차를 운전, 출발함에 있어서 차장으로부터 차장차에 설치되어 있는 공기압력계의 점검결과를 무전으로 수신하는 등으로 위 열차의 제동장치 이상유무를 확인하지 아니하고 곧바로 기관차에 승차하여 위 열차를 발차시킨 후 차장으로 하여금 뒤늦게 진행중인 열차에 승차케 하였던 사실을 인정한 다음, 기관사는 운전개시 전 먼저 제동기능을 확인하여야 하고 특히 장시간 정차 후 운전시는 운전개시 전 제동기 기능검사를 하여야 하며, 차장은 열차출발 전에 반드시 조성상태와 제동관관통 충기상태를 확인하여야 하고 열차의 시발 전 제동관의 소정압력과 차장변의 기능 및 기관사와의 무선전화시험을 하여야 하는 철도청의 관계규정 등에 비추어, 피고인 C에게는 이 사건 사고열차의 기관사로서 운전개시 전 차장으로부터 차장실의 공기압력계 점검결과 등을 무전으로 수신하는 등으로 위 열차의 제동장치 이상유무를 확인하여야 할 업무상 주의의무가 있음에도 불구하고 이를 게을리 한 업무상 과실이 있다고 판단하였는바, 기록에 비추어 보면 원심의 위와 같은 사실인정과 판단은 옳고 거기에 소론이 지적하는

52) 대법원 1990.9.11. 선고 90도1486 판결.

53) 대법원 2009.4.23. 선고 2008도11921 판결; 대법원 1983.9.27. 선고 82도671 판결; 대법원 1970.10.23. 선고 70도1611 판결.

바와 같은 열차에 있어서 기관사의 직무분담, 역할을 오인하였다거나 기관사의 과실을 잘못 인정한 위법이 있다할 수 없다. 논지는 이유없다.[54] 조종사인 피고인은 이 사건 헬리콥터에 본인을 포함 승무원 3명과 승객 16명을 태우고 울릉도 소재 울릉헬리포트를 이륙하여 185.2킬로미터 거리의 경북 영덕군 강구면 소재 강구헬리포트를 향하여 운항하다가 울릉헬리포트에서 약 63킬로미터떨어진 해상에서 제1번 엔진오일의 압력경고등이 작동하고 그 엔진오일압력이 "0"으로 떨어짐을 발견하고 항공기의 계속 비행은 불가능하다고 판단하고 울릉도로 회항하게 되었는데 당시 출력을 제대로 낼 수 없는 제1번 엔진도 가동하여 전속력을 내게 함으로써 고장나지 않은 제2번 엔진까지 무리가 가서 제출력을 내지 못하게 하였을 뿐만 아니라 고도유지가 오히려 어려워지고 제1번 엔진에 화재위험까지 불러일으켜 안전운항을 곤란케 하였으며, 사고항공기에 실려있던 배낭 등 승객들의 화물과 고장난 무전기 등을 해상에 투하하여 엔진의 부담을 덜고 항공기의 침하속도를 늦추는 등의 조처를 취하지 않았고, 또한 적절한 비상착수시점을 포착하여 최대한 속도를 줄이고 기체의 균형을 유지하는 등의 방법으로 충격을 줄여서 안전하게 비상착수를 하여야 함에도 이를 게을리하고 결국 위 항공기를 긴급시의 항법으로서 정해진 절차에 따라 운항하지 못한 과실로 말미암아 사람의 현존하는 위 항공기를 안전하게 비상착수시키지 못하고 해상에 추락시킨 사실을 넉넉히 인정할 수가 있으므로, 피고인에게 업무상과실항공기추락죄를 인정한 원심의 판단에 소론과 같은 사실오인의 위법이나 위 죄에 관한 법리오해의 위법이 없고, 논지는 이유없다.[55]

파괴를 부정한 판례의 구체적 내용은 다음과 같다. 즉,

총 길이 338m, 갑판 높이 28.9m, 총 톤수 146,848톤, 유류탱크 13개, 평형수탱크 4개인 대형 유조선의 유류탱크 일부에 구멍이 생기고 선수마스트, 위성통신 안테나, 항해등 등이 파손된 정도에 불과한 것은 형법 제187조에 정한 선박의 '파괴'에 해당하지 않는다.[56] 피고인이 운전상의 과실로 피고인의 운전하는 코로나택시와 반대방향에서 오는 새나라택시와 교차할 지음, 피고인의 택시 후엔다 부분과 새나라택시 앞부분이 부딪치어 피고인의 택시는 전면후엔다와 왼쪽 밤바가 약간 우그러지고 새나라 택시는 왼쪽 앞문부터 뒷문까지 외부철판이 약 1메터 끌려서 철판이 찌그러진 정도의 경미한 손괴로서는 자동차의 교통기관으로서의 용법의 전부나 일부가 불능할 정도로 파괴되었다고 할 수 없다하여 피고인에게 무죄선언을 한 원심조치는 정당하다. 반대의 견해로 원심판단을 비난하는 상고 논지는 이유없다.[57]

(3) 결 과

본죄는 결과범이다. 본죄는 전복, 매몰, 추락 또는 파괴의 결과발생으로 기수에 이른다. 다만 본죄는 현실적으로 공공 교통의 안전이 침해될 것을 요하지 않는다. 이러한 의미에서 본죄는 추상적 공공위험범에 속한다.

2. 주관적 구성요건

본죄는 고의범이다. 본죄의 고의는 인식적 요소로서 기차·전차·자동차·선박 및 항공

54) 대법원 1991.11.12. 선고 91도1278 판결.
55) 대법원 1990.9.11. 선고 90도1486 판결.
56) 대법원 2009.4.23. 선고 2008도11921 판결.
57) 대법원 1970.10.23. 선고 70도1611 판결.

기에 현존하는 사람이 있다는 것에 대한 인식과 그 행위에 의하여 이들을 전복·매몰·추락·파괴한다는 결과발생에 대한 인식을 요한다. 대법원도 "선박매몰죄의 고의가 성립하기 위하여는 행위시에 사람이 현존하는 것이라는 점에 대한 인식과 함께 이를 매몰한다는 결과발생에 대한 인식이 필요하며, 현존하는 사람을 사상에 이르게 한다는 등 공공의 위험에 대한 인식까지는 필요하지 않다"고 판시한 바 있다.[58]

3. 예비·음모

본죄는 예비·음모를 처벌한다. 본죄의 예비·음모는 본죄를 범할 목적으로 예비 또는 음모함으로써 성립한다. 목적범이다.

4. 미수·기수

본죄의 실행의 착수는 전복, 매몰, 추락 또는 파괴 행위의 개시시이다. 전복, 매몰, 추락 또는 파괴의 결과가 발생함으로써 기수에 이른다. 다만 본죄는 추상적 공공위험범으로서 교통의 안전이 현실적으로 침해될 것을 요하지는 않는다.

기수를 긍정한 판례의 구체적 내용은 다음과 같다. 즉,

> 사람의 현존하는 선박에 대해 매몰행위의 실행을 개시하고 그로 인하여 선박을 매몰시켰다면 매몰의 결과발생시 사람이 현존하지 않았거나 범인이 선박에 있는 사람을 안전하게 대피시켰다고 하더라도 선박매몰죄의 기수로 보아야 할 것이지 이를 미수로 볼 것은 아니다.[59]

Ⅲ. 처 벌

본죄의 법정형은 무기 또는 3년 이상의 징역이다. 본죄의 미수범은 처벌된다. 본죄의 예비·음모죄의 법정형은 3년 이하의 징역이다.

§5. 교통방해 치사상죄

제188조(교통방해치사상) 제185조 내지 제187조의 죄를 범하여 사람을 상해에 이르게 한 때에는 무기 또는 3년 이상의 징역에 처한다. 사망에 이르게 한 때에는 무기 또는 5년 이상의 징역에 처한다.

Ⅰ. 서 설

본죄는 일반교통방해죄, 기차·선박 등의 교통방해죄, 기차 등의 전복 등 죄를 범하여 사람을 상해 또는 사망에 이르게 함으로써 성립하는 범죄이다. 일반교통방해죄, 기차·선박 등의 교통방해죄, 기차 등의 전복 등 죄의 결과적 가중범이다. 치상죄는 부진정 결과적 가중범이고, 치사죄는 진정 결과적 가중범에 해당한다.

---

58) 대법원 2000.6.23. 선고 99도4688 판결.
59) 대법원 2000.6.23. 선고 99도4688 판결.

Ⅱ. 범 죄

1. 일반교통방해 치사상죄

본죄는 일반교통방해죄를 범하여 사람을 상해에 이르게 하거나 사망에 이르게 함으로써 성립한다. 일반교통방해죄의 결과적 가중범이다.

본죄는 육로, 수로 또는 교량을 손괴 또는 불통하게 하거나 기타 방법으로 교통을 방해한 결과로서 사람이 사상에 이를 것을 요한다. 손괴, 불통 등의 행위 자체에 의하여 치사상의 결과가 야기된 경우에는 본죄에 해당하지 않는다고 해석된다.

본죄의 객체는 사람이다. 사람이란 피해자로서 범죄 이외의 나머지 사람을 말한다. 범인에는 공범자를 포함한다. 통행인이든 통행하는 차량・선박에 탑승하고 있는 사람이든 도로공사 중의 작업인이든 불문한다. 다만 육로, 수로, 교량을 손괴 또는 불통하여 교통을 방해한 자 및 그 정을 알면서 위의 손괴 또는 불통의 작업에 종사한 자를 제외하고 교통방해에 의하여 사상에 이른 모든 사람을 포함한다.

본죄의 실행행위는 교통방해이다. 교통의 방해는 성질상 교통의 위험을 수반하는 것이고 그 결과 사람을 사상시키는 때 본죄가 성립하는 것이다.

본죄는 결과는 사상(死傷)이다. 본죄는 결과적 가중범으로서 교통방해에 수반하는 위험으로부터 사상의 결과를 발생시킨 경우에 본죄가 성립한다고 해석된다. 사상에 대하여는 과실과 인과관계의 존재를 요한다. 대법원도 "교통방해 행위와 사상(死傷)의 결과 사이에 상당인과관계가 있어야 하고 행위 시에 결과의 발생을 예견할 수 있어야 한다. 그리고 교통방해 행위가 피해자의 사상이라는 결과를 발생하게 한 유일하거나 직접적인 원인이 된 경우만이 아니라, 그 행위와 결과 사이에 피해자나 제3자의 과실 등 다른 사실이 개재된 때에도 그와 같은 사실이 통상 예견될 수 있는 것이라면 상당인과관계를 인정할 수 있다"고 판시한 바 있다.[60]

본죄는 손괴, 불통의 행위 자체로 인하여 사람의 치사상의 결과가 발생한 경우에는 성립하지 않는다. 이러한 경우에는 일반교통방해죄와 과실치사상죄 또는 손괴죄와 과실치사상죄의 상상적 경합으로 될 수 있다고 해석되기 때문이다.

일반교통방해치사상죄를 긍정한 판례의 구체적 내용은 다음과 같다. 즉,

> 피고인이 고속도로 2차로를 따라 자동차를 운전하다가 1차로를 진행하던 갑의 차량 앞에 급하게 끼어든 후 곧바로 정차하여, 갑의 차량 및 이를 뒤따르던 차량 두 대는 연이어 급제동하여 정차하였으나, 그 뒤를 따라오던 을의 차량이 앞의 차량들을 연쇄적으로 추돌케 하여 을을 사망에 이르게 하고 나머지 차량 운전자 등 피해자들에게 상해를 입힌 사안에서, 편도 2차로의 고속도로 1차로 한가운데에 정차한 피고인은 현장의 교통상황이나 일반인의 운전 습관・행태 등에 비추어 고속도로를 주행하는 다른 차량 운전자들이 제한속도 준수나 안전거리 확보 등의 주의의무를 완전하게 다하지 않을 수도 있다는 점을 알았거나 충분히 알 수 있었으므로, 피고인의 정차 행위와 사상의

60) 대법원 2014.7.24. 선고 2014도6206 판결; 대법원 1994.3.22. 선고 93도3612 판결.

결과 발생 사이에 상당인과관계가 있고, 사상의 결과 발생에 대한 예견가능성도 인정된다는 이유로, 피고인에게 일반교통방해치사상죄를 인정한 원심판단이 정당하다고 한 사례이다.[61]

2. 기차 · 선박 등의 교통방해 치사상죄

본죄는 기차 · 선박 등의 교통방해죄를 범하여 사람을 상해에 이르게 하거나 사망에 이르게 함으로써 성립한다. 기차 · 선박 등의 교통방해죄의 결과적 가중범이다.

본죄는 궤도, 등대 또는 표지를 손괴하거나 기타 방법으로 기차, 전차, 자동차, 선박 또는 항공기의 교통을 방해의 결과로서 사람이 사상에 이를 것을 요한다. 손괴 등의 행위 자체에 의하여 치사상의 결과가 발생한 경우에는 본죄에 해당하지 않는다고 해석된다.

3. 기차 등의 전복 등 치사상죄

본죄는 기차 등의 전복 등 죄를 범하여 사람을 상해에 이르게 하거나 사망에 이르게 함으로써 성립한다. 기차 등의 전복 등 죄의 결과적 가중범이다.

본죄는 사람이 현존하는 기차, 전차, 자동차, 선박 또는 항공기를 전복, 매몰, 추락 또는 파괴의 결과로서 사람이 사망에 이를 것을 요한다. 따라서 기차 등의 전복 등 죄가 미수에 그친 경우에는 본죄는 적용되지 않는다. 전복, 매몰, 추락 또는 파괴의 수단 자체로부터 사람에게 사상이 발생한 경우에는 본죄를 구성하지 않는다고 해석된다.

Ⅲ. 처 벌

본죄의 법정형은 사람을 상해에 이르게 한 때에는 무기 또는 3년 이상의 징역, 사망에 이르게 한 때에는 무기 또는 5년 이상의 징역이다.

§6. 과실에 의한 교통방해죄

제189조(과실, 업무상과실, 중과실) ① 과실로 인하여 제185조 내지 제187조의 죄를 범한 자는 1천만원 이하의 벌금에 처한다.
② 업무상과실 또는 중대한 과실로 인하여 제185조 내지 제187조의 죄를 범한 자는 3년 이하의 금고 또는 2천만원 이하의 벌금에 처한다.

Ⅰ. 서 설

본죄는 과실로 인하여 일반교통방해죄, 기차 · 선박 등의 교통방해죄, 기차 등의 전복 등 죄를 범하거나 업무상 과실 또는 중대한 과실로 인하여 일반교통방해죄, 기차 · 선박 등의 교통방해죄, 기차 등의 전복 등 죄를 범함으로써 성립한다.

본죄는 과실범처벌규정으로서 과실, 업무상 과실 및 중과실을 모두 처벌한다는 특징을 가지고 있다.

---

61) 대법원 2014.7.24. 선고 2014도6206 판결.

Ⅱ. 범 죄

1. 과실 교통방해죄

본죄는 과실로 인하여 일반교통방해죄, 기차·선박 등의 교통방해죄, 기차 등의 전복 등 죄를 범함으로써 성립한다.

본죄는 과실 행위에 의하여 육로·수로 또는 교량을 손괴 또는 불통하게 하거나 기타 방법으로 교통을 방해하거나, 궤도·등대 또는 표지를 손괴하거나 기타 방법으로 기차·전차·자동차·선박 또는 항공기의 교통을 방해하거나, 또는 사람의 현존하는 기차·전차·자동차·선박 또는 항공기를 전복·매몰·추락 또는 파괴함으로써 성립한다.

본죄의 실행행위는 과실행위이다. 즉, 객관적 주의의무에 위반하는 것이다. 업무상 과실과 중과실을 제외한 과실을 의미한다.

2. 업무상 과실 교통방해죄

(1) 의 의

본죄는 업무상 과실로 인하여 일반교통방해죄, 기차·선박 등의 교통방해죄, 기차 등의 전복 등 죄를 범함으로써 성립한다.

본죄는 업무상 과실 행위에 의하여 육로·수로 또는 교량을 손괴 또는 불통하게 하거나 기타 방법으로 교통을 방해하거나, 궤도·등대 또는 표지를 손괴하거나 기타 방법으로 기차·전차·자동차·선박 또는 항공기의 교통을 방해하거나, 또는 사람의 현존하는 기차·전차·자동차·선박 또는 항공기를 전복·매몰·추락 또는 파괴함으로써 성립한다.

(2) 구성요건

1) 객관적 구성요건

① 주 체

본죄의 주체는 업무에 종사하는 자이다. 신분범이다. 업무란 각인이 사회생활상의 지위에 근거하여 계속적으로 행하는 사무를 말한다. 본업이든 부업이든 묻지 않는다.

주체를 긍정한 판례의 구체적 내용은 다음과 같다. 즉,

> 구 형법(1995.12.29. 법률 제5057호로 개정되기 전의 것) 제189조 제2항에서 말하는 '업무상과실'의 주체는 기차, 전차, 자동차, 선박, 항공기나 기타 일반의 '교통왕래에 관여하는 사무'에 직접·간접으로 종사하는 자이어야 할 것인바, 성수대교는 차량 등의 통행을 주된 목적으로 하여 건설된 교량이므로, 그 건설 당시 제작, 시공을 담당한 자도 '교통왕래에 관여하는 사무'에 간접적으로 관련이 있는 자에 해당한다.[62]

② 행 위

본죄의 실행행위는 업무상 과실로서 업무상 요구되는 객관적 주의의무에 위반하는 것이다. 주의의무란 법령의 규정을 준수하는 것만으로는 주의의무를 다하였다고 할 수 없고,

---

62) 대법원 1997.11.28. 선고 97도1740 판결.

그 업무에 비추어 관습상이나 조리상으로 필요한 것에 대하여도 주의의무를 진다고 해석된다. 주의의무는 업무상 객관적으로 필요한 것으로 족하고 이를 태만한 때는 행위자의 주의능력과 관계없이 본죄를 구성한다. 이러한 의미에서 업무종사자에게는 일반인의 주의의무와는 달리 보다 무거운 주의의무가 과하여져 있다고 할 수 있다. 업무종사자로서 객관적으로 업무상 평균적으로 하여야 할 주의의무를 태만한 것이 본죄의 업무상 과실이라고 할 수 있다.

업무상 과실을 긍정한 판례의 구체적 내용은 다음과 같다. 즉,

피고인 C는 이 사건 사고열차의 기관사로서 1989.7.27. 16:40경 위 열차가 기관차 2량, 화차 21량, 차장차 1량으로 연결되어 있는 상태에서 제동장치점검 등 차량검수를 마쳤으나 그 후 같은 날 17:00경 D에게 부탁하여 화차 2량을 분리해방케 하여 재조성된 열차에 대하여는 제동장치 등 차량점검을 하지 아니하였고, 그 뒤 같은 날 19:48경 위 열차를 운전, 출발함에 있어서 차장으로부터 차장차에 설치되어 있는 공기압력계의 점검결과를 무전으로 수신하는 등으로 위 열차의 제동장치 이상유무를 확인하지 아니하고 곧바로 기관차에 승차하여 위 열차를 발차시킨 후 차장으로 하여금 뒤늦게 진행중인 열차에 승차케 하였던 사실을 인정한 다음, 기관사는 운전개시 전 먼저 제동기능을 확인하여야 하고 특히 장시간 정차 후 운전시는 운전개시 전 제동기 기능검사를 하여야 하며, 차장은 열차출발 전에 반드시 조성상태와 제동관관통 충기상태를 확인하여야 하고 열차의 시발 전 제동관의 소정압력과 차장변의 기능 및 기관사와의 무선전화시험을 하여야 하는 철도청의 관계규정 등에 비추어, 피고인 C에게는 이 사건 사고열차의 기관사로서 운전개시 전 차장으로부터 차장실의 공기압력계 점검결과 등을 무전으로 수신하는 등으로 위 열차의 제동장치 이상유무를 확인하여야 할 업무상 주의의무가 있음에도 불구하고 이를 게을리 한 업무상 과실이 있다고 판단하였는바, 기록에 비추어 보면 원심의 위와 같은 사실인정과 판단은 옳고 거기에 소론이 지적하는 바와 같은 열차에 있어서 기관사의 직무분담, 역할을 오인하였다거나 기관사의 과실을 잘못 인정한 위법이 있다할 수 없다. 논지는 이유없다.[63] 피항선인 위 남방호의 조선을 맡은 2등항해사 (갑)과 조타수 (을)은 약 5마일 밖에서 어로작업중인 제1 남성호와 제2 남성호를 발견하고 약 2.5마일 거리에 근접하면서 그 선박들이 서서히 남방호의 항해코스로 접근해 오는 것을 주시하여 그 항행 방향과 속도 등을 확인하고도 만연히 피항할 수 있으리라고 경신하여 계속 운항하다가 충돌하기에 이른 사실이 인정되므로, 위 제2 남성호의 조선자인 피고인이 미처 위험신호를 발하여 그 위치를 알림으로써 위 남방호로 하여금 피항하게 하지 못한 것이 사고발생의 원인이 되었다고 볼 수는 없음이 명백하다.[64] 선박충돌사고에 있어서 한쪽에 과실이 있다고 하여 반드시 다른 쪽에는 과실이 없다고 단정할 수 없다. 이 사건 공소장에 의하면 이 사건 선박충돌사고에 있어서 진○○의 선장 (갑)에 대하여도 선박조타상의 과실이 있음은 물론이나 한편 조△△의 선장인 피고인에게도 1969.12.6. 오후 9시 20분경 인천내항 소월미도앞 수로를 통과하여 시속 약 5놋트로 입항타가 전방 약 200미터 지점에서 같은 속력으로 출항하는 화물선 제6진영호를 발견했던 바 그 당시는 이제 막 간조를 지난때라 가항수폭이 좁고 서로 5놋트의 속력이면 200여미터 거리의 접근시간은 40초밖에 되지 않으므로 조타를 책임진 선장으로서는 정지 혹은 후진 신호를 발하여 배를 더이상 접근시키지 않거나 기적을 울려서도 대피할 신호를 교환하거나 서로 좌현을 통해 교항할 수 있도록 항로

63) 대법원 1991.11.12. 선고 91도1278 판결.
64) 대법원 1984.1.17. 선고 83도2746 판결.

를 양보해 거리를 충분히 유지하고 나아가는 등 조치를 다하여 만일에도 일어날 수 있는 충돌 등 사고를 미리 막아야 할 업무상주의 의무가 있음에도 불구하고 서로 상대방이 피해나갈 것이라고 경신 위와 같은 조치없이 진행한 잘못으로 대피할 수 없을 정도의 거리에 이르러 위급함을 느끼고 우측으로 변타하면서 정지 다시 후진의 신호를 보냈으나 미치지 못하여 위 진○○와 충돌하는 이 사건 사고를 발생하게 하였다는 것이다. 그렇다면 위 진○○ 선장인 공소외인에게 원심판결설시와 같은 과실이 있다고 하더라도 이 사건 선박충돌의 사고원인에는 피고인의 과실도 경합된 것이라는 취지로 공소 제기된 것임이 분명하고 또 공소외인에게 과실이 있다고 하여 반드시 피고인에게는 과실이 없다고 단정할 수는 없는 것이므로 이 사건 사고에 있어서 피고인의 과실유무를 심리 판단함에 있어서는 공소외인의 과실 유무만을 따질 것이 아니라 검사의 공소장 기재와 같이 피고인이 그 전방 200미터 거리에서 진○○가 같은 속력으로 출항하는 것을 발견한 사실이 있었는지 또는 그대로 서로 진행하다가는 40초 이내에 충돌하리라는 것을 예견하였거나 예견할 수 있었던 것인지를 심리하고 과연 피고인에게도 조△△를 조타하는 선장으로서 공소장 기재와 같은 업무상의 주의의무가 있는 것이고 또 피고인이 위 업무상의 주의의무를 다하지 못한 것이 이 사건 사고발생의 원인의 하나가 되었었는지를 심리 판단하였어야 할 것임에도 불구하고 원심은 이에 대한심리판단 없이 공소외인에게 이 사건 사고발생에 대한 과실이 있다고 하여 당연히 피고인에게는 아무런 과실이 없다는 것으로 속단하고 또 원심 및 제1심이 조사한 각 증거에 의하면 피고인이 그 전방 200미터 전방에서 진영호가 같은 속력으로 출항하는 것을 발견하였으니 그대로 서로 진행하다가는 40초 이내에 충돌하리라는 것을 예견하였거나 예견할 수 있었던 것임을 인정하기에 충분하다 할 것이며 원심판결 역시 피고인이 진○○를 발견하고 공소장 기재와 같은 조치를 취하지 않고 우회하다가 다시 좌 회 하였다는 사실을 인정하였음에도 불구하고 여타의 점에 대한 심리판단을 함이 없이 피고인의 과실에 대한 증거 없다고 판단하였음은 업무상 과실에 대한 법리를 오해하고 채증을 잘못하였거나 심리를 다하지 못한 위법이 있다고 할 수밖에 없으니 원심판결은 파기로 면치 못한다 할 것이고 상고 논지는 이유 있다 할 것이다.[65] 농무로 인한 암야에 태풍으로 풍랑이 심한 해상을 항해하는 선박의 선장은 완전한 항로를 유지하기 위하여 선장 자신이 항시 조타운항하여야 하고 부득이한 사정으로 인하여 조타실을 이거하려 할 때에는 항로에 경험이 있고 또 조타술이 능숙한 자로 하여금 대신 조타운항케 하는 조치를 강구하여야 하고 이러한 조치가 불가능할 때에는 일시항해를 정지하는 등 적절한 조치를 취하여 선박으로 하여금 암초에 충돌하여 침몰케 하는 사고가 발생하지 아니하도록 미연에 이를 방지할 것을 업무상 주의의무가 있다 할 것이다.[66]

업무상 과실을 부정한 판례의 구체적인 내용은 다음과 같다. 즉,

피고인이 열차의 기관사로서 판시 열차를 운전하여 김천과 직지사 간의 철로를 시속 약 100킬로미터로 운행하던 중 직지사역으로부터 무선으로 두 차례에 걸쳐 태평터널 전방 200미터 지점을 통과할 때 좌우진동이 심하다고 하니 주의운전을 바란다는 통보를 받고 그곳을 지날 때까지의 타력에 의하여 시속 약 85킬로미터로 감속을 하였으나 상용제동을 걸지는 않았고 사고지점 약 50미터에 이르러 사고지점에 철로가 장출되어 굽어 있는 것을 발견하고서야 비상제동을 걸었으나 미치지 못하여 열차가 일부 탈선함으로써 이 사건 사고가 발생한 사실은 인정되나 열차는 다른

65) 대법원 1972.2.22. 선고 71도2386 판결.
66) 대법원 1960.2.29. 선고 4292형상894 판결.

교통수단과는 달리 미리 짜여진 운행방법에 따라 지정된 속도로 진행하는 것이고 앞, 뒤의 운행열차 때문에 특별한 사정이 없는 한 마음대로 속력을 가감할 수 없는 터에 직지사역에서 받은 무전에 따르더라도 사고지점 부근이 좌우진동이 심하다는 다른 열차로부터의 연락이 있으니 주의운전을 바란다는 것일 뿐 궤도장출 등의 위험이나 그에 따른 감속서행조치를 구체적으로 지시받지 아니하였고 철도청의 운전관계 규정상의 주의운전도 특수한 사유 때문에 특별히 주의를 하여 운전하는 경우를 일컫는 것에 불과한 점 및 육안으로 궤도가 장출된 것을 발견하려면 상당히 가까이 가야만 가능하며 그 지점에 이르기 전에 시속 약 20 내지 30킬로미터로 감속하여야만 열차를 정지시킬 수 있었던 점 및 이 사건 사고는 사고지점의 노반이 약화된 상태에서 기온이 갑자기 올라감으로 말미암아 궤도가 팽창하여 장출된 것이 그 직접적인 원인이 된 점에 비추어 보면 이와 같은 상황에서 피고인에게 이 사건 사고를 예상하고 충분히 감속하여 즉시 정차해야 할 주의의무가 있다고 할 수 없다.[67] 피고인이 선단의 책임선인 제1봉림호의 선장으로 조업중이었다 하더라도 피고인으로서는 종선의 선장에게 조업상의 지시만 할 수 있을 뿐 선박의 안전관리는 각 선박의 선장이 책임지도록 되어 있었다면 그 같은 상황하에서 피고인이 풍랑중에 종선에 조업지시를 하였다는 것만으로는 종선의 풍랑으로 인한 매몰사고와의 사이에 인과관계가 성립할 수 없다고 한 원심의 판단은 타당하다고 하여 업무상 과실 선박매몰죄를 부정하였다.[68] 피고인이 버스를 운전하여 시속 50킬로미터의 속도로 10도 정도의 좌곡각 길을 돌아 나오면서 비로소 전방 100미터 거리에서 두 버스가 약간의 간격을 두고 중앙선을 조금 침범한 채 과속으로 경쟁하면서 마주오는 것을 보았는데 곧 뒤에 오던 버스(1628호)가 추월을 포기하고 자기차선으로 들어가자 별일 없으리라 생각하고 계속 같은 속도로 운행하였다면, 피고인으로서는 추월을 포기하고 자기 차선으로 들어가던 뒤의 버스가 앞차(2006호)의 갑작스러운 급제동조치로 앞차를 충격한 반동으로 반대차선을 완전히 가로 막을 것임을 예견할 수 있었다고 인정하기 어렵고 또 이러한 거리와 속도 그리고 도로사정하에서 피고인이 사고를 회피할 수 있었다는 사실이 인정되지 아니하는 한 피고인에게 과실이 있다고 인정하기 어렵다.[69]

③ 결 과

본죄의 결과는 고의범에 있어서의 그것과 다를 것이 없다. 본죄는 결과범이면서 동시에 추상적 공공위험범이라고 할 수 있다. 따라서 본죄는 업무상 객관적 주의의무에 대한 위반의 결과로서 육로, 수로 또는 교량을 손괴 또는 불통하게 하거나 기타 방법으로 교통을 방해의 결과를 초래하거나, 궤도, 등대 또는 표지를 손괴하거나 기타 방법으로 기차, 전차, 자동차, 선박 또는 항공기의 교통을 방해의 결과가 야기되거나 또는 사람의 현존하는 기차, 전차, 자동차, 선박 또는 항공기를 전복, 매몰, 추락 또는 파괴의 결과가 발생하여야 한다. 다만 본죄는 추상적 공공위험범으로서 현실적으로 교통의 안전이 침해될 것까지는 요하지 않는다.

2) 주관적 구성요건

본죄는 과실범이다. 본죄의 과실은 인식 없는 과실 또는 인식 있는 과실을 의미한다. 전자는 업무상 과실행위, 업무상 객관적 주의의무의 위반에 대한 인식이 없는 경우이고,

---

67) 대법원 1991.12.10. 선고 91도2044 판결.
68) 대법원 1989.9.12. 선고 89도1084 판결.
69) 대법원 1984.3.13. 선고 83도3006 판결.

후자는 이에 대한 인식은 있으나 이에 대한 실현의사가 없는 경우라고 할 수 있다.

3) 공 범

본죄와 같이 과실범에 있어서 공범의 성립은 원칙적으로 부정되고 있다. 다만 과실범의 공동정범은 긍정될 수 있다고 해석된다. 판례의 입장이기도 한다. 대법원은 "2인 이상이 상호의사의 연락이 없이 동시에 범죄구성요건에 해당하는 행위를 하였을 때에는 원칙적으로 각인에 대하여 그 죄를 논하여야 하나, 그 결과발생의 원인이 된 행위가 분명하지 아니한 때에는 각 행위자를 미수범으로 처벌하고(독립행위의 경합), 이 독립행위가 경합하여 특히 상해의 경우에는 공동정범의 예에 따라 처단(동시범)하는 것이므로, 상호의사의 연락이 있어 공동정범이 성립한다면, 독립행위경합 등의 문제는 아예 제기될 여지가 없다"고 판시한 바 있다.[70] 공동정범을 긍정한 판례의 구체적 내용은 다음과 같다. 즉,

예인선 정기용선자의 현장소장 갑은 사고의 위험성이 높은 해상에서 철골 구조물 및 해상크레인 운반작업을 함에 있어 선적작업이 지연되어 정조시점에 맞추어 출항할 수 없게 되었음에도, 출항을 연기하거나 대책을 강구하지 않고 예인선 선장 을의 출항연기 건의를 묵살한 채 출항을 강행하도록 지시하였고, 예인선 선장 을은 갑의 지시에 따라 사고의 위험이 큰 시점에 출항하였고 해상에 강조류가 흐르고 있었음에도 무리하게 예인선을 운항한 결과 무동력 부선에 적재된 철골 구조물이 해상에 추락하여 해상의 선박교통을 방해한 사안에서, 갑과 을을 업무상 과실 일반교통방해죄의 공동정범으로 처벌한 사례이다.[71] 성수대교와 같은 교량이 그 수명을 유지하기 위하여는 건설업자의 완벽한 시공, 감독공무원들의 철저한 제작시공상의 감독 및 유지·관리를 담당하고 있는 공무원들의 철저한 유지·관리라는 조건이 합치되어야 하는 것이므로, 위 각 단계에서의 과실 그것만으로 붕괴원인이 되지 못한다고 하더라도, 그것이 합쳐지면 교량이 붕괴될 수 있다는 점은 쉽게 예상할 수 있고, 따라서 위 각 단계에 관여한 자는 전혀 과실이 없다거나 과실이 있다고 하여도 교량붕괴의 원인이 되지 않았다는 등의 특별한 사정이 있는 경우를 제외하고는 붕괴에 대한 공동책임을 면할 수 없다.[72]

(3) 죄 수

업무상 과실 일반교통방해죄와 업무상 과실 자동차추락죄는 상상적 경합관계에 있다. 이에 관한 판례의 구체적 내용은 다음과 같다. 즉,

업무상과실로 인하여 교량을 손괴하여 자동차의 교통을 방해하고 그 결과 자동차를 추락시킨 경우에는 구 형법(1995.12.29. 법률 제5057호로 개정되기 전의 것) 제189조 제2항, 제185조 소정의 업무상과실일반교통방해죄와 같은 법 제189조 제2항, 제187조 소정의 업무상과실자동차추락죄가 성립하고, 위 각 죄는 형법 제40조 소정의 상상적 경합관계에 있다.[73]

업무상 과실 자동차파괴등죄는 도로교통법 위반죄는 실체적 경합관계에 있다.

70) 대법원 1997.11.28. 선고 97도1740 판결.
71) 대법원 2009.6.11. 선고 2008도11784 판결.
72) 대법원 1997.11.28. 선고 97도1740 판결.
73) 대법원 1997.11.28. 선고 97도1740 판결.

이에 관한 판례의 구체적 내용은 다음과 같다. 즉,

형법 제189조 제2항, 제187조 소정의 업무상과실자동차파괴등죄는 교통방해죄의 한 태양으로서 공중교통안전을 그 보호법익으로 하는 공공위험죄에 속하는데 반해 도로교통법 제74조는 차량운행에 수반되는 위험성에 비추어 운전자에게 고도의 주의의무를 강조하고 나아가 차량운행과 직접 관계없는 제3자의 재물을 보호하는데 있어 그 보호법익을 달리하고, 그 행위의 객체는 후자가 '건조물 기타 재물' 일반을 그 대상으로 함에 반하여 전자는 '사람이 현존하는 기차, 전차, 자동차, 선박 또는 항공기'로 한정하고, 그 행위의 태양면에서도 후자는 단순손괴로 족함에 반하여 전자는 교통기관으로서의 용법의 전부 또는 일부를 불가능하게 할 정도의 손괴임을 요하는등 위 형법 본조의 구성요건이 위 도로교통법 제74조의 구성요건보다 축소한정되는 관계인 점등에 비추어 위 양법규는 일반법과 특별법관계가 아닌 별개의 독립된 구성요건으로 해석함이 상당하다.[74]

3. 중과실 교통방해죄

본죄는 중과실로 인하여 일반교통방해죄, 기차·선박 등의 교통방해죄, 기차 등의 전복 등 죄를 범함으로써 성립한다.

본죄는 중과실 행위에 의하여 육로·수로 또는 교량을 손괴 또는 불통하게 하거나 기타 방법으로 교통을 방해하거나, 궤도·등대 또는 표지를 손괴하거나 기타 방법으로 기차·전차·자동차·선박 또는 항공기의 교통을 방해하거나, 또는 사람의 현존하는 기차·전차·자동차·선박 또는 항공기를 전복·매몰·추락 또는 파괴함으로써 성립한다.

다만 중과실 교통방해죄는 굳이 전술한 업무상 과실 교통방해죄와 구별할 이유는 없다. 형법은 중과실과 업무상 과실을 구별하지만, 양자를 마치 하나의 개념인 것처럼 항상 동일하게 붙여서 사용하고 있기 때문이다.

Ⅲ. 처 벌

과실 교통방해죄의 법정형은 1천만원 이하의 벌금이다. 업무상 과실·중과실 교통방해죄의 법정형은 3년 이하의 금고 또는 2천만원 이하의 벌금이다.

74) 대법원 1983.9.27. 선고 82도671 판결.

제 7 장　공중의 건강에 대한 죄

제 1 절　총　설

먹는 물이란 사람의 생존에 하루라도 없어서면 안 되는 중요한 것이다. 따라서 사람의 생명과 건강을 유지하기 위하여는 먹는 물에 대한 청정의 유지와 평온하고 원활한 공급은 필수불가결하다. 여기서 먹는 물의 이용을 곤란하게 하거나 유해한 물질을 혼입하는 등의 행위는 공중위생에 중대한 위협을 주게 된다. 그와 같은 행위는 불특정인 또는 다수인의 생명과 건강에 위험을 가져오는 것이기 때문에 사회적 법익인 공중의 건강에 대한 죄로서 본장에 각각의 규정을 두게 된 것이다.

형법은 공중의 건강에 대한 죄로서 형법은 공중의 건강에 대한 죄로서 먹는 물에 관한 죄(형법 제2편 제16장)와 아편에 관한 죄(형법 제2편 제17장)의 2개의 장만을 두고 있다. 그러나 오늘날에는 먹는 물보다도 대기, 하천 등의 오염에 의한 공해가 사회문제화되고 있음은 주지의 사실이다. 오늘날의 환경오염으로 인하여 발생되는 문제에 적극적으로 대처하기 위하여 형법상의 규제를 강화할 필요성이 증대되고 있다. 그러나 이에 현행 형법상의 규정만으로 대처하기에는 역부족이라고 아니할 수 없다. 현행 형법상의 규정은 처음부터 공해범죄를 염두에 두고 규정된 것이 아니기 때문이다.

제 2 절　먹는 물에 관한 죄

§1. 개　관

I. 서　설

본장의 먹는 물에 관한 죄는 먹는 물이나 수돗물의 사용을 방해하거나 이에 의하여 사람을 사상에 이르게 함으로써 공중의 건강이나 신체에 대한 위험을 발생시키는 것을 내용으로 하는 범죄이다(형법 제2편 제16장). 본장의 제목은 2020년 12월 개정법에 의하여 '음용수에 관한 죄'에서 현재의 '먹는 물에 관한 죄'로 변경되었다.[1]

1) 형법 2020.12.8. 일부개정 법률 제17571호 2021.12.9. 시행.

Ⅱ. 보호법익

본장의 죄의 보호법익은 공중의 건강이다. 공중의 건강이나 신체에 대한 위험을 발생시키는 범죄로서 구체적으로 불특정인 또는 다수인의 건강이나 신체에 대한 위험의 발생을 요하지 않기 때문에 추상적 공공위험범에 속한다. 따라서 특정한 1인을 위한 먹는 물일 때에는 본죄는 적용되지 않는다. 다만 먹는 물 혼독 치사상죄(제194조)는 결과적 가중범의 일종이고, 구체적 공공위험범이라고 할 수 있다.

Ⅲ. 구성요건에 체계

본장의 죄의 기본적 구성요건은 먹는 물의 사용방해죄이다(제192조). 수돗물의 사용방해죄(제193조)와 결과적 가중범으로서의 먹는 물 혼독치사상죄(제195조)는 가중적 구성요건에 속한다. 수도불통죄(제195조)는 독립적 구성요건에 해당한다.

이 외에도 본장의 죄에는 먹는 물의 사용방해죄, 수돗물의 사용방해죄 및 수도불통죄의 미수범(제196조)과 예비·음모죄에 대한 처벌규정이 있다(제197조).

§2. 먹는 물의 사용방해죄

제192조(먹는 물의 사용방해) ① 일상생활에서 먹는 물로 사용되는 물에 오물을 넣어 먹는 물로 쓰지 못하게 한 자는 1년 이하의 징역 또는 500만원 이하의 벌금에 처한다.
② 제1항의 먹는 물에 독물(毒物)이나 그 밖에 건강을 해하는 물질을 넣은 사람은 10년 이하의 징역에 처한다.

제196조(미수범) 제192조제2항, ~ 의 미수범은 처벌한다.

제197조(예비, 음모) 제192조제2항, ~ 의 죄를 범할 목적으로 예비 또는 음모한 자는 2년 이하의 징역에 처한다.

구조문
제192조(음용수의 사용방해) ① 일상 음용에 공하는 정수에 오물을 혼입하여 음용하지 못하게 한 자는 1년 이하의 징역 또는 500만원 이하의 벌금에 처한다.
② 전항의 음용수에 독물 기타 건강을 해할 물건을 혼입한 자는 10년 이하의 징역에 처한다.

Ⅰ. 서 설

본죄는 일상생활에서 먹는 물로 사용되는 물에 오물을 넣어 먹는 물로 쓰지 못하게 하거나 독물(毒物)이나 그 밖에 건강을 해하는 물질을 넣음으로써 성립한다. 본죄의 조문제목은 2020년 12월 개정법에 의하여 '음용수의 사용방해'에서 현재의 '먹는 물의 사용방해'로 변경된 바 있다.[2] 본죄는 먹는 물에 넣는 혼입물의 종류에 따라 먹는 물의 오물혼입 사용방해죄와 먹는 물의 독물 등 혼입 사용방해죄로 나누어질 수 있다.

본죄의 보호법익은 공중의 건강과 위생이다. 본죄는 사람의 생존에 불가결한 먹는 물의

2) 형법 2020.12.8. 일부개정 법률 제17571호 2021.12.9. 시행.

정상적인 이용을 방해한다는 점에서 건강상 유해한 행위이고 본죄 또한 공공위험범에 속하는 것이다.

Ⅱ. 범 죄

1. 먹는 물의 오물혼입 사용방해죄

(1) 서 언

본죄는 일상생활에서 먹는 물로 사용되는 물에 오물을 넣어 먹는 물로 쓰지 못하게 함으로써 성립한다.

(2) 객관적 구성요건

1) 객 체

본죄의 객체는 오물이다. 오물(汚物)이란 먹는 물에 넣음으로써 먹는 물로 쓰지 못하게 하는 일체의 물질로서 독물과 그 밖에 건강을 해하는 물질을 제외한 것을 말한다고 해석된다.

2) 행 위

본죄의 실행행위는 사용방해이다. 사용방해(使用妨害)란 일상생활에서 먹는 물로 사용되는 물에 오물을 넣는 것을 말한다. 오물을 넣는 대상은 일상생활에서 먹는 물로 사용되는 물이다. 일상생활에서란 불특정인 또는 다수인을 위한 것이라는 의미로 새겨진다. 따라서 특정인을 위한 것은 이에 포함되지 아니한다.

먹는 물이란 먹는 데에 일반적으로 사용하는 자연 상태의 물, 자연 상태의 물을 먹기에 적합하도록 처리한 수돗물, 먹는 샘물, 먹는 염지하수(鹽地下水), 먹는 해양심층수(海洋深層水) 등을 말한다(먹는 물 관리법 제3조 제1호). 먹는 샘물이란 샘물을 먹기에 적합하도록 물리적으로 처리하는 등의 방법으로 제조한 물을 말한다(먹는 물 관리법 제3조 제3호). 먹는 염지하수란 염지하수를 먹기에 적합하도록 물리적으로 처리하는 등의 방법으로 제조한 물을 말한다(먹는 물 관리법 제3조 제3호의3). 먹는 해양심층수란 해양심층수를 먹는 데 적합하도록 물리적으로 처리하는 등의 방법으로 제조한 물을 말한다(먹는 물 관리법 제3조 제4호).

3) 결 과

본죄는 결과범이다. 사용방해의 결과로서 먹는 물로 쓰지 못하게 되어야 한다. 이는 먹는 물로서 사용불능의 정도에 이르게 하는 것을 말한다. 사용불능의 정도에 이르지 않은 혼입은 본죄에 해당하지 아니한다.

사용불능은 일시적이라도 상관없다. 사용불능의 원인은 물리적이든 화학적이든 생리적이든 또는 심리적이든 묻지 않는다. 따라서 생리적으로는 먹는 물로서 사용가능하다고 하여도 단순히 감정적인 불쾌감에서 먹을 수 없는 상태에 이르면 본죄가 성립한다. 사용불능의

이유가 심리적인 것이어도 사용불가능한 이상 사람의 건강과 위생에 위협을 주는 것이기 때문이다.

사용불능의 판단기준은 통상인이다. 본죄가 공공위험범인 이상 통상인을 기준으로 하는 것은 당연하다. 따라서 통상인이 먹는 물로서 사용하는 것이 거부하는 경우이면 되고, 현실적으로 그것을 먹는 자가 있을 것을 방해하지 않는다.

(3) 주관적 구성요건

본죄는 고의범이다. 본죄의 고의는 인식적 요소로서 일상생활에서 먹는 물로 사용되는 물에 오물을 넣어 먹는 물로 쓰지 못하게 한다는 사실에 대한 인식을 요한다.

(4) 미수 · 기수

본죄는 미수범에 대한 처벌규정을 두지 않고 있다. 본죄는 결과범으로서 먹는 물로 쓰지 못하게 되는 결과의 발생으로 기수에 이른다. 다만 본죄는 사람의 건강이 현실적으로 침해될 것을 요하지 않는다. 이러한 의미에서 본죄는 추상적 공공위험범에 속하게 된다.

2. 먹는 물의 독물 등 혼입 사용방해죄

(1) 서 언

본죄는 일상생활에서 먹는 물로 사용되는 물에 독물(毒物)이나 그 밖에 건강을 해하는 물질을 넣음으로써 성립한다.

본죄의 구성요건은 위의 먹는 물의 오물혼입 사용방해죄의 그것과 기본적으로 동일하다. 다만 혼입물의 종류만 다를 뿐이다. 전자의 혼입물이 건강에 악영향을 줄 수 있는 오물이라면 본죄의 그것은 생명과 건강에 악영향을 줄 수 있는 독물이나 그 밖에 건강을 해하는 물질이다. 이러한 점에서 본죄는 전자의 먹는 물의 오물혼입 사용방해죄와는 질적으로 다른 범죄라고 할 수 있다. 본죄의 혼입물로서의 독물 기타 건강상의 유해물은 사람의 생명이나 건강에 대하여 직접적인 위험을 가지기 때문이다. 이러한 의미에서 본죄는 전자의 먹는 물의 오물혼입 사용방해죄의 가중적 유형이라고 할 수 있다.

(2) 객관적 구성요건

1) 객 체

본죄의 객체는 독물이나 그 밖에 건강을 해하는 물질이나. 독물(毒物)이란 소량을 체내에 흡수하는 것만으로도 화학적 작용에 의하여 사람의 건강을 장해하기에 족한 무기물을 말한다. 예컨대 청산가리, 유황 등이다. 독물은 사람의 건강을 해할 수 있는 물건의 예시이다. 그 밖에 건강을 해하는 물건이란 그것을 먹으면 그것에 의하여 사람의 건강에 장애를 주기에 족한 유해물을 의미한다. 무기물이든 유기물이든 묻지 않는다. 신체에 축적한 경우에 사람의 건강을 해하는 것으로 되는 물건도 포함한다. 방사능 등 유체물이 아닌 것도 포함되는가는 문제가 되지만, 혼입이 가능한 것인 한 긍정하여야 할 것이다.

성질상 유해물에 한정되는가 용량상 유해물도 포함하는가에 대하여는 다툼이 있다. 이외에 본조의 문리상 양자를 포함한다는 견해도 주장되고 있다. 그러나 어떠한 물질도 과도하게 흡수하면 건강에 악영향을 미친다는 것을 근거로 사람의 건강을 해하는 물건이란 그 소량의 흡수가 유해한 바와 같이 성질상 유해물에 한정된다고 해석된다. 이에 의하면 분량상 유해물이라고 하더라도 성질상 무해물은 전항의 먹는 물의 오물혼입 사용방해죄의 성부만이 문제로 되게 된다. 그 밖에 건강을 해하는 물건으로서는 세균, 기생충, 그 알 등의 유해물이 거론될 수 있을 것이다.

2) 행 위

본죄의 실행행위는 사용방해이다. 사용방해(使用妨害)란 일상생활에서 먹는 물로 사용되는 물에 독물(毒物)이나 그 밖에 건강을 해하는 물질을 넣는 것을 말한다. 오물을 넣는 대상은 일상생활에서 먹는 물로 사용되는 물이다. 일상생활에서란 불특정인 또는 다수인을 위한 것이라는 의미로 새겨진다. 따라서 특정인을 위한 것은 이에 포함되지 아니한다.

3) 결 과

본죄는 거동범이다. 따라서 먹는 물에 독물(毒物)이나 그 밖에 건강을 해하는 물질을 넣는 것만으로 기수에 이른다. 현실적으로 사람의 건강이 침해될 것을 요하지 않는다. 이러한 의미에서 본죄는 추상적 공공위험범에 속한다.

(3) 주관적 구성요건

본죄는 고의범이다. 본죄의 고의는 인식적 요소로서 일상생활에서 먹는 물로 사용되는 물에 독물(毒物)이나 그 밖에 건강을 해하는 물질을 넣는다는 사실에 대한 인식을 요한다.

(4) 예비 · 음모

본죄는 예비 · 음모를 처벌한다. 본죄를 범할 목적으로 예비 또는 음모함으로써 성립한다. 목적범이다. 예비 · 음모를 처벌하는 것은 공공의 위험이 발생하기 전에 사전에 차단하기 위한 취지이다.

(5) 미수 · 기수

본죄는 미수를 처벌한다. 본죄는 먹는 물에 독물(毒物)이나 그 밖에 건강을 해하는 물질을 넣음으로써 기수에 이른다. 본죄는 독물 등 유해물을 먹는 물에 넣음으로써 현실적으로 사람의 건강이 침해될 것을 요하지 않는다. 본죄는 추상적 공공위험범으로서 공중의 건강을 침해할 수 있는 위험상태가 발생하면 그것으로 족하기 때문이다.

3. 죄 수

먹는 물의 오물혼입 사용방해죄와 먹는 물의 독물 등 혼입 사용방해죄는 일반법과 특별법의 관계이다. 이는 전술하는 바와 같이 수돗물의 사용방해죄에서와 같은 구조이다.

Ⅲ. 처 벌

먹는 물의 오물혼입 사용방해죄의 법정형은 1년 이하의 징역 또는 500만원 이하의 벌금이다. 먹는 물의 독물 등 혼입 사용방해죄의 법정형은 10년 이하의 징역이다. 후자의 법정형이 전자의 그것보다 훨씬 무거운 것은 전자는 건강에 악영향을 주는 것에 그칠 수 있지만, 후자는 생명과 건강에 악영향을 줄 수 있기 때문이다.

먹는 물의 독물 등 혼입 사용방해죄의 예비 · 음모와 미수는 처벌된다. 예비 · 음모죄의 법정형은 2년 이하의 징역이다.

§3. 수돗물의 사용방해죄

제193조(수돗물의 사용방해) ① 수도(水道)를 통해 공중이 먹는 물로 사용하는 물 또는 그 수원(水原)에 오물을 넣어 먹는 물로 쓰지 못하게 한 자는 1년 이상 10년 이하의 징역에 처한다.
② 제1항의 먹는 물 또는 수원에 독물 그 밖에 건강을 해하는 물질을 넣은 자는 2년 이상의 유기징역에 처한다.

제196조(미수범) ~, 제193조제2항 ~ 의 미수범은 처벌한다.

제197조(예비, 음모) ~, 제193조제2항 ~ 의 죄를 범할 목적으로 예비 또는 음모한 자는 2년 이하의 징역에 처한다.

구조문
제193조(수도음용수의 사용방해) ① 수도에 의하여 공중의 음용에 공하는 정수 또는 그 수원에 오물을 혼입하여 음용하지 못하게 한 자는 1년 이상 10년 이하의 징역에 처한다.
② 전항의 음용수 또는 수원에 독물 기타 건강을 해할 물건을 혼입한 자는 2년 이상의 유기징역에 처한다.

Ⅰ. 서 설

본죄는 수도(水道)를 통해 공중이 먹는 물로 사용하는 물 또는 그 수원(水原)에 오물을 넣어 먹는 물로 쓰지 못하게 하거나 독물 그 밖에 건강을 해하는 물질을 넣음으로써 성립한다. 본죄의 조문제목은 2020년 12월 개정법에 의하여 '수도음용수의 사용방해'에서 현재의 '수돗물의 사용방해'로 변경된 바 있다.[3] 본죄는 수돗물 오물혼입 사용방해죄와 수돗물 독물 등 혼입 사용방해죄로 나누어질 수 있다.

본죄는 전술한 먹는 물의 사용방해죄와 동일한 취지의 규정이다. 그러나 수도는 먹는 물을 공급하기 위한 시설이고, 그 공급을 받는 사람의 범위도 넓고 먹는 물에 대한 신뢰도 강하기 때문에 그에 대한 오염행위에 대하여 전술한 먹는 물의 사용방해죄보다 형을 가중하여 처벌하려는 규정이다.

---

3) 형법 2020.12.8. 일부개정 법률 제17571호 2021.12.9. 시행.

Ⅱ. 범 죄

1. 수돗물 오물혼입 사용방해죄

본죄는 수도를 통해 공중이 먹는 물로 사용하는 물 또는 그 수원(水原)에 오물을 넣어 먹는 물로 쓰지 못하게 함으로써 성립한다. 수도(水道)란 먹는 물을 청정한 채로 일정한 지점으로 보내는 인공적인 설비를 말한다. 천연의 수로에 인공을 가한 것도 포함되지만, 인공이 전혀 개입되지 않은 천연의 수로는 공중이 이를 먹는 물로 사용하고 있다고 하더라도 수도에 해당하지 않는다. 수도법상 수도란 관로(管路), 그 밖의 공작물을 사용하여 원수나 정수를 공급하는 시설의 전부를 말한다(수도법 제3조 제5호 참조). 본죄의 구성요건은 전술한 먹는 물의 오물혼입 사용방해죄에 있어서의 그것과 같다.

2. 수돗물 독물 등 혼입 사용방해죄

본죄는 수도(水道)를 통해 공중이 먹는 물로 사용하는 물 또는 그 수원(水原)에 독물 그 밖에 건강을 해하는 물질을 넣음으로써 성립한다. 본죄의 구성요건은 전술한 먹는 물의 독물 등 혼입 사용방해죄에 있어서의 그것과 같다. 본죄는 예비·음모와 미수를 처벌한다는 점에서 전술한 먹는 물의 독물 등 혼입 사용방해죄와 공통되나, 수돗물 오물혼입 사용방해죄와는 구별되고 있다.

3. 죄 수

수돗물 오물혼입 사용방해죄와 수돗물 독물 등 혼입 사용방해죄는 일반법과 특별법의 관계에 있다. 이는 전술한 바와 같이 먹는 물의 사용방해죄에서와 같은 구조이다.

Ⅲ. 처 벌

수돗물 오물혼입 사용방해죄의 법정형은 1년 이상 10년 이하의 징역이다. 수돗물 독물 등 혼입 사용방해죄의 법정형은 2년 이상의 유기징역이다. 수돗물 독물 등 혼입 사용방해죄의 예비·음모와 미수는 처벌된다. 예비·음모죄의 법정형은 2년 이하의 징역이다.

§4. 먹는 물 혼독치사상죄

제194조(먹는 물 혼독치사상) 제192조제2항 또는 제193조제2항의 죄를 지어 사람을 상해에 이르게 한 경우에는 무기 또는 3년 이상의 징역에 처한다. 사망에 이르게 한 경우에는 무기 또는 5년 이상의 징역에 처한다.

구조문

제194조(음용수혼독치사상) 제192조제2항 또는 제193조제2항의 죄를 범하여 사람을 상해에 이르게 한 때에는 무기 또는 3년 이상의 징역에 처한다. 사망에 이르게 한 때에는 무기 또는 5년 이상의 징역에 처한다.

Ⅰ. 서 설

본죄는 먹는 물의 독물 등 혼입 사용방해죄 또는 수돗물 독물 등 혼입 사용방해죄를 지어 사람을 상해 또는 사망에 이르게 함으로써 성립한다. 치상죄는 부진정 결과적 가중범에 속하고, 치사죄는 진정 결과적 가중범에 해당한다.

Ⅱ. 범 죄

1. 먹는 물의 독물 등 혼입 사용방해 치사상죄

본죄는 먹는 물의 독물 등 혼입 사용방해죄를 지어 사람을 상해 또는 사망에 이르게 함으로써 성립한다. 먹는 물의 독물 등 혼입 사용방해죄의 결과적 가중범이다. 본죄는 일상생활에서 먹는 물로 사용되는 물에 오물을 넣어 먹는 물로 쓰지 못하게 한 결과로서 사람이 사상에 이를 것을 요한다.

2. 수돗물 독물 등 혼입 사용방해 치사상죄

본죄는 수돗물 독물 등 혼입 사용방해죄를 지어 사람을 상해 또는 사망에 이르게 함으로써 성립한다. 수돗물 독물 등 혼입 사용방해죄의 결과적 가중범이다. 본죄는 일상생활에서 먹는 물로 사용되는 물에 독물(毒物)이나 그 밖에 건강을 해하는 물질을 넣은 결과로서 사람이 사상에 이를 것을 요한다.

Ⅲ. 처 벌

본죄는 법정형은 상해의 경우에는 무기 또는 3년 이상의 징역이고, 사망의 경우에는 무기 또는 5년 이상의 징역이다.

§5. 수도불통죄

제195조(수도불통) 공중이 먹는 물을 공급하는 수도 그 밖의 시설을 손괴하거나 그 밖의 방법으로 불통(不通)하게 한 자는 1년 이상 10년 이하의 징역에 처한다.

제196조(미수범) ~ 전조의 미수범은 처벌한다.

제197조(예비, 음모) ~ 제195조의 죄를 범할 목적으로 예비 또는 음모한 자는 2년 이하의 징역에 처한다.

구조문

제195조(수도불통) 공중의 음용수를 공급하는 수도 기타 시설을 손괴 기타 방법으로 불통하게 한 자는 1년 이상 10년 이하의 징역에 처한다.

Ⅰ. 서 설

본죄는 공중이 먹는 물을 공급하는 수도 그 밖의 시설을 손괴하거나 그 밖의 방법으로 불통(不通)하게 함으로써 성립한다.

보호법익은 공중의 생명과 건강이다. 공중의 생명과 건강에 대한 실해의 발생을 요하지 않기 때문에 추상적 공공위험범에 속한다.

Ⅱ. 범 죄

1. 구성요건

(1) 객관적 구성요건

1) 객 체

본죄의 객체는 수도 그 밖의 시설이다. 다만 공중이 먹는 물을 공급하는 수도 그 밖의 시설에 제한된다. 수도(水道)란 공중에게 직접 먹는 물을 공급하는 시설이다. 수도는 협의의 수원, 취수시설, 저수시설, 도수시설, 정수시설, 송수시설 및 배수시설의 단계로 구성된다. 이 중에서 송수시설과 배수시설만이 먹는 물을 공급하는 수도에 해당하게 된다.

2) 행 위

본죄의 실행행위는 불통하게 하는 것이다. 불통(不通)하게 하는 수단으로서 손괴하거나 그 밖의 방법이 예시되고 있다. 손괴(損壞)란 물리적으로 파손하여 그 효용을 해하는 행위를 말한다. 파괴는 수도에 의한 먹는 물의 공급을 불가능하게 하거나 곤란하게 하는 정도로 파괴하는 것을 의미한다고 해석된다.

불통을 긍정한 판례의 구체적 내용은 다음과 같다. 즉,

> 비록 적법한 절차를 밟지 아니한 수도라 할지라도 그것이 현실로 공중생활에 필요한 음용수를 공급하고 있는 시설로 되어 있는 이상 해시설을 불법하게 손괴하여서 수도를 불통케 하였을 때에는 수도불통으로 봄이 타당하다.[4)]

3) 결 과

본죄는 결과범이다. 본죄는 현실적으로 불통의 결과가 발생해야 기수에 달할 수 있다. 다만 본죄는 불통하게 함으로써 공중의 생명과 건강에 대한 안전이 현실적으로 침해될 것을 요하지 않는다. 이러한 의미에서 본죄는 추상적 공공위험범에 속한다.

(2) 주관적 구성요건

본죄는 고의범이다. 본죄의 고의는 인식적 요소로서 공중이 먹는 물을 공급하는 수도 그 밖의 시설을 손괴하거나 그 밖의 방법으로 불통(不通)하게 한다는 사실에 대한 인식을 요한다.

---

4) 대법원 1957.2.1. 선고 4289형상317 판결.

(3) 예비 · 음모

본죄는 예비 · 음모를 처벌한다. 본죄는 수도불통죄를 범할 목적으로 예비 또는 음모함으로써 성립한다. 목적범이다.

(4) 미수 · 기수

본죄는 미수범을 처벌한다. 본죄는 수도의 불통이라는 결과의 발생에 의하여 기수에 이른다. 실행의 착수시기는 손괴 등의 행위를 개시한 때라고 해석된다.

2. 위법성조각사유

본죄는 총칙상의 위법성조각사유에 의하여 위법성이 조각될 수 있다.

위법성조각을 긍정한 판례의 구체적 내용은 다음과 같다. 즉,

> 위 B시장내의 수도는 위 B시장내에 점포나 주거를 가진 사람들의 식수에 공용하기 위하여 위 시장상인들로 구성된 번영회에서 용산구청장의 허가를 얻어 시설한 사설(私設) 상수도로써 수도사용료는 B시장내 전체사용량에 대하여 번영회로 일괄부과되어 번영회는 소정율에 따라 수용자로부터 징수하여 일괄납부하며 그 관리책임자로 피고인 3명이 지정되어 있으며 피고인들이 막았다는 수도관은 위 F, G 및 H가에 식수를 공급하는 것으로 위 F, G는 각 3개월분의 수도사용료를 내지 아니하였기 때문에 본건 단수를 하기전에 번영회 총회를 개최하여 단수조치하기로 결의를 하고 사전 경고까지 하였으며 위 H로 부터는 단수에 대한 승낙을 받은 연후에 본건 단수조치를 한 점을 짐작할 수 있으니 사정이 그렇다면 본건 단수행위에는 위법성이 있다고 볼 수 없다 할 것이다.[5)]

Ⅲ. 처 벌

본죄의 법정형은 1년 이상 10년 이하의 징역이다. 본죄의 미수범은 처벌된다. 또 본죄의 예비 · 음모죄도 처벌되고, 법정형은 2년 이하의 징역이다.

§6. 관련 특별법

Ⅰ. 수도법

제3조(정의) 이 법에서 사용하는 용어의 뜻은 다음과 같다.

5. "수도"란 관로(管路), 그 밖의 공작물을 사용하여 원수나 정수를 공급하는 시설의 전부를 말하며, 일반수도 · 공업용수도 및 전용수도로 구분한다. 다만, 일시적인 목적으로 설치된 시설과 「농어촌정비법」 제2조제6호에 따른 농업생산기반시설은 제외한다.

제13조(영리행위 금지 등) ① 누구든지 수돗물을 용기에 넣거나 기구 등으로 다시 처리하여 판매할 수 없다.

제82조(벌칙) 다음 각 호의 어느 하나에 해당하는 자는 3년 이하의 징역 또는 3천만원 이하의 벌금에 처한다.

1. 제13조제1항을 위반하여 수돗물을 용기에 넣거나 기구 등으로 다시 처리하여 판매한 자

---

5) 대법원 1977.11.22. 선고 77도103 판결.

Ⅱ. 먹는 물 관리법

제3조(정의) 이 법에서 사용하는 용어의 뜻은 다음과 같다.

1. "먹는물"이란 먹는 데에 일반적으로 사용하는 자연 상태의 물, 자연 상태의 물을 먹기에 적합하도록 처리한 수돗물, 먹는샘물, 먹는염지하수(鹽地下水), 먹는해양심층수(海洋深層水)등을 말한다.
2. "샘물"이란 암반대수층(岩盤帶水層) 안의 지하수 또는 용천수 등 수질의 안전성을 계속 유지할 수 있는 자연 상태의 깨끗한 물을 먹는 용도로 사용할 원수(原水)를 말한다.
3. "먹는샘물"이란 샘물을 먹기에 적합하도록 물리적으로 처리하는 등의 방법으로 제조한 물을 말한다.

3의2. "염지하수"란 물속에 녹아있는 염분(鹽分) 등의 함량(含量)이 환경부령으로 정하는 기준 이상인 암반대수층 안의 지하수로서 수질의 안전성을 계속 유지할 수 있는 자연 상태의 물을 먹는 용도로 사용할 원수를 말한다.

3의3. "먹는염지하수"란 염지하수를 먹기에 적합하도록 물리적으로 처리하는 등의 방법으로 제조한 물을 말한다.

4. "먹는해양심층수"란 「해양심층수의 개발 및 관리에 관한 법률」제2조제1호에 따른 해양심층수를 먹는 데 적합하도록 물리적으로 처리하는 등의 방법으로 제조한 물을 말한다.
5. "수처리제(水處理劑)"란 자연 상태의 물을 정수(淨水) 또는 소독하거나 먹는물 공급시설의 산화방지 등을 위하여 첨가하는 제제를 말한다.
6. "먹는물공동시설"이란 여러 사람에게 먹는물을 공급할 목적으로 개발했거나 저절로 형성된 약수터, 샘터, 우물 등을 말한다.

제8조(먹는물공동시설의 관리) ② 누구든지 먹는물공동시설의 수질을 오염시키거나 시설을 훼손하는 행위를 하여서는 아니 된다.

제8조의5(샘물보전구역에서의 금지행위) 누구든지 샘물보전구역에서는 다음 각 호의 어느 하나에 해당하는 행위를 하여서는 아니 된다. 다만, 먹는샘물 제조시설 및 그 부속시설에 수반되는 시설로서 환경부령으로 정하는 시설을 환경부령으로 정하는 바에 따라 시·도지사의 허가를 받아 설치하는 경우에는 그러하지 아니하다.

1. 「가축전염병예방법」 제22조제2항 본문에 따른 가축의 사체 매몰
2. 「폐기물관리법」 제2조제8호에 따른 폐기물처리시설의 설치
3. 「토양환경보전법」 제2조제4호에 따른 특정토양오염관리대상시설의 설치
4. 「물환경보전법」 제2조제10호에 따른 폐수배출시설의 설치
5. 「하수도법」 제2조제9호에 따른 공공하수처리시설 또는 같은 조 제10호에 따른 분뇨처리시설의 설치
6. 「가축분뇨의 관리 및 이용에 관한 법률」 제2조제3호에 따른 배출시설 또는 같은 조 제8호에 따른 처리시설의 설치
7. 그 밖에 대통령령으로 정하는 오염유발시설의 설치

제58조(벌칙) 다음 각 호의 어느 하나에 해당하는 자는 3년 이하의 징역이나 3천만원 이하의 벌금에 처한다. 이 경우 징역과 벌금을 병과할 수 있다.

1. 제8조제2항을 위반한 자

1의2. 제8조의5를 위반한 자

제3절 아편에 관한 죄

§1. 개 관

Ⅰ. 서 설

본장의 아편에 관한 죄는 아편의 흡식 기타 이를 조장할 우려가 있는 행위를 내용으로 하는 범죄이다(형법 제2편 제17장). 마약류는 진통성이라는 순기능과 의존성이라는 역기능을 동시에 가지고 있기 때문에 역기능을 차단할 필요가 있다.

마약, 향정신성의약품 및 대마와 같이 의존성이나 상습성을 가지는 마약류는 한편에서는 의료를 위하여 필요한 것이지만, 다른 한편에서는 이들의 시용을 자유에 맡기게 되면 남용되어 중독자를 양산하고 국민의 생활을 피폐하게 할 뿐만 아니라 각종의 파생적 해악을 초래할 위험성을 가지고 있다. 전자의 경우 마약류관리법에 따르는 것인 한 형법상 위법성조각사유에 해당하게 된다. 다만 형법상 처벌의 대상으로 되는 것은 바로 후자의 경우와 같은 불법제조, 불법유통 및 불법소비라고 할 수 있다.

Ⅱ. 보호법익

본장의 죄는 공중의 건강을 보호법익으로 한다. 본장의 죄는 국민의 건강유지와 국민생활의 피폐방지의 관점에서 아편의 흡식 등을 처벌하려는 것이다. 아편의 흡식은 그 의존성의 강도 등에서 흡식자 자신의 심신을 해할 뿐만 아니라 그러한 풍습이 퍼지면 국민의 생활을 피폐시키는 등 각종의 폐해도 초래될 수 있기 때문이다. 본장의 죄는 공중의 건강이 현실적으로 침해될 것을 요하지 않는다는 점에서 추상적 공공위험범에 속한다.

Ⅲ. 구성요건의 체계

본장의 죄에 있어서 기본적 구성요건은 아편흡식 등 죄이다(제201조 제1항). 아편 등의 제조 등 죄는 가중적 구성요건이다(제198조). 세관공무원의 아편 등의 수입죄(제200조)는 신분으로 인하여, 상습범(제203조)은 상습성으로 인하여 형이 가중되는 가중적 구성요건에 속한다. 아편흡식기의 제조 등 죄는 아편흡식 등 죄와 법정형이 동일하므로 독립적 구성요건에 속한다(제199조). 아편흡식 등 동장소제공죄(제201조 제2항)은 아편흡식등죄를 방조하는 행위를 독립된 별개의 구성요건으로 규정한 독립적 구성요건이다. 아편 등의 소지죄(제205조)는 아편흡식 등죄의 예비에 해당하는 행위를 독립된 구성요건으로 규정한 감경적 구성요건에 해당한다.

이 외에도 본장의 죄에 있어서 아편등의 제조등죄, 아편흡식기의 제조등죄, 세관공무원의 아편등의 수입죄 및 아편흡식등 · 동장소제공죄의 미수범은 처벌된다(제202조). 미수를 처벌함에 의하여 공중의 건강에 대한 위해를 미연에 방지할 필요가 있기 때문에 모든 죄에 대하

여 그 미수를 처벌하고 있는 것이다. 또 본장의 죄에 제공한 아편, 몰핀이나 그 화합물 또는 아편흡식기구는 몰수한다(제206조 제1문). 필요적 몰수이다. 몰수하기 불능한 때에는 그 가액을 추징한다(제206조 제2문). 필요적 추징이다.

§2. 아편 등 제조 등 죄

제198조(아편 등의 제조 등) 아편, 몰핀 또는 그 화합물을 제조, 수입 또는 판매하거나 판매할 목적으로 소지한 자는 10년 이하의 징역에 처한다.

제202조(미수범) 전4조의 미수범은 처벌한다.

제203조(상습범) 상습으로 전5조의 죄를 범한 때에는 각조에 정한 형의 2분의 1까지 가중한다.

제204조(자격정지 또는 벌금의 병과) 제198조 내지 제203조의 경우에는 10년 이하의 자격정지 또는 2천만원 이하의 벌금을 병과할 수 있다.

제206조(몰수, 추징) 본장의 죄에 제공한 아편, 몰핀이나 그 화합물 또는 아편흡식기구는 몰수한다. 그를 몰수하기 불능한 때에는 그 가액을 추징한다.

Ⅰ. 서 설

본죄는 아편, 몰핀 또는 그 화합물을 제조, 수입 또는 판매하거나 판매할 목적으로 소지함으로써 성립한다. 본죄의 미수범은 처벌된다. 본죄와 본죄의 미수범의 상습범도 처벌된다. 본죄를 상습으로 범한 때에는 본죄의 상습범이 성립한다. 본죄에서의 상습(常習)이란 본죄에 열거된 제조, 수입 또는 판매하는 행위의 습벽을 말한다. 다른 유형의 행위에 대한 상습성은 이에 포함되지 않는다고 해석된다. 본죄는 목적범이 아닌 아편 등의 제조 등 죄와 목적범인 판매목적 아편 등의 소지죄로 나누어질 수 있다.

Ⅱ. 범 죄

1. 아편 등의 제조 등 죄

본죄는 아편, 몰핀 또는 그 화합물을 제조, 수입 또는 판매함으로써 성립한다. 본죄는 목적범이 아니라는 점에서 목적범인 아래의 판매목적 아편 등의 소지죄와 구별되고 있다.

본죄의 객체는 아편, 몰핀 또는 그 화합물이다. 아편(阿片)이란 양귀비의 액즙(液汁)이 응결(凝結)된 것과 이를 가공한 것을 말한다(마약류관리법 제2조 제2호 나목 참조). 몰핀이란 모르핀(morphine)을 말하는 것으로서 양귀비, 아편 또는 코카 잎에서 추출되는 모든 알카로이드 및 그와 동일한 화학적 합성품을 의미한다(마약류관리법 제2조 제2호 라목, 마약류관리법 시행령 제2조 제1항 별표 1 참조).

본죄의 실행행위는 제조, 수입 또는 판매이다. 제조(製造)란 아편을 만드는 것을 말한다. 곧바로 흡식용으로 사용할 수 있는 상태에 이르면 바로 기수에 달한다. 수입(輸入)이란 국외로부터 국내로 반입하는 것을 말한다. 육로(陸路)의 경우에는 국경선을 넘는 때에 기수로 된다. 해로(海路)와 공로(空路)의 경우에는 다툼이 있다. 첫째, 영해 또는 영공에 들어온 때라

는 영해·영공 진입시설이다. 이 견해는 영해·영공도 국가의 통치권이 미치는 영역의 일부이고 그 의미에서는 영토와 구별할 이유가 없다는 점, 영해·영공의 형법상 장소적 효력범위이고 보건위생상의 위해를 발생시킬 위험성의 발생은 수입과 제조 사이에 차이가 없고 영해 내에서의 제조가 제조죄를 구성하는 점에 반하여 영해 내에의 반입이 수입으로 되지 않는 것은 균형을 잃는다는 점 등을 근거로 하고 있다. 둘째, 영해 또는 영공에 반입한 때라는 영해·영공 반입시설이다. 이 견해는 다시 해로의 경우에는 하역을 요한다는 견해와 공로의 경우에는 하역을 요한다는 견해와 착륙으로 족하다는 견해로 나누어진다. 이 견해는 공중의 건강에 대한 위험이 처벌근거이고 그 위험은 영토에의 반입에 의하여 발생하는 점, 하역이 없으면 내국화물이라는 것이 명확하다고 할 수 없다는 점 등을 근거로 하고 있다. 생각건대 국내로의 반입이 없이는 수입이라고 하기 어렵다고 해석된다. 판매(販賣)란 불특정인 또는 다수인에 대하여 행할 목적을 가지고 하는 유상양도를 말한다. 이와 같은 의사에 근거한 것이라면 반복하여 행하여질 필요는 없고 이익을 얻을 필요도 없다. 불특정인에게 유상양도하는 때는 다수인에게 이것이 아편 흡식에 의한 폐해를 발생시킬 위험성도 있기 때문에 반복·계속하는 의사를 가지고 행하여지는 것은 불요하다고 해석된다.

2. 판매목적 아편 등의 소지죄

본죄는 아편, 몰핀 또는 그 화합물을 판매할 목적으로 소지함으로써 성립한다. 판매할 목적으로 요하는 목적범이다.

본죄의 객체는 아편, 몰핀 또는 그 화합물로서 위에서 살펴본 아편 등의 제조 등 죄의 그것과 같다. 본죄의 실행행위는 소지이다. 소지(所持)란 아편의 보관에 관하여 사실상의 실력적 지배관계를 가지는 것을 말한다. 소유권의 유무는 묻지 않기 때문에 강취한 것에 대하여도 소지는 성립한다. 본죄는 계속범이다. 실력적 지배관계가 계속되는 한 범죄 또한 계속하여 성립한다. 다만 실력적 지배관계가 어느 정도 지속되어야 하는가가 문제된다. 실력적 지배관계는 장시간 계속될 필요는 없다고 생각된다. 본죄는 목적범이다. 본죄는 주관적 구성요건요소로서 고의 외에 목적을 요한다. 소지의 목적은 판매할 목적이다. 판매할 목적이란 불특정인 또는 다수인에게 유상양도할 목적을 말한다. 이 목적을 결할 때에는 아편 등의 소지죄에 의하여 처벌된다(제205조 참조). 본죄에 있어서 소지의 실행의 착수는 소지의 원인으로 되는 행위에 착수하는 것이다. 아편의 보관에 대하여 사실상의 실력적 시배관계를 가지는 것에 이르면 기수로 된다.

본죄의 죄수와 관련하여 소지의 수는 소지의 목적, 태양 등 제반 사정을 종합적으로 참작하여 사회통념에 따라 결정될 수 있다.

Ⅲ. 처 벌

본죄의 법정형은 10년 이하의 징역이다. 본죄의 미수범은 처벌된다. 본죄의 상습범에

대하여는 본죄에 정한 형의 2분의 1까지 가중한다. 본죄의 경우 10년 이하의 자격정지 또는 2천만원 이하의 벌금을 병과할 수 있다. 본죄에 제공한 아편, 몰핀이나 그 화합물 또는 아편흡식기구는 몰수한다. 그를 몰수하기 불능한 때에는 그 가액을 추징한다.

§3. 아편흡식기 제조 등 죄

제199조(아편흡식기의 제조 등) 아편을 흡식하는 기구를 제조, 수입 또는 판매하거나 판매할 목적으로 소지한 자는 5년 이하의 징역에 처한다.

제202조(미수범) 전4조의 미수범은 처벌한다.

제203조(상습범) 상습으로 전5조의 죄를 범한 때에는 각조에 정한 형의 2분의 1까지 가중한다.

제204조(자격정지 또는 벌금의 병과) 제198조 내지 제203조의 경우에는 10년 이하의 자격정지 또는 2천만원 이하의 벌금을 병과할 수 있다.

제206조(몰수, 추징) 본장의 죄에 제공한 아편, 몰핀이나 그 화합물 또는 아편흡식기구는 몰수한다. 그를 몰수하기 불능한 때에는 그 가액을 추징한다.

Ⅰ. 서 설

본죄는 아편을 흡식하는 기구를 제조, 수입 또는 판매하거나 판매할 목적으로 소지함으로써 성립한다. 본죄의 미수범은 처벌된다. 본죄와 본죄의 미수범의 상습범도 처벌된다. 본죄를 상습으로 범한 때에는 본죄의 상습범이 성립한다. 본죄에서의 상습(常習)이란 본죄에 열거된 제조, 수입 또는 판매하는 행위의 습벽을 말한다. 다른 유형의 행위에 대한 상습성은 이에 포함되지 않는다고 해석된다. 본죄는 목적범이 아닌 아편흡식기의 제조 등 죄와 목적범인 판매목적 아편흡식기의 소지죄로 나누어질 수 있다.

Ⅱ. 범 죄

1. 아편흡식기의 제조 등 죄

본죄는 아편을 흡식하는 기구를 제조, 수입 또는 판매함으로써 성립한다. 본죄는 목적범이 아니라는 점에서 목적범인 아래의 판매목적 아편흡식기의 소지죄와 구별된다. 본죄의 객체는 아편을 흡식하는 기구이다. 아편흡식기란 특히 아편을 흡식하기 위한 용도로 특별히 만들어진 기구를 말한다. 아편은 알코올램프로 가열하여 연관(煙管)으로 흡식하는 것이 일반적이고, 이 연관 등이 이에 해당한다. 본죄의 실행행위는 제조, 수입 또는 판매이다. 제조(製造)란 아편흡식기를 새로이 만드는 것을 말한다. 수입과 판매의 의의는 전술한 아편 등의 제조 등 죄에서와 같다.

2. 판매목적 아편흡식기의 소지죄

본죄는 아편을 흡식하는 기구를 판매할 목적으로 소지함으로써 성립한다. 본죄는 판매할 목적을 요하는 목적범이다. 본죄의 객체는 아편을 흡식하는 기구이다. 이는 위에서 살펴본

아편흡식기의 제조 등 죄에서의 그것과 같다. 본죄의 실행행위는 소지이다. 소지(所持)란 전술한 바와 같이 아편의 보관에 관하여 사실상의 실력적 지배관계를 가지는 것을 말한다. 본죄는 목적범이다. 소지의 목적은 판매할 목적이다. 판매할 목적이란 전술한 바와 같이 불특정인 또는 다수인에게 유상양도할 목적을 말한다.

Ⅲ. 처 벌

본죄의 법정형은 5년 이하의 징역이다. 본죄의 미수범은 처벌된다. 본죄의 상습범에 대하여는 본죄에 정한 형의 2분의 1까지 가중한다. 본죄의 경우 10년 이하의 자격정지 또는 2천만원 이하의 벌금을 병과할 수 있다. 본죄에 제공한 아편, 몰핀이나 그 화합물 또는 아편흡식기구는 몰수한다. 그를 몰수하기 불능한 때에는 그 가액을 추징한다.

§4. 세관공무원의 아편 등 수입죄

제200조(세관 공무원의 아편 등의 수입) 세관의 공무원이 아편, 몰핀이나 그 화합물 또는 아편흡식기구를 수입하거나 그 수입을 허용한 때에는 1년 이상의 유기징역에 처한다.

제202조(미수범) 전4조의 미수범은 처벌한다.

제203조(상습범) 상습으로 전5조의 죄를 범한 때에는 각조에 정한 형의 2분의 1까지 가중한다.

제204조(자격정지 또는 벌금의 병과) 제198조 내지 제203조의 경우에는 10년 이하의 자격정지 또는 2천만원 이하의 벌금을 병과할 수 있다.

제206조(몰수, 추징) 본장의 죄에 제공한 아편, 몰핀이나 그 화합물 또는 아편흡식기구는 몰수한다. 그를 몰수하기 불능한 때에는 그 가액을 추징한다.

Ⅰ. 서 설

본죄는 세관의 공무원이 아편, 몰핀이나 그 화합물 또는 아편흡식기구를 수입하거나 그 수입을 허용함으로써 성립한다. 본죄의 미수범은 처벌된다. 본죄와 본죄의 미수범의 상습범도 처벌된다. 본죄는 아편 등의 수입을 방지하기 위하여 세관공무원에 의한 아편 등의 수입 또는 수입을 허가하는 행위에 대한 특칙을 둔 것이다. 본죄는 수입죄와 수입허가죄로 나누어진다. 전단의 수입죄는 세관공무원이라는 점을 근거로 형을 가중하는 소위 부진정신분범에 속하고, 후단의 수입허가죄는 세관공무원만이 주체로 될 수 있는 진정신분범에 해당한다고 해석하는 것이 유력하다.

Ⅱ. 범 죄

본죄의 주체는 세관공무원이다. 세관공무원이란 세관에서 특히 아편 등의 수입에 관한 사무에 종사하는 공무원을 말한다. 세관에서 근무하는 공무원 전체가 본죄의 주체가 되는 것은 아니다. 본죄의 객체는 아편, 몰핀이나 그 화합물 또는 아편흡식기구이다. 본죄의 실행

행위는 수입 또는 수입허가이다. 수입허가란 수입을 명시적으로 허가하는 경우 외에 묵시적으로 허가하는 경우도 포함한다. 그러나 수입허가는 고의범이기 때문에 과실에 의하거나 단순히 간과한 경우는 포함하지 아니한다.

Ⅲ. 처 벌

본죄의 법정형은 1년 이상의 유기징역이다. 본죄의 미수범은 처벌된다. 본죄의 상습범에 대하여는 본죄에 정한 형의 2분의 1까지 가중한다. 본죄의 경우 10년 이하의 자격정지 또는 2천만원 이하의 벌금을 병과할 수 있다. 본죄에 제공한 아편, 몰핀이나 그 화합물 또는 아편흡식기구는 몰수한다. 그를 몰수하기 불능한 때에는 그 가액을 추징한다.

§5. 아편흡식 등 죄 · 동장소제공죄

제201조(아편흡식 등, 동장소제공) ① 아편을 흡식하거나 몰핀을 주사한 자는 5년 이하의 징역에 처한다.
② 아편흡식 또는 몰핀 주사의 장소를 제공하여 이익을 취한 자도 전항의 형과 같다.

제202조(미수범) 전4조의 미수범은 처벌한다.

제203조(상습범) 상습으로 전5조의 죄를 범한 때에는 각조에 정한 형의 2분의 1까지 가중한다.

제204조(자격정지 또는 벌금의 병과) 제198조 내지 제203조의 경우에는 10년 이하의 자격정지 또는 2천만원 이하의 벌금을 병과할 수 있다.

제206조(몰수, 추징) 본장의 죄에 제공한 아편, 몰핀이나 그 화합물 또는 아편흡식기구는 몰수한다. 그를 몰수하기 불능한 때에는 그 가액을 추징한다.

Ⅰ. 서 설

본죄는 아편을 흡식하거나 몰핀을 주사하거나 아편흡식 또는 몰핀 주사의 장소를 제공하여 이익을 취함으로써 성립한다. 본죄의 미수범은 처벌된다. 본죄와 본죄의 미수범의 상습범도 처벌된다. 본죄는 아편흡식 등 죄와 아편흡식 등 장소제공죄로 나누어질 수 있다. 본죄는 아편의 흡식이 흡식자의 심신을 해치고 그 악습이 타인에게 전파하는 때는 국민생활을 피폐하게 하고 그 흡식을 방치하면 그 악습이 전파될 위험성을 방지할 수 없기 때문에 우선 흡식을 처벌하는 것이다. 장소제공은 아편흡식의 종범적인 성질을 가지지만 흡식의 악습전파를 매개하는 것이고 국민생활을 피폐시켜 공중의 건강을 해할 위험성이 크기 때문에 독립한 구성요건으로서 처벌하고 있는 것이다. 흡식장소제공은 이익을 위한 경우에 한하여 성립한다.

Ⅱ. 범 죄

1. 아편흡식 등 죄

본죄는 아편을 흡식하거나 몰핀을 주사함으로써 성립한다. 본죄의 객체는 아편과 모르핀

이다. 이에 관하여는 전술한 아편 등 제조 등 죄에서 살펴본 바와 같다. 본죄의 실행행위는 흡식하거나 주사하는 것이다. 객체에 따라 아편은 흡식하는 것이고 모르핀은 주사하는 것이다. 흡식(吸食)이란 아편을 흡식기 또는 소화기에 의하여 소비하는 것을 말한다. 흡식의 목적 여하는 묻지 않는다. 아편의 흡식은 일종의 자상행위(自傷行爲)라는 이유에서 이러한 행위를 처벌하는 것에 의문을 제기하는 견해도 있을 수 있다. 그러나 아편의 흡식은 흡식자 자신의 심신을 해할 뿐만 아니라 다른 범죄를 유발할 우려도 있고 개인의 흡식 자체가 공중으로 파급되고 그 악습이 사회를 피폐하게 할 수 있는 위험도 가지고 있는 이상 이를 방치하는 것은 허용되지 않는다는 취지이다. 형법은 흡식의 목적이나 방법을 묻지 않고 일체의 자기 사용을 금지하고 있다. 주사(注射)란 주사기를 사용하여 인체의 혈관 또는 근육 내에 주입하는 것을 말한다. 환각의 목적이든 진통의 목적이든 묻지 않는다.

본죄에 있어서 동일기회의 흡식은 포괄일죄로 될 수 있지만, 기회를 달리하면 경합범이 된다. 대법원은 "아편흡식죄는 일정한 기간에 걸쳐 아편흡식의 회수가 여러 번일 경우 각 아편 1회의 흡식때마다 한 개의 죄가 성립하는 것이 아니고 포괄일죄가 성립할 뿐이다"라고 판시한 바 있다.[1)]

2. 아편흡식 등 장소제공죄

본죄는 아편흡식 또는 몰핀 주사의 장소를 제공하여 이익을 취함으로써 성립한다. 본죄는 아편흡식죄의 방조행위 중에서 이익을 위한 경우를 뽑아 독립하여 방조범보다 무겁게 처벌하려는 취지이다. 본죄의 실행행위는 이익을 취하는 것이다. 이익을 취한다고 하는 것은 이익을 취하기 위하여 한다는 의미이고, 현실적으로 이익을 취하였는가의 여부는 묻지 않는다.

Ⅲ. 처 벌

본죄의 법정형은 5년 이하의 징역이다. 본죄의 미수범은 처벌된다. 본죄의 상습범에 대하여는 본죄에 정한 형의 2분의 1까지 가중한다. 본죄의 경우 10년 이하의 자격정지 또는 2천만원 이하의 벌금을 병과할 수 있다. 본죄에 제공한 아편, 몰핀이나 그 화합물 또는 아편흡식기구는 몰수한다. 그를 몰수하기 불능한 때에는 그 가액을 추징한다.

§6. 아편 등 소지죄

제205조(아편 등의 소지) 아편, 몰핀이나 그 화합물 또는 아편흡식기구를 소지한 자는 1년 이하의 징역 또는 500만원 이하의 벌금에 처한다.

제206조(몰수, 추징) 본장의 죄에 제공한 아편, 몰핀이나 그 화합물 또는 아편흡식기구는 몰수한다. 그를 몰수하기 불능한 때에는 그 가액을 추징한다.

---

1) 대구고등법원 1970.4.30. 선고 70노63 형사부판결.

Ⅰ. 서 설

본죄는 아편, 몰핀이나 그 화합물 또는 아편흡식기구를 소지함으로써 성립한다. 아편흡식 등 죄의 예비행위로서의 성질을 가지는 소지행위를 독립된 구성요건으로 규정하여 처벌하고 있는 것이다. 아편으로 인한 해악을 가능한 한 조기에 차단하기 위한 취지라고 이해될 수 있을 것이다.

Ⅱ. 범 죄

본죄의 객체는 아편, 몰핀이나 그 화합물 또는 아편흡식기구이다. 본죄의 실행행위는 소지이다. 소지(所持)란 아편 등의 보관에 대하여 사실상의 실력적 기배관계를 가지는 것을 말한다. 본죄는 판매의 목적이 없는 경우이다. 판매의 목적을 가지고 있는 때에는 다른 조문, 즉 판매목적 아편 등의 소지죄 또는 판매목적 아편흡식기의 소지죄가 적용된다(제198조, 제199조 참조).

Ⅲ. 처 벌

본죄의 법정형은 1년 이하의 징역 또는 500만원 이하의 벌금이다. 본죄에 제공한 아편, 몰핀이나 그 화합물 또는 아편흡식기구는 몰수한다. 이를 몰수하기 불능한 때에는 그 가액을 추징한다.

§7. 관련 특별법

Ⅰ. 마약류관리법

1. 정 의

제2조(정의) 이 법에서 사용하는 용어의 뜻은 다음과 같다.

1. "마약류"란 마약 · 향정신성의약품 및 대마를 말한다.
2. "마약"이란 다음 각 목의 어느 하나에 해당하는 것을 말한다.
   가. 양귀비: 양귀비과(科)의 파파베르 솜니페룸 엘(Papaver somniferum L.), 파파베르 세티게룸 디시(Papaver setigerum DC.) 또는 파파베르 브락테아툼(Papaver bracteatum)
   나. 아편: 양귀비의 액즙(液汁)이 응결(凝結)된 것과 이를 가공한 것. 다만, 의약품으로 가공한 것은 제외한다.
   다. 코카 잎[엽]: 코카 관목[(灌木): 에리드록시론속(屬)의 모든 식물을 말한다]의 잎. 다만, 엑고닌 · 코카인 및 엑고닌 알칼로이드 성분이 모두 제거된 잎은 제외한다.
   라. 양귀비, 아편 또는 코카 잎에서 추출되는 모든 알카로이드 및 그와 동일한 화학적 합성품으로서 대통령령으로 정하는 것
   마. 가목부터 라목까지에 규정된 것 외에 그와 동일하게 남용되거나 해독(害毒) 작용을 일으킬 우려가 있는 화학적 합성품으로서 대통령령으로 정하는 것
   바. 가목부터 마목까지에 열거된 것을 함유하는 혼합물질 또는 혼합제제. 다만, 다른 약물이나 물질과 혼합되어 가목부터 마목까지에 열거된 것으로 다시 제조하거나 제제(製劑)할 수 없고, 그것에 의하여 신체적 또는 정신적 의존성을 일으키지 아니하는 것으로서 총리령으로 정하는 것[이하 "한외마약"(限外麻藥)이라 한다]은 제외한다.

3. "향정신성의약품"이란 인간의 중추신경계에 작용하는 것으로서 이를 오용하거나 남용할 경우 인체에 심각한 위해가 있다고 인정되는 다음 각 목의 어느 하나에 해당하는 것으로서 대통령령으로 정하는 것을 말한다.
   가. 오용하거나 남용할 우려가 심하고 의료용으로 쓰이지 아니하며 안전성이 결여되어 있는 것으로서 이를 오용하거나 남용할 경우 심한 신체적 또는 정신적 의존성을 일으키는 약물 또는 이를 함유하는 물질
   나. 오용하거나 남용할 우려가 심하고 매우 제한된 의료용으로만 쓰이는 것으로서 이를 오용하거나 남용할 경우 심한 신체적 또는 정신적 의존성을 일으키는 약물 또는 이를 함유하는 물질
   다. 가목과 나목에 규정된 것보다 오용하거나 남용할 우려가 상대적으로 적고 의료용으로 쓰이는 것으로서 이를 오용하거나 남용할 경우 그리 심하지 아니한 신체적 의존성을 일으키거나 심한 정신적 의존성을 일으키는 약물 또는 이를 함유하는 물질
   라. 다목에 규정된 것보다 오용하거나 남용할 우려가 상대적으로 적고 의료용으로 쓰이는 것으로서 이를 오용하거나 남용할 경우 다목에 규정된 것보다 신체적 또는 정신적 의존성을 일으킬 우려가 적은 약물 또는 이를 함유하는 물질
   마. 가목부터 라목까지에 열거된 것을 함유하는 혼합물질 또는 혼합제제. 다만, 다른 약물 또는 물질과 혼합되어 가목부터 라목까지에 열거된 것으로 다시 제조하거나 제제할 수 없고, 그것에 의하여 신체적 또는 정신적 의존성을 일으키지 아니하는 것으로서 총리령으로 정하는 것은 제외한다.
4. "대마"란 다음 각 목의 어느 하나에 해당하는 것을 말한다. 다만, 대마초[칸나비스 사티바 엘(Cannabis sativa L)을 말한다. 이하 같다]의 종자(種子)·뿌리 및 성숙한 대마초의 줄기와 그 제품은 제외한다.
   가. 대마초와 그 수지(樹脂)
   나. 대마초 또는 그 수지를 원료로 하여 제조된 모든 제품
   다. 가목 또는 나목에 규정된 것과 동일한 화학적 합성품으로서 대통령령으로 정하는 것
   라. 가목부터 다목까지에 규정된 것을 함유하는 혼합물질 또는 혼합제제

2. 금지행위

제3조(일반 행위의 금지) 누구든지 다음 각 호의 어느 하나에 해당하는 행위를 하여서는 아니 된다.
1. 이 법에 따르지 아니한 마약류의 사용
2. 마약의 원료가 되는 식물을 재배하거나 그 성분을 함유하는 원료·종자·종묘(種苗)를 소지, 소유, 관리, 수출입, 수수, 매매 또는 매매의 알선을 하거나 그 성분을 추출하는 행위. 다만, 대통령령으로 정하는 바에 따라 식품의약품안전처장의 승인을 받은 경우는 제외한다.
3. 헤로인, 그 염류(鹽類) 또는 이를 함유하는 것을 소지, 소유, 관리, 수입, 제조, 매매, 매매의 알선, 수수, 운반, 사용, 투약하거나 투약하기 위하여 제공하는 행위. 다만, 대통령령으로 정하는 바에 따라 식품의약품안전처장의 승인을 받은 경우는 제외한다.
4. 마약 또는 향정신성의약품을 제조할 목적으로 원료물질을 제조, 수출입, 매매, 매매의 알선, 수수, 소지, 소유 또는 사용하는 행위. 다만, 대통령령으로 정하는 바에 따라 식품의약품안전처장의 승인을 받은 경우는 제외한다.
5. 제2조제3호가목의 향정신성의약품 또는 이를 함유하는 향정신성의약품을 소지, 소유, 사용, 관리, 수출입, 제조, 매매, 매매의 알선 또는 수수하는 행위. 다만, 대통령령으로 정하는 바에 따라 식품의약품안전처장의 승인을 받은 경우는 제외한다.
6. 제2조제3호가목의 향정신성의약품의 원료가 되는 식물 또는 버섯류에서 그 성분을 추출하거나 그 식물 또는 버섯류를 수출입, 매매, 매매의 알선, 수수, 흡연 또는 섭취하거나 흡연 또는 섭취할 목적으로 그 식물 또는 버섯류를 소지·소유하는 행위. 다만, 대통령령으로 정하는 바에 따라 식품의약품안전처장의 승인을 받은 경우는 제외한다.
7. 대마를 수출입·제조·매매하거나 매매를 알선하는 행위. 다만, 공무, 학술연구 또는 의료 목적을 위하여 대통령령으로 정하는 바에 따라 식품의약품안전처장의 승인을 받은 경우는 제외한다.
8. 삭제 〈2016.2.3.〉

9. 삭제 〈2016.2.3.〉
10. 다음 각 목의 어느 하나에 해당하는 행위
    가. 대마 또는 대마초 종자의 껍질을 흡연 또는 섭취하는 행위(제7호 단서에 따라 의료 목적으로 섭취하는 행위는 제외한다)
    나. 가목의 행위를 할 목적으로 대마, 대마초 종자 또는 대마초 종자의 껍질을 소지하는 행위
    다. 가목 또는 나목의 행위를 하려 한다는 정(情)을 알면서 대마초 종자나 대마초 종자의 껍질을 매매하거나 매매를 알선하는 행위
11. 제4조제1항 또는 제1호부터 제10호까지의 규정에서 금지한 행위를 하기 위한 장소・시설・장비・자금 또는 운반 수단을 타인에게 제공하는 행위
12. 다음 각 목의 어느 하나에 해당하는 규정에서 금지하는 행위에 관한 정보를 「표시・광고의 공정화에 관한 법률」 제2조제2호에서 정하는 방법으로 타인에게 널리 알리거나 제시하는 행위
    가. 제1호부터 제11호까지의 규정
    나. 제4조제1항 또는 제3항
    다. 제5조제1항 또는 제2항
    라. 제5조의2제5항

제58조(벌칙) ① 다음 각 호의 어느 하나에 해당하는 자는 무기 또는 5년 이상의 징역에 처한다.
1. 제3조제2호・제3호, 제4조제1항, 제18조제1항 또는 제21조제1항을 위반하여 마약을 수출입・제조・매매하거나 매매를 알선한 자 또는 그러할 목적으로 소지・소유한 자
2. 제3조제4호를 위반하여 마약 또는 향정신성의약품을 제조할 목적으로 그 원료가 되는 물질을 제조・수출입하거나 그러할 목적으로 소지・소유한 자
3. 제3조제5호를 위반하여 제2조제3호가목에 해당하는 향정신성의약품 또는 그 물질을 함유하는 향정신성의약품을 제조・수출입・매매・매매의 알선 또는 수수하거나 그러할 목적으로 소지・소유한 자
4. 제3조제6호를 위반하여 제2조제3호가목에 해당하는 향정신성의약품의 원료가 되는 식물 또는 버섯류에서 그 성분을 추출한 자 또는 그 식물 또는 버섯류를 수출입하거나 수출입할 목적으로 소지・소유한 자
5. 제3조제7호를 위반하여 대마를 수입하거나 수출한 자 또는 그러할 목적으로 대마를 소지・소유한 자

② 영리를 목적으로 하거나 상습적으로 제1항의 행위를 한 자는 사형・무기 또는 10년 이상의 징역에 처한다.

③ 제1항과 제2항에 규정된 죄의 미수범은 처벌한다.

④ 제1항(제7호는 제외한다) 및 제2항에 규정된 죄를 범할 목적으로 예비(豫備) 또는 음모한 자는 10년 이하의 징역에 처한다.

제59조(벌칙) ① 다음 각 호의 어느 하나에 해당하는 자는 1년 이상의 유기징역에 처한다.
1. 제3조제2호를 위반하여 수출입・매매 또는 제조할 목적으로 마약의 원료가 되는 식물을 재배하거나 그 성분을 함유하는 원료・종자・종묘를 소지・소유한 자
2. 제3조제2호를 위반하여 마약의 성분을 함유하는 원료・종자・종묘를 관리・수수하거나 그 성분을 추출하는 행위를 한 자
3. 제3조제3호를 위반하여 헤로인이나 그 염류 또는 이를 함유하는 것을 소지・소유・관리・수수・운반・사용 또는 투약하거나 투약하기 위하여 제공하는 행위를 한 자
4. 제3조제4호를 위반하여 마약 또는 향정신성의약품을 제조할 목적으로 그 원료가 되는 물질을 매매하거나 매매를 알선하거나 수수한 자 또는 그러할 목적으로 소지・소유 또는 사용한 자
5. 제3조제5호를 위반하여 제2조제3호가목에 해당하는 향정신성의약품 또는 그 물질을 함유하는 향정신성의약품을 소지・소유・사용・관리한 자
6. 제3조제6호를 위반하여 제2조제3호가목에 해당하는 향정신성의약품의 원료가 되는 식물 또는 버섯류를 매매하거나 매매를 알선하거나 수수한 자 또는 그러할 목적으로 소지・소유한 자
7. 제3조제7호를 위반하여 대마를 제조하거나 매매・매매의 알선을 한 자 또는 그러할 목적으로 대마를 소지・소유한 자
8. 제3조제10호 또는 제4조제1항을 위반하여 미성년자에게 대마를 수수・제공하거나 대마 또는 대마

초 종자의 껍질을 흡연 또는 섭취하게 한 자

② 상습적으로 제1항의 죄를 범한 자는 3년 이상의 유기징역에 처한다.

③ 제1항(제5호 및 제13호는 제외한다) 및 제2항에 규정된 죄의 미수범은 처벌한다.

④ 제1항제7호의 죄를 범할 목적으로 예비 또는 음모한 자는 10년 이하의 징역에 처한다.

제60조(벌칙) ① 다음 각 호의 어느 하나에 해당하는 자는 10년 이하의 징역 또는 1억원 이하의 벌금에 처한다.

1. 제3조제1호를 위반하여 마약 또는 제2조제3호가목에 해당하는 향정신성의약품을 사용하거나 제3조제11호를 위반하여 마약 또는 제2조제3호가목에 해당하는 향정신성의약품과 관련된 금지된 행위를 하기 위한 장소·시설·장비·자금 또는 운반 수단을 타인에게 제공한 자

② 상습적으로 제1항의 죄를 범한 자는 그 죄에 대하여 정하는 형의 2분의 1까지 가중(加重)한다.

③ 제1항과 제2항에 규정된 죄의 미수범은 처벌한다.

제61조(벌칙) ① 다음 각 호의 어느 하나에 해당하는 자는 5년 이하의 징역 또는 5천만원 이하의 벌금에 처한다.

1. 제3조제1호를 위반하여 향정신성의약품(제2조제3호가목에 해당하는 향정신성의약품은 제외한다) 또는 대마를 사용하거나 제3조제11호를 위반하여 향정신성의약품(제2조제3호가목에 해당하는 향정신성의약품은 제외한다) 및 대마와 관련된 금지된 행위를 하기 위한 장소·시설·장비·자금 또는 운반 수단을 타인에게 제공한 자
2. 제3조제2호를 위반하여 마약의 원료가 되는 식물을 재배하거나 그 성분을 함유하는 원료·종자·종묘를 소지·소유한 자

2의2. 거짓이나 그 밖의 부정한 방법으로 제3조제2호부터 제7호까지의 규정, 제4조제2항제7호 또는 같은 조 제3항에 따른 승인을 받은 자

3. 제3조제6호를 위반하여 제2조제3호가목에 해당하는 향정신성의약품의 원료가 되는 식물 또는 버섯류를 흡연·섭취하거나 그러할 목적으로 소지·소유한 자 또는 다른 사람에게 흡연·섭취하게 할 목적으로 소지·소유한 자
4. 제3조제10호를 위반하여 다음 각 목의 어느 하나에 해당하는 행위를 한 자
   가. 대마 또는 대마초 종자의 껍질을 흡연하거나 섭취한 자
   나. 가목의 행위를 할 목적으로 대마, 대마초 종자 또는 대마초 종자의 껍질을 소지하고 있는 자
   다. 가목 또는 나목의 행위를 하려 한다는 정을 알면서 대마초 종자나 대마초 종자의 껍질을 매매하거나 매매를 알선한 자

② 상습적으로 제1항의 죄를 범한 자는 그 죄에 대하여 정하는 형의 2분의 1까지 가중한다.

③ 제1항(제2호·제3호 및 제9호는 제외한다) 및 제2항(제1항제2호·제3호 및 제9호를 위반한 경우는 제외한다)에 규정된 죄의 미수범은 처벌한다.

제62조(벌칙) ① 다음 각 호의 어느 하나에 해당하는 자는 3년 이하의 징역 또는 3천만원 이하의 벌금에 처한다.

4. 제3조제12호를 위반하여 금지되는 행위에 관한 정보를 타인에게 널리 알리거나 제시한 자(예고임시마약류에 대해서는 제외한다)

② 상습적으로 제1항의 죄를 범한 자는 그 죄에 대하여 정하는 형의 2분의 1까지 가중한다.

③ 제1항과 제2항에 규정된 죄의 미수범은 처벌한다.

Ⅱ. 특정범죄가중법

제11조(마약사범 등의 가중처벌) ① 「마약류관리에 관한 법률」 제58조제1항제1호부터 제4호까지 및 제6호·제7호에 규정된 죄(매매, 수수 및 제공에 관한 죄와 매매목적, 매매 알선목적 또는 수수목적의 소지·소유에 관한 죄는 제외한다) 또는 그 미수죄를 범한 사람은 다음 각 호의 구분에 따라 가중처벌한다.

1. 수출입·제조·소지·소유 등을 한 마약이나 향정신성의약품 등의 가액이 5천만원 이상인 경우에는 무기 또는 10년 이상의 징역에 처한다.
2. 수출입·제조·소지·소유 등을 한 마약이나 향정신성의약품 등의 가액이 500만원 이상 5천만원

미만인 경우에는 무기 또는 7년 이상의 징역에 처한다.

② 「마약류관리에 관한 법률」 제59조제1항부터 제3항까지 및 제60조에 규정된 죄(마약 및 향정신성의약품에 관한 죄만 해당한다)를 범한 사람은 다음 각 호의 구분에 따라 가중처벌한다.

1. 소지·소유·재배·사용·수출입·제조 등을 한 마약 및 향정신성의약품의 가액이 5천만원 이상인 경우에는 무기 또는 7년 이상의 징역에 처한다.
2. 소지·소유·재배·사용·수출입·제조 등을 한 마약 및 향정신성의약품의 가액이 500만원 이상 5천만원 미만인 경우에는 무기 또는 3년 이상의 징역에 처한다.

제 8 장 공공의 신용에 대한 죄

제 1 절 총 설

공공의 신용에 대한 죄란 사회생활상 거래의 수단으로 되어 있는 통화, 유가증권 · 우표와 인지, 문서 및 인장의 진정에 대한 공중의 신용을 침해하는 범죄를 말한다. 이와 같은 소위 사회적 자본(social capital)은 현대 사회에 있어서 거래를 원활하고 활발하게 촉진하는 극히 중요한 원동력이 된다고 할 수 있다. 거래가 원활하게 이루어지기 위해서는 이들의 거래수단의 진실성이 확보하지 않고서는 공공의 신용을 유지하는 것이 불가능하게 된다. 거래의 안전이 침해되면 사회질서의 유지도 곤란하게 되지 않을 수 없기 때문이다. 물건의 교환을 매개하고 사실증명을 위하여 제도화되어 있는 위와 같은 거래의 수단의 진정을 담보하고 거래수단에 대한 공중의 신용을 확보할 필요가 있는 것이다.

형법은 공중의 신용에 대한 보호를 통하여 거래의 안전을 도모하기 위하여 거래수단의 진정을 해하는 범죄로서 통화에 관한 죄(형법 제2편 제18장), 유가증권 · 우표와 인지에 관한 죄(형법 제2편 제19장), 문서에 관한 죄(형법 제2편 제20장) 및 인장에 관한 죄(형법 제2편 제21장)를 규정하고 있다. 이들은 모두 가짜를 폐하고 진짜를 세운다는 의미의 폐가입진(廢假立眞)의 취지에서 위조죄라고 총칭할 수 있을 것이다. 위조죄의 보호법익은 공중의 신용의 보호이고, 형법은 이에 의하여 거래의 안전을 도모하고자 하는 것이라고 하겠다. 위조죄는 추상적 공공위험범이라고 해석되고 있기 때문에 그 위조 · 변조 · 행사 등의 행위가 있으면 곧바로 범죄가 성립하고, 그에 의하여 현실적으로 공공의 신용이 침해될 것을 요하지 않는다. 또 특정한 개인에게 실해가 발생할 것도 필요로 하지 않는다.

한편 형법은 대한민국 영역 외에서 공공의 신용에 대한 죄, 즉 통화에 관한 죄, 유가증권, 우표와 인지에 관한 죄, 문서에 관한 죄 중 일부(제225조 내지 제230조) 및 인장에 관한 죄 중 일부(제238조)를 범한 외국인에게도 적용된다(제5조 제4호, 제5호, 제6호, 제7호 참조). 국가보호주의에 관한 규정이라고 할 수 있다.

제 2 절 통화에 관한 죄

§1. 개 관

Ⅰ. 의 의

본장의 통화에 관한 죄란 교환매개로서 거래의 수단인 통화에 대한 공중의 신용을 침해하는 범죄를 말한다(형법 제2편 제18장). 행사할 목적으로 통화를 위조·변조하거나 위조·변조된 통화를 행사·수입·수출 또는 취득하거나 통화유사물을 제조하는 행위를 내용을 하는 범죄라고 할 수 있다.

Ⅱ. 보호법익

본장의 죄의 보호법익은 거래의 안전과 공공의 신용이다. 대법원도 "공공의 거래상의 신용 및 안전을 보호하는 공공적인 법익을 보호함을 목적으로 하고 있다"고 판시한 바 있다.[1)]

다만 부차적인 보호법익으로서 통화고권의 인정여부에 대하여는 다툼이 있다. 외국 통화의 위조·변조보다 내국 통화의 위조·변조를 무겁게 처벌한다는 점를 근거로 통화고권을 인정하는 긍정설이 있다. 그러나 법정형의 차이는 보호법익의 차이가 아니라 보호법익에 대한 침해의 위험성의 차이를 반영한 결과로 이해하는 부정설이 타당하다고 해석된다.

보호의 정도는 거래의 안전이나 공공의 신용이 현실적으로 침해될 것을 요하지 않기 때문에 추상적 공공위험범으로서의 보호라고 해석된다.

Ⅲ. 구성요건에 체계

본장의 죄의 기본적 구성요건은 내국통화 위조·변조죄이다(제207조 제1항). 내국통용 외국통화 위조·변조죄(제207조 제2항)와 외국통용 외국통화 위조·변조죄(제207조 제3항)은 불법이 감경되는 감경적 구성요건이다. 위조·변조 통화 행사죄와 위조 등 통화 수입·수출죄는 같은 구조로 되어 있다(제207조 제4항). 위조통화취득죄는 독립적 구성요건이다(제208조). 위조통화취득후지정행사죄 위조통화행사죄에 비하여 책임이 감경되는 감경적 구성요건에 속한다(제210조). 통화유사물제조등죄는 통화위조죄에 비하여 불법이 감경되는 감경적 구성요건에 해당한다(제211조).

이 외에도 통화의 위조등죄(제207조), 위조통화의 취득죄(제208조) 및 통화유사물의 제도등죄(제211조)의 미수범은 처벌된다(제212조). 또 내국통화 위조·변조죄(제207조 제1항), 내국통용 외국통화 위조·변조죄(제207조 제2항)와 외국통용 외국통화 위조·변조죄(제207조 제3항)의 예비·음모도 처벌된다(제213조).

---

1) 대법원 1979.7.10. 선고 79도840 판결.

§2. 통화의 위조 등 죄

제207조(통화의 위조 등) ① 행사할 목적으로 통용하는 대한민국의 화폐, 지폐 또는 은행권을 위조 또는 변조한 자는 무기 또는 2년 이상의 징역에 처한다.
② 행사할 목적으로 내국에서 유통하는 외국의 화폐, 지폐 또는 은행권을 위조 또는 변조한 자는 1년 이상의 유기징역에 처한다.
③ 행사할 목적으로 외국에서 통용하는 외국의 화폐, 지폐 또는 은행권을 위조 또는 변조한 자는 10년 이하의 징역에 처한다.
④ 위조 또는 변조한 전3항 기재의 통화를 행사하거나 행사할 목적으로 수입 또는 수출한 자는 그 위조 또는 변조의 각 죄에 정한 형에 처한다.

제209조(자격정지 또는 벌금의 병과) 제207조 또는 ~ 의 죄를 범하여 유기징역에 처할 경우에는 10년 이하의 자격정지 또는 2천만원 이하의 벌금을 병과할 수 있다.

제212조(미수범) 제207조, ~ 의 미수범은 처벌한다.

제213조(예비, 음모) 제207조제1항 내지 제3항의 죄를 범할 목적으로 예비 또는 음모한 자는 5년 이하의 징역에 처한다. 단, 그 목적한 죄의 실행에 이르기 전에 자수한 때에는 그 형을 감경 또는 면제한다.

관련조문
제5조(외국인의 국외범) 본법은 대한민국영역외에서 다음에 기재한 죄를 범한 외국인에게 적용한다.
4. 통화에 관한 죄

Ⅰ. 서 설

본죄의 통화의 위조 등 죄는 행사할 목적으로 통용하는 대한민국의 화폐, 지폐 또는 은행권을 위조 또는 변조하거나(제207조 제1항), 행사할 목적으로 내국에서 유통하는 외국의 화폐, 지폐 또는 은행권을 위조 또는 변조하거나(제207조 제2항), 행사할 목적으로 외국에서 통용하는 외국의 화폐, 지폐 또는 은행권을 위조 또는 변조하거나(제207조 제3항) 또는 위조 또는 변조한 앞의 통화를 행사하거나 행사할 목적으로 수입 또는 수출함으로써 성립한다(제207조 제4항).

본죄의 통화의 위조 등 죄는 내국통화 위조·변조죄(제207조 제1항), 내국통용 외국통화 위조·변조죄(제207조 제2항), 외국통용 외국통화 위조·변조죄(제207조 제3항) 및 위조·변조 통화 행사죄·위조 등 통화 수입·수출죄(제207조 제4항)로 나누어질 수 있다.

본죄는 대한민국 영역 외에서 본죄를 범한 외국인에게도 적용한다(제5조). 국가보호주의에 대한 규정인 것이다.

Ⅱ. 범 죄

1. 내국통화 위조·변조죄

(1) 서 언

본죄는 행사할 목적으로 통용하는 대한민국의 화폐, 지폐 또는 은행권을 위조 또는 변조함으로써 성립하는 범죄이다(제207조 제1항). 행사할 목적을 요하는 목적범이다.

(2) 구성요건

1) 객관적 구성요건

① 객 체

ⓘ 의 의 본죄의 객체는 통화로서 통용하는 대한민국의 화폐, 지폐 또는 은행권이다. 법률에 의하여 대한민국에서 강제통용력을 부여받은 통화, 즉 화폐, 지폐 및 은행권을 말한다. 통화(通貨)란 유통화폐의 준말로서 화폐, 지폐 및 은행권을 포괄한 총칭이라고 할 수 있다.

i. 화 폐 화폐(貨幣)란 일반적으로 금전(金錢)을 의미한다. 경제적 거래에 있어서는 일정한 가치를 대표하고, 지불의 수단으로서 사용되는 물건인 것이다. 그러나 본조에 있어서 화폐는 지폐·은행권과 나란히 규정되어 있는 것으로 보아 금속을 주조하여 만든 금속화폐, 즉 경화를 의미한다고 해석된다. 경화(硬貨)는 제조하는 재료에 따라 금으로 만든 금화, 은으로 만든 은화, 구리가 주성분인 동화 또는 니켈로 만든 니켈화 등으로 나누어질 수 있다. 우리나라의 경화는 금속을 주물로 떠서 만든 주화(鑄貨)이다. 구리를 주원료로 하는 경우가 많기 때문에 흔히 동전(銅錢)이라고도 한다. 한국은행법에 의하면 '한국은행은 주화를 발행할 수 있다'고 규정하고 있다(한국은행법 제53조 제1항). 오늘날 경화는 흔히 지폐의 보조수단으로 사용되고 있다.

ii. 지 폐 지폐(紙幣)란 화폐의 대용으로서 정부 기타의 발행권한을 가진 자가 발행하고 그의 신용에 의하여 교환의 매개물로 되는 증권을 말한다. 소위 종이로 만든 돈, 즉 지전(紙錢)을 의미한다. 지폐는 발행주체에 따라 정부가 직접 발행하는 정부지폐와 정부의 인허가를 받은 은행이 발행하는 은행권으로 나누어질 수 있다. 일반적으로 지폐라고 할 때에는 아래의 은행권을 의미한다.

iii. 은행권 은행권(銀行券)이란 정부의 인허가에 의하여 특정한 은행이 발행한 교환의 매개물로 되는 화폐대용증권을 말한다. 광의에 있어서는 지폐의 일종이다. 현재 우리나라에서는 한국은행만이 그 발행권을 가지고 있다. 한국은행법에 따르면 '화폐의 발행권은 한국은행만이 가진다'고 규정하고 있다(한국은행법 제47조).

ⓘ **통용하는** 통화는 통용하는 대한민국의 화폐, 지폐 또는 은행권이어야 한다. 통용하는이란 대한민국에서 강제통용력을 가지고 있다는 의미로 해석된다. 국가의 공인이 없는 것까지 형법이 보호할 필요가 없기 때문이다. 통화는 법률에 의하여 강제통용력이 부여되고 있다는 점에서 수표 등의 유가증권과 구별되고 있을 뿐만 아니라 사실상 사용되고 있다는 의미의 유통(流通)과도 구별된다. 대한민국이란 통화고권자를 의미한다.

고전(古錢)이나 폐화(廢貨)는 통화라고 할 수 없다. 강제통용력을 상실하고 있기 때문이다. 같은 이유에서 통용기간이 경과하였지만 교환중인 구화(舊貨)도 강제통용력을 가지지 않는 한 통화에 해당하지 않는다고 해야 한다. 다만 기념주화에 대하여는 견해가 대립하고 있다. 강제통용력이 없기 때문에 통화에 해당하지 않는다는 부정설(否定說)과 유통보다는 수집의 대상으로서 통화에 해당한다는 긍정설(肯定說)이 그것이다. 그러나 기념주화는 강제

통용력을 가지지 않는다고 해석되기 때문에 부정설이 타당하다고 해석된다. 기념주화나 기념은행권은 주로 판매용으로 제작되고 있기 때문이다(한국조폐공사법 제11조 제1항 제6호 참조).

② 행 위

본죄의 실행행위는 위조 또는 변조이다.

ⓘ 위 조

i. 위조의 의의 위조(僞造)란 통화의 발행권을 가지지 않은 자가 진화와 유사하게 통화의 외관을 가지는 물건을 작성하는 것을 말한다. 통화의 제조발행권을 가지는 자가 거의 진화와 유사한 물건을 작성하는 행위는 위조라고는 할 수 없다. 본죄에 대하여는 무형위조의 개념은 인정되지 않는다고 해석하기 때문이다. 그러나 발행권을 가지는 자라고 하더라도 법정요건을 결여하여 통화를 발행한 때에는 위조죄로 된다고 해야 할 것이다.

ii. 위조의 방법 위조는 고화(古貨)·폐화(廢貨)의 이용, 진정한 통화의 이용, 금속의 절삭·주조, 필사(筆寫), 복사, 사진인쇄 등 그 방법의 여하를 묻지 않는다. 다만 진정한 통화를 이용하는 경우에는 위조로 되는 경우와 변조로 되는 경우로 나누어질 수 있다.

iii. 위조의 정도 위조는 일반인의 입장에서 진정한 통화로 오인할 정도의 외관을 가질 것을 요한다. 대법원도 "위조통화는 그 유통과정에서 일반인이 진정한 통화로 오인할 정도의 외관을 갖추어야 한다"고 판시한 바 있다.[2] 그 위조의 정도가 반드시 진물에 흡사하여야 한다거나 누구든지 쉽게 그 진부를 식별하기가 불가능한 정도의 것일 필요는 없다.[3]

iv. 진화의 존부 위조를 인정하기 위한 요건으로서 진화의 존부에 관하여는 다툼이 있다. 진화로 오인할 정도로 작성하는 것을 위조라고 해석하는 한, 위조는 위화에 상당한 진화의 존재를 필요로 한다는 필요설이 타당하다고 해석된다. 통화위조는 통화발행권을 침해하고 있다는 점, 모의된 진화가 없으면 사람으로 하여금 진화로 오인시키기에 족한 정도의 것을 작성하는 것은 불가능하다는 점, 위화에 상당하는 진화가 실재하지 않으면 공공의 신용을 해할 우려는 없다는 점 및 통용하는 화폐류를 위조변조한다고 하는 이상 진화를 전제로 해야 한다는 점 등이 거론될 수 있기 때문이다.

v. 위화의 가치 금속으로서의 가치가 진화의 그것과 동등하거나 그것보다 큰 위화를 작성하는 경우에도 위조에 해당한다는 점에 대하여는 이론이 없다. 통화위조죄의 보호법익을 국가의 통화고권이라고 하는 견해는 그것을 침해한다는 점을, 통화에 대한 공공의 신용이라고 하는 견해는 그 신용을 침해한다는 점을 각각의 근거로 하고 있다.

위조를 부정한 판례의 구체적 내용은 다음과 같다. 즉,

> 피고인들이 한국은행발행 일만원권 지폐의 앞, 뒷면을 전자복사기로 복사하고 비슷한 크기로 잘라 진정한 지폐와 유사한 형태로 만들어낸 사실은 인정되나, 증거에 의하면 그 복사상태가 정밀하지 못하고 진정한 통화의 색체를 갖추지 못한 흑백으로만 되어 있어 이는 객관적으로 진정한

---

2) 대법원 2012.3.29. 선고 2011도7704 판결; 대법원 1986.3.25. 선고 86도255 판결; 대법원 1985.4.23. 선고 85도570 판결.

3) 대법원 1985.4.23. 선고 85도570 판결.

것으로 오인할 정도에 이르지 못한 것에 불과하며 실제로 공소외 행사의 상대방 (갑)은 야간에 택시 안에서도 이를 진정한 것으로 오인한 바 없으니 피고인들이 위조행사하였다는 위조통화는 통화위조죄와 그 행사죄의 객체가 될 수 없어 피고인들의 소위는 통화위조죄와 위조통화행사죄를 구성하지 않는다.[4] 이 사건 위조지폐인 한국은행 10,000원권과 같이 전자복사기로 복사하여 그 크기와 모양 및 앞뒤로 복사되어 있는 점은 진정한 통화와 유사하나 그 복사된 정도가 조잡하여 정밀하지 못하고 진정한 통화의 색채를 갖추지 못하고 흑백으로만 되어 있어 객관적으로 이를 진정한 것으로 오인할 염려가 전혀 없는 정도의 것인 경우에는 위조통화행사죄의 객체가 될 수 없다.[5] 피고인이 한국은행권 10원짜리 주화의 표면에 하얀약칠을 하여 기존의 10원짜리 주화가 100원짜리 주화와 유사한 색채를 갖도록 한 색채변경의 사실은 인정되나 기존 10원권 주화의 명가나 실가가 변경되었다거나 10원권 주화나 새로이 만들어 내려고 한 100원권 주화의 강제통용력을 해칠 정도의 것임을 인정할 자료가 없으므로 피고인의 이와 같은 색채의 변경사실만으로서는 일반인으로 하여금 진정한 통화로 오신케 할 정도의 새로운 화폐를 만들어 낸 것이라고 보기 어려우므로 피고인에 대한 본건 공소사실은 범죄로 되지 않는 때에 해당한다 하여 무죄를 선고한 제1심판결을 유지하였다.[6]

ⓘ 변 조

ⅰ. 변조의 의의　　변조(變造)란 진정한 통화를 재료로 하여 진화와 동일성을 유지하는 범위 내에서 만들어진 것을 말한다. 따라서 진화를 재료로 하여도 그것을 용해하여 다른 위화를 새로 만드는 바와 같이 그 동일성을 해하는 정도로 원형을 파괴한 경우는 변조가 아니가 위조가 된다고 해야 한다.

ⅱ. 변조의 태양　　변조에는 두 가지의 태양이 거론된다. 명목가치인 명가(名價)를 변경하는 경우와 명가는 변경하지 않고 화폐의 실질을 삭감하거나 지폐・은행권의 일부를 삭제하는 경우가 그것이다.

ⅲ. 변조의 정도　　변조도 위조의 경우에서와 같이 일반인으로 하여금 진정한 통화로 오인할 정도로 만들어질 것을 요한다. 따라서 진정한 통화에 대한 가공행위로 인하여 기존 통화의 명목가치나 실질가치가 변경되었다거나 객관적으로 보아 일반인으로 하여금 기존 통화와 다른 진정한 화폐로 오신하게 할 정도의 새로운 물건을 만들어 낸 것으로 볼 수 없다면 통화가 변조되었다고 볼 수 없다.[7]

ⅳ. 진화의 존부　　변조는 진정한 화폐에 가공하는 것이기 때문에 당연히 진화의 존재를 전제로 한다 다만 변조에 의하여 얻어진 결과물에 대하여는 그것에 상당하는 진화의 존재를 필요로 하는 것은 아니라고 할 수 있다. 따라서 폐화를 이용하여 작성된 것은 변조가 아니라 위조에 해당한다. 그러나 진화의 명가(名價)보다도 높은 실가(實價)를 가지는 것을 만든 경우에는 변조로 된다.

ⅴ. 위조와의 구별　　위조와 변조의 구별기준은 진화에 대한 가공의 정도에 있다고

4) 대법원 1986.3.25. 선고 86도255 판결.
5) 대법원 1985.4.23. 선고 85도570 판결.
6) 대법원 1979.8.28. 선고 79도639 판결.
7) 대법원 2004.3.26. 선고 2003도5640 판결; 대법원 2002.1.11. 선고 2000도3950 판결.

해야 한다. 즉, 가공이 동일성을 해하지 않는 한도 내이면 변조에 속하고, 그렇지 않으면 위조가 된다고 해석하는 것이 타당하다.

변조를 부정한 판례의 구체적 내용은 다음과 같다. 즉,

> 피고인 2가 2002.7. 중순경 취득한 미화 1달러권 지폐 500매와 미화 2달러권 지폐 400매, 그리고 위 화폐 중 피고인 1, 피고인 2가 공모하여 2002.8.27. 행사한 미화 1달러권 지폐 400매와 미화 2달러권 지폐 400매는 모두 1995.에 미국에서 진정하게 발행된 통화인데, 성명불상자가 이것을 화폐수집가들이 골드라고 부르며 수집하는 희귀화폐인 것처럼 만들기 위하여 발행연도 1995.을 1928.으로 빨간색으로 고치고, 발행번호와 미국 재무부를 상징하는 문양 및 재무부장관의 사인부분을 지운 후 빨간색으로 다시 가공한 사실을 알 수 있는바, 위와 같은 정도의 가공행위만으로는 기존 통화의 명목가치나 실질가치가 변경되었다거나 객관적으로 보아 일반인으로 하여금 기존 통화와 다른 진정한 화폐로 오신하게 할 정도의 새로운 물건을 만들어 낸 것으로 보기는 어렵다고 할 것이다.[8] 피고인들이 한국은행발행 500원짜리 주화의 표면 일부를 깎아내어 손상을 가하였지만 그 크기와 모양 및 대부분의 문양이 그대로 남아 있어, 이로써 기존의 500원짜리 주화의 명목가치나 실질가치가 변경되었다거나, 객관적으로 보아 일반인으로 하여금 일본국의 500￥짜리 주화로 오신케 할 정도의 새로운 화폐를 만들어 낸 것이라고 볼 수 없고, 일본국의 자동판매기 등이 위와 같이 가공된 주화를 일본국의 500￥짜리 주화로 오인한다는 사정만을 들어 그 명목가치가 일본국의 500￥으로 변경되었다거나 일반인으로 하여금 일본국의 500￥짜리 주화로 오신케 할 정도에 이르렀다고 볼 수도 없다.[9]

ⅲ **위조 · 변조의 구별실익** 위조와 변조는 그 구별이 곤란한 경우도 있지만, 양자는 죄질이 동일하고 구성요건과 법정형도 동일하게 규정되고 있기 때문에 양자를 굳이 구별하여 평가하여야 할 실익은 존재하지 않는다고 하겠다.

③ 결 과

본죄는 결과범이다. 위조 또는 변조의 결과가 발생하여야 한다. 다만 본죄는 추상적 공공위험범이기 때문에 현실적으로 공공의 신용이 침해될 것을 요하지는 않는다.

2) 주관적 구성요건

① 고 의

본죄는 고의범이다. 본죄의 고의는 인식적 요소로서 통용하는 대한민국의 화폐, 지폐 또는 은행권이라는 인식과 위조 또는 변조한다는 사실에 대한 인식을 요한다.

② 행사할 목적

본죄는 목적범이다. 행사할 목적을 요한다. 행사할 목적이란 위조 · 변조된 위화(僞貨)를 진정한 통화로서 유통시키려고 하는 목적을 말한다. 따라서 교육용, 장식용, 영화 촬영용, 작성기술 과시용 또는 신용력 과시용 등으로 위조한 경우에는 행사할 목적이 있다고 할 수 없다. 행사할 목적은 위화를 위조자 자신이 유통시킬 목적이든 타인을 시켜 유통시킬

---

8) 대법원 2004.3.26. 선고 2003도5640 판결.
9) 대법원 2002.1.11. 선고 2000도3950 판결.

목적이든 묻지 않는다. 타인은 특정인이든 불특정인이든 불문한다. 나아가 행사할 목적은 확정적일 것을 요하지 않고, 누군가 행사할지도 모른다는 미필적인 목적으로도 족하다.

행사할 목적을 부정한 판례의 구체적 내용은 다음과 같다. 즉,

> 형법 제207조 소정의 '행사할 목적'이란 유가증권위조의 경우와 달리, 위조, 변조한 통화를 진정한 통화로서 유통에 놓겠다는 목적을 말하므로, 자신의 신용력을 증명하기 위하여 타인에게 보일 목적으로 통화를 위조한 경우에는 행사할 목적이 있다고 할 수 없다.[10)]

3) 예비 · 음모

본죄는 예비 · 음모를 처벌한다. 본죄는 본죄를 범할 목적으로 예비 또는 음모함으로써 성립한다. 목적범이다.

예비 · 음모를 긍정한 판례의 구체적 내용은 다음과 같다. 즉,

> 피고인이 행사할 목적으로 미리 준비한 물건들과 옵세트인쇄기를 사용하여 한국은행권 100원권을 사진찍어 그 필름 원판 7매와 이를 확대하여 현상한 인화지 7매를 만들었음에 그쳤다면 아직 통화위조의 착수에는 이르지 아니하였고 그 준비단계에 불과하다.[11)]

4) 미수 · 기수

본죄의 미수범은 처벌된다. 위조 또는 변조의 결과 일반인으로 하여금 진화로 오인할 정도의 위화가 만들어지면 기수에 달한다. 통화를 위조함에 족한 기계, 원료를 준비하고 화폐의 제조에 착수하였으나 기술미숙 등으로 인하여 그 목적을 이루지 못한 경우에는 미수에 그친다. 다수의 통화를 위조할 의도로 제조에 착수한 경우 목적한 맷수에 이르지 않더라도 1매에 대하여 위조가 완성되면 이미 기수에 달한다.

(3) 죄 수

1) 판단기준

동일기회에 수개의 통화를 위조한 경우에는 포괄하여 1개의 통화위조죄가 성립한다. 여러 기회에 여러 통화를 위조한 경우에는 여러 개의 통화위조죄가 성립하게 된다. 통화를 위조한 후 이를 행사하는 경우에는 양죄의 상상적 경합이라는 견해, 법조경합 중 보충관계에 해당하여 위조통화행사죄만이 성립한다는 견해 및 양죄가 실체적으로 경합한다는 견해가 대립하고 있다. 문서죄에 있어서와 마찬가지로 양죄는 실체적 경합관계라고 해석된다.

2) 문서죄와의 관계

형법상 통화에 관한 죄는 문서에 관한 죄에 대하여 특별관계에 있으므로 통화에 관한 죄가 성립하는 때에는 문서에 관한 죄는 별도로 성립하지 않는다.[12)]

---

10) 대법원 2012.3.29. 선고 2011도7704 판결.
11) 대법원 1966.12.6. 선고 66도1317 판결.
12) 대법원 2013.12.12. 선고 2012도2249 판결.

3) 사기죄와의 관계

위조 또는 변조된 통화를 행사하여 재물을 획득한 경우에 대하여는 다툼이 있다. 사기죄는 위조·변조 통화 행사죄에 흡수된다는 견해, 양죄는 상상적 경합으로 된다는 견해 및 양죄는 보호법익을 달리하기 때문에 실체적 경합이 된다는 견해가 그것이다. 판례는 실체적 경합관계를 인정하고 있다. 통화를 위조·변조하지 않은 이상 상상적 경합이 타당하다고 해석된다.

이에 관한 판례의 구체적 내용은 다음과 같다. 즉,

> 통화위조죄에 관한 규정은 공공의 거래상의 신용 및 안전을 보호하는 공공적인 법익을 보호함을 목적으로 하고 있고, 사기죄는 개인의 재산법익에 대한 죄이어서 양죄는 그 보호법익을 달리하고 있으므로 위조통화를 행사하여 재물을 불법영득한 때에는 위조통화행사죄와 사기죄의 양죄가 성립된다.[13)]

2. 내국통용 외국통화 위조·변조죄

본죄는 행사할 목적으로 내국에서 유통하는 외국의 화폐, 지폐 또는 은행권을 위조 또는 변조함으로써 성립한다(제207조 제2항). 본죄는 외국통화가 내국에서 유통하는 경우에 내국에 있어서의 거래의 안전을 보호하고 경제질서를 보호하기 위한 것이지만 외국의 법익을 보호하기 위한 것은 아니다. 행사할 목적으로 요하는 목적범이다.

본죄의 객체는 내국에서 유통하는 외국의 화폐, 지폐 또는 은행권이다. 내국에서 유통하는 외국의 통화라고 되어 있기 때문에 내국에서 유통하고 있는 진정한 외국통화의 존재를 요한다고 해석되어야 한다. 내국이란 외국에 대한 반대어로서 대한민국을 의미한다. 유통하는이란 사실상 유통하는 것을 말한다. 통용하는과는 달리 강제통용력을 요하지 않는다는 의미이다. 대법원도 "형법 제207조 제2항 소정의 내국에서 '유통하는'이란, 같은 조 제1항, 제3항소정의 '통용하는'과 달리, 강제통용력이 없이 사실상 거래 대가의 지급수단이 되고 있는 상태를 가리킨다"고 판시한 바 있다.[14)] 유통하는의 범위는 장소적으로나 인적으로 아무런 제한이 없다고 해석된다. 외국의 통화란 외국의 통화발행권에 근거하여 발행되고 있을 것을 요한다. 그러나 반드시 당해 외국의 본국에서 강제통용력을 가지고 있을 것을 요하는 것은 아니지만 그 외국의 법률에 의하여 적어도 어느 지역에서 강제통용력을 가지고 있을 것으로 요한다. 외국이란 국제법상 국가로서 승인될 섯을 요하지 않고 국가로서의 형체를 갖추면 된다. 우리나라와의 국교수립도 요하지 않는다.

내국유통 외국통화를 부정한 판례의 구체적 내용은 다음과 같다. 즉,

> 위조된 외국의 화폐, 지폐 또는 은행권이 강제통용력을 가지지 않는 경우에는 형법 제207조 제3항에서 정한 '외국에서 통용하는 외국의 화폐 등'에 해당하지 않고, 나아가 그 화폐 등이 국내에서 사실상 거래 대가의 지급수단이 되고 있지 않는 경우에는 형법 제207조 제2항에서 정한 '내국에

---

13) 대법원 1979.7.10. 선고 79도840 판결.
14) 대법원 2003.1.10. 선고 2002도3340 판결.

서 유통하는 외국의 화폐 등'에도 해당하지 않는다.[15] 피고인들이 행사하거나 취득하였다는 스위스 화폐의 진폐(진폐)는 스위스 국내에서 1998년까지 일반 상거래를 할 수 있었고 현재 통용되지 않고 있으며 다만 스위스 은행에서 2020.4.30.까지 신권과의 교환이 가능하고, 한편 국내은행에서도 신권과 마찬가지로 환전이 되고 따라서 이태원 등 일부 지역에서 외국인 특히 관광객이 이를 상품에 대한 지급수단으로 사용할 여지는 있는 사실을 인정한 다음, 이 사건 스위스 화폐의 진폐가 국내은행에서 환전할 수 있다 하더라도 이는 지급수단이 아니라 은행이 매도가격과 매수가격의 차액 상당의 이득을 얻기 위하여 하는 외국환매매거래의 대상으로서 상품과 유사한 것에 불과하다 할 것이므로 이를 가리켜 국내에서 유통되고 있다고 보기는 어렵고, 이태원 등 관광지에서 지급수단으로 사용된다고 하더라도 이는 관광객과 상인 사이에 상인이 정한 일정한 환율로 계산하여 사용될 뿐 아니라 다시 타인에게 이전됨이 없이 은행에서 환전되는 것으로서 이러한 경우 역시 상인은 이 사건 스위스 화폐를 은행에서의 매수환율보다 낮은 가격에 매수하여 은행에 매도함에 따른 차익을 목적으로 이를 취득한 것으로서 지급수단이라기보다는 은행에서 환전하는 경우와 마찬가지로 외국환거래의 대상으로 봄이 상당하여, 이 사건 스위스 화폐의 진폐는 내국에서 '유통하는' 화폐라고 볼 수 없다고 판단하였는바, 이는 위에서 본 법리에 따른 것으로서 정당하고, 거기에 상고이유에서의 주장과 같은 법리오해 등의 위법이 없다.[16]

3. 외국통용 외국통화 위조 · 변조죄

본죄는 행사할 목적으로 외국에서 통용하는 외국의 화폐, 지폐 또는 은행권을 위조 또는 변조함으로써 성립한다(제207조 제3항). 행사할 목적을 요하는 목적범이다.

외국에서 통용한다고 함은 그 외국에서 강제통용력을 가지는 것을 의미한다.[17] 외국에서 통용하지 아니하는 즉, 강제통용력을 가지지 아니하는 지폐는 그것이 비록 일반인의 관점에서 통용할 것이라고 오인할 가능성이 있다고 하더라도 외국에서 통용하는 외국의 지폐에 해당한다고 할 수 없고, 만일 그와 달리 외국에서 통용하는 지폐에 일반인의 관점에서 통용할 것이라고 오인할 가능성이 있는 지폐까지 포함시키면 이는 위 처벌조항을 문언상의 가능한 의미의 범위를 넘어서까지 유추해석 내지 확장해석하여 적용하는 것이 되어 죄형법정주의의 원칙에 어긋나는 것으로 허용되지 않는다.[18]

외국통용 외국통화를 부정한 판례의 구체적 내용은 다음과 같다. 즉,

위조된 외국의 화폐, 지폐 또는 은행권이 강제통용력을 가지지 않는 경우에는 형법 제207조 제3항에서 정한 '외국에서 통용하는 외국의 화폐 등'에 해당하지 않는다.[19] 미국에서 발행된 적이 없이 단지 여러 종류의 관광용 기념상품으로 제조, 판매되고 있는 미합중국 100만 달러 지폐와 과거에 발행되어 은행 사이에서 유통되다가 현재는 발행되지 않고 있으나 화폐수집가나 재벌들이 이를 보유하여 오고 있는 미합중국 10만 달러 지폐가 막연히 일반인의 관점에서 미합중국에서 강제통용력을 가졌다고 오인할 수 있다는 이유로 형법 제207조 제3항의 외국에서 통용하는 지폐에 포함된다고 판단한 원심판결을 파기한 사례이다.[20]

---

15) 대법원 2013.12.12. 선고 2012도2249 판결; 대법원 2003.1.10. 선고 2002도3340 판결.
16) 대법원 2003.1.10. 선고 2002도3340 판결.
17) 대법원 2004.5.14. 선고 2003도3487 판결.
18) 대법원 2004.5.14. 선고 2003도3487 판결.
19) 대법원 2013.12.12. 선고 2012도2249 판결; 대법원 2004.5.14. 선고 2003도3487 판결.

4. 위조 · 변조 통화 행사죄

본죄는 위조 또는 변조한 내국통화, 내국통용 외국통화 또는 외국통용 외국통화를 행사함으로써 성립한다(제207조 제4항 전단). 본죄는 목적범이 아니다.

본죄의 실행행위는 행사이다. 행사(行使)란 위조 또는 변조된 통화를 진정한 통화처럼 유통에 놓는 것이다. 유통에 놓는다는 것은 위화를 자기 이외의 자의 점유에 이전하거나 일반인이 위화를 진화로 오인할 수 있는 상태에 놓은 것을 말한다. 그러므로 행사의 상대방은 자연인에 한한다. 보증금으로 제공하거나 환전하는 것은 행사에 해당한다. 그러나 진열장에 단순히 비치하거나 신용력을 과시하기 위하여 제시 또는 열람하게 하는 것만으로는 행사에 해당하지 않는다. 위화의 사용방법은 그것의 적법 · 위법을 묻지 않는다. 도박의 도박자금에 사용하든 진화로서 증여하든 지장을 받지 않는다. 행사는 유상 · 무상을 묻지 않기 때문이다. 본죄는 위화를 진정으로서 유통시키는 시점에서 곧바로 기수로 된다. 따라서 교부한 후 상대방으로부터 반환받아도 범죄의 성립에는 영향이 없다. 행사의 의도로 건넸으나 상대방이 위화라고 처음부터 인식한 경우는 행사죄의 미수에 해당한다. 본죄는 위화를 진정한 통화로서 유통에 놓으면 곧바로 기수에 달하기 때문에 실행에 착수로부터 기수에까지 이르는 과정이 짧아 미수가 성립할 여지는 그리 많지 않을 것으로 보인다.

행사를 긍정한 판례의 구체적 내용은 다음과 같다. 즉,

> 위조통화임을 알고 있는 자에게 그 위조통화를 교부한 경우에 피교부자가 이를 유통시키리라는 것을 예상 내지 인식하면서 교부하였다면, 그 교부행위 자체가 통화에 대한 공공의 신용 또는 거래의 안전을 해할 위험이 있으므로 위조통화행사죄가 성립한다.[21]

행사를 부정한 판례의 구체적 내용은 다음과 같다. 즉,

> 형법상 통화에 관한 죄는 문서에 관한 죄에 대하여 특별관계에 있으므로 통화에 관한 죄가 성립하는 때에는 문서에 관한 죄는 별도로 성립하지 않는다. 그러나 위조된 외국의 화폐, 지폐 또는 은행권이 강제통용력을 가지지 않는 경우에는 형법 제207조 제3항에서 정한 '외국에서 통용하는 외국의 화폐 등'에 해당하지 않고, 나아가 그 화폐 등이 국내에서 사실상 거래 대가의 지급수단이 되고 있지 않는 경우에는 형법 제207조 제2항에서 정한 '내국에서 유통하는 외국의 화폐 등'에도 해당하지 않으므로, 그 화폐 등을 행사하더라도 형법 제207조 제4항에서 정한 위조통화행사죄를 구성하지 않는다고 할 것이고, 따라서 이러한 경우에는 형법 제234조에서 정한 위조사문서행사죄 또는 위조사도화행사죄로 의율할 수 있다고 보아야 한다.[22]

5. 위조 등 통화 수입 · 수출죄

본죄는 위조 또는 변조한 내국통화, 내국통용 외국통화 또는 외국통용 외국통화를 행사할 목적으로 수입 또는 수출함으로써 성립한다(제207조 제4항 후단). 행사할 목적을 요하는 목적범이다.

---

20) 대법원 2004.5.14. 선고 2003도3487 판결.
21) 대법원 2003.1.10. 선고 2002도3340 판결.
22) 대법원 2013.12.12. 선고 2012도2249 판결.

본죄의 실행행위는 수입 또는 수출이다. 수입(輸入)이란 위화를 국외로부터 국내로 반입하는 것을 말한다. 수입의 시점에 관하여는 영해설과 양륙설이 대립하고 있다. 영해 내 또는 항공기 내로의 반입만으로는 공공의 신용을 해하는 추상적 위험도 발생하지 않기 때문에 수입이라고 하기 위해서는 양륙 또는 하역을 요한다고 해석되어야 한다. 수출(輸出)이란 국내에서 국외로 반출하는 것을 말한다.

Ⅲ. 처 벌

본죄에 있어서 내국통화 위조·변조죄의 법정형은 무기 또는 2년 이상의 징역, 내국통용 외국통화 위조·변조죄의 법정형은 1년 이상의 유기징역, 외국통용 외국통화 위조·변조죄의 법정형은 10년 이하의 징역이다. 위조·변조 통화 행사죄 및 위조 등 통화 수입·수출죄의 법정형은 그 위조 또는 변조의 법정형과 같다. 본죄를 범하여 유기징역에 처할 경우에는 10년 이하의 자격정지 또는 2천만원 이하의 벌금을 병과할 수 있다.

이 외에도 본죄의 미수범은 처벌된다. 또 본죄 중 내국통화 위조·변조죄, 내국통용 외국통화 위조·변조죄 및 외국통용 외국통화 위조·변조죄의 예비·음모죄는 처벌된다. 예비·음모죄의 법정형은 5년 이하의 징역이다. 다만 그 목적한 죄의 실행에 이르기 전에 자수한 때에는 그 형을 감경 또는 면제한다.

§3. 위조통화취득죄

제208조(위조통화의 취득) 행사할 목적으로 위조 또는 변조한 제207조 기재의 통화를 취득한 자는 5년 이하의 징역 또는 1천500만원 이하의 벌금에 처한다.

제209조(자격정지 또는 벌금의 병과) ~ 제208조의 죄를 범하여 유기징역에 처할 경우에는 10년 이하의 자격정지 또는 2천만원 이하의 벌금을 병과할 수 있다.

제212조(미수범) ~ 제208조 ~의 미수범은 처벌한다.

관련조문

제5조(외국인의 국외범) 본법은 대한민국영역외에서 다음에 기재한 죄를 범한 외국인에게 적용한다.
4. 통화에 관한 죄

Ⅰ. 서 설

본죄는 행사할 목적으로 위조 또는 변조한 내국통화, 내국통용 외국통화 또는 외국통용 외국통화를 취득함으로써 성립한다. 본죄는 행사죄의 예비행위에 해당하는 행위를 독립하여 처벌하는 규정이라고 할 수 있다. 본죄는 소위 목적범이다.

Ⅱ. 범 죄

본죄의 객체는 위조 또는 변조된 내국통화, 내국통용 외국통화 또는 외국통용 외국통화이다. 이에 관하여는 이미 통화의 위조 등 죄에서 전술한 바 있다.

본죄의 실행행위는 취득이다. 취득은 행사할 목적으로 한 것이어야 한다. 취득(取得)이란 자기의 소지로 이전하는 일체의 행위를 말한다. 취득은 방법의 여하, 유·무상의 여부를 묻지 않는다. 매수, 수증, 교환, 습득은 물론이고, 절도, 사기, 공갈 등의 범죄행위에 의하여 영득된 소지도 취득으로 된다. 다만 횡령에 대하여는 취득에 해당한다는 긍정설과 해당하지 않는다는 부정설이 다투어지고 있다. 긍정설은 정을 모르고 통화를 얻은 자가 정을 안 후 이를 횡령하면 취득으로 된다고 한다. 부정설은 횡령의 경우는 이미 소지하고 있어 그 이전이 없기 때문이라고 한다. 행사죄의 예비에 해당하는 행위를 특히 처벌하려고 하는 본죄의 취지상 긍정설이 타당하다고 해석된다.

본죄는 고의범이다. 본죄의 고의는 인식적 요소로서 위화라는 것에 대한 인식을 요한다. 따라서 취득한 후에 위화라는 것을 알고 행사의 목적이 발생하여도 본죄를 구성하지 않는다. 또 본죄는 목적범이다. 본죄는 고의 외에도 행사의 목적을 요한다.

Ⅲ. 처 벌

본죄의 법정형은 5년 이하의 징역 또는 1천500만원 이하의 벌금이다. 본죄를 범하여 유기징역에 처할 경우에는 10년 이하의 자격정지 또는 2천만원 이하의 벌금을 병과할 수 있다. 본죄의 미수범은 처벌된다.

§4. 위조통화취득후지정행사죄

제210조(위조통화 취득 후의 지정행사) 제207조에 기재한 통화를 취득한 후 그 사정을 알고 행사한 자는 2년 이하의 징역 또는 500만원 이하의 벌금에 처한다.

구조문

제210조(위조통화취득후의 지정행사) 제207조 기재의 통화를 취득한 후 그 정을 알고 행사한 자는 2년 이하의 징역 또는 500만원 이하의 벌금에 처한다.

관련조문

제5조(외국인의 국외범) 본법은 대한민국영역외에서 다음에 기재한 죄를 범한 외국인에게 적용한다.
4. 통화에 관한 죄

Ⅰ. 서 설

본죄는 행사할 목적으로 위조 또는 변조한 내국통화, 내국통용 외국통화 또는 외국통용 외국통화를 취득한 후 그 사정을 알고 행사함으로써 성립한다. 본죄는 전술한 위조·변조통화 행사죄의 특별규정이다.

Ⅱ. 범 죄

본죄의 객체는 행사할 목적으로 위조 또는 변조된 내국통화, 내국통용 외국통화 또는

외국통용 외국통화이다. 내국통화에 있어서는 내국에서 강제통용력이 있는 것, 외국통화에 있어서는 내국에서 사실상 유통하고 있는 것의 위화라고 해석하여야 한다.

본죄의 실행행위는 취득 후에 위화인 사정을 알고 행사하는 것이다. 취득시에는 위화인 것을 몰랐을 것을 요한다. 위화인 것을 알고 취득한 후 이를 행사하면 위조통화취득죄가 성립하는 외에 위조통화행사죄가 성립한다. 취득의 적법성여부에 대하여는 다툼이 있다. 적법한 취득에 한한다는 긍정설은 위화인 것을 모르고 취득한 후 이를 알고 행사한 경우에는 행사죄가 성립한다는 점을 근거로 한다. 그러나 위법한 취득도 포함한다는 부정설이 타당하다고 해야 한다. 본죄의 구성요건은 적법취득이냐 위법취득이냐에 따라 그 해석이 달라지는 것은 아니라고 해야 하기 때문이다. 행사(行使)란 전술한 위조・변조 통화 행사죄에서와 같이 위조 또는 변조된 통화를 진정한 통화처럼 유통에 놓는 것을 말한다. 유・무상을 불문한다.

본죄는 목적범이다. 본죄는 고의 외에 행사할 목적을 요한다. 본죄의 고의는 인식적 요소로서 위조 또는 변조한 내국통화, 내국통용 외국통화 또는 외국통용 외국통화를 취득한 후 그 사정을 알고 행사한다는 사실에 대한 인식을 요한다.

Ⅲ. 처 벌

본죄의 법정형은 2년 이하의 징역 또는 500만원 이하의 벌금이다. 본죄는 미수범에 대한 처벌규정을 두지 않고 있다.

본죄의 형이 가벼운 것은 위화라는 것을 모르고 취득한 자가 후에 위화라는 것을 안 경우 이미 입고 있는 손해를 회복하기 위하여 이를 행사하여 그 손해를 타인에게 전가하는 것은 그 정에 있어서 동정하여야 할 점이 있기 때문이다. 정형적으로 기대가능성을 감소하기 때문이라고 할 수 있다.

§5. 통화유사물제조 등 죄

제211조(통화유사물의 제조 등) ① 판매할 목적으로 내국 또는 외국에서 통용하거나 유통하는 화폐, 지폐 또는 은행권에 유사한 물건을 제조, 수입 또는 수출한 자는 3년 이하의 징역 또는 700만원 이하의 벌금에 처한다.
② 전항의 물건을 판매한 자도 전항의 형과 같다.

제212조(미수범) 제207조, 제208조와 전조의 미수범은 처벌한다.

관련조문

제5조(외국인의 국외범) 본법은 대한민국영역외에서 다음에 기재한 죄를 범한 외국인에게 적용한다.
4. 통화에 관한 죄

Ⅰ. 서 설

본죄는 판매할 목적으로 내국 또는 외국에서 통용하거나 유통하는 화폐, 지폐 또는 은행권에 유사한 물건을 제조, 수입, 수출 또는 판매함으로써 성립한다.

Ⅱ. 범 죄

본죄의 객체는 내국 또는 외국에서 통용하거나 유통하는 화폐, 지폐 또는 은행권에 유사한 물건이다. 유사한 물건이란 통화와 유사한 외관을 갖추었으나 일반인으로 하여금 진정통화로 오인하게 할 정도에 이르지 않은 모조물을 말한다. 오인하게 할 정도에 이르면 통화유사물이 아니라 위조가 된다.

본죄의 실행행위는 제조, 수입, 수출 또는 판매이다. 제조(製造)란 통화발행권을 가지지 않은 자가 통화유사물을 만드는 것을 말한다. 수입(輸入)이란 국외로부터 국내에로의 반입을 말하고, 수출(輸出)이란 국내로부터 국외로의 반출을 의미한다. 판매(販賣)란 불특정인 또는 다수인에 대한 유상양도를 의미한다. 불특정인 또는 다수인에게 판매할 의사가 있는 한 1인에 대한 1회의 유상양도도 판매에 해당한다.

본죄는 미수범을 처벌한다. 본죄는 제조, 수입 또는 수출함으로써 기수에 달한다. 이러한 의미에서 본죄는 거동범에 속한다.

본죄는 목적범이다. 고의 외에 판매할 목적을 요한다. 본죄의 고의는 인식적 요소로서 내국 또는 외국에서 통용하거나 유통하는 화폐, 지폐 또는 은행권에 유사한 물건을 제조, 수입, 수출 또는 판매한다는 사실에 대한 인식을 요한다.

Ⅲ. 처 벌

본죄의 법정형은 3년 이하의 징역 또는 700만원 이하의 벌금이다. 본죄의 미수범은 처벌된다.

제 3 절 유가증권 · 우표와 인지에 관한 죄

§1. 개 관

I. 서 설

1. 의 의

본장의 유가증권, 우표와 인지에 관한 죄는 행사할 목적으로 유가증권, 우표와 인지를 위조 또는 변조 등을 그 주요한 내용으로 하는 범죄를 말한다(형법 제2편 제19장). 유가증권에 관한 죄란 행사할 목적으로 유가증권을 위조 · 변조 또는 허위작성하거나 위조 · 변조 또는 허위작성한 유가증권을 행사하거나 행사할 목적으로 수입 또는 수출하는 것을 내용으로 하는 범죄를 말한다. 우표와 인지에 관한 죄란 행사할 목적으로 우표와 인지를 위조 · 변조 또는 허위작성하거나 위조 · 변조 또는 허위작성한 우표와 인지를 행사하거나 행사할 목적으로 수입 또는 수출하는 것을 내용으로 하는 범죄를 말한다.

2. 통화와의 유사성

유가증권은 문서의 일종이기 때문에 유가증권에 관한 죄는 문서에 관한 죄의 특별규정으로 되어 있다. 다른 한편 유가증권은 재산권을 화체하고 거래의 수단으로 사용되어 유통성에 있어서 통화의 기능도 가지고 있다. 따라서 유가증권에 관한 죄는 통화에 관한 죄와 문서에 관한 죄의 중간에 위치하게 규정되어 있다. 유가증권에 관한 죄가 통화에 관한 죄와 문서에 관한 죄의 양면성을 가지는 점에 착안한 배열이라고 할 수 있다.

유가증권에는 공채증서와 같이 공문서의 성질을 가지는 것도 있고, 회사의 주권과 같이 사문서의 성질을 가지는 것도 포함되어 있다. 그러나 공신력에 있어서는 양자를 구별하는 것이 불가능하기 때문에 형법은 양자의 유가증권으로서의 성질을 강조하고 동일한 법정형으로 처벌하도록 하고 있는 것이다. 또 유가증권의 통화적 성질에 비추어 통화의 경우와 동일하게 국제적 거래를 필요로 하는 것으로부터 외국인의 국외범에게도 형법의 적용을 규정하고 있다(제5조 제5호 참조).

우표와 인지에 관한 죄는 우표와 인지도 유가증권과 유사한 성질을 가지고 있는 만큼 유가증권에 관한 죄와 같은 장에서 규정되고 있다. 다만 유가증권에 관한 죄와는 독립된 형태로 규정되고 있는 것이다.

II. 보호법익

본장의 죄의 보호법익은 유가증권, 우표 또는 인지에 대한 거래의 안전과 공공의 신용이다. 거래의 안전을 담보하는 수단으로서 중요한 기능을 가지기 때문이다. 유가증권, 우표

또는 인지의 성립의 진정에 대한 일반의 신용을 해할 우려가 있는 행위를 처벌함으로써 거래의 안전을 확보하려는 것이다. 보호의 정도는 추상적 공공위험범으로서의 보호이다. 따라서 유가증권, 우표 또는 인지에 대한 신용이 현실적으로 상실될 것을 요하지 않는다.

Ⅲ. 구성요건의 체계

본장의 죄는 우선 유가증권에 관한 죄와 우표와 인지에 관한 죄로 크게 나누어질 수 있다.

유가증권에 관한 죄에는 각각 독립된 구성요건으로서 유가증권의 위조 등 죄(제214조), 자격모용에 의한 유가증권의 작성죄(제215조), 허위유가증권의 작성 등 죄(제216조) 및 위조유가증권 등 행사 등 죄(제217조)가 규정되어 있다.

우표와 인지에 관한 죄에는 인지·우표의 위조 등 죄(제218조), 위조 인지·우표 등의 취득죄(제219조), 소인말소죄(제221조) 및 인지·우표 유사물의 제조 등 죄(제222조)가 규정되어 있다.

이외에도 소인말소죄를 제외한 나머지 본장의 죄의 미수범은 모두 처벌된다(제223조). 유가증권의 위조 등 죄(제214조)와 자격모용에 의한 유가증권의 작성죄(제215조) 및 인지·우표의 위조 등 죄(제218조 제1항)의 예비·음모죄도 처벌된다.

Ⅳ. 몰수의 대상

제48조(몰수의 대상과 추징) ③ 문서, 도화(圖畵), 전자기록(電磁記錄) 등 특수매체기록 또는 유가증권의 일부가 몰수의 대상이 된 경우에는 그 부분을 폐기한다.

형법은 문서, 도화(圖畵), 전자기록(電磁記錄) 등 특수매체기록 또는 유가증권의 일부가 몰수의 대상이 된 경우에는 그 부분을 폐기하도록 규정하고 있다.

§2. 유가증권의 위조 등 죄

제214조(유가증권의 위조 등) ① 행사할 목적으로 대한민국 또는 외국의 공채증서 기타 유가증권을 위조 또는 변조한 자는 10년 이하의 징역에 처한다.
② 행사할 목적으로 유가증권의 권리의무에 관한 기재를 위조 또는 변조한 자도 전항의 형과 같다.

제223조(미수범) 제214조 ～ 의 미수범은 처벌한다.

제220조(자격정지 또는 벌금의 병과) 제214조 ～ 의 죄를 범하여 징역에 처하는 경우에는 10년 이하의 자격정지 또는 2천만원 이하의 벌금을 병과할 수 있다.

제224조(예비, 음모) 제214조, ～ 의 죄를 범할 목적으로 예비 또는 음모한 자는 2년 이하의 징역에 처한다.

관련조문
제5조(외국인의 국외범) 본법은 대한민국영역외에서 다음에 기재한 죄를 범한 외국인에게 적용한다.
5. 유가증권, 우표와 인지에 관한 죄

Ⅰ. 서 설

본죄는 행사할 목적으로 대한민국 또는 외국의 공채증서 기타 유가증권을 위조 또는 변조하거나(제214조 제1항), 행사할 목적으로 유가증권의 권리의무에 관한 기재를 위조 또는 변조함으로써 성립한다(제213조 제2항). 본죄는 전자와 같은 유가증권 위조 · 변조죄와 후자와 같이 유가증권의 권리 · 의무에 관한 기재의 위조 · 변조죄로 나누어질 수 있다. 양자는 모두 목적범이다.

Ⅱ. 범 죄

1. 유가증권 위조 · 변조죄

(1) 의 의

본죄는 행사할 목적으로 대한민국 또는 외국의 공채증서 기타 유가증권을 위조 또는 변조함으로써 성립한다. 행사할 목적을 요하는 목적범이다.

(2) 구성요건

1) 객관적 구성요건

① 객 체

본죄의 객체는 유가증권이다. 다만 유가증권의 대표적인 예시로서 공채증거만을 들고 있을 뿐이다. 유가증권(有價證券)이란 증권상에 표시된 재산상의 권리의 행사와 처분에 그 증권의 점유를 필요로 하는 것을 총칭한다.[1] 그 명칭에도 불구하고 재산권이 증권에 화체된다는 것과 그 권리의 행사와 처분에 증권의 점유를 필요로 한다는 두 가지 요소를 갖추면 족하지 반드시 유통성을 가질 필요는 없다.[2] 위 두 가지 요소 중 어느 하나를 갖추지 못한 경우에는 유가증권이라고 할 수 없다.[3] 형법상의 개념으로서의 유가증권은 상법상의 유가증권의 개념을 기초로 하면서 그 증권의 진정성에 대하여 단순한 권리, 의무나 사실증명에 관한 각종의 증명문서 이상의 특별한 취급이 필요한가 아닌가 하는 법적 보호의 필요성의 관점에서 결정되는 것이다. 공채증서(公債證書)란 각종의 국채와 지방채증권을 말한다. 다만 본죄의 유가증권은 대한민국 또는 외국의 그것이어야 한다.

유가증권을 긍정한 판례의 구체적 내용은 다음과 같다. 즉,

> 공중전화카드는 그 표면에 전체 통화가능 금액과 발행인이 문자로 기재되어 있고, 자기(磁氣) 기록 부분에는 당해 카드의 진정성에 관한 정보와 잔여 통화가능 금액에 관한 정보가 전자적 방법으로 기록되어 있어, 사용자가 카드식 공중전화기의 카드 투입구에 공중전화카드를 투입하면 공중전화기에 내장된 장치에 의하여 그 자기정보가 해독되어 당해 카드가 발행인에 의하여 진정하게

---

1) 대법원 2001.8.24. 선고 2001도2832 판결; 대법원 1998.11.24. 선고 98도2967 판결; 대법원 1998.2.27. 선고 97도2483 판결; 대법원 1995.3.14. 선고 95도20 판결; 대법원 1984.11.27. 선고 84도1862 판결.

2) 대법원 2001.8.24. 선고 2001도2832 판결; 대법원 1995.3.14. 선고 95도20 판결; 대법원 1984.11.27. 선고 84도1862 판결; 대법원 1972.12.26. 선고 72도1688 판결.

3) 대법원 1984.11.27. 선고 84도1862 판결.

발행된 것임이 확인된 경우 잔여 통화가능 금액이 공중전화기에 표시됨과 아울러 그 금액에 상당하는 통화를 할 수 있도록 공중전화기를 작동하게 하는 것이어서, 공중전화카드는 문자로 기재된 부분과 자기기록 부분이 일체로써 공중전화 서비스를 제공받을 수 있는 재산상의 권리를 화체하고 있고, 이를 카드식 공중전화기의 카드 투입구에 투입함으로써 그 권리를 행사하는 것으로 볼 수 있으므로, 공중전화카드는 형법 제214조의 유가증권에 해당한다.4) 이 사건 "할부구매전표"는 그 소지인이 주식회사 엘칸토의 영업소에서 그 취급상품을 그 금액의 한도 내에서 구매할 수 있는 권리가 화체된 증권으로서 그 권리의 행사와 처분에 증권의 점유를 필요로 하는 것임이 인정되므로 이를 유가증권으로 본 원심은 정당하고, 거기에 유가증권에 관한 법리오해의 위법이 있다고 할 수도 없다. 논지는 모두 이유 없다.5) 한국외환은행 소비조합이 그 소속조합원에게 발행한 신용카드는 그 카드에 의해서만 신용구매의 권리를 행사할 수 있는 점에서 재산권이 증권에 화체되었다고 볼 수 있으므로 유가증권이라 할 것이다.6)

유가증권을 부정한 판례의 구체적 내용은 다음과 같다. 즉,

피고인은 인쇄된 약속어음용지를 사용하기는 하였으나 유가증권인 약속어음을 발행할 의도로 약속어음을 작성한 것이라기보다는 소비대차의 증표로서 발행한 것으로 보이고, 피고인이 위조한 것이라는 위 약속어음은 발행인의 날인이 없고, 발행인 아닌 피고인이 임의로 날인한 무인만이 있으며, 그 작성방식에 비추어 보아도 일반인이 진정하고 유효한 약속어음으로 오신할 정도의 형식과 외관을 갖춘 약속어음이라고 보기 어려우므로 이는 형법 제214조 소정의 유가증권으로 볼 수 없다.7) 정기예탁금증서는 예탁금반환채권의 유통이나 행사를 목적으로 작성된 것이 아니고 채무자가 그 증서 소지인에게 변제하여 책임을 면할 목적으로 발행된 이른바 면책증권에 불과하여 위 증서의 점유가 예탁금반환채권을 행사함에 있어 그 조건이 된다고 볼 수 없는 것이라면 위 증권상에 표시된 권리가 그 증권에 화체되었다고 볼 수 없을 것이므로 위 증서는 형법 제216조, 제217조에서 규정된 유가증권에 해당하지 아니한다.8)

② 행 위

본죄의 실행행위는 위조 또는 변조이다. 위조(僞造)란 타인의 명의를 모용하여 유가증권을 작성하는 것을 말한다. 그 형식이나 외관에 있어서 일반인이 진정한 유가증권이라고 오신할 수 있는 정도의 것이면 족하다.9) 위조된 유가증권에는 원칙적으로 작성명의인이 없으면 안 된다. 작성명의인은 자연인 또는 법인이다. 일반인이 진정하게 성립한 유가증권이라고 오신하기에 족한 정도로 작성되어 있으면 발행명의인의 기재가 없거나 가공인 명의라도 위조로 된다. 본죄는 문서위조죄에서와는 달리 인장의 유무는 구별하지 않는다. 따라서 타인의 인장이나 서명을 모용하지 않고 유가증권을 위조한 때에도 본죄를 구성한다.

변조(變造)란 진정으로 성립된 유가증권의 내용에 권한 없는 자가 그 유가증권의 동일성을 해하지 않는 한도에서 변경을 가하는 것을 말한다.10) 일반인이 진정한 것으로서 오신할

4) 대법원 1998.2.27. 선고 97도2483 판결.
5) 대법원 1995.3.14. 선고 95도20 판결.
6) 대법원 1984.11.27. 선고 84도1862 판결.
7) 대법원 1992.6.23. 선고 92도976 판결; 대법원 1985.9.10. 선고 85도1501 판결.
8) 대법원 1984.11.27. 선고 84도2147 판결.
9) 대법원 2001.8.24. 선고 2001도2832 판결; 대법원 1985.9.10. 선고 85도1501 판결.

정도의 외관 · 형식을 구비할 것을 요한다. 다만 유가증권의 본질적인 부분에 변경을 가하면 새로운 유가증권을 작성한 것으로 되고 위조에 해당하게 된다. 이미 타인에 의하여 위조된 약속어음의 기재사항을 권한 없이 변경하였다고 하더라도 유가증권변조죄는 성립하지 아니한다.[11] 약속어음의 액면금액을 권한 없이 변경하는 것은 유가증권변조에 해당할 뿐 유가증권위조는 아니므로, 약속어음의 액면금액을 권한 없이 변경하는 행위가 당초의 위조와는 별개의 새로운 유가증권위조로 된다고 할 수도 없다.[12]

위조 · 변조를 긍정한 판례의 구체적 내용은 다음과 같다. 즉,

> 약속어음과 같이 유통성을 가진 유가증권의 위조는 일반거래의 신용을 해하게 될 위험성이 매우 크다는 점에서 적어도 행사할 목적으로 외형상 일반인으로 하여금 진정하게 작성된 유가증권이라고 오신케 할 수 있을 정도로 작성된 것이라면 그 발행명의인이 가령 실재하지 않은 사자 또는 허무인이라 하더라도 그 위조죄가 성립된다고 해석함이 상당하다.[13] 사자 명의로 된 약속어음을 작성함에 있어 사망자의 처로부터 사망자의 인장을 교부받아 생존 당시 작성한 것처럼 약속어음의 발행일자를 그 명의자의 생존 중의 일자로 소급하여 작성한 때에는 발행명의인의 승낙이 있었다고 볼 수 없다.[14] 증권이 비록 문방구 약속어음 용지를 이용하여 작성되었다고 하더라도 그 전체적인 형식 · 내용에 비추어 일반인이 진정한 것으로 오신할 정도의 약속어음 요건을 갖추고 있으면 당연히 형법상 유가증권에 해당한다 할 것이다.[15] 이 사건 회원용 리프트탑승권은 그와 같은 의미에서 유가증권의 일종이고, 제1심 공동피고인이 위와 같이 발매할 권한 없이 발매기를 임의 조작함으로써 리프트탑승권을 부정 발급한 행위가 유가증권인 리프트탑승권을 위조하는 행위에 해당함은 원심이 인정한 바와 같다.[16] 피고인이 원심 판시와 같이 폐공중전화카드의 자기기록 부분에 전자정보를 기록하여 사용가능한 공중전화카드를 만든 행위를 유가증권위조죄로 의율한 것은 정당하고, 거기에 상고이유에서 주장하는 바와 같은 법리오해의 위법이 있다고 할 수 없다.[17] 피고인이 이 사건 수표를 취득할 당시 그 발행일자가 1981.2.28 이었는데 피고인이 위 수표를 은행에 제시하여 타점권기입장에 기재된 발행일자가 1981.12.28로 되어 있다면 은행원들이 고의로 위 수표의 발행일자를 변조하였다고 인정할 만한 사정이 없는 한 위 수표의 발행일자는 은행에 제시되기 전 피고인의 수중에 있는 동안에 이미 변조되어 있었다고 보는 것이 경험칙에 맞는 합리적인 해석이라 할 것이다.[18] 타점포체인의 명의를 사용하여 영업하고 그 체인대표자의 명의를 사용할 수 있는 내용의 명의임대차계약이 체결된 경우에 있어서 명의대여자의 승낙(점포체인의 대표자로부터 체인의 지점장으로 임명받는 형식)없이 제1의 명의임차인으로부터 지점의 영업권을 사실상 매수한 제2의 명의임차인이 명의대여자의 승낙없이 본래의 명의대여자의 명의로 어음을

---

10) 대법원 2012.9.27. 선고 2010도15206 판결; 대법원 2008.12.24. 선고 2008도9494 판결; 대법원 2006.1.26. 선고 2005도4764 판결; 대법원 2003.1.10. 선고 2001도6553 판결; 대법원 1984.11.27. 선고 84도1862 판결.

11) 대법원 2008.12.24. 선고 2008도9494 판결; 대법원 2006.1.26. 선고 2005도4764 판결.

12) 대법원 2008.12.24. 선고 2008도9494 판결; 대법원 2006.1.26. 선고 2005도4764 판결.

13) 대법원 2011.7.14. 선고 2010도1025 판결; 대법원 1971.7.27. 선고 71도905 판결.

14) 대법원 2011.7.14. 선고 2010도1025 판결; 대법원 2009.10.29. 선고 2009도4658 판결; 대법원 1983.10.25. 선고 83도1520 판결.

15) 대법원 2001.8.24. 선고 2001도2832 판결.

16) 대법원 1998.11.24. 선고 98도2967 판결.

17) 대법원 1998.2.27. 선고 97도2483 판결.

18) 대법원 1984.7.24. 선고 84도1081 판결.

배서하고 이를 행사하였다면 제2의 명의임차인은 유가증권위조의 책임을 면할 수 없고 위 체인 대표자가 명의대여자로서 책임을 지는 여부는 유가증권위조죄의 성립에 소장이 없다.[19] 타인이 위조한 액면과 지급기일이 백지로 된 약속어음을 구입하여 행사의 목적으로 백지인 액면란에 금액을 기입하여 그 위조어음을 완성하는 행위는 백지어음 형태의 위조행위와는 별개의 유가증권위조죄를 구성한다.[20] 찢어서 폐지로 된 타인발행 명의의 약속어음 파지면을 이용 조합하여 어음의 외형을 갖춘 경우에는 새로운 약속어음을 작성한 것으로서 그 행사의 목적이 있는 이상 유가증권위조죄가 성립한다.[21] 약속어음의 액면금액란에 자의로 합의된 금액의 한도를 엄청나게 넘는 금액을 기입하는 것은 백지보충권의 범위를 초월하여 서명날인 있는 약속어음 용지를 이용한 새로운 약속어움의 발행에 해당하는 것으로서 그 소위가 유가증권위조죄를 구성한다.[22] 허무인명의의 유가증권이라 할지라도 적어도 그것이 행사할 목적으로 작성되었고 외형상 일반인으로 하여금 진정하게 작성된 유가증권이라고 오신케 할 수 있을 정도라면 그 위조죄가 성립된다고 해석함이 상당하다.[23]

위조 · 변조를 부정한 판례의 구체적 내용은 다음과 같다. 즉,

유가증권변조죄에서 '변조'는 진정하게 성립된 유가증권의 내용에 권한 없는 자가 유가증권의 동일성을 해하지 않는 한도에서 변경을 가하는 것을 의미하고, 이와 같이 권한 없는 자에 의해 변조된 부분은 진정하게 성립된 부분이라 할 수 없다. 따라서 유가증권의 내용 중 권한 없는 자에 의하여 이미 변조된 부분을 다시 권한 없이 변경하였다고 하더라도 유가증권변조죄는 성립하지 않는다.[24] (갑)이 백지 약속어음의 액면란 등을 부당 보충하여 위조한 후 (을)이 (갑)과 공모하여 금액란을 임의로 변경한 사안에서, (을)의 행위는 유가증권위조나 변조에 해당하지 않는다.[25] 약속어음의 발행인으로부터 어음금액이 백지인 약속어음의 할인을 위임받은 자가 위임 범위 내에서 어음금액을 기재한 후 어음할인을 받으려고 하다가 그 목적을 이루지 못하자 유통되지 아니한 당해 약속어음을 원상태대로 발행인에게 반환하기 위하여 어음금액의 기재를 삭제하는 것은 그 권한 범위 내에 속한다고 할 것이므로, 이를 유가증권변조라고 볼 수 없다.[26] 어음에 기재되어야 할 어음행위자의 명칭은 반드시 어음행위자의 본명에 한하는 것은 아니고 상호, 별명 그 밖의 거래상 본인을 가리키는 것으로 인식되는 칭호라면 어느 것이나 다 가능하다고 볼 것이므로 비록 그 칭호가 타인의 명칭이라도 통상 그 명칭은 자기를 표시하는 것으로 거래상 사용하여 그것이 그 행위자를 지칭하는 것으로 인식되어 온 경우에는 그것을 어음상으로도 자기를 표시하는 칭호로 사용할 수 있다 할 것이므로 피고인이 그 망부의 사망 후 그의 명의를 거래상 자기를 표시하는 명칭으로 사용하여 온 경우에는 피고인에 의한 망부 명의의 어음발행은 피고인 자신의 어음행위라고 볼 것이고 이를 가리켜 타인의 명의를 모용하여 어음을 위조한 것이라고 할 수 없다.[27] 회사의 대표이사로서 주권작성에 관한 일반적인 권한을 가지고 있는 자가 대표권을 남용하여 자기 또는

19) 대법원 1984.2.28. 선고 83도3284 판결.
20) 대법원 1982.6.22. 선고 82도677 판결.
21) 대법원 1976.1.27. 선고 74도3442 판결.
22) 대법원 1972.6.13. 선고 72도897 판결.
23) 대법원 1971.7.27. 선고 71도905 판결.
24) 대법원 2012.9.27. 선고 2010도15206 판결.
25) 대법원 2008.12.24. 선고 2008도9494 판결.
26) 대법원 2006.1.13. 선고 2005도6267 판결.
27) 대법원 1982.9.28. 선고 82도296 판결.

제3자의 이익을 도모할 목적으로 그들 명의의 주권의 기재사항에 변경을 가한 행위는 유가증권변조죄를 구성하지 아니 한다.[28] 타인에게 속한 자기명의의 유가증권에 무단히 변경을 가하였다 하더라도 그것이 문서손괴죄나 허위유가증권작성죄에 해당되는 경우가 있음은 별론으로 하고 유가증권변조죄를 구성하는 것은 아니다.[29]

2) 주관적 구성요건

본죄는 목적범이다. 고의 외에 행사의 목적을 요한다. 행사의 목적이란 진정한 유가증권으로서 사용하려는 목적을 말한다. 반드시 구체적으로 타인에 대하여 유가증권을 유통시킬 목적을 요하는 것은 아니다. 누군가에 의하여 진정한 유가증권으로 오신될 위험이 있다는 것을 인식하는 이상 행사의 목적은 긍정될 수 있다. 타인으로 하여금 행사하게 할 목적으로도 가능하다.

3) 예비 · 음모

본죄는 예비 · 음모를 처벌한다. 본죄를 범할 목적으로 예비 또는 음모함으로써 성립한다. 본죄의 예비 · 음모죄는 본죄를 범할 목적을 요하는 목적범이다.

4) 미수 · 기수

본죄는 미수범을 처벌한다. 위조 또는 변조의 결과 일반인으로 하여금 진정한 것으로서 오신할 정도의 외관 · 형식을 구비하면 기수에 달하게 된다.

5) 공 범

본죄의 공범에 관한 판례의 내용이다. 본죄의 허위작성행위 자체에는 직접 관여한 바 없다 하더라도 타인에게 그 작성을 부탁하여 의사연락이 되고 그 타인으로 하여금 범행을 하게 하였다면 공모공동정범에 의한 허위작성죄가 성립한다.[30] 본죄의 위조나 변조는 정을 모르는 제3자를 통하여 간접정범의 형태로도 범할 수 있다.[31]

공범을 긍정한 판례의 구체적 내용은 다음과 같다. 즉,

> 피고인 1이 소외 (갑)에게 이 사건 이른바 선선하증권의 발행을 부탁하고 동 소외인이 피고인 3에게 동 취지를 전달하여 피고인 3이 허위의 선하증권을 작성하였다는 것인 바비록 피고인 1이 문제의 허위작성행위 자체에는 직접 관여한바 없다 하더라도 그 작성을 부탁하여 의사연락이 되고 피고인 3으로 하여금 범행을 하게 한 것으로서 피고인 1의 행위는 공모 공동정범에 의한 허위작성죄가 성립한다 고 볼 것이다.[32] 신용카드를 제시받은 상 점점원이 그 카드의 금액란을 정정기재하였다 하더라도 그것이 카드소지인이 위 점원에게 자신이 위 금액을 정정기재 할 수 있는 권리가 있는 양 기망하여 이루어졌다면 이는 간접정범에 의한 유가증권변조로 봄이 상당하다.[33]

---

28) 대법원 1980.4.22. 선고 79도3034 판결.
29) 대법원 1978.11.14. 선고 78도1904 판결.
30) 대법원 1985.8.20. 선고 83도2575 판결.
31) 대법원 1984.11.27. 선고 84도1862 판결.
32) 대법원 1985.8.20. 선고 83도2575 판결; 대법원 1980.5.27. 선고 80도907 판결.
33) 대법원 1984.11.27. 선고 84도1862 판결.

(3) 죄 수

유가증권위조죄의 죄수는 원칙적으로 위조된 유가증권의 매수를 기준으로 정할 것이므로, 약속어음 2매의 위조행위는 포괄일죄가 아니라 경합범이다.[34]

인장이나 서명을 모용하여 유가증권을 위조한 경우 본죄 이외에 인장위조죄나 인장부정사용죄를 구성하는가가 문제된다. 유가증권의 위조행위는 당연히 타인의 인장이나 서명의 모용을 예상하고 있다고 해석되기 때문에 이러한 행위는 본죄에 흡수되어 별죄를 구성하지 않는다고 해석되어야 한다.

2. 유가증권의 권리 · 의무에 관한 기재의 위조 · 변조죄

본죄는 행사할 목적으로 유가증권의 권리의무에 관한 기재를 위조 또는 변조함으로써 성립한다. 행사할 목적으로 요하는 목적범이다.

본죄의 객체는 유가증권의 권리의무에 관한 기재이다. 사법상 유효한 것일 것을 요하지 않는다. 본죄의 실행행위는 위조 또는 변조이다. 위조(僞造)란 진정하게 성립된 유가증권에 작성권한이 없는 자가 타인의 명의를 모용하여 배서, 보증 등의 부수적 증권행위를 하는 것을 말한다.[35] 변조(變造)란 진정하게 성립된 타인 명의의 부수적 증권행위에 관한 유가증권의 기재내용에 작성권한이 없는 자가 변경을 가하는 것을 말한다.[36] 일반인이 진정한 유가증권으로서 오신할 정도의 외관 · 형식을 가질 것을 요한다. 본죄는 목적범이다. 고의 외에 행사의 목적을 요한다. 목적의 내용은 위의 유가증권 위조 · 변조죄에 있어서와 동일한 취지에서 내용이 진실한 유가증권으로서 사용할 목적을 말한다.

본죄는 예비 · 음모를 처벌한다. 본죄의 예비 · 음모죄는 본죄를 범할 목적으로 예비 또는 음모함으로써 성립한다. 본죄는 미수범을 처벌한다.

위조 · 변조를 긍정한 판례의 구체적 내용은 다음과 같다. 즉,

> 어음발행인이라 하더라도 어음상에 권리의무를 가진 자가 있는 경우에는 이러한 자의 동의를 받지 아니하고 어음의 기재 내용에 변경을 가하였다면 이는 유가증권의 권리의무에 관한 기재를 변조한 것에 해당한다 할 것이다.[37] 어음취득자로 하여금 후일 어음요건을 보충시키기 위하여 미완성으로 발행된 이른바, 백지어음에 대하여 취득자가 발행자와의 합의에 의하여 정해진 보충권의 한도를 넘어 보충을 한 경우에는 발행인의 서명날인 있는 기존의 약속어음 용지를 이용하여 새로운 약속어음을 발행하는 것에 해당하는 것이므로 위와 같은 보충권의 남용행위는 유가증권위조죄을 구성하는 것이다.[38]

위조 · 변조를 부정한 판례의 구체적 내용은 다음과 같다. 즉,

> 약속어음을 제3배서인으로부터 백지식배서의 방식에 의하여 교부양도 받아 백지를 보충하지

---

34) 대법원 1983.4.12. 선고 82도2938 판결.
35) 대법원 1989.12.8. 선고 88도753 판결.
36) 대법원 2003.1.10. 선고 2001도6553 판결; 대법원 1989.12.8. 선고 88도753 판결.
37) 대법원 2003.1.10. 선고 2001도6553 판결.
38) 대법원 1989.12.12. 선고 89도1264 판결; 대법원 1972.6.13. 선고 72도897 판결.

아니하고 배서도 하지 아니한 채 제3자에게 교부양도한 자가 만기에 어음금의 지급이 거절됨에 따라 양수인에게 소구의무를 이행하고 약속어음을 환수하여 약속어음의 정당한 소지인이 되었다면, 약속어음의 제3배서란과 제4배서란 사이에 보전지를 결합시키고 그 보전지의 배서란에 자신의 성명과 배서일자를 기재하고 날인하였다고 하더라도 이와 같은 행위는 타인의 명의를 모용하여 한 것이 아님은 물론 타인명의의 유가증권의 기재내용에 변경을 가한 것도 아니므로 형법 제214조 ·제2항 소정의 유가증권 위조, 변조죄에 해당하지 아니한다.[39)]

Ⅲ. 처 벌

본죄의 법정형은 10년 이하의 징역이다. 본죄를 범하여 징역에 처하는 경우에는 10년 이하의 자격정지 또는 2천만원 이하의 벌금을 병과할 수 있다. 본죄의 미수범은 처벌된다. 본죄의 예비·음모죄의 법정형은 2년 이하의 징역이다.

§3. 자격모용에 의한 유가증권의 작성죄

제215조(자격모용에 의한 유가증권의 작성) 행사할 목적으로 타인의 자격을 모용하여 유가증권을 작성하거나 유가증권의 권리 또는 의무에 관한 사항을 기재한 자는 10년 이하의 징역에 처한다.

제223조(미수범) 제214조 내지 제219조와 전조의 미수범은 처벌한다.

제220조(자격정지 또는 벌금의 병과) 제214조 내지 제219조의 죄를 범하여 징역에 처하는 경우에는 10년 이하의 자격정지 또는 2천만원 이하의 벌금을 병과할 수 있다.

제224조(예비, 음모) ∼, 제215조와 ∼ 의 죄를 범할 목적으로 예비 또는 음모한 자는 2년 이하의 징역에 처한다.

관련조문
제5조(외국인의 국외범) 본법은 대한민국영역외에서 다음에 기재한 죄를 범한 외국인에게 적용한다.
5. 유가증권, 우표와 인지에 관한 죄

Ⅰ. 서 설

본죄는 행사할 목적으로 타인의 자격을 모용하여 유가증권을 작성하거나 유가증권의 권리 또는 의무에 관한 사항을 기재함으로써 성립한다. 행사할 목적을 요하는 목적범이다. 본죄는 자격모용 유가증권 작성죄와 자격모용 유가증권의 권리·의무 사항 기재죄로 나누어질 수 있다.

Ⅱ. 범 죄

1. 자격모용 유가증권 작성죄

본죄는 행사할 목적으로 타인의 자격을 모용하여 유가증권을 작성함으로써 성립한다. 본죄의 객체는 유가증권이다. 본죄의 실행행위는 작성이다. 행사할 목적으로 타인의 자

39) 대법원 1989.12.8. 선고 88도753 판결.

격을 모용하여 유가증권을 작성하는 것이다. 작성(作成)이란 발행을 의미한다. 타인의 자격을 모용한다라 함은 대리권 또는 대표권이 없는 자가 타인의 대리인 또는 대표자인 것처럼 자격을 사칭하는 것을 말한다. 대리권 또는 대표권이 없는 자란 처음부터 자격이 없는 자는 물론 자격이 상실된 자 및 자격의 범위를 넘는 자도 포함한다. 본죄는 목적범이다. 고의 외에 행사할 목적을 요한다.

본죄는 예비·음모를 처벌한다. 본죄의 예비·음모죄는 본죄를 범할 목적으로 예비 또는 음모함으로써 성립한다. 본죄는 미수범을 처벌한다.

작성을 긍정한 판례의 구체적 내용은 다음과 같다. 즉,

> 주식회사 대표이사로 재직하던 피고인이 대표이사가 타인으로 변경되었음에도 불구하고 이전부터 사용하여 오던 피고인 명의로 된 위 회사 대표이사의 명판을 이용하여 여전히 피고인을 위 회사의 대표이사로 표시하여 약속어음을 발행, 행사하였다면, 설사 약속어음을 작성, 행사함에 있어 후임 대표이사의 승낙을 얻었다거나 위 회사의 실질적인 대표이사로서의 권한을 행사하는 피고인이 은행과의 당좌계약을 변경하는 데에 시일이 걸려 잠정적으로 전임 대표이사인 그의 명판을 사용한 것이라 하더라도 이는 합법적인 대표이사로서의 권한 행사라 할 수 없어 자격모용유가증권 작성 및 동행사죄에 해당한다.[40] 대표이사 직무집행정지가처분결정은 대표이사의 직무집행만을 정지시킬 뿐 대표이사의 자격까지 박탈하는 것은 아니나 가처분결정이 송달되어 일절의 직무집행이 정지됨으로써 직무집행의 권한이 없게 된 대표이사가 그 권한밖의 일인 대표이사 명의의 유가증권을 작성 행사하는 행위가 회사업무의 중단을 막기 위한 긴급한 인수인계 행위라 하더라도 합법적인 권한행사라 할 수 없으므로 이는 자격모용유가증권작성 및 동 행사죄에 해당한다.[41]

작성을 부정한 판례의 구체적 내용은 다음과 같다. 즉,

> 약속어음을 발행함에 있어 발행인의 주소란에 "안동택시" 발행인란에 "피고인"이라고 기재하고 피고인이라는 이름 밑에 "주식회사 안동택시 대표이사 피고인"이라는 인장을 압날하여 동 어음을 타인에게 교부하였다면 이 사실만으로 안동택시의 대표이사의 자격을 모용하여 유가증권인 약속어음을 작성 행사하였다고 할 수 없다.[42]

2. 자격모용 유가증권의 권리·의무 사항 기재죄

본죄는 행사할 목적으로 타인의 자격을 모용하여 유가증권의 권리 또는 의무에 관한 사항을 기재함으로써 성립한다.

본죄의 객체는 유가증권이다. 본죄의 실행행위는 기재이다. 행사할 목적으로 타인의 자격을 모용하여 유가증권의 권리 또는 의무에 관한 사항을 기재하는 것이다. 기재(記載)란 배서나 인수 등과 같이 부수적 증권행위를 하는 것을 의미한다. 본죄는 목적범이다. 고의 외에 행사할 목적을 요한다.

본죄는 예비·음모를 처벌한다. 본죄의 예비·음모죄는 본죄를 범할 목적으로 예비 또

---

40) 대법원 1991.2.26. 선고 90도577 판결.
41) 대법원 1987.8.18. 선고 87도145 판결.
42) 대법원 1974.11.26. 선고 74도1708 판결.

는 음모함으로써 성립한다. 본죄는 미수범을 처벌한다.

Ⅲ. 처 벌

본죄의 법정형은 10년 이하의 징역이다. 본죄를 범하여 징역에 처하는 경우에는 10년 이하의 자격정지 또는 2천만원 이하의 벌금을 병과할 수 있다. 본죄의 미수범은 처벌된다. 본죄의 예비 · 음모죄의 법정형은 2년 이하의 징역이다.

§4. 허위 유가증권의 작성 등 죄

제216조(허위유가증권의 작성 등) 행사할 목적으로 허위의 유가증권을 작성하거나 유가증권에 허위사항을 기재한 자는 7년 이하의 징역 또는 3천만원 이하의 벌금에 처한다.

제223조(미수범) 제214조 내지 제219조와 전조의 미수범은 처벌한다.

제220조(자격정지 또는 벌금의 병과) 제214조 내지 제219조의 죄를 범하여 징역에 처하는 경우에는 10년 이하의 자격정지 또는 2천만원 이하의 벌금을 병과할 수 있다.

관련조문
제5조(외국인의 국외범) 본법은 대한민국영역외에서 다음에 기재한 죄를 범한 외국인에게 적용한다.
5. 유가증권, 우표와 인지에 관한 죄

Ⅰ. 서 설

본죄는 행사할 목적으로 허위의 유가증권을 작성하거나 유가증권에 허위사항을 기재함으로써 성립한다. 행사할 목적을 요하는 목적범이다. 본죄는 허위 유가증권 작성죄와 유가증권 허위사항 기재죄로 나누어질 수 있다.

Ⅱ. 범 죄

1. 허위 유가증권 작성죄

(1) 의 의

본죄는 행사할 목적으로 허위의 유가증권을 작성함으로써 성립한다. 작성권한 있는 자가 자기 명의로 기본적 증권행위를 함에 있어서 유가증권의 효력에 영향을 미칠 기재사항에 관하여 진실에 반하는 내용을 기재하는 경우에 성립한다.[43)]

(2) 구성요건

1) 객관적 구성요건

① 객 체

본죄의 객체는 유가증권이다. 유가증권이라 함은 허위작성된 유가증권의 원본을 말하는

---

43) 대법원 2005.10.27. 선고 2005도4528 판결.

것이지 전자복사기 등을 사용하여 기계적으로 복사한 사본은 이에 해당하지 않는다.[44)]

유가증권을 부정한 판례의 구체적 내용은 다음과 같다. 즉,

선하증권 12장의 팩스(모사전송기) 사본은 허위작성유가증권행사죄에 있어서의 유가증권에 해당하지 않는다.[45)] 정기예탁금증서는 예탁금반환채권의 유통이나 행사를 목적으로 작성된 것이 아니고 채무자가 그 증서 소지인에게 변제하여 책임을 면할 목적으로 발행된 이른바 면책증권에 불과하여 위 증서의 점유가 예탁금반환채권을 행사함에 있어 그 조건이 된다고 볼 수 없는 것이라면 위 증권상에 표시된 권리가 그 증권에 화체되었다고 볼 수 없을 것이므로 위 증서는 형법 제216조, 제217조에서 규정된 유가증권에 해당하지 아니한다.[46)]

② 행 위

본죄의 실행행위는 작성이다. 허위의 유가증권을 작성하는 것이다. 허위의 유가증권을 작성한다는 것은 작성할 권한이 있는 자가 진실한 사실에 반하는 내용을 유가증권에 기재하는 것을 말한다. 작성권한이 있는 자의 행위라는 점에서 그것이 없는 자의 행위인 위조나 변조와 구별된다.

허위작성을 긍정한 판례의 구체적 내용은 다음과 같다. 즉,

선하증권 기재의 화물을 인수하거나 확인하지도 아니하고 또한 선적할 선편조차 예약하거나 확보하지도 않은 상태에서 수출면장만을 확인한 채 실제로 선적한 일이 없는 화물을 선적하였다는 내용의 선하증권을 발행, 교부하였다면 피고인들은 위 선하증권을 작성하면서 진실에 반하는 허위의 기재를 하였음이 명백할 뿐만 아니라 위 선하증권이 허위라는 사실을 인식하였다고 볼 것이고, 피고인들이 진실에 반하는 선하증권을 작성하면서 곧 위 물품이 선적될 것이라고 예상하였다고 하여 위 각 선하증권의 허위성의 인식이 없었다고 할 수 없으며, 화물이 선적되기도 전에 이른바 선선하증권을 발행하는 것이 해운업계의 관례라고 하더라도 이를 가리켜 정상적인 행위라거나 그 목적과 수단의 관계에서 보아 사회적 상당성이 있다고 할 수는 없으므로 피고인들이 위 행위가 죄가 되지 아니한다고 그릇 인식하였다고 하더라도 거기에 정당한 이유가 있는 경우라고 할 수 없으므로 허위유가증권작성죄의 죄책을 면할 수 없다.[47)] 화물이 선적되기도 전에 이른바 선선하증권을 발행하는 것이 해운업계의 관례라 하더라도 이를 가리켜 정상적인 행위라거나 그 목적과 수단의 관계에서 보아 사회적 상당성이 있다고 할 수는 없다 할 것이므로 위 피고인들의 이른바 선선하증권 발행행위가 허위유가증권작성죄에 해당한다.[48)]

허위작성을 부정한 판례의 구체적 내용은 다음과 같다. 즉,

자기앞수표의 발행인이 수표의뢰인으로부터 수표자금을 입금받지 아니한 채 자기앞수표를 발행하더라도 그 수표의 효력에는 아무런 영향이 없으므로 허위유가증권작성죄가 성립하지 아니한다.[49)] 은행을 통하여 지급이 이루어지는 약속어음의 발행인이 그 발행을 위하여 은행에 신고된

---

44) 대법원 2007.2.8. 선고 2006도8480 판결; 대법원 1998.2.13. 선고 97도2922 판결.
45) 대법원 2007.2.8. 선고 2006도8480 판결.
46) 대법원 1984.11.27. 선고 84도2147 판결.
47) 대법원 1995.9.29. 선고 95도803 판결.
48) 대법원 1985.8.20. 선고 83도2575 판결.
49) 대법원 2005.10.27. 선고 2005도4528 판결.

것이 아닌 발행인의 다른 인장을 날인하였다 하더라도 그것이 발행인의 인장인 이상 그 어음의 효력에는 아무런 영향이 없으므로 허위유가증권작성죄가 성립하지 아니한다.[50] 배서인의 주소기재는 배서의 요건이 아니므로 약속어음 배서인의 주소를 허위로 기재하였다고 하더라도 그것이 배서인의 인적 동일성을 해하여 배서인이 누구인지를 알 수 없는 경우가 아닌 한 약속어음상의 권리관계에 아무런 영향을 미치지 않는다 할 것이고, 따라서 약속어음상의 권리에 아무런 영향을 미치지 않는 사항은 그것을 허위로 기재하더라도 형법 제216조 소정의 허위유가증권작성죄에 해당되지 않는다.[51] 피고인이 1974.8.31까지 회사 대표이사로 있었다면 그 후인 1975.3경에 대표이사 아닌 피고인이 회사주권을 작성교부한 행위는 허위유가증권작성이나 업무상 배임죄를 구성할 수 없다.[52]

2) 주관적 구성요건

본죄는 목적범이다. 고의 외에 행사할 목적을 요한다. 행사할 목적이란 허위의 유가증권을 진정한 유가증권으로서 행사하려는 목적을 말한다. 현실적으로 행사하였는가의 여부는 묻지 않는다.

3) 미수 · 기수

본죄의 미수범은 처벌된다. 본죄는 행사할 목적으로 허위의 유가증권을 작성한 때에 기수에 이른다.

4) 공 범

본죄의 공범에 관한 판례의 내용이다. 행사할 의사가 분명한 자에게 교부하여 그가 이를 행사한 때에는 허위작성유가증권행사죄의 공동정범이 성립된다.[53] 유가증권의 허위작성행위 자체에는 직접관여한 바 없다 하더라도 타인에게 그 작성을 부탁하여 의사연락이 되고 그 타인으로 하여금 범행을 하게 하였다면 공모공동정범에 의한 허위작성죄가 성립한다.[54]

(3) 죄 수

본죄의 죄수에 관한 판례의 내용이다. 허위의 선하증권을 발행하여 타인에게 교부하여 줌으로써 그 타인으로 하여금 이를 행사하여 그 선하증권상의 물품대금을 지급받게 한 소위는 허위 유가증권행사죄와 사기죄의 공동정범을 인정하기에 충분하다.[55]

2. 유가증권 허위사항 기재죄

본죄는 행사할 목적으로 유가증권에 허위사항을 기재함으로써 성립한다.

본죄의 객체는 허위사항이다. 허위사항(虛僞事項)이란 진실에 반하는 사항을 말한다. 본죄의 실행행위는 기재이다. 유가증권에 허위사항을 기재하는 것이다. 허위사항을 기재한다

---

50) 대법원 2000.5.30. 선고 2000도883 판결.
51) 대법원 1986.6.24. 선고 84도547 판결; 대법원 1960.2.24 선고 4292형상865 판결.
52) 대법원 1982.6.22. 선고 81도1935 판결.
53) 대법원 1995.9.29. 선고 95도803 판결.
54) 대법원 1985.8.20. 선고 83도2575 판결; 대법원 1980.5.27. 선고 80도907 판결.
55) 대법원 1985.8.20. 선고 83도2575 판결; 대법원 1983.2.8. 선고 81도2344 판결.

는 것은 기재의 권한을 가지는 자가 기존의 유가증권에 배서나 보증 등과 같은 부수적 증권행위에 허위사항을 기재하는 것을 말한다.

본죄는 목적범이다. 고의 외에 행사할 목적을 요한다. 행사할 목적이란 허위사항이 기재된 유가증권을 내용이 진실한 유가증권으로서 행사하려는 목적을 말한다. 본죄의 미수범은 처벌된다.

허위의 기재를 부정한 판례의 구체적 내용은 다음과 같다. 즉,

> 배서인의 주소기재는 배서의 요건이 아니므로 약속어음 배서인의 주소를 허위로 기재하였다고 하더라도 그것이 배서인의 인적 동일성을 해하여 배서인이 누구인지를 알 수 없는 경우가 아닌 한 약속어음상의 권리관계에 아무런 영향을 미치지 않는다 할 것이고, 따라서 약속어음상의 권리에 아무런 영향을 미치지 않는 사항은 그것을 허위로 기재하더라도 형법 제216조 소정의 허위유가증권작성죄에 해당되지 않는다.[56)]

Ⅲ. 처 벌

본죄의 법정형은 7년 이하의 징역 또는 3천만원 이하의 벌금이다. 본죄를 범하여 징역에 처하는 경우에는 10년 이하의 자격정지 또는 2천만원 이하의 벌금을 병과할 수 있다. 본죄의 미수범은 처벌된다.

§5. 위조 유가증권 등의 행사 등 죄

제217조(위조유가증권 등의 행사 등) 위조, 변조, 작성 또는 허위기재한 전3조 기재의 유가증권을 행사하거나 행사할 목적으로 수입 또는 수출한 자는 10년 이하의 징역에 처한다.

제223조(미수범) 제214조 내지 제219조와 전조의 미수범은 처벌한다.

제220조(자격정지 또는 벌금의 병과) 제214조 내지 제219조의 죄를 범하여 징역에 처하는 경우에는 10년 이하의 자격정지 또는 2천만원 이하의 벌금을 병과할 수 있다.

관련조문

제5조(외국인의 국외범) 본법은 대한민국영역외에서 다음에 기재한 죄를 범한 외국인에게 적용한다.
5. 유가증권, 우표와 인지에 관한 죄

Ⅰ. 서 설

본죄는 위조·변조된 유가증권, 권리의무에 관한 기재가 위조·변조된 유가증권, 타인의 자격을 모용하여 작성된 유가증권, 타인의 자격을 모용하여 권리 또는 의무에 관한 사항을 기재한 유가증권, 허위로 작성된 유가증권 및 허위사항을 기재한 유가증권을 행사하거나 행사할 목적으로 수입 또는 수출함으로써 성립한다. 수입·수출죄는 행사죄와는 달리 목적범에 속한다.

---

56) 대법원 1986.6.24. 선고 84도547 판결; 대법원 1960.2.24 선고 4292형상865 판결.

Ⅱ. 범 죄

1. 위조 등 유가증권 행사죄

(1) 의 의

본죄는 위조 · 변조된 유가증권, 권리의무에 관한 기재가 위조 · 변조된 유가증권, 타인의 자격을 모용하여 작성된 유가증권, 타인의 자격을 모용하여 권리 또는 의무에 관한 사항을 기재한 유가증권, 허위로 작성된 유가증권 및 허위사항을 기재한 유가증권을 행사함으로써 성립한다.

(2) 구성요건

1) 객관적 구성요건

① 객 체

본죄의 객체는 위조 · 변조된 유가증권, 권리의무에 관한 기재가 위조 · 변조된 유가증권, 타인의 자격을 모용하여 작성된 유가증권, 타인의 자격을 모용하여 권리 또는 의무에 관한 사항을 기재한 유가증권, 허위로 작성된 유가증권 및 허위사항을 기재한 유가증권이다. 유가증권이라 함은 위조된 유가증권의 원본을 말하는 것이지 전자복사기 등을 사용하여 기계적으로 복사한 사본은 이에 해당하지 않는다.[57)]

유가증권을 부정한 판례의 구체적 내용은 다음과 같다. 즉,

> 피고인이 위조한 선하증권은 "COPY NON NEGOTIABLE"이라고 찍힌 선하증권의 사본임을 알 수 있어 유가증권위조죄에서의 유가증권에 해당하는 것으로 볼 수 없음에도, 이와 달리 판단한 원심판결에 법리오해의 위법이 있다.[58)]

② 행 위

본죄의 실행행위는 행사이다. 행사(行使)란 위조 · 변조된 유가증권, 타인의 자격을 모용하여 작성된 유가증권 또는 허위로 작성된 유가증권을 진정한 유가증권으로서 또는 권리의무에 관한 기재가 위조 · 변조된 유가증권, 타인의 자격을 모용하여 권리 또는 의무에 관한 사항을 기재한 유가증권 또는 허위사항을 기재한 유가증권을 내용이 진실한 유가증권으로서 위장하여 사용하는 것을 말한다. 따라서 위조, 변조, 작성 또는 허위기재의 사정을 모르는 자에 대하여 사용하는 것이 그 전제로 된다. 다만 전술한 위조 · 변조 통화 행사죄에 있어서처럼 유통에 놓을 필요는 없다.

본죄의 처벌목적은 유가증권의 유통질서를 보호하는 데 있는 만큼 단순히 문서의 신용성을 보호하고자 하는 위조 공 · 사문서행사죄의 경우와는 달리 교부자가 진정 또는 진실한 유가증권인 것처럼 위조유가증권을 행사하였을 때뿐만 아니라 위조유가증권임을 알고 있는 자에게 교부하였더라도 피교부자가 이를 유통시킬 것임을 인식하고 교부하였다면, 그 교부

---

57) 대법원 2010.5.13. 선고 2008도10678 판결; 대법원 2007.2.8. 선고 2006도8480 판결; 대법원 1998.2.13. 선고 97도2922 판결.

58) 대법원 2010.5.13. 선고 2008도10678 판결.

행위 그 자체가 유가증권의 유통질서를 해할 우려가 있어 처벌의 이유와 필요성이 충분히 있으므로 위조유가증권행사죄가 성립한다고 보아야 할 것이다.[59] 그러나 위조유가증권의 교부자와 피교부자가 서로 유가증권위조를 공모하였거나 위조유가증권을 타에 행사하여 그 이익을 나누어 가질 것을 공모한 공범의 관계에 있다면, 그들 사이의 위조유가증권 교부행위는 그들 이외의 자에게 행사함으로써 범죄를 실현하기 위한 전단계의 행위에 불과한 것으로서 위조유가증권은 아직 범인들의 수중에 있다고 볼 것이지 행사되었다고 볼 수는 없다.[60]

행사를 부정한 판례의 구체적 내용은 다음과 같다. 즉,

> 피고인과 갑은 갑이 피고인으로부터 1,500만 원을 차용하는 것처럼 가장하기로 공모한 다음, 피고인이 위조된 100만 원권 자기앞수표 14장 외에 10만 원권 수표 10장이 들어 있는 봉투를 을을 통해 공범 갑과 그 위조사실을 모르는 병이 함께 있는 자리에서 갑에게 교부하자, 갑은 그 자리에서 자신의 연인 병을 보증인으로 하는 차용증을 작성하여 을에게 주었는데, 이때 갑은 봉투에서 10만 원권 수표 10장을 꺼내어 병에게 보여 주었으나 위조된 100만 원권 자기앞수표는 봉투에서 꺼내거나 병에게 보여 주지도 않은 사안에서, 을이나 갑이 위조된 자기앞수표를 병에게 제시하는 등으로 이를 인식하게 하였다고 할 수 없어 이들이 위 봉투를 병의 면전에서 주고받은 행위를 위조된 자기앞수표를 행사한 경우에 해당한다고 볼 수 없고, 따라서 을이나 갑에게 위 수표를 교부한 것이 이를 행사한 경우에 해당한다고 볼 수도 없음에도, 피고인에 대한 위 위조유가증권행사의 공소사실을 유죄로 인정한 원심판결에 법리오해의 위법이 있다.[61]

2) 주관적 구성요건

본죄의 고의범이다. 다만 본죄는 목적범에 해당하지 않기 때문에 행사할 목적을 요하지 않는다. 허위작성된 유가증권을 피교부자가 그것을 유통하게 한다는 사실을 인식하고 교부한 때에는 허위작성유가증권행사죄에 해당한다.[62]

3) 미수 · 기수

본죄는 미수범을 처벌한다. 본죄는 행사를 하면 기수에 이른다. 행사에 의하여 유가증권에 대한 공공의 신용에 침해되고 거래의 안전이 위협된다고 해석되기 때문이다.

4) 공 범

본죄의 공범에 관한 판례의 입장이다. 허위작성된 유가증권을 피교부자가 그것을 유통하게 한다는 사실을 인식하고 교부한 때에는 허위작성유가증권행사죄에 해당하고, 행사할 의사가 분명한 자에게 교부하여 그가 이를 행사한 때에는 허위작성유가증권행사죄의 공동정범이 성립된다.[63]

---

59) 대법원 2010.12.9. 선고 2010도12553 판결; 대법원 2007.1.11. 선고 2006도7120 판결; 대법원 1983.6.14. 선고 81도2492 판결; 대법원 1966.9.27 선고 66도1011 판결.

60) 대법원 2010.12.9. 선고 2010도12553 판결; 대법원 2007.1.11. 선고 2006도7120 판결; 대법원 2003.6.27. 선고 2003도2372 판결.

61) 대법원 2010.12.9. 선고 2010도12553 판결.

62) 대법원 1995.9.29. 선고 95도803 판결.

(3) 죄 수

본죄의 죄수에 관한 판례의 입장이다. 정당하게 보충된 약속어음인 것처럼 상대방에게 제시하여 할인명목의 돈을 교부케 한 행위는 위조유가증권행사죄 및 사기죄를 구성하는 것이다.[64] 위조된 약속어음을 진정한 약속어음인 것처럼 속여 기왕의 물품대금채무의 변제를 위하여 채권자에게 교부하였다고 하여도 어음이 결제되지 않는 한 물품대금채무가 소멸되지 아니하므로 사기죄는 성립되지 않는다.[65]

2. 위조 등 유가증권 수입 · 수출죄

본죄는 위조 · 변조된 유가증권, 권리의무에 관한 기재가 위조 · 변조된 유가증권, 타인의 자격을 모용하여 작성된 유가증권, 타인의 자격을 모용하여 권리 또는 의무에 관한 사항을 기재한 유가증권, 허위로 작성된 유가증권 및 허위사항을 기재한 유가증권을 행사할 목적으로 수입 또는 수출함으로써 성립한다.

본죄의 객체는 위조 · 변조된 유가증권, 권리의무에 관한 기재가 위조 · 변조된 유가증권, 타인의 자격을 모용하여 작성된 유가증권, 타인의 자격을 모용하여 권리 또는 의무에 관한 사항을 기재한 유가증권, 허위로 작성된 유가증권 및 허위사항을 기재한 유가증권이다. 본죄의 실행행위는 행사할 목적으로 수입 또는 수출하는 것이다. 수입 또는 수출이란 각각 국외로부터 국내에로의 반입 또는 국내로부터 국외에로의 반출을 의미한다.

본죄는 목적범이다. 고의 외에 행사할 목적을 요한다. 행사할 목적이란 본죄의 객체에 해당하는 유가증권을 진정한 유가증권 또는 내용이 진실한 유가증권으로서 행사하려는 목적을 말한다. 현실적으로 행사하였는가의 여부는 묻지 않는다.

본죄는 미수범을 처벌한다. 수입죄는 공로(空路)이든 해로(海路)이든 하역시에 기수에 이른다고 해석되는 것이 타당하다. 하역(下役)에 의하여 유가증권에 대한 공공의 신용과 거래의 안전이 침해될 위험성이 발생한다고 해석되어야 하기 때문이다.

Ⅲ. 처 벌

본죄의 법정형은 10년 이하의 징역이다. 본죄의 미수범은 처벌된다. 본죄를 범하여 징역에 처하는 경우에는 10년 이하의 자격정지 또는 2천만원 이하의 벌금을 병과할 수 있다.

§6. 인지 · 우표의 위조 등 죄

제218조(인지 · 우표의 위조등) ① 행사할 목적으로 대한민국 또는 외국의 인지, 우표 기타 우편요금을 표시하는 증표를 위조 또는 변조한 자는 10년 이하의 징역에 처한다.
② 위조 또는 변조된 대한민국 또는 외국의 인지, 우표 기타 우편요금을 표시하는 증표를 행사하거나

63) 대법원 1995.9.29. 선고 95도803 판결.
64) 대법원 1989.12.12. 선고 89도1264 판결.
65) 대법원 1983.4.12. 선고 82도2938 판결.

행사할 목적으로 수입 또는 수출한 자도 제1항의 형과 같다.

제223조(미수범) 제214조 내지 제219조와 전조의 미수범은 처벌한다.

제220조(자격정지 또는 벌금의 병과) 제214조 내지 제219조의 죄를 범하여 징역에 처하는 경우에는 10년 이하의 자격정지 또는 2천만원 이하의 벌금을 병과할 수 있다.

제224조(예비, 음모) ~ 제218조제1항의 죄를 범할 목적으로 예비 또는 음모한 자는 2년 이하의 징역에 처한다.

관련조문

제5조(외국인의 국외범) 본법은 대한민국영역외에서 다음에 기재한 죄를 범한 외국인에게 적용한다.
5. 유가증권, 우표와 인지에 관한 죄

Ⅰ. 서 설

본죄는 행사할 목적으로 대한민국 또는 외국의 인지, 우표 기타 우편요금을 표시하는 증표를 위조 또는 변조하거나(제218조 제1항), 위조 또는 변조된 대한민국 또는 외국의 인지, 우표 기타 우편요금을 표시하는 증표를 행사하거나 행사할 목적으로 수입 또는 수출함으로써 성립한다(제218조 제2항).

본죄는 인지・우표 등 위조・변조죄, 위조・변조된 인지・우표 등 행사죄 및 위조・변조된 인지・우표 등 수입・수출죄로 나누어질 수 있다. 위조・변조된 인지・우표 등 행사죄를 제외한 나머지 두 죄는 행사할 목적을 요하는 목적범이다.

Ⅱ. 범 죄

1. 인지・우표 등 위조・변조죄

본죄는 행사할 목적으로 대한민국 또는 외국의 인지, 우표 기타 우편요금을 표시하는 증표를 위조 또는 변조함으로써 성립한다(제218조 제1항). 행사할 목적을 요하는 목적범이다.

본죄의 객체는 대한민국 또는 외국의 인지, 우표 기타 우편요금을 표시하는 증표이다. 인지(印紙)란 민사소송 등 인지법, 수입인지법 또는 인지세법 등 인지에 관하여 규정한 법률에서 정한 바에 따라 일정한 수수료 또는 인지세를 납무하는 방식으로 첨부・사용하게 하기 위하여 정부 기타의 발행권자가 일정한 금액을 권면에 표시하여 발행한 증표를 말한다. 우표(郵票)란 우편요금의 선납과 우표수집 취미의 문화를 확산시키기 위하여 발행하는 증표를 말한다(우편법 제1조의2 제5호). 우편요금을 표시하는 증표란 우편엽서, 항공서신, 우편요금 표시 인영(印影)이 인쇄된 봉투(연하장이나 인사장이 딸린 것을 포함한다)를 말한다(우편법 제1조의2 제6호). 본죄의 실행행위는 위조 또는 변조이다. 위조 또는 변조는 전술한 유가증권 위조・변조죄에 있어서의 그것과 같다. 본죄는 목적범이다. 고의 외에 행사할 목적을 요한다.

본죄의 예비・음모는 처벌된다. 본죄를 범할 목적으로 예비 또는 음모함으로써 성립한다. 본죄의 미수범은 처벌된다.

2. 위조 · 변조된 인지 · 우표 등 행사죄

본죄는 위조 또는 변조된 대한민국 또는 외국의 인지, 우표 기타 우편요금을 표시하는 증표를 행사함으로써 성립한다(제218조 제2항). 본죄는 목적범이 아니다.

본죄의 객체는 위조 또는 변조된 대한민국 또는 외국의 인지, 우표 기타 우편요금을 표시하는 증표이다. 본죄의 실행행위는 행사이다. 행사(行使)라 함은 위조된 대한민국 또는 외국의 우표를 진정한 우표로서 사용하는 것으로 반드시 우편요금의 납부용으로 사용하는 것에 한정되지 않고 우표수집의 대상으로서 매매하는 경우도 이에 해당된다.[66] 본죄는 미수범을 처벌한다. 본죄의 예비 · 음모는 처벌되지 아니한다.

3. 위조 · 변조된 인지 · 우표 등 수입 · 수출죄

본죄는 위조 또는 변조된 대한민국 또는 외국의 인지, 우표 기타 우편요금을 표시하는 증표를 행사할 목적으로 수입 또는 수출함으로써 성립한다(제218조 제2항). 행사할 목적을 요하는 목적범이다.

본죄의 객체는 위조 또는 변조된 대한민국 또는 외국의 인지, 우표 기타 우편요금을 표시하는 증표이다. 본죄의 실행행위는 수입 또는 수출이다. 수입 또는 수출이란 전술한 바와 같이 각각 국외로부터 국내에로의 반입 또는 국내로부터 국외에로의 반출을 의미한다. 본죄는 미수범을 처벌한다. 본죄의 예비 · 음모는 처벌되지 아니한다.

Ⅲ. 처 벌

본죄의 법정형은 그 유형과 상관없이 모두 10년 이하의 징역으로서 동일하다. 본죄를 범하여 징역에 처하는 경우에는 10년 이하의 자격정지 또는 2천만원 이하의 벌금을 병과할 수 있다. 본죄의 미수범은 처벌된다. 본죄 중 인지 · 우표 등 위조 · 변조죄의 예비 · 음모죄는 처벌되고, 그 법정형은 2년 이하의 징역이다.

§7. 위조 인지 · 우표 등의 취득죄

제219조(위조인지 · 우표등의 취득) 행사할 목적으로 위조 또는 변조한 대한민국 또는 외국의 인지, 우표 기타 우편요금을 표시하는 증표를 취득한 자는 3년 이하의 징역 또는 1천만원 이하의 벌금에 처한다.

제223조(미수범) ~ 제219조 ~의 미수범은 처벌한다.

제220조(자격정지 또는 벌금의 병과) ~ 제219조의 죄를 범하여 징역에 처하는 경우에는 10년 이하의 자격정지 또는 2천만원 이하의 벌금을 병과할 수 있다.

관련조문

제5조(외국인의 국외범) 본법은 대한민국영역외에서 다음에 기재한 죄를 범한 외국인에게 적용한다.
5. 유가증권, 우표와 인지에 관한 죄

66) 대법원 1989.4.11. 선고 88도1105 판결.

Ⅰ. 서 설

본죄는 행사할 목적으로 위조 또는 변조한 대한민국 또는 외국의 인지, 우표 기타 우편요금을 표시하는 증표를 취득함으로써 성립한다. 행사할 목적을 요하는 목적범이다.

Ⅱ. 범 죄

본죄의 객체는 위조 또는 변조한 대한민국 또는 외국의 인지, 우표 기타 우편요금을 표시하는 증표이다. 본죄의 실행행위는 취득이다. 취득(取得)이란 전술한 위조통화취득죄에 있어서와 같이 자기의 소지로 이전하는 일체의 행위를 말한다. 취득은 방법의 여하, 유・무상의 여부를 묻지 않는다.

본죄는 목적범이다. 고의 외에 행사할 목적을 요한다. 행사(行使)라 함은 위조된 대한민국 또는 외국의 우표를 진정한 우표로서 사용하는 것으로 반드시 우편요금의 납부용으로 사용하는 것에 한정되지 않고 우표수집의 대상으로서 매매하는 경우도 이에 해당된다.[67] 위조된 우표를 그 정을 알고 있는 자에게 교부하더라도 그 자가 이를 진정하게 발행된 우표로서 사용할 것이라는 정을 인식하면서 교부한다면 위조우표행사죄의 '행사할 목적'에 해당된다.[68] 본죄의 미수범은 처벌된다.

행사할 목적을 긍정한 판례의 구체적 내용은 다음과 같다. 즉,

> 피고인들은 각 우표상인들로서 피고인 1이 원심공동피고인 으로부터 이 사건 위조우표를 매수하여 피고인 2, 피고인 3의 순으로 각 그 중 일부씩을 전매함에 있어서 이 사건 우표가 위조우표라는 정을 알면서 액면가의 10 내지 20배의 가격으로 서로 사고 팔았지만, 이 사건 위조우표의 정도가 일반인이 육안으로 진품과 구별하기 어려울 정도로 인쇄되어 있어서 피고인들로부터 전매한 사람이 다른 사람에게 진정한 우표로 팔 수도 있다는 점을 인식하면서 각 피교부자들에게 위 우표를 판매하였던 사실을 인정할 수 있는 바, 그렇다면 피고인들의 이 사건 각 행위는 각 행사할 목적으로 위 위조우표를 취득하고, 이를 행사한 것으로 볼 것이므로, 원심이 위와 같은 내용으로 판단한 것은 정당한 것으로 수긍되고 원심판결에 위조우표취득죄나 위조우표행사죄에 관한 법리를 오해한위법이 있다고 할 수 없다.[69]

Ⅲ. 처 벌

본죄의 법정형은 3년 이하의 징역 또는 1천만원 이하의 벌금이다. 본죄를 범하여 징역에 처하는 경우에는 10년 이하의 자격정지 또는 2천만원 이하의 벌금을 병과할 수 있다. 본죄의 미수범은 처벌된다.

---

67) 대법원 1989.4.11. 선고 88도1105 판결.
68) 대법원 1989.4.11. 선고 88도1105 판결.
69) 대법원 1989.4.11. 선고 88도1105 판결.

§8. 소인말소죄

제221조(소인말소) 행사할 목적으로 대한민국 또는 외국의 인지, 우표 기타 우편요금을 표시하는 증표의 소인 기타 사용의 표지를 말소한 자는 1년 이하의 징역 또는 300만원 이하의 벌금에 처한다.

관련조문
제5조(외국인의 국외범) 본법은 대한민국영역외에서 다음에 기재한 죄를 범한 외국인에게 적용한다.
5. 유가증권, 우표와 인지에 관한 죄

Ⅰ. 서 설

본죄는 행사할 목적으로 대한민국 또는 외국의 인지, 우표 기타 우편요금을 표시하는 증표의 소인 기타 사용의 표지를 말소함으로써 성립한다. 재사용을 방지하기 위한 규정이다. 행사할 목적을 요하는 목적범이다.

Ⅱ. 범 죄

본죄의 객체는 대한민국 또는 외국의 인지, 우표 기타 우편요금을 표시하는 증표의 소인 기타 사용의 표지이다. 소인(消印)이란 지우는 표시로 찍는 인장을 말한다. 본죄의 실행행위는 말소이다. 말소(抹消)란 소인된 인지, 우표 기타 우편요금을 표시하는 증표를 다시 진정한 것처럼 그에 찍혀 있는 소인의 흔적을 지우는 일체의 행위를 말한다. 본죄는 목적범이다. 고의 외에 행사할 목적을 요한다. 본죄는 미수범을 처벌하지 아니한다.

Ⅲ. 처 벌

본죄의 법정형은 1년 이하의 징역 또는 300만원 이하의 벌금이다. 본죄에 대하여는 미수범에 대한 처벌규정이 없다.

§9. 인지 · 우표 유사물의 제조 등 죄

제222조(인지 · 우표유사물의 제조 등) ① 판매할 목적으로 대한민국 또는 외국의 공채증서, 인지, 우표 기타 우편요금을 표시하는 증표와 유사한 물건을 제조, 수입 또는 수출한 자는 2년 이하의 징역 또는 500만원 이하의 벌금에 처한다.
② 전항의 물건을 판매한 자도 전항의 형과 같다.
제223조(미수범) ~ 전조의 미수범은 처벌한다.

Ⅰ. 서 설

본죄는 판매할 목적으로 대한민국 또는 외국의 공채증서, 인지, 우표 기타 우편요금을 표시하는 증표와 유사한 물건을 제조, 수입 또는 수출하거나(제222조 제1항), 판매함으로써 성립한다(제222조 제2항).

Ⅱ. 범 죄

1. 인지 · 우표 유사물 제조 등 죄

본죄는 판매할 목적으로 대한민국 또는 외국의 공채증서, 인지, 우표 기타 우편요금을 표시하는 증표와 유사한 물건을 제조, 수입 또는 수출함으로써 성립한다(제222조 제1항). 판매할 목적으로 요하는 목적범이다.

본죄의 객체는 판매할 목적으로 대한민국 또는 외국의 공채증서, 인지, 우표 기타 우편요금을 표시하는 증표와 유사한 물건이다. 유사한 물건이란 대한민국 또는 외국의 공채증서, 인지, 우표 기타 우편요금을 표시하는 증표와 유사한 외관은 갖추었으나 일반인으로 하여금 진정한 그것으로 오인하게 할 정도에 이르지 않은 것으로서 모조물을 말한다. 오인하게 할 정도에 이르면 통화유사물이 아니라 위조에 해당하게 된다.

본죄의 실행행위는 제조, 수입 또는 수출이다. 제조(製造)란 공채증서, 인지, 우표 기타 우편요금을 표시하는 증표에 대한 발행권을 가지지 않은 자가 이와 유사한 물건을 만드는 것을 말한다. 수입(輸入)이란 국외로부터 국내에로의 반입을 말하고, 수출(輸出)이란 국내로부터 국외로의 반출을 의미한다. 본죄는 목적범이다. 고의 외에 판매할 목적을 요한다. 본죄는 미수범을 처벌한다.

2. 인지 · 우표 유사물 판매죄

본죄는 대한민국 또는 외국의 공채증서, 인지, 우표 기타 우편요금을 표시하는 증표와 유사한 물건을 판매함으로써 성립한다(제222조 제2항). 본죄는 목적범이 아니다.

본죄의 객체는 대한민국 또는 외국의 공채증서, 인지, 우표 기타 우편요금을 표시하는 증표와 유사한 물건이다. 본죄의 실행행위는 판매이다. 판매(販賣)란 불특정인 또는 다수인에 대한 유상양도를 말한다. 수익의 발생여부는 묻지 않는다. 불특정인 또는 다수인에게 판매할 의사가 있는 한 1인에 대한 1회의 유상양도도 판매에 해당한다는 것은 전술한 바 있다. 본죄는 목적범이 아니다. 고의 외에 별도의 목적을 요하지 않는다. 본죄는 미수범을 처벌한다.

Ⅲ. 처 벌

본죄의 법정형은 2년 이하의 징역 또는 500만원 이하의 벌금이다. 본죄의 미수범은 처벌된다.

§10. 관련 특별법

Ⅰ. 우편법

제54조(우표를 떼어낸 죄) ① 우편관서에서 취급 중인 우편물에 붙어 있는 우표를 떼어낸 자는 50만원 이하의 벌금에 처한다.
② 제1항의 경우에 소인(消印)이 되지 아니한 우표를 떼어낸 자는 1년 이하의 징역 또는 1천만원 이하의 벌금에 처한다.

Ⅱ. 부정수표단속법

제2조(부정수표 발행인의 형사책임) ① 다음 각 호의 어느 하나에 해당하는 부정수표를 발행하거나 작성한 자는 5년 이하의 징역 또는 수표금액의 10배 이하의 벌금에 처한다.
1. 가공인물의 명의로 발행한 수표
2. 금융기관(우체국을 포함한다. 이하 같다)과의 수표계약 없이 발행하거나 금융기관으로부터 거래정지처분을 받은 후에 발행한 수표
3. 금융기관에 등록된 것과 다른 서명 또는 기명날인으로 발행한 수표
② 수표를 발행하거나 작성한 자가 수표를 발행한 후에 예금부족, 거래정지처분이나 수표계약의 해제 또는 해지로 인하여 제시기일에 지급되지 아니하게 한 경우에도 제1항과 같다.
③ 과실로 제1항과 제2항의 죄를 범한 자는 3년 이하의 금고 또는 수표금액의 5배 이하의 벌금에 처한다.
④ 제2항과 제3항의 죄는 수표를 발행하거나 작성한 자가 그 수표를 회수한 경우 또는 회수하지 못하였더라도 수표 소지인의 명시적 의사에 반하는 경우 공소를 제기할 수 없다.
제3조(법인·단체 등의 형사책임) ① 제2조의 경우에 발행인이 법인이나 그 밖의 단체일 때에는 그 수표에 적혀 있는 대표자 또는 작성자를 처벌하며, 그 법인 또는 그 밖의 단체에도 해당 조문의 벌금형을 과(科)한다. 다만, 법인 또는 그 밖의 단체가 그 위반행위를 방지하기 위하여 해당 업무에 관하여 상당한 주의와 감독을 게을리하지 아니한 경우에는 그러하지 아니하다.
② 대리인이 수표를 발행한 경우에는 본인을 처벌하는 외에 그 대리인도 처벌한다.
제5조(위조·변조자의 형사책임) 수표를 위조하거나 변조한 자는 1년 이상의 유기징역과 수표금액의 10배 이하의 벌금에 처한다.

제 4 절 문서에 관한 죄

§1. 개 관

Ⅰ. 서 설

1. 의 의

본장의 문서에 관한 죄(Urkunden-straftaten)란 행사할 목적으로 문서를 위조 또는 변조하거나 허위의 문서를 작성하거나 위조·변조·허위작성된 문서를 행사하거나 진정한 문서를 부정행사함으로써 성립하는 범죄를 말한다(형법 제2편 제20장). 본장의 죄에 있어서 실행행위의 유형으로서는 법문상 위조, 변조, 작성, 변개, 위작, 변작, 부실기재, 행사 또는 부정행사와 같이 다양하게 규정되어 있다.

2. 취 지

본장의 죄에 있어서의 문서는 의사나 관념을 전달하는 수단으로서의 전달기능과 그것을 증명하는 수단으로서의 증명기능 등 사회생활상 지극히 중요한 기능을 수행하고 있다. 예컨대 법률상 형사소추에 있어서 기소장제출과 같이 문서의 존재가 행위의 필요요건이 되거나 증여와 같이 구두에 의한 때와 문서에 의한 때에 있어서 효력의 차이가 있는 경우도 있다. 이와 같이 문서는 증명문서의 존재나 법률상 권리의무의 정립에 있어서 혁혁한 역할을 하고 있다. 뿐만 아니라 문서는 경제적인 거래나 일반적인 사회생활 중에서도 지대한 역할을 가지고 있다. 예컨대 사회생활과 그 안정은 경우에 따라 문서의 신뢰성과 그 안정에 달려있다고 해도 과언이 아니다. 나아가 문서에 대한 신뢰성이 손상되었을 때의 그 영향이나 그에 수반되는 결과 또한 심대하다고 하지 않을 수 없다. 문서의 안정은 사회의 안정으로 직결된다고 할 수 있다. 따라서 문서에 대한 신뢰성은 법에 의하여 지켜져야 할 가치가 있는 것이다. 전술한 바와 같이 가짜를 폐하고 진짜를 세운다는 의미에서의 폐가입진(廢假立眞)의 취지가 되새겨지는 지점이다.

3. 보호법익

(1) 의 의

본장의 죄는 공공의 법익의 일종인 사회적 법익을 침해하는 사회적 법익에 대한 범죄이고, 개인의 구체적 법익을 침해하는 개인적 법익에 대한 범죄는 아니다. 본장의 죄의 보호법익은 사회적 법익으로서 문서의 진정에 대하여 사회 일반인이 가지고 있는 신용, 즉 공공의 신용이라고 해석되고 있다. 판례도 문서위조 또는 변조 및 동행사죄의 보호법익은 문서 자체의 가치가 아니고 문서에 대한 공공의 신용이라고 하거나[1] 형법상 문서에 관한 죄로써 보호하고자 하는 것은 구체적인 문서 그 자체가 아니라, 문서에 화체된 사람의 의사표현에 관한 안전성과 신용이라고 하고 있다.[2]

(2) 보호의 정도

본장의 죄의 성립을 위하여는 추상적으로 문서의 신용을 해할 위험성이 있으면 족하고 특정인에 대하여 구체적인 침해를 주거나 위험이 있을 것을 요하지 않는다. 본장의 죄의 보호법익에 대한 보호의 정도는 추상적 위험범으로서의 보호이다. 이러한 의미에서 다수 시민의 거래의 안전에 위험을 주는 일종의 공공위험범이라고 할 수 있다.

---

1) 대법원 2005.3.25. 선고 2003도4943 판결; 대법원 2005.2.24. 선고 2002도18 전원합의체 판결; 대법원 1993.7.27. 선고 93도1435 판결; 대법원 1989.9.12. 선고 87도506 전원합의체 판결.

2) 대법원 2010.7.29. 선고 2010도2705 판결; 대법원 2008.11.27. 선고 2008도7018 판결; 대법원 2006.1.26. 선고 2004도788 판결.

4. 입법주의

(1) 형식주의와 실질주의

문서에 관한 죄에 있어서 입법주의는 문서의 형식적 진정을 보호하려는 형식주의와 실질적 진정을 보호하려는 실질주의의 대립으로부터 시작된다.

첫째, 형식주의(形式主義)는 유형위조의 처벌을 원칙으로 입장이다. 문서에 관한 죄의 보호대상을 문서의 성립의 진정이라고 한다. 부진정문서만을 문서위조로 인정하는 입법주의이다. 따라서 문서의 작성명의가 진정하면 내용이 진실과 일치하지 않아도 위조가 되지 않으나, 문서의 작성명의의 진정이 인정되지 않으면 내용의 진실성과 무관하게 언제나 위조가 된다. 둘째, 실질주의(實質主義)는 무형위조의 처벌을 원칙으로 하는 입장이다. 문서에 관한 죄의 보호대상을 문서의 내용의 진실이라고 한다. 허위문서만을 문서위조로 인정하는 입법주의이다. 따라서 문서의 내용이 진실하면 작성명의에 허위가 있어도 위조가 되지 않으나, 내용이 허위로서 부진실한 문서는 작성명의의 진정여부를 묻지 않고 위조가 된다.

(2) 유형위조와 무형위조

문서에 있어서의 문제는 성립상의 진정여부와 내용상의 진위여부에 있다. 전자가 작성권한의 진정성(眞正性, Echtheit)에 관한 유형위조의 문제라면, 후자는 내용의 진실성(眞實性, Wahrheit)에 관한 무형위조의 문제가 된다고 할 수 있다. 이러한 개념은 프랑스어의 형체의 위조와 관념의 위조를 의미하는 faux matériel과 faux intellectuel에서 각각 유래하지만, 전자는 유형위조, 후자는 무형위조로 번역되어 사용되고 있다고 한다.

첫째, 유형위조(有形僞造)란 문서를 작성할 권한이 없는 자가 권한이 있는 것처럼 가장하여 문서를 작성하는 경우를 말한다. 내용의 진위는 묻지 않는다. 유형위조에 의하여 작성된 문서를 부진정문서(不眞正文書) 또는 위조문서(僞造文書)라고 한다. 단순히 위조라고 하는 경우는 유형위조를 지칭한다. 광의의 위조에는 유형위조와 무형위조가 포함되고, 유형위조는 협의의 유형위조와 유형변조로 나누어지기도 한다.

둘째, 무형위조(無形僞造)란 문서를 작성할 권한이 있는 자가 허위내용의 문서를 작성하는 경우를 말한다. 무형위조에 의하여 작성된 문서를 허위문서(虛僞文書)라고 한다. 내용이 진실하지 않기 때문에 부진실문서(不眞實文書)라고도 할 수 있다. 결국, 유형위조는 권한이 없어 진정하지 않은 부진정문서를 작성하는 것이고, 무형위조란 내용이 허위여서 진실하지 않은 부진실문서를 작성하는 것이라고 할 수 있다.

(3) 주요 국가 형법의 입법례

문서에 관한 죄에 있어서 형식주의와 실질주의는 문서위조죄의 보호법익에 관한 논의임에 반하여 유형위조와 무형위조는 문서위조죄의 행위의 개념에 관한 논의로서 그 관점을 달리한다고 할 수 있다.

유형위조에는 그 내용이 진실한 경우와 허위인 경우의 쌍방이 있다. 형식주의에 의하면

양방 모두 문서위조죄로서 처벌되어야 한다고 하게 된다. 이에 반하여 실질주의에 서게 되면 작성권한의 유무를 묻지 않고 내용이 진실한 경우에는 범죄로 되지 않는다고 하게 된다. 따라서 무형위조는 작성명의에 거짓이 없는 경우 형식주의에 의하면 범죄를 구성할 여지가 없지만, 실질주의를 취하게 되면 처음부터 문서위조죄로 된다.

해석상 형식주의를 취하는가 실질주의를 취하는가의 논쟁이 의미를 가지는 것은 내용은 진실하지만 작성권한이 없는 경우의 유형위조에 있다고 할 수 있다. 독일형법은 기본적으로 형식주의에 입각하고 있다. 허위문서의 작성에 대한 처벌은 한정적이라고 할 수 있다. 이에 반하여 프랑스형법은 기본적으로 실질주의에 입각하고 있다. 내용의 진실이 침해되는 문서에 대한 처벌은 널리 허용된다고 할 수 있다. 일본형법은 우리나라의 형법과 그 체계가 유사한 구조를 가지고 있다.[3)]

5. 형법의 태도

형법의 입법태도를 검토하기 위하여는 문서를 우선 전통의 종이문서와 최신의 전자기록으로 양분할 필요가 있다. 그런 다음 각각의 경우 새로 문서를 작성하는 경우와 기존의 문서를 변경하는 경우로 나누어 검토할 필요가 있다고 본다.

형법의 태도에 대하여 결론부터 말하면 형법은 종이문서에 있어서는 절충주의의 입장에서 있다고 할 수 있다. 그러나 전자기록의 경우에 있어서는 형식주의의 입장만을 견지하고 있다고 해석된다. 이에 대한 자세한 근거는 아래에서 검토하는 바와 같다.

(1) 종이문서

종이문서에 대한 형법의 입법태도를 검토하기 위하여는 편의상 새로운 문서를 작성하는 경우와 기존의 진정진실한 문서의 내용을 변경하는 경우로 구분할 필요가 있다.

첫째, 종이문서를 처음으로 작성하는 경우이다. 작성권한 내에서 진정하고 내용상으로도 진실한 문서를 작성하는 한 문제될 이유는 찾을 수 없다. 문제는 문서가 권한 없이 작성되거나 권한은 있지만 허위의 내용으로 작성된 경우에 있다. 우선 작성권한 없이 부진정문서를 작성하는 유형위조의 경우 형법은 형식주의의 입장에서 위조(僞造)라는 이름으로 예외 없이 처벌하고 있다. 이는 공문서이든 사문서이든 묻지 않는다. 다음으로 작성권한은 있지만 진실하지 않은 허위문서를 작성하는 무형위조의 경우 형법은 실질주의의 입장에서 허위작성(虛僞作成)이라는 이름으로 공문서에 대하여는 예외 없이 처벌하나, 사문서에 있어서는 허위진단서등의 작성죄만을 예외적으로 처벌하고 있다. 판례도 이를 인정하고 있다. 대법원은 "피고인들이 작성한 회의록에다 참석한 바 없는 소외인이 참석하여 사회까지 한 것으로 기재한 부분은 사문서의 무형위조에 해당할 뿐이어서 사문서의 유형위조만을 처벌하는 현행 형법하에서는 죄가 되지 아니한다"고 판시한 바 있다.[4)] 문서의 신용성에 있어서 사문서의 그것보다 공문서의 그것이 훨씬 커야 하기 때문이다. 또 사문서에 있어서는 공공의 신용

---

3) 대법원 2020.8.27. 선고 2019도11294 전원합의체 판결.
4) 대법원 1984.4.24. 선고 83도2645 판결.

성이 작성자에 의하여 진실하게 작성되었는가의 여부에 향하여져 있기 때문이다. 결국 형법은 기본적으로 형식주의에 입장에서 예외 없이 유형위조를 처벌하는 입장을 취하고 있다. 그것은 공문서이든 사문서이든 묻지 않는다. 다만 형법은 실질주의의 입장에서 공문서에 대하여는 무형위조도 원칙적으로 처벌하고 있지만, 사문서에 있어서는 허위진단서등의 작성죄만을 처벌하여 무형위조를 예외적으로 처벌하는 입장을 취하고 있다. 결론적으로 형법의 태도는 이러한 의미에서의 절충주의의 입장이라고 할 수 있다.

둘째, 기존 종이문서의 내용을 변경하는 경우이다. 변경권한 내에서 기존의 문서와 동일성이 유지되는 범위 내에서 변경하는 한 문제는 없다. 문제는 변경권한이 없이 문서의 동일성이 유지되는 범위 내에서 변경하거나 변경권한을 가지고 있더라도 기존의 문서와의 동일성이 유지되는 범위를 넘어 변경하는 경우에 있다. 우선 변경권한 없이 동일성이 유지되는 범위 내에서 부진정문서로 변경하는 유형변조의 경우 형법은 형식주의의 입장에서 변조(變造)라는 이름으로 예외 없이 처벌하고 있다. 다음으로 변경권한은 있지만 동일성이 유지되는 범위를 넘어 변경하는 무형변조의 경우 형법은 실질주의의 입장에서 공문서에 대하여는 변개(變改)라는 이름으로 처벌하고 있다. 그러나 사문서의 경우에는 하등의 처벌규정을 두지 않고 있다. 사문서에 대한 무형변조는 신용도가 낮기 때문에 처벌하지 않겠다는 것이 입법자의 의도라고 해석된다. 결국 형법은 기본적으로 형식주의의 입장에서 예외 없이 유형변조를 처벌하는 입장을 취하고 있다. 이는 공문서이든 사문서이든 불문한다. 다만 형법은 실질주의의 입장에서 공문서에 있어서 무형변조도 원칙적으로 처벌하고 있지만, 사문서에 대하여는 하등의 처벌규정을 두고 있지 않다. 결론적으로 형법의 태도는 이러한 의미에서의 절충주의의 입장이라고 할 수 있다.

(2) 전자기록

종이문서가 아닌 전자기록에 대한 형법의 입법태도를 검토하기 위해서도 새롭게 전자기록을 만드는 경우와 기존의 전자기록을 변경하는 경우로 나눌 필요가 있다.

첫째, 처음으로 전자기록을 작출하는 경우이다. 입력권한 내에서 진정하고 내용상으로도 진실한 전자기록을 작출하는 한 문제가 발생할 하등의 이유가 없다. 문제는 전자기록이 권한 없이 작출되거나 권한은 있지만 허위의 내용으로 작출된 경우에 있다. 우선 권한 없이 부진정전자기록을 작출하는 유형위작의 경우 형법은 형식주의 입장에서 위작(僞作)이라는 이름으로 예외 없이 처벌하고 있다. 이는 공전자기록이든 사전자기록이든 묻지 않는다. 다음으로 권한은 있지만 허위의 전자기록을 작출하는 무형위작의 경우 형법은 하등의 처벌규정을 두지 않고 침묵하고 있다. 이 또한 공전자기록이든 사전자기록이든 불문하고 있다. 종이문서에 있어서와는 달리 공전자기록의 경우에도 종이문서의 허위작성에 해당하는 허위작출(虛僞作出)과 같은 무형위작에 대한 처벌규정이 처음부터 존재하기 않기 때문이다. 향후의 과제로 남겨져 있다고 하지 않을 수 없다. 결국 형법은 기본적으로 형식주의의 입장에서 예외없이 유형위작을 처벌하는 입장을 취하고 있다. 그러나 형법은 무형위작에 대한 하등의

처벌규정을 두지 않음으로써 실질주의의 입장은 고려하지 않고 있다고 해석된다. 이것이 입법자의 의도였는지도 모를 일이다. 결론적으로 형법의 태도는 이러한 의미에서 오로지 형식주의의 입장이라고 할 수 있다.

둘째, 기존의 전자기록을 변경하는 경우이다. 변경권한 내에서 기존의 전자기록과 동일성이 유지되는 범위 내에서 변경하는 한 문제가 발생할 여지는 없다. 변경권한이 없이 문서의 동일성이 유지되는 범위 내에서 변경하거나 변경권한을 가지고 있더라도 기존의 문서와 동일성이 유지되는 범위를 넘어 변경하는 경우에 있다. 우선 변경권한 없이 동일성이 유지되는 범위 내에서 부진정전자기록으로 변경하는 유형변작의 경우 형법은 형식주의의 입장에서 변작(變作)라는 이름으로 예외 없이 처벌하고 있다. 이는 공전자기록이든 사전자기록이든 마찬가지이다. 다음으로 변경권한은 있지만 동일성이 유지되는 범위를 넘어 변경하는 무형변작의 경우 형법은 하등의 처벌규정을 두지 않고 침묵으로 일관하고 있다. 이 또한 공전자기록이든 사전자기록이든 불문하고 있다. 종이문서에 있어서와는 달리 공전자기록의 경우에도 종이문서의 변개에 해당하는 무형변작에 대한 처벌규정이 전혀 존재하기 않기 때문이다. 향후의 과제로 남겨진 부분이라고 하지 않을 수 없다. 결국 형법은 기본적으로 형식주의의 입장에서 예외 없이 유형변작을 처벌하는 입장을 취하고 있다. 그러나 형법은 무형변작에 대하여는 하등의 처벌규정을 두지 않음으로써 실질주의의 입장은 고려되지 않고 있다고 해석된다. 이것이 입법자의 의도였는지는 알 수 없는 일이다. 결론적으로 형법의 태도는 이러한 의미에서 오로지 형식주의의 입장이라고 할 수 있다.

6. 구성요건의 체계

본장의 문서에 관한 죄는 그 기준에 따라 다양하게 나누어질 수 있다. 객체에 따라 공문서와 사문서로 크게 나누어질 수 있다. 또 행위에 따라 위조, 변조, 작성, 행사 및 부정행사로 나누어질 수 있다. 객체와 행위의 조합의 유형에 따라 다양한 종류가 가능하다. 아래에서는 행위를 중심으로 본장의 죄를 유형위조, 무형위조, 행사 및 부정행사로 구분하여 고찰하고자 한다.

첫째, 유형위조이다. 유형위조의 기본적 구성요건은 사문서위조 · 변조죄(제231조), 자격모용에 의한 사문서작성죄(제232조) 및 사전자기록위작 · 변작죄(제232조의2)이다. 이에 대하여 공문서위조 · 변조죄(제225조), 자격모용에 의한 공문서작성죄(제226조) 및 공전자기록위작 · 변작죄(제227조의2)은 가중적 구성요건에 해당한다. 둘째, 무형위조이다. 무형위조의 기본적 구성요건은 허위진단서등작성죄(제233조)이다. 이에 허위공문서작성죄(제227조)와 공정증서원본부실기재죄(제228조)는 가중적 구성요건에 속한다. 셋째, 행사죄이다. 행사죄의 기본적 구성요건은 위조문서 등 행사죄(제234조)이다. 이의 가중적 구성요건은 위조공문서 등 행사죄(제229조)이다. 넷째, 부정행사죄이다. 부정행사죄의 기본적 구성요건은 사문서부정행사죄(제236조)이다. 이에 대하여 공문서부정행사죄(제230조)는 가중적 구성요건에 해당한다.

이 외에 본장의 죄는 미수범에 대한 처벌규정을 두고 있다. 즉, 공문서등의 위조 · 변조

(제225조), 자격모용에 의한 공문서 등의 작성(제226조), 허위공문서작성등(제227조), 공전자기록위작·변작(제227조의2), 공정증서원본 등의 부실기재(제228조), 위조등 공문서의 행사(제229조), 공문서 등의 부정행사(제230조), 사문서등의 위조·변조(제231조), 자격모용에 의한 사문서의 작성(제232조), 사전자기록위작·변작(제232조의2), 허위진단서등의 작성(제233조) 및 위조사문서등의 행사(제234조)가 그것이다.

Ⅱ. 문서론

1. 서 언

문서에 관한 죄의 객체는 문서와 도화이고 이에 전자기록이 추가된다. 이 3가지 중에서 문서는 법문상 문서라고 적혀 있는 것 외에 공정증서의 원본, 진단서 등을 포함하고 있다. 그리고 문서와 도화를 합하여 넓은 의미에서의 문서라고 하고 전자기록에 대하여는 별도의 규정이 있기 때문에 여기서 그 개념이 문제로 되는 것은 도화를 포함한 넓은 의미에서의 문서라고 할 수 있다.

원래 형법의 보호대상으로 되는 문서는 사람의 자유로운 의사에 기원을 가지는 것만, 즉 사람의 의사 또는 관념을 표시·기록한 것만이었다. 지문 등과 같은 검증의 객체나 기계에 의한 자동적 기록은 그것이 문서의 체제를 구비하고 있다고 하여도 형법에 의하여 보호되는 문서라고는 할 수 없었다. 오늘날에도 각국의 다수의 입법은 여전히 이러한 전제를 유지하고 있다. 그러나 컴퓨터가 발달한 오늘날에는 사람의 의사, 관념 또는 인식의 표시·기록이라고 하는 종래의 전통적인 문서의 개념은 변경되지 않을 수 없게 되었다. 컴퓨터에 의하여 작성된 문서의 사회적 기능도 사람의 의사, 관념을 표시, 기록한 것과 동일하거나 그 이상으로 중요하게 되었고 법적으로도 보호하지 않으면 안 되게 되었다. 전자기록의 문서성이 문제되는 이유이다. 또 같은 맥락에서 복사문서의 문서성이 논란되는 이유이다. 그럼에도 불구하고 전자기록이나 복사문서도 그 작성 자체는 시원적으로는 사람의 의사나 관념에 근거하여 행하여지지 않을 수 없다. 따라서 문서는 궁극적으로 사람의 의사 또는 관념을 표시한 것이라는 전제는 계속적으로 유지되지 않을 수 없다고 하겠다.

(1) 의 의

1) 문 서

문서에 관한 죄에 있어서 문서(文書, Urkunde)란 문자 또는 이에 대신할 수 있는 가독적 부호로 계속적으로 물체 상에 기재된 의사 또는 관념의 표시인 원본 또는 이와 사회적 기능, 신용성 등을 동시할 수 있는 기계적 방법에 의한 복사본으로서 그 내용이 법률상, 사회 생활상 주요 사항에 관한 증거로 될 수 있는 것을 말한다.[5] 광의의 문서는 협의의 문서 외에 도화를

5) 대법원 2018.5.15. 선고 2017도19499 판결; 대법원 2017.12.5. 선고 2014도14924 판결; 대법원 2011.11.10. 선고 2011도10468 판결; 대법원 2010.7.29. 선고 2010도2705 판결; 대법원 2008.11.27. 선고 2008도7018 판결; 대법원 2008.4.10. 선고 2008도1013 판결; 대법원 2007.11.29. 선고 2007도7480 판결; 대법원 2006.1.26. 선고 2004도788 판결; 대법원 1995.9.5. 선고 95도1269 판결; 대법원 1989.9.12. 선고 87도506 전원합의체 판결; 대법원 1985.6.25. 선고 85도758 판결.

포함하는 개념이다.

2) 도 화

도화(圖畵)란 문서 중에서 문자 이외의 상형적 부호에 의한 것을 말한다.[6] 토지의 소재, 지번, 지목, 면적, 경계 따위를 나타내기 위한 지적도나 상해의 부위를 명백히 하기 위한 인체도가 여기에 해당한다. 관념·의사를 표시한다는 점에서 문서와 동일하다. 계속적 기능·증명적 기능 및 보장적 기능을 갖추어야 한다. 다만 사람의 사상 내지 관념이 화체되어 있을 것을 요하므로 순전한 미술작품으로서의 회화는 여기의 도화에 포함되지 않는다.

(2) 전자기록의 문서성

1) 의 의

전자기록(電子記錄)이란 전자적 방식, 자기적 방식 기타 사람의 지각에 의하여는 인식할 수 없는 방식으로 작성된 기록을 말한다. 전자기록에 대하여는 종래 명문을 두지 않았기 때문에 이것이 문서위조죄의 객체로 될 수 있는가가 문제되었었다. 우선 위의 정의로부터 문서에는 가시성(可視性)이나 가독성(可讀性)을 요한다고 해석되었기 때문이다. 그러나 과학기술의 발달의 결과 전자적 기록도 종래의 종이에 쓰여진 서류나 문서 이상으로 사회적으로 주요한 것으로 되었기 때문에 이를 문서와 같이 보호할 필요가 있었다.

2) 규정의 신설

형법은 1995년 개정에 의하여 전자기록에 관하여 명문으로 규정함으로써 이의 문서성을 입법적으로 해결한 바 있다(제227조의2, 제232조의2 참조).[7] 다만 문서의 내용을 저장한 전자 파일이나 그 파일을 실행시켜 컴퓨터 모니터 화면에 나타낸 문서의 이미지는 이미지 파일을 보기 위한 프로그램을 실행할 경우에 그때마다 전자적 반응을 일으켜 화면에 나타나는 것에 지나지 않아서 계속적으로 물체상에 고정된 것으로 볼 수 없으므로 형법상 문서에 관한 죄에 있어 문서에 해당되지 않는다.[8]

문서를 부정한 판례의 구체적 내용은 다음과 같다. 즉,

국립대학교 교부처장 명의의 '졸업증명서 파일'을 위조하였다는 공소사실에 대하여, 위 파일이 형법상의 문서에 해당하지 않는다.[9] 피고인이 컴퓨터 스캔 작업을 통하여 만들어낸 공인중개사 자격증의 이미지 파일은 전자기록으로서 전자기록 장치에 전자적 형태로서 고정되어 계속성이 있다고 볼 수는 있으나, 그러한 형태는 그 자체로서 시각적 방법에 의해 이해할 수 있는 것이 아니어서 이를 형법상 문서에 관한 죄에 있어서의 '문서'로 보기 어렵다.[10] 자신의 이름과 나이를 속이는 용도로 사용할 목적으로 주민등록증의 이름·주민등록번호란에 글자를 오려붙인 후 이를 컴퓨터

6) 대법원 2010.7.29. 선고 2010도2705 판결; 대법원 2008.11.27. 선고 2008도7018 판결; 대법원 2006.1.26. 선고 2004도788 판결.

7) 형법 1995.12.29. 일부개정 법률 제5057호 1996.7.1. 시행.

8) 대법원 2018.5.15. 선고 2017도19499 판결; 대법원 2017.12.5. 선고 2014도14924 판결; 대법원 2011.11.10. 선고 2011도10468 판결; 대법원 2008.4.10. 선고 2008도1013 판결; 대법원 2007.11.29. 선고 2007도7480 판결.

9) 대법원 2010.7.15. 선고 2010도6068 판결.

10) 대법원 2008.4.10. 선고 2008도1013 판결.

스캔 장치를 이용하여 이미지 파일로 만들어 컴퓨터 모니터로 출력하는 한편 타인에게 이메일로 전송한 사안에서, 컴퓨터 모니터 화면에 나타나는 이미지는 형법상 문서에 관한 죄의 문서에 해당하지 않으므로 공문서위조 및 위조공문서행사죄를 구성하지 않는다.[11)]

(3) 복사문서의 문서성

제237조의2(복사문서등) 이 장의 죄에 있어서 전자복사기, 모사전송기 기타 이와 유사한 기기를 사용하여 복사한 문서 또는 도화의 사본도 문서 또는 도화로 본다.

1) 서 언

복사문서가 문서에 해당하는가에 있어서는 특히 문서의 원본성이 문제된다. 기술의 발달에 따라 문서는 원본에 한하지 않고 이와 사회적 기능, 신용성 등을 동일시할 수 있는 기계적 방법에 의한 복사본도 포함하게 되었다.[12)] 1995년 개정 형법은 복사문서의 문서성을 입법적으로 해결한 바 있다.[13)] 복사기술의 발달로 인하여 원본과 똑같이 복사한 문서의 사본이 사회에서 중요한 기능을 수행하고 있는 실정에 비추어 이에 대한 사회적 신용을 보호할 필요가 있었기 때문이다.

① 규정의 신설

형법은 복사문서의 문서성을 인정하기 위하여 “이 장의 죄에 있어서 전자복사기, 모사전송기 기타 이와 유사한 기기를 사용하여 복사한 문서 또는 도화의 사본도 문서 또는 도화로 본다”는 규정을 1995년 개정을 통하여 명문으로 신설한 바 있다(제237조의2 참조). 복사본도 본장의 죄의 보호법익인 공공의 신용을 해치는 경우가 있을 수 있기 때문이다.

② 판례의 변경

판례는 복사문서의 문서성을 처음에는 부정하였다.[14)] 그러나 1989년 9월 12일 판례의 태도는 복사문서의 문서성을 긍정하는 것으로 변경되었다. 즉, 대법원은 “문서위조 및 동행사죄의 보호법익은 문서자체의 가치가 아니고 문서에 대한 공공의 신용이므로 문서위조죄의 객체가 되는 문서는 반드시 원본에 한한다고 보아야 할 근거는 없고 문서의 사본이라 하더라도 원본과 동일한 의식내용을 보유하고 증명수단으로서 원본과 같은 사회적 기능과 신용을 가지는 것으로 인정된다면 이를 위 문서의 개념에 포함시키는 것이 상당하다 할 것이다. 그러므로 문서의 사본 중에서도 사진기나 복사기 등을 사용하여 기계적인 방법에

---

11) 대법원 2007.11.29. 선고 2007도7480 판결.

12) 대법원 2018.5.15. 선고 2017도19499 판결; 대법원 2017.12.5. 선고 2014도14924 판결; 대법원 2008.4.10. 선고 2008도1013 판결; 대법원 2007.11.29. 선고 2007도7480 판결; 대법원 2006.1.26. 선고 2004도788 판결; 대법원 1995.9.5. 선고 95도1269 판결; 대법원 1989.9.12. 선고 87도506 전원합의체 판결; 대법원 1985.6.25. 선고 85도758 판결.

13) 형법 1995.12.29. 일부개정 법률 제5057호 1996.7.1. 시행.

14) 대법원 1988.10.24. 선고 88도1680 판결; 대법원 1988.4.12. 선고 87도2709 판결; 대법원 1986.2.25. 선고 85도2835 판결; 대법원 1985.11.26. 선고 85도2138 판결; 대법원 1983.11.8. 선고 83도1948 판결; 대법원 1983.9.13. 선고 83도1829 판결; 대법원 1982.5.25. 선고 82도715 판결; 대법원 1981.12.22. 선고 81도2715 판결; 대법원 1978.4.11. 선고 77도4068 전원합의체 판결; 대법원 1969.11.26. 선고 69모85 결정 등. 이들의 판례는 대법원 1989.9.12. 선고 87도506 전원합의체 판결에 의하여 폐기되었다.

의하여 원본을 복사한 문서, 이른바 복사문서는 사본이더라도 필기의 방법 등에 의한 단순한 사본과는 달리 복사자의 의식이 개재할 여지가 없고, 그 내용에서부터 규모, 형태에 이르기까지 원본을 실제 그대로 재현하여 보여주므로 관계자로 하여금 그와 동일한 원본이 존재하는 것으로 믿게 할 뿐만 아니라 그 내용에 있어서도 원본 그 자체를 대하는 것과 같은 감각적 인식을 가지게 하고, 나아가 오늘날 일상거래에서 복사문서가 원본에 대신하는 증명수단으로서의 기능이 증대되고 있는 실정에 비추어 볼 때 이에 대한 사회적 신용을 보호할 필요가 있으므로 복사한 문서의 사본은 문서위조 및 동행사죄의 객체인 문서에 해당한다"고 판시한 바 있다.[15] 그 후부터 판례는 "문서의 사본 중에서도 복사기나 사진기, 모사전송기(facsimile) 등을 사용하여 기계적인 방법에 의하여 원본을 복사한 문서인 이른바 복사문서는 사본이라고 하더라도 문서위조죄 및 동 행사죄의 객체인 문서에 해당한다"고 하여 복사문서의 문서성을 인정하는 태도를 유지해오고 있다.[16]

문서를 긍정한 판례의 구체적 내용은 다음과 같다. 즉,

형법 제237조의2에 따라 전자복사기, 모사전송기 기타 이와 유사한 기기를 사용하여 복사한 문서의 사본도 문서원본과 동일한 의미를 가지는 문서로서 이를 다시 복사한 문서의 재사본도 문서위조죄 및 동 행사죄의 객체인 문서에 해당한다 할 것이고, 피고인이 타인의 주민등록증을 이용하여 주민등록증상 이름과 사진을 하얀 종이로 가린 후 복사기로 복사를 하고, 다시 컴퓨터를 이용하여 위조하고자 하는 당사자의 인적사항과 주소, 발급일자를 기재한 후 덮어쓰기를 하여 이를 다시 복사하는 방식으로 전혀 별개의 주민등록증사본을 창출시킨 사실을 인정한 다음, 그 사본 또한 공문서위조 및 행사죄의 객체가 되는 공문서에 해당한다.[17] 형법 제237조의2에 따라 전자복사기, 모사전송기 기타 이와 유사한 기기를 사용하여 복사한 문서의 사본도 문서원본과 동일한 의미를 가지는 문서로서 이를 다시 복사한 문서의 재사본도 문서위조죄 및 동 행사죄의 객체인 문서에 해당한다 할 것이고, 진정한 문서의 사본을 전자복사기를 이용하여 복사하면서 일부 조작을 가하여 그 사본 내용과 전혀 다르게 만드는 행위는 공공의 신용을 해할 우려가 있는 별개의 문서사본을 창출하는 행위로서 문서위조행위에 해당한다.[18] 명의자의 승낙 없이 판시 확인지불증서를 만들어 이를 사본하고 그 사본을 행사한 피고인의 소위에 대하여 사문서위조 및 동 행사죄의 성립을 인정한 것은 정당하고, 이와 다른 견해에서 사문서위조죄 및 동 행사죄가 성립하지 않는다는 논지는 받아들일 수 없다.[19] 문서위조 또는 변조 및 동행사죄의 보호법익은 문서 자체의 가치가 아니고 문서에 대한 공공의 신용이므로 문서위조 또는 변조의 객체가 되는 문서는 반드시 원본에 한한다고 보아야 할 근거는 없고 문서의 사본이라도 원본과 동일한 의식내용을 보유하고 증명수단으로서 원본과 같은 사회적 기능과 신용을 가지는 것으로 인정된다면 이를 위 문서의 개념에 포함시키는 것이 상당하다 할 것이고, 나아가 광의의 문서의 개념에 포함되는 도화의 경우에 있어서도 마찬가지로 해석하여야 한다.[20] 문서의 사본 중에서 사진기나 복사기 등을 사용하여 기계적인 방

15) 대법원 1989.9.12. 선고 87도506 전원합의체 판결 (다수의견).

16) 대법원 1996.5.14. 선고 96도785 판결; 대법원 1995.12.26. 선고 95도2389 판결; 대법원 1994.3.22. 선고 94도4 판결; 대법원 1992.11.27. 선고 92도2226 판결.

17) 대법원 2004.10.28. 선고 2004도5183 판결.

18) 대법원 2000.9.5. 선고 2000도2855 판결; 대법원 1996.5.14. 선고 96도785 판결; 대법원 1989.9.12. 선고 87도506 전원합의체 판결.

19) 대법원 1995.12.26. 선고 95도2389 판결.

법에 의하여 원본을 복사한 이른바 복사문서는 필기의 방법 등에 의한 단순한 사본과는 달리 복사자의 의식이 개재할 여지가 없고, 내용에서부터 모양, 형태에 이르기까지 원본을 실제 그대로 재현하여 보여주므로 그와 동일한 원본이 존재하는 것으로 믿게 할 뿐만 아니라 오늘날 일상거래에서 원본에 대신하는 증명수단으로서의 기능이 증대되고 있는 실정에 비추어 이에 대한 사회적 신용을 보호할 필요가 있어서 사진복사한 문서의 사본은 행사죄의 객체인 문서에 해당한다.[21] 피고인들은 공모하여 행사할 목적으로 1983.3.25. 공소외 (갑)이 제1심판시 골프장시설공사 도급권을 피고인 2에게 위임하는 내용의 사실증명에 관한 (갑) 명의의 위임장 1매를 위조한 다음 이를 전자복사하여 그 사본을 진정하게 성립된 것처럼 피해자 (을)에게 제시하여 행사하였다는 사안에 대하여 원심은 형법에 규정된 위조문서행사죄에 있어서의 문서라 함은 작성명의인의 의사가 표시된 물체 그 자체의 의미한다 할 것이므로 원본을 기계적인 방법에 의하여 사진 복사한 경우에 그 사본 또는 등본은, 사본 또는 등본의 인증이 없는 한 위 죄의 행위객체인 문서에 해당되지 아니한다고 판시하여 같은 이유로 피고인들에게 무죄를 선고한 제1심판결을 그대로 유지하고 있다. 그러나 이 사건에서 위조된 위임장을 사진복사한 문서의 사본을 제시 행사한 피고인들의 행위는 형법 제234조 소정의 위조사문서행사죄에 해당한다 할 것임에도 불구하고 원심이 위와 같이 판단한 것은 문서의 개념에 관한 법리를 오해하여 법령적용을 잘못한 위법을 저지른 것이라 할 것이므로 이 점을 지적하는 상고논지는 이유있다.[22)]

문서를 부정한 판례의 구체적 내용은 다음과 같다. 즉,

형법에 규정된 문서위조죄와 행사죄에 있어서 문서라 함은 작성명의인의 의사가 표시된 문서 그 자체를 의미한다 할 것이므로 원본을 기계적인 방법에 의하여 복사한 경우에는 그 사본 또는 등본은 사본 또는 등본의 인증이 없는 한 위 각 죄의 행위객체인 문서에 해당하지 아니한다.[23] 피고인이 변조, 행사하였다는 공소사실 기재의 매매계약서가 전자복사기를 사용하여 만들어낸 사본이었다는 사실을 적법히 확정하고 피고인의 소위는 사문서변조 및 행사죄를 구성하지 아니 한다고 판단하였음은 정당하며 거기에 문서에 관한 죄의 법리오해가 있다 할 수 없다.[24] 공문서 또는 사문서의 위조죄나 동행사죄에 있어서의 문서라 함은 작성명의인의 의사가 표시된 원본자체를 말하고 사본은 그것이 기계적 방법에 의하여 복사된 것이라 하더라도 사본 또는 등본의 인증이 없는 한 위 각 죄의 행위객체인 문서에 해당하지 않는다.[25] 문서위조죄와 행사죄에 있어서의 문서란 작성명의인의 의사가 표시된 문서 그 자체를 의미하고 원본을 기계적인 방법에 의하여 사본 복사한 것은 그 사본 또는 등본의 인증이 없는 한 위 각 죄의 행위객체인 문서에 해당하지 아니한다.[26] 형법에 규정된 문서위조죄나 행사죄에 있어서의 문서라함은 작성명의인의 의사가 표시된 물체 그 자체를 의미한다 할 것이므로 원본을 기계적 방법에 의하여 사진복사한 경우에도 그 사본 또는 등본은 사본 또는 등본의 인증이 없는한 위 각 죄의 행위객체인 문서에 해당되지 아니한다.[27]

---

20) 대법원 1993.7.27. 선고 93도1435 판결; 대법원 1992.11.27. 선고 92도2226 판결; 대법원 1989.9.12. 선고 87도506 판결.

21) 대법원 1992.11.27. 선고 92도2226 판결; 대법원 1989.9.12. 선고 87도506 전원합의체 판결.

22) 대법원 1989.9.12. 선고 87도506 전원합의체 판결.

23) 대법원 1988.10.24. 선고 88도1680 판결.

24) 대법원 1983.11.8. 선고 83도1948 판결.

25) 대법원 1983.9.13. 선고 83도1829 판결.

26) 대법원 1982.5.25. 선고 82도715 판결.

27) 대법원 1978.4.11. 선고 77도4068 전원합의체 판결(다수의견).

2) 복사문서의 유형

문서의 복본·등본·사본을 문서라고 할 수 있는가는 문서의 형식과 거래관념에 따라 결정하지 않을 수 없다.

① 복 본

복본(複本, Durchschrift)이란 명의인이 증명을 위하여 수통의 문서를 작성한 경우이기 때문에 문서에 해당한다.

② 사본·등본

문서는 원칙적으로 원본임을 요한다. 그러나 형법은 전술한 바와 같이 1995년 개정을 통하여 사본(寫本, Abschrift)이나 등본(謄本)에 대하여도 문서성을 규정하고 있다. 판례도 전술한 바와 같이 1989년 그 입장을 변경하여 사본이나 등본에 대하여 문서성을 인정하고 있다. 이러한 의미에서 사본 또는 등본에 대하여도 원칙적으로 문서성이 인정된다고 할 수 있다.

다만 수기에 의한 필사본과 같은 사본이나 등본은 형법의 규정의 범위를 벗어나는 한 여전히 원본이 아니기 때문에 문서성은 부정될 수밖에 없다고 해석되어야 한다. 이러한 경우에는 원칙적으로 인증이 없는 한 문서라고 할 수 없다고 해야 하는 이유이다. 이러한 사본이나 등본은 명의인의 의사를 표시한 것이 아니라 다른 문서에 화체된 의사를 복사한 것에 지나지 않기 때문이다.

사본 또는 등본이라는 취지의 인증이 있는 것은 그 인증자를 작성명의인으로 하는 문서라고 할 수 있다. 다만 인증자를 작성명의인이라고 하기 때문에 공무원이 권한에 따라서 인증한 것은 원본이 사문서라도 공문서이고, 변호사와 같이 사인이 인증한 것은 원본이 공문서라도 사문서로 된다. 그리고 작성자는 사본, 등본의 인증자이기 때문에 그 내용에 수정을 하였다고 하더라도 인증에 대하여 작성명의를 위조하지 않는 한 허위문서의 작성, 즉 무형위조밖에 성립하지 않는 것으로 된다. 형법은 무형위조에 대하여는 일정한 범위밖에 범죄를 구성하지 않는다고 하고 있기 때문에 그 처벌의 범위는 좁게 되지 않을 수 없다는 귀결에 이르게 된다.

(4) 생략문서의 문서성

1) 의 의

문서는 표시된 내용이 반드시 문장의 형식일 것을 요하지 않는다. 문서는 생략된 소위 생략문서(省略文書, verkürzte Urkunde)이든 간략화된 소위 간략문서이든 묻지 않는다. 예컨대 우체국의 일부인(日附印)은 표시하는 연월일에 그 우체물을 인수하였다는 것을 증명하는 문서라고 할 수 있고, 물품세증지는 세금납부의 사실을 증명하는 정부발행의 문서하고 할 수 있다.

판례도 생략문서의 문서성을 인정하고 있다. 대법원은 소인에 대하여 "사람의 동일성을 표시하기 위하여 사용되는 일정한 상형인 인장이나, 사람의 인격상의 동일성 이외의 사항에 대해서 그 동일성을 증명하기 위한 부호인 기호와는 구분되며, 이른바 생략문서도 그것이

사람 등의 동일성을 나타내는 데에 그치지 않고 그 이외의 사항도 증명, 표시하는 한 인장이나 기호가 아니라 문서로서 취급하여야 한다"고 판시한 바 있다.[28]

생략문서의 문서성을 긍정한 판례의 구체적 내용은 다음과 같다. 즉,

> 구청 세무계장 명의의 소인을 세금 영수필 통지서에 날인하는 의미는 은행 등 수납기관으로부터 그 수납기관에 세금이 정상적으로 입금되었다는 취지의 영수필 통지서가 송부되어 와서 이에 기하여 수납부 정리까지 마쳤으므로 이제 그 영수필 통지서는 보관하면 된다는 점을 확인함에 있는데, 소인이 가지는 의미가 위와 같은 것이라면 이는 하나의 문서로 보아야 한다.[29]

2) 낙관의 문서성

문제는 낙관(落款)의 문서성에 있다. 이에 관하여는 인장설과 문서설이 다투고 있다. 첫째, 인장설(印章說)은 예술작품에 예술가가 한 낙관은 문서가 아니므로 인장에 관한 죄가 성립할 뿐이라고 한다. 낙관도 그 자체로 관념을 표시하는 것이며 그것이 법률상 중요성을 갖는 사실을 증명하는 것이 아닌 한 사실증명에 관한 문서라고 할 수 없기 때문이라고 한다. 둘째, 문서설(文書說)은 낙관은 예술가가 자기의 작품이라는 의사를 표현한 것이므로 문서에 속한다고 한다. 표시가 생략되어 있는 생략문서도 연결된 의미내용을 표시할 수 있는 범위에서는 문서가 될 수 있기 때문이라고 한다. 생각건대 낙관은 예술작품에 대한 작가의 작품이라는 것을 증명하려는 의사를 표시한 것이라고 하는 한 문서에 해당한다고 해석될 수 있다. 이러한 의미에서 문서설이 타당하다고 할 수 있다. 이는 후술하는 항목 중의 하나인 서명(署名)에 있어서도 마찬가지이다.

3) 인장 · 서명 · 기명 · 기호의 문서성

인장 · 서명 · 기명 · 기호에 있어서도 문서성이 문제되고 있다. 이에 관하여 자세한 것은 항을 바꾸어 인장에 관한 죄에서 후술하기로 한다.

2. 문서의 요소

(1) 의 의

문서란 전술한 바와 같이 문자 또는 이에 대신할 수 있는 가독적 부호로 계속적으로 물체 상에 기재된 의사 또는 관념의 표시로서 그 내용이 법률상, 사회 생활상 주요 사항에 관한 증거로 될 수 있는 것을 말한다. 여기서 문서의 개념요소로서는 계속적 기능, 증명적 기능 및 보장적 기능이 거론될 수 있다.

(2) 계속적 기능

문서에 있어서 계속적 기능(繼續的 機能, Perpetuierungsfunktion)이란 문서는 문자 또는 이에 대신할 수 있는 가독적 부호로 계속적으로 물체 상에 기재된 의사 또는 관념의 표시이어야 한다는 기능을 말한다.

---

28) 대법원 1995.9.5. 선고 95도1269 판결.
29) 대법원 1995.9.5. 선고 95도1269 판결.

1) **계속성**

문서는 물체에 고정된 의사표시를 말한다. 의사표시는 계속성을 가질 것을 요한다. 계속성이 인정될 때에만 문서가 가지고 있는 법적 거래에 있어서의 중요한 기능을 다할 수 있기 때문이다. 계속성은 어느 정도의 지속성을 요하나 반드시 영구적일 것을 요하는 것은 아니다. 구두에 의한 사상의 표현은 계속성이 없어 문서가 될 수 없다. 모래나 눈 위에 쓴 글이나 흑판에 백묵으로 쓴 글도 지속되지 않는 한 문서에 해당하지 않는다.

2) **가시성 · 가독성**

물체에 표시된 의사표시는 계속성을 가져야 할 뿐만 아니라 시각적 방법에 의하여 표시되어야 한다. 문서는 의사표시이다. 의사표시는 사법상의 의사표시를 말하는 것이 아니라 단순한 사상 또는 관념의 표시를 의미한다. 따라서 문서는 타인에게 사상의 내용을 전달하여 인식할 수 있는 것임을 요한다. 명찰이나 표찰 등은 의사나 관념을 표시한 것이라고는 할 수 없기 때문에 문서에 해당하지 않는다.

의사표시의 방법은 반드시 문자에 의할 것을 요하지 않으며 부호에 의하는 경우를 포함한다. 문자에 의하는 경우에는 어느 나라의 언어에 의한 것인가를 불문한다. 부호에 의한 경우로는, 예컨대 속기용의 부호, 전신부호 또는 맹인의 점자에 의한 경우를 들 수 있다. 부호에 의한 문서는 반드시 발음적 부호에 한정할 필요는 없으며, 가독적 부호이면 족하기 때문에 상형적 부호도 포함한다. 따라서 접수일부인(接受日附印)의 날인도 문서에 해당한다. 다만 본인 또는 특정한 당사자만 해독할 수 있는 암호를 사용한 물체는 문서라고 할 수 없다.

문서는 시각에 호소하는 방법에 의하여 표시될 것을 요하고, 예컨대 레코드나 녹음 테이프와 같은 단순히 음성으로 표시된 것은 문서에 포함되지 않는다. 이러한 의미에서 문서는 가시성(可視性) 또는 가독성(可讀性)을 요한다고 할 수 있다. 그러나 마이크로 필름과 같이 독취에 어느 정도 장치를 필요로 하는 것도 문서로 해석될 수 있다. 또 바코드와같이 전자계산기에 의한 정보처리에 제공하는 것이라도 사람의 지각을 가지고 인식할 수 있기 때문에 전자기록에 포함되지 않는 것도 문서 속에 포함된다.

(3) **증명적 기능**

문서의 증명적 기능(證明的 機能, Beweisfunktion)이란 문서는 의사 또는 관념의 표시로서 그 내용이 법률상, 사회 생활상 주요 사항에 관한 증거로 될 수 있어야 한다는 기능을 말한다. 증명적 기능은 객관적인 증명능력과 주관적인 증명의사로 구성된다고 할 수 있다.

1) **증명능력**

증명능력(證明能力, Beweiseignung)이란 문서의 내용은 법적으로 중요한 사실, 즉 법률관계와 사회생활상의 중요사항을 증명할 수 있는 것이어야 한다는 것을 말한다. 문서에 있어서 표시의 내용이 법률상 또는 사회생활상 중요한 사항에 대하여 증거로 되는 것은 아니라면 특히 형법에

서 보호할 필요성은 없다고 하겠다. 법률상 권리의무나 사실증명에 관한 문서만이 형법상 보호될 수 있는 위조·변조의 목적물로 되기 때문이다. 논문 등의 저작물이나 단순히 사상을 표현하는 데 지나지 않는 소설이나 시가 등의 예술작품은 증명능력을 가지지 않기 때문에 형법에서 말하는 문서가 될 수 없다. 증명할 수 있다는 것은 사상의 표현이 그 자체 또는 다른 상황과 결합하여 확신형성에 기여할 수 있음을 의미한다. 문서의 증명능력은 진정한 문서를 전제로 한다.

2) 증명의사

증명의사(證明意思, Beweisbestimmung)란 문서는 증명의사를 요한다는 것을 말한다. 증명의사는 확정적 의사임을 요한다. 문서가 공공의 신용성을 가지기 위해서는 일정한 시간과 장소에서 표시된 확정적인 사람의 관념 또는 의사의 직접적인 표시이고 달리 대체를 허용하지 않고 유일한 것이어야 한다.

표시된 의사는 확정적이지 않으면 안 된다는 것을 문서의 확정성(確定性)이라고 하고, 대체를 허용하지 않고 유일한 것이라는 것을 문서의 원본성(原本性)이라고 한다. 불확정적인 의사 또는 관념의 표시인 초안(草案, Entwurf)이나 초고(草稿)는 확정성의 결여로 문서가 되지 못한다. 또 대체물에 지나지 않는 복사물이나 등본은 원본성의 결여로 인하여 문서라고 할 수 없다. 그러나 가계약서, 가영수증은 시한부로 작성된 것이라고 하더라도 확정적인 의사를 가지고 있으므로 문서에 해당한다.

한편 증명의사에 따라 문서는 목적문서와 우연문서로 구별될 수 있다. 목적문서(目的文書, Absichtsurkunde)는 처음부터 증명의사로 작성한 문서를 말한다. 우연문서(偶然文書, Zufallsurkunde)란 증명의사가 사후에 발생한 경우를 말한다. 공문서는 항상 목적문서이며 사문서에는 양자가 포함될 수 있다. 범죄내용이 기재된 범죄문서(Deliktsurkunde)도 목적문서에 속한다.

(4) 보장적 기능

문서의 보장적 기능(保障的 機能, Garantiefunktion)이란 문서의 내용을 보장하여야 한다는 기능을 말한다. 문서는 작성자 또는 보증인을 의미하는 명의인이 표시되어야 한다. 명의인이 없으면 문서가 될 수 없다. 익명에 의한 사상의 표현은 문서가 아니다. 문제는 문서의 작성자에 있다.

1) 명의인

① 의 의

문서에는 명의인이 표시되어야 한다. 문서는 의사·관념의 표시이고, 명의인은 의사·관념의 주체이기 때문이다. 명의인(名義人)이란 문서를 실제로 작성한 자를 말하는 것이 아니라 법적 거래에 있어서 문서의 표현내용이 귀속하는 자, 즉 의사표시의 주체를 말한다. 명의인이 거짓인 것이 유형위조에 해당하는 위조문서이다. 문서 자체로부터 명의인을 특정할 수 없는 경우에는 문서위조죄가 성립하지 않는다. 명의인이 존재하지 않는 낙서(落書)나 낙수(落首) 등은 본죄에서 말하는 문서가 될 수 없다.

② 특정방법

명의인은 자연인뿐만 아니라 법인과 법인격 없는 단체를 불문한다. 공무소이든 공무원이든 묻지 않는다. 거래관계에 있어서 독립된 사회적 지위를 가지고 활동하는 자이면 족하다. 명의인이 작성한 것으로 볼 수 있는 형식과 외관을 갖춘 이상 명의인의 날인을 요하는 것은 아니다. 명의인의 서명도 반드시 필요한 것은 아니다. 대법원도 "행사할 목적으로 작성된 문서가 일반인으로 하여금 당해 명의인의 권한 내에서 작성된 문서라고 믿게 할 수 있는 정도의 형식과 외관을 갖추고 있으면 문서위조죄가 성립하는 것이다"라고 하거나[30] "그 문서 등에 작성명의인의 날인 등이 없다고 하여도 그 명의자의 문서 등이라고 믿을 만한 형식과 외관을 갖춘 경우에는 그 죄의 객체가 될 수 있다"고 판시한 바 있다.[31]

③ 작성자와의 구별

문서의 명의인은 문서의 작성자와 구별되지 않으면 안 된다. 명의인과 작성자가 일치하는 문서를 진정문서(眞正文書), 일치하지 않는 문서를 부진정문서(不眞正文書) 또는 위조문서(僞造文書)라고 하기 때문이다. 명의인은 문서의 내용을 이루는 의사·관념의 주체로서 권한이나 책임의 주체가 되지만, 작성자는 문서의 내용을 실제로 표시한 자에 지나지 않기 때문이다.

문서의 작성자의 개념에 있어서는 물체화설과 정신성설이 대립하고 있다. 첫째, 물체화설(物體化說)은 문서를 물리적으로 작성한 자가 문서의 작성자라고 한다. 행위설 또는 사실설이라고도 한다. 둘째, 정신성설(精神性說)은 정신적 활동으로서 문서에 의사표시를 고정화시킨 자가 문서의 작성자라고 한다. 의사설, 관념설 또는 효과귀속설이라고도 한다. 인쇄된 문서나 타이피스트에 의하여 타이프된 문서의 경우 사실설에서는 인쇄공, 타이피스트가 작성자로 됨에 반하여 관념설에서는 인쇄나 타이프를 의뢰한 자라고 하게 된다. 이 사례에서 보면 사실설은 취할 수 없게 된다.

2) 사자·허무인

명의인은 반드시 실재할 것을 요하지 않는다. 사자, 허무인 또는 가공인 등의 명의라고 하더라도 일반인에게 명의인이 실재한다고 오신하게 하는 것이면 문서성은 긍정된다. 문서위조죄는 문서에 대한 거래의 안전과 신용을 보호법익으로 하는 추상적 공공위험범이므로 일반인에게 진정한 문서라고 오신하게 할 염려가 있으면 본죄는 성립한다고 해석해야 하기 때문이다.

판례도 종래 사문서의 경우에는 명의인이 실재할 것을 요한다는 입장을 2005년 2월 24일 전원합의체 판결에 의하여 변경함으로써 공문서이든 사문서이든 묻지 않고 명의인이 실재할 것을 요하지 않는다고 하게 되었다. 대법원은 "명의인이 실재하지 않는 허무인이거나 또는 문서의 작성일자 전에 이미 사망하였다고 하더라도 그러한 문서 역시 공공의 신용

30) 대법원 2005.2.24. 선고 2002도18 전원합의체 판결; 대법원 2003.9.26. 선고 2003도3729 판결; 대법원 1971.7.27. 선고 71도905 판결; 대법원 1968.9.17. 선고 68도981 판결.

31) 대법원 2010.7.29. 선고 2010도2705 판결; 대법원 2000.2.11. 선고 99도4819 판결.

을 해할 위험성이 있으므로 문서위조죄가 성립한다고 봄이 상당하며, 이는 공문서뿐만 아니라 사문서의 경우에도 마찬가지라고 보아야 한다"고 판시한 바 있다.[32] 이 판례의 입장은 그대로 유지되고 있다.[33] 이러한 법리는 법률적, 사회적으로 자연인과 같이 활동하는 법인 또는 단체에도 그대로 적용된다.[34]

3. 문서의 종류

(1) 공문서와 사문서

형법은 문서를 공문서와 사문서로 구분하고 있다.

1) 공문서

공문서(公文書, öffentliche Urkunde)란 공무소 또는 공무원이 직무에 관하여 작성한 문서를 말한다. 작성명의인이 공무소 또는 공무원이라는 의미이다. 외국의 공무소 또는 공무원이 작성한 문서는 공문서가 아니다. 작성명의인이 공무소 또는 공무원이라도 직무에 관하여 작성된 것이 아니면 공문서가 될 수 없다. 직무에 관한 문서란 공무원이 그 직무권한 내에서 작성한 문서를 말한다. 직무권한의 근거는 법률에 한하지 않고 명령·내규 또는 관례에 의한 경우를 포함한다. 공문서를 긍정한 판례의 구체적 내용은 다음과 같다. 즉,

자생식물원 조성공사의 감리업체의 책임감리원인 갑이, 이 공사를 감독하는 담당공무원 을과 공모하여 허위 내용의 준공검사조서를 작성한 다음 준공검사결과보고서에 첨부하여 을에게 제출하여 공무원들의 결재를 받아 사무실에 비치한 사안에서, 위 '준공검사조서'는 공문서에 해당한다고 한 사례이다.[35] 십지지문 지문대조표는 수사기관이 피의자의 신원을 특정하고 지문대조조회를 하기 위하여 직무상 작성하는 서류로서 비록 자서란에 피의자로 하여금 스스로 성명 등의 인적사항을 기재하도록 하고 있다 하더라도 이를 사문서로 볼 수는 없다.[36] 농지관리기금법 제27조, 제28조에 의하면 정부는 농지조성사업등에 필요한 자금을 조달, 공급하기 위하여 농지관리기금(이하 기금이라고만 한다)을 설치운용하고 그 재원은 농지를 전용하고자 하는 자가 농지의보전및이용에관한법률 제4조 제4항의 규정에 의하여 납입하는 농지조성납입금 등으로 조성한다고 규정하고 있고 농지관리기금법 제32조 제1항, 제2항에 의하면 기금의 운용·관리업무는 농림수산부장관의 관장 사항이지만 농림수산부장관은 대통령령이 정하는 바에 의하여 그 업무의 일부를 공사에 위탁할 수 있다고 규정함으로써 이에 따라 같은법 시행령 제36조 제1항은 농림수산부장관은 기금의 운용·관리에

---

32) 대법원 2005.2.24. 선고 2002도18 전원합의체 판결. 이 판결로써 종전의 타인 명의의 문서를 위조하여 행사하였다고 하더라도 그 명의인이 실재하지 않는 허무인이거나 또는 문서의 작성일자 전에 이미 사망한 경우에는 사문서위조죄 및 동행사죄가 성립하지 않는다고 판시하였던 대법원 1997.7.25. 선고 97도605 판결, 1994.9.30. 선고 94도1787 판결, 1991.1.29. 선고 90도2542 판결, 1980.3.25. 선고 79도799 판결, 1977.2.22. 선고 72도2265 판결, 1970.11.30. 선고 70도2231 판결, 1969.10.14. 선고 69도1480 판결, 1966.11.22. 선고 66도1341 판결, 1960.8.10. 선고 4292형상658 판결, 1959.3.20. 선고 4291형상591 판결, 1957.8.30. 선고 4290형상214 판결 등은 모두 변경되었다.

33) 대법원 2005.3.25. 선고 2003도4943 판결.

34) 대법원 2005.3.25. 선고 2003도4943 판결.

35) 대법원 2010.4.29. 선고 2010도875 판결.

36) 대법원 2000.8.22. 선고 2000도2393 판결.

관한 회계업무와 법 제28조 제4호의 규정에 의한 농지조성납입금의 징수 및 관리에 관한 업무 등을 공사에 위탁한다고 규정하고 농지의보전및이용에관한법률 시행령 제8조 제1항,제2항은 농림수산부장관은 조성비를 미리 납입하게 하거나 조성비의 납입을 조건으로 하는 농지전용의 허가 등을 할 때에는 그 사실을기금에 관한 업무를 위탁받은 공사(기금관리자라고 한다)에게 통지하여야 하고 기금관리자가 위 통지를 받은 때에는 지체없이 조성비를 납입하여야 할 자에게 납입의 고지를 하여야 한다고 규정하고 있으며 나아가 농지관리기금법 제35조 제1항, 제2항에 의하면 농림수산부장관은 기금의 수입과 지출에 관한 업무를 행하기 위하여 소속 공무원 중에서 기금출납명령관과 기금출납공무원을 임명하여야 하는데 기금운용관리에 관한 업무를 공사의 사장에게 위탁할 경우에는 공사의 집행간부중에서 기금출납담당본부장을, 그 직원중에서 기금출납원을 각 임명할 수 있고 이 경우에 기금출납담당본부장은 기금출납명령관의 직무를, 기금출납원은 기금출납공무원의 직무를 행한다고 규정하고 있는 바 위 여러 규정에 비추어 볼 때 판시와 같은 농지조성비의 징수 및 관리업무는 국가의 사무이고 이를 수행하는 관계가 있어서 공사의 기금출납담당본부장과 기금출납원은 공무원이며 공사는 공무소라고 할 것이므로 공사가 위 공무수행의 일환으로 농지관리기금관리자 명의로 작성하여 청도군수에게 발송한 이 사건 납입고지서(농지조성비납입고지서-필자주)는 공문서에 해당한다고 보아야 할 것이다.[37] 간이절차에의한민사분쟁사건처리특례법에 의하여 설립된 공증인가 합동법률사무소 작성의 사서증서에 관한 인증서는 공문서이다.[38] 일반인으로 하여금 공무원 또는 공무소의 권한내에서 작성된 문서라고 믿을 수 있는 형식과 외관을 구비한 문서를 작성하면 공문서위조죄가 성립되므로, 피고인이 국립경찰병원장 명의의 진단서에 직인과 계인을 날인하고 환자의 성명과 병명 및 향후치료소견을 기재하였다면 비록 진단서 발행번호나 의사의 서명날인이 없더라도 이는 공문서로서 형식과 외관을 구비하였으므로 공문서위조죄가 성립한다.[39] 공문서에 첨부한 도면에 간인이 날인되지 아니하였다는 이유만으로 그 도면을 공문서의 일부가 아니라고 볼 수 없다.[40] 외국환은행인 주식회사 서울신탁은행장 명의의 무역거래법에 의한 수출용 원자재 구매승인서는 동법 제31조의 취지에 비추어 공문서로 보아야 한다.[41] 가환지에 관한 경지정리확정지구 원도를 광주시장의 위탁에 의하여 대한지적협회 전라남도지부가 측량 작성하여 전라남도 세정과 지적계 기좌의 검사를 마친 후 광주시에 납품하고 다시 서구청으로 회송되어 온 경우에 위 지적도는 이미 이해관계인의 권리에 관한 사항을 기입한 것으로서 형법 제225조 소정의 공무소가 비치한 도화라고 봄이 상당하다.[42] 이장이 직무에 관하여 작성하는 문서는 공문서이다.[43] 한국은행 국고과 명의의 보관금(국고금) 잔액 증명시는 공문서이다.[44] 공무원이 그 권한에 의하여 작성한 문서는 신청자의 허위신고에 의한 허위내용의 것이라도 그 기재부분 자체는 당해공무소의 소유에 속하는 것이다.[45]

공문서를 부정한 판례의 구체적 내용은 다음과 같다. 즉,

---

37) 대법원 1993.4.27. 선고 92도3277 판결.
38) 대법원 1992.10.13. 선고 92도1064 판결; 대법원 1977.8.23. 선고 74도2715 전원합의체 판결.
39) 대법원 1987.9.22. 선고 87도1443 판결.
40) 대법원 1985.6.25. 선고 85도540 판결.
41) 대법원 1980.9.9. 선고 80도1924 판결.
42) 대법원 1980.8.12. 선고 80도1134 판결.
43) 대법원 1971.8.31. 선고 71도1052 판결.
44) 대법원 1969.7.29. 선고 69도1012 판결.
45) 대법원 1959.6.30. 선고 4292형상177 판결.

피고인이 위조 행사하였다는 출근통지서는 타자용지에 타자기로 "발신 3호 성명 C, 귀하는 1990년 11월 24일 오전 10시까지 의정부시청 A과로 출근하시요. 1990년 11월 20일 A과"라고 기재된 것이고 거기에는 공소외 D의 사인이 찍혀 있다고 인정하고, 위 출근통지서는 대외적인 발신문서의 내용을 가지고 있는데도 그 두문에 발신기관명이 기재되어 있지 않고, 그 작성명의도 공무소인 의정부시청이나 공무원인 그 시장 또는 보조기관인 A과장으로 되어 있지 않고 말단에 A과로만 기재되어 있어 본문의 내용을 읽어보지 않고는 어느 기관의 A과인지 선뜻 알아볼 수 없게 되어 있고, 위 "A과"라는 기재부분 옆에는 직인이나 관인이 아닌 공소외에 D의 사인이 찍혀 있어 그 외관이 공문서라고 보기 어려울 정도로 극히 조악하고, 그 본문에 있어서도 출근통지라는 매우 이례적인 내용을 담고 있는 점 등을 종합 고찰하여 보면, 위 출근통지서는 평균수준의 사리분별력을 갖는 사람이 조금만 주의를 기울여 살펴보면 공무소 또는 공무원이 그 직무권한 내에서 작성한 것이 아님을 쉽게 알아볼 수 있을 정도로 공문서로서의 형식과 외관을 갖추지 못하였다고 판단하였는바, 위 출근통지서의 내용과 작성방식이 위와 같고 거기에 찍힌 도장이 의정부시청의 공무원도 아닌 공소외 D의 사인이 찍혀 있었다면 위와 같은 문서는 외견상으로도 공무소 또는 공무원이 그 직무권한 내에서 작성한 공문서라고 보기 어렵다고 하겠으므로, 원심의 위와 같은 판단은 정당하다고 보아야 할 것이다.[46] 공립학교 교사가 작성하는 교원의 인적사항과 전출희망사항 등을 기재하는 부분과 학교장이 작성하는 학교장의견란 등으로 구성되어 있는 교원실태조사카아드는 학교장의 작성명의 부분은 공문서라고 할 수 있으나, 작성자가 교사 명의로 된 부분은 개인적으로 전출을 희망하는 의사표시를 한 것에 지나지 아니하여 이것을 가리켜 공무원이 직무상 작성한 공문서라고 할 수는 없을 것이므로 위 카드의 교사 명의 부분을 명의자의 의사에 반하여 작성하였다고 하여도 공문서를 위조한 것이라고 할 수 없다.[47] 공소외인이 농업양곡직매장 운영에 관하여 자기명의의 문서를 작성할 권한을 부여받았다 하더라도 이 사건과 같은 개인 채무부담의 의견표시인 문서는 다른 사정이 없는 한 경험칙이나 논리칙상 공적 문서로 볼 수 없다.[48]

2) 사문서

사문서(私文書, Privaturkunde)란 사인이 작성한 문서를 말한다. 사인명의의 문서 중 권리·의무와 사실증명에 관한 문서만이 사문서가 될 수 있다. 권리·의무에 관한 문서란 권리·의무의 발생·변경·소멸에 관한 사항을 기재한 문서를 의미하며, 사실증명에 관한 문서란 권리·의무에 관한 문서 이외의 문서로서 거래상 중요한 사실을 증명하는 문서를 말한다.

사문서를 긍정한 판례의 구체적 내용은 다음과 같다. 즉,

화물자동차법 제64조 제1항은 국토해양부장관이 이 법에 따른 권한 일부를 대통령이 정하는 바에 따라 제48조에 따라 설립된 협회 등에 위탁할 수 있도록 규정하고 있고, 화물자동차법 시행령 제15조 제1항 제1호는 '화물자동차법 제3조 제3항 단서에 따른 허가사항 변경신고'의 사항에 관한 권한을 협회에 위탁한다고 규정하고 있다. 그런데 화물자동차법은 그 권한의 일부를 위탁받은 업무에 종사하는 협회 등의 임원과 직원에 대하여 일반적으로 공무원으로 의제하는 규정을 두고 있지 않다. 다만 화물자동차법 제64조 제2항은 "제1항에 따라 위탁받은 업무에 종사하는 협회 등의 임원과 직원은 형법 제129조부터 제132조까지의 규정에 따른 벌칙을 적용할 때에는 공무원으로 본다"

46) 대법원 1992.5.26. 선고 92도699 판결.
47) 대법원 1991.9.24. 선고 91도1733 판결.
48) 대법원 1984.3.27. 선고 83도2892 판결.

라고 규정하고 있으나, 이는 협회 등의 임원과 직원에게 형법이 규정하고 있는 뇌물에 관한 죄를 적용할 때에만 공무원으로 의제한다는 의미로 해석된다. 이러한 화물자동차법령의 관련 규정들을 앞에서 본 법리에 비추어 살펴보면, 협회의 임원과 직원이 화물자동차법령에 따라 국토해양부장관으로부터 '화물자동차법 제3조 제3항 단서에 따른 허가사항 변경신고'에 관한 업무를 위탁받았더라도 형법 제225조의 공문서위조죄나 형법 제227조의 허위공문서작성죄의 주체인 공무원이 될 수 없고, 그 공무원이 아닌 협회 이사장이 작성한 대폐차수리통보서는 사문서에 해당한다.[49] 사실증명에 관한 사문서에는 법률상 또는 사회생활상의 사실의 증명에 관한 문서가 포함된다고 할 것이므로 채권계약서의 입회인으로 타인의 명의를 함부로 써서 작성한 문서는 사문서에 해당한다.[50] 사문서의 작성명의자의 인장이 찍히지 아니하였더라도 그 사람의 상호와 성명이 기재되어 그 명의자의 문서로 믿을 만한 형식과 외관을 갖춘 경우에는 사문서위조죄에 있어서의 사문서에 해당한다고 볼 수 있다.[51]

(2) 특수형태의 문서

문서의 특수형태로는 개별문서에 대하여 전체문서와 결합문서가 있다. 문서의 수는 죄수를 결정하는 기준이 된다. 하나의 문서에 대하여는 하나의 죄만이 성립하게 된다. 앞의 문서는 모두 하나의 문서로 취급된다는 점에서 수개의 문서가 병존하는 형태의 문서라고 할 수 있는 복합문서(複合文書)와는 근본적으로 구별된다고 할 수 있다.

1) 개별문서

개별문서란 개별적으로 사상이나 관념이 표시되어 있는 독립된 문서를 말한다. 하나의 문서이기 때문에 하나의 죄가 성립하게 된다.

2) 전체문서

전체문서(Gesamt-urkunde)란 개별적인 문서가 계속적인 형태에 의하여 통일된 전체로 결합되어 독자적인 표시내용을 가지는 경우를 말한다. 예금통장, 상업장부, 형사기록 등이 이에 해당한다. 전체문서의 기능은 전체가 문서죄의 객체로 되어 하나의 범죄가 성립한다는 점에 있다.

3) 결합문서

결합문서(zusammengesczte Urkunde)란 문서가 검증의 목적물과 장소적으로 결합되어 통일된 증명내용을 가지는 경우를 말한다. 사진을 첨부한 증명서가 대표적인 예이다. 결합문서도 결합된 범위에서 하나의 문서로 취급된다.

(3) 기타의 분류

문서는 전술한 바와 같이 진정문서와 부진정문서 또는 목적문서와 우연문서 등으로 분류되기도 한다. 이 외에 문서는 사상 또는 관념이 문장의 형식으로 표현되어 있는 완전문서(完全文書)와 사상 또는 관념이 완전한 문장의 형식이 아니라 축약된 형태로 표현되어 있는

---

49) 대법원 2016.3.24. 선고 2015도15842 판결.
50) 대법원 2000.2.11. 선고 99도4819 판결.
51) 대법원 2000.2.11. 선고 99도4819 판결.

생략문서(省略文書)로 구분되기도 한다.

§2. 공문서 등의 위조 · 변조죄

제225조(공문서등의 위조 · 변조) 행사할 목적으로 공무원 또는 공무소의 문서 또는 도화를 위조 또는 변조한 자는 10년 이하의 징역에 처한다.

제235조(미수범) 제225조 ~ 의 미수범은 처벌한다.

제237조(자격정지의 병과) 제225조 ~ 를 범하여 징역에 처할 경우에는 10년 이하의 자격정지를 병과할 수 있다.

제237조의2(복사문서등) 이 장의 죄에 있어서 전자복사기, 모사전송기 기타 이와 유사한 기기를 사용하여 복사한 문서 또는 도화의 사본도 문서 또는 도화로 본다.

제5조(외국인의 국외범) 본법은 대한민국영역외에서 다음에 기재한 죄를 범한 외국인에게 적용한다.
6. 문서에 관한 죄중 제225조 내지 제230조

Ⅰ. 서 설

본죄는 행사할 목적으로 공무원 또는 공무소의 문서 또는 도화를 위조 또는 변조함으로써 성립한다. 행사할 목적을 요하는 목적범이다. 공문서 · 공도화의 유형위조와 유형변조를 처벌하기 위한 죄이다.

Ⅱ. 범 죄

1. 구성요건

(1) 객관적 구성요건

1) 주 체

본죄의 주체에는 제한이 없다. 비공무원이 본죄를 범할 수 있는 것은 말할 것도 없지만 공무원이라도 그 작성권한에 속하지 않는 문서를 멋대로 작성하거나 그 직무의 집행에 관계없이 공무소 또는 공무원 명의의 문서를 작성하는 때에는 본죄를 구성한다.

2) 객 체

본죄의 객체는 공무원 또는 공무소가 작성한 문서 또는 도화이다. 문서 또는 도화는 공문서 또는 공도화를 지칭한다.

① 공문서 · 공도화

공문서(公文書)란 공무원 또는 공무소가 그 직무에 관하여 작성한 문서를 말한다.[52] 공도화(公圖畵)도 마찬가지로 공무원 또는 공무소가 그 직무에 관하여 작성한 도화를 말한다. 지적도, 도시계획도 등이 이에 속한다. 공문서는 사문서와 마찬가지로 권리, 의무 또는 사실증명에 관한 것을 요건으로 하는 견해도 있지만, 공문서는 그 성질상 당연하게 이 요건을

52) 대법원 2016.1.14. 선고 2015도9133 판결; 대법원 1996.3.26. 선고 95도3073 판결.

구비하고 있는 것으로 보인다. 공무원 또는 공무소가 그 권한에 의하여 작성한 것이라면 공법상의 것에 한하지 않고 사법상의 법률관계에 관한 것이라도 본죄의 공문서에 해당한다. 전자복사기, 모사전송기 기타 이와 유사한 기기를 사용하여 복사한 문서의 사본도 문서원본과 동일한 의미를 가지는 문서(제237조의2 참조)이기 때문에 이를 다시 복사한 문서의 재사본도 본죄의 공문서가 된다.[53]

공문서를 긍정한 판례의 구체적 내용은 다음과 같다. 즉,

피고인이 타인의 주민등록증을 이용하여 주민등록증상 이름과 사진을 하얀 종이로 가린 후 복사기로 복사를 하고, 다시 컴퓨터를 이용하여 위조하고자 하는 당사자의 인적사항과 주소, 발급일자를 기재한 후 덮어쓰기를 하여 이를 다시 복사하는 방식으로 전혀 별개의 주민등록증사본을 창출시킨 그 사본 또한 공문서위조 및 행사죄의 객체가 되는 공문서에 해당한다.[54] 형법 제237조의2에 따라 전자복사기, 모사전송기 기타 이와 유사한 기기를 사용하여 복사한 문서의 사본도 문서원본과 동일한 의미를 가지는 문서로서 이를 다시 복사한 문서의 재사본도 문서위조죄 및 동 행사죄의 객체인 문서에 해당한다.[55] 사서증서인증서 원본의 보관에 관하여 법령상의 근거규정이 없다고 하더라도 관례상 합동법률사무소에서 보존 관리하고 있는 사서증서인증서는 그 인증서 원본으로 볼 수 있다.[56] 피고인이 수해복구를 위한 중장기성자금 융자대상자 변경통보서에 전남 영광군 백수면 죽사리 이장 (갑)과 같은면 장산리 이장 (을)의 승낙없이 그 정을 모르는 같은 면 사무소 임시직원 (병)으로 하여금 위 각 이장 명의의 공소외 (무) 및 (기)에 대한 수해보고서를 작성케하고 그 인장을 임의로 각 조각하여 위 문서에 각각 날인하여 위조행사한 사실을 인정한 후 이를 사문서위조 동행사로 판단하였다. 그러나 이장도 지방자치법 제146조 지방자치에관한임시특별조치법 제9조의 3에서 규정하고 있는 지방자치단체의 기관으로서 그가 직무에 관하여 작성하는 문서는 공문서이지 사문서가 아님에도 불구하고 위 문서의 위조 및 동행사를 사문서 위조 및 동행사로 판단한 1심판결을 인용한 원판결에는 법령오해의 위법이 있다할 것이므로 원판결은 파기를 면치 못할 것이다.[57]

공문서를 부정한 판례의 구체적 내용은 다음과 같다. 즉,

선박안전법 제60조 제1항은 "해양수산부장관(2013.3.23. 법률개정 전에는 국토해양부장관이었다)은 선박검사 및 선박검사증서의 교부 등에 관한 업무를 선박안전기술공단(이하 '공단'이라 한다)과 협정을 체결하는 방식으로 공단에게 대행하게 할 수 있다"고 규정하고 있다. 이 규정에 따라 공단이 해양수산부장관의 업무를 대행하는 경우에 관하여 선박안전법 제82조는 '제60조 제1항 등의 규정에 따른 대행검사기관의 임원 및 직원은 형법 제129조 내지 제132조의 적용에 있어 공무원으로 본다'고 규정하고 있을 뿐이고, 그 밖에 공단의 임직원을 공문서위조죄나 허위공문서작성죄에서의 공문서 작성 주체인 공무원으로 의제하거나 공단이 발급하는 선박검사증서를 공문서로 의제하는 취지의 명문규정은 없다. 이러한 선박안

53) 대법원 2000.9.5. 선고 2000도2855 판결; 대법원 1996.5.14. 선고 96도785 판결; 대법원 1989.9.12. 선고 87도506 전원합의체 판결.

54) 대법원 2004.10.28. 선고 2004도5183 판결.

55) 대법원 2000.9.5. 선고 2000도2855 판결; 대법원 1996.5.14. 선고 96도785 판결; 대법원 1989.9.12. 선고 87도506 전원합의체 판결.

56) 대법원 1992.10.13. 선고 92도1064 판결.

57) 대법원 1971.8.31. 선고 71도1052 판결.

전법 관련 규정을 앞서 본 법리에 비추어 살펴보면, 공단이 선박안전법 제60조 제1항에 따라 해양수산부장관의 선박검사업무 등을 대행하면서 선박검사증서를 발급하더라도 그 업무를 수행하는 공단 임직원을 공문서의 작성 주체인 공무원으로 볼 수는 없다고 할 것이다. 이 경우에 관하여 선박안전법 제82조가 대행검사기관인 공단의 임직원을 형법 제129조 내지 제132조의 적용에 있어 공무원으로 의제하는 것으로 규정한다고 하여 이들이 공문서위조죄나 허위공문서작성죄에서의 공무원으로도 될 수 있다고 보는 것은 형벌법규를 피고인에게 불리하게 지나치게 확장해석하거나 유추해석하는 것이어서 죄형법정주의 원칙에 반한다. 따라서 공단이 해양수산부장관을 대행하여 이사장 명의로 발급하는 선박검사증서는 공무원 또는 공무소가 작성하는 문서라고 볼 수 없으므로 공문서위조죄나 허위공문서작성죄에서의 공문서에 해당하지 아니한다.[58] 온천수개발합의서에 대한 인증서는 공증인법 제34조에 정한 공정증서가 아니라 공증인법 제57조 제1항에 정한 사서증서의 인증에 해당함이 분명한데, 공증인법 제57조 제1항은 "사서증서의 인증은 당사자로 하여금 공증인의 면전에서 사서증서에 서명 또는 날인하게 하거나 사서증서의 서명 또는 날인을 본인이나 그 대리인으로 하여금 확인하게 한 후 그 사실을 증서에 기재함으로써 행한다"라고 규정하고 있으므로, 공증인이 공증인법 제57조 제1항의 규정에 의하여 사서증서에 대하여 하는 인증은 당해 사서증서에 나타난 서명 또는 날인이 작성명의인에 의하여 정당하게 성립하였음을 인증하는 것일 뿐 그 사서증서의 기재 내용을 인증하는 것은 아니다. 그렇다면 사서증서 인증서 중 인증기재 부분은 공문서에 해당한다고 하겠으나, 위와 같은 내용의 인증이 있었다고 하여 사서증서의 기재 내용이 공문서인 인증기재 부분의 내용을 구성하는 것은 아니라고 할 것이므로, 이 사건과 같이 사서증서의 기재 내용을 일부 변조한 행위는 공문서변조죄가 아니라 사문서변조죄에 해당한다고 보아야 할 것이다.[59]

② 공무원 · 공무소

공문서 또는 공도화의 작성권한자는 공무원 또는 공무소이다. 공무원이란 국가 또는 지방자치단체의 직원, 법령에 의하여 공무에 종사하는 의원, 위원 등을 말한다. 공무소란 관공청 기타 공무원이 직무를 행하는 장소를 말한다. 공무원에는 다른 법령에서 공무원으로 간주하는 자도 포함된다. 공무원은 우리나라 공무원 또는 공무소만을 의미한다. 외국의 공무원 또는 공무소는 공무원에 포함되지 아니하고 이의 문서는 사문서로 된다. 행위주체가 공무원과 공무소가 아닌 경우에는 형법 또는 특별법에 의하여 공무원 등으로 의제되는 경우를 제외하고는 계약 등에 의하여 공무와 관련되는 업무를 일부 대행하는 경우가 있더라도 공무원 또는 공무소가 될 수 없다. [60]

공문서의 작성권한의 근거는 법령이든 내규이든 또는 관례이든 묻지 않는다. 다만 공무소 또는 공무원이 작성한 것이라도 그 직무권한 내에서 직무에 관하여 작성한 것이라고 할 수 없는 문서는 공문서는 아니다. 문서가 공무소, 공무원의 직무권한 내에서 그 직무에 관하여 작성된 것이라고 믿게 하기에 족한 형식, 외관을 가지고 있는 때에는 공무소, 공무원의 권한에 속하지 않는 사항에 관한 것이라도 본죄의 성립에 관하여는 공문서로 된다. 만약

58) 대법원 2016.1.14. 선고 2015도9133 판결.
59) 대법원 2005.3.24. 선고 2003도2144 판결.
60) 대법원 2016.1.14. 선고 2015도9133 판결; 대법원 1996.3.26. 선고 95도3073 판결.

공문서로서의 요건을 가지고 있지 않아도 일반인이 공문서로서의 요건을 구비하고 있는 것으로 오신할 정도의 형식, 외관을 가지고 있는 한 결국 문서의 진정에 대한 신용을 해하기에 족하기 때문이다.

공무원 · 공무소를 긍정한 판례의 구체적 내용은 다음과 같다. 즉,

금융위원회의 설치 등에 관한 법률(이하 '금융위원회법'이라고 한다) 제69조는 금융위원회 위원 또는 증권선물위원회 위원으로서 공무원이 아닌 사람과 금융감독원의 집행간부 및 직원은 형법이나 그 밖의 법률에 따른 벌칙을 적용할 때에는 공무원으로 보고(제1항), 제1항에 따라 공무원으로 보는 직원의 범위는 대통령령으로 정한다(제2항)고 규정하고 있다. 금융위원회법 제29조는 금융감독원의 집행간부로서 금융감독원에 원장 1명, 부원장 4명 이내, 부원장보 9명 이내와 감사 1명을 둔다(제1항)고 규정하고 있다. 금융위원회의 설치 등에 관한 법률 시행령(이하 '금융위원회법 시행령'이라고 한다) 제23조는 금융위원회법 제69조 제2항에 따라 실(국에 두는 실을 포함한다) · 국장급 부서의 장(제1호), 지원 또는 출장소(사무소를 포함한다)의 장(제2호), 금융기관에 대한 검사 · 경영지도 또는 경영관리업무를 수행하는 직원(제3호), 금융 관계 법령에 의하여 증권시장 · 파생상품시장의 불공정거래조사업무를 수행하는 직원(제4호), 기타 실 · 국 외에 두는 부서의 장(제5호)을 형법이나 그 밖의 법률에 따른 벌칙을 적용할 때 공무원으로 보는 금융감독원의 직원이라고 규정하고 있다. 위 규정은 금융위원회법 제37조에서 정한 업무에 종사하는 금융감독원장 등 금융감독원의 집행간부 및 실 · 국장급 부서의 장 등 금융위원회법 시행령에서 정한 직원에게 공무원과 동일한 책임을 부담시킴과 동시에 그들을 공무원과 동일하게 보호해 주기 위한 필요에서 모든 벌칙의 적용에 있어서 공무원으로 본다고 해석함이 타당하다. 따라서 금융위원회법 제69조 제1항에서 말하는 벌칙에는 금융감독원장 등 금융감독원의 집행간부 및 위 직원들이 지위를 남용하여 범법행위를 한 경우에 적용할 벌칙만이 아니라, 제3자가 금융감독원장 등 금융감독원의 집행간부 및 위 직원들에 대하여 범법행위를 한 경우에 적용할 벌칙과 같이 피해자인 금융감독원장 등 금융감독원의 집행간부 및 위 직원들을 보호하기 위한 벌칙도 포함되는 것으로 풀이하여야 한다. 그렇다면 금융위원회법 제29조, 제69조 제1항에서 정한 금융감독원 집행간부인 금융감독원장 명의의 문서를 위조, 행사한 행위는 사문서위조죄, 위조사문서행사죄에 해당하는 것이 아니라 공문서위조죄, 위조공문서행사죄에 해당한다.[61]

공무원 · 공무소를 부정한 판례의 구체적 내용은 다음과 같다. 즉,

변조된 각 영수증의 기재를 보면 농협중앙회 진해지소(시금고)가 수납하는 형식의 인쇄된 영수증 서식을 이용하여 상업은행 진해지점이 주민세 수납행위를 하고, 그 내역을 기재한 후 수납인란에 상업은행 진해지점의 수납인을 찍어 만든 납세자 보관용 영수증에 불과한바(원심이 유지한 제1심판결은 이를 국고수납대리점이 발행한 영수증으로 설시하고 있으나 주민세는 지방세이므로 국고수납대리점의 문서로 표시한 것도 잘못이다), 금융기관의 이와 같은 업무는 지방재정법 제64조 제1항, 동 시행령 제72조에 의하여 지방자치단체와의 금고설치계약을 체결하고 금고업무를 취급하게 되거나 또는 위 시행령 제73조에 의해 시금고업무의 일부를 또 다시 대행해 주는데 불과하다 할 것인즉, 이와 같은 계약에 기하여 지방세의 수납업무를 일부 관장한다고 해서 그 은행직원이나 은행이 공무원 또는 공무소가 되는 것은 아니라고 본다.[62]

---

61) 대법원 2021.3.11. 선고 2020도14666 판결.

3) 행 위

본죄의 실행행위는 위조 또는 변조이다. 행사할 목적을 가지고 공무원 또는 공무소의 문서 또는 도화를 위조 또는 변조하는 것이다.

① 위 조

ⓘ 의 의 위조(僞造, Fälschung)란 작성권한 없는 자가 타인 명의를 이용하여 부진정한 문서를 작성하는 것을 말한다.[63] 이러한 의미에서 위조는 부진정문서를 작성하는 유형위조가 된다. 위조는 속칭 가짜를 만든다는 점에서 가짜로 만드는 변조와 구별된다고 할 수 있다.

판례에 의하면 공문서의 위조라 함은 행사할 목적으로 공무원 또는 공무소의 문서를 정당한 작성권한 없는 자가 작성권한 있는 자의 명의로 작성하는 것을 말한다.[64] 따라서 타인의 명의를 이용하지 않는 한 위조로는 되지 않는다. 위조된 문서원본을 단순히 전자복사기로 복사하여 그 사본을 만드는 행위도 공공의 신용을 해할 우려가 있는 별개의 문서사본을 창출하는 행위로서 문서위조행위에 해당한다.[65]

ⓘⓘ 정 도 이용된 타인명의는 문서 자체에서 판별될 수 있어야 한다. 명의인이 명확하지 않은 문서에 대하여는 위조는 인정되지 않는다. 나아가 위조된 문서는 정규의 작성권한을 가지는 자가 그 권한 내에서 작성한 진정한 문서라고 일반인으로 하여금 오신시키기에 족한 정도의 형식과 외관을 구비하지 않으면 안 된다. 대법원도 "일반인으로 하여금 공무원 또는 공무소의 권한 내에서 작성된 문서라고 믿을 수 있는 형식과 외관을 구비한 문서를 작성하면 공문서위조죄가 성립한다"고 판시한 바 있다.[66] 따라서 공무소 또는 공무원이 실존하지 아니하여도 그 공무소가 실존하고 그 산하 공무원이 실존하는 것으로 일반인이 오인할 우려가 있으며 그 이름의 문서가 실존하는 공무원이 작성한 문서로 볼 수 있는 정도의 형식과 외관을 갖춘 이상 공문서위조죄가 성립된다.[67] 이 정도에 이른 문서라면 해당 문서의 법률상 적법·유효의 여부는 묻지 않는다.

ⓘⓘⓘ 수단·방법 위조의 수단이나 방법에는 제한이 없다. 간접정범의 형태라도 상관없다. 제3자를 이용하는 경우든 명의인을 기망하여 문서를 작성하게 하는 경우든 묻지 않는다. 상대방의 문맹을 이용하여 문서의 내용을 오신하게 하고 서명날인하게 하는 것은 위조죄의 간접정범으로서 간접위조(間接僞造)에 해당한다. 협박에 의한 경우에도 이와 같다. 그러나 문서의 내용을 이해할 수 있는 자를 기망하여 차용금이 존재하지 않음에도 불구하고 차용증서를 작성하게 한 경우에는 위조죄의 간접정범으로는 되지 않는다. 간접정범에 있어서의

62) 대법원 1996.3.26. 선고 95도3073 판결.

63) 대법원 2007.3.15. 선고 2007도169 판결; 대법원 2006.9.28. 선고 2006도1545 판결; 대법원 2005.10.28. 선고 2005도6088 판결; 대법원 1983.10.25. 선고 83도2257 판결.

64) 대법원 1983.5.24. 선고 82도1426 판결.

65) 대법원 1996.5.14. 선고 96도785 판결.

66) 대법원 2005.3.25. 선고 2003도4943 판결; 대법원 2005.2.24. 선고 2002도18 전원합의체 판결; 대법원 2003.9.26. 선고 2003도3729 판결; 대법원 1992.11.27. 선고 92도2226 판결; 대법원 1971.7.27. 선고 71도905 판결; 대법원 1969.1.21. 선고 68도1570 판결; 대법원 1968.9.17. 선고 68도981 판결.

67) 대법원 1968.9.17. 선고 68도981 판결.

도구로 되기 위해서는 어디까지나 명의인이 문서내용을 이해할 수 없을 것이 요구되기 때문이다. 명의인에게 내용을 인식하게 한 후 문서를 작성하게 한 경우에는 기망에 의하여 기재내용을 진실하다고 오신하게 한 것이더라도 명의인에 의한 문서작성이 있었던 것은 부정될 수 없어 위조로는 되지 않는다. 위조는 새로이 문서를 작성하는 것은 물론 이미 완성되어 있는 진정문서를 고치든 기존의 미완성문서에 가공하여 문서를 완성하든 그 수단이나 방법은 묻지 않는다. 진정한 문서의 사본을 전자복사기를 이용하여 복사하면서 일부 조작을 가하여 그 사본 내용과 전혀 다르게 만드는 행위는 공공의 신용을 해할 우려가 있는 별개의 문서사본을 창출하는 행위로서 문서위조행위에 해당한다.[68]

위조를 긍정한 판례의 구체적 내용은 다음과 같다. 즉,

> 형법 제237조의2에 따라 전자복사기, 모사전송기 기타 이와 유사한 기기를 사용하여 복사한 문서의 사본도 문서원본과 동일한 의미를 가지는 문서로서 이를 다시 복사한 문서의 재사본도 문서위조죄 및 동 행사죄의 객체인 문서에 해당한다 할 것이고, 진정한 문서의 사본을 전자복사기를 이용하여 복사하면서 일부 조작을 가하여 그 사본 내용과 전혀 다르게 만드는 행위는 공공의 신용을 해할 우려가 있는 별개의 문서사본을 창출하는 행위로서 문서위조 행위에 해당한다.[69] 타인의 주민등록증사본의 사진란에 피고인의 사진을 붙여 복사하여 행사한 행위가 공문서위조죄 및 동행사죄에 해당한다.[70] 피고인 2의 지시를 받아 공동피고인 피고인 3이 작성한 토지대장등본은 소유명의가 공소외 (갑) 앞으로 되어 있는 토지대장을 전자복사기로 복사하여 그 복사본의 변동일자 및 변동원인란에 "1991.3.27. 법률 제3627호 명의변경", 소유자란에 "(을)"라고 각 써넣은 다음 좌측 하단에 "토지대장에 의하여 작성한 등본입니다. 1991년 7월 2일 인제군수"라는 고무인을 찍고 그 직인을 날인한 사실, 그 후 위 토지대장에 관하여 위 (을) 앞으로 소유권변동등록이 되었는데 그 내용은 앞서 본 등본의 기재와 달리 소유권의 변동일자 및 변동원인란에 "1991.7.4. 소유권보존"이라고 기재된 사실을 인정할 수 있는 바, 사실관계가 이와 같다면, 토지대장등본은 토지대장의 존재를 전제로 하여 토지대장에 대신하는 증명수단으로 사용되는 것이 거래실정인 점에 비추어 볼 때, 아무리 이 사건 토지에 관하여 특별조치법 소정의 공고 및 열람절차가 이의 없이 마쳐졌기 때문에 언제든지 당사자의 신청에 의하여 소유명의인변경등록이 가능한 상태에 있었고 그 변경등록에 필요한 당사자의 신청서도 이미 제출된 것으로 믿어졌으며 담당자가 없는 사이에 신속한 민원해결의 필요성이 있었다고 할지라도, 원심 판시와 같이 위 김옥녀 명의의 소유명의인변경등록 신청서를 1990.12.1. 자로 접수한 양 허위의 접수인을 찍고 담당계장이 아닌 피고인 2의 직인을 찍어 신청서접수서를 허위로 작성하고 또한 판시 접수대장까지 허위로 작성하면서 원본에도 없는 중요한 사항을 복사본에 추가기재하여 원본과 소유명의자가 전혀 다른 토지대장등본을 작성하였다면 이를 두고 위법성을 인식하지 못한 데에 정당한 이유가 있다고 할 수 없다. 따라서 이 사건에서 피고인 2 등이 위 토지대장등본을 위조할 당시 그들의 행위가 위법하다는 인식을 하지 못하였다고 인정하여 피고인 2를 이 사건 공문서위조 및 동행사죄로 벌할 수 없다면서 이 부분에 관하여 무죄를 선고한 원심에는 형법 제16조에 관한 법리를 오해한 위법이 있다 할 것이고, 이를 지적하는

68) 대법원 2000.9.5. 선고 2000도2855 판결; 대법원 1996.5.14. 선고 96도785 판결; 대법원 1989.9.12. 선고 87도506 전원합의체 판결.

69) 대법원 2004.10.28. 선고 2004도5183 판결; 대법원 2000.9.5. 선고 2000도2855 판결.

70) 대법원 2000.9.5. 선고 2000도2855 판결.

논지는 이유 있다.[71] 이륜자동차 사용신고필증의 작성권자인 동장(동장)들은 이륜자동차 사용신고와 관련된 그들의 업무처리를 사무장인 피고인들에게 위임하였기 때문에 피고인들에 의하여 허위내용의 이륜자동차 사용신고필증이 작성되고 있다는 사실을 전혀 모르고 있었으므로, 동장 명의의 문서인 위 사용신고필증에 동장의 직인을 날인한 피고인들에게 공문서위조죄만이 성립되고, 동장에게 허위공문서작성죄가 성립되지 않는다.[72] 피고인 4가 "입금통보서"라는 제목으로 "정보사령부 부지 매각 약정대금조의 일부로 국방부 시설국장 보좌관 (갑)의 은행구좌로 금 3억 원이 입금됨에 따라 피고인 4, (을) 간의 약정은 확정되었고 1991.3.9. 이를 공고키로 하였음을 통보한다"는 내용의 문서를 작성하고 그 말미에 "국방부 시설국장 보좌관 (갑)"이라고 타자한 후 직책과 이름이 각인된 고무명판 및 원형직인과 (갑)의 인장을 날인한 행위를 공문서위조죄로 인정한 원심의 조치는 정당한 것으로 수긍이 가고, 거기에 소론과 같은 공문서위조죄에 관한 법리오해의 위법이 있다고 할 수 없다. 논지는 이유 없다.[73] 피고인이 행사할 목적으로 타인의 주민등록증에 붙어있는 사진을 떼어내고 그 자리에 피고인의 사진을 붙였다면 이는 기존 공문서의 본질적 또는 중요 부분에 변경을 가하여 새로운 증명력을 가지는 별개의 공문서를 작성한 경우에 해당하므로 공문서위조죄를 구성한다.[74] 일반인으로 하여금 공무원 또는 공무소의 권한내에서 작성된 문서라고 믿을 수 있는 형식과 외관을 구비한 문서를 작성하면 공문서위조죄가 성립되므로, 피고인이 국립경찰병원장 명의의 진단서에 직인과 계인을 날인하고 환자의 성명과 병명 및 향후치료소견을 기재하였다면 비록 진단서 발행번호나 의사의 서명날인이 없더라도 이는 공문서로서 형식과 외관을 구비하였으므로 공문서위조죄가 성립한다.[75] 한국조폐공사법 제17조 규정의 취지에 비추어 동조에서 말하는 벌칙은 한국조폐공사의 임원이 지위를 남용하여 범법행위를 한 경우에 적용할 벌칙만을 말하는 것이 아니라 제3자가 위 공사의 임원에 대하여 범법행위를 한 경우에 적용할 벌칙과 같이 피해자인 임원보호를 위한 면에서의 벌칙도 포함하는 것으로 풀이하여야 하므로 한국조폐공사법 제10조 소정의 임원인 같은 공사사장 명의의 신분증명서를 위조, 행사한 행위는 형법상의 공문서위조, 동행사죄에 해당한다.[76] 군청소속의 도축장 검사원에게 군수명의로 된 백지의 지방우육 서울반출증을 보관하면서 적법한 도축신청과 서울축산기업 납세조합에서 발행한 지방우육 서울반입 실수요자확인증의 제출이 있는 경우에 한하여 위 백지반출증에 실수요자증명서의 발행번호와 반출증의 발행일자, 유효기간 등을 보충기재하여 반입실수요자에 교부할 권한만이 위임되어 있었던 경우라면 동 검사원에게 위 반출증의 작성권한이 위임되어 있다고 볼 수 없으므로 동 검사원이 적법한 도축신청과 실수요자확인증의 제출이 없음에도 허위의 반출증을 작성교부하였다면 공문서위조죄가 성립한다.[77] 유효기간이 경과하여 무효가 된 공문서상에 '정정의 경우에는 무효로 한다'는 기재가 있다고 하더라도 이는 작성권한 없는 자의 정정을 무효로 한다는 취지로 보아야 할 것이므로 권한없는 자가 그 유효기간과 발행일자를 정정하고 그 부분에 작성권한 자의 직인을 압날하여 공문서를 작성하였다면 이는 형식과 외관에 의하여 효력이 있는 공문서를 위조한 것이 된다.[78] 주민등록표 등본 작성업무를 취급할 지위에 있지 아니하나 그 사무를 담당하는 자가 바쁠 때 동인

71) 대법원 1997.4.25. 선고 96도3409 판결.
72) 대법원 1996.4.23. 선고 96도424 판결.
73) 대법원 1992.11.27. 선고 92도2226 판결.
74) 대법원 1991.9.10. 선고 91도1610 판결.
75) 대법원 1987.9.22. 선고 87도1443 판결.
76) 대법원 1985.7.23. 선고 85도1291 판결.
77) 대법원 1984.9.11. 선고 84도368 판결.
78) 대법원 1980.11.11. 선고 80도2126 판결.

의 승락 또는 인식하에 사실상 협조하여 동장명의의 주민등록표등본을 작성하여 온 자가 동인 모르게 주민등록표 원본기재 사실과 일치하지 아니한 주민등록표등본을 작성한 경우에는 공문서위조죄가 성립한다.[79] 공무소 또는 공무원이 실존하지 아니하여도 그 공무소가 실존하고 그 산하 공무원이 실존하는 것으로 일반인이 오인할 우려가 있으며 그 이름의 문서가 실존하는 공무원이 작성한 문서로 볼 수 있는 정도의 형식과 외관을 갖춘 이상 공문서위조죄가 성립된다.[80] 시장으로부터 시의 양곡인도사무를 전결사항으로 위임받아 양곡인도지령서를 작성할 권한까지 부여받았다 하더라도 양곡인도의 지령을 받지 않고 그 양곡인도서를 작성한 경우에 사무위임자 또는 문서작성을 위탁한 사람의 의사에 반하는 위탁의 범위를 일탈하는 행위로서 공문서위조죄가 성립된다.[81] 위조된 문서가 일반인으로 하여금 공문서 또는 공무원의 직무권한내에서 작성된 것으로 믿게 할 수 있는 형식 외관을 갖추고 있는 경우에는 설령 이러한 문서가 육군규정에 없는 경우에도 공문서위조죄가 성립된다.[82] 폐저에 귀한 실효한 기존문서를 이용변조하여 유효한 신문서를 작출한 경우는 문서의 변조가 아니요 문서의 위조라 할 것이다.[83]

위조를 부정한 판례의 구체적 내용은 다음과 같다. 즉,

피고인은 공문서인 위 각 주·부식구입요구서의 과장결재란에 피고인 자신의 서명을 하였다는 것인바, 이러한 경우는 피고인이 과장의 자격을 모용하여 자신의 이름으로 공문서를 작성한 것이므로 자격모용공문서작성죄가 성립함은 별론으로 하고 공문서위조죄가 성립할 수는 없는 것이다.[84] 병무담당서기인 피고인이 동료 재무담당서기로부터 그가 작성한 타인명의의 가사로 인한 현역병면제원에 첨부될 허위내용의 재산확인조서를 교부받아 이를 면장에게 제출하여 그 결재를 받은 후 그 확인조서말미에 면장의 직인과 사인을 찍어 그 조서의 작성을 완성한 경우에는 피고인이 면장의 보조기관으로서 그 주관사무를 처리함에 있어서 확인조서작성명의자인 면장의 결재를 얻어 그 작성을 완성한 것이므로 권한 없는 피고인이 마음대로 면장명의의 공문서를 위조한 것이라고는 볼 수 없다.[85] 타인 명의의 문서를 위조하였다 할지라도 그 문서를 작성할 당시 그 명의자가 이미 사망한 경우에는 그 문서의 작성일자가 그 명의자의 생존중의 일자로 된 경우가 아니면 문서위조죄가 성립되지 아니한다.[86]

② 변 조

ⓘ 의 의 변조(變造, Verfälschung)란 기존의 문서를 변경권한 없는 자가 동일성의 범위 내에서 변경하는 것을 말한다. 전술한 바와 같이 변조는 가짜로 만든다는 점에서 가짜를 만드는 위조와 구별된다고 할 수 있다.

판례에 의하면 공문서·공도화 변조라 함은 권한 없이 이미 진정하게 성립된 공무원 또는 공무소 명의의 문서·도화의 내용에 대하여 그 동일성을 해하지 아니할 정도로 변경을 가하여 변경을 가하여 새로운 증명력을 만들어 냄으로써 공공적 신용을 해칠 위험성이 있는

79) 대법원 1979.12.11. 선고 78도704 판결.
80) 대법원 1968.9.17. 선고 68도981 판결.
81) 대법원 1965.3.16. 선고 65도106 판결.
82) 대법원 1964.8.31. 선고 64도308 판결.
83) 대법원 1952.5.20. 선고 4285형상80 판결.
84) 대법원 2008.1.17. 선고 2007도6987 판결.
85) 대법원 1964.8.27. 선고 63도245 판결.
86) 대법원 1960.8.10. 선고 4292형상658 판결.

행위를 말한다.[87] 이러한 의미의 변조를 유형변조(有形變造)라고 한다.

ⓘⓘ 요 건 변조의 요건으로서는 다음의 3가지가 거론될 수 있다. 첫째, 변조의 주체는 작성권한이 없는 자이어야 한다. 작성권한이 있는 자가 진정문서상의 오기를 정정하는 경우와 같이 허위를 정정하는 것은 무형변조이기 때문에 본죄의 유형변조에는 해당하지 않는다. 둘째, 변조의 객체는 이미 성립하고 있는 타인명의의 진정문서여야 한다. 따라서 권한 없이 미완성문서를 완성하는 행위는 위조에는 해당될지언정 변조로는 되지 않는다. 또 부진정문서, 즉 위조문서의 비본질적 부분에 변경을 가하여도 새로운 공공의 신용을 해할 위험을 발생시키지 않기 때문에 변조는 아니다. 이에 반하여 위조문서의 본질적 부분에 변경을 가하면 새로이 공공의 신용을 해할 위험을 야기하기 때문에 위조로 된다. 셋째, 변조의 행위는 문서의 비본질적인 부분에 변경을 가하여 기존의 문서에 새로운 증명력을 작출하는 것이어야 한다. 본질적인가 비본질적인가의 구별은 반드시 명확한 것은 아니지만 변경전의 것과 문서로서의 동일성을 가지는가의 여부를 기준으로 하여 동일성을 가지는 경우는 비본질적인 부분의 변경으로서 변조에 해당한다고 해석될 수 있을 것이다. 비본질적인 부분을 넘어 본질적인 부분에 변경을 가하여 전혀 다른 가치를 작출하였다고 평가되는 경우에는 변조가 아니라 위조에 해당한다고 해석된다.

ⓘⓘⓘ 정 도 변조도 위조와 같이 일반인이 보아 문서의 비본질적인 부분이 변경되어 새로운 증명력을 가지기에 이르렀다고 오신하게 할 정도에 이르러야 한다. 대법원도 "일반인으로 하여금 공무원 또는 공무소의 권한 내에서 작성된 문서라고 믿을 수 있는 형식과 외관을 구비한 문서를 작성하면 공문서변조죄가 성립하는 것이다"라고 판시한 바 있다.[88] 일반인으로 하여금 공무원 또는 공무소의 권한 내에서 작성된 문서라고 믿게 할 수 있는지 여부는 그 문서의 형식과 외관은 물론 그 문서의 작성경위, 종류, 내용 및 일반거래에 있어서 그 문서가 가지는 기능 등 여러 가지 사정을 종합적으로 고려하여 판단하여야 한다.[89]

ⓘⓥ 수단·방법 변조의 수단·방법에는 제한이 없다. 행위자에게 불이익한 문자를 삭제하든 이익으로 되는 문자를 추가하든 묻지 않는다. 명의인을 기망하여 변조하든 협박하여 변조하든 묻지 않는다. 또 변조는 간접정범의 형태에 의해서도 가능하다. 다만 변조가 문서 전체의 효력을 해하는 정도에 이르는 경우에는 문서손괴에 달할 수 있다(제366조 참조).

변조를 긍정한 판례의 구체적 내용은 다음과 같다. 즉,

> 피고인이 인터넷을 통하여 열람·출력한 등기사항전부증명서 하단의 열람 일시 부분을 수정테이프로 지우고 복사해 두었다가 이를 타인에게 교부하여 공문서변조 및 변조공문서행사로 기소된 사안에서, 등기사항전부증명서의 열람 일시는 등기부상 권리관계의 기준 일시를 나타내는 역할을 하는 것으로서 권리관계나 사실관계의 증명에서 중요한 부분에 해당하고, 열람 일시의 기재가

87) 대법원 2021.2.25. 선고 2018도19043 판결; 대법원 2017.6.8. 선고 2016도5218 판결; 대법원 2003.12.26. 선고 2002도7339 판결; 대법원 2000.11.10. 선고 2000도3033 판결; 대법원 1997.3.28. 선고 97도30 판결; 대법원 1986.11.11. 선고 86도1984 판결.

88) 대법원 2021.2.25. 선고 2018도19043 판결.

89) 대법원 2021.2.25. 선고 2018도19043 판결.

있어 그 일시를 기준으로 한 부동산의 권리관계를 증명하는 등기사항전부증명서와 열람 일시의 기재가 없어 부동산의 권리관계를 증명하는 기준 시점이 표시되지 않은 등기사항전부증명서 사이에는 증명하는 사실이나 증명력에 분명한 차이가 있는 점, 법률가나 관련 분야의 전문가가 아닌 평균인 수준의 사리분별력을 갖는 일반인의 관점에서 볼 때 그 등기사항전부증명서가 조금만 주의를 기울여 살펴보기만 해도 그 열람 일시가 삭제된 것임을 쉽게 알아볼 수 있을 정도로 공문서로서의 형식과 외관을 갖추지 못했다고 보기 어려운 점을 종합하면, 피고인이 등기사항전부증명서의 열람 일시를 삭제하여 복사한 행위는 등기사항전부증명서가 나타내는 권리・사실관계와 다른 새로운 증명력을 가진 문서를 만든 것에 해당하고 그로 인하여 공공적 신용을 해할 위험성도 발생하였다는 이유로, 이와 달리 본 원심판결에 공문서변조에 관한 법리오해의 잘못이 있다.[90] 최종 결재권자를 보조하여 문서의 기안업무를 담당한 공무원이 이미 결재를 받아 완성된 공문서에 대하여 적법한 절차를 밟지 않고 그 내용을 변경한 경우에도 특별한 사정이 없는 한 공문서변조죄가 성립한다.[91] 재산세 과세대장의 작성 권한이 있던 자가 인사이동되어 그 권한이 없어진 후 그 기재내용을 변경한 경우 공문서변조죄에 해당한다.[92] 공무원이 작성한 문서와 개인이 작성한 문서가 1개 문서중에 포함되어 있는 경우에도 공무원이 작성한 증명문구에 의하여 증명되는 개인작성부분을 변조한 경우에는 공문서변조죄가 성립하는 바, 인감증명서의 사용용도는 인감신청인이 기재하는 것이나 그 기재한 용도에 따른 인감증명서가 발급되면 그 용도기재의 여하에 따라 인감증명서의 유효기간이 달라지는 것이므로 그 기재된 용도에 대하여도 증명의 효력이 미친다고 볼 것이어서 권한없이 그 용도기재를 고쳐 썼다면 이는 공문서변조죄에 해당한다.[93] 건축허가서에 첨부된 설계도면을 떼내고 건축사협회의 도면등록 일부인을 건축허가 신청 당시 일자로 소급 변조하여 새로 작성한 설계도면을 그 자리에 가철한 행위는 공문서 변조죄에 해당한다.[94]

변조를 부정한 판례의 구체적 내용은 다음과 같다. 즉,

인감증명법 제12조 제1항, 동법시행령(2002.12.31. 대통령령 제17867호로 개정되기 전의 것) 제13조 등 인감증명의 신청과 인감증명서의 발급에 관한 법령의 규정에 의하면, 인감의 증명을 신청함에 있어서 그 용도가 부동산매도용일 경우에는 부동산매수자란에 매수자의 성명(법인인 경우에는 법인명), 주소 및 주민등록번호를 기재하여 신청하여야 하지만 그 이외의 경우에는 신청 당시 사용용도란을 기재하여야 하는 것은 아니고, 필요한 경우에 신청인이 직접 기재하여 사용하도록 되어 있으며, 사용용도에 따른 인감증명서의 유효기간에 관한 종전의 규정도 삭제되어 유효기간의 차이도 없으므로 인감증명서의 사용용도란의 기재는 증명청인 동장이 작성한 증명문구에 의하여 증명되는 부분과는 아무런 관계가 없다고 할 것이므로, 권한 없는 자가 임의로 인감증명서의 사용용도란의 기재를 고쳐 썼다고 하더라도 공무원 또는 공무소의 문서 내용에 대하여 변경을 가하여 새로운 증명력을 작출한 경우라고 볼 수 없으므로 공문서변조죄나 이를 전제로 하는 변조공문서행사죄가 성립되지는 않는다.[95] 원심은 복사된 내사결과보고서가 외견상 다른 문서의 일부분을 복사한 것일 가능성이 충분히 예상되고, 원본인 내사결과보고서의 표지와 '7.건의'부분의 내용이 복사된 내사결과보고서의

90) 대법원 2021.2.25. 선고 2018도19043 판결.
91) 대법원 2017.6.8. 선고 2016도5218 판결.
92) 대법원 1996.11.22. 선고 96도1862 판결.
93) 대법원 1985.9.24. 선고 85도1490 판결.
94) 대법원 1982.12.14. 선고 81도81 판결.
95) 대법원 2004.8.20. 선고 2004도2767 판결.

내용과 상충하여 원본 전체의 내용을 오인하게 할 가능성이 있는 경우에 해당한다고 보기 어려우므로 피고인이 이 사건 내사결과보고서를 복사하면서 표지를 제외하고 '건의'부분을 가린 채 복사하였다고 하여도 이를 기존 공문서에 새로운 증명력을 작출하는 행위로 볼 수 없다고 판단하여 피고인에 대한 공문서변조, 동행사의 점에 대하여 무죄를 선고하였다. 원심의 위와 같은 인정과 판단은 앞서 본 법리에 따른 것으로 정당하고, 거기에 상고이유의 주장과 같은 공문서변조, 동행사죄에 대한 법리오해의 위법이 있다고 볼 수 없다. 이 부분에 관한 상고이유의 주장도 받아들일 수 없다.[96] 인낙조서에 첨부되어 있는 도면 및 그 사본에 임의로 그은 점선은 인낙조서 본문이나 도면에서 그에 대한 설명이 없는 이상 특정한 의미 내용을 갖지 아니한 단순한 도형에 불과하여 그 자체로서 새로운 증명력이 작출케 된다고 할 수 없다는 이유로 그와 같은 점선을 그은 행위가 문서의 손괴에 해당할 수 있음은 별론으로 하고, 공도화로서의 공공적 신용을 해할 위험이 있는 공도화변조죄에 해당한다고 할 수 없다고 한 사례이다.[97] 자신의 주민등록증 비닐커버 위에 검은색 볼펜을 사용하여 주민등록번호 전부를 덧기재하고 투명 테이프를 붙이는 방법으로 주민등록번호 중 출생연도를 나타내는 "710226-*******"을 "700226-*******"으로 고친 사안에서, 변조행위가 공문서 자체에 변경을 가한 것이 아니며 그 변조방법이 조잡하여 공문서에 대한 공공의 위험을 초래할 정도에 이르지 못하였다는 이유로 공문서변조의 점에 대하여 무죄를 선고한 원심판결을 수긍한 사례이다.[98] 피고인은 공소외 1의 의사면허증(보건사회부장관 명의)의 공소외 1 사진 위에 피고인의 사진을 떨어지지 아니할 정도로 풀을 약간 칠해 붙혀 이를 전자복사기에 넣어 면허증 사본을 복사한 다음 다시 피고인의 사진을 뗀 다음 면허증 원본은 집에 둔 다음 위 복사한 면허증 사본을 공소외 1 명의로 의료기관개설신고용으로 제출하고 이를 피고인이 운영하던 병원벽에 위 복사본을 걸어 놓은 사실을 인정한 후 피고인의 위 소의는 위 면허증 사본을 행사할 목적으로 사본을 제작한 것이지 면허증 원본을 행사할 목적은 없었던 것이라하여 무죄를 선고하고 있는바, 기록에 의하여 검토하여 보아도 원심의 위와 같은 사실인정과 판단은 정당하게 시인되고, 원심이 배척하지 아니한 사법경찰관 작성의 (갑)에 대한 진술조서에 "피고인이 접수시킨 공소외 1명의로 된 의료기관 개설신고와 의사면허증원본등을 검토 확인하고 대조필날인을 하였다"는 진술기재가 있고 이는 1984.4.14. 15:00경 접수한 신고서와 의사면허증이라는 것이나 이는 이 사건 공소사실, 검사작성의 피고인 및 공소외 2에 대한 피의자 신문조서와 의료기관 개설신고필증(수사기록 제263정 1983.2.15 발행되고 그 2년여 이후인 1985.5.16 원본대조필로 되어 있다)의 기재 등에 비추어 믿을 수 없거나 이 사건 사본한 면허증의 원본 그 자체는 아님이 분명하다 할 것이니 위와 같은 원심인 정에 채증상의 위법이나 공문서변조죄의 법리를 오해한 위법은 있다 할 수 없다. 논지는 이유없다.[99] 피고인이 건축물관리대장등본상의 건축물소유자의 주소지를 동인의 주민등록부상의 주소지와 상위한 것을 일치시키기 위하여 위 관리대장등본의 주소지기재를 주민등록부와 같은 주소로 변경기재한 후 동인의 주민등록등본과 함께 읍의 제증명발급 민원담당공무원에게 제출하여 동인이 위 양 서류들의 주소기재를 확인한 뒤 읍장의 정정확인직인을 날인하여 주는 것을 교부받은 것에 불과하다면 위 서류를 정정한 사람은 어디까지나 자신의 책임아래 위 직인을 날인해 준 위 공무원이라 할 것이고 피고인은 다만 그 신청을 한 자에 불과하다고 할 것이므로 위 공무원이 관청 내부적으로 권한을 초과하여 직무를 집행한 책임의 유무는 별론으로 하고 피고인에 대하여

96) 대법원 2003.12.26. 선고 2002도7339 판결.
97) 대법원 2000.11.10. 선고 2000도3033 판결.
98) 대법원 1997.3.28. 선고 97도30 판결.
99) 대법원 1986.2.25. 선고 85도2835 판결.

공문서변조의 책임을 물을 수는 없다.[100] 군의 지적계장인 피고인이 공소외 (갑)으로부터 항의를 받고 동 공소외인이 소지한 등기부등본 및 종전의 토지대장과 공유지연명부 등을 모두 대조해 본 결과 이 사건 토지가 분할될 당시 공유지연명부의 정리가 누락된 것을 발견하고 동 공소외인의 주장이 사실에 부합하여 신속한 민원처리의 목적으로 선처리, 후결재 받을 생각으로 내부결재를 받지 아니한 채 임의로 공소외인이 가지고 있던 토지대장의 공유지연명부의 지번과 고유번호를 정정해 주고 원장을 정정한 것인 바, 토지대장상의 등록사항의 정정에 내부결재를 필요케 하는 취지가 그 내용의 정확성을 담보하는데 있다 할 것이고 공유지연명부상의 지번과 고유번호를 토지대장의 그것과 일치하도록 정정하는 행위는 경미한 사항이라 보지 않을 수 없고 그 정정하려는 내용이 진정한 이상 결재를 구하였으면 의당 허가결재가 되었을 것임이 분명한 이 사건에 있어서, 피고인의 위와 같은 정정행위는 공유지연명부의 정리에 관한 군수의 보조자로서의 권한을 초과한 행위라고 볼 수는 없다 할 것이므로 피고인이 정규적인 절차에 의한 사무처리를 하지 아니한 점을 들어 내부규율상의 책임을 묻는 것은 별론으로 하고 공문서변조의 책임을 지울 수는 없다.[101]

4) 결 과

본죄는 추상적 공공위험범에 속한다. 따라서 본죄는 실해의 발생을 요하지 않는다. 위조나 변조 행위의 종료시에 기수에 이른다. 대법원도 "공문서변조죄는 권한 없는 자가 공무소 또는 공무원이 이미 작성한 문서내용에 대하여 동일성을 해하지 않을 정도로 변경을 가하여 새로운 증명력을 작출케 함으로써 공공적 신용을 해할 위험성이 있을 때 성립한다"고 판시한 바 있다.[102]

(2) 주관적 구성요건

1) 고 의

본죄는 고의범이다. 본죄의 고의는 인식적 요소로서 공무원 또는 공무소의 문서 또는 도화를 위조 또는 변조한다는 사실에 대한 인식을 요한다.

고의를 부인하는 경우, 범의 자체를 객관적으로 증명할 수는 없으므로 사물의 성질상 범의와 관련성이 있는 간접사실 또는 정황사실을 증명하는 방법으로 이를 증명할 수밖에 없다. 이때 무엇이 관련성이 있는 간접사실 또는 정황사실에 해당하는지는 정상적인 경험칙에 바탕을 두고 치밀한 관찰력이나 분석력으로 사실의 연결상태를 합리적으로 판단하는 방법으로 판단하여야 한다.[103]

고의를 긍정한 판례의 구체적 내용은 다음과 같다. 즉,

최종 결재권자를 보조하는 기안담당자가 토지가격 감정의뢰서에 첨부된 재산명세서상에 일부 기재가 누락된 토지가 있었으나 그 감정의뢰에 따른 감정을 하는 과정에서 그 누락사실이 발견되어 감정평가사가 그 토지까지 감정하여 작성한 감정평가서를 송부하여 오자, 사후에 이를 일치시킨

---

100) 대법원 1984.11.27. 선고 84도2136 판결.

101) 대법원 1982.10.12. 선고 82도1485 판결.

102) 대법원 2021.2.25. 선고 2018도19043 판결; 대법원 2003.12.26. 선고 2002도7339 판결; 대법원 2000.11.10. 선고 2000도3033 판결; 대법원 1997.3.28. 선고 97도30 판결.

103) 대법원 2017.6.8. 선고 2016도5218 판결; 대법원 2017.1.12. 선고 2016도15470 판결; 대법원 2002.8.23. 선고 2000도329 판결.

다는 생각에서 위 재산명세서상에 그 누락된 토지들을 추가기재하였더라도 그 과정에서 적법한 절차를 거침이 없이 임의로 결재된 원문서에 없는 사항을 추가기재한 이상 그러한 행위에 대하여는 공문서변조의 범의를 인정하기에 충분하고, 감정의뢰서에 누락된 토지에 대한 감정까지 하여 작성한 감정평가서에 대하여 위 감정의뢰서 작성명의자인 최종 결재권자의 결재가 있었다고 하여 이로써 위 감정의뢰서 추가기재 행위에 대하여 작성명의자의 승낙이 있었다고 볼 수 없다.[104] 의정부시장 명의로 작성하여 경기도지사에게 송부한 환지계획인가신청서에 첨부된 당초의 도면에 설사 잘못 표시된 부분이 있다고 하여도 의정부시에서 도시계획사무를 담당한 피고인 이 적법한 절차를 거침이 없이 임의로 위 도면을 정정도면과 바꿔치기 한 행위에 대하여는 공문서변조, 동행사의 범의를 인정하기에 넉넉하며, 소론과 같이 도면에 간인이 없다든가 시장의 승낙이 예상된다는 등 사유가 있다고 하여 범의를 부인할 수는 없으니 원심판결에 심리미진, 이유불비 및 공문서변조의 범의에 관한 법리를 오해한 위법이 있다는 논지도 이유 없다.[105] 결재된 원안문서에 이미 기재되어 있음에도 이를 자세히 인정치 않고 단순히 결재 때 빠진 것으로 생각하고 가필변경할 권한이 없는 공무원이 원안에 없는 새로운 항을 만들어 중복되게 기재해 넣었다면 그 공문서를 변조한다는 인식이 있었다고 하지 않을 수 없다.[106]

2) 행사할 목적

본죄는 목적범이다. 고의 외에 행사할 목적을 요한다. 행사할 목적이란 사람으로 하여금 위조문서를 진정한 문서로 사용하거나 변조에 의한 허위문서를 내용의 진실한 문서로서 사용할 목적을 말한다. 장난삼아 위조하거나 변조한 경우에는 행사할 목적이 전혀 예정되어 있지 않는 한 문서의 신용을 해할 위험이 존재하더라도 본죄를 구성하지는 않는다. 행사할 목적은 위조·변조의 행위시에 존재하면 그것으로 족하다.[107]

행사할 목적을 긍정한 판례의 구체적 내용은 다음과 같다. 즉,

공문서변조죄에 있어서 행사할 목적이란 변조된 공문서를 진정한 문서인 것처럼 사용할 목적 즉 행사의 상대방이 누구이든지 간에 그 상대방에게 문서의 진정에 대한 착오를 일으킬 목적이면 충분한 것이지 반드시 변조 전의 그 문서의 본래의 용도에 사용할 목적에 한정되는 것은 아니다. 따라서 피고인이 군검찰에 제출하기 위하여 추가기재 행위를 하였다고 하여 같은 피고인에게 행사할 목적이 없었다거나 그와 같은 방법으로 변조한 감정의뢰서를 진정한 문서인 것처럼 군검찰에 제출한 같은 피고인의 행위가 변조공문서를 행사한 것이 아니라고 볼 수 없다.[108]

행사할 목적을 부정한 판례의 구체적 내용은 다음과 같다. 즉,

공문서변조죄는 변조한 공문서 자체를 진정한 것으로 행사할 목적 아래 그 기재내용을 변개한 경우에 성립하는 것이므로 사본을 행사할 목적으로 면허증사진 위에 다른 사진을 떨어지지 않을 정도로 풀을 약간 칠해 붙여 이를 전자복사기에 넣어 면허증 사본을 복사한 행위는 면허증 원본을 행사할 목적이 없는 것이어서 공문서변조죄에 해당하지 않는다.[109]

---

104) 대법원 1995.3.24. 선고 94도1112 판결.
105) 대법원 1985.6.25. 선고 85도540 판결.
106) 대법원 1970.12.29. 선고 70도116 판결.
107) 대법원 1970.11.30. 선고 70도2238 판결.
108) 대법원 1995.3.24. 선고 94도1112 판결.
109) 대법원 1986.2.25. 선고 85도2835 판결.

(3) 미수 · 기수

본죄는 미수범을 처벌한다. 본죄의 실행의 착수는 위조 · 변조 행위의 개시시에 인정되고, 위조 · 변조 행위의 종료시에 기수에 이른다고 해석된다. 대법원은 종량제 쓰레기봉투에 인쇄할 시장 명의의 문안이 새겨진 필름을 제조하는 행위에 그친 경우에는 아직 위 시장 명의의 공문서인 종량제 쓰레기봉투를 위조하는 범행의 실행의 착수에 이르지 아니한 것으로서 그 준비단계에 불과한 것으로 보아 무죄를 선고한 원심판결을 수긍한 바가 있다.[110]

(4) 공 범

본죄에 있어서도 총칙상의 공범에 관한 규정은 그대로 적용된다. 다만 본죄는 신분범이 아니기 때문에 공범과 신분에 관한 규정은 적용되지 아니한다(제33조 참조).

공범을 긍정한 판례의 구체적 내용은 다음과 같다. 즉,

공문서 작성권자로부터 일정한 요건이 구비되었는지 여부를 심사하여 그 요건이 구비되었음이 확인될 경우에 한하여 작성권자의 직인을 사용하여 작성권자 명의의 공문서를 작성하라는 포괄적인 권한을 수여받은 업무보조자인 공무원이, 그 위임의 취지에 반하여 공문서 용지에 허위내용을 기재하고 그 위에 보관하고 있던 작성권자의 직인을 날인하였다면, 그 업무보조자인 공무원에게 공문서위조죄가 성립할 것이고, 그에게 위와 같은 행위를 하도록 지시한 중간결재자인 공무원도 공문서위조죄의 공범으로서의 책임을 면할 수 없다.[111] 위에 나온 증 제1호가 경찰공무원으로 임용된 바 없음에도 피고인이 경찰관으로 임용되어 그 신분을 가졌다는 취지의 공문서이므로 그 자체가 위조된 것임은 아무도 부인할 수 없는 것이요 그것을 피고인이 소지하면서 원심이 유죄로 인정한 공갈죄등의 범행을 한 것으로 짐작이 가고 위 호증에 첨부된 피고인의 사진 자체는 피고인 스스로 치안본부 인사과에 근무하는 김모 경사에게 돈 500,000원과 함께 제공하여 그로부터 위의 호증인 경찰공무원증을 교부받은 것이라고 원심 공판정에서 진술하고 있다. 그렇다면 비록 피고인이 문제의 위조행위 자체에는 직접 관여한 바 없다 하더라도 위 김모 경사에 위조를 부탁하여 의사연락이 되고 그로 하여금 범행을 하게 한 것으로서 이른바 공모공동정범에 의한 위조죄가 성립된 것으로 볼 여지가 없는 것도 아니라 할 것이고 과거에 피고인이 대공업무에 종사하였다는 사정이나 국무총리실의 모 비서를 통하여 복직을 부탁한 일이 있다는 진술만으로써 그 죄의 성립에 영향을 줄 수도 없는 것이다.[112]

공범을 부정한 판례의 구체적 내용은 다음과 같다. 즉,

어느 문서의 작성권한을 갖는 공무원이 그 문서의 기재 사항을 인식하고 그 문서를 작성할 의사로써 이에 서명날인하였다면, 설령 그 서명날인이 타인의 기망으로 착오에 빠진 결과 그 문서의 기재사항이 진실에 반함을 알지 못한 데 기인한다고 하여도, 그 문서의 성립은 진정하며 여기에 하등 작성명의를 모용한 사실이 있다고 할 수는 없으므로, 공무원 아닌 자가 관공서에 허위 내용의 증명원을 제출하여 그 내용이 허위인 정을 모르는 담당공무원으로부터 그 증명원 내용과 같은 증명서를 발급받은 경우 공문서위조죄의 간접정범으로 의율할 수는 없다.[113]

110) 대법원 2007.2.23. 선고 2005도7430 판결.

111) 대법원 1996.4.23. 선고 96도424 판결; 대법원 1984.9.11. 선고 84도368 판결; 대법원 1965.3.16. 선고 65도106 판결.

112) 대법원 1980.5.27. 선고 80도907 판결.

2. 위법성조각사유

본죄에 있어서도 총칙상의 위법성조각사유는 그대로 적용된다. 대법원은 “사서증서인증서의 변조가 비록 당초의 잘못된 기재를 정정하려는 의도였다고 할지라도 이를 사회상규에 위배되지 아니한 정당한 업무범위 내의 행위라고 할 수 없다”고 판시한 바 있다.[114)]

본죄의 위조는 작성권한을 가지지 않는 자가 타인의 명의를 이용하여 문서를 작성하는 것이기 때문에 타인명의의 문서를 작성하더라도 명의인으로부터 유효한 승낙을 받고 있으면 명의를 이용한 것으로 되지 않고 구성요건해당성이 조각된다. 대법원도 “공문서인 기안문서의 작성권한자가 직접 이에 서명하지 않고 피고인에게 지시하여 자기의 서명을 흉내내어 기안문서의 결재란에 대신 서명케 한 경우라면 피고인의 기안문서 작성행위는 작성권자의 지시 또는 승낙에 의한 것으로서 공문서위조죄의 구성요건해당성이 조각된다”고 판시한 바 있다.[115)]

다만 문서의 성격에 따라서는 승낙이 있어도 위조로 되는 경우가 있다. 승낙은 명시적이든 묵시적이든 묻지 않지만, 문서의 작성 당시에 존재할 것이 필요하다. 승낙이 예상되는 경우나 사후승낙이 있어도 위조죄는 성립한다. 다만 승낙이 확실하다고 믿고 행한 행위는 죄가 되지 않는다는 견해와 경우에 따라 위법성이 조각된다는 견해가 주장되고 있다.

3. 죄 수

본죄의 죄수에 관한 판례의 구체적 내용은 다음과 같다. 즉, 피고인이 예금통장을 강취하고 예금자 명의의 예금청구서를 위조한 다음 이를 은행원에게 제출행사하여 예금인출금 명목의 금원을 교부받았다면 강도, 사문서위조, 동행사, 사기의 각 범죄가 성립하고 이들은 실체적 경합관계에 있다 할 것이다.[116)]

수뢰후부정처사죄에 있어서 공무원이 수뢰후 행한 부정행위가 공도화변조 및 동행사죄와 같이 보호법익을 달리하는 별개 범죄의 구성요건을 충족하는 경우에는 수뢰후부정처사죄 외에 별도로 공도화변조 및 동행사죄가 성립하고 이들 죄와 수뢰후부정처사죄는 각각 상상적 경합 관계에 있다고 할 것인 바, 이와 같이 공도화변조죄와 동행사죄가 수뢰후부정처사죄와 각각 상상적 경합범 관계에 있을 때에는 공도화변조죄와 동행사죄 상호간은 실체적 경합범 관계에 있다고 할지라도 상상적 경합범 관계에 있는 수뢰후부정처사죄와 대비하여 가장 중한 죄에 정한 형으로 처단하면 족한 것이고 따로이 경합범 가중을 할 필요가 없다.[117)]

113) 대법원 2001.3.9. 선고 2000도938 판결.
114) 대법원 1992.10.13. 선고 92도1064 판결.
115) 대법원 1983.5.24. 선고 82도1426 판결.
116) 대법원 1991.9.10. 선고 91도1722 판결.
117) 대법원 2001.2.9. 선고 2000도1216 판결; 대법원 1983.7.26. 선고 83도1378 판결.

Ⅲ. 처 벌

본죄의 법정형은 10년 이하의 징역이다. 이는 5년 이하의 징역 또는 1천만원 이하의 벌금으로 처벌하는 사문서 등의 위조·변조죄(제231조)의 그것보다 무겁다. 본죄의 미수범은 처벌된다. 본죄를 범하여 징역에 처할 경우에는 10년 이하의 자격정지를 병과할 수 있다.

형법이 본죄를 사문서 등의 위조·변조죄보다 무겁게 처벌하는 것은 공문서는 공무원 또는 공무소의 직무권한 내에서 작성되어야 하는 것이기 때문에 그 성질상 일응 공정하다고 간주되고 일반적으로 증거력과 신용력이 높고 또 위조 등에 의한 피해의 정도도 사문서의 위조 등의 경우보다도 크다는 점에 있다. 이는 문서 자체의 성질의 차이에 착안한 것이지 문서작성자의 신분에 의한 차별은 아니다.

§3. 자격모용에 의한 공문서 등의 작성죄

제226조(자격모용에 의한 공문서 등의 작성) 행사할 목적으로 공무원 또는 공무소의 자격을 모용하여 문서 또는 도화를 작성한 자는 10년 이하의 징역에 처한다.

제235조(미수범) 제225조 내지 제234조의 미수범은 처벌한다.

제237조(자격정지의 병과) 제225조 내지 제227조의2 및 그 행사죄를 범하여 징역에 처할 경우에는 10년 이하의 자격정지를 병과할 수 있다.

제237조의2(복사문서등) 이 장의 죄에 있어서 전자복사기, 모사전송기 기타 이와 유사한 기기를 사용하여 복사한 문서 또는 도화의 사본도 문서 또는 도화로 본다.

제5조(외국인의 국외범) 본법은 대한민국영역외에서 다음에 기재한 죄를 범한 외국인에게 적용한다.
6. 문서에 관한 죄중 제225조 내지 제230조

Ⅰ. 서 설

본죄는 행사할 목적으로 공무원 또는 공무소의 자격을 모용하여 문서 또는 도화를 작성함으로써 성립한다. 행사할 목적을 요하는 목적범이다.

본죄는 공문서의 작성권한 없는 자기 공무원의 자격을 모용하여 공문서를 작성하는 경우를 말한다는 점에서 공문서의 작성권한 없는 자가 공무소, 공무원의 명의를 이용하여 문서를 작성하는 경우인 공문서위조죄와 구별된다.[118]

Ⅱ. 범 죄

본죄의 객체는 문서 또는 도화이다. 공문서 또는 공도화를 말한다. 이는 전술한 공문서 등의 위조·변조죄의 그것과 동일하다.

본죄의 실행행위는 작성이다. 공무원 또는 공무소의 자격을 모용하여 작성하는 것이다. 작성(作成)이란 공문서나 공도화를 만드는 것을 말한다. 본죄는 정당한 대표권이나 대리권이

118) 대법원 2008.1.17. 선고 2007도6987 판결.

없는 자가 마치 대표권이나 대리권이 있는 것처럼 가장하여 타인의 자격을 모용하여 문서를 작성하는 경우에 성립하게 된다.[119] 모용(冒用)이란 당사자 모르게 자격 등을 부정하게 사용하는 것을 말한다. 본죄는 본인의 명의를 사용하되 자격만을 모용한다는 점에서 타인의 명의를 이용하는 위조죄와 구별된다. 다만 모용도 위조의 일종이라고 하는 한 양자는 유형위조에 해당한다는 점에서 공통된다고 할 수 있다. 자격의 모용과 함께 명의를 이용하는 경우에는 본죄가 아니라 위조죄만 성립하게 된다.

본죄는 목적범이다. 고의 외에 행사할 목적을 요한다. 행사할 목적이란 자격모용에 의하여 작성된 문서를 정상적으로 작성된 진정한 문서로 사용할 목적을 말한다. 본죄는 미수범을 처벌한다. 모용을 긍정한 판례의 구체적 내용은 다음과 같다. 즉,

> 피고인은 공문서인 위 각 주·부식구입요구서의 과장결재란에 피고인 자신의 서명을 하였다는 것인바, 이러한 경우는 피고인이 과장의 자격을 모용하여 자신의 이름으로 공문서를 작성한 것이므로 자격모용공문서작성죄가 성립함은 별론으로 하고 공문서위조죄가 성립할 수는 없는 것이다.[120] 피고인 1이 원심인용의 제1심 판시 부동산매매계약서와 영수증을 작성함에 있어 매도인란 또는 영수인란에 "국방부 합참자료실장 이사관 피고인 1"라는 이름을 기재하고 그 옆에 위 피고인의 도장을 압날한 다음 그 상단에 '국방부장관'이라는 고무인을 압날함으로써 마치 위 피고인이 국방부장관으로부터 적법한 문서작성권한을 부여받아 그 문서를 작성할 자격이 있는 것처럼 이를 모용하여 위 부동산매매계약서와 영수증을 작성하고 이를 행사하였다고 인정하고 이를 자격모용에 의한 공문서작성 및 동행사죄로 의율처단한 것은 정당하고, 거기에 자격모용에 의한 공문서작성 및 동행사죄의 법리를 오해한 위법이 있다고 할 수 없다. 논지는 이유 없다.[121] 갑 구청장이 을 구청장으로 전보된 후 갑 구청장의 권한에 속하는 건축허가에 관한 기안용지의 결재란에 서명을 한 것은 자격모용에 의한 공문서작성죄를 구성한다.[122]

Ⅲ. 처 벌

본죄의 법정형은 10년 이하의 징역이다. 본죄의 미수범은 처벌된다. 본죄를 범하여 징역에 처할 경우에는 10년 이하의 자격정지를 병과할 수 있다.

§4. 허위공문서작성 등 죄

제227조(허위공문서작성등) 공무원이 행사할 목적으로 그 직무에 관하여 문서 또는 도화를 허위로 작성하거나 변개한 때에는 7년 이하의 징역 또는 2천만원 이하의 벌금에 처한다.

제235조(미수범) 제225조 내지 제234조의 미수범은 처벌한다.

제237조(자격정지의 병과) 제225조 내지 제227조의2 및 그 행사죄를 범하여 징역에 처할 경우에는 10년 이하의 자격정지를 병과할 수 있다.

제237조의2(복사문서등) 이 장의 죄에 있어서 전자복사기, 모사전송기 기타 이와 유사한 기기를 사용하

119) 대법원 1993.7.27. 선고 93도1435 판결.
120) 대법원 2008.1.17. 선고 2007도6987 판결.
121) 대법원 1993.7.27. 선고 93도1435 판결.
122) 대법원 1993.4.27. 선고 92도2688 판결.

여 복사한 문서 또는 도화의 사본도 문서 또는 도화로 본다.

제5조(외국인의 국외범) 본법은 대한민국영역외에서 다음에 기재한 죄를 범한 외국인에게 적용한다.

6. 문서에 관한 죄중 제225조 내지 제230조

Ⅰ. 서 설

1. 의 의

본죄는 공무원이 행사할 목적으로 그 직무에 관하여 문서 또는 도화를 허위로 작성하거나 변개함으로써 성립한다. 공무원만이 범할 수 있는 진정신분범이다.

2. 취 지

본죄는 작성권한이 있는 공무원에 의한 공문서의 허위작성이라는 무형위조와 기존의 공문서와 동일성의 범위는 넘는 변경행위로서의 변개라는 무형변조를 처벌하기 위한 규정이다. 공문서는 사문서에 비하여 사회적 신용도가 높기 때문에 사문서와는 달리 허위문서의 작성도 원칙적으로 처벌하려는 것이다.

3. 보호법익

본죄는 공무원이 그 문서의 작성권한을 남용하여 범하는 것이기 때문에 직권남용의 실질도 가지고 있다는 견해, 오로지 직권남용죄만 성립한다는 견해도 있다. 그러나 본죄는 기본적으로 공문서에 대한 공공의 신용을 보호하려고 하는 점에서 본죄를 사문서와는 달리 취급하려는 견해가 강하다. 이러한 측면에서 본죄의 보호법익은 공문서의 신용성이라고 해석된다. 본죄의 보호법익에 대한 보호의 두터움은 공문서의 신용성 때문이지 행위자가 공무원이라는 점에 근거한 것은 아니다.

Ⅱ. 범 죄

1. 구성요건

(1) 객관적 구성요건

1) 주 체

① 공무원

본죄의 주체는 공무원에 한한다. 작성권한이 있는 공무원만이 그 주체가 될 수 있는 신분범이다.[123] 대법원도 "허위공문서작성죄는 그 공문서의 작성권한자인 공무원을 주체로 하는 신분범이라고 볼 것이므로 피고인의 행위가 허위공문서작성죄에 해당한다고 하기 위하여는 피고인에게 그 작성권한이 있음을 확정하여야 한다"고 판시한 바 있다.[124]

---

123) 대법원 2009.3.26. 선고 2008도93 판결.

124) 대법원 1984.3.13. 선고 83도3152 판결; 대법원 1962.5.17. 선고 4293형상297 판결.

공무원이라도 직무의 집행과 관계없이 그 권한 외의 사항에 대하여 허위의 문서를 작성하는 때에는 본죄가 아니라 공문서위조죄에 해당한다. 역으로 작성권한이 있는 자가 허위내용의 공문서를 작성한 경우에는 그것이 직무권한의 남용으로 인정되는 경우에도 공문서위조죄가 아니라 본죄가 성립한다.

② 대리결재권자

작성명의인이 아닌 공무원이더라도 법령에 의하거나 또는 작성권자의 위임에 의하여 문서의 작성권한을 부여받은 대리결재권자는 본죄의 주체로 될 수 있다. 대리결재권자가 그 권한을 남용하여 공문서를 작성하더라도 작성명의인 본인의 경우에서와 같이 공문서위조죄는 성립하지 않고 그 내용이 허위인 한 본죄가 성립한다. 다만 권한의 남용이 있으면 당연히 작성명의의 이용으로 된다는 입장에서 공문서위조죄에 해당한다는 반대설도 있다.

한편 대리결재권자에게 절차상 작성권자의 결재를 받도록 되어 있는 경우 공무원을 보조하는 직무에 종사하는 공무원이 작성권한을 가진 공무원의 결재도 받지 아니하고 임의로 허위내용의 공문서를 작성권한자 명의로 작성한 때에는 공문서위조죄에 해당하고 내용이 허위이더라도 본죄를 구성하는 것은 아니다.[125]

주체를 부정한 판례의 구체적 내용은 다음과 같다. 즉,

> 신분상 공무원이 아님이 분명한 피고인들을 허위공문서작성죄 및 그 행사죄로 처벌하려면 그에 관한 특별규정이 있어야 할 것이고, 그들의 업무가 국가의 사무에 해당한다거나, 그들이 소속된 영상물등급위원회의 행정기관성이 인정된다는 사정만으로는 피고인들을 위 죄로 처벌할 수 없다고 할 것이다.[126] 허위공문서작성 동 행사죄는 신분범으로서 피고인이 주민등록표 등본의 작성명의자도 아니고 동 등본의 발급권한도 없어 허위 공문서작성죄의 주체가 될 수 없다.[127] 피고인이 당시 담양군 수북면 호적계장이던 공소외인과 공모하여 판시와 같은 수북면장 명의의 인감증명서 1통을 작성한 행위에 대하여 허위공문서작성죄로 의율 처단하고 있는 바(위 공소외인의 허위공문서작성죄에 대한 공동정범으로 본 취지이다), 위 공소외인은 위 인감증명서의 작성권한 있는 명의인이 아니므로 허위공문서작성죄의 주체가 될 수 없음이 분명하고, 만일 위 공소외인을 그 작성명의인인 면장의 작성행위에 대한 간접정범으로 본 취지라면 위 공소외인 스스로 검찰에서 위 인감증명서는 인장의 결재도 받지 아니하고 면장 모르게 동면 호적계에 보관중인 면장 고무인과 직인을 피고인이 제출한 인감증명서 용지에 압날하여 완성하였다는 취지로 진술하고 있으므로, 이 진술에 따른다면 위 인감증명서는 작성 명의인인 면장의 결재를 받아 작성된 것이 아님이 명백하여 공문서위조죄가 성립함은 모르되 허위공문서작성죄의 간접정범도 성립되지 않는다고 볼 수 밖에 없다.[128] 허위공문서작성죄의 주체는 그 문서를 작성할 직무권한이 있는 명의인인 공무원이라 할 것인 바 관세청 심리분실 행정서기보는 사법경찰관 직무취급을 하는 권한이 없고 사법경찰리의 직무를 취급하는 자에 불과하므로 간접정범이 인정될 수 있는 특별사정이 없으면 허위공문서작성의 주체가 될 수 없다.[129]

---

125) 대법원 1990.10.12. 선고 90도1790 판결; 대법원 1981.7.28. 선고 81도898 판결

126) 대법원 2009.3.26. 선고 2008도93 판결.

127) 대법원 1979.12.11. 선고 78도704 판결.

128) 대법원 1981.7.28. 선고 81도898 판결.

2) 객 체

본죄의 객체는 직무에 관한 문서 또는 도화이다. 문서 또는 도화는 허위로서 직무에 관한 허위공문서 또는 허위공도화를 의미한다.

① 의 의

본죄의 객체가 되는 문서는 문서상 작성명의인이 명시된 경우뿐 아니라 작성명의인이 명시되어 있지 않더라도 문서의 형식, 내용 등 문서 자체에 의하여 누가 작성하였는지를 추지할 수 있을 정도의 것이면 된다.[130] 허위공문서라 함은 문서를 작성할 권한이 있는 공무원이 그 내용이 허위라는 사실을 인식하면서 진실에 반하는 기재를 하여 작성한 공문서이다.[131]

공문서·공도화를 긍정한 판례의 구체적 내용은 다음과 같다. 즉,

지방자치단체를 당사자로 하는 계약에 관한 법률 제17조 제1항, 제2항, 같은 법 시행규칙 제67조에 의하면, 지방자치단체의 장 또는 계약담당자는 계약상대방에 의하여 계약의 전부 또는 일부의 이행이 완료되면 이를 직접 검사하거나 소속 공무원 등에게 위임하여 검사하되, 책임감리 대상 공사계약 또는 검사에 전문적 지식이나 기술이 필요한 계약인 경우에는 전문기관에 위임하여 이를 검사하게 할 수 있고, 이에 따라 검사를 하는 자는 검사조서를 작성하여야 하며, 지방자치단체의 장 또는 계약담당자가 그 검사를 전문기관으로 하여금 수행하게 하는 경우에는 그 결과를 문서로 통보받아 이를 확인하도록 되어 있는 바, 이러한 규정 내용에 비추어, 지방자치단체를 당사자로 하는 계약의 이행완료에 관한 검사는 지방자치단체의 장 또는 계약담당자의 직무권한에 속하는 사항으로서 이를 전문기관에 위임하여 수행하게 한다고 하여 그 직무 소관이 달라지는 것은 아니고 다만 이때에는 전문기관으로부터 검사결과를 문서로 통보받아 확인하는 방법으로 그 직무를 집행하게 되는 것이므로, 지방자치단체의 장 또는 계약담당자가 그 검사를 위임받아 수행한 전문기관으로부터 검사결과를 검사조서로 작성·보고받고 이를 확인하여 승인하는 의미로 검사조서에 결재하였다면 그와 같이 결재된 검사조서는 공무원이 그 직무권한 내에서 작성한 문서로서 허위공문서작성죄의 객체인 공문서에 해당한다.[132] 세무공무원인 공소외 5, 6, 7 등 명의로 작성된 이 사건 특별조사종결보고서는 위와 같은 피고인의 감세지시에 의하여 약 23억 원이라는 추징세액에 맞추기 위해 근거자료와는 상관없이 적출금액을 임의로 조정함으로써, 각종 증빙자료 등을 통하여 탈루세액임이 확실한 추징세액 약 55억 7,300만 원을 고의로 누락시킨 채 작성된 것으로서, 객관적 진실에 반하여 작성된 허위의 공문서라고 판단한 것은 정당하고, 거기에 상고이유에서 주장하는 바와 같은 채증법칙 위배로 인한 사실오인 및 허위공문서작성죄에 관한 법리오해 등의 위법이 없다.[133] 폐기물관리법 제26조 제2항에 의한 폐기물처리사업계획 적합 통보서는 단순히 폐기물처리사업을 관계 법령에 따라 허가한다는 내용이 아니라, 폐기물처리업을 하려는 자가 폐기물관리법 제26조 제1항에 따라 제출한 폐기물처리사업계획이 폐기물관리법 및 관계 법령의 규정에 적합하다

129) 대법원 1974.1.29. 선고 73도1854 판결.

130) 대법원 2019.3.14. 선고 2018도18646 판결; 대법원 2019.3.14. 선고 2018도18646 판결; 대법원 1995.11.10. 선고 95도2088 판결.

131) 대법원 2006.12.22. 선고 2004도7356 판결; 대법원 1996.10.15. 선고 96도1669 판결; 대법원 1996.5.14. 선고 96도554 판결.

132) 대법원 2010.4.29. 선고 2010도875 판결.

133) 대법원 2006.12.22. 선고 2004도7356 판결.

는 사실을 확인하거나 증명하는 것이라 할 것이므로, 그 폐기물처리사업계획이 관계 법령의 규정에 적합하지 아니함을 알면서 적합하다는 내용으로 통보서를 작성한 것이라면 그 통보서는 허위의 공문서라고 보지 아니할 수 없다.[134] 허위로 작성한 주민등록표가 그 작성 명의인이 명시되어 있지는 않으나 법령에서 정한 서식에 따른 세대주 등과 재작성일의 기재 및 확인자의 날인이 있고 본적확인란에 동사무소 사무장의 도장이 찍혀져 있어 위 문서의 형식, 내용 등 그 문서 자체만을 보아도 세대주의 변경으로 주민등록표를 다시 작성한 것임을 알 수 있는 경우에는 위 공문서는 허위공문서작성죄의 객체가 되는 문서에 해당한다.[135] 연립주택이 당초의 설계도대로 공사되어 있지 아니한 것을 담당공무원이 세밀히 조사하지 아니하여 그 적합여부를 제대로 알지 못하면서도 준공검사보고서 용지에 함부로 '적합'이라고 기재하고 서명날인을 하여 허위의 내용을 기재한 것이라면 위 준공검사보고서는 허위공문서작성죄의 객체가 되는 문서에 해당한다.[136]

공문서·공도화를 부정한 판례의 구체적 내용은 다음과 같다. 즉,

의약품도매상을 경영하기 위한 허가신청을 받은 피고인들이 그 허가여부를 판단하기 위하여 기초자료를 조사하여 확인복명서를 작성한 후 그 결과를 바탕으로 작성한 문서는 그 형식적 명칭은 의약품도매상 시설조사서로 되어 있으나 이는 당해 업소가 약국 및 의약품의 제조업과 판매업의 시설 기준령 제12조에 의한 시설기준에 적합한 시설을 갖추고 있는지 여부뿐만 아니라 허가신청자가 관리 약사를 두었는지 여부를 조사확인하고 관리 약사를 둔 것이 사실이란 뜻에서 관리약사의 인적사항과 그 면허내용을 관리자란에 기재한 문서로 작성된 것이라고 볼 여지가 있으므로 피고인들이 작성한 의약품도매상 시설조사서의 관리자란 기재사항이 공문서의 내용이 되는 여부는 그 문서의 형식적인 명칭만에 의하여 판단할 수 없고 그 내용을 기재토록 한 실질적인 이유가 무엇이었는지를 가려본 후 동 시설 조사서의 관리자란에 실제로 원용된 약사가 아닌 자를 기재한 것이 허위공문서작성죄를 구성하는지를 판단하여야 할 것이다. 원심은 피고인들이 판시 시설조사서를 작성함에 있어 허가신청인들이 그 관리자란에 기재된 관리약사를 실제로 채용한 사실이 없었다는 점을 알고 있었다는 사실은 인정하면서 그 기재사항은 피고인들이 당해 업소를 특정하는 방법으로 기재한 것이고 실제로 그러한 약사를 그 업소에서 채용한 사실이 있는지를 확인한 기재사항이 아니었다는 이유에서 피고인들의 소위가 공문서허위작성죄로 될 수 없다고 판단하였으나 기록에 의하여 살펴보아도 피고인들의 변명 이외에는 그 관리자란의 기재사항이 원심판시와 같은 성격의 것이었다고 볼 자료가 없다.[137] 학교의 기성회는 학부형들이 그 학교를 후원할 목적으로 조직한 사설단체라 할 것이며 학교기성회의 지출결의서는 그 기성회장의 금전지출의 의사를 결정하는 사문서라 할 것이고 그 학교의 서무담당 직원인 1심 공동피고인이나 학교장인 피고인이 공모하여 행사의 목적으로 허위의 지출결의서를 작성행사하였다 하여도 이는 피고인은 기성회의 이사 자격으로 1심 공동피고인은 동 기성회 간사자격으로 작성행사한 것이라 인정될 수 있고 공무원 자격으로 그 직무에 관하여 이를 작성행사한 것이라 할 수 없어 이에 허위공문서 작성 동행사죄가 성립할 수 없을 것임에도 불구하고 원판결이 허위공문서 작성 동행사죄가 성립한다고 인정한 제1심판결을 인용하였음은 허위공문서에 관한 법리를 오해한 위법을 범한 것이라 할 것이어서 이점에 관한 상고논지는 이유있고 다른 논점에 대한 판단을 기다릴것 없이 원판결은 파기를 면치 못할

134) 대법원 2003.2.11. 선고 2002도4293 판결.
135) 대법원 1990.10.16. 선고 90도1199 판결.
136) 대법원 1990.10.16. 선고 90도1307 판결.
137) 대법원 1984.5.29. 선고 83도455 판결.

것이다.[138)]

② 직무에 관하여

본죄의 객체로서의 문서 또는 도화는 직무에 관한 것이어야 한다. 직무에 관한 문서라 함은 공무원이 직무권한 내에서 작성하는 문서를 말한다.[139)] 직무에 관한 문서는 대외적인 것이거나 내부적인 것을 구별하지 아니하며, 그 직무권한이 반드시 법률상 근거가 있음을 필요로 하는 것이 아니고 명령, 내규 또는 관례에 의한 직무집행의 권한으로 작성하는 경우라도 포함되는 것이다.[140)] 구체적인 행위가 공무원의 직무에 속하는지 여부는 그것이 공무의 일환으로 행하여졌는가 하는 형식적인 측면과 함께 그 공무원이 수행하여야 할 직무와의 관계에서 합리적으로 필요하다고 인정되는 것이라고 할 수 있는가 하는 실질적인 측면을 아울러 고려하여 결정하여야 할 것이다.[141)]

그러나 공무원이 그 직무를 수행함에 있어 상관은 하관에 대하여 범죄행위 등 위법한 행위를 하도록 명령할 직권이 없는 것이며, 또한 하관은 소속 상관의 적법한 명령에 복종할 의무는 있으나 위와 같이 명백히 위법 내지 불법한 명령인 때에는 이는 벌써 직무상의 지시 명령이라 할 수 없으므로 이에 따라야 할 의무는 없다.[142)]

직무에 관한 문서를 긍정한 판례의 구체적 내용은 다음과 같다. 즉,

해운항만청의 고시로 작성의무가 부과되고 내부적으로 보관하는 문서도 허위공문서 작성의 객체가 되는 공문서이다.[143)] 공문서는 반드시 대외적인 문서임을 요한다는 논지는 독단적인 견해에 불과하고, 본건 예산품의서 기안용지가 당해 공무소 내에서의 대내적인 기안문서라 할지라도 공무원이 그 직무권한 내에서 직무집행을 위하여 작성하는 서류인 이상 공문서에 해당함은 의문의 여지가 없고, 원심이 유지한 1심거시의 증거에 의하면, 본건 범행시 피고인이 소속한군청 건설과 소관의 예산품의서는 피고인이 기안책임자로서 관리계장, 건설과장의 결재를 거쳐 건설과장 명의로 부군수, 군수의 순으로 결재를 받게되어 있는 사실을 알 수 있으며, 또한 작성권한 있는 공무원의 직무를 보좌하여 공문서를 기안 또는 초안하는 직권이 있는 자가 그 직위를 이용하여 행사할 목적으로 그 직무상 기안하는 문서에 허위의 내용을 기재하고 그 점을 모르는 상사로 하여금 그 초안 내용이 진실한 것으로 오신케 하여 서명날인케 함으로써 허위내용의 공문서를 작성토록 한 자는 소위 허위공눈서삭성죄의 간접정범의 죄책을 면할 수 없는 법리이므로, 결국 원심판결은 정당하고, 거기에 허위공문서작성죄의 객체가 되는 공문서의 법리를 오해한 위법은 없다. 논지는 이유 없다.[144)]

138) 대법원 1971.7.27. 선고 71도934 판결.

139) 대법원 2015.10.29. 선고 2015도9010 판결; 대법원 2009.9.24. 선고 2007도4785 판결; 대법원 2002.5.31. 선고 2001도670 판결; 대법원 1995.4.14. 선고 94도3401 판결; 대법원 1981.12.8. 선고 81도943 판결; 대법원 1978.12.13. 선고 76도3467 판결; 대법원 1975.3.25. 선고 74도2855 판결.

140) 대법원 2015.10.29. 선고 2015도9010 판결; 대법원 1995.4.14. 선고 94도3401 판결; 대법원 1981.12.8. 선고 81도943 판결; 대법원 1978.12.13. 선고 76도3467 판결; 대법원 1975.3.25. 선고 74도2855 판결.

141) 대법원 2015. 10. 29. 선고 2015도9010 판결; 대법원 2009.9.24. 선고 2007도4785 판결; 대법원 2002. 5.31. 선고 2001도670 판결; 대법원 1995.4.14. 선고 94도 3401 판결.

142) 대법원 2015.10.29. 선고 2015도9010 판결; 대법원 2013.11.28. 선고 2011도5329 판결; 대법원 1999. 4.23. 선고 99도636 판결.

143) 대법원 1995.4.14. 선고 94도3401 판결.

3) 행 위

본죄의 실행행위는 허위로 작성하거나 변개하는 것이다. 진실하지 않은 내용의 문서를 새로 만드는 허위작성행위나 기존 문서와 동일성의 범위를 넘는 변경행위로서의 변개는 모두 작성권한을 가지는 작성권한자에 의한 행위라는 점에서는 문제가 없으나, 내용상으로는 허위로서 진실하지 않거나 변경된 내용이 기존의 문서와 동일성이 유지되지 않는다는 점에서 각각 무형위조나 무형변조에 속한다고 할 수 있다.

① 허위작성

허위작성(虛僞作成)이란 문서를 작성할 권한이 있는 공무원이 그 내용이 허위라는 사실을 인식하면서 진실에 반하는 기재를 하여 작성하는 것을 말한다.[145] 본죄는 문서를 작성할 권한이 있는 공무원이 허위내용의 공문서를 작성한 경우에 성립한다.[146] 여기서 허위작성은 무형위조 그 자체이다.

허위(虛僞)라 함은 표시된 내용과 진실이 부합하지 아니하여 그 문서에 대한 공공의 신용을 위태롭게 하는 경우를 말한다.[147] 본죄는 공문서에 진실에 반하는 기재를 하는 때에 성립하는 범죄이므로, 고의로 법령을 잘못 적용하여 공문서를 작성하였다고 하더라도 그 법령적용의 전제가 된 사실관계에 대한 내용에 거짓이 없다면 본죄가 성립될 수 없다.[148] 이는 그와 같은 잘못이 공무원의 고의에 기한 것이라도 달리 볼 수 없다. 공문서 작성 과정에서 법령 등을 잘못 적용하였다고 하여 반드시 진실에 반하는 기재를 하여 공문서를 작성하게 되는 것은 아니므로, 공문서 작성 과정에서 법령 등의 적용에 잘못이 있다는 것과 기재된 공문서 내용이 허위인지 여부는 구별되어야 한다.[149]

허위작성을 긍정한 판례의 구체적 내용은 다음과 같다. 즉,

> 피고인 2가 실제로 현장확인을 하지 않고 동료 청원경찰인 피고인 1에게 원상복구 여부에 대한 현장확인을 부탁한 다음, 피고인 1이 작성한 출장복명서가 진실한 것인지를 제대로 알지도 못하면서 자신이 직접 현장확인을 하여 보니 원상복구가 완료되었다는 내용의 출장복명서에 자신의 서명을 함으로써 출장복명서를 완성하여 그 정을 모르는 담당공무원에게 제출하였다면 이는 허위공문서작성죄 및 허위작성공문서행사죄에 해당한다고 할 것이다.[150] 농지법 제8조 제1항 소정의 농지취득자격증명은 농지를 취득하는 자가 그 소유권에 관한 등기를 신청할 때에 첨부하여야 할 서류로서(농지법 제8조 제4항), 농지를 취득하는 자에게 농지취득의 자격이 있다는 것을 증명하는 것이므로, 신청인에게 농업경영능력이나 영농의사가 없음을 알거나 이를 제대로 알지 못하면서도 농지취득자격

---

144) 대법원 1981.12.8. 선고 81도943 판결.

145) 대법원 1996.10.15. 선고 96도1669 판결; 대법원 1996.5.14. 선고 96도554 판결; 대법원 1995.11.10. 선고 95도1395 판결 참조.

146) 대법원 1990.10.12. 선고 90도1790 판결; 대법원 1981.7.28. 선고 81도898호.

147) 대법원 2015.10.29. 선고 2015도9010 판결; 대법원 2013.10.24. 선고 2013도5752 판결; 대법원 1985.6.25. 선고 85도758 판결.

148) 대법원 2021.9.16. 선고 2019도18394 판결; 대법원 2003.2.11. 선고 2002도4293 판결; 대법원 2000.6.27. 선고 2000도1858 판결; 대법원 1996.5.14. 선고 96도554 판결; 대법원 1983.2.8. 선고 82도2211 판결.

149) 대법원 2021.9.16. 선고 2019도18394 판결.

150) 대법원 2013.10.24. 선고 2013도5752 판결.

에 아무런 문제가 없다는 내용으로 농지취득자격증명통보서를 작성하였다면, 허위공문서작성죄가 성립한다.[151] 사서증서 인증을 촉탁받은 공증인이 사서증서 인증서를 작성함에 있어, 당사자가 공증인의 면전에서 사서증서에 서명 또는 날인을 하거나 당사자 본인이나 그 대리인으로 하여금 사서증서의 서명 또는 날인이 본인의 것임을 확인하게 한 바가 없음에도 불구하고, 당사자가 공증인의 면전에서 사서증서에 서명 또는 날인을 하거나 본인이나 그 대리인이 사서증서의 서명 또는 날인이 본인의 것임을 확인한 것처럼 인증서에 기재하였다면, 허위공문서작성죄의 죄책을 면할 수 없다.[152] 폐기물관리법 제26조 제2항에 의한 폐기물처리사업계획 적합 통보서는 단순히 폐기물처리사업을 관계 법령에 따라 허가한다는 내용이 아니라, 폐기물처리업을 하려는 자가 폐기물관리법 제26조 제1항에 따라 제출한 폐기물처리사업계획이 폐기물관리법 및 관계 법령의 규정에 적합하다는 사실을 확인하거나 증명하는 것이라 할 것이므로, 그 폐기물처리사업계획이 관계 법령의 규정에 적합하지 아니함을 알면서 적합하다는 내용으로 통보서를 작성한 것이라면 그 통보서는 허위의 공문서라고 보지 아니할 수 없다 할 것이다.[153] 인감증명서 발급업무를 담당하는 공무원이 발급을 신청한 본인이 직접 출두한 바 없음에도 불구하고 본인이 직접 신청하여 발급받은 것처럼 인감증명서에 기재하였다면, 이는 공문서위조죄가 아닌 허위공문서작성죄를 구성한다.[154] 부동산등기법 제53조 제1항, 제54조 및 1994.1.1.부터 시행된 등기예규 제13조의 규정에 의하면, 소유권이전등기와 근저당권설정등기의 신청이 동시에 이루어지고 그와 함께 등본의 교부신청이 있는 경우에는, 등기공무원은 소유권이전등기와 근저당권설정등기 모두에 관하여 등기부에의 기입을 마치고 그에 따른 등기부등본을 교부하여야 함에도 불구하고, 등기공무원이 소유권이전등기만 기입하고 근저당권설정등기는 기입하지 아니한 채 등기부등본을 발급하였다면 비록 그 등기부등본의 기재가 등기부의 기재와 일치한다 하더라도, 그 등기부등본은 이미 접수된 신청서에 따라 기입하여야 할 사항 중 일부를 고의로 누락한 채 작성되어 내용이 진실하지 아니한 것으로서 허위공문서에 해당한다.[155] 준공검사관이 준공검사를 함에 있어 수중, 지하 또는 구조물의 내부 등 시공 후 매몰된 부분의 검사는 공사감독관의 감독조서에 근거로 하여 검사를 행하면 되고, 이를 실제로 검사하지 아니한 채 준공조서를 작성하였다 하더라도 허위준공검사조서작성죄의 죄책을 지지 아니한다 할 것이나, 준공검사관이 매몰된 부분의 공사가 완성되지 아니하였다는 것을 알면서도 준공검사조서를 작성한 경우에는 위 죄책을 면하지 못한다 할 것인데, 위에서 든 증거들에 의하면, 준공검사관인 피고인 1은 석축공사 중 원심판시의 뒤채움콘크리트 및 채움콘크리트 타설공사가 미시공되었음을 알고서도 준공검사조서를 작성한 사실을 알 수 있으므로, 원심판결이 위 공사부분에 대하여도 허위공문서작성죄가 성립된다고 판단한 것은 정당하다 할 것이고, 이를 헐뜯는 위 피고인의 변호인의 논지는 이유가 없다.[156] 군직원이 농지전용허가를 하여 주어서는 안 됨을 알면서도 허가하여 줌이 타당하다는 취지의 현장출장복명서 및 심사의견서를 작성하여 결재권자에게 제출한 것이 허위공문서작성, 동행사죄에 해당한다고 본 사례이다.[157] 인감증명법시행령 제13조 제1항, 제3항의 규정에 의하면 인감증명은 본인 또는 대리인이 직접 증명청에 출두하여 신청하여야 하고 인감증명

151) 대법원 2007.1.25. 선고 2006도3996 판결.
152) 대법원 2007.1.25. 선고 2006도3844 판결.
153) 대법원 2003.2.11. 선고 2002도4293 판결.
154) 대법원 1997.7.11. 선고 97도1082 판결; 대법원 1992.10.13. 선고 92도2060 판결; 대법원 1985.6.25. 선고 85도758 판결.
155) 대법원 1996.10.15. 선고 96도1669 판결.
156) 대법원 1995.6.13. 선고 95도491 판결.
157) 대법원 1993.12.24. 선고 92도3334 판결.

의 발급신청을 받은 증명청은 그 신청인이 본인 또는 대리인인지의 여부를 확인하고 인감증명발급대장에 수령자가 본인인 경우에는 인감인의 날인을, 대리인인 경우에는 무인을 받은 후 인감증명서를 교부하도록 규정하고 있는데 이는 인감증명서의 증명력을 확실하게 담보하고자 함에 있다 하겠으므로 면사무소 호병계장이 인감증명서 발급신청인 본인이 직접 출두한 바 없는데도 그가 직접 신청 발급받은 것처럼 그 명의의 인감증명서와 인감증명발급대장에 기재하였다면 이는 허위공문서작성죄를 구성한다 할 것이고, 비록 본인으로부터 대리인을 통하여 인감증명을 발급받겠다는 의사를 확인받았다 하더라도 그 범죄의 성립에는 아무런 영향이 없다.[158] 지방공무원인 피고인이 갑으로부터 부탁을 받고 1989.4.15.까지는 갑이 세대주이고 처인 을은 동거가족에 불과하였음에도 불구하고 마치 1988.3.26.부터 을이 세대주인 것처럼 된 세대별 주민등록표 1장을 작성하여 동사무소의 주민등록표 보관함에 비치한 행위는 허위공문서작성 및 동행사죄에 해당한다.[159] 구청 건설관리과 소속 공공용지의 점용허가 사무담당 공무원이 공소외인에 의한 구거부지의 점유 및 이에 관한 현장확인 사실이 없음에도 불구하고, 그의 명의로 점용허가를 받아주는데 행사할 목적으로 마치 현장에 나가 상황을 조사한 결과 그가 주거부지를 점유하고 있고 점용허가를 하더라도 구거부지의 유지관리상 지장이 없는 사실 등이 확인된 것처럼 공공용지현황조사복명서를 허위로 작성한 경우에는 허위공문서작성죄가 성립된다.[160] 구청 재무과 소속 공공용지매각 사무담당 공무원이 공소외인에 의한 구거부지의 점유, 사용이 전혀 없음에도 불구하고, 그가 수의계약에 의하여 구거부지를 매수하도록 하는데 행사할 목적으로, 마치 현장에 나가 상황을 조사한 결과 구거부지를 계속 점유하면서 채소밭으로 사용하고 있는 사실이 확인된 것처럼 재산현황조사서를 허위로 작성한 경우에는 허위공문서작성죄가 성립된다.[161] 신고사항이 허위인 것이 명백한 경우에는 호적리는 그 기재를 거부할 수 있다고 해석할 것이므로 허위임을 알고 있으면서 고의로 신고인의 뜻을 받아 이를 호적부에 기재하였다면 허위공문서 작성죄가 성립한다.[162] 작성권한 있는 공무원이 인감증명서를 발행함에 있어 인감증명서의 인적사항과 인감 및 그 용도를 일치하게 기재하였어도 본인이 아닌 대리인에 의한 신청임에도 그 증명서의 본인란에 O표를 하였다면 그 사항에 관하여는 허위기재한 것으로 보아야 할 것이다. 그 이유는 인감증명서를 발부함에 있어서 증명청은 본인 또는 대리인에 의한 신청을 확인하도록 하고 있고 인감증명서 자체에도 이를 각각 구별하여 표시하도록 되어 있는 인감증명법시행령 제13조의 법의와 인감증명서는 각종의 법률적 행위 등에 있어서 본인인 여부 및 본인의 진정한 의사인 여부를 확인케 하는데 일반적으로 사용되는 만큼 그 인감증명서가 본인 또는 대리인중 누구의 신청에 의하여 발행된 문서이냐 하는 점 역시 그 증명력을 담보함에 필요한 사항이라 할 것이므로 원판시와 같이 대리인의 신청에 의한 것을 본인의 신청에 의한 것으로 허위기재되었다면 그 인감증명서의 공공의 신용을 해할 위험이 있기 때문이다. 원심이 같은 견해에서 한 의율조치는 정당하고 거기에 허위공문서작성죄의 법리를 오해한 위법이 있다고 할 수 없다.[163] 구청에서 청소차의 주유관계사무를 취급하는 공무원이 실제 소비량보다 많고 또는 실제로 주유한 사실이 없다는 것을 알고 있음에도 불구하고 그 내용이 다른 주유전표를 발행한 경우 이들의 형사책임이 부정되려면 형식적으로 이미 정하여진 제도나 공급량에 따랐을 뿐이라는 것만으로는 부족하고 이러한 제도나 공급량이 하나의 방편이거나 기준을 세운 것이 아니라 어떠한

158) 대법원 1992.10.13. 선고 92도2060 판결.
159) 대법원 1990.10.16. 선고 90도1199 판결.
160) 대법원 1990.8.24. 선고 90도1395 판결.
161) 대법원 1990.8.24. 선고 90도1395 판결.
162) 대법원 1977.12.27. 선고 77도2155 판결.
163) 대법원 1985.6.25. 선고 85도758 판결.

정책적인 목적에서 이루어진 절대적인 것이어서, 위 공무원으로서는 유류공급의 방식이나 공급량에서 오는 불합리나 과부족현상 등에 관여할 수 없었다는 것까지 규명되어야 한다. 그럼에도 불구하고 원심이 위와 같은 내용을 규명하지 아니한 채 피고인들에 대한 이 사건 형사상의 책임을 부정하였음은 결국 그 심리를 다하지 아니하였거나 또는 형사책임의 법리의 오해에 기인하여 판결에 영향을 미친 것이라고 아니할 수 없으므로, 검사의 상고논지를 받아들여 원심판결을 파기하고 사건을 원심법원에 환송하기로 하여 관여법관의 일치된 의견으로 주문과 같이 판결한다.[164] 무허가 건물에 대하여 "무허"라는 표시를 하지 아니하고 유허가 건물인 것 같이 교합인을 찍어서 가옥대장 1매를 작성하였다면 이는 허위공문서작성죄가 성립된다.[165] 공무원이 신축건물에 대한 착공 및 준공검사를 마치고 관계서류를 작성함에 있어 그 허가조건 위배사실을 숨기기 위하여 허위의 복명서를 작성 행사하였을 경우에는 작위범인 허위공문서작성 동행사죄만이 성립하고 부작위범인 직무유기죄는 성립하지 아니한다.[166]

허위작성을 부정한 판례의 구체적 내용은 다음과 같다. 즉,

지방자치단체에서 발주·시행한 교량 공사의 현장감독관인 피고인이, '지방자치단체 입찰 및 계약 집행기준'에 따르면 자재의 제작이 완료되었더라도 현장에 반입되어 시공되지 않은 이상 기성부분으로 인정할 수 없고 예외적으로 제작 공장에서 기성검사를 실시·합격한 경우에 한하여 50% 한도 내에서만 기성고 비율을 인정하여야 함에도, 현장에 반입되지 않아 그 시공이 이루어지지 않은 교량 구조물인 '주탑'이 100% 제작되었음을 전제로 공사 전체의 기성고 비율과 기성부분 준공액을 산정·기재함으로써 허위의 기성검사조서를 작성하였다는 내용으로 기소된 사안에서, 위 조서에는 위 기준 적용의 전제가 되는 사실관계, 즉 주탑 등 자재의 제작 및 현장 반입 여부, 제작 공장에서의 기성공사 실시 및 합격 여부 등에 관하여 아무런 기재가 없으므로 피고인이 위 기준 적용의 전제가 되는 사실관계에 관하여 허위로 기재할 여지가 없고, 기록상 주탑 등 자재의 제작과 운반, 조립·설치를 서로 다른 공종으로 구분하여 도급액을 정하였을 가능성이 다분한 이상 위 조서에 기재된 기성고 비율과 기성부분 준공액이 객관적 진실에 반하여 허위라고 보기도 어렵다는 이유로, 이와 달리 위 조서가 허위의 공문서에 해당한다고 본 원심판단에 허위공문서작성죄에서 '허위 작성'에 관한 법리오해의 잘못이 있다.[167] 피고인들이 이 사건 허위공문서작성 및 그 행사의 범행을 하였다는 2005.6.경부터 2005.9.경 당시에 시행되던 구 음반·비디오물 및 게임물에 관한 법률은 영상물등급위원회의 위원·직원은 형법 그 밖의 법률에 의한 벌칙의 적용에 있어서는 이를 공무원으로 본다고 규정하였다가, 위 법이 폐지되고 2006. 10. 28.부터 시행된 영화 및 비디오물의 진흥에 관한 법률 제91조는 벌칙의 적용에 있어서 영상물등급위원회 임직원이 공무원으로 의제되는 형법 등의 조문을 뇌물 관련 범죄로 축소하였는 바, 그렇다면 원심으로서는 위와 같은 형벌법령 개정의 경위와 동기 등을 살펴 피고인들에 처벌가능성에 관하여 형법 제1조 제2항의 규정을 적용할 수 있는지 여부에 관하여 심리하였어야 할 것임에도 불구하고, 이 부분에 관하여 전혀 판단하지 아니하였다. 이에 대하여 허위공문서작성죄 및 동행사죄를 적용한 원심판결을 심리미진을 이유로 파기한 사례이다.[168] 건축 담당 공무원이 건축허가신청서를 접수·처리함에 있어

164) 대법원 1974.5.28. 선고 73도3426 판결.
165) 대법원 1973.3.13. 선고 72도2366 판결.
166) 대법원 1972.5.9. 선고 72도722 판결.
167) 대법원 2021.9.16. 선고 2019도18394 판결.
168) 대법원 2009.3.26. 선고 2008도93 판결.

건축법상의 요건을 갖추지 못하고 설계된 사실을 알면서도 기안서인 건축허가통보서를 작성하여 건축허가서의 작성명의인인 군수의 결재를 받아 건축허가서를 작성한 경우, 건축허가서는 그 작성명의인인 군수가 건축허가신청에 대하여 이를 관계 법령에 따라 허가한다는 내용에 불과하고 위 건축허가신청서와 그 첨부서류에 기재된 내용(건축물의 건축계획)이 건축법의 규정에 적합하다는 사실을 확인하거나 증명하는 것은 아니라 할 것이므로 군수가 위 건축허가통보서에 결재하여 위 건축허가신청을 허가하였다면 위 건축허가서에 표현된 허가의 의사표시 내용 자체에 어떠한 허위가 있다고 볼 수는 없다 할 것이어서, 이러한 건축허가에 그 요건을 구비하지 못한 잘못이 있고 이에 담당 공무원의 위법행위가 개입되었다 하더라도 그 위법행위에 대한 책임을 추궁하는 것은 별론으로 하고 위 건축허가서를 작성한 행위를 허위공문서작성죄로 처벌할 수는 없다.[169] 교통사고 가해자가 사고발생 후 즉시 피해자를 구호조치하지 않고 사고현장으로부터 약 600m 정도 도주한 후 다시 사고현장으로 되돌아 와 경찰관에게 자신이 사고야기자라고 말한 사안에서, 교통사고 가해자의 사고 후의 행동이 기재된 가해자 및 피해자의 관련자 진술서만 첨부하고 교통사고 실황조사서의 사고원인기재란 중 사고도주 표시란에는 아무런 표시를 하지 않은 것이 허위공문서작성에 해당하지 않는다.[170] 당사자로부터 뇌물을 받고 고의로 적용하여서는 안될 조항을 적용하여 과세표준을 결정하고 그 과세표준에 기하여 세액을 산출하였다고 하더라도, 그 세액계산서에 허위내용의 기재가 없다면 피고인을 형법 제131조 제1항 소정의 수뢰후부정처사죄로 처벌함은 별론으로 하고 허위공문서작성죄에는 해당하지 않는다.[171] 형법 제227조가 규정한 허위공문서작성죄는 그 문서를 작성할 권한이 있는 공무원이 허위내용의 공문서를 작성한 경우에 성립하는 것이고 그 공무원을 보조하는 직무에 종사하는 공무원이 작성권한을 가진 공무원의 결재도 받지 아니하고 임의로 허위내용의 공문서를 작성권한자 명의로 작성한 때에는 공문서위조죄가 성립한다고 할 것인 바, 면사무소 호적계장이 면장의 결재 없이 호적의 출생년란, 주민등록번호란에 허위내용의 호적정정 기재를 한 경우에는 공문서위조 및 동행사죄를 구성하는 것은 별론으로 하고 형법 제227조가 규정한 허위공문서작성죄에 해당할 수는 없다.[172] 지방세법 제180조 제2호, 제104조 제4호, 같은법시행령 제75조의2 제1호의 규정을 종합하면 신건축물로서 재산세과세대상이 되는 것은 그 신축행위에 의하여 소유권의 대상이 될 수 있는 독립한 부동산이 되었을 때, 즉 지붕과 벽 또는 기둥을 갖추고 토지에 정착한 1개의 건축물로서 존재하는 상태에 이르면 족하고 현실적으로 그 건축물 본래의 용도에 따른 사용수익이 가능할 정도로 완성됨을 요하지 아니한다 할 것이고, 지방세과세대장은 과세행정청이 지방세를 적정하고도 원활하게 부과징수하기 위하여 내부적으로 작성, 보관하는 것으로서 비록 그 용도에 따른 사용수익을 할 수 없을 정도로 미완공인 건축물이라 할지라도 과세대상이 될 정도에 이른 건축물이라면 이를 재산세과세대장에 올려 그 납세의무자에게 소정의 지방세를 부과징수할 수 있는 것이므로 과세대상이 되는 미완공건축물을 재산세과세대장에 등재하였다고 하여 곧 허위공문서를 작성하였다고 단정할 수는 없다.[173] 현금출납부는 그날 그날의 입출금을 기재하여 계산상의 잔액을 표시하는 것이므로 피고인이 그 잔금 중의 일부를 횡령하여 장부상의 잔액과 실제 잔고간에 차이가 나더라도, 장부상과 실제잔고를 맞게 하기 위하여 입금을 감소하거나 가공지출을 기재하였다면 몰라도 장부상 그 입출금의 기재가 제대로 된 이상,

---

169) 대법원 2000.6.27. 선고 2000도1858 판결.
170) 대법원 1997.3.11. 선고 96도2329 판결.
171) 대법원 1996.5.14. 선고 96도554 판결.
172) 대법원 1990.10.12. 선고 90도1790 판결.
173) 대법원 1987.8.18. 선고 87도1263 판결.

허위기재라고 할 수 없다.[174] 광업권양수인이 도시계획법 및 동법시행령에 의한 관할군수의 계속작업허가를 신청함에 있어서 종전의 광업권자가 실제로 작업한 사실이 전혀없어 계속작업허가대상이 되지 않음에도 불구하고 계속갱도굴진작업을 하였고 본격적으로 개설계획을 수립하여 현재작업중에 있다는 허위사실을 기재한 계속작업허가신청서를 제출하여 그 허가를 받은 경우, 동 신청에 대한 군수 명의의 허가공문이 광업권양수인의 계속작업허가신청에 대하여 단지 이를 허가하는 내용에 불과하고 계속작업사실을 확인하거나 증명하는 내용이 아니라 면허가받지 못할 것을 허가한 허물이 있음은 별론으로 하고 위 공문에 표현된 허가의 의사표시 내용 자체에 어떠한 허위가 있다고 말할 수 없고, 또한 군청직원이 광업권양수인과 공모하여 허가서의 작성권한 자인 군수에게 허가서 발부를 품신하였다 하더라도 그 품신서의 "계속작업을 허가하고자 한다"는 내용만으로는 그 자체에 어떠한 허위가 있다고 보기 어려우니 허위공문서작성죄가 성립하지 아니한다.[175] 공무원인 피고인이 그 직무에 관하여 이 건 문제로 된 사문서 사본에 "원본대조필 토목기사 피고인"이라 기재하고 도장을 날인하였다면 그 기재 자체가 공문서로 되고, 이 경우 피고인이 실제로 원본과 대조함이 없이 "원본대조필"이라고 기재한 이상 그것만으로 곧 허위공문서작성죄가 성립하는 것이고, 피고인이 위 문서작성자에게 전화로 원본과 상이없다는 사실을 확인하였다거나 객관적으로 그 사본이 원본과 다른 점이 없다고 하더라도 위 죄가 성립한다.[176] 출장복명서에 '76.1.28'이라고 기재할 것을 '76.1.29'이라고 잘못 기재하고 있는 것과 마찬가지로 '11:00출발'을 '11:00 현지도착' 이라고 하고 혹은 '14:00 현지도착'을 '11:00 현지도착'이라고 단순히 오기한 것이라고 볼 여지도 없지 않으므로, 원심이 이러한 점에 유의하지 아니하고 바로 그 출장복명서에 기재된 사실만으로서 피고인을 허위공문서작성죄와 동행사죄로 다스렸음은 심리미진이 아니면 증거없이 사실을 인정한 것이 되고 나아가서는 허위공문서작성죄에 관한 법리오해가 있어 판결에 영향을 미쳤다 할 것이므로 이점을 논란하는 피고인의 상고이유를 받아들이기로 한다.[177]

② 변 개

변개(變改)란 기존의 진정하고 진실한 공문서 또는 공도화에 대하여 변경권한을 가지는 공무원이 동일성의 범위를 넘어 바꾸어(變) 고치는(改) 변경행위를 말한다. 변개는 무형변조에 속한다는 점에서 무형위조에 해당하는 허위작성과 구별된다.

4) 결 과

본죄는 추상적 공공위험범에 속한다. 따라서 실해의 발생을 요하지 아니한다. 대법원도 "허위공문서 작성 그 자체로서 문서에 대한 공공적 신용을 위태롭게 하여 처벌하는 것이므로 특정인에 대한 구체적인 손해가 생기거나 생길 위험이 있을 것을 요하지 않는다"고 판시한 바 있다.[178]

---

174) 대법원 1984.9.11. 선고 84도1574 판결.
175) 대법원 1983.2.8. 선고 82도2211 판결.
176) 대법원 1981.9.22. 선고 80도3180 판결.
177) 대법원 1978.4.11. 선고 77도3781 판결.
178) 대법원 1995.11.10. 선고 95도1395 판결.

(2) 주관적 구성요건

1) 고 의

본죄는 고의범이다. 본죄의 고의는 인식적 요소로서 공무원이 행사할 목적으로 그 직무에 관하여 문서 또는 도화를 허위로 작성하거나 변개한다는 사실에 대한 인식을 요한다. 작성의 경우 그 내용이 허위라는 사실을 인식하면 성립한다.[179]

고의를 긍정한 판례의 구체적 내용은 다음과 같다. 즉,

> 피고인들을 비롯한 경찰관들이 피의자 4명을 현행범으로 체포하거나 현행범인체포서를 작성할 때 체포사유 및 변호인선임권을 고지하지 아니하였음에도 불구하고, '체포의 사유 및 변호인 선임권 등을 고지 후 현행범인 체포한 것임'이라는 내용의 허위의 현행범인체포서 4장과 '현행범인으로 체포하면서 범죄사실의 요지, 구속의 이유와 변호인을 선임할 수 있음을 고지하고 변명의 기회를 주었다'는 내용의 허위의 확인서 4장을 각 작성한 사안에서, 당시 피고인들에게 허위공문서작성에 대한 범의도 있었다고 보아야 함에도 이와 다른 판단을 한 원심판결에 사실오인의 잘못이 있다고 한 사례이다.[180] 임야도와 지적도상의 경계가 부합하지 아니하여 지적도의 경계 표시에 오류가 있음을 쉽게 확인할 수 있고 또 측량을 하지 않고서도 그 정정이 가능한 경우에 해당한다고 볼 수 없는 경우, 피고인 등이 임야도를 기준으로 하였다 하더라도 토지 및 하천 등의 경계나 면적을 측량하지도 아니한 채 지적도상의 토지 및 하천 등의 경계를 정정한 것은 결코 적법한 업무처리라고 할 수 없고, 따라서 피고인에게 허위공도화 작성 등의 범의가 있다.[181] 피고인 D는 위 교통사고에 대한 현장검증을 실시한 다음 위 현장검증을 한 결과를 토대로 "위 I 운전의 자전거가 자기 차선으로 진행하다가 사고 지점에 거의 와서 갑자기 중앙선을 넘어 위 트럭에 충격되었다"는 내용으로 작성된 현장약도를 첨부한 교통사고보고 2(실황조사서)를 피고인 A에게 제출하자, 피고인 A가 "위 도면대로 하면 피해자가 보험혜택을 받지 못하고 보험회사에서 면책을 받게되면 치료를 할 수 없으니까 피해자가 보험혜택을 받을 수 있도록 위 I의 자전거가 사고지점에서 약 8.8m 전방에 있는 공산중학교 입구에서부터 중앙선을 넘어 온 것으로 현장약도를 다시 작성하라"고 지시하여 그에 따라 위 실황조사서를 변경하였다는 것이고, 피고인 A도 "피고인 D가 최초로 작성한 실황조사서대로 하면 피해자가 보험처리를 받는데 불리할 것 같아서 좋은 마음에 피해자들이 보험혜택을 받을 수 있도록 좀 좋게 해 주어라고 하면서 위와 같이 그 변경을 지시했다"는 것인바, 사정이 위와 같다면 피고인들은 위 피해자들이 손쉽게 보험혜택을 받을 수 있도록 할 목적으로 위 I의 자전거가 사고지점에서 약 8.8m 전방에 있는 공산중학교 입구에서부터 중앙선을 넘어 온 것이 허위라는 사실임을 인식하고도 위 실황조사서의 현장도면을 작성한 것이므로 피고인들의 이러한 행위는 허위공문서작성죄의 구성요건에 해당한다고 할 것이고, 위와 같이 허위로 작성한 실황조사서를 그 정을 모르는 위 경찰서 경비과장 및 서장에게 위 서류의 결재를 받기 위하여 이를 제출하였다면 위 허위공문서를 행사한 죄에도 해당한다고 할 것이다.[182] 임야도와 지적도상의 경계가 부합하지 아니하여 지적도의 경계 표시에 오류가 있음을 쉽게 확인할 수 있고 또 측량을 하지 않고서도

---

179) 대법원 2015.10.29. 선고 2015도9010 판결; 대법원 2013.10.24. 선고 2013도5752 판결; 대법원 1995.11.10. 선고 95도1395 판결; 대법원 1983.12.27. 선고 82도3063 판결; 대법원 1974.1.29. 선고 73도1854 판결.

180) 대법원 2010.6.24. 선고 2008도11226 판결.

181) 대법원 1997.12.26. 선고 96도3057 판결.

182) 대법원 1995.11.10. 선고 95도1395 판결.

그 정정이 가능한 경우에 해당한다고 볼 수 없는 경우, 피고인 등이 임야도를 기준으로 하였다 하더라도 토지 및 하천 등의 경계나 면적을 측량하지도 아니한 채 지적도상의 토지 및 하천 등의 경계를 정정한 것은 결코 적법한 업무처리라고 할 수 없고, 따라서 피고인에게 허위공도화 작성 등의 범의가 있다고 본 사례이다.[183] 준공검사조서를 작성함에 있어서 정산설계서를 확인하고 준공검사를 한 것이 아님에도 마치 한 것처럼 준공검사용지에 "정산설계서에 의하여 준공검사"를 하였다는 내용을 기입하였다면 허위공문서작성의 범의가 있었음이 명백하여 그것만으로 곧 허위공문서작성죄가 성립하고 위 준공검사조서의 내용이 객관적으로 정산설계서 초안이나 그후에 작성된 정산설계서 원본의 내용과 일치한다거나 공사현장의 준공상태에 부합한다 하더라도 그 성립에 아무런 영향을 미치지 못한다.[184]

고의를 부정한 판례의 구체적 내용은 다음과 같다. 즉,

피고인이 여러 차례의 출장반복의 번거로움을 회피하고 민원사무를 신속히 처리한다는 방침에 따라 사전에 출장조사한 다음 출장조사내용이 변동없다는 확신하에 출장복명서를 작성하고 다만 그 출장일자를 작성일자로 기재한 것이라면 허위공문서작성의 범의가 있었다고 볼 수 없다 할 것이다.[185] 대수선허가 면적보다 1층은 1.12평, 2층은 0.25평이 더 증축된 것을 알면서도 허가된 면적대로 준공되었다는 준공검사보고서를 작성하였으나 통상 있을 수 있는 사소한 차이인 점 등에 비추어 허위공문서작성 및 동행사의 범의를 부정한 사례이다.[186] 피고인이 제1군 재무과 평가계장직에 종사하다가 내무부 지방행정 연수원 입교의 명을 받고, 그 사무인계서를 작성함에 있어, 소외 회사(갑)으로부터 공사이행보증금의 지급담보로 교부받아 재무과 경리계의 금고에 보관중인 당좌수표 3매에 관한 사항을 정확히 기재하여야 할 것인데도 이에 관한 사항을 기재하지 않은 이유가 위 공사이행보증금의 일부는 지급받고 일부만이 미수인 관계로 미수금이 얼마인지를 기재하여 후임자에게 미수금을 징수할 수 있도록 하면 충분한 것으로 알고 부주의로 기재누락한 것이라면 피고인에게 허위공문서작성의 인식이 있다고 볼 수 없다.[187] 피고인들이 물품(미역)검사를 하면서 전체량의 일부만을 추출하여 실물검사를 하였음에도 이를 초과하여 외관검사를 행한 수량 중의 일정량을 실물검사한 것처럼 보고서를 작성하였다 하여도 그것이 업무상 관행에 따른 것이라면 허위공문서 작성의 인식이 없다고 할 것이다.[188]

2) 행사의 목적

본죄는 목적범이다. 고의 외에 행사할 목적을 요한다. 행사의 목적이라 함은 허위내용의 문서를 그 내용이 진실한 문서인 것처럼 그 문서의 효용에 따라 사용할 목적이 있는 것을 말한다.[189]

(3) 미수 · 기수

본죄를 미수를 처벌한다. 본죄는 추상적 공공위험범이라는 관점에서 실행의 착수시기는

183) 대법원 1990.10.16. 선고 90도1199 판결.
184) 대법원 1983.12.27. 선고 82도3063 판결.
185) 대법원 2001.1.5. 선고 99도4101 판결; 대법원 1983.12.27. 선고 82도3141 판결.
186) 대법원 1985.5.28. 선고 85도327 판결.
187) 대법원 1982.12.28. 선고 82도1617 판결.
188) 대법원 1982.7.27. 선고 82도1026 판결.
189) 대법원 1989.12.12. 선고 89도1253 판결.

문서를 허위로 작성하거나 변개하는 행위의 개시시이고, 이러한 행위의 종료시에 기수에 이른다고 해석된다. 판례의 의하면 "한개의 공문서에 작성자가 2인 이상일 경우에도 1인의 작성행위의 완료로서 그 1인의 공문서 작성행위는 완료되는 것이며 나머지 다른 사람의 서명 날인이 없다 하여 전체의 허위공문서가 작성되지 않는다고 볼 것이 아니다"라고 한다.[190)]

(4) 공 범

1) 의 의

본죄는 신분범이다. 따라서 비공무원이 본죄에 가담한 경우에는 총칙상의 공범과 신분에 관한 규정에 따라 가담자에게는 공동정범, 교사범 및 방조범의 성립이 가능하게 된다(제33조 참조). 대법원도 "공무원이 아닌 자가 공무원과 공동하여 허위공문서작성죄를 범한 때에는 공무원이 아닌 자도 형법 제33조, 제30조에 의하여 허위공문서작성죄의 공동정범이 된다"고 판시한 바 있다.[191)]

문제는 가담자에 대한 간접정범의 성부에 있다. 간접정범에 관하여는 공범과 신분에 관한 총칙상의 규정이 적용되지 않기 때문이다. 그럼에도 불구하고 본죄는 작성권한자가 이용자로서 가담자가 되어 피이용자인 작성무권한자 또는 다른 작성권한자를 이용하여 범할 수 있다는 점에 대하여는 의문이 없다. 그러나 작성무권한자가 가담자가 되어 작성권한자를 이용하는 형태의 간접정범의 성부에 대하여는 다툼이 있다. 여기서 작성권한이 없는 가담자를 비공무원 가담자와 공무원인 가담자로 나누어 검토할 필요가 있다.

2) 비공무원 가담자

① 비신분자의 간접정범 불성립의 원칙

본죄의 간접정범은 비공무원에 의해서는 처음부터 성립될 수 없다. 본죄는 신분범에 속하기 때문이다. 판례의 입장은 후술하는 바와 같이 공무원 아닌 자가 본죄의 간접정범인 때에는 공정증서원본 등의 부실기재죄(제228조)의 경우 이외에는 이를 처벌하지 아니한다는 것이다.[192)] 대법원은 "공무원 아닌 자가 공무원을 기망하여 허위내용의 증명서를 작성케 한 후 행사하였다고 하더라도 허위공문서작성 및 동행사죄는 성립되지 않는다"고 판시한 바 있다.[193)]

비신분자의 간접정범의 성립을 부정한 판례의 구체적 내용은 다음과 같다. 즉,

> 공무원 아닌 자가 허위공문서작성의 간접정범일 때에는 본법 제228조의 경우를 제외하고는 이를 처단하지 못하므로 면장의 거주확인 증발급을 위한 허위사실의 신고는 죄가 되지 않는다.[194)]

---

190) 대법원 1973.6.26. 선고 73도733 판결.

191) 대법원 2006.5.11. 선고 2006도1663 판결.

192) 대법원 2006.5.11. 선고 2006도1663 판결; 대법원 1971.1.26. 선고 70도2598 판결; 대법원 1970.7.28. 선고 70도1044 판결; 대법원 1962.1.31. 선고 4294형상595 판결.

193) 대법원 1976.8.24. 선고 76도151 판결.

194) 대법원 1971.1.26. 선고 70도2598 판결.

> 피고인은 4288년 12월 1일경 전주 경찰서장을 거쳐서 전라북도지사에게 피고인의 도민증 발급 신청을 함에 있어서 도민증 용지 한 장에 징집 해당자가 아닌 피고인의 동생 공소외 1의 성명과 생년월일 4272년 12월 17일 낳음이라고 쓴 후 그 사진란에 피고인의 사진을 부쳐서 도민증 발급 신청을 하여서 그 정을 모르는 전주경찰서장 및 전라북도지사로부터 4288년 12월 31일경 전라북도지사 명의의 위 도민증 한 장을 발급 받어 이를 위조하였다고 함에 있는바 이는 결국 형법 제227조(구형법 제156조)의 범죄의 간접정범으로서 기소된 것으로 볼 것이나 형법은 소위 무형위조에 관하여서는 공문서에 관하여서만 이를 처벌하고 일반 사문서의 무형위조를 인정하지 아니할 뿐 아니라(다만 형법 제233조의 경우는 예외) 공문서의 무형위조에 관하여서도 동법 제227조 이외에 특히 공무원에 대하여 허위의 신고를 하고 공정증서 원본 면허장 감찰 또는 여권에 사실아닌 기재를 하게 할때에 한하여 동법 제228조의 경우의 처벌규정을 만들고 더구나 위 227조의 경우의 형벌보다 현저히 가볍게 벌하고 있음에 지나지 아니하는 점으로 보면 공무원이 아닌 자가 허위의 공문서 위조의 간접정범이 되는 때에는 동법 제228조의 경우 이외에는 이를 처벌하지 아니하는 취지로 해석함을 상당하다고 할 것이며 이 점에 관하여 위 취지에 저촉되는 본원 4286년 형상 제39호(4288년 2월 25일 선고) 판결 이유는 이를 유지할 필요가 없다 하여 폐기하기로 한다. 이리하여 원심이 피고인에 관한 위 허위 공문서 위조의 간접정범의 점에 관하여 이는 형법 제228조에 정한 경우에 해당하지 아니한다 하여 범죄가 구성되지 아니한다 하여 무죄를 선고한 것은 적법하고 이를 비난하는 논지는 채용할 수 없다.[195]

② 신분자 간접정범에 대한 공범성립의 예외

비신분자라 하더라도 본죄의 신분자인 간접정범에 가담하는 경우에는 총칙상의 공범과 신분에 관한 규정을 적용하는 데에는 아무런 장애가 없다고 할 수 있다. 대법원도 "공무원이 아닌 자가 공무원과 공동하여 허위공문서작성죄를 범한 때에는 공무원이 아닌 자도 형법 제33조, 제30조에 의하여 허위공문서작성죄의 공동정범이 된다"고 판시한 바 있다.[196] 따라서 본죄의 간접정범에 가담하는 비신분자에게는 본죄의 간접정범의 공동정범, 교사범 및 방조범이 성립하게 된다고 할 수 있다(제33조 참조). 대법원도 "공문서의 작성권한이 있는 공무원의 직무를 보좌하는 자가 그 직위를 이용하여 행사할 목적으로 허위의 내용이 기재된 문서초안을 그 정을 모르는 상사에게 제출하여 결제하도록 하는 등의 방법으로 작성권한이 있는 공무원으로 하여금 허위의 공문서를 작성하게 한 경우에는 간접정범이 성립되고 이와 공모한 사 역시 그 간접정범의 공범으로서의 죄책을 면할 수 없는 것이다"라고 판시한 바 있다.[197]

본죄의 간접정범에 대한 공범을 긍정한 판례의 구체적 내용은 다음과 같다. 즉,

> 방위병인 B는 공문서작성권한이 있는 공무원을 보좌하는 자신의 직위를 이용하여 정을 모르는 그 작성권자로 하여금 허위의 공문서를 작성하게 함으로써 허위공문서작성죄의 간접정범인 죄책을 지게 되었다 할 것이니 그와 공모한 피고인으로서도 신분이 공무원인지 여부에 관계없이 그 공범으로서의 죄책을 면할 수 없는 것이다.[198] 공문서의 작성권한이 있는 공무원의 직무를 보좌하

195) 대법원 1961.12.14. 선고 4292형상645 판결.
196) 대법원 2006.5.11. 선고 2006도1663 판결.
197) 대법원 1992.1.17. 선고 91도2837 판결; 대법원 1986.8.19. 선고 85도2728 판결; 대법원 1977.12.13. 선고 74도1990 판결.

는 자가 그 직위를 이용하여 행사할 목적으로 허위의 내용이 기재된 문서초안을 그 정을 모르는 상사에게 제출하여 결재하도록 함으로써 허위공문서를 작성케 하는 경우에는 허위공문서작성죄의 간접정범이 성립되고 이와 공모한 자 역시 위 죄책을 면할 수 없다 할 것이므로 같은 취지에서 원심이 피고인을 허위공문서작성의 간접정범의 공범으로 처단한 조치도 정당하여 거기에 소론과 같은 허위공문서작성죄의 법리를 오해한 위법이 없다. 논지는 이유없다.[199] 피고인이 건축물조사 및 가옥대장 정리업무를 담당하는 지방행정서기를 교사하여 무허가 건물을 허가받은 건축물인 것처럼 가옥대장 등에 등재케하여 허위공문서 등을 작성케 한 사실이 인정된다면, 허위공문서작성죄의 교사범으로 처단한 것은 정당하다.[200] 작성권한 있는 공무원의 직무를 보좌하는 자가 그 직위를 이용, 행사할 목적으로 그 초안한 문서에 허위내용을 기입하고, 그 정을 모르는 상사에게 제출 결재케 하므로써 허위 공문서를 작성케 하는 경우에 그와 공모한 자도 허위공문서 작성죄의 간접정범의 죄책을 진다.[201]

3) 공무원인 가담자

작성무권한자인 공무원이 작성권한자인 공무원을 이용하는 경우 본죄의 간접정범의 성부에 관하여는 다툼이 있다. 작성무권한자에는 작성권한자에 대하여 지시하는 상급공무원인 경우와 작성권한자를 보좌하는 보조공무원인 경우가 있다.

① 학 설

작성무권한자인 공무원이 작성권한자인 공무원을 이용하는 경우 본죄의 간접정범의 성부에 대하여는 긍정설과 부정설이 대립하고 있다. 첫째, 긍정설(肯定說)은 작성권한이 없는 공무원이 사정을 모르는 작성권한이 있는 공무원을 이용하는 형태로 본죄를 범한 경우 본죄의 간접정범이 성립한다고 한다. 긍정설은 본죄의 본질은 공무원에 대한 권한남용의 방지에 있는데 보조공무원의 권한남용을 방지해야 할 필요가 있다는 점, 보조공무원은 작성명의인은 아니지만 사실상 또는 실질적으로 작성권한을 가지고 있으므로 간접정범의 형태로 본죄를 범할 수 있다는 점 및 신분범 중에는 간접정범이 인정되는 신분범과 인정되지 않는 신분범으로 나누어질 수 있는데 본죄는 간접정범이 인정되는 신분범에 속한다는 점 등을 근거로 한다.

둘째, 부정설(否定說)은 사정을 모르는 작성권한이 있는 공무원을 이용하여 본죄를 범한 경우에도 작성권한이 없는 공무원에게 본죄에 대한 간접정범의 성립을 부정한다. 부정설은 본죄는 공무원에 대한 직권남용의 방지가 아니라 문서에 대한 공공의 신용성의 보장에 그 목적이 있다는 점, 본죄의 주체는 작성권한이 있는 공무원에게만 국한되고 있는 신분범이라는 점, 진정신분범에서 비신분자가 신분자를 이용하는 간접정범은 성립할 수 없다는 점 및 처벌의 흠결은 입법이나 보조공무원에게 위계에 의한 공무집행방해죄의 죄책을 물어 해결해야 한다는 점 등을 근거로 하고 있다.

---

198) 대법원 1992.1.17. 선고 91도2837 판결.
199) 대법원 1986.8.19. 선고 85도2728 판결; 대법원 1977.12.13 선고 74도1900 판결.
200) 대법원 1983.12.13. 선고 83도1458 판결.
201) 대법원 1977.12.13. 선고 74도1900 판결; 대법원 1963.6.20. 선고 63도138 판결.

② 판 례

판례는 긍정설의 입장이다. 가담자가 공무원인 한 보조공무원이든 상급공무원이든 묻지 않고 본죄의 간접정범이 성립될 수 있다고 한다.

판례에 의하면 본죄의 주체는 문서를 작성할 권한이 있는 명의인인 공무원에 한하고 그 공무원의 문서작성을 보조하는 직무에 종사하는 공무원은 본죄의 주체가 될 수 없다.[202] 따라서 보조 직무에 종사하는 공무원이 허위공문서를 기안하여 허위임을 모르는 작성권자의 결재를 받아 공문서를 완성한 때에는 본죄의 간접정범이 성립한다.[203] 그러나 이러한 결재를 거치지 않고 임의로 작성권자의 직인 등을 부정 사용함으로써 공문서를 완성한 때에는 공문서위조죄가 성립한다.[204] 이는 공문서의 작성권한 없는 사람이 허위공문서를 기안하여 작성권자의 결재를 받지 않고 공문서를 완성한 경우에도 마찬가지이다.[205] 나아가 작성권자의 직인 등을 보관하는 담당자는 일반적으로 작성권자의 결재가 있는 때에 한하여 보관 중인 직인 등을 날인할 수 있을 뿐이다. 이러한 경우 다른 공무원 등이 작성권자의 결재를 받지 않고 직인 등을 보관하는 담당자를 기망하여 작성권자의 직인을 날인하도록 하여 공문서를 완성한 때에도 공문서위조죄가 성립한다.[206]

간접정범을 긍정한 판례의 구체적 내용은 다음과 같다. 즉,

공무원 갑이 허위의 사실을 기재한 자동차운송사업변경(증차)허가신청 검토조서를 작성한 다음 이를 자동차운송사업변경(증차)허가신청 검토보고에 첨부하여 결재를 상신하였고, 담당계장으로서 그와 같은 사정을 알고 있는 중간 결재자인 피고인과 담당과장으로서 그와 같은 사정을 알지 못하는 최종 결재자인 을이 차례로 위 검토보고에 결재를 하여 자동차운송사업 변경허가가 이루어진 사안에서, 위 검토조서 및 검토보고의 각 내용과 형식, 관계 및 작성 목적, 이를 토대로 변경허가가 이루어진 점 등을 종합할 때, 공문서인 위 검토보고의 작성자는 을이라고 보아야 하므로, 위 검토보고의 내용 중 일부에 불과한 위 검토조서의 작성자인 갑은 물론 을의 업무상 보조자이자 중간 결재자인 피고인은 허위공문서작성죄의 주체가 될 수 없는데도 피고인과 갑의 행위가 공동정범에 해당한다고 본 원심판단은 잘못이지만, 이는 허위의 정을 모르는 작성권자 을로 하여금 허위의 공문서를 결재·작성하게 한 경우에 해당하여 그 간접정범에 해당하고, 간접정범은 형법 제34조 제1항, 제31조 제1항에 의하여 죄를 실행한 자와 동일한 형으로 처벌되는 것이므로 그러한 잘못은 판결에 영향을 미친 위법이 되지 못한다고 한 사례이다.[207] 경찰서 보안과장인 피고인이

---

202) 대법원 2017.5.17. 선고 2016도13912 판결; 대법원 2011.5.13. 선고 2011도1415 판결; 대법원 2010.1.14. 선고 2009도9963 판결; 대법원 1992.1.17. 선고 91도2837 판결; 대법원 1990.10.30. 선고 90도1912 판결; 대법원 1981.7.28. 선고 81도898 판결.

203) 대법원 2017.5.17. 선고 2016도13912 판결; 대법원 2011.5.13. 선고 2011도1415 판결; 대법원 2010.1.14. 선고 2009도9963 판결; 대법원 1992.1.17. 선고 91도2837 판결; 대법원 1990.10.30. 선고 90도1912 판결; 대법원 1990.2.27. 선고 89도1816 판결; 대법원 1986.8.19. 선고 85도2728 판결; 대법원 1983.9.27. 선고 83도1404 판결; 대법원 1981.12.8. 선고 81도943 판결; 대법원 1981.7.28. 선고 81도898 판결; 대법원 1962.5.17. 선고 4293형상297 판결.

204) 대법원 2017.5.17. 선고 2016도13912 판결; 대법원 1981.7.28. 선고 81도898 판결; 대법원 1965.10.5. 선고 65도704 판결.

205) 대법원 2017.5.17. 선고 2016도13912 판결.

206) 대법원 2017.5.17. 선고 2016도13912 판결.

207) 대법원 2011.5.13. 선고 2011도1415 판결.

갑의 음주운전을 눈감아 주기 위하여 그에 대한 음주운전자 적발보고서를 찢어버리고, 부하로 하여금 일련번호가 동일한 가짜 음주운전 적발보고서에 을에 대한 음주운전 사실을 기재케 하여 그 정을 모르는 담당 경찰관으로 하여금 주취운전자 음주측정처리부에 을에 대한 음주운전 사실을 기재하도록 한 이상, 을이 음주운전으로 인하여 처벌을 받았는지 여부와는 관계없이 허위공문서작성 및 동 행사죄의 간접정범으로서의 죄책을 면할 수 없다고 본 원심판결을 수긍한 사례이다.[208] 면의 호적계장이 정을 모른 면장의 결재를 받아 허위내용의 호적부를 작성한 경우 허위공문서작성, 동행사죄의 간접정범이 성립된다.[209] 개인택시면허업무 등을 담당하던 군청 계장이 군수를 보좌하여 '88개인택시 면허신청대상자 경력평정공고'를 초안함에 있어 특정인의 우선순위를 높게 조작하여 개인택시면허를 무난히 받게 하는데 사용할 목적으로 위 공고 중 개인택시면허발급예정우선순위표에 그의 예정순위를 허위 기재한 다음 그 정을 모르는 군수의 결재를 받은 경우에 위 표는 공무원이 그 직무권한 내에서 직무집행을 위하여 작성한 것으로서 완성된 문서라 할 것이므로 위 행위는 허위공문서작성죄에 해당한다.[210] 피고인은 제1군청 건설과 농지계 소속 토목기사보로서 1987년도 제1군내 수해복구사업중 농경지 및 수리시설의 공사계획과 준공검사에 관한 업무를 담당하던 중 그 직무상 초안하는 문서에 그 내용이 허위라는 사실을 인식하면서도 이 사건 수해복구공사비가 마치 금 30,400,000원이 소요된 것처럼 허위사실을 기재한 공사준공검사조서 1통을 작성하고 "87. 수해복구사업준공 및 보조금지급"이라는 제목의 공문을 기안하여 그 정을 모르는 제1군수 공소외 ***으로 하여금 결재토록함으로써 위 군수명의의 위 공문서를 작성한 사실을 알 수 있으므로, 비록 피고인이 위 공사준공검사조서에 있어 입회자로 서명날인되어 있다 하더라도 피고인의 위 소위를 허위공문서작성죄에 문의한 원심의 조처는 옳다.[211] 시장의 토지구획정리사무를 보조하는 지방행정주사보가 행사할 목적으로 그 직무상 초안하는 문서에 허위사실을 기내한 체비지매각 증명서 및 매도증서를 기안하여 그 정을 모르는 총무과 직원으로 하여금 시장 직인을 압날케 하여 시장명의의 위 문서들을 작성케 한 경우에는 허위공문서작성죄의 간접정범이 성립한다.[212] 공문서의 작성권한자인 공무원을 보조하여 공문서의 기안을 담당하는 직원이 그 직위를 이용하여 행사의 목적으로 허위내용의 기안을 하고 이를 그 정을 모르는 상사에게 제출하여 서명날인케 하여 공문서를 완성한 경우에는 허위공문서작성죄의 간접정범이 성립된다.[213]

간접정범을 부정한 판례의 구체적 내용은 다음과 같다. 즉,

군청 산림과 소속 공무원인 피고인 갑과 을이 공모하여 을이 기안하고 갑이 전결한 해당 임야에 대한 허위의 '산지이용구분 내역 통보'를 군청 민원봉사과에 보내거나, 또는 피고인 을이 일부 임야에 대하여는 단독으로, 일부 임야에 대하여는 공무원 아닌 피고인 병과 공모하여 허위의 각 '산지이용구분 내역 통보' 공문을 기안하고 그 정을 모르는 피고인 갑의 전결로 위 각 공문을 군청 민원봉사과로 보내어, 그 정을 모르는 민원봉사과 소속 공무원으로 하여금 군수 명의의 위 각 임야에 대한 토지이용계획확인서를 작성・발급하게 한 사안에서, 피고인들에게 허위공문서작성죄 및 허위작성공문서행사죄의 간접정범 내지 간접정범의 공동정범의 성립을 인정한 원심판결에 법리오해

208) 대법원 1996.10.11. 선고 95도1706 판결.
209) 대법원 1990.10.30. 선고 90도1912 판결.
210) 대법원 1990.10.16. 선고 90도1170 판결.
211) 대법원 1990.2.27. 선고 89도1816 판결.
212) 대법원 1983.9.27. 선고 83도1404 판결; 대법원 1963.6.20 선고 63도138 판결; 대법원 1962.5.17 선고 4293형상297 판결.
213) 대법원 1962.5.17. 선고 4293형상297 판결.

의 위법이 있다고 한 사례이다.[214] 피고인은 상피고인 2와 공모하여 1964.9.1. 대구지방법원 등기과에서 당시 등기과에는 사무량의 폭주로 인하여 등기부등본 교부신청자가 사법서사 또는 그 보조원인 경우에는 동인들이 등기부를 차람하여 등 기부등본용지에 옮겨 기재한 후 제출하는 경우에 등기공무원은 단순히 서명날인만 하여 발부하는 실정임을 미끼로 행사의 목적으로 등기부등본 용지에 등기부에는 저당권 설정등기가 기재되어 있는데도 불구하고 위 저당권 설정등기가 말소된 내용의 허위기재를 한 후 위 등기과에 제출하여서 그 정을 모르는 등기과 등기 공무원인 박갑린으로 하여금 착오로 서명날인 하게 하여 등기부등본 1통을 발급받았다는 것으로서, 등기부등본은 형법 제228조에서 말하는 공정증서원본, 면허장, 감찰 여권 등 문서에도 해당하지 아니하고 또 본건 등기부등본의 작성과 교부는 부동산 등기법과 동법 시행규칙에 의하여 당사자의 신청에 의하여 등기공무원이 발급하는 것이고 등기공무원인 박갑린은 앞에서 본바와 같은 기재사항을 인식하고 동 등본을 작성할 의사로서 이에 서명날인과 법원청인을 찍어 인증한 것임을 알 수 있고, 따라서 위 서명날인이 피고인의 허위기재에 인하여 착오의 결과, 그 기재 사항이 진실에 반하는 것을 알지 못하는데 기인한 것이라 하드라도 위 등본의 성립은 진정한 것이며, 하등 작성명의를 위조한 것이 아님을 알 수 있으므로 이는 공문서 무형위조의 간접정범이라 볼 수 있고, 위와 같은 간접정범에 의한 공문서 무형위조의 소위는 죄가 되지 아니하는 것으로 보아야 할 것인데, 원심은 피고인의 위 행위는 형법 제225조, 제30조, 제34조 제1항, 제31조 제1항에 의하여 간접정범에 의한 공문서위조죄를 구성한다하여 동 피고인에게 유죄를 선고하였음은 간접정범에 의한 공문서 위조죄에 관한 법리를 오해한 잘못을 저질렀다 할 것이고, 이는 판결에 영향을 미친 법률 위반이 있는 경우에 해당함으로 원판결 중 동 피고인에 대한 판단부분은 파기를 면치 못할 것이고 논지는 이유있다.[215]

③ 검 토

결론부터 말하자면 비신분자인 가담자에 대하여 간접정범의 성립을 부정하는 부정설이 타당하다고 해석된다. 첫째, 본죄는 공문서에 대한 높은 사회적 신용도를 고려하여 작성권한이 있는 공무원에 의한 허위공문서의 작성이라는 무형위조를 처벌하기 위한 규정이라는 점이다. 둘째, 본죄가 그 주체를 작성권한이 있는 공무원으로만 엄격히 제한하여 진정신분범으로 규정하고 있는 이상 본죄는 간접정범이 성립할 수 없는 자수범으로서의 성질을 가지는 범죄라고 해석될 여지가 있다는 점이다. 셋째, 간접정범에 대한 조문의 규정상 피이용자는 처벌되지 아니하는 자이거나 과실범으로 처벌되는 자이어야 하는데 본죄의 권한 있는 공무원은 이에 해당하지 않는다는 점이다.

한편 간접정범을 부정하는 경우 공무원인 가담자는 위계에 의한 공무집행방해죄 등으로 처벌될 여지는 여전히 남아 있다고 할 수 있다.

2. 위법성조각사유

본죄에 있어서 위법성조각사유가 인정되는 경우에는 위법성이 조각된다. 예컨대 정당행위에 해당하는 경우에는 위법성이 조각된다.

위법성조각을 긍정한 판례의 구체적 내용은 다음과 같다. 즉,

---

214) 대법원 2010.1.14. 선고 2009도9963 판결.
215) 대법원 1970.7.28. 선고 70도1044 판결.

장차 구획정리공사가 완공되어 환지등기촉탁을 하기 위하여는 비록 토지의 실상에는 부합되지 않는다 하더라도 등기부와 토지대장상의 지목을 일치시켜야 한다는 생각에서 부득이 본건 토지의 토지대장상의 지목을 등기부상 지목과 같이 답으로 변경시킨 것이라면 이는 토지구획정리사업의 일환으로써 시행하는 환지처분에 따른 일련의 사무집행과정에서 이루어진 공무원의 정당한 사무집행행위라고 보지 않을 수 없어 위법성이 조각된다.[216)]

3. 책임조각사유

본죄에 있어서 책임조각사유가 인정되는 경우에는 책임이 조각된다. 법률의 착오가 인정되는 경우에도 책임이 조각될 수 있다.

법률의 착오를 부정한 판례의 구체적 내용은 다음과 같다. 즉,

참고인의 진술내용을 피의자의 진술내용과 일치시키기 위하여 기히 적법하게 작성된 참고인진술조서를 찢어버리고 진술인의 진술도 듣지 아니하고 그 내용을 일치시킨 새로운 진술조서를 만들어 수사기록에 첨부하는 것이 수사기록의 체계화를 위하여 관례상 항용있는 일이라고는 도저히 볼 수 없고 오히려 이러한 소위는 있어서 안될 위법한 것으로서 사법경찰관직무취급을 하는 자로서 이러한 행위를 하였다면 당연히 그 행위가 위법한 것임을 인식하고 있었다고 보는 것이 타당하다고 할 것이다. 그리고 가사 피고인이 위와 같은 관례가 있어서 그 행위가 적법한 것으로 잘못 믿었다고 할지라도 그렇게 잘못 믿은데 대하여 정당한 이유가 있다고는 볼 수 없으므로 피고인 1에 대한 공문서손괴 및 허위공문서작성, 동 행사의 공소사실을 유죄로 인정한 원판결은 정당하고 거기에 하등 판단유탈이나 법률의 착오 또는 과실에 관한 법리를 오해한 위법이 있다고 볼 수 없다. 논지는 이유 없다.[217)]

4. 죄 수

(1) 직무유기죄와의 관계

본죄와 직무유기죄가 경합하는 경우 판례에 따르면 작위범인 본죄만 성립하게 된다.

이에 관한 판례의 구체적 내용은 다음과 같다. 즉,

공무원이 어떠한 위법사실을 발견하고도 직무상 의무에 따른 적절한 조치를 취하지 아니하고 위법사실을 적극적으로 은폐할 목적으로 허위공문서를 작성, 행사한 경우에는 직무위배의 위법상태는 허위공문서작성 당시부터 그 속에 포함되는 것으로 작위범인 허위공문서작성 및 그 행사죄만이 성립하고 부작위범인 직무유기죄는 따로 성립하지 아니한다.[218)] 예비군 중대장이 그 소속 예비군대원의 훈련불참사실을 알았다면 이를 소속 대대장에게 보고하는 등의 조치를 취할 직무상의 의무가 있음은 물론이나, 그 소속 예비군대원의 훈련불참사실을 고의로 은폐할 목적으로 당해 예비군대원이 훈련에 참석한 양 허위내용의 학급편성명부를 작성, 행사하였다면, 직무위배의 위법상태는 허위공문서작성 당시부터 그 속에 포함되어 있는 것이고 그 후 소속대대장에게 보고하지 아니하였다 하더라도 당초에 있었던 직무위배의 위법상태가 그대로 계속된 것에 불과하다고 보아야

---

216) 대법원 1970.3.24. 선고 70도272 판결.

217) 대법원 1978.6.27. 선고 76도2196 판결.

218) 대법원 2004.3.26. 선고 2002도5004 판결; 대법원 1999.12.24. 선고 99도2240 판결; 대법원 1993.12.24. 선고 92도3334 판결; 대법원 1982.12.28. 선고 82도2210 판결; 대법원 1972.5.9. 선고 72도722 판결.

하고, 별도의 직무유기죄가 성립하여 양죄가 실체적 경합범이 된다고 할 수 없다.[219] 공무원이 신축건물에 대한 착공 및 준공검사를 마치고 관계서류를 작성함에 있어 그 허가조건 위배사실을 숨기기 위하여 허위의 복명서를 작성 행사하였을 경우에는 작위범인 허위공문서작성 동행사죄만이 성립하고 부작위범인 직무유기죄는 성립하지 아니한다.[220]

(2) 수뢰후부정처사죄와의 관계

본죄와 수뢰후부정처사죄는 판례에 의하면 상상적 경합관계가 된다.

예비군 중대장이 그 소속예비군으로부터 금원을 교부받고 그 예비군이 예비군훈련에 불참하였음에도 불구하고 참석한 것처럼 허위내용의 중대학급편성명부를 작성, 행사한 경우라면 수뢰후 부정처사죄 외에 별도로 허위공문서작성 및 동행사죄가 성립하고 이들 죄와 수뢰후 부정처사죄는 각각 상상적 경합관계에 있다고 할 것이다. 허위공문서작성죄와 동행사죄가 수뢰후 부정처사죄와 각각 상상적 경합관계에 있을 때에는 허위공문서작성죄와 동행사죄 상호간은 실체적 경합범관계에 있다고 할지라도 상상적 경합범관계에 있는 수뢰후 부정처사죄와 대비하여 가장 중한 죄에 정한 형으로 처단하면 족한 것이고 따로이 경합가중을 할 필요가 없다.[221]

Ⅲ. 처 벌

본죄의 법정형은 7년 이하의 징역 또는 2천만원 이하의 벌금이다. 본죄의 미수범은 처벌된다. 본죄를 범하여 징역에 처할 경우에는 10년 이하의 자격정지를 병과할 수 있다.

§5. 공전자기록 위작·변작죄

제227조의2(공전자기록위작·변작) 사무처리를 그르치게 할 목적으로 공무원 또는 공무소의 전자기록 등 특수매체기록을 위작 또는 변작한 자는 10년 이하의 징역에 처한다.

제235조(미수범) 제225조 내지 제234조의 미수범은 처벌한다.

제237조(자격정지의 병과) 제225조 내지 제227조의2 및 그 행사죄를 범하여 징역에 처할 경우에는 10년 이하의 자격정지를 병과할 수 있다.

제237조의2(복사문서등) 이 장의 죄에 있어서 전자복사기, 모사전송기 기타 이와 유사한 기기를 사용하여 복사한 문서 또는 도화의 사본도 문서 또는 도화로 본다.

제5조(외국인의 국외범) 본법은 대한민국영역외에서 다음에 기재한 죄를 범한 외국인에게 적용한다.
6. 문서에 관한 죄중 제225조 내지 제230조

Ⅰ. 서 설

1. 의 의

본죄는 사무처리를 그르치게 할 목적으로 공무원 또는 공무소의 전자기록 등 특수매체기록을 위작 또는 변작함으로써 성립한다.

---

219) 대법원 1982.12.28. 선고 82도2210 판결.
220) 대법원 1972.5.9. 선고 72도722 판결.
221) 대법원 1983.7.26. 선고 83도1378 판결.

2. 취 지

본죄는 컴퓨터의 보급에 의한 정보화사회의 현저한 진전에 수반하여 전자정보처리장치에서 사용되는 전자기록이 종전의 종이문서를 대체하게 되고 사회적으로도 중요한 기능을 수행하게 됨에 따라 이를 형법적으로 보호하기 위한 규정이다. 본죄는 우리사회의 산업화·정보화의 추세에 따른 컴퓨터범죄 등 신종범죄에 효율적으로 대처하여 위하여 1995년 12월 개정형법에 의하여 신설된 바 있다.[222]

Ⅱ. 범 죄

1. 객관적 구성요건

(1) 객 체

본죄의 객체는 공무원 또는 공무소의 전자기록 등 특수매체기록이다. 전자기록은 특수매체기록의 예시이다.

공무원이란 원칙적으로 법령에 의해 공무원의 지위를 가지는 자를 말하고, 공무소란 공무원이 직무를 행하는 관청 또는 기관을 말한다.[223] 공무원 또는 공무소의 전자기록은 공무원 또는 공무소가 직무상 작성할 권한을 가지는 전자기록을 말한다.[224] 따라서 그 행위주체가 공무원과 공무소가 아닌 경우에는 형법 또는 특별법에 의하여 공무원 등으로 의제되는 경우를 제외하고는 계약 등에 의하여 공무와 관련되는 업무를 일부 대행하는 경우가 있더라도 공무원 또는 공무소가 될 수 없다.[225]

전자기록(電子記錄)은 그 자체로는 물적 실체를 가진 것이 아니어서 별도의 표시·출력장치를 통하지 아니하고는 보거나 읽을 수 없고, 그 생성 과정에 여러 사람의 의사나 행위가 개재됨은 물론 추가 입력한 정보가 프로그램에 의하여 자동으로 기존의 정보와 결합하여 새로운 전자기록을 작출하는 경우도 적지 않으며, 그 이용 과정을 보아도 그 자체로서 객관적·고정적 의미를 가지면서 독립적으로 쓰이는 것이 아니라 개인 또는 법인이 전자적 방식에 의한 정보의 생성·처리·저장·출력을 목적으로 구축하여 설치·운영하는 시스템에서 쓰임으로써 예정된 증명적 기능을 수행하는 것이다.[226]

공무원·공무소를 부정한 판례의 구체적 내용은 다음과 같다. 즉,

> 한국환경공단은 한국환경공단법에 의해 설립된 법인으로서, 그 임직원은 공무원이 아니고 단지

---

222) 형법 1995.12.29. 일부개정 법률 제5057호 1996.7.1. 시행.

223) 대법원 2020.3.12. 선고 2016도19170 판결; 대법원 2016.4.15. 선고 2015도9772 판결; 대법원 2016.1.14. 선고 2015도9133 판결.

224) 대법원 2020.3.12. 선고 2016도19170 판결; 대법원 2016.4.15. 선고 2015도9772 판결; 대법원 2016.1.14. 선고 2015도9133 판결.

225) 대법원 2020.3.12. 선고 2016도19170 판결; 대법원 2016.4.15. 선고 2015도9772 판결; 대법원 2016.1.14. 선고 2015도9133 판결.

226) 대법원 2010.7.8. 선고 2010도3545 판결; 대법원 2008.6.12. 선고 2008도938 판결; 대법원 2005.6.9. 선고 2004도6132 판결.

같은 법 제11조, 건설폐기물법 제61조, 폐기물관리법 제62조의2 등에 의하여 형법 제129조부터 제132조까지의 규정을 적용할 때 공무원으로 의제될 뿐이며, 한국환경공단 임직원을 공전자기록 등 위작죄에서 공전자기록 작성권한자인 공무원으로 의제하거나 한국환경공단이 작성하는 전자기록을 공전자기록으로 의제하는 취지의 명문규정은 없다. 이러한 관련 법령을 법리에 비추어 살펴보면, 한국환경공단이 환경부장관의 위탁을 받아 건설폐기물 인계·인수에 관한 내용 등의 전산처리를 위한 전자정보처리프로그램인 올바로시스템을 구축·운영하고 있더라도, 그 업무를 수행하는 한국환경공단 임직원을 공전자기록의 작성권한자인 공무원으로 보거나 한국환경공단을 공무소로 볼 수는 없다. 그리고 한국환경공단법 등이 한국환경공단 임직원을 형법 제129조 내지 제132조의 적용에 있어 공무원으로 본다고 규정한다고 하여 그들 또는 그들이 직무를 행하는 한국환경공단을 형법 제227조의2에 정한 공무원 또는 공무소에 해당한다고 보는 것은 형벌법규를 피고인에게 불리하게 확장해석하거나 유추해석하는 것이어서 죄형법정주의 원칙에 반한다. 이는 한국환경공단 또는 그 임직원이 환경부장관으로부터 위탁받은 업무와 관련하여 직무상 작성한 문서를 공문서로 볼 수 없는 것과 마찬가지이다.[227]

(2) 행 위

본죄의 실행행위는 위작 또는 변작이다. 위작(僞作)이란 입력권한 없이 새로이 전자기록을 작출하는 것을 말하고, 변작(變作)이란 변경권한 없이 기존의 전자기록과 동일성을 유지하는 범위 내에서 변경하는 것을 말한다. 형식주의의 입장에서 위작은 종이문서에 있어서의 위조라는 유형위조에 상응하는 유형위작이라고 할 수 있고, 변작은 종이문서에 있어서의 변조라는 무형위조에 상응하는 유형변작이라고 하는 것도 가능하다고 해석되기 때문이다.

문제는 실질주의의 입장에서 허위내용을 처벌하는 규정으로서 종이문서에 있어서의 무형위조에 해당하는 허위작성이라든가 무형변조에 해당하는 변개라든가 하는 처벌규정이 명문으로 존재하지 않기 때문이다. 바로 이것이 종이문서에 있어서의 무형위조 또는 무형변조에 해당한다고 할 수 있는 소위 무형위작 또는 무형변작의 처벌여부가 다투어지고 있는 이유이다.

1) 위 작

① 학 설

본죄의 위작·변작의 의의에 대하여는 종이문서의 위조·변조에 대응하는 개념이라는 유형 위작·변작설과 종이문서에 있어서의 허위작성이나 변개 등의 무형위조와 무형변조를 포함하는 개념이라는 소위 무형 위작·변작설이 대립하고 있다. 전설에 의하면 형식주의에 입각하여 위작은 입력권한이 없는 자가 타인명의의 부진정한 전자기록을 작출하는 것을 말하고, 변작은 변경권한이 없는 자가 기존의 전자기록과 동일성이 유지되는 범위 내에서 전자기록을 변경하는 것을 말한다. 이에 반하여 후설에 따르면 형식주의에 실질주의를 가미하여 위작이란 입력권한이 없는 자에 의한 부진정한 전자기록의 작출뿐만 아니라 변경권한이 있는 자에 의한 종이문서에서의 허위작성과 같이 허위의 정보를 입력하는 무형위작으로

227) 대법원 2020.3.12. 선고 2016도19170 판결.

서의 소위 허위작출을 포함하고, 변작이란 입력권한이 없는 자에 의하여 기존의 전자기록과 동일성을 유지하는 범위 내에서의 변경뿐만 아니라 변경권한이 있는 자에 의한 기존의 전자기록과 동일성을 넘는 변경에 해당하는 소위 종이문서에서의 변개와 같은 무형변작을 포함한다고 한다.

② 판 례

판례는 무형 위작·변작설의 입장인 것으로 해석된다. 대법원은 "위작(僞作)이란 위조(僞造)와 동일한 의미로 받아들이기보다는 위조(僞造)에서의 위(僞)와 허위작성(虛僞作成)에서의 작(作)이 결합한 단어이거나 허위작성(虛僞作成)에서 위작(僞作)만을 추출한 단어로 받아들이기 쉽다. 형법에서의 위작의 개념은 형법이 그에 관한 정의를 하지 않고 있고, 해당 문언의 사전적 의미만으로는 범죄구성요건으로서의 적절한 의미 해석을 바로 도출해 내기 어려우므로, 결국은 유사한 다른 범죄구성요건과의 관계에서 체계적으로 해석할 수밖에 없다"고 판시한 바 있다.[228)]

위작이란 전자기록에 관한 시스템을 설치·운영하는 주체와의 관계에서 전자기록의 생성에 관여할 권한이 없는 사람이 전자기록을 작출하거나 전자기록의 생성에 필요한 단위 정보의 입력을 하는 경우는 물론이고, 시스템의 설치·운영 주체로부터 각자의 직무 범위에서 개개의 단위 정보의 입력 권한을 부여받은 사람이 그 권한을 남용하여 허위의 정보를 입력함으로써 시스템 설치·운영 주체의 의사에 반하는 전자기록을 생성하는 경우도 포함한다.[229)] 여기서 허위의 정보라고 함은 진실에 반하는 내용을 의미한다.[230)] 관계 법령에 의하여 요구되는 자격을 갖추지 못하였음에도 불구하고 고의로 이를 갖춘 것처럼 단위 정보를 입력하였다고 하더라도 그 전제 또는 관련된 사실관계에 대한 내용에 거짓이 없다면 허위의 정보를 입력하였다고 볼 수 없다.[231)]

위작을 긍정한 판례의 구체적 내용은 다음과 같다. 즉,

> 경찰관이 고소사건을 처리하지 아니하였음에도 경찰범죄정보시스템에 그 사건을 검찰에 송치한 것으로 허위사실을 입력한 행위가 공전자기록위작죄에서 말하는 위작에 해당한다.[232)]

위작을 부정한 판례의 구체적 내용은 다음과 같다. 즉,

> 자동차등록 담당공무원인 피고인이 여객자동차 운수사업법상 차량충당연한 규정에 위배되어 영업용으로 변경 및 이전등록을 할 수 없는 차량인 것을 알면서 자동차등록정보 처리시스템의 자동차등록원부 용도란에 '영업용'이라고 입력하였으나, 변경 및 이전등록에 관한 구체적 등록내용인 최초등록일 등은 사실대로 입력한 사안에서, 자동차등록원부상 '영업용으로의 용도변경 및 이

---

228) 대법원 2020.8.27. 선고 2019도11294 전원합의체 판결.

229) 대법원 2013.11.28. 선고 2013도9003 판결; 대법원 2011.5.13. 선고 2011도1415 판결; 대법원 2010.7.8. 선고 2010도3545 판결; 대법원 2007.7.27. 선고 2007도3798 판결; 대법원 2005.6.9. 선고 2004도6132 판결.

230) 대법원 2013.11.28. 선고 2013도9003 판결; 대법원 2011.5.13. 선고 2011도1415 판결; 대법원 2010.7.8. 선고 2010도3545 판결.

231) 대법원 2011.5.13. 선고 2011도1415 판결.

232) 대법원 2005.6.9. 선고 2004도6132 판결.

전'에 관한 등록정보가 확인·공시하는 내용에 자동차가 영업용으로 용도변경되어 이전되었다는 사실 외에 변경 및 이전등록에 필요한 법령상 자격의 구비 사실까지 포함한다고 볼 법적인 근거가 없고, 최초등록일 등 등록과 관련된 사실관계에 대한 내용에 거짓이 있다고 볼 수 없는 이상, 위 행위가 공전자기록등위작죄의 '위작'에 해당한다고 할 수 없는데도, 이와 달리 본 원심판단에 법리오해의 위법이 있다.233)

③ 검 토

형법은 전자기록의 공공의 신용성을 보호하기 위하여 형식주의의 입장에서 위작에 관하여는 명문의 규정을 두고 있다. 그러나 종이문서에서와는 달리 실질주의에 근거한 무형위작에 대하여는 하등의 규정을 두지 않고 있다. 그럼에도 불구하고 형식주의에 근거를 둔 위작의 개념을 실질주의에 근거를 두고 있는 무형위작까지 포함하는 개념으로 확대하여 해석하는 무형 위작·변작설은 타당하지 않다고 해야 한다. 형법은 전자기록에 있어서는 실질주의의 입장을 고려하지 않고 형식주의의 입장에서만 입각하였다고 해석될 수밖에 없기 때문이다.

2) 변 작

변작의 경우에도 위의 위작에서와 마찬가지의 이유에서 유형 위작·변작설이 타당하다고 해석된다.

(3) 결 과

본죄는 추상적 공공위험범이다. 위작·변작으로 족하고 그로 인한 실해의 발생을 요하지 않는다.

2. 주관적 구성요건

(1) 고 의

본죄는 고의범이다. 본죄의 고의는 인식적 요소로서 사무처리를 그르치게 할 목적으로 공무원 또는 공무소의 전자기록등 특수매체기록을 위작 또는 변작한다는 사실에 대한 인식을 요한다.

(2) 사무처리를 그르치게 할 목적

본죄는 목적범이다. 고의 외에 사무처리를 그르치게 할 목적을 요한다. 사무처리를 그르치게 할 목적이란 위작 또는 변작된 전자기록이 사용됨으로써 시스템을 설치·운용하는 주체의 사무처리를 잘못되게 하는 것을 말한다.234)

목적을 긍정한 판례의 구체적 내용은 다음과 같다. 즉,

공군 복지근무지원단 예하 지구대의 부대매점 및 창고관리 부사관이 창고 관리병으로 하여금

233) 대법원 2011.5.13. 선고 2011도1415 판결.

234) 대법원 2013.11.28. 선고 2013도9003 판결; 대법원 2011.5.13. 선고 2011도1415 판결; 대법원 2010.7.8. 선고 2010도3545 판결; 대법원 2008.6.12. 선고 2008도938 판결; 대법원 2005.6.9. 선고 2004도6132 판결.

위 지원단의 업무관리시스템인 복지전산시스템에 자신이 그 전에 이미 횡령한 바 있는 면세주류를 마치 정상적으로 판매한 것처럼 허위로 입력하게 한 사안에서, 공전자기록위작 · 변작죄의 '사무처리를 그르치게 할 목적'이 있었다는 취지의 원심판단을 수긍한 사례이다.[235]

3. 미수 · 기수

본죄는 미수범을 처벌한다. 위작 · 변작 행위의 개시로 실행의 착수에 이르고, 위작 · 변작 행위의 종료로 기수에 달한다고 해석된다.

Ⅲ. 처 벌

본죄의 법정형은 10년 이하의 징역이다. 본죄를 범하여 징역에 처할 경우에는 10년 이하의 자격정지를 병과할 수 있다. 본죄의 미수범은 처벌된다.

본죄의 법정형은 5년 이하의 징역 또는 1천만원 이하의 벌금에 처하는 사전자기록 위작 · 변작죄의 그것보다는 가볍다. 공전자기록이 사전자기록보다 신용성이 높고 사회적으로도 중요한 기능을 수행하고 있기 때문이다.

§6. 공정증서원본 등의 부실기재죄

제228조(공정증서원본 등의 불실기재) ① 공무원에 대하여 허위신고를 하여 공정증서원본 또는 이와 동일한 전자기록등 특수매체기록에 부실의 사실을 기재 또는 기록하게 한 자는 5년 이하의 징역 또는 1천만원 이하의 벌금에 처한다.
② 공무원에 대하여 허위신고를 하여 면허증, 허가증, 등록증 또는 여권에 부실의 사실을 기재하게 한 자는 3년 이하의 징역 또는 700만원 이하의 벌금에 처한다.

제235조(미수범) 제225조 내지 제234조의 미수범은 처벌한다.

제237조의2(복사문서등) 이 장의 죄에 있어서 전자복사기, 모사전송기 기타 이와 유사한 기기를 사용하여 복사한 문서 또는 도화의 사본도 문서 또는 도화로 본다.

제5조(외국인의 국외범) 본법은 대한민국영역외에서 다음에 기재한 죄를 범한 외국인에게 적용한다.
6. 문서에 관한 죄중 제225조 내지 제230조

Ⅰ. 서 설

1. 의 의

본죄는 공무원에 대하여 허위신고를 하여 공정증서원본 또는 이와 동일한 전자기록 등 특수매체기록에 부실의 사실을 기재 또는 기록하게 하거나(제228조 제1항), 공무원에 대하여 허위신고를 하여 면허증, 허가증, 등록증 또는 여권에 부실의 사실을 기재하게 함으로써 성립한다(제228조 제2항).

---

235) 대법원 2010.7.8. 선고 2010도3545 판결.

2. 취 지

본죄는 공무원이 아닌 자가 그 정을 모르는 공무원을 이용하여 공문서에 허위의 사실을 기재하게 하는 이른바 간접적 방법에 의한 무형위조를 처벌하면서 모든 공문서를 객체로 하지 않고 '공정증서원본 또는 이와 동일한 전자기록 등 특수매체기록'(제1항), '면허증, 허가증, 등록증 또는 여권'(제2항)으로 그 객체를 제한하고 있는 바, 그 취지는 공문서 중 일반사회생활에 있어서 특별한 신빙성을 요하는 공문서에 대한 공공의 신용을 보장하고자 하는 것이다.[236] 판례에 의하면 전술한 바와 같이 공무원 아닌 자가 허위공문서작성의 간접정범인 때에는 본죄의 경우 이외에는 이를 처벌하지 아니한다는 취지로 해석되고 있다.[237]

3. 보호법익

본죄의 객체는 공정증서의 원본, 동 전자기록, 면허증, 허가증, 등록증 또는 여권에 한정됨과 동시에 행위의 태양도 허위의 신고에 한정되어 있다. 이들의 문서 등의 공공의 신용을 보호하기 위하여 사인에 대하여 진실의무를 부담시킨 것이라고 해석된다. 대법원도 "형법 제228조 제1항이 규정하는 공정증서원본불실기재죄나 공전자기록등불실기재죄는 특별한 신빙성이 인정되는 권리의무에 관한 공문서에 대한 공공의 신용을 보장함을 보호법익으로 하는 범죄"라고 판시한 바 있다.[238]

Ⅱ. 범 죄

1. 공정증서원본 등 부실기재죄

(1) 의 의

본죄는 공무원에 대하여 허위신고를 하여 공정증서원본 또는 이와 동일한 전자기록등 특수매체기록에 부실의 사실을 기재 또는 기록하게 함으로써 성립한다(제228조 제1항). 본죄는 다시 공정증서원본부실기재죄와 공전자기록등부실기록죄로 나누어질 수 있다.

(2) 구성요건

1) 객관적 구성요건

① 객 체

본죄의 객체는 공정증서원본 또는 이와 동일한 전자기록 등 특수매체기록이다. 공정증서

---

236) 대법원 2005.7.15. 선고 2003도6934 판결.

237) 대법원 2006.5.11. 선고 2006도1663 판결; 대법원 1971.1.26. 선고 70도2598 판결; 대법원 1970.7.28. 선고 70도1044 판결; 대법원 1962.1.31. 선고 4294형상595 판결; 대법원 1962.1.11. 선고 4294형상제593 판결; 대법원 1961.12.14. 선고 4292형상제645 판결.

238) 대법원 2020.11.5. 선고 2019도12042 판결; 대법원 2017.2.15. 선고 2014도2415 판결; 대법원 2013.1.24. 선고 2012도12363 판결; 대법원 2008.12.24. 선고 2008도7836 판결; 대법원 2007.11.30. 선고 2005도9922 판결; 대법원 2007.7.12. 선고 2007도3005 판결; 대법원 2007.5.31. 선고 2006도8488 판결; 대법원 2006.3.10. 선고 2005도9402 판결; 대법원 2006.1.13. 선고 2005도4790 판결; 대법원 2005.8.25. 선고 2005도4910 판결; 대법원 2004.1.27. 선고 2001도5414 판결; 대법원 2003.7.25. 선고 2002도638 판결.

(公正證書)란 권리 의무에 관한 공정증서를 가리키는 것이라 할 것이므로, 사실 증명에 관한 것은 이에 포함되어 있지 않다.[239] 공정증서원본(公正證書原本)은 그 성질상 허위신고에 의해 불실한 사실이 그대로 기재될 수 있는 공문서이어야 한다.[240]

공정증서원본을 긍정한 판례의 구체적 내용은 다음과 같다. 즉,

> 피고인이 위조하여 작성된 집행수락부 약속어음 공정증서는 형법 제228조 제1항에서 정한 공정증서원본에 해당하는 것이므로, 이 점에 관한 상고논지는 이유 없다.[241] 공증사무 취급이 인가된 합동법률사무소 명의로 작성된 공증에 관한 문서는 형법상 공정증서 기타 공문서에 해당한다.[242] 기류부는 사실증명에 관한 공부로서, 공정증서 원본의 일종으로 봄이 타당하다.[243]

공정증서원본을 부정한 판례의 구체적 내용은 다음과 같다. 즉,

> 민사조정법상 조정신청에 의한 조정제도는 원칙적으로 조정신청인의 신청 취지에 구애됨이 없이 조정담당판사 등이 제반 사정을 고려하여 당사자들에게 상호 양보하여 합의하도록 권유·주선함으로써 화해에 이르게 하는 제도인 점에 비추어, 그 조정절차에서 작성되는 조정조서는 그 성질상 허위신고에 의해 불실한 사실이 그대로 기재될 수 있는 공문서로 볼 수 없어 공정증서원본에 해당하는 것으로 볼 수 없다 고 할 것임에도, 이와 달리 원심이 조정조서가 공정증서원본에 해당한다고 판단하여 피고인 1에 대한 공정증서원본 불실기재의 각 공소사실을 모두 유죄로 인정한 데에는, 공정증서원본 불실기재죄의 객체에 관한 법리를 오해하여 판결에 영향을 미친 위법이 있다. 이 점을 지적하는 상고이유의 주장은 이유 있다.[244] 자동차운전면허대장은 운전면허 행정사무집행의 편의를 위하여 범칙자, 교통사고유발자의 인적사항·면허번호 등을 기재하거나 운전면허증의 교부 및 재교부 등에 관한 사항을 기재하는 것에 불과하며, 그에 대한 기재를 통해 당해 운전면허 취득자에게 어떠한 권리의무를 부여하거나 변동 또는 상실시키는 효력을 발생하게 하는 것으로 볼 수는 없다. 이러한 사정을 앞서 본 법리에 비추어 살펴보면, 자동차운전면허대장은 사실증명에 관한 것에 불과하므로 형법 제228조 제1항에서 말하는 공정증서원본이라고 볼 수 없다 할 것이다.[245] 권리의무에 변동을 주는 효력이 없는 토지대장은 위에서 말하는 공정증서에 해당하지 아니한다.[246] 형법 제228조에서 말하는 공정증서란 권리의무에 관한 공정증서를 가리키는 것이라 할 것이므로 공증인이 인증한 사서증서는 위 법조에서 말하는 공정증서원본이 될 수 없다.[247] 토지대장에 일정한 사항을 등재하는 것은 행정사무 집행의 편의와 사실증명의 자료로 삼기 위한 것이며, 어떠한 권리가 부여 된다거나 변동 또는 상실되는 효력이 생기는 것은 아니므로, 토지대장은 공정증서원본이라고는 할 수 없다.[248] 토지대장에 일정한 사항을 등재하는 행위는 행정사무집행의 편

239) 대법원 1988.5.24. 선고 87도2696 판결; 대법원 1971.1.29. 선고 69도2238 판결; 대법원 1970.12.29. 선고 69도2059 판결; 대법원 1970.12.29. 선고 4293형상2059 판결.

240) 대법원 2010.6.10. 선고 2010도3232 판결.

241) 대법원 2006.6.27. 선고 2006도2864 판결; 대법원 2003.7.25. 선고 2002도638 판결; 대법원 2003.3.28. 선고 2002도3954 판결.

242) 대법원 1977.8.23. 선고 74도2715 전원합의체 판결(다수의견).

243) 대법원 1957.11.8. 선고 4290형상299 판결.

244) 대법원 2010.6.10. 선고 2010도3232 판결.

245) 대법원 2010.6.10. 선고 2010도1125 판결.

246) 대법원 1988.5.24. 선고 87도2696 판결.

247) 대법원 1984.10.23. 선고 84도1217 판결; 대법원 1975.9.9. 선고 75도331 판결; 대법원 1971.1.29. 선고 69도2238 판결.

의와 사실증명의 자료로 삼기 위한 것이요, 그 등재로 인해서 어떠한 권리가 부여된다거나 변동 또는 상실되는 효력이 생기는 것은 아니라고 함이 당원의 견해(대법원 1968.7.31. 선고 68누41 판결 참조)로서 이 견해는 토지대장이 공정증서가 아니라는 전제에서 나온 것이라 할 것이므로 공무원이 지적법에 의거하여 토지대장에 소유권자 등 일정한 사항을 기입하였다 하여도 그 토지대장이 공문서는 될지언정 권리의무관계를 증명하는 이른바 공증력이 있는 공문서라고는 볼 수 없다고 풀이하여야 할 것이다.[249] 주민등록부는 주민등록법 제1조에 규정하는 바와 같이 시·군의 주민을 등록하게 함으로써 주민의 거주관계를 파악하고, 상시로 인구의 동태를 명확히 하여 행정사무의 적정하고 간이한 처리를 도모하기 위하여 호적과 관계없이 원칙적으로는 호적 이외의 주소 또는 거소를 등록하는 공부로서 권리의무의 득실 변경등의 증명을 목적으로 하는 공부가 아니므로, 형법 제228조 소정 공정증서가 아니라 할 것이다.[250] 주민등록부는 주민등록법 제1조에서 그 목적을 설명한 바와 같이 시, 군의 주민을 등록하게 함으로써 주민의 거주관계를 파악하고 상시로 인구의 동태를 명확히 하여 행정사무의 적정하고 간이한 처리를 도모하기 위하여 호적과 관계없이 원칙적으로는 호적 이외의 주소 또는 거소를 등록하는 공부로서 주민등록부는 권리의무의 득실변경 등의 증명을 목적으로 하는 공부가 아니라 할 것이므로 형법 제228조 소정의 공정증서가 아니다.[251] 인감대장은 인감증명법 제1조에서 그 목적을 설명한 바와 같이 행정청이 출원자의 현재 사용하고 있는 인감을 증명함으로써 국민의 편의를 도모하기 위하여 출원자의 인감신고를 받아두는 공부로서 공정증서가 아니라 할 것이다.[252] 도민증은 공정증서원본이나 면허상 감찰 또는 여권의 어느 것에도 부합되지 않는다.[253]

② 행 위

본죄의 실행행위는 부실의 사실을 기재 또는 기록하게 하는 것이다. 공무원에 대하여 허위신고를 하여 부실의 사실을 기재 또는 기록하게 하는 것이다. 허위의 신고와 부실의 기재 또는 기록의 사이에는 인과관계가 인정되지 않으면 안 된다.

ⓘ 공무원에 대한 허위신고 본죄의 행위수단은 공무원에 대하여 허위신고를 하는 것이다. 공무원(公務員)은 공정증서원본 또는 이와 동일한 전자기록등 특수매체기록에 기록할 권한을 가지는 공무원이 아니면 안 된다. 권한을 가지는 공무원이기 때문에 수권을 받은 공무원이나 작성보조자인 공무원에 대한 신고도 본죄를 구성한다.

허위신고(虛僞申告)란 진실에 반하는 것을 신고하는 것을 말한다.[254] 존재하지 않는 사실을 존재한다고 하거나 존재하는 사실을 존재하지 않는다고 하는 신고는 허위신고에 해당한다. 신고는 내용이 허위인 경우에 한하지 않고 신고인의 동일성에 관하여 허위가 있는 경우도 포함된다. 신고의 방법에는 제한이 없다. 구두에 의하든 서면에 의하든 행위자 스스로 행하든 대리인에 의하여 행하든 묻지 않는다. 또 자기의 명의를 가지고 하든 타인의 명의를

248) 대법원 1971.1.29. 선고 69도2238 판결; 대법원 1970.12.29. 선고 69도2059 판결.
249) 대법원 1970.12.29. 선고 4293형상2059 판결.
250) 대법원 1969.3.25. 선고 69도163 판결; 대법원 1968.11.19 선고 68도1231 판결.
251) 대법원 1968.11.19. 선고 68도1231 판결.
252) 대법원 1968.11.19. 선고 68도1231 판결.
253) 대법원 1962.1.31. 선고 4294형상595 판결.
254) 대법원 2022.4.28. 선고 2020도12239 판결.

가지고 하든 상관하지 않는다. 재판에 근거하여 행하는 신고의 경우에도 본죄가 성립될 수 있다.

허위신고를 긍정한 판례의 구체적 내용은 다음과 같다. 즉,

> 등기부의 기재가 확정판결에 의하여 되었다 하더라도 피고인이 그 확정판결의 내용이 진실에 반하는 것임을 알면서 이에 기하여 등기공무원에게 등기신청을 하는 것은 형법 제228조의 소위 공무원에 대하여 허위신고를 하는 데 해당한다 할 것이다.[255)]

허위신고를 부정한 판례의 구체적 내용은 다음과 같다. 즉,

> 중고자동차매매업자인 피고인이 여객자동차 운수사업법상 차량충당연한 규정에 위배되어 여객자동차운수사업에 충당될 수 없는 차량인 것을 알면서 영업용으로 변경 및 이전등록신청을 하였으나, 구체적 등록내용인 최초등록일 등은 사실대로 기재한 사안에서, 자동차등록원부상 '영업용으로의 용도변경 및 이전'에 관한 등록정보가 확인·공시하는 내용에 자동차가 영업용으로 용도변경되어 이전되었다는 사실 외에 변경 및 이전등록에 필요한 법령상 자격의 구비 사실까지 포함한다고 볼 법령상의 근거가 없고, 최초등록일 등 등록과 관련된 사실관계에 대한 내용에 거짓이 있다고 볼 수 없는 이상, 피고인이 허위의 신고를 하였다고 할 수 없는데도, 이와 달리 피고인에게 공전자기록등불실기재죄 및 그 행사죄를 인정한 원심판단에 법리오해의 위법이 있다.[256)] 공정증서원본불실기재죄에 있어서의 불실의 기재는 당사자의 허위신고에 의하여 이루어져야 하므로 법원의 촉탁에 의하여 이루어진 경우에는 가령 그 전제절차에 허위적 요소가 있다 하더라도 그것은 법원의 촉탁에 의하여 이루어진 것이지 당사자의 허위신고에 의하여 이루어진 것이 아니므로 공정증서원본불실기재죄를 구성하지 않는다.[257)]

ⓘ **부실의 사실의 기재 또는 기록** 본죄의 실행행위는 부실의 사실을 기재 또는 기록하게 하는 것이다. 부실(不實)이란 객관적인 진실에 반하거나 실체관계에 부합하지 아니하는 것을 말한다. 부실의 사실(不實의 事實)이란 권리의무관계에 중요한 의미를 갖는 사항이 객관적인 진실에 반하는 것을 말한다.[258)] 부실의 기재(不實의 記載)란 객관적인 진실에 반하여 존재하지 아니하는 사실을 존재하는 것으로 하거나 존재하는 사실을 존재하지 아니하는 것으로서 기재하는 것을 말한다.[259)] 따라서 공정증서원본 등에 기재된 사항이 존재하지 아니하거나 외관상 존재한다고 하더라도 무효에 해당하는 하자가 있다면 그 기재는 부실기재에 해당한다.[260)] 부실한 사실의 기재라 함은 객관적 진실에 반하는 사실의 기재를 의미하는 것이지 절차상의 하자를 문제삼는 것이 아니다.[261)] 부실의 기록(不實의 記錄)이란 사실에 반하는 데이터를 입력하여 특수매체기록에 기록하는 것을 말한다.

---

255) 대법원 1996.5.31. 선고 95도1967 판결; 대법원 1967.5.30. 선고 67도512 판결; 대법원 1965.12.21. 선고 65도938 판결.

256) 대법원 2011.5.13. 선고 2011도1415 판결.

257) 대법원 1983.12.27. 선고 83도2442 판결; 대법원 1976.5.25. 선고 74도568 판결.

258) 대법원 2022.4.28. 선고 2020도12239 판결; 대법원 2013.1.24. 선고 2012도12363 판결.

259) 대법원 2004.10.15. 선고 2004도3584 판결.

260) 대법원 2007.5.31. 선고 2006도8488 판결.

261) 대법원 2020.11.5. 선고 2019도12042 판결; 대법원 2013.1.24. 선고 2012도12363 판결; 대법원 1996.10.15. 선고 96도1225 판결; 대법원 1995.11.7. 선고 95도898 판결; 대법원 1987.3.10. 선고 86도864 판결.

공정증서원본에 기재된 사항이 부존재하거나 외관상 존재한다고 하더라도 무효에 해당되는 하자가 있다면 그 기재는 부실기재에 해당한다.[262] 그러나 기재된 사항이나 그 원인된 법률행위가 객관적으로 존재하고 다만 거기에 취소사유인 하자가 있을 뿐인 경우 취소되기 전에 공정증서원본에 기재된 이상 그 기재는 공정증서원본의 부실기재에 해당하지는 않는다.[263] 부동산을 관리보존하는 방법으로 이를 타에 신탁하는 의사로서 그 소유권이전등기를 한 경우에는 그 원인을 매매로 가장하였다 하더라도 이는 본죄에 해당하지 아니한다.[264] 유한회사의 사원이 상법 등 법령에 정한 회사설립의 요건과 절차에 따라 회사설립등기를 함으로써 회사가 성립하였다고 볼 수 있는 경우 회사설립등기와 그 기재 내용은 특별한 사정이 없는 한 본죄에서 말하는 부실의 사실에 해당하지 않는다.[265)]

부실기재를 긍정한 판례의 구체적 내용은 다음과 같다. 즉,

구 국적법(1997.12.13. 법률 제5431호로 전부 개정되기 전의 것, 이하 '구 국적법'이라 한다) 제3조 제1호는 대한민국 국적의 법정 취득 사유로 '대한민국 국민의 처가 된 자'를 정하고 있다. 여기서 '대한민국 국민의 처가 된 자'에 해당하려면 대한민국 국민인 남자와 혼인한 배우자로서 당사자 사이에 혼인의 합의, 즉 사회관념상 부부라고 인정되는 정신적·육체적 결합을 생기게 할 의사의 합치가 있어야 한다. 그런데 외국인 여자가 대한민국에 입국하여 취업 등을 하기 위한 방편으로 대한민국 국민인 남자와 혼인신고를 하였더라도 위와 같은 혼인의 합의가 없다면 구 국적법 제3조 제1호에서 정한 '대한민국 국민의 처가 된 자'에 해당하지 않으므로 대한민국 국적을 취득할 수 없다. 구 국적법 제3조 제1호에 따라 대한민국 국적을 취득하지 않았는데도 대한민국 국적을 취득한 것처럼 인적 사항을 기재하여 대한민국 여권을 발급받은 다음 이를 출입국심사 담당공무원에게 제출하였다면 위계로써 출입국심사업무에 관한 정당한 직무를 방해함과 동시에 불실의 사실이 기재된 여권을 행사한 것으로 볼 수 있다.[266] 총 주식을 한 사람이 소유한 이른바 1인 회사와 달리, 주식의 소유가 실질적으로 분산되어 있는 주식회사의 경우, 실제의 소집절차와 결의절차를 거치지 아니한 채 주주총회의 결의가 있었던 것처럼 주주총회 의사록을 허위로 작성한 것이라면, 설사 1인이 총 주식의 대다수를 가지고 있고 그 지배주주에 의하여 의결이 있었던 것으로 주주총회 의사록이 작성되어 있다 하더라도, 도저히 그 결의가 존재한다고 볼 수 없을 정도로 중대한 하자가 있는 때에 해당하여, 그 주주총회의 결의는 부존재하다고 보아야 한다. 따라서 이에 근거한 법인등기부 변경신청은 허위의 사실을 신고한 때에 해당하고, 그에 따라 이루어진 변경등기도 원인무효의 등기로서 부실의 사실이 기재된 것으로 볼 여지가 있다. 그럼에도 불구하고 임시주주총회 결의의 하자가 결의의 취소사유에 불과하다고 단정하고 무죄라고 하는 원심판단에는 주주총회 결의의 취소 또는 부존재 사유 및 공정증서원본부실기재죄에 관한 법리를 오해하여 판결에 영향을 미친 위법이 있다.[267] 실제로는 채권·채무관계가 존재하

262) 대법원 2018.6.19. 선고 2017도21783 판결; 대법원 2007.5.31. 선고 2006도8488 판결; 대법원 2006.3.10. 선고 2005도9402 판결; 대법원 2005.8.25. 선고 2005도4910 판결; 대법원 2004.9.24. 선고 2004도4012 판결; 대법원 2003.7.25. 선고 2002도638 판결; 대법원 1997.1.24 선고 95도448 판결; 대법원 1996.6.11. 선고 96도233 판결; 대법원 1993.9.10. 선고 93도698 판결.

263) 대법원 2018.6.19. 선고 2017도21783 판결; 대법원 2004.9.24. 선고 2004도4012 판결; 대법원 1997.1.24 선고 95도448 판결; 대법원 1996.6.11. 선고 96도233 판결; 대법원 1993.9.10. 선고 93도698 판결.

264) 대법원 2011.7.14. 선고 2010도1025 판결; 대법원 1957.4.12. 선고 4290형상32 판결.

265) 대법원 2020.3.26. 선고 2019도7729 판결.

266) 대법원 2022.4.28. 선고 2020도12239 판결.

267) 대법원 2018.6.19. 선고 2017도21783 판결.

지 않는데도 허위의 채무를 가장하고 이를 담보한다는 명목으로 허위의 근저당권설정등기를 마친 것이라면 등기공무원에게 허위신고를 하여 등기부에 부실의 사실을 기재하게 한 때에 해당하므로 공정증서원본 등의 부실기재죄 및 부실기재공정증서원본 등의 행사죄가 성립한다.[268] 발행인과 수취인이 통모하여 진정한 어음채무 부담이나 어음채권 취득에 관한 의사 없이 단지 발행인의 채권자에게서 채권 추심이나 강제집행을 받는 것을 회피하기 위하여 형식적으로만 약속어음의 발행을 가장한 경우 이러한 어음발행행위는 통정허위표시로서 무효이므로, 이와 같이 발행인과 수취인 사이에 통정허위표시로서 무효인 어음발행행위를 공증인에게는 마치 진정한 어음발행행위가 있는 것처럼 허위로 신고함으로써 공증인으로 하여금 어음발행행위에 대하여 집행력 있는 어음공정증서원본을 작성케 하고 이를 비치하게 하였다면, 이러한 행위는 공정증서원본부실기재 및 부실기재공정증서원본행사죄에 해당한다고 보아야 한다.[269] 피고인이 부동산에 관하여 가장매매를 원인으로 소유권이전등기를 경료하였더라도, 그 당사자 사이에는 소유권이전등기를 경료시킬 의사는 있었다고 할 것이므로 공정증서원본부실기재죄 및 동행사죄는 성립하지 않고, 또한 등기의무자와 등기권리자(피고인) 간의 소유권이전등기신청의 합의에 따라 소유권이전등기가 된 이상, 등기의무자 명의의 소유권이전등기가 원인이 무효인 등기로서 피고인이 그 점을 알고 있었다고 하더라도, 특별한 사정이 없는 한 바로 피고인이 등기부에 불실의 사실을 기재하게 하였다고 볼 것은 아니다.[270] 실제로는 채권·채무관계가 존재하지 아니함에도 공증인에게 허위신고를 하여 가장된 금전채권에 대하여 집행력이 있는 공정증서원본을 작성하고 이를 비치하게 한 것이라면 공정증서원본부실기재죄 및 부실기재공정증서원본행사죄의 죄책을 면할 수 없다고 할 것이다.[271] 교단이 정한 헌법이 지교회를 구속하기 위해서는 지교회가 교단 헌법을 교회 자신의 규약에 준하는 자치규범으로 받아들여야 하고, 그 내용이 지교회의 독립성이나 종교적 자유의 본질이 침해되지 않는 것이어야 함은 앞서 본 바와 같으므로, 피고인이 주장하는 A교회의 교단 변경사실이나 교단 헌법상에 지교회의 토지나 건물 등 일체의 부동산을 재단법인 기독교대한성결교회 유지재단 명의로 등기하도록 규정되어 있다는 사정만으로 피고인이 교인들의 총회 결의 없이 A 교회 교인들의 총유에 속하는 교회 부지 및 건물을 기독교대한성결교회 유지재단으로 앞으로 경료한 소유권이전등기가 실체적 권리관계에 부합하는 것이라고 할 수는 없으므로, 피고인의 이와 관련한 상고이유 또한 받아들일 수 없다.[272] 피고인은 갑과 사이에 토지거래 허가구역 안에 있는 이 사건 토지에 관하여 실제로는 매매계약을 체결하고서도 처음부터 토지거래허가를 잠탈하려는 목적으로 등기원인을 실제와 달리 '증여'로 한 갑 명의의 소유권이전등기를 경료하였다는 것인 바, 앞서 본 바와 같이 위 토지거래계약은 확정적 무효이고, 이에 터 잡은 소유권이전등기는 실체관계에 부합하지 아니하며, 그와 같은 소유권이전등기는 토지등기부에 대한 공공의 신용을 해칠 위험성이 큰 점을 감안하면, 비록 피고인과 갑 사이에 이 사건 토지에 관하여 실제의 원인과 달리 '증여'를 원인으로 한 소유권이전등기를 경료시킬 의사의 합치가 있더라도, 위 등기를 한 것은 허위신고를 하여 공정증서원본에 부실의 사실을 기재하게 한 때에 해당한다고 할 것이다.[273] 유상증자 등기의 신청시 발행주식 총수

268) 대법원 2017.2.15. 선고 2014도2415 판결; 대법원 2008.9.11. 선고 2007도5386 판결; 대법원 1969.11.11. 선고 69도1804 판결.

269) 대법원 2012.4.26. 선고 2009도5786 판결; 대법원 2007.7.12. 선고 2007도3005 판결.

270) 대법원 2011.7.14. 선고 2010도1025 판결; 대법원 2009.10.15. 선고 2009도5780 판결; 대법원 1991.9.24. 선고 91도1164 판결.

271) 대법원 2008.12.24. 선고 2008도7836 판결; 대법원 2007.7.12. 선고 2007도3005 판결; 대법원 2003.7.25. 선고 2002도638 판결.

272) 대법원 2008.9.25. 선고 2008도3198 판결.

및 자본의 총액이 증가한 사실이 허위임을 알면서 증자등기를 신청하여 상업등기부원본에 그 기재를 하게 한 경우, 등기신청서류로 제출된 주금납입금보관증명서가 위조된 것임을 몰랐다고 하더라도 공정증서원본부실기재죄가 성립한다.[274] 부동산 매수인이 매도인과 사이에 부동산의 소유권이전에 관한 물권적 합의가 없는 상태에서, 소유권이전등기신청에 관한 대리권이 없이 단지 소유권이전등기에 필요한 서류를 보관하고 있을 뿐인 법무사를 기망하여 매수인 명의의 소유권이전등기를 신청하게 한 경우, 이는 단지 소유권이전등기신청절차에 하자가 있는 것에 불과한 것이 아니라 허위의 사실을 신고한 것이라고 보아야 하고, 위 소유권이전등기는 원인무효의 등기로서 부실기재에 해당한다는 이유로, 공정증서원본부실기재죄가 성립한다고 한 사례이다.[275] 부동산등기법이 1991.12.14. 법률 제4422호로 개정되면서 등기권리자가 법인 아닌 사단 또는 재단인 경우에는 그 대표자나 관리인의 성명과 주소를 첨기하도록 되었는 바, 위와 같은 법의 개정취지는 법인의 경우에는 법인등기부가 있으므로 부동산등기부에 회사명칭만 기재하더라도 대표권자가 누구인지를 용이하게 파악할 수 있으나, 비법인사단·재단의 경우에는 그렇지 못하여 아무 권한 없는 자가 정관이나 사원총회 결의록 등을 위조하여 자신이 진정한 대표자인 것처럼 등기신청을 할 위험이 매우 크므로 이들 단체명의의 등기에는 대표자 등의 성명, 주소, 주민등록번호를 등기사항으로 정하여 그 단체에 속하는 부동산의 처분권한이 누구에게 있는지를 등기부를 통하여 쉽게 확인할 수 있도록 공시하기 위한 것으로 보이고, 비록 종중 소유의 부동산은 종중 총회의 결의를 얻어야 유효하게 처분할 수 있다 하더라도 거래 상대방으로서는 부동산등기부상에 표시된 종중 대표자를 신뢰하고 거래하는 것이 일반적이라는 점 등에 비추어 보면, 종중 대표자의 기재는 당해 부동산의 처분권한과 관련된 중요한 부분의 기재로서 이에 대한 공공의 신용을 보호할 필요가 있으므로 이를 허위로 등재한 경우에는 공정증서원본부실기재죄의 대상이 되는 부실의 기재에 해당한다.[276] 일반적으로 하나의 교회가 두 개의 교회로 분열된 경우 교회의 장정 기타 일반적으로 승인된 규정에서 교회가 분열될 경우를 대비하여 미리 재산의 귀속에 관하여 정하여진 바가 없으면 교회의 법률적 성질이 권리능력 없는 사단인 까닭으로 종전 교회의 재산은 분열 당시 교인들의 총유에 속하고, 교인들은 각 교회활동의 목적 범위 내에서 총유권의 대상인 교회재산을 사용·수익할 수 있다. 교회의 교인들 간에 갈등이 심화되어 교회가 분열된 후에 일방의 교회가 타방의 교회를 배제한 채 소집·개최한 당회에서 교회 재산인 부동산을 총회유지재단에 증여하기로 하는 내용의 결의를 하고 등기공무원에게 위 결의에 따른 취지의 등기신청을 하여 위 부동산에 관하여 증여를 원인으로 한 소유권이전등기를 마친 사안에서, 위 당회의 결의가 그 소집 및 결의절차가 부적법하다는 이유로 공정증서원본부실기재죄 및 동행사죄가 성립한다고 한 원심의 판단을 수긍한 사례이다.[277] 종중 소유의 재산은 종중원의 총유에 속하는 것이므로 그 관리 및 처분에 관하여 먼저 종중규약에 정하는 바가 있으면 이에 따라야 하고 그 점에 관한 종중규약이 없으면 종중총회의 결의에 의하여야 하므로, 비록 종중의 대표자에 의한 종중재산의 처분이라고 하더라도 종중총회의 결의 없이 경료된 이 사건 근저당권설정등기는 그 원인된 법률행위에 무효에 해당하는 하자가 있으므로 피고인의 행위는 공정증서원본부실기재 및 동행사죄에 해당한다.[278] 상법 제628조 제1항 소정의 납입가장죄는

273) 대법원 2007.11.30. 선고 2005도9922 판결.
274) 대법원 2006.10.26. 선고 2006도5147 판결.
275) 대법원 2006.3.10. 선고 2005도9402 판결.
276) 대법원 2006.1.13. 선고 2005도4790 판결.
277) 대법원 2005.10.28. 선고 2005도3772 판결.
278) 대법원 2005.8.25. 선고 2005도4910 판결; 대법원 2005.1.28. 선고 2004다60287 판결; 대법원 2000.10.27. 선고 2000다22881 판결.

회사의 자본충실을 기하려는 법의 취지를 유린하는 행위를 단속하려는 데 그 목적이 있는 것이므로, 당초부터 진실한 주금납입으로 회사의 자금을 확보할 의사 없이 형식상 또는 일시적으로 주금을 납입하고 이 돈을 은행에 예치하여 납입의 외형을 갖추고 주금납입증명서를 교부받아 설립등기나 증자등기의 절차를 마친 다음 바로 그 납입한 돈을 인출한 경우에는, 이를 회사를 위하여 사용하였다는 특별한 사정이 없는 한 실질적으로 회사의 자본이 늘어난 것이 아니어서 납입가장죄 및 공정증서원본부실기재죄와 부실기재공정증서원본행사죄가 성립한다.[279] 소유권보존등기나 소유권이전등기에 절차상 하자가 있거나 등기원인이 실제와 다르다 하더라도 그 등기가 실체적 권리관계에 부합하게 하기 위한 것이거나 실체적 권리관계에 부합하는 유효한 등기인 경우에는 공정증서원본부실기재 및 동행사죄가 성립되지 않는다고 할 것이나, 이는 등기 경료 당시를 기준으로 그 등기가 실체권리관계에 부합하여 유효한 경우에 한정되는 것이고, 등기 경료 당시에는 실체권리관계에 부합하지 아니한 등기인 경우에는 사후에 이해관계인들의 동의 또는 추인 등의 사정으로 실체권리관계에 부합하게 된다 하더라도 공정증서원본부실기재 및 동행사죄의 성립에는 아무런 영향이 없다.[280] 근저당권은 근저당물의 소유자가 아니면 설정할 수 없으므로 타인의 부동산을 자기 또는 제3자의 소유라고 허위의 사실을 신고하여 소유권이전등기를 경료한 후 나아가 그 부동산이 자기 또는 당해 제3자의 소유인 것처럼 가장하여 그 부동산에 관하여 자기 또는 당해 제3자 명의로 채권자와의 사이에 근저당권설정등기를 경료한 경우에는 공정증서원본부실기재 및 동행사죄가 성립한다.[281] 피고인들이 중국 국적의 조선족 여자들과 참다운 부부관계를 설정할 의사 없이 단지 그들의 국내 취업을 위한 입국을 가능하게 할 목적으로 형식상 혼인하기로 한 것이라면, 피고인들과 조선족 여자들 사이에는 혼인의 계출에 관하여는 의사의 합치가 있었으나 참다운 부부관계의 설정을 바라는 효과의사는 없었다고 인정되므로 피고인들의 혼인은 우리 나라의 법에 의하여 혼인으로서의 실질적 성립요건을 갖추지 못하여 그 효력이 없고, 따라서 피고인들이 중국에서 중국의 방식에 따라 혼인식을 거행하였다고 하더라도 우리 나라의 법에 비추어 그 효력이 없는 혼인의 신고를 한 이상 피고인들의 행위는 공정증서원본불실기재 및 동행사 죄의 죄책을 면할 수 없다고 할 것이다.[282] 공동대표이사로 법인등기를 하기로 하여 이사회의사록 작성 등 그 등기절차를 위임 받았음에도 단독대표이사 선임의 이사회의사록을 작성하여 단독대표이사로 법인등기한 행위가 사문서위조, 동행사, 공정증서원본부실기재, 동행사의 죄에 해당한다고 본 원심판결을 수긍한 사례이다.[283] 이른바 1인회사에 있어서 1인주주의 의사는 바로 주주총회나 이사회의 의사와 같은 것이어서 가사 주주총회나 이사회의 결의나 그에 의한 임원변경등기가 불법하게 되었다 하더라도 그것이 1인주주의 의사에 합치되는 이상 이를 가리켜 의사록을 위조하거나 불실의 등기를 한 것이라고는 볼 수 없다 하겠으나 한편 임원의 사임서나 이에 따른 이사사임등기는 위와 같은 주주총회나 이사회의 결의 또는 1인주주의 의사와는 무관하고 오로지 당해 임원의 의사에 따라야 하는 것이므로 당해 임원의 의사에 기하지 아니한 사임서의 작성이나 이에 기한 등기부의 기재를 하였다면 이는 사문서위조 및 공정증서원본불실기재의 죄책을 면할 수 없다.[284] 주금가장납입의 경우 현실적으로 주금액에 상당한 금원의 납입이라는 사실이 존재하기는 하나, 그 납입은 오로지 증자에 즈음하여 등기를 하기 위한 편법에 지나지 아니하고 실질적으로는 주금의 납입이 없는 가장납입으로서 이를

279) 대법원 2004.6.17. 선고 2003도7645 전원합의체 판결.
280) 대법원 2001.11.9. 선고 2001도3959 판결; 대법원 1998.4.14. 선고 98도16 판결.
281) 대법원 1997.7.25. 선고 97도605 판결.
282) 대법원 1996.11.22. 선고 96도2049 판결.
283) 대법원 1994.7.29. 선고 93도1091 판결.
284) 대법원 1992.9.14. 선고 92도1564 판결; 대법원 1981.6.9. 선고 80도2641 판결.

숨기고 마치 주식인수인에 의한 납입이 완료된 것처럼 등기공무원에 대하여 허위신고를 하여 증자를 한 취지의 등기신청을 함으로써 상업등기부원본에 그 기재를 하게 하였다면 이는 공정증서원본 부실기재 및 동행사죄가 성립한다.[285] 주금가장납입의 경우 현실적으로 주금액에 상당한 금원의 납입이라는 사실이 존재하는 것은 사실이나 그 납입은 오로지 증자에 즈음하여 등기를 하기 위한 편법에 지나지 아니하고 실질은 주금의 납입이 없는 것과 다름없는 것이어서 이를 숨기고 마치 주식인수인에 의한 납입이 완료된 것처럼 등기공무원에 대하여 허위신고를 하여 증자를 한 취지의 등기신청을 함으로써 상업등기부원본에 그 기재를 하게끔 하였다면 이는 발행주식의 총수, 자본의 총액에 대한 구 상법(1984.4.10 법률 제3724호로 개정되기 전의 것) 제317조 제2항의 등기사항에 관하여 부실사실을 기재한 것이 된다.[286] 민법 제815조 제1호의 혼인무효사유인 "당사자간에 혼인의 합의가 없는 때"라 함은 당사자간에 사회관념상 부부라고 인정되는 정신적, 육체적 결합을 생기게 할 의사를 갖고 있지 않은 경우를 가리킨다고 할 것이므로 비록 혼인의 계출 자체에 관하여 당사자간에 의사의 합치가 있고 나아가 당사자간에 일응 법률상의 부부라는 신분관계를 설정할 의사는 있었다고 인정되는 경우라도 그것이 단지 다른 목적을 달성하기 위한 방편에 불과한 것으로서 그들간에 참다운 부부관계의 설정을 바라는 효과의사가 없는 경우에는 그 혼인은 무효라고 할 것이어서 해외이주의 목적으로 위장결혼을 하고 혼인신고를 하여 그 사실이 호적부에 기재되었다면 공정증서원본부실기재죄를 구성한다.[287] 허위내용의 주식납입금 보관증서를 첨부하여 발행주식총수에 관한 변경등기를 경료하면 그같은 변경등기는 실체관계에 부합하지 아니하므로 공정증서원본부실기재죄가 성립한다.[288] 1인 주주의 의사는 주주총회와 이사회의 의사와 같으므로 주주총회나 이사회의 결의에 의해야 할 임원변경등기가 불법하게 되었더라도 1인 주주의 의사와 합치되는 이상 부실등기라고 볼 수는 없으나, 임원이 스스로 사임한 데에 따른 이사사임등기는 주주총회나 이사회의 결의 내지 1인 주주의 의사와는 무관하고 오로지 당해 임원의 의사에 기하는 것이므로 당해 이사의 의사에 기하지 않은 이사사임등기가 1인 주주의 의사에 합치된다고 하여 부실등기가 아니라고 할 수 없다.[289] 간이절차에 의한 민사분쟁사건처리특례법에 의하여 합동법률사무소 명의로 작성된 공증에 관한 문서는 형법상의 공문서에 해당되고 동 합동법률사무소의 구성원인 변호사에게 허위신고를 하여서 동 합동법률사무소 명의의 공정증서에 불실의 사실을 기재하게한 행위는 형법 228조 1항에 해당된다 고 하여야 할 것이다.[290] 이미 사망한 사람의 문서를 함부로 작성하여 등기공무원에게 제출하여 그로 하여금 부동산등기부에 사망한 사람 명의로 소유권보존등기의 사유를 기재케 한 행위는 사망한 사람이 권리의무의 주체가 될 수 없고 따라서 사망자 앞으로의 소유권보존등기가 실체관계에 부합되는 유효한 등기로 볼 수 없는 바이므로 위 행위를 공정증서원본부실기재죄로 처단한 조치는 정당하다.[291]

부실기재를 부정한 판례의 구체적 내용은 다음과 같다. 즉,

여권 등 공정증서원본에 기재된 사항이 존재하지 않거나 외관상 존재하더라도 무효사유에 해당하는 흠이 있다면 불실기재에 해당한다. 그러나 기재된 사항이나 원인된 법률행위가 객관적으로

285) 대법원 1987.11.10. 선고 87도2072 판결.
286) 대법원 1986.8.19. 선고 85도2158 판결.
287) 대법원 1985.9.10. 선고 85도1481 판결.
288) 대법원 1982.2.23. 선고 80도2303 판결.
289) 대법원 1981.6.9. 선고 80도2641 판결.
290) 대법원 1977.8.23. 선고 74도2715 전원합의체 판결(다수의견).
291) 대법원 1969.1.28. 선고 68도1596 판결.

존재하고 취소사유에 해당하는 흠이 있을 뿐이라면 취소되기 전에 공정증서원본에 기재된 사항은 불실기재에 해당하지 않는다.[292] 피고인 소유의 자동차를 타인에게 명의신탁 하기 위한 것이거나 이른바 권리 이전 과정이 생략된 중간생략의 소유권 이전등록이라도 그러한 소유권 이전등록이 실체적 권리관계에 부합하는 유효한 등록이라면 이를 부실의 사실을 기록하게 하였다고 할 수 없다.[293] 피고인이 甲 유한회사를 설립한 후 회사 명의로 통장을 개설하여 이른바 대포통장을 유통시킬 목적이었을 뿐 회사를 설립한 사실이 없는데도 허위의 회사설립등기 신청서를 법원 등기관에게 제출하여 등기관으로 하여금 상업등기 전산정보처리시스템의 법인등기부에 위 신청서의 기재내용을 입력하고 이를 비치하게 하였다고 하여 공전자기록 등 불실기재와 불실기재 공전자기록 등 행사의 공소사실로 기소된 사안에서, 피고인이 甲 회사를 정관에 정한 목적대로 운영할 의사는 없었더라도 설립된 회사 명의로 금융기관 계좌를 개설하기 위해 상법상 회사를 설립할 의사는 있었으며, 회사설립에 필요한 정관을 작성하고, 출자 전액의 납입과 이사 등 임원의 취임승낙을 증명하는 정보 등을 첨부정보로 제출한 점, 이와 같은 요건을 갖추고 절차를 밟은 행위가 단지 설립된 회사의 법인격을 범죄 등에 이용하기 위한 방편으로 이행된 측면이 있더라도, 상법상 회사설립절차를 이루는 회사 정관의 작성 자체가 없었다거나 출자의 납입 사실 자체가 부존재한다거나 납입의 효력이 없다고 볼 수 없는 점, 회사설립등기에 임원으로 등재된 사람에게 임원 등재 의사가 인정되는 이상 실제로 직무를 행사할 의사까지는 없었다고 해서 그 사람이 회사의 임원이 아니라거나 회사에 임원이 부존재한다고 볼 수도 없는 점을 종합하면, 피고인이 실제 유한회사를 설립하려는 의사를 가지고 상법이 정하는 유한회사 설립에 필요한 정관 작성, 출자 이행, 임원 선임 등의 절차를 이행함으로써 甲 회사는 상법상 유한회사로 성립하였고, 회사설립행위에 일부 하자가 있었다거나 피고인이 회사설립 당시 정관에 기재된 목적 수행에 필요한 영업의 실질을 갖추거나 영업에 필요한 인적·물적 조직을 갖추지 않았다는 등의 사정만으로는 회사의 성립 자체를 부정하고 회사가 부존재한다고 볼 수 없으므로, 甲 회사 설립등기는 공전자기록 등 불실기재죄에서 말하는 불실의 사실에 해당하지 않는다.[294] 주식회사의 임시주주총회가 법령 및 정관상 요구되는 이사회의 결의나 소집절차 없이 이루어졌다고 하더라도, 주주 전원이 참석하여 총회를 개최하는 데 동의하고 아무런 이의 없이 만장일치로 결의가 이루어졌다면 그 결의는 특별한 사정이 없는 한 유효하고, 그 결의에 따른 등기는 실체관계에 부합하는 것으로 이를 부실의 사항을 기재한 등기라고 할 수 없다.[295] 운전면허증에 부실의 사실을 기재하게 한 경우에 한하여 형법 제228조 제2항에 따라 처벌할 수 있는 것이라 할 것임에도 불구하고, 원심은 자동차운전면허대장이 공정증서원본임을 전제로 피고인에 대한 공소사실을 모두 유죄로 인정한 제1심의 조치를 그대로 유지하고 말았으니, 이러한 원심판결에는 형법 제228조 제1항소정의 '공정증서원본'의 범위에 관한 법리를 오해하여 판결에 영향을 미친 위법이 있다.[296] 부동산을 관리보존하는 방법으로 이를 타에 신탁하는 의사로서 그 소유권이전등기를 한 경우에는 그 원인을 매매로 가장하였다 하더라도 이는 공정증서원본부실기재죄에 해당하지 아니한다.[297] 등기의무자와 등기권리자(피고인) 간의 소유권이전등기신청의 합의에 따라 소유권이전등기가 된 이상, 등기의무자 명의의 소유권이전등기가 원인이 무효인 등기로서 피고인이 그 점을 알고 있었다고 하더라도, 특별한 사정이 없는 한 바로 피고인이 등기부에

292) 대법원 2022.4.28. 선고 2020도12239 판결.
293) 대법원 2020.11.5. 선고 2019도12042 판결.
294) 대법원 2020.3.26. 선고 2019도7729 판결.
295) 대법원 2014.5.16. 선고 2013도15895 판결; 대법원 2002.12.24. 선고 2000다69927 판결.
296) 대법원 2010.6.10. 선고 2010도1125 판결.
297) 대법원 2009.10.15. 선고 2009도5780 판결; 대법원 1957.4.12. 선고 4290형상32 판결.

부실의 사실을 기재하게 하였다고 볼 것은 아니다.[298] 실제로 혼인한 사실이 없는 갑이 위장결혼 알선브로커 을 및 중국 국적의 병과 공모하여 갑과 병간의 허위의 혼인신고서를 공무원에게 제출함으로써 공정증서원본부실기재죄 및 동행사죄를 범하였다는 공소사실에 대하여, 갑이 공범관계에 있는 병의 경찰피의자신문조서를 증거로 함에 동의하지 않고 일관되게 그 내용을 부인하였다면 위 조서의 증거능력은 인정할 수 없고, 갑이 무죄의 자료로 제출한 '외국인 소재불명 · 가출신고서'에 대해 법원이 갑이나 변호인에게 의견과 변명의 기회를 주지 않았다면 이 또한 유죄인정의 증거로 사용할 수 없음에도 이들을 유죄의 증거로 삼아 공소사실을 유죄로 인정한 원심을 채증법칙 위반을 이유로 파기한 사례이다.[299] 공정증서원본에 기재된 사항이 외관상 존재하는 사실이라 하더라도 이에 무효나 부존재에 해당되는 흠이 있다면 그 기재는 부실기재에 해당되나, 그것이 객관적으로 존재하는 사실이고 이에 취소사유에 해당되는 하자가 있을 뿐인 경우에는 그 취소 전에 그 사실의 내용이 공정증서원본에 기재된 이상 그 기재가 공정증서원본부실기재죄를 구성하지 않는다.[300] 대주주가 적법한 소집절차나 임시주주총회의 개최 없이 나머지 주주들의 의결권을 위임받아 자신이 임시의장이 되어 임시주주총회 의사록을 작성하여 법인등기를 마친 사안에서, 공정증서원본부실기재죄가 성립하지 않는다고 한 사례이다.[301] 주식회사의 신주발행의 경우 신주발행에 법률상 무효사유가 존재한다고 하더라도 그 무효는 신주발행무효의 소에 의해서만 주장할 수 있고, 신주발행무효의 판결이 확정되더라도 그 판결은 장래에 대하여만 효력이 있으므로(상법 제429조, 제431조 제1항), 그 신주발행이 판결로써 무효로 확정되기 이전에 그 신주발행사실을 담당 공무원에게 신고하여 공정증서인 법인등기부에 기재하게 하였다고 하여 그 행위가 공무원에 대하여 허위신고를 한 것이라거나 그 기재가 부실기재에 해당하는 것이라고 할 수는 없다.[302] 민법상의 사단법인의 총회의 결의에 따라 이사 등의 변경등기를 하는 경우에 있어서 그와 같은 행위가 공정증서원본불실기재의 원인이 되는 행위에 해당하는지 여부는 특별한 사정이 없는 한 총회결의의 사법상 효력의 여부와 관계없이 그와 별도로 현실적으로 사원총회에서 그와 같은 내용의 이사 등 변경에 관한 결의가 있었다고 평가할 수 있는지 여부에 따라서 결정하여야 함이 상당하다. 재건축조합 임시총회의 소집절차나 결의방법이 법령이나 정관에 위반되어 임원개임결의가 사법상 무효라고 하더라도, 실제로 재건축조합의 조합총회에서 그와 같은 내용의 임원개임결의가 이루어졌고 그 결의에 따라 임원변경등기를 마쳤다면 공정증서원본불실기재죄가 성립하지 아니한다.[303] 기망에 의하여 체결된 증여계약에 기하여 소유권이전등기를 경료한 경우 피고인 명의의 소유권이전등기의 원인행위인 증여계약은 객관적으로 존재하는 것이므로, 설사 거기에 취소사유에 해당되는 위와 같은 기망이라는 하자가 있다고 하더라도 이를 이유로 그 증여계약이 취소되지 아니한 이상 피고인이 등기공무원에게 허위의 사실을 신고하여 등기부에 불실의 사실을 기재하게 한 것이라고 할 수 없어 공정증서원본부실기재죄가 성립하지 아니한다고 하여 피고인에게 무죄를 선고한 제1심을 유지한 원심의 조치는 정당하고, 거기에 상고이유의 주장과 같은 법리오해의 위법이 있다 할 수 없다.[304] 공증인법에 따르면 공증인은 당사자 기타 관계인의 촉탁에 의하여 법률행위 기타 사권에 관한 사실에 대한 공정증서의 작성 등을 처리함을 그 직무로 하고(제2조), 공증인이 증서를 작성함에는 그 청취한 진술,

298) 대법원 2009.10.15. 선고 2009도5780 판결; 대법원 1991.9.24. 선고 91도1164 판결.
299) 대법원 2009.5.28. 선고 2008도10787 판결.
300) 대법원 2009.2.12. 선고 2008도10248 판결; 대법원 1993.9.10. 선고 93도698 판결.
301) 대법원 2008.6.26. 선고 2008도1044 판결.
302) 대법원 2007.5.31. 선고 2006도8488 판결.
303) 대법원 2004.10.15. 선고 2004도3584 판결.
304) 대법원 2004.9.24. 선고 2004도4012 판결.

그 목도한 사실 기타 실험한 사실을 기록하고 또한, 그 실험의 방법을 기재하여야 하는 바(제34조), 공증인이 채권양도·양수인의 촉탁에 따라 그들의 진술을 청취하여 채권의 양도·양수가 진정으로 이루어짐을 확인하고 채권양도의 법률행위에 관한 공정증서를 작성한 경우 그 공정증서가 증명하는 사항은 채권양도의 법률행위가 진정으로 이루어졌다는 것일 뿐 그 공정증서가 나아가 양도되는 채권이 진정하게 존재한다는 사실까지 증명하는 것으로 볼 수는 없으므로, 양도인이 허위의 채권에 관하여 그 정을 모르는 양수인과 실제로 채권양도의 법률행위를 한 이상, 공증인에게 그러한 채권양도의 법률행위에 관한 공정증서를 작성하게 하였다고 하더라도 그 공정증서가 증명하는 사항에 관하여는 부실의 사실을 기재하게 하였다고 볼 것은 아니고, 따라서 공정증서원본부실기재죄가 성립한다고 볼 수 없다.[305] 소유권이전등기가 절차상 하자가 있거나 등기원인이 실제와 다르다 하더라도 그 등기가 실체적 권리관계에 부합하게 하기 위한 것이거나 실체적 권리관계에 부합하는 유효한 등기인 경우에는 공정증서원본불실기재 및 동행사죄가 성립되지 않는다.[306] 협의상 이혼의 의사표시가 기망에 의하여 이루어진 것일지라도 그것이 취소되기까지는 유효하게 존재하는 것이므로, 협의상 이혼의사의 합치에 따라 이혼신고를 하여 호적에 그 협의상 이혼사실이 기재되었다면, 이는 공정증서원본부실기재죄에 정한 부실의 사실에 해당하지 않는다.[307] 당사자 사이에 근저당권설정의 합의가 성립한 이후 그 합의의 내용으로 된 의사표시가 적법하게 취소된 바 없다면 그에 기초한 근저당권설정등기는 유효한 등기라 할 것이고, 이를 가리켜 등기부에 불실의 사실을 기재한 것이라고 할 수 없다.[308] 1인주주회사에 있어서는 그 1인주주의 의사가 바로 주주총회 및 이사회의 결의로서 1인주주는 타인을 이사 등으로 선임하였다 하더라도 언제든지 해임할 수 있으므로, 1인주주인 피고인이 특정인과의 합의가 없이 주주총회의 소집 등 상법 소정의 형식적인 절차도 거치지 않고 특정인을 이사의 지위에서 해임하였다는 내용을 법인등기부에 기재하게 하였다고 하더라도 공정증서원본에 부실의 사항을 기재케 한 것이라고 할 수는 없다.[309] 피고인이 법정상속분에 따라 공동상속인들 앞으로 마친 부동산소유권이전등기는 실체적 권리관계에 부합하는 유효한 등기로 보이고, 달리 그것이 불실의 등기임을 인정할 증거자료는 보이지 아니함에도 불구하고 피고인에 대한 공정증서원본불실기재 및 동 행사의 점에 관한 공소사실을 유죄로 인정한 원심판결을 관련 법리를 오해하였거나 필요한 심리를 다하지 아니하여 판결에 영향을 미친 위법을 저질렀다고 할 것이니, 이 점을 지적하는 논지는 이유 있다.[310] 대표이사 아닌 이사가 이사회의 소집 결의에 따라서 주주총회를 소집한 것이라면 위 주주총회에 있어서 소집절차상 하자는 주주총회결의의 취소사유에 불과하고 그것만으로 바로 주주총회결의가 무효이거나 부존재가 된다고 볼 수 없다.[311] 광업권의 설정등록은 광업출원인이 동력자원부장관으로 부터 광업권설정허가를 받은 후 이를 등록원인으로 하여 등록신청을 함으로써 경료되는 것이므로(광업법 제17조 제1항, 제33조 및 광업등록령 제20조, 제21조 각 참조), 광업출원인이 부정한 방법을 사용하여 광업권설정허가를 받았다고 하여도 그 허가가 당연무효이거나 취소되지 않는 한 그 허가에 기한 광업권설정등록을 진실에 반하는 부실사실의 기재라고 볼 수

305) 대법원 2004.1.27. 선고 2001도5414 판결.

306) 대법원 1998.4.14. 선고 98도16 판결; 대법원 1990.9.28. 선고 90도427 판결; 대법원 1996.4.26. 선고 95도2468 판결.

307) 대법원 1997.1.24. 선고 95도448 판결; 대법원 1996.6.11. 선고 96도233 판결; 대법원 1993.9.10. 선고 93도698 판결.

308) 대법원 1996.10.15. 선고 96도1225 판결.

309) 대법원 1996.6.11. 선고 95도2817 판결.

310) 대법원 1995.11.7. 선고 95도898 판결.

311) 대법원 1993.9.10. 선고 93도698 판결.

없는 바, 기록을 살펴보아도 이 사건 광업권설정허가가 당연무효라거나 취소되었다고 볼 자료가 없으므로 위 공소사실은 유죄로 인정할 수 없음이 명백하다.[312] 피고인이 부동산에 관하여 가장매매를 원인으로 소유권이전등기를 경료하였더라도, 그 당사자 사이에는 소유권이전등기를 경료시킬 의사는 있었다고 할 것이므로 공정증서원본불실기재죄 및 동행사죄는 성립하지 않고, 또한 등기의무자와 등기권리자(피고인)간의 소유권이전등기신청의 합의에 따라 소유권이전등기가 된 이상, 등기의무자 명의의 소유권이전등기가 원인이 무효인 등기로서 피고인이 그 점을 알고 있었다고 하더라도, 특별한 사정이 없는 한 바로 피고인이 등기부에 부실의 사실을 기재하게 하였다고 볼 것은 아니다.[313] 사망한 부동산등기명의인을 상대로 한 승소판결에 기하여 소유권이전등기를 경료하였다고 하더라도 그 등기가 실체적 권리관계에 부합하는 유효한 등기라면 그 등기원인이 실제와 다른 경우에도 형사상 부실의 등기라고 할 수 없는 것이다.[314] 허위의 보증서에 의하여 등기를 하였다 하더라도 권리의 실체관계에 부합되는 경우에는 공정증서원본부실기재 및 그 행사죄는 성립하지 아니한다.[315] 실질적으로 갑의 1인회사인 합명회사의 등기부상 무한책임사원으로 등재되어 있는 을이 등기편의상 명의만을 대여하였을 뿐인 경우 을 명의의 지분에 관한 실질상 사원의 지위는 갑에게 있다고 할 것이므로 을의 의사에 기하지 아니한 채 을이 그 지분을 다른 사원들의 동의를 얻어 병에게 양도, 퇴사한 양 등기되었더라도 그것이 모든 지분에 관한 실질적 소유자인 갑의 의사에 따른 것이라면 그 지분의 양도는 내용에 있어서는 양도되는 지분에 관한 실질적 사원으로서의 그 지분에 관한 신탁해지 및 양도의 의사와 위 지분 이외의 지분에 관한 상법 제197조의 다른 사원으로서의 지분양도에 대한 동의가 포함된 것이라고 할 수 있으므로 절차상의 흠은 있을지언정 권리의 실체관계에는 영향이 없는 것이어서 그와 같은 등기를 부실의 사실을 기재한 등기라고 할 수 없다.[316] 갑과 을이 공동으로 주식회사를 경영하다가 갑이 을에게 위 회사의 소유와 경영에 관한 일체의 권리를 포기하면서 그 사무처리의 권한까지 을에게 포괄적으로 위임함으로써 을이 그 사무처리를 위하여 갑명의의 주식배당포기서, 이사사임서 등을 작성 행사한 것이라면 비록 을이 개개의 문서작성에 관한 승낙을 받지 않았다 하더라도 별다른 사정이 없는 한 묵시적인 승낙을 받았다고 할 것이어서 그것이 사문서위조, 동행사죄를 구성하거나, 그에 따른 법인등기부 변경등기를 경료한 것이 공정증서원본부실기재, 동행사죄 등을 구성할 수는 없다.[317] 재산상속인은 피상속인의 사망으로 인하여 상속개시된 때로부터 피상속인의 재산에 관한 포괄적 권리의무를 승계하게 되므로 어떤 부동산에 관하여 피상속인에게 실체상의 권리가 없었다 하더라도 재산상속인이 상속을 원인으로 한 소유권이전등기를 경료한 경우에는 그 등기는 당시의 등기부싱의 권리관계를 나타내는 것에 불과하므로 그와 같은 등기절차를 밟았다 하여 공정증서원본부실기재나 동행사죄가 성립할 수 없다.[318] 피고인이 그가 점유하고 있는 토지에 대하여 매매를 원인으로 하는 소유권이전등기소송을 제기하여서 의제자백에 의한 승소판결을 받아 경료된 피고인 명의의 소유권이전등기가 비록 절차상의 하자가 있다 하더라도 점유에 의한 소유권취득시효가 완성함으로써 결국

312) 대법원 1992.11.24. 선고 92도2450 판결.

313) 대법원 1991.9.24. 선고 91도1164 판결; 대법원 1972.3.28. 선고 71도2417 전원합의체 판결.

314) 대법원 1990.9.28. 선고 90도427 판결; 대법원 1987.3.10. 선고 86도864 판결; 대법원 1982.1.12. 선고 81도1702 판결.

315) 대법원 1990.1.25. 선고 88다카29795 판결; 대법원 1984.12.11. 선고 84도2285 판결; 대법원 1979.7.24. 선고 79도482 판결.

316) 대법원 1989.9.29. 선고 89도113 판결.

317) 대법원 1988.9.13. 선고 87도2012 판결; 대법원 1983.4.12. 선고 83도328 판결; 대법원 1969.12.30. 선고 69도2055 판결.

318) 대법원 1987.4.14. 선고 85도2661 판결.

위 소유권이전등기가 실체적 권리관계에 부합하는 유효한 등기라고 한다면 위의 소송에 있어서 피고인에게 위 토지를 편취하려는 범의가 있었다고 볼 수 없고 또한 위와 같이 경료된 등기 역시 부실의 등기라고도 할 수 없다.[319] 주금으로 납입할 의사없이 마치 주식인수인들이 그 인수주식의 주금으로 납입하는 양 돈을 은행에 예치하여 주금납입보관증을 교부받아 회사설립요건을 갖춘 듯이 등기신청을 하여 상업등기부의 원본에 그 기재를 하게 한 다음 그 예치한 돈을 바로 인출하였다면 이를 회사를 위하여 사용하였다는 등 특별한 사정이 없는 한 상법 제628조 제1항에 정한 이른바 납입 가장죄가 성립되는 한편 공정증서원본부실기재와 동행사죄가 성립된다.[320] 근저당권설정등기는 등기권리자인 채권자와 등기의무자인 근저당권설정자와의 합의를 기초로 이루어지는 것이므로 설사 등기의 편의상 진정한 채무자(피고인)가 아닌 제3자를 채무자로 등기부상 등재케 하였다 하더라도 그것이 계약당사자간의 합의에 의하여 이루어진 것이라면 당사자 사이에 이와 같은 등기를 경료하게 할 의사가 있었던 것이며, 또한 피고인이 위 제3자들을 채무자로 한 이유는 피고인이 판시 마을금고의 상무이므로 동 금고로부터는 대부를 받을 수 없기 때문에 위 금고의 양해 아래 형식상 자기의 채무를 위 제3자인 피고인의 형수, 처, 또는 친구 명의로 하였음에 불과하고 이에 대한 그들의 동의가 없었다면 결국 피고의 위 채무를 담보한 것으로 밖에 볼 수 없는 것이므로 이와 같은 경우에는 공정증서원본부실기재죄는 성립되지 않는다 할 것이니 원심이 같은 견해에서 무죄를 선고한 조치에 공정증서원본부실기재죄 및 동행사죄의 법리를 오해한 위법이 있다고 할 수 없다. 논지는 이유없다.[321] 1인주주회사에서 1인주주의 의사에 따라 소집개최 된 임시주주총회가 비록 소집권자에 의하여 소집되지 아니하고 명의상 주주 아닌 자가 참석하는 등 상법 소정의 절차를 거치지 아니한 흠이 있다고 하여도 그와 같은 사항을 법인등기부에 등재케 한 것이 공정증서원본에 부실의 사항을 기재케 한 것이라고는 볼 수 없다.[322] 허위의 보증서를 발급받아 부동산소유권이전등기부에관한특별조치법에 의거 소유권이전등기를 거쳤더라도 그것이 권리의 실체관계에 부합하는 등기라면 공정증서에 부실의 사실을 기재하였다고는 할 수 없다.[323] 이혼심판은 형성판결로서 그에 기한 이혼신고는 보고적 신고에 불과하고 피고인이 비록 사위의 방법에 의하여 이혼심판을 받았다 하더라도 그 확정판결이 재심청구에 의하여 취소되지 아니하는 이상 혼인해소의 효력에는 영향이 없다 할 것이므로 그 확정판결에 기한 이혼신고 및 이에 따른 호적부등재와 그 비치행위가 공정증서원본부실기재 및 그 행사죄를 구성한다고 할 수 없다.[324] 부동산의 소유자로 하여금 근저당권자를 자금주라고 믿도록 속여서 근저당권설정등기를 경료케 한 경우라도 정당한 권한있는 자에 의하여 작성된 문서를 제출하여 그 등기가 이루어진 것이라면 당사자의 의사에 합치되는 등기라 할 것이므로 공정증서원본 부실기재죄가 성립하지 않는다.[325] 피고인이 그 판시 이 사건 토지에 관하여 이미 사망한 등기명의자인 공소외 박상원을 상대로 매매를 원인으로 하는 소유권이전등기절차 이행청구의 소를 제기하여 의제자백에 의한 피고인 승소의 판결을 받고 그 확정판결에 기하여 피고인 명의로 소유권이전등기를 경료한 사실은 인정되나, 한편 공소외 갑이 위 토지를 사실상 경작 관리하던 공소외 을의 소유로 믿고 1946년 2월경 그로부터 이를 다른 토지와 교환하여 취득한 후 소유의 의사로 평온, 공연하게 점유 사용하다가 1961년 4월경 이를 공소외

319) 대법원 1987.3.10. 선고 86도864 판결.
320) 대법원 1986.9.9. 선고 85도2297 판결.
321) 대법원 1985.10.8. 선고 84도2461 판결.
322) 대법원 1985.5.14. 선고 85도488 판결.
323) 대법원 1984.12.11. 선고 84도2285 판결.
324) 대법원 1983.8.23. 선고 83도1430 판결.
325) 대법원 1982.7.13. 선고 82도39 판결.

병에게 증여하였으며, 위 병도 그 점유를 승계하여 소유의 의사로 평온, 공연하게 점유하다가 1972년 4월경 이를 다시 피고인에게 증여하였고, 피고인 역시 그때부터 이를 소유의 의사로 평온, 공연하게 점유하여 온 사실이 인정되니, 위 토지에 대하여는 위 갑이 점유를 개시한 1946년 2월경부터 20년이 경과한 1966년 2월경 공소외 병이 점유할 당시에 이미 점유에 의한 부동산소유권 취득시효가 완성되었었으므로 그후 그로부터 이를 증여받은 피고인이 경료한 피고인 명의의 위 소유권이전등기는 비록 위와 같은 절차상의 하자가 있다 하더라도 결국 실체적 권리관계에 부합하는 유효한 등기인 만큼 그 등기의 원인관계표시가 이와 같지 아니하다는 이유만으로는 형사상으로 이러한 등기가 사실관계와 다른 부실의 등기라 할 수 없고, 위의 소송에 있어서 피고인에게 위 토지를 편취하려는 범의가 있었다고도 볼 수 없다 하여 제1심 판결이 무죄를 선고한 부분에 대하여는 이를 유지하고 이 사건 사기의 공소사실에 대하여는 무죄를 선고하였다.[326] 비록 당사자들의 합의가 없이 경료된 소유권이전등기라 할지라도(이 사건의 경우는 명의신탁해지 원인이면서도 매매를 원인으로 한 이전등기 방법으로) 그것이 민사실체법상의 권리관계에 부합되어 유효인 등기라 할 수 있는 경우에는 형사상으로도 이러한 등기가 사실관계와 다른 이른 바 부실의 등기라고는 볼 수 없다 할 것이다.[327] 이른바 1인 회사에 있어서는 그 1인 주주의 의사가 바로 주주총회의 결의라 할 것이므로 주주총회소집 등 형식적 절차없이 회사의 임원개선에 관한 사항을 법인등기부에 기재케 하였다 하여도 공정증서원본부실기재죄가 성립되는 것이 아니다.[328] 피고인들이 미국 법원의 확정판결에 의하여 이혼신고를 하고, 호적부의 기재도 위 사실에 부합되는 미국 법원의 판결에 근거하여 기재된 경우 위 기재내용이 국내법상 효력이 있는 지의 여부는 별론으로 하고 피고인들에게는 공정증서원본부실기재, 동행사의 행위가 있었다고 볼 수 없다.[329] 꾸운 돈의 갚음을 담보하기 위하여 어느 부동산의 소유권이전등기 서류를 갖추어 준 때에 당사자의 의사는 다른 사정이 엿보이지 않으면 그 부동산을 양도담보한 것으로 볼 것이요 다만 서류를 보관하기로 한 것으로는 볼 수 없다.[330] 비록 절차상의 하자가 있는 소유권이전등기라 할지라도 권리의 실체관계에 부합되는 경우에는 공정증서 원본 부실기재 및 그 행사죄로 볼 수 없다.[331] 소위 1인 회사에 있어서는 그 1인주주의 의사가 바로 주주총회 및 이사회의 결의라 할 것이므로 주주총회 및 이사회의 소집통보등 형식적인 절차를 거치지 않았다 하여 그 결의가 부존재한 것이거나 무효의 것이라고 할 수 없으니 형식적인 절차없이 임원개선에 관한 사항을 법인등기부에 등재케하였다 하여 불실의 사항을 기재한 것이라고 볼 수 없다.[332] 전적은 이미 호적부에 등재되어 있는 호적을 다른 시, 읍면으로 옮기는 것으로서 이로써 호적의 기재내용이 변경되는 것은 아니며, 전적신고는 호적등본을 첨부하여야 하고 전적지의 호적에는 신고서에 첨부한 호적등본에 기재된 사항을 전부 기재하게 되어 있으므로(호적법 114조 115조, 동법시행령 27조) 본건에 있어서와 같이 6.25사변으로 인하여 멸실된 호적을 재제함에 있어 1954.8.31. 피고인의 허위신고에 의하여 내용허위의 호적이 편제되었다 하더라도, 동호적을 1970.12.31. 그가 거주하는 원주시 우산동 196으로 전적한 피고인의 행위를 따로 공무원에게 허위

326) 대법원 1982.1.12. 선고 81도1702 판결.

327) 대법원 1980.12.9. 선고 80도1323 판결; 대법원 1967.11.28. 선고 66도1682 판결; 대법원 1957.4.12. 선고 4290형상32 판결.

328) 대법원 1979.12.28. 선고 79도884 판결.

329) 대법원 1979.12.11. 선고 79도2130 판결.

330) 대법원 1979.8.28. 선고 79도1210 판결; 대법원 1971.4.28. 71두141 판결; 대법원 1970.7.21. 70다964 판결; 대법원 1961.10.5. 4294형상369 판결.

331) 대법원 1979.7.24. 선고 79도482 판결.

332) 대법원 1978.6.13. 선고 77도3950 판결.

신고를 하여 공정증서원본인 호적부에 불실의 사실을 기재케 한 것이라 할수는 없고 이를 비치하였어도 동행사죄를 구성한다고 할 수는 없다. 원심이 위와같은 취지의 이유로서 무죄를 선고하였음은 정당하고, 그 조치에 논지와 같은 법령해석의 잘못이 있다고 할 수 없다. 논지는 이유없다.[333] 공정증서의 권리의무에 관한 사항에 관계없는 것이고 아무런 의미가 없는 상태하에 있는 예고등기는 이를 말소한다 할지라도 공정증서원본부실기재죄가 성립하지 아니한다.[334] 가장매매에 인한 소유권이전등기를 경료하여도 그 당사자간에는 소유권이전등기를 경료시킬 의사는 있었던 것이므로 공정증서원본부실기재 및 동 행사죄는 성립하지 아니한다.[335] 실제로 부동산을 매매하지 않고 상호합의하에 편의상 그 명의로 상대방으로 하여 등기원인을 매매라고 하여 등기부에 기재케 하여도 당사자간에는 매매를 원인으로 하는 이전등기의 의사가 있으면 이를 공정증서원본부실기재죄가 된다 할 수 없다.[336] 종중에서 명의신탁한 부동산은 본조에서 말하는 신탁재산이 아니므로 그 명의수탁자의 상속인이 상속으로 인한 이전등기를 경료한 행위를 공정증서원본부실기재죄의 구성요건에 해당된다고 할 수 없다.[337] 공정증서원본부실기재죄는 어디까지나 공정증서원본에 부실을 기재케 하여야 하는 것이므로 가등기가 권리자와 의무자의 합의에 의하여 경료된 이상 공정증서원본부실기재죄가 되지 않는다.[338] 원심이 위 거주등록부의 허위기재와 비치행위를 공정증서 원본부실기재 동 행사죄로 처단하였음은 판결에 영향을 미친 법률 위반의 위법이 있다 할 것임으로, 원판결을 파기하고, 본건은 당원에서 판결하기에 충분하다고 인정하여 다시 제1심 판결을 파기하고, 다음과 같이 판결한다.[339] 제3자와 통모하여 가장한 매매계약을 원인으로 가등기를 필한 경우에는 공정증서원본부실기재 및 강제집행면탈죄가 성립하지 아니한다.[340] 제3자와 통모하여 가장한 매매계약을 원인으로 가등기를 필한 경우에는 공정증서원본부실기재 및 강제집행면탈죄가 성립하지 아니한다.[341] 정당하게 취득한 건물 소유권에 대한 소유권이전등기를 경유함에 있어서 관계 당사자들의 동의를 얻지 않고 함부로 피고인 앞으로 중간생략의 소유권이전등기를 경유하였다 하여 공정증서원본부실기재죄에 해당한다 할 수 없다.[342] 미등기부동산을 매도한 원소유자가 그 명의로 보존등기를 하였다 해도 그 목적이 어떠하던간에 공정증서원본 부실기재라 할 수 없다.[343] 부동산을 관리보존할 목적으로 이를 타에 신탁하는 의미로써 해 소유권이전등기를 함에 있어서 기 원인은 매매로 가장하였다 하여도 이는 형법 제228조 제1항 혹은 동법 제229조 소정죄에 해당하지 아니한다.[344]

부실기록을 부정한 판례의 구체적 내용은 다음과 같다. 즉,

주식회사의 임시주주총회가 법령 및 정관상 요구되는 이사회의 결의나 소집절차 없이 이루어졌다고 하더라도, 주주 전원이 참석하여 총회를 개최하는 데 동의하고 아무런 이의 없이 만장일치로

333) 대법원 1972.12.26. 선고 72도2291 판결.
334) 대법원 1972.10.31. 선고 72도1966 판결.
335) 대법원 1972.3.28. 선고 71도2417 전원합의체 판결; 대법원 1970.5.26 선고한 69 도 826 판결.
336) 대법원 1971.3.9. 선고 69도2345 판결.
337) 대법원 1971.1.29. 선고 70도2716 판결.
338) 대법원 1970.5.12. 선고 70도643 판결; 대법원 1967.12.18. 선고 67도1166 판결.
339) 대법원 1969.3.25. 선고 69도163 판결.
340) 대법원 1967.12.18. 선고 67도1166 판결.
341) 대법원 1967.12.18. 선고 67도1166 판결.
342) 대법원 1967.11.28. 선고 66도1682 판결.
343) 대법원 1961.11.23. 선고 4294형상586 판결.
344) 대법원 1957.4.12. 선고 4290형상32 판결.

결의가 이루어졌다면 그 결의는 특별한 사정이 없는 한 유효하고, 그 결의에 따른 등기는 실체관계에 부합하는 것으로 이를 부실의 사항을 기재한 등기라고 할 수 없다. 따라서 위와 같은 사정 아래에서라면 원심으로서는 위 감사의 변경과 이사의 선임에 관하여 공소외 3의 위임이나 동의가 있었는지 등을 더 심리하여 이 부분 공소사실 기재 각 등기가 실체관계에 부합하는 등기인지 여부를 따져 보았어야 함에도 불구하고, 원심은 그 판시와 같은 이유만을 들어 이 부분 공소사실 기재 각 등기가 부실등기에 해당한다고 판단하여 유죄로 인정하였으므로, 이러한 원심판결에는 공전자기록등부실기재죄 등의 성립에 관한 법리를 오해하여 필요한 심리를 다하지 아니함으로써 판결에 영향을 미친 잘못이 있다.[345] 부동산등기법이 2005.12.29. 법률 제7764호로 개정되면서 매매를 원인으로 하는 소유권이전등기를 신청하는 경우에는 등기신청서에 거래신고필증에 기재된 거래가액을 기재하고, 신청서에 기재된 거래가액을 부동산등기부 갑구의 권리자 및 기타사항란에 기재하도록 하였는데, 이는 부동산거래 시 거래당사자나 중개업자가 실제 거래가액을 시장, 군수 또는 구청장에게 신고하여 신고필증을 받도록 의무화하면서 거짓 신고 등을 한 경우에는 과태료를 부과하기로 하여 2005.7.29. 법률 제7638호로 전부 개정된 '공인중개사의 업무 및 부동산 거래신고에 관한 법률'과 아울러 부동산 종합대책의 일환으로 실시된 것으로서, 그 개정 취지는 부동산거래의 투명성을 확보하기 위한 데에 있을 뿐이므로, 부동산등기부에 기재되는 거래가액은 당해 부동산의 권리의무관계에 중요한 의미를 갖는 사항에 해당한다고 볼 수 없다. 따라서 부동산의 거래당사자가 거래가액을 시장 등에게 거짓으로 신고하여 신고필증을 받은 뒤 이를 기초로 사실과 다른 내용의 거래가액이 부동산등기부에 등재되도록 하였다면, '공인중개사의 업무 및 부동산 거래신고에 관한 법률'에 따른 과태료의 제재를 받게 됨은 별론으로 하고, 형법상의 공전자기록등부실기재죄 및 부실기재공전자기록등행사죄가 성립하지는 아니한다.[346]

2) 주관적 구성요건

본죄는 고의범이다. 본조의 고의는 인식적 요소로서 허위신고에 의하여 부실의 사실을 기재한다는 점에 대한 인식을 요한다. 따라서 객관적으로 부실의 기재가 있다 하여도 그에 대한 인식이 없는 경우에는 본죄가 성립하지 않는다.[347] 객관적으로 진실에 적합한 사실을 허위라고 오신하여 신고하고 당해 공무원으로 하여금 그 취지 공정증서원본에 기재 또는 기록하게 하여도 본죄를 구성하지 않는다.

고의를 긍정한 판례의 구체적 내용은 다음과 같다. 즉,

지하 1, 2층에 관하여 소유권보존등기가 경료되어 있는 건물지상에 다시 3층 건물을 축조한 자가 위 지하층 부분에 관한 등기사실을 숨기고 건물전체에 관하여 새로이 소유권보존등기를 신청하면서 지하층 부분에 관하여는 그 면적을 달리 기재 신청하여 그 등기를 경료한 경우, 당시 그 건물을 둘러싼 민형사상의 분쟁이 있어 쟁송중에 있었고 또 동인이 위 지하 1, 2층 건물에 경료된 가등기를 말소키 위해 타인명의의 문서를 위조한 사실이 있다면 위 건물중 지하 1, 2층 부분에 관한한 그 면적을 달리 기재하여 마치 별개의 건물인양 부실의 사실을 등기공무원에게 신고한다는 범의가 있었다고 보아야 한다.[348] 이 사건 농지가 피고인이 변명하는 바와 같이 원소유자인 공소외

345) 대법원 2014.5.16. 선고 2013도15895 판결; 대법원 2002.12.24. 선고 2000다69927 판결.
346) 대법원 2013.1.24. 선고 2012도12363 판결.
347) 대법원 1996.4.26. 선고 95도2468 판결.
348) 대법원 1985.2.13. 선고 84도2703 판결.

"갑"이 일정시에 조선 운수주식회사에 매도하고 피고인은 같은 회사를 거쳐 그 소유권을 취득한 공소외 "을"로부터 이를 매수하여 일반농지의 소유권이전등기부에 과난 특별조치법의 규정에 따라 피고인명의로 소유권이전등기를 경료하였다고 하는 경우 기록상 "을"이 이 사건 농지를 적법하게 매수한 것이 아님을 쉽사리 알 수 있다면 설사 피고인이 그 등기절차를 "병" 또는 동법서사에게 위임하였다고 하더라도 피고인에게 공정증서원본부실기재 및 비치행사의 범의가 없었다고 단정할 수 없다 할 것이다.[349)]

고의를 부정한 판례의 구체적 내용은 다음과 같다. 즉,

피고인이 부동산에 관하여 가장매매를 원인으로 소유권이전등기를 경료하였더라도, 그 당사자 사이에는 소유권이전등기를 경료시킬 의사는 있었다고 할 것이므로 공정증서원본불실기재죄 및 동행사죄는 성립하지 않는다.[350)] 비록 허위의 보증서 등에 의하여 부동산소유권이전등기에관한특별조치법에 기한 소유권보존등기를 경료받았다 하더라도 그 등기의 실체관계에 부합하는 권리관계가 있다고 믿고서 이를 경료한 것이라면 부실기재에 대한 고의 내지는 인식이 있었다고 볼 수 없을 것이어서 공정증서원본부실기재죄 및 이를 전제로 한 동 행사죄가 성립하지 않는다 할 것이다.[351)] 사망한 남편과 이름이 같은 타인의 소유 부동산에 관하여 피고인 앞으로 상속을 원인으로 한 소유권이전등기를 경료한 사안에서, 도저히 피고인이 이 사건 상속등기를 의뢰할 당시 등기부에 등재된 공소외 1이 피고인의 남편과 동일인이 아니라는 사실을 알고 있었다고 볼 수는 없다 할 것이어서 피고인에게 공정증서원본부실기재 및 동행사죄에 대한 범의가 없다고 보아, 그 유죄를 인정한 원심판결을 채증법칙 위배 · 법리오해 등을 이유로 파기한 사례이다.[352)] 정관에 정한 절차에 따라 임시주주총회를 개최하여 당시 임기가 만료되지 아니한 대표이사의 해임을 결의하고, 정관 해석에 관하여 "전임자의 잔임기간 경과로 대표이사의 임기가 만료되었으니 해임등기보다 임기만료로 인한 퇴임등기를 하는 편이 낫다"는 법무사의 조언에 따라 그와 같은 내용의 임시주주총회 회의록을 작성하여 등기부상 퇴직사유를 임기만료로 인한 퇴임으로 변경등기한 것에 공정증서원본부실기재의 범의가 없다고 본 원심판결을 수긍한 사례이다.[353)] 타인 소유의 부동산을 갑이 선대로부터 상속받은 것으로 잘못 알고 을에게 매도하는 매매계약을 체결하였고 그후 을이 갑을 상대로 위 매매계약을 원인으로 한 소유권이전등기청구소송을 제기하여 의제자백의 방법으로 승소판결을 받아 위 판결문을 이용하여 위 부동산을 자신의 명의로 소유권이전등기를 경료한 것이라면 갑, 을에게 위 부동산을 편취하거나 공정증서원본인 등기부에 부실의 사실을 기재케 하여 행사하려는 범의가 있었다고 볼 수 없다.[354)]

3) 미수 · 기수

본죄는 미수범을 처벌한다. 본죄의 실행의 착수시기는 공무원에 대하여 허위의 신고를 개시한 때이고,[355)] 기수시기는 공무원이 공정증서원본에 부실의 기재를 한 때 또는 특수매체기록에 부실의 기록을 한 때이다. 따라서 본죄의 미수죄는 공무원에 대하여 허위의 신고

349) 대법원 1968.4.23. 선고 68도128 제2부 판결.
350) 대법원 2009.10.15. 선고 2009도5780 판결.
351) 대법원 1996.4.26. 선고 95도2468 판결.
352) 대법원 1995.4.28. 선고 94도2679 판결.
353) 대법원 1994.11.4. 선고 93도1033 판결.
354) 대법원 1986.7.22. 선고 85도2189 판결.
355) 대법원 2009.9.24. 선고 2009도4998 판결.

를 개시하였지만 종료하지 아니한 경우, 허위의 신고를 마쳤지만 공무원이 공정증서원본에 부실의 기재 또는 기록을 개시하지 않은 경우 또는 공무원이 부실의 기재 또는 기록을 개시하였지만 그것이 완성되지 않은 경우에 인정된다.

실행의 착수를 부정한 판례의 구체적 내용은 다음과 같다. 즉,

> 피고인이 위장결혼의 당사자 및 중국 측 브로커와의 공모 하에 허위로 결혼사진을 찍고, 혼인신고에 필요한 서류를 준비하여 위장결혼의 당사자에게 건네준 것만으로는 아직 공전자기록등불실기재죄에 있어서 실행에 착수한 것으로 보기 어렵다[356]

4) 공 범

본죄의 있어서도 총칙상 공범에 관한 규정은 그대로 적용된다. 다만 본죄는 신분범이 아니기 때문에 공범과 신분에 관한 규정은 적용되지 아니한다(제33조 참조).

공범을 긍정한 판례의 구체적 내용은 다음과 같다. 즉,

> 교회가 소유하는 재산은 다른 특별한 정함이 없으면 그 교회교도의 총유에 속한다고 할 것이고 교도들이 분열되어 파쟁을 하는 경우라도 위 이치는 변할 수 없는 것이므로 피고인이 당회장 등과 공모하여 자기파 교도의 결의만으로 교회의 재산을 교회가 당회장에게 명의신탁한 것 같이 꾸며 매매를 원인으로 한 소유권이전등기를 마쳤다면 교회의 명의신탁이 없었음에도 불구하고 명의신탁이 있었던 것 같은 부실의 등기를 한 것이 명백하므로 피고인은 공정증서원본부실기재등죄의 공범에 해당한다.[357] 등기공무원이 등기를 한 때에는 그 등기부를 그 법원 또는 등기소에 비치하는 것은 등기공무원의 직무상 당연히 할 행위이므로 그 필연의 결과인 부실의 사실을 기재한 등기부 행사의 행위는 허위등기신청자가 등기공무원의 직무상 당연히 할 행위를 이용하여 간접으로 이를 실행한 것이라 할 것이고 자기가 직접 그 행위에 관여하지 아니하였다 하여 그 행위에 대한 형법상의 책임을 면할 수 없는 것이다.[358] 기류부는 행정사무의 시행을 편하게 하기 위하여 국민의 소재를 분명히 할 목적으로 본적 이외의 주소 또는 거소를 등록하는 공부로서 형법 제228조 제1항에 소위 공정증서 원본에 해당한다 할 것이고 또 범죄사실의 인식없는 타인을 이용하여 범죄를 실행케 한 자는 법률상 직접 공동정범으로 논할수 없다 하여도 간접 정범으로서 단독으로 그 죄책을 부담함이 당연하다 할 것이다.[359]

(3) 위법성조각사유

본죄에 있어서도 위법성조각사유가 존재하는 경우에는 위법성의 조각된다. 다만 본죄가 성립한 후 사후에 피해자의 동의 또는 추인 등의 사정으로 문서에 기재된 대로 효과의 승인을 받거나, 등기가 실체적 권리관계에 부합하게 되었다 하더라도 이미 성립한 범죄에는 아무런 영향이 없다.[360]

---

356) 대법원 2009.9.24. 선고 2009도4998 판결.
357) 대법원 1991.4.23. 선고 91도276 판결.
358) 대법원 1965.12.21. 선고 65도938 판결.
359) 대법원 1960.1.30. 선고 4292형상817 판결; 단기 1953년 형상 제39호 단기 1955년 2월 25일 대법원 판결.
360) 대법원 2007.6.28. 선고 2007도2714 판결; 대법원 2001.11.9. 선고 2001도3959 판결; 대법원 1999.5.14. 선고 99도202 판결; 대법원 1998.4.14. 선고 98도16 판결; 대법원 1983.6.28. 선고 82도1823 판결.

한편 판례에 의하면 본죄의 구성요건해당성이 조각되는 경우도 인정되고 있다. 대법원은 "부동산에 관하여 경료된 소유권이전등기나 보존등기가 절차상 하자가 있거나 등기원인이 실제와 다르다 하더라도 그 등기가 실체적 권리관계에 부합하는 유효한 등기인 경우에는 공정증서원본부실기재, 동행사죄의 구성요건해당성이 없게 된다"고 판시한 바 있다.[361)]

위법성조각을 부정한 판례의 구체적 내용은 다음과 같다. 즉,

가사 피고인이 주장하는 바와 같이 공소외인이 1995.3.2. 부동산매매계약서 특약란에 피고인이 이 사건 건물 4세대 전체에 대한 공소외인 지분을 이전한 것에 대하여 이의 없음을 확인한다는 내용으로 기재하고 서명날인 하였다 하더라도 이미 성립한 범죄에는 아무런 영향이 없다 할 것이므로 이와 같은 취지에서 피고인에 대하여 유죄를 인정한 원심의 판단은 정당하다.[362)] 소유권이전등기가 절차상 하자가 있거나 등기원인이 실제와 다르다 하더라도 그 등기가 실체적 권리관계에 부합하게 하기 위한 것이거나 실체적 권리관계에 부합하는 유효한 등기인 경우에는 공정증서원본불실기재 및 동행사죄가 성립되지 않는다고 할 것이나, 이는 소유권이전등기 경료 당시를 기준으로 그 등기가 실체권리관계에 부합하여 유효한 경우에 한정되는 것이고, 등기 경료 당시에는 실체권리관계에 부합하지 아니한 등기인 경우에는 사후에 이해관계인들의 동의 또는 추인 등의 사정으로 실체권리관계에 부합하게 된다 하더라도 공정증서원본불실기재 및 동행사죄의 성립에는 아무런 영향이 없다.[363)] 피고인 1은 소외 **건설주식회사의 대표이사직에서 사임한 후 공소외 1이 그 대표이사로 등기부상에 등재되었음에도 불구하고 마치 동 피고인이 그 대표이사인양 자격을 모용하여 위조한 대표이사 직인을 사용하여 위 소외회사의 주주총회 이사록을 작성하고 이를 행사하여 동 피고인을 위 소외회사의 대표이사로 등기부상에 등재한 사실을 적법하게 확정한 다음, 소외 ***을 대표이사로 선임한 위 소외회사의 주주총회 결의가 소론과 같이 부존재 내지 무효라 하더라도 상법 소정의 소송절차에 의하여 그 효력을 배제함이 없이 동 피고인이 임의로 작성한 위 주주총회 의사록을 행사하여 동 피고인을 위 소외회사의 대표이사로 등기부상 등재한 행위는 정당행위로 볼 수 없다.[364)]

(4) 죄 수

공무원이 아닌 자가 허위의공문서위조의 간접정범이 되는 때에는 본죄의 경우 외에는 처벌하지 아니 한다[365)] 본죄 중 면허증 등 부실기재죄와 여권법 위반죄는 상상적 경합범으로 보아야 한다.[366)] 1개의 행위가 여권부정수급 및 여권불실기재 등의 수개의 죄에 해당하는 경우에는 상상적 경합범으로 보아야 한다.[367)]

2. 면허증 등 부실기재죄

본죄는 공무원에 대하여 허위신고를 하여 면허증, 허가증, 등록증 또는 여권에 부실의

361) 대법원 2000.3.24. 선고 98도105 판결; 대법원 1990.9.28. 선고 90도427 판결.
362) 대법원 2007.6.28. 선고 2007도2714 판결.
363) 대법원 1998.4.14. 선고 98도16 판결.
364) 대법원 1987.2.10. 선고 86도2524 판결.
365) 대법원 1962.1.31. 선고 4294형상595 판결.
366) 대법원 1974.4.9. 선고 73도2334 판결.
367) 대법원 1970.7.28. 선고 70도837 판결.

사실을 기재하게 함으로써 성립한다(제228조 제2항).

본죄의 객체는 면허증, 허가증, 등록증 또는 여권이다. 면허증(免許證)이란 특정인에 대하여 일정한 행위를 행할 권리를 부여하는 공무소 또는 공무원이 작성한 증명서를 말한다. 등록증(登錄證)은 공무원이 작성한 모든 등록증을 말하는 것이 아니라, 일정한 자격이나 요건을 갖춘 자에게 그 자격이나 요건에 상응한 활동을 할 수 있는 권능 등을 인정하기 위하여 공무원이 작성한 증서를 말한다.[368] 판례에 의하면 사업자등록증은 단순한 사업사실의 등록을 증명하는 증서에 불과하고 그에 의하여 사업을 할 수 있는 자격이나 요건을 갖추었음을 인정하는 것은 아니라고 할 것이어서 본죄에 정한 등록증에 해당하지 않는다.[369]

본죄의 실행행위는 부실의 사실을 기재하게 하는 것이다. 공무원에 대하여 허위신고를 하여 부실의 사실을 기재하게 하는 것이다.

Ⅲ. 처 벌

본죄 중 공정증서원본 등 부실기재죄의 법정형은 5년 이하의 징역 또는 1천만원 이하의 벌금이고, 면허증 등 부실기재죄의 법정형은 3년 이하의 징역 또는 700만원 이하의 벌금이다. 본죄의 미수범은 처벌된다.

§7. 위조 등 공문서의 행사죄

제229조(위조등 공문서의 행사) 제225조 내지 제228조의 죄에 의하여 만들어진 문서, 도화, 전자기록등 특수매체기록, 공정증서원본, 면허증, 허가증, 등록증 또는 여권을 행사한 자는 그 각 죄에 정한 형에 처한다.

제235조(미수범) 제225조 내지 제234조의 미수범은 처벌한다.

제237조의2(복사문서등) 이 장의 죄에 있어서 전자복사기, 모사전송기 기타 이와 유사한 기기를 사용하여 복사한 문서 또는 도화의 사본도 문서 또는 도화로 본다.

제5조(외국인의 국외범) 본법은 대한민국영역외에서 다음에 기재한 죄를 범한 외국인에게 적용한다.
6. 문서에 관한 죄중 제225조 내지 제230조

Ⅰ. 서 설

본죄는 공문서 등의 위조·변조죄(제225조), 자격모용에 의한 공문서 등의 작성죄(제226조), 허위공문서작성 등 죄(제227조), 공전자기록 위작·변작죄(제227조의2) 및 공정증서원본 등의 부실기재죄(제228조)에 의하여 만들어진 문서, 도화, 전자기록 등 특수매체기록, 공정증서원본, 면허증, 허가증, 등록증 또는 여권을 행사함으로써 성립한다.

---

368) 대법원 2005.7.15. 선고 2003도6934 판결.
369) 대법원 2005.7.15. 선고 2003도6934 판결.

Ⅱ. 범 죄

1. 객관적 구성요건

(1) 객 체

본죄의 객체는 성립이 진정하지 않거나 내용이 진실하지 않은 문서, 도화, 전자기록 등 특수매체기록, 공정증서원본, 면허증, 허가증, 등록증 또는 여권에 한한다. 본죄는 객체의 성질에 따라 위조·변조된 공문서 등의 행사죄, 자격모용에 의하여 작성된 공문서 등의 행사죄, 허위로 작성된 공문서 등의 행사죄, 위작·변작된 공전자기록 행사죄 및 부실기재된 공정증서원본 등의 행사죄로 나누어질 수 있다. 본죄의 객체는 반드시 행사의 목적을 가지고 만들어졌을 것을 요하지 않는다. 각각의 객체에 대하여는 이미 전술한 바 있다.

(2) 행 위

본죄의 실행행위는 행사이다. 행사(行使)란 본죄의 객체를 성립이 진정하거나 내용이 진실한 것처럼 사용하는 것을 말한다. 본래의 용도에 따른 사용인가는 묻지 않는다. 증거물로 제출하거나 견본으로 제시하는 것은 사용에 해당하지 않는다.

행사의 방법에 있어서 허위공문서를 관청에 비치하는 것만으로도 허위공문서의 행사에 해당한다.[370] 위조, 변조, 허위작성된 문서의 행사죄는 이와 같은 문서를 진정한 것 또는 그 내용이 진실한 것으로 각 사용하는 것을 말하는 것이므로, 그 문서가 위조, 변조, 허위작성되었다는 정을 아는 공범자 등에게 제시, 교부하는 경우 등에 있어서는 행사죄가 성립할 여지가 없다.[371] 그러나 간접정범을 통한 위조문서행사범행에 있어 도구로 이용된 자라고 하더라고 문서가 위조된 것임을 알지 못하는 자에게 행사한 경우에는 위조문서행사죄가 성립한다.[372]

행사의 상대방에 대하여는 법문상 특별한 제한은 없다. 행사는 문서에 대한 공공의 신용을 해하는 위험을 발생시키는 행위이기 때문에 이와 같은 위험이 발생하는 것이 있는 한 행사의 상대방으로 될 수 있다. 대법원도 "위조문서행사죄에 있어서의 행사는 위조된 문서를 진정한 것으로 사용함으로써 문서에 대한 공공의 신용을 해칠 우려가 있는 행위를 말하므로, 행사의 상대방에는 아무런 제한이 없고 위조된 문서의 작성 명의인이라고 하여 행사의 상대방이 될 수 없는 것은 아니다"라고 판시한 바 있다.[373]

행사를 긍정한 판례의 구체적 내용은 다음과 같다. 즉,

> 피고인이 위조·변조한 공문서의 이미지 파일을 갑 등에게 이메일로 송부하여 프린터로 출력하게 함으로써 '행사'하였다는 내용으로 기소되었는데, 갑 등은 출력 당시 위 파일이 위조된 것임을 알지 못한 사안에서, 피고인의 행위가 위조·변조공문서행사죄를 구성한다고 보아야 하는데도,

---

370) 대법원 1989.12.12. 선고 89도1253 판결.

371) 대법원 2012.2.23. 선고 2011도14441 판결; 대법원 2005.1.28. 선고 2004도4663 판결; 대법원 1986.2.25. 선고 85도2798 판결.

372) 대법원 2012.2.23. 선고 2011도14441 판결.

373) 대법원 2005.1.28. 선고 2004도4663 판결; 대법원 1986.2.25. 선고 85도2798 판결.

이와 달리 보아 무죄를 선고한 원심판결에 법리오해의 위법이 있다.[374] 영수필 통지서의 하단에 찍는 소인은, 원형의 고무인이 3단으로 나뉘어 상단에는 "소인", 하단에는 "피고인 1"이라고 새겨져 있고, 가운데에는 일자란이 있어 그때그때 일자를 바꾸어 가면서 사용할 수 있도록 만들어진 것임을 알 수 있는바, 앞서 살펴 본 북구청 세무과에서의 사무처리과정이나 피고인 1 등의 범행경위 등에 비추어 볼 때, 위와 같은 소인을 영수필 통지서에 날인하는 의미는, 은행 등 수납기관으로부터 그 수납기관에 세금이 정상적으로 입금되었다는 취지의 영수필 통지서가 송부되어 와서 이에 기하여 수납부 정리까지 마쳤으므로 이제 그 영수필 통지서는 보관하면 된다는 점을 확인함에 있다 할 것으로서, 이러한 의미는 "소인"이라고 새겨진 부분에 함축되어 있다고 볼 것이다.소인이 가지는 의미가 위와 같은 것이라면 이는 하나의 문서로 보아야 할 것이고, 이를 가리켜 소론과 같이 단순한 표시 내지 기호에 불과하다 할 수는 없으며, 이 사건 영수필 통지서는 수납기관에서 정상적으로 송부되어 온 것이 아니라 피고인 1 자신이 위조한 것이어서 이에 기하여 수납부를 정리할 수 없는데도 거기에 직접 또는 그 정을 모르는 직원을 통하여 소인을 함으로써 마치 수납기관에서 정상적으로 송부되어 온 영수필 통지서에 기하여 수납부 정리를 마친 것처럼 나타낸 것은 그 표시된 내용과 진실이 부합하지 아니하여 허위라 할 것이므로, 결국 세무1계장으로서 수납부 정리 및 소인을 담당하여 온 피고인 1이 위와 같이 영수필 통지서에 소인을 한 다음 집계가 마감된 세무과 보관의 영수증철에 편철하여 둔 것은 공무원이 그 직무에 관한 허위의 문서를 작성하여 행사한 것에 다름 없다 할 것이다.[375] 공사현장감독은 부실공사를 예방하기 위하여 공사가 설계 및 시방서에 따라 시행되는지 여부를 확인함에 그 목적이 있고, 공사감독일지는 그 감독상황을 확인하는데 작성의 의의가 있다고 할 것이니, 이 사건 공사감독일지는 피고인이 공사감독관의 지위에서 직무상 작성하는 문서로서 당해 관할관청에 비치하여야 할 공문서라 할 것이고, 단순히 피고인이 그 직무를 수행함에 있어 참작할 문서에 불과하다고 볼 수는 없다 할 것이다. 따라서, 피고인이 행사의 목적으로 공문서인 이 사건 공사감독일지를 작성하고, 이를 충청남도 도로과 사무실에 비치함으로써 행사하였다고 인정한 제1심판결을 유지한 원심의 조치는 옳고 거기에 지적하는 바와 같은 공사감독일지의 성질이나 허위공문서작성 및 행사죄에 관한 법리오해의 위법이 있다 할 수 없으니 논지는 이유없다.[376] 공무원이 청탁에 의하여 허위공문서를 작성 발행한 경우에는 수교자가 필요시 필요로 하는 상대방에게 진정한 공문서로 행사하리라는 정을 알고 있었다고 볼 것이므로 수교자가 동 허위공문서를 행사하였을 때에는 발행자는 허위공문서행사죄의 죄책을 면할 수 없다.[377]

행사를 부정한 판례의 구체적 내용은 다음과 같다. 즉,

가정법원의 서기관 등이 이혼의사확인서등본을 작성한 뒤 이를 이혼의사확인신청 당사자 쌍방에게 교부하면서 이혼신고서를 확인서등본 뒤에 첨부하여 그 직인을 간인하였다고 하더라도, 그러한 사정만으로 이혼신고서가 공문서인 이혼의사확인서등본의 일부가 되었다고 볼 수 없다. 따라서 당사자가 이혼의사확인서등본과 간인으로 연결된 이혼신고서를 떼어내고 원래 이혼신고서의 내용과는 다른 이혼신고서를 작성하여 이혼의사확인서등본과 함께 호적관서에 제출하였다고 하더라도, 공문서인 이혼의사확인서등본을 변조하였다거나 변조된 이혼의사확인서등본을 행사하였다고 할

374) 대법원 2012.2.23. 선고 2011도14441 판결.
375) 대법원 1995.9.5. 선고 95도1269 판결.
376) 대법원 1989.12.12. 선고 89도1253 판결.
377) 대법원 1969.5.13. 선고 69도535 판결.

수 없다.[378] 위 각 조항에서 규정한 '공정증서원본'에는 공정증서의 정본이 포함된다고 볼 수 없으므로 부실의 사실이 기재된 공정증서의 정본을 그 정을 모르는 법원 직원에게 교부한 행위는 형법 제229조의 부실기재공정증서원본행사죄에 해당하지 아니한다.[379] 피고인은 공소외 박명불상자로부터 1건당 금 1,000,000원을 주겠다는 조건으로 가공인물 또는 철거대상지역에 실제로 거주하지 아니하는 사람 등을 철거대상 무허가 건물의 소유자인 것처럼 꾸며 철거보조금지급신청 및 서울특별시건립 공동주택입주신청에 필요한 철거확인원, 인감증명서, 주민등록표 등을 위조하여 공범관계에 있는 공소외 박명불상인에게 교부하였다는 것이므로 이는 위 문서 등이 위조 또는 허위 작성된 것이라는 것을 아는 위 공소외인에게 교부한 것으로 행사죄가 성립할 여지가 없다.[380] 피고인이 부가가치세 부정환급을 받기 위해 제출행사한 위조공문서나 위조사문서가 모두 사본이었고 원본대조에 관한 담당공무원의 날인이 있는 것도 실제로는 대조를 한 바 없이 허위의 인증을 한 것이라면 원본을 제출행사하였다는 증명이 없으므로 위조공문서 및 위조사문서행사죄를 구성하지 아니한다.[381]

2. 주관적 구성요건

본죄는 고의범이다. 행사의 목적으로 요하는 목적범은 아니다. 본죄의 고의는 인식적 요소로서 객체와 그의 행사의 사실에 대한 인식을 요한다. 따라서 본죄의 고의는 성립이 진정하지 않거나 내용이 진실하지 않은 문서, 도화, 전자기록 등 특수매체기록, 공정증서원본, 면허증, 허가증, 등록증 또는 여권이라는 사실과 성립이 진정하거나 내용이 진실한 것으로 사용한다는 사실에 대한 인식을 요한다.

3. 미수 · 기수

본죄는 미수범을 처벌한다. 행사의 상대방이 인식할 수 있는 상태에 놓이는 때에 기수에 달한다. 우송시에는 도달시에 기수에 이른다. 대법원도 "위조사문서의 행사는 상대방으로 하여금 위조된 문서를 인식할 수 있는 상태에 둠으로써 기수가 되고 상대방이 실제로 그 내용을 인식하여야 하는 것은 아니므로, 위조된 문서를 우송한 경우에는 그 문서가 상대방에게 도달한 때에 기수가 되고 상대방이 실제로 그 문서를 보아야 하는 것은 아니다"라고 판시한 바 있다.[382]

Ⅲ. 처 벌

본죄의 법정형은 그 각 죄에 정한 형과 같다. 위조 · 변조된 공문서 등의 행사죄는 10년 이하의 징역, 자격모용에 의하여 작성된 공문서 등의 행사죄는 10년 이하의 징역, 허위로 작성된 공문서 등의 행사죄는 7년 이하의 징역 또는 2천만원 이하의 벌금, 위작 · 변작된

378) 대법원 2009.1.30. 선고 2006도7777 판결.
379) 대법원 2002.3.26. 선고 2001도6503 판결.
380) 대법원 1986.2.25. 선고 85도2798 판결.
381) 대법원 1984.2.14. 선고 82도2812 판결.
382) 대법원 2005.1.28. 선고 2004도4663 판결.

공전자기록 행사죄는 10년 이하의 징역이다. 또 부실기재된 공정증서원본 등의 행사죄 중 공정증서원본 등 부실기재죄는 5년 이하의 징역 또는 1천만원 이하의 벌금이고, 면허증 등 부실기재죄는 3년 이하의 징역 또는 700만원 이하의 벌금이다. 본죄의 미수범은 처벌된다.

§8. 공문서 등의 부정행사죄

제230조(공문서 등의 부정행사) 공무원 또는 공무소의 문서 또는 도화를 부정행사한 자는 2년 이하의 징역이나 금고 또는 500만원 이하의 벌금에 처한다.

제235조(미수범) 제225조 내지 제234조의 미수범은 처벌한다.

제237조의2(복사문서등) 이 장의 죄에 있어서 전자복사기, 모사전송기 기타 이와 유사한 기기를 사용하여 복사한 문서 또는 도화의 사본도 문서 또는 도화로 본다.

제5조(외국인의 국외범) 본법은 대한민국영역외에서 다음에 기재한 죄를 범한 외국인에게 적용한다.
6. 문서에 관한 죄중 제225조 내지 제230조

Ⅰ. 서 설

본죄는 공무원 또는 공무소의 문서 또는 도화를 부정행사함으로써 성립한다. 본죄는 진정하게 성립하거나 진실한 내용의 공문서 또는 공도화이지만, 그 행사방법이 부정한 경우를 처벌하기 위한 범죄이다.

Ⅱ. 범 죄

1. 객관적 구성요건

(1) 객 체

본죄의 객체는 공무원 또는 공무소의 문서 또는 도화이다. 문서 또는 도화의 개념에 관하여는 이미 공문서 등의 위조·변조죄 등에서 전술한 바 있다. 다만 본죄에서의 문서 또는 도화는 성립이 진정하거나 내용이 진실한 문서 또는 도화라는 점에서 공문서 등의 위조·변조죄 등에서 말하는 그것과 구별된다.

(2) 행 위

본죄의 실행행위는 부정행사이다. 부정행사(不正行使)란 권한자의 용도내의 사용을 제외한 나머지 경우의 사용를 말한다. 따라서 무권한자의 용도 내·외의 사용 일체와 권한자의 용도 외의 사용만이 부정행사에 포함된다고 해석된다. 다만 권한자의 용도 외의 사용에 대하여는 부정사용에 해당한다는 긍정설과 해당하지 않는다는 부정설이 대립하고 있다. 판례는 긍정설의 입장에 서 있다.

판례에 의하면 공문서부정행사죄는 사용권한자와 용도가 특정되어 작성된 공문서 또는 공도화를 사용권한 없는 자가 사용권한이 있는 것처럼 가장하여 부정한 목적으로 행사하거나 또는 권한 있는 자라도 정당한 용법에 반하여 부정하게 행사하는 경우에 성립된다.[383)]

사용권한자와 용도가 특정되어 있는 공문서를 사용권한 없는 자가 사용한 경우에도 그 공문서 본래의 용도에 따른 사용이 아닌 경우에는 공문서부정행사죄가 성립되지 아니한다.[384] 사용목적이 특정된 공문서의 경우에 그 사용명의자 아닌 자가 그 사용명의자인 것으로 가장하여 그 사용목적에 따른 행사를 하여야 성립한다.[385] 따라서 타인 명의의 운전면허증을 습득하여 소지하고 있다가 경찰관 등으로부터 제시 요구를 받고 신분확인을 위하여 이를 제시하는 행위는 그 사용목적에 따른 제시행위라고 할 수 없어 공문서부정행사죄에 해당하지 아니한다[386] 부정행사를 긍정한 판례의 구체적 내용은 다음과 같다. 즉,

운전면허증은 운전면허를 받은 사람이 운전면허시험에 합격하여 자동차의 운전이 허락된 사람임을 증명하는 공문서로서, 운전면허증에 표시된 사람이 운전면허시험에 합격한 사람이라는 '자격증명'과 이를 지니고 있으면서 내보이는 사람이 바로 그 사람이라는 '동일인증명'의 기능을 동시에 가지고 있다. 운전면허증의 앞면에는 운전면허를 받은 사람의 성명 · 주민등록번호 · 주소가 기재되고 사진이 첨부되며 뒷면에는 기재사항의 변경내용이 기재될 뿐만 아니라, 정기적으로 반드시 갱신교부되도록 하고 있어, 운전면허증은 운전면허를 받은 사람의 동일성 및 신분을 증명하기에 충분하고 그 기재 내용의 진실성도 담보되어 있다. 그럼에도 불구하고 운전면허증을 제시한 행위에 있어 동일인증명의 측면은 도외시하고, 그 사용목적이 자격증명으로만 한정되어 있다고 해석하는 것은 합리성이 없다. 인감증명법상 인감신고인 본인 확인, 공직선거및선거부정방지법상 선거인 본인 확인, 부동산등기법상 등기의무자 본인 확인 등 여러 법령에 의한 신분 확인절차에서도 운전면허증은 신분증명서의 하나로 인정되고 있다. 또한 주민등록법 자체도 주민등록증이 원칙적인 신분증명서이지만, 주민등록증을 제시하지 아니한 사람에 대하여 신원을 증명하는 증표나 기타 방법에 의하여 신분을 확인하도록 규정하는 등으로 다른 문서의 신분증명서로서의 기능을 예상하고 있다. 한편 우리 사회에서 운전면허증을 발급받을 수 있는 연령의 사람들 중 절반 이상이 운전면허증을 가지고 있고, 특히 경제활동에 종사하는 사람들의 경우에는 그 비율이 훨씬 더 이를 앞지르고 있으며, 금융기관과의 거래에 있어서도 운전면허증에 의한 실명확인이 인정되고 있는 등 현실적으로 운전면허증은 주민등록증과 대등한 신분증명서로 널리 사용되고 있다. 따라서, 제3자로부터 신분확인을 위하여 신분증명서의 제시를 요구받고 다른 사람의 운전면허증을 제시한 행위는 그 사용목적에 따른 행사로서 공문서부정행사죄에 해당한다고 보는 것이 옳다.[387] 자동차운전면허증은 운전면허시험에 합격하여 자동차의 운전이 허락된 자임을 증명하는 공문서로서 운전중에 휴대하도록 되어 있고, 자동차대여약관상 대여회사는 운전면허증 미소지자에게는 자동차 대여를 거절할 수 있도록 되어 있으므로, 자동차를 임차하려는 피고인들이 자동차 대여업체의 담당직원들로부터 임차할 자동차의 운전에 필요한 운전면허가 있고 또 운전면허증을 소지하고 있는지를 확인하기 위한 운전면허증의 제시 요구를 받자 타인의 운전면허증을 소지하고 있음을 기화로 자신이 타인의 자동차운전면허를 받은 사람들인 것처럼 행세하면서 자동차 대여업체의 직원들에게 이를 제시한

383) 대법원 1999.5.14. 선고 99도206 판결; 대법원 1998.8.21. 선고 98도1701 판결; 대법원 1993.5.11. 선고 93도127 판결; 대법원 1984.2.28. 선고 82도2851 판결; 대법원 1983.6.28. 선고 82도1985 판결; 대법원 1982.9.28. 선고 82도1297 판결; 대법원 1981.12.8. 선고 81도1130 판결; 대법원 1974.7.9. 선고 74도1695 판결.

384) 대법원 2003.2.26. 선고 2002도4935 판결.

385) 대법원 1991.7.12. 선고 91도1052 판결; 대법원 1974.7.9. 선고 74도1695 판결.

386) 대법원 1998.8.21. 선고 98도1701 판결; 대법원 1996.10.11. 선고 96도1733 판결.

387) 대법원 2001.4.19. 선고 2000도1985 전원합의체 판결(다수의견).

것이라면, 피고인들의 위와 같은 행위는 단순히 신분확인을 위한 것이라고는 할 수 없고, 이는 운전면허증을 사용권한이 없는 자가 사용권한이 있는 것처럼 가장하여 부정한 목적으로 사용한 것이기는 하나 운전면허증의 본래의 용도에 따른 사용행위라고 할 것이므로 공문서부정행사죄에 해당한다.[388] 피고인이 공소외 (갑)인 양 허위신고하여 피고인의 사진과 지문이 찍힌 공소외(갑)명의의 주민등록증을 발급받은 이상 주민등록증의 발행목적상 피고인에게 위 주민등록증에 부착된 사진의 인물이 공소외 (갑)의 신원 상황을 가진 사람이라는 허위사실을 증명하는 용도로 이를 사용할 수 있는 권한이 없다는 사실을 인식하고 있었다고도 할 것이므로 이를 검문경찰관에게 제시하여 이러한 허위사실을 증명하는 용도로 사용한 것은 공문서 부정행사죄를 구성한다.[389]

부정행사를 부정한 판례의 구체적 내용은 다음과 같다. 즉,

주민등록법 제17조의8 제1항, 제2항, 제17조의9 제1항 등에 의하면, 주민등록증은 시장 · 군수 또는 구청장이 관할구역 안에 주민등록이 된 자 중 17세 이상의 자에 대하여 주민의 성명, 사진, 주민등록번호, 주소, 지문 등을 수록하여 발급하는 문서로서 국가기관 · 지방자치단체 · 공공단체 · 사회단체 · 기업체 등에서 그 업무를 수행함에 있어 대상자의 신분을 확인하기 위하여 사용할 수 있도록 한 것이므로, 기록에 의하여 알 수 있는 바와 같이 피고인이 이동전화기대리점 직원에게 기왕에 습득한 김**의 주민등록증을 내보이고 김**이 피고인의 어머니인데 어머니의 허락을 받았다고 속여 동인의 이름으로 이동전화 가입신청을 하거나, 습득한 강**의 주민등록증을 내보이면서 강**이 피고인의 누나인데 이동전화기를 구해오라고 하였다고 속이고 피고인의 이름을 가명으로 하여 이동전화 가입신청을 하면서 그 때마다 이동전화기를 교부받았다고 하더라도, 피고인이 김** 또는 강**의 주민등록증을 사용한 것이 타인의 주민등록증을 그 본래의 사용용도인 신분확인용으로 사용한 것이라고 볼 수 없어 공문서부정행사죄가 성립하지 아니한다.[390] 선박법 제8조 제2항, 제10조, 선박법 시행규칙 제11조 제1항, 제12조, 선박안전법 제8조 제2항, 제17조 제1항, 제2항 등 관계 법령의 규정에 의하면, 선박국적증서는 한국선박으로서 등록하는 때에 선박번호, 국제해사기구에서 부여한 선박식별번호, 호출부호, 선박의 종류, 명칭, 선적항 등을 수록하여 발급하는 문서이고, 선박검사증서는 선박정기검사 등에 합격한 선박에 대하여 항해구역 · 최대승선인원 및 만재흘수선의 위치 등을 수록하여 발급하는 문서이다. 위 각 문서는 당해 선박이 한국선박임을 증명하고, 법률상 항행할 수 있는 자격이 있음을 증명하기 위하여 선박소유자에게 교부되어 사용되는 것이다. 따라서 어떤 선박이 사고를 낸 것처럼 허위로 사고신고를 하면서 그 선박의 선박국적증서와 선박검사증서를 함께 제출하였다고 하더라도, 선박국적증서와 선박검사증서는 위 선박의 국적과 항행할 수 있는 자격을 증명하기 위한 용도로 사용된 것일 뿐 그 본래의 용도를 벗어나 행사된 것으로 보기는 어려우므로, 이와 같은 행위는 공문서부정행사죄에 해당하지 않는다.[391] 도로교통법 제68조, 제69조, 제77조의 각 규정에 의하면, 운전면허증은 운전면허시험에 합격하여 자동차의 운전이 허락된 자임을 증명하는 공문서로서, 자동차를 운전하는 때에 이를 휴대하고 운전 중에 경찰공무원으로부터 그 제시를 요구받으면 이를 제시하여 자동차의 운전이 허가된 자임을 증명하도록 그 사용목적이 특정되어 있으며, 그 소지자의 인적사항의 확인에 있는 것은 아니므로, 이동전화기를 구입하면서 점포 직원으로부터 인적사항을 확인하기 위하여 신분증의 제시를 요구받고 소

388) 대법원 1998.8.21. 선고 98도1701 판결.
389) 대법원 1982.9.28. 선고 82도1297 판결.
390) 대법원 2003.2.26. 선고 2002도4935 판결.
391) 대법원 2009.2.26. 선고 2008도10851 판결.

지하고 있던 타인의 운전면허증을 제시한 행위는 타인의 운전면허증을 그 사용용도에 따라 행사한 것이라고 할 수 없어 형법 제230조 소정의 공문서부정행사죄가 성립되지 아니한다.[392] 주민등록표등본은 시장 · 군수 또는 구청장이 주민의 성명, 주소, 성별, 생년월일, 세대주와의 관계 등 주민등록법 소정의 주민등록사항이 기재된 개인별 · 세대별 주민등록표의 기재 내용 그대로를 인증하여 사본 · 교부하는 문서로서 그 사용권한자가 특정되어 있다고 할 수 없고, 또 용도도 다양하며, 반드시 본인이나 세대원만이 사용할 수 있는 것이 아니므로(주민등록법 제18조 제2항의 규정에 의하면, 주민등록표등본의 교부신청은 본인 및 세대원뿐만 아니라 공무상 필요한 경우나 관계 법령에 의한 소송 · 비송사건 · 경매목적 수행상 필요한 경우 기타 대통령령이 정하는 경우에는 제3자도 할 수 있도록 되어 있다), 타인의 주민등록표등본을 그와 아무런 관련 없는 사람이 마치 자신의 것인 것처럼 행사하였다고 하더라도 공문서부정행사죄가 성립되지 아니한다.[393] 주차위반 신고된 차량이 도난차량임을 확인한 경찰관이 근처에서 기다리고 있다가, 피고인이 그 차량에 탑승하려는 순간 그를 인근 식당으로 불러들여 신분확인을 위하여 운전면허증 제시를 요구한 사안에서, 도로교통법 제68조, 제77조의 각 규정에 의하면 운전면허증은 운전면허시험 합격증명서로서 자동차를 운전하는 때에는 이를 휴대하여야 하고, 경찰공무원으로부터 그 제시를 요구받은 때에는 이를 제시하도록 그 사용목적이 특정되어 있으므로, 피고인이 타인 명의의 운전면허증을 습득하여 소지하고 있다가 경찰관으로부터 제시 요구를 받고 신분확인을 위하여 이를 제시한 것이라면, 이와 같은 운전면허증의 제시행위는 그 사용목적에 따른 제시행위라고 할 수 없어 형법 제230조가 규정한 공문서부정행사죄에 해당하지 아니한다.[394] 신원증명서는 금치산 또는 한정치산의 선고를 받고 취소되지 않은 사실의 해당 여부를 증명하는 문서로서 사용권한자가 특정되어 있다고 할 수 없고 또 용도도 다양하며 반드시 피증명인만이 사용할 수 있는 것이 아니므로 문서상의 피증명인의 의사에 의하지 아니하고 사용하였다 하더라도 그것이 문서 본래의 취지에 따른 용도에 합치되는 이상 공문서부정행사죄는 성립되지 아니한다.[395] 운전면허증의 본래의 사용목적은 자동차를 운전할 때에 이를 지니고 있어야 하고, 운전중에 경찰공무원으로부터 제시를 요구받은 때에 이를 제시하는데 있는 것일 뿐 그 소지자의 신분의 동일성을 증명하는데 있는 것은 아니므로, 피고인이 전당포 주인으로부터 신분의 확인을 위해 주민등록증의 제시를 요구받고 운전면허증을 제시한 행위는 운전면허증의 사용목적에 따른 행사라고 할 수는 없어 공문서부정사용죄가 성립하지 않는다.[396] 도로교통법 제68조, 제69조, 제77조의 각 규정에 의하면 운전면허증은 운전면허시험에 합격하여 자동차의 운전이 허락된 자임을 증명하는 공문서로서 그 본래의 사용용도가 운전중에 경찰공무원으로부터 그 제시를 요구받으면 이를 제시하여 자동차의 운전이 허가된 자임을 증명하도록 그 사용목적이 특정되어 있으며 그 소지자의 인적사항의 확인에 있는 것은 아니라 할 것인바, 피고인이 파출소에서 조사를 받음에 있어 담당 순경으로부터 인적사항의 확인을 위한 주민등록증의 제시를 요구받고 소지하고 있던 형의 운전면허증을 제시한 소위는 그 사용용도에 따른 행사라고 할 수 없어 형법 제230조 소정의 공문서부정행사죄가 성립되지 않는다.[397] 피고인이 우시장중개인 박**로부터 신분확인을 위해 주민등록증의 제시를 요구받고 피고인이 습득한 유** 명의의 이 사건

392) 대법원 2000.2.11. 선고 99도1237 판결; 대법원 1996.10.11. 선고 96도1733 판결; 대법원 1991.5.28. 선고 90도1877 판결; 대법원 1989.3.28. 선고 88도1593 판결.

393) 대법원 1999.5.14. 선고 99도206 판결.

394) 대법원 1996.10.11. 선고 96도1733 판결; 대법원 1991.5.28. 선고 90도1877 판결.

395) 대법원 1993.5.11. 선고 93도127 판결.

396) 대법원 1991.7.12. 선고 91도1052 판결; 대법원 1989.3.28. 선고 88도1593 판결.

397) 대법원 1991.5.28. 선고 90도1877 판결; 대법원 1989.3.28. 선고 88다카1593 판결.

운전면허증을 제시한 소위는 그 사용목적에 따른 행사라고 할 수 없으므로 형법 제230조 소정의 공문서 부정행사죄가 성립하지 않는다 할 것이다.[398] 화해조서 갱정결정신청 기각결정문을 화해조서정본인 것처럼 등기서류로 제출행사하였다고 하더라도 공문서부정행사죄는 성립하지 아니한다.[399] 인감증명서와 같이 사용권한자가 특정되어 있지도 않고 그 용도도 다양한 공문서는 그 명의자 아닌 자가 그 명의자의 의사에 반하여 함부로 행사하더라도 문서 본래의 취지에 따른 용도에 합치된다면 공문서등 부정행사죄는 성립되지 않는다.[400] 인감증명서나 등기필증과 같이 사용권한자가 특정되어 있는 것도 아니고 그 용도도 다양한 공문서는 설사 그 문서와 아무 관련 없는 사람이 문서상의 명의인인 양 가장하여 이를 행사하였다 하더라도 공문서부정행사죄가 성립되지 아니한다.[401] 인감증명서와 같이 그 용도가 다양할 경우에는 그 사용명의자 아닌자가 그 명의자의 의사에 반하여 함부로 행사하더라도 문서 본래의 취지에 따른 용도에 합치된다면 위 죄는 성립할 수 없다.[402]

2. 주관적 구성요건

본죄는 고의범이다. 본죄는 목적범이 아니다. 부정행사는 목적이 아니라 실행행위의 태양이다.

3. 미수 · 기수

본죄는 미수범을 처벌한다. 부정행사의 상대방이 인식할 수 있는 상태에 놓이는 때에 기수에 달한다고 해석된다. 이는 전술한 위조 등 공문서의 행사죄에서와 같은 근거에서 찾을 수 있다.

Ⅲ. 처 벌

본죄의 법정형은 2년 이하의 징역이나 금고 또는 500만원 이하의 벌금이다. 본죄의 미수범은 처벌된다.

§9. 사문서 등의 위조 · 변조죄

제231조(사문서등의 위조 · 변조) 행사할 목적으로 권리 · 의무 또는 사실증명에 관한 타인의 문서 또는 도화를 위조 또는 변조한 자는 5년 이하의 징역 또는 1천만원 이하의 벌금에 처한다.

제235조(미수범) 제225조 내지 제234조의 미수범은 처벌한다.

제237조의2(복사문서등) 이 장의 죄에 있어서 전자복사기, 모사전송기 기타 이와 유사한 기기를 사용하여 복사한 문서 또는 도화의 사본도 문서 또는 도화로 본다.

---

398) 대법원 1989.3.28. 선고 88도1593 판결.

399) 대법원 1984.2.28. 선고 82도2851 판결.

400) 대법원 1983.6.28. 선고 82도1985 판결; 대법원 1981.12.8 선고 81도1130 판결; 대법원 1974.7.9 선고 73도1695 판결.

401) 대법원 1981.12.8. 선고 81도1130 판결.

402) 대법원 1974.7.9. 선고 74도1695 판결.

Ⅰ. 서 설

1. 의 의

본죄는 공문서 이외의 문서 또는 도화의 위조 또는 변조를 내용으로 하는 범죄이다. 본죄는 행사할 목적으로 권리·의무 또는 사실증명에 관한 타인의 문서 또는 도화를 위조 또는 변조함으로써 성립한다. 문서죄의 기본적 구성요건이다.

형법은 전술한 바와 같이 사문서에 대하여는 허위진단서작성죄를 제외하고, 작성권한 있는 자가 진실에 반한 내용의 문서를 작성하는 이른바 무형위조는 처벌의 대상으로 하지 아니하고 있다.[403] 공중의 신용성을 해할 가능성이 적다는 이유 때문이다.

2. 보호법익

본죄의 보호법익은 사문서의 진정에 대한 공공의 신용이다.[404] 보호의 정도는 추상적 공공위험범으로서의 보호이다.

Ⅱ. 범 죄

1. 구성요건

(1) 객관적 구성요건

1) 객 체

본죄의 객체는 권리·의무 또는 사실증명에 관한 타인의 문서 또는 도화이다. 문서 또는 도화란 공문서와 공도화는 별도의 규정이 존재하므로 공문서와 공도화를 제외한 사문서와 사도화를 말한다.

본죄의 객체는 권리·의무 또는 사실증명에 관한 타인의 문서 또는 도화에 한정되고 있다. 그 취지는 법률상 또는 거래상 중요한 문서가 아니라면 위조나 변조에 의하여 공공의 신용이 침해될 우려가 없기 때문이다.

① 사문서·사도화

사문서와 공문서의 구별기준은 작성명의인에 있다. 작성명의인이 사인이면 사문서, 공무원이면 공문서가 된다. 문서에 작성명의인이 명시되어 있지는 아니하더라도 문서의 내용, 형식, 체제 등에 비추어 그 문서 자체에 의하여 그 작성명의인을 판별할 수 있다면 문서로 볼 수 있다.[405]

---

403) 대법원 2002.11.8. 선고 2002도3738 판결.

404) 대법원 2016.7.14. 선고 2016도2081 판결; 대법원 2011.9.29. 선고 2011도6223 판결; 대법원 2005.3.25. 선고 2003도4943 판결; 대법원 2005.2.24. 선고 2002도18 전원합의체 판결; 대법원 2003.9.26. 선고 2003도3729 판결; 대법원 1998.4.10. 선고 98도164,98감도12 판결; 대법원 1975.2.10. 선고 73도2296 판결.

405) 대법원 2016.10.13. 선고 2015도17777 판결; 대법원 2011.12.22. 선고 2011도11777 판결; 대법원 2009.3.26. 선고 2008도6895 판결; 대법원 1997.6.27. 선고 95도1964 판결; 대법원 1996.2.9. 선고 94도1858 판결; 대법원 1995.11.10. 선고 95도2088 판결; 대법원 1992.5.26. 선고 92도353 판결; 대법원 1973.9.29. 선고 73도

② 타인의 문서 또는 도화

본죄의 문서와 도화는 타인성을 요한다. 타인(他人)이란 대한민국의 공무원 또는 공무소가 아닌 자로서 자기 이외의 자를 말한다. 따라서 외국의 공무원이나 공무소가 작성한 문서도 사문서에 해당한다. 자연인이든 법인이든 아니면 법인격 없는 단체이든 묻지 않는다. 대법원도 "자연인 아닌 법인 또는 단체명의의 문서에 있어서는 요건이 구비된 이상 그 문서 작성자로 표시된 사람의 실존 여부는 위조죄의 성립에 아무런 지장이 없다"고 판시한 바 있다.[406]

타인의 문서 또는 도화란 타인이 작성명의자로 되어 있는 문서 또는 도화를 말한다. 보관자가 누구인지는 묻지 않는다. 공무소에서 보관하더라도 사문서로서의 성질을 잃는 것은 아니다.

③ 권리 · 의무 또는 사실증명에 관한 문서 또는 도화

권리 · 의무에 관한 문서란 권리 · 의무의 발생 · 변경 · 소멸에 관한 사항이 기재된 것을 말한다.[407] 공법상의 것이든 사법상의 것이든 묻지 않는다. 매매, 대차, 증여, 교환 등의 재산관계에 관한 것이든 혼인, 양자의 신고와 같이 신분관계에 관한 것이든 아니면 형사의 소송에 관한 것이든 불문한다.

사실증명에 관한 문서란 권리 · 의무에 관한 문서를 제외한 문서로서 법률상 또는 거래상 중요한 사실을 증명하는 문서를 말한다.[408] 거래상 중요한 사실을 증명하는 문서는, 법률관계의 발생 · 존속 · 변경 · 소멸의 전후과정을 증명하는 것이 주된 취지인 문서뿐만 아니라 직접적인 법률관계에 단지 간접적으로만 연관된 의사표시 내지 권리 · 의무의 변동에 사실상으로만 영향을 줄 수 있는 의사표시를 내용으로 하는 문서도 포함될 수 있다.[409]

문서가 권리의무에 관한 것인지 아니면 사실증명에 관한 것인지, 또 그 문서의 진정한 작성명의자가 누구인지의 여부는 문서의 표제나 명칭만으로 이를 판단하여서는 아니되고, 문서의 형식과 외관은 물론 문서의 종류, 내용, 일반 거래에 있어서 그 문서가 가지는 기능 등 제반 사정을 종합적으로 참작하여 판단하여야 한다.[410]

사문서를 긍정한 판례의 구체적 내용은 다음과 같다. 즉,

변호사인 피고인이 대량의 저작권법 위반 형사고소 사건을 수임하여 피고소인 30명을 각 형사고소하기 위하여 20건 또는 10건의 고소장을 개별적으로 수사관서에 제출하면서 각 하나의 고소위임장에만 소속 변호사회에서 발급받은 진정한 경유증표 원본을 첨부한 후 이를 일체로 하여 컬러복사기로 20장 또는 10장의 고소위임장을 각 복사한 다음 고소위임장과 일체로 복사한 경유증표를

1765 판결.

406) 대법원 2003.9.26. 선고 2003도3729 판결; 대법원 1975.2.10. 선고 73도2296 판결; 대법원 1969.1.21. 선고 68도1570 판결.

407) 대법원 2009.4.23. 선고 2008도8527 판결; 대법원 2002. 12. 10. 선고 2002도5533 판결.

408) 대법원 2009.4.23. 선고 2008도8527 판결; 대법원 2008.11.27. 선고 2008도7018 판결; 대법원 2002. 12.10. 선고 2002도5533 판결; 대법원 2000.2.11. 선고 99도4819 판결.

409) 대법원 2009.4.23. 선고 2008도8527 판결.

410) 대법원 2009.4.23. 선고 2008도8527 판결; 대법원 1996.2.9. 선고 94도1858 판결.

고소장에 첨부하여 접수한 사안에서, 변호사회가 발급한 경유증표는 증표가 첨부된 변호사선임서 등이 변호사회를 경유하였고 소정의 경유회비를 납부하였음을 확인하는 문서이므로 법원, 수사기관 또는 공공기관에 이를 제출할 때에는 원본을 제출하여야 하고 사본으로 원본에 갈음할 수 없으며, 각 고소위임장에 함께 복사되어 있는 변호사회 명의의 경유증표는 원본이 첨부된 고소위임장을 그대로 컬러 복사한 것으로서 일반적으로 문서가 갖추어야 할 형식을 모두 구비하고 있고, 이를 주의 깊게 관찰하지 아니하면 그것이 원본이 아닌 복사본임을 알아차리기 어려울 정도이므로 일반인이 명의자의 진정한 사문서로 오신하기에 충분한 정도의 형식과 외관을 갖추었다는 이유로, 피고인의 행위가 사문서위조죄 및 동행사죄에 해당한다고 할 것이다.[411] 피고인이 다른 서류에 찍혀 있던 갑의 직인을 칼로 오려내어 풀로 붙인 후 이를 복사하는 방법으로 갑 명의의 추천서와 경력증명서를 위조하고 이를 행사하였다고 하여 기소된 사안에서, 위 문서는 피고인이 직인을 오려붙인 흔적을 감추기 위하여 복사한 것으로서 일반적으로 문서가 갖추어야 할 형식을 다 구비하고 있고, 주의 깊게 관찰하지 아니하면 외관에 비정상적인 부분이 있음을 알아차리기가 어려울 정도이므로, 일반인이 명의자의 진정한 사문서로 오신하기에 충분한 정도의 형식과 외관을 갖추었다고 할 것이다.[412] 어떤 문서가 문중규약이라는 표제하에 작성되었다고 하여 이를 가리켜 일률적으로 문중원의 권리의무에 관한 사문서라거나 문중이라는 단체 명의의 문서라고 단정할 수는 없는 것이고, 위에서 설시한 제반 사정에 비추어 그 문서가 문중규약의 존재와 내용 등을 확인하는 취지에서 작성된 것으로 볼 수 있으면 이는 사실증명에 관한 문서이고, 또 이 경우에는 위와 같은 사항을 확인하는 의사표시의 주체가 그 문서의 작성명의자라고 할 것이므로, 그 작성명의자의 승낙이나 위임이 없이 그 명의를 모용하여 문중규약의 존재와 내용 등을 확인하는 문서를 작성하였다면 이는 사문서위조죄를 구성한다.[413]

사문서를 부정한 판례의 구체적 내용은 다음과 같다. 즉,

새마을금고 총무부장이 작성한 대의원 피선거권자명단에는 작성명의인이 표시되어 있지 않음은 물론, 그 내용·형식·체제 등에 비추어 보더라도 그 서류 자체에 의하여 그 작성명의인을 판별할 수 없을 뿐만 아니라, 위 피선거권자명단은 그가 위 금고의 이사장의 결재를 받아 작성한 것이 아니라 금고의 총무부장으로서 직책상 대의원선거가 원활하게 진행되게 하기 위하여 선거구별로 1통씩 작성한 경우라면 피선거권자명단을 작성함에 있어서 타인의 명의를 모용하였다고 볼 수 없으므로 그 서류를 사문서위조죄의 객체가 되는 문서로 볼 수 없다고 할 것이다.[414]

사도화를 긍정한 판례의 구체적 내용은 다음과 같다. 즉,

피고인이 밀수입한 담배는 '길림연초공업유한책임공사'가 제조하는 '장백산' 담배의 정품 담뱃갑에 표시된 'CHANGBAISHAN' 'JILIN TOBACCO INDUSTRY CO. LTD.' 등의 문자 및 성문의 문양 등과 같은 모양의 도안이 표시된 담뱃갑 및 '북경시연초질량감독검측참'이 제조하는 '중남해' 담배의 정품 담뱃갑에 표시된 '중남해', 'BEIJING CIGARETTE FACTORY' 등의 문자 및 홀로그램 문양 등과 같은 모양의 도안이 표시된 담뱃갑에 들어 있고, 피고인은 위 중국산 담배를 밀수입하여 판매하면서 그 담뱃갑을 위조 및 행사였다는 공소사실에 대하여, 위 담뱃갑은 그 안에 있는 담배가

411) 대법원 2016.7.14. 선고 2016도2081 판결.
412) 대법원 2011.2.10. 선고 2010도8361 판결.
413) 대법원 1996.2.9. 선고 94도1858 판결.
414) 대법원 1992.5.26. 선고 92도353 판결.

'길림연초공업유한책임공사'가 제조하는 '장백산' 담배 또는 '북경시연초질량감독검측참'이 제조하는 '중남해' 담배라는 사실을 증명하는 것으로서 각 사문서 등 위조의 대상이 되는 도화에 해당한다는 이유로, 위 원심은 공소사실을 무죄로 인정하였다. 원심은 그 판시와 같은 이유를 들어 일반 포장용지는 문서 등 위조의 대상이 아니라고 판단하면서 그러한 판단을 담뱃갑에 관한 이 사건에까지 적용함으로써, 이 사건 사문서 등 위조 및 행사의 점에 관한 공소사실에 대하여 무죄를 선고한 제1심판결을 유지하였다. 그렇다면 원심의 위와 같은 판단에는 사문서 등 위조죄의 대상인 도화에 관한 법리를 오해하여 판결 결과에 영향을 미친 위법이 있다고 할 것이다. 이 점을 지적하는 상고논지는 이유 있다.[415]

2) 행 위

본죄의 실행행위는 위조 또는 변조이다. 본죄는 작성권한이 없는 자가 타인의 명의를 모용하여 권리·의무 또는 사실증명에 관한 타인의 문서를 위조 또는 변조한 경우에 성립한다.[416]

① 위 조

ⓘ 의 의 위조(僞造)란 작성권한 없는 자가 타인의 명의를 모용하여 사문서를 작성하는 행위를 말한다.[417] 타인의 명의를 모용하여 문서를 작성한 이상 그 내용이 진실하여도 위조로 된다. 문서의 내용이 사실에 부합하는지의 여부는 묻지 않는다.[418] 채권자가 임의로 채무자의 명의를 차용증서에 기재하는 경우가 이에 해당한다. 대법원은 "문서위조죄의 성립 여부는 그 문서의 작성명의로 타인의 명의를 모용하였느냐라는 형식에 의하여 결정할 것이고 그 문서내용의 진실여부는 특별한 처벌규정이 있는 경우 외에는 동죄의 성립여부에 영향이 없다"고 판시한 바 있다.[419]

ⓘⓘ 정 도 위조는 그 명의자가 진정으로 작성한 문서로 볼 수 있을 정도의 형식과 외관을 갖추어 일반인으로 하여금 명의자의 권한 내에서 작성된 진정한 사문서로 오신하기에 충분한 정도이면 성립한다.[420] 본죄는 문서의 진정에 대한 공공의 신용을 보호법익으로

415) 대법원 2010.7.29. 선고 2010도2705 판결.

416) 대법원 2011.9.29. 선고 2010도14587 판결; 대법원 2008.4.10. 선고 2007도9987 판결; 대법원 2005.10.28. 선고 2005도6088 판결; 대법원 2003.5.30. 선고 2002도235 판결; 대법원 1998.2.24. 선고 97도183 판결; 대법원 1993.3.9. 선고 92도3101 판결; 대법원 1992.5.26. 선고 92도353 판결; 대법원 1973.9.29. 선고 73도1765 판결.

417) 대법원 2015.6.11. 선고 2012도1352 판결; 대법원 2012.6.28. 선고 2010도690 판결; 대법원 2011.4.28. 선고 2010도15817 판결; 대법원 2006.9.28. 선고 2006도1545 판결; 대법원 2005.10.28. 선고 2005도6088 판결; 대법원 2002.11.8. 선고 2002도3738 판결; 대법원 1998.2.24. 선고 97도183 판결; 대법원 1997.3.28. 선고 96도3191 판결; 대법원 1993.3.9. 선고 92도3101 판결; 대법원 1992.12.22. 선고 92도2047 판결; 대법원 1988.1.12. 선고 87도2256 판결; 대법원 1984.6.12. 선고 83도2408 판결; 대법원 1983.10.25. 선고 83도2257 판결; 대법원 1983.4.12. 선고 83도154 판결.

418) 대법원 1957.6.7. 선고 4290형상102 판결.

419) 대법원 1983.10.25. 선고 83도2257 판결; 대법원 1983.4.12. 선고 83도332 판결; 대법원 1966.11.22 선고 66도1199 판결.

420) 대법원 2016.7.14. 선고 2016도2081 판결; 대법원 2011.9.29. 선고 2011도6223 판결; 대법원 2011.2.10. 선고 2010도8361 판결; 대법원 2010.5.13. 선고 2008도10678 판결; 대법원 2009.7.23. 선고 2008도10195 판결; 대법원 2009.5.14. 선고 2009도5 판결; 대법원 2008.3.27. 선고 2008도443 판결; 대법원 2007.5.10. 선고 2007도1674 판결; 대법원 2006.9.14. 선고 2005도2518 판결; 대법원 2005.3.25. 선고 2003도4943 판결; 대법원

하고 있기 때문이다. 반드시 작성명의자의 서명이나 날인이 있어야 하는 것은 아니다.[421] 주민등록번호가 기재되어 있어야 하는 것도 아니다.[422]

판례에 의하면 실제의 본명 대신 가명이나 위명을 사용하여 사문서를 작성한 경우에 그 문서의 작성명의인과 실제 작성자 사이에 인격의 동일성이 그대로 유지되는 때에는 위조가 되지 않으나, 명의인과 작성자의 인격이 상이할 때에는 위조죄가 성립할 수 있다.[423] 작성명의인이 허무인인 때에는 사문서위조죄를 구성하지 아니한다.[424] 문서명의인이 이미 사망하였는데도 문서명의인이 생존하고 있다는 점이 문서의 중요한 내용을 이루거나 그 점을 전제로 문서가 작성되었다면 이미 문서에 관한 공공의 신용을 해할 위험이 발생하였다 할 것이므로, 그러한 내용의 문서에 관하여 사망한 명의자의 승낙이 추정된다는 이유로 사문서위조죄의 성립을 부정할 수는 없다.[425] 문서가 원본인지 여부가 중요한 거래에서 문서의 사본을 진정한 원본인 것처럼 행사할 목적으로 다른 조작을 가함이 없이 문서의 원본을 그대로 컬러복사기로 복사한 후 복사한 문서의 사본을 원본인 것처럼 행사한 행위는 사문서위조죄 및 동행사죄에 해당한다.[426]

일반인이 명의자의 진정한 사문서로 오신하기에 충분한 정도인지 여부는 그 문서의 형식과 외관은 물론 그 문서의 작성경위, 종류, 내용 및 일반거래에 있어서 그 문서가 가지는 기능 등 여러 가지 사정을 종합적으로 고려하여 판단하여야 한다.[427]

ⅲ 명의의 모용

ⅰ. 대리권한의 모용 대리권 또는 대표권이 없는 자가 대리인 또는 대표자임을 표시하여 본인명의의 문서를 작성하는 무권대리의 경우에는 본죄가 아니라 후술하는 자격모용에 의한 사문서의 작성죄가 성립한다.

그러나 적법한 대리 또는 대표의 권한을 가지고 있는 한 모용에는 해당되지 않는다. 대법원도 "원래 주식회사의 적법한 대표이사는 회사의 영업에 관하여 재판상 또는 재판외의

2005.2.24. 선고 2002도18 전원합의체 판결; 대법원 2004.10.14. 선고 2004도3514 판결; 대법원 2003.9.26. 선고 2003도3729 판결; 대법원 1997.12.26. 선고 95도2221 판결; 대법원 1989.8.8. 선고 88도2209 판결; 대법원 1988.3.22. 선고 88도3 판결; 대법원 1987.1.20. 선고 86도1867 판결; 대법원 1975.2.10. 선고 73도2296 판결.

421) 대법원 2011.2.10. 선고 2010도8361 판결; 대법원 2010.5.13. 선고 2008도10678 판결; 대법원 2009.7.23. 선고 2008도10195 판결; 대법원 2009.5.14. 선고 2009도5 판결; 대법원 2008.3.27. 선고 2008도443 판결; 대법원 2007.5.10. 선고 2007도1674 판결; 대법원 2006.9.14. 선고 2005도2518 판결; 대법원 2004.10.14. 선고 2004도3514 판결; 대법원 1997.12.26. 선고 95도2221 판결; 대법원 1989.8.8. 선고 88도2209 판결; 대법원 1988.3.22. 선고 88도3 판결.

422) 대법원 1989.8.8. 선고 88도2209 판결.

423) 대법원 2010.11.11. 선고 2010도1835 판결; 대법원 1979.6.26. 선고 79도908 판결.

424) 대법원 1991.1.29. 선고 90도2542 판결; 대법원 1970.11.30. 선고 70도2231 판결; 대법원 1959.3.20. 선고 4291형상591 판결.

425) 대법원 2011.9.29. 선고 2011도6223 판결; 대법원 2005.2.24. 선고 2002도18 전원합의체 판결.

426) 대법원 2016.7.14. 선고 2016도2081 판결.

427) 대법원 2011.2.10. 선고 2010도8361 판결; 대법원 2010.5.13. 선고 2008도10678 판결; 대법원 2009.7.23. 선고 2008도10195 판결; 대법원 2009.5.14. 선고 2009도5 판결; 대법원 2008.3.27. 선고 2008도443 판결; 대법원 2006.9.14. 선고 2005도2518 판결; 대법원 2004.10.14. 선고 2004도3514 판결; 대법원 1997.12.26. 선고 95도2221 판결; 대법원 1988.3.22. 선고 88도3 판결.

모든 행위를 할 권한이 있으므로, 대표이사가 직접 주식회사 명의의 문서를 작성하는 행위는 자격모용사문서작성 또는 위조에 해당하지 않는 것이 원칙이다. 이는 그 문서의 내용이 진실에 반하는 허위이거나 대표권을 남용하여 자기 또는 제3자의 이익을 도모할 목적으로 작성된 경우에도 마찬가지이다"라고 판시한 바 있다.[428] 이러한 판시의 내용은 주식회사 지배인의 경우에도 그대로 적용되고 있다.[429]

한편 주식회사의 대표이사가 그 대표 자격을 표시하는 방식으로 작성한 문서에 표현된 의사 또는 관념이 귀속되는 주체는 대표이사 개인이 아닌 주식회사이므로 그 문서의 명의자는 주식회사라고 보아야 한다. 따라서 위와 같은 문서 작성행위가 위조에 해당하는지는 그 작성자가 주식회사 명의의 문서를 적법하게 작성할 권한이 있는지에 따라 판단하여야 하고, 문서에 대표이사로 표시되어 있는 사람으로부터 그 문서 작성에 관하여 위임 또는 승낙을 받았는지에 따라 판단할 것은 아니다.[430]

ii. 대리권한의 남용 대리권 또는 대표권이 있는 자가 권한을 초월하여 문서를 작성하는 월권대리의 경우 다툼이 있다. 자격모용에 의한 사문서의 작성죄가 성립한다는 견해가 있으나 문서위조죄가 성립한다는 것이 판례의 입장이다. 그럼에도 불구하고 대리권 또는 대표권이 있는 자가 권한의 범위 내에서 단순남용하는 경우에는 본죄가 성립하지 않는다고 해석된다.

판례에 의하면 문서 작성권한의 위임이 있는 경우라고 하더라도 그 위임을 받은 자가 그 위임받은 권한을 초월하여 명의자의 의사에 반하는 문서를 작성한 경우는 작성권한을 일탈한 경우로서 사문서위조죄가 성립한다.[431] 그러나 단지 위임받은 권한의 범위 내에서 이를 남용하여 문서를 작성한 것에 불과하다면 사문서위조죄가 성립하지 아니한다.[432] 타인의 서명날인이 정당하게 성립한 때라 하더라도 그 내용을 기재할 정당한 권한이 없는 자가 그 내용을 기재하거나 그 서명날인자의 의사에 반하는 문서를 작성하는 경우에는 위탁된 권한을 초월한 경우와 마찬가지로 사문서위조죄가 성립한다.[433] 그러나 특히 문서명의인이

---

428) 대법원 2015.11.27. 선고 2014도17894 판결; 대법원 2010.5.13. 선고 2010도1040 판결; 대법원 2008.12.24. 선고 2008도7836 판결; 대법원 2008.11.27. 선고 2006도2016 판결; 대법원 1983.10.25. 선고 83도2257 판결; 대법원 1980.4.22. 선고 79도3034 판결.

429) 대법원 2012.9.27. 선고 2012도7467 판결; 대법원 2010.5.13. 선고 2010도1040 판결; 대법원 2007.10.11. 선고 2007도5838 판결; 대법원 1983.4.12. 선고 83도332 판결.

430) 대법원 2015.11.27. 선고 2014도17894 판결; 대법원 2008.12.24. 선고 2008도7836 판결; 대법원 2008.12.24. 선고 2008도7836 판결; 대법원 2008.11.27. 선고 2006도2016 판결; 대법원 1975.9.23. 선고 74도1684 판결.

431) 대법원 2012.6.28. 선고 2010도690 판결; 대법원 2006.9.28. 선고 2006도1545 판결; 대법원 2005.10.28. 선고 2005도6088 판결; 대법원 1997.3.28. 선고 96도3191 판결; 대법원 1992.12.22. 선고 92도2047 판결; 대법원 1992.3.31. 선고 91도2815 판결; 대법원 1984.6.12. 선고 83도2408 판결; 대법원 1983.10.25. 선고 83도2257 판결; 대법원 1983.4.12. 선고 83도154 판결; 대법원 1982.10.12. 선고 82도2023 판결; 대법원 1976.7.13. 선고 74도2035 판결; 대법원 1966.11.22 선고 66도1199 판결.

432) 대법원 2012.6.28. 선고 2010도690 판결; 대법원 2006.9.28. 선고 2006도1545 판결; 대법원 2005.10.28. 선고 2005도6088 판결; 대법원 1983.10.25. 선고 83도2257 판결.

433) 대법원 1992.12.22. 선고 92도2047 판결; 대법원 1992.3.31. 선고 91도2815 판결; 대법원 1984.6.12. 선고 83도2408 판결; 대법원 1983. 4. 12. 선고 83도154 판결; 대법원 1982.10.12. 선고 82도2023 판결; 대법원

문서작성자에게 사전에 문서 작성과 관련한 사무처리의 권한을 포괄적으로 위임함으로써 문서작성자가 위임된 권한의 범위 내에서 그 사무처리를 위하여 문서명의인 명의의 문서를 작성·행사한 것이라면, 비록 문서작성자가 개개의 문서 작성에 관하여 문서명의인으로부터 승낙을 받지 않았다고 하더라도 특별한 사정이 없는 한 사문서위조 및 위조사문서행사죄는 성립하지 않는다.[434)]

나아가 판례에 의하면 주식회사의 적법한 대표이사라 하더라도 그 권한을 포괄적으로 위임하여 다른 사람으로 하여금 대표이사의 업무를 처리하게 하는 것은 허용되지 않는다. 따라서 대표이사로부터 포괄적으로 권한 행사를 위임받은 사람이 주식회사 명의로 문서를 작성하는 행위는 원칙적으로 권한 없는 사람의 문서 작성행위로서 자격모용사문서작성 또는 위조에 해당하고, 대표이사로부터 개별적·구체적으로 주식회사 명의의 문서 작성에 관하여 위임 또는 승낙을 받은 경우에만 예외적으로 적법하게 주식회사 명의로 문서를 작성할 수 있을 뿐이다.[435)] 회사 내부규정 등에 의하여 각 지배인이 회사를 대리할 수 있는 행위의 종류, 내용, 상대방 등을 한정하여 권한을 제한한 경우에 제한된 권한 범위를 벗어나서 회사 명의의 문서를 작성하였다면, 이는 자기 권한 범위 내에서 권한 행사의 절차와 방식 등을 어긴 경우와 달리 문서위조죄에 해당한다.[436)]

ⓘⓥ 명의자의 동의　사문서의 위조는 권한 없이 타인의 명의를 모용함으로써 성립되기 때문에 작성인과 명의인의 인격의 동일성을 속이는 것을 내용으로 한다. 통상 명의인으로부터 유효한 승낙을 얻으면 명의를 모용한 것으로 되지 않고 본죄는 성립하지 않는다. 그러나 문서의 성격여하에 따라서는 그와 같은 승낙이 있어도 본죄에 해당하는 경우가 있다. 이는 아래에서 후술하는 변조의 경우에도 마찬가지이다.

명의인으로부터 명의의 사용에 대하여 사전에 동의가 있는 때에는 문서에 표시된 의사 또는 관념의 주체와 작성자 사이에 인격의 동일성에 대한 속임이 없기 때문에 타인명의의 모용은 없는 것으로 된다. 따라서 동의에 근거하여 문서를 작성하면 위조에는 해당하지 않는 것으로 된다. 이 경우 명의인의 동의는 명시적이든 묵시적이든 묻지 않는다. 대법원도 "사문서를 작성함에 있어 그 명의자의 명시적이거나 묵시적인 승낙 또는 위임이 있었다면 사문서위조에 해당한다고 할 수 없다"고 판시한 바 있다.[437)] 다만 동의는 문서작성시에 존재할 것을 요한다. 사전승낙을 얻은 경우에는 위조로 된다. 위법한 목적으로 행하여진 동의라도 작성명의의 모용으로 되지 않는 한 그 동의에 근거하여 작성된 문서는 진정문서에 속한다.

1976.7.13. 선고 74도2035 판결; 대법원 1966.11.22. 선고 66도1199 판결.

434) 대법원 2015.6.11. 선고 2012도1352 판결; 대법원 2011.4.28. 선고 2010도15817 판결.

435) 대법원 2008.11.27. 선고 2006도2016 판결; 대법원 1991.2.26. 선고 90도577 판결; 대법원 1975.11.25. 선고 75도2067 판결.

436) 대법원 2012.9.27. 선고 2012도7467 판결.

437) 대법원 2015.6.11. 선고 2012도1352 판결; 대법원 2012.6.28. 선고 2010도690 판결; 대법원 2011.9.29. 선고 2010도14587 판결; 대법원 2011.4.28. 선고 2010도15817 판결; 대법원 2008.4.10. 선고 2007도9987 판결; 대법원 2006.9.28. 선고 2006도1545 판결; 대법원 2005.10.28. 선고 2005도6088 판결; 대법원 2003.5.30. 선고 2002도235 판결; 대법원 1998.2.24. 선고 97도183 판결; 대법원 1993.3.9. 선고 92도3101 판결; 대법원 1988.1.12. 선고 87도2256 판결; 대법원 1983.10.25. 선고 83도2257 판결.

신탁자에게 아무런 부담이 지워지지 않은 채 재산이 수탁자에게 명의신탁된 경우에는 특별한 사정이 없는 한 재산의 처분 기타 권한행사에 관해서 수탁자가 자신의 명의사용을 포괄적으로 신탁자에게 허용하였다고 보아야 하므로, 신탁자가 수탁자 명의로 신탁재산의 처분에 필요한 서류를 작성할 때에 수탁자로부터 개별적인 승낙을 받지 않았더라도 사문서위조·동행사죄가 성립하지 않는다.[438] 이에 비하여 수탁자가 명의신탁 받은 사실을 부인하여 신탁자와 수탁자 사이에 신탁재산의 소유권에 관하여 다툼이 있는 경우 또는 수탁자가 명의신탁 받은 사실 자체를 부인하지 않더라도 신탁자의 신탁재산 처분권한을 다투는 경우에는 신탁재산에 관한 처분 기타 권한행사에 관해서 신탁자에게 부여하였던 수탁자 명의사용에 대한 포괄적 허용을 철회한 것으로 볼 수 있어 명의사용이 허용되지 않는다.[439]

한편 행위 당시 명의자의 현실적인 승낙은 없었지만 행위 당시의 모든 객관적 사정을 종합하여 명의자가 행위 당시 그 사실을 알았다면 당연히 승낙했을 것이라고 추정되는 경우 역시 사문서의 위·변조죄가 성립하지 않는다고 할 수 있다.[440] 그러나 명의자의 명시적인 승낙이나 동의가 없다는 것을 알고 있으면서도 명의자가 문서작성 사실을 알았다면 승낙하였을 것이라고 기대하거나 예측한 것만으로는 그 승낙이 추정된다고 단정할 수 없다.[441]

위조를 긍정한 판례의 구체적 내용은 다음과 같다. 즉,

피고인이 은행 직원에게 위조된 사문서인 출금전표를 행사하여 피고인 명의의 계좌로 이체한 甲 협회 소유 자금을 타인 명의의 계좌로 이체하고 이 중 일부는 금괴, 명품, 현금 등으로 보관하여, 범죄수익의 취득에 관한 사실을 가장하거나 적법하게 취득한 재산으로 가장할 목적으로 범죄수익 등을 은닉하였다고 기소된 사안에서, 피고인이 출금전표를 위조하고 행사한 것은 재산상 부정한 이익인 위 자금을 취득할 목적에 기한 것이고 실제 이러한 범행을 저지름으로써 피고인 명의 계좌로 위 돈을 이체할 수 있게 되었으므로 이를 통해 피고인이 취득한 금원은 범죄수익은닉의 규제 및 처벌 등에 관한 법률 소정의 중대범죄인 사문서위조죄와 위조사문서행사죄에 의하여 취득한 재산으로서 범죄수익에 해당함에도 이와 달리 본 원심판단에는 법리오해의 잘못이 있다.[442] 조세범 처벌법 제10조 제1항 제1호는 '부가가치세법에 따라 세금계산서를 작성하여 발급하여야 할 자가 세금계산서를 발급하지 아니하거나 거짓으로 기재하여 발급한 경우'를 처벌하도록 규정하고, 같은 조 제3항 제1호는 '재화 또는 용역을 공급하지 아니하고 부가가치세법에 따른 세금계산서를 발급하는 행위'를 한 자를 처벌하도록 규정하는데, 위 각 문언과 입법취지 등에 비추어 보면, 조세범 처벌법 제10조 제3항 제1호는 재화 또는 용역을 공급하지 아니한 자가 자신을 공급하는 자로 기재한 세금계산서를 교부한 행위를 처벌 대상으로 규정한 것이므로, 재화 또는 용역을 공급하지 아니한 자가 타인 명의를 위조하여 그를 공급하는 자로 기재하여 세금계산서를 교부한 경우에는 세금계산서에 자신을 공급하는 자로 기재하지 않은 이상 사문서위조죄로 처벌할 수 있을지언정 조세범 처벌법 제10조 제3항 제1호가 정한 처벌 대상에 해당한다고 할 수 없다.[443] (갑) 은행의

438) 대법원 2022.3.31. 선고 2021도17197 판결.

439) 대법원 2022.3.31. 선고 2021도17197 판결.

440) 대법원 2011.9.29. 선고 2010도14587 판결; 대법원 2008.4.10. 선고 2007도9987 판결; 대법원 2003.5.30. 선고 2002도235 판결; 대법원 1993.3.9. 선고 92도3101 판결.

441) 대법원 2011.9.29. 선고 2010도14587 판결; 대법원 2008.4.10. 선고 2007도9987 판결.

442) 대법원 2020.10.15. 선고 2020도8443 판결.

지배인으로 등기되어 있는 피고인이, 신용이나 담보가 부족한 차주 회사가 저축은행 등 대출기관에서 대출을 받는 데 사용하도록 지급보증의 성질이 있는 (갑) 은행 명의의 대출채권양수도약정서와 사용인감계를 작성하였다고 하여 사문서위조로 기소된 사안에서, 제반 사정에 비추어 (갑) 은행의 내부규정은 지급보증 등 여신에 관하여 금액 규모 등에 따라 전결권자를 구분하고 나아가 여신 결재가 이루어진 것을 전제로 인감관리자의 결재를 받아 사용인감계를 작성하도록 하는 등으로 지급보증 등의 의사결정 권한을 상위 결재권자에게 부여하고 있으므로, 위와 같은 문서작성 행위는 제한된 지배인의 대리권한을 넘는 경우에 해당하여 사문서위조죄가 성립한다고 본 원심판단을 정당하다고 할 것이다.[444] 피고인이 자신의 부 (갑)에게서 갑 소유 부동산의 매매에 관한 권한 일체를 위임받아 이를 매도하였는데, 그 후 (갑)이 갑자기 사망하자 부동산 소유권 이전에 사용할 목적으로 (갑)이 자신에게 인감증명서 발급을 위임한다는 취지의 인감증명 위임장을 작성한 후 주민센터 담당직원에게 이를 제출한 사안에서, (갑)의 사망으로 포괄적인 명의사용의 근거가 되는 위임관계 내지 포괄적인 대리관계는 종료된 것으로 보아야 하므로 특별한 사정이 없는 한 피고인은 더 이상 위임받은 사무처리와 관련하여 (갑)의 명의를 사용하는 것이 허용된다고 볼 수 없고, 피고인이 사망한 갑의 명의를 모용한 인감증명 위임장을 작성하여 인감증명서를 발급받아야 할 급박한 사정이 있었다고 볼 만한 사정도 없으며, 인감증명 위임장은 본래 생존한 사람이 타인에게 인감증명서 발급을 위임한다는 취지의 문서라는 점을 고려하면, 이미 사망한 (갑)이 '병안 중'이라는 사유로 피고인에게 인감증명서 발급을 위임한다는 취지의 인감증명 위임장이 작성됨으로써 문서에 관한 공공의 신용을 해할 위험성이 발생하였다 할 것이고, 피고인이 명의자 (갑)이 승낙하였을 것이라고 기대하거나 예측한 것만으로는 사망한 (갑)의 승낙이 추정된다고 단정할 수 없는데도, 이와 달리 피고인에게 무죄를 인정한 원심판결에 사망한 사람 명의의 사문서위조죄에서 승낙 내지 추정적 승낙에 관한 법리오해의 위법이 있다.[445] (갑) 교회 목사인 피고인이 자신을 지지하는 일부 교인들과 (갑) 교회를 탈퇴함으로써 대표자의 지위를 상실하였으므로, 그 후 (갑) 교회 명의로 (갑) 교회 소유 부동산을 자신에게 매도하는 내용의 매매계약서를 작성하고 이를 행사한 행위는 사문서위조죄 및 위조사문서행사죄에 해당한다.[446] 피고인은 ' ***'이라는 가명을 사용하여 공소외인이 운영하는 다방에 종업원으로 취업하면서 선불금으로 100만 원을 받고 이에 대한 반환을 약속하는 내용의 이 사건 현금보관증을 작성, 교부하게 된 사실, 피고인은 위 다방에 취업하기 위하여 피고인의 실제 나이보다 4살 어린 1954년생으로 가장하였고, 위 현금보관증에도 본인의 실명과 실제 주민등록번호 대신에 ' ***'이라는 가명과 출생연도 부분이 허위인 주민등록번호를 기재하여 교부한 사실, 공소외인은 '***'이 피고인의 가명이라는 것과 위 주민등록번호가 실재하지 않는 번호라는 것을 모르고 있었던 사실 등을 알 수 있다. 현금보관증이라는 문서의 성질과 기능, 위와 같은 작성 경위에 비추어 보면 이 사건 현금보관증에 표시된 명칭과 주민등록번호 등으로부터 인식되는 인격은 '1954년에 출생한 52세 가량의 여성인 ***'이고, 1950년생인 피고인과는 다른 인격인 것이 분명하므로, 이 사건 문서의 명의인과 작성자 사이에 인격의 동일성이 인정되지 않는다고 보아야 한다. 비록 피고인이 위 ' ***'이라는 가명을 다방에 근무하는 동안 계속 사용해 왔고, 주소는 실제 피고인의 주소와 동일하게 기재되어 있으며, 피고인이 위 문서로부터 발생할 책임을 면하려는 의사나 편취의 목적을 가지지는 않았다고 하더라도, 위 문서를 작성함에 있어서 자신이 위 문서에 표시된

---

443) 대법원 2014.11.27. 선고 2014도1700 판결; 대법원 2006.9.28. 선고 2006도1545 판결.
444) 대법원 2012.9.27. 선고 2012도7467 판결.
445) 대법원 2011.9.29. 선고 2011도6223 판결.
446) 대법원 2011.1.13. 선고 2010도9725 판결.

명의인인 '1954년생 ***'인 체 가장한 것만은 분명하므로, 명의인과 작성자의 인격의 동일성을 오인케 한 피고인의 이러한 행위는 사문서 위조, 동행사죄에 해당한다고 보아야 한다.[447] 수탁자가 명의신탁 받은 사실을 부인하면서 신탁재산이 수탁자 자신의 소유라고 주장하는 등으로 두 사람 사이에 신탁재산의 소유권에 관하여 다툼이 있는 경우에는 더 이상 신탁자가 그 재산의 처분 등과 관련하여 수탁자의 명의를 사용하는 것이 허용된다고 볼 수 없으며, 이는 수탁자가 명의신탁 받은 사실 자체를 부인하는 것은 아니더라도 신탁자의 신탁재산 처분권한을 다투는 등 신탁재산에 관한 처분이나 기타 권한행사에 있어서 신탁자에게 부여하였던 수탁자 명의사용에 대한 포괄적 허용을 철회한 것으로 볼 만한 사정이 있는 경우에도 마찬가지이다.[448] 이 사건 차용증 3장에는 연대보증인으로 공소외 1의 이름이 적혀 있고, 아울러 공소외 1의 주민등록번호와 주소도 함께 적혀 있어, 비록 공소외 1의 날인이 없다고 하더라도 위와 같은 정도라면 공소외 1이 연대보증을 하였다는 내용의 문서로 볼 수 있을 정도의 형식과 외관을 갖추어 일반인이 공소외 1 명의의 진정한 사문서로 오신하기에 충분하므로, 같은 취지의 원심의 판단은 정당하고, 거기에 상고이유에서 주장하는 것과 같은 사문서위조죄에 있어서의 위조 및 범의에 관한 법리오해 등의 위법이 없다.[449] 수탁자가 신탁받은 채권을 자신이 신탁자로부터 증여받았을 뿐 명의신탁받은 것이 아니라고 주장하는 상황에서, 신탁자의 상속인이 수탁자의 동의를 받지 아니하고 그 명의의 채권이전등록청구서를 작성·행사한 행위는 사문서위조 및 위조사문서행사죄에 해당한다.[450] 회사의 실질적 경영자가 처음부터 상법상 특별배임죄의 범행에 사용할 목적으로 위 회사에 형식적으로 취임한 대표이사 명의의 문서를 작성한 행위는 사문서위조죄를 구성한다.[451] 피고인이 회사를 인수하면서 회사 대표이사의 명의를 계속 사용하기로 승낙을 받았다고 하더라도, 사기범행을 목적으로 실제로는 위 회사에 근무한 바 없는 제3자의 재직증명서 및 근로소득원천징수영수증 등 허위의 문서를 작성한 행위는 위임된 권한의 범위를 벗어나는 것으로서 사문서위조죄를 구성한다.[452] 피고인이 위조행사한 **종합건설 명의의 아파트공급계약서와 입금표가 비록 **종합건설이 이미 해산등기를 마쳐 그 법인격이 소멸한 이후에 작성되었거나 그 법인격이 소멸한 이후의 일자로 작성되었다고 하더라도, 일반인으로 하여금 그 명의인인 **종합건설의 권한 내에서 작성된 문서라고 믿게 할 수 있는 정도의 형식과 외관을 갖추고 있다고 보기에 충분하므로 피고인의 판시 행위는 사문서위조 및 동행죄에 해당된다고 할 것이다.[453] 이 사건 주취운전자 적발보고서 및 주취운전자 정황진술보고서의 각 운전자란에 타인의 서명을 한 다음 이를 경찰관에게 제출한 것은 사문서위조 및 동행사죄에 해당하므로, 같은 취지에서 이 사건 공소사실에 대하여 유죄를 선고한 제1심판결을 유지한 원심의 조치는 정당한 것으로 수긍이 가고, 거기에 사문서위조 및 동행사죄에 대한 법리오해의 위법이 없다.[454] 기존의 진정문서를 이용하여 문서를 변개하는 경우에도 문서의 중요 부분에 변경을 가하여 새로운 증명력을 가지는 별개의 문서를 작성하는 것은 문서의 변조가 아닌 위조에 해당한다.[455] 명의인을 기망하여 문서를 작성케 하는 경우는 서명, 날인이 정당히 성립된 경우에도 기망자는 명의인을 이용하여

447) 대법원 2010.11.11. 선고 2010도1835 판결.
448) 대법원 2007.11.30. 선고 2007도4812 판결.
449) 대법원 2007.5.10. 선고 2007도1674 판결.
450) 대법원 2007.3.29. 선고 2006도9425 판결.
451) 대법원 2006.9.28. 선고 2006도1545 판결.
452) 대법원 2005.10.28. 선고 2005도6088 판결.
453) 대법원 2005.3.25. 선고 2003도4943 판결.
454) 대법원 2004.12.23. 선고 2004도6483 판결.
455) 대법원 2003.9.26. 선고 2003도3729 판결.

서명 날인자의 의사에 반하는 문서를 작성케 하는 것이므로 사문서위조죄가 성립한다.[456] 사문서의 작성명의자의 인장이 찍히지 아니하였더라도 그 사람의 상호와 성명이 기재되어 그 명의자의 문서로 믿을 만한 형식과 외관을 갖춘 이 사건의 경우 사문서위조라고 볼 수 있다.[457] 피고인이 위조하였다는 국제운전면허증이 그 유효기간을 경과하여 본래의 용법에 따라 사용할 수는 없게 되었다고 하더라도, 이를 행사하는 경우 그 상대방이 유효기간을 쉽게 알 수 없도록 되어 있거나 위 문서 자체가 진정하게 작성된 것으로서 피고인이 명의자로부터 국제운전면허를 받은 것으로 오신하기에 충분한 정도의 형식과 외관을 갖추고 있다면 피고인의 행위는 문서위조죄에 해당한다.[458] 공소외 (갑)이나 (을)은 위 피고인들과 종전부터 친분관계가 있었다거나 위 피고인들로부터 수시로 안전점검 부탁을 받은 일이 없고 위 피고인들의 부탁을 받고 간단한 점검을 하여 준 점, (갑)이 수당지급을 위해 필요하다면 도장을 달라는 요구를 받고 불쾌하게 생각하였던 점, 제1심 법정에서 자신들이 점검하지 않은 교량에 대한 점검보고서에 날인할 의사가 없었다고 진술하고 있는 점, 위 피고인들이 위 (갑)과 (을)의 승낙을 받지 못한 불가피한 사정도 없었던 점 등에 비추어 보면, 위 (갑)이나 (을)의 추정적 승낙이 있었다고 볼 수 없다.[459] 이 사건 각 위조문서인 "월별 적금현황표"와 "적금불입 및 어음할인 내역표"를 살펴보면, 그 문면상에 나타나 있는 명의자에 관련된 것으로는 "조흥은행 양정동지점"이라는 문자가 우측 상단에 기재되어 있고, "주식회사 조흥은행 부산본부"라고 표시된 인영이 위 "조흥은행 양정동지점"이라는 문자 뒤에 날인되어 있을 뿐이며, 한편 "주식회사 조흥은행 부산본부"라는 인영은 일견하여 그 글자의 내용을 알아보기가 쉽지 않은 데다가 인영 자체도 거꾸로 찍혀 있고, "월별 적금현황표"에서는 인영의 내용을 식별할 수 없도록 되어 있으며, 그 내용을 보더라도 모두 조흥은행 양정동지점과 관련된 것임을 알 수 있으므로, 위 각 위조문서의 명의자는 "조흥은행 양정동지점장"이라고 봄이 상당하다 할 것이다. 그렇다면 이 사건 각 위조문서의 작성 명의인이 "주식회사 조흥은행 양정동지점 갑 대리"라고 한 원심의 판시는 잘못이라고 할 것이나, 위 각 위조문서의 작성 명의인을 "조흥은행 양정동지점장"으로 본다고 하더라도 피고인 4의 행위를 같은 사문서위조죄로 처벌할 수 있음에는 아무런 지장이 없으므로 원심의 위와 같은 잘못은 판결 결과에 영향이 없다고 할 것이다.[460] 신축상가건물의 명목상 건축주의 포괄적 승낙하에 분양에 관한 모든 업무를 처리하던 실제 건축주가 실제 분양되지도 않은 상가에 대하여 명목상의 건축주 명의로 분양계약서 및 입금표를 작성하고 그 분양계약서 및 입금표를 이용하여 대출을 받는 식으로 금원을 편취한 사안에서, 상가건물이 실제 분양되지도 않았고 분양대금이 납부된 바도 없는데도 그러한 사실이 있는 것으로 되어 있는 허위 내용의 문서를 작성하는 것과 같은 범죄행위는 포괄적으로 위임받은 분양업무에 속하는 것이라고 볼 수 없다는 이유로, 이와 달리 위와 같은 내용의 문서 작성 및 행사도 포괄적으로 위임받은 권한 내에 포함된다고 보아 사문서위조 및 동행사의 점에 대하여 무죄를 선고한 원심판결을 파기한 사례이다.[461] 문서를 작성할 권한을 위임받지 아니한 문서기안자가 문서 작성권한을 가진 사람의 결재를 받은 바 없이 권한을 초과하여 문서를 작성하였다면 이는 사문서위조죄가 된다.[462] 사자(死者) 명의의 문서는

456) 대법원 2000.6.13. 선고 2000도778 판결; 대법원 1992.3.31. 선고 91도2815 판결; 대법원 1976.7.13. 선고 74도2035 판결.

457) 대법원 2000.2.11. 선고 99도4819 판결; 대법원 1989.8.8. 선고 88도2209 판결.

458) 대법원 1998.4.10. 선고 98도164,98감도12 판결.

459) 대법원 1997.11.28. 선고 97도1741 판결.

460) 대법원 1997.6.27. 선고 95도1964 판결.

461) 대법원 1997.3.28. 선고 96도3191 판결.

462) 대법원 1997.2.14. 선고 96도2234 판결.

그것을 위조하였다고 하더라도 사문서위조죄가 성립하지 않는 것이나 사자 명의의 문서가 사자의 생존중에 작성한 것처럼 그 작성일자를 생존일자로 소급하여 작성한 경우에는 사문서위조죄가 성립된다.[463] 설사 그 문서가 실체적 권리관계에 합치된다고 하더라도 그 작성명의자의 승낙이 없을 때에는 여전히 사문서위조죄가 성립되며, 위조한 문서를 기계적 방법에 의하여 복사한 사본을 타에 제시하여 행사하여도 위조사문서행사죄가 성립된다. 따라서 이러한 취지에 따른 원심의 판단에 사문서위조죄 및 동행사죄의 법리를 오해한 잘못이 없다. 상고이유 중 이 점을 지적하는 부분 역시 이유 없다.[464] 사망자 명의로 된 문서라고 할지라도 그 문서의 작성일자가 명의자의 생존중의 날짜로 된 경우 일반인으로 하여금 사망자가 생존중에 작성한 것으로 오신케 할 우려가 있으므로, 비록 시간적으로 피해자의 사망 이후에 피해자 명의의 문서를 위조하고 이를 행사한 것이라 하더라도 사문서위조죄와 동행사죄가 성립한다.[465] 판시 각 실제수령액과 다른 내용의 2중 봉급명세서 작성행위는 피고인이 공소외 학교법인의 누적된 사채 등의 원리금을 상환하기 위하여 편법으로 재정을 확보하려 한 것으로서 그 명의자들의 이익을 위한 것이 아니었던 점, 당시 그 명의자들은 위 봉급명세서의 작성에 대하여 승낙 여부의 의사결정을 할 수 없는 사정에 놓여 있었던 것이 아니고 피고인도 이러한 사정을 잘 알고 있으면서 의도적으로 그들의 승낙을 받지 않고 이 사건 행위를 감행하였던 점 등이 엿보이는바, 이러한 여러 정황에 비추어 볼 때 이 사건은 피고인이 위 각 2중 봉급명세서의 작성 당시 비록 명의자들의 승낙을 얻지 못하였으나 명의자들이 행위의 내용을 알았더라면 그들 명의로 위 봉급명세서를 작성하는 것을 승낙하였으리라는 사정이 객관적으로 보아 분명하다고 할 수는 없고, 이러한 경우라면 이 사건 범행에 대하여 위 봉급명세서 명의자들의 추정적 승낙이 있었던 때에 해당한다고는 할 수 없으므로 각 봉급명세서 위조와 퇴직급여청구서의 위조 및 동행사 등의 범행을 모두 인정한 원심판결에 소론과 같은 법리오해의 위법이 있다고 할 수 없다.[466] 이른바 1인회사에 있어서 1인주주의 의사는 바로 주주총회나 이사회의 의사와 같은 것이어서 가사 주주총회나 이사회의 결의나 그에 의한 임원변경등기가 불법하게 되었다 하더라도 그것이 1인주주의 의사에 합치되는 이상 이를 가리켜 의사록을 위조하거나 부실의 등기를 한 것이라고는 볼 수 없다 하겠으나 한편 임원의 사임서나 이에 따른 이사사임등기는 위와 같은 주주총회나 이사회의 결의 또는 1인주주의 의사와는 무관하고 오로지 당해 임원의 의사에 따라야 하는 것이므로 당해 임원의 의사에 기하지 아니한 사임서의 작성이나 이에 기한 등기부의 기재를 하였다면 이는 사문서위조 및 공정증서원본불실기재의 죄책을 면할 수 없다.[467] 다른 곳의 토지에 분묘를 소유하고 있는 피해자에게 피고인이 신청한 골재채취장과는 멀리 떨어져 있어 토석체취를 한다고 하여도 피해가 없으니 동의해 달라고 말하여 백지의 동의서 양식에 인감도장을 날인하게 한 다음, 행사할 목적으로 그 동의서에 피해자의 의사에 반하여 분묘 소재지를 위 골재채취장 주변의 토지로 기재하였다면 피고인이 작성한 피해자 작성명의의 동의서는 피해자가 동의서의 양식에 인감도장을 날인하면서 그 공란을 기재하도록 승낙한 내용과 다른 것이고, 위 동의서의 공란을 기재하여 완성하도록 승낙한 취지에도 어긋나는 것이어서 피고인은 피해자가 승낙한 문서 아닌 문서를 작성한 셈이 되고, 피해자의 의사에 반한 내용의 동의서를 작성한 것이 되어 사문서를 위조한 경우에 해당한다고 보아야 할 것이고, 그 동의서에 미리 날인받은 피해자의 인영이 진정한 것이었다고 하여

---

463) 대법원 1994.9.30. 선고 94도1787 판결; 대법원 1983.10.25. 선고 83도1500 판결; 대법원 1973.10.23. 선고 73도1138 판결.

464) 대법원 1994.9.30. 선고 94도1787 판결.

465) 대법원 1993.9.28. 선고 93도2143 판결; 대법원 1973.10.23. 선고 73도1138 판결.

466) 대법원 1993.7.27. 선고 92도2160 판결.

467) 대법원 1992.9.14. 선고 92도1564 판결; 대법원 1981.6.9. 선고 80도2641 판결.

이것만 가지고 사문서를 위조한 것이 아니라고 할 수 없다.[468] 비록 본건과 같이 "부산 해운대구 **동 **번지 **산업사 대표 ***"라고 새겨진 고무명판을 찍었을 뿐 서명날인이 없는 문서라고 하더라도 외관상 그 명의자가 작성한 사문서로 볼 수 있는 정도의 형식과 외관을 갖춘 이상 사문서 위조죄는 성립한다.[469] 예금청구서에 작성명의자의 기명만 있고 날인이 빠져있다 하여도 일반인이 그 작성명의자에 의하여 작성된 예금청구서라고 오신할 만한 형식과 외관을 갖추고 있는 이상 권한없이 위 예금청구서를 작성한 행위는 사문서위조죄에 해당하고 날인이 없다 하여 이를 미완성 문서로 볼 수는 없다.[470] 피고인(갑)이 공소외(을)과의 동업계약에 따라 (갑)의 명의로 변경하기 위하여 (을)의 인장이 날인된 백지의 건축주명의변경신청서를 받아 보관하고 있던 중 그 위임의 취지에 반하여 피고인(병) 앞으로 건축주명의를 변경하는 건축주명의변경신청서를 작성하여 구청에 제출하였다면 사문서위조 및 그 행사죄가 성립한다.[471] 공소외인이 농업양곡직매장 운영에 관하여 자기명의의 문서를 작성할 권한을 부여받았다 하더라도 이 사건과 같은 개인 채무부담의 의견표시인 문서는 다른 사정이 없는 한 경험칙이나 논리칙상 공적 문서로 볼 수 없다.[472] 사자명의로 된 문서를 작성함에 있어 사망자의 처로부터 사망자의 인장을 교부받아 생존 당시 작성한 것처럼 문서의 작성일자를 그 명의자의 생존중의 일자로 소급하여 작성한 때에는 작성명의인의 승낙이 있다고 볼 수 없다 할 것이니 사문서위조죄에 해당한다.[473] 권리의무에 관한 사문서인 타인 명의의 신탁증서 1통을 작성한 후 마치 이를 다른 내용의 문서인 것처럼 그 타인에게 제시하여 날인을 받은 후 이를 법원에 증거로 제출하여 사용하였다면 사문서위조 및 동행사죄가 성립한다.[474] 학교 성적증명서작성에 있어서 그 작성권자는 그 학교의 교장일 뿐 교감이 아님이 명백하고 성적증명서의 발급은 교장의 전결사항인데 교장의 부재시 교감이 대결하였을 경우에는 그 부재중 교감이 성적증명서의 발급을 대결할 수 있는지의 여부를 가려보아야 하고 대결할 수 있는 위임이 있었다 하더라도 부정한 행사는 그 위임의 본지에 반하는 것이라 할 것이므로 이는 결국 권한없는 자의 결재에 의한 성적증명서의 작성이 되므로 사문서위조죄에 해당된다고 할 것이다.[475] 부동산에 관한 근저당권설정계약서나 그 등기신청에 첨부되는 위임장에 설정할 근저당권의 순위번호의 기재가 필수적 요건은 아니나 피고인이 문서작성의 위촉을 받을 때 제1순위의 근저당권설정 및 그 등기신청에 관한 것이 뚜렷한 이 사건에 있어서 그 위임의 취지에 배치되는 제2심 및 제3심의 근저당권설정에 관한 문서를 작성한 소위는 문서위조죄에 해당된다.[476] 피고인이 근무하던 증권회사에서는 위탁자의 서명이 있으면 날인이 누락된 위탁자 출금청구서라 하여도 출금이 가능하였으므로 권한없이 위탁자 본인의 의사에 의한 것처럼 가장하여 위탁자의 서명만 있고 날인이 없는 위탁자 출금청구서를 작성, 행사한 피고인의 소위를 사문서위조 동행사죄로 의률 처단하였음은 정당하다.[477] 위탁된 권한을 초월하여 위탁자 명의의 문서를 작성하거나 위탁자의 서명날인이 정당하게 성립한 때라 하더라도 그 서명날인자의 의사에 반하는 문서를 작성한 경우에는 사문서위조죄가 성립한다 할 것이므로 피고인이 공소외 (갑)으로부터 금 75,000,000원의 차용 위탁을 받고

---

468) 대법원 1992.3.31. 선고 91도2815 판결.
469) 대법원 1987.1.20. 선고 86도1867 판결.
470) 대법원 1984.10.23. 선고 84도1729 판결.
471) 대법원 1984.6.12. 선고 83도2408 판결.
472) 대법원 1984.3.27. 선고 83도2892 판결.
473) 대법원 1983.10.25. 선고 83도1520 판결.
474) 대법원 1983.6.28. 선고 83도1036 판결.
475) 대법원 1983.4.12. 선고 83도154 판결.
476) 대법원 1982.11.9. 선고 81도2501 판결; 대법원 1976.7.13. 선고 74도2035 판결.
477) 대법원 1982.10.12. 선고 81도3176 판결.

백지의 대출신청서 및 영수증에 동인의 날인을 받은 연후에 차용금액을 금 150,000,000원으로 기입하여 공소외 (갑) 명의의 대출신청서 및 영수증을 작성하였다면 문서위조죄가 성립한다.[478] 신용장에 날인된 은행의 접수일부인은 사실증명에 관한 사문서에 해당되므로 신용장에 허위의 접수인을 날인한 것은 사문서위조에 해당된다.[479] 전과 있는 자가 실존하는 (갑)으로 가장하여 이력을 속여 회사에 취직한 자가 (갑) 명의 사직원, 서약서, 근로계약서를 작성한 행위는, 본명 대신에 가명을 사용한 경우와는 달라서, 각 사문서위조에 해당한다. 또 피보증인으로서 위 (갑)을 자기인 것으로 기만하여 (을) 명의의 신원보증서를 작성하게 한 것은 사문서위조죄가 된다.[480] 신진문화영화사, 국제신보사 및 문화방송국이 실지 존재함은 일건기록상 명백하므로 위의 영수증 6매는 흡사 권한 있는 대표 또는 대리인에 의하여 위들 단체명의로 작성한 것으로 일반인이 믿을 수 있는 것이라 할 것이니 작성자로 표시된 조영일 등이 허무인이라 할지라도 사문서위조죄가 성립된다고 보아야 할 것이다.[481] 피고인이 "갑"의 사망 후에 그 명의를 모용하여 문서를 위조하고 이를 행사한 경우 그 문서작성일자가 위 "갑"의 사망일자인 동시에 생존일자라 하면 이는 일반인으로 하여금 그 사망자의 생존중에 작성한 것처럼 오신케 할 우려가 있으므로 문서에 대한 일반사회적인 신뢰성과 거래의 안전을 보호하려는 문서위조죄의 보호법익에 비추어 사문서위조, 동행사죄로 처단해야 할 것이다.[482] 소론문서는 최초에 미군정보사령부 부산지구 CIC 제2파견대장 공소외 4이 발행한 피고인에 대한 임시대원증 즉 사실증명에 관한 문서로서 발행일자 단기 4283년 7월12일 유효기간 발행일부터 30일으로 되여 있어 동문서가 동년 8월 12일을 경과함으로 인하여 당연히 무효에 귀하였는데도 불구하고 피고인은 동년 8월 18일 행사의 목적으로 차를 자료로 하여 동 문서중 발행일자를 7월 22일로 개찬하여서 동문서의 효력이 동년 8월 22일까지 존속되는 취지의 문서를 작출한 사실이 명백하고 기록에 의하면 원심인정사실이 정확함을 인정할 수 있으니 차행위가 판시 설명이유에 의하여 문서변조가 아니요 문서위조임이 분명함으로 원판결에는 하등위법이 없고 차를 비난하는 논지는 이유없다.[483]

위조를 부정한 판례의 구체적 내용은 다음과 같다. 즉,

주식을 명의신탁한 피고인이 명의수탁자를 변경하기 위해 제3자에게 주식을 양도한 후 수탁자 명의의 증권거래세 과세표준신고서를 작성하여 관할세무서에 제출함으로써 과세표준신고서를 위조하고 이를 행사하였다는 공소사실로 기소된 사안에서, 신탁자에게 아무런 부담이 지워지지 않은 채 재산이 수탁자에게 명의신탁된 경우 특별한 사정이 없는 한 수탁자는 신탁자에게 자신의 명의사용을 포괄적으로 허용했다고 보는 것이 타당하므로, 사법행위와 공법행위를 구별하여 신탁재산의 처분 등과 관련한 사법상 행위에 대하여만 명의사용을 승낙하였다고 제한할 수는 없고, 특히 명의신탁된 주식의 처분 후 수탁자 명의의 과세표준신고를 하는 것은 법령에 따른 절차로서 신고를 하지 않는다면 오히려 수탁자에게 불이익할 수 있다는 점까지 고려한다면, 명의수탁자가 명의신탁주식의 처분을 허용하였음에도 처분 후 과세표준 등의 신고행위를 위한 명의사용에 대하여는 승낙을 유보하였다고 볼 특별한 사정이 존재하지 않는 한 허용된 범위에 속한다고 보아야 하므로,

478) 대법원 1982.10.12. 선고 82도2023 판결.
479) 대법원 1979.10.30. 선고 77도1879 판결.
480) 대법원 1979.6.26. 선고 79도908 판결.
481) 대법원 1975.2.10. 선고 73도2296 판결.
482) 대법원 1973.10.23. 선고 73도1138 판결.
483) 대법원 1952.5.20. 선고 4285형상80 판결.

수탁자 명의로 과세표준신고를 하는 행위는 공법행위라는 등의 이유로 사문서위조죄 및 위조사문서행사죄가 성립한다고 본 원심판단에 법리오해의 위법이 있다.[484] 피고인들이 갑 등과 공모하여, 부동산등기법 제49조 제3항, 제2항에서 정한 확인서면의 등기의무자란에 등기의무자 을 대신 갑이 우무인을 날인하는 방법으로 사문서인 을 명의의 확인서면을 위조한 다음 법무사를 통해 이를 교부받았다고 기소된 사안에서, 위 확인서면은 법무사 명의의 문서이고, 작성명의인인 법무사가 피고인들 등에게 속아 등기의무자를 을로 하는 내용의 확인서면을 작성하였다고 하더라도 이를 피고인들 등이 위조하였다고는 볼 수 없다.[485] 주식회사의 지배인이 자신을 그 회사의 대표이사로 표시하여 연대보증채무를 부담하는 취지의 회사 명의의 차용증을 작성·교부한 경우, 그 문서에 일부 허위 내용이 포함되거나 위 연대보증행위가 회사의 이익에 반하는 것이더라도 사문서위조 및 위조사문서행사에 해당하지 않는다.[486] 이 사건 각 매매계약동의서는 이 사건 재개발사업 대상 토지들의 소유자인 공소외 1 외 11명이 일정한 기한 내에 매매계약을 체결할 것을 동의한다는 내용을 컴퓨터 및 필기구를 이용하여 작성한 것으로서, 동의 당사자인 위 공소외 1 외 11명의 성명 및 주소만이 기재되었을 뿐 날인은 없었다는 것이고, 다른 토지소유자 7명의 매매동의를 얻어 날인까지 받은 매매계약동의서와 함께 제시되었다는 것인 바, 위 12매의 문서들의 위와 같은 형식, 외관, 기재방식 및 날인이 되어 있는 7매의 다른 매매계약동의서와 함께 제시됨으로써 제시받은 당사자가 위 공소외 1 외 11명의 소유자들에 대하여는 확정적인 매매계약동의를 받지 못하였음을 쉽게 구별하여 확인할 수 있는 점, 위 공소외 1 외 11명에 대해서는 가격을 포함한 충분한 협의가 있어서 날인한다고 하면 바로 받으려고 미리 서식에 이름과 주소, 예상가격을 기재하여 휴대하고 있었다는 피고인의 주장이 설득력이 있는 점, 매매계약동의서가 당사자 사이에 장차 매매계약을 체결하는 것에 대한 합의가 있었음을 증명하는 서류로서 그 후 당사자들은 그에 따른 매매계약을 체결할 일정한 구속을 받게 된다는 기능을 갖는 점 등에 비추어 보면, 위 매매계약동의서는 공소외 1 외 11명이 작성한 진정한 문서로 오신하기에 충분한 정도의 형식과 외관을 갖춘 완성된 문서라고 인정하기에 부족하다 할 것이다.[487] 법인의 이사가 사임하는 행위는 상대방 있는 단독행위라 할 것이어서 그 의사표시가 상대방에게 도달함과 동시에 그 효력을 발생하는 것이고, 통상 이사가 사임하면 그 즉시 이사로서의 지위를 상실하므로 자신의 이름을 회사의 이사인 것처럼 사용하도록 허락한 사람이 사임의 의사표시를 하는 경우 그 의사표시에는 명의사용에 대한 기존의 승낙이나 동의를 더 이상 유지하지 않는다는 의사도 포함된 것이고 상대방도 이러한 의사를 인식하였다고 보는 것이 일반적이라고 할 것이므로 그 이후에는 더 이상 그 명의를 사용할 수 없다고 할 것이다. 그러나 사임으로 인하여 필요한 이사의 수에 결원이 생기는 등의 사유가 있는 경우에는 명의사용을 곧바로 금지한 것이고 상대방인 1인 회사의 대표이사도 그 금지의 의사를 인식하였다고 단정할 수는 없다. 그러므로 이사가 사임한 경우에 더 이상의 명의사용을 금지한 것인지 여부 및 상대방이 이를 인식하였는지 여부는 당초 이사로 선임된 동기, 사임으로 인한 이사 정원의 미달 여부, 사임의 동기, 이사와 회사 및 1인 주주와의 관계, 사임 이후의 명의사용에 대하여 이의를 제기하였는지 여부 등의 사정을 종합하여 살펴보아야 할 것이다. 원심은 피고인 갑이 **음료의 이사인 공소외 11, 감사인 공소외 12 뿐만 아니라 사임의 의사를 표시하였던 이사 공소외 13 등 3인 명의로 이사회 의사록을 작성하고 이를 **음료에 비치하거나 **종합건설 주식회사 대표이사 공소외 14에게

484) 대법원 2022.3.31. 선고 2021도17197 판결.
485) 대법원 2010.11.25. 선고 2010도11509 판결.
486) 대법원 2010.5.13. 선고 2010도1040 판결.
487) 대법원 2009.5.14. 선고 2009도5 판결.

교부한 행위가 사문서위조 및 위조사문서행사죄에 해당하지 아니한다고 하였는 바, 위에서 본 법리 및 기록에 비추어 보면 원심의 판단은 정당하고 거기에 검사의 상고이유 주장과 같은 사문서위조 및 위조사문서행사에 관한 법리오해의 위법은 없다.[488] 주식회사 대표이사의 대표권은 정관이나 주주총회 또는 이사회 결의 등에 의하여 적법하게 제한할 수 있지만, 회사의 운영을 실질적으로 장악·통제하고 있는 1인 주주가 적법한 대표이사의 권한 행사를 사실상 제한하고 있다는 것만으로는 대표이사의 대표권을 적법하게 제한하였다고 할 수 없으므로, 대표이사가 권한을 행사하는 과정에서 단순히 그 1인 주주의 위임 또는 승낙을 받지 않았다고 하여 그 대표권 행사가 권한을 넘어서는 행위가 되는 것은 아니다. 같은 취지에서, 원심이 **레미콘 주식회사의 적법한 대표이사로 선임된 피고인이 '**레미콘 주식회사 대표이사 공소외 1'로 표시하여 위 회사명의 문서를 작성한 행위는, 비록 공소외 1이 이미 퇴임한 전 대표이사이거나 그 문서 내용 중 일부가 진실에 반하는 허위라고 하더라도, 그리고 위 회사의 운영을 실질적으로 장악·통제하고 있던 1인 주주인 공소외 2의 구체적인 위임 또는 승낙을 받지 않았다고 하더라도, 위조행위에 해당하지 않는다고 판단한 것은 정당하고, 거기에 상고이유에서 주장하고 있는 바와 같은 위조 개념에 관한 법리오해나 증거취사 또는 평가에 관한 법령위반 등의 위법은 없다. 검사의 상고이유는 모두 받아들이지 아니한다.[489] A회사의 대표이사 갑이 B회사의 대표이사 을로부터 포괄적 위임을 받아 두 회사의 대표이사 업무를 처리하면서 두 회사 명의로 허위 내용의 영수증과 세금계산서를 작성한 사안에서, B회사 명의 부분은 을의 개별적·구체적 위임 또는 승낙 없는 행위로서 사문서위조 및 위조사문서행사죄가 성립하지만, A회사 명의 부분은 이미 퇴직한 종전의 대표이사를 승낙 없이 대표이사로 표시하였더라도 이에 해당하지 않는다고 한 사례이다.[490] 신탁자에게 아무런 부담이 없이 재산이 수탁자에게 명의신탁된 경우에는 그 재산의 처분 기타 권한행사에 있어서는 수탁자가 자신의 명의사용을 포괄적으로 신탁자에게 허용하였다고 봄이 상당하므로, 신탁자가 수탁자 명의로 신탁재산의 처분에 필요한 서류를 작성함에 있어 수탁자로부터 개별적인 승낙을 받지 아니하였다 하더라도 사문서위조·동행사죄가 성립하지 아니한다.[491] 이 사건 세금계산서는, 원심이 적절히 설시한 바와 같이, 부가가치세 과세사업자가 재화나 용역을 공급하는 때에 이를 공급받은 자에게 작성·교부하여야 하는 계산서이므로(부가가치세법 제16조 제1항), 그 작성권자는 어디까지나 재화나 용역을 공급하는 공급자라고 보아야 할 것이고, 공급받는 자의 상호, 성명, 주소는 필요적 기재사항이 아닌 임의적 기재사항에 불과하여(부가가치세법 시행령 제53조 제1항) 공급받는 자의 상호, 성명, 주소가 기재되어 있지 않은 세금계산서라도 그 효력에는 영향이 없으며, 공급자가 세금계산서를 작성함에 있어 공급받은 자의 동의나 협조가 요구되지도 않는 점 등에 비추어 세금계산서상의 공급받는 자는 그 문서 내용의 일부에 불과할 뿐 세금계산서의 작성명의인은 아니라 할 것이니, 공급받는 자 란에 임의로 다른 사람을 기재하였다 하여 그 사람에 대한 관계에서 사문서위조죄가 성립된다고 할 수 없다. 원심이 같은 이유로, 세금계산서의 공급받는 자 란에 권한 없이 공소외 주식회사이라고 기재함으로써 위 공소외 주식회사 명의의 세금계산서 1장을 위조하여 행사하였다는 이 사건 공소사실에 대해 무죄를 선고한 것은 정당하므로, 거기에 사문서위조에 관한 법리오해가 있다는 상고논지는 받아들일 수 없다.[492] 가사 고소사실

488) 대법원 2009.5.14. 선고 2008도11040 판결.

489) 대법원 2008.11.27. 선고 2006도9194 판결.

490) 대법원 2008.11.27. 선고 2006도2016 판결.

491) 대법원 2007.11.30. 선고 2007도4812 판결; 대법원 2007.3.29. 선고 2006도9425 판결; 대법원 1983.10.25. 선고 83도1213 판결.

492) 대법원 2007.3.15. 선고 2007도169 판결.

과 같이 피고인의 승낙 없이 공소외 2와공소외 1이 그들 명의의 임대차계약서를 새로 작성하였다고 하더라도 작성권한이 없는 자가 타인 명의의 문서를 작성한 경우에 해당하지 아니하여 사문서위조죄가 성립할 여지가 없다.[493] 작성명의자의 승낙이나 위임이 없이 그 명의를 모용하여 토지사용에 관한 책임각서 등을 작성하면서 작성명의자의 서명이나 날인은 하지 않고 다만 피고인이 자신의 이름으로 보증인란에 서명·날인한 경우, 사문서위조죄가 성립되기 어렵다.[494] 타인 명의의 문서를 위조하여 행사하였다 할지라도 그 문서를 작성할 당시 그 명의자가 이미 사망한 경우에는 그 문서의 작성일자가 그 명의자의 생존중의 일자로 된 경우가 아니면 사문서위조의 죄나 그 행사의 죄에 해당하지 아니한다.[495] 특정된 용도로 본인이 직접 발급받은 인감증명서가 첨부되어 있고 그 특정된 용도에 맞게 같은 인감도장에 의하여 작성된 문서는 특별한 사정이 없는 한 본인이나 그로부터 정당한 권한을 위임받은 자에 의하여 그 권한의 범위안에서 적법하게 작성된 것으로 보아야 하므로, 뚜렷한 증거가 없는 한 쉽사리 이를 위조된 문서라고 인정할 것은 아니다.[496] 종친회 결의서의 피위조명의자 중 피고인의 형제 2명이 승낙한 사안에서 피고인의 아들들이나 위 형제들의 아들들에 대하여 추정적 승낙을 인정할 여지가 있다고 한 사례이다.[497] 갑과 을이 공동으로 주식회사를 경영하다가 갑이 을에게 위 회사의 소유와 경영에 관한 일체의 권리를 포기하면서 그 사무처리의 권한까지 을에게 포괄적으로 위임함으로써 을이 그 사무처리를 위하여 갑명의의 주식배당포기서, 이사사임서 등을 작성 행사한 것이라면 비록 을이 개개의 문서작성에 관한 승낙을 받지 않았다 하더라도 별다른 사정이 없는 한 묵시적인 승낙을 받았다고 할 것이어서 그것이 사문서위조, 동행사죄를 구성하거나, 그에 따른 법인등기부 변경등기를 경료한 것이 공정증서원본불실기재, 동행사죄등 을 구성할 수는 없다.[498] 전세계약서를 작성함에 있어 그 명의자의 명시적이거나 묵시적인 승낙(위임)이 있은 것이라면 이는 사문서위조에 해당한다 할 수 없다.[499] 혼인신고 당시에는 피해자가 피고인과의 동거관계를 청산하고 피고인을 만나주지 아니하는 등으로 피하여 왔다면 당초에는 피해자와 사실혼 관계에 있었고 또 피해자에게 혼인의 의사가 있었다 하더라도 위 혼인신고 당시에는 그 혼인의사가 철회되었다고 보아야 할 것이므로 피고인이 일방적으로 혼인신고서를 작성하여 혼인신고를 한 소위는 설사 혼인신고서 용지에 피해자 도장이 미리 찍혀 있었다 하더라도 사문서 위조 기타 관계법조의 범죄에 해당한다 할 것이다.[500] 정부의 민원사무간소화규칙에 따라 매도인 또는 매수인이 단독으로 신청할 수 있는 농지개혁법 제19조 제2항의 농지매매증명을 발급받음에 있어 신청용지의 신청인난 중에 매수인난에는 피고인의 이름을 기재하고 날인하였으나 매도인난에는 공소외인의 이름만 기재하고 날인을 하지 않았다면 위 문서는 그 형식이나 외관상 피고인 단독명의로 신청된 문서로 인정될 뿐 피고인과 공소외인이 공동으로 신청한 문서로는 볼 수 없으므로 위 사실만으로는 위 공소외인 명의의 농지매매사실증명확인원을 위조하였다고 볼 수 없다.[501] 이사회를 개최함에 있어 공소외 이사들이 그 참석 및 의결권의 행사에 관한 권한을

493) 대법원 2002.11.8. 선고 2002도3738 판결.
494) 대법원 1997.12.26. 선고 95도2221 판결.
495) 대법원 1997.7.25. 선고 97도605 판결; 대법원 1994.9.30. 선고 94도1787 판결; 대법원 1970.11.30. 선고 70도2231 판결.
496) 대법원 1995.6.30. 선고 94도1286 판결.
497) 대법원 1993.3.9. 선고 92도3101 판결.
498) 대법원 1988.9.13. 선고 87도2012 판결; 대법원 1983.4.12. 선고 83도328 판결; 대법원 1969.12.30. 선고 69도2055 판결.
499) 대법원 1988.1.12. 선고 87도2256 판결.
500) 대법원 1987.4.11. 선고 87도399 판결.
501) 대법원 1986.9.23. 선고 86도1300 판결.

피고인에게 위임하였다면 그 이사들이 실제로 이사회에 참석하지도 않았는데 마치 참석하여 의결권을 행사한 것처럼 피고인이 이사회 회의록에 기재하였다 하더라도 이는 이른바 사문서의 무형위조에 해당할 따름이어서 처벌대상이 되지 아니한다.[502] 피해자들이 일정 한도액에 관한 연대보증인이 될 것을 허락하고 이에 필요한 문서를 작성하는데 쓰일 인감도장과 인감증명서(대출보증용)를 채무자에게 건네준 취지는 채권자에 대해 동액상당의 채무를 부담하겠다는 내용의 문서를 작성하도록 허락한 것으로 보아야 할 것이므로 비록 차용금증서에 동 피해자들을 연대보증인으로 하지 않고 직접 차주로 하였을 지라도 그 문서는 정당한 권한에 기하여 그 권한의 범위 안에서 적법하게 작성된 것으로 보아야 한다.[503] 피고인이 시장점포의 임대차에 관하여 지주들의 허락을 받고 공소외인에게 임대하면서 이미 새겨둔 동인들의 인장을 사용하여 임대차계약서를 작성하고 임대보증금을 수령하였다면 이같은 행위는 지주들로부터 위임받은 권한범위내에서 정당한 업무수행행위로서 한 것이므로 사문서위조, 동행사등 죄를 구성하지 않는다.[504] 매수인으로부터 매도인과의 토지매매계약체결에 관하여 포괄적 권한을 위임받은 자는 위임자 명의로 토지매매계약서를 작성할 적법한 권한이 있다 할 것이므로 매수인으로부터 그 권한을 위임받은 피고인이 실제 매수가격 보다 높은 가격을 매매대금으로 기재하여 매수인 명의의 매매계약서를 작성하였다 하여도 그것은 작성권한 있는 자가 허위내용의 문서를 작성한 것일 뿐 사문서위조죄가 성립될 수는 없다.[505] 피고인들이 작성한 회의록에다 참석한 바 없는 소외인이 참석하여 사회까지 한 것으로 기재한 부분은 사문서의 무형위조에 해당할 뿐이어서 사문서의 유형위조만을 처벌하는 현행 형법하에서는 죄가 되지 아니한다.[506] 학교법인 이사들이 그 인장을 학교측에 보관시키면서 이사들의 의사에 반하지 아니하는 범위내에서 즉 이사회 회의록 등을 작성할 때 그 내용이 진실에 합치되는 경우에는 필요에 따라 이를 사용할 수 있도록 사전에 포괄적 위임을 한 경우에는 이사회 회의록의 내용이 회의경과를 그대로 기재하고 있어 이사들의 의사에 배치되는 점이 전혀 없는 이상 사문서위조죄를 구성하지 않는다.[507] 이미 사망한 사람 명의의 문서를 위조하거나 이를 행사하더라도 사문서위조나 동행사죄는 성립하지 않는다는 문서위조죄의 법리에 비추어 이와 죄질을 같이하는 인장위조죄의 경우에도 사망자 명의의 인장을 위조, 행사하는 소위는 사인위조 및 동행사죄가 성립하지 않는다고 해석함이 상당하다.[508] 고소인의 제3자에 대한 채권의 변제책임을 부담하는 대신 그 채권에 관하여 설정한 가등기에 의한 담보권을 양수한 피고인이 위 가등기를 말소함에 있어서 고소인명의의 가등기말소신청서 등을 임의로 작성하였다 하더라도 이는 결국 고소인으로부터의 포괄적 위임 내지 승락에 기한 것이어서 피고인이 위 가등기말소신청서 등을 위조하였다고 할 수 없다.[509] 위탁사에게 아무런 부담이 지워지지 않은 채 재산이 수탁자에게 명의신탁된 경우에는 특단의 사정이 없는 한, 그 재산의 처분 기타 권한행사에 있어서는 수탁자의 명의사용을 포괄적으로 위탁자에게 허용하였다고 봄이 상당하므로(대법원 1980.3.25. 선고 79도799 판결 참조) 위탁자가 신탁재산의 처분에 관하여 수탁자 명의의 매매계약서, 등기위임장 등을 작성하였다고 하여 사문서위조·동행사죄가 되지 아니한다.[510] 타인

502) 대법원 1985.10.22. 선고 85도1732 판결; 대법원 1984.4.24. 선고 83도2645 판결; 대법원 1983.4.12. 선고 83도328 판결.
503) 대법원 1984.10.10. 선고 84도1566 판결.
504) 대법원 1984.7.24. 선고 84도785 판결.
505) 대법원 1984.7.10. 선고 84도1146 판결.
506) 대법원 1984.4.24. 선고 83도2645 판결.
507) 대법원 1984.3.27. 선고 82도1915 판결.
508) 대법원 1984.2.28. 선고 82도2064 판결.
509) 대법원 1984.2.14. 선고 83도2650 판결.

의 대표자 또는 대리자가 그 대표명의, 대리명의 또는 직접 본인의 명의를 사용하여 문서를 작성할 권한을 가지는 경우에 그 권한을 남용하여 단순히 자기 또는 제3자의 이익을 도모할 목적으로 마음대로 그 대표자, 대리명의 또는 직접 본인명의로 문서를 작성한 때에는 문서위조죄는 성립하지 아니한다.[511] 보증인이 되기 위하여 필요한 문서를 작성하는데 쓰일 인감도장과 인감증명서를 채무자에게 건네준 취지는 채무자로 하여금 그와 더불어 채권자에 대한 동액의 채무를 부담하겠다는 내용이 담긴 문서를 작성하도록 허용한 것이라고 할 것이므로 채무자가 그와 같은 내용의 문서를 작성하였고, 비록 그 문서가 표목이 보증서로 되어 있지 않으며 보증인이라는 기재가 없는 차용증이라 하더라도 그 문서는 정당한 권한에 기하여 작성된 것이다.[512] 작성일자만을 공란으로 둔 채 완성된 대출금신청서와 차용금증서에 타인이 작성일자를 임의로 기입한 행위는 특단의 사유가 없는 한 문서작성명의인의 작성권한을 침해한 것이라고 할 수 없으므로 문서위조죄에 해당하지 아니한다.[513] 소외 (갑)회사의 이사인 소외 (을), (병)이 그 이사직을 사임코자 각 사임서를 대표이사에게 제출하였으나 대표이사가 이사사임등기를 하지 않자 업무담당이사인 피고인에게 이사사임등기를 강력히 요구하자 피고인이 동인들의 인장을 새겨 이사사임서를 작성한 행위는 동인들의 묵시적 승낙하에 한 것이라 볼 수 있으므로 이의 위조 및 동행사죄가 성립되지 않는다.[514] 타인의 대표자 또는 대리자가 그 대표명의 또는 대리명의를 써서 또는 직접 본인의 명의를 사용하여 문서를 작성할 권한을 가지는 경우에 그 지위를 남용하여 단순히 자기 또는 제3자의 이익을 도모할 목적으로 마음대로 그 대표자 또는 대리명의 또는 직접 본인명의로 문서를 작성한 때라고 할지라도 문서위조죄는 성립하는 것이 아니다. 왜냐하면 그 목적이 본인을 위하여서이거나 또는 자기 또는 제3자의 이익을 도모하는 것 때문이거나는 오직 본인과 대표자 또는 대리자간에 있어서의 내부관계에 그치고 외부관계에 있어서는 아무런 차별이 있는 것이 아니며, 형식상 그 작성 명의에 허위가 없으므로 이러한 문서에 있어서 행하여진 의사표시는 사법상 유효하고 직접 본인에 대하여 그 효력이 생기는 것이라고 하지 아니할 수 없기 때문이다.[515] 매매계약서와 대금영수증의 여백 부분에 *** 귀하라고 표시한 것은 그 표시된 위치가 내용과 관계없는 곳이고 그 사문서의 내용이나 효력에 전에 없던 새로운 것을 가져오게 한 기재가 아니고 또한 어떤 행사의 목적이 있지 아니하면 사문서위조죄가 성립하지 아니한다.[516] 타인명의의 문서를 위조하여 행사하였다 할지라도 그 명의자가 이미 사망한 경우에는 그 문서의 작성일자가 명의자의 생존중의 일자로 된 경우가 아니면 사문서위조 및 그 행사죄가 성립되지 아니한다.[517] 이장이 이무처리관계로 맡아 둔 이민의 인장을 사용하여 이무처리상 필요한 문서를 작성하였다면 문서위조죄를 구성하지 않는다.[518] 행사할 목적으로 죽은 사람의 명의의 문서를 위조하거나 이를 행사하더라도 사문서위조, 동행사죄는 성립하지 않는다.[519] 종친회의 결의서내용을 회원이 인식하고 날인하였다면 과거 한자리에 집합하여 결의한 것이 아니라도 위조한 결의서라 할 수 없다.[520]

---

510) 대법원 1983.10.25. 선고 83도1213 판결.
511) 대법원 1983.10.25. 선고 83도2257 판결; 대법원 1983.4.12 선고 83도332 판결.
512) 대법원 1983.6.28. 선고 83도513 판결.
513) 대법원 1983.4.26. 선고 83도520 판결.
514) 대법원 1983.4.12. 선고 83도328 판결.
515) 대법원 1983.4.12. 선고 83도332 판결.
516) 대법원 1980.3.11. 선고 80도222 판결.
517) 대법원 1970.11.30. 선고 70도2231 판결.
518) 대법원 1969.12.30. 선고 69도2055 판결.
519) 대법원 1966.11.22. 선고 66도1341 판결.
520) 대법원 1961.11.23. 선고 4294형상448 판결.

② 변 조

ⓘ 의 의 변조(變造)란 진정하게 성립된 문서의 내용에 권한 없는 자가 문서의 동일성을 해하지 않는 한도에서 변경을 가하여 새로운 증명력을 작출하는 것을 말한다.[521] 변조도 공공의 신용을 해할 위험성이 있다.[522]

판례에 의하면 이미 진정하게 성립된 타인 명의의 문서가 존재하지 않는다면 사문서변조죄가 성립할 수 없다.[523] 권한 없는 자에 의해 변조된 부분은 진정하게 성립된 부분이라 할 수 없다.[524] 따라서 문서의 내용 중 권한 없는 자에 의하여 이미 변조된 부분을 다시 권한 없이 변경하였다고 하더라도 사문서변조죄는 성립하지 않는다.[525]

ⓘⓘ 위조와의 구별 변조는 효력이 현존하는 문서에 기재를 증감하여 그 증명력을 변경한다는 점에서 효력이 이미 소멸한 기존의 문서를 이용하여 다시 새로운 문서를 작성하거나 기존문서의 효력을 완전히 소멸시켜 별개의 권리관계 또는 사실관계를 증명하는 효력을 발생시키는 위조와 구별된다고 할 수 있다.[526] 전술한 바와 같이 변조는 속칭 가짜로 만든다는 점에서 가짜를 만드는 위조와 구별된다고 할 수 있다.

ⓘⓘⓘ 명의자의 승낙 사문서를 수정할 때 명의자가 명시적이거나 묵시적으로 승낙을 하였다면 사문서변조죄가 성립하지 않는다.[527] 또 행위 당시 명의자가 현실적으로 승낙하지는 않았지만 명의자가 그 사실을 알았다면 당연히 승낙했을 것이라고 추정되는 경우에도 사문서변조죄가 성립하지 않는다.[528]

변조를 긍정한 판례의 구체적 내용은 다음과 같다. 즉,

> (갑) 학교법인 이사장인 피고인이 (갑) 법인의 2014년도 제1차 이사회 회의록(이하 '회의록'이라 한다) 중 '이사장의 이사회 내용 사전 유출로 인한 책임을 물어 회의록 서명을 거부합니다. (을)'이라고 기재된 부분 및 그 옆에 있던 이사 (을)의 서명 부분(이하 '문구'라 한다)을 지워 회의록을 변조하고, 이를 행사하였다는 내용으로 기소된 사안에서, 피고인이 이사회를 개최한 후 회의록을 작성하여 회의에 참석한 이사들과 감사로부터 회의록 각 페이지 하단의 간서명과 마지막 페이지에 기재된 기명 옆에 서명을 받은 사실, (을)이 '피고인이 사전에 회의의 내용을 공개하였다'는 이유로 서명을 거부하자 (을)에게 회의록에 거부사유를 기재하도록 하였고, (을)은 회의록 첫 페이지의 간서명란 바로 밑에 문구를 기재한 사실, 피고인은 그 후 임의로 문구를 삭제한 후 다음 날 회의록을 (갑) 법인 홈페이지에 게시한 사실을 알 수 있는데, 이러한 사실관계를 법리에 비추어 보면, (을)이 회의록에 대한 서명권한 범위 내에서 회의록에 서명거부사유를 기재하고 그에 대한 서명을 한 이상 문구는 회의록의 일부가 되었으며, 이는 서명거부의 의미로 서명을 하지 않은 것과 내용면에서 동일하다고

521) 대법원 2020.6.4. 선고 2020도3809 판결; 대법원 2017.12.5. 선고 2014도14924 판결; 대법원 2015.11.26. 선고 2014도781 판결; 대법원 2012.9.27. 선고 2010도15206 판결; 대법원 2011.9.29. 선고 2010도14587 판결.
522) 대법원 2011.9.29. 선고 2010도14587 판결.
523) 대법원 2017.12.5. 선고 2014도14924 판결.
524) 대법원 2020.6.4. 선고 2020도3809 판결; 대법원 2012.9.27. 선고 2010도15206 판결.
525) 대법원 2020.6.4. 선고 2020도3809 판결; 대법원 2012.9.27. 선고 2010도15206 판결.
526) 대법원 1952.5.20. 선고 4285형상80 판결.
527) 대법원 2015.11.26. 선고 2014도781 판결; 대법원 2011.9.29. 선고 2010도14587 판결.
528) 대법원 2015.11.26. 선고 2014도781 판결; 대법원 2011.9.29. 선고 2010도14587 판결.

할 수 없으므로, 피고인이 임의로 문구를 삭제함으로써 회의록의 새로운 증명력을 작출하였다는 이유로, 이와 달리 보아 공소사실을 무죄로 판단한 원심판결에 사문서변조죄 및 변조사문서행사죄의 법리를 오해하는 등의 잘못이 있다고 한 사례이다.[529] 일련번호 16번까지 투표지를 받은 사람들의 기명 및 서명이 기재되어 있고, 투표 후 확인업무 담당자인 갑, 을이 그 하단 공백 부분에 서명한 '건물 임시관리단집회 투표지대장'의 일련번호 17번란에 임의로 피고인이 자신의 이름을 기명하고 서명하여, 갑, 을 명의의 사문서인 위 투표지대장을 변조하고, 이를 법원에 증거자료로 제출하여 행사하였다는 공소사실에 대하여, 이를 무죄로 판단한 원심판결은 위 투표지대장의 문서성 및 작성명의인에 관한 법리를 오해한 것이라고 하여 파기된 사례이다.[530] 이 사건 온천수개발합의서에 대한 인증서는 공증인법 제34조에 정한 공정증서가 아니라 공증인법 제57조 제1항에 정한 사서증서의 인증에 해당함이 분명한데, 공증인법 제57조 제1항은 "사서증서의 인증은 당사자로 하여금 공증인의 면전에서 사서증서에 서명 또는 날인하게 하거나 사서증서의 서명 또는 날인을 본인이나 그 대리인으로 하여금 확인하게 한 후 그 사실을 증서에 기재함으로써 행한다"라고 규정하고 있으므로, 공증인이 공증인법 제57조 제1항의 규정에 의하여 사서증서에 대하여 하는 인증은 당해 사서증서에 나타난 서명 또는 날인이 작성명의인에 의하여 정당하게 성립하였음을 인증하는 것일 뿐 그 사서증서의 기재 내용을 인증하는 것은 아니다. 그렇다면 사서증서 인증서 중 인증기재 부분은 공문서에 해당한다고 하겠으나, 위와 같은 내용의 인증이 있었다고 하여 사서증서의 기재 내용이 공문서인 인증기재 부분의 내용을 구성하는 것은 아니라고 할 것이므로, 이 사건과 같이 사서증서의 기재 내용을 일부 변조한 행위는 공문서변조죄가 아니라 사문서변조죄에 해당한다고 보아야 할 것이다.[531] 공소외 망인이 피고인으로부터 어음 1장을 발행교부받으면서 그 증빙으로 작성하여 준 영수증에 그 망인이 "위 어음은 한국주택은행 이리지점의 융자에 따른 할부금 및 연체이자를 불입하기 위해 받은 것이다"는 사실내용을 기재하여 두었을 뿐이어서, 그 문면 자체만으로는 당초 그 어음 수수에 의한 변제목적이 된 해당 은행융자금 상환채무가 구체적으로 어떠한 채무를 가리키는지의 점이 분명치 않은 경우, 피고인이 나중에 관련 민사소송에서 그 어음을 그 계쟁 부동산을 담보물로 한 은행융자금채무의 상환을 위하여 교부받은 것이라는 주장사실을 입증하는 데 사용할 목적으로 당시 보관중이던 그 영수증 위의 "할부금"이라는 기재부분 옆에다 그 작성명의인인 망인의 승낙 없이 임의로 그 계쟁 부동산을 지칭하는 표시로서 "733-19번지"라고 써 넣은 것이라면, 그 변경 내용이 비록 객관적인 진실에 합치하는 것이라 하더라도, 이는 그 영수증에 새로운 증명력을 가져오게 한 것임이 분명하므로, 사문서변조죄의 구성요건을 충족한다고 보아야 한다.[532] 변조 당시 명의인의 명시적, 묵시적 승낙없이 한 것이면 변조된 문서가 명의인에게 유리하여 결과적으로 그 의사에 합치한다 하더라도 사문서변조죄의 구성요건을 충족한다.[533] 농업협동조합지소의 직장 마을금고의 출납원이 보통예금통장의 예금수불기재의 증감변경에 관한 일반적 권한이 없고 다만 그 권한이 있는 지소장의 승락이나 위임받은 범위내에서만 그 기계적 보조자로서 예금수불기재를 증감변경할 수 있음에 불과한 경우에 동 출납원이 예금주인 시청 마을금고의 예금 중에서 원심 공동피고인에게 부정인출한 금 600,000원을 인출한 사실이 없었던 것으로 하여 달라는 부탁을 받고 그 보통예금통장 중 해당란을 붉은 색 싸인펜으로 지우고, 각 적요란에 공란이라 기재한 후

529) 대법원 2018.9.13. 선고 2016도20954 판결.
530) 대법원 2010.1.28. 선고 2009도9997 판결.
531) 대법원 2005.3.24. 선고 2003도2144 판결.
532) 대법원 1995.2.24. 선고 94도2092 판결.
533) 대법원 1985.1.22. 선고 84도2422 판결.

잔액란의 계수를 정정하였다는 것이므로 이는 그 위임범위를 넘어서 함부로 예금수불기재를 증감변경한 경우로서 사문서변조죄를 구성한다.[534] 문서에 2인 이상의 작성명의인이 있는 때에 그 명의자의 한 사람이 타명의자와 합의없이 행사할 목적으로 그 문서의 내용을 변경하였을 때는 사문서변조죄가 성립된다.[535]

변조를 부정한 판례의 구체적 내용은 다음과 같다. 즉,

피고인이 2002.6.경 권한 없이 공소외 1 주식회사 명의의 세금계산서 중 "공소외 3" 부분을 지우고 "공소외 4"를 기재하는 방법으로 이를 변조하였으므로, 위와 같이 변조된 "공소외 4" 부분은 진정하게 성립된 문서로 볼 수 없다. 따라서 피고인이 위 공소사실 기재와 같이 "공소외 4" 부분을 임의로 삭제하였다고 하더라도 사문서변조죄는 성립하지 않는다.[536] (갑)의 위임을 받아 그 소유부동산을 매도함에 있어서 (갑)을 대리하여 매수인과 매매계약을 체결한 자가 위 매매계약의 이행문제로 분쟁이 생기자 매수인의 요구에 따라 매매계약서상 매도인 (갑) 명의 위에 (갑)이 (을)의 대리인이라는 표시로 "(을) 대"라는 문구를 삽입 기재하였다 하더라도 이는 부동산의 처분권한을 위임받아 매매계약서 작성권한 있는 자가 한 변경행위에 불과하여 비록 그 명의인의 승낙을 받지 아니하였다고 하여 사문서변조죄가 성립되는 것은 아니다.[537] 피고인의 본명은 B나 일상거래상 A로 통용되어 온 경우에 공소외인 작성의 A 앞으로 된 영수증에 피고인이 "A"라는 기재 옆에 "B"라고 기입하였다고 하여도 이는 위 영수증의 내용에 영향을 미쳤다고 보여지지 아니하고, 따라서 새로운 증명력을 가한 것이 아니므로 사문서 변조죄를 구성하지 아니한다.[538]

3) 결 과

본죄는 추상적 공공위험범이다. 따라서 본죄는 실해의 발생을 요하지 않는다. 위조 또는 변조 행위의 종료로 기수에 이른다.

(2) 주관적 구성요건

1) 고 의

본죄는 고의범이다. 본죄의 고의는 인식적 요소로서 위조는 타인명의를 도용하거나 자격을 모용한다는 인식,[539] 변조는 타인명의의 사문서에 권한없이 변경을 가한다는 인식을 요한다.[540]

고의를 긍정한 판례의 구체적 내용은 다음과 같다. 즉,

피고인이 행사할 목적으로 권한 없이 갑 은행 발행의 피고인 명의 예금통장 기장내용 중 특정 일자에 을 주식회사로부터 지급받은 월급여의 입금자 부분을 화이트테이프로 지우고 복사하여 통장 1매를 변조한 후 그 통장사본을 법원에 증거로 제출하여 행사하였다는 내용으로 기소된 사안에서, 관련 민사소송에서 피고인이 언제부터 을 회사에서 급여를 받았는지가 중요한 사항이었는데

---

534) 대법원 1983.3.22. 선고 82도2300 판결.
535) 대법원 1977.7.12. 선고 77도1736 판결.
536) 대법원 2020.6.4. 선고 2020도3809 판결.
537) 대법원 1986.8.19. 선고 86도544 판결.
538) 대법원 1981.10.27. 선고 81도2055 판결.
539) 대법원 1987.6.9. 선고 87도325 판결.
540) 대법원 1985.1.22. 선고 84도2422 판결.

2006.4.25. 자 입금자 명의를 가리고 복사하여 이를 증거로 제출함으로써 2006.5.25.부터 을 회사에서 급여를 수령하였다는 새로운 증명력이 작출되었으므로 공공적 신용을 해할 위험성이 있었다고 볼 수 있고, 제반 사정을 종합할 때 통장 명의자인 갑 은행장이 행위 당시 그러한 사실을 알았다면 이를 당연히 승낙했을 것으로 추정된다고 볼 수 없으며, 피고인이 쟁점이 되는 부분을 가리고 복사함으로써 문서내용에 변경을 가하고 증거자료로 제출한 이상 사문서변조 및 동행사의 고의가 없었다고 할 수 없는데도, 이와 달리 보아 피고인에게 무죄를 인정한 원심판결에 사문서변조 및 동행사죄에 관한 법리오해의 위법이 있다고 한 사례이다.[541] 법무사법 제25조에 의하면 법무사가 사건의 위임을 받은 경우에는 주민등록증·인감증명서 등 법령에 의하여 작성된 증명서의 제출이나 제시 기타 이에 준하는 확실한 방법으로 위임인이 본인 또는 그 대리인임을 확인하여야 하는 바, 법무사가 타인의 권리의무에 중대한 영향을 미칠 수 있는 문서를 작성함에 있어 이 규정에 위반하여 문서명의자 본인의 동의나 승낙이 있었는지에 대한 아무런 확인절차를 거치지 아니하고 오히려 명의자 본인의 동의나 승낙이 없음을 알면서도 권한 없이 문서를 작성한 경우에는 사문서위조 및 동행사죄의 고의를 인정할 수 있다.[542] 피고인이 사직서에 관한 사무를 처리한 경험이 없어 사직서를 수리하는 날자에 사직서가 제출된 것으로 해야 하는 것으로 착각하였다 하더라도 이 사건 범행의 고의가 없다고 할 수 없다.[543]

고의를 부정한 판례의 구체적 내용은 다음과 같다. 즉,

문서 명의자의 도장을 소지하고 있는 자로부터 의뢰를 받아 문서를 대필해 준 경우, 대필자가 그 도장이 의뢰인 등에 의하여 위조된 것임을 알았다든지, 아니면 적어도 그 도장이 명의인들로부터 다른 목적으로 의뢰인에게 교부된 것임을 알고 있었다는 등의 특별한 사정이 없는 한 대필자로서는 의뢰인이 문서 명의자로부터 문서 작성의 위임을 받은 것으로 생각하였다고 봄이 상당하다 할 것이고, 이러한 특별한 사정이 인정되지 아니하는 한 문서 명의자가 의뢰인에게 문서 작성을 위임하지 아니하였다는 객관적인 사정만으로 대필자의 범의를 인정할 수 없다.[544] 대표이사를 선임하게 된 주주총회결의에 중대하고도 명백한 하자가 있어 무효하거나 부존재한 것으로 귀결이 되었다 하더라도 형식상 대표이사의 선임절차를 밟고 대표이사로 된 자는 스스로를 정당한 대표이사로 믿었을 것임은 쉽게 추단할 수 있으므로 그 자가 대표이사로서 주권이면의 주식양수도 대표이사인증란에 대표이사직인을 날인하는 인증행위를 함에 있어서는 타인의 문서를 작성한다거나 그 작성에 있어 타인의 자격을 모용한다는 범의가 있었다고 쉽게 추단할 수는 없다.[545] 급식용 가공돼지고기를 납품하는 단지원들에 의하여 돼지고기의 가공, 납품 및 대금수령에 관한 사무를 총괄적으로 위임받고 이를 위하여 그들의 인장을 맡아 사용하는 단지장이 그 대금의 수령을 위해 납품자인 단지원의 이름으로 축산협동조합에 예금청구서와 차용증서를 작성 제출하고 선급금명목으로 납품대금을 받아 이를 단지원에게 지급한 사실이 인정된다면 위 예금청구서와 차용증서는 단지원들로부터 돼지고기의 가공, 납품에 따른 포괄적 위임에 따라 작성된 것이라고 보여져 이에 대하여 사문서위조 동행사의 범의를 인정할 수 없다.[546]

541) 대법원 2011.9.29. 선고 2010도14587 판결.
542) 대법원 2008.4.10. 선고 2007도9987 판결.
543) 대법원 1985.1.22. 선고 84도2422 판결.
544) 대법원 1999.7.9. 선고 99도1635 판결.
545) 대법원 1987.6.9. 선고 87도325 판결.
546) 대법원 1984.3.27. 선고 84도115 판결.

2) 행사할 목적

본죄는 목적범이다. 본죄는 행사할 목적으로 권리・의무 또는 사실증명에 관한 타인의 문서 또는 도화를 위조한 경우에 성립한다.[547] 변조죄에 있어서 행사할 목적이란 변조된 문서를 진정한 문서인 것처럼 사용할 목적을 말한다.[548] 적극적 의욕이나 확정적 인식을 요하지 아니하고 미필적 인식이 있으면 족하다.[549]

행사의 목적을 긍정한 판례의 구체적 내용은 다음과 같다. 즉,

> 이 사건 각 합의서 및 서명날인부의 작성 경위, 형식, 내용, 기능 등을 살펴보면, 장기간의 분쟁을 종결짓는 상황에서 '합의서'라는 제목 아래 합의의 구체적인 내용을 특정하여 기재한 다음 그에 대한 상인들의 찬반 의사를 표시함으로써 분쟁이 재발될 경우 입증자료로 사용하기 위하여 작성된 최초 합의서 및 서명날인부 각 원본과 사본은 모두 형법상 문서에 관한 죄에서 있어서의 문서에 해당함은 명백하고, 같은 성격의 수정 합의서와 서명날인부 사본도 마찬가지이다. 수정 합의서는 포스코의 단순한 내부 자료에 불과하고 이를 행사할 의사도 없었다는 피고인의 주장은 받아들일 수 없다.[550]

(3) 미수・기수

본죄는 미수범을 처벌한다. 본죄의 실행의 착수는 위조・변조 행위의 개시시에 인정되고, 위조・변조 행위의 종료시에 기수에 이른다고 해석된다. 대법원도 "재산세과세증명은 그 과세대상자뿐만 아니라 누구라도 구두 또는 서면으로 그 발급신청을 할 수 있는 것이어서 그 증명원에 증명할 사항을 기재하고 원인의 기명만 하면 문서로서 완성되는 것이므로 위 증명원 위조의 기수시기는 원인의 날인이 있고 없음에 관계없이 원인의 이름을 기재한 때라고 보아야 한다"고 판시한 바 있다.[551]

본죄가 성립한 후 사후에 피해자의 동의 또는 추인 등의 사정으로 문서에 기재된 대로 효과의 승인을 받거나 등기가 실체적 권리관계에 부합하게 되었다 하더라도 이미 성립한 범죄에는 아무런 영향이 없다.[552]

미수를 긍정한 판례의 구체적 내용은 다음과 같다. 즉,

> 원심이 이 사선 입금확인서의 경우 수기로 기재된 부분이 전혀 없이 컴퓨터 활자로만 작성된 점, 공동 작성명의자 중 피고인 이름 다음에는 날인이 되어 있으나 공소외인의 이름 다음에는 날인이 되어 있지 않은 점 등에 비추어 그 기재와 같은 정도만으로는 공소외인이 작성한 진정한 문서로 오신하기에 충분한 정도의 외관과 형식을 갖춘 완성된 문서라고 보기에 부족하다고 판단한 것은 정당하고 거기에 사문서위조죄 및 위조사문서행사죄에 있어서의 문서의 개념에 관한 법리를 오해한 위법이 없다.[553]

---

547) 대법원 2008.11.27. 선고 2008도7018 판결; 대법원 2000.2.11. 선고 99도4819 판결.
548) 대법원 2006.1.26. 선고 2004도788 판결.
549) 대법원 2006.1.26. 선고 2004도788 판결.
550) 대법원 2006.1.26. 선고 2004도788 판결.
551) 대법원 1987.11.24. 선고 87도1793 판결; 대법원 1982.10.12 선고 81도3176 판결.
552) 대법원 2007.6.28. 선고 2007도2714 판결; 대법원 2001.11.9. 선고 2001도3959 판결; 대법원 1999.5.14. 선고 99도202 판결; 대법원 1998.4.14. 선고 98도16 판결; 대법원 1983.6.28. 선고 82도1823 판결.

2. 죄 수

(1) 일반기준

본죄의 죄수는 문서의 개수를 기준으로 판단된다. 1개의 문서에 대하여 각각 공중의 신용에 대한 침해의 위험이 발생하기 때문이다. 수개의 문서를 행사하는 경우 그것이 동일성질의 문서이든 이질의 문서이든 묻지 않고 상상적 경합으로 된다. 문제는 문서의 개수를 판단하는 기준에 있다. 판례에 의하면 작성명의인의 수를 기준으로 문서에 2인 이상의 작성명의인이 있을 때에는 각 명의자마다 1개의 문서가 성립한다고 한다.[554)]

(2) 흡수관계

인장위조죄는 사문서위조죄에 흡수되는 관계에 있다.[555)] 그러나 사문서위조 및 동행사죄가 사기 기타 부정한 행위로써 조세를 포탈하기 위한 수단으로 행하여졌다고 하여 그 조세포탈죄에 흡수된다고 볼 수 없다.[556)]

신용카드 부정사용죄의 구성요건적 행위인 신용카드의 사용이라 함은 신용카드의 소지인이 신용카드의 본래 용도인 대금결제를 위하여 가맹점에 신용카드를 제시하고 매출표에 서명하여 이를 교부하는 일련의 행위를 가리키고 단순히 신용카드를 제시하는 행위만을 가리키는 것은 아니라고 할 것이므로, 위 매출표의 서명 및 교부가 별도로 사문서위조 및 동행사의 죄의 구성요건을 충족한다고 하여도 이 사문서위조 및 동행사의 죄는 위 신용카드 부정사용죄에 흡수되어 신용카드부정사용죄의 1죄만이 성립하고 별도로 사문서위조 및 동행사의 죄는 성립하지 않는다.[557)]

(3) 상상적 경합관계

문서에 2인 이상의 작성명의인이 있을 때에는 각 명의자 마다 1개의 문서가 성립되므로 2인 이상의 연명으로 된 문서를 위조한 때에는 작성명의인의 수대로 수개의 문서위조죄가 성립하고 또 그 연명문서를 위조하는 행위는 자연적 관찰이나 사회통념상 하나의 행위라 할 것이어서 위 수개의 문서위조죄는 형법 제40조가 규정하는 상상적 경합범에 해당한다.[558)]

회사 명의의 합의서를 임의로 작성·교부한 행위에 대하여 약식명령이 확정된 사문서위조 및 그 행사죄의 범죄사실과 그로 인하여 회사에 재산상 손해를 가하였다는 업무상 배임의 공소사실은 그 객관적 사실관계가 하나의 행위이므로 1개의 행위가 수개의 죄에 해당하는 경우로서 형법 제40조에 정해진 상상적 경합관계에 있다.[559)]

---

553) 대법원 2006.9.14. 선고 2005도2518 판결.
554) 대법원 1987.7.21. 선고 87도564 판결; 대법원 1977.7.12. 선고 77도1736 판결; 대법원 1956.3.2. 선고 4288형상343 판결.
555) 대법원 1978.9.26. 선고 78도1787 판결.
556) 대법원 1989.8.8. 선고 88도2209 판결.
557) 대법원 1992.6.9. 선고 92도77 판결.
558) 대법원 1987.7.21. 선고 87도564 판결.
559) 대법원 2009.4.9. 선고 2008도5634 판결.

(4) 실체적 경합관계

피고인이 예금통장을 강취하고 예금자 명의의 예금청구서를 위조한 다음 이를 은행원에게 제출행사하여 예금인출금 명목의 금원을 교부받았다면 강도, 사문서위조, 동행사, 사기의 각 범죄가 성립하고 이들은 실체적 경합관계에 있다 할 것이다.[560]

(5) 독립적 구성요건

주민등록법위반죄는 문서의 진정에 대한 공공의 신용을 그 직접적 보호법익으로 하는 사문서위조죄 및 위조사문서행사죄와 그 보호법익 및 구성요건의 내용을 서로 달리하는 것이므로, 위 구 주민등록법 규정이 형법 제231조, 제234조의 규정에 흡수되는 관계라기보다는 각기 독립된 별개의 구성요건이라 할 것이다.[561]

Ⅲ. 처 벌

본죄의 법정형은 5년 이하의 징역 또는 1천만원 이하의 벌금이다. 10년 이하의 징역인 공문서 등의 위조·변조죄의 법정형보다 가볍다. 사회적 신용도가 공문서에서보다 낮다는 것이 그 이유이다. 본죄의 미수범은 처벌된다.

§10. 자격모용에 의한 사문서의 작성죄

제232조(자격모용에 의한 사문서의 작성) 행사할 목적으로 타인의 자격을 모용하여 권리·의무 또는 사실증명에 관한 문서 또는 도화를 작성한 자는 5년 이하의 징역 또는 1천만원 이하의 벌금에 처한다.

제235조(미수범) 제225조 내지 제234조의 미수범은 처벌한다.

제237조의2(복사문서등) 이 장의 죄에 있어서 전자복사기, 모사전송기 기타 이와 유사한 기기를 사용하여 복사한 문서 또는 도화의 사본도 문서 또는 도화로 본다.

Ⅰ. 서 설

1. 의 의

본죄는 행사할 목적으로 타인의 자격을 모용하여 권리·의무 또는 사실증명에 관한 문서 또는 도화를 작성함으로써 성립한다.

2. 보호법익

본죄는 전술한 문서위조죄와 마찬가지로 문서의 진정에 대한 공공의 신용을 보호법익으로 한다.[562]

---

560) 대법원 1991.9.10. 선고 91도1722 판결.

561) 대법원 2007.8.23. 선고 2007도2551 판결.

562) 대법원 2017.12.22. 선고 2017도14560 판결; 대법원 2008.2.14. 선고 2007도9606 판결.

Ⅱ. 범 죄

1. 객관적 구성요건

(1) 객 체

본죄의 객체는 권리 · 의무 또는 사실증명에 관한 문서 또는 도화이다. 사문서는 권리 · 의무 또는 사실증명에 관한 타인의 문서 또는 도화를 가리키고, 권리 · 의무에 관한 문서라 함은 권리의무의 발생 · 변경 · 소멸에 관한 사항이 기재된 것을 말한다.[563] 사실증명에 관한 문서는 권리 · 의무에 관한 문서 이외의 문서로서 거래상 중요한 사실을 증명하는 문서를 의미한다.[564]

거래상 중요한 사실을 증명하는 문서는 법률관계의 발생 · 존속 · 변경 · 소멸의 전후과정을 증명하는 것이 주된 취지인 문서뿐만 아니라 직접적인 법률관계에 단지 간접적으로만 연관된 의사표시 내지 권리 · 의무의 변동에 사실상으로만 영향을 줄 수 있는 의사표시를 내용으로 하는 문서도 포함될 수 있다고 할 것인데, 이에 해당하는지 여부는 문서의 제목만을 고려할 것이 아니라 문서의 내용과 더불어 문서 작성자의 의도, 그 문서가 작성된 개관적인 상황, 문서에 적시된 사항과 그 행사가 예정된 상대방과의 관계 등을 종합적으로 고려하여 판단하여야 한다.[565]

객체를 긍정한 판례의 구체적 내용은 다음과 같다. 즉,

> 피고인 2가 2007.8.15. 자 안내문 발송 당시 조합장 직무대행의 지위에 있지 않았고, 위 피고인 스스로도 이를 인식하고 있었으며, 위 안내문은 조합원들의 권리 · 의무의 변동 및 조합원들과 조합임원들 간의 법적 분쟁에 직 · 간접적으로 영향을 줄 수 있는 의사표시를 내용으로 하는 것으로서 자격모용사문서작성 및 동행사죄의 객체인 '사실증명에 관한 문서'에 해당한다.[566]

(2) 행 위

본죄의 실행행위는 작성이다. 작성은 타인의 자격을 모용하여야 한다. 타인에는 자연인뿐만 아니라 법인, 법인격 없는 단체를 비롯하여 거래관계에서 독립한 사회적 지위를 갖고 활동하고 있는 존재로 취급될 수 있으면 여기에 해당된다.[567]

본죄는 행사할 목적으로 타인의 자격을 모용하여 작성된 문서가 일반인으로 하여금 명의인의 권한 내에서 작성된 문서라고 믿게 할 수 있는 정도의 형식과 외관을 갖추고 있으면 성립한다.[568] 본죄를 구성하는지 여부는 그 문서를 작성함에 있어 타인의 자격을 모용하였는지 아닌지의 형식에 의하여 결정하여야 하고, 그 문서의 내용이 진실한지 아닌지 사실에 부합하는가 여부는 이에 아무런 영향을 미칠 수 없다.[569]

---

563) 대법원 2012.5.9. 선고 2010도2690 판결; 대법원 2009.4.23. 선고 2008도8527 판결.
564) 대법원 2012.5.9. 선고 2010도2690 판결; 대법원 2009.4.23. 선고 2008도8527 판결.
565) 대법원 2012.5.9. 선고 2010도2690 판결; 대법원 2009.4.23. 선고 2008도8527 판결.
566) 대법원 2012.5.9. 선고 2010도2690 판결.
567) 대법원 2008.2.14. 선고 2007도9606 판결.
568) 대법원 2017.12.22. 선고 2017도14560 판결; 대법원 2008.2.14. 선고 2007도9606 판결.

타인의 대표자 또는 대리자가 그 대표 또는 대리명의로 문서를 작성할 권한을 가지는 경우에 그 지위를 남용하여 단순히 자기 또는 제3자의 이익을 도모할 목적으로 문서를 작성하였다 하더라도 본죄는 성립하지 아니한다.[570)]

대표자 또는 대리인의 자격으로 임대차 등 계약을 하는 경우 그 자격을 표시하는 방법에는 특별한 규정이 없다. 피고인 자신을 위한 행위가 아니고 작성명의인을 위하여 법률행위를 한다는 것을 인식할 수 있을 정도의 표시가 있으면 대표 또는 대리관계의 표시로서 충분하다. 일반인이 명의인의 권한 내에서 작성된 문서로 믿게 하기에 충분한 정도인지는 문서의 형식과 외관은 물론 문서의 작성 경위, 종류, 내용과 거래에서 문서가 가지는 기능 등 여러 사정을 종합하여 판단해야 한다.[571)]

자격모용에 의한 작성을 긍정한 판례의 구체적 내용은 다음과 같다. 즉,

피고인이 갑 주식회사 소유의 오피스텔에 대한 분양대행 권한을 가지게 되었을 뿐 갑 회사의 동의 없이 오피스텔을 임대할 권한이 없는데도 임차인들과 임대차계약을 체결하면서 갑 회사가 분양사업을 위해 만든 을 회사 명의로 계약서를 작성·교부하였는데, 임대차계약서에는 임대인 성명이 '을 회사(피고인)'로 기재되어 대표자 또는 대리인의 자격 표시가 없고 또 피고인의 개인 도장이 찍혀있는 사안에서, 임대차계약서의 형식과 외관, 작성 경위, 종류, 내용, 거래에서 위 계약서가 가지는 기능 등 여러 가지 사정을 종합하면, 일반인으로서는 임대차계약서가 을 회사의 대표자 또는 대리인의 자격을 가진 피고인에 의해 을 회사 명의로 작성된 문서라고 믿게 할 수 있는 정도의 형식과 외관을 갖추고 있어 피고인의 행위는 자격모용사문서작성과 자격모용작성사문서행사에 해당됨에도, 이와 달리 보아 무죄로 판단한 원심판결에 자격모용사문서작성죄에서 말하는 타인의 자격 모용 등에 관한 법리오해의 잘못이 있다고 한 사례이다.[572)] 부동산중개사무소를 대표하거나 대리할 권한이 없는 사람이 부동산매매계약서의 공인중개사란에 '**부동산 대표 ###(피고인의 이름)'라고 기재한 사안에서, '**부동산'이라는 표기는 단순히 상호를 가리키는 것이 아니라 독립한 사회적 지위를 가지고 활동하는 존재로 취급될 수 있으므로 자격모용사문서작성죄의 '명의인'에 해당한다.[573)] 종중의 신임 대표자 등이 선임되고 전임 대표자에 대한 직무집행정지가처분결정이 있은 후 위 가처분결정이 취소된 경우, 신임 대표자 선임결의가 무효라 하더라도 전임 대표자가 위 가처분결정을 알면서 가처분결정시부터 취소시 사이에 대표자 자격으로 작성한 이사회 의사록 등은 자격을 모용하여 작성한 문서이나.[574)] 양식계의 계장이나 그 직무를 대행하는 자가 아닌 자가 양식계의 계장 명의의 내수면사용동의신청서 하단의 계장란에 자신의 이름을 쓰게 하고 그 옆에 자신의 도장을 날인하여 사실증명에 관한 문서인 위 내수면사용동의신청서 1매를작성하고 이를 행사하였다면 이는 자격모용에 의한 사문서작성, 동행사죄에 해당한다.[575)]

자격모용에 의한 작성을 부정한 판례의 구체적 내용은 다음과 같다. 즉,

---

569) 대법원 2007.10.11. 선고 2007도5838 판결; 대법원 1983.4.12. 선고 83도332 판결; 대법원 1957.6.7. 선고 4290형상102 판결.

570) 대법원 2007.10.11. 선고 2007도5838 판결; 대법원 1983.4.12. 선고 83도332 판결.

571) 대법원 2017.12.22. 선고 2017도14560 판결.

572) 대법원 2017.12.22. 선고 2017도14560 판결.

573) 대법원 2008.2.14. 선고 2007도9606 판결.

574) 대법원 2007.7.26. 선고 2005도4072 판결.

575) 대법원 1991.10.8. 선고 91도1703 판결.

토지매수권한을 위임받은 대리인이 매도인측 대표자와 공모하여 매매대금 일부를 착복하기로 하고 위임받은 특정 매매금액보다 낮은 금액을 허위로 기재한 매매계약서를 작성한 경우, 자격모용사문서작성죄를 구성하지 않는다.576) 종중의 대표자 등 임원 선임결의가 무효인 경우, 전임 이사들이 계속 종전 그 직무를 수행하면서 임원 자격으로 작성한 이사회 의사록 등은 자격을 모용하여 작성한 문서가 아니다.577) 종중의 신임 대표자 등이 선임되고 전임 대표자에 대한 직무집행정지가 처분결정이 있은 후 위 가처분결정이 취소된 경우, 위 선임결의가 무효라면 종전 임원의 위 가처분결정 이전에 작성한 이사회 의사록은 '자격을 모용하여 작성한 문서'가 아니고, 이를 위 가처분결정 이후에 행사하였다고 하더라도 자격모용작성사문서행사죄가 성립하지 않는다.578) 공동주택건설사업을 추진하는 단체로부터 공사대행업자 선정권한을 위임받은 변호사인 피고인이 위 단체로부터 위임계약을 해지한다는 취지의 내용증명우편을 수령하고도 제3자와 위 단체 명의로 공동주택단지 개발사업 공동추진계약을 체결하면서 자신을 위 단체의 대리인으로 기재한 계약서를 작성한 사안에서, 피고인에 대한 자격모용사문서작성 및 동행사의 범죄사실을 유죄로 인정한 원심판결을 수긍한 사례이다.579) 사문서의 작성명의인이 이미 사망한 자인 경우에는 그 문서의 작성일자가 명의인의 생존중의 일자로 된 경우가 아니면 사문서위조죄나 그 행사죄를 구성하지 않는 것이며, 이는 자격모용사문서작성죄나 그 행사죄에 있어서도 마찬가지이다.580) 회사의 대표이사직에 있었던 자가 재직시에 발행한 약속어음의 발행명의인과 일치시키기 위하여 위 약속어음에 대한 회사명의의 지급각서를 작성함에 있어서 당시의 대표이사의 승낙을 받아 작성하였다면 이는 진정한 문서로서 타인의 자격을 모용하여 문서를 작성하였다고 볼 수 없다.581)

2. 주관적 구성요건

(1) 고 의

본죄는 고의범이다. 본죄의 고의는 인식적 요소로서 타인의 자격을 모용한다는 인식을 요한다.582) 고의를 긍정한 판례의 구체적 내용은 다음과 같다. 즉,

사문서를 작성하는 자가 다른 사람의 대리인 또는 대표자로서의 자격을 모용하여 문서를 작성한다는 것을 인식·용인하면서 이를 진정한 문서로서 어떤 효용에 쓸 목적으로 사문서를 작성하였다면, 자격모용에 의한 사문서작성죄의 행사의 목적과 고의가 있는 것으로 보아야 한다.583) 교단이 한국천부교전도관부흥협회와 한국예수교전도관부흥협회로 분열됨으로써 위 각 분열된 교단 모두 원래의 교단과의 동일성을 상실하게 되었다고 하더라도 피고인 등은 자신들이 소속한 한국예수교전도관부흥협회가 원래의 교단의 교리를 따르고 있었으므로 동 교단이 동일성을 그대로 유지한다고 믿었을 것이라고 보이고, 그렇다면 위 한국예수교전도관부흥협회의 회장으로 선출된 피고인이 이 사건 진정서 등을 작성, 제출할 당시 타인의 자격을 모용한다는 범의가 있었다고 보기 어렵다.584)

576) 대법원 2007.10.11. 선고 2007도5838 판결.
577) 대법원 2007.7.26. 선고 2005도4072 판결.
578) 대법원 2007.7.26. 선고 2005도4072 판결.
579) 대법원 2005.4.15. 선고 2004도6404 판결.
580) 대법원 1992.12.24. 선고 92도2322 판결.
581) 대법원 1975.11.25. 선고 75도2067 판결.
582) 대법원 1996.7.12. 선고 93도2628 판결.
583) 대법원 2007.7.27. 선고 2006도2330 판결.

(2) 행사할 목적

본죄는 목적범이다. 본죄는 고의 외에 행사할 목적을 요한다. 행사할 목적이란 다른 사람으로 하여금 그 문서가 정당한 권한에 기하여 작성된 것으로 오신하게 할 목적을 말한다.[585)]

행사의 목적을 긍정한 판례의 구체적 내용은 다음과 같다. 즉,

> 재건축조합의 조합장이 아닌 사람이 재건축조합 조합장의 직함을 사용하여 재건축사업에 관한 계약서를 작성하였다면, 계약의 상대방이 자격모용사실을 알고 있었다거나 그 계약서에 조합장의 직인이 아닌 다른 인장을 날인하였더라도 자격모용에 의한 사문서작성죄의 범의와 행사의 목적이 인정된다.[586)]

3. 미수 · 기수

본죄는 미수범을 처벌한다. 실행의 착수는 작성행위의 개시시에 인정되고, 기수는 종료시에 이른다고 해석된다.

Ⅲ. 처 벌

본죄의 법정형은 5년 이하의 징역 또는 1천만원 이하의 벌금이다. 본죄의 미수범은 처벌된다.

§11. 사전자기록 위작 · 변작죄

> **제232조의2(사전자기록위작 · 변작)** 사무처리를 그르치게 할 목적으로 권리 · 의무 또는 사실증명에 관한 타인의 전자기록등 특수매체기록을 위작 또는 변작한 자는 5년 이하의 징역 또는 1천만원 이하의 벌금에 처한다.
>
> **제235조(미수범)** 제225조 내지 제234조의 미수범은 처벌한다.
>
> **제237조의2(복사문서등)** 이 장의 죄에 있어서 전자복사기, 모사전송기 기타 이와 유사한 기기를 사용하여 복사한 문서 또는 도화의 사본도 문서 또는 도화로 본다.

Ⅰ. 서 설

본죄는 사무처리를 그르치게 할 목적으로 권리 · 의무 또는 사실증명에 관한 타인의 전자기록등 특수매체기록을 위작 또는 변작함으로써 성립한다.

본죄는 전술한 공전자기록 위작 · 변작죄에서와 같이 우리사회의 산업화 · 정보화의 추세에 따른 컴퓨터범죄 등 신종범죄에 효율적으로 대처하여 위하여 1995년 12월 개정형법에 의하여 신설된 바 있다.[587)] 본죄의 신설은 전자적 기록이 문서를 대신하여 권리, 의무 또는 사실에 관한 증명수단으로서 이용되게 되었기 때문이다.

---

584) 대법원 1996.7.12. 선고 93도2628 판결.

585) 대법원 2007.7.27. 선고 2006도2330 판결.

586) 대법원 2007.7.27. 선고 2006도2330 판결.

587) 형법 1995.12.29. 일부개정 법률 제5057호 1996.7.1. 시행.

Ⅱ. 범 죄

1. 객관적 구성요건

(1) 객 체

본죄의 객체는 권리·의무 또는 사실증명에 관한 타인의 전자기록 등 특수매체기록이다. 특수매체기록이라 함은 일정한 저장매체에 전자방식이나 자기방식에 의하여 저장된 기록을 의미한다.[588] 전자기록은 그 자체로는 물적 실체를 가진 것이 아니어서 별도의 표시·출력장치를 통하지 아니하고는 보거나 읽을 수 없고, 그 생성 과정에 여러 사람의 의사나 행위가 개재됨은 물론 추가 입력한 정보가 프로그램에 의하여 자동으로 기존의 정보와 결합하여 새로운 전자기록을 작출하는 경우도 적지 않으며, 그 이용 과정을 보아도 그 자체로서 객관적·고정적 의미를 가지면서 독립적으로 쓰이는 것이 아니라 개인 또는 법인이 전자적 방식에 의한 정보의 생성·처리·저장·출력을 목적으로 구축하여 설치·운영하는 시스템에서 쓰임으로써 예정된 증명적 기능을 수행하는 것이다.[589]

특수매체기록을 긍정한 판례의 구체적 내용은 다음과 같다. 즉,

> 비록 컴퓨터의 기억장치 중 하나인 램(RAM, Random Access Memory)이 임시기억장치 또는 임시저장매체이기는 하지만, 형법이 전자기록위·변작죄를 문서위·변조죄와 따로 처벌하고자 한 입법취지, 저장매체에 따라 생기는 그 매체와 저장된 전자기록 사이의 결합강도와 각 매체별 전자기록의 지속성의 상대적 차이, 전자기록의 계속성과 증명적 기능과의 관계, 본죄의 보호법익과 그 침해행위의 태양 및 가벌성 등에 비추어 볼 때, 위 램에 올려진 전자기록 역시 사전자기록위작·변작죄에서 말하는 전자기록 등 특수매체기록에 해당한다.[590]

(2) 행 위

본죄의 실행행위는 위작 또는 변작이다. 위작 또는 변작의 의의는 이미 전술한 공전자기록 위작·변작죄에서 검토한 바와 같다.

1) 위 작

① 학 설

본죄의 위작·변작의 의의에 대하여는 종이문서의 위조·변조에 대응하는 개념이라는 유형 위작·변작설과 종이문서에 있어서의 허위작성이나 변개 등의 무형위조와 무형변조를 포함하는 개념이라는 소위 무형 위작·변작설이 대립하고 있다. 전설에 의하면 형식주의에 입각하여 위작은 입력권한이 없는 자가 타인명의의 부진정한 전자기록을 작출하는 것을 말하고, 변작은 변경권한이 없는 자가 기존의 전자기록과 동일성이 유지되는 범위 내에서 전자기록을 변경하는 것을 말한다. 이에 반하여 후설에 따르면 형식주의에 실질주의를 가미하여 위작이란 입력권한이 없는 자에 의한 부진정한 전자기록의 작출뿐만 아니라 변경권한

588) 대법원 2003.10.9. 선고 2000도4993 판결.
589) 대법원 2020.8.27. 선고 2019도11294 전원합의체 판결.
590) 대법원 2003.10.9. 선고 2000도4993 판결.

이 있는 자에 의한 종이문서에서의 허위작성과 같이 허위의 정보를 입력하는 무형위작으로서의 소위 허위작출을 포함하고, 변작이란 입력권한이 없는 자에 의하여 기존의 전자기록과 동일성을 유지하는 범위 내에서의 변경뿐만 아니라 변경권한이 있는 자에 의한 기존의 전자기록과 동일성을 넘는 변경에 해당하는 소위 종이문서에서의 변개와 같은 무형변작을 포함한다고 한다.

② 판 례

판례는 무형 위작·변작설의 입장인 것으로 해석된다. 대법원은 "위작이란 전자기록의 생성에 관여할 권한이 없는 사람이 전자기록을 작출하거나 전자기록의 생성에 필요한 단위정보의 입력을 하는 경우는 물론 각자의 직무 범위에서 개개의 단위정보의 입력 권한을 부여받은 사람이 그 권한을 남용하여 허위의 정보를 입력함으로써 시스템 설치·운영 주체의 의사에 반하는 전자기록을 생성하는 경우도 포함한다"고 판시한 바 있다.[591)]

③ 검 토

형법은 전자기록의 공공의 신용성을 보호하기 위하여 형식주의의 입장에서 위작에 관하여는 명문의 규정을 두고 있다. 그러나 종이문서에서와는 달리 실질주의에 근거한 무형위작에 대하여는 하등의 규정을 두지 않고 있다. 그럼에도 불구하고 형식주의에 근거를 둔 위작의 개념을 실질주의에 근거를 두고 있는 무형위작까지 포함하는 개념으로 확대하여 해석하는 무형 위작·변작설은 타당하지 않다고 해야 한다. 형법은 전자기록에 있어서는 실질주의의 입장을 고려하지 않고 형식주의의 입장에서만 입각하였다고 해석될 수밖에 없기 때문이다.

2) 변 작

변작의 경우에도 위의 위작에서와 마찬가지의 이유에서 유형 위작·변작설이 타당하다고 해석된다.

2. 주관적 구성요건

(1) 고 의

본죄는 고의범이다. 본죄의 고의는 인식적 요소로서 사무처리를 그르치게 할 목적으로 공무원 또는 공무소의 전자기록등 특수매체기록을 위작 또는 변작한다는 사실에 대한 인식을 요한다.

(2) 사무처리를 그르치게 할 목적

본죄는 목적범이다. 본죄를 고의 외에 사무처리를 그르치게 할 목적을 요한다. 사무처리

591) 대법원 2020.8.27. 선고 2019도11294 전원합의체 판결(다수의견). 이 판결문에는 유형위조만을 의미하는 위조와는 달리 위작의 개념에 유형위작은 물론 이 외에 무형위작, 즉 권한 있는 사람이 그 권한을 남용하여 허위의 정보를 입력함으로써 시스템 설치·운영 주체의 의사에 반하는 전자기록을 생성하는 행위를 포함하여 해석하는 이유가 상세하게 설시되어 있다.

를 그르치게 할 목적이란 부정하게 작출된 전자적 기록을 사용하여 타인의 사무처리를 그르치게 할 목적을 말한다. 대법원도 "위작 또는 변작된 전자기록이 사용됨으로써 전자적 방식에 의한 정보의 생성·처리·저장·출력을 목적으로 구축·설치한 시스템을 운영하는 주체인 개인 또는 법인의 사무처리를 잘못되게 하는 것을 말한다"고 판시한 바 있다.[592] 사무처리란 재산상, 신분상 기타의 사람의 사회생활에 영향을 미칠 수 있다고 인정되는 사무의 처리를 말하고 업무로서 행하여지는 사무인가 아닌가, 법률적인 사무인가 아닌가, 재산상의 사무이가 아닌가 등을 묻지 않는다.

목적을 부정한 판례의 구체적 내용은 다음과 같다. 즉,

새마을금고의 예금 및 입·출금 업무를 총괄하는 직원이 전 이사장 명의 예금계좌로 상조금이 입금되자 전 이사장에 대한 금고의 채권확보를 위해 내부 결재를 받아 금고의 예금 관련 컴퓨터 프로그램에 접속하여 전 이사장 명의 예금계좌의 비밀번호를 동의 없이 입력한 후 위 금원을 위 금고의 가수금계정으로 이체한 사안에서, 위 금고의 내부규정이나 여신거래기본약관의 규정에 비추어 이는 위 금고의 업무에 부합하는 행위로서 피해자의 비밀번호를 임의로 사용한 잘못이 있다고 하더라도 사전자기록위작·변작죄의 '사무처리를 그르치게 할 목적'을 인정할 수 없다고 한 바 있다.[593] 인터넷 포털사이트에 개설한 카페의 설치·운영 주체로부터 글쓰기 권한을 부여받은 사람이 위 카페에 접속하여 자신의 아이디로 허위내용의 글을 작성·게시한 사안에서, 위 카페의 설치·운영 주체의 사무처리를 그르치게 할 목적을 인정하기 어렵다.[594]

3. 미수·기수

본죄는 미수범을 처벌한다. 본죄는 실행의 착수는 위작 또는 변작 행위의 개시시이고, 위작 또는 변작 행위의 종료시에 기수에 이른다.

기수를 긍정한 판례의 구체적 내용은 다음과 같다. 즉,

램에 올려진 전자기록은 원본파일과 불가분적인 것으로 원본파일의 개념적 연장선상에 있는 것이므로, 비록 원본파일의 변경까지 초래하지는 아니하였더라도 이러한 전자기록에 허구의 내용을 권한 없이 수정입력한 것은 그 자체로 그러한 사전자기록을 변작한 행위의 구성요건에 해당된다고 보아야 할 것이며 그러한 수정입력의 시점에서 사전자기록변작죄의 기수에 이르렀다.[595]

Ⅲ. 처 벌

본죄의 법정형은 5년 이하의 징역 또는 1천만원 이하의 벌금이다. 본죄의 미수범은 처벌된다.

---

592) 대법원 2020.8.27. 선고 2019도11294 전원합의체 판결; 대법원 2008.6.12. 선고 2008도938 판결; 대법원 2008.4.24. 선고 2008도294 판결; 대법원 2005.6.9. 선고 2004도6132 판결.

593) 대법원 2008.6.12. 선고 2008도938 판결.

594) 대법원 2008.4.24. 선고 2008도294 판결.

595) 대법원 2003.10.9. 선고 2000도4993 판결.

§12. 허위진단서 등의 작성죄

제233조(허위진단서등의 작성) 의사, 한의사, 치과의사 또는 조산사가 진단서, 검안서 또는 생사에 관한 증명서를 허위로 작성한 때에는 3년 이하의 징역이나 금고, 7년 이하의 자격정지 또는 3천만원 이하의 벌금에 처한다.

제235조(미수범) 제225조 내지 제234조의 미수범은 처벌한다.

제237조의2(복사문서등) 이 장의 죄에 있어서 전자복사기, 모사전송기 기타 이와 유사한 기기를 사용하여 복사한 문서 또는 도화의 사본도 문서 또는 도화로 본다.

Ⅰ. 서 설

본죄는 의사, 한의사, 치과의사 또는 조산사가 진단서, 검안서 또는 생사에 관한 증명서를 허위로 작성함으로써 성립한다. 본죄는 사문서의 무형위조를 벌하는 유일한 규정이다. 사건수는 많은 편이 아니다.

본죄의 보호법익은 진단서 등이 권리의무에 관한 중요한 증명문서인 것으로부터 진단서 등의 내용의 진실성에 대한 공공의 신용이라고 해석되어야 한다.

Ⅱ. 범 죄

1. 구성요건

(1) 객관적 구성요건

1) 주 체

본죄의 주체는 형법에 의하여 나열되고 있을 뿐만 아니라 의료법에 의하여 그 범위가 더욱 제한되고 있다.

① 형법의 규정

ⓘ 신분범 　　본죄의 주체는 법문에 열거되어 있다. 법문에 의하면 본죄의 주체는 의사, 한의사, 치과의사 또는 조신사이다. 본죄의 성립은 의료법이 정하는 바에 따라 면허를 받는 의사, 한의사, 치과의사 또는 조산사이고, 사인(私人)으로서 공무원이 아닌 자에 한정된다. 국·공립병원에 근무하는 공무원인 의사, 한의사, 치과의사 또는 조산사가 공무원의 자격으로 진단서 등을 허위로 작성한 때에는 전술한 허위공문서작성죄가 성립하기 때문이다(제227조). 본죄는 의사, 한의사, 치과의사 또는 조산사만이 범할 수 있다는 점에서 진정신분범(眞正身分犯)에 속한다.

ⓘⓘ 비자수범 　　본죄가 자수범에 해당하는지의 여부에 대하여는 다툼이 있다. 본죄는 신분자만을 주체로 인정하고 있어서 비신분자는 신분자를 이용하더라고 간접정범이 될 수 없다는 자수범설과 신분자는 비신분자 또는 다른 신분자를 도구로 이용하여 간접정범이 될 수 있다는 부진정자수범설 및 자수범이 아니라는 자수범부정설이 대립하고 있다.

생각건대 비신분자가 신분자를 이용하여 허위진단서를 작성하게 한 경우 본죄의 간접정

범이 될 수 없는 것은 본죄의 실행행위인 작성행위의 자수성에 있는 것이 아니라 본죄가 진정신분범으로서 주체의 자격에 해당하는 신분성이 결여되어 있기 때문이라고 하는 자수범부정설이 타당하다. 따라서 의사, 한의사, 치과의사 또는 조산사가 아닌 자가 공무원이 아닌 의사, 한의사, 치과의사 또는 조산사의 자격을 모용하여 본죄의 객체인 진단서 등을 작성한 경우에는 본죄가 아니라 사문서위조죄를 구성한다(제231조).

② 의료법상의 제한

본죄의 주체는 의료법에 의하여 더욱 제한되고 있다. 첫째, 의료법은 "의료업에 종사하고 직접 진찰하거나 검안(檢案)한 의사, 치과의사, 한의사가 아니면 진단서 · 검안서 · 증명서를 작성하여 환자 또는 검시(檢屍)를 하는 지방검찰청검사(검안서에 한한다)에게 교부하지 못한다"고 규정하고 있고(의료법 제17조 제1항 본문), "의료업에 종사하고 직접 조산한 의사 · 한의사 또는 조산사가 아니면 출생 · 사망 또는 사산 증명서를 내주지 못한다"고 명문으로 규정하고 있다(의료법 제17조 제2항 본문). 이와 같이 의료법은 진단서 등의 작성권자를 의료업에 종사하고 직접 진찰하거나 의료업에 종사하고 직접 조산한 자로 더욱 제한하고 있다. 소위 무진찰진단서교부금지, 무검안검안서교부금지 및무조산증명서교부금지에 대하여 규정하고 있는 것이다.

둘째, 의료법은 또 "환자 또는 사망자를 직접 진찰하거나 검안한 의사 · 치과의사 또는 한의사가 부득이한 사유로 진단서 · 검안서 또는 증명서를 내줄 수 없으면 같은 의료기관에 종사하는 다른 의사 · 치과의사 또는 한의사가 환자의 진료기록부 등에 따라 내줄 수 있다"고 규정하고 있고(의료법 제17조 제1항 단서), "직접 조산한 의사 · 한의사 또는 조산사가 부득이한 사유로 증명서를 내줄 수 없으면 같은 의료기관에 종사하는 다른 의사 · 한의사 또는 조산사가 진료기록부 등에 따라 증명서를 내줄 수 있다"고 명문으로 규정하고 있다(의료법 제17조 제2항 단서). 의료법은 소위 무진찰진단서교부금지, 무검안검안서교부금지및 무조산증명서교부금지에 대한 예외를 인정하고 있는 것이다. 이 경우 진단서 등을 교부하는 다른 의사 · 치과의사 · 한의사 또는 조산사는 대신 교부한다는 취지를 표시하여 자신의 명의로 교부해야 한다. 직접 진찰 등을 한 의사 · 치과의사 · 한의사 또는 조산사의 명의로 진단서 · 검안서 또는 증명서를 작성하여 교부하면 문서위조죄가 문제될 수 있기 때문이다.

③ 의료법상 제한의 효과

진찰 등의 행위가 없음에도 불구하고 진단서 등을 작성하는 경우 본죄가 성립한다는 견해와 의료법위반죄가 성립한다는 견해가 대립하고 있다. 전자에 의하면 기재내용이 진실과 일치하면 범죄가 되지 않는다고 한다. 후자에 의하면 본죄는 의사 등이 진찰을 했는지 여부의 진실성을 보호하기 위한 규정이 아니라 진단서 등의 기재내용 자체의 진실성을 보호하기 위한 규정이라고 본다.

생각건대 무진찰진단서의 교부, 무검안검안서의 교부 또는 무조산증명서의 교부의 경우에는 유형위조가 처벌되는 효과가 있다고 해석된다. 이 경우에는 내용에 있어서 허위가 없더라도 작성권자가 아니기 때문이다. 나아가 내용에도 허위가 존재하고 작성권도 가지고

있지 않은 경우라면 무형위조와 유형위조의 양자 모두가 성립하게 된다. 결국, 형법상 본죄는 사문서의 무형위조만을 처벌하기 위한 규정이지만 작성권자의 범위에 대한 의료법상의 제한으로 인하여 비작성권자에 의한 경우에는 유형위조도 처벌되는 효과를 가져온다고 해석된다. 이러한 의미에서 형법상 본죄와 의료법위반죄는 작성권자에 의한 경우에는 상상적 경합관계가 되지만 비작성권자에 의한 경우에는 의료법위반죄만이 성립된다고 해석된다. 결국 어느 경우이든 의료법위반죄만이 적용되게 되는 셈이다. 대법원도 "방학이나 병가기간이 끝나는 시기부터 출산휴가를 가지려는 여교사들의 부탁을 받아 실제로 진찰하지 아니하고 분만예정일이나 분만일을 실제와 다르게 기재한 허위진단서를 각 작성하여 준 행위가 '의료업에 종사하고 자신이 진찰 또는 검안한 의사가 아니면 진단서를 교부하지 못한다'고 규정한 구 의료법(1994.1.7. 법률 제4732호로 개정되기 전의 것) 제18조 제1항에 위반되는 행위임이 명백하다"고 판시한 바 있다.[596]

2) 객 체

본죄의 객체는 진단서, 검안서 또는 생사에 관한 증명서이다.

① 진단서

진단서(診斷書)란 의사, 치과의사 또는 한의사가 진찰의 결과에 관한 판단을 표시하여 사람의 건강상태를 증명하기 위하여 작성하는 문서를 말한다.[597] 비록 그 문서의 명칭이 소견서로 되어 있더라도 그 내용이 의사가 진찰한 결과 알게 된 병명이나 상처의 부위, 정도 또는 치료기간 등의 건강상태를 증명하기 위하여 작성된 것이라면 진단서에 해당된다.[598] 진단서에는 사람의 건강상태에 관한 진단서, 자신이 진료중이던 환자의 사인(死因)·사기(死期) 등에 관한 사망진단서 및 상해에 관한 상해진단서가 있다. 진단서에 해당하는지 여부는 서류의 제목, 내용, 작성목적 등을 종합적으로 고려하여 판단하여야 하기 때문이다.[599]

진단서에는 법령에서 정한 사항을 반드시 기재하여야 하나 그 밖의 사항은 반드시 기재하여야 하는 것은 아니다(의료법 시행규칙 제9조 제1항, 제2항 참조).[600]

진단서를 부정한 판례의 구체적 내용은 다음과 같다. 즉,

> 의사인 피고인이 환자의 인적사항, 병명, 입원기간 및 그러한 입원사실을 확인하는 내용이 기재된 '입퇴원 확인서'를 허위로 작성하였다고 하여 허위진단서작성으로 기소된 사안에서, 위 '입퇴원 확인서'는 문언의 제목, 내용 등에 비추어 의사의 전문적 지식에 의한 진찰이 없더라도 확인 가능한 환자들의 입원 여부 및 입원기간의 증명이 주된 목적인 서류로서 환자의 건강상태를 증명하기 위한 서류라고 볼 수 없어 허위진단서작성죄에서 규율하는 진단서로 보기 어려운데도, 이와 달리

596) 대법원 1996.2.23. 선고 95누16318 판결.

597) 대법원 2017.11.9. 선고 2014도15129 판결; 대법원 2013.12.12. 선고 2012도3173 판결; 대법원 1990.3.27. 선고 89도2083 판결; 대법원 1978.12.13. 선고 78도2343 판결; 대법원 1976.2.10. 선고 75도1888 판결.

598) 대법원 1990.3.27. 선고 89도2083 판결; 대법원 1978.12.13. 선고 78도2343 판결; 대법원 1976.2.10. 선고 75도1888 판결.

599) 대법원 2013.12.12. 선고 2012도3173 판결.

600) 대법원 2017.11.9. 선고 2014도15129 판결.

보아 유죄를 인정한 원심판결에 허위진단서작성죄의 진단서에 관한 법리를 오해한 위법이 있다.[601)]

② 검안서

검안서(檢案書)란 의사, 치과의사 또는 한의사가 시체에 대하여 사망의 사실, 예컨대 사인(死因), 사기(死期), 사망장소 등에 대하여 의학적으로 확인한 결과를 기재한 문서를 말한다. 살아 있는 사람의 신체를 검사하여 그 결과를 기재한 문서도 검안서에 포함시켜야 한다는 견해도 있으나, 이는 진단서로 보는 것이 타당하다. 시체검안서는 의사, 치과의사 또는 한의사가 자신이 진료하지 아니한 병상 등에 의해 사망한 사람의 사인 등에 대한 의학적 판단을 증명하는 문서이다. 사태검안서는 의사, 한의사 또는 조산사가 직접 조산하지 아니한 태아의 사산에 대한 의학적 판난을 증명하는 문서이다. 검안서에는 자신이 진료하던 환자가 최종진료시로부터 48시간 이내에 사망한 경우 이외의 시체(屍體)에 관한 시체검안서와 자신이 조산하지 아니한 사태(死胎)에 관한 사태검안서가 있다.

③ 증명서

증명서(證明書)란 의사, 한의사 또는 조산사가 자신이 직접 조산한 것에 대하여 의학적으로 확인한 것을 기재한 문서를 말한다. 증명서에는 출생아(出生兒)에 관한 출생증명서와 사산(死産) 또는 사태(死胎)에 관한 사산증명서 또는 사태증명서가 있다. 가사상태(假死狀態)로 태어나 의료진의 온갖 소생노력에도 불구하고 그것이 수포로 돌아간 경우에는 출생증명서와 사망진단서를 동시에 작성해야 한다는 것이 논리적일 것이다.

3) 행 위

본죄의 실행행위는 허위로 작성하는 것이다. 허위작성이란 객관적 사실에 반하는 일체의 작성을 말한다. 허위의 기재는 사실에 관한 것이건 판단에 관한 것이건 불문한다.[602)] 현재의 진단명과 증상에 관한 기재뿐만 아니라 현재까지의 진찰 결과로서 발생 가능한 합병증과 향후 치료에 대한 소견을 기재한 경우에도 그로써 환자의 건강상태를 나타내고 있는 이상 허위진단서 작성의 대상이 될 수 있다.[603)]

(2) 주관적 구성요건

본죄는 고의범이다. 본죄의 고의는 인식적 요소로서 진단서의 내용이 실질상 진실에 반하는 기재여야 할 뿐만 아니라 그 내용이 허위라는 의사의 주관적 인식을 요한다.[604)] 본죄는 원래 허위의 증명을 금지하려는 것이기 때문이다. 진단서의 내용이 허위라는 인식은 미필적 인식으로도 충분하다.[605)] 작성의 내용이 진실임에도 불구하고 작성자가 허위라고 오신하여

601) 대법원 2013.12.12. 선고 2012도3173 판결.

602) 대법원 2017.11.9. 선고 2014도15129 판결; 대법원 1990.3.27. 선고 89도2083 판결; 대법원 1978.12.13. 선고 78도2343 판결.

603) 대법원 2017.11.9. 선고 2014도15129 판결.

604) 대법원 2017.11.9. 선고 2014도15129 판결; 대법원 2006.3.23. 선고 2004도3360 판결; 대법원 1990.3.27. 선고 89도2083 판결.

도 본죄는 성립하지 않는다.

고의를 긍정한 판례의 구체적 내용은 다음과 같다. 즉,

> 사체검안의가 빙초산의 성상이나 이를 마시고 사망하는 경우의 소견에 대하여 알지 못함에도 불구하고 변사자가 '약물음독', '빙초산을 먹고 자살하였다'는 취지로 사체검안서를 작성한 경우, 검안서작성에 있어 허위성에 대한 인식이 있다.[606] 피고인이 공소외 1을 진찰한 결과 타박상을 의심할만한 외상이 없었는데도 단지 약간의 찰과상 흔적이 있다는 것과 공소외 1이 통증을 호소한다는 것만으로 18일간의 입원치료를 요할 만큼 타박상을 입은 것으로 믿었다는 피고인의 변명은 도저히 수긍하기 어려운 것으로서 허위진단서 작성의 범의를 시인한 위 검찰자백은 그 신빙성이 있다고 보아야 할 것이다.[607]

고의를 부정한 판례의 구체적 내용은 다음과 같다. 즉,

> 형법 제233조의 허위진단서작성죄가 성립하기 위하여는 진단서의 내용이 실질상 진실에 반하는 기재여야 할 뿐 아니라 그 내용이 허위라는 의사의 주관적 인식이 필요하고, 의사가 주관적으로 진찰을 소홀히 한다던가 착오를 일으켜 오진한 결과로 객관적으로 진실에 반한 진단서를 작성하였다면 허위진단서작성에 대한 인식이 있다고 할 수 없으므로 허위진단서작성죄가 성립하지 아니한다.[608] 허위진단서작성죄는 의사가 사실에 관한 인식이나 판단의 결과를 표현함에 있어서 자기의 인식 판단이 진단서에 기재된 내용과 불일치하는 것임을 인식하고서도 일부러 내용이 진실 아닌 기재를 하는 것을 말하는 것이므로 의사가 주관적으로 진찰을 소홀히 한다던가 착오를 일으켜 오진한 결과로 객관적으로 진실에 반한 진단서를 작성하였다면 허위진단서작성에 대한 인식이 있다고 할 수 없으니 동 죄가 성립되지 아니한다.[609]

(3) 미수 · 기수

본죄는 미수범을 처벌한다. 본죄는 진단서, 검안서 또는 증명서가 작성됨에 의하여 기수에 이른다.

(4) 공 범

본죄에 있어서도 공범의 성립은 가능하다.

공범의 성립을 긍정한 판례의 구체적 내용은 다음과 같다. 즉,

> 비록 피고인이 의사가 아니기 때문에 진단서를 작성할 수 있는 지위에 있지 아니하고, 또한 피고인이 의사인 공소외 2를 직접이건 간접이건 면담한 사실이 없다손 치더라도 피고인으로부터 교사를 받은 위의 공소외 3이 피고인이 교사한대로 의사 공소외 2와 공모하여 허위진단서를 작성하였다면 형법 제33조에 의하여 피고인은 허위진단서작성의 교사죄의 죄책을 면할 길 없다 할 것이다. 위의 공소외 3이 의사가 아니라하여 피고인의 본건 교사죄가 성립될 수 없는 것은 아니다,

---

605) 대법원 2017.11.9. 선고 2014도15129 판결; 대법원 2006.5.26. 선고 2006도871 판결.

606) 대법원 2001.6.29. 선고 2001도1319 판결.

607) 대법원 1984.9.25. 선고 84도1653 판결.

608) 대법원 2006.3.23. 선고 2004도3360 판결; 대법원 1990.3.27. 선고 89도2083 판결; 대법원 1976.2.10. 선고 75도1888 판결.

609) 대법원 1976.2.10. 선고 75도1888 판결.

또 의사 공소외 2가 위의 공소외 3과 공모하여 허위진단서를 작성하였다는 점에 관하여도 기록상 증거가 뚜렷하다, 원심판결에는 허위진단서작성죄와 이 교사죄의 성립에 관한 법리를 오해한 위법이 없다. 이리하여 이 상고는 그 이유 없다고 보아 기각하기로 한다.[610]

2. 죄 수

판례에 의하면 허위진단서작성죄의 대상은 공무원이 아닌 의사가 사문서로서 진단서를 작성한 경우에 한정되고, 공무원인 의사가 공무소의 명의로 허위진단서를 작성한 경우에는 허위공문서작성죄만이 성립하고 허위진단서작성죄는 별도로 성립하지 않는다.[611]

Ⅲ. 처 벌

본죄의 법정형은 3년 이하의 징역이나 금고, 7년 이하의 자격정지 또는 3천만원 이하의 벌금이다. 본죄의 미수범은 처벌된다.

§13. 위조사문서 등의 행사죄

제234조(위조사문서등의 행사) 제231조 내지 제233조의 죄에 의하여 만들어진 문서, 도화 또는 전자기록등 특수매체기록을 행사한 자는 그 각 죄에 정한 형에 처한다.

제235조(미수범) ~ 제234조의 미수범은 처벌한다.

제237조의2(복사문서등) 이 장의 죄에 있어서 전자복사기, 모사전송기 기타 이와 유사한 기기를 사용하여 복사한 문서 또는 도화의 사본도 문서 또는 도화로 본다.

Ⅰ. 서 설

본죄는 사문서 등의 위조 · 변조죄, 자격모용에 의한 사문서의 작성죄, 사전자기록 위작 · 변작죄 및 허위진단서 등의 작성죄에 의하여 만들어진 문서, 도화 또는 전자기록 등 특수매체기록을 행사함으로써 성립한다.

Ⅱ. 범 죄

1. 구성요건

(1) 객관적 구성요건

1) 객 체

본죄의 객체는 사문서 등의 위조 · 변조죄(제231조), 자격모용에 의한 사문서의 작성죄(제232조), 사전자기록 위작 · 변작죄(제232조의2) 및 허위진단서 등의 작성죄(제233조)에 의하여 만들어진 문서,

---

610) 대법원 1967.1.24. 선고 66도1586 판결.

611) 대법원 2004.4.9. 선고 2003도7762 판결; 대법원 2003.2.28. 선고 2002도7335 판결; 대법원 1974.4.9. 선고 73도2334 판결.

도화 또는 전자기록 등 특수매체기록이다.

2) 행 위

본죄의 실행행위는 행사이다. 행사(行使)란 본죄의 객체를 성립이 진정하거나 내용이 진실한 것처럼 사용하는 것을 말한다. 본래의 용도에 따른 사용인가는 묻지 않는다. 증거물로 제출하거나 견본으로 제시하는 것은 사용에 해당하지 않는다.

특히, 위조문서행사죄에 있어서 행사라 함은 위조된 문서를 진정한 문서인 것처럼 그 문서의 효용방법에 따라 이를 사용하는 것을 말한다.[612] 위조된 문서를 제시 또는 교부하거나 비치하여 열람할 수 있게 두거나 우편물로 발송하여 도달하게 하는 등 위조된 문서를 진정한 문서인 것처럼 사용하는 한 그 행사의 방법에 제한이 없다.[613] 위조된 문서 그 자체를 직접 상대방에게 제시하거나 이를 기계적인 방법으로 복사하여 그 복사본을 제시하는 경우는 물론, 이를 모사전송의 방법으로 제시하거나 컴퓨터에 연결된 스캐너(scanner)로 읽어들여 이미지화한 다음 이를 전송하여 컴퓨터 화면상에서 보게 하는 경우도 행사에 해당한다.[614]

행사의 상대방에는 아무런 제한이 없고 위조된 문서의 작성 명의인이라고 하여 행사의 상대방이 될 수 없는 것은 아니다.[615] 행사에 의하여 공공의 신용이 침해될 우려가 있기 때문이다. 다만 문서가 위조된 것임을 이미 알고 있는 공범자 등에게 행사하는 경우에는 위조문서행사죄가 성립될 수 없다.[616]

행사를 긍정한 판례의 구체적 내용은 다음과 같다. 즉,

> 위조된 외국의 화폐, 지폐 또는 은행권이 강제통용력을 가지지 않는 경우에는 형법 제207조 제3항에서 정한 '외국에서 통용하는 외국의 화폐 등'에 해당하지 않고, 나아가 그 화폐 등이 국내에서 사실상 거래 대가의 지급수단이 되고 있지 않는 경우에는 형법 제207조 제2항에서 정한 '내국에서 유통하는 외국의 화폐 등'에도 해당하지 않으므로, 그 화폐 등을 행사하더라도 형법 제207조 제4항에서 정한 위조통화행사죄를 구성하지 않는다고 할 것이고, 따라서 이러한 경우에는 형법 제234조에서 정한 위조사문서행사죄 또는 위조사도화행사죄로 의율할 수 있다고 보아야 한다.[617] 휴대전화 신규 가입신청서를 위조한 후 이를 스캔한 이미지 파일을 제3자에게 이메일로 전송한 사안에서, 이미지 파일 자체는 문서에 관한 죄의 '문서'에 해당하지 않으나, 이를 전송하여 컴퓨터 화면상으로 보게 한 행위는 이미 위조한 가입신청서를 행사한 것에 해당하므로 위조사문서행사죄가 성립한다.[618] 사진기나 복사기 등을 사용하여 기계적인 방법으로 원본을 복사한 복사문서는 사본이라고 하더라도 문서위조죄 및 위조문서행사죄의 객체인 문서에 해당하는 것인바, 위조한

612) 대법원 2008.10.23. 선고 2008도5200 판결; 대법원 1988.1.19. 선고 87도1217 판결; 대법원 1975.3.25. 선고 75도422 판결.

613) 대법원 2008.10.23. 선고 2008도5200 판결.

614) 대법원 2008.10.23. 선고 2008도5200 판결.

615) 대법원 2005.1.28. 선고 2004도4663 판결; 대법원 1986.2.25. 선고 85도2798 판결.

616) 대법원 2005.1.28. 선고 2004도4663 판결; 대법원 1986.2.25. 선고 85도2798 판결.

617) 대법원 2013.12.12. 선고 2012도2249 판결.

618) 대법원 2008.10.23. 선고 2008도5200 판결.

문서를 모사전송(facsimile)의 방법으로 타인에게 제시하는 행위도 위조문서행사죄를 구성한다. 따라서 피고인들이 위조한 공장임대차계약서의 복사본을 제시하거나 그 문서를 모사전송한 행위가 위조사문서행사죄에 해당한다.[619] 형법에 규정된 공문서 또는 사문서의 위조죄나 그 행사죄에 있어서의 문서라 함은 작성명의인의 의사가 표시된 원본자체를 말하고, 사본은 그것이 기계적 방법에 의하여 복사된 것이라 하더라도 사본 또는 등본이라는 인증이 없는 한 위 각 죄의 행위객체인 문서에 해당되지 아니하나 위조된 부동산매매계약서 1통을 소유권이전등기청구소송의 소장에 사본하여 첨부하도록 교부하였다면 이는 곧 위조된 원본 자체를 교부한 것으로서 위조사문서행사죄가 된다.[620] 위조문서행사죄에 있어서의 행사는 위조된 문서를 진정한 문서인 것처럼 타인에게 제시함으로써 성립하는 것이므로 위조된 매매계약서를 피고인으로부터 교부받은 변호사가 복사본을 작성하여 원본과 동일한 문서임을 인증한 다음 소장에 첨부하여 법원에 제출함으로써 위조문서행사죄는 성립된다.[621]

행사를 부정한 판례의 구체적 내용은 다음과 같다. 즉,

사진기술이 향상된 기계적 방법에 의하여 복사된 사본의 경우라도 이를 원본과 같이 보아야 할 법리상 근거는 없으므로 위조한 사문서자체가 아니라 위조한 사문서의 사본을 제시한 것만으로는 위조사문서행사죄에 해당한다고 볼 수 없다.[622] 위조문서의 행사라 함은 위조된 문서를 진정한 것처럼 타인에게 제시한다거나 타인이 열람할 수 있도록 비치한다는 등 하여 사용하는 행위를 말하는 것이니 위조문서의 사본을 민사소송에 관한 증거로서 법원에 제출하였다 하더라도 이는 위조문서 자체를 행사한 경우가 아니므로 위조문서의 행사죄를 구성한다고 할 수 없다.[623] 위조사문서 행사죄는 위조된 사문서 그 자체를 행사한 경우에 성립하고, 위조된 사문서의 청사진 등 사본만을 행사한 경우에는 성립하지 아니한다.[624]

(2) 주관적 구성요건

본죄는 고의범이다. 본죄의 고의는 인식적 요소로서 사문서 등의 위조・변조죄, 자격모용에 의한 사문서의 작성죄, 사전자기록 위작・변작죄 및 허위진단서 등의 작성죄에 의하여 만들어진 문서, 도화 또는 전자기록 등 특수매체기록이라는 사실, 이를 진정하거나 진실한 것으로서 행사한다는 사실에 대한 인식을 요한다.

(3) 미수・기수

본죄는 미수범을 처벌한다. 행사는 상대방으로 하여금 위조된 문서를 인식할 수 있는 상태에 둠으로써 기수가 되고 상대방이 실제로 그 내용을 인식하여야 하는 것은 아니다.[625] 따라서 위조된 문서를 우송한 경우에는 그 문서가 상대방에게 도달한 때에 기수가 되고

---

619) 대법원 1994.3.22. 선고 94도4 판결.

620) 대법원 1988.4.12. 선고 87도2709 판결. 본판결은 대법원 1989.9.12 87도506 전원합의체 판결로 폐기.

621) 대법원 1988.1.19. 선고 87도1217 판결.

622) 대법원 1985.11.26. 선고 85도2138 판결; 대법원 1981.12.22. 선고 81도2715 판결; 대법원 1969.11.26. 자 69모85 결정.

623) 대법원 1984.4.24. 선고 83도3355 판결; 대법원 1983.9.13. 선고 83도1829 판결; 대법원 1978.4.11. 선고 77도4068 전원합의체 판결.

624) 대법원 1973.9.25. 선고 73도1080 판결.

625) 대법원 2005.1.28. 선고 2004도4663 판결.

상대방이 실제로 그 문서를 보아야 하는 것은 아니다.[626)]

2. 죄 수

(1) 일반원칙

행사죄의 죄수는 행사의 객체의 갯수 그리고 행사의 행위의 수가 기준으로 된다. 다수의 문서를 일괄하여 행사하면 원칙적으로 1죄라고 하여야 하지만(상상적 경합), 1개의 문서라도 수회에 걸쳐 별개의 기회에 사용하면 수개의 행사죄가 성립하는 것으로 된다. 하나의 목적을 달성하기 위하여 1개의 문서를 수회 사용하는 경우에도 행사의 상대방이 다른 경우에는 수개의 행사죄로 된다고 해야 한다.

(2) 통화에 관한 죄와의 관계

통화에 관한 죄는 문서에 관한 죄에 대하여 특별관계에 있으므로 통화에 관한 죄가 성립하는 때에는 문서에 관한 죄는 별도로 성립하지 않는다.[627)]

Ⅲ. 처 벌

본죄의 법정형은 각각 사문서 등의 위조·변조죄, 자격모용에 의한 사문서의 작성죄, 사전자기록 위작·변작죄 및 허위진단서 등의 작성죄의 그것과 같다. 본죄의 미수범은 처벌된다.

§14. 사문서의 부정행사죄

제236조(사문서의 부정행사) 권리·의무 또는 사실증명에 관한 타인의 문서 또는 도화를 부정행사한 자는 1년 이하의 징역이나 금고 또는 300만원 이하의 벌금에 처한다.

제237조의2(복사문서등) 이 장의 죄에 있어서 전자복사기, 모사전송기 기타 이와 유사한 기기를 사용하여 복사한 문서 또는 도화의 사본도 문서 또는 도화로 본다.

Ⅰ. 서 설

본죄는 권리·의무 또는 사실증명에 관한 타인의 문서 또는 도화를 부정행사함으로써 성립한다.

Ⅱ. 범 죄

본죄의 객체는 권리·의무 또는 사실증명에 관한 타인의 문서 또는 도화이다. 이에 관하여는 이미 전술한 바 있다.

---

626) 대법원 2005.1.28. 선고 2004도4663 판결.
627) 대법원 2013.12.12. 선고 2012도2249 판결.

본죄의 실행행위는 부정행사이다. 부정행사(不正行使)란 권한자의 용도 내의 사용을 제외한 나머지 경우의 사용를 말한다. 사문서부정행사죄는 사용권한자와 용도가 특정되어 작성된 권리의무 또는 사실증명에 관한 타인의 사문서 또는 사도화를 사용권한 없는 자가 사용권한이 있는 것처럼 가장하여 부정한 목적으로 행사하거나 또는 권한 있는 자라도 정당한 용법에 반하여 부정하게 행사하는 경우에 성립한다.[628]

부정행사를 긍정한 판례의 구체적 내용은 다음과 같다. 즉,

사용자에 관한 각종 정보가 전자기록되어 있는 자기띠가 카드번호와 카드발행자 등이 문자로 인쇄된 플라스틱 카드에 부착되어 있는 전화카드의 경우 그 자기띠 부분은 카드의 나머지 부분과 불가분적으로 결합되어 전체가 하나의 문서를 구성하므로, 전화카드를 공중전화기에 넣어 사용하는 경우 비록 전화기가 전화카드로부터 판독할 수 있는 부분은 자기띠 부분에 수록된 전자기록에 한정된다고 할지라도, 전화카드 전체가 하나의 문서로서 사용된 것으로 보아야 하고 그 자기띠 부분만 사용된 것으로 볼 수는 없으므로 절취한 전화카드를 공중전화기에 넣어 사용한 것은 권리의무에 관한 타인의 사문서를 부정행사한 경우에 해당한다.[629]

부정행사를 부정한 판례의 구체적 내용은 다음과 같다. 즉,

실질적인 채권채무관계 없이 당사자 간의 합의로 작성한 '차용증 및 이행각서'는 그 작성명의인들이 자유의사로 작성한 문서로 그 사용권한자가 특정되어 있다고 할 수 없고 또 그 용도도 다양하므로, 설령 피고인이 그 작성명의인들의 의사에 의하지 아니하고 위 '차용증 및 이행각서'상의 채권이 실제로 존재하는 것처럼 그 지급을 구하는 민사소송을 제기하면서 소지하고 있던 위 '차용증 및 이행각서'를 법원에 제출하였다고 하더라도 그것이 사문서부정행사죄에 해당하지 않는다.[630] 사문서부정행사죄에 있어서의 부정사용이란 사문서를 사용할 권원없는 자가 그 문서명의자로 가장행세하여 이를 사용하거나 또는 사용할 권원이 있다 하더라도 문서를 본래의 작성 목적 이외의 다른 사실을 직접 증명하는 용도에 이를 사용하는 것을 말하는 것이므로 현금보관증이 자기 수중에 있다는 사실 자체를 증명키 위하여 증거로서 법원에 제출하는 행위는 사문서의 부정행사에 해당되지 아니한다.[631] 형법 제236조 소정의 사문서부정행사죄에 있어서 부정행사란 사용할 권한 없는 자가 문서명의자로 가장 행세하여 이를 사용하거나 또는 사용할 권한이 있더라도 그 문서를 본래의 작성목적 이외의 다른 사실을 직접 증명하는 용도에 이를 사용하는 것을 말하므로 실효된 문서를 증거로 제출하는 행위는 부정행사에 해당하지 아니한다.[632]

Ⅲ. 처 벌

본죄의 법정형은 1년 이하의 징역이나 금고 또는 300만원 이하의 벌금이다. 2년 이하의 징역이나 금고 또는 500만원 이하의 벌금인 공문서 등의 부정행사죄의 법정형보다는 가볍다.

---

628) 대법원 2007.3.30. 선고 2007도629 판결; 대법원 1999.5.14. 선고 99도206 판결; 대법원 1993.5.11. 선고 93도127 판결; 대법원 1985.5.28. 선고 84도2999 판결; 대법원 1978.2.14. 선고 77도2645 판결.

629) 대법원 2002.6.25. 선고 2002도461 판결.

630) 대법원 2007.3.30. 선고 2007도629 판결.

631) 대법원 1985.5.28. 선고 84도2999 판결.

632) 대법원 1978.2.14. 선고 77도2645 판결; 대법원 1969.3.18. 선고 68도1082 판결.

본죄는 미수범에 대한 처벌규정을 두지 않고 있다는 점에서 미수범에 대한 처벌규정을 두고 있는 공문서 등의 부정행사죄와 구별되고 있다.

제5절 인장에 관한 죄

§1. 개 관

Ⅰ. 의 의

본장의 인장에 관한 죄란 행사할 목적으로 인장, 서명, 기명 또는 기호를 위조 또는 부정사용하거나 위조 또는 부정사용한 인장, 서명, 기명 또는 기호를 행사하는 것을 내용으로 하는 범죄를 말한다(형법 제2편 제21장).

본장의 죄는 문서, 유가증권 등의 위조죄에 있어서 그의 예비 또는 미수에 해당할 수 있는 행위에 대하여 이를 처벌하는 규정의 성질을 가지고 있다.

Ⅱ. 보호법익

본장의 죄의 보호법익은 인장, 서명, 기명 또는 기호의 진정과 거래의 안전에 대한 공공의 신용이다. 인장, 서명, 기명 또는 기호는 공무원, 공무소 또는 타인의 동일성을 표시한다. 또 인장, 서명, 기명 또는 기호는 공무원, 공무소 또는 타인이 당해 인장, 서명, 기명 또는 기호가 현출된 문서 등을 작성한 것이라는 점 또는 이와 밀접한 관계를 가진다는 점을 표시하거나 증명함으로써 사회생활이나 거래관계에 있어서 중요한 역할을 수행하고 있다. 따라서 인장, 서명, 기명 또는 기호를 위조하거나 부정하게 사용하는 것은 인장, 서명, 기명 또는 기호의 진정에 대한 공공의 신용을 해하고 거래의 안전을 해할 위험이 있다. 바로 이러한 점들이 본장의 죄의 존재이유이다.

본징의 죄는 위험범이고 보호의 정도는 추상적 공공위험범으로서의 보호이다. 거래의 안전이나 공공의 신용을 침해할 위험의 발생으로 족하고 실해의 발생을 요하지 않는다.

Ⅲ. 구성요건에 체계

본장의 죄는 사인 등의 위조·부정사용죄를 기본적 구성요건으로 하고, 공인 등의 위조·부정사용죄를 가중적 구성요건으로 규정하고 있다. 본장의 죄는 미수범을 처벌하고 있다.

Ⅳ. 죄수관계

문서, 유가증권 등의 위조죄가 기수에 달하는 경우에는 그 수단으로서 행하여진 인장, 서명, 기명 또는 기호의 위조죄는 문서, 유가증권 등의 위조죄에 흡수되고 별도의 위조죄를 구성하지 않는다. 따라서 문서, 유가증권 등의 위조죄가 미수에 그친 경우에는 본장의 죄가 성립하게 된다. 판례에 의하면 흡수관계에 있는 인장위조죄와 사문서위조죄를 경합범으로 잘못 기소한 경우에 인장위조사실 자체가 없는 것으로 밝혀진 경우에는 경합범으로 기소한 인장위조의 공소사실에 대한 판단으로서 별도로 무죄선고를 하여야 한다.[1)]

본장의 죄에 있어서의 인장, 서명, 기명 또는 기호는 흔히 문서의 작성에 필요한 것이고, 문서, 유가증권 등의 위조에서와 같이 다른 범죄의 수단으로 사용되는 경우가 많다. 또 위조죄의 대부분은 인장, 서명, 기명 또는 기호의 위조, 행사 또는 부정행사를 포함하고 있다. 뿐만 아니라 위조죄에 인장, 서명, 기명 또는 기호의 위조, 행사 또는 부정행사의 미수범에 대한 처벌규정을 두지 않은 것은 그와 같은 경우 본장의 죄가 성립하기 때문이다.

한편 인장, 서명, 기명 또는 기호가 문서 등의 일부분이 아니라 그 자체로서 독자적인 의의를 가지는 경우에는 본장의 죄가 성립한다. 또 인장, 서명, 기명 또는 기호의 위조죄와 문서, 유가증권 등의 위조죄가 별개인 경우에도 본장의 죄가 성립한다.

§2. 공인 등의 위조·부정사용죄

第238조(공인 등의 위조, 부정사용) ① 행사할 목적으로 공무원 또는 공무소의 인장, 서명, 기명 또는 기호를 위조 또는 부정사용한 자는 5년 이하의 징역에 처한다.
② 위조 또는 부정사용한 공무원 또는 공무소의 인장, 서명, 기명 또는 기호를 행사한 자도 전항의 형과 같다.
③ 전 2항의 경우에는 7년 이하의 자격정지를 병과할 수 있다.

第240조(미수범) 본장의 미수범은 처벌한다.

第5조(외국인의 국외범) 본법은 대한민국영역외에서 다음에 기재한 죄를 범한 외국인에게 적용한다.
7. 인장에 관한 죄중 第238조

Ⅰ. 서 설

본죄는 행사할 목적으로 공무원 또는 공무소의 인장, 서명, 기명 또는 기호를 위조 또는 부정사용하거나(第238조 第1항), 위조 또는 부정사용한 공무원 또는 공무소의 인장, 서명, 기명 또는 기호를 행사함으로써 성립한다(第238조 第2항).

---

1) 대법원 1978.9.26. 선고 78도1787 판결.

Ⅱ. 범 죄

1. 공인 등의 위조 등 부정사용죄

(1) 의 의

본죄는 행사할 목적으로 공무원 또는 공무소의 인장, 서명, 기명 또는 기호를 위조 또는 부정사용함으로써 성립한다(제238조 제1항). 행사할 목적을 요하는 목적범이다.

본죄는 인장에 관한 죄의 한 태양으로서 인장·서명·기명·기호 등의 진정에 대한 공공의 신용, 즉 거래상의 신용과 안정을 그 보호법익으로 한다.[2)]

(2) 구성요건

1) 객관적 구성요건

① 객 체

본죄의 객체는 공무원 또는 공무소의 인장, 서명, 기명 또는 기호이다. 공무원과 공무소에 관하여는 이미 전술한 바 있다.

ⓘ 인 장

i. 의 의 인장(印章)이란 사람의 동일성을 표시하기 위하여 사용하는 상형을 말한다. 일반적으로 성명(姓名)이 사용되지만 반드시 성명에만 한하지 않는다. 문자든 도형(圖形)이든 묻지 않는다. 아호(雅號)를 조각한 것도 인장에 속한다. 화압(畵押)이나 무인(拇印)도 인장으로 해석되고 있다.

인장에는 공인과 사인이 있다. 공인(公印)이란 공무원 또는 공무소의 인장을 말하고, 사인(私印)이란 사인의 인장을 말한다. 어새나 국새도 넓은 의미에서는 공인의 일종이라고 할 수 있다. 공무원 또는 공무소의 인장이란 공무상 사용되는 인장을 말한다. 공무상 사용되는 인장인 한 직인(職印)이든 사인(私印)이든 인인(認印)이든 묻지 않는다.

ii. 인영과 인과 인영(印影)이란 물체 위에 현출된 문자나 부호의 영적(影積)을 말하고, 인과(印顆)란 인영을 현출하기 위하여 문자나 부호를 조각한 물체를 말한다. 인과는 인형(印形)이라고도 한다. 문제는 인장의 범위에 있다. 이에 관하여는 다툼이 있다.

첫째, 인장은 인영에 한한다는 견해이다. 인영한정설(印影限定說)은 인과의 제작시를 인장위조죄의 기수시로 하는 것은 조급하다는 점, 인장에 인과를 포함하게 되면 타인의 인과를 위조하는 경우, 기성도장을 이용하는 경우 등에 있어서 기수시기를 통일하기 어렵다는 점 등을 그 근거로 한다. 둘째, 인장은 인과도 포함한다는 견해이다. 인과포함설(印顆包含說)은 권한 없는 자가 타인의 인과를 제작하는 것 자체에 이미 인장에 대한 공공의 신용을 해할 우려가 내포되어 있다는 점, 실생활에서 차지하는 중요성은 인과가 인영보다 크다는 점, 인영의 위조보다는 인과의 위조가 더 위력적이라는 점 등을 그 근거로 하고 있다.

iii. 생략문서와의 구별 인장은 본래 사람의 동일성을 증명·표시하는 것을 본질로

---

2) 대법원 1997.6.27. 선고 97도1085 판결.

한다. 그러나 우편물의 접수날짜 등을 증명·표시하는 우체국의 일부인(日附印)과 같이 형태상으로는 인장과 같지만 사람의 동일성에 그치지 않고 그 이외의 사항을 증명·표시하는 인장도 있다.

인장의 법적 성질에 관하여는 인격의 동일성만을 표시·증명하는 것에 그친다는 인장설과 다른 사항에 대한 증명·표시도 포함한다는 문서설이 대립하고 있다. 생각건대 인장의 본질이 사람에 대한 동일성의 증명에 그친다고 한다면 그 이외의 사항을 증명·표시하는 것은 인장으로서가 아니라 이미 문서로서의 기능에 해당한다고 해야 한다. 이에 의하면 인장은 인장을 넘어 문서로서의 성질도 함께 가지고 있다는 문서설이 합당하다고 하지 않을 수 없다. 작품에 찍혀 있는 낙관(落款)도 마찬가지이다.

ⓘ 서 명

i. 의 의 서명(署名)이란 성명이나 호칭 등 자기를 표창하는 문자를 표기하는 것을 말한다. 반드시 성명을 표기하지 않더라도 성(姓)만을 표기하든 명(名)만을 표기하든 특정한 사람을 표시한 것이 확실하면 서명이라고 할 수 있다. 서명도 공무원이 행하는 공서명(公署名)과 사인이 행하는 사서명(私署名)으로 나누어질 수 있다.

공무원의 서명이란 공무원이 그 공무원인 신분을 명확하게 하여 사용한 서명을 말한다. 직명(職名)이 병기되는 것이 보통이다. '***교무원'이라고만 기재하여도 이것이 특정한 공무원을 지칭하는 것이 명확하면 역시 공무원의 서명에 해당한다. 상호(商號)나 기타 부호문자를 사용하는 경우 또는 약호(略號), 옥호(屋號), 아호(雅號) 등을 기재한 경우에도 서명에 해당한다. 타인의 대리인인 자격을 모용하여 서명하는 경우에는 그 효력이 타인인 본인에게 발생하기 때문에 타인의 서명에 대한 위조가 된다.

ii. 방 법 서명은 자서에 한한다. 자서(自署)란 주체 스스로 직접 기재하는 것을 말한다. 이러한 의미에서 서명을 자필서명이라고도 한다. 서명은 타인도 알아볼 수 있어야 한다는 점에서 독특하여 자신만이 알 수 있는 사인(sign)과 구별된다. 통상적으로 서명은 성과 이름을 정자로 본인이 직접 또박또박 쓰는 방법에 의한다. 또 서명은 대필이나 인쇄 등을 허용하지 않는다는 점에서 후술하는 기명과 구별된다. 한편 서명과 도장을 찍는 날인을 함께하면 서명날인(署名捺印)이 된다.

iii. 생략문서와의 구별 서명도 생략문서와의 구별이 문제된다. 서명 아래에 서(書), 화(畵) 또는 사(寫) 등의 문자를 추가한 정도의 것은 의사·관념의 표시를 포함하지 않기 때문에 서명에 그친다는 견해가 있다. 그러나 서(書), 화(畵) 또는 사(寫) 등이 그 표시된 물체와 부합하여 법률상·거래상 중요한 사항에 대하여 의사·관념의 표시로 인정되는 한 생략문서라고 해석되지 않아야 할 이유가 없다. 따라서 서명이 주체의 동일성을 증명·표시하는 것에 그치지 않는 한 이미 문서로서의 성질도 가지기 시작한다는 문서설이 지당하다고 하지 않을 수 없다. 이는 아래의 기명에 있어서도 마찬가지이다.

ⓘⓘⓘ 기 명 기명(記名)은 성명이나 호칭 등 자기를 표창하는 문자를 표기하는 것을 말한다는 점에서 서명과 같다. 다만 기명은 대필이나 인쇄 등에 의한 것도 널리 허용된다는

점에서 본인이 직접 기재한 자필만 허용되는 서명과 구별된다. 기명날인(記名捺印)은 기명과 날인을 병행하는 것이다.

한편 문서의 증명력이 기명에서보다는 서명에서 배가 된다면 날인에서보다는 인감도장에 의한 날인에서 배가 될 수 있다. 또 문서의 증명력은 기명날인에서보다는 인감도장에 의한 기명날인에서 배가 될 수 있고, 인감도장에 의한 기명날인에서보다는 인감도장에 의한 서명날인에서 훨씬 배가 될 수 있다.

ⅳ 기 호

ⅰ. 의 의 기호(記號)란 일반적으로 물건에 압날하거나 기타의 방법으로 사람의 동일성을 증명하기 위한 문자 또는 부호를 말한다. 기호도 인장에서의 인영과 인과와 같이 영적(影蹟)과 이를 현출하기 위한 물체로 구분될 수 있다.

ⅱ. 인장과의 구별 기호와 인장의 구별에 대하여는 다툼이 있다. 첫째, 압날물체설이다. 문서에 압날된 것은 인장이고, 문서 외의 물체에 압날된 것은 기호라고 한다. 둘째, 증명목적설이다. 사람의 동일성을 증명하기 위한 것이 인장이고, 그 외에 기타의 사항을 증명하기 위한 것은 기호라고 한다. 생각건대 압날물체설에 따르는 한 압날이 있을 때까지는 인과의 위조가 인장의 위조인가 기호의 위조에 속하는가는 분명하지 않게 된다. 기호도 사람의 동일성 외에 기타의 사항을 증명하는 기능을 가질 수 있다는 측면을 수용하는 한 증명목적설이 합당하다고 하지 않을 수 없다. 다만 인장과 기호를 굳이 구별할 형법상의 실익은 없다고 하겠다. 양자는 각각 본죄의 객체라는 점에서 차이가 없기 때문이다.

ⅲ. 생략문서와의 구별 기호도 증명목적설에 의하는 한 문서로서의 성질을 배제할 수 없다. 검인, 검사합격인 등이 이에 속한다고 할 수 있다.

객체를 긍정한 판례의 구체적 내용은 다음과 같다. 즉,

> 행사할 목적으로 공기호인 자동차등록번호판을 위조한 경우에 공기호위조죄가 성립한다.[3] 이 사건 차량번호표는 공기호에 해당한다.[4]

② 행 위

본죄의 실행행위는 위조 또는 부정사용이다. 행사할 목적으로 공무원 또는 공무소의 인장, 서명, 기명 또는 기호를 위조 또는 부정사용하는 것이다.

ⓘ 위 조 위조(僞造)란 권한 없이 타인의 인장, 서명, 기명 또는 기호를 작성·기재하는 것을 말한다. 권한이 없는 경우뿐만 아니라 권한을 넘는 경우도 포함한다.

위조의 방법은 묻지 않는다. 위조라고 하기 위하여는 일반인으로 하여금 진정한 것이라고 오인시키기에 족한 정도의 형식과 외관을 갖추어야 한다.

ⓘⓘ **부정사용** 부정사용(不正使用)이란 진정한 인장, 서명, 기명 또는 기호를 권한 없이 사용하는 무권한사용과 권한 있는 자가 권한을 남용하여 부당하게 사용하는 월권사용을 포함하여 말한다. 부정사용은 진정한 것을 부정하게 사용한다는 점에서 부진정한 것을 만드

3) 대법원 2016.4.29. 선고 2015도1413 판결.
4) 대법원 1983.10.25. 선고 83도2078 판결.

는 위조와 구별된다. 부정사용은 후술하는 행사와도 구별된다. 예컨대 절취한 자동차번호판을 부착하는 것은 공기호의 부정사용에 해당되고, 절취한 자동차번호판이 부착된 자동차를 운행하는 것은 부정사용된 공기호의 행사에 해당된다.

부정사용을 긍정한 판례의 구체적 내용은 다음과 같다. 즉,

> 형법 제238조 제1항에서 규정하고 있는 공기호인 자동차등록번호판의 부정사용이라 함은 진정하게 만들어진 자동차등록번호판을 권한 없는 자가 사용하든가, 권한 있는 자라도 권한을 남용하여 부당하게 사용하는 행위를 말하는 것이다.[5] 택시미터기의 수리는 계량법시행규칙에 의하여 검정의무가 면제되는 간이수리에 해당하나, 택시미터기에 적법하게 부착된 검정납봉의 봉인철사를 일단 절단한 후에는 소관 검정기관만이 이를 다시 부착할 수 있는 것이므로 피고인이 임의로 한 검정납봉 재봉인부착행위는 형법 제238조 제2항 소정의 공무소기호 부정사용에 해당한다.[6] 인장의 부정사용이라 함은 진정한 인장을 정당한 권한 없이 타인에 대하여 사용함을 의미한다.[7]

2) 주관적 구성요건

① 고 의

본죄는 고의범이다. 본죄의 고의는 인식적 요소로서 행사할 목적으로 공무원 또는 공무소의 인장, 서명, 기명 또는 기호를 위조 또는 부정사용한다는 사실에 대한 인식을 요한다. 위조 또는 부정사용에 대한 고의의 경우 각각 권한 없이 기재한다는 사실 또는 권한 없이 사용한다는 사실에 대한 인식을 요한다.

② 행사할 목적

본죄는 목적범이다. 본죄의 위조 또는 부정행사는 고의 외에도 행사할 목적을 가지고 행하여질 것을 요한다. 행사할 목적이란 위조된 공무원 또는 공무소의인장, 서명, 기명 또는 기호를 진정한 것으로 그 용법에 따라 사용하려는 목적을 말한다. 대법원도 "행사할 목적이란 위조한 자동차등록번호판을 마치 진정한 것처럼 그 용법에 따라 사용할 목적을 말한다. 또한 '위조한 자동차등록번호판을 그 용법에 따라 사용할 목적'이란 위조한 자동차등록번호판을 자동차에 부착하여 운행함으로써 일반인으로 하여금 자동차의 동일성에 관한 오인을 불러일으킬 수 있도록 하는 것을 말한다"고 판시한 바 있다.[8] 행사할 목적은 행위자 자신이 행사할 목적뿐만 아니라 타인으로 하여금 행사할 목적도 포함한다.

3) 미수 · 기수

본죄는 위조 또는 부정행사의 행위의 종료로 기수에 이른다. 다만 인과(印顆)를 제작하여 인장을 위조하는 경우 인장에 인과를 포함한다고 해석하는 입장에서는 인과의 제작이 완료한 때에 인장위조는 기수로 된다. 그러나 인장은 인영에 한한다고 하는 입장에서는 인과의 제작이 완성되어도 인장위조의 기수라고는 할 수 없고 이를 이용하여 인영(印影)을 현출한

5) 대법원 1997.7.8. 선고 96도3319 판결.
6) 대법원 1982.6.8. 선고 82도138 판결.
7) 대법원 1982.7.13. 선고 82도39 판결.
8) 대법원 2016.4.29. 선고 2015도1413 판결; 대법원 1997.7.8. 선고 96도3319 판결.

때에 비로소 기수에 이른다고 한다.

(3) 죄 수

유가증권위조죄나 문서위조죄가 기수에 달하면 그 수단으로서 행하여진 본죄는 유가증권위조죄 또는 문서위조죄에 흡수되어 본죄를 독립하여 구성하지 않는다. 다만 유가증권위조죄 또는 문서위조죄가 미수에 그친 경우에는 본죄가 성립한다. 또 동일인이 인장, 서명, 기명 또는 기호를 위조하고 이를 사용한 경우에는 본죄의 위조죄와 사용죄가 동시에 성립한다.

2. 위조 또는 부정사용한 공인 등의 행사죄

본죄는 위조 또는 부정사용한 공무원 또는 공무소의 인장, 서명, 기명 또는 기호를 행사함으로써 성립한다(제238조 제2항). 본죄는 목적범이 아니다.

본죄의 객체는 위조 또는 부정사용한 공무원 또는 공무소의 인장, 서명, 기명 또는 기호이다. 위조 또는 부정사용한 것이라는 점에서 전항의 객체와 구별된다.

본죄의 실행행위는 행사이다. 행사(行使)란 위조 또는 부정사용한 것을 마치 진정한 것처럼 그 용법에 따라 사용하는 것을 말한다. 행사는 부정사용된 공기호를 이를 진정한 것으로 임의로 공범자 이외의 자에게 보이는 등 사용하는 행위를 말하므로 이는 타인에 대한 외부적 행위이다.[9] 행사는 부정사용한 것을 마치 진정한 것처럼 그 용법에 따라 사용하는 행위를 말한다는 점에서 진정한 것을 권한 없는 자가 사용하든가, 권한 있는 자라도 권한을 남용하여 부당하게 사용하는 행위를 말하는 부정사용과 구별된다. 대법원도 "형법 제238조 제1항에서 규정하고 있는 공기호인 자동차등록번호판의 부정사용이라 함은 진정하게 만들어진 자동차등록번호판을 권한 없는 자가 사용하든가, 권한 있는 자라도 권한을 남용하여 부당하게 사용하는 행위를 말하는 것이고,같은 조 제2항에서 규정하고 있는 그 행사죄는 부정사용한 공기호인 자동차등록번호판을 마치 진정한 것처럼 그 용법에 따라 사용하는 행위를 말하는 것으로 그 행위개념을 달리하고 있다"고 판시한 바 있다.[10]

행사를 긍정한 판례의 구체적 내용은 다음과 같다. 즉,

> 피고인이 절취한 자동차등록번호판을 부착한 위 뉴그랜져 승용차를 운행하였다면 이는 부정사용된 공기호행사죄에 해당한다.[11]

행사를 부정한 판례의 구체적 내용은 다음과 같다. 즉,

> 부정사용한 공기호인 자동차등록번호판의 용법에 따른 사용행위인 행사라 함은 이를 자동차에 부착하여 운행함으로써 일반인으로 하여금 자동차의 동일성에 관한 오인을 불러일으킬 수 있는 상태 즉 그것이 부착된 자동차를 운행함을 의미한다고 할 것이고, 그 운행과는 별도로 부정사용한

---

9) 대법원 1981.12.22. 선고 80도1472 판결.
10) 대법원 1997.7.8. 선고 96도3319 판결.
11) 대법원 1997.7.8. 선고 96도3319 판결.

자동차등록번호판을 타인에게 제시하는 등 행위가 있어야 그 행사죄가 성립한다고 볼 수 없다.[12] 허가량을 초과하여 벌채한 나무에 임산물 생산확인용 철제극인이 타기되었다고 하여도 동 나무를 산판에 적치하거나 반출하였다 하여 곧 공기호 행사죄가 되지 아니한다.[13]

Ⅲ. 처 벌

본죄의 법정형은 5년 이하의 징역이다. 7년 이하의 자격정지를 병과할 수 있다. 본죄의 미수범은 처벌된다.

§3. 사인 등의 위조·부정사용죄

제239조(사인등의 위조, 부정사용) ① 행사할 목적으로 타인의 인장, 서명, 기명 또는 기호를 위조 또는 부정사용한 자는 3년 이하의 징역에 처한다.
② 위조 또는 부정사용한 타인의 인장, 서명, 기명 또는 기호를 행사한 때에도 전항의 형과 같다.

제240조(미수범) 본장의 미수범은 처벌한다.

Ⅰ. 서 설

본죄는 행사할 목적으로 타인의 인장, 서명, 기명 또는 기호를 위조 또는 부정사용하거나(제239조 제1항), 위조 또는 부정사용한 타인의 인장, 서명, 기명 또는 기호를 행사함으로써 성립하게 된다(제239조 제2항).

Ⅱ. 범 죄

1. 사인 등 위조 등 부정사용죄

(1) 의 의

본죄는 행사할 목적으로 타인의 인장, 서명, 기명 또는 기호를 위조 또는 부정사용함으로써 성립한다(제239조 제1항).

(2) 객관적 구성요건

본죄의 객체는 타인의 인장, 서명, 기명 또는 기호이다. 타인의 사인장, 사서명, 사기명 또는 사기호를 의미한다. 타인(他人)이란 공무소, 공무원 이외의 사인인 타인을 지칭한다. 자연인이든 법인이든 법인격 없는 사단이든 묻지 않는다.

본죄의 실행행위는 위조 또는 부정사용이다. 위조와 부정사용은 전술한 사인 등의 위조·부정사용죄에서의 그것과 같다. 판례에 의하면 인장 등 위조죄가 성립하기 위하여는 그 인장 등이 일반인으로 하여금 특정인의 진정한 인장 등으로 오신하게 할 정도에 이르러

---

12) 대법원 1997.7.8. 선고 96도3319 판결.
13) 대법원 1981.12.22. 선고 80도1472 판결.

야 한다.[14] 일반인이 특정인의 진정한 인장 등으로 오신하기에 충분한 정도인지 여부는 그 인장 등의 형식과 외관, 작성경위 등을 고려하여야 할 뿐만 아니라 그 인장 등이 기재된 문서에 있어서의 인장 등 기재의 필요성, 그 문서의 작성경위, 종류, 내용 및 일반거래에 있어서 그 문서가 가지는 기능 등도 함께 고려하여 판단하여야 한다.[15] 어떤 문서에 권한 없는 자가 타인의 서명 등을 기재하는 경우에는 그 문서가 완성되기 전이라도 일반인으로서는 그 문서에 기재된 타인의 서명 등을 그 명의인의 진정한 서명 등으로 오신할 수도 있으므로, 일단 서명 등이 완성된 이상 문서가 완성되지 아니한 경우에도 서명 등의 위조죄는 성립한다.[16]

위조・부정사용을 긍정한 판례의 구체적 내용은 다음과 같다. 즉,

> 수사기관이 수사대상자의 진술을 기재한 후 진술자로 하여금 그의 면전에서 조서의 말미에 서명 등을 하도록 한 후 그 자리에서 바로 회수하는 수사서류의 경우에는 그 진술자가 그 문서에 서명 등을 하는 순간 바로 수사기관이 열람할 수 있는 상태에 놓이게 되는 것이므로, 그 진술자가 마치 타인인 양 행세하며 타인의 서명 등을 기재한 경우 그 서명 등을 수사기관이 열람하기 전에 즉시 파기하였다는 등의 특별한 사정이 없는 이상 그 서명 등 기재와 동시에 위조사서명 등 행사죄가 성립하는 것이며, 그와 같이 위조사서명 등 행사죄가 성립된 직후에 수사기관이 위 서명 등이 위조된 것임을 알게 되었다고 하더라도 이미 성립한 위조사서명 등 행사죄를 부정할 수 없다.[17] 아파트 주민대표회 간부들이, 동대표로 당선된 공소외 갑이 사실은 대학을 졸업하지 않았음이 사립대학 교무처장 명의로 된 학력조회 회보서를 통해 확인되자, 갑의 허위학력 사실을 아파트 주민들에게 공고문 형식으로 알리면서 그 공고문의 신뢰성 제고를 위해 공고문 안에 대학 교무처장 명의의 직인을 함께 나타내어 사인장인 위 직인을 위조하였다는 공소사실에 대하여, 위 직인을 대학 교무처장의 정당한 인장인 것처럼 가장하기 위해서 현출하였다거나 위 직인을 위조하여 행사할 의사가 있었다고 볼 수는 없다고 판단한 원심판결에 사인위조죄의 성립 요건에 관한 법리오해의 위법이 있다.[18] 수사기관이 수사대상자의 진술을 기재한 후 진술자로 하여금 그의 면전에서 조서의 말미에 서명 등을 하도록 한 후 그 자리에서 바로 회수하는 수사서류의 경우에는, 그 진술자가 그 문서에 서명을 하는 순간 바로 수사기관이 열람할 수 있는 상태에 놓이게 되는 것이므로, 그 진술자가 마치 타인인 양 행세하며 타인의 서명을 기재한 경우 그 서명을 수사기관이 열람하기 전에 즉시 파기하였다는 등의 특별한 사정이 없는 이상 그 서명 기재와 동시에 위조사서명행사죄가 성립하는 것이며, 그와 같이 위조사서명행사죄가 성립된 직후에 수사기관이 위 서명이 위조된 것임을 알게 되었다고 하더라도 이미 성립한 위조사서명행사죄를 부정할 수 없다 할 것이다.[19] 피고인이 경찰에서 피의자로서 조사받으면서 자신의 형인 공소외인의 인적 사항을 밝히면서 자신이 공소외인인 것처럼 행세를 하고, 자신에 대한 피의자신문조서의 말미에 위 공소외인의 서명을

---

14) 대법원 2011.3.10. 선고 2011도503 판결; 대법원 2010.1.14. 선고 2009도5929 판결; 대법원 2005.12.23. 선고 2005도4478 판결.

15) 대법원 2011.3.10. 선고 2011도503 판결; 대법원 2010.1.14. 선고 2009도5929 판결; 대법원 2005.12.23. 선고 2005도4478 판결.

16) 대법원 2011.3.10. 선고 2011도503 판결; 대법원 2005.12.23. 선고 2005도4478 판결.

17) 대법원 2011.3.10. 선고 2011도503 판결; 대법원 2005.12.23. 선고 2005도4478 판결.

18) 대법원 2010.1.14. 선고 2009도5929 판결.

19) 대법원 2005.12.23. 선고 2005도4478 판결.

하여 수사기록에 편철하게 한 이 사건 범행에 대하여 사서명위조 및 동행사죄에 해당한다고 판단하였는바, 관계 법리에 비추어 살펴보면 원심의 위와 같은 판단은 정당하고, 거기에 상고이유에서 주장하는 바와 같은 법리오해 등의 위법이 있다고 할 수 없다.[20]

위조・부정사용을 부정한 판례의 구체적 내용은 다음과 같다. 즉,

형법 제239조 제1항의 사인위조죄는 그 명의인의 의사에 반하여 위법하게 행사할 목적으로 권한 없이 타인의 인장을 위조한 경우에 성립하므로, 타인의 인장을 조각할 당시에 그 명의자로부터 명시적이거나 묵시적인 승낙 내지 위임을 받았다면 인장위조죄가 성립하지 않는다고 할 것이다.[21] 이미 사망한 사람 명의의 문서를 위조하거나 이를 행사하더라도 사문서위조나 동행사죄는 성립하지 않는다는 문서위조죄의 법리에 비추어 이와 죄질을 같이하는 인장위조죄의 경우에도 사망자 명의의 인장을 위조, 행사하는 소위는 사인위조 및 동행사죄가 성립하지 않는다고 해석함이 상당하다.[22] 선거무효로 노동조합 지부장직을 상실한 자가 동 조합지부인과 지부장인을 동 지부장 직무대리에게 인계하지 아니하므로, 이에 대한 대응책으로 동 지부의 문서에 사용할 목적으로 동 지부장 직무대리의 승인하에 동 지부인과 지부장인을 조각한 행위는 부정한 방법으로 정당한 인장인 양 가장하기 위하여 직인 등을 위조한 것이라고 할 수 없다.[23]

(3) 주관적 구성요건

본죄는 목적범이다. 따라서 본죄는 고의 외에 행사할 목적을 요한다. 행사할 목적이란 전술한 바와 같이 위조된 타인의 인장, 서명, 기명 또는 기호를 진정한 것으로 그 용법에 따라 사용하려는 목적을 말한다.

행사의 목적을 부정한 판례의 구체적 내용은 다음과 같다. 즉,

형법 제239조 제1항 소정의 인장위조죄는 그 명의인의 의사에 반하여 위법하게 행사할 목적이 인정되어야 하며, 타인의 인장을 조각할 당시에는 미처 그 명의인의 승낙을 얻지 아니하였다고 하더라도 인장을 조각하여 그 명의인의 승낙을 얻어 그 명의인의 문서를 작성하는 데 사용할 의도로 인장을 조각하였으나 그 명의인의 승낙을 얻지 못하여 이를 사용하지 아니하고 명의인에게 돌려주었다면, 특별한 사정이 없는 한 행사의 목적이 있었다고 인정할 수 없다.[24]

2. 위조 또는 부정사용한 사인 등의 행사죄

본죄는 위조 또는 부정사용한 타인의 인장, 서명, 기명 또는 기호를 행사함으로써 성립한다(제239조 제2항).

본죄의 객체는 위조 또는 부정사용한 타인의 인장, 서명, 기명 또는 기호이다. 위조 또는 부정사용한 것이라는 점에서 전항의 객체와 구별되고 있다.

본죄의 실행행위는 행사이다. 행사는 전술한 위조 또는 부정사용한 공인 등의 행사죄에서의 그것과 같은 개념이다. 행사(行使)라 함은 위조 또는 부정사용된 인장 등을 진정한

20) 대법원 2005.7.14. 선고 2005도3357 판결.
21) 대법원 2014.9.26. 선고 2014도9213 판결.
22) 대법원 1984.2.28. 선고 82도2064 판결.
23) 대법원 1981.5.6. 선고 81도721 판결.
24) 대법원 1992.10.27. 선고 92도1578 판결.

것처럼 용법에 따라 사용하는 행위를 말한다.[25] 위조된 인영을 타인에게 열람할 수 있는 상태에 두든지, 인과의 경우에는 날인하여 일반인이 열람할 수 있는 상태에 두면 그것으로 행사가 되는 것이고, 위조된 인과 그 자체를 타인에게 교부한 것만으로는 위조인장행사죄를 구성한다고 할 수 없다.[26]

행사를 긍정한 판례의 구체적 내용은 다음과 같다. 즉,

> 피고인이 화가 갑, 을의 위작 그림 총 2,834점을 보관하던 중 그중 일부를 진품인 것처럼 경매에 출품하여 낙찰대금을 편취하고, 방송사인 병 주식회사를 기망하여 병 회사와 공동 주관으로 위작 그림이 진품임을 전제로 한 전시회 개최를 추진하면서 병 회사로부터 계약금 명목의 돈을 편취하려 하였으며, 피고인이 보유한 위 그림을 위작이라고 평가한 감정위원 등을 허위로 고소하였다고 하여 사기 · 사기미수 · 무고 등으로 기소된 사안에서, 원심이 증거능력 없는 피의자신문조서 등 일부 증거를 유죄의 증거로 삼은 것은 잘못이나, 피고인이 보유한 갑, 을의 그림에 대한 안목감정, 과학감정, 자료감정 등을 종합하여 갑, 을의 그림을 위작이라고 판단하고, 이를 기초로 각 공소사실을 유죄로 인정한 원심판단이 정당하다.[27]

행사를 부정한 판례의 구체적 내용은 다음과 같다. 즉,

> 피고인이 위조된 "학교법인 (상호생략)학원 이사장인"이라는 직인 1개와 "계, (상호생략)학원"이라는 계인1개를 그 위조된 정을 알면서 피해자에게 교부하여 위조인장을 행사하였다는 공소사실에 대하여 범죄가 되지 않는다고 무죄를 선고한 조치는 결국 정당하고 거기에 소론과 같은 법리를 오해한 허물이 있다고는 할 수 없다. 논지는 이유없다.[28]

Ⅲ. 처 벌

본죄의 법정형은 3년 이하의 징역이다. 5년 이하의 징역인 공인 등의 위조 · 부정사용죄의 법정형보다 가볍다. 사인 등이 공인 등보다 사회적 신용도가 낮다고 보기 때문이다. 본죄의 미수범은 처벌된다.

본죄에 대하여는 보호주의가 적용되지 아니한다. 대법원도 "형법 제239조 제1항의 사인위조죄는 형법 제6조의 대한민국 또는 대한민국국민에 대하여 범한 죄에 해당하지 아니하므로 중국 국적자가 중국에서 대한민국 국적 주식회사의 인장을 위조한 경우에는 외국인의 국외범으로서 그에 대하여 재판권이 없다"고 판시한 바 있다.[29]

---

25) 대법원 1984.2.28. 선고 84도90 판결.
26) 대법원 1984.2.28. 선고 84도90 판결.
27) 대법원 2017.7.18. 선고 2013도1843 판결.
28) 대법원 1984.2.28. 선고 84도90 판결.
29) 대법원 2002. 11. 26. 선고 2002도4929 판결.

제 9 장 사회와 도덕에 대한 죄

제 1 절 총 설

사회와 도덕에 대한 죄는 성풍속에 관한 죄(형법 제2편 제22장)와 도박과 복표에 관한 죄(형법 제2편 제23장) 및 신앙에 관한 죄(형법 제2편 제12장)의 죄로 구성되고 있다.

형법은 사회생활을 원활하게 영위하고 개인의 행복추구에 부족함이 없도록 하기 위하여 보장된 자유로운 성생활, 경제생활 및 종교생활의 풍속에 있어서 그들에 대한 건전성을 확보하고 유지하기 위하여 사회와 도덕의 관점에서 일정한 행위를 범죄로 규정하여 처벌하고 있는 것이다.

제 2 절 성풍속에 관한 죄

§1. 개 관

Ⅰ. 서 설

본장의 성풍속에 관한 죄란 사회의 선량한 성풍속에 침해를 내용으로 하는 범죄를 말한다(형법 제2편 제22장). 본장의 죄는 사회적 법익에 관한 죄에 규정되어 있다는 점에서 개인적 법익에 관한 죄에 규정되어 개인의 성적 자기결정권을 내용으로 하고 있는 강간과 추행의 죄와 구별된다(형법 제2편 제32장 참조).

Ⅱ. 보호법익

본장의 죄의 보호법익은 사회적 법익으로서의 건전한 성윤리 또는 성풍속이라고 할 수 있다. 다만 개인의 성적 자유를 부차적인 보호법익으로 포함한다는 견해도 있다. 그러나 개인의 성적 자유가 분명하지는 않지만 성적 가지결정권을 의미하는 개념이라고 한다면 개인의 성적 자기결정권이 침해되지 않은 경우, 예컨대 본인의 동의에 의한 경우에는 본장의 죄가 성립하지 않는다고 하는 것이 논리적이다. 이와 관련하여서는 본장의 개별적 범죄에 따라서 별도로 검토할 필요가 있다.

본장의 범죄에 있어서 보호법익에 대한 보호의 정도는 추상적 위험범으로서의 보호이다. 다만 음행매개죄의 경우 피음행매개자의 개인의 성적 자유도 부차적인 보호법익이라는 이

유에서 이를 침해범이라고 주장하는 견해도 있다. 그러나 개인의 성적 자유가 침해되지 않은 경우에도 사회의 선량한 성풍속은 침해될 수 있다고 해야 한다. 결국 본장의 죄는 모두 예외 없이 추상적 위험범에 속한다고 해석될 수 있다고 하겠다.

Ⅲ. 개정의 경위와 내용

1. 2012년의 개정

변화된 시대상황을 반영하기 위하여 2012년 개정형법은 음행매개죄의 규정 중 '미성년 또는 음행의 상습없는 부녀를'을 '사람을'으로 변경하여 그 객체의 범위를 확대하였다(제242조).[1]

2. 2016년의 개정

(1) 계 기

본장의 죄 중에서 간통죄가 2015년 헌법재판소에 의하여 위헌으로 결정됨에 따라 간통죄의 규정은 2016년 개정형법에 의하여 삭제되었다.[2]

(2) 간통죄의 폐지

제241조 삭제[3]

구조문

제241조(간통) ① 배우자있는 자가 간통한 때에는 2년 이하의 징역에 처한다. 그와 상간한 자도 같다. ② 전항의 죄는 배우자의 고소가 있어야 논한다. 단, 배우자가 간통을 종용 또는 유서한 때에는 고소할 수 없다.

형법의 제정시부터 규정되어 왔던 간통죄에 관하여 구조문은 "① 배우자 있는 자가 간통한 때에는 2년 이하의 징역에 처한다. 그와 상간한 자도 같다. ② 전항의 죄는 배우자의 고소가 있어야 논한다. 단 배우자가 간통을 종용 또는 유서한 때에는 고소할 수 없다"고 규정하고 있었다(개정전의 구조문 형법 제241조). 종용(慫慂)은 사전동의, 유서(宥恕)는 사후승낙을 의미한다고 해석되고 있었다.

처음부터 합헌을 유지해왔던[4] 간통죄는 성적 자기결정권과 사생활의 비밀 및 자유를 침해한다는 이유로 2015년 헌법재판소에 의하여 위헌으로 결정되었고,[5] 이를 반영하여 형법은 2016년 1월 개정시에 간통죄에 관한 처벌규정을 삭제하였다.[6] 이로써 간통죄는 형사

---

1) 형법 2012.12.18. 일부개정 법률 제11574호 2013.6.19. 시행.

2) 형법 2016.1.6. 일부개정 법률 제13719호 2016.1.6. 시행.

3) 형법 2016.1.6. 일부개정 법률 제13719호 2016.1.6. 시행.

4) 헌법재판소 2008.10.30. 선고 2007헌가17 · 21, 2008헌가7 · 26, 2008헌바21 · 47(병합) 결정; 헌법재판소 2001.10.25. 선고 2000헌바60 결정; 헌법재판소 1990.9.10. 선고 89헌마82 결정 및 대법원 1955.4.15. 선고 4287형비1 판결 참조.

5) 헌법재판소 2015.2.26. 선고 2009헌바17·205,2010헌바194, 2011헌바4,2012헌바57·255·411,2013헌바139·161·267·276·342·365,2014헌바53·464,2011헌가31,2014헌가4(병합) 결정.

6) 형법 2016.1.6. 일부개정 법률 제13719호 2016.1.6. 시행.

법 영역에서는 완전히 비범죄화되었고, 민사법 영역에서 민사제재의 문제로서만 남게 되었다(민법 제750조 참조).

Ⅳ. 구성요건의 체계

본장의 죄는 음행매개죄(제242조), 음란물죄(제243조, 제244조) 및 공연음란죄(제245조)로 나누어질 수 있다. 각각 독립된 구성요건이라고 할 수 있다. 다만 음란물죄는 음화 반포 등 죄(제243조)와 음화 제조 등 죄(제244조)로 다시 세분될 수 있으나, 후자는 전자의 예비죄로서의 성격을 가진 범죄를 독립된 구성요건으로 규정할 것이라고 할 수 있다.

§2. 음행매개죄

제242조(음행매개) 영리의 목적으로 사람을 매개하여 간음하게 한 자는 3년 이하의 징역 또는 1천500만원 이하의 벌금에 처한다.

구조문

제242조(음행매개) 영리의 목적으로 미성년 또는 음행의 상습 없는 부녀를 매개하여 간음하게 한 자는 3년 이하의 징역 또는 1천500만원 이하의 벌금에 처한다.

Ⅰ. 서 설

1. 의 의

본죄는 영리의 목적으로 사람을 매개하여 간음하게 함으로써 성립하는 범죄이다. 본죄의 보호법익은 선량한 성풍속이다. 본죄는 추상적 위험범에 속한다. 영리의 목적을 요하는 목적범이다.

2. 객체의 확대

본죄의 객체는 '미성년 또는 음행의 상습 없는 부녀'에서 '사람'으로 2012년 개정에 의하여 변경되었다.[7] 변화된 시대 상황을 반영하여 다양화된 성범죄에 효과적으로 대처하기 위한다는 것이 객체의 범위를 확대한 이유라고 한다.[8]

---

7) 형법 2012.12.18. 일부개정 법률 제11574호 2013.6.19. 시행.
8) 형법 제·개정 이유서, 형법 2012.12.18. 일부개정 법률 제11574호 2013.6.19. 시행.

Ⅱ. 범 죄

1. 구성요건

(1) 객관적 구성요건

1) 주 체

본죄의 주체에는 제한이 없다. 누구나 아무런 제한 없이 본죄의 주체로 될 수 있다. 부모, 가족 또는 고용 등의 관계로 인한 보호자나 감독자도 본죄의 주체가 될 수 있다. 다만 본죄의 당사자로서는 매개자 및 피매개자와 그 상대방을 거론할 수 있다. 본죄의 주체는 매개자에 한정해야 된다고 해석된다. 매개자는 필요적 공범인 대향범으로서의 피매개자와 그 상대방이 간음을 하도록 매개하는 자이기 때문이다. 나아가 본죄의 실행행위는 간음이 아니라 매개라고 해야 하기 때문이다. 뿐만 아니라 입법자는 이미 매개자만을 처벌하고 대향범인 피매개자와 그 상대방에 대하여는 처벌을 하지 않는 것으로 입법적 결단을 내렸다고 해석해야 하기 때문이다.

2) 객 체

본죄의 객체는 사람이다. 본죄의 객체인 사람은 연령여하를 묻지 않으며 음행의 상습의 유무도 묻지 않는다. 본죄의 객체는 제정시부터 규정되었던 '미성년 또는 음행의 상습 없는 부녀'가 2012년 개정에 의하여 '사람'으로 변경된 것에 대하여는 전술한 바 있다.

개정전의 구조문이 본죄의 객체를 '미성년 또는 음행의 상습 없는 부녀'에 한정하였던 취지는 성적 미성숙자를 보호하는 한편 남자는 여자에 비하여 보호할 필요가 적고 여자 중에서는 평생 품행이 방정한 사람만을 보호하면 족하다고 생각하였기 때문이었다. 음행을 상습으로 하는 여자, 예컨대 매춘부의 증가에 의하여 성풍속이 교란되는 것을 방지하기 위한 것이 구조문의 취지였다고 해석될 수 있었기 때문이다. 음행(淫行)이란 음란한 성행위, 즉 성윤리상 허용되지 않는 종류의 성행위를 지칭하는 것이었다.

3) 행 위

본죄의 실행행위는 매개하는 것이다. 본죄는 영리의 목적으로 사람을 매개하여 간음하게 함으로써 성립하기 때문이다.

① 매 개

매개(媒介)란 사람을 간음에 이르도록 알선하는 일체의 행위를 말한다. 매개에는 간음의 의사가 없는 사람을 교사하여 간음의 의사가 생기게 하는 경우는 물론 이미 간음의 의사가 있는 사람에게 상대방을 소개시켜주는 경우도 포함된다.

'매개하여 간음하게 하는'이란 기망, 위계, 위력, 곤혹 또는 친족관계 등의 영향력을 이용하는 경우를 포함하는 한편 간음이 본인의 자유의사에 근거하여 진의에 의하여 행하여진 경우도 포함한다. 대법원도 미성년자에 대한 음행매개죄의 성립에 있어서 "그 미성년자가 음행의 상습이 있거나 그 음행에 자진 동의한 사실은 하등 영향을 미치는 것이 아니다"라고

판시한 바 있다.[9)]

② 간 음

간음(姦淫)이란 배우자 이외의 자와의 성교를 의미한다고 해석되고 있다. 그러나 본죄는 단순히 매개라는 행위만으로는 처벌할 수 있는 정도의 위법성에 이른다고 할 수 없기 때문에 매개를 원인으로 한 간음의 결과에 본죄의 당벌성이 인정되지 않으면 안 된다. 예컨대 미팅의 주선만으로는 본죄의 매개에 해당하지 않는다고 하는 것이 그렇다. 따라서 본죄에 있어서의 간음은 건전한 성풍속을 교란할 우려를 발생시킨다는 점에서 구하여져야 한다. 결국, 본죄에 있어서의 간음은 당연히 매춘을 포함하는 개념이지만, 배우자 이외의 자와의 성교에만 한정시킬 수 있는 개념은 아니라고 할 수 있다. 본죄의 간음은 도덕적으로 비난되는 성교 중에서 사회적으로 방지하여야 할 위법성에 이른 것만을 의미한다고 해석해야 하기 때문이다.

4) 결 과

본죄는 간음을 매개의 결과라고 해석하는 한 결과범에 해당한다. 이러한 의미에서 본죄에 있어서 실행의 착수는 매개에서 비롯되고, 간음에 의하여 기수에 이르게 된다. 따라서 매개하였으나 간음에 이르지 않으면 미수에 그친다고 해석된다. 다만 본죄는 추상적 위험범에 속한다.

(2) 주관적 구성요건

1) 고 의

본죄는 고의범이다. 본죄의 고의는 영리의 목적으로 사람을 매개하여 간음하게 한다는 인식과 이에 대한 실현의사를 그 내용으로 하게 된다.

2) 영리의 목적

본죄는 목적범이다. 따라서 본죄는 행위자에게 고의 외에 영리의 목적이 있을 것을 요한다. 입법자가 영리의 목적으로 행한 경우가 아닌 한 처벌할 필요가 없다고 판단하였기 때문이다. 영리의 목적이란 스스로 재산상의 이익을 도모하는 경우뿐만 아니라 제3자에게 이득을 얻게 하는 경우도 포함된다. 또 반드시 영업적이거나 반복누행에 의하여 행하여질 것을 요하지 않고, 일시적인 이득을 도모할 목적이라도 문제되지 않는다. 목적의 달성여부는 묻지 않는다. 따라서 이득의 목적으로 행하여지면 그것으로 족하고 반드시 현실적으로 이득을 얻었을 것을 요하는 것은 아니다.

(3) 미수 · 기수

본죄의 실행행위는 매개라고 해야 한다. 매개는 행위자의 실행행위에 속하지만, 간음은 대향범으로서 필요적 공범인 피매개자와 그 상대방 사이의 실행행위에 그친다고 해석되어

9) 대법원 1955.7.8. 선고 4288형상37 판결.

야 하기 때문이다. 따라서 추상적 위험범으로서 거동범인 본죄의 실행행위는 매개의 개시로서 그 착수가 인정되고, 매개의 완료로서 기수에 이르게 된다고 해석해야 한다. 따라서 본죄의 기수여부는 매개의 여부와 관련되지만, 간음의 유무와는 하등의 관련이 되지 않는다고 해석되어야 한다. 다만 본죄는 미수범에 대한 처벌규정을 두지 않고 있다.

(4) 공 범

본죄의 매개자와 피매개자 및 피매개자의 상대방 사이에는 소위 필요적 공범관계가 발생한다. 그러나 필요적 공범자에 대한 처벌규정이 존재하지 않기 때문에 본조에 의하여는 매개자만이 행위자로서 처벌되게 될 뿐이다. 필요적 공범자에 대하여도 본범의 교사 또는 방조로서 처벌될 수 있지만, 이를 처벌하지 않는 것은 필요적 공범행위가 단순히 필요적 관여행위에 그치는 한 처벌할만한 위법성이 인정되지 않기 때문이라고 할 수 있다. 이것이 바로 본조의 입법취지 또는 본조에 대한 입법자의 결단이라고 해석될 수 있다. 따라서 본조에서도 단순히 매개에 응하여 간음을 한 자나 단순히 간음의 상대방으로 된 것에 지나지 않은 자는 그 정을 알고 있는 경우에도 필요적 관여행위의 범위 내에 그치는 한 총칙상의 공범규정이 적용되지 않아 불가벌이라고 해석하는 것이 가능하다. 다만 공범행위가 필요적 관여행위의 범위를 넘어 그것 이상으로 적극적으로 가담한 경우에는 총칙상의 공범규정을 적용하여 공범으로서 처벌하는 것이 가능하다고 해석될 수 있을 것이다.

2. 죄 수

본죄의 죄수에 관하여는 매개행위를 기준으로 하는 견해와 간음행위를 기준으로 하는 견해가 대립하고 있다. 그러나 본죄의 죄수는 매개행위의 기준으로 결정되어야 한다. 전술한 바와 같이 본죄의 실행행위는 간음이 아니라 매개라고 해야 하기 때문이다. 따라서 수회의 간음이 행하여졌다고 하더라고 매개행위가 1개라면 1죄만이 성립한다고 해야 한다. 동일인에 대하여 수회의 매개행위가 연속적으로 행하여진 경우에는 포괄일죄가 될 수 있다.

Ⅲ. 처 벌

본죄의 법정형은 3년 이하의 징역 또는 1천500만원 이하의 벌금이다. 다만 본죄는 행위의 주체인 매개자만을 처벌의 대상으로 하고, 실행행위자가 아닌 피매개자와 그 상대방은 처벌의 대상에서 처음부터 고려하지 않고 있다. 이미 언급한 바와 같이 매개자만을 처벌하고 대향범인 피매개자와 그 상대방에 대하여는 처벌의 대상에서 제외한 것이 처음부터 입법자의 결단이었다고 해석되어야 하기 때문이다.

§3. 음화반포 등 죄

제243조(음화반포등) 음란한 문서, 도화, 필름 기타 물건을 반포, 판매 또는 임대하거나 공연히 전시 또는 상영한 자는 1년 이하의 징역 또는 500만원 이하의 벌금에 처한다.

Ⅰ. 서 설

1. 의 의

본죄는 음란한 문서, 도화, 필름 기타 물건을 반포, 판매 또는 임대하거나 공연히 전시 또는 상영함으로써 성립하는 범죄이다. 본죄의 보호법익은 선량한 성풍속이다. 보호의 정도는 추상적 위험범에 있어서의 보호이다.

2. 헌법과의 조화

헌법은 기본권으로서 언론·출판의 자유 및 학문과 예술의 자유를 원칙적으로 보장하고 있다(헌법 제21조 제1항, 제22조 제1항). 동시에 헌법은 공중도덕이나 사회윤리를 침해하는 경우에는 위와 같은 표현의 자유도 제한할 수 있도록 규정하고 있다(헌법 제21조 제4항, 제37조 제2항).

형법은 건전한 성적 풍속 내지 성도덕을 보호하기 위하여 음란한 문서를 판매한 자(제243조)와 음란한 문서를 제조한 자(제244조)를 각각 처벌하도록 규정하고 있다. 따라서 문학작품이라고 하여 무한정의 표현의 자유를 누려 어떠한 성적 표현도 가능하다고 할 수는 없다. 그것이 건전한 성적 풍속이나 성도덕을 침해하는 경우에는 형법에 의하여 처벌될 수 있는 것은 당연하다.

문제는 헌법과 조화를 이루는 음란성에 대한 형법상의 판단기준에 있다. 형식적 판단에 의한 음란성의 인정은 판단의 단순성과 용이성 등에도 불구하고 헌법상 기본권으로서 보장되고 있는 표현의 자유를 무력화시킬 우려가 있기 때문이다. 이것이 바로 형법상 음란성의 판단에 있어서 신중성과 실질성이 요구되는 이유라고 할 수 있다.

Ⅱ. 범 죄

1. 구성요건

(1) 객관적 구성요건

1) 객 체

본죄의 객체는 음란한 물건, 즉 음란한 문서, 도화, 필름 기타 물건이다. 음란한 물건은 흔히 음란물(淫亂物, pornography)이라고 약칭되고, 조문상의 문서, 도화 또는 필름은 그의 예시에 지나지 않는다. 음란한 물건이란 성욕을 자극하거나 흥분 또는 만족케 하는 물건들로서 일반인의 정상적인 성적 수치심을 해치고 선량한 성적 도의관념에 반하는 것을 말한다.[10)]

① 객체의 종류

ⓘ 문 서　　문서(文書)란 문자 또는 이에 대신하여 기호나 부호를 사용하여 어느 정도 계속적으로 의사 또는 관념을 표시하는 물건를 말한다. 기본적으로 비밀침해죄나 문서위조죄에 있어서의 그것과 같다. 문란한 문서란 일반 보통인의 성욕을 자극하여 성적 흥분을

10) 대법원 2003.5.16. 선고 2003도988 판결; 대법원 1987.12.22. 선고 87도2331 판결.

유발하고 정상적인 성적 수치심을 해하여 성적 도의관념에 반하는 도서를 말한다.[11)]

ⓘ 도 화 도화(圖畵)란 문서 중에서 상형적 부호를 사용하는 물건을 말한다. 기본적으로 비밀침해죄나 문서위조죄에 있어서의 그것과 같다. 음란한 도화란 일반 보통인의 성욕을 자극하여 성적 흥분을 유발하고 정상적인 성적 수치심을 해하여 성적 도의관념에 반하는 도서를 말한다.[12)] 판례에 따라서는 음란한 문서 또는 도화라 함은 성욕을 자극하여 흥분시키고 일반인의 정상적인 성적 정서와 선량한 사회풍속을 해칠 가능성이 있는 도서를 말한다고 하기도 한다.[13)]

ⓘⓘⓘ 필 름 필름(film)이란 사진이나 영화 등으로 재생될 수 있도록 박막과 같은 기층(基層)과 감광유제로 구성된 물건을 말한다. 카메라 필름, 영화 필름, 마이크로 필름 비디오테이프 등이 이에 해당한다.

ⓘⓥ 기타 물건 물건이란 문서, 도화 및 필름을 제외한 나머지의 물건을 말한다. 조각품, 음반, 녹음테이프 및 CD 등이 이에 속한다. 다만 컴프터 프로그램 파일은 이에 해당하지 않기 때문에 본죄의 객체가 될 수 없다.

② 객체의 음란성

ⓘ 의 의 음란의 개념에 관하여는 이설이 없다. 학설과 판례는 일치하여 음란의 개념에 있어서 3요건이 충족될 것을 요하고 있다. 이에 의하면 음란이란 사회통념상 ① 일반 보통인의 성욕을 자극하여 성적 흥분을 유발하고, ② 정상적인 성적 수치심을 해하여, ③ 성적 도의관념에 반하는 것을 모두 충족하여야 한다고 한다.[14)] 본죄가 사회적 법익에 관한 죄에 속하는 이상 음란은 개인의 성적 수치심에 대한 자극에 그치는 것이 아니라 선량한 성풍속을 무너뜨릴 정도에 이를 것을 요한다고 해야 하기 때문이다. 다만 판례에 따라서는 음란이란 ① 정상적인 성적 수치심과 ② 선량한 성적 도의관념을 현저히 침해하기에 적합한 것을 가리킨다 하여 2요건에 입각한 경우도 발견되고 있다.[15)]

ⓘⓘ 판단기준 음란이라는 개념은 평가적·정서적 판단을 요하는 규범적 구성요건요소에 속한다. 그러나 위에서와 같이 음란이란 일반 보통인의 성욕을 자극하여 성적 흥분을 유발하고 정상적인 성적 수치심을 해하여 성적 도의관념에 반하는 것이라고 풀이되고 있으므로 이를 불명확하여 죄형법정주의에 반한다고는 할 수 없다.[16)] 여기서 음란이 죄형법정주

11) 대법원 1995.6.16. 선고 94도2413 판결.

12) 대법원 2002.8.23. 선고 2002도2889 판결; 대법원 1997.8.22. 선고 97도937 판결; 대법원 1995.6.16. 선고 94도1758 판결.

13) 대법원 1991.9.10. 선고 91도1550 판결.

14) 대법원 2014.7.24. 선고 2013도9228 판결; 대법원 2014.6.12. 선고 2013도6345 판결; 대법원 2014.5.29. 선고 2013도15643 판결; 대법원 2008.3.13. 선고 2006도3558 판결; 대법원 2003.5.16. 선고 2003도988 판결; 대법원 2002.8.23. 선고 2002도2889 판결; 대법원 2001.6.12. 선고 2001도1144 판결; 대법원 2000.10.13. 선고 2000도3346 판결; 대법원 1999.2.24. 선고 98도1536 판결; 대법원 1997.8.22. 선고 97도937 판결; 대법원 1995.6.16. 선고 94도2413 판결; 대법원 1995.6.16. 선고 94도1758 판결; 대법원 1995.2.10. 선고 94도2266 판결; 대법원 1991.9.10. 선고 91도1550 판결; 대법원 1987.12.22. 선고 87도2331 판결; 대법원 1982.2.9. 선고 81도2281 판결; 대법원 1970.10.3. 선고 70도1879 판결.

15) 대법원 2000.10.27. 선고 98도679 판결.

의에 반하기 않기 위해서는 그 개념과 대상범위 및 판단기준에 있어서 명확성의 원칙이 준수되지 않으면 안 된다. 나아가 헌법상 보장되고 있는 표현의 자유와 학문의 자유 등과의 조화도 고려되지 않으면 안 된다.

ⅰ. 일반적 기준　　음란성에 대한 일반적 판단기준은 사회통념상 일반 보통인의 정서이다. 대법원도 음란성의 판단기준에 관하여 "음란이라는 개념은 사회와 시대적 변화에 따라 변동하는 상대적이고도 유동적인 것이고, 그 시대에 있어서 사회의 풍속, 윤리, 종교 등과도 밀접한 관계를 가지는 추상적인 것이므로, 구체적인 판단에 있어서는 사회통념상 일반 보통인의 정서를 그 판단의 기준으로 삼을 수밖에 없다"고 판시한 바 있다.[17] 또 음란의 여부를 판단함에 있어서는 행위자의 주관적 의도 등이 아니라 그 사회의 평균인의 입장에서 그 시대의 건전한 사회통념에 따라 객관적이고 규범적으로 평가되지 않으면 안 된다.[18]

ⅱ. 개별적 기준

㉠ 문서의 음란성　　문서의 음란성을 판단함에 있어서는 그 시대의 건전한 사회통념에 따라 객관적으로 판단하되 그 사회의 평균인의 입장에서 문서 전체를 대상으로 하여 규범적으로 평가하여야 할 것이다.[19] 구체적으로 문서의 음란성의 판단에 있어서는 당해 문서의 성에 관한 노골적이고 상세한 묘사 서술의 정도와 그 수법, 묘사 서술이 문서 전체에서 차지하는 비중, 문서에 표현된 사상 등과 묘사 서술과의 관련성, 문서의 구성이나 전개 또는 예술성 사상성 등에 의한 성적 자극의 완화의 정도, 이들의 관점으로부터 당해 문서를 전체로서 보았을 때 주로 독자의 호색적 흥미를 돋우는 것으로 인정되느냐의 여부 등의 여러 점을 검토하는 것이 필요하고, 이들의 사정을 종합하여 그 시대의 건전한 사회통념에 비추어 그것이 공연히 성욕을 흥분 또는 자극시키고 또한 보통인의 정상적인 성적 수치심을 해하고, 선량한 성적 도의관념에 반하는 것이라고 할 수 있는가의 여부에 따라 결정되어야 할 것이다.[20]

문서의 음란성을 긍정한 판례의 구체적 내용은 다음과 같다. 즉,

> 소설 '내게 거짓말을 해봐'는 38세의 유부남인 작가 D가 서울과 여러 도시들을 다니며 18세의 여고생 E와 벌이는 괴벽스럽고 변태적인 섹스행각의 묘사가 대부분을 차지하고 있는 점(이 사건 소설책의 맨 뒤에 있는 작품해설에 의하더라도 이러한 부분이 3/4이라고 한다), 주인공인 D는 여러 여자를 성적으로 탐닉하는 유부남이며, E는 성 경험이 전혀 없는 상태에서 한달 여 동안 D와 이른바 폰섹스를 하고 D와 함께 괴벽스러운 섹스행각을 벌이면서도 이를 자연스럽게 받아들일 뿐만 아니라 이를 행복이라고 생각하는 점, 주인공 외에 위 소설에 등장하는 인물들도 학생을 성의 대상으로 보는 미술선생 및 교수, 동성에 대한 연애의 감정을 가지고 있는 듯한 여학생 등 성적으로 왜곡된 인물들인 점, D가 E 등과 하는 성애의 장면이 폰섹스, 구강성교, 항문성교, 가학 및 피학적인 성행위, 1남 2녀간의 섹스 등 매우 다양할 뿐만 아니라 그 묘사방법도 노골적이고도

---

16) 대법원 1995.6.16. 선고 94도2413 판결.
17) 대법원 2008.3.13. 선고 2006도3558 판결; 대법원 1995.2.10. 선고 94도2266 판결.
18) 대법원 2014.6.12. 선고 2013도6345 판결; 대법원 2008.3.13. 선고 2006도3558 판결.
19) 대법원 2000.10.27. 선고 98도679 판결.
20) 대법원 1995.6.16. 선고 94도2413 판결.

> 아주 구체적인 점, 그러한 묘사부분이 양적으로나 질적으로 이 사건 소설의 중추를 차지하고 있는 점을 알 수 있는 바, 그렇다면 이 사건 소설은 피고인이 주장하는 바와 같은 주제를 고려하더라도, 그리고 오늘날 우리 사회의 보다 개방된 성관념에 비추어 보더라도 음란하다고 보지 않을 수 없다.[21] 소설 '즐거운 사라'는 미대생인 여주인공 D가 성에 대한 학습요구의 실천이라는 이름 아래 벌이는 자유분방하고 괴벽스러운 섹스행각 묘사가 대부분을 차지하고 있는데, 그 성희의 대상도 미술학원 선생, 처음 만난 유흥가 손님, 여중 동창생 및 그의 기둥서방, 친구의 약혼자, 동료 대학생 및 대학교수 등으로 여러 유형의 남녀를 포괄하고 있고, 그 성애의 장면도 자학적인 자위행위에서부터 동성연애, 그룹섹스, 구강성교, 항문성교, 카섹스, 비디오섹스 등 아주 다양하며, 그 묘사방법도 매우 적나라하고 장황하게 구체적이고 사실적으로, 또한 자극적이고 선정적으로 묘사하고 있어서 위 소설은 위와 같이 때와 장소, 상대방을 가리지 않는 다양한 성행위를 선정적 필치로 노골적이고 자극적으로 묘사하고 있는데다가 나아가 그러한 묘사 부분이 양적, 질적으로 문서의 중추를 차지하고 있을 뿐만 아니라 그 구성이나 전개에 있어서도 문예성, 예술성, 사상성 등에 의한 성적 자극 완화의 정도가 별로 크지 아니하여 주로 독자의 호색적 흥미를 돋우는 것으로 밖에 인정되지 아니하는바, 위와 같은 여러 점을 종합하여 고찰하여 볼 때 이 사건 소설은 작가가 주장하는 "성 논의의 해방과 인간의 자아확립"이라는 전체적인 주제를 고려한다고 하더라도 음란한 문서에 해당되는 것으로 보지 않을 수 없다.[22]

문서의 음란성을 부정한 판례의 구체적 내용은 다음과 같다. 즉,

> 소설 반노의 13장 내지 14장에 기재된 사실은 그 표현에 있어 과도하게 성욕을 자극시키거나 또는 정상적인 성적 정서를 크게 해칠 정도로 노골적이고 구체적인 묘사라고 볼 수 없고 더우기 그 전체적인 내용의 흐름이 인간에 내재하는 향락적인 성욕에 반항함으로서 결국 그로부터 벗어나 새로운 자아를 발견하는 과정으로 이끌어 매듭된 경우에는 이 소설을 음란한 작품 이라고 단정할 수 없다.[23]

㉡ 도화의 음란성 도화의 음란성을 판단함에 있어서는 성에 관한 노골적이고 상세한 표현의 정도와 그 수법, 당해 도화의 구성 또는 예술성, 사상성 등에 의한 성적 자극의 완화의 정도, 이들의 관점으로부터 당해 도화를 전체로서 보았을 때 주로 독자의 호색적 흥미를 돋구는 것으로 인정되느냐의 여부 등을 검토, 종합하여 그 시대의 건전한 사회통념에 비추어 판단하여야 한다.[24] 이에 따라 도화가 공연히 성욕을 흥분 또는 자극시키고 또한 보통인의 정상적인 성적 수치심을 해하고 선량한 성적 도의관념에 반하는 것이라고 인정되는 한 음란성은 긍정될 수밖에 없게 된다.

도화의 음란성을 긍정한 판례의 구체적 내용은 다음과 같다. 즉,

> 이 사건 사진첩 오렌지걸(Orange Girl), 오렌지걸 2(Orange Girl 2), 오렌지걸 4(Orange Girl vol. 4), 헬로우미스터(Hello Mr.)는 여러 장소에서 전라 또는 반라의 상태로 다양한 자세를 취하고 있는 우리 나라 여자 모델들을

---

21) 대법원 2000.10.27. 선고 98도679 판결.

22) 대법원 1995.6.16. 선고 94도2413 판결.

23) 대법원 1975.12.9. 선고 74도976 판결.

24) 대법원 2002.8.23. 선고 2002도2889 판결; 대법원 1997.8.22. 선고 97도937 판결; 대법원 1995.6.16. 선고 94도1758 판결.

촬영한 사진들을 수록한 사진첩으로서, 그 수록된 사진들 중에는 비키니 수영복 차림으로 서서 한쪽 손을 팬티 속에 넣어 국부를 만지는 모습의 사진, 음모의 일부가 보이는 전라의 상태로 침대 위에 눈을 감고 누워있는 모습의 사진(이상 오렌지걸), 수영복 차림 또는 속이 비치는 잠옷과 끈 형태의 팬티 차림으로 침대 또는 방바닥에서 무릎을 꿇고 엎드려 있는 모습을 뒤쪽에서 촬영하여 엉덩이와 국부 부위를 유난히 강조한 사진(오렌지걸, 헬로우미스터), 전라로 엎드린 자세에서 다리를 벌리고 엉덩이를 치켜 세워 얇은 천으로 국부 주변을 가리고 있는 모습을 뒤쪽에서 촬영하여 역시 천으로 가려져 있는 국부 부위를 강조한 사진(오렌지걸 2), 여자가 사무실에서 성적 감정에 도취된 표정으로 자신의 유방이나 국부를 만지면서 옷을 하나씩 벗어 나가다가 전라로 되어 책상 위에 누워 국부 위에 종이를 대고 눈을 감고서 손으로 국부를 만지는 모습의 일련의 사진들(오렌지걸 4)은 모델의 의상 상태, 자세, 촬영 배경, 촬영 기법이나 예술성 등에 의하여 성적 자극을 완화시키는 요소는 발견할 수 없고, 오히려 사진 전체로 보아 선정적 측면을 강조하여 주로 독자의 호색적 흥미를 돋구는 것으로서 일반 보통인의 성욕을 자극하여 성적 흥분을 유발하고 정상적인 성적 수치심을 해하는 것으로서 성적 도의관념에 반하는 것이라고 아니할 수 없고, 성에 관한 표현이 종전과 비교하여 점차 자유로워지고 있는 작금의 세태를 감안하더라도 오늘날 우리의 사회통념에 비추어 볼 때 피고인의 주장과 같이, 이 사건 사진첩에 남자 모델이 전혀 등장하지 아니하고 남녀간의 정교 장면에 관한 사진이나 여자의 국부가 완전히 노출된 사진이 수록되어 있지 않다는 것만으로 달리 볼 수는 없다 할 것이다.[25] 사진첩 에이스(원제목: SEXY STAR NUDE PROFESSIONAL PHOTO SENSUALITY ACE)는, 소피마르소 · 브룩 쉴즈 · 마돈나 · 샤론 스톤 · 마릴린 몬로 등 외국의 유명 여배우 또는 여자누드모델들이 옷을 입거나 벗은 상태에서 앞과 뒤 혹은 앉거나 눕는 등의 여러 가지 모습을 찍은 사진들을 모아 편집한 사진첩(증 제2호)으로서, 그 사진첩에는 전라로 말등(마상)에 눈을 감고 누워 가슴부위를 강조하여 찍은 것으로서 얼굴에 성적 감정에 도취한 듯한 표정을 짓고 있는 사진, 전라로 양다리를 벌리고 누워 성적 감정에 도취되어 있는 듯한 모습을 머리부분에서부터 찍은 사진, 전라로 다리를 벌리고 양손을 국부에 대고 머리를 뒤로 젖히고 성적 감정에 도취한 듯이 눈을 감고 있는 사진, 전라의 모습으로 엉덩이를 높이 들고 머리를 바닥에 대고 엎드려서 유혹하는 눈빛으로 앞을 쳐다보고 있는 사진, 전라로 바닥에 누워 자위를 하며 성적 만족감을 느껴 눈을 지긋이 감고 있는 사진들이 포함되어 있는 바, 그 사진들을 살펴보아도 거기에 예술성 등 성적 자극을 감소 · 완화시키는 요소를 발견할 수 없을 뿐더러 그 사진 전체로 보아 선정적 측면을 특히 강조하여 주로 독자의 호색적 흥미를 돋구는 것으로 인정되므로 위 사진첩은 오늘날의 사회통념상 공연히 성욕을 흥분 또는 자극시키고 또한 보통인의 정상적인 성적 수치심을 해하고 선량한 성적 도의관념에 반하는 것이라고 인정된다고 할 것이다.[26]

도화의 음란성을 부정한 판례의 구체적 내용은 다음과 같다. 즉,

사진첩 산타페는 일본의 여배우 미야자와 리에(宮澤りえ)를 모델로 하여 사진작가 시노야마 기신(篠山紀信)이 찍은 사진 60여장을 모아 발간한 누드집을 국내에 들여와 인쇄 · 출판한 것인데(증 제3호), 위 사진들은 옷을 입거나 벗은 상태에서 앞과 뒤 혹은 앉거나 눕는 등의 여러 가지 자태를 찍은 사진들로 구성되어 있고, 그 중 일부 사진은 가슴이 노출되어 있음은 물론 전라이고 드물게는 음모부분까지 드러나 있는 것도 있지만 그렇다고 하여 그것이 난잡스레 유방이나 국소

25) 대법원 1997.8.22. 선고 97도937 판결.
26) 대법원 1995.6.16. 선고 94도1758 판결.

부위를 강조하거나 성교 장면을 연상케 하지 않을 뿐더러 그 사진들의 구성 등에 비추어 보면 선정성보다는 예술성이 강조된 것으로 보여져 그 예술성으로 인하여 독자로 하여금 성적표현에 의한 성적 자극을 감소·완화시키고 있으며, 위 사진첩의 사진들을 전체로서 보았을 때 주로 독자의 호색적 흥미를 돋구는 것으로는 인정되지 아니하므로 위 사진첩들은 오늘날의 사회통념상 공연히 성욕을 흥분 또는 자극시키고 또한 보통인의 정상적인 성적 수치심을 해하고 선량한 성적 도의관념에 반하는 것이라고 인정하기 어렵다고 할 것이다.[27] 사진첩 엘르는 미야자와 리에에 대한 사진들을 모아, '순결'(Innocent), '놀람'(Surprise), '특별'(Special), '비밀'(Secret) 등 4부분으로 나누어 편집하였는데, '순결'편에서는 평상복, 수영복을 입은 보통의 사진들을 모아 놓았고, '놀람'편에는 주로 수영복 차림으로 서 있거나 엎드리거나 수영하는 모습의 사진과 야회복이나 평상복 차림으로 의자에 앉아 있거나 서 있는 모습을 찍은 것을 모아 놓았으며, '특별'과 '비밀'편에는 위 산타페의 60여장의 사진 중 주요 부분 20여장을 발췌 수록하여 국내에서 인쇄 출판한 것인바(증 제4호), 위에서 본 음란성의 판단기준에 비추어 보면 '순결'과 '놀람'편에 게재된 사진들에 대하여는 음란성이 인정되지 아니하고, '특별'과 '비밀'편에 게재된 사진들은 앞서 본 산타페에 실린 사진을 발췌하여 실은 것이므로 위에서 본 바와 같은 이유로 역시 음란성을 인정하기 어렵다고 보여진다.[28] 사진첩인 이브의 초상은 여배우 공소외 인을 대중에게 홍보하기 위하여 발간된 것으로서 그 내용을 보면 옥내외에서 공소외 인을 모델로 하여 찍은 사진 80여 면으로 구성되어 있는데, 그 중 대부분은 평상복 혹은 나이트가운 차림으로 서 있거나 혹은 앉아 있거나 누워 있는 모습을 찍은 사진들이고, 위 사진들 중 전라인 것(음부가 보이는 것은 없다), 반라로서 유두가 보이는 것, 속옷 또는 타월 등으로 하반신 일부를 가린 차림으로서 유두가 보이는 사진들이 약 20여 면 정도되고, 침대 위에 엎드려 야릇한 표정을 짓고 있거나 침대 위에서 엉덩이를 들고 엎드려 앞을 쳐다보고 있는 사진, 짧은 속옷만을 입고 침대 위에 앉아서 무엇인가를 생각하고 있는 사진, 침대 위에 엎드려 있는 모습으로 젖가슴이 보이고 하반신만 타월로 가린 사진, 전라의 모습으로 앉아서 왼손가락을 입에 물고 있는 사진, 전라의 모습 중 가슴 부분을 유난히 밝은 빛으로 처리하여 이를 강조한 사진 및 야간에 상반신을 전부 벗고 가슴 부분을 밝게 찍어 가슴 부분을 특히 강조한 사진 등이 게재되어 있는바, 위 사진들은 여성의 아름다움을 표현하기보다는 여성의 신체의 특정부분만을 유난히 강조하여 촬영한 것이거나 선정적인 측면을 강조한 것이어서 예술적 가치가 거의 없다고 할 것이지만 그 전체로서 보아 오늘날의 사회통념에 비추어 볼 때 공연히 성욕을 흥분 또는 자극시키고 또한 보통인의 정상적인 성적 수치심을 해하고 선량한 성적 도의관념에 반하는 것이라고 인정하기 어렵다고 할 것이다.[29]

㉢ 물건의 음란성　　물건의 음란성을 판단함에 있어서는 그 물건을 전체적으로 관찰·평가하여 볼 때 단순히 저속하다거나 문란한 느낌을 주는 정도를 넘어 사람의 존엄성과 가치를 심각하게 훼손·왜곡하였다고 평가할 수 있을 정도로 노골적인 방법에 의하여 성적 부위 등을 적나라하게 표현 또는 묘사하는 것이어야 한다.[30] 또 어떤 물건이 음란한 물건에 해당하는지 여부는 행위자의 주관적 의도나 반포, 전시 등이 행하여진 상황에 관계없이 그 물건 자체에 관하여 객관적으로 판단하여야 한다.[31] 한편 컴퓨터프로그램 파일은

27) 대법원 1995.6.16. 선고 94도1758 판결.

28) 대법원 1995.6.16. 선고 94도1758 판결.

29) 대법원 1995.6.16. 선고 94도1758 판결.

30) 대법원 2014.7.24. 선고 2013도9228 판결; 대법원 2014.6.12. 선고 2013도6345 판결; 대법원 2014.5.29. 선고 2013도15643 판결; 대법원 2008.3.13. 선고 2006도3558 판결.

음란한 물건, 즉 문서, 도화, 필름 또는 기타의 물건 중 어느 것에도 해당하지 않는다.[32)]

물건의 음란성을 긍정한 판례의 구체적 내용은 다음과 같다. 즉,

남성용 자위기구가 그 시대적 수요가 있고 어느 정도의 순기능을 하고 있으며 은밀히 판매되고 사용되는 속성을 가진 것은 사실이나, 이 사건 기구는 사람의 피부에 가까운 느낌을 주는 실리콘을 재질로 사용하여 여성의 음부, 항문, 음모, 허벅지 부위를 실제와 거의 동일한 모습으로 재현하는 한편 음부 부위는 붉은 색으로, 음모 부위는 검은 색으로 채색하는 등 그 형상 및 색상 등에 있어서 여성의 외음부를 그대로 옮겨놓은 것이나 진배없는 것으로서, 여성 성기를 지나치게 노골적으로 표현함으로써 사회통념상 그것을 보는 것 자체만으로도 성욕을 자극하거나 흥분시킬 수 있고 일반인의 정상적인 성적 수치심을 해치고 선량한 성적 도의관념에 반한다고 하지 않을 수 없다.[33)]

물건의 음란성을 부정한 판례의 구체적 내용은 다음과 같다. 즉,

이 사건 물건은 남성용 자위기구로서 그 일부는 성인 여성의 엉덩이 윗부분을 본 떠 실제 크기에 가깝게 만들어졌고 그 재료로는 사람의 피부에 가까운 느낌을 주는 색깔의 실리콘을 사용함으로써 여성의 신체 부분을 실제와 비슷하게 재현하고 있기는 하나, 부분별 크기와 그 비율 및 채색 등에 비추어 그 전체적인 모습은 실제 사람 형상이라기보다는 조잡한 인형에 가까워 보이는 점, 이 사건 물건 가운데 여성의 성기를 형상화한 부분에 별도로 선홍색으로 채색한 것이 있으나, 그 모양과 색상 등 전체적인 형상에 비추어 여성의 외음부와 지나치게 흡사하도록 노골적인 모양으로 만들어졌다고 할 수 없고, 오히려 여성의 성기를 사실 그대로 표현하였다고 하기에는 크게 부족해 보이는 점 등을 종합하여 보면, 이 사건 물건이 사회통념상 일반 보통인의 성욕을 자극하여 성적 흥분을 유발하고 정상적인 성적 수치심을 해하여 성적 도의관념에 반하는 것이라고 보기 어렵고, 이 사건 물건을 전체적으로 관찰하여 볼 때 그 모습이 상당히 저속한 느낌을 주는 것은 사실이지만 이를 넘어 사람의 존엄성과 가치를 심각하게 훼손·왜곡하였다고 평가할 수 있을 정도로 노골적으로 사람의 특정 성적 부위를 적나라하게 표현 또는 묘사한 것으로 보기는 어렵다.[34)] 이 사건 물건은 사람의 피부에 가까운 느낌을 주는 실리콘을 소재로 하여 여성의 음부, 항문, 엉덩이 부위를 재현하였다고는 하나, 여성 성기의 일부 특징만을 정교하지 아니한 형상으로 간략하게 표현한 것에 불과하고 그 색상 또한 사람의 실제 피부색과는 차이가 있는 점 등을 고려하여 전체적으로 관찰·평가하여 볼 때 그 모습이 상당히 저속한 느낌을 주는 것은 사실이지만 이를 넘어서서 형사법상 규제의 대상으로 삼을 만큼 사람의 존엄성과 가치를 심각하게 훼손·왜곡하였다고 평가할 수 있을 정도로 노골적인 방법에 의하여 사람의 특정 성적 부위를 적나라하게 표현 또는 묘사한 것이라고 단정할 수 없다.[35)] 이 사건 물건은 남성용 자위기구로서 비록 저속하고 문란한 느낌을 준다고 하더라도 사람의 존엄성과 가치를 심각하게 훼손·왜곡하였다고 평가할 수 있을 정도로 노골적인 방법에 의하여 성적 부위나 행위를 적나라하게 표현 또는 묘사하고 있다고 보기 어렵고, 사회통념상 그것을 보는 것 자체만으로도 성욕을 자극하거나 흥분시켜 일반인의 정상적인 성적 수치심을 해치고 선량한 성적 도의관념에 반하는 음란한 물건에 해당하지 아니한다고 판단한 것은 옳다.[36)] 이

31) 대법원 2003.5.16. 선고 2003도988 판결.
32) 대법원 1999.2.24. 선고 98도3140 판결.
33) 대법원 2003.5.16. 선고 2003도988 판결.
34) 대법원 2014.7.24. 선고 2013도9228 판결.
35) 대법원 2014.6.12. 선고 2013도6345 판결.
36) 대법원 2014.5.29. 선고 2013도15643 판결.

사건 물품은 남성용 자위기구로서의 기능과 목적을 위하여 사람의 피부와 유사한 질감, 촉감, 색상을 가진 실리콘을 소재로 하여 여성의 특정 신체부위를 개괄적인 형상과 단일한 재질, 색상을 이용하여 재현한 것일 뿐, 단순히 저속하다거나 문란한 느낌을 준다는 정도를 넘어서서 존중·보호되어야 할 인격을 갖춘 존재인 사람의 존엄성과 가치를 심각하게 훼손·왜곡하였다고 평가할 수 있을 정도로 노골적인 방법에 의하여 성적 부위를 적나라하게 표현 또는 묘사한 것으로 보이지 않는다.[37] 이 사건 여성용 자위기구나 돌출콘돔의 경우 그 자체로 남성의 성기를 연상케 하는 면이 있다 하여도 그 정도만으로 그 기구 자체가 성욕을 자극, 흥분 또는 만족시키게 하는 물건으로 볼 수 없을 뿐만 아니라 일반인의 정상적인 성적 수치심을 해치고 선량한 성적 도의관념에 반한다고도 볼 수 없으므로, 위와 같은 성기구들은 음란한 물건에 해당한다고 볼 수 없다.[38] 해면체비대기는 그 구조와 작용방법으로 미루어 보면 남자의 성기(음경)를 크게 늘구는데에 쓰려고 만든 도구(장치)라는 것이고, 일부에 음경을 넣게는 되어있으나 원통으로 되어 있어 음경을 연상케 함도 없고, 그 전체에서 성에 관련된 어떤 뜻이 나온다고도 인정될 수 없으니, 그 기구자체가 성욕을 자극, 흥분 혹은 만족시키게 하는 음란물건이라고 할 수 없다.[39] 컴퓨터 프로그램파일은 위 규정에서 규정하고 있는 문서, 도화, 필름 기타 물건에 해당한다고 할 수 없으므로, 음란한 영상화면을 수록한 컴퓨터 프로그램파일을 컴퓨터 통신망을 통하여 전송하는 방법으로 판매한 행위에 대하여 전기통신기본법 제48조의2의 규정을 적용할 수 있음은 별론으로 하고, 형법 제243조의 규정을 적용할 수 없다.[40]

ⓘⓘⓘ 과학서·예술서의 한계 과학성을 갖춘 학술문헌이나 예술작품의 학술성 또는 예술성과 음란성의 한계가 문제되고 있다. 이의 한계에 대한 판단기준으로서는 상대적 음란개념이 논의되고 있다. 상대적 음란개념(相對的 淫亂概念)이란 전체 문헌이나 작품에 대하여는 음란성이 부정되지만, 그로부터 분리되어 독립된 문헌이나 작품의 일부분에 대하여는 다시 음란성의 유무가 판단되어야 한다는 견해를 말한다. 따라서 상대적 음란개념에 따르면 작품 전체로서는 음란성이 부정되더라도 특정한 부분만이 별도로 분리된 경우에는 음란성이 긍정될 수 있다고 한다. 상대적 음란개념의 인정여부에 대하여는 견해가 일치하지 않고 있다.

ⅰ. 학 설 학문성과 예술성을 갖춘 문헌이라도 표현의 주체나 방식 등에 따라서는 음란성을 가질 수 있다는 긍정설과 학문성과 예술성을 갖춘 문헌은 음란성을 가질 수 없다는 부정설이 대립하고 있다. 긍정설이 다수설이다. 그럼에도 불구하고 상대적 음란개념에 있어서는 부정설이 다수설이다. 상대적 음란개념은 문서 자체의 여술성과 같은 사회적 가치를 고려하지 않는다는 점, 표현의 자유에 중대한 침해를 가져올 수 있다는 점 등을 근거로 하고 있다. 한편 상대적 음란개념을 위법성조각사유로 이해하는 견해도 있다.

ⅱ. 판 례 판례는 상대적 음란개념에 근거하고 있다. 대법원은 “예술성과 음란성은 차원을 달리하는 관념이므로 어느 예술작품에 예술성이 있다고 하여 그 작품의 음란성이

37) 대법원 2014.5.29. 선고 2014도3312 판결.
38) 대법원 2000.10.13. 선고 2000도3346 판결.
39) 대법원 1978.11.14. 선고 78도2327 판결.
40) 대법원 1999.2.24. 선고 98도3140 판결.

당연히 부정되는 것은 아니라 할 것이고, 다만 그 작품의 예술적 가치, 주제와 성적 표현의 관련성 정도 등에 따라서는 그 음란성이 완화되어 결국은 형법이 처벌대상으로 삼을 수 없게 되는 경우가 있을 수 있을 뿐이다"라고 판시한 바 있다.[41] 따라서 비록 명화집에 실려 있는 그림이라 할지라도 이것을 예술, 문학 등 공공의 이익을 위해서가 아닌 성냥갑 속에 넣어 판매할 목적으로 그 카드사진을 복사 제조하거나 시중에 판매하였다면 명화를 모독하여 음화화시켰다 할 것이라고 하고 있다.[42]

상대적 음란개념을 긍정한 판례의 구체적 내용은 다음과 같다. 즉,

> 번역소설 아마티스타가 성에 대하여 노골적으로 묘사하고 있지만 우아하고 독창적인 예술성으로 인하여 중남미 에로티시즘 문학의 대표작의 하나로 손꼽히는 작품이라고 평가받고 있는 바, 음란이란 개념 자체가 사회와 시대적 변화에 따라 변동하는 상대적이고도 유동적인 것이고 그 시대에 있어서 사회의 풍속, 윤리, 종교 등과도 밀접한 관계를 가지는 것이므로 중남미의 애정선정물에 대한 긍정적 평가를 그대로 우리 사회에 적용할 수 없음은 물론, 위 소설은 성에 관한 노골적이고 상세한 묘사서술이 전편에 흐르고 있고 성적 요소를 주제로 한 실험적 시도나 성교육의 기능이 내재하여 있다고 할지라도 그러한 예술성 등의 사회적 가치로 인하여 성적 자극의 정도가 완화되었다고 보이지 아니하며, 그 전편에 걸쳐 다양한 성행위를 반복하여 묘사하고 있는 점 등을 종합하여 볼 때, 위 소설은 우리 시대의 건전한 사회통념에 비추어 공연히 성욕을 흥분 또는 자극시키고 또한 보통인의 정상적인 성적 수치심을 해하고 선량한 성적 도의관념에 반하는 '음란한 간행물'에 해당한다.[43] 영화 사방지가 공연윤리위원회의 심의를 마친 영화작품이라 하더라도 이것을 영화관에서 상영하는 것이 아니고 관람객을 유치하기 위하여 영화장면의 일부를 포스타나 스틸사진 등으로 제작하였고, 제작된 포스타 등 도화가 그 영화의 예술적 측면이 아닌 선정적 측면을 특히 강조하여 그 표현이 과도하게 성감을 자극시키고 일반인의 정상적인 성적 정서를 해치는 것이어서 건전한 성풍속이나 성도덕 관념에 반하는 것이라면 그 포스타 등 광고물은 음화에 해당한다.[44] 침대위에 비스듬이 위를 보고 누워있는 본건 천연색 여자 나체화(고야의 옷을 벗은 마하, 필자주) 카드사진이 비록 명화집에 실려있는 그림이라 하여도 이것을 예술, 문학, 교육 등 공공의 이익을 위해서 이용하는 것이 아니고, 성냥갑 속에 넣어서 판매할 목적으로 그 카드 사진을 복사 제조하거나 시중에 판매하였다고 하면 이는 그 명화를 모독하여 음화화시켰다 할 것이다.[45]

iii. 검 토 　　학문과 예술은 음란으로부터 자유로워질 필요가 있다. 그렇지 않을 경우 학문의 발전과 예술의 향상은 저해받을 수 있기 때문이다. 그러나 학문과 예술이 그 순수성을 떠나 상업성과 같은 다른 의도와 결합되는 경우에는 이미 학문성과 예술성은 왜곡되거나 훼손되었다고 해야 할 것이다. 또 현실에서는 동일한 물건이라 하더라도 그것이 처한 상황이나 보는 각도 등에 따라서는 얼마든지 다른 의미로 해석될 수 있는 것도 사실이다. 이러한 이유에서 학술서적이나 예술작품도 그 순수성이 훼손되거나 왜곡된 경우에는 음란성을 가

41) 대법원 2002.8.23. 선고 2002도2889 판결; 대법원 2000.10.27. 선고 98도679 판결.
42) 대법원 1970.10.30. 선고 70도1879 판결.
43) 대법원 1997.12.26. 선고 97누11287 판결.
44) 대법원 1990.10.16. 선고 90도1485 판결.
45) 대법원 1970.10.30. 선고 70도1879 판결.

질 수 있다고 해석된다. 따라서 성에 대한 정확한 지식을 제공하는 과학서나 고도의 예술성이 인정되는 예술작품인 한 음란성은 부정되지 않을 수 없다고 해야 한다. 한편 의심스러울 때에는 학문성이나 예술성이 존중되어야 한다는 것은 당연하고 바람직하다고 하겠다.

2) 행 위

본죄의 실행행위는 반포, 판매 또는 임대하거나 공연히 전시 또는 상영하는 것이다. 반포나 판매는 공연성을 요하지 않는다는 점에서 공연성을 요하는 전시나 상영과 구별되고 있다. 본죄는 실행행위자만을 처벌하고 그 상대방에 대하여는 처벌하지 않는 대향범으로 규정된 점이 그 특징이라고 할 수 있다.

① 반 포

반포(頒布)란 불특정 또는 다수의 사람에 대한 무상의 교부를 말한다. 계속적・반복적으로 전달하여 불특정 또는 다수의 사람에게 반포하려는 의사를 가지고 있다면 특정한 1인 또는 소수의 사람에게 교부하는 것도 반포에 해당할 수 있다.[46] 반포는 음란물에 대한 현실적인 교부를 요한다.

② 판 매

판매(販賣)란 불특정 또는 다수의 사람에 대한 유상의 양도를 말한다. 판매는 매매나 교환 등 그 형태에 한하지 않고 대가의 수수 등 유상의 양도이면 족하다. 계속・반복하여 영업적으로도 행하여질 필요도 없다. 그러나 판매는 소유권의 이전을 수반한다. 따라서 판매는 계약만으로는 족하지 않고 음란물에 대한 현실적인 인도를 요한다.

③ 임 대

임대(賃貸)란 유상의 대여를 말한다. 임대는 소유권의 이전을 수반하지 않는다는 점에서 판매와 구별된다. 임대도 계약의 체결만으로는 족하지 않고 음란물에 대한 현실적인 인도를 요한다.

④ 공연히 전시 또는 상영

ⓘ **전 시** 전시(展示)란 음란물을 관람할 수 있는 상태에서 현출시키는 것을 말한다. 공연히 전시한다는 것은 불특정 또는 다수의 사람이 관람할 수 있는 상태하에 현출시키는 것을 뜻한다.[47] 따라서 특정된 소수인만이 볼 수 있는 상태에서의 전시는 공연전시에 해당되지 않는다. 현실적으로 관람했음을 요하지 않고 관람이 가능한 상태면 족하다.

대법원은 "인터넷사이트에 집단 성행위 목적의 카페를 개설, 운영한 자가 남녀 회원을 모집한 후 특별모임을 빙자하여 집단으로 성행위를 하고 그 촬영물이나 사진 등을 카페에 게시한 사안에서, 카페가 회원제로 운영되는 등 제한적이고 회원들 상호간에 음란물을 게시, 공유해 온 사정이 있다고 하더라도, 위 카페의 회원수에 비추어 위 게시행위가 음란물을

---

46) 대법원 2016.12.27. 선고 2016도16676 판결.
47) 대법원 1973.8.21. 선고 73도409 판결.

공연히 전시한 것에 해당한다"고 판시한 바 있다.[48)]

ⓘ 상 영　상영(上映)이란 필름을 관람할 수 있는 상태에서 현출시키는 것을 말한다. 공연히 상영한다는 것은 불특정 또는 다수의 사람이 관람할 수 있는 상태하에 현출시키는 것을 말한다. 따라서 특정된 소수인만이 볼 수 있는 상태에 두는 것은 공연상영에 해당되지 않는다. 전시에서와 같이 현실적으로 관람했음을 요하지 않고 관람이 가능한 상태면 족하다.

대법원은 "피고인이 1971.9.30. 00:30 공소 외 B집 방안에서 자기 친구인 위 B와 C의 2사람이 보는 앞에서 영사기로 도색영화필림을 상영한 행위를 공연 진열에 해당되지 않는다"고 판시한 바 있다.[49)]

ⓘⓘ 공연성　본죄의 실행행위 중 전시와 상영은 공연성을 요건으로 한다는 점에서 이를 요하지 않는 반포, 판매 또는 임대와 구별되고 있다. 전시와 상영이 실행행위에 해당한다면 공연성은 객관적 구성요건요소 중에서 행위상황에 속한다고 할 수 있다.

공연히란 불특정 또는 다수의 사람이 인식할 수 있는 상태를 말한다. 불특정 또는 다수의 의미는 불특정이면서 동시에 다수라는 의미가 아니라 불특정이면서 동시에 소수의 경우 및 특정이면서 동시에 다수의 경우를 모두 의미한다. 그런데 전술한 바와 같이 반포와 판매에 있어서도 불특정 또는 다수의 사람을 대상으로 한다고 하는 한 공연성을 요건으로 하는 전시나 상영과의 사이에 실질적인 차이는 없다고 해도 무방하다.

3) 결 과

본죄는 거동범으로서 추상적 위험범에 속한다. 본죄는 실행행위 외에 결과의 발생이나 인과관계의 존재를 요하지 않는다. 다만 반포, 판매 또는 임대의 죄는 즉시범에 속하나, 전시나 상영의 죄는 계속범에 해당한다고 할 수 있다.

(2) 주관적 구성요건

본죄는 고의범이다. 본죄의 고의는 인식적 요소로서 음란성에 대한 인식도 요한다. 특히, 음란성은 규범적 구성요건요소에 해당하기 때문에 그 의미까지 인식하여야 한다. 다만 음란성에 대한 인식은 문외한으로서의 인식으로 족하다.

(3) 미수 · 기수

본죄는 미수범을 처벌하지 않는다. 본죄 중 반포죄나 판매죄가 성립하기 위해서는 현실적인 교부 또는 인도를 요한다. 우송의 경우 발송을 실행의 착수, 도착을 기수라고 할 수 있다.

(4) 공 범

본죄는 상대방을 요하기 때문에 필요적 공범 중 대향범에 속한다고 할 수 있다. 그러나 형법은 본죄의 상대방에 대하여는 아무런 처벌규정을 두지 않고 있다. 인간의 본능에 비추

---

48) 대법원 2009.5.14. 선고 2008도10914 판결.
49) 대법원 1973.8.21. 선고 73도409 판결.

어 상대방을 공범으로서 처벌하지 않는 것이 입법취지라고 해석된다. 다만 상대방이 실행행위자를 적극적으로 교사 또는 방조한 경우에는 그 상대방에게 공범성립의 길은 항상 열려 있다고 할 수 있다.

2. 죄 수

본죄는 집합범이기 때문에 수 회에 걸쳐 반포, 판매 또는 임대하거나 공연히 전시 또는 상영이 행하여진 경우에도 모두 포괄하여 일죄가 된다.

Ⅲ. 처 벌

본죄의 법정형은 1년 이하의 징역 또는 500만원 이하의 벌금이다. 후술하는 음화 제조 등 죄의 그것과 동일하다.

§4. 음화 제조 등 죄

제244조(음화제조 등) 제243조의 행위에 공할 목적으로 음란한 물건을 제조, 소지, 수입 또는 수출한 자는 1년 이하의 징역 또는 500만원 이하의 벌금에 처한다.

Ⅰ. 서 설

본죄는 반포, 판매, 임대하거나 공연히 전시 또는 상영할 목적으로 음란한 물건을 제조, 소지, 수입 또는 수출함으로써 성립하는 범죄이다. 본죄는 목적범이다.

본죄는 음화 등 반포 등 죄의 예비죄의 성격을 가지는 범죄를 독립된 범죄로 규정한 것이라고 할 수 있다. 본죄의 보호법익은 선량한 성풍속이다. 보호의 정도는 추상적 위험범으로서의 보호이다.

Ⅱ. 범 죄

1. 객관적 구성요건

(1) 객 체

본죄의 객체는 음란한 물건, 즉 음란한 문서, 도화, 필름 기타 물건이다. 본죄의 객체는 전술한 음화반포 등 죄의 그것과 일치하고 있다. 음란물의 개념에 관하여도 이미 음화반포 등 죄에서 상세히 고찰한 바 있다.

(2) 행 위

본죄의 실행행위는 제조, 소지, 수입 또는 수출이다. 제조(製造)란 음란물을 제작하는 것을 말한다. 소지(所持)란 음란물에 대한 사실상의 지배를 가지는 것을 말한다. 수입(輸入)이란 음란물을 국외에서 국내로 반입하는 것을 말하고, 수출(輸出)이란 국내에서 국외로 반

출하는 것을 말한다.

2. 주관적 구성요건

본죄는 목적범이다. 본죄는 고의 외에 반포, 판매, 임대하거나 공연히 전시 또는 상영할 목적을 요한다.

Ⅲ. 처 벌

본죄의 법정형은 1년 이하의 징역 또는 500만원 이하의 벌금이다. 전술한 음화 등 반포 등 죄의 그것과 동일하다.

§5. 공연음란죄

제245조(공연음란) 공연히 음란한 행위를 한 자는 1년 이하의 징역, 500만원 이하의 벌금, 구류 또는 과료에 처한다.

Ⅰ. 서 설

1. 의 의

본죄는 공연히 음란한 행위를 행함으로써 성립되는 범죄이다. 보호법익은 선량한 성풍속이다.[50] 보호의 정도는 추상적 위험범으로서의 보호이다.

본죄는 사회의 건전한 성질서 내지 성풍속을 보호하려는 사회적 법익에 관한 죄라는 점에서 개인적 법익에 대한 죄로서 개인의 성적 자유를 보호하려는 강간과 추행의 죄와 구별된다.

2. 성풍속의 다의성

문제는 건전한 성질서 또는 성풍속의 개념에 있다. 구체적으로 무엇이 건전한 성질서이고 무엇이 건전한 성풍속인가는 국가에 따라 다를 뿐만 아니라 같은 국가 내에서도 문화나 풍속의 변화, 국민의 윤리관, 가치관의 변화 등에 수반하여 더욱 다양화하기 때문이다.

그럼에도 불구하고 본죄는 역사적 변천을 경유하면서도 한 시대에 있어서 국민 일반으로부터 현실적으로 존중되고 있는 성질서 내지 성풍속을 보호하려는 것이다. 동시대를 살아가는 국민 사이에서도 개개인이 가지는 성에 관한 윤리관이나 가치관에는 어느 정도의 차이가 존재하고 성에 관하여도 민감한 사람과 둔감한 사람이 공존하고 있기 때문에 국민 전체의 조화를 도모하면서 법의 목적을 달성하기 위하여는 그 시대에 있어서의 일반인, 통상인을 기준으로 건전한 성질서 내지 성풍속에 관하여 정하는 방법 외에는 달리 합리적인 대안은 없다고 생각된다.

---

50) 대법원 2012.7.26. 선고 2011도8805 판결.

Ⅱ. 범 죄

1. 구성요건

(1) 객관적 구성요건

1) 주 체

본죄의 주체에는 특별한 제한이 없다. 자연인이면 누구나 본죄의 주체로 될 수 있다.

2) 행 위

① 의 의

본죄의 실행행위는 음란한 행위를 하는 것이다. 본죄는 공연히 음란한 행위를 함으로써 성립하는 범죄이기 때문이다. 공연히란 후술하는 바와 같이 음란행위가 행하여지는 객관적 구성요건요소로서의 행위상황을 말하는 것이다.

② 음란한 행위

음란한 행위의 개념에 관하여는 명문의 규정이 없다. 음란이라는 용어는 본죄 외에도 사용되고 있지만(제243조, 제244조), 이에 대한 정의규정이 없기 때문에 해석에 맡겨져 있는 셈이다.

판례에 의하면 음란한 행위(淫亂한 行爲)란 일반 보통인의 성욕을 자극하여 성적 흥분을 유발하고 정상적인 성적 수치심을 해하여 성적 도의관념에 반하는 행위를 말한다.[51] 음란한 행위가 반드시 성행위를 묘사하거나 성적인 의도를 표출할 것을 요하는 것은 아니다.[52] 예컨대 성행위, 성기노출 등이 대표적으로 이에 해당한다. 다만 단순히 다른 사람에게 부끄러운 느낌이나 불쾌감을 주는 정도에 불과한 경우에는 경범죄처벌법에 해당할 수 있다.

③ 판단의 기준

음란이라는 개념 자체는 사회와 시대적 변화에 따라 변동하는 상대적이고도 유동적인 것이고, 그 시대에 있어서 사회의 풍속, 윤리, 종교 등과도 밀접한 관계를 가지는 추상적인 것이므로, 결국 음란성을 구체적으로 판단함에 있어서는 행위자의 주관적 의도가 아니라 사회 평균인의 입장에서 그 전체적인 내용을 관찰하여 건전한 사회통념에 따라 객관적이고 규범적으로 평가하여야 한다.[53] 다만 음란이라는 개념은 사회와 시대적 변화에 따라 변동하는 상대적이고도 유동적인 것이며, 음란성에 관한 논의는 자연스럽게 형성·발전되어 온 사회 일반의 성적 도덕관념이나 윤리관념 및 문화적 사조와 직결되고 아울러 개인의 사생활이나 행복추구권 및 다양성과도 깊이 연관되는 문제로서 국가형벌권이 지나치게 적극적으로 개입하기에 적절한 분야가 아니라고 하겠다.[54]

---

51) 대법원 2020.1.16. 선고 2019도14056 판결; 대법원 2009.2.26. 선고 2006도3119 판결; 대법원 2006.1.13. 선고 2005도1264 판결; 대법원 2005.7.22. 선고 2003도2911 판결; 대법원 2004.3.12. 선고 2003도6514 판결; 대법원 2000.12.22. 선고 2000도4372 판결; 대법원 1996.6.11. 선고 96도980 판결.

52) 대법원 2020.1.16. 선고 2019도14056 판결.

53) 대법원 2020.1.16. 선고 2019도14056 판결.

54) 대법원 2009.2.26. 선고 2006도3119 판결.

대법원은 "경범죄 처벌법 제3조 제1항 제33호가 '공개된 장소에서 공공연하게 성기·엉덩이 등 신체의 주요한 부위를 노출하여 다른 사람에게 부끄러운 느낌이나 불쾌감을 준 사람'을 처벌하도록 규정하고 있는 점 등에 비추어 볼 때, 성기·엉덩이 등 신체의 주요한 부위를 노출한 행위가 있었을 경우 그 일시와 장소, 노출 부위, 노출 방법·정도, 노출 동기·경위 등 구체적 사정에 비추어, 그것이 단순히 다른 사람에게 부끄러운 느낌이나 불쾌감을 주는 정도에 불과하다면 경범죄 처벌법 제3조 제1항 제33호에 해당할 뿐이지만, 그와 같은 정도가 아니라 일반 보통인의 성욕을 자극하여 성적 흥분을 유발하고 정상적인 성적 수치심을 해하는 것이라면 형법 제245조의 '음란한 행위'에 해당한다고 할 수 있다"고 판시한 바 있다.[55)]

음란한 행위를 긍정한 판례의 구체적 내용은 다음과 같다. 즉,

여성들과 아이들을 포함하여 다수의 사람들이 이 사건 당시 피고인 근처에서 통행하고 있었고 그 주위가 어둡지 않았기 때문에 통행인들은 피고인의 행위와 옷차림, 모습 등을 쉽게 알아차릴 수 있었다. 피고인도 자신의 주변에 다수의 사람들이 통행하고 있다는 것을 충분히 인식할 수 있었다. 그럼에도 피고인은 당시 바지와 팬티를 내리고 성기와 엉덩이를 노골적으로 노출하였으며, 그 노출 상태에서 성기와 엉덩이를 가리려는 노력을 전혀 하지 아니하였고, 상당한 시간 동안 그 노출 행위를 지속하였다. 피고인이 그 노출 상태로 바라보거나 주위를 서성거렸던 참전비에는 알몸 등을 묘사한 여인들의 여러 모습이 부조되어 있었다. 그때 그곳을 통행하던 다른 여성 4인과 아이들을 포함한 다수의 통행인은, 피고인이 성기와 엉덩이를 드러내놓은 채 나신의 여인 조각상이 있는 참전비를 바라보거나 그 주위를 서성거리는 등의 모습을 충분히 볼 수 있었다. 피고인이 위 여인 조각상을 배경으로 그와 같이 성기와 엉덩이를 적나라하게 지속적으로 노출한 행위는 충분히 선정적이고 일반 보통인의 성적 상상 내지 수치심을 불러일으킬 수 있다. 결국 피고인의 위와 같은 행위를 사회 평균인의 입장에서 전체적인 내용을 관찰하여 건전한 사회통념에 따라 객관적이고 규범적으로 평가해 보면, 이는 단순히 다른 사람에게 부끄러운 느낌이나 불쾌감을 주는 정도가 아니라 일반 보통인의 성욕을 자극하여 성적 흥분을 유발하고 정상적인 성적 수치심을 해하여 성적 도의관념에 반하는 행위에 해당한다고 볼 수 있다.[56)] 요구르트 제품의 홍보를 위하여 전라의 여성 누드모델들이 일반 관람객과 기자 등 수십명이 있는 자리에서, 알몸에 밀가루를 바르고 무대에 나와 분무기로 요구르트를 몸에 뿌려 밀가루를 벗겨내는 방법으로 알몸을 완전히 드러낸 채 음부 및 유방 등이 노출된 상태에서 무대를 돌며 관람객들을 향하여 요구르트를 던진 행위는 공연음란죄에 해당한다.[57)] 피고인이 불특정 또는 다수인이 알 수 있는 상태에서 옷을 모두 벗고 알몸이 되어 성기를 노출하였다면, 그 행위는 일반적으로 보통인의 정상적인 성적 수치심을 해하여 성적 도의관념에 반하는 음란한 행위라고 할 것이고, 또 피고인이 승용차를 손괴하거나 타인에게 상해를 가하는 등의 행패를 부리던 중 경찰관이 이를 제지하려고 하자 이에 대항하여 위와 같은 행위를 한 데에는 피고인이 알몸이 되어 성기를 드러내어 보이는 것이 타인의 정상적인 성적 수치심을 해하는 음란한 행위라는 인식도 있었다고 보아야 할 것이다.[58)] 연극 제5장에서 피고인은 옷을 모두

55) 대법원 2020.1.16. 선고 2019도14056 판결; 대법원 2004.3.12. 선고 2003도6514 판결.
56) 대법원 2020.1.16. 선고 2019도14056 판결.
57) 대법원 2006.1.13. 선고 2005도1264 판결.
58) 대법원 2000.12.22. 선고 2000도4372 판결.

벗은 채 팬티만 걸친 상태로 침대 위에 누워 있고, 여주인공인 공소외 인은 뒤로 돌아선 자세로 입고 있던 가운을 벗고 관객들에게 온몸이 노출되는 완전나체 상태로 침대위의 피고인에게 다가가서 끌어 안고 서로 격렬하게 뒹구는 등 그녀가 피고인을 유혹하여 성교를 갈구하는 장면을 연기하고, 제6장 마지막 부분에 이르러 피고인이 위 공소외인을 폭행하여 실신시킨 다음 침대 위에 쓰러져 있는 그녀에게 다가가서 입고 있던 옷을 모두 벗기고 관객들에게 정면으로 그녀의 전신 및 음부까지 노출된 완전나체의 상태로 만든 다음, 그녀의 양손을 끈으로 묶어 창틀에 매달아 놓고 자신은 그 나신을 유심히 내려다 보면서 자위행위를 하는 장면을 7 내지 8분 동안 연기한 사실 및 위 연기들은 평균 250명에 이르는 남녀 관객이 지켜보는 가운데 그들 관람석으로부터 4~5m도 되지 않는 거리 내에 설치되어 있는 무대 위에서 위 배우들의 신체 각 부분을 충분히 관찰할 수 있을 정도의 조명 상태하에서 행하여진 사실을 인정한 다음, i) 위 공소외인이 완전나체의 상태에서 그녀의 음부가 관람객들에게 정면으로 노출되는 방식으로 연기가 행하여졌다는 점, 피고인이 위 공소외인을 창틀에 묶고 자위행위를 하는 등 가학적이고 변태적인 성행위의 장면을 연출한 점에서 볼 때 성에 관한 묘사, 연출의 정도가 지나치게 상세하고 노골적일 뿐만 아니라, 위 나체상태의 연기가 상당 기간 지속되어 위 성의 묘사, 연출이 작품 전체에서 차지하는 비중이 결코 작지 않은 점 등을 고려하면 위 공연행위는 정상인의 성욕을 자극하여 성적 흥분을 유발하거나 그 호색적 흥미를 돋구기에 충분한 것이라고 할 수 있고, ii) 피고인은 위 연극이 원작인 존 파울즈의 '콜렉터'를 원작으로 하여 사회적 관계로부터 단절된 폐쇄적 공간속에서 남녀 주인공이 보여주는 삶의 몰가치성과 삶에의 의지라는 양면적 모습이라는 사상성을 표현하기 위하여 위와 같이 연기한 것이라고 주장하나, 증거들을 종합하면 위 연극 제6장의 장면은 원작에도 없는 내용을 연출가인 피고인이 각색하여 상세히 묘사한 것이거나 극단적으로 과장한 것임을 인정할 수 있는바, 이러한 각색, 과장의 정도와 성묘사의 노골성에 비추어 볼 때 반드시 위 장면들의 연출이 위 주제를 표현하기 위하여 필요불가결하였다고 보기 어려울 뿐만 아니라, iii) 피고인은 또한 주제의식의 표출과 무대조명의 조절을 통하여 위 공연행위로 인한 성적자극을 완화하였다고 주장하나, 비록 위 장면들을 통하여 위 연극의 사상성과 예술성이 다소간 표현되었으며 위 나체상태의 연기때마다 무대조명을 어둡게 조절하였다고 하더라도, 관객들이 위 배우들의 나체를 충분히 관찰할 수 있었을 뿐 아니라 위 연기들이 관객석으로부터 모두 4~5m도 떨어져 있지 않은 곳에서 행하여진 이상, 그 성적 자극의 전달이 즉감적, 직접적이어서 성적 흥분의 유발 정도가 방송 또는 영화의 경우와는 비교가 될 수 없을 정도인 점에 비추어 무대 위의 조명 정도 또는 작품의 사상성, 예술성에 의한 성적자극의 완화 정도가 그로 인하여 관객들의 성에 관한 건전한 관념을 해하지 않게 할 정도라고는 볼 수 없으므로, 위 나체상태의 연기들이 일반 보통인의 성욕을 자극하여 성적 흥분을 유발하고 정상적인 성적 수치심을 해하여 선량한 사회풍속 또는 도의관념에 반하는 행위에 해당한다.[59]

음란한 행위를 부정한 판례의 구체적 내용은 다음과 같다. 즉,

유흥주점 여종업원들이 웃옷을 벗고 브래지어만 착용하거나 치마를 허벅지가 다 드러나도록 걷어 올리고 가슴이 보일 정도로 어깨끈을 밑으로 내린 채 손님을 접대한 사안에서, 위 종업원들의 행위와 노출 정도가 형사법상 규제의 대상으로 삼을 만큼 사회적으로 유해한 영향을 끼칠 위험성이 있다고 평가할 수 있을 정도로 노골적인 방법에 의하여 성적 부위를 노출하거나 성적 행위를 표현한 것이라고 단정하기에 부족하다.[60] 피고인은 자신의 동서 공소외 2가 주차 문제로 공소외

59) 대법원 1996.6.11. 선고 96도980 판결.

1과 말다툼할 때, 공소외 1이 피고인에게 "술을 먹었으면 입으로 먹었지 똥구멍으로 먹었냐"라고 말한 것에 화가 나 말다툼을 한 후 이를 항의하기 위하여 다시 공소외 1이 경영하는 상점 상점으로 찾아가서, 상점 카운터를 지키고 있던 공소외 1의 딸인 공소외 3(여, 23세)을 보고 "주인 어디 갔느냐"고 소리를 지르다가 등을 돌려 엉덩이가 드러날 만큼 바지와 팬티를 내린 다음 엉덩이를 들이밀며 "똥구멍으로 어떻게 술을 먹느냐, 똥구멍에 술을 부어 보아라"라고 말한 사실, 피고인의 그러한 행위는 1분 정도 지속되었으나 피고인이 뒤로 돌아서서 공소외 3에게 등을 보인 채 바지와 팬티를 내린 탓으로 공소외 3이 피고인의 성기를 보기 어려운 상태였던 사실이 인정되는바, 비록 피고인이 공소외 3 앞에서 바지와 팬티를 내린 후 엉덩이를 노출시키면서 위와 같은 말을 하였다고 하더라도 그러한 행위는 보는 사람에게 부끄러운 느낌이나 불쾌감을 주는 정도에 불과하다고 보여지고, 일반 보통인의 성욕을 자극하여 성적 흥분을 유발하거나 정상적인 성적 수치심을 해할 정도에 해당한다고 보기는 어렵다고 할 것이다.[61]

3) 결 과

본죄는 거동범이다. 추상적 위험범으로서 결과의 발생이나 인과관계의 존재를 요하지 않는다.

4) 상 황

본죄의 음란한 행위는 공연히 행하여져야 한다. 본죄는 음란한 행위의 일체를 예외 없이 처벌하고 있지는 않다. 본죄는 음란행위를 공연히 행하는 경우만을 금지・처벌의 대상으로 하고 있을 뿐이다. 본죄는 사회적 법익으로서의 건전한 성질서 내지 성풍속을 보호법익으로 하고 있기 때문이다. 다만 공연의 개념에 관하여는 음란의 개념과 같이 명문의 규정이 없다. 공연이라는 용어는 형법상 몇 군데서 사용되고 있지만(제243조, 제307조, 제308조, 제311조), 정의규정을 두지 않고 있기 때문에 공연의 개념은 해석에 맡겨져 있는 셈이다.

공연(公然)이란 불특정 또는 다수의 사람이 인식할 수 있는 상태를 말한다. 이것이 판례와 학설의 입장이다. 즉, 공중의 면전일 것을 요하지 않고 현실적으로 불특정인 또는 다수인이 인식한 것도 필요 없고 불특정인 또는 다수인이 인식할 수 있는 가능성이 있으면 족하다고 할 수 있다. 따라서 소수인이라도 그것이 불특정이면 공연에 해당하고, 특정인이라도 그것이 다수인이라면 공연에 해당한다.

(2) 주관적 구성요건

1) 고 의

본죄는 고의범이다. 고의 외에 목적을 요하지 않는다. 주관적으로 성욕의 흥분, 만족 등의 성적인 목적이 있어야 성립하는 것은 아니고 그 행위의 음란성에 대한 의미의 인식이 있으면 족하다.[62] 공연성은 객관적 구성요건요소에 속하기 때문에 고의의 인식대상이 된다.

---

60) 대법원 2009.2.26. 선고 2006도3119 판결.
61) 대법원 2004.3.12. 선고 2003도6514 판결.
62) 대법원 2004.3.12. 선고 2003도6514 판결; 대법원 2000.12.22. 선고 2000도4372 판결.

2) 경 향

본죄는 고의 외에 초과 주관적 구성요건요소로서 행위자에게 내적 경향을 요하는가에 대하여는 다툼이 있다. 행위자에게 자신의 행위가 음란하다는 점에 대한 인식뿐만 아니라 타인을 성적으로 자극하거나 흥분시키는 등의 내심의 경향이 필요하다는 소위 경향범설(傾向犯說)이 주장되고 있다. 판례는 경향범설을 부정하는 입장이다.

(3) 미수 · 기수

본죄는 미수범을 처벌하지 않는다. 본죄는 단순 작위범으로서 음란한 행위를 행하는 즉시 기수에 달한다.

2. 죄 수

본죄의 죄수는 행위를 기준으로 한다. 따라서 1회의 출연 중에 행한 수회의 음란행위는 포괄일죄가 된다.

Ⅲ. 처 벌

법정형은 1년 이하의 징역, 500만원 이하의 벌금, 구류 또는 과료이다. 본죄의 미수범은 처벌되지 아니한다.

§6. 관련 특별법

Ⅰ. 경범죄처벌법

제3조(경범죄의 종류) ① 다음 각 호의 어느 하나에 해당하는 사람은 10만원 이하의 벌금, 구류 또는 과료(科料)의 형으로 처벌한다.

33. (과다노출) 공개된 장소에서 공공연하게 성기·엉덩이 등 신체의 주요한 부위를 노출하여 다른 사람에게 부끄러운 느낌이나 불쾌감을 준 사람

제4조(교사방조) 제3조의 죄를 짓도록 시키거나 도와준 사람은 죄를 지은 사람에 준하여 벌한다.

제5조(형의 면제와 병과) 제3조에 따라 사람을 벌할 때에는 그 사정과 형편을 헤아려서 그 형을 면제하거나 구류와 과료를 함께 과(科)할 수 있다.

Ⅱ. 정보통신망법

제44조의7(불법정보의 유통금지 등) ① 누구든지 정보통신망을 통하여 다음 각 호의 어느 하나에 해당하는 정보를 유통하여서는 아니 된다.

1. 음란한 부호 · 문언 · 음향 · 화상 또는 영상을 배포 · 판매 · 임대하거나 공공연하게 전시하는 내용의 정보

제74조(벌칙) ① 다음 각 호의 어느 하나에 해당하는 자는 1년 이하의 징역 또는 1천만원 이하의 벌금에 처한다.

2. 제44조의7제1항제1호를 위반하여 음란한 부호 · 문언 · 음향 · 화상 또는 영상을 배포 · 판매 · 임대하거나 공공연하게 전시한 자

Ⅲ. 성매매처벌법

제2조(정의) ① 이 법에서 사용하는 용어의 뜻은 다음과 같다.

1. "성매매"란 불특정인을 상대로 금품이나 그 밖의 재산상의 이익을 수수(收受)하거나 수수하기로 약속하고 다음 각 목의 어느 하나에 해당하는 행위를 하거나 그 상대방이 되는 것을 말한다.
   가. 성교행위
   나. 구강, 항문 등 신체의 일부 또는 도구를 이용한 유사 성교행위
2. "성매매알선 등 행위"란 다음 각 목의 어느 하나에 해당하는 행위를 하는 것을 말한다.
   가. 성매매를 알선, 권유, 유인 또는 강요하는 행위
   나. 성매매의 장소를 제공하는 행위
   다. 성매매에 제공되는 사실을 알면서 자금, 토지 또는 건물을 제공하는 행위
3. "성매매 목적의 인신매매"란 다음 각 목의 어느 하나에 해당하는 행위를 하는 것을 말한다.
   가. 성을 파는 행위 또는 「형법」 제245조에 따른 음란행위를 하게 하거나, 성교행위 등 음란한 내용을 표현하는 사진·영상물 등의 촬영 대상으로 삼을 목적으로 위계(僞計), 위력(威力), 그 밖에 이에 준하는 방법으로 대상자를 지배·관리하면서 제3자에게 인계하는 행위
   나. 가목과 같은 목적으로 「청소년 보호법」 제2조제1호에 따른 청소년(이하 "청소년"이라 한다), 사물을 변별하거나 의사를 결정할 능력이 없거나 미약한 사람 또는 대통령령으로 정하는 중대한 장애가 있는 사람이나 그를 보호·감독하는 사람에게 선불금 등 금품이나 그 밖의 재산상의 이익을 제공하거나 제공하기로 약속하고 대상자를 지배·관리하면서 제3자에게 인계하는 행위
   다. 가목 및 나목의 행위가 행하여지는 것을 알면서 가목과 같은 목적이나 전매를 위하여 대상자를 인계받는 행위
   라. 가목부터 다목까지의 행위를 위하여 대상자를 모집·이동·은닉하는 행위
4. "성매매피해자"란 다음 각 목의 어느 하나에 해당하는 사람을 말한다.
   가. 위계, 위력, 그 밖에 이에 준하는 방법으로 성매매를 강요당한 사람
   나. 업무관계, 고용관계, 그 밖의 관계로 인하여 보호 또는 감독하는 사람에 의하여 「마약류관리에 관한 법률」 제2조에 따른 마약·향정신성의약품 또는 대마(이하 "마약등"이라 한다)에 중독되어 성매매를 한 사람
   다. 청소년, 사물을 변별하거나 의사를 결정할 능력이 없거나 미약한 사람 또는 대통령령으로 정하는 중대한 장애가 있는 사람으로서 성매매를 하도록 알선·유인된 사람
   라. 성매매 목적의 인신매매를 당한 사람

② 다음 각 호의 어느 하나에 해당하는 경우에는 대상자를 제1항제3호가목에 따른 지배·관리하에 둔 것으로 본다.

1. 선불금 제공 등의 방법으로 대상자의 동의를 받은 경우라도 그 의사에 반하여 이탈을 제지한 경우
2. 다른 사람을 고용·감독하는 사람, 출입국·직업을 알선하는 사람 또는 그를 보조하는 사람이 성을 파는 행위를 하게 할 목적으로 여권이나 여권을 갈음하는 증명서를 채무이행 확보 등의 명목으로 받은 경우

제4조(금지행위) 누구든지 다음 각 호의 어느 하나에 해당하는 행위를 하여서는 아니 된다.

1. 성매매
2. 성매매알선 등 행위
3. 성매매 목적의 인신매매
4. 성을 파는 행위를 하게 할 목적으로 다른 사람을 고용·모집하거나 성매매가 행하여진다는 사실을 알고 직업을 소개·알선하는 행위
5. 제1호, 제2호 및 제4호의 행위 및 그 행위가 행하여지는 업소에 대한 광고행위

제10조(불법원인으로 인한 채권무효) ① 다음 각 호의 어느 하나에 해당하는 사람이 그 행위와 관련하여 성을 파는 행위를 하였거나 할 사람에게 가지는 채권은 그 계약의 형식이나 명목에 관계없이 무효로 한다. 그 채권을 양도하거나 그 채무를 인수한 경우에도 또한 같다.

1. 성매매알선 등 행위를 한 사람

2. 성을 파는 행위를 할 사람을 고용·모집하거나 그 직업을 소개·알선한 사람
3. 성매매 목적의 인신매매를 한 사람
② 검사 또는 사법경찰관은 제1항의 불법원인과 관련된 것으로 의심되는 채무의 불이행을 이유로 고소·고발된 사건을 수사할 때에는 금품이나 그 밖의 재산상의 이익 제공이 성매매의 유인·강요 수단이나 성매매 업소로부터의 이탈방지 수단으로 이용되었는지를 확인하여 수사에 참작하여야 한다.
③ 검사 또는 사법경찰관은 성을 파는 행위를 한 사람이나 성매매피해자를 조사할 때에는 제1항의 채권이 무효라는 사실과 지원시설 등을 이용할 수 있음을 본인 또는 법정대리인 등에게 고지하여야 한다.

성매매처벌법은 성매매 공급자와 중간매개체를 차단하기 위하여 성매매 목적의 인신매매를 처벌하고, 성매매알선등행위로부터 취득한 금품 그 밖의 재산상 이익은 몰수추징하도록 하는 등 성매매알선등행위와 성매매의 근절을 위한 제도적 장치를 마련하기 위하여 2004년에 제정되었다.[63] 이로써 1961년 사회의 이면에서 만연되고 있던 윤락행위를 방지하여 국민의 풍기정화와 인권존중에 기여하고자 1961년에 제정되었던 윤락행위등방지법은 폐지되었다(제정 성매매처벌법 부칙 제2조).[64]

Ⅳ. 청소년성보호법

제11조(아동·청소년성착취물의 제작·배포 등) ① 아동·청소년성착취물을 제작·수입 또는 수출한 자는 무기징역 또는 5년 이상의 유기징역에 처한다.
② 영리를 목적으로 아동·청소년성착취물을 판매·대여·배포·제공하거나 이를 목적으로 소지·운반·광고·소개하거나 공연히 전시 또는 상영한 자는 5년 이상의 징역에 처한다.
③ 아동·청소년성착취물을 배포·제공하거나 이를 목적으로 광고·소개하거나 공연히 전시 또는 상영한 자는 3년 이상의 징역에 처한다.
④ 아동·청소년성착취물을 제작할 것이라는 정황을 알면서 아동·청소년을 아동·청소년성착취물의 제작자에게 알선한 자는 3년 이상의 징역에 처한다.
⑤ 아동·청소년성착취물을 구입하거나 아동·청소년성착취물임을 알면서 이를 소지·시청한 자는 1년 이상의 징역에 처한다.
⑥ 제1항의 미수범은 처벌한다
⑦ 상습적으로 제1항의 죄를 범한 자는 그 죄에 대하여 정하는 형의 2분의 1까지 가중한다.

제12조(아동·청소년 매매행위) ① 아동·청소년의 성을 사는 행위 또는 아동·청소년성착취물을 제작하는 행위의 대상이 될 것을 알면서 아동·청소년을 매매 또는 국외에 이송하거나 국외에 거주하는 아동·청소년을 국내에 이송한 자는 무기징역 또는 5년 이상의 징역에 처한다.
② 제1항의 미수범은 처벌한다.

제13조(아동·청소년의 성을 사는 행위 등) ① 아동·청소년의 성을 사는 행위를 한 자는 1년 이상 10년 이하의 징역 또는 2천만원 이상 5천만원 이하의 벌금에 처한다.
② 아동·청소년의 성을 사기 위하여 아동·청소년을 유인하거나 성을 팔도록 권유한 자는 3년 이하의 징역 또는 3천만원 이하의 벌금에 처한다.
③ 16세 미만의 아동·청소년 및 장애 아동·청소년을 대상으로 제1항 또는 제2항의 죄를 범한 경우에는 그 죄에 정한 형의 2분의 1까지 가중처벌한다.

제15조(알선영업행위 등) ① 다음 각 호의 어느 하나에 해당하는 자는 7년 이상의 유기징역에 처한다.
1. 아동·청소년의 성을 사는 행위의 장소를 제공하는 행위를 업으로 하는 자
2. 아동·청소년의 성을 사는 행위를 알선하거나 정보통신망(「정보통신망 이용촉진 및 정보보호 등에 관한 법률」 제2조제1항제1호의 정보통신망을 말한다. 이하 같다)에서 알선정보를 제공하는 행위를 업으로 하는 자

63) 성범죄처벌법 2004.3.22. 제정 법률 제7196호 2004.9.23. 시행.
64) 윤락행위등방지법 1961.11.9. 제정 법률 제771호 1961.11.9. 시행.

3. 제1호 또는 제2호의 범죄에 사용되는 사실을 알면서 자금·토지 또는 건물을 제공한 자
4. 영업으로 아동·청소년의 성을 사는 행위의 장소를 제공·알선하는 업소에 아동·청소년을 고용하도록 한 자

② 다음 각 호의 어느 하나에 해당하는 자는 7년 이하의 징역 또는 5천만원 이하의 벌금에 처한다.
1. 영업으로 아동·청소년의 성을 사는 행위를 하도록 유인·권유 또는 강요한 자
2. 아동·청소년의 성을 사는 행위의 장소를 제공한 자
3. 아동·청소년의 성을 사는 행위를 알선하거나 정보통신망에서 알선정보를 제공한 자
4. 영업으로 제2호 또는 제3호의 행위를 약속한 자

③ 아동·청소년의 성을 사는 행위를 하도록 유인·권유 또는 강요한 자는 5년 이하의 징역 또는 3천만원 이하의 벌금에 처한다.

제15조의2(아동·청소년에 대한 성착취 목적 대화 등) ① 19세 이상의 사람이 성적 착취를 목적으로 정보통신망을 통하여 아동·청소년에게 다음 각 호의 어느 하나에 해당하는 행위를 한 경우에는 3년 이하의 징역 또는 3천만원 이하의 벌금에 처한다.
1. 성적 욕망이나 수치심 또는 혐오감을 유발할 수 있는 대화를 지속적 또는 반복적으로 하거나 그러한 대화에 지속적 또는 반복적으로 참여시키는 행위
2. 제2조제4호 각 목의 어느 하나에 해당하는 행위를 하도록 유인·권유하는 행위

② 19세 이상의 사람이 정보통신망을 통하여 16세 미만인 아동·청소년에게 제1항 각 호의 어느 하나에 해당하는 행위를 한 경우 제1항과 동일한 형으로 처벌한다.

제18조(신고의무자의 성범죄에 대한 가중처벌) 제34조제2항 각 호의 기관·시설 또는 단체의 장과 그 종사자가 자기의 보호·감독 또는 진료를 받는 아동·청소년을 대상으로 성범죄를 범한 경우에는 그 죄에 정한 형의 2분의 1까지 가중처벌한다.

제19조(「형법」상 감경규정에 관한 특례) 음주 또는 약물로 인한 심신장애 상태에서 아동·청소년대상 성폭력범죄를 범한 때에는 「형법」 제10조제1항·제2항 및 제11조를 적용하지 아니할 수 있다.

Ⅴ. 풍속영업규제법

제2조(풍속영업의 범위) 이 법에서 "풍속영업"이란 다음 각 호의 어느 하나에 해당하는 영업을 말한다.
1. 「게임산업진흥에 관한 법률」 제2조제6호에 따른 게임제공업 및 같은 법 제2조제8호에 따른 복합유통게임제공업
2. 「영화 및 비디오물의 진흥에 관한 법률」 제2조제16호가목에 따른 비디오물감상실업
3. 「음악산업진흥에 관한 법률」 제2조제13호에 따른 노래연습장업
4. 「공중위생관리법」 제2조제1항제2호부터 제4호까지의 규정에 따른 숙박업, 목욕장업(沐浴場業), 이용업(理容業) 중 대통령령으로 정하는 것
5. 「식품위생법」 제36조제1항제3호에 따른 식품접객업 중 대통령령으로 정하는 것
6. 「체육시설의 설치·이용에 관한 법률」 제10조제1항제2호에 따른 무도학원업 및 무도장업
7. 그 밖에 선량한 풍속을 해치거나 청소년의 건전한 성장을 저해할 우려가 있는 영업으로 대통령령으로 정하는 것

제3조(준수 사항) 풍속영업을 하는 자(허가나 인가를 받지 아니하거나 등록이나 신고를 하지 아니하고 풍속영업을 하는 자를 포함한다. 이하 "풍속영업자"라 한다) 및 대통령령으로 정하는 종사자는 풍속영업을 하는 장소(이하 "풍속영업소"라 한다)에서 다음 각 호의 행위를 하여서는 아니 된다.
1. 「성매매알선 등 행위의 처벌에 관한 법률」 제2조제1항제2호에 따른 성매매알선등행위
2. 음란행위를 하게 하거나 이를 알선 또는 제공하는 행위
3. 음란한 문서·도화(圖畵)·영화·음반·비디오물, 그 밖의 음란한 물건에 대한 다음 각 목의 행위
   가. 반포(頒布)·판매·대여하거나 이를 하게 하는 행위
   나. 관람·열람하게 하는 행위
   다. 반포·판매·대여·관람·열람의 목적으로 진열하거나 보관하는 행위
4. 도박이나 그 밖의 사행(射倖)행위를 하게 하는 행위

제10조(벌칙) ① 제3조제1호를 위반하여 풍속영업소에서 성매매알선등행위를 한 자는 3년 이하의 징역 또는 3천만원 이하의 벌금에 처한다.
② 제3조제2호부터 제4호까지의 규정을 위반하여 음란행위를 하게 하는 등 풍속영업소에서 준수할 사항을 지키지 아니한 자는 3년 이하의 징역 또는 2천만원 이하의 벌금에 처한다.

제12조(양벌규정) 법인의 대표자나 법인 또는 개인의 대리인, 사용인, 그 밖의 종업원이 그 법인 또는 개인의 업무에 관하여 제10조의 위반행위를 하면 그 행위자를 벌하는 외에 그 법인 또는 개인에게도 해당 조문의 벌금형을 과(科)한다. 다만, 법인 또는 개인이 그 위반행위를 방지하기 위하여 해당 업무에 관하여 상당한 주의와 감독을 게을리하지 아니한 경우에는 그러하지 아니하다.

제3절 도박과 복표에 관한 죄

§1. 개 관

Ⅰ. 서 설

1. 의 의

본장의 도박과 복표에 관한 죄는 도박에 관한 죄와 복표에 관한 죄를 내용으로 구성되어 있다(형법 제2편 제23장). 복표에 관한 죄도 우연적 요소에 의하여 그 승패가 결정된다는 점에서 광의의 도박에 관한 죄에 해당하지만, 형법은 양자를 독립된 범죄의 형태로 규정하고 있는 것이다.

2. 개 정

본장의 죄는 1995년 12월 제1차 개정에서는 화폐단위를 '환'에서 '원'으로 변경하는 수준에 그쳤다.[1] 그 후 2013년 4월에는 제2차로 개정되었다.[2] 제2차 개정에서는 우리나라가 2000년 12월 13일 서명한 '국제연합국제조직범죄방지협약'(United Nations Convention against Transnational Organized Crime)과 '인신매매방지의정서'의 국내적 이행을 위한 입법으로서 협약과 의정서상의 입법의무 사항을 반영하여 범죄단체 및 범죄집단의 존속과 유지를 위한 행위의 처벌규정을 마련하였다. 나아가 범죄단체나 집단의 수입원으로 흔히 사용되는 도박장소의 개설이나 복표발매에 대한 처벌규정의 법정형을 상향함으로써 국제조직범죄를 효율적으로 방지·척결하는 동시에 국제협력을 강화하려는 내용이 담기게 되었다.

개정의 내용을 구체적으로 보면 다음과 같다.[3] 우선 도박죄의 객체에 '재물'뿐만 아니라 '재산상 이익'도 포함됨을 명확하게 하기 위하여 도박죄의 구성요건 중 '재물로써' 부분을 삭제하였다. 다음으로 도박하는 장소뿐만 아니라 도박하는 공간을 개설한 경우도 처벌할 수 있도록 규정을 명확화하였다. 그동안 인터넷 상에 도박사이트를 개설하여 전자화폐나 온라인으로 결제하도록 하는 경우 판례상 도박개장죄로 처벌하고 있었으나 당시는 '도박을

---

1) 형법 1995.12.29. 일부개정 법률 제5057호 1996.7.1. 시행.
2) 형법 2013.4.5. 일부개정 법률 제11731호 2013.4.5. 시행.
3) 형법 2013.4.5. 일부개정 법률 제11731호 2013.4.5. 시행.

개장'한 경우를 처벌하도록 규정되어 있어 도박할 수 있는 사이버 공간을 제공한 경우 처벌되지 않는 것으로 비추어 질 수 있었기 때문이었다. 끝으로 도박장소의 개설과 복표발매죄가 '국제연합국제조직범죄방지협약'의 대상범죄가 될 수 있도록 법정형을 '3년 이하의 징역 또는 2천만원 이하의 벌금'에서 '5년 이하의 징역 또는 3천만원 이하의 벌금'으로 상향하고, 그 밖에 복표발매중개 및 복표취득죄도 물가 인상률 등을 고려하여 법정형을 현실화한 점이 그 특징이라고 할 수 있다.

Ⅱ. 보호법익

본장의 죄의 보호법익과 관련하여 본장의 죄가 자기 또는 타인의 재산을 위태화하는 범죄로서 재산범의 일종이라고 하는 주장도 없는 것은 아니다. 그러나 건전한 노동에 의한 재산의 취득이라는 경제사회에 있어서의 도덕률, 국민일반의 건전한 경제관념 또는 근로관념을 공공의 미풍양속으로서 보호하려는 풍속범죄라고 해석되고 있다. 보호의 정도는 추상적 위험범으로서의 보호이다.

Ⅲ. 구성요건의 체계

본장의 죄는 도박에 관한 죄와 복표에 관한 죄로 대분될 수 있다. 도박에 관한 죄에 있어서 기본적 구성요건은 도박죄이다(제246조 제1항). 상습도박죄는 가중적 구성요건이고(제246조 제2항), 도박장소등개설죄는 독립적 구성요건에 속한다(제247조). 복표에 관한 죄에 있어서 기본적 구성요건은 복표발매죄이다(제248조 제1항). 복표발매중개죄와 복표취득죄는 감경적 구성요건에 속한다(제248조 제2항, 제3항).

Ⅳ. 몰수의 대상

제48조(몰수의 대상과 추징) ① 범인 외의 자의 소유에 속하지 아니하거나 범죄 후 범인 외의 자가 사정을 알면서 취득한 다음 각 호의 물건은 전부 또는 일부를 몰수할 수 있다.
1. 범죄행위에 제공하였거나 제공하려고 한 물건
2. 범죄행위로 인하여 생겼거나 취득한 물건
3. 제1호 또는 제2호의 대가로 취득한 물건

② 제1항 각 호의 물건을 몰수할 수 없을 때에는 그 가액(價額)을 추징한다.

본장에 있어서의 물건은 몰수와 추징이 대상이 될 수 있다. 경우에 따라서는 특별법상의 몰수와 추징도 피할 수 없다.

§2. 도박에 관한 죄

Ⅰ. 서 설

도박에 관한 죄란 도박을 하거나(제246조 제1항), 상습으로 도박을 하거나(제246조 제2항) 또는 영리의 목적으로 도박을 하는 장소나 공간을 개설하는 것(제246조 제3항)을 내용으로 하는 범죄를 말한다.

Ⅱ. 도박죄

제246조(도박, 상습도박) ① 도박을 한 사람은 1천만원 이하의 벌금에 처한다. 다만 일시오락 정도에 불과한 경우에는 예외로 한다.

구조문

제246조 (도박, 상습도박) ① 재물로써 도박한 자는 500만원 이하의 벌금 또는 과료에 처한다. 단, 일시오락정도에 불과한 때에는 예외로 한다.

1. 서 언

(1) 의 의

본죄는 도박을 함으로써 성립하는 범죄를 말한다. 도박을 재물로써 하든 재산상의 이익으로 하든 묻지 않는다. 2인 이상을 요하는 필요적 공범이다.

(2) 취 지

본죄를 처벌하는 이유는 정당한 근로에 의하지 아니한 재물의 취득을 처벌함으로써 경제에 관한 건전한 도덕법칙을 보호하는 데 있다고 한다.[4] 사행심에 의한 행위자의 재산일실위험을 제거하려는 한편 건전한 국민의 근로관념과 사회의 미풍양속을 보호하려함에 그 뜻이 있다는 것이다.[5]

이와 같이 근로의욕의 유지에 본죄의 취지를 구하는 것은 일종의 법률부권주의(legal paternalism)라고 할 수 있다. 본죄의 원인으로 되는 사행심과 같이 근로의욕을 상실하게 하는 등의 경제윤리에 반하는 행위는 도박 외에도 다수 존재하기 때문이다.

2. 범 죄

(1) 구성요건

1) 객관적 구성요건

① 행 위

ⓘ 도 박 　　본죄의 실행행위는 도박이다. 도박이란 우연한 승패에 의하여 재산상의 이익의 득실을 결정하는 것을 말한다. 대법원도 "도박은 2인 이상의 자가 서로 간에 재물을 걸고 우연에 의하여 재물의 득실을 결정하는 것을 의미한다"고 판시한 바 있다.[6]

---

4) 대법원 2008.10.23. 선고 2006도736 판결.

5) 대법원 1984.7.10. 선고 84도1043 판결.

도박(賭博)에서 도(賭)는 건다는 의미로서 행위자 또는 대리자의 동작에 관계없이 사정에 따라서 승패를 결정하는 것을 말한다. 예컨대 야구도박은 거는 것이다. 박(博)은 노름의 의미로서 행위자 자신 또는 대리자의 동작의 결과에 의하여 승패를 결정하는 것을 말한다. 예컨대 화투나 마작은 노름에 속한다.

ⓘ 승패의 우연성

i. 의 의 　도박은 우연의 승패를 다투는 것이다. 우연(偶然)이란 당사자가 확실하게 예견할 수 없거나 자유롭게 지배할 수 없는 상태를 말한다. 또 당사자의 주관에 있어서 불확실하면 족하고 객관적으로 불확정할 것을 요하지 않는다. 예컨대 당사자의 기능이 승패의 결정에 영향을 주는 화투, 장기, 마작, 바둑 등의 승부에 재물을 도하는 경우에도 다소라도 우연에 의하여 승패가 결정되면 그것으로 족하다.

대법원도 "우연이란 주관적으로 '당사자에 있어서 확실히 예견 또는 자유로이 지배할 수 없는 사실에 관하여 승패를 결정하는 것'을 말하고, 객관적으로 불확실할 것을 요구하지 아니한다. 따라서, 당사자의 능력이 승패의 결과에 영향을 미친다고 하더라도 다소라도 우연성의 사정에 의하여 영향을 받게 되는 때에는 도박죄가 성립할 수 있다"고 판시한 바 있다.[7]

ii. 사기도박과 우연성 　우연성은 당사자 쌍방 모두에게 존재하여야 한다. 따라서 당사자 일방에게만 우연성이 존재하는 편면적 도박(片面的 賭博)은 도박이 될 수 없다. 이른바 사기도박과 같이 도박당사자의 일방이 사기의 수단으로써 승패의 수를 지배하는 경우에는 도박에서의 우연성이 결여되어 사기죄만 성립하고 도박죄는 성립하지 아니한다.[8]

iii. 기량의 우열과 우연성 　우연이란 주관적으로 당사자가 확실히 예견 또는 자유로이 지배할 수 없는 사실에 관하여 승패를 결정하는 것을 말하고, 객관적으로 불확실할 것을 요구하지 아니한다. 따라서 당사자의 능력이 승패의 결과에 영향을 미친다고 하더라도 다소라도 우연성의 사정에 의하여 영향을 받게 되는 때에는 도박죄가 성립할 수 있다.[9] 바둑, 당구, 골프 등의 운동경기에 있어서도 우연성이 개재되어 승패에 조금이라도 영향을 미칠 수 있는 한 그 운동경기의 도박성은 긍정될 수 있다.

iv. 도박의 동기와 우연성 　도박의 동기는 승패의 우연성에 영향을 미치지 않는다. 예컨대 사기도박인 것을 호도하기 위하여 행하여지는 도박의 경우에도 우연성은 상실되지 않는다. 다만 사기도박을 숨기기 위하여 얼마간 정상적인 도박을 하였더라도 이는 사기죄의 실행행위에 포함되는 것이어서 사기죄만이 성립하고 도박죄는 따로 성립하지 아니한다.[10]

ⓘⓘ 재산상 이익의 득실 　도박은 우연한 승패에 의하여 재산상 이익의 득실을 다툴

6) 대법원 2014.6.12. 선고 2013도13231 판결; 대법원 2011.1.13. 선고 2010도9330 판결; 대법원 2002.4.12. 선고 2001도5802 판결; 대법원 1983.3.22. 선고 82도2151 판결.

7) 대법원 2008.10.23. 선고 2006도736 판결.

8) 대법원 2011.1.13. 선고 2010도9330 판결; 대법원 1960.11.16. 선고 4293형상743 판결.

9) 대법원 2014.6.12. 선고 2013도13231 판결; 대법원 2008.10.23. 선고 2006도736 판결.

10) 대법원 2011.1.13. 선고 2010도9330 판결.

것을 요한다. 전술한 바와 같이 2013년 4월 개정법은 도박죄의 구성요건 중 '재물로써' 부분을 삭제함으로써 도박죄의 객체에 '재물'뿐만 아니라 '재산상 이익'도 포함되게 되었다.[11] 여기서 재물이나 재산상의 이익은 재산죄에 있어서와 같이 행위의 객체가 아니라 도박행위의 수단으로서의 의미에 그치고 있다.

② 결 과

본죄는 거동범이다. 본죄는 도박의 결과로서 승패의 결정이나 재산상 이익의 득실의 실현을 요하지 않는다. 또 본죄는 계속범에 속한다. 기수에 도달한 이후에도 도박행위가 계속되는 한 본죄는 종료되지 아니한다.

2) 주관적 구성요건

본죄는 고의범이다. 본죄의 고의는 인식적 요소로서 2인 이상이 도박한다는 사실과 도박의 우연성에 대한 인식을 요한다.

3) 미수 · 기수

본죄는 미수범에 대한 처벌규정을 두지 않고 있다. 본죄는 단순 작위범으로서 실행의 착수와 동시에 기수에 이른다. 본죄는 우연한 승패에 도하는 즉시 기수에 달한다고 해석되기 때문이다. 우연은 범인의 행위에 의하든 기타의 사정에 의하든 묻지 않는다. 과거, 현재 또는 장래의 사정이든 그 여하를 불문한다.

4) 공 범

본죄는 2인 이상의 자가 우연한 사정에 관한 성패에 의하여 재산상의 득실을 다투는 필요적 공범이다. 대향범에 속하는 필요적 공범이다. 총칙상 공범에 관한 규정은 대향자 사이에서는 적용될 수 없다. 그러나 대향자와 외부적 관여자 사이에는 총칙상의 공범에 관한 규정이 그대로 적용될 수 있다.

(2) 위법성조각사유

1) 일시오락

본죄가 일시오락 정도에 불과한 경우에는 예외로 한다(제246조 제1항 단서). 도박행위에 해당하더라도 단순히 일시 오락 정도에 불과한 경우에는 그 정도의 경미성 또는 사회적 상당성 등 사회상규에 위배되지 않아 위법성을 조각한다고 해석되기 때문이다.

판례에 의하면 어떤 행위가 법규정의 문언상 일단 범죄 구성요건에 해당된다고 보이는 경우에도, 그것이 정상적인 생활형태의 하나로서 역사적으로 생성된 사회생활 질서의 범위 안에 있는 것이라고 생각되는 경우에는 사회상규에 위배되지 아니하는 행위로서 그 위법성이 조각되어 처벌할 수 없다.[12]

---

11) 형법 2013.4.5. 일부개정 법률 제11731호 2013.4.5. 시행.
12) 대법원 2004.4.9. 선고 2003도6351 판결.

2) 불처벌의 근거

본죄를 처벌하는 이유는 정당한 근로에 의하지 아니한 재물의 취득을 처벌함으로써 경제에 관한 건전한 도덕법칙을 보호하기 위한 것이다.[13] 도박에 대한 처벌은 헌법이 보장하는 국민의 행복추구권이나 사생활의 자유를 침해할 수 없고, 동조의 입법취지가 건전한 근로의식을 배양 보호함에 있다면 일반 서민대중이 여가를 이용하여 평소의 심신의 긴장을 해소하는 오락은 이를 인정함이 국가정책적 입장에서 보더라도 허용된다 할 것으로, 일시 오락에 불과한 도박행위를 처벌하지 아니하는 이유가 여기에 있다.[14]

일시 오락 정도에 불과한 도박행위의 동기나 목적, 그 수단이나 방법, 보호법익과 침해법익과의 균형성 그리고 일시 오락 정도에 불과한 도박은 그 재물의 경제적 가치가 근소하여 건전한 근로의식을 침해하지 않을 정도이므로 건전한 풍속을 해할 염려가 없는 정도의 단순한 오락에 그치는 경미한 행위에 불과하고, 일반 서민대중이 여가를 이용하여 평소의 심신의 긴장을 해소하는 오락은 이를 인정함이 국가정책적 입장에서 보더라도 허용된다.[15]

3) 일시오락의 판단기준

본죄에 있어서 도박의 위법성의 한계는 도박의 시간과 장소, 도박자의 사회적 지위 및 재산정도, 재물의 근소성, 도박 그 자체의 흥미성 그 밖에 도박에 이르게 된 경위 등 모든 사정을 참조하여 구체적으로 판단하여야 할 것이다.[16] 판례에 의하면 각자 1,000원 내지 7,000원을 판돈으로 내놓고 한 점에 100원짜리 속칭 '고스톱'을 한 것이 일시 오락의 정도에 불과하다.[17]

일시오락을 긍정한 판례의 구체적 내용은 다음과 같다. 즉,

> 피고인 1은 400만원짜리 한옥 한채를 소유하고 목공일을 하다가 교통사고를 당하여 일시 쉬고 있었고, 피고인 2는 **우유춘천대리점의 운전사로서 금 25만원 정도의 월급을 받고 있었으며, 피고인 3은 800만원짜리 아파트를 소유하고 상업에 종사하여 매월 금 30만원의 수입을, 피고인 4는 식육점을 경영하여 매월금 20만원 정도의 수입을 각기 얻고 있었던 사실, 피고인 2는 1988.11.13. 19:45경 근무를 마치고 평소식사를 하러 출입하던 피고인 5 경영의 **닭갈비집에 저녁을 먹으러 갔다가, 그곳에 자주 출입하던 피고인 3과 그곳에 놀러온 공소외 *** 등을 만나 이야기를 하던 중, 심심하니 고스톱이나 치자고 의견이 모아져 피고인 5로부터 화투를 빌려, 피고인 2는 가지고 있던 현금 69,000원 중 금 7,000원을, 피고인 3은 가지고 있던 현금 23,000원 중 금 3,000원을, ***은 가지고 있던 현금 10,000원 중 금 1,000원을 각기 꺼내어 놓고 한점에 금 100원짜리 속칭 "고스톱"을 30회가량 하고 있었는데, 같은 동리에 살던 피고인 1과 4가 함께 술을 마시러왔다가 피고인 2 등이 고스톱을 하는 것을 보고 잠시 소주나 마시면서 같이 놀자고 인사를 나눈 다음, 피고인 1은 금 2,000원을, 피고인 4는 금 5,000원을 각기 꺼내어 놓고 고스톱에 참가하여 10회정도

---

13) 대법원 1983.3.22. 선고 82도2151 판결.

14) 대법원 1983.3.22. 선고 82도2151 판결.

15) 대법원 2004.4.9. 선고 2003도6351 판결; 대법원 1983.3.22. 선고 82도2151 판결.

16) 대법원 1985.11.12. 선고 85도2096 판결; 대법원 1985.4.9. 선고 84누692 판결; 대법원 1984.7.10. 선고 84도1043 판결; 대법원 1959.6.12. 선고 4291형상335 판결.

17) 대법원 1990.2.9. 선고 89도1992 판결.

화투를 치다가, 20:20경 경찰관에게 적발된 사실 등을 인정한 다음, 피고인 1, 2, 3, 4 등의 이와 같은 도박은 앞서 본 피고인들의 직업, 재산관계, 피고인들이 도박장소에 가게 된 경위, 도박을 하게 된 동기, 도박을 한 시간, 그 규모 등에 비추어 일시 오락의 정도에 불과한 때에 해당하여 도박죄를 구성하지 않는다고 판단하였는 바, 관계증거와 기록에 의하면 원심의 이와 같은 사실인정과 판단은 정당한 것으로 수긍이 되고 원심판결에 소론과 같이 도박죄에 관한 법리를 오해한 위법이 있다고 볼 수 없으므로, 논지는 이유가 없다.[18] 피고인은 이 사건 당시 그 주거지인 **시 **동 77의 5 소재 건물에 세들어 살면서 공무원시험준비를 하고 있었고, 피고인과 같이 화투놀이에 참가한 공소외 *** 등 4명은 모두 위 건물에 피고인과 같이 세들어 살던 사람들로서 각기 세탁소 경영, 영업용 택시운전기사, 정육점 경영, 회사원 등의 생업에 종사하고 있었으며, 평소에 한 건물에 사는 관계로 얼굴을 알고 지내는 정도의 친분관계에 있었는데, 이 사건 일시에 서로의 친교를 두텁게 하기 위해 술내기 화투놀이(속칭 고스톱)를 하기로 하고 그중 한 사람인 공소외 ***의 정육점 내실에서 낮 3시경부터 7시경까지 1점당 100원을 걸고 화투를 친 결과, 잃은 사람의 돈액수는 200원 내지 4,000원 정도, 딴 사람의 돈 액수는 8,000원 정도였으며, 그 화투놀이 후 피고인등 화투놀이에 참가한 사람은 모두 부근 포장마차에서 피고인이 딴돈 8,000원과 그외 일부 추렴한 돈을 합쳐 10,000원 상당의 술을 마신 사실을 인정할 수 있고 이에 어긋나는 증거는 없으므로, 위 사실관계 아래에서라면 피고인의 도박행위는 위법성의 한계인 일시 오락의 정도에 그친다고 판시하고 있는바, 원심이 들고 있는 증거들을 기록에 대조하여 검토하여 볼때 원심의 위와 같은 조치는 정당하고 거기에 도박죄의 법리를 오해한 위법을 가려낼 수 없으므로 논지는 이유없다.[19] 피고인이 그의 아들 생일이라면서 사 온 돼지고기를 안주로 술을 사 마시자고 하여 나머지 피고인 4명이 각각 금 1000원씩을 내어 모아 놓고 성냥개비 열개씩을 나누어 가지고 속칭 “고・스톱”을 치면서 3점, 5점, 7점에 각 성냥개비 1개, 2개, 3개씩을 내기로 하고 한 사람이 성냥개비 전부를 따면 자신이 내놓은 금 1,000원은 회수하고 나머지 돈으로 술을 사기로 한 경우라면 피고인등의 연령, 직업, 재산정도등에 비추어 피고인등의 소위는 일시 오락의 정도에 불과하여 도박죄를 구성하지 않는다 할 것이다.[20] 피고인들이 작업을 나간 자신들의 차량이 돌아오기를 기다리는 동안 무료함을 달래기 위하여 자신들이 취식한 막걸리, 음료수의 값 4천원 상당을 갹출하기 위하여 각기 2천원 정도의 금원을 소지하고 1회 3점에 300원씩, 판돈 합계 8,500원 상당의 도박을 하였다면, 차주인 피고인들의 이건 화투놀이는 그 동기, 목적, 판돈의 사소함, 장소 등을 종합하여 볼 때 단순히 오락을 목적으로 한 것이고 도박죄를 구성한다고 볼 수 없다.[21] 피고인들이 서로 친숙한 사이로서 이 사건 당일 우연히 다방에서 만나게 되어, 약 3,000원 상당의 음식내기 화투놀이를 약 30분간 한 소위는 피고인들의 친분관계, 화투놀이의 시간과 장소, 도박의 경위 및 그 금액의 근소성에 비추어 일시 오락의 정도에 불과하고 도박죄를 구성하지 않는다.[22] 피고인은 그가 운영하는 여관 카운터에서 같은 동네에 거주하는 친구들과 함께 저녁을 시켜 먹은 후 그 저녁값을 마련하기 위하여 속칭 ‘훌라’라는 도박을 하다가 적발되어 도박죄로 기소되었으나, 이 사건 제1심 및 원심에서 그 도박죄는 일시 오락의 정도에 불과하여 죄가 되지 않는 경우에 해당한다는 이유로 무죄판결이 선고되어 그대로 확정되었다.[23] 행상, 건재상경영 등 생업에 종사하면서 한동네에 거

18) 대법원 1990.2.9. 선고 89도1992 판결.
19) 대법원 1985.11.12. 선고 85도2096 판결.
20) 대법원 1984.7.10. 선고 84도1043 판결.
21) 대법원 1984.4.24. 선고 84도324 판결.
22) 대법원 1984.4.10. 선고 84도194 판결.
23) 대법원 2004.4.9. 선고 2003도6351 판결.

주하고 있는 피고인들이 마침 쉬는 날이라 동네 복덕방에 모여 놀다가 점심 및 술내기 육백을 치게 된 것인데 돈을 잃은 사람은 400원 또는 700원이고 돈을 딴 사람도 1,100원 정도이며 압수된 판돈 또한 4,800원에 불과한 사실이 인정되므로 이러한 피고인들 상호간의 관계, 직업, 화투를 친 시간 및 규모나 동기 등에 비추어 보면 피고인들의 도박의 행위는 일시오락의 정도에 지나지 아니한다.[24] 평소 친하게 지내는 같은 업자들끼리 하루일과를 마치고 속칭 "육백"을 1시간 가량 친 결과 딴 돈 4,000원으로 술과 안주를 사서 함께 먹고 논 행위는 이들의 경력, 재산정도, 도박을 하게된 경위 및 그 방법, 친분관계, 내기에 건 금액이 적은 점 등을 종합하여 볼때 일시 오락의 정도에 불과하고 도박죄를 구성하지 않는다.[25] 생선회 3인분과 소주 2병 등 음식값을 마련하기 위하여 한 피고인들의 행위는 그들의 연령, 재산정도, 친교관계, 이 건에 이르게 된 경위와 그 방법, 그 회수와 장소 및 건 돈의 액수 등을 합쳐 검토하여 볼 때 단순한 오락정도에 불과하다.[26] 속칭 민화투놀이에 저한 재물이 바로 그 즉시 예정된 방법에 따라 소비되지 아니하고 어느 일방이 승패에 따라 그 재물을 차지하였다 하더라도 그 재물의 득실이 승패결정의 흥미를 북돋우기 위한 것이고 그 재물의 경제적 가치가 근소(매회 1인당 100원식 걸어 합께 300원중 100원은 술값으로 적립하고 200원만 승자소유가 되며 20여회만 하였음)하여 건전한 근로의식을 침해하지 않을 정도라면 일시오락의 정도에 불과하다.[27] 피고인들은 모두 일정한 직업을 가지고 있는 자들로서 직업안내소에 종업원을 구하러 갔다가 딴 돈으로 탁주를 사 나눠 먹기로 하고 약 40분간 10여회 걸쳐 속칭 끝내기 민화투를 쳤으며 판돈이 합계금 700원 정도인 경우에는 위 도박은 일시 오락의 정도에 불과하다고 할 것이다.[28] "갑""을"이 객지생활을 하는 동료인"병"을 위로하기 위하여 그의 하숙방을 찾아 술내기 마작을 하기로 되어 세사람 각자가 500원씩을 내어 적립하고 적립한 돈이 1,000원이 남게될 때까지만 승자가 1점에 20원씩 계산으로 돈을 찾아가되 남은 그돈 1,000원으로 맥주와 안주를 사먹기로하여 혼짱이란 마작을 3회 한 것은 일시 오락을 위하여 한 도박이므로 무죄이다.[29] 피고인들은 이 사건 당시 같은 동리에 거주하는 자들로서 평소에 종종 모여서 노는 처지이고, 생활이 넉넉치는 못하나 일정한 생업에 각 종사하는 자들로서 피고인들이 이 사건당시 화투놀이에 사용하려고 소지한 금액이 각 금 30원 내지 100원 정도였고, 속칭 "짓구땡"을 20분간에 걸쳐 약 10여회 하면서 한판의 승자가 취득한 금액이 10원씩으로 각 득실액이 기십원정도에 불과하였고, 피고인 등은 마침 음력 보름경이라 같이 모여 놀면서 따는 사람이 술을 사서 나누어 먹고, 놀 목적으로 이 사건 화투놀이를 하게된 사실을 인정한 후에, 위와 같은 피고인 등의 친교관계 그 행위의 목적 및 금액이 극소액인 점 등을 종합하여 보면, 피고인들의 이 사건 행위는 일시 오락 정도에 불과하다고 판시하고 있는 바, 그 판단은 정당하고, 원판결이 소론과 같이 형법 제246조 제1항 단서에서 규정한 일시 오락의 범위를 지나치게 넓게 해석한 위법이 있다고 할 수 없다.[30] 음식점에서 1회 금 10원씩을 걸고 속칭 나이롱뽕이라는 놀이를 하고 패자로부터 갹출되는 금액으로 술값을 지급하기로 약정하여 이를 담배 및 음식값으로 소비한 경우(오락정도에 불과)에는 도박죄를 구성하지 않는다.[31] 도박의 위법성의 한계에 관하여 도물의 근소성 또는 거래상의 성질에 비추어 일상

---

24) 대법원 1983.12.27. 선고 83도2545 판결.
25) 대법원 1983.6.28. 선고 83도1044 판결.
26) 대법원 1983.5.10. 선고 83도68 판결.
27) 대법원 1983.3.22. 선고 82도2151 판결.
28) 대법원 1979.11.13. 선고 79도1715 판결.
29) 대법원 1974.3.12. 선고 74도582 판결.
30) 대법원 1969.7.22. 선고 69도802 판결.
31) 대법원 1966.12.27. 선고 66도1510 판결.

생활의 수요를 충족할 가능성의 유무를 표준으로 할 것이라는 견해는 구 형법 당시에는 동법 제185조 단서가 문리적 근거가 되어 있었다 할지라도 현행 형법하에서는 협애한 견해임을 면치 못한 것이다. 그러므로 현행 형법 제246조 제1항 단서에 의한 위법성의 한계는 법원이 도박자체의 흥미성 도박의 장소 도박자의 사회적 지위 및 재산정도 도물의 근소성 등 각단의 사정을 참작하여 구체적으로 판단하여야 할 것인 바 본건에 있어 기록을 정사한 즉 원심이 검사의공소사실에 관하여 원판결 거시의 각 증거를 종합하므로써 공소장 기재의 일시 장소에서 피고인등이 일시 오락으로 술과 국수내기를 하기 위하여 4,5인이 일조가 되어 화투로서 속칭 「약 단 보기」를 하여 그 중 패자의 금전으로 거출된 1회 700환 내지 1,900환을 동일 동 장소에서 음식 값으로 소비한 사실만을 인정하고 차를 재물의 득상을 주안으로 하지 않고 흥미 본위로 한 일시 오락 정도의 도박이라고 판정한 것이 정당한 조치이었음을 규지할 수 있음에도 불구하고 우기 검사의 상고 이유는 구 형법하의 전기 협애한 견해에 입각하여 원심의 정당한 판단을 공격함에 불과하는 것이니 기 논지 이유없다.[32]

일시오락을 부정한 판례의 구체적 내용은 다음과 같다. 즉,

피고인들이 각자 핸디캡을 정하고 홀마다 또는 9홀마다 별도의 돈을 걸고 총 26 내지 32회에 걸쳐 내기 골프를 한 행위가 도박에 해당한다.[33] 경찰관이 다방 내실에서 19:00경부터 다음날 01:00경까지 동료경찰관 5명과 1회에 500원 내지 30,000원씩 걸고 화투놀이를 하여 동료경찰관으로 하여금 667만여원의 공금을 소비하게 하였다면, 도박자의 신분, 도박을 하게 된 경위, 도박을 한 시간, 그 규모나 결과 등에 비추어 이를 일시적 오락행위라고 볼 수 없다.[34]

(3) 죄 수

본죄의 죄수는 원칙적으로 도박행위가 기준이 된다. 도박행위가 끊기지 한 도박죄의 죄수는 추가되지 아니한다. 도박장개설자가 스스로 도객의 상대방으로 되어 도박행위를 행한 경우 도박장개설죄와는 별개의 도박죄가 성립한다. 실체적 경합관계로 되기 때문이다.

본죄와 공갈죄도 실체적 경합관계가 인정된다. 판례에 의하면 공갈죄와 도박죄는 그 구성요건과 보호법익을 달리하고 있고, 공갈죄의 성립에 일반적 · 전형적으로 도박행위를 수반하는 것은 아니며, 도박행위가 공갈죄에 비하여 별도로 고려되지 않을 만큼 경미한 것이라고 할 수도 없으므로, 도박행위가 공갈죄의 수단이 되었다 하여 그 도박행위가 공갈죄에 흡수되어 별도의 범죄를 구성하지 않는다고 할 수 없다.[35]

3. 처 벌

(1) 법정형

본죄의 법정형은 1천만원 이하의 벌금이다. 본죄의 미수범은 처벌되지 아니한다. 법정형이 3년 이하의 징역 또는 2천만원 이하의 벌금인 상습도박죄보다 현저히 가볍다.

32) 대법원 1959.6.12. 선고 4291형상335 판결.
33) 대법원 2008.10.23. 선고 2006도736 판결.
34) 대법원 1983.6.28. 선고 82누544 판결.
35) 대법원 2014.3.13. 선고 2014도212 판결.

(2) 몰수의 대상

본죄의 도박자금, 도박용구 등은 범죄행위에 제공된 물건으로서 몰수의 대상이 되는 것은 당연지사이다(제48조 참조).

Ⅲ. 상습도박죄

제246조(도박, 상습도박) ② 상습으로 제1항의 죄를 범한 사람은 3년 이하의 징역 또는 2천만원 이하의 벌금에 처한다.

제249조(벌금의 병과) 제246조제2항, ~ 의 죄에 대하여는 1천만원 이하의 벌금을 병과할 수 있다.

구조문

제246조 (도박, 상습도박) ② 상습으로 제1항의 죄를 범한 자는 3년이하의 징역 또는 2천만원 이하의 벌금에 처한다.

1. 의 의

본죄는 상습으로 도박죄를 범함으로써 성립한다. 도박을 한 자가 상습성을 가짐으로써 성립하게 된다.

행위자가 상습성이라는 신분을 가지는 것에 기하여 형이 가중되는 도박죄의 가중적 구성요건에 속한다. 이러한 의미에서 본죄의 신분은 가감적 신분에 속하고, 본죄는 부진정신분범에 해당한다. 형이 가중되는 근거에 대하여는 비난가능성의 증대에 의한다고 하는 견해와 위법성의 증대에 의한다고 하는 견해가 다투어지고 있다.

2. 범 죄

(1) 구성요건

1) 객관적 구성요건

① 주 체

본죄의 주체는 도박의 상습자에 한한다. 도박의 상습자란 도박행위를 반복·누행하여 행하는 습벽을 가지는 자를 말한다.

ⓘ 상습성 상습성이란 행위의 속성이 아니라 행위자의 속성으로서 도박을 반복해서 거듭하는 습벽을 말한다.[36] 상습성에 대한 판단은 법원의 자유심증에 의하여 행하여진다.

ⓘⓘ 판단기준

ⅰ. 일반적 기준 상습성의 습벽의 유무를 판단함에 있어서는 도박의 전과나 도박횟수 등이 중요한 판단자료가 된다.[37] 그러나 도박전과가 없다 하더라도 도박의 성질과 방법,

---

36) 대법원 2017.4.13. 선고 2017도953 판결; 대법원 2001.2.9. 선고 2000도5645 판결; 대법원 1995.7.11. 선고 95도955 판결; 대법원 1994.3.8. 선고 93도3608 판결; 대법원 1990.12.11. 선고 90도 2250 판결; 대법원 1985.9.24. 선고 85도1272 판결; 대법원 1984.4.24. 선고 84도195 판결; 대법원 1978.2.28. 선고 77도3999 판결.

37) 대법원 2017.4.13. 선고 2017도953 판결; 대법원 2001.2.9. 선고 2000도5645 판결; 대법원 1995.7.11. 선고 95도955 판결; 대법원 1994.3.8. 선고 93도3608 판결; 대법원 1990.12.11. 선고 90도 2250 판결; 대법원 1985.9.24. 선고 85도1272 판결; 대법원 1978.2.28. 선고 77도3999 판결.

도금의 규모, 도박에 가담하게 된 태양 등의 제반 사정을 참작하여 도박의 습벽이 인정되는 경우에는 상습성을 인정할 수 있다.[38]

ii. 개별적 기준　　상습성에 대한 판단은 개별적으로 도박전과, 도박행위의 반복과 누행 및 도박행위의 태양 등이 고려될 수 있다.

㉠ 도박전과　　도박죄의 전과 등과 같은 범죄경력은 상습성을 기초지우는 중요한 사실에 속한다. 그러나 관련 전과 등이 있다는 이유로 반드시 상습성이 인정되지 않으면 안 된다는 것은 아니다. 그 반대의 경우도 참이 될 수 있다. 도박전과가 없다 하더라도 도박의 성질과 방법, 도금의 규모, 피고인이 도박에 가담하게 된 태양 등의 제반 사정을 참작하여 도박의 습벽이 인정되는 경우에는 상습성을 인정하여도 무방하다 할 것이다.[39]

㉡ 반복누행　　도박행위의 반복누행(反覆累行)의 사실도 상습성을 인정하는 하나의 자료가 될 수 있다. 과거에 도박의 반복누행의 사실이 없어도 본건 자체의 반복누행의 사실만에 의하여 상습성을 인정하는 것은 가능하다. 그러나 단순히 도박행위를 반복누행하는 것 그 자체만으로는 그것이 상습성의 발현에 이르지 않는 한 상습도박죄를 구성하는 것은 아니다. 역으로 상습성의 발현이 인정되는 한 예컨대 1회의 도박행위이어도 상습도박죄를 구성하게 된다. 도박행위의 반복누행을 자료로 하여 상습성을 인정하는 경우에 있어서 그 반복누행에 관한 도박행위에 의사의 계속은 요하지 않는다.

㉢ 도박태양　　도박의 행위태양도 상습성을 인정할 수 있는 하나의 자료가 될 수 있다. 과거의 도박범력이 없는 경우라도 도박의 태양 그 자체로부터 도박의 상습성의 존재를 인정하는 것이 불가능한 것은 아니다.

상습성을 긍정한 판례의 구체적 내용은 다음과 같다. 즉,

> 피고인이 상습으로 2015.1.24.경 필리핀 마닐라에 있는 ***호텔 내 공소외 1, 공소외 2 운영 정켓방에서, 페소화 단위로 통용되는 카지노 칩을 그 표시액 상당의 홍콩달러로 계산하는 일명 '홍콩달러게임' 방식으로 상호 대금을 정산키로 합의하고, 그들로부터 제공받은 3,000만 홍콩달러 상당의 카지노 칩(한화 약 45억 원, 카지노 칩 표시는 3,000만 페소)을 이용하여 바카라 도박을 하였다는 이 부분 공소사실이 유죄로 인정된다고 판단한 것은 정당하고, 거기에 상고이유 주장과 같이 도금 액수와 관련하여 논리와 경험의 법칙을 위반하여 자유심증주의의 한계를 벗어나 사실을 잘못 인정하거나 증거능력 및 상습성에 관한 법리를 오해한 위법이 없다.[40] 단시일내에 전후 6회에 걸쳐 판돈 3,000,000원여가 오간 도박의 경우, 1회의 도금 및 승패금과 압수된 금원등에 비추어 이를 일시적인 오락으로 한 것으로는 볼 수 없고 여기에는 상습성이 있다고 할 것이다.[41] 피고인에게 아무 전과가 없다 하더라도 2개월 10일 동안 9회에 걸쳐 도박을 하였다면 이는 상습성이 있다.[42]

---

38) 대법원 2017.4.13. 선고 2017도953 판결; 대법원 2001.2.9. 선고 2000도5645 판결; 대법원 1995.7.11. 선고 95도955 판결; 대법원 1994.3.8. 선고 93도3608 판결; 대법원 1990.12.11. 선고 90도 2250 판결.

39) 대법원 1995.7.11. 선고 95도955 판결; 대법원 1985.6.11. 선고 85도 748 판결; 대법원 1983.10.25. 선고 83도 2448 판결.

40) 대법원 2017.4.13. 선고 2017도953 판결.

41) 대법원 1985.6.11. 선고 85도748 판결.

42) 대법원 1983.10.25. 선고 83도2448 판결.

상습성을 부정한 판례의 구체적 내용은 다음과 같다. 즉,

상피고인이 사용해 보라고 건네주는 유실물인 자기앞수표 금 1,000,000원권 10매를 건네받은 도박 전과가 없는 피고인이 21:00경부터 이튿날 09:00경까지 사이에 위 수표를 가지고 공소외 4인과 함께 화투를 사용하여 1회 도금 최고 금 100,000원씩을 걸고 약 200회에 걸쳐 속칭 '모이쪼' 라는 도박을 하였다면, 도박에 제공된 돈의 액수가 다소 많은 것은 사실이나 그 돈의 출처, 도박하기에 이른 경위 등에 비추어 도박의 상습성을 인정할 수 없다.[43] 도박의 전과가 전혀 없고 이 사건 외에 도박을 한 전력이 전혀 나타나 있지 않은 피고인이 연말과 연초에 단 두차례에 한하여 평소 잘 아는 사이의 사람들과 어울려서 "도리짓고땡"이라는 도박을 한 경우 피고인에게 도벽의 습벽 즉 상습성을 인정하기는 어렵다.[44] 도박자들이 모두 같은 군내에서 같은 직업에 종사하는 자들로서 도박전과가 없다면 화투로 100끗에 10,000원씩 걸고 120여 회에 걸쳐 속칭 삼봉이라는 도박을 한 행위가 일시오락의 정도를 넘는 것이더라도 그 도박회수와 1회 도박에 제공된 금액만 가지고 도박습벽의 발현이라고 보기는 어렵다.[45] 피고인이 1982.3.15 19:00경부터 21:00경까지 사이, 동월 17. 17:30경부 터 18:30까지 사이, 동월 21. 17:00경부터 22:00까지 사이에 1회에 20,000원 내지 100,000원씩의 판돈을 걸고 "도리짓고땡"이라는 도박을 수십회 하였다 하여도 피고인에게는 도박의 전과도 없으며, 또한 피고인과 더불어 위 도박행위를 한 공범들은 1982.10. 하순경까지 위와 같은 도박행위를 계속하였는데 피고인은 위 1982.3.21 이후에는 스스로 위 도박행위는 물론 다른 어떤 도박행위에도 가담하지 않았다면 위와 같은 도박의 회수, 방법 및 판돈의 금액만으로 피고인의 위 도박행위가 바로 도박습벽의 발현이라고 보기는 어렵다.[46]

② 행 위

본죄의 실행행위는 상습성의 발현으로서 도박을 하는 것이다. 상습성의 발현이라고 인정되는 한 1회의 도박행위에 대하여도 본죄가 성립한다.

2) 주관적 구성요건

본죄는 고의범이다. 본죄의 고의는 인식적 요소로서 상습성에 대한 인식을 포함한다고 해야 한다.

3) 공 범

본죄는 행위자의 상습성으로 인하여 형이 가중되는 범죄이다. 이러한 의미에서 본죄의 상습자는 가감적 신분에 속하고, 본죄는 부진정신분범에 해당한다. 상습성이라는 신분이 없는 자가 도박행위를 행한 때에는 도박죄가 성립하기 때문에 상습성의 유무는 범죄의 성부와는 직접적인 관계가 없고 형의 경중에 영향을 미치는 것에 지나지 않는다. 따라서 상습도박죄는 신분관계로 인하여 성립될 범죄(제33조 본문)가 아니라 신분관계로 인하여 형의 경중이 있는 경우(제33조 단서)에 해당하게 된다. 문제는 비상습자가 상습자에 가담하여 도박한 경우 또는 상습

43) 대법원 1991.10.8. 선고 91도1894 판결.

44) 대법원 1990.12.11. 선고 90도2250 판결; 대법원 1985.9.24. 선고 85도1272 판결; 대법원 1978.2.28. 선고 77도3999 판결.

45) 대법원 1989.4.11. 선고 88도2493 판결.

46) 대법원 1985.9.24. 선고 85도1272 판결.

자가 비상습자에 가담하여 도박한 경우 가담자에 대한 처벌에 있다.

① 학 설

비상습자가 상습자에 가담하여 도박한 경우에 대하여는 다툼이 있다. 첫째, 본문은 진정신분범, 단서는 부진정신분범에 관하여 규정하고 있다는 견해이다. 이에 의하면 비상습자는 도박죄에 해당되지만, 상습자는 상습도박죄로 처벌된다고 한다. 상습성은 가감적 신분에 해당되어 형법 제33조 단서가 적용되기 때문이라고 한다. 둘째, 본문은 전체의 신분범, 단서는 부진성신분범의 과형만을 규정하고 있다는 견해이다. 이에 의하면 비상습자든 상습자든 상습도박죄에 해당하지만, 비상습자는 단서에 의하여 과형만 도박죄로 처벌된다고 한다. 셋째, 본죄는 필요적 공범이기 때문에 임의적 공범에 적용되는 총칙상의 공범에 관한 규정은 적용되지 않는다는 견해이다. 이에 의하면 본죄의 규정에 따라 상습자에게는 상습도박죄가 성립하고, 비상습자에게는 도박죄만이 성립한다고 한다.

② 판 례

판례는 원칙적으로 본문은 전체의 신분범, 단서는 부진성신분범의 과형만을 규정하고 있다는 입장이다. 비상습자든 상습자든 상습도박죄에 해당하지만, 비상습자는 단서에 의하여 과형만 도박죄의 법정형으로 처벌된다고 한다.

③ 검 토

본죄는 필요적 공범으로서 대향범에 속한다. 필요적 공범 내부자 상호간에는 총칙상의 공범에 관한 규정이 적용될 여지가 없다. 따라서 도박에 참여한 자는 각자의 신분에 따라서 비상습자에게는 도박죄가 성립하고, 상습자에게는 상습도박죄가 성립할 뿐이라고 해석되어야 한다.

한편 필요적 공범의 외부적 관여자에 대하여는 총칙상의 공범에 관한 규정이 적용되는 것은 당연하다. 또 상습자가 비상습자에게 가담하여 도박을 한 경우에도 마찬가지라고 해석된다. 총칙상의 공범과 신분에 관한 규정이 적용되지 않기 때문에 공범론에 관한 일반이론에 의하여 해결되어야 한다고 해석되기 때문이다. 대법원의 "도박의 습벽이 있는 자가 타인의 도박을 방조하면 상습도박방조의 죄에 해당하는 것이다"라고 한 판결의 내용도 위와 같은 취지라고 해석된다.[47]

(2) 위법성조각사유

본죄는 법령에 의한 행위, 사회상규에 위배되지 아니하는 행위로서 정당행위에 해당하여 위법성이 조각될 수 있다(제20조 참조).

위법성조각을 부정한 판례의 구체적 내용은 다음과 같다. 즉,

> 형법 제3조는 "본법은 대한민국 영역 외에서 죄를 범한 내국인에게 적용한다"라고 하여 형법의 적용 범위에 관한 속인주의를 규정하고 있고, 또한 국가 정책적 견지에서 도박죄의 보호법익보다

47) 대법원 1984.4.24. 선고 84도195 판결.

좀 더 높은 국가이익을 위하여 예외적으로 내국인의 출입을 허용하는 폐광지역 개발 지원에 관한 특별법 등에 따라 카지노에 출입하는 것은 법령에 의한 행위로 위법성이 조각된다고 할 것이나, 도박죄를 처벌하지 않는 외국 카지노에서의 도박이라는 사정만으로 그 위법성이 조각된다고 할 수 없다.[48)]

(3) 죄 수

상습성이 인정되는 수회에 걸쳐 반복된 도박행위는 집합범으로서 포괄일죄로 된다. 실체적 경합관계가 되는 것은 아니다. 대법원도 "상습범이라 함은 수다한 동종의 행위가 상습적으로 반복될 때 이를 일괄하여 하나의 죄로 처단하는 소위 과형상의 일죄를 말하는 것이니 동종의 수개의 행위에 상습성이 인정된다면 그 중 형이 중한 죄에 나머지 행위를 포괄시켜 처단하는 것이 상당하다"고 판시한 바 있다.[49)] 또 대법원은 "도박의 습벽이 있는 자가 도박을 하고 또 도박방조를 하였을 경우 상습도박방조의 죄는 무거운 상습도박의 죄에 포괄시켜 1죄로서 처단하여야 한다"고 판시한 바 있다.[50)]

3. 처 벌

(1) 법정형

본죄의 법정형은 3년 이하의 징역 또는 2천만원 이하의 벌금이다. 1천만원 이하의 벌금인 도박죄의 법정형보다는 현저히 무겁다고 할 수 있다. 본죄에 대하여는 1천만원 이하의 벌금을 병과할 수 있다. 본죄의 미수범은 처벌되지 아니한다.

(2) 누범가중

본죄에 의하여 처벌되는 자에 대하여 도박죄의 전과가 있는 경우 누범에 대한 가중규정이 적용될 수 있다(제56조 참조).

(3) 몰수의 대상

본죄의 도박자금, 도박용구 등은 범죄행위에 제공하였거나 제공하려고 한 물건으로서 몰수의 대상이 된다(제48조 제1항 제1호). 범죄행위로 인하여 생(生)하였거나 이로 인하여 취득한 물건에 대하여도 마찬가지이다(제48조 제1항 제2호).

몰수를 긍정한 판례의 구체적 내용은 다음과 같다. 즉,

> 피고인이 다른 공동 피고인들에게 도박자금으로 금원을 대여하였다면 그 금원은 그 때부터 피고인의 소유가 아니라 동 공동 피고인들의 소유에 귀속하게 되므로 그것을 동 공동 피고인들로부터 형법 제48조 제1항 제1호나 제2호를 적용하여 몰수함은 모르되 피고인으로 부터 몰수할 성질의 것은 아니다.[51)]

---

48) 대법원 2017.4.13. 선고 2017도953 판결; 대법원 2004.4.23. 선고 2002도2518 판결.
49) 대법원 1982.9.28. 선고 82도1669 판결.
50) 대법원 1984.4.24. 선고 84도195 판결.
51) 대법원 1982.9.28. 선고 82도1669 판결.

Ⅳ. 도박 장소 등 개설죄

제247조(도박장소 등 개설) 영리의 목적으로 도박을 하는 장소나 공간을 개설한 사람은 5년 이하의 징역 또는 3천만원 이하의 벌금에 처한다.

제249조(벌금의 병과) ~, 제247조와 ~의 죄에 대하여는 1천만원 이하의 벌금을 병과할 수 있다.

1. 서 언

본죄는 영리의 목적으로 도박을 하는 장소나 공간을 개설함으로써 성립한다. 도박개장죄라고도 한다. 본죄는 도박죄와는 별개의 독립된 범죄에 속한다.[52)]

본죄는 계속범이고, 영리의 목적을 요하는 목적범이다. 본죄는 도박장소개설죄와 도박공간개설죄로 나누어질 수 있다.

2. 범 죄

(1) 구성요건

1) 객관적 구성요건

① 객 체

본죄의 객체는 도박을 하는 장소나 공간이다. 도박(賭博)이란 참여한 당사자가 재물을 걸고 우연한 승부에 의하여 재물의 득실을 다투는 것을 의미한다.[53)] 도박을 하는 장소나 공간은 소위 도박장을 말한다. 공간은 오프라인상에서의 공간이든 온라인상에서의 공간이든 묻지 않는다. 도박장은 가옥일 것을 요하지 않고, 상설일 것도 요하지 않는다. 도박을 위하여 특별히 설계된 것이거나 범인의 지배하에 있을 것도 요하지 않는다. 재물을 도하는 행위, 우연의 사정을 결정하는 행위 및 재물을 분재하는 행위가 모두 그 장소에서 행하여지지 않았다고 하여 도박장이 될 수 없는 것도 아니다.

도박을 긍정한 판례의 구체적 내용은 다음과 같다. 즉,

> 공소외 주식회사의 설립자 겸 대표이사와 인터넷 사업팀장인 피고인들은 위 회사가 운영하는 인터넷 고스톱게임 사이트를 유료로 전환하는 과정에서 사이트를 홍보하기 위하여 2000.11.20. 이 사건 공소사실 기재와 같은 공지사항을 게시하여 '1차 고스톱 고별대회'를 개최하게 된 사실, 대회에는 129명이 참가하였고, 참가자 1인당 3만 원씩 합계 387만 원의 참가비가 회사에 송금된 사실, 피고인들은 2000.12.8.부터 같은 달 13.까지 참가자들로 하여금 인터넷을 통해 사이트에서 제공하는 고스톱게임을 하게 하여 1등부터 9등까지를 선발한 사실, 위 회사는 대회 참가자들로부터 참가비 합계 387만 원의 수입을 얻는 데 비하여 대회 입상자에 대한 상금으로 1등 200만 원, 2등 80만 원, 3등 50만 원, 4 내지 6등 각 20만 원, 7 내지 9등 각 10만 원 합계 420만 원을

---

52) 대법원 2013.11.28. 선고 2013도10467 판결; 대법원 2013.11.28. 선고 2012도14725 판결; 대법원 2002.4.12. 선고 2001도5802 판결; 대법원 2009.2.26. 선고 2008도10582 판결; 대법원 2008.10.23. 선고 2008도3970 판결; 대법원 2008.9.11. 선고 2008도1667 판결; 대법원 2002.4.12. 선고 2001도5802 판결.

53) 대법원 2013.11.28. 선고 2013도10467 판결; 대법원 2013.11.28. 선고 2012도14725 판결; 대법원 2002.4.12. 선고 2001도5802 판결; 대법원 2009.2.26. 선고 2008도10582 판결; 대법원 2008.10.23. 선고 2008도3970 판결; 대법원 2002.4.12. 선고 2001도5802 판결.

지출한 사실을 인정한 다음, 비록 피고인들이 고스톱대회를 개최하게 된 직접적인 목적이 그들이 운영하는 인터넷 사이트를 유료로 전환하는 과정에서 홍보를 위한 것이었고, 고스톱대회를 개최한 결과 이득을 보지 못하고 오히려 손해를 보았다고 하더라도, 피고인들로서는 고스톱대회를 통하여 장차 유료로 전환하게 될 그들 운영의 인터넷 사이트를 홍보함으로써 궁극적으로는 사이트의 유료 수입을 극대화하려는 목적으로 고스톱대회를 개최한 것이고, 또한 피고인들이 고스톱대회를 개최한 결과 손해를 보았다는 사정은 대회 참가자의 수가 적었다는 우연한 사정으로 발생한 것에 불과하므로, 피고인들에게 있어서 '영리의 목적'은 인정된다 할 것이고, 한편 고스톱대회의 입상자들이 지급받기로 한 상금은 참가자들의 참가비 총액에 상관없이 일정액으로 정하여져 있기는 하나, 상금의 주요한 원천이 참가자들의 참가비에 있는 이상 궁극적으로 상금의 득실이 우연한 승부에 의하여 좌우되는 고스톱의 결과에 의하게 되는 점, 도박에 있어서 재물의 득실이 반드시 우연한 승부의 승패 결과에 정확하게 일치할 필요는 없고, 또한 1 대 1 또는 1 대 2 등의 방식으로 재물의 득실이 이루어질 필요도 없는 점 등에 비추어, 참가자들의 고스톱대회 참여는 재물을 걸고 우연한 승부에 의하여 재물의 득실을 다투는 '도박'에 해당한다고 판단하여, 피고인들에 대하여 유죄를 선고한 제1심을 유지하였다.[54]

② 행 위

본죄의 실행행위는 개설이다. 개설(開設)이란 범인이 스스로 주재자가 되고, 주최자로서 그의 지배하에 도박의 기회를 주는 일정한 장소를 제공하는 것을 말한다. 따라서 수동적 개설과는 달리 임시적 개설은 개설에 해당할 수 있다. 본죄는 영리의 목적으로 스스로 주재자가 되어 그 지배하에 도박장소를 개설함으로써 성립하는 범죄이기 때문이다.[55]

개설은 주재자가 될 것을 요하지만 스스로 도박행위를 하거나 다른 사람에게 도박을 교사하거나 방조할 것을 요하지 않는다. 개설은 도박장에서 행하여지는 도박의 종류, 방법 또는 도박자금의 수수방법 등은 묻지 않는다. 도박자의 다소를 묻지 않고 도박행위의 반복 여부도 묻지 않는다. 개설자에게 도박자의 소집이나 유인을 행할 것까지 요하지 않고, 개장자가 도박행위에 참가할 것도 요하지 않는다. 도박장을 정리하거나 도박행위의 진행지도를 행할 필요도 없다. 다만 개설행위는 어느 정도 지속될 필요가 있다. 본죄는 계속범에 해당하기 때문이다.

개설을 긍정한 판례의 구체적 내용은 다음과 같다. 즉,

무허가로 카지노영업을 한 사안에서, 비록 환전 및 딜러를 담당하는 직원을 따로 두었다고는 하나, 피고인 등이 준비한 게임기구는 조립식 탁자 1개 및 그 위에 깔 바카라게임판 1개, 다수의 칩에 불과하였던 점 등 제반 사정에 비추어, 사실상 전용영업장(전문영업장)에 준하는 시설과 기준을 갖추고 카지노영업을 하였다고 보기는 어렵다.[56] 피고인은 2007.2.16.경부터 같은 달 26.경까지 이 사건 실내낚시터를 운영하면서, 물고기 1,700여 마리를 구입하여 그 중 600마리의 등지느러미에 1번부터 600번까지의 번호표를 달고 나머지는 번호표를 달지 않은 채 대형 수조에 넣고, 손님들

54) 대법원 2002.4.12. 선고 2001도5802 판결.

55) 대법원 2013.11.28. 선고 2013도10467 판결; 대법원 2013.11.28. 선고 2012도14725 판결; 대법원 2002.4.12. 선고 2001도5802 판결; 대법원 2009.2.26. 선고 2008도10582 판결; 대법원 2008.10.23. 선고 2008도3970 판결; 대법원 2008.9.11. 선고 2008도1667 판결; 대법원 2002.4.12. 선고 2001도5802 판결.

56) 대법원 2009.12.10. 선고 2009도11151 판결.

로부터 시간당 3만 원 내지 5만 원의 요금을 받고 낚시를 하게 한 후, 손님들이 낚은 물고기에 부착된 번호가 시간별로 우연적으로 변동되는 프로그램상의 시상번호와 일치하는 경우 손님들에게 5천 원 내지 3백만 원 상당의 문화상품권이나 주유상품권을 지급하는 방식으로 영업한 사실을 알 수 있다. 사정이 이와 같다면, 입장료의 액수, 경품의 종류 및 가액, 경품이 제공되는 방법 등의 여러 사정에 비추어 볼 때, 손님들이 내는 입장료는 이 사건 낚시터에 입장하기 위한 대가로서의 성격과 경품을 타기 위해 미리 거는 금품으로서의 성격을 아울러 지니고 있다고 볼 수 있고, 피고인이 손님들에게 경품을 제공하기로 한 것은 '재물을 거는 행위'로 볼 수 있으므로, 피고인은 영리의 목적으로 도박장소인 이 사건 낚시터를 개설하였다고 봄이 상당하다.[57] 성인피시방 운영자가 손님들로 하여금 컴퓨터에 접속하여 인터넷 도박게임을 하고 게임머니의 충전과 환전을 하도록 하면서 게임머니의 일정 금액을 수수료 명목으로 받은 행위는 도박개장죄에 해당한다.[58] 인터넷 사이트 운영자가 회원들로 하여금 온라인에서 현금화할 수 있는 게임코인을 걸고 속칭 고스톱, 포커 등을 하도록 하고, 수수료 명목으로 일정액을 이익으로 취한 행위는 도박개장죄에 해당한다.[59]

③ 결 과

본죄는 거동범이다. 본죄는 범인이 스스로 주재자가 되어 그 지배하에 도박을 하는 일정한 장소를 제공하고 입장료 등의 명목으로 이익의 취득을 기도함에 의하여 성립한다. 현실적으로 이익의 취득을 요하지 않는다.

2) 주관적 구성요건

① 고 의

본죄는 고의범이다. 본죄의 고의는 인식적 요소로서 자신이 도박의 주재자가 되어 영리의 목적으로 도박을 하는 장소나 공간을 개설한다는 사실에 대한 인식을 요한다.

② 영리의 목적

본죄는 목적범이다. 고의 외에 영리의 목적을 요한다. 영리의 목적이란 도박개장의 대가로 불법한 재산상의 이익을 얻으려는 의사를 의미한다.[60] 반드시 도박개장의 직접적 대가가 아니라 도박개장을 통하여 간접적으로 얻게 될 이익을 위한 경우에도 영리의 목적이 인정된다.[61] 또 현실적으로 그 이익을 얻었을 것을 요하지는 않는다.[62]

영리의 목적을 긍정한 판례의 구체적 내용은 다음과 같다. 즉,

피고인이 이 사건 인터넷 사이트의 회원들에게 그 판시와 같은 방법으로 도박을 하게 하고(이 사건 공소사실의 '속칭 고스톱, 포카 등'에는 '훌라'도 포함된 것으로 보인다), 이에 참여한 회원들로부터 매회 해당 판돈의 5%를 수수료 명목으로, 회원들이 도박을 하여 얻은 게임코인을 인터넷

57) 대법원 2009.2.26. 선고 2008도10582 판결.
58) 대법원 2008.10.23. 선고 2008도3970 판결.
59) 대법원 2008.9.11. 선고 2008도1667 판결.
60) 대법원 2013.11.28. 선고 2013도10467 판결; 대법원 2013.11.28. 선고 2012도14725 판결; 대법원 2002.4.12. 선고 2001도5802 판결; 대법원 2009.2.26. 선고 2008도10582 판결; 대법원 2008.10.23. 선고 2008도3970 판결; 대법원 2008.9.11. 선고 2008도1667 판결; 대법원 2002.4.12. 선고 2001도5802 판결.
61) 대법원 2008.10.23. 선고 2008도3970 판결; 대법원 2008.9.11. 선고 2008도1667 판결; 대법원 2002.4.12. 선고 2001도5802 판결.
62) 대법원 2008.10.23. 선고 2008도3970 판결; 대법원 2002.4.12. 선고 2001도5802 판결.

포인트 환전사이트에서 환전할 때마다 환전금액의 10%를 환전수수료 명목으로, 그리고 회원들간의 게임머니 송금시 송금액의 10%를 송금수수료 명목으로 각 공제하여 합계 354,685,947원 상당의 이익을 취득한 사실(이 사건 공소사실의 이득액 중에는 송금수수료 명목의 공제금도 포함되어 있는 것으로 보인다)을 알 수 있는바, 위 법리에 비추어 보면, 위 이익금은 모두 이 사건 도박개장의 직·간접적인 대가에 해당한다고 할 것이다.[63]

3) 미수·기수

본죄는 미수범을 처벌하지 않는다. 본죄는 영리의 목적으로 도박을 개장하면 기수에 이른다.[64] 도박장에서 현실적으로 도박이 행하여졌음을 묻지 않는다.[65] 본죄는 계속범이기 때문에 기수에 이른 후에도 범죄는 종료되지 않는다. 도박장을 폐쇄함에 의하여 비로소 종료하게 된다.

대법원도 "영리의 목적으로 속칭 포커나 바둑이, 고스톱 등의 인터넷 도박게임 사이트를 개설하여 운영하는 경우, 현실적으로 게임이용자들로부터 돈을 받고 게임머니를 제공하고 게임이용자들이 위 도박게임 사이트에 접속하여 도박을 하여, 위 게임으로 획득한 게임머니를 현금으로 환전해 주는 방법 등으로 게임이용자들과 게임회사 사이에 있어서 재물이 오고 갈 수 있는 상태에 있으면, 게임이용자가 위 도박게임 사이트에 접속하여 실제 게임을 하였는지 여부와 관계없이 도박개장죄는 '기수'에 이른다"고 판시한 바 있다.[66]

기수를 긍정한 판례의 구체적 내용은 다음과 같다. 즉,

> 피고인이 단순히 가맹점만을 모집한 상태에서 도박게임 프로그램을 시험가동한 정도에 그친 것이 아니라, 가맹점을 모집하여 인터넷 도박게임이 가능하도록 시설 등을 설치하고 도박게임 프로그램을 가동하던 중 문제가 발생하여 더 이상의 영업으로 나아가지 못한 것으로 볼 여지가 있다면 이로써 도박개장죄는 이미 '기수'에 이르렀다고 볼 수 있고, 나아가 피고인이 모집한 피씨방의 업주들이 그곳을 찾은 이용자들에게 피고인이 개설한 도박게임 사이트에 접속하여 도박을 하게 한 사실이 없다고 하여 도박개장죄의 성립이 부정된다고 할 수 없다.[67]

4) 공 범

본죄에 대하여는 총칙상의 공범규정이 적용될 수 있다. 다만 공범종속설의 입장에서 공범의 성립은 정범의 성립을 전제요건으로 한다.

공범을 부정한 판례의 구체적 내용은 다음과 같다. 즉,

> 유한회사 물게임이 개설한 '물게임'이라는 인터넷 게임사이트에 회원으로 가입한 사람들은 온라인을 통하여 위 사이트에서 제공하는 물맞고, 물로우바둑이, 물포커 등의 게임물을 이용하여 고스톱, 바둑이, 포커 등의 게임을 하고, 피고인은 위 게임을 이용하는 사람들 중 위 사이트의 온라인게임에서 통용되는 사이버머니를 구입하고자 하는 사람을 유인하여 돈을 받고 위 게임사이

---

63) 대법원 2008.9.11. 선고 2008도1667 판결.
64) 대법원 2009.12.10. 선고 2008도5282 판결.
65) 대법원 2009.12.10. 선고 2008도5282 판결.
66) 대법원 2009.12.10. 선고 2008도5282 판결.
67) 대법원 2009.12.10. 선고 2008도5282 판결.

트에 접속하여 일부러 패하는 방법으로 사이버머니를 판매한 사실을 인정한 다음, 정범인 도박개장죄의 실행행위인 도박개장사실 즉, 위 게임사이트를 개설한 자가 위 게임을 그 회원들에게 단순 오락용 게임으로 제공하는 것을 넘어서 회원간에 사이버머니를 현금화하는 것을 허용한다거나 사실상 현금처럼 사용하게 하는 등의 방법으로 위 게임을 도박의 수단으로 제공하고 그에 따른 이익을 취득하였다는 사실을 인정할 증거가 없으므로 그 종범으로 기소된 피고인의 도박개장방조죄가 성립하지 않는다는 이유로 무죄를 선고한 제1심판결을 그대로 유지하였는바, 이러한 원심의 조치는 위 법리와 기록에 비추어 수긍이 가고, 거기에 상고이유의 주장과 같은 채증법칙 위배 또는 심리미진 등의 위법이 없다.[68]

(2) 위법성조각사유

본죄는 정당행위에 의하여 위법성이 조각될 수 있다. 관광진흥법에 의하여 허가받은 카지노업이 그 예라고 할 수 있다.[69]

(3) 죄 수

본죄는 집합범이 아니기 때문에 별개의 의사로 목적과 장소를 달리하여 행하여지는 개장은 각각 1죄를 구성하고 전체로서 경합범으로 된다. 본죄는 계속범이고 도박장을 개설한 이상 그 사이의 수회에 해당하는 도박행위는 1죄가 된다.

본죄의 행위는 당연히 도박에 대한 교사나 방조행위를 포함하기 때문에 후자는 전자에 흡수된다. 도박개장의 정을 알면서 장소를 제공한 자는 결과적으로 도박자의 범행을 용이하게 하였더라도 단순히 본죄의 방조범에 지나지 않는다. 도박개장에 대한 방조는 당연히 도박 그 자체의 방조도 포함하기 때문이다. 판례에 의하면 무허가 카지노영업으로 인한 관광진흥법위반죄와 도박개장죄는 상상적 경합범 관계에 있다.[70]

3. 처 벌

(1) 법정형

본죄의 법정형은 5년 이하의 징역 또는 3천만원 이하의 벌금이다. 본죄에 대하여는 1천만원 이하의 벌금을 병과할 수 있다. 본죄의 미수범은 처벌되지 아니한다.

(2) 몰수의 대상

본죄의 도박자금, 도박용구 등은 범죄행위에 제공된 물건으로서 몰수의 대상이 된다(제48조 참조). 다만 도박자금은 도박죄에 있어서는 범행제공물건에 속하지만, 도박장개장행위 자체에 제공된 것은 아니기 때문에 도박장개장죄의 부가형으로서 몰수하는 것은 불가능하다. 그러나 도객에 대한 대여준비금은 범죄행위에 제공하려고 한 물건이기 때문에 몰수가 가능할 수 있다.

판례에 의하면 인터넷 도박사이트 운영자가 도박프로그램 개발자, 가맹점 업주 등과 공

---

68) 대법원 2007.11.29. 선고 2007도8050 판결.
69) 대법원 2009.12.10. 선고 2009도11151 판결 참조.
70) 대법원 2009.12.10. 선고 2009도11151 판결.

모하여 일반 게임장을 운영하면서 게임 이용자들에게 인터넷 도박프로그램을 제공하는 방식으로 도박개장행위를 하고 이용자들이 지불한 환전수수료, 딜러비 등 명목의 돈 일부를 가맹점으로부터 지급받은 사안에서, 위 사이트 운영자에게 실질적으로 귀속된 이익금을 기준으로 추징액을 정하여야 한다.[71)]

§3. 복표에 관한 죄

Ⅰ. 서 설

복표에 관한 죄는 도박죄와 함께 도박과 복표에 관한 죄라는 장에 규정되어 있다(형법 제2편 제23장 참조). 복표에 관한 죄는 법령에 의하지 아니한 복표를 발매하거나(제248조 제1항), 복표발매를 중개하거나(제248조 제2항) 또는 복표를 취득하는 것(제248조 제3항)을 내용으로 하는 범죄로 구성되어 있다.

복표도 우연에 의하여 승패가 결정된다는 의미에서 도박에 유사한 측면이 있으므로, 건전한 국민의 근로관념과 사회의 미풍양속을 보호하려는 데에 그 발매 등의 행위를 제한하고 처벌할 이유가 있다고 하는 것이다.[72)]

Ⅱ. 복표발매죄

제248조(복표의 발매 등) ① 법령에 의하지 아니한 복표를 발매한 사람은 5년 이하의 징역 또는 3천만원 이하의 벌금에 처한다.

제249조(벌금의 병과) ~ 제248조제1항의 죄에 대하여는 1천만원 이하의 벌금을 병과할 수 있다.

구조문

제248조 (복표의 발매등) ① 법령에 의하지 아니한 복표를 발매한 자는 3년이하의 징역 또는 2천만원 이하의 벌금에 처한다.

1. 서 언

본죄는 법령에 의하지 아니한 복표를 발매함으로써 성립한다. 발매와 취득은 필요적 공범의 한 형태인 대향범에 해당한다.

2. 범 죄

(1) 구성요건

1) 객관적 구성요건

① 객 체

ⓘ 복 표

ⅰ. 의 의 본죄의 객체는 법령에 의하지 아니한 복표이다. 복표(福票)란 복권(福券)의

71) 대법원 2007.10.12. 선고 2007도6019 판결.
72) 대법원 2003.12.26. 선고 2003도5433 판결.

고어라고 해석된다. 복권이란 이란 다수인으로부터 금전을 모아 추첨 등의 방법으로 결정된 당첨자에게 당첨금을 지급하기 위하여 발행하는 표권(票券)을 말한다(복권법 제2조 제1호). 복권에는 추첨식 인쇄복권, 즉석식 인쇄복권, 추첨식 전자복권, 즉석식 전가복권, 온라인복권 및 추첨식 인쇄·전자결합복권이 있다(복권법 제2조 제1호).

ii. 복권의 고어 복표가 복권의 고어로 해석되는 근거이다. 복표라는 용어는 형법 외에 사행행위규제법에서도 사용되고 있다. 사행행위규제법의 제정법인 '복표발행·현상 기타 사행행위단속법'은 1961년 11월 제정 당시 "복표발행이라 함은 특정한 표찰을 발매하여 다수인으로부터 금품을 모아 추첨등의 방법에 의하여 당첨자에게 재산상의 이익을 제공하고 다른 참가자에게 손실을 가져오게 하는 행위를 말한다"고 규정하고 있었다(동법 제2조).[73] 이 법은 1991년 '사행행위규제법'으로 법명을 변경하였고,[74] 1993년에는 법명이 현행법의 법명인 '사행행위 등 규제 및 처벌 특례법'으로 변경되었다.[75]

이 법은 다시 2011년 8월의 개정에 이르러 '복표발행'에 해당하는 내용을 '복권발행업'의 내용으로 용어를 변경하여 규정하였다. 즉, "특정한 표찰(컴퓨터프로그램 등 정보처리능력을 가진 장치에 의한 전자적 형태를 포함한다)을 이용하여 여러 사람으로부터 재물 등을 모아 추첨 등의 방법으로 당첨자에게 재산상의 이익을 주고 다른 참가자에게 손실을 주는 행위를 하는 영업"을 복권발행업(福券發行業)이라는 용어로 변경하여 규정하였던 것이다(사행행위규제법 제2조 제1항 제2호 가목).[76] 일반 국민이 법 문장을 쉽게 읽고 이해할 수 있도록 법 문장의 표기를 한글화하고 어려운 용어를 쉬운 우리말로 풀어쓰며 복잡한 문장은 체계를 정리하여 간결하게 다듬었다는 것이 그 당시의 개정이유였다. 이상에서와 같이 최초의 '복표발행'이라는 용어가 2011년 개정법에서 '복권발행업'으로 변경된 것을 확인할 수 있다.

iii. 판례상의 개념 판례는 본죄와 사행행위규제법의 규정을 종합하여 복표의 개념을 해석하고 있다. 판례에 의하면 복표의 개념요소는 특정한 표찰일 것, 그 표찰을 발매하여 다수인으로부터 금품을 모을 것, 추첨 등의 우연한 방법에 의하여 그 다수인 중 일부 당첨자에게 재산상의 이익을 주고 다른 참가자에게 손실을 줄 것의 세 가지로 파악할 수 있으며, 이 점에서 경제상의 거래에 부수하는 특수한 이익의 급여 내지 가격할인에 불과한 경품권이나 사은권 등과는 그 성질이 다른 것이지만, 어떠한 표찰이 위의 복표에 해당하는지 여부는 그 표찰 자체가 갖는 성질에 의하여 결정되어야 하고, 그 기본적인 성질이 위와 같은 개념요소를 갖추고 있다면, 거기에 광고 등 다른 기능이 일부 가미되어 있는 관계로 당첨되지 않은 참가자의 손실을 그 광고주 등 다른 사업주들이 대신 부담한다고 하더라도, 특별한 사정이 없는 한 복표로서의 성질을 상실하지는 않는다.[77]

ⓑ 법령에 의하지 아니한 복표 본죄의 객체는 법령에 의하지 아니한 복표에 한정된다.

---

73) 복표발행·현상 기타 사행행위단속법 1961.11.1. 제정 법률 제762호 1961.11.1. 시행.
74) 사행행위규제법 1991.3.8. 전부개정 법률 제4339호 1991.9.9. 시행.
75) 사행행위 등 규제 및 처벌 특례법 1993.12.27. 일부개정 법률 제4607호 1993.12.27. 시행.
76) 사행행위 등 규제 및 처벌 특례법 2011.8.4. 일부개정 법률 제11034호 2011.8.4. 시행.
77) 대법원 2003.12.26. 선고 2003도5433 판결.

법령에 의한 복표는 후술하는 바와 같이 정당행위에 해당되어 위법성이 조각된다. 대표적인 법령으로서는 복권법이 거론될 수 있을 것이다.

복표를 긍정한 판례의 구체적 내용은 다음과 같다. 즉,

피고인들은 위 '광고복권'(이하 '이 사건 표찰'이라고 한다)을 발매함에 있어서 특정한 사업자가 아닌 불특정 다수의 사업자들을 상대로 하여 그 전체의 당첨확률과 발행비용 및 이윤 등을 감안한 가격으로 이 사건 표찰을 계속적으로 발매함으로써 스스로의 계산 아래 다수인으로부터 금품을 모은 점, 이에 따라 이 사건 표찰은 주택복권의 추첨결과를 이용한 우연성에 의하여 일부 당첨자만 이익을 얻고 그 이외의 사람들은 당연히 손실을 볼 수밖에 없는 구조를 갖추고 있는 점, 이 사건 표찰을 구입한 사업자들은 통상의 경우 홍보 및 판촉 수단으로 고객들에게 이 사건 표찰을 무료로 교부하지만, 이 사건 표찰 자체에 그러한 제한이 설정되어 있는 것은 아니고, 사업자들이 이 사건 표찰을 고객 등에게 다시 팔거나 그 구입비용을 상품의 가격에 전가할 수도 있으며, 사업자 자신이 직접 당첨에 응할 수도 있는 점 등을 알 수 있고, 형법 제248조 제3항이 규정하는 복표취득죄에 있어서 그 취득은 유상이건 무상이건 가리지 않는다. 사정이 이러하다면, 이 사건 표찰은 통상의 경우 이를 홍보 및 판촉의 수단으로 사용하는 사업자들이 당첨되지 않은 참가자들의 손실을 대신 부담하여 주는 것일 뿐, 그 자체로는 추첨 등의 우연한 방법에 의하여 일부 당첨자에게 재산상의 이익을 주고 다른 참가자에게 손실을 주는 복표로서의 성질을 갖추고 있다고 보아야 할 것이다.[78)]

② 행 위

본죄의 실행행위는 발매이다. 발매(發賣)란 구매자에게 복표를 유상으로 양도하는 것을 말한다.

2) 주관적 구성요건

본죄는 고의범이다. 본죄의 고의는 인식적 요소로서 법령에 의하지 아니한 복표를 발매한다는 사실에 대한 인식을 요한다.

(2) 위법성조각사유

본죄에 있어서 법령에 의한 복표의 발매는 위법성이 조각된다. 법령에 의한 행위로서 정당행위에 해당하기 때문이다(제20조 참조).

3. 처 벌

본죄의 법정형은 5년 이하의 징역 또는 3천만원 이하의 벌금이다. 본죄에 대하여는 1천만원 이하의 벌금을 병과할 수 있다. 본죄의 미수범은 처벌되지 아니한다. 본죄의 대향범인 복표취득죄의 법정형은 1천만원 이하의 벌금이다.

Ⅲ. 복표발매중개죄

제248조(복표의 발매 등) ② 제1항의 복표발매를 중개한 사람은 3년 이하의 징역 또는 2천만원 이하

78) 대법원 2003.12.26. 선고 2003도5433 판결.

의 벌금에 처한다.

구조문

제248조(복표의 발매등) ② 전항의 복표발매를 중개한 자는 1년이하의 징역 또는 500만원 이하의 벌금에 처한다.

1. 서 언

본죄는 법령에 의하지 아니한 복표발매를 중개함으로써 성립한다. 복표의 발매자와 취득자 사이의 중개자를 처벌하기 위한 규정이다.

2. 범 죄

본죄의 객체는 법령에 의하지 아니한 복표이다. 본죄의 실행행위는 중개이다. 중개(仲介)란 복표의 발매자와 취득자 사이에서 발매를 알선하는 일체의 행위를 말한다. 중개는 직접적이든 간접적이든 무상이든 유상이든 묻지 않는다.

3. 처 벌

본죄의 법정형은 3년 이하의 징역 또는 2천만원 이하의 벌금이다. 본죄의 미수범은 처벌되지 아니한다.

Ⅳ. 복표취득죄

제248조(복표의 발매 등) ③ 제1항의 복표를 취득한 사람은 1천만원 이하의 벌금에 처한다.

구조문

제248조(복표의 발매등) ③제1항의 복표를 취득한 자는 500만원 이하의 벌금 또는 과료에 처한다.

1. 서 언

본죄는 법령에 의하지 아니한 복표를 취득함으로써 성립한다. 취득과 발매는 필요적 공범의 한 형태인 대향범에 해당한다.

2. 범 죄

본죄의 객체는 법령에 의하지 아니한 복표이다. 본죄의 실행행위는 취득이다. 취득(取得)이란 복표의 소유권을 취득하는 것을 말한다. 취득은 유상이든 무상이든 묻지 않는다.

3. 처 벌

본죄의 법정형은 1천만원 이하의 벌금이다. 본죄의 대향범인 복표발매죄의 법정형은 5년 이하의 징역 또는 3천만원 이하의 벌금이다.

§4. 관련 특별법

Ⅰ. 풍속영업규제법

제3조(준수 사항) 풍속영업을 하는 자(허가나 인가를 받지 아니하거나 등록이나 신고를 하지 아니하고 풍속영업을 하는 자를 포함한다. 이하 "풍속영업자"라 한다) 및 대통령령으로 정하는 종사자는 풍속영업을 하는 장소(이하 "풍속영업소"라 한다)에서 다음 각 호의 행위를 하여서는 아니 된다.

4. 도박이나 그 밖의 사행(射倖)행위를 하게 하는 행위

제10조(벌칙) ② 제3조제2호부터 제4호까지의 규정을 위반하여 음란행위를 하게 하는 등 풍속영업소에서 준수할 사항을 지키지 아니한 자는 3년 이하의 징역 또는 2천만원 이하의 벌금에 처한다.

제12조(양벌규정) 법인의 대표자나 법인 또는 개인의 대리인, 사용인, 그 밖의 종업원이 그 법인 또는 개인의 업무에 관하여 제10조의 위반행위를 하면 그 행위자를 벌하는 외에 그 법인 또는 개인에게도 해당 조문의 벌금형을 과(科)한다. 다만, 법인 또는 개인이 그 위반행위를 방지하기 위하여 해당 업무에 관하여 상당한 주의와 감독을 게을리하지 아니한 경우에는 그러하지 아니하다.

Ⅱ. 사행행위규제법

제2조(정의) ① 이 법에서 사용하는 용어의 뜻은 다음과 같다.

1. "사행행위"란 여러 사람으로부터 재물이나 재산상의 이익(이하 "재물등"이라 한다)을 모아 우연적(偶然的) 방법으로 득실(得失)을 결정하여 재산상의 이익이나 손실을 주는 행위를 말한다.
2. "사행행위영업"이란 다음 각 목의 어느 하나에 해당하는 영업을 말한다.
   가. 복권발행업(福券發行業): 특정한 표찰(컴퓨터프로그램 등 정보처리능력을 가진 장치에 의한 전자적 형태를 포함한다)을 이용하여 여러 사람으로부터 재물등을 모아 추첨 등의 방법으로 당첨자에게 재산상의 이익을 주고 다른 참가자에게 손실을 주는 행위를 하는 영업
   나. 현상업(懸賞業): 특정한 설문 또는 예측에 대하여 그 답을 제시하거나 예측이 적중하면 이익을 준다는 조건으로 응모자로부터 재물등을 모아 그 정답자나 적중자의 전부 또는 일부에게 재산상의 이익을 주고 다른 참가자에게 손실을 주는 행위를 하는 영업
   다. 그 밖의 사행행위업: 가목 및 나목 외에 영리를 목적으로 회전판돌리기, 추첨, 경품(景品) 등 사행심을 유발할 우려가 있는 기구 또는 방법 등을 이용하는 영업으로서 대통령령으로 정하는 영업

제12조(영업자의 준수사항) 영업자(대통령령으로 정하는 종사자를 포함한다)는 다음 각 호의 사항과 제11조에 따른 영업의 방법 및 당첨금에 관하여 대통령령으로 정하는 사항, 영업시간 등의 제한 사항을 지켜야 한다.

1. 영업명의(營業名義)를 다른 사람에게 빌려주지 말 것
2. 법령을 위반하는 사행기구를 설치하거나 사용하지 아니할 것
3. 법령을 위반하여 사행기구를 변조하지 아니할 것
4. 행정안전부령으로 정하는 사행행위영업의 영업소에 청소년(「청소년 보호법」 제2조제1호에 따른 청소년을 말한다. 이하 같다)을 입장시키거나 인터넷 등 정보통신망을 이용하는 사행행위영업에 청소년이 참가하는 것을 허용하지 아니할 것
5. 지나친 사행심을 유발하는 등 선량한 풍속을 해칠 우려가 있는 광고 또는 선전을 하지 아니할 것

제30조(벌칙) ① 다음 각 호의 어느 하나에 해당하는 자는 5년 이하의 징역 또는 5천만원 이하의 벌금에 처한다.

1. 사행행위영업 외에 투전기나 사행성 유기기구를 이용하여 사행행위를 업(業)으로 한 자
2. 제1호의 행위를 업으로 하는 자에게 투전기나 사행성 유기기구를 판매하거나 판매할 목적으로 제조 또는 수입한 자

② 다음 각 호의 어느 하나에 해당하는 자는 3년 이하의 징역 또는 2천만원 이하의 벌금에 처한다.

2. 제12조제2호 또는 제3호를 위반하여 사행기구를 설치·사용하거나 변조한 자

③ 다음 각 호의 어느 하나에 해당하는 자는 1년 이하의 징역 또는 1천만원 이하의 벌금에 처한다.

3. 제12조 각 호 외의 부분을 위반하여 제11조에 따른 영업의 방법 및 당첨금에 관하여 대통령령으로

정하는 사항이나 영업시간 등의 제한을 지키지 아니하고 영업을 한 자
4. 제12조제1호를 위반하여 영업명의를 다른 사람에게 빌려준 자
5. 제12조제4호를 위반하여 청소년을 입장시키거나 청소년의 참가를 허용하여 영업을 한 자
6. 제12조제5호를 위반하여 광고나 선전을 한 자
7. 제12조의2에 따른 검사를 받지 아니한 사행기구를 이용하여 영업을 한 자

제31조(양벌규정) 법인의 대표자나 법인 또는 개인의 대리인, 사용인, 그 밖의 종업원이 그 법인 또는 개인의 업무에 관하여 제30조의 위반행위를 하면 그 행위자를 벌하는 외에 그 법인 또는 개인에게도 해당 조문의 벌금형을 과(科)한다. 다만, 법인 또는 개인이 그 위반행위를 방지하기 위하여 해당 업무에 관하여 상당한 주의와 감독을 게을리하지 아니한 경우에는 그러하지 아니하다.

제 4 절 신앙에 관한 죄

§1. 개 관

Ⅰ. 서 설

본장의 신앙에 관한 죄는 성스러운 존재를 믿고 받드는 신앙생활의 평온과 신앙심에 대한 침해를 내용으로 하는 범죄를 말한다(형법 제2편 제12장). 여기서 신앙은 반드시 국교를 인정하는 국가에서와 같은 종교적 의미에서의 신앙과는 다른 개념이라고 할 수 있다. 우리 문화 속에는 여러 가지의 드러나지 않는 신앙적 개념과 신념이 녹아 있고 여전히 잔존하고 있기 때문이다. 이러한 의미에서 헌법도 "모든 국민은 종교의 자유를 가진다. 국교는 인정되지 아니하며, 종교와 정치는 분리된다"고 규정하고 있다고 이해될 수 있다(헌법 제20조 참조).

Ⅱ. 보호법익

본죄의 보호법익은 신앙생활에 있어서의 선량한 풍속이라고 해석된다. 보호의 정도는 추상적 위험범으로서의 보호이다. 다만 변사체검시방해죄의 보호법익은 정당한 검시업무라고 할 수 있을 것이다. 동죄는 경찰목적 또는 범죄수사목적을 위한 일종의 행정범이라고 할 수 있기 때문이다. 보호의 정도에 있어서는 반드시 검시방해의 결과를 요하지 아니하는 추상적 위험범으로서의 보호라고 해석된다.

Ⅲ. 구성요건의 체계

본장의 죄로서는 장례식 등의 방해죄(제158조), 시체 등의 오욕죄(제159조), 분묘의 발굴죄(제160조), 시체 등의 유기 등 죄(제161조) 및 변사체검시방해죄(제163조)가 규정되어 있다.

분묘의 발굴죄와 시체 등의 유기 등 죄는 미수범을 처벌한다(제162조).

§2. 장례식 등의 방해죄

제158조(장례식등의 방해) 장례식, 제사, 예배 또는 설교를 방해한 자는 3년 이하의 징역 또는 500만 원 이하의 벌금에 처한다.

구조문
제158조(장식등의 방해) 장식, 제전, 예배 또는 설교를 방해한 자는 3년 이하의 징역 또는 1만5천환 이하의 벌금에 처한다.

Ⅰ. 서 설

본죄는 장례식, 제사, 예배 또는 설교를 방해함으로써 성립한다. 장례식방해죄는 장례식의 평온과 공중의 추모감정을 보호법익으로 하는 이른바 추상적 위험범이다.[1] 제사방해죄는 제사의 평온을 그 보호법익으로 한다.[2] 예배방해죄는 공중의 종교생활의 평온과 종교감정을 그 보호법익으로 한다.[3]

Ⅱ. 범 죄

1. 객관적 구성요건

(1) 객 체

본죄의 객체는 장례식, 제사, 예배 또는 설교에 한정된다. 각종의 기념식, 결혼식, 잔치, 학술대회, 강연회 등은 본죄의 객체가 될 수 없다.

1) 장례식

장례식(葬禮式)이란 사자에 대하여 장사를 지내는 의식을 말한다. 반드시 종교적인 의식을 요하는 것은 아니다. 사태(死胎)나 동물에 대한 장사는 관습상 본죄의 장례식에는 해당하지 않는 것으로 해석된다. 분향장소에서의 의식뿐만 아니라 조문객에 대한 식사제공, 영구차의 진행 등 일련의 과정 중의 일체의 행사를 포함한다. 장례식에는 시체가 현존할 것도 요하지 않는다.

2) 제 사

제사(祭祀)란 사자에 대하여 기념하거나 추모하는 의식을 말한다. 초우(初虞), 재우(再虞), 삼우(三虞), 49재(齋), 기제(忌祭), 시제(時祭) 등은 모두 이에 해당한다. 문묘제례, 종묘제례, 춘향제례 외에도 향교마다 봉행되는 각종의 제례 등도 이에 속한다고 할 수 있다. 차례도 제사의 일종이라고 할 수 있다.

---

1) 대법원 2013.2.14. 선고 2010도13450 판결.
2) 대법원 1982.2.23. 선고 81도2691 판결.
3) 대법원 2008.2.1. 선고 2007도5296 판결; 대법원 2004.5.14. 선고 2003도5798 판결; 대법원 1982.2.23. 선고 81도2691 판결.

3) 예 배

예배(禮拜)란 신에 대하여 존경과 숭배를 표시하는 종교적인 의식을 말한다. 사찰에서의 예불(禮佛), 성당에서의 미사(Missa), 교회에서의 예배 등이 이에 속한다. 정통이든 이단이든 실내든 실외든 일체 불문한다. 결혼예배이든 영결예배이든 종교적 관례와 형식에 따라 진행되는 한 본죄의 예배에 속한다. 그러나 개인적인 불공이나 기도 또는 신자모임에서의 기도 등은 본죄의 예배에 해당한다고 할 수 없다.

예배를 부정한 판례의 구체적 내용은 다음과 같다. 즉,

> 소속 교단으로부터 목사면직의 판결을 받은 목사가 일부 신도들과 함께 소속 교단을 탈퇴한 후 아무런 통보나 예고도 없이, 부활절 예배를 준비 중이던 종전 교회 예배당으로 들어와 찬송가를 부르고 종전 교회의 교인들로부터 예배당을 비워달라는 요구를 받았으나 이를 계속 거부한 사안에서, 위 목사와 신도들의 행위는 종전 교회의 교인들의 예배를 방해하는 것으로서 형법 제158조 예배방해죄에서 보호하는 '예배'에 해당한다고 보기는 어렵다.[4)]

4) 설 교

설교(說敎)란 종교상의 교리에 대하여 해설하는 의식을 말한다. 불경, 성경 등에 대하여 성직자가 해석하는 예배의 순서가 그 예로서 적시될 수 있을 것이다.

(2) 행 위

본죄의 실행행위는 방해이다. 방해(妨害)란 장례식 등이 평온하게 행하여지는 것에 장애를 가하는 것을 말한다. 언어, 동작, 폭행, 협박 이외에도 사기적 수단에 의하는 등 장례식 등이 평온하게 수행되는 것에 지장을 주는 행위이면 족하다.

판례의 의하면 방해행위의 수단과 방법에도 아무런 제한이 없으며 일시적인 행위라 하더라도 무방하나, 적어도 객관적으로 보아 장례식의 평온한 수행에 지장을 줄 만한 행위를 함으로써 장례식의 절차와 평온을 저해할 위험이 초래될 수 있는 정도는 되어야 비로소 방해행위가 있다고 보아 장례식방해죄가 성립한다고 할 것이다.[5)] 제사방해죄는 제사가 집행중이거나 제사의 집행과 시간적으로 밀접 불가분의 관계에 있는 준비단계에서 이를 방해하는 경우에만 성립한다 할 것이다.[6)] 예배방해죄는 예배중이거나 예배와 시간적으로 밀접불가분의 관계에 있는 준비단계에서 이를 방해하는 경우에만 성립한다.[7)]

방해를 긍정한 판례의 구체적 내용은 다음과 같다. 즉,

> 정식절차를 밟은 위임목사가 아닌 자가 당회의 결의에 반하여 설교와 예배인도를 한 경우라 할지라도 그가 그 교파의 목사로서 그 교의를 신봉하는 신도 약 350여명 앞에서 그 교지에 따라 설교와 예배인도를 한 것이라면 다른 특별한 사정이 없는 한 그 설교와 예배인도는 형법상 보호를

---

4) 대법원 2008.2.28. 선고 2006도4773 판결.
5) 대법원 2013.2.14. 선고 2010도13450 판결.
6) 대법원 1982.2.23. 선고 81도2691 판결.
7) 대법원 2008.2.1. 선고 2007도5296 판결; 대법원 2004.5.14. 선고 2003도5798 판결; 대법원 1982.2.23. 선고 81도2691 판결.

받을 가치가 있고 이러한 설교와 예배인도의 평온한 수행에 지장을 주는 행위를 하면 본조의 설교 또는 예배방해죄가 성립한다.[8)]

방해를 부정한 판례의 구체적 내용은 다음과 같다. 즉,

교회의 교인이었던 사람이 교인들의 총유인 교회 현판, 나무십자가 등을 떼어 내고 예배당 건물에 들어가 출입문 자물쇠를 교체하여 7개월 동안 교인들의 출입을 막은 사안에서, 장기간 예배당 건물의 출입을 통제한 위 행위는 교인들의 예배 내지 그와 밀접불가분의 관계에 있는 준비단계를 계속하여 방해한 것으로 볼 수 없어 예배방해죄가 성립하지 않는다.[9)] 피고인이 피해자의 집에 가서 시비 중에 마침 제사 상에 사용할 음식을 마련하여 임시로 작은 상 위에 올려 놓은 것을 발로 찼다는 정도의 행위는 제전방해죄에 해당되지 않는다고 할 것이다.[10)]

(3) 결 과

본죄는 추상적 위험범이다. 방해의 결과로서 현실적으로 장례식 등이 방해받을 것을 요하지 않는다. 대법원도 "이른바 추상적 위험범으로서 범인의 행위로 인하여 장례식이 현실적으로 저지 내지 방해되었다고 하는 결과의 발생까지 요하지 않는다"고 판시한 바 있다.[11)]

2. 주관적 구성요건

본죄는 고의범이다. 본죄의 고의는 인식적 요소로서 장례식, 제사, 예배 또는 설교와 이를 방해한다는 사실에 대한 인식을 요한다.

Ⅲ. 처 벌

본죄의 법정형은 3년 이하의 징역 또는 500만원 이하의 벌금이다. 본죄의 미수범은 처벌되지 않는다.

§3. 시체 등의 오욕죄

第159條(시체 등의 오욕) 시체, 유골 또는 유발(遺髮)을 오욕한 자는 2년 이하의 징역 또는 500만원 이하의 벌금에 처한다.

구조문

第159條(사체 등의 오욕) 사체, 유골 또는 유발을 오욕한 자는 2년 이하의 징역 또는 500만원 이하의 벌금에 처한다.

Ⅰ. 서 설

본죄는 시체, 유골 또는 유발(遺髮)을 오욕함으로써 성립한다. 본죄는 장제에 관한 풍속

---

8) 대법원 1971.9.28. 선고 71도1465 판결.
9) 대법원 2008.2.1. 선고 2007도5296 판결.
10) 대법원 1982.2.23. 선고 81도2691 판결.
11) 대법원 2013.2.14. 선고 2010도13450 판결.

을 보호하고 시체에 대한 공중의 경건감정을 보호하려는 것이다.

Ⅱ. 범 죄

1. 객관적 구성요건

(1) 객 체

본죄의 객체는 시체, 유골 또는 유발(遺髮)의 3종이다. 시체(屍體)란 사망한 사람의 신체를 말한다. 사태(死胎)도 이미 사람의 형태를 갖추고 있는 한 시체에 속한다. 시체의 일부 또는 그 내용을 이루는 장기도 시체에 포함된다. 유골과 유발은 사자의 제사나 기념을 위하여 보존하고 있는 사자의 뼈와 머리털을 말한다.

(2) 행 위

본죄의 실행행위는 오욕이다. 오욕(汚辱)이란 폭행 기타 유형력의 행사에 의한 모욕을 말한다. 시체에 대한 오물투기, 침뱉는 행위, 방뇨행위, 폭행, 시간(屍姦)은 오욕에 해당한다. 언어에 의한 모욕은 사자에 대한 명예훼손죄의 문제를 별론으로 하면 본죄의 오욕에는 해당되지 않는다.

2. 주관적 구성요건

본죄는 고의범이다. 본죄의 고의는 인식적 요소로서 시체, 유골 또는 유발과 오욕의 사실에 대한 인식을 요한다. 피해자의 사망 사실을 인식하지 못한 피고인이 사체오욕의 고의를 가질 수 없음은 명백하다.[12)]

Ⅲ. 처 벌

본죄의 법정형은 2년 이하의 징역 또는 500만원 이하의 벌금이다. 본죄의 미수범은 처벌되지 아니한다.

§4. 분묘의 발굴죄

제160조(분묘의 발굴) 분묘를 발굴한 자는 5년 이하의 징역에 처한다.
제162조(미수범) 전2조의 미수범은 처벌한다.

Ⅰ. 서 설

본죄는 분묘를 발굴함으로써 성립한다. 본죄는 분묘에 대한 사람의 인륜도덕 내지 종교적 감정을 보호하는 것을 목적으로 한다.[13)] 본죄의 피해법익은 종교감정의 공서양속을 해치

12) 대법원 2013.7.11. 선고 2013도5355 판결.
13) 대법원 1990.2.13. 선고 89도2061 판결.

는데 있다.[14)]

본죄는 사자를 장사하여 안치하는 분묘의 평온을 유지하고 사자에 대한 종교적 숭경의 감정과 종교적 풍속을 보호하려는 것이다. 판례에 의하면 본죄는 그 분묘에 대하여 아무런 권한 없는 자나 또는 권한이 있는 자라도 사체에 대한 종교적 양속에 반하여 함부로 이를 발굴하는 경우만을 처벌대상으로 삼는 취지라고 보아야 할 것이라고 한다.[15)]

Ⅱ. 범 죄

1. 구성요건

(1) 객관적 구성요건

1) 객 체

본죄의 객체는 분묘이다. 분묘(墳墓)란 사람의 시체, 그 일부 또는 유골, 유품 등을 매장하여 기념, 제사하는 장소를 말한다. 시체, 유골이 토괴화(土塊化)되어도 분묘이다. 묘비(墓碑), 묘표(墓標), 묘석(墓石)의 유무를 묻지 않는다. 사태(死胎)를 매장한 장소라도 예배의 대상으로 되어 있는 이상 분묘이다. 그러나 묘소였던 고분과 같이 이미 예배의 대상으로 되어 있지 않은 장소는 분묘가 아니다. 판례에 의하면 분묘는 사람의 사체, 유골, 유발 등을 매장하여 제사나 예배 또는 기념의 대상으로 하는 장소를 말하는 것이고,[16)] 사체나 유골이 토괴화하였을 때에도 분묘인 것이며, 그 사자가 누구인지 불명하다고 할지라도 현재 제사 숭경하고 종교적 예의의 대상으로 되어 있고 이를 수호봉사하는 자가 있으면 여기에 해당한다고 할 것이다.[17)]

한편 온라인상 추모의 공간으로서 추모사이트는 분묘에 해당하지 않는다. 분묘는 전통적으로 매장이나 화장 등을 염두에 둔 개념이라고 해야 하기 때문이다.

분묘를 긍정한 판례의 구체적 내용은 다음과 같다. 즉,

> 분묘는 사람의 사체, 유골, 유발 등을 매장하여 제사나 예배 또는 기념의 대상으로 하는 장소를 말하는 것이고, 사체나 유골이 토괴화하였을 때에도 분묘인 것이며, 그 사자가 누구인지 불명하다고 할지라도 현재 제사 숭경하고 종교적 예의의 대상으로 되어 있고 이를 수호봉사하는 자가 있으면 여기에 해당한다고 할 것이다.[18)] 묘의 봉분이 없어지고 평토화 가까이 되어 있고 묘비 등 표식이 없어 그 묘 있음을 확인할 수 없는 분묘라 하더라도 현재 이를 제사 숭경하고 종교적 의례의 대상으로 하는 자가 있는 경우에는 그가 바로 무연고분으로서 제사와 신앙의 대상이 되는 분묘라 할 수 없다거나 분묘발굴죄의 객체인 분묘에 해당되지 않는다고는 할 수 없다.[19)]

---

14) 대법원 1971.10.25. 선고 71도1727 판결.

15) 대법원 2007.12.13. 선고 2007도8131 판결; 대법원 1995.2.10. 선고 94도1190 판결; 대법원 1980.10.27. 선고 80다409 판결; 대법원 1967.12.26. 선고 67다2492 판결.

16) 대법원 1990.2.13. 선고 89도2061 판결.

17) 대법원 1990.2.13. 선고 89도2061 판결.

18) 대법원 1990.2.13. 선고 89도2061 판결.

19) 대법원 1976.10.29. 선고 76도2828 판결.

2) 행 위

본죄의 실행행위는 발굴이다. 발굴(發掘)이란 땅 속에 있던 것을 파내는 것을 의미한다. 여기에서의 발굴이란 복토의 전부 또는 일부를 제거하거나 묘비, 석물 등을 파괴하거나 해체하여 분묘를 훼손하는 행위를 말한다.

발굴을 긍정한 판례의 구체적 내용은 다음과 같다. 즉,

> 비록 그 분묘가 피고인의 모의 분묘와 가까이 있었다 하고 그것이 암장된 것이라 하더라도 피고인이 당국의 허가없이 자구행위로 이를 발굴하여 개장할 수 없다.[20]

(2) 주관적 구성요건

본죄는 고의범이다. 본죄의 고의는 인식적 요소로서 분묘와 발굴의 사실에 대한 인식을 요한다.

(3) 미수 · 기수

본죄는 미수범을 처벌한다. 실행의 착수시는 발굴의 개시시, 기수시는 발굴의 종료시로 해석된다. 문제는 발굴의 종료시에 있다. 이에 관하여는 다툼이 있다.

복토의 전부 또는 일부를 제거하거나 묘석 등을 파괴 · 해체하는 방법으로 분묘를 손괴하는 것을 말한다는 복토제거설(覆土除去說)과 분묘에 안치하고 있는 시체 등을 외부로 인지할 수 있는 상태로 표출하는 것을 요한다는 외부표출설(外部表出說)이 대립하고 있다. 판례는 복토제거설의 입장이다. 대법원은 본죄는 "분묘의 복토의 전부 또는 일부를 제거하거나 이를 파괴, 해체하여 분묘를 손괴하는 행위를 그 대상으로 하고 있는 것이다"라고 판시한 바 있다.[21] 생각건대 미수범을 처벌하는 취지를 고려할 때 본죄는 외부표출설과의 조화가 자연스럽다고 하겠다. 외부표출설에 의하면 분묘내에 있는 시체, 유골 등이 외부에서 인식할 수 있는 상태에 이르지 않는 한 본죄는 미수에 그치게 된다.

2. 위법성조각사유

본죄는 발굴이 적법일 때에는 성립하지 아니한다. 판례에 의하면 분묘에 대한 봉사, 수호 및 관리, 처분권은 종중이나 그 후손들 모두에게 속하여 있는 것이 아니라 오로지 그 분묘에 관한 호주상속인에게 전속한다.[22] 분묘에 대한 봉사, 수호 및 관리, 처분권은 종중이나 그 후손들 모두에게 속하여 있는 것이 아니라 오로지 그 분묘에 관한 호주상속인에게 전속하는 것으로서 이와 같은 법리는 사후양자로서 그 가를 계승한 경우에도 다르지 아니하다.[23] 법률상 그 분묘를 수호, 봉사하며 관리하고 처분할 권한이 있는 자 또는 그로부터 정당하게 승낙을 얻은 자가 사체에 대한 종교적, 관습적 양속에 따른 존숭의 예를 갖추어 이를 발굴하

---

20) 대법원 1976.10.29. 선고 76도2828 판결.

21) 대법원 1990.2.13. 선고 89도2061 판결.

22) 대법원 2007.12.13. 선고 2007도8131 판결; 대법원 1995.2.10. 선고 94도1190 판결.

23) 대법원 1995.2.10. 선고 94도1190 판결; 대법원 1980.10.27. 선고 80다409 판결; 대법원 1967.12.26. 선고 67다2492 판결.

는 경우에는 그 행위의 위법성은 조각된다.[24)]

위법성조각을 긍정한 판례의 구체적 내용은 다음과 같다. 즉,

> 사실상 분묘를 관리, 수호하고 망인의 봉제사를 행하여 오던 피고인이 실질상 손이 끊겨 수호 관리하기 힘든 조상들의 묘를 화장 방식으로 바꾸기로 한 종중의 결의에 따라 망인의 사망 당시 호주의 사후양자로 그를 호주상속하여 망인의 가를 계승한 양손자의 승낙하에 종교적 예를 갖추어 그 분묘를 발굴하였다면, 비록 그 발굴 전에 망인의 출가한 양손녀들의 승낙을 얻지 아니하였다 하더라도 이를 위법한 행위라고 단정할 수 없다.[25)]

위법성조각을 부정한 판례의 구체적 내용은 다음과 같다. 즉,

> 분묘발굴의 피해법익은 종교감정의 공서양속을 해치는데 있으므로 생모의 묘를 설묘관리하는 "갑"의 의사에 반하여 그 묘를 발굴한 "을"은 설령 그 묘가 자기의 생모("갑"과는 이부동복간)의 묘라도 죄가 성립한다.[26)]

Ⅲ. 처 벌

본죄의 법정형은 5년 이하의 징역이다. 벌금형은 존재하지 않는다. 미수범은 처벌되지 아니한다.

§5. 시체 등의 유기 등 죄

> **제161조(시체 등의 유기 등)** ① 시체, 유골, 유발 또는 관 속에 넣어 둔 물건을 손괴(損壞), 유기, 은닉 또는 영득(領得)한 자는 7년 이하의 징역에 처한다.
> ② 분묘를 발굴하여 제1항의 죄를 지은 자는 10년 이하의 징역에 처한다.
>
> **제162조(미수범)** 전2조의 미수범은 처벌한다.
>
> **구조문**
> **제161조(사체 등의 영득)** ① 사체, 유골, 유발 또는 관내에 장치한 물건을 손괴, 유기, 은닉 또는 영득한 자는 7년 이하의 징역에 처한다.
> ② 분묘를 발굴하여 전항의 죄를 범한 자는 10년 이하의 징역에 처한다.

Ⅰ. 서 설

본죄는 시체, 유골, 유발 또는 관 속에 넣어 둔 물건을 손괴(損壞), 유기, 은닉 또는 영득(領得)하거나(제161조 제1항), 분묘를 발굴하여 시체, 유골, 유발 또는 관 속에 넣어 둔 물건을 손괴(損壞), 유기, 은닉 또는 영득(領得)함으로써 성립한다(제161조 제2항). 본죄는 시체 등의 유기 등 죄와 이 죄보다 불법이 가중되는 분묘발굴 시체 등의 유기 등 죄로 나누어질 수 있다.

---

24) 대법원 2007.12.13. 선고 2007도8131 판결; 대법원 1995.2.10. 선고 94도1190 판결; 대법원 1980.10.27. 선고 80다409 판결; 대법원 1967.12.26. 선고 67다2492 판결.

25) 대법원 1995.2.10. 선고 94도1190 판결.

26) 대법원 1971.10.25. 선고 71도1727 판결.

본죄는 사자와 장제에 관한 풍속을 보호하고 시체에 대한 공중의 경건감정을 보호하려는 것이다.

Ⅱ. 시체 등의 유기 등 죄

1. 의 의

본죄는 시체, 유골, 유발 또는 관 속에 넣어 둔 물건을 손괴(損壞), 유기, 은닉 또는 영득(領得)함으로써 성립한다(제161조 제1항). 본죄의 죄명은 본죄의 객체와 실행행위의 조합에 따라 다양하게 표현될 수 있다.

2. 범 죄

(1) 구성요건

1) 객관적 구성요건

① 객 체

본죄의 객체는 시체, 유골, 유발 또는 관 속에 넣어 둔 물건으로서 4종이다. 시체, 유골 및 유발은 전술한 시체 등의 오욕죄에서의 그것과 다를 것이 없다. 사자에 대한 존경과 추모의 대상으로서 손괴죄나 절도죄의 객체로 하기에는 적당하지 않은 것들이다.

ⅰ 시 체　　시체(屍體)란 사망한 사람의 신체 또는 그 일부를 말한다. 다툼이 있을 수 있으나 뇌사자는 시체에 속한다고 해석되어야 한다. 식물상태나 가사상태(假死狀態)는 아직 사람이고 시체는 아니다. 시체의 일부도 시체이다. 따라서 뇌척수액이나 심장도 본죄에서 말하는 시체가 된다. 유골, 유발도 사체의 일부이지만 본죄의 시체에서 제외된다. 유골, 유발은 본죄의 객체로서 별도로 열거되어 있기 때문이다. 금치(金齒) 등 인체와 일체로 되어 있는 것도 시체의 일부이지만 생전에도 인체의 일부로 되지 않은 의치(義齒)는 시체에 부착되어 있어도 장신구와 같이 취급되어야 한다는 견해도 있다. 사태가 시체에 포함되는가가 문제될 수 있다. 본죄에 포함되는 사태는 본죄의 취지에 따라서 결정해야 한다. 임신 4개월 이상의 사태라도 사람의 형태를 구비하지 않고 숭경의 대상으로 되지 않는 것은 포함되지 않는다고 해석된다. 그러나 임신 4개월 미만의 사태라도 그것이 사람의 형태를 구비하고 있고 종교적 숭경의 대상으로 되는 것은 시체에 포함된다.

ⅱ 유 골　　유골(遺骨)이란 사자의 제사나 기념을 위하여 보존하거나 보존하여야 하는 유해를 말한다. 의족 등이 풍속, 습속에 따라서 정당하게 처분한 것, 예컨대 화장장에서 유족이 수집한 뒤 남겨진 골편 등 유족이 방치한 것은 본죄의 유골에는 해당하지 않고 그 영득은 유골영득죄에 해당하지 않는다. 박물관에 진열된 유골은 제사나 기념의 대상은 아니기 때문에 본죄의 유골에는 포함되지 않는다.

ⅲ 유 발　　유발(遺髮)이란 사자의 제사나 기념을 위하여 보존하거나 보존되어야 하는 사람의 두발(頭髮)을 말한다. 판매목적으로 소지하고 있는 유발은 본죄에서 말하는 유발에는

포함되지 않는다.

ⓘⓥ 관속에 넣어 둔 물건 관 속에 넣어 둔 물건이란 제사나 기념의 직접적인 목적인 시체, 유골, 유발과 함께 관에 납입된 물건, 즉 부장품을 말한다. 그 영득 등이 일반의 종교적 감정을 해하는 성질을 가지는 것일 필요는 있고, 예컨대 사자의 애용품, 미망인의 모발 등 사자에 대한 숭경의 생각을 표시하거나 사자의 영(靈)을 위로하기 위하여 사자와 함께 보존된 것이 이에 해당한다. 본죄는 재산죄가 아니기 때문에 절도죄 등에서 말하는 재물성을 가질 필요는 없고 그 자체 소유권의 대상으로 되고 있을 필요도 없다. 시체 등을 관내에 납입된 채로 영득하는 것이 본죄에 해당하는 것은 당연하다.

② 행 위

본죄의 실행행위는 손괴(損壞), 유기, 은닉 또는 영득(領得)이다.

ⓘ 손 괴 손괴(損壞)란 물리적인 파괴만을 의미한다. 살해 후에 운반 또는 은닉의 편의 등을 위하여 시체를 토막내는 행위, 살해한 시체를 가옥과 함께 불태워 훼손하는 행위 등이 이에 해당한다.

판례에 의하면 “손괴라 함은 사자에 대한 숭경의 감정을 해하는 위법한 물질적 손괴를 말한다.”[27] “사체는 비록 그 근육이 부패하여 자연적으로 분골이 된 경우라 할지라도 그 생전의 위치와 순서를 그대로 보존할 것이오 가령 이장하는 경우라 할지라도 그 자연적 태세를 변경혼란함이 없이 계골함이 아국고래의 관례이므로 계골함이 없이 그 전체유골에서 일부를 분리함은 손괴를 면치 못한다 함이 타당하다.”[28]

ⓘⓘ 유 기 유기(遺棄)란 풍속상 매장으로 인정되지 아니하는 방법으로 시체를 방기하는 것을 말한다. 시체를 공동묘지에 매장하였다고 하여도 그것이 풍속상 매장이라고 할 수 없는 한 유기에 해당한다. 유기는 태양으로서는 작위의 형태와 부작위의 형태가 있다.

ⅰ. 작위에 의한 유기 작위에 의한 시체유기는 장소적 이전을 수반한다. 살해한 시체를 산중에 매장, 침상 밑에 은닉, 호수 바다에 투척하는 등의 행위가 그 전형적인 예이다. 시체를 지하에 매몰하였다 하더라도 사리와 상례에 벗어난 것이면 시체유기죄가 성립한다.[29]

ⅱ. 부작위에 의한 유기 부작위에 의한 시체유기는 법령, 계약, 관습 기타 조리 등에 의하여 법률상 시체의 매장의무가 있는 자가 시체를 방치하는 경우에만 성립한다. 살인범인은 곧바로 법률상의 매장의무자로는 되지 않기 때문에 시체를 방치한 채 떠나더라도 반드시 부작위에 의한 시체유기죄를 구성하는 것은 아니다. 그러나 모친이 영아를 살해하고 그대로 살해현장을 시체를 방치한 채 떠나면 시체유기죄를 구성하게 된다. 살인죄나 과실치사죄 등의 범인에 대하여는 시체를 옮겨버린다는 작위가 없는 한 통상은 시체유기죄를 구성하지 않는다.

27) 대법원 1957.7.5. 선고 4290형상148 판결.
28) 대법원 1957.7.5. 선고 4290형상148 판결.
29) 대법원 1961.1.18. 선고 4293형상859 판결.

유기를 긍정한 판례의 구체적 내용은 다음과 같다. 즉,

본시 사체의 매장은 사자의 유해를 일정한 지소에 수용 안정케 함과 동시에 이로써 후인으로 하여금 그 추념의 표식이 되게 하려 함을 목적으로 하는 것이므로 그는 반드시 일반 장제의 의례를 갖추어야만 하는 것은 아니라 할지라도 사리와 상례에서 벗어난 본건의 경우와 같은 정황하에 단지 지하에 매몰하였다는 일사만으로서는 도저히 이를 정상한 매장이라 할 수 없고 다음 본 피고인에 대한 우 사체처리의 의무 유무 여하에 있어서는 위에 서상된 바와 같이 사자 공소외 3은 그 자살 전까지의 상당기간 계속 피고인 소관의 과수원에 노무자로서 종사하여 오고 있었던 것이므로 동인에 있어서 피고인의 관리구역 내에서의 본 사안의 경우와 같은 불여의 사태가 발생하였을 때에는 설령 법률상 또는 계약상의 의무는 아니라 할지라도 의당 소할관서에의 신고 또는 그 유가족에의 통보 연락등 상당한 조처를 취하였어야 할 조리상의 의무를 기대할 수 있는 것인 바 이를 전혀 몰각한 본 사안에 있어서와 같은 처사는 정히 사체 유기를 규정한 정조의 요건을 십분 충족한 것이라고 이르지 않을 수 없다.[30]

ⅲ 은 닉 은닉(隱匿)이란 시체의 발견을 불가능 또는 심히 곤란하게 하는 것을 말한다.[31] 암매장하거나 수장시키는 행위 등이 이에 속한다.

은닉을 부정한 판례의 구체적 내용은 다음과 같다. 즉,

살인, 강도살인 등의 목적으로 사람을 살해한 자가 그 살해의 목적을 수행함에 있어 사후 사체의 발견이 불가능 또는 심히 곤란하게 하려는 의사로 인적이 드문 장소로 피해자를 유인하거나 실신한 피해자를 끌고가서 그곳에서 살해하고 사체를 그대로 둔채 도주한 경우에는 비록 결과적으로 사체의 발견이 현저하게 곤란을 받게 되는 사정이 있다 하더라도 별도로 사체은닉죄가 성립되지 아니한다.[32] 피고인이 실신한 피해자를 숲속으로 끌고 들어가 살해하고 그 장소에 방치한 채 그대로 하산하였을 뿐이고 그밖에 사체의 발견을 불가능 또는 현저하게 곤란하게 하는 어떤 행위를 한 바도 없는 이 사건에 있어 강도살인죄 이외에 별도로 사체은닉죄가 성립한다고 볼 수 없다 할 것이다.[33]

ⅳ 영 득 영득(領得)이란 사실상의 점유를 취득하는 것이다. 소유자와 같이 향유하려는 영득의 의사가 필요하다는 필요설도 있으나, 본죄는 재산죄가 아니기 때문에 재산죄에 있어서와 같은 영득의 의사는 필요하지 않다는 불요설이 합당하다. 본죄는 일반적인 종교적 감정을 보호하는 것으로 충분하다고 해석되기 때문이다. 시체 등을 처분할 의사나 경제적 이익을 얻을 의사도 요하지 않는다고 해야 한다. 취득은 직·간접을 묻지 않고 절취, 사취, 매수 등 그 방법여하도 묻지 않는다. 시체를 영득한 범인으로부터 또다시 취득한 경우도 본죄의 영득에 해당할 수 있다.

2) 주관적 구성요건

본죄는 고의범이다. 본죄의 고의는 인식적 요소로서 시체, 유골, 유발 또는 관 속에 넣어

30) 대법원 1961.1.18. 선고 4293형상859 판결.
31) 대법원 1986.6.24. 선고 86도891 판결.
32) 대법원 1986.6.24. 선고 86도891 판결.
33) 대법원 1986.6.24. 선고 86도891 판결.

둔 물건을 손괴(損壞), 유기, 은닉 또는 영득(領得)한다는 사실에 대한 인식을 요한다.

3) 미수 · 기수

본죄는 미수범을 처벌한다. 본죄는 분묘의 발굴시에 실행의 착수가 인정되고, 시체, 유골, 유발 또는 관 속에 넣어 둔 물건을 손괴(損壞), 유기, 은닉 또는 영득(領得)한 시점에서 기수에 달하게 된다고 해석된다.

(2) 위법성조각사유

본죄는 법령에 의한 행위인 한 정당행위로서 위법성이 조각된다(제20조 참조). 예컨대 형사소송법상의 해부(형사소송법 제140조, 제173조), 시체해부법상의 해부(시체해부법 제2조, 제6조, 제7조, 제9조, 제10조), 감염병예방법상의 해부(감염병예방법 제20조), 장기이식법상의 장기적출(장기이식법 제22조, 제24조), 장사법상의 화장(장사법 제2조 제2호) 등은 시체에 대한 손괴행위에 해당하지만 이들이 법령에 근거를 가지고 있는 한 위법성이 조각되어 적법으로 된다. 또 비록 법령에 명문의 규정이 없는 경우이지만 사회상규에 위배되지 아니하는 행위에 해당된다고 인정되는 한 위법성이 조각될 수 있다.

(3) 죄 수

본죄는 손괴, 유기, 은닉, 영득이 접속하여 행하여진 경우에는 포괄하여 일죄가 된다. 행위가 일시를 달리하는 등의 이유로 포괄적으로 평가할 수 없는 때에는 각각의 죄가 성립하고 병합죄로 된다.

판례에 의하면 "사람을 살해한 자가 그 범죄의 흔적을 은폐하기 위하여 그 사체를 다른 장소로 옮겨 유기하였을 때에는 별도로 사체유기죄가 성립하고, 이와 같은 사체유기를 불가벌적 사후행위로 볼 수는 없다."[34]

3. 처 벌

본죄의 법정형은 7년 이하의 징역이다. 10년 이하의 징역인 분묘발굴 시체 등의 유기 등 죄의 그것보다 가볍다. 본죄의 미수범은 처벌된다.

Ⅲ. 분묘발굴 시체 등의 유기 등 죄

1. 의 의

본죄는 분묘를 발굴하여 시체, 유골, 유발 또는 관 속에 넣어 둔 물건을 손괴(損壞), 유기, 은닉 또는 영득(領得)함으로써 성립한다(제161조 제2항).

본죄는 분묘의 발굴죄와 시체 등의 유기 등 죄의 결합범이다. 불법하게 분묘를 발굴한 자가 시체, 유골, 유발 또는 관 속에 넣어 둔 물건을 손괴(損壞), 유기, 은닉 또는 영득(領得)한 경우에 성립한다. 적법하게 발굴한 기회에 영득 등의 행위를 한 경우에는 전술한 시체 등의 유기 등 죄를 구성함에 그치게 된다.

34) 대법원 1997.7.25. 선고 97도1142 판결; 대법원 1984.11.27. 선고 84도2263 판결.

2. 범 죄

본죄의 객체는 시체, 유골, 유발 또는 관 속에 넣어 둔 물건으로서 전술한 시체 등의 유기 등 죄의 그것과 같다. 본죄의 실행행위는 손괴(損壞), 유기, 은닉 또는 영득(領得)으로서 전술한 시체 등의 유기 등 죄의 그것과 일치한다. 본죄의 행위의 수단은 불법하게 분묘를 발굴하는 것이다. 본죄도 미수범을 처벌한다.

3. 처 벌

본죄의 법정형은 10년 이하의 징역이다. 7년 이하의 징역인 시체 등의 유기 등 죄보다 무겁게 처벌하고 있다. 본죄의 미수범은 처벌된다.

§6. 변사체검시방해죄

제163조(변사체 검시 방해) 변사자의 시체 또는 변사(變死)로 의심되는 시체를 은닉하거나 변경하거나 그 밖의 방법으로 검시(檢視)를 방해한 자는 700만원 이하의 벌금에 처한다.

구조문

제163조(변사체검시방해) 변사자의 사체 또는 변사의 의심있는 사체를 은닉 또는 변경하거나 기타 방법으로 검시를 방해한 자는 700만원 이하의 벌금에 처한다.

관련조문

형사소송법 제222조(변사자의 검시) ① 변사자 또는 변사의 의심있는 사체가 있는 때에는 그 소재지를 관할하는 지방검찰청 검사가 검시하여야 한다.

② 전항의 검시로 범죄의 혐의를 인정하고 긴급을 요할 때에는 영장없이 검증할 수 있다.

③ 검사는 사법경찰관에게 전2항의 처분을 명할 수 있다.

의료법 제26조(변사체 신고) 의사·치과의사·한의사 및 조산사는 사체를 검안하여 변사(變死)한 것으로 의심되는 때에는 사체의 소재지를 관할하는 경찰서장에게 신고하여야 한다.

Ⅰ. 서 설

1. 의 의

본죄는 변사자의 시체 또는 변사(變死)로 의심되는 시체를 은닉하거나 변경하거나 그 밖의 방법으로 검시(檢視)를 방해함으로써 성립한다.

본죄는 형사소송법상 변사자의 검시의무(형사소송법 제222조)와 의료법상 변사체신고의무(의료법 제26조)와 더불어 누구도 억울한 죽음을 당하지 않도록 하기 위한 제도적 장치라고 이해할 수 있다.

2. 보호법익

본죄는 신앙생활과는 하등의 관련이 없다. 전술한 바와 같이 본죄의 보호법익은 정당한 검시업무라고 할 수 있다. 동죄는 경찰목적 또는 범죄수사목적을 위한 일종의 행정범이라고 할 수 있기 때문이다. 보호의 정도에 있어서는 반드시 검시방해의 결과를 요하지 아니하는 추상적 위험범으로서의 보호라고 해석된다.

Ⅱ. 범 죄

1. 구성요건

(1) 객관적 구성요건

1) 객 체

본죄의 객체는 변사자의 시체 또는 변사(變死)로 의심되는 시체이다. 변사자(變死者)란 부자연한 사망으로서 그 사인이 분명하지 않은 자를 의미한다.[35] 사인이 명백한 경우는 변사자라 할 수 없다.[36] 범죄로 인하든[37] 질병으로 인하든[38] 묻지 않는다. 시체(屍體)란 동물의 사체(死體)와 구별하여 사후에도 잔존하는 인간의 존엄성을 반영하기 위한 용어라고 해석된다. 변사(變死)란 자연사 이외의 사망으로서 사고사, 타살, 자살 등과 같이 사인이 분명하지 않은 사망을 말한다. 변사로 의심되는 시체는 변사체(變死體)로 되고, 변사자의 시체 또한 변사체가 된다.

객체를 부정한 판례의 구체적 내용은 다음과 같다. 즉,

> 망 소외인은 1967.1.29. 10:00경 자궁외 임신으로 피고인 경영의 병원에 입원하여 같은날 22:00에 피고인으로부터 수술을 받고 입원치료를 받고 있던중 같은해 2.8 폐동맥 천색증이 발생하여 그 치료를 하였으나 결국 사망하게 되어 그 남편의 요구로 그 사체를 인도한 본건에 있어서 원심이 적법한 증거에 의하여 위 설시와 같이 소외인이 폐동맥천색증으로 인하여 사망한 것이라는 사실을 인정하고 그 사인이 명백한 것이므로 그 사체를 검시 받기전에 그 가족에게 인도한 피고인의 소위는 형법 제163조의 검시 방해죄가 되지 않는다고 하여 피고인에게 무죄를 선고한 제1심 판결을 유지한 것은 정당하다고 하여야 할 것이다.[39]

2) 행 위

본죄의 실행행위는 검시를 방해하는 것이다. 검시에 대한 방해의 방법으로는 본죄의 객체를 은닉하거나 변경하거나 그 밖의 방법이 예시되고 있다. 검시(檢視)란 시체에 대한 검증을 말한다. 예컨대 범죄에 의한 사망의 의심이 있는 때에 행하여지는 사법검시가 이에 해당한다(형사소송법 제222조). 장사(葬事)는 검시를 방해하는 대표적인 행위가 된다. 매장이든 화장이든 그 방법은 묻지 않는다. 은닉(隱匿)이란 변사자의 소재를 불분명하게 하여 그 발견을 곤란하게 하는 일체의 행위를 말한다. 변경(變更)이란 시체에 대하여 원래의 상태를 변화시키는 행위를 말한다. 외형적 변경이든 내부적 변경이든 묻지 않는다. 그 밖의 방법이란 검시를 방해하는 행위로서 은닉과 변경을 제외한 일체의 행위를 말한다. 대표적으로 폭행이나 협박에 의한 검시의 방해가 거론될 수 있을 것이다.

---

35) 대법원 2003.6.27. 선고 2003도1331 판결; 대법원 1970.2.24. 선고 69도2272 판결.
36) 대법원 2003.6.27. 선고 2003도1331 판결; 대법원 1970.2.24. 선고 69도2272 판결.
37) 대법원 2003.6.27. 선고 2003도1331 판결.
38) 대법원 1970.2.24. 선고 69도2272 판결.
39) 대법원 1970.2.24. 선고 69도2272 판결.

3) 결 과

본죄는 검시에 대한 방해의 위험이 발생하는 즉시 기수에 달한다. 현실적으로 방해의 결과가 발생할 것을 요하지 않기 때문이다. 이러한 의미에서 본죄는 추상적 위험범이다.

(2) 주관적 구성요건

본죄는 고의범이다. 본죄의 고의는 인식적 요소로서 변사자의 시체 또는 변사로 의심되는 시체에 대한 사실과 이를 은닉하거나 변경하거나 그 밖의 방법으로 검시를 방해한다는 사실에 대한 인식을 요한다.

(3) 미수 · 기수

본죄는 미수범을 처벌하지 않는다. 본죄는 방해행위의 개시에 의하여 실행에 착수되고, 방해행위의 종료에 의하여 기수에 이른다고 해석된다.

2. 죄 수

검시관을 폭행 · 협박하거나 위계로써 검시를 방해한 경우의 죄수가 문제된다. 본죄와 공무집행방해죄 또는 위계에 의한 공무집행방해죄의 상상적 경합을 인정하는 견해가 있으나, 공무집행방해죄 또는 위계에 의한 공무집행방해죄만이 성립한다고 하는 것이 타당하다. 본죄는 공무집행방해죄 또는 위계에 의한 공무집행방해죄의 일부라고 할 수 있기 때문이다.

Ⅲ. 처 벌

본죄의 법정형은 700만원 이하의 벌금이다. 본죄가 행정범이라는 점을 고려한 법정형이라고 해석된다. 본죄의 미수범은 처벌되지 아니한다.

제 4 편

국가적 법익에 대한 죄

국가적 법익에 대한 죄란 개인적 법익이나 사회적 법익 이외에 국가 자체의 법익에 대한 공격을 내용으로 하는 범죄를 말한다. 국가의 존립에 대한 죄, 국가의 권위에 관한 죄 및 국가의 기능에 대한 죄를 크게 나누어질 수 있다. 국가의 존립에 대한 죄는 국가의 내부로부터의 침해에 대한 죄와 외부로부터의 침해에 대한 죄로 나누어질 수 있다. 내란의 죄(형법 제2편 제1장)와 외환의 죄(형법 제2편 제2장)가 그것이다. 국가의 기능에 대한 죄도 내부로부터의 침해에 대한 죄와 외부로부터의 침해에 대한 죄로 나누어질 수 있다. 그것은 각각 공무원에 의한 범죄와 공무원 이외의 자에 의한 범죄를 말한다. 다만 국가의 권위에 관한 죄는 국기에 관한 죄와 국교에 관한 죄로 나누어질 수 있다.

제10장 국가의 존립에 대한 죄

제 1 절 총 설

국가의 존립에 대한 죄는 가장 중요한 범죄라고 할 수 있다. 이러한 관점에서 형법은 본죄를 모두(冒頭)에 규정하고 있기 때문이다. 본죄는 헌법에 의하여 규정된 국가조직을 내부로부터 파괴하고 국가의 존립 자체를 위태롭게 하는 범죄를 말한다. 국가는 그 자체가 자기목적이 아니라 개인적 법익과 사회적 법익을 보호하기 위한 국가조직으로서의 수단이지만 국가에 대한 공격은 법익보호체계에 대한 공격이기 때문에 무겁게 처벌되는 것이 통례이다. 다만 국가관에 따라 전체주의 국가에서 민주주의 국가에서보다 엄벌되는 경향이 있다.

국가의 존립에 대한 죄는 행위자의 의도가 실현되면 그 때까지의 법질서는 부정되고 그 행위를 범죄로 처벌할 수 없게 되기 때문에 본죄는 추상적 위험범으로서만 존재할 수밖에 없다. 또 국가의 존립에 대한 죄는 현재의 정치체제에 대한 정치적 투쟁의 수단으로서 정치적 확신에서 행하여지는 경우가 많다. 이러한 의미에서 국가의 존립에 대한 죄는 정치범 또는 확신범에 속할 가능성이 높고 비파렴치범에 속한다고 할 수 있기 때문에 형벌에 있어서도 금고형으로 규정되어 있는 경우가 많다.

한편 국가의 존립에 관한 죄는 소위 반역죄(反逆罪)에 상응하는 범죄라고 할 수 있다. 소위 반역에 관한 죄의 일반법으로서 형법은 내란의 죄와 외환의 죄를 규정하고 있고, 특별법으로서 군형법과 국가보안법이 제정되어 있다.

제 2 절 내란의 죄

§1. 개 관

I. 의 의

본장의 내란의 죄란 국가권력을 배제하거나 국헌문란의 목적으로 폭동을 일으키거나 사람을 살해하는 것을 내용으로 하는 범죄를 말한다(형법 제2편 제1장). 내란의 죄는 정치범이나 확신범의 전형적인 예라고 지적되고 있다. 국가란 국가의 통치기구와 헌법이 정한 통치질서를 기본요소로 성립하는 것이고, 내란의 죄는 국가의 정치적 기본조직을 불법하게 파괴하는 것을 목적으로 하는 범죄이기 때문이다.

Ⅱ. 보호법익

내란의 죄의 보호법익은 국가의 존립과 안전이다. 내란의 죄의 보호법익에 대한 보호의 정도는 논리필연적으로 추상적 위험범에 속할 수밖에 없다. 내란의 죄는 혁명을 목적으로 하는 것이기 때문에 혁명이 성공하면 그 이전의 형법에 의하여 처벌되는 일은 있을 수 없기 때문이다. 성공하면 충신이요 실패하면 역적이 된다는 성즉군왕 패즉역적(成卽君王 敗卽逆賊)이라는 옛말이 회상되지 않을 수 없다. 다만 내란목적살인죄의 보호법익은 국가의 존립과 안전 및 사람의 생명이다. 사람의 생명에 대한 보호의 정도는 침해범이다.

Ⅲ. 구성요건의 체계

내란죄(제87조)를 기본유형으로 하여 내란목적살인(제88조), 그 미수범(제89조) 및 예비·음모·선동·선전죄(제90조)에 관하여 각각 규정하고 있다. 내란죄와 내란목적살인죄는 서로 독립된 구성요건에 속한다.

내란의 죄는 대한민국 영역 외에서 본죄를 범한 외국인에게도 적용된다(제5조 제1호). 형법상 보호주의의 산물이라고 할 수 있다.

§2. 내란죄

제87조(내란) 대한민국 영토의 전부 또는 일부에서 국가권력을 배제하거나 국헌을 문란하게 할 목적으로 폭동을 일으킨 자는 다음 각 호의 구분에 따라 처벌한다.

1. 우두머리는 사형, 무기징역 또는 무기금고에 처한다.
2. 모의에 참여하거나 지휘하거나 그 밖의 중요한 임무에 종사한 자는 사형, 무기 또는 5년 이상의 징역이나 금고에 처한다. 살상, 파괴 또는 약탈 행위를 실행한 자도 같다.
3. 부화수행(附和隨行)하거나 단순히 폭동에만 관여한 자는 5년 이하의 징역이나 금고에 처한다.

제91조(국헌문란의 정의) 본장에서 국헌을 문란할 목적이라 함은 다음 각호의 1에 해당함을 말한다.

1. 헌법 또는 법률에 정한 절차에 의하지 아니하고 헌법 또는 법률의 기능을 소멸시키는 것
2. 헌법에 의하여 설치된 국가기관을 강압에 의하여 전복 또는 그 권능행사를 불가능하게 하는 것

제89조(미수범) 전2조의 미수범은 처벌한다.

구조문

제87조(내란) 국토를 참절하거나 국헌을 문란할 목적으로 폭동한 자는 다음의 구별에 의하여 처단한다.

1. 수괴는 사형, 무기징역 또는 무기금고에 처한다.
2. 모의에 참여하거나 지휘하거나 기타 중요한 임무에 종사한 자는 사형, 무기 또는 5년 이상의 징역이나 금고에 처한다. 살상, 파괴 또는 약탈의 행위를 실행한 자도 같다.
3. 부화수행하거나 단순히 폭동에만 관여한 자는 5년 이하의 징역 또는 금고에 처한다.

Ⅰ. 개 념

1. 의 의

내란죄(內亂罪)란 대한민국 영토의 전부 또는 일부에서 국가권력을 배제하거나 국헌을

문란하게 할 목적으로 폭동을 일으킴으로써 성립하는 범죄를 말한다. 본죄는 필요적 공범의 일종인 집단범에 속한다. 본죄의 실행행위인 폭동은 필연적으로 다수인이 집단으로서 결합할 수밖에 없기 때문이다. 또 본죄는 국가권력을 배제하거나 국헌을 문란하게 할 목적을 요하는 목적범이다.

2. 소요죄와의 구별

본죄는 다수인을 요하는 필요적 공범이라는 점에서 소요죄와 일치하지만, 조직화된 다수인을 요하는 집단범이라는 점에서 조직성 없이 단순 무리로 충분한 집합범 또는 다중범이라고 할 수 있는 소요죄와 구별된다. 소요죄는 다중이 집합하여 폭행, 협박 또는 손괴의 행위를 한 때에 성립한다(제115조 참조).

Ⅱ. 범 죄

1. 구성요건

(1) 객관적 구성요건

1) 주 체

① 의 의

본죄의 주체는 다수인이다. 본죄에 있어서의 폭동은 그 성질상 다수인이 집단으로 결합되지 않으면 안 되기 때문이다. 다수인은 영토의 전부 또는 일부에서 국가권력을 배제하거나 국헌을 문란하게 할 목적에 상당하는 인원과 그 인원은 목적수행을 가능하게 할 정도로 조직화될 것을 요한다.

② 참여형태

다수인은 참여형태에 따라 우두머리, 모의참여자 · 지휘자 · 중요임무종사자 및 부화수행자 · 단순폭동관여자로 구분되고 있다. 대법원도 "내란죄의 주체는 국토를 참절하거나 국헌을 문란할 목적을 이룰 수 있을 정도로 조직화된 집단으로서 다수의 자이어야 하고, 그 역할도 수괴, 중요한 임무에 종사한 자, 부화수행한 자 등으로 나뉜다"고 판시한 바 있다.[1)]

첫째, 우두머리이다. 우두머리란 다수인 중에서 최고의 지위에 있는 자를 말한다. 나쁜 짓을 하는 다수인의 우두머리라는 의미에서 수괴(首魁)라고도 한다. 우두머리에는 도중에 교체되어 우두머리였던 자도 포함된다. 반드시 1인임을 요하지 않는다. 폭동의 발의자나 주모자일 필요도 없다. 폭동의 현장에 있을 것을 요하지도 않는다.

둘째, 모의참여자 · 지휘자 · 중요임무종사자이다. 모의참여자란 우두머리를 보좌하여 폭동계획의 전부 또는 일부에 참여하는 자를 말한다. 소위 참모(參謀)라고 하는 자이다. 따라서 우두머리를 보좌하지 않는 단순 모의자는 이에 포함되지 아니한다. 지휘자란 폭동에 참여하는 다수인의 전부 또는 일부를 지휘하는 자를 말한다. 반드시 현장에서의 지휘를 요하

1) 대법원 2015.1.22. 선고 2014도10978 전원합의체 판결.

는 것은 아니다. 지휘는 폭동의 개시전후를 묻지 않으나, 폭동의 종료 이후는 지휘에 포함되지 아니한다. 중요임무종사자란 우두머리, 모의참여자 또는 지휘자 이외에 폭동에 중요한 역할을 담당하는 자를 말한다. 탄약 · 식량 · 자금 등에 대한 보급담당자는 물론 위생 · 회계 · 통신 등의 담당자도 이에 해당한다. 이 외에도 중요인사에 대한 포섭 · 설득을 담당한 자나 폭동의 일시 · 방법이나 폭동 후의 계획 등을 담당한 자도 이에 포함된다. 그러나 폭동 현장에서의 살상자, 파괴자 또는 약탈자는 이에 준한다.

셋째, 부화수행자 · 단순폭동관여자이다. 남의 의견에 따라 움직인다는 부화수행(附和隨行)은 천둥소리에 맞춰 함께 한다는 뜻으로 자신의 소신 없이 남이 하는 대로 따라 한다는 부화뇌동(附和雷同)과 근사한 의미이다. 부화수행자나 단순폭동관여자란 폭동이 행하여지는 것을 알면서 집단의 일부에 참여하거나 지휘자의 명령에 따라 행동하거나 폭동의 세력을 돕는 자를 말한다. 폭동에 참여하거나 관여하여 투석, 살상, 방화, 약탈, 파괴 등의 행위를 한 자 또는 식료, 탄약을 운반하는 등의 기계적 노무를 제공한 자를 의미한다. 다만 조문의 규정상 살상, 파괴 또는 약탈을 실행한 자는 위의 중요임무종사자에 준한다고 해석된다. 또 폭동의 일환으로써 살상, 방화 등이 행하여져도 그것은 폭동 전체 속에서 포괄적으로 평가되기 때문에 별도로 살인죄, 상해죄 또는 방화죄 등이 성립하는 것은 아니다. 그 전체에 대하여 우두머리 등이 무겁게 처벌되고, 군중심리에 의한 범행이라는 것이 고려되기 때문이다.

한편 우두머리, 지휘자 및 단순폭동관여자는 다수인을 조직화하는 필수요원이 되지만, 모의참여자나 기타 직무종사자는 결원이 되더라도 내란죄의 성립을 방해하는 것은 아니다.

2) 행 위

본죄의 실행행위는 폭동이다. 본죄는 대한민국 영토의 전부 또는 일부에서 국가권력을 배제하거나 국헌을 문란하게 할 목적으로 폭동을 일으킨 때에 성립하기 때문이다.

① 폭동의 의의

폭동(暴動)이란 집단으로서의 다수인에 의한 폭행 · 협박을 말한다. 폭행 또는 협박은 일체의 유형력의 행사나 외포심을 생기게 하는 해악의 고지를 의미하는 최광의의 폭행 · 협박을 말한다.[2] 폭행 · 협박은 집난으로서 행하여지면 족하기 때문에 반드시 참여자 개인마다 각각 폭행 · 협박을 행할 것을 요하지 않는다. 폭동의 인적 규모는 소요죄에 있어서와 같이 다수인만으로는 족하지 않고, 영토의 전부 또는 일부에서 국가권력을 배제하거나 국헌을 문란하게 할 목적을 실현할 가능성을 가진 조직적 · 집단적 규모일 것이 필요하다.

② 폭동의 방법

폭동의 내용으로서의 폭행 · 협박은 최광의의 것을 의미한다. 일체의 유형력의 행사나 해악의 고지를 의미한다. 폭행은 사람에 대한 것이든 물건에 대한 것이든 묻지 않는다. 협박도 고지내용인 해악에는 종류의 제한이 없다. 다만 폭행 · 협박은 본죄의 목적에 대한 수단일 것을 요한다. 따라서 요인(要人)에 대한 암살이나 저격, 재물에 대한 방화형태의 살인,

---

2) 대법원 2015.1.22. 선고 2014도10978 전원합의체 판결.

상해, 체포감금, 건조물침입 등도 폭동의 수단으로서 행하여지는 한 본죄에 흡수된다. 그러나 본죄의 목적과 무관하게 행하여진 폭행·협박은 본죄를 구성하지 않는다. 예컨대 폭동의 기회에 개인적인 원한을 풀기 위하여 행하여진 살상이나 강간 등은 별죄를 구성한다.

③ 폭동의 정도

폭동은 한 지방의 평온을 교란할 정도일 것을 요한다는 견해와 이것만으로는 부족하고 국토의 전부 또는 일부에서 국가권력을 배제하거나 국헌을 문란하게 할 정도의 강력한 것이어야 한다는 견해가 대립하고 있다. 판례는 한 지방의 평온을 해할 정도의 위력을 요한다고 한다.[3)]

생각건대 본죄는 그 목적에 비추어 볼 때 폭동의 결과 적어도 국토의 전부 또는 일부에서 국가권력을 배제하거나 국헌을 문란하게 할 정도에 이르른 때에 비로소 기수로 된다. 따라서 내란의 목적으로 다수인이 집합하여 폭동을 개시하였지만 아직 국토의 전부 또는 일부에서 국가권력을 배제하거나 국헌을 문란하게 할 정도의 폭행·협박에 이르지 아니한 경우에는 미수에 그친다.

폭동에 관한 판례의 구체적 내용은 다음과 같다. 즉,

> 형법상 내란죄의 구성요건인 폭동의 내용으로서의 폭행 또는 협박은 일체의 유형력의 행사나 외포심을 생기게 하는 해악의 고지를 의미하는 최광의의 폭행·협박을 말하는 것으로서, 이를 준비하거나 보조하는 행위를 전체적으로 파악한 개념이며, 그 정도가 한 지방의 평온을 해할 정도의 위력이 있음을 요한다.[4)] 실행행위인 폭동행위는 살상, 파괴, 약탈, 단순 폭동 등 여러 가지 폭력행위가 혼합되어 있고, 그 정도가 한 지방의 평온을 해할 정도의 위력이 있음을 요한다.[5)] 내란죄의 구성요건인 폭동의 내용으로서의 폭행 또는 협박은 일체의 유형력의 행사나 외포심을 생기게 하는 해악의 고지를 의미하는 최광의의 폭행·협박을 말하는 것으로서, 이를 준비하거나 보조하는 행위를 전체적으로 파악한 개념이며, 그 정도가 한 지방의 평온을 해할 정도의 위력이 있음을 요한다.[6)] 그런데 1980.5.17. 당시 시행되고 있던 계엄법 등 관계 법령에 의하면, '비상계엄의 전국확대'는 필연적으로 국민의 기본권을 제약하게 되므로, 비상계엄의 전국확대 그 사실 자체만으로도 국민에게 기본권이 제약될 수 있다는 위협을 주는 측면이 있고, 민간인인 국방부장관은 지역계엄실시와 관련하여 계엄사령관에 대하여 가지고 있던 지휘감독권을 잃게 되므로, 군부를 대표하는 계엄사령관의 권한이 더욱 강화됨은 물론 국방부장관이 계엄업무로부터 배제됨으로 말미암아 계엄업무와 일반국정을 조정 통할하는 국무총리의 권한과 이에 대한 국무회의의 심의권마저도 배제됨으로써, 헌법기관인 국무총리와 국무위원들이 받는 강압의 효과와 그에 부수하여 다른 국가기관의 구성원이 받는 강압의 정도가 증대된다고 할 것이며, 따라서 비상계엄의 전국확대조치의 그와 같은 강압적 효과가 법령과 제도 때문에 일어나는 당연한 결과라고 하더라도, 이러한 법령이나 제도가 가지고 있는 위협적인 효과가 국헌문란의 목적을 가진 자에 의하여 그 목적을 달성하기 위한 수단으로 이용되는 경우에는 비상계엄의 전국확대조치가 내란죄의 구성요건인 폭동의 내용으로서의 협박행

3) 대법원 2015.1.22. 선고 2014도10978 전원합의체 판결.
4) 대법원 2015.1.22. 선고 2014도10978 전원합의체 판결.
5) 대법원 2015.1.22. 선고 2014도10978 전원합의체 판결.
6) 대법원 1997.4.17. 선고 96도3376 전원합의체 판결.

위가 되므로 이는 내란죄의 폭동에 해당하고, 또한 그 당시 그와 같은 비상계엄의 전국확대는 우리나라 전국의 평온을 해하는 정도에 이르렀음을 인정할 수 있다.[7] 형법 제87조의 구성요건으로서의 "폭동"이라 함은 다수인이 결합하여 폭행, 협박하는 것을 말하는 것으로서 다수인의 결합은 어느 정도 조직화될 필요는 있으나, 그 수효를 특정할 수는 없는 것이고, 내란되는 폭동행위로서의 집단행동이 개시된 후 국토참절 또는 국헌문란의 목적을 달성하였는가의 여부에 관계없이 기수로 될 수 있음은 소론과 같으나, 그 폭동행위로 말미암아 한 지방의 평온을 해할 정도에 이르렀을 경우라야 기수로 된다고 할 것이고, 폭동의 내용으로서의 폭행 또는 협박은 최광의의 것으로서 이를 준비하거나 보조하는 행위를 총체적으로 파악한 개념이라고 할 것이다.[8]

3) 결 과

본죄는 추상적 위험범이다. 따라서 폭동 그 자체로 기수에 이르게 되고, 이로 인한 별도의 결과나 인과관계를 요하지 아니한다. 또 판례는 본죄를 상태범으로 보고 있다.

(2) 주관적 구성요건

본죄는 주관적 구성요건으로서 다수인에 의한 폭동의 고의와 대한민국 영토의 전부 또는 일부에서 국가권력을 배제하거나 국헌을 문란하게 할 목적을 필요로 한다.

1) 고 의

본죄의 고의는 다수인이 집합하여 폭동을 일으킨다는 인식과 이를 실현하려는 의사를 말한다. 고의는 미필적 고의로 족하다.

2) 목 적

본죄는 주관적 구성요건으로서 고의 외에도 내란의 목적을 요한다. 내란의 목적이란 대한민국 영토의 전부 또는 일부에서 국가권력을 배제하거나 국헌을 문란하게 할 목적을 말한다. 다수인이 폭행협박으로 나아가더라도 내란의 목적이 없는 한 소요죄에 그치게 된다. 내란의 목적은 국가권력을 배제한 목적과 국헌을 문란하게 할 목적으로 나누어질 수 있다. 내란의 목적은 적극적 의욕이나 확정적 인식까지는 필요 없고 미필적 인식만으로도 족하다.[9]

첫째, 국가권력을 배제할 목적이다. 국가권력을 배제할 목적이란 대한민국 영토의 전부 또는 일부에서 국가권력을 배제할 목적을 말한다. 개정전의 구조문상 국토의 전부 또는 일부에서 불법적으로 주권의 행사를 배제한다는 의미의 국토를 참절(僭竊)할 목적이라고 할 수 있다.

둘째, 국헌을 문란하게 할 목적이다. 이에 대하여 형법은 명문으로 정의규정을 두고 있다. 국헌(國憲)을 문란하게 할 목적이란 헌법 또는 법률에 정한 절차에 의하지 아니하고 헌법 또는 법률의 기능을 소멸시키는 것과 헌법에 의하여 설치된 국가기관을 강압에 의하여 전복 또는 그 권능행사를 불가능하게 하는 것을 말한다(제91조). 국헌문란의 목적을 가지고 있었

7) 대법원 1997.4.17. 선고 96도3376 전원합의체 판결.
8) 대법원 1980.5.20. 선고 80도306 판결.
9) 대법원 1992.3.31. 선고 90도2033 전원합의체 판결 참조.

는지 여부는 외부적으로 드러난 행위와 그 행위에 이르게 된 경위 및 그 행위의 결과 등을 종합하여 판단하여야 한다.[10)]

목적과 관련된 판례의 구체적 내용은 다음과 같다. 즉,

> 헌법상 아무런 명문의 규정이 없음에도 불구하고, 국민이 헌법의 수호자로서의 지위를 가진다는 것만으로 헌법수호를 목적으로 집단을 이룬 시위국민들을 가리켜 형법 제91조 제2호에서 규정하고 있는 '헌법에 의하여 설치된 국가기관'에 해당하는 것이라고 말하기는 어렵고, 형법 제91조가 국헌문란의 대표적인 행태를 예시하고 있는 규정이라고 볼 수도 없다.[11)] 형법 제91조 제2호에 의하면 헌법에 의하여 설치된 국가기관을 강압에 의하여 전복 또는 그 권능행사를 불가능하게 하는 것을 국헌문란의 목적의 하나로 규정하고 있는데, 여기에서 '권능행사를 불가능하게 한다'고 하는 것은 그 기관을 제도적으로 영구히 폐지하는 경우만을 가리키는 것은 아니고 사실상 상당기간 기능을 제대로 할 수 없게 만드는 것을 포함한다.[12)] 5 · 18내란 행위자들이 1980.5.17. 24:00를 기하여 비상계엄을 전국으로 확대하는 등 헌법기관인 대통령, 국무위원들에 대하여 강압을 가하고 있는 상태에서, 이에 항의하기 위하여 일어난 광주시민들의 시위는 국헌을 문란하게 하는 내란행위가 아니라 헌정질서를 수호하기 위한 정당한 행위였음에도 불구하고 이를 난폭하게 진압함으로써, 대통령과 국무위원들에 대하여 보다 강한 위협을 가하여 그들을 외포하게 하였다면, 그 시위진압행위는 내란행위자들이 헌법기관인 대통령과 국무위원들을 강압하여 그 권능행사를 불가능하게 한 것으로 보아야 하므로 국헌문란에 해당한다.[13)] 내란죄에 있어서의 국헌문란의 목적은 현행의 헌법 또는 법률이 정한 정치적 기본조직을 불법으로 파괴하는 것을 말하고 구체적인 국가기관인 자연인만을 살해하거나, 그 계승을 기대하는 것은 이에 해당되지 않으나 반드시 초법규적인 의미는 아니라고 할 것이며, 공산, 군주 또는 독재제도로 변경하여야 하는 것은 더욱 아니고, 그 목적은 엄격한 증명사항에 속하고 직접적임을 요하나 결과발생의 희망, 의욕임을 필요로 한다고 할 수는 없고, 또 확정적 인식임을 요하지 아니하며, 다만 미필적 인식이 있으면 족하다 할 것이다.[14)]

(3) 미수 · 기수

본죄의 미수범은 처벌된다(제89조). 본죄의 실행의 착수시기에 대하여는 폭동을 행하기 위한 집단적 행위를 개시한 때라는 견해와 다수인이 집합하여 폭동을 개시한 때라는 견해가 대립하고 있다. 전자에 의하면 폭행 · 협박이 행하여질 것을 요하지 않는다고 하지만, 후자는 집단적 폭행 · 협박을 개시한 때라고 한다. 그러나 집단적 행동을 개시하더라도 아직 폭행 · 협박에 이르지 아니한 경우에는 여전히 예비의 단계라고 해야 할 것이다. 따라서 집단적 폭행 · 협박이 개시될 때 비로소 본죄의 실행의 착수를 인정하는 것이 타당하다.

본죄는 집단적 폭행 · 협박이 한 지방의 평온을 해할 정도에 이른 때에 기수가 된다고 한다. 다수설과 판례의 입장이다. 그러나 본죄는 전술한 바와 같이 폭동의 결과 적어도 국토의 전부 또는 일부에서 국가권력을 배제하거나 국헌을 문란하게 할 정도에 이르면 기수가

10) 대법원 1997.4.17. 선고 96도3376 전원합의체 판결.
11) 대법원 1997.4.17. 선고 96도3376 전원합의체 판결.
12) 대법원 1997.4.17. 선고 96도3376 전원합의체 판결.
13) 대법원 1997.4.17. 선고 96도3376 전원합의체 판결.
14) 대법원 1980.5.20. 선고 80도306 판결.

된다. 본죄의 목적달성여부는 기수의 요건이 아니다. 따라서 내란의 목적으로 다수인이 집합하여 폭동을 개시하였지만 폭행 · 협박이 아직 국토의 전부 또는 일부에서 국가권력을 배제하거나 국헌을 문란하게 할 정도에 이르지 아니한 경우에는 미수에 그치게 된다고 해야 한다.

미수 · 기수에 관한 판례의 구체적 내용은 다음과 같다. 즉,

> 내란죄는 국토를 참절하거나 국헌을 문란할 목적으로 폭동한 행위로서, 다수인이 결합하여 위와 같은 목적으로 한 지방의 평온을 해할 정도의 폭행 · 협박행위를 하면 기수가 되고, 그 목적의 달성 여부는 이와 무관한 것으로 해석되므로, 다수인이 한 지방의 평온을 해할 정도의 폭동을 하였을 때 이미 내란의 구성요건은 완전히 충족된다고 할 것이어서 상태범으로 봄이 상당하다.[15)]

(4) 공 범

본죄는 필요적 공범으로서 집단범에 해당한다. 문제는 본죄에 총칙상의 임의적 공범에 관한 규정의 적용가능여부에 있다.

1) 내부적 관여자

본죄는 집단범이다. 따라서 총칙상 공범규정은 폭동의 집단 내부자 사이에는 적용될 여지가 없다. 따라서 폭동의 내부적 참여자나 관여자는 그 지위와 역할에 따라 본조에 의하여 처벌되게 된다.

2) 외부적 관여자

폭동의 집단 외에서 외부적 관여자의 공범행위에 대하여는 다툼이 있다. 외부적 관여자에 대하여는 총칙상 공범규정의 적용을 인정하는 긍정설과 부정하는 부정설이 대립하고 있다. 부정설은 총칙상의 공범규정은 임의적 공범에 관한 규정이기 때문에 내란죄와 같은 필요적 공범에는 적용되지 않는다고 한다. 또 부정설에 의하면 본죄는 집단범으로서 집단행위에 대한 관여는 일정한 범위에서 처벌하려는 것이기 때문에 그 이외의 관여행위에 대하여는 처벌하지 않으려는 취지라고 한다. 그러나 집단 외부에서의 관여행위는 집단범이 예정하지 아니한 행위이고, 이를 처벌하지 아니할 하등의 이유가 없다고 해야 한다. 따라서 집단 외에서의 관여행위에 대하여는 그 관여행위의 형태에 따라 본죄의 공동정범, 교사범, 방조범 및 간접정범의 성립이 가능하다고 할 수 있다.

외부적 관여자의 공범을 긍정한 판례의 구체적 내용은 다음과 같다. 즉,

> 범죄는 '어느 행위로 인하여 처벌되지 아니하는 자'를 이용하여서도 이를 실행할 수 있으므로, 내란죄의 경우에도 '국헌문란의 목적'을 가진 자가 그러한 목적이 없는 자를 이용하여 이를 실행할 수 있다.[16)]

---

15) 대법원 1997.4.17. 선고 96도3376 전원합의체 판결.
16) 대법원 1997.4.17. 선고 96도3376 전원합의체 판결.

2. 죄 수

본죄의 목적하에 이루어진 일련의 폭동행위는 포괄하여 단순일죄를 구성한다. 본죄의 목적을 위해 그 수단으로서 행하여진 폭행이나 협박은 본죄에 흡수되어 별죄를 구성하지 아니한다. 본죄의 미수와 내란목적살인은 상상적 경합관계가 인정된다.[17)]

죄수에 관한 판례의 구체적 내용은 다음과 같다. 즉,

> 반란의 진행과정에서 그에 수반하여 일어난 지휘관계엄지역수소이탈 및 불법진퇴는 반란 자체를 실행하는 전형적인 행위라고 인정되므로, 반란죄에 흡수되어 별죄를 구성하지 아니한다.[18)] 내란 가담자들이 하나의 내란을 구성하는 일련의 폭동행위 전부에 대하여 이를 모의하거나 관여한 바가 없다고 하더라도, 내란집단의 구성원으로서 전체로서의 내란에 포함되는 개개 행위에 대하여 부분적으로라도 그 모의에 참여하거나 기타의 방법으로 기여하였음이 인정된다면, 그 일련의 폭동행위 전부에 대하여 내란죄의 책임을 면할 수 없고, 한편 내란죄는 그 구성요건의 의미 내용 그 자체가 목적에 의하여 결합된 다수의 폭동을 예상하고 있는 범죄라고 할 것이므로, 내란행위자들에 의하여 애초에 계획된 국헌문란의 목적을 위하여 행하여진 일련의 폭동행위는 단일한 내란죄의 구성요건을 충족하는 것으로서 이른바 단순일죄로 보아야 한다.[19)] 반란죄는 다수의 군인이 작당하여 넓은 의미의 폭행·협박으로 국권에 저항하는 과정에서 상황에 따라 벌어질 수 있는 살인, 약탈, 파괴, 방화, 공무집행방해 등 각종의 범죄행위를, 반란에 가담한 자들이 개별적으로 인식 또는 용인하였는지 여부에 관계없이 하나의 반란행위로 묶어 함께 처벌하는 데에 그 특질이 있는 집단적 범죄이므로, 반란에 가담한 자는 그에게 반란에 대한 포괄적인 인식과 공동실행의 의사만 있으면 반란을 구성하는 개개의 행위인 살인, 약탈, 파괴 등에 대하여 개별적으로 지시하거나 용인한 일이 없다고 하더라도, 살인 등 반란을 구성하고 있는 행위의 전부에 대하여 반란죄의 정범으로서 책임을 진다.[20)] 반란에 가담한 자 중에서 반란을 구성하고 있는 특정의 살인행위를 직접 실행하지 아니하였다고 하더라도, 그 살인행위를 개별적으로 지시하거나 용인하는 등 공동실행의 의사가 있는 자는 그 살인행위에 대하여 반란죄와는 별도로 살인죄의 책임도 져야 할 것이나, 그 살인행위에 대한 공동실행의 의사가 있다고 인정되지 아니하는 자는 그 살인행위에 대하여 반란죄의 책임 이외에 별도로 살인죄의 책임을 지울 수는 없다.[21)]

Ⅲ. 처 벌

1. 법정형

본죄는 다수인의 참여형태에 따라 처벌을 달리하고 있다. 첫째, 우두머리는 사형, 무기징역 또는 무기금고에 처한다. 둘째, 모의에 참여하거나 지휘하거나 그 밖의 중요한 임무에 종사한 자는 사형, 무기 또는 5년 이상의 징역이나 금고에 처한다. 살상, 파괴 또는 약탈행위를 실행한 자도 같다. 셋째, 부화수행(附和隨行)하거나 단순히 폭동에만 관여한 자는

17) 대법원 1980.5.20. 선고 80도306 판결.
18) 대법원 1997.4.17. 선고 96도3376 전원합의체 판결.
19) 대법원 1997.4.17. 선고 96도3376 전원합의체 판결.
20) 대법원 1997.4.17. 선고 96도3376 전원합의체 판결.
21) 대법원 1997.4.17. 선고 96도3376 전원합의체 판결.

5년 이하의 징역이나 금고에 처한다.

이 외에도 본죄의 미수는 처벌된다(제89조). 또 본죄는 후술하는 바와 같이 예비, 음모, 선동 및 선전에 대하여도 처벌규정을 두고 있다(제90조).

2. 공소시효

본죄는 상태범이다. 따라서 본죄의 공소시효는 일련의 폭동행위가 종료한 시점으로부터 진행한다.

공소시효에 관한 판례의 구체적 내용은 다음과 같다. 즉,

> 5·18내란 과정으로서의 비상계엄의 전국확대는 일종의 협박행위로서 내란죄의 구성요건인 폭동에 해당하므로, 그 비상계엄 자체가 해제되지 아니하는 한 전국계엄에서 지역계엄으로 변경되었다 하더라도 그 최초의 협박이 계속되고 있는 것이어서 그 비상계엄의 전국확대로 인한 폭동행위는 이를 해제할 때까지 간단없이 계속되었다 할 것이고, 이와 같은 폭동행위가 간단없이 계속되는 가운데 그 비상계엄의 전국확대를 전후하여 그 비상계엄의 해제시까지 사이에 밀접하게 행하여진 이른바 예비검속에서부터 정치활동 규제조치에 이르는 일련의 폭동행위들은 위와 같은 비상계엄의 전국확대로 인한 폭동행위를 유지 또는 강화하기 위하여 취하여진 조치들로서 위 비상계엄의 전국확대로 인한 폭동행위와 함께 단일한 내란행위를 이룬다고 봄이 상당하므로, 위 비상계엄의 전국확대를 포함한 일련의 내란행위는 위 비상계엄이 해제된 1981.1.24.에 비로소 종료되었다고 보아야 한다.[22] 5·18민주화운동등에관한특별법 제2조는 그 제1항에서 그 적용대상을 '1979년 12월 12일과 1980년 5월 18일을 전후하여 발생한 헌정질서파괴범죄의공소시효등에관한특례법 제2조의 헌정질서파괴범죄행위'라고 특정하고 있으므로, 그에 해당하는 범죄는 5·18민주화운동등에관한특별법의 시행 당시 이미 형사소송법 제249조에 의한 공소시효가 완성되었는지 여부에 관계없이 모두 그 적용대상이 됨이 명백하다고 할 것인데, 위 법률 조항에 대하여는 헌법재판소가 1996.2.16. 선고 96헌가2, 96헌마7, 13 사건에서 위 법률 조항이 헌법에 위반되지 아니한다는 합헌결정을 하였으므로, 위 법률 조항의 적용범위에 속하는 범죄에 대하여는 이를 그대로 적용할 수밖에 없다.[23]

§3. 내란목적살인죄

제88조(내란목적의 살인) 대한민국 영토의 전부 또는 일부에서 국가권력을 배제하거나 국헌을 문란하게 할 목적으로 사람을 살해한 자는 사형, 무기징역 또는 무기금고에 처한다.

제89조(미수범) 전2조의 미수범은 처벌한다.

구조문

제88조(내란목적의 살인) 국토를 참절하거나 국헌을 문란할 목적으로 사람을 살해한 자는 사형, 무기징역 또는 무기금고에 처한다.

---

22) 대법원 1997.4.17. 선고 96도3376 전원합의체 판결.

23) 대법원 1997.4.17. 선고 96도3376 전원합의체 판결.

Ⅰ. 서 설

1. 의 의

내란 목적의 살인죄란 대한민국 영토의 전부 또는 일부에서 국가권력을 배제하거나 국헌을 문란하게 할 목적으로 사람을 살해함으로써 성립하는 범죄를 말한다. 본죄는 살인죄에 비하여 행위불법이 가중되는 부진정 목적범이다.

2. 성 격

본죄의 성격에 관하여는 견해가 일치하지 않고 있다. 본죄의 구성요건은 내란죄의 그것과는 독립된 것이라는 독립범죄설, 내란목적으로 인하여 살인죄의 그것보다는 가중된 것이라는 살인죄의 가중유형설 및 내란죄의 폭동에 수반되지 않고 내란의 목적으로 이루어지는 살인행위를 내란죄와는 별도로 처벌하기 위한 특별규정이라는 폭동관련구별설이 대립하고 있다.

생각건대 본죄가 살인죄의 가중유형이라는 것은 논의의 실익이 없다. 본죄가 살인죄의 가중적 구성요건이라는 것은 논의의 여지없이 분명하고 문제는 본죄와 내란죄와의 관계규명에 있기 때문이다. 동일한 살인이지만 내란죄에 있어서의 그것은 폭동의 수단으로서 행하여지는 살상의 일유형으로서 실행행위인 폭동에 흡수되지만, 본죄에 있어서의 그것은 본죄의 실행행위인 살인 그 자체가 되고 있다. 본죄는 내란의 목적으로 행하여진다는 점에서는 내란죄와 공통되지만, 실행행위가 살인이라는 점에서 폭동인 내란죄와 구별되고 있는 것이다. 따라서 본죄는 폭동을 수반하지 않고 내란의 목적으로 사람을 살해한 경우를 별도로 처벌하기 위한 내란죄와는 독립된 구성요건이라고 해야 한다. 이러한 의미에서 본죄를 내란죄의 특별규정으로 해석하는 폭동관련구별설이 타당하다고 하겠다.

3. 보호법익

본죄의 보호법익은 국가의 존립과 안전 및 사람의 생명이다. 보호의 정도는 국가의 존립과 안전에 대하여는 추상적 위험범이고, 사람의 생명에 대하여는 침해범이다.

Ⅱ. 범 죄

1. 구성요건

본죄의 구성요건은 대한민국 영토의 전부 또는 일부에서 국가권력을 배제하거나 국헌을 문란하게 할 목적으로 사람을 살해하는 것이다.

(1) 객관적 구성요건

1) 주 체

본죄의 주체에는 제한이 없다. 다수인이어야 할 것을 요하지 않는다. 개인이든 다수인이

든 불문한다. 다만 조직화된 집단의 일원으로서의 개인이나 다수인은 내란죄의 주체가 될 수 있을 뿐이다.

2) 객 체

객체는 사람이다. 문제는 여기의 사람에는 제한이 있느냐에 있다. 국가원수, 헌법기관을 구성하는 삼부요인, 정당지도자, 주요당직자 또는 군수뇌부 등 요인(要人)에 제한되어야 한다는 제한설과 누구나 본죄의 객체가 될 수 있다는 무제한설이 대립하고 있다. 무제한설은 내란의 목적으로 일반인이나 경비중인 군인을 살해한 경우에도 본죄가 성립한다는 것을 근거로 하고 있다.

생각건대 본죄의 객체에는 일정한 제한이 예정되어 있다고 해석된다. 본죄의 목적에 비추어 살인으로 인하여 국토의 전부 또는 일부에서 국가권력이 배제되거나 국헌이 문란하게 될 정도에 이르러야 할 것이기 때문이다. 따라서 본죄의 객체는 국토의 전부 또는 일부에서 국가권력이 배제되거나 국헌이 문란하게 될 정도의 사람이면 족하고, 그 사람이 반드시 요인(要人)에 한정되어야 할 이유는 없다고 해석된다.

3) 행 위

본죄의 실행행위는 살해이다. 살해(殺害)는 전술한 바 있는 살인죄에 있어서의 그것과 일치한다. 살해란 자연적 사기 이전에 사람의 생명을 단절시키는 일체의 행위를 의미하였다. 다만 내란의 목적이지만, 집단의 일원이 폭동에 수반되어 살해한 경우에는 폭동에 흡수되어 내란죄만 성립하게 된다.[24]

살해에 관한 판례의 구체적 내용은 다음과 같다. 즉,

> 무릇 살인죄의 객체는 생명이 있는 이상, 생존기능의 유무는 불문한다 할 것이고, 독립행위가 사망의 결과에 원인이 된 것이 분명한 경우에는 각 행위를 모두 기수범으로 처벌한다고 하여 어떤 모순이 있을 수 없으므로 이미 총격을 받은 피해자에 대한 확인사살도 살인죄를 구성한다.[25]

4) 결과 · 인과관계

본죄는 결과범이다. 따라서 본죄가 기수에 이르려면 사망의 결과가 발생해야 할 뿐만 아니라 살해와 사망 사이에 인과관계가 인정되어야 한다.

(2) 주관적 구성요건

1) 고 의

본죄는 고의범이다. 고의는 사람을 살해한다는 점에 대한 인식과 이를 실현하려는 의사를 그 내용으로 한다.

2) 목 적

본죄는 내란의 목적을 요하는 목적범이다. 내란의 목적이란 대한민국 영토의 전부 또는

---

24) 대법원 1997.4.17. 선고 96도3376 전원합의체 판결.
25) 대법원 1980.5.20. 선고 80도306 판결.

일부에서 국가권력을 배제할 목적 또는 국헌을 문란하게 할 목적을 말한다. 이에 대하여는 이미 전술한 바 있다. 다만 목적의 달성여부는 본죄의 성립에 영향을 미치는 것은 아니다.

(3) 미수 · 기수

본죄는 미수를 처벌한다. 본죄의 실행의 착수시기와 기수시기를 살인죄에 있어서의 그것과 일치한다.

(4) 공 범

본죄는 필요적 공범이 아니다. 따라서 본죄에 대하여는 총칙상의 임의적 공범규정이 그대로 적용된다.

2. 죄 수

본죄는 내란의 목적으로 사람을 살해한 경우에 성립한다. 그러나 내란죄의 폭동행위에 수반되어 발생한 살인행위는 폭동행위에 흡수되어 내란죄만 구성한다.

죄수에 관한 판례의 구체적 내용은 다음과 같다. 즉,

> 내란목적살인죄는 국헌을 문란할 목적을 가지고 직접적인 수단으로 사람을 살해함으로써 성립하는 범죄라 할 것이므로, 국헌문란의 목적을 달성함에 있어 내란죄가 '폭동'을 그 수단으로 함에 비하여 내란목적살인죄는 '살인'을 그 수단으로 하는 점에서 두 죄는 엄격히 구별된다. 따라서 내란의 실행과정에서 폭동행위에 수반하여 개별적으로 발생한 살인행위는 내란행위의 한 구성요소를 이루는 것이므로 내란행위에 흡수되어 내란목적살인의 별죄를 구성하지 아니하나, 특정인 또는 일정한 범위 내의 한정된 집단에 대한 살해가 내란의 와중에 폭동에 수반하여 일어난 것이 아니라 그것 자체가 의도적으로 실행된 경우에는 이러한 살인행위는 내란에 흡수될 수 없고 내란목적살인의 별죄를 구성한다.[26)]

Ⅲ. 처 벌

본죄의 법정형은 사형, 무기징역 또는 무기금고이다. 법정형이 사형, 무기 또는 5년 이상의 징역인 살인죄에 비하여 무겁다.

§4. 예비 · 음모 · 선동 · 선전

제90조(예비, 음모, 선동, 선전) ① 제87조 또는 제88조의 죄를 범할 목적으로 예비 또는 음모한 자는 3년 이상의 유기징역이나 유기금고에 처한다. 단, 그 목적한 죄의 실행에 이르기 전에 자수한 때에는 그 형을 감경 또는 면제한다.
② 제87조 또는 제88조의 죄를 범할 것을 선동 또는 선전한 자도 전항의 형과 같다.

---

26) 대법원 1997.4.17. 선고 96도3376 전원합의체 판결.

Ⅰ. 서 설

본죄는 내란죄 또는 내란목적살인죄를 범할 목적으로 예비 또는 음모하거나 내란죄 또는 내란목적살인죄를 범할 것을 선동 또는 선전함으로써 성립하는 범죄를 말한다. 본죄는 내란 또는 내란목적살인의 시도를 사전에 차단하여 국가의 존립과 헌법질서를 보호하는 것을 입법목적으로 한다.[27]

Ⅱ. 예비 · 음모

1. 서 언

본죄는 내란죄 또는 내란목적살인죄를 범할 목적으로 예비 또는 음모함으로써 성립하는 범죄를 말한다. 본죄는 내란죄 또는 내란목적살인죄의 발현형태로서 수정된 구성요건에 속한다(발현형태설). 목적범이고 자수에 대하여는 필요적 감면의 특례가 적용된다.

2. 범 죄

(1) 구성요건

1) 객관적 구성요건

본죄의 실행행위는 예비 또는 음모이다. 예비 · 음모는 실행의 착수에 이르지 아니한 준비행위를 말한다. 예비(豫備)란 실행의 착수 이전에 내란 또는 내란목적살인을 목적으로 하는 물적 준비행위를 말한다. 무기, 탄약, 식량을 조달하거나 동지를 모집하는 등 물적 준비를 말한다.

음모(陰謀)란 실행의 착수 이전에 2인 이상의 자 사이에 성립한 내란 또는 내란목적살인에 대한 합의를 말한다. 내란음모죄에 해당하는 합의가 있다고 하기 위해서는 단순히 내란에 관한 범죄결심을 외부에 표시 · 전달하는 것만으로는 부족하고 객관적으로 내란범죄의 실행을 위한 합의라는 것이 명백히 인정되고, 그러한 합의에 실질적인 위험성이 인정되어야 할 것이다.[28] 그리고 내란음모가 실질적 위험성이 있는지 여부는 합의 내용으로 된 폭력행위의 유형, 내용의 구체성, 계획된 실행시기와의 근접성, 합의 당사자의 수와 합의 당사자들 사이의 관계, 합의의 강도, 합의 당시의 사회정세, 합의를 사전에 준비하였는지 여부, 합의의 후속 조치가 있었는지 여부 등을 종합적으로 고려하여 판단하여야 한다.[29]

2) 주관적 구성요건

본죄는 목적범이다. 본죄는 예비 · 음모죄로서 기본범죄를 범할 목적을 요하는 것이다. 따라서 본죄는 고의 외에 내란 또는 내란목적살인을 범할 목적을 요하는 것은 당연하다. 나아가 내란죄 또는 내란목적살인죄는 각각 그 자체로서 목적범에 해당하기 때문에 대한민

---

27) 대법원 2015.1.22. 선고 2014도10978 전원합의체 판결 참조.
28) 대법원 2015.1.22. 선고 2014도10978 전원합의체 판결; 대법원 1999.11.12. 선고 99도3801 판결.
29) 대법원 2015.1.22. 선고 2014도10978 전원합의체 판결.

국 영토의 전부 또는 일부에서 국가권력을 배제하거나 국헌을 문란하게 할 목적을 다시 요한다.

3) 미수 · 기수

예비 · 음모는 착수와 동시에 기수에 이른다. 따라서 미수를 생각할 수 없고, 중지범도 고려의 여지가 없다. 다만 예비 · 음모를 행한 자가 폭동에 이르기 전에 자수한 때에는 그 형을 감경 또는 면제하기 때문에 실질적으로는 중지범을 인정하는 것과 같은 결과가 부분적으로 발생할 수 있다.

(2) 죄 수

내란이나 내란목적살인이 실행되면 예비 또는 음모는 내란죄 또는 내란목적살인죄의 미수나 기수에 흡수된다.

3. 처 벌

(1) 법정형

본죄의 법정형은 3년 이상의 유기징역이나 유기금고이다. 다만 그 목적한 죄의 실행에 이르기 전에 자수한 때에는 필요적 감면의 특례가 적용된다.

(2) 자수에 대한 특례

1) 취 지

본조는 내란 또는 내란목적살인에 있어서 폭동 또는 살해의 실행에 이르기 전에 자수한 자에 대하여 필요적 감면을 규정함으로써 내란목적폭동 또는 내란목적살인을 미연에 방지하는 것을 목적으로 한 형사정책적 규정이다. 본조는 자수에 대한 필요적 감면을 규정함으로써 임의적 감면을 규정한 총칙의 일반규정에 대한 특칙이라고 할 수 있다(제52조 참조).

2) 요 건

내란 또는 내란목적살인에 대한 예비 · 음모죄를 범한 자가 폭동 또는 살해에 이르기 전에 자수하는 것이 그 요건이다. '폭동 또는 살해에 이르기 전'이란 폭동 또는 살해의 실행의 착수 이전을 의미한다. 폭동 또는 살해에 이른 후에 자수한 경우에는 총칙상의 일반규정에 따라서 임의적으로 감면될 수 있다(제52조).

3) 효 과

본조는 형사정책적 고려에서 규정한 필요적 감면이다. 특히 형의 면제는 형벌권의 소멸을 말한다. 이러한 의미에서 자수는 형벌권의 소멸사유가 된다.

Ⅲ. 선동 · 선전

1. 서 언

본죄는 내란죄 또는 내란목적살인죄를 범할 것을 선동 또는 선전함으로써 성립하는 범죄를 말한다. 내란 · 내란목적살인의 선동 · 선전죄는 내란 또는 내란목적살인을 목표로 선동 또는 선전함으로써 성립하는 독립된 구성요건이다. 본죄는 목적범이 아니다.

2. 범 죄

(1) 객관적 구성요건

본죄의 실행행위는 선동 또는 선전이다. 선동 · 선전은 범죄의 실행행위에 이르지 아니함은 물론 준비행위에도 이르지 아니한 행위를 말한다.[30] 선동 · 선전으로 인하여 반드시 범죄의 결의가 발생할 것을 요건으로 하지 않는다.[31]

선동(煽動)이란 불특정 다수인에 대하여 감정적인 자극을 주어 범죄의 실행을 결의하게 하거나 이미 존재하는 결의를 북돋우는 행위를 말한다.[32] 선전(宣傳)이란 불특정 또는 다수인에게 범죄의 실행의 내용이나 취지를 주지시켜 이해 또는 공감을 구하는 행위를 말한다고 할 수 있다.[33] 선동 · 선전의 수단이나 방법에는 제한이 없다.

선동 · 선전에 관한 판례의 구체적 내용은 다음과 같다. 즉,

> 내란선동은 대개 내란음모의 전 단계에 위치하는 것으로서 내란음모보다 내란의 직접적인 실현 가능성이 높지 아니함에도 형법은 내란선동죄를 내란음모죄와 동일한 법정형으로 규정하고 있는 점에서도, 내란선동죄는 내란음모죄에 상응한 정도의 위험성이 있는 경우에 한하여 그 범죄 성립을 인정하여야 하고, 이를 위하여는 그 구성요건을 객관적인 기준에 의하여 더욱 엄격하게 해석 · 적용할 필요가 있다.[34] 따라서 내란선동죄에서도 내란음모죄와 마찬가지로 객관적으로 보아 내란의 주요한 부분, 즉 시기, 대상, 수단 및 방법, 실행 또는 준비에 관한 역할분담 등 윤곽에 관하여 어느 정도 개략적으로 특정된 선동이라는 것이 명백히 인정되고 이러한 선동에 따라 피선동자가 내란으로 나아갈 실질적인 위험성이 인정되는 경우에 한하여 범죄가 성립한다고 보아야 한다. 내란선동에 실질적인 위험성이 있는지를 판단할 때에는 표현의 내용 자체가 가장 중요하겠지만, 이와 함께 선동자의 경력과 지위, 회합의 개최 경위와 진행 과정 등 해당 표현을 하게 된 경위, 당시의 객관적인 정세, 청중의 수와 인적 구성, 청중의 반응, 해당 표현 전후에 내란의 실행을 위한 객관적 준비행위가 있었는지 등도 종합적으로 고려하여야 한다.[35] 내란선동이라 함은 내란이 실행되는 것을 목표로 하여 피선동자들에게 내란행위를 결의, 실행하도록 충동하고 격려하는 일체의 행위를 말한다. 내란선동은 주로 언동, 문서, 도화 등에 의한 표현행위의 단계에서 문제되는 것이므로 내란선동죄의 구성요건을 해석함에 있어서는 국민의 기본권인 표현의 자유가 위축되거나 그 본질이

30) 대법원 2015.1.22. 선고 2014도10978 전원합의체 판결.
31) 대법원 2015.1.22. 선고 2014도10978 전원합의체 판결.
32) 대법원 2015.1.22. 선고 2014도10978 전원합의체 판결.
33) 대법원 2013.2.15. 선고 2010도3504 판결 참조.
34) 대법원 2015.1.22. 선고 2014도10978 전원합의체 판결.
35) 대법원 2015.1.22. 선고 2014도10978 전원합의체 판결.

침해되지 아니하도록 죄형법정주의의 기본정신에 따라 엄격하게 해석하여야 할 것이다. 따라서 내란을 실행시킬 목표를 가지고 있다 하여도 단순히 특정한 정치적 사상이나 추상적인 원리를 옹호하거나 교시하는 것만으로는 내란선동이 될 수 없고, 그 내용이 내란에 이를 수 있을 정도의 폭력적인 행위를 선동하는 것이어야 하고, 나아가 피선동자의 구성 및 성향, 선동자와 피선동자의 관계 등에 비추어 피선동자에게 내란 결의를 유발하거나 증대시킬 위험성이 인정되어야만 내란선동으로 볼 수 있다. 언어적 표현행위는 매우 추상적이고 다의적일 수 있으므로 그 표현행위가 위와 같은 내란선동에 해당하는지를 가림에 있어서는 선동행위 당시의 객관적 상황, 발언 등의 장소와 기회, 표현 방식과 전체적인 맥락 등을 종합하여 신중하게 판단하여야 할 것이다. 다만 선동행위는 선동자에 의하여 일방적으로 행해지고, 그 이후 선동에 따른 범죄의 결의 여부 및 그 내용은 선동자의 지배영역을 벗어나 피선동자에 의하여 결정될 수 있으며, 내란선동을 처벌하는 근거가 선동행위 자체의 위험성과 불법성에 있다는 점 등을 전제하면, 내란선동에 있어 시기와 장소, 대상과 방식, 역할분담 등 내란 실행행위의 주요 내용이 선동 단계에서 구체적으로 제시되어야 하는 것은 아니고, 또 선동에 따라 피선동자가 내란의 실행행위로 나아갈 개연성이 있다고 인정되어야만 내란선동의 위험성이 있는 것으로 볼 수도 없다.[36)]

(2) 주관적 구성요건

본죄는 목적범이 아니다. 따라서 본죄는 고의를 요하지만 목적을 요하는 것은 아니다. 그럼에도 불구하고 본죄의 기본범죄인 내란죄나 내란목적살인죄가 목적범으로 되어 있기 때문에 내란죄나 내란목적살인죄의 범위 내에서 목적을 필요로 한다.

목적에 관한 판례의 구체적 내용은 다음과 같다. 즉,

> 내란선동죄에서 '국헌을 문란할 목적'이라 함은 "헌법 또는 법률에 정한 절차에 의하지 아니하고 헌법 또는 법률의 기능을 소멸시키는 것(제91조 제1호)" 또는 "헌법에 의하여 설치된 국가기관을 강압에 의하여 전복 또는 그 권능행사를 불가능하게 하는 것(같은 조 제2호)"을 말한다. 국헌문란의 목적은 범죄 성립을 위하여 고의 외에 요구되는 초과주관적 위법요소로서 엄격한 증명사항에 속하나, 확정적 인식임을 요하지 아니하며, 다만 미필적 인식이 있으면 족하다. 그리고 국헌문란의 목적이 있었는지 여부는 피고인들이 이를 자백하지 않는 이상 외부적으로 드러난 피고인들의 행위와 그 행위에 이르게 된 경위 등 사물의 성질상 그와 관련성 있는 간접사실 또는 정황사실을 종합하여 판단하면 되고(대법원 1997.4.17. 선고 96도3376 전원합의체 판결 참조), 선동자의 표현 자체에 공격대상인 국가기관과 그를 통해 달성하고자 하는 목표, 실현방법과 계획이 구체적으로 나타나 있어야만 인정되는 것은 아니다.[37)]

(3) 공 범

본죄에 있어서 선동은 범죄를 결의하게 하거나 이미 존재하는 결의를 북돋우는 행위를 말하므로 이는 총칙의 규정상 교사 또는 방조에 해당한다. 그러나 본죄의 선동은 정범행위인 실행행위로 규정되어 있다는 점에서 공범행위로 규정되어 있는 총칙상의 교사나 방조와 구별된다고 할 수 있다.

---

36) 대법원 2015.1.22. 선고 2014도10978 전원합의체 판결.
37) 대법원 2015.1.22. 선고 2014도10978 전원합의체 판결.

3. 처 벌

본죄의 법정형은 예비·음모의 형과 동일한 3년 이상의 유기징역이나 유기금고이다. 선동·선전은 주로 내란 또는 내란목적살인 행위의 외부적 준비행위에도 이르지 않은 단계에서 이루어지지만, 다수인의 심리상태에 영향을 주는 방법으로 내란 또는 내란목적살인의 실행욕구를 유발 또는 증대시킴으로써 집단적인 내란 또는 내란목적살인의 결의와 실행으로 이어지게 할 수 있는 파급력이 큰 행위이다. 따라서 내란 또는 내란목적살인을 목표로 선동·선전하는 행위는 그 자체로 내란 또는 내란목적살인 예비·음모에 준하는 불법성이 있다고 보아 내란 또는 내란목적살인 예비·음모와 동일한 법정형으로 처벌되는 것이다.[38]

문제는 자수에 대한 특례규정의 적용여부에 있다. 자수에 대한 감면특례규정의 적용여부에 대하여는 다툼이 있을 수 있다. 본죄의 법조문이 "전항의 형과 같다"라고만 규정할 뿐 자수에 대한 특례규정인 전항의 단서에 대하여는 말이 없기 때문이다. 그러나 선동·선전은 대개 예비·음모의 전 단계에 위치하는 것으로서 예비·음모보다 기본범죄의 직접적인 실현가능성이 높지 아니함에도 형법은 선동·선전죄를 예비·음모죄와 동일한 법정형으로 규정하고 있는 점과 선동·선전은 내란 또는 내란목적살인의 시도를 사전에 차단하여 국가의 존립과 헌법질서를 보호하는 것을 입법목적으로 한다는 점을 고려할 때 처벌의 균형을 위해서는 특례의 적용을 긍정하는 것이 입법취지에 부합한다고 해석된다.

§5. 관련 특별법

Ⅰ. 군형법

제5조(반란) 작당(作黨)하여 병기를 휴대하고 반란을 일으킨 사람은 다음 각 호의 구분에 따라 처벌한다.
1. 수괴(首魁): 사형
2. 반란 모의에 참여하거나 반란을 지휘하거나 그 밖에 반란에서 중요한 임무에 종사한 사람과 반란 시 살상, 파괴 또는 약탈 행위를 한 사람: 사형, 무기 또는 7년 이상의 징역이나 금고
3. 반란에 부화뇌동(附和雷同)하거나 단순히 폭동에만 관여한 사람: 7년 이하의 징역이나 금고

제6조(반란 목적의 군용물 탈취) 반란을 목적으로 작당하여 병기, 탄약 또는 그 밖에 군용에 공(供)하는 물건을 탈취한 사람은 제5조의 예에 따라 처벌한다.

제7조(미수범) 제5조와 제6조의 미수범은 처벌한다.

제8조(예비, 음모, 선동, 선전) ① 제5조 또는 제6조의 죄를 범할 목적으로 예비 또는 음모를 한 사람은 5년 이상의 유기징역이나 유기금고에 처한다. 다만, 그 목적한 죄의 실행에 이르기 전에 자수한 경우에는 그 형을 감경하거나 면제한다.
② 제5조 또는 제6조의 죄를 범할 것을 선동하거나 선전한 사람도 제1항의 형에 처한다.

제9조(반란 불보고) ① 반란을 알고도 이를 상관 또는 그 밖의 관계관에게 지체 없이 보고하지 아니한 사람은 2년 이하의 징역이나 금고에 처한다.
② 제1항의 경우에 적을 이롭게 할 목적으로 보고하지 아니한 사람은 7년 이하의 징역이나 금고에 처한다.

제10조(동맹국에 대한 행위) 이 장의 규정은 대한민국의 동맹국에 대한 행위에도 적용한다.

---

38) 대법원 2015.1.22. 선고 2014도10978 전원합의체 판결 참고.

Ⅱ. 국가보안법

제2조(정의) ① 이 법에서 "반국가단체"라 함은 정부를 참칭하거나 국가를 변란할 것을 목적으로 하는 국내외의 결사 또는 집단으로서 지휘통솔체제를 갖춘 단체를 말한다.
② 삭제 〈1991.5.31.〉

제3조(반국가단체의 구성등) ① 반국가단체를 구성하거나 이에 가입한 자는 다음의 구별에 따라 처벌한다.
1. 수괴의 임무에 종사한 자는 사형 또는 무기징역에 처한다.
2. 간부 기타 지도적 임무에 종사한 자는 사형·무기 또는 5년 이상의 징역에 처한다.
3. 그 이외의 자는 2년 이상의 유기징역에 처한다.
② 타인에게 반국가단체에 가입할 것을 권유한 자는 2년 이상의 유기징역에 처한다.
③ 제1항 및 제2항의 미수범은 처벌한다.
④ 제1항제1호 및 제2호의 죄를 범할 목적으로 예비 또는 음모한 자는 2년 이상의 유기징역에 처한다.
⑤ 제1항제3호의 죄를 범할 목적으로 예비 또는 음모한 자는 10년 이하의 징역에 처한다.

제 3 절 외환의 죄

§1. 개 관

Ⅰ. 의 의

본장의 외환에 관한 죄는 국가의 외부로부터 대한민국의 존립과 안전을 해하는 범죄이다(형법 제2편 제2장). 보호법익은 국가의 대외적 존립과 안전이다.

Ⅱ. 보호법익

외환의 죄는 국가의 대내적 존립과 안전을 보호법익으로 하는 내란의 죄와 구별된다. 보호의 정도에 대하여는 구체적 위험범설과 추상적 위험범설이 대립하고 있다. 내란의 죄에서와 같은 이유로 추상적 위험범설이 타당하다고 해석된다. 외환의 죄는 조국에 대한 배신행위를 처벌한다는 의미에서 법정형으로서 금고형을 배제하고 징역형만을 규정하고 있다.

Ⅲ. 구성요건의 체계

외환의 죄는 외환유치죄, 여적죄, 간첩죄, 일반이적죄 및 전시군수계약불이행죄를 각각 독립된 구성요건으로 규정하고 있다. 나아가 일반이적죄에 대한 가중적 구성요건으로서 모병이적죄, 시설제공이적죄, 시설파괴이적죄 및 물건제공이적죄를 규정하고 있다. 군시군수계약불이행죄를 제외한 나머지 외환의 죄에 있어서는 예비·음모·선동·선전을 처벌한다. 외환의 죄는 예외 없이 동맹국에 대한 행위에도 적용되고(제104조), 외국인의 국외범도 처벌하고 있다(제5조 제2호).

Ⅳ. 국가모독죄 등의 삭제

제104조의2 삭제

구조문

제104조의2(국가모독등) ① 내국인이 국외에서 대한민국 또는 헌법에 의하여 설치된 국가기관을 모욕 또는 비방하거나 그에 관한 사실을 왜곡 또는 허위사실을 유포하거나 기타 방법으로 대한민국의 안전·이익 또는 위신을 해하거나, 해할 우려가 있게한 때에는 7년 이하의 징역이나 금고에 처한다.
② 내국인이 외국인이나 외국단체등을 이용하여 국내에서 전항의 행위를 한 때에도 전항의 형과 같다.
③ 제2항의 경우에는 10년 이하의 자격정지를 병과할 수 있다.

국가모독죄는 1975년 3월 25일 형법개정으로 신설되었다.[1] 국가모독죄는 국가나 헌법기관에 대한 모욕, 비방, 사실 왜곡 또는 허위사실 유포 등 국민의 표현행위를 규제 및 처벌할 수 있는 근거가 되고, 국내 언론이 통제되고 있는 상황에서 외국 언론이나 외국 단체, 외국인과의 접촉을 억제하여, 정부에 대한 국민의 비판 등 정치적 표현을 억압하기 위해 악용될 소지가 있다는 이유로 비판을 받아왔다. 이에 1988년 제13대 국회가 구성되면서 발족된 '민주발전을 위한 법률개폐특별위원회'는 국민의 건전한 비판을 통한 민주사회 발전에 이바지한다는 목적으로 국가모독죄를 폐지하는 내용의 형법개정안을 제출하였고, 1988년 12월 31일 개정된 형법에서는 위 조항이 삭제되기에 이르렀다.[2] 그러다가 본조에 의해서 처벌된 사건의 재심과정에서 본조는 폐지된 후 27년 만인 2015년 10월 21일 헌법재판소로부터 위헌결정을 받았다.[3]

§2. 외환유치죄

제92조(외환유치) 외국과 통모하여 대한민국에 대하여 전단을 열게 하거나 외국인과 통모하여 대한민국에 항적한 자는 사형 또는 무기징역에 처한다.

제100조(미수범) 전8조의 미수범은 처벌한다.

제101조(예비, 음모, 선동, 선전) ① 제92조 내지 제99조의 죄를 범할 목적으로 예비 또는 음모한 자는 2년 이상의 유기징역에 처한다. 단 그 목적한 죄의 실행에 이르기 전에 자수한 때에는 그 형을 감경 또는 면제한다.
② 제92조 내지 제99조의 죄를 선동 또는 선전한 자도 전항의 형과 같다.

제104조(동맹국) 본장의 규정은 동맹국에 대한 행위에 적용한다.

Ⅰ. 서 설

외환유치죄(外患誘致罪)란 외국과 통모하여 대한민국에 대하여 전단을 열게 하거나 외국인과 통모하여 대한민국에 항적함으로써 성립하는 범죄이다.

---

1) 형법 1975.3.25, 일부개정 법률 제2745호 1975.3.25. 시행.
2) 형법 1988.12.31, 일부개정 법률 제4040호 1988.12.31. 시행.
3) 헌법재판소 2015.10.21. 선고 2013헌가20 결정.

Ⅱ. 범 죄

1. 객관적 구성요건

(1) 주 체

본죄의 주체는 내국인이다. 외국에서 내국인과 통모하는 한 외국인도 본죄의 주체가 될 수 있다(제52조 제2호 참조).

(2) 행 위

외국과 통모하여 대한민국에 대하여 전단을 열게 하거나 외국인과 통모하여 대한민국에 항적하는 것이다.

1) 의 의

본죄의 실행행위는 전단을 열게 하거나 항적하는 것이다. 전단(戰端)이란 전쟁의 실마리를 말한다. 전단을 열게 한다는 것은 반드시 국제법상 전쟁을 의미할 필요는 없다. 항적(抗敵)이란 사전적 의미로 적에게 대항함이다. 대한민국에 항적한다는 것은 대한민국을 적국으로 하여 대항한다는 의미이다. 따라서 행위자는 전단을 열게 할 때는 교사자로서 공범행위자의 입장이 되지만, 항적할 때는 공동행위자로서 공범행위자의 입장에 서게 되는 것으로 해석된다.

2) 행위의 방법

본죄의 행위방법은 외국 또는 외국인과의 통모이다. 통모(通謀)란 서로 의사의 연락을 취하는 것이다. 일방적 의사표시만으로는 족하지 않다. 어느 쪽이 발의하는가, 어느 쪽이 주도적 역할을 하는가는 묻지 않는다. 직접적으로 취하든 사람을 매개하여 간접적으로 취하든 불문한다. 통모의 수단과 방법에는 제한이 없다.

다만 위에서와 같이 전단을 열게 하는 행위자를 교사자, 항적하는 행위자를 공동정범자로 해석할 때에는 통모의 의미가 완전히 일치하지는 않는 것으로 해석된다. 통모의 실질적 내용은 교사자의 지위에서는 전단을 열도록 결의하게 한다는 의미를, 공동정범자의 지위에서는 항적을 위하여 서로 연락한다는 공모의 의미를 더 강하게 내포하고 있다고 해석되기 때문이다.

한편 본죄는 외국과 통모하여 대한민국에 대하여 전단을 열게 하거나 외국인과 통모하여 대한민국에 항적하는 경우에 성립한다. 외국(外國)이란 대한민국 이외의 국가를 말한다. 외국의 정부, 군대 등과 같은 국가기관을 의미한다. 외교사절이 교섭상대로 되는 경우도 있다. 외국은 사실상 국가로서 존립하고 있으면 족하다. 우리나라나 다른 국가가 국제법상의 국가로 승인하고 있는가 아닌가도 묻지 않는다. 외국인(外國人)이란 외국을 대표하는 정부기관 이외의 외국의 개인, 사적 단체를 말한다. 비정규무장조직 등이 대표적으로 이에 속한다.

3) 행위의 대상

본죄의 행위대상은 대한민국이다. 또 동맹국도 본죄의 행위대상에 포함되고 있다(제104조 참조).

(3) 결 과

본죄는 통모함으로써 전단을 열게 하거나 항적함으로써 기수에 이른다. 대한민국의 존립과 외적 안전이 침해될 것을 요하지 않는다.

2. 주관적 구성요건

본죄는 고의범이다. 외국과 통모하여 대한민국에 대하여 전단을 열게 하거나 외국인과 통모하여 대한민국에 항적한다는 것에 대한 인식과 실현의사가 존재하여야 한다.

3. 미수 · 기수

본죄는 미수범을 처벌한다. 통모는 있었지만, 외국 또는 외국인과 의사의 연락에 성공하지 못한 경우에도 실행의 착수는 있었다고 하여야 하기 때문에 미수로 된다고 해야 한다. 의사의 연락에 성공했으나 전단을 열게 하거나 항적하기에 이르지 않은 경우에도 미수에 그친다. 또 통모와 전단을 열게 하거나 항적한 것 사이에 인과관계가 존재하지 않으면 안 된다. 따라서 통모와 전단을 열게 하거나 항적한 것 사이에 인과관계가 존재하지 않는 경우에는 미수에 그친다.

Ⅲ. 처 벌

본죄의 법정형은 사형 또는 무기징역이다. 본죄는 후술하는 바와 같이 미수죄는 물론 예비 · 음모 · 선동 · 선전죄를 모두 처벌한다(제100조, 제101조 참조).

§3. 여적죄

제93조(여적) 적국과 합세하여 대한민국에 항적한 자는 사형에 처한다.

제100조(미수범) 전8조의 미수범은 처벌한다.

제101조(예비, 음모, 선동, 선전) ① 제92조 내지 제99조의 죄를 범할 목적으로 예비 또는 음모한 자는 2년 이상의 유기징역에 처한다. 단 그 목적한 죄의 실행에 이르기 전에 자수한 때에는 그 형을 감경 또는 면제한다.

② 제92조 내지 제99조의 죄를 선동 또는 선전한 자도 전항의 형과 같다.

제102조(준적국) 제93조 내지 전조의 죄에 있어서는 대한민국에 적대하는 외국 또는 외국인의 단체는 적국으로 간주한다.

제104조(동맹국) 본장의 규정은 동맹국에 대한 행위에 적용한다.

Ⅰ. 서 설

여적죄(與敵罪, taking side with enemy)란 적국과 합세하여 대한민국에 항적함으로써 성립하는 범죄를 말한

다. 외국인과 통모하여 대한민국에 항적함으로써 성립하는 외환유치죄와 구별되고 있다.

Ⅱ. 범 죄

본죄의 실행행위는 항적이다. 항적(抗敵)이란 군사적 적대행위를 의미한다. '대한민국에 항적한다'라 함은 적국의 군사적 업무에 종사하면서 대한민국에 적대행위를 한다는 의미이다. 전투원에 한하지 않고 전략, 의료, 병참, 잡역 등 적국을 위하여 유·무형의 수단을 제공하는 일체의 것을 말한다. 적국이란 대한민국과 교전상태에 있는 외국을 말한다. 대한민국에 적대하는 외국 또는 외국인의 단체는 준적국으로서 적국으로 간주된다(제102조). 북한과의 관계에서 발생하는 여러 가지의 문제를 입법자는 준적국이라는 개념을 통하여 해결하려고 한 것이다. 입법자는 입법 당시 중공을 외국인 단체로, 북한을 그의 괴뢰단체로 파악하였던 것이다. 교전상태에는 국제법상 전쟁뿐만 아니라 사실상의 무력행사도 포함된다. 합세(合勢)란 흩어져 있는 세력을 한 곳에 모은다는 것이 사전적 의미이다. '합세하여'라 함은 적국에 대하여 가담하거나 협력하는 것을 말한다. 항적행위가 현실적으로 발생하지 아니한 경우에는 미수에 그친다.

본죄는 고의범이다. 따라서 적국과 합세한다는 사실과 대한민국에 항적한다는 사실에 대한 인식과 이에 대한 실현의사가 요구된다.

Ⅲ. 처 벌

본죄는 절대적 법정형으로서 사형만을 규정하고 있음에 유의하여야 한다. 형법상 유일한 절대적 법정형이다. 이에 대하여는 비판이 있다. 본죄도 후술하는 바와 같이 미수죄는 물론 예비·음모·선동·선전죄를 모두 처벌한다(제100조, 제101조 참조).

§4. 이적죄

제94조(모병이적) ① 적국을 위하여 모병한 자는 사형 또는 무기징역에 처한다.
② 전항의 모병에 응한 자는 무기 또는 5년 이상의 징역에 처한다.

제95조(시설제공이적) ① 군대, 요새, 진영 또는 군용에 공하는 선박이나 항공기 기타 장소, 설비 또는 건조물을 적국에 제공한 자는 사형 또는 무기징역에 처한다.
② 병기 또는 탄약 기타 군용에 공하는 물건을 적국에 제공한 자도 전항의 형과 같다.

제96조(시설파괴이적) 적국을 위하여 전조에 기재한 군용시설 기타 물건을 파괴하거나 사용할 수 없게 한 자는 사형 또는 무기징역에 처한다.

제97조(물건제공이적) 군용에 공하지 아니하는 병기, 탄약 또는 전투용에 공할 수 있는 물건을 적국에 제공한 자는 무기 또는 5년 이상의 징역에 처한다.

제99조(일반이적) 전7조에 기재한 이외에 대한민국의 군사상 이익을 해하거나 적국에 군사상 이익을 공여한 자는 무기 또는 3년 이상의 징역에 처한다.

제100조(미수범) 전8조의 미수범은 처벌한다.

제102조(준적국) 제93조 내지 전조의 죄에 있어서는 대한민국에 적대하는 외국 또는 외국인의 단체는

적국으로 간주한다.

제104조(동맹국) 본장의 규정은 동맹국에 대한 행위에 적용한다.

Ⅰ. 서 설

이적죄(利敵罪)라 함은 적국을 이롭게 함으로써 성립하는 범죄라고 할 수 있다. 형법은 이적의 수단이나 방법에 따라 다양한 종류의 이적죄에 관하여 규정하고 있다. 모병이적죄, 시설제공이적죄, 시설파괴이적죄, 물건제공이적죄 및 일반이적죄가 그것이다. 일반이적죄를 기본적 구성요건으로 하면 나머지 이적죄는 가중적 구성요건이 된다.

Ⅱ. 모병이적죄

본죄는 적국을 위하여 모병하거나 모병에 응함으로써 성립하는 범죄이다. 모병(募兵)이란 전투원을 모집하는 행위를 말한다. 전투원에는 당연히 군무원도 포함된다. 모병에 응한다는 것은 모병에 자발적으로 응하는 것을 말한다. 주관적 구성요건으로는 고의 외에 적국을 위한다는 이적의사(利敵意思)가 요구된다. 초과주관적 구성요건요소라고 할 수 있다.

모병한 자는 사형 또는 무기징역에 처하고, 모병에 응한 자는 무기 또는 5년 이상의 징역에 처한다.

Ⅲ. 시설제공이적죄

본죄는 군대, 요새, 진영 또는 군용에 공하는 선박이나 항공기 기타 장소, 설비 또는 건조물을 적국에 제공하거나, 병기 또는 탄약 기타 군용에 공하는 물건을 적국에 제공함으로써 성립하는 범죄이다. '군용에 공하는'이란 우리나라의 군사목적에 직접 사용하기 위한의 의미이다.

군대, 요새, 진영 또는 군용에 공하는 선박이나 항공기 기타 장소, 설비 또는 건조물을 적국에 제공한 자는 사형 또는 무기징역에 처하고, 병기 또는 탄약 기타 군용에 공하는 물건을 적국에 제공한 자도 같은 형에 처한다.

Ⅳ. 시설파괴이적죄

본죄는 적국을 위하여 시설제공이적죄에 기재한 군용시설 기타 물건을 파괴하거나 사용할 수 없게 함으로써 성립하는 범죄이다. 본죄는 주관적 구성요건으로서 적국을 위한다는 이적의사(利敵意思)를 요한다. 본죄를 범한 자에 대하여는 사형 또는 무기징역에 처한다.

Ⅴ. 물건제공이적죄

본죄는 군용에 공하지 아니하는 병기, 탄약 또는 전투용에 공할 수 있는 물건을 적국에

제공함으로써 성립한다. 본죄를 범한 자에 대하여는 무기 또는 5년 이상의 징역에 처한다.

Ⅵ. 일반이적죄

본죄는 외환유치죄, 여적죄, 모병이적죄, 시설제공이적죄, 시설파괴이적죄, 물건제공이적죄 및 간첩죄에 기재한 이외에 대한민국의 군사상 이익을 해하거나 적국에 군사상 이익을 공여함으로써 성립한다. 본죄는 여기에 기재된 죄와는 보충관계에 있다고 할 수 있다. 따라서 여기에 기재된 죄에 해당하지 않는 경우에만 본죄가 적용될 수 있다. 본죄를 범한 자에 대하여는 무기 또는 3년 이상의 징역에 처한다.

§5. 간첩죄

제98조(간첩) ① 적국을 위하여 간첩하거나 적국의 간첩을 방조한 자는 사형, 무기 또는 7년 이상의 징역에 처한다.
② 군사상의 기밀을 적국에 누설한 자도 전항의 형과 같다.

제100조(미수범) 전8조의 미수범은 처벌한다.

제102조(준적국) 제93조 내지 전조의 죄에 있어서는 대한민국에 적대하는 외국 또는 외국인의 단체는 적국으로 간주한다.

제104조(동맹국) 본장의 규정은 동맹국에 대한 행위에 적용한다.

Ⅰ. 서 설

1. 의 의

본죄는 적국을 위하여 간첩하거나, 적국의 간첩을 방조하거나 또는 군사상의 기밀을 적국에 누설함으로써 성립한다. 본죄는 적국을 위하여 간첩한 간첩죄, 적국의 간첩을 방조한 간첩방조죄 및 군사상의 기밀을 적국에 누설한 군사상 기밀누설죄로 나누어지고 있다. 본죄는 일반이적죄에 대한 가중적 구성요건이라고 할 수 있다.

2. 법률체계

국가나 단체 또는 개인은 외부 또는 남에게 드러내서는 안 되거나 알려지지 않는 것이 중요한 것이 있다. 기밀 또는 비밀이 그것이라고 할 수 있다. 기밀은 국가나 단체의 법익을 보호법익으로 한다는 점에서 개인의 법익을 그것으로 하고 있는 비밀과 구별된다. 현행법상 국가기밀에 대한 법률체계는 기본법이 없이 개별법에 산재되어 있는 실정이다.

형법은 국가기밀 또는 군사상의 기밀 및 외교상의 기밀을 그 보호대상으로 하고 있다(제98조, 제113조 참조). 이 외에 군형법은 군사상의 기밀(군형법 제80조), 국가정보원법은 국가기밀(국가정보원법 제13조), 국가보안법은 국가기밀과 군사상의 기밀(국가정보원법 제4조), 군사기밀보호법은 군사상의 기밀에 대하여 각각 규정하고 있다(군사기밀보호법 제2조, 제6조, 7조, 제10조 참조).

한편 냉전체제는 퇴색해가고 있지만, 치열해지고 있는 정보전쟁에 효율적으로 대처하기 위하여는 국가기밀의 보호에 사각지대가 없도록 법률체제의 재정비에 고심할 필요가 있다고 하겠다.

3. 독일형법

독일의 입법례도 시사점을 줄 수 있을 것이다. 독일형법은 국가기밀의 개념을 해석에 맡기고 있는 우리나라의 형법과는 달리 입법적으로 정의규정을 두고 있다. 나아가 독일형법은 국가기밀의 개념(독일형법 제93조), 간첩(독일형법 제94조), 국가기밀누설(독일형법 제95조), 간첩목적의 기밀탐지·국가기밀수집(독일형법 제96조), 국가기밀의 방기(독일형법 제97조) 등에 대하여 광범위하게 규정하고 있다.[4)]

독일형법은 간첩행위의 상대방을 외국 또는 권한 없는 자로 하는 점에서 적국에 한정하고 있는 형법과 구별되고 있다. 이 외에도 독일형법은 국가기밀에 관한 정의규정을 두고 있다는 점, 간첩행위의 객체도 국가기밀에 한정하지 않고, 배반적 첩보활동과 밀정식 간첩 등과 같은 다양한 행위태양을 인정하고 있다는 점에서 형법과 비교되고 있다고 지적되고 있다.[5)]

Ⅱ. 범 죄

1. 간첩·간첩방조죄

(1) 의 의

본죄는 적국을 위하여 간첩하거나 적국의 간첩을 방조함으로써 성립하는 범죄이다. 적국

---

4) 독일형법 제93조 (국가기밀의 개념) ① 국가기밀이란 독일연방공화국의 외적 안전에 중대한 불이익을 초래할 위험을 방지하기 위하여 한정된 범위의 사람에게만 그 접근을 허용하고 타국에 대하여 비밀로 하여야 할 사실, 물건, 지식을 말한다.

② 자유민주적 기본질서에 위반되는 사실 또는 독일연방공화국의 조약 당사국에 대하여 비밀로 하면서 국가간에 합의된 군비축소협정에 위반되는 사실은 국가기밀에 해당하지 아니한다.

독일형법 제94조 (간첩) ① 다음 각호의 행위를 하고, 이로 인하여 독일연방공화국의 외적 안전에 중대한 불이익을 초래할 위험을 야기한 자는 1년 이상의 자유형에 처한다.

1. 국가기밀을 타국 또는 그 중개인에게 전달하는 행위
2. 독일연방공화국에 대하여 불이익을 초래하고 타국에 이익을 제공하기 위하여 국가기밀을 기타 권한없는 자에게 전달하거나 이를 공연히 공표하는 행위

② 제1항의 행위가 특히 중한 경우에는 무기 또는 5년 이상의 자유형에 처한다. 특히 중한 경우란 특별한 사정이 없는 한, 행위자가 다음 각호의 1에 해당하는 경우를 말한다.

1. 특별한 국가기밀유지의무를 지는 지위를 남용한 경우
2. 그 행위에 의하여 독일연방공화국의 외적 안전에 특히 중대한 불이익을 초래할 위험을 야기한 경우

독일형법 제95조 (국가기밀누설) ① 관청에 의하여 또는 그 권고에 따라 비밀로 하고 있는 국가기밀을 권한없는 자에게 전달하거나 공연히 공표하고, 이로 인하여 독일연방공화국의 외적 안전에 중대한 불이익을 초래할 위험을 야기한 자는 그 행위가 제94조에 의하여 처벌되지 아니하는 경우에는 6월 이상 5년 이하의 자유형에 처한다.

② 미수범은 처벌한다.

③ 제1항의 행위가 특히 중한 경우에는 1년 이상 10년 이하의 자유형에 처한다. 제94조 제2항 제2문은 본조의 경우에 준용한다.

5) 김호정, "간첩죄 관련 형법 개정 방안", 『외법논집』 제40권 제1호, 한국외국어대학교 법학연구소, 2016.2, 70면 참조.

을 위한 간첩죄와 적국의 간첩방조죄로 나눌 수 있다.

(2) 구성요건

1) 객관적 구성요건

① 행 위

본죄의 실행행위의 하나는 간첩이고 다른 하나는 간첩방조이다. 본죄는 적국을 위하여 간첩하거나 적국의 간첩을 방조함으로써 성립하기 때문이다. 본죄는 법정형이 매우 무거운 범죄임에도 불구하고 행위객체와 실행행위인 간첩행위의 의미에 대하여 해석에만 위임하고 있다는 점에서 문제라고 하지 않을 수 없다.

ⓘ 간 첩

ⅰ. 적국을 위한 간첩 　간첩(間諜)이란 적국을 위하여 국가기밀을 탐지, 수집하는 행위를 말한다.[6] 이미 탐지, 모집하거나 지득하고 있는 사항을 제보 또는 누설하는 행위 자체는 간첩행위에 해당하지 아니한다.[7] 간첩행위는 탐지·수집함으로써 이미 기수에 이르게 되고, 제보·누설은 그 사후행위로서 간첩행위 자체라고는 할 수 없기 때문이다.

대법원도 "간첩이라 함은 적국에 제보하기 위하여 은밀한 방법으로 우리나라의 군사상은 물론 정치, 경제, 사회, 문화, 사상 등 기밀에 속한 사항 또는 도서, 물건을 탐지·수집하는 것을 말하고, 간첩행위는 기밀에 속한 사항 또는 도서, 물건을 탐지·수집한 때에 기수가 되는 것이므로 간첩이 이미 탐지·수집하여 지득하고 있는 사항을 타인에게 보고·누설하는 행위는 간첩의 사후행위로서 위 조항에 의하여 처단의 대상이 되는 간첩행위 자체라고 할 수 없다"고 판시한 바 있다.[8]

적국(敵國)에 있어서 국가는 원칙적으로 국제법상의 개념이지만, 이 외에 사실상 국가에 준하는 단체도 포함한다. 대한민국에 적대하는 외국 또는 외국인의 단체는 적국으로 간주되어 준적국으로 된다(제102조). 전술한 바와 같이 판례는 북한을 준적국으로 보고 있다. 대법원은 "북한괴뢰집단은 우리 헌법상 반국가적인 불법단체로서 국가로 볼 수 없으나, 간첩죄의 적용에 있어서는 이를 국가에 준하여 취급하여야 한다"고 판시한 바 있다.[9]

ⅱ. 국가기밀의 의의 　국가기밀의 개념과 범위에 관하여는 시대상황에 따라 다소 차이가 있었다. 그러나 국가기밀(國家機密, Staatsgeheimnis)이란 대체로 대한민국의 외적 안전에 대한 불이익의 발생을 방지하기 위하여 적국에 비밀로 하여야 할 사실, 물건 또는 지식으로서 일반인에게 알려지지 아니한 것이라고 정의할 수 있을 것이다. 일반적으로 국가기밀은 일반인에게 알려지지 아니한 것, 즉 비공지의 사실(넓은 의미)로서 국가의 안전에 대한 불이익의 발생을 방지하기 위하여 그것이 적국 또는 반국가단체에 알려지지 아니하도록 할 필요성, 즉 '요비닉성'(要秘匿性)이 있는 동시에, 그것이 누설되는 경우 국가의 안전에 명백한 위험을 초래한

6) 대법원 1986.2.25. 선고 85도2533 판결.
7) 대법원 1982.11.23. 선고 82도2201 판결; 대법원 1981.9.22. 선고 81도1944 판결.
8) 대법원 2011.1.20. 선고 2008재도11 전원합의체 판결; 대법원 1982.2.23. 선고 81도3063 판결.
9) 대법원 1983.3.22. 선고 82도3036 판결.

다고 볼 만큼의 실질적 가치가 있는 것 즉 '실질비성'(實質秘性)을 갖출 것을 요하기 때문이다.[10)]

판례는 국가기밀을 군사상의 기밀뿐만 아니라 정치, 경제, 문화, 사회 등 각 방면에 걸쳐 우리나라의 국방정책상 북한괴뢰집단에 알리지 아니하거나 확인되지 아니함이 우리나라의 이익이 되는 모든 기밀사항을 포함하는 개념으로서 광의로 파악하고 있다.[11)] 한편 국가정보원법에 의하면 국가기밀이란 국가의 안전에 대한 중대한 불이익을 피하기 위하여 한정된 인원만이 알 수 있도록 허용되고 다른 국가 또는 집단에 대하여 비밀로 할 사실·물건 또는 지식으로서 국가기밀로 분류된 사항만을 말한다(국가정보원법 제4조 제2호).

iii. 공지의 사실과 모자이크이론 공지의 사실은 국가기밀이 아니다. 1997년 9월 16일 판례의 입장이 변경되었기 때문이다. 대법원은 "그것들이 국내에서 적법한 절차 등을 거쳐 이미 일반인에게 널리 알려진 공지의 사실, 물건 또는 지식에 속하지 아니한 것이어야 하고, 또 그 내용이 누설되는 경우 국가의 안전에 위험을 초래할 우려가 있어 기밀로 보호할 실질가치를 갖춘 것일 경우에 한정된다"고 하여 공지의 사실을 국가기밀에서 배제한 바 있다.[12)] 그동안 공지의 사실도 국가기밀에 속한다고 해왔던 판례의 입장과 대조되고 있다. 일례로 1995년 대법원은 "그것이 국내에서의 적법한 절차 등을 거쳐 널리 알려진 공지의 사항이라도 반국가단체인 북한에게는 유리한 자료가 되고, 대한민국에게는 불이익을 초래할 수 있으면 국가기밀에 속한다"고 판시한 바 있다.[13)]

문제는 모자이크 이론(Mosaikt-heorie)에 의하여 공지의 사실이 국가기밀로 될 수 있는가에 있다. 이에 의하면 여러 조각을 하나로 맞추어 숨은 그림을 찾아내는 퍼즐게임(puzzle-game)에서처럼 개별적으로는 국가기밀이 아닌 공지의 사실이지만 이러한 사실들을 결합하여 공지되어 있지 아니한 국가기밀로서의 새로운 사실을 알아낼 여지가 있기 때문이다. 이에 대하여는 공지의 사실이더라도 국가기밀이 된다는 긍정설과 여전히 국가기밀이 될 수 없다는 부정설이 대립하고 있다. 생각건대 국가기밀이 아닌 공지의 사실을 결합한다고 해도 국가기밀이 될 수 없다는 점, 공지되어 있지 아니한 국가기밀로서의 새로운 사실을 알아내는 것은 적국에서도 이미 가능하다는 점 등에서 모자이크 이론에 의해도 국가기밀이 될 수 없다는 부정설이 타당하다.

iv. 위법한 국가기밀과 요보호성 침략전쟁의 준비 등과 같은 위법한 국가기밀도 본죄에 의하여 보호할 가치가 있는지에 대하여는 의문이 제기되고 있다. 그러나 위법한 국가기밀도 위에서 언급한 바와 같이 국가기밀의 구성요건의 관점에서 볼 때 국가기밀에 대한 필요조건과 충분조건을 모두 충족한다고 판단하지 아니할 수 없다. 일반인에게 널리 알려진

---

10) 헌법재판소 1997.1.16. 선고 92헌바6.26,93헌바34.35.36(병합) 결정.

11) 대법원 2011.1.20. 선고 2008재도11 전원합의체 판결; 대법원 1986.7.22. 선고 86도808 판결; 대법원 1985.11.26. 선고 85도1876 판결; 대법원 1984.11.27. 선고 84도2252 판결; 대법원 1983.6.28. 선고 83도1109 판결; 대법원 1969.2.25. 선고 68도1825 판결.

12) 대법원 1997.9.16. 선고 97도985 전원합의체 판결.

13) 대법원 1995.7.25. 선고 95도1148 판결.

공지의 사실, 물건 또는 지식에 속하지 아니한 것이어야 한다는 요비닉성(비공지성)과 그 내용이 누설되는 경우 국가의 안전에 위험을 초래할 우려가 있어 기밀로 보호할 실질가치를 갖춘 것이어야 한다는 실질비성을 모두 충족하고 있기 때문이다.

간첩을 긍정한 판례의 구체적 내용은 다음과 같다. 즉,

간첩이라 함은 적국에 제보하기 위하여 은밀한 방법으로 우리나라의 군사상은 물론 정치, 경제, 사회, 문화, 사상 등 기밀에 속한 사항 또는 도서, 물건을 탐지・수집하는 것을 말한다.[14] 국가보안법 제4조 제1항 제2호, 형법 제98조 제1항소정의 간첩죄의 대상이 되는 국가기밀은 순전한 국가기밀에만 국한할 것은 아니고 정치, 경제, 사회, 문화등 각 분야에 걸쳐서 대한민국의 국방정책상 북한괴뢰집단에게 알리지 아니하거나 확인되지 아니함이 대한민국의 이익이 되는 모든 기밀사항이 포함되고 이러한 기밀사항이 국내에 알려진 것이라 할지라도 북한괴뢰집단에게 유리한 자료가 될 때에는 이를 탐지, 수집하는 행위는 간첩죄를 구성한다.[15] 간첩죄에 있어서의 국가(군사)기밀이란 순전한 의미에서의 국가(군사)기밀에만 국한할 것이 아니고 정치, 경제, 사회, 문화 등 각 방면에 걸쳐 북한괴뢰집단의 지, 부지에 불구하고 국방정책상 위 집단에 알리지 아니하거나 확인되지 아니함을 우리나라의 이익으로 하는 모든 기밀사항을 포함한다.[16] 구 국가보안법(1980.12.31 법률 제3318호로 개정되기 전의 것) 제2조, 형법 제98조 제1항의 간첩죄에 있어서의 군사상 기밀은 순전한 군사상 기밀에만 국한되지 아니하고 정치, 경제, 사회, 문화등 모든 분야에 걸쳐 북괴가 알거나 모르거나를 묻지 않고 우리나라의 국방정책상 그 집단에 알리지 아니하거나 확인되지 아니함을 우리나라의 이익으로 하는 모든 사항 을 포함하는 것이므로 비록 공연한 사실에 속하더라도 북괴에 대하여 비밀로 하는 것이 우리나라의 이익을 위하여 필요하다고 인정되는 사항은 모두 이에 해당한다.[17] 간첩죄의 국가기밀은 순전한 국가기밀에만 국한할 것이 아니고 정치, 경제, 사회, 문화등 각 방면에 걸쳐 북한괴뢰집단의 지・부지에 불구하고 우리나라의 국가정책상 동 집단에 알리지 아니하거나 확인되지 아니함을 대한민국의 이익으로 하는 모든 기밀사항을 포함하고 지령에 의하여 민심동향을 파악, 수집하는 것도 이에 해당한다.[18] 간첩죄의 군사상 기밀은 순전한 군사상 기밀에만 국한 할 것이 아니고, 정치. 경제. 사회. 문화등 각 방면에 걸쳐 북한괴뢰집단의 지. 부지에 불구하고 우리나라 국방정책상 동 집단에 알리지 아니하거나 확인되지 아니함을 대한민국의 이익으로 하는 모든 군사상 기밀을 포함하므로 학생데모 상황, 선거상황등과 같이 일간신문에 보도되는 사항이라 하더라도 북한괴뢰집단에 대하여 비밀로 하는 것이 대한민국의 이익을 위하여 필요하다고 생각되는 군사에 관계되는 정보라면 그 것을 탐지. 수집하는 것도 간첩이 된다.[19] 간첩죄에 있어서 간첩행위란 군사상의 기밀 뿐만 아니라 정치, 경제, 문화, 사회등 각 방면에 걸쳐 우리나라의 국방정책상 북한괴뢰집단에 알리지 아니하거나 확인되지 아니함이 우리나라의 이익이 되는 모든 기밀사항을 탐지수집하는 것을 말한다.[20] 구 국가보안법 제2조, 형법 제98조 제1항의 간첩죄는 적국을 위하여 군사상 기밀은

14) 대법원 2011.1.20. 선고 2008재도11 전원합의체 판결.
15) 대법원 1986.7.22. 선고 86도808 판결; 대법원 1985.11.26 선고 85도1876 판결.
16) 대법원 1986.7.8. 선고 86도861 판결; 대법원 1985.11.12. 선고 85도1939 판결; 대법원 1983.4.26 선고 83도416 판결.
17) 대법원 1986.2.25. 선고 85도2533 판결.
18) 대법원 1985.11.12. 선고 85도1939 판결; 대법원 1983.4.26. 선고 83도416 판결; 대법원 1969.2.25. 선고 68도1825 판결.
19) 대법원 1984.11.27. 선고 84도2252 판결.
20) 대법원 1983.6.28. 선고 83도1109 판결.

물론 적국에 알려짐으로써 우리나라의 불이익이 되는 정치, 경제, 사회, 문화등 모든 분야에 걸친 기밀을 탐지 모집함으로써 성립된다.[21] 일간신문에 보도되는 사항이라 하더라도 북한괴뢰집단에 대하여 비밀로 하는 것이 대한민국의 이익을 위하여 필요하다고 생각되는 군사에 관계되는 정보라면 그것을 수집탐지하는 것도 간첩행위가 된다.[22] 형법 제98조소정의 간첩죄에 있어서 군사기밀이라 함은 순전한 군사상의 기밀에만 그치는 것이 아니고 현대전의 양상하에서는 사회, 경제, 정치등에 관한 기밀은 동시에 군사상의 기밀이 될 수 있고, 국방정책상 북한괴뢰집단에 알리지 아니하거나 확인되지 아니함이 대한민국의 이익이 되는 사항이라면 실제로 북한괴뢰집단이 이를 알고 있던 모르고 있던 간에 이를 기밀사항으로 보아야 한다.[23] 국민에게 일반적으로 널리 알려져 있는 사실이라고 하더라도 적국에게 알려지지 아니하거나 확인되지 아니함이 우리나라의 이익이 되는 모든 사항이 간첩행위의 대상이 된다.[24] 일본에서 반국가단체 구성원인 공소외인으로부터 간첩지령을 받고 입국 잠입한 피고인이 그가 제주공항에서 입국절차를 밟을 당시 출입구검사관의 책상 위에 있는 이건 수배자 명단이 우연히 눈에 띈 것이라 할지라도 이 수배자 명단을 유심히 살핀 결과 반국가단체구성원인 위 공소외인등이 수배되어 있는 사실을 알아냈다면 이는 북한괴뢰집단을 위하여 국가기밀사항을 탐지한 행위라고 보아야 할 것이다.[25] 간첩의 개념에 과거에 있어서의 제반 정세와 변천된 현정세하에 있어서는 단순한 군사상 기밀 뿐만 아니라 그외의 정치, 경제, 문화, 사회 등 각 방면에 걸쳐서 우리나라의 국방정책상 북한괴뢰집단에게 알리지 아니하거나 확인되지 아니함이 우리나라의 이익이되는 모든 기밀사항이 포함된다 할 것이므로 우리나라의 전반에 걸친 민심동향을 파악 수집하는 것도 국가기밀을 수집하는데 포함된다.[26] 간첩죄에 있어서 군사상 기밀은 순전한 군사상 기밀에만 그치는 것이 아니고 정치, 경제, 사회, 문화 등 각 방면에 긍하여 적에게 알려서는 우리나라에 불이익을 초래할 중요 국가기밀의 수집을 포함하는 것으로 해석하여야 한다.[27] 간첩으로서 군사기밀을 탐지수집하면 그로써 간첩행위는 기수가 되고 그 수집한 자료가 지령자에게 도달됨으로써 범죄의 기수가 되는 것은 아니다.[28]

간첩을 부정한 판례의 구체적 내용은 다음과 같다. 즉,

피고인에 대한 간첩의 공소사실은 합리적인 의심이 없을 정도로 증명되었다고 보기 어렵고 달리 이를 인정할 만한 증거가 없을 뿐만 아니라, 진보당의 중앙위원장인 피고인이 이미 지득하고 있던 관련 문건 등을 보고·누설한 행위에 불과하여 그 사실 자체로서 형법 제98조 제1항에 규정된 간첩행위로 보기 어렵다.[29] 간첩이라 함은 적국을 위하여 국가기밀을 탐지, 수집하는 행위를 말하는 섯이므로 간첩방조죄가 성립하려면 간첩의 활동을 방조할 의사로서 그의 기밀의 탐지 수집 행위를 용이하게 하는 행위가 있어야 하고 단순히 숙식을 제공한다거나 또는 무전기를 매몰하는 행위를 도와주었다거나 하는 사실만으로서는 간첩방조죄가 성립할 수 없다.[30] 간첩이란 적국을

21) 대법원 1983.6.14. 선고 83도863 판결.
22) 대법원 1983.4.26. 선고 83도416 판결.
23) 대법원 1983.3.22. 선고 82도3036 판결; 대법원 1978.6.13. 선고 78도75 판결; 대법원 1959.6.12. 선고 4292형상131 판결; 대법원 1959.5.22. 선고 4292형상62 판결.
24) 대법원 1980.7.22. 선고 80도845 판결.
25) 대법원 1978.1.10. 선고 77도3571 판결.
26) 대법원 1969.2.25. 선고 68도1825 판결.
27) 대법원 1968.12.24. 선고 68도1409 판결.
28) 대법원 1963.12.12. 선고 63도312 판결.
29) 대법원 2011.1.20. 선고 2008재도11 전원합의체 판결.
30) 대법원 1986.2.25. 선고 85도2533 판결.

위하여 국가기밀 사항을 탐지 수집하는 행위를 지칭하는 것이므로 무전기를 매몰하는 행위를 간첩행위로 볼 수 없다 하겠으니 이를 망보아 준 행위는 간첩방조죄를 구성하지 않는다.[31] 구 국가보안법 제2조, 형법 제98조 제1항의 간첩죄는 적국을 위하여 군사상 기밀은 물론 적국에 알려짐으로써 우리나라에 불이익이 되는 정치, 경제, 사회, 문화 등 모든 분야에 걸친 기밀을 탐지, 수집함으로 성립되는 것이고, 그 후에 이 탐지, 모집한 기밀을 적국에 제보하여 누설하였다고 하더라도 이는 따로 별개의 죄가 성립되는 것이 아니다.[32] 구 국가보안법(1960.6.10. 법률 제549호) 제2조, 형법 제98조 제1항에 규정된 간첩이란 단순한 기밀뿐만 아니라 정치, 경제, 사회, 문화, 사상 등 각 방면에 걸쳐서 우리나라의 국방상 북괴집단에게 알리지 아니하거나 확인되지 아니함이 우리나라의 이익이 되는 모든 기밀사항을 탐지, 모집함을 말하고 이러한 기밀에 속하는 이상 국내에서는 비록 신문, 잡지, 라디오 등에 보도되고 알려진 사항이라고 하더라도 북괴집단에 유리한 자료가 될 경우에는 역시 위 기밀사항에 포함된다고 보아야 할 것이나, 단순히 피고인의 활동상황에 관한 보고내용에 불과한 포섭대상, 포섭결과, 하숙이동상황, 이북방송의 청취상태, 자기가 수사기관에 연행되었다는 등의 사항은 기밀에 해당하지 않는다.[33] 형법 제98조 제1항에 규정된 간첩행위는 기밀에 속한 사항 또는 도서, 물건을 탐지 수집한 때에 기수가 되는 것이고 간첩이 탐지 수집한 사항을 타인에게 보고, 누설하는 행위는 간첩행위 자체라고는 볼 수 없다.[34] 형법 제98조 제1항의 간첩행위는 적국에 제보하기 위하여 은밀히 또는 묘계로써 우리나라의 군사상은 물론 정치, 경제, 사회, 문화, 사상 등 기밀에 속한 사항 또는 도서 물건을 탐지 모집함을 말한다. 따라서 이미 모집하거나 지득하고 있는 사항을 제보 또는 누설하는 행위 자체는 간첩행위에 해당하지 아니한다.[35]

ⓘ **간첩방조** 본죄는 적국의 간첩을 방조함으로써 성립한다. 방조는 간첩행위를 원조하여 용이하게 하는 행위를 말한다. 여기의 방조는 총칙상의 공범행위를 정범행위로 규정한 것이다. 따라서 간첩방조도 간첩과 동등한 정범행위이기 때문에 이에 대하여는 총칙상의 종범에 관한 규정은 적용되지 않는다.

간첩방조를 긍정한 판례의 구체적 내용은 다음과 같다. 즉,

반국가단체의 구성원 또는 그 지령을 받은 자에 대한 간첩방조죄가 성립하기 위하여는 행위자는 그 방조의 상대방이 반국가단체의 간첩임을 인식하면서 간첩행위를 원조하여 용이하게 하는 행위가 요구된다.[36] 간첩은 우리나라에 입국함과 동시에 간첩행위에 착수한 것이므로 동인과 접선방법을 합의 하였다면 간첩을 방조 하였다고 할 것이다.[37] 북괴가 남파한 대남공작원으로 하여금 합법적인 신분을 가장케 하기 위한 행위는 간첩방조죄가 성립한다.[38] 북괴가 남파한 대남공작원을 상륙시킨 행위는 간첩방조가 된다.[39]

간첩방조를 부정한 판례의 구체적 내용은 다음과 같다. 즉,

31) 대법원 1983.4.26. 선고 83도416 판결.
32) 대법원 1982.11.23. 선고 82도2201 판결.
33) 대법원 1982.11.9. 선고 82도2239 판결.
34) 대법원 1982.2.23. 선고 81도3063 판결.
35) 대법원 1981.9.22. 선고 81도1944 판결.
36) 대법원 1994.3.11. 선고 93도3145 판결.
37) 대법원 1971.2.25. 선고 70도2417 판결.
38) 대법원 1970.10.30. 선고 70도1870 판결.
39) 대법원 1961.1.27. 선고 4293형상807 판결.

간첩을 숨겨준 사실이 있다 하더라도 그 간첩이 군사기밀을 탐지, 수집, 누설하거나 하려한 사실을 인정할 수 없어서 간첩의 범행을 용이하게 하려는 의사가 있다고 볼 수 없으면 간첩방조죄는 성립되지 아니한다.[40] 조총련간첩에 소개하여 일본국에 밀항하게 하거나 공동묘지를 촬영한 필름을 조총련간첩에게 준 것만으로는 간첩행위나 간첩방조행위라고 보기 어렵다.[41] 북괴간첩에게 숙식을 제공하였다고 하여서 반드시 간첩방조죄가 성립된다고는 할 수 없고 행위자에게 간첩의 활동을 방조할 의사와 숙식제공으로서 간첩활동을 용이하게 한 사실이 인정되어야 한다.[42]

② 결 과

본죄는 추상적 위험범이다. 따라서 대한민국의 외적 안전에 대한 침해를 요하지 않는다. 인과관계도 불요하다는 것은 당연하다.

2) 주관적 구성요건

본죄에 있어서 간첩죄는 '적국을 위하여'라는 주관적인 요건을 요함에 반하여 간첩방조죄는 이러한 주관적 요건의 필요 없이 '적국의 간첩'이라는 인식만으로 족하다. 따라서 간첩죄의 주관적 구성요건으로서는 간첩행위에 대한 고의 외에 적국을 위한다는 이적의사(利敵意思)가 추가적으로 요구된다. 적국을 위한 간첩은 적국과의 의사의 연락을 요하므로 편면적 간첩은 인정될 수 없다.

간첩방조의 고의가 인정되려면 방조자는 그 방조의 상대방이 간첩임을 인식하면서 간첩행위를 원조하여 용이하게 하는 행위가 요구된다.[43]

3) 미수 · 기수

본죄의 간첩행위는 탐지, 수집과 밀접한 행위를 개시한 때에 실행의 착수가 인정된다. 간첩행위는 탐지, 수집한 때에 이미 기수에 달하게 된다. 간첩방조행위는 간첩행위와는 별개의 실행행위이므로 미수와 기수를 판단함에 있어서도 간첩행위와는 별도로 방조행위 자체를 기준으로 판단해야 한다.

실행의 착수를 긍정한 판례의 구체적 내용은 다음과 같다. 즉,

간첩의 목적으로 외국 또는 북한에서 국내에 침투 또는 월남하는 경우에는 기밀탐지가 가능한 국내에 침투 상륙함으로써 간첩죄의 실행의 착수가 있다고 할 것이다.[44] 피고인이 기밀탐지임무를 부여받고 대한민국에 입국 기밀을 탐지 수집중 경찰관이 피고인의 행적을 탐문하고 갔다는 말을 전해 듣고 지령사항수행을 보류하고 있던 중 체포되었다면 피고인은 기밀탐지의 기회를 노리다가 검거된 것이므로 이를 중지범으로 볼 수는 없다.[45] 북한괴뢰기관으로부터 이미 남파되어 있는 대남간첩과 접선하라는 등의 지령을 받고 남한에 잠입하였을 때 간첩행위의 착수가 있었다고 보아야 할 것이다.[46] 간첩할 목적으로 월남한 경우에는 남한지역에 입국함과 동시에 간첩착수로 볼 것이

---

40) 대법원 1979.10.10. 선고 75도1003 판결.
41) 대법원 1970.6.30. 선고 70도896 판결.
42) 대법원 1967.1.31. 선고 66도1661 판결.
43) 대법원 1994.3.11. 선고 93도3145 판결.
44) 대법원 1984.9.11. 선고 84도1381 판결; 대법원 1971.9.28. 선고 71도1333 판결; 대법원 1964.9.22. 선고 64도290 판결; 대법원 1960.9.30. 선고 4293형상508 판결; 대법원 1958.10.10. 선고 4291형상294 판결.
45) 대법원 1984.9.11. 선고 84도1381 판결.

고 남한내에서 동지 포섭 또는 접선할 것에 그치고 군사기밀의 탐지 수집사실이 없는 한 간첩미수로 처단할 것이다.[47] 간첩할 목적으로 월남한 때에는 그 월경한 때에 실행의 착수가 된다.[48] 간첩의 목적으로 남한에 침입한 때가 곧 간첩에 착수한 시기라고 할 것이므로 이북괴뢰로부터 간첩교육을 받고 간첩하기 위하여 본선으로 남한에 침입하였다면 간첩의 미수죄에 해당할 것이다.[49] 간첩이 휴전선을 월경하는 경우에는 그와 동시에 이미 간첩행위에 착수하였다 할 것이며 거점구축 정도만으로 기수에 이르렀다 할 수 없다.[50]

실행의 착수를 부정한 판례의 구체적 내용은 다음과 같다. 즉,

국가보안법 2조, 7조, 형법98조 2항에서 말하는 간첩미수죄는 국가기밀을 탐지수집하라는 지령을 받았거나 소위 무인포스트를 설정하는 것만으로는 부족하고 그 지령에 따라 국가기밀을 탐지수집하는 행위의 실행의 착수가 있어야 성립된다.[51] 외국에서 우리나라로 귀국함에 있어 반국가단체의 구성원으로부터 국내에서의 동지포섭 및 지하당조직과 같은 지령만 받았을 뿐 국가기밀을 탐지보고하라는 지령을 전혀 받은 바 없다면 귀국행위가 바로 간첩죄의 착수가 된다고 할 수 없다.[52]

2. 군사기밀누설죄

(1) 의 의

본죄는 군사상의 기밀을 적국에 누설함으로써 성립하는 범죄이다. 적국에 대한 군사기밀누설죄라고 할 수 있다.

(2) 객관적 구성요건

1) 주 체

본죄는 직무에 관하여 지득한 군사상의 기밀을 적국에 누설한 경우에만 적용된다.[53] 본죄를 직무상 군사상의 기밀을 지득한 자에게만 성립하는 진정신분범이라고 해석하는 것이 확립된 판례의 입장이기 때문이다. 따라서 직무와 관계없이 군사기밀을 지득하였을 때에는 본죄가 성립하지 않는다. 간첩죄를 범한 자가 그 탐지수집한 기밀을 누설한 경우에는 포괄하여 1죄를 구성할 뿐 본죄에는 해당하지 않는다.[54]

2) 객 체

본죄의 객체는 군사상의 기밀이다. 군사상의 기밀(軍事上의 機密)이란 현대전의 양상에 비추어 순수한 군사상의 기밀뿐만 아니라 군사력에 직결되고 군작전 수행과 관련이 있는

---

46) 대법원 1963.6.5. 선고 63도125 판결.
47) 대법원 1961.5.12. 선고 4294형상115 판결.
48) 대법원 1961.3.31. 선고 4294형상61 판결.
49) 대법원 1958.12.26. 선고 4291형상462 판결.
50) 대법원 1958.9.26. 선고 4291형상351 판결.
51) 대법원 1974.11.12. 선고 74도2662 판결.
52) 대법원 1968.7.30. 선고 68도754 판결.
53) 대법원 1976.7.27. 선고 76도1402 판결; 대법원 1974.8.20. 선고 74도1479 판결; 대법원 1971.2.25. 선고 70도2417 판결; 대법원 1959.7.10. 선고 4292형상197 판결.
54) 대법원 1974.7.26. 선고 74도1477 전원합의체 판결.

정치, 경제, 사회, 문화 등 국가의 모든 분야에 걸쳐 적국에 알려짐으로써 우리나라에 군사상 불이익이 되는 일체의 기밀을 포함하는 광의의 개념이다.[55]

3) 행 위

본죄의 실행행위는 누설이다. 누설(漏泄)이란 직무에 관하여 지득한 군사상의 기밀을 아직 알지 못하는 타인에게 이를 알려주는 행위를 말한다. 누설의 수단이나 방법은 묻지 않는다. 구두・문서에 의하든, 유선・무선의 통신에 의하든 불문한다.

누설을 긍정한 판례의 구체적 내용은 다음과 같다. 즉,

> 피고인이 회사의 노조지부장으로 재직 중 지득한 사실을 간첩에게 고지하여 누설한 행위를 국가보안법 제2조, 형법 제98조 제2항에 의율하였음은 정당하다.[56]

누설을 부정한 판례의 구체적 내용은 다음과 같다. 즉,

> 피고인이 일본 동경 재일조선인 총 연맹본부에서 이모와 공소외 1 집에서 이복형이며 재일 조총련계인 공소외 2에게 각 진술한 사실들은 피고인이 직무상 지득한 사실들이 아니라는 것이다. 그렇다면 피고인이 형법 98조 2항의 죄를 범한 것으로 볼 수 없다고 할 것인 바 같은 취지의 원판결은 정당하고 논지는 이유없다.[57]

(3) 주관적 구성요건

본죄는 고의범이다. 따라서 직무에 관하여 군사상의 기밀을 지득한 자가 그 군사상의 기밀을 적국에 누설한다는 행위에 대한 인식과 이에 대한 실현의사가 요구된다.

(4) 죄 수

직무에 관하여 군사상 기밀을 지득한 자가 이를 적국에 누설한 경우에는 뇌사기밀누설죄(제98조 제2항)에, 직무와 관계없이 지득한 군사상 기밀을 적국에 누설한 경우에는 일반이적죄(제99조)에 각 해당한다.

죄수에 관한 판례의 구체적 내용은 다음과 같다. 즉,

> 직무에 관하여 군사상의 기밀을 지득한 자가 이를 적국에 누설한 경우에는 형법 제98조 제2항의 죄가 성립한다.[58] 직무에 관하여 군사상 기밀을 지득한 자가 이를 적국에 누설한 경우에는 형법 제98조 제2항에, 직무와 관계없이 지득한 군사상 기밀을 적국에 누설한 경우에는 형법 제99조(일반이적)에 각 해당한다.[59] 구 국가보안법 제2조에서 인용한 형법 제98조 제1항의 간첩행위는 적국에 제보하기 위하여 은밀히 또는 묘계로써 우리나라의 군사상은 물론 정치, 경제, 사회, 문화, 사상 등 기밀에 관한 사항 또는 도서, 물건을 탐지, 모집함을 말하는 것이고, 직무에 관하여 군사상 기밀을 지득한 자가 이를 적국에 누설한 경우에는 형법 제98조 제2항의 기밀누설에, 직무에 관계없

---

55) 대법원 1983.6.14. 선고 83도863 판결; 대법원 1983.4.26. 선고 83도416 판결; 대법원 1980.9.9. 선고 80도1430 판결; 대법원 1961.3.31. 선고 4294형상61 판결; 대법원 대법원 1959.5.22. 선고 4292형상62 판결.

56) 대법원 1980.9.9. 선고 80도1430 판결; 대법원 대법원 1974.8.20. 선고 74도1479 판결.

57) 대법원 1976.7.27. 선고 76도1402 판결.

58) 대법원 1983.6.14. 선고 83도863 판결; 대법원 1982.11.23. 선고 82도2201 판결.

59) 대법원 1982.11.23. 선고 82도2201 판결.

이 지득한 군사상 기밀을 지득한 자가 이를 적국에 누설한 경우에는 형법 제99조의 일반이적죄에 해당한다 할 것이다.[60] 직무에 관하여 군사상 기밀을 지득한 자가 이를 적국에 누설한 경우에는 형법 제98조 제2항에, 직무에 관계없이 지득한 군사상 기밀을 적국에 누설한 경우에는 형법 제99조에 각 해당한다.[61] 형법 제98조 제2항의 기밀누설죄는 직무에 관하여 지득한 군사상의 기밀을 적국에 누설한 경우에 적용되는 것이며 이는 형법 제98조 2항이 국가보안법 2조에서 준용되는 경우에도 마찬가지다.[62] 직무에 관하여 군사상 기밀을 지득한 자가 이를 적국에 누설한 경우에 한하여 형법 제98조 제2항소정의 간첩죄가 성립한다.[63] 형법 제98조 제1항, 제100조의 간첩미수죄로 기소된 이상 그 보다 형이 중한 행위시법인 국가보안법 제28조 제1항, 제11조 제1항에 의하여 처단할 수 없다.[64]

Ⅲ. 처 벌

본죄의 법정형은 사형, 무기 또는 7년 이상의 징역이다. 간첩죄, 간첩방조죄 및 군사상 기밀누설죄의 법정형은 모두 동일하다.

§6. 예비 · 음모 · 선동 · 선전

제101조(예비, 음모, 선동, 선전) ① 제92조 내지 제99조의 죄를 범할 목적으로 예비 또는 음모한 자는 2년 이상의 유기징역에 처한다. 단 그 목적한 죄의 실행에 이르기 전에 자수한 때에는 그 형을 감경 또는 면제한다.

② 제92조 내지 제99조의 죄를 선동 또는 선전한 자도 전항의 형과 같다.

Ⅰ. 서 설

본죄는 전시군수계약불이행죄를 제외한 나머지 외환의 죄를 범할 목적으로 예비 · 음모함으로써 성립하는 범죄와 선동 · 선전함으로써 성립하는 범죄로 나누어질 수 있다.

Ⅱ. 예비 · 음모

본죄는 외환유치죄, 여적죄, 모병이적죄, 시설제공이적죄, 시설파괴이적죄, 물건제공이적죄, 간첩죄 및 일반이적죄를 범할 목적으로 예비 · 음모함으로써 성립한다. 내란의 죄에서 전술한 바와 같이 본죄는 목적범으로 규정되어 있고, 자수에 대한 필요적 감면의 특례가 적용되고 있다.

예비 · 음모에 관한 판례의 구체적 내용은 다음과 같다. 즉,

---

60) 대법원 1982.11.9. 선고 82도2239 판결.

61) 대법원 1982.7.13. 선고 82도968 판결; 대법원 1982.2.23. 선고 81도2958 판결; 대법원 1981.9.22. 선고 81도1944 판결; 대법원 1975.5.13. 선고 75도862 판결.

62) 대법원 1974.8.20. 선고 74도1479 판결; 대법원 1971.8.10 선고 71도1143 판결; 대법원 1971.6.30. 선고 71도774 판결; 대법원 1971.2.25. 선고 70도2417 판결; 대법원 1959.7.10. 선고 4292형상197 판결.

63) 대법원 1971.2.25. 선고 70도2417 판결.

64) 대법원 1961.10.26. 선고 4294형상562 판결.

본조 제1항의 간첩이라 함은 적국의 지령 기타 의사연락하에 군사상 기밀사항을 탐지 수집하는 것을 의미하므로 적측과 아무런 연락없이 편면적으로 군사에 관한 정보를 수집하였다면 그는 본조 제2항의 군사상 기밀누설의 예비행위라고 볼 것이다.[65]

Ⅲ. 선동 · 선전

본죄는 외환유치죄, 여적죄, 모병이적죄, 시설제공이적죄, 시설파괴이적죄, 물건제공이적죄, 간첩죄 및 일반이적죄를 선동 또는 선전함으로써 성립한다. 본죄는 목적범이 아니다. 예비 · 음모의 자수에 대한 필요적 감면의 특례도 적용되지 않는다.

§7. 전시군수계약불이행죄

제103조(전시군수계약불이행) ① 전쟁 또는 사변에 있어서 정당한 이유없이 정부에 대한 군수품 또는 군용공작물에 관한 계약을 이행하지 아니한 자는 10년 이하의 징역에 처한다.
② 전항의 계약이행을 방해한 자도 전항의 형과 같다.

제104조(동맹국) 본장의 규정은 동맹국에 대한 행위에 적용한다.

Ⅰ. 서 설

1. 의 의

본죄는 전쟁 또는 사변에 있어서 정당한 이유없이 정부에 대한 군수품 또는 군용공작물에 관한 계약을 이행하지 아니하거나 계약이행을 방해함으로써 성립하는 범죄이다. 본죄는 진정부작위범으로서의 전시군수계약불이행죄와 작위범으로서의 전시군수계약이행방해죄로 구분될 수 있다.

2. 취 지

본죄는 군수물자의 원활한 공급을 보장하기 위하여 도입된 범죄라고 해석된다. 본죄는 1930년대 제1차 세계대전시 독일의 개정 형법, 제2차 세계대전시 일본의 개정형법가안 및 6 · 25 한국전쟁시 우리나라의 제정 형법은 각각 전쟁상황을 그 입법배경으로 하고 있었기 때문이다. 그러나 계약상의 의무위반에 대하여 형사처벌하는 것은 과도하다는 비판이 제기되고 있다. 한편, 미국에서는 한국전쟁을 지원하기 위하여 1950년 국방생산법(Defence Production Act, 1950)이 제정된 바 있다.[66] 이 법은 국방을 위하여 미국내산업을 통제할 권한을 대통령에게 주는 한시법이었다. 그러나 오늘날까지 50회 이상 수정과 재승인을 거치면서 처음에는 전쟁을 준비하기 위한 전력(戰力)의 충족만을 의미하던 국방의 의미가 자연재해, 테러공격 및 기타 긴급사태에 대한 준비 · 대응에까지 확대된 채 효력을 유지하고 있다.[67] 특히 2020년 코로

65) 대법원 1959.5.18. 선고 4292형상34 판결.
66) 이 법은 제2차 세계대전 중의 전시체제를 구축한 1941년 전쟁권한법(War Power Act)과 1942년 전쟁권한법을 참고한 것이다.

나 바이러스 감염증 유행시에도 트럼프 대통령에 의하여 이 법이 적용된 바 있다.

Ⅱ. 범 죄

본죄에 있어서 전시군수계약불이행죄의 주체는 군수계약을 체결한 자이다. 진정신분범이다. 전시군수계약이행방해죄의 주체에는 제한이 없다.

본죄의 객체는 군수계약이다. 군수계약(軍需契約)이란 정부에 대한 군수품 또는 군용공작물에 관한 계약을 말한다. 본죄의 객체는 군의 수요품인 군수품 또는 군용공작물에 한정된다는 점에서 전술한 공공의 수요품인 식량 또는 생활필수품을 대상으로 하는 전시공수계약불이행죄와 구별되고 있다(제117조). 계약의 상대방은 정부이다. 정부란 행정부의 통칭이다. 중앙정부는 물론 지방정부도 포함된다.

본죄에 있어서 전시군수계약불이행죄의 실행행위는 불이행이다. 불이행(不履行)이란 정당한 이유 없이 군수계약을 이행하지 아니하는 것을 말한다. 진정부작위범이다. 전시군수계약이행방해죄의 실행행위는 군수계약의 이행을 방해하는 것이다. 이행방해의 방법여하는 묻지 않는다.

본죄는 행위상황은 전시이다. 전시(戰時)란 전쟁 또는 사변을 말한다. 본죄의 전시는 전쟁 또는 사변을 의미한다는 점에서 전술한 전쟁, 천재 기타 사변을 의미하는 전시공수계약불이행죄와 구별된다(제117조).

Ⅲ. 처 벌

본죄의 법정형은 10년 이하의 징역이다. 3년 이하의 징역 또는 500만원 이하의 벌금인 전시공수계약불이행죄의 그것보다 무겁다(제117조).

§8. 관련 특별법

Ⅰ. 군형법

제11조(군대 및 군용시설 제공) ① 군대 요새(要塞), 진영(陣營) 또는 군용에 공하는 함선이나 항공기 또는 그 밖의 장소, 설비 또는 건조물을 적에게 제공한 사람은 사형에 처한다.
② 병기, 탄약 또는 그 밖에 군용에 공하는 물건을 적에게 제공한 사람도 제1항의 형에 처한다.

제12조(군용시설 등 파괴) 적을 위하여 제11조에 규정된 군용시설 또는 그 밖의 물건을 파괴하거나 사용할 수 없게 한 사람은 사형에 처한다.

제13조(간첩) ① 적을 위하여 간첩행위를 한 사람은 사형에 처하고, 적의 간첩을 방조한 사람은 사형 또는 무기징역에 처한다.
② 군사상 기밀을 적에게 누설한 사람도 제1항의 형에 처한다.
③ 다음 각 호의 어느 하나에 해당하는 지역 또는 기관에서 제1항 및 제2항의 죄를 범한 사람도 제1항의 형에 처한다.

---

67) 이 법은 2019년에도 재승인되어 유효기한은 2025년 9월 30일까지로 되어 있다.

1. 부대·기지·군항(軍港)지역 또는 그 밖에 군사시설 보호를 위한 법령에 따라 고시되거나 공고된 지역
2. 부대이동지역·부대훈련지역·대간첩작전지역 또는 그 밖에 군이 특수작전을 수행하는 지역
3. 「방위사업법」에 따라 지정되거나 위촉된 방위산업체와 연구기관

제14조(일반이적) 제11조부터 제13조까지의 행위 외에 다음 각 호의 어느 하나에 해당하는 행위를 한 사람은 사형, 무기 또는 5년 이상의 징역에 처한다.

1. 적을 위하여 진로를 인도하거나 지리를 알려준 사람
2. 적에게 항복하게 하기 위하여 지휘관에게 이를 강요한 사람
3. 적을 숨기거나 비호(庇護)한 사람
4. 적을 위하여 통로, 교량, 등대, 표지 또는 그 밖의 교통시설을 손괴하거나 불통하게 하거나 그 밖의 방법으로 부대 또는 군용에 공하는 함선, 항공기 또는 차량의 왕래를 방해한 사람
5. 적을 위하여 암호 또는 신호를 사용하거나 명령, 통보 또는 보고의 내용을 고쳐서 전달하거나 전달을 게을리하거나 거짓 명령, 통보나 보고를 한 사람
6. 적을 위하여 부대, 함대(艦隊), 편대(編隊) 또는 대원을 해산시키거나 혼란을 일으키게 하거나 그 연락이나 집합을 방해한 사람
7. 군용에 공하지 아니하는 병기, 탄약 또는 전투용에 공할 수 있는 물건을 적에게 제공한 사람
8. 그 밖에 대한민국의 군사상 이익을 해하거나 적에게 군사상 이익을 제공한 사람

제15조(미수범) 제11조부터 제14조까지의 미수범은 처벌한다.

제16조(예비, 음모, 선동, 선전) ① 제11조부터 제14조까지의 죄를 범할 목적으로 예비 또는 음모를 한 사람은 3년 이상의 유기징역에 처한다. 다만, 그 목적한 죄의 실행에 이르기 전에 자수한 경우에는 그 형을 감경하거나 면제한다.

② 제11조부터 제14조까지의 죄를 범할 것을 선동하거나 선전한 사람도 제1항의 형에 처한다.

제17조(동맹국에 대한 행위) 이 장의 규정은 대한민국의 동맹국에 대한 행위에도 적용한다.

Ⅱ. 국가보안법

제4조(목적수행) ① 반국가단체의 구성원 또는 그 지령을 받은 자가 그 목적수행을 위한 행위를 한 때에는 다음의 구별에 따라 처벌한다.

1. 형법 제92조 내지 제97조·제99조·제250조제2항·제338조 또는 제340조제3항에 규정된 행위를 한 때에는 그 각조에 정한 형에 처한다.
2. 형법 제98조에 규정된 행위를 하거나 국가기밀을 탐지·수집·누설·전달하거나 중개한 때에는 다음의 구별에 따라 처벌한다.
   가. 군사상 기밀 또는 국가기밀이 국가안전에 대한 중대한 불이익을 회피하기 위하여 한정된 사람에게만 지득이 허용되고 적국 또는 반국가단체에 비밀로 하여야 할 사실, 물건 또는 지식인 경우에는 사형 또는 무기징역에 처한다.
   나. 가목외의 군사상 기밀 또는 국가기밀의 경우에는 사형·무기 또는 7년 이상의 징역에 처한다.
4. 교통·통신, 국가 또는 공공단체가 사용하는 건조물 기타 중요시설을 파괴하거나 사람을 약취·유인하거나 함선·항공기·자동차·무기 기타 물건을 이동·취거한 때에는 사형·무기 또는 5년 이상의 징역에 처한다.
6. 제1호 내지 제5호의 행위를 선동·선전하거나 사회질서의 혼란을 조성할 우려가 있는 사항에 관하여 허위사실을 날조하거나 유포한 때에는 2년 이상의 유기징역에 처한다.

② 제1항의 미수범은 처벌한다.

③ 제1항제1호 내지 제4호의 죄를 범할 목적으로 예비 또는 음모한 자는 2년 이상의 유기징역에 처한다.

④ 제1항제5호 및 제6호의 죄를 범할 목적으로 예비 또는 음모한 자는 10년 이하의 징역에 처한다.

본법의 악용사례는 정치사와 사법사에 얼룩을 남기기도 하였다. 특히 본죄와 관련하여 1959년 사형이 확정되었고,[68] 사형이 집행된 후 52년이 지난 2011년 재심사건에서 무죄선고를 받은 이른

68) 대법원 1959.2.27. 선고 4291형상559 판결.

바 진보당사건이 사법살인(司法殺人)의 대표적인 예로서 거론될 수 있을 것이다.[69]

Ⅲ. 군사기밀보호법

제2조(정의) 이 법에서 사용하는 용어의 뜻은 다음과 같다.

1. "군사기밀"이란 일반인에게 알려지지 아니한 것으로서 그 내용이 누설되면 국가안전보장에 명백한 위험을 초래할 우려가 있는 군(軍) 관련 문서, 도화(圖畵), 전자기록 등 특수매체기록 또는 물건으로서 군사기밀이라는 뜻이 표시 또는 고지되거나 보호에 필요한 조치가 이루어진 것과 그 내용을 말한다.

제11조(탐지 · 수집) 군사기밀을 적법한 절차에 의하지 아니한 방법으로 탐지하거나 수집한 사람은 10년 이하의 징역에 처한다.

제12조(누설) ① 군사기밀을 탐지하거나 수집한 사람이 이를 타인에게 누설한 경우에는 1년 이상의 유기징역에 처한다.

② 우연히 군사기밀을 알게 되거나 점유한 사람이 군사기밀임을 알면서도 이를 타인에게 누설한 경우에는 5년 이하의 징역 또는 5천만원 이하의 벌금에 처한다.

제13조(업무상 군사기밀 누설) ① 업무상 군사기밀을 취급하는 사람 또는 취급하였던 사람이 그 업무상 알게 되거나 점유한 군사기밀을 타인에게 누설한 경우에는 3년 이상의 유기징역에 처한다.

② 제1항에 따른 사람 외의 사람이 업무상 알게 되거나 점유한 군사기밀을 타인에게 누설한 경우에는 7년 이하의 징역에 처한다.

제13조의2(군사기밀 불법 거래에 관한 가중처벌) ① 제11조부터 제13조까지에 따른 죄를 범한 자가 금품이나 이익을 수수, 요구, 약속 또는 공여한 경우 그 죄에 해당하는 형의 2분의 1까지 가중처벌한다.

② 삭제 〈2015.3.27.〉

제14조(과실로 인한 군사기밀 누설) 과실로 제13조제1항의 죄를 범한 사람은 2년 이하의 징역 또는 2천만원 이하의 벌금에 처한다.

제15조(외국 또는 외국인을 위한 죄에 관한 가중처벌) 외국 또는 외국인(외국단체를 포함한다)을 위하여 제11조부터 제13조까지에 규정된 죄를 범한 경우에는 그 죄에 해당하는 형의 2분의 1까지 가중처벌한다.

---

69) 대법원 2011.1.20. 선고 2008재도11 전원합의체 판결.

제11장 국가의 권위에 관한 죄

제1절 총 설

국가의 권위에 관한 죄는 국가의 권위를 보호하기 위한 범죄를 말한다. 국기에 관한 죄(형법 제2편 제3장)와 국교에 관한 죄(형법 제2편 제4장)를 전술한 국가의 존립에 관한 죄나 후술하는 국가의 기능에 관한 죄에 속하는 것으로 분류하는 것은 다소 애매하다고 판단하여 그래도 어색하지만 별도의 국가의 권위에 관한 죄라는 장을 새로 만들어 이에 속하는 범죄로 분류하고자 한다. 이러한 방식에 의하면 국가적 법익에 대한 죄를 국가의 존립에 관한 죄, 국가의 권위에 관한 죄 및 국가의 기능에 관한 죄로 분류하는 것이 가능하게 된다. 국가의 권위에 관한 죄는 다시 국기에 관한 죄와 국교에 관한 죄로 나누어질 수 있다.

제2절 국기에 관한 죄

§1. 개 관

Ⅰ. 의 의

국기에 관한 죄란 대한민국을 모욕할 목적으로 국기 또는 국장을 손상, 제거, 오욕하거나 비방함으로써 성립하는 범죄를 말한다. 대한민국을 모욕할 목적을 요하는 목적범이다. 형법상 독립된 장으로 규정되어 있는 국기에 관한 죄는 독일형법은 조문으로 규정하고 있으나,[1] 일본형법에는 하등의 규정이 없다.

Ⅱ. 보호법익

국기와 국장은 국가의 권위에 대한 상징물이다. 국가, 국민 및 동포에 대한 존경심, 자긍

---

1) 독일형법 제90조a(국가 및 국가상징물 모독) ① 집회에서 또는 문서(제11조 제3항)의 반포를 통하여 공연히 다음 각호의 1에 해당하는 행위를 한 자는 3년 이하의 자유형 또는 벌금형에 처한다.
1. 독일연방공화국 또는 각 주, 독일연방공화국의 헌법질서에 대한 모욕 또는 악의 비방
2. 독일연방공화국 또는 각 주의 휘장, 기, 문장, 찬가의 비방
② 공적으로 게시된 독일연방공화국 내지 각 주의 기 또는 관청이 공적으로 설치한 독일연방공화국 내지 각 주의 국장을 제거, 파괴, 손상, 사용불능 또는 식별불능하게 하거나 이를 오욕한 자도 제1항과 동일하게 처벌한다. 미수범은 처벌한다.
③ 행위자가 제1항 및 제2항의 행위에 의하여 고의로 독일연방공화국의 존립 또는 헌법상의 제원칙에 반하는 계획을 실행한 경우에는 5년 이하의 자유형 또는 벌금형에 처한다.

심, 단결심 및 독립심 등을 표하는 대상이자 이러한 마음을 드높이는 수단이기도 하다. 국기에 관한 죄의 보호법익은 국가의 권위이다. 보호의 정도는 추상적 위험범으로서의 보호이다. 국가의 권위에 대한 구체적 위험 없이도 국기 또는 국장에 대한 손상, 제거, 오욕이나 비방만으로도 충분히 기수에 이르기 때문이다.

Ⅲ. 구성요건의 체계

국기에 관한 죄는 국기 · 국장 모독죄와 국기 · 국장 비방죄로 구성되어 있다. 외국의 국기 · 국장 모독죄는 후술하는 국교에 관한 죄에 속한다. 형법은 대한민국 영역 외에서 국기에 관한 죄를 범한 외국인에게도 적용된다(제5조). 국가보호주의의 표현이라고 할 수 있다.

§2. 국기 · 국장 모독죄

제105조(국기, 국장의 모독) 대한민국을 모욕할 목적으로 국기 또는 국장을 손상, 제거 또는 오욕한 자는 5년 이하의 징역이나 금고, 10년 이하의 자격정지 또는 700만원 이하의 벌금에 처한다.

Ⅰ. 서 설

본죄는 대한민국을 모욕할 목적으로 국기 또는 국장을 손상, 제거 또는 오욕함으로써 성립하는 범죄이다. 대한민국을 모욕할 목적을 요하는 목적범이다.

대한민국을 모욕할 목적으로 국기를 손상, 제거 또는 요욕한 자를 처벌하는 국기모독죄는 위헌이 아니다.

이에 관한 판결의 구체적 내용은 다음과 같다. 즉,

국기는 국가의 역사와 국민성, 이상 등을 응축하고 헌법이 보장하는 질서와 가치를 담아 국가의 정체성을 표현하는 국가의 대표적 상징물이다. 심판대상조항은 국기를 존중, 보호함으로써 국가의 권위와 체면을 지키고, 국민들이 국기에 대하여 가지는 존중의 감정을 보호하려는 목적에서 입법된 것이다. 심판대상조항은 국기가 가지는 고유의 상징성과 위상을 고려하여 일정한 표현방법을 규제하는 것에 불과하므로, 국기모독 행위를 처벌한다고 하여 이를 정부나 정권, 구체적 국가기관이나 제도에 대한 비판을 허용하지 않거나 이를 곤란하게 하는 것으로 볼 수 없다. 만약 표현의 자유만을 강조하여 국기모독 행위를 금지 · 처벌하지 않는다면, 국기가 상징하는 국가의 권위와 체면이 훼손되고 국민이 국기에 대하여 가지는 존중의 감정이 손상되며 국민을 극단적 대립과 갈등 상황으로 몰아넣을 수 있다. 국기모독 행위를 경범죄로 취급하거나 형벌 이외의 다른 수단으로 제재하여서는 입법목적을 효과적으로 달성하기 어렵다. 형법 제정 이후 국기모독죄로 기소되거나 처벌된 사례가 거의 없으며, 심판대상조항의 법정형은 법관이 구체적 사정을 고려하여 합리적으로 양형할 수 있도록 규정되어 있다. 그러므로 심판대상조항은 과잉금지원칙에 위배되어 청구인의 표현의 자유를 침해한다고 볼 수 없고, 표현의 자유의 본질적 내용을 침해한다고도 할 수 없다.[2)]

---

2) 헌법재판소 2019.12.27. 선고 2016헌바96 결정.

Ⅱ. 범 죄

1. 구성요건

(1) 객관적 구성요건

1) 주 체

본죄의 주체는 대한민국의 영역 내에 있는 내·외국인을 불문한다. 다만 국기에 대한 죄는 대한민국의 영역 외에 있는 외국인에게도 적용된다(제5조 제3호 참조).

2) 객 체

본죄의 객체는 국기 또는 국장이다. 국기(國旗)란 대한민국의 권위를 표창하기 위하여 정하여진 기를 말한다. 국기는 국장의 전형적인 것이다. 대한민국의 국기는 태극기(太極旗)이다(대한민국국기법 제4조).[3] 국장(國章)이란 대한민국을 상징하기 위하여 정하여진 일체의 휘장으로서 국기를 제외한 것을 말한다. 나라문장 또는 국가문장(國家紋章)이라고도 한다. 외국에 발신하는 공문서와 국가적 중요문서 및 기타 시설·물자 등에 대한민국을 상징하는 휘장으로 사용한다(나라문장규정 제1조 참조).[4] 현행 나라문장규정은 1970년의 개정령에 근거한 것이다.[5]

국기·국장은 공용에 공할 것을 요하지 않는다. 공용에 공할 것을 요하는 외국의 국기·국장 모독죄와 구별된다. 외국의 국기·국장 모독죄는 후술하는 국교에 관한 죄에 속하고 있다(제109조). 국기·국장에 대한 소유권의 유무는 묻지 않는다. 자기소유인 국기·국장이라도 본죄의 성립을 방해하지 않는다. 또 국기·국장은 반드시 법령에 따라 제작된 것에 한하지 않는다(대한민국국기법 시행령 제6조, 나라문장규정 제2조 참조).

3) 행 위

본죄의 실행행위는 손상, 제거 또는 오욕이다. 손상(損傷)이란 국기 또는 국장 자체를 손괴하거나 훼손하는 방법에 의하여 대한민국의 권위·존엄을 징표하는 효용을 멸실 또는 감소시키는 것을 말한다. 국기 또는 국장을 찢거나 불태우는 행위가 이에 해당한다. 손상에 대하여는 물리적 파괴만을 의미한다는 견해와 널리 효용의 멸실도 포함한다는 견해가 다투어지고 있다. 후자에 의하면 차폐는 손상에 포함되게 된다. 본죄의 행위가 손상 외에도 제거나 오욕도 포함하고 있는 점에 비추어 볼 때 손상은 물리적 파괴만을 의미한다는 전자의 견해가 타당하다. 제거(除去)란 국기 또는 국장 자체를 손상함이 없이 장소적 이전, 차폐 등의 방법에 의하여 국기 또는 국장이 현실적으로 소재하는 장소에서 수행하고 있는 권위·존업을 징표하는 효용을 멸실시키거나 감소시키는 것을 말한다. 국기 또는 국장을 제거하거나 간판 등으로 차폐하는 행위가 이에 해당한다. 오욕(汚辱)이란 국기 또는 국장에 대하여 불결하게 하거나 혐오의 감정을 주는 방법에 의하여 그 효용을 멸실시키거나 감소시키는

---

3) 대한민국국기법 2007.1.26. 제정 법률 제8272호 2007.7.27. 시행.
4) 나라문장 규정 1963.12.10. 제정 각령 제1671호 1964.1.1. 시행.
5) 나라문장 규정 1970.7.3. 전부개정 대통령령 제5151호 1970.7.3. 시행.

것을 말한다. 오물을 끼얹거나 먹물을 뿌리거나 낙서를 하거나 밟는 등의 행위가 이에 해당한다.

(2) 주관적 구성요건

본죄는 목적범이다. 따라서 본죄는 국기국장을 손상, 제거 또는 오욕한다는 고의 외에 대한민국을 모욕할 목적을 요한다. 모욕이란 모욕죄에 있어서의 모욕과 같다. 경멸의 의사표시를 말한다. 목적의 달성여부는 묻지 않는다.

(3) 미수 · 기수

본죄의 기수시기에 대하여는 견해의 대립이 있다. 대한민국의 권위를 실추시킬 정도의 손상, 제거 또는 오욕의 행위를 요한다는 구체적 위험범설과 대한민국의 권위에 대한 현실적인 침해를 요하지 않는다는 추상적 위험범설이 그것이다. 본죄는 손상, 제거 또는 오욕함으로써 기수에 이른다는 추상적 위험범설이 타당하다고 해석된다.

2. 죄 수

국기 · 국장에 대한 손괴행위는 본죄에 흡수된다. 본죄와 손괴죄는 법조경합으로서 흡수관계라고 해석된다.

Ⅲ. 처 벌

본죄의 법정형은 5년 이하의 징역이나 금고, 10년 이하의 자격정지 또는 700만원 이하의 벌금이다.

§3. 국기 · 국장 비방죄

제106조(국기, 국장의 비방) 전조의 목적으로 국기 또는 국장을 비방한 자는 1년 이하의 징역이나 금고, 5년 이하의 자격정지 또는 200만원 이하의 벌금에 처한다.

Ⅰ. 서 설

본죄는 대한민국을 모욕할 목적으로 국기 또는 국장을 비방함으로써 성립하는 범죄이다. 대한민국을 모욕할 목적을 요하는 목적범이다. 전술한 국기 · 국장 모독죄의 감경적 구성요건이라고 할 수 있다.

Ⅱ. 범 죄

본죄의 주체는 국기 · 국장 모독죄에 있어서와 같다. 본죄의 객체 또한 전술한 국기 · 국장 모독죄에 있어서의 그것과 같은 국기 · 국장이다.

본죄의 실행행위는 비방이다. 비방(誹謗)이란 모욕의 의사표시를 말한다고 한다. 사전적으로 비방은 비웃고 헐뜯어서 나쁘게 말하는 것을 의미한다. 비방은 모욕의 의사를 정신적으로 표시한다는 점에서 물리적으로 표시하는 모독과 구별된다고 하기도 한다. 흔히 언어, 거동, 문서, 회화 등이 비방의 방법으로서 거론되고 있다. 다만 비방은 공연성을 요한다고 해석하는 것이 다수설의 입장이다.

본죄는 주관적 구성요건으로서 고의 외에 대한민국을 모욕할 목적을 요한다. 전술한 국기 · 국장 모독죄에 있어서의 그것과 일치하고 있다.

Ⅲ. 처 벌

본죄의 법정형은 1년 이하의 징역이나 금고, 5년 이하의 자격정지 또는 200만원 이하의 벌금이다. 법정형이 5년 이하의 징역이나 금고, 10년 이하의 자격정지 또는 700만원 이하의 벌금인 국기 · 국장 모독죄보다 가볍다.

제 3 절 국교에 관한 죄

§1. 개 관

Ⅰ. 서 설

1. 의 의

국교에 관한 죄는 대한민국의 존립 또는 권위를 보장하기 위한 범죄라고 해석된다. 다만 국교에 관한 죄는 간접적으로 대한민국의 존립 또는 권위를 보장하기 위한 범죄라는 점에서 직접적으로 대한민국의 존립을 보장하기 위한 범죄인 내란의 죄 또는 외환의 죄와 구별되고, 직접적으로 대한민국의 권위를 보장하기 위한 범죄인 국기에 관한 죄와 구별된다고 할 수 있다.

2. 입법주의

국교에 관한 죄를 규정하는 방식에는 상호주의와 단독주의가 있다. 상호주의는 외국법에 동일한 규정이 있는 경우에 한하여 내국법을 적용하는 입장이다. 단독주의는 외국법에 동일한 규정의 유무를 불문하고 내국법을 적용하는 입장이다. 형법은 후자의 입장이다.

Ⅱ. 보호법익

국교에 관한 죄의 보호법익에 대하여는 다툼이 있다. 국제법상 보호되고 있는 외국의 이익이라는 견해와 대한민국의 대외적 지위의 안전이라는 견해가 그것이다. 생각건대 국교

에 관한 죄는 외국의 이익도 보호대상으로 하고 있지만, 궁극적으로는 대한민국의 안전을 확보하기 위한 범죄라고 하는 것이 타당하다고 해석된다.

생각건대 형법은 국교에 관한 죄를 내란의 죄, 외환의 죄 및 국기에 관한 죄의 다음에 규정하고 있는 점, 국교에 관한 죄는 대한민국의 존립 또는 권위를 간접적으로 보장하기 위한 범죄라고 해석되는 점, 형법이 외국의 법익을 직접적으로 보호하고 있다고는 할 수 없는 점 및 실질적으로 국제법에 반하는 행위를 허용하는 경우 국제관계가 복잡하고 외국과의 교류가 빈번한 현대와 같은 시대에서는 대한민국의 국제적 지위가 위태롭게 될 수 있다는 점 등이 그 근거로 제시될 수 있다고 본다.

Ⅲ. 구성요건의 체계

국교에 관한 죄는 세 가지의 유형으로 나누어질 수 있다. 첫째, 외국원수, 외교사절 및 외국국기에 관한 범죄이다. 이에는 외국원수에 대한 폭행 등 죄, 외교사절에 대한 폭행 등 죄 및 외국의 국기·국장의 모독죄가 있다. 둘째, 외국에 대한 국제적 의무나 국제적 평화에 대한 범죄이다. 외국에 대한 사전죄와 중립명령위반죄가 이에 해당한다. 셋째, 외교관계에 관한 범죄이다. 외교상 기밀누설죄가 이에 속한다.

§2. 외국원수에 대한 폭행 등 죄

제107조(외국원수에 대한 폭행 등) ① 대한민국에 체재하는 외국의 원수에 대하여 폭행 또는 협박을 가한 자는 7년 이하의 징역이나 금고에 처한다.
② 전항의 외국원수에 대하여 모욕을 가하거나 명예를 훼손한 자는 5년 이하의 징역이나 금고에 처한다.
제110조(피해자의 의사) 제107조 내지 제109조의 죄는 그 외국정부의 명시한 의사에 반하여 공소를 제기할 수 없다.

Ⅰ. 서 설

본죄는 대한민국에 체재하는 외국의 원수에 대하여 폭행, 협박, 모욕을 가하거나 명예를 훼손함으로써 성립하는 범죄이다. 일반인에 대한 그것보다 처벌이 무거운 가중적 구성요건에 해당한다.

Ⅱ. 범 죄

본죄의 객체는 대한민국에 체재하는 외국의 원수에 한한다. 원수(元首)란 해당 국가의 헌법상 그 국가를 대표할 수 있는 권한을 가지고 있는 사람을 말한다. 칭호여하는 묻지 않는다. 외국(外國)이란 국가로서의 실체를 갖추고 있는 대한민국 이외의 국가를 말한다. 외국에는 당연히 우리나라와 외교관계가 없는 국가도 포함된다.

본죄의 실행행위는 폭행, 협박, 모욕 또는 명예훼손이다. 본죄에 있어서의 폭행, 협박,

모욕 또는 명예훼손의 의미는 각각 폭행죄, 협박죄, 모욕죄 및 명예훼손죄에 있어서의 그것과 같다. 다만 본죄에 있어서의 모욕과 명예훼손은 각각 모욕죄와 명예훼손죄에 있어서의 그것과는 달리 공연성을 요하지 않는다.

Ⅲ. 처 벌

본죄의 법정형은 폭행협박의 경우 7년 이하의 징역이나 금고이고, 모욕 · 명예훼손의 경우 5년 이하의 징역이나 금고이다. 본죄는 반의사불벌죄이다. 따라서 그 외국정부의 명시한 의사에 반하여 공소를 제기할 수 없다. 본죄는 반의사불벌죄라는 점에서 명예훼손죄와 공통되지만, 친고죄인 모욕죄와는 구별되고 있다(제312조 참조).

§3. 외교사절에 대한 폭행 등 죄

제108조(외국사절에 대한 폭행 등) ① 대한민국에 파견된 외국사절에 대하여 폭행 또는 협박을 가한 자는 5년 이하의 징역이나 금고에 처한다.
② 전항의 외국사절에 대하여 모욕을 가하거나 명예를 훼손한 자는 3년 이하의 징역이나 금고에 처한다.

제110조(피해자의 의사) 제107조 내지 제109조의 죄는 그 외국정부의 명시한 의사에 반하여 공소를 제기할 수 없다.

Ⅰ. 서 설

본죄는 대한민국에 파견된 외국사절에 대하여 폭행, 협박, 모욕을 가하거나 명예를 훼손함으로써 성립하는 범죄이다. 외국원수에 대한 그것보다 가볍게 처벌한다는 의미에서 감경적 구성요건에 속한다고 할 수 있다.

Ⅱ. 범 죄

본죄의 객체는 대한민국에 파견된 외국사절에 한한다. 사절(使節)이란 국가나 군주의 명령을 받아 외국에 파견되는 사람을 말한다. 외국사절(外國使節)은 외국으로부터 파견되어 온 그 나라의 대표자를 의미한다. 외국의 대사, 공사, 특사 등의 총칭이다(정부대표법 제1조 참조). 외국에 파견되어 외교교섭을 행하고 자국민을 보호하며 주재국의 정세를 본국에 보고하는 국가의 대표자로서의 외교사절(外交使節)과는 다소 차이가 있다. 외국사절의 가족, 수행원, 사자 등은 본죄의 객체가 되지 않는다. 대한민국에 파견된 외국사절인 한 그 체류국은 묻지 않는다. 그러나 파견되지 아니하고 잠시 체류하는 외국사절은 본죄의 객체로 되지 않는다.

Ⅲ. 처 벌

본죄의 법정형은 외국사절에 대한 폭행 또는 협박을 가한 자에 대하여는 5년 이하의

징역이나 금고이고, 모욕을 가하거나 명예를 훼손한 자에 대하여는 3년 이하의 징역이나 금고이다. 본죄도 반의사불벌죄이다. 따라서 그 외국정부의 명시한 의사에 반하여 공소를 제기할 수 없다.

§4. 외국의 국기·국장의 모독죄

제109조(외국의 국기, 국장의 모독) 외국을 모욕할 목적으로 그 나라의 공용에 공하는 국기 또는 국장을 손상, 제거 또는 오욕한 자는 2년 이하의 징역이나 금고 또는 300만원 이하의 벌금에 처한다.

제110조(피해자의 의사) 제107조 내지 제109조의 죄는 그 외국정부의 명시한 의사에 반하여 공소를 제기할 수 없다.

Ⅰ. 서 설

본죄는 외국을 모욕할 목적으로 그 나라의 공용에 공하는 국기 또는 국장을 손상, 제거 또는 오욕함으로써 성립하는 범죄를 말한다.

Ⅱ. 범 죄

본죄의 객체는 외국의 공용에 공하는 국기 또는 국장이다. 본죄는 공용에 공하는 외국의 국기·국장에 한한다는 점에서 전술한 국기·국장 모독죄와 구별되고 있다(제105조 참조). '공용에 공한다'고 함은 해당 국가의 권위를 상징하기 위하여 그 나라의 대사관과 같은 공적 기관이나 공무소에서 공적 용도로 사용되는 것을 말한다. 따라서 사적 용도의 사용은 제외된다. 점포나 운동회장의 만국기는 본죄의 객체에 해당하지 않는다.

다만 외국의 범위에 관하여는 다투어지고 있다. 첫째, 우리나라가 국제법상 정식으로 승인한 국가에 한한다는 견해이다. 본죄가 외국정부의 청구를 소송조건으로 하기 때문에 미승인국가나 국교미회복국가는 이와 같은 청구를 행할 수 없기 때문이라고 한다. 둘째, 미승인국가 또는 국교미회복국가도 포함한다는 견해이다. 범죄성부의 문제와 소송조건의 존부는 관계가 없다고 해야 하고, 미승인국가나 국교미회복국가에 대하여도 국가적 명예를 존중하여야 하기 때문이라고 한다. 생각건대 본죄의 구성요건요소는 소송조건으로서의 청구와는 관계가 없기 때문에 후자의 견해가 타당하다고 해석된다. 국가를 초월하는 국제연합이나 국제기구 등은 외국에 해당하지 않는다.

본죄의 실행행위는 손상, 제거 또는 오욕이다. 손상, 제거, 오욕의 개념은 전술한 국기·국장 모독죄에 있어서의 그것과 같다.

본죄는 목적범이다. 본죄는 주관적 구성요건요소로서 고의 외에도 외국을 모욕할 목적을 요한다. 모욕의 목적이란 해당 국가에 대하여 부정적 평가를 표시할 목적을 말한다.

Ⅲ. 처 벌

본죄의 법정형은 2년 이하의 징역이나 금고 또는 300만원 이하의 벌금이다. 본죄도 반의사불벌죄로 규정되어 있다. 따라서 그 외국정부의 명시한 의사에 반하여 공소를 제기할 수 없다.

§5. 외국에 대한 사전죄

제111조(외국에 대한 사전) ① 외국에 대하여 사전한 자는 1년 이상의 유기금고에 처한다.
② 전항의 미수범은 처벌한다.
③ 제1항의 죄를 범할 목적으로 예비 또는 음모한 자는 3년 이하의 금고 또는 500만원 이하의 벌금에 처한다. 단 그 목적한 죄의 실행에 이르기 전에 자수한 때에는 감경 또는 면제한다.

Ⅰ. 서 설

본죄는 외국에 대하여 사전하거나, 사전을 할 목적으로 예비 또는 음모함으로써 성립하는 범죄를 말한다. 사전은 외교관계에 영향을 주어 국가의 존립이나 권위에 손상을 가져올 수 있는 행위이다. 본죄는 외국사전죄와 외국사전에 대한 예비·음모죄로 나누어질 수 있다.

Ⅱ. 외국사전죄

1. 서 언

본죄는 외국에 대하여 사전함으로써 성립하는 범죄를 말한다. 본죄의 미수와 예비·음모는 처벌된다.

2. 범 죄

본죄의 실행행위는 사전이다. 사전(私戰)이란 사적인 전투행위를 말한다. 사적(私的)이란 사인 또는 사적 단체가 사적인 목적을 달성하기 위한 것으로 국가의 의사와는 무관하다는 것을 말한다. 국가의 의사와 무관하다는 것은 국가로부터 전투명령을 받지 않았다는 것을 의미한다. 전투행위란 단순한 폭력행위의 정도로는 족하지 않고 무력에 의한 조직적인 공격·방어의 행사를 말한다. 사전의 상대국은 외국이다. 외국이란 통치조직체로서의 국가인 외국을 말한다. 외국의 일부지방이나 특정한 외국인조직에 대한 전투행위 등은 본조에서 말하는 외국에 해당되지 않는다. 다만 우리나라가 국제법상 국가승인이나 정부승인을 한 외국인가의 여부와 우리나라와 정식 외교관계를 맺고 있는 외국인가의 여부에 대하여는 다툼이 있다.

3. 처 벌

본죄의 법정형은 1년 이상의 유기금고이다. 징역형을 두지 않았다는 점이 주목된다. 본

죄는 미수범도 처벌한다.

Ⅲ. 외국사전에 대한 예비 · 음모죄

1. 서 언

본죄는 외국에 대하여 사전할 목적을 가지고 그에 대하여 예비 · 음모함으로써 성립하는 범죄이다. 본죄는 사전을 예비 · 음모의 단계에서 국내법으로 처벌하여 우리나라의 국제적 지위의 안전을 도모하려는 취지에서 규정된 것이다.

2. 범 죄

본죄의 실행행위는 사전에 대한 예비 · 음모이다. 예비(豫備)란 사전에 대한 준비행위를 말한다. 병기, 탄약의 준비 등 그 방법은 묻지 않는다. 음모(陰謀)란 사전의 실행에 대하여 모의하는 것을 말한다. 본죄는 총칙상의 예비 · 음모를 다시 명문으로 규정하고 있다는 의미를 가지고 있다. 본죄는 외국에 대하여 사전을 범할 목적을 요하는 목적범이다.

3. 처 벌

본죄는 외국에 대하여 사전을 범할 목적으로 예비 또는 음모한 자에 대하여 3년 이하의 금고 또는 500만원 이하의 벌금에 처한다. 다만 그 목적한 죄의 실행에 이르기 전에 자수한 때에는 감경 또는 면제한다. 자수한 자에 대하여는 형이 필요적으로 감경되거나 면제된다.

§6. 중립명령위반죄

제112조(중립명령위반) 외국간의 교전에 있어서 중립에 관한 명령에 위반한 자는 3년 이하의 금고 또는 500만원 이하의 벌금에 처한다.

Ⅰ. 서 설

1. 의 의

본죄는 외국간의 교전에 있어서 중립에 관한 명령에 위반함으로써 성립하는 범죄를 말한다. 외국간의 교전에 있어서 중립국의 입장을 취하는 국가는 국제법상 일정한 의무를 부담하게 된다. 이 의무를 이행하기 위하여 중립국은 자국 내에서 일정한 작위나 부작위를 명하게 된다. 이것이 바로 국외중립명령이다. 이 국외중립명령을 위반하는 자는 대한민국의 국제적인 지위를 위태롭게 하는 것이 된다. 역사적으로 볼 때 실패로 끝났지만 러 · 일전쟁 발발시 고종황제는 1904년 1월 21일 국외중립을 선언한 바 있다.

2. 성 격

본죄는 국외중립명령의 규체적인 내용이 외국간의 교전에 있어서 발하는 명령에 따라서

결정되기 때문에 백지형법에 해당한다. 형법상 백지형법의 유일한 예이다. 또 국외중립명령은 외국간의 교전이라는 일시적인 사태에 대처하기 위한 것이므로 일종의 한시법적 성격을 가진다. 문제는 국외중립명령이 폐지된 후에 추급효를 가지는가에 있다. 이에 대하여는 다툼이 있다.

Ⅱ. 범 죄

본죄의 실행행위는 국외중립명령에 위반하는 것이다. 국외중립명령이란 외국이 전쟁상태에 있을 때 대한민국이 그 어느 외국에게도 가담하지 않는다는 것을 선언하고 국민에 대하여도 그 어느 외국에게도 편의를 제공하여서는 안 된다는 취지를 지시하여 발하는 명령을 말한다. 일방의 외국에 대한 무기탄약의 수출이나 그 모병에 응모를 금지하는 것 등이 이에 해당한다. 명령의 형식은 법률에 한하지 않고 법률에 근거한 시행령과 시행규칙 등을 포함한다.

본죄의 행위상황은 '외국간의 교전에 있어서'이다. '외국간의 교전에 있어서'란 우리나라의 참여가 없는 2개국 이상의 외국이 현실적으로 전쟁상태에 있는 것을 의미한다. 교전(交戰)이란 국제법상의 분쟁뿐만 아니라 사실상의 전쟁상태를 포함하는 개념으로 해석된다.

Ⅲ. 처 벌

본죄의 법정형은 3년 이하의 금고 또는 500만원 이하의 벌금이다. 본죄는 금고형만을 규정하고 있다. 중립명령에 대한 위반행위를 확신범적 성격을 가지는 것으로 파악한 결과라고 해석된다.

§7. 외교상 기밀 누설죄

제113조(외교상 기밀의 누설) ① 외교상의 기밀을 누설한 자는 5년 이하의 징역 또는 1천만원 이하의 벌금에 처한다.
② 누설할 목적으로 외교상의 기밀을 탐지 또는 수집한 자도 전항의 형과 같다.

Ⅰ. 서 설

본죄는 외교상의 기밀을 누설하거나 누설할 목적으로 외교상의 기밀을 탐지 또는 수집함으로써 성립하는 범죄이다. 본죄는 외교상 기밀누설죄와 외교상 기밀 탐지·수집죄로 나누어질 수 있다.

본죄는 일본의 개정형법가안에서 유래하는 규정이지만, 현행 일본형법에는 존재하지 않는다. 본죄는 형법상 외교상의 기밀을 누설하거나 누설할 목적으로 외교상의 기밀을 탐지 또는 수집함으로써 성립하는 범죄라는 점에서 적국을 위하여 간첩하거나, 적국의 간첩을 방조하거나 또는 군사상의 기밀을 적국에 누설함으로써 성립하는 간첩죄(제98조)와 구별된다.

Ⅱ. 범 죄

1. 외교상 기밀 누설죄

본죄는 외교상의 기밀을 누설함으로써 성립하는 범죄이다.

본죄의 주체에는 다툼이 있다. 직무와 관련하여 외교상 기밀을 지득하게 된 자에 한정된다는 신분범설과 주체에는 제한이 없다는 비신분범설이 대립하고 있다. 비신분범설의 입장에서 본죄는 신분범인 공무상 비밀누설죄(제127조)나 군사상 기밀누설죄(제98조 제2항)와 구별될 수 있다.

본죄의 객체는 외교상의 기밀이다. 외교상의 기밀이라 함은 외국과의 관계에서 국가가 보지해야 할 기밀로서 외교정책상 외국에 대하여 비밀로 하거나 확인되지 아니함이 대한민국의 이익이 되는 모든 정보자료를 말한다.[1] 대사관 직원이 정상간의 통화내용을 무단으로 열람한 뒤 이를 유출하는 경우가 이에 해당한다. 그러나 외국에 이미 널리 알려져 있는 사항은 특단의 사정이 없는 한 이를 비밀로 하거나 확인되지 아니함이 외교정책상의 이익이 된다고 할 수 없는 것이어서 외교상의 기밀에 해당한다고 할 수 없다.[2]

본죄의 실행행위는 누설이다. 누설(漏泄)이란 외교상의 기밀을 타인에게 고지하는 것을 의미한다. 그 수단이나 방법은 묻지 않는다. 다만 이미 그 기밀을 알고 있는 사람에게 알리는 것은 누설에 해당하지 않는다.

누설을 부정한 판례의 구체적 내용은 다음과 같다. 즉,

> 외국에 널리 알려진 사항이라고 하더라도 대한민국 정부가 외교정책상 그 사항의 존재 또는 진위 여부 등을 외국에 대하여 공식적으로 알리지 아니하거나 확인하지 아니함이 외교정책상의 이익으로 되는 예외적인 경우가 있을 수 있음은 소론이 지적하는 바와 같으나, 피고인들이 공개한 사항들 중 어느 사항이 어떠한 이유로 위와 같은 경우에 해당한다는 점에 관하여 검사의 주장・입증이 전혀 없을 뿐만 아니라, 가사 피고인들이 공개한 사항 중 일부가 이에 해당한다고 하더라도, 외국에 널리 알려진 사항 그 자체가 외교상의 기밀이 되는 것은 아니고 다만 그러한 사항의 존재나 진위 여부에 대한 대한민국 정부의 공식적인 입장이나 견해가 외교상의 기밀이 될 수 있을 뿐이라고 할 것인데, 기록에 의하면 피고인들은 외교상의 기밀에 해당된다고 기소된 사항 등에 대하여 정부가 국내 언론사에 이른바 "보도지침"을 보내 보도의 자제나 금지를 요청하는 형식으로 언론을 통제하고 있다는 사실을 공개한 것으로 인정될 뿐이고, 나아가 피고인들이 공개한 내용만으로는 위와 같이 보도의 자제나 금지가 요청된 사항에 대한 대한민국 정부의 공식적인 입장이나 견해는 물론 그 사항 자체의 존부나 진위조차 이를 알거나 확인할 수 없으므로, 피고인들의 위 행위가 외교상의 기밀을 알리거나 확인함으로써 이를 누설한 경우에 해당한다고 볼 수도 없다.[3]

2. 외교상 기밀 탐지・수집죄

본죄는 외교상의 기밀을 누설할 목적으로 외교상의 기밀을 탐지 또는 수집함으로써 성립하는 범죄이다.

---

1) 대법원 1995.12.5. 선고 94도2379 판결.
2) 대법원 1995.12.5. 선고 94도2379 판결.
3) 대법원 1995.12.5. 선고 94도2379 판결.

본죄의 주체에는 제한이 없다. 본죄의 객체는 외교상의 기밀이다. 본죄의 실행행위는 탐지 또는 수집이다. 탐지 또는 수집은 누설의 예비단계에 해당하는 행위로서 누설과 독립된 행위로 규정된 것이다.

본죄는 위의 외교상 기밀누설죄와는 달리 주관적 구성요건으로서 고의 외에 외교상의 기밀을 누설할 목적을 요하는 목적범이다.

Ⅲ. 처 벌

본죄의 법정형은 5년 이하의 징역 또는 1천만원 이하의 벌금이다. 누설, 탐지 또는 수집 행위의 법정형은 구별 없이 모두 동일하게 처벌된다.

제12장 국가의 기능에 대한 죄

제1절 총 설

국가적 법익에 대한 죄는 전술한 국가의 존립에 대한 죄와 국가의 권위에 대한 죄 이외에도 국가의 기능에 대한 죄로 구성된다. 국가의 기능에 대한 죄란 국가의 기능이 원활하고 공정하게 작용하도록 보장하기 위한 범죄라고 할 수 있다.

국가의 기능을 입법기능, 행정기능 및 사법기능의 세 가지로 나누든 입법기능과 행정기능을 통합하여 두 가지로 나누든 사법기능은 국가의 기능으로서 공통적으로 인정된다. 따라서 국가의 기능에 대한 죄는 우선 사법기능을 침해하는 범죄군과 사법기능을 제외한 나머지 국가기능을 침해하는 범죄군으로 양분될 수 있을 것이다. 그리고 사법기능을 제외한 나머지 국가의 기능은 주권자인 국민의 자유와 권리를 보호하기 위하여 공무원이 그의 권한인 직무에 따라 공무를 원활하고 공정하게 수행함으로써 유지된다고 할 수 있다. 여기서 국민의 자유와 권리를 보호하기 위한 국가의 기능에 대한 죄는 다시 공무원에 의하여 공무원의 직무가 침해되는 범죄군과 일반인에 의하여 공무원의 공무가 침해되는 범죄군으로 분류될 수 있다. 흔히 전자를 내부로부터 공무원에 의한 공무원의 직무범죄(공무원범죄), 후자를 외부로부터 일반인에 의한 공무원에 대한 공무범죄라고 할 수 있을 것이다. 국가와 국민의 관계는 대립적 구조가 아니라 조화적 구조로 파악되어야 할 것이기 때문이다.

국가의 기능에 대한 죄는 형법의 규정에 따르면 공무원의 직무에 관한 죄(형법 제2편 제7장)와 공무방해에 관한 죄(형법 제2편 제8장)로 우선 분류될 수 있다. 그 다음으로 사법기능을 침해하는 범죄와 관련한 국가의 기능에 대한 죄는 다시 도주와 범인은닉의 죄(형법 제2편 제9장), 위증과 증거인멸의 죄(형법 제2편 제10장) 및 무고의 죄(형법 제2편 제11장)로 나누어질 수 있다.

제2절 공무원의 직무에 관한 죄

§1. 개 관

Ⅰ. 서 설

1. 의 의

본장의 공무원의 직무에 관한 죄란 공무원의 직무와 관련된 위법행위에 의하여 국가 또는 지방자치단체의 입법·사법·행정작용의 적정한 운용을 침해하는 것을 내용으로 하는 범죄를 말한다(형법 제2편 제7장). 본장의 죄는 내부로부터 공무원에 의한 공무원의 직무범죄(공무원범죄)라는 점에서 후술하는 바와 같이 외부로부터 일반인에 의한 공무원에 대한 공무범죄인 공무방해에 관한 죄와 구별된다고 할 수 있다(형법 제2편 제7장, 제8장 참조).

헌법상 공무원은 국민 전체에 대한 봉사자이며 국민에 대하여 책임을 진다(헌법 제7조 제1항). 공무원의 직무상 의무위반에 대하여는 징계처분이 가하여진다. 그러나 의무위반의 정도가 심한 경우에는 형사처벌도 불가피하다고 하겠다. 형법은 공무원이 직무에 위배하거나 직권을 남용하거나 뇌물을 수수하는 경우에는 책임을 지도록 규정하고 있다. 본장의 죄는 공무원의 직무와 관련하여 원칙적으로 공무원에 의하여 범하여진다는 의미에서 공무원의 직무범죄(Amts-delikte) 또는 공무원범죄라고도 불리어진다.

한편 공무원에 의하여 범하여진다는 의미에서의 공무원범죄는 본장의 죄 외에도 간수자의 도주원조죄(제148조), 세관공무원의 아편 등의 수입죄(제200조), 허위공무성작성죄(제227조) 등 다수의 범죄가 거론될 수 있다.

2. 보호법익

공무원의 직무에 관한 죄의 보호법익은 국가의 기능이다. 국가기능의 담당자인 공무원으로부터 주권자인 국민의 자유와 권리를 보호하기 위한 국가의 기능이라고 해야 한다. 쉽게 말해서, 본장의 죄는 국민전체에 대한 봉사자로서 국민에 대하여 책임을 져야 할 공무원이 국가와 국민 사이에서 농간이나 농단하는 것을 발본색원하기 위한 방책이라고 할 수 있다.

본장의 죄는 국민의 자유나 권리의 침해여부를 묻지 않기 때문에 본죄의 보호법익에 대한 보호의 정도는 추상적 위험범으로서의 보호라고 할 수 있다.

Ⅱ. 본 질

1. 신분범

본장의 죄의 주체는 행위시에 공무원일 것을 요한다. 이러한 의미에서 본장의 죄는 신분범에 속한다. 다만 공무상 비밀누설죄(제127조), 사전수뢰죄(제129조) 및 뇌물공여 등 죄(제133조)의 주체

에는 공무원이었던 자, 공무원이 될 자 또는 공무원이 아닌 자가 포함되어 있다.

2. 공무원

(1) 의 의

형법은 공무원의 개념에 관하여 아무런 규정을 두고 있지 않다. 공무원의 개념에 대한 형법의 태도는 해석에 맡겨져 있다는 점에서 명문의 규정을 두고 있는 일본형법과 구별되고 있다.[1] 공무원(公務員)이란 일반적으로 법령에 의하여 공무(公務), 즉 국가 또는 지방자치단체의 사무에 종사하는 직원을 말한다고 해석되고 있다. 따라서 공무원의 범위는 원칙적으로 국가공무원법, 지방공무원법 및 기타 다른 법령에 의하여 정하여질 수 있다.

(2) 구 분

국가공무원법에 따르면 공무원은 다음과 같이 구분된다. 공무원은 경력직 공무원과 특수경력직 공무원으로 구분된다(국가공무원법 제2조 제1항).

첫째, 경력직 공무원이다. 경력직 공무원이라 함은 실적과 자격에 의하여 임용되고 그 신분이 보장되며 평생토록 공무원으로 근무할 것이 예정되는 공무원을 말한다(국가공무원법 제2조 제2항). 경력직공무원의 종류는 일반직공무원, 특정직공무원 및 고용직공무원으로 나누어진다. 일반직공무원은 기술 · 연구 또는 행정일반에 대한 업무를 담당하며 직군 · 직렬별로 분류되는 공무원을 말한다. 특정직공무원은 법관 · 검사 · 외무공무원 · 경찰공무원 · 소방공무원 · 교육공무원 · 군인 · 군무원 · 헌법재판소 헌법연구관 및 국가정보원의 직원과 특수분야의 업무를 담당하는 공무원으로서 다른 법률이 특정직공무원으로 지정하는 공무원을 말한다. 기능직공무원은 기능적인 업무를 담당하며 그 기능별로 분류되는 공무원을 말한다.

둘째, 특수경력직 공무원이다. 특수경력직 공무원이라 함은 경력직 공무원 외의 공무원을 말한다(국가공무원법 제2조 제3항). 특수경력직 공무원의 종류는 정무직공무원, 별정직공무원, 계약직공무원 및 고용직공무원으로 나누어진다. 정무직공무원은 선거에 의하여 취임하거나 임명에 있어서 국회의 동의를 요하는 공무원과 고도의 정책결정업무를 담당하거나 이러한 업무를 보조하는 공무원으로서 법률 또는 대통령령(대통령비서실의 조직에 관한 대통령령에 한한다)에서 정무직으로 지정하는 공무원을 말한다. 별정직공무원은 특정한 업무를 담당하기 위하여 별도의 자격기준에 의하여 임용되는 공무원으로서 법령에서 별정직으로 지정하는 공무원을 말한다. 계약직공무원은 국가와 채용계약에 의하여 일정한 기간동안 전문지식 · 기술이 요구되거나 임용에 있어서 신축성 등이 요구되는 업무에 종사하는 공무원을 말한다. 고용직공무원은 단순한 노무에 종사하는 공무원을 말한다.

---

1) 일본형법 (정의) 제7조 ① 이 법률에서 공무원이라 함은 국가 또는 지방공공단체의 직원, 그 밖의 법령에 의하여 공무에 종사하는 의원, 위원 그 밖의 직원을 말한다. ② 이 법률에서 공무소라 함은 관공서 그 밖의 공무원이 직무를 행하는 곳을 말한다.

3. 공무원의 한계

(1) 판단기준

공무원의 범위는 공법상의 공무원개념이 그대로 적용되는 것이 아니라 형법의 독자적인 입장에서 수정될 수 있다. 대법원도 "형법상 공무원이라 함은 국가 또는 지방자치단체 및 이에 준하는 공법인의 사무에 종사하는 자로서 그 노무의 내용이 단순한 기계적 육체적인 것에 한정되어 있지 않은 자를 말한다"고 판시한 바 있다.[2)]

(2) 고용직공무원

고용직공무원도 공무원이다. 예컨대 우편집배원은 공무원에 속한다. 우편업무의 공정성이 요구될 뿐만 아니라 우편집배원의 직무는 정신적·기능적 판단을 요하는 사무로서 단순한 기계적·육체적 노무라고 할 수 없기 때문이다.

다만 고용직공무원이 담당하는 기계적 노무는 특별히 직무범죄에 의하여 보호되어야 할 가치가 있다고 할 수 없다. 예컨대 환경미화원, 인부 또는 사환 등은 공무원에서 제외되어야 한다고 해석되고 있다. 단순노무의 제공은 국가나 지방자치단체의 의사를 국민이나 지방자치단체의 주민에게 전달하거나 실현하는 것이 아니므로 직무집행의 공정성에 대한 신뢰에 영향을 미치지 않기 때문이다. 판례도 같은 입장이다.

공무원을 부정한 판례의 구체적 내용은 다음과 같다. 즉,

> 피고인이 국민기초생활 보장법상 '자활근로자'로 선정되어 주민자치센터 사회복지담당 공무원의 복지도우미로 근무하던 갑을 협박하여 그 직무집행을 방해하였다는 내용으로 기소된 사안에서, 갑이 공무원으로서 공무를 담당하고 있었다고 볼 수 없다.[3)]

(3) 공법인의 직원

공법인의 직원이 공무원인가에 대하여는 다툼이 있다. 긍정설은 개별적으로 검토하여 행정기관에 준하는 공법인의 직원은 공무원에 속한다고 한다. 다수설과 판례의 입장이다.

부정설은 다른 법령에 의하여 공무원의 지위가 인정되는 경우가 아니면 공법인의 직원이라도 공무원이라 할 수 없다고 한다. 공법인과 사법인의 구별은 명백하지 않고 공법인이라 하여도 사인의 사무와 차이가 없는 경우가 많다는 점, 공법인의 직원 중에서 공무원으로 해야 할 자의 범위가 법률에 규정되어 있다는 점 등을 근거로 하고 있다.

4. 직무범죄의 유형

(1) 진정직무범죄와 부진정직무범죄

직무범죄를 진정직무범죄와 부진정직무범죄로 나누는 견해가 있다. 신분범이 진정신분범과 부진정신분범으로 구분되는 것과 같은 기준이다. 진정직무범죄(眞正職務犯罪, echte Amtsdelikte)란 공무원만이 행위의 주체가 될 수 있는 범죄유형을 말한다. 직무유기죄, 수뢰죄, 공무상 비밀누설죄,

---

2) 대법원 2011.1.27. 선고 2010도14484 판결; 대법원 1978.4.25. 선고 77도3709 판결.
3) 대법원 2011.1.27. 선고 2010도14484 판결.

선거방해죄가 이에 속한다. 공무원의 신분은 구성적 신분이 된다. 부진정신분범(不眞正職務犯罪, unechte Amtsdelikte)이란 공무원이 아닌 자도 행위의 주체가 될 수 있지만, 공무원이 주체가 되는 경우에는 가중하여 처벌하는 범죄유형을 말한다. 불법체포·감금죄, 폭행·가혹행위죄 등이 이에 속한다. 공무원의 신분은 가중적 신분이 된다.

(2) 일반직무범죄와 특수직무범죄

직무범죄는 일반직무범죄와 특수직무범죄로 나누어질 수 있다. 일반직무범죄(一般職務犯罪, allgemeine Amts-delikte)란 공무원이면 누구나 행위의 주체가 될 수 있는 범죄유형을 말한다. 직무유기죄, 수뢰죄, 공무상 비밀누설죄 등이 이에 속한다. 특수직무범죄(特殊職務犯罪, besondere Amtsdelikte)란 공무원 중에서 특정직 공무원만이 행위의 주체가 될 수 있는 범죄유형을 말한다. 불법체포·감금죄, 폭행·가혹행위죄, 피의사실공표죄, 선거방해죄 등이 이에 속한다. 특정직 공무원의 신분은 구성적 신분이 된다.

Ⅲ. 구성요건의 체계

공무원의 직무에 관한 죄는 크게 직무위배죄, 직권남용죄 및 뇌물죄의 세 가지 유형으로 분류될 수 있다. 모두 공무원에 의한 범죄라는 점에서 공통되지만, 직무위배죄는 국가에 대한 범죄라는 점, 직권남용죄는 국민에 대한 범죄라는 점 및 뇌물죄는 사익의 추구로 인한 범죄라는 점에서 각각 구별되고 있다고 할 수 있다.

§2. 직무위배의 죄

Ⅰ. 서 설

1. 의 의

직무위배의 죄는 공무원이 그의 직무에 위배함으로써 성립하는 범죄를 말한다. 본죄는 구체적으로 공무원이 직무를 유기하거나 피의사실을 공표하거나 공무상 비밀을 누설함으로써 성립하는 범죄라고 할 수 있다. 형법은 직무위배의 죄로서 직무유기죄(제122조), 피의사실공표죄(제126조) 및 공무상 비밀누설죄(제127조)에 관하여 규정하고 있다.

2. 보호법익

직무위배의 죄의 보호법익은 공무원의 직무위배로 인한 대국민피해를 방지하기 위한 국가기능의 보호라고 해야 한다. 보호의 정도도 피해의 발생을 요하지 않고 직무위배 그 자체로 기수에 이른다고 해야 하기 때문에 추상적 위험범으로서의 보호라고 하지 않을 수 없다.

3. 구성요건의 체계

본죄의 기본적 구성요건은 직무유기죄이다. 피의사실공표죄와 공무상 비밀누설죄은 본죄의 독립적 구성요건에 속한다.

Ⅱ. 직무유기죄

제122조(직무유기) 공무원이 정당한 이유없이 그 직무수행을 거부하거나 그 직무를 유기한 때에는 1년 이하의 징역이나 금고 또는 3년 이하의 자격정지에 처한다.

1. 서 언

(1) 의 의

본죄의 직무유기죄(職務遺棄罪)란 공무원이 정당한 이유없이 그 직무수행을 거부하거나 그 직무를 유기함으로써 성립하는 범죄를 말한다. 공무원의 성실한 직무수행은 원활한 국가기능의 유지에 필수적이다.

(2) 특 성

본죄는 부진정부작위범에 속한다. 따라서 본죄는 구체적으로 그 직무를 수행하여야 할 작위의무가 있는데도 불구하고 이러한 직무를 버린다는 인식하에 그 작위의무를 수행하지 아니한 사실이 있는 경우에 성립하게 된다.[4)]

본죄의 입법취지는 공무원의 개인적 일탈이 국가의 기능유지에 영향을 미칠 정도에 이른 경우에는 징계처분을 넘어 형사처벌하려는 것이라고 해석된다. 한편 본죄와 같은 규정은 독일형법이나 일본형법에는 존재하지 않기 때문에 본죄는 형법 고유의 규정이라고 평가할 수 있을 것이다.

(3) 보호법익

1) 의 의

본죄의 보호법익은 국가의 기능이다. 본죄는 공무원의 정당한 이유없는 직무수행의 거부나 직무의 유기로부터 정상적인 직무수행을 보호함으로써 국가기능을 유지하여 국민에게 불측의 피해가 발생하지 않도록 차단하려는 것이기 때문이다.

2) 보호의 정도

보호의 정도에 대하여는 다툼이 있다. 첫째, 구체적 위험범설이다. 국가의 기능을 저해하고 국민에게 피해를 야기할 구체적 위험이 존재할 때 본죄가 성립한다는 점 등을 그 근거로 하고 있다. 판례의 입장으로 해석되고 있다. 둘째, 추상적 위험범설이다. 국가공무원법상의 성실의무나 직장이탈금지의무는 본죄와 구별된다는 점(국가공무원법 제56조, 제58조 참조), 본죄를 구체적 위험범

4) 대법원 1983.3.22. 선고 82도3065 판결; 대법원 1983.1.18. 선고 82도2624 판결; 대법원 1982.9.28. 선고 82도1633 판결; 대법원 1975.11.25 선고75도306 판결.

이라고 하는 경우 공무원범죄에 대한 지나친 온정주의가 지배하게 된다는 점 등을 그 근거로 한다.

생각건대 본죄는 국가기능을 보호하기 위한 범죄로서 내부적 질서유지를 위한 징계처분과는 처음부터 구별된다는 점, 본죄는 직무유기 등으로 인하여 국민에게 피해가 발생할 것을 요하지 않는다는 점으로 볼 때 추상적 위험범이라고 하는 것이 타당하다고 해야 한다.

구체적 위험범을 긍정한 판례의 구체적 내용은 다음과 같다. 즉,

> 직무유기죄는 공무원이 법령·내규 등에 의한 추상적 충근의무를 태만히 하는 일체의 경우에 성립하는 것이 아니라, 직장의 무단이탈이나 직무의 의식적인 포기 등과 같이 국가의 기능을 저해하고 국민에게 피해를 야기시킬 구체적 위험성이 있고 불법과 책임비난의 정도가 높은 법익침해의 경우에 한하여 성립하는 것이다.[5)]

(4) 징계처분과의 구별

문제는 본죄와 징계처분과의 관계에 있다. 국가공무원법도 공무원이 직무상의 의무에 위반하거나 직무를 태만한 때에는 징계처분을 행하도록 규정하고 있기 때문이다(국가공무원법 제78조 제1항 제2호). 양자의 관계에 관하여는 견해가 대립하고 있다. 첫째, 징계사유동일설이다. 공무원에 대한 징계처분의 대상을 처벌함에 의하여 공무원의 직무수행의 성실을 기하려는 것이라고 한다. 둘째, 징계사유구별설이다. 징계사유에 해당하는 직무상의 의무위반을 처벌하는 것이 아니라 그것이 형법에 의한 처벌의 대상이 될 정도에 이를 때에 벌하려는 것이라고 한다.

생각건대 후자의 징계사유구별설이 타당하다고 해석된다. 징계처분의 효력과 형사처벌의 효력은 차원이 다른 전혀 별개의 것이라고 해야 하기 때문이다. 대법원도 본죄에 있어서 "이른바 직무를 유기한다는 것은 법령, 내규, 통첩 또는 지시 등에 의한 추상적인 충근의무를 태만히 하는 일체의 경우를 이르는 것이 아니라 구체적으로 직무의 의식적인 포기 등과 같이 국가의 기능을 해하며 국민에게 피해를 야기시킬 가능성이 있는 경우를 일컫는 것이다"라고 판시한 바 있다.[6)]

2. 범 죄

(1) 구성요건

본죄의 성립에는 주관적으로 직무를 버린다는 인식과 객관적으로 직무 또는 직장을 벗어나는 행위가 있어야 할 것을 요한다.[7)]

1) 객관적 구성요건

① 주 체

본죄의 주체는 공무원만이다. 이러한 의미에서 본죄는 진정신분범이고, 진정직무범죄에

5) 대법원 2012.8.30. 선고 2010도13694 판결.

6) 대법원 1983.1.18. 선고 82도2624 판결.

7) 대법원 1983.12.13. 선고 83도1157 판결; 대법원 1983.1.18. 선고 82도2624 판결; 대법원 1982.9.28. 선고 82도1633 판결; 대법원 1982.3.23. 선고 81도861 판결.

해당한다. 본죄의 주체는 다시 직무에 관하여 작위의무를 지는 공무원에 한정된다. 후술하는 바와 같이 직무를 유기한 때라 함은 그것이 국가의 기능을 저해하며 국민에게 피해를 야기할 가능성이 있는 경우를 의미하기 때문이다.

주체를 부정한 판례의 구체적인 내용은 다음과 같다. 즉,

> 직무유기죄는 구체적으로 그 직무를 수행하여야 할 작위의무가 있는데도 불구하고 이러한 직무를 버린다는 인식하에 그 작위의무를 수행하지 아니함으로써 성립하는 것이고, 또 그 직무를 유기한 때라 함은 공무원이 법령, 내규 등에 의한 추상적인 충근의무를 태만히 하는 일체의 경우를 이르는 것이 아니고, 직장의 무단이탈, 직무의 의식적인 포기 등과 같이 그것이 국가의 기능을 저해하며 국민에게 피해를 야기시킬 가능성이 있는 경우를 말하는 것이므로, 병가중인 자의 경우 구체적인 작위의무 내지 국가기능의 저해에 대한 구체적인 위험성이 있다고 할 수 없어 직무유기죄의 주체로 될 수는 없다.[8]

② 행 위

본죄의 실행행위는 정당한 이유 없이 그 직무수행을 거부하거나 그 직무를 유기하는 것이다.

ⓘ 직 무 본죄는 전술한 바와 같이 부진정부작위범이다. 본죄는 구체적으로 그 직무를 수행하여야 할 작위의무가 있는데도 불구하고 이러한 직무를 저버린다는 인식하에 그 작위의무를 수행하지 아니함으로써 성립한다.[9] 따라서 작위의무로서의 직무가 처음부터 존재하지 아니하거나 직무가 존재하더라도 그 이행가능성이 존재하지 아니하는 경우에는 본죄의 구성요건해당성은 조각된다고 해야 한다.

ⅰ. 의 의 직무(職務)란 공무원법상의 본래의 직무 또는 고유한 직무를 말한다. 따라서 고발의무와 같이 공무원인 신분관계로 인하여 부수적·파생적으로 발생하는 직무는 본죄의 직무에 포함되지 아니한다(형사소송법 제234조 제2항 참조).

직무를 긍정한 판례의 구체적 내용은 다음과 같다. 즉,

> 형사소송법 제460조 제1항, 제473조에 의하면 재판의 집행은 검사가 지휘하고, 검사는 신체를 구금하는 자유형의 집행을 위하여 형집행장을 발부하여 수형자를 구인할 수 있으며, 같은 법 제475조, 제81조에 의하면 구속영장과 동일한 효력이 있는 형집행장은 검사의 지휘에 의하여 사법경찰관리가 집행하고, 이러한 형의 집행에 관한 규정은 같은 법 제492조에 의하여 벌금미납자에 대한 노역장유치의 집행에 준용되고 있다. 이러한 규정을 종합하면 사법경찰관리도 검사의 지휘를 받아 벌금미납자에 대한 노역장유치의 집행을 위하여 형집행장의 집행 등을 할 권한이 있으므로, 이 경우 벌금미납자에 대한 검거는 사법경찰관리의 직무범위에 속한다고 보아야 한다.[10]

---

8) 대법원 1997.4.22. 선고 95도748 판결.

9) 대법원 2022.6.30. 선고 2021도8361 판결; 대법원 2010.1.14. 선고 2009도9963 판결; 대법원 2009.3.26. 선고 2007도7725 판결; 대법원 2008.2.14. 선고 2005도4202 판결; 대법원 2007.7.12. 선고 2006도1391 판결; 대법원 1999.11.26. 선고 99도1904 판결; 대법원 1997.8.29. 선고 97도675 판결; 대법원 1997.4.22. 선고 95도748 판결.

10) 대법원 2011.9.8. 선고 2009도13371 판결.

직무를 부정한 판례의 구체적 내용은 다음과 같다. 즉,

세무서에서 근무하는 공무원이 조세범처벌절차법시행령 제1조에 의하여 그 관할 검찰청 검사장으로부터 범칙사건을 조사할 수 있는 자로 지명을 받지 않은 경우, 범칙사건 조사 결과에 따른 통고처분이나 고발 여부는 국세청장, 지방국세청장 또는 세무서장의 직무에 속할 뿐 범칙사건을 조사한 세무공무원에게는 조세범처벌절차법에 따른 통고처분이나 고발을 할 권한이 없다.[11)]

ii. 직무수행의 거부 본죄에 있어서 직무수행을 거부한 때라 함은 직무를 능동적으로 수행할 의무 있는 자가 이를 행하지 아니하는 경우를 말한다.

직무수행의 거부를 긍정한 판례의 구체적 내용은 다음과 같다. 즉,

경찰관이 장기간에 걸쳐 여러 번 오토바이를 오토바이 상회 운영자에게 보관시키고도 경찰관 스스로 소유자를 찾아 반환하도록 처리하거나 상회 운영자에게 반환 여부를 확인한 일이 전혀 없고, 상회 운영자로부터 오토바이를 보내준 대가 또는 그 처분대가로 돈까지 지급받았다면, 경찰관의 이와 같은 행위는 습득물을 단순히 상회 운영자에게 보관시키거나 소유자를 찾아서 반환하도록 협조를 구한 정도를 벗어나 상회 운영자에게 그 습득물에 대한 임의적인 처분까지 용인한 것으로서 습득물 처리 지침에 따른 직무를 의식적으로 방임 내지 포기하고 정당한 사유 없이 직무를 수행하지 아니한 경우에 해당한다.[12)] 피고인이 밀수품 보관 피의자 '갑'을 조사함에 있어서 동인의 처남인 공소외 '을'이 사건 밀수품을 갖고 와서 보관케 되았다고 사실대로 진술하였음에도 불구하고 '갑'을 사주하여 '병'이라는 가공인물을 내세워서 그로부터 동물품을 받았다고 허위진술하게 하여 그와 같은 취지로 피의자 신문조서에 기재하고 또 '갑'의 처인 '정'에게 대하여 누가 물으면 남편친구 부탁으로 받아 놓았다고 말하라고 하였다면 비록 사법경찰관으로서 범죄수사의 방법으로 한 것이라 하여도 타인을 교사하여 증거인멸죄를 범하게 한 것인 동시에 그것이 또한 정당한 직무집행을 거부한 것이 된다 할 것이다.[13)]

iii. 직무의 유기 본죄에 있어서 직무를 유기한 때라 함은 공무원이 법령, 내규 등에 의한 추상적 성실의무를 태만히 하는 일체의 경우에 성립하는 것이 아니라 주관적으로 직무의 의식적인 포기 등과 같이 직무집행의사를 포기하고 객관적으로 직장의 무단이탈 등과 같이 정당한 이유없이 직무집행을 하지 아니하는 부작위상태가 있어 국가의 기능을 저해하고 국민에게 피해를 야기할 구체적인 가능성이 있는 경우만을 가리킨다.[14)] 따라서 어떠한 형태로든 직무집행의 의사로 자신의 직무를 수행한 경우에는 그 직무집행의 내용이 위법한 것으로 평가된다는 점만으로 본죄의 성립을 인정할 것은 아니다.[15)] 또 공무원이 태만·분망

---

11) 대법원 1997.4.11. 선고 96도2753 판결.

12) 대법원 2002.5.17. 선고 2001도6170 판결.

13) 대법원 1967.7.4. 선고 66도840 판결.

14) 대법원 2022.6.30. 선고 2021도8361 판결; 대법원 2014.4.10. 선고 2013도229 판결; 대법원 2013.4.26. 선고 2012도15257 판결; 대법원 2011.7.28. 선고 2011도1739 판결; 대법원 2010.1.14. 선고 2009도9963 판결; 대법원 2009.3.26. 선고 2007도7725 판결; 대법원 2007.7.12. 선고 2006도1390 판결; 대법원 2005.5.12. 선고 2003도4331 판결; 대법원 1997.4.22. 선고 95도748 판결; 대법원 1983.3.22. 선고 82도3065 판결; 대법원 1983.1.18. 선고 82도2624 판결; 대법원 1982.6.8. 선고 82도117 판결; 대법원 1980.2.26. 선고 79도31 판결; 대법원 1970.9.29 선고 70도1790 판결; 대법원 1966.3.15 선고 65도984 판결.

15) 대법원 2013.4.26. 선고 2012도15257 판결; 대법원 2012.8.30. 선고 2010도13694 판결; 대법원 2011.7.28.

또는 착각 등으로 인하여 직무를 성실히 수행하지 아니한 경우나 형식적으로 또는 소홀히 직무를 수행한 탓으로 적절한 직무수행에 이르지 못한 것에 불과한 경우에도 본죄는 성립하지 아니한다.[16] 무단이탈로 인한 직무유기죄 성립 여부는 결근 사유와 기간, 담당하는 직무의 내용과 적시 수행 필요성, 결근으로 직무수행이 불가능한지, 결근 기간에 국가기능의 저해에 대한 구체적인 위험이 발생하였는지 등을 종합적으로 고려하여 신중하게 판단해야 한다. 특히 근무기간을 정하여 임용된 공무원의 경우에는 근무기간 안에 특정 직무를 마쳐야 하는 특별한 사정이 있는지 등을 고려할 필요가 있다.[17]

직무유기를 긍정한 판례의 구체적 내용은 다음과 같다. 즉,

교육기관·교육행정기관·지방자치단체 또는 교육연구기관의 장이 징계의결을 집행하지 못할 법률상·사실상의 장애가 없는데도 징계의결서를 통보받은 날로부터 법정 시한이 지나도록 집행을 유보하는 모든 경우에 직무유기죄가 성립하는 것은 아니고, 그러한 유보가 직무에 관한 의식적인 방임이나 포기에 해당한다고 볼 수 있는 경우에 한하여 직무유기죄가 성립한다고 보아야 한다.[18] 피고인들을 비롯한 경찰관들이 현행범으로 체포한 도박혐의자 17명에 대해 현행범인체포서 대신에 임의동행동의서를 작성하게 하고, 그나마 제대로 조사도 하지 않은 채 석방하였으며, 현행범인 석방사실을 검사에게 보고도 하지 않았고, 석방일시·사유를 기재한 서면을 작성하여 기록에 편철하지도 않았으며, 압수한 일부 도박자금에 관하여 압수조서 및 목록도 작성하지 않은 채 검사의 지휘도 받지 않고 반환하였고, 일부 도박혐의자의 명의도용 사실과 도박 관련 범죄로 수회 처벌받은 전력을 확인하고서도 아무런 추가조사 없이 석방한 사안에서, 이는 단순히 업무를 소홀히 수행한 것이 아니라 정당한 사유 없이 의도적으로 수사업무를 방임 내지 포기한 것이라고 봄이 상당하다는 이유로, 피고인들에 대하여 직무유기죄의 성립을 부정한 원심판단에 법리오해 또는 사실오인의 잘못이 있다고 한 사례이다.[19] 경찰관이 불법체류자의 신병을 출입국관리사무소에 인계하지 않고 훈방하면서 이들의 인적사항조차 기재해 두지 아니하였다면 직무유기죄가 성립한다.[20] 농지사무를 담당하고 있는 군직원으로서는 그 관내에서 발생한 농지불법전용 사실을 알게 되었으면 군수에게 그 사실을 보고하여 군수로 하여금 원상회복을 명하거나 나아가 고발을 하는 등 적절한 조치를 취할 수 있도록 하여야 할 직무상 의무가 있는 것이므로 농지불법전용 사실을 외면하고 아무런 조치를 취하지 아니한 것은 자신의 직무를 저버린 행위로서 농지의 보전·관리에 관한 국가의 기능을 저해하며 국민에게 피해를 야기시킬 가능성이 있어 직무유기죄에 해당한다.[21] 학생군사교육단의 당직사관으로 주번근무를 하던 육군 중위가 당직근무를 함에 있어서 훈육관실

선고 2011도1739 판결; 대법원 2007.7.12. 선고 2006도1390 판결; 대법원 2004.10.28. 선고 2004도5259 판결; 대법원 2003.10.24. 선고 2003도3718 판결.

16) 대법원 2022.6.30. 선고 2021도8361 판결; 대법원 2013.4.26. 선고 2012도15257 판결; 대법원 2011.7.28. 선고 2011도1739 판결; 대법원 2007.7.12. 선고 2006도1390 판결; 대법원 1997.8.29. 선고 97도675 판결; 대법원 1997.4.11. 선고 96도2753 판결; 대법원 1994.2.8. 선고 93도3568 판결; 대법원 1983.1.18. 선고 82도2624 판결; 대법원 1982.3.23. 선고 81도861 판결; 대법원 1977.11.22. 선고 77도2952 판결; 대법원 1969.8.19. 선고 69도932 판결; 대법원 1966.3.15. 선고 65도984 판결.

17) 대법원 2022.6.30. 선고 2021도8361 판결.

18) 대법원 2014.4.10. 선고 2013도229 판결.

19) 대법원 2010.6.24. 선고 2008도11226 판결.

20) 대법원 2008.2.14. 선고 2005도4202 판결.

21) 대법원 1993.12.24. 선고 92도3334 판결.

에서 학군사관후보생 2명과 함께 술을 마시고 내무반에서 학군사관후보생 2명 및 애인 등과 함께 화투놀이를 한 다음 애인과 함께 자고 난 뒤 교대할 당직근무자에게 당직근무의 인계, 인수도 하지 아니한 채 퇴근하였다면 직무유기죄가 성립된다.[22] 가축위생시험소 소속 수의사보인 피고인이 가축도축업체에 배치되어 가축검사원으로 재직하는 공무원으로서 위 도축장에서 소에 대한 강제급수의 방지와 사료의 소화 · 신선한 육질의 유지를 위해 퇴근시에는 소 계류장에 들어온 소의 숫자와 상태를 확인하고 소 계류장 출입문의 시정 · 봉인조치를 이행하고, 부득이 퇴근 후 도축의뢰되는 소를 계류장에 입사시킬 경우에는 검사원이 나가 계류장 문을 열고 입사시킨 후 다시 시정 · 봉인하여 소에 대한 강제급수를 미리 방지하는등 검사원으로서의 직무를 철저히 해야 함에도, 퇴근시 소 계류장의 시정 · 봉인조치를 취하지 아니하고 그 관리를 도축장 직원에게 방치한 행위는 직무유기죄에 해당된다.[23] 소속대 수송관 겸 3종 출납관으로서 소속대 유류수령과 불출 및 그에 따른 결산 기타 업무를 수행할 직무있는 자가 신병치료를 이유로 상부의 승인없이 1984.12.초부터 1985.3.경까지 3종 출납관 도장과 창고열쇠를 포함한 3종 업무일체를 계원에게 맡겨두고 이에 대한 일체의 확인감독마저 하지 않았다면 이는 부대관례에 따른 정당한 위임의 정도를 벗어난 직무의 의식적인 포기로서 직무유기죄에 해당한다.[24] 피고인이 세무서 소득세과 재산세계에 근무하면서 과세자료처리 및 정리 등 사무를 취급하였는데 같은 계 근무직원인 소외 (갑)의 책상서랍 속에 공동피고인 (을)에 대한 양도소득세 과세자료전들이 은닉되어 있는 것을 발견하였는데 그 당시 피고인이 위 과세자료들을 자료대장에 등재할 직무를 직접 담당하고 있지는 않았다 하더라도 이러한 업무의 보조업무에 해당하는 업무를 담당하고 있었고, 또 위 자료전의 은닉이 위 (을)에 대한 양도소득세가 부과되지 않도록 하기 위한 고의적 은닉이라는 사실과 위 (을)이 주민등록을 여러차례 옮겨 전출한 사실을 알고 있었다면, 피고인으로서는 위 (갑)으로 하여금 위 자료전을 조속히 처리함으로써 세원을 양성화하여 국가의 적정한 조세징수권행사를 할 수 있도록 조치할 의무가 있다고 할 것이며 동 의무는 단순히 윤리적, 추상적인 직무를 넘어선 구체적인 직무라 할 것이므로, 피고인이 위 (갑)에 대하여 위 과세자료를 자료정리부에 등재하여 자기에게 넘겨 달라고 촉구만 하고 그대로 이를 방치하였다면 직무유기죄를 구성한다고 볼 것이다.[25] 차량번호판의 교부담당직원은 자동차운수사업법 제32조 제1항의 규정에 비추어 행정처분에 의하여 자동차의 사용이 정지된 경우에는 특별한 사정이 없는 한 그 번호판을 재교부하여서는 안되는 직무상의 의무가 있다고 보는 것이 상당하다.[26] 피고인은 위에 적은 외항선 동릉호에서 1969.8.24. 09:00부터 다음날 09:00까지 머므르면서 밀수여부의 감시, 방지화물의 임검 및 감시 등 승감근무명령을 받았음에도 불구하고 8.24.21:00쯤 위 승감임무를 도중에 포기하고 자택에 돌아왔다는 사실인 바, 위 사실인 즉 피고인이 승감임무를 포기하지 아니치 못할 정당한 사유가 있지 않은 이상, 위 승감임무를 포기하고 직무를 유기한 것이라고 못볼 바 아니요, 위 승감임무는 위에 이른바, 법령상의 추상적인 충근임무라 할 수 없고, 특정한 선박에서 일정한 기간, 특정한 감시임무에 종사할 구체적인 직무라 할 것이요, 피고인의 직무유기중에 밀수행위의 발생여부 내지 피고인의 이에 대한 방조의사 여부는 직무유기죄의 성립에 아무런 영향이 없다 할 것이다 그럼에도 불구하고 원심이 위에 설시한 이유로 피고인에게 직무유기죄의 성립을 볼 수 없다고 단정하였음은 직무유기죄의 내용을 잘못 이해한 위법이

22) 대법원 1990.12.21. 선고 90도2425 판결.
23) 대법원 1990.5.25. 선고 90도191 판결.
24) 대법원 1986.2.11. 선고 85도2471 판결.
25) 대법원 1984.4.10. 선고 83도1653 판결.
26) 대법원 1972.6.27. 선고 72도969 판결.

있고, 그 위법은 판결 결과에 영향이 있으므로 원판결을 파기 하기로 한다. 검사의 상고논지는 이유있다.[27] 전주전매청 현장 주임인 피고인으로서는 재료창고에서 구리세링이 절취된 사실을 발견한 경우에는 그 사유를 규명 그 진상을 상사에게 보고하여 그 지시에 따라 선후책을 강구하여야 할 직무상 의무가 있다고 할 것이고 이 의무를 다하지 아니한 때에는 직무유기의 죄책을 면할 수 없다.[28]

직무유기를 부정한 판례의 구체적 내용은 다음과 같다. 즉,

지방자치법은 지방자치단체의 장이 법령의 규정에 따라 그 의무에 속하는 국가위임사무 등의 관리와 집행을 명백히 게을리하고 있다고 인정되면 주무부장관이 그 직무의 이행을 명령할 수 있고, 지방자치단체의 장은 그 이행명령에 이의가 있으면 15일 이내에 대법원에 소를 제기할 수 있다고 규정하고 있는데(제170조 제1항, 제3항), 이 규정은 '지방교육자치에 관한 법률' 제3조에 의하여 지방자치단체의 교육과 학예에 관한 사무에도 준용된다. 따라서 지방자치단체의 교육기관 등의 장이 국가위임사무인 교육공무원에 대한 징계사무를 처리함에 있어 주무부장관의 직무이행명령을 받은 경우에도 이의가 있으면 대법원에 소를 제기할 수 있다 할 것이므로, 수사기관 등으로부터 징계사유를 통보받고도 징계요구를 하지 아니하여 주무부장관으로부터 징계요구를 하라는 직무이행명령을 받았다 하더라도 그에 대한 이의의 소를 제기한 경우에는, 수사기관 등으로부터 통보받은 자료 등으로 보아 징계사유에 해당함이 객관적으로 명백한 경우 등 특별한 사정이 없는 한 징계사유를 통보받은 날로부터 1개월 내에 징계요구를 하지 않았다는 것만으로 곧바로 직무를 유기한 것에 해당한다고 볼 수는 없다.[29] 경찰서 방범과장이던 피고인이 부하직원으로부터 오락실을 음반・비디오물 및 게임물에 관한 법률 위반 혐의로 단속하여 범죄행위에 제공된 증거물로 오락기의 변조 기판을 압수하여 위 방범과 사무실에 보관중임을 보고받아 알고 있었음에도 그 직무상의 의무에 따라 위 압수물을 같은 경찰서 수사계에 인계하고 검찰에 송치하여 범죄 혐의의 입증에 사용하도록 하는 등의 적절한 조치를 취하지 않고, 오히려 부하직원에게 위와 같이 압수한 변조 기판을 돌려주라고 지시하여 (상호 생략)오락실 업주에게 이를 돌려주었다면, 직무위배의 위법상태가 증거인멸행위 속에 포함되어 있는 것으로 보아야 할 것이므로, 이와 같은 경우에는 작위범인 증거인멸죄만이 성립하고 부작위범인 직무유기(거부)죄는 따로 성립하지 아니한다고 봄이 상당하다고 할 것이다.[30] 피고인은 군산세무서 직세과 법인세계 소속 세무공무원으로서 법인의 부가가치세와 관련된 업무를 담당하던 중 공소외 1 경영의 유한회사 ○○의 부가가치세 불성실신고혐의를 인지하고 세금추징을 목적으로 유한회사 ○○에 대한 일반 경정조사를 벌인 결과 공소외 1이 실물거래 없이 공소외 2으로부터 허위세금계산서를 교부받은 것을 확인하여 공소외 2에 대하여는 관할부서인 부가가치세과에 관련 자료를 보내 그 담당자로 하여금 공소외 2을 자료상으로 고발하게 하고 유한회사 ○○에 대하여는 부당하게 공제받은 부가가치세액 및 이에 대한 불성실신고가산세를 합한 금 40,900,000원을 추징조치하였다는 것인 바, 이와 같이 피고인이 그의 업무와 관련하여 공소외 1의 부가가치세포탈행위를 밝혀내고 그 포탈세액 및 그 가산세를 추징하였을 뿐만 아니라 공소외 1에게 허위세금계산서를 교부하였던 공소외 2이 고발되도록 하는 등 일련의 조치를 취한 이상

27) 대법원 1970.9.29. 선고 70도1790 판결.
28) 대법원 1961.6.28. 선고 4294형상107 판결.
29) 대법원 2013.6.27. 선고 2011도797 판결.
30) 대법원 2006.10.19. 선고 2005도3909 전원합의체 판결; 대법원 1997.2.28. 선고 96도2825 판결; 대법원 1996.5.10. 선고 96도51 판결; 대법원 1971.8.31. 선고 71도1176 판결.

피고인이 공소외 1에 대한 통고처분이나 고발조치를 건의하는 등의 조치를 취하지 않았다고 하더라도 그것이 직무를 성실히 수행하지 못한 것이라고 할 수 있을지언정 피고인이 그 직무를 의식적으로 방임 내지 포기하였다고 볼 수는 없을 것이다.[31] 교도소 보안과 출정계장과 감독교사가 호송지휘관 및 감독교사로서 호송교도관 5명을 지휘하여 재소자 25명을 전국의 각 교도소로 이감하는 호송업무를 수행함에 있어서, 시간이 촉박하여 호송교도관들이 피호송자 개개인에 대하여 규정에 따른 검신 등의 절차를 철저히 이행하지 아니한 채 호송하는 데도 위 호송교도관들에게 호송업무 등을 대강 지시한 후에는 그들이 이를 제대로 수행할 것으로 믿고 구체적인 확인, 감독을 하지 아니한 잘못으로 말미암아 피호송자들이 집단도주하는 결과가 발생한 경우, 위 출정계장과 감독교사가 재소자의 호송계호업무를 수행함에 있어서 성실하게 그 직무를 수행하지 아니하여 충근의무에 위반한 잘못은 인정되나 고의로 호송계호업무를 포기하거나 직무 또는 직장을 이탈한 것이라고는 볼 수 없으므로 형법상 직무유기죄를 구성하지 아니한다.[32] 피고인이 순찰 및 검사 등을 하지 아니하고 잠을 잔 것은 일직사관으로서의 직무를 성실하게 수행하지 아니하여 충근의무에 위반한 허물이 있다고 하겠으나 근무장소에서 유사시에 깨어 직무수행에 임할 수 있는 상황(상황실로부터 피고인이 누운 침상까지는 2미터 정도의 거리로서 판자칸막이가 있는데 불과함)에서 잠을 잔 것이므로 피고인이 고의로 일직사관으로서의 직무를 포기하거나 직장을 이탈한 것이라고는 볼 수 없다.[33] 직무집행의사로 직무를 수행한 이상 태만, 분망, 착각 등 일신상 또는 객관적 사유로 직무수행을 소홀히 하여 부실한 결과가 초래되었다고 하여도 직무유기죄가 성립된다고 볼 수 없다.[34] 피고인이 치안책임자(경찰서장)로서 그 관내에서 일어난 총기난동사건에 대하여 전혀 효과적인 대응책을 강구하지 못한 사실은 인정되지만, 사건 당일은 칠흑같은 깊은 밤인데다 비마저 내리고 있어서 총기난동자의 소재파악이 어려웠을 뿐만 아니라, 피고인의 직속부하인 경찰관이 그 관내에서 총기를 무차별 난사하여 수십명을 헤아리는 사상자가 발생하는 미증유의 사태에서 피고인이 망연 자실하여 거의 정상적인 사고력을 잃은 정도였고, 피고인이 궁유지서에 도착한 당일 01:30경은 이미 범인이 총기난사를 끝내고 은신하고 있을 때라는 사실 등에 비추어 보면, 특수범 진압조직으로 대처하지 않았다는 점 등 피고인의 대응조치가 적절하지 못하였다는 사정만으로서는 형법상 직무유기죄가 성립한다고 볼 수 없다.[35] 전매공무원인 피고인이 외제담배를 긴급압수한 후 도주한 범칙자를 찾는데 급급하여 미처 압수수색영장을 신청하지 못한 이 사건에서와 같이 직무수행과 관련하여 태만, 분망, 착각 등 일신상 또는 객관적 사유로 인하여 부당한 결과를 초래한 것에 불과한 경우에는 직무유기죄는 성립하지 않는다.[36] 사법경찰관은 형사소송법과 사법경찰관리직무규정 등이 정하는 바에 따라 검사의 지휘를 받아 수사를 하여야 하나 형사소송법 제196조의 검사의 수사지휘권에 관한 규정은 일반적 포괄적인 규정이라고 풀이 할 것이며 사법경찰관리직무규정의 범죄인지보고는 그에 열거되어 있는 따위의 중요사건에 관한 것이고 범죄의 혐의가 있으면 그 어떠한 경우를 막론하고 반드시 검사에게 범죄 인지보고를 하여 그 지휘를 받아 수사를 하여야 되는 것은 아니라고 할 것이다. 피고인은 직무집행의사로 위법사실을 조사하여 이들을 타일러 보내는 등 어떠한 형태로던지 그 직무집행행위를 하였다 할 것이고 그 직무집행 내용에 있어서 위와

31) 대법원 1997.4.11. 선고 96도2753 판결.
32) 대법원 1991.6.11. 선고 91도96 판결.
33) 대법원 1984.3.27. 선고 83도3260 판결.
34) 대법원 1983.12.13. 선고 83도1157 판결.
35) 대법원 1983.1.18. 선고 82도2624 판결.
36) 대법원 1982.9.28. 선고 82도1633 판결; 대법원 1975.3.25. 선고 75도70 판결; 대법원 1972.9.12. 선고 72도1175 판결; 대법원 1960.7.30. 선고 4292형상1081 판결.

같은 이유로 형사피의사건으로 입건 수사하지 아니하였다 하여 직무집행을 정당한 이유없이 의식적으로 포기하거나 방임한 것이 아니어서 형법 제122조 소정의 직무유기죄의 구성요건을 충족한 것이라고 볼 수 없다 고 판시하였는 바, 위 전항 직무유기죄 등의 해석에 비추어 원심조치는 정당하여 이에 아무런 위법이 없고, 사법경찰관리는 일체의 모든 범죄혐의에 관하여 검사에게 인지보고하고 그 지휘에 따라 수사를 할 따름이며 피의자에 대한 기소 불기소 등 처분은 전혀 검사만이 할 수 있고 사법경찰관리에게는 입건 수사하거나 또는 형사사건으로 입건하지 아니하고 훈계 방면하는 등에 관하여 아무 재량권도 없다는 취지의 소론 논지는 독자적 견해로서 채용할 수 없으므로 상고논지는 그 이유없음에 돌아간다.[37] 차량부속품을 불출받는 직무를 수행함에 있어서 일부 받지 아니한 품목을 받은 것처럼 불출관에게 공제하여 준 행위는 직무에 관한 의식적인 방임 내지는 포기 등 정당한 이유없이 그 직무를 수행하지 않은 경우라고 볼 수 없으므로 직무유기죄를 구성하지 아니한다.[38] 사법경찰관리의 직무를 행할 자와 그 직무범위에 관한 법률 제9조의 규정에 의하면 군법회의법 제43조 제1호 및 제46조 제1호에 규정된 군사법경찰관리로서 지방검찰청검사장의 지명을 받은 자는 군용물등범죄에 관한 특별조치법에 규정된 범죄에 관하여 형사소송법에 의한 사법경찰관리의 직무를 행한다 라고 규정되어 있으므로 피고인이 이 사건에서 ○○대학교에 부속된 ○○병원에 대하여 사법경찰원으로서 그 직무를 행하려면 범죄의 혐의를 받은 물건이 군용물등범죄에 관한 특별조치법이 규정한 군용물이었어야 할 것이다. 그런데 이 사건에서 범죄의 혐의를 받은 물건은 페니시링, 주사바늘, 수술에 사용하는 실 등의 의약품이요, 이것은 위의 특별조치법 제2조와 여기에 붙은 별표에 포함되어 있지 아니하여 군용물로 다룰 수 없게 되어 있는 것이다. 그렇다면 군사법경찰원인 피고인으로서는 당시 위의 범죄에 대하여 그 직무를 행할 수 없는 처지에 있었다 할 것이요, 따라서 이러하 범죄에 대하여 피고인이 그 수사를 중지하였다 하여 직무유기의 범죄가 성립될 수 없다 할 것이다.[39] 차량번호판의 교부담당직원은 자동차운수사업법 제32조 제1항의 규정에 비추어 행정처분에 의하여 자동차의 사용이 정지된 경우에는 특별한 사정이 없는 한 그 번호판을 재교부하여서는 안되는 직무상의 의무가 있다고 보는 것이 상당하다.[40] 공무원이 신축건물에 대한 착공 및 준공검사를 마치고 관계서류를 작성함에 있어 그 허가조건 위배사실을 숨기기 위하여 허위의 복명서를 작성 행사하였을 경우에는 작위범인 허위공문서작성 동행사죄만이 성립하고 부작위범인 직무유기죄는 성립하지 아니한다.[41] 피고인이 세관수입과에서 검사사무를 맡아보던 중 항구부두 창고내에 수입장치되어 있는 염료 및 안료라는 물품을 검사할 때에 그 물품이 들어있는 깡통 중에는 "신나"라는 물품표시와 화기엄금이라는 위험표시가 있었음에도 불구하고 15개의 각 깡통 중에서 분석 감정용으로 조금씩 채취하기만 하고 보세화물장치요강에 따라 이를 위험물창고에 옮기도록 상사나 소관과나 장, 차장에게 협의하는 등 조치를 취하지 않고 방치하였다 하여도 본법상 직무유기죄를 구성하지 않는다.[42] 세관감시과 소속 공무원으로서 항구에 정박 중인 외항선에 머무르면서 밀수여부의 감시, 방지 등 근무명령을 받았음에도 불구하고 감기가 들어 몸이 불편하다는 구실로 위 임무를 도중에 포기하고 집에 돌아와 자버린 행위는 위 임무를 포기하지 아니치 못할 정당한 사유가 있지 않은 이상 그 임무를 포기하고 직무를 유기한 것이라고 할 것이다.[43] 시청 양정계 직원이 직무집행 의사로써 직무집행행위를 한 이상 그 내용이 부실하였

37) 대법원 1982.6.8. 선고 82도117 판결.
38) 대법원 1977.11.22. 선고 77도2952 판결.
39) 대법원 1974.6.11. 선고 74도1270 판결.
40) 대법원 1972.6.27. 선고 72도969 판결.
41) 대법원 1972.5.9. 선고 72도722 판결.
42) 대법원 1970.11.24. 선고 70도2113 판결.

다 하더라도 직무 유기죄가 성립되지 않는다고 할 것이다.[44] 약사 감시원이 무허가 약국개설자를 적발하고 상사에 보고하여 그 지시에 따라 약국을 폐쇄토록 하였다면 수사관서에 고발하지 아니하였다 하여 직무를 유기했다 할 수 없다.[45] 국유임산물의 매수인이 농림부장관의 허가를 받지 않고 물건인수전에 이를 타인에게 전매한 사실을 알면서 영림서장이 국유임산물의 매각계약을 해제하지 아니한 경우에 위 영림서장에게 직무유기죄의 죄책을 부담시키려면 전매사실을 알았다는 사유만으로는 부족하고 특히 본건 계약을 해제하여야 할 특별한 이유 내지 사정이 있어야 한다고 할 것이다.[46] 중대장의 보고의무는 특단의 사정이 없는 한 그 직속 상관인 대대장에게 보고함으로써 족하다 할 것이고 중대장이 대대장에게 뿐 아니라 연대장에게도 직접 보고의무가 있다는 성문된 법령상의 근거가 없다면 적어도 군대내의 특단의 지시 또는 명령이 있어 피고인에게 연대장에 대한 보고의무가 있음을 확정한 후가 아니면 피고인이 연대장에게 보고를 하지 아니한 행위에 대하여 직무유기죄의 성립을 인정할 수 없다.[47] 면장이 면소유 물품의 매매와 면 경영공사의 도급 등 계약을 체결함에 있어서 경쟁입찰에 의하지 아니하고 수의계약에 의한 것은 그 직무를 수행함에 있어서 필요로 하는 법적 절차를 이행하지 아니함에 불과한 경우로서 직무유기라 할 수 없다.[48]

ⓘⓘ 정당한 이유의 부존재 　본죄는 직무수행의 거부나 직무의 유기에 정당한 이유가 없는 경우에만 성립한다. 본죄의 정당한 이유 없이 직무를 유기한 때라 함은 직무에 관한 의식적인 방임 내지는 포기 등 정당한 사유 없이 직무를 수행하지 아니한 경우를 의미한다.[49] 공무원이 직무를 수행함에 있어서 태만 또는 착각 등으로 이를 성실하게 수행하지 아니한 경우까지 포함하는 것은 아니다.[50] 한편 정당한 이유가 있는 경우에는 후술하는 바와 같이 본죄의 위법성이 조각되는 것으로 해석될 수 있다.

정당한 이유의 부존재를 긍정한 판례의 구체적 내용은 다음과 같다. 즉,

강원도지사가 2006.6.12. 하위 자치단체장들에게 「자연재해대책법」 개정으로 새로 도입된 사전재해영향성검토 협의제도와 관련하여 행정계획 및 개발사업 중 '산지개발 및 골재채취' 협의대상에 '「산지관리법」 제32조 규정에 의한 토사채취 허가'가 포함된다고 주의를 촉구하는 취지의 공문을 보냈고, 이에 평창군수는 2006.1.11. 실무담당 과장 등에게 2005.8.17. 「자연재해대책법」 시행령이 개정, 공포되어 사전재해영향성검토 협의를 요청하여야 하는 행정계획 및 개발사업의 범위와 그 협의시기가 법제화되었으므로, 반드시 사전재해영향성검토를 협의하여 사업을 추진하라는 취지의 공문을 보낸 사실, 피고인 2는 임의로 부하직원인 공소외 5로 하여금 사전재해영향성평가와 관련한 검토조서인 '1회 방문민원 실무종합 심의회 검토조서' 중 재난안전관리과의 항목을 삭제하

43) 대법원 1970.9.29. 선고 70도1790 판결.
44) 대법원 1969.8.19. 선고 69도932 판결.
45) 대법원 1969.2.4. 선고 67도184 판결.
46) 대법원 1965.12.10. 선고 65도826 전원합의체 판결.
47) 대법원 1965.9.7. 선고 65도464 판결.
48) 대법원 1961.8.23. 선고 4294형상223 판결.
49) 대법원 1997.4.11. 선고 96도2753 판결; 대법원 1994.2.8. 선고 93도3568 판결; 대법원 1991.6.11. 선고 91도96 판결; 대법원 1984.3.27. 선고 83도3260 판결; 대법원 1982.9.28. 선고 82도1633 판결; 대법원 1982.9.14. 선고 81도2538 판결; 대법원 1982.3.23. 선고 81도861 판결; 대법원 1977.11.22. 선고 77도2952 판결; 대법원 1970.9.29. 선고 70도1790 판결; 대법원 1969.8.19. 선고 69도932 판결; 대법원 1966.3.15. 선고 65도984 판결.
50) 대법원 1991.6.11. 선고 91도96 판결; 대법원 1984.3.27. 선고 83도3260 판결; 대법원 1982.9.28. 선고 82도1633 판결; 대법원 1982.9.14. 선고 81도2538 판결; 대법원 1970.9.29. 선고 70도1790 판결.

도록 하여 사전재해영향성검토를 거치지 아니한 사실을 인정한 다음, 이는 피고인 2가 정당한 사유 없이 직무를 의식적으로 방임 내지 포기하여 수행하지 아니한 경우에 해당한다고 판단하였다.[51]

③ 결 과

본죄를 추상적 위험범으로 해석하는 한 본죄는 결과와 인과관계를 요하지 않는다. 다만 판례의 입장은 구체적 위험범설인 것으로 해석되는 경우도 있다. 본죄는 계속범이다.

계속범을 긍정한 판례의 구체적 내용은 다음과 같다. 즉,

직무유기죄는 그 직무를 수행하여야 하는 작위의무의 존재와 그에 대한 위반을 전제로 하고 있는바, 그 작위의무를 수행하지 아니함으로써 구성요건에 해당하는 사실이 있었고 그 후에도 계속하여 그 작위의무를 수행하지 아니하는 위법한 부작위상태가 계속되는 한 가벌적 위법상태는 계속 존재하고 있다고 할 것이며 형법 제122조 후단은 이를 전체적으로 보아 1죄로 처벌하는 취지로 해석되므로 이를 즉시범이라고 할 수 없다.[52]

2) 주관적 구성요건

본죄는 고의범이다. 정당한 이유없이 그 직무수행을 거부하거나 그 직무를 유기한다는 인식을 요한다.

고의를 부정한 판례의 구체적 내용은 다음과 같다. 즉,

일단 직무집행의 의사로 자신의 직무를 수행한 경우에는 직무집행의 내용이 위법한 것으로 평가된다는 점만으로 직무유기죄의 성립을 인정할 것은 아니고, 공무원이 태만·분망 또는 착각 등으로 인하여 직무를 성실히 수행하지 아니한 경우나 형식적으로 또는 소홀히 직무를 수행한 탓으로 적절한 직무수행에 이르지 못한 것에 불과한 경우에도 직무유기죄는 성립하지 아니한다.[53] 공무원이 태만·분망·착각 등으로 인하여 직무를 성실히 수행하지 아니한 경우나 형식적으로 또는 소홀히 직무를 수행하였기 때문에 성실한 직무수행을 못한 것에 불과한 경우에도 직무유기죄는 성립하지 아니한다.[54] 직무집행의사로 직무를 수행한 이상 태만, 분망, 착각 등 일신상 또는 객관적 사유로 직무수행을 소홀히 하여 부실한 결과가 초래되었다고 하여도 직무유기죄가 성립된다고 볼 수 없다.[55] 피고인 2와 3은 이 사건 도박사건을 직접 취급하지 아니한 관계로 그 조사처리 과정에 일체 관여하지 아니하였으므로 위 도박사건을 적법하게 조사처리해야 할 직무를 담당하였다고 볼 수 없고, 또 피고인 1과 4의 위 도박사건의 처리조치가 직무유기의 의사에 의한 것이라고 인정할 수 있는 증거가 없다 하여 무죄를 선고한 원심의 조치는 수긍이 가고, 거기에 소론과 같은 채증법칙 위반이나 직무유기죄에 관한 법리오해의 위법이 있음을 발견할 수 없으므로 논지는 채용할 수 없다.[56] 피고인들이 능력껏 공사 감독을 하였으나 결과적으로 아파트의 건축공사가 불실하게 된 점에 짐작이 갈 뿐 피고인들이 공사현장을 무단 이탈하였거나 의식적으로 그 직무를 포기하였다고 볼 만한 자료를 찾아 볼 수 없다.[57] 비공식 파견근무라 할지라도 공군 ○○○기지단에

51) 대법원 2010.1.14. 선고 2009도9963 판결.
52) 대법원 1997.8.29. 선고 97도675 판결; 대법원 1965.12.10. 선고 65도826 판결.
53) 대법원 2014.4.10. 선고 2013도229 판결.
54) 대법원 2012.8.30. 선고 2010도13694 판결; 대법원 1997.8.29. 선고 97도675 판결.
55) 대법원 1983.12.13. 선고 83도1157 판결.
56) 대법원 1983.3.22. 선고 82도3065 판결.
57) 대법원 1980.2.26. 선고 79도31 판결.

배치되어온 사병 중에 장군 숙소에서 당번 근무하는 관례가 있어서 그 관례에 따른 사병의 장군숙소 근무를 근무이탈이라 할 수 없으므로 이를 방치하였다 하여 근무이탈상태로 방치하였다고 하기 어려울 뿐 아니라 피고인이 위와 같은 관계가 있음을 알고 사병의 장군숙소 당번으로 근무하는 상태를 그대로 둔 것이라면 피고인에게는 그 직무를 버린다는 주관적인 인식이 있었던 것이라고 단정하기 어렵다.[58)]

3) 미수 · 기수

본죄를 추상적 위험범으로 해석하는 한 본죄는 실행의 착수와 동시에 기수에 달하게 된다. 따라서 본죄는 정당한 이유 없이 직무수행을 거부하거나 그 직무를 유기하는 즉시 기수에 이르게 된다.

4) 공 범

본죄는 진정신분범이다. 그럼에도 불구하고 본죄는 공무원이 아닌 비신분자의 공범을 방해하지 않는다(제33조 참조). 본죄는 계속범이기 때문에 행위의 종료 이전까지는 공범의 성립이 가능하게 된다. 본죄의 종료시점은 직무를 수행하였거나 직무수행의 가능성이 없어진 때이다.

공범을 긍정한 판례의 구체적 내용은 다음과 같다. 즉,

> 신분이 없는 자라 하더라도 신분이 있는 자의 행위에 가공하는 경우 본죄의 공동정범이 성립하는 것이고, 이 사건 기록상 병가중인 피고인들과 나머지 피고인들 사이에 직무유기의 공범관계가 인정되는 터이므로 병가중인 피고인들도 어차피 직무유기죄의 공동정범으로 처벌받아야 할 것이다.[59)]

(2) 위법성조각사유

본죄는 정당한 이유 없이 그 직무수행을 거부하거나 그 직무를 유기한 때에 성립한다. 반대로 직무수행을 거부하거나 직무를 유기하더라도 정당한 이유가 존재하는 한 본죄는 성립하지 아니하게 된다. 이러한 의미에서 정당한 이유는 본죄의 위법성조각사유가 된다고 해석될 수 있다.

(3) 죄 수

1) 범인도피죄와의 관계

작위범인 범인도피죄만이 성립하고 부작위범인 직무유기죄는 따로 성립하지 아니한다. 이에 관한 판례의 구체적 내용은 다음과 같다. 즉,

> 하나의 행위가 부작위범인 직무유기죄와 작위범인 범인도피죄의 구성요건을 동시에 충족하는 경우 공소제기권자는 재량에 의하여 작위범인 범인도피죄로 공소를 제기하지 않고 부작위범인 직무유기죄로만 공소를 제기할 수도 있다.[60)] 피고인이 검사로부터 범인을 검거하라는 지시를 받고서도 그 직무상의 의무에 따른 적절한 조치를 취하지 아니하고 오히려 범인에게 전화로 도피하라고

58) 대법원 1972.9.12. 선고 72도1175 판결.
59) 대법원 1997.4.22. 선고 95도748 판결.
60) 대법원 1999.11.26. 선고 99도1904 판결.

권유하여 그를 도피케 하였다는 범죄사실만으로는 직무위배의 위법상태가 범인도피행위 속에 포함되어 있는 것으로 보아야 할 것이므로, 이와 같은 경우에는 작위범인 범인도피죄만이 성립하고 부작위범인 직무유기죄는 따로 성립하지 아니한다.[61]

2) 위계에 의한 공무집행방해죄와의 관계

작위범인 위계에 의한 공무집행방해죄만이 성립하고 부작위범인 직무유기죄는 따로 성립하지 아니한다.

이에 관한 판례의 구체적 내용은 다음과 같다. 즉,

> 피고인이, 출원인이 어업허가를 받을 수 없는 자라는 사실을 알면서도 그 직무상의 의무에 따른 적절한 조치를 취하지 않고 오히려 부하직원으로 하여금 어업허가 처리기안문을 작성하게 한 다음 피고인 스스로 중간결재를 하는 등 위계로써 농수산국장의 최종결재를 받았다면, 직무위배의 위법상태가 위계에 의한 공무집행방해행위 속에 포함되어 있는 것이라고 보아야 할 것이므로, 이와 같은 경우에는 작위범인 위계에 의한 공무집행방해죄만이 성립하고 부작위범인 직무유기죄는 따로 성립하지 아니한다.[62]

3) 허위공문서작성죄와 동행사죄와의 관계

작위범인 허위공문서작성, 동행사죄만이 성립하고 부작위범인 직무유기죄는 따로 성립하지 아니한다. 다만 실체적 경합을 인정한 판례도 있다. 허위공문서작성죄와 동행사죄만을 긍정한 판례의 구체적 내용은 다음과 같다. 즉,

> 공무원이 어떠한 위법사실을 발견하고도 그 직무상의 의무에 따른 적절한 조치를 취하지 아니하고 오히려 그 위법사실을 적극적으로 은폐할 목적으로 허위의 공문서를 작성, 행사하였다면 이러한 경우에는 직무위배의 위법상태는 허위공문서작성 당시부터 그 속에 포함되는 것으로 작위범인 허위공문서작성, 동행사죄만이 성립하고 부작위범인 직무유기죄는 따로 성립하지 아니한다.[63] 예비군 중대장이 그 소속 예비군대원의 훈련불참사실을 알았다면 이를 소속 대대장에게 보고하는 등의 조치를 취할 직무상의 의무가 있음은 물론이나, 그 소속 예비군대원의 훈련불참사실을 고의로 은폐할 목적으로 당해 예비군대원이 훈련에 참석한 양 허위내용의 학급편성명부를 작성, 행사하였다면, 직무위배의 위법상태는 허위공문서작성 당시부터 그 속에 포함되어 있는 것이고 그 후 소속 대대장에게 보고하지 아니하였다 하더라도 당초에 있었던 직무위배의 위법상태가 그대로 계속된 것에 불과하다고 보아야 하고, 별도의 직무유기죄가 성립하여 양죄가 실체적 경합범이 된다고 할 수 없다.[64] 세무공무원이 범칙사건을 수사하고 관계서류를 작성함에 있어 그 혐의 사실을 고의로 은폐하기 위하여 내용허위의 전말서나 진술조서 등을 작성하였다면 허위공문서작성 동행사죄만이 성립되고 직무유기죄는 성립하지 않는다.[65]

---

61) 대법원 1996.5.10. 선고 96도51 판결; 대법원 1993.12.24. 선고 92도3334 판결; 대법원 1972.5.9. 선고 72도722 판결; 대법원 1971.8.31. 선고 71도1176 판결.

62) 대법원 1997.2.28. 선고 96도2825 판결; 대법원 1996.5.10. 선고 96도51 판결; 대법원 1972.5.9. 선고 72도722 판결; 대법원 1971.8.31. 선고 71도1176 판결.

63) 대법원 1982.12.28. 선고 82도2210 판결; 대법원 1972.5.9. 선고 72도722 판결.

64) 대법원 1982.12.28. 선고 82도2210 판결.

65) 대법원 1971.8.31. 선고 71도1176 판결.

실체적 경합을 긍정한 판례의 구체적 내용은 다음과 같다. 즉,

공무원이 어떠한 위법사실을 발견하고도 직무상 의무에 따른 적절한 조치를 취하지 아니하고 위법사실을 적극적으로 은폐할 목적으로 허위공문서를 작성·행사한 경우에는 직무위배의 위법상태는 허위공문서작성 당시부터 그 속에 포함되는 것으로 작위범인 허위공문서작성, 동행사죄만이 성립하고 부작위범인 직무유기죄는 따로 성립하지 아니하나, 위 복명서 및 심사의견서를 허위작성한 것이 농지일시전용허가를 신청하자 이를 허가하여 주기 위하여 한 것이라면 직접적으로 농지불법전용 사실을 은폐하기 위하여 한 것은 아니므로 위 허위공문서작성, 동행사죄와 직무유기죄는 실체적 경합범의 관계에 있다.[66]

3. 처 벌

본죄의 법정형은 1년 이하의 징역이나 금고 또는 3년 이하의 자격정지이다. 한편 국가배상법은 국가나 지방자치단체로 하여금 공무원 또는 공무를 위탁받은 사인이 직무를 집행하면서 고의 또는 과실로 법령을 위반하여 타인에게 손해를 입힌 때에는 그 손해를 배상하도록 규정하고 있다(국가배상법 제2조 제1항 참조).

Ⅲ. 피의사실공표죄

제126조(피의사실공표) 검찰, 경찰 그 밖에 범죄수사에 관한 직무를 수행하는 자 또는 이를 감독하거나 보조하는 자가 그 직무를 수행하면서 알게 된 피의사실을 공소제기 전에 공표(公表)한 경우에는 3년 이하의 징역 또는 5년 이하의 자격정지에 처한다.

구조문

제126조(피의사실공표) 검찰, 경찰 기타 범죄수사에 관한 직무를 행하는 자 또는 이를 감독하거나 보조하는 자가 그 직무를 행함에 당하여 지득한 피의사실을 공판청구전에 공표한 때에는 3년 이하의 징역 또는 5년 이하의 자격정지에 처한다.

1. 서 언

(1) 의 의

본죄는 검찰, 경찰 그 밖에 범죄수사에 관한 직무를 수행하는 자 또는 이를 감독하거나 보조하는 자가 그 직무를 수행하면서 알게 된 피의사실을 공소제기 전에 공표(公表)함으로써 성립하는 범죄를 말한다.

(2) 취 지

형사피고인은 유죄의 판결이 확정될 때까지는 무죄로 추정된다(헌법 제27조 제4항, 형사소송법 제275조의2 참조). 유죄의 판결이 확정되기까지 피의자는 물론 피고인의 명예는 보호되어야 한다. 특히 선거와 관련하여 한 번 훼손된 피선거권자의 명예는 무죄로 판명되더라도 원상회복이 불가능하기 때문이다. 본죄는 헌법에 의하여 천명되고 있는 무죄추정의 원칙을 형사실체법적으로 보장하기 위한 규정이라고 해석된다.

---

66) 대법원 1993.12.24. 선고 92도3334 판결.

(3) 보호법익

본죄의 보호법익은 피의자와 피고인의 인권을 보호하기 위한 국가의 기능이다. 보호법익에 국가의 범죄수사권을 포함하는 견해는 공무원이 자신의 행위에 대하여 자신을 스스로 처벌하는 모순적 구도가 된다는 점, 국가와 국민의 관계를 대립적 구도로 파악하게 된다는 점, 피의자나 피고인의 인권을 무시하는 결과가 된다는 점 등에서 타당하다고 할 수 없다고 해석된다. 본죄는 피의사실공표로 인하여 피의자나 피고인의 명예가 훼손될 것까지는 요하지 않기 때문에 보호의 정도는 추상적 위험범으로서의 보호라는 것이 분명하다.

한편 본죄에 대한 검사의 불기소처분에 대하여는 고소인뿐만 아니라 고발인도 관할 고등법원에 재정을 신청할 수 있다. 다만 피공표자의 명시한 의사에 반하여 재정을 신청할 수 없다(형사소송법 제260조 제1항).

2. 범 죄

(1) 구성요건

1) 객관적 구성요건

본죄의 주체는 검찰, 경찰 그 밖에 범죄수사에 관한 직무를 수행하는 자 또는 이를 감독하거나 보조하는 자이다. 본죄는 범죄수사에 관한 직무를 행하는 특정직공무원만이 주체가 될 수 있는 진정신분범이다.

본죄의 객체는 직무를 수행하면서 알게 된 피의사실이다. 피의사실은 진실일 것을 요하지 않는다. 직무와 무관하게 지득한 사실은 본죄의 객체에 포함되지 않는다.

본죄의 실행행위는 공소제기 전에 공표하는 것이다. 공표(公表)란 불특정인 또는 다수인에게 그 내용을 알리는 것을 말한다. 공연성은 요하지 않는다. 공표의 수단과 방법은 묻지 않는다. 작위나 부작위를 불문한다. 단톡방에서 다른 방으로 퍼나르는 경우와 같이 특정인에게 알린 경우에도 이로 인하여 불특정·다수 인이 알 수 있을 때에는 공표에 해당한다. 공표는 공소제기의 전(前)일 것을 요한다. 따라서 공소제기 후에 알리는 것은 본죄에 해당하지 않는다.

2) 주관적 구성요건

본죄는 고의범이다. 본죄의 고의는 인식적 요소로서 검찰, 경찰 그 밖에 범죄수사에 관한 직무를 수행하는 자 또는 이를 감독하거나 보조하는 자가 그 직무를 수행하면서 알게 된 피의사실을 공소제기 전에 공표(公表)한다는 인식을 요한다.

(2) 위법성조각사유

1) 일반론

본죄는 국가적 법익에 대한 죄이므로 피해자의 승낙에 의한 피의사실공표는 위법성을 조각하지 않는다. 그러나 본죄는 법령에 의한 행위나 사회상규에 위배되지 아니하는 범위내에서의 정당행위에 의하여 그 위법성이 조각될 수 있다고 해석된다(제20조 참조). 예컨대 특정강력

범죄법에 의하여 피의자의 얼굴 등 신상에 관한 정보를 공개와 함께 피의사실이 공표되는 경우에는 본죄의 위법성이 조각될 수 있다고 해석된다.

특정강력범죄법은 검사와 사법경찰관으로 하여금 ① 범행수단이 잔인하고 중대한 피해가 발생한 특정강력범죄사건일 것, ② 피의자가 그 죄를 범하였다고 믿을 만한 충분한 증거가 있을 것, ③ 국민의 알권리 보장, 피의자의 재범방지 및 범죄예방 등 오로지 공공의 이익을 위하여 필요할 것 및 ④ 피의자가 청소년에 해당하지 아니할 것의 모든 요건을 충족하는 경우에는 특정강력범죄사건의 피의자의 얼굴, 성명 및 나이 등 신상에 관한 정보를 공개할 수 있도록 규정하고 있다(특정강력범죄법 제8조의2).

2) 수사기관의 공표

민사판례이긴 하지만 참고로 소개한다. 수사기관의 피의사실 공표행위는 공권력에 의한 수사 결과를 바탕으로 한 것으로 국민들에게 그 내용이 진실이라는 강한 신뢰를 부여함은 물론 그로 인하여 피의자나 피해자 나아가 주변 인물들에 대하여 큰 피해를 가할 수도 있다는 점을 고려할 때, 수사기관의 발표는 원칙적으로 일반 국민들의 정당한 관심의 대상이 되는 사항에 관하여 객관적이고도 충분한 증거나 자료를 바탕으로 한 사실 발표에 한정되어야 하고, 이를 발표할 때에도 정당한 목적하에 수사 결과를 발표할 수 있는 권한을 가진 자에 의하여 공식의 절차에 따라 행하여져야 하며, 무죄추정의 원칙에 반하여 유죄를 속단하게 할 우려가 있는 표현이나 추측 또는 예단을 불러일으킬 우려가 있는 표현을 피하는 등 내용이나 표현 방법에 대하여도 유념하여야 할 것이므로, 수사기관의 피의사실 공표행위가 위법성을 조각하는지를 판단할 때에는 공표 목적의 공익성과 공표 내용의 공공성, 공표의 필요성, 공표된 피의사실의 객관성 및 정확성, 공표의 절차와 형식, 표현 방법, 피의사실의 공표로 침해되는 이익의 성질, 내용 등을 종합적으로 참작하여야 한다.[67)]

한편 수사기관의 피의사실 공표행위의 대상은 어디까지나 피의사실, 즉 수사기관이 혐의를 두고 있는 범죄사실에 한정되는 것이므로, 피의사실과 불가분의 관계라는 등의 특별한 사정이 없는 한 수사기관이 '범죄를 구성하지 않는 사실관계'까지 피의사실에 포함시켜 수사 결과로서 발표하는 것은 원칙적으로 허용될 수 없다. 따라서 수사기관이 발표한 피의사실에 '범죄를 구성하지 않는 사실관계'까지 포함되어 있고, 발표 내용에 비추어 볼 때 피의사실은 부수적인 것에 불과하고 오히려 '범죄를 구성하지 않는 사실관계'가 주된 것인 경우에는 그러한 피의사실 공표행위는 위법하다고 보아야 한다.[68)]

3. 처 벌

본죄의 법정형은 3년 이하의 징역 또는 5년 이하의 자격정지이다. 본죄의 미수범은 처벌되지 아니한다.

67) 대법원 2022.1.14. 선고 2019다282197 판결.
68) 대법원 2022.1.14. 선고 2019다282197 판결.

Ⅳ. 공무상 비밀누설죄

제127조(공무상 비밀의 누설) 공무원 또는 공무원이었던 자가 법령에 의한 직무상 비밀을 누설한 때에는 2년 이하의 징역이나 금고 또는 5년 이하의 자격정지에 처한다.

1. 서 언

(1) 의 의

본죄는 공무원 또는 공무원이었던 자가 법령에 의한 직무상 비밀을 누설함으로써 성립하는 범죄이다.

(2) 보호법익

본죄의 보호법익은 직무상 비밀을 누설함으로써 초래될 대국민피해를 방지하기 위하여 "공무원은 재직 중은 물론 퇴직 후에도 직무상 알게 된 비밀을 엄수(嚴守)하여야 한다"는 전·현직 공무원의 비밀유지의무를 보장하기 위한 국가의 기능이라고 해야 한다(국가공무원법 제60조 참조). 대법원도 "본죄는 비밀 그 자체를 보호하는 것이 아니라 공무원의 비밀엄수의무의 침해에 의하여 위험하게 되는 이익, 즉 비밀 누설에 의하여 위협받는 국가의 기능을 보호하기 위한 것이다"라고 판시한 바 있다.[69]

본죄는 비밀을 누설함으로써 이미 기수에 이르고 국민에게 피해가 발생하여야 하는 것은 아니므로 보호의 정도는 추상적 위험범으로서의 보호라고 해야 한다.

2. 범 죄

(1) 구성요건

1) 객관적 구성요건

① 주 체

본죄의 주체는 공무원 또는 공무원이었던 자이다. 본죄는 전·현직 공무원만이 그 주체가 될 수 있는 진정신분범이다.

② 객 체

ⓘ 의 의　　본죄의 객체는 법령에 의한 직무상의 비밀이다. 비밀이란 일반적으로 알려져 있지 않은 사항으로서 알려지지 않는 것이 국가에게 이익이 되는 것을 말한다. 직무상의 비밀이란 직무수행과 관련하여 알게 된 비밀을 말한다. 따라서 직무상 알게 된 비밀이 아닌 단순한 비밀은 여기에 포함되지 않는다.

ⓘⓘ 범 위　　직무상의 비밀은 법령에 의한 것이어야 한다. 문제는 법령에 의한 직무상의 비밀의 범위에 있다.

69) 대법원 2021.12.30. 선고 2021도11924 판결; 대법원 2021.11.25. 선고 2021도2486 판결; 대법원 2018.2.13. 선고 2014도11441 판결; 대법원 2012.3.15. 선고 2010도14734 판결; 대법원 2009.6.11. 선고 2009도2669 판결; 대법원 2007.6.14. 선고 2004도5561 판결; 대법원 2003.12.26. 선고 2002도7339 판결; 대법원 2003.6.13. 선고 2001도1343 판결; 대법원 1996.5.10. 선고 95도780 판결.

ⅰ. 학 설 　법령에 의한 직무상의 비밀의 범위에 대하여는 견해가 대립하고 있다. 형식설과 실질설이 그것이다. 형식설(形式說)이란 직무상의 비밀을 법령에 의하여 비밀로 규정되었거나 분류된 사항에 한정하는 견해를 말한다. 실질설(實質說)이란 직무상 비밀을 형식설에 의한 비밀 외에도 실질적으로 비밀로 보호할 가치가 있다고 인정되는 사항까지 포함하여 이해하는 견해를 말한다.

ⅱ. 판 례 　판례는 실질설의 입장이다. 직무상의 비밀을 법령에 의하여 비밀로 분류된 것뿐만 아니라 객관적·일반적으로 외부에 알려지지 않는 것에 상당한 이익이 있는 것을 포함하여 이해하고 있다.

대법원은 처음에 "법령에 의한 직무상 비밀이란 반드시 법령에 의하여 비밀로 규정되었거나 비밀로 분류 명시된 사항에 한하지 아니하고, 정치, 군사, 외교, 경제, 사회적 필요에 따라 비밀로 된 사항은 물론 정부나 공무소 또는 국민이 객관적, 일반적인 입장에서 외부에 알려지지 않는 것에 상당한 이익이 있는 사항도 포함한다"고 판시한 바 있다.[70] 공무원이 그 복무상 준수할 의무가 국민의 봉사자로서 충성을 다하고 그 직무를 집행함에 있어서 공정하여야 하며 또 청렴하고 품위를 지켜야 한다는 공직자의 윤리성과 특별권력관계에 있어서의 그 특수성 등에 연유하고 나아가 현대국가 내지 현대사회의 복잡다기화에서 오는 당위성 필요성 등에 의하여 당연한 해석이라고 풀이된다고 하였다.[71]

다만 대법원은 1996년에 이르러 "동 조에서 말하는 비밀이란 실질적으로 그것을 비밀로서 보호할 가치가 있다고 인정할 수 있는 것이어야 한다"고 하여 그 범위를 더욱 축소한 바 있다.[72] 법령에 의한 직무상 비밀을 긍정한 판례의 구체적 내용은 다음과 같다. 즉,

> 제18대 대통령 당선인 갑의 비서실 소속 공무원인 피고인이 당시 갑을 위하여 중국에 파견할 특사단 추천 의원을 정리한 문건을 을에게 이메일 또는 인편 등으로 전달함으로써 법령에 의한 직무상 비밀을 누설하였다는 내용으로 기소된 사안에서, 위 문건이 사전에 외부로 누설될 경우 대통령 당선인의 인사 기능에 장애를 초래할 위험이 있으므로, 종국적인 의사결정이 있기 전까지는 외부에 누설되어서는 아니 되는 비밀로서 보호할 가치가 있는 직무상 비밀에 해당한다.[73] 피고인이 유출한 이 사건 문건은 미국과의 자유무역협정 체결 협상을 위한 협상전략과 분야별 쟁점에 대한 대응방향 등을 담고 있는 것으로서, 그와 같은 내용이 일반에 알려진 공지의 사실에 해당하는 것으로 볼 수 없고, 또한 그 내용이 공개될 경우 협상상대방인 미국으로서는 우리나라의 우선 관심사항과 구체적인 협상전략을 미리 파악하여 보다 유리한 조건에서 협상에 임할 수 있게 되는 반면, 우리나라로서는 당초 준비한 협상전략이 모두 노출됨으로 인하여 불리한 지위에서 협상에 임할 수밖에 없게 되어, 당초의 협상목표를 달성하지 못하게 되는 결과를 불러올 우려가 있었던 점 등을 종합해 보면, 적어도 이 사건 문건 중 그 판시와 같은 기재 부분은 정부나 공무소 또는 국민이

70) 대법원 1982.6.22. 선고 80도2822 판결; 대법원 1981.7.28. 선고 81도1172 판결.

71) 대법원 1981.7.28. 선고 81도1172 판결.

72) 대법원 2021.12.30. 선고 2021도11924 판결; 대법원 2021.11.25. 선고 2021도2486 판결; 대법원 2018.2.13. 선고 2014도11441 판결; 대법원 2012.3.15. 선고 2010도14734 판결; 대법원 2009.6.11. 선고 2009도2669 판결; 대법원 2007.6.14. 선고 2004도5561 판결; 대법원 2003.12.26. 선고 2002도7339 판결; 대법원 2003.6.13. 선고 2001도1343 판결; 대법원 1996.5.10. 선고 95도780 판결.

73) 대법원 2018.4.26. 선고 2018도2624 판결.

객관적, 일반적인 입장에서 외부에 알려지지 않는 것에 상당한 이익이 있는 사항으로서, 실질적으로 비밀로서 보호할 가치가 있는 직무상 비밀에 해당한다.[74] 구 지방재정법(2005.8.4. 법률 제7663호로 전문 개정되기 전의 것) 제63조에 의하여 준용되는 국가를 당사자로 하는 계약에 관한 법률 제7조는, 국가가 당사자로서 계약을 체결하는 경우 계약의 목적·성질·규모 등을 고려하여 필요하다고 인정될 때에는 대통령령이 정하는 바에 의하여 수의계약에 의할 수 있도록 정하고, 같은 법 시행령 제7조의2 제1항은 "각 중앙관서의 장 또는 계약담당공무원은 경쟁입찰 또는 수의계약 등에 부칠 사항에 대하여 당해 규격서 및 설계서 등에 의하여 예정가격을 결정하고, 이를 밀봉하여 미리 개찰장소 또는 가격협상장소 등에 두어야 하며, 예정가격이 누설되지 아니하도록 하여야 한다"고 규정하고 있으며, 제30조 제1항 본문은 "각 중앙관서의 장 또는 계약담당공무원은 수의계약을 체결하고자 할 때에는 2인 이상으로부터 견적서를 받아야 한다"고 규정하고 있다. 위 규정들을 종합하면 지방자치단체의 장 또는 계약담당공무원이 수의계약에 부칠 사항에 관하여 당해 규격서 및 설계서 등에 의하여 결정한 '예정가격'은 형법 제127조의 '공무상 비밀'에 해당한다.[75] 검찰 등 수사기관이 특정 사건에 대하여 수사를 진행하고 있는 상태에서, 수사기관이 현재 어떤 자료를 확보하였고 해당 사안이나 피의자의 죄책, 신병처리에 대하여 수사책임자가 어떤 의견을 가지고 있는지 등의 정보는, 그것이 수사의 대상이 될 가능성이 있는 자 등 수사기관 외부로 누설될 경우 피의자 등이 아직까지 수사기관에서 확보하지 못한 자료를 인멸하거나, 수사기관에서 파악하고 있는 내용에 맞추어 증거를 조작하거나, 허위의 진술을 준비하는 등의 방법으로 수사기관의 범죄수사 기능에 장애를 초래할 위험이 있는 점에 비추어 보면, 해당 사건에 대한 종국적인 결정을 하기 전까지는 외부에 누설되어서는 안 될 수사기관 내부의 비밀에 해당한다.[76] 피고인 1은 서울시 도시계획국 도시계획 1과에 근무하는 토목기좌로서 도시계획 시설결정 업무에 종사하는 자이고 피고인 2는 같은 계에 재직 중인 토목기사보로 각 같은 업무에 종사하는 공무원들로서 서울시에서 판시와 같이 동 청사를 판시 지상으로 이전할 계획을 극비리에 수립하고 도시계획 1과에서 도면작성 등 기초작업을 마친 후 동 지역을 제 1 공용청사 부지로 한 도시계획시설 결정안을 도시계획위원회에 상정하여 동 위원회에서 가결하게 되자, 피고인 1은 동 위원회에 참석하여, 피고인 2은 위 결정이 끝난후 잔무처리 과정에서 시청이 이전될 도시계획시설이 결정된 사실과 동 이전부지 위치를 지득하게 되었음을 기화로 피고인 1은 판시와 같이 친구인 공소외 1에게 시청이전 결정지를 지적하여 주고, 피고인 2는 피고인 3에게 위 시청이전 결정지를 알려주어 판시와 같은 부동산 투기에 나아가게 하여 전매차익을 얻게 한 사실을 인정하고 피고인들이 위 도시계획위원회에서 가결한 공용청사 시설결정지를 고지한 사실을 형법 제127조 소정의 공무원이 법령에 의한 직무상 비밀을 누설한 경우에 해당하는 것으로 의율 처단하고 있는바, 판시와 같이 가결된 도시계획시설 결정은 그것이 법 소정의 절차를 거쳐 일반에게 공고 또는 고시 등에 의하여 공개되기 전에 관계공무원이 이를 미리 특정인에게 누설하는 경우, 부동산 투기를 조장하여 특정인에게 부당한 이익을 줄 염려가 있는 한편 선량한 시민에게 부당한 피해를 주어 도시계획의 건전한 발전을 저해하는 요소로 작용될 수 있는 사항이라 할 것이므로, 비록 도시계획사업을 규율하는 도시계획법 등에 도시계획 시설결정 사실을 비밀사항으로 규정한 바 없다 하더라도 판시와 같은 도시계획시설결정 사실은 실질적으로 비밀성을 지녔다 할 것이므로 이를 특정인의 이익을 도모하여 정당한 이유없이 누설함은 형법 제127조 소정의 공무상 비밀누설죄에 해당한다고 봄 이 상당하고, 피고인들이 도시계획국 소관사무를 취급하고

---

74) 대법원 2009.6.11. 선고 2009도2669 판결.
75) 대법원 2008.3.14. 선고 2006도7171 판결.
76) 대법원 2007.6.14. 선고 2004도5561 판결.

있었고, 위 시설결정 사실을 지득한 경위가 판시와 같다면 이는 직무상 지득한 것으로 볼수 있다 할 것이며, 도시계획 시설 결정안은 소정의 절차를 거쳐 도시계획위원회에서 가결되고 건설부장관이 그 결정을 고시하고, 도면을 공람케 함으로써 일반에게 공개되는 것이므로(도시계획법 제12조 참조) 그 입안과정에 있어서 지방의회의 의견을 듣는다거나 공청회를 개최한다고 하여 그 최종결정 과정까지 공개된 것이라고는 할 수 없으므로 도시계획의 공개성에 비추어 판시의 사항이 비밀성이 없는 것이라거나, 비밀사항에 관한 명문의 규정이 없다는 이유로 죄형법정주의의 원칙에 어긋난다는 논지는 채용할 수 없다.[77)]

법령에 의한 직무상 비밀을 부정한 판례의 구체적 내용은 다음과 같다. 즉,

구청에서 체납차량 영치 및 공매 등의 업무를 담당하던 공무원인 피고인이 갑의 부탁을 받고 차적 조회 시스템을 이용하여 을의 유사휘발유 제조 현장 부근에서 경찰의 잠복근무에 이용되고 있던 경찰청 소속 차량의 소유관계에 관한 정보를 알아내 갑에게 알려줌으로써 공무상비밀을 누설하였다는 내용으로 기소된 사안에서, 누구든지 열람이 가능한 부동산등기 사항과 달리 구 자동차관리법(2009.2.6. 법률 제9449호로 개정되기 전의 것) 제7조 제4항, 구 자동차등록규칙(2010.4.7. 국토해양부령 제239호로 개정되기 전의 것) 제10조, 제12조가 자동차 소유자의 성명까지 기재된 신청서를 제출하여야 자동차등록원부의 열람이나 등본 또는 초본을 발급받을 수 있게 규정하여 자동차 소유자에 관한 정보가 공개되지 아니한 측면을 고려하더라도, 재산의 소유 주체에 관한 정보에 불과한 자동차 소유자에 관한 정보를 정부나 공무소 또는 국민이 객관적, 일반적인 입장에서 외부에 알려지지 않는 것에 상당한 이익이 있는 사항으로서 실질적으로 비밀로 보호할 가치가 있다거나, 그 누설에 의하여 국가의 기능이 위협받는다고 볼 수 없고, 경찰청 소속 차량으로 잠복수사에 이용되는 경우 소속이 외부에 드러나지 말아야 할 사실상의 필요성이 있다는 사정만으로 달리 볼 것이 아니어서, 피고인이 갑에게 제공한 차량 소유관계에 관한 정보가 형법 제127조에서 정한 '법령에 의한 직무상 비밀'에 해당한다고 볼 수 없는데도, 이와 달리 보아 유죄를 인정한 원심판결에 법리오해의 위법이 있다.[78)] 이른바, 옷값 대납 사건의 내사결과보고서의 내용이 비공지의 사실이기는 하나 실질적으로 비밀로서 보호할 가치가 있는 것이라고 인정할 수 없다.[79)] 기업의 비업무용 부동산 보유실태에 관한 감사원의 감사보고서의 내용이 직무상 비밀에 해당하지 않는다.[80)] 감사원 감사관이 공개한 기업의 비업무용 부동산 보유실태에 관한 감사원 보고서의 내용이 공무상 비밀에 해당되지 않는다.[81)]

iii. 검 토 　법령에 의한 직무상 비밀이란 반드시 법령에 의하여 비밀로 분류된 것만을 의미하는 것이 아니라 법령에 의하여 직무상 비밀로 분류될 만한 비밀도 포함하는 개념이라고 할 수 있다. 이러한 의미에서 실질설이 타당하다고 해석된다.

③ 행 위

본죄의 행위는 누설이다. 누설(漏泄)이란 비밀을 아직 모르는 다른 사람에게 임의로 알려주는 행위를 의미한다.[82)] 누설의 방법은 묻지 않는다. 작위든 부작위든 불문한다. 본죄는

77) 대법원 1982.6.22. 선고 80도2822 판결.
78) 대법원 2012.3.15. 선고 2010도14734 판결.
79) 대법원 2003.12.26. 선고 2002도7339 판결.
80) 대법원 1996.10.11. 선고 94누7171 판결.
81) 대법원 1996.5.10. 선고 95도780 판결.
82) 대법원 2021.12.30. 선고 2021도11924 판결; 대법원 2021.11.25. 선고 2021도2486 판결.

누설에 의하여 기수에 이르는 추상적 위험범이다.

누설을 긍정한 판례의 구체적 내용은 다음과 같다. 즉,

담당공무원이 수해복구 공사계약을 수의계약 방식으로 체결하기로 하면서, 미리 선정된 공사업체에게 공사 예정가격을 알려준 행위가 형법 제127조의 공무상 비밀누설죄에 해당한다.[83] 검찰의 고위 간부가 특정 사건에 대한 수사가 계속 진행중인 상태에서 해당 사안에 관한 수사책임자의 잠정적인 판단 등 수사팀의 내부 상황을 확인한 뒤 그 내용을 수사 대상자 측에 전달한 행위가 형법 제127조에 정한 공무상 비밀누설에 해당한다.[84] 피고인이 그 직무상 지득한 구술시험 문제 중에서 소론 사항을 "병"에게 알린 것은 공무상 비밀의 누설인 동시에 형법 제131조 제1항의 부정한 행위를 한 때에 해당한다.[85]

누설을 부정한 판례의 구체적 내용은 다음과 같다. 즉,

공무원이 직무상 알게 된 비밀을 그 직무와의 관련성 혹은 필요성에 기하여 해당 직무의 집행과 관련 있는 다른 공무원에게 직무집행의 일환으로 전달한 경우에는, 관련 각 공무원의 지위 및 관계, 직무집행의 목적과 경위, 비밀의 내용과 전달 경위 등 여러 사정에 비추어 비밀을 전달받은 공무원이 이를 그 직무집행과 무관하게 제3자에게 누설할 것으로 예상되는 등 국가기능에 위험이 발생하리라고 볼 만한 특별한 사정이 인정되지 않는 한, 위와 같은 행위가 비밀의 누설에 해당한다고 볼 수 없다.[86]

2) 주관적 구성요건

본죄는 고의범이다. 공무원 또는 공무원이었던 자가 법령에 의한 직무상 비밀을 누설한다는 인식을 요한다.

3) 공 범

본죄는 누설자와 그 상대방이 대향관계에 있는 대향범에 속한다. 2인 이상의 서로 대향된 행위의 존재를 필요로 하는 대향범에 대하여는 공범에 관한 형법총칙 규정이 적용될 수 없다. 본죄는 공무원 또는 공무원이었던 자가 법령에 의한 직무상 비밀을 누설하는 행위만을 처벌하고 있을 뿐 직무상 비밀을 누설받은 상대방을 처벌하는 규정이 없는 점에 비추어, 직무상 비밀을 누설받은 자에 대하여는 공범에 관한 형법총칙 규정이 적용될 수 없다고 보아야 한다.[87]

공범을 부정한 판례의 구체적 내용은 다음과 같다. 즉,

변호사 사무실 직원인 피고인 갑이 법원공무원인 피고인 을에게 부탁하여, 수사 중인 사건의 체포영장 발부자 53명의 명단을 누설받은 사안에서, 피고인 을이 직무상 비밀을 누설한 행위와 피고인 갑이 이를 누설받은 행위는 대향범 관계에 있으므로 공범에 관한 형법총칙 규정이 적용될

83) 대법원 2008.3.14. 선고 2006도7171 판결.
84) 대법원 2007.6.14. 선고 2004도5561 판결.
85) 대법원 1970.6.30. 선고 70도562 판결.
86) 대법원 2021.12.30. 선고 2021도11924 판결; 대법원 2021.11.25. 선고 2021도2486 판결.
87) 대법원 2017.6.19. 선고 2017도4240 판결; 대법원 2011.4.28. 선고 2009도3642 판결; 대법원 2009.6.23. 선고 2009도544 판결; 대법원 2007.10.25. 선고 2007도6712 판결.

수 없는데도, 피고인 갑의 행위가 공무상비밀누설교사죄에 해당한다고 본 원심판단에 법리오해의 위법이 있다.[88]

(2) 위법성조각사유

본죄도 정당행위에 의하여 위법성이 조각될 수 있다. 법령에 의한 행위 또는 사회상규에 위배되지 아니한 행위는 정당행위로서 위법성이 조각될 수 있기 때문이다(제20조 참조). 부패방지권익위법에 의하면 공직자는 그 직무를 행함에 있어 다른 공직자가 부패행위를 한 사실을 알게 되었거나 부패행위를 강요 또는 제의받은 경우에는 지체 없이 이를 수사기관·감사원 또는 위원회에 신고하여야 한다(부패방지권익위법 제56조).

3. 처 벌

본죄의 법정형은 2년 이하의 징역이나 금고 또는 5년 이하의 자격정지이다.

§3. 직권남용의 죄

Ⅰ. 서 설

1. 의 의

직권남용의 죄란 공무원이 그의 직권을 남용하거나 그의 직무집행시에 위법한 행위를 함으로써 직무의 적정한 집행을 침해하거나 이에 대한 국민의 신뢰를 침해하는 것을 내용을 하는 범죄를 말한다. 형법은 직권남용의 죄로서 직권남용죄(제123조), 불법 체포·감금죄(제124조), 폭행·가혹행위죄(제125조) 및 선거방해죄(제128조)에 대하여 규정하고 있다.

2. 보호법익

직권남용의 죄의 보호법익에 대하여는 다툼이 있다. 공무의 공정 또는 국가의 권위라는 견해, 개인의 자유와 권리라는 견해, 1차적으로는 공무의 적정한 집행이지만 2차적으로는 직권남용의 상대방으로 되는 개인의 이익이라는 견해 등이 그것이다.

생각건대 직권남용의 죄도 전술한 직무위배의 죄에 있어서처럼 직권남용으로 인한 대국민피해를 방지하기 위한 국가기능의 보호가 그 보호법익이라고 해야 한다. 보호의 정도도 피해의 발생을 요하지 않고 직권의 남용 그 자체로 기수에 이른다고 해야 하기 때문에 추상적 위험범으로서의 보호라고 하지 않을 수 없다.

3. 구성요건의 체계

직권남용의 죄의 기본적 구성요건은 직권남용죄이다. 불법 체포·감금죄, 폭행·가혹행위죄 및 선거방해죄는 독립적 구성요건에 해당한다.

---

88) 대법원 2011.4.28. 선고 2009도3642 판결.

Ⅱ. 직권남용죄

제123조(직권남용) 공무원이 직권을 남용하여 사람으로 하여금 의무없는 일을 하게 하거나 사람의 권리행사를 방해한 때에는 5년 이하의 징역, 10년 이하의 자격정지 또는 1천만원 이하의 벌금에 처한다.

참고조문

제324조(강요) ① 폭행 또는 협박으로 사람의 권리행사를 방해하거나 의무없는 일을 하게 한 자는 5년 이하의 징역 또는 3천만원 이하의 벌금에 처한다.

② 단체 또는 다중의 위력을 보이거나 위험한 물건을 휴대하여 제1항의 죄를 범한 자는 10년 이하의 징역 또는 5천만원 이하의 벌금에 처한다.

1. 서 언

(1) 의 의

본죄는 공무원이 직권을 남용하여 사람으로 하여금 의무없는 일을 하게 하거나 사람의 권리행사를 방해함으로써 성립하는 범죄를 말한다. 경우에 따라서는 직권남용 권리행사방해죄 등으로 불리어지기도 한다.

(2) 보호법익

본죄의 보호법익은 국가기능의 공정한 행사이다. 대법원은 "국가기능의 공정한 행사라는 국가적 법익을 보호하는 데 주된 목적이 있다"고 판시한 바 있다.[89] 한편 본죄에 대한 검사의 불기소처분에 대하여는 고소인뿐만 아니라 고발인도 관할 고등법원에 재정을 신청할 수 있다(형사소송법 제260조 제1항 본문).

(3) 강요죄와의 관계

본죄와 강요죄의 관계에 대하여는 다툼이 있다. 본죄를 강요죄의 가중적 구성요건이라고 하는 강요죄설과 본죄의 보호법익은 국가기능의 공정한 행사를 보호함에 있으므로 강요죄와는 본질을 달리한다고 하는 독립범죄설이 대립하고 있다. 생각건대 본죄는 국가의 기능을 보호하기 위한 국가적 법익에 대한 범죄로서 개인적 법익을 보호하기 위한 강요죄와는 그 성질을 달리한다고 해석하는 것이 타당하다고 해야 한다.

(4) 법왜곡죄의 도입

본죄와 관련하여 소위 법왜곡행위가 거론될 수 있다. 경찰, 검사, 법관 등 범죄수사나 재판의 직무를 수행하는 공무원이 법을 왜곡하여 적용하는 경우 본죄의 성립여부가 애매하기 때문이다. 여기서 법관과 검사의 자의적인 법적용 행위를 방지하고, 사법기관에 대한 국민들의 신뢰를 회복하기 위하여 법관·검사 등의 법왜곡 행위를 처벌할 수 있는 법적 근거를 마련하려는 입법이 시도된 바 있다.[90] 독일형법은 법왜곡죄에 대하여 명문의 규정을 두고 있다.[91] 자기의 이익만을 추구하는 소위 아전인수식 법해석이나 나만 옳고 남은 그르

89) 대법원 2021.3.11. 선고 2020도12583 판결.

90) 형법 일부개정법률안, 2019.6.11. 제안, 의안번호 제2020908호, 2020.5.29. 임기만료 폐기.

91) 독일형법 제339조 (법왜곡) 법관, 기타 공무원 또는 중재법관이 법률사건을 지휘하거나 재판함에 있어 당

다는 이른바 내로남불식 법해석을 방지하기 위해서는 법왜곡죄의 도입을 검토할 필요가 있다고 하겠다.

2. 범 죄

(1) 구성요건

1) 객관적 구성요건

① 주 체

본죄의 주체는 공무원이다. 현직 공무원에 한한다. 공무원이 퇴임하면 해당 직무에서 벗어나기 때문이다. 이러한 의미에서 본죄는 진정신분범이다.

다만 공무원에 대하여는 공무원이면 족하다는 견해, 일정한 행위를 강제할 권한을 가지는 공무원에 한한다는 견해 및 공무원의 권한이 남용되는 경우 상대방으로 하여금 의무 없는 일을 하게 하거나 사람의 권리행사를 방해할 가능성이 있으면 족하고 반드시 강제력을 수반하는 권한을 가지는 공무원일 것을 요하지 않는다는 견해가 대립하고 있다.

② 행 위

본죄의 실행행위는 직권을 남용하여 사람으로 하여금 의무없는 일을 하게 하거나 사람의 권리행사를 방해하는 것이다.

ⓘ 직권의 남용　　행위의 방법은 직권을 남용하는 것이다. 직권의 범위내에서 행하여지는 한 남용이라 할 수 없다. 실제의 권한행사의 요건의 유무나 권한행사의 구체적으로 권한의 행사가 허용되는 경우인가 아닌가도 묻지 않는다.

ⅰ. 직 권　　직권(職權)이란 해당 공무원의 일반적 직무권한을 말한다. 어떠한 직무가 공무원의 일반적 직무권한에 속하는 사항이라고 하기 위해서는 그에 관한 법령상 근거가 필요하다. 법령상 근거는 반드시 명문의 규정만을 요구하는 것이 아니라 명문의 규정이 없더라도 법령과 제도를 종합적, 실질적으로 살펴보아 그것이 해당 공무원의 직무권한에 속한다고 해석되고, 이것이 남용된 경우 상대방으로 하여금 사실상 의무 없는 일을 하게 하거나 권리를 방해하기에 충분한 것이라고 인정되는 경우에는 직권남용죄에서 말하는 일반적 직무권한에 포함된다.[92]

본죄의 직무는 강제적 요소를 가져야 하는가가 문제된다. 본죄는 강요죄와 문언이 공통되기 때문에 상대방의 의사를 제압하는 요소를 포함하는 범죄이고 직권이란 강제적 권한을 말한다는 강제적 권한설(强制的 權限說)과 강제력을 요하지 않는 직무권한이라는 일반적 직무권한설(一般的 職務權限說)이 대립하고 있다. 판례는 일반적 직무권한설의 입장이다. 일반적 직무권한은 반드시 법률상의 강제력을 수반하는 것임을 요하지 아니하며, 그것이 남용될

사자 일방에게 유리하게 또는 불리하게 법률을 왜곡한 경우에는 1년 이상 5년 이하의 자유형에 처한다.

92) 대법원 2021.3.11. 선고 2020도12583 판결; 대법원 2020.10.29. 선고 2020도3972 판결; 대법원 2020.2.13. 선고 2019도5186 판결; 대법원 2019.8.29. 선고 2018도14303 전원합의체 판결; 대법원 2019.3.14. 선고 2018도18646 판결; 대법원 2018.2.13. 선고 2014도11441 판결; 대법원 2011.7.28. 선고 2011도1739 판결.

경우 직권행사의 상대방으로 하여금 법률상 의무 없는 일을 하게 하거나 정당한 권리행사를 방해하기에 충분한 것이면 된다고 한다.93)

국가경제 전반, 특히 금융사무에 관하여 포괄적인 권한을 행사하는 재정경제원장관이, 국민경제에 미치는 영향력이 심대한 대기업 등의 도산과 그로 인한 관련 기업들의 연쇄도산, 금융기관의 부실화, 대량실업의 발생 등 국가경제의 안정과 발전을 저해하는 사태의 발생을 방지하기 위하여, 국민경제에 미치는 영향력이 큰 기업으로서 회생 가능성이 있는 기업에 대하여는 자구계획의 수립과 실천 등 일정한 요건을 갖출 것을 전제로 융자를 해 주도록 금융기관에 권고하거나 이를 요청하는 것은 그의 일반적 직무권한에 속하는 사항이라고 할 것이다.94) 직권을 부정한 판례의 구체적 내용은 다음과 같다. 즉,

> 공무원이 그 직무를 수행함에 있어 상관은 하관에 대하여 범죄행위 등 위법한 행위를 하도록 명령할 직권이 없는 것이며, 또한 하관은 소속 상관의 적법한 명령에 복종할 의무는 있으나 위와 같이 명백히 위법 내지 불법한 명령인 때에는 이는 벌써 직무상의 지시명령이라 할 수 없으므로 이에 따라야 할 의무는 없다.95)

ⅱ. 직권남용　　남용(濫用)이란 공무원이 일반적 직무권한에 속하는 사항에 관하여 그 권한을 위법·부당하게 행사하는 것을 말한다.96) 반드시 폭행이나 협박을 수단으로 하여야 하는 것은 아니다.97)

직권남용(職權濫用)이란 공무원이 일반적 직무권한에 속하는 사항에 관하여 직권의 행사에 가탁(假託)하여 그 권한을 위법·부당하게 행사하는 것을 말한다.98) 여기서의 직권남용은 공무원이 그의 일반적 권한에 속하는 사항에 관하여 그것을 불법하게 행사하는 것, 즉 형식적·외형적으로는 직무집행으로 보이나 실질적으로는 정당한 권한 외의 행위를 하는 경우를 의미한다.99) 부작위도 포함된다. 공무원이 일반적 직무권한에 속하지 않는 행위를

---

93) 대법원 2015.3.26. 선고 2013도2444 판결; 대법원 2007.7.13. 선고 2004도3995 판결; 대법원 2006.5.26. 선고 2005도6966 판결; 대법원 2004.10.15. 선고 2004도2899 판결; 대법원 2004.5.27. 선고 2002도6251 판결.

94) 대법원 2004.5.27. 선고 2002도6251 판결.

95) 대법원 2015.10.29. 선고 2015도9010 판결; 대법원 2013.11.28. 선고 2011도5329 판결; 대법원 1999.4.23. 선고 99도636 판결.

96) 대법원 2020.10.29. 선고 2020도3972 판결; 대법원 2020.2.13. 선고 2019도5186 판결; 대법원 2019.8.29. 선고 2018도13792 전원합의체 판결; 대법원 2011.7.28. 선고 2011도1739 판결.

97) 대법원 2007.7.13. 선고 2004도3995 판결.

98) 대법원 2021.3.11. 선고 2020도12583 판결; 대법원 2020.10.29. 선고 2020도3972 판결; 대법원 2020.2.13. 선고 2019도5186 판결; 대법원 2019.8.29. 선고 2018도13792 전원합의체 판결; 대법원 2019.3.14. 선고 2018도18646 판결; 대법원 2015.3.26. 선고 2013도2444 판결; 대법원 2014.12.24. 선고 2012도4531 판결; 대법원 2013.11.28. 선고 2011도5329 판결; 대법원 2011.7.28. 선고 2011도1739 판결; 대법원 2009.1.30. 선고 2008도6950 판결; 대법원 2007.7.13. 선고 2004도3995 판결; 대법원 2006.5.26. 선고 2005도6966 판결; 대법원 2005.4.15. 선고 2002도3453 판결; 대법원 2004.10.15. 선고 2004도2899 판결; 대법원 2004.5.27. 선고 2002도6251 판결; 대법원 1992.3.10. 선고 92도116 판결; 대법원 1991.12.27. 선고 90도2800 판결.

99) 대법원 2019.3.14. 선고 2018도18646 판결; 대법원 2021.3.11. 선고 2020도12583 판결; 대법원 2019.3.14. 선고 2018도18646 판결; 대법원 2018.2.13. 선고 2014도11441 판결; 대법원 2017.10.31. 선고 2017도12534 판결; 대법원 2014.12.24. 선고 2012도4531 판결; 대법원 2013.11.28. 선고 2011도5329 판결; 대법원 2011.7.28. 선고 2011도1739 판결; 대법원 2011.2.10. 선고 2010도13766 판결; 대법원 1991.12.27. 선고 90도2800 판결.

하는 경우인 지위를 이용한 불법행위와는 구별된다.[100)]

직권의 남용에 해당하는가를 판단하는 기준은 구체적인 공무원의 직무행위가 본래 법령에서 그 직권을 부여한 목적에 따라 이루어졌는지, 직무행위가 행해진 상황에서 볼 때 필요성・상당성이 있는 행위인지, 직권행사가 허용되는 법령상의 요건을 충족했는지 등을 종합하여 판단하여야 한다.[101)] 직권의 남용을 긍정한 판례의 구체적 내용은 다음과 같다. 즉,

해군본부 법무실장인 피고인이 국방부 검찰수사관 갑에게 군내 납품비리 수사와 관련한 수사기밀사항을 보고하게 하여 직무상 권한을 남용하였다는 내용으로 기소된 사안에서, 피고인은 해군검찰업무뿐 아니라 소송, 징계업무 등 법무업무 전반에 관하여 해군참모총장을 보좌하는 자로서 해군 소속 인원의 사법처리와 관련된 중요 사항에 관하여 보고를 받을 일반적인 직무권한이 있으나, 여기서 나아가 국방부 검찰단의 향후 수사 방향에 대한 내용 등 수사기밀사항에 대한 보고를 요구하는 행위는 형식적, 외형적으로는 직무집행으로 보이나 실질은 일반적 직무권한 범위를 넘어 직무의 행사에 가탁한 부당한 행위이고, 갑으로서는 외부에 유출될 경우 검찰단의 수사 기능에 현저한 장애를 초래할 수 있는 검찰단 내부 수사 내용을 피고인에게 보고할 법률상의 의무가 없었다고 보아, 피고인에게 직권남용권리행사방해죄를 인정한 원심판단을 수긍하였다.[102)] 검찰의 고위간부가 내사 담당 검사로 하여금 내사를 중도에서 그만두고 종결처리토록 한 행위는 직권남용권리행사방해죄에 해당한다.[103)] 수사에 관하여 일반적 직무권한을 가진 검사가 실제로는 개인적인 목적을 위하여 수용자를 소환하면서도 수사 목적이라는 명분을 내세워 교도관리에게 위 수용자에 대한 소환요구 또는 출석요구를 한 경우 직권남용죄가 성립한다.[104)] 재정경제원장관이 대기업에 해당되지도 아니하며 회생 가능성도 불투명하여 대출이 가능한 요건을 갖추었다고 보기 어려운 기업에 대하여 은행감독원장으로부터 경영개선명령을 받아 신규대출을 기피하고 있던 위 기업의 주거래 은행의 은행장에게 개인적 친분이 있는 위 기업을 도와 주기 위한 목적으로 대출을 실행하여 줄 것을 요구하고, 위 요구에 따라 위 은행장이 이미 같은 은행으로부터 대출신청이 거절당한 바 있는 위 기업에 대하여 새로이 다른 채권은행장들과 협조융자를 추진하고 대출하도록 한 행위가 직권남용죄에 해당한다.[105)] 대통령비서실 A비서관이 대통령의 근친관리업무와 관련하여 정부 각 부처에 대한 지시와 협조 요청을 할 수 있는 일반적 권한을 갖고 있었음에 비추어 그가 농수산물 B시장 관리공사 대표이사에게 요구하여 위 시장 내의 주유소와 써어비스동을 당초 예정된 공개입찰방식이 아닌 수의계약으로 대통령의 근친이 설립한 회사에 임대케 한 행위는 공무원이 그 일반적 직무권한에 속하는 사항에 관하여 직권의 행사에 가탁하여 실질적, 구체적으로 위법・부당한 행위를 한 경우에 해당하여 타인의 권리행사방해죄의 구성요건을 충족한다.[106)] 비록 피고인이 평

100) 대법원 2020.10.29. 선고 2020도3972 판결; 대법원 2019.3.14. 선고 2018도18646 판결; 대법원 2014.12.24. 선고 2012도4531 판결; 대법원 2013.11.28. 선고 2011도5329 판결; 대법원 1991.12.27. 선고 90도2800 판결.

101) 대법원 2021.3.11. 선고 2020도12583 판결; 대법원 2020.2.13. 선고 2019도5186 판결; 대법원 2020.1.30. 선고 2018도2236 전원합의체 판결; 대법원 2019.8.29. 선고 2018도14303 전원합의체 판결; 대법원 2019.3.14. 선고 2018도18646 판결; 대법원 2018.2.13. 선고 2014도11441 판결; 대법원 2017.10.31. 선고 2017도12534 판결; 대법원 2015.3.26. 선고 2013도2444 판결; 대법원 2012.1.27. 선고 2010도11884 판결; 대법원 2011.7.28. 선고 2011도1739 판결; 대법원 2011.2.10. 선고 2010도13766 판결; 대법원 2007.2.22. 선고 2006도3339 판결.

102) 대법원 2011.7.28. 선고 2011도1739 판결.

103) 대법원 2007.6.14. 선고 2004도5561 판결.

104) 대법원 2006.5.26. 선고 2005도6966 판결.

105) 대법원 2004.5.27. 선고 2002도6251 판결.

소 위와 같이 현실적으로 수행하여 온 직무집행 방식이 감사원의 직무의 독립성을 보장하고 있는 감사원법의 정신에 위배될 소지가 있다 할지라도 통치권자인 대통령을 직접 보좌하고 대통령특명사항에 대하여는 대통령을 대리하여 관리부처에 영향력을 행사할 수도 있는 A비서관의 직무의 특성에 비추어 위 인정과 같이 감사원의 감사업무와 관련하여 사실상 위와 같은 직무를 수행해 오던 피고인이 그러한 직무권한의 행사에 가탁하여 C시장에 대한 임대료인하 문제와 관련하여 진행중이던 감사원의 주식회사 한국냉장에 대한 감사를 중단케 하였다면 이는 역시 타인의 권리행사방해죄의 구성요건에 해당된다.[107]

직권의 남용을 부정한 판례의 구체적 내용은 다음과 같다. 즉,

지방자치단체의 장이 승진후보자명부 방식에 의한 5급 공무원 승진임용 절차에서 인사위원회의 사전심의·의결 결과를 참고하여 승진후보자명부상 후보자들에 대하여 승진임용 여부를 심사하고서 최종적으로 승진대상자를 결정하는 것이 아니라, 미리 승진후보자명부상 후보자들 중에서 승진대상자를 실질적으로 결정한 다음 그 내용을 인사위원회 간사, 서기 등을 통해 인사위원회 위원들에게 '승진대상자 추천'이라는 명목으로 제시하여 인사위원회로 하여금 자신이 특정한 후보자들을 승진대상자로 의결하도록 유도하는 행위는 인사위원회 사전심의 제도의 취지에 부합하지 않다는 점에서 바람직하지 않다고 볼 수 있지만, 그것만으로는 직권남용권리행사방해죄의 구성요건인 '직권의 남용' 및 '의무 없는 일을 하게 한 경우'로 볼 수 없다.[108] 공무원이 직무와는 상관없이 단순히 개인적인 친분에 근거하여 문화예술 활동에 대한 지원을 권유하거나 협조를 의뢰한 것에 불과한 경우까지 직권남용에 해당한다고 할 수는 없다.[109]

ⅱ 의무의 부과 본죄의 의무(義務)란 법률상 의무를 가리키고, 단순한 심리적 의무감 또는 도덕적 의무는 이에 해당하지 아니한다.[110] 공법상의 의무이든 사법상의 의무이든 묻지 않는다. 본죄의 '의무 없는 일을 하게'란 법률상 전혀 의무가 없음에도 불구하고 하게 하거나 의무가 있는 경우에 부법·부당하게 의무의 태양을 변경하여 행하게 하는 것을 말한다. 수인의무가 없음에도 불구하고 이를 강제하는 경우도 포함된다.

본죄의 '의무 없는 일을 하게 한 때'란 공무원이 직권을 남용하여 다른 사람으로 하여금 법령상 의무 없는 일을 하게 하는 때를 의미한다.[111] 공무원이 자신의 직무권한에 속하는 사항에 관하여 실무 담당자로 하여금 그 직무집행을 보조하는 사실행위를 하도록 하더라도 이는 공무원 자신의 직무집행으로 귀결될 뿐이므로 원칙적으로 직권남용권리행사방해죄에서 말하는 '의무 없는 일을 하게 한 때'에 해당한다고 할 수 없다.[112] 그러나 직무집행의

106) 대법원 1992.3.10. 선고 92도116 판결.
107) 대법원 1992.3.10. 선고 92도116 판결.
108) 대법원 2020.12.10. 선고 2019도17879 판결.
109) 대법원 2009.1.30. 선고 2008도6950 판결.
110) 대법원 2009.1.30. 선고 2008도6950 판결; 대법원 1991.12.27. 선고 90도2800 판결.
111) 대법원 2021.9.9. 선고 2021도2030 판결; 대법원 2021.3.11. 선고 2020도12583 판결; 대법원 2019.3.14. 선고 2018도18646 판결; 대법원 2017.10.31. 선고 2017도12534 판결; 대법원 2015.12.23. 선고 2015도3468 판결; 대법원 2011.2.10. 선고 2010도13766 판결.
112) 대법원 2021.9.9. 선고 2021도2030 판결; 대법원 2021.3.11. 선고 2020도12583 판결; 대법원 2020.10.29. 선고 2020도3972 판결; 대법원 2019.3.14. 선고 2018도18646 판결; 대법원 2015.12.23. 선고 2015도3468 판결; 대법원 2011.2.10. 선고 2010도13766 판결.

기준과 절차가 법령에 구체적으로 명시되어 있고 실무 담당자에게도 직무집행의 기준을 적용하고 절차에 관여할 고유한 권한과 역할이 부여되어 있다면 실무 담당자로 하여금 그러한 기준과 절차에 위반하여 직무집행을 보조하게 한 경우에는 '의무 없는 일을 하게 한 때'에 해당한다.[113] 공무원의 직무집행을 보조하는 실무 담당자에게 직무집행의 기준을 적용하고 절차에 관여할 고유한 권한과 역할이 부여되어 있는지 여부 및 공무원의 직권남용행위로 인하여 실무 담당자가 한 일이 그러한 기준이나 절차를 위반하여 한 것으로서 법령상 의무 없는 일인지 여부는 관련 법령 등의 내용에 따라 개별적으로 판단하여야 한다.[114]

공무원이 한 행위가 직권남용에 해당한다고 하여 그러한 이유만으로 상대방이 한 일이 '의무 없는 일'에 해당한다고 인정할 수는 없다. '의무 없는 일'에 해당하는지는 직권을 남용하였는지와 별도로 상대방이 그러한 일을 할 법령상 의무가 있는지를 살펴 개별적으로 판단하여야 한다. 직권남용 행위의 상대방이 일반 사인인 경우 특별한 사정이 없는 한 직권에 대응하여 따라야 할 의무가 없으므로 그에게 어떠한 행위를 하게 하였다면 '의무 없는 일을 하게 한 때'에 해당할 수 있다.[115]

의무 없는 일의 강요를 긍정한 판례의 구체적 내용은 다음과 같다. 즉,

서울특별시 교육감인 피고인이 인사담당장학관 등에게 지시하여 승진후보자명부상 승진 또는 자격연수 대상이 될 수 없는 특정 교원들을 적격 후보자인 것처럼 추천하거나 임의로 평정점을 조정하는 방법으로 승진임용하거나 그 대상자가 되도록 한 사안에서, 서울특별시교육청 소속 교육공무원에 대한 인사권은 교육감인 피고인의 일반적인 직무권한에 속하는 사항이지만, 피고인이 승진대상자를 특정한 후 그들을 승진시킬 목적으로 법령에 위반하여 위와 같은 행위를 한 것이라면 그 실질은 정당한 권한 행사를 넘어 직무의 행사에 가탁한 부당한 행위라고 할 것이므로 직권남용에 해당하고, 인사 실무를 담당하는 장학관이나 장학사로 하여금 법령에 위배되는 일을 하게 하여 그들이 이와 같은 역할을 수행한 것은 그들에게 법령상 의무 없는 일을 하게 한 것이다.[116]

의무 없는 일의 강요를 부정한 판례의 구체적 내용은 다음과 같다. 즉,

피고인의 공소외 6 회사 미국소송 지원 및 공소외 10 재산 상속 관련 지시는 사적 업무에 대한 지시에 불과하고, 피고인이 국정현안 관리 업무에 대한 일반적 직무권한을 행사하는 모습을 보였다는 정황도 없는 등 판시와 같은 여러 사정에 비추어 이러한 지시는 대통령의 일반적 직무권한에 속하지 않고, 나아가 피고인이 공소외 2 등에게 의무 없는 일을 하게 하였다고 인정하기도 어렵다.[117] 치안본부장이 국립과학수사연구소 법의학1과장에게 고문치사자의 사인에 관하여 기자간담회에 참고할 메모를 작성하도록 요구한 경우에 있어서 위 과장의 메모작성행위가 국립과학수사연구소의 행정업무에 관한 행정상 보고의무라고 할 수 없고 치안본부장이 위 과장에게 메모를 작성

113) 대법원 2021.9.9. 선고 2021도2030 판결; 대법원 2021.3.11. 선고 2020도12583 판결; 대법원 2020.10.29. 선고 2020도3972 판결; 대법원 2019.3.14. 선고 2018도18646 판결; 대법원 2015.12.23. 선고 2015도3468 판결; 대법원 2011.2.10. 선고 2010도13766 판결.

114) 대법원 2021.9.9. 선고 2021도2030 판결; 대법원 2021.3.11. 선고 2020도12583 판결; 대법원 2020.1.9. 선고 2019도11698 판결.

115) 대법원 2020.2.13. 선고 2019도5186 판결; 대법원 2020.1.30. 선고 2018도2236 전원합의체 판결.

116) 대법원 2011.2.10. 선고 2010도13766 판결.

117) 대법원 2020.10.29. 선고 2020도3972 판결.

토록 한 행위가 그 일반적 권한에 속하는 사항이라고도 볼 수 없으며 또 위 과장이 그 요청에 따라 작성해 준 메모는 정식 부검소견서가 아니어서 동인이 위 메모를 작성하여 줄 법률상 의무가 있는 것도 아닐 뿐만 아니라, 그와 같은 메모를 작성하여 준 것도 단순한 심리적 의무감 또는 스스로의 의사에 기한 것으로 볼 수 있을 뿐이어서 법률상 의무에 기인한 것이라고 인정할 수도 없으므로, 치안본부장이 동인에게 메모의 작성을 요구하고 이를 동인이 내심의 의사에 반하여 두번이나 고쳐 작성하도록 하였다 하여도 이를 의무 없는 일을 하게 한 것이라고 볼 수 없어 직권남용죄는 성립되지 아니한다.[118]

ⅲ **권리행사의 방해** 본죄의 권리(權利)란 법률에 명기된 권리에 한하지 않고 법령상 보호되어야 할 이익이면 족한 것으로서, 공법상의 권리인지 사법상의 권리인지를 묻지 않는다.[119] 경찰관 직무집행법의 관련 규정을 근거로 경찰관은 범죄를 수사할 권한을 가지고 있다고 인정한 다음, 이러한 범죄수사권은 본죄에서 말하는 권리에 해당한다.[120]

본죄의 '권리행사를 방해한'이란 법률상 인정되어 있는 권리의 행사를 방해하는 것을 말한다. 권리행사가 불가능하거나 곤란하게 되는 상태를 초래하는 경우도 포함된다. 권리란 반드시 법률상의 권리에 한할 것을 요하지 않고 사실상의 이익도 포함된다고 해석되어야 한다. 권리행사를 방해한다 함은 법령상 행사할 수 있는 권리의 정당한 행사를 방해하는 것을 말한다고 할 것이므로 이에 해당하려면 구체화된 권리의 현실적인 행사가 방해된 경우라야 할 것이다.[121]

권리행사의 방해를 긍정한 판례의 구체적 내용은 다음과 같다. 즉,

대통령비서실장 및 정무수석비서관실 소속 공무원들인 피고인들이, 2014~2016년도의 3년 동안 각 연도별로 전국경제인연합회(이하 '전경련'이라 한다)에 특정 정치성향 시민단체들에 대한 자금지원을 요구하고 그로 인하여 전경련 부회장 갑으로 하여금 해당 단체들에 자금지원을 하도록 하였다고 하여 직권남용권리행사방해 및 강요의 공소사실로 기소된 사안에서, 피고인들이 위와 같이 자금지원을 요구한 행위는 대통령비서실장과 정무수석비서관실의 일반적 직무권한에 속하는 사항으로서 직권을 남용한 경우에 해당하고, 갑은 위 직권남용 행위로 인하여 전경련의 해당 보수 시민단체에 대한 자금지원 결정이라는 의무 없는 일을 하였다는 등의 이유로 직권남용권리행사방해죄가 성립한다고 본 원심판단을 수긍할 수 있다.[122] 대통령비서실 정책실장이 공무원으로 하여금 특별교부세 교부대상이 아닌 특정 사찰의 증·개축사업을 지원하는 특별교부세 교부신청 및 교부결정을 하도록 하게 한 행위가 직권남용권리행사죄를 구성한다고 한 사례이다.[123]

권리행사의 방해를 부정한 판례의 구체적 내용은 다음과 같다. 즉,

상급 경찰관이 직권을 남용하여 부하 경찰관들의 수사를 중단시키거나 사건을 다른 경찰관서로 이첩하게 한 경우, 일단 '부하 경찰관들의 수사권 행사를 방해한 것'에 해당함과 아울러 '부하 경찰

118) 대법원 1991.12.27. 선고 90도2800 판결.
119) 대법원 2010.1.28. 선고 2008도7312 판결.
120) 대법원 2010.1.28. 선고 2008도7312 판결.
121) 대법원 2005.2.1. 자 2004모542 결정; 대법원 1986.6.30. 자 86모12 결정.
122) 대법원 2020.2.13. 선고 2019도5186 판결.
123) 대법원 2009.1.30. 선고 2008도6950 판결.

관들로 하여금 수사를 중단하거나 사건을 다른 경찰관서로 이첩할 의무가 없음에도 불구하고 수사를 중단하게 하거나 사건을 이첩하게 한 것'에도 해당된다고 볼 여지가 있다. 그러나 이는 어디까지나 하나의 사실을 각기 다른 측면에서 해석한 것에 불과한 것으로서, '권리행사를 방해함으로 인한 직권남용권리행사방해죄'와 '의무 없는 일을 하게 함으로 인한 직권남용권리행사방해죄'가 별개로 성립하는 것이라고 할 수는 없다. 따라서 위 두 가지 행위 태양에 모두 해당하는 것으로 기소된 경우, '권리행사를 방해함으로 인한 직권남용권리행사방해죄'만 성립하고 '의무 없는 일을 하게 함으로 인한 직권남용권리행사방해죄'는 따로 성립하지 아니하는 것으로 봄이 상당하다.[124] 경찰공무원이 신청인의 진정사건을 내사종결한 사정만으로는 신청인의 구체적인 권리의 행사가 현실로 방해되었다고 볼 수 없어 검사가 신청인의 경찰공무원에 대한 직권남용권리행사방해의 진정사건을 종결처분한 것은 정당하다.[125] 검사가 고발사건을 불기소결정하여 피고발인으로 하여금 처벌받게 하려는 고발인의 의도가 이루어질 수 없게 되었다 하여 고발인의 권리행사를 방해하였다고는 말할 수 없다.[126]

③ 결 과

본죄는 결과범이다. 본죄가 성립하기 위해서는 현실적으로 다른 사람이 의무 없는 일을 하였거나 다른 사람의 구체적인 권리행사가 방해되는 결과가 발생하여야 한다.[127] 다만 전술한 바와 같이 본죄는 국가의 기능이 현실적으로 침해될 것을 요하지 않는다는 의미에서 추상적 위험범이기도 하다.

④ 인과관계

본죄에 있어서 그 결과의 발생은 직권남용의 행위로 인한 것이어야 한다.[128] 따라서 직권남용의 행위와 그 결과로서 다른 사람이 의무 없는 일을 하였다거나 다른 사람의 구체적인 권리행사가 방해되었다는 사항 사이에 인과관계가 인정되지 않으면 본죄는 미수에 그치게 된다.

인과관계를 부정한 판례의 구체적 내용은 다음과 같다. 즉,

원심은, 대공 · 선거 · 노사 · 학원 등의 공안사건에 관한 검찰업무를 지휘 · 감독하는 권한을 행사하는 대검찰청 공안부장이 한국조폐공사(이하 '조폐공사'라고 한다) 사장에게 조폐공사의 쟁의행위 · 경영에 관하여 어떠한 지시나 명령을 할 수 있는 권한을 가지고 있다고 볼 수 없으므로, 대검찰청 공안부장인 피고인이 조폐공사 사장인 공소외인에게 조폐공사의 쟁의행위 · 경영에 관하여 공소사실과 같은 언행을 하였다 하더라도 그것이 피고인의 일반적 직무권한에 속하는 사항이라고 볼 수 없고, 검사가 제출한 증거만으로는, 피고인이 공소외인에게 1998.9. 중순 "위법성 시비가 있는 직장폐쇄를 철회해라. 임금 협상과 관련한 파업은 불법이 아니어서 제압이 곤란하므로 공기업체 개혁에 차질이 생긴다. 구조조정에 반대하는 파업은 불법이니 임금 삭감안을 가지고 노조와 협상하려 하지

124) 대법원 2010.1.28. 선고 2008도7312 판결.

125) 대법원 2005.2.1. 자 2004모542 결정.

126) 대법원 1986.6.30. 자 86모12 결정.

127) 대법원 2005.4.15. 선고 2002도3453 판결; 대법원 1986.6.30. 자 86모12 결정; 대법원 1978.10.10. 선고 75도2665 판결.

128) 대법원 2005.4.15. 선고 2002도3453 판결; 대법원 1986.6.30. 자 86모12 결정; 대법원 2004.5.27. 선고 2002도6251 판결; 대법원 1991.12.27. 선고 90도2800 판결.

말고 구조조정을 단행하라. 그러면 노조가 파업을 하겠지만 이는 불법 파업이므로 내가 즉시 공권력을 투입하여 제압하여 주겠다"고 말하였다거나, 1998.9.22.경 전화로 "임금 삭감안에 노조가 받아들일 수 없는 내용을 추가하면 노조가 당연히 이를 거부할 것이니 임금 협상을 결렬시킨 뒤 계획대로 구조조정을 신속히 추진하라"고 말한 사실은 인정할 수 없으며, 단지 1998.9.22.경 전화로 "좋지 않은 정보 보고가 올라온다. 서울이 시끄럽다. 빨리 직장폐쇄를 풀고 구조조정을 단행하라"고 말한 사실(이하 '피고인의 위 전화행위'라고 한다)은 인정되지만, 공소외인은 국회청문회에서, 검찰 제1회 피의자신문을 받을 때 및 법정에서 직장폐쇄의 철회와 조폐창의 조기통합은 조폐공사의 경영상 필요에 의하여 자율적으로 판단하여 실시한 것이라고 진술한 점, 대전지방노동청 등 관계 기관이 공소외인에게 직장폐쇄의 철회를 지도·권유하였던 점, 공소외인이 직장폐쇄를 철회하고 조폐창 조기통합을 시행한 경위 등 판시와 같은 사정에 비추어 볼 때, 피고인의 위 전화행위와 공소외인이 직장폐쇄를 철회하고, 인력감축을 하지 않으려던 경영방침을 포기한 후 옥천조폐창을 경산조폐창으로 조기에 통합하기로 결정한 것 사이에 인과관계가 있다고 볼 수 없다는 이유로, 피고인에 대한 직권남용죄의 공소사실에 대하여 무죄를 선고한 제1심판결을 그대로 유지하였는바, 위 법리와 기록에 비추어 살펴보면, 원심의 위와 같은 사실인정과 판단은 수긍이 가고, 거기에 주장과 같은 채증법칙 위배 또는 직권남용죄에 관한 법리오해의 위법이 없다.[129]

2) 주관적 구성요건

본죄는 고의범이다. 본죄에 관한 주관적 구성요건으로서의 고의에는 권리행사를 방해한다는 인식 이외에 직권을 남용한다는 인식도 포함된다.[130]

문제는 객관적으로 직권의 남용으로 되어야 하는 사실을 인식은 하고 있지만 그것이 정당하다고 생각하고 있는 경우 고의의 인정여부에 있다. 착오에 관한 통설에 따르면 이와 같은 경우에는 원칙적으로 법률의 착오에 해당하고 고의를 조각하지 않는 것으로 해석된다.

고의를 부정한 판례의 구체적 내용은 다음과 같다. 즉,

> 교도소에서 접견업무를 담당하던 교도관이 접견신청에 대하여 행형법 제18조 제2항 소정의 "필요한 용무"가 있는 때에 해당하지 아니한다고 판단하여 그 접견신청을 거부하였다면, 단지 접견신청거부행위의 위법성에 대한 인식이 없었던 것에 불과한 것이 아니라 애초부터 직권남용에 대한 범의 자체가 없어 위 범죄를 구성하지 아니한다.[131]

3) 미수·기수

본죄는 강요죄와는 달리 미수죄의 처벌규정이 없다. 본죄에서 권리행사를 방해한다 함은 법령상 행사할 수 있는 권리의 정당한 행사를 방해하는 것을 말한다고 할 것이므로 이에 해당하려면 구체화된 권리의 현실적인 행사가 방해된 경우라야 할 것이고, 따라서 공무원의 직권남용행위가 있었다 할지라도 현실적으로 권리행사의 방해라는 결과가 발생하지 아니하였다면 본죄의 기수를 인정할 수 없다.[132]

---

129) 대법원 2005.4.15. 선고 2002도3453 판결.
130) 대법원 1993.7.26. 자 92모29 결정.
131) 대법원 1993.7.26. 자 92모29 결정.
132) 대법원 2008.12.24. 선고 2007도9287 판결; 대법원 2006.2.9. 선고 2003도4599 판결; 대법원 1978.10.10. 선고 75도2665 판결.

기수를 부정한 판례의 구체적인 내용은 다음과 같다. 즉,

정보통신부장관이 개인휴대통신 사업자선정과 관련하여 서류심사는 완결된 상태에서 청문심사의 배점방식을 변경함으로써 직권을 남용하였다 하더라도, 이로 인하여 최종 사업권자로 선정되지 못한 경쟁업체가 가진 구체적인 권리의 현실적 행사가 방해되는 결과가 발생하지는 아니하였다는 이유로 무죄를 선고한 원심의 판단을 수긍한 사례이다.[133] 형법 제123조의 죄가 기수에 이르려면 의무없는 일을 시키는 행위 또는 권리를 방해하는 행위가 있었다는 것만으로는 부족하고, 지금 당장에 피해자의 의무없는 행위가 이룩된 것 또는 권리방해의 결과가 발생한 것을 필요로 한다고 해석하여야 법문에 충실한 해석이라 하겠다. 따라서 공무원의 직권남용이 있다 하여도 현실적으로 권리행사의 저해가 없다면 본죄의 기수를 인정할 수 없다.[134]

4) 공 범

본죄는 신분범이다. 공무원 이외의 자가 가담한 경우에는 총칙의 규정이 적용된다(제33조 참조).

공범을 부정한 판례의 구체적 내용은 다음과 같다. 즉,

직권남용권리행사방해죄는 공무원에게 직권이 존재하는 것을 전제로 하는 범죄이고, 직권은 국가의 권력 작용에 의해 부여되거나 박탈되는 것이므로, 공무원이 공직에서 퇴임하면 해당 직무에서 벗어나고 그 퇴임이 대외적으로도 공표된다. 공무원인 피고인이 퇴임한 이후에는 위와 같은 직권이 존재하지 않으므로, 퇴임 후에도 실질적 영향력을 행사하는 등으로 퇴임 전 공모한 범행에 관한 기능적 행위지배가 계속되었다고 인정할 만한 특별한 사정이 없는 한, 퇴임 후의 범행에 관하여는 공범으로서 책임을 지지 않는다고 보아야 한다.[135]

(2) 죄 수

1) 강요죄와의 관계

공무원이 폭행·협박을 가하여 직권을 남용한 행위에 대하여는 다툼이 있다. 강요죄만 성립한다는 견해, 본죄와 강요죄의 상상적 경합이라는 견해 및 본죄 폭행·협박죄의 상상적 경합이라는 견해가 대립하고 있다. 본죄와 강요죄는 죄질과 행위를 달리하고 있기 때문에 양죄의 성립을 부정할 수 없다. 따라서 본죄와 강요죄의 상상적 경합이 타당하다.

2) 업무방해죄와의 관계

공무원이 직권을 남용하여 사람의 업무를 방해한 경우에는 본죄와 업무방해죄의 상상적 경합이 된다.

3) 제3자 뇌물수수죄와의 관계

공무원이 직무관련자에게 제3자와 계약을 체결하도록 요구하여 계약 체결을 하게 한 행위가 제3자뇌물수수죄의 구성요건과 직권남용권리행사방해죄의 구성요건에 모두 해당하는 경우에는, 제3자뇌물수수죄와 직권남용권리행사방해죄가 각각 성립하되, 이는 사회 관념

---

133) 대법원 2006.2.9. 선고 2003도4599 판결.
134) 대법원 1978.10.10. 선고 75도2665 판결.
135) 대법원 2020.2.13. 선고 2019도5186 판결; 대법원 2020.1.30. 선고 2018도2236 전원합의체 판결.

상 하나의 행위가 수 개의 죄에 해당하는 경우이므로 두 죄는 형법 제40조의 상상적 경합관계에 있다.[136)]

4) 불법 체포 · 감금죄와의 관계

현행범인 체포의 요건을 갖추었는지에 관한 검사나 사법경찰관 등의 판단에는 상당한 재량의 여지가 있으나, 체포 당시 상황으로 보아도 요건 충족 여부에 관한 검사나 사법경찰관 등의 판단이 경험칙에 비추어 현저히 합리성을 잃은 경우 그 체포는 위법하다. 그리고 범죄의 고의는 확정적 고의뿐만 아니라 결과 발생에 대한 인식이 있고 이를 용인하는 의사인 이른바 미필적 고의도 포함하므로, 피고인이 인신구속에 관한 직무를 집행하는 사법경찰관으로서 체포 당시 상황을 고려하여 경험칙에 비추어 현저하게 합리성을 잃지 않은 채 판단하면 체포 요건이 충족되지 아니함을 충분히 알 수 있었는데도, 자신의 재량 범위를 벗어난다는 사실을 인식하고 그와 같은 결과를 용인한 채 사람을 체포하여 권리행사를 방해하였다면, 직권남용체포죄와 직권남용권리행사방해죄가 성립한다.[137)]

3. 처 벌

본죄의 법정형은 5년 이하의 징역, 10년 이하의 자격정지 또는 1천만원 이하의 벌금이다. 다만 다른 법률에 별도의 직권남용죄가 정하여져 있는 경우에는 본조가 아니라 다른 법률에 의해서 처벌되는 것은 당연하다(특별법우선의 원칙).

Ⅲ. 불법 체포 · 감금죄

제124조(불법체포, 불법감금) ① 재판, 검찰, 경찰 기타 인신구속에 관한 직무를 행하는 자 또는 이를 보조하는 자가 그 직권을 남용하여 사람을 체포 또는 감금한 때에는 7년 이하의 징역과 10년 이하의 자격정지에 처한다.
② 전항의 미수범은 처벌한다.

참고조문
제276조(체포, 감금, 존속체포, 존속감금) ① 사람을 체포 또는 감금한 자는 5년 이하의 징역 또는 700만원 이하의 벌금에 처한다.

1. 서 언

(1) 의 의

본죄는 재판, 검찰, 경찰 기타 인신구속에 관한 직무를 행하는 자 또는 이를 보조하는 자가 그 직권을 남용하여 사람을 체포 또는 감금함으로써 성립하는 범죄를 말한다. 본죄는 미수범을 처벌하고 있다.

---

136) 대법원 2017.3.15. 선고 2016도19659 판결.
137) 대법원 2017.3.9. 선고 2013도16162 판결.

(2) 취 지

본죄에 있어서 특정직 공무원은 그 직무의 성질상 체포·감금의 권한을 가지고 있기 때문에 직권을 남용하여 인권을 침해할 위험이 있다. 본죄는 특정직 공무원이 직권을 남용하여 부당하게 체포·감금하는 경우 통상의 체포, 감금죄보다 무거운 법정형으로 처벌하려는 것이다.

(3) 보호법익

본죄의 보호법익은 인신구속에 관한 국가기능의 공정성이다. 개인의 신체적 자유는 부차적인 보호법익이 된다. 보호의 정도는 국가기능의 현실적 침해를 요하지 않기 때문에 추상적 위험범으로서의 보호이다. 한편 본죄에 대한 검사의 불기소처분에 대하여는 고소인뿐만 아니라 고발인도 관할 고등법원에 재정을 신청할 수 있다(형사소송법 제260조 제1항 본문).

(4) 체포·감금죄와의 관계

본죄와 체포·감금죄의 관계가 문제된다. 본죄를 체포·감금죄의 가중적 구성요건이라는 체포·감금죄설과 본죄의 보호법익은 구속에 관한 국가기능의 공정을 보호하기 위한 데에 있으므로 체포·감금죄와는 본질을 달리한다는 독립범죄설이 대립하고 있다. 생각건대 본죄는 국가의 기능을 보호하기 위한 국가적 법익에 대한 범죄로서 개인적 법익을 보호하기 위한 강요죄와는 그 성질을 달리한다고 해석하는 것이 타당하다고 해야 한다.

2. 범 죄

(1) 구성요건

1) 객관적 구성요건

① 주 체

본죄의 주체는 재판, 검찰, 경찰 기타 인신구속에 관한 직무를 행하는 자 또는 이를 보조하는 자이다. 이들을 흔히 특정직 공무원이라고 한다. 이처럼 본죄의 주체는 공무원 중에서 특정직 공무원에만 한정되어 있다는 점이 그 특징이라고 하겠다. 본죄는 행위자가 특정직 공무원이라는 점으로 인하여 체포·감금죄보다 형을 가중하는 것이기 때문에 부진정신분범(不眞正身分犯)에 해당한다.

본죄의 주체는 원칙적으로 공무원이지만 문리상 반드시 공무원의 신분을 가지는 자에 한하지 않는다. 재판의 직무를 행하는 자는 원칙적으로 법관을 지칭하지만 형사를 담당하는 법관이든 민사를 담당하는 법관이든 묻지 않는다. 이들은 단순히 법원의 내부적 직무분담에 지나지 않고 그 권한에 질적인 차이가 있는 것은 아니기 때문이다. 기타 인신구속(人身拘束)에 관한 직무를 행하는 자란 사법경찰직무법에 규정된 자를 말한다(사법경찰직무법 제3조 이하 참조). 보조하는 자란 법원서기, 검찰서기 또는 사법경찰리와 같이 그 직무상 보조의 지위에 있는 자를 말한다. 사실상 보조하는 사인(私人)은 이에 포함되지 않는다. 집행관에 대하여는 다툼이 있으나, 본죄의 주체에 포함된다고 해석된다(법원조직법 제55조, 집행관법 제6조 제3호 참조).

② 행 위

ⓘ 의 의 본죄의 실행행위는 직권의 남용에 의한 사람의 체포 또는 감금이다. 직권과 무관하게 체포 · 감금한 때에는 본죄가 아니라 체포 · 감금죄를 구성한다(제276조 참조).

ⓘⓘ 체포 · 감금 체포와 감금의 의의는 체포 · 감금죄에서의 그것과 동일하다. 체포(逮捕)란 사람의 신체에 현실적인 구속을 가하여 행동의 자유를 빼앗는 것을 말한다. 감금(監禁)이란 사람으로 하여금 일정한 장소 밖으로 나가지 못하도록 하여 신체의 자유를 제한하는 것을 말한다. 감금의 방법은 반드시 물리적, 유형적 장애를 사용하는 경우뿐만 아니라 심리적, 무형적 장애에 의하는 경우도 포함한다.[138]

체포 · 감금을 긍정한 판례의 구체적 내용은 다음과 같다. 즉,

> 감금죄는 간접정범의 형태로도 행하여질 수 있는 것이므로, 인신구속에 관한 직무를 행하는 자 또는 이를 보조하는 자가 피해자를 구속하기 위하여 진술조서 등을 허위로 작성한 후 이를 기록에 첨부하여 구속영장을 신청하고, 진술조서 등이 허위로 작성된 정을 모르는 검사와 영장전담 판사를 기망하여 구속영장을 발부받은 후 그 영장에 의하여 피해자를 구금하였다면 형법 제124조 제1항의 직권남용감금죄가 성립한다.[139] 설사 피해자가 경찰서 안에서 직장동료인 피의자들과 같이 식사도 하고 사무실 안팎을 내왕하였다 하여도 피해자를 경찰서 밖으로 나가지 못하도록 그 신체의 자유를 제한하는 유형, 무형의 억압이 있었다면 이는 감금행위에 해당한다.[140] 수사기관이 피의자를 수사하는 과정에서 구속영장없이 피의자를 함부로 구금하여 피의자의 신체의 자유를 박탈하였다면 직권을 남용한 불법감금의 죄책을 면할 수 없고, 수사의 필요상 피의자를 임의동행한 경우에도 조사 후 귀가시키지 아니하고 그의 의사에 반하여 경찰서 조사실 또는 보호실 등에 계속 유치함으로써 신체의 자유를 속박하였다면 이는 구금에 해당한다.[141] 법정의 절차없이 피해자를 경찰서보호실에 감금한 행위는 수사목적달성을 위하여 적절한 행위라고 믿고 한 정당행위라 할 수 없고 직무상의 권능을 행사함에 있어서 법정의 조건을 구비하지 아니하고 이를 행사한 것은 곧 직권을 남용하여 불법감금한 것에 해당한다.[142]

ⓘⓘⓘ 직권의 남용 체포 · 감금은 직권을 남용하여 행하여질 것을 요한다. 따라서 직권을 가장하지 않거나 직권과 무관하게 행하여진 체포 · 감금은 본죄를 구성하지 않는다.

'직권을 남용하여'란 전술한 직권남용죄에서 해설한 바와 같이 공무원이 일반적 직무권한에 속하는 사항에 관하여 직권의 행사에 가탁(假託)하여 그 권한을 위법 · 부당하게 행사하는 것을 말한다. 경찰관이 현행범인이 아닌 자를 현행범인으로 체포하는 경우, 법정절차 없이 피의자를 경찰서보호실에 구금한 경우, 임의동행한 피의자를 귀가시키지 않고 경찰서 조사실 또는 보호실에 유치하고 있는 경우, 즉결심판피의자를 강제로 경찰서보호실에 유치시키는 경우 등이 거론될 수 있을 것이다.

다른 공무원의 권한을 이용하여 체포감금을 행하는 경우가 포함되는가 여부에 대하여는

---

138) 대법원 1991.12.30. 자 91모5 결정.
139) 대법원 2006.5.25. 선고 2003도3945 판결.
140) 대법원 1991.12.30. 자 91모5 결정.
141) 대법원 1985.7.29. 자 85모16 결정.
142) 대법원 1971.3.9. 선고 70도2406 판결.

자기의 구속권한을 남용한 것은 아니기 때문에 본죄의 대상이라고는 하기 어렵지만 체포·감금죄의 간접정범이 될 수는 있다고 해석된다.

③ 결 과

본죄는 결과범이다. 따라서 체포·감금으로 인하여 신체적 자유가 현실적으로 침해됨으로써 기수에 이르게 된다. 다만 본죄는 실제로 국가의 기능의 침해여부를 묻지 않는다는 점에서 추상적 위험범에 해당한다.

④ 인과관계

본죄에 있어서 체포·감금이라는 결과의 발생은 직권의 남용으로 인한 것이어야 한다는 인과관계를 요한다.

2) 주관적 구성요건

본죄는 고의범이다. 본죄의 고의는 인식적 요소로서 우선 재판, 검찰, 경찰 기타 인신구속에 관한 직무를 행하는 자 또는 이를 보조하는 자라는 사실과 그 직권을 남용하여 사람을 체포 또는 감금한다는 사실에 대한 인식을 요한다.

3) 미수·기수

본죄는 미수범을 처벌한다. 본죄는 체포·감금 행위에 의하여 기수에 이른다. 다만 본죄는 실행행위인 체포·감금 행위가 어느 정도 시간적 계속성을 요한다는 의미에서 계속범에 속한다.

(2) 위법성조각사유

본죄는 정당행위에 의하여 위법성이 조각될 수 있다. 법령에 의하여 보장된 적법한 체포·감금권의 행사는 법령에 의한 행위로서 위법성을 조각하기 때문이다(제20조 참조). 다만 피해자의 승낙에 의하여는 본죄의 위법성이 조각될 수 없다. 국가의 인신구속의 공정성은 피해자 개인의 승낙대상이라고 할 수는 없기 때문이다.

(3) 죄 수

본죄가 성립하는 한 체포·감금죄는 본죄에 흡수된다. 본죄는 체포·감금죄의 특별규정에 해당하기 때문이다.

3. 처 벌

본죄의 법정형은 7년 이하의 징역과 10년 이하의 자격정지이다.

한편 본죄의 결과적 가중범에 대하여는 특정범죄가중법이 규정하고 있다. 본죄를 범하여 사람을 상해(傷害)에 이르게 한 경우에는 1년 이상의 유기징역에 처하고(특정범죄가중법 제4조의2 제1항), 사람을 사망에 이르게 한 경우에는 무기 또는 3년 이상의 징역에 처한다(특정범죄가중법 제4조의2 제2항).

Ⅳ. 폭행 · 가혹행위죄

제125조(폭행, 가혹행위) 재판, 검찰, 경찰 그 밖에 인신구속에 관한 직무를 수행하는 자 또는 이를 보조하는 자가 그 직무를 수행하면서 형사피의자나 그 밖의 사람에 대하여 폭행 또는 가혹행위를 한 경우에는 5년 이하의 징역과 10년 이하의 자격정지에 처한다.

구조문

제125조(폭행, 가혹행위) 재판, 검찰, 경찰 기타 인신구속에 관한 직무를 행하는 자 또는 이를 보조하는 자가 그 직무를 행함에 당하여 형사피의자 또는 기타 사람에 대하여 폭행 또는 가혹한 행위를 가한 때에는 5년 이하의 징역과 10년 이하의 자격정지에 처한다.

참고조문

제260조(폭행, 존속폭행) ① 사람의 신체에 대하여 폭행을 가한 자는 2년 이하의 징역, 500만원 이하의 벌금, 구류 또는 과료에 처한다.

1. 서 언

(1) 의 의

본죄는 재판, 검찰, 경찰 그 밖에 인신구속에 관한 직무를 수행하는 자 또는 이를 보조하는 자가 그 직무를 수행하면서 형사피의자나 그 밖의 사람에 대하여 폭행 또는 가혹행위를 함으로써 성립한다.

(2) 취 지

본죄도 특정직 공무원의 불법 체포 · 감금죄에서와 같이 주체를 주로 사람에 대하여 강제처분을 수반하는 형사절차에 관계하는 자로 한정하고 있다. 본죄는 본래의 직권남용죄와는 달리 직무권한에는 포함되지 않지만, 본죄의 주체인 공무원에게는 그 성질상 사람의 자유나 권리의 침해를 수반하는 행위를 하는 직무가 주어져 있기 때문에 그 위반에 대하여 엄히 처벌하여 그 남용을 방지하려는 것이다.

(3) 보호법익

보호법익은 인신구속에 관한 국가기능의 공정성과 국민의 인권이다. 개인의 신체적 안전은 부차적인 보호법익이 된다. 고문금지에 관한 헌법 규정(제12조 제2항)을 실현하기 위한 구성요건이다. 보호의 정도는 국가기능의 현실적 침해를 요하지 않기 때문에 추상적 위험범으로서의 보호이다. 한편 본죄에 대한 검사의 불기소처분에 대하여는 고소인뿐만 아니라 고발인도 관할 고등법원에 재정을 신청할 수 있다(형사소송법 제260조 제1항 본문).

2. 범 죄

(1) 구성요건

1) 객관적 구성요건

① 주 체

본죄의 주체는 재판, 검찰, 경찰 그 밖에 인신구속에 관한 직무를 수행하는 자 또는 이를

보조하는 자이다. 불법 체포 · 감금죄에서와 같이 특정직 공무원에 한정된다는 점에서 신분범이다. 폭행에 대하여는 폭행죄보다 형을 가중하는 가중적 구성요건으로서 부진정신분범에 속한다.

② 객 체

본죄의 객체는 형사피의자 또는 그 밖의 사람이다. 형사피의자가 예시되고 있지만 수사나 재판 절차에 있어서 조사의 대상으로 되는 자는 모두 포함된다. 따라서 그 밖의 사람이란 형사피의자를 제외한 피고인, 증인, 감정인, 참고인 등 형사절차의 대상으로 되는 모든 자를 말한다.

③ 행 위

ⓘ 의 의 본죄의 실행행위는 직무를 수행하면서 형사피의자나 그 밖의 사람에 대하여 폭행 또는 가혹행위를 하는 것이다.

ⅰ. 폭 행 폭행(暴行)이란 사람에게 불법하게 유형력을 행사하는 것을 말한다. 광의의 폭행의 취지라고 해석된다. 유형력이 직접 사람의 신체에 가하여진 것이라면 직접적이든 간접적이든 묻지 않는다. 입은 옷을 찢는 행위도 이에 해당한다.

ⅱ. 가혹행위 가혹행위(苛酷行爲)란 폭행 이외의 방법에 의하여 정신적 · 육체적으로 고통을 주는 일체의 행위를 말한다. 음식을 주지 않거나 용변을 못보게 하거나 잠을 못자게 하는 것 등이 이에 해당한다. 현저하게 인격을 침해하는 언동이나 여성에 대하여 현저한 음란한 언동 등 여성폭력 또한 이에 포함된다고 해석된다(여성폭력방지법 제3조 제1호 참조).

한편 단순한 협박은 본죄에 해당하지 않는다. 조사에서 불법한 협박과 정당한 추급 사이의 차이가 미묘한 경우가 많기 때문에 협박이 제외되고 있는 것이다. 그러나 협박이 가혹행위에 해당되는 한 본죄에 해당한다는 것은 두말할 필요가 없다. 또 협박에 해당하는 때는 협박죄에 의한 처벌을 방해하지 않는다.

ⓘⓘ 직무를 수행하면서 본죄의 폭행이나 가혹행위는 직무를 수행하면서 행하여지지 않으면 안 된다. 직무를 수행하면서라는 것은 직무를 수행하는 때라는 것과 같은 의미이다. 직무의 수행과 관계없이 개인적 원한을 풀기 위하여 행하여지는 행위는 본죄에 해당하지 않는다. 직무행위의 형태를 가지고 행하여지든 직무의 집행에 부수하여 행하여지든 묻지 않는다. '직무를 수행하면서'가 '직권을 남용하여'보다는 넓은 개념이다. '직권을 남용하여'라고 하지 않은 폭행 · 가혹행위가 직무행위라고 할 수 없다는 것을 고려한 것이다.

④ 결 과

본죄는 결과범이다. 따라서 폭행 · 가혹행위로 인하여 신체적 안전이 현실적으로 침해됨으로써 기수에 이르게 된다. 다만 본죄는 실제로 국가의 기능의 침해여부를 묻지 않는다는 점에서 추상적 위험범에 해당한다.

2) 주관적 구성요건

본죄는 고의범이다. 본죄의 고의는 인식적 요소로서 직권을 남용한다는 인식은 요하지 않는다. 그러나 직무수행에 관한 인식은 필요로 한다.

(2) 위법성조각사유

본죄에 있어서 피의자의 승낙은 위법성을 조각하지 않는다. 본죄는 국가적 법익으로서의 직무의 적정을 보호하기 위한 것이지 개인적 법익만을 보호하기 위한 규정은 아니기 때문이다.

(3) 죄 수

폭행죄와 협박죄는 본죄에 흡수된다. 추행이나 간음 행위가 행하여진 경우에는 다툼이 있다. 강간죄(제297조), 강제추행죄(제298조) 또는 피구금자간음죄(제303조)만이 성립한다는 견해가 있으나, 양죄는 서로 죄질을 달리하므로 양죄의 상상적 경합을 인정하는 견해가 타당하다고 해석된다.

3. 처 벌

본죄의 법정형은 5년 이하의 징역과 10년 이하의 자격정지이다.

한편 본죄의 결과적 가중범에 대하여는 특정범죄가중법이 규정하고 있다. 본죄를 범하여 사람을 상해(傷害)에 이르게 한 경우에는 1년 이상의 유기징역에 처하고(특정범죄가중법 제4조의2 제1항), 사람을 사망에 이르게 한 경우에는 무기 또는 3년 이상의 징역에 처한다(특정범죄가중법 제4조의2 제2항).

Ⅴ. 선거방해죄

> **제128조(선거방해)** 검찰, 경찰 또는 군의 직에 있는 공무원이 법령에 의한 선거에 관하여 선거인, 입후보자 또는 입후보자되려는 자에게 협박을 가하거나 기타 방법으로 선거의 자유를 방해한 때에는 10년 이하의 징역과 5년 이상의 자격정지에 처한다.

1. 서 언

본죄는 검찰, 경찰 또는 군의 직에 있는 공무원이 법령에 의한 선거에 관하여 선거인, 입후보자 또는 입후보자되려는 자에게 협박을 가하거나 기타 방법으로 선거의 자유를 방해함으로써 성립하는 범죄이다.

본죄의 보호법익은 선거의 자유를 보장하기 위한 국가의 기능이다. 보호의 정도는 국가기능의 침해를 요하지 않는 추상적 위험범으로서의 보호이다.

2. 범 죄

본죄의 주체는 검찰・경찰 또는 군의 직에 있는 공무원이다. 주체가 한정되어 있다는 점에서 신분범에 속한다. 검찰・경찰 또는 군은 모두 행정부 소속 공무원들이고 일사불란한 지휘체계를 그 특징으로 하고 있다. 군(軍)의 직에 있는 공무원은 군인 이외에 군무원을

포함한다.

본죄의 실행행위는 선거의 자유를 방해하는 것이다. 본죄의 행위방법은 법령에 의한 선거에 관하여 선거인, 입후보자 또는 입후보자되려는 자에게 협박을 가하거나 기타의 방법이다. 법령에 의한 선거란 법률과 명령에 근거한 선거를 말한다. 명령에는 지방자치단체의 조례도 포함된다. 법령의 의하지 아니한 공공단체나 사적 단체의 선거를 이에 해당하지 않는다. 입후보자되려는 자란 정당의 공천을 받으려는 자, 입후보등록절차를 밟고 있는 자 등을 말한다. 협박은 방해의 예시이고, 방해의 수단이나 방법은 묻지 않는다. 작위든 부작위든 불문한다.

본죄는 결과발생에 대하여는 다툼이 있다. 방해의 결과는 요하지 않는다는 거동범설과 현실적으로 선거의 방해되는 결과의 발생을 요한다는 결과범이 그것이다. 결과범설이 타당하다고 해석된다. 본죄는 일반적인 선거사범과는 달리 매우 무거운 중형으로 처벌하고 있기 때문이다(공직선거법 제237조, 제238조, 제239조 참조). 다만 본죄는 현실적으로 국가기능의 침해를 요하지 않는다는 의미에서 추상적 위험범에 속한다.

3. 처 벌

본죄의 법정형은 10년 이하의 징역과 5년 이상의 자격정지이다. 법정형이 매우 무거운 중형에 해당한다고 하지 않을 수 없다.

§4. 뇌물의 죄

Ⅰ. 서 설

1. 개 념

(1) 의 의

뇌물의 죄란 수뢰죄와 증뢰죄를 총칭하는 범죄를 말한다. 흔히 뇌물죄(賂物罪, Bestechungsdelikte)라고도 한다. 수뢰죄(收賂罪, Bestechlichkeit)는 공무원 또는 중재인이 직무에 관하여 뇌물을 수수·요구 또는 약속함으로써 성립하는 범죄이다. 증뢰죄(贈賂罪, Bestechung)는 공무원 또는 중재인에게 뇌물을 공여하는 것을 내용으로 하는 범죄이다.

(2) 본 질

뇌물죄의 본질과 관련하여 각국의 입법방식은 크게 두 가지로 요약될 수 있다.

첫째, 로마법주의이다. 로마법에 근거를 둔 입법방식으로서 뇌물 자체를 금지하는 입법방식이다. 따라서 뇌물죄의 본질은 직무행위와 관련하여 일체의 뇌물을 엄격히 금지하는 데 있다고 하게 된다.

둘째, 게르만법주의이다. 게르만법에 근거를 둔 입법방식으로서 뇌물 자체는 인정하되 직무상 의무위반을 금지하는 입법방식이다. 따라서 뇌물죄의 본질은 뇌물과 상관없이 직무

행위에 대한 침해를 방지하는 데 있다고 하게 된다.

셋째, 혼합주의이다. 로마법주의와 게르만법주의의 양자를 모두 규정하는 방식이다. 대표적으로 독일형법은 직무상 의무에 위반하지 않은 공무원에 대한 뇌물의 수수를 처벌하는 로마법주의(독일형법 제331조, 제333조)와 함께 직무상 의무위반의 행위에 대한 뇌물의 수수를 가중하여 처벌하는 게르만법주의(독일형법 제332조, 제334조)를 두어 양자를 모두 규정하는 혼합주의의 입법방식을 취하고 있다.

생각건대 형법은 뇌물죄의 성립에 공무원 또는 중재인에 대한 직무상 의무위반을 요하지 않는다(제129조 참조). 다만 공무원 또는 중재인에게 부정행위가 존재하는 경우에는 형을 가중하여 처벌하고 있다(제131조 참조). 결국 형법은 로마법주의와 게르만법주의를 모두 규정하는 혼합주의의 입장을 취하고 있다고 해석된다.

(3) 수뢰죄와 증뢰죄의 관계

1) 견해의 대립

뇌물죄는 수뢰죄와 증뢰죄로 구성된다. 문제는 양자의 관계에 있다. 이에 대하여는 다툼이 있다.

① 학 설

수뢰죄와 증뢰죄의 관계에 대하여는 필요적 공범설, 독립범죄설 및 이원설이 대립하고 있다.

첫째, 필요적 공범설이다. 수뢰죄와 증뢰죄는 필요적 공범이라고 한다. 뇌물죄는 수뢰자와 증뢰자의 협동을 필요로 한다는 점, 수뢰죄와 증뢰죄는 1개의 범죄의 양면에 불과하다는 점, 범인의 신분에 의하여 형의 경중에 차이가 있는 경우를 규정한 필요적 공범이라는 점 등을 근거로 하고 있다. 이에 의하면 수뢰자와 증뢰자 사이에 총칙상 공범규정의 적용을 부정하게 된다.

둘째, 독립범죄설이다. 수뢰죄와 증뢰죄는 별개의 독립된 범죄라고 한다. 수뢰죄가 신분범임에 반하여 증뢰죄는 그렇지 않다는 점, 수뢰죄는 공무원의 직무범죄임에 반하여 증뢰죄는 공무원에 대한 범죄라는 점, 필요적 공범설에 의할 때에는 신분 없는 자가 수뢰죄의 공범인 경우에 신분 없는 공범자에게 제33조의 단서를 적용하여 증뢰죄의 형을 과하여야 하는 부당한 결과를 초래한다는 점 등을 근거로 하고 있다. 이에 의하면 수뢰자와 증뢰자 사이에 총칙상 공범규정의 적용을 긍정하게 된다.

셋째, 이원설이다. 수뢰죄와 증뢰죄는 원칙적으로 필요적 공범이지만 독립범죄의 성질도 가지고 있다고 한다. 뇌물죄 중 수수·공여·약속은 필요적 공범이나, 요구와 공여의 의사표시는 일방적 의사표시로도 가능하므로 독립범죄라는 점을 근거로 하고 있다.

② 판 례

판례는 필요적 공범설의 입장이다. 판례에 의하면 뇌물공여죄와 뇌물수수죄는 필요적 공범관계에 있다.[143] 대법원은 "뇌물공여죄와 뇌물수수죄 사이와 같은 이른바 대향범 관계

에 있는 자는 강학상으로는 필요적 공범이라고 불리고 있으나, 서로 대향된 행위의 존재를 필요로 할 뿐 각자 자신의 구성요건을 실현하고 별도의 형벌규정에 따라 처벌되는 것이어서, 2인 이상이 가공하여 공동의 구성요건을 실현하는 공범관계에 있는 자와는 본질적으로 다르며, 대향범 관계에 있는 자 사이에서는 각자 상대방의 범행에 대하여 형법 총칙의 공범규정이 적용되지 아니한다"고 판시한 바 있다.[144)]

③ 검 토

수뢰죄와 증뢰죄는 대향범으로서 필요적 공범에 해당한다. 요구나 공여의 의사표시의 경우 일방적 의사표시만으로도 뇌물죄가 성립할 수 있다고 해서 상대방의 존재가 부정되는 것이 아닌 한 대향범으로서의 성격을 잃는 것은 아니라고 해야 한다.

2) 총칙상 공범규정의 적용여부

필요적 공범에 대하여는 총칙상의 공범규정이 적용되지 않는다. 따라서 대향자 일방과 타방 사이에서는 총칙상의 공범규정이 적용될 수 없다. 대법원도 "대향범 관계에 있는 자 사이에서는 각자 상대방의 범행에 대하여 형법 총칙의 공범규정이 적용되지 아니한다"고 판시한 바 있다.[145)] 또 "뇌물수수죄는 필요적 공범으로서 형법총칙의 공범이 아니므로 따로 본조를 적용할 필요 없다"고 판시하기도 했다.[146)]

그러나 외부적 가담자에 대하여는 총칙상의 공범규정의 적용이 배제되지 않는다고 해야 한다. 따라서 필요적 공범과 외부적 관여자 사이에 있어서는 총칙상의 공범규정에 따라 수뢰죄 또는 증뢰죄의 공동정범 · 교사범 · 종범이 될 수 있다. 나아가 총칙상의 공범규정은 위에서 본 바와 같이 필요적 공범에 속하는 대향관계에 있는 자 사이에는 적용될 수 없겠으나, 그 일방의 내부자 상호간이나 그 타방에서의 내부자 상호간에는 적용되지 않아야 할 이유가 없다고 해석된다. 따라서 대향자 일방인 수뢰자 상호간이나 타방인 증뢰자 사이에는 총칙상의 공동정범 · 교사범 · 종범의 성립이 가능하다고 해야 한다(제30조부터 제32조까지 참조). 또 본죄의 대향자 일방이나 타방에 비신분자가 가담한 경우에는 총칙상의 공범과 신분에 관한 규정이 적용되는 것은 당연하다(제33조 참조).

2. 보호법익

(1) 의 의

뇌물죄의 보호법익이 공정한 국가기능의 보호에 있다는 점에 대하여는 이설이 없다. 다만 그 구체적 내용은 대하여는 다툼이 있다.

---

143) 대법원 1987.12.22. 선고 87도1699 판결.
144) 대법원 2015.2.12. 선고 2012도4842 판결; 대법원 2014.1.16. 선고 2013도6969 판결.
145) 대법원 2015.2.12. 선고 2012도4842 판결; 대법원 2014.1.16. 선고 2013도6969 판결.
146) 대법원 1971.3.9. 선고 70도2536 판결.

1) 학 설

뇌물죄의 보호법익의 구체적 내용에 대하여는 견해가 일치하지 않고 있다. 직무행위의 불가매수성설과 직무행위의 공정성설이 크게 대립하고 있다. 이 외에도 사회의 신뢰성설, 공무원의 청렴의무설 및 이들 중 몇 가지를 결합한 소위 조합설이 주장되고 있다.

첫째, 불가매수성설이다. 불가매수성(不可買收性)이란 직무행위를 매수하는 것은 불가능하다는 의미이다. 직무행위는 대가를 요하지 않는다는 의미에서 무상성(無償性)이라고도 한다. 로마법주의에서 유래한다. 부국 로마는 공무원에 대하여 충분한 급료와 그 이상을 지급하였기 때문에 그 이외에 뇌물과 같은 민폐를 일절 금지할 수 있었다는 상황을 상정할 수 있을 것이다. 이에 의하면 직무와 관련된 것은 일체 뇌물이 되고, 뇌물에 의하여 직무가 좌우되지 않도록 하려는 것이 뇌물죄라고 한다.

둘째, 공정성설이다. 공정성(公正性)이란 뇌물에도 불구하고 직무행위는 공정성을 잃지 아니하여야 한다는 의미이다. 이러한 의미에서 공정성을 순수성(純粹性) 또는 불가침성(不可侵性)이라고도 한다. 게르만법주의에서 유래한다. 소위 빈국 게르만국은 공무원에 대하여 무보수나 기본급료만을 지급하고 나머지 생활비는 각자도생에 맡길 수밖에 없었기 때문에 직무의 공정성을 해하지 않는 한 뇌물에 대한 문제를 제기할 수 없었던 상황을 상정할 수 있을 것이다. 이에 의하면 직무의 공정성을 해하지 않는 한 뇌물이 되지 않고, 뇌물에 의하여 직무의 공정성이 왜곡되지 않게 하려는 것이 뇌물죄라고 한다.

셋째, 사회의 신뢰성설이다. 직무행위의 공정성에 대한 사회의 신뢰를 보호하려는 것이 뇌물죄라고 한다. 이에 의하면 정상적인 직무행위에 대하여도 뇌물죄가 성립할 수 있게 된다.

넷째, 조합설이다. 뇌물죄의 보호법익을 불가매수성과 공정성이라고 하는 절충설, 공정성과 사회의 신뢰성이라고 하는 견해가 대표적으로 이에 속한다. 이 외에도 조합설은 다양한 조합에 의하여 여러 가지의 견해가 가능하다.

2) 판 례

판례의 입장은 소위 종합설이라고 명명될 수 있다. 판례에 의하면 뇌물죄는 직무집행의 공정과 이에 대한 사회의 신뢰를 그 보호법익으로 하고 있다고 하거나 직무집행의 공정과 이에 대한 사회의 신뢰 및 직무행위의 불가매수성을 그 보호법익으로 하고 있다고 하고 있다.

보호법익에 관한 판례의 구체적 내용은 다음과 같다. 즉,

> 뇌물죄는 직무집행의 공정과 이에 대한 사회의 신뢰 및 직무행위의 불가매수성을 그 보호법익으로 하고 있고, 직무에 관한 청탁이나 부정한 행위를 필요로 하는 것은 아니므로, 수수한 금품의 뇌물성을 인정하는 데 특별한 청탁이 있어야만 하는 것은 아니다.[147] 뇌물죄는 직무집행의 공정과 이에 대한 사회의 신뢰에 기초하여 직무행위의 불가매수성을 보호법익으로 하고 있고, 직무에 관한 청탁이나 부정한 행위를 필요로 하지 않으므로 뇌물성을 인정하는 데 특별히 의무위반 행위나

147) 대법원 2018.5.15. 선고 2017도19499 판결; 대법원 2000.1.21. 선고 99도4940 판결.

청탁의 유무 등을 고려할 필요가 없고, 금품수수 시기와 직무집행 행위의 전후를 가릴 필요도 없다.[148] 뇌물죄는 공무원의 직무집행의 공정과 이에 대한 사회의 신뢰 및 직무행위의 불가매수성을 그 보호법익으로 하고 있고 직무에 관한 청탁이나 부정한 행위를 필요로 하는 것은 아니기 때문에 수수된 금품의 뇌물성을 인정하는 데 특별한 청탁이 있어야만 하는 것은 아니다.[149] 법령에 기한 임명권자에 의하여 임용되어 공무에 종사하여 온 사람이 나중에 그가 임용결격자이었음이 밝혀져 당초의 임용행위가 무효라고 하더라도, 그가 임용행위라는 외관을 갖추어 실제로 공무를 수행한 이상 공무 수행의 공정과 그에 대한 사회의 신뢰 및 식무행위의 불가매수성은 여전히 보호되어야 한다. 따라서 이러한 사람은 형법 제129조에서 규정한 공무원으로 봄이 상당하고, 그가 그 직무에 관하여 뇌물을 수수한 때에는 수뢰죄로 처벌할 수 있다.[150] 뇌물죄는 공무원의 직무집행의 공정과 이에 대한 사회의 신뢰 및 직무행위의 불가매수성을 그 보호법익으로 하고 있고, 직무에 관한 청탁이나 부정한 행위를 필요로 하는 것은 아니어서 수수된 금품의 뇌물성을 인정하는 데 특별한 청탁이 있어야만 하는 것은 아니다.[151] 뇌물죄는 직무집행의 공정과 이에 대한 사회의 신뢰에 기하여 직무행위의 불가매수성을 그 직접의 보호법익으로 하고 있으므로 뇌물성은 의무위반 행위나 청탁의 유무 및 금품수수 시기와 직무집행 행위의 전후를 가리지 아니한다.[152] 뇌물죄는 직무집행의 공정과 이에 대한 사회의 신뢰에 기하여 직무수행의 불가매수성을 직접적인 보호법익으로 하고 있으므로, 공무원의 직무와 금원의 수수가 전체적으로 대가관계에 있으면 뇌물수수죄가 성립하고, 특별히 청탁의 유무, 개개의 직무행위의 대가적 관계를 고려할 필요는 없으며, 또한 그 직무행위가 특정된 것일 필요도 없다.[153] 뇌물죄는 직무집행의 공정과 이에 대한 사회의 신뢰에 기하여 직무수행의 불가매수성을 직접적인 보호법익으로 하고 있으므로, 공무원의 직무와 금원의 수수가 전체적으로 대가관계에 있으면 뇌물수수죄가 성립하고, 특별히 청탁의 유무, 개개의 직무행위의 대가적 관계를 고려할 필요는 없다.[154] 뇌물죄는 직무집행의 공정과 이에 대한 사회의 신뢰에 기하여 직무행위의 불가매수성을 그 직접의 보호법익으로 하고 있고, 직무에 관한 청탁이나 부정한 행위를 필요로 하지 아니하여 수수된 금품의 뇌물성을 인정하는데 특별히 의무위반행위나 청탁의 유무 등을 고려할 필요가 없다.[155] 뇌물죄가 직무집행의 공정과 이에 대한 사회의 신뢰를 그 보호법익으로 하고 있음에 비추어 볼 때 ~(이하 생략).[156] 뇌물죄는 직무집행의 공정과 이에 대한 사회의 신뢰에 기하여 직무수행의 불가매수성을 직접적인 보호법익으로 하고 있으므로, 공무원의 직무와 금원의 수수가 전체적으로 대가관계에 있으면 뇌물수수죄가 성립하고, 특별히 청탁의 유무, 개개의 직무행위의 대가적 관계를 고려할 필요는 없다.[157] 뇌물죄는 공무원의 직무집행의 공정과 이에 대한 사회의 신뢰 및 직무행위의 불가매수성을 그 보호법익으로 하고 있고, 직무에 관한 청탁이나

148) 대법원 2017.12.22. 선고 2017도12346 판결.

149) 대법원 2014.10.15. 선고 2014도8113 판결; 대법원 2001.10.12. 선고 2001도3579 판결.

150) 대법원 2014.3.27. 선고 2013도11357 판결.

151) 대법원 2014.1.29. 선고 2013도13937 판결.

152) 대법원 2013.11.28. 선고 2013도9003 판결; 대법원 2003.6.13. 선고 2003도1060 판결.

153) 대법원 2011.12.8. 선고 2010도15628 판결; 대법원 2010.12.23. 선고 2010도13584 판결; 대법원 1997.4.17. 선고 96도3378 판결.

154) 대법원 2010.12.23. 선고 2010도13584 판결; 대법원 2004.5.28. 선고 2004도1442 판결; 대법원 1997.4.17. 선고 96도3378 판결.

155) 대법원 2010.4.29. 선고 2010도1082 판결.

156) 대법원 2000.1.21. 선고 99도4940 판결; 대법원 1998.3.10. 선고 97도3113 판결; 대법원 1997.4.17. 선고 96도3378 판결; 대법원 1996.1.23. 선고 94도3022 판결.

157) 대법원 2009.9.24. 선고 2007도4785 판결.

부정한 행위를 필요로 하는 것은 아니기 때문에 수수된 금품의 뇌물성을 인정하는 데 특별한 청탁이 있어야만 하는 것은 아니다.[158] 뇌물죄는 직무집행의 공정과 이에 대한 사회의 신뢰에 기하여 직무행위의 불가매수성을 그 직접의 보호법익으로 하고 있고, 직무에 관한 청탁이나 부정한 행위를 필요로 하지 아니하여 수수된 금품의 뇌물성을 인정하는 데 특별히 의무위반행위나 청탁의 유무 등을 고려할 필요가 없다.[159] 뇌물죄는 공무원의 직무집행의 공정과 이에 대한 사회의 신뢰 및 직무행위의 불가매수성을 그 보호법익으로 하고 있고, 직무에 관한 청탁이나 부정한 행위를 필요로 하는 것은 아니기 때문에 수수된 금품의 뇌물성을 인정하는 데 특별한 청탁이 있어야만 하는 것은 아니다.[160] 뇌물죄는 직무집행의 공정과 이에 대한 사회의 신뢰에 기하여 직무수행의 불가매수성을 그 직접의 보호법익으로 하고 있으므로, 공무원의 직무와 금원의 수수가 전체적으로 대가관계에 있으면 뇌물수수죄가 성립하고, 특별히 청탁의 유무, 개개의 직무행위의 대가적 관계를 고려할 필요가 없으며, 그 직무행위가 특정된 것일 필요도 없다 할 것이다.[161] 뇌물죄는 공무원의 직무집행의 공정과 이에 대한 사회의 신뢰 및 직무행위의 불가매수성을 그 보호법익으로 하고 있고, 직무에 관한 청탁이나 부정한 행위를 필요로 하는 것은 아니기 때문에 수수된 금품의 뇌물성을 인정하는 데 특별한 청탁이 있어야만 하는 것은 아니다.[162] 뇌물죄는 직무집행의 공정과 이에 대한 사회의 신뢰 및 직무행위의 불가매수성을 그 보호법익으로 하고 있고, 직무에 관한 청탁이나 부정한 행위를 필요로 하는 것은 아니기 때문에 수수된 금품의 뇌물성을 인정하는 데 특별한 청탁이 있어야만 하는 것은 아니다.[163] 뇌물죄는 직무집행의 공정과 이에 대한 사회의 신뢰에 기하여 직무수행의 불가매수성을 직접적인 보호법익으로 하고 있다.[164] 뇌물죄가 직무집행의 공정과 이에 대한 사회의 신뢰를 그 보호법익으로 하고 있음에 비추어 공무원이 그 이익을 수수하는 것으로 인하여 사회 일반으로부터 직무집행의 공정성을 의심받게 되는지 여부도 뇌물죄의 성부를 판단함에 있어서의 중요한 판단 기준이 된다.[165] 뇌물죄는 공무원의 직무집행의 공정과 이에 대한 사회의 신뢰 및 직무행위의 불가매수성을 그 보호법익으로 하고 있고, 직무에 관한 청탁이나 부정한 행위를 필요로 하는 것은 아니기 때문에 수수된 금품의 뇌물성을 인정하는 데 특별한 청탁이 있어야만 하는 것은 아니다.[166] 뇌물죄는 직무집행의 공정과 이에 대한 사회의 신뢰에 기하여 직무행위의 불가매수성을 그 직접의 보호법익으로 하고 있으므로 뇌물성은 의무위반 행위나 청탁의 유무 및 금품수수 시기와 직무집행 행위의 전후를 가리지 아니한다 할 것이다.[167] 뇌물죄는 직무집행의 공정과 이에 대한 사회의 신뢰에 기하여 직무행위의 불가매수성을 그 직접의 보호법익으로 하고 있다.[168] 뇌물죄는 공무원의 직무집행의 공정과 이에 대한 사회의 신뢰 및 직무행위의 불가매수성을 그 보호법익으로 하고 있고, 직무에 관한 청탁이나 부정한 행위를 필요로 하는 것은 아니기 때문에 수수된 금품의 뇌물성을 인정하는 데 특별한 청탁이 있어야만 하는 것은 아니다.[169] 뇌물죄

158) 대법원 2009.9.10. 선고 2009도5657 판결.
159) 대법원 2009.5.14. 선고 2008도8852 판결; 대법원 1997.4.17. 선고 96도3378 판결.
160) 대법원 2008.2.1. 선고 2007도5190 판결.
161) 대법원 2007.8.23. 선고 2007도4956 판결; 대법원 1997.12.26. 선고 97도2609 판결.
162) 대법원 2007.6.14. 선고 2007도2178 판결; 대법원 2001.10.12. 선고 2001도3579 판결.
163) 대법원 2007.4.27. 선고 2005도4204 판결.
164) 대법원 2005.11.10. 선고 2004도42 판결.
165) 대법원 2005.9.29. 선고 2005도4411 판결; 대법원 2002.3.15. 선고 2001도970 판결; 대법원 2001.9.18. 선고 2000도5438 판결.
166) 대법원 2004.5.28. 선고 2004도1442 판결.
167) 대법원 2003.6.13. 선고 2003도1060 판결.
168) 대법원 2002.11.26. 선고 2002도3539 판결.

가 직무집행의 공정과 이에 대한 사회의 신뢰를 그 보호법익으로 하고 있음에 비추어 볼 때 공무원이 금원을 수수하는 것으로 인하여 사회일반으로부터 직무집행의 공정성을 의심받게 되는지의 여부도 하나의 판단 기준이 되는 것이다.170) 뇌물죄는 직무집행의 공정과 직무행위의 불가매수성을 그의 보호법익으로 하고 있으므로 뇌물성은 의무위반 행위의 유무와 청탁의 유무 등을 가리지 아니하는 것이다.171) 뇌물죄는 직무집행의 공정과 이에 대한 사회의 신뢰에 기하여 직무행위의 불가매수성을 그 직접의 보호법익으로 하고 있다.172) 뇌물죄는 직무집행의 공정과 이에 대한 사회의 신뢰 및 직무행위의 불가매수성을 그 보호법익으로 하고 있고, 직무에 관한 청탁이나 부정한 행위를 필요로 하는 것은 아니기 때문에 수수된 금품의 뇌물성을 인정하는 데 특별한 청탁이 있어야만 하는 것은 아니고, 또한 금품이 직무에 관하여 수수된 것으로 족하고 개개의 직무행위와 대가적 관계에 있을 필요는 없으며, 그 직무행위가 특정된 것일 필요도 없다.173) 뇌물죄는 직무집행의 공정과 이에 대한 사회의 신뢰에 기하여 직무행위의 불가매수성을 그 직접의 보호법익으로 하고 있으므로 뇌물성은 의무위반 행위나 청탁의 유무 및 금품수수 시기와 직무집행 행위의 전후를 가리지 아니한다 할 것이다.174) 뇌물죄는 직무집행의 공정과 이에 대한 사회의 신뢰에 기하여 직무수행의 불가매수성을 그 직접의 보호법익으로 하고 있다.175) 뇌물죄는 직무집행의 공정과 이에 대한 사회의 신뢰에 기하여 직무행위의 불가매수성을 그 직접의 보호법익으로 하고 있고, 직무에 관한 청탁이나 부정한 행위를 필요로 하지 아니하여 수수된 금품의 뇌물성을 인정하는 데 특별히 의무위반행위나 청탁의 유무 등을 고려할 필요가 없다.176) 뇌물죄는 직무집행의 공정과 이에 대한 사회의 신뢰에 기하여 직무행위의 불가매수성을 그 직접의 보호법익으로 하고 있으므로 뇌물성은 의무위반 행위나 청탁의 유무 및 금품수수 시기와 직무집행 행위의 전후를 가리지 아니한다 할 것이다.177) 뇌물죄는 직무집행의 공정과 이에 대한 사회의 신뢰에 기하여 직무행위의 불가매수성을 그 직접적 보호법익으로 하고 있으므로 뇌물성은 의무위반행위의 유무와 청탁의 유무 및 금품수수 시기와 직무집행행위의 전후를 가리지 아니한다.178) 뇌물죄는 직무집행의 공정과 직무행위의 불가매수성을 그 보호법익으로 하고 있으므로, 뇌물성은 의무위반행위의 유무와 청탁의 유무 및 수수시기가 언제인지를 가리지 아니하는 것이고, 따라서 과거에 담당하였거나 장래 담당할 직무 및 사무분장에 따라 현실적으로 담당하지 아니하는 직무라 하더라도 뇌물죄에 있어서의 직무에 해당할 수 있다.179) 뇌물죄는 직무집행의 공정과 이에 대한 사회의 신뢰에 기하여 직무행위의 불가매수성을 그 직접적 보호법익으로 하고 있으므로 뇌물성은 의무위반행위의 유무와 청탁의 유무 및 금품 수수시기와 직무집행행위의 전후를 가리지 아니한다.180) 뇌물죄는 직무집행의 공정과 이에 대한 사회의 신뢰를 기하여 직무행위의 불가매수성을 그 직접적 보호법익으로 하고 있으므로

---

169) 대법원 2001.10.12. 선고 2001도3579 판결; 대법원 2000.1.21. 선고 99도4940 판결.

170) 대법원 2001.9.18. 선고 2000도5438 판결; 대법원 2000.10.24. 선고 99도3115 판결.

171) 대법원 2001.1.5. 선고 2000도4714 판결.

172) 대법원 2000.1.28. 선고 99도4022 판결.

173) 대법원 2000.1.21. 선고 99도4940 판결; 대법원 1997.12.26. 선고 97도2609 판결; 대법원 1996.1.23. 선고 94도3022 판결; 대법원 1995.9.5. 선고 95도1269 판결; 대법원 1995.6.30. 선고 94도1017 판결.

174) 대법원 1999.11.9. 선고 99도2530 판결.

175) 대법원 1997.12.26. 선고 97도2609 판결; 대법원 1997.4.17. 선고 96도3378 판결.

176) 대법원 1997.4.17. 선고 96도3378 판결.

177) 대법원 1996.1.23. 선고 94도3022 판결.

178) 대법원 1995.9.5. 선고 95도1269 판결.

179) 대법원 1994.3.22. 선고 93도2962 판결; 대법원 1984.9.25. 선고 84도1568 판결.

180) 대법원 1992.2.28. 선고 91도3364 판결.

뇌물성은 의무위반행위의 유무와 청탁의 유무 및 수수시기의 직무집행행위의 전후를 가리지 아니한다.[181] 뇌물죄는 직무집행의 공정과 이에 대한 사회의 신뢰를 기하여 직무행위의 불가매수성을 그 직접적 보호법익으로 하고 있으므로 뇌물성은 의무위반행위의 유무와 청탁의 유무 등은 이를 가리지 않는 것이다.[182]

3) 검 토

공무원의 재량이 수반되는 직무행위에 있어서 국가의 입법, 사법 및 행정 기능이 적정하게 행사되기 위해서는 직무행위의 공정성이 불가결한 요건으로 될 수밖에 없다. 여기서 직무행위의 공정성이 뇌물죄에 있어서 제1차적 보호법익이 되지 않을 수 없게 된다. 그러나 직무행위가 공정하게 행하여진다고 하더라도 공무원이 직무행위와 관련하여 뇌물을 받는다면 직무행위에 대한 국민의 신뢰가 실추되고 직무행위의 적정한 집행이 침해되거나 침해될 위험이 야기될 수 있다. 나아가 공무원의 직무행위는 매수될 수 없다는 불가매수의무 또는 공무원의 청렴의무에 대한 사회의 신뢰 또한 뇌물죄의 제2차적 보호법익으로서 보호되지 않을 수 없다. 결국 뇌물죄의 보호법익은 판례의 종합설에서와 같이 공무원이 행하는 개개 직무행위의 공정성과 직무행위의 불가매수성 및 이에 대한 사회 일반의 신뢰라고 할 수 있다. 이로써 국민이 공정한 공무를 이용하고 향유할 수 있는 권리를 보장받을 수 있기 때문이기도 하다.

(2) 보호의 정도

뇌물죄는 추상적 위험범이라고 해야 한다. 뇌물죄는 반드시 개개 직무행위의 공정성, 직무행위의 불가매수성 또는 이에 대한 사회 일반의 신뢰가 침해될 것을 요하는 것은 아니라고 해야 하기 때문이다.

3. 주 체

(1) 신분범

뇌물죄의 주체는 공무원 또는 중재인에 한정되어 있다. 따라서 뇌물죄는 진정신분범에 해당한다.

(2) 신분자의 종류

1) 공무원

공무원이란 국가공무원법과 지방공무원법상 공무원 및 다른 법률에 따라 위 규정들을 적용할 때 공무원으로 간주되는 자 외에 법령에 기하여 국가 또는 지방자치단체 및 이에 준하는 공법인의 사무에 종사하는 자로서 노무의 내용이 단순한 기계적·육체적인 것에 한정되어 있지 않은 자를 말한다.[183]

---

181) 대법원 1984.9.25. 선고 84도1568 판결.

182) 대법원 1984.8.14. 선고 84도1139 판결.

183) 대법원 2012.8.23. 선고 2011도12639 판결; 대법원 2012.7.26. 선고 2012도5692 판결; 대법원 2011.3.10. 선고 2010도14394 판결; 대법원 2002.11.22. 선고 2000도4593 판결; 대법원 1997.6.13. 선고 96도1703 판결: 대

공무원을 긍정한 판례의 구체적 내용은 다음과 같다. 즉,

도시 및 주거환경정비법(이하 '도시정비법'이라고 한다) 제84조의 문언과 취지, 형법상 뇌물죄의 보호법익 등을 고려하면, 정비사업조합의 임원이 정비구역 안에 있는 토지 또는 건축물의 소유권 또는 지상권을 상실함으로써 조합 임원의 지위를 상실한 경우나 임기가 만료된 정비사업조합의 임원이 관련 규정에 따라 후임자가 선임될 때까지 계속하여 직무를 수행하다가 후임자가 선임되어 직무수행권을 상실한 경우, 그 조합 임원이 그 후에도 조합의 법인 등기부에 임원으로 등기되어 있는 상태에서 계속하여 실질적으로 조합 임원으로서의 직무를 수행하여 왔다면 직무수행의 공정과 그에 대한 사회의 신뢰 및 직무행위의 불가매수성은 여전히 보호되어야 한다. 따라서 그 조합 임원은 임원의 지위 상실이나 직무수행권의 상실에도 불구하고 도시정비법 제84조에 따라 형법 제129조 내지 제132조의 적용에서 공무원으로 보아야 한다.[184] 도시개발법 제84조는 "조합의 임직원, 제20조에 따라 그 업무를 하는 감리원은 형법 제129조부터 제132조까지의 규정에 따른 벌칙을 적용할 때 공무원으로 본다"고 규정하고 있으므로, 도시개발구역의 토지 소유자가 도시개발을 위하여 설립한 조합(이하 '도시개발조합'이라 한다)의 임직원 등은 형법 제129조 내지 제132조가 정한 죄의 주체가 된다.[185] 법령에 기한 임명권자에 의하여 임용되어 공무에 종사하여 온 사람이 나중에 그가 임용결격자이었음이 밝혀져 당초의 임용행위가 무효라고 하더라도, 그가 임용행위라는 외관을 갖추어 실제로 공무를 수행한 이상 공무 수행의 공정과 그에 대한 사회의 신뢰 및 직무행위의 불가매수성은 여전히 보호되어야 한다. 따라서 이러한 사람은 형법 제129조에서 규정한 공무원으로 봄이 타당하고, 그가 그 직무에 관하여 뇌물을 수수한 때에는 수뢰죄로 처벌할 수 있다.[186] 구 도시 및 주거환경정비법(2009.2.6. 법률 제9444호로 개정되기 전의 것, 이하 '도시정비법'이라고 한다) 제84조는 "형법 제129조 내지 제132조의 적용에 있어서 조합의 임원과 정비사업전문관리업자의 대표자(법인인 경우에는 임원을 말한다)·직원은 이를 공무원으로 본다"라고 규정하고 있는데, 도시정비법은 정비사업전문관리업자가 법인인 경우 공무원으로 의제되는 '임원'에 관하여 더 이상의 자세한 규정을 두고 있지 아니하다. 따라서 위와 같은 '임원'에 해당하는지 여부는 민법, 상법, 기타의 실체법에 의하여 결정하여야 할 것인데, 그 중 주식회사의 법률관계를 규율하고 있는 상법 제312조는 '임원의 선임'이라는 표제하에 "창립총회에서는 이사와 감사를 선임하여야 한다"고 하면서, 구 상법(2007.8.3. 법률 제8581호로 개정되기 전의 것) 제317조 제2항은 주식회사의 설립에 있어 등기하여야 할 사항으로 "이사와 감사의 성명 및 주민등록번호"(제8호), "회사를 대표할 이사의 성명·주민등록번호 및 주소"(제9호) 등을 규정하고 있다. 위와 같은 규정들의 문언·체계 및 그 취지 등을 종합하면, 도시정비법에서 정하는 '정비사업전문관리업자'가 주식회사인 경우 같은 법 제84조에 의하여 공무원으로 의제되는 '임원'은 형법 제129조 내지 제132조에 해당하는 수뢰행위 당시 상업등기부에 대표이사, 이사, 감사로 등기된 사람에 한정된다고 보아야 하며, 설령 실질적 경영자라고 하더라도 해당 주식회사의 임원으로 등기되지 아니한 사람까지 도시정비법 제84조에 의하여 공무원으로 의제되는 정비사업전문관리업자의 '임원'에 해당한다고 해석하는 것은 형벌법규를 피고인에게 불리한 방향으로 지나치게 유추하거나 확장해석하는 것으로서 죄형법정주의의 원칙에 어긋나는 것이어서 허용될 수 없다.[187] 구 건설기술관리법(2012.1.17. 법률 제11180호로 개정되기 전의 것) 제45조 제1호는 형법

법원 1997.3.11. 선고 96도1258 판결; 대법원 1978.4.25. 선고 77도3709 판결; 대법원 1961.12.14. 선고 4294년 형상99 판결.

184) 대법원 2016.1.14. 선고 2015도15798 판결.

185) 대법원 2014.6.12. 선고 2014도2393 판결.

186) 대법원 2014.3.27. 선고 2013도11357 판결.

제129조부터 제132조까지의 뇌물죄 규정을 적용할 때에는 제5조 제1항에 따른 지방건설기술심의위원회(이하 '기술심의위원회'라 한다)의 위원 중 공무원이 아닌 위원은 공무원으로 본다고 규정하고 있다. 이는 심의의 공정성과 투명성을 높이기 위하여 공무원이 아닌 사람이 기술심의위원회의 위원으로서 직무를 처리하는 경우에 그 직무와 관련하여 부당한 금품을 수수하면 공무원으로 보아 형법 제129조부터 제132조까지의 뇌물죄로 처벌하려는 것이다. 위와 같은 의제규정의 내용 및 목적에 비추어 보면, 국가공무원이나 지방공무원 등 공무원이 기술심의위원회의 위원으로서 직무를 처리하는 경우에 그 직무가 그 공무원이 취급하는 원래의 직무 범위에 속하지 아니한다고 하더라도 기술심의위원회 위원의 직무와 관련하여 부당한 금품을 수수한 때에는 뇌물죄가 성립한다.[188] 건설기술관리법(이하 '법'이라 한다) 제45조 제2호가 형법상 뇌물죄의 규정을 적용할 때는 법 제5조의2에 따른 발주청의 설계자문위원회 위원 중 공무원이 아닌 위원을 공무원으로 본다고 규정하고 있는 취지는, 설계자문위원회 심의의 공정성과 투명성을 높이기 위하여 공무원이 아닌 사람이 설계자문위원회의 위원으로서 직무를 처리하는 경우에, 그 직무와 관련하여 부당한 금품을 수수하면 공무원으로 보아 뇌물죄로 처벌하려는 것이다.[189] 법인 등 대표자의 직무대행자가 선임된 상태에서 피대행자의 후임자가 적법하게 소집된 총회의 결의에 따라 새로 선출되었다 해도 그 직무대행자의 권한은 위 총회의 결의에 의하여 당연히 소멸하는 것은 아니므로 사정변경 등을 이유로 가처분결정이 취소되지 않는 한 직무대행자만이 적법하게 위 법인 등을 대표할 수 있고, 총회에서 선임된 후임자는 그 선임결의의 적법 여부에 관계없이 대표권을 가지지 못한다. 그러나 구 도시 및 주거환경정비법(2009.2.6. 법률 제9444호로 개정되기 전의 것) 제84조의 문언과 취지를 고려하면, 전임 조합장의 직무대행자가 선임된 상태에서 적법하게 소집된 총회의 결의에 의하여 후임 조합장으로 선임된 자가 직무대행자로부터 조합 사무를 인계받아 실질적으로 조합장 직무를 수행하였다면, 비록 대표권을 가지지 못한다고 하더라도, 형법 제129조 내지 제132조의 적용에서 공무원으로 의제되는 조합의 임원으로 보아야 한다.[190] 도시 및 주거환경정비법 제84조는 "형법 제129조 내지 제132조의 적용에 있어서 조합의 임원과 정비사업전문관리업자의 대표자(법인인 경우에는 임원을 말한다) · 직원은 이를 공무원으로 본다"라고 규정하고 있는 바, 이는 재건축 · 재개발 정비사업이 노후 · 불량 건축물이 밀집하여 주거환경이 불량한 지역을 계획적으로 정비하고 개량하여 주거생활의 질을 높이기 위한 공공적 성격을 띤 사업일 뿐만 아니라 정비구역 내 주민들이나 토지 등 소유자들의 재산권 행사에 중대한 영향을 미치는 점을 고려하여, 정비사업을 진행하는 조합의 임원뿐만 아니라 조합이나 조합설립추진위원회의 정비사업에 관한 주요 업무를 대행하는 정비사업전문관리업자의 임 · 직원의 직무수행의 공정성과 청렴성을 확보하여 재건축 · 재개발 정비사업이 공정하고 투명하게 진행되도록 하기 위한 것이라고 할 것이다. 이러한 도시 및 주거환경정비법 제84조의 문언과 취지를 고려하면, 정비사업전문관리업자가 반드시 특정 재건축 · 재개발 정비사업과 관련하여 조합설립추진위원회나 정비사업조합과 구체적인 업무계약을 체결하거나 정비사업에 관한 업무를 대행할 권한을 위임받은 후에야 비로소 정비사업전문관리업자의 임 · 직원이 형법 제129조 내지 제132조의 적용에 있어서 공무원으로 의제된다고 한정할 것은 아니다.[191] 구 어항법(2005.5.31. 법률 제7571호로 제정되어 2005.12.1. 시행된 어촌 · 어항법 부칙 제2조에 의하여 폐지되기 전의 것) 제35조 제3항은 "이 법에 의한 해양수산부장관의 사무는 그 일부를 대통령령이 정하는 바에 따라 제38조의 규정에

187) 대법원 2014.1.23. 선고 2013도9690 판결.
188) 대법원 2013.11.28. 선고 2013도10011 판결.
189) 대법원 2013.11.14. 선고 2012도15254 판결.
190) 대법원 2010.12.23. 선고 2010도13584 판결.
191) 대법원 2010.5.13. 선고 2008도5506 판결.

의한 어항협회 또는 수산업협동조합법 제2조 제4호 및 제5호의 규정에 의한 조합 및 중앙회에 위탁할 수 있다"라고 규정하고 있고, 같은 법 제38조의2는 "해양수산부장관이 제35조 제3항의 규정에 의하여 위탁한 사무에 종사하는 제38조의 규정에 의한 어항협회 또는 수산업협동조합법 제2조 제4호 및제5호의 규정에 의한 조합 및 중앙회의 임원 및 직원은 형법 제129조 내지 제132조의 적용에 있어서는 이를 공무원으로 본다"라고 규정하고 있으므로, 한국어항협회의 임원 또는 직원에 대하여 형법 제129조의 뇌물수수죄를 적용하기 위해서는 한국어항협회가 구 어항법에 의한 해양수산부장관의 사무를 대통령령이 정하는 바에 따라 해양수산부장관으로부터 위탁받고, 나아가 한국어항협회의 임원 또는 직원이 그와 같이 위탁받은 사무에 종사하면서 그 사무와 관련하여 부당한 이익을 취득하여야 한다.[192] 도시 및 주거환경정비법 제84조의 문언과 취지를 고려하면, 정비사업전문관리업자의 임 · 직원이 일정한 자본 · 기술인력 등의 기준을 갖추어 시 · 도지사(2006.12.28. 법률 제8125호로 개정되기 전에는 건설교통부 장관)에게 등록한 후에는 조합설립추진위원회로부터 정비사업전문관리업자로 선정되기 전이라도 그 직무에 관하여 뇌물을 수수한 때에 형법 제129조 내지 제132조의 적용대상이 되고, 정비사업전문관리업자가 조합설립추진위원회로부터 정비사업에 관한 업무를 대행할 권한을 위임받은 후에야 비로소 그 임 · 직원이 위 법의 적용대상이 되는 것은 아니다.[193] 형법 제129조 내지 제132조의 적용에 있어서 지방공사와 지방공단의 직원까지 공무원으로 본다고 규정한 지방공기업법 제83조는 헌법 제11조 제1항, 제37조 제2항 등에 위반된다고 볼 수 없고, 또한 지방공기업법 제83조의 명문의 규정에 반하여 지방공사와 지방공단의 직원을 특정범죄가중처벌등에관한법률 제4조 제1항 소정의 간부직원, 즉 과장대리급 이상의 직원으로 한정하여 해석할 수도 없다.[194] 피고인이 농업협동조합중앙회의 과장급 간부직원으로서 주식회사 농협유통에 파견되어 축산부장으로 근무하면서 육가공업체로부터 그 직무와 관련하여 돈을 받은 사실을 인정한 다음, 특정범죄가중처벌등에관한법률 제4조 제1항, 같은 법 시행령 제2조 제48호,제3조 제1호에 따라 형법상 뇌물죄의 적용에 있어 피고인을 공무원으로 보아야 하고, 또 주식회사 농업유통은 농업협동조합중앙회가 그 업무의 원활한 수행을 위하여 자본금을 전액 출자하여 설립한 회사로서, 피고인이 그 회사에 파견되어 수행하는 직무가 농업협동조합중앙회의 직무와 성격을 달리하지 아니하므로, 피고인이 그 직무와 관련하여 돈을 받은 행위가 형법 제129조 제1항의 뇌물죄에 해당한다고 판단한 것은 옳고, 거기에 상고이유의 주장과 같은 법리오해 등의 잘못이 없다. 따라서 상고이유는 받아들일 수 없다.[195] 지방공기업법은 지방자치단체가 직접 설치 · 경영하거나, 법인을 설립하여 경영하는 기업의 경영에 관하여 필요한 사항을 정하여 그 경영을 합리화함으로써 지방자치의 발전과 주민의 복리증진에 기여하게 함을 목적으로 하고, 그 적용 범위를 수도사업, 공업용수도사업, 궤도사업, 자동차운송사업, 지방도로사업, 지하도사업, 주택사업, 토지개발사업, 의료사업 등의 공공사업으로 하고 있는 점, 지방공기업법이 규정하는 지방공사 및 지방공단은 위와 같은 공공사업을 수행하기 위하여 설립된 기업으로서 그 임원 및 직원에게는 공무원에 버금가는 정도의 청렴성과 업무의 불가매수성이 요구되고, 이들이 직무와 관련하여 금품수수 등의 비리를 저질렀을 경우에는 이를 공무원으로 보아 엄중하게 처벌함으로써 공공사업의 정상적인 운영과 법인 업무의 공정성을 보장할 필요가 있는 점, 공무원의 신분이 아님에도 불구하고 그 직무의 공공적 성격으로 인하여 청렴성과 불가매수성이 요구되는 경우에 그 직무와 관련된 수재행위를 공무원의 수뢰행위와 같거나 유사

192) 대법원 2009.9.10. 선고 2009도5657 판결.
193) 대법원 2008.9.25. 선고 2008도2590 판결.
194) 대법원 2002.7.26. 선고 2001도6721 판결.
195) 대법원 2002.5.14. 선고 2002도666 판결.

하게 처벌하는 사례는, 정부관리기업체의 간부직원에 관한 특정범죄가중처벌등에관한법률 제4조, 금융기관의 임·직원에 관한 특정경제범죄가중처벌등에관한법률 제5조 제1항, 도시재개발조합의 임·직원에 관한 도시재개발법 제61조 등 우리 형사법 체계상 흔히 찾아볼 수 있는 점 등에 비추어 보면, 형법 제129조 내지 132조의 적용에 있어서 지방공사와 지방공단의 임원 및 직원을 공무원으로 본다고 규정한 지방공기업법 제83조는 헌법 제11조 제1항, 제37조 제2항 등에 위반된다고 볼 수 없으며, 또한 지방공기업법은 제3장 제2절과 제4장에서 지방공사와 지방공단의 임원 및 직원에 관하여 구체적인 규정을 두고 있으므로, 위 제83조가 죄형법정주의에 위배되는 것이라고 할 수도 없다.[196] 대통령은 정부의 수반으로서 중앙행정기관의 장을 지휘·감독하여 정부의 중요정책을 수립·추진하는 등 모든 행정업무를 총괄하는 직무를 수행하고, 대형건설 사업 및 국토개발에 관한 정책, 통화, 금융, 조세에 관한 정책 및 기업활동에 관한 정책 등 각종 재정·경제 정책의 수립 및 시행을 최종 결정하며, 소관 행정 각 부의 장들에게 위임된 사업자 선정, 신규사업의 인·허가, 금융지원, 세무조사 등 구체적 사항에 대하여 직접 또는 간접적인 권한을 행사함으로써 기업체들의 활동에 있어 직무상 또는 사실상의 영향력을 행사할 수 있는 지위에 있고, 국책사업의 사업자 선정도 역시 대통령의 직무범위에 속하거나 그 직무와 밀접한 관계가 있는 행위이므로 이에 관하여 대통령에게 금품을 공여하면 바로 뇌물공여죄가 성립하고, 대통령이 실제로 영향력을 행사하였는지 여부는 범죄의 성립에 영향을 미치지 않는다.[197] 지방자치법 제32조에 의하면 지방의회의원은 명예직으로서 의정활동비와 보조활동비, 회기 중 출석비를 지급받도록 규정하고 있을 뿐 정기적인 급여를 지급받지는 아니하나, 지방공무원법 제2조 제3항에 의하면 특수경력직 공무원 중 정무직 공무원으로 '선거에 의하여 취임하는 자'를 규정하고 있고, 지방자치법 제35조 이하에 의하면 지방의회의원은 여러 가지 공적인 사무를 담당하도록 규정하고 있으며, 공직자윤리법에 의하면 지방의회의원도 공직자로 보아 재산등록 대상자로 규정하고 있는 점 등에 비추어 볼 때, 비록 지방의회의원이 일정한 비용을 지급받을 뿐 정기적인 급여를 지급받지는 아니한다고 하더라도 공무를 담당하고 있는 이상 지방의회의원은 형법상 공무원에 해당한다.[198] 피고인 1은 문화재관리국 관리과 운영계 고용원으로서 문화재관리국 소관 국유재산처분업무를 담당하면서 이 사건에 있어 필지별 재매매계약에 관한 업무 및 그 대금수납업무등을 수행하였음이 명백한 바이니 단순한 기계적 육체적 노무에 종사한 것이라 볼 수 없다 하겠다. 그러므로 원판결이 피고인 1이 위 직무에 관련하여 뇌물을 수수하였다고 보아 유죄를 선고한 것은 정당하고 거기에 심리미진이나 법리오해의 위법이 있다 할 수 없으니 논지 역시 이유없다. 그러므로 피고인들의 상고를 모두 기각하기로 하여 관여법관의 일치된 의견으로 주문과 같이 판결한다.[199] 특정범죄가중처벌등에 관한 법률 제4조 제1항에 의하면 형법 제129조 내지 제132조의 적용에 있어서는 정부관리기업체의 간부직원은 이를 공무원으로 본다라고 규정하고 있다. 그 취지는 건전한 사회 질서를 유지하기 위하여 정부관리기업체의 간부직원만은 공무원과 같이 보고 그 뇌물수수 행위에 국한해서는 이를 공무원과같이 처벌하자는 데 있다 할 것이므로, 위 형법 제129조 내지 제132조에서 말하는 공무원이란 말 중에는 정부관리기업체의 간부 직원도 포함되어 있다할 것이고, 따라서 뇌물 전달죄를 규정한 형법 제133조에서 인용한 형법 제129조 내지 제132조란 법문 역시 위 정부관리 기업체의 간부직원이 끼어 있는 그 법조문을 전제로 하고 있다할 것이므로, 정부관리 기업체의 간부 직원에게 뇌물을 공여하였다면 이는 공무원

196) 대법원 2001.1.19. 선고 99도5753 판결.
197) 대법원 1997.4.17. 선고 96도3377 전원합의체 판결.
198) 대법원 1997.3.11. 선고 96도1258 판결.
199) 대법원 1978.4.25. 선고 77도3709 판결.

에게 뇌물을 공여한 경우와 같이 뇌물공여죄가 성립한다고 보아야 할 것이다.200)

공무원을 부정한 판례의 구체적 내용은 다음과 같다. 즉,

집행관사무소의 사무원은 법원 및 검찰청 9급 이상의 직에 근무한 자 또는 이와 동등 이상의 자격이 있다고 인정되는 자 중에서 소속지방법원장의 허가를 받아 대표집행관이 채용하는 자로서(집행관규칙 제21조 제2항), 법원일반직 공무원에 준하여 보수를 지급받는 한편 근무시간, 휴가 등 복무와 제척사유, 경매물건 등의 매수금지 의무 등에서는 집행관에 관한 법령의 규정이 준용된다는 점에서(같은 규칙 제3조 제1항, 제22조 제1항, 제25조) 형법 제129조 내지 제132조 및 구 변호사법(2007.3.29. 법률 제8321호로 개정되기 전의 것) 제111조의 경우 공무원으로 취급되는 집행관의 지위와 비슷한 면이 있기는 하지만, '지방법원에 소속되어 법률이 정하는 바에 따라 재판의 집행, 서류의 송달 그 밖에 법령에 따른 사무에 종사'하는 집행관(집행관법 제2조)과 달리 그에게 채용되어 업무를 보조하는 자에 불과할 뿐(같은 규칙 제21조 제1항), 그를 대신하거나 그와 독립하여 집행에 관한 업무를 수행하는 자의 지위에 있지는 않다. 앞서 본 법리와 위 각 법령의 규정, 그리고 피고인에게 불리한 형벌법규의 유추적용은 엄격히 제한되어야 한다는 점 등에 비추어 보면, 집행관사무소의 사무원이 집행관을 보조하여 담당하는 사무의 성질이 국가의 사무에 준하는 측면이 있다는 사정만으로는 형법 제129조 내지 제132조 및 구 변호사법 제111조에서 정한 '공무원'에 해당한다고 보기 어렵다.201) 구 환경 · 교통 · 재해 등에 관한 영향평가법(2004.3.11. 법률 제7186호로 개정되기 전의 것) 제19조 제5항, 제8항, 구 동법 시행령(2005.9.16. 대통령령 제19052호로 개정되기 전의 것) 제19조는, "교통영향평가서 등을 심의하는 지방교통영향심의위원회(이하 '지방심의위원회'라 한다)는 시 · 도의 교통업무를 담당하는 실 · 국장인 위원장 1인을 포함한 21인 이상 40인 이하의 위원으로 구성한다(동법 시행령 제19조 제1항), 지방심의위원회의 위원은 관계행정기관의 공무원과 교통 · 도로 · 도시계획 · 건축 등에 관한 학식과 경험이 풍부한 자 및 시민단체가 추천하는 자 중에서 시 · 도지사가 임명 또는 위촉하는 자가 된다(같은 조 제2항), 위원장이 소집하는 '지방심의위원회의 회의'는 위원장과 위원장이 회의마다 지명하는 10인의 위원으로 구성한다(같은 조 제4항)"고 규정하고 있는바, 위 각 규정에 의하면, 시 · 도지사에 의하여 '지방심의위원회의 위원'으로 임명 또는 위촉된 자는 그때부터 형법 제129조에 규정된 수뢰죄의 주체인 공무원에 해당하게 되는 것이고, 특정 안건을 심의하기 위한 '지방심의위원회의 회의' 개최를 앞두고 위원장에 의하여 그 회의의 위원으로 지명된 때에 비로소 위 법조 소정의 '공무원'에 해당하게 되는 것은 아니다.202)

2) 중재인

중재인(仲裁人)이란 공무원 이외의 자로서 법령에 의하여 중재의 직무를 담당하는 자를 말한다. 중재법에 의한 중재인(중재법 제3조 제1호 참조), 노동조합법에 의한 중재위원(노동조합법 제64조 참조) 등이 이에 해당한다. 사실상 중재를 행하는 자는 이에 포함되지 아니한다.

(3) 주체의 확대가능성

형법상 뇌물죄의 주체를 공무원 또는 중재인에 한정한다는 원칙은 유지되고 있다. 다만 특별법의 영역에서는 행위주체의 범위가 확장되려는 움직임이 감지된다. 청탁금지법은 공

200) 대법원 1971.11.23. 선고 71도1786 판결.
201) 대법원 2011.3.10. 선고 2010도14394 판결.
202) 대법원 2009.2.12. 선고 2007도2733 판결.

직자 등에 대한 부정청탁 및 공직자 등의 금품 등의 수수(收受)를 금지하고 있다(청탁금지법 제1조 참조). 이에 의하면 주체는 이미 공직자 등으로 확대되어 있다고 할 수 있다. 공직자 등은 공무원 이외에도 공직자와 공적 업무 종사자를 포함하여 말하기 때문이다(청탁금지법 제2조 제2호 참조).

4. 객 체

(1) 뇌물의 의의

뇌물죄의 객체는 뇌물이다. 뇌물(賂物)이란 공무원이나 중재인이 직무와 관련하여 대가로서 받은 일체의 부정한 이익을 말한다. 아래에서는 뇌물의 요건을 직무관련성, 대가관계성 및 부정한 이익으로 나누어 검토하기로 한다.

(2) 뇌물의 요건

1) 직무관련성

공무원이 정당한 이유 없이 금전 등 보수를 받으면 직무행위의 공정성에 대한 사회의 신뢰는 무너지게 된다. 이러한 의미에서 뇌물은 굳이 직무관련성이 있는 것에만 한정할 필요는 없다고도 할 수 있다. 그러나 형법은 뇌물의 범위가 무제한으로 확대되는 것을 방지하기 위하여 '직무에 관하여'라는 직무관련성을 요구하게 되었다고 해석하지 않을 수 없다.

① 의 의

뇌물은 직무에 관한 보수가 아니면 안 된다. 직무(職務, Diensthandlung)란 공무원 또는 중재인이 그 지위에 수반하여 담당하는 일체의 직무를 말한다.[203)]

② 직무에 관하여

뇌물은 직무에 관한 것이어야 한다. 뇌물죄의 성부는 '직무에 관하여'에 달려 있다고 해도 과언이 아니기 때문에 그에 대한 해석이 가장 중요한 의미를 가진다고 할 수 있다. 뇌물죄에 있어서 직무에는 법령에 정하여진 직무뿐만 아니라 그와 관련 있는 직무, 관례상이나 사실상 소관하는 직무행위, 결정권자를 보좌하거나 영향을 줄 수 있는 직무행위, 과거에 담당하였거나 장래에 담당할 직무 외에 사무분장에 따라 현실적으로 담당하고 있지 않아도 법령상 일반적인 직무권한에 속하는 직무 등 공무원이 그 직위에 따라 담당할 일체의 직무를 포함한다.[204)] '직무에 관하여'란 공무원이 그 지위에 수반하여 공무로서 취급하는 일체의

---

203) 대법원 2013.11.28. 선고 2013도10011 판결; 대법원 1995.6.30. 선고 94도993 판결 참조.

204) 대법원 2017.12.22. 선고 2017도12346 판결; 대법원 2017.6.19. 선고 2017도5316 판결; 대법원 2013.11.28. 선고 2013도9003 판결; 대법원 2011.5.26. 선고 2009도2453 판결; 대법원 2011.3.24. 선고 2010도17797 판결; 대법원 2010.12.23. 선고 2010도10910 판결; 대법원 2005.11.10. 선고 2004도42 판결; 대법원 2004.5.28. 선고 2004도1442 판결; 대법원 2003.6.13. 선고 2003도1060 판결; 대법원 2002.5.31. 선고 2001도670 판결; 대법원 2002.5.10. 선고 2000도2251 판결; 대법원 2002.3.15. 선고 2001도970 판결; 대법원 2001.1.19. 선고 99도5753 판결; 대법원 2001.1.5. 선고 2000도4714 판결; 대법원 2000.6.15. 선고 98도3697 전원합의체 판결; 대법원 2000.1.28. 선고 99도4022 판결; 대법원 1999.12.10. 선고 99도2950 판결; 대법원 1999.11.9. 선고 99도2530 판결; 대법원 1999.6.11. 선고 99도275 판결; 대법원 1999.1.29. 선고 98도3584 판결; 대법원 1998.2.27. 선고 96도5828 판결; 대법원 1997.12.26. 선고 97도2609 판결; 대법원 1997.4.17. 선고 96도3378 판결; 대법원 1996.11.15. 선고 95도1114 판결; 대법원 1996.1.23. 선고 94도3022 판결; 대법원 1995.9.5. 선고 95도1269 판결; 대법원

사무를 말하는 것으로서, 그 권한에 속하는 직무행위뿐만 아니라 이에 밀접한 관계가 있는 경우와 그 직무에 관련하여 사실상 처리하고 있는 행위까지도 포함된다는 의미이다.[205]

③ 직무의 범위

직무의 범위는 원칙적으로 법령에 근거하여 정하여지나, 반드시 법령에 직접적인 규정이 있을 것을 요하는 것은 아니다. 법령은 권한에 대하여 빠짐없이 규정하고 있는 것은 아니기 때문에 법령의 해석에 의하여 합리적으로 그 범위를 확정할 수 있으면 족하다.

구체적인 행위가 공무원의 직무에 속하는지 여부는 그것이 공무의 일환으로 행하여졌는가 하는 형식적인 측면과 함께 그 공무원이 수행하여야 할 직무와의 관계에서 합리적으로 필요하다고 인정되는 것이라고 할 수 있는가 하는 실질적인 측면을 아울러 고려하여 결정하여야 한다.[206]

직무관련성을 긍정한 판례의 구체적 내용은 다음과 같다. 즉,

> 갑 생명보험 주식회사의 보험설계사이자 도시 및 주거환경정비법상 재건축정비사업조합의 조합장인 피고인이, 을에게서 시공사 선정 등에 도움을 달라는 청탁을 받고 을로 하여금 갑 회사 보험상품에 대한 보험계약을 체결하게 한 후 그에 대한 보험계약 모집수수료를 교부받음으로써 직무에 관하여 뇌물을 수수하였다는 내용으로 기소된 사안에서, 피고인이 을에게서 제공받은 뇌물은 '보험계약 체결에 따라 모집수수료 등을 지급받을 수 있는 지위 또는 기회'이고, 재산적 가치는 적어도 보험계약 모집수수료 상당은 된다고 한 사례이다.[207] 시(市) 도시계획국장인 피고인 갑이, 시에서 병 주식회사를 시공사로 하여 진행하던 구청 신축공사 및 그에 인접하여 정 주식회사가 병 회사를 시공사로 하여 진행하던 건물 증축공사에 대한 관리·감독 업무를 수행하면서, 무 회사를 운영하는 피고인 을의 부탁을 받고 병 회사에 부탁하여 위 증축공사 중 건축공사 부분을 무 회사에 하도급받도록 해 준 다음 그 대가로 돈을 받은 사안에서, 갑의 위와 같은 행위는 직무와 밀접한 관계가 있는 행위에 관하여 금품을 수수한 것으로서 뇌물수수죄에 해당한다고 본 원심판단을 수긍한 사례이다.[208] 국회 정무위원회 수석전문위원으로서 정무위원회 소관 기관에 대하여 상당한 영향력을 가진 피고인이 그 소관 기관 등의 업무에 관한 청탁 또는 부탁을 받고 금품을 수수한 사안에서, 피고인의 위 행위는 자신의 직무이거나 그 직무와 밀접한 관계가 있는 행위라고 할 것이어서 형법 제129조의 수뢰죄에 해당한다고 본 원심판단을 수긍한 사례이다.[209] 국회의원이 특정 협회로부터 요청받은 자료를 제공하고 그 대가로서 후원금 명목으로 금원을 교부받은 사안에서, 직무관련성이 있어 뇌물죄가 성립한다고 한 사례이다.[210] 경찰관이 재건축조합 직무대행자에 대한

1995.6.30. 선고 94도993 판결; 대법원 1994.3.2. 선고 93도2962 판결; 대법원 1992.2.28. 선고 91도3364 판결; 대법원 1989.9.12. 선고 89도597 판결; 대법원 1985.2.8. 선고 84도2625 판결; 대법원 1984.9.25. 선고 84도1568 판결; 대법원 1983.7.26. 선고 82도1208 판결; 대법원 1982.11.23. 선고 82도1549 판결; 대법원 1980.10.14. 선고 80도1373 판결; 대법원 1978.12.26. 선고 78도271 판결.

205) 대법원 1987.11.24. 선고 87도1463 판결; 대법원 1985.2.8 선고 84도2625 판결; 대법원 1983.7.26. 선고 82도1208 판결.

206) 대법원 2017.6.19. 선고 2017도5316 판결; 대법원 2011.5.26. 선고 2009도2453 판결; 대법원 2009.11.26. 선고 2009도8670 판결; 대법원 2002.5.31. 선고 2001도670 판결.

207) 대법원 2014.10.15. 선고 2014도8113 판결.

208) 대법원 2011.3.24. 선고 2010도17797 판결.

209) 대법원 2010.12.23. 선고 2010도10910 판결.

210) 대법원 2009.5.14. 선고 2008도8852 판결.

진정사건을 수사하면서 진정인 측에 의하여 재건축 설계업체로 선정되기를 희망하던 건축사사무소 대표로부터 금원을 수수한 사안에서, 금원의 수수와 경찰공무원의 직무인 진정사건 수사와의 관련성을 배척할 수 없다고 한 사례이다.[211] 대대 주임원사인 피고인이 소속 대대 병사들의 보직에 관하여 지휘관인 대대장에게 건의하면 그 건의가 상당 부분 반영되어 왔다면 그와 같은 병사들의 보직 등을 결정하는 직무는 뇌물죄에 있어서의 직무에 해당한다.[212] 지방자치법 제42조 제1항의 규정에 의하면 지방의회는 의장을 의원들간의 무기명투표로 선거하도록 되어 있으므로 의장선거에서의 투표권을 가지고 있는 군의원들이 이와 관련하여 금품 등을 수수할 경우 이는 군의원으로서의 직무와 관련된 것이라 할 것이므로 뇌물죄가 성립한다.[213] 점검필유기기구확인표시증이란 전자유기기구 내에 설치된 프로그램이 구 공중위생법(1999.1.21. 법률 제5654호로 개정되기 전의 것) 제12조의2, 같은법시행령 제7조의6, 제27조 제1항 제4호, 같은법시행규칙 제15조의3 소정의 검사를 적법하게 마친 것임을 확인하는 내용의 사단법인 한국컴퓨터산업중앙회 명의의 증표로서 전자유기기구의 외부에 부착되어 거기에 설치된 프로그램의 점검필 여부를 전자유기기구를 직접 개봉하지 않고도 확인할 수 있도록 하는 기능을 하는 것이므로, 그 부착은 반드시 검사기관인 사단법인 한국컴퓨터산업중앙회의 직원이 전자유기기구 내에 설치된 프로그램의 점검필 여부를 확인한 후 직접 하여야 하고, 따라서 같은 법 제41조 제2항, 같은법시행령 제27조 제1항 제4호의 규정에 의하여 검사를 위탁받은 사단법인 한국컴퓨터산업중앙회의 직원이 전자유기기구 내에 설치된 프로그램의 점검필 여부를 확인하지도 아니한 채 점검필유기기구확인표시증을 컴퓨터게임장 업주에게 함부로 교부하여 주었다면 이는 검사기관 직원으로서의 직무에 위배되는 행위로서 같은 법 제41조 제3항, 형법 제131조 제2항 소정의 '직무상 부정한 행위'에 해당한다 할 것이고, 그것이 직무에 위배되는 행위인 이상 그와 같이 교부된 점검필유기기구확인표시증에 점검필 여부의 확인대상이 되는 프로그램의 점검번호, 프로그램명, 취급자 성명 등이 구체적으로 기재되어 있는지 여부나 그것이 컴퓨터게임장 업주에 의하여 점검을 마치지 않은 프로그램이 설치된 전자유기기구에 실제로 부착되었는지 여부 등은 죄의 성립에 아무런 영향을 미치지 못한다.[214] 건축지도계장으로 근무하는 피고인이 건축업자에게 편의를 제공한 후 동인에게 자신의 주상복합건물 신축공사를 도급주어 시공하게 한 사안에서, 통상공사비보다 다소 저렴한 액수로 공사계약을 체결한 것이 직무와 관련하여 부당하게 저렴한 가격으로 결정되었다고 볼 수 없다는 이유로 뇌물죄에 대하여 무죄를 선고한 원심판결을 법리오해, 채증법칙 위반 등을 이유로 파기한 사례이다.[215] 한국토지개발공사 간부가 수급인에 대하여 하도급업체의 선정을 알선하고 하도급업체로부터 금원을 수수한 경우, 수뢰죄가 성립한다.[216] 토지소유자들이 구획정리사업조합을 설립하여 시행하는 위의 토지구획정리사업에 관하여는 실무상 시의회의 심의를 거치도록 되어 있음을 알 수 있고, 시의회 의장직에 있던 피고인은 위 토지구획정리사업에 대한 시의회의 심의와 관련하여 영향을 미칠 수 있는 지위에 있다 할 것이므로 직무관련성이 있다 할 것이다.[217] 피고인은 부산시 주차관리공단의 영업1과장으로서 부산시내 중구 등 6개구에 설치된 공영주차장의 관리 및 주차료 징수업무 총괄과 직원 채용에 관한 추천 및 심의업무에 종사할 뿐 아니라 위 공단의 인사위원으로 되어 있어 위 공단 인사에 영향을 미칠 수 있는 직위에

211) 대법원 2007.4.27. 선고 2005도4204 판결.
212) 대법원 2004.5.28. 선고 2004도1442 판결.
213) 대법원 2002.5.10. 선고 2000도2251 판결.
214) 대법원 1999.7.23. 선고 99도390 판결.
215) 대법원 1998.3.10. 선고 97도3113 판결.
216) 대법원 1998.2.27. 선고 96도582 판결.
217) 대법원 1996.11.15. 선고 95도1114 판결.

있었고, 공소외 2는 위 공단 관리과의 지도계장으로 위 피고인보다 하위직에 있었으며, 당시 위 피고인과 사이가 좋지 않아 인사상의 불이익을 모면하기 위하여 판시 금원을 위 피고인에게 교부한 점 등을 알 수 있는 바, 그렇다면 위 피고인이 위 공소외 2로부터 받은 판시 금원은 자신의 직무와 관련하여 뇌물을 수수한 것이라고 할 것이다.[218] 시 공영사업개발단 개발 2과장과 동 공영사업개발단의 택지개발사업계 차석으로서 토지구획정리사업, 택지개발, 환지처분업무 등을 담당하던 피고인 1과 2이 동 공영사업개발단에서 시행하는 연희 1, 2, 3지구 환지계획공람공고 당시 위 원심 공동피고인 소유의 임야가 6필지의 산재된 토지로 환지예정된 후, 동인으로부터 위 임야를 아파트 건설에 적합하도록 한 곳으로 병합환지하여 달라는 취지의 이의신청을 받은 상태에서 토지를 동인으로부터 시가보다 싼 가격으로 매수한 것이고, 피고인 3도 동 공영사업개발단 택지개발사업계장으로서 동 공영사업개발단에서 시행하는 계산택지개발예정지구 지정, 승인신청, 고시에 관하여 기안, 보고, 처리의 업무 등을 담당하던 중 위 원심 공동피고인 소유의 계산동 49의 1 토지 중 절반이 계산택지개발예정지구에 포함되어 있으나 전혀 포함되지 않은 것으로 알고 있는 위 원심 공동피고인으로부터 위 토지의 개발예정지구의 편입과 관련하여 위 토지의 절반을 시가보다 싼 가격으로 매수한 것이라면, 실제로 청탁을 받았는지의 여부와 이익의 다소를 불문하고 각 피고인들의 직무와 관련하여 뇌물을 수수한 것이라고 할 것이고, 그것이 직무와는 아무런 관련이 없는 단순한 사적인 거래관계라고는 할 수 없다.[219] 공군용의 항공기 정비 및 엔진부품 납품 등에 따른 업무는 공군과 관련 있는 직무로서 당연히 공군참모총장인 피고인 1의 직무와 관련이 있는 것이고, 또한 뇌물성을 인정하는 데에는 특별히 의무위반행위의 유무나 청탁의 유무 등을 고려할 필요가 없는 것 이므로, 위 피고인의 금원공여가 특별히 어떠한 의무위반이나 청탁의 대가로 이루어진 것이 아니라고 하여 뇌물죄의 성립에 어떠한 영향을 미치는 것도 아니다.[220] 유흥업소를 경영하는 사람으로부터 구청위생계장이 건물용도변경허가와 관련하여 금품을 수수한 것은 직무와 관련하여 교부받은 것이다.[221] 경매사건의 관여 주사보는 경매사건에 있어서 경매개시결정, 경매기일, 경락기일 등의 공고 및 통지를 그 명의로 하고 송달보고서등 서류를 접수하고 이를 기록에 편철하는 등의 직무를 담당하고 있음이 경매법 및 민사소송법의 각 규정에 의하여 명백하고, 또한 원심이 확정한 바에 의하면 피고인 1은 경매사건의 기록을 검토하여 경락허부결정문의 문안작성등 사무를 사실상 처리하여 왔으므로, 이러한 직무를 담당하는 위 피고인에게 경락허부결정 등을 좌우해 달라는 취지의 청탁을 하고 이에 관하여 금원을 수수한 경우에 뇌물죄가 성립된다고 한 원심판단은 정당하고, 거기에 소론과 같은 이유불비 또는 뇌물죄의 직무범위에 관한 법리를 오해한 위법이 있다고 할 수 없다. 논지는 모두 이유없다.[222] 설사 칸트리클럽에 대한 지도 감독업무가 각 시도지사에게 위임되었다 하더라도 지방자치단체의 장에게 위임한 국가행정사무에 관하여는 당해 주무부장관이 이를 지휘・감독하도록 되어 있으므로 피고인이 교통부장관을 보좌하여 관광호텔 골프장 등 관광이용시설업체의 지휘・감독 등의 업무를 관장하고 있었다면 이를 들어 피고인의 직무의 관련성을 부정할 수 없다.[223] 철도청소속 잡급직에 대한 기능직 양성화작업에 관련하여 그 인원할당 및 등급조정에 관한 철도청의 직제개정안을 심사하고, 확정되어 회송된 그것에 기초하여 직제개정안에 관한 대통령령의 개정준비작업을 하여 법제처에 회부하는 일련의 사무를 담당하는 총무처

218) 대법원 1996.6.14. 선고 96도865 판결.
219) 대법원 1996.1.23. 선고 94도3022 판결.
220) 대법원 1995.6.30. 선고 94도1017 판결.
221) 대법원 1989.9.12. 선고 89도597 판결.
222) 대법원 1985.2.8. 선고 84도2625 판결.
223) 대법원 1984.8.14. 선고 84도1139 판결.

계장이 철도청소속 잡급직원에게 그 양성화작업 진행상황을 알려주고 그 사례금 및 위 전직이 확실하고 신속하게 진행되도록 계속 노력하여 달라는 명목으로 금원을 교부 받았다면 직무와 관련하여 금원을 교부받은 것이다.[224] 도시계획시설 결정 승인이 시장의 소관사항 아니고 도지사의 소관사항일지라도 시 군시계획계장으로서 위 승인신청서를 수리하여 결재를 거쳐 상급승인기관에 전달하는 직무에 종사하고 있다면은 그 신청에 관한 금품수수는 직무에 관한 것이라 할 수 있으므로 뇌물수수죄가 성립한다.[225]

직무관련성을 부정한 판례의 구체적 내용은 다음과 같다. 즉,

국가공무원이 지방자치단체의 업무에 관하여 전문가로서 위원 위촉을 받아 한시적으로 직무를 수행하는 경우와 같이 공무원이 그 고유의 직무와 관련이 없는 일에 관하여 별도의 위촉절차 등을 거쳐 다른 직무를 수행하게 된 경우에는 그 위촉이 종료되면 그 위원 등으로서 새로 보유하였던 공무원 지위는 소멸한다고 보아야 하므로, 그 이후에 종전에 위촉받아 수행한 직무에 관하여 금품을 수수하더라도 이는 사후수뢰죄에 해당할 수 있음은 별론으로 하고 일반 수뢰죄로 처벌할 수는 없다.[226] 수의계약을 체결하는 공무원이 해당 공사업자와 적정한 금액 이상으로 계약금액을 부풀려서 계약하고 부풀린 금액을 자신이 되돌려 받기로 사전에 약정한 다음 그에 따라 수수한 돈은 성격상 뇌물이 아니고 횡령금에 해당한다.[227] 수산업법시행령 제62조 및 어업면허및어장관리에관한규칙 제51조의2에 의하여 해양수산부가 지정 고시한 어업손실액 조사기관인 국립대학교 부설 연구소(국립대학교 부설 연구소 아닌 사립대학교 부설 연구소도 조사기관으로 지정되어 있다)가 국가를당사자로하는계약에관한법률에 근거하지 아니하고 국가와는 별개의 지위에서 연구소라는 단체의 명의로 체결한 어업피해조사용역계약상의 과업 내용에 의하여 국립대학교 교수가 위 연구소 소속 연구원으로서 수행하는 조사용역업무는 교육공무원의 직무 또는 그와 밀접한 관계가 있거나 그와 관련된 행위에 해당한다고 볼 수 없다.[228] 경찰청 정보과 근무 경찰관의 직무와 중소기업협동조합중앙회장의 외국인산업연수생에 대한 국내 관리업체 선정업무는 직무관련성이 없다.[229]

2) 대가관계성

① 의 의

뇌물은 직무에 관한 부정한 이익이다. 따라서 직무행위와 부정한 이익 사이에는 급부와 반대급부와 같은 대가관계가 존재하여야 한다.

② 법적 성질

대가관계에 관하여 형법은 아무런 규정을 두지 않고 있다. 그럼에도 불구하고 뇌물죄에 있어서는 대가관계가 요구된다고 해석되고 있다. 이러한 의미에서 대가관계는 기술되지 않은 구성요건요소라고 할 수 있다.

224) 대법원 1983.8.23. 선고 82도2416 판결.
225) 대법원 1983.8.23. 선고 82도2350 판결.
226) 대법원 2013.11.28. 선고 2013도10011 판결.
227) 대법원 2007.10.12. 선고 2005도7112 판결.
228) 대법원 2002.5.31. 선고 2001도670 판결.
229) 대법원 1999.6.11. 선고 99도275 판결.

③ 포괄적 대가관계

뇌물은 직무에 관하여 수수된 것으로 족하고 개개의 직무행위와 대가적 관계에 있을 필요는 없으며,[230] 그 직무행위가 특정된 것일 필요도 없다.[231] 전체적으로 대가관계에 있으면 족하다.[232] 왜냐하면 대가관계가 개개의 직무행위와 개별적 · 구체적으로 존재하지 않더라도 전체적으로 보아 추상적 · 포괄적인 대가관계가 존재한다면 뇌물죄의 보호법익인 직무행위의 공정성, 불가매수성 및 그에 대한 사회 일반의 신뢰가 침해될 위험이 충분하다고 볼 수 있기 때문이다.

판례에 의하면 공무원이 수수한 금품에 직무행위와 대가관계가 있는 부분과 그렇지 않은 부분이 불가분적으로 결합되어 있다고 보아, 수수한 금품 '전액'이 직무행위에 대한 대가로 수수한 뇌물이 된다고 한다.[233]

④ 청탁금지법과의 구별

청탁금지법에 있어서는 대가관계가 반드시 요구되는 것은 아니다. 이에 의하면 "공직자등은 직무와 관련하여 대가성 여부를 불문하고 제1항에서 정한 금액 이하의 금품등을 받거나 요구 또는 약속해서는 아니 된다"고 규정되어 있다(청탁금지법 제8조 제2항).

대가관계성을 긍정한 판례의 구체적 내용은 다음과 같다. 즉,

> 정치자금의 기부행위는 정치활동에 대한 재정적 지원행위이고, 뇌물은 공무원의 직무행위에 대한 위법한 대가로서 양자는 별개의 개념이라 할 것인 바, 금품이 정치자금의 명목으로 수수되었고 또한 당시 시행되던 구 정치자금에 관한 법률에 정한 절차를 밟았다 할지라도, 상대방의 지위 및 직무권한, 당해 기부자와 상대방의 종래 교제 상황, 기부의 유무나 시기, 상대방, 금액, 빈도 등의 상황과 함께 당해 금품의 액수 및 기부하기에 이른 동기와 경위 등에 비추어 볼 때, 정치인의 정치활동 전반에 대한 지원의 성격을 갖는 것이 아니라 공무원으로서의 정치인의 특정한 구체적 직무행위와 관련하여 제공자에게 유리한 행위를 기대하거나 혹은 그에 대한 사례로서 이루어짐으로써 정치인인 공무원의 직무행위에 대한 대가로서의 실체를 가지는 한 뇌물성이 인정된다 할 것이다.[234] 정치자금 · 선거자금 등의 명목으로 이루어진 금품의 수수라 하더라도 그것이 정치인인

---

230) 대법원 2018.5.15. 선고 2017도19499 판결; 대법원 2014.10.15. 선고 2014도8113 판결; 대법원 2014.1.29. 선고 2013도13937 판결; 대법원 2010.4.29. 선고 2010도1082 판결; 대법원 2009.9.10. 선고 2009도5657 판결; 대법원 2009.5.14. 선고 2008도8852 판결; 대법원 2008.2.1. 선고 2007도5190 판결; 대법원 2007.6.14. 선고 2007도2178 판결; 대법원 2007.4.27. 선고 2005도4204 판결; 대법원 2004.5.28. 선고 2004도1442 판결; 대법원 2002.11.26. 선고 2002도3539 판결; 대법원 2001.10.12. 선고 2001도3579 판결; 대법원 2000.1.21. 선고 99도4940 판결; 대법원 1997.4.17. 선고 96도3378 판결.

231) 대법원 2018.5.15. 선고 2017도19499 판결; 대법원 2010.12.23. 선고 2010도13584 판결; 대법원 2007.4.27. 선고 2005도4204 판결; 대법원 2005.11.10. 선고 2004도42 판결; 대법원 2004.5.28. 선고 2004도1442 판결; 대법원 2002.11.26. 선고 2002도3539 판결; 대법원 2000.1.21. 선고 99도4940 판결; 대법원 1997.12.26. 선고 97도2609 판결; 대법원 1997.4.17. 선고 96도3378 판결.

232) 대법원 2005.11.10. 선고 2004도42 판결; 대법원 2000.1.28. 선고 99도4022 판결; 대법원 1997.12.26. 선고 97도2609 판결; 대법원 1997.4.17. 선고 96도3378 판결.

233) 대법원 2013.4.11. 선고 2012도16277 판결; 대법원 2012.1.12. 선고 2011도12642 판결; 대법원 2009.8.20. 선고 2009도4391 판결; 대법원 2009.7.9. 선고 2009도3039 판결.

234) 대법원 2008.6.12. 선고 2006도8568 판결; 대법원 2005.11.10. 선고 2005도6432 판결; 대법원 1997.12.26. 선고 97도2609 판결; 대법원 1997.4.17. 선고 96도3377 전원합의체 판결.

공무원의 직무행위에 대한 대가로서의 실체를 가지는 한 뇌물로서의 성격을 잃지 아니한다.[235] 정치자금, 선거자금, 성금 등의 명목으로 이루어진 금품의 수수라 하더라도, 그것이 정치인인 공무원이 그 지위를 이용하여 다른 공무원의 직무에 속한 사항을 알선함에 대한 대가로서의 실체를 가지는 한 뇌물로서의 성격을 잃지 않는다.[236] 국회의원이 그 직무권한의 행사로서의 의정활동과 전체적·포괄적으로 대가관계가 있는 금원을 교부받았다면 그 금원의 수수가 어느 직무행위와 대가관계에 있는 것인지 특정할 수 없다고 하더라도 이는 국회의원의 직무에 관련된 것으로 보아야 한다.[237] 정치자금, 선거자금, 성금 등의 명목으로 이루어진 금품의 수수라 할지라도, 그것이 정치가인 공무원의 직무행위에 대한 대가로서의 실체를 갖는 한 뇌물로서의 성격을 잃지 않는다.[238] 세무공무원에게 회사에 대한 세무조사라는 직무집행의 의사가 있었고, 과다계상된 손금항목에 대한 조사를 하지 않고 이를 묵인하는 조건으로, 다시 말하면 그 직무처리에 대한 대가관계로서 금품을 제공받았으며, 회사의 대표이사는 공무원의 직무행위를 매수하려는 의사에서 금품을 제공하였고, 그 세무공무원은 세무조사 당시 타회사 명의의 세금계산서가 위장거래에 의하여 계상된 허위의 계산서라고 판단하고 이를 바로잡아 탈루된 세금을 추징할 경우 추징할 세금이 모두 50억 원에 이를 것이라고 알려 주었음이 명백하다면, 문제된 세금계산서가 진정한 거래에 기하여 제출된 것인지, 세무공무원의 묵인행위로 인하여 회사에게 추징된 세금액수가 실제적으로 줄어든 것이 있는지 여부에 관계없이 그 세무공무원 및 대표이사의 행위가 뇌물죄를 구성한다.[239]

대가관계성을 부정한 판례의 구체적 내용은 다음과 같다. 즉,

피고인 (갑)이 시의 도시과 구획정리계 측량기술원으로 근무하면서 다년간 환지측량업무에 종사하게 된 결과 얻은 지식과 경험을 기초로 체비지에 관한 공개경쟁 입찰에서 입찰예정가격이 대략 어느 정도 될 것이라고 추측한 내용을 피고인 (을)에게 알려준 행위는 그의 직무행위 내지는 직무와 밀접하게 관련된 행위라고 볼 수 없는 것이고, 따라서 피고인 (갑)이 그 대가로 피고인 (을)로부터 받기로 약속한 이익도 뇌물죄에서 말하는 직무에 관련된 대가라고 보기 어렵다.[240] 피고인들이 본건 A아파트의 건립 또는 융자에 관계되는 공무를 담당한 바가 있어도 동 건설회사측에 별다른 편의를 제공한 적이 없고, 위 공무를 취급하지 아니하였더라도 다른 일반 수의 분양자들과 같이 친지, 동료 등의 연줄로 분양받을 수 있었고, 또 분양받아야 할 실수요자였으며 피고인들의 위 공무집행은 위 아파트의 분양계약과 관련시킬 수 없는 우연에 불과하였으므로 본건 아파트의 분양계약이 직무와 대가관계에 있는 부당한 이익 즉 뇌물성이 있다고 할 수 없다.[241]

3) 부정한 이익

① 의 의

부정한 이익은 직무에 관한 것이어야 한다. 부정(不正)이란 정당한 근거 없이라는 의미이고, 부정행위의 대가(對價)라는 의미는 아니다. 따라서 뇌물은 부정한 이익이어야 하지만, 그 반대급부로서 행하여지는 직무행위도 반드시 부정하여야 하는 것은 아니다.

235) 대법원 2007.8.23. 선고 2007도4956 판결; 대법원 1997.12.26. 선고 97도2609 판결.
236) 대법원 2006.5.26. 선고 2006도1713 판결; 대법원 1997.4.17. 선고 96도3377 전원합의체 판결.
237) 대법원 1997.12.26. 선고 97도2609 판결.
238) 대법원 1997.12.26. 선고 97도2609 판결; 대법원 1997.4.17. 선고 96도3378 판결.
239) 대법원 1994.12.22. 선고 94도2528 판결.
240) 대법원 1983.3.22. 선고 82도1922 판결.
241) 대법원 1981.4.28. 선고 80도3323 판결.

② 부정한 이익의 내용

뇌물은 직무에 관한 부정한 이익이다. 이익(利益, Vorteil)이란 수령자의 경제적·법적·인격적 지위를 유리하게 하여 주는 것을 말한다. 부정한 이익의 가장 대표적인 것은 금전(金錢)이다. 그러나 뇌물의 목적물로 되는 이익은 재물에 한하지 않는다. 따라서 금전 이외에도 물품 기타의 재산적 이익뿐만 아니라 사람의 수요·욕망을 충족시키기에 족한 일체의 유형·무형의 이익을 포함한다.[242] 조합아파트 가입권에 붙은 소위 프리미엄도 뇌물에 해당한다.[243] 제공된 것이 성적 욕구의 충족이라고 하여 달리 볼 것이 아니다.[244] 투기적 사업에 참여할 기회를 얻는 것도 이에 해당한다.[245] 정보도 당연히 이익이 된다. 반드시 경제적 이익에 연결되지 않더라도 사람의 욕망을 만족하기에 족한 정보면 족하다.

공무원이 얻는 이익이 직무와 대가관계가 있는 부당한 이익으로서 뇌물에 해당하는지 여부는 공무원의 직무내용, 직무와 이익제공자의 관계, 쌍방 간에 특수한 사적인 친분관계가 존재하는지 여부, 이익의 다과, 이익을 주고받은 경위와 시기 등 여러 사정을 참작하여 결정하여야 한다.[246]

부정한 이익을 긍정한 판례의 구체적 내용은 다음과 같다. 즉,

> 유사성교행위 및 성교행위가 '뇌물'에 해당한다고 보고 또한 그 직무관련성을 인정하여 이 사건 공소사실 중 뇌물수수의 점을 유죄로 인정한 것은 정당하다.[247] 군에서 일차진급 평정권자가 그 평정업무와 관련하여 진급대상자로 하여금 자신의 은행대출금채무에 연대보증하게 한 행위는 직무에 관련하여 이익인 뇌물을 받은 것에 해당된다.[248] 장래 싯가의 앙등이 예상되고 주식을 액면가에 매수한 것은 뇌물죄에 해당된다.[249]

(3) 뇌물성의 한계

문제는 사교적 의례로서의 선물과 뇌물의 구별에 있다. 이에 대하여는 견해가 다투어지고 있다.

---

242) 대법원 2019.8.29. 선고 2018도13792 전원합의체 판결; 대법원 2014.1.29. 선고 2013도13937 판결; 대법원 2012.8.23. 선고 2010도6504 판결; 대법원 2011.7.28. 선고 2009도9122 판결; 대법원 2010.5.13. 선고 2009도7040 판결; 대법원 2008.3.27. 선고 2007도620 판결; 대법원 2002.11.26. 선고 2002도3539 판결; 대법원 2002.5.10. 선고 2000도2251 판결; 대법원 2001.9.18. 선고 2000도5438 판결; 대법원 2001.1.5. 선고 2000도4714 판결; 대법원 1995.9.5. 선고 95도1269 판결; 대법원 1995.6.30. 선고 94도993 판결; 대법원 1994.11.4. 선고 94도129 판결; 대법원 1992.12.22. 선고 92도1762 판결; 대법원 1979.10.10. 선고 78도1793 판결.

243) 대법원 1992.12.22. 선고 92도1762 판결.

244) 대법원 2014.1.29. 선고 2013도13937 판결.

245) 대법원 2012.8.23. 선고 2010도6504 판결; 대법원 2011.7.28. 선고 2009도9122 판결; 대법원 2010.5.13. 선고 2009도7040 판결; 대법원 2008.3.27. 선고 2007도620 판결; 대법원 2002.11.26. 선고 2002도3539 판결; 대법원 2002.5.10. 선고 2000도2251 판결; 대법원 1995.9.5. 선고 95도1269 판결; 대법원 1994.11.4. 선고 94도129 판결; 대법원 1979.10.10. 선고 78도1793 판결.

246) 대법원 2017.6.19. 선고 2017도5316 판결; 대법원 2011.3.24. 선고 2010도17797 판결.

247) 대법원 2014.1.29. 선고 2013도13937 판결.

248) 대법원 2001.1.5. 선고 2000도4714 판결.

249) 대법원 1979.10.10. 선고 78도1793 판결.

1) 학 설

선물의 뇌물성에 대하여는 선물설, 뇌물설 및 위법성조각설이 대립하고 있다. 첫째, 선물설이다. 선물설(膳物說)은 사회적으로 승인되는 범위 내에서의 이익의 증여는 직무에 대한 대가관계가 인정되더라도 뇌물성을 부정해야 한다고 한다. 둘째, 뇌물설이다. 뇌물설(賂物說)은 사교적 의례로서의 선물이라 할지라도 직무에 대한 대가관계가 인정되는 이상 뇌물이 된다고 한다. 셋째, 위법성조각설이다. 위법성조각설(違法性阻却說)은 직무행위와 대가관계가 인정되는 이상 뇌물이 되지만, 사교적 의례의 범위를 넘지 않는 때에는 사회상규에 반하지 않는 행위로서 위법성이 조각된다고 한다.

2) 판 례

판례의 입장은 위법성조각설로 이해된다. 판례에 의하면 공무원이 직무와 관련하여 금품을 수수하였다면 그 수수한 금품은 뇌물이 되는 것이고, 그것이 비록 사교적 의례의 형식을 빌려 금품을 주고받았다 하더라도 그 수수한 금품은 뇌물이 된다.[250] 그러나 공무원이 그 직무의 대상이 되는 사람으로부터 금품 기타 이익을 받은 때에는 사회상규에 비추어 의례상의 대가에 불과하거나 개인적 친분관계가 있어 교분상의 필요에 의한 것이라고 인정되는 등의 특별한 사정이 있는 경우에는 뇌물이라고 할 수 없다.[251]

뇌물을 긍정한 판례의 구체적 내용은 다음과 같다. 즉,

> 경찰청장으로서 모든 범죄수사에 관하여 직무상 또는 사실상의 영향력을 행사할 수 있는 지위에 있던 피고인이, 1년에 3~4차례 정도 전화로 안부 인사를 나눌 정도였던 갑으로부터 미화 2만 달러를 받은 것은 직무와 관련하여 뇌물로 수수한 것이라고 한 원심판단을 수긍한 사례이다.[252]
> 재건축추진위원장이 재건축조합의 조속한 설립인가를 위해 담당공무원에게 두 차례에 걸쳐 점심

250) 대법원 2018.5.15. 선고 2017도19499 판결; 대법원 2017.12.22. 선고 2017도11616 판결; 대법원 2017.6.19. 선고 2017도5316 판결; 대법원 2017.1.12. 선고 2016도15470 판결; 대법원 2014.1.29. 선고 2013도13937 판결; 대법원 2013.11.28. 선고 2013도9003 판결; 대법원 2012.8.30. 선고 2012도6280 판결; 대법원 2010.4.29. 선고 2010도1082 판결; 대법원 2008.11.27. 선고 2006도8779 판결; 대법원 2008.2.1. 선고 2007도5190 판결; 대법원 2007.6.14. 선고 2007도2178 판결; 대법원 2002.7.26. 선고 2001도6721 판결; 대법원 2001.10.12. 선고 2001도3579 판결; 대법원 2009.9.10. 선고 2009도5657 판결; 대법원 2008.2.1. 선고 2007도5190 판결; 대법원 2004.5.28. 선고 2004도1442 판결; 대법원 2002.7.26. 선고 2001도6721 판결; 대법원 2001.10.12. 선고 2001도3579 판결; 대법원 2000.1.21. 선고 99도4940 판결; 대법원 1999.7.23. 선고 99도390 판결; 대법원 1999.1.29. 선고 98도3584 판결; 대법원 1998.2.10. 선고 97도2836 판결; 대법원 1997.4.17. 선고 96도3378 판결; 대법원 1996.6.14. 선고 96도865 판결; 대법원 1984.4.10. 선고 83도1499 판결.

251) 대법원 2018.5.15. 선고 2017도19499 판결; 대법원 2017.12.22. 선고 2017도11616 판결; 대법원 2017.6.19. 선고 2017도5316 판결; 대법원 2017.1.12. 선고 2016도15470 판결; 대법원 2014.1.29. 선고 2013도13937 판결; 대법원 2013.11.28. 선고 2013도9003 판결; 대법원 2012.8.30. 선고 2012도6280 판결; 대법원 2010.4.29. 선고 2010도1082 판결; 대법원 2008.11.27. 선고 2006도8779 판결; 대법원 2008.2.1. 선고 2007도5190 판결; 대법원 2007.6.14. 선고 2007도2178 판결; 대법원 2002.7.26. 선고 2001도6721 판결; 대법원 2001.10.12. 선고 2001도3579 판결; 대법원 2000.1.21. 선고 99도4940 판결; 대법원 2009.9.10. 선고 2009도5657 판결; 대법원 2008.2.1. 선고 2007도5190 판결; 대법원 2004.5.28. 선고 2004도1442 판결; 대법원 2002.7.26. 선고 2001도6721 판결; 대법원 2001.10.12. 선고 2001도3579 판결; 대법원 2000.1.21. 선고 99도4940 판결; 대법원 1999.7.23. 선고 99도390 판결; 대법원 1999.1.29. 선고 98도3584 판결; 대법원 1998.2.10. 선고 97도2836 판결; 대법원 1997.4.17. 선고 96도3378 판결 등 참조.

252) 대법원 2010.4.29. 선고 2010도1082 판결.

식사를 제공한 사안에서, 뇌물공여죄의 성립을 인정한 사례이다.[253] 피고인 1이 인천시교육청 시설과 건축팀장 등으로서 학교 신축공사의 감독업무를 담당하면서 제1심 공동피고인 1, 원심 공동피고인 1 및 피고인 3, 4, 그리고 공소외 1로부터 수회에 걸쳐 합계 115,000,000원을 수수하였음을 인정하는 반면, 일관하여 위 각 금전거래는 차용관계에 불과하다고 주장하나, 원심이 그 채택 증거들에 의하여 인정한 판시와 같은 사실과 여러 근거들에 비추어 볼 때, 피고인 1은 위 각 금원을 일시 차용이 아닌 영득의 의사로 교부받았다고 할 것이고, 이와 같은 위 피고인의 행위와 그 직무와의 관련성도 인정된다.[254] 공무원이 그 직무에 관하여 금원을 무기한 · 무이자로 차용한 경우에는 수뢰자가 받은 실질적 이익은 무기한 · 무이자 차용금의 금융이익 상당이므로 위의 경우에는 그 금융이익이 뇌물이라 할 것다.[255] 공소외 2의 아들인 공소외 1이 피고인이 주임원사로 근무하는 부대의 사병이라는 관계 이외에는 피고인과 공소외 2 사이에 사적인 친분관계가 없었던 사실, 공소외 2는 공소외 1에 대한 면회 또는 체육대회 참가 등으로 부대를 방문할 때 특산물 등을 선물하며 피고인에게 인사를 하는 외에는 피고인과의 접촉이 없었던 사실 등이 인정되며, 피고인도 군 검찰에서 '아들을 부탁하는 명목이 아니라면 원래부터 아는 사이가 아닌데 1,000만원을 빌려주지 않았을 것'이라고 진술하고 있는 점 등에 비추어, 피고인이 공소외 2로부터 1,000만원을 무이자로 차용하여 이자 상당 금융이익을 취득한 것을 직무와 관계없이 개인적 친분관계에 의한 교분상의 필요에 의한 것이라고 볼 수는 없고, 오히려 직무의 대가로 얻은 부당한 이익이라고 인정하기에 충분하다 할 것이다.[256] 피고인이 그 소유의 갑 토지를 을 토지와 교환한 것과 관련하여 수뢰를 하였다는 공소사실에 대하여, 원심은 교환된 토지 간에 시가의 차이가 있다고 인정할 수 없다는 이유로 무죄를 선고하였으나, 갑 토지의 시가가 을 토지의 시가보다 비싸다고 하더라도 피고인으로서는 장기간 처분하지 못하던 토지를 처분하는 한편 매수를 희망하던 전원주택지로 향후 개발이 되면 가격이 많이 상승할 토지를 매수하게 되는 무형의 이익을 얻었다고 봄이 상당하다는 이유로 원심판결을 파기한 사례이다.[257] 은행 지점장인 피고인이 제공받은 향응이 도합 금 83,500원 상당에 지나지 않는다고 하더라도, 피고인과 증뢰자와의 관계, 피고인이 그로부터 향응을 제공받은 동기 및 경위, 피고인이 향응 이외에도 수차례 금품을 수수하였다는 사정 등에 비추어 보면, 이를 단순한 사교적 의례의 범위에 속하는 것에 불과하다고 단정할 수는 없다는 이유로, 피고인에게 무죄를 선고한 원심판결을 파기한 사례이다.[258] 뇌물죄에 있어서 금품을 수수한 장소가 공개된 장소이고, 금품을 수수한 공무원이 이를 부하직원들을 위하여 소비하였을 뿐 자신의 사리를 취한 바 없다 하더라도 그 뇌물성이 부인되지 않는다.[259] 피고인이 교부받은 금원이 금 200,000원으로서 비교적 소액이라 하더라도 그것이 주차관리원의 채용이라는 공무원의 직무와 관련하여 그 알선 명목으로 수수된 것이므로 이를 단순히 사교적인 의례에 속하는 경우라거나 보호하여야 할 미풍양속이라고 할 수 없다.[260] 금원공여행위가 관례에 좇은 것이라고 하더라도 그러한 사유만으로 그 행위가 죄가 되지 않는 것으로 오인한 데에 정당한 이유가 있다고 할 수 없다.[261] 뇌물죄에 있어서 금품을 수수한

253) 대법원 2008.11.27. 선고 2006도8779 판결.
254) 대법원 2007.6.14. 선고 2007도2178 판결.
255) 대법원 2004.5.28. 선고 2004도1442 판결; 대법원 1976.9.28. 선고 75도3607 판결.
256) 대법원 2004.5.28. 선고 2004도1442 판결.
257) 대법원 2001.9.18. 선고 2000도5438 판결.
258) 대법원 1996.12.6. 선고 96도144 판결.
259) 대법원 1996.6.14. 선고 96도865 판결; 대법원 1985.5.14. 선고 83도2050 판결.
260) 대법원 1996.6.14. 선고 96도865 판결.
261) 대법원 1995.6.30. 선고 94도1017 판결.

장소가 공개된 공사현장이었고 금품을 수수한 공무원이 이를 공사현장 인부들의 식대 또는 동공사의 홍보비 등으로 소비하였을 뿐 자신의 사리를 취한 바 없다 하더라도 그 뇌물성이 부인되지 않는다.[262] 노동청 해외근로국장으로서 해외취업자 국외송출허가 등 업무를 취급하던 피고인이 노동청부근 옥호불상 음식점에서 접대부 등의 국외송출을 부탁받고 시가 70,000원 상당의 주식을 접대받은 경우, 비록 그 접대의 규모가 그리 크지 아니하였다 하더라도 그 사유만으로 이를 단순한 사교적 의례의 범위에 속하는 향응에 불과하다고 볼 수 없으며 뇌물성을 띤다고 볼 것이다.[263] 수뢰한 금품의 용도는 그것을 개인의 용도에 사용하였건 부대의 행정에 소요되는 비용에 충당하였건 뇌물죄의 성립에 영향이 없다.[264] 직무와 관련된 금품수수의 장소가 반 공개된 곳이었다거나, 피고인이 공소외인의 직무수행을 통하여 환급받은 부가가치세액에 비하여 공여한 금액이 소액이었다는 사정만으로 그 뇌물성을 부정할 수 없다.[265]

3) 검 토

선물은 뇌물의 요건인 직무관련성, 대가관계성 및 부정한 이익을 모두 충족하지만, 사교의례적인 범위에 있는 한 사회상규에 따른 경우로서 직무행위의 공정성, 불가매수성 및 이에 대한 사회의 신뢰를 침해하지 않는다고 해석되어야 한다. 다만 뇌물성의 한계는 후술하는 바와 같이 뇌물성의 판단기준에 따라 판단되어야 할 것이다.

(4) 뇌물성의 판단기준

뇌물성의 유무는 공무원의 직무와 이익공여자와의 관계, 이익수수의 경위, 그 당시의 사회상태 등 제반 사정을 종합하여 합리적으로 판단하여야 한다.[266] 또 뇌물죄가 직무집행의 공정과 이에 대한 사회의 신뢰를 그 보호법익으로 하고 있음에 비추어 공무원이 그 이익을 수수하는 것으로 인하여 사회 일반으로부터 직무집행의 공정성을 의심받게 되는지 여부도 뇌물죄의 성부를 판단함에 있어서의 중요한 판단 기준이 된다.[267]

공무원이 얻는 어떤 이익이 직무와 대가관계가 있는 부당한 이익으로서 뇌물에 해당하는지 또는 사회상규에 따른 의례상 대가 혹은 개인적 친분관계에 따른 교분상 필요에 의한 것으로서 직무와 관련성이 없는 것인지는 당해 공무원의 직무 내용, 직무와 이익 제공자의 관계, 쌍방 간에 특수한 사적인 친분관계가 존재하는지의 여부, 이익의 다과, 이익 수수 경위와 시기 등 사정과 아울러 제공된 이익의 종류와 가액도 함께 참작하여 이를 판단하여야 한다.[268] 그러나 뇌물성을 인정하는 데에는 특별히 의무위반행위의 유무나 청탁의 유무

---

262) 대법원 1985.5.14. 선고 83도2050 판결; 대법원 1982.9.28. 선고 82도1656 판결; 대법원 1966.7.19. 선고 66도718 판결; 대법원 1961.1.31. 선고 4293형상942 판결.

263) 대법원 1984.4.10. 선고 83도1499 판결.

264) 대법원 1984.2.14. 선고 83도3218 판결.

265) 대법원 1982.9.28. 선고 82도1656 판결.

266) 대법원 1995.9.5. 선고 95도1269 판결; 대법원 1981.4.28. 선고 80도3323 판결.

267) 대법원 2011.3.24. 선고 2010도17797 판결; 대법원 2009.9.10. 선고 2009도5657 판결; 대법원 2008.2.1. 선고 2007도5190 판결; 대법원 2005.11.10. 선고 2004도42 판결; 대법원 2005.9.29. 선고 2005도4411 판결; 대법원 2002.11.26. 선고 2002도3539 판결; 대법원 2002.3.15. 선고 2001도970 판결; 대법원 2001.10.12. 선고 2001도3579 판결; 대법원 2001.9.18. 선고 2000도5438 판결; 대법원 2000.6.15. 선고 98도3697 전원합의체 판결; 대법원 1999.7.23. 선고 99도1911 판결; 대법원 1998.3.10. 선고 97도3113 판결.

268) 대법원 2018.5.15. 선고 2017도19499 판결; 대법원 2017.1.12. 선고 2016도15470 판결; 대법원 2013.

등을 고려할 필요는 없다.[269] 따라서 뇌물성은 의무위반 행위나 청탁의 유무, 개개의 직무행위와의 대가적 관계, 금품수수 시기 및 직무집행 행위의 전후를 가리지 아니한다.[270]

뇌물죄에 있어서 수뢰자로 지목된 피고인이 수뢰사실을 시종일관 부인하고 있고 이를 뒷받침할 만한 객관적인 자료 등 물증이 없는 경우에, 금품공여자의 진술은 증거능력이 있어야 함은 물론 합리적 의심을 배제할 만한 신빙성이 있어야 하고, 신빙성이 있는지 여부를 판단함에 있어서는 그 진술내용 자체의 합리성, 객관적 상당성, 전후의 일관성 등뿐만 아니라 그의 인간됨, 그 진술로 얻게 되는 이해관계 유무 등도 아울러 살펴보아야 한다.[271]

판단기준에 관한 판례의 구체적 내용은 다음과 같다. 즉,

> 정치자금의 기부행위는 정치활동에 대한 재정적 지원행위이고, 뇌물은 공무원의 직무행위에 대한 위법한 대가로서, 양자는 별개의 개념이다. 정치자금의 명목으로 금품을 주고받았고 정치자금법에 정한 절차를 밟았다고 할지라도, 정치인의 정치활동 전반에 대한 지원의 성격을 갖는 것이 아니라 공무원인 정치인의 특정한 구체적 직무행위와 관련하여 금품 제공자에게 유리한 행위를 기대하거나 또는 그에 대한 사례로서 금품을 제공함으로써 정치인인 공무원의 직무행위에 대한 대가로서의 실체를 가진다면 뇌물성이 인정된다. 이때 금품 제공의 뇌물성을 판단할 때 상대방의 지위와 직무권한, 금품 제공자와 상대방의 종래 교제상황, 금품 제공자가 평소 기부를 하였는지와 기부의 시기·상대방·금액·빈도, 제공한 금품의 액수, 금품 제공의 동기와 경위 등을 종합적으로 고려하여야 한다.[272] 공무원이 얻는 어떤 이익이 직무와 대가관계가 있는 부당한 이익으로서 뇌물에 해당하는지 또는 사회상규에 따른 의례상의 대가 혹은 개인적 친분관계에 따른 교분상의 필요에 의한 것으로서 직무와의 관련성이 없는 것인지 여부는 당해 공무원의 직무 내용, 직무와 이익 제공자의 관계, 이익의 수수 경위와 시기 등의 사정과 아울러 제공된 이익의 종류와 가액도 함께 참작하여 이를 판단하여야 한다.[273] 공무원이 얻는 어떤 이익이 직무와 대가관계가 있는 부당한 이익으로서 뇌물에 해당하는지 여부는 당해 공무원의 직무 내용, 직무와 이익제공자의 관계, 쌍방 간에 특수한 사적인 친분관계가 존재하는지 여부, 이익의 다과, 이익을 수수한 경위와 시기 등의 제반 사정을 참작하여 결정하여야 하고, 뇌물죄가 직무집행의 공정과 이에 대한 사회의 신뢰 및 직무행위의 불가매수성을 보호법익으로 하고 있는 점에 비추어 볼 때, 공무원이 이익을 수수하는 것으로 인하여 사회일반으로부터 직무집행의 공정성을 의심받게 되는지 여부도 뇌물죄의 성립 여부를 판단할 때에 기준이 된다.[274] 뇌물죄에 있어서 수뢰자가 증뢰자로부터 돈을 받은 사실은

11.28. 선고 2013도9003 판결; 대법원 2011.3.24. 선고 2010도17797 판결; 대법원 2010.5.13. 선고 2008도5506 판결; 대법원 2008.9.25. 선고 2008도2590 판결; 대법원 2007.4.27. 선고 2005도4204 판결; 대법원 2006.2.24. 선고 2005도4737 판결; 대법원 2005.11.10. 선고 2004도42 판결; 대법원 2005.9.29. 선고 2005도4411 판결; 대법원 2002.11.26. 선고 2002도3539 판결; 대법원 2002. 3. 15. 선고 2001도970 판결; 대법원 2001.10.12. 선고 2001도3579 판결; 대법원 2001.9.18. 선고 2000도5438 판결; 대법원 2000.6.15. 선고 98도3697 전원합의체 판결; 대법원 1999.7.23. 선고 99도1911 판결; 대법원 1998.3.10. 선고 97도3113 판결.

269) 대법원 1995.6.30. 선고 94도1017 판결; 대법원 1994.3.22. 선고 93도2962 판결.

270) 대법원 2005.11.10. 선고 2004도42 판결; 대법원 2000.1.28. 선고 99도4022 판결; 대법원 1999.11.9. 선고 99도2530 판결; 대법원 1997.12.26. 선고 97도2609 판결; 대법원 1997.4.17. 선고 96도3378 판결.

271) 대법원 2008.12.11. 선고 2008도7112 판결; 대법원 2007.7.27. 선고 2007도3798 판결; 대법원 2006.5.26. 선고 2005도1904 판결; 대법원 2005.9.29. 선고 2005도4411 판결; 대법원 2002.6.11. 선고 2000도5701 판결.

272) 대법원 2017.3.22. 선고 2016도21536 판결; 대법원 2008.6.12. 선고 2006도8568 판결.

273) 대법원 2017.1.12. 선고 2016도15470 판결; 대법원 2006.2.24. 선고 2005도4737 판결.

274) 대법원 2014.1.29. 선고 2013도13937 판결; 대법원 2011.3.24. 선고 2010도17797 판결; 대법원 2009.

시인하면서도 그 돈을 뇌물로 받은 것이 아니라 빌린 것이라고 주장하는 경우 수뢰자가 그 돈을 실제로 빌린 것인지 여부는 수뢰자가 증뢰자로부터 돈을 수수한 동기, 전달 경위 및 방법, 수뢰자와 증뢰자 사이의 관계, 양자의 직책이나 직업 및 경력, 수뢰자의 차용 필요성 및 증뢰자 외의 자로부터의 차용 가능성, 차용금의 액수 및 용처, 증뢰자의 경제적 상황 및 증뢰와 관련된 경제적 예상이익의 규모, 담보제공 여부, 변제기 및 이자 약정 여부, 수뢰자의 원리금 변제 여부, 채무불이행시 증뢰자의 독촉 및 강제집행의 가능성 등 증거에 의하여 나타나는 객관적인 사정을 모두 종합하여 판단하여야 한다.[275] 공무원이 취득한 금품이 뇌물에 해당하는지는 당해 공무원의 직무 내용, 직무와 금품제공자의 관계, 쌍방간에 특수한 사적인 친분관계가 존재하는지 여부, 금품의 다과, 금품을 수수한 경위와 시기 등의 제반 사정을 참작하여 결정하여야 하고, 이는 도시 및 주거환경정비법 제84조에 의하여 공무원으로 의제되는 정비사업전문관리업자의 임·직원의 경우도 마찬가지이다.[276] 도시 및 주거환경정비법 제84조에 의하여 공무원으로 의제되는 정비사업전문관리업자의 임·직원이 얻는 어떤 이익을 직무와 대가관계가 있는 부당한 이익으로서 뇌물에 해당하는 것으로 보려면 정비사업전문관리업자가 반드시 정비조합이나 조합설립추진위원회와 특정 재건축·재개발 정비사업에 관하여 구체적인 업무위탁계약을 체결하여 그 직무에 관하여 이익을 취득하여야 하는 것은 아니다.[277] 공무원이 관공서에 필요한 공사의 시행이나 물품의 구입을 위하여 수의계약을 체결하면서 해당 공사업자 등으로부터 돈을 수수한 경우, 그 돈의 성격을 공무원의 직무와 관련하여 수수된 뇌물로 볼 것인지, 아니면 적정한 금액보다 과다하게 부풀린 금액으로 계약을 체결하기로 공사업자 등과 사전 약정하여 이를 횡령(국고손실)한 것으로 볼 것인지 여부는, 돈을 공여하고 수수한 당사자들의 의사, 계약의 내용과 성격, 계약금액과 수수한 금액 사이의 비율, 수수한 돈의 액수, 그 계약이행으로 공사업자 등이 얻을 수 있는 적정한 이익, 공사업자 등이 공무원으로부터 공사대금 등을 지급받은 시기와 돈을 공무원에게 교부한 시간적 간격, 공사업자 등이 공무원에게 교부한 돈이 공무원으로부터 지급받은 바로 그 돈인지 여부, 수수한 장소와 방법 등을 종합적으로 고려하여 객관적으로 평가하여 판단해야 한다.[278] 형사재판에서 유죄의 인정은 법관으로 하여금 합리적인 의심을 할 여지가 없을 정도로 공소사실이 진실한 것이라는 확신을 가지게 할 수 있는 증명력을 가진 엄격한 증거에 의하여야 할 것이고, 그러한 의심을 배제할 수 없는 한 유죄판결을 할 수는 없으며, 뇌물죄에 있어서 수뢰자로 지목된 피고인이 수뢰사실을 시종일관 부인하고 있고 이를 뒷받침할 만한 객관적인 자료 등 물증이 없는 경우에 금품공여자와 전달자의 진술은 증거능력이 있어야 함은 물론 합리적인 의심을 배제할 만한 신빙성이 있어야 하고, 신빙성이 있는지 여부를 판단함에 있어서는 그 진술내용 자체의 합리성, 객관적 상당성, 전후의 일관성 등 뿐만 아니라 그의 인간됨, 그 진술로 얻게 되는 이해관계 유무 등도 아울러 살펴보아야 할 것이다.[279] 뇌물죄에 있어서 수뢰자로 지목된 피고인이 수뢰사실을 시종일관 부인하고 있고 이를 뒷받침할 금융자료 등 물증이 없는 경우에 증뢰자의 진술만으로 유죄를 인정하기 위하여는 증뢰자의 진술이

9.24. 선고 2007도4785 판결; 대법원 2007.4.27. 선고 2005도4204 판결; 대법원 2001.9.18. 선고 2000도5438 판결; 대법원 2000.1.21. 선고 99도4940 판결; 대법원 1998.3.10. 선고 97도3113 판결.

275) 대법원 2012.8.30. 선고 2012도6280 판결; 대법원 2011.11.10. 선고 2011도7261 판결; 대법원 2010.9.30. 선고 2009도4386 판결; 대법원 2007.9.7. 선고 2007도3943 판결.

276) 대법원 2011.11.24. 선고 2011도9585 판결.

277) 대법원 2010.5.13. 선고 2008도5506 판결; 대법원 2008.9.25. 선고 2008도2590 판결.

278) 대법원 2007.10.12. 선고 2005도7112 판결.

279) 대법원 2007.7.27. 선고 2007도3798 판결; 대법원 2007.1.12. 선고 2006도6890 판결; 대법원 2006.5.26. 선고 2005도1904 판결.

증거능력이 있어야 함은 물론 합리적인 의심을 배제할 만한 신빙성이 있어야 하고, 신빙성이 있는지 여부를 판단함에 있어서는 그 진술내용 자체의 합리성, 객관적 상당성, 전후의 일관성 등뿐만 아니라 그의 인간됨, 그 진술로 얻게 되는 이해관계 유무 등도 아울러 살펴보아야 한다.280) 공무원이 수수한 금품이 직무와 대가관계가 있는 부당한 이익으로서 뇌물에 해당하는지 여부는 당해 공무원의 직무 내용, 직무와 이익제공자와의 관계, 쌍방간에 특수한 사적인 친분관계가 존재하는지 여부, 이익의 다과, 이익을 수수한 경위와 시기 등의 제반 사정을 참작하여 결정하여야 할 것이고, 뇌물죄가 직무집행의 공정과 이에 대한 사회의 신뢰를 그 보호법익으로 하고 있음에 비추어 볼 때, 그 성립을 위하여 반드시 직무에 관한 청탁이나 부정한 행위를 필요로 하는 것이 아니고, 공무원이 금원을 수수하는 것으로 인하여 사회일반으로부터 직무집행의 공정성을 의심받게 되는지의 여부도 하나의 판단 기준이 된다.281) 공무원이 얻는 어떤 이익이 직무와 대가관계가 있는 부당한 이익으로서 뇌물에 해당하는지 혹은 사회상규에 따른 의례상의 대가 혹은 개인적 친분관계에 따른 교분상의 필요에 의한 것으로서 직무와의 관련성이 없는 것인지 여부는 당해 공무원의 직무의 내용, 직무와 이익제공자의 관계, 이익의 수수 경위 및 시기 등의 사정과 아울러 공여되는 이익의 종류 및 가액도 함께 참작하여 이를 판단하여야 한다.282) 공무원이 얻은 어떤 이익이 직무와 대가관계가 있는 부당한 이익으로서 뇌물에 해당하는지 여부는 그 공무원의 직무내용 · 직무와 이익제공자와의 관계 · 쌍방간에 특수한 사적친분관계가 존재하는지 여부 · 이익의 다과 · 이익을 수수한 경위와 시기 등 모든 사정을 참작하여 결정되어야 하고, 뇌물죄가 직무집행의 공정과 이에 대한 사회의 신뢰를 그 보호법익으로 하고 있음에 비추어 공무원이 그 이익을 수수하는 것으로 인하여 사회일반으로부터 직무집행의 공정성을 의심받게 되는지 여부도 뇌물죄 성부의 판단 기준이 되어야 한다.283) 공무원이 받은 금원이 직무와 대가관계가 있는 뇌물에 해당하는지 여부는 당해 공무원의 직무의 내용, 직무와 이익제공자와의 관계, 쌍방간에 특수한 사적인 친분관계가 존재하는지의 여부, 이익의 다과, 이익을 수수한 경위와 시기 등의 제반 사정을 참작하여 결정되어져야 할 것이고, 뇌물죄가 직무집행의 공정과 이에 대한 사회의 신뢰를 그 보호법익으로 하고 있음에 비추어 볼 때, 공무원이 그 이익을 수수하는 것으로 인하여 사회일반으로부터 직무집행의 공정성을 의심받게 되는지 여부도 뇌물죄의 성부를 판단함에 있어서의 판단 기준이 된다.284)

(5) 뇌물액의 산정방법

뇌물을 수수한 자가 그 후에 자신의 편의에 따라 그중 일부를 타인에게 교부하였어도 위 뇌물 전액을 수수하였다고 보아야 한다.285) 피고인이 증뢰자와 함께 향응을 하고 증뢰자가 이에 소요되는 금원을 지출한 경우 이에 관한 피고인의 수뢰액을 인정함에 있어서는 먼저 피고인의 접대에 요한 비용과 증뢰자가 소비한 비용을 가려내어 전자의 수액을 가지고 피고인의 수뢰액으로 하여야 하고 만일 각자에 요한 비용액이 불명일 때에는 이를 평등하게

---

280) 대법원 2007.6.14. 선고 2007도2178 판결; 대법원 2002.6.11. 선고 2000도5701 판결.

281) 대법원 2006.12.22. 선고 2004도7356 판결; 대법원 2001.9.18. 선고 2000도5438 판결; 대법원 2000.10.24. 선고 99도3115 판결; 대법원 2000.1.21. 선고 99도4940 판결; 대법원 1998.3.10. 선고 97도3113 판결.

282) 대법원 2006.2.24. 선고 2005도4737 판결; 대법원 2004.5.28. 선고 2004도1442 판결; 대법원 2001.9.18. 선고 2000도5438 판결; 대법원 2000.10.24. 선고 99도3115 판결; 대법원 2000.6.15. 선고 98도3697 판결; 대법원 2000.1.21. 선고 99도4940 판결.

283) 대법원 2002.3.15. 선고 2001도970 판결; 대법원 2000.6.15. 선고 98도3697 전원합의체 판결.

284) 대법원 1999.7.23. 선고 99도1911 판결; 대법원 1998.3.10. 선고 97도3113 판결.

285) 대법원 1992.2.28. 선고 91도3364 판결.

분할한 액을 가지고 피고인의 수뢰액으로 인정하여 그 가액을 추징하여야 한다.286) 피고인이 향응을 제공받는 자리에 피고인 스스로 제3자를 초대하여 함께 접대를 받은 경우에는, 그 제3자가 피고인과는 별도의 지위에서 접대를 받는 공무원이라는 등의 특별한 사정이 없는 한 그 제3자의 접대에 요한 비용도 피고인의 접대에 요한 비용에 포함시켜 피고인의 수뢰액으로 보아야 한다.287)

산정방법에 관한 판례의 구체적 내용은 다음과 같다. 즉,

피고인은 2002.4.경 3명이 참석한 가운데 150만 원 상당의 향응을, 같은 해 9.경 3명이 참석한 가운데 80만 원 상당의 향응을, 같은 해 9.경 4명이 참석한 가운데 200만 원 상당의 향응을, 같은 해 10.경 5명이 참석한 가운데 250만 원 상당의 향응을 각 제공받은 사실을 인정할 수 있으므로, 원심이 각 향응액을 평등하게 분할한 액으로 피고인의 수뢰액을 인정한 후 이를 추징한 조치는 옳고, 거기에 채증법칙을 위배하여 사실을 오인하거나 수뢰액 산정에 관한 법리 또는 추징에 관한 법리를 오해한 위법이 있다고 할 수 없다.288) 경찰공무원이 슬롯머신 영업에 5천만 원을 투자하여 매월 3백만 원을 배당받기로 약속한 후 35회에 걸쳐 1억 5백만 원을 교부받은 경우, 5천만 원을 투자함으로써 바로 이익을 얻었다고는 볼 수 없고 매월 3백만 원을 지급받기로 하는 약속, 즉 뇌물의 수수를 약속한 것에 불과하고 현실적으로 매월 3백만 원씩을 지급받은 것이 뇌물을 수수한 것이라고 보아야 하므로 1억 5백만원은 그 자체가 뇌물이 되는데, 다만 실제의 뇌물의 액수는 5천만 원을 투자함으로써 얻을 수 있는 통상적인 이익을 초과한 금액이라고 보아야 하며, 여기서 통상적인 이익이라 함은 다른 특별한 사정이 없는 한 그 경찰공무원의 직무와 관계없이 투자하였더라면 얻을 수 있었을 이익을 말하는데, 구체적으로는 위 투자의 형태가 실질에 있어서는 금원을 대여하고 그에 대하여 이자를 받은 것과 다를 바 없으므로 슬롯머신 업소 경영자와 같은 사람에게 5천만 원을 직무와 관계없이 대여하였더라면 받았을 이자 상당이 통상적인 이익이 되며 그 이율은 양 당사자의 자금사정과 신용도 및 해당 업계의 금리체계에 따라 심리판단해야 하며, 그 경찰공무원이 다른 방법으로 그 돈을 투자하였더라면 어느 정도의 이익을 얻을 수 있었을 것인지는 원칙적으로 고려할 필요가 없다.289)

5. 필요적 몰수와 추징

제134조(몰수, 추징) 범인 또는 사정을 아는 제3자가 받은 뇌물 또는 뇌물로 제공하려고 한 금품은 몰수한다. 이를 몰수할 수 없을 경우에는 그 가액을 추징한다.

구조문

제134조(몰수, 추징) 범인 또는 정을 아는 제삼자가 받은 뇌물 또는 뇌물에 공할 금품은 몰수한다. 그를 몰수하기 불능한 때에는 그 가액을 추징한다.

---

286) 대법원 2005.11.10. 선고 2004도42 판결; 대법원 2001.10.12. 선고 99도5294 판결; 대법원 1995.1.12. 선고 94도2687 판결.

287) 대법원 2001.10.12. 선고 99도5294 판결.

288) 대법원 2005.11.10. 선고 2004도42 판결.

289) 대법원 1995.6.30. 선고 94도993 판결.

(1) 서 언

본조는 범인 또는 사정을 아는 제3자가 받은 뇌물 또는 뇌물로 제공하려고 한 금품은 몰수하고, 이를 몰수할 수 없을 경우에는 그 가액을 추징하도록 규정하고 있다. 본조의 뇌물에 대한 몰수와 추징은 필요적이며 자유재량이 인정되지 않는다는 의미에서 형법 제48조에 대한 특칙이라고 할 수 있다.

본조의 규정취지는 뇌물죄를 범한 자에게 제공되거나 공여될 금품 기타 재산상 이익을 박탈하여 범인 또는 정을 아는 제3자로 하여금 불법한 이득을 보유시키지 아니하려는 데에 있다.[290] 몰수는 범죄에 의한 이득을 박탈하는 데 그 취지가 있고, 추징도 이러한 몰수의 취지를 관철하기 위한 것이다.[291]

(2) 몰수 · 추징의 대상

본조의 몰수 · 추징의 대상은 범인 또는 사정을 아는 제3자가 받은 뇌물 또는 뇌물로 제공하려고 한 금품이다. 몰수물을 몰수할 수 없을 경우에는 그 가액을 추징하여야 한다. 몰수는 특정된 물건에 대한 것이고 추징은 본래 몰수할 수 있었음을 전제로 하는 것임에 비추어 뇌물에 공할 금품이 특정되지 않았던 것은 몰수할 수 없고 그 가액을 추징할 수도 없다.[292]

(3) 몰수 · 추징의 대상자

몰수 · 추징의 대상으로 되는 자는 범인 또는 사정을 아는 제3자이다. 범인에는 공범자도 포함된다. 범인은 기소되어 있지 않은 경우에도 사실상 인정에 의하여 범인으로 인정될 수 있으면 족하다. 정을 아는 제3자란 범인과 그 공범자 이외의 자로서 뇌물임을 알고 있는 자를 말한다. 제3자인 법인의 대표자가 뇌물임을 알고 이를 받으면 그 법인이 제3자이다. 법인격이 없더라도 독립의 단체인 경우에는 제3자에 해당할 수 있다.

다만 몰수 · 추징의 상대방에 대하여는 명문의 규정이 없다. 본조의 입법취지상 범인이라 하더라도 불법한 이득을 보유하지 아니한 자라면 그로부터 뇌물을 몰수 · 추징할 수 없게 된다.[293] 따라서 몰수 · 추징은 뇌물을 현재 보유하고 있는 자로부터 행할 수밖에 없다고 해석된다. 이에 관한 판례의 구체적 내용은 다음과 같다. 즉,

> 공무원의 직무에 속한 사항의 알선에 관하여 금품을 받고 그 금품 중의 일부를 받은 취지에 따라 청탁과 관련하여 관계 공무원에게 뇌물로 공여하거나 다른 알선행위자에게 청탁의 명목으로 교부한 경우에는 그 부분의 이익은 실질적으로 범인에게 귀속된 것이 아니어서 이를 제외한 나머지 금품만을 몰수하거나 그 가액을 추징하여야 할 것이다.[294] 제3자 뇌물수수의 경우에는 범인인

290) 대법원 2014.5.16. 선고 2014도1547 판결; 대법원 2002.6.14. 선고 2002도1283 판결; 대법원 1997.4.17. 선고 96도3376 전원합의체 판결; 대법원 1994.2.25. 선고 93도3064 판결; 대법원 1993.12.28. 선고 93도1569 판결; 대법원 1982.7.27. 선고 82도1310 판결.

291) 대법원 2020.6.11. 선고 2020도2883 판결; 대법원 2008.10.9. 선고 2008도6944 판결.

292) 대법원 2015.10.29. 선고 2015도12838 판결; 대법원 1996.5.8. 선고 96도221 판결.

293) 대법원 1997.4.17. 선고 96도3376 전원합의체 판결.

294) 대법원 2002.6.14. 선고 2002도1283 판결; 대법원 1994.2.25. 선고 93도3064 판결; 대법원 1993.12.28.

공무원이 제3자로부터 그 뇌물을 건네받아 보유한 때를 제외하고는 그 공무원으로부터 뇌물의 가액을 추징할 수 없다.[295] 수뢰자가 자기앞수표를 뇌물로 받아 이를 소비한 후 자기앞수표 상당액을 증뢰자에게 반환하였다 하더라도 뇌물 그 자체를 반환한 것은 아니므로 이를 몰수할 수 없고 수뢰자로부터 그 가액을 추징하여야 할 것이다.[296] 피고인이 뇌물로서 수수한 자기앞수표를 일단 소비한 후에 증뢰자에게 다시 동액의 금원을 반환하였다 하더라도 피고인에 대하여 위 금액상당을 추징한 조처는 정당하다.[297]

(4) 몰수·추징의 범위

수뢰액을 특정할 수 없는 경우에는 그 가액을 추징할 수 없다.[298] 수인이 공모하여 뇌물을 수수한 경우에 몰수불능으로 그 가액을 추징하려면 어디까지나 개별적으로 추징할 것이며, 수수금품을 개별적으로 알 수 없을 때에는 평등하게 추징할 것이지 피고인 전원으로부터 수수한 금품의 가액을 공동으로 추징할 수 없다.[299]

이에 관한 판례의 구체적 내용은 다음과 같다. 즉,

뇌물수수나 알선수재에 이용된 공급계약이 실제 공급이 없는 형식적 계약에 불과하여 부가가치세 과세대상이 아니라면 그에 관한 납세의무가 없다. 설령 부가가치세 명목의 금전을 포함한 대가를 받았다고 하더라도 그 일부를 부가가치세로 거래 징수하였다고 할 수 없어 수수한 금액 전부가 범죄로 얻은 이익에 해당하여 추징대상이 된다. 그 후에 이를 부가가치세로 신고·납부하였다고 하더라도 달리 볼 수 없다.[300] 공무원이 뇌물을 받는 데에 필요한 경비를 지출한 경우 그 경비는 뇌물수수의 부수적 비용에 불과하여 뇌물의 가액과 추징액에서 공제할 항목에 해당하지 않는다.[301] 뇌물을 받는 주체가 아닌 자가 수고비로 받은 부분이나 뇌물을 받기 위하여 형식적으로 체결된 용역계약에 따른 비용으로 사용된 부분은 뇌물수수의 부수적 비용에 지나지 않는다.[302] 금품의 무상대여를 통하여 위법한 재산상 이익을 취득한 경우 범인이 받은 부정한 이익은 그로 인한 금융이익 상당액이라 할 것이므로 추징의 대상이 되는 것은 무상으로 대여받은 금품 그 자체가 아니라 위 금융이익 상당액이라고 봄이 상당하다.[303] 여러 사람이 공동으로 뇌물을 수수한 경우 그 가액을 추징하려면 실제로 분배받은 금품만을 개별적으로 추징하여야 하고 수수금품을 개별적으로 알 수 없을 때에는 평등하게 추징하여야 하며 공동정범뿐 아니라 교사범 또는 종범도 뇌물의 공동수수자에 해당할 수 있으나, 공동정범이 아닌 교사범 또는 종범의 경우에는 정범과의 관계, 범행 기담 경위 및 정도, 뇌물 분배에 관한 사전약정의 존재 여부, 뇌물공여자의 의사, 종범 또는 교사범이 취득한 금품이 전체 뇌물수수액에서 차지하는 비중 등을 고려하여 공동수수자에 해당하는지를 판단하여야 한다. 그리고 뇌물을 수수한 자가 공동수수자가 아닌 교사범 또는 종범에게

선고 93도1569 판결; 대법원 1982.7.27. 선고 82도1310 판결.

295) 대법원 1997.4.17. 선고 96도3376 전원합의체 판결.

296) 대법원 1999.1.29. 선고 98도3584 판결; 대법원 1984.2.14. 선고 83도2871 판결; 대법원 1983.4.12. 선고 82도2462 판결.

297) 대법원 1984.2.14. 선고 83도2871 판결.

298) 대법원 2011.5.26. 선고 2009도2453 판결; 대법원 2009.8.20. 선고 2009도4391 판결.

299) 대법원 1975.4.22. 선고 73도1963 판결; 대법원 1970.1.27. 선고 69도2225 판결.

300) 대법원 2018.5.30. 선고 2016도18311 판결; 대법원 2015.1.15. 선고 2012도7571 판결.

301) 대법원 2017.3.22. 선고 2016도21536 판결; 대법원 1999.10.8. 선고 99도1638 판결.

302) 대법원 2017.3.22. 선고 2016도21536 판결; 대법원 2011.11.24. 선고 2011도9585 판결.

303) 대법원 2014.5.16. 선고 2014도1547 판결.

뇌물 중 일부를 사례금 등의 명목으로 교부하였다면 이는 뇌물을 수수하는 데 따르는 부수적 비용의 지출 또는 뇌물의 소비행위에 지나지 아니하므로, 뇌물수수자에게서 수뢰액 전부를 추징하여야 한다.[304] 정치자금법의 입법 취지와 정치자금법 제1조, 제2조 제1항, 제3조 제2호, 제32조 제1호, 제45조 제2항 제5호, 제45조 제3항의 규정들을 종합해 보면, 정치자금의 제공이 후보자 추천의 대가 또는 사례에 해당하거나 그렇지 않다 하더라도 그 후보자 추천에 있어서 어떠한 형태로든 영향을 미칠 수 있는 경우, 이는 정치자금법이 금지하는 기부제한 대상에 해당한다고 보아야 한다. 그러므로 정당이 후보자 추천과 관련하여 금전을 무상으로 대여받는 행위는 정치자금법이 금지하는 정치자금을 제공받는 행위에 해당하는 것이지만, 이러한 경우 그 차용금 자체를 기부받은 것으로 볼 것은 아니고 통상적으로 유상대여가 이루어졌을 경우와 비교하여 그 이자 상당의 재산상 이익을 기부받은 것으로 봄이 상당하다. 이러한 법리는 정당이 후보자 추천과 관련하여 금전을 통상적인 경우에 비하여 현저히 낮은 이율로 대여받은 경우에도 마찬가지이므로 이때에는 금융기관의 대출금리 또는 법정이율 등과 실제 이율과의 차이 상당의 재산상 이익을 기부받은 것으로 보아야 하고 몰수·추징의 대상도 이에 한정하여야 한다.[305] 금품의 무상차용을 통하여 위법한 재산상 이익을 취득한 경우 범인이 받은 부정한 이익은 그로 인한 금융이익 상당액이므로 추징의 대상이 되는 것은 무상으로 대여받은 금품 그 자체가 아니라 위 금융이익 상당액이다. 여기에서 추징의 대상이 되는 금융이익 상당액은 객관적으로 산정되어야 할 것인데, 범인이 금융기관으로부터 대출받는 등 통상적인 방법으로 자금을 차용하였을 경우 부담하게 될 대출이율을 기준으로 하거나, 그 대출이율을 알 수 없는 경우에는 금품을 제공받은 범인의 지위에 따라 민법 또는 상법에서 규정하고 있는 법정이율을 기준으로 하여, 변제기나 지연손해금에 관한 약정이 가장되어 무효라고 볼 만한 사정이 없는 한, 금품수수일로부터 약정된 변제기까지 금품을 무이자로 차용으로 얻은 금융이익의 수액을 산정한 뒤 이를 추징하여야 한다.[306] 정치자금법 제45조 제3항의 규정에 의한 필요적 몰수 또는 추징은 같은 법 제45조 제1항 및 제2항을 위반한 자에게 제공된 금품 기타 재산상 이익을 박탈하여 그들로 하여금 부정한 이익을 보유하지 못하게 함에 그 목적이 있고, 금품의 무상대여를 통하여 위법한 정치자금을 기부받은 경우 범인이 받은 부정한 이익은 무상 대여금에 대한 금융이익 상당액이라 할 것이므로, 여기서 몰수 또는 추징의 대상이 되는 것은 무상으로 대여받은 금품 그 자체가 아니라 위 금융이익 상당액이다.[307] 피고인이 증뢰자와 함께 향응을 하고 증뢰자가 이에 소요되는 금원을 지출한 경우 이에 관한 피고인의 수뢰액을 인정함에 있어서는 먼저 피고인의 접대에 요한 비용과 증뢰자가 소비한 비용을 가려내어 전자의 수액을 가지고 피고인의 수뢰액으로 하여야 하고 만일 각자에 요한 비용액이 불명일 때에는 이를 평등하게 분할한 액을 가지고 피고인의 수뢰액으로 인정하여 그 가액을 추징하여야 한다.[308] 공무원이 뇌물을 받음에 있어서 그 취득을 위하여 상대방에게 뇌물의 가액에 상당하는 금원의 일부를 비용의 명목으로 출연하거나 그 밖에 경제적 이익을 제공하였다 하더라도, 이는 뇌물을 받는 데 지출한 부수적 비용에 불과하다고 보아야 할 것이지, 이로 인하여 공무원이 받은 뇌물이 그 뇌물의 가액에서 위와 같은 지출액을 공제한 나머지 가액에 상당한 이익에 한정되는 것이라고 볼 수는 없으므로, 그 공무원으로부터 뇌물죄로 얻은 이익을 몰수·추징함에 있어서는 그 받은 뇌물 자체를 몰수하여야 하

304) 대법원 2011.11.24. 선고 2011도9585 판결.

305) 대법원 2009.10.22. 선고 2009도7436 전원합의체 판결.

306) 대법원 2008.9.25. 선고 2008도2590 판결.

307) 대법원 2007.3.30. 선고 2006도7241 판결.

308) 대법원 2005.11.10. 선고 2004도42 판결; 대법원 2001.10.12. 선고 99도5294 판결; 대법원 1995.1.12. 선고 94도2687 판결.

고, 그 뇌물의 가액에서 위와 같은 지출을 공제한 나머지 가액에 상당한 이익만을 몰수 · 추징할 것은 아니다.[309] 뇌물로 받은 돈을 은행에 예금한 경우 그 예금행위는 뇌물의 처분행위에 해당하므로 그 후 수뢰자가 같은 액수의 돈을 증뢰자에게 반환하였다 하더라도 이를 뇌물 그 자체의 반환으로 볼 수 없으니 이러한 경우에는 수뢰자로부터 그 가액을 추징하여야 한다.[310] 1985.6초에 교부받은 뇌물 200만원 상당액을 1985.9.3에 증뢰자의 거래은행구좌에 온라인으로 입금하여 반환하였다면 그 반환시기 등에 비추어 반환한 돈 200만원이 뇌물로 교부받았던 바로 그 돈이었다고 보기 어려우므로 그 가액상당을 수뢰자로부터 추징한 조치는 적법하다.[311] 자기앞수표를 뇌물로 받아 이를 생활비로 소비한 후 자기앞수표 상당액을 증뢰자에게 반환하였다 하더라도 뇌물 그 자체를 반환한 것은 아니므로 이를 몰수할 수 없고 그 가액을 추징하여야 한다.[312] 수뢰죄에 있어서, 수뢰자가 일단 수수한 뇌물을 소비하여 몰수하기 불능하게 되었을 때에는 그후에 동액의 금원을 증뢰자에게 반환하였다하여도 수뢰자로부터 그 가격을 추징할 것이고, 논지가 들고있는 본원 판례는 수뢰자가 뇌물자체를 증뢰자에게 반환한 경우이므로 본건과는 관계가 없다 할것이므로 이와 같은 취지로 판단한 원판결은 정당하고 논지는 이유없다.[313]

(5) 추징가액의 산정시기

추징가액의 산정시기에 대하여는 다툼이 있다. 뇌물수수시의 가액기준설, 판결선고시의 가액기준설 및 몰수불가능사유발생시의 가액기준설 등이 그것이다. 판례는 판결선고시의 가액기준설을 채택하고 있다.

추징가액의 산정시기에 관한 판례의 구체적 내용은 다음과 같다. 즉,

몰수할 수 없는 때에 추징하여야 할 가액은 범인이 그 물건을 보유하고 있다가 몰수의 선고를 받았더라면 잃었을 이득상당액을 의미한다고 보아야 하므로, 다른 특별한 사정이 없는 한 그 가액 산정은 재판선고 시의 가격을 기준으로 하여야 한다.[314] 추징의 대상이 되는 금융이익 상당액은 객관적으로 산정되어야 할 것인데, 범인이 금융기관으로부터 대출받는 등 통상적인 방법으로 자금을 차용하였을 경우 부담하게 될 대출이율을 기준으로 하거나 그 대출이율을 알 수 없는 경우에는 금품을 제공받은 피고인의 지위에 따라 민법 또는 상법에서 규정하고 있는 법정이율을 기준으로 하여, 변제기나 지연손해금에 관한 약정이 가장되어 무효라고 볼 만한 사정이 없는 한 금품수수일로부터 약정된 변제기까지 금품을 무이자로 차용하여 얻은 금융이익의 수액을 산정한 뒤 이를 추징하여야 한다. 나아가 그와 같이 약정된 변제기가 없는 경우에는, 판결 선고일 전에 실제로 차용금을 변제하였다거나 대여자의 변제 요구에 의하여 변제기가 도래하였다는 등의 특별한 사정이 없는 한, 금품수수일로부터 판결 선고시까지 금품을 무이자로 차용하여 얻은 금융이익의 수액을 산정한 뒤 이를 추징하여야 할 것이다.[315]

309) 대법원 1999.10.8. 선고 99도1638 판결.
310) 대법원 1996.10.25. 선고 96도2022 판결.
311) 대법원 1986.12.23. 선고 86도2021 판결.
312) 대법원 1983.4.12. 선고 82도2462 판결.
313) 대법원 1967.1.24. 선고 66도1666 판결.
314) 대법원 2020.6.11. 선고 2020도2883 판결; 대법원 2008.10.9. 선고 2008도6944 판결.
315) 대법원 2014.5.16. 선고 2014도1547 판결.

6. 구성요건의 체계

뇌물죄의 기본적 구성요건은 수뢰죄이다. 감경적 구성요건으로서는 사전수뢰죄, 가중적 구성요건으로서는 수뢰후부정처사죄와 부정처사후수뢰죄가 규정되어 있다. 이 외에도 독립적 구성요건으로서는 제3자뇌물공여죄, 사후수뢰죄, 알선수뢰죄, 증뢰죄 및 증뢰물전달죄가 규정되어 있다.

Ⅱ. 수뢰죄

제129조(수뢰, 사전수뢰) ① 공무원 또는 중재인이 그 직무에 관하여 뇌물을 수수, 요구 또는 약속한 때에는 5년 이하의 징역 또는 10년 이하의 자격정지에 처한다.

제134조(몰수, 추징) 범인 또는 사정을 아는 제3자가 받은 뇌물 또는 뇌물로 제공하려고 한 금품은 몰수한다. 이를 몰수할 수 없을 경우에는 그 가액을 추징한다.

1. 서 언

(1) 의 의

본죄는 공무원 또는 중재인이 그 직무에 관하여 뇌물을 수수, 요구 또는 약속함으로써 성립하는 범죄이다. 후술하는 사전수뢰죄와 대조하여 단순수뢰죄라고도 한다.

(2) 특 징

본죄는 청탁을 요하지 않는다는 특징을 가지고 있다. 바로 이 점에서 본죄는 청탁을 요하는 사전수뢰죄, 제3자 뇌물죄 또는 사후수뢰죄와 구별되고 있다. 한편 일본형법은 본죄에 대응하는 수뢰죄를 청탁을 요하지 않는 단순수뢰죄와 청탁을 요하는 수탁수뢰죄로 나누어 규정하고 있다.[316)]

2. 범 죄

(1) 구성요건

1) 객관적 구성요건

① 주 체

본죄의 주체는 공무원 또는 중재인이다. 진정신분범이다. 행위시에 공무원 또는 중재인일 것을 요하므로 행위후에 공무원이 될 자는 여기에 포함되지 아니한다. 기한부로 채용된 공무원은 뇌물수수죄의 주체가 될 수 있다.[317)]

공무원을 긍정한 판례의 구체적 내용은 다음과 같다. 즉,

---

316) (수뢰, 수탁수뢰 및 사전수뢰) 제197조 ① 공무원이 그 직무에 관하여 뇌물을 수수, 요구 또는 약속한 때에는 5년 이하의 징역에 처한다. 이 경우에 청탁을 받은 때에는 7년 이하의 징역에 처한다.
② 공무원으로 될 자가 그 담당할 직무에 관하여 청탁을 받고 뇌물을 수수, 요구 또는 약속한 때에는 공무원이 된 경우에 5년 이하의 징역에 처한다.

317) 대법원 1971.10.19. 선고 71도1113 판결.

건설기술관리법(이하 '법'이라 한다) 제5조의2 제2항, 구 건설기술관리법 시행령(2013.2.20. 대통령령 제24390호로 개정되기 전의 것) 제21조 제1항, 제5항, 제6항, 제10조 제5항의 규정 내용처럼 발주청의 설계심의분과위원회는 설계자문위원회의 하부기관으로서 설계자문위원회가 담당하는 업무 중 일정한 사항을 수행하고, 이를 위하여 설계자문위원회의 위원 중에서 설계심의분과위원회의 위원을 임명 또는 위촉하도록 한 점에 비추어 보면, 설계심의분과위원회 위원은 건설기술관리법령에서 정한 바에 따라 설계자문위원회 위원의 직무를 수행한다고 할 것이다. 따라서 발주청의 설계심의분과위원회의 위원으로 임명 또는 위촉된 사람이 설계심의분과위원회 또는 그 위원의 직무와 관련하여 부당한 금품을 수수한 경우에는 법 제45조 제2호에서 정한 설계자문위원회 위원으로서 그 직무와 관련하여 부당한 금품을 수수한 것에 해당하여 뇌물죄가 성립한다고 봄이 타당하다.[318] 형법 제129조 제1항 뇌물수수죄는 공무원이 직무에 관하여 뇌물을 수수한 때에 적용되는 것으로서, 공무원이 직접 뇌물을 받지 아니하고 증뢰자로 하여금 다른 사람에게 뇌물을 공여하도록 한 경우라도 다른 사람이 공무원의 사자 또는 대리인으로서 뇌물을 받은 경우 등과 같이 사회통념상 다른 사람이 뇌물을 받은 것을 공무원이 직접 받은 것과 같이 평가할 수 있는 관계가 있는 경우에는 형법 제129조 제1항 뇌물수수죄가 성립하고, 이러한 법리는 공무원으로 의제되는 정비사업전문관리업자의 임 · 직원이 직무에 관하여 자신이 아닌 정비사업전문관리업자 또는 그 밖의 제3자에게 뇌물을 공여하게 하는 경우에도 마찬가지이다.[319] 도시 및 주거환경정비법상 정비사업전문관리업체인 갑 주식회사 대표이사인 피고인이 여러 건설회사들에게서 재개발정비사업 시공사로 선정되도록 도와달라는 취지의 부탁을 받고 자신이 실질적으로 장악하고 있는 컨설팅회사 명의 계좌로 돈을 교부받았다는 내용으로 기소된 사안에서, 피고인이 건설회사와 컨설팅회사 간의 용역계약을 가장하여 건설회사들에게서 뇌물을 수수하는 과정에서 건설회사들이 형식적인 용역계약 상대방인 컨설팅회사 계좌로 뇌물을 입금한 것은 사회통념상 피고인에게 직접 뇌물을 공여한 것과 동일하게 평가할 수 있다고 보아 형법 제129조 제1항 뇌물수수죄를 인정한 원심판단을 수긍한 사례이다.[320] 구 약사법(1997.12.13. 법률 제5454호로 개정되기 전의 것) 제14조, 그 법 시행령(1992.6.2. 대통령령 제13659호로 개정되기 전의 것) 제18조, 제23조, 그 법 시행령(1994.7.7. 대통령령 제14319호로 개정되기 전의 것) 제17조, 그 법 시행령(대통령령 제14319호) 제15조에 의하여 설치된 중앙약사심의위원회 소속분과위원회의 소분과위원회 구성에 있어서 그의 위원의 선정 위촉에 앞서 소분과위원회 위원으로 위촉될 후보자들이 각 소분과위원회별로 위원후보자 군(브레인풀; brain-pool)의 형식으로 편성되며 그 후보자들은 보건사회부장관(1994.12.23. 법률 제4831호에 의하여 보건복지부장관으로 변경됨. 아래에서도 같다)에 의하여 위촉되는 것이 아니라 해당 국장에 의하여 편성되어 그 사실이 당사자에게 통지되는 과정을 거치고, 그 후 그 후보자들이 소분과위원회가 개최될 때마다 미리 보건사회부장관에 의하여 소분과위원회 위원으로 위촉될 수 있으며 그렇게 위촉된 사람들은 소분과위원회를 구성하여 심의기간 중 위원으로 활동하게 되고 당해 심의가 끝날 때 그 소분과위원회 위원에서 해촉되는 절차로 심의활동인 공무에 종사하게 되므로, 위와 같이 소분과위원회의 그 후보자군에 포함 편성되는 것만으로는 그 때부터 공무에 종사하는 것이라고 할 수는 없으나, 그 후보자들 중 중앙약사심의위원회 소분과위원회의 개최를 앞두고 소분과위원회 위원으로 위촉된 사람은 그 때부터 보건사회부장관이 자문을 구한 당해 안건의 심의가 끝날 때까지의 기간 동안은 위의 근거 법령에 의하여 공무에 종사하는 자로서 형법 제129조에 규정된 수뢰죄의 주체인 공무원이라고 할 것이다. 왜냐하면, 수뢰죄가 공무집행의 공정성과 이에 대한 사회의 신뢰

318) 대법원 2013.11.14. 선고 2012도15254 판결.
319) 대법원 2011.11.24. 선고 2011도9585 판결.
320) 대법원 2011.11.24. 선고 2011도9585 판결.

에 기초한 매수되어서는 아니되는 속성을 보호법익으로 삼는 것임을 감안할 때, 그 죄의 주체인 공무원에 해당하는지의 여부는 담당자의 주된 신분에 의하여만 결정될 것이 아니라 담당하는 업무의 공정성 등이 보호될 필요가 있는가에 따라 결정되어야 하기 때문이다.[321) 건설기술관리법 제27조, 제45조, 건설기술관리법시행령 제50조 규정에 따르면, 농어촌진흥공사가 경지정리사업을 농촌근대화촉진법에 의한 농지개량사업으로 당해 군청의 의뢰에 따라 그 감리를 맡은 경우, 이를 건설기술관리법 제27조 제1항에 의하여 같은 법 제28조의 규정에 의한 감리전문회사로서 감리를 맡은 것이라고 볼 수 없으므로, 농어촌진흥공사의 직원으로 감리업무를 한 자가 같은 법 제45조에 의하여 공무원으로 의제된다고 볼 수 없다. 위의 농어촌진흥공사 직원이 당해 사건 범행 당시 3급 과장으로 근무하고 있었다면 정부투자기관관리기본법 제2조, 제18조, 정부투자기관관리기본법시행령 제14조, 농어촌진흥공사및농지관리기금법 제7조 제1항의 규정에 따라 뇌물수수죄의 적용에 있어서는 공무원으로 의제된다.[322) 한국전기통신공사 A본부에는 조직의 최소단위가 부이고 과는 없어 위 공사 일반직 3급 직원인 피고인도 범행 당시 위 공사 A본부 총무부 또는 관리국 인사부에 일반직원으로 근무하고 있었으나 위 공사 직제규정시행세칙은 편제상 직위가 부여되지 않은 일반직 3급 직원을 과장으로 호칭하도록 하고 있으며, 또 위 사업본부 산하 현업기관에서 피고인과 같은 일반직 3급 직원을 과장으로 보하도록 규정하고 있다면, 피고인이 비록 현실적으로 과장의 직위를 가지고 있지는 않다 하더라도 과장과 동급의 직급에 있다고 보아야 할 것이어서 형법 제129조 제1항 소정의 뇌물수수죄의 주체가 될 수 있다.[323) 학교보건법 제6조, 동법시행령 제4조의2에 따라 교육위원회의 소관에 속하는 학교환경위생정화업무에 관한 사항을 심의하기 위하여 교육감 소속하에 설치된 학교환경위생정화위원회의 위원은 형법 제129조에서 말하는 공무원에 해당한다.[324) 교육법 제32조의2 제1항 전단은 교육위원회의 교육감의 사무를 보좌하게 하기 위하여 교육위원회에 필요한 공무원을 둔다 규정하였고 지방공무원법 제2조 제2항 6호는 기한부로 채용된 공무원을 별정직 공무원으로 한다 규정하고 있어 원판결에 의하여 확정된 사실에 의하면 피고인은 위 법령에 근거하여 기한부로 채용된 공무원이라 할 것이며 단순한 노무에 종사하는 자라할 수 없을 것이므로 원판결이 피고인을 뇌물 수수죄의 주체가 될 수 있다고 판단하였음에 무슨 위법이 있을 수 없다.[325) 전시 근로동원법시행령에 의한 동원 보류 유예는 특별시장 또는 도지사의 권한에 속한다 하더라도 해동원유예신청서의 접수진달 등의 사무에 관여하여 유예여부에 영향을 줄 수 있는 직무를 담당하고 있는 이상 수뢰죄의 주체가 될 수 있다.[326)

공무원을 부정한 판례의 구체적 내용은 다음과 같다. 즉,

형법은 공무원이었던 자가 재직 중에 청탁을 받고 직무상 부정한 행위를 한 후 뇌물을 수수, 요구 또는 약속을 한 때에는 제131조 제3항에서 사후수뢰죄로 처벌하도록 규정하고 있으므로, 뇌물의 수수 등을 할 당시 이미 공무원의 지위를 떠난 경우에는 제129조 제1항의 수뢰죄로는 처벌할 수 없고 사후수뢰죄의 요건에 해당할 경우에 한하여 그 죄로 처벌할 수 있을 뿐이다.[327) 서울특별시 후생복지심의위원회 위원장에 의해 서울시청 구내식당 소속 시간제 종사원으로 고용된 피고인

321) 대법원 2002.11.22. 선고 2000도4593 판결.
322) 대법원 1998.4.28. 선고 96도2828 판결.
323) 대법원 1992.8.14. 선고 91도3191 판결.
324) 대법원 1983.5.10. 선고 83도301 판결.
325) 대법원 1971.10.19. 선고 71도1113 판결.
326) 대법원 1956.12.28. 선고 4289형상235 판결.
327) 대법원 2013.11.28. 선고 2013도10011 판결.

이 담당 업무와 관련하여 뇌물을 수수하였다는 내용으로 기소된 사안에서, 피고인이 뇌물수수죄의 주체인 '공무원'에 해당하지 않는다고 본 원심판단을 수긍한 사례이다.[328] 구 건축법(2008.3.21. 법률 제8974호로 전부 개정되기 전의 것, 이하 '구 건축법'이라 한다) 제77조는 '다음 각 호의 어느 하나에 해당하는 자로서 공무원이 아닌 자는 형법 제129조 내지 제132조, 특정범죄 가중처벌 등에 관한 법률 제2조 및 제3조의 적용에 있어서는 이를 공무원으로 본다'고 규정하고, 제1호로 ' 같은 법 제23조의 규정에 의하여 현장조사·검사 및 확인 업무를 대행하는 자', 제2호로 '같은 법 제28조의 규정에 의한 건축지도원', 제3호로 '같은 법 제58조 제2항의 규정에 의한 인증기관의 임·직원', 제4호로 '같은 법 제71조 제4항의 규정에 의한 기관 및 단체의 임·직원', 제5호로 '같은 법 제76조의3의 규정에 의한 건축분쟁조정위원회의 위원'을 열거하면서 '같은 법 제4조 제1항의 규정에 의한 건축위원회의 위원'은 이를 포함하지 않고 있다. 앞서 본 법리 및 뇌물죄 관련 규정의 적용에 관한 구 건축법상 공무원 의제규정의 내용에, 형벌법규는 엄격하게 해석하여야 한다는 원칙을 더하여 볼 때, 구 건축법 제4조 제1항의 규정에 의한 건축위원회의 위원은 뇌물수수죄의 주체인 공무원에 해당하지 않는다고 보아야 한다.[329] 구 해양수산부 해운정책과 소속 공무원인 피고인이 갑 해운회사의 대표이사 등에게서 중국의 선박운항허가 담당부서가 관장하는 중국 국적선사의 선박에 대한 운항허가를 받을 수 있도록 노력해 달라는 부탁을 받고 돈을 받은 사안에서, 관련 규정에 의하면 해운정책과 업무에는 대한민국 국적선사의 선박에 관한 것만 포함되어 있을 뿐 외국 국적선사의 선박에 대한 행정처분에 관한 것은 포함되어 있지 않고, 또한 외국 국적선사의 선박에 대한 구체적인 행정처분은, 해운정책과 소속 공무원에게 이를 좌우할 수 있는 어떠한 영향력이 있다고 할 수도 없어 해운정책과 소속 공무원의 직무와 밀접한 관계에 있는 행위라거나 또는 그가 관여하는 행위에 해당한다고 볼 수 없다는 이유로, 직무관련성이 없어 뇌물수수죄가 성립하지 않는다고 본 원심판단을 수긍한 사례이다.[330] 한국전력공사는 그 직원의 직급을 처장급, 부처장급, 부장급, 과장급, 일반직원급, 기능원급 등으로 분류하고 있고, 특정범죄가중처벌등에관한법률시행령 제3조 제1호가 한국전력공사 등의 임원과 과장대리급 이상의 직원을 공무원으로 보도록 되어 있으며 여기서 말하는 과장대리급 또는 과장급 이상의 직원이라 함은 직급을 기준으로 하여 과장대리 또는 과장과 동급이거나 그 이상의 직원을 말하는 것이므로, 위 공사의 일반직원급에 재직하면서 과장대리의 일을 맡고 있는 자는 정부관리기업체의 간부직원이 아니어서 뇌물수수죄의 주체가 될 수 없다.[331] 법원의 참여주사가 공판에 참여하여 양형에 관한 사항의 심리내용을 공판조서에 기재한다고 하더라도 이를 가지고 형사사건의 양형이 챢여주사의 직무와 밀접한 관계가 있는 사무라고는 할 수 없으므로 참어주사가 형량을 감경케하여 달라는 청탁과 함께 금품을 수수하였다고 하더라도 뇌물수수죄의 주체가 될 수 없다.[332]

② 객 체

본죄의 객체는 뇌물이다. 전술한 바와 같이 뇌물(賂物)이란 공무원이나 중재인이 직무와 관련하여 대가로서 받은 일체의 부정한 이익을 말한다. 뇌물성을 인정하는 데에는 특별히

328) 대법원 2012.8.23. 선고 2011도12639 판결.
329) 대법원 2012.7.26. 선고 2012도5692 판결.
330) 대법원 2011.5.26. 선고 2009도2453 판결.
331) 대법원 1993.12.28. 선고 93도2164 판결; 대법원 1992.8.14. 선고 91도3191 판결; 대법원 1981.9.22. 선고 80도2423 판결.
332) 대법원 1980.10.14. 선고 80도1373 판결.

의무위반행위의 유무나 청탁의 유무 등을 고려할 필요가 없다.[333]

③ 행 위

본죄는 직무에 관하여 뇌물을 수수, 요구 또는 약속하는 행위를 그 요건으로 한다.

ⓘ 의 의 본죄의 실행행위는 수뢰이다. 수뢰(受賂)라 함은 직무에 관하여 뇌물을 수수, 요구 또는 약속하는 것이다. 따라서 공무원이 이익을 수수한 행위가 공무원의 직무와 관련이 없다면 뇌물수수죄는 성립하지 않는다.[334]

본죄에 있어서의 직무에는 공무원의 법령상 관장하는 직무행위뿐만 아니라 그 직무와 관련하여 사실상 처리하고 있는 행위 및 결정권자를 보좌하거나 영향을 줄 수 있는 직무행위도 포함된다.[335] 직무에 관하여라 함은 그 권한에 속하는 직무행위의 경우는 물론 직무행위에는 속하지 않더라도 그 직무행위와 밀접한 관계에 있는 경우와 그 직무에 관련하여 사실상 처리하고 있는 행위까지도 포함한다.[336]

뇌물약속죄에 있어서 뇌물의 목적물인 이익은 약속 당시에 현존할 필요는 없고 약속 당시에 예기할 수 있는 것이라도 무방하며, 뇌물의 목적물이 이익인 경우에는 그 가액이 확정되어 있지 않아도 뇌물약속죄가 성립하는 데는 영향이 없다.[337]

직무를 긍정한 판례의 구체적 내용은 다음과 같다. 즉,

> 정치자금 · 선거자금 등의 명목으로 이루어진 금품의 수수라 하더라도 그것이 정치인인 공무원의 직무행위에 대한 대가로서의 실체를 가지는 한 뇌물로서의 성격을 잃지 아니하고, 설령 수수된 금품 중 순수한 정치자금의 성격이 일부 포함되어 있는 경우가 있다고 하더라도 이를 뇌물로 보는 데에는 지장이 없다.[338] 다만 그 금품의 수수가 수회에 걸쳐 이루어졌고 각 수수 행위별로 직무관련성 유무를 달리 볼 여지가 있는 경우에는 그 행위마다 직무와의 관련성 여부를 가릴 필요가 있을 뿐이다.[339] 뇌물은 대통령의 직무에 관하여 공여되거나 수수된 것으로 족하고 개개의 직무행위와 대가적 관계에 있을 필요가 없으며, 그 직무행위가 특정된 것일 필요도 없다.[340] 피고인 1, 2가 직무와 관련하여 피고인 3으로부터 장래 시가의 앙등이 예상되는 이 사건 체비지 150평 지분을 위 낙찰원가에 매수한 것은 뇌물수수죄에, 피고인 3이 이를 매도한 것은 뇌물공여죄에 해당된다고 할 것이다.[341] 호텔객실의 구조변경에 관한 허가권이 비록 구청장에게 위임되어 있다고 하더라

333) 대법원 1997.4.17. 선고 96도3377 전원합의체 판결; 대법원 1995.6.30. 선고 94도1017 판결.

334) 대법원 2017.12.22. 선고 2017도12346 판결.

335) 대법원 1997.4.17. 선고 96도3378 판결; 대법원 1996.6.14. 선고 96도865 판결; 대법원 1994.9.9. 선고 94도619 판결; 대법원 1987.9.22. 선고 87도1472 판결; 대법원 1985.5.14. 선고 83도2050 판결; 대법원 1983.12.27. 선고 83도2472 판결; 대법원 1983.10.11. 선고 83도425 판결; 대법원 1983.3.22. 선고 83도113 판결; 대법원 1982.11.23. 선고 82도1431 판결; 대법원 1981.8.25. 선고 81도1830 판결; 대법원 1980.10.14. 선고 80도1373 판결; 대법원 1966.11.22. 선고 65도604 판결; 대법원 1961.10.12 선고 4294형상292 판결; 대법원 1956.12.28 선고 4289형상235 판결.

336) 대법원 1983.4.12. 선고 82도1158 판결; 대법원 1981.4.28. 선고 81도459 판결; 대법원 1961.10.12. 선고 4294형상292 판결.

337) 대법원 2001.9.18. 선고 2000도5438 판결; 대법원 1981.8.20. 선고 81도698 판결.

338) 대법원 2012.1.12. 선고 2011도12642 판결; 대법원 1997.12.26. 선고 97도2609 판결.

339) 대법원 2012.1.12. 선고 2011도12642 판결; 대법원 2011.5.26. 선고 2009도2453 판결.

340) 대법원 1997.4.17. 선고 96도3377 전원합의체 판결.

341) 대법원 1994.11.4. 선고 94도129 판결.

도 서울특별시장은 위임사무처리에 대한 지휘감독권이 있으며 한편 본건 관광호텔구조변경허가 신청사건을 처리함에 있어 그 허가여부에 대해 구청장이 본청에 질의를 하자 당시 서울특별시 교통국 관광과 사업계에 근무하던 피고인이 과장의 지시에 따라 동 호텔에 나가 실사를 한 후 구조변경이 가능하다는 내용의 보고를 하였고 이에 따라 서울특별시장 명의로 구청장에게 같은 내용의 공문이 하달되었다면 호텔객실의 구조변경 허가사무가 피고인의 직무와 관련이 없다고 할 수 없다.[342] 뇌물은 수수함에 있어서 공여자를 기망한 점이 있다 하여도 뇌물수수, 뇌물공여죄의 성립에는 아무런 소장이 없다.[343] 수산업협동조합의 정관상 조합장은 조합의 업무를 통리하며 통리상 필요한 업무집행방침을 결정하도록 되어 있고, 조합의 일상업무처리는 전무가 담당하도록 되어 있다고 하여도 조합의 직원에 대한 인사 및 직무상 감독에 관한 사항은 조합장의 직무범위에 포함된다고 보아야 할 것이다.[344] 학교환경정화위원회 위원인 동시에 구청 환경위생과장직에 있던 피고인이 당구장허가 사무처리에 관하여 금품을 수수하였다면 이를 직무와 무관하게 증여받은 것이라 하여 사회상규에 반하지 않는다고 할 수 없다.[345] 피고인의 범죄사실을 인정하기에 넉넉하고 피고인이 돈의 금액을 확인하지 아니하였으며 또 뇌물로 공여된 당좌수표가 수수후 부도가 되었다 하더라도 뇌물죄의 성립에는 아무런 소장이 없다.[346] 과세자료를 조사 수집하고 그에 따라 법령의 규정에 따른 과세를 하여 이를 징수하는 법령상의 직무를 수행하는 세무공무원이 그 직무와 관련하여 그가 보관하는 공무소에서 사용하는 서류를 반환하여 달라는 청탁을 받고 이를 응락한 후 그 청탁 명목으로 금원을 수수하였다면 직무에 관한 뇌물의 수수라고 할 것이다.[347] 피고인이 뇌물을 수수한 후 그 중 일부를 상납하였다 하더라도 부탁받은 일의 달성을 위한 자기편의에 의하여 금원을 받은지 2개월 20일이 지난 후에 상사들에게 그 중의 일부를 증회한 경우에는 그 뇌물전액을 수수하였다고 보아야 한다.[348] 공무원이 직무에 관하여 사교적 의례의 범위를 이탈한 주식의 향응을 받으면 뇌물수수가 된다.[349] 피고인은 상공부공업국 기감으로「아이, 씨, 에이」원조자금에 대한 상공부측 기술문제를 담당하는 일방 상공부 부흥부 주한미경제원조처 관계대표로서 구성하는「아이, 씨, 에이」중기업실무자 회의상공부대표 및「아이, 씨, 에이」산업기계불 판매사전 승인 심사위원회 상공부대표로 동 회의등이 참석하여 상공부측 의견을 진술할 직무가 유한 자이며 그와 같은 직무를 유한 자가 극동판초자주식회사사장 공소외 1로 부터 판시와 같이 판초자 공장설치를 위하여「아이, 씨, 에이」산업기계 불 25만불에 대한 상공부장관의 추천을 얻는 데에 대한 협조와 산업기계불판매사전 심사위원회에서 승인되도록 협조하여 달라는 취지에서 판시 각 금원을 수수하였고 또 삼일제지주식회사 대표취체역 공소외 2로부터 판시와 같이「아이, 씨, 에이」중기업자금 중「마니라 브-드」공장 시설자금 50만불 배정에 관하여「아이, 씨, 에이」중기업 실무자 회의에서의 그 적격자 선정에 있어서 동 회사를 잘보아 달라는 취지에서 판시 금원을 수수하였다는 사실을 인정한 이상 우 사실은 피고인이 직무에 관하여 뇌물을 수수한 것에 해당할뿐 아니라 원판결이 거시한 각 증거에 의하면 우 판시 사실을 충분히 인정할 수 있고 우 인정에는하등의 위법이 없으므로 소론과 같은 채증법칙 위배 또는 사실의 오인이 없다.[350]

342) 대법원 1986.10.28. 선고 85도2398 판결.
343) 대법원 1985.2.8. 선고 84도2625 판결; 대법원 1977.6.7. 선고 77도1069 판결.
344) 대법원 1983.12.27. 선고 83도2472 판결.
345) 대법원 1983.5.10. 선고 83도301 판결.
346) 대법원 1983.2.22. 선고 82도2964 판결.
347) 대법원 1981.8.25. 선고 81도1830 판결.
348) 대법원 1980.4.22. 선고 80도541 판결.
349) 대법원 1967.10.31. 선고 67도1123 판결.

직무를 부정한 판례의 구체적 내용은 다음과 같다. 즉,

공무원이 장래에 담당할 직무에 대한 대가로 이익을 수수한 경우에도 뇌물수수죄가 성립할 수 있지만, 그 이익을 수수할 당시 장래에 담당할 직무에 속하는 사항이 그 수수한 이익과 관련된 것임을 확인할 수 없을 정도로 막연하고 추상적이거나, 장차 그 수수한 이익과 관련지을 만한 직무 권한을 행사할지 자체를 알 수 없다면, 그 이익이 장래에 담당할 직무에 관하여 수수되었다거나 그 대가로 수수되었다고 단정하기 어렵다.[351] 승려의 전투경찰대원 및 대공분실요원에 대한 위문의 주선행위나 증권거래에 참고가 될까하여 "마당" 잡지에 게재된 내용을 보고 참고로 이야기한 행위는 보안부대소속 치안본부 연락관의 직무와 관련된 행위라 볼 수 없다.[352] 보안부대소속 치안본부 연락관이 경찰서장에게 경찰공무원의 승진을 부탁하고 이에 관하여 금원을 받았더라도 경찰공무원의 승진 여부는 치안본부의 인사에 관한 고유의 직무에 속하는 것이므로 이는 알선수뢰죄나 변호사법 제54조의 행위에 해당할지는 몰라도 자기의 직무에 관한 수뢰죄는 되지 아니한다.[353] 피고인의 아들들의 결혼식장에서 공소외인 들이 축의금으로 낸 것을 사후에 전달받은 것일 뿐만 아니라 피고인이 동 공소외인들과는 개인적으로도 친분관계를 맺어온 사이였다면 비록 동 공소외인들이 피고인의 직무와 관련이 있는 사업을 경영하는 사람들이었다 하더라도 그 사정만으로 위 금원이 축의금을 빙자하여 뇌물로 수수된 것이라고 단정할 수 없다. 따라서 범죄의 증명이 없음을 이유로 피고인에게 무죄를 선고한 원심판결은 수긍할 수 있고 거기에 뇌물죄의 법리를 오해한 위법이 있다 할 수없으므로 논지 이유없다.[354] 피고인이 위 금원을 받은 것은 다른 공무원(시청 예산과 공무원)이 취급하는 사무에 관하여 청탁 또는 알선한다는 명목으로 받은 경우이거나, 다른 공무원의 직무에 속하는 사항의 알선에 관하여 수수한 경우에 해당하는 것은 몰라도 피고인 자신의 직무에 관하여 수수한 것으로 보기는 어렵고 달리 증거없다는 이유로 무죄를 선고하고 있는바, 기록을 살펴보아도 원심의 위와 같은 조치는 수긍이 가고 그 판시와 같은 사실을 인정하는데 거친 채증의 과정에 소론과 같은 증거법칙을 위배한 잘못은 없고, 소론은 결국 증거의 취사와 사실인정에 관한 원심의 전권을 비의하는 것이 되어 채용할 수 없다.[355] 수수한 향응이나 금전이 수뢰자의 직무행위와 어떤 관계에 있고 어떠한 영향을 줄 수 있는가를 명백히 하지 않은 채 헌병중대장의 지위에 있다는 사실만으로 직접 조사하지도 않은 사건에 관하여 수뢰한 것으로 인정한 것은 잘못이다.[356]

ⓘ **행위의 종류** 실행행위의 종류는 뇌물에 대한 수수, 요구 또는 약속의 3가지이다. 뇌물수수죄는 공무원이 직무에 관하여 뇌물을 수수하면 성립되는 것이고, 별도로 뇌물의 요구 또는 약속이 있어야만 하는 것은 아니다.[357]

ⅰ. 수 수 수수(收受)란 받는 것, 즉 뇌물을 취득하는 것이다. 수수에 의한 뇌물죄를 뇌물수수죄라고 한다. 본죄의 수수와 증뢰죄에 있어서의 공여는 필요적 공범이다. 금품이나

350) 대법원 1961.10.12. 선고 4294형상292 판결.
351) 대법원 2017.12.22. 선고 2017도12346 판결.
352) 대법원 1983.10.11. 선고 83도425 판결.
353) 대법원 1983.10.11. 선고 83도425 판결.
354) 대법원 1982.9.14. 선고 81도2774 판결.
355) 대법원 1982.3.23. 선고 81도931 판결.
356) 대법원 1971.3.9. 선고 69도693 판결.
357) 대법원 1986.11.25. 선고 86도1433 판결.

재산상 이익 등의 뇌물은 반드시 공여자와 수뢰자 사이에 직접 수수될 필요는 없다.[358] 수수의 시기는 직무행위의 전이든 후이든 불문한다. 수뢰죄는 반드시 장래의 직무행위만을 목적으로 하는 것이 아니기 때문이다.

수수는 유형의 이익의 경우에는 이를 취득하는 때, 무형의 이익의 경우에는 이를 현실적으로 향수한 때에 성립된다. 취득이란 뇌물에 대한 사실상의 처분권을 획득하는 것을 의미하고, 뇌물인 물건의 법률상 소유권까지 취득하여야 하는 것은 아니다.[359] 따라서 법률상의 지배를 취득하였다고 하더라도 사실상의 지배를 취득하지 아니한 경우에는 곧바로 수수로 되는 것은 아니다. 정보와 같은 이익은 정보를 얻은 시점에서 수수가 성립하고 그것의 활용 여부는 수수의 성립과는 무관하다.

공무원이 직접 뇌물을 받지 아니하고 증뢰자로 하여금 다른 사람에게 뇌물을 공여하도록 한 경우에는 그 다른 사람이 공무원의 사자 또는 대리인으로서 뇌물을 받은 경우 등과 같이 사회통념상 그 다른 사람이 뇌물을 받은 것을 공무원이 직접 받은 것과 같이 평가할 수 있는 관계가 있는 경우에 한하여 뇌물수수죄가 성립한다.[360]

수수를 긍정한 판례의 구체적 내용은 다음과 같다. 즉,

> 공무원인 피고인 갑은 피고인 을로부터 "선물을 할 사람이 있으면 새우젓을 보내 주겠다"라는 말을 듣고 이를 승낙한 뒤 새우젓을 보내고자 하는 사람들의 명단을 피고인 을에게 보내 주고 피고인 을로 하여금 위 사람들에게 피고인 갑의 이름을 적어 마치 피고인 갑이 선물을 하는 것처럼 새우젓을 택배로 발송하게 하고 그 대금을 지급하지 않는 방법으로 직무에 관하여 뇌물을 교부받고, 피고인 을은 피고인 갑에게 뇌물을 공여하였다는 내용으로 기소된 사안에서, 피고인 을의 새우젓 출연에 의한 피고인 갑의 영득의사가 실현되어 형법 제129조 제1항의 뇌물공여죄 및 뇌물수수죄가 성립하고, 공여자와 수뢰자 사이에 직접 금품이 수수되지 않았다는 사정만으로 이와 달리 볼 수 없다.[361] 뇌물수수자가 법률상 소유권 취득의 요건을 갖추지는 않았더라도 뇌물로 제공된 물건에 대한 점유를 취득하고 뇌물공여자 또는 법률상 소유자로부터 반환을 요구받지 않는 관계에 이른 경우에는 그 물건에 대한 실질적인 사용·처분권한을 갖게 되어 그 물건 자체를 뇌물로 받은 것으로 보아야 한다.[362] 지방공기업법 제83조에 따라 공무원으로 의제되는 지방공사의 임직원이 그 직무와 관련 있는 사람으로부터 금품 기타 이익을 받은 때에는 사회상규에 비추어 볼 때에 의례적인 것에 불과하거나, 개인적인 친분관계가 있어서 교분상의 필요에 의한 것이라고 명백하게 인정할 수 있는 경우 등 특별한 사정이 없는 한 직무와의 관련성이 없는 것으로 볼 수 없고, 직무와 관련하여 금품을 수수하였다면 비록 사교적 의례의 형식을 빌어 금품을 주고받았다고 하더라도 그 수수한 금품은 뇌물이 된다.[363] 공무원으로 의제되는 재건축조합 조합장인 피고인 갑이 조합장의 직무와 관련하여 금품을 수수하였다는 내용으로 기소된 사안에서, 갑이 재건축상가 일반분양분

---

358) 대법원 2020.9.24. 선고 2017도12389 판결; 대법원 2008.6.12. 선고 2006도8568 판결.

359) 대법원 2019.8.29. 선고 2018도13792 전원합의체 판결.

360) 대법원 2008.9.25. 선고 2008도2590 판결; 대법원 2002.4.9. 선고 2001도7056 판결; 대법원 1998.9.22. 선고 98도1234 판결.

361) 대법원 2020.9.24. 선고 2017도12389 판결.

362) 대법원 2019.8.29. 선고 2018도13792 전원합의체 판결.

363) 대법원 2016.6.23. 선고 2016도3753 판결; 대법원 2002.7.26. 선고 2001도6721 판결.

의 매수를 위한 청탁 명목으로 제공된다는 사정을 알면서 피고인 을을 통하여 정으로부터 5,000만원이 입금되어 있는 통장과 현금카드를 교부받았고, 재건축상가 일반분양분의 매각은 조합장의 직무와 밀접한 관련이 있다는 이유로, 갑에게 뇌물수수죄를 인정한 원심판단을 수긍한 사례이다.[364] 공무원이 직접 뇌물을 받지 아니하고 증뢰자로 하여금 다른 사람에게 뇌물을 공여하도록 한 경우, 그 다른 사람이 공무원의 사자 또는 대리인으로서 뇌물을 받은 경우나, 그 다른 사람이 뇌물을 받음으로써 공무원은 그만큼 지출을 면하게 되는 경우 등 사회통념상 그 다른 사람이 뇌물을 받은 것을 공무원이 직접 받은 것과 같이 평가할 수 있는 관계가 있는 경우에는 형법 제129조 제1항의 뇌물수수죄가 성립한다.[365] 공무원이 다른 사람과 공동으로 또는 그 다른 사람을 통하여 투자하는 관계에 있으면서 공무원 자신의 투자금 내지 대여금으로 계산하면서 그 다른 사람 이름으로 뇌물을 받는 경우에도 마찬가지라고 할 것인데, 이러한 경우에 해당하는지는 공무원과 그 다른 사람 사이에 투자관계가 형성되어 있거나 장차 형성될 것이 기대되었는지 여부, 공무원과 증뢰자의 의사가 어떠하였는지 여부, 공무원의 투자금 내지 대여금이라는 계산을 배제하고서도 증뢰자와 그 다른 사람 사이에 정상적인 거래가 성립될 수 있는 관계였는지 여부, 증뢰자와 그 다른 사람 사이의 정상적인 거래를 나타내는 정황적인 징표들이 존재하는지 여부 등을 종합하여 판단하여야 할 것이다.[366] 뇌물죄는 공여자의 출연에 의한 수뢰자의 영득의사의 실현으로서, 공여자의 특정은 직무행위와 관련이 있는 이익의 부담 주체라는 관점에서 파악하여야 할 것이므로, 금품이나 재산상 이익 등이 반드시 공여자와 수뢰자 사이에 직접 수수될 필요는 없고, 그 사이에서 제3자가 먼저 공여자를 대신하여 자신의 자금으로 수뢰자에게 지급한 다음 공여자로부터 그 금액을 상환받는 방식으로 수수되었다 할지라도, 공여자와 수뢰자 사이에 금품 제공에 관한 의사의 합치가 존재하고 또한 그러한 지급방법에 관하여 수뢰자가 양해하였다고 인정되는 한, 공여자와 수뢰자 사이에 직접 금품이 수수되지 아니하였다는 사정만으로는 뇌물수수죄의 죄책을 면할 수 없다.[367] 자동차를 뇌물로 공여한 경우 자동차등록원부에 뇌물수수자가 그 소유자로 등록되지 않았다고 하더라도 자동차의 사실상 소유자로서 자동차에 대한 실질적인 사용 및 처분권한이 있다면 자동차 자체를 뇌물로 취득한 것으로 보아야 할 것이므로(대법원 2006.4.27. 선고 2006도735 판결 참조), 원심이 자동차 자체를 뇌물로 공여하였다고 하려면 그 수수자가 자동차에 대한 법률상 소유권을 취득하여야 한다는 것을 전제로 본 것은 적절하지 않다고 할 것이다.[368] 공무원이 직접 뇌물을 받지 아니하고 증뢰자로 하여금 다른 사람에게 뇌물을 공여하도록 한 경우, 그 다른 사람이 공무원의 사자 또는 대리인으로서 뇌물을 받은 경우나 그 밖에 예컨대 평소 공무원이 그 다른 사람의 생활비 등을 부담하고 있었다거나 혹은 그 다른 사람에 대하여 채무를 부담하고 있었다는 등의 사정이 있어서 그 다른 사람이 뇌물을 받음으로써 공무원은 그만큼 지출을 면하게 되는 경우 등 사회통념상 그 다른 사람이 뇌물을 받은 것을 공무원이 직접 받은 것과 같이 평가할 수 있는 관계가 있는 경우에는 형법 제130조의 제3자 뇌물제공죄가 아니라, 형법 제129조 제1항의 뇌물수수죄가 성립한다 할 것이다.[369] 음주운전을 적발하여 단속에 관련된 제반 서류를 작성한 후 운전면허 취소업무를 담당하는 직원에게 이를 인계하는 업무를 담당하는 경찰관이 피단속자로부터 운전면허가 취소되지 않도록 하여 달라

364) 대법원 2010.12.23. 선고 2010도13584 판결.
365) 대법원 2009.10.15. 선고 2009도6422 판결; 대법원 2004.3.26. 선고 2003도8077 판결.
366) 대법원 2009.10.15. 선고 2009도6422 판결.
367) 대법원 2008.6.12. 선고 2006도8568 판결.
368) 대법원 2006.5.26. 선고 2006도1716 판결.
369) 대법원 2004.3.26. 선고 2003도8077 판결; 대법원 2002.4.9. 선고 2001도7056 판결; 대법원 1998.9.22. 선고 98도1234 판결.

는 청탁을 받고 금원을 교부받은 경우, 뇌물수수죄가 성립한다.[370] 국회의원이 그 직무권한의 행사로서의 의정활동과 전체적・포괄적으로 대가관계가 있는 금원을 교부받았다면 그 금원의 수수가 어느 직무행위와 대가관계에 있는 것인지 특정할 수 없다고 하더라도 이는 국회의원의 직무에 관련된 것으로 보아야 하고, 한편 국회의원이 다른 의원의 직무행위에 관여하는 것이 국회의원의 직무행위 자체라고 할 수는 없으나, 국회의원이 자신의 직무권한인 의안의 심의・표결권 행사의 연장선상에서 일정한 의안에 관하여 다른 동료의원에게 작용하여 일정한 의정활동을 하도록 권유・설득하는 행위 역시 국회의원이 가지고 있는 위 직무권한의 행사와 밀접한 관계가 있는 행위로서 그와 관련하여 금원을 수수하는 경우에도 뇌물수수죄가 성립한다.[371] 공소외 1이 주차관리공단에 납품한 것에 대한 사례와 향후 계속 납품할 수 있게 해 달라는 취지로 위 피고인에게 판시와 같은 금원을 교부한 이상, 이를 단순한 사교적 의례에 속하는 경우에 불과하여 불법영득의사가 없는 경우에 속한다고 할 수는 없는 것이며, 직무와 관련하여 받은 뇌물을 개인적인 용도가 아닌 회식비나 직원들의 휴가비로 소비하였다 하여 위법성이 없어지는 것이 아니다.[372] 보험회사의 감독관청인 재무부의 보험과장으로서 보험회사의 감독에 관한 실무책임을 지고 있던 피고인이 상피고인이 보험회사의 주식 등을 금 2억5천만원으로 인수할 수 있도록 많은 노력을 기울여준데 대한 대가의 취지와 앞으로도 동 보험회사의 운영과정에서 감독관청의 실무책임자로서 계속적인 선처를 바란다는 취지에서 위 상피고인이 제공하는 금원을 수취하였다면 피고인은 그 직무에 관하여 뇌물을 수수한 경우에 해당한다.[373] 시험의 공정을 확보하기 위하여서는 시험위원이 공정하여야 함은 물론이나 이에 첨가하여 시험장을 정리하고 수험자를 안내하며 시험장에서 수험자를 사실상 감시하는 직무에 종사하는 시험정리원도 역시 공정하여야 할 것임으로 피고인이 소론 시험의 정리원으로서 그 직무에 관련하여 공소외 1로부터 돈을 받은 것은 뇌물수수죄의 구성요건을 충족하는 행위로 볼 수밖에 없다고 본다.[374] 피고인이 수수한 금원을 약 2개월 후에 반환하였다 하더라도 반환할 때까지의 기간에 비추어 일단영득의 의사로 수수하였던 것으로 본 원심의 조처는 타당하다.[375] 피고인이 시험 정리원으로서 그 직무에 관련하여 "병"으로부터 돈을 받는 것은 뇌물수수죄가 된다.[376]

수수를 부정한 판례의 구체적 내용은 다음과 같다. 즉,

횡령 범행으로 취득한 돈을 공범자끼리 수수한 행위가 공동정범들 사이의 범행에 의하여 취득한 돈을 공모에 따라 내부적으로 분배한 것에 지나지 않는다면 별도로 그 돈의 수수행위에 관하여 뇌물죄가 성립하는 것은 아니다. 그와 같이 수수한 돈의 성격을 뇌물로 볼 것인지 횡령금의 분배로 볼 것인지 여부는 돈을 공여하고 수수한 당사자들의 의사, 수수된 돈의 액수, 횡령 범행과 수수행위의 시간적 간격, 수수한 돈이 횡령한 그 돈인지 여부, 수수한 장소와 방법 등을 종합적으로 고려하여 객관적으로 평가하여 판단하여야 한다.[377] 공무원으로 의제되는 정비사업전문관리업자의 임・직원이 직무에 관하여 자신이 아닌 정비사업전문관리업자에 뇌물을 공여하게 하는 경우, 위 임・

370) 대법원 1999.11.9. 선고 99도2530 판결.
371) 대법원 1997.12.26. 선고 97도2609 판결.
372) 대법원 1996.6.14. 선고 96도865 판결.
373) 대법원 1984.7.24. 선고 83도830 판결.
374) 대법원 1970.6.30. 선고 70도562 판결.
375) 대법원 1982.11.23. 선고 82도1431 판결.
376) 대법원 1970.6.30. 선고 70도562 판결.
377) 대법원 2020.10.29. 선고 2020도3972 판결; 대법원 2019.11.28. 선고 2019도11766 판결.

직원이 법인인 정비사업전문관리업자를 사실상 1인 회사로서 개인기업과 같이 운영하거나, 사회통념상 정비사업전문관리업자에 뇌물을 공여한 것이 곧 그 임·직원에게 공여한 것과 같다고 볼 수 있을 정도로 경제적·실질적 이해관계를 같이하는 것으로 평가되는 경우에 한하여 형법 제129조 제1항의 뇌물수수죄가 성립한다.[378] 뇌물수수죄는 공무원 또는 중재인이 그 직무에 관하여 뇌물을 수수한 때에 성립하는 것이어서 그 주체는 현재 공무원 또는 중재인의 직에 있는 자에 한정되므로, 공무원이 직무와 관련하여 뇌물수수를 약속하고 퇴직 후 이를 수수하는 경우에는, 뇌물약속과 뇌물수수가 시간적으로 근접하여 연속되어 있다고 하더라도, 뇌물약속죄 및 사후수뢰죄가 성립할 수 있음은 별론으로 하고, 뇌물수수죄는 성립하지 않는다.[379] 산악회 지부가 사업자로부터 등반대회 행사용 수건을 교부받은 것을 산악회 지부의 고문으로 있는 군수가 이를 교부받은 것과 동일시하기에는 부족하다고 보아 형법 제129조 제1항의 뇌물수수죄 성립을 부정하였다.[380] 공소외 1이 위 금 300,000원을 일방적으로 놓고 가므로 할 수 없이 받았던 돈을 일시 보관하였다가 후일 기회를 보아서 반환할 의사로 일단 받아둔 데 불과한 경우는 뇌물의 수수라고 할 수 없다.[381] 공무원이 공소외인과 사전 공모하여 밀수행위를 하므로써 관세포탈의 공동정범이 된 경우 위 공소외인으로부터 금품을 수수한 것은 위 공동정범들간의 이익분배에 지나지 아니하여 뇌물수수가 될 수 없다.[382] 계약체결이 피고인의 임의로 성립된 것이 아니요 상하지령에 의하여 결정된 것으로 금품의 증뢰를 필요로 할 사정이 없음에도 불구하고 화재로 인하여 소훼된 청사의 수리가 예산부족으로 궁지에 빠저있음을 동정하여 금품을 제공한 사실이 인정되는 경우에 이를 직무에 관한 금품수뢰로 볼 수 없는 것이다.[383]

ⅱ. 요 구　요구(要求)는 상대방에 대하여 뇌물의 교부를 구하는 의사표시를 하는 것을 말한다. 요구에 의한 뇌물죄를 뇌물요구죄라고 한다. 요구는 직무에 관하여 뇌물을 요구하는 것이기 때문에 객관적으로 상대방이 뇌물을 요구하고 있다고 인식될 정도로 행하여지지 않으면 안 된다. 요구는 직접적·명시적이든 그 취지가 객관적으로 명확하면 간접적·묵시적이든 묻지 않는다. 요구는 수뢰자의 일방적 의사표시만으로 족하고 상대방의 승낙을 요하지 않는다. 수뢰자의 일방적 의사표시를 상대방이 인식할 것도 요하지 않는다. 요구는 수수를 전제로 하기 때문에 자신이 수수할 의사가 없이 제3자에게 공여하도록 요구하는 경우에는 본죄는 성립하지 않는다. 다만 제3자가 단순한 수족에 불과한 경우에는 본죄가 성립한다.

ⅲ. 약 속　약속(約束)이란 수뢰자와 증뢰자 사이에 장래 뇌물을 주고받는 수수(授受)에 대한 의사의 합치를 말한다. 다만 의사의 합치는 확정적일 것을 요한다. 흔들리는 약속은 약속이라고 할 수 없기 때문이다. 약속에 의한 뇌물죄를 뇌물약속죄라고 한다.

합의에 이르는 과정은 문제가 되지 않는다. 증뢰자의 제안에 수뢰자가 승낙하든, 수뢰자

378) 대법원 2010.5.13. 선고 2008도5506 판결; 대법원 2008.9.25. 선고 2008도2590 판결.

379) 대법원 2008.2.1. 선고 2007도5190 판결.

380) 대법원 2002.4.9. 선고 2001도7056 판결.

381) 대법원 1985.3.12. 선고 83도150 판결; 대법원 1979.7.10. 선고 79도1314 판결; 대법원 1979.6.12. 선고 78도2125 판결.

382) 대법원 1980.2.26. 선고 79도3095 판결.

383) 대법원 1955.6.21. 선고 4288형상22 판결.

의 요구에 증뢰자가 승낙하든, 상호 의사가 합치하든 묻지 않는다. 대법원도 "약속은 양당사자 사이의 뇌물수수의 합의를 말하고, 여기에서 합의란 그 방법에 아무런 제한이 없고 명시적일 필요도 없지만, 장래 공무원의 직무와 관련하여 뇌물을 주고받겠다는 양 당사자의 의사표시가 확정적으로 합치하여야 한다"고 판시한 바 있다.[384)]

약속은 양당사자의 의사의 합치로 성립하기 때문에 수뢰자의 약속은 증뢰자의 약속과 필요적 공범관계가 되고 일방이 성립하지 않으면 타방도 성립하지 않는다. 이익은 약속 당시에 장래 공여의 예기(豫期)로 족하고 약속 당시 현존할 것까지 요하는 것은 아니다.

약속을 긍정한 판례의 구체적 내용은 다음과 같다. 즉,

> 뇌물약속죄에서 뇌물의 약속은 직무와 관련하여 장래에 뇌물을 주고받겠다는 양 당사자의 의사표시가 확정적으로 합치하면 성립하고, 뇌물의 가액이 얼마인지는 문제되지 아니한다. 또한 뇌물의 목적물이 이익인 경우에 그 가액이 확정되어 있지 않아도 뇌물약속죄가 성립하는 데에는 영향이 없다.[385)] 뇌물약속죄에 있어서 뇌물의 목적물인 이익은 약속 당시에 현존할 필요는 없고 약속당시에 예기할 수 있는 것이라도 무방하며, 뇌물의 목적물이 이익인 경우에는 그 가액이 확정되어 있지 않아도 뇌물약속죄가 성립하는 데는 영향이 없으므로 공무원이 건축업자로부터 그가 건축할 주택을 공사비 상당액으로 분양받기로 약속한 경우에는 매매시가 중 공사비를 초과하는 액수만큼의 이익을 뇌물로서 약속한 것이 되어 뇌물약속죄가 성립한다.[386)]

ⓘⓘⓘ 청탁의 유무 　본죄는 직무에 관하여 뇌물을 수수・요구 또는 약속하면 성립한다. 청탁의 유무나 청탁내용의 실현여부와는 관계가 없다. 본죄는 직무에 관한 청탁이나 부정한 행위를 필요로 하는 것은 아니어서 수수된 금품의 뇌물성을 인정하는 데 특별한 청탁이 있어야만 하는 것은 아니다.[387)]

④ 결 과

본죄는 뇌물에 대한 수수, 요구, 약속에 의하여 기수에 달한다. 실해가 발생하지 않아도 본죄의 성립을 방해하지 않는다. 다만 직무의 공정성, 불가매수성 및 이에 대한 사회의 신뢰라는 국가기능의 현실적 침해를 요하지 않는다는 의미에서 추상적 위험범이라고 할 수 있다.

2) 주관적 구성요건

① 고 의

본죄의 고의는 인식적 요소로서 객체의 뇌물성에 대한 인식을 요한다. 따라서 공무원이 수수, 요구, 약속하는 객체인 이익에 대하여 그것이 자신의 직무에 관한 부정한 대가라는 것을 인식하면서 수수, 요구, 약속할 것을 요한다. 여기서의 인식은 의미의 인식을 의미하기 때문이다. 다만 그것이 형법상의 뇌물이라는 것에 대한 인식은 불요하다. 고의는 미필적

384) 대법원 2007.7.13. 선고 2004도3995 판결.
385) 대법원 2016.6.23. 선고 2016도3753 판결; 대법원 2001.9.18. 선고 2000도5438 판결.
386) 대법원 1981.8.20. 선고 81도698 판.
387) 대법원 2014.1.29. 선고 2013도13937 판결; 대법원 2002.11.26. 선고 2002도3539 판결; 대법원 1997.4.17. 선고 96도3378 판결.

고의로도 족하다.

정당한 보수로 오인하여 대가라는 것에 관한 인식이 없거나 사교예의의 범위내의 금품의 증여라는 인식이 있는 경우에는 그러한 한도 내에서만 뇌물성에 대한 인식이 결여되고 고의가 조각된다고 할 수 있다. 무형의 이익은 그것을 향수한 시점에서 뇌물성에 대한 인식을 요한다. 유형의 이익과 달리 후에 인식이 생겨도 수수는 성립되지 않는다.

고의를 긍정한 판례의 구체적 내용은 다음과 같다. 즉,

뇌물수수죄에서 공무원의 직무에 관하여 수수하였다는 범의를 인정하기 위해서는 엄격한 증명이 요구되지만, 피고인이 금품 등을 수수한 사실을 인정하면서도 범의를 부인하는 경우에는, 범의와 상당한 관련성이 있는 간접 사실을 증명하는 방법에 의하여 이를 입증할 수밖에 없는데, 간접사실에 비추어 수수하는 금품이 공무원의 직무에 대한 대가로서의 성질을 가진다는 사정을 피고인이 미필적으로라도 인식하면서 묵인한 채 이를 수수한 것으로 볼 수 있다면 뇌물수수의 범의는 충분히 인정된다.[388] 오로지 공무원을 함정에 빠뜨릴 의사로 직무와 관련되었다는 형식을 빌려 그 공무원에게 금품을 공여한 경우에도 공무원이 그 금품을 직무와 관련하여 수수한다는 의사를 가지고 받아들이면 뇌물수수죄가 성립한다고 할 것이다.[389] 피고인과 증뢰자가 수시로 접촉을 계속하여 왔고 사생활에까지 도움을 줄 정도의 관계라면, 증뢰자가 피고인에게 전혀 알리지 않은 채 피고인의 처에게 금품을 보냈다고 보기 어려울 뿐만 아니라 피고인의 처로서도 그가 금품을 보냈다는 사실을 피고인에게 숨기기는 어렵다고 보여지므로, 달리 합리적인 근거가 없는 한 그 금품은 피고인에게 전달되었다고 봄이 상당하다는 이유로, 피고인에게 무죄를 선고한 원심판결을 파기한 사례이다.[390] 피고인이 소외 (갑)으로부터 입력송출의 부탁과 함께 사례조로 교부받은 자기앞수표를 약 2주일후 반환하여 주었다 하더라도, 위 수표를 일단 피고인의 은행구좌에 예치시켰다가 그 뒤 동료직원들에게 위 (갑)에 대하여 탐문해 본 결과 그는 전과도 있고 믿을 수 없다고 하므로 피고인은 이를 꺼림직하게 느낀 나머지후환을 염려하여 (갑)에게 반환한 것이라면 피고인에게 뇌물수수의 고의가 있었다고 할 것이다.[391]

고의를 부정한 판례의 구체적 내용은 다음과 같다. 즉,

피고인이 택시를 타고 떠나려는 순간 뒤쫓아 와서 돈뭉치를 창문으로 던져 넣고 가버려 의족을 한 불구의 몸인 피고인으로서는 도저히 뒤따라가 돌려줄 방법이 없어 부득이 그대로 귀가하였다가 다음날 바로 다른 사람을 시켜 이를 반환한 경우 피고인에게는 뇌물을 수수할 의사가 있었다고는 볼 수 없다.[392]

② 영득의 의사

뇌물을 수수한다는 것은 영득의 의사로 받는 것을 의미한다.[393] 영득의 의사가 없으면

388) 대법원 2017.12.22. 선고 2017도11616 판결; 대법원 2016.2.18. 선고 2015도18070 판결.
389) 대법원 2008.3.13. 선고 2007도10804 판결.
390) 대법원 1996.12.6. 선고 96도144 판결.
391) 대법원 1984.4.10. 선고 83도1499 판결.
392) 대법원 1979.7.10. 선고 79도1124 판결.
393) 대법원 2017.3.22. 선고 2016도21536 판결; 대법원 2013.11.28. 선고 2013도9003 판결; 대법원 2012.8.23. 선고 2010도6504 판결; 대법원 2010.4.15. 선고 2009도11146 판결; 대법원 1996.6.28. 선고 92도1803 판결; 대법원 2007.3.29. 선고 2006도9182 판결; 대법원 1989.7.25. 선고 89도126 판결; 대법원 1987.9.22. 선고 87도

뇌물을 수수하였다고 할 수 없다.[394] 뇌물인지 모르고 이를 수수하였다가 뇌물임을 알고 즉시 반환하거나, 증뢰자가 일방적으로 뇌물을 두고 가므로 후일 기회를 보아 반환할 의사로 어쩔 수 없이 일시 보관하다가 반환하는 등 그 영득의 의사가 없었다고 인정되는 경우라면 뇌물을 수수하였다고 할 수 없다.[395] 그러나 뇌물을 일단 영득의 의사로 수수한 것이라면 뒤에 이를 반환하였다 하더라도 뇌물죄의 성립에는 영향을 미치지 않는다.[396] 먼저 뇌물을 요구하여 증뢰자로부터 돈을 받았다면 피고인에게는 받은 돈 전부에 대한 영득의 의사가 인정된다.[397]

영득할 의사로 뇌물을 수령한 것인지 여부를 판단함에 있어서는 뇌물을 교부받은 경위, 언제든지 그 뇌물을 반환할 기회가 있었는데도 반환하지 아니하였는지 여부, 그 뇌물을 반환하게 된 경위 등을 고려하여야 한다.[398] 향수의 경우 영득의 의사는 별도로 요하지 않는다. 영득의 의사는 이미 향수의 행위에 포함되어 있기 때문이다.

영득의 의사를 긍정한 판례의 구체적 내용은 다음과 같다. 즉,

> 뇌물수수자가 뇌물공여자에 대한 내부관계에서 물건에 대한 실질적인 사용·처분권한을 취득하였으나 뇌물수수 사실을 은닉하거나 뇌물공여자가 계속 그 물건에 대한 비용 등을 부담하기 위하여 소유권 이전의 형식적 요건을 유보하는 경우에는 뇌물공여자와 뇌물수수자 사이에서는 소유권을 이전받은 경우와 다르지 않으므로 그 물건을 뇌물로 받았다고 보아야 한다. 뇌물수수자가 교부받은 물건을 뇌물공여자에게 반환할 것이 아니므로 뇌물수수자에게 영득의 의사도 인정된다.[399] 피고인이 부하직원으로부터 승진 청탁과 함께 돈을 교부받은 경위, 언제든지 그 돈을 반환할 기회가 있었음에도 반환하지 않은 점, 그 돈을 사용한 뒤 6개월 후에 그 청탁을 들어줄 수 없는 처지에 이르자 반환한 점 등에 비추어 피고인에게 그 돈을 뇌물로서 영득할 의사가 있었다고 인정한 사례이다.[400] 뇌물은 일단 영득의 의사로 수수한 것이라면 후일 이를 반환하였다 하더라도 뇌물죄의 성립에는 소장이 없다.[401] 교통사고를 조사하는 경찰관으로서 두차례에 걸쳐서 직무에 관한 부탁을 받고 금 100,000원씩을 수수하였다면 그 후에 이를 다시 되돌려준 것만으로 이를

1472 판결; 대법원 1985.3.12. 선고 83도150 판결; 대법원 1985.1.22. 선고 84도2082 판결; 대법원 1982.11.23. 선고 82도1431 판결; 대법원 1979.7.10. 선고 79도1314 판결; 대법원 1979.6.12. 선고 78도2125 판결.

394) 대법원 2010.4.15. 선고 2009도11146 판결; 대법원 1996.6.28. 선고 92도1803 판결; 대법원 2007.3.29. 선고 2006도9182 판결; 대법원 1987.9.22. 선고 87도1472 판결.

395) 대법원 2017.3.22. 선고 2016도21536 판결; 대법원 2013.11.28. 선고 2013도9003 판결; 대법원 2012.8.23. 선고 2010도6504 판결; 대법원 2007.3.29. 선고 2006도9182 판결; 대법원 1989.7.25. 선고 89도126 판결; 대법원 1985.1.22. 선고 84도2082 판결; 대법원 1982.11.23. 선고 82도1431 판결; 대법원 1979.7.10. 선고 79도1314 판결; 대법원 1979.6.12. 선고 78도2125 판결.

396) 대법원 1992.2.28. 선고 91도3364 판결; 대법원 1986.12.23. 선고 86도2021 판결; 대법원 1985.5.14. 선고 83도2050 판결.

397) 대법원 2017.3.22. 선고 2016도21536 판결; 대법원 2007.3.29. 선고 2006도9182 판결.

398) 대법원 2013.11.28. 선고 2013도9003 판결; 대법원 2012.8.23. 선고 2010도6504 판결; 대법원 2007.3.29. 선고 2006도9182 판결.

399) 대법원 2019.8.29. 선고 2018도13792 전원합의체 판결.

400) 대법원 2001.10.12. 선고 2001도3579 판결; 대법원 2000.1.21. 선고 99도4940 판결.

401) 대법원 2013.11.28. 선고 2013도9003 판결; 대법원 2012.8.23. 선고 2010도6504 판결; 대법원 2007.3.29. 선고 2006도9182 판결; 대법원 1987.9.22. 선고 87도1472 판결; 대법원 1983.3.22. 선고 83도113 판결; 대법원 1982.11.23. 선고 82도1431 판결.

수수할 당시에 영득의 의사가 없었다고 단정할 수 없다.[402]

영득의 의사를 부정한 판례의 구체적 내용은 다음과 같다. 즉,

불우이웃돕기 성금이나 연극제에 전달할 의사로 금원을 받은 것에 불과하고 영득할 의사로 수수하였다고 보기는 어렵다는 이유로, 뇌물수수의 점에 대해 무죄를 인정한 사례이다.[403] 자신은 전달자에 불과하다는 사실을 명백히 밝히고 금원을 연극제에 기탁한 사안에서, 기부의 효과를 자신에게 돌리려는 의사가 있었다고 단정하기 어렵고, 달리 이를 인정할 증거가 없다는 이유로, 공직선거법 위반의 점에 대해 무죄를 인정한 사례이다.[404]

3) 미수 · 기수

수수는 유형의 이익의 경우에는 점유를 취득한 시점, 무형의 이익의 경우에는 실제로 이익을 향수한 시점에서 기수로 된다. 공무원이 뇌물로 투기적 사업에 참여할 기회를 제공받은 경우, 뇌물수수죄의 기수 시기는 투기적 사업에 참여하는 행위가 종료한 때로 보아야 한다.[405] 투기적 사업에 참여하는 행위가 종료된 후 경제사정의 변동 등으로 인하여 당초의 예상과는 달리 그 사업 참여로 아무런 이득을 얻지 못한 경우라도 뇌물수수죄의 성립에는 영향이 없다.[406]

요구는 상대방이 이에 응하지 않더라도 요구의 의사표시시에 이미 기수에 이른다. 약속은 합의가 성립한 시점에서 기수에 달한다. 따라서 약속이 성립한 이상 요구를 철회하거나 약속에 대한 해제의 의사를 표시하더라도 본죄의 성립에는 영향을 주지 않는다. 약속은 현실적으로 뇌물의 수수(授受)를 요하는 것은 아니다.

4) 공 범

본죄의 외부적 가담자에 대한 총칙상 공범규정의 적용에 대하여는 이설이 없다. 나아가 대향관계에 있는 일방의 내부자 상호간이나 그 타방에서의 내부자 상호간, 즉 수뢰자 상호간 또는 증뢰자 사이에는 총칙상의 공동정범 · 교사범 · 종범의 성립이 가능하다고 해석된다(제30조부터 제32조까지 참조). 또 본죄의 대향자 일방 또는 타방에 비신분자가 가담한 경우에는 공범과 신분에 관한 규정에 따른다(제33조 참조).

공무원이 뇌물공여자로 하여금 공무원과 뇌물수수죄의 공동정범 관계에 있는 비공무원에게 뇌물을 공여하게 한 경우에는 공동정범의 성질상 공무원 자신에게 뇌물을 공여하게 한 것으로 볼 수 있다. 공무원과 공동정범 관계에 있는 비공무원은 제3자 뇌물수수죄에서 말하는 제3자가 될 수 없고, 공무원과 공동정범 관계에 있는 비공무원이 뇌물을 받은 경우에는 공무원과 함께 뇌물수수죄의 공동정범이 성립하고 제3자 뇌물수수죄는 성립하지 않는다.[407]

---

402) 대법원 1987.4.14. 선고 86도2075 판결.
403) 대법원 2010.4.15. 선고 2009도11146 판결.
404) 대법원 2010.4.15. 선고 2009도11146 판결.
405) 대법원 2011.7.28. 선고 2009도9122 판결; 대법원 2002.11.26. 선고 2002도3539 판결.
406) 대법원 2002.11.26. 선고 2002도3539 판결; 대법원 2002.5.10. 선고 2000도2251 판결.

공범을 긍정한 판례의 구체적 내용은 다음과 같다. 즉,

뇌물수수죄의 공범들 사이에 직무와 관련하여 금품이나 이익을 수수하기로 하는 명시적 또는 암묵적 공모관계가 성립하고 공모 내용에 따라 공범 중 1인이 금품이나 이익을 주고받았다면, 특별한 사정이 없는 한 이를 주고받은 때 그 금품이나 이익 전부에 관하여 뇌물수수죄의 공동정범이 성립하고, 금품이나 이익의 규모나 정도 등에 대하여 사전에 서로 의사의 연락이 있거나 금품 등의 구체적 금액을 공범이 알아야 공동정범이 성립하는 것은 아니다. 금품이나 이익 전부에 관하여 뇌물수수죄의 공동정범이 성립한 이후에 뇌물이 실제로 공동정범인 공무원 또는 비공무원 중 누구에게 귀속되었는지는 이미 성립한 뇌물수수죄에 영향을 미치지 않는다. 공무원과 비공무원이 사전에 뇌물을 비공무원에게 귀속시키기로 모의하였거나 뇌물의 성질상 비공무원이 사용하거나 소비할 것이라고 하더라도 이러한 사정은 뇌물수수죄의 공동정범이 성립한 이후 뇌물의 처리에 관한 것에 불과하므로 뇌물수수죄가 성립하는 데 영향이 없다.[408] 공무원이 아닌 사람(비공무원)이 공무원과 공동가공의 의사와 이를 기초로 한 기능적 행위지배를 통하여 공무원의 직무에 관하여 뇌물을 수수하는 범죄를 실행하였다면 공무원이 직접 뇌물을 받은 것과 동일하게 평가할 수 있으므로 공무원과 비공무원에게 형법 제129조 제1항에서 정한 뇌물수수죄의 공동정범이 성립한다.[409] 뇌물수수의 공범자들 사이에 직무와 관련하여 금품이나 이익을 수수하기로 하는 명시적 또는 암묵적 공모관계가 성립하고 그 공모 내용에 따라 공범자 중 1인이 금품이나 이익을 수수하였다면, 사전에 특정 금액 이하로만 받기로 약정하였다든가 수수한 금액이 공모 과정에서 도저히 예상할 수 없는 고액이라는 등과 같은 특별한 사정이 없는 한, 그 수수한 금품이나 이익 전부에 관하여 특정범죄가중법 위반(뇌물)죄 또는 뇌물수수죄의 공모공동정범이 성립하며, 수수할 금품이나 이익의 규모나 정도 등에 대하여 사전에 서로 의사의 연락이 있거나 수수한 금품 등의 구체적 금액을 공범자가 알아야 공모공동정범이 성립하는 것은 아니라고 할 것이다.[410] 피고인 을, 병이 공모하여 공무원으로 의제되는 재건축조합 조합장의 사무인 재건축상가의 일반분양분 매각에 관해 청탁 또는 알선한다는 명목으로 정으로부터 1억 원을 받았다는 구 변호사법(2008.3.28. 법률 제8991호로 개정되기 전의 것) 위반의 공소사실에 대하여, 제반 사정에 비추어 피고인들이 이에 관하여 전체적인 모의를 하지 않았더라도 순차적·암묵적으로 상통하여 공모하였다고 볼 수 있고, 또 이들이 위 1억 원을 받은 사실을 인정할 수 있다는 이유로, 이를 유죄로 인정한 원심판단을 수긍한 사례이다.[411] 정부관리기업체의 과장대리급 이상이 아닌 직원도 다른 과장대리급 이상인 직원들과 함께 뇌물수수죄의 공동정범이 될 수 있다.[412]

(2) 위법성조각사유

본죄에 대한 총칙상의 위법성조각사유는 생각하기 어렵다. 따라서 정당행위, 정당방위, 긴급피난, 자구행위 또는 피해자의 승낙에 의하여는 본죄의 위법성이 조각될 수 없다고 하겠다.

위법성조각사유는 부정한 판례의 구체적 내용은 다음과 같다. 즉,

407) 대법원 2019.8.29. 선고 2018도13792 전원합의체 판결.
408) 대법원 2019.8.29. 선고 2018도13792 전원합의체 판결.
409) 대법원 2019.8.29. 선고 2018도13792 전원합의체 판결.
410) 대법원 2014.12.24. 선고 2014도10199 판결; 대법원 2003.5.30. 선고 2003도1137 판결.
411) 대법원 2010.12.23. 선고 2010도13584 판결.
412) 대법원 1992.8.14. 선고 91도3191 판결.

경찰관이 그 직무에 관하여 피의자로부터 뇌물을 받음에 당하여 그 상관의 명시 묵시의 승인을 얻었던지 상관과 동석하여 향응을 받었다 하여서 수뢰죄가 성립 아니한다는 소론은 법률상 성립할 수 없는 바이요 수뢰행위가 피고인의 대원의 생활난을 타개하기 위한 것이라 할지라도 수뢰죄의 범죄조각 이유에 해당하지 아니함은 형법상 의심의 여지가 없다.[413)]

(3) 죄 수

1) **포괄일죄**

포괄일죄란 단일하고도 계속된 고의 아래 동종의 범행을 일정기간 반복하여 행하고 그 피해법익도 동일한 경우에는 각 범행을 통틀어 말한다. 수뢰죄에 있어서 단일하고 계속된 범의 하에 동종의 범행을 일정 기간 반복하여 행하고 그 피해법익도 동일한 경우에는 각 범행은 통틀어 포괄일죄로 된다.[414)] 뇌물을 요구하거나 약속하고 수수한 때에는 포괄하여 1개의 뇌물죄가 성립한다.

포괄일죄에 관한 판례의 구체적 내용은 다음과 같다. 즉,

돈을 받은 일자가 상당한 기간에 걸쳐 있고, 돈을 받은 일자 사이에 상당한 기간이 끼어 있다 하더라도 각 범행을 통틀어 포괄일죄로 볼 것이다.[415)] 기무부대장인 피고인이 그 직무인 골프티 배정 또는 골프장 출입인가증 발급과정에서의 보증과 관련하여 계속적으로 돈을 받은 것은 단일하고 계속된 범의하에 동일한 법익을 침해한 경우로서, 골프티 배정과 관련하여 20회에 걸쳐 합계 480만 원을 교부받은 범행과 골프장 출입인가증 발급과 관련하여 7회에 걸쳐 합계 160만 원을 교부받은 범행은 각각 포괄일죄에 해당한다.[416)] 피고인이 피고인 1로부터 다른 공무원의 관광호텔 사업승인에 따른 직무사항의 알선에 관하여 교제비 명목으로 1986.12.중순, 1987.1.하순 및 같은 해 3. 하순 등 세차례에 걸쳐 합계금 4,500,000원을 받은 사실을 포괄1죄로 다스린 원심의 조치는 정당하다.[417)] 28회에 걸친 피고인의 뇌물수수 행위가 그 범행의 일시와 장소 및 범행의 동기와 방법등에 비추어 볼 때 단일한 범의아래 일정기간 정기적으로 계속된 범행이라면 포괄적 일죄로 판단한 조치는 정당하다.[418)] 뇌물을 준 장소와 기간이 일정하지 아니하고 또한 그 전체의 기간이 길다 할지라도 그 범의의 계속성이나 시간적 접속성을 인정하는데 지장이 되지 아니하는 경우에는 포괄적 1죄로 다스림이 정당하다.[419)]

---

413) 대법원 1955.10.18. 선고 4288형상235 판결.

414) 대법원 2009.10.29. 선고 2009도8069 판결; 대법원 2005.11.10. 선고 2004도42 판결; 대법원 2000.1.21. 선고 99도4940 판결; 대법원 1999.1.29. 선고 98도3584 판결; 대법원 1995.12.26. 선고 95도2376 판결; 대법원 1990.9.25. 선고 90도1588 판결; 대법원 1990.6.26. 선고 90도466 판결; 대법원 1987.5.26. 선고 86도1648 판결; 대법원 1985.9.24. 선고 85도1502 판결; 대법원 1983.11.8. 선고 83도711 판결; 대법원 1982.10.26. 선고 81도1409 판결; 대법원 1978.12.13. 선고 78도2545 판결.

415) 대법원 2009.10.29. 선고 2009도8069 판결; 대법원 2000.1.21. 선고 99도4940 판결; 대법원 1995.12.26. 선고 95도2376 판결; 대법원 1990.9.25. 선고 90도1588 판결; 대법원 1990.6.26. 선고 90도466 판결; 대법원 1987.5.26. 선고 86도1648 판결; 대법원 1985.9.24. 선고 85도1502 판결; 대법원 1983.11.8. 선고 83도711 판결; 대법원 1982.10.26. 선고 81도1409 판결; 대법원 1978.12.13. 선고 78도2545 판결; 대법원 1974.2.26. 선고 73도2497 판결.

416) 대법원 2005.11.10. 선고 2004도42 판결.

417) 대법원 1990.6.26. 선고 90도466 판결.

418) 대법원 1983.12.27. 선고 83도2472 판결.

419) 대법원 1978.12.13. 선고 78도2545 판결.

2) 사기죄와의 관계

뇌물수수에 있어서 공무원이 공여자를 기망한 경우에도 수뢰죄와 증뢰죄의 성립에는 영향이 없다.[420] 따라서 공무원이 직무에 관하여 타인을 기망하여 재물을 교부받은 때에는 수뢰죄와 사기죄의 상상적 경합이 된다.[421]

3) 공갈죄와의 관계

직무집행의 의사 없이 또는 직무처리와 대가적 관계없이 타인을 공갈하여 재물의 교부를 받은 경우에는 공갈죄만 성립한다.[422] 이러한 경우 재물의 교부자가 공무원의 해악의 고지로 인하여 외포의 결과 금품을 제공한 것이라면 그는 공갈죄의 피해자가 될 것이고 뇌물공여죄는 성립될 수 없게 된다.[423] 그러나 공무원이 직무집행의 의사로 직무에 관하여 상대방을 공갈하여 뇌물을 수수한 때에는 수뢰죄와 공갈죄의 상상적 경합이 된다.

4) 기타의 죄와의 관계

본죄를 범하여 부정한 행위를 한 때에는 수뢰후부정처사죄가 성립한다(제131조 제1항). 국회의원인 피고인이 수수한 금원이 뇌물일 뿐 정치자금에관한법률 소정의 정치자금이 아니어서 여기에 뇌물죄 외에 별도로 정치자금에관한법률위반죄가 성립할 여지는 없다.[424]

3. 처 벌

본죄의 법정형은 5년 이하의 징역 또는 10년 이하의 자격정지이다. 범인 또는 사정을 아는 제3자가 받은 뇌물 또는 뇌물로 제공하려고 한 금품은 몰수한다. 이를 몰수할 수 없을 경우에는 그 가액을 추징한다. 몰수와 추징은 필요적이다.

Ⅲ. 사전수뢰죄

제129조(수뢰, 사전수뢰) ② 공무원 또는 중재인이 될 자가 그 담당할 직무에 관하여 청탁을 받고 뇌물을 수수, 요구 또는 약속한 후 공무원 또는 중재인이 된 때에는 3년 이하의 징역 또는 7년 이하의 자격정지에 처한다.

제134조(몰수, 추징) 범인 또는 사정을 아는 제3자가 받은 뇌물 또는 뇌물로 제공하려고 한 금품은 몰수한다. 이를 몰수할 수 없을 경우에는 그 가액을 추징한다.

1. 서 언

(1) 의 의

본죄는 공무원 또는 중재인이 될 자가 그 담당할 직무에 관하여 청탁을 받고 뇌물을 수수, 요구 또는 약속한 후 공무원 또는 중재인이 된 때에 성립하는 범죄를 말한다.

---

420) 대법원 2015.10.29. 선고 2015도12838 판결; 대법원 1985.2.8. 선고 84도2625 판결.
421) 대법원 2015.10.29. 선고 2015도12838 판결; 대법원 1977.6.7. 선고 77도1069 판결.
422) 대법원 1994.12.22. 선고 94도2528 판결; 대법원 1966.4.6. 선고 66도12 판결.
423) 대법원 1994.12.22. 선고 94도2528 판결.
424) 대법원 1992.2.28. 선고 91도3364 판결.

(2) 특 징

본죄의 특징은 단순수뢰죄의 경우와는 달리 청탁을 받을 것을 요건으로 하고 있다는 점에 있다.[425] 취직이나 전직 전의 수뢰행위를 처벌하기 위한 범죄로서 단순수뢰죄에 대한 감경적 구성요건이다.

2. 범 죄

(1) 구성요건

1) 객관적 구성요건

① 주 체

본죄의 주체는 공무원 또는 중재인이 될 자이다. 공직선거 입후보자, 당선자로서 취임 전의 자, 공직선임절차가 진행되고 있는 자 등이 대표적인 예라고 할 수 있다. 현재 공무원 또는 중재인인 자는 포함되지 않는다. 현직자는 임기만료 직전에라도 본죄에 해당하지 않는다.

본죄의 주체는 공무원 또는 중재인이 될 것이 예정되어 있는 자를 의미한다. 단순한 희망을 가질 뿐인 자는 제외된다. 공무원 또는 중재인이 될 것이 확실할 것을 요하는 것은 아니다. 그러나 어느 정도 객관적 확실성은 요구된다고 해야 한다. 아무런 근거가 없거나 가능성이 전혀 없는 경우에는 형사처벌을 동원할 수는 없다고 해야 하기 때문이다.

주체에 관한 판례의 구체적 내용은 다음과 같다. 즉,

> 형법 제129조 제2항에 정한 '공무원 또는 중재인이 될 자'란 공무원채용시험에 합격하여 발령을 대기하고 있는 자 또는 선거에 의해 당선이 확정된 자 등 공무원 또는 중재인이 될 것이 예정되어 있는 자뿐만 아니라 공직취임의 가능성이 확실하지는 않더라도 어느 정도의 개연성을 갖춘 자를 포함한다고 할 것이다.[426]

② 객 체

본죄의 객체는 뇌물이다. 이에 관하여는 이미 상세히 전술한 바 있다.

③ 행 위

본죄는 담당할 직무에 관하여 청탁을 받고 뇌물을 수수, 요구 또는 약속하는 행위를 그 요건으로 한다.

ⓘ 의 의 　본죄의 실행행위는 수뢰행위이다. 뇌물을 수수, 요구 또는 약속하는 행위이다. 이에 관하여는 수뢰죄에서 전술한 바 있다.

ⓘⓘ 청탁을 받고 　본죄의 수뢰행위는 담당할 직무에 관하여 청탁을 받고 행하여질 것을 요한다. '담당할'이란 장래 상당한 정도의 개연성을 가지고 담당할 가능성이 있다는 것을 의미한다. 직무란 취임할 경우 담당이 예정되고 있는 직무를 말한다. 이러한 의미에서

---

425) 대법원 1999.7.23. 선고 99도1911 판결.
426) 대법원 2010.5.13. 선고 2009도7040 판결.

직무는 상당한 정도의 구체성을 가지고 있지 않으면 안 된다. '관하여'란 담당할 직무 또는 그와 밀접한 관련이 있는 행위에 관하여라는 의미이다. 담당이 예정된 직무와 뇌물은 서로 대가관계에 있어야 한다. 취임을 하였지만 예정된 직무를 담당하지 않은 경우에는 본죄는 성립하지 않는다. 양자 사이에 대가관계가 존재하지 않기 때문이다. 다만 소위 대기발령을 받은 후 예정된 직무에 취임한 경우에는 그 시점에서 본죄가 성립한다.

본죄는 청탁을 받는 것을 범죄의 구성요건요소로 하고 있다. 본죄가 청탁을 받을 것을 요건으로 추가한 것은 뇌물과 직무 사이의 대가관계만을 규정할 때 초래될 수 있는 처벌범위의 확대를 피하기 위한 방책이라고 해석된다. 청탁(請託)이란 일정한 직무행위를 할 것을 의뢰하는 것을 말한다. 부정한 직무행위를 의뢰하든 정당한 직무행위를 의뢰하든 불문한다. 그럼에도 불구하고 청탁은 부정한 행위나 타당성을 결한 행위에 대한 의뢰가 대부분을 차지하고 있는 것이 사실이다. '청탁을 받고'란 그러한 의뢰에 응할 것을 약속하는 것을 의미한다. 직무행위가 부정할 것을 요하지 않으며, 청탁과 약속이 명시적이어야 하는 것도 아니다. 대법원도 "청탁이란 공무원에 대하여 일정한 직무행위를 할 것을 의뢰하는 것을 말하는 것으로서 그 직무행위가 부정한 것인가 하는 점은 묻지 않으며 그 청탁이 반드시 명시적이어야 하는 것도 아니다"라고 판시한 바 있다.[427]

수뢰행위를 긍정한 판례의 구체적 내용은 다음과 같다. 즉,

> 도시개발조합의 임원인 조합장 또는 상무이사로 선출될 상당한 개연성이 있는 피고인들이 그 담당할 직무에 관하여 청탁을 받고 소유권이전등기를 마칠 수 있는 기회를 제공받는 방법으로 이익을 수수한 사안에서, 사전수뢰죄의 성립을 긍정한 사례이다.[428]

2) 주관적 구성요건

본죄는 고의범이다. 공무원 또는 중재인이 될 자라는 인식을 요한다. 행위에 대한 인식이 필요한 것은 수뢰죄에서와 같다. 문제는 공무원 또는 중재인이 되었다는 인식을 요하는가에 있다. 후술하는 바와 같이 공무원 또는 중재인이 된 때의 법적 성질을 구성요건요소설에 의하는 한 공무원 또는 중재인으로 된 것에 대한 인식을 요하게 된다.

3) 미수 · 기수

본죄는 공무원 또는 중재인이 되기 전에 청탁을 받고 뇌물을 요구, 약속하는 시점에서 기수에 이르게 된다.

(2) 죄 수

공무원 또는 중재인이 되기 전에 청탁을 받았더라도 공무원 또는 중재인으로 된 후에 뇌물을 수수한 경우에는 본죄가 아니라 단순수뢰죄만이 성립할 뿐이다.

---

427) 대법원 1999.7.23. 선고 99도1911 판결.

428) 대법원 2010.5.13. 선고 2009도7040 판결; 대법원 2002.11.26. 선고 2002도3539 판결.

3. 처 벌

(1) 법정형

본죄의 법정형은 3년 이하의 징역 또는 7년 이하의 자격정지이다. 뇌물죄에 대한 몰수와 추징에 대한 특례가 본죄에도 그대로 적용된다.

(2) 객관적 처벌조건

본죄는 공무원 또는 중재인이 될 자가 뇌물을 수수·요구·약속함으로써 성립하지만, 행위자가 공무원 또는 중재인이 된 때에 처벌된다. 예정된 직무를 담당하는 직에 취임한 이상 곧바로 본죄는 성립하고 직무에 대한 현실적 집행여부는 묻지 않는다.

문제는 공무원 또는 중재인이 된 때의 법적 성질에 있다. 공무원 또는 중재인으로 된 것은 처벌조건에 지나지 않기 때문에 본죄의 고의의 인식대상으로는 되지 않는다는 객관적 처벌조건설과 공무원 또는 중재인으로 된 것은 구성요건요소이기 때문에 이에 관한 인식이나 적어도 인식가능성을 요한다는 구성요건요소설이 대립하고 있다. 본죄의 고의는 행위 이후의 사실인 공무원 또는 중개인이 된 것에 대한 인식까지 포함하는 것은 아니라고 해야 한다는 점에서 객관적 처벌조건설이 지당하다고 해석된다. 이러한 의미에서 행위 이후의 사실인 공무원 또는 중개인이 된 것에 대한 인식은 사후고의에 해당된다.

Ⅳ. 제삼자 뇌물제공죄

제130조(제삼자뇌물제공) 공무원 또는 중재인이 그 직무에 관하여 부정한 청탁을 받고 제3자에게 뇌물을 공여하게 하거나 공여를 요구 또는 약속한 때에는 5년 이하의 징역 또는 10년 이하의 자격정지에 처한다.

제134조(몰수, 추징) 범인 또는 사정을 아는 제3자가 받은 뇌물 또는 뇌물로 제공하려고 한 금품은 몰수한다. 이를 몰수할 수 없을 경우에는 그 가액을 추징한다.

1. 서 언

(1) 의 의

본죄는 공무원 또는 중재인이 그 직무에 관하여 부정한 청탁을 받고 제3자에게 뇌물을 공여하게 하거나 공여를 요구 또는 약속함으로써 성립하는 범죄이다. 본죄는 공무원 또는 중재인 스스로 뇌물을 수수하는 것이 아니라 제3자에게 수취하게 하는 형태의 범죄이다.

본죄도 다른 뇌물죄에서와 같이 공무원의 직무집행의 공정과 이에 대한 사회의 신뢰 및 직무집행의 불가매수성을 보호법익으로 한다.[429)]

(2) 특 징

본죄는 부정한 청탁을 받을 것을 범죄의 구성요건요소로 하고 있다. 본죄는 부정한 청탁을 요한다는 점에서 아무런 청탁을 요하지 않는 수뢰죄와 다르고, 청탁의 부정여부를 묻지

---

429) 대법원 2008.1.24. 선고 2006도5711 판결.

않는 사전수뢰죄와도 구별된다. 본죄가 '부정한 청탁을 받을 것'을 요건으로 하는 취지는 처벌의 범위가 불명확해지지 않도록 하기 위한 것이다.[430]

(3) 법적 성질

본죄의 법적 성질에 대하여는 본죄는 제3자를 통한 간접수뢰를 규정한 것이라는 간접수뢰죄설과 간접수뢰와는 구별되는 별개의 형태를 규정한 것이라는 독자적 수뢰죄설이 대립하고 있다. 생각건대 본죄는 가족 등 제3자를 통한 간접수뢰라기보다는 제3자를 수뢰자로 보는 독자적 수뢰죄설이 보다 타당하다고 해석된다. 제3자는 행위자와 무관계할 수 있다는 점, 스스로 뇌물을 수수하는 경우의 위험을 회피하기 위하여 외형상 무관계한 제3자에게 뇌물을 제공하게 해놓고 그 후에 그 이익을 사실상 향수하는 탈법적인 방법을 끊을 수 있다는 점, 제3자에게 이익을 제공하게 하는 것 그 자체만으로도 이미 해당 공무원 또는 중재인의 직무의 공정성과 불가매수성 및 그에 대한 사회일반의 신뢰를 침해하는 것이기 때문에 이익의 향수 여하를 불문하고 청탁이 있는 한 처벌의 대상으로 된다는 점 등이 그 근거로 제시될 수 있기 때문이다.

2. 범 죄

(1) 구성요건

1) 객관적 구성요건

① 주 체

본죄의 주체는 공무원 또는 중재인이다. 제3자는 본죄의 주체가 아니다. 제3자는 본죄의 수익자일 뿐이다.

② 객 체

본죄의 객체는 뇌물이다. 뇌물에 대하여 자세한 것은 이미 전술한 바 있다. 여기에서 뇌물이란 공무원의 직무에 관하여 부정한 청탁을 매개로 제3자에게 교부되는 위법·부당한 이익을 말한다.[431] 전술한 수뢰죄에서와 마찬가지로 직무관련성을 요한다.[432]

뇌물을 긍정한 판례의 구체적 내용은 다음과 같다. 즉,

> 형법 제130조 뇌물죄에 있어서의 뇌물성은 형법 제129조 뇌물죄에 있어서와 마찬가지로 직무와의 관련성이 있으면 인정되는 것이고, 그 뇌물을 받는 제3자가 뇌물임을 인식할 것을 요하지 아니하며, 그 뇌물을 제3자에게 공여하게 한 동기를 묻지 아니하므로, 어떤 금품이 공무원의 직무행위와 관련하여 교부된 것이라면 그것이 시주의 형식으로 교부되었고 또 불심에서 우러나온 것이라 하더라도 뇌물임을 면할 수 없다.[433]

---

430) 대법원 2014.9.4. 선고 2011도14482 판결; 대법원 2011.4.14. 선고 2010도12313 판결; 대법원 2009.1.30. 선고 2008도6950 판결; 대법원 2008.6.12. 선고 2006도8568 판결.

431) 대법원 2019.8.29. 선고 2018도13792 전원합의체 판결; 대법원 2007.11.16. 선고 2004도4959 판결; 대법원 2007.1.26. 선고 2004도1632 판결; 대법원 2002.3.15. 선고 2001도970 판결; 대법원 1999.7.23. 선고 99도1911 판결.

432) 대법원 2019.8.29. 선고 2018도13792 전원합의체 판결; 대법원 2007.1.26. 선고 2004도1632 판결.

③ 행 위

본죄는 공무원 또는 중재인이 직무에 관하여 부정한 청탁을 받고 제3자에게 뇌물을 제공하게 하면 성립한다.[434] 공무원이 부정한 청탁에 따라 부정한 행위를 하였을 것을 요하는 것은 아니다.[435]

ⓘ 의 의 본죄의 실행행위는 제공하게 하는 것, 즉 공여하게 하거나 공여를 요구 또는 약속하는 것이다. 공여(供與)란 남에게 이득이 되도록 제공하여 주는 것을 말한다.

'공여하게'란 제3자에게 뇌물을 수취하게 하는 것이다. 단순히 공여하게만 하고 제3자가 수취하지 않은 경우에는 공여를 요구하거나 약속하게 한 것에 그친다. 제3자가 뇌물인 것을 알 필요는 없다.

'공여의 요구'란 공무원 또는 중재인이 상대방에 대하여 제3자에게 뇌물을 공여하도록 의사표시를 하는 것을 말한다. 단순히 뇌물을 요구하는 것만으로는 수뢰죄의 요구죄가 성립하는 것에 지나지 않는다. 제3자는 특정되어 있는 경우가 통상적이겠지만, 예컨대 갑, 을, 병 중 누구와 같이 선택적인 경우에도 문제가 되지 않는다. 상대방이 그 요구에 응할 것을 요하지도 않는다. 요구의 의사표시만으로 본죄가 성립한다. 공여의 요구는 일방적 단독행위만으로도 충분하다는 의미이다.

'공여를 약속하는 것'이란 상대방과의 사이에서 제3자에게 뇌물을 공여하는 것에 대하여 합의하는 것이다. 제3자가 선택적이라도 족한 것은 요구의 경우와 같다. 부랴부랴 약속을 하고 제3자는 나중에 결정하는 경우에도 뇌물의 수수(授受)에 대하여 합의가 성립하고 있는 한 본죄의 성립을 방해하지 않는다. 제3자에 대한 뇌물의 공여가 구성요건요소이지만 제3자를 특정하고 있을 것을 본죄의 본질로 하고 있지 않기 때문이다. 요구의 경우와 같다.

제공하게 하는 행위를 부정한 판례의 구체적 내용은 다음과 같다. 즉,

> 공무원이 직무와 관련 있는 사람에게 제3자를 거래 상대방으로 소개・추천하였다는 것만으로 곧바로 직무에 관한 부정한 이익을 제3자에게 공여하게 하는 행위에 해당한다고 쉽게 단정하여서는 아니 되고, 그 해당 여부는 공무원이 소개・추천에 이르게 된 경위, 그 소개・추천을 통하여 제3자가 얻는 이익의 내용과 이에 대한 공무원의 인식 정도, 소개・추천과 관련하여 공무원이 이익을 기대하였는지 여부, 소개・추천 이후 공무원의 직무행위 내용, 공무원과 직무 관련자 또는 제3자와의 관계 등 여러 사정을 종합적으로 고려하여 판단하여야 할 것이다.[436]

ⓘⓘ 부정한 청탁을 받고 본죄의 실행행위의 전제요건은 직무에 관하여 부정한 청탁을 받는 것이다. 따라서 제3자에게 뇌물을 공여하게 하거나 공여를 요구 또는 약속하게 된 원인은 직무에 관하여 부정한 청탁을 받는 것에 있게 된다. 본죄에서 말하는 직무는 공무원 또는 중재인의 직무를 말하고, 제3자의 그것이 아니라는 것은 문언상 명백하다. '직무에 관하여'라는 직무관련성과 관련하여 본조에서만의 특유한 문제는 없다. 이 외에 제3자에게 공여한

433) 대법원 2006.6.15. 선고 2004도3424 판결.
434) 대법원 2017.3.15. 선고 2016도19659 판결; 대법원 2011.4.14. 선고 2010도12313 판결.
435) 대법원 2007.11.16. 선고 2004도4959 판결.
436) 대법원 2014.9.4. 선고 2011도14482 판결.

이익이 그 공무원 또는 중재인의 직무행위에 대한 대가로서의 성질을 요하는 것은 당연하다.

청탁(請託)이란 공무원에 대하여 일정한 직무집행을 하거나 하지 않을 것을 의뢰하는 행위를 말한다.[437] '부정한 청탁'이란 의뢰한 직무집행 자체가 위법한 것뿐만 아니라 사회상규나 신의성실의 원칙에 위배되는 부당한 경우를 말한다.[438] 나아가 의뢰한 직무집행 그 자체는 위법하거나 부당하지 않더라도 당해 직무집행을 어떤 대가관계와 연결시켜 그 직무집행에 관한 대가의 교부를 내용으로 하는 경우 등을 포함한다.[439] '청탁을 받고'란 직무에 관하여 의뢰를 받고 이에 승낙하는 것을 말한다.

부정한 청탁의 내용은 공무원의 직무와 제3자에게 제공되는 이익 사이의 대가관계를 인정할 수 있을 정도로 특정하면 충분하고, 이미 발생한 현안뿐만 아니라 장래 발생될 것으로 예상되는 현안도 위와 같은 정도로 특정되면 부정한 청탁의 내용이 될 수 있다.[440] 다만 형법상 수뢰죄의 경우 공무원의 직무와 금품의 수수가 전체적으로 대가관계에 있으면 성립하는 것과는 달리, 본죄의 경우 '부정한 청탁'을 범죄성립의 구성요건으로 하고 있고 이는 처벌의 범위가 불명확해지지 않도록 하려는 데 취지가 있으므로, 당사자 사이에 청탁의 부정성을 규정짓는 대가관계에 관한 양해가 없었다면 단지 나중에 제3자에 대한 금품제공이 있었다는 사정만으로 어떠한 직무가 소급하여 부정한 청탁에 의한 것이라고 평가될 수는 없다.[441]

부정한 청탁은 명시적인 의사표시에 의한 것은 물론 묵시적인 의사표시에 의한 것도 가능하다.[442] 묵시적인 의사표시에 의한 부정한 청탁이 있다고 하기 위하여는, 당사자 사이에 청탁의 대상이 되는 직무집행의 내용과 제3자에게 제공되는 금품이 그 직무집행에 대한 대가라는 점에 대하여 공통의 인식이나 양해가 존재하여야 한다.[443] 따라서 그러한 인식이나 양해 없이 막연히 선처하여 줄 것이라는 기대에 의하거나 직무집행과는 무관한 다른

437) 대법원 2014.9.4. 선고 2011도14482 판결.

438) 대법원 2019.8.29. 선고 2018도13792 전원합의체 판결; 대법원 2014.9.4. 선고 2011도14482 판결; 대법원 2011.4.14. 선고 2010도12313 판결; 대법원 2009.1.30. 선고 2008도6950 판결; 대법원 2008.6.12. 선고 2006도8568 판결; 대법원 2007.11.16. 선고 2004도4959 판결; 대법원 2007.1.26. 선고 2004도1632 판결; 대법원 2006.6.15. 선고 2004도3424 판결; 대법원 2002.3.15. 선고 2001도970 판결; 대법원 1999.7.23. 선고 99도1911 판결.

439) 대법원 2019.8.29. 선고 2018도13792 전원합의체 판결; 대법원 2014.9.4. 선고 2011도14482 판결; 대법원 2011.4.14. 선고 2010도12313 판결; 대법원 2009.1.30. 선고 2008도6950 판결; 대법원 2008.6.12. 선고 2006도8568 판결; 대법원 2008.1.24. 선고 2006도5711 판결; 대법원 2007.11.16. 선고 2004도4959 판결; 대법원 2007.1.26. 선고 2004도1632 판결; 대법원 2006.6.15. 선고 2004도3424 판결; 대법원 2002.3.15. 선고 2001도970 판결; 대법원 1999.7.23. 선고 99도1911 판결.

440) 대법원 2019.8.29. 선고 2018도13792 전원합의체 판결.

441) 대법원 2011.4.14. 선고 2010도12313 판결; 대법원 2009.1.30. 선고 2008도6950 판결; 대법원 2007.1.25. 선고 2006도8568 판결.

442) 대법원 2019.8.29. 선고 2018도13792 전원합의체 판결; 대법원 2014.9.4. 선고 2011도14482 판결; 대법원 2011.4.14. 선고 2010도12313 판결; 대법원 2009.1.30. 선고 2008도6950 판결; 대법원 2008.6.12. 선고 2006도8568 판결; 대법원 2007.11.16. 선고 2004도4959 판결.

443) 대법원 2019.8.29. 선고 2018도13792 전원합의체 판결; 대법원 2014.9.4. 선고 2011도14482 판결; 대법원 2011.4.14. 선고 2010도12313 판결; 대법원 2009.1.30. 선고 2008도6950 판결; 대법원 2008.6.12. 선고 2006도8568 판결.

동기에 의하여 제3자에게 금품을 공여한 경우에는 묵시적인 의사표시에 의한 부정한 청탁이 있다고 보기 어렵다.[444] 공무원이 먼저 제3자에게 금품을 공여할 것을 요구한 경우에도 마찬가지이다.[445] 청탁의 대상인 직무행위의 내용도 구체적일 필요가 없다.[446]

직무와 관련된 뇌물에 해당하는지 또는 부정한 청탁이 있었는지를 판단할 때에는 직무와 청탁의 내용, 공무원과 이익 제공자의 관계, 이익의 다과, 수수 경위와 시기 등의 여러 사정과 아울러 직무집행의 공정, 이에 대한 사회의 신뢰와 직무수행의 불가매수성이라고 하는 뇌물죄의 보호법익에 비추어 이익의 수수로 말미암아 사회 일반으로부터 직무집행의 공정성을 의심받게 되는지 등이 기준이 된다.[447]

부정한 청탁을 긍정한 판례의 구체적 내용은 다음과 같다. 즉,

성남시장이 정자・백궁지구의 도시설계변경 및 건축허가 관련 업무를 처리하며 위 지구에 주상복합아파트 건설사업을 추진하는 갑으로부터 이에 관한 편의를 제공해 달라는 묵시적 청탁을 받고, 위 주상복합아파트의 건축설계용역을 을업체에게 도급하여 달라고 갑에게 부탁한 사안에서, 제3자뇌물제공죄의 성립을 인정한 사례이다.[448] 도지사가 제3자로부터 복지재단 출연금의 형태로 거액을 수수한 행위가 관광지구 추가지정 및 관련 절차의 진행에 있어서 이를 총괄하는 도지사로서의 직무와 관련하여 제3자 뇌물공여죄에서 뜻하는 광의의 부정한 청탁을 매개로 이루어진 것으로 본다.[449] 공정거래위원회 위원장인 피고인이 이동통신회사가 속한 그룹의 구조조정본부장으로부터 당해 이동통신회사의 기업결합심사에 대하여 선처를 부탁받으면서 특정 사찰에의 시주를 요청하여 시주금을 제공케 한 사안에서, 그 부탁한 직무가 피고인의 재량권한 내에 속하더라도 형법 제130조에 정한 '부정한 청탁'에 해당하고, 위 시주는 기업결합심사와 관련되어 이루어진 것이라고 판단하여 제3자뇌물수수의 죄책을 인정한 원심의 조치를 수긍한 사례이다.[450]

부정한 청탁을 부정한 판례의 구체적 내용은 다음과 같다. 즉,

구청장인 피고인이 구청 관내의 공사 인・허가와 관련하여 갑 회사로부터 묵시적인 부정한 청탁을 받고 5억 원 상당의 경로당 누각을 제3자인 구(區)에 기부채납하게 하였다는 등의 제3자뇌물제공으로 기소된 사안에서, 공무원인 지방자치단체장이 직무에 관하여 부정한 청탁을 받고 지방자치단체에 금품을 제공하게 하였다면 공무원 개인이 금품을 취득한 경우와 동일시할 수는 없고 그 공무원이 단체를 대표하는 지위에 있는 경우에도 마찬가지여서 형법 제130조의 제3자 뇌물제공죄가 성립할 수 있으므로, 이와 달리 위 기부채납 재산을 취득한 지방자치단체인 구는 '제3자뇌물제공죄의 제3자'가 될 수 없다고 본 원심판단에 잘못이 있으나, 제반 사정에 비추어 갑 회사의

444) 대법원 2014.9.4. 선고 2011도14482 판결; 대법원 2011.4.14. 선고 2010도12313 판결; 대법원 2009.1.30. 선고 2008도6950 판결; 대법원 2008.6.12. 선고 2006도8568 판결.

445) 대법원 2009.1.30. 선고 2008도6950 판결.

446) 대법원 2019.8.29. 선고 2018도13792 전원합의체 판결; 대법원 2017.3.15. 선고 2016도19659 판결; 대법원 2007.1.26. 선고 2004도1632 판결.

447) 대법원 2019.8.29. 선고 2018도13792 전원합의체 판결; 대법원 2007.11.16. 선고 2004도4959 판결; 대법원 2007.1.26. 선고 2004도1632 판결; 대법원 2002.3.15. 선고 2001도970 판결; 대법원 1999.7.23. 선고 99도1911 판결.

448) 대법원 2007.11.16. 선고 2004도4959 판결.

449) 대법원 2007.1.26. 선고 2004도1632 판결.

450) 대법원 2006.6.15. 선고 2004도3424 판결.

관계자들이 피고인의 요구를 받고 위 누각을 구에 기부채납한 것이 피고인의 직무와 관련한 부정한 청탁의 대가로 제공된 것이라고 단정할 수 없다는 이유로, 피고인에게 무죄를 선고한 원심판단의 결론은 정당하다.[451] 대통령비서실 정책실장이 기업관계자들에게 기업 메세나(Mecenat) 활동의 일환인 미술관 전시회 후원을 요청하여 기업관계자들이 특정 미술관에 후원금을 지급한 사안에서, 직권남용권리행사방해죄 및 제3자뇌물공여죄가 성립하지 않는다.[452] 청탁의 부정성을 규정짓는 이러한 대가관계에 관한 양해가 명시적이든 묵시적이든 당사자 사이에 존재하여야 하며, 이와 같이 청탁과 관련하여 대가관계에 대한 양해가 존재하지 않는다면 단지 나중에 제3자에 대한 금품 수수가 있었다는 사정만으로 소급하여 청탁이 부정한 것으로 평가할 수는 없는 것이고, 적어도 당사자들이 제3자에 대한 금품의 지급 여부를 청탁 및 직무집행 당시까지 전혀 예견조차 하지 못하였음이 명백하고, 제3자에 대한 금품의 지급이 다른 동기에 의하여 결정되었을 개연성도 있다면, 비록 당사자가 상정한 청탁의 대가에 해당하는 부분은 그 죄책을 물을 수 있다 하더라도, 그 이외의 부분까지 청탁 당시에 대가관계의 연결에 관한 인식이나 양해가 있었던 것으로 보아 부정한 청탁에 해당한다고 단정하기는 곤란할 것이다.[453] 제3자 뇌물공여죄에 있어서 '부정한 청탁'에 관해서는, 그 청탁의 대상이 된 직무집행이 위법 · 부당하지 않더라도 당해 직무집행을 어떤 대가관계와 연결시켜 그 직무집행에 관한 대가의 교부를 내용으로 하는 경우 이를 의연 '부정한 청탁'에 해당하는 것으로 볼 수 있지만, 건설공사의 적정한 시공과 건설산업의 건전한 발전을 도모하는 데 그 목적을 두고 일반적인 건설산업 종사자 모두에 대해 적용하는 건설산업기본법 제38조의2 위반죄에 있어서까지 '부정한 청탁'을 그와 같이 엄격히 해석하여야 한다고 볼 수 없다.[454]

ⅲ 제3자 본죄의 상대방인 증뢰자로부터 뇌물을 받거나 받게 될 수익자는 제3자이다. 제3자는 본죄의 행위자가 아니다. 제3자는 본죄의 주체인 공무원 또는 중재인 이외의 자를 말한다. 제3자는 공무원 또는 중재인과 정범 이외의 자이다. 정범이란 공동정범자를 말하고, 정범 이외의 자란 교사범과 종범을 의미한다. 대법원도 "제3자란 행위자와 공동정범 이외의 사람을 말하고, 교사자나 방조자도 포함될 수 있다"고 판시한 바 있다.[455] 제3자는 자연인에 한하지 않는다. 법인이나 법인격 없는 단체 등도 제3자가 될 수 있다.

그러나 본죄의 주체인 공무원 또는 중재인의 가족은 제3자가 될 수 없다. 이 경우 뇌물은 공무원 또는 중재인에 대한 것이라는 것이 명백하여 통상은 수뢰죄의 성립에 그칠 것이기 때문이다. 본죄는 공무원이나 중재인 및 증뢰자 사이에서 세3자에게 뇌물을 공여하게 하거나 이를 요구 또는 약속함으로써 성립하기 때문에 제3자가 뇌물을 수수하였을 것을 요하지 않는다. 뿐만 아니라 제3자 뇌물인 것을 알았는가도 묻지 않는다. 제3자 중에서 뇌물인 정을 알고 있는 전형적인 경우는 본죄의 교사범과 방조범일 뿐이다.

2) 주관적 구성요건

본죄는 고의범이다. 공무원 또는 중재인에게는 그 직무에 관하여 부정한 청탁을 받고

451) 대법원 2011.4.14. 선고 2010도12313 판결.
452) 대법원 2009.1.30. 선고 2008도6950 판결.
453) 대법원 2008.6.12. 선고 2006도8568 판결.
454) 대법원 2008.1.24. 선고 2006도5711 판결.
455) 대법원 2017.3.15. 선고 2016도19659 판결.

제3자에게 뇌물을 공여하게 하거나 공여를 요구 또는 약속한다는 사실에 대한 인식을 요한다. 그러나 뇌물을 받는 제3자에게는 뇌물에 대한 인식을 요하지 않는다.[456)]

3) 미수 · 기수

본죄는 뇌물을 공여하게 하거나 공여를 요구 또는 약속한 때에 기수에 달한다. 실제로 부정한 처사를 하였을 것을 요하지 않는다.[457)]

4) 공 범

본죄는 필요적 공범으로서 대향자 일방과 타방 사이에서는 총칙상 공범에 관한 규정이 적용될 수 없다는 점에 대하여는 이견이 없다. 그러나 대향자 일방의 내부자간이나 타방의 내부자 사이에서는 총칙상 공범규정의 적용이 불가능한 것은 아니라고 해야 한다. 또 본죄의 대향자 일방이나 타방에 비신분자가 가담한 경우에는 총칙상의 공범과 신분에 관한 규정이 적용되지 않아야 할 이유가 없다. 예컨대 비공무원 또는 비중재인도 공동정범으로서 본죄의 주체가 될 수 있다.

공범을 긍정한 판례의 구체적 내용은 다음과 같다. 즉,

> 공무원 또는 중재인이 부정한 청탁을 받고 제3자에게 뇌물을 제공하게 하고 제3자가 그러한 공무원 또는 중재인의 범죄행위를 알면서 방조한 경우에는 그에 대한 별도의 처벌규정이 없더라도 방조범에 관한 형법총칙의 규정이 적용되어 제3자 뇌물수수방조죄가 인정될 수 있다.[458)] 제3자 뇌물공여 교사행위에 대하여 형법 제31조 제1항, 제130조를 적용하여 형법상의 제3자 뇌물공여 교사죄로 기소한 경우, 비록 구성요건이 동일하더라도 공소장변경 없이 형이 더 무거운 특정범죄 가중처벌 등에 관한 법률 제2조 제1항, 형법 제31조 제1항, 제130조를 적용하여 처벌할 수 없다.[459)]

(2) 책임조각사유

본죄에도 책임조각사유가 존재하는 경우 책임이 조각되는 것은 당연하다. 기대불가능성은 총칙상 책임조각사유 중의 하나이다. 책임조각사유를 부정한 판례의 구체적 내용은 다음과 같다. 즉,

> 피고인이 비서라는 특수신분때문에 주종관계에 있는 공동피고인들의 지시를 거절할 수 없어 뇌물을 공여한 것이었다 하더라도 그와 같은 사정만으로는 피고인에게 뇌물공여 이외의 반대행위를 기대할 수 없는 경우였다고 볼 수 없다.[460)]

3. 처 벌

본죄의 법정형은 5년 이하의 징역 또는 10년 이하의 자격정지이다. 본죄에 대하여도

---

456) 대법원 2019.8.29. 선고 2018도13792 전원합의체 판결.
457) 대법원 2007.1.26. 선고 2004도1632 판결.
458) 대법원 2017.3.15. 선고 2016도19659 판결.
459) 대법원 2008.3.14. 선고 2007도10601 판결; 대법원 2007.12.27. 선고 2007도4749 판결.
460) 대법원 1983.3.8. 선고 82도2873 판결.

뇌물죄에 대한 몰수와 추징에 대한 특례가 적용된다.

V. 수뢰후부정처사죄

제131조(수뢰후부정처사, 사후수뢰) ① 공무원 또는 중재인이 전2조의 죄를 범하여 부정한 행위를 한 때에는 1년 이상의 유기징역에 처한다.

제134조(몰수, 추징) 범인 또는 사정을 아는 제3자가 받은 뇌물 또는 뇌물로 제공하려고 한 금품은 몰수한다. 이를 몰수할 수 없을 경우에는 그 가액을 추징한다.

1. 서 언

본죄는 공무원 또는 중재인이 전2조의 죄를 범하여 부정한 행위를 함으로써 성립하는 범죄를 말한다. 따라서 본죄는 공무원 또는 중재인이 수뢰죄(제129조 제1항), 사전수뢰죄(제129조 제2항) 또는 제3자뇌물제공죄(제130조)의 뇌물죄를 범하고 부정한 행위를 한 때에 성립한다. 본죄는 공무원 또는 중재인이 수뢰행위를 하였을 뿐만 아니라 부정한 행위를 한 점에 대하여 형을 가중하여 처벌하는 가중적 구성요건이라고 할 수 있다.

2. 범 죄

본죄의 실행행위는 부정한 행위를 하는 것이다. 부정한 행위란 직무에 위배되는 일체의 행위를 말하는 것으로 직무행위 자체는 물론 그것과 객관적으로 관련 있는 행위까지를 포함한다.[461] 다만 그것은 직무위반행위일 것을 요하므로 직무 이외의 사적 행위에 대하여 부정한 행위가 있어도 본죄는 성립하지 않는다. 작위나 부작위의 결과 현실적 손해를 요하는 것은 아니다.

전2조의 죄를 '범하여'란 전2조의 죄와 부정한 행위 사이에 인과관계를 요한다는 취지이다. 따라서 '범하여'는 전2조의 죄가 원인이 되어 그 결과로서 부정한 행위를 한다는 것을 의미하는 것이라고 해석된다. 따라서 수뢰죄 이외의 수뢰에 있어서는 청탁을 요하기 때문에 양자의 인과관계가 명료하지만, 수뢰죄의 경우에는 증뢰의 취지를 수뢰자가 인지한 다음 그로 인하여 부정행위를 할 것이 필요하게 된다. 본죄는 부정한 행위를 한 때에 기수에 이르게 된다.

부정한 행위를 부정한 판례의 구체적 내용은 다음과 같다. 즉,

> 과세 대상에 관한 규정이 명확하지 않고 그에 관한 확립된 선례도 없었던 경우, 공무원이 주식회사로부터 뇌물을 받은 후 관계 법령에 대한 충분한 연구, 검토 없이 위 회사에 유리한 쪽으로 법령을 해석하여 감액처분하였더라도 위 감액처분이 위법하지 않으면 그 공무원이 수뢰 후 '부정한 행위'를 한 것으로서 수뢰후부정처사죄를 범하였다고 볼 수는 없다.[462]

본죄의 죄수에 관한 판례의 구체적 내용은 다음과 같다. 즉,

---

461) 대법원 2003.6.13. 선고 2003도1060 판결.

462) 대법원 1995.12.12. 선고 95도2320 판결.

형법 제131조 제1항의 수뢰후부정처사죄에 있어서 공무원이 수뢰후 행한 부정행위가 공도화변조 및 동행사죄와 같이 보호법익을 달리하는 별개 범죄의 구성요건을 충족하는 경우에는 수뢰후부정처사죄 외에 별도로 공도화변조 및 동행사죄가 성립하고 이들 죄와 수뢰후부정처사죄는 각각 상상적 경합 관계에 있다고 할 것인바, 이와 같이 공도화변조죄와 동행사죄가 수뢰후부정처사죄와 각각 상상적 경합범 관계에 있을 때에는 공도화변조죄와 동행사죄 상호간은 실체적 경합범 관계에 있다고 할지라도 상상적 경합범 관계에 있는 수뢰후부정처사죄와 대비하여 가장 중한 죄에 정한 형으로 처단하면 족한 것이고 따로이 경합범 가중을 할 필요가 없다.[463] 예비군 중대장이 그 소속 예비군으로부터 금원을 교부받고 그 예비군이 예비군훈련에 불참하였음에도 불구하고 참석한 것처럼 허위내용의 중대학급편성명부를 작성, 행사한 경우라면 수뢰후 부정처사죄 외에 별도로 허위공문서작성 및 동행사죄가 성립하고 이들 죄와 수뢰후 부정처사죄는 각각 상상적 경합관계에 있다고 할 것이다.[464]

3. 처 벌

본죄의 법정형은 1년 이상의 유기징역이다. 본죄에 대하여도 뇌물죄에 대한 몰수와 추징에 대한 특례가 적용된다.

Ⅵ. 부정처사후수뢰죄

제131조(수뢰후부정처사, 사후수뢰) ② 공무원 또는 중재인이 그 직무상 부정한 행위를 한 후 뇌물을 수수, 요구 또는 약속하거나 제삼자에게 이를 공여하게 하거나 공여를 요구 또는 약속한 때에도 전항의 형과 같다.

제134조(몰수, 추징) 범인 또는 사정을 아는 제3자가 받은 뇌물 또는 뇌물로 제공하려고 한 금품은 몰수한다. 이를 몰수할 수 없을 경우에는 그 가액을 추징한다.

1. 서 언

본죄는 공무원 또는 중재인이 그 직무상 부정한 행위를 한 후 뇌물을 수수, 요구 또는 약속하거나 제삼자에게 이를 공여하게 하거나 공여를 요구 또는 약속함으로써 성립하는 범죄를 말한다. 부정행위와 뇌물죄가 결합되어 형이 가중되는 경우라는 의미에서 가중수뢰죄라고도 한다.

2. 범 죄

본죄의 주체는 공무원 또는 중재인이다. 본죄의 공무원 또는 중재인은 현직자라는 점에서 전술한 공무원 또는 중재인이 될 예정자인 사전수뢰죄나 후술할 공무원 또는 중재인이었던 전직자인 퇴직후수뢰죄와 구별된다.

본죄의 실행행위는 그 직무상 부정한 행위를 한 후 뇌물을 수수, 요구 또는 약속하거나 제삼자에게 이를 공여하게 하거나 공여를 요구 또는 약속하는 것이다. 직무상이란 직무에

463) 대법원 2001.2.9. 선고 2000도1216 판결.
464) 대법원 1983.7.26. 선고 83도1378 판결.

관하여라는 의미이다. 법령상 관장하는 직무에 한하지 않고 그 직무에 밀접한 관계를 가지는 준직무행위 또는 사실상 소관하는 직무행위를 포함한다. 구체적으로 담당하고 있는 사무일 것을 요하지 않는 것은 당연하다. 작위나 부작위로서의 부정행위와 구체적인 수뢰행위 사이에는 원인과 결과라는 인과관계가 필요하다. 여기의 인과관계도 내용적으로는 사전수뢰죄의 그것과 같다.

수뢰를 긍정한 판례의 구체적 내용은 다음과 같다. 즉,

공무원인 의사가 허위의 진단서를 작성한 행위에 대하여 허위공문서작성죄와 허위진단서작성죄의 상상적 경합을 인정한 원심의 판단이 법률 적용을 그르친 잘못이 있다고 할 것이나, 원심이 이와 실체적 경합범 관계에 있으며 형이 중한 부정처사후수뢰죄에 정한 형에 경합범 가중을 하여 처단형을 정하였으므로, 원심의 죄수 평가의 잘못이 판결 결과에 영향을 미쳤다고 보기 어렵다.[465] 행정청의 내부방침에 위배하여 허위의 복명서를 작성한 후 대규모소매점개설신고서를 수리한 직무위배 행위 역시 형법 제131조 제2항소정의 '직무상 부정한 행위'에 해당되고, 관계 법령상 대규모소매점개설신고의 요건을 심사하여 수리 여부를 결정할 수 있는 권한이 행정청에 있는 것이 아니라 하여 달리 볼 것은 아니다.[466] 공사의 입찰업무를 담당하고 있는 장교가 비밀로 하여야 할 그 공사의 입찰예정가격을 응찰자에게 미리 알려준 소위는 직무에 위배되는 행위로서 형법 제141조 제2항의 부정한 행위에 해당한다 할 것이어서 입찰이 끝난 후 20여일이 경과한 후 전속시의 전별금 명목으로 금원을 받았다 하더라도 이는 직무행위의 부정행위와 관련된 금품의 수수에 해당하므로 사후 수뢰죄를 구성한다.[467] 사건을 잘보아 달라는 청탁을 받고 불리하게 되어 있는 기존의 각 조서를 파기소각하는 부정을 한 후 금원을 수수한 행위에 대하여는 본조 제2항을 적용하여야지 본법 제129조 제1항을 적용한 것은 잘못이다.[468]

3. 처 벌

본죄의 법정형은 수뢰후부정처사죄의 그것과 같다. 양죄의 법정형은 각각 1년 이상의 유기징역으로서 동일하다. 본죄에 대하여도 뇌물죄에 대한 몰수와 추징에 대한 특례가 적용된다.

Ⅶ. 사후수뢰죄

제131조(수뢰후부정처사, 사후수뢰) ③ 공무원 또는 중재인이었던 자가 그 재직 중에 청탁을 받고 직무상 부정한 행위를 한 후 뇌물을 수수, 요구 또는 약속한 때에는 5년 이하의 징역 또는 10년 이하의 자격정지에 처한다.
④ 전3항의 경우에는 10년 이하의 자격정지를 병과할 수 있다.

제134조(몰수, 추징) 범인 또는 사정을 아는 제3자가 받은 뇌물 또는 뇌물로 제공하려고 한 금품은 몰수한다. 이를 몰수할 수 없을 경우에는 그 가액을 추징한다.

465) 대법원 2004.4.9. 선고 2003도7762 판결.
466) 대법원 1996.8.23. 선고 96도1231 판결.
467) 대법원 1983.4.26. 선고 82도2095 판결.
468) 대법원 1958.9.12. 선고 4291형상271 판결.

1. 서 언

본죄는 공무원 또는 중재인이었던 자가 그 재직 중에 청탁을 받고 직무상 부정한 행위를 한 후 뇌물을 수수, 요구 또는 약속함으로써 성립하는 범죄이다. 본죄는 공무원 또는 중재인이 퇴직후 재직중에 청탁을 받고 행한 부정한 직무행위에 관하여 수뢰한 경우를 처벌하는 것이다.

사전수뢰죄와 대칭되는 조문의 제목이라고 할 수 있다. 견해에 따라서는 전직자라는 점에 착안하여 퇴직후수뢰죄라고도 불리어진다. 본죄는 주체상의 차이를 제외하면 내용상으로 사전수뢰죄와 같은 구조를 가진다고 할 수 있다. 본죄는 공무원 또는 중재인이 전직자라는 점에서 현직자인 부정처사후수뢰죄와 구별되고, 제삼자에게 이를 공여하게 하거나 공여를 요구 또는 약속과 같은 제3자 공뢰의 유형을 처벌하지 않는다는 점에서 이를 처벌하는 부정처사후수뢰죄와 또 구별되고 있다.

2. 범 죄

본죄의 주체는 공무원 또는 중재인이었던 자이다. 본죄는 주체가 전직자(前職者)라는 점에서 현직자(現職者)인 부정처사후수뢰죄와 구별되고 있다.

본죄의 실행행위는 재직 중에 청탁을 받고 직무상 부정한 행위를 한 후 뇌물을 수수, 요구 또는 약속하는 것이다. 전술한 바와 같이 제삼자에게 뇌물을 공여하게 하거나 공여를 요구 또는 약속하는 것을 포함하지 않는다는 점에서 부정처사후수뢰죄와 구별되고 있다. 본죄의 특징은 재직중 청탁에 의한 부정한 행위와 퇴직후 뇌물에 대한 수수, 요구, 약속행위가 원인과 결과의 인과관계로 연결되어 있다는 점에 있다.

재직중에 뇌물을 요구, 약속하고 퇴직 후에는 그에 근거하여 뇌물을 수수한 경우 재직중의 요구, 약속에 관하여는 수뢰죄가 성립하고 퇴직 후 뇌물을 수수한 행위는 앞의 수뢰죄에 흡수된다.

3. 처 벌

본죄의 법정형은 5년 이하의 징역 또는 10년 이하의 자격정지이다. 또 10년 이하의 자격정지를 병과할 수 있다. 본죄에 대하여도 뇌물죄에 대한 몰수와 추징에 대한 특례가 적용된다.

Ⅷ. 알선수뢰죄

제132조(알선수뢰) 공무원이 그 지위를 이용하여 다른 공무원의 직무에 속한 사항의 알선에 관하여 뇌물을 수수, 요구 또는 약속한 때에는 3년 이하의 징역 또는 7년 이하의 자격정지에 처한다.

제134조(몰수, 추징) 범인 또는 사정을 아는 제3자가 받은 뇌물 또는 뇌물로 제공하려고 한 금품은 몰수한다. 이를 몰수할 수 없을 경우에는 그 가액을 추징한다.

1. 서 언

(1) 의 의

본죄는 공무원이 그 지위를 이용하여 다른 공무원의 직무에 속한 사항의 알선에 관하여 뇌물을 수수, 요구 또는 약속함으로써 성립하는 범죄이다. 본죄는 공무원이 공무원으로서의 입장에서 다른 공무원의 직무에 관하여 알선하고 그것에 대하여 뇌물을 수수하는 행위 등을 처벌하는 것이다. 공무원이 자기의 직무행위의 대가로서 뇌물을 수수하는 것이 아니라는 점에서 다른 뇌물죄와 성격을 달리한다.

(2) 입법취지

본죄는 공무원, 특히 국회의원 등의 선거직 공무원이 그 지위와 관련된 사실상의 영향력을 이용하여 다른 공무원의 소관사항에 대하여 알선행위를 하고 그에 대해 사례를 취득하는 행위가 사회문제화되고, 이러한 행위를 방치하면 정치와 행정의 부패를 초래한다는 이유에서 규정되었다.

2. 범 죄

(1) 구성요건

1) 객관적 구성요건

① 주 체

본죄의 주체는 공무원이다. 중재인은 포함되지 않는다. 사실상의 영향력을 행사한다는 점에서 보면 주체를 공무원에게만 한정할 필요는 없지만, 입법자는 본죄의 주체를 공무원으로만 한정하고 있다. 공무원이었던 자와 공무원이 되려고 하는 자도 주체로 될 수 없다. 본죄의 주체가 되기 위해서는 적어도 당해 직무를 처리하는 다른 공무원과 직무상 직접 또는 간접의 연관관계를 가지고 법률상 또는 사실상 영향력을 미칠 수 있는 지위에 있는 공무원이어야 한다.[469] 공무원의 종류와 직위여하를 불문하고 공무원의 지위에 있다하여 모두 알선수뢰죄의 주체가 되는 것은 아니다.[470]

② 객 체

본죄의 객체는 뇌물이다. 다만 본죄에 있어서의 뇌물은 알선공무원이 직무공무원에게 직무위반행위를 하도록 하는 알선행위에 대한 대가라고 할 때에는 일반적인 뇌물죄에 있어서의 뇌물개념보다는 다소 넓은 의미를 가질 여지가 있다.

뇌물을 부정한 판례의 구체적 내용은 다음과 같다. 즉,

> 자동차를 뇌물로 제공한 경우 자동차등록원부에 뇌물수수자가 그 소유자로 등록되지 않았다고

469) 대법원 1988.1.19. 선고 86도1138 판결; 대법원 1984.1.31. 선고 83도3015 판결; 대법원 1983.8.23. 선고 82도956 판결; 대법원 1982.6.8. 선고 82도403 판결; 대법원 1979.11.13. 선고 79도1928 판결; 대법원 1973.2.13. 선고 66도403 판결; 대법원 1968.12.17. 선고 68도1303 판결.

470) 대법원 1984.1.31. 선고 83도3015 판결; 대법원 1982.6.8. 선고 82도403 판결; 대법원 1973.2.13. 선고 66도403 판결.

하더라도 자동차의 사실상 소유자로서 자동차에 대한 실질적인 사용 및 처분권한이 있다면 자동차 자체를 뇌물로 취득한 것으로 보아야 한다. 그러나 피고인에게 뇌물로 제공되었다는 자동차는 리스차량으로 리스회사 명의로 등록되어 있는 점, 피고인이 처분승낙서, 권리확인서 등 원하는 경우 소유권이전을 할 수 있는 서류를 소지하고 있지도 아니한 점, 리스계약상 리스계약이 기간만료 또는 리스료 연체로 종료되어 리스회사에서 위 승용차의 반환을 구하는 경우 피고인은 이에 응할 수밖에 없다고 보이는 점 등에 비추어 볼 때 피고인에게 위 승용차에 대한 실질적 처분권한이 있다고 할 수 없어 자동차 자체를 뇌물로 수수한 것으로 볼 수 없다.[471)]

③ 행 위

본죄의 실행행위는 수뢰이다. 공무원이 그 지위를 이용하여 다른 공무원의 직무에 속한 사항의 알선에 관하여 뇌물을 수수, 요구 또는 약속하는 것이다.

ⓘ 지위의 이용　　공무원이 '그 지위를 이용하여'란 친구, 친족관계 등 사적인 관계를 이용하는 경우이거나 단순히 공무원으로서의 신분이 있다는 것만을 이용하는 경우에는 여기에 해당한다고 볼 수 없으나, 다른 공무원이 취급하는 업무처리에 법률상 또는 사실상으로 영향을 줄 수 있는 공무원이 그 지위를 이용하는 경우에는 여기에 해당하고 그 사이에 반드시 상하관계, 협동관계, 감독권한 등의 특수한 관계에 있거나 같은 부서에 근무할 것을 요하는 것은 아니다.[472)]

ⓘⓘ 알선행위　　알선(斡旋)이란 다른 공무원의 직무에 속한 일정한 사항에 대하여 중개하는 것을 말한다. 청탁의 유무는 불문한다. 알선행위는 직무에 속하는 사항에 관한 것이면 되는 것이지 그것이 반드시 부정행위라거나 그 직무에 관하여 결재권한이나 최종 결정권한을 갖고 있어야만 하는 것은 아니다.[473)]

ⓘⓘⓘ 수수 · 요구 · 약속　　수수(收受)란 다른 공무원의 직무에 속한 사항을 알선한다는 명목으로 뇌물을 수수하는 행위로서 반드시 알선의 상대방인 다른 공무원이나 그 직무의 내용을 구체적으로 특정할 필요까지는 없다.[474)] 알선행위는 장래의 것이라도 무방하므로, 뇌물을 수수할 당시 상대방에게 알선에 의하여 해결을 도모하여야 할 현안이 반드시 존재하여야 할 필요는 없다.[475)] 그러나 알선뇌물수수죄가 성립하려면 알선할 사항이 다른 공무원의 직무에 속하는 사항으로서 뇌물수수의 명목이 그 사항의 알선에 관련된 것임이 어느 정도는 구체적으로 나타나야 한다.[476)] 단지 상대방으로 하여금 뇌물을 수수하는 자에게 잘

471) 대법원 2006.4.27. 선고 2006도735 판결

472) 대법원 2010.11.25. 선고 2010도11460 판결; 대법원 2006.4.27. 선고 2006도735 판결; 대법원 2005.11.10. 선고 2004도42 판결; 대법원 2001.10.12. 선고 99도5294 판결; 대법원 1999.6.25. 선고 99도1900 판결; 대법원 1995.1.12. 선고 94도2687 판결; 대법원 1994.10.21. 선고 94도852 판결; 대법원 1993.7.13. 선고 93도1056 판결; 대법원 1992.5.8. 선고 92도532 판결; 대법원 1991.7.23. 선고 91도 1190 판결; 대법원 1990.8.10. 선고 90도665 판결; 대법원 1971.3.31. 선고 70도2743 판결.

473) 대법원 2006.4.27. 선고 2006도735 판결; 대법원 1993.7.13. 선고 93도1056 판결; 대법원 1992.5.8. 선고 92도532 판결; 대법원 1989.12.26. 선고 89도2018 판결.

474) 대법원 2017.12.22. 선고 2017도12346 판결; 대법원 2013.4.11. 선고 2012도16277 판결; 대법원 2009.7.23. 선고 2009도3924 판결; 대법원 2004.11.12. 선고 2004도5655 판결.

475) 대법원 2017.12.22. 선고 2017도12346 판결; 대법원 2013.4.11. 선고 2012도16277 판결; 대법원 2009.7.23. 선고 2009도3924 판결; 대법원 2004.11.12. 선고 2004도5655 판결.

보이면 어떤 도움을 받을 수 있다거나 손해를 입을 염려가 없다는 정도의 막연한 기대감을 갖게 하는 정도에 불과하고, 뇌물을 수수하는 자 역시 상대방이 그러한 기대감을 가질 것이라고 짐작하면서 수수하였다는 사정만으로는 알선뇌물수수죄가 성립하지 않는다.[477]

요구(要求)란 다른 공무원의 직무에 속한 사항을 알선한다는 명목으로 뇌물을 요구하는 행위로서 반드시 알선의 상대방인 다른 공무원이나 그 직무의 내용이 구체적으로 특정될 필요까지는 없지만, 알선뇌물요구죄가 성립하려면 알선할 사항이 다른 공무원의 직무에 속하는 사항으로서 뇌물요구의 명목이 그 사항의 알선에 관련된 것임이 어느 정도 구체적으로 나타나야 한다.[478] 단지 상대방으로 하여금 뇌물을 요구하는 자에게 잘 보이면 그로부터 어떤 도움을 받을 수 있다거나 손해를 입을 염려가 없다는 정도의 막연한 기대감을 갖게 하는 정도에 불과하고, 뇌물을 요구하는 자 역시 상대방이 그러한 기대감을 가질 것이라고 짐작하면서 뇌물을 요구하였다는 정도의 사정만으로는 알선뇌물요구죄가 성립한다고 볼 수 없다.[479] 한편 여기서 말하는 알선행위는 장래의 것이라도 무방하므로, 알선뇌물요구죄가 성립하기 위하여는 뇌물을 요구할 당시 반드시 상대방에게 알선에 의하여 해결을 도모하여야 할 현안이 존재하여야 할 필요는 없다.[480]

수뢰를 긍정한 판례의 구체적 내용은 다음과 같다. 즉,

> 지방공기업법 제83조는 지방공사의 임원 및 직원을 형법 제129조 내지 제132조의 적용에 있어서 공무원으로 보도록 규정하고 있으며, 서울시 지하철공사는 위 규정이 적용되는 지방공사의 하나이므로, 피고인이 서울시 지하철공사의 임직원의 직무에 속한 사항의 알선에 관하여 뇌물을 수수하였다면 이는 형법 제132조에 해당하는 것이다.[481] 피고인이 1989.7.10.부터 1990.2.16.까지 전라북도경찰국 면허계 기능반 경찰공무원(경장)으로 근무를 하였고, 이 사건 당시 전라북도경찰국 산하 진안경찰서 수사과 수사계장으로서 근무하고 있었다면, 피고인은 전라북도 자동차운전면허 발급담당공무원의 직무에 관하여 사실상의 영향력을 행사할 수 있는 지위에 있었다고 볼 수 있을 것이므로, 원심이 같은 취지에서 피고인이 그 지위를 이용하여 자동차운전면허 발급담당공무원의 직무에 속한 사항의 알선에 관하여 수뢰하였다고 인정한 조치는 수긍할 수 있고, 거기에 소론과 같은 위법이 없다.[482] 피고인이 공소외 C가 근무하는 군산시청 D계장이었고 이 사건 당시 같은 시청 E계장으로 근무하고 있었다면 이에 터잡아 위 C의 직무에 관하여 시실상의 영향력을 행사할 수 있는 지위에 있었다고 인정할 수 있을 것이다.[483] 토지구획정리사업 등의 업무를 담당하던 시청 도시계장이 토지구획정리사업시행 여부를 결정하기 위하여 현지에 답사차 내려 온 건설부 소속 공무원들에게 청탁하여 사업시행인가가 날 수 있도록 하여 달라는 명목으로 지급하는 금원을 교부 받았다

476) 대법원 2017.12.22. 선고 2017도12346 판결; 대법원 2009.7.23. 선고 2009도3924 판결; 대법원 2004.11.12. 선고 2004도5655 판결.

477) 대법원 2017.12.22. 선고 2017도12346 판결; 대법원 2009.7.23. 선고 2009도3924 판결; 대법원 2004.11.12. 선고 2004도5655 판결.

478) 대법원 2009.7.23. 선고 2009도3924 판결.

479) 대법원 2009.7.23. 선고 2009도3924 판결.

480) 대법원 2009.7.23. 선고 2009도3924 판결.

481) 대법원 2001.10.12. 선고 99도5294 판결.

482) 대법원 1995.1.12. 선고 94도2687 판결.

483) 대법원 1993.7.13. 선고 93도1056 판결.

면 알선수뢰죄에 해당한다.484) 구청 지역경제과 지역경제계장인 피고인이 갑으로부터 직전에 피고인이 그 계장으로 근무하였던 지적과 지정계의 담당직원들에게 부탁하여 규제구역 안에 있는 토지 등의 거래계약허가를 받도록 알선하여 달라는 청탁을 받고, 그에게 그에 관한 업무를 취급하는 지정계장인 을을 소개하여 주고, 을에게 허가를 받을 수 있는 것인지의 여부를 알아 본 다음 그와 함께 현장에 가서 그 점을 확인하기까지 하였을 뿐더러, 을이 뇌물을 받은 후 토지 등의 거래허가가 되자 피고인은 갑으로부터 위와 같이 알선하여 준데 대한 사례비의 명목으로 금 1,400,000원을 교부받았다면 피고인이 그 지위를 이용하여 다른 공무원에게 사실상의 영향력을 행사함으로써 그의 직무에 관한 사항에 관하여 알선을 하고 그에 관하여 뇌물을 교부받은 것이라고 보아야 한다.485) 피고인이 남광주세무서 징세계장인 공소외인의 전임자였고 이사건 당시에 서광주세무서 징세계장으로 근무하고 있었다면 이사건 압류재산의 공매담당자인 위 공소외인의 직무에 관하여 사실상의 영향력을 행사할 수 있는 지위에 있었다고 할 것이다.486) 서울시 공무원으로 11년 이상 근무하여 왔고 5급 별정직의 신분으로 서울시 부시장의 비서관으로 재직하던 자가 시청 관재과 소속공무원에게 부탁하여 체비지를 불하받도록 하여 주겠다고 약속하고 그 교제비로 금원을 교부받았다면, 이는 체비지 불하업무를 취급하는 시청 관재과 소속 공무원과의 사이에 직무상 연관관계를 가지고 사실상 어떤 영향력을 미칠 수 있는 지위를 이용하여 그 공무원의 직무에 속하는 사항의 알선에 관하여 뇌물을 수수한 것이라고 봄이 상당하다.487) 노동부 직업안정국 고용대책과장은 그 관장업무에 비추어 연예인 국외공급사업에 관한 실무담당자인 해외고용과장 및 최종 허가권자인 노동부장관의 허가업무에 사실상 영향을 미칠 수 있는 특수한 관계에 있는 자라고 할 것이므로 피고인이 고용대책과장으로 재직 중 관계공무원에게 청탁하여 연예인 국외공급 사업허가를 받아 달라는 부탁과 함께 금원을 교부받았다면 그 지위를 이용하였다고 보아야 할 것이니 알선수뢰죄에 해당한다.488) 군교육청 관리과 서무계장은 그 교육청 관내 국민학교 고용원의 인사교류 및 조정의 실무책임을 맡고 있는 자로서, 국민학교 고용원의 임명권자인 국민학교 교장의 고용원임용에 관한 사실상 영향력을 미칠 수 있는 특수한 관계에 있는 자라고 할 것이므로 위 서무계장이 고용원의 임용에 관한 알선을 한데 대한 사례명목으로 금품을 수수한 이상 알선수뢰죄가 성립된다.489) 피고인1이 육군참모총장의 수석부관으로서 수행하고 있던 원심인정의 그 설시와 같은 직무범위에 입각하여 볼 때 피고인 1은 장교의 진급업무에 대하여 사실상 영향력을 미칠 수 있는 지위에 있은 사람이라고 할 것이니 원심이 같은 취지에서 피고인 1이 그 지위를 이용하여 원심설시의 금원을 수수한 소위가 형법 제132조의 알선수뢰죄의 구성요건을 충족한 것이라고 판단한 원심의 조치는 정당하다.490) 국방부 전국병무사범대책위원회 행정요원으로 파견 근무 중인 경기도 병무청 심리연구사보가 병역검사기피자로부터 출국절차를 원만히 해결해 달라는 부탁을 받고 병무담당자에게 부탁하여 병종 불합격된 것으로 병적을 고쳐 정리하여 주겠다고 말하고 돈 150,000원을 받았다면 이는 피고인이 영향을 미칠 수 있는 특수한 지위를 이용하여 병무담당자의 직무에 속한 사항의 알선에 관하여 뇌물을 수수한 경우에 해당한다 할 것이다.491)

484) 대법원 1991.7.23. 선고 91도1190 판결.
485) 대법원 1990.7.27. 선고 90도890 판결.
486) 대법원 1989.12.26. 선고 89도2018 판결.
487) 대법원 1989.11.14. 선고 89도1700 판결.
488) 대법원 1989.9.12. 선고 89도1297 판결.
489) 대법원 1988.1.19. 선고 86도1138 판결.
490) 대법원 1979.11.13. 선고 79도1928 판결.
491) 대법원 1969.8.26. 선고 69도1120 판결.

수뢰를 부정한 판례의 구체적 내용은 다음과 같다. 즉,

육군본부 정보작전지원참모부에서 조직진단관으로 근무하는 3급 군무원 피고인이 장군진급심사를 앞두고 있던 갑으로부터 인사참모부 선발관리실장인 을에게 부탁하여 장군진급이 되도록 하여 달라는 부탁을 받고 합계 5,000만 원을 받았다고 하여 특정범죄 가중처벌 등에 관한 법률상 알선수뢰로 기소된 사안에서, 피고인이 위 금원을 수수할 당시 자신의 지위를 이용하여 선발관리실장이던 을의 진급업무와 관련하여 사실상 영향을 줄 수 있는 관계에 있었다고 하기에 부족하다.[492] 구청 공무원이 유흥주점의 업주에게 '유흥주점 영업과 관련하여 세금이나 영업허가 등에 관하여 문제가 생기면 다른 담당 공무원에게 부탁하여 도움을 주겠다'면서 그 대가로 1,000만 원을 요구한 사안에서, 그 뇌물요구의 명목이 상대방의 막연한 기대감을 전제로 한 것이고 당시 알선할 사항이 구체적으로 특정되었다거나 알선에 의하여 해결을 도모해야 할 현안이 존재하였다는 사실을 인정할 증거가 없어 알선뇌물요구죄가 성립하지 않는다.[493] 농업협동조합이 해외에서 구입한 물품이 한국도착시 물량부족임이 발견되었음에도 그 배상문제가 신속히 타결되지 않으므로 피고인 (갑)이 해외여행중인 국회의원인 피고인 (을)에게 위 문제의 타결에 힘써 달라고 요청하여 피고인 (을)이 개인자격으로 외국수출업체의 부사장을 만나 부족물량의 변상을 설득, 그에 대한 승락을 받아내자, 이에 피고인 (갑)이 감사의 뜻으로 피고인 (을)에게 미화 2000달라를 준 것이라면, 이는 피고인(갑)이 다른 공무원의 직무에 속한 사항의 알선에 관하여 교부한 것이라고 볼 수 없다.[494] 피고인은 위 금원수수 당시 골재채취허가사무와는 관계가 없는 완주군청 건설과 농지계에 근무하던 자로서 전라북도지사의 직무에 속하는 골재채취허가 예정지 고시사무와 직접 또는 간접의 연관관계가 있다고 볼 수 없을 뿐 아니라 전라북도지사의 위 직무에 관하여 법률상 또는 사실상 어떠한 영향을 미칠만한 지위에 있는 자라고 볼 자료도 없으니, 결국 제1심이 전라북도지사의 위 직무에 속한 사항에 관하여 피고인을 알선수뢰죄의 주체로 인정하였음은 알선수뢰죄의 구성요건에 관한 법리를 오해하였거나 적법한 증거없이 사실을 인정한 위법을 저지른 것이라고 하지 않을 수 없다.[495] 도교육위원회 사회체육과 보건계에서 아동급식과 아동 및 교원의 신체검사에 관한 업무를 담당하는 지방보건기사는 도 보건사회국에서 카바레 영업허가업무를 담당하는 시 등의 환경위생과 식품위생계를 감독하고 그 영업허가에 앞서 사전승인하는 업무를 담당하는 지방행정주사보와 직접·간접의 연관관계도 없을 뿐만 아니라 법률상이나 사실상 어떠한 영향력을 줄 수 있는 지위에 있지 않은 이상 단지 공무원의 신분을 가졌다는 사실만으로는 공무원이 지위를 이용하여 다른 공무원의 직무에 속한 사항의 알선에 관하여 뇌물을 수수하였다고 할 수 없다.[496] 당시의 피고인의 지위는 제3군지사 제88정비대대 제668중대 정비소대장직에 있었고 피고인과 공모하였다는 공소외 1은 육군군수학교 피교육자 공소외 2는 제3군지사 제3공병대대 제810중대 관리관으로 각 재직하였다는 사실이 기록상 인정될 뿐, 피고인 및 공소외 1, 2가 공소외 5의 직무상 어떠한 연관관계가 있고 법률상이거나 사실상이거나를 막론하고 어떠한 영향력을 행사할 수 있는 것인지를 가릴 아무런 자료를 가려낼 수 없는 이 사건에 있어서 원심이 이와 같은 점에 관하여 아무런 심리판단도 하지 아니한 채 막연히 피고인이 위 공소외인 등으로부터 공소외 5에게 위와 같은 청탁을 하여 달라는 부탁을 받고 돈을 받았다는 것만으로서 피고인에게 알선수뢰죄의 성립을 인정한 것은 알선수뢰죄

492) 대법원 2010.11.25. 선고 2010도11460 판결.
493) 대법원 2009.7.23. 선고 2009도3924 판결.
494) 대법원 1984.4.10. 선고 82도766 판결.
495) 대법원 1984.1.31. 선고 83도3015 판결.
496) 대법원 1983.8.23. 선고 82도956 판결.

의 법리를 오해하여 심리를 다하지 아니한 위법을 범하였다고 할 것이니 상고논지는 그 이유가 있다.[497] 피고인1은 1976.3.11부터 그해 9.30까지 위 순천지청의 검찰사무주무(검찰주사)로 근무하였고 공소외 1 등 5인에 대한 관세법위반 피의사건은 동인들이 1976.8.27부터 그달 29 사이에 각 구속되어 수사담당 검사 (갑) 입회 검찰주사 (을)의 조사를 받다가 그해 9.14부터 수사담당 검사 (병) 입회 검찰주사 (정)으로 변경되었고 그 달 18에 구속 기소된 사실을 인정하고 피고인 1은 당시 위 순천지청 검찰사무주무(검찰주사)로서 공소외 1 등 5인의 관세법위반 피의사건의 수사사무를 담당하였던 검사 (병)에게 직무상 어떠한 연관관계를 가지고 법률상 또는 사실상 어떤 영향력을 미칠 수 있는 지위에 있었다고도 보기 어렵다 할 것이므로, 피고인 1및 그에게 검사의 직무에 속한 사항의 알선에 관하여 금원을 교부한 것이라고 하는 피고인 2에 대한 공소사실은 그 범죄의 증명이 없는 때에 해당한다 하여 무죄를 선고하였는바, 원심의 위 조치는 위 1의 설시와 기록에 비추어 정당하다고 인정된다.[498]

2) 주관적 구성요건

본죄의 고의에는 알선공무원, 직무공무원 모두 공무원이라는 것에 대한 인식이 포함된다는 것은 당연하다.

3) 미수 · 기수

본죄의 실행의 착수는 알선행위로부터 시작된다. 본죄는 뇌물을 수수, 요구 또는 약속한 때에 기수에 달하게 된다.

(2) 죄 수

본죄와 사기죄의 관계가 문제된다. 알선할 의사가 없음에도 불구하고 알선하겠다고 속이고 재물을 받은 경우 사기죄만이 성립한다고 해야 한다. 알선할 의사가 있었지만 상대방이 속아서 재물을 교부한 경우에는 본죄와 사기죄의 상상적 경합에 해당한다.

3. 처 벌

본죄의 법정형은 3년 이하의 징역 또는 7년 이하의 자격정지이다. 본죄에 대하여도 뇌물죄에 대한 몰수와 추징에 대한 특례가 적용된다.

Ⅸ. 뇌물공여죄

제133조(뇌물공여 등) ① 제129조부터 제132조까지에 기재한 뇌물을 약속, 공여 또는 공여의 의사를 표시한 자는 5년 이하의 징역 또는 2천만원 이하의 벌금에 처한다.

구조문

제133조(뇌물공여등) ①제129조 내지 제132조에 기재한 뇌물을 약속, 공여 또는 공여의 의사를 표시한 자는 5년 이하의 징역 또는 2천만원 이하의 벌금에 처한다.

---

497) 대법원 1983.6.14. 선고 83도894 판결.
498) 대법원 1982.6.8. 선고 82도403 판결.

1. 서 언

(1) 의 의

본죄는 뇌물을 약속, 공여 또는 공여의 의사를 표시함으로써 성립하는 범죄를 말한다. 증뢰죄(贈賂罪)라고도 한다. 본죄는 후술하는 증뇌물전달죄와 함께 증뢰죄에 속한다. 본죄는 비공무원이 수뢰행위를 교사 또는 방조하는 공범적 성격을 가지는 행위를 별도로 처벌하는 것이라는 점에서 공무원의 직무범죄인 뇌물죄와 구별된다. 한편 외국공무원에 대한 뇌물제공행위는 국제뇌물방지법에 의하여 처벌된다(국제뇌물방지법 제3조, 제4조 참조).

(2) 특 징

본죄와 뇌물수수죄 사이와 같은 이른바 대향범 관계에 있는 자는 강학상으로는 필요적 공범이라고 불리고 있으나, 서로 대향된 행위의 존재를 필요로 할 뿐 각자 자신의 구성요건을 실현하고 별도의 형벌규정에 따라 처벌되는 것이다.[499]

본죄가 성립되기 위하여서는 뇌물을 공여하는 행위와 상대방측에서 금전적으로 가치가 있는 그 물품 등을 받아들이는 행위가 필요할 뿐이지 반드시 상대방측에서 뇌물수수죄가 성립되어야만 한다는 것을 뜻하는 것은 아니다.[500] 반대의 경우도 마찬가지이다. 따라서 뇌물을 받은 자가 유죄가 되었다 하더라도 그것을 준 자에 대하여서는 그 행위가 동인의 정당한 업무에 속하면 증뢰죄가 되지 아니하여 이를 처벌할 수 없다.[501] 왜냐하면 필요적 공범이라는 것은 법률상 범죄의 실행이 다수인의 협력을 필요로 하는 것을 가리키는 것으로서 이러한 범죄의 성립에는 행위의 공동을 필요로 하는 것에 불과하고 반드시 협력자 전부가 책임이 있음을 필요로 하는 것은 아니기 때문이다.[502]

한편 뇌물공여죄의 상대방인 수뢰자가 처벌을 받지 않은 상태에서 뇌물공여자만 처벌을 받게 된다 하여 헌법 제11조 제1항(평등권)에 위배된다고 할 수 없다.[503]

2. 범 죄

(1) 구성요건

본죄의 주체에는 특단의 제한이 없다. 비공무원이 보통이나, 공무원도 본죄의 주체가 될 수 있다. 공갈죄의 피해자는 본죄의 주체가 되지 않는다. 대법원도 "공무원이 직무집행의 의사 없이 또는 직무처리와 대가적 관계없이 타인을 공갈하여 재물을 교부하게 한 경우에는 공갈죄만이 성립하고, 이러한 경우 재물의 교부자가 공무원의 해악의 고지로 인하여 외포의 결과 금품을 제공한 것이라면 그는 공갈죄의 피해자가 될 것이고 뇌물공여죄는 성립될 수

---

499) 대법원 2015.2.12. 선고 2012도4842 판결; 대법원 2014.1.16. 선고 2013도6969 판결.
500) 대법원 2013.11.28. 선고 2013도9003 판결; 대법원 2006.2.24. 선고 2005도4737 판결; 대법원 1987.12.22. 선고 87도1699 판결.
501) 대법원 1979.6.12. 선고 79도708 판결.
502) 대법원 2008.3.13. 선고 2007도10804 판결; 대법원 2006.1.12. 선고 2005도2458 판결; 대법원 1987.12.22. 선고 87도1699 판결.
503) 대법원 1996.8.23. 선고 96도1231 판결.

없다고 하여야 할 것이다"라고 판시한 바 있다.[504)]

본죄의 실행행위는 증뢰 또는 공뢰이다. 수뢰에 대응하는 개념이라고 할 수 있다. 증뢰(贈賂) 또는 공뢰(供賂)란 수뢰자에게 뇌물을 약속, 공여 또는 공여의 의사를 표시하는 것을 의미한다. 약속(約束)이란 장래 뇌물의 공여에 관한 공무원 또는 중재인과의 합의를 말한다. 이러한 의미에서 약속은 필요적 공범에 속한다. 공여(供與)란 뇌물을 상대방에게 수수(收受)시키는 행위를 말한다. 공여는 수뢰자의 수수(收受)에 대응하는 행위이다. 공여를 하였지만 상대방이 수수하지 않은 경우에는 공여의 의사표시에 그친다. 이러한 의미에서 공여는 필요적 공범이고 공여죄는 수수죄의 성립을 전제로 한다. 공여의 의사표시(供與의 意思表示)는 뇌물의 수수를 촉진하는 행위를 말한다. 구두로 족하고 반드시 현실적으로 상대방이 수수할 수 있는 상태로 될 것을 요하지 않는다. 상대방이 뇌물이라는 것을 반드시 현실적으로 인식할 것을 요하는 것은 아니지만 인식할 수 있는 상태에 있을 것은 필요하다. 공여의 의사표시는 증뢰자의 일방적 행위로 족하다. 공무원의 처에게 제공한 경우에도 공무원이 현실적으로 수수하지 않는 한 공여의 의사표시로 될 수 있다. 본죄는 뇌물에 대한 약속, 공여 또는 공여의 의사표시가 있으면 기수에 이른다.

증뢰를 긍정한 판례의 구체적 내용은 다음과 같다. 즉,

도시개발조합의 임직원 등이 그 직무에 관하여 부당한 이익을 얻었다면 그러한 이익도 형법 제133조 제1항에 규정된 "제129조 내지 제132조에 기재한 뇌물"에 해당하므로, 그 뇌물을 약속, 공여 또는 공여의 의사를 표시한 자에게는 형법 제133조 제1항에 의한 뇌물공여죄가 성립한다.[505)] 피고인이 공동피고인 9에게 2,000만 원이 든 쇼핑백을 전달하여 위 피고인 9가 이를 받아들임으로써 그 돈에 대한 점유권이 이전된 이상 피고인에게는 뇌물공여죄가 성립하는 것이며, 피고인이 그 돈을 위 피고인 9로부터 나중에 돌려받았다고 하여 이를 뇌물공여의 의사표시에 불과한 것으로 평가할 수는 없다고 판단하였다.[506)] 재건축조합장의 경우 도시 및 주거환경정비법에 의해 공무원으로 의제되므로, 건설업자들이 재건축조합장에게 직무와 관련하여 금전을 제공하였다면 별도의 부정한 청탁이 존재하지 않더라도 뇌물공여죄가 성립한다.[507)] 위 2억 원의 현금이 든 굴비상자를 제공한 공소외 1의 행위가 뇌물공여죄가 성립한다 하여 그가 제공하려고 한 물건의 뇌물성에 대한 인식이 없었던 피고인에 대하여도 뇌물수수죄가 반드시 성립하는 것은 아니라고 본 원심 판단도 정당하다.[508)] 재개발주택조합의 조합장이 그 재직 중 고소하거나 고소당한 사건의 수사를 담당한 경찰관에게 액수 미상의 프리미엄이 예상되는 그 조합아파트 1세대를 분양해 준 경우, 그 아파트가 당첨자의 분양권 포기로 조합에서 임의분양하기로 된 것으로서 예상되는 프리미엄의 금액이 불확실하였다고 하더라도, 조합, 즉 조합장이 선택한 수분양자가 되어 분양계약을 체결한 것 자체가 경제적인 이익이라고 볼 수 있으므로 뇌물공여죄에 해당한다.[509)] 세무공무원에게 회사에 대한 세

504) 대법원 1994.12.22. 선고 94도2528 판결.
505) 대법원 2014.6.12. 선고 2014도2393 판결; 대법원 1975.6.24. 선고 70도2660 판결; 대법원 1971.11.23. 선고 71도1786 판결.
506) 대법원 2013.11.28. 선고 2013도9003 판결.
507) 대법원 2008.1.24. 선고 2006도5711 판결.
508) 대법원 2006.2.24. 선고 2005도4737 판결.
509) 대법원 2002.11.26. 선고 2002도3539 판결.

무조사라는 직무집행의 의사가 있었고, 과다계상된 손금항목에 대한 조사를 하지 않고 이를 묵인하는 조건으로, 다시 말하면 그 직무처리에 대한 대가관계로서 금품을 제공받았으며, 회사의 대표이사는 공무원의 직무행위를 매수하려는 의사에서 금품을 제공하였고, 그 세무공무원은 세무조사 당시 타회사 명의의 세금계산서가 위장거래에 의하여 계상된 허위의 계산서라고 판단하고 이를 바로잡아 탈루된 세금을 추징할 경우 추징할 세금이 모두 50억 원에 이를 것이라고 알려 주었음이 명백하다면, 문제된 세금계산서가 진정한 거래에 기하여 제출된 것인지, 세무공무원의 묵인행위로 인하여 회사에게 추징된 세금액수가 실제적으로 줄어든 것이 있는지 여부에 관계없이 그 세무공무원 및 대표이사의 행위가 뇌물죄를 구성한다.[510] 농림수산부장관은 한국마사회장의 임명권, 마사회의 업무에 관한 감독권을 갖고 있으며 국회에는 입법권, 예산안심의확정권, 국정에 관한 조사권 등이 있고 국무위원 등에 대하여 국회에 출석, 국정처리상황에 관하여 답변할 것을 요구할 권한 등이 있으므로 국회의원은 한국마사회장에 대하여 사실상 영향력을 미칠 수 있는 지위에 있다고 보아야 할 것이고, 따라서 피고인이 국회의원에게 한국마사회가 발주하는 공사를 수의계약에 의하여 수주할 수 있도록 한국마사회장에게 알선하여 달라는 청탁을 하고 금원을 지급하였다면 알선증뢰죄를 구성한다 할 것이다.[511] 경비교도는 교정시설 등에 대한 경비임무와 무장공비 등의 침투거부 등 작전임무 뿐만 아니라 사실상 교도관을 보조하여 교도소 내외에서의 재소자에 대한 간접계호업무를 담당하고 있음을 인정할 수 있고 그 계호업무 중에는 허가받지 아니한 서신이나 물건의 반입이 되지 않도록 감시하는 직무도 포함한다고 할 것이므로 이러한 직무를 담당하는 경비교도에게 서신연락이나 담배 등의 반입 등의 편의를 도모하여 달라는 취지로 금원을 제공하는 때에는 뇌물공여죄가 성립된다.[512]

증뢰를 부정한 판례의 구체적 내용은 다음과 같다. 즉,

배임수재자가 배임증재자에게서 그가 무상으로 빌려준 물건을 인도받아 사용하고 있던 중에 공무원이 된 경우, 그 사실을 알게 된 배임증재자가 배임수재자에게 앞으로 물건은 공무원의 직무에 관하여 빌려주는 것이라고 하면서 뇌물공여의 뜻을 밝히고 물건을 계속하여 배임수재자가 사용할 수 있는 상태로 두더라도, 처음에 배임증재로 무상 대여할 당시에 정한 사용기간을 추가로 연장해 주는 등 새로운 이익을 제공한 것으로 평가할 만한 사정이 없다면, 이는 종전에 이미 제공한 이익을 나중에 와서 뇌물로 하겠다는 것에 불과할 뿐 새롭게 뇌물로 제공되는 이익이 없어 뇌물공여죄가 성립하지 않는다.[513] 공무원이 직무집행을 빙자하여 타인을 공갈하여 재산을 교부케한 경우에는 공갈죄만이 성립하고 금품제공자에 대하여 증뢰죄가 성립될 수 없다.[514]

(2) 책임조각사유

본죄에도 총칙상의 책임조각사유는 그대로 타당하다. 본죄에도 총칙상 기대불가능성은 책임조각사유가 될 수 있다.

책임조각사유를 부정한 판례의 구체적 내용은 다음과 같다. 즉,

피고인이 비서라는 특수신분 때문에 주종관계에 있는 공동피고인들의 지시를 거절할 수 없어

510) 대법원 1994.12.22. 선고 94도2528 판결.
511) 대법원 1990.8.10. 선고 90도665 판결.
512) 대법원 1987.11.24. 선고 87도1463 판결.
513) 대법원 2015.10.15. 선고 2015도6232 판결.
514) 대법원 1969.7.22. 선고 65도1166 판결.

뇌물을 공여한 것이었다 하더라도 그와 같은 사정만으로는 피고인에게 뇌물공여 이외의 반대행위를 기대할 수 없는 경우였다고 볼 수 없다.[515)]

(3) 죄 수

한 개의 행위로 수인의 공무원에게 증뢰한 때에는 공무원의 수에 따른 증뢰죄의 상상적 경합이 된다. 약속 또는 공여의 의사표시를 한 후에 뇌물을 공여한 때에는 포괄하여 공여죄만 성립한다.

3. 처 벌

본죄의 법정형은 5년 이하의 징역 또는 2천만원 이하의 벌금이다. 본죄에 대하여는 뇌물죄에 대한 몰수와 추징에 대한 특례가 적용되지 아니한다.

사전수뢰죄에 대한 증뢰죄는 균형상 상대방이 공무원으로 된 것을 객관적 처벌조건으로 하거나 공무원으로 된 것에 의하여 처벌조건은 아니지만 범죄성립에 요하는 가벌성을 가지게 된다.

Ⅹ. 증뇌물전달죄

제133조(뇌물공여 등) ② 제1항의 행위에 제공할 목적으로 제3자에게 금품을 교부한 자 또는 그 사정을 알면서 금품을 교부받은 제3자도 제1항의 형에 처한다.

구조문
제133조(뇌물공여등) ②전항의 행위에 공할 목적으로 제삼자에게 금품을 교부하거나 그 정을 알면서 교부를 받은 자도 전항의 형과 같다.

1. 서 언

(1) 의 의

본죄는 증뢰자가 증뢰행위에 제공할 목적으로 제3자에게 금품을 교부하거나 제3자가 그 사정을 알면서 금품을 교부받음으로써 성립하는 범죄이다. 제3자 증뇌물교부죄 또는 제3자 증뇌물전달죄라고도 한다. 본죄는 뇌물공여죄와는 달리 증뢰행위에 제공할 목적을 요하는 목적범이다.

(2) 특 징

본죄는 증뢰자가 뇌물에 제공할 목적으로 금품을 제3자에게 교부하거나 또는 제3자가 그 정을 알면서 교부받는 증뢰물 전달행위를 독립한 구성요건으로 규정된 것이다.[516)] 본죄는 뇌물공여죄와 같은 형으로 처벌된다. 본죄는 전술한 뇌물공여죄와 함께 증뢰죄에 속한다고 할 수 있다. 이러한 의미에서 본죄를 증뢰죄라고도 한다.

---

515) 대법원 1983.3.8. 선고 82도2873 판결.

516) 대법원 2012.12.27. 선고 2012도11200 판결; 대법원 2008.3.14. 선고 2007도10601 판결; 대법원 2007.7.27. 선고 2007도3798 판결; 대법원 2006.6.15. 선고 2004도756 판결; 대법원 2002.6.14. 선고 2002도1283 판결; 대법원 1997.9.5. 선고 97도1572 판결; 대법원 1985.1.22. 선고 84도1033 판결.

2. 범 죄

본죄의 주체는 비공무원을 예정한 것이나 공무원일지라도 직무와 관계되지 않는 범위 내에서는 본죄의 주체에 해당될 수 있다.[517]

본죄의 실행행위는 증뇌물교부이다. 제삼자에게 금품을 교부하거나 제3자가 그 정을 알면서 교부를 받는 것이다. 제3자란 행위자와 공동정범 이외의 자를 말한다.[518] 본죄는 증뢰자나 수뢰자가 아닌 제3자가 증뢰자로부터 교부받은 금품을 수뢰할 사람에게 전달하였는지의 여부에 관계없이 제3자가 그 정을 알면서 금품을 교부받은 때에 성립한다.[519] 나아가 제3자가 그 교부받은 금품을 수뢰할 사람에게 전달하였다고 하여 증뢰물전달죄 외에 별도로 뇌물공여죄가 성립하는 것은 아니다.[520] 증뇌물전달행위에 공할 목적으로 제3자에게 금품을 교부한 경우에 그후 수뢰할 사람이 전달받은 그 금품을 곧바로 증뢰자에게 반환하였다 하더라도 제3자 뇌물교부죄의 성립에는 그 영향이 없다.[521]

공무원이 취급하는 사건 또는 사무에 관한 청탁을 받고 청탁 상대방인 공무원에게 제공할 금품을 받아 그 공무원에게 단순히 전달한 경우와는 달리, 자기 자신의 이득을 취하기 위하여 공무원이 취급하는 사건 또는 사무에 관하여 청탁한다는 등의 명목으로 금품 등을 교부받으면 그로써 곧 변호사법위반죄가 성립되고 이와 같은 경우에는 증뢰물전달죄는 성립할 여지가 없다.[522]

본죄는 제3자에 대하여 증뇌물이 교부된 때에 기수에 달하게 된다.

증뇌물교부를 긍정한 판례의 구체적 내용은 다음과 같다. 즉,

> 피고인이 자신의 공무원으로서의 직무와는 무관하게 군의관 등의 직무에 관하여 뇌물에 공할 목적의 금품이라는 정을 알고 이를 전달해준다는 명목으로 취득한 경우라면 제3자뇌물취득죄가 성립된다고 볼 것이다.[523] 제3자가 교부받은 금품을 수뢰할 사람에게 전달하지 아니하였다고 하여도 형법 제133조 제2항 후문에서 정한 죄의 성립에는 영향이 없다.[524] 증뇌물전달의 죄는 증뢰자나 수뢰자가 아닌 제3자가 증뢰자로부터 수뢰할 사람에게 전달될 금품이라는 정을 알면서 그 금품을 받으면 그 때 위 죄가 성립하고 그 금품을 그 후 전달하였는지의 여부는 위 죄의 성립에 영향이 없다.[525]

---

517) 대법원 2007.7.27. 선고 2007도3798 판결; 대법원 2002.6.14. 선고 2002도1283 판결; 대법원 1997.9.5. 선고 97도1572 판결; 대법원 1985.1.22. 선고 84도1033 판결.

518) 대법원 2012.12.27. 선고 2012도11200 판결; 대법원 2006.6.15. 선고 2004도756 판결.

519) 대법원 2008.3.14. 선고 2007도10601 판결; 대법원 2007.7.27. 선고 2007도3798 판결; 대법원 2002.6.14. 선고 2002도1283 판결; 대법원 1997.9.5. 선고 97도1572 판결; 대법원 1985.1.22. 선고 84도1033 판결; 대법원 1965.10.26. 선고 65도785 판결.

520) 대법원 1997.9.5. 선고 97도1572 판결.

521) 대법원 1983.6.28. 선고 82도3129 판결.

522) 대법원 2006.11.24. 선고 2005도5567 판결; 대법원 1986.3.25. 선고 86도436 판결; 대법원 1982.3.9. 선고 81도2765 판결; 대법원 1977.8.23. 선고 74도2674 판결; 대법원 1976.12.24. 선고 76도3391 판결; 대법원 1971.12.24. 선고 71도1848 판결.

523) 대법원 2002.6.14. 선고 2002도1283 판결.

524) 대법원 1985.1.22. 선고 84도1033 판결.

525) 대법원 1965.10.26. 선고 65도785 판결.

증뇌물교부를 부정한 판례의 구체적 내용은 다음과 같다. 즉,

피고인 2가 피고인 피고인 1로부터 도봉세무서의 세무조사를 무마해달라는 요청과 함께 3천만 원을 교부받을 당시 위 돈을 그대로 도봉세무서 담당공무원에게 전달하기로 하였다고 볼 만한 증거는 부족하고 오히려, 위 3천만 원은 피고인 2의 도봉세무서 담당공무원에 대한 세무조사 무마 청탁 활동에 대한 경비 또는 대가 명목으로 제공된 것으로서 담당공무원에게 그 중 일부를 뇌물로 공여할 것인지 여부를 포함한 구체적인 사용 방법은 피고인 2의 판단에 맡기기로 한 것임을 알 수 있는바, 앞서 본 법리에 위 인정 사실을 비추어 살펴보면, 위 금원 수수행위는 피고인 2에게 구 변호사법 제90조 제1호 위반의 죄책이 성립되는 사안에 해당할 뿐 피고인들에게 형법 제133조 제2항 증뢰물전달죄가 성립할 여지는 없다고 할 것이고, 피고인들이 교부된 3천만 원 중 일부가 담당공무원에게 뇌물로 공여될 가능성을 용인하였을 것이라는 이유만으로 달리 볼 것은 아니다.[526] 피고인 1은 자기 자신의 이득을 취하기 위하여 세무공무원에게 청탁하여 피고인 2에 대한 세무조사를 무마시켜 준다는 명목으로 합계 금 12,000,000원 상당의 현금, 수표를 교부받았다 하여 변호사법 제78조 제1호 위반죄에 의율되고 있으므로 위 금원의 교부자인 피고인 2, 3에 대한 형법 제133조 제2항의 증뇌물전달죄는 성립될 여지가 없다 할 것이다.[527]

3. 처 벌

본죄의 법정형은 5년 이하의 징역 또는 2천만원 이하의 벌금이다. 뇌물공여죄의 그것과 같다. 본죄에 대하여는 뇌물죄에 대한 몰수와 추징에 대한 특례가 적용되지 아니한다.

§5. 관련 특별법

Ⅰ. 폭력행위처벌법

제9조(사법경찰관리의 직무유기) ① 사법경찰관리(司法警察官吏)로서 이 법에 규정된 죄를 범한 사람을 수사하지 아니하거나 범인을 알면서 체포하지 아니하거나 수사상 정보를 누설하여 범인의 도주를 용이하게 한 사람은 1년 이상의 유기징역에 처한다.

② 뇌물을 수수(收受), 요구 또는 약속하고 제1항의 죄를 범한 사람은 2년 이상의 유기징역에 처한다.

제10조(사법경찰관리의 행정적 책임) ① 관할 지방검찰청 검사장은 제2조부터 제6조까지의 범죄가 발생하였는데도 그 사실을 자신에게 보고하지 아니하거나 수사를 게을리하거나 수사능력 부족 또는 그 밖의 이유로 사법경찰관리로서 부적당하다고 인정하는 사람에 대해서는 그 임명권자에게 징계, 해임 또는 교체임용을 요구할 수 있다.

② 제1항의 요구를 받은 임명권자는 2주일 이내에 해당 사법경찰관리에 대하여 행정처분을 한 후 그 사실을 관할 지방검찰청 검사장에게 통보하여야 한다.

Ⅱ. 특정범죄가중법

제2조(뇌물죄의 가중처벌) ① 「형법」 제129조·제130조 또는 제132조에 규정된 죄를 범한 사람은 그 수수(收受)·요구 또는 약속한 뇌물의 가액(價額)(이하 이 조에서 "수뢰액"이라 한다)에 따라 다음 각 호와 같이 가중처벌한다.

1. 수뢰액이 1억원 이상인 경우에는 무기 또는 10년 이상의 징역에 처한다.
2. 수뢰액이 5천만원 이상 1억원 미만인 경우에는 7년 이상의 유기징역에 처한다.

---

526) 대법원 2006.11.24. 선고 2005도5567 판결.

527) 대법원 1986.3.25. 선고 86도436 판결.

3. 수뢰액이 3천만원 이상 5천만원 미만인 경우에는 5년 이상의 유기징역에 처한다.

② 「형법」 제129조·제130조 또는 제132조에 규정된 죄를 범한 사람은 그 죄에 대하여 정한 형(제1항의 경우를 포함한다)에 수뢰액의 2배 이상 5배 이하의 벌금을 병과(併科)한다.

제3조(알선수재) 공무원의 직무에 속한 사항의 알선에 관하여 금품이나 이익을 수수·요구 또는 약속한 사람은 5년 이하의 징역 또는 1천만원 이하의 벌금에 처한다.

제4조(뇌물죄 적용대상의 확대) ① 다음 각 호의 어느 하나에 해당하는 기관 또는 단체로서 대통령령으로 정하는 기관 또는 단체의 간부직원은 「형법」 제129조부터 제132조까지의 규정을 적용할 때에는 공무원으로 본다.

1. 국가 또는 지방자치단체가 직접 또는 간접으로 자본금의 2분의 1 이상을 출자하였거나 출연금·보조금 등 그 재정지원의 규모가 그 기관 또는 단체 기본재산의 2분의 1 이상인 기관 또는 단체
2. 국민경제 및 산업에 중대한 영향을 미치고 있고 업무의 공공성(公共性)이 현저하여 국가 또는 지방자치단체가 법령에서 정하는 바에 따라 지도·감독하거나 주주권의 행사 등을 통하여 중요 사업의 결정 및 임원의 임면(任免) 등 운영 전반에 관하여 실질적인 지배력을 행사하고 있는 기관 또는 단체

② 제1항의 간부직원의 범위는 제1항의 기관 또는 단체의 설립목적, 자산, 직원의 규모 및 해당 직원의 구체적인 업무 등을 고려하여 대통령령으로 정한다.

제15조(특수직무유기) 범죄 수사의 직무에 종사하는 공무원이 이 법에 규정된 죄를 범한 사람을 인지하고 그 직무를 유기한 경우에는 1년 이상의 유기징역에 처한다.

Ⅲ. 청탁금지법

1. 부정청탁

제5조(부정청탁의 금지) ① 누구든지 직접 또는 제3자를 통하여 직무를 수행하는 공직자등에게 다음 각 호의 어느 하나에 해당하는 부정청탁을 해서는 아니 된다.

1. 인가·허가·면허·특허·승인·검사·검정·시험·인증·확인 등 법령(조례·규칙을 포함한다. 이하 같다)에서 일정한 요건을 정하여 놓고 직무관련자로부터 신청을 받아 처리하는 직무에 대하여 법령을 위반하여 처리하도록 하는 행위
2. 인가 또는 허가의 취소, 조세, 부담금, 과태료, 과징금, 이행강제금, 범칙금, 징계 등 각종 행정처분 또는 형벌부과에 관하여 법령을 위반하여 감경·면제하도록 하는 행위
3. 모집·선발·채용·승진·전보 등 공직자등의 인사에 관하여 법령을 위반하여 개입하거나 영향을 미치도록 하는 행위
4. 법령을 위반하여 각종 심의·의결·조정 위원회의 위원, 공공기관이 주관하는 시험·선발 위원 등 공공기관의 의사결정에 관여하는 직위에 선정 또는 탈락되도록 하는 행위
5. 공공기관이 주관하는 각종 수상, 포상, 우수기관 선정 또는 우수자·장학생 선발에 관하여 법령을 위반하여 특정 개인·단체·법인이 선정 또는 탈락되도록 하는 행위
6. 입찰·경매·개발·시험·특허·군사·과세 등에 관한 직무상 비밀을 법령을 위반하여 누설하도록 하는 행위
7. 계약 관련 법령을 위반하여 특정 개인·단체·법인이 계약의 당사자로 선정 또는 탈락되도록 하는 행위
8. 보조금·장려금·출연금·출자금·교부금·기금 등의 업무에 관하여 법령을 위반하여 특정 개인·단체·법인에 배정·지원하거나 투자·예치·대여·출연·출자하도록 개입하거나 영향을 미치도록 하는 행위
9. 공공기관이 생산·공급·관리하는 재화 및 용역을 특정 개인·단체·법인에게 법령에서 정하는 가격 또는 정상적인 거래관행에서 벗어나 매각·교환·사용·수익·점유하도록 하는 행위
10. 각급 학교의 입학·성적·수행평가·논문심사·학위수여 등의 업무에 관하여 법령을 위반하여 처리·조작하도록 하는 행위
11. 병역판정검사, 부대 배속, 보직 부여 등 병역 관련 업무에 관하여 법령을 위반하여 처리하도록 하는 행위

12. 공공기관이 실시하는 각종 평가·판정·인정 업무에 관하여 법령을 위반하여 평가, 판정 또는 인정하게 하거나 결과를 조작하도록 하는 행위
13. 법령을 위반하여 행정지도·단속·감사·조사 대상에서 특정 개인·단체·법인이 선정·배제되도록 하거나 행정지도·단속·감사·조사의 결과를 조작하거나 또는 그 위법사항을 묵인하게 하는 행위
14. 사건의 수사·재판·심판·결정·조정·중재·화해, 형의 집행, 수용자의 지도·처우·계호 또는 이에 준하는 업무를 법령을 위반하여 처리하도록 하는 행위
15. 제1호부터 제14호까지의 부정청탁의 대상이 되는 업무에 관하여 공직자등이 법령에 따라 부여받은 지위·권한을 벗어나 행사하거나 권한에 속하지 아니한 사항을 행사하도록 하는 행위

② 제1항에도 불구하고 다음 각 호의 어느 하나에 해당하는 경우에는 이 법을 적용하지 아니한다.

1. 「청원법」, 「민원사무 처리에 관한 법률」, 「행정절차법」, 「국회법」 및 그 밖의 다른 법령·기준(제2조제1호나목부터 마목까지의 공공기관의 규정·사규·기준을 포함한다. 이하 같다)에서 정하는 절차·방법에 따라 권리침해의 구제·해결을 요구하거나 그와 관련된 법령·기준의 제정·개정·폐지를 제안·건의하는 등 특정한 행위를 요구하는 행위
2. 공개적으로 공직자등에게 특정한 행위를 요구하는 행위
3. 선출직 공직자, 정당, 시민단체 등이 공익적인 목적으로 제3자의 고충민원을 전달하거나 법령·기준의 제정·개정·폐지 또는 정책·사업·제도 및 그 운영 등의 개선에 관하여 제안·건의하는 행위
4. 공공기관에 직무를 법정기한 안에 처리하여 줄 것을 신청·요구하거나 그 진행상황·조치결과 등에 대하여 확인·문의 등을 하는 행위
5. 직무 또는 법률관계에 관한 확인·증명 등을 신청·요구하는 행위
6. 질의 또는 상담형식을 통하여 직무에 관한 법령·제도·절차 등에 대하여 설명이나 해석을 요구하는 행위
7. 그 밖에 사회상규(社會常規)에 위배되지 아니하는 것으로 인정되는 행위

제16조(위법한 직무처리에 대한 조치) 공공기관의 장은 공직자등이 직무수행 중에 또는 직무수행 후에 제5조, 제6조 및 제8조를 위반한 사실을 발견한 경우에는 해당 직무를 중지하거나 취소하는 등 필요한 조치를 하여야 한다.

제17조(부당이득의 환수) 공공기관의 장은 제5조, 제6조, 제8조를 위반하여 수행한 공직자등의 직무가 위법한 것으로 확정된 경우에는 그 직무의 상대방에게 이미 지출·교부된 금액 또는 물건이나 그 밖에 재산상 이익을 환수하여야 한다.

제23조(과태료 부과) ① 다음 각 호의 어느 하나에 해당하는 자에게는 3천만원 이하의 과태료를 부과한다.

1. 제5조제1항을 위반하여 제3자를 위하여 다른 공직자등(제11조에 따라 준용되는 공무수행사인을 포함한다)에게 부정청탁을 한 공직자등(제11조에 따라 준용되는 공무수행사인을 포함한다). 다만, 「형법」 등 다른 법률에 따라 형사처벌을 받은 경우에는 과태료를 부과하지 아니하며, 과태료를 부과한 후 형사처벌을 받은 경우에는 그 과태료 부과를 취소한다.

② 다음 각 호의 어느 하나에 해당하는 자에게는 2천만원 이하의 과태료를 부과한다.

1. 제5조제1항을 위반하여 제3자를 위하여 공직자등(제11조에 따라 준용되는 공무수행사인을 포함한다)에게 부정청탁을 한 자(제1항제1호에 해당하는 자는 제외한다). 다만, 「형법」 등 다른 법률에 따라 형사처벌을 받은 경우에는 과태료를 부과하지 아니하며, 과태료를 부과한 후 형사처벌을 받은 경우에는 그 과태료 부과를 취소한다.

③ 제5조제1항을 위반하여 제3자를 통하여 공직자등(제11조에 따라 준용되는 공무수행사인을 포함한다)에게 부정청탁을 한 자(제1항제1호 및 제2항에 해당하는 자는 제외한다)에게는 1천만원 이하의 과태료를 부과한다. 다만, 「형법」 등 다른 법률에 따라 형사처벌을 받은 경우에는 과태료를 부과하지 아니하며, 과태료를 부과한 후 형사처벌을 받은 경우에는 그 과태료 부과를 취소한다.

2. 부정청탁에 따른 직무수행 금지

제6조(부정청탁에 따른 직무수행 금지) 부정청탁을 받은 공직자등은 그에 따라 직무를 수행해서는 아니

된다.

제16조(위법한 직무처리에 대한 조치) 공공기관의 장은 공직자등이 직무수행 중에 또는 직무수행 후에 제5조, 제6조 및 제8조를 위반한 사실을 발견한 경우에는 해당 직무를 중지하거나 취소하는 등 필요한 조치를 하여야 한다.

제17조(부당이득의 환수) 공공기관의 장은 제5조, 제6조, 제8조를 위반하여 수행한 공직자등의 직무가 위법한 것으로 확정된 경우에는 그 직무의 상대방에게 이미 지출·교부된 금액 또는 물건이나 그 밖에 재산상 이익을 환수하여야 한다.

제22조(벌칙) ② 다음 각 호의 어느 하나에 해당하는 자는 2년 이하의 징역 또는 2천만원 이하의 벌금에 처한다.

1. 제6조를 위반하여 부정청탁을 받고 그에 따라 직무를 수행한 공직자등(제11조에 따라 준용되는 공무수행사인을 포함한다)

3. 금품 등의 수수 금지

제8조(금품등의 수수 금지) ① 공직자등은 직무 관련 여부 및 기부·후원·증여 등 그 명목에 관계없이 동일인으로부터 1회에 100만원 또는 매 회계연도에 300만원을 초과하는 금품등을 받거나 요구 또는 약속해서는 아니 된다.

② 공직자등은 직무와 관련하여 대가성 여부를 불문하고 제1항에서 정한 금액 이하의 금품등을 받거나 요구 또는 약속해서는 아니 된다.

③ 제10조의 외부강의등에 관한 사례금 또는 다음 각 호의 어느 하나에 해당하는 금품등의 경우에는 제1항 또는 제2항에서 수수를 금지하는 금품등에 해당하지 아니한다.

1. 공공기관이 소속 공직자등이나 파견 공직자등에게 지급하거나 상급 공직자등이 위로·격려·포상 등의 목적으로 하급 공직자등에게 제공하는 금품등
2. 원활한 직무수행 또는 사교·의례 또는 부조의 목적으로 제공되는 음식물·경조사비·선물 등으로서 대통령령으로 정하는 가액 범위 안의 금품등. 다만, 선물 중 「농수산물 품질관리법」 제2조제1항제1호에 따른 농수산물 및 같은 항 제13호에 따른 농수산가공품(농수산물을 원료 또는 재료의 50퍼센트를 넘게 사용하여 가공한 제품만 해당한다)은 대통령령으로 정하는 설날·추석을 포함한 기간에 한정하여 그 가액 범위를 두배로 한다.
3. 사적 거래(증여는 제외한다)로 인한 채무의 이행 등 정당한 권원(權原)에 의하여 제공되는 금품등
4. 공직자등의 친족(「민법」 제777조에 따른 친족을 말한다)이 제공하는 금품등
5. 공직자등과 관련된 직원상조회·동호인회·동창회·향우회·친목회·종교단체·사회단체 등이 정하는 기준에 따라 구성원에게 제공하는 금품등 및 그 소속 구성원 등 공직자등과 특별히 장기적·지속적인 친분관계를 맺고 있는 자가 질병·재난 등으로 어려운 처지에 있는 공직자등에게 제공하는 금품등
6. 공직자등의 직무와 관련된 공식적인 행사에서 주최자가 참석자에게 통상적인 범위에서 일률적으로 제공하는 교통, 숙박, 음식물 등의 금품등
7. 불특정 다수인에게 배포하기 위한 기념품 또는 홍보용품 등이나 경연·추첨을 통하여 받는 보상 또는 상품 등
8. 그 밖에 다른 법령·기준 또는 사회상규에 따라 허용되는 금품등

④ 공직자등의 배우자는 공직자등의 직무와 관련하여 제1항 또는 제2항에 따라 공직자등이 받는 것이 금지되는 금품등(이하 "수수 금지 금품등"이라 한다)을 받거나 요구하거나 제공받기로 약속해서는 아니 된다.

⑤ 누구든지 공직자등에게 또는 그 공직자등의 배우자에게 수수 금지 금품등을 제공하거나 그 제공의 약속 또는 의사표시를 해서는 아니 된다.

제16조(위법한 직무처리에 대한 조치) 공공기관의 장은 공직자등이 직무수행 중에 또는 직무수행 후에 제5조, 제6조 및 제8조를 위반한 사실을 발견한 경우에는 해당 직무를 중지하거나 취소하는 등 필요한 조치를 하여야 한다.

제17조(부당이득의 환수) 공공기관의 장은 제5조, 제6조, 제8조를 위반하여 수행한 공직자등의 직무가

위법한 것으로 확정된 경우에는 그 직무의 상대방에게 이미 지출・교부된 금액 또는 물건이나 그 밖에 재산상 이익을 환수하여야 한다.

제22조(벌칙) ① 다음 각 호의 어느 하나에 해당하는 자는 3년 이하의 징역 또는 3천만원 이하의 벌금에 처한다.

1. 제8조제1항을 위반한 공직자등(제11조에 따라 준용되는 공무수행사인을 포함한다). 다만, 제9조제1항・제2항 또는 제6항에 따라 신고하거나 그 수수 금지 금품등을 반환 또는 인도하거나 거부의 의사를 표시한 공직자등은 제외한다.
2. 자신의 배우자가 제8조제4항을 위반하여 같은 조 제1항에 따른 수수 금지 금품등을 받거나 요구하거나 제공받기로 약속한 사실을 알고도 제9조제1항제2호 또는 같은 조 제6항에 따라 신고하지 아니한 공직자등(제11조에 따라 준용되는 공무수행사인을 포함한다). 다만, 공직자등 또는 배우자가 제9조제2항에 따라 수수 금지 금품등을 반환 또는 인도하거나 거부의 의사를 표시한 경우는 제외한다.
3. 제8조제5항을 위반하여 같은 조 제1항에 따른 수수 금지 금품등을 공직자등(제11조에 따라 준용되는 공무수행사인을 포함한다) 또는 그 배우자에게 제공하거나 그 제공의 약속 또는 의사표시를 한 자

제23조(과태료 부과) ⑤ 다음 각 호의 어느 하나에 해당하는 자에게는 그 위반행위와 관련된 금품등 가액의 2배 이상 5배 이하에 상당하는 금액의 과태료를 부과한다. 다만, 제22조제1항제1호부터 제3호까지의 규정이나 「형법」 등 다른 법률에 따라 형사처벌(몰수나 추징을 당한 경우를 포함한다)을 받은 경우에는 과태료를 부과하지 아니하며, 과태료를 부과한 후 형사처벌을 받은 경우에는 그 과태료 부과를 취소한다.

1. 제8조제2항을 위반한 공직자등(제11조에 따라 준용되는 공무수행사인을 포함한다). 다만, 제9조제1항・제2항 또는 제6항에 따라 신고하거나 그 수수 금지 금품등을 반환 또는 인도하거나 거부의 의사를 표시한 공직자등은 제외한다.
2. 자신의 배우자가 제8조제4항을 위반하여 같은 조 제2항에 따른 수수 금지 금품등을 받거나 요구하거나 제공받기로 약속한 사실을 알고도 제9조제1항제2호 또는 같은 조 제6항에 따라 신고하지 아니한 공직자등(제11조에 따라 준용되는 공무수행사인을 포함한다). 다만, 공직자등 또는 배우자가 제9조제2항에 따라 수수 금지 금품등을 반환 또는 인도하거나 거부의 의사를 표시한 경우는 제외한다.
3. 제8조제5항을 위반하여 같은 조 제2항에 따른 수수 금지 금품등을 공직자등(제11조에 따라 준용되는 공무수행사인을 포함한다) 또는 그 배우자에게 제공하거나 그 제공의 약속 또는 의사표시를 한 자

⑥ 제1항부터 제5항까지의 규정에도 불구하고 「국가공무원법」, 「지방공무원법」 등 다른 법률에 따라 징계부가금 부과의 의결이 있은 후에는 과태료를 부과하지 아니하며, 과태료가 부과된 후에는 징계부가금 부과의 의결을 하지 아니한다.

4. 사례금의 수수 제한

제10조(외부강의등의 사례금 수수 제한) ① 공직자등은 자신의 직무와 관련되거나 그 지위・직책 등에서 유래되는 사실상의 영향력을 통하여 요청받은 교육・홍보・토론회・세미나・공청회 또는 그 밖의 회의 등에서 한 강의・강연・기고 등(이하 "외부강의등"이라 한다)의 대가로서 대통령령으로 정하는 금액을 초과하는 사례금을 받아서는 아니 된다.
② 공직자등은 사례금을 받는 외부강의등을 할 때에는 대통령령으로 정하는 바에 따라 외부강의등의 요청 명세 등을 소속기관장에게 그 외부강의등을 마친 날부터 10일 이내에 서면으로 신고하여야 한다. 다만, 외부강의등을 요청한 자가 국가나 지방자치단체인 경우에는 그러하지 아니하다.
③ 삭제 〈2019.11.26.〉
④ 소속기관장은 제2항에 따라 공직자등이 신고한 외부강의등이 공정한 직무수행을 저해할 수 있다고 판단하는 경우에는 그 공직자등의 외부강의등을 제한할 수 있다.
⑤ 공직자등은 제1항에 따른 금액을 초과하는 사례금을 받은 경우에는 대통령령으로 정하는 바에 따라 소속기관장에게 신고하고, 제공자에게 그 초과금액을 지체 없이 반환하여야 한다.

제23조(과태료 부과) ④ 제10조제5항에 따른 신고 및 반환 조치를 하지 아니한 공직자등에게는 500만원 이하의 과태료를 부과한다.

5. 공무수행사인의 공무수행과 관련된 행위제한

제11조(공무수행사인의 공무 수행과 관련된 행위제한 등) ① 다음 각 호의 어느 하나에 해당하는 자(이하 "공무수행사인"이라 한다)의 공무 수행에 관하여는 제5조부터 제9조까지를 준용한다.
1. 「행정기관 소속 위원회의 설치·운영에 관한 법률」 또는 다른 법령에 따라 설치된 각종 위원회의 위원 중 공직자가 아닌 위원
2. 법령에 따라 공공기관의 권한을 위임·위탁받은 법인·단체 또는 그 기관이나 개인
3. 공무를 수행하기 위하여 민간부문에서 공공기관에 파견 나온 사람
4. 법령에 따라 공무상 심의·평가 등을 하는 개인 또는 법인·단체

② 제1항에 따라 공무수행사인에 대하여 제5조부터 제9조까지를 준용하는 경우 "공직자등"은 "공무수행사인"으로 보고, "소속기관장"은 "다음 각 호의 구분에 따른 자"로 본다.
1. 제1항제1호에 따른 위원회의 위원: 그 위원회가 설치된 공공기관의 장
2. 제1항제2호에 따른 법인·단체 또는 그 기관이나 개인: 감독기관 또는 권한을 위임하거나 위탁한 공공기관의 장
3. 제1항제3호에 따른 사람: 파견을 받은 공공기관의 장
4. 제1항제4호에 따른 개인 또는 법인·단체: 해당 공무를 제공받는 공공기관의 장

Ⅳ. 이해충돌방지법

제4조(공직자의 의무) ① 공직자는 사적 이해관계에 영향을 받지 아니하고 직무를 공정하고 청렴하게 수행하여야 한다.

② 공직자는 직무수행과 관련하여 공평무사하게 처신하고 직무관련자를 우대하거나 차별하여서는 아니 된다.

③ 공직자는 사적 이해관계로 인하여 공정하고 청렴한 직무수행이 곤란하다고 판단하는 경우에는 직무수행을 회피하는 등 이해충돌을 방지하여야 한다.

제10조(직무 관련 외부활동의 제한) 공직자는 다음 각 호의 행위를 하여서는 아니 된다. 다만, 「국가공무원법」 등 다른 법령·기준에 따라 허용되는 경우는 그러하지 아니하다.
1. 직무관련자에게 사적으로 노무 또는 조언·자문 등을 제공하고 대가를 받는 행위
2. 소속 공공기관의 소관 직무와 관련된 지식이나 정보를 타인에게 제공하고 대가를 받는 행위. 다만, 「부정청탁 및 금품등 수수의 금지에 관한 법률」 제10조에 따른 외부강의등의 대가로서 사례금 수수가 허용되는 경우와 소속기관장이 허가한 경우는 제외한다.
3. 공직자가 소속된 공공기관이 당사자이거나 직접적인 이해관계를 가지는 사안에서 자신이 소속된 공공기관의 상대방을 대리하거나 그 상대방에게 조언·자문 또는 정보를 제공하는 행위
4. 외국의 기관·법인·단체 등을 대리하는 행위. 다만, 소속기관장이 허가한 경우는 제외한다.
5. 직무와 관련된 다른 직위에 취임하는 행위. 다만, 소속기관장이 허가한 경우는 제외한다.

제21조(위법한 직무처리에 대한 조치) 소속기관장은 공직자가 ~, 제10조, ~ 를 위반한 사실을 발견한 경우에는 해당 공직자에게 위반사실을 즉시 시정할 것을 명하고 계속 불이행할 경우 해당 공직자의 직무를 중지하거나 취소하는 등 필요한 조치를 하여야 한다.

제28조(과태료) ② 다음 각 호의 어느 하나에 해당하는 자에게는 2천만원 이하의 과태료를 부과한다.
4. 제10조를 위반하여 직무 관련 외부활동을 한 공직자

Ⅴ. 공직선거법

제239조(직권남용에 의한 선거의 자유방해죄) 선거에 관하여 선거관리위원회의 위원·직원, 선거사무에 종사하는 공무원 또는 선거인명부(재외선거인명부등을 포함한다. 이하 이 장에서 같다)작성에 관계있는 자나 경찰공무원(司法警察官吏 및 軍司法警察官吏를 포함한다)이 직권을 남용하여 다음 각 호의 어느 하나에 해당하는 행위를 하거나 하게 한 때에는 7년 이하의 징역에 처한다.
1. 선거인명부의 열람을 방해하거나 그 열람에 관한 직무를 유기한 때
2. 정당한 사유없이 후보자를 미행하거나 그 주택·선거사무소 또는 선거연락소에 승낙없이 들어가거

나 퇴거요구에 불응한 때

제3절 공무방해에 관한 죄

§1. 개 관

Ⅰ. 서 설

본장의 공무방해에 관한 죄(Widerstand gegen die Staatsgewalt)란 공무(公務)를 방해함으로써 성립하는 범죄이다(형법 제2편 제8장). 공무방해에 관한 죄는 외부로부터 일반인에 의한 공무원에 대한 공무범죄라는 점에서 전술한 내부로부터 공무원에 의한 공무원의 직무범죄(공무원범죄)라고 할 수 있는 공무원의 직무에 관한 죄와 구별된다고 할 수 있다(형법 제2편 제7장, 제8장 참조).

Ⅱ. 보호법익

공무방해에 관한 죄의 보호법익은 국가 또는 지방자치단체의 작용으로서의 공무이다. 공무를 수행하는 공무원에 대한 공무집행방해 등의 침해를 배제함으로써 공무를 보호하려고 하는 것이다. 이러한 의미에서 공무원은 침해의 객체가 되고, 공무는 그 자체로서 보호법익이 된다고 할 수 있다. 공무원은 국민전체에 대한 봉사자이며, 국민에 대하여 책임을 질 뿐이다(헌법 제7조 제1항 참조). 보호의 정도는 추상적 위험범으로서의 보호이다.

형법이 공무집행방해죄에 의하여 공무를 사인의 업무보다 두텁게 보호하는 근거는 국민주권을 기초로 하는 공무는 국민의 총의에서 유래하는 것으로서 권위가 주어져 있고, 그 원활하고 공정한 운용은 국민의 행복추구에 불가결하다는 점에 있다(헌법 제10조 참조). 따라서 공무의 집행을 우선하게 하여 그 대상으로 되는 국민 개인의 권리를 부당하게 제한하거나 침해하여서는 안 되고 국가 또는 공공의 이익과 개인의 이익이 조화될 수 있도록 공무집행의 원활과 공정을 도모할 필요가 있다.

Ⅲ. 구성요건의 체계

공무방해에 관한 죄의 기본적 구성요건은 공무집행방해죄이다(제136조 제1항). 직무·사직강요죄(제136조 제2항), 위계에 의한 공무집행방해죄(제137조)은 행위방법에 따른 수정적 구성요건에 속한다. 독립적 구성요건으로서는 법정·국회회의장모욕죄(제138조), 인권옹호직무방해죄(제139조), 공무상비밀표시무효죄(제140조), 부동산강제집행효용침해죄(제140조의2), 공용서류등 무효죄(제141조 제1항), 공용물파괴죄(제141조 제2항), 공무상 보관물무효죄(제142조)가 거론될 수 있다. 이상의 죄에 대하여는 미수범도 처벌된다(제143조).

이 외에 행위방법으로 인하여 불법이 가중되는 특수공무방해죄(제144조 제1항)와 결과적 가중범인 특수공무방해치사상죄(제144조 제2항)은 공히 가중적 구성요건에 해당한다.

한편 형법은 공무방해의 죄에 대한 처벌에 있어서 몇 가지의 특색을 가지고 있다. 첫째, 수단의 제한이다. 공무방해를 일반적으로 처벌하는 경우에는 공무방해를 모두 처벌하는 것이 아니라 그 수단을 공무원에 대한 폭행·협박에 제한하면서도 위계에 의한 공무집행방해죄를 규정하고 있다. 둘째, 객체의 제한이다. 손상·은닉 기타의 방법에 의한 공무방해에 대하여는 그 객체를 봉인·압류 기타 강제처분의 표시 등으로 제한하고 있다. 셋째, 대상의 제한이다. 폭행·협박에 의한 공무방해를 처벌하는 경우에 그 대상을 집행중인 공무(공무집행방해죄) 또는 집행될 공무(직무강요죄)로 개별화·구체화하고 있다.

§2. 공무집행방해죄

제136조(공무집행방해) ① 직무를 집행하는 공무원에 대하여 폭행 또는 협박한 자는 5년 이하의 징역 또는 1천만원 이하의 벌금에 처한다.
② 공무원에 대하여 그 직무상의 행위를 강요 또는 저지하거나 그 직을 사퇴하게 할 목적으로 폭행 또는 협박한 자도 전항의 형과 같다.

관련조문
제324조(강요) ① 폭행 또는 협박으로 사람의 권리행사를 방해하거나 의무없는 일을 하게 한 자는 5년 이하의 징역 또는 3천만원 이하의 벌금에 처한다.

Ⅰ. 서 설

1. 의 의

본죄는 직무를 집행하는 공무원에 대하여 폭행 또는 협박하거나, 공무원에 대하여 그 직무상의 행위를 강요 또는 저지하거나 또는 그 직을 사퇴하게 할 목적으로 폭행 또는 협박함으로써 성립하는 범죄이다. 광의의 공무집행방해죄라고 할 수 있다.

본죄는 직무를 집행하는 공무원에 대하여 폭행 또는 협박하는 경우의 소위 협의의 공무집행방해죄(제136조 제1항), 공무원에 대하여 그 직무상의 행위를 강요 또는 저지하거나 또는 그 직을 사퇴하게 할 목적으로 폭행 또는 협박하는 경우의 직무 강요·저지·사퇴 목적 폭행·협박죄로 나누어질 수 있다(제136조 제2항). 협의의 공무집행방해죄가 현재의 직무집행에 향하여져 있음에 반하여 직무 강요·저지·사퇴 목적 폭행·협박죄 장래의 직무집행에 향하여져 있다는 점에서 양자의 죄는 서로 구별된다.

2. 보호법익

본죄의 보호법익은 공무원에 의하여 구체적으로 행하여지는 국가 또는 공공기관의 기능이다.[1] 보호의 정도는 전술한 바와 같이 추상적 위험범으로서의 보호이다. 따라서 본죄는

1) 대법원 2009.11.19. 선고 2009도4166 전원합의체 판결; 대법원 2008.11.13. 선고 2007도9794 판결.

직무를 집행하는 공무원에 대하여 폭행 또는 협박을 가하면 그것으로 기수에 이른다.

3. 업무방해죄와의 구별

(1) 의 의

본죄는 직무를 집행하는 공무원에 대하여 폭행 또는 협박함으로써 성립하는 범죄라는 점에서 허위의 사실을 유포하거나 위계 또는 위력으로써 업무를 방해함으로써 성립하는 업무방해죄와 규정상 구별되고 있다(제136조 제1항, 제314조 참조).

다만 양자의 죄는 추상적 위험범이라는 점에서 공통되고 있다. 업무방해죄는 업무를 방해할 우려가 있는 상태가 되면 기수에 달하고, 방해의 결과가 현실적으로 발생할 것으로 요하지 않는다. 공무집행방해죄도 직무를 집행하는 공무원에 대하여 폭행 또는 협박을 가하면 그것으로 충분히 기수에 이르고, 이로 인하여 직무집행에 대한 방해의 결과가 발생할 것을 요하지 않는다.

한편 양자의 죄는 규정상의 차이로 인하여 아래와 같이 몇 가지의 점에서 차이점을 가지고 있다고 구별할 수 있다.

(2) 행위유형상의 차이

양죄는 그 보호법익과 보호대상이 상이할 뿐만 아니라 본죄의 행위유형은 업무방해죄의 그것에 비하여 보다 제한되어 있다.[2] 즉, 본죄는 폭행, 협박에 이른 경우를 구성요건으로 삼고 있을 뿐 이에 이르지 아니하는 위력 등에 의한 경우는 그 구성요건의 대상으로 삼고 있지 않다. 또 형법은 본죄 외에도 직무강요죄(제136조 제2항), 법정 또는 국회회의장모욕죄(제138조), 인권옹호직무방해죄(제139조), 공무상 비밀표시무효죄(제140조), 부동산강제집행효용침해죄(제140조의2), 공용서류등 무효죄(제141조 제1항), 공용물파괴죄(제141조 제2항), 공무상 보관물무효죄(제142조) 및 특수공무방해죄(제144조) 등과 같이 여러 가지 유형의 공무방해행위를 처벌하는 규정을 개별적·구체적으로 마련하여 두고 있으므로, 이러한 처벌조항 이외에 공무의 집행을 업무방해죄에 의하여 보호받도록 하여야 할 현실적 필요가 적다는 측면도 있다.[3]

(3) 입법취지상의 차이

형법이 본죄를 업무방해죄와는 별도로 규정하고 있는 것은 사적 업무와 공무를 구별하여 공무에 관해서는 공무원에 대한 폭행, 협박 또는 위계의 방법으로 그 집행을 방해하는 경우에 한하여 처벌하겠다는 취지라고 보아야 한다.[4] 따라서 공무원이 직무상 수행하는 공무를 방해하는 행위에 대해서는 업무방해죄로 의율할 수는 없다.[5] 대법원도 "경찰청 민원실에서

2) 대법원 2010.2.25. 선고 2008도9049 판결; 대법원 2009.11.19. 선고 2009도4166 전원합의체 판결.

3) 대법원 2009.11.19. 선고 2009도4166 전원합의체 판결.

4) 대법원 2011.7.28. 선고 2009도11104 판결; 대법원 2010.2.25. 선고 2008도9049 판결; 대법원 2009.11.19. 선고 2009도4166 전원합의체 판결.

5) 대법원 2011.7.28. 선고 2009도11104 판결; 대법원 2010.2.25. 선고 2008도9049 판결; 대법원 2009.11.19. 선고 2009도4166 전원합의체 판결.

말똥을 책상 및 민원실 바닥에 뿌리고 소리를 지르는 등 난동을 부린 행위가 '위력'으로 경찰관의 민원접수 업무를 방해한 것이라는 이유로 업무방해에 해당한다고 본 원심판결에 법리오해의 위법이 있다"고 판시한 바 있다.[6)]

(4) 직무범위상의 한계

문제는 본죄에 있어서의 직무범위와 업무방해죄에 있어서의 업무범위의 한계에 있다. 본죄의 직무범위는 권력적 작용에 제한된다는 권력적 직무 제한설과 권력적 작용에 제한되지 않는다는 비권력적 직무 포함설이 대립하고 있다. 전자와 같이 직무의 범위를 권력적 작용에 제한하는 독일형법에 있어서는 직무의 내용과 범위가 법률에 의하여 규정된 국가의사를 강제력에 의하여 실현하는 경우로 제한된다. 형법은 직무의 내용과 범위에 대하여 아무런 규정을 두고 있지 않다. 생각건대 직무행위가 공법적 행위로서의 성질을 가지고 있는 한 후자와 같이 반드시 강제력을 수반하는 권력적 작용일 것을 요하는 것은 아니라고 해석된다. 따라서 수사기관이 피의자를 신문하는 것도 직무에 포함되게 된다.

Ⅱ. 범 죄

1. 협의의 공무집행방해죄

(1) 의 의

본죄는 직무를 집행하는 공무원에 대하여 폭행 또는 협박함으로써 성립한다(제136조 제1항). 본죄는 직무 강요·저지·사퇴 목적 폭행·협박죄를 제외하고 말한다는 점에서 협의의 공무집행방해죄라고 할 수 있다. 본죄는 현재의 직무집행에 향하여져 있다는 점에서 장래의 직무집행에 향하여져 있는 직무 강요·저지·사퇴 목적 폭행·협박죄와는 구별된다.

(2) 구성요건

1) 객관적 구성요건

① 주 체

본죄의 주체에는 제한이 없다. 공무원도 본죄의 주체가 될 수 있다.

② 객 체

본죄의 객체는 직무를 집행하는 공무원이다. 중재인은 처음부터 포함되지 않고 있다. 본죄에서 보호의 객체는 공무 그 자체이지만, 행위의 객체는 공무원인 것이다.

ⓘ 공무원 공무원이란 법령에 의하여 국가 또는 공공단체의 공무에 종사하는 자를 말한다. 이에 관하여는 상세히 전술한 바 있다. 외국의 공무원은 포함되지 않는다. 외국의 공무원은 우리나라의 법령에 의한 공무원이 아닐 뿐만 아니라 본죄는 우리나라의 공무를 보호하기 위한 범죄이기 때문이다.

공무원을 긍정한 판례의 구체적 내용은 다음과 같다. 즉,

---

6) 대법원 2010.2.25. 선고 2008도9049 판결.

파출소에서 근무하는 방범원은 직할시 · 도 · 시 · 군 · 자치구지방고용직공무원의임용등에관한 조례(준칙) 제4조의2에 의한 임용권자의 명에 따라 경찰서 · 지서 또는 파출소에 파견되어 근무하는 지방공무원법 제2조 제3항 제4호 소정의 지방고용직공무원임이 분명하므로 형법 제136조 소정의 "공무원"에 해당한다.[7]

공무원을 부정한 판례의 구체적 내용은 다음과 같다. 즉,

피고인이, 국민권익위원회 운영지원과 소속 기간제근로자로서 청사 안전관리 및 민원인 안내 등의 사무를 담당한 갑의 공무집행을 방해하였다는 내용으로 기소된 사안에서, 갑은 국민권익위원회 위원장과 계약기간 1년의 근로계약을 체결한 점, 공무원으로 임용된 적이 없고 공무원연금이 아니라 국민연금에 가입되어 있는 점, 국민권익위원회 훈령으로 '무기계약근로자 및 기간제근로자 관리운용 규정'이 있으나 국민권익위원회 내부규정으로 그 내용도 채용, 근로조건 및 퇴직 등 인사에 관한 일반적인 사항을 정하는 것에 불과하고, 달리 갑이 법령의 근거에 기하여 위 사무에 종사한 것이라고 볼 만한 자료가 없는 점 등 제반 사정에 비추어 갑은 법령의 근거에 기하여 국가 등의 사무에 종사하는 형법상 공무원이라고 보기 어려운데도, 갑이 공무집행방해죄에서 공무원에 해당한다고 단정한 원심판단에 형법상 공무원에 관한 법리오해의 잘못이 있다.[8]

ⅱ 직무를 집행하는 본죄의 객체인 공무원은 직무집행 중의 공무원에 한하고, 직무를 집행하고 있지 않는 공무원은 포함되지 아니한다. 문제는 '직무를 집행하는'의 의의에 있다. 나아가 직무집행에 있어서 그 적법성의 요부가 특히 문제되지 아니할 수 없다.

ⅰ. 의 의 직무(職務)란 공무원이 직무상 취급할 수 있는 사무를 말한다. 집행(執行)이란 널리 공무원이 직무상 취급할 수 있는 사무를 행하는 것을 의미한다.[9] 사람에 대한 것이든 물건에 대한 것이든 불문한다. '집행하는'이란 방해행위 당시 공무원이 구체적인 직무를 집행하고 있음을 말한다. 시간적으로 집행의 개시부터 종료까지를 말한다고 할 수 있다. 현실적으로 집행 중인 직무에 한정되지 않고, 개시직전과 종료직후의 직무와 밀접한 관련을 가지는 대기상태도 포함된다. 현재 집행 중이 아니라도 공무원에게 폭행 등이 가하여져 공무에 영향이 미칠 수 있기 때문이다. 다만 하나의 직무행위를 종료하고 다른 직무를 처리하기 위하여 이동 중인 상태는 이에 포함되지 않는다.

판례에 의하면 '직무를 집행하는'이라 함은 공무원이 직무수행에 직접 필요한 행위를 현실적으로 행하고 있는 때만을 가리키는 것이 아니라 공무원이 직무수행을 위하여 근무 중인 상태에 있는 때를 포괄한다.[10] 직무의 성질에 따라서는 그 직무수행의 과정을 개별적으로 분리하여 부분적으로 각각의 개시와 종료를 논하는 것이 부적절하고 여러 종류의 행위를 포괄하여 일련의 직무수행으로 파악함이 상당한 경우가 있을 수 있다.[11] 나아가 현실적

---

7) 대법원 1991.3.27. 선고 90도2930,90감도229 판결.

8) 대법원 2015.5.29. 선고 2015도3430 판결.

9) 대법원 2009.11.19. 선고 2009도4166 전원합의체 판결; 대법원 2008.11.13. 선고 2007도9794 판결.

10) 대법원 2022.3.17. 선고 2021도13883 판결; 대법원 2018.3.29. 선고 2017도21537 판결; 대법원 2009.1.15. 선고 2008도9919 판결; 대법원 2002.4.12. 선고 2000도3485 판결; 대법원 1999. 9. 21. 선고 99도383 판결.

11) 대법원 2022.3.17. 선고 2021도13883 판결; 대법원 2018.3.29. 선고 2017도21537 판결; 대법원 2009.1.15. 선고 2008도9919 판결; 대법원 2002.4.12. 선고 2000도3485 판결; 대법원 1999.9.21. 선고 99도383 판결.

으로 구체적인 업무를 처리하고 있지는 않다 하더라도 자기 자리에 앉아 있는 것만으로도 업무의 집행으로 볼 수 있을 때에는 역시 직무집행 중에 있는 것으로 보아야 하고, 직무 자체의 성질이 부단히 대기하고 있을 것을 필요로 하는 것일 때에는 대기 자체를 곧 직무행위로 보아야 할 경우도 있다.[12]

직무의 집행을 긍정한 판례의 구체적 내용은 다음과 같다. 즉,

> 음주운전 신고를 받고 출동한 경찰관이 만취한 상태로 시동이 걸린 차량 운전석에 앉아있는 피고인을 발견하고 음주측정을 위해 하차를 요구함으로써 도로교통법 제44조 제2항이 정한 음주측정에 관한 직무에 착수하였다고 할 것이고, 피고인이 차량을 운전하지 않았다고 다투자 경찰관이 지구대로 가서 차량 블랙박스를 확인하자고 한 것은 음주측정에 관한 직무 중 '운전' 여부 확인을 위한 임의동행 요구에 해당하고, 피고인이 차량에서 내리자마자 도주한 것을 임의동행 요구에 대한 거부로 보더라도, 경찰관이 음주측정에 관한 직무를 계속하기 위하여 피고인을 추격하여 도주를 제지한 것은 앞서 본 바와 같이 도로교통법상 음주측정에 관한 일련의 직무집행 과정에서 이루어진 행위로써 정당한 직무집행에 해당한다.[13] 도로 관리청은 도로를 설치하고 그 존립을 유지하여 이를 일반교통에 제공함으로써 도로로서의 본래의 기능이 발휘될 수 있도록 하기 위한 포괄적 관리권을 가지고, 이러한 도로관리권에는 도로 시설물 등을 그 기능에 적합하도록 유지·관리하는 것뿐 아니라, 도로관리를 위한 직무집행 행위로서의 합리적 상당성이 인정되는 범위 내에서 도로의 기능 발휘에 장애가 되는 행위를 금지하거나 제지하는 등의 사실행위를 할 권한도 포함된다고 할 것이다. 그런데 구 도로법(2010.3.22. 법률 제10156호로 개정되기 전의 것. 이하 같다)에 의하면, 누구든지 정당한 사유 없이 도로를 손궤하는 행위, 도로에 장애물을 쌓아놓는 행위, 그 밖에 도로의 구조나 교통에 지장을 끼치는 행위를 하여서는 아니 되므로(제45조), 위와 같은 금지행위를 하고 있는 위반자에 대하여 도로관리권에 기하여 이를 제지하는 것은 특별한 사정이 없는 한 정당한 직무집행 행위에 속한다고 보아야 한다.[14] 노동조합관계자들과 사용자측 사이의 다툼을 수습하려 하였으나 노동조합측이 지시에 따르지 않자 경비실 밖으로 나와 회사의 노사분규 동향을 파악하거나 파악하기 위해 대기 또는 준비 중이던 근로감독관을 폭행한 행위는 공무집행방해죄를 구성한다.[15] 피고인은 판시 일시 무렵 여러 차례 부산 서구청 야간 당직실을 찾아가 당직 근무자에게 자신의 주거지 앞 노상의 불법주차 차량이 많다고 하면서 단속을 요구한 사실, 이에 당직근무중이던 청원경찰 공소외인은 피고인과 함께 당직실에서 수십 미터 떨어진 이 사건 아파트 앞 불법주차 현장을 확인한 다음, 피고인에게 야간이라시 당장 단속은 힘들고 주간 근무자에게 단속을 하도록 하겠다고 말을 하자, 피고인이 이에 화가 나 손바닥으로 공소외인의 오른쪽 뺨을 1회 때린 사실, 야간 당직 근무자들은 불법주차를 단속할 권한은 없지만, 민원이 들어오면 접수를 받고 다음날 그와 관련된 부서에 민원사항을 전달하여 처리하도록 하고 있는 사실을 알 수 있다. 앞서 본 법리와 이러한 사실들에 의하면, 피고인의 불법주차 단속요구는 부산 서구청 야간 당직근무자들의 민원업무에 속하고 역시 당직근무자이던 공소외인의 경비업무에 포함되는데, 공소외인이 민원사항인 이 사건 불법주차 여부를 확인하고 피고인에게 야간이라서 당장 단속은 힘들고 주간 근무자에게 말을 하여 단속을 하도록 하겠다는 말에 화가 나 피고인이 손바닥으로 공소외인을 폭행하였다면 이는 공소외인의 직무집행을 방해한 것으로 볼

---

12) 대법원 2002.4.12. 선고 2000도3485 판결.
13) 대법원 2020.8.20. 선고 2020도7193 판결.
14) 대법원 2014.2.13. 선고 2011도10625 판결.
15) 대법원 2002.4.12. 선고 2000도3485 판결.

여지가 있다 할 것이다.[16] 피고인은 하반신 지체장애자인바, 1997.6.4. 14:00경 서울 노원구 공릉동 소재 서울지방법원 북부지원 앞 도로상에서 운전하는 소나타 승용차를 주차가 금지된 장소에 주차시킨 데 대하여 노원구청 소속 공무원으로서 불법주차단속원인 피해자(여, 26세) 가 위 승용차 유리에 불법주차 과태료 스티커를 붙였다는 이유로 피해자의 치마를 양손으로 잡아당겨 찢고, 피고인이 타고 있던 휠체어로 피해자의 다리를 부딪치게 하여 피해자에게 약 10일간의 치료를 요하는 양측하퇴부좌상의 상해를 입힘과 동시에 피해자의 정당한 주차단속업무를 방해한 것이다 라는 것이고, 원심판결 이유에 의하면, 원심은, 위 공소사실에 의하더라도 피고인이 피해자을 폭행한 것은 피해자가 피고인의 승용차 유리에 과태료 부과고지서를 붙인 후이고, 제1심 증인 피해자의 증언에 의하면 피해자는 피고인이 없을 때 불법주차 스티커를 피고인 차량에 붙인 후 피고인이 오는 것을 보고 휠체어를 탄 장애인이라는 것을 알고 과태료 부과고지서를 다시 떼어 낸 사실을 인정할 수 있는 바, 피해자가 불법주차 스티커를 피고인 차량에 붙인 행위나 과태료 부과고지서를 떼어 낸 행위만을 따로 분리하여 그러한 시점에 직무수행이 종료되고 피해자가 피고인에 대하여 별개의 조치를 취하거나 다른 차량에 대한 단속에 착수할 때에 직무수행이 재개된다고 보는 것은 부적절하고 피해자의 위와 같은 여러 종류의 행위를 포괄하여 일련의 직무수행으로 파악함이 상당하다 할 것이다.[17] 전경이라도 상관의 명령에 의하여 치안업무를 보조하는 의경의 직무를 도와 시위진압을 하는 것은 객관적으로 보아 적법한 공무집행이라고 할 것인바, 원심이 확정한 바와 같이 위 서총련발대식 집회 · 시위를 전후하여 대학생 및 재야단체의 집회 · 시위가 동시 다발적으로 발생하여 이른바 의경 병력만으로는 불법시위의 진압을 할 수 없게 되자, 위 3명의 부상자들을 포함한 전경들은 상관의 명령에 의하여 의경과 함께 시위를 진압하게 된 것이라면, 이와 같은 전경의 시위진압은 적법한 공무집행이라고 할 것이므로, 이와 같은 취지의 원심판단은 정당하고, 거기에 전경의 직무범위에 관한 법리오해의 위법이 없다.[18] 지방법원 지원 서기과장이 일반직원이 서기과장과 동일실내에 수용배치되어 있는 경우에 서기과장은 그 집무시간중 간단없이 부하직원을 통율하고 그 사무를 감독할 직책과 권한이 있다할 것이므로 설사 과장이 때마침 어떠한 구체적 사무를 현실적으로 집행중에 있지 않다 할지라도 소정 집무시간중 과장이 그의 정석에 착석하고 있는 이상 의연감독사무집행중에 있다고 해석함이 타당하므로 이에 대하여 폭행을 가한 경우에 있어서는 공무원집행방해죄가 성립한다.[19]

직무의 집행을 부정한 판례의 구체적 내용은 다음과 같다. 즉,

헌법 제49조가 국회에서의 다수결 원리를 선언하고 있으나, 이는 어디까지나 통지가 가능한 국회의원 모두에게 회의에 출석할 기회가 부여된 바탕 위에서 재적의원 과반수의 출석과 출석의원 과반수의 찬성으로 그 결의가 이루어질 것을 전제로 하고 있다고 해석되는 점, 국회 상임위원회의 의사 · 의결정족수를 규정한 국회법 제54조의 규정 또한 실질적으로 모든 위원회의 구성원에게 출석의 기회가 보장된 상태에서 자유로운 토론의 기회가 부여되는 것을 전제조건으로 하고 있는 점 등에 비추어 보면 누구든지 국회의원이 본회의 또는 위원회에 출석하기 위하여 본회의장 또는 위원회 회의장에 출입하는 것을 방해하여서는 아니 되며, 특히 국회의 경호 업무 등을 담당하는 국회 경위가 상임위원회 위원의 회의장 출입을 막는 것은 이를 정당화할 만한 특별한 사정이 없는

16) 대법원 2009.1.15. 선고 2008도9919 판결.
17) 대법원 1999.9.21. 선고 99도383 판결.
18) 대법원 1992.8.18. 선고 92도1244 판결.
19) 대법원 1957.3.29. 선고 4290형상48 판결.

한 위법하다고 할 것이므로, 회의장 근처에 배치된 국회 경위들이 민주당 소속 외통위 위원들의 회의장 출입을 막은 행위는 외통위 위원장의 회의장 출입구를 폐쇄하고 출입 봉쇄 등의 위법한 조치를 보조한 행위에 지나지 아니하므로 역시 위법한 직무집행이라고 할 것이다.[20] 비록 장차 특정 지역에서 구 집회 및 시위에 관한 법률에 의하여 금지되어 그 주최 또는 참가행위가 형사처벌의 대상이 되는 위법한 집회·시위가 개최될 것이 예상된다고 하더라도, 이와 시간적·장소적으로 근접하지 않은 다른 지역에서 그 집회·시위에 참가하기 위하여 출발 또는 이동하는 행위를 함부로 제지하는 것은 경찰관직무집행법 제6조 제1항에 의한 행정상 즉시강제인 경찰관의 제지의 범위를 명백히 넘어서는 것이어서 허용될 수 없으므로, 이러한 제지 행위는 공무집행방해죄의 보호대상이 되는 공무원의 적법한 직무집행에 포함될 수 없다.[21] 면사무소에 설계도면을 제출할 의무나 설계에 필요한 금원을 지급할 의무가 없다면 피고인이 설계도를 제출하지 않음으로써 건축시공상의 어떤 불이익을 받는 것은 별론으로 하고 면사무소 공무원으로서도 이를 적법하게 강제할 권한이 없는 것이므로 면사무소 공무원이 자신의 행정사무의 편의를 위한 목적으로 설계도의 제출을 요구한 행위는 공무집행방해죄에 있어서의 공무집행에 해당한다고 단정할 수는 없다.[22]

ⅱ. 적법성의 요부　문제는 본죄의 직무는 적법을 요하는가에 있다. 이에 대하여 형법은 아무런 규정을 두고 있지 아니하다. 일본형법도 마찬가지이다.[23] 그러나 독일형법과 오스트리아형법은 직무행위의 적법성을 명문으로 요구하고 있다.[24]

㉠ 학 설　형법상 직무행위에 대한 적법성의 요부는 해석에 맡겨진 셈이다. 이에 대하여는 다툼이 있다. 첫째, 적법성필요설이다. 적법성필요설(適法性必要說)은 공무의 적정한 작용을 방해하는 행위를 처벌하려는 본죄의 취지상 위법한 공무원의 행위까지 형법이 보호할 필요가 없다는 점, 위법한 직무행위는 직권남용죄 등 범죄를 구성할 뿐이고, 정당방위가 가능한 부당한 침해에 해당할 수 있고 이에 의하여 침해된 권리와 자유를 위해서는 저항권의 행사가 인정된다는 점, 위법한 공무를 보호하면 공무원 자체의 신분 내지 지위를 보호하는 결과가 초래된다는 점 등을 근거로 하고 있다. 둘째, 적법성불요설이다. 적법성불요설(適法性不要說)은 공무로서 성립한 이상 부적법한 경우라도 그것이 재판·행정처분에 의하여 무효·취소될 때까지는 보호할 필요가 있다는 점, 직무집행이 공무원의 추상적 권한에 속하는 행위이고 구체적인 행위가 공무원의 그것이라고 인정되는 한 사소한 적법·부적법이나 유효·무효는 문제되지 않는다는 점 등을 근거로 하고 있다.

㉡ 판 례　판례는 적법성필요설의 입장이다. 판례에 의하면 본죄는 공무원의 직무집행이 적법한 경우에 한하여 성립한다.[25]

---

20) 대법원 2013.6.13. 선고 2010도13609 판결.

21) 대법원 2009.6.11. 선고 2009도2114 판결; 대법원 2008.11.13. 선고 2007도9794 판결.

22) 대법원 1982.11.23. 선고 81도1872 판결.

23) 일본형법 (공무집행방해 및 직무강요) 제95조 ① 직무를 집행하는 공무원에 대하여 폭행 또는 협박을 가한 자 는 3년 이하의 징역이나 금고 또는 50만엔 이하의 벌금에 처한다.

24) 독일형법 제113조 (공무집행공무원에 대한 저항) ③ 제1항 및 제2항의 행위는 직무행위가 적법하지 아니한 경우에는 동조에 의하여 처벌할 수 없다. 행위자가 직무행위를 적법한 것으로 오인한 경우 에도 또한 같다.
오스트리아형법 제269조 (국가권력에 대한 저항) ④ 공무의 성질상 관청 또는 공무원에게 권한이 없거나 공무수행이 형법규정에 위반한 때에는 행위자를 제1항으로 벌하지 아니한다.

25) 대법원 2022.3.17. 선고 2021도13883 판결; 대법원 2021.9.16. 선고 2015도12632 판결; 대법원 2017.9.21.

㉢ 검 토 　본죄에 있어서 직무의 집행은 적법할 것을 요한다. 이를 직무집행의 적법성이라고 한다. 적법성불요설에 의하면 적법성의 요건은 구성요건에 명문으로 규정되어 있지 않기 때문에 적어도 공무집행이라고 할 수 있는 행위가 있으면 족하고 그 적법·위법을 물을 필요가 없다고 한다. 생각건대 위법한 공무원의 행위도 보호한다고 하게 되면 공무원의 신분이나 지위 그 자체를 보호하는 결과로 되어 본죄의 취지에 반하게 된다. 따라서 해석상 본죄의 성립에 있어서는 적법성의 요건은 불가결하다고 할 수밖에 없다. 결국 적법성의 요건을 결한 공무원의 행위는 본죄를 구성할 뿐만 아니라 정당방위의 대상으로 될 수 있다고 해야 한다.

iii. 적법성의 요건 　직무행위가 적법하기 위해서는 일정한 요건을 갖추어야 한다. 즉, 직무행위는 그 행위를 행하는 공무원의 추상적 직무권한에 속할 것, 직무행위를 행할 공무원은 그것을 행할 구체적 직무권한을 가지고 있을 것 및 그 직무집행을 유효하게 할 법률상의 중요한 요건과 방식을 갖출 것의 3가지가 그것이다. 대법원도 "적법한 공무집행이란 그 행위가 공무원의 추상적 권한에 속할 뿐만 아니라 구체적으로도 그 권한 내에 있어야 하고 직무집행로서의 법률상 요건과 방식을 갖추어야 한다"고 판시한 바 있다.[26)]

추상적인 권한은 반드시 법령에 명시되어 있을 필요는 없다.[27)] 추상적인 권한에 속하는 공무원의 어떠한 공무집행이 적법한지 여부는 행위 당시의 구체적 상황에 기하여 객관적·합리적으로 판단하여야 하고, 사후적으로 순수한 객관적 기준에서 판단할 것은 아니다.[28)]

㉠ 추상적 직무권한 　공무원의 직무범위는 통상 법령에 규정되어 있기 때문에 이러한

선고 2017도10866 판결; 대법원 2017.3.15. 선고 2013도2168 판결; 대법원 2014.5.29. 선고 2013도2285 판결; 대법원 2013.11.28. 선고 2013도9138 판결; 대법원 2013.8.23. 선고 2011도4763 판결; 대법원 2013.3.14. 선고 2011도7259 판결; 대법원 2013.2.15. 선고 2010도11281 판결; 대법원 2011.5.26. 선고 2010도10305 판결; 대법원 2011.4.28. 선고 2007도7514 판결; 대법원 2010.11.11. 선고 2010도7621 판결; 대법원 2009.11.19. 선고 2009도4166 전원합의체 판결; 대법원 2008.11.13. 선고 2007도9794 판결; 대법원 2008.10.9. 선고 2008도3640 판결; 대법원 2007.10.12. 선고 2007도6088 판결; 대법원 2006.11.23. 선고 2006도2732 판결; 대법원 2006.9.8. 선고 2006도148 판결; 대법원 2005.10.28. 선고 2004도4731 판결; 대법원 2002.4.12. 선고 2000도3485 판결; 대법원 2000.7.4. 선고 99도4341 판결; 대법원 1996.12.23. 선고 96도2673 판결; 대법원 1995.5.9. 선고 94도3016 판결; 대법원 1994.10.25. 선고 94도2283 판결; 대법원 1994.9.27. 선고 94도886 판결; 대법원 1992.5.22. 선고 92도506 판결; 대법원 1992.2.11. 선고 91도2797 판결; 대법원 1991.5.10. 선고 91도453 판결.

26) 대법원 2021.9.30. 선고 2014도17900 판결; 대법원 2021.9.16. 선고 2015도12632 판결; 대법원 2017.9.21. 선고 2017도10866 판결; 대법원 2017.3.15. 선고 2013도2168 판결; 대법원 2014.5.29. 선고 2013도2285 판결; 대법원 2013.11.28. 선고 2013도9138 판결; 대법원 2013.8.23. 선고 2011도4763 판결; 대법원 2013.3.14. 선고 2011도7259 판결; 대법원 2013.2.15. 선고 2010도11281 판결; 대법원 2011.5.26. 선고 2010도10305 판결; 대법원 2011.4.28. 선고 2007도7514 판결; 대법원 2010.11.11. 선고 2010도7621 판결; 대법원 2009.11.19. 선고 2009도4166 전원합의체 판결; 대법원 2008.11.13. 선고 2007도9794 판결; 대법원 2008.10.9. 선고 2008도3640 판결; 대법원 2007.10.12. 선고 2007도6088 판결; 대법원 1996.12.23. 선고 96도2673 판결; 대법원 2006.11.23. 선고 2006도2732 판결; 대법원 2006.9.8. 선고 2006도148 판결; 대법원 2005.10.28. 선고 2004도4731 판결; 대법원 2002.4.12. 선고 2000도3485 판결; 대법원 2000.7.4. 선고 99도4341 판결; 대법원 1996.12.23. 선고 96도2673 판결; 대법원 1995.5.9. 선고 94도3016 판결; 대법원 1994.10.25. 선고 94도2283 판결; 대법원 1994.9.27. 선고 94도886 판결; 대법원 1992.5.22. 선고 92도506 판결; 대법원 1992.2.11. 선고 91도2797 판결; 대법원 1991.5.10. 선고 91도453 판결.

27) 대법원 2022.3.17. 선고 2021도13883 판결.

28) 대법원 2022.3.17. 선고 2021도13883 판결; 대법원 2021.9.30. 선고 2014도17900 판결; 대법원 2013.8.23. 선고 2011도4763 판결; 대법원 1991.5.10. 선고 91도453 판결.

추상적인 직무범위를 일탈하여 행하여지는 행위에 대하여는 더 이상 직무집행행위라고 할 수 없다. 예컨대 경찰관이 세금을 징수하는 행위가 그것이다. 그러나 공무원 사이의 내부적 사무분담은 직무권한의 범위에 영향을 미치지 않다. 따라서 교통경찰관이 불심검문을 하는 것은 적법한 직무집행에 속한다.

㉡ 구체적 직무권한 추상적 직무권한 내에 속한다 하더라도 현실적으로 직무를 집행하는 권한, 즉 구체적 직무권한에 근거하지 않으면 그 행위를 공무원의 집무집행행위로 볼 수 없다. 직무는 집행 중이라는 것과 관련하여 추상적으로가 아니라 구체적·개별적으로 파악할 필요가 있다. 따라서 집행관이라도 자기에게 위임된 사건이 아닌 한 강제집행할 수 없다. 또 경찰관이 긴급구속이나 현행범체포의 요건에 해당하지 않는 사람을 강제로 연행하는 것은 적법한 공무집행이라고 할 수 없다.

㉢ 법령에 정한 요건과 방식 구체적 직무권한이 있다 하더라도 직무행위로서의 형식적·절차적 적법요건을 갖추지 않는 한 직무집행행위라고 할 수 없다. 따라서 피고인 또는 피의자를 구속함에 있어서는 구속영장이 발부되어야 하고(형사소송법 제73조, 제201조), 구속영장을 집행함에는 영장을 제시하고(형사소송법 제85조, 제209조), 공소사실의 요지를 알려야 하며(형사소송법 제88조, 제209조), 압수·수색영장의 야간집행은 제한되며(형사소송법 제125조, 제219조), 여자의 신체를 수색함에는 성년의 여자를 참여하게 하여야 한다(형사소송법 제124조, 제219조). 다만 직무집행행위의 방식과 절차에 있어서 경미한 미비점은 직무행위의 적법성에 영향을 미치지 않는다고 해야 한다. 만약 공무원이 극히 경미한 절차규정에 위반한 경우에 대하여도 공무집행방해죄의 성립이 부정되어 폭행 또는 협박이 허용된다면 그것은 합리적인 것이 아니라고 할 수 있기 때문이다. 따라서 직무의 일부만이 위법한 경우에 대하여는 본조의 해석상 적법한 직무라고 해야 할 경우가 있을 수 있다.

판례에 의하면 검사 또는 사법경찰관리가 현행범인을 체포하는 경우에는 반드시 피의사실의 요지, 체포의 이유와 변호인을 선임할 수 있음을 말하고 변명할 기회를 주어야 한다(형사소송법 제213조의2, 제200조의5). 이러한 법리는 긴급체포의 경우에도 마찬가지로 적용되는 것이고, 이와 같은 고지는 체포를 위한 실력행사에 들어가기 전에 미리 하는 것이 원칙이다. 그러나 달아나는 피의자를 쫓아가 붙들거나 폭력으로 대항하는 피의자를 실력으로 제압하는 경우에는 붙들거나 제압하는 과정에서 고지하거나, 그것이 여의치 않은 경우에는 일단 붙들거나 제압한 후에 지체없이 고지하여야 한다.[29] 또 피의자를 구속영장 없이 현행범으로 체포하든지 긴급구속하기 위하여는 체포 또는 긴급구속 당시에 헌법 및 형사소송법에 규정된 바와 같이 피의자에 대하여 범죄사실의 요지, 체포 또는 구속의 이유와 변호인을 선임할 수 있음을 말하고 변명할 기회를 준 후가 아니면 체포 또는 긴급구속할 수 없다.[30]

iv. 적법성의 판단기준

㉠ 학 설 직무행위의 적법성을 판단하는 기준에 대하여는 견해가 일치하지 않고

29) 대법원 2017.3.15. 선고 2013도2168 판결; 대법원 2010.6.24. 선고 2008도11226 판결; 대법원 2007.11.29. 선고 2007도7961 판결; 대법원 2000.7.4. 선고 99도4341 판결.

30) 대법원 1994.3.11. 선고 93도958 판결.

있다. 첫째, 주관설이다. 직무를 행하는 공무원 자신의 판단을 기준으로 한다. 이러한 의미에서 공무원기준설이라고도 한다. 공무원은 촌각을 다투는 사태에 대하여 사실을 인정하고 권한을 행사하지 않으면 안 된다는 점, 객관적 판단을 요구하는 것은 무리이고, 공무의 원활한 달성을 위하여 공무원이 적법하다고 믿는 행위를 보호하여야 한다는 점 등을 근거로 한다. 그러나 이에 대하여는 적법성을 요구하는 취지를 몰각하고 있다는 점, 공무원의 자의를 허용하여 국가적 이익의 보호에 편승하고 있다는 점 등에서 비판이 가하여지고 있다. 둘째, 객관설이다. 법원이 법령을 해석하여 객관적으로 판단한다. 이러한 의미에서 법원기준설이라고도 한다. 행위의 적법성은 그 행위 자체에 내재하는 법적 성질이기 때문에 그 판단도 법원이 객관적으로 법령을 해석하고 판단하여야 한다는 점을 근거로 한다. 셋째, 절충설이다. 일반인의 견해를 기준으로 판단한다. 이러한 의미에서 일반인기준설이라고도 한다. 형법은 사회통념을 기초로 성립하고 있고, 일반인의 견해에 의하여 판단하는 것이 타당하다는 점을 근거로 한다. 그러나 이에 대하여는 무엇이 일반인의 견해인가가 명확하지 않고, 자의적인 판단으로 흐르기 쉽다는 점, 일반인의 입장에서 공무원의 직무집행은 거의 적법성이 부정되지 않아 적법성을 요구한 취지가 몰각된다는 점 등에서 비판이 가하여지고 있다.

㉡ 판 례 판례의 입장은 객관설로 해석된다. 대법원은 "추상적인 권한에 속하는 공무원의 어떠한 공무집행이 적법한지 여부는 행위 당시의 구체적 상황에 기하여 객관적·합리적으로 판단하여야 한다"고 판시한 바 있다.[31]

판례에 의하면 공무원이 구체적 상황에 비추어 그 인적·물적 능력의 범위 내에서 적절한 조치라는 판단에 따라 직무를 수행한 경우에는, 그러한 직무수행이 객관적 정당성을 상실하여 현저하게 불합리한 것으로 인정되지 않는 한 이를 위법하다고 할 수 없다.[32] 공무집행의 대상이 된 사실에 관하여 착오가 있었더라도 일응 그 행위가 공무원의 적법한 행위라고 인정할 수 있는 경우는 본조의 공무집행에 해당된다.[33]

㉢ 검 토 주관설은 직무행위를 행하는 당해 공무원의 판단에 따라서 적법위법이 결정된다는 것을 의미하지만 이 기준에서는 사실상 적법성의 요건을 불요로 하는 것과 같다. 절충설은 일반인의 통념, 사회통념에 따라서 판단되어야 한다는 것이지만 일반인의 견해란 무엇인가가 일정하지 않기 때문에 항상 일치된 결론을 도출하는 것은 한하지 않는 불안정한 것이 있는 견해이다. 생각건대 본조의 적법성은 폭행·협박으로부터 보호할 가치가 있는 공무인가 아닌가 하는 실질적 기준에 의하여 판단할 수밖에 없게 된다. 여기서 직무의 적법성은 직무의 요보호성(要保護性)에 의하여 결정될 필요가 있다고 하겠다. 실질적 기준의 관점에서 보면 공무원에 의한 부당한 인권침해의 회피와 공무의 원활한 운영의 조화가

31) 대법원 2021.9.16. 선고 2015도12632 판결; 대법원 2014.5.29. 선고 2013도2285 판결; 대법원 2014.2.27. 선고 2013도9990 판결; 대법원 2013.8.23. 선고 2011도4763 판결; 대법원 2013.2.15. 선고 2010도11281 판결; 대법원 2011.4.28. 선고 2008도4721 판결; 대법원 2007.10.12. 선고 2007도6088 판결; 대법원 2002.4.12. 선고 2000도3485 판결; 대법원 1992.5.22. 선고 92도506 판결; 대법원 1991.5.10. 선고 91도453 판결.

32) 대법원 2021.9.16. 선고 2015도12632 판결; 대법원 2010.11.11. 선고 2010도7621 판결.

33) 대법원 1961.8.26. 선고 4293형상852 판결.

문제되게 된다. 따라서 직무행위의 적법성은 형법적인 적법개념이어야 한다. 실질적 정당성이 아니라 형식적인 적법성을 기준으로 판단하여야 한다. 객관설이 상대적으로 타당하다고 해석된다. 판례의 내용은 어느 정도의 예측가능성을 가지고 있기 때문이기도 하다.

ⅴ. 적법성의 판단시점

㉠ 학 설 직무행위의 적법성을 판단하는 시점에 대하여는 다툼이 있다. 첫째, 행위시설이다. 행위시설(行爲時說)은 직무행위 당시의 구체적 상황에 입각하여 객관적 합리적으로 판단한다. 직무행위의 적법성의 요건은 당해 집행행위가 직무행위로서 법률상 인정되는가가 문제되기 때문에 행위 당시의 상황에 근거하여 객관적으로 판단하여야 한다는 점, 적정한 절차를 거치고 행위시에 적법한 행위를 보호하지 않으면 많은 국민의 이익을 담보한 공무가 원활하게 행하여지지 않는다는 점 등을 근거로 한다. 그러나 이에 대하여는 어떠한 혐의가 있어도 체포되는 측에서 보면 완전히 부당한 체포인 이상 그에 대항할 수 없다는 것은 부당하다는 점에서 비판이 가하여지고 있다. 둘째, 재판시설이다. 재판시설(裁判時說)은 재판시를 기준으로 사후적 객관적으로 판단한다. 직무집행행위의 적법성은 그 행위 자체에 내재하는 법적 성질의 문제이기 때문에 사후적 객관적 판단이 타당하다는 점, 순객관적 판단에 의하여 공무의 보호와 인권보장의 조화의 실현으로 공정을 기하고 타당하게 해결하기 위해서라는 점 등을 근거로 한다. 그러나 이에 대하여는 사후적으로 판단하는 것은 불안정을 초래한다는 점, 법률의 요건·방식에 따라서 피의자에 대한 체포는 결과적으로 오인체포였던 경우 당해 행위는 형사소송법상으로는 적법한 행위이지만, 공무집행방해죄와의 관계에서 보면 위법한 것이 된다는 점 등에서 비판이 가하여지고 있다.

㉡ 판 례 판례는 행위시설의 입장이다. 판례에 의하면 전술한 바와 같이 추상적인 권한에 속하는 공무원의 어떠한 공무집행이 적법한지 여부는 행위 당시의 구체적 상황에 기하여 객관적·합리적으로 판단하여야 한다.[34)]사후적으로 순수한 객관적 기준에서 판단할 것은 아니다.[35)] 마찬가지로 현행범 체포의 적법성은 체포 당시의 구체적 상황을 기초로 객관적으로 판단하여야 하고, 사후에 범인으로 인정되었는지에 의할 것은 아니다.[36)]

㉢ 검 토 직무행위의 적법성에 대한 판단은 구성요건요소에 대한 판단이다. 이러한 판단은 객관적 판단이어야 하지만 종국적 판단이 아니라 일응 유형적 판단이다. 따라서 행위시설이 타당하다. 직무집행을 위하여 출근하는 공무원을 폭행한 경우에는 직무를 집행하는 경우에 해당하지 않는다. 직무집행을 종료한 후에 공무원에 대하여 폭행·협박하는 경우도 같다.

직무집행의 적법성을 긍정한 판례의 구체적 내용은 다음과 같다. 즉,

---

34) 대법원 2014.5.29. 선고 2013도2285 판결; 대법원 2014.2.27. 선고 2013도9990 판결; 대법원 2013.8.23. 선고 2011도4763 판결; 대법원 2013.2.15. 선고 2010도11281 판결; 대법원 2011.4.28. 선고 2008도4721 판결; 대법원 2007.10.12. 선고 2007도6088 판결; 대법원 2002.4.12. 선고 2000도3485 판결; 대법원 1992.5.22. 선고 92도506 판결; 대법원 1991.5.10. 선고 91도453 판결.

35) 대법원 2013.8.23. 선고 2011도4763 판결; 대법원 1991.5.10. 선고 91도453 판결.

36) 대법원 2013.8.23. 선고 2011도4763 판결.

시청 청사 내 주민생활복지과 사무실에 술에 취한 상태로 찾아가 소란을 피우던 피고인을 소속 공무원 甲과 乙이 제지하며 밖으로 데리고 나가려 하자, 피고인이 甲과 乙의 멱살을 잡고 수회 흔든 다음 휴대전화를 휘둘러 甲의 뺨을 때림으로써 시청 공무원들의 주민생활복지에 대한 통합조사 및 민원 업무에 관한 정당한 직무집행을 방해하였다는 공소사실로 기소된 사안에서, 지방공무원법 제51조, 제75조의2, 민원 처리에 관한 법률 제5조 제2항 등에 비추어 시청 주민생활복지과 소속 공무원이 주민생활복지과 사무실에 방문한 피고인에게 민원 내용을 물어보며 민원 상담을 시도한 행위, 피고인의 욕설과 소란으로 정상적인 민원 상담이 이루어지지 않고 다른 민원 업무 처리에 장애가 발생하는 상황이 지속되자 피고인을 사무실 밖으로 데리고 나간 행위는 민원 안내 업무와 관련된 일련의 직무수행으로 포괄하여 파악함이 타당한 점, 행위 당시의 구체적 상황에 기초를 두고 객관적 · 합리적으로 판단해 보면, 담당 공무원이 피고인을 사무실 밖으로 데리고 나가는 과정에서 피고인의 팔을 잡는 등 다소의 물리력을 행사했더라도, 이는 피고인의 불법행위를 사회적 상당성이 있는 방법으로 저지한 것에 불과하므로 위법하다고 볼 수 없는 점, 소란을 피우는 민원인을 제지하거나 사무실 밖으로 데리고 나가는 행위도 민원 담당 공무원의 직무에 수반되는 행위로 파악함이 타당하고 직무권한의 범위를 벗어난 행위라고 볼 것은 아닌 점 등을 종합하면, 피고인의 행위는 시청 소속 공무원들의 적법한 직무집행을 방해한 행위에 해당하므로 공무집행방해죄를 구성하는데도, 이와 달리 본 원심판결에 법리오해의 잘못이 있다.[37] 피고인을 포함한 '甲 주식회사 희생자 추모와 해고자 복직을 위한 범국민대책위원회'(약칭 '대책위') 측 사람들이 덕수궁 대한문 앞 화단 주변('농성 장소')을 불법적으로 점거한 뒤 천막 · 분향소 등을 설치하고 농성을 계속하다가 관할 구청이 행정대집행으로 농성 장소에 있던 적치물들을 철거하였음에도 이에 대한 항의의 일환으로 같은 장소에서 기자회견 명목의 집회를 개최하려고 하자, 출동한 경찰 병력이 농성 장소를 둘러싼 채 진입을 제지하는 과정에서 피고인 등이 경찰관들을 밀치는 등으로 공무집행을 방해하였다는 내용으로 기소된 사안에서, 경찰 병력이 농성 장소를 사전에 둘러싼 뒤 기자회견 명목의 집회 개최를 불허하면서 소극적으로 제지만 한 것은 구 경찰관 직무집행법 제6조 제1항의 범죄행위 예방을 위한 경찰 행정상 즉시강제로서 적법한 공무집행에 해당한다.[38] 경찰관직무집행법(이하 '법'이라 한다) 제3조 제4항은 경찰관이 불심검문을 하고자 할 때에는 자신의 신분을 표시하는 증표를 제시하여야 한다고 규정하고, 경찰관직무집행법 시행령 제5조는 위 법에서 규정한 신분을 표시하는 증표는 경찰관의 공무원증이라고 규정하고 있는데, 불심검문을 하게 된 경위, 불심검문 당시의 현장상황과 검문을 하는 경찰관들의 복장, 피고인이 공무원증 제시나 신분 확인을 요구하였는지 여부 등을 종합적으로 고려하여, 검문하는 사람이 경찰관이고 검문하는 이유가 범죄행위에 관한 것임을 피고인이 충분히 알고 있었다고 보이는 경우에는 신분증을 제시하지 않았다고 하여 그 불심검문이 위법한 공무집행이라고 할 수 없다.[39] 수용자에게 부착물의 내용, 부착의 경위 등에 비추어 교정시설의 소장에 의하여 허용된 범위를 넘은 부착 행위를 하게 된 정당한 사유가 인정되는 등의 특별한 사정이 없는 한, 교정시설의 소장에 의하여 허용된 범위를 넘어 사진 또는 그림 등을 부착한 수용자에 대하여 교도관이 부착물의 제거를 지시한 행위는 수용자가 복종하여야 할 직무상 지시로서 적법한 직무집행이라고 보아야 한다.[40] 피고인들이 갑 시에서 관리하는 도로의 보도에서 농성용 천막을 설치하던 중 이를 제지하려는 갑 시청 소속 공무원들에게 상해 또는 폭행

37) 대법원 2022.3.17. 선고 2021도13883 판결.
38) 대법원 2021.9.30. 선고 2014도17900 판결.
39) 대법원 2014.12.11. 선고 2014도7976 판결; 대법원 2004.10.14. 선고 2004도4029 판결.
40) 대법원 2014.9.25. 선고 2013도1198 판결.

을 가한 사안에서, 도로관리청인 갑 시청 소속 공무원들이 보도에서 피고인들의 천막 설치를 제지하거나 설치 중인 천막을 철거하려고 한 행위는 구 도로법(2012.6.1. 법률 제11471호로 개정되기 전의 것. 이하 같다) 제83조에 따라 구 도로법 제45조에 규정된 도로에 관한 금지행위를 제지하기 위한 합리적 상당성이 있는 조치로서 보도의 본래 목적을 달성하도록 하기 위한 관리권 범위 내의 행위에 해당하므로, 이러한 도로관리권에 근거하여 적법하게 공무집행을 하는 공무원들에게 폭행 등을 가한 피고인들의 행위는 공무집행방해죄를 구성한다.[41] 증거에 의하면, ① 경찰관인 공소외 4는 피고인이 이 사건 식당 본점에서 소란을 피우고 있다는 신고를 받은 즉시 현장에 출동하였고, 현장에 도착하였을 때 피해자 공소외 1과 식당 종업원들이 식당 밖에 나와 손짓하고 있었으며, 식당 안에 들어갔을 때는 피고인이 소란행위를 일시 중단한 채 자리에 앉아 있어 위 공소외 1에게 누가 영업을 방해하였느냐고 묻자 위 공소외 1이 피고인을 지목한 사실, ② 이에 위 공소외 4는 피고인에게 상황을 설명해 달라고 하였고, 피고인은 자신이 가게 사장인데 무슨 영업방해냐고 항의하였으며, 위 공소외 4가 사업자등록증상으로는 피고인이 사장이 아니라고 말하고 나가서 얘기하자고 하였으나, 피고인은 소리를 지르고 위공소외 4 등에게 욕설을 하며 식당 계산대 쪽을 왔다갔다하면서 양은그릇 2개를 양손에 들고 서로 부딪치는 등의 소란을 피운 사실, ③ 그러자 위 공소외 4가 현행범으로 체포하겠다고 피고인에게 고지하고 수갑을 채우려는 과정에서 피고인이 위 공소외 4를 도우려던 피해자 공소외 2의 낭심을 오른발로 걷어차는 등 폭행하였고, 위 공소외 4와 함께 출동한 다른 경찰관이 피고인의 팔을 등 뒤로 해서 수갑을 채운 후 피고인의 양쪽 겨드랑이에 팔을 끼워 바깥으로 데리고 나가려 하자 피고인이 발로 테이블을 걷어차 넘어뜨렸으며, 바깥에 나가서는 순찰차량 밑에 자신의 하반신을 밀어 넣고 연행되지 않으려고 저항하였고, 그러던 중 피고인을 차량 밑에서 끌어내려는 피해자 공소외 3 경사의 코 부분을 머리로 들이받고 왼쪽 어깨를 물어 상해를 가한 사실을 알 수 있다. 이러한 사실들을 위에서 본 법리에 비추어 보면, 비록 피고인이 식당 안에서 소리를 지르거나 양은그릇을 부딪치는 등의 소란행위가 업무방해죄의 구성요건에 해당하지 않아 사후적으로 무죄로 판단된다고 하더라도, 피고인이 상황을 설명해 달라거나 밖에서 얘기하자는 경찰관의 요구를 거부하고 경찰관 앞에서 소리를 지르고 양은그릇을 두드리면서 소란을 피운 당시 상황에서는 객관적으로 보아 피고인이 업무방해죄의 현행범이라고 인정할 만한 충분한 이유가 있으므로, 경찰관들이 피고인을 체포하려고 한 행위는 적법한 공무집행이라고 보아야 하고, 그 과정에서 피고인이 체포에 저항하며 피해자들을 폭행하거나 상해를 가한 것은 공무집행방해죄 등을 구성한다고 할 것이다.[42] 행정안전부장관이 공무원 노동조합의 통합 및 상급단체 가입 여부 결정을 위한 전국공무원노동조합의 총투표와 관련하여 공무원 복무관리 지침을 각 지방자치단체에 통보한 후 갑 등 소속 공무원들을 파견하여 복무규정 위반사례 등을 점검하도록 지시하였는데, 조합원인 피고인들이 위 지시에 따라 을 구청에 파견되어 점검 중이던 갑의 직무집행을 방해하였다는 내용으로 기소된 사안에서, 갑의 복무 점검행위가 적법한 공무집행으로서 부당노동행위에 해당하지 않는다.[43] 법외 단체인 전국공무원노동조합 지부가 당초 공무원 직장협의회 운영에 이용되던 구(구) 청사시설을 지부 사무실로 임의 사용하자 구청장이 자진폐쇄 요청 후 행정대집행법에 따라 행정대집행을 하였는데, 지부장 등 피고인들이 위 대집행을 행하던 공무원들에 대항하여 폭행 등 행위를 한 사안에서, 피고인들에게 공무집행방해죄를 인정한 원심판단의 결론이 정당하다.[44] 교도관들이 교도소 내에서 소

41) 대법원 2014.2.27. 선고 2013도5356 판결.
42) 대법원 2013.8.23. 선고 2011도4763 판결.
43) 대법원 2013.2.15. 선고 2010도11281 판결.
44) 대법원 2011.4.28. 선고 2008도4721 판결.

란을 피운 피고인에 대하여 보호장비인 수갑과 머리보호대를 사용하자, 피고인이 이에 저항하는 과정에서 머리로 교도관의 턱부위를 들이받아 상해를 가함과 동시에 그 직무집행을 방해하였다는 내용으로 기소된 사안에서, 제반 사정을 종합할 때 교도소 질서유지 등을 위하여 교도관들이 보호장비를 사용할 만한 상당한 이유가 있었다고 보아야 하는데도, 이와 달리 보아 공소사실 전부에 대하여 무죄를 선고한 원심판결에 법리오해 등 잘못이 있다.[45] 구 형사소송법 제213조의2, 제72조의 규정 등에 의하면 사법경찰관리가 현행범인을 체포하는 경우에는 반드시 범죄사실의 요지, 체포의 이유와 변호인을 선임할 수 있음을 말하고 변명할 기회를 주어야 할 것임이 명백하고, 이와 같은 고지는 체포를 위한 실력행사에 들어가기 이전에 미리 하여야 하는 것이 원칙이나, 달아나는 피의자를 쫓아가 붙들거나 폭력으로 대항하는 피의자를 실력으로 제압하는 경우에는 붙들거나 제압하는 과정에서 하거나, 그것이 여의치 않은 경우에라도 일단 붙들거나 제압한 후에 지체없이 행하였다면 경찰관의 현행범인 체포는 적법한 공무집행이라고 할 수 있다.[46] 범칙행위를 하였다고 인정되는 운전자가 자신의 인적사항을 밝히지 아니하고 면허증제시를 거부하며 차량을 출발시킨 경우, 교통단속업무에 종사하던 의경이 서서히 진행하는 차량의 문틀을 잡고 정지할 것을 요구한 행위는 적법한 공무집행의 범위 안에 든다.[47] 도로교통법 제41조 제2항에 의하여 경찰공무원이 운전자에 대하여 음주 여부나 주취정도를 측정함에 있어서는 그 측정방법이나 측정회수에 있어서 합리적인 필요한 한도에 그쳐야 하겠지만 그 한도 내에서는 어느 정도의 재량이 있다고 하여야 할 것인바, 경찰공무원이 승용차에 가족을 태우고 가던 술을 마시지 않은 운전자에게 음주 여부를 확인하려고 후렛쉬봉에 두 차례 입김을 불게 했으나 잘 알 수 없어 동료경찰관에게 확인해 줄 것을 부탁하였고 그가 위와 같은 방법으로 다시 확인하려 했으나 역시 알 수 없어 보다 정확한 음주측정기로 검사받을 것을 요구했다면 다른 사정이 없는 한 위와 같은 상황에서의 음주 여부의 확인을 위하여 한 위 경찰공무원의 행위는 합리적인 필요한 한도를 넘은 것이라고 할 수 없어 적법한 공무집행에 해당한다.[48] 대학생들인 피고인들이 전경 5명을 불법으로 납치, 감금하고 있으면서 경찰의 수회에 걸친 즉시 석방요구에도 불구하고 불가능한 조건을 내세워 이에 불응하고, 경찰이 납치된 전경들을 구출하기 위하여 농성장소인 대학교 도서관 건물에 진입하기 직전 동 대학교 총장에게 이를 통고하고 이에 동 총장이 설득하였음에도 불구하고 이에 응하지 아니한 상황 아래에서는 현행의 불법감금상태를 제거하고 범인을 체포할 긴급한 필요가 있다고 보여지므로, 경찰이 압수수색영장 없이 도서관 건물에 진입한 것은 적법한 공무원의 직무집행이라 할 것이다.[49] 검증장소의 경비임무를 수행하는 순경은 구 경찰관직무집행법(53.12.14 법률 제298호) 제2조나 제5조에 의하여 그 장소에서의 폭행행위를 제지하거나 또는 이를 제지하기 위해서 폭행자에게 임의동행을 요구할 책무가 있다고 할 것이므로 피고인이 위 순경의 목을 비틀고 이를 방해한 행위는 공무집행방해죄의 구성요건을 충족한다.[50]

직무집행의 적법성을 부정한 판례의 구체적 내용은 다음과 같다. 즉,

사법경찰관 등이 체포영장을 소지하고 피의자를 체포하기 위해서는 체포영장을 피의자에게 제

45) 대법원 2012.6.28. 선고 2011도15990 판결.

46) 대법원 2008.10.9. 선고 2008도3640 판결; 대법원 2004.11.26. 선고 2004도5894 판결; 대법원 2000.7.4. 선고 99도4341 판결.

47) 대법원 1994.9.27. 선고 94도886 판결.

48) 대법원 1992.4.28. 선고 92도220 판결.

49) 대법원 1990.6.22. 선고 90도767 판결.

50) 대법원 1970.9.17. 선고 70도1391 판결.

시하고(형사소송법 제200조의6, 제85조 제1항), 피의사실의 요지, 체포의 이유와 변호인을 선임할 수 있음을 말하고 변명할 기회를 주어야 한다(형사소송법 제200조의5). 이와 같은 체포영장의 제시나 고지 등은 체포를 위한 실력행사에 들어가기 이전에 미리 하여야 하는 것이 원칙이다. 그러나 달아나는 피의자를 쫓아가 붙들거나 폭력으로 대항하는 피의자를 실력으로 제압하는 경우에는 붙들거나 제압하는 과정에서 하거나, 그것이 여의치 않은 경우에는 일단 붙들거나 제압한 후에 지체 없이 하여야 한다.[51] 한미FTA 비준 동의안에 대한 국회 외교통상 상임위원회(이하 '외통위'라 한다)의 처리 과정에서, 갑 정당 당직자인 피고인들이 갑 정당 소속 외통위 위원 등과 함께 외통위 회의장 출입문 앞에 배치되어 출입을 막고 있던 국회 경위들을 밀어내기 위해 국회 경위들의 옷을 잡아당기거나 밀치는 등의 행위를 한 사안에서, 제반 사정에 비추어 외통위 위원장이 을 정당 소속 외통위 위원들이 위원장실에 이미 입실한 상태에서 회의장 출입구를 폐쇄하고 출입을 봉쇄하여 다른 정당 소속 외통위 위원들의 회의장 출입을 막은 행위는 상임위원회 위원장의 질서유지권 행사의 한계를 벗어난 위법한 조치이고, 회의장 근처에 배치된 국회 경위들이 갑 정당 소속 외통위 위원들의 회의장 출입을 막은 행위는 외통위 위원장의 위법한 조치를 보조한 행위에 지나지 아니하여 역시 위법한 직무집행이며, 피고인들이 갑 정당 소속 외통위 위원들을 회의장으로 들여보내기 위하여 그들과 함께 국회 경위들을 밀어내는 과정에서 경위들의 옷을 잡아당기는 등의 행위를 하였더라도, 이러한 행위는 적법성이 결여된 직무행위를 하는 공무원에게 대항하여 한 것에 지나지 아니하여 공무집행이 적법함을 전제로 하는 공무집행방해죄는 성립하지 않는데도, 이와 달리 보아 피고인들에게 유죄를 인정한 원심판결에 공무집행방해죄에 관한 법리오해의 위법이 있다.[52] '태평양전쟁 희생자 유족회' 사무국장인 피고인이 부산지방경찰청장에게 시위(행진)의 상세한 일정과 진로가 기재된 전국도보행진 일정표와 함께 '위 유족회가 부산에서 서울까지 도보로 시위한다'는 내용의 옥외집회(시위 · 행진) 신고를 한 후 부산 등을 거쳐 서울에서 도보행진을 하던 중, 경찰관들에게서 불법집회라는 등의 이유로 제지를 받자 이에 불응하여 승합차를 계속 운전함으로써 일부 경찰관들을 넘어뜨려 상해를 입히는 등 시위진압 업무를 방해하였다는 내용으로 기소된 사안에서, 제반 사정에 비추어 두 곳 이상의 지방경찰청 관할지에 속하는 위 집회 신고가 주최지 관할 지방경찰청장인 부산지방경찰청장에게 접수되었고, 신고서 및 첨부서류에 의하면 도보행진 당일의 집회를 비롯하여 예정된 각 집회의 구체적 일정 및 장소가 특정된 것으로 볼 수 있으며, 신고 후 개최된 집회의 실제 내용도 신고 내용과 동일성이 없다거나 신고한 목적, 일시, 장소, 방법 등의 범위를 뚜렷이 벗어난 것이라고 보기 어려워, 위 집회를 집시법에서 정한 신고절차를 위반하여 개최된 옥외집회 또는 시위에 해당한다고 단정할 수 없다는 이유로, 경찰관들의 위 제지 행위가 공무집행방해죄의 보호대상이 되는 적법한 공무집행에 해당하는지에 관하여 살피지 아니한 채 이에 저항한 피고인의 행위가 공무집행방해죄를 구성한다고 본 원심판결에 법리오해 및 심리미진의 위법이 있다.[53] 경찰관이 적법절차를 준수하지 않은 채 실력으로 현행범인을 연행하려 하였다면 적법한 공무집행이라고 할 수 없다.[54] 비록 장차 특정 지역에서 구 집회 및 시위에 관한 법률에 의하여 금지되어 그 주최 또는 참가행위가 형사처벌의 대상이 되는 위법한 집회 · 시위가 개최될 것이 예상된다고 하더라도, 이와 시간적 · 장소적으로 근접하지 않은 다른 지역에서 그 집회 · 시위에 참가하기 위하여 출발 또는 이동하는 행위를 함부로 제지하

51) 대법원 2017.9.21. 선고 2017도10866 판결; 대법원 2008.2.14. 선고 2007도10006 판결.
52) 대법원 2013.6.13. 선고 2010도13609 판결.
53) 대법원 2011.6.9. 선고 2009도591 판결.
54) 대법원 2017.3.15. 선고 2013도2168 판결; 대법원 2008.10.9. 선고 2008도3640 판결; 대법원 2000.7.4. 선고 99도4341 판결.

는 것은 경찰관직무집행법 제6조 제1항에 의한 행정상 즉시강제인 경찰관의 제지의 범위를 명백히 넘어서는 것이어서 허용될 수 없으므로, 이러한 제지 행위는 공무집행방해죄의 보호대상이 되는 공무원의 적법한 직무집행에 포함될 수 없다.[55] 영장주의 원칙의 예외로서 출입국관리공무원 등에게 외국인 등을 방문하여 외국인동향조사 권한을 부여하고 있는 출입국관리법 규정의 입법 취지 및 그 규정 내용 등에 비추어 볼 때, 출입국관리공무원 등이 출입국관리법 제81조 제1항에 근거하여 제3자의 주거 또는 일반인의 자유로운 출입이 허용되지 아니한 사업장 등에 들어가 외국인을 상대로 조사하기 위해서는 그 주거권자 또는 관리자의 사전 동의가 있어야 한다. 출입국관리공무원이 관리자의 사전 동의 없이 사업장에 진입하여 불법체류자 단속업무를 개시한 사안에서, 공무집행 행위의 적법성이 부인되어 공무집행방해죄가 성립하지 않는다.[56] 헌법 제12조 제5항 전문, 형사소송법 제213조의2, 제72조의 규정 등에 의하면 사법경찰관리가 현행범인을 체포하는 경우에는 반드시 범죄사실의 요지, 구속의 이유와 변호인을 선임할 수 있음을 말하고 변명할 기회를 주어야 할 것임이 명백하므로, 경찰관이 위 적법절차를 준수하지 아니한 채 실력으로 현행범인을 연행하려고 하였다면 적법한 공무집행이라고 할 수 없다.[57] 긴급체포는 영장주의원칙에 대한 예외인 만큼 형사소송법 제200조의3 제1항의 요건을 모두 갖춘 경우에 한하여 예외적으로 허용되어야 하고, 요건을 갖추지 못한 긴급체포는 법적 근거에 의하지 아니한 영장 없는 체포로서 위법한 체포에 해당하는 것이고, 여기서 긴급체포의 요건을 갖추었는지 여부는 사후에 밝혀진 사정을 기초로 판단하는 것이 아니라 체포 당시의 상황을 기초로 판단하여야 하고, 이에 관한 검사나 사법경찰관 등 수사주체의 판단에는 상당한 재량의 여지가 있다고 할 것이나, 긴급체포 당시의 상황으로 보아서도 그 요건의 충족 여부에 관한 검사나 사법경찰관의 판단이 경험칙에 비추어 현저히 합리성을 잃은 경우에는 그 체포는 위법한 체포라 할 것이다.[58] 검사나 사법경찰관이 수사기관에 자진출석한 사람을 긴급체포의 요건을 갖추지 못하였음에도 실력으로 체포하려고 하였다면 적법한 공무집행이라고 할 수 없고, 자진출석한 사람이 검사나 사법경찰관에 대하여 이를 거부하는 방법으로써 폭행을 하였다고 하여 공무집행방해죄가 성립하는 것은 아니다.[59] 경찰관이 적법절차를 준수하지 아니한 채 실력으로 현행범인을 연행하려고 하였다면 적법한 공무집행이라고 할 수 없고, 현행범인이 그 경찰관에 대하여 이를 거부하는 방법으로써 폭행을 하였다고 하여 공무집행방해죄가 성립하는 것은 아니다.[60] 비록 사법경찰관 등이 피의자에 대한 구속영장을 소지하였다 하더라도 피의자를 체포하기 위하여는 체포 당시에 피의자에 대한 범죄사실의 요지, 구속의 이유와 변호인을 선임할 수 있음을 말하고 변명할 기회를 준 후가 아니면 체포할 수 없고, 이와 같은 절차를 밟지 아니한 채 실력으로 연행하려 하였다면 적법한 공무집행으로 볼 수 없다.[61] 피의자를 구속영장 없이 현행범으로 체포하기 위하여는 체포 당시에 피의자에 대하여 범죄사실의 요지, 체포의 이유와 변호인을 선임할 수 있음을 말하고 변명할 기회를 준 후가 아니면 체포할 수 없고, 이와 같은 절차를 밟지

55) 대법원 2009.6.11. 선고 2009도2114 판결; 대법원 2008.11.13. 선고 2007도9794 판결.

56) 대법원 2009.3.12. 선고 2008도7156 판결.

57) 대법원 2006.11.23. 선고 2006도2732 판결; 대법원 2004.11.26. 선고 2004도5894 판결; 대법원 2000.7.4. 선고 99도4341 판결.

58) 대법원 2006.9.8. 선고 2006도148 판결; 대법원 2002.6.11. 선고 2000도5701 판결.

59) 대법원 2006.9.8. 선고 2006도148 판결; 대법원 2000.7.4. 선고 99도4341 판결; 대법원 1994.10.25. 선고 94도2283 판결.

60) 대법원 2000.7.4. 선고 99도4341 판결; 대법원 1996.12.23. 선고 96도2673 판결; 대법원 1995.5.9. 선고 94도3016 판결; 대법원 1994.10.25. 선고 94도2283 판결.

61) 대법원 1996.12.23. 선고 96도2673 판결; 대법원 1995.5.9. 선고 94도3016 판결; 대법원 1992.5.22. 선고 92도506 판결.

아니한 채 실력으로 연행하려 하였다면 적법한 공무집행으로 볼 수 없다.[62] 의경이 피고인을 파출소로 끌고 가려고 한 것은 음주측정을 하기 위한 것일 뿐, 피고인을 음주운전이나 음주측정거부의 현행범으로 체포하려는 의사였는지도 의심스러울 뿐 아니라, 가사 현행범으로 체포하려 하였더라도 현행범을 체포함에 있어서는 체포 당시에 헌법 및 형사소송법에 규정된 바와 같이 피의자에 대하여 범죄사실의 요지, 체포 또는 구속의 이유와 변호인을 선임할 수 있음을 말하고 변명할 기회를 주는 등 적법절차를 준수하여야 함에도 현행범으로 체포한다는 사실조차 고지하지 아니한 채 실력으로 연행하려 하였다면 그 의경의 행위는 적법한 공무집행으로 볼 수 없다.[63] 경찰서에 설치되어 있는 보호실은 영장대기자나 즉결대기자 등의 도주방지와 경찰업무의 편의 등을 위한 수용시설로서 사실상 설치, 운영되고 있으나 현행법상 그 설치근거나 운영 및 규제에 관한 법령의 규정이 없고, 이러한 보호실은 그 시설 및 구조에 있어 통상 철창으로 된 방으로 되어 있어 그 안에 대기하고 있는 사람들이나 그 가족들이 출입이 제한되는 등 일단 그 장소에 유치되는 사람은 그 의사에 기하지 아니하고 일정장소에 구금되는 결과가 되므로, 경찰관직무집행법상 정신착란자, 주취자, 자살기도자 등 응급의 구호를 요하는 자를 24시간을 초과하지 아니하는 범위내에서 경찰관서에 보호조치할 수 있는 시설로 제한적으로 운영되는 경우를 제외하고는 구속영장을 발부받음이 없이 피의자를 보호실에 유치함은 영장주의에 위배되는 위법한 구금으로서 적법한 공무수행이라고 볼 수 없다.[64] 교사가 교장실에 들어가 불과 약 5분 동안 식칼을 휘두르며 교장을 협박하는 등의 소란을 피운 후 40여분 정도가 지나 경찰관들이 출동하여 교장실이 아닌 서무실에서 그를 연행하려 하자 그가 구속영장의 제시를 요구하면서 동행을 거부하였다면, 체포 당시 서무실에 앉아 있던 위 교사가 방금 범죄를 실행한 범인이라는 죄증이 경찰관들에게 명백히 인식될 만한 상황이었다고 단정할 수 없는데도 이와 달리 그를 "범죄의 실행의 즉후인 자"로서 현행범인이라고 단정한 원심판결에는 현행범인에 관한 법리오해의 위법이 있다.[65] 경찰관이 주민의 신고를 받고 현장에 도착했을 때에는 이미 싸움이 끝난 상태였다면 그러한 상황은 형사소송법 제211조, 제206조에 해당하지 않으므로 경찰관이 임의동행을 거부하는 피고인을 체포하려는 행위는 적법한 공무집행이라 볼 수 없다.[66] 교통경찰관이 서행중인 차를 정차시켜 정차여부의 확인도 하지 아니한 채 정차금지구역에서 정차하였다고 욕설과 폭행을 한 행위는 공무원이 그 권한에 속하는 사항에 관하여 법령에 정한 방식에 따라 그 직무를 집행하는 경우에 해당된다고 보기 어렵다.[67] 경찰관이 피고인에게 임의동행을 요구하다가 거절당하자 무리하게도 잡아끄는 등 강제로 인치하려고만 하였을 뿐 현행범으로 체포할 요건도 갖추지 않았거니와 현행범으로 체포하려고 한 것도 아닌 것이니 적법한 공무집행행위가 있었다고 볼 수 없다.[68]

vi. 적법성의 체계적 지위 직무집행에 있어서 적법성의 체계적 지위에 관하여는 다툼이 있다. 적법성은 본죄의 구성요건요소라는 구성요건요소설, 직무집행이 적법하면 공무집행방해행위가 위법하다는 의미 또는 직무집행이 위법하면 그에 대한 저항행위로서 공

62) 대법원 1995.5.9. 선고 94도3016 판결; 대법원 1994.10.25. 선고 94도 2283 판결; 대법원 1993.3.11. 선고 93도 958 판결.

63) 대법원 1994.10.25. 선고 94도2283 판결.

64) 대법원 1994.3.11. 선고 93도958 판결.

65) 대법원 1991.9.24. 선고 91도1314 판결.

66) 대법원 1989.12.12. 선고 89도1934 판결.

67) 대법원 1978.10.10. 선고 78도2134 판결; 대법원 1961.8.26. 선고 60형상852 판결.

68) 대법원 1972.10.31. 선고 72도2005 판결.

무집행방해행위는 위법성이 조각된다는 의미에서 위법성요소설 또는 위법성조각사유설 및 적법성은 본죄의 객관적 처벌조건에 불과하다는 객관적 처벌조건설이 그것이다. 다만 이에 대하여는 본죄의 고의의 성부와 관련하여 논의하는 것이 효과적이라고 할 수 있기 때문에 '적법성에 관한 착오'에서 후술하기로 한다.

③ 행 위

본죄의 실행행위는 방해이다. 방해(妨害)란 직무집행의 원활한 진행을 불가능하게 하거나 곤란하게 하는 행위를 말한다. 방해는 직무를 집행하는 공무원에 대하여 폭행 또는 협박을 하는 방법에 의한다.

ⓘ 폭 행

ⅰ. 의 의 폭행(暴行)이란 공무를 집행하는 공무원에 대하여 유형력을 행사하는 행위를 말한다.69) 사람에 대한 유형력의 행사로 족하고 반드시 그 신체에 대한 것임을 요하지 아니한다.70) 공무원에 대한 직접적인 유형력의 행사뿐 아니라 간접적인 유형력의 행사도 포함하는 것이다.71) 이러한 의미에서 폭행은 개념적으로 광의의 폭행이 된다.

ⅱ. 폭행의 정도 폭행은 협박과 마찬가지로 공무집행을 방해할 수 있을 정도에 이르러야 한다. 따라서 공무원이 전혀 개의치 아니할 정도의 경미한 폭행은 여기에 포함되지 않는다. 대법원도 "폭행・협박은 성질상 공무원의 직무집행을 방해할 만한 정도의 것이어야 하므로,72) 경미하여 공무원이 개의치 않을 정도의 것이라면 여기의 폭행・협박에는 해당하지 아니한다고 할 것이다"라고 판시한 바 있다.73)

폭행을 긍정한 판례의 구체적 내용은 다음과 같다. 즉,

> 피고인이 갑과 주차문제로 언쟁을 벌이던 중, 112 신고를 받고 출동한 경찰관 을이 갑을 때리려는 피고인을 제지하자 자신만 제지를 당한 데 화가 나서 손으로 을의 가슴을 1회 밀치고, 계속하여 욕설을 하면서 피고인을 현행범으로 체포하며 순찰차 뒷좌석에 태우려고 하는 을의 정강이 부분을 양발로 2회 걷어차는 등 폭행함으로써 경찰관의 112 신고처리에 관한 직무집행을 방해하였다는 내용으로 기소된 사안에서, 제반 사정을 종합하면 피고인이 손으로 을의 가슴을 밀칠 당시 을은 112 신고처리에 관한 직무 내지 순찰근무를 수행하고 있었고, 이와 같이 공무를 집행하고 있는 을의 가슴을 밀치는 행위는 공무원에 대한 유형력의 행사로서 공무집행방해죄에서 정한 폭행에 해당하며, 피고인이 체포될 당시 도망 또는 증거인멸의 염려가 없었다고 할 수 없어 체포의 필요성이 인정되고, 공소사실에 관한 증인들의 법정진술의 신빙성을 인정한 제1심의 판단을 뒤집을 만한 특별한 사정이 없다는 등의 이유로, 이와 달리 보아 공소사실을 무죄라고 판단한 원심판결에 공무집행방해죄의 폭행이나 직무집행, 현행범 체포의 요건 등에 관한 법리오해 또는 제1심 증인이 한 진술의 신빙성을 판단할 때 공판중심주의와 직접심리주의 원칙을 위반한 잘못이 있다.74) 피고인이

69) 대법원 1981.3.24. 선고 81도326 판결; 대법원 1970.5.12. 선고 70도561 판결.

70) 대법원 2018.3.29. 선고 2017도21537 판결; 대법원 2005.10.28. 선고 2005도6725 판결.

71) 대법원 1998.5.12. 선고 98도662 판결; 대법원 1981.3.24. 선고 81도326 판결; 대법원 1970.5.12. 선고 70도561 판결.

72) 대법원 2007.6.1. 선고 2006도4449 판결; 대법원 1972.9.26. 선고 72도1783 판결.

73) 대법원 2007.6.1. 선고 2006도4449 판결; 대법원 1972.9.26. 선고 72도1783 판결.

위 일시, 장소에서 술에 취하여 자신에 대한 경찰관의 사건 처리에 불만을 품고 약 1시간 40분 동안 큰 소리로 경찰관을 모욕하는 말을 하고, 지구대 대기의자에 드러눕거나 다른 사람들에게 시비를 걸고 그 과정에서 경찰관들이 피고인을 돌려보내려 했으나 응하지 않아 사무실 밖으로 내보낸 뒤 문을 잠그자 피고인이 다시 들어오기 위해 출입문을 계속해서 두드리거나 잡아당기는 등 소란을 피운 사실을 인정할 수 있는 바, 피고인이 밤늦은 시각에 술에 취해 위와 같이 한참 동안 소란을 피운 행위는 공무원의 정당한 직무집행을 방해하기에 충분한 행위임은 분명하고, 그 행위의 정도에 따라 공무원에 대한 간접적인 유형력의 행사로서 형법 제136조에서 규정한 폭행에 해당한다고 볼 여지가 있다.[75] 경찰관이 공무를 집행하고 있는 파출소 사무실의 바닥에 인분이 들어있는 물통을 집어던지고 책상위에 있던 재떨이에 인분을 퍼담아 사무실 바닥에 던지는 행위는 동 경찰관에 대한 폭행이다.[76]

폭행을 부정한 판례의 구체적 내용은 다음과 같다. 즉,

민주사회에서 공무원의 직무수행에 대한 시민들의 건전한 비판과 감시는 가능한 한 널리 허용되어야 한다는 점에서 볼 때, 공무원의 직무 수행에 대한 비판이나 시정 등을 요구하는 집회 · 시위 과정에서 일시적으로 상당한 소음이 발생하였다는 사정만으로는 이를 공무집행방해죄에서의 음향으로 인한 폭행이 있었다고 할 수는 없다. 그러나 의사전달수단으로서 합리적 범위를 넘어서 상대방에게 고통을 줄 의도로 음향을 이용하였다면 이를 폭행으로 인정할 수 있을 것인바, 구체적인 상황에서 공무집행방해죄에서의 음향으로 인한 폭행에 해당하는지 여부는 음량의 크기나 음의 높이, 음향의 지속시간, 종류, 음향발생 행위자의 의도, 음향발생원과 직무를 집행 중인 공무원과의 거리, 음향발생 당시의 주변 상황을 종합적으로 고려하여 판단하여야 한다.[77] 피고인 2가 위 오락실 밖에서 기판이 든 박스를 옮기고 있던 의경 공소외 3을 뒤쫓아가 '이 박스는 압수된 것이 아니다'라고 말하며 공소외 3의 손에 있던 박스를 들고 간 것은 당시 공소외 3이 즉각적으로 대응하거나 저항하지 아니한 점에 비추어 공소외 3의 공무집행을 방해할 만한 폭행 또는 협박에 해당하지 아니한다고 판단한 것은 정당한 것으로 수긍이 간다.[78] 피고인이 차량을 일단 정차한 다음 경찰관의 운전면허증 제시요구에 불응하고 다시 출발하는 과정에서 경찰관이 잡고 있던 운전석 열린 유리창 윗부분을 놓지 않은 채 어느 정도 진행하다가 차량속도가 빨라지자 더 이상 따라가지 못하고 손을 놓아버렸다면 이러한 사실만으로는 피고인의 행위가 공무집행방해죄에 있어서의 폭행에 해당한다고 할 수 없다.[79] 교통단속 경찰관인 공소외 (갑)은 당시 피고인이 운전하던 차량이 1차선으로 주행하는 것을 보고 정지시킨 다음 피고인에게 면허증제시를 요구하자 피고인이 이를 거부하면서 약 5분간 실랑이를 하다가 고발을 하라면서 화물차량을 출발하려 할 때, 위 화물차량의 왼쪽 문 손잡이를 잡고 2~3m를 따라 가다가 차량발판에 뛰어 올랐고, 이에 피고인은 곧 정차를 하였으며, 화물차량이 진행한 거리는 약 7~8m였는데, 이 사건 상해는 위 (갑)이 위 차량의 발판에 뛰어오르다가 왼쪽 앞 타이어에 왼쪽 무릎을 부딪힘으로써 입게된 사실 등을 인정한 다음, 위 인정에 터잡아 위 (갑)이 입은 이 사건 상해는 화물차량을 붙잡으려고 차량 발판에 뛰어 오르다가 그 자신

74) 대법원 2018.3.29. 선고 2017도21537 판결.
75) 대법원 2013.12.26. 선고 2013도11050 판결.
76) 대법원 1981.3.24. 선고 81도326 판결.
77) 대법원 2009.10.29. 선고 2007도3584 판결.
78) 대법원 2007.6.1. 선고 2006도4449 판결.
79) 대법원 1996.4.26. 선고 96도281 판결; 대법원 1994.9.9. 선고 94도701 판결.

의 부주의로 인하여 생긴 것일 뿐이라 할 것이어서, 피고인이 공무집행중인 경찰관을 화물차량의 손잡이에 매단 채 그대로 달려 폭행을 가함과 동시에 상해를 입였다고는 볼 수 없고, 또 피고인이 위 (갑)의 면허증 제시요구에 불응하고 그대로 출발하였다거나, 피고인이 위 (갑)이 화물차량에 올라타는 것을 발견하고 정차하는 과정에서 위 (갑)이 차량에 올라탄 채 약간 진행하게 되었다 하여 이러한 사실들만으로는 위 (갑)에게 폭행을 가한 것이라 할 수 없다고 판시한 제1심판결 이유를 그대로 유지하고 있는 바, 사실관계가 위와 같다면 피고인의 행위가 공무집행방해죄에 있어서 폭행에 해당한다 할 수 없고, 또 피고인에게 상해에 대한 미필적 고의가 있은 경우라고도 볼 수 없으므로 원심의 위와 같은 판단은 옳고, 거기에 소론과 같은 법리오해의 위법이 없다.[80)]

ⓘ 협 박

ⅰ. 의 의 협박(脅迫)이란 상대방에게 공포심을 일으킬 목적으로 해악을 고지하는 행위를 말한다.[81)] 이러한 의미에서 협박은 개념적으로 광의의 협박에 속한다. 협박은 그 방법에 있어서도 언어, 문서, 직접, 간접 또는 명시, 암시를 가리지 아니한다.[82)] 고지하는 해악의 내용이 그 경위, 행위 당시의 주위 상황, 행위자의 성향, 행위자와 상대방과의 친숙함의 정도, 지위 등의 상호관계 등 행위 당시의 여러 사정을 종합하여 객관적으로 상대방으로 하여금 공포심을 느끼게 하는 것이어야 한다.[83)]

ⅱ. 협박의 정도 협박은 폭행과 마찬가지로 공무집행을 방해할 수 있을 정도에 이르러야 한다. 따라서 공무원이 전혀 개의치 아니할 정도의 경미한 폭행은 여기에 포함되지 않는다. 대법원도 "그 협박이 경미하여 상대방이 전혀 개의치 않을 정도인 경우에는 협박에 해당하지 않는다"고 판시한 바 있다.[84)] 그러나 해악의 고지로 족하고 상대방이 현실로 공포심을 품게 될 것까지 요구되는 것은 아니다.[85)]

협박을 긍정한 판례의 구체적 내용은 다음과 같다. 즉,

수산업협동조합 조합장인 피고인이 수사 중인 해양경찰서 소속 경찰공무원인 갑에게 전화를 걸어 폭언하며 협박함으로써 범죄수사 등에 관한 직무집행을 방해하였다는 공소사실에 대하여, 피고인은 당시 조합장을 7년 이상 역임해 온 자로서 지역사회에 상당한 영향력을 행사하고 있었고, 검찰청 또는 해양경찰청 고위 간부들과의 친분관계를 과시하였으므로 갑으로서는 충분히 위협을

---

80) 대법원 1994.9.9. 선고 94도701 판결.

81) 대법원 2011.2.10. 선고 2010도15986 판결; 대법원 2006.1.13. 선고 2005도4799 판결; 대법원 2005.10.28. 선고 2004도4731 판결; 대법원 2005.3.25. 선고 2004도8644 판결; 대법원 1989.12.26. 선고 89도1204 판결; 대법원 1981.3.24. 선고 81도326 판결; 대법원 1976.5.11. 선고 76도988 판결; 대법원 1970.6.30. 선고 70도1121 판결; 대법원 62.5.17. 선고 4294형상12 사건 판결.

82) 대법원 1981.3.24. 선고 81도326 판결.

83) 대법원 2011.2.10. 선고 2010도15986 판결; 대법원 2006.1.13. 선고 2005도4799 판결; 대법원 2005.10.28. 선고 2004도4731 판결; 대법원 2005.3.25. 선고 2004도8644 판결; 대법원 1989.12.26. 선고 89도1204 판결; 대법원 1976.5.11. 선고 76도988 판결.

84) 대법원 2011.2.10. 선고 2010도15986 판결; 대법원 2006.1.13. 선고 2005도4799 판결; 대법원 2005.10.28. 선고 2004도4731 판결; 대법원 2005.3.25. 선고 2004도8644 판결; 대법원 1989.12.26. 선고 89도1204 판결; 대법원 1976.5.11. 선고 76도988 판결.

85) 대법원 2005.10.28. 선고 2004도4731 판결; 대법원 2005.3.25. 선고 2004도8644 판결; 대법원 1989.12.26. 선고 89도1204 판결; 대법원 1976.5.11. 선고 76도988 판결; 대법원 1970.6.30. 선고 70도1121 판결; 대법원 1962.5.17. 선고 4294형상12 판결.

느낄 수 있는 지위에 있었던 것으로 보이는 점, 당시 피고인의 전화통화 내용도 수사에 대하여 강하게 항의하면서 해양경찰청 고위 간부들과의 친분관계를 이용하여 갑에게 인사상 불이익을 가하겠다는 것으로 갑이 공포심을 느낄 수 있는 해악의 고지로 보여지는 점, 기타 폭언을 하게 된 동기 및 경위, 그 내용 등에 비추어 보면, 피고인의 폭언은 단순히 경찰공무원의 수사에 대한 불만의 표시나 감정적인 욕설에 그친다고 볼 수는 없고, 수사를 계속하는 경우에는 담당 경찰관에게 어떤 인사상 불이익이 가해지리라는 것을 통보함으로써 공포심을 품게 하려는 데 그 목적이 있었다 할 것이고, 또 이는 객관적으로 보아 상대방으로 하여금 공포심을 느끼게 하기에 충분하다는 이유로, 이를 유죄로 인정한 원심판단을 정당하다.[86] 폭력행위 등 전과 12범인 피고인이 그 경영의 술집에서 떠들며 놀다가 주민의 신고를 받고 출동한 경찰로부터 조용히 하라는 주의를 받은 것뿐인데 그후 새벽 4시의 이른 시각에 파출소에까지 뒤쫓아가서 "우리 집에 무슨 감정이 있느냐, 이 순사새끼들 죽고 싶으냐"는 등의 폭언을 하였다면, 이는 단순한 불만의 표시나 감정적인 욕설에 그친다고 볼 수 없고, 경찰이 계속하여 단속하는 경우에 생명, 신체에 어떤 위해가 가해지리라는 것을 통보함으로써 공포심을 품게 하려는데 그 목적이 있었다고 할 것이고, 또 이는 객관적으로 보아 상대방으로 하여금 공포심을 느끼게 하기에 족하다고 할 것이다.[87]

협박을 부정한 판례의 구체적 내용은 다음과 같다. 즉,

이른바 전국공무원노동조합의 간부공무원이 먼저 '이 새끼들 전부 파면시켜야 돼'라고 말하자 수인의 노조원들이 그에게 '병신 같은 것이 과장이라고 지랄하네. 말조심해'라고 욕설한 후 간부공무원들과 고성으로 언쟁한 사실만이 인정되고, 노조원들이 위와 같은 욕설을 하게 된 경위 및 그 욕설 후의 정황, 당시 민원실에 있었던 노조원들과 간부공무원들의 수 등에 비추어 볼 때, 객관적으로 상대방으로 하여금 공포심을 느끼게 할 정도의 것이라고 보기 어렵다.[88]

④ 결 과

본죄는 거동범이다. 폭행 또는 협박만으로 기수에 이른다. 또 본죄는 추상적 위험범으로서 구체적으로 직무집행의 방해라는 결과발생을 요하지도 않는다.[89] 결과발생의 우려도 불필요하다. 본죄의 죄명이 공무집행'방해'이지만 폭행 또는 협박 이외에 별도로 방해가 필요한 것은 아니다. 폭행·협박이 있으면 방해는 자연적으로 발생하는 것이고, 폭행 또는 협박을 행하는 그 자체가 그대로 방해가 되기 때문이다. 인과관계도 불필요하다.

공무집행방해를 긍정한 판례의 구체적 내용은 다음과 같다. 즉,

청원경찰관법 제3조, 경찰관직무집행법 제2조 규정에 비추어 보면 군 도시과 단속계 요원으로 근무하고 있는 청원경찰관이 허가없이 창고를 주택으로 개축하는 것을 단속하는 것은 그의 정당한 공무집행에 속한다고 할 것이므로 이를 폭력으로 방해하는 소위는 공무집행방해죄에 해당된다.[90] 피고인이 순경 공소외인이 공무를 집행하고 있는 경찰관 파출소 사무실 바닥에 인분이 들어 있는 물통을 던지고 또 책상 위에 있던 재떨이에 인분을 퍼 담아 동 사무실 바닥에 던지는 행위는 동

86) 대법원 2011.2.10. 선고 2010도15986 판결.
87) 대법원 1989.12.26. 선고 89도1204 판결.
88) 대법원 2006.1.13. 선고 2005도4799 판결; 대구지방법원 2005.6.21. 선고 2005노629 판결 참조.
89) 대법원 2018.3.29. 선고 2017도21537 판결; 대법원 2005.10.28. 선고 2005도6725 판결.
90) 대법원 1986.1.28. 선고 85도2448, 85감도356 판결.

순경 공소외인에 대한 폭행이라 할 것이며 또 동 순경에 대하여 "씹할 놈들 너희가 나를 잡아 넣어, 소장 데리고 와라"고 폭언을 농한 것은 이에 불응하면 신체에 위해를 가할 것을 암시하는 협박에 해당한다고 할 것이니 이런 취지에서 피고인의 소위를 공무집행죄로 단정하였음은 정당한 조치라 할 것이다.[91]

공무집행방해를 부정한 판례의 구체적 내용은 다음과 같다. 즉,

방범대원의 근무명령은 파출소장이 한다는 내무부예규가 있다 하더라도 방범대원이 주민의 자치적 방범활동을 위하여 갹출한 비용으로 구성된 방범위원회에서 위촉되고, 보수를 받는 사람인 이상 주민의 자치적 방범활동의 대행자일지언정 경찰관의 범인검거를 위한 공무집행의 보조자라고는 볼 수 없고 그 법령상의 근거도 없으므로 범인을 추격 중인 방범대원에게 협박을 가하였다 하더라도 공무집행방해죄가 성립하지 아니한다.[92]

2) 주관적 구성요건

① 고 의

본죄의 고의는 인식적 요소로서 행위의 객체가 공무원이라는 점, 직무를 집행하는 공무원에 대하여 폭행·협박한다는 사실에 대한 인식을 요한다. 고의는 미필적 고의로도 족하다. 다만 본죄는 목적범이 아니기 때문에 공무원의 직무집행을 방해한다는 의사는 요하지 않는다. 공무원의 직무집행의 적법성은 규범적 구성요건요소이기 때문에 본죄의 고의에 있어서는 소위 의미의 인식으로서 당해 행위가 공무원의 직무행위로서 행하여지고 있다는 정도의 인식을 요한다.

대법원도 "공무집행방해죄에 있어서의 범의는 상대방이 직무를 집행하는 공무원이라는 사실, 그리고 이에 대하여 폭행 또는 협박을 한다는 사실을 인식하는 것을 그 내용으로 하고, 그 인식은 불확정적인 것이라도 소위 미필적 고의가 있다고 보아야 하며, 그 직무집행을 방해할 의사를 필요로 하지 아니하고 이와 같은 범의는 피고인이 이를 자백하고 있지 않고 있는 경우에는 그것을 입증함에 있어서는 사물의 성질상 고의와 상당한 관련성이 있는 간접사실을 증명하는 방법에 의할 수밖에 없는 것이나, 그때에 무엇이 상당한 관련성이 있는 간접사실에 해당할 것인가는 정상적인 경험칙에 바탕을 두고 치밀한 관찰력이나 분석력에 의하여 사실의 연결상태를 합리적으로 판단하는 것 외에 다른 방법은 없다"고 판시한 바 있다.[93] 문제는 행위자가 공무원의 직무집행을 위법하다고 오인하여 폭행·협박한 경우에 있다. 이것은 후술하는 바와 같이 이른바 직무집행의 적법성에 대한 착오의 문제라고 할 수 있다.

고의를 긍정한 판례의 구체적 내용은 다음과 같다. 즉,

의무경찰이 학생들의 가두캠페인 행사관계로 직진하여 오는 택시의 운전자에게 좌회전 지시를 하였음에도 택시의 운전자가 계속 직진하여 와서 택시를 세우고는 항의하므로 그 의무경찰이 택시

91) 대법원 1981.3.24. 선고 81도326 판결.
92) 대법원 1983.2.22. 선고 82도794 판결.
93) 대법원 1995.1.24. 선고 94도1949 판결; 대법원 1988.11.22. 선고 88도1523 판결.

약 30㎝ 전방에 서서 이유를 설명하고 있는데 그 운전자가 신경질적으로 갑자기 좌회전하는 바람에 택시 우측 앞 범퍼부분으로 의무경찰의 무릎을 들이받은 사안에서, 그 사건의 경위, 사고 당시의 정황, 운전자의 연령 및 경력 등에 비추어 특별한 사정이 없는 한 택시의 회전반경 등 자동차의 운전에 대하여 충분한 지식과 경험을 가졌다고 볼 수 있는 운전자에게는, 사고 당시 최소한 택시를 일단 후진하였다가 안전하게 진행하거나 의무경찰로 하여금 안전하게 비켜서도록 한 다음 진행하지 아니하고 그대로 좌회전하는 경우 그로부터 불과 30㎝ 앞에서 서 있던 의무경찰을 충격하리라는 사실을 쉽게 알고도 이러한 결과발생을 용인하는 내심의 의사, 즉 미필적 고의가 있었다고 봄이 경험칙상 당연하다.[94)]

② 적법성에 관한 착오

문제는 고의의 성부와 관련하여 직무행위에 대한 적법성의 착오에 있다. 이 문제는 전술한 직무집행에 대한 적법성의 체계적 지위와 관련하여 효과적으로 논의될 수 있다.

ⓘ 학 설 직무집행에 있어서 적법성의 착오의 해결에 대하여는 다툼이 있다. 첫째 사실의 착오설이다. 직무집행에 대한 적법성의 체계적 지위를 구성요건요소로 파악하는 입장이다. 직무집행의 적법성은 구성요건요소이므로 고의의 인식대상이 되고, 따라서 이에 대한 착오는 사실의 착오로서 고의를 조각한다고 한다.

둘째, 법률의 착오설이다. 직무집행에 대한 적법성의 체계적 지위를 위법성요소로 파악하는 입장이다. 직무집행의 위법성은 반항행위의 위법성을 조각시키는 위법성조각사유가 된다고 한다. 직무행위의 위법은 정당방위를 가능하게 하는 위법한 침해가 되기 때문이라고 한다. 직무집행의 적법성에 대한 착오는 위법성의 착오로서 법률의 착오에 의해서 해결하여야 한다고 한다. 경우에 따라 직무집행에 대한 적법성의 체계적 지위를 위법성조각사유로 파악하는 입장에서는 적법성에 대한 착오를 위법성조각사유의 전제사실에 대한 착오로 이해하기도 한다.

셋째, 절충설 또는 이분설이다. 적법성에 관한 착오를 사실의 착오와 법률의 착오의 2가지의 경우로 이해하는 입장이다. 공무원의 직무의 적법성을 기초지우는 사실의 착오, 예컨대 형사를 도둑으로 착오한 경우는 고의를 조각하지만 공무원의 직무행위로서 행하여지고 있다는 인식이 있으면서 그것이 위법하게 행하여지고 있다고 오신하여 폭행·협박을 가한 것이라면 위법성의 착오로서 고의는 조각하지 않고 책임이 조각되는 경우가 있을 수 있다고 한다.

이 외에도 객관적 처벌조건설이 거론될 수 있다. 직무집행에 대한 적법성의 체계적 지위를 처벌조건으로 파악하는 입장이다. 직무집행의 적법성은 객관적 처벌조건이므로 고의의 인식대상이 아니고, 따라서 이에 대한 착오는 범죄의 성립에 영향을 주지 않는다고 한다. 그러나 이에 대하여는 형사정책적 필요성을 근거로 범죄론의 체계를 무시하는 것은 합리적이라고 할 수 없다는 점, 직무행위의 적법성은 가벌성의 요건에 그치는 것이 아니라 위법한 직무집행에 대하여는 정당방위가 허용된다는 점에서 범죄가 성립하기 위한 요건으로 파악

94) 대법원 1995.1.24. 선고 94도1949 판결.

해야 한다는 점 등에서 비판이 가하여지고 있다.

ⅱ **판 례** 판례의 입장은 아직 확실하지 않다. 다만 판례는 이분설의 입장에 있는 것이 아닌가 추정될 뿐이다. 대법원은 "피고인은 자신을 추격하는 경찰관들을 피하여 도망하다가 넘어졌는데, 당시는 새벽 02:20경으로 상당히 어두웠던 심야였고 경찰관들도 정복이 아닌 사복을 입고 있었던 사실, 자신을 추격하는 차량(일반 승용차였던 것으로 보인다)을 피하려다 넘어진 피고인은 주변에 고성으로 '경찰을 불러달라'고 요청하여 지나가던 택시기사도 이 소리를 듣고 정차하였던 사실 등을 알 수 있고 여기에 피고인은 원심 법정에 이르기까지 일관하여 이 사건 경찰관들을 소위 '퍽치기'를 하려는 자들로 오인하였던 것이라고 진술하고 있는 사정 등을 종합하면, 피고인은 당시 경찰관들을 치한이나 강도로 오인함으로써 이 사건 공무집행 자체 내지 그 적법성이나 자신의 경찰관들에 대한 유형력 행사의 위법성 등에 관하여 착오를 일으켰을 가능성을 배제하기 어려우므로, 원심으로서는 당시 피고인이 자신이 처한 상황을 어떻게 인식하였는지, 피고인에게 착오가 인정된다면 그러한 착오에 정당한 사유가 존재하는지 여부 등에 관하여 면밀히 심리한 다음 범죄성립이 조각될 수 있는지 여부를 신중히 판단하여야 한다는 점을 덧붙여 지적하여 둔다"고 판시한 바 있기 때문이다.[95]

ⅲ **검 토** 직무행위의 적법성은 규범적 구성요건요소라고 하지 않을 수 없다. 위법한 공무원의 행위는 직무집행이라고 할 수 없는 이상 그것에 대한 방해행위는 본죄의 구성요건에 해당하지 않기 때문이다. 직무행위의 적법성은 기술되지 않은 객관적 구성요건요소로서 그 개념은 법관에 의하여 보충되지 않으면 그 의미가 정하여질 수 없기 때문에 규범적 구성요건요소의 전형적인 예라고 할 수 있다. 이러한 의미에서 적법성에 대한 착오는 사실의 착오가 된다고 하지 않을 수 없다. 그러나 위의 예에서처럼 공무원의 직무행위로서 행하여지고 있다는 인식이 있으면서 그것이 위법하게 행하여지고 있다고 오신하여 폭행·협박을 가한 것이라면 법률의 착오로서 고의는 조각하지 않고 책임이 조각되는 경우가 있을 수 있다고 하지 않을 수 없다. 결국, 직무집행의 적법성에 대한 착오는 이분설에 의하여 해결하는 것이 타당하다고 해석된다.

3) 미수와 기수

본죄는 추상적 위험범이다. 공무원에 대하여 폭행 또는 협박을 가하면 그것으로 충분히 기수에 이른다. 이로 인하여 직무집행에 대한 방해의 결과가 현실적으로 발생할 것을 요하지 않는다.

(3) 위법성조각사유

본죄는 직무집행의 적법성을 전제로 한다. 따라서 위법한 직무집행에 대한 정당한 저항행위는 본죄의 위법성을 조각하게 된다. 본죄의 위법성조각사유로서는 총칙상의 정당행위, 정당방위 및 긴급피난이 거론될 수 있을 것이다. 대법원도 "적법성이 결여된 직무행위를

95) 대법원 2014.2.27. 선고 2011도13999 판결.

하는 공무원에게 대항하여 폭행이나 협박을 가하였다고 하더라도 폭행죄 등의 죄책을 묻는 것은 별론으로 하고 본죄의 이를 공무집행방해죄로 다스릴 수는 없다"고 판시한 바 있다.[96)]

위법성조각을 긍정한 판례의 구체적 내용은 다음과 같다. 즉,

경찰관이 적법절차를 준수하지 않은 채 실력으로 피의자를 체포하려고 하였다면 적법한 공무집행이라고 할 수 없다. 그리고 경찰관의 체포행위가 적법한 공무집행을 벗어나 불법하게 체포한 것으로 볼 수밖에 없다면, 피의자가 그 체포를 면하려고 반항하는 과정에서 경찰관에게 상해를 가한 것은 불법체포로 인한 신체에 대한 현재의 부당한 침해에서 벗어나기 위한 행위로서 정당방위에 해당하여 위법성이 조각된다.[97)] 경찰관직무집행법 제6조 제1항에 따른 경찰관의 제지 조치가 적법한 직무집행으로 평가될 수 있기 위해서는, 형사처벌의 대상이 되는 행위가 눈앞에서 막 이루어지려고 하는 것이 객관적으로 인정될 수 있는 상황이고, 그 행위를 당장 제지하지 않으면 곧 인명·신체에 위해를 미치거나 재산에 중대한 손해를 끼칠 우려가 있는 상황이어서, 직접 제지하는 방법 외에는 위와 같은 결과를 막을 수 없는 절박한 사태이어야 한다. 다만 경찰관의 제지 조치가 적법한지 여부는 제지 조치 당시의 구체적 상황을 기초로 판단하여야 하고 사후적으로 순수한 객관적 기준에서 판단할 것은 아니다.[98)] 한미FTA 비준동의안에 대한 국회 외교통상 상임위원회(이하 '외통위'라 한다)의 처리 과정에서, 갑 정당 당직자인 피고인들이 갑 정당 소속 외통위 위원 등과 함께 외통위 회의장 출입문 앞에 배치되어 출입을 막고 있던 국회 경위들을 밀어내기 위해 국회 경위들의 옷을 잡아당기거나 밀치는 등의 행위를 한 사안에서, 제반 사정에 비추어 외통위 위원장이 을 정당 소속 외통위 위원들이 위원장실에 이미 입실한 상태에서 회의장 출입구를 폐쇄하고 출입을 봉쇄하여 다른 정당 소속 외통위 위원들의 회의장 출입을 막은 행위는 상임위원회 위원장의 질서유지권 행사의 한계를 벗어난 위법한 조치이고, 회의장 근처에 배치된 국회 경위들이 갑 정당 소속 외통위 위원들의 회의장 출입을 막은 행위는 외통위 위원장의 위법한 조치를 보조한 행위에 지나지 아니하여 역시 위법한 직무집행이며, 피고인들이 갑 정당 소속 외통위 위원들을 회의장으로 들여보내기 위하여 그들과 함께 국회 경위들을 밀어내는 과정에서 경위들의 옷을 잡아당기는 등의 행위를 하였더라도, 이러한 행위는 적법성이 결여된 직무행위를 하는 공무원에게 대항하여 한 것에 지나지 아니하여 공무집행이 적법함을 전제로 하는 공무집행방해죄는 성립하지 않는데도, 이와 달리 보아 피고인들에게 유죄를 인정한 원심판결에 공무집행방해죄에 관한 법리오해의 위법이 있다.[99)] 경찰관이 현행범인 체포 요건을 갖추지 못하였는데도 실력으로 현행범인을 체포하려고 하였다면 적법한 공무집행이라고 할 수 없고, 현행범인 체포행위가 적법한 공무집행을 벗어나 불법인 것으로 볼 수밖에 없다면, 현행범이 체포를 면하려고 반항하는 과정에서 경찰관에게 상해를 가한 것은 불법체포로 인한 신체에 대한 현재의 부당한 침해에서 벗어나기 위한 행위로서 정당방위에 해당하여 위법성이 조각된다.[100)] 피고인이 경찰관의 불심검문을 받아 운전면허증을 교부한 후 경

---

96) 대법원 2013.11.28. 선고 2013도9138 판결; 대법원 2013.3.14. 선고 2011도7259 판결; 대법원 2011.5.26. 선고 2010도10305 판결; 대법원 2011.4.28. 선고 2007도7514 판결; 대법원 2005.10.28. 선고 2004도4731 판결; 대법원 1996.12.23. 선고 96도2673 판결; 대법원 1995.5.9. 선고 94도3016 판결; 대법원 1994.9.27. 선고 94도886 판결; 대법원 1992.5.22. 선고 92도506 판결; 대법원 1992.2.11. 선고 91도2797 판결.

97) 대법원 2017.9.21. 선고 2017도10866 판결; 대법원 2011.5.26. 선고 2011도3682 판결; 대법원 2000.7.4. 선고 99도4341 판결.

98) 대법원 2013.6.13. 선고 2012도9937 판결; 대법원 2008.11.13. 선고 2007도9794 판결.

99) 대법원 2013.6.13. 선고 2010도13609 판결.

100) 대법원 2011.5.26. 선고 2011도3682 판결; 대법원 2006.11.23. 선고 2006도2732 판결; 대법원 2006.9.8.

찰관에게 큰 소리로 욕설을 하였는데, 경찰관이 모욕죄의 현행범으로 체포하겠다고 고지한 후 피고인의 오른쪽 어깨를 붙잡자 반항하면서 경찰관에게 상해를 가한 사안에서, 피고인은 경찰관의 불심검문에 응하여 이미 운전면허증을 교부한 상태이고, 경찰관뿐 아니라 인근 주민도 욕설을 직접 들었으므로, 피고인이 도망하거나 증거를 인멸할 염려가 있다고 보기는 어렵고, 피고인의 모욕 범행은 불심검문에 항의하는 과정에서 저지른 일시적, 우발적인 행위로서 사안 자체가 경미할 뿐 아니라, 피해자인 경찰관이 범행현장에서 즉시 범인을 체포할 급박한 사정이 있다고 보기도 어려우므로, 경찰관이 피고인을 체포한 행위는 적법한 공무집행이라고 볼 수 없고, 피고인이 체포를 면하려고 반항하는 과정에서 상해를 가한 것은 불법체포로 인한 신체에 대한 현재의 부당한 침해에서 벗어나기 위한 행위로서 정당방위에 해당한다.[101] 형법 제136조가 정하는 공무집행방해죄는 공무원의 직무집행이 적법한 경우에 한하여 성립하는 것으로, 이러한 적법성이 결여된 직무행위를 하는 공무원에게 대항하여 폭행이나 협박을 가하였더라도 이를 공무집행방해죄로 다스릴 수는 없다.[102] 경찰관의 현행범 체포행위가 적법한 공무집행을 벗어나 불법하게 체포한 것으로 볼 수밖에 없다면, 현행범이 그 체포를 면하려고 반항하는 과정에서 경찰관에게 상해를 가한 것은 불법 체포로 인한 신체에 대한 현재의 부당한 침해에서 벗어나기 위한 행위로서 정당방위에 해당하여 위법성이 조각된다.[103] 검사가 참고인 조사를 받는 줄 알고 검찰청에 자진출석한 변호사사무실 사무장을 합리적 근거 없이 긴급체포하자 그 변호사가 이를 제지하는 과정에서 위 검사에게 상해를 가한 것이 정당방위에 해당한다.[104] 피고인은 (갑)의 요구에도 불구하고 운전면허증을 제시하지 못한 자로서 도로교통법 제117조 제2항 제1호에 따라 '범칙자'가 아니므로 '범칙자'임을 전제로 하는 도로교통법 제118조의 적용대상이 아니고, 또한 범칙금 통고처분을 끝내고 다른 교통단속을 위하여 출발하려는 (갑)을 피고인이 다시 폭행하였으므로 이러한 피고인의 행위는 공무집행방해죄에 해당한다고 주장하고 있는 바, 살피건대 피고인은 즉결심판을 받겠다는 이유로 (갑)의 범칙금 통고처분을 위한 운전면허증 제시요구에 일시 불응하였을 뿐이므로 피고인을 도로교통법 제117조 제2항 제1호가 규정하고 있는 '운전면허증을 제시하지 못한 자'에 해당한다고 볼 수 없고, 또한 범칙금 통고처분을 끝내고 다른 교통단속을 위하여 출발하려는 (갑)을 피고인이 폭행한 것은 앞서 본 바와 같은 (갑)의 부적법한 직무집행에 항의하는 과정에서 일어난 연속된 일련의 행위로 보여지므로 이를 따로 공무집행방해로 볼 것은 아니다. 검사의 상고이유의 주장은 모두 받아들일 수 없다.[105] 현행범인으로서의 요건을 갖추고 있었다고 인정되지 않는 상황에서 경찰관들이 동행을 거부하는 자를 체포하거나 강제로 연행하려고 하였다면, 이는 적법한 공무집행이라고 볼 수 없고, 그 체포를 면하려고 반항하는 과정에서 경찰관에게 상해를 가한 것은 불법 체포로 인한 신체에 대한 현재의 부당한 침해에서 벗어나기 위한 행위로서 정당방위에 해당하여 위법성이 조각된다.[106] 경찰관의 행위가 적법한 공무집행을 벗어나 불법하게 체포한 것으로 볼 수밖에 없다면, 그 체포를 면하려고 반항하는 과정에서 경찰관에게 상해를 가한 것은 불법 체포로 인한 신체에 대한 현재의 부당한 침해에서 벗어나기 위한 행위로서 정당방위에 해당하여 위법성이 조각된다.[107] 공소외인의 행위가 법정형

선고 2006도148 판결.

101) 대법원 2011.5.26. 선고 2011도3682 판결.

102) 대법원 2011.4.28. 선고 2007도7514 판결.

103) 대법원 2006.11.23. 선고 2006도2732 판결; 대법원 2000.7.4. 선고 99도4341 판결.

104) 대법원 2006.9.8. 선고 2006도148 판결.

105) 대법원 2004.7.9. 선고 2003도8336 판결.

106) 대법원 2002.5.10. 선고 2001도300 판결; 대법원 2000.7.4. 선고 99도4341 판결.

107) 대법원 2000.7.4. 선고 99도4341 판결; 대법원 1999.12.28. 선고 98도138 판결.

5만 원 이하의 벌금, 구류 또는 과료에 해당하는 경미한 범죄에 불과한 경우 비록 그가 현행범인이라고 하더라도 영장 없이 체포할 수 는 없고, 또한 범죄의 사전 진압이나 교통단속의 목적만을 이유로 그에게 임의동행을 강요할 수도 없다 할 것이므로, 경찰관이 그의 의사에 반하여 강제로 연행하려고 한 행위는 적법한 공무집행이라고 볼 수 없고, 따라서 피고인이 위 경찰관의 행위를 제지하기 위하여 경찰관에게 폭행을 가하였다고 하여도 이는 공무집행방해죄를 구성하지 아니한다.[108] 피고인이 교통단속 경찰관의 면허증 제시 요구에 응하지 않고 교통경찰관을 폭행한 사안에 대하여 경찰관의 면허증 제시 요구에 순순히 응하지 않은 것은 잘못이라고 하겠으나, 피고인이 위 경찰관에게 먼저 폭행 또는 협박을 가한 것이 아니라면 경찰관의 오만한 단속 태도에 항의한다고 하여 피고인을 그 의사에 반하여 교통초소로 연행해 갈 권한은 경찰관에게 없는 것이므로, 이러한 강제연행에 항거하는 와중에서 경찰관의 멱살을 잡는 등 폭행을 가하였다고 하여도 공무집행방해죄가 성립되지 않는다.[109] 경찰관들이 현행범이나 준현행범도 아닌 피고인을 체포하려고(법원의 영장도 없이) 피고인의 집(주거)에 강제로 들어가려고 하여 피고인이 이를 제지하는 행위를 한 경우, 위 경찰관들의 행위는 적법한 공무집행이라 볼 수 없으므로 피고인의 행위는 공무집행방해죄에 해당하지 아니한다.[110] 현행범인으로서의 요건을 갖추고 있었다고 인정되지 않는 상황에서 경찰관들이 동행을 거부하는 자를 체포하거나 강제로 연행하려고 하였다면, 이는 적법한 공무집행이라고 볼 수 없으므로 강제연행을 거부하는 자를 도와 경찰관들에 대하여 폭행을 하는 등의 방법으로 그 연행을 방해하였다고 하더라도, 공무집행방해죄는 성립되지 않는다.[111] 법정형이 긴급구속사유에 해당하지 않는 범죄혐의로 기소중지된 공소외인을 경찰관들이 검거하는 과정에서 그 구원을 요청받은 피고인 등의 폭행으로 공무집행이 방해되었다는 공소사실에 대하여 경찰관들이 임의동행을 거절하는 공소외인을 강제로 연행하려고 한 것이라면 이는 적법한 공무집행에 해당하지 아니하므로 강제적인 임의동행을 거부하는 방법으로서 경찰관을 폭행·협박을 하여도 공무집행방해죄는 성립하지 아니한다.[112]

위법성조각을 부정한 판례의 구체적 내용은 다음과 같다. 즉,

검문 중이던 경찰관들이, 자전거를 이용한 날치기 사건 범인과 흡사한 인상착의의 피고인이 자전거를 타고 다가오는 것을 발견하고 정지를 요구하였으나 멈추지 않아, 앞을 가로막고 소속과 성명을 고지한 후 검문에 협조해 달라는 취지로 말하였음에도 불응하고 그대로 전진하자, 따라가서 재차 앞을 막고 검문에 응하라고 요구하였는데, 이에 피고인이 경찰관들의 멱살을 잡아 밀치거나 욕설을 하는 등 항의하여 공무집행방해 등으로 기소된 사안에서, 범행의 경중, 범행과의 관련성, 상황의 긴박성, 혐의의 정도, 질문의 필요성 등에 비추어 경찰관들은 목적 달성에 필요한 최소한의 범위 내에서 사회통념상 용인될 수 있는 상당한 방법을 통하여 경찰관직무집행법 제3조 제1항에 규정된 자에 대해 의심되는 사항을 질문하기 위하여 정지시킨 것으로 보아야 하는데도, 이와 달리 경찰관들의 불심검문이 위법하다고 보아 피고인에게 무죄를 선고한 원심판결에 불심검문의 내용과 한계에 관한 법리오해의 위법이 있다.[113] 시위참가자들이 경찰관들의 위법한 제지 행위에 대항

108) 대법원 1992.5.22. 선고 92도506 판결.

109) 대법원 1992.2.11. 선고 91도2797 판결.

110) 대법원 1991.12.10. 선고 91도2395 판결.

111) 대법원 1991.9.24. 선고 91도1314 판결.

112) 대법원 1991.5.10. 선고 91도453 판결; 대법원 1976.3.9. 선고 75도3779 판결; 대법원 1972.10.31. 선고 72도2005 판결.

113) 대법원 2012.9.13. 선고 2010도6203 판결.

하는 과정에서 공동하여 경찰관들에게 PVC파이프를 휘두르거나 진압방패와 채증장비를 빼앗는 등의 폭행행위를 한 것이 정당행위나 정당방위에 해당하지 아니한다.[114] 피해어민들이 그들의 피해보상 주장을 관철하기 위하여 집단적인 시위를 하고, 선박의 입·출항 업무를 방해하며 이를 진압하려는 경찰관들을 대나무 사앗대 등을 들고 구타하여 상해를 입히는 등의 행위를 한 경우 각 범행의 수단, 방법 및 그 결과 등에 비추어 위 각 범행이 사회통념상 용인될 만한 상당성이 있는 정당행위라고는 할 수 없다.[115]

(4) 죄 수

1) **결정기준**

죄수를 결정하는 기준에 있어서는 공무원의 수를 기준으로 결정하는 공무원기준설과 보호법익인 공무의 수를 기준으로 결정하려는 공무기준설이 다투어지고 있다. 전자에 의하면 동시에 여러 사람이 집행하는 공무를 방해한 때에는 수죄의 상상적 경합이 된다. 후자에 의하면 하나의 공무를 집행하는 수인의 공무원을 폭행한 때에도 하나의 공무집행방해죄가 성립한다.

판례는 공무원기준설에 의하고 있다. 대법원은 "동일한 공무를 집행하는 여럿의 공무원에 대하여 폭행·협박 행위를 한 경우에는 공무를 집행하는 공무원의 수에 따라 여럿의 공무집행방해죄가 성립하고, 위와 같은 폭행·협박 행위가 동일한 장소에서 동일한 기회에 이루어진 것으로서 사회관념상 1개의 행위로 평가되는 경우에는 여럿의 공무집행방해죄는 상상적 경합의 관계에 있다"고 판시한 바 있다.[116]

2) **타죄와의 관계**

절도범인이 체포를 면탈할 목적으로 경찰관에게 폭행 협박을 가한 때에는 준강도죄와 공무집행방해죄를 구성하고 양죄는 상상적 경합관계에 있으나, 강도범인이 체포를 면탈할 목적으로 경찰관에게 폭행을 가한 때에는 강도죄와 공무집행방해죄는 실체적 경합관계에 있고 상상적 경합관계에 있는 것이 아니다.[117]

2. 직무강요죄·사퇴강요죄

본죄는 공무원에 대하여 그 직무상의 행위를 강요 또는 저지하거나 그 직을 사퇴하게 할 목적으로 폭행 또는 협박함으로써 성립하는 범죄이다(제136조 제2항). 이른바 직무 강요·저지·사퇴 목적 폭행·협박죄라고 할 수 있다. 본죄는 장래의 직무집행에 향하여져 있다는 점에서 현재의 직무집행에 향하여져 있는 협의의 공무집행방해죄와는 구별된다. 본죄는 공무원의 직무행위의 자유를 널리 보호함으로써 공무의 공정과 원활한 집행을 보호하려는 것이기 때문에 공무원의 개인적인 측면에서 보면 강요죄의 특별죄로서의 성격을 가진다고 할 수

114) 대법원 2009.6.11. 선고 2009도2114 판결.

115) 대법원 1991.5.10. 선고 91도346 판결; 대법원 1990.8.14. 선고 90도870 판결; 대법원 1989.12.26. 선고 89도1512 판결.

116) 대법원 2009.6.25. 선고 2009도3505 판결; 대법원 1961.9.28. 선고 4294형상415 판결.

117) 대법원 1992.7.28. 선고 92도917 판결.

있지만, 그 보호법익의 측면에서 보면 협의의 공무집행방해죄의 보충적인 범죄라고 할 수 있다.

본죄는 목적범이다. 본죄의 목적은 강요할 목적, 저지할 목적 및 사퇴하게 할 목적의 3가지로 나누어진다. 본죄는 그 목적에 따라 강요목적 또는 저지목적의 경우를 직무강요죄, 사퇴목적의 경우를 사퇴강요죄 또는 사직강요죄라고 하기도 한다. 강요할 목적이란 일정한 작위를 강요할 목적을 말한다. 작위를 강요하는 것 자체가 공무원의 정당한 직무상의 자유를 침해하는 것으로 되기 때문에 위법한 처분을 강요할 목적이 있는 경우는 물론 적법한 처분을 행하게 할 목적이라도 본죄는 성립한다. 저지한 목적이란 공무원에게 일정한 부작위를 강요할 목적을 말한다. 공무원에게 위법한 처분을 하기 않게 할 목적이 있는 때에는 공무원의 위법한 처분을 사전에 방지하는 것으로 되기 때문에 본죄의 목적에 해당하지 않는다고 해야 한다. 사퇴하게 할 목적이란 공무원으로 하여금 스스로 사퇴하게 하는 것을 말한다. 공무의 집행을 방해하는 수단으로서 사퇴하게 할 목적이든 아니든 묻지 않는다.

본죄는 위의 목적을 가지고 공무원에 대하여 폭행·협박을 가하는 즉시 완성된다. 방해의 결과나 목적의 달성여부는 묻지 않는다. 수단으로 되는 폭행죄나 협박죄는 본죄에 흡수된다.

Ⅲ. 처 벌

본죄의 법정형은 5년 이하의 징역 또는 1천만원 이하의 벌금이다. 직무 강요·저지·사퇴 목적 폭행·협박죄의 법정형도 협의의 공무집행방해죄의 그것과 마찬가지로 5년 이하의 징역 또는 1천만원 이하의 벌금이다.

§3. 위계에 의한 공무집행방해죄

제137조(위계에 의한 공무집행방해) 위계로써 공무원의 직무집행을 방해한 자는 5년 이하의 징역 또는 1천만원 이하의 벌금에 처한다.

Ⅰ. 의 의

본죄는 위계로써 공무원의 직무집행을 방해함으로써 성립하는 범죄이다. 본죄는 공무집행방해죄에 대한 수정적 구성요건에 속한다. 본죄는 행위목적을 이루기 위하여 상대방에게 오인, 착각, 부지를 일으키게 하여 이를 이용함으로써 법령에 의하여 위임된 공무원의 적법한 직무에 관하여 그릇된 행위나 처분을 하게 하는 경우에 성립한다.[118]

보호법익에 있어서도 공무집행방해죄와 차이가 없고, 보호의 정도에 있어서도 추상적 위험범으로서 동일하다고 할 수 있다.

---

118) 대법원 2003.12.26. 선고 2001도6349 판결; 대법원 2003.10.9. 선고 2000도4993 판결; 대법원 2003.2.11. 선고 2002도4293 판결; 대법원 2000.3.24. 선고 2000도102 판결.

Ⅱ. 범 죄

1. 구성요건

(1) 객관적 구성요건

1) 객 체

본죄의 객체는 공무원의 직무집행이다. 공무원과 직무집행은 원칙적으로 전술한 공무집행방해죄에 있어서의 그것과 같다.

본죄에 있어서의 공무원은 직무집행중인 공무원뿐만 아니라 장차 직무를 집행할 공무원도 포함한다. 장차 직무를 집행할 공무원도 포함한다는 점에서 전술한 공무집행방해죄의 공무원과 구별된다고 할 수 있다. 직무집행이란 권력적 직무뿐만 아니라 비권력적 직무도 포함하는 개념이다. 대법원도 "공무원의 직무집행이란 법령의 위임에 따른 공무원의 적법한 직무집행인 이상 공권력의 행사를 내용으로 하는 권력적 작용뿐만 아니라 사경제주체로서의 활동을 비롯한 비권력적 작용도 포함되는 것으로 봄이 상당하다"고 판시한 바 있다.[119)]

2) 행 위

본죄는 행위목적을 이루기 위하여 상대방에게 오인, 착각, 부지를 일으키게 하여 이를 이용하는 위계에 의하여 상대방이 그릇된 행위나 처분을 하게 함으로써 공무원의 구체적이고 현실적인 직무집행을 방해하는 경우에 성립한다.[120)]

① 방 해

본죄의 실행행위는 방해이다. 위계는 본죄의 실행행위인 방해의 수단에 해당한다. 또 전술한 바와 같이 위계의 상대방은 공무원이다.

② 위 계

위계(僞計)란 행위자의 행위목적을 이루기 위하여 상대방에게 오인, 착각, 부지를 일으키게 하여 그 오인, 착각, 부지를 이용하는 것을 말한다.[121)] 위계의 상대방은 공무원이다. 따라서 상대방이 존재하지 않을 때에는 위계도 존재하지 않는다고 하는 것이 논리적이다. 대법원도 "담당 공무원들 모두의 공모 또는 양해 아래 부정한 행위가 이루어졌다면 이로 말미암아 오인 등을 일으킨 상대방이 있다고 할 수 없으므로, 그러한 행위는 위계에 의한 공무집행방해죄에서의 위계에 해당한다고 볼 수 없다"고 판시한 바 있다.[122)]

---

119) 대법원 2003.12.26. 선고 2001도6349 판결; 대법원 2003.10.9. 선고 2000도4993 판결.

120) 대법원 2016.1.28. 선고 2015도17297 판결; 대법원 2003.10.9. 선고 2000도4993 판결.

121) 대법원 2022.4.28. 선고 2020도12239 판결; 대법원 2021.4.29. 선고 2018도18582 판결; 대법원 2017.4.27. 선고 2017도2583 판결; 대법원 2015.2.26. 선고 2013도13217 판결; 대법원 2009.4.23. 선고 2007도1554 판결; 대법원 2008.3.13. 선고 2007도7724 판결; 대법원 1997.2.28. 선고 96도2825 판결; 대법원 1995.5.9. 선고 94도2990 판결; 대법원 1983.9.27. 선고 83도1864 판결.

122) 대법원 2015.2.26. 선고 2013도13217 판결; 대법원 2007.12.27. 선고 2005도6404 판결.

③ 위계의 구체적 유형

ⓘ 허위신고 행정청에 대한 일방적 통고로 효과가 완성되는 '신고'의 경우에는 신고인이 신고서에 허위사실을 기재하거나 허위의 소명자료를 제출하였더라도, 관계 법령에 별도의 처벌규정이 있어 이를 적용하는 것은 별론으로 하고, 그것만으로는 담당 공무원의 구체적이고 현실적인 직무집행이 방해받았다고 볼 수 없어 특별한 사정이 없는 한 허위 신고가 위계에 의한 공무집행방해죄를 구성한다고 볼 수 없다.[123)]

다만 관계 법령이 비록 신고라는 용어를 사용하고 있지만 거기에 비교적 중대한 법률효과가 결부되어 있고, 이에 따라 행정청이 신고에 대하여 형식적·절차적 심사가 아닌 실질적·내용적 심사를 거친 후 수리 여부를 결정할 것을 예정함으로써 사실상 인·허가 등 처분의 신청행위와 다를 바 없다고 평가되는 예외적인 경우에는 위계에 의한 공무집행방해죄가 성립할 여지가 있다고 할 것이나, 이때에도 행정청이 나름대로 충분히 사실관계를 확인하더라도 그 신고내용이 허위이거나 법령의 취지에 맞지 아니함을 발견할 수 없었던 경우가 아니라면 심사를 담당하는 행정청이 신고내용이나 자료의 진실성을 충분히 따져보지 않은 채 경솔하게 이를 믿고 어떠한 행위나 처분에 나아갔다고 하여 이를 신고인의 위계에 의한 결과로 볼 수 없으므로 위계에 의한 공무집행방해죄는 성립하지 아니한다.[124)]

외국 주재 한국영사관의 비자발급 업무와 같이, 상대방에게서 신청을 받아 일정한 자격요건 등을 갖춘 경우에 한하여 그에 대한 수용 여부를 결정하는 업무는 신청서에 기재된 사유가 사실과 부합하지 않을 수 있는 것을 전제로 그 자격요건 등을 심사·판단하는 것이므로, 업무담당자가 사실을 충분히 확인하지 아니한 채 신청인이 제출한 허위의 신청사유나 허위의 소명자료를 가볍게 믿고 이를 수용하였다면, 이는 업무담당자의 불충분한 심사에 기인한 것이어서 위계에 의한 공무집행방해죄를 구성하지 아니하지만, 그러나 신청인이 업무담당자에게 허위의 주장을 하면서 이에 부합하는 허위의 소명자료를 첨부하여 제출한 경우 수리 여부를 결정하는 업무담당자가 관계 규정에서 정한 바에 따라 요건의 존부에 관하여 나름대로 충분히 심사를 하였으나 신청사유 및 소명자료가 허위인 것을 발견하지 못하여 신청을 수리하게 될 정도에 이르렀다면, 이는 업무담당자의 불충분한 심사가 아니라 신청인의 위계행위에 의한 것이어서 위계에 의한 공무집행방해죄를 구성한다.[125)]

ⓘⓘ 허위진술 수사기관이 범죄사건을 수사할 때에는 피의자 등의 진술 여하에 불구하고 피의자를 확정하고 그 피의사실을 인정할 만한 객관적인 모든 증거를 수집·조사하여야 할 권리와 의무가 있고, 한편 피의자는 진술거부권과 자기에게 유리한 진술을 할 권리와 유리한 증거를 제출할 권리를 가질 뿐이고 수사기관에 대하여 진실만을 진술하여야 할 의무

123) 대법원 2016.1.28. 선고 2015도17297 판결; 대법원 2011.9.8. 선고 2010도7034 판결; 대법원 2011.8.25. 선고 2010도7033 판결; 대법원 2010.10.28. 선고 2008도9590 판결; 대법원 2002.9.4. 선고 2002도2064 판결.

124) 대법원 2011.8.25. 선고 2010도7033 판결; 대법원 2010.10.28. 선고 2008도9590 판결; 대법원 2002.9.4. 선고 2002도2064 판결.

125) 대법원 2011.4.28. 선고 2010도14696 판결; 대법원 2009.2.26. 선고 2008도11862 판결; 대법원 2004.3.26. 선고 2003도7927 판결; 대법원 2002.9.10. 선고 2002도2131 판결.

가 있는 것은 아니다.

피의자 등이 수사기관에 대하여 허위사실을 진술하거나 피의사실 인정에 필요한 증거를 감추고 허위의 증거를 제출하였다고 하더라도, 수사기관이 충분한 수사를 하지 아니한 채 이와 같은 허위의 진술과 증거만으로 증거의 수집·조사를 마쳤다면, 이는 수사기관의 불충분한 수사에 의한 것으로서 피의자 등의 위계에 의하여 수사가 방해되었다고 볼 수 없어 위계에 의한 공무집행방해죄가 성립된다고 할 수 없다.[126] 그러나 피의자 등이 적극적으로 허위의 증거를 조작하여 제출하고 그 증거 조작의 결과 수사기관이 그 진위에 관하여 나름대로 충실한 수사를 하더라도 제출된 증거가 허위임을 발견하지 못할 정도에 이르렀다면, 이는 위계에 의하여 수사기관의 수사행위를 적극적으로 방해한 것으로서 위계에 의한 공무집행방해죄가 성립된다.[127]

수사기관에서의 참고인은 형사소송절차에서 선서를 한 증인이 허위로 공술을 한 경우에 위증죄가 성립하는 것과 달리 반드시 진실만을 말하도록 법률상의 의무가 부과되어 있는 것은 아니므로, 피의자나 참고인이 피의자의 무고함을 입증하는 등의 목적으로 수사기관에 대하여 허위사실을 진술하거나 허위의 증거를 제출하였다 하더라도, 수사기관이 충분한 수사를 하지 아니한 채 이와 같은 허위의 진술과 증거만으로 잘못된 결론을 내렸다면, 이는 수사기관의 불충분한 수사에 의한 것으로서 피의자 등의 위계에 의하여 수사가 방해되었다고 볼 수 없어 위계에 의한 공무집행방해죄가 성립된다고 할 수 없을 것이다.[128] 그러나 피의자나 참고인이 피의자의 무고함을 입증하는 등의 목적으로 적극적으로 허위의 증거를 조작하여 제출하였고 그 증거 조작의 결과 수사기관이 그 진위에 관하여 나름대로 충실한 수사를 하더라도 제출된 증거가 허위임을 발견하지 못하여 잘못된 결론을 내리게 될 정도에 이르렀다면, 이는 위계에 의하여 수사기관의 수사행위를 적극적으로 방해한 것으로서 위계에 의한 공무집행방해죄가 성립된다 할 것이다. 그리고 헌법에 의하여 누구든지 형사상 자기에게 불리한 진술을 강요당하지 아니할 특권이 부여되어 있으나, 그렇다고 하여 자기의 형사처벌을 면하기 위하여 위법한 방법으로 허위의 증거를 조작하는 것까지 허용되는 것은 아니다.[129]

ⅲ 인·허가의 허위신청　행정관청이 출원에 의한 인허가처분을 할 때에는 그 출원사유가 사실과 부합하지 아니하는 경우가 있음을 전제로 하여 인허가할 것인지 여부를 심사·결정하는 것이다.

행정관청이 그러한 사실을 충분히 확인하지 아니한 채 출원자가 제출한 허위의 출원사유나 허위의 소명자료를 가볍게 믿고 인가 또는 허가를 하였다면 이는 행정관청의 불충분한

126) 대법원 2019.3.14. 선고 2018도18646 판결; 대법원 2011.2.10. 선고 2010도15986 판결; 대법원 2007.10.11. 선고 2007도6101 판결; 대법원 2003.7.25. 선고 2003도1609 판결.

127) 대법원 2019.3.14. 선고 2018도18646 판결; 대법원 2011.2.10. 선고 2010도15986 판결; 대법원 2007.10.11. 선고 2007도6101 판결; 대법원 2003.7.25. 선고 2003도1609 판결.

128) 대법원 2003.7.25. 선고 2003도1609 판결.

129) 대법원 2003.7.25. 선고 2003도1609 판결.

심사에 기인한 것이어서 출원자의 위계가 결과 발생의 주된 원인이라 할 수 없으므로, 위계에 의한 공무집행방해죄를 구성하지 않는다.[130)]

그러나 출원자가 행정관청에 허위의 출원사유를 주장하면서 이에 부합하는 허위의 소명자료를 첨부하여 제출한 경우 허가관청이 관계 법령이 정한 바에 따라 인·허가요건의 존부 여부에 관하여 나름대로 충분히 심사를 하였으나 출원사유 및 소명자료가 허위임을 발견하지 못하여 인·허가처분을 하게 되었다면 이는 허가관청의 불충분한 심사가 그의 원인이 된 것이 아니라 출원인의 위계행위가 원인이 된 것이어서 위계에 의한 공무집행방해죄가 성립된다 할 것이다.[131)]

출원에 대한 심사업무를 담당하는 공무원이 출원인의 출원사유가 허위라는 사실을 알면서도 결재권자로 하여금 오인, 착각, 부지를 일으키게 하고 그 오인, 착각, 부지를 이용하여 인·허가처분에 대한 결재를 받아낸 경우에는 출원자가 허위의 출원사유나 허위의 소명자료를 제출한 경우와는 달리 더 이상 출원에 대한 적정한 심사업무를 기대할 수 없게 되었다고 할 것이어서 그와 같은 행위는 위계로써 결재권자의 직무집행을 방해한 것에 해당하므로 위계에 의한 공무집행방해죄가 성립한다.[132)]

ⓘⓥ **금지규정에 대한 위반** 법령에서 어떤 행위의 금지를 명하면서 이를 위반하는 행위에 대한 벌칙을 두는 한편 공무원으로 하여금 그 금지규정의 위반 여부를 감시·단속하게 하고 있는 경우 그 공무원에게는 금지규정 위반행위의 유무를 감시하여 확인하고 단속할 권한과 의무가 있다. 구체적이고 현실적으로 감시·단속 업무를 수행하는 공무원에 대하여 위계를 사용하여 업무집행을 못하게 하였다면 위계에 의한 공무집행방해죄가 성립하지만, 단순히 공무원의 감시·단속을 피하여 금지규정을 위반한 것에 지나지 않는다면 그에 대하여 벌칙을 적용하는 것은 별론으로 하고 그 행위가 위계에 의한 공무집행방해죄에 해당한다고 할 수 없다. 피고인이 금지규정을 위반하여 감시·단속을 피하는 것을 공무원이 적발하지 못하였다면 이는 공무원이 감시·단속이라는 직무를 소홀히 한 결과일 뿐 위계로 공무집행을 방해한 것이라고 볼 수 없다.[133)]

만약 어떠한 행위가 공무원이 관계 법령이 정한 바에 따라 금지규정 위반행위의 유무를 충분히 감시하여 확인하고 단속하더라도 이를 발견하지 못할 정도에 이른 것이라면 이는 위계에 의하여 공무원의 감시·단속업무를 적극적으로 방해한 것으로서 위계에 의한 공무

---

130) 대법원 2011.5.26. 선고 2011도1484 판결; 대법원 2010.10.28. 선고 2008도9590 판결; 대법원 2009.2.26. 선고 2008도11862 판결; 대법원 2009.1.30. 선고 2008도6950 판결; 대법원 2008.4.11. 선고 2007도10467 판결; 대법원 2005.3.10. 선고 2004도8470 판결; 대법원 2002.9.10. 선고 2002도2131 판결; 대법원 2002.9.4. 선고 2002도2064 판결; 대법원 1997.2.28. 선고 96도2825 판결; 대법원 1989.3.28. 선고 88도898 판결; 대법원 1989.1.17. 선고 88도709 판결 ; 대법원 1988.5.10. 선고 87도2079 판결; 대법원 1982.12.14. 선고 82도2207 판결; 대법원 1977.12.27. 선고 77도3199 판결; 대법원 1976.4.27. 선고 76도371 판결; 대법원 1975.7.8. 선고 75도324 판결.

131) 대법원 2011.5.26. 선고 2011도1484 판결; 대법원 2009.2.26. 선고 2008도11862 판결; 대법원 2009.1.30. 선고 2008도6950 판결; 대법원 2005.3.10. 선고 2004도8470 판결; 대법원 2002.9.10. 선고 2002도2131 판결; 대법원 2002.9.4. 선고 2002도2064 판결.

132) 대법원 1997.2.28. 선고 96도2825 판결.

133) 대법원 2022.3.31. 선고 2018도15213 판결.

집행방해죄가 성립된다.[134)]

그러나 단순히 공무원의 감시, 단속을 피하여 금지 규정에 위반하는 행위를 한 것에 불과하다면 이는 공무원의 불충분한 감시 · 단속에 기인한 것이지, 행위자 등의 위계에 의하여 공무원의 감시 · 단속에 관한 직무가 방해되었다고 할 수 없을 것이어서 그에 대하여 벌칙을 적용하는 것은 별론으로 하고 그 행위가 위계에 의한 공무집행방해죄에 해당하는 것이라고는 할 수 없나.[135)]

수용자가 교도관의 감시 · 단속을 피하여 규율위반행위를 하는 것만으로는 단순히 금지 규정에 위반되는 행위를 한 것에 지나지 아니할 뿐 위계에 의한 공무집행방해죄가 성립한다고 할 수 없고, 또 수용자가 아닌 자가 교도관의 검사 또는 감시를 피하여 금지물품을 반입하거나 허가 없이 전화 등의 방법으로 다른 사람과 연락하도록 하였더라도 교도관에게 교도소 등의 출입자와 반출 · 입 물품을 단속 · 검사할 권한과 의무가 있는 이상, 수용자 아닌 자의 그러한 행위는 특별한 사정이 없는 한 위계에 의한 공무집행방해죄에 해당하는 것으로는 볼 수 없다 할 것이나, 구체적이고 현실적으로 감시 · 단속업무를 수행하는 교도관에 대하여 그가 충실히 직무를 수행한다고 하더라도 통상적인 업무처리과정하에서는 사실상 적발이 어려운 위계를 적극적으로 사용하여 그 업무집행을 하지 못하게 하였다면 이에 대하여 위계에 의한 공무집행방해죄가 성립한다.[136)]

위계를 긍정한 판례의 구체적 내용은 다음과 같다. 즉,

수사기관이 범죄사건을 수사함에 있어서는 피의자 등의 진술 여하에 불구하고 피의자를 확정하고 그 피의사실을 인정할 만한 객관적인 모든 증거를 수집 · 조사할 권한과 의무가 있다. 한편 피의자는 진술거부권 및 자기에게 유리한 진술을 할 권리와 유리한 증거를 제출할 권리를 가질 뿐이고, 수사기관에 대하여 진실만을 진술하여야 할 의무가 있는 것은 아니다. 따라서 피의자 등이 수사기관에 대하여 허위사실을 진술하거나 피의사실 인정에 필요한 증거를 감추고 허위의 증거를 제출하였더라도, 수사기관이 충분한 수사를 하지 않은 채 이와 같은 허위의 진술과 증거만으로 증거의 수집 · 조사를 마쳤다면, 이는 수사기관의 불충분한 수사에 의한 것으로서 피의자 등의 위계에 의하여 수사가 방해되었다고 볼 수 없어 위계에 의한 공무집행방해죄가 성립된다고 할 수 없다. 그러나 피의자 등이 적극적으로 허위의 증거를 조작하여 제출하고 그 증거 조작의 결과 수사기관이 그 진위에 관하여 나름대로 충실한 수사를 하더라도 제출된 증거가 허위임을 발견하지 못할 정도에 이르렀다면, 이는 위계에 의하여 수사기관의 수사행위를 적극적으로 방해한 것으로서 위계공무집행방해죄가 성립된다.[137)] 교육부장관의 특별사안감사와 관련하여, 감사대상자가 감사관에게 허위 사실을 진술하거나 감사 목적 달성에 필요한 자료를 감추고 허위 자료를 제출하였다고 하더라도, 감사관이 충분한 조사를 하지 않은 채 그와 같은 허위 진술과 자료만으로 자료 수집 · 조사

134) 대법원 2010.4.15. 선고 2007도8024 판결; 대법원 2010.1.14. 선고 2009도10659 판결; 대법원 2005.8.25. 선고 2005도1731 판결.

135) 대법원 2010.4.15. 선고 2007도8024 판결; 대법원 2010.1.14. 선고 2009도10659 판결; 대법원 2005.8.25. 선고 2005도1731 판결; 대법원 2004.4.9. 선고 2004도272 판결; 대법원 2003.11.13. 선고 2001도7045 판결.

136) 대법원 2005.8.25. 선고 2005도1731 판결.

137) 대법원 2019.3.14. 선고 2018도18646 판결; 대법원 2011.2.10. 선고 2010도15986 판결; 대법원 2007.10.11. 선고 2007도6101 판결; 대법원 2003.7.25. 선고 2003도1609 판결.

절차를 마쳤다면, 이는 감사관의 불충분한 조사에 기인한 것으로서 감사대상자 등의 위계에 의하여 감사관의 감사업무가 방해되었다고 볼 수 없어 위계에 의한 공무집행방해죄가 성립하지 않는다. 그러나 감사대상자가 적극적으로 허위 자료를 조작하여 제출하고 자료 조작 결과 감사관이 그 진위에 관하여 나름대로 충실한 조사를 하더라도 제출된 자료가 허위임을 발견하지 못할 정도에 이르렀다면, 이는 위계에 의하여 감사관의 감사업무를 적극적으로 방해한 것으로서 위계에 의한 공무집행방해죄가 성립한다.[138] 행정관청이 출원에 의한 인허가처분 여부를 심사하거나 신청을 받아 일정한 자격요건 등을 갖춘 때에 한하여 그에 대한 수용 여부를 결정하는 등의 업무를 하는 경우에는 위 '신고'의 경우와 달리, 출원자나 신청인이 제출한 허위의 소명자료 등에 대하여 담당 공무원이 나름대로 충분히 심사를 하였으나 이를 발견하지 못하여 인허가처분을 하게 되거나 신청을 수리하게 되었다면, 출원자나 신청인의 위계행위가 원인이 되어 행정관청이 그릇된 행위나 처분에 이르게 된 것이어서 위계에 의한 공무집행방해죄가 성립한다.[139] 등기신청은 단순한 '신고'가 아니라 신청에 따른 등기관의 심사 및 처분을 예정하고 있으므로, 등기신청인이 제출한 허위의 소명자료 등에 대하여 등기관이 나름대로 충분히 심사를 하였음에도 이를 발견하지 못하여 등기가 마쳐지게 되었다면 위계에 의한 공무집행방해죄가 성립할 수 있다. 등기관이 등기신청에 대하여 부동산등기법상 등기신청에 필요한 서면이 제출되었는지 및 제출된 서면이 형식적으로 진정한 것인지를 심사할 권한은 갖고 있으나 등기신청이 실체법상의 권리관계와 일치하는지를 심사할 실질적인 심사권한은 없다고 하여 달리 보아야 하는 것은 아니다.[140] 피고인들이 공모하여 허위 물량배정계획서와 일괄 작성한 견적서들을 지방조달청에 제출하여 위계로써 지방조달청장의 단체수의계약 체결에 관한 정당한 직무집행을 방해하였다는 내용으로 기소된 사안에서, 피고인들에게 유죄를 인정한 원심판결을 수긍한 사례이다.[141] 불법체류를 이유로 강제출국 당한 중국 동포인 피고인이 중국에서 이름과 생년월일을 변경한 호구부를 발급받아 중국 주재 대한민국 총영사관에 제출하여 변경된 명의로 입국사증을 받은 다음, 다시 입국하여 그 명의로 외국인등록증을 발급받고 귀화허가 신청서까지 제출한 사안에서, 피고인이 자신과 동일성을 확인할 수 없도록 변경된 호구부를 중국의 담당관청에서 발급받아 위 대한민국 총영사관에 제출하였으므로, 영사관 담당직원 등이 호구부의 기재를 통하여 피고인의 인적사항 외에 강제출국 전력을 확인하지 못하였더라도, 사증 및 외국인등록증의 발급요건 존부에 대하여 충분한 심사를 한 것으로 보아야 하고, 이러한 경우 행정청의 불충분한 심사가 아니라 출원인의 적극적인 위계에 의해 사증 및 외국인등록증이 발급되었던 것이므로 위계에 의한 공무집행방해죄가 성립하고, 또한 피고인의 위계행위에 의하여 귀화허가에 관한 공무집행방해 상태가 초래된 것이 분명하므로, 귀화허가가 이루어지지 아니하였더라도 위 죄의 성립에 아무런 영향이 없다는 이유로, 피고인에게 각 '위계에 의한 공무집행방해죄'를 인정한 원심판단을 수긍한 사례이다.[142] 지방의회 의장 선거의 감표위원이 되어 투표용지에 사전에 날인하게 된 것을 기화로 누가 어떤 후보에게 투표를 하였는지 구별할 수 있도록 그 용지에 표시를 하는 행위는 무기명투표의 비밀성을 침해하는 행위로서, 그 후에 그 용지에 의하여 투표가 행하여졌다면 그 자체만으로 의원들의 비밀선거에 의한 의장 선출 직무와 의장의 투표사무 감독직무를 위계로써 방해하는 행위에 해당한다고 할 것이다. 거기서 나아가 의원들이 비밀성이 침해되었음을 알아서

138) 대법원 2018.5.15. 선고 2017도19499 판결; 대법원 2011.2.10. 선고 2010도15986 판결.

139) 대법원 2016.1.28. 선고 2015도17297 판결; 대법원 2009.2.26. 선고 2008도11862 판결; 대법원 2002.9.4. 선고 2002도2064 판결.

140) 대법원 2016.1.28. 선고 2015도17297 판결.

141) 대법원 2011.5.26. 선고 2011도1484 판결.

142) 대법원 2011.4.28. 선고 2010도14696 판결.

자신들의 소신과 다른 투표를 하게 되어야 비로소 의원들 및 의장의 위 직무의 집행이 방해되었다고 할 것은 아니다.[143] 구 병역법(2004.3.11. 법률 제7186호로 개정되기 전의 것)상의 지정업체에서 산업기능요원으로 근무할 의사가 없음에도 해당 지정업체의 장과 공모하여 허위내용의 편입신청서를 제출하여 관할관청으로부터 산업기능요원 편입을 승인받고, 나아가 관할관청의 실태조사를 회피하기 위하여 허위서류를 작성·제출하는 등의 방법으로 파견근무를 신청하여 관할관청으로부터 파견근무를 승인받았다면, 이러한 파견근무의 승인 등은 관할관청의 불충분한 심사가 원인이 된 것이 아니라 출원인의 위계행위가 원인이 된 것이어서 위계에 의한 공무집행방해죄가 성립한다.[144] 범죄행위로 인하여 강제출국당한 전력이 있는 사람이 외국 주재 한국영사관 담당직원에게 허위의 호구부 및 외국인등록신청서 등을 제출하여 사증 및 외국인등록증을 발급받은 사안에서, 위계에 의한 공무집행방해죄가 성립한다고 한 사례이다.[145] 피고인이 이화여자대학교를 제외한 나머지 대학교들에 대한 시간강사나 조교수의 임용 또는 재단법인 광주비엔날레의 예술감독 선임과 관련하여 허위의 학력이 기재된 이력서를 제출하고 이를 뒷받침하는 소명자료로서 위조된 학위 관련 서류를 함께 제출하여 마치 허위 학력이 진정한 것처럼 행세한 것이 위계에 해당한다고 한 원심의 판단은 정당하고 거기에 상고이유의 주장과 같은 법리오해의 위법이 없다.[146] 구 병역법(2005.5.31. 법률 제7541호로 개정되기 전의 것)상 지정업체에서 전문연구요원으로 근무할 의사가 없음에도 허위내용의 편입신청서를 제출하여 관할관청으로부터 전문연구요원 편입을 승인받고, 관할지방병무청장에게 허위의 공동연구 협약서를 작성·제출하여 파견근무를 신청하여 승인받았다면, 이러한 편입 및 파견근무의 승인은 관할관청의 불충분한 심사가 원인이 아니라 출원인의 위계행위가 원인이 된 것이어서 위계에 의한 공무집행방해죄가 성립한다.[147] 담당자가 아닌 공무원이 출원인의 청탁을 들어줄 목적으로 자신의 업무 범위에 속하지도 않는 업무에 관하여 그 일부를 담당공무원을 대신하여 처리하면서 위계를 써서 담당공무원으로 하여금 오인, 착각, 부지를 일으키게 하고 그 오인, 착각, 부지를 이용하여 인·허가 처분을 하게 하였다면, 이는 허가관청의 불충분한 심사가 그의 원인이 된 것이 아니라 담당자가 아닌 공무원의 위계행위가 원인이 된 것이어서 위계에 의한 공무집행방해죄가 성립한다.[148] 타인의 소변을 마치 자신의 소변인 것처럼 수사기관에 건네주어 필로폰 음성반응이 나오게 한 경우, 수사기관의 착오를 이용하여 적극적으로 피의사실에 관한 증거를 조작한 것이므로 위계에 의한 공무집행방해죄가 성립한다.[149] 변호사가 접견을 핑계로 수용자를 위하여 휴대전화와 증권거래용 단말기를 구치소 내로 몰래 반입하여 이용하게 한 행위는 위계에 의한 공무집행방해죄에 해당한다.[150] 도시개발공사의 공고상 보상계획 및 이주대책대상인 종교시설이 되기 위한 기준일 이전에 사찰을 창건하여 주지로서 재직한 바가 없거나, 그 사찰이 위 기준일 이전에 불교종단에 등록된 바가 없음에도, 위 사찰의 등록일을 위 기준일 이전으로 소급한 등록증을 발급받아 이를 위 사찰의 존치요청신청서에 첨부하여 제출한 것은 위계에 의한 공무집행방해죄에서 말하는 위계에 해당한다.[151] 감척어선 입찰자격이 없는 자가 제3자와 공모하여 제3자의 대리인 자격으로 제3자 명의로 입찰에 참가하

143) 대법원 2009.9.10. 선고 2009도6541 판결.
144) 대법원 2009.3.12. 선고 2008도1321 판결.
145) 대법원 2009.2.26. 선고 2008도11862 판결.
146) 대법원 2009.1.30. 선고 2008도6950 판결.
147) 대법원 2008.6.26. 선고 2008도1011 판결.
148) 대법원 2008.3.13. 선고 2007도7724 판결.
149) 대법원 2007.10.11. 선고 2007도6101 판결.
150) 대법원 2005.8.25. 선고 2005도1731 판결.
151) 대법원 2005.3.10. 선고 2004도8470 판결.

고, 낙찰받은 후 자신의 자금으로 낙찰대금을 지급하여 감척어선에 대한 실질적 소유권을 취득한 경우, 위계에 의한 공무집행방해죄가 성립한다.[152] 지방자치단체의 공사입찰에 있어서 허위서류를 제출하여 입찰참가자격을 얻고 낙찰자로 결정되어 계약을 체결한 행위에 대하여 위계에 의한 공무집행방해죄의 성립을 긍정한 사례이다. 즉, 피고인들은 ○○산업 주식회사가 국내외 단일공사 종합운동장 또는 축구전용경기장 관람석 22,500석 이상의 준공실적이 없었으므로 광주시가 발주하는 염주종합경기장 입찰에 대한 참가자격을 갖추지 못하였음에도 공사실적에 관련된 사문서를 변조한 다음 이를 첨부한 실적증명발급요청서를 해외건설협회에 제출하여 위 입찰참가자격에 적합한 실적증명서를 받아내고, 이를 위 염주종합경기장 입찰참가신청서에 첨부하여 제출함으로써 그 입찰에서 ○○산업 주식회사가 낙찰자로 결정되고 공사계약을 체결하게 된 사실, 위 염주종합경기장 입찰공고에서 해외시공실적은 해외건설협회장이 발급하는 실적증명서에 의하도록 되어 있는 사실을 인정할 수 있으므로, 위와 같이 변조된 서류에 근거하여 해외건설협회장이 발급한 실적증명서에 대하여 입찰담당 공무원이 달리 심사할 방법이 없을 뿐만 아니라 위 실적증명서의 기재 내용은 일반적으로 신뢰할 만한 것이어서, 입찰담당 공무원이 ○○산업 주식회사에 대하여 입찰참가자격을 인정하고 그에 따라 ○○산업 주식회사가 낙찰자로 결정되어 공사계약을 체결할 수 있게 된 것은 위 피고인들의 위계에 의한 결과라고 할 것이고, 한편 이 사건과 같이 지방자치단체가 발주하는 공사의 입찰에 있어서 입찰참가자결정과 심사 및 낙찰자결정, 그에 따른 공사계약체결 등 일련의 업무는 법령에 의하여 위임된 공무원의 적법한 직무에 관한 것으로서 공무집행방해죄의 대상이 된다고 할 것이다.[153] 음주운전을 하다가 교통사고를 야기한 후 그 형사처벌을 면하기 위하여 타인의 혈액을 자신의 혈액인 것처럼 교통사고 조사 경찰관에게 제출하여 감정하도록 한 행위는, 단순히 피의자가 수사기관에 대하여 허위사실을 진술하거나 자신에게 불리한 증거를 은닉하는 데 그친 것이 아니라 수사기관의 착오를 이용하여 적극적으로 피의사실에 관한 증거를 조작한 것으로서 위계에 의한 공무집행방해죄가 성립한다.[154] 피고인이 개인택시운송사업 면허를 받은 지 5년이 지나지 아니하여 원칙적으로 개인택시운송사업을 양도할 수 없는 사람 등과 공모하여 질병이 있는 노숙자들로 하여금 그들이 개인택시운송사업을 양도하려고 하는 사람인 것처럼 위장하여 의사의 진료를 받게 한 뒤 이러한 사정을 모르는 의사로부터 개인택시운송사업의 양도인이 1년 이상의 질병에 걸려 있는 것으로 된 허위 진단서를 발급받고 이를 소명자료로 삼아 행정청에 개인택시운송사업의 양도·양수 인가신청을 하여 그 진단서를 믿은 행정청으로부터 인가처분을 받은 경우, 위계에 의한 공무집행방해죄가 성립한다.[155] 피고인이 개인택시 운송사업면허를 받은 지 5년이 경과되지 아니하여 원칙적으로 개인택시 운송사업을 양도할 수 없는 사람 등과 사이에 마치 그들이 1년 이상의 치료를 요하는 질병으로 인하여 직접 운전할 수 없는 것처럼 가장하여 개인택시 운송사업의 양도·양수인가를 받기로 공모한 후, 질병이 있는 노숙자들로 하여금 그들이 개인택시 운송사업을 양도하려고 하는 사람인 것처럼 위장하여 의사의 진료를 받게 한 다음, 그 정을 모르는 의사로부터 환자가 개인택시 운송사업의 양도인으로 된 허위의 진단서를 발급받아 행정관청에 개인택시 운송사업의 양도·양수 인가신청을 하면서 이를 소명자료로 제출하여 진단서의 기재 내용을 신뢰한 행정관청으로부터 인가처분을 받은 경우, 위계에 의한 공무집행방해죄가 성립한다.[156] 출원에 대한 심사업무를 담당하는 공무원이 출원인의 출원사유가 허위라는 사실을

152) 대법원 2003.12.26. 선고 2001도6349 판결.
153) 대법원 2003.10.9. 선고 2000도4993 판결.
154) 대법원 2003.7.25. 선고 2003도1609 판결.
155) 대법원 2002.9.10. 선고 2002도2131 판결.

알면서도 결재권자로 하여금 오인, 착각, 부지를 일으키게 하고 그 오인, 착각, 부지를 이용하여 인·허가처분에 대한 결재를 받아낸 경우에는 출원자가 허위의 출원사유나 허위의 소명자료를 제출한 경우와는 달리 더 이상 출원에 대한 적정한 심사업무를 기대할 수 없게 되었다고 할 것이어서 그와 같은 행위는 위계로써 결재권자의 직무집행을 방해한 것에 해당하므로 위계에 의한 공무집행방해죄가 성립한다.[157] 피고인이 마치 그의 형인양 시험감독자를 속이고 원동기장치 자전거운전면허시험에 대리로 응시하였다면 피고인의 소위는 위계에 의한 공무집행방해죄가 성립한다.[158] 고등학교 입학원서 추천서란을 사실과 다르게 조작허위기재하여 그 추천서 성적이 고등학교입학전형의 자료가 되었다면 위계에 의하여 고등학교입학전형업무를 방해한 것이다.[159] 피고인과 '갑'이 공모하고 피고인이 시험장소 내에서 시험감독관의 감시의 틈을 타서 시험답안지의 해답이 적히 쪽지를 '갑'에게 전달한 이상 '갑'의 행위 여하에 불구하고 공무원의 시험감독에 관한 직무집행을 위계로서 방해한 경우에 해당한다 할 것이다.[160]

위계를 부정한 판례의 구체적 내용은 다음과 같다. 즉,

구 형의 집행 및 수용자의 처우에 관한 법률(2019.4.23. 법률 제16345호로 개정되기 전의 것, '구 형집행법'이라 한다) 제93조 제3항은 "교도관은 시설의 안전과 질서유지를 위하여 필요하면 교정시설을 출입하는 수용자 외의 사람에 대하여 의류와 휴대품을 검사할 수 있다. 이 경우 출입자가 제92조의 금지물품을 소지하고 있으면 교정시설에 맡기도록 하여야 하며, 이에 응하지 아니하면 출입을 금지할 수 있다"라고 정하고 있다. 같은 법 제92조 제2호는 수용자가 소지해서는 안 될 금지물품으로 "주류·담배·화기·현금·수표, 그 밖에 시설의 안전 또는 질서를 해칠 우려가 있는 물품"을 정하였고, 같은 법 제42조 제6호는 "시설의 안전 또는 질서를 해하는 행위를 하거나 하려고 하는 때"에 해당하면 교도관은 접견 중인 수용자 또는 그 상대방에 대하여 접견을 중지할 수 있다고 정하고 있다. 또한 구 형집행법 제10조에 근거한 교도관직무규칙 제42조 제1항은 "정문에 근무하는 교정직교도관(이하 이 조에서 '정문근무자'라 한다)은 정문 출입자와 반출·반입 물품을 검사·단속하여야 한다"라고 정하고, 같은 조 제2항은 "정문근무자는 제1항의 검사·단속을 할 때 특히 필요하다고 인정하는 경우에는 출입자의 신체와 휴대품을 검사할 수 있다"라고 정하며, 같은 조 제3항은 "정문근무자는 제1항 또는 제2항의 검사 도중 이상하거나 의심스러운 점을 발견한 경우에는 출입 등을 중지함과 동시에 상관에게 이를 보고하여 상관의 지시를 받아 적절한 조치를 취하여야 한다"라고 정하고 있다. 위와 같은 법령의 내용과 입법 취지 등을 종합하면 다음과 같은 결론이 도출된다. 녹음·녹화 등을 할 수 있는 전자장비가 교정시설의 안전 또는 질서를 해칠 우려가 있는 금지물품에 해당하여 반입을 금지할 필요가 있다면 교도관은 교정시설 등의 출입자와 반출·반입 물품을 검사·단속해야 할 일반적인 직무상 권한과 의무가 있다. 수용자가 아닌 사람이 위와 같은 금지물품을 교정시설 내로 반입하였다면 교도관의 검사·단속을 피하여 단순히 금지규정을 위반하는 행위를 한 것일 뿐 이로써 위계에 의한 공무집행방해죄가 성립한다고 할 수는 없다.[161] 특정 정당 소속 지방의회의원인 피고인들 등이 지방의회 의장 선거를 앞두고 '甲을 의장

156) 대법원 2002.9.4. 선고 2002도2064 판결.
157) 대법원 1997.2.28. 선고 96도2825 판결.
158) 대법원 1986.9.9. 선고 86도1245 판결.
159) 대법원 1983.9.27. 선고 83도1864 판결.
160) 대법원 1967.5.23. 선고 67도650 판결.
161) 대법원 2022.3.31. 선고 2018도15213 판결.

으로 추대'하기로 서면합의하고 그 이행을 확보하기 위해 투표용지에 가상의 구획을 설정하고 각 의원별로 기표할 위치를 미리 정하기로 구두합의하는 방법으로 선거를 사실상 기명·공개투표로 치르기로 공모한 다음 그 정을 모르는 임시의장 乙이 선거를 진행할 때 사전공모에 따라 투표하여 단독 출마한 甲이 의장에 당선되도록 하여 위계로써 乙의 무기명투표 관리에 관한 직무집행을 방해하였다는 내용으로 기소된 사안에서, 지방자치법은 제48조 제1항에서 지방의회 의장을 무기명투표로 선거하여야 한다고 규정하나 그 위반행위를 처벌하는 별도 규정을 두고 있지 않으므로, 피고인들 등의 행위가 비밀선거 원칙(무기명투표 원칙)에 위배되는 면이 있음을 근거로 곧 乙의 직무집행을 방해한 것으로 평가할 수 없는 점, 지방의회의원들이 사전에 서로 합의한 방식대로 투표행위를 한 것만으로는 무기명투표 원칙에 반하는 전형적인 행위, 즉 투표 과정이나 투표 이후의 단계에서 타인의 투표 내용을 알려는 행위라거나 자신의 투표 내용을 공개하는 것 또는 타인에게 투표의 공개를 요구하는 행위로 평가하기 어려우므로, 위와 같은 서면합의와 구두합의의 실행 자체가 곧바로 '지방의회 의장 선거 과정에서 무기명투표 원칙이 구현되도록 할 임시의장의 직무집행'을 방해하였다고 보기 어려운 점, 위와 같은 합의 수준에서 더 나아가 피고인들 등 사이에 합의에 반하는 투표가 이루어졌는지를 확인할 감표 위원을 누구로 정할 것인지, 투표용지 확인은 언제, 어떤 방법으로 하고, 합의에 반하는 투표를 한 의원에 대해 어떠한 제재를 가할 것인지에 관하여 논의가 이루어졌음을 증명할 증거가 없는 점 등 제반 사정을 종합하면, 피고인들 등이 '지방의회 임시의장의 무기명투표 관리에 관한 직무집행을 방해'하였다고 평가할 사정에 관한 검사의 증명이 없거나 부족하다는 등의 이유로, 이와 달리 보아 피고인들에게 유죄를 인정한 원심판결에 위계에 의한 공무집행방해죄의 성립에서 위계의 실행행위와 공무집행방해의 결과 및 그 고의에 관한 법리 등을 오해한 잘못이 있다고 한 사례이다.[162] 법원은 당사자의 허위 주장 및 증거 제출에도 불구하고 진실을 밝혀야 하는 것이 그 직무이므로, 가처분신청 시 당사자가 허위의 주장을 하거나 허위의 증거를 제출하였다 하더라도 그것만으로 법원의 구체적이고 현실적인 어떤 직무집행이 방해되었다고 볼 수 없으므로 이로써 바로 위계에 의한 공무집행방해죄가 성립한다고 볼 수 없다.[163] 신고는 사인(私人)이 행정청에 대하여 일정한 사실 또는 관념을 통지함으로써 공법상 법률효과가 발생하는 행위로서 원칙적으로 행정청에 대한 일방적 통고로 그 효과가 완성될 뿐 이에 대응하여 신고내용에 따라 법률효과를 부여하는 행정청의 행위나 처분을 예정하고 있지 아니하므로, 신고인이 허위사실을 신고서에 기재하거나 허위의 소명자료를 첨부하여 제출하였다고 하더라도 관계 법령에 별도의 처벌규정이 있어 이를 적용하는 것은 별론으로 하고, 일반적으로 위와 같은 허위 신고가 형법상 위계에 의한 공무집행방해죄를 구성한다고 볼 수 없다. 다만 관계 법령이 비록 신고라는 용어를 사용하고 있더라도 사실상 인허가 등 처분의 신청행위와 다를 바 없다고 평가되는 등의 예외적인 경우에는 위계에 의한 공무집행방해죄가 성립할 여지가 있으나, 이 때에도 행정청이 나름대로 충분히 사실관계를 확인하더라도 그 신고내용이 허위이거나 법령의 취지에 맞지 아니함을 발견할 수 없었던 경우가 아니라면 심사를 담당하는 행정청이 신고내용이나 자료의 진실성을 충분히 따져보지 않은 채 경솔하게 이를 믿고 어떠한 행위나 처분에 나아갔다고 하여 이를 신고인의 위계에 의한 결과로 볼 수 없으므로 위계에 의한 공무집행방해죄는 성립하지 아니한다.[164] 화물자동차 운송주선사업자인 피고인이 관할 행정청에 주기적으로 허가기준에 관한 사항을 신고하는 과

162) 대법원 2021.4.29. 선고 2018도18582 판결.

163) 대법원 2012.4.26. 선고 2011도17125 판결; 대법원 1996.10.11. 선고 96도312 판결.

164) 대법원 2011.9.8. 선고 2010도7034 판결; 대법원 2010.10.28. 선고 2008도9590 판결; 대법원 2002.9.4. 선고 2002도2064 판결.

정에서 가장납입에 의하여 발급받은 허위의 예금잔액증명서를 제출하는 부정한 방법으로 허가를 받아 위계로써 공무원의 직무집행을 방해하였다는 내용으로 기소된 사안에서, 제반 사정에 비추어 위 신고는 행정청의 단순한 접수나 형식적 심사를 거친 수리 외에 신고에 대응한 어떠한 적극적·실질적 행정작용에 나아갈 것이 예정되어 있다고 볼 수 없을 뿐 아니라, 행정청이 신고내용의 진실성이나 첨부자료의 취지를 제대로 따져보지 않아 추가 조사를 통한 적정한 관리감독권의 행사에 나아가지 않았더라도 이를 신고인의 위계에 의한 방해의 결과로 볼 수 없어 위계에 의한 공무집행방해죄가 성립한다고 볼 수 없는데도, 이와 달리 보아 피고인에게 유죄를 인정한 원심판결에 법리오해의 위법이 있다고 한 사례이다.[165] 수출입화물방제업체 운영자인 피고인이 국립식물검역소 출장소에 허위의 소독작업결과서가 첨부된 수출식물검사신청서를 제출하여 수출검사합격증명서를 발급받음으로써 위계로써 위 출장소의 수출식물 검역 및 검사합격증명서 발급 업무의 집행을 방해하였다는 공소사실에 대하여, 담당공무원이 신청사유를 정당하게 조사하였다면 허위임을 알 수 있었을 터인데 그 사실 여부를 조사하지 아니한 채 신청사유 및 첨부서류가 진실한 것으로 가볍게 믿은 나머지 위 합격증명서를 발급한 것이라면, 이는 위 담당공무원이 신청사유를 충분히 심사하지 못한 데에 기인한 결과라고 할 것이므로 그 공무집행이 방해되었다고 단정할 수는 없음에도, 피고인의 행위를 위계에 의한 공무집행방해죄에 해당한다고 단정한 원심의 조치에 법리오해 및 심리미진의 위법이 있다고 한 사례이다.[166] 과속단속카메라에 촬영되더라도 불빛을 반사시켜 차량 번호판이 식별되지 않도록 하는 기능이 있는 제품('파워매직세이퍼')을 차량 번호판에 뿌린 상태로 차량을 운행한 행위만으로는, 교통단속 경찰공무원이 충실히 직무를 수행하더라도 통상적인 업무처리과정 하에서 사실상 적발이 어려운 위계를 사용하여 그 업무집행을 하지 못하게 한 것으로 보기 어렵다고 한 사례이다.[167] 국립대학교의 전임교원 공채심사위원인 학과장 갑이 지원자 을의 부탁을 받고 이미 논문접수가 마감된 학회지에 을의 논문이 게재되도록 도운 행위는 다소 부적절한 행위라고 볼 수 있지만, 그 후 갑이 연구실적심사의 기준을 강화하자고 제안한 것은 해당 학과의 전임교원 임용 목적에 부합하는 것으로서 공정한 경우에 해당하므로, 설사 갑의 행위가 결과적으로는 을에게 유리한 결과가 되었다 하더라도 형법 제137조에서 말하는 '위계'에 해당하지 않는다.[168] 국립대학교의 전임교원 공채 지원자인 을이 학과장 갑의 도움으로 이미 논문접수가 마감된 학회지에 논문을 추가게재하여 심사요건 이상의 전공논문실적을 확보하였더라도, 이는 을이 자신의 노력에 의한 연구결과물로서 심사기준을 충족한 것이고 이후 다른 전형절차들을 모두 거쳐 최종 선발된 것이라면, 을의 행위가 공채관리위원회 위원들로 하여금 을의 자격에 관하여 오인이나 착각, 부지를 일으키게 하였다거나 그로 인하여 그릇된 행위나 처분을 하게 한 경우에 해당한다고 할 수 없어, 형법 제137조에 정한 '위계'에 해당하지 않는다.[169] 대학교 시간강사 임용과 관련하여 허위의 학력이 기재된 이력서만을 제출한 사안에서, 임용심사업무 담당자가 불충분한 심사로 인하여 허위 학력이 기재된 이력서를 믿은 것이므로 위계에 의한 업무방해죄를 구성하지 않는다고 한 사례이다.[170] 초등학교를 졸업하였음에도 초등학교 중퇴 이하의 학력자라는 허위 내용의 인우보증서를 첨부하여 운전면허 구술시험에 응시하였다는 사실만으로는 위계에 의한 공무집행방해죄가 성립하지 않는다.[171] 수용자가 교도관의 감시·단속을 피하여 규율위반행위를 하는

165) 대법원 2011.8.25. 선고 2010도7033 판결.
166) 대법원 2010.10.28. 선고 2008도9590 판결.
167) 대법원 2010.4.15. 선고 2007도8024 판결.
168) 대법원 2009.4.23. 선고 2007도1554 판결.
169) 대법원 2009.4.23. 선고 2007도1554 판결.
170) 대법원 2009.1.30. 선고 2008도6950 판결.

경우 및 수용자가 아닌 자가 교도관의 검사 또는 감시를 피하여 금지 물품을 교도소 내로 반입되도록 한 경우, 위계에 의한 공무집행방해죄가 성립한다고 할 수 없다.[172] 법령에서 교도소 수용자에게는 흡연하거나 담배를 소지·수수·교환하거나 허가 없이 전화 등의 방법으로 다른 사람과 연락하는 등의 규율위반행위를 하여서는 아니될 금지의무가 부과되어 있고, 교도관은 수용자의 규율위반행위를 감시, 단속, 적발하여 상관에게 보고하고 징벌에 회부되도록 하여야 할 일반적인 직무상 권한과 의무가 있다고 할 것인 바, 구체적이고 현실적으로 감시, 단속업무를 수행하는 교도관에 대하여 위계를 사용하여 그 업무집행을 못하게 한다면 이에 대하여 위계에 의한 공무집행방해죄가 성립한다고 할 것이지만, 수용자가 교도관의 감시, 단속을 피하여 규율위반행위를 하는 것만으로는 단순히 금지규정에 위반되는 행위를 한 것에 지나지 아니할 뿐 이로써 위계에 의한 공무집행방해죄가 성립한다고는 할 수 없고, 수용자가 아닌 자가 교도관의 검사 또는 감시를 피하여 금지물품을 교도소 내로 반입되도록 하였다고 하더라도 교도관에게 교도소 등의 출입자와 반출·입 물품을 단속, 검사하거나 수용자의 거실 또는 신체 등을 검사하여 금지물품 등을 회수하여야 할 권한과 의무가 있는 이상, 그러한 수용자 아닌 자의 행위를 위계에 의한 공무집행방해죄에 해당하는 것으로는 볼 수 없으며, 교도관이 수용자의 규율위반행위를 알면서도 이를 방치하거나 도와주었더라도, 이를 다른 교도관 등에 대한 관계에서 위계에 의한 공무집행방해죄가 성립하는 것으로 볼 수는 없다.[173] 피고인 2가 이 사건 통보서를 입찰서류에 첨부하여 제출하여 전주시청의 폐기물이전매립공사 입찰업체심사업무를 위계로써 방해할 가능성이 있기는 하였으나, 그 제출 이전에 피고인 1이 이 사건 통보서가 무효임을 전주시청에 통보함으로써 전주시청 담당공무원으로서는 오인, 착각, 부지상태가 될 가능성이 전혀 없었음을 알 수 있는바, 그렇다면 이 사건 통보서를 제출하였다고 하여도 전주시의 구체적인 공무집행을 저지하거나 현실적으로 곤란하게 하는 데까지 이른 적이 없다 할 것이어서, 위 행위를 위계에 의한 공무집행방해죄로 처벌할 수 없음이 명백하다 할 것이므로, 피고인들의 위계에 의한 공무집행방해죄에 대하여 무죄를 선고한 원심판결은, 비록 그 이유 설시에 잘못은 있다 할지라도, 결론에 있어서는 정당하다 할 것이다. 이 부분에 대한 상고는 받아들일 수 없음에 돌아간다.[174] 행정관청이 출원에 의한 인·허가처분을 함에 있어서는 그 출원사유가 사실과 부합하지 아니하는 경우가 있음을 전제로 하여 인·허가할 것인지 여부를 심사결정하는 것이므로, 행정관청이 사실을 충분히 확인하지 아니한 채 출원자가 제출한 허위의 출원사유나 허위의 소명자료를 가볍게 믿고 인가 또는 허가를 하였다면, 이는 행정관청의 불충분한 심사에 기인한 것으로서 출원자의 위계에 의한 것이었다고 할 수 없어 위계에 의한 공무집행방해죄를 구성하지 않는다.[175] 민사소송을 제기함에 있어 피고의 주소를 허위로 기재하여 법원공무원으로 하여금 변론기일소환장 등을 허위주소로 송달케 하였다는 사실만으로는 이로 인하여 법원공무원의 구체적이고 현실적인 어떤 직무집행이 방해되었다고 할 수는 없으므로, 이로써 바로 위계에 의한 공무집행방해죄가 성립한다고 볼 수는 없다.[176] 검사의 몰수판결 집행업무란 몰수를 명한 판결이 확정된 후 검사의 집행지휘에 의하여 몰수집행을 하는 것을 뜻하는 것으로서 몰수물이 압수되어 있는 경우에는 집행지휘만으로 집행이 종료되게 되며, 몰수물이 압수되어 있지 아니한 경우에는 검사가

171) 대법원 2007.3.29. 선고 2006도8189 판결.

172) 대법원 2004.4.9. 선고 2004도272 판결.

173) 대법원 2003.11.13. 선고 2001도7045 판결.

174) 대법원 2003.2.11. 선고 2002도4293 판결.

175) 대법원 1997.2.28. 선고 96도2825 판결; 대법원 1989.1.17. 선고 88도709 판결; 대법원 1975.7.8. 선고 75도324 판결.

176) 대법원 1996.10.11. 선고 96도312 판결; 대법원 1977.9.13. 선고 77도284 판결.

몰수선고를 받은 자에게 그 제출을 명하고, 이에 불응할 경우 몰수집행명령서를 작성하여 집달관에게 강제집행을 명하는 방법으로 집행하는 것으로 족하므로, 몰수물이 압수되어 있는 이상 검사의 몰수판결 집행업무는 타인의 위계에 의하여 방해당할 수 없는 성질의 업무이다. 가사 몰수판결의 집행을 종료한 후 공매처분하거나 정당한 권리자의 교부청구에 응하는 것까지를 몰수판결의 집행업무에 포함되는 것으로 본다 하더라도 피고인들이 위계에 의하여 제3자로 하여금 이 사건 니코호의 소유권을 취득하게 한 당시에는 아직 니코호에 대한 몰수판결조차 없었던 만큼 이로써 검사의 구체적인 공무집행이 방해당했다고 볼 수 없다 할 것이므로, 같은 취지로 판단한 원심판결에 소론과 같은 법리오해의 위법이 없다 할 것이고, 소론이 드는 당원의 판결은 위 법리에 배치되는 것이 아니다.[177] 개인택시 운송사업면허 신청은 출원에 의한 행정관청의 일반적인 인ㆍ허가처분과 마찬가지로 행정관청이 면허요건에 해당하는 여부를 심리하여 면허 여부를 결정하는 것이고 그 신청서에 첨부된 소명자료가 진실한 것인지를 가리지 않고 면허를 결정하는 것이 아니므로 그 면허신청서에 허위의 소명자료를 첨부한 소위는 위계에 의한 공무집행방해죄에 해당하지 않는다.[178] 건물점유자로서 명도집행을 저지할 수 있는 정당한 기능이 있는 자가 그 점유사실을 입증하기 위한 수단으로 임대차계약서 사본을 제시하면서 그 실효된 사실을 고지하지 아니하고 자신이 정당한 임차인인 것처럼 주장하였다고 하더라도 이로써 형법 제137조 소정의 위계에 해당한다고는 볼 수 없다.[179] 민사소송을 제기함에 있어 피고의 주소를 허위로 기재하여 법원공무원으로 하여금 기일 소환장 등을 허위주소로 송달케 하였다는 사실만으로는 법원공무원의 구체적이고 현실적인 어떤 직무집행을 방해한 바 없어 위계에 의한 공무집행방해죄는 성립하지 않는다.[180] 형사 피의자와 수사기관이 대립적 위치에서 서로 공격방어를 할 수 있는 취지의 형사소송법의 규정과 법률에 의한 선서를 한 증인이 허위로 진술을 한 경우에 한하여 위증죄가 성립된다는 형법의 규정 취지에 비추어 수사기관이 범죄사건을 수사함에 있어서는 피의자나 피의자로 자처하는 자 또는 참고인의 진술여하에 불구하고 피의자를 확정하고 그 피의사실을 인정할 만한 객관적인 제반증거를 수집 조사하여야 할 권리와 의무가 있는 것이라고 할 것이므로 피의자나 참고인이 아닌 자가 자발적이고 계획적으로 피의자를 가장하여 수사기관에 대하여 허위사실을 진술하였다 하여 바로 이를 위계에 의한 공무집행방해죄가 성립된다고 할 수 없다. 위와 같이 보지 않는다면 형사피의자나 그밖의 모든 사람은 항상 수사기관에 대하여 진실만을 진술하여야 할 법률상의 의무가 있는 결과가 되어 이는 형사피의자와 수사기관에 대립적 위치에서 서로 공격방어를 할 수 있는 취지의 형사소송법의 규정과 법률에 의한 선서를 한 증인이 허위로 진술을 한 경우에 한하여 위증죄가 성립된다는 형법의 규정취지에 어긋나기 때문이다.[181] 수사기관에 대하여 피의자가 허위자백을 하거나 참고인이 허위의 진술을 한 것만으로는 위계에 의한 공무집행방해죄가 성립된다고 할 수 없다.[182]

3) 결 과

본죄는 결과범이다. 따라서 방해의 결과가 현실적으로 발생한 때에 기수에 이르게 된다. 대법원도 "위계에 해당하려면 행위자가 상대방에게 오인, 착각, 부지를 일으키게 하여 그 오인, 착각, 부지를 이용함으로써 상대방이 이에 따라 그릇된 행위나 처분을 하여야만 한다"

177) 대법원 1995.5.9. 선고 94도2990 판결.
178) 대법원 1988.9.27. 선고 87도2174 판결.
179) 대법원 1984.1.31. 선고 83도2290 판결.
180) 대법원 1977.9.13. 선고 77도284 판결.
181) 대법원 1977.2.8. 선고 76도3685 판결; 대법원 1971.3.9. 선고 71도186호 판결.
182) 대법원 2022.6.30. 선고 2021도244 판결; 대법원 1971.3.9. 선고 71도186 판결.

라고 판시한 바 있다.[183)]

결과의 발생을 긍정한 판례의 구체적 내용은 다음과 같다. 즉,

> 범죄행위가 법원경매업무를 담당하는 집행관의 구체적인 직무집행을 저지하거나 현실적으로 곤란하게 하는 데까지는 이르지 않고 입찰의 공정을 해하는 정도의 행위라면 형법 제315조의 경매·입찰방해죄에만 해당될 뿐, 형법 제137조의 위계에 의한 공무집행방해죄에는 해당되지 않는다.[184)]

결과의 발생을 부정한 판례의 구체적 내용은 다음과 같다. 즉,

> 피고인의 변호인 접견교통권 행사가 한계를 일탈한 규율위반행위에 해당하더라도 그 행위가 위계공무집행방해죄의 '위계'에 해당하려면 행위자가 상대방에게 오인, 착각, 부지를 일으키게 하여 그 오인, 착각, 부지를 이용함으로써 상대방이 이에 따라 그릇된 행위나 처분을 하여야만 한다. 만약 그러한 행위가 구체적인 직무집행을 저지하거나 현실적으로 곤란하게 하는 데까지는 이르지 않은 경우에는 위계에 의한 공무집행방해죄로 처벌할 수 없다.[185)]

4) 인과관계

본죄의 결과범에 해당하는 부분에 있어서는 인과관계가 긍정되어야 한다. 따라서 본죄는 위계와 방해의 결과 사이에 인과관계를 요한다고 할 수 있다.

(2) 주관적 구성요건

본죄는 고의범이다. 문제는 고의 외에 직무집행에 대한 방해의 의사에 있다. 이에 대하여는 필요설과 불요설이 대립하고 있다. 판례는 필요설의 입장이다.[186)] 고의는 객관적 구성요건요소에 대한 인식과 그에 대한 실현의사를 의미하기 때문에 위계로써 공무원의 직무집행을 방해한다는 사실에 대한 인식과 의사는 이미 고의에 포함되어 있다고 할 수 있다. 따라서 방해의 의사는 초과주관적 구성요건요소가 아니라 고의의 내용 중의 하나라고 해석되어야 한다.

고의를 부정한 판례의 구체적 내용은 다음과 같다. 즉,

> 피고인이 관할 전화관서의 직원과 공모하고 허위의 재직증명서를 첨부하여 위 (갑)외 3명의 명의로 전화가입청약을 하고 동인들 명의로 승낙순위 4순위로 전화가입의 승낙을 받아 전화가설이 되었다고 하여도 이로서는 전화관서의 공무원의 적법한 직무집행을 위계로써 방해하려는 의사가 있었던 것이라고 할 수는 없을 것이다.[187)] 위계에 의한 공무집행방해죄가 성립되려면 자기의 위계행위로 인하여 공무집행을 방해하려는 의사가 있을 경우에 한한다고 보는 것이 상당하다 할 것이

---

183) 대법원 2022.6.30. 선고 2021도244 판결; 대법원 2021.4.29. 선고 2018도18582 판결; 대법원 2017.4.27. 선고 2017도2583 판결; 대법원 2015.2.26. 선고 2013도13217 판결; 대법원 2009.4.23. 선고 2007도1554 판결; 대법원 2008.3.13. 선고 2007도7724 판결; 대법원 1997.2.28. 선고 96도2825 판결; 대법원 1995.5.9. 선고 94도2990 판결; 대법원 1983.9.27. 선고 83도1864 판결.

184) 대법원 2000.3.24. 선고 2000도102 판결.

185) 대법원 2022.6.30. 선고 2021도244 판결; 대법원 2009.4.23. 선고 2007도1554 판결.

186) 대법원 1970.1.27. 선고 69도2260 판결.

187) 대법원 1977.12.27. 선고 77도3199 판결.

므로 피고인이 경찰관서에 허구의 범죄를 신고한 까닭은 피고인이 생활에 궁하여 오로지 직장을 구하여 볼 의사로서 허위로 간첩이라고 자수를 한 데 불과하고 한 걸음 더 나아가서 그로 말미암아 공무원의 직무집행을 방해하려는 의사까지 있었던 것이라고는 인정되지 아니한다.[188)]

(3) 미수와 기수

본죄의 미수범은 처벌하지 않는다. 만약 범죄행위가 구체적인 공무집행을 저지하거나 현실적으로 곤란하게 하는 데까지는 이르지 아니하고 미수에 그친 경우에는 위계에 의한 공무집행방해죄로 처벌할 수 없다.[189)]

(4) 공 범

공동정범이 성립하기 위하여는 주관적 요건으로서 공동가공의 의사와 객관적 요건으로서 공동의사에 의한 기능적 행위지배를 통한 범죄의 실행사실이 필요한바, 위 주관적 요건으로서 공동가공의 의사는 타인의 범행을 인식하면서도 이를 저지하지 아니하고 용인하는 것만으로는 부족하고 공동의 의사로 특정한 범죄행위를 하기 위하여 일체가 되어 서로 다른 사람의 행위를 이용하여 자기의 의사를 실행에 옮기는 것을 내용으로 하는 것이어야 한다.[190)]

공범을 긍정한 판례의 구체적 내용은 다음과 같다. 즉,

간호보조원 교육과정이수에 관한 사문서인 수료증명서의 허위작성은 무형위조로서 처벌대상이 되지 아니하고 피고인들의 행위가 허위작성 및 교부로 끝났다고 하더라도 간호보조원자격시험 응시자격을 증명하는 위 문서의 용도와 그 사용의 결과를 인식하고 공소외인 들로 하여금 사용케 할 의도로 작성교부한 것이고 그들이 위 문서를 진정한 문서인 것처럼 시험관리당국에 제출하여 응시자격을 인정받아 응시함으로써 그 시험관리에 관한 공무집행을 방해하는 상태를 초래하였다면 피고인들은 위 공소외인들과 공무집행방해죄의 공동정범의 죄책을 면할 수 없고, 무형위조의 사후행위로써 처벌의 대상이 되지 않는다고 볼 수 없다.[191)]

2. 죄 수

(1) 직무유기죄와의 관계

피고인이, 출원인이 어업허가를 받을 수 없는 자라는 사실을 알면서도 그 직무상의 의무에 따른 적절한 조치를 취하지 않고 오히려 부하직원으로 하여금 어업허가 처리기안문을 작성하게 한 다음 피고인 스스로 중간결재를 하는 등 위계로써 농수산국장의 최종결재를 받았다면, 직무위배의 위법상태가 위계에 의한 공무집행방해행위 속에 포함되어 있는 것이라고 보아야 할 것이므로, 이와 같은 경우에는 작위범인 위계에 의한 공무집행방해죄만이

188) 대법원 1970.1.27. 선고 69도2260 판결.

189) 대법원 2021.4.29. 선고 2018도18582 판결; 대법원 2017.4.27. 선고 2017도2583 판결; 대법원 2015.2.26. 선고 2013도13217 판결; 대법원 2009.4.23. 선고 2007도1554 판결; 대법원 2003.2.11. 선고 2002도4293 판결; 대법원 2000.3.24. 선고 2000도102 판결.

190) 대법원 1996.1.26. 선고 95도2461 판결; 대법원 1993.3.9. 선고 92도3204 판결; 대법원 1989.4.11. 선고 88도1247 판결; 대법원 1988.9.13. 선고 88도1114 판결.

191) 대법원 1982.7.27. 선고 82도1301 판결.

성립하고 부작위범인 직무유기죄는 따로 성립하지 아니한다.[192)]

(2) 범인은닉죄와의 관계

피고인이 공동피고인과 공모하고 피고인이 당시의 청구권자금의 운용 및 관리에 관한 법률위반사건의 형사 피의자인 공동피고인을 가장하여 검사 앞에 출석한 다음 공소적시와 같은 허위진술을 하였다는 사실에 관하여 원심의 위와같은 취지에서 피고인에 대하여 위 형사피의자인 공동피고인에 대한 범인은익죄만을 적용하여 처벌을 하고 위계에 의한 공무집행죄에 관하여 무죄를 선고한 제1심판결을 유지하였음은 정당하다 할 것이며 피고인이 위와 같은 허위진술을 하게 된 경위가 소론과 같이 자발적이고 계획적이었다고 하여 위 결론을 달리할 바는 되지 못한다 할 것이므로 원심판결에 위계에 의한 공무집행방해죄의 법리오해가 있다고 할 수 없다.[193)]

Ⅲ. 처 벌

본죄의 법정형은 5년 이하의 징역 또는 1천만원 이하의 벌금이다. 이는 5년 이하의 징역 또는 1천만원 이하의 벌금인 공무집행방해죄의 그것과 차이가 없는 것이다.

§4. 법정 · 국회회의장 모욕죄

제138조(법정 또는 국회회의장모욕) 법원의 재판 또는 국회의 심의를 방해 또는 위협할 목적으로 법정이나 국회회의장 또는 그 부근에서 모욕 또는 소동한 자는 3년 이하의 징역 또는 700만원 이하의 벌금에 처한다.

Ⅰ. 서 설

1. 의 의

본죄는 법원의 재판 또는 국회의 심의를 방해 또는 위협할 목적으로 법정이나 국회회의장 또는 그 부근에서 모욕 또는 소동함으로써 성립하는 범죄이다.

본죄의 보호법익은 법원의 재판기능과 국회의 입법기능이다. 대법원도 “법원 혹은 국회라는 국가기관을 보호하기 위한 것이 아니라 법원의 재판기능 및 국회의 심의기능을 보호하기 위하여 마련된 것으로, 제정 당시 그 입법경위를 살펴보면 행정기관의 일상적인 행정업무와 차별화되는 위 각 기능의 중요성 및 신성성에도 불구하고 경찰력 등 자체적 권력집행수단을 갖추지 못한 국가기관의 한계에서 생길 수 있는 재판 및 입법기능에 대한 보호의 흠결을 보완하기 위한 것임을 알 수 있다”고 판시한 바 있다.[194)] 보호의 정도는 추상적 위험

192) 대법원 1997.2.28. 선고 96도2825 판결; 대법원 1996.5.10. 선고 96도51 판결; 대법원 1972.5.9. 선고 72도722 판결; 대법원 1971.8.31. 선고 71도1176 판결.

193) 대법원 1977.2.8. 선고 76도3685 판결.

194) 대법원 2021.8.26. 선고 2020도12017 판결.

범으로서의 보호이다.

2. 법원심리방해죄와의 구별

본죄는 형사제재라는 점에서 법정의 질서를 유지하기 위한 행정벌 내지 질서벌에 지나지 않는 법원조직법상의 제재와는 구별된다. 법원조직법은 “법원은 직권으로 법정 내외에서 제58조제2항의 명령 또는 제59조를 위반하는 행위를 하거나 폭언, 소란 등의 행위로 법원의 심리를 방해하거나 재판의 위신을 현저하게 훼손한 사람에 대하여 결정으로 20일 이내의 감치(監置)에 처하거나 100만원 이하의 과태료를 부과할 수 있다. 이 경우 감치와 과태료는 병과(倂科)할 수 있다”고 규정하고 있다(법원조직법 제61조 제1항 참조).

Ⅱ. 범 죄

1. 구성요건

(1) 객관적 구성요건

1) 주 체

본죄의 주체에는 제한이 없다. 피고인, 변호사, 판사, 검사, 경찰, 교도관, 법원직원, 국회의원, 방청객 등 누구든 묻지 않는다.

2) 객 체

본죄의 객체는 법원의 재판 또는 국회의 심의이다. 법원에는 헌법재판소도 포함된다. 대법원도 “법원은 이른바 실체법상 의미의 법원 또는 조직법상 의미의 법원이 아니라 소송법상 의미의 법원으로, 구체적인 사건에 대해 재판권을 행사하여 공권적 법률판단을 하고 의사를 표현하는 주체로서의 재판기관을 의미한다고 볼 수 있다. 헌법재판기능을 담당하는 재판기관으로서의 헌법재판소도 이러한 소송법상 의미의 법원에는 해당한다고 할 것이므로, 본조의 법원이라는 문언이 헌법재판에 관한 소송을 담당하는 헌법재판소를 본조의 적용대상에 포함시키는 데에 장애가 된다고 보기 어렵다”고 판시한 바 있다.[195]

3) 행 위

본죄의 실행행위는 모욕 또는 소동이다. 다만 본죄의 모욕 또는 소동은 법정이나 국회회의장 또는 그 부근에서 행하여질 것을 요한다.

모욕(侮辱)이란 경멸의 의사를 표시하는 것을 말한다. 모욕의 상대방에는 제한이 없다. 소극적 부작위나 단순한 지시불복종은 모욕에 해당하지 않는다고 할 수 있다. 문제는 선서나 증언의 거부가 모욕으로 될 수 있는가에 있다. 이에 대하여는 긍정설과 부정설이 대립하고 있다. 선서 또는 증언거부에 대하여는 소송법상 별도의 처벌규정이 존재하기 때문에 부정설이 타당하다고 해석된다(형사소송법 제161조; 민사소송법 제318조, 제326조 등 참조).

195) 대법원 2021.8.26. 선고 2020도12017 판결.

소동(騷動)이란 내란죄에 있어서의 폭동이나 소요죄의 폭행·협박에 이르지 않고 재판 또는 심의를 방해할 정도로 소음을 내는 문란행위를 말한다. 야유, 발 구르기 등이 이에 해당할 수 있다. 부근(附近)이란 재판이나 심의에 모욕이나 소동이 영향을 미칠 수 있는 범위의 장소를 말한다.

4) 결 과

본죄는 재판 또는 국회의 심의를 방해할 정도의 모욕 또는 소동에 의하여 기수에 이른다. 재판이나 국회의 심의가 현실적으로 방해받을 것까지 요하는 것은 아니다. 이러한 의미에서 본죄는 추상적 위험범에 속한다.

(2) 주관적 구성요건

본죄는 목적범이다. 본죄는 고의 이외에 법원의 재판 또는 국회의 심의를 방해 또는 위협할 목적이 있을 것을 요한다. 위협할 목적이란 재판이나 국회의 심의를 정상적으로 진행하지 못하도록 할 목적을 말한다.

2. 위법성조각사유

본죄도 총칙상 위법성조각사유의 존재에 의하여 위법성이 조각될 수 있다. 정당행위, 긴급피난이 이에 해당한다.

위법성조각을 부정한 판례의 구체적 내용은 다음과 같다. 즉,

> 갑 정당 당직자인 피고인들 등이 국회 외교통상 상임위원회 회의장 앞 복도에서 출입이 봉쇄된 회의장 출입구를 뚫을 목적으로 회의장 출입문 및 그 안쪽에 쌓여있던 책상, 탁자 등 집기를 손상하거나, 국회의 심의를 방해할 목적으로 소방호스를 이용하여 회의장 내에 물을 분사한 사안에서, 피고인들의 위와 같은 행위는 공용물건손상죄 및 국회회의장소동죄의 구성요건에 해당하고, 국민의 대의기관인 국회에서 서로의 의견을 경청하고 진지한 토론과 양보를 통하여 더욱 바람직한 결론을 도출하는 합법적 절차를 외면한 채 곧바로 폭력적 행동으로 나아가 방법이나 수단에 있어서도 상당성의 요건을 갖추지 못하여 이를 위법성이 조각되는 정당행위나 긴급피난의 요건을 갖춘 행위로 평가하기 어렵다.[196]

Ⅲ. 처 벌

본죄의 법정형은 3년 이하의 징역 또는 700만원 이하의 벌금이다.

§5. 인권옹호직무방해죄

제139조(인권옹호직무방해) 경찰의 직무를 행하는 자 또는 이를 보조하는 자가 인권옹호에 관한 검사의 직무집행을 방해하거나 그 명령을 준수하지 아니한 때에는 5년 이하의 징역 또는 10년 이하의 자격정지에 처한다.

---

196) 대법원 2013.6.13. 선고 2010도13609 판결.

Ⅰ. 서 설

1. 의 의

본죄는 경찰의 직무를 행하는 자 또는 이를 보조하는 자가 인권옹호에 관한 검사의 직무집행을 방해하거나 그 명령을 준수하지 아니한 때에 성립하는 범죄이다.

본죄의 보호법익은 국가의 기능 중에서 검사의 인권옹호에 관한 직무집행기능이다. 보호의 정도의 추상적 위험범으로서의 보호이다.

2. 입법론

본죄에 대하여는 행정법상의 징계처분으로 족한 경우로서 경찰관이 검사의 명령을 준수하지 않는 것만으로는 형법에 의하여 처벌할 불법이 존재하지 않기 때문에 입법론상 삭제하는 것이 타당하다고 지적되고 있다.

더욱이 검사와 사법경찰관의 관계를 상명하복관계로 규정하였던 형사소송법이 2020년 상호협력관계로 개정되었을 뿐만 아니라 검사는 사법경찰관에게 보완수사를 요구할 수 있게 되었고(형사소송법 제197조, 제197조의2 참조), 검사장은 사법경찰관리의 수사과정에서 법령위반, 인권침해 또는 현저한 수사권남용이 있었던 때에는 징계를 요구할 수 있도록 개정되었다(형사소송법 제197조의3 제7항).[197] 이러한 변화된 소송법적 상황은 본죄의 삭제 필요성을 더욱 가속화하고 있는 것으로 보인다.

Ⅱ. 범 죄

1. 구성요건

(1) 주 체

본죄의 주체는 경찰의 직무를 행하는 자 또는 이를 보조하는 자이다. 따라서 본죄는 신분범이다. 검사의 지휘를 받아 수사의 직무를 행하는 사법경찰관과 이를 보조하는 사법경찰리가 이에 해당한다. 사법경찰관리에는 일반사법경찰관리는 물론 특별사법경찰관리를 포함된다.

(2) 객 체

본죄의 객체는 인권옹호에 관한 검사의 직무집행 또는 명령이다. 형사소송법상 각종의 강제처분에 대한 검사의 영장집행(형사소송법 제81조, 제115조, 제209조), 체포·구속장소감찰(형사소송법 제198조의2), 재판의 집행지휘(형사소송법 460조) 등이 이에 해당한다. 종전의 검사와 경찰의 상명하복관계를 전제로 한 수사지휘는 상호협력관계로 전환됨에 따라 삭제되었다(형사소송법 제197조, 구법 제196조 참조).[198] 검사의 직무집행은 적법해야 한다. 위법한 직무집행에 대한 저항행위는 정당방위로서 위법성이 조각될 것이기 때문이다. 명령의 적법성에 대하여는 필요설과 불요설의 다툼이 있으나, 직무집행과 마찬가지의 이유

---

197) 형사소송법 2020.2.4. 일부개정 법률 제16924호 2021.1.1. 시행.

198) 형사소송법 2020.2.4. 일부개정 법률 제16924호 2021.1.1. 시행.

에서 필요설이 타당하다고 해석된다.

(3) 행 위

본죄의 실행행위는 인권옹호에 관한 검사의 직무집행을 방해하거나 그 명령을 준수하지 아니하는 것이다. 방해(妨害)란 검사의 직무집행에 지장을 주는 일체의 행위를 말한다. 방해의 방법은 묻지 않는다. 명령을 준수하지 아니하는 명령불준수(命令不遵守)란 인권옹호에 관한 검사의 직무상의 명령이나 지시에 복종하지 않는 것을 말한다. 전면적 불복종이든 부분적 불복종이든 묻지 않는다.

(4) 결 과

본죄는 방해나 명령불준수로 기수로 이르고, 현실적으로 방해나 명령미준수의 결과가 발생할 것을 요하는 것은 아니라고 해석된다.

2. 죄 수

본죄와 전술한 직무유기죄는 서로 보호법익과 구성요건을 달리하는 별개의 범죄로서 양자의 죄는 상상적 경합관계에 있는 것으로 해석된다. 본죄와 공무집행방해죄의 관계도 상상적 경합관계로 해석된다.

Ⅲ. 처 벌

본죄의 법정형은 5년 이하의 징역 또는 10년 이하의 자격정지이다.

§6. 공무상 비밀표시무효죄

제140조(공무상비밀표시무효) ① 공무원이 그 직무에 관하여 실시한 봉인 또는 압류 기타 강제처분의 표시를 손상 또는 은닉하거나 기타 방법으로 그 효용을 해한 자는 5년 이하의 징역 또는 700만원 이하의 벌금에 처한다.
② 공무원이 그 직무에 관하여 봉함 기타 비밀장치한 문서 또는 도화를 개봉한 자도 제1항의 형과 같다.
③ 공무원이 그 직무에 관하여 봉함 기타 비밀장치한 문서, 도화 또는 전자기록등 특수매체기록을 기술적 수단을 이용하여 그 내용을 알아낸 자도 제1항의 형과 같다.
제143조(미수범) 제140조 내지 전조의 미수범은 처벌한다.

관련조문
제316조(비밀침해) ① 봉함 기타 비밀장치한 사람의 편지, 문서 또는 도화를 개봉한 자는 3년 이하의 징역이나 금고 또는 500만원 이하의 벌금에 처한다.
② 봉함 기타 비밀장치한 사람의 편지, 문서, 도화 또는 전자기록등 특수매체기록을 기술적 수단을 이용하여 그 내용을 알아낸 자도 제1항의 형과 같다.

Ⅰ. 서 설

본죄는 조문의 제목상 공무상 비밀표시무효죄라는 단일한 죄명을 가지고 있지만 내용상

으로는 3가지의 유형으로 나누어질 수 있다. 즉, 공무원이 그 직무에 관하여 실시한 봉인 또는 압류 기타 강제처분의 표시를 손상 또는 은닉하거나 기타 방법으로 그 효용을 해함으로써 성립하는 제1의 유형(제140조 제1항), 공무원이 그 직무에 관하여 봉함 기타 비밀장치한 문서 또는 도화를 개봉함으로써 성립하는 제2의 유형(제140조 제2항) 및 공무원이 그 직무에 관하여 봉함 기타 비밀장치한 문서, 도화 또는 전자기록등 특수매체기록을 기술적 수단을 이용하여 그 내용을 알아냄으로써 성립하는 제3의 유형이 그것이다(제140조 제3항). 흔히 제1의 유형은 공무상 표시 무효죄, 제2의 유형과 제3의 유형은 모두 공무상 비밀 침해죄라고 불리기도 한다.

Ⅱ. 범 죄

1. 공무상 표시 무효죄

(1) 의 의

본죄는 공무원이 그 직무에 관하여 봉인, 동산의 압류, 부동산의 점유 등과 같은 구체적인 강제처분을 실시하였다는 표시를 손상 또는 은닉하거나 기타 방법으로 그 효용을 해함으로써 성립하는 범죄이다(제140조 제1항). 견해에 따라서는 공무상 비밀표시 무효죄, 강제처분표시무효죄 등이라고도 한다. 본죄는 광의의 공무집행방해죄의 일종이라고 할 수 있다.

본죄의 보호법익은 강제집행에 대한 방해를 예방하기 위하여 공무원이 실시한 강제처분의 표시의 효력을 보호하려는 국가의 기능이라고 할 수 있다. 판례에 의하면 본죄의 보호법익은 공무원의 그 직무에 관하여 행하여진 공무 그 자체라고 한다.[199]

(2) 구성요건

1) 객관적 구성요건

① 주 체

본죄의 주체에는 특별한 제한이 없다. 강제처분을 표시한 공무원 자신은 물론 집행관이라 하더라도 본죄의 주체로 될 수 있다.

② 객 체

본죄의 객체는 공무원이 그 직무에 관하여 실시한 봉인 또는 압류 기타 강제처분의 표시이다. 봉인과 압류는 강제처분의 예시이며, 봉인은 강제처분의 표시의 예시이기도 하다.

ⓘ 공무원의 직무 본죄의 객체는 공무원이 그 직무에 관하여 실시한 것이어야 한다. 공무원과 그 직무에 관하여는 이미 전술한 공무집행방해죄에서 검토한 바 있다.

ⓘⓘ 봉 인 봉인(封印)이란 물건에 대한 처분, 사용 기타 현상의 변경을 금지하기 위하여 개봉하는 것을 금지하는 의사를 표시하기 위하여 권한 있는 공무원에 의하여 직무상 그 물건의 외부에 실시된 봉함 기타 이와 유사한 설비를 말한다. 봉인은 공무원이 직무상 정하여진 인영(印影)을 사용하여 행하는 것이 통례이나 반드시 이에 한하지 않는다.

---

199) 대법원 1961.4.21. 선고 4294형상41 판결.

ⅲ 압류의 표시 압류(押留)란 공무원이 직무상 보관하여야 할 물건을 자기의 점유로 이전하는 강제처분을 말한다. 가압류를 포함한다. 민사집행법상 강제집행을 위한 압류(민사집행법 제24조 이하 참조), 국세징수법상 체납처분을 위한 압류(국세징수법 제24조 이하 참조) 등이 이에 해당한다. 압류는 강제처분에 그치고 강제처분의 표시에는 해당하지 않는다. 압류의 표시란 강제처분에 의하여 취득된 점유를 명백하게 하기 위하여 설치된 증표로서 봉인 이외의 것을 말한다.

압류는 채무자의 처분행위를 금하는 것이므로 압류의 효용을 손상하지 않는다면 압류상태에서 그 용법에 따라 종전대로 사용하는 것은 허용된다.[200] 압류집행을 함에 있어 그 압류물을 종전과 같이 사용할 수 있는 상태대로 압류하여 채무자에게 보관시킨 경우에는 채무자는 압류 그대로의 상태하에서 종전과 같은 방법으로 그 압류물을 사용할 수 있다.[201]

ⅳ 기타 강제처분의 표시 기타 강제처분이란 물건의 점유를 옮기지 않고 일정한 작위 또는 부작위를 명하는 처분으로서 압류를 제외한 것을 말한다. 기타 강제처분의 표시란 기타 일정한 작위 또는 부작위를 명하는 처분이 있음을 나타내는 표시를 말한다. 통행금지가처분과 같은 각종 가처분의 표시가 이에 해당한다.

ⅴ 강제처분과 표시의 현존성 본죄의 강제처분의 표시는 행위 당시에 현존할 것을 요한다.[202] 따라서 집달리에 의한 부동산 인도집행이 끝났을 때에는 본죄에 의하여 보호될 강제처분 상태는 종료되어 그 점유 침해행위는 본죄에 해당한다고 볼 수 없다.[203]

ⅵ 강제처분과 표시의 유효성 본죄는 강제처분의 표시의 효용을 침해함으로써 성립하기 때문에 강제처분의 표시는 유효할 것을 요한다. 강제처분은 그 표시가 유효하기 위해서는 강제처분과 그 표시의 적법성이 전제되지 않으면 안 된다고 해야 한다. 강제처분이 효력을 잃으면 그 표시도 효력을 잃는 것은 당연하다. 다만 지번의 오기와 같이 표시에 다소의 하자가 있는 경우에도 전체로서 강제처분의 내용이 명확한 경우에는 유효하다고 할 수 있다.

공무원이 그 직권을 남용하여 위법하게 실시한 봉인 또는 압류 기타 강제처분의 표시임이 명백하여 법률상 당연무효 또는 부존재라고 볼 수 있는 경우에는 그 봉인 등의 표시는 본죄의 객체가 되지 아니한다.[204] 그러나 공무원이 실시한 봉인 등의 표시에 절차상 또는 실체상의 하자가 있다고 하더라도 객관적·일반적으로 그것이 공무원이 그 직무에 관하여 실시한 봉인 등으로 인정할 수 있는 상태에 있다면 적법한 절차에 의하여 취소되지 아니하는 한 본죄의 객체로 된다.[205] 객체를 긍정한 판례의 구체적 내용은 다음과 같다. 즉,

200) 대법원 1984.3.13. 선고 83도3291 판결.
201) 대법원 1969.6.24. 선고 69도481 판결.
202) 대법원 1997.3.11. 선고 96도2801 판결.
203) 대법원 1961.4.21. 선고 4294형상41 판결.
204) 대법원 2007.3.15. 선고 2007도312 판결; 대법원 2001.1.16. 선고 2000도1757 판결; 대법원 2000.4.21. 선고 99도5563 판결; 대법원 1985.7.9. 선고 85도1165 판결; 대법원 1971.3.23. 선고 70도2688 판결; 대법원 1961.4.21. 선고 4294형상41 판결.
205) 대법원 2007.3.15. 선고 2007도312 판결; 대법원 2005.6.9. 선고 2005도1085 판결; 대법원 2001.1.16. 선고 2000도1757 판결; 대법원 2000.4.21. 선고 99도5563 판결; 대법원 1985.7.9. 선고 85도1165 판결; 대법원 1971.3.23. 선고 70도2688 판결; 대법원 1961.4.21. 선고 4294형상41 판결.

이 사건 가처분집행은 피고인이 이 사건 특허권을 침해하였다는 소명이 있다는 이유로 행하여졌으나 후일 그 본안소송에서 위 특허가 무효라는 취지의 대법원 판결이 선고되어 그 피보전권리의 부존재가 확정되었다 하더라도 피고인에 대한 이 사건 판시 공무상표시무효죄가 성립함에는 아무런 영향이 없다.[206] 유체동산의 가압류집행에 있어 그 가압류공시서의 기재에 다소의 흠이 있으나 그 기재 내용을 전체적으로 보면 그 가압류목적물이 특정되었다고 인정할 수 있어 그 가압류가 유효하다.[207] 법원이 이 사건 입주자대표회의를 피신청인으로 하여 이 사건 시설물에 대한 사용금지가처분 결정을 하고 집행관이 위 결정에 따라 이 사건 시설물을 사용하지 말도록 위 가처분의 집행을 하고 그 표시를 하였으며, 위 가처분의 집행 및 표시가 적법한 절차에 의하여 취소된 바가 없음에도, 이 사건 입주자대표회의의 회장인 피고인이 위 표시에 반하여 여전히 이 사건 시설물의 사용을 중단할 어떠한 조치도 취하지 아니하고 이를 계속 사용한 사실을 알 수 있는 바, 이와 같은 피고인의 행위는 위 공무상표시의 효용을 해하는 것이라 아니할 수 없고, 가사 피고인이 자신의 이익을 위한 것이 아니라 입주민들의 이익을 위하여 그와 같이 하였다 하더라도 공무상표시무효죄가 성립하지 않는 것은 아니라고 할 것이므로, 원심이 이 부분 공소사실에 대하여 유죄로 인정한 것은 정당한 것으로 수긍이 가고, 거기에 상고이유에서 주장하는 바와 같이 사실을 오인하는 등의 위법이 있다고 할 수 없다.[208] 이 사건 가압류공시서에 위와 같은 다소의 흠이 있다고 하더라도 가압류공시서의 기재 내용을 전체적으로 보면 이 사건 농장 안에 있던 비육돈 전체가 가압류목적물이 되었음을 알 수 있으므로, 이 사건 가압류공시서는 여전히 공무상표시무효죄의 객체로 된다고 할 것이다.[209] 공무원이 그 직무에 관하여 실시한 봉인 등의 표시를 손상 또는 은닉 기타의 방법으로 그 효용을 해함에 있어서 그 봉인 등의 표시가 법률상 효력이 없다고 믿은 것은 법규의 해석을 잘못하여 행위의 위법성을 인식하지 못한 것이라고 할 것이므로 그와 같이 믿은 데에 정당한 이유가 없는 이상, 그와 같이 믿었다는 사정만으로는 공무상표시무효죄의 죄책을 면할 수 없다고 할 것이다.[210] 법원의 가처분결정에 기하여 집달관이 한 강제처분 표시의 효력은 그 가처분결정이 적법한 절차에 의하여 취소되지 않는 한 지속되는 것이며, 그 가처분 결정이 가령 부당한 것이라 하더라도 그 효력을 부정할 수는 없다.[211] 유체동산 가압류결정에 대하여 그 취소처분이 없는 이상 채권자와 채무자간에 그 채권변제에 관한 합의나 그 집행을 취소하겠다는 합의가 있었다는 것만으로는 가압류결정집행의 효력이 소멸될 수 없다.[212]

객체를 부정한 판례의 구체적 내용은 다음과 같다. 즉,

이 사건 공무상표시무효의 점에 대하여, 원심은 위 죄가 성립하기 위하여는 행위 당시에 강제처분의 표시가 현존할 것을 요하는 것인데, 위 피고인들의 이 사건 행위 당시까지 집달관이 가처분집행 당시 게시한 가처분결정문이 현존하고 있었다고 볼 증거가 없다고 하여 이를 무죄로 판단하였는 바, 증거관계에 관한 원심의 판단이 위와 같이 정당한 이상 원심판결에 지적하는 바와 같은 법리오해의 위법이 있음을 주장하는 논지는 나아가 살펴볼 것도 없이 배척될 수밖에 없다. 논지도 모두 이유가 없다.[213]

---

206) 대법원 2007.3.15. 선고 2007도312 판결.
207) 대법원 2001.1.16. 선고 2000도1757 판결.
208) 대법원 2005.6.9. 선고 2005도1085 판결.
209) 대법원 2001.1.16. 선고 2000도1757 판결.
210) 대법원 2000.4.21. 선고 99도5563 판결; 대법원 1992.5.26. 선고 91도894 판결.
211) 대법원 1985.7.9. 선고 85도1165 판결; 대법원 1968.4.23. 선고 67도1130 판결.
212) 대법원 1972.8.29. 선고 72도1603 판결.

③ 행 위

ⓘ 손상·은닉 본죄의 실행행위는 효용을 해하는 것이다. 손상, 은닉은 효용을 해하는 행위의 예시이다. 손상(損傷)이란 봉인, 압류의 표시에 대하여 물리적으로 훼손, 파괴 또는 제거하여 사실상 효용을 해하는 행위를 말한다. 봉인, 압류의 표시에 대한 외표를 훼손하거나 파괴하는 것뿐만 아니라 표시의 전부를 박리하여 그것이 설치되어 있던 위치로부터 이동시키는 것도 손상에 해당한다. 영구적 손상이든 일시적 손상이든 묻지 않는다. 사후 원상회복의 가능여부도 묻지 않는다. 은닉(隱匿)이란 봉인, 압류의 표시 등 강제처분의 표시에 대한 소재의 발견을 곤란하게 하여 효용을 해하는 행위를 말한다.

ⓘⓘ 기타 방법으로 효용을 해하는 행위 기타 방법으로 그 효용을 해하는 것이란 손상 또는 은닉 이외의 방법으로 그 표시 자체의 효력을 사실상으로 감쇄 또는 멸각시키는 것을 의미한다.[214] 다만 그 표시의 근거인 처분의 법률상 효력까지 상실케 한다는 의미는 아니다.[215]

강제집행은 그것을 불가능하게 하거나 현저히 곤란하게 하는 것을 의미한다.[216] 다만 집행의 난이는 주로 객관적인 외형에 의하여 판단되어야 하고 특별한 사정이 없는 한 채무자의 의도를 중시할 것이 아니다.[217] 가처분은 가처분 채무자에 대한 부작위 명령을 집행하는 것이므로 가처분의 채무자가 아닌 제3자가 그 부작위 명령을 위반한 행위는 그 가처분집행 표시의 효용을 해한 것으로 볼 수 없다.[218]

효용의 침해를 긍정한 판례의 구체적 내용은 다음과 같다. 즉,

> 집행관이 유체동산을 가압류하면서 이를 채무자에게 보관하도록 한 경우 그 가압류의 효력은 압류된 물건의 처분행위를 금지하는 효력이 있으므로, 채무자가 가압류된 유체동산을 제3자에게 양도하고 그 점유를 이전한 경우, 이는 가압류집행이 금지하는 처분행위로서, 특별한 사정이 없는 한 가압류표시 자체의 효력을 사실상으로 감쇄 또는 멸각시키는 행위에 해당한다. 이는 채무자와 양수인이 가압류된 유체동산을 원래 있던 장소에 그대로 두었더라도 마찬가지이다.[219] 압류된 골프장시설을 보관하는 회사의 대표이사가 위 압류시설의 사용 및 봉인의 훼손을 방지할 수 있는 적절한 조치 없이 골프장을 개장하게 하여 봉인이 훼손되게 한 경우, 부작위에 의한 공무상표시무효죄의 성립을 인정하였다.[220] 이 사건 점유이전금지가처분 채무자인 피고인은 집행관이 이 사건 건물에 관하여 가처분을 집행하면서 '채무자는 점유를 타에 이전하거나 또는 점유명의를 변경하여서는 아니된다'는 등의 집행 취지가 기재되어 있는 고시문을 이 사건 건물에 부착한 이후에 제3자로 하여금 이 사건 건물 중 3층에서 카페 영업을 할 수 있도록 이를 무상으로 사용케 하였다는

---

213) 대법원 1997.3.11. 선고 96도2801 판결.

214) 대법원 2018.7.11. 선고 2015도5403 판결; 대법원 2007.7.27. 선고 2007도4378 판결; 대법원 2004.10.28. 선고 2003도8238 판결.

215) 대법원 2018.7.11. 선고 2015도5403 판결; 대법원 2004.10.28. 선고 2003도8238 판결.

216) 대법원 1983.8.23. 선고 80도1545 판결.

217) 대법원 1983.8.23. 선고 80도1545 판결.

218) 대법원 2007.11.16. 선고 2007도5539 판결; 대법원 1999.7.23. 선고 98도2156 판결; 대법원 1976.7.27. 선고 74도1896 판결.

219) 대법원 2018.7.11. 선고 2015도5403 판결.

220) 대법원 2005.7.22. 선고 2005도3034 판결.

것인 바, 이러한 피고인의 행위는 위 고시문의 효력을 사실상 멸각시키는 행위라 할 것이고, 가족, 고용인 기타 동거자 등 가처분 채무자에게 부수하는 사람을 거주시키는 것과 같이 가처분 채무자가 그 목적물을 사용하는 하나의 태양에 지나지 아니하는 행위라고 보기는 어려우므로 형법 제140조 제1항 소정의 공무상표시무효죄에 해당한다 할 것이고, 비록 점유이전금지가처분 채권자가 가처분이 가지는 당사자항정효로 인하여 가처분 채무자로부터 점유를 이전받은 제3자를 상대로 본안판결에 대한 승계집행문을 부여받아 가처분의 피보전권리를 실현할 수 있다 하더라도 달리 볼 것은 아니다.[221] 압류물을 집달관의 승인 없이 임의로 그 관할구역 밖으로 옮긴 경우에는 압류집행의 효용을 해하게 된다고 할 것이므로 공무상비밀표시무효죄가 성립한다.[222] 압류물을 채권자나 집달관 몰래 원래의 보관장소로부터 상당한 거리에 있는 다른 장소로 이동시킨 경우에는 설사 그것이 집행을 면탈할 목적으로 한 것이 아니라 하여도 객관적으로 집행을 현저히 곤란하게 한 것이 되어 형법 제140조 제1항 소정의 "기타의 방법으로 그 효용을 해한" 경우에 해당된다.[223] 집달관이 그의 점유를 옮기고 압류표시를 한 다음, 피고인에게 보관을 명한 이건 물건들을 집달관이나 채권자 몰래 야간에 원래의 보관장소로부터 상당한 거리에 있는 다른 장소로 이동시킨 것이 분명하다 할 것이므로, 이러한 경우에는 설사 피고인이 집행을 면탈할 목적으로 위 물건들을 이동시킨 것이 아니라 하여도 객관적 외형에 비추어 볼 때 집행을 현저히 곤란하게 한 경우에 해당하므로 형법 제140조 제1항의「…… 기타 방법으로 그 효용을 해한 자」에 해당한다 할 것임에도 원심이 원래 보관장소에서는 사업운영이 어려웠던 사정이 있었다는 점만으로 피고인의 위 소위에 대하여 무죄를 선고한 조치에는 공무상 표시무효행위에 관한 법리를 오해한 위법이 있다 할 것이므로 논지는 이유있다.[224] 직접 점유자에 대한 점유이전금지가처분결정이 집행된 후 그 피신청인인 직접점유자가 가처분 목적물의 간접점유자에게 그 점유를 이전한 경우에는 그 가처분표시의 효용을 해한 것이 된다.[225] 건물점유이전금지의 가처분집행후 다른 사람을 건물 일부에 점유케 하였다면 집달리가 가처분집행한 강제처분의 표시의 효력을 해한 것이라 할 것이다.[226] 가처분에 의한 피담보권리의 적법요건의 존부를 막론하고 그 결정의 집행으로서 집달리가 실시한 고시의 효력 자체를 해치는 행위를 함으로써 공무상의 표시무효죄는 성립한다.[227]

효용의 침해를 부정한 판례의 구체적 내용은 다음과 같다. 즉,

집행관이 법원으로부터 피신청인에 대하여 부작위를 명하는 가처분이 발령되었음을 고시하는데 그치고 나아가 봉인 또는 물건을 자기의 점유로 옮기는 등의 구체적인 집행행위를 하지 아니하였다면, 단순히 피신청인이 가처분의 부작위명령을 위반하였다는 것만으로는 공무상 표시의 효용을 해하는 행위에 해당하지 아니한다.[228] 집행관이 영업방해금지 가처분결정의 취지를 고시한 공시서를 게시하였을 뿐 어떠한 구체적 집행행위를 하지 않은 상태에서 위 가처분에 의하여 부과된 부작위명령을 피고인이 위반한 사안에서, 공무상 표시의 효용을 해하는 행위를 하였다고 볼 수

221) 대법원 2004.10.28. 선고 2003도8238 판결.
222) 대법원 1992.5.26. 선고 91도894 판결.
223) 대법원 1986.3.25. 선고 86도69 판결.
224) 대법원 1983.8.23. 선고 80도1545 판결.
225) 대법원 1980.12.23. 선고 80도1963 판결.
226) 대법원 1972.9.12. 선고 72도1441 판결.
227) 대법원 1971.3.23. 선고 70도2688 판결.
228) 대법원 2016.5.12. 선고 2015도20322 판결; 대법원 2010.9.30. 선고 2010도3364 판결; 대법원 2008.12.24. 선고 2006도1819 판결.

없다.[229] 온천수 사용금지 가처분결정이 있기 전부터 온천이용허가권자인 가처분 채무자로부터 이를 양수하고 임대차계약의 형식을 빌어 온천수를 이용하여 온 제3자가 위 금지명령을 위반하여 계속 온천수를 사용한 경우, 위 제3자가 위 가처분 사건 당사자 사이의 권리관계 내용을 잘 알고 있었다거나 그가 실질적으로는 가처분 채무자와 같은 당사자 위치에 있었다는 등의 사정이 있다 하여도 위 위반행위가 공무상표시무효죄를 구성하지 않는다.[230] 출입금지가처분은 그 성질상 가처분 채권자의 의사에 반하여 건조물 등에 출입하는 것을 금지하는 것이므로 비록 가처분결정이나 그 결정의 집행으로서 집행관이 실시한 고시에 그러한 취지가 명시되어 있지 않다고 하더라도 가처분 채권자의 승낙을 얻어 그 건조물 등에 출입하는 경우에는 출입금지가처분 표시의 효용을 해한 것이라고 할 수 없다.[231] 집행관이 그 점유를 옮기고 압류표시를 한 다음 채무자에게 보관을 명한 유체동산에 관하여 채무자가 이를 다른 장소로 이동시켜야 할 특별한 사정이 있고, 그 이동에 앞서 채권자에게 이동사실 및 이동장소를 고지하여 승낙을 얻은 때에는 비록 집행관의 승인을 얻지 못한 채 압류물을 이동시켰다 하더라도 형법 제140조 제1항 소정의 '기타의 방법으로 그 효용을 해한' 경우에 해당한다고 할 수 없다고 할 것이다.[232] 집달관이 채무자 겸 소유자의 건물에 대한 점유를 해제하고 이를 채권자에게 인도한 후 채무자의 출입을 봉쇄하기 위하여 출입문을 판자로 막아둔 것을 채무자가 이를 뜯어내고 그 건물에 들어갔다 하더라도 이는 강제집행이 완결된 후의 행위로서 채권자들의 점유를 침범하는 것은 별론으로 하고 공무상 표시무효죄에 해당하지는 않는다.[233] 피고인이 압류표시된 원동기를 가동하였다 하여 공무상표시무효죄를 구성한다고 볼 수 없다.[234] 남편을 채무자로 한 출입금지가처분 명령의 효력은 그 처에게는 미치지 아니하므로 그 처가 이를 무시하고 출입금지된 밭에 들어가 작업을 한 경우에 위 고시판과 나이론줄을 무시하였다 하여도공무원이 직무에 관하여 실시한 강제처분표시의 효용을 해한 것이라고는 할 수 없다.[235] 부동산인도의 강제집행에 있어서 집달리가 채무자의 점유를 해제하고 이를 채권자에게 인도함으로써 강제집행을 완결한 후 그 인도집행의 뜻을 기재한 표목을 세웠다 하여도 그 표시는 법률상 아무런 효력을 발생할 수 없는 것이므로 채무자가 그 표목을 빼어버리고 그 토지에 들어갔다 하여도 공무상 비밀표시무효죄가 성립되지 아니한다.[236] 집달리가 경락부동산 인도명령에 의한 강제집행을 완료한 후에 그 부동산에 대하여 실시한 봉인등 표시를 무시하고 가옥에 입주하였다하여 공무상 비밀표시 무효죄를 적용한 것은 판결결과에 영향을 미친 법령위반의 위법이 있다 할 것이므로 피고인의 상고이유에 대한 설명을 생략하여 원판결을 파기하고 원심으로 하여금 부동산명도 집행조서등 집달리의 집행완료여부의 확실한 사실을 조사하게 하기 위하여 사건을 광주지방법원에 환송하기로 하여 일치된 의견으로 주문과 같이 판결한다.[237]

④ 결 과

본죄는 효용의 침해를 요한다. 결과범이라고 할 수 있다. 따라서 본죄는 강제처분의 표시

229) 대법원 2008.12.24. 선고 2006도1819 판결.
230) 대법원 2007.11.16. 선고 2007도5539 판결.
231) 대법원 2006.10.13. 선고 2006도4740 판결.
232) 대법원 2004.7.9. 선고 2004도3029 판결.
233) 대법원 1985.7.23. 선고 85도1092 판결.
234) 대법원 1984.3.13. 선고 83도3291 판결.
235) 대법원 1979.2.13. 선고 77도1455 판결; 대법원 1976.7.27 선고 74도1896 판결; 대법원 1961.10.12 선고 60형상781 판결.
236) 대법원 1965.9.25. 선고 65도495 판결.
237) 대법원 1965.6.22. 선고 65도386 판결.

에 대한 효용의 침해에 이르지 못한 경우에는 미수에 그치게 된다.

2) 주관적 구성요건

본죄의 고의는 인식적 요소로서 행위시에 유효한 봉인 또는 압류의 표시가 존재한다는 것에 대한 인식과 이를 손상, 은닉 또는 기타의 방법으로 그 효용을 해한다는 인식을 요한다.

적법한 봉인 또는 압류의 표시를 위법하다고 오인하여 적법성에 대한 착오가 존재하는 경우에 있어서 공무집행방해죄에서 검토한 바와 같이 이분설이 타당하다. 봉인 또는 압류의 표시가 공무원에 의하여 실시된 것이 아니라고 오인하여 이를 손상이나 은닉 등을 한 때에는 사실의 착오로서 고의가 조각된다. 그러나 봉인 또는 압류의 표시가 유효한 것임을 알면서 법률상 이를 손상이나 은닉 등이 허용된다고 오신한 경우에는 법률의 착오로서 오인에 정당한 이유가 있는 때에는 책임이 조각된다.

고의를 긍정한 판례의 구체적 내용은 다음과 같다. 즉,

> 채권자 갑에 의하여 압류된 피고인 소유 유체동산에 대하여 다시 채권자 을에 의하여 조사절차가 취하여진 경우에는 을에 대한 관계에 있어서도 압류의 효력이 미친다고 할 것이니, 피고인이 갑에 대한 채무를 변제하였다 하여도 그 압류가 해제되지 아니한 한 압류상태에 있다고 할 것이니 갑에 대한 변제사실만 가지고는 압류의 효력이 없다고 할 수 없고, 이를 처분한 피고인에게 공무상 비밀표시 무효에 관한 범의가 없었다고도 할 수 없다.[238)]

고의를 부정한 판례의 구체적 내용은 다음과 같다. 즉,

> 채권자가 채무자소유의 동산을 가압류한 후 그 본안사건에 관한 합의가 성립되어 그 가압류물건을 인수하기로 하고 담보취소까지 된 경우에 있어서 가압류취소절차를 거침이 없이 가압류목적물건을 가져간 경우 공무상 비밀표시무효의 범의가 있다고는 할 수 없다.[239)]

3) 미수 · 기수

본죄는 미수범을 처벌한다. 실행의 착수는 손상, 은닉 등 효용을 해하는 행위를 개시한 때이다. 손상, 은닉 등으로 인하여 강제처분의 표시의 효용이 침해된 때에는 기수에 이르게 된다.

(3) 죄 수

봉인 등이 된 물건을 절취한 경우 본죄와 절도죄의 상상적 경합이 된다. 봉인 등이 된 물건을 보관하고 있는 자가 이를 제3자에게 매각하는 행위도 본죄와 횡령죄의 상상적 경합으로 된다.

---

238) 대법원 1981.10.13. 선고 80도1441 판결.
239) 대법원 1972.11.14. 선고 72도1248 판결.

2. 공무상 비밀침해죄

(1) 의 의

본죄는 공무원이 그 직무에 관하여 봉함 기타 비밀장치한 문서 또는 도화를 개봉하거나(제140조 제2항), 공무원이 그 직무에 관하여 봉함 기타 비밀장치한 문서, 도화 또는 전자기록등 특수매체기록을 기술적 수단을 이용하여 그 내용을 알아냄으로써 성립한다(제140조 제3항).

본죄는 비밀침해죄의 가중적 구성요건으로 이해되고 있다. 이러한 의미에서 공무상 비밀침해죄라는 죄명이 이해될 수 있다.

(2) 구성요건

본죄의 객체는 공무원이 그 직무에 관하여 봉함 기타 비밀장치한 문서 또는 도화 또는 공무원이 그 직무에 관하여 봉함 기타 비밀장치한 문서, 도화 또는 전자기록등 특수매체기록이다. 이는 비밀침해죄의 객체에 비하면 '공무원이 그 직무에 관하여'라는 내용이 추가되어 있고, 편지가 제외되어 있다.

본죄의 실행행위는 개봉 또는 기술적 수단을 이용하여 그 내용을 알아내는 것이다. 이는 비밀침해죄의 실행행위와 같다.

본죄의 실행행위가 개봉인 범죄는 거동범이다. 거동범은 개봉하는 행위만으로 기수에 이른다. 내용을 알아낼 것까지 요하지 않는다. 이에 반하여 본죄의 실행행위가 기술적 수단을 이용하여 그 내용을 알아내는 것인 범죄는 결과범이다. 결과범은 내용을 알아낼 것을 요한다. 내용을 알아내지 못한 경우에는 미수에 그친다.

본죄도 미수범을 처벌한다.

Ⅲ. 처 벌

본죄의 법정형은 5년 이하의 징역 또는 700만원 이하의 벌금이다. 본죄의 미수범은 처벌된다.

§7. 부동산강제집행효용침해죄

제140조의2(부동산강제집행효용침해) 강제집행으로 명도 또는 인도된 부동산에 침입하거나 기타 방법으로 강제집행의 효용을 해한 자는 5년 이하의 징역 또는 700만원 이하의 벌금에 처한다.

제143조(미수범) 제140조 내지 전조의 미수범은 처벌한다.

Ⅰ. 서 설

본죄는 강제집행으로 명도 또는 인도된 부동산에 침입하거나 기타 방법으로 강제집행의 효용을 해함으로써 성립한다. 본죄는 강제집행으로 명도 또는 인도된 부동산에 대하여 다시 침입하거나 불법점유하여 강제집행의 효력을 무력화시키고 소유권행사에 지장을 주는 행위

에 대응하기 위하여 1995년 개정형법에 의하여 도입된 범죄이다.[240)]

본죄의 보호법익은 강제집행의 효용을 보호하기 위한 국가의 기능이다. 본죄는 조문의 위치상 국가적 법익에 대한 죄의 일종이기 때문이다. 동시에 제2차적으로는 채권자의 보호를 도모하기 위한 규정이라고도 해석될 수 있다. 본죄는 명도 또는 인도된 부동산에 대한 침해 등 강제집행의 효용을 해할 것을 요한다는 의미에서 결과범이고, 국가기능의 현실적 침해를 요하지 않는다는 의미에서 추상적 위험범에 속한다.

Ⅱ. 범 죄

본죄의 주체에는 제한이 없다. 채무자이든 제3자이든 묻지 않는다.

본죄의 객체는 강제집행으로 명도 또는 인도된 부동산이다. 강제집행이란 민사소송법에 의한 집행으로서 적법한 것을 말한다. 명도(明渡)는 건물에 대한 점유의 이전이라는 점에서 토지에 대한 점유의 이전을 의미하는 인도(引渡)와 구별된다. 본죄의 객체인 강제집행으로 명도 또는 인도된 부동산에는 강제집행으로 퇴거집행된 부동산이 포함된다고 해석된다.[241)]

본죄의 실행행위는 강제집행의 효용을 해하는 것이다. 효용의 침해는 본죄의 객체인 강제집행으로 명도 또는 인도된 부동산에 침입하거나 기타 방법에 의하여야 한다. '기타 방법'이란 강제집행의 효용을 해할 수 있는 수단이나 방법에 해당하는 일체의 방해행위를 말한다.[242)] '강제집행의 효용을 해하는 것'이란 강제집행으로 명도 또는 인도된 부동산을 권리자가 그 용도에 따라 사용·수익하거나 권리행사를 하는 데 지장을 초래하는 일체의 침해행위를 말한다.[243)]

본죄는 강제집행의 효용이 침해되지 않는 한 미수에 그친다. 효용의 침해를 요한다는 의미에서 결과범이다.

본죄의 고의는 인식적 요소로서 강제집행으로 명도 또는 인도된 부동산이라는 인식과 이에 대하여 침입하거나 기타 방법으로 강제집행의 효용을 해한다는 인식을 요한다. 미필적 고의로도 족하다.

강제집행의 효용을 해할 의사로 명도된 주택에 침입하여 이를 손괴한 경우에는 주거침입죄와 손괴죄는 본죄에 흡수된다.

Ⅲ. 처 벌

본죄의 법정형은 5년 이하의 징역 또는 700만원 이하의 벌금이다. 본죄의 미수범은 처벌된다.

---

240) 형법 1995.12.29. 일부개정 법률 제5057호 1996.7.1. 시행.
241) 대법원 2003.5.13. 선고 2001도3212 판결.
242) 대법원 2014.1.23. 선고 2013도38 판결; 대법원 2002.11.8. 선고 2002도4801 판결.
243) 대법원 2014.1.23. 선고 2013도38 판결; 대법원 2002.11.8. 선고 2002도4801 판결.

§8. 공용서류 등 무효죄

제141조(공용서류 등의 무효, 공용물의 파괴) ① 공무소에서 사용하는 서류 기타 물건 또는 전자기록등 특수매체기록을 손상 또는 은닉하거나 기타 방법으로 그 효용을 해한 자는 7년 이하의 징역 또는 1천만원 이하의 벌금에 처한다.

제143조(미수범) 제140조 내지 전조의 미수범은 처벌한다.

관련조문

제366조(재물손괴등) 타인의 재물, 문서 또는 전자기록 등 특수매체기록을 손괴 또는 은닉 기타 방법으로 기 효용을 해한 자는 3년 이하의 징역 또는 700만원 이하의 벌금에 처한다.

Ⅰ. 서 설

본죄는 공무소에서 사용하는 서류 기타 물건 또는 전자기록등 특수매체기록을 손상 또는 은닉하거나 기타 방법으로 그 효용을 해함으로써 성립한다.

본죄는 물건의 효용을 해한다는 점에서 광의의 손괴죄에 포함되지만, 객체가 공무소에서 사용하는 것에 한정된다는 점에서 손괴죄에 대하여 불법이 가중되는 가중적 구성요건이라고 이해되고 있다.

Ⅱ. 범 죄

1. 구성요건

(1) 객관적 구성요건

1) 객 체

본죄의 객체는 공무소에서 사용하는 서류 기타 물건 또는 전자기록 등 특수매체기록이다. 공무소(公務所)란 공무원이 직무를 집행하는 관공서 기타의 조직체를 말한다. 공무소에서 사용하는 서류란 공무소에서 사용 또는 보관 중인 서류이면 족하다.[244] 공무소에서 사용하는 서류인 이상 공문서이거나 사문서이거나 또는 정식절차를 밟아 접수 또는 작성된 것이거나 완성된 것이기니를 묻지 않는다.[245] 공무소에서 사용하는 서류 기타 전자기록에는 공문서로서의 효력이 생기기 이전의 서류라거나,[246] 정식의 접수 및 결재 절차를 거치지 않은 문서, 결재 상신 과정에서 반려된 문서[247] 등을 포함하는 것으로 미완성의 문서라고 하더라도 본죄의 성립에는 영향이 없다.[248] 공용서류는 정부공문서 규정에 따라 접수되고 결제된

244) 대법원 2013.11.28. 선고 2011도5329 판결; 대법원 2006.5.25. 선고 2003도3945 판결; 대법원 1999.2.24. 선고 98도4350 판결; 대법원 1998.8.21. 선고 98도360 판결.

245) 대법원 1999.2.24. 선고 98도4350 판결; 대법원 1982.12.14. 선고 81도81 판결; 대법원 1982.10.12. 선고 82도368 판결; 대법원 1981.8.25. 선고 81도1830 판결; 대법원 1980.10.27. 선고 80도1127 판결; 대법원 1971.3.30. 선고 71도324 판결; 대법원 1961.8.26. 선고 4294형상262 판결.

246) 대법원 1971.3.30. 선고 71도324 판결.

247) 대법원 2006.5.25. 선고 2003도3945 판결; 대법원 1998.8.21. 선고 98도360 판결; 대법원 1980.10.27. 선고 80도1127 판결.

248) 대법원 2020.12.10. 선고 2015도19296 판결.

것에 한하지 않는다.[249)]

객체를 긍정한 판례의 구체적 내용은 다음과 같다. 즉,

> 형법 제141조 제1항이 규정하고 있는 공용서류은닉죄에 있어서의 범의란 피고인에게 공무소에서 사용하는 서류라는 사실과 이를 은닉하는 방법으로 그 효용을 해한다는 사실의 인식이 있음으로써 족하고, 경찰이 작성한 진술조서가 미완성이고 작성자와 진술자가 서명·날인 또는 무인한 것이 아니어서 공문서로서의 효력이 없다고 하더라도 공무소에서 사용하는 서류가 아니라고 할 수는 없다.[250)] 피고인이 군에 보관중인 피고인 명의의 건축허가신청서에 첨부된 설계도면을 떼내고 별개의 설계도면으로 바꿔 넣은 경우 공용서류무효죄가 성립한다.[251)] 피고인이 작성한 이 사건 진술조서가 상사에게 정식으로 보고되어 수사기록에 편철된 문서가 아니라거나 완성된 서류가 아니라 하여 형법 제141조 제1항 소정의 공무소에서 사용하는 서류에 해당하지 않는 것이라고 할 수 없으니, 피고인이 진술자의 서명무인과 간인까지 받아 작성한 진술조서를 수사기록에 편철하지 않은 채 보관하고 있다가 휴지통에 버려 폐기한 소위는 공용서류무효죄에 해당한다.[252)] 세무공무원이 상속세신고서 및 세무서 작성의 부과결정서등을 임의로 반환한 경우에는 위죄에 해당한다.[253)] 사법경찰관 사무취급이 작성중인 피의자신문조서는 그것이 미완성이고 작성자와 피의자가 서명날인 또는 무인한 것이 아니어서 공문서로서의 효력이 없다고 하더라도 형법 제141조 제1항 소정의 공무소에서 사용하는 서류이다.[254)]

객체를 부정한 판례의 구체적 내용은 다음과 같다. 즉,

> 형사사건을 조사하던 경찰관이 스스로의 판단에 따라 자신이 보관하던 진술서를 임의로 피고인에게 넘겨준 것이라면, 위 진술서의 보관책임자인 경찰관은 장차 이를 공무소에서 사용하지 아니하고 폐기할 의도하에 처분한 것이라고 보아야 할 것이므로, 위 진술서는 더 이상 공무소에서 사용하거나 보관하는 문서가 아닌 것이 되어 공용서류로서의 성질을 상실하였다고 보아야 한다.[255)]

2) 행 위

본죄의 실행행위는 효용을 해하는 것이다. 효용의 침해는 본죄의 객체인 공무소에서 사용하는 서류 기타 물건 또는 전자기록 등 특수매체기록에 대한 손상 또는 은닉하거나 기타 방법에 의하여야 한다. 효용의 침해는 정당한 권한 없이 행하여져야 한다.[256)] 따라서 권한을 가진 공무원이 손상한 경우에는 본죄의 효용의 침해에 해당하지 않는다. 손상(損傷)이란 물리적으로 파괴하여 그 효용을 잃게 하거나 그 가치를 감소시키는 일체의 행위를 포함한다. 은닉(隱匿)이란 객체의 발견을 불가능하게 하거나 곤란하게 하는 행위를 말한다.

효용을 해함을 긍정한 판례의 구체적 내용은 다음과 같다. 즉,

---

249) 대법원 1971.3.30. 선고 71도324 판결.
250) 대법원 2006.5.25. 선고 2003도3945 판결.
251) 대법원 1982.12.14. 선고 81도81 판결.
252) 대법원 1982.10.12. 선고 82도368 판결.
253) 대법원 1981.8.25. 선고 81도1830 판결.
254) 대법원 1980.10.27. 선고 80도1127 판결.
255) 대법원 1999.2.24. 선고 98도4350 판결.
256) 대법원 1995.11.10. 선고 95도1395 판결; 대법원 1966.10.18. 선고 66도567 판결; 대법원 1965.12.10. 선고 65도826 판결.

공용서류무효죄에 있어서의 객체는 그것이 공무소에서 사용하는 서류인 이상 공문서이거나 사문서이거나 또는 정식절차를 밟아 접수 또는 작성된 것이거나 완성된 것이거나를 묻지 않는다고 할 것이므로 세무공무원이 상속세신고서 및 세무서 작성의 부과결정서 등을 임의로 반환한 경우에는 위죄에 해당한다.[257)]

효용을 해함을 부정한 판례의 구체적 내용은 다음과 같다. 즉,

권한 있는 자의 정당한 처분에 의한 공용서류의 파기에는 적용의 여지가 없고, 또 공무원이 작성하는 공문서는 그것이 작성자의 지배를 떠나 작성자로서도 그 변경 삭제가 불가능한 단계에 이르렀다면 모르되 그렇지 않고 상사가 결재하는 단계에 있어서는 작성자는 결재자인 상사와 상의하여 언제든지 그 내용을 변경 또는 일부 삭제할 수 있는 것이며 그 내용을 정당하게 변경하는 경우는 물론 내용을 허위로 변경하였다 하여도 그 행위가 허위공문서작성죄에 해당할지언정 따로 형법 제141조 소정의 공용서류의 효용을 해하는 행위에 해당한다고는 할 수 없다.[258)]

3) 결 과

본죄는 정당한 권한 없이 효용이 침해된 때에 기수에 이른다. 이러한 의미에서 결과범에 속한다.

(2) 주관적 구성요건

본죄의 고의는 인식적 요소로서 공무소에서 사용하는 서류라는 사실과 이를 손상 또는 은닉하거나 기타 방법으로 그 효용을 해한다는 사실의 인식을 요한다.[259)] 효용을 해하려는 의사도 필요하다. 미필적 고의로 족하다. 반드시 그에 관한 계획적인 의도나 적극적인 희망이 있어야 하는 것은 아니다.[260)]

고의를 긍정한 판례의 구체적 내용은 다음과 같다. 즉,

경찰이 작성한 진술서가 미완성의 문서라 해서 공무소에서 사용하는 서류가 아니라고 할 수 없으며 피고인과 경찰관 사이의 공모관계의 유무나 피고인의 강제력행사의 유무가 서류의 효용을 해한다는 인식에 지장을 주는 사유가 되지도 아니한다. 피고인은 제1심 법정에서 경찰의 조사를 받고 그 서류에 서명무인한 사실과 대대장이 피해자에게 불리한 진술을 하였다고 나무라면서 서류를 빨리 빼내라고 해서 경찰에게 서류를 날라고 하니 처음에는 주지 않으려고 하다가 계속 간청하니까 책상위로 던져서 주었다고 진술하고 있어 피고인이 위 문서를 빼돌려 그 효용을 해친 행위에 관하여 시인하고 있음에도 불구하고 원심이 피고인에게 범의가 없었다고 인정한 것은 범죄의 책임요소에 관한 법리를 오해하여 판결의 결과에 영향을 미친 위법을 범하였다고 할 것이다. 논지는 이유있다.[261)]

---

257) 대법원 1981.8.25. 선고 81도1830 판결.

258) 대법원 1995.11.10. 선고 95도1395 판결; 대법원 1966.10.18. 선고 66도567 판결; 대법원 1965.12.10. 선고 65도826 판결.

259) 대법원 2013.11.28. 선고 2011도5329 판결; 대법원 2006.5.25. 선고 2003도3945 판결; 대법원 1998.8.21. 선고 98도360 판결; 대법원 1987.4.14. 선고 86도2799 판결.

260) 대법원 2013.11.28. 선고 2011도5329 판결; 대법원 2006.5.25. 선고 2003도3945 판결; 대법원 1998.8.21. 선고 98도360 판결.

261) 대법원 1987.4.14. 선고 86도2799 판결.

(3) 미수 · 기수

본죄는 미수범을 처벌한다. 본죄는 공무소에서 사용하는 서류 기타 물건 또는 전자기록 등 특수매체기록을 손상 또는 은닉하거나 기타 방법으로 그 효용이 현실적으로 침해된 때에 기수에 이른다.

2. 위법성조각사유

본죄는 총칙상의 위법성조각사유인 정당행위나 긴급피난에 의하여 그 위법성이 조각될 수 있다.

위법성조각을 부정한 판례의 구체적 내용은 다음과 같다. 즉,

주식회사가 피고인에게 공립유치원의 놀이시설 제작 및 설치공사를 하도급주었는데, 피고인이 유치원 행정실장 등에게 공사대금의 직접 지급을 요구하였으나 거절당하자 놀이시설의 일부인 보호대를 칼로 뜯어내고 일부 놀이시설은 철거하는 방법으로 공무소에서 사용하는 물건을 손상하였다는 내용으로 기소된 사안에서, 피고인에게 공사대금 직불청구권이 있고 놀이시설의 정당한 유치권자로서 공사대금 채권을 확보할 필요가 있었다고 하더라도, 위와 같은 피고인의 행위가 수단과 방법의 상당성이 인정된다거나 공사대금 확보를 위한 유치권을 행사하는 데에 긴급하고 불가피한 수단이었다고 볼 수 없는데도, 공용물건손상의 공소사실에 대하여 무죄를 선고한 원심판결에 정당행위에 관한 법리오해의 잘못이 있다.[262] 갑 정당 당직자인 피고인들 등이 국회 외교통상 상임위원회 회의장 앞 복도에서 출입이 봉쇄된 회의장 출입구를 뚫을 목적으로 회의장 출입문 및 그 안쪽에 쌓여있던 책상, 탁자 등 집기를 손상하거나, 국회의 심의를 방해할 목적으로 소방호스를 이용하여 회의장 내에 물을 분사한 사안에서, 피고인들의 위와 같은 행위는 공용물건손상죄 및 국회회의장소동죄의 구성요건에 해당하고, 국민의 대의기관인 국회에서 서로의 의견을 경청하고 진지한 토론과 양보를 통하여 더욱 바람직한 결론을 도출하는 합법적 절차를 외면한 채 곧바로 폭력적 행동으로 나아가 방법이나 수단에 있어서도 상당성의 요건을 갖추지 못하여 이를 위법성이 조각되는 정당행위나 긴급피난의 요건을 갖춘 행위로 평가하기 어렵다.[263]

3. 죄 수

등기서류에 첨부되어 있는 인지를 떼내어 이를 절취하면 본죄와 절도죄의 상상적 경합이 된다.

Ⅲ. 처 벌

본죄의 법정형은 7년 이하의 징역 또는 1천만원 이하의 벌금이다. 본죄의 미수범은 처벌된다.

---

262) 대법원 2017.5.30. 선고 2017도2758 판결.
263) 대법원 2013.6.13. 선고 2010도13609 판결.

§9. 공용물파괴죄

제141조(공용서류 등의 무효, 공용물의 파괴) ② 공무소에서 사용하는 건조물, 선박, 기차 또는 항공기를 파괴한 자는 1년 이상 10년 이하의 징역에 처한다.

제143조(미수범) 제140조 내지 전조의 미수범은 처벌한다.

관련조문

제367조(공익건조물파괴) 공익에 공하는 건조물을 파괴한 자는 10년 이하의 징역 또는 2천만원 이하의 벌금에 처한다.

Ⅰ. 서 설

본죄는 공무소에서 사용하는 건조물, 선박, 기차 또는 항공기를 파괴함으로써 성립하는 범죄이다.

Ⅱ. 범 죄

본죄의 주체에는 제한이 없다. 공용물의 소유자도 본죄의 주체로 될 수 있다.

본죄의 객체는 공무소에서 사용하는 건조물, 선박, 기차 또는 항공기이다. 공용에 공하는 한 소유권의 여하는 묻지 않는다. 본죄의 객체는 공용으로 족하고 공익을 요하지 않는다. 공익에 공하는 건조물을 파괴한 경우에는 본죄가 아니라 공익건조물파괴죄에 해당되게 된다(제367조 참조).

본죄의 실행행위는 파괴이다. 파괴(破壞)란 그 실질을 해하여 본래의 용법에 따른 사용을 전면적으로 또는 부분적으로 불가능하게 하는 것을 말한다. 본죄는 파괴에 이르러야 기수에 달한다.

Ⅲ. 처 벌

본죄의 법정형은 1년 이상 10년 이하의 징역이다. 본죄의 미수범은 처벌된다.

§10. 공무상 보관물 무효죄

제142조(공무상 보관물의 무효) 공무소로부터 보관명령을 받거나 공무소의 명령으로 타인이 관리하는 자기의 물건을 손상 또는 은닉하거나 기타 방법으로 그 효용을 해한 자는 5년 이하의 징역 또는 700만원 이하의 벌금에 처한다.

제143조(미수범) 제140조 내지 전조의 미수범은 처벌한다.

관련조문

제323조(권리행사방해) 타인의 점유 또는 권리의 목적이 된 자기의 물건 또는 전자기록등 특수매체기록을 취거, 은닉 또는 손괴하여 타인의 권리행사를 방해한 자는 5년 이하의 징역 또는 700만원 이하의 벌금에 처한다.

Ⅰ. 서 설

본죄는 공무소로부터 보관명령을 받거나 공무소의 명령으로 타인이 관리하는 자기의 물건을 손상 또는 은닉하거나 기타 방법으로 그 효용을 해함으로써 성립하는 범죄이다. 예컨대 불법 주·정차를 이유로 견인된 차량을 차주가 견인차량보관소에서 무단으로 끌고 간 경우가 이에 해당한다.

본죄는 자기소유의 물건에 대한 효용을 해하는 범죄라는 점에서 재산죄의 일종인 권리행사방해죄에 상응한 규정이다. 그러나 본죄는 객체의 특수성을 고려하여 국가기능을 보호하기 위한 범죄로서 규정된 것이다.

Ⅱ. 범 죄

본죄의 주체는 공무소로부터 보관명령을 받거나 공무소의 명령으로 타인이 관리하는 물건의 소유자이다. 주체가 한정되어 있다는 점에서 진정신분범이다.

본죄의 객체는 공무소로부터 보관명령을 받거나 공무소의 명령으로 타인이 관리하는 자기의 물건이다. 보관명령이나 관리명령은 법령에 근거를 둔 적법한 것이어야 한다. 자기의 물건이란 자기 소유의 물건을 말하고 공무소로부터 보관명령이나 관리명령이 있으면 족하고 공무소에서 사용할 것을 요하지 않는다.

본죄의 실행행위는 효용을 해하는 것이다. 효용의 침해는 정당한 권한 없이 손상 또는 은닉하거나 기타 방법에 의하여야 한다.

본죄는 결과범이다. 본죄는 정당한 권한 없이 손상 또는 은닉하거나 기타 방법에 의하여 물건의 효용이 침해된 때에 기수에 이르게 된다.

객체를 부정한 판례의 구체적 내용은 다음과 같다. 즉,

> 제3채무자는 채무자에 대한 채무의 지급을 하여서는 아니된다는 내용 등의 가압류결정 정본의 송달을 받은 것이 형법 제142조 소정의 공무소로부터 보관명령을 받은 경우에 해당한다고 할 수 없다.[264] 실질적으로 피고인이 소유 운행하는 지입자동차라 할지라도 자동차등록부상 특정회사명의로 소유등록되어 있는 이상 이를 위 회사 소유의 자동차라 할 것이고 피고인의 소유라고는 할 수 없다.[265]

Ⅲ. 처 벌

본죄의 법정형은 5년 이하의 징역 또는 700만원 이하의 벌금이다. 본죄의 미수범은 처벌된다.

---

264) 대법원 1983.7.12. 선고 83도1405 판결; 대법원 1975.5.13. 선고 73도2555 판결.
265) 대법원 1970.8.31. 선고 70도1328 판결.

§11. 특수공무방해죄

제144조(특수공무방해) ① 단체 또는 다중의 위력을 보이거나 위험한 물건을 휴대하여 제136조, 제138조와 제140조 내지 전조의 죄를 범한 때에는 각조에 정한 형의 2분의 1까지 가중한다.

Ⅰ. 서 설

본죄는 단체 또는 다중의 위력을 보이거나 위험한 물건을 휴대하여 일정한 공무방해의 죄를 범한 때에 성립하는 범죄를 말한다. 일정한 공무방해의 죄란 공무집행방해죄(제136조), 법정 또는 국회회의장모욕죄(제138조), 공무상 비밀표시무효죄(제140조), 부동산강제집행효용침해죄(제140조의2), 공용서류등의 무효·공용물파괴죄(제141조), 공무상 보관물무효죄(제142조) 및 그 미수범(제143조)을 말한다.

본죄는 행위방법으로 인하여 불법이 가중되는 가중적 구성요건이다.

Ⅱ. 범 죄

본죄의 객체는 위에서 열거된 일정한 공무방해의 죄에서 열거된 것이다.

본죄의 실행행위는 위에서 열거된 일정한 공무방해의 죄에서 열거된 것과 같다. 다만 본죄의 실행행위는 단체 또는 다중의 위력을 보이거나 위험한 물건을 휴대하여라는 행위의 수단에 의하여 범하여질 것을 요한다. 다중(多衆)이라 함은 단체를 이루지 못한 다수인의 중합을 지칭하는 것이므로 불과 3인의 경우에는 그것이 어떤 집단의 힘을 발판 또는 배경으로 한다는 것이 인정되지 않는 한 '다중의 위력'을 보인 것이라고는 할 수 없다.[266] '위험한 물건'이라 함은 흉기는 아니라고 하더라도 널리 사람의 생명·신체에 해를 가하는데 사용할 수 있는 일체의 물건을 포함한다고 풀이할 것이므로 본래 살상용·파괴용으로 만들어진 것뿐만 아니라 다른 목적으로 만들어진 칼·가위·유리병·각종 공구·자동차 등은 물론, 화학약품 또는 사주된 동물 등도 그것이 사람의 생명·신체에 해를 가하는데 사용되었다면 본조의 '위험한 물건'이라 할 것이다.[267] '휴대하여'라는 말은 소지뿐만 아니라 널리 이용한다는 뜻도 포함하고 있다.[268]

특수공무방해를 긍정한 판례의 구체적 내용은 다음과 같다. 즉,

> 법외 단체인 전국공무원노동조합 지역본부가 임의로 점유해 오던 시 청사시설인 사무실에 대하여 시장이 자진폐쇄 요청 후 행정대집행법에 따라 행정대집행을 하였는데, 피고인들과 노동조합 소속 공무원들이 대집행을 행하던 공무원들에 대항하여 폭행 등 행위를 한 사안에서, 위 행정대집행이 적법한 공무집행에 해당한다.[269] 법외 단체인 전국공무원노동조합의 지부가 당초 공무원 직장협의회의 운영에 이용되던 군 청사시설인 사무실을 임의로 사용하자 지방자치단체장이 자진폐

266) 대법원 1971.12.21. 선고 71도1930 판결; 대법원 1961.1.18. 선고 4293 형상 896 판결.
267) 대법원 1984.10.23. 선고 84도2001,84감도319 판결.
268) 대법원 1984.10.23. 선고 84도2001,84감도319 판결.
269) 대법원 2011.5.26. 선고 2010도10305 판결.

쇄 요청 후 행정대집행법에 따라 행정대집행을 하였는데, 지부장 등인 피고인들과 위 지부 소속 군청 공무원들이 위 집행을 행하던 공무원들에게 대항하여 폭행 등 행위를 한 사안에서, 위 행정대집행은 주된 목적이 조합의 위 사무실에 대한 사실상 불법사용을 중지시키기 위하여 사무실 내 조합의 물품을 철거하고 사무실을 폐쇄함으로써 군 청사의 기능을 회복하는 데 있으므로, 전체적으로 대집행의 대상이 되는 대체적 작위의무인 철거의무를 대상으로 한 것으로 적법한 공무집행에 해당한다고 볼 수 있고, 그에 대항하여 피고인 등이 폭행 등 행위를 한 것은 단체 또는 다중의 위력으로 공무원들의 적법한 직무집행을 방해한 것에 해당한다는 이유로, 피고인들에게 특수공무집행방해죄를 인정한 원심판단의 결론을 정당하다.[270] 피고인은 향토예비군설치법위반으로 피고인을 연행하려는 경찰관을 뿌리치 고 도망가다가 경찰관 공소외 1의 추격을 당하자 부근에 세워두었던 서울 4가9678호 승용차에 올라 타 문을 잠그고 출발하여 도주하려고 하던중 공소외 1이 위 승용차 본넷트 위에 뛰어 올라 운전석 앞 유리창을 몸으로 막고 도주하지 못하게 하여 피고인을 체포하려고 하자 그대로 약 500미터 가량을 시속 30킬로미터로 진행하다가 진행방향을 갑자기 오른쪽으로 바꾸어 공소외 1을 도로에 나가 떨어지게 하여 그로 하여금 약 6주일의 치료를 요하는 좌측 측두골골절상 및 뇌진탕등의 상해를 입게 하였다는 것이므로 피고인의 소위는 위험한 물건인 자동차를 이용하여 공소외 1의 공무집행을 방해하고 그로 인하여 공소외 1에게 상해를 입게 하였다고 할 것인즉 같은 취지에서 피고인의 소위에 대하여 형법 제144조 제2항, 제1항, 제136조를 적용한 원심조치에 소론과 같은 위법이 있다고 할 수 없으므로 상고는 그 이유가 없다.[271]

특수공무방해를 부정한 판례의 구체적 내용은 다음과 같다. 즉,

도심광장으로서 '서울특별시 서울광장의 사용 및 관리에 관한 조례'에 의하여 관리되고 있는 '서울광장'에서, 서울시청 및 중구청 공무원들이 행정대집행법이 정한 계고 및 대집행영장에 의한 통지절차를 거치지 아니한 채 위 광장에 무단설치된 천막의 철거대집행에 착수하였고, 이에 피고인들을 비롯한 '광우병위험 미국산 쇠고기 전면 수입을 반대하는 국민대책회의' 소속 단체 회원들이 몸싸움을 하거나 천막을 붙잡고 이를 방해한 사안에서, 위 서울광장은 비록 공부상 지목이 도로로 되어 있으나 도로법 제65조 제1항 소정의 행정대집행의 특례규정이 적용되는 도로법상 도로라고 할 수 없으므로 위 철거대집행은 구체적 직무집행에 관한 법률상 요건과 방식을 갖추지 못한 것으로서 적법성이 결여되었고 따라서 피고인들이 위 공무원들에 대항하여 폭행·협박을 가하였더라도 특수공무집행방해죄는 성립되지 않는다는 이유로, 같은 취지에서 피고인들에 대해 무죄를 선고한 원심판단을 수긍한 사례이다.[272]

Ⅲ. 처 벌

본죄의 법정형은 위에서 열거된 일정한 공무방해의 죄의 각조에 정한 형의 2분의 1까지 가중하는 것이다.

270) 대법원 2011.4.28. 선고 2007도7514 판결.
271) 대법원 1984.10.23. 선고 84도2001,84감도319 판결.
272) 대법원 2010.11.11. 선고 2009도11523 판결.

§12. 특수공무집행방해 치사상죄

제144조(특수공무방해) ② 제1항의 죄를 범하여 공무원을 상해에 이르게 한 때에는 3년 이상의 유기징역에 처한다. 사망에 이르게 한 때에는 무기 또는 5년 이상의 징역에 처한다.

관련조문
제144조(특수공무방해) ① 단체 또는 다중의 위력을 보이거나 위험한 물건을 휴대하여 제136조, 제138조와 제140조 내지 전조의 죄를 범한 때에는 각조에 정한 형의 2분의 1까지 가중한다.

Ⅰ. 서 설

본죄는 특수공무방해죄를 범하여 공무원을 상해에 이르게 한 때에 성립하는 범죄이다. 본죄는 단체 또는 다중의 위력을 보이거나 위험한 물건을 휴대하고 직무를 집행하는 공무원에 대하여 폭행 · 협박을 하여 공무원을 사상에 이르게 한 경우에 성립하는 결과적 가중범이다.[273)]

Ⅱ. 범 죄

1. 구성요건

(1) 객관적 구성요건

1) 객 체

본죄의 객체는 공무원이다. 여기서 공무원은 본죄의 보호의 객체가 아니라 행위의 객체라고 할 수 있다.

2) 행 위

본죄의 실행행위는 폭행 · 협박이다. 직무를 집행하는 공무원에 대하여 폭행, 협박하는 것이다.[274)] 폭행 · 협박은 단체 또는 다중의 위력을 보이거나 위험한 물건을 휴대한다는 행위의 수단에 의하여 행하여져야 한다. 폭행은 유형력을 행사하는 것을 말한다.[275)]

행위를 긍정한 판례의 구제적 내용은 다음과 같다. 즉,

재개발지역 내 주민들이 철거에 반대하여 건물 옥상에 망루를 설치하고 농성하던 중 피고인 등이 던진 화염병에 의해 발생한 화재로 일부 농성자 및 진압작전 중이던 일부 경찰관이 사망하거나 상해를 입은 사안에서, 경찰의 위 농성 진압작전을 위법한 직무집행으로 볼 수 없다는 이유로 피고인들에게 특수공무집행방해치사상죄 등을 인정한 원심판단을 수긍한 사례이다.[276)] 신호위반에 따른 정지 지시를 무시하고 도주하던 사람이 자신을 추격해 온 경찰관의 하차 요구에 불응한 채 계속 도주를 시도하다가 자동차 앞 범퍼로 경찰관을 들이받고, 차 본넷 위에 경찰관을 매달은

---

273) 대법원 2008.6.26. 선고 2007도6188 판결; 대법원 2002.4.12. 선고 2000도3485 판결; 대법원 1997.10.10. 선고 97도1720 판결.

274) 대법원 2010.12.23. 선고 2010도7412 판결.

275) 대법원 2010.12.23. 선고 2010도7412 판결.

276) 대법원 2010.11.11. 선고 2010도7621 판결.

채로 그대로 차를 몰고 진행하던 중 인도에 있던 가로수를 들이받아 결국 경찰관을 사망에 이르게 한 사안에서, '위험한 물건'인 자동차를 이용하여 경찰관의 정당한 업무를 방해하고, 이로 인해 사망에 이르게 한 특수공무방해치사죄에 해당한다.[277)]

행위를 부정한 판례의 구체적 내용은 다음과 같다. 즉,

피고인이 노조원들과 함께 경찰관인 피해자들이 파업투쟁 중인 공장에 진입할 경우에 대비하여 그들의 부재 중에 미리 윤활유나 철판조각을 바닥에 뿌려 놓은 것에 불과하고, 위 피해자들이 이에 미끄러져 넘어지거나 철판조각에 찔려 다쳤다는 것에 지나지 않은 사안에서, 피고인 등이 위 윤활유나 철판조각을 위 피해자들의 면전에서 그들의 공무집행을 방해할 의도로 뿌린 것이라는 등의 특별한 사정이 있는 경우는 별론으로 하고 이를 가리켜 위 피해자들에 대한 유형력의 행사, 즉 폭행에 해당하는 것으로 볼 수 없는데도, 피고인의 위 행위를 특수공무집행방해치상죄로 의율한 원심의 조치에 법리오해 또는 사실오인의 위법이 있다.[278)]

3) 결 과

본죄의 결과는 사상이다. 직무를 집행하는 공무원에 대한 폭행, 협박으로 인한 공무원의 사상이다. 본죄는 원래 결과적 가중범이기는 하지만, 이는 중한 결과에 대하여 예견가능성이 있었음에 불구하고 예견하지 못한 경우에 벌하는 진정 결과적 가중범이 아니라 그 결과에 대한 예견가능성이 있었음에도 불구하고 예견하지 못한 경우뿐만 아니라 고의가 있는 경우까지도 포함하는 부진정 결과적 가중범이다.[279)] 본죄의 결과는 행위자가 의도할 필요는 없고 그 결과의 발생을 예견할 수 있으면 족하다.[280)]

본죄의 상해는 상해죄의 그것과 같은 개념이다. 상해(傷害)는 피해자의 신체의 완전성을 훼손하거나 생리적 기능에 장애를 초래하는 것을 의미하는 것이다.[281)] 상해로 평가될 수 없을 정도의 극히 하찮은 상처로서 굳이 치료할 필요가 없는 것이어서 그로 인하여 건강상태를 침해하였다고 보기 어려운 경우에는 본죄가 성립하지 않는다.[282)]

결과를 긍정한 판례의 구체적 내용은 다음과 같다. 즉,

특수공무방해치사상과 같은 이른바 부진정결과적가중범은 예견가능한 결과를 예견하지 못한 경우뿐만 아니라 그 결과를 예견하거나 고의가 있는 경우까지도 포함하는 것이므로, 공무집행을 방해하는 집단행위의 과정에서 일부 집단원이 고의행위로 살상을 가한 경우에도 다른 집단원에게 그 사상의 결과가 예견가능한 것이었다면 다른 집단원도 그 결과에 대하여 특수공무방해치사상의 책임을 면할 수 없다.[283)] 100여명의 학생들에 의하여 감금당한 전투경찰대원들을 구출하기 위하여 경찰관들이 대학교 도서관으로 진입하려 하자 피고인들이 이를 저지하기 위하여 화염병을 사용하

277) 대법원 2008.2.28. 선고 2008도3 판결.
278) 대법원 2010.12.23. 선고 2010도7412 판결.
279) 대법원 1995.1.20. 선고 94도2842 판결; 대법원 1990.6.26. 선고 90도765 판결.
280) 대법원 2008.6.26. 선고 2007도6188 판결; 대법원 2002.4.12. 선고 2000도3485 판결; 대법원 1997.10.10. 선고 97도1720 판결; 대법원 1990.6.22. 선고 90도767 판결; 대법원 1980.5.27. 선고 80도796 판결.
281) 대법원 2011.5.26. 선고 2010도10305 판결; 대법원 2000.2.25. 선고 99도4305 판결; 대법원 1999.1.26. 선고 98도3732 판결.
282) 대법원 2011.5.26. 선고 2010도10305 판결.
283) 대법원 1990.6.26. 선고 90도765 판결.

려고 하였는 바, 화염병을 도서관 실내 등에 던지게 되면 화염병의 불길이 인화성물질에 번져 도서관이 소훼될 수 있고, 나아가 도서관으로 진입한 경찰관들이 위와 같은 화염병에 의한 불길로 말미암아 사상할 위험이 있다는 것을 충분히 예견할 수 있었음에도 불구하고, 피고인들이 농성학생들과 함께 도서관의 입구 등에 장애물을 설치하고 화염병을 만들어 나누어 가지고 있다가 경찰관들이 도서관으로 진입하면 화염병을 경찰관들이나 도서관의 입구 등에 설치된 장애물 및 도서관의 실내 등에 던져 경찰관들의 진입을 저지함으로써 경찰관들의 구출임무를 방해하기로 순차 공모하고, 이에 따라 피고인들도 그 실행행위를 분담한 후 농성학생들 중 일부가 도서관 복도 중앙에 널려있는 화염병 상자 주위에 석유를 뿌리고, 불을 붙인 화염병을 상자쪽으로 던짐으로써 화재가 발생하고, 도서관으로 진입하던 경찰관들 중 일부가 화염병의 유리조각이나 의자 등에 의하여 상해를 입고, 도서관 복도에서 발생한 화재로 말미암아 일부 경찰관들이 사상에 이르렀다면, 피고인들의 위 행위는 특수공무방해치사상죄를 구성한다.[284] 피고인들이 도서관에 농성중인 학생들과 함께 경찰의 진입에 대항하여 건물현관 입구에는 빈 드럼통으로, 계단 등에는 책상과 걸상으로 각 장애물을 설치하고, 화염병이 든 상자 등 가연물질이 많이 모여있는 7층 복도 등에는 석유를 뿌려놓아 가연물질이 많은 옥내에 화염병이 투척되면 화염병이 불씨에 의하여 발화할 가능성이 있고 행동반경이 좁은 고층건물의 옥내인 점을 감안하여 볼 때, 불이 날 경우 많은 사람이 다치거나 사망할 수 있다는 것은 일반경험칙상 넉넉히 예상할 수 있는 것이므로 피고인들에게 위와 같은 화재로 인한 사망 등의 결과발생에 관하여 예견가능성이 없었다고는 할 수 없다.[285] 피고인이 창틀과 깨진 유리를 집어던져 보도원보인 소외인에게 상처를 입힌 소위를 특수공무집행방해치상죄로 의율한 조처에도 아무런 위법이 없으며 원판결의 형의 양정이 과중하다는 주장도 본건에 있어서는 적법한 상고이유가 되지 못한다.[286] 피고인도 그 속에 끼인 단체 또는 다중인 데모대원이 던진 돌에 의하여 공무집행중이던 경찰관이 상해를 입은 경우 피고인이 던진 돌이 동 피해자에게 맞고 안맞고를 가리지 않고 특수공무방해치상죄가 성립한다.[287]

결과를 부정한 판례의 구체적 내용은 다음과 같다. 즉,

이 사건 물리적 충돌과정에서 피해자들이 입은 상처는 특별히 치료를 하지 않아도 시간이 지나면 자연치유가 가능한 정도라고 보아 이는 특수공무집행방해치상죄에 규정된 상해에 해당하지 않는다고 하여 무죄를 선고한 제1심을 유지하였는바, 앞서 본 법리와 기록에 비추어 살펴보면, 위와 같은 원심의 판단은 옳은 것으로 수긍이 가고, 거기에 상고이유의 주장과 같은 채증법칙 위배로 인한 사실오인 또는 상해에 관한 법리오해 등의 위법이 있다고 할 수 없다.[288] 의무경찰이 학생들의 가두캠페인 행사관계로 직진하여 오는 택시의 운전자에게 좌회전 지시를 하였음에도 택시의 운전자가 계속 직진하여 와서 택시를 세우고는 항의하므로 그 의무경찰이 택시 약 30㎝ 전방에 서서 이유를 설명하고 있는데 그 운전자가 신경질적으로 갑자기 좌회전하는 바람에 택시 우측 앞 범퍼부분으로 의무경찰의 무릎을 들이받은 사안에서, 그 사건의 경위, 사고 당시의 정황, 운전자의 연령 및 경력 등에 비추어 특별한 사정이 없는 한 택시의 회전반경 등 자동차의 운전에 대하여 충분한 지식과 경험을 가졌다고 볼 수 있는 운전자에게는, 사고 당시 최소한 택시를 일단 후진하였

284) 대법원 1990.6.22. 선고 90도764 판결.
285) 대법원 1990.6.22. 선고 90도767 판결.
286) 대법원 1980.5.27. 선고 80도796 판결.
287) 대법원 1979.7.24. 선고 79도451 판결.
288) 대법원 2011.5.26. 선고 2010도10305 판결.

다가 안전하게 진행하거나 의무경찰로 하여금 안전하게 비켜서도록 한 다음 진행하지 아니하고 그대로 좌회전하는 경우 그로부터 불과 30㎝ 앞에서 서 있던 의무경찰을 충격하리라는 사실을 쉽게 알고도 이러한 결과발생을 용인하는 내심의 의사, 즉 미필적 고의가 있었다고 봄이 경험칙상 당연하다. 이와 같은 사건의 경위와 정황, 그 의무경찰의 피해가 전치 5일 간의 우슬관절부 경도좌상 정도에 불과한 점 등에 비추어 볼 때, 그와 같은 택시운행으로 인하여 사회통념상 피해자인 의무경찰이나 제3자가 위험성을 느꼈으리라고는 보여지지 아니하므로 그 택시 운전자의 범행을 특수공무집행방해 치상죄로 의율할 수는 없다.[289]

4) 인과관계

본죄의 실행행위와 상해 또는 사망의 결과 사이에는 인과관계가 존재하여야 한다는 것은 당연하다.

(2) 주관적 구성요건

본죄의 행위는 고의를 요하고, 결과는 과실 또는 고의를 요한다. 다만 결과가 사망인 경우에는 과실만을 요한다고 해야 한다.

(3) 공 범

본죄에 있어서와 같이 결과적 가중범의 공동정범은 기본행위를 공동으로 할 의사가 있으면 성립하고 결과를 공동으로 할 의사는 필요 없다.[290]

공범을 긍정한 판례의 구체적 내용은 다음과 같다. 즉,

집회 및 시위에 참가한 노동조합원 중 일부가 시위진압 경찰관들과의 몸싸움 과정에서 경찰관들에게 상해를 입게 한 사안에서 금속연맹 지역 본부장의 직책을 가지고 그 집회 및 시위에 적극적으로 참가한 피고인에게 특수공무집행방해치상의 공모공동정범으로서의 죄책을 인정한 사례이다.[291]

공범을 부정한 판례의 구체적 내용은 다음과 같다. 즉,

부진정 결과적 가중범인 특수공무방해치사상죄에 있어서 공무집행을 방해하는 집단행위의 과정에서 일부 집단원이 고의로 방화행위를 하여 사상의 결과를 초래한 경우에 다른 집단원이 그 방화행위로 인한 사상의 결과를 예견할 수 있는 상황이었다면 특수공무방해치사상의 죄책을 면할 수 없으나 그 방화행위 자체에 공모가담한 바 없는 이상 방화치사상죄로 의율할 수는 없다.[292]

2. 죄 수

기본범죄를 통하여 고의로 중한 결과를 발생하게 한 경우에 가중 처벌하는 부진정 결과적 가중범에 있어서, 고의로 중한 결과를 발생하게 한 행위가 별도의 구성요건에 해당하고

289) 대법원 1995.1.24. 선고 94도1949 판결.

290) 대법원 2008.6.26. 선고 2007도6188 판결; 대법원 2002.4.12. 선고 2000도3485 판결; 대법원 1997.10.10. 선고 97도1720 판결; 대법원 1990.6.26. 선고 90도765 판결; 대법원 1978.1.17. 선고 77도2193 판결.

291) 대법원 2002.4.12. 선고 2000도3485 판결.

292) 대법원 1990.6.26. 선고 90도765 판결.

그 고의범에 대하여 결과적 가중범에 정한 형보다 더 무겁게 처벌하는 규정이 있는 경우에는 그 고의범과 결과적 가중범이 상상적 경합관계에 있다고 보아야 할 것이다.[293)]

고의범에 대하여 더 무겁게 처벌하는 규정이 없는 경우에는 결과적 가중범이 고의범에 대하여 특별관계에 있다고 해석되므로 결과적 가중범만 성립하고 이와 법조경합의 관계에 있는 고의범에 대하여는 별도로 죄를 구성한다고 볼 수 없다. 따라서 직무를 집행하는 공무원에 대하여 위험한 물건을 휴대하여 고의로 상해를 가한 경우에는 특수공무집행방해치상죄만 성립할 뿐, 이와는 별도로 폭력행위 등 처벌에 관한 법률 위반(집단·흉기 등 상해)죄를 구성한다고 볼 수 없다.[294)]

Ⅲ. 처 벌

본죄의 법정형은 공무원을 상해에 이르게 한 때에는 3년 이상의 유기징역이고, 사망에 이르게 한 때에는 무기 또는 5년 이상의 징역이다.

본죄의 법정형에 대하여는 책임과 형벌의 비례성의 원칙에 위배된다거나, 형벌체계의 정당성과 균형을 잃은 것으로서 헌법상 인간으로서의 존엄과 가치 및 행복추구권을 정한 헌법 제10조, 평등의 원칙을 정한 헌법 제11조, 과잉금지원칙을 정한 제37조 제2항 및 법관에 의한 적정한 재판을 받을 권리를 정한 헌법 제27조 제1항에 위배된다고 할 수 없다.[295)]

제4절 도주와 범인은닉의 죄

§1. 개 관

Ⅰ. 서 설

본장의 도주와 범인은닉의 죄는 도주의 죄와 범인은닉의 죄로 나누어질 수 있다(형법 제2편 제9장). 도주의 죄(逃走의 罪, Gefangenenbefreiung)란 법률에 의하여 체포 또는 구금된 자가 스스로 도주하거나, 잠시 해금된 경우에 정당한 이유없이 그 집합명령에 위반하거나 또는 타인이 범인의 도주에 관여하는 것을 내용을 하는 범죄를 말한다. 도주의 죄는 구금작용이 피구금자 자신에 의해서 침해되는 경우와 그 이외의 자에 의해서 침해되는 경우도 나누어질 수 있다. 범인은닉의 죄(犯人隱匿의 罪, Strafvereitelung)란 벌금 이상의 형에 해당하는 죄를 범한 자를 은닉 또는 도피하게 함으로써 성립하는 범죄를 말하다.

---

293) 대법원 2008.11.27. 선고 2008도7311 판결; 대법원 1996.4.26. 선고 96도485 판결; 대법원 1995.1.20. 선고 94도2842 판결; 대법원 1990.5.8. 선고 90도670 판결.

294) 대법원 2008.11.27. 선고 2008도7311 판결.

295) 대법원 2008.6.26. 자 2008초기202,2007도6188 결정.

Ⅱ. 보호법익

1. 의 의

본장의 범죄의 보호법익도 도주의 죄의 보호법익과 범인은닉의 죄의 그것으로 나누어진다. 도주의 죄의 보호법익에 관하여는 형사사법에 대한 국가의 기능이라는 견해와 국가의 구금권이라는 견해가 대립하고 있다. 생각건대 국가는 범죄자와 기타 자유를 구속할 필요가 있는 자에 대하여 구금권을 가지고 있기 때문에 본죄의 보호법익은 국가의 구금작용이라고 하는 것이 타당하다고 해석된다.

범인은닉의 죄의 보호법익에 관하여는 수사권·재판권·형집행권의 행사로서의 국가의 형사사법기능이라는 견해와 국가의 정당한 형벌청구권이라는 견해가 대립하고 있다. 생각건대 후자에 의할 때에는 할 때에는 유죄판결이 확정된 자를 은닉 또는 도피시킨 경우에는 본죄의 성립을 부정해야 한다는 결론에 이르게 되어 부당하다고 해석된다.

2. 보호의 정도

본장 범죄에 있어서 보호법익에 대한 보호의 정도는 도주의 죄의 경우는 침해범, 범인은닉의 죄의 경우는 추상적 위험범으로서의 보호라고 해석되고 있다.

Ⅲ. 입법례

입법례로서는 자기도주 또는 단순도주죄는 처벌하지 않고, 도주의 중대한 형태라고 할 수 있는 특수도주죄와 도주원조죄만을 처벌하는 경우가 많다(독일형법 제120조 내지 제121조, 오스트리아형법 제300조, 프랑스형법 제245조 등). 기대가능성이 결여되어 있다고 하는 것이 그 이유이다.

그러나 형법은 단순도주죄도 처벌하고 있다. 일본형법도 마찬가지이다. 이러한 형법의 태도에 대하여는 비판이 가해지는 경우도 있다. 증거인멸죄에 관하여 피고인의 자기증거인멸을 처벌하지 않는 것과 비교하여 볼 때 단순도주죄를 처벌하는 것은 입법론상 의문이라는 것이다.

Ⅳ. 구성요건의 체계

도주의 죄는 도주죄(제145조 제1항)를 기본적 구성요건으로 한다. 이에 준하는 구성요건으로서 집합명령위반죄(제145조 제2항)를 거론할 수 있다. 특수도주죄(제146조)는 행위방법으로 인하여 불법이 가중되는 가중적 구성요건이다. 도주원조죄(제147조)는 독립된 구성요건에 속한다. 간수자도주원조죄(제148조)는 도주원조죄에 비하여 신분으로 인하여 책임이 가중되는 가중적 구성요건에 속한다. 도주의 죄는 미수범을 처벌한다(제149조). 그중에서도 도주원조죄와 간수자도주원조죄는 예비·음모도 처벌한다(제149조).

범인은닉의 죄는 도주의 죄의 독립된 범죄유형으로서 범인은닉·도피죄(제151조 제1항)를 규정하

고 있다. 범인은닉·도피죄에 대하여는 친족간특례가 적용되나, 미수범과 예비·음모에 대하여는 처벌규정이 존재하지 않는다.

§2. 도주죄

제145조(도주, 집합명령위반) ① 법률에 의하여 체포 또는 구금된 자가 도주한 때에는 1년 이하의 징역에 처한다.

제149조(미수범) 전4조의 미수범은 처벌한다.

Ⅰ. 의 의

본죄는 법률에 의하여 체포 또는 구금된 자가 도주함으로써 성립하는 범죄이다. 자기도주에 대한 처벌규정이다. 단순도주죄라고도 한다.

Ⅱ. 범 죄

1. 객관적 구성요건

(1) 주 체

본죄의 주체는 법률에 의하여 체포·구금된 자이다. 진정신분범이다. 법률에 의하여 체포·구금된 자란 널리 법률에 근거하여 적법하게 신체의 자유를 구속받고 있는 자를 말한다. 구금(拘禁)이란 현실적으로 구금된 것임을 요하므로 가석방중에 있는 자, 보석중에 있는 자 또는 형집행이 정지중인 자는 제외된다. 법률에 의하여란 형식적 적법성으로 족하고 실질적 적법성까지 요하는 것은 아니다. 따라서 미결구금되었던 자가 도주 후 무죄의 확정판결을 받았다고 하더라도 이미 성립한 도주죄에는 아무런 영향을 미치지 않는다.

주체를 부정한 판례의 구체적 내용은 다음과 같다. 즉,

> 사법경찰관이 피고인을 수사관서까지 동행한 것이 사실상의 강제연행, 즉 불법 체포에 해당하고, 불법 체포로부터 6시간 상당이 경과한 후에 이루어진 긴급체포 또한 위법하므로 피고인이 불법체포된 자로서 형법 제145조 제1항에 정한 '법률에 의하여 체포 또는 구금된 자'가 아니어서 도주죄의 주체가 될 수 없다.[1)]

(2) 행 위

본죄의 행위는 도주이다. 도주(逃走)란 구금상태로부터 이탈하는 것을 말한다. 작위든 부작위든 그 수단이나 방법은 묻지 않는다. 도주는 일시적 이탈로도 족하다. 따라서 이탈한 시간의 장단은 본죄의 완성에 영향을 미치지 않는다.

(3) 결 과

본죄는 도주 즉시 기수에 이르는 즉시범이다. 따라서 구금상태로부터 이탈을 완료하는

---

1) 대법원 2006.7.6. 선고 2005도6810 판결.

순간 기수에 달한다. 대법원도 "도주죄는 즉시범으로서 범인이 간수자의 실력적 지배를 이탈한 상태에 이르렀을 때에 기수가 되어 도주행위가 종료하는 것이다"라고 판시한 바 있다.[2] 다만 본죄는 기수 후에도 도주상태가 계속되는 상태범이다. 도주행위가 계속되는 것은 아니기 때문에 계속범에는 해당하지 않는다고 해야 한다. 대법원도 "도주죄는 도주상태가 계속되는 것이므로 도주중에는 시효가 진행 안된다는 소론을 채용할 수 없다"고 판시한 바 있다.[3]

2. 주관적 구성요건

본죄는 고의범이다. 본죄의 고의가 성립하기 위해서는 우선 자기가 법률에 의하여 체포 또는 구금된 자라는 점을 인식하고 일시적이나마 도주하려는 의사를 가지고 있을 것을 요한다. 적법한 체포·구금을 위법하다고 오신하여 도주행위에 이르른 적법성의 착오는 법률의 착오에 해당되어 오인에 정당한 이유가 있는 한 책임이 조각된다.

3. 미수·기수

본죄는 미수범을 처벌한다. 구금작용의 침해를 개시한 시점에 실행의 착수가 있다. 따라서 수용거실로부터 탈출하면 착수로 된다. 구금상태로부터 완전히 이탈하면 기수가 된다. 수용거실로부터 탈출하여도 담장 안에 있는 경우 또는 담장을 넘었더라도 추적이 계속되고 있는 한 아직 실력적 지배를 벗어났다고 할 수 없기 때문에 미수에 그친다. 완전히 실력적 지배를 벗어나면 그것이 일시적이라고 하더라도 기수에 달한다.

Ⅲ. 처 벌

본죄의 법정형은 1년 이하의 징역이다. 비교적 가벼운 처벌이라고 할 수 있다. 자주도주에 대한 기대불가능성을 고려한 점이라고 해석된다. 본죄의 미수범은 처벌된다.

§3. 집합명령위반죄

제145조(도주, 집합명령위반) ② 제1항의 구금된 자가 천재지변이나 사변 그 밖에 법령에 따라 잠시 석방된 상황에서 정당한 이유없이 집합명령에 위반한 경우에도 제1항의 형에 처한다.

제149조(미수범) 전4조의 미수범은 처벌한다.

구조문

제145조(도주, 집합명령위반) ② 전항의 구금된 자가 천재, 사변 기타 법령에 의하여 잠시 해금된 경우에 정당한 이유없이 그 집합명령에 위반한 때에도 전항의 형과 같다.

관련조문

제145조(도주, 집합명령위반) ① 법률에 따라 체포되거나 구금된 자가 도주한 경우에는 1년 이하의 징역에 처한다.

2) 대법원 1991.10.11. 선고 91도1656 판결.
3) 대법원 1979.8.31. 선고 79도622 판결.

Ⅰ. 의 의

본죄는 법률에 의하여 구금된 자가 천재지변이나 사변 그 밖에 법령에 따라 잠시 석방된 상황에서 정당한 이유없이 집합명령에 위반함으로써 성립하는 범죄이다.

Ⅱ. 범 죄

1. 객관적 구성요건

(1) 주 체

본죄의 주체는 법률에 의하여 구금된 자로서 천재지변이나 사변 그 밖의 법령에 따라 잠시 석방된 자에 한한다. 이러한 의미에서 본죄는 진정신분범이다. 법률이란 형사소송법뿐만 아니라 소년법, 형집행법 등 기타의 형사절차법을 포함한다. 구금된 자에는 체포된 자가 제외되고 있다. 석방사유는 천재지변, 사변 및 법령의 3가지이다. 가석방자는 잠시 석방된 자에 해당하지 않는다.

(2) 행 위

본죄의 실행행위는 정당한 이유 없이 집합명령에 위반하는 것이다. 퇴거불응죄와 같은 진정부작위범이다(제319조 제2항 참조). 정당한 이유 없이란 집합명령에 응할 수 없는 적법한 이유가 없음을 의미한다. 정당한 이유는 위법성조각사유로 해석된다. 따라서 정당한 이유로 집합명령에 응하지 않은 경우에는 본죄의 위법성이 조각된다.

2. 주관적 구성요건

본죄의 고의는 인식적 요소로서 구금된 자가 천재지변이나 사변 그 밖에 법령에 따라 잠시 석방되었다는 사실과 정당한 이유없이 집합명령에 위반한다는 사실에 대한 인식을 요한다.

3. 미수 · 기수

본죄는 미수범을 처벌한다. 집합명령이 있고 이에 응할 수 있는 시간이 경과한 후에라야 비로소 기수에 이른다고 해석해야 한다. 따라서 응할 수 있는 시간이 경과하기 전까지는 미수에 그친다고 해야 한다. 이러한 의미에서 형집행법이 교정시설의 안에서 천재지변이나 그 밖의 사변에 대한 피난의 방법이 없고 수용자를 다른 장소로의 이송도 불가능하여 수용자를 일시 석방한 경우 석방 후 24시간 이내에 교정시설 또는 경찰관서에 출석하도록 규정한 취지를 이해할 수 있다고 해야 한다(형집행법 제102조 참조).

Ⅲ. 처 벌

본죄의 법정형은 1년 이하의 징역이다. 도주죄의 그것과 같다. 비교적 가벼운 처벌은

기대불가능성에 비중을 둔 결과로 보인다. 본죄의 미수범은 처벌된다.

§4. 특수도주죄

제146조(특수도주) 수용설비 또는 기구를 손괴하거나 사람에게 폭행 또는 협박을 가하거나 2인 이상이 합동하여 전조제1항의 죄를 범한 자는 7년 이하의 징역에 처한다.

제149조(미수범) 전4조의 미수범은 처벌한다.

관련조문

제145조(도주, 집합명령위반) ① 법률에 따라 체포되거나 구금된 자가 도주한 경우에는 1년 이하의 징역에 처한다.

Ⅰ. 서 설

1. 의 의

본죄는 수용설비 또는 기구를 손괴하거나 사람에게 폭행 또는 협박을 가하거나 2인 이상이 합동하여 도주함으로써 성립하는 범죄를 말한다.

본죄는 주체가 법률에 의하여 체포 또는 구금된 자로 한정되어 있다. 신분범이라고 할 수 있다. 본죄는 행위방법의 특수성으로 인하여 도주죄에 비하여 불법이 가중되는 가중적 구성요건이다.

2. 특 징

전술한 바와 같이 일반범죄에 대한 특수범죄, 예컨대 절도죄, 강도죄 및 도주죄에 대한 특수절도죄, 특수강도죄 및 특수도주죄의 특징은 행위방법의 특수성에 있다. 다시 말해서, 일반범죄에 있어서의 실행행위, 예컨대 절취, 강취 및 도주가 특수범죄에 있어서의 실행행위는 각각 야간침입·흉기휴대·합동 절취, 야간침입·흉기휴대·합동 강취 및 손괴·폭행협박·합동 도주의 형태로 수정되고 있다는 점에 있다.

3. 유 형

본죄는 위에서 본 바와 같이 수용설비 또는 기구를 손괴하거나 사람에게 폭행 또는 협박을 가하거나 2인 이상이 합동하여 도주함으로써 성립하는 범죄이다. 여기서 본죄는 손괴도주, 폭행·협박 도주 및 합동도주의 3가지의 유형으로 나누어질 수 있다.

Ⅱ. 범 죄

1. 손괴도주죄

(1) 의 의

본죄는 법률에 따라 체포되거나 구금된 자가 수용설비 또는 기구를 손괴하고 도주함으로

써 성립하는 범죄이다.

(2) 객관적 구성요건

본죄의 객체는 수용설비와 기구이다. 수용설비란 사람의 신체의 자유를 계속적으로 구속하기 위한 설비를 말한다. 교도소·소년교도소·구치소·미결수용소 또는 경찰서의 유치장 등의 구금장소가 여기에 해당한다. 기구란 신체를 직접 구속하는 기구를 말한다. 포승·수갑·연쇄 또는 방성구 등의 계구가 여기에 해당한다.

본죄의 실행행위는 도주이다. 도주는 수용설비 또는 기구의 손괴의 수단에 의하여 행하여질 것을 요한다. 손괴(損壞)란 물리적 훼손을 의미한다. 다만 본죄의 손괴는 수용설비 또는 기구에 대한 물리적 훼손만을 의미한다는 점에서 재물에 대한 효용의 훼멸을 포함하는 손괴죄에 있어서의 그것과는 구별된다. 따라서 단순히 수갑을 풀고 달아나는 것만으로는 여기에 해당하지 않는다. 손괴의 수단이나 방법에 대하여는 특별히 규정된 것이 없다. 손괴는 수단이나 방법을 묻지 않는 것으로 해석된다. 다만 손괴의 정도에 대하여는 다툼이 있다. 기능적으로 중요부분의 훼손을 요한다는 견해, 도주를 가능하게 하는 정도의 것이 아니면 안 된다는 견해, 반드시 중요부분을 손괴할 필요는 없다는 견해 및 손괴의 정도가 경미에 그치는 경우도 손괴에 해당한다고 하는 견해 등이 있다. 이 점은 실행의 착수시기와 관련되는 문제라고 생각된다.

(3) 주관적 구성요건

본죄의 고의는 인식적 요소로서 법률에 따라 체포되거나 구금된 자, 수용설비 또는 기구에 대한 손괴의 사실 및 도주한다는 사실에 대한 인식을 요한다.

(4) 미수·기수

본죄는 미수범을 처벌한다. 본죄는 손괴로써 실행의 착수가 개시되고, 도주로써 기수에 달한다. 수단·목적의 관계로 결합된 결합범의 경우 실행의 착수는 수단행위의 개시에 의하여 인정되는 것이 일반적으로 타당하다. 손괴행위의 개시에 의하여 국가의 구금작용에 대한 침해가 인정된다고 해석되기 때문이다. 한편 본죄는 구금상태로부터의 이탈에 의하여 기수에 달한다. 전술한 도주죄가 기수에 달한 후에는 자기의 신체를 구속하는 기구를 손괴하여도 본죄에는 해당하지 않는다.

(5) 공 범

본죄에 있어서 공동정범의 성부가 문제될 수 있다. 손괴의 공동에 의한 특수도주죄의 공동정범을 부정해야 할 이유는 존재하지 않는다고 해석된다.

2. 폭행·협박 도주죄

(1) 의 의

본죄는 법률에 따라 체포되거나 구금된 자가 사람에게 폭행 또는 협박을 가하고 도주함

으로써 성립하는 범죄이다.

(2) 객관적 구성요건

본죄의 객체는 사람이다.

본죄의 실행행위는 도주이다. 도주는 폭행 또는 협박의 수단에 의할 것을 요한다. 따라서 도주의 목적 없이 단순히 반항의 차원에서 행하여지는 폭행 또는 협박은 본죄의 성부와는 무관하다. 폭행 · 협박은 도주의 수단으로서 행하여지는 이상 간수자에 대한 것에 한하지 않고 그 협력자에 대한 것도 포함된다. 또 공무집행방해죄에 있어서와 같이 직접 신체에 향하여진 것에 한정되지 않고 소위 간접폭행으로도 족하다고 해석된다. 폭행 · 협박은 반드시 상대방의 반항을 억압할 수 있을 정도에 달할 것을 요하는 것은 아니다. 뿐만 아니라 체포행위를 방해하는 정도에 이를 것도 요하는 것도 아니다.

(3) 주관적 구성요건

본죄는 고의범이다. 본죄의 고의는 인식적 요소로서 법률에 따라 체포되거나 구금된 자, 사람에 대한 폭행 · 협박의 사실 및 도주한다는 사실에 대한 인식을 요한다.

(4) 미수 · 기수

본죄는 미수범을 처벌한다. 본죄는 폭행 · 협박으로써 실행의 착수가 개시되고, 도주로써 기수에 달한다. 수단 · 목적의 관계로 결합된 결합범의 경우 실행의 착수는 수단행위의 개시에 의하여 인정되는 것이 일반적으로 타당하다. 폭행 · 협박 행위의 개시에 의하여 국가의 구금작용에 대한 침해가 인정된다고 해석되기 때문이다. 한편 본죄는 구금상태로부터의 이탈에 의하여 기수에 달한다. 전술한 도주죄가 기수에 달한 후 체포를 면하기 위하여 간수자에게 폭행 또는 협박을 가하여도 공무집행방해죄의 성립을 별론으로 하면 본죄에는 해당하지 않는다.

(5) 공 범

본죄에 있어서 공동정범의 성부가 문제될 수 있다. 폭행 · 협박의 공동에 의한 특수도주죄의 공동정범을 부정해야 할 이유는 존재하지 않는다고 해석된다.

3. 합동도주죄

(1) 의 의

본죄는 법률에 따라 체포되거나 구금된 자가 2인 이상이 합동하여 도주함으로써 성립하는 범죄이다. 본죄는 특수절도죄와 특수강도죄와 함께 각칙상 특수범죄 중의 하나이다. 전술한 바와 같이 형법은 합동범에 관하여는 특수절도죄(제331조 제2항 후단)와 특수강도죄(제334조 제2항 후단) 및 특수도주죄(제146조)의 3종류만을 규정하고 있다.

(2) 객관적 구성요건

본죄의 실행행위는 도주이다. 도주는 2인 이상이 합동하여 행하여질 것을 요한다. 실행행위를 분담하는 합동범과 실행행위와 실행행위 외의 행위를 분담하는 공범형 공동정범을 원칙적으로 구별하는 본서의 입장에 의하는 한 시간적 근접성과 장소적 근접성이 충족되는 경우에는 실행행위의 합동성을 인정할 수 있게 된다. 여기서 합동하여란 실행행위를 분담하는 정범형 공동정범의 공동하여와 유사한 개념이지만, 실행행위의 합동성을 요한다는 점에서 이를 요하지 않는 공동하여와는 구별된다고 할 수 있다. 따라서 합동하여는 시간적·장소적 협동을 의미하게 된다. 2인 이상은 본죄의 주체로부터 법률에 따라 체포되거나 구금된 자라는 신분을 전원이 가지고 있을 것이 필요하다. 한편 전술한 바와 같이 합동범과 공동정범의 결정적인 차이는 합동범은 정범이지만, 공동정범은 공범이라는 점에 있다.

(3) 주관적 구성요건

본죄는 고의 외에 합동의 의사를 요한다. 공모(共謀)든 통모(通謀)든 용어는 문제되지 않는다. 따라서 공동정범에서와 유사한 요소로서 합동하는 자 사이에는 의사의 연락을 요한다. 본죄를 가중처벌하는 취지는 서로 연락하여 동일기회에 도주하여 체포를 곤란하게 한다는 점, 2인 이상의 자의 실행의 착수가 요구된다는 점 등을 고려할 때 합동의 의사는 상호 상대방이 도주한다는 사실에 대한 인식 외에도 동일한 기회에 동시에 도주한다는 취지의 의사의 연락이 필요하다고 해야 하기 때문이다.

(4) 미수·기수

본죄는 미수범을 처벌한다. 본죄는 도주행위의 개시에 의하여 실행의 착수가 인정되고 도주행위의 종료에 의하여 기수에 달한다. 문제는 실행의 착수와 기수를 개별적으로 인정해야 하는가 아니면 전원에 대하여 인정해야 하는가에 있다. 생각건대 합동범은 총칙상의 임의적 공범규정이 적용되지 않는 각칙상의 필요적 공범으로서 실행의 착수는 1인에 의한 그것만으로도 족하지만, 미수와 기수는 각각의 도주자별로 개별적으로 판단하는 것이 타당하다고 해석된다.

(5) 공 범

본죄는 필요적 공범에 속한다. 따라서 총칙상의 공범규정은 합동범으로서의 도주자 사이에는 당연히 적용될 수 없지만, 도주자와 이에 가담한 외부자 사이에는 이를 적용하지 못할 하등의 이유가 존재하지 않는다고 해야 한다.

4. 죄 수

피구금자가 본조의 손괴, 폭행·협박 또는 합동의 각 수단을 병용하여 도주한 경우에 대하여는 포괄하여 1죄라고 해석된다. 다만 본조의 수단을 병용한 경우는 단순일죄라고 하는 견해도 있다.

Ⅲ. 처 벌

본죄의 법정형은 7년 이하의 징역이다. 죄질이 악질이라는 점에서 도주죄보다 무겁게 벌하고 있는 것이다. 본죄의 미수범은 처벌된다.

§5. 도주원조죄

> 第147조(도주원조) 법률에 의하여 구금된 자를 탈취하거나 도주하게 한 자는 10년 이하의 징역에 처한다.
> 第149조(미수범) 전4조의 미수범은 처벌한다.
> 第150조(예비, 음모) 제147조와 제148조의 죄를 범할 목적으로 예비 또는 음모한 자는 3년 이하의 징역에 처한다.

Ⅰ. 서 설

1. 의 의

본죄는 법률에 의하여 구금된 자를 탈취하거나 도주하게 함으로써 성립하는 범죄이다. 본죄는 미수범의 처벌에 그치지 않고 예비·음모의 처벌도 포함하고 있다.

2. 취 지

본죄는 도주죄의 방조에 해당하는 행위를 독립된 구성요건으로 규정한 것이다.[4] 형법은 피구금자가 스스로 도주하는 행위는 기대가능성이 적다는 점을 고려하여 도주죄의 법정형을 가볍게 규정하고 있다. 그러나 도주를 원조하는 자에 대하여는 이러한 고려는 불필요하기 때문에 단순히 도주죄의 공범으로서 취급하는 것은 처벌의 적정이 실현되지 않을 가능성이 있다. 여기서 본죄는 도주죄의 공범에 상당하는 행위를 독립시켜 무겁게 처벌함과 함께 동시에 피구금자의 도주가 범죄를 구성하지 않는 경우에도 도주원조를 범죄로서 규정하여 처벌하려는 것이다.

Ⅱ. 범 죄

1. 구성요건

(1) 객관적 구성요건

1) 주 체

본죄의 주체에는 제한이 없다. 다만 법률에 의하여 구금되어 있는 자 본인은 본죄의 주체가 될 수 없다.

4) 대법원 1991.10.11. 선고 91도1656 판결 참조.

2) 객 체

본죄의 객체는 법률에 의하여 구금된 자이다. 원칙적으로 도주죄에 있어서의 그것과 같은 개념이다. 구금(拘禁)이란 신체의 자유의 구속을 말한다. 장기적에 걸친 계속적인 신체의 자유의 구속 이외에도 단기의 일시적인 신체의 자유의 구속을 포함한다. 법률에 의하여란 법률의 근거에 기초하여라는 의미이다.

3) 행 위

본죄는 실행행위는 탈취하거나 도주하게 하는 것이다. 이는 도주죄에 대한 방조행위만을 의미한다고 해석된다. 도주원조죄(Gefangenen-befreiung)라는 조문의 제목상 교사행위는 처음부터 배제되고 있다는 것이 입법자의 의도라고 할 수 있기 때문이다. 그럼에도 불구하고 판례는 교사행위도 포함시켜 해석하고 있다. 대법원은 "도주원조죄는 도주죄에 있어서의 범인의 도주행위를 야기시키거나 이를 용이하게 하는 등 그와 공범관계에 있는 행위를 독립한 구성요건으로 하는 범죄이다"라고 판시한 바 있기 때문이다.[5]

탈취(奪取)란 피구금자를 그 간수자의 실력적 지배로부터 이탈시켜 자기 또는 제3자의 실력적 지배로 옮기는 것을 말한다. 도주하게 한은 피구금자를 간수자의 실력적 지배로부터 이탈하게 하는 것으로서 탈취의 정도에 이르지 않은 일체의 방조행위를 말한다. 피구금자의 동의유무를 묻지 않는다. 탈취나 도주하게 하는 수단이나 방법도 묻지 않는다.

4) 결 과

본죄는 즉시범이다. 피구금자가 간수자의 실력적 지배로부터 이탈되는 즉시 기수에 달하게 된다.

(2) 주관적 구성요건

본죄는 고의범이다. 객관적 구성요건요소에 대한 인식이 없는 경우에는 고의가 부정된다. 따라서 본죄의 고의는 인식적 요소로서 법률에 의하여 구금된 자를 탈취하거나 도주하게 한다는 사실에 대한 인식을 요한다.

(3) 예비 · 음모

본죄는 예비 · 음모를 처벌한다. 예비 · 음모죄는 본죄를 범할 목적으로 예비 또는 음모함으로써 성립하게 된다. 본죄를 범할 목적을 요하는 목적범이다.

(4) 미수 · 기수

본죄는 미수범을 처벌한다. 본죄의 피구금자를 구금상태로부터 이탈시키기 위한 행위의 개시에 의하여 실행의 착수가 인정된다. 탈취는 피구금자를 자기 또는 제3자의 실력적 지배에 둔 때 또는 간수자의 실력적 지배로부터 벗어나게 한 때에 기수가 된다. 도주하게 한 때에는 피구금자가 간수자의 실력적 지배로부터 이탈하게 되었을 때 기수에 이르게 된다.

---

5) 대법원 1991.10.11. 선고 91도1656 판결.

2. 죄 수

도주원조죄는 도주죄에 있어서의 범인의 도주행위를 야기하거나 이를 용이하게 하는 등 그와 공범관계에 있는 행위를 독립한 구성요건으로 하는 범죄이므로, 도주죄의 범인이 도주행위를 하여 기수에 이른 이후에 범인의 도피를 도와주는 행위는 범인도피죄에 해당할 수 있을 뿐 도주원조죄에는 해당하지 아니한다.[6)]

Ⅲ. 처 벌

본죄의 법정형은 10년 이하의 징역이다. 자기도주의 경우와는 달리 기대가능성이 적다고 할 수 없다는 이유로 형법은 본죄를 도주죄에 비하여 무거운 형으로 처벌하고 있는 것이다. 본죄의 미수범은 처벌된다. 본죄의 예비·음모도 처벌된다. 예비·음모죄의 법정형은 3년 이하의 징역이다.

§6. 간수자도주원조죄

제148조(간수자의 도주원조) 법률에 의하여 구금된 자를 간수 또는 호송하는 자가 이를 도주하게 한 때에는 1년 이상 10년 이하의 징역에 처한다.

제149조(미수범) 전4조의 미수범은 처벌한다.

제150조(예비, 음모) 제147조와 제148조의 죄를 범할 목적으로 예비 또는 음모한 자는 3년 이하의 징역에 처한다.

Ⅰ. 서 설

본죄는 법률에 의하여 구금된 자를 간수 또는 호송하는 자가 이를 도주하게 함으로써 성립하는 범죄이다. 본죄는 미수범의 처벌에 그치지 않고 예비·음모도 처벌한다.

Ⅱ. 범 죄

1. 객관적 구성요건

(1) 주 체

본죄의 주체는 법률에 의하여 구금된 자를 간수 또는 호송하는 자에 한한다. 부진정신분범이다. 신분은 행위 당시에 존재하는 것으로 족하다. 반드시 공무원일 것을 요하는 것은 아니지만, 간수 또는 호송의 임무는 반드시 법령상의 근거를 요한다고 해석된다.

(2) 객 체

본죄의 객체는 법률에 의하여 구금된 자이다. 체포된 자는 제외된다. 따라서 사인이 현행범을 체포하여 경찰관에게 인도하지 않고 풀어준 경우에는 본죄의 성립과는 무관하다.

---

6) 대법원 1991.10.11. 선고 91도1656 판결.

(3) 행 위

본죄의 실행행위는 피구금자를 도주하게 하는 것이다. 도주하게 하는이란 도주를 야기하거나 이를 용이하게 하는 일체의 행위를 말한다. 수단이나 방법은 묻지 않는다. 부작위도 가능하다.

(4) 결 과

피구금자가 도주하였을 때에 기수가 된다. 도주하게 하려고 하였으나 도주하지 못하였을 때에는 미수가 된다.

2. 주관적 구성요건

본죄는 고의범이다. 따라서 객관적 구성요건요소에 대한 인식을 결여한 경우에는 고의가 조각된다.

고의를 부정한 판례의 구체적 내용은 다음과 같다. 즉,

> 심안하니 원심은 피고인은 서울지방법원 구치감 근무순경으로서 단기 4287년 6월 7일 오후 5시경 피의자 공소외인을 우 구치감으로부터 서대문경찰서까지 호송도중 동 피의자의 간청에 의하여 무포박으로 호송하다가 동일 오후 8시 30분경 서대문 십자로부근에서 동 피의자를 도주케 하였다는 사실을 인정하였으나 원판결이 인용한 증거를 종합하여도 피고인의 과실은 인정할 수 있으나 본건 범죄를 인정하기에는 불충분하다 할 것이오 또 원판결은 법의 적용에 있어서도 불분명할뿐 아니라 형사소송법 부칙 제1조에 의하며 구 형사소송절차에 의거하여야 할 본건에 있어서 구 형사소송법 제358조에 의하여 범죄의 증명이 있을 때에는 형을 언도하여야 하며 형의 종류로서는 구 형법 제9조에 규정한 형이 아님으로 형의 선고유예는 포함되지 않는 것으로 해석함이 타당함으로 원심은 법의 해석을 그릇한 위법이 있다. 상고 이유 있으므로 형사소송법 부칙 제1조 구 형사소송법 제447조 동 제448조의2에 의하여 주문과 같이 판결한다.[7)]

3. 예비 · 음모

본죄는 예비 · 음모를 처벌한다. 예비 · 음모죄는 본죄를 범할 목적으로 예비 또는 음모함으로써 성립하게 된다. 본죄를 범할 목적을 요하는 목적범이다.

4. 미수 · 기수

본죄는 미수범을 처벌한다. 도주자가 간수자의 실력적 지배를 벗어나게 된 때 기수에 이른다.

5. 공 범

본죄는 도주의 방조행위를 독립된 범죄로 규정한 것이다. 이 점에서 본죄는 전술한 도주원조죄와 같다. 본죄가 적용되면 방조범에 관한 총칙규정은 적용되지 않는다. 다만 본죄에

---

7) 대법원 1955.4.15. 선고 4287형상206 판결.

관여한 비신분자는 본죄의 공범으로 될 수 있다.

Ⅲ. 처 벌

본죄의 법정형은 1년 이상 10년 이하의 징역이다. 본죄의 미수범은 처벌된다. 본죄의 예비·음모도 처벌된다. 예비·음모죄의 법정형은 3년 이하의 징역이다.

§7. 범인은닉죄

제151조(범인은닉과 친족간의 특례) ① 벌금 이상의 형에 해당하는 죄를 범한 자를 은닉 또는 도피하게 한 자는 3년 이하의 징역 또는 500만원 이하의 벌금에 처한다.
② 친족 또는 동거의 가족이 본인을 위하여 전항의 죄를 범한 때에는 처벌하지 아니한다.

Ⅰ. 서 설

1. 의 의

본죄는 벌금 이상의 형에 해당하는 죄를 범한 자를 은닉 또는 도피하게 함으로써 성립하는 범죄이다. 실행행위의 유형에 따라 은닉의 경우 범인은닉죄, 도피의 경우 범인도피죄라고도 한다. 본인을 위하여 본죄를 범한 친족에게는 친족간의 특례가 적용되어 처벌이 면제된다.

2. 보호법익

본죄의 보호법익은 전술한 바와 같이 수사권·재판권·형집행권의 행사로서의 국가의 형사사법기능이다. 대법원도 본죄의 보호법익에 관하여 본죄는 "수사, 재판 및 형의 집행 등에 관한 국권의 행사를 방해하는 행위를 처벌하려는 것이다"라고 판시한 바 있다.[8]

Ⅱ. 범 죄

1. 구성요건

(1) 객관적 구성요건

1) 주 체

본죄의 주체에는 제한이 없다. 다만 범인 자신의 은닉 또는 도피행위는 본죄를 구성하지 않는다.[9] 이의 근거에 대하여는 후술한다.

---

8) 대법원 2014.3.27. 선고 2013도152 판결; 대법원 2007.2.22. 선고 2006도9139 판결; 대법원 1983.8.23. 선고 83도1486 판결; 대법원 1982.1.26. 선고 81도1931 판결; 대법원 1960.2.24. 선고 4292형상555 판결.

9) 대법원 2018.8.1. 선고 2015도20396 판결 참조.

2) 객 체

① 의 의

본죄의 객체는 벌금 이상의 형에 해당하는 죄를 범한 자이다. '벌금 이상의 형에 해당하는 죄'란 법정형이 벌금 이상의 형을 포함하고 있는 죄를 말한다. 선택형으로 구류 · 과료를 포함하고 있는 범죄도 여기에 해당한다. 문제는 '죄를 범한 자'에 있다.

② 죄를 범한 자

ⓘ 의 의 죄를 범한 자란 범죄의 성립요건을 충족한 자라고할 수 있다. 문언해석에 따르면 죄를 범한 자라고 하기 위해서는 구성요건에 해당하고 위법 · 유책할 것을 요한다. 따라서 죄를 범한 자는 정범뿐만 아니라 교사범과 종범을 포함한다. 예비 · 음모한 자도 포함된다. 죄를 범한 자는 처벌조건이나 소송조건까지 구비하여야 하는 것은 아니라고 해석된다. 유죄판결이 확정되었거나 공소가 제기되었을 것을 요하는 것도 아니다. 따라서 범죄의 혐의를 받고 있으면 그것으로 족하고 수사의 대상여부도 묻지 않는다.

대법원도 "죄를 범한 자라 함은 반드시 공소제기가 되거나 유죄의 판결을 받은 자뿐만 아니라 범죄의 혐의를 받아 수사중인 자도 포함된다"고 판시한 바 있다.[10] 나아가 대법원은 "벌금 이상의 형에 해당하는 죄를 범한 자라는 것을 인식하면서도 도피하게 한 경우에는 그 자가 당시에는 아직 수사대상이 되어 있지 않았다고 하더라도 범인도피죄가 성립한다"고 판시한 바 있다.[11]

ⓘⓘ 진범의 요부 문제는 본죄에 있어서의 죄를 범한 자는 진범일 것을 요하는가에 있다. 이에 관하여는 다툼이 있기 때문이다.

i. 학 설 본죄의 죄를 범한 자란 실제로 죄를 범한 진범만을 의미한다는 한정설, 범죄의 혐의를 받아 수사 또는 소추되어 있는 자도 포함한다는 비한정설 및 진범이라고 강하게 의심되는 자를 의미한다는 절충설로 나누어지고 있다.

ii. 판 례 판례는 비한정설의 입장이라고 해석된다. 판례에 따르면 범죄의 혐의를 받아 수사대상이 되어 있는 사람이면 그가 진범인지 여부를 묻지 않고 죄를 범한 자에 해당한다.[12] 죄를 범한 자가 후일 판결에 의하여 무죄가 확정되었더라도 다를 바 없다.[13] 구속수사의 대상이 된 소송외인이 그 후 무혐의로 석방되었다 하더라도 본죄의 성립에 영향이 없다.[14]

iii. 검 토 죄를 범한 자란 죄를 범한 자라는 조문의 규정상 실제로 벌금 이상의 형에 해당하는 죄를 범한 자를 지칭하는 것으로 해석되어야 한다. 이러한 의미에서 한정설

10) 대법원 2014.3.27. 선고 2013도152 판결; 대법원 2007.2.22. 선고 2006도9139 판결; 대법원 2003.12.12. 선고 2003도4533 판결; 대법원 2000.11.24. 선고 2000도4078 판결; 대법원 1995.3.3. 선고 93도3080 판결; 대법원 1983.8.23. 선고 83도1486 판결; 대법원 1982.1.26. 선고 81도1931 판결; 대법원 1960.2.24. 선고 4292형상555 판결.

11) 대법원 2003.12.12. 선고 2003도4533 판결.

12) 대법원 1982.1.26. 선고 81도1931 판결; 대법원 1960.2.24. 선고 4292형상555 판결.

13) 대법원 1960.2.24. 선고 4292형상555 판결.

14) 대법원 1982.1.26. 선고 81도1931 판결.

이 타당하다고 해석된다. 이에 의하는 경우 실제로 죄를 범한 자인 한 이 자는 수사개시전이든 수사중이든 체포·감금중이든 재판중이든 나아가 확정판결후이든 묻지 않고 본죄의 객체로 될 수 있다. 범인이 사망한 경우에도 본죄는 성립한다. 다만 고소권의 소멸, 시효의 완성 등에 의하여 소추가능성이나 처벌가능성이 없어진 경우에는 형사사법작용을 해할 우려가 없게 되고 그 대상자는 본죄의 객체로는 되지 않는다고 할 수 있다. 불기소처분을 받은 자에 대하여는 의문이 남지만, 소추·처벌의 가능성이 있는 한 본죄의 객체로 될 수 있다고 해석되어야 한다. 같은 이유로 친고죄에 있어서 고소가 아직 행하여지지 않은 자도 이에 포함된다. 죄를 범한 자에는 교사자, 방조자, 예비·음모죄의 범인이 포함되는 것은 말할 것도 없다.

3) 행 위

① 의 의

본죄의 실행행위는 은닉 또는 도피하게 하는 것이다. 작위든 부작위든 묻지 않는다. 다만 부작위에 의한 은닉 또는 도피라고 하기 위하여는 범인을 체포해야 할 보증인지위에 있을 것을 요한다. 따라서 경찰관이 범인을 알면서 체포하지 않고 방임하는 경우에는 본죄가 성립할 수 있다. 그러나 일반인에게는 범인을 신고할 의무가 있다고 할 수 없으므로 범인을 신고하지 않거나 수사기관에 인계하지 않은 것만으로는 본죄가 성립한다고 할 수 없다.

② 은 닉

은닉(隱匿)이란 장소를 제공하여 범인을 감추어 주는 행위를 말한다. 본죄는 죄를 범한 자임을 인식하면서 장소를 제공하여 체포를 면하게 하는 것만으로 성립한다.[15] 죄를 범한 자에게 장소를 제공한 후 동인에게 일정 기간 동안 경찰에 출두하지 말라고 권유하는 언동을 하여야만 범인은닉죄가 성립하는 것이 아니며, 또 그 권유에 따르지 않을 경우 강제력을 행사하여야만 한다거나, 죄를 범한 자가 은닉자의 말에 복종하는 관계에 있어야만 범인은닉죄가 성립하는 것은 더욱 아니다.[16]

은닉을 긍정한 판례의 구체적 내용은 다음과 같다. 즉,

> 범인 아닌 자가 수사기관에서 범인임을 자처하고 허위사실을 진술하여 진범의 체포와 발견에 지장을 초래하게 한 행위는 범인은닉죄에 해당한다.[17] 경찰에서 수배중인 자임을 인식하면서 동인을 투숙케 하여 체포를 면하게 한 경우에는 범인은닉죄가 성립한다.[18] 범인(벌금이상의 형에 해당하는 죄를 범한 자)으로 혐의를 받아 수사기관으로부터 수사중인 경우에 범인 아닌 다른 자로 하여금 범인으로 가장케 하여 수사를 받도록 함으로서 범인체포에 지장을 초래케하는 행위는 '범인은익' 또는 '도피'에 해당된다.[19]

---

15) 대법원 2002.10.11. 선고 2002도3332 판결; 대법원 1983.8.23. 선고 83도1486 판결.
16) 대법원 2002.10.11. 선고 2002도3332 판결.
17) 대법원 1996.6.14. 선고 96도1016 판결; 대법원 1977.2.22. 선고 76도3685 판결.
18) 대법원 1983.8.23. 선고 83도1486 판결.
19) 대법원 1967.5.23. 선고 67도366 판결.

③ 도 피

ⓘ 의 의 '도피하게 하는 행위'란 은닉 이외의 방법으로 범인에 대한 수사, 재판, 형의 집행 등 형사사법의 작용을 곤란하게 하거나 불가능하게 하는 일체의 행위를 말한다.[20] 그 수단과 방법에는 아무런 제한이 없다.[21]

ⓘⓘ 도피의 한계 범인도피행위는 은닉행위에 비견될 정도로 수사기관의 발견 · 체포를 곤란하게 하는 행위, 즉 직접 범인을 도피시키는 행위 또는 도피를 직접적으로 용이하게 하는 행위에 한정된다.[22] 형사사법의 작용을 방해하는 모든 행위 내지 범인을 돕는 모든 행위가 범인도피죄의 구성요건에 해당한다고 본다면 이는 일반 국민의 행동의 자유를 지나치게 제한하는 것으로서 부당하기 때문이다.[23] 그 자체로는 도피시키는 것을 직접적인 목적으로 하였다고 보기 어려운 어떤 행위의 결과 간접적으로 범인이 안심하고 도피할 수 있게 한 경우까지 포함하는 것은 아니다.[24]

어떤 행위가 직접 범인을 도피시키는 행위 또는 도피를 직접적으로 용이하게 하는 행위에 해당하는가를 판단하기 위하여는, 범인도피죄의 구성요건적 행위가 정형화되어 있지 아니한 점을 고려한다면, 피고인이 범인의 처지나 의도에 대하여 인식하고 있었는지, 그에게 범인을 은닉 내지 도피시키려는 의사가 있었는지를 함께 고려하여 살펴보아야 할 것이고, 단순히 피고인이 한 행위의 밖으로 드러난 태양만 살펴보는 것만으로는 부족하다고 할 것이다.[25]

ⓘⓘⓘ 묵비 · 허위진술 도피의 한계에 관한 위와 같은 법리는 피의자가 수사기관에서 공범에 관하여 묵비하거나 허위로 진술한 경우에도 그대로 적용된다.[26] 원래 수사기관은 범죄사건을 수사함에 있어서 피의자나 참고인의 진술 여하에 불구하고, 피의자를 확정하고 그 피의사실을 인정할 만한 객관적인 제반 증거를 수집 · 조사하여야 할 권리와 의무가 있고, 수사기관에서 허위 진술을 하였다고 하여 그 자체를 처벌하거나 이를 수사방해 행위로

---

20) 대법원 2018.8.1. 선고 2015도20396 판결; 대법원 2013.1.10. 선고 2012도13999 판결; 대법원 2011.4.28. 선고 2009도3642 판결; 대법원 2008.12.24. 선고 2007도11137 판결; 대법원 2006.5.26. 선고 2005도7528 판결; 대법원 2004.3.26. 선고 2003도8226 판결; 대법원 2003.12.12. 선고 2003도4533 판결; 대법원 2003.5.30. 선고 2003도111 판결; 대법원 2003.2.14. 선고 2002도5374 판결; 대법원 2000.11.24. 선고 2000도4078 판결; 대법원 1995.12.26. 선고 93도904 판결; 대법원 1995.3.3. 선고 93도3080 판결; 대법원 1992.6.12. 선고 92도736 판결; 대법원 1991.8.27. 선고 91도1441 판결; 대법원 1990.12.26. 선고 90도2439 판결.

21) 대법원 2013.1.10. 선고 2012도13999 판결; 대법원 2011.4.28. 선고 2009도3642 판결; 대법원 2008.12.24. 선고 2007도11137 판결; 대법원 2006.5.26. 선고 2005도7528 판결; 대법원 2004.3.26. 선고 2003도8226 판결; 대법원 2003.12.12. 선고 2003도4533 판결; 대법원 2003.5.30. 선고 2003도111 판결; 대법원 2003.2.14. 선고 2002도5374 판결; 대법원 2000.11.24. 선고 2000도4078 판결; 대법원 1995.3.3. 선고 93도3080 판결.

22) 대법원 2013.1.10. 선고 2012도13999 판결; 대법원 2011.4.28. 선고 2009도3642 판결; 대법원 2008.12.24. 선고 2007도11137 판결; 대법원 2004.3.26. 선고 2003도8226 판결; 대법원 2003.2.14. 선고 2002도5374 판결; 대법원 1995.3.3. 선고 93도3080 판결.

23) 대법원 1995.3.3. 선고 93도3080 판결.

24) 대법원 2011.4.28. 선고 2009도3642 판결; 대법원 2008.12.24. 선고 2007도11137 판결; 대법원 2003.2.14. 선고 2002도5374 판결; 대법원 1995.3.3. 선고 93도3080 판결.

25) 대법원 2004.3.26. 선고 2003도8226 판결.

26) 대법원 2010.2.11. 선고 2009도12164 판결; 대법원 2008.12.24. 선고 2007도11137 판결.

처벌하는 규정이 없는 이상 범인도피죄의 인정 범위를 함부로 확장해서는 안 될 것이기 때문이다.[27)]

참고인이 수사기관에서 범인에 관하여 조사를 받으면서 그가 알고 있는 사실을 묵비하거나 허위로 진술하였다고 하더라도, 그것이 적극적으로 수사기관을 기만하여 착오에 빠지게 함으로써 범인의 발견 또는 체포를 곤란 내지 불가능하게 할 정도의 것이 아니라면 범인도피죄를 구성하지 않는다.[28)] 참고인이 실제의 범인이 누군지도 정확하게 모르는 상태에서 수사기관에서 실제의 범인이 아닌 어떤 사람을 범인이 아닐지도 모른다고 생각하면서도 그를 범인이라고 지목하는 허위의 진술을 한 경우에는 참고인의 허위 진술에 의하여 범인으로 지목된 사람이 구속기소됨으로써 실제의 범인이 용이하게 도피하는 결과를 초래한다고 하더라도 그것만으로는 그 참고인에게 적극적으로 실제의 범인을 도피시켜 국가의 형사사법의 작용을 곤란하게 할 의사가 있었다고 볼 수 없어 그 참고인을 범인도피죄로 처벌할 수는 없다.[29)]

도피를 긍정한 판례의 구체적 내용은 다음과 같다. 즉,

'게임산업 진흥에 관한 법률' 위반의 혐의로 수사기관에서 조사받는 피의자가 사실은 게임장·오락실·피씨방 등의 실제 업주가 아니라 그 종업원임에도 불구하고 자신이 실제 업주라고 허위로 진술하였다고 하더라도 그 자체만으로 범인도피죄를 구성하는 것은 아니다. 다만 그 피의자가 실제 업주로부터 금전적 이익 등을 제공받기로 하고 단속이 되면 실제 업주를 숨기고 자신이 대신하여 처벌받기로 하는 역할(이른바 '바지사장')을 맡기로 하는 등 수사기관을 착오에 빠뜨리기로 하고, 단순히 실제 업주라고 진술하는 것에서 나아가 게임장 등의 운영 경위, 자금 출처, 게임기 등의 구입 경위, 점포의 임대차계약 체결 경위 등에 관하여서까지 적극적으로 허위로 진술하거나 허위 자료를 제시하여 그 결과 수사기관이 실제 업주를 발견 또는 체포하는 것이 곤란 내지 불가능하게 될 정도에까지 이른 것으로 평가되는 경우 등에는 범인도피죄를 구성할 수 있다.[30)] 게임산업진흥에 관한 법률 위반 혐의로 수사기관에서 조사받는 피의자가 사실은 게임장·오락실·피씨방 등의 실제 업주가 아님에도 불구하고 자신이 실제 업주라고 허위로 진술하였다고 하더라도 그 자체만으로 범인도피죄를 구성하는 것은 아니다. 다만 그 피의자가 실제 업주로부터 금전적 이익 등을 제공받기로 하고 단속이 되면 실제 업주를 숨기고 자신이 대신하여 처벌받기로 하는 역할(이른바 바지사장)을 맡기로 하는 등 수사기관을 착오에 빠뜨리기로 하고, 단순히 실제 업주라고 진술하는 것에서 나아가 게임장 등의 운영 경위, 자금 출처, 게임기 등의 구입 경위, 점포의 임대차계약 체결 경위 등에 관해서까지 적극적으로 허위로 진술하거나 허위 자료를 제시하여 그 결과 수사기관이 실제 업주를 발견 또는 체포하는 것이 곤란 내지 불가능하게 될 정도에까지 이른 것으로 평가되는 경우 등에는 범인도피죄를 구성할 수 있다.[31)] 범인이 기소중지자임을 알고도 범인의 부탁으로 다른 사람의 명의로 대신 임대차계약을 체결해 준 경우, 비록 임대차계약서가 공시되는 것은 아니라

---

27) 대법원 2013.1.10. 선고 2012도13999 판결.

28) 대법원 2013.1.10. 선고 2012도13999 판결; 대법원 2010.2.11. 선고 2009도12164 판결; 대법원 2008.12.24. 선고 2007도11137 판결; 대법원 2008.6.26. 선고 2008도1059 판결; 대법원 2003.2.14. 선고 2002도5374 판결; 대법원 1997.9.9. 선고 97도1596 판결; 대법원 1991.8.27. 선고 91도1441 판결.

29) 대법원 1997.9.9. 선고 97도1596 판결.

30) 대법원 2012.8.30. 선고 2010도13694 판결; 대법원 2010.1.28. 선고 2009도10709 판결.

31) 대법원 2010.2.11. 선고 2009도12164 판결; 대법원 2010.1.28. 선고 2009도10709 판결.

하더라도 수사기관이 탐문수사나 신고를 받아 범인을 발견하고 체포하는 것을 곤란하게 하여 범인도피죄에 해당한다.[32] 범인이 아닌 자가 수사기관에 범인임을 자처하고 허위사실을 진술하여 진범의 체포와 발견에 지장을 초래하게 한 행위는 위 죄에 해당한다.[33] 피고인이 살인미수의 피의자를 상피고인에게 연락하여 만나게 해주고 동인으로 하여금 도피를 용이하게 한 경우 범인도피죄에 해당한다.[34]

도피를 부정한 판례의 구체적 내용은 다음과 같다. 즉,

범인도피죄는 타인을 도피하게 하는 경우에 성립할 수 있는데, 여기에서 타인에는 공범도 포함되나 범인 스스로 도피하는 행위는 처벌되지 않는다. 또한 공범 중 1인이 그 범행에 관한 수사절차에서 참고인 또는 피의자로 조사받으면서 자기의 범행을 구성하는 사실관계에 관하여 허위로 진술하고 허위 자료를 제출하는 것은 자신의 범행에 대한 방어권 행사의 범위를 벗어난 것으로 볼 수 없다. 이러한 행위가 다른 공범을 도피하게 하는 결과가 된다고 하더라도 범인도피죄로 처벌할 수 없다. 이때 공범이 이러한 행위를 교사하였더라도 범죄가 될 수 없는 행위를 교사한 것에 불과하여 범인도피교사죄가 성립하지 않는다.[35] 게임장 등의 실제 업주가 아니라 종업원임에도 불구하고 자신이 실제 업주라고 허위로 진술하는 경우에도 마찬가지로서, 단순히 실제 업주라고 허위로 진술하는 것만으로는 부족하고 게임장 등의 운영 경위, 자금 출처, 게임기 등의 구입 경위, 점포의 임대차계약 체결 경위 등에 관해서까지 적극적으로 허위로 진술하거나 허위 자료를 제시하여 그 결과 수사기관이 실제 업주를 발견 또는 체포하는 것이 곤란 내지 불가능하게 될 정도에까지 이른 것으로 평가될 수 있어야 범인도피죄를 구성한다고 할 것이다.[36] 폭행사건 현장의 참고인이 출동한 경찰관에게 범인의 이름 대신 허무인의 이름을 대면서 구체적인 인적사항에 대한 언급을 피한 사안에서, 범인도피죄가 성립하지 않는다고 한 사례이다.[37] 수사절차에서 작성되는 신원보증서는 체포된 피의자 석방의 필수적인 요건이거나 어떠한 법적 효력이 있는 것은 아니고, 다만 피의사건이 비교적 경미한 경우 피의자와 일정한 관계에 있는 신원보증인이 수사기관에 대하여 피의자의 신분, 직업, 주거 등을 보증하고 향후 수사기관이나 법원의 출석요구에 사실상 협조하겠다는 의사를 표시하는 것으로서 피의자나 신원보증인에게 심리적인 부담을 줌으로써 수사기관이나 재판정에의 출석 또는 형 집행 등 형사사법절차상의 편의를 도모하는 것에 불과하여 보증인에게 법적으로 진실한 서류를 작성 · 제출할 의무가 부과된 것은 아니므로, 신원보증서를 작성하여 수사기관에 제출하는 보증인이 피의자의 인적 사항을 허위로 기재하였다고 하더라도, 그로써 적극적으로 수사기관을 기망한 결과 피의자를 석방하게 하였다는 등 특별한 사정이 없는 한, 그 행위만으로 범인도피죄를 구성하지는 않는다고 할 것이다.[38] 단순히 안부를 묻거나 통상적인 인사말 등만으로는 범인을 도피하게 한 것이라고 할 수 없을 것인바, 주점 개업식 날 찾아 온 범인에게 '도망다니면서 이렇게 와 주니 고맙다. 항상 몸조심하고 주의하여 다녀라. 열심히 살면서 건강에 조심하라'고 말한 것은 단순히 안부인사에 불과한 것으로 범인을 도피하게 한 것으로 볼 수 없다.[39] 참고인이 범인

32) 대법원 2004.3.26. 선고 2003도8226 판결.
33) 대법원 2000.11.24. 선고 2000도4078 판결; 대법원 1996.6.14. 선고 96도1016 판결.
34) 대법원 1990.12.26. 선고 90도2439 판결.
35) 대법원 2018.8.1. 선고 2015도20396 판결.
36) 대법원 2013.1.10. 선고 2012도13999 판결; 대법원 2010.1.28. 선고 2009도10709 판결.
37) 대법원 2008.6.26. 선고 2008도1059 판결.
38) 대법원 2003.2.14. 선고 2002도5374 판결.
39) 대법원 1992.6.12. 선고 92도736 판결.

아닌 다른 자를 진범이라고 내세우는 경우 등과 같이 적극적으로 허위의 사실을 진술하여 수사관을 기만, 착오에 빠지게 함으로써 범인의 발견 체포에 지장을 초래케 하는 경우와 달리 참고인이 수사기관에서 진술을 함에 있어 단순히 범인으로 체포된 사람과 동인이 목격한 범인이 동일함에도 불구하고 동일한 사람이 아니라고 허위진술을 한 정도의 것만으로는 참고인의 그 허위진술로 말미암아 증거가 불충분하게 되어 범인을 석방하게 되는 결과가 되었다 하더라도 바로 범인도피죄를 구성한다고는 할 수 없다.[40] 피고인이 절도사건과 관련하여 사법경찰리로부터 조사받는 과정에서 공범인 상피고인들 (갑, 을)의 이름을 단순히 묵비하였다 하여 절도범인을 도피하게 하였다고는 볼 수 없다.[41] 피고인들이 부정수표단속법 피의자 (갑)이 공소외 (을)에 대하여 지는 또 다른 노임채무를 인수키로 하는 지불각서를 작성하여 주고 위 (을)이 (갑)을 수사당국에 인계하는 것을 포기하기로 하는 합의가 이루어져 위 (갑)이 수사당국에 인계되지 않은 경우이면 피고인들에 대하여 범인도피죄의 성립을 인정할 수 없다.[42]

4) 결 과

본죄는 추상적 위험범이다. 현실적으로 형사사법의 작용을 방해하는 결과가 초래될 것을 요하는 것은 아니다.[43]

(2) 주관적 구성요건

본죄는 고의범이다. 본죄의 고의는 인식적 요소로서 적어도 객관적 구성요건요소에 대한 인식을 요한다. 따라서 본죄의 고의란 객체인 피은닉자나 피도피자가 벌금 이상의 형에 해당하는 죄를 범한 자라는 사실 또는 구금 중 도피한 자라는 사실을 인식하고 동시에 이를 은닉 또는 도피하게 한다는 사실을 인식하고 은닉 또는 도피 행위로 나아갈 의사를 말한다고 할 수 있다.

판례에 따르면 벌금 이상의 형에 해당하는 자에 대한 인식은 실제로 벌금 이상의 형에 해당하는 범죄를 범한 자라는 것을 인식함으로써 족하고 그 법정형이 벌금 이상이라는 것까지 알 필요는 없다.[44] 또 범죄의 구체적인 내용이나 범인의 인적 사항 및 공범이 있는 경우 공범의 구체적 인원수 등까지 알 필요는 없다.[45]

고의를 긍정한 판례의 구체적 내용은 다음과 같다. 즉,

> 피고인들이 위 물고문에 가담한 자가 공소외 1, 2 이외에 더 있었다는 사실을 충분히 인식하고도 이 사건 변사사건 발생보고서를 받아 보고 이를 그대로 용인한 다음 이를 치안본부장 및 검찰에 이르도록 하고 나아가 위 공소외 1등에게 예행연습을 시키거나 조사를 받고 있는 위 공소외 1,

---

40) 대법원 1987.2.10. 선고 85도897 판결.

41) 대법원 1984.4.10. 선고 83도3288 판결.

42) 대법원 1984.2.14. 선고 83도2209 판결.

43) 대법원 2013.1.10. 선고 2012도13999 판결; 대법원 2011.4.28. 선고 2009도3642 판결; 대법원 2008.12.24. 선고 2007도11137 판결; 대법원 2006.5.26. 선고 2005도7528 판결; 대법원 2004.3.26. 선고 2003도8226 판결; 대법원 2003.12.12. 선고 2003도4533 판결; 대법원 2003.5.30. 선고 2003도111 판결; 대법원 2003.2.14. 선고 2002도5374 판결; 대법원 2000.11.24. 선고 2000도4078 판결; 대법원 1995.3.3. 선고 93도3080 판결.

44) 대법원 2000.11.24. 선고 2000도4078 판결; 대법원 1995.12.26. 선고 93도904 판결; 대법원 1995.12.26. 선고 93도904 판결.

45) 대법원 1995.12.26. 선고 93도904 판결.

2에게 다른 범인이 더 있음을 실토하지 아니하도록 설득까지 하였다면 피고인들에게는 물고문 도중에 일어난 사고를 변사사건 발생보고서에 기재된 대로 단순 쇼크사로 은폐하거나 축소함으로써 그 범인들을 도피하게 하려는 고의가 있었다고 보아야 할 것이므로, 원심판결에 소론과 같은 범인도피죄의 고의에 대한 법리를 오해한 위법이 있다고 할 수 없다. 논지 역시 이유가 없다.[46) 부정수표단속법 제2조 제2항 위반의 범죄는 예금부족으로 인하여 제시일에 지급되지 아니할 것이라는 결과발생을 예견하고 수표를 발행한 때에 바로 성립하는 것이고 수표소지인의 제시일에 수표금의 지급이 거절된 때에 비로소 성립하는 것은 아니므로, 피고인이 수표발행인을 은닉한 것이 그 수표가 부도나기 전날이라고 하더라도 그 수표가 부도날 것이라는 사정과 수표발행인이 부정수표단속법 위반으로 수사관서의 수배를 받게 되리라는 사정을 알았다면 범인은닉에 관한 범의가 없다고 할 수는 없을 것이다.[47)]

(3) 미수 · 기수

범인도피죄는 범인을 도피하게 함으로써 기수에 이르지만, 범인도피행위가 계속되는 동안에는 범죄행위도 계속되고 행위가 끝날 때 비로소 범죄행위가 종료된다.[48)]

(4) 공 범

본죄의 공범에 대하여는 총칙상의 공범규정이 그대로 적용된다. 공범자의 범인도피행위 도중에 그 범행을 인식하면서 그와 공동의 범의를 가지고 기왕의 범인도피상태를 이용하여 스스로 범인도피행위를 계속한 경우에는 범인도피죄의 공동정범이 성립한다.[49)] 이는 공범자의 범행을 방조한 종범의 경우도 마찬가지이다.[50)]

공범을 긍정한 판례의 구체적 내용은 다음과 같다. 즉,

공동정범 중의 1인이 다른 공동정범을 은닉한 경우에도 그것이 일반적으로 형사사법작용을 방해하는 위험을 초래하는 성질을 가지는 때에는 형법 제151조 제1항의 범인은닉죄가 성립한다.[51)] 피고인 2, 원심공동피고인 1, 2가 서로 공모하여 위 원심공동피고인 2가 이 사건 사고를 낸 운전사인 양 수사관서에 허위신고한 후 진범인 원심 공동피고인 3이 자수하기 전에, 피고인 1이가 이러한 사실을 인식하면서, 위 원심공동피고인 2와 3을 만나 판시와 같은 행위를 하였다면, 비록 동 피고인이 다른 공범자들과 사전에 범인도피의 공모를 하지 아니하였다고 하더라도 그들과 공동의 범인도피의 범의를 가지고 기왕의 범인도피상태를 이용하여 스스로 범인도피의 실행행위를 계속한 것으로서 범인도피죄의 공동정범이 성립된다고 할 것이다.[52)] 공동정범 중의 1인인 소외 1이 타 공동정범인인 소외 2외1인을 도피시킴은 범인도피죄의 죄책을 면치 못하고 따라서 피고인이 우 소외 1의 도피행위를 용이케 함은 동방조죄를 구성한다고 해석함이 타당하다[53)]

---

46) 대법원 1995.12.26. 선고 93도904 판결.

47) 대법원 1990.3.27. 선고 89도1480 판결.

48) 대법원 2017.3.15. 선고 2015도1456 판결; 대법원 2012.8.30. 선고 2012도6027 판결; 대법원 1995.9.5. 선고 95도577 판결.

49) 대법원 2012.8.30. 선고 2012도6027 판결; 대법원 1995.9.5. 선고 95도577 판결.

50) 대법원 2012.8.30. 선고 2012도6027 판결.

51) 대법원 2011.9.8. 선고 2011도7262 판결; 대법원 2010.7.8. 선고 2010도5515 판결.

52) 대법원 1995.9.5. 선고 95도577 판결.

53) 대법원 1958.1.14. 선고 4290형상393 판결.

2. 위법성조각사유

본죄의 위법성은 총칙상의 위법성조각사유에 의하여 조각될 수 있다. 예컨대 사회상규에 위배되지 아니하는 한도에서 범인에 대한 은닉이나 도피는 허용된다고 하지 않을 수 없다. 그러나 변호인이 의뢰인의 요청에 따른 변론행위라는 명목으로 수사기관이나 법원에 대하여 적극적으로 허위의 진술을 하거나 피고인 또는 피의자로 하여금 허위진술을 하도록 하는 것은 허용되지 않는다.[54)]

위법성조각을 긍정한 판례의 구체적 내용은 다음과 같다. 즉,

> 나아가 어떤 행위가 범인도피죄에 해당하는 것처럼 보이더라도 그것이 사회적으로 상당성이 있는 행위일 때에는 이 또한 처벌할 수 없다고 보아야 한다.[55)]

위법성조각을 부정한 판례의 구체적 내용은 다음과 같다. 즉,

> 갑이 수사기관 및 법원에 출석하여 을 등의 사기 범행을 자신이 저질렀다는 취지로 허위자백하였는데, 그 후 갑의 사기 피고사건 변호인으로 선임된 피고인이 갑과 공모하여 진범 을 등을 은폐하는 허위자백을 유지하게 함으로써 범인을 도피하게 하였다는 내용으로 기소된 사안에서, 피고인이 변호인으로서 단순히 갑의 이익을 위한 적절한 변론과 그에 필요한 활동을 하는 데 그치지 아니하고, 갑과 을 사이에 부정한 거래가 진행 중이며 갑 피고사건의 수임과 변론이 거래의 향배와 불가결한 관련이 있을 것임을 분명히 인식하고도 을에게서 갑 피고사건을 수임하고, 그들의 합의가 성사되도록 도왔으며, 스스로 합의금의 일부를 예치하는 방안까지 용인하고 합의서를 작성하는 등으로 갑과 을의 거래관계에 깊숙이 관여한 행위를 정당한 변론권의 범위 내에 속한다고 평가할 수 없고, 나아가 변호인의 비밀유지의무는 변호인이 업무상 알게 된 비밀을 다른 곳에 누설하지 않을 소극적 의무를 말하는 것일 뿐 진범을 은폐하는 허위자백을 적극적으로 유지하게 한 행위가 변호인의 비밀유지의무에 의하여 정당화될 수 없다고 하면서, 한편으로 피고인의 행위는 정범인 갑에게 결의를 강화하게 한 방조행위로 평가될 수 있다는 이유로 범인도피방조죄를 인정한 원심판단을 정당하다고 한 사례이다.[56)] 성직자라 하여 초법규적인 존재일 수는 없으며 성직자의 직무상 행위가 사회상규에 반하지 아니한다 하여 그에 적법성이 부여되는 것은 그것이 성직자의 행위이기 때문이 아니라 그 직무로 인한 행위에 정당, 적법성을 인정하기 때문인 바, 사제가 죄지은 자를 능동적으로 고발하지 않는 것에 그치지 아니하고 은신처마련, 도피자금 제공 등 범인을 적극적으로 은닉・도피케 하는 행위는 사제의 정당한 직무에 속하는 것이라고 할 수 없다. 소론 비록 죄인을 숨겨주는 똑같은 행위일지라도 그것이 성직자가 아닌 일반의 평범한 시민의 행위라면 바로 공공질서에 반하고 선량한 풍속에도 반하여 사회상규에도 벗어나는 행동으로 인정될 수밖에 없겠지만 그것이 피고인과 같은 성직자의 입장에서 일 때에는 그 반대로 사회상규에 위배되지 아니하는 행위로서 위법성을 저각한다는 논지는 그 독단적 견해에 지나지 아니하여 채용할 수가 없다. 논지 또한 그 이유가 없다.[57)]

---

54) 대법원 2012.8.30. 선고 2012도6027 판결.
55) 대법원 1995.3.3. 선고 93도3080 판결.
56) 대법원 2012.8.30. 선고 2012도6027 판결.
57) 대법원 1983.3.8. 선고 82도3248 판결.

3. 책임조각사유

(1) 의 의

범인 자신은 본죄의 주체에서 제외되고 있다. 그러므로 범인 자신이 스스로 은닉·도피하는 자기은닉이나 자기도피는 처벌되지 않는다. 판례도 마찬가지 입장이다. 본죄는 범인 스스로 도피하는 행위에 대하여는 처벌하지 아니한다.[58] 범인이 도피를 위하여 타인에게 도움을 요청하는 행위 역시 도피행위의 범주에 속하는 한 처벌되지 아니하며, 범인의 요청에 응하여 범인을 도운 타인의 행위가 범인도피죄에 해당한다고 하더라도 마찬가지이다.[59] 다만 이의 근거에 대하여는 기대불가능성을 근거로 하는 책임조각사유설과 죄를 범한 자를 전제로 한다는 점을 근거로 하는 구성요건조각설이 그것이다. 생각건대 자기방어본능도 인간의 본능 중의 하나라고 인정하는 한 기대가능성의 결여에 근거한 책임조각사유설이 합당하다고 해석된다.

(2) 자기 은닉·도피의 교사범

문제는 범인이 제3자에게 자기에 대한 은닉행위나 도피행위를 교사한 경우에 있다. 이에 대하여는 다툼이 있다.

1) 학 설

범인이 제3자를 교사하여 자기의 범죄를 은닉하거나 스스로 도피하여 피신할 수 있도록 하게 한 경우에 범인 은닉·도피죄에 대한 교사범의 성부가 문제된다. 이에 대하여는 긍정설과 부정설이 대립하고 있다. 첫째 긍정설이다. 긍정설(肯定說)은 타인을 교사하여 범인은닉죄를 범하게 하는 것은 범인 자신이 이를 행하는 경우와는 정상을 달리하는 것으로 자기비호권의 한계를 일탈한 것으로서 기대가능성이 인정되기 때문에 교사범의 성립을 인정해야 한다고 한다. 둘째, 부정설이다. 부정설(否定說)은 타인을 교사하여 자기를 은닉하게 하는 것은 자기비호의 연장에 불과하므로 교사범도 될 수 없다고 한다. 또 본죄의 주체로 될 수 없는 자가 교사범으로 처벌받는다는 것은 옳다고 할 수 없고, 공범이 정범에 비하여 가치가 크다고 할 수 없다고 한다.

2) 판 례

판례는 긍정설의 입장이다. 방어권의 남용에 해당하는 경우에는 자기 은닉·도피의 교사를 인정할 수 있다는 것이 대법원의 일관된 태도이다.[60] 이와 같은 법리는 범인을 위해 타인이 범하는 범인도피죄를 범인 스스로 방조하는 경우에도 마찬가지로 적용된다고 한다.[61] 또 그 타인이 후술하는 바와 같이 본죄의 친족간의 특례규정에 의하여 처벌을 받지 아니하

---

58) 대법원 2014.4.10. 선고 2013도12079 판결.

59) 대법원 2014.4.10. 선고 2013도12079 판결.

60) 대법원 2014.4.10. 선고 2013도12079 판결; 대법원 2014.3.27. 선고 2013도152 판결; 대법원 2008.11.13. 선고 2008도7647 판결; 대법원 2006.12.7. 선고 2005도3707 판결; 대법원 2000.3.24. 선고 2000도20 판결

61) 대법원 2008.11.13. 선고 2008도7647 판결.

는 친족, 호주 또는 동거 가족에 해당한다 하여도 달리 볼 것은 아니라고 한다.[62]

한편 방어권의 남용이라고 볼 수 있는지 여부는, 범인을 도피하게 하는 것이라고 지목된 행위의 태양과 내용, 범인과 행위자의 관계, 행위 당시의 구체적인 상황, 형사사법의 작용에 영향을 미칠 수 있는 위험성의 정도 등을 종합하여 판단하여야 한다.[63]

자기 은닉·도피의 교사를 긍정한 판례의 구체적 내용은 다음과 같다. 즉,

범인이 자신을 위하여 타인으로 하여금 허위의 자백을 하게 하여 범인도피죄를 범하게 하는 행위는 방어권의 남용으로 범인도피교사죄에 해당한다.[64] 형법 제151조 제1항에서 정한 '죄를 범한 자'가 자신을 위하여 타인으로 하여금 범인도피죄를 범하게 하는 행위는 방어권의 남용으로 범인도피교사죄에 해당한다.[65] 피고인은 음주운전 혐의로 적발되자 평소 알고 지내던 공소외 1을 불러내어 그로 하여금 단속경찰관인 공소외 2가 피고인에 대한 주취운전자 적발보고서를 작성하거나 재차 음주측정을 하지 못하도록 제지하는 등으로 공소외 2의 수사를 곤란하게 했던 사실을 인정할 수 있는 바, 이러한 피고인의 행위는 범인도피죄에서 말하는 도피에 해당하고, 나아가 피고인이 위 공소외 1에게 전화를 걸어 음주단속 현장으로 나오게 한 점이나 그에게 "어떻게 좀 해 보라"고 계속 재촉한 사정 등에 비추어 보면 피고인에게 범인도피교사에 대한 범의가 없었다고 보기도 어렵다.[66] 무면허 운전으로 사고를 낸 사람이 동생을 경찰서에 대신 출두시켜 피의자로 조사받도록 한 행위는 범인도피교사죄를 구성한다.[67]

3) 검 토

범인의 정범행위인 은닉행위나 도피행위에는 기대가능성이 결여되어 있다고 하는 이상 그것보다 가벼운 그의 공범행위인 교사행위나 방조행위에 대하여 기대가능성이 인정된다고 하는 것은 논리적 모순이라고 해야 한다. 나아가 방어권의 남용을 근거로 한다고 하더라도 타인에게 의뢰하여 은닉하거나 도피하려고 하는 행위에 대하여 그것을 지나치게 무리한 행위라고는 할 수 없다. 따라서 자기은닉이나 자기도피와 마찬가지로 자기은닉 또는 자기도피에 대한 교사나 방조에 있어서도 기대가능성이 결여되어 있다고 해석되어야 할 것이다. 이러한 의미에서 부정설에 동의한다.

4. 죄 수

동일한 범인을 은닉하고 도피하게 한 때에는 본죄의 포괄일죄가 된다. 하나의 행위로 동일사건에 관한 수인의 범인을 은닉 또는 도피하게 한 때에는 수죄가 성립하여 상상적 경합관계가 된다. 국가의 형벌권은 개개의 범인에 대하여 별도로 발동되는 것이기 때문이다.

범인을 도피케 하여 직무를 유기한 때에는 범인도피죄 이외에 직무유기죄는 따로 성립하

62) 대법원 2008.11.13. 선고 2008도7647 판결; 대법원 2006.12.7. 선고 2005도3707 판결.

63) 대법원 2014.4.10. 선고 2013도12079 판결.

64) 대법원 2014.4.10. 선고 2013도12079 판결; 대법원 2008.11.13. 선고 2008도7647 판결; 대법원 2006.12.7. 선고 2005도3707 판결; 대법원 2000.3.24. 선고 2000도20 판결.

65) 대법원 2014.3.27. 선고 2013도152 판결; 대법원 2008.11.13. 선고 2008도7647 판결; 대법원 2000.3.24. 선고 2000도20 판결.

66) 대법원 2006.5.26. 선고 2005도7528 판결.

67) 대법원 2006.12.7. 선고 2005도3707 판결.

지 않는다.

본죄와 직무유기죄의 관계에 관한 판례의 구체적 내용은 다음과 같다. 즉,

> 경찰공무원이 지명수배 중인 범인을 발견하고도 직무상 의무에 따른 적절한 조치를 취하지 아니하고 오히려 범인을 도피하게 하는 행위를 하였다면, 그 직무위배의 위법상태는 범인도피행위 속에 포함되어 있다고 보아야 할 것이므로, 이와 같은 경우에는 작위범인 범인도피죄만이 성립하고 부작위범인 직무유기죄는 따로 성립하지 아니한다.[68] 피고인이 검사로부터 범인을 검거하라는 지시를 받고서도 그 직무상의 의무에 따른 적절한 조치를 취하지 아니하고 오히려 범인에게 전화로 도피하라고 권유하여 그를 도피케 하였다는 범죄사실만으로는 직무위배의 위법상태가 범인도피행위 속에 포함되어 있는 것으로 보아야 할 것이므로, 이와 같은 경우에는 작위범인 범인도피죄만이 성립하고 부작위범인 직무유기죄는 따로 성립하지 아니한다.[69]

Ⅲ. 처 벌

1. 법정형

본죄의 법정형은 3년 이하의 징역 또는 500만원 이하의 벌금이다. 다만 친족 또는 동거의 가족이 본인을 위하여 본죄를 범한 때에는 처벌하지 아니한다. 소위 친족간의 특례가 적용되고 있는 것이다.

2. 친족간의 특례

(1) 의 의

본죄의 친족간의 특례란 친족 또는 동거의 가족이 본인을 위하여 본죄를 범한 때에는 처벌하지 않는다는 특례규정을 말한다. 본특례의 내용은 후술하는 증거인멸등죄에 있어서의 친족간의 특례의 그것과 일치한다(제155조 제4항 참조).

한편 본특례는 논어에서의 '아버지는 아들을 위하여 숨겨주고 아들은 아버지를 위하여 숨겨주는데 그 가운데 정직함이 있다'는 말과 같이 친족간의 정의(情誼)를 중시하는 유교도덕에서 유래한 것으로 추측되고 있다.[70]

(2) 성 질

본특례의 법적 성질에 대하여는 다툼이 있다. 첫째, 책임조각사유설이다. 책임조각사유설은 친족간의 정의에 비추어 본죄를 범하지 않을 것을 기대할 수 없어 책임이 조각된다고 한다. 따라서 특례에 해당하는 경우에는 형면제의 판결을 할 것이 아니라 무죄판결을 해야 한다고 한다. 둘째, 인적 처벌조각사유설이다. 인적 처벌조각사유설은 독일형법상 면책적

---

68) 대법원 2017.3.15. 선고 2015도1456 판결; 대법원 2006.10.19. 선고 2005도3909 전원합의체 판결; 대법원 1996.5.10. 선고 96도51 판결.

69) 대법원 1996.5.10. 선고 96도51 판결; 대법원 1993.12.24. 선고 92도3334 판결; 대법원 1972.5.9. 선고 72도722 판결; 대법원 1971.8.31. 선고 71도1176 판결.

70) 葉公語孔子曰: "吾黨有直躬者, 其父攘羊, 而子證之." 孔子曰: "吾黨之直者異於是. 父爲子隱, 子爲父隱, 直在其中矣."(論語 子路編 第18章 참조).

긴급피난과 유사한 상황에 대하여 친족간의 정의를 고려하여 형을 면제하는 것에 불과하다고 한다. 양설은 공히 친족간의 정의에 근거하고 있다는 점에서 공통되고 있다.

생각건대 친족간의 정의에 바탕을 둔 본특례의 규정은 그 외의 다른 규정과는 달리 과거로부터 오늘날까지 오랜 역사와 전통을 가지고 있는 규정이라고 할 수 있다. 어떻게 보면 미풍양속에 관한 아름다운 규정이라고 할 수도 있겠으나 오늘날에는 아무래도 과거의 그것에 비하면 상당부분 퇴색되었을 것으로 추정된다. 친족이라는 이름의 공동체에 대한 과거 집단주의 시대에 있어서의 의미와 역할은 오늘날 개인주의 시대에 있어서의 그것과는 확연히 구별된다고 할 수도 있을 것이다. 이러한 의미에서 인적 처벌조각사유설이 오늘날 친족공동체에 있어서 친족간의 정의에 보다 더 부합하는 것은 아닌가 해석된다.

(3) 요 건

본특례가 적용되는 자는 친족 또는 동거의 가족이다. 친족과 가족의 개념은 민법에 따른다. 친족이란 배우자, 8촌 이내의 혈족 및 4촌 이내의 인척을 말한다(민법 제767조, 제777조). 가족이란 배우자, 직계혈족 및 형제자매와 생계를 같이하는 직계혈족의 배우자, 배우자의 직계혈족 및 배우자의 형제자매를 말한다(민법 제779조). 가족은 동거의 가족에 한한다. 그러나 친족보다 작은 개념인 가족을 동거하는 가족에 한정하는 것은 하등의 의미가 없다고 해석된다. 이러한 의미에서 친족이라는 용어만으로도 동거의 가족까지 포함하는 개념으로서 충분하다고 하겠다.

본인이란 벌금 이상의 형에 해당하는 죄를 범한 자를 말한다. 본인을 위하여란 본인의 형사상의 이익을 위한 경우에 국한된다. 공범자를 위한 경우나 재산상의 이익을 위한 경우에는 이에 포함되지 아니한다. 본인의 이익과 공범자의 이익을 동시에 위한 경우 본특례의 적용여부에 대하여는 긍정설과 부정설이 대립하고 있다. 긍정설이 타당하다. 공범자의 이익을 위한 경우도 수반되지만 본인의 이익을 위한 경우에 해당하기 때문이다.

한편 친족·가족은 사실상의 개념인가에 대하여는 긍정설과 부정설이 대립하고 있다. 판례는 부정설에 따르고 있다.[71] 그러나 본특례에 관한 법적 성질을 책임조각사유로 이해하는 한 친족·가족의 개념을 사실상으로 파악하는 긍정설이 합당하다고 하지 않을 수 없다.

(4) 공 범

본특례는 친족이라는 신분관계가 있는 자 사이에서만 적용된다. 문제는 친족과 비친족이 공범관계에 있는 경우에 있다. 공범관계는 편의상 친족의 본죄에 비친족이 가담한 경우와 비친족에 의한 본죄에 친족이 가담한 경우로 나누어 검토될 수 있을 것이다. 그럼에도 불구하고 본특례에 있어서 공범의 문제는 1차적으로 총칙상 공범과 신분의 문제로 환원된 후 2차적으로 본죄의 친족간 특례규정에 의해서 최종적으로 해결된다고 할 수 있다.

---

71) 대법원 2003.12.12. 선고 2003도4533 판결; 대법원 2001.6.29. 선고 2001도2514 판결; 대법원 1980.4.22. 선고 80도485 판결.

(5) 효 과

본특례의 내용은 친족 또는 동거의 가족이 본인을 위하여 본죄를 범한 때에는 처벌하지 아니하는 것이다. 필요적 면제이다. 다만 처벌하지 아니하는 근거에 있어서는 본특례의 법적 성질에 대한 견해에 따라 달라진다. 책임조각사유설에 의하면 본특례에 해당하는 경우에는 형면제의 판결을 할 것이 아니라 무죄판결을 해야 한다고 한다. 인적 처벌조각사유설에 의하면 범죄의 성립과는 무관하게 친족간의 정의를 고려하여 형을 면제하는 것에 불과하다고 하게 된다.

친족간의 특례에 관한 판례의 구체적 내용은 다음과 같다. 즉,

> 형법 제151조 제2항 및 제155조 제4항은 친족, 호주 또는 동거의 가족이 본인을 위하여 범인도피죄, 증거인멸죄 등을 범한 때에는 처벌하지 아니한다고 규정하고 있는바, 사실혼관계에 있는 자는 민법 소정의 친족이라 할 수 없어 위 조항에서 말하는 친족에 해당하지 않는다.[72] 형법 제151조 제1항 소정의 범인 도피죄에 있어서 공동정범중의 1인이 타 공동정범인을 도피시킴에 대하여 동조 제2항과 같은 불처벌의 특례를 규정한 바 없다.[73]

제 5 절 위증과 증거인멸의 죄

§1. 개 관

I. 서 설

본장의 위증과 증거인멸의 죄는 크게 위증의 죄와 증거인멸의 죄로 나누어질 수 있다(형법 제2편 제10장). 위증의 죄(Meineid, perjury)란 법률에 의하여 선서한 증인이 허위의 진술을 하거나, 법률에 의하여 선서한 감정인·통역인 또는 번역인이 허위의 감정·통역 또는 번역을 함으로써 성립하는 범죄를 말한다. 증거인멸의 죄(Begünstigung)란 타인의 형사사건 또는 징계사건에 관한 증거를 인멸·은닉·위조 또는 변조하거나, 위조 또는 변조한 증거를 사용하거나 또는 타인의 형사사건 또는 징계사건에 관한 증인을 은닉 또는 도피하게 함으로써 성립하는 범죄를 말한다.

위증의 죄가 허위의 진술 등 무형적인 방법으로 증거의 증명력을 해하는 범죄임에 반하여, 증거인멸의 죄는 유형적 방법에 의하여 물적 또는 인적 증거를 인멸 또는 은닉하여 증거의 증명력을 해하는 것이라는 점에서 양자는 구별된다. 이러한 의미에서 위증의 죄는 증거인멸의 죄에 대하여 특별관계에 있다고도 한다.

---

72) 대법원 2003.12.12. 선고 2003도4533 판결; 대법원 2001.6.29. 선고 2001도2514 판결; 대법원 1980.4.22. 선고 80도485 판결.

73) 대법원 1958.1.14. 선고 4290형상393 판결.

Ⅱ. 보호법익

1. 의 의

본장의 죄도 전장의 도주와 범인은닉의 죄에 있어서의 보호법익과 같이 형사사법작용의 원활한 운용으로서 국가의 기능에 대한 죄에 속한다고 할 수 있다. 다만 본장의 죄의 보호법익은 사법적 심판기능의 적정한 행사를 내용을 한다는 점에서 사법적 구속기능의 적정한 행사를 그 내용으로 하고 있는 전장의 죄의 그것과 구별된다고 할 수 있다.

한편 국가의 심판작용의 전제로 되는 사실의 인정은 증거에 의하여 인정되지 않으면 안 된다는 것이 근대법의 대원칙이다. 그러한 사실인정에 사용되는 증거 중에서도 중요한 지위를 가지고 있는 것이 과거의 자기의 경험에 근거한 사실을 공술하는 증인이고 또 자기의 학식경험에 근거하여 의견을 공술하는 감정인이고 언어를 통역・번역하는 통역인・번역인이다. 이들의 증인 등이 허위의 공술을 한 때에는 국가의 심판작용의 전제로 되는 사실인정에 오류가 발생하게 된다. 이러한 오류로부터 위증죄는 국가의 심판작용의 적정을 도모하기 위한 규정이라고 해석된다.

2. 보호의 정도

본장의 죄의 보호법익에 대한 보호의 정도는 추상적 위험범으로서의 보호이다. 위증의 죄에 있어서의 그것은 추상적 위험범으로서의 보호이고, 증거인멸의 죄에 있어서의 그것도 추상적 위험범으로서의 보호라고 할 수 있다.

Ⅲ. 구성요건의 체계

본장의 죄의 구성요건의 체계는 위증의 죄의 그것과 증거인멸의 죄의 그것으로 나누어 검토할 필요가 있다. 위증의 죄에 있어서의 기본적 구성요건은 위증죄이다(제152조 제1항). 모해위증죄는 불법이 가중된 가중적 구성요건에 속한다(제152조 제2항). 독립적 구성요건으로서 허위감정・통역・번역죄가 규정되어 있다(제154조).

증거인멸죄에 있어서의 기본적 구성요건은 증거인멸죄와 증인은닉・도피죄이다(제155조 제2항). 불법이 가중된 가중적 구성요건으로서 모해증거인멸죄와 모해증인은닉・도피죄가 규정되어 있다(제155조 제3항).

§2. 위증죄

제152조(위증, 모해위증) ① 법률에 의하여 선서한 증인이 허위의 진술을 한 때에는 5년 이하의 징역 또는 1천만원 이하의 벌금에 처한다.

제153조(자백, 자수) 전조의 죄를 범한 자가 그 공술한 사건의 재판 또는 징계처분이 확정되기 전에 자백 또는 자수한 때에는 그 형을 감경 또는 면제한다.

Ⅰ. 서 설

1. 의 의

본죄는 법률에 의하여 선서한 증인이 허위의 진술을 함으로써 성립하는 범죄이다. 증인만이 본죄의 주체가 될 수 있는 진정신분범이다. 증인의 신분을 가진 자가 스스로 허위의 증언을 할 때에만 성립하는 자수범(自手犯)이다. 본죄는 재판 또는 징계처분이 확정되기 전에 자백 또는 자수한 때에는 그 형을 감경 또는 면제하도록 규정하고 있다.

2. 취 지

본죄는 국가의 재판권, 징계권을 적정하게 행사하기 위한 것이 그 주된 입법이유이다.[1)]

한편 위증죄는 일찍이 유럽에서는 신에 대한 서약을 중시하는 기독교와의 관계에서 선서위반의 죄 또는 신의 존엄을 침해하는 중한 죄였다고 한다. 18세기 후반에는 중한 정상(情狀)의 사기죄, 19세기에 들어서부터는 위조죄의 일종으로서 성실과 신용을 해하는 죄로서 이해하는 견해도 있었다고 한다.

3. 보호법익

본죄는 국가의 사법기능을 보호법익으로 하는 죄로서 개인적 법익을 보호법익으로 하는 것이 아니다.[2)]

4. 구별개념

(1) 무고죄와의 구별

본죄는 법률에 의하여 선서한 증인이 허위의 공술을 한 때 성립하는 범죄로서 그 공술이 기억에 반하는 진술이면 족하다는 점에서 타인으로 하여금 형사처분, 징계처분을 받게 할 목적으로 공무소, 공무원에 대하여 허위의 사실을 신고함으로써 성립하는 범죄로서 그 신고사실이 객관적 사실에 반할 것을 요하는 무고죄와 구별된다.[3)]

(2) 국회증언감정법상 위증과의 구별

본죄는 국회증언감정법상 위증과도 구별되지 않으면 안 된다. 국회증언감정법의 목적과 위증죄 관련 규정들의 내용에 비추어 보면, 국회증언감정법은 국정감사나 국정조사에 관한 국회 내부의 절차를 규정한 것으로서 국회에서의 위증죄에 관한 고발 여부를 국회의 자율권에 맡기고 있고, 위증을 자백한 경우에는 고발하지 않을 수 있게 하여 자백을 권장하고 있으므로 국회증언감정법 제14조 제1항 본문에서 정한 위증죄는 같은 법 제15조의 고발을 소추요건으로 한다고 봄이 타당하다.[4)]

---

1) 대법원 1987.7.7. 선고 86도1724 전원합의체 판결.
2) 대법원 1989.9.26. 선고 88도1533 판결.
3) 대법원 1987.3.24. 선고 85도2650 판결; 대법원 1984.5.29. 선고 83도2410 판결.
4) 대법원 2018.5.17. 선고 2017도14749 전원합의체 판결.

Ⅱ. 범 죄

1. 구성요건

(1) 객관적 구성요건

1) 주 체

① 의 의

본죄의 주체는 법률에 의하여 선서한 증인에 한다. 진정신분범이다. 법률에 의하여 선서한 증인이라 함은 '법률에 근거하여 법률이 정한 절차에 따라 유효한 선서를 한 증인'이라는 의미이다.5) 증인이라도 선서하지 않은 자는 그 선서를 하지 않은 이유가 법률의 규정에 의한 경우이든 심판기관의 과오에 의하여 이를 행하지 않은 경우이든 증인의 책임에 귀속하는 경우이든 불문하고 본죄의 주체로 되지 않는다.

② 선 서

ⓘ 의 의 선서(宣誓)란 양심에 따라 진실만을 말할 것을 서약하는 것을 말한다. 선서서(宣誓書)에는 "양심에 따라 숨김과 보탬이 없이 사실 그대로 말하고 만일 거짓말이 있으면 위증의 벌을 받기로 맹세합니다"라고 기재하여야 한다(형사소송법 제157조 제2항).

선서는 연혁적으로는 종교적 색채를 띠는 행위였지만 현재에는 종교와는 무관하게 증인에게 양심에 따라서 진술하는 것을 당해 사건을 담당하고 있는 추상적 의의의 법원에 대하여 맹세하게 함에 의하여 정신을 긴장시켜 그 진술의 성실성을 확보하는 수단으로 되어 있다. 또 선서의 유무는 오로지 위증죄의 성립의 유무에 영향을 가지는 것에 지나지 않는다. 대법원도 "위증죄는 선서에 의하여 담보된 증인 진술의 정확성을 확보함으로써 법원 또는 심판기관의 진실 발견을 위한 심리를 해하여 정당한 판단이 위태롭게 되는 것을 방지하는 기능을 수행한다"고 판시한 바 있다.6)

ⓘⓘ 법률에 의하여 선서는 유효하게 행하여질 것을 요한다. 선서가 유효하게 행하여졌다고 하기 위해서는 선서는 법률에 의하여 행하여진 것이 아니면 안 된다. 법률에 의하여란 법률이 정하는 절차와 방식에 의하여라는 의미이고, 선서에 대하여 법률에 근거가 있다는 것을 말한다. 법률이 직접 규정하고 있는 경우뿐만 아니라 법률의 위임에 근거하여 대통령령이나 부령과 같은 명령에 근거를 가지는 경우도 포함된다. 법률에 의하여 선서하는 경우란 형사소송(형사소송법 제156조 이하)의 경우뿐만 아니라 징계사건(법관징계법 제22조, 검사징계법 제26조)과 특허사건(특허법 제226조)의 경우 등을 의미한다.

ⓘⓘⓘ 유효한 선서의 범위 선서는 법률에 의한 것인 한 경미한 절차상의 하자가 있다고 하더라도 선서 그 자체를 무효로 하는 정도의 중대한 것이 아닌 한 그 선서는 무효로 되지 않는다. 예컨대 위증의 벌을 경고하지 아니하고 한 선서는 유효하다(형사소송법 제158조). 또 법원과 같이 일반적으로 증인에게 선서를 시킬 권한을 가진 기관의 명에 의하여 행하여진 선서인 이상

5) 대법원 2010.1.21. 선고 2008도942 전원합의체 판결.
6) 대법원 2010.2.25. 선고 2007도6273 판결.

사건에 관할위반이 있든 기소절차에 위반이 있든 선서 그 자체가 무효로 되는 것은 아니다. 그러나 사법경찰관리 등과 같이 선서를 시킬 일반적 권한을 가지지 않는 자의 요구에 의하여 행하여진 선서는 당연히 무효가 된다. 문제는 선서무능력자의 선서와 선서거부권자의 선서의 효력에 있다.

i. 선서무능력자의 선서　　선서할 수 있는 능력을 가지지 아니한 선서무능력자에 대하여 잘못하여 선서시킨 경우 본죄를 인정할 수 있는가가 문제된다. 이에 대하여는 긍정설과 부정설이 대립하고 있다. 선서무능력자는 선서의 의미를 이해할 수 없고 그 선서는 법률상의 효력을 가질 수 없기 때문에 선서로서의 효력을 부정하지 않을 수 없다.

형사소송법은 16세 미만의 자 또는 선서의 취지를 이해하지 못하는 사람에 대하여는 선서하게 하지 아니하고 증언하도록 하고 있다(형사소송법 제159조). 선서무능력자로 오인하여 선서하게 하더라도 법률상 선서로서의 효력은 무효이기 때문에 그 자가 허위의 진술을 하더라도 본죄를 구성하지는 않는다. 선서능력은 선서시에 존재하여야 할 뿐만 아니라 진술의 시점에 있어서도 존재할 것이 요구된다.

ii. 선서거부권자의 선서　　선서무능력자에 의한 선서의 경우와는 달리, 선서거부권자가 이를 거부하지 않고 행한 선서는 유효하고 본죄의 주체로 될 수 있다. 따라서 증언거부권자가 이를 행사하지 아니하고 선서한 다음 허위의 진술을 한 경우에는 본죄가 성립한다. 공범자 또는 공동피고인이 증인으로서 증언하는 경우에도 같다. 즉, 공범자 또는 공동피고인이 피고인으로서가 아니라 다른 공범자 또는 공동피고인의 형사사건의 증인으로서 증언거부권을 행사하지 않고 선서한 다음 허위의 진술을 하면 본죄를 구성한다. 증언하여야 할 사항이 공범자로서 증인의 범죄사실에 관한 것인가는 묻지 않는다.

선서의 효력을 부정한 판례의 구체적 내용은 다음과 같다. 즉,

> 가처분사건이 변론절차에 의하여 진행될 때에는 제3자를 증인으로 선서하게 하고 증언을 하게 할 수 있으나 심문절차에 의할 경우에는 법률상 명문의 규정도 없고, 또 구 민사소송법(2002.1.26. 법률 제6626호로 전문 개정되기 전의 것)의 증인신문에 관한 규정이 준용되지도 아니하므로 선서를 하게 하고 증언을 시킬 수 없다고 할 것이고, 따라서 제3자가 심문절차로 진행되는 가처분 신청사건에서 증인으로 출석하여 선서를 하고 진술함에 있어서 허위의 공술을 하였다고 하더라도 그 선서는 법률상 근거가 없어 무효라고 할 것이므로 위증죄는 성립하지 않는다.[7] 제3자가 심문절차로 진행되는 소송비용확정신청사건에서 증인으로 출석하여 선서를 하고 진술함에 있어서 허위의 공술을 하였다고 하더라도 그 선서는 법률상 근거가 없어 무효라고 할 것이므로 위증죄는 성립하지 않는다.[8]

iii. 사후선서　　선서는 증인으로서의 신문을 받기 전에 행하여지는 사전선서(事前宣誓, Voreid)가 원칙이다(형사소송법 제156조 본문). 다만 예외적으로 증인으로서의 진술이 종료한 후에 선서하는 사후선서(事後宣誓, Nacheid)가 인정되는 경우도 있다(형사소송법 제156조 단서).

---

7) 대법원 2003.7.25. 선고 2003도180 판결; 대법원 1995.4.11. 선고 95도186 판결.

8) 대법원 1995.4.11. 선고 95도186 판결.

③ 증 인

ⓘ 의 의　　본죄의 주체는 증인이 아니면 안 된다. 증인(證人)이란 법원 또는 법관에 대하여 과거의 경험사실을 진술하는 제3자를 말한다. 피고인은 자기의 형사사건에 있어서 증인으로 될 수 없다. 피고인은 자기의 형사사건에 관한 한 제3자가 아니기 때문이다. 증인 이외의 자가 선서를 한다 하여도 본죄의 주체로 되는 것은 아니다.

ⓘⓘ 증인의 자격　　증인은 법률에 의하여 선서한 증인에 한한다. 증언거부권의 유무를 불문한다(형사소송법 제148조 이하 참조). 증인자격이 없는 증인무능력자를 증인으로서 심문한 경우 예컨대 당해 감독관청의 승낙 없이 공무원을 증인으로서 심문한 경우에도 그 자는 본조에서 말하는 증인으로서 본죄의 주체로 된다.

증인을 긍정한 판례의 구체적 내용은 다음과 같다. 즉,

공범인 공동피고인은 당해 소송절차에서는 피고인의 지위에 있으므로 다른 공동피고인에 대한 공소사실에 관하여 증인이 될 수 없으나, 소송절차가 분리되어 피고인의 지위에서 벗어나게 되면 다른 공동피고인에 대한 공소사실에 관하여 증인이 될 수 있다.[9] 피고인을 공동피고로 한 민사사건에서 피고인이 의제자백에 의해 분리되고, 공소외인만이 피고로 남았다면 이는 타인 사이의 사건이라고 할 것이므로 그 사건에서 한 증언이 기억에 반한 것인 이상 위증죄에 해당한다.[10]

증인을 부정한 판례의 구체적 내용은 다음과 같다. 즉,

민사소송의 당사자는 증인능력이 없으므로 증인으로 선서하고 증언하였다고 하더라도 위증죄의 주체가 될 수 없고, 이러한 법리는 민사소송에서의 당사자인 법인의 대표자의 경우에도 마찬가지로 적용된다.[11] 피고인이 위 증언 당시 이 사건 구상금 청구소송의 당사자인 공소외 1 주식회사의 대표이사라면, 피고인이 이 사건 구상금 청구소송의 증인으로 선서하고 증언하였다고 하더라도 위증죄의 주체가 될 수 없다.[12] 게임장의 종업원이 그 운영자와 함께 게임산업진흥에 관한 법률 위반죄의 공범으로 기소되어 공동피고인으로 재판을 받던 중, 운영자에 대한 공소사실에 관한 증인으로 증언한 내용과 관련하여 위증죄로 기소된 사안에서, 소송절차가 분리되지 않은 이상 위 종업원은 증인적격이 없어 위증죄가 성립하지 않는다고 한 사례이다.[13] 이 사건 민사소송에서의 일방 당사자인 법인의 대표자인 피고인에 대하여 무죄를 선고한 조처는 옳고, 거기에 상고이유의 주장과 같은 위증죄에 관한 법리오해의 위법이 없다. 따라서 상고이유는 받아들이지 아니한다.[14]

ⓘⓘⓘ 증언거부권자　　증언거부권자(형사소송법 제148조 이하 참조)가 거부권을 행사하지 않고 선서한 후 증언한 경우에는 본죄의 주체가 된다. 증언거부권은 증인의 권리이지 의무가 아니므로 이를 행사하지 아니하고 허위진술을 한 경우에는 본죄의 성립을 부인할 이유가 존재하지 않기 때문이다. 따라서 증언거부권자가 증언거부권을 고지받았음에도 불구하고 이를 행사하지 아니

9) 대법원 2012.12.13. 선고 2010도10028 판결; 대법원 2008.6.26. 선고 2008도3300 판결; 대법원 2007.11.29. 선고 2007도2661 판결; 대법원 1999.9.17. 선고 99도2449 판결.
10) 대법원 1983.10.25. 선고 83도1318 판결.
11) 대법원 2012.12.13. 선고 2010도14360 판결; 대법원 1998.3.10. 선고 97도1168 판결.
12) 대법원 2012.12.13. 선고 2010도14360 판결.
13) 대법원 2008.6.26. 선고 2008도3300 판결.
14) 대법원 1998.3.10. 선고 97도1168 판결.

하고 허위로 진술한 경우에는 본죄가 성립하지 않을 수 없다.[15)]

문제는 증언거부권을 고지받지 못한 상태에서 허위로 진술한 경우 본죄의 성립여부에 있다. 이에 관하여 판례는 증언거부권의 불고지가 증언거부권의 행사에 사실상 장애를 초래하였는지의 여부에 따라 판단을 달리하고 있다. 아래에서와 같이 종합적으로 판단하여 원칙적으로 증언거부권의 행사에 사실상 장애를 초래한 경우라면 본죄의 성립을 부정하지만, 예외적으로 초래하지 않은 경우라면 본죄의 성립을 긍정하고 있는 것으로 정리된다.

판례에 의하면 증인신문절차에서 법률에 규정된 증인 보호를 위한 규정이 지켜진 것으로 인정되지 않은 경우에는 증인이 허위의 진술을 하였다고 하더라도 위증죄의 구성요건인 '법률에 의하여 선서한 증인'에 해당하지 아니한다고 보아 이를 위증죄로 처벌할 수 없는 것이 원칙이다.[16)] 또 증언거부권을 고지하지 않은 경우에도 당해 사건에서 증언 당시 증인이 처한 구체적인 상황, 증언거부사유의 내용, 증인이 증언거부사유 또는 증언거부권의 존재를 이미 알고 있었는지 여부, 증언거부권을 고지받았더라도 허위 진술을 하였을 것이라고 볼 만한 정황이 있는지 등을 전체적·종합적으로 고려하여 증인이 침묵하지 아니하고 진술한 것이 자신의 진정한 의사에 의한 것인지 여부를 기준으로 위증죄의 성립 여부를 판단하여야 한다.[17)]

증인을 긍정한 판례의 구체적인 내용은 다음과 같다. 즉,

> 증인신문절차에서 형사소송법 제160조에 정해진 증언거부권이 고지되었음에도 불구하고 위 피고인이 자기의 범죄사실에 대하여 증언거부권을 행사하지 아니한 채 허위로 진술하였다면 위증죄가 성립된다고 할 것이다.[18)] 민사소송절차에 증인으로 출석한 피고인이, 민사소송법 제314조에 따라 증언거부권이 있는데도 재판장으로부터 증언거부권을 고지받지 않은 상태에서 허위의 증언을 한 사안에서, 민사소송법이 정하는 절차에 따라 증인으로서 적법하게 선서를 마치고도 허위진술을 한 피고인의 행위는 위증죄에 해당하고 기록상 달리 특별한 사정이 보이지 아니하는데도, 법적 근거가 없는 증언거부권의 고지절차가 없었다는 이유로 무죄를 인정한 원심판단에 민사소송절차의 증언거부권 고지에 관한 법리오해의 위법이 있다고 한 사례이다.[19)] 법률에 규정된 증인 보호절차라 하더라도 개별 보호절차 규정들의 내용과 취지가 같지 아니하고, 당해 신문 과정에서 지키지 못한 절차 규정과 그 경위 및 위반의 정도 등 제반 사정이 개별 사건마다 각기 상이하므로, 이러한 사정을 전체적·종합적으로 고려하여 볼 때, 당해 사건에서 증인 보호에 사실상 장애가 초래되었다고 볼 수 없는 경우에까지 예외 없이 위증죄의 성립을 부정할 것은 아니라고 할 것이다.[20)]

증인을 부정한 판례의 구체적인 내용은 다음과 같다. 즉,

---

15) 대법원 2012.10.11. 선고 2012도6848,2012전도143 판결.

16) 대법원 2010.1.21. 선고 2008도942 전원합의체 판결.

17) 대법원 2013.5.23. 선고 2013도3284 판결; 대법원 2012.12.13. 선고 2010도10028 판결; 대법원 2012.3.29. 선고 2009도11249 판결; 대법원 2010.2.25. 선고 2009도13257 판결; 대법원 2010.1.21. 선고 2008도942 전원합의체 판결.

18) 대법원 2012.10.11. 선고 2012도6848,2012전도143 판결.

19) 대법원 2011.7.28. 선고 2009도14928 판결.

20) 대법원 2010.1.21. 선고 2008도942 전원합의체 판결.

헌법 제12조 제2항에 정한 불이익 진술의 강요금지 원칙을 구체화한 자기부죄거부특권에 관한 것이거나 기타 증언거부사유가 있음에도 증인이 증언거부권을 고지받지 못함으로 인하여 그 증언거부권을 행사하는 데 사실상 장애가 초래되었다고 볼 수 있는 경우에는 위증죄의 성립을 부정하여야 할 것이다.[21] 사촌관계에 있는 갑의 도박 사실 여부에 관하여 증언거부사유가 발생하게 되었는데도 재판장으로부터 증언거부권을 고지받지 못한 상태에서 허위 진술을 하게 된 사안에서, 위증죄의 성립을 부정한 사례이다.[22] 전 남편에 대한 도로교통법 위반(음주운전) 사건의 증인으로 법정에 출석한 전처가 증언거부권을 고지받지 않은 채 공소사실을 부인하는 전 남편의 변명에 부합하는 내용을 적극적으로 허위 진술한 사안에서, 증인으로 출석하여 증언한 경위와 그 증언 내용, 증언거부권을 고지받았더라도 그와 같이 증언을 하였을 것이라는 취지의 진술 내용 등을 전체적·종합적으로 고려할 때 선서 전에 재판장으로부터 증언거부권을 고지받지 아니하였다 하더라도 이로 인하여 증언거부권이 사실상 침해당한 것으로 평가할 수는 없다는 이유로 위증죄의 성립을 긍정한 사례이다.[23]

2) 행 위

본죄의 실행행위는 위증으로서 허위의 진술을 하는 것이다. 위증은 법률에 의하여 적법하게 선서한 증인이 자신의 기억에 반하는 사실을 진술함으로써 성립된다.[24]

① 허 위

ⓘ 의 의

ⅰ. 학 설　　허위의 의의에 관하여는 다툼이 있다. 첫째, 객관설이다. 객관설(客觀說)에 의하면 허위란 객관적 진실에 반하는 것이라고 한다. 증인의 기억과 일치하는지의 여부는 불문한다. 기억에 반하는 사실을 진술하여도 객관적으로 진실에 합치하고 있다는 점, 객관적 진실과 일치하는 증언을 함으로써 사법에 의한 진실발견의 위험이 초래될 수 없다는 점 등을 근거로 하고 있다.

둘째, 주관설이다. 주관설(主觀說)에 의하면 허위란 증인의 기억에 반하는 것이라고 한다. 증인의 기억이 객관적 진실과 일치하는지의 여부를 불문한다. 따라서 기억과 일치하게 진술한 때에는 그것이 객관적 진실에 반하는 경우에도 본죄에는 해당하지 않게 된다. 이에 반하여 기억에 반하는 진술을 한 때에는 그것이 객관적 진실과 일치하는 경우에도 허위의 진술에 해당하게 된다. 증인은 자기가 경험한 사실을 기억에 따라 진술할 의무가 있다는 점, 기억에 반하는 진술을 한 때에는 이미 국가의 심판기능의 적정한 행사에 대한 추상적 위험을 인정할 수 있다는 점, 증인에게 자신의 기억 이상의 진술을 할 것을 기대할 수 없다는 점 및 증인의 사명은 자기의 기억을 진술하여 법원에 의한 진실발견을 돕는 데 그쳐야 한다는 점 등을 근거로 한다.

셋째, 절충설이다. 절충설(折衷說)에 의하면 허위란 증인의 기억에 반하고, 행위시에 존재

---

21) 대법원 2013.5.23. 선고 2013도3284 판결; 대법원 2012.3.29. 선고 2009도11249 판결; 대법원 2010.2.25. 선고 2009도13257 판결; 대법원 2010.1.21. 선고 2008도942 전원합의체 판결.

22) 대법원 2010.2.25. 선고 2009도13257 판결.

23) 대법원 2010.2.25. 선고 2007도6273 판결.

24) 대법원 1988.5.24. 선고 88도350 판결; 대법원 1983.8.23. 선고 82도1989 판결.

한 사정을 기초로 판단하여 객관적 진실에 반하는 것을 말한다.

ii. 판 례 판례는 일관하여 주관설에 의하고 있다. 허위의 공술은 자기가 체험한 바 그 기억에 맞지 않는 사실을 진술하는 것이다.[25] 허위의 진술이라는 것은 그 객관적 사실이 허위라는 것이 아니라 스스로 체험한 사실을 기억에 반하여 진술하는 것, 즉 기억에 반한다는 사실을 말한다.[26] 대법원은 "위증죄는 법률에 의하여 선서한 증인이 자기의 기억에 반하는 사실을 진술함으로써 성립하는 것이다"라고 판시한 바 있다.[27]

허위를 긍정한 판례의 구체적 내용은 다음과 같다. 즉,

> 설사 그 증언이 객관적 사실과 합치한다고 하더라도 기억에 반하는 진술을 한 때에는 위증죄의 성립에 영향이 없다.[28] 그 공술이 기억에 반하는 진술이면 족하고 그것이 당해 사건의 요증사실이거나 재판결과에 영향을 미친 여부는 위증죄의 성립에 아무 관계가 없다.[29] 증인으로 증언하면서 자신의 기억에 반하는 진술을 하였다면 그 진술내용이 객관적 사실에 합치한다 하여도 위증죄가 성립한다.[30] 위증죄에 있어서의 허위의 공술은 사실을 경험한 경위에 관한 허위의 진술도 포함하는 것이므로 들어서 알게 된 사실을 마치 목격하여 알게된 것처럼 진술한 경우에도 허위의 공술에 해당한다.[31] 진술내용이 당해 사건의 요증사항이 아니라거나 재판의 결과에 영향을 미친바 없다고 하여도 선서한 증인이 그 기억에 반하여 허위의 진술을 한 것이라면 위증죄의 죄책을 면할 수 없다.[32] 증언내용이 지엽적인 사항에 관한 것이라도 기억에 반하는 허위의 진술이면 위증죄가 성립한다.[33]

허위를 부정한 판례의 구체적 내용은 다음과 같다. 즉,

> 그 진술이 객관적 사실과 부합하지 않는다고 하여 그 증언이 곧바로 위증이라고 단정할 수는 없다.[34] 증언의 전체적 취지가 객관적 사실과 일치되고 그것이 기억에 반하는 공술이 아니라면 사소한 부분에 관하여 기억과 불일치하더라도 그것이 신문취지의 몰이해 또는 착오에 인한 것이라면 위증이 될 수 없다.[35] 그 진술이 객관적 사실과 부합하지 아니한다 하더라도 그 증언이 증인의

---

25) 대법원 1984.5.29. 선고 83도2410 판결; 대법원 1984.3.27. 선고 84도48 판결.

26) 대법원 1984.2.28. 선고 84도114 판결.

27) 대법원 2010.5.13. 선고 2007도1397 판결; 대법원 2001.3.23. 선고 2001도213 판결; 대법원 2009.3.12. 선고 2008도11007 판결; 대법원 1996.8.23. 선고 95도192 판결; 대법원 1989.1.17. 선고 88도580 판결; 대법원 1988.12.13. 선고 88도80 판결; 대법원 1987.3.24. 선고 85도2650 판결; 대법원 1986.6.10. 선고 84도2039 판결; 대법원 1984.5.29. 선고 83도2410 판결; 대법원 1984.2.14. 선고 83도37 판결; 대법원 1983.6.28. 선고 83도1125 판결; 대법원 1982.9.14. 선고 81도105 판결; 대법원 1981.8.25. 선고 80도2783 판결; 대법원 1981.8.25. 선고 80도2019 판결; 대법원 1966.9.13. 선고 66도863 판결.

28) 대법원 1989.1.17. 선고 88도580 판결; 대법원 1988.5.24. 선고 88도350 판결; 대법원 1982.9.14. 선고 81도105 판결.

29) 대법원 1987.3.24. 선고 85도2650 판결; 대법원 1981.8.25. 선고 80도2783 판결; 대법원 1966.9.13. 선고 66도863 판결.

30) 대법원 1987.1.20. 선고 86도2022 판결.

31) 대법원 1985.10.8. 선고 85도783 판결.

32) 대법원 1985.3.12. 선고 84도2918 판결; 대법원 1981.8.25. 선고 80도2783 판결; 대법원 1966.9.13. 선고 66도863 판결.

33) 대법원 1982.6.8. 선고 81도3069 판결.

34) 대법원 1996.8.23. 선고 95도192 판결; 대법원 1988.12.13. 선고 88도80 판결.

35) 대법원 1996.3.12. 선고 95도2864 판결; 대법원 1994.12.22. 선고 94도1790 판결; 대법원 1993.9.28. 선고

기억에 반하는지 여부를 가려보기 전에는 위증이라고 속단해서는 안된다.[36] 경험을 통하여 기억하고 있는 사실을 진술한 이상 그 진술이 객관적 사실에 부합되지 아니하거나 경험한 사실에 기초한 주관적 평가나 그 법률적 효력에 관한 견해를 부연한 부분에 다소의 오류나 모순이 있다고 하여 위증죄가 성립하는 것은 아니다.[37] 증언의 내용인 사실의 전체적 취지가 객관적 사실에 일치하고 그것이 기억에 반하는 공술이 아니라면 그 사실을 구성하는 일부 사소한 부분에 다른 점이 있어도 그 진술의 취지가 기억에 일치하는 것이라면 그것만으로서는 위증죄의 성립이 인정될 수 없다.[38]

iii. 검 토 증인의 진술내용은 첫째, 객관적으로 진실이고 증인의 기억에도 합치하는 경우, 둘째 객관적으로 진실이지만 증인의 기억에는 반하는 경우, 셋째 객관적으로 허위이지만 증인의 기억에는 합치하는 경우 및 넷째 객관적으로 허위이고 증인의 기억에도 반하는 경우의 4가지의 경우를 설정할 수 있다. 이 중에서 첫째의 경우는 객관적으로도 주관적으로도 허위의 진술이 아니기 때문에 본죄에 해당하지 않고, 셋째의 경우에는 증인에게 허위라는 취지의 인식이 없고 고의를 결하기 때문에 본죄를 구성하지 않는다. 역으로 넷째의 경우에 본죄를 구성하는 것에 다툼은 없다. 따라서 주관설과 객관설의 차이는 둘째의 증인의 진술내용이 객관적으로 진실이지만 증인의 기억에 반하는 경우에 대하여 위증죄의 성립을 인정하여야 하는가에 있다.

증인은 재판·심판 기관에 대하여 스스로 경험한 사실을 기억나는 대로 진술하지 않으면 안 된다는 것에 주목할 필요가 있다. 증인에게는 스스로 경험한 사실에 대하여 무엇이 진실인가를 고려하고 판단할 필요가 없고 스스로 진실이라고 판단한 사실을 진술하도록 요구되는 것도 아니고 어디까지나 스스로의 외관의 작용에 의하여 감득한 사실을 기억한 바 그대로 전달하도록 요구되고 있는 것이다. 왜냐하면 증인이 무엇이 진실인가를 스스로 판단하고 그 기억에 반하여까지 자기가 믿는 주관적인 진실을 진술하는 것은 그 자체로 재판·심판 기관의 사실인정에 오류를 발행하게 할 우려가 존재한다고 분명하게 말할 수 있기 때문이다. 이는 법관 등이 증언에 의하여 사실의 진위를 판단함에 있어서는 증언의 내용뿐만 아니라 증인의 관찰능력이나 관찰방법 등도 종합적으로 고려하여 그 증명력을 판단해야 한다는 점에서도 추측에 지나지 않는 사항을 직접 체험한 것과 같이 진술하거나 전문한 사실을 직접 체험한 바와 같이 진술하는 것은 잘못된 재판 등으로 가는 지름길인 것이 명확하기 때문에 어쩌다 그 증언이 다른 증거상 진실에 합치하고 또한 증인 자신이 그 사실을 진실이라고 믿었다고 하더라도 허위의 진술에 해당한다고 하지 않으면 안 된다. 이것은 색을 식별할 수 없는 사람이 적색의 신호를 무색의 신호로 본 것임에도 불구하고 적색의 신호였다고 증언한 경우에는 그것이 객관적 진실에 합치하고 있었다고 하더라도 재판 등의 적정을 해할 위험이 있다는 것은 분명하기 때문이다.

생각건대 객관설에 의하면 증인이 자기의 기억과 다른 사실을 진술하여도 그것이 진실에

93도425 판결; 대법원 1983.2.8. 선고 81도207 판결; 대법원 1982.9.14. 선고 81도105 판결.

36) 대법원 1988.12.13. 선고 88도80 판결.

37) 대법원 1984.2.14. 선고 83도37 판결; 대법원 1981.8.25. 선고 80도2019 판결.

38) 대법원 1983.2.8. 선고 81도207 판결.

합치하는 한 국가의 심판작용을 해할 우려가 없고 이러한 행위를 벌하는 것은 본죄의 입법 취지를 넘은 것이라고 한다. 그러나 객관설에 의하면 증인이 자기의 기억에 반하는 사실을 진실하다고 믿고 진술한 이상은 그 진술에 속하는 사실이 진실이 아닌 경우에도 본죄의 고의가 인정되지 않고 과실범의 처벌규정이 존재하지 않는 한 불가벌로 되지 않을 수 없게 된다. 이는 객관설의 본래의 의도에 반하는 동시에 실제적으로도 불합리한 결론이라고 하지 않을 수 없다. 이러한 점으로부터 주관설이 타당하다고 하지 않을 수 없다.

ⅱ 판단기준

ⅰ. 인식한 사실　　진술의 허위여부는 주관적으로 증인이 인식한 경험사실을 기준으로 판단해야 한다.[39] 증인이 예컨대 전문한 사실을 마치 목격하여 알게 된 사실인 것처럼 진술한 경우에는 경험의 경위에 관하여 기억에 반하는 허위의 공술을 한 것에 해당하게 된다.[40] 증인의 증언이 기억에 반하는 허위진술인지 여부는 그 증언의 단편적인 구절에 구애될 것이 아니라 당해 신문절차에 있어서의 증언 전체를 일체로 파악하여 판단하여야 한다.[41] 증언의 전체적 취지가 객관적 사실과 일치되고 그것이 기억에 반하는 공술이 아니라면 사소한 부분에 관하여 기억과 불일치하더라도 그것이 신문취지의 몰이해 또는 착오에 인한 것이라면 위증이 될 수 없다.[42] 증언이 증인의 기억에 반하는 것인지의 여부가 불분명한 경우에 증언이 객관적 사실과 부합되면 특단의 사정이 없는 한 기억에 반하는 진술을 하였다고 단정할 수 없다.[43]

ⅱ. 증언의 취지　　증인의 어구표현이 논리적으로는 여러 가지로 해석될 여지가 있다고 하더라도 당시 증인의 증언 경위와 입증취지 등에 비추어 증인이 진술하고자 의도한 취지에 따라 진술의 허위 여부를 가려야 한다.[44] 증언의 의미가 그 자체로 불분명하거나 다의적으로 이해될 수 있는 경우에는 언어의 통상적인 의미와 용법, 문제된 증언이 나오게 된 전후 문맥, 신문 취지, 증언이 행하여진 경위 등을 종합하여 당해 증언의 의미를 명확히 한 다음 허위성을 판단하여야 한다.[45] 증언의 내용을 구성하는 개개의 사실을 개별적으로 진술하지 아니하고 신문자의 취지에 따라 이를 종합한 전체적 취지로 대답 진술하였다 하더라도 개개

---

39) 대법원 1984.3.27. 선고 84도48 판결.

40) 대법원 1984.3.27. 선고 84도48 판결.

41) 대법원 2018.5.15. 선고 2017도19499 판결; 대법원 2007.10.26. 선고 2007도5076 판결; 대법원 2006.2.10. 선고 2003도7487 판결; 대법원 2003.12.12. 선고 2003도3885 판결; 대법원 2001.12.27. 선고 2001도5252 판결; 대법원 1996.3.12. 선고 95도2864 판결; 대법원 1994.12.22. 선고 94도1790 판결; 대법원 1994.4.26. 선고 92도3317 판결; 대법원 1993.9.28. 선고 93도425 판결; 대법원 1993.9.14. 선고 93도1743 판결; 대법원 1993.6.29. 선고 93도1044 판결; 대법원 1991.5.10. 선고 89도1748 판결; 대법원 1989.2.28. 선고 87도1718 판결; 대법원 1988.12.6. 선고 88도935 판결; 대법원 1987.10.13. 선고 87도1780 판결; 대법원 1987.3.24. 선고 87도27 판결; 대법원 1987.2.10. 선고 86도2584 판결; 대법원 1987.1.20. 선고 86도485 판결; 대법원 1983.3.22 선고 83도64 판결; 대법원 1982.9.14. 선고 81도105 판결; 대법원 1968.2.20. 선고 66도1512 판결.

42) 대법원 2007.10.26. 선고 2007도5076 판결; 대법원 1996.3.12. 선고 95도2864 판결; 대법원 1982.9.14. 선고 81도105 판결.

43) 대법원 1982.9.14. 선고 81도105 판결.

44) 대법원 1989.2.28. 선고 88도1378 판결.

45) 대법원 2018.5.15. 선고 2017도19499 판결; 대법원 2006.2.10. 선고 2003도7487 판결; 대법원 2003.12.12. 선고 2003도3885 판결; 대법원 2001.12.27. 선고 2001도5252 판결; 대법원 1996.3.12. 선고 95도2864 판결.

의 사실이 기억에 일치하고 전체적 취지가 이에 어긋나지 아니하면 허위의 진술이라 할 수 없다.[46]

일반적으로 증인이 어떠한 사실을 '안다'고 진술하는 경우에는 증인이 직접 경험하거나 또는 타인의 경험한 바를 전해 들어서 알게 된 사실을 진술하는 것이므로 이와 같이 알게 된 경위가 어떤 것인지를 가려내어 그것이 피고인의 기억에 반하는지의 여부를 판단하여야 할 것이고 그 진술이 객관적인 사실과 다르다는 것만으로 곧 기억에 반하는 진술이라고 단정할 수는 없다.[47] 또 증인의 증언의 요지가 일정한 사실을 '안다'라는 취지인 경우에는 증인이 그 증언내용을 알게 된 경위를 심리판단하여 그 증언내용이 기억에 반한 진술인지 여부를 가려야 할 것이지 그 증언의 전체적 내용을 제쳐 놓고 증언일부만을 따로 떼어서 허위의 진술이라고 단정할 것이 아니다.[48]

② 진 술

ⓘ 의 의　　진술(陳述)이란 증인이 재판 · 심판 기관에 대하여 오관의 작용에 의하여 스스로 경험한 사실을 언어적 수단에 의하여 보고하는 것을 말한다. 진술은 원칙적으로 재판 · 심판 기관의 면전에서 구두에 의하여 행하여진다. 다만 재판 · 심판 기관의 면전이 아니더라도 수명법관 또는 수탁법관에 의한 증인심문에 의하여 증언하는 경우는 물론 그 외에 영상 등의 송수신에 의한 통화의 방법에 의한 증인심문에 의하여 증언하는 경우도 가능하다. 선서한 증인에게 서면에 의한 회답이 인정되는 경우에는 그 서면에 의한 공술도 진술에 해당할 수 있다. 민사소송에 있어서 증인심문에 대신한 서면의 제출에 대하여는 선서가 예정되어 있지 않기 때문에 본죄의 대상으로는 되지 않는다.

ⓘⓘ 방 법　　진술의 방법에는 제한이 없다. 구두에 의한 진술이 아니더라도 거동이나 표정에 의한 진술도 포함된다. 문제는 부작위에 의한 위증의 성립여부에 있다. 본죄의 실행행위는 허위의 진술이라는 작위범의 형태로 규정되어 있기 때문이다. 단순히 사실을 모두 묵비하여 진술을 하지 않는 경우는 증언거부죄의 성립을 별론으로 하면 본죄에서 말하는 허위의 진술에 해당한다고 하는 것은 불가능하다.

그러나 증인이 심문에 응하여 진술하는 한편 자기가 기억하고 있는 다른 사항에 대하여는 묵비하여 그 결과 전체로서의 진술내용을 허위로 판명되게 한 경우에는 그 일련의 묵비행위를 허위의 진술을 한 것으로 평가하여 본죄의 성립을 인정하는 것이 불가능한 것은 아니다. 여기서 이러한 경우를 부작위에 의한 위증이라고 하는 것에 대하여는 긍정설과 부정설이 대립하고 있다. 생각건대 이는 일부 사실에 대한 묵비의 부작위와 다른 진술이라고 하는 작위의 사이에서 허위의 진술이라고 평가되는 것일 뿐 이를 소위 부진정부작위범이라고 평가하는 것은 곤란하다고 해석된다. 증인에게는 진실만을 진술할 작위의무가 존재한다

46) 대법원 1983.3.22. 선고 83도64 판결.

47) 대법원 1985.11.26. 선고 85도711 판결; 대법원 1985.3.12. 선고 84도2918 판결; 대법원 1978.1.31. 선고 77다290 판결.

48) 대법원 1983.4.26. 선고 83도633 판결.

는 근거를 찾을 수 없기 때문에 부정설이 합당하다고 해석된다.

ⅲ 내 용 진술의 내용은 증인신문의 대상이 된 일체의 사항을 포함한다. 진술의 내용은 반드시 요증사실에 대한 것으로 재판의 결과에 영향을 미칠 수 있는 것임을 요하는 것은 아니다.[49] 따라서 진술내용이 당해 사건의 요증사항이 아니라거나 재판의 결과에 영향을 미친 바 없다고 하여도 선서한 증인이 그 기억에 반하여 허위의 진술을 한 경우에는 본죄가 성립되어 그 죄책을 면할 수 없다.[50]

진술은 사실에 대한 진술뿐만 아니라 인정신문에 대한 진술도 포함한다. 증언이 기본적인 사항에 관한 것이 아니고 지엽적인 사항에 관한 진술이라 하더라도 그것이 허위 진술인 이상 위증죄 성립에는 영향이 없다.[51] 그러나 증인의 자발적인 진술은 그것이 증명의 대상이 되지 않을 때에는 진술의 내용에 포함되지 아니한다.

ⅳ 대 상 진술의 대상은 사실에 제한되며 가치판단은 포함되지 아니한다. 허위감정의 대상에 가치판단이 포함되는 것과 대조된다. 증인은 자기가 경험한 사실을 진술하는 자이기 때문이다. 사실인 이상 외적 사실뿐만 아니라 감정・동기・목적・관념・기억 등의 내적 사실을 포함한다.

그러나 경험한 사실에 대한 주관적 평가나 법률적 효력에 관한 의견의 진술은 본죄의 대상이 되지 않는다.[52] 따라서 증인의 진술이 경험한 사실에 대한 법률적 평가이거나 단순한 의견에 지나지 아니하는 경우에는 위증죄에서 말하는 허위의 공술이라고 할 수 없다.[53] 경험한 객관적 사실에 대한 증인 나름의 법률적・주관적 평가나 법률적 효력에 관한 의견을 부연한 부분에 다소의 오류나 모순이 있더라도 본죄가 성립하는 것은 아니라고 할 것이다.[54] 그럼에도 불구하고 자기가 지득하지 아니한 어떤 사실관계를 단순히 법률적 표현을 써서 진술한 것이라면 이는 객관적 사실을 토대로 한 증인 나름의 법률적 견해를 진술한 것과는 다르므로 본죄의 성립을 부인할 수 없다.[55]

증언의 내용이 타인이 경험한 바를 전해들은 것이거나 기록 또는 문서를 보고 간접적으로 알게 된 것이라면 그 진술이 전해준 내용이나 알게 된 문서의 내용에 일치되지 아니하는 때에는 그 진술은 일응 기억에 반한 것으로 보아야 할 것이므로 본죄에 해당한다 할 것이니 이러한 경우에는 증인이 그 증언내용을 알게 된 경위에 따라 그 증언내용이 기억에 반한 진술인지의 여부를 가려야 한다.[56]

---

49) 대법원 1988.5.24. 선고 88도350 판결; 대법원 1986.6.10. 선고 85도117 판결; 대법원 1986.3.25. 선고 86도159 판결; 대법원 1981.8.25. 선고 80도2783 판결.

50) 대법원 1989.9.26. 선고 88도1533 판결; 대법원 1985.3.12. 선고 84도2918 판결.

51) 대법원 2018.5.15. 선고 2017도19499 판결; 대법원 1982.6.8. 선고 81도3069 판결.

52) 대법원 1983.6.28. 선고 83도1125 판결.

53) 대법원 2009.3.12. 선고 2008도11007 판결; 대법원 2007.9.20. 선고 2005도9590 판결; 대법원 1996.2.9. 선고 95도1797 판결; 대법원 1988.9.27. 선고 88도236 판결; 대법원 1987.10.13. 선고 87도1501 판결; 대법원 1986.6.10. 선고 84도2039 판결.

54) 대법원 2009.3.12. 선고 2008도11007 판결; 대법원 2001.3.23. 선고 2001도213 판결; 대법원 1988.9.27. 선고 88도236 판결; 대법원 1984.2.14. 선고 83도37 판결; 대법원 1981.8.25. 선고 80도2019 판결.

55) 대법원 1986.6.10. 선고 84도2039 판결.

허위를 긍정한 판례의 구체적 내용은 다음과 같다. 즉,

가해자로 지목된 자들이 피해자에게 상해를 가한 행위가 인정되지 않으므로, 피고인이 동일한 사건현장을 직접 목격한 자로서 증언을 함에 있어 그와 반대로 가해자로 지목된 자들이 피해자를 폭행(상해)하였다고 증언을 하였다면, 피고인의 그와 같은 증언은 허위의 진술이라 할 것이고 피고인에게는 그 증언이 허위라는 인식 또한 있었다고 보아야 할 것이다.[57] 타인으로부터 전해 들은 금품의 전달사실을 마치 증인 자신이 전달한 것처럼 진술한 것은 증인의 기억에 반하는 허위진술이라고 할 것이므로 그 진술부분은 위증에 해당한다.[58] 피고인은 원심판시와 같이 민사법정에서 증언을 함에 있어서 피고인이 이 사건 임야를 관리하기 전에 공소외 (갑)이 위 임야 의소유자로서 이를 관리한 여부는 피고인으로서는 모르는 일이었음에도 불구하고 피고측 변호사의 신문에 대하여 "증인이 관리하기 전에도 소외 (갑)은 위 임야에 대하여 사실상 소유자로서 관리하여 온 것이 틀림없다"는 취지로 자기의 기억에 반하는 답변을 함으로써 허위의 공술을 하였음이 넉넉히 인정되므로, 위 (갑)이 실제로 위 임야를 사실상 소유자로서 관리한 여부와는 관계없이 피고인은 위증죄의 죄책을 면할 수 없다.[59] 당초 체결된 이 사건 매매계약이 해제되지 아니한 채 이행된 사실을 피고인이 잘 알면서도 위 매매계약상의 매도인인 (갑) 등으로 하여금 조세감면혜택을 받게 할 목적으로 피고인이 같은 계약서상의 매수인회사 대표인 (을)로부터 매매계약일자, 중도금지급일자 등을 달리한 계약서를 형식상으로 받아놓은 것임에도 불구하고 그 알고 있는 사실과 달리 먼저의 계약이 해제되고 새로운 계약을 체결하였다고 증언하였다는 것이니 이는 단순히 주관적 평가나 법률적 견해를 부연설명한 것이 아니라 기억에 반한 사실을 증언한 것으로써 이와 같은 사실을 위증죄로 인정 처단한 원심의 조처는 정당하고 원심이 위증죄의 법리를 오해하였다거나 심리미진으로 인한 판단유탈 내지 이유불비의 위법을 범하였다는 소론은 독자적 견해로서 이를 받아들일 수 없다.[60] 매매확인서의 발급경위와 취지 및 그 내용에 관하여 사실과 다르게 허위의 진술을 하였다면 이는 단순히 매매계약서의 효력에 관한 자신의 의견을 진술한 것이 아니라 경험한 사실에 관한 허위내용의 진술에 해당하여 위증죄가 성립된다.[61] 피고인은 원심판시 소송에서 증인으로 증언하면서 "오래전 망 (갑)의 생존당시 동리 노인들과 담소중 장 기준이 17, 18세된 어린나이때 도박을 하여 딴 돈으로 이건 임야에 압류된 빚을 갚았다고 하는 소리를 들었다"고 자신의 기억에 반하는 진술을 하였다면 그 진술내용이 객관적 사실에 합치한다고 하여도 자기의 기억에 반하는 사실을 진술한 이상 위증죄가 성립된다 할 것이므로 위증죄의 법리를 오해한 위법이 없다. 논지는 모두 이유없다.[62] 피고인이 3회에 걸쳐 법률에 의한 선서를 하고서 진술한 증언내용이 객관적 사실에 부합하지 아니하고 피고인 자신이 증언내용 사실을 잘 알지 못하면서도 잘 아는 것으로 증언했다는 것이므로 그렇다면 피고인의 증언은 기억에 반한 진술이 될 것이고 위증죄가 성립되는 것이다.[63] 피고인은 검찰에서 공소외 (갑)이 공소외 (을)로부터 돈을 수령해 가는 것을 보기는 하였으나 그 금액이 1,944,000원인지 얼마인지는 몰랐고 그후 위 (을)로부터 그 금액을 들어서

56) 대법원 1985.4.9. 선고 83도44 판결; 대법원 1983.9.27. 선고 83도42 판결.
57) 대법원 1995.9.29. 선고 95도852 판결.
58) 대법원 1990.5.8. 선고 90도448 판결.
59) 대법원 1989.1.17. 선고 88도580 판결.
60) 대법원 1988.9.27. 선고 88도236 판결.
61) 대법원 1987.10.13. 선고 87도1501 판결.
62) 대법원 1987.1.20. 선고 86도2022 판결.
63) 대법원 1986.9.9. 선고 86도57 판결.

알게 되었음에도 불구하고 법정에서 증인으로서 선서한 후 증언을 함에 있어서 위 (갑)이 위 금액의 돈을 수령하는 것을 직접 목격한 것처럼 진술하였다고 자백하고 있고 원심증인 (갑)의 진술에 의하더라도 위 자백의 진실성이 충분히 뒷받침된다.[64] 공소외인이 법원에 출석하여 당사자 본인신문에 응하여 진술한 사실을 모르고 증언을 한 것이라 하더라도 위 공소외인이 피고인의 형수이고 그 민사소송사건의 이해관계인(당사자 본인)이어서 동인이 법원에 출석진술할 여지가 있었음에도 이러한 사실을 확인함이 없이 동인은 의사표시의 능력도 없는 사람이고 법정에 서서 진술한 사실이 전혀 없는 노인이라고 단정 증언하였음은 기억에 반한 진술이라고 하지 않을 수 없다.[65] 피고인이 위 민사사건의 원고 (갑)과 피고 (을) 사이의 매매계약을 주선한 일은 있으나 그 체결에 직접 참여한 일이 없고 계약의 내용은 한쪽 당사자인 위 (갑)으로부터 듣거나 계약 후 계약서를 보고 알게 된 것임에도 불구하고 마치 위 계약체결에 직접 참여하여 목격함으로써 알게 된 내용인 것처럼 그 기억에 반한 허위의 진술을 한 사실이 넉넉히 인정되고 그 증거취사과정을 살펴보아도 소론과 같이 채증법칙을 위반한 허물이 없으니 논지는 이유없다.[66] " …한 사실을 압니다", " …은 …의 소유였습니다"라는 증인의 진술이 경험사실이 아닌 증인 나름대로의 단순한 의견이나 평가에 불과한 경우에는 위증죄의 구성요건인 허위의 공술에 해당되지 않는다 할 것이나, 일반적으로는 그러한 진술은 증인이 직접 경험하거나 또는 타인의 경험한 바를 전해들어서 어떤 사실을 알게 되고 또 권리귀속에 관한 인식을 가지게 되어 그러한 내용을 진술하는 것이라 할 것이므로 이와 같은 경우에는 증인이 그 증언내용을 알게 된 경위를 심리판단하여 그 증언내용이 기억에 반한 진술인지의 여부를 가려야 한다.[67] 피고 등이 종중의 이사회결의나 임원회의 결의 등이 있었음을 알면서도 이에 반하는 공술을 한 이상, 동 결의가 종중규약에 위반하여 효력이 없는 것이라 한들 위증죄의 성립에 영향을 미치지 않는다.[68] 피고인이 증언내용인 사실을 목격하였거나 체험한 바 없어 전혀 모르는 사실인데도 민사소송사건의 증인으로 채택된 후에 원고인 (갑)으로부터 증언내용을 전해 듣고 동인의 부탁에 의하여 마치 피고인이 목격하였거나 체험한 바 있어 알고 있는 것과 같은 취지로 진술하였다면, 이는 결국 기억에 반한 허위의 진술이라 할 것이고 또 그 증언이 기본적인 사항에 관한 것이 아니고 지엽적인 사항에 관한 진술이라 하더라도 그것이 허위의 진술인 이상 위증죄의 성립에는 영향이 없다 할 것이다. 논지는 이유없다.[69] 민사법정에서의 증인 진술이 통상 당사자나 그 대리인의 증인 신문사항에 의한 신문에 대하여 답변형식으로 이루어지는 관계로 흔히 당사자나 그 대리인의 상세한 내용의 신문사항에 대하여 증인이 간단히 긍정적 답변을 함에 그치는 경우에도 그 상세한 신문사항 내용과 같은 진술을 증인 자신이 한 것처럼 증인신문조서에 기재되는 사례가 있음은 사실이나, 이러한 경우에도 증인이 만일 그 상세한 신문사항 내용을 파악하지 못하였거나 또는 기억하지 못함에도 불구하고 이를 그대로 긍정하는 취지의 답변을 하였다면 이는 결국 기억에 반하여 그 신문사항과 같은 내용의 허위진술을 한 것이라고 볼 수밖에 없고, 특히 이 사건에서와 같이 매매목적물의 위치 및 평수가 그 증언의 주요 입증취지이었다면 그 위치 및 평수에 관한 증언부분을 증인신문사항에 따라 묻는 대로 대답한 것에 지나지 아니한 지엽적 진술부분이라고, 묵과할 수는 없는 것이다.[70]

---

64) 대법원 1985.10.8. 선고 85도783 판결.
65) 대법원 1985.8.20. 선고 85도868 판결.
66) 대법원 1984.3.27. 선고 84도48 판결.
67) 대법원 1983.9.27. 선고 83도42 판결.
68) 대법원 1983.8.23. 선고 82도1989 판결.
69) 대법원 1982.6.8. 선고 81도3069 판결.
70) 대법원 1981.6.23. 선고 81도118 판결.

허위를 부정한 판례의 구체적 내용은 다음과 같다. 즉,

위증의 경고를 수반하는 법률에 의한 선서절차를 거친 법정에서 구체적으로 이루어진 진술을 그 대상으로 하는바, 「민사소송규칙」 제79조 제1항은 “법원은 효율적인 증인신문을 위하여 필요하다고 인정하는 때에는 증인을 신청한 당사자에게 증인진술서를 제출하게 할 수 있다”라고 규정함으로써 증인진술서제도를 채택하고 있는데 이러한 증인진술서는 그 자체로는 서증에 불과하여 그 기재내용이 법정에서 진술되지 아니하는 한 여전히 서증으로 남게 되는 점, 「민사소송법」 제331조가 원칙적으로 증인으로 하여금 서류에 의하여 진술을 하지 못하도록 규정하고 있는 점, 「민사소송규칙」 제95조 제1항이 증인신문의 방법에 관하여 개별적이고 구체적으로 하여야 한다고 규정하고 있는 점 등의 사정에 비추어 볼 때, 증인이 법정에서 선서 후 증인진술서에 기재된 구체적인 내용에 관하여 진술함이 없이 단지 그 증인진술서에 기재된 내용이 사실대로라는 취지의 진술만을 한 경우에는 그것이 증인진술서에 기재된 내용 중 특정 사항을 구체적으로 진술한 것과 같이 볼 수 있는 등의 특별한 사정이 없는 한 증인이 그 증인진술서에 기재된 구체적인 내용을 기억하여 반복 진술한 것으로는 볼 수 없으므로, 가사 거기에 기재된 내용에 허위가 있다 하더라도 그 부분에 관하여 법정에서 증언한 것으로 보아 위증죄로 처벌할 수는 없다고 할 것이다.[71] 피고인이 민사사건에 증인으로 출석하여 선서한 다음 그 판시와 같이 진술하였다가, 이어지는 원고 지배인의 추궁을 받고 대위변제 확인서의 작성 시기에 대하여 “정확한 기억이 없다”고 답변함으로써 직전의 진술을 철회 시정한 것으로 봄이 상당하다고 보아, 이 사건 공소사실에 대하여 그 증명이 없음을 이유로 무죄를 선고한 것은 수긍이 가고, 거기에 주장과 같은 위증죄에 관한 법리오해의 위법이 없다.[72] 피고인이 관계 서류의 기재 등으로 보아 신용장 개설은행인 한국외환은행과 수입업자인 (갑)실업주식회사 사이에 수입물품대금에 관한 분할결제 약정이 있었던 것으로 볼 수 없다고 판단한 결과 공소사실 기재와 같은 진술을 한 것이므로, 이는 법률행위의 해석에 관한 피고인의 의견 내지 판단을 진술한 것으로 위증의 대상이 되는 사실을 진술한 것에 해당하지 아니한다고 판단하여 이 사건 공소사실에 대하여 무죄를 선고한 제1심판결을 유지하였는 바, 관계 증거 및 위에서 본 법리에 비추어 살펴보면, 원심의 이와 같은 판단은 수긍이 가고, 원심판결에 소론과 같이 채증법칙 위반 및 심리미진으로 인한 사실오인으로 신용장 대지급금의 발생경위 및 성격 등을 오해하였다거나 위증죄에 관한 법리를 오해한 위법이 있다고 할 수 없다.[73] 피고인은 (갑)이 이 사건 가옥에서 약 5~6년 가량 살다가 1981년에 이사 간 것으로 기억되고 변호사가 제시한 (갑)의 주민등록표상의 기재가 맞는 것 같아 “제시한 을 제14호증(세대별주민등록표) 기재와 같이 위 (갑)은 1975.1.23.부터 1981.7.14.까지 약 6년간 위 958의 72 대지 위의 가옥에 거주하였다”고 증언하였다는 것인바, 위 (갑)의 거주시기(특히 그 년도)에 관한 피고인의 증언은 (을)의 경찰에서의 진술, (갑)의 주민등록표의 기재 등에 의하여 인정되는 객관적 사실에 대부분 부합할 뿐만 아니라, 기록상 위 증언이 피고인의 기억에 반하여 사실을 허위로 진술한다는 인식을 가지고 증언한 것이라고 볼 자료도 없고, 나아가 피고인이 위 (갑)의 거주기간의 구체적인 월일까지는 정확히 알 수 없었다고 하더라도 변호사가 제시한 위 (갑)의 세대별주민등록표에 의하여 (갑)의 거주시기 및 기간에 관한 자신의 기억과 일치하여 위 주민등록표 기재의 구체적인 월일까지 진술하였다 하여 피고인이 기억에 반하여 사실을 허위로 진술한다는 인식을 가지고 증언하였다고 단정할 수도 없을 것이다.[74]

---

71) 대법원 2010.5.13. 선고 2007도1397 판결.
72) 대법원 2008.4.24. 선고 2008도1053 판결.
73) 대법원 1996.2.9. 선고 95도1797 판결.
74) 대법원 1994.12.22. 선고 94도1790 판결.

피고인의 이와 같은 진술에는 공소외 (갑)이 공소외 (을) 등에게 공사비를 지급한 사실이 있는지 여부에 관해 피고인으로서는 잘 알고 있지 못하며 그 자리에 입회한 바도 없다는 취지가 포함되어 있다고 볼 수 있으므로 결국 이것과 피고인이 최초로 한 그 기억에 반한 증언을 전체적으로 관찰하면 피고인은 일단 위와 같이 그 기억에 반하는 허위증언을 하였다가 그 신문이 끝나기 전에 묵시적으로 이를 철회시정한 것으로 보여진다고 할 것이라고 판단하여 제1심판결을 파기하고 피고인에게 무죄를 선고한 것은 기록에 비추어 수긍되며, 위와 같은 진술의 철회가 반드시 명시적일 필요는 없다 할 것이므로 원심판결에 소론과 같은 채증법칙위반이나 위증죄에 관한 법리오해의 위법이 있다는 논지는 모두 이유 없다.[75] 피고인의 전체적인 증언취지는 이 사건 임야를 공소외 (갑)과 공동으로 매수한 사람은 피고인의 시동생인 공소외 1이고, 그의 남편인 공소외 2는 이 사건 임야의 구체적인 매매경위, 매수대금의 조성 등에 관여한 바가 없어 그 내용을 잘 알지 못한다는 것으로 이는 객관적인 사실과 일치하고 다만 사소한 부분에 관하여 기억에 반하는 점이 없는 것은 아니지만 이는 공소외 1이 이 사건 임야의 공동매수인이라는 것을 강조하기 위하여 다소 정황을 과장하여 설명하거나 신문취지의 몰이해 또는 착오로 인한 것이라는 이유로 피고인에 대하여 무죄를 선고하였는바, 기록에 비추어 원심의 조치는 옳게 수긍이 되고 거기에 지적하는 바와 같은 법리오해나 채증법칙을 어긴 위법이 없다.[76] 어떤 사실을 누군가로부터 들었다는 진술부분은 자기의 경험내용에 관한 진술이 아니라 타인으로부터 전문한 타인의 경험내용에 관한 진술이므로 그와 같이 전문한 일이 없다거나 또는 그 진술내용이 실제로 전문한 내용과 다르다는 등 증인이 사실내용을 알게 된 경위가 기억에 반하는 경우라야만 위증죄로 의율할 수 있고, 단지 그 진술내용이 객관적 사실과 다르다는 것만으로 기억에 반하는 진술이라고 단정할 수 없는 것인데도, 증인이 들어서 알게 되었다는 경위가 증인의 기억에 반한다는 증거도 없이 위 진술부분을 허위진술이라고 단정하였다고 하여 원심판결을 파기한 사례이다.[77] 판사가 증인이 경찰과 검사에게 진술한 내용이 사실이냐고 묻고 수사기록을 제시하고 그 요지를 고지한 즉 증인이 사실대로 진술하였으며 그 내용도 상위없다고 답변하였을 뿐이라면 증인이 수사기록에 있는 그의 진술조서에 기재된 내용을 기억하여 반복진술한 것이라고 할 수는 없으므로 설사 그 진술조서에 기재된 내용 중 증인의 기억에 반하는 부분이 있다고 하여도 그 기재내용을 상위없다고 하는 진술자체가 위증이 될 수 있음은 별론으로 하고 그 진술기재내용을 위증한 것이라고 할 수는 없다.[78] 피고인은 그를 포함한 원시주주들의 주식 모두를 공소외 2 에게 양도한 것이 아니고 그중 70퍼센트만을 양도하기로 한 것이며 다만 원시주주들이 함부로 주주권을 행사하지 못하도록 하기 위하여 위와 같은 주식양도증을 작성하여 공소외 2 개인이 아닌 회사에 보관시켰다는 것이므로 피고인의 증언 전체를 일체로 파악하여 볼 때, 공소사실 1항과 2항의 가, 다부분의 공소사실 및 2항의 나중 원시주주7명 모두 공소외 2 에게 양도증서했읍니다라고 진술한 기억은 안나고 만일 그렇게 진술을 하였다면 그 진술이 잘못된 것입니다는 증언은 기억에 반하는 허위의 진술이라고 볼 수 없으며(양도 증서했읍니다 라고 진술한 것이 잘못된 것이라고 되었으나 질문이 증인의 주식을 누구에게 양도한 것인가요로 되었는 점에 비추어 공소외 2 에게 양도하였다고 진술한 것이 잘못된 것이라고 증언한 것으로 보인다) 공소사실 2항의 나, 1972.8.23. 10:00경의 이사보선을 위한 임시주주총회에 피고인이 참석하여 결의를 하였으므로 공소사실 2항의 임시주주총회에 관한 부분도 기억에 반하는 허위의 진술이라고 보기 어려

75) 대법원 1993.12.7. 선고 93도2510 판결.
76) 대법원 1993.9.28. 선고 93도425 판결.
77) 대법원 1991.12.10. 선고 91도2209 판결.
78) 대법원 1989.9.12. 선고 88도1147 판결.

우며, 공소사실 3항의 유죄로 인정된 부분에 관하여 원시주주들이 발기인총회를 하고 회사를 설립한 후 주주로서 행세하였으므로 이 부분도 기억에 반하는 허위진술이라고 단정하기 어렵다. 결국 피고인에 대하여 이 사건 공소사실을 유죄로 인정한 제1심판결을 유지한 원심판결은 채증법칙위배로 사실을 오인하여 판결결과에 영향을 미쳤다 할 것이므로 이 점을 지적하는 논지는 이유있다.[79] 피고인이 1984.3.22. 14:00 대구지방법원 김천지원에서 "이 사건 대지에 관한 매매계약시 입회한 사실이 있다"고 진술한 것으로 기재되어 있으나, 그 바로 앞부분에 원고가 소외 망 (갑)으로부터 이 사건 토지를 당시 대금 10,000원에 매수하여 그 대금전액을 지불한 사실을 안다는 취지의 진술 기재가 되어 있으며 또 이미 앞에서 본 바와 같이 피고인의 이 사건에서의 일관된 진술이 약20년전 어느 오전에 구미장에 갔다가 위 (갑)의 주점에 술을 한잔하기 위하여 우연히 들러 위 (을)이 집터 땅값이라면서 금 10,000원을 위 망 (갑)에게 건네주는 것을 목격한 일이 있을 뿐만 아니라 그후 이 사건 대지를 위 (을)이 타작마당으로 사용하고 또 그 위에 가건물 내지 창고등을 지어 사용하는데도 그에 이웃한 위 망 (갑)이나 그의 아들인 위 (병)이 이 사건 대지에 대하여 그 소유권을 주장하는 등 이의를 제기하여 다툰 일이 없다는 것이고 또한 위 망 (갑)의 처인 참고인 (정)의 경찰에서의 진술에 의하더라도 위 (을)로부터 이 사건 대지에 관한 자료도 받은 일이 없다는 것이고 보면, 피고인이 이 사건 증언에서 "매매계약시 입회하였다"는 뜻은 "매매대금 주는 것을 보아 그 매매 있었음을 안다"는 취지의 진술이지 그것이 굳이 기억에 반하는 허위의 진술이라고 보기는 어렵지 아니한가 의문이 간다.[80] 피고인이 30여년전에 이 사건 매매계약서를 작성하여 그 매매대금을 정확히 모르고 다만 쌀 1가마니 가격이 채 못되는 것으로 기억하고 있던 중 증인신문시 신문하는 소송대리인이 스스로 평가하여 금 600원이 아니겠느냐는 물음에 그럴 것이라고 잘못 대답한 것이 그대로 증인신문조서상에 기재되었고, 1949년경 공소외 망 이희윤이 건강상태가 좋지 못하여 재산관리를 장남에게 맡기고 있음을 두고 위 피고인이 그 당시 위 망인이 중풍에 걸려 있었다고 진술한 취지는 그 전후관계로 보아 위 망인이 그 당시 장남에게 재산관리를 맏긴 사실에 대한 부연설명에 불과한 것으로서 그 표현을 제대로 하지 못한 것으로 보여지고 달리 위 피고인이 그 기억에 반하여 위와 같이 진술하였다고 단정하기 어렵다하여 무죄를 선고한 제1심 조치를 그대로 유지하고 있는 바, 원심의 증거취사 과정을 기록과 대조하여 살펴보면, 원심의 조치는 정당하고 거기에 소론과 같은 채증법칙 위배로 인한 사실오인이나 자유심증주의에 대한 법리오해의 위법이 있다 할 수 없으며, 위 피고인이 이 사건 매매계약체결 일시를 1949년 봄경이라고 기억하고 있었음에도 1949.4.10 또는 동년 4.10경이라고 진술하였고 그 매매대금을 타인의 말을 듣고 쌀 1가마니값에 못미치는 가격이 금 600원이 되리라고 추측하여 그대로 진술하였다 하더라도 기록에 의하면 이 역시 신문하는 소송대리인의 질문에 따라 대답한 것으로서 그 증언에 다소의 추측이 있기는 하나 그러한 사실을 가지고 기억에 반하여 허위의 공술을 하였다고 볼 수는 없다고 할 것이므로 거기에 위증죄의 법리오해의 위법이 있다할 수 없다. 결국 논지는 이유없다.[81] 토지의 관리인으로부터 적당히 서류를 만들어 동 토지를 팔았는데 나중에 대토를 주면되지 않겠느냐는 말을 듣고 서류를 적당히 만들었다면 인감 등을 위조한 것이라고 생각하고 그와 같이 증언을 하게 된 것이라면 그 증언에 다소의 추측과 과장된 점이 있기는 하나 허위라고는 할 수 없다.[82] 동 증언부분은 피고인 스스로 경험한 사실에 관한 진술일 수는 없고 다만 피고인이 보거나 듣고서 추론하여 얻은 피고인

79) 대법원 1989.2.28. 선고 87도1718 판결.
80) 대법원 1987.3.24. 선고 87도27 판결.
81) 대법원 1987.1.20. 선고 86도485 판결.
82) 대법원 1986.2.11. 선고 85도2663 판결.

나름대로의 추측의 결과를 진술한 것에 불과하다 할 것이고, 기록에 의하면 피고인은 위 망인이 사망전일의 저녁 무렵 피고인의 집에서 놀다가 경비실에 근무하러 간다고 말하면서 올라가기에 그리알고 증언하였을 뿐이라고 변명하고 있는 바 피고인이 위 망인의 사망장소가 평소 상수도 근무자가 근무서는 곳이었고 동 망인은 거기서 근무하다가 죽은 것으로 알게 된 경위가 위 주장과 같다면 그와 같이 전해들은 사실과 자기가 목격한 사실에 의하여 위와 같이 안다고 진술한 것을 기억에 반하는 진술이라고 보기는 어렵다 할 것이다.[83] 피고인이 공소사실 적시의 민사소송에 관하여 원·피고들의 조상이 분파된 계보를 알지 못하면서도 알고 있는 것처럼 자기의 기억에 반하여 진술을 한 것이 위증이라는 것이고 피고인은 경찰이래 원심법정에 이르기까지 원·피고들의 조상이 분파된 내력에 관하여 족보를 보아서 알고 있는 사실을 기억에 따라 증언한 것이라고 변소하고 있으므로 피고인의 위 증언은 원·피고들의 조상의 분파에 관한 피고인의 단순한 의견이나 평가에 관한 진술이 아니라 족보를 보아서 알게 된 사실을 증언한 취지라고 보여지므로 원심으로서는 피고인이 보아서 안다는 족보가 어느 것이며, 그 족보에 기재된 사실이 같은 취지인지의 여부를 심리판단하여 그 증언이 피고인의 기억에 반한 것인지의 여부를 가렸어야 할 것임에도 이 사건 증언은 원·피고들의 계보에 관한 단순한 의견 내지 추측의 결과를 진술한 것이어서 위증죄의 구성요건이 되는 허위의 공술에는 해당되지 않는다고 판단한 원심의 조처는 필경 위증죄의 법리를 오해한 나머지 심리를 다하지 아니하여 판결의 결과에 영향을 미친 위법을 저질렀다 할 것이므로 이를 탓하는 논지는 이유있다.[84] 부동산을 매수한지 20여년이 경과한 뒤이어서 그 매도당시의 입회인을 매수당시 입회한 것으로 잘못 기억하고 증언하였다면 이는 기억에 반하는 허위의 진술이라고 보기는 어렵다.[85] 피고인은 공소외 (갑)으로부터 공사하자가 없다는 말을 들었고 또 합법적으로 준공검사를 받아 목욕탕 영업을 정상적으로 하고 있는 것을 보았기 때문에 하자가 없는 것으로 안다고 증언하였을 뿐이라고 변명하고 있는 바, 피고인이 하자가 없는 것으로 알게 된 경위가 위 주장과 같다면 위와 같이 전해들은 사실과 자기가 목격한 사실에 의하여 하자가 없는 것으로 안다고 진술한 것을 기억에 반하는 진술이라고 보기는 어렵다고 할 것이다.[86] 피고인이 중간계주를 통하여 피고인이 조직한 계에 가입한 공소외(갑)에게 계불입금을 불입토록 독촉한 사실까지 있음에도 (갑)은 계에 가입한 사실이 없다고 한 피고인의 진술의 취지가 (갑)이 직접 계에 가입한 사실이 없다는 뜻이고, 더구나 중간계주가 자신의 이름으로 위 계에 가입하여 그 계금의 불입 및 수령을 하였고 다만 중간계주와 (갑)과의 사이에서는 위 계에 (갑)이 가입하고 그 계불입금은 중간계주를 통하여 불입하고 계금도 중간계주가 타서 (갑)에게 전달케 한 사정을 엿볼 수 있다면 피고인의 위와 같은 취지의 진술이 기억에 반하는 허위의 공술이라고 볼 수 없다.[87] 증언의 전체취지에 비추어 원고대리인 신문시에 한 증언을 피고대리인과 재판장 신문시에 취소시정한 것으로 보여진다면 앞의 증언부분만을 따로 떼어 위증이라고 보는 것은 위법하다.[88] 피고인이 8, 9년 전에 취급한 사무에 관한 질문에 대하여 "모른다"고 증언한 것은 당시 취급한 문서에 그렇게 되어 있어도 그 자세한 경위를 알지 못하던가 기억하지 못하고 있다는 취지로 해석하여야 할 것이므로 기억에 반하는 진술이라고 할 수 없다.[89] 타인의 일에 대하여 정확한 날자를 기억한다는 것은 경험칙상

83) 대법원 1985.11.26. 선고 85도711 판결.
84) 대법원 1985.4.9. 선고 83도44 판결.
85) 대법원 1985.3.26. 선고 84도1098 판결.
86) 대법원 1985.3.12. 선고 84도2918 판결.
87) 대법원 1984.5.15. 선고 84도602 판결.
88) 대법원 1984.3.27. 선고 83도2853 판결.
89) 대법원 1983.12.13. 선고 83도2342 판결.

어려우므로 피고인이 실제 계약체결일과 불과 2일이 차이나게 증언한 것을 가지고 기억에 반한 허위의 공술을 하였다고 볼 수 없다.[90] 사업보고서에 대하여 대의원대회의 의결이 있은 이상 그 사업보고서에 포함된 단체협약서 제46조 단서 조항에 관하여도 대의원대회의 의결이 있은 것으로 생각한다는 피고인의 증언은 의결의 효력에 관한 피고인 자신의 의견을 진술한 것에 지나지 아니하고 경험한 사실에 관한 허위내용의 진술이라고는 할 수 없는바, 위증죄는 증인이 경험한 사실에 관하여 기억에 반하는 사실을 진술함으로써 성립하고 경험한 사실에 대한 주관적 평가나 법률적 효력에 관한 의견의 진술은 위증죄의 대상이 되지 않으므로 위와 같은 증언내용을 위증죄로 의율할 수는 없는 것이다.[91] 피고인 1이 선서한 법정에서 일단 위 (갑)은 1961.7.15 사망하였다고 진술하였다가 상대방의 반대신문에 대한 응답으로 사망한 정확한 날자는 모른다고 정정 진술한 본건에 있어서는 피고인은 결국 위 (갑)의 사망일자를 확실이 모른다고 한 취지의 증언을 한 셈이 되고 이 확실이 모른다는 진술이 자기의 기억에 반한다고 볼 자료를 찾아 볼 수 없으니 같은 취지로 무죄를 선고한 제1심의 조치를 정당하고 거기에 소론과 같은 채증법칙 위배의 잘못이 있다고 할 수 없다.[92] 본건 토지에 관한 원고 (갑), 피고 (을) 사이의 토지인도 등 청구사건에서 피고인이 증인으로 선서한 후 진술한 부분 중 '파주군에서 잘못 분배하였다고 하여 (갑)에게 농지분배한 보상금을 1963년에 국고에 반납하라고 지시가 있어 위 보상금을 반환하였다'는 요지의 공소사실 제(1)점은 피고인이 경험을 통하여 기억하고 있는 바에 따라 진술한 것이라 할 것이고, '원고가 지가보상을 반납하였으니 당연히 본건 농지는 미분배농지로서 원고의 소유로 돌아간다'고 진술한 공소사실 제(2)점은 (갑)이 보상금을 국가에 반납하였으니 본건 토지의 소유권은 원소유자인 (갑)에게 돌아갈 것으로 생각된다는 자신의 법률적 의견을 진술한 것에 지나지 아니한다 할 것이어서 그것을 가지고 피고인이 기억에 반하는 허위사실을 진술한 것이라고 볼 수는 없다.[93]

3) 결 과

본죄는 거동범이다. 대법원은 "본죄는 소위 형식범으로서 법률에 의하여 적법히 선서한 증인이 고의로 허위 진술을 함으로써 성립한다"고 판시한 바 있다.[94] 또 본죄는 전술한 바와 같이 허위 진술이 재판의 결과에 영향을 미치거나 미칠 우려가 있을 것을 요하는 것도 아니다. 이러한 의미에서 본죄는 추상적 위험범에 속한다. 따라서 허위진술의 결과 현실적으로 국가의 심판작용의 적정이 침해되거나 침해된 구체적 위험의 발생을 요하는 것도 아니다.

(2) 주관적 구성요건

본죄는 고의범이다. 법률에 의하여 선서한 증인이라는 신분에 대한 인식뿐만 아니라 주관설에 의하는 한 허위의 사실을 진술한다는 점에 대한 인식도 고의의 내용이 된다. 대법원도 "위증죄는 선서한 증인이 고의로 자신의 기억에 반하는 증언을 함으로써 성립한다"고 판시한 바 있다.[95] 따라서 자기의 기억에 반하는 것을 인식하면서 굳이 이와 다른 사실을

90) 대법원 1983.11.22. 선고 83도2492 판결.
91) 대법원 1983.6.28. 선고 83도1125 판결.
92) 대법원 1983.2.8. 선고 81도967 판결.
93) 대법원 1981.8.25. 선고 80도2019 판결.
94) 대법원 1966.9.13. 선고 66도863 판결.
95) 대법원 1986.6.10. 선고 85도117 판결; 대법원 1981.8.25 선고 80도2783 판결; 대법원 1966.9.13. 선고 66도863 판결.

진술하는 때는 그 진술내용이 진실이라고 확신하였다고 하여도 본죄의 고의가 성립된다.

고의는 미필적 고의로도 족하다. 기억이 명확하지 않음에도 불구하고 명확한 것처럼 증언할 의사도 역시 기억에 반하는 사실을 증언할 의사이고 본죄의 고의를 구성할 수 있다. 본죄의 고의는 진실이 무엇인가를 인식할 것도 요하지 않는다. 그러나 증인이 무엇인가 착오에 빠져 기억에 반한다는 인식 없이 증언하였음이 밝혀진 경우에는 위증의 고의를 인정할 수 없다.[96]

한편 본죄의 실행행위인 위증행위는 그것이 기억에 반한다는 내심의 상태를 표현하는 형태로 행하여진다. 이러한 의미에서 본죄는 소위 표현범에 해당한다고 할 수 있다. 또 그러한 내심의 상태의 표현은 처음부터 심판작용을 해하는 것으로 되기 때문에 내심의 상태는 주관적 위법요소에 속한다고 할 수 있다.

고의를 부정한 판례의 구체적 내용은 다음과 같다. 즉,

> 증언 당시 판사의 신문취지를 오해 내지 착각하고 진술한 것이라면 위증의 고의가 있었다고 보기 어렵다.[97] 위증죄로 공소제기된 피고인이 농지개혁법이 실지로 시행된 것이 1950.3.25 이후임에도 불구하고 6·25사변 전 해에 농지분배되었다고 진술한 부분은 그 진술의 전후 문맥에 비추어 볼 때 계쟁토지가 6·25 사변 전에 일반농지와 함께 농지분배절차에 의하여 분배된 사실을 증언하고자 한 취지이고 분배년도가 1949년도인 점에 증언의 목적이 아님이 분명하여 그 분배년도를 착각한 것으로 보여지므로 이 점을 들어 허위진술의 고의가 있었다고 보기는 어렵다.[98]

(3) 미수·기수

본죄의 미수범은 처벌되지 않는다. 본죄는 거동범이지만 실행행위는 허위의 진술을 포함하기 때문에 사전선서의 경우에는 허위진술의 개시시에, 사후선서의 경우에는 선서의 개시시에 그 착수가 있다고 해석되어야 한다. 본죄는 증인이 선서하고 허위의 진술을 포함한 진술전체를 종료하면 기수에 달한다. 허위의 진술의 결과 국가의 심판작용의 침해여부를 묻지 않는다. 본죄는 추상적 위험범에 속하기 때문이다. 따라서 허위의 진술이 국가의 심판작용을 해할 추상적 위험성을 가지지 않는 경우에는 불능범으로서 본죄를 구성하지 않는다고 해석되어야 한다.

문제는 허위의 진술을 하는 즉시 곧바로 기수에 달하는가에 있다. 이에 관하여는 다툼이 있다.

1) 학 설

본죄의 기수시기에 대하여는 견해가 대립하고 있다. 첫째, 개별적 허위진술시설이다. 증인의 허위진술이 있으면 신문의 종료를 기다리지 않고 즉시 기수가 된다고 한다. 이는 진술을 신문절차종료시까지 하나로 묶어야 한다는 근거가 없다는 점, 정정으로 기수가 취소되는

96) 대법원 1991.5.10. 선고 89도1748 판결; 대법원 1988.12.6. 선고 88도935 판결; 대법원 1968.2.20. 선고 66도1512 판결.

97) 대법원 1986.7.8. 선고 86도1050 판결.

98) 대법원 1982.12.28. 선고 82도263 판결.

것은 아니라는 점 등을 근거로 한다. 둘째, 증인신문절차 종료시설이다. 증인에 대한 1회의 신문절차가 종료하여 그 진술을 철회할 수 없는 단계에 이르렀을 때 기수가 된다고 한다. 이는 증인의 공술은 일련의 연결된 하나로서 관찰되어야 한다는 점을 근거로 하고 있다.

2) 판 례

판례는 증인신문절차종료시설의 입장이다. 대법원은 "증인의 증언은 그 전부를 일체로 관찰·판단하는 것이므로 선서한 증인이 일단 기억에 반하는 허위의 진술을 하였더라도 그 신문이 끝나기 전에 그 진술을 철회·시정한 경우 위증이 되지 아니한다"고 판시한 바 있다.[99)]

기수시기에 관한 판례의 구체적 내용은 다음과 같다. 즉,

> 증인이 1회 또는 수회의 기일에 걸쳐 이루어진 1개의 증인신문절차에서 허위의 진술을 하고 그 진술이 철회·시정된 바 없이 그대로 증인신문절차가 종료된 경우 그로써 위증죄는 기수에 달하고, 그 후 별도의 증인 신청 및 채택 절차를 거쳐 그 증인이 다시 신문을 받는 과정에서 종전 신문절차에서의 진술을 철회·시정한다 하더라도 그러한 사정은 형법 제153조가 정한 형의 감면사유에 해당할 수 있을 뿐, 이미 종결된 종전 증인신문절차에서 행한 위증죄의 성립에 어떤 영향을 주는 것은 아니다. 위와 같은 법리는 증인이 별도의 증인신문절차에서 새로이 선서를 한 경우뿐만 아니라 종전 증인신문절차에서 한 선서의 효력이 유지됨을 고지 받고 진술한 경우에도 마찬가지로 적용된다.[100)] 피고인으로부터 위증의 교사를 받은 갑이 관련사건의 제1심 제9회 공판기일에 증인으로 출석하여 한 허위 진술이 철회·시정된 바 없이 증인신문절차가 그대로 종료되었다가, 그 후 증인으로 다시 신청·채택된 갑이 위 관련사건의 제21회 공판기일에 다시 출석하여 종전 선서의 효력이 유지됨을 고지받고 증언하면서 종전 기일에 한 진술이 허위 진술임을 시인하고 이를 철회하는 취지의 진술을 한 사안에서, 갑의 위증죄는 이미 기수에 이른 것으로 보아야 하고, 그 후 다시 증인으로 신청·채택되어 종전 신문절차에서 한 허위 진술을 철회하였더라도 이미 성립한 위증죄에 영향을 미친다고 볼 수는 없음에도, 이와 달리 본 원심판단에 법리오해의 위법이 있다고 한 사례이다.[101)] 증인의 증언은 그 전부를 일체로 관찰 판단하는 것이므로 선서한 증인이 일단 기억에 반한 허위의 진술을 하였더라도 그 신문이 끝나기 전에 그 진술을 취소 시정한 경우에는 위증이 되지 아니한다고 봄이 상당하며 따라서 위증죄의 기수시기는 신문 진술이 종료한 때로 해석할 것이다.[102)]

3) 검 토

증인의 진술은 전체로서 증거로서의 가치를 가지는 동시에 심문의 도중에 허위의 진술을 정정하면 심판작용의 적정을 해할 우려가 소실되기 때문에 진술을 전체로서 고찰할 필요가 있다. 또 사전선서의 경우와 사후선서의 경우의 기수시점을 동일하게 맞출 필요가 있다는 관점에서 증인신문절차종료시설이 타당하다고 해석된다.

---

99) 대법원 2010.9.30. 선고 2010도7525 판결; 대법원 2008.4.24. 선고 2008도1053 판결; 대법원 1993.12.7. 선고 93도2510 판결; 대법원 1983.2.8. 선고 81도967 판결; 대법원 1974.6.25. 선고 74도1231 판결.

100) 대법원 2010.9.30. 선고 2010도7525 판결.

101) 대법원 2010.9.30. 선고 2010도7525 판결.

102) 대법원 1974.6.25. 선고 74도1231 판결.

따라서 1개의 심문절차에 대한 진술이라면 그 진술이 기일을 달리한 수일에 미쳐도 절차 종료까지는 기수에 달하지 않는다. 역으로 증인심문절차가 일단 종료된 이상 본죄는 기수에 달하고 그 후 재심 증인으로서 재심문된 경우에 전의 위증을 정정하여도 자백에 의한 재량적 감면을 받을 수 있는 것은 별론으로 하고 본죄의 성립에 영향을 주지 않는다. 또 증인의 진술 후의 선서를 명하는 경우는 허위의 진술을 한 후 선서를 종료한 때에 기수에 달한다.

(4) 공 범

1) 의 의

① 공동정범

본죄는 자수범(自手犯)이므로 법률에 의하여 선서하고 증언하는 자 이외의 자는 본죄의 주체로 될 수 없기 때문에 논리적으로 본죄의 공동정범은 성립할 수 없다.

② 교사범 · 방조범

본죄에 대한 교사나 방조는 가능하다. 교사자의 신분에는 제한이 없다. 따라서 선서하지 않은 자도 본죄의 교사범이 될 수 있다. 교사방조 행위 당시 피교사자가 증인으로서 증언할 수 있는 지위에 있었는가의 여부는 교사범의 성립에 영향이 없다. 또 교사자는 피교사자에 대하여 그 기억에 반하는 진술을 하게 한다는 인식이 있는 이상 그것이 객관적 진실에 합치한다고 확신하여도 위증교사죄의 성립을 방해하지 않는다. 문제는 후술하는 바와 같이 피고인의 위증 교사 · 방조의 경우에 있다.

③ 간접정범

본죄는 자수범이기 때문에 법률에 의하여 선거한 증인 자신에 의한 허위의 진술만이 본죄의 실행행위로 될 수 있다. 여기서 다른 자가 이를 이용하여 범하는 간접정범은 인정되지 않는다고 할 수 있다. 그러나 선서한 증인을 도구와 같이 이용하여 위증의 결과를 실현하는 것은 가능하다고 할 수 있기 때문에 본죄의 간접정범은 성립할 수 있다고 해석된다.

2) 피고인의 위증 교사 · 방조

① 학 설

피고인이 자기의 형사사건에 있어서 타인을 교사하여 위증하게 한 경우 피고인에게 본죄의 교사범의 성부가 문제된다. 방조의 경우에도 마찬가지이다. 소위 자기 위증 교사 · 방조라고 할 수도 있을 것이다. 이에 관하여는 교사 · 방조범의 성립을 인정하는 긍정설과 이를 부정하는 부정설이 대립하고 있다.

첫째, 긍정설이다. 형사피고인도 본죄의 교사범이 될 수 있다고 한다. 피고인 자신이 자기의 형사피고사건에 있어서 허위의 진술을 하여도 벌하지 않지만, 타인을 범죄에 빠뜨리면서까지 자기의 이익을 도모하는 것은 국민의 도의관념상 허용될 수 없다는 점, 자기의 위증행위는 기대불가능하여도 타인에게 위증을 하게 하는 것은 기대가능하다는 점, 헌법상 보장된 불리한 진술을 강요당하지 않을 권리의 취지는 허위진술을 하는 것까지 허용하는 것은

아니라는 점(헌법 제12조 제2항 참조), 피고인이 본죄의 주체로 되지 않는 것은 현행 형사소송법상의 제도적 제약일 뿐 제도상 증인적격을 인정하게 되면 당연히 주체로 될 수 있다는 점, 정범에게 위증죄가 성립하는 이상 교사범의 성립도 인정하여야 한다는 점, 교사에는 새로운 범죄 창조라는 점에서 특수한 반사회성이 있으며 변호권의 범위를 넘는다는 점 등을 근거로 하고 있다.

둘째, 부정설이다. 형사피고인은 본죄의 정범은 물론 교사범도 될 수 없다고 한다. 정범으로 처벌되지 않는 피고인에게 교사범으로서의 형사책임을 부담하게 하는 것은 부당하다는 점, 피고인이 타인을 교사하여 위증하게 하는 것은 피고인 자신이 허위의 진술을 하는 것과 차이가 없다는 점, 피고인은 증인적격이 없기 때문에 본죄의 구성요건을 충족할 수 없다는 점 등을 근거로 하고 있다.

② 판 례

판례는 긍정설의 입장이다. 대법원은 "법률에 의하여 선서한 증인이 타인의 형사사건에 관하여 위증을 하면 형법 제152조 제1항의 위증죄가 성립되므로 자기의 형사사건에 관하여 타인을 교사하여 위증죄를 범하게 하는 것은 이러한 방어권을 남용하는 것이라고 할 것이어서 교사범의 죄책을 부담케 함이 상당하다"고 판시한 바 있다.[103]

자기 위증 교사·방조를 긍정한 판례의 구체적 내용은 다음과 같다. 즉,

> 원심이 피고인 자신에 대한 사기미수 피고사건의 증인인 제1심 공동피고인 2에게 위증을 교사하였다 하여 위증교사죄로 처벌한 것은 위와 같은 법리에 따른 것으로서 정당하고, 거기에 위증교사죄의 법리를 오해한 위법이 있다고 할 수 없다.[104]

③ 검 토

피고인이 본죄의 주체로 될 수 없는 것은 증거인멸죄에 있어서와 마찬가지로 기대불가능하기 때문이라고 해석되어야 한다. 그렇다면 스스로 정범으로서 위증하여도 처벌할 수 없다고 하기 때문에 공범으로서 타인에게 자기의 형사피고사건에 대하여 위증을 하게 하여도 그 죄책을 물을 수 없다고 해야 하는 것은 증거인멸죄와의 균형상 당연하다고 할 수 있다. 또 피고인의 위증교사는 자기의 형사피고사건에 관한 증거인멸행위로서의 성격도 병행하여 가지고 있고 원래 불가벌이기 때문에 부정설이 타당하다고 하지 않을 수 없다.

2. 책임조각사유

본죄는 위증에 대하여 기대불가능한 경우에는 책임이 조각된다. 피고인이 자기의 형사사건에 관하여 허위의 진술을 하는 행위는 피고인의 형사소송에 있어서의 방어권을 인정하는 취지에서 처벌의 대상이 되지 않는다.[105]

책임조각을 부정한 판례의 구체적 내용은 다음과 같다. 즉,

---

103) 대법원 2004.1.27. 선고 2003도5114 판결.
104) 대법원 2004.1.27. 선고 2003도5114 판결.
105) 대법원 2004.1.27. 선고 2003도5114 판결.

이미 유죄의 확정판결을 받은 경우에는 헌법 제13조 제1항에 정한 일사부재리의 원칙에 의해 다시 처벌받지 아니하므로 자신에 대한 유죄판결이 확정된 증인은 공범에 대한 사건에서 증언을 거부할 수 없고, 설령 증인이 자신에 대한 형사사건에서 시종일관 범행을 부인하였더라도 그러한 사정만으로 증인이 진실대로 진술할 것을 기대할 수 있는 가능성이 없는 경우에 해당한다고 할 수 없으므로 허위의 진술에 대하여 위증죄 성립을 부정할 수 없다.[106] 피고인에게 적법행위를 기대할 가능성이 있는지 여부를 판단하기 위하여는 행위 당시의 구체적인 상황하에 행위자 대신에 사회적 평균인을 두고 이 평균인의 관점에서 그 기대가능성 유무를 판단하여야 한다. 또한, 자기에게 형사상 불리한 진술을 강요당하지 아니할 권리가 결코 적극적으로 허위의 진술을 할 권리를 보장하는 취지는 아니며, 이미 유죄의 확정판결을 받은 경우에는 일사부재리의 원칙에 의해 다시 처벌되지 아니하므로 증언을 거부할 수 없는바, 이는 사실대로의 진술 즉 자신의 범행을 시인하는 진술을 기대할 수 있기 때문이다. 이러한 점 등에 비추어 보면, 이미 유죄의 확정판결을 받은 피고인은 공범의 형사사건에서 그 범행에 대한 증언을 거부할 수 없을 뿐만 아니라 나아가 사실대로 증언하여야 하고, 설사 피고인이 자신의 형사사건에서 시종일관 그 범행을 부인하였다 하더라도 이러한 사정은 위증죄에 관한 양형참작사유로 볼 수 있음은 별론으로 하고 이를 이유로 피고인에게 사실대로 진술할 것을 기대할 가능성이 없다고 볼 수는 없다.[107] 증인으로 선서한 이상 진실대로 진술한다고 하면 자신의 범죄를 시인하는 진술을 하는 것이 되고 증언을 거부하는 것은 자기의 범죄를 암시하는 것이 되어 증인에게 사실대로의 진술을 기대할 수 없다고 하더라도 형사소송법상 이러한 처지의 증인에게는 증언을 거부할 수 있는 권리를 인정하여 위증죄로부터의 탈출구를 마련하고 있는 만큼 적법행위의 기대 가능성이 없다고 할 수 없으므로 선서한 증인이 증언거부권을 포기하고 허위의 진술을 하였다면 위증죄의 처벌을 면할 수 없다. 자기에게 형사상 불리한 진술을 강요당하지 아니할 권리(헌법 제11조 제2항)는 결코 적극적으로 허위의 진술을 할 권리를 보장한 취지는 아닌 것이다.[108]

3. 죄 수

1개의 증인심문절차에서 수개의 허위의 진술이 행하여져도 단순일죄로 된다. 따라서 하나의 사건에 관하여 한번 선서한 증인이 같은 기일에 여러 가지 사실에 관하여 기억에 반하는 허위의 공술을 한 경우 이는 하나의 범죄의사에 의하여 계속하여 허위의 공술을 한 것으로서 포괄하여 1개의 위증죄를 구성하는 것이고 각 진술마다 수 개의 위증죄를 구성하는 것이 아니다.[109] 그러나 심문절차를 일단 종료된 이상 그 후에 허위의 진술을 정정하여도 범죄의 성립에는 영향을 미치지 않는다. 다만 후술하는 바와 같이 자백에 대한 특례의 적용에 의하여 형의 감면을 받을 수 있을 뿐이다.

---

106) 대법원 2011.11.24. 선고 2011도11994 판결; 대법원 2008.10.23. 선고 2005도10101 판결.

107) 대법원 2008.10.23. 선고 2005도10101 판결.

108) 대법원 1987.7.7. 선고 86도1724 전원합의체 판결. 이에 의하여 이와 저촉되는 대법원 1961.7.13 선고 4294형상194 판결은 폐기되었다.

109) 대법원 2007.3.15. 선고 2006도9463 판결; 대법원 1998.4.14. 선고 97도3340 판결; 대법원 1992.12.22. 선고 92도2047 판결; 대법원 1992.11.27. 선고 92도498 판결; 대법원 1990.2.23. 선고 89도1212 판결.

Ⅲ. 처 벌

1. 법정형

본죄의 법정형은 5년 이하의 징역 또는 1천만원 이하의 벌금이다. 다만 본죄에 대하여는 자백 · 자수의 특례가 적용된다.

2. 자백 · 자수에 대한 특례

(1) 의 의

본특례는 본죄를 범한 자가 그 공술한 사건의 재판 또는 징계처분이 확정되기 전에 자백 또는 자수한 때에는 그 형을 감경 또는 면제하는 특례규정을 말한다. 자백 · 자수를 장려하고 위증으로 인한 오판을 방지하기 위한 정책적 규정이다.

(2) 요 건

본특례가 적용되기 위한 요건은 본죄를 범한 자가 그 공술한 사건의 재판 또는 징계처분이 확정되기 전에 자백 또는 자수하는 것이다. 자백(自白)이란 위증한 사실을 구체적으로 고백하는 것을 말한다. 자백의 상대방에 대하여는 명문의 규정은 없지만 법원, 수사기관, 징계권자에 한하고 사인을 포함하지 않는 것으로 해석된다. 대법원도 "자백의 절차에 관하여는 아무런 제한이 없으므로 그가 공술한 사건을 다루는 기관에 대한 자발적인 고백은 물론, 위증사건의 피고인 또는 피의자로서 법원이나 수사기관의 심문에 의한 고백도 위 자백의 개념에 포함된다"고 판시한 바 있다.[110] 자백은 위증죄의 피고인 또는 피의자로서 고백한 경우에 한하지 않고 예컨대 증인으로서 재도의 심문을 받은 때에 전의 증언이 허위였다는 것을 진술하는 경우에도 좋다. 또한 자백은 증언한 사실이 허위였다는 것을 구체적으로 진술하면 족하고 적극적으로 진실한 사실을 진술할 것을 요하지 않는다. 자수(自首)란 범인이 자발적으로 자기의 범죄사실을 수사기관에 신고하여 그 소추를 구하는 의사표시를 말한다. 법원에 대한 자수는 불가능하다.

자백 · 자수는 본죄가 기수가 된 후 당해 사건의 재판 · 징계처분이 확정되기 전에만 가능하다. 확정전이라면 이미 허취진술이 간파된 뒤라도 상관없다. '재판이 확정되기 전'에는 피고인의 고소사건 수사 결과 피고인의 무고 혐의가 밝혀져 피고인에 대한 공소가 제기되고 피고소인에 대해서는 불기소결정이 내려져 재판절차가 개시되지 않은 경우도 포함된다.[111] 자백 · 자수는 정범뿐만 아니라 공범에게도 인정된다.

(3) 효 과

본특례의 효과는 자백 · 자수한 자에게 그 형을 반드시 감경 또는 면제하는 것이다. 필요적 감면이다. 본특례는 일신전속적 감면사유이므로 형의 감면은 자백 · 자수한 자에게만 적

110) 대법원 1973.11.27. 선고 73도1639 판결.
111) 대법원 2018.8.1. 선고 2018도7293 판결.

용된다.

§3. 모해위증죄

제152조(위증, 모해위증) ② 형사사건 또는 징계사건에 관하여 피고인, 피의자 또는 징계혐의자를 모해할 목적으로 전항의 죄를 범한 때에는 10년 이하의 징역에 처한다.

제153조(자백, 자수) 전조의 죄를 범한 자가 그 공술한 사건의 재판 또는 징계처분이 확정되기 전에 자백 또는 자수한 때에는 그 형을 감경 또는 면제한다.

Ⅰ. 서 설

본죄는 형사사건 또는 징계사건에 관하여 피고인, 피의자 또는 징계혐의자를 모해할 목적으로 위증죄를 범함으로써 성립하는 범죄이다. 모해의 목적으로 인하여 위증죄보다 불법이 가중되는 가중적 구성요건요건이다. 모해의 목적을 요하는 목적범이다.

Ⅱ. 범 죄

1. 객관적 구성요건

본죄의 객관적 구성요건은 전술한 위증죄의 그것과 같다. 따라서 본죄의 객관적 구성요건은 법률에 의하여 선서한 증인이 허위의 진술을 하는 것이다.

2. 주관적 구성요건

(1) 고 의

본죄는 고의범이다. 본죄의 고의는 전술한 위증죄에 있어서의 그것과 같다. 본죄는 고의외에도 모해의 목적으로 요하는 목적범이다.

(2) 모해의 목적

본죄는 형사사건 또는 징계사건에 관하여 피고인, 피의자 또는 징계혐의자를 모해할 목적을 요한다. 모해할 목적이란 피고인, 피의자 또는 징계혐의자를 불리하게 할 목적을 말한다.[112] 모해의 목적은 허위의 진술을 함으로써 피고인에게 불리하게 될 것이라는 인식이 있으면 충분하고 그 결과의 발생까지 희망할 필요는 없다.[113]

본죄에 있어서 모해의 대상은 형사사건 또는 징계사건에 관하여 피고인, 피의자 또는 징계혐의자이다. 피의자라고 하기 위해서는 수사기관에 의하여 범죄의 인지 등으로 수사가 개시되어 있을 것을 필요로 하고, 그 이전의 단계에서는 장차 형사입건될 가능성이 크다고 하더라도 그러한 사정만으로 '피의자'에 해당한다고 볼 수는 없다.[114]

---

112) 대법원 2007.12.27. 선고 2006도3575 판결.
113) 대법원 2007.12.27. 선고 2006도3575 판결.
114) 대법원 2010.6.24. 선고 2008도12127 판결.

3. 공 범

본죄는 위증을 한 범인이 형사사건의 피고인 등을 '모해할 목적'을 가지고 있었는가 아니면 그러한 목적이 없었는가 하는 범인의 특수한 상태의 차이에 따라 범인에게 과할 형의 경중을 구별하고 있으므로 이는 바로 '신분관계로 인하여 형의 경중이 있는 경우'에 해당한다(제33조 단서 참조).[115] 공범을 부정한 판례의 구체적 내용은 다음과 같다. 즉,

> 피고인이 갑을 모해할 목적으로 을에게 위증을 교사한 이상, 가사 정범인 을에게 모해의 목적이 없었다고 하더라도, 형법 제33조 단서의 규정에 의하여 피고인을 모해위증교사죄로 처단할 수 있다.[116]

Ⅲ. 처 벌

본죄의 법정형은 10년 이하의 징역이다. 무고죄의 5년 이하의 징역 또는 1천만원 이하의 벌금보다 무겁다. 본죄에 대하여도 자백 · 자수의 특례가 적용된다.

§4. 허위 감정 · 통역 · 번역

> **제154조(허위의 감정, 통역, 번역)** 법률에 의하여 선서한 감정인, 통역인 또는 번역인이 허위의 감정, 통역 또는 번역을 한 때에는 전2조의 예에 의한다.
>
> **제153조(자백, 자수)** 전조의 죄를 범한 자가 그 공술한 사건의 재판 또는 징계처분이 확정되기 전에 자백 또는 자수한 때에는 그 형을 감경 또는 면제한다.

Ⅰ. 서 설

본죄는 법률에 의하여 선서한 감정인, 통역인 또는 번역인이 허위의 감정, 통역 또는 번역을 함으로써 성립하는 범죄이다. 광의의 의미에서 위증죄의 일종이라고 할 수 있다. 본죄의 보호법익도 위증죄의 그것과 같이 국가의 심판작용의 적정이다.

Ⅱ. 범 죄

본죄의 주체는 법률에 의하여 선서한 감정인, 통역인 또는 번역인이다. 진정신분범이다. 감정인(鑑定人)이란 특별한 지식경험에 의하여 지득한 법칙 및 그 법칙을 적용하여 얻은 의견판단을 심판기관에 보고하는 자를 말한다. 증인이 과거의 경험사실을 보고하는 자임에 반하여 감정인은 이미 가지고 있는 학식 · 경험을 기초로 하여 현재의 사실에 대하여 의견을 진술한다는 점에서 구별된다. 통역인(通譯人)이란 통역을 하는 자이고 번역인(飜譯人)이란 번역을 하는 자이다. 한편 소위 감정증인(鑑定證人)은 자기의 오감의 작용에 의하여 지득한 과거의 경험사실에 대하여 진술한다는 점에서 일반적인 증인과 마찬가지로 비대체성을 가

---

115) 대법원 1994.12.23. 선고 93도1002 판결.
116) 대법원 1994.12.23. 선고 93도1002 판결.

진다는 점, 감정인이 아니라 증인심문에 관한 규정을 적용한다는 점 등으로부터 협의의 위증죄의 주체인 증인일 뿐 본죄의 주체인 감정인은 아니다.

본죄의 실행행위는 허위의 감정, 통역 또는 번역이다. 감정(鑑定)이란 특별한 지식경험에 의하여 지득한 법칙 및 법칙을 적용하여 얻은 의견·판단의 보고를 말한다. 통역(通譯)이란 국어에 통하지 않는 자 또는 신체적 장애 때문에 소리라는 수단에 의한 의견, 사고내용 등을 전달하는 것이 불가능한 자의 의견 또는 사고내용의 표시를 국어로 바꾸어 표현하거나 이들의 자에 대한 국어에 의한 표현을 이들의 자가 이해할 수 있는 표현으로 바꾸어 전달하는 것을 말한다. 번역(飜譯)이란 국어 이외의 문자 또는 부호에 의한 표현내용을 원문에 따라서 국어에 의한 표현으로 전환하는 것을 말한다.

본죄는 고의범이다. 따라서 비록 감정내용이 객관적 사실에 반한다고 하더라도 감정인의 주관적 판단에 반하지 않는 이상 허위의 인식이 없어 허위감정죄로 처벌할 수 없다.[117]

본죄가 포괄일죄에 해당한다는 판례이다. 하나의 소송사건에서 동일한 선서 하에 이루어진 법원의 감정명령에 따라 감정인이 동일한 감정명령사항에 대하여 수차례에 걸쳐 허위의 감정보고서를 제출하는 경우에는 각 감정보고서 제출행위시마다 각기 허위감정죄가 성립한다 할 것이나, 이는 단일한 범의 하에 계속하여 허위의 감정을 한 것으로서 포괄하여 1개의 허위감정죄를 구성한다.[118]

Ⅲ. 처 벌

본죄의 법정형은 5년 이하의 징역 또는 1천만원 이하의 벌금이다. 본죄에 대하여도 자백·자수의 특례가 적용된다.

§5. 증거인멸 등 죄

제155조(증거인멸 등과 친족간의 특례) ① 타인의 형사사건 또는 징계사건에 관한 증거를 인멸, 은닉, 위조 또는 변조하거나 위조 또는 변조한 증거를 사용한 자는 5년 이하의 징역 또는 700만원 이하의 벌금에 처한다.
② 타인의 형사사건 또는 징계사건에 관한 증인을 은닉 또는 도피하게 한 자도 제1항의 형과 같다.
③ 피고인, 피의자 또는 징계혐의자를 모해할 목적으로 전2항의 죄를 범한 자는 10년 이하의 징역에 처한다.
④ 친족 또는 동거의 가족이 본인을 위하여 본조의 죄를 범한 때에는 처벌하지 아니한다.

Ⅰ. 서 설

1. 의 의

본죄는 타인의 형사사건 또는 징계사건에 관한 증거를 인멸, 은닉, 위조 또는 변조하거나

117) 대법원 2000.11.28. 선고 2000도1089 판결.
118) 대법원 2000.11.28. 선고 2000도1089 판결.

위조 또는 변조한 증거를 사용하거나, 타인의 형사사건 또는 징계사건에 관한 증인을 은닉 또는 도피하게 하거나 또는 피고인, 피의자 또는 징계혐의자를 모해할 목적으로 앞의 죄를 범함으로써 성립하는 범죄이다. 본죄에 대하여는 친족간의 특례가 적용된다.

본죄를 아래에서는 편의상 증거 인멸·은닉·위조·변조죄(본조 제1항 전단), 위조·변조 증거 사용죄(본조 제1항 후단), 증인 은닉·도피죄(본조 제2항) 및 모해목적 증거 인멸 등 죄(본조 제3항)로 구분하여 검토하기로 한다.

2. 보호법익

본죄는 위증죄와 마찬가지로 국가의 형사사법작용 내지 징계작용을 그 보호법익으로 한다.[119] 증거의 완전한 이용을 방해하는 행위를 처벌하여 국가의 형사사법기능을 보호하기 위한 추상적 위험범이다.

Ⅱ. 범 죄

1. 증거 인멸·은닉·위조·변조죄

(1) 의 의

본죄는 타인의 형사사건 또는 징계사건에 관한 증거를 인멸, 은닉, 위조 또는 변조함으로써 성립하는 범죄이다.

(2) 구성요건

1) 객관적 구성요건

① 객 체

본죄의 객체는 타인의 형사사건 또는 징계사건에 관한 증거이다.

ⓘ 증 거 증거(證據)란 범죄의 성립, 형의 양정에 관한 일체의 증거자료를 말한다. 물적 증거로서의 증거물, 증거서류, 인적 증거로서의 증인, 참고인도 증거이다. 다만 증인에 대하여는 별도로 증인은닉죄가 성립하므로 여기의 증거에는 증인 이외의 증거를 말한다. 대법원도 "증거라 함은 타인의 형사사건 또는 징계사건에 관하여 수사기관이나 법원 또는 징계기관이 국가의 형벌권 또는 징계권의 유무를 확인하는 데 관계있다고 인정되는 일체의 자료를 의미한다"고 판시한 바 있다.[120] 범죄 또는 징계사유의 성립 여부에 관한 것뿐만 아니라 형 또는 징계의 경중에 관계있는 정상을 인정하는 데 도움이 될 자료까지도 본조가 규정한 증거에 포함된다.[121] 타인에게 유리한 것이건 불리한 것이건 가리지 아니하며 또 증거가치의 유무 및 정도를 불문한다.[122]

---

119) 대법원 2007.11.30. 선고 2007도4191 판결.

120) 대법원 2021.1.28. 선고 2020도2642 판결; 대법원 2017.10.26. 선고 2017도9827 판결; 대법원 2015.10.29. 선고 2015도9010 판결; 대법원 2013.11.28. 선고 2011도5329 판결; 대법원 2011.7.28. 선고 2010도2244 판결; 대법원 2007.6.28. 선고 2002도3600 판결.

121) 대법원 2021.1.28. 선고 2020도2642 판결.

ⅱ 타인의 사건 본죄의 증거는 타인의 형사사건 또는 징계사건에 대한 것이어야 한다. 타인(他人)이란 행위자인 자기 이외의 자를 말한다. 자기의 형사사건에 관한 증거라도 그것이 동시에 타인의 형사사건의 증거인 경우에는 본죄의 객체로 된다.

ⅲ 공범자의 사건 공범자의 증거는 타인의 형사사건 또는 징계사건에 관한 증거로 될 수 있는가가 문제된다. 첫째, 긍정설이다. 공범자와 자기에게 공통되는 증거는 타인의 사건에 관한 증거로서 본죄의 객체가 된다고 한다. 둘째, 부정설이다. 공범자의 사건은 타인의 사건이라고 할 수 없으므로 본죄의 객체가 될 수 없다고 한다. 셋째, 절충설이다. 공범자를 위한 의사로 한 때에는 타인사건이 되어 본죄가 성립하지만, 자기만을 위하거나 자기와 공범자의 이익을 위한 때에는 본죄가 성립하지 않는다고 한다.

판례의 입장은 절충설로 해석된다. 판례의 의하면 피고인 자신이 직접 형사처분이나 징계처분을 받게 될 것을 두려워한 나머지 자기의 이익을 위하여 그 증거가 될 자료를 인멸하였다면, 그 행위가 동시에 다른 공범자의 형사사건이나 징계사건에 관한 증거를 인멸한 결과가 된다고 하더라도 이를 증거인멸죄로 다스릴 수 없다.[123] 이러한 법리는 그 행위가 피고인의 공범자가 아닌 자의 형사사건이나 징계사건에 관한 증거를 인멸한 결과가 된다고 하더라도 마찬가지이다.[124]

생각건대 공범사건이라도 일부의 공범자에 대해서만 증거로 되는 경우가 있고, 공범자 상호간에도 이해가 상반되는 증거가 있을 수 있다. 따라서 공범의 증거라 하더라도 오로지 자기와 관련된 증거에 대하여는 자기사건에 관한 증거라고 해야 한다고 해석된다. 오로지 자기와 관련되는 증거와 공범자와 공유되는 증거를 분리하여 판단하는 절충설이 타당하다고 해석된다.

ⅳ 형사사건 또는 징계사건 본죄의 객체는 형사사건 또는 징계사건에 관한 증거에 한한다. 민사, 행정, 조세, 가사 사건 등에 대한 증거는 본죄의 객체가 되지 않는다. 형사사건이면 단독사건이든 합의부사건이든 약식사건이든 등 어느 것이든 묻지 않는다. 타인의 형사사건 또는 징계사건이란 인멸행위 시에 아직 수사 또는 징계절차가 개시되기 전이라도 장차 형사 또는 징계사건이 될 수 있는 것까지를 포함한다.[125] 그 형사사건이 기소되지 아니하거나 무죄가 선고되더라도 본죄의 성립에 영향이 없다.[126] 징계사건이란 국가의 징계사건에 한정되고 사인 간의 징계사건은 포함되지 않는다.[127]

증거를 긍정한 판례의 구체적 내용은 다음과 같다. 즉,

---

122) 대법원 2017.10.26. 선고 2017도9827 판결; 대법원 2015.10.29. 선고 2015도9010 판결; 대법원 2013.11.28. 선고 2011도5329 판결; 대법원 2011.7.28. 선고 2010도2244 판결; 대법원 2007.6.28. 선고 2002도3600 판결.

123) 대법원 2013.11.28. 선고 2011도5329 판결; 대법원 1995.9.29. 선고 94도2608 판결; 대법원 1976.6.22. 선고 75도1446 판결.

124) 대법원 1995.9.29. 선고 94도2608 판결.

125) 대법원 2013.11.28. 선고 2011도5329 판결; 대법원 2011.2.10. 선고 2010도15986 판결; 대법원 2003.12.12. 선고 2003도4533 판결; 대법원 1995.3.28. 선고 95도134 판결; 대법원 1982.4.27. 선고 82도274 판결.

126) 대법원 2011.2.10. 선고 2010도15986 판결; 대법원 1982.4.27. 선고 82도274 판결.

127) 대법원 2007.11.30. 선고 2007도4191 판결.

참고인이 타인의 형사사건 등에 관하여 제3자와 대화를 하면서 허위로 진술하고 위와 같은 허위 진술이 담긴 대화 내용을 녹음한 녹음파일 또는 이를 녹취한 녹취록은 참고인의 허위진술 자체 또는 참고인 작성의 허위 사실확인서 등과는 달리 그 진술내용만이 증거자료로 되는 것이 아니고 녹음 당시의 현장음향 및 제3자의 진술 등이 포함되어 있어 그 일체가 증거자료가 된다고 할 것이므로, 이는 증거위조죄에서 말하는 '증거'에 해당한다.[128)]

증거를 부정한 판례의 구체적 내용은 다음과 같다. 즉,

피고인이 이 사건 교사일지를 증거로 제출한 서울행정법원 2000구18062호 부당해고구제재심판정취소 사건의 실질적인 다툼의 대상인 '주식회사 서일시스템의 공소외인에 대한 징계해고'는 사인 간의 징계사건으로서 국가의 징계사건에 해당하지 않으므로 피고인의 행위는 증거변조죄의 범죄구성요건에 해당하지 않는다고 판단한 것은 정당하고, 거기에 증거변조죄가 적용되는 '징계사건'의 범위에 관한 법리를 오해하는 등의 위법이 없다.[129)]증거은닉죄는 타인의 형사사건이나 징계사건에 관한 증거를 은닉할 때 성립한다.[130)]

② 행 위

본죄의 실행행위는 인멸·은닉·위조 또는 변조하는 것이다. 본죄는 실행행위에 따라 각각 증거인멸죄, 증거은닉죄, 증거위조죄 또는 증거변조죄라고 불리어지기도 한다. 증거인멸죄는 타인의 형사사건 또는 징계사건에 관한 증거를 인멸하는 경우에 성립한다.[131)]

ⓘ 인멸·은닉 인멸(湮滅)이란 증거의 현출을 방해하거나 증거로서의 가치를 멸실·감소시키는 일체의 행위를 말한다.[132)] 증거인 물건의 물리적 멸실·은닉은 물론 증인, 참고인으로 되어야 할 자 및 공범자를 도피시키거나 은닉하는 것도 인멸에 해당한다. 은닉(隱匿)이란 증거의 소재를 불명하게 하여 그 현출을 곤란하게 하는 일체의 행위를 말한다.

인멸·은닉을 긍정한 판례의 구체적 내용은 다음과 같다. 즉,

피고인 1, 2, 3에 대한 증거인멸의 공소사실에 대하여 원판결은 「대체로 증거인멸은 타인의 형사사건에 관한 증거의 현출을 방해하거나 또는 그 효력을 멸실 감소케하는 행위라 할것인바 본건에 있어서는 피고인등이 여사한 소위가 없었을뿐 아니라 관계 감독관등이 그 진상을 조사확인하였고 이에 관한 증빙은 하시라도 현출상태하에 있었으므로 피고인등의 우 상환곡대금을 징수한 사실만으로서는 전시 범행사실을 음폐할 수 없는 것이다 할 것이므로 우 공소사실은 범죄가 구성되지 아니한다」 판시하였으나 형법상의 증거인멸 행위는 원판결이 판시한 바와 같이 증거의 현출방해는 물론 기 효력을 멸실 감소시키는 일체의 행위를 지칭하는 것으로서 관계 감독관등이 진상을 조사 확인하였고 이에 관한 증거는 하시라도 현출 상태하에 있었다는 것만으로는 증거 인멸의 행위가 없었다고 속단하기 어렵고 전술 상환곡대금을 교부받어 국고에 불입사실은 공무서를 위조하여 농지분배 형식으로 소유권 이전등기가 완료된 부정사실로 인한 모든 타인의 형사사건에 관한 증거의 현출을 방해하거나 그 효력을 멸실 감소시키는 행위에 해당하는 것으로서 동 상환대금의

128) 대법원 2013.12.26. 선고 2013도8085,2013전도165 판결.
129) 대법원 2007.11.30. 선고 2007도4191 판결.
130) 대법원 2016.7.29. 선고 2016도5596 판결.
131) 대법원 2013.11.28. 선고 2011도5329 판결; 대법원 1995.9.29. 선고 94도2608 판결.
132) 대법원 1961.10.19. 선고 4294형상347 판결.

국고불입 사실은 원심 공판조서중 동 피고인등 진술기재 부분에 의하여 이를 인정할 수 있는 바 원판결은 단지 동 대금 징수라고만 판시할 뿐 국고에의 불입여부를 판시하지 아니하고 증거인멸이 되지 아니한다 판단하였으나 이는 결국 중대한 사실 오인을 인정할만한 사유가 될 것이다.[133]

ⓘ 위조 · 변조 위조(僞造)란 존재하지 아니하는 증거를 새로 작성하는 것을 말한다. 위조란 문서에 관한 죄에 있어서의 위조 개념과는 달리 새로운 증거의 창조를 의미한다.[134] 그러나 사실의 증명을 위해 작성된 문서가 그 사실에 관한 내용이나 작성명의 등에 아무런 허위가 없다면 '증거위조'에 해당한다고 볼 수 없다.[135] 설령 사실증명에 관한 문서가 형사사건 또는 징계사건에서 허위의 주장에 관한 증거로 제출되어 그 주장을 뒷받침하게 되더라도 마찬가지이다.[136] 존재하지 아니한 증거를 이전부터 존재하고 있는 것처럼 작출하는 행위도 위조에 해당한다.[137] 증거를 위조한다 함은 증거 자체를 위조함을 말하는 것이고,[138] 참고인이 수사기관에서 허위의 진술을 하는 것은 여기에 포함되지 않는다.[139] 증거가 문서의 형식을 갖는 경우 증거위조죄에 있어서의 증거에 해당하는지 여부가 그 작성권한의 유무나 내용의 진실성에 좌우되는 것은 아니다.[140] 변조(變造)란 진실한 증거에 가공하여 그 증거로서의 효력에 변경을 가하는 것을 말한다.

위조 · 변조를 긍정한 판례의 구체적 내용은 다음과 같다. 즉,

참고인의 허위 진술이 담긴 대화 내용을 녹음한 녹음파일 또는 이를 녹취한 녹취록을 만들어 내는 행위는 무엇보다도 그 녹음의 자연스러움을 뒷받침하는 현장성이 강하여 단순한 허위진술 또는 허위의 사실확인서 등에 비하여 수사기관 등을 그 증거가치를 판단함에 있어 오도할 위험성을 현저히 증대시킨다고 할 것이므로, 이러한 행위는 허위의 증거를 새로이 작출하는 행위로서 증거위조죄에서 말하는 '위조'에도 해당한다고 봄이 상당하다. 따라서 참고인이 타인의 형사사건 등에 관하여 제3자와 대화를 하면서 허위로 진술하고 위와 같은 허위 진술이 담긴 대화 내용을 녹음한 녹음파일 또는 이를 녹취한 녹취록을 만들어 수사기관 등에 제출하는 것은, 참고인이 타인의 형사사건 등에 관하여 수사기관에 허위의 진술을 하거나 이와 다를 바 없는 것으로서 허위의 사실확인서나 진술서를 작성하여 수사기관 등에 제출하는 것과는 달리, 증거위조죄를 구성한다고 할 것이다.[141] 타인의 형사사건과 관련하여 수사기관이나 법원에 제출하거나 현출되게 할 의도로

133) 대법원 1961.10.19. 선고 4294형상347 판결.

134) 대법원 2021.1.28. 선고 2020도2642 판결; 대법원 2017.10.26. 선고 2017도9827 판결; 대법원 2015.10.29. 선고 2015도9010 판결; 대법원 2011.7.28. 선고 2010도2244 판결; 대법원 2011.2.10. 선고 2010도15986 판결; 대법원 2007.6.28. 선고 2002도3600 판결.

135) 대법원 2021.1.28. 선고 2020도2642 판결.

136) 대법원 2021.1.28. 선고 2020도2642 판결.

137) 대법원 2015.10.29. 선고 2015도9010 판결; 대법원 2011.7.28. 선고 2010도2244 판결; 대법원 2011.2.10. 선고 2010도15986 판결; 대법원 2007.6.28. 선고 2002도3600 판결

138) 대법원 2017.10.26. 선고 2017도9827 판결; 대법원 2015.10.29. 선고 2015도9010 판결; 대법원 2011.7.28. 선고 2010도2244 판결; 대법원 1998.2.10. 선고 97도2961 판결; 대법원 1995.4.7. 선고 94도3412 판결.

139) 대법원 2017.10.26. 선고 2017도9827 판결; 대법원 2015.10.29. 선고 2015도9010 판결; 대법원 2011.7.28. 선고 2010도2244 판결; 대법원 1995.4.7. 선고 94도3412 판결.

140) 대법원 2015.10.29. 선고 2015도9010 판결; 대법원 2011.7.28. 선고 2010도2244 판결; 대법원 2011.2.10. 선고 2010도15986 판결; 대법원 2007.6.28. 선고 2002도3600 판결.

141) 대법원 2013.12.26. 선고 2013도8085,2013전도165 판결.

법률행위 당시에는 존재하지 아니하였던 처분문서, 즉 그 외형 및 내용상 법률행위가 그 문서 자체에 의하여 이루어진 것과 같은 외관을 가지는 문서를 사후에 그 작성일을 소급하여 작성하는 것은, 가사 그 작성자에게 해당 문서의 작성권한이 있고, 또 그와 같은 법률행위가 당시에 존재하였다거나 그 법률행위의 내용이 위 문서에 기재된 것과 큰 차이가 없다 하여도 증거위조죄의 구성요건을 충족시키는 것이라고 보아야 하고, 비록 그 내용이 진실하다 하여도 국가의 형사사법기능에 대한 위험이 있다는 점은 부인할 수 없다.[142)]

위조·변조를 부정한 판례의 구체적 내용은 다음과 같다. 즉,

참고인이 타인의 형사사건 등에서 직접 진술 또는 증언하는 것을 대신하거나 그 진술 등에 앞서서 허위의 사실확인서나 진술서를 작성하여 수사기관 등에 제출하거나 또는 제3자에게 교부하여 제3자가 이를 제출한 것은 존재하지 않는 문서를 이전부터 존재하고 있는 것처럼 작출하는 등의 방법으로 새로운 증거를 창조한 것이 아닐뿐더러, 참고인이 수사기관에서 허위의 진술을 하는 것과 차이가 없으므로, 증거위조죄를 구성하지 않는다고 할 것이다.[143)] 형법 제155조 제1항에서 타인의 형사사건에 관하여 증거를 위조한다 함은 증거 자체를 위조함을 말하는 것으로서, 선서무능력자로서 범죄 현장을 목격하지도 못한 사람으로 하여금 형사법정에서 범죄 현장을 목격한 양 허위의 증언을 하도록 하는 것은 위 조항이 규정하는 증거위조죄를 구성하지 아니한다.[144)] 피고인이 위와 같이 교사하여 증거를 은닉케 할 당시 아직 그 실화사건에 관한 수사나 징계절차가 개시되기 전이었다고 하여도 증거은닉죄의 교사범이 성립되는 것이니 원심판결에 소론과 같이 증거은닉죄의 구성요건에 관한 법리를 오해한 위법도 없다.[145)]

2) 주관적 구성요건

본죄는 고의범이다. 고의는 타인의 형사사건 또는 징계사건에 관한 증거를 인멸, 은닉, 위조 또는 변조한다는 인식을 요한다. 본죄는 목적범이 아니다. 모해의 목적이 있는 경우에는 후술하는 바와 같이 가중처벌된다.

3) 공 범

본죄의 객체는 타인의 형사사건 또는 징계사건에 관한 증거에 한정되기 때문에 범인 자신이 관여한 경우의 공범관계가 문제된다. 범인이 제3자에게 자기의 형사사건 또는 징계사건에 관한 증거의 인멸 등을 교사한 경우의 소위 자기증거인멸(自己證據湮滅)에 대한 공범의 문제이다.

자기증거인멸 등에 대한 교사죄의 성부에 관하여는 긍정설과 부정설이 대립하고 있다. 긍정설은 자기증거인멸교사는 자기비호권의 범위를 넘어선다는 점을 그 근거로 하고 있다. 판례도 같은 입장이다. 판례에 따르면 자기의 형사 사건에 관한 증거를 인멸하기 위하여 타인을 교사하여 죄를 범하게 한 자에 대하여는 증거인멸교사죄가 성립한다.[146)] 또 자기의

142) 대법원 2007.6.28. 선고 2002도3600 판결.

143) 대법원 2017.10.26. 선고 2017도9827 판결; 대법원 2015.10.29. 선고 2015도9010 판결; 대법원 2011.7.28. 선고 2010도2244 판결.

144) 대법원 1998.2.10. 선고 97도2961 판결.

145) 대법원 1982.4.27. 선고 82도274 판결.

146) 대법원 2000.3.24. 선고 99도5275 판결; 대법원 1965.12.10. 선고 65도826 전원합의체 판결.

형사사건에 관한 증거를 위조하기 위하여 타인을 교사하여 죄를 범하게 한 자에 대하여는 증거위조교사죄가 성립한다.[147]

교사를 긍정한 판례의 구체적 내용은 다음과 같다. 즉,

노동조합 지부장인 피고인 갑이 업무상횡령 혐의로 조합원들로부터 고발을 당하자 피고인 을과 공동하여 조합 회계서류를 무단 폐기한 후 폐기에 정당한 근거가 있는 것처럼 피고인 을로 하여금 조합 회의록을 조작하여 수사기관에 제출하도록 교사한 사안에서, 회의록의 변조・사용은 피고인들이 공범관계에 있는 문서손괴죄 형사사건에 관한 증거를 변조・사용한 것으로 볼 수 있어 피고인 을에 대한 증거변조죄 및 변조증거사용죄가 성립하지 않으며, 피교사자인 피고인 을이 증거변조죄 및 변조증거사용죄로 처벌되지 않은 이상 피고인 갑에 대하여 공범인 교사범은 물론 그 간접정범도 성립하지 않는다고 본 원심판단을 수긍한 사례이다.[148] 상피고인 1이 '공소외 1에 대한 불법내사'와 관련된 증거자료를 인멸하라고 지시한 것은 직무상의 지시명령이라고 할 수 없으므로 피고인 2가 이에 따라야 할 의무가 없음에도 증거인멸 및 공용물손상 행위에 적극적으로 가담한 사실을 알 수 있고, 여기에 피고인 2의 지위 및 경력 등에 비추어 보면, 이 사건 범행이 강요된 행위로서 적법행위에 대한 기대가능성이 없다고 볼 수는 없다.[149]

교사를 부정한 판례의 구체적 내용은 다음과 같다. 즉,

원심은, 피고인 1이 피고인 2 등에게 "검찰에서 나에 대해서 탈세사실에 관하여 조사하고 있으니 나리・한의리 관행어업권 손해배상사건의 당사자들에게 보관증을 작성하여 주고, 대신 마을 대표로부터 성공보수금 10%를 제외한 손해배상금 모두를 반환하겠다는 각서를 받으라"고 지시하였고, 위 피고인 2는 그 다음 날 공소외 7에게 "피고인 1 변호사가 탈세혐의로 검찰에서 조사를 받고 있는데, 위 소송사건의 성공보수금이 소득신고가 되어있지 않으니 도와달라"고 제의하여 이를 수락한 공소외 7에게 원심 판시와 같이 작성일을 소급하여 기재한 보관증을 작성하여 교부하게 된 사실을 인정한 다음, 피고인 2 등의 보관증 작성행위는 존재하지 아니한 증거를 이전부터 존재하고 있는 것처럼 작출하는 행위로서, 문서의 작성명의, 내용의 진부의 여부에 불구하고 증거위조죄에 해당하고, 피고인 1이 자신의 형사사건에 관하여 피고인 2 등에게 증거위조를 교사한 이상 피고인 1의 증거위조 교사죄의 성립에 방해가 되지 않는다고 보아 이 부분 공소사실에 대하여 유죄를 선고한 제1심의 결론을 유지하고 있는 바, 위 법리와 기록에 비추어 살펴보면 원심의 인정과 판단은 정당하고, 상고이유 주장과 같은 위법이 없다.[150] 공소외 인의 위 판시와 같은 증거은닉행위가 상관인 피고인의 명령에 의한 것이었다고 하여도 이 명령에 따라 공소외인이 증거은닉의 범의를 일으켜 이를 실행하였던 것임이 위 1심 사실인정과 같은 이상 공소외인의 은닉행위를 논지가 주장하는 바와 같이 상관의 명령에 따른 정당한 행위로서 피고인 자신의 은닉행위와 동일시할 수는 없다.[151]

(3) 책임조각사유

본죄의 증거는 타인의 형사사건 또는 징계사건에 대한 것이어야 한다. 따라서 자기의

147) 대법원 2011.2.10. 선고 2010도15986 판결; 대법원 2000.3.24. 선고 99도5275 판결.
148) 대법원 2011.7.14. 선고 2009도13151 판결.
149) 대법원 2013.11.28. 선고 2011도5329 판결.
150) 대법원 2007.6.28. 선고 2002도3600 판결.
151) 대법원 1982.4.27. 선고 82도274 판결.

형사사건이나 징계사건에 대한 증거에 대하여는 적용되지 아니한다. 기대가능성의 결여나 방어권의 보장이 그 근거로 제시되고 있다.

판례에 따르면 증거인멸죄는 국가형벌권의 행사를 저해하는 일체의 행위를 처벌의 대상으로 하고 있으나 범인 자신이 한 증거인멸의 행위는 피고인의 형사소송에 있어서의 방어권을 인정하는 취지와 상충하므로 처벌의 대상이 되지 아니한다.[152] 자신의 형사사건에 관한 증거은닉 행위는 형사소송에 있어서 피고인의 방어권을 인정하는 취지와 상충하여 처벌의 대상이 되지 아니하므로 자신의 형사사건에 관한 증거은닉을 위하여 타인에게 도움을 요청하는 행위 역시 원칙적으로 처벌되지 아니한다.[153] 다만 그것이 방어권의 남용이라고 볼 수 있을 때는 증거은닉교사죄로 처벌할 수 있다. 방어권 남용이라고 볼 수 있는지 여부는, 증거를 은닉하게 하는 것이라고 지목된 행위의 태양과 내용, 범인과 행위자의 관계, 행위 당시의 구체적인 상황, 형사사법작용에 영향을 미칠 수 있는 위험성의 정도 등을 종합하여 판단하여야 한다.[154]

(4) 죄 수

타인의 소유에 속하는 증거를 인멸하기 위해 손괴한 경우 본죄와 손괴죄는 상상적 경합이 된다. 타인의 소유에 속하는 증거를 절취하여 은닉하거나 인멸한 경우에는 절도죄만이 성립한다. 절취 후 은닉이나 인멸행위는 절도죄의 불가벌적 사후행위라고 할 수 있기 때문이다. 작위범인 증거인멸죄가 성립하는 경우 부작위범인 직무유기죄는 성립하지 아니한다.

본죄와 직무유기죄에 관한 판례의 구체적 내용은 다음과 같다. 즉,

> 경찰서 방범과장이 부하직원으로부터 음반・비디오물 및 게임물에 관한 법률 위반 혐의로 오락실을 단속하여 증거물로 오락기의 변조 기판을 압수하여 사무실에 보관중임을 보고받아 알고 있었음에도 그 직무상의 의무에 따라 위 압수물을 수사계에 인계하고 검찰에 송치하여 범죄 혐의의 입증에 사용하도록 하는 등의 적절한 조치를 취하지 않고, 오히려 부하직원에게 위와 같이 압수한 변조 기판을 돌려주라고 지시하여 오락실 업주에게 이를 돌려준 경우, 작위범인 증거인멸죄만이 성립하고 부작위범인 직무유기(거부)죄는 따로 성립하지 아니한다.[155] 피고인이 밀수품 보관 피의자 '갑'을 조사함에 있어서 동인의 처남인 공소외 '을'이 사건 밀수품을 갖고 와서 보관케 되었다고 사실대로 진술하였음에도 불구하고 '갑'을 사주하여 '병'이라는 가공인물을 내세워서 그로부터 동물품을 받았다고 허위진술하게 하여 그와 같은 취지로 피의자 신문조서에 기재하고 또 '갑'의 처인 '정'에게 대하여 누가 물으면 남편친구 부탁으로 받아 놓았다고 말하라고 하였다면 비록 사법경찰관으로서 범죄수사의 방법으로 한 것이라 하여도 타인을 교사하여 증거인멸죄를 범하게 한 것인 동시에 그것이 또한 정당한 직무집행을 거부한 것이 된다 할 것이다.[156]

---

152) 대법원 1965.12.10. 선고 65도826 전원합의체 판결.

153) 대법원 2016.7.29. 선고 2016도5596 판결; 대법원 2014.4.10. 선고 2013도12079 판결.

154) 대법원 2016.7.29. 선고 2016도5596 판결; 대법원 2014.4.10. 선고 2013도12079 판결.

155) 대법원 2006.10.19. 선고 2005도3909 전원합의체 판결; 대법원 1997.2.28. 선고 96도2825 판결; 대법원 1996.5.10. 선고 96도51 판결; 대법원 1971.8.31. 선고 71도1176 판결. 2005도3909 전원합의체 판결에 의하여 증거인멸죄와 직무집행거부죄의 경합을 인정하였던 대법원 1967.7.4. 선고 66도840 판결은 변경되었음.

156) 대법원 1967.7.4. 선고 66도840 판결. 이는 대법원 2006.10.19. 선고 2005도3909 전원합의체 판결에 의하여 변경됨.

2. 위조 · 변조 증거 사용죄

(1) 의 의

본죄는 타인의 형사사건 또는 징계사건에 관한 위조 또는 변조한 증거를 사용함으로써 성립하는 범죄이다.

(2) 구성요건

본죄의 실행행위는 위조 또는 변조한 증거를 사용하는 것이다. 사용(使用)이란 위조 · 변조한 증거를 진정한 것으로서 제출하는 것을 말한다.

본죄는 고의범이다. 본죄의 고의는 인식적 요소로서 타인의 형사사건 또는 징계사건에 관한 위조 또는 변조한 증거의 사용에 대한 인식을 요한다.

3. 증인 은닉 · 도피죄

(1) 의 의

본죄는 타인의 형사사건 또는 징계사건에 관한 증인을 은닉 또는 도피하게 함으로써 성립하는 범죄이다.

(2) 구성요건

본죄의 객체는 타인의 형사사건 또는 징계사건에 관한 증인이다. 이에 관하여는 위에서 본 바와 같다.

본죄의 실행행위는 은닉 또는 도피하게 하는 것이다. 은닉(隱匿)이란 증인의 출석을 방해하거나 곤란하게 하는 일체의 행위를 말한다. 예컨대 증인을 감금하거나 살해하는 행위가 이에 속한다. 도피(逃避)란 은닉 이외의 방법으로 증인의 출석을 방해하거나 곤란하게 하는 일체의 행위를 말한다. 도피하게 하는 행위는 도망하게 하거나 도피를 야기하거나 이를 방조하는 일체의 행위를 포함한다.

본죄는 고의범이다. 본죄의 고의는 인식적 요소로서 타인의 형사사건 또는 징계사건에 관한 증인의 은닉 또는 도피에 대한 인식을 요한다.

(3) 책임조각사유

본죄는 타인의 형사사건 또는 징계사건에 관한 증인을 은닉 · 도피하게 한 경우에 성립한다. 따라서 자신이 직접 형사처분이나 징계처분을 받게 될 것을 두려워한 나머지 자기의 이익을 위하여 증인이 될 사람을 도피하게 하였다면, 그 행위가 동시에 다른 공범자의 형사사건이나 징계사건에 관한 증인을 도피하게 한 결과가 된다고 하더라도 이를 증인도피죄로 처벌할 수 없다.[157]

책임조각을 긍정한 판례의 구체적 내용은 다음과 같다. 즉,

---

157) 대법원 2003.3.14. 선고 2002도6134 판결; 대법원 1995.9.29. 선고 94도2608 판결; 대법원 1976.6.22. 선고 75도1446 판결.

피고인 1, 2는 '홍성식구파'를 결성한 후 적대세력인 공소외 1에 대한 아킬레스건 절단사건을 계획, 지시한 후 범행실행자 일부만 자수시킴으로써 위 사건을 그들만의 우발적 범행으로 축소시키고 자신들 및 '홍성식구파'조직의 관련성을 은폐하려고 한 점, 그런데 범행현장에 있던 공소외 2는 평소 공소외 1과 가까운 사이로서 위 사건 2일 전에도 피고인 2 및 그 조직원들(위 아킬레스건 절단사건의 범행실행자들이다)로부터 공소외 1과 같이 다닌다는 이유로 폭행 · 협박당하기도 하였던 탓에 위 사건이 조직원들의 개인적, 우발적 범행이 아니라 피고인 1, 2의 지시에 의한 조직적 범죄라고 금방 알 수 있었던 점을 인정할 수 있는바, 이러한 정황에 비추어 보면 피고인 1, 2가 공소외 2를 도피하게 한 것은 범행실행자들만을 수사의 전면에 내세우고 '홍성식구파'의 우두머리인 자신들은 수사대상에서 빠지기 위하여 그 관련성을 알고 있는 공소외 2의 진술을 방해하기 위한 것으로서 위 피고인들 자신이 형사처벌을 받지 않기 위하여 한 행위라고 할 것이므로 증인도피죄로 처벌할 수 없는 경우에 해당한다고 할 것이다.[158]

4. 모해목적 증거 인멸 등 죄

(1) 의 의

본죄는 피고인, 피의자 또는 징계혐의자를 모해할 목적으로 타인의 형사사건 또는 징계사건에 관한 증거를 인멸, 은닉, 위조 또는 변조하거나, 타인의 형사사건 또는 징계사건에 관한 위조 또는 변조한 증거를 사용하거나 또는 타인의 형사사건 또는 징계사건에 관한 증인을 은닉 또는 도피하게 함으로써 성립하는 범죄이다.

본죄는 목적범이다. 따라서 본죄는 고의 외에도 피고인, 피의자 또는 징계혐의자를 모해할 목적을 요한다.

(2) 객관적 구성요건

본죄의 객체는 타인의 형사사건 또는 징계사건에 관한 증거이다. 이에 관하여는 위에서 본 바와 같다.

본죄의 실행행위는 증거에 대한 인멸 · 은닉 · 위조 · 변조, 위조 · 변조 증거에 대한 사용 및 증인에 대한 은닉 · 도피이다. 본죄는 실행행위의 유형에 따라 죄명도 그에 상응하여 각각 모해목적 증거 인멸 · 은닉 · 위조 · 변조죄, 모해목적 위조 · 변조 증거 사용죄 및 모해목적 증인 은닉 · 도피죄로 달라질 수 있다.

(3) 주관적 구성요건

1) 고 의

본죄는 고의범이다. 본죄의 고의는 인식적 요소로서 타인의 형사사건 또는 징계사건에 관한 증거의 인멸, 은닉, 위조 또는 변조에 관한 인식, 타인의 형사사건 또는 징계사건에 관한 위조 또는 변조한 증거의 사용에 관한 인식 또는 타인의 형사사건 또는 징계사건에 관한 증인의 은닉 또는 도피에 관한 인식을 요한다.

158) 대법원 2003.3.14. 선고 2002도6134 판결.

2) 모해의 목적

본죄는 목적범이다. 본죄는 피고인, 피의자 또는 징계혐의자를 모해할 목적을 요한다. 모해할 목적이란 피고인·피의자 또는 징계혐의자에게 형사처분 또는 징계처분을 받게 할 목적을 말한다. 이 중에서 피의자라고 하기 위해서는 수사기관에 의하여 범죄의 인지 등으로 수사가 개시되어 있을 것을 필요로 하고, 그 이전의 단계에서는 장차 형사입건될 가능성이 크다고 하더라도 그러한 사정만으로 피의자에 해당한다고 볼 수는 없다.[159)]

Ⅲ. 처 벌

1. 법정형

본죄의 법정형은 5년 이하의 징역 또는 700만원 이하의 벌금이다. 다만 모해의 목적이 인정되는 경우에는 10년 이하의 징역에 처한다.

2. 친족간의 특례

본죄의 친족간의 특례란 친족 또는 동거의 가족이 본인을 위하여 범한 경우에는 처벌하지 아니한다는 특례규정을 말한다(제155조 제4항). 필요적 면제이다. 본특례의 내용은 전술한 범인은닉죄에 있어서의 친족간의 특례의 그것과 일치한다(제151조 제2항 참조). 사실혼관계에 있는 자는 민법 소정의 친족이라 할 수 없어 위 조항에서 말하는 친족에 해당하지 않는다.[160)]

§6. 관련 특별법

Ⅰ. 국회에서의 증언·감정등에 관한 법률

제14조(위증등의 죄) ① 이 법에 의하여 선서한 증인 또는 감정인이 허위의 진술이나 감정을 한 때에는 1년 이상 10년 이하의 징역에 처한다. 다만 범죄가 발각되기 전에 자백한 때에는 그 형을 감경 또는 면제할 수 있다.
② 제1항의 자백은 국회에서 안건심의 또는 국정감사나 국정조사를 종료하기 전에 하여야 한다.

Ⅱ. 국가보안법

제12조(무고, 날조) ① 타인으로 하여금 형사처분을 받게 할 목적으로 이 법의 죄에 대하여 무고 또는 위증을 하거나 증거를 날조·인멸·은닉한 자는 그 각조에 정한 형에 처한다.
② 범죄수사 또는 정보의 직무에 종사하는 공무원이나 이를 보조하는 자 또는 이를 지휘하는 자가 직권을 남용하여 제1항의 행위를 한 때에도 제1항의 형과 같다. 다만 그 법정형의 최저가 2년 미만일 때에는 이를 2년으로 한다.

---

159) 대법원 2010.6.24. 선고 2008도12127 판결.

160) 대법원 2003.12.12. 선고 2003도4533 판결; 대법원 2001.6.29. 선고 2001도2514 판결; 대법원 1980.4.22. 선고 80도485 판결.

제6절 무고의 죄

§1. 개 관

I. 의 의

본장의 무고의 죄(誣告의 罪, falsche Verdächtigung)란 타인으로 하여금 형사처분 또는 징계처분을 받게 할 목적으로 공무소 또는 공무원에 대하여 허위의 사실을 신고함으로써 성립하는 범죄를 말한다(형법 제2편 제11장).

II. 보호법익

1. 의 의

(1) 학 설

본장의 보호법익에 관하여는 다툼이 있다. 첫째, 국가적 법익 침해설(國家的 法益侵害說)이다. 본장의 죄는 심판에 이르는 전단계에서 국가의 수사권 또는 조사권을 보호법익으로 한다는 점에서 사법작용의 중추인 심판작용의 적정한 행사를 보호법익으로 하는 위증죄와 구별된다고 한다. 따라서 본장의 죄의 보호법익은 국가의 적정한 사법권과 징계권에 대한 국가적 법익이고, 피무고자의 개인적 이익의 보호는 반사적 효과에 불과하다고 한다. 이에 의하면 자기 자신에 대하여 허위고소하는 자기무고는 가벌적이 된다.

둘째, 국가적 법익 중시설(國家的 法益重視說)이다. 본장의 죄는 국가의 심판기능이라는 국가적 법익을 1차적 보호법익으로 하지만, 부당하게 처벌받지 않을 개인적 이익이라는 개인적 법익도 부수적 보호법익으로 하는 이중적 성격을 가진다고 한다. 다만 본장의 죄의 주된 보호법익은 국가의 심판기능이라고 할 것이므로 피무고자의 승낙은 본장의 죄의 성립에 영향을 미치지 않는다고 한다.

셋째, 개인적 법익 중시설(個人的 法益重視說)이다. 본장의 죄는 피무고자를 부당한 형사처분이나 징계처분을 받을 고통과 위험으로부터 구제하여 개인적 법익을 국가의 심판작용이라는 국가적 법익보다 우선한다고 하거나 양자가 대등하다고 한다. 그러나 형법이 본장의 죄를 국가적 법익이라는 위치에서 규정하고 있기 때문에 그러한 체계적 지위와 일치하지 않는다고 비판되고 있다. 지지자도 발견되지 않고 있다.

(2) 판 례

판례는 국가적 법익 중시설의 입장이다. 대법원은 "무고죄는 부수적으로 개인이 부당하게 처벌받거나 징계를 받지 않을 이익도 보호하나, 국가의 형사사법권 또는 징계권의 적정한 행사를 주된 보호법익으로 한다"라고 판시한 바 있다.[1)]

---

1) 대법원 2017.5.30. 선고 2015도15398 판결; 대법원 2006.8.25. 선고 2006도3631 판결; 대법원 2005.9.30.

(3) 검 토

본장의 죄도 전전장의 도주와 범인은닉의 죄(형법 제2편 제9장), 전장의 위증과 증거인멸의 죄(형법 제2편 제10장)에 있어서의 보호법익과 같이 사법기능의 침해를 내용으로 하는 국가의 기능에 대한 죄에 속한다고 할 수 있다. 본장의 죄가 심판의 전단계인 수사 또는 조사의 단계에서 국가의 기능을 보호하기 위한 범죄라는 의미에서 국가적 법익을 보호법익으로 하고 있다는 점에 대하여는 의문의 여지가 없다고 생각된다. 다만 수사기관 또는 징계권자가 수사 또는 징계를 위한 조사를 개시한 때에는 피신고자는 피의자 또는 피조사자로서 그의 사생활의 평온도 침해될 위험성이 크다. 여기서 허위신고 등으로부터 개인적 법익을 보호할 필요성 또한 엄존한다고 해야 하기 때문에 본죄는 개인적 법익도 부수적 보호법익으로 한다고 할 수 있다. 이러한 의미에서 국가적 법익 중시설이 타당하다고 해석된다.

2. 보호의 정도

본장의 죄의 보호법익에 대한 보호의 정도는 추상적 위험범으로서의 보호이다.

Ⅲ. 구성요건의 체계

본장의 죄는 무고죄(제156조)와 자백·자수에 대한 특례규정(제157조)의 2개의 조문으로만 구성되어 있다.

§2. 무고죄

제156조(무고) 타인으로 하여금 형사처분 또는 징계처분을 받게 할 목적으로 공무소 또는 공무원에 대하여 허위의 사실을 신고한 자는 10년 이하의 징역 또는 1천500만원 이하의 벌금에 처한다.

제157조(자백·자수) 제153조는 전조에 준용한다.

Ⅰ. 서 설

1. 의 의

무고죄(誣告罪)는 타인으로 하여금 형사처분 또는 징계처분을 받게 할 목적으로 공무소 또는 공무원에 대하여 허위의 사실을 신고함으로써 성립하는 범죄이다. 본죄는 목적범이다.

한편 무고(誣告)의 자의(字義)는 무당의 말과 같이 없는 것을 있는 것처럼 말하거나 있는 것을 없는 것처럼 말하여 알린다는 의미를 가지고 있다. 그러나 무고는 법률용어로서 그 난해성 때문에 일본형법은 이미 개정을 통하여 허위고소라는 용어로 변경한 바 있다.[2)]

선고 2005도2712 판결; 대법원 1986.8.19. 선고 86도1259 판결.

2) 일본형법 법률 제91호, 1995년 개정.

2. 자수 · 자백의 특례

본죄를 범한 자가 그 신고한 사건의 재판 또는 징계처분이 확정되기 전에 자백 또는 자수한 때에는 그 형을 필요적으로 감경 또는 면제한다.

3. 위증죄와의 구별

본죄는 타인으로 하여금 형사처분, 징계처분을 받게 할 목적으로 공무소, 공무원에 대하여 허위의 사실을 신고함으로써 성립하는 범죄로서 그 신고사실은 진실이라는 확신없는 사실을 신고함으로써 족하다는 점에서 법률에 의하여 선서한 증인이 허위의 공술을 한 때 성립하는 범죄로서 그 공술이 기억에 반하는 진술이면 족한 위증죄와 구별된다.[3]

Ⅱ. 범 죄

1. 구성요건

본죄는 타인으로 하여금 형사처분 또는 징계처분을 받게 할 목적으로 공무소 또는 공무원에 대하여 허위의 사실을 신고함으로써 성립하는 것이므로 그 객관적 요건으로서 신고한 사실이 허위임을 요하고 주관적 요건으로서 신고자가 허위임을 알고서 신고함을 요한다.[4]

(1) 객관적 구성요건

1) 주 체

본죄의 주체에는 제한이 없다. 공무원도 무고죄의 주체가 될 수 있다. 경우에 따라서는 고소의 대리인도 본죄의 주체로 될 수 있다. 예컨대 비록 외관상으로는 타인 명의의 고소장을 대리하여 작성하고 제출하는 형식으로 고소가 이루어진 경우라 하더라도 그 명의자는 고소의 의사가 없이 이름만 빌려준 것에 불과하고 명의자를 대리한 자가 실제 고소의 의사를 가지고 고소행위를 주도한 경우라면 그 명의자를 대리한 자를 신고자로 보아 본죄의 주체로 인정하여야 할 것이기 때문이다[5]

2) 객 체

① 허위사실

본죄의 객체는 허위의 사실이다. 신고의 내용이 진실인 한 국가의 심판작용을 침해할 우려는 없다고 해야 하기 때문이다. 허위(虛僞)란 객관적 진실에 반하는 사실을 말한다.[6] 위증죄가 기억에 반하는 사실을 허위라고 하는 것과 구별된다.

오로지 허위의 사실을 신고하였다는 사실만으로는 본죄는 성립되지 않는다. 본죄에 있어서 허위의 사실이라 함은 그 신고된 사실로 인하여 상대방이 형사처분이나 징계처분 등을

---

3) 대법원 1987.3.24. 선고 85도2650 판결.
4) 대법원 2004.1.27. 선고 2003도5114 판결; 대법원 1985.7.23. 선고 85도1092 판결.
5) 대법원 2007.3.30. 선고 2006도6017 판결; 대법원 2006.7.13. 선고 2005도7588 판결.
6) 대법원 1984.5.29. 선고 83도2410 판결.

받게 될 위험이 있는 것이어야 하고, 비록 신고내용에 일부 객관적 진실에 반하는 내용이 포함되었다 하더라도 그것이 독립하여 형사처분 등의 대상이 되지 아니하고 단지 신고사실의 정황을 과장하는 데 불과하거나 허위의 일부 사실의 존부가 전체적으로 보아 범죄사실의 성립 여부에 직접 영향을 줄 정도에 이르지 아니하는 내용에 관계되는 것이라면 무고죄가 성립하지 아니한다.[7)]

② 판단기준

신고한 사실의 허위 여부는 그 범죄의 구성요건과 관련하여 신고사실의 핵심 또는 중요내용이 허위인가에 따라 판단하여 무고죄의 성립 여부를 가려야 한다.[8)]

허위사실이라는 요건은 적극적인 증명이 있어야 하며, 신고사실의 진실성을 인정할 수 없다는 소극적 증명만으로 곧 그 신고사실이 객관적 진실에 반하는 허위의 사실이라 단정하여 본죄의 성립을 인정할 수는 없다.[9)] 본죄에 있어서는 그 신고내용의 진실성을 인정하기에 충분한가 여부를 따질 것이 아니라 신고사실의 허위성을 따져 허위사실을 단정하기에 부족함이 없다면 죄가 성립한다 할 것이다.[10)]

③ 적시의 정도

허위사실의 적시는 수사관서 또는 감독관서에 대하여 수사권 또는 징계권의 발동을 촉구하는 정도의 것이라면 충분하다. 따라서 반드시 범죄구성요건 사실이나 징계요건 사실을 구체적으로 명시하거나[11)] 그 사실이 해당될 죄명 등 법률적 평가까지 명시해야 하는 것은 아니다.[12)]

허위의 사실을 긍정한 판례의 구체적 내용은 다음과 같다. 즉,

> 피고인이 위법성조각사유가 있음을 알면서도 '피고소인이 허위사실을 공표하였다'고 고소함으로써 결국 적극적으로 피고소인을 공직선거및부정선거방지법 제251조 단서 소정의 위법성조각사유가 적용되지 않는 같은 법 제250조의 허위사실공표죄로 처벌되어야 한다고 주장한 것과 같다고 할 것이고, 따라서 원심이 피고인의 판시 각 무고죄의 범죄사실을 인정한 조치는 정당한 것으로 수긍이 된다.[13)] 피고인이 갑 주식회사에서 리스한 승용차를 을에게 담보로 제공하고 돈을 차용하면서 약정 기간 내에 갚지 못할 경우 이를 처분하더라도 아무런 이의를 제기하지 않기로 하였는데, 변제기 이후 을 등이 차량을 처분하자 피고인의 허락 없이 마음대로 처분하였다는 취지로 고소한 사안에서, 위 고소 내용은 허위사실 기재로서 그 자체로 독립하여 무고죄가 성립하는데도, 이와

7) 대법원 2008.8.21. 선고 2008도3754 판결; 대법원 2006.9.28. 선고 2006도2963 판결; 대법원 1996.5.31. 선고 96도771 판결; 대법원 1994.1.11. 선고 93도2995 판결.

8) 대법원 1991.10.11. 선고 91도1950 판결.

9) 대법원 2019.7.11. 선고 2018도2614 판결; 대법원 2010.11.11. 선고 2008도7451 판결; 대법원 2006.5.25. 선고 2005도4642 판결; 대법원 2004.1.27. 선고 2003도5114 판결; 대법원 1998.2.24. 선고 96도599 판결; 대법원 1984.1.24. 선고 83도1401 판결.

10) 대법원 1986.12.9. 선고 86도1789 판결.

11) 대법원 2014.12.24. 선고 2012도4531 판결; 대법원 2006.5.25. 선고 2005도4642 판결; 대법원 1985.2.26. 선고 84도2774 판결; 대법원 1960.8.3. 선고 4292형상549 판결.

12) 대법원 2009.3.26. 선고 2008도6895 판결; 대법원 1987.3.24. 선고 87도231 판결.

13) 대법원 1998.3.24. 선고 97도2956 판결.

달리 보아 무죄를 인정한 원심판결에 법리오해의 위법이 있다.[14] 피고인이 ***으로부터 폭행을 당한 사실 자체가 인정되지 않으므로 피고인이 설령 6개월간의 가료를 요한다는 내용의 일반진단서의 의미를 잘 이해하지 못하였고 치근파절이 기왕증이라는 사실을 몰랐다고 하더라도 피고인의 이 사건 고소가 단순한 정황의 과장에 해당하는 것으로 볼 수 없다.[15] 주식의 명의수탁자가 주식의 반환을 거부한 채 오히려 명의신탁자로 하여금 형사처분을 받게 할 목적으로 '명의신탁자가 자신을 횡령으로 고소한 것은 무고이므로 처벌해 달라'는 취지로 허위사실을 기재한 고소장을 제출한 사안에서, 주식의 명의신탁 여부에 관하여는 판단하지 않은 채 '주권이 아닌 주식이 횡령죄 객체가 될 수 있는지 여부'만을 심리하여 무고죄의 성립을 부정한 원심판결에, 무고죄에 관한 법리를 오해하고 심리를 다하지 아니한 위법이 있다.[16] 경찰관이 갑을 현행범으로 체포하려는 상황에서 을이 경찰관을 폭행하여 을을 현행범으로 체포하였는데, 을이 경찰관의 현행범 체포업무를 방해한 일이 없다며 경찰관을 불법체포로 고소한 사안에서, 무고죄가 성립한다.[17] 피고인은 피해자 공소외인의 폭행일시를 특정하지 아니한 고소장을 2005.6.28.경 수서경찰서 민원실에 제출, 접수한 후, 고소인 보충진술시에 그 폭행일시를 2003.3.경으로 특정하였음을 알아 볼 수 있는바, 폭행죄의 공소시효기간은 3년이므로 피고인은 아직 공소시효가 완성되지 아니한 범죄사실을 신고한 것임이 명백하고, 따라서 그 신고사실이 허위인 이상 피고인은 무고죄의 죄책을 면할 수 없다고 할 것이고, 피고인이 그 이후 검찰이나 제1심 법정에서 위 피해자의 폭행일시를 2002.3.로 정정하여 진술하였다고 하여 이미 성립된 무고죄에 영향을 미칠 수는 없다고 할 것이다.[18] 영수증을 정당하게 작성·교부하거나 적법하게 백지보충권을 수여하여 그에 따라 백지보충이 이루어졌음에도 불구하고 상대방이 그 영수증을 위조하였다고 신고하였다면, 이는 무고죄에서 말하는 허위사실의 신고에 해당하는 것으로 보아야 할 것이다.[19] 피고인이 고소를 통하여 공소외인에게 실제로 돈을 대여한 바 없거나 또는 일부 대여한 돈을 이미 변제받았음에도 불구하고 마치 돈을 대여하였거나 그로 인한 채권이 여전히 존재하는 것처럼 내세워 허위내용의 사실을 신고한 것인 이상, 그것이 단순히 신고사실의 정황을 과장한 데에 지나지 않는다고 말할 수는 없다.[20] 피고소인들이 피고인과 제3자와의 싸움을 말리려고 하다가 피고인이 말을 듣지 아니하여 만류를 포기하고 옆에서 보고만 있었을 뿐 피고소인들이 피고인의 팔을 잡은 사실이 없었고, 또한 피고인이 그 싸움에서 턱 부위에 상해를 입은 사실은 있으나 그 상해 역시 피고인이 제3자로부터 안면부를 얻어맞아 입은 것이 아니라 서로 멱살을 잡고 밀고 당기는 과정에서 입은 상해임을 엿볼 수 있는 경우, 이와 같은 사실관계에서 "피고소인들이 피고인의 양팔을 잡아 가세하고 제3자가 피고인의 안면부를 때려 상해를 입혔다"는 취지의 고소내용은 그 제3자에 대한 관계에서는 신고사실의 정황을 다소 과장한 것에 불과하다고 볼 수도 있겠으나, 피고소인들에 대한 관계에서는 고소내용 전체가 객관적인 진실에 반하는 허위의 사실을 신고한 것으로서 그것이 단지 신고사실의 정황을 과장하는 데 불과하다고 볼 수는 없다.[21] 객관적으로 고소사실에 대한 공소시효가 완성되었더라도 고소를 제기하면서 마치 공소시효가 완성되지 아니한 것처럼 고소한 경우에는 국가기관의 직무를 그르칠 염려가 있으므로 무고죄를 구성한다.[22]

---

14) 대법원 2012.5.24. 선고 2011도11500 판결.
15) 대법원 2009.11.12. 선고 2009도8949 판결.
16) 대법원 2009.7.9. 선고 2008도11272 판결.
17) 대법원 2009.1.30. 선고 2008도8573 판결.
18) 대법원 2008.3.27. 선고 2007도11153 판결.
19) 대법원 2007.6.1. 선고 2007도2299 판결.
20) 대법원 1995.3.10. 선고 94도2598 판결.
21) 대법원 1995.2.24. 선고 94도3068 판결.

비록 자기명의의 문서라 할지라도 이미 타인(타기관)에 접수되어 있는 문서에 대하여 함부로 이를 무효화시켜 그 용도에 사용하지 못하게 하였다면 일응 형법상의 문서손괴죄를 구성한다 할 것이므로 그러한 내용의 범죄될 사실을 허위로 기재하여 수사기관에 고소한 이상 무고죄의 죄책을 면할 수 없다.[23] 피고인은 피고인의 딸 공소외인의 교통사고에 관하여 ○○교통주식회사 대표이사 전○○ 및 동 영업부장 이△△ 등과 원만히 돈 5,000,000원에 합의하고 향후 이의를 제기하지 않는다는 취지의 합의서를 작성한 후 그 합의서상의 피고인 이름 밑에 자신의 인장을 압날하고 무인을 찍었고, 합의과정에서 협박당한 사실이 없음에도 불구하고 전○○과 이△△는 공모하여 인장을 위조 행사한 자이니 처벌하여 달라는 취지의 고소장을 작성하여 청주지방검찰청 민원실에 제출하고 또 고소장에 대한 고소인 진술조서를 작성함에 있어 피고소인들은 합의서 작성할 때 고소인에게 술을 강권하여 명정상태에 있는 고소인의 손을 잡아 당겨 무인을 억지로 찍었으며 그 합의서에 압날된 자신의 인장은 위조된 것이라는 취지로 진술하여 공무소에 허위사실을 신고하였다는 것이므로 신고내용이 허위인 이상 신고내용이 진실임을 내세워 원심의 조치를 비난하는 소론 논지는 이유없고 여기에 무고죄의 법리를 오해한 위법이 없다.[24] 허위의 사실을 기재한 고소장을 작성하여 수사기관에 제출한 이상 고소장을 작성할 때 변호사등 법조인의 자문을 받았다 하더라도 무고죄의 성립에는 소장이 없다.[25] 피고인은 공소외 박○○로 하여금 형사처분을 받게 할 목적으로 박**가 제1심 판시 은행신용카드 입회신청서의 연대보증인란에 피고인의 동의 없이 임의로 피고인의 성명을 기재하고 피고인의 도장을 찍어 이를 위조하였다는 확신 없이 그와 같은 허위의 사실을 기재한 고소장을 작성하여 수사기관에 제출한 사실을 충분히 인정할 수 있다 할 것이므로, 피고인에 대한 이 사건 무고죄를 유죄로 인정한 원심의 조치는 정당하다.[26] 피고인이 공소외인으로 하여금 형사처벌을 받게 할 목적으로 검사에게 허위사실을 기재한 앙문이라는 명칭의 진정서를 제출하였다면 무고죄가 성립한다.[27] 계주가 상계를 주장하여 피고인이 탈 계금중 일부를 임의공제하고 잔금만을 지급하자 피고인이 상계에 불만을 표시하긴 하였으나 상계된 액수는 다른 계를 조직하여 보충시켜 주겠다는 계주의 약속을 받아들여 결국 이에 승복한 경우 그뒤 계주가 그 약속을 지키지 않았다고 해서 피고인이 계주가 계금중 일부를 미지급함으로써 배임행위를 하였다는 취지의 고소를 하였음은 무고죄에 해당한다.[28]

허위의 사실을 부정한 판례의 구체적 내용은 다음과 같다. 즉,

성폭행이나 성희롱 사건의 피해자가 피해사실을 알리고 문제를 삼는 과정에서 오히려 피해자가 부정적인 여론이나 불이익한 처우 및 신분 노출의 피해 등을 입기도 하여 온 점 등에 비추어 보면, 성폭행 피해자의 대처 양상은 피해자의 성정이나 가해자와의 관계 및 구체적인 상황에 따라 다르게 나타날 수밖에 없다. 따라서 개별적, 구체적인 사건에서 성폭행 등의 피해자가 처하여 있는 특별한 사정을 충분히 고려하지 않은 채 피해자 진술의 증명력을 가볍게 배척하는 것은 정의와 형평의 이념에 입각하여 논리와 경험의 법칙에 따른 증거판단이라고 볼 수 없다. 위와 같은 법리는, 피해자임을 주장하는 자가 성폭행 등의 피해를 입었다고 신고한 사실에 대하여 증거불충분 등을

22) 대법원 1995.12.5. 선고 95도1908 판결.
23) 대법원 1987.4.14. 선고 87도177 판결.
24) 대법원 1986.12.9. 선고 86도1789 판결.
25) 대법원 1986.10.14. 선고 86도1606 판결.
26) 대법원 1997.3.28. 선고 96도2417 판결.
27) 대법원 1984.5.15. 선고 84도125 판결.
28) 대법원 1983.5.10. 선고 83도818 판결.

이유로 불기소처분되거나 무죄판결이 선고된 경우 반대로 이러한 신고내용이 객관적 사실에 반하여 무고죄가 성립하는지 여부를 판단할 때에도 마찬가지로 고려되어야 한다. 따라서 성폭행 등의 피해를 입었다는 신고사실에 관하여 불기소처분 내지 무죄판결이 내려졌다고 하여, 그 자체를 무고를 하였다는 적극적인 근거로 삼아 신고내용을 허위라고 단정하여서는 아니 됨은 물론, 개별적, 구체적인 사건에서 피해자임을 주장하는 자가 처하였던 특별한 사정을 충분히 고려하지 아니한 채 진정한 피해자라면 마땅히 이렇게 하였을 것이라는 기준을 내세워 성폭행 등의 피해를 입었다는 점 및 신고에 이르게 된 경위 등에 관한 변소를 쉽게 배척하여서는 아니 된다.[29] 피고인이 돈을 갚지 않는 차용인들을 사기죄로 고소하면서 대여 장소를 허위기재하여 도박자금으로 빌려준 사실을 숨기고, 피고소인들에게 대여 장소를 묵비하도록 종용하였다는 사정만으로는 무고죄에서 허위사실의 신고로 보기 어려운데도, 이와 달리 본 원심판단에 법리오해의 위법이 있다.[30] 피고인 자신이 상대방의 범행에 공범으로 가담하였음에도 자신의 가담사실을 숨기고 상대방만을 고소한 경우, 피고인의 고소내용이 상대방의 범행 부분에 관한 한 진실에 부합하므로 이를 허위의 사실로 볼 수 없고, 상대방의 범행에 피고인이 공범으로 가담한 사실을 숨겼다고 하여도 그것이 상대방에 대한 관계에서 독립하여 형사처분 등의 대상이 되지 아니할뿐더러 전체적으로 보아 상대방의 범죄사실의 성립 여부에 직접 영향을 줄 정도에 이르지 아니하는 내용에 관계되는 것이므로, 무고죄가 성립하지 않는다고 보아야 한다.[31] 금원을 대여한 고소인이 차용금을 갚지 않는 차용인을 사기죄로 고소함에 있어서, 피고소인이 차용금의 용도를 사실대로 이야기하였더라면 금원을 대여하지 않았을 것인데 차용금의 용도를 속이는 바람에 대여하였다고 주장하는 사안이라면 그 차용금의 실제용도는 사기죄의 성부에 영향을 미치는 것으로서 고소사실의 중요한 부분이 되고 따라서 그 실제용도에 관하여 고소인이 허위로 신고를 할 경우에는 그것만으로도 무고죄에 있어서의 허위의 사실을 신고한 경우에 해당한다 할 것이나, 단순히 차용인이 변제의사와 능력의 유무에 관하여 기망하였다는 내용으로 고소한 경우에는 차용금의 용도와 무관하게 다른 자료만으로도 충분히 차용인의 변제의사나 능력의 유무에 관한 기망사실을 인정할 수 있는 경우도 있을 것이므로 그 차용금의 실제 용도에 관하여 사실과 달리 신고하였다 하더라도 그것만으로는 범죄사실의 성부에 영향을 줄 정도의 중요한 부분을 허위로 신고하였다고 할 수 없는 것이고, 이와 같은 법리는 고소인이 차용사기로 고소함에 있어서 묵비하거나 사실과 달리 신고한 차용금의 실제 용도가 도박자금이었다고 하더라도 달리 볼 것은 아니다.[32] 피고인으로서는 피고인 명의의 대한투자신탁 통장에서 위 피해자가 인출한 금원이나 위 재산분배약정 화해 이후에 위 피해자에게 대여한 금원 및 현영빌라 중도금에 대하여 위 피해자에게 반환을 요구할 권리가 있다고 생각하는 것은 당연하다 할 것인데, 위 피해자가 그 반환을 거부하면서 오히려 피고인을 횡령 등으로 고소함에 대항하여 피고인이 위 피해자를 사기로 고소한 것을 두고 무고죄로 의율할 수는 없다 할 것이다.[33] 피고인이 각 도로의 매각대금을 취득하기로 하는 약정이 있었음이 인정된다면 피고인은 당초 위 각 도로가 명의신탁되었던 것이었는지 여부에 관계없이 적어도 약정에 기한 지급청구권을 가지게 되는 것이고, 따라서 위 ***의 약정불이행을 비난하고 그 이행을 촉구함에 귀착되는 고소내용 중에 포함된 명의신탁 운운의 기재내용이 진실한 것이 아니라 하더라도, 이는 약정에 이르게 된 정황적 사실을 부연한

29) 대법원 2019.7.11. 선고 2018도2614 판결.
30) 대법원 2011.1.13. 선고 2010도14028 판결.
31) 대법원 2008.8.21. 선고 2008도3754 판결.
32) 대법원 2004.12.9. 선고 2004도2212 판결.
33) 대법원 1995.10.12. 선고 95도387 판결.

것에 지나지 아니하여 그 허위성을 들어 이 사건 고소사실이 무고죄의 처벌대상이 되는 허위사실이라고 볼 수는 없는 것이다.[34] 갑의 피고인에 대한 고발내용은 "피고인이 환경보전법 제37조에서 규정하고 있는 '특정유해물질 또는 산업폐기물'을 함유하고 있는 보일러 세관수를 방류함으로써 위 법조를 위반하였다"는 것인 한편 피고인의 갑에 대한 고소내용은 피고인이 그와 같이 '특정유해물질 또는 산업폐기물'을 함유하고 있는 보일러 세관수를 방류한 사실이 없어 갑의 위 고발내용이 허위라는 것인데, 피고인이 보일러 세관수를 방류한 사실이 인정된다 하더라도 그 세관수가 위 법조에 규정된 특정유해물질이나 산업폐기물을 함유하고 있지 않다면, 피고인의 고소내용은 그 중요부분에 있어 객관적으로 진실한 사실에 부합하는 것이어서 피고인이 허위사실을 신고한 것이라고는 할 수 없으므로 무고죄에 해당하지 아니한다.[35] 피고인이 이 사건 피해자와 정교관계를 한번 맺었고, 그로 인하여 임신을 하게 된 것이 사실이라고 하더라도 성인남녀인 위 두사람 사이에 정교관계가 서로의 합의에 의하여 이루어진 것으로 보여지는 이 사건에 있어서 위와 같은 사실 그 자체만으로 피해자의 범죄성립 여부에 직접 영향을 미치는 사정은 아니라 할 것이고, 오히려 피해자는 위 사실을 미끼로 피고인의 집에까지 찾아와 피고인의 처 공소외 1 등에게 피고인의 위 행위에 대하여 책임을 추궁하면서 보상을 요구하고 이에 응하지 않으면 사회적으로 매장시키겠다고 위협을 하면서 낙태비 명목으로 금 10만원을 교부받아간 후에도 계속 돈 1,000만원을 요구하여 피고인은 피해자를 공갈 및 공갈미수죄로 경찰에 고소한 사실이 인정되므로 그와 같은 사실을 고소한 것이 진실에 맞는 것으로 허위의 사실을 신고한 것이 아니라고 판단한 원심의 조치는 수긍이 가고, 거기에 소론이 주장하는 바와 같이 무고죄의 법리를 오해한 위법이 없다.[36] 피고인이 공소외인과 주주총회 회의장에서 상대방을 비난하다가 감정이 격해져서 서로 의자를 밀치면서 달려나와 상대방의 멱살을 붙잡고 밀고 당기면서 회의장출구 쪽으로 나가던중 피고인이 넘어지면서 의자에 다리를 부딪쳐서 상처를 입게 된 경우, 서로 멱살을 잡고 밀고 당기는 과정에서 상처를 입게 된 이상 위 공소외인으로부터 폭행당하여 상해를 입었다고 고소하였다 하더라도 허위사실을 신고한 것이라고 볼 수는 없다.[37] 하천부지점용권의 매매계약에 있어 매수인의 잔대금 지급과 매도인의 하천부지점용포기서의 교부는 동시이행 관계에 있으므로 매도인이 하천부지에 대한 점용포기서의 준비나 제공없이 매수인의 잔금지급 불이행만을 들고 일방적으로 매매계약 해제통고를 하였다 하여도 위 매매계약이 유효하게 해제되었다고 할 수 없는 것이어서 매도인이 매매계약 해제통고 후 하천부지를 타에 매각한 것을 들어 배임죄로 고소한 행위는 객관적으로 진실하여 허위라고 할 수 없으므로 무고죄를 구성하지 아니한다.[38] 피고소인이 피고인 소유의 원목을 절취하였다는 고소사실중 동 원목이 피고인 소유가 아니라 피고소인 소유이어서 절도죄를 구성하지 아니하여도 피고소인의 소위가 권리행사방해죄를 구성하는 때에는 피고인의 고소를 무고라고 할 수 없다.[39]

④ 허위사실의 구체적 유형

ⓘ 일부 과장 · 허위 사실 비록 신고내용에 일부 객관적 진실에 반하는 허위의 내용이 포함되어 있다고 하더라도 그것이 독립하여 형사처분이나 징계처분 등의 대상이 되지 아니

34) 대법원 1994.1.11. 선고 93도2995 판결.
35) 대법원 1991.10.11. 선고 91도1950 판결.
36) 대법원 1986.9.23. 선고 86도556 판결.
37) 대법원 1986.7.22. 선고 86도582 판결.
38) 대법원 1985.2.26. 선고 84도2510 판결.
39) 대법원 1981.6.23. 선고 80도1049 판결.

하고 단지 신고사실의 정황을 과장하는 데 불과하거나 허위의 일부사실의 존부가 전체적으로 보아 범죄사실의 성부에 직접 영향을 줄 정도의 중요한 부분에 이르지 아니하는 내용에 관계되는 것이라면 본죄에 해당하지 아니한다.[40] 그러나 그 일부 허위인 사실이 국가의 심판작용을 그르치거나 부당하게 처벌을 받지 아니할 개인의 법적 안정성을 침해할 우려가 있을 정도로 고소사실 전체의 성질을 변경시키는 때에는 당연히 그 허위사실 부분은 독립하여 본죄를 구성할 수 있다.[41] 허위사실을 신고한 것이 아닌 이상 그 신고된 사실에 대한 형사책임을 부담할 자를 잘못 택하였다고 해도 무고죄는 성립하지 아니한다.[42]

허위의 사실을 부정한 판례의 구체적 내용은 다음과 같다. 즉,

> 신고내용에 일부 객관적 진실에 반하는 내용이 포함되어 있더라도 그것이 범죄의 성부에 영향을 미치는 중요한 부분이 아니고 단지 신고사실의 정황을 과장하는 데 불과하다면 무고죄는 성립하지 않는다.[43] 피고인 자신이 상대방의 범행에 공범으로 가담하였음에도 자신의 가담사실을 숨기고 상대방만을 고소한 경우, 피고인의 고소내용이 상대방의 범행 부분에 관한 한 진실에 부합하므로 이를 허위의 사실로 볼 수 없고, 상대방의 범행에 피고인이 공범으로 가담한 사실을 숨겼다고 하여도 그것이 상대방에 대한 관계에서 독립하여 형사처분 등의 대상이 되지 아니할뿐더러 전체적으로 보아 상대방의 범죄사실의 성립 여부에 직접 영향을 줄 정도에 이르지 아니하는 내용에 관계되는 것이므로 무고죄가 성립하지 않는다.[44] 피고인이 조합으로부터 명시적인 허락을 받지 않은 채 이 사건 창고의 패널을 철거하였다고 하더라도, 피고인에게 조합의 의사에 반하여 이 사건 창고의 패널을 뜯어간다는 인식이 있었다고 볼 수 없는 이상, 피고인의 이 사건 고소사실에 피고인이 조합의 승낙을 얻어 이 사건 창고의 패널을 뜯어갔다는 내용이 포함되어 있더라도 그것은 독립하여 형사처분 등의 대상이 되지 아니하고 단지 신고사실의 정황을 과장하는 데 불과하거나 허위의 일부 사실의 존부가 전체적으로 보아 범죄사실의 성립 여부에 직접 영향을 줄 정도에 이르지 아니하는 내용에 관계되는 것이므로, 무고죄가 성립되지 않는다고 보아야 할 것이다.[45] 폭행을 당하지는 않았더라도 그와 다투는 과정에서 시비가 되어 서로 허리띠나 옷을 잡고 밀고 당기면서 평소에 좋은 상태가 아니던 요추부에 경도의 염좌증세가 생겼을 가능성이 충분히 있다고 할 것이고, 사실

---

40) 대법원 2012.5.24. 선고 2011도11500 판결; 대법원 2011.1.13. 선고 2010도14028 판결; 대법원 2010.2.25. 선고 2009도1302 판결; 대법원 2010.4.29. 선고 2010도2745 판결; 대법원 2010.11.11. 선고 2008도7451 판결; 대법원 2009.1.30. 선고 2008도8573 판결; 대법원 2009.11.12. 선고 2009도8949 판결; 대법원 2008.5.29. 선고 2006도6347 판결; 대법원 2007.9.20. 선고 2007도4450 판결; 대법원 2006.9.28. 선고 2006도2963 판결; 대법원 2004.1.16. 선고 2003도7178 판결; 대법원 2004.12.9. 선고 2004도2212 판결; 대법원 2003.1.24. 선고 2002도5939 판결; 대법원 2008.8.21. 선고 2008도3754 판결; 대법원 2008.5.29. 선고 2006도6347 판결; 대법원 2006.2.10. 선고 2003도7487 판결; 대법원 2004.1.16. 선고 2003도7178 판결; 대법원 2003.1.24. 선고 2002도5939 판결; 대법원 1998.9.8. 선고 98도1949 판결; 대법원 1996.5.31. 선고 96도771 판결; 대법원 1995.2.24. 선고 94도3068 판결; 대법원 1995.12.22. 선고 95도414 판결; 대법원 1994.1.11. 선고 93도2995 판결; 대법원 1991.10.11. 선고 91도1950 판결; 대법원 1990.11.9. 선고 90도1706 판결; 대법원 1986.9.23. 선고 86도556 판결; 대법원 1986.7.22. 선고 86도582 판결; 대법원 1985.4.9. 선고 85도283 판결.

41) 대법원 2014.2.13. 선고 2011도15767 판결; 대법원 2012.5.24. 선고 2011도11500 판결; 대법원 2010.4.29. 선고 2010도2745 판결; 대법원 2009.1.30. 선고 2008도8573 판결; 대법원 2008.8.21. 선고 2008도3754 판결; 대법원 2007.3.29. 선고 2006도8638 판결; 대법원 2004.1.16. 선고 2003도7178 판결.

42) 대법원 1982.4.27. 선고 81도2341 판결.

43) 대법원 2019.7.11. 선고 2018도2614 판결.

44) 대법원 2008.8.21. 선고 2008도3754 판결.

45) 대법원 2006.9.28. 선고 2006도2963 판결.

이 그러하다면 피고인의 위 고소는 다소 과장된 것이라고 볼 수 있을지언정 이를 일컬어 무고죄의 처벌대상인 허위사실을 신고한 것이라고 단정하기는 어렵다.[46] 피고인이 이 사건 공사도급계약의 체결 및 공사감독과정에서 건축주인 공소외 1의 매형으로서 사실상 건축업자 선정권 및 공사전반에 대한 감독권을 갖고 있는 공소외 2의 요구로 이를 거절하면 공사도급을 맡을 수 없고 또 공사과정에서 공연히 트집을 잡을까봐 겁이 나서 금 1,500만원을 지급하게 되었는데, 그 후 공사가 완공되었음에도 하자가 많다는 이유로 잔여공사비 금 4,000만원을 지급받지 못하게 되자 위 피해자로부터 공갈을 당하였다고 이 사건 진정을 하였다는 사실을 인정하고 그 진정내용은 터무니 없는 허위사실이 아니고 위 인정과 같은 사실에 기초하여 그 정황을 다소 과장한데 지나지 않으므로 무고죄가 성립되지 않는다.[47] 고소인이 갑에게 대여하였다가 이미 변제받은 금원에 관하여 갑이 이를 수개월간 변제치 않고 있었던 점을 들어 위 금원을 착복하였다는 표현으로 고소장에 기재하였다 하여도 이것이 갑으로부터 아직 변제받지 못한 나머지 금원에 관한 고소내용의 정황을 과장한 것이거나 또는 주관적 법률평가를 잘못하였음에 지나지 아니한 것이라면 특별의 사정이 없는 한 이로써 허위의 사실을 들어 고소하였다고 단정할 수는 없다.[48] 피고인이 여러 사람과 시비를 하여 누구로부터 얼마를 구타당하였는지 특정지울 수 없으나 좌측안면부 등에 찰과상 및 좌상을 입은 사실을 인정할 수 있다면 피고인이 이를 고소함에 있어서 좌측안면부 등의 찰과상 및 좌상외에 이미 수년전 또는 몇 개월 전에 입은 비골골절 사실마져 기재된 상해진단서를 제출하였다 하여도 이는 고소내용의 정황과장에 지나지 않으므로 위 골절부분만이 따로 무고죄를 구성한다고 할 수 없다.[49] 구타를 당하여 상해를 입었다는 고소내용은 하나의 폭력행위에 대한 고소사실로서 이를 분리하여 폭행에 관한 고소사실과 상해에 관한 고소사실의 두 가지의 고소내용이라고는 할 수 없으므로, 피고인이 구타를 당한것이 사실인 이상 이를 고소함에 있어서 입지않은 상해사실을 포함시켰다 하더라도 이는 고소내용의 정황의 과장에 지나지 않으므로 위 상해부분만이 따로이 무고죄를 구성한다고는 할 수 없다.[50] 피고인이 분묘 13기는 피고인의 선조묘라고 고소장에 기재한 것이 허위사실이 된다고 할지라도 피고소인들이 위 분묘 13기를 포함한 분묘 24기를 소정의 허가없이 불법으로 발굴화장하여 유골을 유기한 사실이 인정되어 형사상 처벌을 면치 못하게 되어 있는 이상 누구의 분묘인가에 따라 그 처벌법규상 다소의 차이를 초래함에 불과한 사실적시행위를 가리켜 무고죄에서 말하는 허위의 사실이라고 말할 수 없다.[51]

ⓘ 형사범죄가 되지 아니하는 사실 본죄를 구성하기 위해서는 신고된 사실 자체가 형사처분이나 징계처분 등의 대상이 될 수 있는 것이어야 한다.[52] 따라서 본죄에 있어서의 허위의 사실이란 그 신고된 사실로 인하여 상대방이 형사처분이나 징계처분 등을 받게 될 위험이 있는 것이어야 한다.[53] 허위의 사실을 신고하였다 하더라도 그 사실 자체가 형사처

46) 대법원 1996.5.31. 선고 96도771 판결; 대법원 1994.1.11. 선고 93도2995 판결.
47) 대법원 1990.11.9. 선고 90도1706 판결.
48) 대법원 1987.6.9. 선고 87도1029 판결.
49) 대법원 1984.1.24. 선고 83도3023 판결.
50) 대법원 1973.12.26. 선고 73도2771 판결.
51) 대법원 1973.12.11. 선고 73도1658 판결.
52) 대법원 2017.5.30. 선고 2015도15398 판결; 대법원 2007.4.13. 선고 2006도558 판결.
53) 대법원 2017.5.30. 선고 2015도15398 판결; 대법원 2012.5.24. 선고 2011도11500 판결; 대법원 2010.2.25. 선고 2009도1302 판결; 대법원 2008.8.21. 선고 2008도3754 판결; 대법원 1996.5.31. 선고 96도771 판결; 대법원 2006.9.28. 선고 2006도2963 판결; 대법원 1995.12.22. 선고 95도414 판결; 대법원 1994.1.11. 선고 93도2995 판결; 대법원 1992.10.13. 선고 92도1799 판결; 대법원 1991.10.11. 선고 91도1950 판결; 대법원 1990.11.9. 선고

분이나 징계처분의 원인이 될 수 없거나 이러한 처분으로 구성되지 아니한다면 본죄는 성립하지 아니한다고 하겠다.[54)]

타인으로 하여금 형사처분을 받게 할 목적으로 공무소에 대하여 허위의 사실을 신고하였다고 하더라도 그 사실이 친고죄로서 그에 대한 고소기간이 경과하여 공소를 제기할 수 없음이 그 신고내용 자체에 의하여 분명한 때에는 당해 국가기관의 직무를 그르치게 할 위험이 없으므로 이러한 경우에는 본죄가 성립하지 아니한다.[55)] 또 허위사실을 신고한 경우라도 사면 등으로 신고된 범죄사실에 대한 공소권이 소멸하였거나[56)] 공소시효가 완성되었음이 신고 내용 자체에 의하여 분명한 경우에도 형사처분의 대상이 되지 않는 것이므로 본죄가 성립하지 아니한다.[57)] 마찬가지로 국가기관의 직무를 그르치게 할 위험이 없기 때문이다. 신고된 범죄사실이 이미 공소시효가 완성된 것이어서 무고죄가 성립하지 아니하는 경우에 해당하는지 여부는 그 신고시를 기준으로 하여 판단하여야 한다.[58)] 본죄는 허위사실을 신고함으로써 성립하는 범죄이기 때문이다.

허위의 사실을 긍정한 판례의 구체적 내용은 다음과 같다. 즉,

> 종중의 사고수습대책회의가 종묘관리인의 채무를 면제하여 주는 결의를 할 적법한 권한은 없다 하더라도 피고소인은 위 회의의 결의에 따라 종묘관리인의 채무를 면제하여 준 것인데 피고인이 이를 알고 있었음에도 불구하고 진실이라는 확신 없이 위 피고소인이 공소외인으로부터 금원을 받고 임의로 결손처분하였다고 고소하였다면 금전수수의 대가로 채무면제를 하여 주었다는 점에 대하여 수사기관으로 하여금 수사권을 발동하도록 함에 충분하므로 피고인의 위와 같은 소위는 무고죄를 구성한다.[59)] 무고사실 중 일부가 혐의없음이 밝혀졌다 하더라도 나머지 무고사실이 인정되는 이상 무고죄의 죄책을 면할 수 없다.[60)]

허위의 사실을 부정한 판례의 구체적 내용은 다음과 같다. 즉,

> 피고인이 돈을 갚지 않는 갑을 차용금 사기로 고소하면서 대여금의 용도에 관하여 '도박자금'으로 빌려준 사실을 감추고 '내비게이션 구입에 필요한 자금'이라고 허위 기재하고, 대여의 일시 · 장소도 사실과 달리 기재하여 갑을 무고하였다는 내용으로 기소된 사안에서, 피고인의 고소 내용은 갑이 변제의사와 능력도 없이 차용금 명목으로 돈을 편취하였으니 사기죄로 처벌하여 달라는 것이고, 갑이 차용금의 용도를 속이는 바람에 대여하게 되었다는 취지로 주장한 사실은 없으며, 수사기관으로서는 차용금의 용도와 무관하게 다른 자료들을 토대로 갑이 변제의사나 능력 없이 돈을

90도1706 판결; 대법원 1986.9.23. 선고 86도556 판결.

54) 대법원 2013.9.26. 선고 2013도6862 판결; 대법원 2008.1.24. 선고 2007도9057 판결; 대법원 2007.4.13. 선고 2006도558 판결; 대법원 2002.11.8. 선고 2002도3738 판결; 대법원 1992.10.13. 선고 92도1799 판결.

55) 대법원 2018.7.11. 선고 2018도1818 판결; 대법원 1998.4.14. 선고 98도150 판결; 대법원 1994.2.8. 선고 93도3445 판결; 대법원 1985.5.28. 선고 84도2919 판결.

56) 대법원 1970.3.24. 선고 69도2330 판결.

57) 대법원 1994.2.8. 선고 93도3445 판결; 대법원 1985.5.28. 선고 84도2919 판결; 대법원 1982.3.23. 선고 81도2617 판결; 대법원 1970.3.24. 선고 69도2330 판결; 대법원 1967.9.5. 선고 66도910 판결.

58) 대법원 2008.3.27. 선고 2007도11153 판결.

59) 대법원 1986.12.9. 선고 85도2482 판결.

60) 대법원 1983.6.28. 선고 81도2546 판결.

차용하였는지를 조사할 수 있는 것이므로, 비록 피고인이 도박자금으로 대여한 사실을 숨긴 채 고소장에 대여금의 용도에 관하여 허위로 기재하고 대여 일시·장소 등 변제의사나 능력의 유무와 관련성이 크지 아니한 사항에 관하여 사실과 달리 기재한 사정만으로는 사기죄 성립 여부에 영향을 줄 정도의 중요한 부분을 허위 신고하였다고 보기 어려운데도, 피고인에게 유죄를 인정한 원심판단에 무고죄에 관한 법리오해의 위법이 있다.[61] 피고인 자신이 상대방의 범행에 공범으로 가담하였음에도 자신의 가담사실을 숨기고 상대방만을 고소한 경우, 피고인의 고소내용이 상대방의 범행 부분에 관한 한 진실에 부합하므로 이를 허위의 사실로 볼 수 없고, 상대방의 범행에 피고인이 공범으로 가담한 사실을 숨겼다고 하여도 그것이 상대방에 대한 관계에서 독립하여 형사처분 등의 대상이 되지 아니할뿐더러 전체적으로 보아 상대방의 범죄사실의 성립 여부에 직접 영향을 줄 정도에 이르지 아니하는 내용에 관계되는 것이므로 무고죄가 성립하지 않는다.[62] 피고인이 백지에 위 숫자와 영문 서명을 기재한 것은 피고인이 공소외 1로부터 파커수성볼심 4,004개를 인수하였다는 뜻을 나타내는 것임을 고소장 기재 자체에서 확인할 수 있다 할 것이고, 따라서 그 후 공소외 1이 같은 의미의 이 사건 문구를 추가 기재하였다고 하더라도 이로써 별개의 새로운 문서를 만들어 내거나 그 내용에 전혀 영향을 미쳤다고 할 수 없으므로, 피고인이 고소장에 위와 같은 고소사실에 대한 주관적 법률평가를 잘못한 나머지 공소외 1이 이 사건 인수증을 위조한 것으로 표현하였다고 하더라도 이 사건 고소 내용 자체만으로는 문서위조죄 내지 문서변조죄가 성립할 여지가 없다. 이와 같이 형사범죄가 되지 아니하는 내용의 허위사실을 피고인이 신고하였다면 피고인에 대하여 무고죄는 성립할 수 없다.[63] "피고소인이 송이의 채취권을 이중으로 양도하여 손해를 입었으니 엄벌하여 달라"는 내용의 고소사실이 횡령죄나 배임죄 기타 형사범죄를 구성하지 않는 내용의 신고에 불과하여 그 신고 내용이 허위라고 하더라도 무고죄가 성립할 수 없다.[64] 매도인인 피고인이 약정에 의하여 대금 수령 전에 미리 소유권이전등기를 넘겨주었다 하더라도 특단의 사정이 없는 한 이는 매도인으로서의 등기이전의무의 선이행에 불과할 뿐 이를 명의신탁관계로 볼 수는 없다 할 것인즉, 소유권이전등기를 미리 넘겨받은 위 B가 가사 피고인의 고소내용과 같이 대금을 완불하지 아니한 채 위 토지를 타에 처분하였다 하더라도 이로써 형사범죄는 되지 아니한다 할 것이고, 따라서 형사범죄가 되지 아니하는 내용의 허위사실을 피고인이 신고하였다 하여도 피고인에 대한 무고죄는 성립할 수는 없는 것이라 할 것이다.[65] 갑의 피고인에 대한 고발내용은 "피고인이 환경보전법 제37조에서 규정하고 있는 '특정유해물질 또는 산업폐기물'을 함유하고 있는 보일러 세관수를 방류함으로써 위 법조를 위반하였다"는 것인 한편 피고인의 갑에 대한 고소내용은 피고인이 그와 같이 '특정유해물질 또는 산업폐기물'을 함유하고 있는 보일러 세관수를 방류한 사실이 없어 갑의 위 고발내용이 허위라는 것인데, 피고인이 보일러 세관수를 방류한 사실이 인정된다 하더라도 그 세관수가 위 법조에 규정된 특정유해물질이나 산업폐기물을 함유하고 있지 않다면, 피고인의 고소내용은 그 중요부분에 있어 객관적으로 진실한 사실에 부합하는 것이어서 피고인이 허위사실을 신고한 것이라고는 할 수 없으므로 무고죄에 해당하지 아니한다.[66] 강간을 당하여 상해를 입었다는 고소내용은 하나의 강간행위에 대한 고소사실이고, 이를 분리하여 강간에 관한 고소사실과 상해에 관한 고소사실의 두 가지 고소내용이라고 볼 수는 없으므로, 피고인이 공소외(갑)으로 부터

61) 대법원 2011.9.8. 선고 2011도3489 판결.
62) 대법원 2010.2.25. 선고 2009도1302 판결; 대법원 2008.8.21. 선고 2008도3754 판결.
63) 대법원 2008.1.24. 선고 2007도9057 판결.
64) 대법원 2007.4.13. 선고 2006도558 판결.
65) 대법원 1992.10.13. 선고 92도1799 판결.
66) 대법원 1991.10.11. 선고 91도1950 판결.

강간을 당한 것이 사실인 이상 이를 고소함에 있어서 강간으로 입은 것이 아닌 상해사실을 포함시켰다 하더라도 이는 고소내용의 정황을 과장한 것에 지나지 아니하여 따로이 무고죄를 구성하지 아니한다.[67] 구 국가보안법(60.6.10. 법률 제549호)에 규정된 죄에 대하여 허위사실을 신고한 의도가 정보지 명목으로 금품을 사취하려는 데 있을 뿐 타인으로 하여금 형사처분을 받게 할 목적의식을 미연적으로나마 인정할 수 없고 다만 수사기관으로 하여금 불필요한 수고를 끼칠 염려 있음에 불과한 사실이 인정되는 경우에는 동법 제10조 소정의 무고죄는 해당하지 않으며 경범죄처벌법 제1조의 허구의 범죄를 공무원에게 신고한 것에 해당한다.[68]

3) 행 위

① 신 고

본죄의 실행행위는 신고이다. 즉, 공무소 또는 공무원에 대하여 허위의 사실을 신고하는 것이다. 신고(申告)란 자발적으로 허위사실을 고지하는 것을 말한다. 따라서 신고는 자발적일 것을 요한다. 조사관의 요청이나 수사기관의 신문에 의하여 허위진술을 하는 것은 신고에 포함되지 아니한다. 본죄는 당국의 추문을 받음이 없이 자진하여 타인으로 하여금 형사처분 또는 징계처분을 받게 할 목적으로 공무소 또는 공무원에 대하여 허위사실을 신고함으로서 성립하기 때문이다.[69] 다만 고소장에 기재하지 않은 사실이라도 수사기관에서 고소보충조서를 받을 때 자진하여 진술하였다면 이 진술 부분까지 신고한 것에 포함하여야 할 것이다.[70]

② 신고의 방법

신고의 방법에는 제한이 없다. 서면, 구두, 자기명의 또는 타인명의 등을 불문한다. 서면에 의하는 경우에도 그 신고내용이 타인으로 하여금 형사처분 또는 징계처분을 받게 할 목적의 허위사실이면 충분하며 그 명칭을 반드시 고소장이라고 하여야만 하는 것도 아니다.[71] 따라서 서면의 명칭이 진정서에 불과하다고 하여 그 점만으로 본죄의 성립이 좌우될 사유는 못된다. 그러나 부작위에 의한 신고는 인정되지 않는다. 본죄의 불법은 허위사실을 자진하여 적극적으로 신고한다는 점에 그 본질이 있기 때문이다.

신고를 긍정한 판례의 구체적 내용은 다음과 같다. 즉,

> 피고인이 제출한 이 사건 고소장에 '이 사건 합의서도 도장을 찍은 바가 없으므로 위조 및 행사 여부를 가려주시기 바랍니다'라고 기재하였다는 것이므로 그 기재 내용이 허위의 사실이라면 피고인이 이 부분에 대해서도 '허위 사실을 신고한 것'으로 보아야 하고, 그 이후에 피고인이 수사기관에서 고소보충 진술 시 이 사건 합의서에 관해서는 전혀 언급을 하지 않았다고 하더라도 달리 볼 것은 아니라고 할 것이다.[72] 도박자금으로 대여한 금전의 용도에 대하여 허위로 신고한 것이 무고죄의 허위신고에 해당한다.[73] 피고인이 타인의 소개로 검찰청에서 만난 검찰수사관에게 영수

---

67) 대법원 1983.1.18. 선고 82도2170 판결.
68) 대법원 1964.4.7. 선고 64도67 판결.
69) 대법원 1961.12.14. 선고 4294형상273 판결.
70) 대법원 1984.12.11. 선고 84도1953 판결.
71) 대법원 2014.12.24. 선고 2012도4531 판결; 대법원 1985.12.10. 선고 84도2380 판결.
72) 대법원 2014.3.13. 선고 2012도2468 판결.

증을 제시하면서 그 영수증에 기재된 금액은 관계기관에 대한 청탁금 명목으로 갑에게 교부한 것이라고 허위의 사실을 말하여 갑에 대한 변호사법위반죄의 혐의를 인정하게 한 다음 위 검찰수사관으로부터 그와 같은 내용으로 진술조서를 받음에 있어 갑에 대한 처벌을 요구하는 진술을 한 것이라면 피고인의 위와 같은 진술행위는 단순히 수사기관의 추문에 의하여 행해진 것이라거나 수사기관의 요청에 의한 범죄의 정보제공에 불과한 것이 아니라 자진하여 타인으로 하여금 형사처분을 받게 할 목적으로 수사기관에 대하여 허위의 사실을 신고한 것으로서 형법 제156조 소정의 무고죄에 있어서의 신고에 해당한다.[74] 피고인은 이 사건 고소장에는 송○○이가 이 사건 부동산에 대하여 제멋대로 이△△ 앞으로 근저당권설정등기를 하였다고 기재하였으나 이에 대한 고소보충조서를 받을 때 위 이△△이가 위 근저당권설정등기에 의한 부동산경매신청을 하였다는 사실을 알고 피고인이 그 부동산경매신청서를 열람하였더니 그 신청서에 첨부되었던 차용증 3매가 피고인 부부가 해준 일이 없는 위조된 서류이다라고 자진하여 진술하고 있음이 인정되는 바이니 원심이 당초의 고소장에는 기재되지 아니한 위 차용증의 위조부분까지를 신고한 것으로 보았음이 정당하다.[75] 피고인이 수사기관에 '갑이 민사사건 재판과정에서 위조된 확인서를 제출하였으니 처벌하여 달라'는 내용으로 허위 사실이 기재된 고소장을 제출하면서 '갑이 위조된 합의서도 제출하였다'는 취지로 기재하였으나, 고소보충 진술 시 확인서가 위조되었다는 점에 관하여만 진술한 사안에서, 피고인이 제출한 고소장에 '합의서도 도장을 찍은 바가 없으므로 위조 및 행사 여부를 가려주시기 바랍니다'라고 기재한 내용이 허위의 사실이라면 이 부분에 대해서도 '허위 사실을 신고한 것'으로 보아야 한다.[76]

신고를 부정한 판례의 구체적 내용은 다음과 같다. 즉,

무고죄에 있어서의 신고는 자발적인 것이어야 하고 수사기관 등의 추문(推問), 즉 수사기관 등이 추궁하여 캐어묻거나 진술을 이끌어내는 과정에서 허위의 진술을 하는 것은 무고죄를 구성하지 않는 것이지만, 당초 고소장에 기재하지 않은 사실을 수사기관에서 고소보충조서를 받을 때 자진하여 진술하였다면 이 진술 부분까지 신고한 것으로 보아야 할 것이다.[77] 참고인의 진술이 수사기관 등의 추문에 의한 것인지 여부는 수사가 개시된 경위, 수사기관의 질문 및 그에 대한 답변의 형식과 내용, 수사의 혐의사실과 참고인의 진술의 관련성 등을 종합하여 판단하여야 한다.[78] 피고인이 수사기관에 한 진정 및 그와 관련된 부분을 수사하기 위한 검사의 추문에 대한 대답으로서 진정내용 이외의 사실에 관하여 한 진술은 피고인의 자발적 진정내용에 해당되지 아니하므로 무고죄를 구성하지 않는다.[79] 공동피고인 중 1인이 타범죄로 조사를 받는 과정에서 사법경찰관 및 검사의 심문에 따라 다른 공동피고인의 범죄사실을 진술한 경우라면 가사 위 진술내용이 허위라 하더라도 이를 무고라고는 할 수 없다.[80]

73) 대법원 2004.1.16. 선고 2003도7178 판결.
74) 대법원 1988.2.23. 선고 87도2454 판결.
75) 대법원 1984.12.11. 선고 84도1953 판결.
76) 대법원 2014.3.13. 선고 2012도2468 판결.
77) 대법원 2014.2.21. 선고 2013도4429 판결; 대법원 2002.2.8. 선고 2001도6293 판결; 대법원 1996.2.9. 선고 95도2652 판결; 대법원 1984.12.11. 선고 84도1953 판결.
78) 대법원 2014.2.21. 선고 2013도4429 판결; 대법원 2005.12.22. 선고 2005도3203 판결.
79) 대법원 1990.8.14. 선고 90도595 판결.
80) 대법원 1985.7.26. 자 85모14 결정.

③ 공무소 또는 공무원에 대한 신고

신고는 공무소 또는 공무원에 대하여 행해져야 한다. 공무소 또는 공무원이란 형사처분의 경우에는 검사, 사법경찰관리 등 형사소추 또는 수사를 할 권한이 있는 관청과 그 감독기관 또는 그 소속 공무원을 말하고, 징계처분의 경우에는 징계권자 또는 징계권의 발동을 촉구하는 직권을 가진 자와 그 감독기관 또는 그 소속 구성원을 말한다.[81)]

공무소 또는 공무원에 대한 신고는 반드시 징계처분 또는 형사처분을 심사 결행할 직권 있는 본속상관에게 직접 할 것을 필요로 하는 것이 아니고 지휘 명령계통이나 수사관할 이첩을 통하여 그런 권한 있는 상관에게 도달함으로써 성립한다.[82)] 예컨대 군인에 대한 무고죄의 경우에 공무소 또는 공무원에 대한 신고는 반드시 해당 군인에 대하여 징계처분 또는 형사처분을 심사 결행할 직권 있는 소속 상관에게 직접 하여야 하는 것은 아니지만, 지휘명령 계통이나 수사관할 이첩을 통하여 그런 권한 있는 상관에게 도달되어야 무고죄가 성립한다.[83)]

공무소 또는 공무원에 관한 판례의 구체적 내용은 다음과 같다. 즉,

> 변호사에 대한 징계처분은 형법 제156조에서 정하는 '징계처분'에 포함된다고 봄이 상당하고, 구 변호사법 제97조의2 등 관련 규정에 의하여 그 징계 개시의 신청권이 있는 지방변호사회의 장은 형법 제156조에서 정한 '공무소 또는 공무원'에 포함된다.[84)] 피고인이 변호사인 피해자로 하여금 징계처분을 받게 할 목적으로 서울지방변호사회에 위 변호사회 회장을 수취인으로 하는 허위 내용의 진정서를 제출한 사안에서, 무고죄를 인정한다.[85)] 국세청장은 조세범칙행위에 대하여 벌금 상당액의 통고처분을 하거나 검찰에 이를 고발할 수 있는 권한이 있으므로, 국세청장에 대하여 탈세혐의사실에 관한 허위의 진정서를 제출하였다면 무고죄가 성립한다.[86)] 도지사는 그 산하에 수사기관인 경찰국을 두고 그 직원을 지휘 감독하고 또 관내경찰서장을 지휘 감독하는 지위에 있으므로 형사처분을 받게 할 목적으로 허위사실을 진정의 형식으로 도지사에게 신고하면 그로써 무고죄는 성립한다고 봄이 상당하다.[87)] 농업협동조합중앙회나 농업협동조합중앙회장은 형법 제156조 무고죄에 있어서의 공무소나 공무원에 해당되지 아니한다.[88)] 형사처분을 받게 할 목적으로 허위사실을 진정의 형식으로 대통령에게 신고하면 무고죄가 성립된다.[89)] 시청의 시민과장이 부당하게 도시계획을 변경하였다는 내용의 허위진정은 비록 도시계획변경은 건설부장관의 권한에 속하며 시청의 시민과장이 임의로 좌우할 수 없다 하더라도 당해 시청에서 도시계획을 수립하는 이상 시청의 시민과장의 징계권자로 하여금 징계권발동을 유발하기에 족한 것으로 보여진다.[90)] 무고죄가 성립하려면 허위사실의 신고가 소관 공무소 또는 공무원에게 도달하여야 하는바 원심이

---

81) 대법원 2014.12.24. 선고 2012도4531 판결; 대법원 2010.11.25. 선고 2010도10202 판결.
82) 대법원 1973.1.16. 선고 72도1136 판결.
83) 대법원 2014.12.24. 선고 2012도4531 판결.
84) 대법원 2010.11.25. 선고 2010도10202 판결.
85) 대법원 2010.11.25. 선고 2010도10202 판결.
86) 대법원 1991.12.13. 선고 91도2127 판결.
87) 대법원 1982.11.23. 선고 81도2380 판결.
88) 대법원 1980.2.12. 선고 79도3109 판결.
89) 대법원 1977.6.28. 선고 77도1445 판결.
90) 대법원 1977.4.26. 선고 75도2885 판결.

피고인의 정보부장, 도지사 등에게 제출한 진정서는 각각 도달하였다는 증거가 없으므로 무죄라고 판시하였고 또 서장에게 제출된 진정서는 그것이 서장에게 도달되었다 하여도 그 내용을 피고인이 진실이라고 신용하였으므로 무고죄가 성립할 수 없다고 판시한 것은 정당하다.[91] 대한부인회 간부로서 수사관의 요청에 의하여 그가 지시한 한도내의 정보를 제공하였다 하여 특별한 사정이 없는 한 이것이 곧 타인을 무고한 것이라고 인정할 수 없다.[92]

4) 결 과

본죄는 추상적 위험범에 속한다. 거동범으로서의 실행행위인 신고만으로도 본죄는 기수에 이르게 된다. 따라서 결과의 발생이나 인과관계의 존재는 요구되지 않는다.

(2) 주관적 구성요건

1) 고 의

본죄는 고의범이다. 본죄의 고의는 인식적 요소로서 신고의 내용이 허위라는 것에 대한 인식을 요한다.[93] 허위사실의 신고란 신고사실이 객관적 진실에 반한다는 것을 확정적이거나 미필적으로 인식하고 신고하는 것을 말한다.[94] 판례에 의하여 수차례 확인되듯이, 신고사실의 허위성에 대한 확신까지 요하는 것은 아니지만, 신고사실의 진실성에 대한 확신이 없는 사실을 신고한 때에는 고의가 긍정된다.[95]

그러나 신고사실이 객관적 진실에 반하여 허위사실이라 하더라도 신고자에게 그 허위성에 대한 인식이 결여되어 있거나 신고자가 진실이라고 확신하고 신고한 경우에는 고의가

91) 대법원 1963.9.5. 선고 63도161 판결.

92) 대법원 2022.6.30. 선고 2022도3413 판결; 대법원 1955.3.18. 선고 4287형상209 판결.

93) 대법원 1984.5.29. 선고 83도2410 판결.

94) 대법원 2022.6.30. 선고 2022도3413 판결; 대법원 2010.4.29. 선고 2010도2745 판결; 대법원 2009.1.30. 선고 2008도8573 판결; 대법원 2008.8.21. 선고 2008도3754 판결; 대법원 2008.5.29. 선고 2006도6347 판결; 대법원 2007.4.26. 선고 2007도1423 판결; 대법원 2007.9.20. 선고 2007도4450 판결; 대법원 2006.5.25. 선고 2005도4642 판결; 대법원 2004.1.16. 선고 2003도7178 판결; 대법원 2003.1.24. 선고 2002도5939 판결; 대법원 2000.7.4. 선고 2000도1908, 2000감도62 판결; 대법원 2000.11.24. 선고 99도822 판결; 대법원 1998.9.8. 선고 98도1949 판결; 대법원 1997.3.28. 선고 96도2417 판결; 대법원 1996.5.10. 선고 96도324 판결; 대법원 1995.12.5. 선고 95도231 판결; 대법원 1996.5.10. 선고 96도324 판결; 대법원 1995.12.5. 선고 95도231 판결; 대법원 1991.12.13. 선고 91도2127 판결; 대법원 1988.2.9. 선고 87도2366 판결; 대법원 1988.9.27. 선고 88도99 판결; 대법원 1986.3.11. 선고 86도133 판결; 대법원 1986.9.9. 선고 86도1063 판결; 대법원 1983.11.8. 선고 83도2354 판결; 대법원 1982.12.28. 선고 82도1622 판결.

95) 대법원 2022.6.30. 선고 2022도3413 판결; 대법원 2014.12.24. 선고 2012도4531 판결; 대법원 2007.3.29. 선고 2006도8638 판결; 대법원 2007.4.26. 선고 2007도1423 판결; 대법원 2006.5.25. 선고 2005도4642 판결; 대법원 1997.3.28. 선고 96도2417 판결; 대법원 1996.5.10. 선고 96도324 판결; 대법원 1991.12.13. 선고 91도2127 판결; 대법원 1990.10.12. 선고 90도1065 판결; 대법원 1989.9.26. 선고 88도1533 판결; 대법원 1989.9.26. 선고 88도1533 판결; 대법원 1988.2.9. 선고 87도2366 판결; 대법원 1987.3.24. 선고 85도2650 판결; 대법원 1987.11.10. 선고 87도810 판결; 대법원 1986.3.11. 선고 86도133 판결; 대법원 1986.8.19. 선고 86도1259 판결; 대법원 1986.9.9. 선고 86도1063 판결; 대법원 1985.2.26. 선고 84도2774 판결; 대법원 1985.4.9 선고 85도220 판결; 대법원 1985.6.25. 선고 83도3245 판결; 대법원 1984.4.10. 선고 83도3075 판결; 대법원 1984.12.11. 선고 84도1497 판결; 대법원 1983.3.22. 선고 82도560 판결; 대법원 1983.4.12. 선고 81도2649 판결; 대법원 1982.10.26. 선고 82도2060 판결; 대법원 1982.12.14. 선고 81도2519 판결; 대법원 1981.3.24 선고 80도3303 판결; 대법원 1980.5.27. 선고 80도819 판결; 대법원 1979.12.11. 선고 78도1896 판결; 대법원 1973.1.16. 선고 72도1136 판결; 대법원 1968.4.2. 선고 68도61 판결; 대법원 1966.11.22. 선고 66도1293 판결; 대법원 1963.7.25. 선고 63도144 판결; 대법원 1961.10.26. 선고 4293형상749 판결; 대법원 1955.3.22. 선고 4287형상65 판결.

조각된다.[96] 진실이라고 확신한다 함은 신고자가 알고 있는 객관적인 사실관계에 의하더라도 신고사실이 허위라거나 또는 허위일 가능성이 있다는 인식, 즉 미필적 인식도 없음을 말하는 것이지, 신고자가 알고 있는 객관적 사실관계에 의하여 신고사실이 허위라거나 허위일 가능성이 있다는 인식을 하면서도 이를 무시한 채 무조건 자신의 주장이 옳다고 생각하는 경우까지 포함되는 것은 아니다.[97]

또 고소사실이 사실과 다른 점이 있다 하더라도 과소사실을 과장한 것뿐이라면 본죄의 범의가 있다고 할 수 없다.[98] 고소의 내용이 객관적 사실과 부합하는 한 나름대로의 주관적 법률평가를 잘못하거나[99] 법의 무지로 죄명을 잘못 적었다고 하더라도 허위사실을 신고한 것에 해당되지 아니한다.[100]

한편 고의는 신고인을 기준으로 판단된다. 따라서 고소사실은 이와는 별개라고 할 수 있다. 예컨대 고소사실에 대하여 무죄가 선고되었다 하여 고소인에게 반드시 고의, 과실이 있다 할 수 없다.[101]

고의를 긍정한 판례의 구체적 내용은 다음과 같다. 즉,

> 고소당한 범죄가 유죄로 인정되는 경우에, 고소를 당한 사람이 고소인에 대하여 '고소당한 죄의 혐의가 없는 것으로 인정된다면 고소인이 자신을 무고한 것에 해당하므로 고소인을 처벌해 달라'는 내용의 고소장을 제출하였다면 설사 그것이 자신의 결백을 주장하기 위한 것이라고 하더라도 방어권의 행사를 벗어난 것으로서 고소인을 무고한다는 범의를 인정할 수 있다.[102] 피무고자의 승낙을 받아 허위사실을 기재한 고소장을 제출하였다면 피무고자에 대한 형사처분이라는 결과발생을 의욕한 것은 아니라 하더라도 적어도 그러한 결과발생에 대한 미필적인 인식은 있었던 것으로 보아야 한다.[103] 피고인이 원심 적시의 고소장을 수사기관에 제출한 이상 허위신고를 함에 있어서 다른 사람이 그로 인하여 형사 또는 징계처분을 받게 될 것이라는 인식은 있었다 할 것이니 피고인이 이 사건 고소를 한 목적이 피고소인들을 처벌받도록 하는 데에 있지 아니하고 단지 회사 장부상의 비리를 밝혀 정당한 정산을 구하는 데에 있다 하여 무고의 범의가 없다 할 수 없다.[104] 피고인이 공소외 조**을 고소한 동기가 소론과 같이 약속어음의 지급거절을 얻어내기 위한데 있었을 뿐 공소외인으로 하여금 형사처분을 받게하려는데 있었던 것이 아니었다 하더라도 무고죄에 있어서 형사처분을 받게 할 목적이라 함은 허위신고로 인하여 다른 사람이 형사처분을 받게 될 것이라는 인식이 있으면 족한 것이고 그 결과 발생을 희망할 필요까지는 없는 것이므로 이 점에 관한 논지

96) 대법원 2000.11.24. 선고 99도822 판결; 대법원 2000.7.4. 선고 2000도1908,2000감도62 판결; 대법원 1998.9.8. 선고 98도1949 판결; 대법원 1995.12.5. 선고 95도231 판결; 대법원 1988.9.27. 선고 88도99 판결; 대법원 1987.12.22. 선고 87도1977 판결; 대법원 1987.3.24. 선고 86도2632 판결; 대법원 1986.3.11. 선고 86도133 판결; 대법원 1986.9.9. 선고 86도1063 판결; 대법원 1983.11.8. 선고 83도2354 판결; 대법원 1982.12.28. 선고 82도1622 판결.

97) 대법원 2022.6.30. 선고 2022도3413 판결; 대법원 2000.7.4. 선고 2000도1908,2000감도62 판결.

98) 대법원 1986.7.8. 선고 86도1132 판결.

99) 대법원 1985.6.25. 선고 83도3245 판결; 대법원 1984.7.24. 선고 83도2692 판결.

100) 대법원 1984.5.29. 선고 83도3125 판결.

101) 대법원 1963.7.11. 선고 63다239 판결.

102) 대법원 2007.3.15. 선고 2006도9453 판결.

103) 대법원 2005.9.30. 선고 2005도2712 판결.

104) 대법원 1991.5.10. 선고 90도2601 판결.

또한 받아들일 수 없다.[105] 피고인이 장성광업소에서 퇴사한 것은 신체 및 적성검사서에서 척추분리증이란 병명이 발견되었기 때문에 자진 퇴사했음에도 불구하고 허위로 공소외 이**가 그 신체 및 적성검사서에 임의로 척추분리증이라는 병명을 허위로 기재하고 의사 윤△△의 인장을 도용날인하여 위조하고 본사에 보고하므로써 무단해고처분되도록 하였을 것이라고 추측하여 고소장을 제출한 소위는 무고죄에 해당한다.[106] 피고인이 피해자 양갑숙과의 금전거래 내용을 잘 모르고 채무가 청산되었다는 확신도 없이 다만 피고인의 처로부터 채무관계는 청산되었다는 말만 듣고 피해자로 하여금 형사처벌을 받게 할 목적으로 채권을 이중으로 받아먹기 위하여 법원에 소송을 제기하여 금 200,000원을 편취하였다는 허위의 사실이 기재된 고소장을 제출하였으면 무고죄가 성립된다 할 것이다.[107] 공소외인이 금원을 횡령한 사실이 없음에도 불구하고 유용한 점에 대한 확신없이 장부상 입금기재가 안된 것은 공소외인이 유용하였을 것이라고 추측하여 고발장을 제출한 피고인의 소위는 무고죄에 해당한다.[108]

고의를 부정한 판례의 구체적 내용은 다음과 같다. 즉,

진실한 객관적인 사실들에 근거하여 고소인이 피고소인의 주관적인 의사에 관하여 갖게 된 의심을 고소장에 기재하였을 경우에 법률 전문가 아닌 일반인의 입장에서 볼 때 그와 같은 의심을 갖는 것이 충분히 합리적인 근거가 있다고 볼 수 있다면, 비록 그 의심이 나중에 진실하지 않는 것으로 밝혀졌다고 하여 곧바로 고소인에게 무고의 미필적 고의가 있었다고 단정하여서는 안된다.[109] 무고죄에서 말하는 허위라 함은 객관적인 사실에 반하는 것을 말하고 그 고의는 이 허위에 대한 인식이 있음을 요하는 것이므로 객관적인 사실관계를 자신이 인식한대로 신고하는 이상 객관적인 사실을 토대로 한 나름대로의 주관적,·법적 구성이나 평가에 잘못이 있다 하더라도 이는 허위의 사실을 신고한 것에 해당한다고 볼 수 없어 무고죄가 성립하지 아니한다.[110] 피고인이 1983.8.28 광산경찰서장에게 "1983.8.20. 10:00부터 같은날 18:00경까지 사이에 광주지방법원 소속 집달관의 지휘아래 피고인의 집에 대하여 명도집행을 할려고 할 때 불량배 15명 가량을 대동하고 공소외인이 행동대장이 되어 명도집행시 어느 누구라도 방해하면 가차없이 구타하여 명도집행에 지장이 없도록 강행하라고 폭행을 교사하여 성명불상의 인부가 피고인의 처 의 유방을 강타하여 6개월 임산부에 조기태반박리 및 태아고위험도로 유효분만 및 타박상등의 요치 6주의 상해를 가했다"는 취지의 고소장을 제출한 바 있으나 그 설시 경위사실에 비추어 볼 때 피고인이 그 고소당시 고소사실이 진실이라고 확신하고 고소하였다고 인정되고 달리 고소사실이 허위임을 인식하였다는 점에 대한 증명이 없다하여 무죄를 선고한 제1심판결을 유지하였는 바, 기록에 비추어 살펴보아도, 원심의 위 인정판단은 정당하고, 거기에 소론과 같은 채증법칙 위배로 인한 사실오인이나 무고죄에 관한 법리오해의 위법이 있다고는 할 수 없다. 논지는 이유없다.[111] 고소장에 피고소인이 압수물건을 폐기처분하려던 것이 피고인이 제기하여 계류중인 준재심사건에서 이를 증거로서 사용할 수 없게 하려는 목적일 것이라는 취지의 기재가 있다 하여도 이는 피고인의 주관적 의견의 기재에 불과하고 가사 그 주관적 의견이 잘못되었다 하여도 객관적 관계를 거짓없이 그대로 신고

105) 대법원 1989.7.25. 선고 89도890 판결.
106) 대법원 1986.8.19. 선고 86도1259 판결.
107) 대법원 1986.9.9. 선고 86도1063 판결.
108) 대법원 1982.10.26. 선고 82도2060 판결.
109) 대법원 1996.3.26. 선고 95도2998 판결.
110) 대법원 1985.9.24. 선고 84도1737 판결.
111) 대법원 1985.7.23. 선고 85도1092 판결.

한 이상 그 주관적 의견부분만을 따로 떼어 허위사실을 신고한 것이라 볼 수 없으므로 피고인의 위 행위는 무고죄를 구성하지 아니한다.[112] 피고인의 고소내용이 피고인과 피해자 사이에 있었던 금전거래와 그 거래를 담보하기 위한 기계공구류의 제공 행위를 법률상 평가하기가 어려워서 금전의 편취가 아니면 같은 물품의 횡령 중 어느 하나의 범행에 해당한다고 주장한 취지라면 피고인에게 허위사실에 대한 주관적 인식이 있었다고 할 수 없다.[113]

2) 목 적

① 의 의

본죄는 목적범이다. 본죄의 목적으로서는 타인으로 하여금 형사처분 또는 징계처분을 받게 할 목적을 요한다.

② 목적의 인식정도

목적의 인식정도에 관하여는 다투어지고 있다. 형사처분 또는 징계처분의 결과발생에 대한 의욕을 요한다는 견해와 결과발생에 대한 미필적 인식을 족하다는 견해가 그것이다. 전설은 고소나 고발제도와 조화를 도모하기 위하여 형사처분이나 징계처분을 받게 할 의욕을 요한다는 점을 근거로 하고 있다. 후설은 본죄가 수사권 또는 징계권 발동의 적정을 침해할 가능성에 무게를 두고 있기 때문에 그 가능성의 인식으로 족하다는 점을 근거로 하고 있다.

판례는 후설에 입각하고 있다. 즉, 판례는 본죄에 있어서 형사처분을 받게 할 목적이란 허위신고를 함으로써 다른 사람이 그로 인하여 형사처분을 받게 될 것이라는 인식이 있으면 족하고 그 결과 발생을 희망하는 것까지는 요하지 않는다고 한다.[114] 따라서 고소인이 고소장을 수사기관에 제출한 이상 피고소인이 그로 인하여 형사처분을 받게 될 것이라는 인식은 있었다고 보아야 한다.[115] 고소를 한 목적이 상대방을 처벌받도록 하는 데 있지 아니하고 시비를 가려달라는 데에 있다고 하더라도 본죄의 범의가 없다고 할 수는 없다.[116] 그러나 고소·고발의 내용이 단순히 공정한 수사로 흑백을 가려 달라는 취지라면 무고의 목적이 있다 할 수 없어 본죄가 성립되지 아니한다고 할 수 있다.[117]

---

112) 대법원 1984.3.27. 선고 83도2826 판결.

113) 대법원 1980.5.27. 선고 80도819 판결.

114) 대법원 2022.6.30. 선고 2022도3413 판결; 대법원 2014.3.13. 선고 2012도2468 판결; 대법원 2006.8.25. 선고 2006도3631 판결; 대법원 2006.5.25. 선고 2005도4642 판결; 대법원 1991.5.10. 선고 90도2601 판결; 대법원 2005.9.30. 선고 2005도2712 판결; 대법원 1995.12.12. 선고 94도3271 판결; 대법원 1991.5.10. 선고 90도2601 판결; 대법원 1991.12.13. 선고 91도2127 판결; 대법원 1989.7.25. 선고 89도890 판결; 대법원 1986.8.19. 선고 86도1259 판결; 대법원 1983.9.27. 선고 83도1975 판결; 대법원 1983.11.8. 선고 83도2354 판결; 대법원 1982.11.23. 선고 81도2380 판결; 대법원 1982.12.28. 선고 82도1622 판결; 대법원 1973.1.16. 선고 72도1136 판결; 대법원 1968.4.2. 선고 68도61 판결.

115) 대법원 2014.3.13. 선고 2012도2468 판결; 대법원 2006.8.25. 선고 2006도3631 판결; 대법원 2005.9.30. 선고 2005도2712 판결; 대법원 1991.5.10. 선고 90도2601 판결; 대법원 1986.8.19. 선고 86도1259 판결.

116) 대법원 2022.6.30. 선고 2022도3413 판결; 대법원 2007.4.26. 선고 2007도1423 판결; 대법원 1995.12.12. 선고 94도3271 판결.

117) 대법원 1989.9.26. 선고 88도1533 판결; 대법원 1985.2.26. 선고 84도2774 판결; 대법원 1978.8.22. 선고 78도1375 판결.

③ 타 인

본죄의 목적은 타인으로 하여금 형사처분 또는 징계처분을 받게 할 목적이다. 형사처분 또는 징계처분을 받게 할 목적의 대상은 타인이다. 타인(他人)이란 무고를 한 본인을 제외한 자를 말한다. 타인은 자연인에 한하지 않는다. 법인도 타인에 해당한다.

ⅰ 자기무고 자기 자신을 무고하는 경우에는 본죄의 구성요건해당성이 조각된다. 피무고자는 타인에 한정되기 때문이다.

자기무고에 대한 판례의 구체적 내용은 다음과 같다. 즉,

> 자기 자신으로 하여금 형사처분 또는 징계처분을 받게 할 목적으로 허위의 사실을 신고하는 행위, 즉 자기 자신을 무고하는 행위는 무고죄의 구성요건에 해당하지 않아 무고죄가 성립하지 않는다.[118] 무고죄는 국가의 형사사법권 또는 징계권의 적정한 행사를 주된 보호법익으로 하는 죄이나, 스스로 본인을 무고하는 자기무고는 무고죄의 구성요건에 해당하지 아니하여 무고죄를 구성하지 않는다.[119]

ⅱ 사자·허무인에 대한 무고 사자 또는 허무인을 무고한 경우가 문제될 수 있다. 처음부터 형사처분·징계처분을 받게 할 가능성이 전혀 없으므로 본죄의 주관적 요소인 목적성이 결여되어 구성요건해당성이 조각된다고 해석된다. 다만 본죄의 보호법익으로서 국가적 법익을 중시하는 입장에서는 국가의 심판기능에 방해를 받게 하는 한 허무인에 대하여는 본죄의 성립을 긍정하는 견해도 있을 수 있다고 해석된다.

④ 형사처분 또는 징계처분

본죄의 목적은 타인으로 하여금 형사처분 또는 징계처분을 받게 할 목적이다. 형사처분(刑事處分)이란 형사상의 처분을 말한다. 형벌, 보안처분, 소년에 대한 보호처분 외에 유죄판결뿐만 아니라 기소유예처분도 이에 포함된다. 기타 본죄가 수사에서 심판에 이르기까지의 국가적 법익의 침해와 그 과정에 있어서의 개인의 사생활의 평온을 침해하는 것이라는 입장에서 체포, 구속, 유치 등의 처분도 포함하여야 한다는 견해나 개인적 법익에 대하여 부당하게 수사, 조사 절차의 대상으로 되는 않는 이익이라고 해석하는 입장에서 체포, 구속 등의 강제처분이나 기소유예처분을 포함한다는 견해도 있다. 형사처분 또는 징계처분에는 외국의 그것은 포함되지 않는다.

징계처분(懲戒處分)이란 공법상의 특별권력관계로서의 감독관계에서 질서유지를 위하여 과하는 신분적 제재를 말한다.[120] 공무원에 대한 징계 외에 국회의원에 대한 징벌이나 법관에 대한 징계 및 변호사, 공증인, 공인회계사 등에 대한 징계가 이에 해당한다. 그러나 사립학교 교원에 대한 징계는 이에 해당하지 않는다. 예컨대 사립학교 교원에 대한 학교법인 등의 징계처분은 본죄의 징계처분에 포함되지 않는다고 해석된다.[121] 학교법인 등의 사립학

118) 대법원 2017.4.26. 선고 2013도12592 판결.
119) 대법원 2008.10.23. 선고 2008도4852 판결.
120) 대법원 2014.7.24. 선고 2014도6377 판결; 대법원 2010.11.25. 선고 2010도10202 판결.
121) 대법원 2014.7.24. 선고 2014도6377 판결.

교 교원에 대한 인사권의 행사로서 징계 등 불리한 처분은 사법적 법률행위의 성격을 가질 뿐이기 때문이다.[122]

(3) 미수 · 기수

본죄는 미수범을 처벌하지 않는다. 본죄는 허위사실의 신고가 당해 공무소 · 공무원에게 도달한 때 기수에 달한다. 따라서 신고서면이 상당관서에 도달하고 열람할 수 있는 상태에 놓이면 족하고, 신고대상자가 서면의 내용을 알거나 실제로 수사기관이나 징계권자가 수사 또는 조사에 착수한 것은 필요하지 않다. 도달한 이상 그 후 무고문서를 되돌려 받았다 하더라도 본죄의 성립에는 영향이 없다.

미수 · 기수에 관한 판례의 구체적 내용은 다음과 같다. 즉,

> 허위로 신고한 사실이 무고행위 당시 형사처분의 대상이 될 수 있었던 경우에는 국가의 형사사법권의 적정한 행사를 그르치게 할 위험과 부당하게 처벌받지 않을 개인의 법적 안정성이 침해될 위험이 이미 발생하였으므로 무고죄는 기수에 이르고, 이후 그러한 사실이 형사범죄가 되지 않는 것으로 판례가 변경되었더라도 특별한 사정이 없는 한 이미 성립한 무고죄에는 영향을 미치지 않는다.[123] 피고인이 최초에 작성한 허위내용의 고소장을 경찰관에게 제출하였을 때 이미 허위사실의 신고가 수사기관에 도달되어 무고죄의 기수에 이른 것이라 할 것이므로 그 후에 그 고소장을 되돌려 받았다 하더라도 이는 무고죄의 성립에 아무런 영향이 없다.[124] 무고죄는 타인으로 하여금 형사처분을 받게 할 목적으로 수사기관에 신고함으로써 성립하고 그 신고를 받은 공무원이 수사에 착수하였는지의 여부는 그 범죄의 성립에 영향을 주지 않는다.[125]

(4) 공 범

자기무고의 공범은 성립할 수 없다. 공범의 성립은 정범의 성립에 종속한다는 성립상의 공범종속설에 따르는 한 자기무고는 구성요건해당성을 조각하기 때문에 공범 또한 성립할 수 없다고 해야 하기 때문이다. 그러나 타인의 무고에 대한 공범은 자기무고와는 별개이기 때문에 공범의 이론이 그대로 적용된다고 해석된다.

공범에 관한 판례의 구체적 내용은 다음과 같다. 즉,

> 자기 자신을 무고하기로 제3자와 공모하고 이에 따라 무고행위에 가담하였더라도 이는 자기 자신에게는 무고죄의 구성요건에 해당하지 않아 범죄가 성립할 수 없는 행위를 실현하고자 한 것에 지나지 않아 무고죄의 공동정범으로 처벌할 수 없다.[126] 피무고자의 교사 · 방조 하에 제3자가 피무고자에 대한 허위의 사실을 신고한 경우 제3자의 행위는 무고죄의 구성요건에 해당하여 무고죄를 구성하므로, 제3자를 교사 · 방조한 피무고자에 대하여도 교사 · 방조범으로서의 죄책을 부담케 함이 상당하다.[127]

---

122) 대법원 1995.11.24. 선고 95누12934 판결; 헌법재판소 2006.2.23. 선고 2005헌가7 · 2005헌마1163 결정 참조.

123) 대법원 2017.5.30. 선고 2015도15398 판결.

124) 대법원 1985.2.8. 선고 84도2215 판결.

125) 대법원 1983.9.27. 선고 83도1975 판결.

126) 대법원 2017.4.26. 선고 2013도12592 판결.

127) 대법원 2008.10.23. 선고 2008도4852 판결.

2. 위법성조각사유

피무고자의 동의를 받아 무고하는 승낙무고(承諾誣告)가 문제될 수 있다(제24조 참조). 본죄의 주된 보호법익은 국가의 심판기능의 적정이기 때문에 승낙무고의 경우에도 본죄가 성립한다. 대법원도 "무고죄는 국가의 형사사법권 또는 징계권의 적정한 행사를 주된 보호법익으로 하고 다만 개인의 부당하게 처벌 또는 징계받지 아니할 이익을 부수적으로 보호하는 죄이므로, 설사 무고에 있어서 피무고자의 승낙이 있었다고 하더라도 무고죄의 성립에는 영향을 미치지 못한다 할 것이다"라고 판시한 바 있다.[128]

3. 죄 수

본죄의 죄수는 보호법익과 관련하여 파악되어야 한다. 본죄의 보호법익은 국가적 법익과 개인적 법익이 중첩되고 있다. 개인적 법익과 관련하여 본죄의 죄수는 피신고자의 수를 기준으로 판단해야 할 것으로 해석된다. 일반적으로 1개의 고소장으로 1인에 대하여 수개의 허위사실을 신고한 경우에는 단순1죄이지만, 수인을 허위고소한 경우에는 수죄가 성립하고 상상적 경합으로 된다고 해석되고 있다.

Ⅲ. 처 벌

1. 법정형

본죄의 법정형은 10년 이하의 징역 또는 1천500만원 이하의 벌금이다. 본죄에 대하여는 자수·자백에 대한 특례의 적용이 있다.

2. 자수·자백에 대한 특례

본죄를 범한 자가 그 신고한 사건의 재판 또는 징계처분이 확정되기 전에 자백 또는 자수한 때에는 그 형을 감경 또는 면제한다. 형법은 재판확정 전의 자백을 필요적 감경 또는 면제사유로 규정하고 있는 것이다.

자백(自白)이란 자신의 범죄사실, 즉 타인으로 하여금 형사처분 또는 징계처분을 받게 할 목적으로 공무소 또는 공무원에 대하여 허위의 사실을 신고하였음을 자인하는 것을 말하고, 단순히 그 신고한 내용이 객관적 사실에 반한다고 인정함에 지나지 아니하는 것은 이에 해당하지 아니한다.[129] 자백의 절차에 관해서는 아무런 법령상의 제한이 없으므로 그가 신고한 사건을 다루는 기관에 대한 고백이나 그 사건을 다루는 재판부에 증인으로 다시 출석하여 전에 그가 한 신고가 허위의 사실이었음을 고백하는 것은 물론 무고 사건의 피고인 또는 피의자로서 법원이나 수사기관에서의 신문에 의한 고백 또한 자백의 개념에 포함된다.[130]

---

128) 대법원 2005.9.30. 선고 2005도2712 판결.
129) 대법원 1995.9.5. 선고 94도755 판결.
130) 대법원 2018.8.1. 선고 2018도7293 판결.

§3. 관련 특별법

본절의 무고의 죄와 관련된 특별법으로서는 특정범죄가중법이 거론될 수 있다.

특정범죄가중법 제14조(무고죄) 이 법에 규정된 죄에 대하여 「형법」 제156조에 규정된 죄를 범한 사람은 3년 이상의 유기징역에 처한다.

찾아보기

ㄱ

ㅂ

ㅊ